MANUAL DE SEGURANÇA E SAÚDE NO TRABALHO

1ª edição — 2000
2ª edição — 2003
3ª edição — 2006
4ª edição — 2008
5ª edição — 2011
6ª edição — 2015

DANIELLE CARVALHO GONÇALVES
Advogada. Especialista em Direito Processual. Bolsista Pesquisadora do CNPq-IFRN-NIT

ISABELLE CARVALHO GONÇALVES
Advogada. Especialista em Direito e Processo do Trabalho. Mestranda em Psicologia Organizacional e do Trabalho

EDWAR ABREU GONÇALVES
Engenheiro Civil. Engenheiro de Segurança do Trabalho. Advogado. Mestre em Ciências Sociais. Graduando em Psicologia. Ex-Sargento da Aeronáutica, Especialista em Meteorologia.. Ex-Auditor Fiscal do Trabalho. Ex-Perito da Justiça do Trabalho. Juiz Federal do Trabalho — Aposentado. Consultor Jurídico de Segurança e Saúde no Trabalho. Professor de Direito Aplicado à Segurança e Saúde no Trabalho do IFRN

MANUAL DE SEGURANÇA E SAÚDE NO TRABALHO

6ª edição

LTr®

LTr®
EDITORA LTDA.

Rua Jaguaribe, 571
CEP 01224-001
São Paulo, SP — Brasil
Fone (11) 2167-1101
www.ltr.com.br
Outubro, 2015

Produção Gráfica e Editoração Eletrônica: RLUX
Projeto de capa: FÁBIO GIGLIO
Impressão: ORGRAFIC

Versão impressa — LTr 5308.7 — ISBN 978-85-361-8603-0
Versão digital — LTr 8820.2 — ISBN 978-85-361-8623-8

Dados Internacionais de Catalogação na Publicação (CIP)
(Câmara Brasileira do Livro, SP, Brasil)

Gonçalves, Danielle Carvalho
Manual de segurança e saúde no trabalho / Danielle Carvalho Gonçalves, Isabelle Carvalho Gonçalves, Edwar Abreu Gonçalves. — 6. ed. — São Paulo : LTr, 2015.

Bibliografia.

1. Doenças profissionais 2. Higiene do trabalho 3. Medicina do trabalho 4. Segurança do trabalho 5. Trabalho e classes trabalhadoras — Doenças I. Gonçalves, Isabelle Carvalho. II. Gonçalves, Edwar Abreu. III. Título.

15-08590 CDD-363.11

Índice para catálogo sistemático:

1. Ambiente de trabalho : Manual de segurança e saúde : Bem-estar social 363.11
2. Manual de segurança e saúde : Ambiente de trabalho : Bem-estar social 363.11

Propiciar Ambientes de Trabalho Sadios e Seguros é Dever Constitucional, primeiro e mais relevante, dos Empregadores para com seus Empregados.

DEDICATÓRIA

O presente manual é integralmente dedicado aos milhares de trabalhadores brasileiros vítimas de acidentes do trabalho.

Sumário

Notas Introdutórias

No Brasil, é fácil comprovar que a Segurança e Saúde no Trabalho (SST) tem evoluído significativamente em seus aspectos técnico-jurídicos ao longo das últimas três décadas; infelizmente, por questões múltiplas e variadas, mas que dizem respeito direta e fundamentalmente aos três segmentos envolvidos na relação trabalhista: Empregados, Empregadores e Governo Federal, nossos índices de acidentes do trabalho não têm diminuído da forma desejada e devida.

Os Trabalhadores, especialmente os desprovidos de formação escolar e profissional adequada, não têm consciência dos riscos ocupacionais a que ficam expostos em seu mister laboral e, por conta disso, quase sempre têm sido as maiores vítimas dos infortúnios laborais. Historicamente, os legítimos representantes dos trabalhadores, os Sindicatos Profissionais, têm centrado seus esforços nas negociações coletivas de trabalho empreendidas com a classe patronal, na tentativa de obter ganhos salariais e quase sempre de maneira frustrante; pois, na maioria das vezes, as conquistas sindicais limitam-se a meros reajustes inflacionários.

Certamente, as questões relacionadas à prevenção de acidentes de trabalho e a promoção da saúde ocupacional fazem parte da pauta de reinvindicações da luta sindical, mas, costumeiramente são relegadas a "segundo plano" quando conquistada alguma vantagem financeira para a categoria. Noutro compasso, as cláusulas de convenções e acordos coletivos pertinentes à prevenção de infortúnios e à promoção da saúde ocupacional, quando existentes, em sua maioria correspondem a meras repetições de disposições legais ou normativas já plenamente garantidas aos trabalhadores no ordenamento jurídico pátrio e, portanto, não configuram nenhum avanço na melhoria das condições ambientais de trabalho.

Importante destacar, também, que são poucas as entidades sindicais de trabalhadores que dispõem de profissionais de segurança e saúde no trabalho aptos a prestar-lhes assessoria técnica no enfrentamento de questões relacionadas à infortunística obreira, especialmente, engenheiros de segurança do trabalho ou médicos do trabalho que pudessem, inclusive, atuar perante a Justiça do Trabalho como Assistentes Técnicos Periciais em favor dos empregados reclamantes nas questões judiciais relacionadas à segurança e saúde no trabalho (indenizações acidentárias por danos morais e materiais, adicionais de insalubridade e de periculosidade, estabilidade do trabalhador acidentado etc.).

Os Empregadores, por seu turno, ainda não despertaram plenamente para as inúmeras consequências jurídicas a que estão sujeitos por não propiciarem a seus empregados ambientes de trabalho sadios e saudáveis. A propósito, como se verá no curso deste livro, as empresas estatais e privadas estão sujeitas à fiscalização trabalhista de segurança e saúde no trabalho e, por conseguinte, podem ser passivas de: notificações, autuações, multas ou mesmo paralisação de suas atividades (embargos e interdições) decorrentes da inobservância aos preceitos normativos de segurança e saúde no trabalho. Igualmente, tem sido crescente na Justiça do Trabalho o quantitativo de demandas trabalhistas objetivando Indenizações Acidentárias por Danos Morais e Materiais, inclusive na modalidade de doenças ocupacionais. Da mesma forma, vêm aumentando significativamente as Ações Regressivas em desfavor das empresas, objetivando o ressarcimento de todo o dispêndio financeiro implementado pelo Instituto Nacional do Seguro Social (INSS) em favor dos segurados acidentados ou a seus dependentes, quando a ocorrência do acidente de trabalho, comprovadamente, resultou de negligência patronal às normas preventivas de segurança e saúde ocupacionais.

O Ministério do Trabalho e Emprego (MTE), na condição de protagonista maior da segurança e saúde no trabalho em nosso país, tem sido pródigo na elaboração e alteração das normas regulamentadoras de segurança e saúde no trabalho; porém, de uma forma tão intensa, constante e pontual que tem sido difícil para qualquer profissional da área tentar manter-se plenamente atualizado. Outrossim, a ânsia do MTE em editar normas regulamentadoras de SST não se faz acompanhar de igual determinação na verificação do efetivo cumprimento da legislação específica e, ao revés, observa-se o declínio acentuado da atuação fiscalizadora do MTE visando à melhoria das condições ambientais de trabalho; talvez fruto de uma comprovada redução do quantitativo de auditores ficais do trabalho especialistas em engenharia de segurança e medicina do trabalho, ou mesmo em face da consentida Política Nacional de Fiscalização Trabalhista centrada precipuamente na arrecadação de contribuições para o Fundo de Garantia do Tempo de Serviço (FGTS).

Felizmente, o notório declínio da atuação do MTE no campo da segurança e saúde no trabalho, em certa medida, tem sido "compensado" por uma atuação cada vez mais crescente e positiva do Ministério Público do Trabalho (MPT) no cumprimento de sua missão constitucional de legítimo guardião da sociedade produtiva brasileira, fato comprovado pelo crescente número de Inquéritos Civis, Termos de Ajuste de Conduta (TAC) e ajuizamento de Ações Civis Públicas perante a Justiça do Trabalho em face de empresas descumpridoras da legislação preventiva de segurança e saúde no trabalho.

Com o advento da Emenda Constitucional n. 45 de 31.12.2004 que, dentre outras inovações, transferiu para a Justiça Federal do Trabalho a competência para processar e julgar as demandas promovidas por trabalhadores objetivando a condenação de empregadores ao pagamento de indenizações acidentárias por danos morais e materiais, assim como para decidir os conflitos entre empresas e Ministério do Trabalho e Emprego relativamente a procedimentos fiscais trabalhistas, inclusive os de segurança e saúde no trabalho, é inegável que a Justiça do Trabalho passou a ter um papel mais decisivo no enfrentamento das questões relacionadas à melhoria das condições ambientais; todavia, a honrada Justiça Laboral ainda não conseguiu superar adequadamente questões básicas atinentes à agilização e priorização de processos trabalhistas que tenham como *causa petendi* o descumprimento patronal às normas preventivas de segurança e higiene ocupacionais; exemplo disso é a mal resolvida questão de realização de perícias técnico-judicias que muito tem contribuído para a conhecida morosidade na solução das lides jurídicas.

Sabidamente, as Normas Regulamentadoras (NRs) de Segurança e Saúde no Trabalho (SST) editadas pelo Ministério do Trabalho e Emprego (MTE) são aplicáveis a todos os ambientes de trabalho onde hajam trabalhadores contratados sob o regime da Consolidação das Leis do Trabalho (CLT). As normas preventivas possuem existência jurídica convalidada pelo Princípio Constitucional de Minimização dos Riscos Ocupacionais consagrado no inciso XXII do art. 7º da Constituição Federal brasileira. No plano da legislação infraconstitucional, ditas NRs de SST possuem respaldo de validade legal na forma tipificada no Estatuto Obreiro, em seu Título II: Das Normas Gerais de Tutela do Trabalho, mais precisamente no Capítulo V: Da Segurança e da Medicina do Trabalho, que compreende os arts. 154 a 201 da CLT. Recorde-se que ditos artigos da CLT possuem redação dada pela Lei n. 6.514 de 22.12.1977, atualizada até a edição da Lei n. 13.103 de 2.3.2015. De se destacar, mais, que os citados arts. 154 a 201 do Código Laboral foram inicialmente disciplinados pela Portaria MTb n. 3.214 de 8.6.1978, que instituiu as primeiras 28 NRs de SST; valendo observar que, atualmente, existem 36 NRs de SST, cada uma disciplinando uma temática específica.

A propósito, os primeiros trinta e seis capítulos deste livro destinam-se à abordagem das temáticas correspondentes às normas regulamentadoras de segurança e saúde ocupacionais. De forma sistemática, iniciamos cada um desses capítulos enfatizando os aspectos técnico-jurídicos mais relevantes e, em seguida e conforme o caso, apresentamos um Módulo Complementar contendo Rotinas, Modelos ou Formulários específicos. Em seguida, organizamos e reproduzimos os Fundamentos Jurídicos (dispositivos legais, infralegais ou regulamentares e, quando existentes, as correspondentes súmulas de jurisprudência) que propiciam o suporte de validade jurídica à temática em apreço, observando-se as ordens hierárquica e cronológica. Concluímos cada um desses capítulos com a reprodução, integral e atualizada, da norma regulamentadora de segurança e saúde no trabalho que o intitula; sempre visando a praticidade de consulta e o pronto auxílio ao estudante ou ao profissional que esteja dando os primeiros passos no fascinante mundo da segurança e saúde no trabalho de nosso país.

O capítulo trinta e sete destina-se à abordagem de um tema sempre atual e bastante polêmico: Aspectos Técnico-Jurídicos de Acidentes do Trabalho. Em sua primeira parte, constam os conceitos, as espécies, as causas e as consequências dos infortúnios laborais, além de tratadas as questões relacionadas à inspeção de segurança, à investigação de acidentes do trabalho e à estatística acidentária oficial. Da mesma maneira, foram enfatizados os benefícios previdenciários (auxílio-doença, auxílio-acidente, aposentadoria por invalidez, aposentadoria especial, reabilitação profissional ou pensão por morte) possíveis de serem concedidos, pelo Instituto Nacional do Seguro Social (INSS) aos trabalhadores ou a seus dependentes, em face de infortúnios laborais ou da exposição a agentes nocivos à saúde ou a integridade física. Questões atuais como o Nexo Técnico Epidemiológico e o Fator Acidentário de Prevenção também foram comentadas. Ao final, encontram-se reproduzidos os Fundamentos Jurídicos (legislação e jurisprudência) que dão o suporte de validade jurídica à temática abordada, bem como a apresentação de Ata de Audiência de Instrução, na qual foi determinada a realização de Perícia Judicial objetivando caracterizar ou não a configuração técnico-legal do acidente de trabalho, na modalidade de Doença Ocupacional, suas repercussões para o acidentado e a eventual culpabilidade patronal, numa Reclamação Trabalhista, possível de ser intentada pelo empregado acidentado ou seus dependentes em desfavor do empregador, com a correspondente Sentença Trabalhista, na expectativa de que tais rotinas e modelos possam facilitar a compreensão prática de tão controvertido assunto.

Segurança e Saúde no Trabalho de Menores, Mulheres e Pessoas com Deficiência é o título do capítulo trinta e oito desta edição onde, após considerações genéricas foram apresentados os correspondentes fundamentos jurídicos de tão importante e atual tema.

No penúltimo capítulo (trinta e nove) foram destacadas as principais Convenções da Organização Internacional do Trabalho (OIT) que tenham sido recepcionadas pelo ordenamento jurídico pátrio e diretamente se relacionem com a segurança e saúde no trabalho. Com destaque para a inclusão das Convenções OIT ns. 155 (Segurança e Saúde dos Trabalhadores e o Meio Ambiente de Trabalho), 167 (Segurança e Saúde na Construção), 176 (Segurança e Saúde nas Minas) e 182 (Piores Formas de Trabalho Infantil).

O último capítulo (quarenta) reproduz as Súmulas de Jurisprudência editadas pelo Supremo Tribunal Federal e pelo Tribunal Superior do Trabalho e pertinentes à Segurança e Saúde no Trabalho. O destaque deste último capítulo diz respeito às três súmulas vinculantes editadas pelo Supremo Tribunal Federal, mais especificamente: a de n. 4 de 9.5.2008, que vedou a utilização do salário mínimo como base de cálculo para o adicional de insalubridade; a de n. 21 de 10.11.2009, que dispensou o depósito prévio do valor da multa administrativa para o regular processamento do recurso administrativo; e a de n. 22 de 2.12.2009, que ratificou a competência material da Justiça do Trabalho para processar e julgar as ações de indenização acidentária promovidas por empregado em desfavor do empregador, inclusive nos processos que, apesar de iniciados na Justiça Comum Estadual, ainda não possuíam sentença de mérito em primeiro grau, quando da promulgação da Emenda Constitucional n. 45/2004.

Conveniente registrar que, até sua quinta edição, esse Manual de Segurança e Saúde no Trabalho foi um trabalho individual; porém, a partir desta sexta edição, passa a ser uma obra coletiva, posto que fruto do trabalho do autor original (Edwar) agora complementado por suas duas filhas (Danielle e Isabelle). Todavia, procurou se manter o mesmo espírito norteador das edições anteriores; qual seja, congregar, em uma só obra, as noções técnico-jurídicas básicas da segurança e saúde no trabalho, mantido, porém, o firme propósito de propiciar uma leitura simples, fácil, prática e objetiva, especialmente para os que se iniciam no fascinante mundo da infortunística.

Finalizando, externamos nossos especiais agradecimentos à LTr Editora, por acreditar na simplicidade e praticidade de nosso trabalho e, aos milhares de leitores das cinco edições anteriores, inclusive os que enviaram sugestões ou críticas, por nós sempre bem aceitas e consideradas construtivas para o necessário e constante aperfeiçoamento desta obra, na esperança de que continuem a fazê-lo, preferencialmente direcionando-as para nosso endereço eletrônico (<sst.jus@gmail.com>).

Saudações Prevencionistas!!!

Danielle Carvalho Gonçalves

Isabelle Carvalho Gonçalves

Edwar Abreu Gonçalves

Lista de Siglas Utilizadas

ABNT — Associação Brasileira de Normas Técnicas.
ACGIH — *American Conference of Governmental Industrial Hygienists.*
ACP — Ação Civil Pública.
ADCT — Ato das Disposições Constitucionais Transitórias.
AFT — Auditor-Fiscal do Trabalho.
AGU — Advocacia Geral da União.
ANVISA — Agência Nacional de Vigilância Sanitária.
APR/APP — Análise Preliminar de Riscos ou de Perigo.
APVS — Atmosfera Imediatamente Perigosa à Vida ou à Saúde.
ART — Anotação de Responsabilidade Técnica.
ASO — Atestado de Saúde Ocupacional.
AT — Alta Tensão.
BT Baixa Tensão.
CA — Certificado de Aprovação (do EPI).
CAI — Certificado de Aprovação de Instalações.
CANPAT — Campanha Nacional de Acidentes do Trabalho.
CAT — Comunicação de Acidente do Trabalho.
CCIH — Comissão de Controle de Infecção Hospitalar.
CEI — Cadastro Específico do INSS, referente à obra de construção civil.
CF — Constituição Federal.
CFM — Conselho Federal de Medicina.
CIPA — Comissão Interna de Prevenção de Acidentes.
CIPAMIN — Comissão Interna de Prevenção de Acidentes na Mineração.
CIPATR — Comissão Interna de Prevenção de Acidentes do Trabalho Rural.
CLT — Consolidação das Leis do Trabalho.
CNAE — Classificação Nacional de Atividades Econômicas.
CNEN — Comissão Nacional de Energia Nuclear.
CO_2 — Dióxido de Carbono ou Gás Carbônico.
COFEN — Conselho Federal de Enfermagem.
CONFEA — Conselho Federal de Engenharia e Agronomia.
COREN — Conselho Regional de Enfermagem.
CPATP — Comissão de Prevenção de Acidentes no Trabalho Portuário.

CPN — Comitê Permanente Nacional sobre Condições e Meio Ambiente do Trabalho na Indústria da Construção.

CPR — Comitê Permanente Regional sobre Condições e Meio Ambiente do Trabalho na Indústria da Construção.

CREA — Conselho Regional de Engenharia e Agronomia.

CRM — Conselho Regional de Medicina.

CTPS — Carteira de Trabalho e Previdência Social.

dB — Decibel.

DDS — Diálogo Diário de Segurança.

DOU — Diário Oficial da União.

DRT — Delegacia Regional do Trabalho (atual SRTE).

DSST — Departamento de Segurança e Saúde no Trabalho.

EBT — Extra Baixa Tensão.

ECPI — Equipamento Conjugado de Proteção Individual.

END — Ensaios Não Destrutivos.

EPC — Equipamento de Proteção Coletiva.

EPI — Equipamento de Proteção Individual.

FAP — Fator Acidentário de Prevenção.

FUNDACENTRO — Fundação Jorge Duprat Figueiredo de Segurança e Medicina do Trabalho.

GM — Gabinete do Ministro.

GRTE — Gerência Regional do Trabalho e Emprego.

GSSTB — Grupo de Segurança e Saúde no Trabalho a Bordo dos Navios Mercantes.

GSSTEC — Gestão de Segurança e Saúde nos Trabalhos em Espaços Confinados.

GTT — Grupo de Trabalho Tripartite.

IBMT — Índice Biológico Máximo Permitido.

INMETRO — Instituto Nacional de Metrologia, Normalização e Qualidade Industrial.

INSS — Instituto Nacional do Seguro Social.

IOE — Indivíduo Ocupacionalmente Exposto (radiação ionizante).

MPE — Ministério Público Estadual.

MPF — Ministério Público Federal.

MPT — Ministério Público do Trabalho.

MPU — Ministério Público da União.

MTE — Ministério do Trabalho e Emprego.

NB — Norma Brasileira elaborada pela ABNT.

NBR — Norma Brasileira elaborada pela ABNT e registrada no INMETRO.

NR — Norma Regulamentadora de Segurança e Saúde no Trabalho.

NTEP — Nexo Técnico Epidemiológico Previdenciário.

OGMO — Órgão Gestor de Mão de Obra (Trabalho Portuário).

OIT — Organização Internacional do Trabalho.

OMS — Organização Mundial de Saúde.

ONU — Organização das Nações Unidas.

PAM — Plano de Ajuda Mútua (Trabalho Portuário).

PAT — Programa de Alimentação do Trabalhador.

PCE — Plano de Controle de Emergência (Trabalho Portuário).

PCMAT — Programa de Condições e Meio Ambiente de Trabalho na Indústria da Construção.

PCMSO — Programa de Controle Médico de Saúde Ocupacional.

PET — Permissão de Entrada de Trabalho (espaços confinados).

PFE — Procuradoria Federal Especializada.

PMTA — Pressão Máxima de Trabalho Admissível (ou PMTP).

PMTP — Pressão Máxima de Trabalho Permitida (ou PMTA).

PPR — Programa de Proteção Respiratória.

PPRA — Programa de Prevenção de Riscos Ambientais.

PQS — Pó Químico Seco.

PT — Permissão de Trabalho.

RGI — Risco Grave e Iminente.

RIA — Responsável por Instalação Aberta.

RIT — Regulamento da Inspeção do Trabalho.

RTP — Regulamento Técnico de Procedimentos.

SEP — Sistema Elétrico de Potência.

SESMT — Serviço Especializado em Engenharia e Segurança e em Medicina do Trabalho.

SESSTP — Serviço Especializado em Segurança do Trabalho Portuário.

SESTR — Serviço Especializado em Segurança e Saúde no Trabalho Rural.

SFIT — Sistema Federal de Inspeção do Trabalho.

SIT — Secretaria de Inspeção no Trabalho.

SPR — Supervisor de Proteção Radiológica.

SRTE — Superintendência Regional do Trabalho e Emprego.

STF — Supremo Tribunal Federal.

TAC — Termo de Ajuste de Conduta.

TRT — Tribunal Regional do Trabalho.

TST — Tribunal Superior do Trabalho.

VR — Valor de Referência da Normalidade.

QUADRO-RESUMO DE FUNDAMENTOS JURÍDICOS DAS NORMAS REGULAMENTADORAS DE SEGURANÇA E SAÚDE NO TRABALHO

Como é por demais sabido, o Princípio Constitucional de Minimização dos Riscos Ocupacionais, contido no inciso XXII do art. 7º da Constituição Federal de 1988, assegura aos trabalhadores urbanos e rurais brasileiros *"a redução dos riscos inerentes ao trabalho, por meio de normas de saúde, higiene e segurança no trabalho"*. Noutras palavras, no âmbito da infortunística obreira, o dever mais importante e fundamental do empregador brasileiro é propiciar a seus empregados ambiente de trabalho sadio e seguro. No plano da legislação infralegal, o diploma mais relevante, porém, não o único, certamente é a Consolidação das Leis do Trabalho (CLT) que, em seu Título II: Das Normas Gerais de Tutela do Trabalho (arts. 13 a 201) dedica o Capítulo V: Da Segurança e da Medicina do Trabalho (arts. 154 a 201 da CLT), especificamente para disciplinar a temática pertinente à prevenção de acidentes e à promoção da saúde ocupacional. De se observar que os arts. 154 a 201 da CLT possuem redação dada pela Lei n. 6.514 de 22.12.1977, observadas as atualizações subsequentes até a publicação da Lei n. 13.103 de 2.3.2015.

Importante lembrar que o então Ministério do Trabalho (MTb), atual Ministério do Trabalho e Emprego (MTE), cumprindo determinação legal específica (art. 200 da CLT), editou a Portaria MTb n. 3.214 de 8.6.1978, que instituiu as primeiras vinte e oito Normas Regulamentadoras (NRs) de Segurança e Saúde no Trabalho (SST), cada uma disciplinando uma temática específica.

Os títulos das atuais trinta e seis normas regulamentadoras de segurança e saúde no trabalho (36 NRs de SST) estão a seguir apresentados de forma sequenciada e crescente, acompanhados da indicação dos respectivos dispositivos legais, infralegais ou regulamentares, e jurisprudenciais, que lhes propiciam o suporte de validade jurídica.

QUADRO-RESUMO DE FUNDAMENTOS JURÍDICOS DAS NORMAS REGULAMENTADORAS DE SEGURANÇA E SAÚDE NO TRABALHO

NR-01: DISPOSIÇÕES GERAIS *(redação dada pela Portaria SSMT-MTb n. 6 de 9.3.1983, atualizada até a edição da Portaria SIT-MTE n. 84 de 4.3.2009). Arts.* 7º, incisos XXII, XXIII, XXVIII e XXXIII, e 114 da CF-1988. *Art. 10, inciso II, alíneas "a" e "b", do Ato das Disposições Constitucionais Transitórias (ADCT) da CF-1988. Arts. 154 a 159 da CLT (com a redação dada pela Lei n. 6.514 de 22.12.1977 e atualizada até a edição da Lei n. 13.103 de 2.3.2015). Lei n. 10.593 de 6.12.2002 (cria a carreira Auditoria Fiscal do Trabalho). Lei n. 10.683 de 28.5.2003 (Organização da Presidência da República e dos Ministérios). Convenções da Organização Internacional do Trabalho (OIT) ns. 81, 155 e 174. Decreto n. 4.552 de 27.12.2002 (Regulamento da Inspeção do Trabalho (RIT) modificado pelo Decreto n. 4.870 de 30.10.2003); Decreto n. 5.063 de 3.5.2004 (Anexo I: Estrutura do MTE); Decreto n. 6.341 de 3.1.2008 (alterou a denominação das antigas Delegacias Regionais do Trabalho (DRTs) para as atuais Superintendências Regionais do Trabalho (SRTEs). Portaria MTE-GM n. 589 de 28.4.2014. Súmula STF n. 736.*

NR-02: INSPEÇÃO PRÉVIA *(redação atual dada pela Portaria SSMT-MTb n. 35 de 28.12.1983). Art.* 7º, incisos XXII, XXIII, XXVIII e XXXIII, *da CF-1988. Art. 160 da CLT. Instrução Normativa SSMT-MTb n. 1 de 17.5.1983.*

NR-03: EMBARGO OU INTERDIÇÃO *(redação atual dada pela Portaria SIT-MTE n. 199 de 17.1.2011). Art.* 7º, incisos XXII, XXIII, XXVIII e XXXIII, *da CF-1988. Art. 161 da CLT. Portaria MTE n. 40 de 14.1.2011 (Procedimentos relativos a Embargo e Interdição). Portaria MTE-GM n. 1.719 de 5.11.2014 (Suspendeu os efeitos da Portaria MTE-GM n.40/2011 para disciplinar temporariamente os Procedimentos relativos a Embargo e Interdição).*

NR-04: SESMT — SERVIÇOS ESPECIALIZADOS EM ENGENHARIA DE SEGURANÇA E EM MEDICINA DO TRABALHO *(redação dada pela Portaria SSMT-MTb n. 33 de 27.10.1983, atualizada até a edição da Portaria MTE-GM n. 2.108 de 23.12.2014). Art.* 7º, *incisos XXII, XXIII, XXVIII e XXXIII da CF-1988. Art. 162 da CLT. Lei n. 7.410 de 27.11.1985. Lei n. 9.436 de 5.2.1997. Convenções OIT n. 155 e n. 161. Decreto n. 92.530 de 9.4.1986. Portaria MTb n. 3.275 de 21.9.1989. Resoluções do Conselho Federal de Engenharia e Agronomia (CONFEA) n. 359 de 31.7.1991 e n. 437 de 27.11.1999. Resolução do Conselho Federal de Medicina (CFM) n. 1.488 de 11.2.1998, atualizada pela Resolução CFM n. 1.940 de 14.1.2010. Súmulas TST n. 282 e n. 370.*

NR-05: CIPA — COMISSÃO INTERNA DE PREVENÇÃO DE ACIDENTES *(redação dada pela Portaria SSST-MTE n. 8 de 23.2.1999, atualizada até a edição da Portaria SIT-MTE n. 247 de 12.7.2011). Art.* 7º, incisos XXII, XXIII, XXVIII e XXXIII, *da CF-1988. Art. 10, inciso II, alínea "a", do ADCT da CF-1988. Arts. 163 a 165 da CLT. Súmula STF n. 676. Súmula TST n. 339. Portaria SSST-MTb n. 24 de 27.5.1999 (Dimensionamento da CIPA em Canteiros de Obras).*

NR-06: EPI — EQUIPAMENTO DE PROTEÇÃO INDIVIDUAL *(redação dada pela Portaria SIT-MTE n. 25 de 15.10.2001, atualizada até a edição da Portaria MTE-GM n. 505 de 16.4.2015).* Art. 7º, incisos XXII, XXIII, XXVIII e XXXIII, da CF-1988. Arts. 166 e 167 da CLT. Súmulas TST ns. 80 e 289.

NR-07: PCMSO — PROGRAMA DE CONTROLE MÉDICO DE SAÚDE OCUPACIONAL *(redação dada pela Portaria SSST-MTb n. 24 de 29.12.1994, atualizada até a edição da Portaria MTE n. 1.892 de 9.12.2013). Art. 7º*, incisos XXII, XXIII, XVIII e XXXIII, da CF-1988. *Arts. 168, 169, 200, VI, 373-A, IV, 390, 392, § 4º, e 405 da CLT. Art. 60, § 4º, da Lei n. 8.213 de 24.7.1991. Arts. 1º e 2º da Lei n. 9.029 de 13.4.1995. Arts. 302 e 342 do Código Penal Brasileiro; Convenções OIT ns. 115, 120, 136, 139, 148, 152, 155, 159, 161, 162, 164, 170, 172 e 176. Súmulas TST ns. 15, 46, 122, 143, 282 e 370. Resoluções CFM n. 1.488 de 11.2.1998, e n. 1940 de 14.1.2010; item 19, Anexo n. 12, da NR-15 (Atividades e Operações Insalubres); Nota Técnica Explicativa da NR-07 (PCMSO) SSST-MTb (DOU de 4.10.1996); item 5.16 — Mapa de Riscos Ambientais (MRA), da NR-05 (CIPA); item 9.1.1 da NR-09 (PPRA); item 18.3 — Programa de Condições e Meio Ambiente de Trabalho na Indústria da Construção (PCMAT), da NR-18 (Condições e Meio Ambiente de Trabalho na Indústria da Construção); item 22.3.7 Programa de Gerenciamento de Riscos (PGR), da NR-22 (Segurança e Saúde Ocupacional na Mineração); item 29.6.6 — Plano de Controle de Emergência (PCE) e Plano de Ajuda Mútua (PAM), ambos da NR-29 (Segurança e Saúde no Trabalho Portuário); itens 30. 4 — Grupo de Segurança e Saúde no Trabalho a Bordo das Embarcações (GSSTB) e 30.5 — PCMSO do Trabalho Aquaviário, ambos da NR-30 (Segurança e Saúde no Trabalho Aquaviário); item 31.5 — Gestão de Segurança, Saúde e Meio Ambiente de Trabalho Rural, da NR-31 (Segurança e Saúde no Trabalho na Agricultura, Pecuária, Silvicultura, Exploração Florestal e Aquicultura); itens 32.2.3.4 (PPRA) e 32.3.5 (PCMSO), ambos da NR-32 (Segurança e Saúde no Trabalho em Serviços de Saúde); item 33.3 — Gestão de Segurança, Saúde nos Trabalhos em Espaços Confinados, da NR-33 (Segurança e Saúde nos Trabalhos em Espaços Confinados); e, item 36.12 — Programas de Prevenção dos Riscos Ambientais e de Controle Médico de Saúde Ocupacional, da NR-36 (Segurança e Saúde no Trabalho em Empresas de Abate e Processamento de Carnes e Derivados).*

NR-08: EDIFICAÇÕES *(redação dada pela Portaria GM-MTb n. 3214 de 8.6.1978, atualizada até a edição da Portaria SIT-MTE n. 222 de 6.5.2011). Art. 7º*, incisos XXII, XXIII, XXVIII e XXXIII, *da CF-1988. Arts. 170 a 174 da CLT.*

NR-09: PPRA — PROGRAMA DE PREVENÇÃO DE RISCOS AMBIENTAIS *(redação dada pela Portaria SSST-MTb n. 25 de 29.12.1994 e atualizada até a edição da Portaria MTE-GM n. 1.471 de 24.9.2014). Arts. 5º*, inciso XIII, e 7º, incisos XXII, XXIII, XXVIII e XXXIII, da CF-1988. *Arts. 175 a 178 e 200, incisos V e VI, da CLT. Art. 58 da Lei n. 8.213/1991. Convenções OIT ns. 115, 119, 120, 134, 136, 139, 148, 152, 155, 159, 161, 162, 164, 170, 174, 176 e 182; Resoluções CONFEA ns. 359 de 31.7.1991 e 437 de 27.11.1999; item 5.16 — Mapa de Riscos Ambientais (MRA) da NR-05 (CIPA); item 7.2.1 da NR-07 (PCMSO); item 18.3 — Programa de Condições e Meio Ambiente de Trabalho na Indústria da Construção (PCMAT), da NR-18 (Condições e Meio Ambiente de Trabalho na Indústria da Construção); item 22.3.7 — Programa de Gerenciamento de Riscos (PGR), da NR-22 (Segurança e Saúde Ocupacional na Mineração); item 29.6.6 — Plano de Controle de Emergência (PCE) e Plano de Ajuda Mútua (PAM), ambos da NR-29 (Segurança e Saúde no Trabalho Portuário); itens 30.4 — Grupo de Segurança e Saúde no Trabalho a Bordo das Embarcações (GSSTB) e 30.5 — PCMSO do Trabalho Aquaviário, ambos da NR-30 (Segurança e Saúde no Trabalho Aquaviário); item 31.5 — Gestão de Segurança, Saúde e Meio Ambiente de Trabalho Rural, da NR-31 (Segurança e Saúde no Trabalho na Agricultura, Pecuária, Silvicultura, Exploração Florestal e Aquicultura); itens 32.2.3.4 (PPRA) e 32.3.5 (PCMSO), ambos da NR-32 (Segurança e Saúde no Trabalho em Serviços de Saúde); item 33.3 — Gestão de Segurança, Saúde nos Trabalhos em Espaços Confinados, da NR-33 (Segurança e Saúde nos Trabalhos em Espaços Confinados); e, item 36.12 — Programas de Prevenção dos Riscos Ambientais e de Controle Médico de Saúde Ocupacional, da NR-36 (Segurança e Saúde no Trabalho em Empresas de Abate e Processamento de Carnes e Derivados).*

NR-10: SEGURANÇA EM INSTALAÇÕES E SERVIÇOS EM ELETRICIDADE *(redação atual dada pela Portaria MTE-GM n. 598 de 7.12.2004). Art. 7º*, incisos *XXII, XXIII, XXVIII e XXXIII, da CF-1988. Arts. 179 a 181 e 193 da CLT. Súmulas TST n. 191, 361 e 364.*

NR-11: TRANSPORTE, MOVIMENTAÇÃO, ARMAZENAGEM E MANUSEIO DE MATERIAIS *(redação dada pela Portaria MTb n. 3.214 de 8.6.1978, atualizada até a edição da Portaria SIT-MTE n. 82 de 1º.6.2004). Art. 7º*, incisos XXII, XXIII, XXVIII e XXXIII, *da CF-1988. Arts. 182, 183, 198, 390 e 405 da CLT.*

NR-12: SEGURANÇA NO TRABALHO EM MÁQUINAS E EQUIPAMENTOS *(redação dada pela Portaria SIT-MTE n. 197 de 17.12.2010, atualizada até a edição da Portaria MTE-GM n. 857 de 25.6.2015). Art. 7º*, incisos XXII, XXIII, XXVIII e XXXIII, *da CF-1988. Arts. 184 a 186 da CLT. Lei n. 5.280 de 27.4.1967. Convenção OIT n. 119 (Decreto n. 1.255 de 29.9.1994).*

NR-13: CALDEIRAS, VASOS DE PRESSÃO E TUBULAÇÕES *(redação atual dada Portaria MTE-GM n. 594 de 28.4.2014). Art. 7º*, incisos XXII, XXIII, XXVIII e XXXIII, *da CF-1988. Arts. 187 e 188 da CLT.*

NR-14: FORNOS *(redação dada pela Portaria SSMT-MTb n. 12 de 6.6.1983). Art. 7º*, incisos XXII, XXIII, XXVIII e XXXIII, da CF-1988. *Arts. 187 e 188 da CLT.*

NR-15: ATIVIDADES E OPERAÇÕES INSALUBRES *(redação dada pela Portaria MTb n. 3.214 de 8.6.1978, atualizada até a edição da Portaria MTE-GM n. 1.297 de 13.8.2014). Art. 7º*, incisos XXII, XXIII, XXVIII e XXXIII, da CF-1988. *Arts. 189 a 192, 194 a 197, 200, incisos V e VI, 253 e 405, inciso I, da CLT. Art. 14 da Lei n. 4.860 de 26.11.1965 (Portuários). Art. 16 da Lei n. 7.394 de 29.10.1985 (Técnicos em Radiologia). Arts. 68 a 70 da Lei n. 8.112 de 11.12.1990 e art. 12 da Lei n. 8.270 de 17.12.1991 (Adicionais de Insalubridade, Penosidade e Periculosidade para os Servidores Públicos Federais). Arts. 57 e 58 da Lei n. 8.213 de 24.7.1991 (Laudo Técnico de Condições Ambientais de Trabalho — LTCAT). Convenções OIT ns. 136, 139, 148, 155 e 170. Decreto n. 6.481 de 12.6.2008 (Lista das Piores Formas de Trabalho Infantil e dos Trabalhos Insalubres ou Perigosos Proibidos para Menores). Portaria MTE-GM n. 702 de 28.5.2015 (Prorrogação de Jornada em Atividade Insalubre); Resoluções CONFEA ns. 359 de 31.7.1991 e 437 de 27.11.1999. Resoluções CFM n. 1.488 de 11.2.1998 e n. 1940 de 14.1.2010. Resoluções do Conselho Superior da Justiça do Trabalho (CSJT) ns. 66 de 10.6.2010 e 115 de 28.9.2012 (Honorários Periciais — Justiça Gratuita). Súmula Vinculante STF n. 4/2008. Súmulas STF ns. 194, 307 e 460. Súmulas TST ns. 17, 47, 80, 139, 228, 248, 289, 293, 341, 358, 448 e 457. Orientações Jurisprudenciais OJ-SDI-I-TST ns. 47, 103, 121, 165, 171, 172, 173, 198, 208, 278, 316, 345 e 402.*

NR-16: ATIVIDADES E OPERAÇÕES PERIGOSAS *(redação dada pela Portaria MTb n. 3.214 de 8.6.1978, atualizada até a edição da Portaria MTE-GM n. 595 de 7.5.2015). Art. 7º*, incisos XXII, XXIII, XXVI e XXXIII, da CF-1988, *Arts. 193 a 197 e 405, inciso I, da CLT. Art. 14 da Lei n. 4.860 de 26.11.1965 (Portuários). Art. 16 da Lei n. 7.394 de 29.10.1985 (Técnicos em Radiologia). Arts. 68 a 70 da Lei n. 8.112 de 11.12.1990 e art. 12 da Lei n. 8.270 de 17.12.1991 (Adicionais de Insalubridade, Penosidade e Periculosidade para os Servidores Públicos Federais). Arts. 57 e 58 da Lei n. 8.213 de 24.7.1991 (Laudo Técnico de Condições Ambientais de Trabalho — LTCAT). Lei n. 11.901 de 12.1.2009 (Periculosidade do Bombeiro Civil). Decreto n. 6.481 de 12.6.2008 (Lista das Piores Formas de Trabalho Infantil e dos Trabalhos Insalubres ou Perigosos Proibidos para Menores). NR-10 (Segurança em Instalações e Serviços em Eletricidade). NR-19 (Explosivos). NR-20 (Segurança e Saúde no Trabalho com Inflamáveis e Combustíveis). Resoluções CONFEA ns. 359 de 31.7.1991 e 437 de 27.11.1999 (Competência Técnico-Legal do Engenheiro de Segurança do Trabalho). Resolução CSJT n. 66 de 10.6.2010, atualizada pela Resolução CSJT n. 115 de 28.9.2012 (Honorários Periciais — Justiça Gratuita). Portarias MTb n. 3.393 de 17.12.1987, n. 496 de 11.12.2002 e MTE n. 518 de 4.4.2003 (Periculosidade de Radiações Ionizantes). Súmula STF n. 212. Súmulas TST ns. 39, 70, 132, 191, 248, 341, 358, 361, 364, 447, 453 e 457. Orientações Jurisprudenciais OJ-SDI-I-TST ns. 60, 165, 172, 198, 208, 259, 279, 316, 324, 345, 347, 385 e 402.*

NR-17: ERGONOMIA *(redação dada pela Portaria MTPS n. 3.751 de 23.11.1990, atualizada até a edição da Portaria SIT-MTE n. 13 de 21.6.2007). Art.* 7º, incisos XXII, XXIII, XXVIII e XXXIII da CF-1988. *Arts. 72, 198, 199, 253, 390 e 405 da CLT. Súmula TST n. 346.*

NR-18: CONDIÇÕES E MEIO AMBIENTE DE TRABALHO NA INDÚSTRIA DA CONSTRUÇÃO *(redação dada pela* Portaria SSMT-MTb n. 4 de 4.7.1995, *atualizada até a edição da Portaria MTE-GM n. 597 de 7.5.2015). Art.* 7º, XXII, XXIII, XXVIII e XXXIII da CF-1988. *Art. 200, inciso I, da CLT. Convenção OIT n. 167. Portaria SIT-MTE n. 313 de 23.3.2012, que instituiu a NR-35 (Trabalho em Altura).*

NR-19: EXPLOSIVOS *(redação atual dada pela Portaria SIT-MTE n. 228 de 24.5.2011). Art.* 7º, incisos XXII, XXIII, XVIII e XXXIII da CF-1988. *Art. 200, inciso II, da CLT. Decreto n. 3.665 de 20.11.2000 (Regulamento para Fiscalização de Produtos Controlados (R-105) do Exército Brasileiro). Itens: 22.21 — Operações com Explosivos e Acessórios, da NR-22 (Segurança e Saúde Ocupacional na Mineração) e 29.6 — Operações com Cargas Perigosas, da NR-29 (Segurança e Saúde no Trabalho Portuário).*

NR-20: SEGURANÇA E SAÚDE NO TRABALHO COM INFLAMÁVEIS E COMBUSTÍVEIS *(redação dada pela Portaria SIT-MTE n. 308 de 29.2.2012, atualizada até a edição da Portaria MTE-GM n. 1.079 de 16.7.2014). Art.* 7º, incisos XXII, XXIII, XXVIII e XXXIII, da CF-1988; *Art. 200, inciso II, da CLT. Itens: 22.19 — Sinalização nas Áreas de Trabalho e de Circulação, da NR-22 (Segurança e Saúde Ocupacional na Mineração), e, 29.6-Operações com Cargas Perigosas, da NR-29 (Segurança e Saúde no Trabalho Portuário).*

NR-21: TRABALHOS A CÉU ABERTO *(redação dada pela Portaria MTb n. 3.214 de 8.6.1978, atualizada até a edição da Portaria MTb n. 2.037 de 15.12.1999). Art.* 7º, incisos XXII, XXIII, XXVIII e XXXIII, *da CF-1988. Art. 200, inciso V, da CLT.*

NR-22: SEGURANÇA E SAÚDE OCUPACIONAL NA MINERAÇÃO *(redação dada pela Portaria MTE n. 2.037 de 15.12.1999, atualizada até a edição da Portaria MTE n. 732 de 22.5.2014). Convenção OIT n. 176. Art.* 7º, incisos XXII, XXIII, XXVIII e XXXIII, *da CF-1988. Arts. 200, inciso III, e 293 a 301 da CLT.*

NR-23: PROTEÇÃO CONTRA INCÊNDIOS *(redação atual dada pela Portaria SIT-MTE n. 221 de 6.5.2011). Art.* 7º, incisos XXII, XXIII, XXVIII e XXXIII, *da CF-1988. Art. 200, IV, da CLT. Lei n. 11.901 de 12.1.2009 (Periculosidade do Bombeiro Civil).*

NR-24: CONDIÇÕES SANITÁRIAS E DE CONFORTO NOS LOCAIS DE TRABALHO *(redação dada pela Portaria MTb n. 3.214 de 8.6.1978, atualizada até a edição da Portaria SSST-MTb n. 13 de 17.9.1993). Art.* 7º, incisos XXII, XXIII, XXVIII e XXXIII, *da CF-1988. Art. 200, inciso VII, da CLT. Portaria MTE-GM n. 944 de 8.7.2015 (Condições de Segurança, Sanitárias e de Conforto nos Locais de Espera, de Repouso e de Descanso dos Motoristas Profissionais de Transporte Rodoviário de Passageiros e de Cargas).*

NR-25: RESÍDUOS INDUSTRIAIS *(redação dada pela Portaria SIT-MTE n. 227 de 24.5.2011, modificada pela Portaria SIT-MTE n. 253 de 4.8.2011). Art.* 7º, incisos XXII, XXIII, XXVIII e XXXIII, *da CF-1988. Art. 200, inciso VII, da CLT.*

NR-26: SINALIZAÇÃO DE SEGURANÇA *(redação atual dada pela Portaria SIT-MTE n. 229 de 24.5.2011, atualizada até a edição da Portaria MTE-GM n. 704 de 28.5.2015). Art.* 7º, incisos XXII, XXIII, XXVIII e XXXIII, *da CF-1988. Art. 200, inciso VIII, da CLT; Norma Brasileira NBR n. 7.195/1982 da Associação Brasileira de Normas Técnicas (ABNT).*

NR-27: REGISTRO PROFISSIONAL DO TÉCNICO DE SEGURANÇA DO TRABALHO NO MINISTÉRIO DO TRABALHO E EMPREGO *(revogada pela Portaria MTE-GM n. 262 de 29.5.2008).*

NR-28: FISCALIZAÇÃO E PENALIDADES *(redação dada pela Portaria DNSST-MTPS n. 3 de 1º.7.1992, atualizada até a edição da* Portaria MTE-GM n. 882 de 1º.7.2015*). Arts.* 5º, inciso LV, 7º, incisos XXII, XXIII, XXVIII e XXXIII, 114, *inciso VII, da CF-1988. Arts. 154 a 161, 201 e 626 a 642 da CLT. Lei n. 9.784 de 29.1.1999 (Processo Administrativo no Âmbito da Administração Pública). Lei n. 10.593 de 6.12.2002. Lei n. 10.683 de 28.5.2003. Súmula Vinculante STF n. 21 de 10.11.2009. Convenções OIT n. 81, 155 e 174. Decreto n. 3.129 de 9.8.1999. Decreto n. 4.552 de 27.12.2002 (Regulamento da Inspeção do Trabalho — RIT). Portaria SSMT-MTb n. 19 de 26.7.1983. Portaria MTE n. 40 de 14.1.2011 (Procedimentos relativos a Embargo e Interdição). Portaria MTE-GM n. 1.719 de 5.11.2014 (Suspendeu os efeitos da Portaria MTE n.40/2011 para disciplinar temporariamente os Procedimentos relativos a Embargo e Interdição). Instruções Normativas: IN SIT-MTE n. 70 de 13.8.2007 (Procedimentos de Fiscalização das Condições de Trabalho a Bordo de Embarcações Nacionais e Estrangeiras) e IN SIT-MTE n. 76 de 15.5.2009 (Procedimentos de Fiscalização do Trabalho Rural).*

NR-29: SEGURANÇA E SAÚDE NO TRABALHO PORTUÁRIO *(redação dada pela Portaria SIT-MTE n. 158 de 10.4.2006, atualizada até a edição da Portaria MTE-GM n. 1080 de 16.7.2014). Art.* 7º, incisos XXII, XXIII, XXVIII e XXXIII, da CF-1988. *Art. 14 da Lei n. 4.860 de 26.11.1965. Arts.* 9º e 10 da Lei n. 9.719 de 27.11.1998. Convenções OIT *ns. 126, 133, 137, 152, 163, 164 e 166. Súmula TST n. 309. Orientações Jurisprudenciais OJ-SDI — (Subseção I) -TST ns. 60, 316 e 402.*

NR-30: SEGURANÇA E SAÚDE NO TRABALHO AQUAVIÁRIO *(redação original dada pela Portaria SIT-MTE n. 34 de 4.12.2002, atualizada até a edição da Portaria MTE-GM n. 2.062 de 30.12.2014). Art.* 7º, incisos XXII, XXIII, XXVIII e XXXIII, *da CF-1988. Arts. 248 a 252 da CLT. Convenções OIT ns. 163, 164 e 166. Instrução Normativa IN SIT-MTE n. 70 13.8.2007 (Procedimentos de Fiscalização das Condições de Trabalho a Bordo de Embarcações Nacionais e Estrangeiras).*

NR-31: SEGURANÇA E SAÚDE NO TRABALHO NA AGRICULTURA, PECUÁRIA, SILVICULTURA, EXPLORAÇÃO FLORESTAL E AQUICULTURA *(redação original dada pela Portaria MTE-GM n. 86 de 3.3.2005, atualizada até a edição da Portaria MTE-GM n. 1.896 de 9.12.2013). Art.* 7º, incisos XXII, XXIII, XXVIII e XXXIII, da CF-1988. *Art. 13 da Lei n. 5.889 de 8.6.1973. Lei n. 10.593 de 6.1.2002. Lei n. 10.683 de 28.5.2003. Convenções OIT, n. 81, 155 e 174. Decreto n. 4.552 de 27.12.2002 (Regulamento da Inspeção do Trabalho). Instrução Normativa IN SIT-MTE n. 76 de 15.5.2009 (Procedimentos de Fiscalização do Trabalho Rural).*

NR-32: SEGURANÇA E SAÚDE NO TRABALHO EM ESTABELECIMENTOS DE SAÚDE *(redação original dada pela Portaria MTE-GM n. 485 de 11.11.2005, atualizada até a edição da Portaria MTE-GM n. 1.748 de 30.8.2011). Art.* 7º, incisos XXII, XXIII, XXVIII e XXXIII *da CF-1988. Arts. 155, inciso I, 157, inciso I, e 200, inciso VI, da CLT.*

NR-33: SEGURANÇA E SAÚDE NOS TRABALHOS EM ESPAÇOS CONFINADOS *(redação dada pela Portaria MTE-GM n. 202 de 22.12.2006, atualizada até a edição da Portaria MTE-GM n. 1.409 de 29.8.2012). Art.* 7º, incisos XXII, XXIII, XXVIII e XXXIII, *da CF-1988. Arts. 155, inciso I, 157, inciso I, e 200, incisos III e VI, da CLT.*

NR-34: CONDIÇÕES E MEIO AMBIENTE DE TRABALHO NA INDÚSTRIA DA CONSTRUÇÃO E REPARAÇÃO NAVAL *(redação original dada pela Portaria SIT-MTE n. 200 de 20.1.2011, atualizada até a edição da Portaria MTE-GM n. 592 de 28.4.2014). Art.* 7º, incisos XXII, XXIII, XXVIII e XXXIII, *da CF-1988. Arts. 155, 157, 158 e 200 da CLT.*

NR-35: TRABALHO EM ALTURA *(redação original dada pela Portaria SIT-MTE n. 313 de 23.3.2012, atualizada até a edição da Portaria MTE-GM n. 1.471 de 24.9.2014). Art.* 7º, incisos XXII, XXIII, XXVIII e XXXIII, *da CF-1988. Arts. 155, 157, 158 e 200, da CLT.*

NR-36: SEGURANÇA E SAÚDE NO TRABALHO EM EMPRESAS DE ABATE E PROCESSAMENTO DE CARNES E DERIVADOS *(redação original e atual dada pela Portaria MTE-GM n. 555 de 18.4.2013). Art.* 7º, incisos XXII, XXIII, XXVIII e XXXIII, *da CF-1988; e Arts. 155, 157, 158 e 200 da CLT.*

Capítulo 1

Disposições Gerais

O título desse primeiro capítulo "Disposições Gerais" corresponde à denominação da primeira norma regulamentadora de segurança e saúde no trabalho; situação essa que se repetirá nos próximos trinta e cinco capítulos, os quais foram igualmente nominados com os respectivos títulos das normas de proteção da saúde e da integridade física do trabalhador, observada a ordem numérica sequencial crescente.

Antes de iniciarmos a abordagem técnico-jurídica propriamente dita acerca das Disposições Gerais de Segurança e Saúde no Trabalho, é oportuno resgatar alguns conceitos elementares, com o propósito de facilitar a compreensão da temática em apreço:

- INFORTUNÍSTICA *é a ciência que congrega o saber jurídico, em especial os Princípios e as Normas de Direito Constitucional, Previdenciário, Trabalhista, Civil e Penal, em sua interface com o saber técnico-especializado de Segurança e Saúde no Trabalho e da Medicina Legal, tendo por objeto o estudo das causas e consequências de acidentes do trabalho, especialmente na modalidade de doenças ocupacionais. Oportuno recordar que a infortunística não é questão recente, apenas tem variado de frequência e gravidade, ao longo do tempo, conforme a cultura e o desenvolvimento socioeconômico e tecnológico de cada nação. A propósito, infortúnio é sinônimo de acidente do trabalho.*

- MEIO AMBIENTE DE TRABALHO *corresponde ao espaço físico, fixo ou móvel, com todos os seus componentes naturais ou artificiais, máquinas e equipamentos, no qual são desenvolvidas atividades profissionais produtivas e onde se fazem presentes os agentes físicos, químicos, biológicos, mecânicos, ergonômicos, psicossociais e outros, naturais ou artificiais que, associados ou não, podem desencadear reações psicofisiológicas e sociais com repercussões na Saúde, na Integridade Física e na Qualidade de Vida do Trabalhador.*

- SAÚDE NO TRABALHO *é a ciência que, por meio de observações, estratégias, metodologias e técnicas próprias, e com suporte multidisciplinar, identifica, analisa e estuda as possíveis causas e consequências das Doenças Profissionais e do Trabalho, objetivando a adoção de adequadas intervenções ambientais que visem a prevenção dessas enfermidades, a promoção da saúde e a melhoria na qualidade de vida dos trabalhadores, além de contribuir positivamente para o incremento da produtividade empresarial, sempre respeitando os limites razoáveis da capacidade e potencialidade humanas.*

- SEGURANÇA DO TRABALHO *é a ciência que, por meio de observações, estratégias, metodologias e técnicas próprias, e com suporte multidisciplinar, identifica, analisa e estuda as possíveis causas e consequências de acidentes do trabalho, objetivando a adoção de adequadas intervenções ambientais que visem a prevenção de infortúnios, a manutenção da integridade física e da saúde dos trabalhadores, além de contribuir positivamente para o incremento da produtividade empresarial, sempre respeitando os limites razoáveis da capacidade e potencialidade humanas.*

- PSICOLOGIA DA INFORTUNÍSTICA *é a ciência que, por meio de observações, estratégias, metodologias e técnicas próprias, e com suporte multidisciplinar, identifica, analisa e estuda as possíveis causas e consequências dos transtornos mentais e comportamentais de etiologia ocupacional, objetivando a adoção de adequadas intervenções ambientais que visem a prevenção dessas enfermidades, a promoção da saúde e a melhoria na qualidade de vida dos trabalhadores, além de contribuir decisivamente para a adequada harmonia das relações laborais e para o incremento positivo da produtividade empresarial, sempre respeitando os limites razoáveis da capacidade e potencialidade humanas.*

Igualmente, é importante não esquecer que os aspectos jurídicos relacionados à segurança e à saúde no trabalho, na forma abordada nesse manual, têm seu campo de atuação prioritariamente direcionado para os trabalhadores urbanos e rurais brasileiros que possuam vinculação jurídica na modalidade de relação empregatícia; daí porque, e apenas para facilitar a compreensão daqueles não versados na Ciência Jurídica, convém lembrar o seguinte:

- RELAÇÃO DE TRABALHO é um gênero que abrange diversas modalidades de prestação de serviços (trabalho avulso, eventual, subordinado, autônomo e outros).
- RELAÇÃO DE EMPREGO é uma modalidade do gênero relação de trabalho, no qual a prestação de serviço é implementada por uma pessoa física em favor de uma pessoa física ou jurídica, de forma não eventual, sob subordinação e mediante uma contraprestação financeira denominada de salário. As duas partes da relação empregatícia recebem a denominação própria de empregado e empregador.

A Organização Internacional do Trabalho (OIT), criada em 11.4.1919, por intermédio do Tratado de Versalhes, e vinculada à Organização das Nações Unidas (ONU), possui a responsabilidade de fomentar o desenvolvimento do trabalho em todo o mundo e estipular parâmetros de legislação trabalhista a serem observados pelos países filiados, inclusive no que diz respeito à Segurança e à Saúde no Trabalho. O Brasil participa da Organização Internacional do Trabalho (OIT), na condição de um de seus membros fundadores. Nesse sentido, é oportuno chamar a atenção do leitor para as várias Convenções da OIT já ratificadas pelo Brasil e que dizem respeito à prevenção de acidentes de trabalho e à promoção da saúde ocupacional, merecendo destaque as seguintes:

QUADRO-RESUMO DAS CONVENÇÕES DA ORGANIZAÇÃO INTERNACIONAL DO TRABALHO (OIT) RELATIVAS À SEGURANÇA E SAÚDE NO TRABALHO E RATIFICADAS PELO BRASIL
Convenção OIT n. 005: ***Idade Mínima de Admissão nos Trabalhos Industriais*** *(Decreto n. 423 de 12.11.1937).*
Convenção OIT n. 012: ***Indenização por Acidente do Trabalho na Agricultura*** *(Decreto n. 41.721 de 25.6.1957).*
Convenção OIT n. 016: ***Exame Médico de Menores no Trabalho Marítimo*** *(Decreto n. 1.398 de 19.1.1937);*
Convenção OIT n. 019: ***Igualdade de Tratamento entre Estrangeiros e Nacionais em Acidentes do Trabalho*** *(Decreto n. 41.721 de 25.6.1957)*
Convenção OIT n. 042: ***Indenização por Enfermidade Profissional*** *(Decreto n. 1.361 de 12.1.1937).*
Convenção OIT n. 045: ***Emprego de Mulheres nos Trabalhos Subterrâneos das Minas*** *(Decreto n. 3.233 de 3.11.1938).*
Convenção OIT n. 081: ***Inspeção do Trabalho na Indústria e no Comércio*** *(Decreto n. 95.461 de 11.12.1987).*
Convenção OIT n. 113: ***Exame Médico dos Pescadores*** *(Decreto n. 58.827 de 14.7.1966).*
Convenção OIT n. 115: ***Proteção Contra as Radiações*** *(Decreto n. 62.151 de 19.1.1968).*
Convenção OIT n. 119: ***Proteção das Máquinas*** *(Decreto n. 1.255 de 29.9.1994).*
Convenção OIT n. 120: ***Higiene no Comércio e Escritórios*** *(Decreto n. 66.498 de 27.4.1970).*
Convenção OIT n. 126: ***Alojamento a Bordo de Navios de Pesca*** *(Decreto n. 2.420 de 21.6.1966).*
Convenção OIT n. 133: ***Alojamento a Bordo de Navios*** *(Decreto n. 1.257 de 29.9.1994).*
Convenção OIT n. 134: ***Prevenção de Acidentes do Trabalho Marítimo*** *(Decreto Legislativo n. 43 de 10.4.1995).*
Convenção OIT n. 136: ***Proteção dos Riscos de Intoxicação provocados pelo Benzeno*** *(Decreto n. 1.253 de 27.9.1994).*
Convenção OIT n. 137: ***Repercussões Sociais dos Novos Métodos de Manipulação de Cargas nos Portos*** *(Decreto n. 1.574 de 31.7.1995).*
Convenção OIT n. 139: ***Prevenção e Controle de Riscos Profissionais causados pelas Substâncias ou Agentes Cancerígenos*** *(Decreto n. 157 de 2.7.1991).*
Convenção OIT n. 144: ***Consultas Tripartites Sobre Normas Internacionais do Trabalho*** *(Decreto n. 2.158 de 12.3.1998).*
Convenção OIT n. 148: ***Proteção dos Trabalhadores Contra os Riscos Profissionais devido à Contaminação do Ar, ao Ruído e às Vibrações no Local de Trabalho*** *(Decreto n. 93.413 de 15.10.1986).*
Convenção OIT n. 152: ***Segurança e Higiene nos Trabalhos Portuários*** *(Decreto n. 99.534 de 19.9.1990).*
Convenção OIT n. 155: ***Segurança e Saúde dos Trabalhadores e o Meio Ambiente de Trabalho*** *(Decreto n. 1.254 de 29.9.1994).*
Convenção OIT n. 159: ***Reabilitação Profissional e Emprego de Pessoas Deficientes*** *(Decreto n. 129 de 22.5.1991).*
Convenção OIT n. 161: ***Serviços de Saúde do Trabalho*** *(Decreto n. 127 de 22.5.1991).*
Convenção OIT n. 162: ***Utilização do Amianto com Segurança*** *(Decreto n.126 de 22.4.1991).*
Convenção OIT n. 163: ***Bem-Estar dos Trabalhadores Marítimos no Mar e no Porto*** *(Decreto n. 2.669 de 15.7.1998).*
Convenção OIT n. 164: ***Proteção da Saúde e Assistência Médica aos Trabalhadores Marítimos*** *(Decreto n. 2.671 de 15.7.1998).*

Convenção OIT n. 166: ***Repatriação dos Trabalhadores Marítimos*** *(Decreto n. 2.670 de 15.7.1998).*

Convenção OIT n. 167: ***Segurança e Saúde na Construção*** (Decreto n. 6.271 de 22.11.2007).

Convenção OIT n. 170: ***Segurança na Utilização de Produtos Químicos no Trabalho*** *(Decreto n. 2.657 de 3.7.1998).*

Convenção OIT n. 174: ***Prevenção de Acidentes Industriais Maiores*** *(Decreto n. 4.085 de 15.1.2002).*

Convenção OIT n. 176: ***Segurança e Saúde no Trabalho em Minas*** (Decreto n. 6.270 de 22.11.2007).

Convenção OIT n. 182: ***Piores Formas de Trabalho Infantil*** *(Decreto n. 3.597 de 12.9.2002).*

Outrossim, merece registro que há vários ÓRGÃOS DO PODER PÚBLICO BRASILEIRO que detêm responsabilidades, atribuições ou competências específicas relacionadas à promoção da segurança e saúde no trabalho; dentre os quais cabe destacar: o Ministério do Trabalho e Emprego (MTE), a Secretaria de Inspeção do Trabalho (SIT-MTE), o Departamento de Segurança e Saúde no Trabalho (DSST-SIT-MTE), as Superintendências Regionais do Trabalho e Emprego (SRTEs-MTE), a Fundação Jorge Duprat Figueiredo de Segurança e Medicina do Trabalho (FUNDACENTRO-MTE), o Instituto Nacional do Seguro Social (INSS), a Justiça do Trabalho (JT), o Ministério Público do Trabalho (MPT) e o Ministério Público Estadual (MPE).

O Ministério do Trabalho e Emprego (MTE) é o órgão integrante da administração pública federal direta responsável por assessorar a Presidência da República nos assuntos que constituem sua área de competência:

- política e diretrizes para a geração de emprego e renda e de apoio ao trabalhador;
- política e diretrizes para a modernização das relações de trabalho;
- fiscalização do trabalho, inclusive do trabalho portuário, bem como aplicação das sanções previstas em normas legais ou coletivas;
- política salarial;
- formação e desenvolvimento profissional;
- ***segurança e saúde no trabalho;***
- política de imigração;
- cooperativismo e associativismo urbanos.

Por questões meramente circunstanciais de política administrativa, os órgãos do Poder Executivo Federal que detêm a nobre missão de promover a política nacional de prevenção de acidentes de trabalho e de promoção da saúde ocupacional, desde o ano de 1990 têm sofrido reiteradas alterações de nomenclaturas, como pode ser constatado no seguinte resumo cronológico normativo:

QUADRO-RESUMO DE ALTERAÇÕES FORMAIS NOS ÓRGÃOS DO PODER EXECUTIVO FEDERAL QUE DETÉM RESPONSABILIDADES PARA COM A SEGURANÇA E SAÚDE NO TRABALHO
A Lei n. 8.028/1990 fundiu o então Ministério do Trabalho (MTb), com o Ministério da Previdência e Assistência Social (MPAS), resultando no Ministério do Trabalho e Previdência Social (MTPS). Em consequência, a então Secretaria de Segurança e Medicina do Trabalho (SSMT-MTb), perdeu o *status* de secretaria ministerial, posto que transformada no Departamento Nacional de Segurança e Saúde do Trabalhador, vinculado à Secretaria Nacional do Trabalho, do Ministério do Trabalho e da Previdência Social (DNSST-SNT-MTPS);
A Lei n. 8.422/1992 desfez a fusão ministerial anterior, e ao Ministério do Trabalho anexou a Secretaria de Administração Federal (SAF), dando origem ao Ministério do Trabalho e da Administração Federal (MTA). Mantido o DNNST nos termos anteriores.
A Lei n. 8.490/1992 desfez a junção anterior e restaurou a denominação Ministério do Trabalho (MTb). Em seguida, o DNSST readquiriu o *status* de Secretaria Ministerial e passou a ser denominado Secretaria de Segurança e Saúde no Trabalho (SSST-MTb), subordinada diretamente ao Ministro de Estado do Trabalho.
A Medida Provisória MP n. 1999-16/2000, posteriormente convertida na Lei n. 10.683/2003, alterou a denominação de Ministério do Trabalho (MTb) para o atual Ministério do Trabalho e Emprego (MTE).
Nos termos do Decreto n. 3.129/1999, a Secretaria de Segurança e Saúde do Trabalho juntamente com a Secretaria de Fiscalização do Trabalho passaram a compor a atual Secretaria de Inspeção do Trabalho (SIT-MTE), possuindo como órgão de assessoria técnica especializada o Departamento de Segurança e Saúde no Trabalho (DSST-SIT-MTE).

Em face da edição do Decreto n. 6.341 de 3.1.2008, as antigas Delegacias Regionais do Trabalho (DRTs) foram transformadas em Superintendências Regionais do Trabalho e Emprego (SRTEs). Os atuais titulares das SRTEs denominam-se Superintendentes Regionais do Trabalho e Emprego (antigos Delegados Regionais do Trabalho) e são livremente nomeados pelo Sr. Ministro de Estado do Trabalho e Emprego e a ele se subordinam.

Por intermédio da Medida Provisória MP n. 1.071-9/2000 convertida na Lei n. 10.593/2002 e disciplinada pelo Decreto n. 4.552/2002 (Regulamento da Inspeção do Trabalho), os anteriores Agentes da Inspeção do Trabalho de nível superior: Fiscal do Trabalho, Assistente Social, Engenheiro-Fiscal de Segurança do Trabalho e Médico do Trabalho foram transformados no cargo único de Auditor-Fiscal do Trabalho (AFTs), cuja investidura no cargo ocorre através de concurso público.

Nos termos do atual Regulamento da Inspeção do Trabalho (Decreto n. 4.552/2002), os Agentes de Higiene e Segurança do Trabalho (Técnicos de Segurança do Trabalho do MTE, lotados e em exercício nas Superintendências Regionais do Trabalho e Emprego) desenvolverão atividades auxiliares de apoio operacional à fiscalização do trabalho.

O organograma do MTE, na forma a seguir reproduzida, possibilita uma visualização esquemática de seus órgãos internos, especialmente dos que possuem atribuições específicas destinadas à Prevenção de Acidentes de Trabalho e à Promoção da Saúde Ocupacional: a Secretaria de Inspeção do Trabalho (SIT-MTE), nela incluso o Departamento de Segurança e Saúde no Trabalho (DSST-SIT-MTE); as Superintendências Regionais do Trabalho e Emprego (SRTEs-MTE); e a Fundação Jorge Duprat Figueiredo de Segurança e Medicina do Trabalho (FUNDACENTRO-MTE).

ORGANOGRAMA DO MINISTÉRIO DO TRABALHO E EMPREGO (MTE)

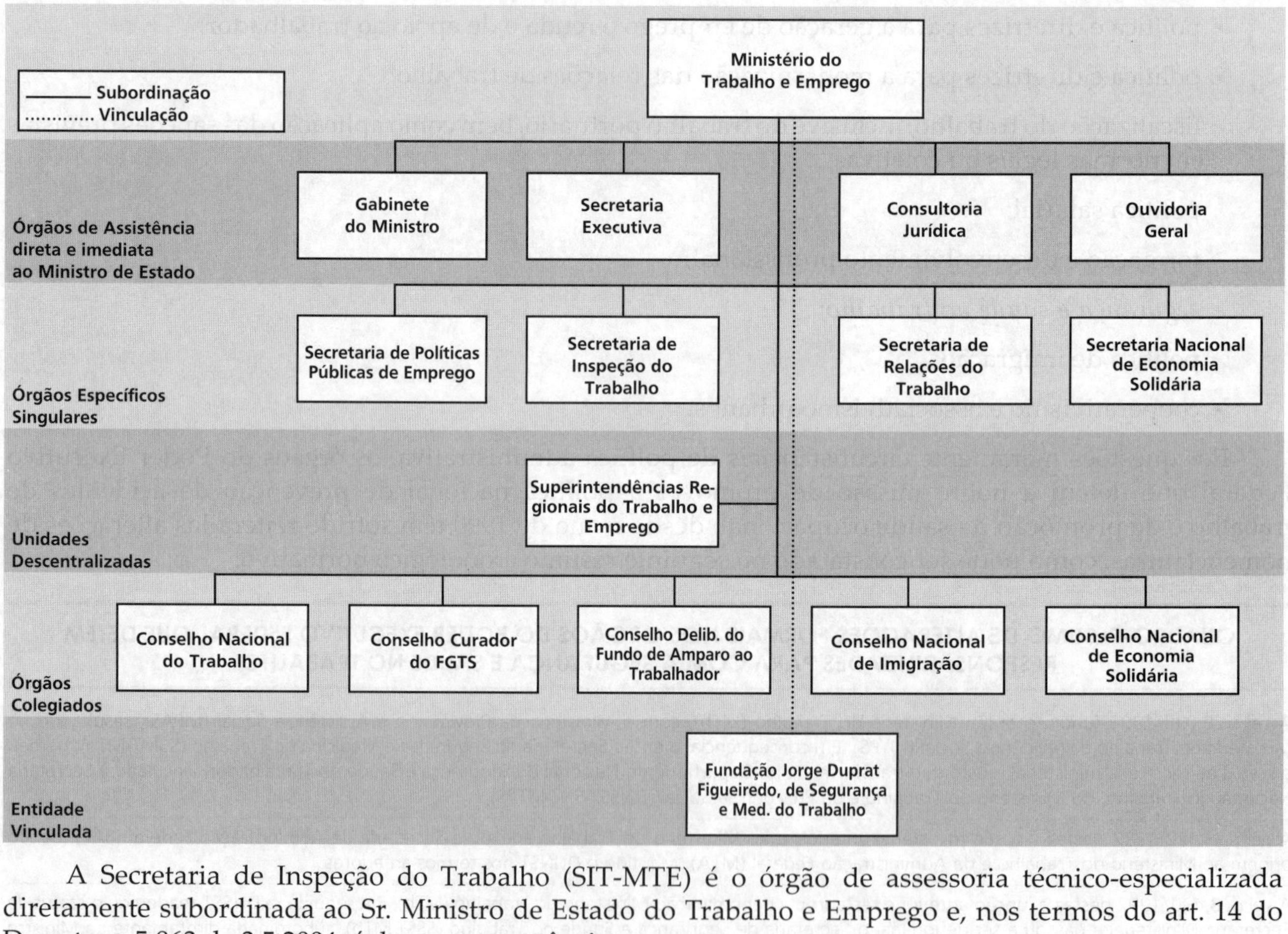

A Secretaria de Inspeção do Trabalho (SIT-MTE) é o órgão de assessoria técnico-especializada diretamente subordinada ao Sr. Ministro de Estado do Trabalho e Emprego e, nos termos do art. 14 do Decreto n. 5.063 de 3.5.2004, é da sua competência:

- formular e propor as diretrizes da inspeção do trabalho, inclusive do trabalho portuário, priorizando o estabelecimento de política de combate ao trabalho forçado e infantil, bem como a todas as formas de trabalho degradante;
- formular e propor as diretrizes e normas de atuação da área de segurança e saúde do trabalhador;

- participar, em conjunto com as demais Secretarias, da elaboração de programas especiais de proteção ao trabalho;
- participar, em conjunto com as demais Secretarias, da formulação de novos procedimentos reguladores das relações capital-trabalho;
- supervisionar, orientar e apoiar, em conjunto com a Secretaria de Relações do Trabalho, as atividades de mediação em conflitos coletivos de trabalho, quando exercidas por Auditores Fiscais do Trabalho;
- formular e propor as diretrizes da fiscalização dos recolhimentos do Fundo de Garantia do Tempo de Serviço (FGTS);
- propor ações, no âmbito do Ministério, que visem à otimização de sistemas de cooperação mútua, intercâmbio de informações e estabelecimento de ações integradas entre as fiscalizações federais;
- formular e propor as diretrizes para o aperfeiçoamento técnico-profissional e gerência do pessoal da inspeção do trabalho;
- promover estudos da legislação trabalhista e correlata, no âmbito de sua competência, propondo o seu aperfeiçoamento;
- supervisionar as atividades voltadas para o desenvolvimento de programas e ações integradas de cooperação técnico-científica com organismos nacionais e internacionais, na área de sua competência;
- acompanhar o cumprimento, em âmbito nacional, dos acordos e convenções ratificados pelo Governo brasileiro junto a organismos internacionais, em especial à Organização Internacional do Trabalho (OIT), nos assuntos de sua área de competência;
- propor diretrizes para o aperfeiçoamento das relações do trabalho na sua área de competência;
- baixar normas relacionadas com sua área de competência.

A Secretaria de Inspeção do Trabalho (SIT-MTE) é constituída, basicamente, por dois departamentos: o Departamento de Segurança e Saúde no Trabalho (DSST) e o Departamento de Fiscalização do Trabalho (DFIT).

O Departamento de Segurança e Saúde no Trabalho (DSST-SIT-MTE) é o órgão de assessoria técnico-especializada diretamente subordinado à Secretaria de Inspeção do Trabalho (SIT-MTE), nos termos do art. 16 do Decreto n. 5.063 de 3.5.2004, a esse órgão compete:

- subsidiar a formulação e proposição das diretrizes e normas de atuação da área de segurança e saúde no trabalho;
- planejar, supervisionar, orientar, coordenar e controlar a execução das atividades relacionadas com a inspeção dos ambientes e condições de trabalho;
- planejar, coordenar e orientar a execução do Programa de Alimentação do Trabalhador (PAT) e da Campanha Nacional de Prevenção de Acidentes do Trabalho (CANPAT);
- planejar, supervisionar, orientar, coordenar e controlar as ações e atividades de inspeção do trabalho na área de segurança e saúde;
- subsidiar a formulação e proposição das diretrizes para o aperfeiçoamento técnico-profissional e gerência do pessoal da inspeção do trabalho, na área de segurança e saúde;
- coordenar as atividades voltadas para o desenvolvimento de programas e ações integradas de cooperação técnico-científica com organismos internacionais, na área de sua competência; e
- supervisionar, no âmbito de sua competência, a remessa da legislação e atos administrativos de interesse da fiscalização do trabalho às Superintendências Regionais do Trabalho e Emprego (SRTEs).

As Superintendências Regionais do Trabalho e Emprego (SRTEs), anteriormente denominadas Delegacias Regionais do Trabalho (DRTs), são as representações do Ministério do Trabalho e Emprego (MTE) em cada Unidade da Federação. Nas SRTEs encontram-se lotados e em exercício os Auditores Fiscais do Trabalho, antes denominados Agentes da Inspeção do Trabalho (Fiscais do Trabalho, Engenheiros de Segurança do Trabalho, Médicos do Trabalho e Assistentes Sociais) do MTE.

É atribuição primordial das Superintendências Regionais do Trabalho e Emprego, no âmbito de cada Estado e do Distrito Federal, executar a Política Nacional de Prevenção de Acidentes e de Promoção da Saúde Ocupacional, objetivando a verificação do efetivo cumprimento dos preceitos legais e regulamentares de segurança e saúde no trabalho, junto às empresas públicas ou privadas que possuam trabalhadores urbanos e rurais, em especial os submetidos ao Regime da Consolidação das Leis do Trabalho (CLT). Registre-se, mais, que o art. 21 do Regulamento da Inspeção do Trabalho (RIT) estipula expressamente que caberá à Superintendência Regional do Trabalho e Emprego, por intermédio de seus Auditores Fiscais do Trabalho, promover a investigação das causas de acidentes ou doenças relacionadas ao trabalho, determinando as medidas de proteção necessárias.

Igualmente, cabe às SRTEs a execução do Programa de Alimentação do Trabalhador (PAT), a expedição de Carteiras de Trabalho e Previdência Social (CTPS), assim como o processamento dos pedidos de Seguro-Desemprego; além disso, podem as SRTEs participar como mediadores em negociações coletivas, quando requisitadas para tanto, pelos sindicatos patronais e profissionais.

Para bem desenvolver suas atribuições institucionais, as SRTEs mantêm plantões fiscais, por meio dos quais os Auditores Fiscais do Trabalho prestam, diariamente e ao público em geral, informações e orientações acerca da legislação obreira, além de procederem a homologações de rescisões de contratos de trabalho, assim como recebem denúncias acerca de descumprimento das normas jurídicas de proteção ao trabalho e que darão início a procedimentos fiscais específicos (Orientação, Notificação, Autuação, Embargo e Interdição).

Dispõe o art. 1º do Regulamento da Inspeção do Trabalho (RIT), instituído nos termos do Decreto n. 4.552 de 27.12.2002, que o Sistema Federal de Inspeção do Trabalho, a cargo do Ministério do Trabalho e Emprego, tem por finalidade assegurar, em todo o território nacional, a aplicação das disposições legais, incluindo as convenções internacionais ratificadas, os atos e decisões das autoridades competentes e as convenções, acordos e contratos coletivos de trabalho, no que concerne à proteção dos trabalhadores no exercício da atividade laboral.

Da mesma forma, prevê o aludido RIT, em seu artigo segundo, que compõem o Sistema Federal de Inspeção do Trabalho:

- autoridades de direção nacional, regional ou local: aquelas indicadas em leis, regulamentos e demais atos atinentes à estrutura administrativa do Ministério do Trabalho e Emprego;
- auditores fiscais do trabalho;
- agentes de higiene e segurança do trabalho, em funções auxiliares de inspeção do trabalho.

Estipula o Regulamento da Inspeção do Trabalho que compete aos Auditores Fiscais do Trabalho, em todo o território nacional:

- verificar o cumprimento das disposições legais e regulamentares, inclusive as relacionadas à segurança e à saúde no trabalho, no âmbito das relações de trabalho e de emprego, em especial: os registros em Carteira de Trabalho e Previdência Social (CTPS), visando à redução dos índices de informalidade; o recolhimento do Fundo de Garantia do Tempo de Serviço (FGTS), objetivando maximizar os índices de arrecadação; o cumprimento de acordos, convenções e contratos coletivos de trabalho celebrados entre empregados e empregadores; e o cumprimento dos acordos, tratados e convenções internacionais ratificados pelo Brasil.
- ministrar orientações e dar informações e conselhos técnicos aos trabalhadores e às pessoas sujeitas à inspeção do trabalho, atendidos os critérios administrativos de oportunidade e conveniência;
- interrogar as pessoas sujeitas à inspeção do trabalho, seus prepostos ou representantes legais, bem como trabalhadores, sobre qualquer matéria relativa à aplicação das disposições legais e exigir-lhes documento de identificação;

- expedir notificação para apresentação de documentos;
- examinar e extrair dados e cópias de livros, arquivos e outros documentos, que entenda necessários ao exercício de suas atribuições legais, inclusive quando mantidos em meio magnético ou eletrônico;
- proceder a levantamento e notificação de débitos;
- apreender, mediante termo, materiais, livros, papéis, arquivos e documentos, inclusive quando mantidos em meio magnético ou eletrônico, que constituam prova material de infração, ou, ainda, para exame ou instrução de processos;
- inspecionar os locais de trabalho, o funcionamento de máquinas e a utilização de equipamentos e instalações;
- averiguar e analisar situações com risco potencial de gerar doenças ocupacionais e acidentes do trabalho, determinando as medidas preventivas necessárias;
- notificar as pessoas sujeitas à inspeção do trabalho para o cumprimento de obrigações ou a correção de irregularidades e adoção de medidas que eliminem os riscos para a saúde e segurança dos trabalhadores, nas instalações ou métodos de trabalho;
- quando constatado grave e iminente risco para a saúde ou segurança dos trabalhadores, expedir a notificação a que se refere a disposição anterior, determinando a adoção de medidas de imediata aplicação;
- coletar materiais e substâncias nos locais de trabalho para fins de análise, bem como apreender equipamentos e outros itens relacionados com a segurança e saúde no trabalho, lavrando o respectivo termo de apreensão;
- propor a interdição de estabelecimento, setor de serviço, máquina ou equipamento, ou o embargo de obra, total ou parcial, quando constatar situação de grave e iminente risco à saúde ou à integridade física do trabalhador, por meio de emissão de laudo técnico que indique a situação de risco verificada e especifique as medidas corretivas que deverão ser adotadas pelas pessoas sujeitas à inspeção do trabalho, comunicando o fato de imediato à autoridade competente;
- analisar e investigar as causas dos acidentes do trabalho e das doenças ocupacionais, bem como as situações com potencial para gerar tais eventos;
- realizar perícias e auditorias, no campo de suas atribuições e formação profissional, emitindo pareceres, laudos e relatórios;
- solicitar, quando necessário ao desempenho de suas funções, o auxílio da autoridade policial;
- lavrar termo de compromisso decorrente de procedimento especial de inspeção;
- lavrar autos de infração por inobservância de disposições legais;
- analisar processos administrativos de auto de infração, notificações de débitos ou outros que lhes forem distribuídos;
- devolver, devidamente informados, os processos e demais documentos que lhes forem distribuídos, nos prazos e formas previstos em instruções expedidas pela autoridade nacional competente em matéria de inspeção do trabalho;
- elaborar relatórios de suas atividades, nos prazos e formas previstos em instruções expedidas pela autoridade nacional competente em matéria de inspeção do trabalho;
- levar ao conhecimento da autoridade competente, por escrito, as deficiências ou abusos que não estejam especificamente compreendidos nas disposições legais;
- atuar em conformidade com as prioridades estabelecidas pelos planejamentos nacional e regional.

Os Agentes de Higiene e Segurança do Trabalho (Técnicos de Segurança do Trabalho do MTE, lotados e em exercício nas SRTEs) desenvolverão atividades auxiliares de apoio operacional à inspeção do trabalho; pelo que, fazem parte de suas atribuições procederem a:

- levantamento técnico das condições de segurança nos locais de trabalho, com vistas à investigação de acidentes do trabalho;
- levantamento de dados para fins de cálculo dos coeficientes de frequência e gravidade dos acidentes;
- avaliação qualitativa ou quantitativa de riscos ambientais;
- levantamento e análise das condições de risco nas pessoas sujeitas à inspeção do trabalho;
- auxílio à realização de perícias técnicas para caracterização de insalubridade ou de periculosidade;
- comunicação, de imediato e por escrito, à autoridade competente de qualquer situação de risco grave e iminente à saúde ou à integridade física dos trabalhadores;
- participação em estudos e análises sobre as causas de acidentes do trabalho e de doenças profissionais;
- colaboração na elaboração de recomendações sobre segurança e saúde no trabalho;
- acompanhamento das ações de prevenção desenvolvidas pela unidade descentralizada do Ministério do Trabalho e Emprego;
- orientação às pessoas sujeitas à inspeção do trabalho sobre instalação e funcionamento das Comissões Internas de Prevenção de Acidentes (CIPA) e dimensionamento dos Serviços Especializados em Engenharia de Segurança e em Medicina do Trabalho (SESMT);
- prestação de assistência às CIPAs;
- participação nas reuniões das CIPAs das pessoas sujeitas à inspeção do trabalho, como representantes da unidade descentralizada do Ministério do Trabalho e Emprego;
- devolução dos processos e demais documentos que lhes forem distribuídos, devidamente informados, nos prazos assinalados;
- elaboração de relatório mensal de suas atividades, nas condições e nos prazos fixados pela autoridade nacional em matéria de inspeção do trabalho; e
- prestação de informações e orientações em plantões fiscais na área de sua competência.

A Fundação Jorge Duprat Figueiredo de Segurança e Medicina do Trabalho (FUNDACENTRO) é uma fundação de direito público diretamente vinculada ao Ministério do Trabalho e Emprego, nos termos da Lei n. 5.161 de 21.10.1966 e corresponde à maior entidade brasileira de pesquisa na área de prevenção de acidentes do trabalho e de doenças ocupacionais, encontrando-se sediada em São Paulo e possuindo filiais (regionais) situadas em algumas das maiores capitais do país (Rio de Janeiro, Brasília, Belo Horizonte, Porto Alegre, Salvador, Recife e Manaus).

Chamamos a especial atenção do caro leitor para o fato de, apesar de alguns artigos originários da CLT ainda fazerem referências às Delegacias do Trabalho Marítimo (DTMs), desde o advento da Lei n. 7.731 de 14.2.1989, ditos órgãos, assim como os cargos de seus respectivos titulares (Delegados do Trabalho Marítimo), foram legalmente extintos e transferidas suas atribuições e competências, respectivamente, para as Delegacias Regionais do Trabalho (atuais Superintendências Regionais do Trabalho e Emprego) e Delegados Regionais do Trabalho (atuais Superintendentes Regionais do Trabalho e Emprego).

Ao Instituto Nacional do Seguro Social (INSS), autarquia federal integrante do Poder Executivo vinculada ao Ministério da Previdência Social, compete, dentre outras atribuições e por intermédio de seus Médicos Peritos, examinar clinicamente os trabalhadores que estejam acometidos de doenças, especialmente as de origem ocupacional ou que tenham sofrido acidentes de trabalho, de modo a viabilizar o pagamento de benefícios sociais aos segurados da Previdência Social, ou a seus dependentes, particularmente os relacionados à segurança e saúde ocupacional (Auxílio-Doença, Auxílio-Acidente, Habilitação e Reabilitação Profissional, Aposentadoria por Invalidez e Pensão por Morte), bem como a Aposentadoria Especial porventura devida a trabalhadores que, comprovadamente, tenham desenvolvido atividades com exposição a determinados agentes nocivos à saúde ou à integridade física, sempre observados os ditames legais específicos.

Aos Auditores Fiscais da Previdência Social compete executar a fiscalização da legislação previdenciária, especialmente no tocante ao recolhimento das contribuições previdenciárias.

À Procuradoria Federal Especializada (PFE) com atuação junto ao Instituto Nacional do Seguro Social (INSS), unidade da Procuradoria-Geral Federal (PGF) e integrante da Advocacia-Geral da União (AGU), compete, dentre outras atribuições, acionar judicialmente o empregador que tenha propiciado a ocorrência de infortúnio laboral, por meio de Ação Regressiva, objetivando reaver os gastos previdenciários efetuados com o segurado-acidentado ou seus dependentes, quando caracterizado que o descumprimento patronal às normas tutelares de segurança e saúde no trabalho foi causa determinante ou contributiva para a concretização do infortúnio laboral em qualquer uma de suas espécies.

O Ministério Público (MP), na condição de instituição permanente e essencial à função jurisdicional do Estado, tem como principal missão institucional a defesa da ordem jurídica, do regime democrático e dos interesses sociais e individuais indisponíveis. O Ministério Público subdivide-se em duas vertentes: o Ministério Público da União (MPU) e o Ministério Público Estadual (MPE). Dentre os órgãos integrantes do Ministério Público da União (MPU), merece destaque o Ministério Público do Trabalho (MPT) a quem cabe constitucionalmente: a defesa da ordem jurídica, do regime democrático e dos interesses sociais e individuais indisponíveis, especificamente no tocante às relações trabalhistas.

De forma bem sintética, ao Ministério Público do Trabalho (MPT), por intermédio do Procurador-Geral, dos Subprocuradores-Gerais, dos Procuradores Regionais e dos Procuradores do Trabalho, compete, dentre outras atribuições: promover o Inquérito Civil e a Ação Civil Pública visando à proteção do meio ambiente do trabalho e de outros interesses difusos e coletivos dos trabalhadores urbanos e rurais brasileiros, consoante previsto no art. 83 da Lei Complementar n. 75 de 20.5.1993.

O Termo de Ajuste de Conduta (TAC) corresponde a um instrumento jurídico-formal igualmente relevante e de que tem se valido o MPT, em determinadas ocasiões, na solução de procedimento investigativo promovido pelo Órgão Ministerial em face de denúncia ou por iniciativa própria, no qual tenha sido noticiado eventual descumprimento patronal às normas preventivas de segurança e saúde no trabalho. Por meio do TAC serão estabelecidas, consensualmente, normas de conduta para a fiel observância de seus signatários, visando à melhoria das condições ambientais de trabalho, particularmente no que diz respeito à prevenção de acidentes e à promoção da saúde ocupacional. O descumprimento das disposições contidas no Termo de Ajuste de Conduta firmado perante o Ministério Público do Trabalho ensejará a competente ação executiva no âmbito da Justiça Federal do Trabalho, nos termos do art. 876 da CLT.

A atuação do Ministério Público Estadual (MPE) ainda que de forma indireta em relação à temática da segurança e saúde no trabalho, também é significativa; dentre outros motivos, por ser esse órgão ministerial o detentor do monopólio da ação penal pública, o que deve propiciar a possibilidade de o empregador, seus prepostos e os profissionais de segurança e saúde no trabalho virem a ser responsabilizados criminalmente quando tiverem sido partícipes ou contribuído, de forma dolosa ou culposa, para a ocorrência de acidentes de trabalho. A atuação mais atenta e eficaz do MPE, tanto na identificação das causas quanto na culpabilização dos responsáveis pelos infortúnios de trabalho, certamente contribuiria positivamente na conscientização da real necessidade do efetivo cumprimento adequado das normas regulamentadoras de segurança e saúde no trabalho.

O Poder Judiciário Trabalhista Federal, constituído pelas Varas do Trabalho (VTs), Tribunais Regionais do Trabalho (TRTs) e Tribunal Superior do Trabalho (TST), detém a nobre missão constitucional de solucionar juridicamente os conflitos decorrentes das relações de trabalho. Com a promulgação da Emenda Constitucional n. 45 de 31.12.2004, que propiciou a redação atual do art. 114 de nossa Lei Fundamental, restou ampliada significativamente a competência material da Justiça do Trabalho, não só para dirimir todos os conflitos decorrentes da relação de trabalho, como também para decidir os litígios entre empregados e empregadores, objetivando o pagamento de indenização por danos morais e/ou materiais decorrentes de acidentes de trabalho, assim como para decidir juridicamente acerca das multas administrativas impostas pelos Superintendentes Regionais do Trabalho e Emprego em desfavor das empresas, como decorrência de procedimentos de inspeção trabalhista implementados pelos Auditores Fiscais do Trabalho, particularmente em relação à verificação do cumprimento ou não da legislação de segurança e saúde no trabalho.

A Estrutura Orgânica do Poder Judiciário brasileiro, a seguir reproduzida, objetiva possibilitar, ao leitor não versado na ciência jurídica, uma visualização de como nele se inserem, especialmente, os Órgãos da Justiça Federal do Trabalho (Juízes do Trabalho, Varas do Trabalho, Tribunais Regionais do Trabalho e Tribunal Superior do Trabalho):

ORGANOGRAMA DO PODER JUDICIÁRIO

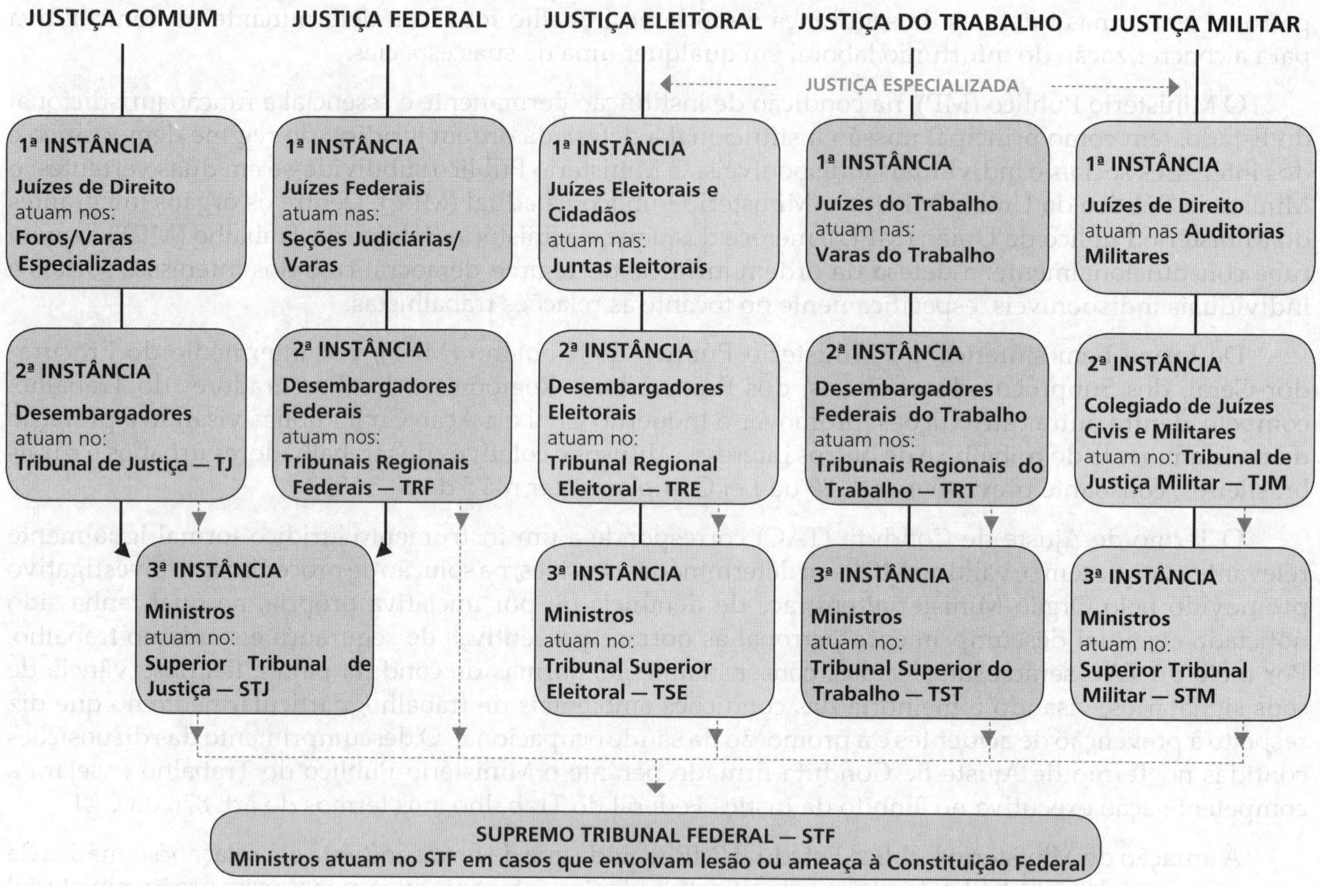

Como dito antes, em face da promulgação da EC n. 45/2004 não mais compete à Justiça Estadual processar e julgar os litígios entre empregados e empregadores objetivando indenizações por danos morais e materiais decorrentes de acidentes de trabalho e, sim, à Justiça Federal do Trabalho. Atualmente, a competência da Justiça Comum Estadual, em relação à Prevenção de Acidentes e à Promoção da Saúde Ocupacional ocorre apenas de forma indireta, pois a ela cabe processar e julgar ações penais públicas promovidas pelo Ministério Público Estadual (MPE), objetivando a sanção criminal de empregadores, de prepostos e/ou dos profissionais de segurança e saúde no trabalho, que tenham praticado atos dolosos ou culposos determinantes para a ocorrência de acidentes do trabalho que resultaram em lesões corporais, doenças ocupacionais ou na morte de trabalhadores. Todavia, persiste a competência material da Justiça Estadual para dirimir os conflitos entre Trabalhadores e o Instituto Nacional do Seguro Social (INSS) objetivando a concessão de benefícios previdenciários decorrentes de infortúnios laborais.

De forma análoga e sempre com o objetivo de facilitar a compreensão do leitor que não possua formação específica na área jurídica, chamamos sua atenção no sentido da hierarquia entre as normas jurídicas a ser observada na superação de eventuais conflitos entre normas jurídicas que tratem de um mesmo tema. Nesse sentido, será reproduzido um quadro esquemático, hierarquizado e simplificado das normas jurídicas brasileiras, que têm no seu topo, como norma mais importante e superior a todas as outras, a Constituição Federal brasileira:

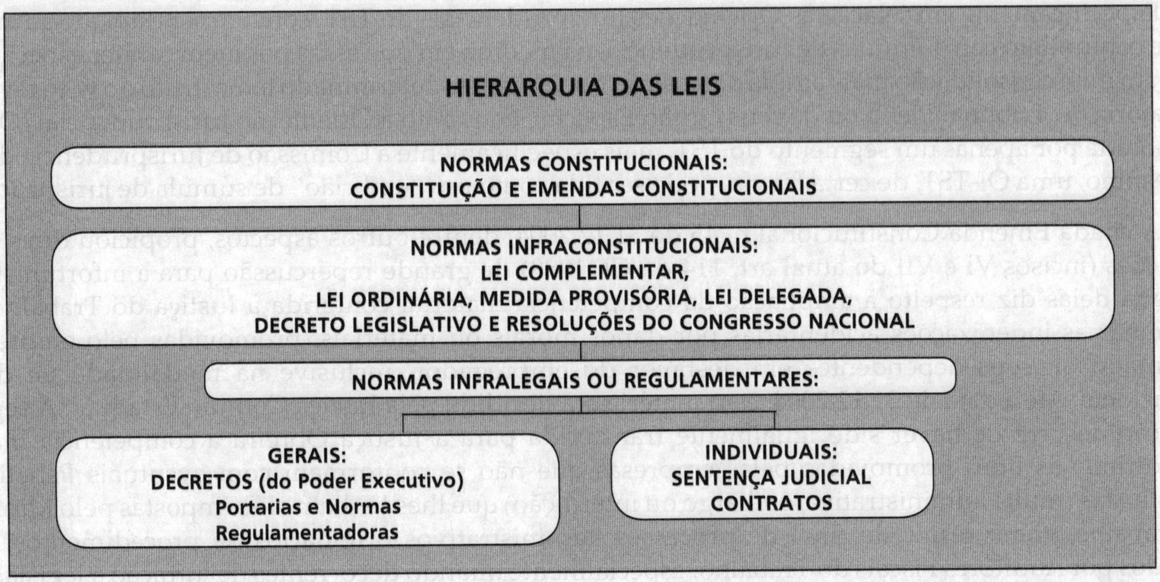

Desde a promulgação da Constituição Federal brasileira, em 5.10.1988, a proteção jurídica à segurança e saúde no trabalho ganhou *status* Constitucional, especialmente porque o art. 7º de nossa Lei Fundamental, ao tratar dos direitos elementares dos trabalhadores urbanos e rurais brasileiros, assegurou-lhes, dentre outros, a redução dos riscos inerentes ao trabalho por meio de normas de segurança e saúde no trabalho. Dito mandamento Constitucional veio realçar e reforçar a proteção jurídica da segurança e saúde dos trabalhadores brasileiros; sendo possível afirmar que as normas preventivas existentes, a partir de então, ganhara um "verniz" constitucional. A propósito, o art. 7º de nossa Carta Política enumera os direitos fundamentais dos trabalhadores urbanos e rurais, por meio de trinta e quatro incisos; sendo quatro deles diretamente relacionados à segurança e saúde no trabalho (incisos XXII, XXIII, XXVIII e XXXIII do art. 7º da CF-1988).

Outrossim, cabe destacar outros dispositivos (incisos XIII e XIV do art. 7º) que estipulam os limites Constitucionais para a jornada de trabalho (oito horas diárias e quarenta e semanais) e, dessa forma, visam coibir o excesso de horas extraordinárias e contribuem positivamente para a prevenção de infortúnios laborais; pois, sabidamente, nos momentos em que estão trabalhando além do horário regular, os trabalhadores ficam mais propensos a se acidentarem, daí porquê, louvável a intenção do Constituinte de 1988 em desestimular a prática de sobrejornada laboral.

Tendo em vista que os destinatários centrais do presente livro são, em sua maioria, profissionais desprovidos de formação jurídica, convém enfatizar que, no âmbito do Direito do Trabalho, o legislador viabilizou a Jurisprudência como a primeira via de integração da norma jurídica. Súmula de Jurisprudência corresponde à síntese do pensamento já pacificado por uma Corte de Justiça acerca de uma determinada questão jurídica até então controvertida. Para a edição de uma súmula de jurisprudência, que não seja vinculante (que excepcionalmente necessita do voto favorável de dois terços dos Ministros do STF), faz-se necessário o voto favorável da maioria dos membros que compõem a Corte de Justiça que, no caso do Supremo Tribunal Federal e do Tribunal Superior do Trabalho, são denominados Ministros. Registre-se, mais, que as Súmulas de Jurisprudência, salvo aquelas que venham a ser dotadas de efeito vinculante, não possuem força de lei e, portanto, sua observância não se vislumbra obrigatória por parte dos demais Tribunais ou Juízes, quando do julgamento das demandas. Entretanto, independentemente do aludido efeito vinculante, não se pode negar a importância nuclear que desfrutam as súmulas para a hermenêutica jurídica, especialmente as editadas pelo Excelso Pretório, dada sua inegável condição de intérprete maior de nossa Carta Magna.

No tocante às Súmulas Vinculantes, cabe recordar que elas surgiram no mundo jurídico em face da Emenda Constitucional (EC) n. 45 de 31.12.2004, que acresceu ao Texto Constitucional disposição específica (art. 103-A) autorizando o Supremo Tribunal Federal (STF) a editar súmula de jurisprudência que, a partir de sua publicação na imprensa oficial, terá efeito vinculante em relação aos demais Órgãos do Poder Judiciário e à Administração Pública Direta e Indireta, nas esferas Federal, Estadual e Municipal.

Especificamente em relação às Orientações Jurisprudenciais do TST, convém ser dito que as mesmas não se confundem com Súmulas de Jurisprudência, na medida em que essas possuem caráter especial, pois retratam uma consolidação mais ampla da posição do TST sobre determinado tema, fruto do voto favorável da maioria do Tribunal Pleno ou de seus Órgão Especial, enquanto a Orientação Jurisprudencial (OJ-TST) é elaborada por apenas um segmento do TST, mais especificamente a Comissão de Jurisprudência do TST. Em resumo, uma OJ-TST, de certa forma, pode ser tida como um "embrião" de súmula de jurisprudência.

A citada Emenda Constitucional n. 45 de 31.12.2004, dentre outros aspectos, propiciou duas outras inovações (incisos VI e VII do atual art. 114 da CF-1988) de grande repercussão para a infortunística. A primeira delas diz respeito à ampliação da competência material conferida à Justiça do Trabalho para solucionar as indenizações acidentárias por danos morais ou materiais, promovidas pelo empregado-acidentado ou seus dependentes em desfavor do empregador, inclusive na modalidade de doença ocupacional. Até a data de 31.12.2004, essa matéria era decidida pela Justiça Comum Estadual. A segunda inovação decorre de haver sido igualmente transferida para a Justiça Obreira a competência material para dirimir as lides promovidas pelas empresas que não se conformam com eventuais Penalidades Trabalhistas (multa administrativa, embargo ou interdição) que lhes tenham sido impostas pelo Ministério do Trabalho, como resultado final de processos administrativos originários de procedimentos fiscais iniciados por Auditores Fiscais do Trabalho, especialmente quando decorrentes de infração à legislação de segurança e saúde no trabalho; o que até então era da competência da Justiça Federal Não Especializada.

No tocante ao foro competente para solucionar juridicamente as controvérsias relativas à aplicação das normas regulamentadoras de segurança e saúde no trabalho, o Supremo Tribunal Federal, por meio de súmula de jurisprudência específica (Súmula STF n. 736) firmou entendimento no sentido de ser a Justiça Federal do Trabalho o foro competente para dirimir os conflitos judiciais acerca do descumprimento das normas preventivas de acidentes de trabalho e de promoção da saúde ocupacional.

Além dos preceitos constitucionais contidos no art. 7º de nossa Lei Fundamental, nossa Constituição Federal, em seu Ato das Disposições Constitucionais Transitórias (ADCT-CF/1988), possui disposição específica (alínea "a" do inciso II do art. 10 do ADCT-CF/1988) que expressamente garante a manutenção do contrato de trabalho dos trabalhadores que foram eleitos representantes dos empregados na Comissão Interna de Prevenção de Acidentes (CIPA), desde o registro de sua candidatura até um ano após o término do mandato; além de, igualmente, expressamente vedar a dispensa arbitrária ou sem justa causa da empregada gestante, desde a confirmação da gravidez até cinco meses após o parto.

No plano infraconstitucional, a norma jurídica de maior relevância para a segurança e saúde no trabalho de nosso país é a Lei n. 6.514 de 22.12.1977, que propiciou nova redação aos arts. 154 a 201 que compõem o Capítulo V (Da Segurança e da Medicina do Trabalho), do Título II (Das Normas Gerais de Tutela do Trabalho), da CLT, observadas as atualizações até a edição da Lei n. 13.103 de 2.3.2015.

Todavia, nosso Código Obreiro contém vários outros tópicos que dizem respeito à segurança e saúde no trabalho, merecendo destaque os seguintes dispositivos legais que tratam de: Duração do Trabalho (arts. 57 a 75 da CLT); Férias (arts. 129 a 153 da CLT); Disposições Especiais sobre Duração e Condições de Trabalho (arts. 224 a 351 da CLT); Proteção do Trabalho da Mulher (arts. 372 a 401 da CLT); e, Proteção do Trabalho do Menor (arts. 402 a 441 da CLT).

Os arts. 154 a 201 da CLT, que compõem o citado Capítulo V do Título II da CLT, estipulam direitos e obrigações legais para os três segmentos da relação empregatícia (Empregadores, Empregados e Governo Federal) no que diz respeito à prevenção de acidentes de trabalho e à promoção da saúde ocupacional. Ditos artigos de nosso Estatuto Obreiro foram regulamentados pela Portaria MTb n. 3.214 de 8.6.1978 que estipulou as primeiras vinte e oito Normas Regulamentadoras (NR´s) de Segurança e Saúde no Trabalho (SST). Atualmente, existem 36 NRs de SST, valendo observar que as sete mais recentes (NR-29 a NR-36) foram instituídas por Portarias Ministeriais subsequentes e específicas, consoante pode ser conferido no Quadro-Resumo dos Fundamentos Jurídicos das Normas Regulamentadoras de Segurança e Saúde no Trabalho, devidamente reproduzido nas páginas antecedentes a este Capítulo.

Em decorrência da acelerada revolução tecnológica que tem desencadeado profundas mudanças na relação capital-trabalho, as normas preventivas de acidentes laborais encontram-se em contínuo processo de atualização e modernização, objetivando a promoção da melhoria das condições ambientais de trabalho; afinal de contas, é missão institucional do Estado velar pela saúde e integridade física de sua força produtiva.

Consoante regra legal específica (art. 200 da CLT), compete ao Ministério do Trabalho e Emprego (MTE), dentre outras atribuições, a elaboração de normas regulamentadoras de segurança e saúde no trabalho, tendo em vista as peculiaridades de cada atividade ou setor de trabalho, especialmente sobre:

- medidas de prevenção de acidentes e os equipamentos de proteção individual em obras de construção, demolição ou reparos;
- depósitos, armazenagem e manuseio de combustíveis, inflamáveis e explosivos, bem como trânsito e permanência nas áreas respectivas;
- trabalho em escavações, túneis, galerias, minas e pedreiras, sobretudo quanto à prevenção de explosões, incêndios, desmoronamentos e soterramentos, eliminação de poeiras, gases etc., e facilidades de rápida saída dos empregados;
- proteção contra incêndio em geral e as medidas preventivas adequadas, com exigências ao especial revestimento de portas e paredes, construção de paredes contra fogo, diques e outros anteparos, assim como garantia geral de fácil circulação, corredores de acesso e saídas amplas e protegidas, com suficiente sinalização;
- proteção contra insolação, calor, frio, umidade e ventos, sobretudo no trabalho a céu aberto com provisão, quanto a este, de água potável, alojamento e profilaxia de endemias;
- proteção do trabalhador exposto a substâncias químicas nocivas, radiações ionizantes e não ionizantes, ruídos, vibrações e trepidações ou pressões anormais ao ambiente de trabalho, com especificação das medidas cabíveis para eliminação ou atenuação desses efeitos, limites máximos quanto ao tempo de exposição, à intensidade da ação ou de seus efeitos sobre o organismo do trabalhador, exames médicos obrigatórios, limites de idade, controle permanente dos locais de trabalho e das demais exigências que se façam necessárias;
- higiene nos locais de trabalho, com discriminação das exigências, instalações sanitárias, com separação de sexos, chuveiros, lavatórios, vestiários e armários individuais, refeitórios ou condições de conforto por ocasião das refeições, fornecimento de água potável, condições de limpeza dos locais de trabalho e modo de sua execução, tratamento de resíduos industriais;
- emprego das cores nos locais de trabalho, inclusive nas sinalizações de perigo.

Em se tratando de radiações ionizantes e explosivos, as normas preventivas de segurança e saúde no trabalho serão expedidas pelo Ministério do Trabalho e Emprego de acordo com as resoluções a respeito adotadas pelos órgãos técnicos específicos desses agentes nocivos à integridade física do trabalhador.

Acerca de como são editadas as normas regulamentadoras de segurança e saúde no trabalho, cabe destacar que a Portaria MTE n. 1.127 de 2.10.2003, adotou, como princípio básico para elaboração das NR´s, o Sistema Tripartite, composto de representantes dos três segmentos envolvidos na relação trabalhista: Governo Federal, Trabalhadores e Empregadores, devendo serem observadas as seguintes etapas:

- definição de temas a serem discutidos;
- elaboração de texto técnico básico;
- publicação de texto técnico básico no Diário Oficial da União (DOU);
- instalação do Grupo de Trabalho Tripartite (GTT); e,
- aprovação e publicação da norma no DOU.

A primeira norma regulamentadora de segurança e saúde no trabalho, NR-01 (Disposições Gerais), estabelece o campo de aplicação de todas as normas preventivas de segurança e saúde no trabalho urbano, bem como os direitos e obrigações do governo, dos empregadores e dos trabalhadores no tocante à prevenção de acidentes e à promoção da saúde ocupacional.

Recorde-se que todas as normas regulamentadoras de segurança e saúde no trabalho têm sua existência jurídica assegurada em nosso ordenamento jurídico a partir de dispositivo constitucional específico (inciso XXII do art. 7º da CF-1988), que expressamente assegura aos trabalhadores urbanos e rurais brasileiros, o direito à redução dos riscos inerentes ao trabalho por meio de normas de saúde, higiene e segurança. Em nosso entendimento, esse dispositivo constitucional é o mais importante preceito legal de prevenção de acidentes e de promoção da saúde ocupacional, configurando um verdadeiro Princípio Constitucional de Minimização de Riscos Ambientais e, portanto, suficiente a legitimar, constitucionalmente, a existência das normas preventivas editadas pelo Ministério do Trabalho e Emprego, em especial a norma regulamentadora em apreço.

Os arts. 154 a 159 da Consolidação das Leis do Trabalho encontram-se devidamente reproduzidos nos Fundamentos Jurídicos deste Capítulo, a exemplo dos outros preceitos legais aqui reportados, e propiciam o embasamento jurídico às disposições gerais de segurança e saúde no trabalho, em termos de legislação infraconstitucional ou ordinária.

Consoante explicitado na NR-01 (Disposições Gerais), as normas regulamentadoras de segurança e saúde no trabalho editadas pelo Ministério do Trabalho e Emprego têm o seu Campo de Aplicação prioritário em relação a todas as empresas estatais (empresas públicas e sociedades de economia mista) ou privadas brasileiras e demais estabelecimentos que possuam trabalhadores contratados sob a égide da Consolidação das Leis do Trabalho.

Malgrado se admita a pertinência suplementar das disposições normativas contidas na NR-01 (Disposições Gerais) ao trabalho urbano e rural, convém ser enfatizado que a trigésima primeira norma regulamentadora de segurança e saúde no trabalho, NR-31 (Segurança e Saúde no Trabalho na Agricultura, Pecuária, Silvicultura, Exploração Florestal e Aquicultura), editada nos termos da Portaria MTE n. 86 de 3.3.2005, a par de disciplinar o art. 13 da Lei n. 5.889 de 8.6.1973 (Estatuto do Trabalhador Rural), substituiu as então vigorantes cinco normas regulamentadoras de segurança e saúde no trabalho rural (5 NRR's) e estabeleceu novas disposições normativas gerais e próprias para a atividade rural, de forma similar às determinações preventivas gerais do trabalho urbano. Registre-se que o citado art. 13 do Código Rurícola estipula expressamente que, nos locais onde sejam desenvolvidas atividades rurícolas (agricultura e pecuária) serão observadas as normas de segurança e higiene estabelecidas em Portaria do Ministro do Trabalho Emprego (MTE).

Outrossim, a primeira norma regulamentadora preventiva do trabalho urbano preceitua que o fato de uma empresa observar fielmente todas as determinações preventivas de segurança e saúde no trabalho não a torna isenta do cumprimento de outros preceitos legais ou regulamentares que, com relação à matéria, sejam incluídas em Códigos de Obras ou Regulamentos Sanitários do Estado ou do Município onde se situe o estabelecimento, além de outras disposições constantes em Convenções ou Acordos Coletivos de Trabalho.

Sabidamente, a desnutrição ou a má alimentação são, reconhecidamente, causas que contribuem para a ocorrência de acidentes do trabalho; logo, revela-se plenamente justificável, a inclusão do Programa de Alimentação do Trabalhador (PAT) dentre as competências do Departamento de Segurança e Saúde no Trabalho (DSST-SIT-MTE). O PAT é um programa de âmbito nacional, instituído pela Lei n. 6.321 de 14.4.1976 e regulamentado pela Portaria MTb n. 1.156 de 17.9.1993, por meio do qual são concedidos incentivos fiscais para que as empresas forneçam refeições ou alimentos a seus empregados, diretamente, ou por meio de tíquetes ou vales.

A Campanha Nacional de Prevenção de Acidentes do Trabalho (CANPAT) corresponde a um programa de âmbito nacional de caráter permanente que objetiva a prevenção de acidentes do trabalho e de doenças ocupacionais, a ser desenvolvido pelo DSST-SIT-MTE, e executado, em cada estado da federação, por intermédio das Superintendências Regionais do Trabalho e Emprego (SRTEs).

A primeira norma regulamentadora de segurança e saúde no trabalho delineia alguns dispositivos jurídicos cujo conhecimento é importante para a compreensão da aplicabilidade das normas preventivas, merecendo destaque:

- Empregador, segundo o art. 2º da CLT e a alínea *a* do item 1.6 da NR-01, é a pessoa física ou jurídica que, assumindo os riscos da atividade econômica, admite, assalaria e dirige a prestação pessoal de serviços. Equiparam-se ao empregador os profissionais liberais, as instituições de beneficência, as associações recreativas ou outras instituições sem fins lucrativos, que admitem trabalhadores como empregados.

- Empregado, consoante o art. 3º da CLT e a alínea *b* do item 1.6 da NR-01, é a pessoa física que presta serviços de natureza não eventual a empregador, sob a dependência deste e mediante a contraprestação salarial.

- Empresa é o estabelecimento ou o conjunto de estabelecimentos, canteiros de obra, frente de trabalho, locais de trabalho e outros, constituindo a organização de que se utiliza o empregador para atingir seus objetivos.

- Estabelecimento corresponde a cada uma das unidades da empresa funcionando em lugares diferentes, tais como: fábrica, refinaria, usina, escritório, loja, oficina, depósito, laboratório.

- Canteiro de Obras é a área de trabalho fixa e temporária, onde se desenvolvem operações de apoio e execução à construção, demolição ou reparo de uma obra.

- Frente de Trabalho é a área de trabalho móvel e temporária, onde se desenvolvem operações de apoio e execução à construção, demolição ou reparo de uma obra.

- Local de Trabalho é a área propriamente dita onde são executados os trabalhos.

De acordo com o art. 157 da CLT e o item 1.7 da NR-01, são Deveres do Empregador para com a prevenção de acidentes e a promoção da saúde ocupacional:

- cumprir e fazer cumprir as disposições legais e regulamentares sobre segurança e saúde no trabalho;

- elaborar ordens internas de serviço sobre segurança e saúde no trabalho, dando ciência aos empregados, por comunicados, cartazes ou meios eletrônicos;

- informar aos trabalhadores sobre: os riscos profissionais que possam originar-se nos locais de trabalho; os meios para prevenir e limitar tais riscos e as medidas adotadas pela empresa; os resultados dos exames médicos e de exames complementares de diagnóstico aos quais os próprios trabalhadores forem submetidos; os resultados das avaliações ambientais realizadas nos locais de trabalho;

- permitir que representantes dos trabalhadores acompanhem a fiscalização dos preceitos legais e regulamentares sobre segurança e saúde no trabalho;

- determinar os procedimentos que devem ser adotados em caso de acidente ou doença relacionada ao trabalho.

Como novidade normativa, convém dizer que, de acordo com a Portaria MTE-GM n. 589 de 28.4.2014 (ao final reproduzida), todo acidente fatal relacionado ao trabalho, inclusive as doenças do trabalho que resultem morte, deve ter sua ocorrência comunicada pelas empresas públicas e privadas à Superintendência Regional do Trabalho e Emprego (SRTE-MTE) mais próxima, no prazo de até vinte e quatro horas após a constatação do óbito, além de informado no mesmo prazo ao Departamento de Segurança e Saúde no Trabalho por mensagem eletrônica (dsst.sit@mte.gov.br), independentemente da implementação da Comunicação de Acidente de Trabalho (CAT) ao Instituto Nacional do Seguro Social (INSS) prevista no art. 22 da Lei n. 8.213 de 21.7.1991.

Estabelecem o art. 158 Consolidado e o item 1.8 da NR-01 (Disposições Gerais) que são Obrigações dos Empregados:

- cumprir as disposições legais e regulamentares sobre segurança e saúde no trabalho, inclusive as ordens internas de serviço específicas expedidas pelo empregador;

- usar o EPI fornecido pelo empregador;

- submeter-se aos exames médicos previstos nas normas regulamentadoras;

- colaborar com a empresa na aplicação das normas regulamentadoras.

Oportuno enfatizar que o descumprimento patronal às disposições legais e regulamentares de segurança e saúde no trabalho sujeita a empresa infratora aos seguintes procedimentos fiscais possíveis de serem adotados pelos Auditores-Fiscais do Trabalho ou mesmo às penalidades administrativo-trabalhistas possíveis de serem impostas pelo Superintendente Regional do Trabalho e Emprego, senão vejamos:

- ORIENTAÇÃO — corresponde a um procedimento fiscal por intermédio do qual o Auditor Fiscal do Trabalho transmite ao empregador ou a seus prepostos, orientações técnico-preventivas de segurança e saúde no trabalho. De se observar que durante a realização de qualquer fiscalização trabalhista, naturalmente serão fornecidas várias orientações gerais de caráter preventivo, inclusive e conforme o caso, durante a implementação de outros tipos de procedimentos fiscais específicos. Todavia, na hipótese de a empresa estar sendo fiscalizada pela primeira vez desde o início de suas atividades produtivas e quando não foi constatada nenhuma situação de risco grave e iminente que pudesse ensejar embargo ou interdição, o Auditor Fiscal poderá, excepcionalmente, limitar sua ação fiscalizatória a meras orientações técnico-preventivas de acidentes de labor e de promoção da saúde ocupacional.
- NOTIFICAÇÃO — é o procedimento fiscal possível de ser implementado pelo Auditor Fiscal do Trabalho mediante a lavratura de Termo de Notificação específico, no qual descreverá as infrações constatadas e concederá ao empregador prazos específicos e variáveis de um a sessenta dias para a devida correção de cada uma das irregularidades detectadas; obviamente, não poderão ser objeto de notificação, ou seja, em hipótese alguma poderá ser concedido prazo para correção de situação de risco grave e iminente, devendo ser adotadas, imediatamente, as medidas técnico-legais objetivando a paralisação da atividade, por intermédio dos procedimentos específicos de embargo ou interdição. No Capítulo 28 (Fiscalização e Penalidades) deste Manual, esse procedimento fiscal será abordado com mais profundidade.
- AUTUAÇÃO — é o procedimento fiscal a ser adotado pelo Auditor-Fiscal do Trabalho quando, ao realizar inspeção trabalhista numa empresa, constata a persistência de irregularidade técnico-preventiva de segurança e saúde no trabalho que, normalmente, fora objeto de anterior Termo de Notificação e cujo prazo já se vencera sem a devida correção patronal. A concretização da autuação se dá mediante a lavratura de um formulário padronizado, denominado Auto de Infração, a ser lavrado para cada item de infração à legislação técnico-preventiva. Com a lavratura do Auto de Infração, e sua subsequente protocolização na Superintendência Regional do Trabalho e Emprego (SRTE), pelo Auditor Fiscal do Trabalho, tem-se o início do processo de aplicação de multa administrativa-trabalhista. Recorde-se que a efetiva aplicação da correspondente multa por infração à legislação trabalhista, inclusive a de segurança e saúde no trabalho, é ato da competência privativa do Superintendente Regional do Trabalho e Emprego. Registre-se que no Capítulo 28 (Fiscalização e Penalidades) deste Manual, esse procedimento fiscal será examinado com mais propriedade.
- MULTA TRABALHISTA — corresponde a uma sanção pecuniária a ser aplicada à empresa pelo Superintendente Regional do Trabalho e Emprego, em face de anterior procedimento fiscal na modalidade de autuação, quando a empresa optou não apresentar defesa escrita nos dez dias subsequentes ao recebimento de cópia do auto de infração ou, quando tenha apresentado defesa escrita, porém, seus argumentos defensivos não foram suficientes para justificar a decretação de nulidade do auto de infração. Registre-se que, a efetiva aplicação da Multa Trabalhista é ato da competência privativa do Superintendente Regional do Trabalho e Emprego; e que, após receber o devido Aviso de Imposição de Multa Trabalhista, a empresa terá a opção de, nos dez dias subsequentes, pagá-la com um desconto de 50% (cinquenta por cento) ou, se assim o preferir, interpor Recurso Administrativo para a Secretaria de Inspeção do Trabalho (SIT-MTE), no decêndio subsequente ao recebimento do aviso de imposição da multa. No Capítulo 28 (Fiscalização e Penalidades) deste Manual, esse procedimento punitivo será explanado com mais riqueza de detalhes.
- INSPEÇÃO PRÉVIA — é um procedimento de fiscalização trabalhista de natureza especial, na medida em que começa, não por iniciativa do órgão de fiscalização e, sim, mediante requerimento do próprio empregador e direcionado ao Superintendente Regional do Trabalho e Emprego, solicitando a designação de Auditor-Fiscal do Trabalho (especializado em engenharia de segurança ou em medicina do trabalho) para realizar uma inspeção técnico-preventiva de segurança e saúde

no trabalho nos domínios da empresa, antes do início de suas atividades produtivas. Realizada a inspeção prévia e se ficar constatado que o estabelecimento submetido à inspeção prévia atende às condições mínimas de segurança e conforto ambiental, o Superintendente Regional do Trabalho e Emprego mandará expedir o correspondente Certificado de Aprovação de Instalações (CAI), espécie de "alvará de funcionamento em termos de segurança e saúde no trabalho"; sem prejuízo, porém, de procedimentos fiscais futuros. O Capitulo 2 (Inspeção Prévia) deste Manual destina-se exclusivamente à abordagem desse procedimento fiscal de natureza especial.

- INTERDIÇÃO — corresponde a uma penalidade técnico-preventiva de segurança e saúde no trabalho, consistente na paralisação, parcial ou total, de serviços ou atividades diversas das executadas em canteiros de obras, quando constatada a existência de uma situação de risco grave e iminente no ambiente de trabalho. De se destacar que embargo e interdição são procedimentos fiscais de natureza especial, na medida em que, consoante previsto no art. 161 da CLT, começam a partir da lavratura de um Laudo Técnico de Embargo ou Interdição subscrito por Auditor-Fiscal do Trabalho especializado em engenharia de segurança ou em medicina do trabalho e se concretizam com a determinação específica de paralisação de atividades por ato do Superintendente Regional do Trabalho e Emprego. A propósito, por situação de risco grave e iminente entenda-se toda e qualquer condição ambiental de trabalho que esteja na iminência ou prestes a causar doença ocupacional ou acidente de trabalho que possa comprometer gravemente a saúde ou a integridade física de pelo menos um trabalhador.
- EMBARGO — é um procedimento análogo à interdição, porém diverge apenas em relação ao campo de aplicação, na medida em que o embargo se destina às atividades de construção civil, ou seja, em canteiros de obras. No mais, embargo e interdição propiciam a mesma consequência jurídica (paralisação de atividades) e seguem o mesmo rito procedimental, ou seja, tem início a partir da configuração de uma situação de risco grave e iminente por intermédio de um Laudo Técnico de Embargo ou Interdição subscrito por Auditor-Fiscal do Trabalho especializado em engenharia de segurança ou em medicina do trabalho e se concretizam com a determinação específica de paralisação de atividades por ato do Superintendente Regional do Trabalho e Emprego. No Capítulo 3 (Embargo ou Interdição) deste Manual consta a abordagem pormenorizada e atualizada desses dois procedimentos punitivos de natureza especial; pelo que, sua leitura é recomendável e indispensável para a compreensão plena e atualizada dessa temática.

Oportuno lembrar que, antes de ser aplicado qualquer procedimento punitivo às empresas, a elas devem ser sempre asseguradas as garantias Constitucionais do Contraditório e da Ampla Defesa, nos termos preconizados pelo inciso LV do art. 5º da Constituição Republicana que expressamente preconiza: "aos litigantes, em processo judicial ou administrativo, e aos acusados em geral são assegurados o contraditório e ampla defesa, com os meios e recursos a ela inerentes."

Tipifica a primeira norma regulamentadora de segurança e saúde no trabalho, NR01 (Disposições Gerais), que constitui ato faltoso a recusa injustificada do empregado ao cumprimento das disposições preventivas, inclusive das Ordens Internas de Serviço sobre Segurança e Saúde no Trabalho elaboradas pelo empregador assim como a recusa injustificada à utilização de Equipamentos de Proteção Individual (EPIs) fornecidos adequadamente pelo empregador. Convém ressaltar, porém, que deverá ser observado o caráter gradativo e educativo de eventuais punições patronais; pois, antes de aplicar qualquer punição ao empregado, deve o empregador previamente desenvolver esforços no sentido de orientação e conscientização de seus empregados no tocante à prevenção de acidentes e à promoção da saúde ocupacional.

A NR-01 (Disposições Gerais) estipula expressamente que as empresas públicas e privadas deverão elaborar Ordens Internas de Serviço sobre Segurança e Saúde no Trabalho objetivando, dentre outros fatores, prevenir acidentes de trabalho e promover a saúde ocupacional, além de explicitar e divulgar os deveres dos empregados e as punições que poderão sofrer em caso de descumprimento das medidas preventivas de segurança e saúde no trabalho. Não existindo um modelo estipulado pelo Ministério do Trabalho e Emprego, será reproduzido no Módulo Complementar deste capítulo, um Modelo de Ordens Internas de Serviço sobre Segurança e Saúde no Trabalho, a título meramente sugestivo.

Doravante, será apresentado o MÓDULO COMPLEMENTAR deste Capítulo, contendo Modelos ou Formulários e objetivando a praticidade de alguns dos tópicos expostos ou, quem sabe, auxiliar o profissional de segurança e saúde no trabalho iniciante em sua rotina diária. Em seguida, foram reproduzidos os FUNDAMENTOS JURÍDICOS (dispositivos legais, infralegais ou regulamentares e jurisprudenciais) que propiciam o suporte de validade jurídica à temática em apreço, observando-se as ordens hierárquica e cronológica. Ao final, encontra-se igualmente transcrita, de forma integral e atualizada, a correspondente norma regulamentadora de segurança e saúde no trabalho que intitula este Capítulo. Recomenda-se a leitura da Convenção da Organização Internacional do Trabalho (OIT) n. 155 no capítulo específico deste livro.

MÓDULO COMPLEMENTAR DO CAPÍTULO 1

MODELO SUGESTIVO DE ORDEM INTERNA DE SERVIÇO SOBRE SEGURANÇA E SAÚDE NO TRABALHO

A Empresa: (Razão Social e Qualificação Completa: Endereço, CGC-MF, Telefone, Fax, E-mail, Caixa Postal, CEP), por intermédio de seu Representante Legal, ao final subscrito, com fundamento na regra contida na alínea "b", do item 1.7, da Norma Regulamentadora NR-01 (Disposições Gerais), da Portaria SSMT-MTb n. 6, de 9.3.1983, que regulamentou os arts. 157 e 158 da Consolidação das Leis do Trabalho (CLT), institui a presente ORDEM INTERNA DE SERVIÇO SOBRE SEGURANÇA E SAÚDE NO TRABALHO, objetivando instruir os empregados deste estabelecimento acerca das medidas de prevenção de acidentes do trabalho e de promoção da saúde ocupacional a que os mesmos se obrigam a conhecer e cumprir, além daquelas já expressamente previstas na legislação de segurança e saúde no trabalho. Destarte, todos os empregados deste estabelecimento deverão cumprir as seguintes determinações prevencionistas:

01. Comunicar imediatamente ao Encarregado do Setor, a um membro da Comissão Interna de Prevenção de Acidentes (CIPA), ou a um profissional integrante do Serviço Especializado em Engenharia de Segurança e em Medicina do Trabalho (SESMT), a existência de Condição Insegura (deficiência, defeito ou irregularidade técnica nas instalações físicas, máquinas ou equipamentos, porventura existentes nos locais de trabalho) ou de Ato Inseguro (atitude, ato, ação ou comportamento que esteja sendo praticado por qualquer companheiro de trabalho, em desacordo com as normas preventivas de segurança e saúde no trabalho), sempre objetivando a prevenção de acidente de trabalho e das doenças ocupacionais, e em observância ao disposto no item 1.8 da citada NR-01 (Disposições Gerais) e no art. 158 da CLT.

02. Colaborar com a Comissão Interna de Prevenção de Acidentes (CIPA) participando ativamente não só de seu processo eleitoral, mas também de todo seu mandato, especialmente cumprindo suas recomendações e contribuindo com sugestões para a elaboração do Mapa de Riscos Ambientais, de acordo com o previsto no item 5.18, da NR-05 (CIPA), da Portaria SSST-MTE n. 8 de 23.12.1999, que regulamentou os arts. 163 a 165 da CLT.

03. Utilizar todos os Equipamentos de Proteção Individual fornecidos pela Empresa para proteger-se adequadamente dos riscos ambientais. Quando constatar que o EPI não é adequado ao risco ou ao seu corpo, ou que já não se encontre em perfeitas condições de uso, deverá comunicar imediatamente tal circunstância ao Encarregado do Setor, a um membro da CIPA ou do SESMT, para as providências cabíveis, de modo que o prosseguimento do serviço somente seja efetivado com a utilização da proteção adequada, de acordo com a regra tipificada no item 6.7, da NR-06 (EPI), da Portaria SIT-MTE n. 25 de 15.10.2001, que regulamentou os arts. 166 e 167 da CLT.

04. Comparecer ao Setor Médico da empresa, ou a que por ela for indicado, para submeter-se à realização dos Exames Médicos Ocupacionais Obrigatórios: Admissional, Periódico, Demissional, de Mudança de Função e de Retorno ao Trabalho, sempre que receber do setor competente a comunicação específica; em sintonia com o previsto no item 7.4.1 da NR-07: Programa de Controle Médico de Saúde Ocupacional (PCMSO), da Portaria SSST-MTb n. 24 de 29.12.1994, que regulamentou o art. 168 do Estatuto Obreiro.

05. Igualmente, comparecer ao Setor Médico da empresa, ou ao que por ela for indicado, sempre que se achar acometido de qualquer enfermidade ou moléstia que o impossibilite do exercício de suas atividades profissionais, para fins de eventual justificativa de faltas ao serviço, a teor do disposto no art. 60, § 4º, da Lei n. 8.213 de 24.7.1991 (Plano de Benefícios da Previdência Social).

06. Não executar serviços de manutenção elétrica, quando não possuir autorização específica para tal, nos termos tipificados no item 10.6, da NR-10 (Segurança em Instalações e Serviços em Eletricidade), da Portaria MTE n. 598 de 7.12.2004, que regulamentou os arts. 179 a 181 do Código Laboral.

Outrossim, fica desde já estabelecido que a presente Ordem Interna de Serviço integra o Regulamento desta empresa e que o seu descumprimento por parte de qualquer empregado configura ato faltoso, nos termos da regra estatuída no parágrafo único do art. 158 consolidado, ensejando assim a adoção de sanções disciplinares (advertência, suspensão) e, havendo reiterada persistência e consoante a gravidade da infração, possibilitará o término contratual na modalidade de dispensa por justa causa, na forma preconizada pelo art. 482 da CLT.

Para que não seja alegado o desconhecimento da presente Ordem Interna de Serviço sobre Segurança e Saúde no Trabalho, deverá a mesma permanecer afixada no Quadro de Avisos desta empresa; além do que, quando da admissão do trabalhador, o mesmo deverá ser inteirado a respeito, ocasião em que lhe será entregue uma cópia, mediante comprovação de recebimento e ciência específica.

Natal-RN, 19 de março de 2015.

....

(Empregador ou Preposto).

FUNDAMENTOS JURÍDICOS DO CAPÍTULO 1

NR-01: DISPOSIÇÕES GERAIS *(redação dada pela Portaria SSMT-MTb n. 6 de 9.3.1983, atualizada até a edição da Portaria SIT-MTE n. 84 de 4.3.2009). Arts. 7º*, incisos XXII, XXIII, XXVIII e XXXIII, e 114 da CF-1988. *Art. 10, inciso II, alíneas "a" e "b", do Ato das Disposições Constitucionais Transitórias (ADCT) da CF-1988. Arts. 154 a 159 da CLT (com a redação dada pela Lei n. 6.514 de 22.12.1977 e atualizados até edição da Lei n. 13.103 de 2.3.2015). Lei n. 10.593 de 6.12.2002 (cria a carreira Auditoria Fiscal do Trabalho). Lei n. 10.683 de 28.5.2003 (Organização *da Presidência da República e dos Ministérios). Convenções da Organização Internacional do Trabalho (OIT) ns. 81, 155 e 174. Decreto n. 4.552 de 27.12.2002 (Regulamento da Inspeção do Trabalho — RIT — modificado pelo Decreto n. 4.870 de 30.10.2003); Decreto n. 5.063 de 3.5.2004 (Anexo I: Estrutura do MTE); Decreto n. 6.341 de 3.1.2008 (alterou a denominação das antigas Delegacias Regionais do Trabalho (DRTs) para as atuais Superintendências Regionais do Trabalho (SRTEs). Portaria MTE-GM n. 589 de 28.4.2014. Súmula STF n. 736.*

CONSTITUIÇÃO DA REPÚBLICA FEDERATIVA DO BRASIL
(Atualizada até a edição da Emenda Constitucional n. 85 de 26.2.2015)

Título I: **Dos Princípios Fundamentais** (Arts. 1º a 4º)

Art. 1º A República Federativa do Brasil, formada pela união indissolúvel dos Estados e Municípios e do Distrito Federal, constitui-se em Estado Democrático de Direito e **tem como fundamentos:**

I — a soberania;

II — a cidadania;

III — a dignidade da pessoa humana;

IV — os valores sociais do trabalho e da livre iniciativa;

V — o pluralismo político.

Parágrafo único. Todo o poder emana do povo, que o exerce por meio de representantes eleitos ou diretamente, nos termos desta Constituição.

Art. 2º São Poderes da União, independentes e harmônicos entre si, o Legislativo, o Executivo e o Judiciário.

Art. 3º Constituem objetivos fundamentais da República Federativa do Brasil:

I — construir uma sociedade livre, justa e solidária;

II — garantir o desenvolvimento nacional;

III — erradicar a pobreza e a marginalização e reduzir as desigualdades sociais e regionais;

IV — promover o bem de todos, sem preconceitos de origem, raça, sexo, cor, idade e quaisquer outras formas de discriminação.

Art. 4º A República Federativa do Brasil rege-se nas suas relações internacionais pelos seguintes princípios:

I — independência nacional;

II — prevalência dos direitos humanos;

III — autodeterminação dos povos;

IV — não-intervenção;

V — igualdade entre os Estados;

VI — defesa da paz;

VII — solução pacífica dos conflitos;

VIII — repúdio ao terrorismo e ao racismo;

IX — cooperação entre os povos para o progresso da humanidade;

X — concessão de asilo político.

Parágrafo único. A República Federativa do Brasil buscará a integração econômica, política, social e cultural dos povos da América Latina, visando à formação de uma comunidade latino-americana de nações.

Título II: **Dos Direitos e Garantias Fundamentais** (Arts. 5º a 17)

Capítulo I: **Dos Direitos e Deveres Individuais e Coletivos** (Art. 5º)

Art. 5º Todos são iguais perante a lei, sem distinção de qualquer natureza, garantindo-se aos brasileiros e aos estrangeiros residentes no País a inviolabilidade do direito à vida, à liberdade, à igualdade, à segurança e à propriedade, nos termos seguintes:

I — homens e mulheres são iguais em direitos e obrigações, nos termos desta Constituição;

II — ninguém será obrigado a fazer ou deixar de fazer alguma coisa senão em virtude de lei;

III — ninguém será submetido a tortura nem a tratamento desumano ou degradante;

IV — é livre a manifestação do pensamento, sendo vedado o anonimato;

V — é assegurado o direito de resposta, proporcional ao agravo, além da indenização por dano material, moral ou à imagem;

VI — é inviolável a liberdade de consciência e de crença, sendo assegurado o livre exercício dos cultos religiosos e garantida, na forma da lei, a proteção aos locais de culto e a suas liturgias;

VII — é assegurada, nos termos da lei, a prestação de assistência religiosa nas entidades civis e militares de internação coletiva;

VIII — ninguém será privado de direitos por motivo de crença religiosa ou de convicção filosófica ou política, salvo se as invocar para eximir-se de obrigação legal a todos imposta e recusar-se a cumprir prestação alternativa, fixada em lei;

IX — é livre a expressão da atividade intelectual, artística, científica e de comunicação, independentemente de censura ou licença;

X — são invioláveis a intimidade, a vida privada, a honra e a imagem das pessoas, assegurado o direito a indenização pelo dano material ou moral decorrente de sua violação;

XI — a casa é asilo inviolável do indivíduo, ninguém nela podendo penetrar sem consentimento do morador, salvo em caso de flagrante delito ou desastre, ou para prestar socorro, ou, durante o dia, por determinação judicial;

XII — é inviolável o sigilo da correspondência e das comunicações telegráficas, de dados e das comunicações telefônicas, salvo, no último caso, por ordem judicial, nas hipóteses e na forma que a lei estabelecer para fins de investigação criminal ou instrução processual penal;

XIII — é livre o exercício de qualquer trabalho, ofício ou profissão, atendidas as qualificações profissionais que a lei estabelecer;

XIV — é assegurado a todos o acesso à informação e resguardado o sigilo da fonte, quando necessário ao exercício profissional;

XV — é livre a locomoção no território nacional em tempo de paz, podendo qualquer pessoa, nos termos da lei, nele entrar, permanecer ou dele sair com seus bens;

XVI — todos podem reunir-se pacificamente, sem armas, em locais abertos ao público, independentemente de autorização, desde que não frustrem outra reunião anteriormente convocada para o mesmo local, sendo apenas exigido prévio aviso à autoridade competente;

XVII — é plena a liberdade de associação para fins lícitos, vedada a de caráter paramilitar;

XVIII — a criação de associações e, na forma da lei, a de cooperativas independem de autorização, sendo vedada a interferência estatal em seu funcionamento;

XIX — as associações só poderão ser compulsoriamente dissolvidas ou ter suas atividades suspensas por decisão judicial, exigindo-se, no primeiro caso, o trânsito em julgado;

XX — ninguém poderá ser compelido a associar-se ou a permanecer associado;

XXI — as entidades associativas, quando expressamente autorizadas, têm legitimidade para representar seus filiados judicial ou extrajudicialmente;

XXII — é garantido o direito de propriedade;

XXIII — a propriedade atenderá a sua função social;

XXIV — a lei estabelecerá o procedimento para desapropriação por necessidade ou utilidade pública, ou por interesse social, mediante justa e prévia indenização em dinheiro, ressalvados os casos previstos nesta Constituição;

XXV — no caso de iminente perigo público, a autoridade competente poderá usar de propriedade particular, assegurada ao proprietário indenização ulterior, se houver dano;

XXVI — a pequena propriedade rural, assim definida em lei, desde que trabalhada pela família, não será objeto de penhora para pagamento de débitos decorrentes de sua atividade produtiva, dispondo a lei sobre os meios de financiar o seu desenvolvimento;

XXVII — aos autores pertence o direito exclusivo de utilização, publicação ou reprodução de suas obras, transmissível aos herdeiros pelo tempo que a lei fixar;

XXVIII — são assegurados, nos termos da lei:

a) a proteção às participações individuais em obras coletivas e à reprodução da imagem e voz humanas, inclusive nas atividades desportivas;

b) o direito de fiscalização do aproveitamento econômico das obras que criarem ou de que participarem aos criadores, aos intérpretes e às respectivas representações sindicais e associativas;

XXIX — a lei assegurará aos autores de inventos industriais privilégio temporário para sua utilização, bem como proteção às criações industriais, à propriedade das marcas, aos nomes de empresas e a outros signos distintivos, tendo em vista o interesse social e o desenvolvimento tecnológico e econômico do País;

XXX — é garantido o direito de herança;

XXXI — a sucessão de bens de estrangeiros situados no País será regulada pela lei brasileira em benefício do cônjuge ou dos filhos brasileiros, sempre que não lhes seja mais favorável a lei pessoal do *de cujus*;

XXXII — o Estado promoverá, na forma da lei, a defesa do consumidor;

XXXIII — todos têm direito a receber dos órgãos públicos informações de seu interesse particular, ou de interesse coletivo ou geral, que serão prestadas no prazo da lei, sob pena de responsabilidade, ressalvadas aquelas cujo sigilo seja imprescindível à segurança da sociedade e do Estado;

XXXIV — são a todos assegurados, independentemente do pagamento de taxas:

a) o direito de petição aos Poderes Públicos em defesa de direitos ou contra ilegalidade ou abuso de poder;

b) a obtenção de certidões em repartições públicas, para defesa de direitos e esclarecimento de situações de interesse pessoal;

XXXV — a lei não excluirá da apreciação do Poder Judiciário lesão ou ameaça a direito;

XXXVI — a lei não prejudicará o direito adquirido, o ato jurídico perfeito e a coisa julgada;

XXXVII — não haverá juízo ou tribunal de exceção;

XXXVIII — é reconhecida a instituição do júri, com a organização que lhe der a lei, assegurados:

a) a plenitude de defesa;

b) o sigilo das votações;

c) a soberania dos veredictos;

d) a competência para o julgamento dos crimes dolosos contra a vida;

XXXIX — não há crime sem lei anterior que o defina, nem pena sem prévia cominação legal;

XL — a lei penal não retroagirá, salvo para beneficiar o réu;

XLI — a lei punirá qualquer discriminação atentatória dos direitos e liberdades fundamentais;

XLII — a prática do racismo constitui crime inafiançável e imprescritível, sujeito à pena de reclusão, nos termos da lei;

XLIII — a lei considerará crimes inafiançáveis e insuscetíveis de graça ou anistia a prática da tortura, o tráfico ilícito de entorpecentes e drogas afins, o terrorismo e os definidos como crimes hediondos, por eles respondendo os mandantes, os executores e os que, podendo evitá-los, se omitirem;

XLIV — constitui crime inafiançável e imprescritível a ação de grupos armados, civis ou militares, contra a ordem constitucional e o Estado Democrático;

XLV — nenhuma pena passará da pessoa do condenado, podendo a obrigação de reparar o dano e a decretação do perdimento de bens ser, nos termos da lei, estendidas aos sucessores e contra eles executadas, até o limite do valor do patrimônio transferido;

XLVI — a lei regulará a individualização da pena e adotará, entre outras, as seguintes:

a) privação ou restrição da liberdade;

b) perda de bens;

c) multa;

d) prestação social alternativa;

e) suspensão ou interdição de direitos;

XLVII — não haverá penas:

a) de morte, salvo em caso de guerra declarada, nos termos do art. 84, XIX;

b) de caráter perpétuo;

c) de trabalhos forçados;

d) de banimento;

e) cruéis;

XLVIII — a pena será cumprida em estabelecimentos distintos, de acordo com a natureza do delito, a idade e o sexo do apenado;

XLIX — é assegurado aos presos o respeito à integridade física e moral;

L — às presidiárias serão asseguradas condições para que possam permanecer com seus filhos durante o período de amamentação;

LI — nenhum brasileiro será extraditado, salvo o naturalizado, em caso de crime comum, praticado antes da naturalização, ou de comprovado envolvimento em tráfico ilícito de entorpecentes e drogas afins, na forma da lei;

LII — não será concedida extradição de estrangeiro por crime político ou de opinião;

LIII — ninguém será processado nem sentenciado senão pela autoridade competente;

LIV — ninguém será privado da liberdade ou de seus bens sem o devido processo legal;

LV — aos litigantes, em processo judicial ou administrativo, e aos acusados em geral são assegurados o contraditório e ampla defesa, com os meios e recursos a ela inerentes;

LVI — são inadmissíveis, no processo, as provas obtidas por meios ilícitos;

LVII — ninguém será considerado culpado até o trânsito em julgado de sentença penal condenatória;

LVIII — o civilmente identificado não será submetido a identificação criminal, salvo nas hipóteses previstas em lei;

LIX — será admitida ação privada nos crimes de ação pública, se esta não for intentada no prazo legal;

LX — a lei só poderá restringir a publicidade dos atos processuais quando a defesa da intimidade ou o interesse social o exigirem;

LXI — ninguém será preso senão em flagrante delito ou por ordem escrita e fundamentada de autoridade judiciária competente, salvo nos casos de transgressão militar ou crime propriamente militar, definidos em lei;

LXII — a prisão de qualquer pessoa e o local onde se encontre serão comunicados imediatamente ao juiz competente e à família do preso ou à pessoa por ele indicada;

LXIII — o preso será informado de seus direitos, entre os quais o de permanecer calado, sendo-lhe assegurada a assistência da família e de advogado;

LXIV — o preso tem direito à identificação dos responsáveis por sua prisão ou por seu interrogatório policial;

LXV — a prisão ilegal será imediatamente relaxada pela autoridade judiciária;

LXVI — ninguém será levado à prisão ou nela mantido, quando a lei admitir a liberdade provisória, com ou sem fiança;

LXVII — não haverá prisão civil por dívida, salvo a do responsável pelo inadimplemento voluntário e inescusável de obrigação alimentícia e a do depositário infiel;

LXVIII — conceder-se-á ***habeas-corpus*** sempre que alguém sofrer ou se achar ameaçado de sofrer violência ou coação em sua liberdade de locomoção, por ilegalidade ou abuso de poder;

LXIX — conceder-se-á **mandado de segurança** para proteger direito líquido e certo, não amparado por *habeas-corpus* ou *habeas-data*, quando o responsável pela ilegalidade ou abuso de poder for autoridade pública ou agente de pessoa jurídica no exercício de atribuições do Poder Público;

LXX — o mandado de segurança coletivo pode ser impetrado por:

a) partido político com representação no Congresso Nacional;

b) organização sindical, entidade de classe ou associação legalmente constituída e em funcionamento há pelo menos um ano, em defesa dos interesses de seus membros ou associados;

LXXI — conceder-se-á **mandado de injunção** sempre que a falta de norma regulamentadora torne inviável o exercício dos direitos e liberdades constitucionais e das prerrogativas inerentes à nacionalidade, à soberania e à cidadania;

LXXII — conceder-se-á ***habeas-data***:

a) para assegurar o conhecimento de informações relativas à pessoa do impetrante, constantes de registros ou bancos de dados de entidades governamentais ou de caráter público;

b) para a retificação de dados, quando não se prefira fazê-lo por processo sigiloso, judicial ou administrativo;

LXXIII — qualquer cidadão é parte legítima para propor **ação popular** que vise a anular ato lesivo ao patrimônio público ou de entidade de que o Estado participe, à moralidade administrativa, ao meio ambiente e ao patrimônio histórico e cultural, ficando o autor, salvo comprovada má-fé, isento de custas judiciais e do ônus da sucumbência;

LXXIV — o Estado prestará assistência jurídica integral e gratuita aos que comprovarem insuficiência de recursos;

LXXV — o Estado indenizará o condenado por erro judiciário, assim como o que ficar preso além do tempo fixado na sentença;

LXXVI — são gratuitos para os reconhecidamente pobres, na forma da lei:

a) o registro civil de nascimento;

b) a certidão de óbito;

LXXVII — são gratuitas as ações de *habeas-corpus* e *habeas-data*, e, na forma da lei, os atos necessários ao exercício da cidadania.

LXXVIII — a todos, no âmbito judicial e administrativo, são assegurados a razoável duração do processo e os meios que garantam a celeridade de sua tramitação.

§ 1º As normas definidoras dos direitos e garantias fundamentais têm aplicação imediata.

§ 2º Os direitos e garantias expressos nesta Constituição não excluem outros decorrentes do regime e dos princípios por ela adotados, ou dos tratados internacionais em que a República Federativa do Brasil seja parte.

§ 3º Os tratados e convenções internacionais sobre direitos humanos que forem aprovados, em cada Casa do Congresso Nacional, em dois turnos, por três quintos dos votos dos respectivos membros, serão equivalentes às emendas constitucionais.

§ 4º O Brasil se submete à jurisdição de Tribunal Penal Internacional a cuja criação tenha manifestado adesão.

Capítulo II: **Dos Direitos Sociais** (Arts. 6º a 11)

Art. 6º São direitos sociais a educação, **a saúde, o trabalho,** a moradia, o lazer, **a segurança,** a previdência social, a proteção à maternidade e à infância, a assistência aos desamparados, na forma desta Constituição.

Art. 7º São direitos dos trabalhadores urbanos e rurais(1), além de outros que visem à melhoria de sua condição social:

I — relação de emprego protegida contra despedida arbitrária ou sem justa causa, nos termos de lei complementar, que preverá indenização compensatória, dentre outros direitos;

II — seguro-desemprego, em caso de desemprego involuntário;

III — fundo de garantia do tempo de serviço;

IV — salário mínimo, fixado em lei, nacionalmente unificado, capaz de atender a suas necessidades vitais básicas e às de sua família com moradia, alimentação, educação, saúde, lazer, vestuário, higiene, transporte e previdência social, com reajustes periódicos que lhe preservem o poder aquisitivo, sendo vedada sua vinculação para qualquer fim;

V — piso salarial proporcional à extensão e à complexidade do trabalho;

VI — irredutibilidade do salário, salvo o disposto em **convenção ou acordo coletivo;**

VII — garantia de salário, nunca inferior ao mínimo, para os que percebem remuneração variável;

VIII — décimo terceiro salário com base na remuneração integral ou no valor da aposentadoria;

IX — remuneração do trabalho noturno superior à do diurno;

X — proteção do salário na forma da lei, constituindo crime sua retenção dolosa;

XI — participação nos lucros, ou resultados, desvinculada da remuneração, e, excepcionalmente, participação na gestão da empresa, conforme definido em lei;

XII — salário-família pago em razão do dependente do trabalhador de baixa renda nos termos da lei;

XIII — duração do trabalho normal não superior a oito horas diárias e quarenta e quatro semanais, facultada a compensação de horários e a redução da jornada, mediante acordo ou convenção coletiva de trabalho;

XIV — jornada de seis horas para o trabalho realizado em turnos ininterruptos de revezamento, salvo negociação coletiva;

XV — repouso semanal remunerado, preferencialmente aos domingos;

XVI — remuneração do serviço extraordinário superior, no mínimo, em cinquenta por cento à do normal;

XVII — gozo de férias anuais remuneradas com, pelo menos, um terço a mais do que o salário normal;

---

(1) Especificamente em relação aos Servidores Públicos Federais (submetidos ao Regime Jurídico Único da Lei n. 8.112/1990) dispõe o § 3º do art. 39 da CF-1988 que: *"Aplica-se aos servidores ocupantes de cargo público o disposto no Art. 7º, IV, VII, VIII, IX, XII, XIII, XV, XVI, XVII, XVIII, XIX, XX, XXII e XXX, podendo a lei estabelecer requisitos diferenciados de admissão quando a natureza do cargo o exigir"*.

XVIII — licença à gestante, sem prejuízo do emprego e do salário, com a duração de cento e vinte dias;

XIX — licença-paternidade, nos termos fixados em lei;

XX — proteção do mercado de trabalho da mulher, mediante incentivos específicos, nos termos da lei;

XXI — aviso prévio proporcional ao tempo de serviço, sendo no mínimo de trinta dias, nos termos da lei;

XXII — redução dos riscos inerentes ao trabalho, por meio de normas de saúde, higiene e segurança;

XXIII — adicional de remuneração para as atividades penosas, insalubres ou perigosas, na forma da lei;

XXIV — aposentadoria;

XXV — assistência gratuita aos filhos e dependentes desde o nascimento até 5 (cinco) anos de idade em creches e pré-escolas;

XXVI — reconhecimento das convenções e acordos coletivos de trabalho;

XXVII — proteção em face da automação, na forma da lei;

XXVIII — seguro contra acidentes de trabalho, a cargo do empregador, sem excluir a indenização a que este está obrigado, quando incorrer em dolo ou culpa;

XXIX — ação, quanto aos créditos resultantes das relações de trabalho, com prazo prescricional de cinco anos para os trabalhadores urbanos e rurais, até o limite de dois anos após a extinção do contrato de trabalho;

XXX — proibição de diferença de salários, de exercício de funções e de critério de admissão por motivo de sexo, idade, cor ou estado civil;

XXXI — proibição de qualquer discriminação no tocante a salário e critérios de admissão do trabalhador portador de deficiência;

XXXII — proibição de distinção entre trabalho manual, técnico e intelectual ou entre os profissionais respectivos;

XXXIII — proibição de trabalho noturno, perigoso ou insalubre a menores de dezoito e de qualquer trabalho a menores de dezesseis anos, salvo na condição de aprendiz, a partir de quatorze anos;

XXXIV — igualdade de direitos entre o trabalhador com vínculo empregatício permanente e o trabalhador avulso.

Parágrafo único. São assegurados à categoria dos trabalhadores domésticos os direitos previstos nos incisos IV, VI, VII, VIII, X, XIII, XV, XVI, XVII, XVIII, XIX, XXI, XXII, XXIV, XXVI, XXX, XXXI e XXXIII e, atendidas as condições estabelecidas em lei e observada a simplificação do cumprimento das obrigações tributárias, principais e acessórias, decorrentes da relação de trabalho e suas peculiaridades, os previstos nos incisos I, II, III, IX, XII, XXV e XXVIII, bem como a sua integração à previdência social.

Art. 8º É livre a associação profissional ou sindical, observado o seguinte:

I — a lei não poderá exigir autorização do Estado para a fundação de sindicato, ressalvado o registro no órgão competente, vedadas ao Poder Público a interferência e a intervenção na organização sindical;

II — é vedada a criação de mais de uma organização sindical, em qualquer grau, representativa de categoria profissional ou econômica, na mesma base territorial, que será definida pelos trabalhadores ou empregadores interessados, não podendo ser inferior à área de um Município;

III — ao sindicato cabe a defesa dos direitos e interesses coletivos ou individuais da categoria, inclusive em questões judiciais ou administrativas;

IV — a assembleia geral fixará a contribuição que, em se tratando de categoria profissional, será descontada em folha, para custeio do sistema confederativo da representação sindical respectiva, independentemente da contribuição prevista em lei;

V — ninguém será obrigado a filiar-se ou a manter-se filiado a sindicato;

VI — é obrigatória a participação dos sindicatos nas negociações coletivas de trabalho;

VII — o aposentado filiado tem direito a votar e ser votado nas organizações sindicais;

VIII — é vedada a dispensa do empregado sindicalizado a partir do registro da candidatura a cargo de direção ou representação sindical e, se eleito, ainda que suplente, até um ano após o final do mandato, salvo se cometer falta grave nos termos da lei.

Parágrafo único. As disposições deste artigo aplicam-se à organização de sindicatos rurais e de colônias de pescadores, atendidas as condições que a lei estabelecer.

Art. 9º É assegurado o direito de greve, competindo aos trabalhadores decidir sobre a oportunidade de exercê-lo e sobre os interesses que devam por meio dele defender.

§ 1º A lei definirá os serviços ou atividades essenciais e disporá sobre o atendimento das necessidades inadiáveis da comunidade.

§ 2º Os abusos cometidos sujeitam os responsáveis às penas da lei.

Art. 10. É assegurada a participação dos trabalhadores e empregadores nos colegiados dos órgãos públicos em que seus interesses profissionais ou previdenciários sejam objeto de discussão e deliberação.

Art. 11. Nas empresas de mais de duzentos empregados, é assegurada a eleição de um representante destes com a finalidade exclusiva de promover-lhes o entendimento direto com os empregadores.

Título III: **Da Organização do Estado** (Arts. 18 a 43)

Capítulo VII: **Da Administração Pública** (Arts. 37 a 43)

Seção II: **Dos Servidores Públicos** (Arts. 39 a 41)

Art. 39. A União, os Estados, o Distrito Federal e os Municípios instituirão conselho de política de administração e remuneração de pessoal, integrado por servidores designados pelos respectivos Poderes

§ 3º Aplica-se aos servidores ocupantes de cargo público o disposto no **Art. 7º, IV, VII, VIII, IX, XII, XIII, XV, XVI, XVII, XVIII, XIX, XX, XXII e XXX,** podendo a lei estabelecer requisitos diferenciados de admissão quando a natureza do cargo o exigir.

Título IV: **Da Organização dos Poderes** (Arts. 44 a 135)

Capítulo III: **Do Poder Judiciário** (Arts. 92 a 126)

Seção I: **Disposições Gerais** (Arts. 92 a 100)

Art. 92. São órgãos do Poder Judiciário:

I — o Supremo Tribunal Federal;

I-A — o Conselho Nacional de Justiça;

II — o Superior Tribunal de Justiça;

III — os Tribunais Regionais Federais e Juízes Federais;

IV — os Tribunais e Juízes do Trabalho;

V — os Tribunais e Juízes Eleitorais;

VI — os Tribunais e Juízes Militares;

VII — os Tribunais e Juízes dos Estados e do Distrito Federal e Territórios.

§ 1º O Supremo Tribunal Federal, o Conselho Nacional de Justiça e os Tribunais Superiores têm sede na Capital Federal.

§ 2º O Supremo Tribunal Federal e os Tribunais Superiores têm jurisdição em todo o território nacional.

Seção II: **Do Supremo Tribunal Federal** (Arts. 101 a 103-B)

Art. 101. O Supremo Tribunal Federal compõe-se de onze Ministros, escolhidos dentre cidadãos com mais de trinta e cinco e menos de sessenta e cinco anos de idade, de notável saber jurídico e reputação ilibada.

Parágrafo único. Os Ministros do Supremo Tribunal Federal serão nomeados pelo Presidente da República, depois de aprovada a escolha pela maioria absoluta do Senado Federal.

Art. 103-A[(2)] O Supremo Tribunal Federal poderá, de ofício ou por provocação, mediante decisão de dois terços dos seus membros, após reiteradas decisões sobre matéria constitucional, **aprovar súmula que,** a partir de sua publicação na imprensa oficial, terá **efeito vinculante** em relação aos demais órgãos do Poder Judiciário e à administração pública direta e indireta, nas esferas federal, estadual e municipal, bem como proceder à sua revisão ou cancelamento, na forma estabelecida em lei.

§ 1º A súmula terá por objetivo a validade, a interpretação e a eficácia de normas determinadas, acerca das quais haja controvérsia atual entre órgãos judiciários ou entre esses e a administração pública que acarrete grave insegurança jurídica e relevante multiplicação de processos sobre questão idêntica.

§ 2º Sem prejuízo do que vier a ser estabelecido em lei, a aprovação, revisão ou cancelamento de súmula poderá ser provocada por aqueles que podem propor a ação direta de inconstitucionalidade.

§ 3º Do ato administrativo ou decisão judicial que contrariar a súmula aplicável ou que indevidamente a aplicar, caberá reclamação ao Supremo Tribunal Federal que, julgando-a procedente, anulará o ato administrativo ou cassará a decisão judicial reclamada, e determinará que outra seja proferida com ou sem a aplicação da súmula, conforme o caso.

Seção V: **Dos Tribunais e Juízes do Trabalho** (Arts. 111 a 117)

Art. 111. São órgãos da Justiça do Trabalho:

I — o Tribunal Superior do Trabalho;

II — os Tribunais Regionais do Trabalho;

III — Juízes do Trabalho.

§§ 1º a 3º (***Revogados*** *pela Emenda Constitucional n. 45, de 31.12.2004).*

Art. 111-A. O Tribunal Superior do Trabalho compor-se-á de vinte e sete Ministros, escolhidos dentre brasileiros com mais de trinta e cinco e menos de sessenta e cinco anos, nomeados pelo Presidente da República após aprovação pela maioria absoluta do Senado Federal, sendo:

I — um quinto dentre advogados com mais de dez anos de efetiva atividade profissional e membros do Ministério Público do Trabalho com mais de dez anos de efetivo exercício, observado o disposto no art. 94;

II — os demais dentre juízes dos Tribunais Regionais do Trabalho, oriundos da magistratura da carreira, indicados pelo próprio Tribunal Superior.

§ 1º A lei disporá sobre a competência do Tribunal Superior do Trabalho.

§ 2º Funcionarão junto ao Tribunal Superior do Trabalho:

I — a Escola Nacional de Formação e Aperfeiçoamento de Magistrados do Trabalho, cabendo-lhe, dentre outras funções, regulamentar os cursos oficiais para o ingresso e promoção na carreira;

II — o Conselho Superior da Justiça do Trabalho, cabendo-lhe exercer, na forma da lei, a supervisão administrativa, orçamentária, financeira e patrimonial da Justiça do Trabalho de primeiro e segundo graus, como órgão central do sistema, cujas decisões terão efeito vinculante.

Art. 112. A lei criará varas da Justiça do Trabalho, podendo, nas comarcas não abrangidas por sua jurisdição, atribuí-la aos juízes de direito, com recurso para o respectivo Tribunal Regional do Trabalho.

Art. 113. A lei disporá sobre a constituição, investidura, jurisdição, competência, garantias e condições de exercício dos órgãos da Justiça do Trabalho.

---

(2) Artigo acrescido ao Texto Constitucional em face da Emenda Constitucional n. 45 de 31.12.2004.

Art. 114. Compete à Justiça do Trabalho processar e julgar:[(3)]

I — as ações oriundas da relação de trabalho, abrangidos os entes de direito público externo e da administração pública direta e indireta da União, dos Estados, do Distrito Federal e dos Municípios;

II — as ações que envolvam exercício do direito de greve;

III — as ações sobre representação sindical, entre sindicatos, entre sindicatos e trabalhadores, e entre sindicatos e empregadores;

IV — os mandados de segurança, habeas corpus e habeas data, quando o ato questionado envolver matéria sujeita à sua jurisdição;

V — os conflitos de competência entre órgãos com jurisdição trabalhista, ressalvado o disposto no art. 102, I, o;

VI — as ações de indenização por dano moral ou patrimonial, decorrentes da relação de trabalho;

VII — as ações relativas às penalidades administrativas impostas aos empregadores pelos órgãos de fiscalização das relações de trabalho;

VIII — a execução, de ofício, das contribuições sociais previstas no art. 195, I, a, e II, e seus acréscimos legais, decorrentes das sentenças que proferir;

IX — outras controvérsias decorrentes da relação de trabalho, na forma da lei.

§ 1º Frustrada a negociação coletiva, as partes poderão eleger árbitros.

§ 2º Recusando-se qualquer das partes à negociação coletiva ou à arbitragem, é facultado às mesmas, de comum acordo, ajuizar dissídio coletivo de natureza econômica, podendo a Justiça do Trabalho decidir o conflito, respeitadas as disposições mínimas legais de proteção ao trabalho, bem como as convencionadas anteriormente.

§ 3º Em caso de greve em atividade essencial, com possibilidade de lesão do interesse público, o Ministério Público do Trabalho poderá ajuizar dissídio coletivo, competindo à Justiça do Trabalho decidir o conflito.

Capítulo IV: **Das Funções Essenciais à Justiça**

Seção I: **Do Ministério Público**

Art. 127. O Ministério Público é instituição permanente, essencial à função jurisdicional do Estado, incumbindo-lhe a defesa da ordem jurídica, do regime democrático e dos interesses sociais e individuais indisponíveis.

§ 1º São princípios institucionais do Ministério Público a unidade, a indivisibilidade e a independência funcional.

§§ 2º **a 5º** "*Omissis*".

Art. 128. O Ministério Público abrange:

I — o Ministério Público da União, que compreende:

a) o Ministério Público Federal;

b) o Ministério Público do Trabalho;

c) o Ministério Público Militar;

d) o Ministério Público do Distrito Federal e Territórios;

II — os Ministérios Públicos dos Estados.

§§ 1º a 6º "*Omissis*".

Art. 129. São funções institucionais do Ministério Público:

I — promover, privativamente, a ação penal pública, na forma da lei;

II — zelar pelo efetivo respeito dos Poderes Públicos e dos serviços de relevância pública aos direitos assegurados nesta Constituição, promovendo as medidas necessárias a sua garantia;

III — promover o inquérito civil e a ação civil pública, para a proteção do patrimônio público e social, do meio ambiente e de outros interesses difusos e coletivos;

IV — promover a ação de inconstitucionalidade ou representação para fins de intervenção da União e dos Estados, nos casos previstos nesta Constituição;

V — defender judicialmente os direitos e interesses das populações indígenas;

VI — expedir notificações nos procedimentos administrativos de sua competência, requisitando informações e documentos para instruí-los, na forma da lei complementar respectiva;

VII — exercer o controle externo da atividade policial, na forma da lei complementar mencionada no artigo anterior;

VIII — requisitar diligências investigatórias e a instauração de inquérito policial, indicados os fundamentos jurídicos de suas manifestações processuais;

IX — exercer outras funções que lhe forem conferidas, desde que compatíveis com sua finalidade, sendo-lhe vedada a representação judicial e a consultoria jurídica de entidades públicas.

§ 1º A legitimação do Ministério Público para as ações civis previstas neste artigo não impede a de terceiros, nas mesmas hipóteses, segundo o disposto nesta Constituição e na lei.

§ 2º As funções do Ministério Público só podem ser exercidas por integrantes da carreira, que deverão residir na comarca da respectiva lotação, salvo autorização do chefe da instituição.

---

(3) Art. 114 da CF-1988 com a redação dada pela Emenda Constitucional n. 45 de 31.12.2004.

§ 3º O ingresso na carreira do Ministério Público far-se-á mediante concurso público de provas e títulos, assegurada a participação da Ordem dos Advogados do Brasil em sua realização, exigindo-se do bacharel em direito, no mínimo, três anos de atividade jurídica e observando-se, nas nomeações, a ordem de classificação.

§ 4º Aplica-se ao Ministério Público, no que couber, o disposto no art. 93.

§ 5º A distribuição de processos no Ministério Público será imediata.

Seção II: **Da Advocacia Pública**

Art. 131. A Advocacia-Geral da União é a instituição que, diretamente ou através de órgão vinculado, representa a União, judicial e extrajudicialmente, cabendo-lhe, nos termos da lei complementar que dispuser sobre sua organização e funcionamento, as atividades de consultoria e assessoramento jurídico do Poder Executivo.

§ 1º A Advocacia-Geral da União tem por chefe o Advogado-Geral da União, de livre nomeação pelo Presidente da República dentre cidadãos maiores de trinta e cinco anos, de notável saber jurídico e reputação ilibada.

§ 2º O ingresso nas classes iniciais das carreiras da instituição de que trata este artigo far-se-á mediante concurso público de provas e títulos.

§ 3º Na execução da dívida ativa de natureza tributária, a representação da União cabe à Procuradoria-Geral da Fazenda Nacional, observado o disposto em lei.

Art. 132. Os Procuradores dos Estados e do Distrito Federal, organizados em carreira, na qual o ingresso dependerá de concurso público de provas e títulos, com a participação da Ordem dos Advogados do Brasil em todas as suas fases, exercerão a representação judicial e a consultoria jurídica das respectivas unidades federadas.

Parágrafo único. Aos procuradores referidos neste artigo é assegurada estabilidade após três anos de efetivo exercício, mediante avaliação de desempenho perante os órgãos próprios, após relatório circunstanciado das corregedorias.

Seção III: **Da Advocacia**

Art. 133. O advogado é indispensável à administração da justiça, sendo inviolável por seus atos e manifestações no exercício da profissão, nos limites da lei.

Seção IV: **Da Defensoria Pública.**(4)

Art. 134. A Defensoria Pública é instituição permanente, essencial à função jurisdicional do Estado, incumbindo-lhe, como expressão e instrumento do regime democrático, fundamentalmente, a orientação jurídica, a promoção dos direitos humanos e a defesa, em todos os graus, judicial e extrajudicial, dos direitos individuais e coletivos, de forma integral e gratuita, aos necessitados, na forma do inciso LXXIV do art. 5º desta Constituição Federal.

§ 1º Lei complementar organizará a Defensoria Pública da União e do Distrito Federal e dos Territórios e prescreverá normas gerais para sua organização nos Estados, em cargos de carreira, providos, na classe inicial, mediante concurso público de provas e títulos, assegurada a seus integrantes a garantia da inamovibilidade e vedado o exercício da advocacia fora das atribuições institucionais.

§ 2º Às Defensorias Públicas Estaduais são asseguradas autonomia funcional e administrativa e a iniciativa de sua proposta orçamentária dentro dos limites estabelecidos na lei de diretrizes orçamentárias e subordinação ao disposto no art. 99, § 2º.

§ 3º Aplica-se o disposto no § 2º às Defensorias Públicas da União e do Distrito Federal.

§ 4º São princípios institucionais da Defensoria Pública a unidade, a indivisibilidade e a independência funcional, aplicando-se também, no que couber, o disposto no art. 93 e no inciso II do art. 96 desta Constituição Federal.

Art. 135. Os servidores integrantes das carreiras disciplinadas nas Seções II e III deste Capítulo serão remunerados na forma do art. 39, § 4º.

Título VIII: **Da Ordem Social**

Capítulo I: **Disposição Geral**

Art. 194. A seguridade social compreende um conjunto integrado de ações de iniciativa dos Poderes Públicos e da sociedade, destinadas a assegurar os direitos relativos à saúde, à previdência e à assistência social.

Parágrafo único. Compete ao Poder Público, nos termos da lei, organizar a seguridade social, com base nos seguintes objetivos:

I — universalidade da cobertura e do atendimento;

II — uniformidade e equivalência dos benefícios e serviços às populações urbanas e rurais;

III — seletividade e distributividade na prestação dos benefícios e serviços;

IV — irredutibilidade do valor dos benefícios;

V — equidade na forma de participação no custeio;

VI — diversidade da base de financiamento;

VII — caráter democrático e descentralizado da administração, mediante gestão quadripartite, com participação dos trabalhadores, dos empregadores, dos aposentados e do Governo nos órgãos colegiados.

Art. 195. A seguridade social será financiada por toda a sociedade, de forma direta e indireta, nos termos da lei, mediante recursos provenientes dos orçamentos da União, dos Estados, do Distrito Federal e dos Municípios, e das seguintes contribuições sociais:

I — do empregador, da empresa e da entidade a ela equiparada na forma da lei, incidentes sobre:

a) a folha de salários e demais rendimentos do trabalho pagos ou creditados, a qualquer título, à pessoa física que lhe preste serviço, mesmo sem vínculo empregatício;

---

(4) Art. 134 da CF-1988, com a Redação dada pela EC n. 80 de 4.6.2014.

b) a receita ou o faturamento;

c) o lucro;

II — do trabalhador e dos demais segurados da previdência social, não incidindo contribuição sobre aposentadoria e pensão concedidas pelo regime geral de previdência social de que trata o art. 201;

III — sobre a receita de concursos de prognósticos.

IV — do importador de bens ou serviços do exterior, ou de quem a lei a ele equiparar.

§ 1º As receitas dos Estados, do Distrito Federal e dos Municípios destinadas à seguridade social constarão dos respectivos orçamentos, não integrando o orçamento da União.

§ 2º A proposta de orçamento da seguridade social será elaborada de forma integrada pelos órgãos responsáveis pela saúde, previdência social e assistência social, tendo em vista as metas e prioridades estabelecidas na lei de diretrizes orçamentárias, assegurada a cada área a gestão de seus recursos.

§ 3º A pessoa jurídica em débito com o sistema da seguridade social, como estabelecido em lei, não poderá contratar com o Poder Público nem dele receber benefícios ou incentivos fiscais ou creditícios.

§ 4º A lei poderá instituir outras fontes destinadas a garantir a manutenção ou expansão da seguridade social, obedecido o disposto no art. 154, I.

§ 5º Nenhum benefício ou serviço da seguridade social poderá ser criado, majorado ou estendido sem a correspondente fonte de custeio total.

§ 6º As contribuições sociais de que trata este artigo só poderão ser exigidas após decorridos noventa dias da data da publicação da lei que as houver instituído ou modificado, não se lhes aplicando o disposto no art. 150, III, "b".

§ 7º São isentas de contribuição para a seguridade social as entidades beneficentes de assistência social que atendam às exigências estabelecidas em lei.

§ 8º O produtor, o parceiro, o meeiro e o arrendatário rurais e o pescador artesanal, bem como os respectivos cônjuges, que exerçam suas atividades em regime de economia familiar, sem empregados permanentes, contribuirão para a seguridade social mediante a aplicação de uma alíquota sobre o resultado da comercialização da produção e farão jus aos benefícios nos termos da lei.

§ 9º As contribuições sociais previstas no inciso I do *caput* deste artigo poderão ter alíquotas ou bases de cálculo diferenciadas, em razão da atividade econômica, da utilização intensiva de mão de obra, do porte da empresa ou da condição estrutural do mercado de trabalho.

§ 10. A lei definirá os critérios de transferência de recursos para o sistema único de saúde e ações de assistência social da União para os Estados, o Distrito Federal e os Municípios, e dos Estados para os Municípios, observada a respectiva contrapartida de recursos.

§ 11. É vedada a concessão de remissão ou anistia das contribuições sociais de que tratam os incisos I, a, e II deste artigo, para débitos em montante superior ao fixado em lei complementar.

§ 12. A lei definirá os setores de atividade econômica para os quais as contribuições incidentes na forma dos incisos I, b; e IV do *caput*, serão não-cumulativas.

§ 13. Aplica-se o disposto no § 12 inclusive na hipótese de substituição gradual, total ou parcial, da contribuição incidente na forma do inciso I, a, pela incidente sobre a receita ou o faturamento.

Seção II: Da Saúde

Art. 196. A saúde é direito de todos e dever do Estado, garantido mediante políticas sociais e econômicas que visem à redução do risco de doença e de outros agravos e ao acesso universal e igualitário às ações e serviços para sua promoção, proteção e recuperação.

Art. 197. São de relevância pública as ações e serviços de saúde, cabendo ao Poder Público dispor, nos termos da lei, sobre sua regulamentação, fiscalização e controle, devendo sua execução ser feita diretamente ou através de terceiros e, também, por pessoa física ou jurídica de direito privado.

Art. 198. As ações e serviços públicos de saúde integram uma rede regionalizada e hierarquizada e constituem um sistema único, organizado de acordo com as seguintes diretrizes:

I — descentralização, com direção única em cada esfera de governo;

II — atendimento integral, com prioridade para as atividades preventivas, sem prejuízo dos serviços assistenciais;

III — participação da comunidade.

§ 1º O sistema único de saúde será financiado, nos termos do art. 195, com recursos do orçamento da seguridade social, da União, dos Estados, do Distrito Federal e dos Municípios, além de outras fontes.

§ 2º A União, os Estados, o Distrito Federal e os Municípios aplicarão, anualmente, em ações e serviços públicos de saúde recursos mínimos derivados da aplicação de percentuais calculados sobre:

I — no caso da União, na forma definida nos termos da lei complementar prevista no § 3º;

II — no caso dos Estados e do Distrito Federal, o produto da arrecadação dos impostos a que se refere o art. 155 e dos recursos de que tratam os arts. 157 e 159, inciso I, alínea a, e inciso II, deduzidas as parcelas que forem transferidas aos respectivos Municípios;

III — no caso dos Municípios e do Distrito Federal, o produto da arrecadação dos impostos a que se refere o art. 156 e dos recursos de que tratam os arts. 158 e 159, inciso I, alínea b e § 3º

§ 3º Lei complementar, que será reavaliada pelo menos a cada cinco anos, estabelecerá:

I — os percentuais de que trata o § 2º;

II — os critérios de rateio dos recursos da União vinculados à saúde destinados aos Estados, ao Distrito Federal e aos Municípios, e dos Estados destinados a seus respectivos Municípios, objetivando a progressiva redução das disparidades regionais;

III — as normas de fiscalização, avaliação e controle das despesas com saúde nas esferas federal, estadual, distrital e municipal;

IV — as normas de cálculo do montante a ser aplicado pela União.

§ 4º Os gestores locais do sistema único de saúde poderão admitir agentes comunitários de saúde e agentes de combate às endemias por meio de processo seletivo público, de acordo com a natureza e complexidade de suas atribuições e requisitos específicos para sua atuação.

§ 5º Lei federal disporá sobre o regime jurídico, o piso salarial profissional nacional, as diretrizes para os Planos de Carreira e a regulamentação das atividades de agente comunitário de saúde e agente de combate às endemias, competindo à União, nos termos da lei, prestar assistência financeira complementar aos Estados, ao Distrito Federal e aos Municípios, para o cumprimento do referido piso salarial.

§ 6º Além das hipóteses previstas no § 1º do art. 41 e no § 4º do art. 169 da Constituição Federal, o servidor que exerça funções equivalentes às de agente comunitário de saúde ou de agente de combate às endemias poderá perder o cargo em caso de descumprimento dos requisitos específicos, fixados em lei, para o seu exercício.

Art. 199. A assistência à saúde é livre à iniciativa privada.

§ 1º As instituições privadas poderão participar de forma complementar do sistema único de saúde, segundo diretrizes deste, mediante contrato de direito público ou convênio, tendo preferência as entidades filantrópicas e as sem fins lucrativos.

§ 2º É vedada a destinação de recursos públicos para auxílios ou subvenções às instituições privadas com fins lucrativos.

§ 3º É vedada a participação direta ou indireta de empresas ou capitais estrangeiros na assistência à saúde no País, salvo nos casos previstos em lei.

§ 4º A lei disporá sobre as condições e os requisitos que facilitem a remoção de órgãos, tecidos e substâncias humanas para fins de transplante, pesquisa e tratamento, bem como a coleta, processamento e transfusão de sangue e seus derivados, sendo vedado todo tipo de comercialização.

Art. 200. Ao sistema único de saúde compete, além de outras atribuições, nos termos da lei:

I — controlar e fiscalizar procedimentos, produtos e substâncias de interesse para a saúde e participar da produção de medicamentos, equipamentos, imunobiológicos, hemoderivados e outros insumos;

II — executar as ações de vigilância sanitária e epidemiológica, bem como as de saúde do trabalhador;

III — ordenar a formação de recursos humanos na área de saúde;

IV — participar da formulação da política e da execução das ações de saneamento básico;

V — incrementar em sua área de atuação o desenvolvimento científico e tecnológico;

VI — fiscalizar e inspecionar alimentos, compreendido o controle de seu teor nutricional, bem como bebidas e águas para consumo humano;

VII — participar do controle e fiscalização da produção, transporte, guarda e utilização de substâncias e produtos psicoativos, tóxicos e radioativos;

VIII — colaborar na proteção do meio ambiente, nele compreendido o do trabalho.

Seção III — **Da Previdência Social**

Art. 201. A previdência social será organizada sob a forma de regime geral, de caráter contributivo e de filiação obrigatória, observados critérios que preservem o equilíbrio financeiro e atuarial, e atenderá, nos termos da lei, a:

I — cobertura dos eventos de doença, invalidez, morte e idade avançada;

II — proteção à maternidade, especialmente à gestante;

III — proteção ao trabalhador em situação de desemprego involuntário;

IV — salário-família e auxílio-reclusão para os dependentes dos segurados de baixa renda;

V — pensão por morte do segurado, homem ou mulher, ao cônjuge ou companheiro e dependentes, observado o disposto no § 2º.

§ 1º É vedada a adoção de requisitos e critérios diferenciados para a concessão de aposentadoria aos beneficiários do regime geral de previdência social, ressalvados os casos de atividades exercidas sob condições especiais que prejudiquem a saúde ou a integridade física e quando se tratar de segurados portadores de deficiência, nos termos definidos em lei complementar.

§ 2º Nenhum benefício que substitua o salário de contribuição ou o rendimento do trabalho do segurado terá valor mensal inferior ao salário mínimo.

§ 3º Todos os salários de contribuição considerados para o cálculo de benefício serão devidamente atualizados, na forma da lei.

§ 4º É assegurado o reajustamento dos benefícios para preservar-lhes, em caráter permanente, o valor real, conforme critérios definidos em lei.

§ 5º É vedada a filiação ao regime geral de previdência social, na qualidade de segurado facultativo, de pessoa participante de regime próprio de previdência.

§ 6º A gratificação natalina dos aposentados e pensionistas terá por base o valor dos proventos do mês de dezembro de cada ano.

§ 7º É assegurada aposentadoria no regime geral de previdência social, nos termos da lei, obedecidas as seguintes condições:

I — trinta e cinco anos de contribuição, se homem, e trinta anos de contribuição, se mulher;

II — sessenta e cinco anos de idade, se homem, e sessenta anos de idade, se mulher, reduzido em cinco anos o limite para os trabalhadores rurais de ambos os sexos e para os que exerçam suas atividades em regime de economia familiar, nestes incluídos o produtor rural, o garimpeiro e o pescador artesanal.

§ 8º Os requisitos a que se refere o inciso I do parágrafo anterior serão reduzidos em cinco anos, para o professor que comprove exclusivamente tempo de efetivo exercício das funções de magistério na educação infantil e no ensino fundamental e médio.

§ 9º Para efeito de aposentadoria, é assegurada a contagem recíproca do tempo de contribuição na administração pública e na atividade privada, rural e urbana, hipótese em que os diversos regimes de previdência social se compensarão financeiramente, segundo critérios estabelecidos em lei.

§ 10. Lei disciplinará a cobertura do risco de acidente do trabalho, a ser atendida concorrentemente pelo regime geral de previdência social e pelo setor privado.

§ 11. Os ganhos habituais do empregado, a qualquer título, serão incorporados ao salário para efeito de contribuição previdenciária e consequente repercussão em benefícios, nos casos e na forma da lei.

§ 12. Lei disporá sobre sistema especial de inclusão previdenciária para atender a trabalhadores de baixa renda e àqueles sem renda própria que se dediquem exclusivamente ao trabalho doméstico no âmbito de sua residência, desde que pertencentes a famílias de baixa renda, garantindo-lhes acesso a benefícios de valor igual a um salário-mínimo.

§ 13. O sistema especial de inclusão previdenciária de que trata o § 12 deste artigo terá alíquotas e carências inferiores às vigentes para os demais segurados do regime geral de previdência social.

Art. 202. O regime de previdência privada, de caráter complementar e organizado de forma autônoma em relação ao regime geral de previdência social, será facultativo, baseado na constituição de reservas que garantam o benefício contratado, e regulado por lei complementar.

§ 1º A lei complementar de que trata este artigo assegurará ao participante de planos de benefícios de entidades de previdência privada o pleno acesso às informações relativas à gestão de seus respectivos planos.

§ 2º As contribuições do empregador, os benefícios e as condições contratuais previstas nos estatutos, regulamentos e planos de benefícios das entidades de previdência privada não integram o contrato de trabalho dos participantes, assim como, à exceção dos benefícios concedidos, não integram a remuneração dos participantes, nos termos da lei.

§ 3º É vedado o aporte de recursos a entidade de previdência privada pela União, Estados, Distrito Federal e Municípios, suas autarquias, fundações, empresas públicas, sociedades de economia mista e outras entidades públicas, salvo na qualidade de patrocinador, situação na qual, em hipótese alguma, sua contribuição normal poderá exceder a do segurado.

§ 4º Lei complementar disciplinará a relação entre a União, Estados, Distrito Federal ou Municípios, inclusive suas autarquias, fundações, sociedades de economia mista e empresas controladas direta ou indiretamente, enquanto patrocinadoras de entidades fechadas de previdência privada, e suas respectivas entidades fechadas de previdência privada.

§ 5º A lei complementar de que trata o parágrafo anterior aplicar-se-á, no que couber, às empresas privadas permissionárias ou concessionárias de prestação de serviços públicos, quando patrocinadoras de entidades fechadas de previdência privada.

§ 6º A lei complementar a que se refere o § 4° deste artigo estabelecerá os requisitos para a designação dos membros das diretorias das entidades fechadas de previdência privada e disciplinará a inserção dos participantes nos colegiados e instâncias de decisão em que seus interesses sejam objeto de discussão e deliberação.

Capítulo VI: **Do Meio Ambiente**

Art. 225. Todos têm direito ao meio ambiente ecologicamente equilibrado, bem de uso comum do povo e essencial à sadia qualidade de vida, impondo-se ao Poder Público e à coletividade o dever de defendê-lo e preservá-lo para as presentes e futuras gerações.

§ 1º Para assegurar a efetividade desse direito, incumbe ao Poder Público:

I — preservar e restaurar os processos ecológicos essenciais e prover o manejo ecológico das espécies e ecossistemas;

II — preservar a diversidade e a integridade do patrimônio genético do País e fiscalizar as entidades dedicadas à pesquisa e manipulação de material genético;

III — definir, em todas as unidades da Federação, espaços territoriais e seus componentes a serem especialmente protegidos, sendo a alteração e a supressão permitidas somente através de lei, vedada qualquer utilização que comprometa a integridade dos atributos que justifiquem sua proteção;

IV — exigir, na forma da lei, para instalação de obra ou atividade potencialmente causadora de significativa degradação do meio ambiente, estudo prévio de impacto ambiental, a que se dará publicidade;

V — controlar a produção, a comercialização e o emprego de técnicas, métodos e substâncias que comportem risco para a vida, a qualidade de vida e o meio ambiente;

VI — promover a educação ambiental em todos os níveis de ensino e a conscientização pública para a preservação do meio ambiente;

VII — proteger a fauna e a flora, vedadas, na forma da lei, as práticas que coloquem em risco sua função ecológica, provoquem a extinção de espécies ou submetam os animais a crueldade.

§ 2º Aquele que explorar recursos minerais fica obrigado a recuperar o meio ambiente degradado, de acordo com solução técnica exigida pelo órgão público competente, na forma da lei.

§ 3º As condutas e atividades consideradas lesivas ao meio ambiente sujeitarão os infratores, pessoas físicas ou jurídicas, a sanções penais e administrativas, independentemente da obrigação de reparar os danos causados.

§ 4º A Floresta Amazônica brasileira, a Mata Atlântica, a Serra do Mar, o Pantanal Mato-Grossense e a Zona Costeira são patrimônio nacional, e sua utilização far-se-á, na forma da lei, dentro de condições que assegurem a preservação do meio ambiente, inclusive quanto ao uso dos recursos naturais.

§ 5º São indisponíveis as terras devolutas ou arrecadadas pelos Estados, por ações discriminatórias, necessárias à proteção dos ecossistemas naturais.

§ 6º As usinas que operem com reator nuclear deverão ter sua localização definida em lei federal, sem o que não poderão ser instaladas.

Título X: **Ato Das Disposições Constitucionais Transitórias**

(ADCT — Arts. 1º a 89)

Art. 10. Até que seja promulgada a Lei Complementar a que se refere o art. 7º, I, da Constituição:

I — fica limitada a proteção nele referida ao aumento, para quatro vezes, da porcentagem prevista no art. 6º, *caput* e § 1º, da Lei n. 5.107, de 13 de setembro de 1966;

II — fica vedada a dispensa arbitrária ou sem justa causa:

a) do empregado eleito para cargo de direção de comissões internas de prevenção de acidentes (CIPA), **desde o registro de sua candidatura até um ano após o final de seu mandato;**

b) da empregada gestante, **desde a confirmação da gravidez até cinco meses após o parto.**

NORMAS JURÍDICAS INFRACONSTITUCIONAIS

CONSOLIDAÇÃO DAS LEIS DO TRABALHO

(Decreto-lei n. 5.452 de 1º.5.1943, com a redação dos arts. 154 a 201 CLT dada pela Lei n. 6.514 de 22.12.1977, atualizada até a edição da Lei n. 13.103 de 2.3.2015)

Título II: **Das Normas Gerais de Tutela do Trabalho** (Arts. 13 a 223 da CLT)

Capítulo V: **Da Segurança e da Medicina do Trabalho** (Arts. 154 a 201 da CLT)[5]

Seção I: **Disposições Gerais**[6] (Arts. 154 a 159 da CLT)

Art. 154. A observância, em todos os locais de trabalho, do disposto neste Capítulo, não desobriga as empresas do cumprimento de outras disposições que, com relação à matéria, sejam incluídas em códigos de obras ou regulamentos sanitários dos Estados ou Municípios em que se situem os respectivos estabelecimentos, bem como daquelas oriundas de convenções coletivas de trabalho.[7]

Art. 155. Incumbe ao órgão de âmbito nacional competente em matéria de segurança e medicina do trabalho:

I — estabelecer, nos limites de sua competência, normas sobre a aplicação dos preceitos deste Capítulo, especialmente os referidos no art. 200;

II — coordenar, orientar, controlar e supervisionar a fiscalização e as demais atividades relacionadas com a segurança e a medicina do trabalho em todo o território nacional, inclusive a Campanha Nacional de Prevenção de Acidentes do Trabalho;

III — conhecer, em última instância, dos recursos, voluntários ou de ofício, das decisões proferidas pelos Delegados Regionais do Trabalho (atuais Superintendentes Regionais do Trabalho e Emprego), em matéria de segurança e medicina do trabalho.

Art. 156. Compete especialmente às Delegacias Regionais do Trabalho (atuais Superintendências Regionais do Trabalho e Emprego), nos limites de sua jurisdição:

I — promover a fiscalização do cumprimento das normas de segurança e medicina do trabalho;

II — adotar as medidas que se tornem exigíveis, em virtude das disposições deste Capítulo, determinando as obras e reparos que, em qualquer local de trabalho, se façam necessárias;

III — impor as penalidades cabíveis por descumprimento das normas constantes deste Capítulo, nos termos do art. 201.

Art. 157. Cabe às empresas:

I — cumprir e fazer cumprir as normas de segurança e medicina do trabalho;

II — instruir os empregados, através de ordens de serviço, quanto às precauções a tomar no sentido de evitar acidentes do trabalho ou doenças ocupacionais;

III — adotar as medidas que lhes sejam determinadas pelo órgão regional competente;

IV — facilitar o exercício da fiscalização pela autoridade competente.

Art. 158. Cabe aos empregados:

I — observar as normas de segurança e medicina do trabalho, inclusive as instruções de que trata o item II do artigo anterior;

II — colaborar com a empresa na aplicação dos dispositivos deste Capítulo.

Parágrafo único. Constitui ato faltoso do empregado a recusa injustificada:

a) à observância das instruções expedidas pelo empregador na forma do item II do artigo anterior;

b) ao uso dos equipamentos de proteção individual fornecidos pela empresa.

Art. 159. Mediante convênio autorizado pelo Ministro do Trabalho (atual Ministro do Trabalho e Emprego), poderão ser delegadas a outros órgãos federais, estaduais ou municipais atribuições de fiscalização ou orientação às empresas quanto ao cumprimento das disposições constantes deste Capítulo.

Seção II: **Da Inspeção Prévia e do Embargo ou Interdição** (Arts. 160 a 161 da CLT)

Art. 160. Nenhum estabelecimento poderá iniciar suas atividades sem prévia inspeção e aprovação das respectivas instalações pela autoridade regional competente em matéria de segurança e medicina do trabalho.[8]

§ 1º Nova inspeção deverá ser feita quando ocorrer modificação substancial nas instalações, inclusive equipamentos, que a empresa fica obrigada a comunicar, prontamente, à Superintendência Regional do Trabalho e Emprego.

---

(5) A Lei n. 6.514 de 22.12.1977 propiciou a redação dos arts. 154 a 201 da CLT, observadas as atualizações legais até a edição da Lei n. 13.103 de 2.3.2015.

(6) A NR-01 (DISPOSIÇÕES GERAIS), na forma adiante transcrita, disciplina os arts. 154 a 159 da CLT.

(7) Ver Convenção OIT n. 155 (Segurança e Saúde dos Trabalhadores e o Meio Ambiente), no capítulo especifico de Convenções da OIT deste Manual.

(8) A NR-02 (INSPEÇÃO PRÉVIA) regulamenta o art. 160 da CLT.

§ 2º É facultado às empresas solicitar prévia aprovação, pela Superintendência Regional do Trabalho e Emprego, dos projetos de construção e respectivas instalações.

Art. 161. O Superintendente Regional do Trabalho e Emprego, à vista do laudo técnico do serviço competente que demonstre grave e iminente risco para o trabalhador, poderá interditar estabelecimento, setor de serviço, máquina ou equipamento, ou embargar obra, indicando na decisão, tomada com a brevidade que a ocorrência exigir, as providências que deverão ser adotadas para prevenção de infortúnios de trabalho.(9)

§ 1º As autoridades federais, estaduais e municipais darão imediato apoio às medidas determinadas pelo Superintendente Regional do Trabalho e Emprego.

§ 2º A interdição ou embargo poderão ser requeridos pelo serviço competente da Superintendência Regional do Trabalho e Emprego e, ainda, por Auditor-Fiscal do Trabalho ou por entidade sindical.

§ 3º Da decisão do Superintendente Regional do Trabalho e Emprego poderão os interessados recorrer, no prazo de 10 (dez) dias, para o órgão de âmbito nacional competente em matéria de segurança e medicina do trabalho, ao qual será facultado dar efeito suspensivo ao recurso.

§ 4º Responderá por desobediência, além das medidas penais cabíveis, quem, após determinada a interdição ou embargo, ordenar ou permitir o funcionamento do estabelecimento ou de um dos seus setores, a utilização de máquina ou equipamento, ou o prosseguimento de obra, se, em consequência, resultarem danos a terceiros.

§ 5º O Superintendente Regional do Trabalho e Emprego, independente de recurso, e após laudo técnico do serviço competente, poderá levantar a interdição.

§ 6º Durante a paralisação dos serviços, em decorrência da interdição ou embargo, os empregados receberão os salários como se estivessem em efetivo exercício.

Seção III: **Dos Órgãos de Segurança e Medicina do Trabalho nas Empresas**

(Arts. 162 a 165 da CLT)

Art. 162. As empresas, de acordo com normas a serem expedidas pelo Ministério do Trabalho e Emprego, estarão obrigadas a manter serviços especializados em segurança e em medicina do trabalho.(10)

Parágrafo único. As normas a que se refere este artigo estabelecerão:

a) classificação das empresas segundo o número de empregados e a natureza do risco de suas atividades;

b) o número mínimo de profissionais especializados exigido de cada empresa, segundo o grupo em que se classifique, na forma da alínea anterior;

c) a qualificação exigida para os profissionais em questão e o seu regime de trabalho;

d) as demais características e atribuições dos serviços especializados em segurança e em medicina do trabalho, nas empresas.

Art. 163. Será obrigatória a constituição de Comissão Interna de Prevenção de Acidentes (CIPA), de conformidade com instruções expedidas pelo Ministério do Trabalho e Emprego, nos estabelecimentos ou locais de obra nelas especificadas.(11)

Parágrafo único. O Ministério do Trabalho e Emprego regulamentará as atribuições, a composição e o funcionamento das CIPAs.

Art. 164. Cada CIPA será composta de representantes da empresa e dos empregados, de acordo com os critérios que vierem a ser adotados na regulamentação de que trata o parágrafo único do artigo anterior.

§ 1º Os representantes dos empregadores, titulares e suplentes, serão por eles designados.

§ 2º Os representantes dos empregados, titulares e suplentes, serão eleitos em escrutínio secreto, do qual participem, independentemente de filiação sindical, exclusivamente os empregados interessados.

§ 3º O mandato dos membros eleitos da CIPA terá a duração de 1 (um) ano, permitida uma reeleição.

§ 4º O disposto no parágrafo anterior não se aplicará ao membro suplente que, durante o seu mandato, tenha participado de menos da metade do número de reuniões da CIPA.

§ 5º O empregador designará, anualmente, dentre os seus representantes, o Presidente da CIPA e os empregados elegerão, dentre eles, o Vice-Presidente.

Art. 165. Os titulares da representação dos empregados nas CIPAs não poderão sofrer despedida arbitrária, entendendo-se como tal a que não se fundar em motivo disciplinar, técnico, econômico ou financeiro.(12)

Parágrafo único. Ocorrendo a despedida, caberá ao empregador, em caso de reclamação à Justiça do Trabalho, comprovar a existência de qualquer dos motivos mencionados neste artigo, sob pena de ser condenado a reintegrar o empregado.

Seção IV: **Do Equipamento de Proteção Individual** (Arts. 166 e 167 da CLT)(13)

Art. 166. A empresa é obrigada a fornecer aos empregados, gratuitamente, equipamento de proteção individual adequado ao risco e em perfeito estado de conservação e funcionamento, sempre que as medidas de ordem geral não ofereçam completa proteção contra os riscos de acidentes e danos à saúde dos empregados.

Art. 167. O equipamento de proteção só poderá ser posto à venda ou utilizado com a indicação do Certificado de Aprovação (CA) do Ministério do Trabalho e Emprego.

---

(9) A NR-03 (EMBARGO OU INTERDIÇÃO) disciplina o art. 161 da CLT.
(10) A NR-04 (SESMT) disciplina o art. 162 da CLT.
(11) A NR-05 (CIPA) disciplina os arts. 163 a 165 da CLT.
(12) Ver: Art. 10, II, *a*, do ADCT da CF-1988; Súmula STF n. 676 e Súmula TST n. 339.
(13) A NR-06 (EPI) disciplina os arts. 166 e 167 da CLT.

Seção V: **Das Medidas Preventivas de Medicina do Trabalho** (Arts. 168 e 169 da CLT)[14]

Art. 168. Será obrigatório exame médico, por conta do empregador, nas condições estabelecidas neste artigo e nas instruções complementares a serem expedidas pelo Ministério do Trabalho e Emprego:

I — na admissão;

II — na demissão;

III — periodicamente.

§ 1º O Ministério do Trabalho e Emprego baixará instruções relativas aos casos em que serão exigíveis exames:

a) por ocasião da demissão;

b) complementares.

§ 2º Outros exames complementares poderão ser exigidos, a critério médico, para apuração da capacidade ou aptidão física e mental do empregado para a função que deva exercer.

§ 3º O Ministério do Trabalho e Emprego estabelecerá, de acordo com o risco da atividade e o tempo de exposição, a periodicidade dos exames médicos.

§ 4º O empregador manterá, no estabelecimento, o material necessário à prestação de primeiros socorros médicos, de acordo com o risco da atividade.

§ 5º O resultado dos exames médicos, inclusive o exame complementar, será comunicado ao trabalhador, observados os preceitos da ética médica.

Art. 169. Será obrigatória a notificação das doenças profissionais e das produzidas em virtude de condições especiais de trabalho, comprovadas ou objeto de suspeita, de conformidade com as instruções expedidas pelo Ministério do Trabalho e Emprego.

Seção VI: **Das Edificações** (Arts. 170 a 174 da CLT)[15]

Art. 170. As edificações deverão obedecer aos requisitos técnicos que garantam perfeita segurança aos que nelas trabalhem.

Art. 171. Os locais de trabalho deverão ter, no mínimo, 3 (três) metros de pé-direito, assim considerada a altura livre do piso ao teto.

Parágrafo único. Poderá ser reduzido esse mínimo desde que atendidas as condições de iluminação e conforto térmico compatíveis com a natureza do trabalho, sujeitando-se tal redução ao controle do órgão competente em matéria de segurança e medicina do trabalho.

Art. 172. Os pisos dos locais de trabalho não deverão apresentar saliências nem depressões que prejudiquem a circulação de pessoas ou a movimentação de materiais.

Art. 173. As aberturas nos pisos e paredes serão protegidas de forma que impeçam a queda de pessoas ou de objetos.

Art. 174. As paredes, escadas, rampas de acesso, passarelas, pisos, corredores, coberturas e passagens dos locais de trabalho deverão obedecer às condições de segurança e de higiene do trabalho estabelecidas pelo Ministério do Trabalho e Emprego e manter-se em perfeito estado de conservação e limpeza.

Seção VII: **Da Iluminação** (Art. 175 da CLT)[16]

Art. 175. Em todos os locais de trabalho deverá haver iluminação adequada, natural ou artificial, apropriada à natureza da atividade.

§ 1º A iluminação deverá ser uniformemente distribuída, geral e difusa, a fim de evitar ofuscamento, reflexos incômodos, sombras e contrastes excessivos.

§ 2º O Ministério do Trabalho e Emprego estabelecerá os níveis mínimos de iluminação a serem observados.

Seção VIII: **Do Conforto Térmico** (Arts. 176 a 178 da CLT)

Art. 176. Os locais de trabalho deverão ter ventilação natural, compatível com o serviço realizado.

Parágrafo único. A ventilação artificial será obrigatória sempre que a natural não preencha as condições de conforto térmico.

Art. 177. Se as condições de ambiente se tornarem desconfortáveis, em virtude de instalações geradoras de frio ou de calor, será obrigatório o uso de vestimenta adequada para o trabalho em tais condições ou de capelas, anteparos, paredes duplas, isolamento térmico e recursos similares, de forma que os empregados fiquem protegidos contra as radiações térmicas.

Art. 178. As condições de conforto térmico dos locais de trabalho devem ser mantidas dentro dos limites fixados pelo Ministério do Trabalho e Emprego.

Seção IX: **Das Instalações Elétricas** (Arts. 179 a 181 da CLT)[17]

Art. 179. O Ministério do Trabalho e Emprego disporá sobre as condições de segurança e as medidas especiais a serem observadas relativamente a instalações elétricas, em qualquer das fases de produção, transmissão, distribuição ou consumo de energia.

Art. 180. Somente profissional qualificado poderá instalar, operar, inspecionar ou reparar instalações elétricas.

Art. 181. Os que trabalharem em serviços de eletricidade ou instalações elétricas devem estar familiarizados com os métodos de socorro a acidentados por choque elétrico.

---

(14) A NR-07 (PCMSO) regulamenta os arts. 168 e 169 da CLT.
(15) A NR-08 (EDIFICAÇÕES) regulamenta os arts. 170 a 174 da CLT.
(16) A NR-09 (PPRA) disciplina os arts. 175 a 178 e 200, incisos V e VI, da CLT.
(17) A NR-10 (SEGURANÇA EM INSTALAÇÕES E SERVIÇOS EM ELETRICIDADE) disciplina os arts. 179 a 181 da CLT.

Seção X: **Da Movimentação, Armazenagem e Manuseio de Materiais** (Arts. 182 e 183 da CLT)[18]

Art. 182. O Ministério do Trabalho e Emprego estabelecerá normas sobre:

I — as precauções de segurança na movimentação de materiais nos locais de trabalho, os equipamentos a serem obrigatoriamente utilizados e as condições especiais a que estão sujeitas a operação e a manutenção desses equipamentos, inclusive exigências de pessoal habilitado;

II — as exigências similares relativas ao manuseio e à armazenagem de materiais, inclusive quanto às condições de segurança e higiene relativas aos recipientes e locais de armazenagem e os equipamentos de proteção individual;

III — a obrigatoriedade de indicação de carga máxima permitida nos equipamentos de transporte, dos avisos de proibição de fumar e de advertência quanto à natureza perigosa ou nociva à saúde das substâncias em movimentação ou em depósito, bem como das recomendações de primeiros socorros e de atendimento médico e símbolo de perigo, segundo padronização internacional, nos rótulos dos materiais ou substâncias armazenados ou transportados.

Parágrafo único. As disposições relativas ao transporte de materiais aplicam-se, também, no que couber, ao transporte de pessoas nos locais de trabalho.

Art. 183. As pessoas que trabalharem na movimentação de materiais deverão estar familiarizadas com os métodos racionais de levantamento de cargas.

Seção XI: **Das Máquinas e Equipamentos** (Arts. 184 a 186 da CLT)[19]

Art. 184. As máquinas e os equipamentos deverão ser dotados de dispositivos de partida e parada e outros que se fizerem necessários para a prevenção de acidentes do trabalho, especialmente quanto ao risco de acionamento acidental.

Parágrafo único. É proibida a fabricação, a importação, a venda, a locação e o uso de máquinas e equipamentos que não atendam ao disposto neste artigo.

Art. 185. Os reparos, limpeza e ajustes somente poderão ser executados com as máquinas paradas, salvo se o movimento for indispensável à realização do ajuste.

Art. 186. O Ministério do Trabalho e Emprego estabelecerá normas adicionais sobre proteção e medidas de segurança na operação de máquinas e equipamentos, especialmente quanto à proteção das partes móveis, distância entre estas, vias de acesso às máquinas e equipamentos de grandes dimensões, emprego de ferramentas, sua adequação e medidas de proteção exigidas quando motorizadas ou elétricas.

Seção XII: **Das Caldeiras, Fornos e Recipientes Sob Pressão** (Arts. 187 e 188 da CLT)[20]

Art. 187. As caldeiras, equipamentos e recipientes em geral que operam sob pressão deverão dispor de válvulas e outros dispositivos de segurança, que evitem seja ultrapassada a pressão interna de trabalho compatível com a sua resistência.

Parágrafo único. O Ministério do Trabalho e Emprego expedirá normas complementares quanto à segurança das caldeiras, fornos e recipientes sob pressão, especialmente quanto ao revestimento interno, à localização, à ventilação dos locais e outros meios de eliminação de gases ou vapores prejudiciais à saúde, e demais instalações ou equipamentos necessários à execução segura das tarefas de cada empregado.

Art. 188. As caldeiras serão periodicamente submetidas a inspeções de segurança, por engenheiro ou empresa especializada, inscritos no Ministério do Trabalho e Emprego, de conformidade com as instruções que, para esse fim, forem expedidas.

§ 1º Toda caldeira será acompanhada de "Prontuário", com documentação original do fabricante, abrangendo, no mínimo: especificação técnica, desenhos, detalhes, provas e testes realizados durante a fabricação e a montagem, características funcionais e a pressão máxima de trabalho permitida (PMTP), esta última indicada em local visível, na própria caldeira.

§ 2º O proprietário da caldeira deverá organizar, manter atualizado e apresentar, quando exigido pela autoridade competente, o Registro de Segurança, no qual serão anotadas, sistematicamente, as indicações das provas efetuadas, inspeções, reparos e quaisquer outras ocorrências.

§ 3º Os projetos de instalação de caldeiras, fornos e recipientes sob pressão deverão ser submetidos à aprovação prévia do órgão regional competente em matéria de segurança do trabalho.

Seção XIII: **Das Atividades Insalubres ou Perigosas**

(Arts. 189 a 197 da CLT)[21]

Art. 189. Serão consideradas atividades ou operações insalubres aquelas que, por sua natureza, condições ou métodos de trabalho, exponham os empregados a agentes nocivos à saúde, acima dos limites de tolerância fixados em razão da natureza e da intensidade do agente e do tempo de exposição aos seus efeitos.

Art. 190. O Ministério do Trabalho e Emprego aprovará o quadro das atividades e operações insalubres[22] e adotará normas sobre os critérios de caracterização da insalubridade, os limites de tolerância aos agentes agressivos, meios de proteção e o tempo máximo de exposição do empregado a esses agentes.

Parágrafo único. As normas referidas neste artigo incluirão medidas de proteção do organismo do trabalhador nas operações que produzem aerodispersóides tóxicos, irritantes, alergênicos ou incômodos.

Art. 191. A eliminação ou a neutralização da insalubridade ocorrerá:

I — com a adoção de medidas que conservem o ambiente de trabalho dentro dos limites de tolerância;

II — com a utilização de equipamentos de proteção individual ao trabalhador, que diminuam a intensidade do agente agressivo a limites de tolerância.

---

(18) A NR-11 (TRANSPORTE, MOVIMENTAÇÃO, ARMAZENAGEM E MANUSEIO DE MATERIAIS) regulamenta os arts. 182 e 183 da CLT.

(19) A NR-12 (SEGURANÇA NO TRABALHO EM MÁQUINAS E EQUIPAMENTOS) disciplina os arts. 184 a 186 da CLT.

(20) A NR-13 (CALDEIRAS, VASOS DE PRESSÃO E TUBULAÇÕES) e a NR-14 (FORNOS) disciplinam os arts. 187 e 188 da CLT.

(21) A NR-15 (ATIVIDADES E OPERAÇÕES INSALUBRES) e a NR-16 (ATIVIDADES E OPERAÇÕES PERIGOSAS) disciplinam os arts. 189 a 197 da CLT.

(22) A NR-15 (ATIVIDADES E OPERAÇÕES INSALUBRES) regulamenta os arts. 189 a 192 da CLT.

Parágrafo único. Caberá às Superintendências Regionais do Trabalho e Emprego, comprovada a insalubridade, notificar as empresas, estipulando prazos para sua eliminação ou neutralização, na forma deste artigo.

Art. 192. O exercício de trabalho em condições insalubres, acima dos limites de tolerância estabelecidos pelo Ministério do Trabalho e Emprego, assegura a percepção de adicional respectivamente de 40% (quarenta por cento), 20% (vinte por cento) e 10% (dez por cento) do salário mínimo, segundo se classifiquem nos graus máximo, médio e mínimo. *(**Vide** Súmula Vinculante STF n. 4 de 8.5.2008).*

Art. 193. São consideradas atividades ou operações perigosas, na forma da regulamentação aprovada pelo Ministério do Trabalho e Emprego[23], aquelas que, por sua natureza ou métodos de trabalho, impliquem risco acentuado em virtude de exposição permanente do trabalhador a[24]:

I — inflamáveis, explosivos ou energia elétrica;

II — roubos ou outras espécies de violência física nas atividades profissionais de segurança pessoal ou patrimonial.

§ 1º O trabalho em condições de periculosidade assegura ao empregado um adicional de 30% (trinta por cento) sobre o salário sem os acréscimos resultantes de gratificações, prêmios ou participações nos lucros da empresa.

§ 2º O empregado poderá optar pelo adicional de insalubridade que porventura lhe seja devido.

§ 3º Serão descontados ou compensados do adicional outros da mesma natureza eventualmente já concedidos ao vigilante por meio de acordo coletivo.

§ 4º São também consideradas perigosas as atividades de trabalhador em motocicleta.

Art. 194. O direito do empregado ao adicional de insalubridade ou de periculosidade cessará com a eliminação do risco à sua saúde ou integridade física, nos termos desta Seção e das normas expedidas pelo Ministério do Trabalho e Emprego.

Art. 195. A caracterização e a classificação da insalubridade e da periculosidade, segundo as normas do Ministério do Trabalho e Emprego, far-se-ão através de perícia a cargo de Médico do Trabalho ou Engenheiro de Segurança do Trabalho, registrados no Ministério do Trabalho e Emprego.[25]

§ 1º É facultado às empresas e aos sindicatos das categorias profissionais interessadas requererem ao Ministério do Trabalho e Emprego a realização de perícia em estabelecimento ou setor deste, com o objetivo de caracterizar e classificar ou delimitar as atividades insalubres ou perigosas.

§ 2º Arguida em juízo insalubridade ou periculosidade, seja por empregado, seja por Sindicato em favor de grupo de associados, o juiz designará perito habilitado na forma deste artigo, e, onde não houver, requisitará perícia ao órgão competente do Ministério do Trabalho e Emprego.

§ 3º O disposto nos parágrafos anteriores não prejudica a ação fiscalizadora do Ministério do Trabalho e Emprego, nem a realização *ex officio* da perícia.

Art. 196. Os efeitos pecuniários decorrentes do trabalho em condições de insalubridade ou periculosidade serão devidos a contar da data da inclusão da respectiva atividade nos quadros aprovados pelo Ministério do Trabalho e Emprego, respeitadas as normas do art. 11.

Art. 197. Os materiais e substâncias empregados, manipulados ou transportados nos locais de trabalho, quando perigosos ou nocivos à saúde, devem conter, no rótulo, sua composição, recomendações de socorro imediato e o símbolo de perigo correspondente, segundo padronização internacional.

Parágrafo único. Os estabelecimentos que mantenham as atividades previstas neste artigo afixarão, nos setores de trabalho atingidos, avisos ou cartazes, com advertência quanto aos materiais e substâncias perigosos ou nocivos à saúde.

Seção XIV: **Da Prevenção da Fadiga** (Arts. 198 e 199 da CLT)[26]

Art. 198. É de 60 kg (sessenta quilogramas) o peso máximo que um empregado pode remover individualmente, ressalvadas as disposições especiais relativas ao trabalho do menor e da mulher.

Parágrafo único. Não está compreendida na proibição deste artigo a remoção de material feita por impulsão ou tração de vagonetes sobre trilhos, carros de mão ou quaisquer outros aparelhos mecânicos, podendo o Ministério do Trabalho e Emprego, em tais casos, fixar limites diversos, que evitem sejam exigidos do empregado serviços superiores às suas forças.

Art. 199. Será obrigatória a colocação de assentos que assegurem postura correta ao trabalhador, capazes de evitar posições incômodas ou forçadas, sempre que a execução da tarefa exija que trabalhe sentado.

Parágrafo único. Quando o trabalho deva ser executado de pé, os empregados terão à sua disposição assentos para serem utilizados nas pausas que o serviço permitir.

Seção XV: **Das outras medidas especiais de proteção** (Art. 200 da CLT)

Art. 200. Cabe ao Ministério do Trabalho e Emprego estabelecer disposições complementares às normas de que trata este Capítulo, tendo em vista as peculiaridades de cada atividade ou setor de trabalho, especialmente sobre:

I — medidas de prevenção de acidentes e os equipamentos de proteção individual em obras de construção, demolição ou reparos[27];

II — depósitos, armazenagem e manuseio de combustíveis, inflamáveis e explosivos, bem como trânsito e permanência nas áreas respectivas[28];

III — trabalho em escavações, túneis, galerias, minas e pedreiras, sobretudo quanto à prevenção de explosões, incêndios, desmoronamentos e soterramentos, eliminação de poeiras, gases etc., e facilidades de rápida saída dos empregados[29];

---

(23) A NR-16 (ATIVIDADES E OPERAÇÕES PERIGOSAS) regulamenta os arts. 193 a 197.
(24) Art. 193 da CLT com a redação atualizada pela Lei n. 12.997 de 18.6.2014.
(25) Atualmente, os Engenheiros de Segurança do Trabalho e os Médicos do Trabalho deverão ser registrados em seus respectivos órgãos de classe: CREA e CRM.
(26) A NR-17 (ERGONOMIA) disciplina os arts. 198 e 199 da CLT.
(27) A NR-18 (CONDIÇÕES E MEIO AMBIENTE DE TRABALHO NA INDÚSTRIA DA CONSTRUÇÃO) disciplina o inciso I do art. 200 da CLT.
(28) A NR-19 (EXPLOSIVOS) e a NR-20 (SEGURANÇA E SAÚE NO TRABALHO COM INFLAMÁVEIS E COMBUSTÍVEIS) disciplinam o inciso II do art. 200 da CLT.
(29) A NR-22 (SEGURANÇA E SAÚDE OCUPACIONAL NA MINERAÇÃO) disciplina o inciso III do art. 200 da CLT.

IV — proteção contra incêndio em geral e as medidas preventivas adequadas, com exigências ao especial revestimento de portas e paredes, construção de paredes contra fogo, diques e outros anteparos, assim como garantia geral de fácil circulação, corredores de acesso e saídas amplas e protegidas, com suficiente sinalização[30];

V — proteção contra insolação, calor, frio, umidade e ventos, sobretudo no trabalho a céu aberto com provisão, quanto a este, de água potável, alojamento e profilaxia de endemias[31];

VI — proteção do trabalhador exposto a substâncias químicas nocivas, radiações ionizantes e não-ionizantes, ruídos, vibrações e trepidações ou pressões anormais ao ambiente de trabalho, com especificação das medidas cabíveis para eliminação ou atenuação desses efeitos, limites máximos quanto ao tempo de exposição, à intensidade da ação ou de seus efeitos sobre o organismo do trabalhador, exames médicos obrigatórios, limites de idade, controle permanente dos locais de trabalho e das demais exigências que se façam necessárias[32];

VII — higiene nos locais de trabalho, com discriminação das exigências, instalações sanitárias, com separação de sexos, chuveiros, lavatórios, vestiários e armários individuais, refeitórios ou condições de conforto por ocasião das refeições, fornecimento de água potável, condições de limpeza dos locais de trabalho e modo de sua execução, tratamento de resíduos industriais[33];

VIII — emprego das cores nos locais de trabalho, inclusive nas sinalizações de perigo[34].

Parágrafo único. Tratando-se de radiações ionizantes e explosivos, as normas a que se refere este artigo serão expedidas de acordo com as resoluções a respeito adotadas pelo órgão técnico[35].

Seção XVI: **Das Penalidades** (Art. 201 da CLT)[36]

Art. 201. As infrações ao disposto neste Capítulo relativas à medicina do trabalho serão punidas com multa de 30 (trinta) a 300 (trezentas) vezes o valor-de-referência previsto no art. 2º, parágrafo único, da Lei n. 6.205, de 29 de abril de 1975, e as concernentes à segurança do trabalho com multa de 50 (cinquenta) a 500 (quinhentas) vezes o mesmo valor.

Parágrafo único. Em caso de reincidência, embaraço ou resistência à fiscalização, emprego de artifício ou simulação com o objetivo de fraudar a lei, a multa será aplicada em seu valor máximo.

Lei n. 10.593 de 6.12.2002
(Cria a carreira Auditoria-Fiscal do Trabalho)

Art. 10. São transformados em cargo de Auditor-Fiscal do Trabalho, na Carreira Auditoria-Fiscal do Trabalho, os seguintes cargos efetivos do quadro permanente do Ministério do Trabalho e Emprego:

I — Fiscal do Trabalho;

II — Assistente Social, encarregado da fiscalização do trabalho da mulher e do menor;

III — Engenheiros e Arquitetos, com a especialização prevista na Lei n. 7.410, de 27 de novembro de 1985, encarregados da fiscalização da segurança no trabalho;

IV — Médico do Trabalho, encarregado da fiscalização das condições de salubridade do ambiente do trabalho.

Art. 11. Os ocupantes do cargo de Auditor-Fiscal do Trabalho têm por atribuições assegurar, em todo o território nacional:

I — o cumprimento de disposições legais e regulamentares, inclusive as relacionadas à segurança e à medicina do trabalho, no âmbito das relações de trabalho e de emprego;

II — a verificação dos registros em Carteira de Trabalho e Previdência Social (CTPS), visando a redução dos índices de informalidade;

III — a verificação do recolhimento do Fundo de Garantia do Tempo de Serviço (FGTS), objetivando maximizar os índices de arrecadação;

IV — o cumprimento de acordos, convenções e contratos coletivos de trabalho celebrados entre empregados e empregadores;

V — o respeito aos acordos, tratados e convenções internacionais dos quais o Brasil seja signatário;

VI — a lavratura de auto de apreensão e guarda de documentos, materiais, livros e assemelhados, para verificação da existência de fraude e irregularidades, bem como o exame da contabilidade das empresas, não se lhes aplicando o disposto nos arts. 17 e 18 do Código Comercial.

Parágrafo único. O Poder Executivo regulamentará as atribuições privativas previstas neste artigo, podendo cometer aos ocupantes do cargo de Auditor-Fiscal do Trabalho outras atribuições, desde que compatíveis com atividades de auditoria e fiscalização.

Lei n. 10.683 de 28.5.2003 (Organização da Presidência da República)

Art. 25. Os Ministérios são os seguintes:

XXI — do Trabalho e Emprego;

(30) A NR-23 (PROTEÇÃO CONTRA INCÊNDIOS) disciplina o inciso IV do art. 200 da CLT.
(31) A NR-21 (TRABALHO A CÉU ABERTO) disciplina o art. V, da CLT.
(32) A NR-09 (PPRA), a NR-07 (PCMSO) e a NR-15 (ATIVIDADES E OPERAÇÕES INSALUBRES) disciplinam este inciso do art. 200 da CLT.
(33) A NR-24 (CONDIÇÕES SANITÁRIAS E DE CONFORTO NOS LOCAIS DE TRABALHO) e a NR-25 (RESÍDUOS INDUSTRIAIS) disciplinam o inciso VII, do art. 200 da CLT.
(34) A NR-26 (SINALIZAÇÃO DE SEGURANÇA) disciplina o inciso VIII do art. 200 da CLT.
(35) O Anexo n. 5: Limites de Tolerância para Radiações Ionizantes, da NR-15 (ATIVIDADES E OPERAÇÕES INSALUBRES), estipula a observância às Resoluções da Comissão Nacional de Energia Nuclear (CNEN) n. 9/88 e 10/88.
(36) A NR-28 (FISCALIZAÇÃO E PENALIDADES) disciplina o art. 201 da CLT.

Art. 27. Os assuntos que constituem área de competência de cada Ministério são os seguintes:

I — Ministério do Trabalho e Emprego:

a) política e diretrizes para a geração de emprego e renda e de apoio ao trabalhador;

b) política e diretrizes para a modernização das relações de trabalho;

c) fiscalização do trabalho, inclusive do trabalho portuário, bem como aplicação das sanções previstas em normas legais ou coletivas;

d) política salarial;

e) formação e desenvolvimento profissional;

f) segurança e saúde no trabalho;

g) política de imigração;

h) cooperativismo e associativismo urbanos.

SÚMULA DE JURISPRUDÊNCIA DO SUPREMO TRIBUNAL FEDERAL

Súmula STF n. 736. COMPETÊNCIA. AÇÕES QUE TENHAM COMO CAUSA DE PEDIR O DESCUMPRIMENTO DE NORMAS TRABALHISTAS RELATIVAS À SEGURANÇA, HIGIENE E SAÚDE DOS TRABALHADORES. JUSTIÇA DO TRABALHO. Compete à Justiça do Trabalho julgar as ações que tenham como causa de pedir o descumprimento de normas trabalhistas relativas à segurança, higiene e saúde dos trabalhadores.

NORMAS JURÍDICAS INFRALEGAIS OU REGULAMENTARES

Decreto n. 4.552 de 27.12.2002[37]

(Aprova o Regulamento da Inspeção do Trabalho — RIT)

O PRESIDENTE DA REPÚBLICA, no uso da atribuição que lhe confere o art. 84, inciso IV, e considerando o disposto no art. 21, inciso XXIV, ambos da Constituição, na Lei n. 10.593, de 6 de dezembro de 2002, e na Convenção 81 da Organização Internacional do Trabalho, aprovada pelo Decreto Legislativo n. 24, de 29 de maio de 1956, promulgada pelo Decreto n. 41.721, de 25 de junho de 1957, e revigorada pelo Decreto n. 95.461, de 11 de dezembro de 1987, bem como o disposto na Consolidação das Leis do Trabalho, aprovada pelo Decreto-lei n. 5.452, de 1º de maio de 1943, *DECRETA*:

Art. 1º Fica aprovado o Regulamento da Inspeção do Trabalho, que a este Decreto acompanha.

Art. 2º Este Decreto entra em vigor na data da sua publicação.

Art. 3º Revogam-se os Decretos n. 55.841, de 15 de março de 1965; 57.819, de 15 de fevereiro de 1966; 65.557, de 21 de outubro de 1969; e 97.995, de 26 de julho de 1989.

REGULAMENTO DA INSPEÇÃO DO TRABALHO (RIT)

Art. 1º O Sistema Federal de Inspeção do Trabalho, a cargo do Ministério do Trabalho e Emprego, tem por finalidade assegurar, em todo o território nacional, a aplicação das disposições legais, incluindo as convenções internacionais ratificadas, os atos e decisões das autoridades competentes e as convenções, acordos e contratos coletivos de trabalho, no que concerne à proteção dos trabalhadores no exercício da atividade laboral.

Art. 2º Compõem o Sistema Federal de Inspeção do Trabalho:

I — autoridades de direção nacional, regional ou local: aquelas indicadas em leis, regulamentos e demais atos atinentes à estrutura administrativa do Ministério do Trabalho e Emprego;

II — Auditores-Fiscais do Trabalho;[38]

III — Agentes de Higiene e Segurança do Trabalho, em funções auxiliares de inspeção do trabalho.

Art. 9º A inspeção do trabalho será promovida em todas as empresas, estabelecimentos e locais de trabalho, públicos ou privados, estendendo-se aos profissionais liberais e instituições sem fins lucrativos, bem como às embarcações estrangeiras em águas territoriais brasileiras.

Art. 10. Ao Auditor-Fiscal do Trabalho será fornecida Carteira de Identidade Fiscal (CIF), que servirá como credencial privativa, com renovação quinquenal.

§ 1º Além da credencial aludida no caput, será fornecida credencial transcrita na língua inglesa ao Auditor-Fiscal do Trabalho, que tenha por atribuição inspecionar embarcações de bandeira estrangeira.

§ 2º A autoridade nacional competente em matéria de inspeção do trabalho fará publicar, no Diário Oficial da União, relação nominal dos portadores de Carteiras de Identidade Fiscal, com nome, número de matrícula e órgão de lotação.

§ 3º É proibida a outorga de identidade fiscal a quem não seja integrante da Carreira Auditoria-Fiscal do Trabalho.

(37) O Decreto n. 4.870, de 30.10.2003, alterou os arts. 2º, 6º, e 18, além de revogar os §§ 2º e 1º respectivamente, dos arts. 8º e 18, todos do Regulamento da Inspeção do Trabalho, que fora aprovado pelo Decreto n. 4.552, de 27.12.2002. Ditas modificações já foram devidamente implementadas no texto ora reproduzido.

(38) Redação atualizada pelo Decreto n. 4.870 de 30.10.2003. Assim dispunha a redação anterior: II – Auditores-Fiscais do Trabalho, nas seguintes áreas de especialização: a) legislação do trabalho; b) segurança do trabalho; e c) saúde no trabalho.

Art. 18. Compete aos Auditores-Fiscais do Trabalho, em todo o território nacional:

I — verificar o cumprimento das disposições legais e regulamentares, inclusive as relacionadas à segurança e à saúde no trabalho, no âmbito das relações de trabalho e de emprego, em especial:

a) os registros em Carteira de Trabalho e Previdência Social (CTPS), visando à redução dos índices de informalidade;

b) o recolhimento do Fundo de Garantia do Tempo de Serviço (FGTS), objetivando maximizar os índices de arrecadação;

c) o cumprimento de acordos, convenções e contratos coletivos de trabalho celebrados entre empregados e empregadores; e

d) o cumprimento dos acordos, tratados e convenções internacionais ratificados pelo Brasil;

II — ministrar orientações e dar informações e conselhos técnicos aos trabalhadores e às pessoas sujeitas à inspeção do trabalho, atendidos os critérios administrativos de oportunidade e conveniência;

III — interrogar as pessoas sujeitas à inspeção do trabalho, seus prepostos ou representantes legais, bem como trabalhadores, sobre qualquer matéria relativa à aplicação das disposições legais e exigir-lhes documento de identificação;

IV — expedir notificação para apresentação de documentos;

V — examinar e extrair dados e cópias de livros, arquivos e outros documentos, que entenda necessários ao exercício de suas atribuições legais, inclusive quando mantidos em meio magnético ou eletrônico;

VI — proceder a levantamento e notificação de débitos;

VII — apreender, mediante termo, materiais, livros, papéis, arquivos e documentos, inclusive quando mantidos em meio magnético ou eletrônico, que constituam prova material de infração, ou, ainda, para exame ou instrução de processos;

VIII — inspecionar os locais de trabalho, o funcionamento de máquinas e a utilização de equipamentos e instalações;

IX — averiguar e analisar situações com risco potencial de gerar doenças ocupacionais e acidentes do trabalho, determinando as medidas preventivas necessárias;

X — notificar as pessoas sujeitas à inspeção do trabalho para o cumprimento de obrigações ou a correção de irregularidades e adoção de medidas que eliminem os riscos para a saúde e segurança dos trabalhadores, nas instalações ou métodos de trabalho;

XI — quando constatado grave e iminente risco para a saúde ou segurança dos trabalhadores, expedir a notificação a que se refere o inciso X deste artigo, determinando a adoção de medidas de imediata aplicação;

XII — coletar materiais e substâncias nos locais de trabalho para fins de análise, bem como apreender equipamentos e outros itens relacionados com a segurança e saúde no trabalho, lavrando o respectivo termo de apreensão;

XIII — propor a interdição de estabelecimento, setor de serviço, máquina ou equipamento, ou o embargo de obra, total ou parcial, quando constatar situação de grave e iminente risco à saúde ou à integridade física do trabalhador, por meio de emissão de laudo técnico que indique a situação de risco verificada e especifique as medidas corretivas que deverão ser adotadas pelas pessoas sujeitas à inspeção do trabalho, comunicando o fato de imediato à autoridade competente;

XIV — analisar e investigar as causas dos acidentes do trabalho e das doenças ocupacionais, bem como as situações com potencial para gerar tais eventos;

XV — realizar auditorias e perícias e emitir laudos, pareceres e relatórios;[39]

XVI — solicitar, quando necessário ao desempenho de suas funções, o auxílio da autoridade policial;

XVII — lavrar termo de compromisso decorrente de procedimento especial de inspeção;

XVIII — lavrar autos de infração por inobservância de disposições legais;

XIX — analisar processos administrativos de auto de infração, notificações de débitos ou outros que lhes forem distribuídos;

XX — devolver, devidamente informados os processos e demais documentos que lhes forem distribuídos, nos prazos e formas previstos em instruções expedidas pela autoridade nacional competente em matéria de inspeção do trabalho;

XXI — elaborar relatórios de suas atividades, nos prazos e formas previstos em instruções expedidas pela autoridade nacional competente em matéria de inspeção do trabalho;

XXII — levar ao conhecimento da autoridade competente, por escrito, as deficiências ou abusos que não estejam especificamente compreendidos nas disposições legais;

XXIII — atuar em conformidade com as prioridades estabelecidas pelos planejamentos nacional e regional.[40]

§ 1º Revogado pelo Decreto n. 4870, de 30.10.2003.[41]

§ 2º Aos Auditores-Fiscais do Trabalho serão ministrados regularmente cursos, visando a sua formação e aperfeiçoamento, observadas as peculiaridades regionais, conforme instruções expedidas pela autoridade nacional competente em matéria de inspeção do trabalho.[42]

---

(39) Redação atualizada pelo Decreto n. 4.870, de 30.10.2003. Assim dispunha a redação anterior: **XV** — *realizar perícias e auditorias, no campo de suas atribuições e formação profissional, emitindo pareceres, laudos e relatórios.*

(40) Redação atualizada pelo Decreto n. 4.870 de 30.10.2003. Assim dispunha a redação anterior: **XXIII** — *atuar em conformidade com as prioridades estabelecidas pelos planejamentos nacional e regional, nas respectivas áreas de especialização.*

(41) Assim dispunha o revogado § 1º: *A autoridade nacional competente em matéria de inspeção do trabalho estabelecerá, no planejamento anual, as áreas de atuação prioritárias dos Auditores-Fiscais do Trabalho em razão de sua especialização.*

(42) Redação atualizada pelo Decreto n. 4.870, de 30.10.2003. Assim dispunha a redação anterior do § 2º: *"Aos Auditores-Fiscais do Trabalho serão ministrados regularmente cursos necessários à sua formação, aperfeiçoamento e especialização, observadas as peculiaridades regionais, conforme instruções do Ministério do Trabalho e Emprego, expedidas pela autoridade nacional competente em matéria de inspeção do trabalho."*

Art. 21. Caberá ao órgão regional do Ministério do Trabalho e Emprego promover a investigação das causas de acidentes ou doenças relacionadas ao trabalho, determinando as medidas de proteção necessárias.

Art. 22. O Auditor-Fiscal do Trabalho poderá solicitar o concurso de especialistas e técnicos devidamente qualificados, assim como recorrer a laboratórios técnico-científicos governamentais ou credenciados, a fim de assegurar a aplicação das disposições legais e regulamentares relativas à segurança e saúde no trabalho.

Art. 31. São atividades auxiliares de apoio operacional à inspeção do trabalho, a cargo dos Agentes de Higiene e Segurança do Trabalho:

I — levantamento técnico das condições de segurança nos locais de trabalho, com vistas à investigação de acidentes do trabalho;

II — levantamento de dados para fins de cálculo dos coeficientes de frequência e gravidade dos acidentes;

III — avaliação qualitativa ou quantitativa de riscos ambientais;

IV — levantamento e análise das condições de risco nas pessoas sujeitas à inspeção do trabalho;

V — auxílio à realização de perícias técnicas para caracterização de insalubridade ou de periculosidade;

VI — comunicação, de imediato e por escrito, à autoridade competente de qualquer situação de risco grave e iminente à saúde ou à integridade física dos trabalhadores;

VII — participação em estudos e análises sobre as causas de acidentes do trabalho e de doenças profissionais;

VIII — colaboração na elaboração de recomendações sobre segurança e saúde no trabalho;

IX — acompanhamento das ações de prevenção desenvolvidas pela unidade descentralizada do Ministério do Trabalho e Emprego;

X — orientação às pessoas sujeitas à inspeção do trabalho sobre instalação e funcionamento das Comissões Internas de Prevenção de Acidentes (CIPA) e dimensionamento dos Serviços Especializados em Engenharia de Segurança e em Medicina do Trabalho (SESMT);

XI — prestação de assistência às CIPA;

XII — participação nas reuniões das CIPA das pessoas sujeitas à inspeção do trabalho, como representantes da unidade descentralizada do Ministério do Trabalho e Emprego;

XIII — devolução dos processos e demais documentos que lhes forem distribuídos, devidamente informados, nos prazos assinalados;

XIV — elaboração de relatório mensal de suas atividades, nas condições e nos prazos fixados pela autoridade nacional em matéria de inspeção do trabalho; e

XV — prestação de informações e orientações em plantões fiscais na área de sua competência.

§ 1º As atividades externas de que trata este artigo somente poderão ser exercidas mediante ordem de serviço expedida pela chefia de fiscalização.

§ 2º Para o desempenho das atribuições previstas neste artigo, será fornecida aos Agentes de Higiene e Segurança do Trabalho (Técnicos de Segurança do Trabalho do MTE) credencial específica que lhes possibilite o livre acesso aos estabelecimentos e locais de trabalho.

Decreto n. 5.063 de 3.5.2004 (Anexo I: Estrutura Regimental do MTE)

Art. 1º O Ministério do Trabalho e Emprego, órgão da administração federal direta, tem como área de competência os seguintes assuntos:

I — política e diretrizes para a geração de emprego e renda e de apoio ao trabalhador;

II — política e diretrizes para a modernização das relações do trabalho;

III — fiscalização do trabalho, inclusive do trabalho portuário, bem como aplicação das sanções previstas em normas legais ou coletivas;

IV — política salarial;

V — formação e desenvolvimento profissional;

VI — segurança e saúde no trabalho;

VII — política de imigração; e

VIII — cooperativismo e associativismo urbanos.

Art. 14. À Secretaria de Inspeção do Trabalho (SIT-MTE) compete:

I — formular e propor as diretrizes da inspeção do trabalho, inclusive do trabalho portuário, priorizando o estabelecimento de política de combate ao trabalho forçado e infantil, bem como a todas as formas de trabalho degradante;

II — formular e propor as diretrizes e normas de atuação da área de segurança e saúde do trabalhador;

III — participar, em conjunto com as demais Secretarias, da elaboração de programas especiais de proteção ao trabalho;

IV — participar, em conjunto com as demais Secretarias, da formulação de novos procedimentos reguladores das relações capital-trabalho;

V — supervisionar, orientar e apoiar, em conjunto com a Secretaria de Relações do Trabalho, as atividades de mediação em conflitos coletivos de trabalho, quando exercidas por Auditores-Fiscais do Trabalho;

VI — formular e propor as diretrizes da fiscalização dos recolhimentos do Fundo de Garantia do Tempo de Serviço (FGTS);

VII — propor ações, no âmbito do Ministério, que visem à otimização de sistemas de cooperação mútua, intercâmbio de informações e estabelecimento de ações integradas entre as fiscalizações federais;

VIII — formular e propor as diretrizes para o aperfeiçoamento técnico-profissional e gerência do pessoal da inspeção do trabalho;

IX — promover estudos da legislação trabalhista e correlata, no âmbito de sua competência, propondo o seu aperfeiçoamento;

X — supervisionar as atividades voltadas para o desenvolvimento de programas e ações integradas de cooperação técnico-científica com organismos nacionais e internacionais, na área de sua competência;

XI — acompanhar o cumprimento, em âmbito nacional, dos acordos e convenções ratificados pelo Governo brasileiro junto a organismos internacionais, em especial à OIT, nos assuntos de sua área de competência;

XII — propor diretrizes para o aperfeiçoamento das relações do trabalho na sua área de competência; e,

XIII — baixar normas relacionadas com a sua área de competência.

Art. 16. Ao Departamento de Segurança e Saúde no Trabalho (DSST-SIT-MTE) compete:

I — subsidiar a formulação e proposição das diretrizes e normas de atuação da área de segurança e saúde no trabalho;

II — planejar, supervisionar, orientar, coordenar e controlar a execução das atividades relacionadas com a inspeção dos ambientes e condições de trabalho;

III — planejar, coordenar e orientar a execução do Programa de Alimentação do Trabalhador e da Campanha Nacional de Prevenção de Acidentes do Trabalho;

IV — planejar, supervisionar, orientar, coordenar e controlar as ações e atividades de inspeção do trabalho na área de segurança e saúde;

V — subsidiar a formulação e proposição das diretrizes para o aperfeiçoamento técnico-profissional e gerência do pessoal da inspeção do trabalho, na área de segurança e saúde;

VI — coordenar as atividades voltadas para o desenvolvimento de programas e ações integradas de cooperação técnico-científica com organismos internacionais, na área de sua competência; e

VII — supervisionar, no âmbito de sua competência, a remessa da legislação e atos administrativos de interesse da fiscalização do trabalho às Superintendências Regionais do Trabalho e Emprego.

Art. 21. Às Superintendências Regionais do Trabalho e Emprego (SRTE-MTE), subordinadas diretamente ao Ministro de Estado do Trabalho e Emprego, compete coordenar, orientar e controlar, na área de sua jurisdição, a execução das atividades relacionadas com a fiscalização do trabalho, a inspeção das condições ambientais de trabalho, a aplicação de sanções previstas em normas legais ou coletivas, a orientação ao trabalhador, o fornecimento de Carteira de Trabalho e Previdência Social, a orientação e o apoio ao trabalhador desempregado, a mediação e a arbitragem em negociação coletiva, a conciliação de conflitos trabalhistas, a assistência na rescisão do contrato de trabalho, em conformidade com a orientação e normas emanadas do Ministério.

Portaria MTb n. 3.214 de 8.6.1978

(Aprova as Normas Regulamentadoras de Segurança e Medicina do Trabalho)

O Ministro de Estado, no uso de suas atribuições legais, considerando o disposto no art. 200, da Consolidação das Leis do Trabalho, com a redação dada pela Lei n. 6.514 de 22.12.1977, *Resolve*:

Art. 1º Aprovar as Normas Regulamentadoras — NR — do Capítulo V, Título II, da Consolidação das Leis do Trabalho, relativas à Segurança e Medicina do Trabalho:[(43)]

Art. 2º As alterações posteriores, decorrentes da experiência e necessidade, serão baixadas pela Secretaria de Segurança e Saúde no Trabalho. (*atual Secretaria de Inspeção do Trabalho — SIT/MTE*).

Art. 3º Ficam revogadas as Portarias MTIC ns. 31, de 6.4.1954; 34, de 8.4.1954; 30, de 7.2.1958; 73, de 2.5.1959; 1, de 5.1.1960; Portarias MTPS ns. 46, de 19.2.1962; 133, de 30.4.1962; 1.032, de 11.11.1964; 607, de 26.10.1965; 491, de 16.9.1965; 608, de 26.10.1965; Portarias MTb ns. 3.442, de 23.12.1974; 3.460, de 31.12.1975; 3.456, de 3.8.1977; Portarias DNSHT ns. 16, de 23.6.1966; 6, de 26.1.967; 26, de 26.9.1967; 8, de 7.5.1968; 9, de 9.5.1968; 20, de 6.5.1970; 13, de 26.2.1972; 15, de 18.8.1972; 18, de 2.7.1974; Portaria SRT n. 7, de 18.3.1976; e demais disposições em contrário.

Art. 4º As dúvidas suscitadas e os casos omissos serão decididos pela Secretaria de Segurança e Medicina do Trabalho. (*atual SIT-MTE*)

Art. 5º Esta Portaria entrará em vigor na data de sua publicação.

Portaria MTE-GM n. 589 de 28.4.2014

(Disciplina a obrigatoriedade de as empresas públicas e privadas brasileiras comunicarem ao MTE a ocorrência de acidente de trabalho, inclusive na modalidade de doença ocupacional, que tenha resultado em morte de trabalhador)

O MINISTRO DE ESTADO DO TRABALHO E EMPREGO, no uso das atribuições que lhe conferem o inciso II do Parágrafo Único do art. 87 da Constituição Federal;

Considerando o disposto no art. 169 da Consolidação das Leis do Trabalho, relativamente à notificação obrigatória das doenças profissionais e outras relacionadas ao trabalho, comprovadas ou objeto de suspeita;

Considerando que a Convenção n. 81 da Organização Internacional do Trabalho (OIT), promulgada pelo Decreto n. 41.721, de 25 de junho de 1957, estabelece em seu art. 14 que os acidentes do trabalho e os casos de doenças profissionais deverão ser notificados à inspeção do trabalho, nos casos e na forma determinada pela legislação nacional; e

Considerando o disposto no art. 20 da Lei n. 8.213 de 24 de julho de 1991, que trata da relação dos agravos que caracterizam doenças profissionais e o do trabalho, resolve:

---

(43) **Nota:** *Ao final de cada um dos primeiros trinta e seis capítulos deste livro encontram-se reproduzidas, respectivamente, as trinta e seis normas regulamentadoras de segurança e saúde no trabalho atualizadas até a data da edição desse livro.*

Art. 1º Disciplinar as medidas a serem adotadas pelas empresas em relação à notificação de doenças e acidentes do trabalho.

Art. 2º Todo acidente fatal relacionado ao trabalho, inclusive as doenças do trabalho que resultem morte, deve ser comunicado à unidade do Ministério do Trabalho e Emprego mais próxima à ocorrência no prazo de até vinte e quatro horas após a constatação do óbito, além de informado no mesmo prazo por mensagem eletrônica ao Departamento de Segurança e Saúde no Trabalho, da Secretaria de Inspeção do Trabalho, no endereço <**dsst.sit@mte.gov.br**> contendo as informações listadas em anexo a esta norma.

Art. 3º A comunicação de que trata o art. 2º não suprime a obrigação do empregador de notificar todos os acidentes do trabalho e doenças relacionadas ao trabalho, com ou sem afastamento, comprovadas ou objeto de suspeita, mediante a emissão de Comunicação de Acidente de Trabalho (CAT) apresentada ao órgão competente do Ministério da Previdência Social.

Art. 4º O Ministério do Trabalho e Emprego apresentará periodicamente ao Comitê Executivo criado pelo Decreto n. 7.602, de 7.11.2011, a relação de agravos que caracterizam doenças relacionadas ao trabalho, a ser publicada no dia 28 de abril seguinte, dia mundial de segurança e saúde no trabalho.

Art. 5º Esta Portaria entra em vigor na data de sua publicação.

ANEXO

Empregador	
CNPJ, CEI ou CPF	
Endereço e telefone da empresa	
Número da CAT registrada	
Data do Óbito	
Nome do Acidentado	
Endereço do acidente	
Situação geradora do acidente	

NR-01 (DISPOSIÇÕES GERAIS)[44]

Publicação	**D.O.U.**
Portaria GM n. 3.214, de 8 de junho de 1978	6.7.78
Atualizações	**D.O.U.**
Portaria SSMT n. 6, de 9 de março de 1983	14.3.83
Portaria SSMT n. 3, de 7 de fevereiro de 1988	10.3.88
Portaria SSST n. 13, de 17 de setembro de 1993	21.9.93
Portaria SIT n. 84, de 4 de março de 2009	12.3.09

1.1. As Normas Regulamentadoras — NR, relativas à segurança e medicina do trabalho, são de observância obrigatória pelas empresas privadas e públicas e pelos órgãos públicos da administração direta e indireta, bem como pelos órgãos dos Poderes Legislativo e Judiciário, que possuam empregados regidos pela Consolidação das Leis do Trabalho — CLT. *(Alteração dada pela Portaria n. 06, de 9.3.83)*

1.1.1. As disposições contidas nas Normas Regulamentadoras — NR aplicam-se, no que couber, aos trabalhadores avulsos, às entidades ou empresas que lhes tomem o serviço e aos sindicatos representativos das respectivas categorias profissionais. *(Alteração dada pela Portaria n. 06, de 9.3.83)*

1.2. A observância das Normas Regulamentadoras — NR não desobriga as empresas do cumprimento de outras disposições que, com relação à matéria, sejam incluídas em códigos de obras ou regulamentos sanitários dos Estados ou Municípios, e outras, oriundas de convenções e acordos coletivos de trabalho. *(Alteração dada pela Portaria n.06, de 9.3.83)*

1.3. A Secretaria de Segurança e Saúde no Trabalho — SSST é o órgão de âmbito nacional competente para coordenar, orientar, controlar e supervisionar as atividades relacionadas com a segurança e medicina do trabalho, inclusive a Campanha Nacional de Prevenção de Acidentes do Trabalho — CANPAT, o Programa de Alimentação do Trabalhador — PAT e ainda a fiscalização do cumprimento dos preceitos legais e regulamentares sobre segurança e medicina do trabalho em todo o território nacional. *(Alteração dada pela Portaria n. 13, de 17.9.93)*

1.3.1. Compete, ainda, à Secretaria de Segurança e Saúde no Trabalho — SSST conhecer, em última instância, dos recursos voluntários ou de ofício, das decisões proferidas pelos Delegados Regionais do Trabalho, em matéria de segurança e saúde no trabalho. *(Alteração dada pela Portaria n. 13, de 17.9.93)*

1.4. A Delegacia Regional do Trabalho — DRT, nos limites de sua jurisdição, é o órgão regional competente para executar as atividades relacionadas com a segurança e medicina do trabalho, inclusive a Campanha Nacional de Prevenção dos Acidentes do Trabalho — CANPAT, o Programa de Alimentação do Trabalhador — PAT e ainda a fiscalização do cumprimento dos preceitos legais e regulamentares sobre segurança e medicina do trabalho. *(Alteração dada pela Portaria n. 13, de 17.9.93)*

1.4.1. Compete, ainda, à Delegacia Regional do Trabalho — DRT ou à Delegacia do Trabalho Marítimo — DTM, nos limites de sua jurisdição: *(Alteração dada pela Portaria n. 06, de 9.3.83)*

(44) Texto da NR-01 (DISPOSIÇÕES GERAIS) com a redação dada pela Portaria SSMT-MTb n. 6 de 9.3.1983 atualizada até a edição da Portaria SIT-MTE n. 84 de 4.3.2009.

a) adotar medidas necessárias à fiel observância dos preceitos legais e regulamentares sobre segurança e medicina do trabalho;

b) impor as penalidades cabíveis por descumprimento dos preceitos legais e regulamentares sobre segurança e medicina do trabalho;

c) embargar obra, interditar estabelecimento, setor de serviço, canteiro de obra, frente de trabalho, locais de trabalho, máquinas e equipamentos;

d) notificar as empresas, estipulando prazos, para eliminação e/ou neutralização de insalubridade;

e) atender requisições judiciais para realização de perícias sobre segurança e medicina do trabalho nas localidades onde não houver Médico do Trabalho ou Engenheiro de Segurança do Trabalho registrado no MTb.

1.5. Podem ser delegadas a outros órgãos federais, estaduais e municipais, mediante convênio autorizado pelo Ministro do Trabalho, atribuições de fiscalização e/ou orientação às empresas, quanto ao cumprimento dos preceitos legais e regulamentares sobre segurança e medicina do trabalho. *(Alteração dada pela Portaria n. 06, de 9.3.83)*

1.6. Para fins de aplicação das Normas Regulamentadoras — NR, considera-se: *(Alteração dada pela Portaria n. 06, de 9.3.83)*

a) empregador, a empresa individual ou coletiva, que, assumindo os riscos da atividade econômica, admite, assalaria e dirige a prestação pessoal de serviços. Equiparam-se ao empregador os profissionais liberais, as instituições de beneficência, as associações recreativas ou outras instituições sem fins lucrativos, que admitem trabalhadores como empregados;

b) empregado, a pessoa física que presta serviços de natureza não eventual a empregador, sob a dependência deste e mediante salário;

c) empresa, o estabelecimento ou o conjunto de estabelecimentos, canteiros de obra, frente de trabalho, locais de trabalho e outras, constituindo a organização de que se utiliza o empregador para atingir seus objetivos;

d) estabelecimento, cada uma das unidades da empresa, funcionando em lugares diferentes, tais como: fábrica, refinaria, usina, escritório, loja, oficina, depósito, laboratório;

e) setor de serviço, a menor unidade administrativa ou operacional compreendida no mesmo estabelecimento;

f) canteiro de obra, a área do trabalho fixa e temporária, onde se desenvolvem operações de apoio e execução à construção, demolição ou reparo de uma obra;

g) frente de trabalho, a área de trabalho móvel e temporária, onde se desenvolvem operações de apoio e execução à construção, demolição ou reparo de uma obra;

h) local de trabalho, a área onde são executados os trabalhos.

1.6.1. Sempre que uma ou mais empresas, tendo, embora, cada uma delas, personalidade jurídica própria, estiverem sob direção, controle ou administração de outra, constituindo grupo industrial, comercial ou de qualquer outra atividade econômica, serão, para efeito de aplicação das Normas Regulamentadoras — NR, solidariamente responsáveis a empresa principal e cada uma das subordinadas. *(Alteração dada pela Portaria n. 06, de 9.3.83)*

1.6.2. Para efeito de aplicação das Normas Regulamentadoras — NR, a obra de engenharia, compreendendo ou não canteiro de obra ou frentes de trabalho, será considerada como um estabelecimento, a menos que se disponha, de forma diferente, em NR específica. *(Alteração dada pela Portaria n. 06, de 9.3.83)*

1.7. Cabe ao empregador: *(Alteração dada pela Portaria n. 06, de 9.3.83)*

a) cumprir e fazer cumprir as disposições legais e regulamentares sobre segurança e medicina do trabalho;

b) elaborar ordens de serviço sobre segurança e saúde no trabalho, dando ciência aos empregados por comunicados, cartazes ou meios eletrônicos; *(Alteração dada pela Portaria n. 84, de 4.3.09)*

Obs.: Com a alteração dada pela Portaria n. 84, de 4.3.09, todos os incisos (I, II, III, IV, V e VI) desta alínea foram revogados.

c) informar aos trabalhadores: *(Alteração dada pela Portaria n. 03, de 7.2.88)*

I — os riscos profissionais que possam originar-se nos locais de trabalho;

II — os meios para prevenir e limitar tais riscos e as medidas adotadas pela empresa;

III — os resultados dos exames médicos e de exames complementares de diagnóstico aos quais os próprios trabalhadores forem submetidos;

IV — os resultados das avaliações ambientais realizadas nos locais de trabalho.

d) permitir que representantes dos trabalhadores acompanhem a fiscalização dos preceitos legais e regulamentares sobre segurança e medicina do trabalho; *(Alteração dada pela Portaria n. 03, de 7.2.88)*

e) determinar procedimentos que devem ser adotados em caso de acidente ou doença relacionada ao trabalho. *(Inserção dada pela Portaria n. 84, de 4.3.09)*

1.8. Cabe ao empregado: *(Alteração dada pela Portaria n. 06, de 9.3.83)*

a) cumprir as disposições legais e regulamentares sobre segurança e saúde do trabalho, inclusive as ordens de serviço expedidas pelo empregador; *(Alteração dada pela Portaria n. 84, de 4.3.09)*

b) usar o EPI fornecido pelo empregador;

c) submeter-se aos exames médicos previstos nas Normas Regulamentadoras — NR;

d) colaborar com a empresa na aplicação das Normas Regulamentadoras — NR;

1.8.1. Constitui ato faltoso a recusa injustificada do empregado ao cumprimento do disposto no item anterior. *(Alteração dada pela Portaria n. 06, de 9.3.83)*

1.9. O não-cumprimento das disposições legais e regulamentares sobre segurança e medicina do trabalho acarretará ao empregador a aplicação das penalidades previstas na legislação pertinente. *(Alteração dada pela Portaria n. 06, de 9.3.83)*

1.10. As dúvidas suscitadas e os casos omissos verificados na execução das Normas Regulamentadoras — NR, serão decididos pela Secretaria de Segurança e Medicina do Trabalho — SSMT. *(Alteração dada pela Portaria n. 06, de 9.3.83)*

Capítulo 2

INSPEÇÃO PRÉVIA

Inspeção Prévia corresponde, *a priori*, a um procedimento de fiscalização trabalhista de caráter especial, na medida em que se inicia por requerimento do próprio empregador à Superintendência Regional do Trabalho e Emprego (SRTE) do Ministério do Trabalho e Emprego (MTE), objetivando a designação de Auditor Fiscal do Trabalho (AFT), para realizar uma inspeção técnica de segurança e saúde no trabalho antes do início das atividades produtivas e, assim, ser emitido um Certificado de Aprovação de Instalações (CAI), atestando que o estabelecimento possui as condições mínimas de conforto ambiental viabilizando o regular início ou reinício de seu funcionamento produtivo.

A inspeção prévia normalmente deverá ser realizada antes de o estabelecimento, industrial ou comercial, iniciar suas atividades, ou quando o estabelecimento, já em funcionamento, tiver sofrido modificações substanciais em suas instalações ou equipamentos.

A inspeção prévia deverá ser efetuada pelos Auditores Fiscais do Trabalho do MTE (engenheiros de segurança do trabalho ou médicos do trabalho) lotados e em exercício nas SRTE do MTE.

As Normas Regulamentadoras (NRs) de Segurança e Saúde no Trabalho (SST) editadas pelo Ministério do Trabalho e Emprego (MTE) são aplicáveis a todos os ambientes de trabalho onde hajam trabalhadores contratados sob a égide da Consolidação das Leis do Trabalho (CLT) e possuem existência jurídica convalidada pelo Princípio Constitucional de Minimização dos Riscos Ocupacionais consagrado no inciso XXII do art. 7º da Constituição Federal brasileira. No plano da legislação infraconstitucional, ditas NRs de SST possuem respaldo de validade legal na forma tipificada no Estatuto Obreiro, em seu Título II: Das Normas Gerais de Tutela do Trabalho, mais precisamente em seu Capítulo V: Da Segurança e da Medicina do Trabalho (arts. 154 a 201 da CLT). Recorde-se que ditos artigos da CLT possuem redação dada pela Lei n. 6.514 de 22.12.1977, observadas as atualizações subsequentes até a publicação da Lei n. 12.997 de 18.6.2014. De se destacar, mais, que os citados arts. 154 a 201 do Código Laboral foram inicialmente disciplinados pela Portaria MTb n. 3.214 de 8.6.1978, que instituiu as primeiras 28 NRs de SST; valendo observar que atualmente existem 36 NRs de SST, cada uma disciplinando uma temática específica.

A segunda norma regulamentadora de segurança e saúde no trabalho, cujo título é NR-02 (Inspeção Prévia), com a redação atual dada pela Portaria SSMT-MTb n. 35 de 28.12.1983, tem sua existência jurídica assegurada, no plano da legislação ordinária, em disposição específica (art. 160) de nossa Consolidação das Leis do Trabalho (CLT), onde consta explicitado que nenhum estabelecimento poderá iniciar suas atividades sem prévia inspeção e aprovação das respectivas instalações pela autoridade regional competente em matéria de segurança e medicina do trabalho (SRTE-MTE).

Destarte, segundo disposto no art. 160 da CLT, deverão as empresas privadas e estatais (empresas públicas e sociedades de economia mista) brasileiras e demais instituições que possuam trabalhadores sujeitos ao regime da CLT solicitar à Superintendência Regional do Trabalho e Emprego (SRTE-MTE) a realização de prévia inspeção de segurança e saúde no trabalho em seu estabelecimento, antes do início das atividades ou, quando já em funcionamento, tenha sofrido modificação substancial em suas instalações, maquinário ou equipamentos. Outrossim, é possibilitado às empresas solicitar prévia aprovação dos projetos de construção e respectivas instalações, à SRTE-MTE.

Estipula a NR-02 que deverá o empregador solicitar a realização de inspeção prévia em seu estabelecimento, mediante requerimento escrito encaminhado ao Superintendente Regional do Trabalho e Emprego. Referida norma não estabeleceu nenhum requerimento ou formulário-padrão para a solicitação de inspeção prévia; todavia, no Módulo Complementar deste Capítulo encontra-se reproduzido, de forma meramente sugestiva, um modelo dessa solicitação.

Chamamos a especial atenção do caro leitor para alguns artigos da CLT e normas regulamentadoras ainda fazerem referências às Delegacias do Trabalho Marítimo (DTMs), pois desde o advento da Lei n. 7.731 de 14.2.1989, ditos órgãos ministeriais, assim como os cargos de seus respectivos titulares (Delegados do Trabalho Marítimo), foram legalmente extintos e transferidas suas atribuições e competências, respectivamente, para as Delegacias Regionais do Trabalho (atuais Superintendências Regionais do Trabalho e Emprego) e Delegados Regionais do Trabalho (atuais Superintendentes Regionais do Trabalho e Emprego).

Doravante, será apresentado o MÓDULO COMPLEMENTAR deste Capítulo, contendo um modelo de solicitação de realização de inspeção prévia, objetivando auxiliar o profissional de segurança e saúde no trabalho iniciante em sua rotina diária. Em seguida, foram reproduzidos todos os FUNDAMENTOS JURÍDICOS (dispositivos legais, infralegais ou regulamentares) que propiciam o suporte de validade jurídica à temática em apreço, observando-se as ordens hierárquica e cronológica. Ao final, encontra-se igualmente transcrita, de forma integral e atualizada, a correspondente norma regulamentadora de segurança e saúde no trabalho que intitula este Capítulo.

MÓDULO COMPLEMENTAR DO CAPÍTULO 2

MODELO DE REQUERIMENTO DE REALIZAÇÃO DE INSPEÇÃO PRÉVIA

Ilustríssimo Senhor Superintendente Regional do Trabalho e Emprego no Estado do Rio Grande do Norte.

A Empresa: (Razão Social e Qualificação Completa: Endereço, CGC-MF, Telefone, Fax, E-mail, Caixa Postal, CEP), por intermédio de seu Representante Legal, ao final subscrito, vem, mui respeitosamente, requerer a Vossa Senhoria que determine, por meio dos técnicos especializados do Setor competente em Segurança e Saúde no Trabalho dessa honrosa Superintendência Regional do Trabalho e Emprego (SRTE), a realização de inspeção prévia no estabelecimento da Requerente, situado à ...., de acordo com o disposto no item 2.1 da NR-02 (Inspeção Prévia), da Portaria SSMT-MTb n. 35 de 28.12.1983, que regulamentou o art. 160 da CLT.

A Requerente tem na .... sua atividade principal, correspondente ao Código .... e ao Grau de Risco ...., de acordo com a Classificação Nacional de Atividades Econômicas — CNAE (Quadro I da NR-04: SESMT).

Outrossim, declara a Requerente que manterá um total de .... empregados lotados no estabelecimento referido e que pretende iniciar suas atividades produtivas na data de ....; pelo que, solicita a imediata realização da inspeção prévia com a subsequente expedição do Certificado de Aprovação de Instalações (CAI), consoante previsto no item 2.2, da aludida NR-02.

Nestes Termos,

Pede e Espera Deferimento.

Natal/RN, 27 de junho de 2015.

....

(Assinatura do Representante Legal da Empresa)

FUNDAMENTOS JURÍDICOS DO CAPÍTULO 2

NR-02: INSPEÇÃO PRÉVIA *(redação atual dada pela Portaria SSMT-MTb n. 35 de 28.12.1983). Art. 7º, incisos XXII, XXIII, XXVIII e XXXIII, da CF-1988. Art. 160 da CLT. Instrução Normativa SSMT-MTb n. 1 de 17.5.1983.*

CONSTITUIÇÃO DA REPÚBLICA FEDERATIVA DO BRASIL
(Atualizada até a edição da Emenda Constitucional n. 85 de 26.2.2015)

Título II: Dos Direitos e Garantias Fundamentais (Arts. 5º a 17)

Capítulo II: Dos Direitos Sociais (Arts. 6º a 11)

Art. 7º São direitos dos trabalhadores urbanos e rurais(1), além de outros que visem à melhoria de sua condição social:

XXII — redução dos riscos inerentes ao trabalho, por meio de normas de saúde, higiene e segurança;

XXIII — adicional de remuneração para as atividades penosas, insalubres ou perigosas, na forma da lei;

XXVIII — seguro contra acidentes de trabalho, a cargo do empregador, sem excluir a indenização a que este está obrigado, quando incorrer em dolo ou culpa;

XXXIII — proibição de trabalho noturno, perigoso ou insalubre a menores de dezoito e de qualquer trabalho a menores de dezesseis anos, salvo na condição de aprendiz, a partir de quatorze anos.

---

(1) Especificamente em relação aos Servidores Públicos Federais (submetidos ao Regime Jurídico Único da Lei n. 8.112/1990) dispõe o § 3º do art. 39 da CF-1988 que: "*Aplica-se aos servidores ocupantes de cargo público o disposto no Art. 7º, IV, VII, VIII, IX, XII, XIII, XV, XVI, XVII, XVIII, XIX, XX, XXII e XXX, podendo a lei estabelecer requisitos diferenciados de admissão quando a natureza do cargo o exigir*".

NORMAS JURÍDICAS INFRACONSTITUCIONAIS

CONSOLIDAÇÃO DAS LEIS DO TRABALHO

(Decreto-lei n. 5.452 de 1º.5.1943, com a redação dos arts. 154 a 201 CLT dada pela Lei n. 6.514 de 22.12.1977, atualizada até a edição da Lei n. 13.103 de 2.3.2015)

Título II: **Das Normas Gerais de Tutela do Trabalho** (Arts. 13 a 223 da CLT)

Capítulo V: **Da Segurança e da Medicina do Trabalho** (Arts. 154 a 201 da CLT)(2)

Seção II: **Da Inspeção Prévia e do Embargo ou Interdição** (Arts. 160 a 161 da CLT)(3)

Art. 160. Nenhum estabelecimento poderá iniciar suas atividades sem prévia inspeção e aprovação das respectivas instalações pela autoridade regional competente em matéria de segurança e medicina do trabalho.

§ 1º Nova inspeção deverá ser feita quando ocorrer modificação substancial nas instalações, inclusive equipamentos, que a empresa fica obrigada a comunicar, prontamente, à Superintendência Regional do Trabalho e Emprego.

§ 2º É facultado às empresas solicitar prévia aprovação, pela Superintendência Regional do Trabalho e Emprego, dos projetos de construção e respectivas instalações.

NORMAS JURÍDICAS INFRALEGAIS OU REGULAMENTARES

Instrução Normativa SSMT-MTB n. 1 de 17.5.1983

O Secretário de Segurança e Medicina do Trabalho (atual Secretário de Inspeção do Trabalho), tendo em vista a Lei n. 6.514 de 22.12.77, que alterou o Capítulo V da CLT, no uso das atribuições que lhe são conferidas pelo art. 2º da Portaria Ministerial n. 3.214 de 8.6.1978 e, ainda, considerando:

que a inspeção prévia de instalações para expedição do Certificado de Aprovação de Instalações (CAI), cuja vigência alcança mais de 37 (trinta e sete) anos constitui um ato de realização cada vez mais difícil;

que a multiplicação de estabelecimentos, bem como a expansão geográfica dos diferentes setores de atividade, acompanhando a própria urbanização acelerada, impede uma adequada disponibilidade de recursos humanos e materiais capazes de manter atualizada e plena aquela inspeção prévia;

que, por tais razões, o novo texto da NR-02 institui a Declaração de Instalações da Empresa;

que tal declaração, além de coadunar-se com o espírito do Programa Nacional de Desburocratização, corrige a impraticabilidade atual,

RESOLVE:

Baixar a presente Instrução Normativa (IN) com a finalidade de disciplinar o mecanismo de funcionamento da Declaração de Instalações da Empresa, que passará a ser o seguinte:

1. A empresa fornece a declaração à SRTE, contra-recibo.

2. A empresa retém uma cópia juntamente com o croquis das instalações, de modo a tê-los disponíveis para demonstração ao Agente da Inspeção do MTb (atual Auditor-Fiscal do Trabalho do MTE), quando este exigir.

3. A SRTE armazenará as declarações em arquivo específico, com registro simples, sem processo.

3.1. A SRTE utilizará o arquivamento tradicional das declarações ou a microfilmagem, se dispuser de tal recurso.

4. Em períodos dependentes da própria capacidade fiscalizadora da SRTE, esta deverá separar, aleatoriamente e/ou por indícios a seu alcance, algumas declarações para comprovação através de visitas fiscalizadoras.

5. O modelo, anexo a esta IN, deverá ser adotado pelas empresas como forma e orientação para preenchimento da declaração de instalações.

As dúvidas na aplicação da presente IN e os casos omissos serão dirimidos pela SSMT (atual SIT-MTE).

NR-02 (INSPEÇÃO PRÉVIA)(4)

Publicação	**D.O.U.**
Portaria GM n. 3.214, de 8 de junho de 1978	6.7.78
Atualizações	**D.O.U.**
Portaria SSMT n. 06, de 9 de março de 1983	14.3.83
Portaria SSMT n. 35, de 28 de dezembro de 1983	29.12.83

---

(2) A Lei n. 6.514 de 22.12.1977 propiciou a redação dos arts. 154 a 201 da CLT, observadas as atualizações legais até a edição da Lei n. 13.103 de 2.3.2015.

(3) A NR-02 (INSPEÇÃO PRÉVIA) regulamenta o art. 160 da CLT e a NR-03 (EMBARGO OU INTERDIÇÃO) disciplina o art. 161 da CLT.

(4) Texto da NR-02 (INSPEÇÃO PRÉVIA) com a redação atualizada pela Portaria SSMT/MTb n. 35 de 28.12.1983. Vide: subitem 13.4.4.2 — Inspeção de Segurança Inicial em Caldeiras, da NR-13 (CALDEIRAS, VASOS DE PRESSÃO E TUBULAÇÕES); e, item 18.2 — Comunicação Prévia do Início de Obras, da NR-18 (CONDIÇÕES E MEIO AMBIENTE DE TRABALHO NA INDÚSTRIA DA CONSTRUÇÃO).

2.1. Todo estabelecimento novo, antes de iniciar suas atividades, deverá solicitar aprovação de suas instalações ao órgão regional do MTb. (*Alteração dada pela Portaria n. 35, de 28.12.83*)

2.2. O órgão regional do MTb, após realizar a inspeção prévia, emitirá o Certificado de Aprovação de Instalações — CAI, conforme modelo anexo. (*Alteração dada pela Portaria n. 35, de 28.12.83*)

2.3. A empresa poderá encaminhar ao órgão regional do MTb uma declaração das instalações do estabelecimento novo, conforme modelo anexo, que poderá ser aceita pelo referido órgão, para fins de fiscalização, quando não for possível realizar a inspeção prévia antes de o estabelecimento iniciar suas atividades. (*Alteração dada pela Portaria n. 35, de 28.12.83*)

2.4. A empresa deverá comunicar e solicitar a aprovação do órgão regional do MTb, quando ocorrer modificações substanciais nas instalações e/ou nos equipamentos de seu(s) estabelecimento(s). (*Alteração dada pela Portaria n. 35, de 28.12.83*)

2.5. É facultado às empresas submeter à apreciação prévia do órgão regional do MTb os projetos de construção e respectivas instalações. (*Alteração dada pela Portaria n. 35, de 28.12.83*)

2.6. A inspeção prévia e a declaração de instalações, referidas nos itens 2.1 e 2.3, constituem os elementos capazes de assegurar que o novo estabelecimento inicie suas atividades livre de riscos de acidentes e/ou de doenças do trabalho, razão pela qual o estabelecimento que não atender ao disposto naqueles itens fica sujeito ao impedimento de seu funcionamento, conforme estabelece o art. 160 da CLT, até que seja cumprida a exigência deste artigo. (*Alteração dada pela Portaria n. 35, de 28.12.83*)

MINISTÉRIO DO TRABALHO

SECRETARIA DE SEGURANÇA E MEDICINA DO TRABALHO

DELEGACIA______________________

DRT ou DTM

CERTIFICADO DE APROVAÇÃO DE INSTALAÇÕES

CAI n.______________

O DELEGADO REGIONAL DO TRABALHO OU DELEGADO DO TRABALHO MARÍTIMO, diante do que consta no processo DRT __________ em que é interessada a firma______________________

resolve expedir o presente Certificado de Aprovação de Instalações — CAI para o local de trabalho, sito na ______________________ ___n. ______, na cidade de ______________, ______

neste Estado. Nesse local serão exercidas atividades ______________ por um máximo de ______ empregados. A expedição do presente Certificado é feita em obediência ao art. 160 da CLT com a redação dada pela Lei n. 6.514, de 22.12.77, devidamente regulamentada pela NR 02 da Portaria n. 35 de 28 e não isenta a firma de posteriores inspeções, a fim de ser observada a manutenção das condições de segurança e medicina do trabalho previstas na NR.

Nova inspeção deverá ser requerida, nos termos do § 1º do citado art. 160 da CLT, quando ocorrer modificação substancial nas instalações e/ou nos equipamentos de seu(s) estabelecimento(s).

____

Diretor da Divisão ou Chefe da Seção

de Segurança e Medicina do Trabalho

____

Delegado Regional do Trabalho

ou do Trabalho Marítimo

DECLARAÇÃO DE INSTALAÇÕES (Modelo) (NR-02)	
1. Razão Social:	
CGC:	
Endereço:	
CEP:	Fone:
Atividade principal:	
N. de empregados (previstos)	
Masculino – Maiores:	Menores:
Feminino – Maiores:	Menores:
2. Descrição das instalações e dos Equipamentos (deverá ser feita obedecendo ao disposto nas NR-8, 11, 12, 13, 14, 15 (anexos), 17, 19, 20, 23, 24, 25 e 26) (use o verso e anexe outras folhas, se necessário).	
3. Data: ____/____/____	
	______________________ (Nome legível e assinatura do empregador ou preposto)

Capítulo 3

EMBARGO OU INTERDIÇÃO

Inicialmente, devemos esclarecer ao distinto leitor que a abordagem da temática deste capítulo será feita em duas partes distintas. Na primeira delas, consideramos as disposições legais contidas no art. 161 da Consolidação das Leis do Trabalho (CLT) e sua regulamentação pelo Ministério do Trabalho e Emprego (MTE), nos termos da NR-03 (Embargo ou Interdição) e da Portaria MTE-GM n. 199 de 14.1.2011 que estipulou os procedimentos técnico-formais a serem adotados objetivando a concretização da paralisação de atividades produtivas na empresa, quando o Auditor-Fiscal do Trabalho constatar a existência de uma situação de risco grave e iminente. Na segunda parte, descrevemos os procedimentos formais e atuais, porém a título provisório, que deverão ser adotados, nessa mesma situação fiscal, tendo em vista as mais recentes disposições normativas do MTE contidas na Portaria MTE-GM n. 1.719 de 5.11.2014 que, tendo em vista o teor da decisão judicial liminar contida nos autos Ação Civil Pública n. 0010450-12.2013.5.14.0008, optou por suspender, ainda que temporariamente, a vigência da antes reportada Portaria MTE-GM n. 40/2011, e passou a disciplinar os procedimentos de embargo e interdição enquanto persistir essa suspensão administrativa da portaria anterior.

Como esclarecimentos singelos do citado imbróglio administrativo, devemos dizer que sua essência originária consiste em saber a autoridade administrativa competente para decretar o embargo ou interdição; se o Superintendente Regional do Trabalho e Emprego ou o próprio Auditor-Fiscal do Trabalho que constatou a existência da situação de risco grave e iminente. Ao final, esperamos que o leitor compreenda a situação e conclua acerca da legalidade ou não das duas situações descritas.

Primeiramente, devemos lembrar que o art. 161 da CLT expressamente dispõe que o Superintendente Regional do Trabalho e Emprego, à vista do laudo técnico do serviço competente que demonstre grave e iminente risco para o trabalhador, poderá interditar estabelecimento, setor de serviço, máquina ou equipamento, ou embargar obra, indicando na decisão, tomada com a brevidade que a ocorrência exigir, as providências que deverão ser adotadas para prevenção de infortúnios de trabalho. Outrossim, preceitua o citado dispositivo legal que a interdição ou embargo poderão ser requeridos pelo serviço competente da Superintendência Regional do Trabalho e Emprego e, ainda, por Auditor Fiscal do Trabalho ou por entidade sindical; assim como que, responderá por desobediência, além das medidas penais cabíveis, quem, após determinada a interdição ou embargo, ordenar ou permitir o funcionamento do estabelecimento ou de um dos seus setores, a utilização de máquina ou equipamento, ou o prosseguimento de obra, se, em consequência, resultarem danos a terceiros.

Consta igualmente tipificado no art. 161 de nosso Código Obreiro que o Superintendente Regional do Trabalho e Emprego, independente de recurso, e após laudo técnico do serviço competente, poderá levantar (suspender) a interdição ou embargo, e que enquanto perdurar a paralisação dos serviços, em decorrência da interdição ou embargo, os empregados receberão os salários como se estivessem em efetivo exercício. Caso haja resistência patronal ou de seus representantes, as autoridades federais, estaduais e municipais darão imediato apoio às medidas determinadas pelo Superintendente Regional do Trabalho e Emprego, visando a manutenção do embargo ou interdição; sendo facultado, porém, a interposição de recurso, no prazo de 10 (dez) dias, para a Secretaria de Inspeção do Trabalho, a quem compete conceder ou não efeito suspensivo ao recurso interposto.

A terceira norma regulamentadora de segurança e saúde no trabalho, NR-03 (Embargo ou Interdição), tem sua existência jurídica assegurada por meio do citado art. 161 de nosso Código Obreiro, e estabelece as situações em que as empresas privadas e estatais (empresas públicas e sociedades de economia mista) e demais estabelecimentos que possuam trabalhadores contratados sob a égide da Consolidação das Leis do Trabalho poderão sofrer paralisação de suas atividades, máquinas ou equipamentos; ou seja, quando constatada, pela fiscalização trabalhista de segurança e saúde no trabalho, a existência de, pelo menos, uma situação de risco grave e iminente. Nesse sentido, o embargo e a interdição são penalidades administrativas possíveis de serem aplicadas às empresas, pelo Superintendente Regional do Trabalho e

Emprego, em face de procedimento fiscal implementado por Auditor Fiscal do Trabalho especialista em engenharia de segurança do trabalho ou em medicina do trabalho que, em laudo técnico de embargo ou interdição, consigne a existência de uma situação de risco grave e iminente. Outrossim, embora o embargo ou a interdição não resultem em aplicação de multa pecuniária às empresas, propicia uma consequência por vezes mais drástica, qual seja, a efetiva paralisação dos serviços produtivos, em determinada máquina, equipamento, setor de serviço, em estabelecimento ou canteiro de obras, seja de forma parcial ou total.

Oportuno destacar que a NR-03 (Embargo ou Interdição), com a redação atual dada pelas Portarias SIT-MTE n. 199, de 17.1.2011 e MTE-GM n. 1719, de 5.11.2014, apresenta uma leitura bastante simplificada, visto que constituída por apenas cinco itens e um subitem. Nessa NR, além da conceituação e distinção de embargo e interdição, tem-se também a definição de situação de risco grave e iminente, assim como as consequências decorrentes da decretação desse procedimento fiscal excepcional.

A propósito, Risco Grave e Iminente é toda condição ambiental de trabalho que possa causar acidente do trabalho ou doença profissional com lesão grave à integridade física do trabalhador. São exemplos de situações de Risco Grave e Iminente descritos nas diversas normas regulamentadoras de segurança e saúde no trabalho:

- Não realizar inspeção de segurança periódica na caldeira, tal como previsto no item 13.3.1 da NR-13 (Caldeiras, Vasos de Pressão e Tubulações).
- Expor o trabalhador a níveis de pressão sonora superior a 115 dB (cento e quinze decibéis) sem proteção auditiva adequada, conforme previsto no item 5 do Anexo 1 da NR-15 (Atividades e Operações Insalubres).
- Submeter o empregado a ar comprimido em tubulões pneumáticos ou túneis pressurizados, sem observância ao disposto no item 1.3 do Anexo 6 da NR-15;
- Expor o trabalhador a ambientes cuja concentração de agentes químicos nocivos à saúde extrapole o valor-teto estipulado no Quadro I do Anexo 11 da NR-15;
- Expor o trabalhador a determinadas substâncias cancerígenas, em processos ou operações não hermetizados, consoante previsto no Anexo 13 da NR-15;
- Transportar pessoas em equipamentos de guindar não projetado para esta finalidade, de acordo com o item 18.14.19 da NR-18 (Condições e Meio Ambiente de Trabalho na Indústria da Construção);
- Operar serra circular desprovida de coifa e cutelo divisor, de acordo com alínea "e" do item 18.7.2 da NR-18.

Embargo corresponde a uma penalidade administrativa imposta à empresa pelo Superintendente Regional do Trabalho e Emprego, como resultado de procedimento fiscal realizado por Auditor Fiscal do Trabalho detentor de especialização em engenharia de segurança do trabalho ou em medicina do trabalho e que, em laudo técnico específico, constatou a existência de pelo menos uma situação de risco grave e iminente num canteiro de obras, suficiente a ensejar a imediata paralisação da atividade de construção civil, de forma parcial ou total, de modo a prevenir a ocorrência de iminente acidente de trabalho de natureza grave. Consoante disposto na NR-03, considera-se obra todo e qualquer serviço de engenharia de construção, montagem, instalação, manutenção e reforma.

Interdição corresponde a uma penalidade administrativa imposta à empresa pelo Superintendente Regional do Trabalho e Emprego, como resultado de procedimento fiscal realizado por Auditor Fiscal do Trabalho detentor de especialização em engenharia de segurança do trabalho ou em medicina do trabalho e que, em laudo técnico específico, constatou a existência de pelo menos uma situação de risco grave e iminente num ambiente de trabalho diverso de canteiro de obras, objetivando a imediata paralisação da atividade, máquina ou equipamento, setor de serviço ou no estabelecimento inteiro, de modo a prevenir a ocorrência de iminente acidente de trabalho de natureza grave.

Em síntese, embargo e interdição, em termos de segurança e saúde no trabalho, são sinônimos, pois propiciam a mesma consequência jurídica, qual seja, a paralisação das atividades produtivas no âmbito de uma determinada empresa, em face da comprovação da existência de uma situação de risco grave e iminente. Todavia, o termo Embargo aplica-se especificamente à paralisação de atividades em obras de construção civil, enquanto a Interdição diz respeito à paralisação de máquinas, equipamentos, setor de serviço ou estabelecimentos onde são desenvolvidas atividades diversas da construção civil.

Importante enfatizar que tanto o embargo quanto a interdição podem ser adotados de forma total, paralisando todas as atividades que estavam sendo desenvolvidas no âmbito do estabelecimento, como também podem ser decretados apenas de forma parcial, em relação a determinada máquina, equipamento ou setor de serviço.

De acordo com o art. 161 da CLT, compete ao Superintendente Regional do Trabalho e Emprego a decretação do embargo ou interdição. Todavia, tem sido comum em diversas Superintendências Regionais do Trabalho e Emprego que o seu Titular delegue poderes para que os próprios Auditores Fiscais do Trabalho da área de segurança e saúde no trabalho (engenheiro de segurança do trabalho ou médico do trabalho), em determinadas situações, procedam, de imediato, à paralisação das atividades em situação de risco grave e iminente, submetendo tal ato a posterior *referendum* do Superintendente Regional do Trabalho e Emprego, que poderá manter ou suspender a interdição ou o embargo que, de forma excepcional, fora implementado pelo Auditor Fiscal do Trabalho.

Em que pese a redação original do art. 161 da CLT atribuir competência ao Delegado do Trabalho Marítimo (Capitão da Capitania de Portos), em sua respectiva área de atuação (Capitania dos Portos), para decretar o embargo ou a interdição em atividade marítima, é importante lembrar que a Lei n. 7.731 de 14.2.1989 extinguiu as Delegacias Regionais do Trabalho Marítimo e os cargos de Delegado do Trabalho Marítimo, transferindo suas atribuições e competências para as Delegacias Regionais do Trabalho (atuais Superintendências Regionais do Trabalho e Emprego) e Delegados Regionais do Trabalho (atuais Superintendentes Regionais do Trabalho e Emprego); significando dizer que, com suporte no art. 161 da CLT que somente o Titular da SRTE possui competência legal para decretar o embargo ou a interdição quando configurada, em termos de segurança e saúde no trabalho, pelo menos uma situação de risco grave e iminente; sem prejuízo, porém, de haver uma eventual delegação de competência administrativa do Superintendente Regional do Trabalho e Emprego específica para que os Auditores Fiscais do Trabalho, após lavrarem o laudo técnico de embargo ou interdição promovam a imediata paralisação de atividades *ad referendum* posterior do próprio Superintendente.

Consoante disposto no Código Obreiro, o embargo e a interdição podem ser requeridos ao Superintendente Regional do Trabalho e Emprego pelo Setor de Segurança e Saúde no Trabalho da própria SRTE, pelo Auditor Fiscal do Trabalho ou por entidade sindical. Registre-se que as Superintendências Regionais do Trabalho e Emprego, em todos os estados da federação, mantêm Plantões Fiscais aptos a receberem denúncias de qualquer cidadão acerca de eventual descumprimento patronal à legislação trabalhista, particularmente aquelas que dizem respeito a situações de risco grave e iminente, possíveis de ensejar o embargo ou a interdição que, certamente, deverão receber tratamento preferencial.

A Portaria MTE n. 40 de 14.1.2011 (integralmente reproduzida nos Fundamentos Jurídicos deste Capítulo) disciplinou e uniformizou os procedimentos atinentes à decretação do embargo ou da interdição, especialmente nas hipóteses em que o Auditor Fiscal do Trabalho recebera delegação de competência específica do Superintendente Regional do Trabalho e Emprego, visando a imediata decretação desse procedimento fiscal punitivo.

Dispõe a citada Portaria MTE n. 40/2011 que, quando o Auditor Fiscal do Trabalho (AFT) constatar, em verificação física no local de trabalho, grave e iminente risco que justifique embargo ou interdição, deverá lavrar, com a urgência que o caso requer, Relatório Técnico em duas vias, que contenha:

- identificação do empregador com nome, inscrição no Cadastro Nacional da Pessoa Jurídica (CNPJ) ou Cadastro de Pessoa Física (CPF), código na Classificação Nacional de Atividades Econômicas (CNAE) e endereço do estabelecimento em que será aplicada a medida;
- endereço do empregador, caso a medida seja aplicada em obra, local de prestação de serviço ou frente de trabalho realizada fora do estabelecimento;
- identificação precisa do objeto da interdição ou embargo;

- descrição dos fatores de risco e indicação dos riscos a eles relacionados;
- indicação clara e objetiva das medidas de proteção da segurança e saúde no trabalho que deverão ser adotadas pelo empregador;
- assinatura e identificação do Auditor-Fiscal do Trabalho (AFT), contendo nome, cargo e número da Carteira de Identidade Fiscal (CIF); e
- indicação da relação de documentos que devem ser apresentados pelo empregador quando houver a necessidade de comprovação das medidas de proteção por meio de relatório, projeto, cálculo, laudo ou outro documento.

Oportuno destacar, mais, que o embargo e a interdição deverão se fundamentar no Relatório Técnico, e devem ser formalizados por meio de Termo de Embargo ou Termo de Interdição, a partir dos modelos específicos de conteúdo mínimo, na forma prevista na referida portaria ministerial, com numeração sequencial do órgão regional ou com numeração sequencial precedida do número da CIF quando emitido por AFT.

Preceitua, também, a Portaria Ministerial antes referida, que o Termo de Embargo ou de Interdição será lavrado em duas vias, com a seguinte destinação:

- a primeira via formará processo administrativo, juntamente com a primeira via do Relatório Técnico; e
- a segunda via deverá ser entregue ao empregador, mediante aposição de recibo na primeira via, no máximo em um dia útil após sua lavratura, juntamente com a segunda via do Relatório Técnico; podendo, todavia, ser remetida via postal, com Aviso de Recebimento, caso o estabelecimento se localize em local de difícil acesso.

Explicita, mais, a Portaria MTE n. 40 de 14.1.2011 que caberá ao empregador requerer o levantamento do embargo ou da interdição a qualquer momento, após adoção das medidas de proteção da segurança e saúde no trabalho indicadas no Relatório Técnico. O requerimento deverá ser protocolizado na SRTE ou na GRTE e conter:

- o número do Termo de Embargo ou Termo de Interdição;
- a identificação do estabelecimento, local da prestação de serviços, frente de trabalho, obra, máquina, setor de serviço ou equipamento objeto do embargo ou interdição; e,
- a descrição das providências e medidas tomadas.

De acordo com a aludida portaria ministerial, o requerimento administrativo de levantamento ou suspensão do embargo ou da interdição será anexado ao respectivo processo administrativo de embargo/interdição. A seção, setor ou núcleo de segurança e saúde no trabalho ou seção ou setor de inspeção do trabalho deverá providenciar nova inspeção no estabelecimento, local da prestação de serviço ou frente de trabalho, para verificação da adoção das medidas indicadas no Relatório Técnico, no prazo máximo de um dia útil a contar da data do protocolo do requerimento. Deverá ser preferencialmente designado para a nova inspeção o AFT que participou da inspeção inicial e elaborou o Relatório Técnico ou o Termo de Embargo e Termo de Interdição. Na impossibilidade de cumprimento do prazo antes mencionado pelo AFT que tenha participado da inspeção original, conforme justificativa apresentada à chefia, esta deverá designar outro AFT para realização da tarefa. O prazo de um dia útil para a inspeção será contado a partir da conclusão da análise dos documentos pelo AFT, conforme número de turnos indicados na Ordem de Serviço Administrativa (OSAD) pela chefia. Em caso de a inspeção ser realizada fora do município de exercício do AFT designado, o deslocamento deve ser providenciado com a maior brevidade possível, e o prazo de um dia útil para a inspeção deve ser contado a partir da data de sua chegada à localidade.

O levantamento (suspensão) do embargo ou da interdição deve ser formalizado por meio de formulário específico, Termos de Suspensão de Embargo e Interdição, consoante modelos previstos na Portaria MTE n. 40 de 14.1.2011. A segunda via do Termo de Suspensão de Embargo ou de Interdição, ou cópia da decisão pela manutenção do embargo ou interdição, deverá ser entregue ao empregador, mediante recibo na primeira via, na data de sua expedição ou, no máximo, no próximo dia útil da data da emissão.

Contra os atos relativos a embargo ou interdição, cabe a interposição de recurso administrativo à Coordenação Geral de Recursos da Secretaria de Inspeção do Trabalho (CGR-SIT-MTE), que poderá atribuir efeito suspensivo ao recurso, nos termos do § 3º do art. 161 da CLT. O recurso deverá ser protocolizado na SRTE ou na GRTE mais próxima do município do local da interdição ou embargo, no prazo de dez dias contado da ciência do termo de embargo ou interdição, e será recebido e autuado em processo administrativo apartado no qual constituirá a peça inaugural, sendo suas folhas numeradas e rubricadas a tinta. Os autos deverão ser apensados ao processo administrativo. Interposto recurso, o processo será encaminhado ao AFT responsável pela lavratura do Relatório Técnico, para que, caso seja necessário, diante dos argumentos apresentados pelo recorrente, preste informações complementares, no prazo de quarenta e oito horas. Cumpridas essas diligências, o processo deverá ser distribuído para análise e proposta de decisão sobre o recurso. Após a análise, o processo deverá ser encaminhado, devidamente instruído, no prazo máximo de dez dias da data do protocolo do recurso, à autoridade competente. A decisão final do recurso deve ser proferida no prazo de dez dias do recebimento do processo devidamente instruído. A suspensão de embargo ou interdição que implique perda do objeto do recurso deverá ser comunicada de imediato à autoridade a quem foi encaminhado o recurso. A decisão final quanto ao recurso deve ser comunicada pela SRTE ao empregador.

Todavia, iniciando a abordagem da segunda parte deste Capítulo, tal como explicitado *ab initio*, chamamos a atenção do leitor para o fato de que a Portaria MTE-GM n. 40 de 14.1.2011 teve sua vigência temporariamente suspensa, nos termos da Portaria MTE-GM 1.719 de 5.11.2014; daí porquê, e até que a vigência daquela portaria seja restabelecida, a decretação administrativa de embargo ou interdição, provisoriamente, será da competência única e exclusiva do Auditor-Fiscal do Trabalho, sempre que constatar a existência de situação de risco grave e iminente que coloque em risco a saúde ou a integridade física de trabalhadores, em observância aos procedimentos técnico-administrativos a seguir detalhados.

Registre-se, porém, a inexistência de qualquer alteração ou modificação legal nos conceitos técnico-jurídicos de embargo e interdição, assim como no de risco grave e iminente, enquanto requisito indispensável para a adoção dessa medida de urgência. A modificação substancial e provisória decorrente da Portaria MTE-GM 1.719 de 5.11.2014, diz respeito ao entendimento acerca da competência administrativa para a decretação do embargo ou interdição que, precariamente, passou a ser do próprio Auditor Fiscal do Trabalho que constatou a situação de risco grave e iminente, em que pese o art. 161 da CLT, como norma jurídica de hierarquia superior ainda permanecer em plena vigência.

Em verdade, admitindo-se como juridicamente válida a citada Portaria MTE-GM 1.719 de 5.11.2014, tem-se configurada a exclusão pura e simples da atuação ou interferência do Superintendente Regional do Trabalho e Emprego em qualquer fase do procedimento administrativo de embargo ou interdição; tanto assim que o recurso a ser interposto especificamente para impugnar essa ação fiscal paralisante das atividades produtivas, parcial ou totalmente, deve ser direcionado diretamente à Coordenação Geral de Recursos da Secretaria de Inspeção do Trabalho (CGR-SIT-MTE) em Brasília; diferentemente de outros procedimentos fiscais adotados pelo Auditor Fiscal do Trabalho, como por exemplo no caso de lavratura de auto de infração, pois, sabidamente nessa hipótese a defesa administrativa da empresa autuada é direcionada para o Superintendente Regional do Trabalho e Emprego no Estado onde situado o estabelecimento objeto da ação fiscal.

Outra disposição normativa contida na aludida Portaria MTE-GM 1.719 de 5.11.2014 e, a nosso sentir, de legalidade duvidosa, diz respeito à regra consubstanciada em seu art. 22 que sinaliza na permissibilidade de uma mesma situação de risco grave e iminente propiciar a adoção de dois procedimentos fiscais diversos: autuação e embargo/interdição; configurando-se, *prima facie*, um autêntico *bis in idem* que, como é por demais sabido, via de regra, não é tolerado em nosso Direito Pátrio.

No tocante aos procedimentos formais atinentes à decretação atual e provisória de embargo e interdição diretamente pelo Auditor Fiscal do Trabalho, com a supressão do poder legal e específico conferido ao Superintendente Regional do Trabalho e Emprego, cumpre ser dito que a simples leitura da aludida Portaria MTE-GM n. 1.719/2014 (reproduzida integralmente nos Fundamentos Jurídicos deste capítulo) é bastante detalhada e esclarecedora a ponto de dispensar maiores comentários a respeito.

Outrossim, e para que não pairem dúvidas no sentido da possibilidade da decretação emergencial e a título precário do embargo e interdição diretamente pelo Auditor Fiscal do Trabalho, detentor de especialização em engenharia de segurança ou em medicina do trabalho, somos inteiramente favoráveis a uma mudança legislativa no art. 161 da CLT, de modo a contemplar legalmente essa modalidade de embargo preliminar; porém, acreditamos que tal deva ocorrer estritamente pela adequada via legislativa, em homenagem ao Princípio Constitucional da Legalidade consagrado no inciso II do art. 5º de nossa Carta Magna que, a par de consagrar a igualdade de todos perante a lei, sem distinção de qualquer natureza, expressamente dispõe que ninguém será obrigado a fazer ou deixar de fazer alguma coisa senão em virtude de lei.

Importante lembrar, finalmente, que independentemente de haverem sido, ou não, esgotados eventuais recursos administrativos, a qualquer tempo aquele que se sentir prejudicado pela decretação ou não de embargo ou interdição poderá buscar a via judicial, mais especificamente a Justiça do Trabalho, objetivando a desconstituição do embargo ou da interdição que tenham sido implementados pela fiscalização trabalhista em descompasso aos ditames legais ou, noutra hipótese, a decretação de embargo ou interdição que não fora oportunamente decretados pela fiscalização trabalhista de segurança e saúde no trabalho.

Doravante, será apresentado o MÓDULO COMPLEMENTAR deste Capítulo, contendo Modelos ou Formulários e objetivando a praticidade de alguns dos tópicos expostos ou, quem sabe, auxiliar o profissional de segurança e saúde no trabalho iniciante em sua rotina diária. Em seguida, foram reproduzidos os FUNDAMENTOS JURÍDICOS (dispositivos legais, infralegais ou regulamentares) que dizem respeito ao suporte de validade jurídica à temática em apreço, observando-se as ordens hierárquica e cronológica. Ao final, encontra-se igualmente transcrita, de forma integral e atualizada, a correspondente norma regulamentadora de segurança e saúde no trabalho que intitula este Capítulo.

MÓDULO COMPLEMENTAR DO CAPÍTULO 3

PODER EXECUTIVO FEDERAL

Ministério do Trabalho e Emprego — MTE

Superintendência Regional do Trabalho e Emprego — SRTE

TERMO DE EMBARGO n. ______________________________

EMPREGADOR: ____

CNPJ ou CPF: ____________________ CNAE: ____________________

ENDEREÇO: ____

BAIRRO: ____________________ MUNICÍPIO: __________ UF: __________

Fica determinado o EMBARGO de ____

____,

nos termos do art. 161 da Consolidação das Leis do Trabalho (CLT), em razão da constatação da SITUAÇÃO DE GRAVE E IMINENTE RISCO descrita no RELATÓRIO TÉCNICO anexo a este Termo.

Durante a paralisação dos serviços, em decorrência do embargo, os empregados devem receber os SALÁRIOS como se estivessem em efetivo exercício, nos termos do § 6o, do art. 161 da CLT.

É facultado ao empregador RECORRER DO EMBARGO IMPOSTO, no prazo de dez dias, nos termos do § 3º, do art. 161 da CLT.

O empregador poderá requerer a SUSPENSÃO DO EMBARGO, após adoção das medidas de proteção da segurança e saúde no trabalho indicadas no Relatório Técnico anexo a este Termo.

Os documentos referentes ao embargo imposto, incluído o requerimento para suspensão, devem ser protocolados no seguinte endereço____.

____

Local e data

____

Assinatura e identificação da Autoridade.

Recebi o Termo de Embargo em _____/_____/_____

____

Assinatura e identificação do Empregador ou Preposto.

PODER EXECUTIVO FEDERAL
Ministério do Trabalho e Emprego — MTE
Superintendência Regional do Trabalho e Emprego — SRTE

TERMO DE INTERDIÇÃO n. ______________________

EMPREGADOR: ____

CNPJ ou CPF: ______________________ CNAE: ______________________

ENDEREÇO: ____

BAIRRO: ______________ MUNICÍPIO: ______________ UF: __________

Fica determinada a INTERDIÇÃO de ____, nos termos do art. 161 da Consolidação das Leis do Trabalho (CLT), em razão da constatação da SITUAÇÃO DE GRAVE E IMINENTE RISCO descrita no RELATÓRIO TÉCNICO anexo a este Termo.

Durante a paralisação dos serviços, em decorrência da interdição, os empregados devem receber os SALÁRIOS como se estivessem em efetivo exercício, nos termos do § 6º, do art. 161 da CLT.

É facultado ao empregador RECORRER DA **INTERDIÇÃO** IMPOSTA, no prazo de dez dias, nos termos do § 3º, do art. 161 da CLT.

O empregador poderá requerer a SUSPENSÃO DA **INTERDIÇÃO**, após adoção das medidas de proteção da segurança e saúde no trabalho indicadas no Relatório Técnico anexo a este Termo.

Os documentos referentes ao embargo imposto, incluído o requerimento para suspensão, devem ser protocolados no seguinte endereço: ____.

____
Local e data

____
Assinatura e identificação da Autoridade.

Recebi o Termo de Interdição em _____/_____/_____

____
Assinatura e identificação do Empregador ou Preposto.

PODER EXECUTIVO FEDERAL
Ministério do Trabalho e Emprego — MTE
Superintendência Regional do Trabalho e Emprego — SRTE

TERMO DE DESEMBARGO n. ______________________

EMPREGADOR: ____

CNPJ ou CPF: ______________________ CNAE: ______________________

ENDEREÇO: ____

BAIRRO: ______________ MUNICÍPIO: ______________ UF: __________

Fica determinado o DESEMBARGO de ____
____,
nos termos do § 5º, do art. 161 da Consolidação das Leis do Trabalho — CLT.

____
Local e data

____
Assinatura e identificação da Autoridade.

Recebi o Termo de Desembargo em _____/_____/_____

____
Assinatura e identificação do Empregador ou Preposto.

PODER EXECUTIVO FEDERAL
Ministério do Trabalho e Emprego — MTE
Superintendência Regional do Trabalho e Emprego — SRTE

TERMO DE DESINTERDIÇÃO n. ______________

EMPREGADOR: ______________

CNPJ ou CPF: ______________ CNAE: ______________

ENDEREÇO: ______________

BAIRRO: ______________ MUNICÍPIO: ______________ UF: ______

Fica determinada a DESINTERDIÇÃO de ______________

______________,

nos termos do § 5º, do art. 161 da Consolidação das Leis do Trabalho — CLT.

____

Local e data

____

Assinatura e identificação da Autoridade.

Recebi o Termo de Desinterdição em ____/____/____

____

Assinatura e identificação do Empregador ou Preposto.

FUNDAMENTOS JURÍDICOS DO CAPÍTULO 3

NR-03: EMBARGO OU INTERDIÇÃO *(redação atual dada pela Portaria SIT-MTE n. 199 de 17.1.2011). Art. 7º*, incisos *XXII, XXIII, XXVIII e XXXIII da CF-1988. Art. 161 da CLT. Portaria MTE n. 40 de 14.1.2011 (Procedimentos relativos a Embargo e Interdição). Portaria MTE-GM n. 1.719 de 5.11.2014 (Suspendeu os efeitos da Portaria MTE n. 40/2011 e passou a disciplinar temporariamente os Procedimentos relativos a Embargo e Interdição).*

CONSTITUIÇÃO DA REPÚBLICA FEDERATIVA DO BRASIL
(Atualizada até a edição da Emenda Constitucional n. 85 de 26.2.2015)

Título II: Dos Direitos e Garantias Fundamentais (Arts. 5º a 17)

Capítulo II: Dos Direitos Sociais (Arts. 6º a 11)

Art. 7º São direitos dos trabalhadores urbanos e rurais(1), além de outros que visem à melhoria de sua condição social:

XXII — redução dos riscos inerentes ao trabalho, por meio de normas de saúde, higiene e segurança;

XXIII — adicional de remuneração para as atividades penosas, insalubres ou perigosas, na forma da lei;

XXVIII — seguro contra acidentes de trabalho, a cargo do empregador, sem excluir a indenização a que este está obrigado, quando incorrer em dolo ou culpa;

XXXIII — proibição de trabalho noturno, perigoso ou insalubre a menores de dezoito e de qualquer trabalho a menores de dezesseis anos, salvo na condição de aprendiz, a partir de quatorze anos.

(1) Especificamente em relação aos Servidores Públicos Federais (submetidos ao Regime Jurídico Único da Lei n. 8.112/1990) dispõe o § 3º do art. 39 da CF-1988 que: "*Aplica-se aos servidores ocupantes de cargo público o disposto no Art. 7º, IV, VII, VIII, IX, XII, XIII, XV, XVI, XVII, XVIII, XIX, XX, XXII e XXX, podendo a lei estabelecer requisitos diferenciados de admissão quando a natureza do cargo o exigir*".

NORMAS JURÍDICAS INFRACONSTITUCIONAIS

CONSOLIDAÇÃO DAS LEIS DO TRABALHO

(Decreto-lei n. 5.452 de 1º5.1943, com a redação dos arts. 154 a 201 CLT dada pela Lei n. 6.514 de 22.12.1997, atualizada até a edição da Lei n. 13.103 de 2.3.2015)

Título II: **Das Normas Gerais de Tutela do Trabalho** (Arts. 13 a 223 da CLT)

Capítulo V: **Da Segurança e da Medicina do Trabalho** (Arts. 154 a 201 da CLT)[(2)]

Seção II: **Da Inspeção Prévia e do Embargo ou Interdição** (Arts. 160 a 161 da CLT)[(3)]

Art. 161. O Superintendente Regional do Trabalho e Emprego, à vista do laudo técnico do serviço competente que demonstre grave e iminente risco para o trabalhador, poderá interditar estabelecimento, setor de serviço, máquina ou equipamento, ou embargar obra, indicando na decisão, tomada com a brevidade que a ocorrência exigir, as providências que deverão ser adotadas para prevenção de infortúnios de trabalho.[(4)]

§ 1º As autoridades federais, estaduais e municipais darão imediato apoio às medidas determinadas pelo Superintendente Regional do Trabalho e Emprego.

§ 2º A interdição ou embargo poderão ser requeridos pelo serviço competente da Superintendência Regional do Trabalho e Emprego e, ainda, por Auditor-Fiscal do Trabalho ou por entidade sindical.

§ 3º Da decisão do Superintendente Regional do Trabalho e Emprego poderão os interessados recorrer, no prazo de 10 (dez) dias, para o órgão de âmbito nacional competente em matéria de segurança e medicina do trabalho, ao qual será facultado dar efeito suspensivo ao recurso.

§ 4º Responderá por desobediência, além das medidas penais cabíveis, quem, após determinada a interdição ou embargo, ordenar ou permitir o funcionamento do estabelecimento ou de um dos seus setores, a utilização de máquina ou equipamento, ou o prosseguimento de obra, se, em consequência, resultarem danos a terceiros.

§ 5º O Superintendente Regional do Trabalho e Emprego, independente de recurso, e após laudo técnico do serviço competente, poderá levantar a interdição.

§ 6º Durante a paralisação dos serviços, em decorrência da interdição ou embargo, os empregados receberão os salários como se estivessem em efetivo exercício.

NORMAS JURÍDICAS INFRALEGAIS OU REGULAMENTARES

Portaria MTE n. 40 de 14.1.2011

(Dispõe sobre Procedimentos relativos aos Embargos e Interdições)

Observação: *A vigência desta portaria encontra-se temporariamente suspensa nos termos da Portaria MTE-GM n. 1.719 de 5.11.2014)*

Art. 1º Disciplinar os procedimentos dos embargos e interdições previstos no art. 161 da Consolidação das Leis do Trabalho (CLT).

Parágrafo único. Os procedimentos previstos nesta Portaria revestem-se de caráter de urgência, tendo em vista a natureza preventiva das medidas de embargo e interdição, que têm por objeto evitar o dano à integridade física do trabalhador.

Seção I: Disposições Preliminares

Art. 2º O embargo e a interdição são medidas de urgência, adotadas quando constatada situação de trabalho que caracterize risco grave e iminente ao trabalhador.

§ 1º Considera-se grave e iminente risco toda condição ou situação de trabalho que possa causar acidente ou doença relacionada ao trabalho com lesão grave à integridade física do trabalhador.

§ 2º O embargo implica a paralisação total ou parcial da obra, considerada todo e qualquer serviço de engenharia de construção, montagem, instalação, manutenção ou reforma.

§ 3º A interdição implica a paralisação total ou parcial do estabelecimento, setor de serviço, máquina ou equipamento.

Seção II: Da Competência

Art. 3º Quando a competência prevista no *caput* do art. 161 da CLT e no seu § 5º for delegada pelo Superintendente Regional do Trabalho e Emprego aos Auditores Fiscais do Trabalho, com vistas a garantir a agilidade e efetividade da medida, deverá a portaria de delegação destinar-se a todos os Auditores Fiscais do Trabalho em exercício na circunscrição da Superintendência Regional do Trabalho e Emprego, inclusive aos integrantes dos grupos móveis de fiscalização.

Parágrafo único. A Portaria de delegação de competência, suas alterações ou revogação devem ser encaminhadas à Secretaria de Inspeção do Trabalho (SIT-MTE), para ciência e adequação ao previsto nesta Portaria.

---

(2) A Lei n. 6.514 de 22.12.1977 propiciou a redação dos arts. 154 a 201 da CLT, observadas as atualizações legais até a edição da Lei n. 13.103 de 2.3.2015.

(3) A NR-02 (INSPEÇÃO PRÉVIA) regulamenta o art. 160 da CLT e a NR-03 (EMBARGO OU INTERDIÇÃO) disciplina o art. 161 da CLT.

(4) A NR-03 (EMBARGO OU INTERDIÇÃO), na forma a seguir reproduzida, disciplina o art. 161 da CLT.

Seção III: Imposição do Embargo ou da Interdição

Art. 4º Quando o Auditor Fiscal do Trabalho (AFT) constatar, em verificação física no local de trabalho, grave e iminente risco que justifique embargo ou interdição, deverá lavrar, com a urgência que o caso requer, Relatório Técnico em duas vias, que contenha:

I — identificação do empregador com nome, inscrição no Cadastro Nacional da Pessoa Jurídica (CNPJ) ou Cadastro de Pessoa Física (CPF), código na Classificação Nacional de Atividades Econômicas (CNAE) e endereço do estabelecimento em que será aplicada a medida;

II — endereço do empregador, caso a medida seja aplicada em obra, local de prestação de serviço ou frente de trabalho realizada fora do estabelecimento;

III — identificação precisa do objeto da interdição ou embargo;

IV — descrição dos fatores de risco e indicação dos riscos a eles relacionados;

V — indicação clara e objetiva das medidas de proteção da segurança e saúde no trabalho que deverão ser adotadas pelo empregador;

VI — assinatura e identificação do AFT, contendo nome, cargo e número da Carteira de Identidade Fiscal (CIF); e

VII — indicação da relação de documentos que devem ser apresentados pelo empregador quando houver a necessidade de comprovação das medidas de proteção por meio de relatório, projeto, cálculo, laudo ou outro documento.

Art. 5º O embargo e a interdição deverão se fundamentar no Relatório Técnico, e ser formalizados por meio de Termo de Embargo ou Termo de Interdição, a partir dos modelos de conteúdo mínimo previstos nos Anexos I e II desta Portaria, com numeração sequencial do órgão regional ou com numeração sequencial precedida do número da CIF quando emitido por AFT.

§ 1º O Termo de Embargo ou Termo de Interdição será lavrado em duas vias, com a seguinte destinação:

I — a primeira via formará processo administrativo, juntamente com a primeira via do Relatório Técnico; e

II — a segunda via deverá ser entregue ao empregador, mediante aposição de recibo na primeira via, no máximo em um dia útil após sua lavratura, juntamente com a segunda via do Relatório Técnico.

§ 2º A via do empregador poderá ser remetida via postal, com Aviso de Recebimento, caso o estabelecimento se localize em local de difícil acesso.

Art. 6º Para cumprimento dos prazos previstos nesta Portaria, nas ações realizadas em locais de difícil acesso os documentos poderão ser enviados por meio de sistema de *fac-simile* ou digitalização com envio por correio eletrônico.

Parágrafo único. O documento original deverá ser entregue à seção, setor ou núcleo de segurança e saúde no trabalho da Superintendência Regional do Trabalho e Emprego (SRTE) ou seção ou setor de inspeção do trabalho da Gerência Regional do Trabalho e Emprego (GRTE) no prazo de cinco dias após o término da ação fiscal, para formação do processo administrativo.

Art. 7º O Superintendente Regional do Trabalho e Emprego deverá dar ciência do embargo ou interdição ao sindicato representativo dos trabalhadores da empresa.

Seção IV: Suspensão do Embargo ou Interdição

Art. 8º Caberá ao empregador requerer o levantamento do embargo ou da interdição a qualquer momento, após adoção das medidas de proteção da segurança e saúde no trabalho indicadas no Relatório Técnico.

Parágrafo único. O requerimento deverá ser protocolizado na SRTE ou na GRTE e conter:

I — o número do Termo de Embargo ou Termo de Interdição;

II — a identificação do estabelecimento, local da prestação de serviços, frente de trabalho, obra, máquina, setor de serviço ou equipamento objeto do embargo ou interdição; e

III — descrição das providências e medidas tomadas.

Art. 9º O requerimento de levantamento do embargo ou interdição será anexado no processo administrativo originado do Termo de Embargo ou Termo de Interdição, conforme inciso I do § 1º do art. 5º

Art. 10. A seção, setor ou núcleo de segurança e saúde no trabalho ou seção ou setor de inspeção do trabalho deverá providenciar nova inspeção no estabelecimento, local da prestação de serviço ou frente de trabalho, para verificação da adoção das medidas indicadas no Relatório Técnico.

§ 1º A inspeção de que trata o *caput* deve ser realizada no prazo máximo de um dia útil a contar da data do protocolo do requerimento previsto no art. 8º.

§ 2º Deverá ser preferencialmente designado para a nova inspeção o AFT que participou da inspeção inicial e elaborou o Relatório Técnico ou o Termo de Embargo e Termo de Interdição.

§ 3º Na impossibilidade de cumprimento do prazo previsto no §1º por AFT que tenha participado da inspeção original, conforme justificativa apresentada à chefia, esta deverá designar outro AFT para realização da tarefa.

§ 4º Em caso de a inspeção ser realizada fora do município de exercício do AFT designado, o deslocamento deve ser providenciado com a maior brevidade possível, e o prazo de um dia útil para a inspeção deve ser contado a partir da data de sua chegada na localidade.

§ 5º Quando a suspensão do embargo ou interdição for condicionada à apresentação de relatório, projeto, cálculo, laudo ou outro documento pelo empregador, conforme previsto no Relatório Técnico, o prazo de um dia útil para a inspeção será contado a partir da conclusão da análise dos documentos pelo AFT, conforme número de turnos indicados na Ordem de Serviço Administrativa (OSAD) pela chefia.

Art. 11. Após a inspeção de que trata o art. 10, o AFT deverá elaborar novo Relatório Técnico, conforme número de turnos indicados pela chefia na OSAD, que conterá, dentre outras informações julgadas necessárias, as previstas nos itens I, II, III e VI do parágrafo único do art. 4º e ainda:

I — indicação do cumprimento ou não das medidas previstas no Relatório Técnico emitido quando do embargo ou interdição;

II — indicação da permanência ou não dos fatores de risco e dos riscos a eles relacionados; e

III — proposta de suspensão total, suspensão parcial ou manutenção do embargo ou interdição.

Parágrafo único. O Relatório Técnico servirá de base para a manutenção ou levantamento do embargo ou interdição pelo Superintendente Regional do Trabalho e Emprego ou pelo Auditor-Fiscal do Trabalho, no caso de competência delegada.

Art. 12. O levantamento do embargo ou da interdição deve ser formalizado por meio de Termos de Suspensão de Embargo e Interdição, conforme modelos previstos nos Anexos III e IV desta Portaria, numerados na forma do art. 5º

§ 1º A segunda via do Termo de Suspensão de Embargo ou Termo de Suspensão de Interdição ou cópia da decisão pela manutenção do embargo ou interdição deverá ser entregue ao empregador, mediante recibo na primeira via, na data de sua expedição ou, no máximo, no próximo dia útil da data da emissão.

§ 2º Caso o estabelecimento do empregador se localize em local de difícil acesso, os documentos previstos no § 1º poderão ser remetidos via postal, com Aviso de Recebimento.

Seção V: Dos Recursos

Art. 13. Contra os atos relativos a embargo ou interdição, cabe a interposição de recurso administrativo à Coordenação-Geral de Recursos (CGR) da Secretaria de Inspeção do Trabalho (SIT-MTE), que poderá atribuir efeito suspensivo ao recurso, nos termos do § 3º do art. 161 da CLT.

Art. 14. O recurso deverá ser protocolizado na SRTE ou na GRTE mais próxima do município do local da interdição ou embargo, no prazo de dez dias contado da ciência do termo de embargo ou interdição, e será recebido e autuado em processo administrativo apartado no qual constituirá a peça inaugural, sendo suas folhas numeradas e rubricadas a tinta.

Parágrafo único. Os autos do recurso deverão ser apensados ao processo administrativo previsto no inciso I do § 1º do art. 5º

Art. 15. Interposto recurso, o processo será encaminhado ao AFT responsável pela lavratura do Relatório Técnico, para que, caso seja necessário, diante dos argumentos apresentados pelo recorrente, preste informações complementares, no prazo de quarenta e oito horas.

§ 1º Cumprido o procedimento estabelecido no *caput*, o processo deverá ser distribuído para análise e proposta de decisão sobre o recurso.

§ 2º Após a análise, o processo deverá ser encaminhado, devidamente instruído, no prazo máximo de dez dias da data do protocolo do recurso, à autoridade competente.

Art. 16. A decisão final do recurso deve ser proferida no prazo de dez dias do recebimento do processo devidamente instruído.

Art. 17. A suspensão de embargo ou interdição que implique perda do objeto do recurso deverá ser comunicada de imediato à autoridade a quem foi encaminhado o recurso.

Art. 18. A decisão final quanto ao recurso deve ser comunicada pela SRTE ao empregador.

Seção VI: Das Infrações e Disposições Finais

Art. 19. Quando constatado o descumprimento de embargo ou interdição, o AFT deverá lavrar o auto de infração correspondente e apresentar relatório à chefia imediata, que o encaminhará ao Ministério Público do Trabalho e à autoridade policial, para os fins do § 4º do art. 161 da CLT.

Art. 20. Os casos de reincidência na exposição dos trabalhadores à condição de risco grave e iminente deverão ser comunicados ao Ministério Público do Trabalho através de relatório circunstanciado e cópias dos documentos pertinentes.

Art. 21. A imposição de embargo ou interdição não elide a lavratura de autos de infração por descumprimento das normas regulamentadoras de segurança e saúde no trabalho ou dos dispositivos da legislação trabalhista relacionados à situação analisada.

Art. 22. O embargo ou interdição decorrentes de requerimento de entidade sindical, conforme previsto no § 2º, do art. 161 da CLT seguirão os procedimentos previstos nesta Portaria.

Art. 23. Esta Portaria entra em vigor na data de sua publicação.

Portaria MTE n. 1.719 de 5.11.2014

(Suspende temporariamente a Vigência da Portaria MTE-GM n. 40 de 14.1.2011 e dispõe provisoriamente sobre Procedimentos relativos aos Embargos e Interdições)

O MINISTRO DE ESTADO DO TRABALHO E EMPREGO, no uso da atribuição conferida pelo art. 87, parágrafo único, inciso II, da Constituição Federal e pelo art. 913 da Consolidação das Leis do Trabalho, aprovada pelo Decreto-lei n. 5.452, de 1º de maio de 1943, e em face do disposto no art. 21 do Decreto n. 5.063, de 3 de maio de 2004, **resolve**:

Art. 1º Suspender, temporariamente, a vigência da Portaria n. 40, de 14/01/2011, considerando a decisão proferida no curso da **Ação Civil Pública n. 0010450-12.2013.5.14.0008.**

Parágrafo único. Durante a suspensão prevista no *caput*, a presente norma disciplinará os procedimentos de embargo e interdição previstos na Consolidação das Leis do Trabalho — CLT.

Art. 2º Os procedimentos previstos nesta Portaria revestem-se de caráter de urgência, tendo em vista a natureza preventiva das medidas de embargo e interdição, que têm por objeto evitar o dano à integridade física do trabalhador.

Seção I — Disposições preliminares.

Art. 3º O embargo e a interdição são medidas de urgência, adotadas quando constatada condição ou situação de trabalho que caracterize risco grave e iminente ao trabalhador.

§ 1º Considera-se grave e iminente risco toda condição ou situação de trabalho que possa causar acidente ou doença relacionada ao trabalho com lesão grave à integridade física do trabalhador.

§ 2º O embargo implica a paralisação total ou parcial da obra, considerada todo e qualquer serviço de engenharia de construção, montagem, instalação, manutenção ou reforma.

§ 3º A interdição implica a paralisação total ou parcial do estabelecimento, setor de serviço, máquina ou equipamento.

Seção II — Da competência.

Art. 4º Os Auditores Fiscais do Trabalho — AFT estão autorizados, em todo o território nacional, a ordenar a adoção de medidas de interdições e embargos, e o consequente levantamento posterior dos mesmos, quando se depararem com uma condição ou situação de perigo iminente à vida, à saúde ou à segurança dos trabalhadores.

§ 1º Para o início ou manutenção da produção de seus efeitos, o embargo ou interdição não depende de prévia autorização ou confirmação por autoridade diversa não envolvida na ação fiscal, ressalvada exclusivamente a possibilidade de recurso ao órgão técnico superior da Inspeção do Trabalho.

§ 2º A competência prevista no *caput* destina-se a todos os AFT em exercício na circunscrição da Superintendência Regional do Trabalho e Emprego, bem como aos integrantes dos grupos móveis de fiscalização legalmente instituídos, que estejam em ação no local em que se verificou a condição ou situação de grave e iminente risco.

§ 3º A interdição ou o embargo somente é aplicável à condição ou situação constatada pelo AFT em verificação física no local de trabalho, com alcance limitado ao local inspecionado.

Seção III — Imposição do Embargo ou da Interdição.

Art. 5º Quando o Auditor Fiscal do Trabalho — AFT constatar, em verificação física no local de trabalho, grave e iminente risco que justifique embargo ou interdição, deverá lavrar com a urgência que o caso requer Relatório Técnico em duas vias, que contenha:

I — identificação do empregador com nome, inscrição no Cadastro Nacional da Pessoa Jurídica — CNPJ ou Cadastro de Pessoa Física — CPF, código na Classificação Nacional de Atividades Econômicas — CNAE e endereço do estabelecimento em que será aplicada a medida;

II — endereço do empregador, caso a medida seja aplicada em obra, local de prestação de serviço ou frente de trabalho realizada fora do estabelecimento;

III — identificação precisa do objeto da interdição ou embargo;

IV — descrição dos fatores de risco e indicação dos riscos a eles relacionados;

V — indicação clara e objetiva das medidas de proteção da segurança e saúde no trabalho que deverão ser adotadas pelo empregador;

VI — assinatura e identificação do AFT, contendo nome, cargo e número da Carteira de Identidade Fiscal — CIF; e

VII — indicação da relação de documentos que devem ser apresentados pelo empregador quando houver a necessidade de comprovação das medidas de proteção por meio de relatório, projeto, cálculo, laudo ou outro documento.

Art. 6º O embargo e a interdição deverão se fundamentar no Relatório Técnico, e ser formalizados por meio de Termo de Embargo ou Termo de Interdição, a partir dos modelos de conteúdo mínimo previstos nos Anexos I e II desta Portaria, com numeração sequencial do órgão regional ou com numeração sequencial precedida do número da CIF quando emitido por AFT.

§ 1º O Termo de Embargo ou Termo de Interdição será lavrado em duas vias, com a seguinte destinação:

I — a primeira via formará processo administrativo, juntamente com a primeira via do Relatório Técnico; e

II — a segunda via deverá ser entregue ao empregador, mediante aposição de recibo na primeira via, no máximo em um dia útil após sua lavratura, juntamente com a segunda via do Relatório Técnico.

§ 2º A via do empregador poderá ser remetida via postal, com Aviso de Recebimento, caso o estabelecimento se localize em local de difícil acesso.

§ 3º O embargo e a interdição produzirão efeitos desde a ciência pelo empregador do termo respectivo.

§ 4º O processo administrativo de embargo ou interdição deverá ter tramitação prioritária, em todas as suas etapas.

Art. 7º Para cumprimento do disposto nesta Portaria, nas ações realizadas em locais de difícil acesso os documentos poderão ser enviados por meio digital.

§ 1º Os documentos originais deverão ser entregues à seção, setor ou núcleo de segurança e saúde no trabalho da Superintendência Regional do Trabalho e Emprego – SRTE — ou seção ou setor de inspeção do trabalho da Gerência Regional do Trabalho e Emprego – GRTE — no prazo de cinco dias após o término da ação fiscal, para formação do processo administrativo.

§ 2º Independentemente do disposto no parágrafo anterior, tão logo lavrado o termo de Embargo ou o termo de Interdição e tendo o mesmo produzido seus efeitos, o AFT responsável deverá comunicar imediatamente sua chefia imediata pelos meios à sua disposição.

Art. 8º O Chefe da seção, setor ou núcleo de segurança e saúde no trabalho ou seção ou setor de inspeção do trabalho deverá dar ciência do embargo ou interdição ao sindicato representativo dos trabalhadores da empresa e ao Superintendente Regional do Trabalho e Emprego e, se for o caso, ao Gerente Regional do Trabalho e Emprego.

Seção IV — Suspensão do Embargo ou Interdição.

Art. 9º Caberá ao empregador requerer o levantamento do embargo ou da interdição a qualquer momento, após adoção das medidas de proteção da segurança e saúde no trabalho indicadas no Relatório Técnico.

Parágrafo único. O requerimento deverá ser protocolizado na SRTE ou na GRTE e conter:

I — o número do Termo de Embargo ou Termo de Interdição;

II — a identificação do estabelecimento, local da prestação de serviços, frente de trabalho, obra, máquina, setor de serviço ou equipamento objeto do embargo ou interdição; e

III — descrição das providências e medidas tomadas.

Art. 10. O requerimento de levantamento do embargo ou interdição será anexado no processo administrativo originado do Termo de Embargo ou Termo de Interdição, conforme inciso I do § 1º do art. 6º.

Art. 11. A seção, setor ou núcleo de segurança e saúde no trabalho ou seção ou setor de inspeção do trabalho deverá providenciar nova inspeção no estabelecimento, local da prestação de serviço ou frente de trabalho, para verificação da adoção das medidas indicadas no Relatório Técnico.

§ 1º A inspeção de que trata o *caput* deve ser realizada no prazo máximo de um dia útil a contar da data do protocolo do requerimento previsto no art. 9º.

§ 2º Deverá ser preferencialmente designado para a nova inspeção o AFT que participou da inspeção inicial e elaborou o Relatório Técnico ou o Termo de Embargo e Termo de Interdição.

§ 3º Na impossibilidade de cumprimento do prazo previsto no § 1º por AFT que tenha participado da inspeção original, conforme justificativa apresentada à chefia, esta deverá designar outro AFT para realização da tarefa.

§ 4º Em caso de a inspeção ser realizada fora do município de exercício do AFT designado, o deslocamento deve ser providenciado com a maior brevidade possível, e o prazo de um dia útil para a inspeção deve ser contado a partir da data de sua chegada à localidade.

§ 5º Quando a suspensão do embargo ou interdição for condicionada à apresentação de relatório, projeto, cálculo, laudo ou outro documento pelo empregador, conforme previsto no Relatório Técnico, o prazo de um dia útil para a inspeção será contado a partir da conclusão da análise dos documentos pelo AFT, conforme número de turnos indicados na Ordem de Serviço Administrativa — OSAD pela chefia.

Art. 12. Após a inspeção de que trata o art. 11, o AFT deverá elaborar novo Relatório Técnico, conforme número de turnos indicados pela chefia na OSAD, que conterá, dentre outras informações julgadas necessárias, as previstas nos itens I, II, III e VI do art. 5º e ainda:

I — indicação do cumprimento ou não das medidas previstas no Relatório Técnico emitido quando do embargo ou interdição;

II — indicação da permanência ou não dos fatores de risco e dos riscos a eles relacionados; e

III — proposta de suspensão total, suspensão parcial ou manutenção do embargo ou interdição.

Parágrafo único. O Relatório Técnico servirá de base para a manutenção ou levantamento do embargo ou interdição pelo AFT.

Art. 13. O levantamento do embargo ou da interdição deve ser formalizado por meio de Termos de Suspensão de Embargo e Interdição, conforme modelos previstos nos Anexos III e IV desta Portaria, numerados na forma do art. 6º

§ 1º A segunda via do Termo de Suspensão de Embargo ou Termo de Suspensão de Interdição ou cópia da decisão pela manutenção do embargo ou interdição deverá ser entregue ao empregador, mediante recibo na primeira via, na data de sua expedição ou, no máximo, no próximo dia útil da data da emissão.

§ 2º Caso o estabelecimento do empregador se localize em local de difícil acesso, os documentos previstos no § 1º poderão ser remetidos via postal, com Aviso de Recebimento.

Seção V — Dos Recursos

Art. 14. Contra os atos relativos a embargo ou interdição, cabe a interposição de recurso administrativo à Coordenação-Geral de Recursos — CGR — da Secretaria de Inspeção do Trabalho (SIT-MTE), que poderá atribuir efeito suspensivo ao recurso.

Art. 15. O recurso deverá ser protocolizado na SRTE ou na GRTE mais próxima do município do local da interdição ou embargo, no prazo de dez dias contado da ciência do termo de embargo ou interdição, e será recebido e autuado em processo administrativo apartado no qual constituirá a peça inaugural, sendo suas folhas numeradas e rubricadas a tinta.

Parágrafo único. Os autos do recurso deverão ser apensados ao processo administrativo previsto no inciso I do § 1º do art. 6º

Art. 16. Interposto recurso, o processo será encaminhado ao AFT responsável pela lavratura do Relatório Técnico, para que, caso seja necessário, diante dos argumentos apresentados pelo recorrente, preste informações complementares, no prazo de quarenta e oito horas.

§ 1º Cumprido o procedimento estabelecido no *caput*, o processo deverá ser distribuído para análise, a qual examinará o cumprimento dos requisitos formais do ato, bem como o conteúdo do Relatório Técnico, nos termos do art. 5º desta Portaria, e elaborará proposta de decisão sobre o recurso.

§ 2º Após a análise, o processo deverá ser encaminhado, devidamente instruído, no prazo máximo de dez dias da data do protocolo do recurso, à autoridade competente.

§ 3º Caso necessário, a CGR poderá constituir comissão específica composta por três AFT, para deliberação sobre proposta de decisão.

Art. 17. A decisão final do recurso deve ser proferida no prazo de dez dias do recebimento do processo devidamente instruído.

Art. 18. A suspensão de embargo ou interdição que implique perda do objeto do recurso deverá ser comunicada de imediato à autoridade a quem foi encaminhado o recurso.

Art. 19. A decisão final quanto ao recurso deve ser comunicada pela SRTE ao empregador.

Seção VI — Das infrações e disposições finais.

Art. 20. Quando constatado o descumprimento da interdição ou do embargo, o AFT, além de lavrar o auto de infração correspondente, providenciará diretamente ou por meio de sua chefia, a comunicação imediata do fato à autoridade policial para a adoção das medidas legais cabíveis.

Art. 21. Os casos de reincidência na exposição dos trabalhadores à condição de risco grave e iminente deverão ser comunicados ao Ministério Público do Trabalho através de relatório circunstanciado e cópias dos documentos pertinentes.

Art. 22. A imposição de embargo ou interdição não elide a lavratura de autos de infração por descumprimento das normas regulamentadoras de segurança e saúde no trabalho ou dos dispositivos da legislação trabalhista relacionados à situação analisada.

Art. 23. O embargo ou interdição decorrente de requerimento de entidade sindical, conforme previsto no § 2º do art. 161 da CLT, seguirão os procedimentos previstos nesta Portaria.

Art. 24. Esta Portaria entra em vigor na data de sua publicação.

ANEXO I da Portaria MTE-GM n. 1.719 de 5.11.2014

TERMO DE EMBARGO n. ____________________

EMPREGADOR: ____________________

CNPJ ou CPF: ____________ CNAE: ____________ Endereço: ____________ Bairro: ______ Município: ______ UF: ______

Fica determinado o EMBARGO de ____________________

____

____________________,

nos termos da Consolidação das Leis do Trabalho, em razão da constatação da situação de grave e nos termos da Consolidação das Leis do Trabalho, em razão da constatação da situação de grave e iminente risco descrita no relatório técnico anexo a este Termo.

Durante a paralisação dos serviços, em decorrência do embargo, os empregados devem receber os salários como se estivessem em efetivo exercício, nos termos do § 6º do art. 161 da Consolidação das Leis do Trabalho.

É facultado ao empregador recorrer do embargo imposto, no prazo de dez dias, nos termos do §3º do art. 161 da Consolidação das Leis do Trabalho.

O empregador poderá requerer a suspensão do embargo, após adoção das medidas de proteção da segurança e saúde no trabalho indicadas no Relatório Técnico anexo a este Termo.

Os documentos referentes ao embargo imposto, incluído o requerimento para suspensão, devem ser protocolados no seguinte endereço: ______ ____________________.

A retomada das atividades deve ser precedida da emissão de Termo de Suspensão de Embargo.

____

Local e data

____

Assinatura e identificação da Autoridade.

Recebi o Termo de Embargo em ____/____/____

____

Assinatura e identificação do Empregador ou Preposto.

ANEXO II da Portaria MTE-GM n. 1.719 de 5.11.2014

TERMO DE INTERDIÇÃO n. ____________________

EMPREGADOR: ____________________

CNPJ ou CPF: ____________ CNAE: ____________ Endereço: ____________ Bairro: ______ Município: ______ UF: ______

Fica determinada a INTERDIÇÃO de ____________________

____

____________________,

nos termos da Consolidação das Leis do Trabalho, em razão da constatação da situação de grave e iminente risco descrita no relatório técnico anexo a este Termo.

Durante a paralisação dos serviços, em decorrência do embargo, os empregados devem receber os salários como se estivessem em efetivo exercício, nos termos do § 6º do art. 161 da Consolidação das Leis do Trabalho.

É facultado ao empregador recorrer da interdição imposta, no prazo de dez dias, nos termos do § 3º do art. 161 da Consolidação das Leis do Trabalho.

O empregador poderá requerer a suspensão da interdição, após adoção das medidas de proteção da segurança e saúde no trabalho indicadas no Relatório Técnico anexo a este Termo.

Os documentos referentes à interdição imposta, incluído o requerimento para suspensão, devem ser protocolados no seguinte endereço: ______ ____________________.

A retomada das atividades deve ser precedida da emissão de Termo de Suspensão de Interdição.

____

Local e data

____

Assinatura e identificação da Autoridade.

Recebi o Termo de Embargo em ____/____/____

____

Assinatura e identificação do Empregador ou Preposto.

ANEXO III da Portaria MTE-GM n. 1.719 de 5.11.2014

TERMO DE SUSPENSÃO DE EMBARGO n. ______________

EMPREGADOR: ______________

CNPJ ou CPF: ______________ CNAE: ______ Endereço: ______________ Bairro: ______ Município: ______ UF: ___

Fica determinada a SUSPENSÃO DO EMBARGO de ______________

nos termos do § 5º do art. 161 da Consolidação das Leis do Trabalho.

____

Local e data

____

Assinatura e identificação da Autoridade.

Recebi o Termo de Suspensão do Embargo em ___/___/___

____

Assinatura e identificação do Empregador ou Preposto.

ANEXO IV da Portaria MTE-GM n. 1.719 de 5.11.2014

TERMO DE SUSPENSÃO DE INTERDIÇÃO n. ______________

EMPREGADOR: ______________

CNPJ ou CPF: ______________ CNAE: ______________ Endereço: ______________ Bairro: ______ Município: ______ UF: ______

Fica determinada a SUSPENSÃO DA INTERDIÇÃO de ______________

______________,

nos termos do § 5º do art. 161 da Consolidação das Leis do Trabalho.

____

Local e data

____

Assinatura e identificação da Autoridade.

Recebi o Termo de Suspensão da Interdição em ___/___/___

____

Assinatura e identificação do Empregador ou Preposto.

NR-03 (EMBARGO OU INTERDIÇÃO)[5]

Publicação	**D.O.U.**
Portaria GM n. 3.214, de 08 de junho de 1978	6.7.78
Atualizações	**D.O.U.**
Portaria SSMT n. 6, de 9 de março de 1983	14.3.83
Portaria SIT n. 199, de 17 de janeiro de 2011	19.1.11

(Redação dada pela Portaria SIT n. 199, de 17/01/11)

3.1. Embargo e interdição são medidas de urgência, adotadas a partir da constatação de situação de trabalho que caracterize risco grave e iminente ao trabalhador.

3.1.1. Considera-se grave e iminente risco toda condição ou situação de trabalho que possa causar acidente ou doença relacionada ao trabalho com lesão grave à integridade física do trabalhador.

3.2. A interdição implica a paralisação total ou parcial do estabelecimento, setor de serviço, máquina ou equipamento.

3.3. O embargo implica a paralisação total ou parcial da obra.

3.3.1. Considera-se obra todo e qualquer serviço de engenharia de construção, montagem, instalação, manutenção ou reforma.

3.4. Durante a vigência da interdição ou do embargo, podem ser desenvolvidas atividades necessárias à correção da situação de grave e iminente risco, desde que adotadas medidas de proteção adequadas dos trabalhadores envolvidos.

3.5. Durante a paralisação decorrente da imposição de interdição ou embargo, os empregados devem receber os salários como se estivessem em efetivo exercício.

---

(5) O Texto da NR-03 (EMBARGO OU INTERDIÇÃO), ora reproduzido, encontra-se atualizado até a edição da Portaria SIT-MTE n. 199 de 17.1.2011.

Capítulo 4

SERVIÇOS ESPECIALIZADOS EM ENGENHARIA DE SEGURANÇA E EM MEDICINA DO TRABALHO (SESMT)

O ordenamento jurídico brasileiro, em dois dispositivos legais específicos (arts. 162 e 163 da CLT), impõe às empresas privadas e estatais (empresas públicas e sociedades de economia mista) brasileiras a obrigação de constituírem órgãos internos de prevenção de acidentes e de promoção da saúde ocupacional. Ditos órgãos internos das empresas são: o Serviço Especializado em Engenharia de Segurança e em Medicina do Trabalho (SESMT) e a Comissão Interna de Prevenção de Acidentes (CIPA), que deverão ser organizados e mantidos em funcionamento em função de duas variáveis básicas: o grau de risco da atividade principal da empresa e o quantitativo total de empregados.

Em sendo órgãos internos da empresa, significa dizer que os componentes do SESMT devem ser empregados da própria empresa e, no caso dos membros da CIPA, além de empregados da empresa, devem desenvolver suas atividades profissionais no estabelecimento onde se encontra instalada a comissão interna preventiva. Outrossim, esses dois órgãos têm como missão principal e convergente o desenvolvimento de esforços e ações objetivando a prevenção de acidentes de trabalho e a promoção de saúde ocupacional, nos domínios da empresa/estabelecimento. A diferença fundamental entre ambos, diz respeito à composição de cada um, na medida em que só podem integrar o SESMT empregados que possuam formação especializada em segurança e saúde no trabalho, ao passo que podem ser membros da CIPA quaisquer empregados do estabelecimento, independentemente da formação técnico-profissional ou do tempo de serviço na empresa.

Uma questão preliminar sempre posta em discussão, é saber se há ou não proibição legal que impeça ao integrante do SESMT ser, simultaneamente, membro da CIPA dessa mesma empresa. Malgrado o único requisito legal para o trabalhador ser membro da CIPA resida no fato de ser ele empregado da empresa e encontrar-se lotado no estabelecimento onde será realizada a eleição, entendemos que o integrante do SESMT que também deseje ser membro da CIPA, no mínimo, deixa patente o seu desconhecimento acerca das reais atribuições básicas da CIPA e do SESMT. Desnecessário lembrar que o papel da CIPA é possibilitar que os empregados possam participar ativamente do processo preventivo com sugestões de melhoria das condições ambientais de trabalho, e que ditas recomendações da CIPA serão, oportunamente e por decisão patronal, submetidas à análise técnica do SESMT da empresa; de modo que, se o membro do SESMT for, simultaneamente, membro da CIPA, haverá, no mínimo, uma indevida confusão de papéis. Em resumo, mesmo não havendo impedimento legal, compreendemos ser totalmente fora de propósito essa acumulação simultânea de papéis.

A quarta norma regulamentadora de segurança e saúde no trabalho, NR-04 (Serviços Especializados em Engenharia de Segurança e em Medicina do Trabalho — SESMT), ao disciplinar o art. 162 da Consolidação das Leis do Trabalho (CLT), estabelece que as empresas públicas e privadas situadas em solo brasileiro devem organizar e manter em funcionamento um SESMT com a finalidade de promover a saúde e proteger a integridade física dos trabalhadores da empresa. Chamamos a atenção do caro leitor para o fato de, atualmente, a terminologia mais utilizada ser "Segurança e Saúde no Trabalho" ou "Segurança e Saúde Ocupacional", ao invés de "Engenharia de Segurança e Medicina do Trabalho", que é restritiva; afinal de contas, no processo preventivo acidentário e na promoção da saúde ocupacional participam vários outros profissionais, além dos engenheiros de segurança do trabalho e dos médicos do trabalho, como se verá mais adiante. De modo que, num futuro próximo, vislumbramos a possibilidade de o Serviço Especializado em Engenharia de Segurança e em Medicina do Trabalho (SESMT) receba uma terminologia mais adequada, como por exemplo: Serviço Especializado em Segurança e Saúde no Trabalho (SESST).

A NR-04 (SESMT), com a redação dada pela Portaria SSMT-MTb n. 33 de 27.10.1983 e atualizada até a edição da Portaria MTE-GM n. 2.108 de 23.12.2014, além de seus vários itens normativos (Itens 4.1 a 4.20), é constituída por SEIS QUADROS. O primeiro deles destina-se a especificar o Grau de Risco da atividade principal da empresa, o segundo contém o Dimensionamento do SESMT, a partir do grau de risco e do número de empregados, enquanto os outros quatro correspondem a formulários a serem preenchidos mensalmente pelo SESMT com informações e dados específicos que constituirão o MAPA ANUAL DE DADOS que devem permanecer na empresa à disposição da fiscalização trabalhista. Vejamos:

- **Quadro I:** CLASSIFICAÇÃO NACIONAL DE ATIVIDADES ECONÔMICAS (CNAE).
- **Quadro II:** DIMENSIONAMENTO DO SESMT.
- **Quadro III:** MAPA DE ACIDENTES COM VÍTIMA.
- **Quadro IV:** MAPA DE DOENÇAS OCUPACIONAIS.
- **Quadro V:** MAPA DE INSALUBRIDADE.
- **Quadro VI:** MAPA DE ACIDENTES SEM VÍTIMA.

No tocante aos profissionais integrantes dos SESMTs das empresas, cabe observar que a Portaria MTE-GM n. 590, de 28.4.2014, ao propiciar uma nova redação ao item 4.4 da NR-04 (SESMT) deixou patente cinco modalidades de profissionais especialistas na área de segurança e saúde no trabalho possíveis de comporem o SESMT das empresas; sendo três deles de formação superior: o Engenheiro de Segurança do Trabalho, o Médico do Trabalho e o Enfermeiro do Trabalho, e dois outros com formação técnica de nível médio: o Técnico de Segurança do Trabalho e o Técnico (ou Auxiliar) de Enfermagem do Trabalho. Outrossim dispõe mais esse preceito normativo que os profissionais integrantes do SESMT devem possuir formação e registro profissional consoante disposto na regulamentação da profissão e nos instrumentos normativos emitidos pelo respectivo Conselho Profissional, quando existente. A propósito, em relação ao Engenheiro de Segurança do Trabalho e ao Técnico de Segurança do Trabalho, deve-se atentar para as disposições contidas na Lei n. 7.410 de 27.11.1985, que instituiu legalmente essas duas profissões técnico-científicas.

Via de regra, para que esses profissionais possam ser legalmente contratados pelas empresas como integrantes do SESMT, devem ser observados, basicamente, os seguintes requisitos e qualificações:

- ENGENHEIRO DE SEGURANÇA DO TRABALHO é o engenheiro ou arquiteto portador de certificado de conclusão de curso de pós-graduação, especialização em engenharia de segurança do trabalho. Outrossim, para poder exercer validamente seu mister profissional, deverá o Engenheiro de Segurança do Trabalho comprovar seu registro profissional específico junto ao Conselho Regional de Engenharia e Agronomia (CREA), a teor do expressamente consubstanciado na Lei n. 7.410/1985. Mais adiante, teceremos comentários acerca da situação especial atinente ao registro profissional do Arquiteto que também detenha a especialização em Engenharia de Segurança do Trabalho.

- MÉDICO DO TRABALHO é o médico portador de certificado de conclusão de pós-graduação, especialização em medicina do trabalho, ou portador de certificado de residência médica em área de concentração em saúde do trabalhador ou denominação equivalente, reconhecida pela Comissão Nacional de Residência Médica, do Ministério da Educação, ambos ministrados por universidades que mantenham curso de graduação em medicina. Igualmente, deverá o Médico do Trabalho encontrar-se devidamente registrado, como tal, junto ao Conselho Regional de Medicina (CRM). Impõe-se destacar que a Portaria MTE-GM n. 2.108 de 23.12.2014 (publicada no Diário Oficial da União de 24.12.2014) expressamente concedeu o prazo de quatro anos para que os Médicos do Trabalho integrantes do SESMT atendam aos requisitos de formação e registro profissional exigidos na regulamentação da profissão e nos instrumentos normativos emitidos pelo Conselho Federal de Medicina (CFM). Outrossim, dita norma ministerial estipulou que até a data de 23.12.2018, poderá atuar no SESMT o Médico portador de certificado de conclusão de curso de especialização em Medicina do Trabalho, em nível de pós-graduação, ou portador de certificado de residência médica em área de concentração em saúde do trabalhador ou denominação equivalente, reconhecida pela Comissão Nacional de Residência Médica, do Ministério da Educação, ambos ministrados por universidade ou faculdade que mantenha curso de graduação em medicina.

- ENFERMEIRO DO TRABALHO é o enfermeiro portador de certificado de conclusão de curso de pós-graduação, especialização em enfermagem do trabalho, ministrado por universidade ou faculdade que mantenha curso de graduação em enfermagem. Além disso, o Enfermeiro do Trabalho deverá ser devidamente registrado, como tal, junto ao Conselho Regional de Enfermagem (COREN).
- AUXILIAR ou TÉCNICO EM ENFERMAGEM DO TRABALHO é o auxiliar de enfermagem ou técnico de enfermagem (2º grau ou grau médio), portador de certificado de conclusão de curso de qualificação de Técnico ou Auxiliar de Enfermagem do Trabalho, ministrado por instituição especializada reconhecida e autorizada pelo Ministério da Educação, devendo o profissional ser devidamente registrado, como tal, junto ao Conselho Regional de Enfermagem (COREN).
- TÉCNICO DE SEGURANÇA DO TRABALHO é o profissional de nível médio portador de certificado de conclusão de curso técnico de segurança do trabalho, ministrado por escola oficial ou reconhecida. Além disso, para poder exercer sua atividade profissional, o Técnico de Segurança do Trabalho deve ser registrado, como tal, perante o Ministério do Trabalho e Emprego; sendo que, atualmente, dito registro é implementado pelas Superintendências Regionais do Trabalho e Emprego (SRTEs) na Carteira de Trabalho e Previdência Social (CTPS) desse profissional.

Sabidamente, além dos profissionais que atualmente são possíveis de integrarem o SESMT das empresas, há vários outros que detém formação especializada em segurança e saúde no trabalho e que igualmente têm muito a contribuir nessa área específica, como é o caso dos Tecnólogos em Segurança do Trabalho, dos Fisioterapeutas Ocupacionais, dos Psicólogos do Trabalho e dos Higienistas Ocupacionais, só para exemplificar.

A propósito, os dados anuais da Estatística Acidentária Oficial Brasileira (disponível em <www.inss.gov.br>) sistematicamente têm deixado patente que os Transtornos Mentais ou Distúrbios Comportamentais de etiologia ocupacional ocupam o segundo lugar no *ranking* das Doenças Ocupacionais que mais propiciam afastamento de trabalho, haja vista a concessão, pelo Instituto Nacional do Seguro Social (INSS), do benefício previdenciário Auxílio-Doença de natureza acidentária (Código B-91); assim sendo, acreditamos que o Psicólogo do Trabalho, que seja detentor de Especialização em Saúde no Trabalho, tem uma importante e positiva contribuição a desenvolver no processo preventivo de acidentes de labor e de promoção da saúde ocupacional e, portanto, deveria ser um dos profissionais integrantes do SESMT das empresas. Ressalte-se, porém, que o profissional a quem nos referimos não é o Psicólogo Organizacional que historicamente tem tido sua atuação profissional centrada nos processos de recrutamento e seleção de trabalhadores para as empresas, e sim o Psicólogo do Trabalho focado na saúde do trabalhador e com atuação profissional devidamente comprometida com a efetiva melhoria das condições ambientais de trabalho, especialmente a partir de ações que objetivem diminuir as tensões no ambiente de trabalho e, assim, possam contribuir para o desejado equilíbrio e bem-estar nas relações de trabalho. Cabe ao Ministério do Trabalho e Emprego (MTE), por meio de simples Portaria Ministerial, analisar essa questão e fazer a devida inclusão desse profissional no SESMT das empresas, sempre visando a minimizar o crescente sofrimento e adoecimento psíquico-laboral.

Acerca do exercício profissional dos Engenheiros de Segurança do Trabalho e dos Técnicos de Segurança do Trabalho, cabe ser dito que a Lei n. 7.410 de 27.11.1985 legalmente instituiu essas duas modalidades profissionais e foi regulamentada pelo Decreto n. 92.530 de 9.4.1986 que, em disposição específica, delegou ao Conselho Federal de Engenharia e Agronomia (CONFEA) a competência legal para disciplinar as atividades dos Engenheiros e Arquitetos especializados em Engenharia de Segurança do Trabalho. Nesse sentido foi editada a Resolução CONFEA n. 359 de 31.7.1991, que assim dispõe acerca da competência profissional do Engenheiro de Segurança do Trabalho:

- Supervisionar, coordenar e orientar tecnicamente os serviços de Engenharia de Segurança do Trabalho.
- Estudar as condições de segurança dos locais de trabalho das instalações e equipamentos, com vistas especialmente aos problemas de controle de risco, controle de poluição, higiene do trabalho, ergonomia, prática contra incêndio e saneamento.

- Planejar e desenvolver a implantação e técnicas relativas a gerenciamento e controle de riscos.
- Vistoriar, avaliar, realizar perícias, arbitrar, emitir parecer, laudos técnicos e indicar medidas de controle sobre grau de exposição a agentes agressivos de riscos físicos, químicos e biológicos, tais como: poluentes atmosféricos, ruídos, calor, radiação em geral e pressões anormais, caracterizando as atividades, operações e locais insalubres e perigosos.
- Analisar riscos, acidentes e falhas, investigando causas, propondo medidas preventivas e corretivas e orientando trabalhos estatísticos, inclusive com respeito a custos.
- Propor políticas, programas, normas e regulamentos de Segurança do Trabalho, zelar pela sua observância.
- Elaborar projetos de sistemas de segurança e assessorar a elaboração de projetos de obras, instalação e equipamentos, opinando do ponto de vista da Engenharia de Segurança.
- Estudar instalações, máquinas e equipamentos, identificando seus pontos de riscos e projetando dispositivos de segurança.
- Projetar sistemas de proteção contra incêndios, coordenar atividades de combate a incêndio e de salvamento e elaborar planos para emergência e catástrofes.
- Inspecionar locais de trabalho no que se relaciona com a Segurança do Trabalho, delimitando áreas de periculosidade.
- Especificar, controlar e fiscalizar sistemas de proteção coletiva e equipamentos de segurança, inclusive os de proteção individual e os de proteção contra incêndio, assegurando-se sua qualidade e eficiência.
- Opinar e participar da especificação para aquisição de substâncias e equipamentos cuja manipulação, armazenamento, transporte ou funcionamento possam apresentar riscos, acompanhando o controle do recebimento e da expedição.
- Elaborar planos destinados a criar e desenvolver a prevenção de acidente, provendo a instalação de comissões e assessorando-lhes o funcionamento.
- Orientar o treinamento específico de Segurança do Trabalho e assessorar a elaboração de programas de treinamento geral, no que diz respeito à Segurança do Trabalho.
- Acompanhar a execução de obras e serviços decorrentes da adoção de medidas de segurança, quando a complexidade dos trabalhos a executar assim o exigir.
- Colaborar na fixação de requisitos de aptidão para o exercício de funções, apontando os riscos decorrentes desses exercícios.
- Propor medidas preventivas no campo de Segurança do Trabalho, em face do conhecimento da natureza e gravidade das lesões provenientes do Acidente de Trabalho, incluídas as doenças do trabalho.
- Informar aos trabalhadores e à comunidade, diretamente ou por meio de seus representantes, as condições que possam trazer danos a sua integridade e as medidas que eliminam ou atenuam estes riscos e que deverão ser tomadas.

No tocante à controvérsia jurídica atual acerca de em qual órgão de classe deve ser registrado o Arquiteto que também seja detentor da Especialização em Engenharia de Segurança do Trabalho, após a edição da Lei n. 12.378 de 31.12.2010 que instituiu, nos planos federal e regional, os Conselhos de Arquitetura e Urbanismo (CAU-BR e CAUs) e, por conseguinte, passou a disciplinar o registro e exercício profissional do Arquiteto e Urbanista, que antes era feito nos então Conselhos Regionais de Engenharia, Arquitetura e Agronomia (CREAs); cabe ser dito, em relação a essa situação nova e excepcional, que aos Arquitetos detentores da Especialização em Engenharia de Segurança do Trabalho validamente adquirida em estrita observância aos ditames da Lei n. 7.410 de 27.11.1985, deve ser assegurado o duplo registro profissional: enquanto Arquiteto, junto ao Conselho de Arquitetura e Urbanismo (CAU) e, como Engenheiro de Segurança do Trabalho, perante o Conselho Regional de Engenharia e Agronomia (CREA).

Em que pese a existência de resoluções posteriores desses dois *órgãos* federais de classe em sentido divergente, impõe-se enfatizar que resoluções autárquicas, sabidamente, *são normas infralegais e, por conseguinte,* não têm o condão de superar ou contrariar disposições expressamente previstas em lei; sob pena de malferir o Princípio da Hierarquia Jurídica. Em reforço a esse entendimento, basta observar que, de uma leitura mais atenta aos ditames da citada Lei n. 12.378/2010, instituidora dos *órgãos de classe dos arquitetos (CAU-BR e CAU-*UFs), constata-se que esse diploma legal em nada alterou os ditames da Lei n. 7.410/1985, que expressamente dispõe acerca do exercício profissional do Engenheiro de Segurança do Trabalho, seja ele detentor da primeira formação acadêmica em engenharia, agronomia ou arquitetura. Nesse sentido, e a título de mera exemplificação, basta atentar para o fato de ser inegável que um profissional possuidor de dupla titulação, como no caso do Engenheiro também graduado em Arquitetura, a partir da instituição dos CAUs necessariamente deve possuir duplo registro profissional; vale dizer, junto ao CREA para bem poder legalmente exercer as atividades profissionais de Engenheiro e, junto ao CAU de seu estado, para poder validamente exercer a profissão de Arquiteto em nosso país.

Em síntese, não se vislumbra nenhuma ilegalidade e, ao revés, é absolutamente necessário e indispensável o duplo registro profissional para os profissionais detentores de dupla titulação acadêmica, inclusive no caso do Arquiteto que também seja Engenheiro de Segurança do Trabalho. A propósito, coibir o duplo registro profissional ao Arquiteto detentor do título de Engenheiro de Segurança do Trabalho, salvo melhor juízo, viola direito líquido e certo consubstanciado na Lei n. 7.410/1985, a ser reparado pela busca de tutela jurisdicional, perante a Justiça Federal não especializada, possivelmente pela via de Mandado de Segurança. Não obstante, pensamos que essa controvérsia deveria ser facilmente resolvida pela edição de uma resolução conjunta dos aludidos órgãos de classe de modo a não causar prejuízos aos arquitetos detentores da especialização em engenharia de segurança do trabalho.

Quanto às atribuições profissionais dos Médicos do Trabalho, cabe lembrar que o Conselho Federal de Medicina (CFM), por intermédio da Resolução CFM n. 1.488 de 11.2.1998, disciplinadora da Assistência Médica ao Trabalhador, estipulou as seguintes atribuições e deveres dos médicos que trabalham em empresas, independentemente de sua especialidade:

- Atuar visando essencialmente à promoção da saúde e à prevenção da doença, conhecendo, para tanto, os processos produtivos e o ambiente de trabalho da empresa.
- Avaliar as condições de saúde do trabalhador para determinadas funções e/ou ambientes, indicando sua alocação para trabalhos compatíveis com suas condições de saúde, orientando-o, se necessário, no processo de adaptação;
- Dar conhecimento aos empregadores, trabalhadores, comissões de saúde, CIPAS e representantes sindicais, por meio de cópias de encaminhamento, solicitações e outros documentos, dos riscos existentes no ambiente de trabalho, bem como dos outros informes técnicos de que dispuser, desde que resguardado o sigilo profissional.
- Promover a emissão de Comunicação de Acidente do Trabalho, ou outro documento que comprove o evento acidentário, sempre que houver acidente ou moléstia causada pelo trabalho e essa emissão deve ser feita até mesmo na suspeita de nexo causal da doença com o trabalho, devendo ser fornecida cópia dessa documentação ao trabalhador.
- Notificar, formalmente, o órgão público competente e quando houver suspeita ou comprovação de transtornos da saúde atribuíveis ao trabalho, bem como recomendar ao empregador a adoção dos procedimentos cabíveis, independentemente da necessidade de afastar o empregado do trabalho.
- Atuar junto à empresa para eliminar ou atenuar a novidade dos processos de produção e organização do trabalho, sempre que haja risco de agressão à saúde.
- Promover o acesso ao trabalho de portadores de afecções e deficiências para o trabalho, desde que este não as agrave ou ponha em risco sua vida.
- Opor-se a qualquer ato discriminatório impeditivo do acesso ou permanência da gestante no trabalho, preservando-a, e ao feto, de possíveis agravos ou riscos decorrentes de suas funções, tarefas e condições ambientais.

Outrossim, impõe a Resolução CFM n. 1.488/98 que os Médicos do Trabalho, como tais reconhecidos por lei, especialmente aqueles que atuem em empresa como contratados, assessores ou consultores em saúde do trabalhador, serão responsabilizados por atos que concorram para agravos à saúde dessa clientela juntamente com os outros médicos que atuem na empresa e que estejam sob sua supervisão nos procedimentos que envolvam a saúde do trabalhador, especialmente com relação à ação coletiva de promoção e proteção a sua saúde.

Acerca da jornada de trabalho dos profissionais integrantes do SESMT, estipula a NR-04 que os profissionais de nível superior (Engenheiro de Segurança do Trabalho, Médico do Trabalho e Enfermeiro do Trabalho) poderão ser contratados em tempo parcial de, no mínimo, 3 (três) horas diárias, ou em tempo integral de, no mínimo, 6 (seis) horas diárias; tudo de acordo com o previsto no Quadro II da NR-04 (Dimensionamento do SESMT). Observe-se, mais, que quando a empresa precisar contratar médico do trabalho em tempo integral (mínimo de seis horas diárias) poderá optar pela contratação de dois médicos do trabalho em tempo parcial (mínimo de três horas), na forma possibilitada pela Portaria MTE-GM n. 589 de 28.4.2014.

Em relação ao horário de trabalho dos demais profissionais de nível médio (Técnico de Segurança do Trabalho e Técnico ou Auxiliar em Enfermagem do Trabalho), impõe a NR-04 (SESMT) que eles deverão ser sempre contratados para uma jornada de trabalho integral, ou seja, 8 (oito) horas diárias para as atividades comuns ou 6 (seis) horas diárias, no caso de estarem submetidos a regime de trabalho em turnos ininterruptos de revezamento.

Importante destacar que a NR-04 dispõe ser vedado ao profissional de segurança e saúde no trabalho o exercício de outras atividades na empresa, durante o horário de sua atuação no SESMT. Igualmente, cabe lembrar que a empresa é responsável pelo cumprimento de todas as disposições preventivas da norma em comento; devendo assegurar, como um dos meios para concretizar tal responsabilidade, o exercício profissional dos componentes do SESMT, sendo que o impedimento do referido exercício profissional, ainda que parcial e/ou o desvirtuamento ou desvio de suas funções constituem, em conjunto ou separadamente, infrações classificadas no Grau I-4 (maior valor), se devidamente comprovadas, para os fins de aplicação das penalidades previstas na NR-28 (Fiscalização e Penalidades).

Preconiza a NR-04, em seu item 4.12 atualizado pela Portaria MTE-GM n. 2.108 de 23.12.2014, ser da competência dos profissionais de segurança e saúde no trabalho integrantes do SESMT das empresas:

- aplicar os conhecimentos de Engenharia de Segurança e de Medicina do Trabalho em prol do ambiente de trabalho e de todos os seus componentes, inclusive máquinas e equipamentos, de modo a reduzir até eliminar os riscos ali existentes à saúde ou à integridade física dos trabalhadores;
- determinar, quando esgotados todos os meios conhecidos para a eliminação do risco e este persistir, mesmo reduzido, a utilização, pelo trabalhador, de Equipamentos de Proteção Individual, de acordo com o que determina a NR-06 (EPI), desde que a concentração, a intensidade ou característica do agente assim o exijam;
- colaborar, quando solicitado, nos projetos e na implantação de novas instalações físicas e tecnológicas da empresa, dentro de sua habilitação profissional;
- responsabilizar-se, tecnicamente, pela orientação quanto ao cumprimento do disposto nas normas regulamentadoras aplicáveis às atividades executadas pela empresa e/ou seus estabelecimentos;
- manter permanente relacionamento com a Comissão Interna de Prevenção de Acidentes (CIPA), valendo-se ao máximo de suas observações, além de apoiá-la, inclusive ministrando cursos específicos, conforme disposto na NR-05 (CIPA);
- promover atividades de conscientização, educação e orientação dos trabalhadores para a prevenção de acidentes do trabalho e doenças ocupacionais, tanto por meio de campanhas temporárias quanto de programas de duração permanente;
- analisar e registrar em documento(s) específico(s) todos os acidentes ocorridos na empresa ou estabelecimento, com ou sem vítima, e todos os casos de doença ocupacional, descrevendo

a história e as características do acidente e/ou da doença ocupacional, os fatores ambientais, as características do agente e as condições do(s) indivíduo(s) portador(es) de doença ocupacional ou acidentado(s);

- registrar, mensalmente, os dados atualizados de acidentes do trabalho, doenças ocupacionais e agentes de insalubridade preenchendo, no mínimo, os quesitos descritos nos modelos constantes nos Quadros: III, IV, V e VI da NR-04 (SESMT), devendo o empregador manter dita documentação sempre à disposição da inspeção do trabalho.

Para saber se uma empresa está ou não legalmente obrigada a constituir SESMT, deverão ser identificados dois dados básicos específicos: o Grau de Risco da Atividade Principal da empresa ou estabelecimento, que pode variar de 1 a 4, consoante definido no Quadro I (Classificação Nacional de Atividades Econômicas) da NR-04; e, o Número Total de Empregados da empresa. Identificados esses dois dados, deverá ser consultado o Quadro II (Dimensionamento do SESMT) da NR-04, que especifica o quantitativo de profissionais que irão compor o SESMT da empresa.

Registre-se, porém, que há cinco situações excepcionais a serem observadas na organização do serviço especializado em engenharia de segurança e em medicina do trabalho de uma empresa, especialmente no tocante à permissibilidade legal de constituição de SESMT CENTRALIZADO:

- a empresa que possua mais da metade de seus empregados em estabelecimento ou setor ou atividade cujo grau de risco seja superior ao de sua atividade principal deverá dimensionar o SESMT em função do maior grau de risco e do número total de empregados;
- a empresa poderá constituir SESMT CENTRALIZADO para atender a um conjunto de estabelecimentos pertencentes a ela, desde que a distância a ser percorrida entre aquele em que se situar o SESMT CENTRALIZADO e os demais estabelecimentos não ultrapasse 5.000 m (cinco mil metros), dimensionando-o em função do total de empregados dos vários estabelecimentos e do grau de risco;
- Havendo na empresa, estabelecimento(s) que isoladamente necessite(m) organizar SESMT e outro(s) que não necessite(m), desde que localizados no mesmo Estado, a mesma poderá constituir SESMT CENTRALIZADO, dimensionando-o pelo somatório do número de empregados existentes nos diversos estabelecimentos, exceto se a empresa for do grau de risco 1 (um), caso em que o total de empregados a ser considerado será o resultante do somatório entre o número de empregados do estabelecimento que possua a maior quantidade de empregados e a média aritmética do número de empregados dos demais estabelecimentos;
- a empresa deverá também organizar SESMT CENTRALIZADO quando possuir, no mesmo Estado, estabelecimentos que, isoladamente, não se enquadrem no Quadro II da NR-04 (Dimensionamento do SESMT), porém, que o somatório de todos ultrapasse o limite previsto no citado quadro de dimensionamento;
- as empresas de engenharia, os canteiros de obras e as frentes de trabalho com menos de 1.000 (um mil) empregados e situados no mesmo Estado não serão considerados como estabelecimentos, mas como integrantes da empresa de engenharia principal responsável, a quem caberá organizar um SESMT CENTRALIZADO especificamente em relação aos profissionais de nível superior (Engenheiros de Segurança do Trabalho, Médicos do Trabalho e Enfermeiros do Trabalho), enquanto os profissionais de nível médio (Técnicos de Segurança do Trabalho e Técnicos ou Auxiliares de Enfermagem do Trabalho) serão dimensionados isoladamente por canteiro de obra ou frente de trabalho.

Em face da edição da Portaria SIT-MTE n. 17 de 1.8.2007, restou disciplinada uma nova modalidade de serviço especializado em engenharia de segurança e em medicina do trabalho, a do SESMT COMUM; ou seja, um serviço especializado para atender a mais de uma empresa; porém com validade de existência sempre condicionada ao prévio ajuste em Convenção ou Acordo Coletivo de Trabalho e nas seguintes hipóteses específicas:

- a empresa que contratar outras para prestar serviços em seu estabelecimento pode constituir SESMT COMUM para assistência aos empregados das contratadas, sob gestão própria, dimensionado em face do somatório dos trabalhadores assistidos e da atividade econômica do estabelecimento da contratante;

- as empresas de mesma atividade econômica, localizadas em um mesmo município, ou em municípios limítrofes, cujos estabelecimentos necessitem organizar SESMT próprios, podem constituir SESMT COMUM, organizado pelo sindicato patronal correspondente ou pelas próprias empresas interessadas, possível de ser estendido a empresas cujos estabelecimentos individualmente estejam dispensados de organizar SESMT;
- as empresas que desenvolvem suas atividades em um mesmo polo industrial ou comercial podem constituir SESMT COMUM, organizado pelas próprias empresas interessadas e dimensionado pelo somatório dos trabalhadores assistidos e pelo grau de risco da atividade econômica que empregue o maior número entre os trabalhadores assistidos.

Estipula também a citada Portaria SIT-MTE n. 17/2007, que o SESMT COMUM, nas hipóteses antes mencionadas, deve ter seu funcionamento avaliado semestralmente por Comissão composta de representantes das empresas, do Sindicato de Trabalhadores e da Superintendência Regional do Trabalho e Emprego (SRTE), ou na forma e periodicidade previstas em Convenção ou Acordo Coletivo de Trabalho.

Quanto ao SERVIÇO ÚNICO de Engenharia e Medicina, cabe ser dito que a NR-04 possibilita às empresas enquadradas no Grau de Risco 1 e que estejam obrigadas a constituir SESMT e disponham de outros serviços de medicina e engenharia, a possibilidade de integrar estes serviços com o SESMT e constituir um Serviço Único de Engenharia e Medicina, sendo que o dimensionamento dos profissionais especializados em engenharia de segurança e em medicina do trabalho que irão compor o SERVIÇO ÚNICO deverá respeitar o dimensionamento previsto no já citado Quadro II da NR-04.

Outrossim, impõe a NR-04 que as empresas do Grau de Risco 1, desde que optantes do Serviço Único de Engenharia e Medicina, ficam obrigadas a elaborar e submeter à aprovação da Secretaria de Inspeção do Trabalho, por intermédio do Departamento de Segurança e Saúde no Trabalho (DSST-SIT-MTE), um programa bienal de segurança e saúde no trabalho; reservado a esse órgão ministerial o direito de controlar a execução do aludido programa bem como aferir a sua eficácia.

Além do Serviço Especializado em Engenharia de Segurança e em Medicina do Trabalho de que trata a NR-04 (SESMT), há três outros serviços preventivos similares para atividades específicas, quais sejam:

- O Serviço Especializado em Segurança e Saúde no Trabalho Portuário (SESSTP), de que trata o item 29.2.1 da NR-29 (Segurança e Saúde no Trabalho Portuário).
- O Grupo de Segurança e Saúde no Trabalho a Bordo dos Navios Mercantes (GSSTB), previsto no item 30.4 da NR-30 (Segurança e Saúde no Trabalho Aquaviário).
- O Serviço Especializado em Segurança e Saúde no Trabalho Rural (SESTR), de que trata o item 31.6 da NR-31 (Segurança e Saúde no Trabalho na Agricultura, Pecuária, Silvicultura, Exploração Florestal e Aquicultura).

Conveniente enfatizar que a NR-04 (SESMT) deixa patente que ficará por conta exclusiva do empregador o ônus decorrente da instalação e manutenção dos Serviços Especializados em Engenharia de Segurança e em Medicina do Trabalho (SESMT).

No que concerne ao Registro do SESMT na Superintendência Regional do Trabalho e Emprego (SRTE), dispõe a norma regulamentadora específica que a empresa, após organizar o seu serviço especializado, contratando os respectivos profissionais em conformidade com o dimensionamento previsto no Quadro II da NR-04, deverá requerer dito registro mediante requerimento específico, consoante modelo sugerido no Módulo Complementar deste Capítulo, contendo os seguintes dados, além de anexar os correspondentes documentos comprovadores:

- Nomes dos profissionais especializados integrantes do SESMT;
- Números de registros de ditos profissionais nos respectivos Órgãos de Classe (CREA, CRM ou COREN), e, no caso do Técnico de Segurança do Trabalho, o seu registro profissional junto ao MTE, conforme visto anteriormente;
- Número total de empregados da requerente e grau de risco das atividades, por estabelecimento;
- Especificação dos turnos de trabalho dos empregados por estabelecimento;
- Horário de trabalho de cada um dos profissionais integrantes do SESMT.

Para que se tenha noção do Grau de Risco, em termos de Segurança e Medicina do Trabalho, convém ter em mente que o mesmo surgiu da necessidade de se agrupar as atividades profissionais desenvolvidas nas empresas em determinadas categorias de grau de risco, de forma a se estabelecer uma correspondência adequada em relação à exigência de maiores itens de segurança e saúde do trabalho nas atividades que ofereçam maior probabilidade ou risco de acidentes. Exemplificando: uma empresa que se enquadrar em grau de risco maior deverá dimensionar seu SESMT com um número maior de componentes do que outra que possua o mesmo número total de empregados, mas se enquadre em atividade de menor grau de risco.

Para fins de dimensionamento do SESMT, as atividades profissionais existentes encontram-se agrupadas em quatro modalidades: Grau de Risco 1, Grau de Risco 2, Grau de Risco 3 e Grau de Risco 4, de modo que a ordem numérica crescente do grau de risco é diretamente proporcional à maior probabilidade de ocorrência de acidentes do trabalho ou doenças ocupacionais.

Para identificar o Grau de Risco de uma empresa devemos consultar o já mencionado Quadro I (Classificação Nacional de Atividades Econômicas) da NR-04 (SESMT), com a redação dada pela Portaria SIT-MTE n. 76 de 21.11.2008, levando-se em conta a atividade principal por ela desenvolvida. O aludido Quadro I encontra-se reproduzido integralmente, nos Fundamentos Jurídicos deste Capítulo. Observe-se, mais, que para o correto dimensionamento do SESMT, é importante lembrar as exceções a essa regra geral, especialmente no tocante ao SESMT CENTRALIZADO, ao SESMT COMUM e ao SESMT ÚNICO, na forma retro explicitada.

As empresas que operam em regime sazonal (como as de safra, por exemplo) deverão considerar como total de empregados a média aritmética do número de trabalhadores do ano civil anterior, por ocasião do dimensionamento de seus SESMTs.

Quando se tratar de empreiteiras ou empresas prestadoras de serviço, considera-se estabelecimento, para fins de aplicação da NR-04 (SESMT), o local em que seus empregados estiverem exercendo suas atividades.

Finalizando, é conveniente lembrar que, de acordo com a Portaria MTE-GM n. 589 de 28.4.2014 (reproduzida integralmente nos Fundamentos Jurídicos deste Capítulo), todo acidente fatal relacionado ao trabalho, inclusive as doenças do trabalho que resultem morte, deve ter sua ocorrência comunicada pelas empresas públicas e privadas à Superintendência Regional do Trabalho e Emprego (SRTE-MTE) mais próxima, no prazo de até vinte e quatro horas após a constatação do óbito, além de informado, no mesmo prazo, ao Departamento de Segurança e Saúde no Trabalho por mensagem eletrônica (<dsst.sit@mte.gov.br>), independentemente da implementação da Comunicação de Acidente de Trabalho (CAT) ao Instituto Nacional do Seguro Social (INSS), nos termos previstos no art. 22 da Lei n. 8.213 de 21.7.1991; daí porquê, deve o SESMT ficar atento ao efetivo cumprimento dessa disposição normativa por parte da empresa.

Doravante, será apresentado o MÓDULO COMPLEMENTAR deste Capítulo, contendo Modelos ou Formulários, objetivando facilitar a compreensão dos tópicos expostos ou, quem sabe, auxiliar o profissional de segurança e saúde no trabalho em sua rotina diária. Em seguida, foram reproduzidos os FUNDAMENTOS JURÍDICOS (dispositivos legais, infralegais ou regulamentares e jurisprudenciais) que propiciam o suporte de validade jurídica à temática em apreço, observando-se as ordens hierárquica e cronológica. Ao final, encontra-se igualmente transcrita, de forma integral e atualizada, a correspondente norma regulamentadora de segurança e saúde no trabalho que intitula este Capítulo.

MÓDULO COMPLEMENTAR DO CAPÍTULO 4

MODELO DE REQUERIMENTO DE REGISTRO DO SESMT na SRTE[1]

ILUSTRÍSSIMO SENHOR SUPERINTENDENTE REGIONAL DO TRABALHO E EMPREGO NO ESTADO DO RIO GRANDE DO NORTE.

A Empresa: (Razão Social e Qualificação Completa: Endereço, CNPJ, Telefone, Fax, Caixa Postal, CEP, E-Mail), por intermédio de seu Representante Legal ao final subscrito, vem, mui respeitosamente, requerer a Vossa Senhoria, o REGISTRO de seu Serviço Especializado em Engenharia de Segurança e em Medicina do Trabalho (SESMT), de conformidade com o disposto no item 4.17 da Norma Regulamentadora NR-04: SESMT, da Portaria SSMT-MTb n. 33 de 27.10.1983, que regulamentou o art. 162 da Consolidação das Leis do Trabalho (CLT).

(1) Modelo meramente sugestivo para cumprimento do item 4.17 da NR-04 (SESMT).

A empresa requerente tem na .... sua atividade principal, e, de acordo com o Quadro I: Classificação Nacional de Atividades Econômicas (CNAE), da NR-04: SESMT, corresponde ao Código .... e ao Grau de Risco ...., possuindo um total de .... empregados lotados nos seguintes Estabelecimentos: ...., e distribuídos nos seguintes Turnos de Serviço:

....

Em sendo assim, o dimensionamento de seu SESMT, consoante previsto no Quadro II da NR-04, será constituído da seguinte forma:

NOME completo dos Profissionais Especialistas em Segurança ou Medicina do Trabalho	NÚMERO de Registro Profissional de cada componente do SESMT (CRM/CRF/CREA/MTE)	HORÁRIO de Trabalho de cada Profissional

Outrossim, segue em anexo a comprovação do Registro Profissional de cada integrante do SESMT, expedido pelo respectivo órgão de classe (Conselho Regional de Medicina, no caso do Médico do Trabalho; Conselho Regional de Engenharia e Agronomia, para o Engenheiro de Segurança do Trabalho; Conselho Regional de Enfermagem do Trabalho, em se tratando de Enfermeiro do Trabalho e Técnico ou Auxiliar em Enfermagem do Trabalho), e o registro profissional junto ao Ministério do Trabalho e Emprego (MTE) especificamente para o Técnico de Segurança do Trabalho, assim como os correspondentes Registros de Empregado ou Anotação de Dados na CTPS de cada um deles, comprovando a condição de empregados da empresa requerente.

Nestes Termos,

Pede e Espera Deferimento.

Natal-RN, 4 de julho de 2015.

....

Assinatura do Representante Legal da Empresa

FUNDAMENTOS JURÍDICOS DO CAPÍTULO 4

NR-04: SESMT — SERVIÇOS ESPECIALIZADOS EM ENGENHARIA DE SEGURANÇA E EM MEDICINA DO TRABALHO *(redação dada pela Portaria SSMT-MTb n. 33 de 27.10.1983, atualizada até a edição da Portaria MTE n. 2.108 de 23.12.2014). Art.* 7º, incisos XXII, XXIII, XXVIII e XXXIII da CF-1988. Art. 162 da CLT. Lei n. 7.410 de 27.11.1985. Lei n. 9.436 de 5.2.1997. Convenções OIT n. 155 e n. 161. Decreto n. 92.530 de 9.4.1986. Portaria MTb n. 3.275 de 21.9.1989. Resoluções do Conselho Federal de Engenharia e Agronomia (CONFEA) n. 359 de 31.7.1991 e n. 437 de 27.11.1999. Resolução do Conselho Federal de Medicina (CFM) n. 1.488 de 11.2.1998, atualizada pela Resolução CFM n. 1.940 de 14.1.2010. Súmulas TST n. 282 e n. 370.

CONSTITUIÇÃO DA REPÚBLICA FEDERATIVA DO BRASIL

(Atualizada até a edição da Emenda Constitucional n. 85 de 26.2.2015)

Título II: Dos Direitos e Garantias Fundamentais (Arts. 5º a 17)

Capítulo II: Dos Direitos Sociais (Arts. 6º a 11)

Art. 7º São direitos dos trabalhadores urbanos e rurais[(2)], além de outros que visem à melhoria de sua condição social:

XXII — redução dos riscos inerentes ao trabalho, por meio de normas de saúde, higiene e segurança;

XXIII — adicional de remuneração para as atividades penosas, insalubres ou perigosas, na forma da lei;

XXVIII — seguro contra acidentes de trabalho, a cargo do empregador, sem excluir a indenização a que este está obrigado, quando incorrer em dolo ou culpa;

XXXIII — proibição de trabalho noturno, perigoso ou insalubre a menores de dezoito e de qualquer trabalho a menores de dezesseis anos, salvo na condição de aprendiz, a partir de quatorze anos.

(2) Especificamente em relação aos Servidores Públicos Federais (submetidos ao Regime Jurídico Único da Lei n. 8.112/1990) dispõe o § 3º do art. 39 da CF-1988 que: "*Aplica-se aos servidores ocupantes de cargo público o disposto no Art. 7º, IV, VII, VIII, IX, XII, XIII, XV, XVI, XVII, XVIII, XIX, XX, XXII e XXX, podendo a lei estabelecer requisitos diferenciados de admissão quando a natureza do cargo o exigir*".

NORMAS JURÍDICAS INFRACONSTITUCIONAIS

CONSOLIDAÇÃO DAS LEIS DO TRABALHO

(Decreto-lei n. 5.452 de 1º.5.1943, com a redação dos arts. 154 a 201 CLT dada pela Lei n. 6.514 de 22.12.1997, atualizada até a edição da Lei n. 13.103 de 2.3.2015)

Título II: **Das Normas Gerais de Tutela do Trabalho** (Arts. 13 a 223 da CLT)

Capítulo V: **Da Segurança e da Medicina do Trabalho** (Arts. 154 a 201 da CLT)(3)

Seção III: **Dos Órgãos de Segurança e Medicina do Trabalho nas Empresas** (Arts. 162 a 165 da CLT)

Art. 162. As empresas, de acordo com normas a serem expedidas pelo Ministério do Trabalho e Emprego, estarão obrigadas a manter serviços especializados em segurança e em medicina do trabalho.(4)

Parágrafo único. As normas a que se refere este artigo estabelecerão:

a) classificação das empresas segundo o número de empregados e a natureza do risco de suas atividades;

b) o número mínimo de profissionais especializados exigido de cada empresa, segundo o grupo em que se classifique, na forma da alínea anterior;

c) a qualificação exigida para os profissionais em questão e o seu regime de trabalho;

d) as demais características e atribuições dos serviços especializados em segurança e em medicina do trabalho, nas empresas.

Lei n. 7.410, de 27.11.1985

(Dispõe sobre a especialização de Engenheiros e Arquitetos em Engenharia de Segurança do Trabalho e a profissão de Técnico de Segurança do Trabalho)

Art. 1º O exercício da especialização de Engenheiro de Segurança do Trabalho será permitido, exclusivamente:

I — ao Engenheiro ou Arquiteto, portador de certificado de conclusão de curso de especialização em Engenharia de Segurança do Trabalho, a ser ministrado no País, em nível de pós-graduação;

II — ao portador de certificado de curso de especialização em Engenharia de Segurança do Trabalho, realizado em caráter prioritário, pelo Ministério do Trabalho;

III — ao possuidor de registro de Engenheiro de Segurança do Trabalho, expedido pelo Ministério do Trabalho, até a data fixada na regulamentação desta Lei.

Parágrafo único. O curso previsto no inciso I deste artigo terá o currículo fixado pelo Conselho Federal de Educação, por proposta do Ministério do Trabalho e Emprego, e seu funcionamento determinará a extinção dos cursos de que trata o inciso II, na forma da regulamentação a ser expedida.

Art. 2º O exercício da profissão de Técnico de Segurança do Trabalho será permitido, exclusivamente:

I — ao portador de certificado de conclusão de curso Técnico de Segurança do Trabalho, a ser ministrado no País, em estabelecimentos de ensino de 2º grau;

I — ao portador de certificado de conclusão de curso de Supervisor de Segurança do Trabalho, realizado em caráter prioritário pelo Ministério do Trabalho e Emprego;

II — ao possuidor de registros de Supervisor de Segurança do Trabalho, expedido pelo Ministério do Trabalho, até data fixada na regulamentação desta lei.

Parágrafo único. O curso previsto no inciso I deste artigo terá o currículo fixado pelo Ministério da Educação, por proposta do Ministério do Trabalho e Emprego, e seu funcionamento determinará a extinção dos cursos de que trata o inciso II, na forma da regulamentação a ser expedida.

Art. 3º O exercício da atividade de Engenheiros e Arquitetos na especialização de Engenharia de Segurança do Trabalho dependerá de registro em Conselho Regional de Engenharia e Agronomia, após a regulamentação desta Lei, e o de Técnico de Segurança do Trabalho, após o registro no Ministério do Trabalho e Emprego(5).

Art. 4º O Poder Executivo regulamentará esta Lei no prazo de 120 (centro e vinte) dias, contados de sua publicação(6).

Art. 5º Esta lei entra em vigor na data de sua publicação.

Art. 6º Revogam-se as disposições em contrário.

---

(3) A Lei n. 6.514 de 22.12.1977 propiciou a redação dos arts. 154 a 201 da CLT, observadas as atualizações legais até a edição da Lei n. 13.103 de 2.3.2015.
(4) A NR-04 (SESMT) disciplina o art. 162 da CLT.
(5) Ver Resolução do Conselho Federal de Engenharia e Agronomia (CONFEA) n. 359/91; e NR-27 (REGISTRO PROFISSIONAL DO TÉCNICO DE SEGURANÇA DO TRABALHO NO MINISTÉRIO DO TRABALHO E EMPREGO).
(6) Ver Decreto n. 92.530 de 9.4.1986 que regulamentou a Lei n. 7.410 de 27.11.1985.

SÚMULAS DE JURISPRUDÊNCIA DO TRIBUNAL SUPERIOR DO TRABALHO

Súmula TST n. 282. ABONO DE FALTAS. SERVIÇO MÉDICO DA EMPRESA. Ao serviço médico da empresa ou ao mantido por esta última mediante convênio compete abonar os primeiros 15 (quinze) dias de ausência ao trabalho.

Súmula TST n. 370. MÉDICO E ENGENHEIRO. JORNADA DE TRABALHO. Leis ns. 3.999/61 e 4.950/66. Tendo em vista que as Leis ns. 3.999/61 e 4.950/66 não estipulam a jornada reduzida, mas apenas estabelecem o salário mínimo da categoria para uma jornada de 4 horas para os médicos e de 6 horas para os engenheiros, não há que se falar em horas extras, salvo as excedentes à oitava, desde que seja respeitado o salário mínimo/ horário das categorias.

NORMAS JURÍDICAS INFRALEGAIS

Decreto n. 92.530 de 9.4.1986 (*Regulamenta a Lei n. 7.410 de 27.11.1985*)

Art. 1º O exercício da especialização de Engenheiro de Segurança do Trabalho é permitido exclusivamente:

I — ao Engenheiro ou Arquiteto, portador de certificado de conclusão de curso de especialização em Engenharia de Segurança do Trabalho, em nível de pós-graduação;

II — ao portador de certificado de curso de especialização em Engenharia de Segurança do Trabalho, realizado em caráter prioritário, pelo Ministério do Trabalho;

III — ao possuidor de registro de Engenheiro de Segurança do Trabalho, expedido pelo Ministério do Trabalho dentro de 180 dias da extinção do curso referido no item anterior.

Art. 2º O exercício da profissão de Técnico de Segurança do Trabalho é permitido, exclusivamente:

I — ao portador de certificado de conclusão de Curso de Técnico de Segurança do Trabalho ministrado no País em estabelecimento de ensino de 2º grau;

II — ao portador de certificado de conclusão de curso de Supervisor de Segurança do Trabalho, realizado em caráter prioritário pelo Ministério do Trabalho;

III — ao possuidor de registro de Supervisor de Segurança do Trabalho, expedido pelo Ministério do Trabalho até 180 dias da extinção do curso referido no item anterior.

Art. 3º O Ministério da Educação, dentro de 120 dias, por proposta do Ministério do Trabalho, fixará os currículos básicos do curso de especialização em Engenharia de Segurança do Trabalho, e do curso de Técnico de Segurança do Trabalho, previstos no item I do art. 1º e no item I do art. 2º.

§ 1º O funcionamento dos cursos referidos neste artigo determinará a extinção dos cursos de que tratam o item II do art. 1º e no item do art. 2º.

§ 2º Até que os cursos previstos neste artigo entrem em funcionamento, o Ministério do Trabalho poderá autorizar, em caráter excepcional, que tenham continuidade os cursos mencionados no parágrafo precedente, os quais deverão adaptar-se aos currículos aprovados pelo Ministério da Educação.

Art. 4º As atividades dos Engenheiros e Arquitetos especializados em Engenharia de Segurança do Trabalho serão definidas pelo Conselho Federal de Engenharia e Agronomia (CONFEA), no prazo de 60 dias após a fixação dos currículos de que trata o art. 3º pelo Ministério da Educação, ouvida a Secretaria de Segurança e Medicina do Trabalho — SSMT (atual SIT-MTE).

Art. 5º O exercício da atividade de Engenheiros e Arquitetos, na especialidade de Engenharia de Segurança do Trabalho, depende de registro no Conselho Regional de Engenharia e Agronomia (CREA).

Art. 6º As atividades de Técnico de Segurança do Trabalho serão definidas pelo Ministério do Trabalho, no prazo de 60 dias, após a fixação do respectivo currículo escolar pelo Ministério da Educação, na forma do art. 3º.

Art. 7º O exercício da profissão de Técnico de Segurança do Trabalho depende de registro no Ministério do Trabalho.

Art. 8º O Ministério da Administração, em articulação com o Ministério do Trabalho, promoverá, no prazo de 90 dias a partir da vigência deste Decreto, estudos para a criação de categoria funcionais e os respectivos quadros do Grupo — Engenharia e Segurança do Trabalho.

Art. 9º Este Decreto entrará em vigor na data de sua publicação.

Art. 10. Revogam-se as disposições em contrário.

Portaria MTE-GM n. 3.275 de. 21.9.1989
(Define as atividades do Técnico de Segurança do Trabalho)

Art. 1º As atividades do Técnico de Segurança do Trabalho são as seguintes:

I — informar o empregador, através de parecer técnico, sobre os riscos exigentes nos ambientes de trabalho, bem como orientá-los sobre as medidas de eliminação e neutralização;

II — informar os trabalhadores sobre os riscos da sua atividade, bem como as medidas de eliminação e neutralização;

III — analisar os métodos e os processos de trabalho e identificar os fatores de risco de acidentes do trabalho, doenças profissionais e do trabalho e a presença de agentes ambientais agressivos ao trabalhador, propondo sua eliminação ou seu controle;

IV — executar os procedimentos de segurança e higiene do trabalho e avaliar os resultantes alcançados, adequando-os estratégias utilizadas de maneira a integrar o processo prevencionista em uma planificação, beneficiando o trabalhador;

V — executar programas de prevenção de acidentes do trabalho, doenças profissionais e do trabalho nos ambientes de trabalho, com a participação dos trabalhadores, acompanhando e avaliando seus resultados, bem como sugerindo constante atualização dos mesmos estabelecendo procedimentos a serem seguidos;

VI — promover debates, encontros, campanhas, seminários, palestras, reuniões, treinamentos e utilizar outros recursos de ordem didática e pedagógica com o objetivo de divulgar as normas de segurança e higiene do trabalho, assuntos técnicos, visando evitar acidentes do trabalho, doenças profissionais e do trabalho;

VII — executar as normas de segurança referentes a projetos de construção, aplicação, reforma, arranjos físicos e de fluxos, com vistas à observância das medidas de segurança e higiene do trabalho, inclusive por terceiros;

VIII — encaminhar aos setores e áreas competentes normas, regulamentos, documentação, dados estatísticos, resultados de análises e avaliações, materiais de apoio técnico, educacional e outros de divulgação para conhecimento e auto-desenvolvimento do trabalhador;

IX — indicar, solicitar e inspecionar equipamentos de proteção contra incêndio, recursos audiovisuais e didáticos e outros materiais considerados indispensáveis, de acordo com a legislação vigente, dentro das qualidades e especificações técnicas recomendadas, avaliando seu desempenho;

X — cooperar com as atividades do meio ambiente, orientando quanto ao tratamento e destinação dos resíduos industriais, incentivando e conscientizando o trabalhador da sua importância para a vida;

XI — orientar as atividades desenvolvidas por empresas contratadas, quanto aos procedimentos de segurança e higiene do trabalho previstos na legislação ou constantes em contratos de prestação de serviço;

XII — executar as atividades ligadas à segurança e higiene do trabalho utilizando métodos e técnicas científicas, observando dispositivos legais e institucionais que objetivem a eliminação, controle ou redução permanente dos riscos de acidentes do trabalho e a melhoria das condições do ambiente, para preservar a integridade física e mental dos trabalhadores;

XIII — levantar e estudar os dados estatísticos de acidentes do trabalho, doenças profissionais e do trabalho, calcular a frequência e a gravidade destes para ajustes das ações prevencionistas, normas regulamentos e outros dispositivos de ordem técnica, que permitam a proteção coletiva e individual;

XIV — articular-se e colaborar com os setores responsáveis pelos recursos humanos, fornecendo-lhes resultados de levantamento técnicos de riscos das áreas e atividades para subsidiar a adoção de medidas de prevenção a nível de pessoal;

XV — informar os trabalhadores e o empregador sobre as atividades insalubre, perigosas e penosas existentes na empresa, seus riscos específicos, bem como as medidas e alternativas de eliminação ou neutralização dos mesmos;

XVI — avaliar as condições ambientais de trabalho e emitir parecer técnico que subsidie o planejamento e a organização do trabalho de forma segura para o trabalhador;

XVII — articular-se e colaborar com os órgãos e entidades ligados à prevenção de acidentes do trabalho, doenças profissionais e do trabalho;

XVIII — particular de seminários, treinamento, congressos e cursos visando o intercâmbio e o aperfeiçoamento profissional.

Art. 2º As dúvidas suscitadas e os casos omissos serão dirimidos pela Secretaria de Segurança e Medicina do Trabalho.

Art. 3º Esta Portaria entra em vigor na data de sua publicação, revogadas as disposições em contrário.

RESOLUÇÃO CONFEA n. 359 de 31.7.1991

(Dispõe sobre o exercício profissional, o registro e as atividades do Engenheiro de Segurança do Trabalho e dá outras providências)

Art. 1º O exercício da especialização de Engenheiro de Segurança do Trabalho é permitido, exclusivamente:

I — ao Engenheiro ou Arquiteto, portador de certificado de conclusão de curso de especialização, a nível de pós-graduação, em Engenharia de Segurança do Trabalho;

II — ao portador de certificado de curso de especialização em Engenharia de Segurança do Trabalho, realizado em caráter prioritário pelo Ministério do Trabalho;

III — ao portador de registro de Engenharia de Segurança do Trabalho, expedido pelo Ministério do Trabalho, dentro de 180 (cento e oitenta) dias da extinção do curso referido no item anterior.

Parágrafo único. A expressão Engenheiro é específica e abrange o universo sujeito à fiscalização do CONFEA, compreendido entre os arts. 2º e 22, inclusive, da Resolução CONFEA n. 218/73.

Art. 2º Os Conselhos Regionais concederão o Registro dos Engenheiros de Segurança do Trabalho, procedendo à anotação nas carteiras profissionais já expedidas.

Art. 3º Para o registro, só serão aceitos certificados de cursos de pós-graduação acompanhados do currículo cumprido, de conformidade com o Parecer n. 19/87, do Conselho Federal de Educação.

Art. 4º As atividades dos Engenheiros e Arquitetos, na especialidade de Engenharia de Segurança do Trabalho, são as seguintes:

1 — Supervisionar, coordenar e orientar tecnicamente os serviços de Engenharia de Segurança do Trabalho;

2 — Estudar as condições de segurança dos locais de trabalho e das instalações e equipamentos, com vistas especialmente aos problemas de controle de risco, controle de poluição, higiene do trabalho, ergonomia, proteção contra incêndio e saneamento;

3 — Planejar e desenvolver a implantação de técnicas relativas a gerenciamento e controle de riscos;

4 — Vistoriar, avaliar, realizar perícias, arbitrar, emitir parecer, laudos técnicos e indicar medidas de controle sobre grau de exposição a agentes agressivos de riscos físicos, químicos e biológicos, tais como poluentes atmosféricos, ruídos, calor, radiação em geral e pressões anormais, caracterizando as atividades, operações e locais insalubres e perigosos;

5 — Analisar riscos, acidentes e falhas, investigando causas, propondo medidas preventivas e corretivas e orientando trabalhos estatísticos, inclusive com respeito a custo;

6 — Propor políticas, programas, normas e regulamentos de Segurança do Trabalho, zelando pela sua observância;

7 — Elaborar projetos de sistemas de segurança e assessorar a elaboração de projetos de obras, instalação e equipamentos, opinando do ponto de vista da Engenharia de Segurança;

8 — Estudar instalações, máquinas e equipamentos, identificando seus pontos de risco e projetando dispositivos de segurança;

9 — Projetar sistemas de proteção contra incêndios, coordenar atividades de combate a incêndio e de salvamento e elaborar planos para emergência e catástrofes;

10 — Inspecionar locais de trabalho no que se relaciona com a segurança do Trabalho, delimitando áreas de periculosidade;

11 — Especificar, controlar e fiscalizar sistemas de proteção coletiva e equipamentos de segurança, inclusive os de proteção individual e os de proteção contra incêndio, assegurando-se de sua qualidade e eficiência;

12 — Opinar e participar da especificação para aquisição de substâncias e equipamentos cuja manipulação, armazenamento, transporte ou funcionamento possam apresentar riscos, acompanhando o controle do recebimento e da expedição;

13 — Elaborar planos destinados a criar e desenvolver a prevenção de acidentes, promovendo a instalação de comissões e assessorando-lhes o funcionamento;

14 — Orientar o treinamento específico de Segurança do Trabalho e assessorar a elaboração de programas de treinamento geral, no que diz respeito à Segurança do Trabalho;

15 — Acompanhar a execução de obras e serviços decorrentes da adoção de medidas de segurança, quando a complexidade dos trabalhos a executar assim o exigir;

16 — Colaborar na fixação de requisitos de aptidão para o exercício de funções, apontando os riscos decorrentes desses exercícios;

17 — Propor medidas preventivas no campo da Segurança do Trabalho, em face do conhecimento da natureza e gravidade das lesões provenientes do acidente de trabalho, incluídas as doenças do trabalho;

18 — Informar aos trabalhadores e à comunidade, diretamente ou por meio de seus representantes, as condições que possam trazer danos a sua integridade e as medidas que eliminam ou atenuam estes riscos e que deverão ser tomadas.

Art. 5º A presente Resolução entrará em vigor na data de sua publicação.

Art. 6º Revogam-se as Resoluções 325 de 27.11.1987 e 329 de 31.3.1989, e as disposições em contrário.

RESOLUÇÃO CONFEA n. 437 de 27.11.1999

(Dispõe sobre a Anotação de Responsabilidade Técnica (ART) relativa às atividades dos Engenheiros e Arquitetos, especialistas em Engenharia de Segurança do Trabalho e dá outras providências)

Art. 1º As atividades relativas à Engenharia de Segurança do Trabalho ficam sujeitas à Anotação de Responsabilidade Técnica (ART), definida pela Lei n. 6.496, de 1977.

§ 1º Os estudos, projetos, planos, relatórios, laudos e quaisquer outros trabalhos ou atividades relativas à Engenharia de Segurança do Trabalho, quer público, quer particular, somente poderão ser submetidos ao julgamento das autoridades competentes, administrativas e judiciárias, e só terão valor jurídico quando seus autores forem Engenheiros ou Arquitetos, especializados em Engenharia de Segurança do Trabalho e registrados no Conselho Regional de Engenharia e Agronomia (CREA).

§ 2º Os estudos, projetos, planos, relatórios, laudos e quaisquer outros trabalhos ou atividades de Engenharia de Segurança do Trabalho referidos no parágrafo anterior, somente serão reconhecidos como tendo valor legal se tiverem sido objeto de ART no CREA competente.

Art. 2º Para os efeitos desta Resolução, entende-se como Engenharia de Segurança do Trabalho:

I — a prevenção de riscos nas atividades de trabalho com vistas à preservação da saúde e integridade da pessoa humana; e

II — a proteção do trabalhador em todas as unidades laborais, no que se refere à questão de segurança, inclusive higiene do trabalho, sem interferência específica nas competências legais e técnicas estabelecidas para as diversas modalidades da Engenharia, Arquitetura e Agronomia, conforme o Parecer n. 19/87 do Conselho Federal de Educação.

Art. 3º Em consonância com o disposto no artigo anterior, as atividades de Engenharia de Segurança do Trabalho que serão objeto de ART, são aquelas previstas nos itens 1 a 18 do art. 4º da Resolução n. 359, de 1991, do CONFEA.

Parágrafo único. O profissional, ao preencher o formulário de ART, especificará em qual item do art. 4º da Resolução n. 359, de 1991, do CONFEA, se enquadra o documento técnico e/ou atividade técnica objeto de Anotação de Responsabilidade Técnica.

Art. 4º Incluem-se entre as atividades de Engenharia de Segurança do Trabalho, referidas no art. 4º da Resolução n. 359, de 1991, a elaboração e os seguintes documentos técnicos, previstos na Portaria n. 3.214, de 08 de junho de 1978, que regulamentou a Lei n. 6.514, de 22 de dezembro de 1977, que alterou o Capítulo V, Título II da Consolidação das Leis do Trabalho (CLT):

I — Programa de Condições e Meio Ambiente do Trabalho na Indústria da Construção (PCMAT), previsto na NR-18;

II — Programa de Prevenção de Riscos Ambientais (PPRA), previsto na NR-09; III- programa de conservação auditiva;

IV — laudo de avaliação ergonômica, previsto na NR-17;

V — programa de proteção respiratória, previsto na NR-06; e,

VI — Programa de Prevenção da Exposição Ocupacional ao Benzeno (PPEOB), previsto na NR-15.

§ 1º Os documentos técnicos referidos nos incisos do "caput" deste artigo somente terão valor legal e só poderão ser submetidos às autoridades competentes, se acompanhados das devidas ARTs.

§ 2º As ART´s referidas no parágrafo anterior, terão validade durante os prazos nelas obrigatoriamente fixados.

Art. 5º Todo empreendimento econômico dos setores, industrial, comercial e agrícola fica sujeito a ter, nos termos da legislação vigente, um Programa de Prevenção de Riscos Ambientais (PPRA), conforme o nível de risco que apresenta para os seus trabalhadores, que deve ser objeto de ART no CREA de jurisdição em que se localiza.

§ 1º No caso da indústria da construção civil, com 20 (vinte) trabalhadores ou mais, será obrigatória a existência unicamente do Programa de Condições e Meio Ambiente de Trabalho na Indústria da Construção (PCMAT), anotado no CREA de jurisdição da localização do empreendimento.

§ 2º O PPRA ou o PCMAT, previstos no "caput" e no § 1º deste artigo, somente serão dispensados nos casos em que a legislação específica assim dispuser.

§ 3º Em cada caso específico, os documentos técnicos previstos no art. 4º desta Resolução deverão permanecer no empreendimento referido no caput deste artigo, à disposição dos CREAs, com os seus relatórios de fiscalização fazendo, obrigatoriamente, menção quanto às suas existências ou não e, em caso negativo, deverão autuar o seu empreendedor, por infração à alínea "a", do art. 6º da Lei n. 5.194, de 1966.

§ 4º As execuções dos planos e programas referidos no art. 4º desta Resolução serão objeto de ART's específicas.

§ 5º Os CREAs definirão os tipos de empreendimentos econômicos cujos PPRAs e PCMATs poderão ser elaborados por Técnico de Segurança do Trabalho em função das características de seu currículo escolar, considerados, em cada caso, os conteúdos das disciplinas que contribuem para sua formação profissional.

Art. 6º As atividades de Engenharia de Segurança do Trabalho que não tiverem sido objeto de ART, até a data de publicação desta Resolução, poderão ser anotadas se atenderem o disposto na Resolução n. 394, de 17 de março de 1995, do CONFEA.

Art. 7º Esta Resolução entra em vigor na data de sua publicação.

Art. 8º Revogam-se as disposições em contrário.

Resolução do Conselho Federal de Medicina (CFM) n. 1.488 de 11.2.1998, atualizada pela Resolução CFM n. 1.940 de 14.1.2010

(Dispõe sobre Assistência Médica ao Trabalhador)

Art. 1º Aos médicos que prestam assistência médica ao trabalhador, independentemente de sua especialidade ou local em que atuem, cabe:

I — assistir ao trabalhador, elaborar seu prontuário médico e fazer todos os encaminhamentos devidos;

II — fornecer atestados e pareceres para o afastamento do trabalho sempre que necessário, considerando que o repouso, o acesso a terapias ou o afastamento de determinados agentes agressivos faz parte do tratamento;

III — fornecer laudos, pareceres e relatórios de exame médico e dar encaminhamento, sempre que necessário, para benefício do paciente e dentro dos preceitos éticos, quanto aos dados de diagnóstico, prognóstico e tempo previsto de tratamento. Quando requerido pelo paciente, deve o médico pôr à sua disposição tudo o que se refira ao seu atendimento, em especial cópia dos exames e prontuário médico.

Art. 2º Para o estabelecimento do nexo causal entre os transtornos de saúde e as atividades do trabalhador, além do exame clínico (físico e mental) e os exames complementares, quando necessários, deve o médico considerar:

I — a história clínica e ocupacional, decisiva em qualquer diagnóstico e/ou investigação de nexo causal;

II — o estudo do local do trabalho;

III — o estudo da organização do trabalho;

IV — os dados epidemiológicos;

V — a literatura atualizada;

VI — a ocorrência de quadro clínico ou subclínico em trabalhador exposto a condições agressivas;

VII — a identificação de riscos físicos, químicos, biológicos, mecânicos, estressantes e outros;

VIII — o depoimento e a experiência dos trabalhadores;

IX — os conhecimentos e as práticas de outras disciplinas e de seus profissionais, sejam ou não da área da saúde.

Art. 3º Aos médicos que trabalham em empresas, independentemente de sua especialidade, é atribuição:

I — atuar visando essencialmente à promoção da saúde e à prevenção da doença, conhecendo, para tanto, os processos produtivos e o ambiente de trabalho da empresa;

II — avaliar as condições de saúde do trabalhador para determinadas funções e/ou ambientes, indicando sua alocação para trabalhos compatíveis com suas condições de saúde, orientando-o, se necessário, no processo de adaptação;

III — dar conhecimento aos empregadores, trabalhadores, comissões de saúde, CIPAS e representantes sindicais, através de cópias de encaminhamento, solicitações e outros documentos, dos riscos existentes no ambiente de trabalho, bem como dos outros informes técnicos de que dispuser, desde que resguardado o sigilo profissional;

IV — promover a emissão de Comunicação de Acidente do Trabalho, ou outro documento que comprove o evento infortunístico, sempre que houver acidente ou moléstia causada pelo trabalho. Essa emissão deve ser feita até mesmo na suspeita de nexo causal da doença com o trabalho. Deve ser fornecida cópia dessa documentação ao trabalhador;

V — notificar, formalmente, o órgão público competente e quando houver suspeita ou comprovação de transtornos da saúde atribuíveis ao trabalho, bem como recomendar ao empregador a adoção dos procedimentos cabíveis, independentemente da necessidade de afastar o empregado do trabalho.

Art. 4º São deveres dos médicos de empresa que prestam assistência médica ao trabalhador, independentemente de sua especialidade:

I — atuar junto à empresa para eliminar ou atenuar a novidade dos processos de produção e organização do trabalho, sempre que haja risco de agressão à saúde;

II — promover o acesso ao trabalho de portadores de afecções e deficiências para o trabalho, desde que este não as agrave ou ponha em risco sua vida;

III — opor-se a qualquer ato discriminatório impeditivo do acesso ou permanência da gestante no trabalho, preservando-a, e ao feto, de possíveis agravos ou riscos decorrentes de suas funções, tarefas e condições ambientais.

Art. 5º Os médicos do trabalho (como tais reconhecidos por lei), especialmente aqueles que atuem em empresa como contratados, assessores ou consultores em saúde do trabalhador, serão responsabilizados por atos que concorram para agravos à saúde dessa clientela conjuntamente com os outros médicos que atuem na empresa e que estejam sob sua supervisão nos procedimentos que envolvam a saúde do trabalhador, especialmente com relação à ação coletiva de promoção e proteção à sua saúde.

Art. 6º São atribuições e deveres do perito-médico de instituições previdenciárias e seguradoras:

I — avaliar a capacidade de trabalho do segurado, através do exame clínico, analisando documentos, provas e laudos referentes ao caso;

II — subsidiar tecnicamente a decisão para a concessão de benefícios;

III — comunicar, por escrito, o resultado do exame médico-pericial ao periciando, com a devida identificação do perito-médico (CRM, nome e matrícula);

IV — orientar o periciando para tratamento, quando eventualmente não o estiver fazendo, e encaminhá-lo para reabilitação, quando necessária.

Art. 7º Perito-médico judicial é aquele designado pela autoridade judicial, assistindo-a naquilo que a lei determina.

Art. 8º Assistente-técnico é o médico que assiste às partes em litígio.

Art. 9º Em ações judiciais, o prontuário médico, exames complementares ou outros documentos poderão ser liberados por autorização expressa do próprio assistido.

Art. 10. São atribuições e deveres do perito-médico judicial e assistentes técnicos:

I — examinar clinicamente o trabalhador e solicitar os exames complementares necessários;

II — o perito-médico judicial e assistentes técnicos, ao vistoriarem o local de trabalho, devem fazer-se acompanhar, se possível, pelo próprio trabalhador que está sendo objeto da perícia, para melhor conhecimento do seu ambiente de trabalho e função;

III — estabelecer o nexo causal, considerando o exposto no art. 2º e incisos.

Art. 11. Deve o perito-médico judicial fornecer cópia de todos os documentos disponíveis para que os assistentes técnicos elaborem seus pareceres. Caso o perito-médico judicial necessite vistoriar a empresa (locais de trabalho e documentos sob sua guarda), ele deverá informar oficialmente o fato, com a devida antecedência, aos assistentes técnicos das partes (ano, mês, dia e hora da perícia).

Art. 12. O médico de empresa, o médico responsável por qualquer programa de controle de saúde ocupacional de empresa e o médico participante do Serviço Especializado em Segurança e Medicina do Trabalho **não podem atuar como peritos judiciais, securitários, previdenciários ou assistentes técnicos, nos casos que envolvam a firma contratante e/ou seus assistidos (atuais ou passados).**

Art. 13. A presente Resolução entrará em vigor na data de sua publicação, revogando-se as disposições em contrário.

NR-04 (SERVIÇOS ESPECIALIZADOS EM ENGENHARIA DE SEGURANÇA E EM MEDICINA DO TRABALHO — SESMT)(7)

NR 4 — SERVIÇOS ESPECIALIZADOS EM ENGENHARIA DE SEGURANÇA
E EM MEDICINA DO TRABALHO

Publicação	D.O.U.
Portaria GM n. 3.214, de 08 de junho de 1978	6.7.78
Alterações/Atualizações	**D.O.U.**
Portaria SSMT n. 33, de 27 de outubro de 1983	31.10.83
Portaria SSMT n. 34, de 20 de dezembro de 1983	29.12.83
Portaria SSMT n. 34, de 11 de dezembro de 1987	16.12.87
Portaria DSST n. 11, de 17 de setembro de 1990	20.9.90
Portaria DSST n. 4, de 8 de outubro de 1991	10.10.91
Portaria SNT n. 4, de 6 de fevereiro de 1992	10.2.92
Portaria SSST n. 8, de 1º de junho de 1993	3.6.93
Portaria SSST n. 1, de 12 de maio de 1995	25.5.95

(7) Texto da NR-04 (SESMT) com a redação dada pela Portaria SSMT-MTb n. 33 de 27.10.1983, atualizada até a edição da Portaria MTE-GM n. 2.108 de 23.12.2014.

Portaria SIT n. 17, de 1º de agosto de 2007	2.8.07
Portaria SIT n. 76, de 21 de novembro de 2008	25.11.08
Portaria SIT n. 128, de 11 de dezembro de 2009	14.12.09
Portaria MTE n. 590, de 28 de abril de 2014	30.4.14
Portaria MTE n. 2.108, de 23 de dezembro de 2014	24.12.14

4.1. As empresas privadas e públicas, os órgãos públicos da administração direta e indireta e dos poderes Legislativo e Judiciário, que possuam empregados regidos pela Consolidação das Leis do Trabalho — CLT, manterão, obrigatoriamente, Serviços Especializados em Engenharia de Segurança e em Medicina do Trabalho, com a finalidade de promover a saúde e proteger a integridade do trabalhador no local de trabalho. *(Alterado pela Portaria SSMT n. 33, de 27 de outubro de 1983)*

4.2. O dimensionamento dos Serviços Especializados em Engenharia de Segurança e em Medicina do Trabalho vincula-se à gradação do risco da atividade principal e ao número total de empregados do estabelecimento, constantes dos Quadros I e II, anexos, observadas as exceções previstas nesta NR. *(Alterado pela Portaria SSMT n. 33, de 27 de outubro de 1983)*

4.2.1. Para fins de dimensionamento, os canteiros de obras e as frentes de trabalho com menos de 1 (um) mil empregados e situados no mesmo estado, território ou Distrito Federal não serão considerados como estabelecimentos, mas como integrantes da empresa de engenharia principal responsável, a quem caberá organizar os Serviços Especializados em Engenharia de Segurança e em Medicina do Trabalho. *(Alterado pela Portaria SSMT n. 33, de 27 de outubro de 1983)*

4.2.1.1. Neste caso, os engenheiros de segurança do trabalho, os médicos do trabalho e os enfermeiros do trabalho poderão ficar centralizados. *(Alterado pela Portaria SSMT n. 33, de 27 de outubro de 1983)*

4.2.1.2 Para os técnicos de segurança do trabalho e auxiliares de enfermagem do trabalho, o dimensionamento será feito por canteiro de obra ou frente de trabalho, conforme o Quadro II, anexo. *(Alterado pela Portaria SSMT n. 34, de 11 de dezembro de 1987)*

4.2.2. As empresas que possuam mais de 50% (cinquenta por cento) de seus empregados em estabelecimentos ou setor com atividade cuja gradação de risco seja de grau superior ao da atividade principal deverão dimensionar os Serviços Especializados em Engenharia de Segurança e em Medicina do Trabalho, em função do maior grau de risco, obedecido o disposto no Quadro II desta NR. *(Alterado pela Portaria SSMT n. 33, de 27 de outubro de 1983)*

4.2.3. A empresa poderá constituir Serviço Especializado em Engenharia de Segurança e em Medicina do Trabalho centralizado para atender a um conjunto de estabelecimentos pertencentes a ela, desde que a distância a ser percorrida entre aquele em que se situa o serviço e cada um dos demais não ultrapasse a 5.000 (cinco mil metros), dimensionando-o em função do total de empregados e do risco, de acordo com o Quadro II, anexo, e o subitem 4.2.2. *(Alterado pela Portaria SSMT n. 33, de 27 de outubro de 1983)*

4.2.4. Havendo, na empresa, estabelecimento(s) que se enquadre(m) no Quadro II, desta NR, e outro(s) que não se enquadre(m), a assistência a este(s) será feita pelos serviços especializados daquele(s), dimensionados conforme os subitens 4.2.5.1 e 4.2.5.2 e desde que localizados no mesmo Estado, Território ou Distrito Federal. *(Alterado pela Portaria SSMT n. 34, de 20 de dezembro de 1983)*

4.2.5. Havendo, na mesma empresa, apenas estabelecimentos que, isoladamente, não se enquadrem no Quadro II, anexo, o cumprimento desta NR será feito através de Serviços Especializados em Engenharia de Segurança e em Medicina do Trabalho centralizados em cada estado, território ou Distrito Federal, desde que o total de empregados dos estabelecimentos no estado, território ou Distrito Federal alcance os limites previstos no Quadro II, anexo, aplicado o disposto no subitem 4.2.2. *(Alterado pela Portaria SSMT n. 33, de 27 de outubro de 1983)*

4.2.5.1. Para as empresas enquadradas no grau de risco 1 o dimensionamento dos serviços referidos no subitem 4.2.5 obedecerá ao Quadro II, anexo, considerando-se como número de empregados o somatório dos empregados existentes no estabelecimento que possua o maior número e a média aritmética do número de empregados dos demais estabelecimentos, devendo todos os profissionais integrantes dos Serviços Especializados em Engenharia de Segurança e em Medicina do Trabalho, assim constituídos, cumprirem tempo integral. *(Alterado pela Portaria SSMT n. 33, de 27 de outubro de 1983)*

4.2.5.2. Para as empresas enquadradas nos graus de risco 2, 3 e 4, o dimensionamento dos serviços referidos no subitem 4.2.5 obedecerá o Quadro II, anexo, considerando-se como número de empregados o somatório dos empregados de todos os estabelecimentos. *(Alterado pela Portaria SSMT n. 33, de 27 de outubro de 1983)*

4.3. As empresas enquadradas no grau de risco 1 obrigadas a constituir Serviços Especializados em Engenharia de Segurança e em Medicina do Trabalho e que possuam outros serviços de medicina e engenharia poderão integrar estes serviços com os Serviços Especializados em Engenharia de Segurança e em Medicina do Trabalho constituindo um serviço único de engenharia e medicina. *(Alterado pela Portaria SSMT n. 33, de 27 de outubro de 1983)*

4.3.1. As empresas que optarem pelo serviço único de engenharia e medicina ficam obrigadas a elaborar e submeter à aprovação da Secretaria de Segurança e Medicina do Trabalho, até o dia 30 de março, um programa bienal de segurança e medicina do trabalho a ser desenvolvido. *(Alterado pela Portaria SSMT n. 33, de 27 de outubro de 1983)*

4.3.1.1. As empresas novas que se instalarem após o dia 30 de março de cada exercício poderão constituir o serviço único de que trata o subitem 4.3.1 e elaborar o programa respectivo a ser submetido à Secretaria de Segurança e Medicina do Trabalho, no prazo de 90 (noventa) dias a contar de sua instalação. *(Alterado pela Portaria SSMT n. 33, de 27 de outubro de 1983)*

4.3.1.2. As empresas novas, integrantes de grupos empresariais que já possuam serviço único, poderão ser assistidas pelo referido serviço, após comunicação à DRT. *(Alterado pela Portaria SSMT n. 33, de 27 de outubro de 1983)*

4.3.2. À Secretaria de Segurança e Medicina do Trabalho fica reservado o direito de controlar a execução do programa e aferir a sua eficácia. *(Alterado pela Portaria SSMT n. 33, de 27 de outubro de 1983)*

4.3.3. O serviço único de engenharia e medicina deverá possuir os profissionais especializados previstos no Quadro II, anexo, sendo permitido aos demais engenheiros e médicos exercerem Engenharia de Segurança e Medicina do Trabalho, desde que habilitados e registrados conforme estabelece a NR-27. *(Alterado pela Portaria SSMT n. 33, de 27 de outubro de 1983)*

4.3.4. O dimensionamento do serviço único de engenharia e medicina deverá obedecer ao disposto no Quadro II desta NR, no tocante aos profissionais especializados. *(Alterado pela Portaria SSMT n. 33, de 27 de outubro de 1983)*

4.4. Os Serviços Especializados em Engenharia de Segurança e em Medicina do Trabalho devem ser compostos por Médico do Trabalho, Engenheiro de Segurança do Trabalho, Técnico de Segurança do Trabalho, Enfermeiro do Trabalho e Auxiliar ou Técnico em Enfermagem do Trabalho, obedecido o Quadro II desta NR. *(Alterado pela Portaria MTE n. 590, de 28 de abril de 2014)*

4.4.1. Os profissionais integrantes do SESMT devem possuir formação e registro profissional em conformidade com o disposto na regulamentação da profissão e nos instrumentos normativos emitidos pelo respectivo Conselho Profissional, quando existente. (NR) *(Alterado pela Portaria MTE n. 590, de 28 de abril de 2014 — Vide prazo na Portaria MTE n. 2.108, de 23 de dezembro de 2014)*.

4.4.1.1. Em relação ao Engenheiro de Segurança do Trabalho e ao Técnico de Segurança do Trabalho, observar-se-á o disposto na Lei n. 7.410, de 27 de novembro de 1985. *(Alterado pela Portaria MTE n. 2.108, de 23 de dezembro de 2014)*

4.4.2. Os profissionais integrantes dos Serviços Especializados em Engenharia de Segurança e em Medicina do Trabalho deverão ser empregados da empresa, salvo os casos previstos nos itens 4.14 e 4.15. *(Alterado pela Portaria DSST n. 11, de 17 de setembro de 1990)*

4.5. A empresa que contratar outra(s) para prestar serviços em estabelecimentos enquadrados no Quadro II, anexo, deverá estender a assistência de seus Serviços Especializados em Engenharia de Segurança e em Medicina do Trabalho aos empregados da(s) contratada(s), sempre que o número de empregados desta(s), exercendo atividade naqueles estabelecimentos, não alcançar os limites previstos no Quadro II, devendo, ainda, a contratada cumprir o disposto no subitem 4.2.5. *(Alterado pela Portaria SSMT n. 33, de 27 de outubro de 1983)*

4.5.1. Quando a empresa contratante e as outras por ela contratadas não se enquadrarem no Quadro II, anexo, mas que pelo número total de empregados de ambos, no estabelecimento, atingirem os limites dispostos no referido quadro, deverá ser constituído um serviço especializado em Engenharia de Segurança e em Medicina do Trabalho comum, nos moldes do item 4.14. *(Alterado pela Portaria SSMT n. 33, de 27 de outubro de 1983)*

4.5.2. Quando a empresa contratada não se enquadrar no Quadro II, anexo, mesmo considerando-se o total de empregados nos estabelecimentos, a contratante deve estender aos empregados da contratada a assistência de seus Serviços Especializados em Engenharia de Segurança e em Medicina do Trabalho, sejam estes centralizados ou por estabelecimento. *(Alterado pela Portaria SSMT n. 33, de 27 de outubro de 1983)*

4.5.3. A empresa que contratar outras para prestar serviços em seu estabelecimento pode constituir SESMT comum para assistência aos empregados das contratadas, sob gestão própria, desde que previsto em Convenção ou Acordo Coletivo de Trabalho. *(Aprovado pela Portaria SIT n. 17, de 1º de agosto de 2007)*

4.5.3.1. O dimensionamento do SESMT organizado na forma prevista no subitem 4.5.3 deve considerar o somatório dos trabalhadores assistidos e a atividade econômica do estabelecimento da contratante. *(Aprovado pela Portaria SIT n. 17, de 1º de agosto de 2007)*

4.5.3.2. No caso previsto no item 4.5.3, o número de empregados da empresa contratada no estabelecimento da contratante, assistidos pelo SESMT comum, não integra a base de cálculo para dimensionamento do SESMT da empresa contratada. *(Aprovado pela Portaria SIT n. 17, de 1o de agosto de 2007)*

4.5.3.3. O SESMT organizado conforme o subitem 4.5.3 deve ter seu funcionamento avaliado semestralmente, por Comissão composta de representantes da empresa contratante, do sindicato de trabalhadores e da Delegacia Regional do Trabalho, ou na forma e periodicidade previstas na Convenção ou Acordo Coletivo de Trabalho. *(Aprovado pela Portaria SIT n. 17, de 1º de agosto de 2007)*

4.6. Os Serviços Especializados em Engenharia de Segurança e em Medicina do Trabalho das empresas que operem em regime sazonal deverão ser dimensionados, tomando-se por base a média aritmética do número de trabalhadores do ano civil anterior e obedecidos os Quadros I e II anexos. *(Alterado pela Portaria SSMT n. 33, de 27 de outubro de 1983)*

4.7. Os Serviços Especializados em Engenharia de Segurança e em Medicina do Trabalho deverão ser chefiados por profissional qualificado, segundo os requisitos especificados no subitem 4.4.1 desta Norma Regulamentadora. *(Alterado pela Portaria DSST n. 11, de 17 de setembro de 1990)*

4.8. O técnico de segurança do trabalho e o auxiliar de enfermagem do trabalho deverão dedicar 8 (oito) horas por dia para as atividades dos Serviços Especializados em Engenharia de Segurança e em Medicina do Trabalho, de acordo com o estabelecido no Quadro II, anexo. *(Alterado pela Portaria SSMT n. 34, de 11 de dezembro de 1987)*

4.9. O engenheiro de segurança do trabalho, o médico do trabalho e o enfermeiro do trabalho deverão dedicar, no mínimo, 3 (três) horas (tempo parcial) ou 6 (seis) horas (tempo integral) por dia para as atividades dos Serviços Especializados em Engenharia de Segurança e em Medicina do Trabalho, de acordo com o estabelecido no Quadro II, anexo, respeitada a legislação pertinente em vigor. *(Alterado pela Portaria SSMT n. 33, de 27 de outubro de 1983)*

4.9.1. Relativamente ao médico do trabalho, para cumprimento das atividades dos Serviços Especializados em Engenharia de Segurança e em Medicina do Trabalho em tempo integral, a empresa poderá contratar mais de um profissional, desde que cada um dedique, no mínimo, 3 (três) horas de trabalho, sendo necessário que o somatório das horas diárias trabalhadas por todos seja de, no mínimo, 6 (seis) horas. *(Inserido pela Portaria MTE n. 590, de 28 de abril de 2014)*

4.10. Ao profissional especializado em Segurança e em Medicina do Trabalho é vedado o exercício de outras atividades na empresa, durante o horário de sua atuação nos Serviços Especializados em Engenharia de Segurança e em Medicina do Trabalho. *(Alterado pela Portaria SSMT n. 33, de 27 de outubro de 1983)*

4.11. Ficará por conta exclusiva do empregador todo o ônus decorrente da instalação e manutenção dos Serviços Especializados em Engenharia de Segurança e em Medicina do Trabalho. *(Alterado pela Portaria SSMT n. 33, de 27 de outubro de 1983)*

4.12. Compete aos profissionais integrantes dos Serviços Especializados em Engenharia de Segurança e em Medicina do Trabalho: *(Alterado pela Portaria SSMT n. 33, de 27 de outubro de 1983)*

a) aplicar os conhecimentos de engenharia de segurança e de medicina do trabalho ao ambiente de trabalho e a todos os seus componentes, inclusive máquinas e equipamentos, de modo a reduzir até eliminar os riscos ali existentes à saúde do trabalhador;

b) determinar, quando esgotados todos os meios conhecidos para a eliminação do risco e este persistir, mesmo reduzido, a utilização, pelo trabalhador, de Equipamentos de Proteção Individual — EPI, de acordo com o que determina a NR-6, desde que a concentração, a intensidade ou característica do agente assim o exija;

c) colaborar, quando solicitado, nos projetos e na implantação de novas instalações físicas e tecnológicas da empresa, exercendo a competência disposta na alínea "a";

d) responsabilizar-se tecnicamente, pela orientação quanto ao cumprimento do disposto nas NR aplicáveis às atividades executadas pela empresa e/ou seus estabelecimentos;

e) manter permanente relacionamento com a CIPA, valendo-se ao máximo de suas observações, além de apoiá-la, treiná-la e atendê-la, conforme dispõe a NR-5;

f) promover a realização de atividades de conscientização, educação e orientação dos trabalhadores para a prevenção de acidentes do trabalho e doenças ocupacionais, tanto através de campanhas quanto de programas de duração permanente;

g) esclarecer e conscientizar os empregadores sobre acidentes do trabalho e doenças ocupacionais, estimulandoos em favor da prevenção;

h) analisar e registrar em documento(s) específico(s) todos os acidentes ocorridos na empresa ou estabelecimento, com ou sem vítima, e todos os casos de doença ocupacional, descrevendo a história e as características do acidente e/ou da doença ocupacional, os fatores ambientais, as características do agente e as condições do(s) indivíduo(s) portador(es) de doença ocupacional ou acidentado(s);

i) registrar mensalmente os dados atualizados de acidentes do trabalho, doenças ocupacionais e agentes de insalubridade, preenchendo, no mínimo, os quesitos descritos nos modelos de mapas constantes nos Quadros III, IV, V e VI, devendo o empregador manter a documentação à disposição da inspeção do trabalho; *(Alterado pela Portaria MTE n. 2.108, de 23 de dezembro de 2014)*

j) manter os registros de que tratam as alíneas "h" e "i" na sede dos Serviços Especializados em Engenharia de Segurança e em Medicina do Trabalho ou facilmente alcançáveis a partir da mesma, sendo de livre escolha da empresa o método de arquivamento e recuperação, desde que sejam asseguradas condições de acesso aos registros e entendimento de seu conteúdo, devendo ser guardados somente os mapas anuais dos dados correspondentes às alíneas "h" e "i" por um período não inferior a 5 (cinco) anos;

l) as atividades dos profissionais integrantes dos Serviços Especializados em Engenharia de Segurança e em Medicina do Trabalho são essencialmente prevencionistas, embora não seja vedado o atendimento de emergência, quando se tornar necessário. Entretanto, a elaboração de planos de controle de efeitos de catástrofes, de disponibilidade de meios que visem ao combate a incêndios e ao salvamento e de imediataatenção à vítima deste ou de qualquer outro tipo de acidente estão incluídos em suas atividades.

4.13. Os Serviços Especializados em Engenharia de Segurança e em Medicina do Trabalho deverão manter entrosamento permanente com a CIPA, dela valendo-se como agente multiplicador, e deverão estudar suas observações e solicitações, propondo soluções corretivas e preventivas, conforme o disposto no subitem 5.14.1. da NR-5. *(Alterado pela Portaria SSMT n. 33, de 27 de outubro de 1983)*

4.14. As empresas cujos estabelecimentos não se enquadrem no Quadro II, anexo a esta NR, poderão dar assistência na área de segurança e medicina do trabalho a seus empregados através de Serviços Especializados em Engenharia de Segurança e em Medicina do Trabalho comuns, organizados pelo sindicato ou associação da categoria econômica correspondente ou pelas próprias empresas interessadas. *(Alterado pela Portaria SSMT n. 33, de 27 de outubro de 1983)*

4.14.1. A manutenção desses Serviços Especializados em Engenharia de Segurança e em Medicina do Trabalho deverá ser feita pelas empresas usuárias, que participarão das despesas em proporção ao número de empregados de cada uma. *(Alterado pela Portaria SSMT n. 33, de 27 de outubro de 1983)*

4.14.2. Os Serviços Especializados em Engenharia de Segurança e em Medicina do Trabalho previstos no item 4.14 deverão ser dimensionados em função do somatório dos empregados das empresas participantes, obedecendo ao disposto nos Quadros I e II e no subitem 4.2, desta NR. *(Alterado pela Portaria SSMT n. 33, de 27 de outubro de 1983)*

4.14.3. As empresas de mesma atividade econômica, localizadas em um mesmo município, ou em municípios limítrofes, cujos estabelecimentos se enquadrem no Quadro II, podem constituir SESMT comum, organizado pelo sindicato patronal correspondente ou pelas próprias empresas interessadas, desde que previsto em Convenção ou Acordo Coletivo de Trabalho. *(Aprovado pela Portaria SIT n. 17, de 1º de agosto de 2007)*

4.14.3.1. O SESMT comum pode ser estendido a empresas cujos estabelecimentos não se enquadrem no Quadro II, desde que atendidos os demais requisitos do subitem 4.14.3. *(Aprovado pela Portaria SIT n. 17, de 1º de agosto de 2007)*

4.14.3.2. O dimensionamento do SESMT organizado na forma do subitem 4.14.3 deve considerar o somatório dos trabalhadores assistidos. *(Aprovado pela Portaria SIT n. 17, de 1o de agosto de 2007)*

4.14.3.3. No caso previsto no item 4.14.3, o número de empregados assistidos pelo SESMT comum não integra a base de cálculo para dimensionamento do SESMT das empresas. *(Aprovado pela Portaria SIT n. 17, de 1º de agosto de 2007)*

4.14.3.4. O SESMT organizado conforme o subitem 4.14.3 deve ter seu funcionamento avaliado semestralmente, por Comissão composta de representantes das empresas, do sindicato de trabalhadores e da Delegacia Regional do Trabalho, ou na forma e periodicidade previstas na Convenção ou Acordo Coletivo de Trabalho. *(Aprovado pela Portaria SIT n. 17, de 1o de agosto de 2007)*

4.14.4. As empresas que desenvolvem suas atividades em um mesmo pólo industrial ou comercial podem constituir SESMT comum, organizado pelas próprias empresas interessadas, desde que previsto nas Convenções ou Acordos Coletivos de Trabalho das categorias envolvidas. *(Aprovado pela Portaria SIT n. 17, de 1º de agosto de 2007)*

4.14.4.1. O dimensionamento do SESMT comum organizado na forma do subitem 4.14.4 deve considerar o somatório dos trabalhadores assistidos e a atividade econômica que empregue o maior número entre os trabalhadores assistidos. *(Aprovado pela Portaria SIT n. 17, de 1º de agosto de 2007)*

4.14.4.2. No caso previsto no item 4.14.4, o número de empregados assistidos pelo SESMT comum não integra a base de cálculo para dimensionamento do SESMT das empresas. *(Aprovado pela Portaria SIT n. 17, de 1º de agosto de 2007)*

4.14.4.3. O SESMT organizado conforme o subitem 4.14.4 deve ter seu funcionamento avaliado semestralmente, por Comissão composta de representantes das empresas, dos sindicatos de trabalhadores e da Delegacia Regional do Trabalho, ou na forma e periodicidade previstas nas Convenções ou Acordos Coletivos de Trabalho. *(Aprovado pela Portaria SIT n. 17, de 1º de agosto de 2007)*

4.15. As empresas referidas no item 4.14 poderão optar pelos Serviços Especializados em Engenharia de Segurança e em Medicina do Trabalho de instituição oficial ou instituição privada de utilidade pública, cabendo às empresas o custeio das despesas, na forma prevista no subitem 4.14.1. *(Alterado pela Portaria SSMT n. 33, de 27 de outubro de 1983)*

4.16. As empresas cujos Serviços Especializados em Engenharia de Segurança e em Medicina do Trabalho não possuam médico do trabalho e/ou engenheiro de segurança do trabalho, de acordo com o Quadro II desta NR, poderão se utilizar dos serviços destes profissionais existentes nos Serviços Especializados em Engenharia de Segurança e em Medicina do Trabalho mencionados no item 4.14 e subitem 4.14.1 ou no item 4.15, para atendimento do disposto nas Normas Regulamentadoras. *(Alterado pela Portaria SSMT n. 33, de 27 de outubro de 1983)*

4.16.1. O ônus decorrente dessa utilização caberá à empresa solicitante. *(Alterado pela Portaria SSMT n. 33, de 27 de outubro de 1983)*

4.17. Os serviços Especializados em Engenharia de Segurança e em Medicina do Trabalho de que trata esta NR deverão ser registrados no órgão regional do MTb. *(Alterado pela Portaria SSMT n. 33, de 27 de outubro de 1983)*

4.17.1. O registro referido no item 4.17 deverá ser requerido ao órgão regional do MTb e o requerimento deverá conter os seguintes dados: *(Alterado pela Portaria SSMT n. 33, de 27 de outubro de 1983)*

a) nome dos profissionais integrantes dos Serviços Especializados em Engenharia de Segurança e em Medicina do Trabalho;

b) número de registro dos profissionais na Secretaria de Segurança e Medicina do Trabalho do MTb;

c) número de empregados da requerente e grau de risco das atividades, por estabelecimento;

d) especificação dos turnos de trabalho, por estabelecimento;

e) horário de trabalho dos profissionais dos Serviços Especializados em Engenharia de Segurança e em Medicina do Trabalho.

4.18. Os Serviços Especializados em Engenharia de Segurança e em Medicina do Trabalho, já constituídos, deverão ser redimensionados nos termos desta NR e a empresa terá 90 (noventa) dias de prazo, a partir da publicação desta Norma, para efetuar o redimensionamento e o registro referido no item 4.17. *(Alterado pela Portaria SSMT n. 33, de 27 de outubro de 1983)*

4.19. A empresa é responsável pelo cumprimento da NR, devendo assegurar, como um dos meios para concretizar tal responsabilidade, o exercício profissional dos componentes dos Serviços Especializados em Engenharia de Segurança e em Medicina do Trabalho. O impedimento do referido exercício profissional, mesmo que parcial e o desvirtuamento ou desvio de funções constituem, em conjunto ou separadamente, infrações classificadas no grau I4, se devidamente comprovadas, para os fins de aplicação das penalidades previstas na NR-28. *(Alterado pela Portaria SSMT n. 33, de 27 de outubro de 1983)*

4.20. Quando se tratar de empreiteiras ou empresas prestadoras de serviços, considera-se estabelecimento, para fins de aplicação desta NR, o local em que os seus empregados estiverem exercendo suas atividades. *(Alterado pela Portaria SSMT n. 33, de 27 de outubro de 1983)*

QUADRO I

(Alterado pela Portaria SIT n. 76, de 21 de novembro de 2008)

Relação da Classificação Nacional de Atividades Econômicas — CNAE (Versão 2.0)*, com correspondente

Grau de Risco — GR para fins de dimensionamento do SESMT

CÓDIGOS	DENOMINAÇÃO	GR
A	AGRICULTURA, PECUÁRIA, PRODUÇÃO FLORESTAL, PESCA E AQUICULTURA	
01	AGRICULTURA, PECUÁRIA E SERVIÇOS RELACIONADOS	
01.1	**Produção de Lavouras Temporárias**	
01.11-3	Cultivo de cereais	3
01.12-1	Cultivo de algodão herbáceo e de outras fibras de lavoura temporária	3
01.13-0	Cultivo de cana-de-açúcar	3
01.14-8	Cultivo de fumo	3
01.15-6	Cultivo de soja	3
01.16-4	Cultivo de oleaginosas de lavoura temporária, exceto soja	3
01.19-9	Cultivo de plantas de lavoura temporária não especificadas anteriormente	3
01.2	**Horticultura e Floricultura**	
01.21-1	Horticultura	3
01.22-9	Cultivo de flores e plantas ornamentais	3
01.3	**Produção de Lavouras Permanentes**	
01.31-8	Cultivo de laranja	3
01.32-6	Cultivo de uva	3
01.33-4	Cultivo de frutas de lavoura permanente, exceto laranja e uva	3
01.34-2	Cultivo de café	3
01.35-1	Cultivo de cacau	3
01.39-3	Cultivo de plantas de lavoura permanente não especificadas anteriormente	3
01.4	**Produção de Sementes e Mudas Certificadas**	
01.41-5	Produção de sementes certificadas	3
01.42-3	Produção de mudas e outras formas de propagação vegetal, certificadas	3

01.5	**Pecuária**	
01.51-2	Criação de bovinos	3
01.52-1	Criação de outros animais de grande porte	3
01.53-9	Criação de caprinos e ovinos	3
01.54-7	Criação de suínos	3
01.55-5	Criação de aves	3
01.59-8	Criação de animais não especificados anteriormente	3
01.6	**Atividades de Apoio à Agricultura e à Pecuária; Atividades de Pós-Colheita**	
01.61-0	Atividades de apoio à agricultura	3
01.62-8	Atividades de apoio à pecuária	3
01.63-6	Atividades de pós-colheita	3
01.7	**Caça e Serviços Relacionados**	
01.70-9	Caça e serviços relacionados	3
02	PRODUÇÃO FLORESTAL	
02.1	**Produção Florestal — Florestas Plantadas**	
02.10-1	Produção florestal — florestas plantadas	3
02.2	**Produção Florestal — Florestas Nativas**	
02.20-9	Produção florestal — florestas nativas	4
02.3	**Atividades de Apoio à Produção Florestal**	
02.30-6	Atividades de apoio à produção florestal	3
03	PESCA E AQUICULTURA	
03.1	**Pesca**	
03.11-6	Pesca em água salgada	3
03.12-4	Pesca em água doce	3
03.2	**Aquicultura**	
03.21-3	Aquicultura em água salgada e salobra	3
03.22-1	Aquicultura em água doce	3
B	**INDÚSTRIAS EXTRATIVAS**	
05	EXTRAÇÃO DE CARVÃO MINERAL	
05.0	**Extração de Carvão Mineral**	
05.00-3	Extração de carvão mineral	4
06	EXTRAÇÃO DE PETRÓLEO E GÁS NATURAL	
06.0	**Extração de Petróleo e Gás Natural**	
06.00-0	Extração de petróleo e gás natural	4
07	EXTRAÇÃO DE MINERAIS METÁLICOS	
07.1	**Extração de Minério de Ferro**	
07.10-3	Extração de minério de ferro	4
07.2	**Extração de Minerais Metálicos Não Ferrosos**	
07.21-9	Extração de minério de alumínio	4
07.22-7	Extração de minério de estanho	4
07.23-5	Extração de minério de manganês	4
07.24-3	Extração de minério de metais preciosos	4
07.25-1	Extração de minerais radioativos	4
07.29-4	Extração de minerais não ferrosos não especificados anteriormente	4
08	EXTRAÇÃO DE MINERAIS NÃO METÁLICOS	
08.1	**Extração de Pedra, Areia e Argila**	
08.10-0	Extração de pedra, areia e argila	4

08.9	**Extração de Outros Minerais Não Metálicos**	
08.91-6	Extração de minerais para fabricação de adubos, fertilizantes e outros produtos químicos	4
08.92-4	Extração e refino de sal marinho e sal-gema	4
08.93-2	Extração de gemas (pedras preciosas e semipreciosas)	4
08.99-1	Extração de minerais não metálicos não especificados anteriormente	4
09	ATIVIDADES DE APOIO À EXTRAÇÃO DE MINERAIS	
09.1	**Atividades de Apoio à Extração de Petróleo e Gás Natural**	
09.10-6	Atividades de apoio à extração de petróleo e gás natural	4
09.9	**Atividades de Apoio à Extração de Minerais, Exceto Petróleo e Gás Natural**	
09.90-4	Atividades de apoio à extração de minerais, exceto petróleo e gás natural	4
C	**INDÚSTRIAS DE TRANSFORMAÇÃO**	
10	FABRICAÇÃO DE PRODUTOS ALIMENTÍCIOS	
10.1	**Abate e Fabricação de Produtos de Carne**	
10.11-2	Abate de reses, exceto suínos	3
10.12-1	Abate de suínos, aves e outros pequenos animais	3
10.13-9	Fabricação de produtos de carne	3
10.2	**Preservação do Pescado e Fabricação de Produtos do Pescado**	
10.20-1	Preservação do pescado e fabricação de produtos do pescado	3
10.3	**Fabricação de Conservas de Frutas, Legumes e Outros Vegetais**	
10.31-7	Fabricação de conservas de frutas	3
10.32-5	Fabricação de conservas de legumes e outros vegetais	3
10.33-3	Fabricação de sucos de frutas, hortaliças e legumes	3
10.4	**Fabricação de Óleos e Gorduras Vegetais e Animais**	
10.41-4	Fabricação de óleos vegetais em bruto, exceto óleo de milho	3
10.42-2	Fabricação de óleos vegetais refinados, exceto óleo de milho	3
10.43-1	Fabricação de margarina e outras gorduras vegetais e de óleos não comestíveis de animais	3
10.5	**Laticínios**	
10.51-1	Preparação do leite	3
10.52-0	Fabricação de laticínios	3
10.53-8	Fabricação de sorvetes e outros gelados comestíveis	3
10.6	**Moagem, Fabricação de Produtos Amiláceos e de Alimentos para Animais**	
10.61-9	Beneficiamento de arroz e fabricação de produtos do arroz	3
10.62-7	Moagem de trigo e fabricação de derivados	3
10.63-5	Fabricação de farinha de mandioca e derivados	3
10.64-3	Fabricação de farinha de milho e derivados, exceto óleos de milho	3
10.65-1	Fabricação de amidos e féculas de vegetais e de óleos de milho	3
10.66-0	Fabricação de alimentos para animais	3
10.69-4	Moagem e fabricação de produtos de origem vegetal não especificados anteriormente	3
10.7	**Fabricação e Refino de Açúcar**	
10.71-6	Fabricação de açúcar em bruto	3
10.72-4	Fabricação de açúcar refinado	3
10.8	**Torrefação e Moagem de Café**	
10.81-3	Torrefação e moagem de café	3
10.82-1	Fabricação de produtos à base de café	3
10.9	**Fabricação de Outros Produtos Alimentícios**	
10.91-1	Fabricação de produtos de panificação	3
10.92-9	Fabricação de biscoitos e bolachas	3

10.93-7	Fabricação de produtos derivados do cacau, de chocolates e confeitos	3
10.94-5	Fabricação de massas alimentícias	3
10.95-3	Fabricação de especiarias, molhos, temperos e condimentos	3
10.96-1	Fabricação de alimentos e pratos prontos	3
10.99-6	Fabricação de produtos alimentícios não especificados anteriormente	3
11	FABRICAÇÃO DE BEBIDAS	
11.1	**Fabricação de Bebidas Alcoólicas**	
11.11-9	Fabricação de aguardentes e outras bebidas destiladas	3
11.12-7	Fabricação de vinho	3
11.13-5	Fabricação de malte, cervejas e chopes	3
11.2	**Fabricação de Bebidas Não Alcoólicas**	
11.21-6	Fabricação de águas envasadas	3
11.22-4	Fabricação de refrigerantes e de outras bebidas não alcoólicas	3
12	FABRICAÇÃO DE PRODUTOS DO FUMO	
12.1	**Processamento Industrial do Fumo**	
12.10-7	Processamento industrial do fumo	3
12.2	**Fabricação de Produtos do Fumo**	
12.20-4	Fabricação de produtos do fumo	3
13	FABRICAÇÃO DE PRODUTOS TÊXTEIS	
13.1	**Preparação e Fiação de Fibras Têxteis**	
13.11-1	Preparação e fiação de fibras de algodão	3
13.12-0	Preparação e fiação de fibras têxteis naturais, exceto algodão	3
13.13-8	Fiação de fibras artificiais e sintéticas	3
13.14-6	Fabricação de linhas para costurar e bordar	3
13.2	**Tecelagem, Exceto Malha**	
13.21-9	Tecelagem de fios de algodão	3
13.22-7	Tecelagem de fios de fibras têxteis naturais, exceto algodão	3
13.23-5	Tecelagem de fios de fibras artificiais e sintéticas	3
13.3	**Fabricação de Tecidos de Malha**	
13.30-8	Fabricação de tecidos de malha	3
13.4	**Acabamentos em Fios, Tecidos e Artefatos Têxteis**	
13.40-5	Acabamentos em fios, tecidos e artefatos têxteis	3
13.5	**Fabricação de Artefatos Têxteis, Exceto Vestuário**	
13.51-1	Fabricação de artefatos têxteis para uso doméstico	3
13.52-9	Fabricação de artefatos de tapeçaria	3
13.53-7	Fabricação de artefatos de cordoaria	3
13.54-5	Fabricação de tecidos especiais, inclusive artefatos	3
13.59-6	Fabricação de outros produtos têxteis não especificados anteriormente	3
14	CONFECÇÃO DE ARTIGOS DO VESTUÁRIO E ACESSÓRIOS	
14.1	**Confecção de Artigos do Vestuário e Acessórios**	
14.11-8	Confecção de roupas íntimas	2
14.12-6	Confecção de peças do vestuário, exceto roupas íntimas	2
14.13-4	Confecção de roupas profissionais	2
14.14-2	Fabricação de acessórios do vestuário, exceto para segurança e proteção	2
14.2	**Fabricação de Artigos de Malharia e Tricotagem**	
14.21-5	Fabricação de meias	2
14.22-3	Fabricação de artigos do vestuário, produzidos em malharias e tricotagens, exceto meias	2

15	PREPARAÇÃO DE COUROS E FABRICAÇÃO DE ARTEFATOS DE COURO, ARTIGOS PARA VIAGEM E CALÇADOS	
15.1	**Curtimento e Outras Preparações de Couro**	
15.10-6	Curtimento e outras preparações de couro	3
15.2	**Fabricação de Artigos para Viagem e de Artefatos Diversos de Couro**	
15.21-1	Fabricação de artigos para viagem, bolsas e semelhantes de qualquer material	2
15.29-7	Fabricação de artefatos de couro não especificados anteriormente	2
15.3	**Fabricação de Calçados**	
15.31-9	Fabricação de calçados de couro	3
15.32-7	Fabricação de tênis de qualquer material	3
15.33-5	Fabricação de calçados de material sintético	3
15.39-4	Fabricação de calçados de materiais não especificados anteriormente	3
15.4	**Fabricação de Partes para Calçados, de Qualquer Material**	
15.40-8	Fabricação de partes para calçados, de qualquer material	3
16	FABRICAÇÃO DE PRODUTOS DE MADEIRA	
16.1	**Desdobramento de Madeira**	
16.10-2	Desdobramento de madeira	3
16.2	**Fabricação de Produtos de Madeira, Cortiça e Material Trançado — Exceto Móveis**	
16.21-8	Fabricação de madeira laminada e de chapas de madeira compensada, prensada e aglomerada	3
16.22-6	Fabricação de estruturas de madeira e de artigos de carpintaria para construção	3
16.23-4	Fabricação de artefatos de tanoaria e embalagens de madeira	3
16.29-3	Fabricação de artefatos de madeira, palha, cortiça, vime e material trançado não especificados anteriormente, exceto imóveis	3
17	FABRICAÇÃO DE CELULOSE, PAPEL E PRODUTOS DE PAPEL	
17.1	**Fabricação de Celulose e Outras Pastas para a Fabricação de Papel**	
17.10-9	Fabricação de celulose e outras pastas para a fabricação de papel	3
17.2	**Fabricação de Papel, Cartolina e Papel-Cartão**	
17.21-4	Fabricação de papel	3
17.22-2	Fabricação de cartolina e papel-cartão	3
17.3	**Fabricação de Embalagens de Papel, Cartolina, Papel-Cartão e Papelão Ondulado**	
17.31-1	Fabricação de embalagens de papel	2
17.32-0	Fabricação de embalagens de cartolina e papel-cartão	2
17.33-8	Fabricação de chapas e de embalagens de papelão ondulado	2
17.4	**Fabricação de Produtos Diversos de Papel, Cartolina, Papel-Cartão e Papelão Ondulado**	
17.41-9	Fabricação de produtos de papel, cartolina, papel-cartão e papelão ondulado para uso comercial e de escritório	2
17.42-7	Fabricação de produtos de papel para uso doméstico e higiênico-sanitário	2
17.49-4	Fabricação de produtos de pastas celulósicas, papel, cartolina, papel-cartão e papelão ondulado não especificados anteriormente	2
18	IMPRESSÃO E REPRODUÇÃO DE GRAVAÇÕES	
18.1	**Atividade de Impressão**	
18.11-3	Impressão de jornais, livros, revistas e outras publicações periódicas	3
18.12-1	Impressão de material de segurança	3
18.13-0	Impressão de materiais para outros usos	3
18.2	**Serviços de Pré-Impressão e Acabamentos Gráficos**	
18.21-1	Serviços de pré-impressão	3
18.22-9	Serviços de acabamentos gráficos	3
18.3	**Reprodução de Materiais Gravados em Qualquer Suporte**	
18.30-0	Reprodução de materiais gravados em qualquer suporte	3
19	FABRICAÇÃO DE COQUE, DE PRODUTOS DERIVADOS DO PETRÓLEO E DE BIOCOMBUSTÍVEIS	
19.1	**Coquerias**	
19.10-1	Coquerias	3

19.2	**Fabricação de Produtos Derivados do Petróleo**	
19.21-7	Fabricação de produtos do refino de petróleo	3
19.22-5	Fabricação de produtos derivados do petróleo, exceto produtos do refino	3
19.3	**Fabricação de Biocombustíveis**	
19.31-4	Fabricação de álcool	3
19.32-2	Fabricação de biocombustíveis, exceto álcool	3
20	FABRICAÇÃO DE PRODUTOS QUÍMICOS	
20.1	**Fabricação de Produtos Químicos Inorgânicos**	
20.11-8	Fabricação de cloro e álcalis	3
20.12-6	Fabricação de intermediários para fertilizantes	3
20.13-4	Fabricação de adubos e fertilizantes	3
20.14-2	Fabricação de gases industriais	3
20.19-3	Fabricação de produtos químicos inorgânicos não especificados anteriormente	3
20.2	**Fabricação de Produtos Químicos Orgânicos**	
20.21-5	Fabricação de produtos petroquímicos básicos	3
20.22-3	Fabricação de intermediários para plastificantes, resinas e fibras	3
20.29-1	Fabricação de produtos químicos orgânicos não especificados anteriormente	3
20.3	**Fabricação de Resinas e Elastômeros**	
20.31-2	Fabricação de resinas termoplásticas	3
20.32-1	Fabricação de resinas termofixas	3
20.33-9	Fabricação de elastômeros	3
20.4	**Fabricação de Fibras Artificiais e Sintéticas**	
20.40-4	Fabricação de fibras artificiais e sintéticas	3
20.5	**Fabricação de Defensivos Agrícolas e Desinfetantes Domissanitários**	
20.51-7	Fabricação de defensivos agrícolas	3
20.52-5	Fabricação de desinfetantes domissanitários	3
20.6	**Fabricação de Sabões, Detergentes, Produtos de Limpeza, Cosméticos, Produtos de Perfumaria e de Higiene Pessoal**	
20.61-4	Fabricação de sabões e detergentes sintéticos	3
20.62-2	Fabricação de produtos de limpeza e polimento	3
20.63-1	Fabricação de cosméticos, produtos de perfumaria e de higiene pessoal	2
20.7	**Fabricação de Tintas, Vernizes, Esmaltes, Lacas e Produtos Afins**	
20.71-1	Fabricação de tintas, vernizes, esmaltes e lacas	3
20.72-0	Fabricação de tintas de impressão	3
20.73-8	Fabricação de impermeabilizantes, solventes e produtos afins	3
20.9	**Fabricação de Produtos e Preparados Químicos Diversos**	
20.91-6	Fabricação de adesivos e selantes	3
20.92-4	Fabricação de explosivos	4
20.93-2	Fabricação de aditivos de uso industrial	3
20.94-1	Fabricação de catalisadores	3
20.99-1	Fabricação de produtos químicos não especificados anteriormente	3
21.10-6	Fabricação de produtos farmoquímicos	3
21.2	**Fabricação de Produtos Farmacêuticos**	
21.21-1	Fabricação de medicamentos para uso humano	3
21.22-0	Fabricação de medicamentos para uso veterinário	3
21.23-8	Fabricação de preparações farmacêuticas	3
22	FABRICAÇÃO DE PRODUTOS DE BORRACHA E DE MATERIAL PLÁSTICO	
22.1	**Fabricação de Produtos de Borracha**	
22.11-1	Fabricação de pneumáticos e de câmaras de ar	3
22.12-9	Reforma de pneumáticos usados	3

22.19-6	Fabricação de artefatos de borracha não especificados anteriormente	3
22.2	**Fabricação de Produtos de Material Plástico**	
22.21-8	Fabricação de laminados planos e tubulares de material plástico	3
22.22-6	Fabricação de embalagens de material plástico	3
22.23-4	Fabricação de tubos e acessórios de material plástico para uso na construção	3
22.29-3	Fabricação de artefatos de material plástico não especificados anteriormente	3
23	FABRICAÇÃO DE PRODUTOS DE MINERAIS NÃO METÁLICOS	
23.1	**Fabricação de Vidro e de Produtos do Vidro**	
23.11-7	Fabricação de vidro plano e de segurança	3
23.12-5	Fabricação de embalagens de vidro	3
23.19-2	Fabricação de artigos de vidro	3
23.2	**Fabricação de Cimento**	
23.20-6	Fabricação de cimento	4
23.3	**Fabricação de Artefatos de Concreto, Cimento, Fibrocimento, Gesso e Materiais Semelhantes**	
23.30-4	Fabricação de artefatos de concreto, cimento, fibrocimento, gesso e materiais semelhantes	4
23.4	**Fabricação de Produtos Cerâmicos**	
23.41-9	Fabricação de produtos cerâmicos refratários	4
23.42-7	Fabricação de produtos cerâmicos não refratários para uso estrutural na construção *(Alterado pela Portaria n. 128, de 11 de dezembro de 2009)*	3
23.49-4	Fabricação de produtos cerâmicos não refratários não especificados anteriormente	4
23.9	**Aparelhamento de Pedras e Fabricação de Outros Produtos de Minerais Não Metálicos**	
23.91-5	Aparelhamento e outros trabalhos em pedras	3
23.92-3	Fabricação de cal e gesso	4
23.99-1	Fabricação de produtos de minerais não metálicos não especificados anteriormente	3
24	METALURGIA	
24.1	**Produção de Ferro-Gusa e de Ferroligas**	
24.11-3	Produção de ferro-gusa	4
24.12-1	Produção de ferroligas	4
24.2	**Siderurgia**	
24.21-1	Produção de semiacabados de aço	4
24.22-9	Produção de laminados planos de aço	4
24.23-7	Produção de laminados longos de aço	4
24.24-5	Produção de relaminados, trefilados e perfilados de aço	4
24.3	**Produção de Tubos de Aço, Exceto Tubos sem Costura**	
24.31-8	Produção de tubos de aço com costura	4
24.39-3	Produção de outros tubos de ferro e aço	4
24.4	**Metalurgia de Metais Não Ferrosos**	
24.41-5	Metalurgia do alumínio e suas ligas	4
24.42-3	Metalurgia dos metais preciosos	4
24.43-1	Metalurgia do cobre	4
24.49-1	Metalurgia dos metais não ferrosos e suas ligas não especificados anteriormente	4
24.5	**Fundição**	
24.51-2	Fundição de ferro e aço	4
24.52-1	Fundição de metais não ferrosos e sua ligas	4
25	FABRICAÇÃO DE PRODUTOS DE METAL, EXCETO MÁQUINAS E EQUIPAMENTOS	
25.1	**Fabricação de Estruturas Metálicas e Obras de Caldeiraria Pesada**	
25.11-0	Fabricação de estruturas metálicas	4

25.12-8	Fabricação de esquadrias de metal	3
25.13-6	Fabricação de obras de caldeiraria pesada	3
25.2	**Fabricação de Tanques, Reservatórios Metálicos e Caldeiras**	
25.21-7	Fabricação de tanques, reservatórios metálicos e caldeiras para aquecimento central	3
25.22-5	Fabricação de caldeiras geradoras de vapor, exceto para aquecimento central e para veículos	3
25.3	**Forjaria, Estamparia, Metalurgia de Pó e Serviços de Tratamento de Metais**	
25.31-4	Produção de forjados de aço e de metais não ferrosos e suas ligas	4
25.32-2	Produção de artefatos estampados de metal; metalurgia do pó	4
25.39-0	Serviços de usinagem, solda, tratamento e revestimento em metais	4
25.4	**Fabricação de Artigos de Cutelaria, de Serralheria e Ferramentas**	
25.41-1	Fabricação de artigos de cutelaria	3
25.42-0	Fabricação de artigos de serralheria, exceto esquadrias	3
25.43-8	Fabricação de ferramentas	3
25.5	**Fabricação de Equipamento Bélico Pesado, Armas de Fogo e Munições**	
25.50-1	Fabricação de equipamento bélico pesado, armas de fogo e munições	4
25.9	**Fabricação de Produtos de Metal Não Especificados Anteriormente**	
25.91-8	Fabricação de embalagens metálicas	3
25.92-6	Fabricação de produtos de trefilados de metal	4
25.93-4	Fabricação de artigos de metal para uso doméstico e pessoal	3
25.99-3	Fabricação de produtos de metal não especificados anteriormente	3
26	FABRICAÇÃO DE EQUIPAMENTOS DE INFORMÁTICA, PRODUTOS ELETRÔNICOS E ÓPTICOS	
26.1	**Fabricação de Componentes Eletrônicos**	
26.10-8	Fabricação de componentes eletrônicos	3
26.2	**Fabricação de Equipamentos de Informática e Periféricos**	
26.21-3	Fabricação de equipamentos de informática	3
26.22-1	Fabricação de periféricos para equipamentos de informática	3
26.3	**Fabricação de Equipamentos de Comunicação**	
26.31-1	Fabricação de equipamentos transmissores de comunicação	3
26.32-9	Fabricação de aparelhos telefônicos e de outros equipamentos de comunicação	3
26.4	**Fabricação de Aparelhos de Recepção, Reprodução, Gravação e Amplificação de Áudio e Vídeo**	
26.40-0	Fabricação de aparelhos de recepção, reprodução, gravação e amplificação de áudio e vídeo	3
26.5	**Fabricação de Aparelhos e Instrumentos de Medida, Teste e Controle; Cronômetros e Relógios**	
26.51-5	Fabricação de aparelhos e equipamentos de medida, teste e controle	3
26.52-3	Fabricação de cronômetros e relógios	3
26.6	**Fabricação de Aparelhos Eletromédicos e Eletroterapêuticos e Equipamentos de Irradiação**	
26.60-4	Fabricação de aparelhos eletromédicos e eletroterapêuticos e equipamentos de irradiação	3
26.7	**Fabricação de Equipamentos e Instrumentos Ópticos, Fotográficos e Cinematográficos**	
26.70-1	Fabricação de equipamentos e instrumentos ópticos, fotográficos e cinematográficos	3
26.8	**Fabricação de Mídias Virgens, Magnéticas e Ópticas**	
26.80-9	Fabricação de mídias virgens, magnéticas e ópticas	3
27	FABRICAÇÃO DE MÁQUINAS, APARELHOS E MATERIAIS ELÉTRICOS	
27.1	**Fabricação de Geradores, Transformadores e Motores Elétricos**	
27.10-4	Fabricação de geradores, transformadores e motores elétricos	3
27.2	**Fabricação de Pilhas, Baterias e Acumuladores Elétricos**	
27.21-0	Fabricação de pilhas, baterias e acumuladores elétricos, exceto para veículos automotores	3
27.22-8	Fabricação de baterias e acumuladores para veículos automotores	3
27.3	**Fabricação de Equipamentos para Distribuição e Controle de Energia Elétrica**	

27.31-7	Fabricação de aparelhos e equipamentos para distribuição e controle de energia elétrica	3
27.32-5	Fabricação de material elétrico para instalações em circuito de consumo	3
27.33-3	Fabricação de fios, cabos e condutores elétricos isolados	3
27.4	**Fabricação de Lâmpadas e Outros Equipamentos de Iluminação**	
27.40-6	Fabricação de lâmpadas e outros equipamentos de iluminação	3
27.5	**Fabricação de Eletrodomésticos**	
27.51-1	Fabricação de fogões, refrigeradores e máquinas de lavar e secar para uso doméstico	3
27.59-7	Fabricação de aparelhos eletrodomésticos não especificados anteriormente	3
27.9	**Fabricação de Equipamentos e Aparelhos Elétricos Não Especificados Anteriormente**	
27.90-2	Fabricação de equipamentos e aparelhos elétricos não especificados anteriormente	3
28	FABRICAÇÃO DE MÁQUINAS E EQUIPAMENTOS	
28.1	**Fabricação de Motores, Bombas, Compressores e Equipamentos de Transmissão**	
28.11-9	Fabricação de motores e turbinas, exceto para aviões e veículos rodoviários	3
28.12-7	Fabricação de equipamentos hidráulicos e pneumáticos, exceto válvulas	3
28.13-5	Fabricação de válvulas, registros e dispositivos semelhantes	3
28.14-3	Fabricação de compressores	3
28.15-1	Fabricação de equipamentos de transmissão para fins industriais	3
28.2	**Fabricação de Máquinas e Equipamentos de Uso Geral**	
28.21-6	Fabricação de aparelhos e equipamentos para instalações térmicas	3
28.22-4	Fabricação de máquinas, equipamentos e aparelhos para transporte e elevação de cargas e pessoas	3
28.23-2	Fabricação de máquinas e aparelhos de refrigeração e ventilação de uso industrial e comercial	3
28.24-1	Fabricação de aparelhos e equipamentos de ar-condicionado	3
28.25-9	Fabricação de máquinas e equipamentos para saneamento básico e ambiental	3
28.29-1	Fabricação de máquinas e equipamentos de uso geral não especificados anteriormente	3
28.3	**Fabricação de Tratores e de Máquinas e Equipamentos para a Agricultura e Pecuária**	
28.31-3	Fabricação de tratores agrícolas	3
28.32-1	Fabricação de equipamentos para irrigação agrícola	3
28.33-0	Fabricação de máquinas e equipamentos para a agricultura e pecuária, exceto para irrigação	3
28.4	**Fabricação de Máquinas-Ferramenta**	
28.40-2	Fabricação de máquinas-ferramenta	3
28.5	**Fabricação de Máquinas e Equipamentos de Uso na Extração Mineral e na Construção**	
28.51-8	Fabricação de máquinas e equipamentos para a prospecção e extração de petróleo	3
28.52-6	Fabricação de outras máquinas e equipamentos para uso na extração mineral, exceto na extração de petróleo	3
28.53-4	Fabricação de tratores, exceto agrícolas	3
28.54-2	Fabricação de máquinas e equipamentos para terraplenagem, pavimentação e construção, exceto tratores	3
28.6	**Fabricação de Máquinas e Equipamentos de Uso Industrial Específico**	
28.61-5	Fabricação de máquinas para a indústria metalúrgica, exceto máquinas-ferramenta	3
28.62-3	Fabricação de máquinas e equipamentos para as indústrias de alimentos, bebidas e fumo	3
28.63-1	Fabricação de máquinas e equipamentos para a indústria têxtil	3
28.64-0	Fabricação de máquinas e equipamentos para as indústrias do vestuário, do couro e de calçados	3
28.65-8	Fabricação de máquinas e equipamentos para as indústrias de celulose, papel e papelão e artefatos	3
28.66-6	Fabricação de máquinas e equipamentos para a indústria do plástico	3
28.69-1	Fabricação de máquinas e equipamentos para uso industrial específico não especificados anteriormente	3
29	FABRICAÇÃO DE VEÍCULOS AUTOMOTORES, REBOQUES E CARROCERIAS	
29.1	**Fabricação de Automóveis, Camionetas e Utilitários**	
29.10-7	Fabricação de automóveis, camionetas e utilitários	3
29.2	**Fabricação de Caminhões e Ônibus**	

29.20-4	Fabricação de caminhões e ônibus	3
29.3	**Fabricação de Cabines, Carrocerias e Reboques para Veículos Automotores**	
29.30-1	Fabricação de cabines, carrocerias e reboques para veículos automotores	3
29.4	**Fabricação de Peças e Acessórios para Veículos Automotores**	
29.41-7	Fabricação de peças e acessórios para o sistema motor de veículos automotores	3
29.42-5	Fabricação de peças e acessórios para os sistemas de marcha e transmissão de veículos automotores	3
29.43-3	Fabricação de peças e acessórios para o sistema de freios de veículos automotores	3
29.44-1	Fabricação de peças e acessórios para o sistema de direção e suspensão de veículos automotores	3
29.45-0	Fabricação de material elétrico e eletrônico para veículos automotores, exceto baterias	3
29.49-2	Fabricação de peças e acessórios para veículos automotores não especificados anteriormente	3
29.5	**Recondicionamento ou Recuperação de Motores para Veículos Automotores**	
29.50-6	Recondicionamento ou recuperação de motores para veículos automotores	3
30	FABRICAÇÃO DE OUTROS EQUIPAMENTOS DE TRANSPORTE, EXCETO VEÍCULOS AUTOMOTORES	
30.1	**Construção de Embarcações**	
30.11-3	Construção de embarcações e estruturas flutuantes	3
30.12-1	Construção de embarcações para esporte e lazer	3
30.3	**Fabricação de Veículos Ferroviários**	
30.31-8	Fabricação de locomotivas, vagões e outros materiais rodantes	3
30.32-6	Fabricação de peças e acessórios para veículos ferroviários	3
30.4	**Fabricação de Aeronaves**	
30.41-5	Fabricação de aeronaves	3
30.42-3	Fabricação de turbinas, motores e outros componentes e peças para aeronaves	3
30.5	**Fabricação de Veículos Militares de Combate**	
30.50-4	Fabricação de veículos militares de combate	3
30.9	**Fabricação de Equipamentos de Transporte Não Especificados Anteriormente**	
30.91-1	Fabricação de motocicletas	3
30.92-0	Fabricação de bicicletas e triciclos não motorizados	3
30.99-7	Fabricação de equipamentos de transporte não especificados anteriormente	3
31	FABRICAÇÃO DE MÓVEIS	
31.0	**Fabricação de Móveis**	
31.01-2	Fabricação de móveis com predominância de madeira	3
31.02-1	Fabricação de móveis com predominância de metal	3
31.03-9	Fabricação de móveis de outros materiais, exceto madeira e metal	3
31.04-7	Fabricação de colchões	2
32	FABRICAÇÃO DE PRODUTOS DIVERSOS	
32.1	**Fabricação de Artigos de Joalheria, Bijuteria e Semelhantes**	
32.11-6	Lapidação de gemas e fabricação de artefatos de ourivesaria e joalheria	3
32.12-4	Fabricação de bijuterias e artefatos semelhantes	3
32.2	**Fabricação de Instrumentos Musicais**	
32.20-5	Fabricação de instrumentos musicais	3
32.3	**Fabricação de Artefatos para Pesca e Esporte**	
32.30-2	Fabricação de artefatos para pesca e esporte	3
32.4	**Fabricação de Brinquedos e Jogos Recreativos**	
32.40-0	Fabricação de brinquedos e de jogos recreativos	3
32.5	**Fabricação de Instrumentos e Materiais para Uso Médico e Odontológico e de Artigos Ópticos**	
32.50-7	Fabricação de instrumentos para uso médico e odontológico e de artigos ópticos	3
32.9	**Fabricação de Produtos Diversos**	

32.91-4	Fabricação de escovas, pincéis e vassouras	3
32.92-2	Fabricação de equipamentos e acessórios para segurança e proteção pessoal e profissional	3
32.99-0	Fabricação de produtos diversos não especificados anteriormente	3
33	MANUTENÇÃO, REPARAÇÃO E INSTALAÇÃO DE MÁQUINAS E EQUIPAMENTOS	
33.1	**Manutenção e Reparação de Máquinas e Equipamentos**	
33.11-2	Manutenção e reparação de tanques, reservatórios metálicos e caldeiras, exceto para veículos	3
33.12-1	Manutenção e reparação de equipamentos eletrônicos e ópticos	3
33.13-9	Manutenção e reparação de máquinas e equipamentos elétricos	3
33.14-7	Manutenção e reparação de máquinas e equipamentos da indústria mecânica	3
33.15-5	Manutenção e reparação de veículos ferroviários	3
33.16-3	Manutenção e reparação de aeronaves	3
33.17-1	Manutenção e reparação de embarcações	3
33.19-8	Manutenção e reparação de equipamentos e produtos não especificados anteriormente	3
33.2	**Instalação de Máquinas e Equipamentos**	
33.21-0	Instalação de máquinas e equipamentos industriais	3
33.29-5	Instalação de equipamentos não especificados anteriormente	3
D	**ELETRICIDADE E GÁS**	
35	ELETRICIDADE, GÁS E OUTRAS UTILIDADES	
35.1	**Geração, Transmissão e Distribuição de Energia Elétrica**	
35.11-5	Geração de energia elétrica	3
35.12-3	Transmissão de energia elétrica	3
35.13-1	Comércio atacadista de energia elétrica	3
35.14-0	Distribuição de energia elétrica	3
35.2	**Produção e Distribuição de Combustíveis Gasosos por Redes Urbanas**	
35.20-4	Produção de gás; processamento de gás natural; distribuição de combustíveis gasosos por redes urbanas	3
35.3	**Produção e Distribuição de Vapor, Água Quente e Ar-Condicionado**	
35.30-1	Produção e distribuição de vapor, água quente e ar condicionado	3
E	**ÁGUA, ESGOTO, ATIVIDADES DE GESTÃO DE RESÍDUOS E DESCONTAMINAÇÃO**	
36	CAPTAÇÃO, TRATAMENTO E DISTRIBUIÇÃO DE ÁGUA	
36.0	**Captação, Tratamento e Distribuição de Água**	
36.00-6	Captação, tratamento e distribuição de água	3
37	ESGOTO E ATIVIDADES RELACIONADAS	
37.0	**Esgoto e Atividades Relacionadas**	
37.01-1	Gestão de redes de esgoto	3
37.02-9	Atividades relacionadas a esgoto, exceto a gestão de redes	3
38	COLETA, TRATAMENTO E DISPOSIÇÃO DE RESÍDUOS; RECUPERAÇÃO DE MATERIAIS	
38.1	**Coleta de Resíduos**	
38.11-4	Coleta de resíduos não perigosos	3
38.12-2	Coleta de resíduos perigosos	3
38.2	**Tratamento e Disposição de Resíduos**	
38.21-1	Tratamento e disposição de resíduos não perigosos	3
38.22-0	Tratamento e disposição de resíduos perigosos	3
38.3	**Recuperação de Materiais**	
38.31-9	Recuperação de materiais metálicos	3
38.32-7	Recuperação de materiais plásticos	3
38.39-4	Recuperação de materiais não especificados anteriormente	3
39	DESCONTAMINAÇÃO E OUTROS SERVIÇOS DE GESTÃO DE RESÍDUOS	

39.0	**Descontaminação e Outros Serviços de Gestão de Resíduos**	
39.00-5	Descontaminação e outros serviços de gestão de resíduos	3
F	**CONSTRUÇÃO**	
41	CONSTRUÇÃO DE EDIFÍCIOS	
41.1	**Incorporação de Empreendimentos Imobiliários**	
41.10-7	Incorporação de empreendimentos imobiliários	1
41.2	**Construção de Edifícios**	
41.20.4	Construção de edifícios	3
42	OBRAS DE INFRAESTRUTURA	
42.1	**Construção de Rodovias, Ferrovias, Obras Urbanas e Obras de Arte Especiais**	
42.11-1	Construção de rodovias e ferrovias	4
42.12-0	Construção de obras de arte especiais	4
42.13-8	Obras de urbanização – ruas, praças e calçadas	3
42.2	**Obras de Infraestrutura para Energia Elétrica, Telecomunicações, Água, Esgoto e Transporte por Dutos**	
42.21-9	Obras para geração e distribuição de energia elétrica e para telecomunicações	4
42.22-7	Construção de redes de abastecimento de água, coleta de esgoto e construções correlatas	4
42.23-5	Construção de redes de transportes por dutos, exceto para água e esgoto	4
42.9	**Construção de Outras Obras de Infraestrutura**	
42.91-0	Obras portuárias, marítimas e fluviais	4
42.92-8	Montagem de instalações industriais e de estrututras metálicas	4
42.99-5	Obras de engenharia civil não especificadas anteriormente	3
43	SERVIÇOS ESPECIALIZADOS PARA CONSTRUÇÃO	
43.1	**Demolição e Preparação do Terreno**	
43.11-8	Demolição e preparação de canteiros de obras	4
43.12-6	Perfurações e sondagens	4
43.13-4	Obras de terraplenagem	3
43.19-3	Serviços de preparação do terreno não especificados anteriormente	3
43.2	**Instalações Elétricas, Hidráulicas e Outras Instalações em Construções**	
43.21-5	Instalações elétricas	3
43.22-3	Instalações hidráulicas, de sistemas de ventilação e refrigeração	3
43.29-1	Obras de instalações em construções não especificadas anteriormente	3
43.3	**Obras de Acabamento**	
43.30-4	Obras de acabamento	3
43.9	**Outros Serviços Especializados para Construção**	
43.91-6	Obras de fundações	4
43.99-1	Serviços especializados para construção não especificados anteriormente	3
G	**COMÉRCIO. REPARAÇÃO DE VEÍCULOS AUTOMOTORES, E MOTOCICLETAS**	
45	COMÉRCIO E REPARAÇÃO DE VEÍCULOS AUTOMOTORES E MOTOCICLETAS	
45.1	**Comércio de Veículos Automotores**	
45.11-1	Comércio a varejo e por atacado de veículos automotores	2
45.12-9	Representantes comerciais e agentes do comércio de veículos automotores	2
45.2	**Manutenção e Reparação de Veículos Automotores**	
45.20-0	Manutenção e reparação de veículos automotores	3
45.3	**Comércio de Peças e Acessórios para Veículos Automotores**	
45.30-7	Comércio de peças e acessórios para veículos automotores	2
45.4	**Comércio, Manutenção e Reparação de Motocicletas, Peças e Acessórios**	
45.41-2	Comércio por atacado e a varejo de motocicletas, peças e acessórios	2

45.42-1	Representantes comerciais e agentes do comércio de motocicletas, peças e acessórios	2
45.43-9	Manutenção e reparação de motocicletas	3
46	COMÉRCIO POR ATACADO, EXCETO VEÍCULOS AUTOMOTORES E MOTOCICLETAS	
46.1	**Representantes Comerciais e Agentes do Comércio, Exceto de Veículos Automotores e Motocicletas**	
46.11-7	Representantes comerciais e agentes do comércio de matérias-primas agrícolas e animais vivos	2
46.12-5	Representantes comerciais e agentes do comércio de combustíveis, minerais, produtos siderúrgicos e químicos	2
46.13-3	Representantes comerciais e agentes do comércio de madeira, material de construção e ferragens	2
46.14-1	Representantes comerciais e agentes do comércio de máquinas, equipamentos, embarcações e aeronaves	2
46.15-0	Representantes comerciais e agentes do comércio de eletrodomésticos, móveis e artigos de uso doméstico	2
46.16-8	Representantes comerciais e agentes do comércio de têxteis, vestuário, calçados e artigos de viagem	2
46.17-6	Representantes comerciais e agentes do comércio de produtos alimentícios, bebidas e fumo	2
46.18-4	Representantes comerciais e agentes do comércio especializado em produtos não especificados anteriormente	2
46.19-2	Representantes comerciais e agentes do comércio de mercadorias em geral não especializado	2
46.2	**Comércio Atacadista de Matérias-Primas Agrícolas e Animais Vivos**	
46.21-4	Comércio atacadista de café em grão	2
46.22-2	Comércio atacadista de soja	2
46.23-1	Comércio atacadista de animais vivos, alimentos para animais e matérias-primas agrícolas, exceto café e soja	2
46.3	**Comércio Atacadista Especializado em Produtos Alimentícios, Bebidas e Fumo**	
46.31-1	Comércio atacadista de leite e laticínios	2
46.32-0	Comércio atacadista de cereais e leguminosas beneficiados, farinhas, amidos e féculas	2
46.33-8	Comércio atacadista de hortifrutigranjeiros	2
46.34-6	Comércio atacadista de carnes, produtos da carne e pescado	2
46.35-4	Comércio atacadista de bebidas	2
46.36-2	Comércio atacadista de produtos do fumo	2
46.37-1	Comércio atacadista especializado em produtos alimentícios não especificados anteriormente	2
46.39-7	Comércio atacadista de produtos alimentícios em geral	2
46.4	**Comércio Atacadista de Produtos de Consumo Não Alimentar**	
46.41-9	Comércio atacadista de tecidos, artefatos de tecidos e de armarinho	2
46.42-7	Comércio atacadista de artigos do vestuário e acessórios	2
46.43-5	Comércio atacadista de calçados e artigos de viagem	2
46.44-3	Comércio atacadista de produtos farmacêuticos para uso humano e veterinário	2
46.45-1	Comércio atacadista de instrumentos e materiais para uso médico, cirúrgico, ortopédico e odontológico	2
46.46-0	Comércio atacadista de cosméticos, produtos de perfumaria e de higiene pessoal	2
46.47-8	Comércio atacadista de artigos de escritório e de papelaria; livros, jornais e outras publicações	2
46.49-4	Comércio atacadista de equipamentos e artigos de uso pessoal e doméstico não especificados anteriormente	2
46.5	**Comércio Atacadista de Equipamentos e Produtos de Tecnologias de Informação e Comunicação**	
46.51-6	Comércio atacadista de computadores, periféricos e suprimentos de informática	3
46.52-4	Comércio atacadista de componentes eletrônicos e equipamentos de telefonia e comunicação	3
46.6	**Comércio Atacadista de Máquinas, Aparelhos e Equipamentos, Exceto de Tecnologias de Informação e Comunicação**	
46.61-3	Comércio atacadista de máquinas, aparelhos e equipamentos para uso agropecuário; partes e peças	3
46.62-1	Comércio atacadista de máquinas, equipamentos para terraplanagem, mineração e construção; partes e peças	3
46.63-0	Comércio atacadista de máquinas e equipamentos para uso industrial; partes e peças	3
46.64-8	Comércio atacadista de máquinas, aparelhos e equipamentos para uso odontomédico-hospitalar; partes e peças	3
46.65-6	Comércio atacadista de máquinas e equipamentos para uso comercial; partes e peças	3
46.69-9	Comércio atacadista de máquinas, aparelhos e equipamentos não especificados anteriormente; partes e peças	3
46.7	**Comércio Atacadista de Madeira, Ferragens, Ferramentas, Material Elétrico e Material de Construção**	
46.71-1	Comércio atacadista de madeira e produtos derivados	3

46.72-9	Comércio atacadista de ferragens e ferramentas	3
46.73-7	Comércio atacadista de material elétrico	3
46.74-5	Comércio atacadista de cimento	3
46.79-6	Comércio atacadista especializado de materiais de construção não especificados anteriormente e de materiais de construção em geral	3
46.8	**Comércio Atacadista Especializado em Outros Produtos**	
46.81-8	Comércio atacadista de combustíveis sólidos, líquidos e gasosos, exceto gás natural e GLP	3
46.82-6	Comércio atacadista de gás liquefeito de petróleo (GLP)	3
46.83-4	Comércio atacadista de defensivos agrícolas, adubos, fertilizantes e corretivos do solo	3
46.84-2	Comércio atacadista de produtos químicos e petroquímicos, exceto agroquímicos	3
46.85-1	Comércio atacadista de produtos siderúrgicos e metalúrgicos, exceto para construção	3
46.86-9	Comércio atacadista de papel e papelão em bruto e de embalagens	3
46.87-7	Comércio atacadista de resíduos e sucatas	3
46.89-3	Comércio atacadista especializado de outros produtos intermediários não especificados anteriormente	3
46.9	**Comércio Atacadista Não Especializado**	
46.91-5	Comércio atacadista de mercadorias em geral, com predominância de produtos alimentícios	3
46.92-3	Comércio atacadista de mercadorias em geral, com predominância de insumos agropecuários	3
46.93-1	Comércio atacadista de mercadorias em geral, sem predominância de alimentos ou de insumos agropecuários	3
47	COMÉRCIO VAREJISTA	
47.1	**Comércio Varejista Não Especializado**	
47.11-3	Comércio varejista de mercadorias em geral, com predominância de produtos alimentícios — hipermercados e supermercados	2
47.12-1	Comércio varejista de mercadorias em geral, com predominância de produtos alimentícios — minimercados, mercearias e armazéns	2
47.13-0	Comércio varejista de mercadorias em geral, sem predominância de produtos alimentícios	2
47.2	Comércio Varejista de Produtos Alimentícios, Bebidas e Fumo	
47.21-1	Comércio varejista de produtos de padaria, laticínio, doces, balas e semelhantes	2
47.22-9	Comércio varejista de carnes e pescados — açougues e peixarias	3
47.23-7	Comércio varejista de bebidas	2
47.24-5	Comércio varejista de hortifrutigranjeiros	2
47.29-6	Comércio varejista de produtos alimentícios em geral ou especializado em produtos alimentícios não especificados anteriormente; produtos do fumo	2
47.3	Comércio Varejista de Combustíveis para Veículos Automotores	
47.31-8	Comércio varejista de combustíveis para veículos automotores	3
47.32-6	Comércio varejista de lubrificantes	3
47.4	Comécio Varejista de Material de Construção	
47.41-5	Comércio varejista de tintas e materiais para pintura	2
47.42-3	Comércio varejista de material elétrico	1
47.43-1	Comércio varejista de vidros	2
47.44-0	Comércio varejista de ferragens, madeira e materiais de construção	2
47.5	Comércio Varejista de Equipamentos de Informática e Comunicação; Equipamentos e Artigos de Uso Doméstico	
47.51-2	Comércio varejista especializado de equipamentos e suprimentos de informática	1
47.52-1	Comércio varejista especializado de equipamentos de telefonia e comunicação	1
47.53-9	Comércio varejista especializado de eletrodomésticos e equipamentos de áudio e vídeo	1
47.54-7	Comércio varejista especializado de móveis, colchoaria e artigos de iluminação	1
47.55-5	Comércio varejista especializado de tecidos e artigos de cama, mesa e banho	1
47.56-3	Comércio varejista especializado de instrumentos musicais e acessórios	1
47.57-1	Comércio varejista especializado de peças e acessórios para aparelhos eletroeletrônicos para uso doméstico, exceto informática e comunicação	1
47.59-8	Comércio varejista de artigos de uso doméstico não especificados anteriormente	1
47.6	**Comércio Varejista de Artigos Culturais, Recreativos e Esportivos**	

47.61-0	Comércio varejista de livros, jornais, revistas e papelaria	1
47.62-8	Comércio varejista de discos, CDs, DVDs e fitas	1
47.63-6	Comércio varejista de artigos recreativos e esportivos	1
47.7	**Comércio Varejista de Produtos Farmacêuticos, Perfumaria e Cosméticos e Artigos Médicos, Ópticos e Ortopédicos**	
47.71-7	Comércio varejista de produtos farmacêuticos para uso humano e veterinário	2
47.72-5	Comércio varejista de cosméticos, produtos de perfumaria e de higiene pessoal	1
47.73-3	Comércio varejista de artigos médicos e ortopédicos	1
47.74-1	Comércio varejista de artigos de óptica	1
47.8	**Comércio Varejista de Produtos Novos Não Especificados Anteriormente e de Produtos Usados**	
47.81-4	Comércio varejista de artigos do vestuário e acessórios	1
47.82-2	Comércio varejista de calçados e artigos de viagem	1
47.83-1	Comércio varejista de joias e relógios	1
47.84-9	Comércio varejista de gás liquefeito de petróleo (GLP)	3
47.85-7	Comércio varejista de artigos usados	2
47.89-0	Comércio varejista de outros produtos novos não especificados anteriormente	1
47.9	**Comércio Ambulante e Outros Tipos de Comércio Varejista**	
47.90-3	Comércio ambulante e outros tipos e comércio varejista	2
H	**TRANSPORTE, ARMAZENAGEM E CORREIO**	
49	TRANSPORTE TERRESTRE	
49.1	**Transporte Ferroviário e Metroferroviário**	
49.11-6	Transporte ferroviário de carga	3
49.12-4	Transporte metroferroviário de passageiros	3
49.2	**Transporte Rodoviário de Passageiros**	
49.21-3	Transporte rodoviário coletivo de passageiros, com itinerário fixo, municipal e em região metropolitana	3
49.22-1	Transporte rodoviário coletivo de passageiros, com itinerário fixo, intermunicipal, interestadual e internacional	3
49.23-0	Transporte rodoviário de táxi	3
49.24-8	Transporte escolar	3
49.29-9	Transporte rodoviário coletivo de passageiros, sob regime de fretamento, e outros transportes rodoviários não especificados anteriormente	3
49.3	**Transporte Rodoviário de Cargas**	
49.30-2	Transporte rodoviário de cargas	3
49.4	**Transporte Dutoviário**	
49.40-0	Transporte dutoviário	3
49.5	**Trens Turísticos, Teleféricos e Similares**	
49.50-7	Trens turísticos, teleféricos e similares	3
50	TRANSPORTE AQUAVIÁRIO	
50.1	**Transporte Marítimo de Cabotagem e Longo Curso**	
50.11-4	Transporte marítimo de cabotagem	3
50.12-2	Transporte marítimo de longo curso	3
50.2	**Transportes por Navegação Interior**	
50.21-1	Transporte por navegação interior de carga	3
50.22-0	Transporte por navegação interior de passageiros em linhas regulares	3
50.3	**Navegação de Apoio**	
50.30-1	Navagação de apoio	3
50.9	**Outros Transportes Aquaviários**	
50.91-2	Transporte por navegação de travessia	3
50.99-8	Transportes aquaviários não especificados anteriormente	3
51	TRANSPORTE AÉREO	

51.1	**Transporte Aéreo de Passageiros**	
51.11-1	Transporte aéreo de passageiros regular	3
51.12-9	Transporte aéreo de passageiros não regular	3
51.2	**Transporte Aéreo de Carga**	
51.20-0	Transporte aéreo de carga	3
51.3	**Transporte Espacial**	
51.30-7	Transporte espacial	3
52	ARMAZENAMENTO E ATIVIDADES AUXILIARES DOS TRANSPORTES	
52.1	**Armazenamento, Cargas e Descarga**	
52.11-7	Armazenamento	3
52.12-5	Carga e descarga	3
52.2	**Atividades Auxiliares dos Transportes Terrestres**	
52.21-4	Concessionárias de rodovias, pontes, túneis e serviços relacionados	3
52.22-2	Terminais rodoviários e ferroviários	3
52.23-1	Estacionamento de veículos	3
52.29-0	Atividades auxiliares dos transportes terrestres não especificadas anteriormente	3
52.3	**Atividades Auxiliares dos Transportes Aquaviários**	
52.31-1	Gestão de portos e terminais	3
52.32-0	Atividades de agenciamento marítimo	3
52.39-7	Atividades auxiliares dos transportes aquaviários não especificadas anteriormente	3
52.4	**Atividades Auxiliares dos Transportes Aéreos**	
52.40-1	Atividades auxiliares aos transportes aéreos	3
52.5	**Atividades Relacionadas à Organização do Transporte de Cargas**	
52.50-8	Atividades relacionadas à organização do transporte de cargas	3
53	CORREIO E OUTRAS ATIVIDADES DE ENTREGA	
53.1	**Atividades de Correio**	
53.10-5	Atividades de correio	2
53.2	**Atividades de Malote e de Entrega**	
53.20-2	Atividades de malote e de entrega	2
I	**ALOJAMENTO E ALIMENTAÇÃO**	
55	ALOJAMENTO	
55.1	**Hotéis e Similares**	
55.10-8	Hotéis e similares	2
55.9	**Outros Tipos de Alojamento Não Especificados Anteriormente**	
55.90-6	Outros tipos de alojamento não especificados anteriormente	2
56	ALIMENTAÇÃO	
56.1	**Restaurantes e Outros Serviços de Alimentação e Bebidas**	
56.11-2	Restaurante e outros estabelecimentos de serviços de alimentação e bebidas	2
56.12-1	Serviços ambulantes de alimentação	2
56.2	**Serviços de *Catering*, Bufê e Outros Serviços de Comida Preparada**	
56.20-1	Serviços de *catering*, bufê e outros serviços de comida preparada	2
J	**INFORMAÇÃO E COMUNICAÇÃO**	
58	EDIÇÃO E EDIÇÃO INTEGRADA À IMPRESSÃO	
58.1	**Edição de Livros, Jornais, Revistas e Outras Atividades de Edição**	
58.11-5	Edição de livros	3
58.12-3	Edição de jornais	3
58.13-1	Edição de revistas	3

58.19-1	Edição de cadastros, listas e outros produtos gráficos	3
58.2	**Edição Integrada à Impressão de Livros, Jornais, Revistas e Outras Publicações**	
58.21-2	Edição integrada à impressão de livros	3
58.22-1	Edição integrada à impressão de jornais	3
58.23-9	Edição integrada à impressão de revistas	3
58.29-8	Edição integrada à impressão de cadastros, listas e outros produtos gráficos	3
59	ATIVIDADES CINEMATOGRÁFICAS, PRODUÇÃO DE VÍDEOS E DE PROGRAMAS DE TELEVISÃO, GRAVAÇÃO DE SOM E EDIÇÃO DE MÚSICA	
59.1	**Atividades Cinematográficas, Produção de Vídeos e de Programas de Televisão**	
59.11-1	Atividades de produção cinematográfica, de vídeos e de programas de televisão	2
59.12-0	Atividades de pós-produção cinematográfica, de vídeos e de programas de televisão	2
59.13-8	Distribuição cinematográfica, de vídeo e de programas de televisão	2
59.14-6	Atividades de exibição cinematográfica	2
59.2	**Atividades de Gravação de Som e de Edição de Música**	
59.20-1	Atividades de gravação de som e de edição de música	2
60	ATIVIDADES DE RÁDIO E DE TELEVISÃO	
60.1	**Atividades de Rádio**	
60.10-1	Atividades de rádio	2
60.2	**Atividades de Televisão**	
60.21-7	Atividades de televisão aberta	2
60.22-5	Programadoras e atividades relacionadas à televisão por assinatura	2
61	TELECOMUNICAÇÕES	
61.1	**Telecomunicações por Fio**	
61.10-8	Telecomunicações por fio	2
61.2	**Telecomunicações sem Fio**	
61.20-5	Telecomunicações sem fio	2
61.3	**Telecomunicações por Satélite**	
61.30-2	Telecomunicações por satélite	2
61.4	**Operadoras de Televisão por Assinatura**	
61.41-8	Operadoras de televisão por assinatura por cabo	2
61.42-6	Operadoras de televisão por assinatura por micro-ondas	2
61.43-4	Operadoras de televisão por assinatura por satélite	2
61.9	**Outras Atividades de Telecomunicações**	
61.90-6	Outras atividades de telecomunicações	2
62	ATIVIDADES DOS SERVIÇOS DE TECNOLOGIA DA INFORMAÇÃO	
62.0	**Atividades dos Serviços de Tecnologia da Informação**	
62.01-5	Desenvolvimento de programas de computador sob encomenda	2
62.02-3	Desenvolvimento e licenciamento de programas de computador customizáveis	2
62.03-1	Desenvolvimento e licenciamento de programas de computador não customizáveis	2
62.04-0	Consultoria em tecnologia da informação	2
62.09-1	Suporte técnico, manutenção e outros serviços em tecnologia da informação	2
63	ATIVIDADES DE PRESTAÇÃO DE SERVIÇOS DE INFORMAÇÃO	
63.1	**Tratamento de Dados, Hospedagem na Internet e Outras Atividades Relacionadas**	
63.11-9	Tratamento de dados, provedores de serviços de aplicação e serviços de hospedagem na internet	2
63.19-4	Portais, provedores de conteúdo e outros serviços de informação na internet	2
63.9	**Outras Atividades de Prestação de Serviços de Informação**	
63.91-7	Agências de notícias	2
63.99-2	Outras atividades de prestação de serviços de informação não especificadas anteriormente	2

K	ATIVIDADES FINANCEIRAS, DE SEGUROS E SERVIÇOS RELACIONADOS	
64	ATIVIDADES DE SERVIÇOS FINANCEIROS	
64.1	**Banco Central**	
64.10-7	Banco Central	1
64.2	**Intermediação Monetária — Depósitos à Vista**	
64.21-2	Bancos comerciais	1
64.22-1	Bancos múltiplos, com carteira comercial	1
64.23-9	Caixas econômicas	1
64.24-7	Crédito cooperativo	1
64.3	**Intermediação Não Monetária — Outros Instrumentos de Captação**	
64.31-0	Bancos múltiplos, sem carteira comercial	1
64.32-8	Bancos de investimento	1
64.33-6	Bancos de desenvolvimento	1
64.34-4	Agências de fomento	1
64.35-2	Crédito imobiliário	1
64.36-1	Sociedades de crédito, financiamento e investimento — financeiras	1
64.37-9	Sociedades de crédito ao microempreendedor	1
64.38-7	Bancos de câmbio e outras instituições de intermediação não monetária	1
64.4	**Arrendamento Mercantil**	
64.40-9	Arrendamento mercantil	1
64.5	**Sociedades de Capitalização**	
64.50-6	Sociedades de capitalização	1
64.6	**Atividades de Sociedades de Participação**	
64.61-1	*Holdings* de instituições financeiras	1
64.62-0	*Holdings* de instituições não financeiras	1
64.63-8	Outras sociedades de participação, exceto *holdings*	1
64.7	**Fundos de Investimento**	
64.70-1	Fundos de investimento	1
64.9	**Atividades de Serviços Financeiros Não Especificadas Anteriormente**	
64.91-3	Sociedades de formento mercantil — *factoring*	1
64.92-1	Securitização de créditos	1
64.93-0	Administração de consórcios para aquisição de bens e direitos	1
64.99-9	Outras atividades de serviços financeiros não especificadas anteriormente	1
65	SEGUROS, RESSEGUROS, PREVIDÊNCIA COMPLEMENTAR E PLANOS DE SAÚDE	
65.1	**Seguros de Vida e Não Vida**	
65.11-1	Seguros de vida	1
65.12-0	Seguros não vida	1
65.2	**Seguros-Saúde**	
65.20-1	Seguros-saúde	1
65.3	**Resseguros**	
65.30-8	Resseguros	1
65.4	**Previdência Complemetar**	
65.41-3	Previdência complementar fechada	1
65.42-1	Previdência complementar aberta	1
65.5	**Planos de Saúde**	
65.50-2	Planos de saúde	1
66	ATIVIDADES AUXILIARES DOS SERVIÇOS FINANCEIROS, SEGUROS, PREVIDÊNCIA COMPLEMENTAR E PLANOS DE SAÚDE	

66.1	**Atividades Auxiliares dos Serviços Financeiros**	
66.11-8	Administração de bolsas e mercados de balcão organizados	1
66.12-6	Atividades de intermediários em transações de títulos, valores mobiliários e mercadorias	1
66.13-4	Administração de cartões de crédito	1
66.19-3	Atividades auxiliares dos serviços financeiros não especificados anteriormente	1
66.2	**Atividades Auxiliares dos Seguros, da Previdência Complementare dos Planos de Saúde**	
66.21-5	Avaliação de riscos e perdas	1
66.22-3	Corretores e agentes de seguros, de planos de previdência complementar e de saúde	1
66.29-1	Atividades auxiliares dos seguros, da previdência complementar e dos planos de saúde não especificadas anteriormente	1
66.3	**Atividades de Administração de Fundos por Contrato ou Comissão**	
66.30-4	Atividades de administração de fundos por contrato ou comissão	1
L	**ATIVIDADES IMOBILIÁRIAS**	
68	ATIVIDADES IMOBILIÁRIAS	
68.1	**Atividades Imobiliárias de Imóveis Próprios**	
68.10-2	Atividades imobiliárias de imóveis próprios	1
68.2	**Atividades Imobiliárias por Contrato ou Comissão**	
68.21-8	Intermediação na compra, venda e aluguel de imóveis	1
68.22-6	Gestão e administração da propriedade imobiliária	1
M	**ATIVIDADES PROFISSIONAIS, CIENTÍFICAS E TÉCNICAS**	
69	ATIVIDADES JURÍDICAS, DE CONTABILIDADE E DE AUDITORIA	
69.1	**Atividades Jurídicas**	
69.11-7	Atividades jurídicas, exceto cartórios	1
69.12-5	Cartórios	1
69.2	**Atividades de Contabilidade, Consultoria e Auditoria Contábil e Tributária**	
69.20-6	Atividades de contabilidade, consultoria e auditoria contábil e tributária	1
70	ATIVIDADES DE SEDES DE EMPRESAS E DE CONSULTORIA EM GESTÃO EMPRESARIAL	
70.1	**Sedes de Empresas e Unidades Administrativas Locais**	
70.10-7	Sedes de empresas e unidades administrativas locais	1
70.2	**Atividades de Consultoria em Gestão Empresarial**	
70.20-4	Atividades de consultoria em gestão empresarial	1
71	SERVIÇOS DE ARQUITETURA E ENGENHARIA; TESTES E ANÁLISES TÉCNICAS	
71.1	**Serviços de Arquitetura e Engenharia e Atividades Técnicas Relacionadas**	
71.11-1	Serviços de arquitetura	1
71.12-0	Serviços de engenharia	1
71.19-7	Atividades técnicas relacionadas à arquitetura e engenharia	1
71.2	**Testes e Análises Técnicas**	
71.20-1	Testes e análises técnicas	2
72	PESQUISA E DESENVOLVIMENTO CIENTÍFICO	
72.1	**Pesquisa e Desenvolvimento Experimental das Ciências Físicas e Naturais**	
72.10-0	Pesquisa e desenvolvimento experimental das ciências físicas e naturais	2
72.2	**Pesquisa e Desenvolvimento Experimental das Ciências Sociais e Humanas**	
72.20-7	Pesquisa e desenvolvimento experimental das ciências sociais e humanas	2
73	PUBLICIDADE E PESQUISA DE MERCADO	
73.1	**Publicidade**	
73.11-4	Agências de publicidade	1
73.12-2	Agenciamento de espaços para publicidade, exceto em veículos de comunicação	1
73.19-0	Atividades de publicidade não especificadas anteriormente	1

73.2	**Pesquisas de Mercado e de Opinião Pública**	
73.20-3	Pesquisas de mercado e de opinião pública	1
74	OUTRAS ATIVIDADES PROFISSIONAIS, CIENTÍFICAS E TÉCNICAS	
74.1	***Design* e Decoração de Interiores**	
74.10-2	*Design* e decoração de interiores	1
74.2	**Atividades Fotográficas e Similares**	
74.20-0	Atividades fotográficas e similares	2
74.9	**Atividades Profissionais, Científicas e Técnicas Não Especificadas Anteriormente**	
74.90-1	Atividades profissionais, científicas e técnicas não especificadas anteriormente	1
75	ATIVIDADES VETERINÁRIAS	
75.0	**Atividades Veterinárias**	
75.00-1	Atividades veterinárias	3
N	**ATIVIDADES ADMINISTRATIVAS E SERVIÇOS COMPLEMENTARES**	
77	ALUGUÉIS NÃO IMOBILIÁRIOS E GESTÃO DE ATIVOS INTANGÍVEIS NÃO FINANCEIROS	
77.1	**Locação de Meios de Transporte sem Condutor**	
77.11-0	Locação de automóvel sem condutor	1
77.19-5	Locação de meios de transporte, exceto automóveis, sem condutor	1
77.2	**Aluguel de Objetos Pessoais e Domésticos**	
77.21-7	Aluguel de equipamentos recreativos e esportivos	1
77.22-5	Aluguel de fitas de vídeo, DVDs e similares	1
77.23-3	Aluguel de objetos do vestuário, joias e acessórios	1
77.29-2	Aluguel de objetos pessoais e domésticos não especificados anteriormente	1
77.3	**Aluguel de Máquinas e Equipamentos sem Operador**	
77.31-4	Aluguel de máquinas e equipamentos agrícolas sem operador	1
77.32-2	Aluguel de máquinas e equipamentos para construção sem operador	1
77.33-1	Aluguel de máquinas e equipamentos para escritório	1
77.39-0	Aluguel de máquinas e equipamentos não especificados anteriormente	1
77.4	**Gestão de Ativos Intangíveis Não Financeiros**	
77.40-3	Gestão de ativos intangíveis não financeiros	1
78	SELEÇÃO, AGENCIAMENTO E LOCAÇÃO DE MÃO DE OBRA	
78.1	**Seleção e Agenciamento de Mão de Obra**	
78.10-8	Seleção e agenciamento de mão de obra	1
78.2	**Locação de mão de obra temporária**	
78.20-5	Locação de mão de obra temporária	1
78.3	**Fornecimento e Gestão de Recursos Humanos para Terceiros**	
78.30-2	Fornecimento e gestão de recursos humanos para terceiros	1
79	AGÊNCIAS DE VIAGENS, OPERADORES TURÍSTICOS E SERVIÇOS DE RESERVAS	
79.1	**Agências de Viagens e Operadores Turísticos**	
79.11-2	Agências de viagens	1
79.12-1	Operadores turísticos	1
79.9	**Serviços de Reservas e Outros Serviços de Turismo Não Especificados Anteriormente**	
79.90-2	Serviços de reservas e outros serviços de turismo não especificados anteriormente	1
80	ATIVIDADES DE VIGILÂNCIA, SEGURANÇA E INVESTIGAÇÃO	
80.1	**Atividades de Vigilância, Segurança Privada e Transporte de Valores**	
80.11-1	Atividades de vigilância e segurança privada	3
80.12-9	Atividades de transporte de valores	3
80.2	**Atividades de Monitoramento de Sistemas de Segurança**	
80.20-0	Atividades de monitoramento de sistemas de segurança	3

80.3	**Atividades de Investigação Particular**	
80.30-7	Atividades de investigação particular	3
81	SERVIÇOS PARA EDIFÍCIOS E ATIVIDADES PAISAGÍSTICAS	
81.1	**Serviços Combinados para Apoio a Edifícios**	
81.11-7	Serviços combinados para apoio a edifícios, exceto condomínios prediais	2
81.12-5	Condomínios prediais	2
81.2	**Atividades de Limpeza**	
81.21-4	Limpeza em prédios e em domicílios	3
81.22-2	Imunização e controle de pragas urbanas	3
81.29-0	Atividades de limpeza não especificadas anteriormente	3
81.3	**Atividades Paisagísticas**	
81.30-3	Atividades paisagísticas	1
82	SERVIÇOS DE ESCRITÓRIO, DE APOIO ADMINISTRATIVO E OUTROS SERVIÇOS PRESTADOS ÀS EMPRESAS	
82.1	**Serviços de Escritório e Apoio Administrativo**	
82.11-3	Serviços combinados de escritório e apoio administrativo	1
82.19-9	Fotocópias, preparação de documentos e outros serviços especializados de apoio administrativo	2
82.2	**Atividades de Teleatendimento**	
82.20-2	Atividades de teleatendimento	2
82.3	**Atividades de Organização de Eventos, Exceto Culturais e Esportivos**	
82.30-0	Atividades de organização de eventos, exceto culturais e esportivos	2
82.9	**Outras Atividades de Serviços Prestados Principalmente às Empresas**	
82.91-1	Atividades de cobrança e informações cadastrais	2
82.92-0	Envasamento e empacotamento sob contrato	2
82.99-7	Atividades de serviços prestados principalmente às empresas não especificadas anteriormente	2
O	**ADMINISTRAÇÃO PÚBLICA, DEFESA E SEGURIDADE SOCIAL**	
84	ADMINISTRAÇÃO PÚBLICA, DEFESA E SEGURIDADE SOCIAL	
84.1	**Administração do Estado e da Política Econômica e Social**	
84.11-6	Administração pública em geral	1
84.12-4	Regulação das atividades de saúde, educação, serviços culturais e outros serviços sociais	1
84.13-2	Regulação das atividades econômicas	1
84.2	**Serviços Coletivos Prestados pela Administração Pública**	
84.21-3	Relações exteriores	1
84.22-1	Defesa	1
84.23-0	Justiça	1
84.24-8	Segurança e ordem pública	1
84.25-6	Defesa civil	1
84.3	**Seguridade Social Obrigatória**	
84.30-2	Seguridade Social Obrigatória	1
P	**EDUCAÇÃO**	
85	EDUCAÇÃO	2
85.1	**Educação Infantil e Ensino Fundamental**	
85.11-2	Educação infantil — creche	2
85.12-1	Educação infantil — pré-escola	2
85.13-9	Educação fundamental	2
85.2	**Ensino Médio**	
85.20-1	Ensino médio	2
85.3	**Educação Superior**	
85.31-7	Educação superior — graduação	2

85.32-5	Educação superior — graduação e pós-graduação	2
85.33-3	Educação superior — pós-graduação e extensão	2
85.4	**Educação Profissional de Nível Técnico e Tecnológico**	
85.41-4	Educação profissional de nível técnico	2
85.42-2	Educação profissional de nível tecnológico	2
85.5	**Atividades de Apoio à Educação**	
85.50-3	Atividades de apoio à educação	2
85.9	**Outras Atividades de Ensino**	
85.91-1	Ensino de esportes	2
85.92-9	Ensino de arte e cultura	2
85.93-7	Ensino de idiomas	2
85.99-6	Atividades de ensino não especificadas anteriormente	2
Q	**SAÚDE HUMANA E SERVIÇOS SOCIAIS**	
86	ATIVIDADES DE ATENÇÃO À SAÚDE HUMANA	
86.1	**Atividades de Atendimento Hospitalar**	
86.10-1	Atividades de atendimento hospitalar	3
86.2	**Serviços Móveis de Atendimento a Urgências e de Remoção de Pacientes**	
86.21-6	Serviços móveis de atendimento a urgências	3
86.22-4	Serviços de remoção de pacientes, exceto os serviços móveis de atendimento a urgências	3
86.3	**Atividades de Atenção Ambulatorial Executadas por Médicos e Odontólogos**	
86.30-5	Atividades de atenção ambulatorial executadas por médicos e odontólogos	3
86.4	**Atividades de Serviços de Complementação Diagnóstica e Terapêutica**	
86.40-2	Atividades de serviços de complementação diagnóstica e terapêutica	3
86.5	**Atividades de Profissionais da Área de Saúde, Exceto Médicos e Odontólogos**	
86.50-0	Atividades de profissionais da área de saúde, exceto médicos e odontólogos	2
86.6	**Atividades de Apoio à Gestão de Saúde**	
86.60-7	Atividades de apoio à gestão de saúde	1
86.9	**Atividades de Atenção à Saúde Humana Não Especificadas Anteriormente**	
86.90-9	Atividades de atenção à saúde humana não especificadas anteriormente	1
87	ATIVIDADES DE ATENÇÃO À SAÚDE HUMANA INTEGRADAS COM ASSISTÊNCIA SOCIAL, PRESTADAS EM RESIDÊNCIAS COLETIVAS E PARTICULARES	
87.1	**Atividades de Assistência a Idosos, Deficientes Físicos, Imunodeprimidos e Convalescentes, e de Infraestrutura e Apoio a Pacientes Prestadas em Residências Coletivas e Particulares**	
87.11-5	Atividades de assistência a idosos, deficientes físicos, imunodeprimidos e convalescentes prestadas em residências coletivas e particulares	1
87.12-3	Atividades de fornecimento de infraestrutura de apoio e assistência a paciente no domicílio	1
87.2	**Atividades de Assistência Psicossocial e à Saúde a Portadores de Distúrbios Psíquicos, Deficiência Mental e Dependência Química**	
87.20-4	Atividades de assistência psicossocial e à saúde a portadores de distúrbios psíquicos, deficiência mental e dependência química	1
87.3	**Atividades de Assistência Social Prestadas em Residências Coletivas e Particulares**	
87.30-1	Atividades de assistência social prestadas em residências coletivas e particulares	
88	SERVIÇOS DE ASSISTÊNCIA SOCIAL SEM ALOJAMENTO	
88.0	**Serviços de Assistência Social sem Alojamento**	
88.00-6	Serviços de assistência social sem alojamento	1
R	**ARTES, CULTURA, ESPORTE E RECREAÇÃO**	
90	ATIVIDADES ARTÍSTICAS, CRIATIVAS E DE ESPETÁCULOS	
90.0	**Atividades Artísticas, Criativas e de Espetáculos**	
90.01-9	Artes cênicas, espetáculos e atividades complementares	2
90.02-7	Criação artística	2
90.03-5	Gestão de espaços para artes cênicas, espetáculos e outras atividades artísticas	1
91	ATIVIDADES LIGADAS AO PATRIMÔNIO CULTURAL E AMBIENTAL	
91.0	**Atividades Ligadas ao Patrimônio Cultural e Ambiental**	
91.01-5	Atividades de bibliotecas e arquivos	2

91.02-3	Atividades de museus e de exploração, restauração artística e conservação de lugares e prédios históricos e atrações similares	2
91.03-1	Atividades de jardins botânicos, zoológicos, parques nacionais, reservas ecológicas e áreas de proteção ambiental	2
92	ATIVIDADES DE EXPLORAÇÃO DE JOGOS DE AZAR E APOSTAS	
92.0	**Atividades de Exploração de Jogos de Azar e Apostas**	
92.00-3	Atividades de exploração de jogos de azar e apostas	1
93	ATIVIDADES ESPORTIVAS E DE RECREAÇÃO E LAZER	
93.1	**Atividades esportivas**	
93.11-5	Gestão de instalações de esportes	1
93.12-3	Clubes sociais, esportivos e similares	2
93.13-1	Atividades de condicionamento físico	2
93.19-1	Atividades esportivas não especificadas anteriormente	2
93.2	**Atividades de Recreação e Lazer**	
93.21-2	Parques de diversão e parques temáticos	2
93.29-8	Atividades de recreação e lazer não especificadas anteriormente	2
S	**OUTRAS ATIVIDADES DE SERVIÇOS**	
94	ATIVIDADES DE ORGANIZAÇÕES ASSOCIATIVAS	
94.1	**Atividades de Organizações Associativas, Patronais, Empresariais e Profissionais**	
94.11-1	Atividades de organizações associativas patronais e empresariais	1
94.12-0	Atividades de organizações associativas profissionais	1
94.2	**Atividades de Organizações Sindicais**	
94.20-1	Atividades de organizações sindicais	1
94.3	**Atividades de Associações de Defesa de Direitos Sociais**	
94.30-8	Atividades de associações de defesa de direitos sociais	1
94.9	**Atividades de Organizações Associativas Não Especificadas Anteriormente**	
94.91-0	Atividades de organizações religiosas	1
94.92-8	Atividades de organizações políticas	1
94.93-6	Atividades de organizações associativas ligadas à cultura e à arte	1
94.99-5	Atividades associativas não especificadas anteriormente	1
95	REPARAÇÃO E MANUTENÇÃO DE EQUIPAMENTOS DE INFORMÁTICA E COMUNICAÇÃO E DE OBJETOS PESSOAIS E DOMÉSTICOS	
95.1	**Reparação e Manutenção de Equipamentos de Informática e Comunicação**	
95.11-8	Reparação e manutenção de computadores e de equipamentos periféricos	3
95.12-6	Reparação e manutenção de equipamentos de comunicação	3
95.2	**Reparação e Manutenção de Objetos e Equipamentos Pessoais e Domésticos**	
95.21-5	Reparação e manutenção de equipamentos eletroeletrônicos de uso pessoal e doméstico	3
95.29-1	Reparação e manutenção de objetos e equipamentos pessoais e domésticos não especificados anteriormente	3
96	OUTRAS ATIVIDADES DE SERVIÇOS PESSOAIS	
96.0	**Outras Atividades de Serviços Pessoais**	
96.01-7	Lavanderias, tinturarias e toalheiros	2
96.02-5	Cabeleireiros e outras atividades de tratamento de beleza	2
96.03-3	Atividades funerárias e serviços relacionados	2
96.09-2	Atividades de serviços pessoais não especificadas anteriormente	2
T	**SERVIÇOS DOMÉSTICOS**	
97	SERVIÇOS DOMÉSTICOS	
97.0	**Serviços Domésticos**	
97.00-5	Serviços domésticos	2
U	**ORGANISMOS INTERNACIONAIS E OUTRAS INSTITUIÇÕES EXTRATERRITORIAIS**	
99	ORGANISMOS INTERNACIONAIS E OUTRAS INSTITUIÇÕES EXTRATERRITORIAIS	
99.0	**Organismos Internacionais e Outras Instituições Extraterritoriais**	
99.00-8	Organizações internacionais e outras instituições extraterritoriais	1

* *Informações sobre detalhamentos dos CNAE ver <http://www.ibge.gov.br/concla/default.php>.*

QUADRO II

(Alterado pela Portaria SSMT n. 34, de 11 de dezembro de 1987)

DIMENSIONAMENTO DOS SESMT

QUADRO II
DIMENSIONAMENTO DO SESMT

Grau de Risco	N. de Empregadores no Estabelecimento / Técnicos	50 a 100	101 a 250	251 a 500	501 a 1.000	1.001 a 2.000	2.001 a 3.500	3.001 a 5.000	Acima de 5.000 para cada grupo de 4.000 ou fração acima de 2.000(**)
1	Técnico Seg. Trabalho				1	1	1	2	1
	Engenheiro Seg. Trabalho						1 (*)	1	1 (*)
	Aux. Enferm. do Trabalho						1	1	1
	Enfermeiro do Trabalho							1 (*)	
	Médico do Trabalho					1(*)	1 (*)	1	1 (*)
2	Técnico Seg. Trabalho				1	1	2	5	1
	Engenheiro Seg. Trabalho					1(*)	1	1	1 (*)
	Aux. Enferm. do Trabalho					1	1	1	1
	Enfermeiro do Trabalho							1	
	Médico do Trabalho					1(*)	1	1	1
3	Técnico Seg. Trabalho		1	2	3	4	6	8	3
	Engenheiro Seg. Trabalho				1 (*)	1	1	2	1
	Aux. Enferm. do Trabalho					1	2	1	1
	Enfermeiro do Trabalho							1	
	Médico do Trabalho				1 (*)	1	1	2	1
4	Técnico Seg. Trabalho	1	2	3	4	5	8	10	3
	Engenheiro Seg. Trabalho		1 (*)	1 (*)	1	1	2	3	1
	Aux. Enferm. do Trabalho					1	2	1	1
	Enfermeiro do Trabalho							1	
	Médico do Trabalho		1 (*)	1 (*)	1	1	2	3	1

(*) Tempo parcial (mínimo de três horas).
(**) O dimensionamento total deverá ser feito levando-se em consideração o dimensionamento da faixa de 3.501 a 5.000 mais o dimensionamento do(s) grupo(s) de 4.000 ou fração de 2.000.

Obs.: Hospitais, Ambulatórios, Maternidades, Casas de Saúde e Repouso, Clínicas e estabelecimentos similares com mais de 500 (quinhentos) empregados deverão contratar um Enfermeiro em tempo integral.

QUADRO III

ACIDENTES COM VÍTIMA

Data do Mapa: ___/___/___
Responsável:____________________________ **Ass:** ____________

Setor	N. Absoluto (Abs.)	N. Abs. c/ afast. ≤ 15 dias	N. Abs. c/ afast. > 15 dias	N. Abs. s/ afast.	Índice Relativo Total de Emprega-dos	Dias/ Homens perdidos	Taxa de Frequência	Óbitos	Índice de Avaliação da Gravidade
Total do Estabelecimento									

QUADRO IV

DOENÇAS OCUPACIONAIS

Data do Mapa: ___/___/___

Responsável:______________________________ **Ass.:** ________

Tipo de Doença	N. Absoluto de Casos	Setores de Atividades dos Portadores(*)	N. Relativo de Casos (% Total Empregados)	N. de Óbito	N. de Trabalhadores Transferidos para Outro Setor	N. de Trabalhadores Definitivamente Incapacitados

QUADRO V

INSALUBRIDADE

Insalubridade:______________________________ **Data do Mapa:** ___/___/___

Responsável:______________________________ **Ass.:** ________

Setor	Agentes Identificados	Intensidade ou Concentração	N. de Trabalhadores Expostos

QUADRO VI

ACIDENTES SEM VÍTIMA

Data do Mapa: ___/___/___

Responsável:______________________________ **Ass.:** ________

Setor	N. de Acidentes	Perda Material Avaliada (Cr$ 1.000,00)	Acidentes s/vítima Acidente c/vítima	Observações
Total do Estabelecimento				

Capítulo 5

COMISSÃO INTERNA DE PREVENÇÃO DE ACIDENTES

Como enfatizado no capítulo anterior, as empresas privadas e estatais (empresas públicas e sociedades de economia mista) brasileiras, conforme o grau de risco de sua atividade principal e do número de empregados que possuam, deverão organizar e manter em funcionamento dois órgãos internos básicos destinados à prevenção de acidentes e à promoção da saúde ocupacional, mais especificamente: o Serviço Especializado em Engenharia de Segurança e em Medicina do Trabalho (SESMT) e a Comissão Interna de Prevenção de Acidentes (CIPA). Enquanto o SESMT é o órgão interno da empresa a ser constituído exclusivamente por profissionais especializados em segurança e saúde no trabalho, a CIPA será composta, via de regra, igualmente por empregados da empresa, ou melhor dizendo, do estabelecimento, e que são normalmente leigos em prevenção de acidentes. Ressalte-se, por oportuno, que a CIPA é uma comissão paritária, pois metade de seus componentes são livremente escolhidos pelo empregador e a outra metade será composta por representantes dos empregados e por esses livremente escolhidos, mediante eleição direta e secreta.

Historicamente, cabe lembrar que em face da consolidação do processo de Revolução Industrial, no final do século XIX e início do século XX, restaram evidentes a importância e a necessidade de serem criados instrumentos que conjugassem a participação ativa de empregados e empregadores objetivando a prevenção de acidentes do trabalho e de doenças ocupacionais. Em face disso, impõe-se reconhecer que os comitês de segurança ou comitês de fábricas instituídos nos países europeus que tomaram a dianteira do processo de industrialização representam, em verdade, embriões da CIPA nos moldes como se acha atualmente institucionalizada em nosso país.

A Organização Internacional do Trabalho (OIT), demonstrando crescente preocupação com a infortunística laboral, aprovou, no ano de 1921, recomendação no sentido de que todos os estabelecimentos industriais que empreguem regularmente pelo menos 25 (vinte e cinco) trabalhadores deveriam possuir um comitê de segurança.

Por intermédio do Decreto-lei n. 7.036 de 10.11.1944, foi instituída a obrigatoriedade de as empresas brasileiras criarem organismos internos, consagrando a comunhão de esforços de trabalhadores e de empregadores na busca da prevenção de acidentes de trabalho. Nesse sentido, o art. 82 do citado decreto-lei é tido como o nascedouro legal de nossas Comissões Internas de Prevenção de Acidentes (CIPAs).

Todavia, somente com a regulamentação da Lei n. 6.514 de 22.12.1977, por intermédio da Portaria MTb n. 3.214 de 8.6.1978, é que a obrigatoriedade de se constituir uma comissão prevencionista passou a ser exigida, de forma mais consistente e sistemática, nas empresas com mais de cinquenta empregados; sendo permitida, à época, a existência de uma única CIPA para atender a vários estabelecimentos de uma mesma empresa, como no caso das CIPAs Estadual e Regional. Posteriormente, a Portaria SSMT-MTb n. 33 de 27.10.1983, modificou a situação até então existente, estabelecendo novos critérios para a composição e o funcionamento da CIPA, ficando vedada a organização das citadas CIPAs Regional e Estadual, e estabelecida, como regra geral, que a constituição da comissão preventiva deveria ser feita para cada estabelecimento da empresa, observados os critérios de Grau de Risco (1, 2, 3 ou 4) e o número de empregados do estabelecimento; exceção feita às empresas de construção civil, que podem constituir CIPA CENTRALIZADA para atender a mais de um canteiro de obras ou frente de trabalho com menos de setenta empregados, desde que localizados na mesma cidade.

Algumas atividades (construção civil, mineração de subsolo, portuário, aquaviário e rural) possuem normas regulamentadoras próprias de segurança e saúde no trabalho que contêm disposições específicas sobre comissões prevencionistas; pelo que, chamamos a atenção do leitor para os seguintes dispositivos regulamentares específicos:

- item 18.33 — Comissão Interna de Prevenção de Acidentes nas Empresas da Indústria da Construção Civil, da NR-18 (Condições e Meio Ambiente de Trabalho na Indústria da Construção);

- ➢ item 22.36 — Comissão Interna de Prevenção de Acidentes na Mineração (CIPAMIN), da NR-22 (Segurança e Saúde Ocupacional na Mineração);
- ➢ item 29.2.2 — Comissão de Prevenção de Acidente no Trabalho Portuário (CPATP), da NR-29 (Segurança e Saúde no Trabalho Portuário);
- ➢ item 30.4 — Grupo de Segurança e Saúde no Trabalho a Bordo dos Navios Mercantes (GSSTB), da NR-30 (Segurança e Saúde no Trabalho Aquaviário) e
- ➢ item 31.7 — Comissão Interna de Prevenção de Acidentes do Trabalho Rural (CIPATR), da NR-31 (Segurança e Saúde no Trabalho na Agricultura, Pecuária, Silvicultura, Exploração Florestal e Aquicultura).

A Comissão Interna de Prevenção de Acidentes (CIPA) tem sua existência jurídica assegurada, em termos de legislação ordinária, nas disposições constantes nos arts. 163 a 165 da Consolidação das Leis do Trabalho (CLT) que impõem às empresas estatais e privadas brasileiras a obrigação de constituírem comissão interna de prevenção de acidentes. Disciplinando os arts. 163 a 165 da CLT temos a Portaria SSST-MTE n. 8 de 23.2.1999 que, ao revogar a Portaria SSMT-MTb n. 33 de 27.10.1983 então disciplinadora da quinta norma prevencionista, instituiu a redação da atual NR-05 (CIPA), observadas as atualizações pontuais implementadas por portarias ministeriais subsequentes, especialmente a mais recente, a Portaria SIT-MTE n. 247 de 12.7.2011.

Em assim sendo, a atual NR-05 (CIPA) estabelece a obrigatoriedade de as empresas brasileiras e demais estabelecimentos, que possuam trabalhadores contratados sob a égide da CLT, organizarem e manterem em funcionamento, por estabelecimento, uma comissão de empregados com o objetivo específico de prevenir infortúnios laborais, mediante a apresentação de sugestões e recomendações ao empregador para que melhore as condições ambientais de trabalho, eliminando as possíveis causas de acidentes do trabalho e de doenças ocupacionais.

As recomendações técnico-preventivas constantes da quinta norma regulamentadora de segurança e saúde no trabalho encontram-se agrupadas sequencialmente em cinquenta e um itens distribuídos em oito Tópicos, além de três Quadros específicos alusivos ao dimensionamento da CIPA, na forma representada no seguinte Sumário:

Sumário da NR-05 (CIPA)

a) Objetivo (item 5.1);
b) Constituição (itens 5.2 a 5.5);
c) Organização (itens 5.6 a 5.15);
d) Atribuições (itens 5.16 a 5.22);
e) Funcionamento (itens 5.23 a 5.31);
f) Treinamento (itens 5.32 a 5.37);
g) Processo Eleitoral (itens 5.38 a 5.45) e,
h) Contratantes e Contratadas (itens 5.46 a 5.50).
i) Disposições Finais (item 5.51 *revogado pela Portaria SIT-MTE n. n. 247 de 12.7.2011*).

- ➢ **Quadro I:** Dimensionamento da CIPA;
- ➢ **Quadro II:** Agrupamento de setores econômicos pela Classificação Nacional de Atividades Econômicas (CNAE), para dimensionamento da CIPA; e
- ➢ **Quadro III:** Relação da CNAE com o correspondente Agrupamento para Dimensionamento da CIPA.

No tocante à garantia de permanência no emprego do membro da CIPA (Estabilidade do CIPEIRO) convém dizer que, apesar de o art. 165 do Estatuto Obreiro anteriormente restringir dita estabilidade provisória no emprego aos titulares representantes dos empregados e de forma limitada ao período de duração do mandato da CIPA, não se pode esquecer que, a partir de 5.10.1988, o Constituinte de 1988, em disposição específica (alínea "a" do inciso II do art. 10 do Ato das Disposições Constitucionais Transitórias (ADCT-CF-1988), ampliou significativamente essa garantia, na medida em que expressamente proibiu a dispensa arbitrária ou sem justa causa do empregado eleito para a CIPA, desde o registro de sua candidatura até um ano após o final de seu mandato. Observe-se que a duração do mandato da CIPA é de um ano, em se tratando de atividade urbana, e de dois anos, no caso da CIPA rural.

Importante destacar que, de longa data, o Colendo Tribunal Superior do Trabalho (TST) firmou entendimento jurisprudencial, consubstanciado na Súmula TST n. 339, no sentido de que a estabilidade provisória no emprego prevista na alínea "a" do art. 10 do ADCT-CF-1988 também beneficia os suplentes da representação dos empregados na CIPA. Posteriormente, foi acrescido a essa súmula jurisprudencial o inciso II no sentido de que, com o encerramento das atividades do estabelecimento tem-se a extinção da CIPA, e prejudicada fica a continuidade da estabilidade provisória dos membros da CIPA; ou seja, não há que se falar em garantia de permanência no emprego aos membros da CIPA, quando ocorrida a extinção total das atividades produtivas do estabelecimento.

Ao enfrentar a controvérsia acerca da Estabilidade Provisória dos representantes dos empregados na CIPA, o Excelso Supremo Tribunal Federal (STF) referendou o posicionamento jurisprudencial do Colendo TST e editou a Súmula STF n. 676, convalidando a tese de que todos os representantes dos empregados, tanto os titulares quanto os suplentes, não poderão sofrer despedida arbitrária, ou seja, sem justa causa, desde o momento em que se inscreveram como candidatos à eleição da CIPA e, se eleitos, essa garantia de manutenção contratual se prorroga para até um ano após o término do mandato.

Quanto ao atual Dimensionamento da CIPA, não mais prevalece a anterior regra simples do Grau de Risco (1, 2, 3 ou 4), pois devem ser consultados os Quadros II e III da nova NR-05 para se obter o agrupamento econômico em que se encaixa o estabelecimento cuja CIPA se pretende dimensionar e, a partir daí, obter o correto dimensionamento no Quadro I da nova NR-05. Exemplificando, para dimensionar a CIPA de um estabelecimento cuja atividade principal é Fabricação de Biscoitos e Bolachas e que possua 400 (quatrocentos) empregados, deve-se proceder da seguinte forma:

- Consultando-se o Quadro III: Relação da Classificação Nacional de Atividades Econômicas (CNAE), evidencia-se que Fabricação de Biscoitos e Bolachas corresponde ao código específico 10.92-9 da CNAE e, da mesma forma, constata-se que dita atividade se encaixa no agrupamento C-2 (Alimentos);
- Consultando-se, em seguida, o Quadro I: Dimensionamento da CIPA, na interseção do código 10.92-9 (Grupo C-2) com a faixa de 301 a 500 (trezentos e um a quinhentos) empregados, abrangendo os 400 (quatrocentos) empregados do estabelecimento mencionado, obtém-se que o atual e correto dimensionamento da CIPA do citado estabelecimento será de:
    - Cinco efetivos (ou titulares) representantes dos empregados (eleitos);
    - Cinco efetivos (ou titulares) representantes do empregador (nomeados);
    - Quatro suplentes dos representantes dos empregados (eleitos);
    - Quatro suplentes dos representantes do empregador (nomeados).

Registre-se, por oportuno, que quando o estabelecimento não se enquadrar no Quadro I da NR-05 e, portanto, for legalmente dispensado de possuir CIPA, a empresa deverá designar um responsável pelo cumprimento dos objetivos prevencionistas. O Empregado Designado para centralizar as questões de prevenção de acidentes, por não ter sido eleito pelos empregados e sim livremente indicado pelo empregador, não é beneficiado pela estabilidade provisória constitucional contida na alínea "a" do inciso II do art. 10 do ADCT-CF-1988.

O Objetivo da CIPA, certamente, é a prevenção de acidentes do trabalho, inclusive na modalidade de doenças ocupacionais, e o desenvolvimento de suas ações preventivas consiste, basicamente, em observar e relatar condições de risco nos ambientes de trabalho e solicitar medidas para reduzir até eliminar os riscos existentes e/ou neutralizá-los, discutir os acidentes ocorridos, encaminhando ao SESMT e ao empregador o resultado da discussão, solicitar medidas que previnam acidentes semelhantes e, ainda, orientar os demais trabalhadores quanto à prevenção de acidentes.

No que concerne à Organização da CIPA, a norma regulamentadora atual mantém a disposição de que dita comissão prevencionista será composta de representantes do empregador e dos empregados, de acordo com o dimensionamento previsto no novo Quadro I da NR-05 (CIPA), ressalvadas disposições específicas disciplinadas em atos normativos para determinados setores econômicos. Em sendo uma comissão paritária, metade dos membros titulares e suplentes será designada pelo empregador, enquanto a outra metade de titulares e suplentes constituirá a representação dos empregados por meio de eleição direta e secreta, para um mandato com duração de um ano, permitida uma reeleição. É sabido que o Presidente da CIPA será escolhido pelo empregador dentre seus representantes titulares, ao passo que o Vice-Presidente será escolhido pelos titulares representantes dos empregados, dentre eles próprios. Os membros titulares da CIPA, em comum acordo, escolherão o Secretário e seu substituto, dentre os componentes ou não da comissão, sendo neste caso necessária a concordância do empregador.

Quanto às garantias legais para o pleno Funcionamento da CIPA, é oportuno destacar que a norma regulamentadora em comento, como não poderia ser diferente, reiterou ser proibida a dispensa arbitrária ou sem justa causa do empregado eleito para cargo de direção de CIPA desde o registro de sua candidatura até um ano após o final de seu mandato, tal como tipificado na citada alínea "a" do inciso II do art. 10 do ADCT da CF-1988. Outrossim, prevê a citada norma preventiva serem garantidas aos "CIPEIROS" condições que não descaracterizem suas atividades normais na empresa, sendo vedada a transferência para outro estabelecimento sem sua expressa anuência, ressalvadas as exceções legais que não configurem alteração contratual, nos termos previstos nos arts. 468 e 469 da CLT, que se encontram reproduzidos nos Fundamentos Jurídicos deste Capítulo, a exemplo de todos os dispositivos legais ou jurisprudenciais já reportados.

Atualmente, não é mais necessário o Registro da CIPA na Superintendência Regional do Trabalho e Emprego (SRTE), tampouco o envio de cópia de atas de eleição dos representantes dos empregados, de instalação e posse de todos os membros e do calendário anual de reuniões ordinárias mensais; devendo dita documentação de organização da CIPA permanecer no estabelecimento à disposição da Fiscalização Trabalhista. Todavia, estipula a Portaria SIT-MTE n. 247 de 12.7.2011, que deu a redação atual aos itens 5.14 e 5.15 da NR-05 (CIPA), a obrigatoriedade de o empregador fornecer cópias das atas de eleição e posse aos membros titulares e suplentes da CIPA, mediante recibo. E, quando solicitado, deverá encaminhar cópia de tais documentos ao correspondente Sindicato de Trabalhadores.

De acordo com o disposto no item 5.15 da NR-05 e com o entendimento sedimentado pela Súmula TST n. 339, a CIPA não poderá ter seu número de representantes reduzido, bem como não poderá ser desativada pelo empregador antes do término do mandato de seus membros, ainda que haja redução do número de empregados da empresa, salvo no caso de encerramento das atividades do estabelecimento.

A quinta norma regulamentadora de segurança e saúde no trabalho expressamente dispõe que são Atribuições da CIPA:

- identificar os riscos do processo de trabalho e elaborar o mapa de riscos ambientais, com a participação do maior número de trabalhadores, com assessoria do SESMT, onde houver;
- elaborar um plano de trabalho que possibilite a ação preventiva na solução de problemas de segurança e saúde no trabalho;
- participar da implementação e do controle da qualidade das medidas de prevenção necessárias, bem como da avaliação das prioridades de ação nos locais de trabalho;
- realizar, periodicamente, verificações nos ambientes e condições de trabalho visando à identificação de situações que venham a trazer riscos para a segurança e saúde dos trabalhadores;
- realizar, a cada reunião ordinária mensal, uma avaliação do cumprimento das metas fixadas em seu plano de trabalho e discutir as situações de risco que foram identificadas;
- divulgar aos trabalhadores informações relativas à segurança e saúde no trabalho;
- participar, com o SESMT, onde houver, das discussões promovidas pelo empregador, para avaliar os impactos de alterações no ambiente e processo de trabalho relacionados à segurança e saúde dos trabalhadores;
- requerer ao SESMT, quando houver, ou ao empregador, a paralisação de máquina ou setor onde considere haver risco grave e iminente à segurança e saúde dos trabalhadores;

- colaborar no desenvolvimento e implementação do Programa de Controle Médico de Saúde Ocupacional (PCMSO) e do Programa de Prevenção de Riscos Ambientais (PPRA) e de outros programas relacionados à segurança e saúde no trabalho;
- divulgar e promover o cumprimento das normas regulamentadoras, bem como cláusulas de acordos e convenções coletivas de trabalho, relativas à segurança e saúde no trabalho;
- participar, em conjunto com o SESMT, onde houver, ou com o empregador da análise das causas das doenças e acidentes de trabalho e propor medidas de solução dos problemas identificados;
- requisitar ao empregador e analisar as informações sobre questões que tenham interferido na segurança e saúde dos trabalhadores;
- requisitar à empresa as cópias das Comunicações de Acidentes do Trabalho (CAT) emitidas;
- promover, anualmente, em conjunto com o SESMT, onde houver, a Semana Interna de Prevenção de Acidentes do Trabalho (SIPAT);
- participar, anualmente, em conjunto com a empresa, de Campanhas de Prevenção da AIDS.

Outrossim, prevê a norma regulamentadora em comento que compete ao empregador proporcionar aos membros da CIPA os meios necessários ao efetivo desempenho de suas atribuições, garantindo-lhes tempo suficiente para a realização das tarefas constantes do plano de trabalho prevencionista.

Estipula a norma regulamentadora em apreço que são Deveres dos Empregados:

- participar da eleição de seus representantes;
- colaborar com a gestão da CIPA;
- indicar à CIPA, ao SESMT e ao empregador situações de riscos e apresentar sugestões para melhoria das condições de trabalho;
- observar e aplicar no ambiente de trabalho as recomendações quanto à prevenção de acidentes e doenças decorrentes do trabalho.

Tipifica a NR-05 como atribuições específicas do Presidente da CIPA:

- convocar os membros para as reuniões da CIPA;
- coordenar as reuniões da CIPA, encaminhando ao empregador e ao SESMT, quando houver, as decisões da comissão;
- manter o empregador informado sobre os trabalhos da CIPA;
- coordenar e supervisionar as atividades de secretaria; e
- delegar atribuições ao Vice-Presidente.

De forma análoga, estipula a NR-05 que são atribuições específicas do Vice-Presidente da Comissão Prevencionista:

- executar atribuições que lhe forem delegadas; e
- substituir o Presidente nos seus impedimentos eventuais ou nos seus afastamentos temporários.

Estabelece, mais, a atual NR-05 que o Presidente e o Vice-Presidente da CIPA, além de suas atribuições específicas, desenvolverão em conjunto as seguintes atribuições:

- cuidar para que a CIPA disponha de condições necessárias para o desenvolvimento de seus trabalhos;
- coordenar e supervisionar as atividades da CIPA, zelando para que os objetivos propostos sejam alcançados;
- delegar atribuições aos membros da CIPA;
- promover o relacionamento da CIPA com o SESMT, quando houver;
- divulgar as decisões da CIPA a todos os trabalhadores do estabelecimento;

- encaminhar os pedidos de reconsideração das decisões da CIPA; e
- constituir a comissão eleitoral.

Noutro compasso, estatui a nova NR-05, objetivando o pleno Funcionamento da CIPA, que:

- deverão ser realizadas reuniões ordinárias mensais, e reuniões extraordinárias conforme o caso.
- as atas de todas as reuniões da CIPA deverão ser assinadas pelos presentes com encaminhamento de cópias para todos os membros, devendo os originais permanecer no estabelecimento à disposição da fiscalização trabalhista.
- as decisões da CIPA serão preferencialmente tomadas por consenso de seus membros, porém, frustradas as tentativas de negociação direta ou com mediação, será instalado processo de votação, registrando-se a ocorrência na ata da reunião. Das decisões da CIPA caberá pedido de reconsideração, mediante requerimento justificado. Dito pedido de reconsideração será apresentado à CIPA até a próxima reunião ordinária, quando será analisado, devendo o Presidente e o Vice efetivarem os encaminhamentos necessários.

A exemplo da anterior NR-05, a atual mantém a obrigatoriedade de realização de duas modalidades de Reuniões da CIPA:

- Reunião Ordinária, com todos seus membros, no mínimo uma vez por mês, em local apropriado e durante o expediente normal da empresa, obedecendo ao calendário anual previamente fixado por ocasião da instalação e posse dos seus membros.
- Reunião Extraordinária, sempre que configurada uma das seguintes hipóteses: houver denúncia de situação de risco grave e iminente que determine a aplicação de medidas corretivas de emergência; ocorrer acidente do trabalho grave ou fatal, entendendo-se como tal aquele que resulte em morte, perda de membro ou de função orgânica ou ainda que cause prejuízo de grande monta à empresa; ou, solicitação expressa de uma das representações (dos empregados ou do empregador) da CIPA.

Malgrado a quinta norma regulamentadora de segurança e saúde no trabalho não estipule especificamente uma sequência a ser obedecida durante a realização de uma reunião ordinária da CIPA, normalmente, segue-se o seguinte roteiro informal:

- leitura da ata da reunião anterior, onde constem local, dia e hora da reunião, representantes presentes, assuntos discutidos e medidas tomadas;
- recapitulação de todas as medidas sugeridas na reunião anterior, mencionando-se as que foram solucionadas e as que ficaram em pauta para a próxima reunião;
- análise dos acidentes ocorridos e investigados no período posterior à última reunião realizada;
- discussão das inspeções de segurança realizadas na empresa pelos membros da CIPA, no período compreendido entre a última e a atual reunião;
- avaliação do cumprimento das metas fixadas em seu plano de trabalho e discussão das situações de risco que foram identificadas;
- faculta-se a palavra para quem dela quiser fazer uso e deseje apresentar sugestões prevencionistas;
- as decisões da CIPA serão preferencialmente tomadas por consenso de seus membros, porém, frustradas as tentativas de negociação direta ou com mediação, será instalado processo de votação, registrando-se a ocorrência na ata da reunião. Das decisões da CIPA caberá pedido de reconsideração, mediante requerimento justificado. Dito pedido de reconsideração será apresentado à CIPA até a próxima reunião ordinária, quando será analisado, devendo o Presidente e o Vice efetivarem os encaminhamentos necessários;
- sempre que possível, um dos representantes da CIPA ou algum convidado proferirá palestra específica sobre tema relacionado com a prevenção de acidentes ou doenças ocupacionais;
- encerramento da reunião, devendo todos os membros assinarem a ata, e ser providenciada uma cópia para cada membro efetivo da CIPA. Além disso, as atas das reuniões (originais) deverão permanecer no estabelecimento à disposição da fiscalização trabalhista.

Sobre Perda de Mandato, prevê a NR-05 que o membro efetivo (titular) perderá o mandato, sendo substituído por suplente, quando faltar a mais de quatro reuniões ordinárias sem justificativa. A vacância definitiva de cargo, ocorrida durante o mandato, será suprida por suplente, obedecida a ordem de colocação decrescente que consta na ata de eleição, devendo os motivos ser registrados em ata de reunião. No caso de afastamento definitivo do Presidente, o empregador indicará o substituto, em dois dias úteis, preferencialmente entre os membros da CIPA. No caso de afastamento definitivo do Vice-Presidente, os membros titulares da representação dos empregados escolherão o substituto, entre seus titulares, em dois dias úteis. Caso não existam suplentes para ocupar o cargo vago, o empregador deve realizar eleição extraordinária, cumprindo todas as exigências estabelecidas para o processo eleitoral, exceto quanto aos prazos, que serão reduzidos pela metade. O mandato do membro eleito em processo eleitoral extraordinário deve ser compatibilizado com o mandato dos demais membros da Comissão. Outrossim, o treinamento de membro eleito em processo extraordinário deve ser realizado no prazo máximo de trinta dias, contados a partir da data da posse.

Configurada a dispensa sem justa causa do membro da CIPA representante dos empregados, no período compreendido entre o registro da candidatura e até um ano após o término do mandato, é assegurado ao mesmo o direito de propor reclamação trabalhista numa das Varas da Justiça do Trabalho, pleiteando sua reintegração no emprego, bem como o pagamento de salários vencidos e vincendos. Convém lembrar que dita garantia constitucional não objetiva conceder indenização ao trabalhador e, sim, assegurar o seu imediato retorno ao trabalho de modo a cumprir legalmente suas atribuições prevencionistas enquanto representante eleito pelos trabalhadores; somente em casos excepcionais é possível converter a reintegração em indenização salarial relativamente ao período de estabilidade provisória.

Importante destacar que a garantia provisória de permanência no emprego, constitucionalmente assegurada aos representantes dos empregados na comissão interna de prevenção de acidentes, não prevalece quando o membro da CIPA pratica falta grave; afinal de contas, o Direito não deve proteger o mau trabalhador. Observe-se, porém, que a falta grave, tal como descrito no art. 482 Consolidado, somente se consubstancia quando ficar devidamente comprovado que o trabalhador praticou atos desabonadores de seu comportamento profissional, como, por exemplo: improbidade, incontinência de conduta ou mau procedimento, desídia no desempenho das respectivas funções, violação de segredo da empresa, indisciplina, insubordinação, abandono de emprego e atos lesivos da honra ou da boa fama praticados contra o empregador, superiores hierárquicos ou contra qualquer pessoa no serviço, ou ofensas físicas, nas mesmas condições, salvo em caso de legítima defesa, própria ou de outrem. Em síntese, se o empregado, inclusive o membro da CIPA representante dos trabalhadores, praticar qualquer uma das modalidades de falta grave, o empregador poderá consumar sua rescisão contratual na modalidade de justa causa.

Sabidamente, qualquer empregado da empresa poderá inscrever-se como candidato à representação dos empregados na CIPA do estabelecimento onde desenvolve suas atividades. Todavia, isso não significa dizer que o empregado contratado por prazo determinado deva ser beneficiado com a garantia de permanência no emprego constitucionalmente conferida ao representante dos empregados eleitos para a CIPA, nos termos previstos na alínea "a", do inciso II, do art. 10, do ADCT-CF-1988, pois tal contrato possui natureza temporária, e a garantia constitucional objetiva proteger o CIPEIRO da despedida arbitrária ou sem justa causa.

Quanto à possibilidade legal de um integrante do SESMT poder ou não candidatar-se à eleição da CIPA, cabe lembrar que, consoante dito antes, o pré-requisito para concorrer à eleição da CIPA é que o trabalhador seja empregado da empresa e desenvolva atividades no estabelecimento onde se realizará a eleição; logo, o profissional integrante do SESMT que satisfaz a esse requisito poderá sim concorrer à eleição. Não obstante, entendemos ser flagrantemente indevido dito procedimento, por revelar, no mínimo, que esse integrante do SESMT não está devidamente imbuído de seu papel na prevenção de acidentes na empresa. Ressalte-se, a propósito, que a missão da CIPA é, em última análise, possibilitar que os trabalhadores em geral possam participar ativamente do processo preventivo, e que as recomendações da CIPA sejam, oportunamente e por decisão patronal, submetidas à competente análise técnica por parte do SESMT; de modo que, se o membro do SESMT for, simultaneamente, membro da CIPA, haverá, no mínimo, uma indevida confusão de papéis.

A atual regulamentação da CIPA apresenta um melhor detalhamento do Processo Eleitoral dos representantes dos empregados, sendo necessário destacar que compete ao empregador convocar a eleição, no prazo mínimo de sessenta dias antes do término do mandato em curso, devendo tal fato ser comunicado ao Sindicato da Categoria Profissional correspondente. Na primeira eleição, competirá à empresa a constituição de uma Comissão Eleitoral (CE). A partir da segunda eleição, o Presidente e o Vice-Presidente constituirão dentre os membros da CIPA, no prazo mínimo de cinquenta e cinco dias antes do término do mandato em curso, a Comissão Eleitoral, que será a responsável pela organização e acompanhamento do processo eleitoral. Em resumo, no processo eleitoral deverão ser observadas as seguintes regras básicas:

- publicação e divulgação de Edital de Convocação de Eleição, em locais de fácil acesso e visualização, no prazo mínimo de 45 (quarenta e cinco) dias antes do término do mandato em curso;
- inscrição e eleição individual, sendo que o período mínimo para inscrição de candidatos será de quinze dias;
- liberdade de inscrição para todos os empregados do estabelecimento, independentemente de setores ou locais de trabalho, com fornecimento de comprovante de inscrição como candidato;
- realização da eleição no prazo mínimo de 30 (trinta) dias antes do término do mandato da CIPA, em dia normal de trabalho, respeitando os horários de turnos de serviço e em horário que possibilite a participação da maioria dos empregados;
- voto secreto e garantida a apuração em horário normal de trabalho, com acompanhamento de representante do empregador e dos empregados, em número a ser definido pela comissão eleitoral;
- guarda, pelo empregador, de todos os documentos relativos à eleição, por um período mínimo de cinco anos.

Oportuno registrar, mais, que a atual redação da NR-05 estabelece que, quando o número de votantes que comparecer às urnas for inferior a cinquenta por cento dos empregados da empresa, não se fará a apuração dos votos e a comissão eleitoral deverá organizar outra votação que ocorrerá no prazo máximo de dez dias.

De se observar que as denúncias sobre irregularidades no processo eleitoral da CIPA deverão ser protocolizadas até trinta dias após a data da posse dos novos membros, na Superintendência Regional do Trabalho e Emprego (SRTE-MTE), competindo a esse órgão, confirmados os vícios no processo eleitoral, determinar sua correção ou proceder à anulação quando for o caso. Registre-se, por oportuno, que a Portaria MTE n. 82 de 23.2.1999 fixou o prazo de sessenta dias para que a SRTE decida acerca de denúncias sobre irregularidades relativas ao processo eleitoral da CIPA.

Em caso de anulação do processo eleitoral da CIPA, a empresa deverá convocar nova eleição no prazo de cinco dias, a contar da data de ciência da decisão do órgão regional (SRTE), garantidas as inscrições anteriores. Quando a anulação se der antes da posse dos membros da CIPA, ficará assegurada a prorrogação do mandato anterior, quando houver, até a complementação do processo eleitoral. Outrossim, o treinamento do eleito em processo extraordinário deve ser realizado no prazo máximo de trinta dias, a partir da data da posse.

Merece ser registrado sobre o Treinamento da CIPA, que a empresa deverá promovê-lo para todos os membros, titulares e suplentes, antes da posse, salvo no caso de primeiro mandato, quando então deverá ser realizado no prazo máximo de trinta dias subsequentes à data da primeira posse da comissão interna. Igualmente, o empregado designado pelo empregador para responder pelas atribuições prevencionistas, nas empresas legalmente dispensadas de organizarem CIPA, deverá receber o mesmo treinamento previsto para os CIPEIROS (ou CIPISTAS). O conteúdo programático está delineado no item 5.33 da NR-05, e a carga horária do treinamento será de vinte horas, distribuídas em, no máximo, oito horas diárias, e será realizado durante o expediente normal da empresa, podendo ser ministrado, a critério de empregador, pelo SESMT da empresa, entidade patronal, entidade de trabalhadores ou por profissional que possua conhecimentos sobre os temas ministrados. A atual NR-05 foi silente quanto à obrigatoriedade da participação do Secretário da CIPA no treinamento básico em prevenção de acidentes, entretanto, é óbvio que tal se revela extremamente salutar para o bom funcionamento da comissão preventiva.

Atualmente, não mais se faz obrigatório o credenciamento de entidades para ministrar o Curso Básico em Prevenção de Acidentes para os membros da CIPA junto à SRTE-MTE; competindo à CIPA ser ouvida acerca do treinamento a ser realizado, inclusive quanto à entidade ou o profissional que o ministrará, constando sua manifestação em ata de reunião. Constatada qualquer irregularidade na realização do aludido treinamento, a unidade descentralizada do MTE (SRTE-MTE) determinará sua complementação ou a realização de outro treinamento, que será efetuado no prazo máximo de trinta dias, contados da data de ciência da empresa acerca dessa decisão. A atual NR-05 (CIPA) fixou o prazo de trinta dias para que o Superintendente Regional do Trabalho e Emprego decida acerca de denúncias sobre irregularidades relativas ao Treinamento da CIPA.

Sobre empresas contratantes e contratadas, dispõe a NR-05 em vigor que, em se tratando de empreiteiras ou empresas prestadoras de serviços, considera-se estabelecimento o local em que seus empregados estiverem exercendo suas atividades. Sempre que duas ou mais empresas atuarem em um mesmo estabelecimento, a CIPA ou o empregado designado da empresa contratante deverá, em conjunto com os das contratadas ou com os designados destas, definir mecanismos de integração e de participação de todos os trabalhadores em relação às decisões das CIPAs existentes no estabelecimento. As empresas contratantes e contratadas, que atuem em um mesmo estabelecimento, deverão implementar, de forma integrada, medidas de prevenção de acidentes e doenças do trabalho, de forma a garantir o mesmo nível de proteção em matéria de segurança e saúde a todos os trabalhadores do estabelecimento. A empresa contratante adotará medidas necessárias para que as empresas contratadas, suas comissões prevencionistas ou os empregados designados pelo empregador e os demais trabalhadores lotados naquele estabelecimento recebam informações sobre os riscos presentes no ambiente de trabalho, bem como sobre as medidas de proteção adequadas. Além disso, a empresa contratante deverá adotar as providências necessárias para acompanhar o cumprimento, pelas empresas contratadas que atuam no seu estabelecimento, das medidas de segurança e saúde no trabalho.

Conforme visto anteriormente, a atual NR-05 (CIPA) trouxe algumas inovações significativas, merecendo destaque o seguinte:

- não obrigatoriedade do Registro da CIPA na SRTE e do Livro de Atas;
- dispensa de preenchimento dos conhecidos formulários: Anexo I (Ficha de Informações Trimestrais) e Anexo II (Ficha de Análise de Acidentes), previstos na anterior regulamentação da NR-05 (CIPA);
- dispensa de credenciamento na SRTE das entidades que ministram Treinamentos Básicos em Prevenção de Acidentes para membros da CIPA;
- especificação de atribuições comuns para o Presidente e o Vice-Presidente da CIPA;
- melhor disciplinamento do processo eleitoral dos representantes dos empregados na CIPA, especialmente no que concerne à prévia notificação ao Órgão Sindical Profissional correspondente;
- dimensionamento da CIPA adequado à atividade do estabelecimento, sendo que o número de suplentes, em algumas situações específicas, poderá ser inferior ao número de titulares.

Nos últimos anos tem sido observado por parte da Secretaria de Inspeção do Trabalho (SIT-MTE) uma maior valorização da CIPA, tanto assim que as recentes modificações efetuadas noutras normas preventivas estabeleceram a obrigatoriedade de discussão e participação da comissão interna de prevenção de acidentes na busca de melhorias das condições ambientais de trabalho, o que se comprova pelas seguintes inovações modificadoras:

- determina a NR-07 (PCMSO) que o Relatório Anual do Programa de Controle Médico de Saúde Ocupacional deverá ser apresentado e discutido na CIPA;
- dispõe a NR-09 (PPRA) que o documento-base do Programa de Prevenção de Riscos Ambientais deverá ser apresentado e discutido na CIPA;
- estatui a NR-13 (Caldeiras, Vasos de Pressão e Tubulações), que o empregador deverá propiciar pleno acesso da CIPA à documentação referente às caldeiras e vasos de pressão (Prontuário, Registro de Segurança, Projetos de Instalação, Projetos de Alteração ou Reparo, e Relatórios de Inspeção de Segurança).

Doravante, será apresentado o MÓDULO COMPLEMENTAR deste Capítulo, contendo Modelos ou Formulários sempre objetivando a praticidade de alguns dos tópicos expostos ou, quem sabe, auxiliar o profissional de segurança e saúde no trabalho iniciante em sua rotina diária. Em seguida, constam reproduzidos os FUNDAMENTOS JURÍDICOS (dispositivos legais, infralegais ou regulamentares e jurisprudenciais específicos) que propiciam o suporte de validade jurídica à temática em análise, observando-se as ordens hierárquica e cronológica. Ao final, encontra-se igualmente transcrita, de forma integral e atualizada, a correspondente norma regulamentadora de segurança e saúde no trabalho que intitula este Capítulo.

MÓDULO COMPLEMENTAR DO CAPÍTULO 5

EDITAL DE CONVOCAÇÃO PARA INSCRIÇÃO DE CANDIDATOS

Pelo presente edital, ficam convocados todos os empregados desta empresa que desejem se CANDIDATAR A MEMBROS da Comissão Interna de Prevenção de Acidentes, na condição de representantes dos empregados, no sentido de que compareçam ao Setor ...., até o dia ...., às ....horas, de modo a efetuarem o registro de suas candidaturas.

Natal-RN, 9 de Agosto de 2015.

....

(Presidente da Comissão Eleitoral)

EDITAL DE CONVOCAÇÃO DE ELEIÇÃO DA CIPA

Pelo presente edital, ficam convocados todos os empregados desta empresa para participarem da ELEIÇÃO de seus representantes na Comissão Interna de Prevenção de Acidentes, em respeito ao que estatuído no item 5.5 da Norma Regulamentadora NR-05: CIPA, da Portaria SSMT-MTE n. 8 de 23.02.1999, que regulamentou os arts. 163 a 165 da Consolidação das Leis do Trabalho (CLT), a ser realizada, em escrutínio secreto, no dia ...., às .... horas, no .... (local).

APRESENTAR-SE-ÃO E SERÃO VOTADOS OS SEGUINTES CANDIDATOS: ....

Local e Data. ....

....

(Presidente da Comissão Eleitoral)

ATA DE ELEIÇÃO DOS REPRESENTANTES DOS EMPREGADOS

Aos ...... dias do mês de .... do ano de ...., neste estabelecimento, com a presença dos Senhores: ...., instalou-se a mesa receptora e apuradora dos votos para escolha dos representantes dos empregados na CIPA, conforme disposto no Edital de Convocação n. .... datado de ___/___/___. Às...... horas, o Sr. Presidente da mesa declarou iniciados os trabalhos, tendo convidado a mim, ..., para atuar como Secretário da presente eleição.

Durante a votação, verificaram-se as seguintes ocorrências: .... (registrar as que tiver havido ou indicar que não ocorreu nenhuma anormalidade). Às ....:..... horas, o Sr. Presidente declarou encerrados os trabalhos de votação, verificando-se que compareceram .... (número por extenso) empregados-eleitores, e, em seguida, passou-se à apuração, na presença de quantos desejassem, em especial dos candidatos presentes: ....

Apurados os votos, obteve-se o seguinte resultado:

Titulares (votos) Suplentes (votos)

....

Demais votados, não eleitos, em ordem decrescente de votos:

....

Total de votos em Branco: ....

Total de votos Nulos: ....

E, para constar, mandou o Sr. Presidente da sessão fosse lavrada a presente ata de eleição, por mim assinada ...., Secretário da Sessão, pelo Sr. Presidente da Mesa e pelos Candidatos Presentes.

Local e Data, ...

....

Presidente da Mesa Secretário da Sessão

Candidatos Presentes:

....

ATA DE INSTALAÇÃO E POSSE DOS MEMBROS DA CIPA

Aos ...... dias do mês de .... do ano de ...., no Estabelecimento sito à......................., nesta cidade, presente(s) o(s) Senhor(es) Diretor(es) da Empresa: ...., bem como os empregados, conforme Livro de Presença, reuniram-se para Instalação e Posse da CIPA deste Estabelecimento, de acordo com o estabelecido na NR-05, da Portaria SSMT/MTE n. 8, de 23.2.1999.

Às .... horas, o Senhor ...., representante da Empresa e Presidente da Sessão, tendo convidado a mim, ..., para Secretário desta sessão, declarou abertos os trabalhos, lembrando a todos os objetivos da Reunião, quais sejam: Instalação e Posse dos Componentes da CIPA e Elaboração do Calendário Anual de Reuniões. Continuando, declarou Instalada a Comissão Interna de Prevenção de Acidentes (CIPA), e EMPOSSADOS OS REPRESENTANTES DO EMPREGADOR:

Titulares — Setor — Suplentes — Setor

.... — .... — .... — ....

Da mesma forma, declarou EMPOSSADOS OS REPRESENTANTES ELEITOS PELOS EMPREGADOS:

Titulares — Setor — Suplentes — Setor

.... — .... — .... — ....

A seguir, foi designado pelo Empregador dentre os seus Representantes Titulares, para exercer as funções de PRESIDENTE DA CIPA, durante o mandato que ora se inicia, o Senhor: .... Neste mesmo momento, os Representantes dos Empregados, eleitos Titulares, escolheram dentre si, o Senhor: ...., para assumir o cargo de VICE-PRESIDENTE DA CIPA. Em seguida, e de comum acordo, os Membros da CIPA escolheram o(a) empregado(a) do setor de ...., Sr(a): ...., para desenvolver as atribuições de SECRETÁRIO(A) DA CIPA, sendo seu(ua) Substituto(a) o(a) Sr(a): ...., com a plena concordância do empregador. Após o que, os CIPEIROS acordaram que as Reuniões Ordinárias Mensais fossem realizadas, doravante, conforme o CALENDÁRIO ANUAL DE REUNIÕES abaixo discriminado:

Mês Dia Horário Local

...............-.........-...............-.......................

Nada mais havendo para tratar, o Senhor Presidente da Sessão deu por Encerrada a Reunião, informando a todos que o período de gestão da CIPA ora instalada será de 1 (um) ano a contar da presente data. Lembrando a todos os CIPEIROS da necessidade de comparecerem às reuniões da CIPA, as quais deverão ser realizadas de conformidade com o presente calendário. Para constar, lavrou-se a presente ATA, que, lida e aprovada, vai assinada por mim, Secretário, pelo Presidente da Sessão, e por todos os CIPEIROS presentes.

Local e Data.

Assinaturas dos Presentes:

....

MODELO DE EDITAL DE CONVOCAÇÃO PARA REUNIÃO ORDINÁRIA N.

Empresa ....

Ficam convocados os senhores membros da Comissão Interna de Prevenção de Acidentes (CIPA) desta empresa, para se reunirem, em sessão ordinária, no dia .... de ...., às .... horas, na Sala de ...., com a seguinte ordem do dia:

1. Verificação do andamento das sugestões apresentadas em reuniões anteriores.
2. Verificação e discussão dos acidentes de trabalho ocorridos após a última reunião.
3. Discussão de assuntos sobre segurança e medicina do trabalho, de interesse da empresa.

Local e data, ...

....

Presidente da CIPA

FICHA DE ANÁLISE E INVESTIGAÇÃO DE ACIDENTES

CIPA N. ....

Empresa: ....

Endereço: ....

N. do Acidente .... Data: .... Hora: ....

Nome do Acidentado: ....

Idade: .... Ocupação: .... Tempo de Serviço ....

Departamento em que trabalha: .... Seção: ....

Descrição do Acidente: ....

Parte do Corpo Atingida: ....

Informação do Encarregado: ....

Assinatura do Encarregado do Setor: ....

INVESTIGAÇÃO DO ACIDENTE (alguns membros da CIPA)

Como Ocorreu: ....

Causa Apurada: ....

Assinatura dos CIPEIROS que investigaram o acidente: ....

CONCLUSÕES DA CIPA (como um todo):

Causas Reais do Acidente: ....

Responsabilidade: ....

Medidas Propostas: ....

LOCAL E DATA, ...

....

Secretário da CIPA Presidente da CIPA.

MAPA DE RISCOS AMBIENTAIS[(1)]

1. O MAPA DE RISCOS A SER ELABORADO ANUALMENTE PELA CIPA TEM COMO OBJETIVOS:

a) Reunir as informações necessárias para estabelecer o diagnóstico da situação de segurança e saúde no trabalho na empresa;

b) Possibilitar, durante a sua elaboração, a troca e divulgação de informação entre os trabalhadores, bem como estimular sua participação nas atividades de prevenção.

2. ETAPAS DE ELABORAÇÃO DO MAPA DE RISCOS:

a) Conhecer o processo de trabalho no local analisado: os trabalhadores (número, sexo, idade, treinamentos profissionais e de segurança e saúde, jornada), os instrumentos e materiais de trabalho, as atividades exercidas e o ambiente de trabalho;

b) Identificar os riscos existentes no local analisado, conforme a classificação da Tabela I do Anexo IV, adiante transcrita;

c) Identificar as medidas preventivas existentes (coletiva, individual, de organização, de higiene e conforto no tocante a banheiros, lavatórios, vestiários, armários, bebedouro, refeitório, área de lazer) e sua eficácia;

d) Identificar os indicadores de saúde (queixas mais frequentes e comuns entre os trabalhadores expostos aos mesmos riscos, acidentes de trabalho ocorridos, doenças profissionais diagnosticadas, causas mais frequentes de ausência ao trabalho);

e) Conhecer os levantamentos ambientais já realizados no local;

f) Elaborar o Mapa de Riscos, sobre o *layout* da empresa, indicando através de círculos: o grupo a que pertence o risco, de acordo com a cor padronizada na Tabela I do Anexo IV da NR-05, o número de trabalhadores expostos ao risco, o qual deve ser anotado dentro do círculo, a especificação do agente agressivo e que deve ser anotada também dentro do círculo, a intensidade do risco, de acordo com a percepção dos trabalhadores, que deve ser representada por tamanhos proporcionalmente diferentes de círculos.

3. Após discutido e aprovado pela CIPA, o Mapa de Riscos, completo ou setorial, deverá ser afixado em cada local analisado, de forma claramente visível e de fácil acesso para os trabalhadores.

4. No caso das empresas da indústria da construção, o Mapa de Riscos do estabelecimento deverá ser realizado por etapa de execução dos serviços, devendo ser revisto sempre que um fato novo e superveniente modificar a situação de riscos estabelecida.

---

(1) Anexo à Portaria SSST-MTb n. 25 de 29.12.1994 que, apesar de atualmente revogada, revela-se oportuna sua transcrição para auxiliar na confecção do MAPA DE RISCOS AMBIENTAIS cuja elaboração é atribuição da CIPA, consoante previsto na alínea "a", do item 5.16 da NR-05 (CIPA).

TABELA I — ANEXO IV — Classificação dos Principais Riscos Ocupacionais em Grupos de acordo com sua natureza e a padronização das cores correspondentes para elaboração do Mapa de Riscos

Grupo I Verde	Grupo II Vermelho	Grupo III Marrom	Grupo IV Amarelo	Grupo V Azul
Riscos FÍSICOS	Riscos QUÍMICOS	Riscos BIOLÓGICOS	Riscos ERGONÔMICOS	Riscos DE ACIDENTES
Ruídos; Vibrações; Radiações Ionizantes; Radiações Não-Ionizantes; Frio; Calor; Pressões Anormais; Umidade.	Poeiras; Fumos; Névoas; Neblinas; Gases; Vapores; Substâncias, Compostos ou Produtos Químicos em Geral.	Vírus; Bactérias; Protozoários; Fungos; Parasitas; Bacilos.	Esforço Físico Intenso; Levantamento e Transporte Manual de Peso; Exigência de Postura Inadequada; Controle Rígido de Produtividade; Imposição de Ritmos Excessivos; Trabalhos em Turnos e Noturno; Jornada de Trabalho Prolongada; Monotonia e Repetitividade. Outras Causas de *Stress* Físico e/ou Psíquico.	Arranjo Físico Deficiente; Máquinas e Equipamentos Sem Proteção; Ferramentas Inadequadas ou Defeituosas; Iluminação Inadequada; Eletricidade; Probabilidade de Incêndio ou Explosão; Armazenamento Inadequado; Animais Peçonhentos. Outras Situações que poderão contribuir para a Ocorrência de Acidentes.

REPRESENTAÇÃO SIMBÓLICA DE UM MAPA DE RISCOS AMBIENTAIS:

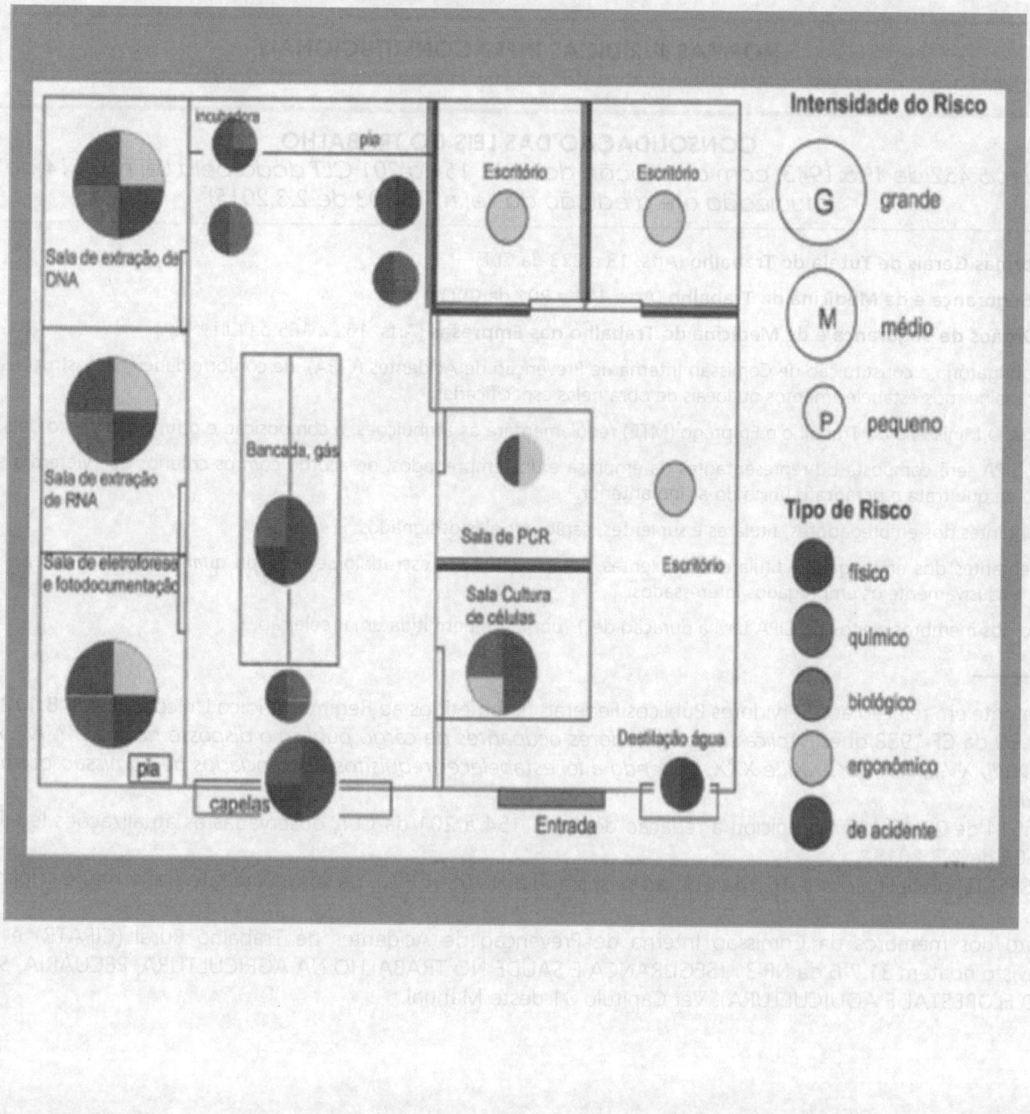

FUNDAMENTOS JURÍDICOS DO CAPÍTULO 5

NR-05: CIPA — COMISSÃO INTERNA DE PREVENÇÃO DE ACIDENTES *(redação dada pela Portaria SSST-MTE n. 8 de 23.2.1999, atualizada até a edição da Portaria SIT-MTE n. 247 de 12.7.2011). Art. 7º, incisos XXII, XXIII, XXVIII e XXXIII da CF-1988. Art. 10, inciso II, alínea "a", do ADCT da CF-1988. Arts. 163 a 165 da CLT. Súmula STF n. 676. Súmula TST n. 339. Portaria SSST-MTb n. 24 de 27.5.1999 (Dimensionamento da CIPA em Canteiros de Obras).*

CONSTITUIÇÃO DA REPÚBLICA FEDERATIVA DO BRASIL

(Atualizada até a edição da Emenda Constitucional n. 85 de 26.2.2015)

Título II: Dos Direitos e Garantias Fundamentais (Arts. 5º a 17)

Capítulo II: Dos Direitos Sociais (Arts. 6º a 11)

Art. 7º São direitos dos trabalhadores urbanos e rurais[2], além de outros que visem à melhoria de sua condição social:

XXII — redução dos riscos inerentes ao trabalho, por meio de normas de saúde, higiene e segurança;

XXIII — adicional de remuneração para as atividades penosas, insalubres ou perigosas, na forma da lei;

XXVIII — seguro contra acidentes de trabalho, a cargo do empregador, sem excluir a indenização a que este está obrigado, quando incorrer em dolo ou culpa;

XXXIII — proibição de trabalho noturno, perigoso ou insalubre a menores de dezoito e de qualquer trabalho a menores de dezesseis anos, salvo na condição de aprendiz, a partir de quatorze anos.

Título X: **ATO DAS DISPOSIÇÕES CONSTITUCIONAIS TRANSITÓRIAS**

(ADCT — Arts. 1º a 89)

Art. 10. Até que seja promulgada a lei complementar a que se refere o art. 7º, I, da Constituição: (...)

II — fica vedada a dispensa arbitrária ou sem justa causa:

a) do empregado eleito para cargo de direção de comissões internas de prevenção de acidentes, desde o registro de sua candidatura até um ano após o final de seu mandato;

NORMAS JURÍDICAS INFRACONSTITUCIONAIS

CONSOLIDAÇÃO DAS LEIS DO TRABALHO

(Decreto-lei n. 5.452 de 1º.5.1943, com a redação dos arts. 154 a 201 CLT dada pela Lei n. 6.514 de 22.12.1977, atualizada até a edição da Lei n. 13.103 de 2.3.2015)

Título II: **Das Normas Gerais de Tutela do Trabalho** (Arts. 13 a 223 da CLT)

Capítulo V: **Da Segurança e da Medicina do Trabalho** (Arts. 154 a 201 da CLT)[3]

Seção III: **Dos Órgãos de Segurança e de Medicina do Trabalho nas Empresas** (Arts. 162 a 165 da CLT)[4]

Art. 163. Será obrigatória a constituição de Comissão Interna de Prevenção de Acidentes (CIPA), de conformidade com instruções expedidas pelo Ministério do Trabalho, nos estabelecimentos ou locais de obra nelas especificadas.

Parágrafo único. O Ministério do Trabalho e Emprego (MTE) regulamentará as atribuições, a composição e o funcionamento da(s) CIPA(s).

Art. 164. Cada CIPA será composta de representantes da empresa e dos empregados, de acordo com os critérios que vierem a ser adotados na regulamentação de que trata o parágrafo único do artigo anterior.

§ 1º Os representantes dos empregadores, titulares e suplentes, serão por eles designados.

§ 2º Os representantes dos empregados, titulares e suplentes, serão eleitos em escrutínio secreto, do qual participem, independentemente de filiação sindical, exclusivamente os empregados interessados.

§ 3º O mandato dos membros eleitos da CIPA terá a duração de 1 (um) ano, permitida uma reeleição.[5]

---

(2) Especificamente em relação aos Servidores Públicos Federais (submetidos ao Regime Jurídico Único da Lei n. 8.112/1990) dispõe o § 3º do art. 39 da CF-1988 que: "*Aplica-se aos servidores ocupantes de cargo público o disposto no Art. 7º, IV, VII, VIII, IX, XII, XIII, XV, XVI, XVII, XVIII, XIX, XX, XXII e XXX, podendo a lei estabelecer requisitos diferenciados de admissão quando a natureza do cargo o exigir*".

(3) A Lei n. 6.514 de 22.12.1977 propiciou a redação dos arts. 154 a 201 da CLT, observadas as atualizações legais até a edição da Lei n. 13.103 de 2.3.2015.

(4) A NR-04 (SESMT) disciplina o art. 162 da CLT, ao passo que a NR-05 (CIPA), na forma adiante transcrita, disciplina os arts. 163 a 165 da CLT.

(5) O mandato dos membros da Comissão Interna de Prevenção de Acidentes de Trabalho Rural (CIPATR) é de dois anos, conforme previsto no item 31.7.6 da NR-31 (SEGURANÇA E SAÚDE NO TRABALHO NA AGRICULTURA, PECUÁRIA, SILVICULTURA, EXPLORAÇÃO FLORESTAL E AQUICULTURA). Ver Capítulo 31 deste Manual.

§ 4º O disposto no parágrafo anterior não se aplicará ao membro suplente que, durante o seu mandato, tenha participado de menos da metade do número de reuniões da CIPA.

§ 5º O empregador designará, anualmente, dentre os seus representantes, o Presidente da CIPA e os empregados elegerão, dentre eles, o Vice-Presidente.

Art. 165. Os titulares da representação dos empregados na(s) CIPA(s) não poderão sofrer despedida arbitrária, entendendo-se como tal a que não se fundar em motivo disciplinar, técnico, econômico ou financeiro.[6]

Parágrafo único. Ocorrendo a despedida, caberá ao empregador, em caso de reclamação à Justiça do Trabalho, comprovar a existência de qualquer dos motivos mencionados neste artigo, sob pena de ser condenado a reintegrar o empregado.

SÚMULAS DE JURISPRUDÊNCIA

Súmula STF n. 676. SUPLENTE DO CARGO DE DIREÇÃO DE COMISSÕES INTERNAS DE PREVENÇÃO DE ACIDENTES (CIPA). Art. 10, inciso II, alínea "a", do ADCT. ESTABILIDADE PROVISÓRIA. A garantia de estabilidade provisória prevista no art. 10, II, "a", do ADCT, também se aplica ao suplente do cargo de direção de Comissões Internas de Prevenção de Acidentes (CIPA).

Súmula TST n. 339. CIPA. SUPLENTE. GARANTIA DE EMPREGO. CF-1988. **I** — O suplente da CIPA goza da garantia de emprego prevista no art. 10, II, a, do ADCT a partir da promulgação da Constituição Federal de 1988. **II** — A estabilidade provisória do CIPEIRO não constitui vantagem pessoal, mas garantia para as atividades dos membros da CIPA, que somente tem razão de ser quando em atividade a empresa. Extinto o estabelecimento, não se verifica a despedida arbitrária, sendo impossível a reintegração e indevida a indenização do período estabilitário.

NORMAS JURÍDICAS INFRALEGAIS OU REGULAMENTARES

Portaria SSST-MTb n. 24 de 27.5.1999
(Dimensionamento de CIPAs de Canteiros de Obras)

Art. 1º O dimensionamento da CIPA das empresas constantes dos grupos C 18 e C 18A — Construção, do Quadro I anexo da Portaria SSST n. 8, de 23.2.1999, que trata do Agrupamento de Setores Econômicos pela Classificação Nacional de Atividades Econômicas (CNAE), observará o estabelecido pelo item 18.33 e seus subitens da NR-18 — Condições e Meio Ambiente de Trabalho na Indústria da Construção.

Art. 2º Nas situações não previstas no item 18.33 e seus subitens da NR-18, o dimensionamento da CIPA observará o estabelecido no Quadro I anexo da NR-05 expedida pela Portaria SSMT n. 33 de 27.10.1983.

Art. 3º Revogam-se as disposições em contrário.

Art. 4º Esta Portaria entra em vigor na data de sua publicação.

NR-05: (COMISSÃO INTERNA DE PREVENÇÃO DE ACIDENTES — CIPA)[7]

Publicação	**D.O.U.**
Portaria GM n. 3.214, de 8 de junho de 1978	6.7.78
Alterações/Atualizações	**D.O.U.**
Portaria SSMT n. 33, de 27 de outubro de 1983	31.10.83
Portaria SSST n. 25, de 29 de dezembro de 1994	Rep. 15.12.95
Portaria SSST n. 08, de 23 de fevereiro de 1999	Retf. 10.5.99
Portaria SSST n. 15, de 26 de fevereiro de 1999	1º.3.99
Portaria SSST n. 24, de 27 de maio de 1999	28.5.99
Portaria SSST n. 25, de 27 de maio de 1999	28.5.99
Portaria SSST n. 16, de 10 de maio de 2001	11.5.01
Portaria SIT n. 14, de 21 de junho de 2007	26.6.07
Portaria SIT n. 247, de 12 de julho de 2011	14.7.11

(Texto dado pela Portaria SSST n. 08, de 23 de fevereiro de 1999)

DO OBJETIVO

5.1. A Comissão Interna de Prevenção de Acidentes - CIPA - tem como objetivo a prevenção de acidentes e doenças decorrentes do trabalho, de modo a tornar compatível permanentemente o trabalho com a preservação da vida e a promoção da saúde do trabalhador.

---

(6) Ver: Art. 10, inciso II, alínea "a", do Ato das Disposições Constitucionais Transitórias (ADCT) da CF-1988; Súmulas STF n. 676 e TST n. 339.

(7) Texto da NR-05 (CIPA) com a redação original dada pela Portaria SSST-MTE n. 8 de 23.2.1999, atualizada até a edição da Portaria SIT-MTE n. 247 de 12.7.2011.

DA CONSTITUIÇÃO

5.2. Devem constituir CIPA, por estabelecimento, e mantê-la em regular funcionamento as empresas privadas, públicas, sociedades de economia mista, órgãos da administração direta e indireta, instituições beneficentes, associações recreativas, cooperativas, bem como outras instituições que admitam trabalhadores como empregados.

5.3. As disposições contidas nesta NR aplicam-se, no que couber, aos trabalhadores avulsos e às entidades que lhes tomem serviços, observadas as disposições estabelecidas em Normas Regulamentadoras de setores econômicos específicos.

5.4. *(Revogado pela Portaria SIT n. 247, de 12 de julho de 2011)*

5.5. As empresas instaladas em centro comercial ou industrial estabelecerão, através de membros de CIPA ou designados, mecanismos de integração com objetivo de promover o desenvolvimento de ações de prevenção de acidentes e doenças decorrentes do ambiente e instalações de uso coletivo, podendo contar com a participação da administração do mesmo.

DA ORGANIZAÇÃO

5.6. A CIPA será composta de representantes do empregador e dos empregados, de acordo com o dimensionamento previsto no Quadro I desta NR, ressalvadas as alterações disciplinadas em atos normativos para setores econômicos específicos.

5.6.1. Os representantes dos empregadores, titulares e suplentes, serão por eles designados.

5.6.2. Os representantes dos empregados, titulares e suplentes, serão eleitos em escrutínio secreto, do qual participem, independentemente de filiação sindical, exclusivamente os empregados interessados.

5.6.3. O número de membros titulares e suplentes da CIPA, considerando a ordem decrescente de votos recebidos, observará o dimensionamento previsto no Quadro I desta NR, ressalvadas as alterações disciplinadas em atos normativos de setores econômicos específicos.

5.6.4. Quando o estabelecimento não se enquadrar no Quadro I, a empresa designará um responsável pelo cumprimento dos objetivos desta NR, podendo ser adotados mecanismos de participação dos empregados, através de negociação coletiva.

5.7. O mandato dos membros eleitos da CIPA terá a duração de um ano, permitida uma reeleição.

5.8. É vedada a dispensa arbitrária ou sem justa causa do empregado eleito para cargo de direção de Comissões Internas de Prevenção de Acidentes desde o registro de sua candidatura até um ano após o final de seu mandato.

5.9. Serão garantidas aos membros da CIPA condições que não descaracterizem suas atividades normais na empresa, sendo vedada a transferência para outro estabelecimento sem a sua anuência, ressalvado o disposto nos parágrafos primeiro e segundo do art. 469, da CLT.

5.10. O empregador deverá garantir que seus indicados tenham a representação necessária para a discussão e encaminhamento das soluções de questões de segurança e saúde no trabalho analisadas na CIPA.

5.11. O empregador designará entre seus representantes o Presidente da CIPA, e os representantes dos empregados escolherão entre os titulares o vice-presidente.

5.12. Os membros da CIPA, eleitos e designados serão, empossados no primeiro dia útil após o término do mandato anterior.

5.13. Será indicado, de comum acordo com os membros da CIPA, um secretário e seu substituto, entre os componentes ou não da comissão, sendo neste caso necessária a concordância do empregador.

5.14. A documentação referente ao processo eleitoral da CIPA, incluindo as atas de eleição e de posse e o calendário anual das reuniões ordinárias, deve ficar no estabelecimento à disposição da fiscalização do Ministério do Trabalho e Emprego. *(Alterado pela Portaria SIT n. 247, de 12 de julho de 2011)*

5.14.1. A documentação indicada no item 5.14 deve ser encaminhada ao Sindicato dos Trabalhadores da categoria, quando solicitada. *(Inserido pela Portaria SIT n. 247, de 12 de julho de 2011)*

5.14.2. O empregador deve fornecer cópias das atas de eleição e posse aos membros titulares e suplentes da CIPA, mediante recibo. *(Inserido pela Portaria SIT n. 247, de 12 de julho de 2011)*

5.15. A CIPA não poderá ter seu número de representantes reduzido, bem como não poderá ser desativada pelo empregador, antes do término do mandato de seus membros, ainda que haja redução do número de empregados da empresa, exceto no caso de encerramento das atividades do estabelecimento. *(Alterado pela Portaria SIT n. 247, de 12 de julho de 2011)*

DAS ATRIBUIÇÕES

5.16. A CIPA terá por atribuição:

a) identificar os riscos do processo de trabalho, e elaborar o mapa de riscos, com a participação do maior número de trabalhadores, com assessoria do SESMT, onde houver;

b) elaborar plano de trabalho que possibilite a ação preventiva na solução de problemas de segurança e saúde no trabalho;

c) participar da implementação e do controle da qualidade das medidas de prevenção necessárias, bem como da avaliação das prioridades de ação nos locais de trabalho;

d) realizar, periodicamente, verificações nos ambientes e condições de trabalho visando a identificação de situações que venham a trazer riscos para a segurança e saúde dos trabalhadores;

e) realizar, a cada reunião, avaliação do cumprimento das metas fixadas em seu plano de trabalho e discutir as situações de risco que foram identificadas;

f) divulgar aos trabalhadores informações relativas à segurança e saúde no trabalho;

g) participar, com o SESMT, onde houver, das discussões promovidas pelo empregador, para avaliar os impactos de alterações no ambiente e processo de trabalho relacionados à segurança e saúde dos trabalhadores;

h) requerer ao SESMT, quando houver, ou ao empregador, a paralisação de máquina ou setor onde considere haver risco grave e iminente à segurança e saúde dos trabalhadores;

i) colaborar no desenvolvimento e implementação do PCMSO e PPRA e de outros programas relacionados à segurança e saúde no trabalho;

j) divulgar e promover o cumprimento das Normas Regulamentadoras, bem como cláusulas de acordos e convenções coletivas de trabalho, relativas à segurança e saúde no trabalho;

l) participar, em conjunto com o SESMT, onde houver, ou com o empregador, da análise das causas das doenças e acidentes de trabalho e propor medidas de solução dos problemas identificados;

m) requisitar ao empregador e analisar as informações sobre questões que tenham interferido na segurança e saúde dos trabalhadores;

n) requisitar à empresa as cópias das CAT emitidas;

o) promover, anualmente, em conjunto com o SESMT, onde houver, a Semana Interna de Prevenção de Acidentes do Trabalho — SIPAT;

p) participar, anualmente, em conjunto com a empresa, de Campanhas de Prevenção da AIDS.

5.17. Cabe ao empregador proporcionar aos membros da CIPA os meios necessários ao desempenho de suas atribuições, garantindo tempo suficiente para a realização das tarefas constantes do plano de trabalho.

5.18. Cabe aos empregados:

a) participar da eleição de seus representantes;

b) colaborar com a gestão da CIPA;

c) indicar à CIPA, ao SESMT e ao empregador situações de riscos e apresentar sugestões para melhoria das condições de trabalho;

d) observar e aplicar no ambiente de trabalho as recomendações quanto à prevenção de acidentes e doenças decorrentes do trabalho.

5.19. Cabe ao Presidente da CIPA:

a) convocar os membros para as reuniões da CIPA;

b) coordenar as reuniões da CIPA, encaminhando ao empregador e ao SESMT, quando houver, as decisões da comissão;

c) manter o empregador informado sobre os trabalhos da CIPA;

d) coordenar e supervisionar as atividades de secretaria;

e) delegar atribuições ao Vice-Presidente;

5.20. Cabe ao Vice-Presidente:

a) executar atribuições que lhe forem delegadas;

b) substituir o Presidente nos seus impedimentos eventuais ou nos seus afastamentos temporários;

5.21. O Presidente e o Vice-Presidente da CIPA, em conjunto, terão as seguintes atribuições:

a) cuidar para que a CIPA disponha de condições necessárias para o desenvolvimento de seus trabalhos;

b) coordenar e supervisionar as atividades da CIPA, zelando para que os objetivos propostos sejam alcançados;

c) delegar atribuições aos membros da CIPA;

d) promover o relacionamento da CIPA com o SESMT, quando houver;

e) divulgar as decisões da CIPA a todos os trabalhadores do estabelecimento;

f) encaminhar os pedidos de reconsideração das decisões da CIPA;

g) constituir a comissão eleitoral.

5.22. O Secretário da CIPA terá por atribuição:

a) acompanhar as reuniões da CIPA e redigir as atas apresentando-as para aprovação e assinatura dos membros presentes;

b) preparar as correspondências; e

c) outras que lhe forem conferidas.

DO FUNCIONAMENTO

5.23. A CIPA terá reuniões ordinárias mensais, de acordo com o calendário preestabelecido.

5.24. As reuniões ordinárias da CIPA serão realizadas durante o expediente normal da empresa e em local apropriado.

5.25. As reuniões da CIPA terão atas assinadas pelos presentes com encaminhamento de cópias para todos os membros.

5.26. As atas devem ficar no estabelecimento à disposição da fiscalização do Ministério do Trabalho e Emprego. *(Alterado pela Portaria SIT n. 247, de 12 de julho de 2011)*

5.27. Reuniões extraordinárias deverão ser realizadas quando:

a) houver denúncia de situação de risco grave e iminente que determine aplicação de medidas corretivas de emergência;

b) ocorrer acidente do trabalho grave ou fatal;

c) houver solicitação expressa de uma das representações.

5.28. As decisões da CIPA serão preferencialmente por consenso.

5.28.1. Não havendo consenso, e frustradas as tentativas de negociação direta ou com mediação, será instalado processo de votação, registrando-se a ocorrência na ata da reunião.

5.29. Das decisões da CIPA caberá pedido de reconsideração, mediante requerimento justificado.

5.29.1. O pedido de reconsideração será apresentado à CIPA até a próxima reunião ordinária, quando será analisado, devendo o Presidente e o Vice-Presidente efetivar os encaminhamentos necessários.

5.30. O membro titular perderá o mandato, sendo substituído por suplente, quando faltar a mais de quatro reuniões ordinárias sem justificativa.

5.31. A vacância definitiva de cargo, ocorrida durante o mandato, será suprida por suplente, obedecida a ordem de colocação decrescente que consta na ata de eleição, devendo os motivos ser registrados em ata de reunião. *(Alterado pela Portaria SIT n. 247, de 12 de julho de 2011)*

5.31.1. No caso de afastamento definitivo do presidente, o empregador indicará o substituto, em dois dias úteis, preferencialmente entre os membros da CIPA.

5.31.2. No caso de afastamento definitivo do vice-presidente, os membros titulares da representação dos empregados, escolherão o substituto, entre seus titulares, em dois dias úteis.

5.31.3. Caso não existam suplentes para ocupar o cargo vago, o empregador deve realizar eleição extraordinária, cumprindo todas as exigências estabelecidas para o processo eleitoral, exceto quanto aos prazos, que devem ser reduzidos pela metade. *(Inserido pela Portaria SIT n. 247, de 12 de julho de 2011)*

5.31.3.1. O mandato do membro eleito em processo eleitoral extraordinário deve ser compatibilizado com o mandato dos demais membros da Comissão. *(Inserido pela Portaria SIT n. 247, de 12 de julho de 2011)*

5.31.3.2. O treinamento de membro eleito em processo extraordinário deve ser realizado no prazo máximo de trinta dias, contados a partir da data da posse. *(Inserido pela Portaria SIT n. 247, de 12 de julho de 2011)*

DO TREINAMENTO

5.32. A empresa deverá promover treinamento para os membros da CIPA, titulares e suplentes, antes da posse.

5.32.1. O treinamento de CIPA em primeiro mandato será realizado no prazo máximo de trinta dias, contados a partir da data da posse.

5.32.2. As empresas que não se enquadrem no Quadro I, promoverão anualmente treinamento para o designado responsável pelo cumprimento do objetivo desta NR.

5.33. O treinamento para a CIPA deverá contemplar, no mínimo, os seguintes itens:

a) estudo do ambiente, das condições de trabalho, bem como dos riscos originados do processo produtivo;

b) metodologia de investigação e análise de acidentes e doenças do trabalho;

c) noções sobre acidentes e doenças do trabalho decorrentes de exposição aos riscos existentes na empresa;

d) noções sobre a Síndrome da Imunodeficiência Adquirida — AIDS, e medidas de prevenção;

e) noções sobre as legislações trabalhista e previdenciária relativas à segurança e saúde no trabalho;

f) princípios gerais de higiene do trabalho e de medidas de controle dos riscos;

g) organização da CIPA e outros assuntos necessários ao exercício das atribuições da Comissão.

5.34. O treinamento terá carga horária de vinte horas, distribuídas em no máximo oito horas diárias e será realizado durante o expediente normal da empresa.

5.35. O treinamento poderá ser ministrado pelo SESMT da empresa, entidade patronal, entidade de trabalhadores ou por profissional que possua conhecimentos sobre os temas ministrados.

5.36. A CIPA será ouvida sobre o treinamento a ser realizado, inclusive quanto à entidade ou profissional que o ministrará, constando sua manifestação em ata, cabendo à empresa escolher a entidade ou profissional que ministrará o treinamento.

5.37. Quando comprovada a não observância ao disposto nos itens relacionados ao treinamento, a unidade descentralizada do Ministério do Trabalho e Emprego, determinará a complementação ou a realização de outro, que será efetuado no prazo máximo de trinta dias, contados da data de ciência da empresa sobre a decisão.

DO PROCESSO ELEITORAL

5.38. Compete ao empregador convocar eleições para escolha dos representantes dos empregados na CIPA, no prazo mínimo de 60 (sessenta) dias antes do término do mandato em curso.

5.38.1. A empresa estabelecerá mecanismos para comunicar o início do processo eleitoral ao sindicato da categoria profissional.

5.39. O Presidente e o Vice Presidente da CIPA constituirão dentre seus membros, no prazo mínimo de 55 (cinquenta e cinco) dias antes do término do mandato em curso, a Comissão Eleitoral — CE, que será a responsável pela organização e acompanhamento do processo eleitoral.

5.39.1. Nos estabelecimentos onde não houver CIPA, a Comissão Eleitoral será constituída pela empresa.

5.40. O processo eleitoral observará as seguintes condições:

a) publicação e divulgação de edital, em locais de fácil acesso e visualização, no prazo mínimo de 45 (quarenta e cinco) dias antes do término do mandato em curso;

b) inscrição e eleição individual, sendo que o período mínimo para inscrição será de quinze dias;

c) liberdade de inscrição para todos os empregados do estabelecimento, independentemente de setores ou locais de trabalho, com fornecimento de comprovante;

d) garantia de emprego para todos os inscritos até a eleição;

e) realização da eleição no prazo mínimo de 30 (trinta) dias antes do término do mandato da CIPA, quando houver;

f) realização de eleição em dia normal de trabalho, respeitando os horários de turnos e em horário que possibilite a participação da maioria dos empregados.

g) voto secreto;

h) apuração dos votos, em horário normal de trabalho, com acompanhamento de representante do empregador e dos empregados, em número a ser definido pela comissão eleitoral;

i) faculdade de eleição por meios eletrônicos;

j) guarda, pelo empregador, de todos os documentos relativos à eleição, por um período mínimo de cinco anos.

5.41. Havendo participação inferior a cinquenta por cento dos empregados na votação, não haverá a apuração dos votos e a comissão eleitoral deverá organizar outra votação, que ocorrerá no prazo máximo de dez dias.

5.42. As denúncias sobre o processo eleitoral deverão ser protocolizadas na unidade descentralizada do MTE, até trinta dias após a data da posse dos novos membros da CIPA.

5.42.1. Compete a unidade descentralizada do Ministério do Trabalho e Emprego, confirmadas irregularidades no processo eleitoral, determinar a sua correção ou proceder a anulação quando for o caso.

5.42.2. Em caso de anulação a empresa convocará nova eleição no prazo de cinco dias, a contar da data de ciência, garantidas as inscrições anteriores.

5.42.3. Quando a anulação se der antes da posse dos membros da CIPA, ficará assegurada a prorrogação do mandato anterior, quando houver, até a complementação do processo eleitoral.

5.43. Assumirão a condição de membros titulares e suplentes, os candidatos mais votados.

5.44. Em caso de empate, assumirá aquele que tiver maior tempo de serviço no estabelecimento.

5.45. Os candidatos votados e não eleitos serão relacionados na ata de eleição e apuração, em ordem decrescente de votos, possibilitando nomeação posterior, em caso de vacância de suplentes.

DAS CONTRATANTES E CONTRATADAS

5.46. Quando se tratar de empreiteiras ou empresas prestadoras de serviços, considera-se estabelecimento, para fins de aplicação desta NR, o local em que seus empregados estiverem exercendo suas atividades.

5.47. Sempre que duas ou mais empresas atuarem em um mesmo estabelecimento, a CIPA ou designado da empresa contratante deverá, em conjunto com as das contratadas ou com os designados, definir mecanismos de integração e de participação de todos os trabalhadores em relação às decisões das CIPA existentes no estabelecimento.

5.48. A contratante e as contratadas, que atuem num mesmo estabelecimento, deverão implementar, de forma integrada, medidas de prevenção de acidentes e doenças do trabalho, decorrentes da presente NR, de forma a garantir o mesmo nível de proteção em matéria de segurança e saúde a todos os trabalhadores do estabelecimento.

5.49. A empresa contratante adotará medidas necessárias para que as empresas contratadas, suas CIPA, os designados e os demais trabalhadores lotados naquele estabelecimento recebam as informações sobre os riscos presentes nos ambientes de trabalho, bem como sobre as medidas de proteção adequadas.

5.50. A empresa contratante adotará as providências necessárias para acompanhar o cumprimento pelas empresas contratadas que atuam no seu estabelecimento, das medidas de segurança e saúde no trabalho.

DISPOSIÇÕES FINAIS

5.52. *(Revogado pela Portaria SIT n. 247, de 12 de julho de 2011)*

QUADRO I

Dimensionamento de CIPA

* Grupos	N. de membros da CIPA	N. de Empregados no Estabelecimento													
		0 a 19	20 a 29	30 a 50	51 a 80	81 a 100	101 a 120	121 a 140	141 a 300	301 a 500	501 a 1.000	1.001 a 2.500	2.501 a 5.000	5.001 a 10.000	Acima de 10.000 para cada grupo de 2.500 acrescentar
C-1	Efetivos		1	1	3	3	4	4	4	4	6	9	12	15	2
	Suplentes		1	1	3	3	3	3	3	3	4	7	9	12	2
C-1a	Efetivos		1	1	3	3	4	4	4	4	6	9	12	15	2
	Suplentes		1	1	3	3	3	3	3	4	5	8	9	12	2
C-2	Efetivos		1	1	2	2	3	4	4	5	6	7	10	11	2
	Suplentes		1	1	2	2	3	3	4	4	5	6	7	9	1
C-3	Efetivos		1	1	2	2	3	3	4	5	6	7	10	10	2
	Suplentes		1	1	2	2	3	3	4	4	5	6	8	8	2
C-3a	Efetivos				1	1	2	2	2	3	3	4	5	6	1
	Suplentes				1	1	2	2	2	3	3	3	4	5	1

* Grupos	N. de membros da CIPA	N. de Empregados no Estabelecimento													
		0 a 19	20 a 29	30 a 50	51 a 80	81 a 100	101 a 120	121 a 140	141 a 300	301 a 500	501 a 1.000	1.001 a 2.500	2.501 a 5.000	5.001 a 10.000	Acima de 10.000 para cada grupo de 2.500 acrescentar
C-4	Efetivos			1	1	1	1	1	2	2	2	3	5	6	1
	Suplentes			1	1	1	1	1	2	2	2	3	4	4	1
C-5	Efetivos		1	1	2	3	3	4	4	4	6	9	9	11	2
	Suplentes		1	1	2	3	3	3	4	4	5	7	7	9	2
C-5a	Efetivos				1	1	2	2	2	3	3	4	6	7	1
	Suplentes				1	1	2	2	2	3	3	3	4	5	1
C-6	Efetivos		1	1	2	3	3	4	5	5	6	8	10	12	2
	Suplentes		1	1	2	3	3	3	4	4	4	6	8	10	2
C-7	Efetivos				1	1	2	2	2	2	3	4	5	6	1
	Suplentes				1	1	2	2	2	2	3	3	4	4	1
C-7a	Efetivos		1	1	2	2	3	3	4	5	6	8	9	10	2
	Suplentes		1	1	2	2	3	3	3	4	5	7	8	8	2
C-8	Efetivos		1	1	2	2	3	3	4	5	6	7	8	10	1
	Suplentes		1	1	2	2	3	3	3	4	4	5	6	8	1
C-9	Efetivos				1	1	1	2	2	2	3	5	6	7	1
	Suplentes				1	1	1	2	2	2	3	4	4	5	1
C-10	Efetivos		1	1	2	2	3	3	4	4	5	8	9	10	2
	Suplentes		1	1	2	2	3	3	3	4	4	6	7	8	2
C-11	Efetivos		1	1	2	3	3	4	4	5	6	9	10	12	2
	Suplentes		1	1	2	3	3	3	3	4	4	7	8	10	2
C-12	Efetivos		1	1	2	3	3	4	4	5	7	8	9	10	2
	Suplentes		1	1	2	3	3	3	3	4	6	6	7	8	2
C-13	Efetivos		1	1	3	3	3	3	4	5	6	9	11	13	2
	Suplentes		1	1	3	3	3	3	3	4	5	7	8	10	2
C-14	Efetivos		1	1	2	2	3	4	4	5	6	9	11	11	2
	Suplentes		1	1	2	2	3	3	4	4	5	7	9	9	2
C-14a	Efetivos				1	1	2	2	2	3	3	4	5	6	1
	Suplentes				1	1	2	2	2	3	3	3	4	4	1
C-15	Efetivos		1	1	3	3	4	4	4	5	6	8	10	12	2
	Suplentes		1	1	3	3	3	3	3	4	4	6	8	10	2
C-16	Efetivos		1	1	2	3	3	3	4	5	6	8	10	12	2
	Suplentes		1	1	2	3	3	3	3	4	4	6	7	9	2
C-17	Efetivos		1	1	2	2	4	4	4	4	6	8	10	12	2
	Suplentes		1	1	2	2	3	3	3	4	5	7	8	10	2
C-18	Efetivos				2	2	4	4	4	4	6	8	10	12	2
	Suplentes				2	2	3	3	3	4	5	7	8	10	2
C-18a	Efetivos				3	3	4	4	4	4	6	9	12	15	2
	Suplentes				3	3	3	3	3	4	5	7	9	12	2
C-19	Efetivos				1	1	2	2	2	3	3	4	5	6	1
	Suplentes				1	1	2	2	2	3	3	3	4	4	1
C-20	Efetivos			1	1	3	3	3	3	4	5	5	6	8	2
	Suplentes			1	1	3	3	3	3	3	4	4	5	6	1

* Grupos	N. de membros da CIPA	N. de Empregados no Estabelecimento													
		0 a 19	20 a 29	30 a 50	51 a 80	81 a 100	101 a 120	121 a 140	141 a 300	301 a 500	501 a 1.000	1.001 a 2.500	2.501 a 5.000	5.001 a 10.000	Acima de 10.000 para cada grupo de 2.500 acrescentar
C-21	Efetivos				1	1	2	2	2	3	3	4	5	6	1
	Suplentes				1	1	2	2	2	3	3	3	4	5	1
C-22	Efetivos		1	1	2	2	3	3	4	4	6	8	10	12	2
	Suplentes		1	1	2	2	3	3	3	3	5	6	8	9	2
C-23	Efetivos				1	1	2	2	2	2	3	4	5	6	1
	Suplentes				1	1	2	2	2	2	3	3	4	5	1
C-24	Efetivos		1	1	2	2	4	4	4	4	6	8	10	12	2
	Suplentes		1	1	2	2	3	3	4	4	5	7	8	10	2
C-24a	Efetivos				1	1	2	2	2	2	3	4	5	6	1
	Suplentes				1	1	2	2	2	2	3	3	4	4	1
C-24b	Efetivos		1	1	3	3	4	4	4	4	6	9	12	15	2
	Suplentes		1	1	3	3	3	3	3	3	4	7	9	12	2
C-24c	Efetivos				1	1	2	2	2	2	4	5	7	7	1
	Suplentes				1	1	1	1	2	2	4	5	7	7	1
C-24d	Efetivos				1	1	2	2	2	3	4	5	7	9	1
	Suplentes				1	1	1	1	2	2	4	5	7	9	1
C-25	Efetivos				1	1	2	2	2	2	3	4	5	6	1
	Suplentes				1	1	2	2	2	2	3	3	4	5	1
C-26	Efetivos									1	2	3	4	5	
	Suplentes									1	2	3	3	4	
C-27	Efetivos						1	1	2	3	4	5	6	6	
	Suplentes						1	1	2	3	3	4	5	5	
C-28	Efetivos						1	1	2	3	4	5	6	6	1
	Suplentes						1	1	2	3	4	5	5	5	1
C-29	Efetivos									1	2	3	4	5	1
	Suplentes									1	2	3	3	4	1
C-30	Efetivos		1	1	1	2	4	4	4	5	7	8	9	10	2
	Suplentes		1	1	1	2	3	3	4	4	6	7	8	9	1
C-31	Efetivos				1	1	2	2	2	3	3	4	5	6	1
	Suplentes				1	1	2	2	2	3	3	3	4	5	1
C-32	Efetivos				1	1	2	2	2	3	3	4	5	6	1
	Suplentes				1	1	2	2	2	3	3	3	4	5	1
C-33	Efetivos						1	1	1	1	2	3	4	5	1
	Suplentes						1	1	1	1	2	3	3	4	1
C-34	Efetivos		1	1	2	2	4	4	4	4	6	8	10	12	2
	Suplentes		1	1	2	2	3	3	3	4	5	7	8	9	2
C-35	Efetivos				1	1	2	2	2	2	3	4	5	6	1
	Suplentes				1	1	2	2	2	2	3	3	4	5	1

OBS.: Os membros efetivos e suplentes terão representantes dos Empregadores e Empregados.

* As atividades econômicas integrantes dos grupos estão especificadas por CNAE nos QUADROS II e III.

* Nos grupos C-18 e C-18a constituir CIPA por estabelecimento a partir de 70 trabalhadores e quando o estabelecimento possuir menos de 70 trabalhadores observar o dimensionamento descrito na NR 18 – subitem 18.33.1.

QUADRO II

Agrupamento de setores econômicos pela Classificação Nacional de Atividades Econômicas — CNAE (versão 2.0), para dimensionamento da CIPA

(Dado pela Portaria SIT n. 14, de 21 de junho de 2007)

GRUPO C-1 — Minerais

05.00-3 06.00-0 07.10-3 07.21-9 07.22-7 07.23-5 07.24-3 07.24-1 07.29-4 08.10-0
08.91-6 08.92-4 08.93-2 08.99-1 09.10-6 09.90-4 19.10-1 23.20-6 23.91-5

GRUPO C-1A — Minerais

19.21-7 19.22-5 19.31-4

GRUPO C-2 — Alimentos

10.11-2 10.12-1 10.13-9 10.20-1 10.31-7 10.32-5 10.33-3 10.41-4 10.42-2 10.43-1
10.51-1 10.52-0 10.53-8 10.61-9 10.62-7 10.63-5 10.63-5 10.65-1 10.66-0 10.69-4
10.71-6 10.72-4 10.81-3 10.82-1 10.91-1 10.92-9 10.92-9 10.94-5 10.95-3 10.96-1
10.99-6 11.11-9 11.12-7 11.13-5 11.21-6 11.22-4 11.22-4 12.20-4

GRUPO C-3 — Têxteis

13.11-1 13.12-0 13.13-8 13.14-6 13.21-9 13.22-7 13.23-5 13.40-5 13.59-6

GRUPO C-3A — Têxteis

13.30-8 13.51-1 13.52-9 13.53-7 13.54-5 13.59-6 14.21-5 14.22-3

GRUPO C-4 — Confecção

14.11-8 14.12-6 14.13-4 14.14-2 32.92-2

GRUPO C-5 — Calçados e Similares

15.10-6 15.31-9 15.32-7 15.33-5 15.39-4 15.40-8

GRUPO C-5A — Calçados e Similares

15.21-1 15.29-7

GRUPO C-6 — Madeira

16.10-2 16.21-8 16.22-6 16.23-4 26.29-3 31.01-2

GRUPO C-7 — Papel

17.31-1 17.32-0 17.33-8 17.41-9 17.42-7 17.49-4

GRUPO C-7A — Papel

17.10-9 17.21-4 17.22-2

GRUPO C-8 — Gráficos

18.11-3 18.12-1 18.13-0 18.21-1 18.22-9 58.11-5 58.12-3 58.13-1 58.19-1 58.21-2
58.22-1 58.23-9 58.29-8 63.91-7

GRUPO C-9 — Som & Imagem

18.30-0 59.11-1 59.12-0 59.13-8 59.14-6 59.20-1 60.10-1 60.21-7 60.22-5 74.20-0
90.01-9 90.02-7 90.03-5

GRUPO C-10 — Químicos

19.32-2 20.11-8 20.12-6 20.13-4 20.14-2 20.19-3 20.21-5 20.22-3 20.29-1 20.31-2
20.32-1 20.33-9 20.40-1 20.51-7 20.52-5 20.61-4 20.62-2 20.63-1 20.71-1 20.72-0
20.73-8 20.91-6 20.93-2 20.94-1 20.99-1 21.10-6 21.21-1 21.22-0 21.23-8 22.21-8
22.22-6 22.23-4 22.29-3 26.80-9 27.21-0 27.22-8 31.04-7

GRUPO C-11 — Borracha

22.11-1 22.12-9 22.19-6

GRUPO C-12 — Não Metálicos

23.11-7 23.12-5 23.19-2 23.30-3 23.41-9 23.42-7 23.49-4 23.92-3 23.99-1 32.11-6
38.32-7 38.39-4

GRUPO C-13 — Metállicos

24.11-3 24.12-1 24.21-1 24.22-9 24.23-7 24.24-5 24.31-8 24.39-3 24.41-5 24.42-3
24.43-1 24.49-1 24.51-2 24.52-1 25.11-0 25.13-6 25.31-4 25.32-2 25.39-0 25.92-6

GRUPO C-14 — Equipamento/Máquinas e Ferramentas

25.12-8 25.21-7 25.22-5 25.41-1 25.42-0 25.43-8 25.91-8 25.93-4 25.99-3 26.10-8
26.21-3 26.22-1 26.31-1 26.32-9 26.40-0 26.51-5 26.52-3 26.60-4 26.70-1 27.10-4
27.31-7 27.32-5 27.33-3 27.40-6 27.51-1 27.59-7 27.90-2 28.11-9 28.12-7 28.13-5
28.14-3 28.15-1 28.21-6 28.22-4 28.23-2 28.24-1 28.25-9 28.32-1 28.33-0 28.40-2
28.51-8 28.52-6 28.54-2 28.61-5 28.62-3 28.63-1 28.64-0 28.65-8 28.66-6 28.69-1
29.45-0 31.02-1 31.03-9 32.30-2 32.40-0 32.50-7 33.11-2 33.12-1 33.13-9 33.14-7
33.19-8 33.21-0 38.31-9 95.12-6 95.21-5

GRUPO C-14A — Equipamentos/Máquinas e Ferramentas

28.29-1 32.12-4 32.20-5 32.99-0 32.91-4 33.29-5 95.11-8

GRUPO C-15 — Explosivos e Armas

20.92-4 25.50-1

GRUPO C-16 — Veículos

28.31-3 28.53-4 29.10-7 29.20-4 29.30-1 29.41-7 29.42-5 29.43-3 29.44-1
29.49-2 29.50-6 30.11-3 30.12-1 30.31-8 30.32-6 30.41-5 30.42-3 30.50-4
30.91-1 30.92-0 30.99-7 33.15-5 33.16-3 33.17-1 45.20-0 45.43-9

GRUPO C-17 — Água e Energia

35.11-5 35.12-3 35.13-1 35.14-0 35.20-4 35.30-1 36.00-6 37.01-1 37.02-9 38.11-4
38.12-2 38.21-1 38.22-0 39.00-5

GRUPO C-18 — Construção

42.22-7 42.23-5 42.91-0 42.99-5 43.21-5 43.22-3 43.29-1 43.30-4 43.99-1

GRUPO C-18A — Construção

41.20-4 42.11-1 42.12-0 42.13-8 42.21-9 42.92-8 43.11-8 43.12-6 43.13-4 43.19-3
43.91-6

GRUPO C-19 — Intermediários do Comércio

46.11-7 46.14-1 46.15-0 46.16-8 46.17-6 46.18-4 46.19-2

GRUPO C-20 — Comércio Atacadista

46.13-3 46.21-4 46.22-2 46.23-1 46.31-1 46.32-0 46.33-8 46.34-6 46.35-4 46.36-2
46.37-1 46.39-7 46.41-9 46.42-7 46.43-5 46.44-3 46.45-1 46.47-8 46.49-4 46.51-6
46.52-4 46.61-3 46.62-1 46.63-0 46.64-8 46.65-6 46.69-9 46.71-1 46.72-9 46.73-7
46.74-5 46.79-6 46.85-1 46.86-9 46.89-3 46.91-5 46.92-3 46.93-1

GRUPO C-21 — Comércio Varejista

45.11-1 45.12-9 45.30-7 45.41-2 45.42-1 47.11-3 47.12-1 47.13-0 47.21-1 47.22-9
47.23-7 47.24-5 47.29-6 47.41-5 47.42-3 47.43-1 4744-0 47.51-2 47.52-1 47.53-9
47.54-7 47.55-5 47.56-3 47.57-1 47.59-8 47.61-0 47.62-8 47.63-6 47.71-7 47.72-5
47.73-3 47.74-1 47.81-4 47.82-2 47.83-1 47.85-7 47.89-0 47.90-3

GRUPO C-22 — Comércio de Produtos Perigosos

46.12-5 46.46-0 46.81-8 46.82-6 46.83-4 46.84-2 46.87-7 47.31-8 47.32-6 47.84-9

GRUPO C-23 — Alojamento e Alimentação

55.10-8 55.90-6 56.11-2 56.12-1 56.20-1 88.00-6 88.00-6

GRUPO C-24 — Transporte

49.40-0 49.50-7 50.22-0 50.91-2 50.99-8 51.11-1 51.12-9 51.20-0 52.11-7 52.12-5
52.40-1

GRUPO C-24A — Transporte

50.30-1 52.21-4 52.22-2 52.23-1 52.29-0 52.31-1 52.32-0 52.39-7 52.50-8

GRUPO C-24B — Transporte

50.11-4 50.12-2 50.21-1 51.30-7

GRUPO C-24C — Transporte

49.21-3 49.22-1 49.23-0 49.24-8 49.29-9 49.30-2

GRUPO C-24D — Transporte

49.11-6 49.12-4

GRUPO C-25 — Correio e Telecomunicações

53.10-5 53.20-2 61.10-8 61.20-5 61.30-2 61.41-8 61.42-6 61.43-4 61.90-6

GRUPO C-26 — Seguro

65.11-1 65.12-0 65.20-1 65.30-8 65.41-3 65.42-1 65.50-2

GRUPO C-27 — Administração de Mercados Financeiros

66.11-8 66.12-6 66.19-3 66.21-5 66.22-3 66.29-1 66.30-4

GRUPO C-28 — Bancos

64.10-7 64.21-2 64.22-1 64.23-9 64.24-7 64.31-0 64.32-8 64.33-6 64.34-4 64.35-2
64.36-1 64.37-9 64.40-9 64.50-6 64.61-1 64.63-8 64.70-1 64.91-3 64.92-1 64.93-0
64.99-9 66.13-4 77.40-3

GRUPO C-29 — Serviços

41.10-7 64.62-0 68.10-2 68.21-8 68.22-6 69.11-7 69.12-5 69.20-6 70.10-7 70.20-4
73.20-3 77.21-7 77.22-5 77.23-3 77.29-2 79.11-2 79.12-1 79.90-2 81.11-7 85.50-3
94.11-1 94.12-0 94.20-1 94.30-8 94.91-0 94.92-8 94.93-6 94.99-5

GRUPO C-30 — Locação de Mão de Obra e Limpeza

80.11-1 80.12-9 80.20-0 80.30-7 81.21-4 81.22-2 81.29-0 81.30-3 96.01-7

GRUPO C-31 — Ensino

85.11-2 85.12-1 85.13-9 85.20-1 85.31-7 85.32-5 85.33-3 85.41-4 85.42-2 85.91-1
85.92-9 85.93-7 85.99-6 91.01-5 9102-3 91.03-1 93.11-5 93.12-3 93.13-1 93.19-1

GRUPO C-32 — Pesquisas

71.20-1 72.10-0 72.20-7

GRUPO C-33 — Administração Pública

84.11-6 84.12-4 84.13-2 84.21-3 84.22-1 84.23-0 84.24-8 84.25-6 84.30-2 99.00-8

GRUPO C-34 — Saúde

75.00-1 86.10-1 86.21-6 86.22-4 86.30-5 86.40-2 86.50-0 86.60-7 86.90-9 87.11-5
87.12-3 87.20-4 87.30-1 96.03-3

GRUPO C-35 — Outros Serviços

62.01-5 62.02-3 62.03-1 62.04-0 62.09-1 63.11-9 63.19-4 63.99-2 71.11-1 71.12-0
71.19-7 73.11-4 73.12-2 73.19-0 74.10-2 74.90-1 77.11-0 77.19-5 7731-4 77.32-2
77.33-1 77.39-0 78.10-8 78.20-5 78.30-2 81.12-5 82.11-3 82.19-9 82.20-2 82.30-0
82.91-1 82.92-0 82.99-7 92.00-3 93.21-2 93.29-8 95.29-1 96.02-5 96.09-2 97.00-5

QUADRO III

Relação da Classificação Nacional de Atividades Econômicas — CNAE (Versão 2.0), com correspondente agrupamento para dimensionamento da CIPA

(Dado pela Portaria SIT n. 14, de 21 de junho de 2007)

CNAE	DESCRIÇÃO DA ATIVIDADE	GRUPO
05.00-3	Extração de carvão mineral	C-1
06.00-0	Extração de petróleo e gás natural	C-1
07.10-3	Extração de minério de ferro	C-1
07.21-9	Extração de minério de alumínio	C-1
07.22-7	Extração de minério de estanho	C-1
07.23-5	Extração de minério de manganês	C-1

CNAE	DESCRIÇÃO DA ATIVIDADE	GRUPO
07.24-3	Extração de minério de metais preciosos	C-1
07.25-1	Extração de minerais radioativos	C-1
07.29-4	Extração de outros minerais metálicos não ferrosos	C-1
08.10-0	Extração de pedra, areia e argila	C-1
08.91-6	Extração de minerais para fabricação de adubos, fertilizantes e outros produtos	C-1
08.92-4	Extração e refino de sal marinho e sal-gema	C-1
08.93-2	Extração de gemas (pedras preciosas e semipreciosas)	C-1
08.99-1	Extração de minerais não metálicos não especificados anteriormente	C-1
09.10-6	Atividades de apoio à extração de petróleo e gás natural	C-1
09.90-4	Atividades de apoio à extração de minerais, exceto petróleo e gás natural	C-1
10.11-2	Abate de reses, exceto suínos	C-2
10.12-1	Abate de suínos, aves e outros pequenos animais	C-2
10.13-9	Fabricação de produtos de carne	C-2
10.20-1	Preservação do pescado e fabricação de produtos do pescado	C-2
10.31-7	Fabricação de conservas de frutas	C-2
10.32-5	Fabricação de conservas de legumes e outros vegetais	C-2
10.33-3	Fabricação de sucos de frutas, hortaliças e legumes	C-2
10.41-4	Fabricação de óleos vegetais em bruto, exceto óleo de milho	C-2
10.42-2	Fabricação de óleos vegetais refinados, exceto óleo de milho	C-2
10.43-1	Fabricação de margarina e outras gorduras vegetais e de óleos não comestíveis de animais	C-2
10.51-1	Preparação do leite	C-2
10.52-0	Fabricação de laticínios	C-2
10.53-8	Fabricação de sorvetes e outros gelados comestíveis	C-2
10.61-9	Beneficiamento de arroz e fabricação de produtos do arroz	C-2
10.62-7	Moagem de trigo e fabricação de derivados	C-2
10.63-5	Fabricação de farinha de mandioca e derivados	C-2
10.64-3	Fabricação de farinha de milho e derivados, exceto óleos de milho	C-2
10.65-1	Fabricação de amidos e féculas de vegetais e de óleos de milho	C-2
10.66-0	Fabricação de alimentos para animais	C-2
10.69-4	Moagem e fabricação de produtos de origem vegetal não especificados anteriormente	C-2
10.71-6	Fabricação de açúcar em bruto	C-2
10.72-4	Fabricação de açúcar refinado	C-2
10.81-3	Torrefação e moagem de café	C-2
10.82-1	Fabricação de produtos à base de café	C-2
10.91-1	Fabricação de produtos de panificação	C-2
10.92-9	Fabricação de biscoitos e bolachas	C-2
10.93-7	Fabricação de produtos derivados do cacau, de chocolates e confeitos	C-2
10.94-7	Fabricação de massas alimentícias	C-2
10.95-3	Fabricação de especiarias, molhos, temperos e condimentos	C-2
10.96-1	Fabricação de alimentos e pratos prontos	C-2
10.99-6	Fabricação de produtos alimentícios não especificados anteriormente	C-2
11.11-9	Fabricação de aguardentes e outras bebidas destiladas	C-2
11.12-7	Fabricação de vinho	C-2
11.13-5	Fabricação de malte, cervejas e chopes	C-2
11.21.6	Fabricação de águas envasadas	C-2

CNAE	DESCRIÇÃO DA ATIVIDADE	GRUPO
11.22-4	Fabricação de refrigerantes e de outras bebidas não alcoólicas	C-2
12.10-7	Processamento industrial do fumo	C-2
12.20-4	Fabricação de produtos do fumo	C-2
13.11-1	Preparação e fiação de fibras de algodão	C-3
13.12-0	Preparação e fiação de fibras têxteis naturais, exceto algodão	C-3
13.13-8	Fiação de fibras artificiais e sintéticas	C-3
13.14-6	Fabricação de linhas para costurar e bordar	C-3
13.21-9	Tecelagem de fios de algodão	C-3
13.22-7	Tecelagem de fios de fibras têxteis naturais, exceto algodão	C-3
13.23-5	Tecelagem de fios de fibras artificiais e sintéticas	C-3
13.30-8	Fabricação de tecidos de malha	C-3a
13.40-5	Acabamentos em fios, tecidos e artefatos têxteis	C-3
13.51-1	Fabricação de artefatos têxteis para uso doméstico	C-3a
13.52-9	Fabricação de artefatos de tapeçaria	C-3a
13.53-7	Fabricação de artefatos de cordoaria	C-3a
13.54-5	Fabricação de tecidos especiais, inclusive artefatos	C-3a
13.59-6	Fabricação de outros produtos têxteis não especificados anteriormente	C-3a
14.11-8	Confecção de roupas íntimas	C-4
14.12-6	Confecção de peças do vestuário, exceto roupas íntimas	C-4
14.13-4	Confecção de roupas profissionais	C-4
14.14-2	Fabricação de acessórios do vestuário, exceto para segurança e proteção	C-4
14.21-5	Fabricação de meias	C-3a
14.22-3	Fabricação de artigos do vestuário, produzidos em malharias e tricotagens, exceto meias	C-3a
15.10-6	Curtimento e outras preparações de couro	C-5
15.21-1	Fabricação de artigos para viagem, bolsas e semelhantes de qualquer material	C-5a
15.29-7	Fabricação de artefatos de couro não especificados anteriormente	C-5a
15.31-9	Fabricação de calçados de couro	C-5
15.32-7	Fabricação de tênis de qualquer material	C-5
15.33-5	Fabricação de calçados de material sintético	C-5
15.39-4	Fabricação de calçados de materiais não especificados anteriormente	C-5
15.40-8	Fabricação de partes para calçados, de qualquer material	C-5
16.10-2	Desdobramento de madeira	C-6
16.21-8	Fabricação de madeira laminada e de chapas de madeira compensada, prensada e aglomerada	C-6
16.22-6	Fabricação de estruturas de madeira e de artigos de carpintaria para construção	C-6
16.23-4	Fabricação de artefatos de tanoaria e de embalagens de madeira	C-6
16.29-3	Fabricação de artefatos de madeira, palha, cortiça, vime e material trançado não especificados anteriormente, exceto móveis	C-6
17.10-9	Fabricação de celulose e outras pastas para a fabricação de papel	C-7a
17.21-4	Fabricação de papel	C-7a
17.22-2	Fabricação de cartolina e papel-cartão	C-7a
17.31-1	Fabricação de embalagens de papel	C-7
17.32-0	Fabricação de embalagens de cartolina e papel-cartão	C-7
17.33-8	Fabricação de chapas e de embalagens de papelão ondulado	C-7
17.41-9	Fabricação de produtos de papel, cartolina, papel-cartão e papelão ondulado para uso comercial e de escritório	C-7
17.42-7	Fabricação de produtos de papel para usos doméstico e higiênico-sanitário	C-7
17.49-4	Fabricação de produtos de pastas celulósicas, papel, cartolina, papel-cartão e papelão ondulado não especificados anteriormente	C-7

CNAE	DESCRIÇÃO DA ATIVIDADE	GRUPO
18.11-3	Impressão de jornais, livros, revistas e outras publicações periódicas	C-8
18.12-1	Impressão de material de segurança	C-8
18.13-0	Impressão de materiais para outros usos	C-8
18.21-1	Serviços de pré-impressão	C-8
18.22-9	Serviços de acabamentos gráficos	C-8
18.30-0	Reprodução de materiais gravados em qualquer suporte	C-9
19.10-1	Coquerias	C-1
19.21-7	Fabricação de produtos do refino de petróleo	C-1a
19.22-5	Fabricação de produtos derivados do petróleo, exceto produtos do refino	C-1a
19.31-4	Fabricação de álcool	C-1a
19.32-2	Fabricação de biocombustíveis, exceto álcool	C-10
20.11-8	Fabricação de cloro e álcalis	C-10
20.12-6	Fabricação de intermediários para fertilizantes	C-10
20.13-4	Fabricação de adubos e fertilizantes	C-10
20.14-2	Fabricação de gases industriais	C-10
20.19-3	Fabricação de produtos químicos inorgânicos não especificados anteriormente	C-10
20.21-5	Fabricação de produtos petroquímicos básicos	C-10
20.22-3	Fabricação de intermediários para plastificantes, resinas e fibras	C-10
20.29-1	Fabricação de produtos químicos orgânicos não especificados anteriormente	C-10
20.31-2	Fabricação de resinas termoplásticas	C-10
20.32-1	Fabricação de resinas termofixas	C-10
20.33-9	Fabricação de elastômeros	C-10
20.40-1	Fabricação de fibras artificiais e sintéticas	C-10
20.51-7	Fabricação de defensivos agrícolas	C-10
20.52-5	Fabricação de desinfestantes domissanitários	C-10
20.61-4	Fabricação de sabões e detergentes sintéticos	C-10
20.62-2	Fabricação de produtos de limpeza e polimento	C-10
20.63-1	Fabricação de cosméticos, produtos de perfumaria e de higiene pessoal	C-10
20.71-1	Fabricação de tintas, vernizes, esmaltes e lacas	C-10
20.72-0	Fabricação de tintas de impressão	C-10
20.73-8	Fabricação de impermeabilizantes, solventes e produtos afins	C-10
20.91-6	Fabricação de adesivos e selantes	C-10
20.92-4	Fabricação de explosivos	C-15
20.93-2	Fabricação de aditivos de uso industrial	C-10
20.94-1	Fabricação de catalisadores	C-10
20.99-1	Fabricação de produtos químicos não especificados anteriormente	C-10
21.10-6	Fabricação de produtos farmoquímicos	C-10
21.21-1	Fabricação de medicamentos para uso humano	C-10
21.22-0	Fabricação de medicamentos para uso veterinário	C-10
21.23-8	Fabricação de preparações farmacêuticas	C-10
22.11-1	Fabricação de pneumáticos e de câmaras de ar	C-11
22.12-9	Reforma de pneumáticos usados	C-11
22.19-6	Fabricação de artefatos de borracha não especificados anteriormente	C-11
22.21-8	Fabricação de laminados planos e tubulares de material plástico	C-10
22.22-6	Fabricação de embalagens de material plástico	C-10

CNAE	DESCRIÇÃO DA ATIVIDADE	GRUPO
22.23-4	Fabricação de tubos e acessórios de material plástico para uso na construção	C-10
22.29-3	Fabricação de artefatos de material plástico não especificados anteriormente	C-10
23.11-7	Fabricação de vidro plano e de segurança	C-12
23.12-5	Fabricação de embalagens de vidro	C-12
23.19-2	Fabricação de artigos de vidro	C-12
23.20-6	Fabricação de cimento	C-1
23.30-3	Fabricação de artefatos de concreto, cimento, fibrocimento, gesso e materiais semelhantes	C-12
23.41-9	Fabricação de produtos cerâmicos refratários	C-12
23.42-7	Fabricação de produtos cerâmicos não refratários para uso estrutural na construção	C-12
23.49-4	Fabricação de produtos cerâmicos não refratários não especificados anteriormente	C-12
23.91-5	Aparelhamento e outros trabalhos em pedras	C-1
23.92-3	Fabricação de cal e gesso	C-12
23.99-1	Fabricação de produtos de minerais não metálicos não especificados anteriormente	C-12
24.11-3	Produção de ferro-gusa	C-13
24.12-1	Produção de ferroligas	C-13
24.21-1	Produção de semiacabados de aço	C-13
24.22-9	Produção de laminados planos de aço	C-13
24.23-7	Produção de laminados longos de aço	C-13
24.24-5	Produção de relaminados, trefilados e perfilados de aço	C-13
24.31-8	Produção de tubos de aço com costura	C-13
24.39-3	Produção de outros tubos de ferro e aço	C-13
24.41-5	Metalurgia do alumínio e suas ligas	C-13
24.42-3	Metalurgia dos metais preciosos	C-13
24.43-1	Metalurgia do cobre	C-13
24.49-1	Metalurgia dos metais não ferrosos e suas ligas não especificados anteriormente	C-13
24.51-2	Fundição de ferro e aço	C-13
24.52-1	Fundição de metais não ferrosos e suas ligas	C-13
25.11-0	Fabricação de estruturas metálicas	C-13
25.12-8	Fabricação de esquadrias de metal	C-14
25.13-6	Fabricação de obras de caldeiraria pesada	C-13
25.21-7	Fabricação de tanques, reservatórios metálicos e caldeiras para aquecimento central	C-14
25.22-5	Fabricação de caldeiras geradoras de vapor, exceto para aquecimento central e para veículos	C-14
25.31-4	Produção de forjados de aço e de metais não ferrosos e suas ligas	C-13
25.32-2	Produção de artefatos estampados de metal; metalurgia do pó	C-13
25.39-0	Serviços de usinagem, solda, tratamento e revestimento em metais	C-13
25.41-1	Fabricação de artigos de cutelaria	C-14
25.42-0	Fabricação de artigos de serralheria, exceto esquadrias	C-14
25.43-8	Fabricação de ferramentas	C-14
25.50-1	Fabricação de equipamento bélico pesado, armas de fogo e munições	C-15
25.91-8	Fabricação de embalagens metálicas	C-14
25.92-6	Fabricação de produtos de trefilados de metal	C-13
25.93-4	Fabricação de artigos de metal para uso doméstico e pessoal	C-14
25.99-3	Fabricação de produtos de metal não especificados anteriormente	C-14
26.10-8	Fabricação de componentes eletrônicos	C-14
26.21-3	Fabricação de equipamentos de informática	C-14

CNAE	DESCRIÇÃO DA ATIVIDADE	GRUPO
26.22-1	Fabricação de periféricos para equipamentos de informática	C-14
26.31-1	Fabricação de equipamentos transmissores de comunicação	C-14
26.32-9	Fabricação de aparelhos telefônicos e de outros equipamentos de comunicação	C-14
26.40-0	Fabricação de aparelhos de recepção, reprodução, gravação e amplificação de áudio e vídeo	C-14
26.51-5	Fabricação de aparelhos e equipamentos de medida, teste e controle	C-14
26.52-3	Fabricação de cronômetros e relógios	C-14
26.60-4	Fabricação de aparelhos eletromédicos e eletroterapêuticos e equipamentos de irradiação	C-14
26.70-1	Fabricação de equipamentos e instrumentos ópticos, fotográficos e cinematográficos	C-14
26.80-9	Fabricação de mídias virgens, magnéticas e ópticas	C-10
27.10-4	Fabricação de geradores, transformadores e motores elétricos	C-14
27.21-0	Fabricação de pilhas, baterias e acumuladores elétricos, exceto para veículos automotores	C-10
27.22-8	Fabricação de baterias e acumuladores para veículos automotores	C-10
27.31-7	Fabricação de aparelhos e equipamentos para distribuição e controle de energia elétrica	C-14
27.32-5	Fabricação de material elétrico para instalações em circuito de consumo	C-14
27.33-3	Fabricação de fios, cabos e condutores elétricos isolados	C-14
27.40-6	Fabricação de lâmpadas e outros equipamentos de iluminação	C-14
27.51-1	Fabricação de fogões, refrigeradores e máquinas de lavar e secar para uso doméstico	C-14
27.59-7	Fabricação de aparelhos eletrodomésticos não especificados anteriormente	C-14
27.90-2	Fabricação de equipamentos e aparelhos elétricos não especificados anteriormente	C-14
28.11-9	Fabricação de motores e turbinas, exceto para aviões e veículos rodoviários	C-14
28.12-7	Fabricação de equipamentos hidráulicos e pneumáticos, exceto válvulas	C-14
28.13-5	Fabricação de válvulas, registros e dispositivos semelhantes	C-14
28.14-3	Fabricação de compressores	C-14
28.15-1	Fabricação de equipamentos de transmissão para fins industriais	C-14
28.21-6	Fabricação de aparelhos e equipamentos para instalações térmicas	C-14
28.22-4	Fabricação de máquinas, equipamentos e aparelhos para transporte e elevação de cargas e pessoas	C-14
28.23-2	Fabricação de máquinas e aparelhos de refrigeração e ventilação para uso industrial e comercial	C-14
28.24-1	Fabricação de aparelhos e equipamentos de ar-condicionado	C-14
28.25-9	Fabricação de máquinas e equipamentos para saneamento básico e ambiental	C-14
28.29-1	Fabricação de máquinas e equipamentos de uso geral não especificados anteriormente	C-14a
28.31-3	Fabricação de tratores agrícolas	C-16
28.32-1	Fabricação de equipamentos para irrigação agrícola	C-14
28.33-0	Fabricação de máquinas e equipamentos para a agricultura e pecuária, exceto para irrigação	C-14
28.40-2	Fabricação de máquinas-ferramenta	C-14
28.51-8	Fabricação de máquinas e equipamentos para a prospecção e extração de petróleo	C-14
28.52-6	Fabricação de outras máquinas e equipamentos para uso na extração mineral, exceto na extração de petróleo	C-14
28.53-4	Fabricação de tratores, exceto agrícolas	C-16
28.54-2	Fabricação de máquinas e equipamentos para terraplenagem, pavimentação e construção, exceto tratores	C-14
28.61-5	Fabricação de máquinas para a indústria metalúrgica, exceto máquinas-ferramenta	C-14
28.62-3	Fabricação de máquinas e equipamentos para as indústrias de alimentos, bebidas e fumo	C-14
28.63-1	Fabricação de máquinas e equipamentos para a indústria têxtil	C-14
28.64-0	Fabricação de máquinas e equipamentos para as indústrias do vestuário, do couro e de calçados	C-14
28.65-8	Fabricação de máquinas e equipamentos para as indústrias de celulose, papel e papelão e artefatos	C-14
28.66-6	Fabricação de máquinas e equipamentos para a indústria do plástico	C-14
28.69-1	Fabricação de máquinas e equipamentos para uso industrial específico não especificados anteriormente	C-14
29.10-7	Fabricação de automóveis, camionetas e utilitários	C-16

CNAE	DESCRIÇÃO DA ATIVIDADE	GRUPO
29.20-4	Fabricação de caminhões e ônibus	C-16
29.30-1	Fabricação de cabines, carrocerias e reboques para veículos automotores	C-16
29.41-7	Fabricação de peças e acessórios para o sistema motor de veículos automotores	C-16
29.42-5	Fabricação de peças e acessórios para os sistemas de marcha e transmissão de veículos automotores	C-16
29.43-3	Fabricação de peças e acessórios para o sistema de freios de veículos automotores	C-16
29.44-1	Fabricação de peças e acessórios para o sistema de direção e suspensão de veículos automotores	C-16
29.45-0	Fabricação de material elétrico e eletrônico para veículos automotores, exceto baterias	C-14
29.49-2	Fabricação de peças e acessórios para veículos automotores não especificados anteriormente	C-16
29.50-6	Recondicionamento e recuperação de motores para veículos automotores	C-16
30.11-3	Construção de embarcações e estruturas flutuantes	C-16
30.12-1	Construção de embarcações para esporte e lazer	C-16
30.31-8	Fabricação de locomotivas, vagões e outros materiais rodantes	C-16
30.32-6	Fabricação de peças e acessórios para veículos ferroviários	C-16
30.41-5	Fabricação de aeronaves	C-16
30.42-3	Fabricação de turbinas, motores e outros componentes e peças para aeronaves	C-16
30.50-4	Fabricação de veículos militares de combate	C-16
30.91-1	Fabricação de motocicletas	C-16
30.92-0	Fabricação de bicicletas e triciclos não motorizados	C-16
30.99-7	Fabricação de equipamentos de transporte não especificados anteriormente	C-16
31.01-2	Fabricação de móveis com predominância de madeira	C-6
31.02-1	Fabricação de móveis com predominância de metal	C-14
31.03-9	Fabricação de móveis de outros materiais, exceto madeira e metal	C-14
31.04-7	Fabricação de colchões	C-10
32.11-6	Lapidação de gemas e fabricação de artefatos de ourivesaria e joalheria	C-12
32.12-4	Fabricação de bijuterias e artefatos semelhantes	C-14a
32.20-5	Fabricação de instrumentos musicais	C-14a
32.30-2	Fabricação de artefatos para pesca e esporte	C-14
32.40-0	Fabricação de brinquedos e jogos recreativos	C-14
32.50-7	Fabricação de instrumentos e materiais para uso médico e odontológico e de artigos ópticos	C-14
32.91-4	Fabricação de escovas, pincéis e vassouras	C-14a
32.92-2	Fabricação de equipamentos e acessórios para segurança e proteção pessoal e profissional	C-4
32.99-0	Fabricação de produtos diversos não especificados anteriormente	C-14a
33.11-2	Manutenção e reparação de tanques, reservatórios metálicos e caldeiras, exceto para veículos	C-14
33.12-1	Manutenção e reparação de equipamentos eletrônicos e ópticos	C-14
33.13-9	Manutenção e reparação de máquinas e equipamentos elétricos	C-14
33.14-7	Manutenção e reparação de máquinas e equipamentos da indústria mecânica	C-14
33.15-5	Manutenção e reparação de veículos ferroviários	C-16
33.16-3	Manutenção e reparação de aeronaves	C-16
33.17-1	Manutenção e reparação de embarcações	C-16
33.19-8	Manutenção e reparação de equipamentos e produtos não especificados anteriormente	C-14
33.21-0	Instalação de máquinas e equipamentos industriais	C-14
33.29-5	Instalação de equipamentos não especificados anteriormente	C-14a
35.11-5	Geração de energia elétrica	C-17
35.12-3	Transmissão de energia elétrica	C-17
35.13-1	Comércio atacadista de energia elétrica	C-17
35.14-0	Distribuição de energia elétrica	C-17

CNAE	DESCRIÇÃO DA ATIVIDADE	GRUPO
35.20-4	Produção de gás; processamento de gás natural; distribuição de combustíveis gasosos por redes urbanas	C-17
35.30-1	Produção e distribuição de vapor, água quente e ar-condicionado	C-17
36.00-6	Captação, tratamento e distribuição de água	C-17
37.01-1	Gestão de redes de esgoto	C-17
37.02-9	Atividades relacionadas a esgoto, exceto a gestão de redes	C-17
38.11-4	Coleta de resíduos não perigosos	C-17
38.12-2	Coleta de resíduos perigosos	C-17
38.21-1	Tratamento e disposição de resíduos não perigosos	C-17
38.22-0	Tratamento e disposição de resíduos perigosos	C-17
38.31-9	Recuperação de materiais metálicos	C-14
38.32-7	Recuperação de materiais plásticos	C-12
38.39-4	Recuperação de materiais não especificados anteriormente	C-12
39.00-5	Descontaminação e outros serviços de gestão de resíduos	C-17
41.10-7	Incorporação de empreendimentos imobiliários	C-29
41.20-4	Construção de edifícios	C-18a
42.11-1	Construção de rodovias e ferrovias	C-18a
42.12-0	Construção de obras de arte especiais	C-18a
42.13-8	Obras de urbanização — ruas, praças e calçadas	C-18a
42.21-9	Obras para geração e distribuição de energia elétrica e para telecomunicações	C-18a
42.22-7	Construção de redes de abastecimento de água, coleta de esgoto e construções correlatas	C-18
42.23-5	Construção de redes de transportes por dutos, exceto para água e esgoto	C-18
42.91-0	Obras portuárias, marítimas e fluviais	C-18
42.92-8	Montagem de instalações industriais e de estruturas metálicas	C-18a
42.99-5	Obras de engenharia civil não especificadas anteriormente	C-18
43.11-8	Demolição e preparação de canteiros de obras	C-18a
43.12-6	Perfurações e sondagens	C-18a
43.13-4	Obras de terraplenagem	C-18a
43.19-3	Serviços de preparação do terreno não especificados anteriormente	C-18a
43.21-5	Instalações elétricas	C-18
43.22-3	Instalações hidráulicas, de sistemas de ventilação e refrigeração	C-18
43.29-1	Obras de instalações em construções não especificadas anteriormente	C-18
43.30-4	Obras de acabamento	C-18
43.91-6	Obras de fundações	C-18a
43.99-1	Serviços especializados para construção não especificados anteriormente	C-18
45.11-1	Comércio a varejo e por atacado de veículos automotores	C-21
45.12-9	Representantes comerciais e agentes do comércio de veículos automotores	C-21
45.20-0	Manutenção e reparação de veículos automotores	C-16
45.30-7	Comércio de peças e acessórios para veículos automotores	C-21
45.41-2	Comércio por atacado e a varejo de motocicletas, peças e acessórios	C-21
45.42-1	Representantes comerciais e agentes do comércio de motocicletas, peças e acessórios	C-21
45.43-9	Manutenção e reparação de motocicletas	C-16
46.11-7	Representantes comerciais e agentes do comércio de matérias-primas agrícolas e animais vivos	C-19
46.12-5	Representantes comerciais e agentes do comércio de combustíveis, minerais, produtos siderúrgicos e químicos	C-22
46.13-3	Representantes comerciais e agentes do comércio de madeira, material de construção e ferragens	C-20
46.14-1	Representantes comerciais e agentes do comércio de máquinas, equipamentos, embarcações e aeronaves	C-19
46.15-0	Representantes comerciais e agentes do comércio de eletrodomésticos, móveis e artigos de uso doméstico	C-19

CNAE	DESCRIÇÃO DA ATIVIDADE	GRUPO
46.16-8	Representantes comerciais e agentes do comércio de têxteis, vestuário, calçados e artigos de viagem	C-19
46.17-6	Representantes comerciais e agentes do comércio de produtos alimentícios, bebidas e fumo	C-19
46.18-4	Representantes comerciais e agentes do comércio especializado em produtos não especificados anteriormente	C-19
46.19-2	Representantes comerciais e agentes do comércio de mercadorias em geral não especializado	C-19
46.21-4	Comércio atacadista de café em grão	C-20
46.22-2	Comércio atacadista de soja	C-20
46.23-1	Comércio atacadista de animais vivos, alimentos para animais e matérias-primas agrícolas, exceto café e soja	C-20
46.31-1	Comércio atacadista de leite e laticínios	C-20
46.32-0	Comércio atacadista de cereais e leguminosas beneficiados, farinhas, amidos e féculas	C-20
46.33-8	Comércio atacadista de hortifrutigranjeiros	C-20
46.34-6	Comércio atacadista de carnes, produtos da carne e pescado	C-20
46.35-4	Comércio atacadista de bebidas	C-20
46.36-2	Comércio atacadista de produtos do fumo	C-20
46.37-1	Comércio atacadista especializado em produtos alimentícios não especificados anteriormente	C-20
46.39-7	Comércio atacadista de produtos alimentícios em geral	C-20
46.41-9	Comércio atacadista de tecidos, artefatos de tecidos e de armarinho	C-20
46.42-7	Comércio atacadista de artigos do vestuário e acessórios	C-20
46.43-5	Comércio atacadista de calçados e artigos de viagem	C-20
46.44-3	Comércio atacadista de produtos farmacêuticos para uso humano e veterinário	C-20
46.45-1	Comércio atacadista de instrumentos e materiais para uso médico, cirúrgico, ortopédico e odontológico	C-20
46.46-0	Comércio atacadista de cosméticos, produtos de perfumaria e de higiene pessoal	C-22
46.47-8	Comércio atacadista de artigos de escritório e de papelaria; livros, jornais e outras publicações	C-20
46.49-4	Comércio atacadista de equipamentos e artigos de uso pessoal e doméstico não especificados anteriormente	C-20
46.51-6	Comércio atacadista de computadores, periféricos e suprimentos de informática	C-20
46.52-4	Comércio atacadista de componentes eletrônicos e equipamentos de telefonia e comunicação	C-20
46.61-3	Comércio atacadista de máquinas, aparelhos e equipamentos para uso agropecuário; partes e peças	C-20
46.62-1	Comércio atacadista de máquinas, equipamentos para terraplenagem, mineração e construção; partes e peças	C-20
46.63-0	Comércio atacadista de máquinas e equipamentos para uso industrial; partes e peças	C-20
46.64-8	Comércio atacadista de máquinas, aparelhos e equipamentos para uso odonto-médico-hospitalar; partes e peças	C-20
46.65-6	Comércio atacadista de máquinas e equipamentos para uso comercial; partes e peças	C-20
46.69-9	Comércio atacadista de máquinas, aparelhos e equipamentos não especificados anteriormente; partes e peças	C-20
46.71-1	Comércio atacadista de madeira e produtos derivados	C-20
46.72-9	Comércio atacadista de ferragens e ferramentas	C-20
46.73-7	Comércio atacadista de material elétrico	C-20
46.74-5	Comércio atacadista de cimento	C-20
46.79-6	Comércio atacadista especializado de materiais de construção não especificados anteriormente e de materiais de construção em geral	C-20
46.81-8	Comércio atacadista de combustíveis sólidos, líquidos e gasosos, exceto gás natural e GLP	C-22
46.82-6	Comércio atacadista de gás liquefeito de petróleo (GLP)	C-22
46.83-4	Comércio atacadista de defensivos agrícolas, adubos, fertilizantes e corretivos do solo	C-22
46.84-2	Comércio atacadista de produtos químicos e petroquímicos, exceto agroquímicos	C-22
46.85-1	Comércio atacadista de produtos siderúrgicos e metalúrgicos, exceto para construção	C-20
46.86-9	Comércio atacadista de papel e papelão em bruto e de embalagens	C-20
46.87-7	Comércio atacadista de resíduos e sucatas	C-22
46.89-3	Comércio atacadista especializado de outros produtos intermediários não especificados anteriormente	C-20
46.91-5	Comércio atacadista de mercadorias em geral, com predominância de produtos alimentícios	C-20
46.92-3	Comércio atacadista de mercadorias em geral, com predominância de insumos agropecuários	C-20

CNAE	DESCRIÇÃO DA ATIVIDADE	GRUPO
46.93-1	Comércio atacadista de mercadorias em geral, sem predominância de alimentos ou de insumos agropecuários	C-20
47.11-3	Comércio varejista de mercadorias em geral, com predominância de produtos alimentícios — hipermercados e supermercados	C-21
47.12-1	Comércio varejista de mercadorias em geral, com predominância de produtos alimentícios — minimercados, mercearias e armazéns	C-21
47.13-0	Comércio varejista de mercadorias em geral, sem predominância de produtos alimentícios	C-21
47.21-1	Comércio varejista de produtos de padaria, laticínio, doces, balas e semelhantes	C-21
47.22-9	Comércio varejista de carnes e pescados — açougues e peixarias	C-21
47.23-7	Comércio varejista de bebidas	C-21
47.24-5	Comércio varejista de hortifrutigranjeiros	C-21
47.29-6	Comércio varejista de produtos alimentícios em geral ou especializado em produtos alimentícios não especificados anteriormente; produtos do fumo	C-21
47.31-8	Comércio varejista de combustíveis para veículos automotores	C-22
47.32-6	Comércio varejista de lubrificantes	C-22
47.41-5	Comércio varejista de tintas e materiais para pintura	C-21
47.42-3	Comércio varejista de material elétrico	C-21
47.43-1	Comércio varejista de vidros	C-21
47.44-0	Comércio varejista de ferragens, madeira e materiais de construção	C-21
47.51-2	Comércio varejista especializado de equipamentos e suprimentos de informática	C-21
47.52-1	Comércio varejista especializado de equipamentos de telefonia e comunicação	C-21
47.53-9	Comércio varejista especializado de eletrodomésticos e equipamentos de áudio e vídeo	C-21
47.54-7	Comércio varejista especializado de móveis, colchoaria e artigos de iluminação	C-21
47.55-5	Comércio varejista especializado de tecidos e artigos de cama, mesa e banho	C-21
47.56-3	Comércio varejista especializado de instrumentos musicais e acessórios	C-21
47.57-1	Comércio varejista especializado de peças e acessórios para aparelhos eletroeletrônicos para uso doméstico, exceto informática e comunicação	C-21
47.59-8	Comércio varejista de artigos de uso doméstico não especificados anteriormente	C-21
47.61-0	Comércio varejista de livros, jornais, revistas e papelaria	C-21
47.62-8	Comércio varejista de discos, CDs, DVDs e fitas	C-21
47.63-6	Comércio varejista de artigos recreativos e esportivos	C-21
47.71-7	Comércio varejista de produtos farmacêuticos para uso humano e veterinário	C-21
47.72-5	Comércio varejista de cosméticos, produtos de perfumaria e de higiene pessoal	C-21
47.73-3	Comércio varejista de artigos médicos e ortopédicos	C-21
47.74-1	Comércio varejista de artigos de óptica	C-21
47.81-4	Comércio varejista de artigos do vestuário e acessórios	C-21
47.82-2	Comércio varejista de calçados e artigos de viagem	C-21
47.83-1	Comércio varejista de joias e relógios	C-21
47.84-9	Comércio varejista de gás liquefeito de petróleo (GLP)	C-22
47.85-7	Comércio varejista de artigos usados	C-21
47.89-0	Comércio varejista de outros produtos novos não especificados anteriormente	C-21
47.90-3	Comércio ambulante e outros tipos de comércio varejista	C-21
49.11-6	Transporte ferroviário de carga	C-24d
49.12-4	Transporte metroferroviário de passageiros	C-24d
49.21-3	Transporte rodoviário coletivo de passageiros, com itinerário fixo, municipal e em região metropolitana	C-24c
49.22-1	Transporte rodoviário coletivo de passageiros, com itinerário fixo, intermunicipal, interestadual e internacional	C-24c
49.23-0	Transporte rodoviário de táxi	C-24c
49.24-8	Transporte escolar	C-24c
49.29-9	Transporte rodoviário coletivo de passageiros, sob regime de fretamento, e outros transportes rodoviários não especificados anteriormente	C-24c
49.30-2	Transporte rodoviário de carga	C-24c

CNAE	DESCRIÇÃO DA ATIVIDADE	GRUPO
49.40-0	Transporte dutoviário	C-24
49.50-7	Trens turísticos, teleféricos e similares	C-24
50.11-4	Transporte marítimo de cabotagem	C-24b
50.12-2	Transporte marítimo de longo curso	C-24b
50.21-1	Transporte por navegação interior de carga	C-24b
50.22-0	Transporte por navegação interior de passageiros em linhas regulares	C-24
50.30-1	Navegação de apoio	C-24a
50.91-2	Transporte por navegação de travessia	C-24
50.99-8	Transportes aquaviários não especificados anteriormente	C-24
51.11-1	Transporte aéreo de passageiros regular	C-24
51.12-9	Transporte aéreo de passageiros não regular	C-24
51.20-0	Transporte aéreo de carga	C-24
51.30-7	Transporte espacial	C-24b
52.11-7	Armazenamento	C- 24
52.12-5	Carga e descarga	C-24
52.21-4	Concessionárias de rodovias, pontes, túneis e serviços relacionados	C-24a
52.22-2	Terminais rodoviários e ferroviários	C-24a
52.23-1	Estacionamento de veículos	C-24a
52.29-0	Atividades auxiliares dos transportes terrestres não especificadas anteriormente	C-24a
52.31-1	Gestão de portos e terminais	C-24a
52.32-0	Atividades de agenciamento marítimo	C-24a
52.39-7	Atividades auxiliares dos transportes aquaviários não especificadas anteriormente	C-24a
52.40-1	Atividades auxiliares dos transportes aéreos	C-24
52.50-8	Atividades relacionadas à organização do transporte de carga	C-24a
53.10-5	Atividades de Correio	C-25
53.20-2	Atividades de malote e de entrega	C-25
55.10-8	Hotéis e similares	C-23
55.90-6	Outros tipos de alojamento não especificados anteriormente	C-23
56.11-2	Restaurantes e outros estabelecimentos de serviços de alimentação e bebidas	C-23
56.12-1	Serviços ambulantes de alimentação	C-23
56.20-1	Serviços de *catering*, bufê e outros serviços de comida preparada	C-23
58.11-5	Edição de livros	C-8
58.12-3	Edição de jornais	C-8
58.13-1	Edição de revistas	C-8
58.19-1	Edição de cadastros, listas e outros produtos gráficos	C-8
58.21-2	Edição integrada à impressão de livros	C-8
58.22-1	Edição integrada à impressão de jornais	C-8
58.23-9	Edição integrada à impressão de revistas	C-8
58.29-8	Edição integrada à impressão de cadastros, listas e outros produtos gráficos	C-8
59.11-1	Atividades de produção cinematográfica, de vídeos e de programas de televisão	C-9
59.12-0	Atividades de pós-produção cinematográfica, de vídeos e de programas de televisão	C-9
59.13-8	Distribuição cinematográfica, de vídeo e de programas de televisão	C-9
59.14-6	Atividades de exibição cinematográfica	C-9
59.20-1	Atividades de gravação de som e de edição de música	C-9
60.10-1	Atividades de rádio	C-9
60.21-7	Atividades de televisão aberta	C-9

CNAE	DESCRIÇÃO DA ATIVIDADE	GRUPO
60.22-5	Programadoras e atividades relacionadas à televisão por assinatura	C-9
61.10-8	Telecomunicações por fio	C-25
61.20-5	Telecomunicações sem fio	C-25
61.30-2	Telecomunicações por satélite	C-25
61.41-8	Operadoras de televisão por assinatura por cabo	C-25
61.42-6	Operadoras de televisão por assinatura por micro-ondas	C-25
61.43-4	Operadoras de televisão por assinatura por satélite	C-25
61.90-6	Outras atividades de telecomunicações	C-25
62.01-5	Desenvolvimento de programas de computador sob encomenda	C-35
62.02-3	Desenvolvimento e licenciamento de programas de computador customizáveis	C-35
62.03-1	Desenvolvimento e licenciamento de programas de computador não customizáveis	C-35
62.04-0	Consultoria em tecnologia da informação	C-35
62.09-1	Suporte técnico, manutenção e outros serviços em tecnologia da informação	C-35
63.11-9	Tratamento de dados, provedores de serviços de aplicação e serviços de hospedagem na internet	C-35
63.19-4	Portais, provedores de conteúdo e outros serviços de informação na internet	C-35
63.91-7	Agências de notícias	C-8
63.99-2	Outras atividades de prestação de serviços de informação não especificadas anteriormente	C-35
64.10-7	Banco Central	C-28
64.21-2	Bancos comerciais	C-28
64.22-1	Bancos múltiplos, com carteira comercial	C-28
64.23-9	Caixas econômicas	C-28
64.24-7	Crédito cooperativo	C-28
64.31-0	Bancos múltiplos, sem carteira comercial	C-28
64.32-8	Bancos de investimento	C-28
64.33-6	Bancos de desenvolvimento	C-28
64.34-4	Agências de fomento	C-28
64.35-2	Crédito imobiliário	C-28
64.36-1	Sociedades de crédito, financiamento e investimento — financeiras	C-28
64.37-9	Sociedades de crédito ao microempreendedor	C-28
64.40-9	Arrendamento mercantil	C-28
64.50-6	Sociedades de capitalização	C-28
64.61-1	*Holdings* de instituições financeiras	C-28
64.62-0	*Holdings* de instituições não financeiras	C-29
64.63-8	Outras sociedades de participação, exceto *holdings*	C-28
64.70-1	Fundos de investimento	C-28
64.91-3	Sociedades de fomento mercantil — *factoring*	C-28
64.92-1	Securitização de créditos	C-28
64.93-0	Administração de consórcios para aquisição de bens e direitos	C-28
64.99-9	Outras atividades de serviços financeiros não especificadas anteriormente	C-28
65.11-1	Seguros de vida	C-26
65.12-0	Seguros não vida	C-26
65.20-1	Seguros-saúde	C-26
65.30-8	Resseguros	C-26
65.41-3	Previdência complementar fechada	C-26
65.42-1	Previdência complementar aberta	C-26
65.50-2	Planos de saúde	C-26

CNAE	DESCRIÇÃO DA ATIVIDADE	GRUPO
66.11-8	Administração de bolsas e mercados de balcão organizados	C-27
66.12-6	Atividades de intermediários em transações de títulos, valores mobiliários e mercadorias	C-27
66.13-4	Administração de cartões de crédito	C-28
66.19-3	Atividades auxiliares dos serviços financeiros não especificadas anteriormente	C-27
66.21-5	Avaliação de riscos e perdas	C-27
66.22-3	Corretores e agentes de seguros, de planos de previdência complementar e de saúde	C-27
66.29-1	Atividades auxiliares dos seguros, da previdência complementar e dos planos de saúde não especificadas anteriormente	C-27
66.30-4	Atividades de administração de fundos por contrato ou comissão	C-27
68.10-2	Atividades imobiliárias de imóveis próprios	C-29
68.21-8	Intermediação na compra, venda e aluguel de imóveis	C-29
68.22-6	Gestão e administração da propriedade imobiliária	C-29
69.11-7	Atividades jurídicas, exceto cartórios	C-29
69.12-5	Cartórios	C-29
69.20-6	Atividades de contabilidade, consultoria e auditoria contábil e tributária	C-29
70.10-7	Sedes de empresas e unidades administrativas locais	C-29
70.20-4	Atividades de consultoria em gestão empresarial	C-29
71.11-1	Serviços de arquitetura	C-35
71.12-0	Serviços de engenharia	C-35
71.19-7	Atividades técnicas relacionadas à arquitetura e engenharia	C-35
71.20-1	Testes e análises técnicas	C-32
72.10-0	Pesquisa e desenvolvimento experimental em ciências físicas e naturais	C-32
72.20-7	Pesquisa e desenvolvimento experimental em ciências sociais e humanas	C-32
73.11-4	Agências de publicidade	C-35
73.12-2	Agenciamento de espaços para publicidade, exceto em veículos de comunicação	C-35
73.19-0	Atividades de publicidade não especificadas anteriormente	C-35
73.20-3	Pesquisas de mercado e de opinião pública	C-29
74.10-2	*Design* e decoração de interiores	C-35
74.20-0	Atividades fotográficas e similares	C-9
74.90-1	Atividades profissionais, científicas e técnicas não especificadas anteriormente	C-35
75.00-1	Atividades veterinárias	C-34
77.11-0	Locação de automóveis sem condutor	C-35
77.19-5	Locação de meios de transporte, exceto automóveis, sem condutor	C-35
77.21-7	Aluguel de equipamentos recreativos e esportivos	C-29
77.22-5	Aluguel de fitas de vídeo, DVDs e similares	C-29
77.23-3	Aluguel de objetos do vestuário, joias e acessórios	C-29
77.29-2	Aluguel de objetos pessoais e domésticos não especificados anteriormente	C-29
77.31-4	Aluguel de máquinas e equipamentos agrícolas sem operador	C-35
77.32-2	Aluguel de máquinas e equipamentos para construção sem operador	C-35
77.33-1	Aluguel de máquinas e equipamentos para escritório	C-35
77.39-0	Aluguel de máquinas e equipamentos não especificados anteriormente	C-35
77.40-3	Gestão de ativos intangíveis não financeiros	C-28
78.10-8	Seleção e agenciamento de mão de obra	C-35
78.20-5	Locação de mão de obra temporária	C-35

CNAE	DESCRIÇÃO DA ATIVIDADE	GRUPO
78.30-2	Fornecimento e gestão de recursos humanos para terceiros	C-35
79.11-2	Agências de viagens	C-29
79.12-1	Operadores turísticos	C-29
79.90-2	Serviços de reservas e outros serviços de turismo não especificados anteriormente	C-29
80.11-1	Atividades de vigilância e segurança privada	C-30
80.12-9	Atividades de transporte de valores	C-30
80.20-0	Atividades de monitoramento de sistemas de segurança	C-30
80.30-7	Atividades de investigação particular	C-30
81.11-7	Serviços combinados para apoio a edifícios, exceto condomínios prediais	C-29
81.12-5	Condomínios prediais	C-35
81.21-4	Limpeza em prédios e em domicílios	C-30
81.22-2	Imunização e controle de pragas urbanas	C-30
81.29-0	Atividades de limpeza não especificadas anteriormente	C-30
81.30-3	Atividades paisagísticas	C-30
82.11-3	Serviços combinados de escritório e apoio administrativo	C-35
82.19-9	Fotocópias, preparação de documentos e outros serviços especializados de apoio administrativo	C-35
82.20-2	Atividades de teleatendimento	C-35
82.30-0	Atividades de organização de eventos, exceto culturais e esportivos	C-35
82.91-1	Atividades de cobrança e informações cadastrais	C-35
82.92-0	Envasamento e empacotamento sob contrato	C-35
82.99-7	Atividades de serviços prestados principalmente às empresas não especificadas anteriormente	C-35
84.11-6	Administração pública em geral	C-33
84.12-4	Regulação das atividades de saúde, educação, serviços culturais e outros serviços sociais	C-33
77.29-2	Aluguel de objetos pessoais e domésticos não especificados anteriormente	C-29
77.31-4	Aluguel de máquinas e equipamentos agrícolas sem operador	C-35
77.32-2	Aluguel de máquinas e equipamentos para construção sem operador	C-35
77.33-1	Aluguel de máquinas e equipamentos para escritório	C-35
77.39-0	Aluguel de máquinas e equipamentos não especificados anteriormente	C-35
77.40-3	Gestão de ativos intangíveis não financeiros	C-28
78.10-8	Seleção e agenciamento de mão de obra	C-35
78.20-5	Locação de mão de obra temporária	C-35
78.30-2	Fornecimento e gestão de recursos humanos para terceiros	C-35
79.11-2	Agências de viagens	C-29
79.12-1	Operadores turísticos	C-29
79.90-2	Serviços de reservas e outros serviços de turismo não especificados anteriormente	C-29
80.11-1	Atividades de vigilância e segurança privada	C-30
80.12-9	Atividades de transporte de valores	C-30
80.20-0	Atividades de monitoramento de sistemas de segurança	C-30
80.30-7	Atividades de investigação particular	C-30
81.11-7	Serviços combinados para apoio a edifícios, exceto condomínios prediais	C-29
81.12-5	Condomínios prediais	C-35

CNAE	DESCRIÇÃO DA ATIVIDADE	GRUPO
81.21-4	Limpeza em prédios e em domicílios	C-30
81.22-2	Imunização e controle de pragas urbanas	C-30
81.29-0	Atividades de limpeza não especificadas anteriormente	C-30
81.30-3	Atividades paisagísticas	C-30
82.11-3	Serviços combinados de escritório e apoio administrativo	C-35
82.19-9	Fotocópias, preparação de documentos e outros serviços especializados de apoio administrativo	C-35
82.20-2	Atividades de teleatendimento	C-35
82.30-0	Atividades de organização de eventos, exceto culturais e esportivos	C-35
82.91-1	Atividades de cobrança e informações cadastrais	C-35
82.92-0	Envasamento e empacotamento sob contrato	C-35
82.99-7	Atividades de serviços prestados principalmente às empresas não especificadas anteriormente	C-35
84.11-6	Administração pública em geral	C-33
84.12-4	Regulação das atividades de saúde, educação, serviços culturais e outros serviços sociais	C-33
84.13-2	Regulação das atividades econômicas	C-33
84.21-3	Relações exteriores	C-33
84.22-1	Defesa	C-33
84.23-0	Justiça	C-33
84.24-8	Segurança e ordem pública	C-33
84.25-6	Defesa Civil	C-33
84.30-2	Seguridade social obrigatória	C-33
85.11-2	Educação infantil — creche	C-31
85.12-1	Educação infantil — pré-escola	C-31
85.13-9	Ensino fundamental	C-31
85.20-1	Ensino médio	C-31
85.31-7	Educação superior — graduação	C-31
85.32-5	Educação superior — graduação e pós-graduação	C-31
85.33-3	Educação superior — pós-graduação e extensão	C-31
85.41-4	Educação profissional de nível técnico	C-31
85.42-2	Educação profissional de nível tecnológico	C-31
85.50-3	Atividades de apoio à educação	C-29
85.91-1	Ensino de esportes	C-31
85.92-9	Ensino de arte e cultura	C-31
85.93-7	Ensino de idiomas	C-31
85.99-6	Atividades de ensino não especificadas anteriormente	C-31
86.10-1	Atividades de atendimento hospitalar	C-34
86.21-6	Serviços móveis de atendimento a urgências	C-34
86.22-4	Serviços de remoção de pacientes, exceto os serviços móveis de atendimento a urgências	C-34
86.30-5	Atividades de atenção ambulatorial executadas por médicos e odontólogos	C-34
86.40-2	Atividades de serviços de complementação diagnóstica e terapêutica	C-34
86.50-0	Atividades de profissionais da área de saúde, exceto médicos e odontólogos	C-34
86.60-7	Atividades de apoio à gestão de saúde	C-34
86.90-9	Atividades de atenção à saúde humana não especificadas anteriormente	C-34

CNAE	DESCRIÇÃO DA ATIVIDADE	GRUPO
87.11-5	Atividades de assistência a idosos, deficientes físicos, imunodeprimidos e convalescentes prestadas em residências coletivas e particulares	C-34
87.12-3	Atividades de fornecimento de infraestrutura de apoio e assistência a paciente no domicílio	C-34
87.20-4	Atividades de assistência psicossocial e à saúde a portadores de distúrbios psíquicos, deficiência mental e dependência química	C-34
87.30-1	Atividades de assistência social prestadas em residências coletivas e particulares	C-34
88.00-6	Serviços de assistência social sem alojamento	C-23
90.01-9	Artes cênicas, espetáculos e atividades complementares	C-9
90.02-7	Criação artística	C-9
90.03-5	Gestão de espaços para artes cênicas, espetáculos e outras atividades artísticas	C-9
91.01-5	Atividades de bibliotecas e arquivos	C-31
91.02-3	Atividades de museus e de exploração, restauração artística e conservação de lugares e prédios históricos e atrações similares	C-31
91.03-1	Atividades de jardins botânicos, zoológicos, parques nacionais, reservas ecológicas e áreas de proteção ambiental	C-31
92.00-3	Atividades de exploração de jogos de azar e apostas	C-35
93.11-5	Gestão de instalações de esportes	C-31
93.12-3	Clubes sociais, esportivos e similares	C-31
93.13-1	Atividades de condicionamento físico	C-31
93.19-1	Atividades esportivas não especificadas anteriormente	C-31
93.21-2	Parques de diversão e parques temáticos	C-35
93.29-8	Atividades de recreação e lazer não especificadas anteriormente	C-35
94.11-1	Atividades de organizações associativas patronais e empresariais	C-29
94.12-0	Atividades de organizações associativas profissionais	C-29
94.20-1	Atividades de organizações sindicais	C-29
94.30-8	Atividades de associações de defesa de direitos sociais	C-29
94.91-0	Atividades de organizações religiosas	C-29
94.92-8	Atividades de organizações políticas	C-29
94.93-6	Atividades de organizações associativas ligadas à cultura e à arte	C-29
94.99-5	Atividades associativas não especificadas anteriormente	C-29
95.11-8	Reparação e manutenção de computadores e de equipamentos periféricos	C-14a
95.12-6	Reparação e manutenção de equipamentos de comunicação	C-14
95.21-5	Reparação e manutenção de equipamentos eletroeletrônicos de uso pessoal e doméstico	C-14
95.29-1	Reparação e manutenção de objetos e equipamentos pessoais e domésticos não especificados anteriormente	C-35
96.01-7	Lavanderias, tinturarias e toalheiros	C-30
96.02-5	Cabeleireiros e outras atividades de tratamento de beleza	C-35
96.03-3	Atividades funerárias e serviços relacionados	C-34
96.09-2	Atividades de serviços pessoais não especificadas anteriormente	C-35
97.00-5	Serviços domésticos	C-35
99.00-8	Organismos internacionais e outras instituições extraterritoriais	C-33

Capítulo 6

EQUIPAMENTO DE PROTEÇÃO INDIVIDUAL (EPI)

Objetivando uma melhor compreensão da temática central deste capítulo, faz-se necessário recordar três conceitos elementares:

- Equipamento de Proteção Individual (EPI) é todo dispositivo ou produto de uso individual utilizado pelo trabalhador, destinado à proteção de riscos suscetíveis de ameaçar a segurança e a saúde no trabalho.
- Equipamento Conjugado de Proteção Individual (ECPI) é todo EPI composto por vários dispositivos que o fabricante tenha associado contra um ou mais riscos que possam ocorrer simultaneamente e que sejam suscetíveis de ameaçar a segurança e a saúde no trabalho.
- Equipamento de Proteção Coletiva (EPC) corresponde a todo dispositivo, sistema, ou meio, fixo ou móvel de abrangência coletiva, destinado a preservar a integridade física e a saúde dos trabalhadores, usuários e terceiros.

Em que pese a NR-06 ser inteiramente dedicada a Equipamentos de Proteção Individual (EPIs), contraditoriamente, inexiste norma regulamentadora de segurança e saúde no trabalho específica sobre Equipamentos de Proteção Coletiva (EPCs); o que configura flagrante omissão normativa, pois, sabidamente, a proteção coletiva revela-se, via de regra, bem mais eficaz que a proteção individual.

É possível afirmar a existência de um pensamento cultural, dominante e equivocado, no sentido de os equipamentos de proteção individual possuírem o condão de prevenir a ocorrência de infortúnios laborais, tanto assim que as campanhas preventivas de acidentes de trabalho, quase sempre, estão diretamente associadas a EPIs, normalmente simbolizados pela tríade (capacete, bota e luva).

Todavia, é por demais sabido que, a rigor, o EPI não previne a ocorrência de acidente do trabalho, quando muito atenua a gravidade da lesão; daí por que se deve procurar, sempre e em primeiro lugar, a proteção coletiva, ante sua melhor eficácia na eliminação ou neutralização dos riscos ambientais em sua origem ou fonte produtora, com a vantagem dessa modalidade preventiva não ficar dependente da vontade do obreiro quanto a sua efetiva utilização ou não.

É indiscutível que a obrigação maior do empregador, no âmbito da segurança e saúde no trabalho, é propiciar a seus empregados ambiente de trabalho saudável e seguro, ou seja, isento ou com os riscos profissionais minimizados, de modo que, após o término da jornada laboral, ele possa retornar para sua casa fisicamente íntegro e sadio, tal como chegara na empresa para trabalhar. Assim procedendo, estará o empregador, tão somente, cumprindo o Preceito Constitucional de Minimização dos Riscos Ocupacionais consagrado no inciso XXII do art. 7º de nossa Lei Fundamental que assegura aos trabalhadores urbanos e rurais brasileiros a redução dos riscos inerentes ao trabalho, por meio de normas de saúde, higiene e segurança.

Despiciendo lembrar que o objeto (ou mercadoria) negociada no contrato empregatício é tão somente a capacidade produtiva do obreiro e não sua saúde nem muito menos sua integridade física. A propósito, o art. 2º da Consolidação das Leis do Trabalho (CLT), ao conceituar legalmente a figura jurídica do empregador deixa explícito ser a pessoa física ou jurídica que, assumindo os riscos da atividade econômica, admite, assalaria e dirige a prestação pessoal de serviço; logo, patente está a responsabilidade patronal, total e exclusiva, pelos riscos do empreendimento, especialmente os riscos profissionais, em quaisquer de suas espécies: físicos, químicos, biológicos, mecânicos, ergonômicos e psicossociais, nos domínios de seu estabelecimento.

Todavia, fatores diversos podem inviabilizar a eliminação por inteiro dos agentes físicos, químicos, mecânicos, ergonômicos ou biológicos, porventura presentes nos locais de trabalho; nessas hipóteses ou enquanto as medidas de proteção coletiva estão sendo implementadas, impõe-se o dever patronal previsto no Estatuto Laboral (art. 166 da CLT), no sentido de fornecer aos empregados, gratuitamente, equipamentos de proteção individual adequados ao risco e em perfeito estado de conservação e funcionamento. Em contrapartida, é dever do empregado utilizar o EPI durante todo o tempo de trabalho em que estiver exposto aos riscos profissionais; além disso, deverá zelar pela guarda e conservação do EPI, e comunicar ao empregador qualquer alteração que inviabilize sua utilização, de modo que este possa providenciar a imediata reposição do EPI danificado.

Disciplinando os arts. 166 e 167 da CLT, que tratam especificamente da proteção individual, foi editada a sexta norma regulamentadora de segurança e saúde no trabalho, NR-06 (Equipamento de Proteção Individual — EPI) com a redação dada pela Portaria SIT-MTE n. 25 de 23.2.1999, atualizada até a publicação da Portaria MTE-GM n. 505 de 16.4.2015, que define e estabelece os tipos de EPIs que as empresas estão obrigadas a fornecer a seus empregados, gratuitamente, sempre que as condições de trabalho o exigirem, a fim de resguardar-lhes a saúde e a integridade física. No Sumário, abaixo reproduzido, temos indicados os 12 Tópicos que compõem a norma regulamentadora em apreço, assim como o Anexo I (Lista de Equipamentos de Proteção Individual), onde constam especificados todos os tipos de EPI, correlacionando o agente nocivo e a correspondente parte do corpo humano a que visa proteger, *verbis*:

Sumário da NR-06 (EPI):

6.1. Conceitos de EPI.

6.2. Comercialização e utilização do EPI.

6.3. Necessidade de uso do EPI.

6.4. Especificação dos EPI.

6.5. Competência para indicar o tipo de EPI.

6.6. Responsabilidades do Empregador.

6.7. Responsabilidades dos Empregados.

6.8. Responsabilidades de Fabricantes e/ou Importadores.

6.9. Certificado de Aprovação (CA).

6.10. ***Revogado*** *pela Portaria SIT-MTE n. 194, de 7.12.2010.*

6.11. Competência do MTE.

6.12. ***Revogado*** *pela Portaria SIT-MTE n. 194, de 7.12.2010.*

Anexo I — LISTA DE EQUIPAMENTOS DE PROTEÇÃO INDIVIDUAL.

O Colendo Tribunal Superior do Trabalho (TST) possui duas Súmulas de Jurisprudência (Súmulas TST n. 80 e 289) que pacificaram controvérsias jurídicas acerca da utilização de equipamentos de proteção individual e a correspondente supressão de pagamento do adicional de insalubridade. A propósito, na Súmula TST n. 289 firmou-se o entendimento que o empregador somente ficará isento do pagamento do adicional de insalubridade ao trabalhador exposto a agentes insalubres se, além de fornecer os EPIs adequados ao risco e em perfeito estado de conservação, comprovar que fora igualmente zeloso no tocante a orientar, a treinar e a exigir sua efetiva utilização por parte de seus empregados, de modo a consolidar a efetiva neutralização dos efeitos nocivos à saúde do obreiro. Noutras palavras, o mero fornecimento da proteção individual não significa dizer, necessariamente, que o empregador cumpriu adequadamente suas responsabilidades legais para com a prevenção de acidentes e a promoção da saúde ocupacional, a ponto de isentá-lo do pagamento do adicional insalutífero.

Estipula a NR-06 que a empresa é obrigada a fornecer, gratuitamente, a seus empregados, EPIs adequados ao risco e em perfeito estado de conservação e funcionamento, na ocorrência de uma ou mais das seguintes situações:

➢ sempre que as medidas de proteção coletiva forem tecnicamente inviáveis ou não oferecerem completa proteção contra os riscos de acidentes do trabalho e/ou de doenças profissionais ou do trabalho;

➢ enquanto as medidas de proteção coletiva estiverem sendo implantadas;

➢ para atender a situações de emergência.

Atualmente, compete ao Serviço Especializado em Engenharia de Segurança e em Medicina do Trabalho (SESMT), ouvida a Comissão Interna de Prevenção de Acidentes (CIPA) e os trabalhadores usuários, recomendar ao empregador os tipos de EPIs adequados ao risco para cada atividade ou risco ocupacional. Outrossim, nas empresas desobrigadas de constituir SESMT, cabe ao empregador selecionar o EPI adequado ao risco, mediante orientação de profissional tecnicamente habilitado, ouvida a CIPA ou, na falta desta, o Empregado Designado previsto no item 5.6.4 da NR-05 (CIPA), e os trabalhadores interessados.

Deve o empregador registrar o fornecimento de EPI ao trabalhador, podendo ser adotados livros, fichas ou sistema eletrônico. É bastante conveniente que em tal registro fique consignado o tipo de EPI fornecido com a indicação do correspondente Certificado de Aprovação (CA), bem como as orientações e recomendações de uso, advertências quanto aos procedimentos punitivos que a empresa adotará caso o trabalhador, sem justo motivo, se recuse a utilizá-lo, devendo constar, também, a data de entrega e a assinatura do trabalhador confirmando o recebimento e seu compromisso de utilizar o EPI. No entanto, deverá a empresa ser diligente na observância da efetiva utilização da proteção individual fornecida ao trabalhador. Assim procedendo, a empresa poderá defender-se de forma judicialmente adequada, caso o trabalhador venha alegar, em Reclamação Trabalhista na Justiça do Trabalho, que não lhe fora fornecida a devida proteção individual.

Tendo em vista que a NR-06 não contém nenhum modelo acerca de Termo de Recebimento/ Responsabilidade ou de Fornecimento de EPI, apresentamos, no Módulo Complementar deste Capítulo, um modelo específico meramente sugestivo.

Além das disposições preventivas atinentes a equipamentos de proteção individual expressamente contidas na sexta norma regulamentadora de segurança e saúde no trabalho, constata-se, em normas regulamentadoras que disciplinam atividades específicas (eletricidade, construção civil, trabalho rural, abate e processamento de carnes e derivados), a existência de determinações específicas pertinentes a EPI; por isso, chamamos a atenção do leitor para os seguintes dispositivos regulamentares:

- **Item 10.2.9.1** — Medidas de Proteção Individual, da NR-10 (Segurança em Instalações e Serviços em Eletricidade);
- **Item 18.23** — Equipamento de Proteção Individual (EPI), da NR-18 (Condições e Meio Ambiente de Trabalho na Indústria da Construção);
- **Item 31.20** — Medidas de Proteção Pessoal da NR-31 (Segurança e Saúde no Trabalho na Agricultura, Pecuária, Silvicultura, Exploração Florestal e Aquicultura).
- **Item 36.10** — Equipamentos de Proteção Individual (EPI) e Vestimentas de Trabalho da NR-36 (Segurança e Saúde No Trabalho em Empresas de Abate e Processamento de Carnes e Derivados).

Preceitua a NR-10 (Segurança em Instalações e Serviços em Eletricidade) que nos trabalhos em instalações elétricas, quando as medidas de proteção coletiva forem tecnicamente inviáveis ou insuficientes para controlar os riscos, devem ser adotados equipamentos de proteção individual específicos e adequados às atividades desenvolvidas, em atendimento às determinações contidas na NR-06 (EPI). Consta igualmente estipulado que as vestimentas de trabalho devem ser adequadas às atividades, devendo contemplar a condutibilidade, inflamabilidade e influências eletromagnéticas, sendo expressamente proibido o uso de adornos pessoais nos trabalhos com instalações elétricas ou em suas proximidades.

Em relação a equipamentos de proteção individual, dispõe a norma regulamentadora que trata da segurança e saúde no trabalho em canteiros de obras (NR-18) que a empresa, além de fornecê-los gratuitamente aos trabalhadores, consoante as disposições contidas na NR-06 (EPI), especificamente em relação a cintos de segurança, prevê a NR-18 que o do tipo abdominal somente deve ser utilizado em serviços de eletricidade e em situações em que funcione como limitador de movimentação, enquanto o do tipo paraquedista deve ser utilizado em atividades a mais de 2,00 m (dois metros) de altura do piso, nas quais haja risco de queda do trabalhador. Ditos EPIs devem possuir dispositivos trava-quedas ligados a cabo de segurança independente da estrutura do andaime, além de argolas e mosquetões de aço forjado, ilhoses de material não ferroso e fivela de aço forjado ou material de resistência e durabilidade equivalentes.

A NR-31 (Segurança e Saúde no Trabalho na Agricultura, Pecuária, Silvicultura, Exploração Florestal e Aquicultura), além de reiterar as determinações preventivas de caráter geral contidas na NR-06 (EPI), detalha os tipos de proteção individual específicos para a atividade rural, dentre os quais: chapéu ou outra proteção contra o sol, chuva e salpicos; óculos contra a ação da poeira e do pólen; luvas e mangas de proteção contra lesões ou doenças provocadas por materiais ou objetos escoriantes ou vegetais abrasivos, cortantes ou perfurantes; tratos com animais, suas vísceras e de detritos e na possibilidade de transmissão de doenças decorrentes de produtos infecciosos ou parasitários; picadas de animais peçonhentos; sem prejuízo de que o Ministério do Trabalho e Emprego determine a utilização de outros equipamentos de proteção individual, quando julgar necessário.

A NR-36 (Segurança e Saúde no Trabalho em Empresas de Abate e Processamento de Carnes e Derivados), dentre outros aspectos específicos, estipula que os EPIs devem ser selecionados de forma a oferecer eficácia necessária para o controle da exposição ao risco, além de conforto, atendendo o previsto nas NR-06 (EPI) e NR-09 (PPRA). Ressalte-se que os EPIs usados concomitantemente, tais como capacete com óculos e/ou proteção auditiva, devem ser compatíveis entre si, confortáveis e não acarretar riscos adicionais e, nas atividades com exposição ao frio devem ser fornecidas meias limpas e higienizadas diariamente. Igualmente, o empregador deve fornecer aos trabalhadores vestimentas de trabalho de maneira que:

- possam dispor de mais de uma peça de vestimenta, para utilizar de maneira sobreposta, a seu critério, e em função da atividade e da temperatura do local, atendendo às características higiênico-sanitárias legais e ao conforto térmico;
- as extremidades sejam compatíveis com a atividade e o local de trabalho;
- sejam substituídas quando necessário, a fim de evitar o comprometimento de sua eficácia;
- sejam trocadas diariamente, sendo sua higienização responsabilidade do empregador.

A sexta norma regulamentadora, em seu Anexo I (Lista de Equipamentos de Proteção Individual), classifica os equipamentos de proteção individual em nove grupos, conforme a parte ou órgão do corpo a ser protegido:

- proteção da cabeça;
- proteção dos olhos e face;
- proteção auditiva;
- proteção respiratória;
- proteção do tronco;
- proteção dos membros superiores;
- proteção dos membros inferiores;
- proteção do corpo inteiro;
- proteção contra quedas com diferença de nível.

Estipula a norma regulamentadora em comento as seguintes obrigações patronais específicas em relação aos EPIs:

- adquirir o adequado ao risco de cada atividade;
- exigir seu uso;
- fornecer ao trabalhador somente o aprovado pelo órgão nacional competente em matéria de segurança e saúde no trabalho;
- orientar e treinar o trabalhador sobre o uso adequado, guarda e conservação;
- substituir imediatamente, quando danificado ou extraviado;
- responsabilizar-se pela higienização e manutenção periódica; e
- comunicar ao MTE qualquer irregularidade observada.

Tipifica a NR-06 que os Empregados, quanto aos EPIs, são obrigados a:

- utilizá-los apenas para a finalidade a que se destinam;
- responsabilizar-se pela guarda e conservação;
- comunicar ao empregador qualquer alteração que os tornem impróprios para uso; e
- cumprir as determinações do empregador sobre o uso adequado.

Importante enfatizar que compete à Secretaria de Inspeção do Trabalho (SIT-MTE), com a assessoria do Departamento de Segurança e Saúde no Trabalho (DSST-SIT-MTE), em relação aos EPIs, o seguinte:

- cadastrar o fabricante ou importador de EPI;
- receber e examinar a documentação para emitir ou renovar o Certificado de Aprovação (CA) de EPI;
- estabelecer, quando necessário, os regulamentos técnicos para ensaios de EPI;
- emitir ou renovar o CA e o cadastro de fabricante ou importador;
- fiscalizar a qualidade do EPI;
- suspender o cadastramento da empresa fabricante ou importadora; e
- cancelar o CA.

São atribuições das Superintendências Regionais do Trabalho e Emprego (SRTEs), no tocante aos equipamentos de proteção individual:

- fiscalizar e orientar quanto ao uso adequado e à qualidade do EPI;
- recolher amostras de EPI; e
- aplicar, na sua esfera de competência, as penalidades cabíveis pelo descumprimento da NR-06.

Estipula a NR-06 as seguintes obrigações normativas para os Fabricantes ou Importadores de Equipamentos de Proteção Individual:

- cadastrar-se junto ao órgão nacional competente em matéria de segurança e saúde no trabalho;
- solicitar a emissão do Certificado de Aprovação (CA);
- solicitar a renovação do CA, quando vencido o prazo de validade estipulado pelo órgão nacional competente em matéria de segurança e saúde do trabalho;
- requerer novo CA, quando houver alteração das especificações do equipamento aprovado;
- responsabilizar-se pela manutenção da qualidade do EPI que deu origem ao CA;
- comercializar ou colocar à venda somente o EPI, portador de CA;
- comunicar ao órgão nacional competente em matéria de segurança e saúde no trabalho quaisquer alterações dos dados cadastrais fornecidos;
- comercializar o EPI com instruções técnicas no idioma nacional, orientando sua utilização, manutenção, restrição e demais referências ao seu uso;
- fazer constar no EPI o número do lote de fabricação;
- providenciar a avaliação da conformidade do EPI no âmbito do Sistema Nacional de Metrologia, Normalização e Qualidade Industrial (SINMETRO), quando for o caso;
- fornecer as informações referentes aos processos de limpeza e higienização de seus EPIs, indicando, quando for o caso, o número de higienizações acima do qual é necessário proceder à revisão ou à substituição do equipamento, a fim de garantir que os mesmos mantenham as características de proteção original.

Para a obtenção do Certificado de Aprovação (CA) do EPI, o fabricante ou o importador do equipamento deverá encaminhar um requerimento à Secretaria de Inspeção do Trabalho (SIT-MTE), juntamente com os seguintes documentos:

- memorial descritivo do EPI, incluindo o correspondente enquadramento no Anexo I (Lista de Equipamentos de Proteção Individual) da NR-06 (EPI), suas características técnicas, materiais empregados na sua fabricação, uso a que se destina e suas restrições;
- cópia autenticada do relatório de ensaio, emitido por laboratório credenciado pelo órgão competente em matéria de segurança e saúde no trabalho ou do documento que comprove que o produto teve sua conformidade avaliada no âmbito do SINMETRO, ou, ainda, no caso de não haver laboratório credenciado capaz de elaborar o relatório de ensaio, do Termo de Responsabilidade Técnica, assinado pelo fabricante ou importador, e por um técnico registrado em Conselho Regional da Categoria;
- cópia autenticada e atualizada do comprovante de localização do estabelecimento; e
- cópia autenticada do certificado de origem e declaração do fabricante estrangeiro autorizando o importador ou o fabricante nacional a comercializar o produto no Brasil, quando se tratar de EPI importado.

No tocante à comercialização, dispõe a norma preventiva em apreço que o CA de cada EPI deverá observar os seguintes prazos de validade:

- 5 (cinco) anos, para aqueles equipamentos com laudos de ensaio que não tenham sua conformidade avaliada no âmbito do Sistema Nacional de Metrologia, Normalização e Qualidade Industrial (SINMETRO);
- o prazo vinculado à avaliação da conformidade no âmbito do SINMETRO, quando for o caso.

Ainda de acordo com a NR-06, todo EPI deverá apresentar, em caracteres indeléveis e bem visíveis, o nome comercial da empresa fabricante, o lote de fabricação e o número do Certificado de Aprovação (CA), ou, no caso de EPI importado, o nome do importador, o lote de fabricação e o número do CA. Na impossibilidade de cumprir o determinado, o órgão nacional competente em matéria de segurança e saúde no trabalho poderá autorizar forma alternativa de gravação, a ser proposta pelo fabricante ou importador, devendo esta constar do CA.

Por ocasião da fiscalização trabalhista de segurança e saúde no trabalho, a ser empreendida pelos Auditores Fiscais do Trabalho (AFTs), poderão ser recolhidas amostras de EPI, no fabricante ou importador e seus distribuidores ou revendedores, ou, ainda, junto à empresa utilizadora, em número mínimo a ser estabelecido nas normas técnicas de ensaio, as quais serão encaminhadas, mediante ofício do Superintendente Regional do Trabalho e Emprego (antigo Delegado Regional do Trabalho) a um laboratório credenciado junto ao MTE ou ao SINMETRO, capaz de realizar os respectivos laudos de ensaios, ensejando comunicação posterior ao órgão nacional competente. Se o laudo de ensaio concluir que o EPI analisado não atende aos requisitos mínimos especificados em normas técnicas, o órgão nacional competente em matéria de segurança e saúde no trabalho expedirá ato suspendendo a comercialização e a utilização do lote do equipamento referenciado, publicando a decisão no Diário Oficial da União (DOU). Da decisão da autoridade responsável pelo DSST, caberá recurso, em última instância, para a Secretaria de Inspeção do Trabalho, no prazo de 10 (dez) dias a contar da data da publicação da decisão recorrida.

Doravante, será apresentado o MÓDULO COMPLEMENTAR deste Capítulo, contendo Modelos ou Formulários, objetivando a praticidade de alguns dos tópicos expostos ou, quem sabe, auxiliar o profissional de segurança e saúde no trabalho iniciante em sua rotina diária. Em seguida, foram reproduzidos os FUNDAMENTOS JURÍDICOS (dispositivos legais, infralegais ou regulamentares, e jurisprudenciais) que propiciam o suporte de validade jurídica à temática em apreço, observando-se as ordens hierárquica e cronológica. Ao final, encontra-se igualmente transcrita, de forma integral e atualizada, a correspondente norma regulamentadora de segurança e saúde no trabalho que intitula este Capítulo.

MÓDULO COMPLEMENTAR DO CAPÍTULO 6

MODELO DE TERMO DE RECEBIMENTO/Responsabilidade de EPI

A Empresa: (Razão Social e Qualificação Completa: Endereço, CGC-MF, Telefone, Fax, E-mail, Caixa Postal, CEP), por intermédio de seu Representante Legal, ao final subscrito, objetivando bem cumprir as disposições regulamentares específicas acerca do fornecimento de Equipamentos de Proteção Individual a seus empregados, nos termos do item 6.3 da NR-06 (EPI), que regulamentou os arts. 166 e 167 da CLT, fornece gratuitamente ao empregado:

Nome do Empregado: ______________________ CTPS n. __________

Função: __________ Setor de Trabalho: __________

para uso exclusivo em serviço, os seguintes Equipamentos de Proteção Individual:

Tipo: CA Data de Recebimento Assinatura

Caso o empregado possua dúvidas acerca da utilização do EPI deverá buscar orientação junto aos membros da Comissão Interna de Prevenção de Acidentes (CIPA) ou do Serviço Especializado em Engenharia de Segurança e em Medicina do Trabalho (SESMT) ou no Setor Médico da empresa, caso esteja sentindo algum transtorno decorrente de seu uso.

Outrossim, fica o empregado devidamente advertido no sentido de que a recusa injustificada na utilização do EPI configura ato faltoso, nos termos da regra estatuída no parágrafo único do art. 158 Consolidado, ensejando assim a adoção de sanções disciplinares (advertência, suspensão) e, havendo reiterada persistência e consoante a gravidade da infração, possibilitará o término contratual na modalidade de dispensa por justa causa, de acordo com o art. 482 da CLT.

Natal-RN, 11 de Abril de 2015.

....

(Empregador ou Preposto)

FUNDAMENTOS JURÍDICOS DO CAPÍTULO 6

NR-06: EPI — EQUIPAMENTO DE PROTEÇÃO INDIVIDUAL *(redação dada pela Portaria SIT-MTE n. 25 de 15.10.2001, atualizada até a edição da Portaria MTE-GM n. 505 de 16.4.2015). Art. 7º, incisos XXII, XXIII, XXVIII e XXXIII, da CF-1988. Arts. 166 e 167 da CLT. Súmulas TST n. 80 e n. 289.*

CONSTITUIÇÃO DA REPÚBLICA FEDERATIVA DO BRASIL
(Atualizada até a edição da Emenda Constitucional n. 85 de 26.2.2015)

Título II: Dos Direitos e Garantias Fundamentais (Arts. 5º a 17)

Capítulo II: Dos Direitos Sociais (Arts. 6º a 11)

Art. 7º São direitos dos trabalhadores urbanos e rurais[(1)], além de outros que visem à melhoria de sua condição social:

(1) Especificamente em relação aos Servidores Públicos Federais (submetidos ao Regime Jurídico Único da Lei n. 8.112/1990) dispõe o § 3º do art. 39 da CF-1988 que: "*Aplica-se aos servidores ocupantes de cargo público o disposto no Art. 7º, IV, VII, VIII, IX, XII, XIII, XV, XVI, XVII, XVIII, XIX, XX, XXII e XXX, podendo a lei estabelecer requisitos diferenciados de admissão quando a natureza do cargo o exigir*".

XXII — redução dos riscos inerentes ao trabalho, por meio de normas de saúde, higiene e segurança;

XXIII — adicional de remuneração para as atividades penosas, insalubres ou perigosas, na forma da lei;

XXVIII — seguro contra acidentes de trabalho, a cargo do empregador, sem excluir a indenização a que este está obrigado, quando incorrer em dolo ou culpa;

XXXIII — proibição de trabalho noturno, perigoso ou insalubre a menores de dezoito e de qualquer trabalho a menores de dezesseis anos, salvo na condição de aprendiz, a partir de quatorze anos.

NORMAS JURÍDICAS INFRACONSTITUCIONAIS

CONSOLIDAÇÃO DAS LEIS DO TRABALHO

(Decreto-lei n. 5.452 de 1º.5.1943, com a redação dos arts. 154 a 201 CLT dada pela Lei n. 6.154 de 22.12.1997, atualizada até a edição da Lei n. 13.103 de 2.3.2015)

Título II: Das Normas Gerais de Tutela do Trabalho (Arts. 13 a 223 da CLT)

Capítulo V: Da Segurança e da Medicina do Trabalho (Arts. 154 a 201 da CLT)[(2)]

Seção IV: Do Equipamento de Proteção Individual (Arts. 166 e 167 da CLT)[(3)]

CLT — Art. 166. A empresa é obrigada a fornecer aos empregados, gratuitamente, equipamento de proteção individual adequado ao risco e em perfeito estado de conservação e funcionamento, sempre que as medidas de ordem geral não ofereçam completa proteção contra os riscos de acidentes e danos à saúde dos empregados.

CLT — Art. 167. O equipamento de proteção só poderá ser posto à venda ou utilizado com a indicação do Certificado de Aprovação (CA) do Ministério do Trabalho e Emprego (MTE).

SÚMULAS DE JURISPRUDÊNCIA DO TRIBUNAL SUPERIOR DO TRABALHO

Súmula TST n. 080. INSALUBRIDADE. ELIMINAÇÃO. EXCLUSÃO DO ADICIONAL. A eliminação da insalubridade, pelo fornecimento de aparelhos protetores aprovados pelo órgão competente do Poder Executivo, exclui a percepção do adicional respectivo.

Súmula TST n. 289. INSALUBRIDADE. ADICIONAL. FORNECIMENTO DO APARELHO DE PROTEÇÃO. EFEITO. O simples fornecimento do aparelho de proteção pelo empregador não o exime do pagamento do adicional de insalubridade, cabendo-lhe tomar as medidas que conduzam à diminuição ou eliminação da nocividade, dentre as quais as relativas ao uso efetivo do equipamento pelo empregado.

NORMAS JURÍDICAS INFRALEGAIS OU REGULAMENTARES

NR-06: EPI — EQUIPAMENTO DE PROTEÇÃO INDIVIDUAL

(Redação dada pela Portaria SIT-MTE n. 25 de 15.10.2001, atualizada até a edição da Portaria MTE-GM n. 505 de 16.4.2015)

Publicação	**D.O.U.**
Portaria GM n. 3.214, de 08 de junho de 1978	6.7.78
Alterações/Atualizações	**D.O.U.**
Portaria SSMT n. 5, de 7 de maio de 1982	17.5.82
Portaria SSMT n. 6, de 9 de março de 1983	14.3.83
Portaria DSST n. 5, de 28 de outubro de 1991	30.10.91
Portaria DSST n. 3, de 20 de fevereiro de 1992	21.2.92
Portaria DSST n. 2, de 20 de maio de 1992	21.5.92
Portaria DNSST n. 6, de 19 de agosto de 1992	20.8.92
Portaria SSST n. 26, de 29 de dezembro de 1994	30.12.94
Portaria SIT n. 25, de 15 de outubro de 2001	17.10.01
Portaria SIT n. 48, de 25 de março de 2003	28.3.04

(2) A Lei n. 6.514 de 22.12.1977 propiciou a redação dos arts. 154 a 201 da CLT, observadas as atualizações legais até a edição da Lei n. 13.103 de 2.3.2015.

(3) A NR-06 (EPI) regulamentou os arts. 166 e 167 da CLT.

Portaria SIT n. 108, de 30 de dezembro de 2004	10.12.04
Portaria SIT n. 191, de 04 de dezembro de 2006	6.12.06
Portaria SIT n. 194, de 22 de dezembro de 2006	22.12.06
Portaria SIT n. 107, de 25 de agosto de 2009	27.8.09
Portaria SIT n. 125, de 12 de novembro de 2009	13.11.09
Portaria SIT n. 194, de 7 de dezembro de 2010	8.12.10
Portaria SIT n. 292, de 08 de dezembro de 2011	9.12.11
Portaria MTE n. 1.134, de 23 de julho de 2014	24.7.14
Portaria MTE-GM n. 505 de 16.4.2015	

(Texto dado pela Portaria SIT n. 25, de 15 de outubro de 2001)

6.1. Para os fins de aplicação desta Norma Regulamentadora — NR, considera-se Equipamento de Proteção Individual — EPI, todo dispositivo ou produto, de uso individual utilizado pelo trabalhador, destinado à proteção de riscos suscetíveis de ameaçar a segurança e a saúde no trabalho.

6.1.1. Entende-se como Equipamento Conjugado de Proteção Individual, todo aquele composto por vários dispositivos, que o fabricante tenha associado contra um ou mais riscos que possam ocorrer simultaneamente e que sejam suscetíveis de ameaçar a segurança e a saúde no trabalho.

6.2. O equipamento de proteção individual, de fabricação nacional ou importado, só poderá ser posto à venda ou utilizado com a indicação do Certificado de Aprovação — CA, expedido pelo órgão nacional competente em matéria de segurança e saúde no trabalho do Ministério do Trabalho e Emprego.

6.3. A empresa é obrigada a fornecer aos empregados, gratuitamente, EPI adequado ao risco, em perfeito estado de conservação e funcionamento, nas seguintes circunstâncias:

a) sempre que as medidas de ordem geral não ofereçam completa proteção contra os riscos de acidentes do trabalho ou de doenças profissionais e do trabalho;

b) enquanto as medidas de proteção coletiva estiverem sendo implantadas; e,

c) para atender a situações de emergência.

6.4. Atendidas as peculiaridades de cada atividade profissional, e observado o disposto no item 6.3, o empregador deve fornecer aos trabalhadores os EPI adequados, de acordo com o disposto no ANEXO I desta NR.

6.4.1. As solicitações para que os produtos que não estejam relacionados no ANEXO I, desta NR, sejam considerados como EPI, bem como as propostas para reexame daqueles ora elencados, deverão ser avaliadas por comissão tripartite a ser constituída pelo órgão nacional competente em matéria de segurança e saúde no trabalho, após ouvida a CTPP, sendo as conclusões submetidas àquele órgão do Ministério do Trabalho e Emprego para aprovação.

6.5. Compete ao Serviço Especializado em Engenharia de Segurança e em Medicina do Trabalho — SESMT, ouvida a Comissão Interna de Prevenção de Acidentes — CIPA e trabalhadores usuários, recomendar ao empregador o EPI adequado ao risco existente em determinada atividade. *(Alterado pela Portaria SIT n. 194, de 07 de dezembro de 2010)*

6.5.1. Nas empresas desobrigadas a constituir SESMT, cabe ao empregador selecionar o EPI adequado ao risco, mediante orientação de profissional tecnicamente habilitado, ouvida a CIPA ou, na falta desta, o designado e trabalhadores usuários. *(Alterado pela Portaria SIT n. 194, de 07 de dezembro de 2010)*

6.6. Responsabilidades do empregador. *(Alterado pela Portaria SIT n. 194, de 07 de dezembro de 2010)*

6.6.1. Cabe ao empregador quanto ao EPI:

a) adquirir o adequado ao risco de cada atividade;

b) exigir seu uso;

c) fornecer ao trabalhador somente o aprovado pelo órgão nacional competente em matéria de segurança e saúde no trabalho;

d) orientar e treinar o trabalhador sobre o uso adequado, guarda e conservação;

e) substituir imediatamente, quando danificado ou extraviado;

f) responsabilizar-se pela higienização e manutenção periódica; e,

g) comunicar ao MTE qualquer irregularidade observada.

h) registrar o seu fornecimento ao trabalhador, podendo ser adotados livros, fichas ou sistema eletrônico. *(Inserida pela Portaria SIT n. 107, de 25 de agosto de 2009)*

6.7. Responsabilidades do trabalhador. *(Alterado pela Portaria SIT n. 194, de 07 de dezembro de 2010)*

6.7.1. Cabe ao empregado quanto ao EPI:

a) usar, utilizando-o apenas para a finalidade a que se destina;

b) responsabilizar-se pela guarda e conservação;

c) comunicar ao empregador qualquer alteração que o torne impróprio para uso; e,

d) cumprir as determinações do empregador sobre o uso adequado.

6.8. Responsabilidades de fabricantes e/ou importadores. *(Alterado pela Portaria SIT n. 194, de 07 de dezembro de 2010)*

6.8.1. O fabricante nacional ou o importador deverá:

a) cadastrar-se junto ao órgão nacional competente em matéria de segurança e saúde no trabalho; *(Alterado pela Portaria SIT n. 194, de 07 de dezembro de 2010)*

b) solicitar a emissão do CA; *(Alterado pela Portaria SIT n. 194, de 07 de dezembro de 2010)*

c) solicitar a renovação do CA quando vencido o prazo de validade estipulado pelo órgão nacional competente em matéria de segurança e saúde do trabalho; *(Alterado pela Portaria SIT n. 194, de 07 de dezembro de 2010)*

d) requerer novo CA quando houver alteração das especificações do equipamento aprovado; *(Alterado pela Portaria SIT n. 194, de 07 de dezembro de 2010)*

e) responsabilizar-se pela manutenção da qualidade do EPI que deu origem ao Certificado de Aprovação — CA;

f) comercializar ou colocar à venda somente o EPI, portador de CA;

g) comunicar ao órgão nacional competente em matéria de segurança e saúde no trabalho quaisquer alterações dos dados cadastrais fornecidos;

h) comercializar o EPI com instruções técnicas no idioma nacional, orientando sua utilização, manutenção, restrição e demais referências ao seu uso;

i) fazer constar do EPI o número do lote de fabricação; e,

j) providenciar a avaliação da conformidade do EPI no âmbito do SINMETRO, quando for o caso;

k) fornecer as informações referentes aos processos de limpeza e higienização de seus EPI, indicando quando for o caso, o número de higienizações acima do qual é necessário proceder à revisão ou à substituição do equipamento, a fim de garantir que os mesmos mantenham as características de proteção original. *(Inserido pela Portaria SIT n. 194, de 07 de dezembro de 2010)*

6.8.1.1. Os procedimentos de cadastramento de fabricante e/ou importador de EPI e de emissão e/ou renovação de CA devem atender os requisitos estabelecidos em Portaria específica. *(Inserido pela Portaria SIT n. 194, de 07 de dezembro de 2010)*

6.9. Certificado de Aprovação — CA

6.9.1. Para fins de comercialização o CA concedido aos EPI terá validade: *(Alterado pela Portaria SIT n. 194, de 07 de dezembro de 2010)*

a) de 5 (cinco) anos, para aqueles equipamentos com laudos de ensaio que não tenham sua conformidade avaliada no âmbito do SINMETRO;

b) do prazo vinculado à avaliação da conformidade no âmbito do SINMETRO, quando for o caso.

6.9.2. O órgão nacional competente em matéria de segurança e saúde no trabalho, quando necessário e mediante justificativa, poderá estabelecer prazos diversos daqueles dispostos no subitem 6.9.1.

6.9.3. Todo EPI deverá apresentar em caracteres indeléveis e bem visíveis, o nome comercial da empresa fabricante, o lote de fabricação e o número do CA, ou, no caso de EPI importado, o nome do importador, o lote de fabricação e o número do CA.

6.9.3.1. Na impossibilidade de cumprir o determinado no item 6.9.3, o órgão nacional competente em matéria de segurança e saúde no trabalho poderá autorizar forma alternativa de gravação, a ser proposta pelo fabricante ou importador, devendo esta constar do CA.

6.10. *(Excluído pela Portaria SIT n. 194, de 07 de dezembro de 2010)*

6.10.1. *(Excluído pela Portaria SIT n. 194, de 07 de dezembro de 2010)*

6.11. Da competência do Ministério do Trabalho e Emprego / MTE

6.11.1. Cabe ao órgão nacional competente em matéria de segurança e saúde no trabalho:

a) cadastrar o fabricante ou importador de EPI;

b) receber e examinar a documentação para emitir ou renovar o CA de EPI;

c) estabelecer, quando necessário, os regulamentos técnicos para ensaios de EPI;

d) emitir ou renovar o CA e o cadastro de fabricante ou importador;

e) fiscalizar a qualidade do EPI;

f) suspender o cadastramento da empresa fabricante ou importadora; e,

g) cancelar o CA.

6.11.1.1. Sempre que julgar necessário o órgão nacional competente em matéria de segurança e saúde no trabalho, poderá requisitar amostras de EPI, identificadas com o nome do fabricante e o número de referência, além de outros requisitos.

6.11.2. Cabe ao órgão regional do MTE:

a) fiscalizar e orientar quanto ao uso adequado e a qualidade do EPI;

b) recolher amostras de EPI; e,

c) aplicar, na sua esfera de competência, as penalidades cabíveis pelo descumprimento desta NR.

6.12. e Subitens

(Revogados pela Portaria SIT n. 125, de 12 de novembro de 2009)

ANEXO I

LISTA DE EQUIPAMENTOS DE PROTEÇÃO INDIVIDUAL

(Alterado pela Portaria MTE-GM n. 505, de 16 de abril de 2015)

A — EPI PARA PROTEÇÃO DA CABEÇA

A.1 — Capacete

a) capacete para proteção contra impactos de objetos sobre o crânio;

b) capacete para proteção contra choques elétricos;

c) capacete para proteção do crânio e face contra agentes térmicos.

A.2 — Capuz ou balaclava

a) capuz para proteção do crânio e pescoço contra riscos de origem térmica;

b) capuz para proteção do crânio, face e pescoço contra agentes químicos; *(Alterada pela Portaria MTE-GM n. 505 de 16.4.2015).*

capuz para proteção da cabeça e pescoço contra umidade proveniente de operações com uso de água. *(Inserida pela Portaria MTE-GM n. 505 de 16.4.2015).*

B — EPI PARA PROTEÇÃO DOS OLHOS E FACE

B.1 — Óculos

a) óculos para proteção dos olhos contra impactos de partículas volantes;

b) óculos para proteção dos olhos contra luminosidade intensa;

c) óculos para proteção dos olhos contra radiação ultravioleta;

d) óculos para proteção dos olhos contra radiação infravermelha.

e) óculos de tela para proteção limitada dos olhos contra impactos de partículas volantes.

(Inserida pela Portaria MTE n. 1.134, de 23 de julho de 2014)

B.2 — Protetor facial

a) protetor facial para proteção da face contra impactos de partículas volantes;

b) protetor facial para proteção da face contra radiação infravermelha;

c) protetor facial para proteção dos olhos contra luminosidade intensa;

d) protetor facial para proteção da face contra riscos de origem térmica;

e) protetor facial para proteção da face contra radiação ultravioleta.

B.3 — Máscara de Solda

a) máscara de solda para proteção dos olhos e face contra impactos de partículas volantes, radiação ultravioleta, radiação infravermelha e luminosidade intensa.

C — EPI PARA PROTEÇÃO AUDITIVA

C.1 — Protetor auditivo

a) protetor auditivo circum-auricular para proteção do sistema auditivo contra níveis de pressão sonora superiores ao estabelecido na NR-15, Anexos n. 1 e 2;

b) protetor auditivo de inserção para proteção do sistema auditivo contra níveis de pressão sonora superiores ao estabelecido na NR-15, Anexos n. 1 e 2;

c) protetor auditivo semi-auricular para proteção do sistema auditivo contra níveis de pressão sonora superiores ao estabelecido na NR-15, Anexos n. 1 e 2.

D — EPI PARA PROTEÇÃO RESPIRATÓRIA

D.1 — Respirador purificador de ar não motorizado:

a) peça semifacial filtrante (PFF1) para proteção das vias respiratórias contra poeiras e névoas;

b) peça semifacial filtrante (PFF2) para proteção das vias respiratórias contra poeiras, névoas e fumos;

c) peça semifacial filtrante (PFF3) para proteção das vias respiratórias contra poeiras, névoas, fumos e radionuclídeos;

d) peça um quarto facial, semifacial ou facial inteira com filtros para material particulado tipo P1 para proteção das vias respiratórias contra poeiras e névoas; e ou P2 para proteção contra poeiras, névoas e fumos; e ou P3 para proteção contra poeiras, névoas, fumos e radionuclídeos;

e) peça um quarto facial, semifacial ou facial inteira com filtros químicos e ou combinados para proteção das vias respiratórias contra gases e vapores e ou material particulado.

D.2 — Respirador purificador de ar motorizado:

a) sem vedação facial tipo touca de proteção respiratória, capuz ou capacete para proteção das vias respiratórias contra poeiras, névoas, fumos e radionuclídeos e ou contra gases e vapores;

b) com vedação facial tipo peça semifacial ou facial inteira para proteção das vias respiratórias contra poeiras, névoas, fumos e radionuclídeos e ou contra gases e vapores.

D.3 — Respirador de adução de ar tipo linha de ar comprimido:

a) sem vedação facial de fluxo contínuo tipo capuz ou capacete para proteção das vias respiratórias em atmosferas com concentração de oxigênio maior que 12,5%;

b) sem vedação facial de fluxo contínuo tipo capuz ou capacete para proteção das vias respiratórias em operações de jateamento e em atmosferas com concentração de oxigênio maior que 12,5%;

c) com vedação facial de fluxo contínuo tipo peça semifacial ou facial inteira para proteção das vias respiratórias em atmosferas com concentração de oxigênio maior que 12,5%;

d) de demanda com pressão positiva tipo peça semifacial ou facial inteira para proteção das vias respiratórias em atmosferas com concentração de oxigênio maior que 12,5%;

e) de demanda com pressão positiva tipo peça facial inteira combinado com cilindro auxiliar para proteção das vias respiratórias em atmosferas com concentração de oxigênio menor ou igual que 12,5%, ou seja, em atmosferas Imediatamente Perigosas à Vida e a Saúde (IPVS).

D.4 — RESPIRADOR DE ADUÇÃO DE AR TIPO MÁSCARA AUTONOMA

a) de circuito aberto de demanda com pressão positiva para proteção das vias respiratórias em atmosferas com concentração de oxigênio menor ou igual que 12,5%, ou seja, em atmosferas Imediatamente Perigosas à Vida e a Saúde (IPVS);

b) de circuito fechado de demanda com pressão positiva para proteção das vias respiratórias em atmosferas com concentração de oxigênio menor ou igual que 12,5%, ou seja, em atmosferas Imediatamente Perigosas à Vida e a Saúde (IPVS).

D.5 — Respirador de fuga

a) respirador de fuga tipo bocal para proteção das vias respiratórias contra gases e vapores e ou material particulado em condições de escape de atmosferas Imediatamente Perigosas à Vida e a Saúde (IPVS).

E — EPI PARA PROTEÇÃO DO TRONCO

E.1 — Vestimentas

a) Vestimentas para proteção do tronco contra riscos de origem térmica;

b) Vestimentas para proteção do tronco contra riscos de origem mecânica;

c) vestimentas para proteção do tronco contra agentes químicos; *(Alterada pela Portaria MTE-GM n. 505 de 16.4.2015).*

d) Vestimentas para proteção do tronco contra riscos de origem radioativa;

e) Vestimentas para proteção do tronco contra riscos de origem meteorológica;

f) Vestimentas para proteção do tronco contra umidade proveniente de operações com uso de água.

E.2 — Colete à prova de balas de uso permitido para vigilantes que trabalhem portando arma de fogo, para proteção do tronco contra riscos de origem mecânica.

F — EPI PARA PROTEÇÃO DOS MEMBROS SUPERIORES

F.1 — Luvas

a) luvas para proteção das mãos contra agentes abrasivos e escoriantes;

b) luvas para proteção das mãos contra agentes cortantes e perfurantes;

c) luvas para proteção das mãos contra choques elétricos;

d) luvas para proteção das mãos contra agentes térmicos;

e) luvas para proteção das mãos contra agentes biológicos;

f) luvas para proteção das mãos contra agentes químicos;

g) luvas para proteção das mãos contra vibrações;

h) luvas para proteção contra umidade proveniente de operações com uso de água;

i) luvas para proteção das mãos contra radiações ionizantes.

F.2 — Creme protetor

a) creme protetor de segurança para proteção dos membros superiores contra agentes químicos.

F.3 — Manga

a) manga para proteção do braço e do antebraço contra choques elétricos;

b) manga para proteção do braço e do antebraço contra agentes abrasivos e escoriantes;

c) manga para proteção do braço e do antebraço contra agentes cortantes e perfurantes;

d) manga para proteção do braço e do antebraço contra umidade proveniente de operações com uso de água;

e) manga para proteção do braço e do antebraço contra agentes térmicos.

f) manga para proteção do braço e do antebraço contra agentes químicos. *(Inserida pela Portaria MTE-GM n. 505 de 16.4.2015).*

F.4 — Braçadeira

a) braçadeira para proteção do antebraço contra agentes cortantes;

b) braçadeira para proteção do antebraço contra agentes escoriantes.

F.5 — Dedeira

a) dedeira para proteção dos dedos contra agentes abrasivos e escoriantes.

G — EPI PARA PROTEÇÃO DOS MEMBROS INFERIORES

G.1 — Calçado

a) calçado para proteção contra impactos de quedas de objetos sobre os artelhos;

b) calçado para proteção dos pés contra agentes provenientes de energia elétrica;

c) calçado para proteção dos pés contra agentes térmicos;

d) calçado para proteção dos pés contra agentes abrasivos e escoriantes;

e) calçado para proteção dos pés contra agentes cortantes e perfurantes;

f) calçado para proteção dos pés e pernas contra umidade proveniente de operações com uso de água;

g) calçado para proteção dos pés e pernas contra agentes químicos. *(Alterada pela Portaria MTE-GM n. 505 de 16.4.2015).*

G.2 — Meia

a) meia para proteção dos pés contra baixas temperaturas.

G.3 — Perneira

a) perneira para proteção da perna contra agentes abrasivos e escoriantes;

b) perneira para proteção da perna contra agentes térmicos;

c) perneira para proteção da perna contra agentes químicos; *(Alterada pela Portaria MTE-GM n. 505 de 16.4.2015).*

d) perneira para proteção da perna contra agentes cortantes e perfurantes;

e) perneira para proteção da perna contra umidade proveniente de operações com uso de água.

G.4 — Calça

a) calça para proteção das pernas contra agentes abrasivos e escoriantes;

b) calça para proteção das pernas contra agentes químicos; (Alterada pela *Portaria MTE-GM n. 505 de 16.4.2015)*

c) calça para proteção das pernas contra agentes térmicos;

d) calça para proteção das pernas contra umidade proveniente de operações com uso de água.

H — EPI PARA PROTEÇÃO DO CORPO INTEIRO

H.1 — Macacão

a) macacão para proteção do tronco e membros superiores e inferiores contra agentes térmicos;

b) macacão para proteção do tronco e membros superiores e inferiores contra agentes químicos; *(Alterada pela Portaria MTE-GM n. 505 de 16.4.2015).*

c) macacão para proteção do tronco e membros superiores e inferiores contra umidade proveniente de operações com uso de água.

H.2 — Vestimenta de corpo inteiro

a) vestimenta para proteção de todo o corpo contra riscos de origem química; *(Alterada pela Portaria MTE-GM n. 505 de 16.4.2015).*

b) vestimenta para proteção de todo o corpo contra umidade proveniente de operações com água;

c) vestimenta condutiva para proteção de todo o corpo contra choques elétricos.

I — EPI PARA PROTEÇÃO CONTRA QUEDAS COM DIFERENÇA DE NÍVEL

(Alterado pela Portaria SIT n. 292, de 08 de dezembro de 2011)

I.1 — CINTURÃO DE SEGURANÇA COM DISPOSITIVO TRAVA-QUEDA

a) cinturão de segurança com dispositivo trava-queda para proteção do usuário contra quedas em operações com movimentação vertical ou horizontal.

I.2 — CINTURÃO DE SEGURANÇA COM TALABARTE

a) cinturão de segurança COM TALABARTE para proteção do usuário contra riscos de queda em trabalhos em altura;

b) cinturão de segurança COM TALABARTE para proteção do usuário contra riscos de queda no posicionamento em trabalhos em altura"

ANEXO II

(Excluído pela Portaria SIT n. 194, de 07 de dezembro de 2010)

ANEXO III

(Excluído pela Portaria SIT n. 194, de 07 de dezembro de 2010)

Capítulo 7

PCMSO — PROGRAMA DE CONTROLE MÉDICO DE SAÚDE OCUPACIONAL

As empresas privadas e estatais (empresas públicas e sociedades de economia mista), assim como as demais instituições que possuam trabalhadores contratados sob a égide da Consolidação das Leis do Trabalho (CLT), devem elaborar e implementar dois programas internos destinados à prevenção de acidentes de trabalho e à promoção da saúde ocupacional, tendo em vista determinações contidas nas Portarias SSST-MTb n. 24 e 25 de 29.12.1994. Ditos programas internos correspondem, basicamente, ao Programa de Controle Médico de Saúde Ocupacional (PCMSO) e ao Programa de Prevenção de Riscos Ambientais (PPRA); o primeiro será abordado no presente capítulo, ao passo que esse último será analisado no capítulo 9 deste manual.

O Programa de Controle Médico de Saúde Ocupacional (PCMSO) corresponde a um programa técnico-preventivo a ser realizado pela empresa como parte integrante do conjunto mais amplo de iniciativas no campo da proteção à saúde de seus empregados, devendo estar articulado com o disposto nas demais normas preventivas, considerando as questões incidentes sobre o indivíduo e a coletividade de trabalhadores, privilegiando o instrumental clínico-epidemiológico na abordagem da relação entre saúde e trabalho, e deverá ter caráter de prevenção, rastreamento e diagnóstico precoce dos agravos à saúde relacionados ao trabalho, inclusive os de natureza subclínica, além da constatação da existência de casos de doenças profissionais ou danos irreversíveis à saúde dos trabalhadores.

De forma análoga, para a atividade de mineração prevê a NR-22 (Segurança e Saúde Ocupacional na Mineração), em seu inciso 22.3.7, que cabe à empresa ou permissionário de lavra garimpeira elaborar e implementar o Programa de Gerenciamento de Riscos (PGR) contemplando os aspectos relacionados a: riscos físicos, químicos e biológicos; atmosferas explosivas; deficiências de oxigênio; ventilação; proteção respiratória, de acordo com a Instrução Normativa n. 1 de 11.4.1994, da Secretaria de Segurança e Saúde no Trabalho; investigação e análise de acidentes do trabalho; ergonomia e organização do trabalho; riscos decorrentes do trabalho em altura, em profundidade e em espaços confinados; riscos decorrentes da utilização de energia elétrica, máquinas, equipamentos, veículos e trabalhos manuais; equipamentos de proteção individual de uso obrigatório, observando-se no mínimo o constante na NR-06; estabilidade do maciço; plano de emergência; e outros resultantes de modificações e introdução de novas tecnologias.

A sétima norma regulamentadora de segurança e saúde no trabalho, NR-07 (PCMSO), estabelece a obrigatoriedade de elaboração e implementação, por parte de todos os empregadores e instituições que admitam trabalhadores como empregados, do PCMSO, com o objetivo de promover e preservar a saúde do conjunto dos seus trabalhadores.

Consoante reiterado nos capítulos anteriores, o direito mais importante dos trabalhadores urbanos e rurais brasileiros relativamente ao meio ambiente laboral encontra-se tipificado no inciso XXII do art. 7º de nossa Carta Magna que assegura aos trabalhadores urbanos e rurais brasileiros a redução dos riscos inerentes ao trabalho, por meio de normas de saúde, higiene e segurança, correspondente a um verdadeiro Princípio Constitucional de Minimização de Riscos Ambientais e, portanto, suficiente a legitimar, constitucionalmente, a existência de todas as normas regulamentadoras de segurança e saúde no trabalho editadas pelo Ministério do Trabalho e Emprego; logo, vislumbra-se a pertinência desse dispositivo constitucional para validar a existência jurídica NR-07 (PCMSO) que objetiva, primordialmente, a prevenção de infortúnios laborais e a promoção da saúde ocupacional.

No plano da legislação infraconstitucional, a sétima norma regulamentadora de segurança e saúde no trabalho tem sua existência jurídica assegurada nas disposições contidas nos arts. 168 e 169 da Consolidação das Leis do Trabalho (CLT) que, dentre outros, estipula os seguintes deveres patronais específicos:

- promover a realização de exames ocupacionais em sintonia com outras instruções e determinações expedidas pelo Ministério do Trabalho e Emprego (MTE);
- manter, no estabelecimento, materiais necessários à prestação de primeiros socorros médicos, de acordo com o risco da atividade;
- comunicar ao trabalhador o resultado dos exames médicos ocupacionais a que fora submetido, inclusive os complementares, observados os preceitos de ética médica;
- notificar a ocorrência das doenças profissionais e das produzidas em virtude de condições especiais de trabalho, comprovadas ou objeto de suspeita, de conformidade com as instruções expedidas pelo MTE.

Nesse mesmo sentido, o inciso VI do art. 200 Consolidado delega competência normativa ao MTE para estabelecer disposições complementares às normas preventivas de segurança e saúde no trabalho, tendo em vista as peculiaridades de cada atividade ou setor de trabalho e, especialmente, sobre proteção do trabalhador exposto a substâncias químicas nocivas, radiações ionizantes e não ionizantes, ruídos, vibrações e trepidações ou pressões anormais ao ambiente de trabalho, com especificação das medidas cabíveis para eliminação ou atenuação desses efeitos, limites máximos quanto ao tempo de exposição, à intensidade da ação ou de seus efeitos sobre o organismo do trabalhador, exames médicos obrigatórios, limites de idade, controle permanente dos locais de trabalho e das demais exigências que se façam necessárias.

Conveniente lembrar a disposição constitucional contida no inciso XXXIII do art. 7º da CF-1988 que expressamente veda o trabalho noturno, perigoso ou insalubre a menores de dezoito e de qualquer trabalho a menores de dezesseis anos, salvo na condição de aprendiz, a partir de quatorze anos. Entenda-se por horário noturno o compreendido em três hipóteses temporais: de 22:00 às 05:00 horas nas atividades urbanas; de 21:00 às 05:00 horas nas atividades agrícolas; e de 20:00 às 04:00 horas nas atividades de pecuária. Em que pese a omissão do Constituinte de 1988 quanto à proibição do trabalho de menores de dezoito em atividades penosas, isso não significa que tal será permitido, pois, certamente, por ocasião da regulamentação legal das atividades penosas, o legislador ordinário suprirá tal omissão e expressamente vedará o trabalho dos menores nessas atividades.

Importante registrar, também, que o art. 390 do Estatuto Obreiro proíbe aos menores de dezoito anos e às mulheres de qualquer idade, o desenvolvimento de atividades que demandem esforço muscular superior a 20 kg (vinte quilogramas) para o trabalho contínuo, ou 25 kg (vinte e cinco quilogramas) para o trabalho ocasional. Outrossim, o art. 405 da mesma CLT veda o trabalho do menor nos locais e serviços perigosos, insalubres ou prejudiciais à sua moralidade, assim como o trabalho exercido nas ruas, praças e outros logradouros dependerá de prévia autorização do Juiz da Vara da Infância e Juventude, ao qual cabe verificar se a ocupação é indispensável à sua própria subsistência ou à de seus pais, avós ou irmãos e se dessa ocupação não poderá advir prejuízo à sua formação moral. A propósito, considera-se prejudicial à moralidade do menor o trabalho:

- prestado de qualquer modo, em teatros de revista, cinemas, boates, cassinos, cabarés, *dancings* e estabelecimentos análogos;
- em empresas circenses, em funções de acróbata, saltimbanco, ginasta e outras semelhantes;
- de produção, composição, entrega ou venda de escritos, impressos, cartazes, desenhos, gravuras, pinturas, emblemas, imagens e quaisquer outros objetos que possam, a juízo da autoridade competente, prejudicar sua formação moral; e,
- consistente na venda, a varejo, de bebidas alcoólicas.

Noutro compasso, convém ser destacado que nossa mais Alta Corte de Justiça Trabalhista possui seis súmulas de jurisprudência (Súmulas TST ns. 15, 46, 122, 143, 282 e 370) integralmente reproduzidas nos Fundamentos Jurídicos deste Capítulo, visando a pacificação de controvérsias jurídicas acerca da atribuição ou competência legal para a realização de exames médicos e subsequente emissão válida de atestados de saúde ocupacional.

O médico competente para emitir o atestado de saúde ocupacional justificador de faltas do empregado ao trabalho por motivo de doença, mencionado na Lei n. 8.213 de 24.7.1991 (Plano de Benefícios da

Previdência Social, com a redação atualizada até a edição da Lei n. 13.146 de 6.7.2015), deixa patente que a empresa que dispuser de serviço médico, próprio ou em convênio, terá a seu cargo o exame médico e o abono das faltas durante os primeiros trinta dias consecutivos ao do afastamento da atividade por motivo de doença, somente devendo encaminhar o trabalhador à Perícia Médica da Previdência Social quando a incapacidade ultrapassar quinze dias. Nesse mesmo sentido é o entendimento sedimentado na forma consagrada na Súmula n. 282 do Colendo TST.

Outra questão importante a ser enfatizada em relação a exames médico-ocupacionais diz respeito à regra contida na Lei n. 9.029 de 13.4.1995, que expressamente proíbe a exigência ou realização de atestados de gravidez e esterilização, e outras práticas discriminatórias, para efeitos de exames médico admissionais ou periódicos das mulheres. Registre-se, por oportuno, que a citada lei igualmente tipifica como crime as práticas discriminatórias em relação às mulheres, tanto no que diz respeito ao estado gravídico, à esterilização genética ou à indução a controle de natalidade, sujeitando os infratores às penas de detenção de um a dois anos e multa. A propósito, cabe observar por tais crimes responderão:

- a pessoa física do empregador
- o representante legal como definido na legislação trabalhista;
- o dirigente, direto ou por delegação, de órgãos públicos e entidades das administrações públicas direta, indireta e fundacional de quaisquer dos Poderes da União, dos Estados, do Distrito Federal e dos Municípios.

Outrossim, é conveniente ressaltar que o empregador que praticar as infrações tipificadas na Lei n. 9.029/1995, além das sanções penais já descritas, sujeita-se, também ao pagamento de multa administrativa correspondente a dez vezes o valor do maior salário pago pelo empregador à empregada, elevado em cinquenta por cento em caso de reincidência, além de ficar este empregador impedido de obter empréstimo ou financiamento junto a instituições financeiras oficiais.

Ainda sobre a citada Lei n. 9.029/1995, convém observar que em artigo específico, é facultado à vítima de práticas discriminatórias ali especificadas, por ocasião da avaliação médico-ocupacional, a opção entre ser reintegrada no emprego ou perceber indenização em dobro pelo período de afastamento.

Especial atenção deve ser dada à empregada gestante, pois uma vez confirmado seu estado de gravidez no curso do contrato de trabalho, ainda que durante o prazo do aviso prévio trabalhado ou indenizado, tem-se configurada sua estabilidade provisória no emprego, na forma prevista na alínea "b" do inciso II do art. 10 do Ato das Disposições Constitucionais Transitórias; restando impossibilitado legalmente o término contratual da empregada gestante, consoante expressamente explicitado no art. 391-A da Consolidação das Leis do Trabalho, com a redação dada pela Lei n. 12.812/2013.

Outra respeitável circunstância pertinente à realização de exames médico-ocupacionais diz respeito a que tipifica como crime a emissão de atestado médico falso, inclusive prevê para o médico que incorrer em tal infração legal a pena de um mês a um ano de detenção, acrescida de multa, se o delito for cometido com o fim de lucro, sem prejuízo de sanções administrativas, além de se configurar, também, uma infringência aos preceitos da ética médica ensejando ao médico infrator as sanções administrativas possíveis de serem impostas pelo Conselho Regional de Medicina (CRM).

Lembramos que os Agentes ou Fatores Psicolaborais devem merecer especial atenção no planejamento e implementação de quaisquer programas preventivos de acidentes de trabalho ou de promoção da saúde ocupacional, na medida em que essa modalidade de agente ou fator nocivo se faz presente em qualquer meio ambiente de trabalho, como decorrência ou agravamento das exigências produtivas impostas aos trabalhadores: Ritmos Excessivos de Trabalho; Monotonia; Controle Rígido da Produtividade; Relacionamentos Interpessoais Tensos; Assédio Moral; Desvalorização do Trabalho/Trabalhador; e Outras Situações Causadoras de Stress Físico e/ou Psíquico. Os indicadores de que o ambiente laboral necessita de cuidados especiais fica evidenciado, por exemplo, por meio da manifestação reiterada de sintomas do tipo: Agressividade, Ansiedade e Problemas Gastrointestinais nos trabalhadores.

Como antes explicitado, os dados anuais da Estatística Acidentária Oficial Brasileira (disponível em <www.inss.gov.br>) sistematicamente têm deixado patente que os Transtornos Mentais ou Distúrbios

Comportamentais de etiologia ocupacional ocupam o segundo lugar no *ranking* das Doenças Ocupacionais que mais propiciam afastamento de trabalho, haja vista a concessão, pelo Instituto Nacional do Seguro Social (INSS), do benefício previdenciário Auxílio-Doença de natureza acidentária (Código B-91); assim sendo, acreditamos que o Psicólogo do Trabalho que seja detentor de Especialização em Saúde no Trabalho tem uma importante e positiva contribuição a desenvolver no processo preventivo de acidentes de labor e de promoção da saúde ocupacional e, portanto, deveria ser um dos profissionais integrantes do SESMT das empresas. Ressalte-se, porém, que o profissional a quem nos referimos não é o Psicólogo Organizacional, que historicamente tem tido sua atuação profissional centrada nos processos de recrutamento e seleção de trabalhadores para as empresas, e sim o Psicólogo do Trabalho focado na saúde do trabalhador e com atuação profissional devidamente comprometida com a efetiva melhoria das condições ambientais de trabalho, especialmente a partir de ações que objetivem diminuir as tensões no ambiente de trabalho e, assim, possam contribuir para o desejado equilíbrio e bem-estar nas relações de trabalho. Cabe ao Ministério do Trabalho e Emprego (MTE), por meio de simples Portaria Ministerial, analisar essa questão e fazer a devida inclusão desse profissional no SESMT das empresas, sempre visando a minimizar o crescente sofrimento e adoecimento psicolaboral.

A sétima norma regulamentadora de segurança e saúde no trabalho, NR-07 (PCMSO), apresenta suas recomendações técnico-preventivas, de forma sequenciada e agrupada, em Cinco Tópicos, além de Três Quadros, na forma representada no Sumário seguinte:

Sumário da NR-07 (PCMSO)

7.1. Do Objeto.

7.2. Das Diretrizes.

7.3. Das Responsabilidades.

7.4. Do Desenvolvimento do PCMSO.

7.5. Dos Primeiros Socorros.

Quadro I: Parâmetros para Controle Biológico da Exposição Ocupacional a Alguns Agentes Químicos.

Anexo I: Abreviaturas.

Quadro II: Parâmetros para Monitoração da Exposição Ocupacional a Alguns Agentes Químicos.

Anexo I: Diretrizes e Parâmetros Mínimos para Avaliação e Acompanhamento da Audição em Trabalhadores Expostos a Níveis de Pressão Sonora Elevados.

Anexo II: Diretrizes e Condições Mínimas para Realização e Interpretação de Radiografias de Tórax.

Quadro III: Relatório Anual do PCMSO.

Acerca de quem pode exercer as funções de Coordenador do PCMSO de uma determinada empresa, dispõe a norma regulamentadora em comento que cabe ao empregador indicar, dentre os médicos integrantes do Serviço Especializado em Engenharia de Segurança e Medicina do Trabalho (SESMT) da empresa, um coordenador responsável pela execução do PCMSO e, caso a empresa esteja legalmente desobrigada de possuir Médico do Trabalho em seu SESMT, na forma adiante exposta, deverá o empregador indicar Médico do Trabalho, empregado ou não da empresa, para dita coordenação. Excepciona, porém, a norma regulamentadora em comento que inexistindo Médico do Trabalho na localidade, o empregador poderá contratar Médico de outra especialidade para coordenar o PCMSO.

Conveniente enfatizar que, após a edição da Portaria SSST-MTb n. 24 de 29.12.1994, instituidora do PCMSO, uma outra foi publicada, a Portaria SSST-MTb n. 8 de 8.5.1996, por meio da qual estão desobrigadas de indicar Médico Coordenador as empresas de Grau de Risco 1 ou 2, consoante Quadro I da NR-04 (SESMT), que possuam até 25 (vinte e cinco) empregados, assim como as de Grau de Risco 3 ou 4, que possuam até 10 (dez) empregados; podendo tais limites serem majorados, respectivamente, para 50 (cinquenta) ou 20 (vinte) empregados, mediante negociação coletiva (acordo coletivo de trabalho ou convenção coletiva de trabalho) assistida por profissional do órgão regional competente em segurança e medicina do trabalho. Ressalvado, porém, o direito ao Superintendente Regional do Trabalho e Emprego de impor a indicação do Médico Coordenador, se constatado, em laudo técnico específico, potencial de risco grave para os trabalhadores no ambiente de trabalho.

No tocante às atribuições ou competências do Médico Coordenador do PCMSO, dispõe a NR-07 que cabe a esse Médico do Trabalho:

- realizar os exames médicos previstos no item 7.4.1 da NR-07 (PCMSO), ou encarregar sua realização a profissional médico familiarizado com os princípios da patologia ocupacional e suas causas, bem como com o ambiente, as condições de trabalho e os riscos a que está ou será exposto cada trabalhador da empresa a ser examinado;
- encarregar a realização dos exames complementares previstos nos itens, quadros e anexos da NR-07, a profissionais e/ou entidades devidamente capacitados, equipados e qualificados.

Em relação aos exames médico-ocupacionais a que devem ser submetidos os empregados, estabelece a NR-07 que o PCMSO deve incluir a realização obrigatória de cinco modalidades de exames para fins laborais:

- admissional;
- periódico;
- de retorno ao trabalho;
- de mudança de função;
- demissional.

Quanto ao exame médico admissional, cabe ser mencionado que dita avaliação clínica do trabalhador deverá ser realizada antes que o mesmo inicie suas atividades profissionais na empresa; pelo que, dito exame deve ser entendido verdadeiramente como "exame médico-ocupacional pré-admissional", pois seriam vários os transtornos a serem enfrentados por uma empresa visando a rescisão contratual de um empregado que já iniciou a prestação de serviços e, só posteriormente, veio a constatar sua inaptidão do ponto de vista de saúde ocupacional para o exercício de seu mister profissional.

Por ocasião dos exames médicos periódicos, cumpre atentar que essa avaliação clínica deverá ser realizada de acordo com os intervalos mínimos de tempo a seguir especificados:

- para trabalhadores expostos a riscos ou situações de trabalho que impliquem desencadeamento ou agravamento de doença ocupacional, ou, ainda, para aqueles que sejam portadores de doenças crônicas, os exames deverão ser repetidos:
  - a cada ano ou a intervalos menores, a critério do Médico encarregado, ou se notificado pelo Médico Auditor Fiscal do Trabalho, ou, ainda, como resultado de negociação coletiva de trabalho;
  - de acordo com a periodicidade especificada no Anexo n. 6 (Trabalhos Sob Pressões Hiperbáricas) da NR-15 (Atividades e Operações Insalubres) para os trabalhadores expostos a condições hiperbáricas;
- para os demais trabalhadores:
  - anual, quando menores de dezoito ou maiores de quarenta e cinco anos de idade;
  - a cada dois anos, para os trabalhadores entre dezoito e quarenta e cinco anos de idade.

No que concerne ao exame médico de retorno ao trabalho, cabe observar que a avaliação clínica deverá ser realizada obrigatoriamente no primeiro dia da volta ao trabalho do trabalhador ausente por período igual ou superior a 30 (trinta) dias por motivo de doença, acidente, de natureza ocupacional ou não, ou parto.

Acerca do exame médico de mudança de função, é de se observar que essa modalidade de avaliação clínica será obrigatoriamente realizada antes da data de mudança de função. Para fins da NR-07, entende-se por mudança de função toda e qualquer alteração de atividade, posto de trabalho ou setor que implique exposição do trabalhador a risco diferente daquele a que estava exposto antes da mudança.

Prevê a NR-07 que o exame médico demissional será obrigatoriamente realizado até a data da homologação da rescisão contratual, desde que o último exame médico ocupacional tenha sido realizado há mais de 135 (cento e trinta e cinco) dias, para as empresas de Grau de Risco 1 ou 2, ou, há mais de 90 (noventa) dias, para as empresas de Grau de Risco 3 ou 4, podendo tais prazos serem ampliados em até igual número de dias, mediante negociação coletiva de trabalho assistida por profissional indicado de comum acordo pelas partes ou profissional do órgão regional competente em segurança e saúde no trabalho. Ressalvado, porém, o direito ao Superintendente Regional do Trabalho e Emprego de impor a realização do exame médico demissional independentemente de tais prazos, se constatado, em laudo técnico específico, potencial de risco grave para o trabalhador no ambiente de trabalho.

Além das cinco modalidades de exames médico-ocupacionais, de caráter geral e devidamente contidas na NR-07 (PCMSO), é oportuno destacar a existência de uma sexta e excepcional modalidade de exame médico-laboral posto que direcionada especificamente a trabalhadores que tenham desenvolvido atividades com exposição ao asbesto, em face da nocividade desse agente carcinogênico e do período de latência para que a asbestose comece a manifestar seus sintomas no organismo do obreiro. Nesse sentido, é de se observar que o item 19 do Anexo 12 (Limites de Tolerância para Poeiras Minerais) da NR-15 (Atividades e Operações Insalubres) impõe ao empregador o dever de promover para seus ex-empregados que desenvolveram atividades com exposição ao asbesto, a realização de exames médicos na modalidade pós-demissional, por durante os trinta anos subsequentes ao término contratual, observada a seguinte periodicidade, em função do tempo de exposição ao asbesto:

- trienalmente, para trabalhadores com período de exposição de até doze anos;
- bienalmente, para trabalhadores com período de exposição entre doze e vinte anos;
- anualmente, para trabalhadores com período de exposição superior a vinte anos.

A propósito, na realização dos exames médico-ocupacionais, deverão ser observadas as seguintes etapas:

- avaliação clínica, abrangendo anamnese ocupacional e exame físico e mental;
- exames complementares, realizados de acordo com os termos especificados na NR-07 e seus Anexos.

Em relação aos exames complementares previstos no PCMSO, cumpre relatar que os mesmos devem ser realizados em observância às seguintes regras:

- para os trabalhadores cujas atividades envolvem os riscos decorrentes da exposição aos agentes discriminados nos Quadros I e II da NR-07, os exames médicos complementares deverão ser executados e interpretados com base nos critérios constantes dos referidos quadros e seus anexos. Oportuno destacar que a periodicidade de avaliação dos indicadores biológicos do Quadro I deverá ser, no mínimo, semestral, podendo ser reduzida a critério do Médico Coordenador, ou por notificação do Médico Auditor Fiscal do Trabalho, ou mediante negociação coletiva de trabalho;
- para os trabalhadores expostos a agentes químicos não constantes dos Quadros I e II da NR-07, outros indicadores biológicos poderão ser monitorizados, dependendo de estudo prévio dos aspectos de validade toxicológica, analítica e de interpretação desses indicadores;
- outros exames complementares usados normalmente em patologia clínica para avaliar o funcionamento de órgãos e sistemas orgânicos podem ser realizados, a critério do Médico Coordenador ou encarregado, ou por notificação do Médico Auditor Fiscal do Trabalho, ou ainda decorrente de negociação coletiva de trabalho.

Objetivando a comprovação de realização dos exames médico-ocupacionais, dispõe a norma regulamentadora em apreço que, para cada exame, o médico que o realizou emitirá um correspondente Atestado de Saúde Ocupacional (ASO), em duas vias, observando-se o seguinte:

- a primeira via do ASO ficará arquivada no local de trabalho, inclusive frente de trabalho ou canteiro de obras, à disposição da fiscalização do trabalho;
- a segunda via será obrigatoriamente entregue ao trabalhador, mediante recibo na primeira via.

Determina a NR-07 que a expedição do ASO pelo médico do trabalho examinador deverá satisfazer aos seguintes requisitos formais mínimos:

- nome completo do trabalhador, o número de registro de sua identidade e sua função;
- os riscos ocupacionais específicos existentes, ou a ausência deles, na atividade do empregado, conforme instruções técnicas expedidas pela SIT-MTE;

- indicação dos procedimentos médicos a que foi submetido o trabalhador, incluindo os exames complementares e a data em que foram realizados;
- nome do Médico Coordenador, quando houver, com seu respectivo número de registro no Conselho Regional de Medicina (CRM);
- definição de apto ou inapto para a função específica que o trabalhador irá exercer, exerce ou exerceu;
- nome do médico encarregado do exame e endereço ou forma de contato;
- data e assinatura do Médico encarregado do exame e carimbo contendo seu número de inscrição no CRM.

Apesar de não constar da NR-07 nenhum modelo específico para a emissão do Atestado de Saúde Ocupacional, no Módulo Complementar deste Capítulo apresentamos um modelo meramente sugestivo e que poderá ser adaptado e aperfeiçoado pelo Médico do Trabalho se assim o desejar.

Estipula a norma regulamentadora em comento que os dados obtidos nos exames médicos, incluindo a avaliação clínica e os exames complementares, bem como as conclusões e as medidas aplicadas deverão ser registrados em prontuário clínico individual, o qual ficará sob a responsabilidade do médico coordenador do PCMSO, devendo ser mantidos por um período mínimo de 20 (vinte) anos após o desligamento do trabalhador, sendo que, havendo substituição do Médico Coordenador, os arquivos deverão ser transferidos para o sucessor.

Igualmente, quando verificada, por meio da avaliação clínica do trabalhador e/ou dos exames constantes do Quadro I da NR-07 (PCMSO), (EE ou SC+) ao risco, mesmo sem qualquer sintomatologia ou sinal clínico, deverá o trabalhador ser afastado do local de trabalho, ou do risco, até que esteja normalizado o indicador biológico de exposição, e as medidas de controle nos ambientes de trabalho tenham sido adotadas.

Constatada a ocorrência ou agravamento de doenças profissionais, por meio de exames médicos previstos na NR-07, ou sendo verificadas alterações que revelem qualquer tipo de disfunção de órgão ou do sistema biológico, através dos exames constantes dos Quadros I (apenas aqueles com interpretação SC) e II, ou dos exames complementares realizados, mesmo sem sintomatologia, caberá ao Médico Coordenador ou encarregado:

- solicitar à empresa a emissão formal da Comunicação de Acidente do Trabalho (CAT);
- indicar, quando necessário, o afastamento do trabalhador da exposição ao risco, ou do trabalho;
- encaminhar o trabalhador à Previdência Social para estabelecimento de nexo causal, avaliação de incapacidade e definição da conduta previdenciária em relação ao trabalho;
- orientar o empregado quanto à necessidade de adoção de medidas de controle no ambiente de trabalho.

Importante frisar, também, que o Programa de Controle Médico de Saúde Ocupacional deverá obedecer a um planejamento em que estejam previstas as ações de saúde a serem executadas durante o ano, devendo estas ser objeto de relatório anual. Malgrado a norma regulamentadora em comento não explicite nenhum detalhamento acerca da estrutura do PCMSO, é conveniente que o mesmo contenha, no mínimo, as seguintes informações básicas e genéricas:

- razão social e qualificação completa da empresa: endereço, CNPJ, telefone, fax, e-mail, caixa postal e CEP;
- atividade principal da empresa, de acordo com o Quadro I (Classificação Nacional de Atividades Econômicas), da NR-04 (SESMT), correlacionado o Código CNAE com o Grau de Risco da atividade principal da empresa;
- quantificação dos empregados, por função, sexo, idade, turnos e horário de trabalho;
- identificação dos agentes nocivos à saúde (físicos, químicos, biológicos, ergonômicos e Psicolaborais) ou à integridade física do trabalhador (periculosos, mecânicos), tanto de forma setorial como por função existente na empresa;
- especificação dos exames clínicos e complementares, legais e especiais, a serem realizados por função ou grupo de trabalhadores, com indicação da periodicidade de sua realização;

- recomendação de ações preventivas específicas a serem desenvolvidas em função dos riscos nocivos detectados nos diversos ambientes e funções de trabalho;
- indicação de ações preventivas genéricas (doenças sexualmente transmissíveis, alcoolismo, câncer), além de campanhas de vacinação, de primeiros socorros e de profilaxia em geral.

Acerca do Relatório Anual do PCMSO, dispõe a norma regulamentadora em apreço que nele deverão constar discriminados, setorialmente, o número e a natureza dos exames médicos, incluindo avaliações clínicas e exames complementares, estatísticas de resultados considerados anormais, assim como o planejamento para o próximo ano, tomando como base o modelo proposto no Quadro III da NR-07 (PCMSO). Outrossim, vale lembrar que o citado relatório anual do PCMSO deverá ser apresentado e discutido na Comissão Interna de Prevenção de Acidentes (CIPA), quando existente na empresa, de acordo com a NR-05 (CIPA), sendo sua cópia anexada ao livro de atas da comissão prevencionista. Dito relatório anual poderá ser armazenado na forma de arquivo informatizado, desde que este seja mantido de modo a proporcionar o imediato acesso por parte do Auditor Fiscal do Trabalho do Ministério do Trabalho e Emprego (MTE).

Como última disposição normativa, consta explicitado que todo estabelecimento deverá estar equipado com material necessário à prestação de primeiros socorros, considerando-se as características da atividade desenvolvida; esse material deverá ser guardado em local adequado e aos cuidados de pessoa treinada para esse fim.

Doravante, será apresentado o MÓDULO COMPLEMENTAR deste Capítulo, contendo Modelos ou Formulários, objetivando a praticidade de alguns dos tópicos expostos ou, quem sabe, auxiliar o profissional de segurança e saúde no trabalho iniciante em sua rotina diária. Em seguida, foram reproduzidos os FUNDAMENTOS JURÍDICOS (dispositivos legais, infralegais ou regulamentares e jurisprudenciais) que propiciam o suporte de validade jurídica à temática em apreço, observando-se as ordens hierárquica e cronológica. Ao final, encontra-se igualmente transcrita, de forma integral e atualizada, a correspondente norma regulamentadora de segurança e saúde no trabalho que intitula este Capítulo. Recomenda-se a leitura das Convenções da Organização Internacional do Trabalho (OIT) ns. 136, 139, 148, 155, 161 e 170, no capítulo específico deste livro.

MÓDULO COMPLEMENTAR DO CAPÍTULO 7

MODELO (SUGESTIVO) DE ATESTADO DE SAÚDE OCUPACIONAL (ASO):

Empresa: ____________________

Endereço: ____________________

MODALIDADE DE EXAME:

( ) Admissional ( ) Periódico ( ) De Mudança de Função

( ) De Retorno ao Trabalho ( ) Demissional ( ) Pós-Demissional

DADOS GENÉRICOS DO TRABALHADOR EXAMINADO:

Nome: ____________________

Idade: ____ Sexo: ____ CTPS n.: ____ Função: ____ Setor de Trabalho: ____

RISCOS PROFISSIONAIS ESPECÍFICOS da Função ou Setor de Trabalho:

Agentes Físicos: ____________________

Agentes Químicos: ____________________

Agentes Biológicos: ____________________

Agentes Ergonômicos: ____________________

Agentes Psicolaborais: ____________________

EXAMES COMPLEMENTARES ou Procedimentos Médicos Adotados:

Data de Realização: ________ Tipo: ________ Resultado: ________

OBSERVAÇÕES:

____

____

PARECER MÉDICO CONCLUSIVO:

ATESTO, para fins do disposto no item 7.4.4 da NR-07 (PCMSO), da Portaria SSST-MTb n. 24 de 29.12.1994, disciplinadora do art. 168 da Consolidação das Leis do Trabalho (CLT), que o trabalhador acima identificado foi por mim examinado e submetido aos procedimentos e exames complementares mencionados; pelo que, **CONCLUO** que o mesmo atualmente encontra-se:

( ) INAPTO para o exercício da função indicada.

( ) APTO sem restrições, para o exercício da função indicada.

( ) APTO com restrições, devendo ser observado o seguinte: ____________

Local e Data: ________________________________

Assinatura:

Carimbo e CRM do Médico Examinador   Endereço ou Telefone:

Recebi a Segunda Via do presente Atestado de Saúde Ocupacional (ASO).

Local e Data: ________________________________

Assinatura: ________________________________

Trabalhador Examinado.

MODELO (SUGESTIVO) DE PROGRAMA DE CONTROLE MÉDICO DE SAÚDE OCUPACIONAL (PCMSO)(1)

DOCUMENTO-BASE — Ano de ________

IDENTIFICAÇÃO

Empresa: ....

Estabelecimento: .... Rua/Av.: ....

Bairro: .... Fone: .... Fax: ....

E-mail: .... CEP: .... Cidade: ....

CNPJ: .... CNAE: .... Grau de Risco: ....

Elaborado em: .... Médico-Coordenador: .... CRM n.: ....

QUANTIFICAÇÃO DE EMPREGADOS

Homens: > 45 anos = ...; < 45 e > 18 anos = ...; < 18 anos = ...

Mulheres: > 45 anos = ...; < 45 e > 18 anos = ...; < 18 anos = ...

HORÁRIOS DE TRABALHO

Turno ou Setor	Entrada	Repouso e Alimentação	Saída
I		às	
II		às	
III		às	
IV		às	
Administrativo		às	

PLANEJAMENTO ANUAL DO PCMSO

OBJETIVO

Promover e preservar a saúde do conjunto dos trabalhadores da empresa, conforme estabelece o item 7.1.1 da NR-07: PCMSO, da Portaria SSST-MTb n. 24 de 29.12.1994.

DIRETRIZES BÁSICAS

O presente PCMSO possui quatro diretrizes básicas, segundo o item 7.2 da NR-07:

I — Integrar o conjunto mais amplo de iniciativas da empresa no campo da saúde dos trabalhadores e tem um caráter de prevenção, rastreamento e diagnóstico precoce dos agravos à saúde relacionados ao trabalho;

II — Registrar os dados obtidos na avaliação da saúde dos trabalhadores em prontuário clínico individual sob responsabilidade do médico-coordenador do PCMSO ou do médico encarregado do exame;

III — Executar as ações de saúde durante o ano tendo por objeto o relatório anual que discriminará, por setores da empresa, o número e a natureza dos exames médicos, incluindo avaliações clínicas e exames complementares, estatísticas de resultados considerados anormais, assim como o planejamento para o próximo ano;

(1) Este Modelos básico do PCMSO é meramente sugestivo e foi livremente adaptado do que publicado no site: <http://www.saudeetrabalho.com.br>.

IV — Apresentar e discutir o relatório anual do PCMSO na Comissão Interna de Prevenção de Acidentes (CIPA), quando existente na empresa, e mantê-lo arquivado à disposição da fiscalização do trabalho.

METAS

Cinco são as metas do presente PCMSO:

I — Estabelecer diretrizes para rotinas de exames clínicos ocupacionais e de protocolos de exames complementares adequados aos dados obtidos das avaliações dos locais de trabalho, de forma individualizada, com vistas ao rastreamento diagnóstico dos trabalhadores expostos a eventuais riscos ambientais existentes;

II — Identificar os eventuais agravos à saúde dos trabalhadores decorrentes dos fatores de riscos ambientais e dos fatores humanos que os agravam, inclusive os decorrentes da organização do trabalho;

III — Estabelecer parâmetros objetivos para as avaliações médicas com perfis clínicos e complementares para controles de exposição aos eventuais riscos, especialmente os químicos, físicos, biológicos e ergonômicos;

IV — Estabelecer a periodicidade dos exames clínicos ocupacionais, bem como dos exames complementares a serem efetuados em cada posto de trabalho;

V — Oferecer subsídios e orientações à CIPA nas atividades educativas e preventivas, para participação mais eficaz na prevenção da integridade e saúde do trabalhador.

PRIORIDADES

I — Estabelecer parâmetros mínimos de características físicas desejáveis para o trabalhador destinado a cada função, no exame médico ocupacional admissional com base no real conhecimento das condições físicas dos ambientes de trabalho e seus eventuais fatores agressivos;

II — Estabelecer o cronograma de execução dos exames médicos periódicos, com calendário mensal de agendamento;

IIII — Estabelecer atividades educativas e de controle de saúde em caráter periódico em campanhas sobre segurança e saúde no trabalho, higiene pessoal e coletiva, alimentação, obesidade, hipertensão arterial, doenças cardiovasculares, prevenção de câncer (ginecológico e proctológico), moléstias infectocontagiosas, conservação da acuidade visual e auditiva, entre outras;

IV — Estabelecer campanhas de imunizações de interesse ocupacional para prevenção das moléstias infectocontagiosas;

V — Promover o registro de absenteísmo, tabagismo, alcoolismo, obesidade, afastamentos, doenças profissionais e acidentes do trabalho.

METODOLOGIA DA AÇÃO

Reconhecimento dos riscos ambientais a partir de inspeção física dos locais de trabalho;

Coleta e consolidação de dados sobre: eventuais acidentes de trabalho e das doenças ocupacionais registradas no período; afastamentos por motivo de saúde; e absenteísmo por setor de trabalho;

Estabelecimento de critérios de interpretação dos resultados dos exames ocupacionais;

Estabelecimento de taxas e coeficientes para análise dos agravos à saúde dos trabalhadores;

Estabelecimento de condutas médicas e administrativas a serem adotadas, quando houver identificação e reconhecimento da existência de agravos à saúde dos trabalhadores.

CRONOGRAMA

Tendo em vista a racionalização das atividades a serem desenvolvidas, serão efetivadas as seguintes etapas:

MARÇO: Inspeção dos ambientes físicos de cada setor, com análise das tarefas em cada posto de trabalho, bem como da organização do trabalho em busca do reconhecimento e registro dos riscos ambientais existentes;

ABRIL: Elaboração e divulgação do Planejamento de Ações do PCMSO para o ano administrativo, com calendário de datas e prazos de efetivação;

MAIO: Elaboração e divulgação do Relatório Anual do PCMSO, também com envio para apreciação da CIPA, que registrará a análise em Ata de Reunião Ordinária, emitindo eventuais pedidos de esclarecimento ou providências, quando julgar necessárias.

PARÂMETROS PARA CONTROLE BIOLÓGICO DA EXPOSIÇÃO AOS RISCOS PRESENTES NOS LOCAIS DE TRABALHO

I — RUÍDO CONTÍNUO

Não ultrapassados os Limites de Tolerância estabelecidos no Anexo n. 1 NR-15 (Atividades e Operações Insalubres), em nenhum dos postos de trabalho analisados. Ou,

Ultrapassados os Limites de Tolerância estabelecidos no Anexo n. 1 da NR-15 (Atividades e Operações Insalubres), nos seguintes postos de trabalho analisados:

1 — .... **2** — ....

Nos Exames Ocupacionais: Serão realizados Exames de Audiometria por ocasião da admissão, seis meses após a demissão, anualmente nos exames periódicos e por ocasião da demissão, em conformidade com o Anexo I do Quadro II da NR-07: PCMSO.

II — RUÍDO DE IMPACTO

Não ultrapassados os Limites de Tolerância estabelecidos no item 3, do Anexo n. 2 da NR-15 (Atividades e Operações Insalubres); qual seja, 120 dB(C) em nenhum dos postos de trabalho analisados. Ou,

Ultrapassados os Limites de Tolerância estabelecidos no item 3, do Anexo n. 2, da NR-15 (Atividades e Operações Insalubres); qual seja, 120 dB(C) ou 130 dB (linear) nos seguintes postos de trabalho analisados:

1 — .... **2** — ....

Nos Exames Ocupacionais: Serão realizados Exames de Audiometria por ocasião da admissão, seis meses após a demissão, anualmente nos exames periódicos, e por ocasião da demissão, em conformidade com o Anexo I do Quadro II (Diretrizes e Parâmetros Mínimos para Avaliação e Acompanhamento da Audição em Trabalhadores Expostos a Níveis de Pressão Sonora Elevados) da NR-07: PCMSO.

III — CALOR

Não ultrapassados os Limites de Tolerância estabelecidos nos Quadros n. 1 e n. 2 do Anexo n. 3 da NR-15 (Atividades e Operações Insalubres), em nenhum dos postos de trabalho analisados. Ou,

Ultrapassados os Limites de Tolerância estabelecidos nos Quadros n. 1 e n. 2 do Anexo n. 3 da NR-15 (Atividades e Operações Insalubres), nos seguintes postos de trabalho analisados:

1 — .... 2 — ....

Nos Exames Ocupacionais: Serão realizadas Verificações Periódicas trimestrais de controle ponderal e de pressão arterial. Nos exames admissionais e periódicos anuais dever-se-á dar atenção especial aos sinais de arritmias cardíacas, isquemias coronarianas, insuficiência cardíaca e valvulopatias no exame cardiovascular, de sinais de disritmias cerebrais e sinais de comprometimento dos pares nervosos cranianos e periféricos no exame neurológico, de edema e desequilíbrio hidreletrolítico no exame da função renal e da presença de dermatoses no exame dermatológico.

IV — RADIAÇÕES IONIZANTES

Não encontradas exposições a radiações ionizantes (quer por operações com fontes de Raios X ou de outras fontes radiativas) enquadráveis dentre aquelas previstas nas Portarias e Resoluções do Conselho Nacional de Energia Nuclear (CNEN) e no Anexo n. 5 da NR-15 (Atividades e Operações Insalubres), em nenhum dos postos de trabalho analisados. Ou,

Encontradas exposições a radiações ionizantes (quer por operações com fontes de Raios X ou de outras fontes radiativas) enquadráveis dentre aquelas previstas nas Portarias e Resoluções do Conselho Nacional de Energia Nuclear (CNEN) e no Anexo n. 5 da NR-15 (Atividades e Operações Insalubres), nos seguintes postos de trabalho analisados:

1 — .... **2 —** ....

Nos Exames Ocupacionais: Serão realizados Exames de Hemograma Completo com contagem de plaquetas por ocasião da admissão, semestralmente e por ocasião da demissão, em conformidade com o Quadro II, da NR-07, além de controle clínico de acuidade visual e atenção especial a neoplasias e radiodermites.

V — TRABALHO SOB CONDIÇÕES HIPERBÁRICAS

Não encontradas, em nenhum dos postos de trabalho analisados, condições de operações com exposição dos trabalhadores a pressões acima da atmosférica, ou trabalhos submersos, nos moldes definidos no Anexo n. 6 da NR-15: Atividades e Operações Insalubres. Ou,

Encontradas exposições dos trabalhadores a pressões acima da atmosférica, ou trabalhos submersos, nos moldes definidos no Anexo n. 6 da NR-15 (Atividades e Operações Insalubres), nos seguintes postos de trabalho analisados:

1 — .... **2 —** ....

VI — RADIAÇÕES NÃO IONIZANTES

Não encontradas, em nenhum dos postos de trabalho analisados, condições de operações com exposição dos trabalhadores a radiações não ionizantes (microondas, ultravioleta e laser), nos moldes definidos no Anexo n. 7, da NR-15 (Atividades e Operações Insalubres). Ou,

Encontradas condições de operações com exposição dos trabalhadores a radiações não ionizantes (micro-ondas, ultravioleta e laser), nos moldes definidos no Anexo n. 7, da NR-15 (Atividades e Operações Insalubres), nos seguintes postos de trabalho analisados:

1 — .... **2 —** ....

Nos Exames Ocupacionais: Serão realizados por ocasião dos exames ADMISSIONAIS e dos PERIÓDICOS ANUAIS, controle clínico de acuidade visual e atenção especial a neoplasias e dermatoses.

VII — VIBRAÇÕES

Não encontradas, em nenhum dos postos de trabalho analisados, condições de operações com exposição dos trabalhadores a vibrações, nos moldes definidos no Anexo I (Vibrações) da NR-09 (PPRA) e no Anexo n. 8 da NR-15 (Atividades e Operações Insalubres).

Encontradas condições de operações com exposição dos trabalhadores a vibrações excessivas, nos moldes definidos no Anexo I (Vibrações) da NR-09 (PPRA) e no Anexo n. 8 da NR-15 (Atividades e Operações Insalubres), nos seguintes postos de trabalho analisados:

1 — .... **2 —** ....

Nos Exames Ocupacionais: Serão realizados por ocasião dos Exames ADMISSIONAIS controle clínico neurológico e exames laboratoriais de eletroforese de hemoglobina e Prova de falcização e nos exames PERIÓDICOS ANUAIS, controle neurológico e de aparelho osteoarticular.

VIII — FRIO

Não encontradas, em nenhum dos postos de trabalho analisados, condições de operações com exposição dos trabalhadores ao frio, nos moldes definidos no Anexo n. 9 NR-15 (Atividades e Operações Insalubres). Ou,

Encontradas condições de operações com exposição dos trabalhadores ao frio, nos moldes definidos no Anexo n. 9 da NR-15 (Atividades e Operações Insalubres), nos seguintes postos de trabalho analisados:

1 — .... **2 —** ....

Nos Exames Ocupacionais: Serão realizadas Verificações Periódicas trimestrais de controle ponderal e de pressão arterial. Nos exames admissional e periódicos anuais dever-se-á dar atenção especial aos sinais de arritmias cardíacas, isquemias coronarianas, insuficiência cardíaca e valvopatias no exame cardiovascular, de sinais de disritmias cerebrais e sinais de comprometimento dos pares nervosos cranianos e periféricos no exame neurológico, de edema e desequilíbrio hidreletrolítico no exame da função renal e da presença de doenças vasculares periféricas no exame vascular.

IX — UMIDADE

Não encontradas, em nenhum dos Postos de Trabalho analisados, condições de operações com exposição dos trabalhadores à umidade, nos moldes definidos no Anexo n. 10 da NR-15 (Atividades e Operações Insalubres). Ou

Encontradas condições de operações com exposição dos trabalhadores à umidade, nos moldes definidos no Anexo n. 10, da NR-15 (Atividades e Operações Insalubres), nos seguintes postos de trabalho analisados:

1 — .... 2 — ....

Nos Exames Ocupacionais: Serão realizados nos EXAMES ADMISSIONAIS controle clínico pulmonar e dermatológico, além da Telerradiografia do Tórax, e nos EXAMES PERIÓDICOS ANUAIS, controle do aparelho respiratório e cutâneo.

X — AGENTES QUÍMICOS

Não ultrapassados os Limites de Tolerância estabelecidos no Quadro n. 1, do Anexo n. 11 da NR-15 NR-15 (Atividades e Operações Insalubres), em nenhum dos postos de trabalho analisados assim como não foram encontradas condições de operações com exposição dos trabalhadores a agentes químicos, nos moldes definidos no Anexo n. 13 NR-15 (Atividades e Operações Insalubres). Ou,

Ultrapassados os Limites de Tolerância estabelecidos no Quadro n. 1, do Anexo n. 11, da NR-15 (Atividades e Operações Insalubres), nos seguintes postos de trabalho analisados, respectivamente para os agentes .... e/ou foram encontradas condições de operações com exposição dos trabalhadores a agentes químicos, nos moldes definidos no Anexo n. 13, nos seguintes postos de trabalho analisados:

1 — .... 2 — ....

Nos Exames Ocupacionais: Serão realizados Exames Toxicológicos ADMISSIONAIS E PERIÓDICOS, nos moldes previstos no Quadro I — Parâmetros para Controle Biológico da Exposição Ocupacional a Alguns Agentes Químicos, além de controle clínico neurológico, nefrológico, hepatológico e respiratório.

XI — POEIRAS MINERAIS

Não ultrapassados os Limites de Tolerância estabelecidos no Anexo n. 12 (Asbestos, Manganês e Sílica Livre) NR-15 (Atividades e Operações Insalubres), em nenhum dos postos de trabalho analisados. Ou,

Ultrapassados os Limites de Tolerância estabelecidos no Anexo n. 12 (Asbestos, Manganês e Sílica Livre) da NR-15 (Atividades e Operações Insalubres), nos seguintes postos de trabalho analisados:

1 — .... 2 — ....

Nos Exames Ocupacionais: Serão realizadas a Telerradiografia de Tórax e Espirometria AD-MISSIONAIS E PERIÓDICOS, anual e bianual, respectivamente, conforme previsto no Quadro II — Parâmetros para Monitorização da Exposição Ocupacional a Alguns Riscos à Saúde, além de controle clínico de pneumopatias inflamatórias.

XII — AGENTES BIOLÓGICOS

Não encontradas, em nenhum dos postos de trabalho analisados, condições de operações com exposição dos trabalhadores a agentes biológicos, nos moldes definidos no Anexo n. 14, NR-15 (Atividades e Operações Insalubres). Ou,

Encontradas condições de operações com exposição dos trabalhadores a agentes biológicos, nos moldes definidos no Anexo n. 14, da NR-15 (Atividades e Operações Insalubres), nos seguintes postos de trabalho analisados:

1 — .... 2 — ....

Nos Exames Ocupacionais: Serão realizados Exames Laboratoriais ADMISSIONAIS e PERIÓDICOS ANUAIS de hemograma completo, além de controle clínico neurológico, nefrológico, hepatológico e respiratório.

XIII — AGENTES ERGONÔMICOS

Não encontradas, em nenhum dos postos de trabalho analisados, condições de operações com exposição dos trabalhadores a riscos ergonômicos, nos moldes definidos na NR-17 (Ergonomia). Ou,

Encontradas condições de operações com exposição dos trabalhadores a riscos ergonômicos, nos moldes definidos na NR-17 (Ergonomia), nos seguintes postos de trabalho analisados:

1 — .... 2 — ....

Nos Exames Ocupacionais: Serão realizados Exames Clínicos Osteomioarticulares ADMISSIONAIS e PERIÓDICOS SEMESTRAIS, com vista a diagnósticos precoces das Lesões por Esforços Repetitivos/ Doenças Osteoarticulares Relacionadas ao Trabalho (LER/DORT).

PLANO ANUAL DE ATIVIDADES PREVENTIVAS

Imunizações: Encaminhamento de cada um dos trabalhadores ao Posto de Saúde da rede básica de saúde para atualizações de vacinas, conforme o programa oficial de vacinações, com acompanhamento e registro no Prontuário Médico Individual do trabalhador.

Doenças Não Ocupacionais: Encaminhamento de cada um dos trabalhadores que evidenciarem necessidade de tratamento e acompanhamento médico, geral ou especializado, à rede de saúde pública ou conveniada (quando existente), com acompanhamento e registro no Prontuário Médico Individual do trabalhador.

RESPONSÁVEL TÉCNICO

Nome/Assinatura: ....

CRM n.: ....

Local:Data:..

FUNDAMENTOS JURÍDICOS DO CAPÍTULO 7

NR-07: PCMSO — PROGRAMA DE CONTROLE MÉDICO DE SAÚDE OCUPACIONAL *(redação dada pela Portaria SSST-MTb n. 24 de 29.12.1994, atualizada até a edição da Portaria MTE n. 1.892 de 9.12.2013). Art. 7º, incisos XXII, XXIII, XVIII e XXXIII, da CF-1988. Arts. 168, 169, 200, VI, 373-A, IV, 390, 392, § 4º, e 405 da CLT. Art. 60, § 4º, da Lei n. 8.213 de 24.7.1991. Arts. 1º e 2º da Lei n. 9.029 de 13.4.1995. Arts. 302 e 342* *do Código Penal Brasileiro; Convenções OIT ns. 115, 120, 136, 139, 148, 152, 155, 159, 161, 162, 164, 170, 172 e 176. Súmulas TST ns. 15, 46, 122, 143, 282 e 370. Resoluções CFM n. 1.488 de 11.2.1998, e n. 1940 de 14.1.2010; item 19, Anexo n. 12, da NR-15 (Atividades e Operações Insalubres); Nota Técnica Explicativa da NR-07 (PCMSO) SSST-MTb (DOU de 4.10.1996); item 5.16 — Mapa de Riscos Ambientais (MRA), da NR-05 (CIPA); item 9.1.1 da NR-09 (PPRA); item 18.3 — Programa de Condições e Meio Ambiente de Trabalho na Indústria da Construção (PCMAT), da NR-18 (Condições e Meio Ambiente de Trabalho na Indústria da Construção); item 22.3.7 Programa de Gerenciamento de Riscos (PGR), da NR-22 (Segurança e Saúde Ocupacional na Mineração); item 29.6.6 — Plano de Controle de Emergência (PCE) e Plano de Ajuda Mútua (PAM), ambos da NR-29 (Segurança e Saúde no Trabalho Portuário); itens 30. 4 — Grupo de Segurança e Saúde no Trabalho a Bordo das Embarcações (GSSTB) e 30.5 — PCMSO do Trabalho Aquaviário, ambos da NR-30 (Segurança e Saúde no Trabalho Aquaviário); item 31.5 — Gestão de Segurança, Saúde e Meio Ambiente de Trabalho Rural, da NR-31 (Segurança e Saúde no Trabalho na Agricultura, Pecuária, Silvicultura, Exploração Florestal e Aquicultura); itens 32.2.3.4 (PPRA) e 32.3.5 (PCMSO), ambos da NR-32 (Segurança e Saúde no Trabalho em Serviços de Saúde); item 33.3 — Gestão de Segurança, Saúde nos Trabalhos em Espaços Confinados, da NR-33 (Segurança e Saúde nos Trabalhos em Espaços Confinados); e, item 36.12 — Programas de Prevenção dos Riscos Ambientais e de Controle Médico de Saúde Ocupacional, da NR-36 (Segurança e Saúde no Trabalho em Empresas de Abate e Processamento de Carnes e Derivados).*

CONSTITUIÇÃO DA REPÚBLICA FEDERATIVA DO BRASIL
(Atualizada até a edição da Emenda Constitucional n. 85 de 26.2.2015)

Título II: Dos Direitos e Garantias Fundamentais (Arts. 5º a 17)

Capítulo II: Dos Direitos Sociais (Arts. 6º a 11)

Art. 7º São direitos dos trabalhadores urbanos e rurais[(2)], além de outros que visem à melhoria de sua condição social:

XXII — redução dos riscos inerentes ao trabalho, por meio de normas de saúde, higiene e segurança;

XXIII — adicional de remuneração para as atividades penosas, insalubres ou perigosas, na forma da lei;

XXVIII — seguro contra acidentes de trabalho, a cargo do empregador, sem excluir a indenização a que este está obrigado, quando incorrer em dolo ou culpa;

XXXIII — proibição de trabalho noturno, perigoso ou insalubre a menores de dezoito e de qualquer trabalho a menores de dezesseis anos, salvo na condição de aprendiz, a partir de quatorze anos.

NORMAS JURÍDICAS INFRACONSTITUCIONAIS

CONSOLIDAÇÃO DAS LEIS DO TRABALHO
(Decreto-lei n. 5.452 de 1º.5.1943, com a redação dos arts. 154 a 201 CLT dada pela Lei n. 6.514 de 22.12.1997, atualizada até a edição da Lei n. 13.103 de 2.3.2015)

Título II: **Das Normas Gerais de Tutela do Trabalho** (Arts. 13 a 223 da CLT)

Capítulo V: **Da Segurança e da Medicina do Trabalho** (Arts. 154 a 201 da CLT)[(3)]

Seção V: **Das Medidas Preventivas de Medicina do Trabalho** (Arts. 168 e 169 da CLT)[(4)]

Art. 168. Será obrigatório exame médico, por conta do empregador, nas condições estabelecidas neste artigo e nas instruções complementares a serem expedidas pelo Ministério do Trabalho:

I — na admissão;

II — na demissão;

III — periodicamente.

§ 1º O Ministério do Trabalho e Emprego baixará instruções relativas aos casos em que serão exigíveis exames:

a) por ocasião da demissão;

b) complementares.

§ 2º Outros exames complementares poderão ser exigidos, a critério médico, para apuração da capacidade ou aptidão física e mental do empregado para a função que deva exercer.

§ 3º O Ministério do Trabalho e Emprego estabelecerá, de acordo com o risco da atividade e o tempo de exposição, a periodicidade dos exames médicos.

§ 4º O empregador manterá, no estabelecimento, o material necessário à prestação de primeiros socorros médicos, de acordo com o risco da atividade.

---

(2) Especificamente em relação aos Servidores Públicos Federais (submetidos ao Regime Jurídico Único da Lei n. 8.112/1990) dispõe o § 3º do art. 39 da CF-1988 que: *"Aplica-se aos servidores ocupantes de cargo público o disposto no Art. 7º, IV, VII, VIII, IX, XII, XIII, XV, XVI, XVII, XVIII, XIX, XX, XXII e XXX, podendo a lei estabelecer requisitos diferenciados de admissão quando a natureza do cargo o exigir"*.

(3) A Lei n. 6.514 de 22.12.1977 propiciou a redação dos arts. 154 a 201 da CLT, observadas as atualizações legais até a edição da Lei n. 13.103 de 2.3.2015.

(4) A NR-07 (PCMSO), na forma adiante reproduzida, disciplina os arts. 168 e 169 da CLT.

§ 5º O resultado dos exames médicos, inclusive o exame complementar, será comunicado ao trabalhador, observados os preceitos da ética médica.

§ 6º Serão exigidos exames toxicológicos, previamente à admissão e por ocasião do desligamento, quando se tratar de motorista profissional, assegurados o direito à contraprova em caso de resultado positivo e a confidencialidade dos resultados dos respectivos exames. *(incluído pela Lei n. Lei n. 13.103 de 2.3.2015.)*

§ 7º Para os fins do disposto no § 6º, será obrigatório exame toxicológico com janela de detecção mínima de 90 (noventa) dias, específico para substâncias psicoativas que causem dependência ou, comprovadamente, comprometam a capacidade de direção, podendo ser utilizado para essa finalidade o exame toxicológico previsto na Lei n. 9.503 de 23.9.1997 (Código de Trânsito Brasileiro), desde que realizado nos últimos 60 (sessenta) dias. *(incluído pela Lei n. Lei n. 13.103 de 2.3.2015)*

Art. 169. Será obrigatória a notificação das doenças profissionais e das produzidas em virtude de condições especiais de trabalho, comprovadas ou objeto de suspeita, de conformidade com as instruções expedidas pelo Ministério do Trabalho.

Art. 200. Cabe ao Ministério do Trabalho estabelecer disposições complementares às normas de que trata este Capítulo, tendo em vista as peculiaridades de cada atividade ou setor de trabalho, especialmente sobre: (...) **VI** — proteção do trabalhador exposto a substâncias químicas nocivas, radiações ionizantes e não ionizantes, ruídos, vibrações e trepidações ou pressões anormais ao ambiente de trabalho, com especificação das medidas cabíveis para eliminação ou atenuação desses efeitos, limites máximos quanto ao tempo de exposição, à intensidade da ação ou de seus efeitos sobre o organismo do trabalhador, exames médicos obrigatórios, limites de idade, controle permanente dos locais de trabalho e das demais exigências que se façam necessárias; (...).

Título III: **Das Normas Especiais de Tutela do Trabalho** (Arts. 224 a 441)

Capítulo III: **Da Proteção do Trabalho da Mulher** (Arts. 372 a 401-B)

Art. 373-A. Ressalvadas as disposições legais destinadas a corrigir as distorções que afetam o acesso da mulher ao mercado de trabalho e certas especificidades estabelecidas nos acordos trabalhistas, é vedado:

I — publicar ou fazer publicar anúncio de emprego no qual haja referência ao sexo, à idade, à cor ou situação familiar, salvo quando a natureza da atividade a ser exercida, pública e notoriamente, assim o exigir;

II — recusar emprego, promoção ou motivar a dispensa do trabalho em razão de sexo, idade, cor, situação familiar ou estado de gravidez, salvo quando a natureza da atividade seja notória e publicamente incompatível;

III — considerar o sexo, a idade, a cor ou situação familiar como variável determinante para fins de remuneração, formação profissional e oportunidades de ascensão profissional;

IV — exigir atestado ou exame, de qualquer natureza, para comprovação de esterilidade ou gravidez, na admissão ou permanência no emprego;

V — impedir o acesso ou adotar critérios subjetivos para o deferimento de inscrição ou aprovação em concursos, em empresas privadas, em razão de sexo, idade, cor, situação familiar ou estado de gravidez;

VI — proceder o empregador ou preposto a revistas íntimas nas empregadas ou funcionárias.

Parágrafo único. O disposto neste artigo não obsta a adoção de medidas temporárias que visem ao estabelecimento das políticas de igualdade entre homens e mulheres, em particular as que se destinam a corrigir as distorções que afetam a formação profissional, o acesso ao emprego e as condições gerais de trabalho da mulher.

Art. 390. Ao empregador é vedado empregar a mulher em serviço que demande o emprego de força muscular superior a 20 (vinte) quilos, para o trabalho contínuo, ou 25 (vinte e cinco) quilos, para o trabalho ocasional.

Parágrafo único. Não está compreendida na determinação deste artigo a remoção de material feita por impulsão ou tração de vagonetes sobre trilhos, de carros de mão ou quaisquer aparelhos mecânicos.

Art. 391. Não constitui justo motivo para a rescisão do contrato de trabalho da mulher o fato de haver contraído matrimônio ou de encontrar-se em estado de gravidez.

Parágrafo único. Não serão permitidos, em regulamentos de qualquer natureza, contratos coletivos ou individuais de trabalho, restrições ao direito da mulher ao seu emprego, por motivo de casamento ou de gravidez.

Art. 391-A. A confirmação do estado de gravidez advindo no curso do contrato de trabalho, ainda que durante o prazo do aviso prévio trabalhado ou indenizado, garante à empregada gestante a estabilidade provisória prevista na alínea "b" do inciso II do art. 10 do Ato das Disposições Constitucionais Transitórias. (*Incluído pela Lei n. 12.812/2013*).

Art. 392. É proibido o trabalho da mulher grávida no período de 4 (quatro) semanas antes e 8 (oito) semanas depois do parto.

§ 1º Para os fins previstos neste artigo, o início do afastamento da empregada de seu trabalho será determinado por atestado médico nos termos do art. 375, o qual deverá ser visado pela empresa.

§ 2º Em casos excepcionais, os períodos de repouso antes e depois do parto poderão ser aumentados de mais 2 (duas) semanas cada um, mediante atestado médico, na forma do § 1º.

§ 3º Em caso de parto antecipado, a mulher terá direito às 12 (doze) semanas previstas neste artigo.

§ 4º É garantido à empregada, durante a gravidez, sem prejuízo do salário e demais direitos:

I — transferência de função, quando as condições de saúde o exigirem, assegurada a retomada da função anteriormente exercida, logo após o retorno ao trabalho;

II — dispensa do horário de trabalho pelo tempo necessário para a realização de, no mínimo, seis consultas médicas e demais exames complementares.

§ 5º (VETADO).

Art. 392-A. À empregada que adotar ou obtiver guarda judicial para fins de adoção de criança será concedida licença-maternidade nos termos do art. 392, observado o disposto no seu § 5º.

§§ 1º a 3º *Revogados pela Lei n. 12.010/2009.*

§ 4º A licença-maternidade só será concedida mediante apresentação do termo judicial de guarda à adotante ou guardiã.

Art. 393. Durante o período a que se refere o art. 392, a mulher terá direito ao salário integral e, quando variável, calculado de acordo com a média dos 6 (seis) últimos meses de trabalho, bem como os direitos e vantagens adquiridos, sendo-lhe ainda facultado reverter à função que anteriormente ocupava.

Art. 394. Mediante atestado médico, à mulher grávida é facultado romper o compromisso resultante de qualquer contrato de trabalho, desde que este seja prejudicial à gestação.

Art. 395. Em caso de aborto não criminoso, comprovado por atestado médico oficial, a mulher terá um repouso remunerado de 2 (duas) semanas, ficando-lhe assegurado o direito de retornar à função que ocupava antes de seu afastamento.

Art. 396. Para amamentar o próprio filho, até que este complete 6 (seis) meses de idade, a mulher terá direito, durante a jornada de trabalho, a dois descansos especiais, de meia hora cada um.

Parágrafo único. Quando o exigir a saúde do filho, o período de 6 (seis) meses poderá ser dilatado, a critério da autoridade competente.

Art. 397. O SESI, o SESC, a LBA e outras entidades públicas destinadas à assistência à infância manterão ou subvencionarão, de acordo com suas possibilidades financeiras, escolas maternais e jardins de infância, distribuídos nas zonas de maior densidade de trabalhadores, destinados especialmente aos filhos das mulheres empregadas.

Capítulo IV: **Da Proteção do Trabalho do Menor** (Arts. 402 a 441)

Seção I: **Disposições Gerais** (Arts. 402 a 410)

Art. 404. Ao menor de 18 anos é vedado o trabalho noturno, considerado este o que for executado no período compreendido entre as 22 (vinte e duas) e as 5 (cinco) horas.

Art. 405. Ao menor não será permitido o trabalho:

I — nos locais e serviços perigosos ou insalubres, constantes de quadro para esse fim aprovado pela Secretaria de Segurança e Medicina do Trabalho (atual SIT-MTE);

II — em locais ou serviços prejudiciais à sua moralidade.

§ 1º Excetuam-se da proibição do item I os menores aprendizes maiores de 16 (dezesseis) anos, estagiários de cursos de aprendizagem, na forma da lei, desde que os locais de trabalho tenham sido previamente vistoriados e aprovados pela autoridade competente em matéria de Segurança e Medicina do Trabalho, com homologação pela Secretaria de Segurança e Medicina do Trabalho — SSMT (atual SIT-MTE), devendo os menores ser submetidos a exame médico semestralmente.

§ 2º O trabalho exercido nas ruas, praças e outros logradouros dependerá de prévia autorização do Juiz de Menores, ao qual cabe verificar se a ocupação é indispensável à sua própria subsistência ou à de seus pais, avós ou irmãos e se dessa ocupação não poderá advir prejuízo à sua formação moral.

§ 3º Considera-se prejudicial à moralidade do menor o trabalho:

a) prestado de qualquer modo, em teatros de revista, cinemas, boates, cassinos, cabarés, dancings e estabelecimentos análogos;

b) em empresas circenses, em funções de acróbata, saltimbanco, ginasta e outras semelhantes;

c) de produção, composição, entrega ou venda de escritos, impressos, cartazes, desenhos, gravuras, pinturas, emblemas, imagens e quaisquer outros objetos que possam, a juízo da autoridade competente, prejudicar sua formação moral;

d) consistente na venda, a varejo, de bebidas alcoólicas.

§ 4º Nas localidades em que existirem, oficialmente reconhecidas, instituições destinadas ao amparo dos menores jornaleiros, só aos que se encontrem sob o patrocínio dessas entidades será outorgada a autorização do trabalho a que alude o § 2º.

§ 5º Aplica-se ao menor o disposto no art. 390 e seu parágrafo único.

Lei n. 8.213 de 24.7.1991
(Atualizada até a edição da Lei n. 13.146 de 6.7.2015)

Art. 60. O auxílio-doença será devido ao segurado que ficar incapacitado para seu trabalho ou sua atividade habitual, desde que cumprido, quando for o caso, o período de carência exigido nesta Lei:

I — ao segurado empregado, a partir do décimo sexto dia do afastamento da atividade ou a partir da data de entrada do requerimento, se entre o afastamento e a data de entrada do requerimento decorrerem mais de quarenta e cinco dias;

II — aos demais segurados, a partir do início da incapacidade ou da data de entrada do requerimento, se entre essas datas decorrerem mais de trinta dias.

§ 1º Quando requerido por segurado afastado da atividade por mais de 30 (trinta) dias, o auxílio-doença será devido a contar da data da entrada do requerimento.

§ 2º Revogado pela Lei n. 9.032, de 1995.

§ 3º Durante os primeiros quinze dias consecutivos ao do afastamento da atividade por motivo de doença ou de acidente de trabalho ou de qualquer natureza, caberá à empresa pagar ao segurado empregado o seu salário integral.

§ 4º A empresa que dispuser de serviço médico, próprio ou em convênio, terá a seu cargo o exame médico e o abono das faltas correspondentes ao período referido no § 3º e somente deverá encaminhar o segurado à perícia médica da Previdência Social quando a incapacidade ultrapassar quinze dias.

§ 5º. Nos casos de impossibilidade de realização de perícia médica pelo órgão ou setor próprio competente, assim como de efetiva incapacidade física ou técnica de implementação das atividades e de atendimento adequado à clientela da previdência social, o INSS poderá, sem ônus para os segurados, celebrar, nos termos do regulamento, convênios, termos de execução descentralizada, termos de fomento ou de colaboração, contratos não onerosos ou acordos de cooperação técnica para realização de perícia médica, por delegação ou simples cooperação técnica, sob sua coordenação e supervisão, com: *(Incluído pela Lei n. 13.135 de 17.6.2015).*

I — órgãos e entidades públicos ou que integrem o Sistema Único de Saúde (SUS);

II — (VETADO);

III — (VETADO).

§ 6º O segurado que durante o gozo do auxílio-doença vier a exercer atividade que lhe garanta subsistência poderá ter o benefício cancelado a partir do retorno à atividade. *(Incluído pela Lei n. 13.135 de 17.6.2015).*

§ 7º Na hipótese do § 6º, caso o segurado, durante o gozo do auxílio-doença, venha a exercer atividade diversa daquela que gerou o benefício, deverá ser verificada a incapacidade para cada uma das atividades exercidas. *(Incluído pela Lei n. 13.135 de 17.6.2015).*

Lei n. 9.029 de 13.4.1995 *(Proíbe a Discriminação no Emprego. Exames Médicos da Gestante), atualizada pela Lei n. 13.146 de 6.7.2015.*

Art. 1º É proibida a adoção de qualquer prática discriminatória e limitativa para efeito de acesso à relação de trabalho, ou de sua manutenção, por motivo de sexo, origem, raça, cor, estado civil, situação familiar, deficiência, reabilitação profissional, idade, entre outros, ressalvadas, nesse caso, as hipóteses de proteção à criança e ao adolescente previstas no inciso XXXIII do art. 7º da Constituição Federal.

Art. 2º Constituem crime as seguintes práticas discriminatórias:

I — a exigência de teste, exame, perícia, laudo, atestado, declaração ou qualquer outro procedimento relativo à esterilização ou a estado de gravidez;

II — a adoção de quaisquer medidas, de iniciativa do empregador, que configurem:

a) indução ou instigamento à esterilização genética;

b) promoção do controle de natalidade, assim não considerado o oferecimento de serviços e de aconselhamento ou planejamento familiar, realizados através de instituições públicas ou privadas, submetidas às normas do Sistema Único de Saúde (SUS).

Pena: Detenção de um a dois anos e multa.

Parágrafo único. São sujeitos ativos dos crimes a que se refere este artigo:

I — a pessoa física empregadora;

II — o representante legal do empregador, como definido na legislação trabalhista;

III — o dirigente, direto ou por delegação, de órgãos públicos e entidades das administrações públicas direta, indireta e fundacional de qualquer dos Poderes da União, dos Estados, do Distrito Federal e dos Municípios.

Art. 3º Sem prejuízo do prescrito no art. 2º desta Lei e nos dispositivos legais que tipificam os crimes resultantes de preconceito de etnia, raça, cor ou deficiência, as infrações ao disposto nesta Lei são passíveis das seguintes cominações:

I — multa administrativa de dez vezes o valor do maior salário pago pelo empregador, elevado em cinquenta por cento em caso de reincidência;

II — proibição de obter empréstimo ou financiamento junto a instituições financeiras oficiais.

Art. 4º O rompimento da relação de trabalho por ato discriminatório, nos moldes desta Lei, faculta ao empregado optar entre:

I — a reintegração com ressarcimento integral de todo o período de afastamento, mediante pagamento das remunerações devidas, corrigidas monetariamente e acrescidas de juros legais;

II — a percepção, em dobro, da remuneração do período de afastamento, corrigida monetariamente e acrescida dos juros legais.

Decreto-lei n. 2.848 de 7.12.1941 *(Código Penal Brasileiro)*

Art. 302. Dar o médico, no exercício de sua profissão, atestado médico falso: **Pena:** Detenção de 1 (um) mês a 1 (um) ano. **Parágrafo único.** Se o crime é cometido com o fim de lucro, aplica-se também a multa.

Art. 342. Fazer afirmação falsa, ou negar ou calar a verdade, como testemunha, perito, tradutor ou intérprete em processo judicial, policial ou administrativo, ou em Juízo arbitral: **Pena:** Reclusão, de 1 (um) a 3 (três) anos, e multa.

§ 1º Se o crime é cometido com o fim de obter prova destinada a produzir efeito em processo penal.

§ 2º As penas aumentam-se de um terço, se o crime é praticado mediante suborno.

§ 3º O fato deixa de ser punível, se, antes da sentença, o agente se retrata ou declara a verdade.

SÚMULAS DE JURISPRUDÊNCIA DO TRIBUNAL SUPERIOR DO TRABALHO

Súmula TST n. 015. ATESTADO MÉDICO. A justificação da ausência do empregado motivada por doença, para a percepção do salário-enfermidade e da remuneração do repouso semanal, deve observar a ordem preferencial dos atestados médicos estabelecida em lei.

Súmula TST n. 046. ACIDENTE DE TRABALHO. As faltas ou ausências decorrentes de acidente do trabalho não são consideradas para os efeitos de duração de férias e cálculo da gratificação natalina.

Súmula TST n. 122. REVELIA. ATESTADO MÉDICO. A reclamada, ausente à audiência em que deveria apresentar defesa, é revel, ainda que presente seu advogado munido de procuração, podendo ser ilidida a revelia mediante a apresentação de atestado médico, que deverá declarar, expressamente, a impossibilidade de locomoção do empregador ou do seu preposto no dia da audiência.

Súmula TST n. 143. SALÁRIO PROFISSIONAL. O salário profissional dos médicos e dentistas guarda proporcionalidade com as horas efetivamente trabalhadas, respeitado o mínimo de 50 (cinquenta) horas mensais.

Súmula TST n. 282. ABONO DE FALTAS. SERVIÇO MÉDICO DA EMPRESA. Ao serviço médico da empresa ou ao mantido por esta última mediante convênio compete abonar os primeiros 15 (quinze) dias de ausência ao trabalho.

Súmula TST n. 370. MÉDICO E ENGENHEIRO. JORNADA DE TRABALHO. Leis ns. 3.999/61 e 4.950/66. Tendo em vista que as Leis ns. 3.999/61 e 4.950/66 não estipulam a jornada reduzida, mas apenas estabelecem o salário mínimo da categoria para uma jornada de 4 horas para os médicos e de 6 horas para os engenheiros, não há que se falar em horas extras, salvo as excedentes à oitava, desde que seja respeitado o salário mínimo/horário das categorias.

Orientação Jurisprudencial da Seção de Dissídios Individuais do TST

OJ-SDI-(Subseção I)-TST n. 154. ATESTADO MÉDICO. INAMPS. EXIGÊNCIA PREVISTA EM INSTRUMENTO NORMATIVO. A doença profissional deve ser atestada por médico do INAMPS (atual INSS), quando tal exigência está prevista em cláusula de convenção coletiva ou de decisão normativa. Neste caso, a ausência do atestado importa o não reconhecimento do direito à estabilidade.

NORMAS JURÍDICAS INFRALEGAIS OU REGULAMENTARES

NR-07 (PROGRAMA DE CONTROLE MÉDICO DE SAÚDE OCUPACIONAL -PCMSO)[5]

Publicação	D.O.U.
Portaria GM n. 3.214, de 8 de junho de 1978	6.7.78
Alterações/Atualizações	**D.O.U.**
Portaria SSMT n. 12, de 6 de junho de 1983	14.6.83
Portaria MTPS n. 3.720, de 31 de outubro de 1990	1º.11.90
Portaria SSST n. 24, de 29 de dezembro de 1994	30.12.90
Portaria SSST n. 08, de 08 de maio de 1996	Rep. 9.5.96
Portaria SSST n. 19, de 09 de abril de 1998	22.4.98
Portaria SIT n. 223, de 06 de maio de 2011	10.5.11
Portaria SIT n. 236, de 10 de junho de 2011	13.6.11
Portaria MTE n. 1.892, de 09 de dezembro de 2013	11.12.13

(Texto dado pela Portaria SSST n. 24, de 29 de dezembro de 1994)

7.1. DO OBJETO

7.1.1. Esta Norma Regulamentadora — NR estabelece a obrigatoriedade de elaboração e implementação, por parte de todos os empregadores e instituições que admitam trabalhadores como empregados, do Programa de Controle Médico de Saúde Ocupacional — PCMSO, com o objetivo de promoção e preservação da saúde do conjunto dos seus trabalhadores.

7.1.2. Esta NR estabelece os parâmetros mínimos e diretrizes gerais a serem observados na execução do PCMSO, podendo os mesmos ser ampliados mediante negociação coletiva de trabalho.

7.1.3. Caberá à empresa contratante de mão-de-obra prestadora de serviços informar a empresa contratada dos riscos existentes e auxiliar na elaboração e implementação do PCMSO nos locais de trabalho onde os serviços estão sendo prestados. *(Alterado pela Portaria n. 8, de 5 de maio de 1996)*

7.2. DAS DIRETRIZES

7.2.1. O PCMSO é parte integrante do conjunto mais amplo de iniciativas da empresa no campo da saúde dos trabalhadores, devendo estar articulado com o disposto nas demais NR.

7.2.2. O PCMSO deverá considerar as questões incidentes sobre o indivíduo e a coletividade de trabalhadores, privilegiando o instrumental clínico-epidemiológico na abordagem da relação entre sua saúde e o trabalho.

7.2.3. O PCMSO deverá ter caráter de prevenção, rastreamento e diagnóstico precoce dos agravos à saúde relacionados ao trabalho, inclusive de natureza subclínica, além da constatação da existência de casos de doenças profissionais ou danos irreversíveis à saúde dos trabalhadores.

7.2.4. O PCMSO deverá ser planejado e implantado com base nos riscos à saúde dos trabalhadores, especialmente os identificados nas avaliações previstas nas demais NR.

---

(5) O Texto da NR-07 (PCMSO), ora reproduzido, encontra-se atualizado até a edição da Portaria MTE n. 1.892 de 9.12.2013.

7.3. DAS RESPONSABILIDADES

7.3.1. Compete ao empregador:

a) garantir a elaboração e efetiva implementação do PCMSO, bem como zelar pela sua eficácia;

b) custear sem ônus para o empregado todos os procedimentos relacionados ao PCMSO;

(Alterada pela Portaria n. 8, de 5 de maio de 1996)

c) indicar, dentre os médicos dos Serviços Especializados em Engenharia de Segurança e Medicina do Trabalho – SESMT, da empresa, um coordenador responsável pela execução do PCMSO;

d) no caso de a empresa estar desobrigada de manter médico do trabalho, de acordo com a NR 4, deverá o empregador indicar médico do trabalho, empregado ou não da empresa, para coordenar o PCMSO;

e) inexistindo médico do trabalho na localidade, o empregador poderá contratar médico de outra especialidade para coordenar o PCMSO.

7.3.1.1. Ficam desobrigadas de indicar médico coordenador as empresas de grau de risco 1 e 2, segundo o Quadro 1 da NR 4, com até 25 (vinte e cinto) empregados e aquelas de grau de risco 3 e 4, segundo o Quadro 1 da NR 4, com até 10 (dez) empregados. *(Alterado pela Portaria n. 8, de 5 de maio de 1996)*

7.3.1.1.1. As empresas com mais de 25 (vinte e cinco) empregados e até 50 (cinqüenta) empregados, enquadradas no grau de risco 1 ou 2, segundo o Quadro 1 da NR 4, poderão estar desobrigadas de indicar médico coordenador em decorrência de negociação coletiva. *(Alterado pela Portaria n. 8, de 5 de maio de 1996)*

7.3.1.1.2. As empresas com mais de 10 (dez) empregados e com até 20 (vinte) empregados, enquadradas no grau de risco 3 ou 4, segundo o Quadro 1 da NR 4, poderão estar desobrigadas de indicar médico do trabalho coordenador em decorrência de negociação coletiva, assistida por profissional do órgão regional competente em segurança e saúde no trabalho. *(Alterado pela Portaria n. 8, de 5 de maio de 1996)*

7.3.1.1.3. Por determinação do Delegado Regional do Trabalho, com base no parecer técnico conclusivo da autoridade regional competente em matéria de segurança e saúde do trabalhador, ou em decorrência de negociação coletiva, as empresas previstas no item 7.3.1.1 e subitens anteriores poderão ter a obrigatoriedade de indicação de médico coordenador, quando suas condições representarem potencial de risco grave aos trabalhadores. *(Alterado pela Portaria n. 8, de 05 de maio de 1996)*

7.3.2. Compete ao médico coordenador:

a) realizar os exames médicos previstos no item 7.4.1 ou encarregar os mesmos a profissional médico familiarizado com os princípios da patologia ocupacional e suas causas, bem como com o ambiente, as condições de trabalho e os riscos a que está ou será exposto cada trabalhador da empresa a ser examinado;

b) encarregar dos exames complementares previstos nos itens, quadros e anexos desta NR profissionais e/ou entidades devidamente capacitados, equipados e qualificados.

7.4. DO DESENVOLVIMENTO DO PCMSO

7.4.1. O PCMSO deve incluir, entre outros, a realização obrigatória dos exames médicos:

a) admissional;

b) periódico;

c) de retorno ao trabalho;

d) de mudança de função;

e) demissional.

7.4.2. Os exames de que trata o item 7.4.1 compreendem:

a) avaliação clínica, abrangendo anamnese ocupacional e exame físico e mental;

b) exames complementares, realizados de acordo com os termos específicos nesta NR e seus anexos.

7.4.2.1. Para os trabalhadores cujas atividades envolvem os riscos discriminados nos Quadros I e II desta NR, os exames médicos complementares deverão ser executados e interpretados com base nos critérios constantes dos referidos quadros e seus anexos. A periodicidade de avaliação dos indicadores biológicos do Quadro I deverá ser, no mínimo, semestral, podendo ser reduzida a critério do médico coordenador, ou por notificação do médico agente da inspeção do trabalho, ou mediante negociação coletiva de trabalho.

7.4.2.2. Para os trabalhadores expostos a agentes químicos não-constantes dos Quadros I e II, outros indicadores biológicos poderão ser monitorizados, dependendo de estudo prévio dos aspectos de validade toxicológica, analítica e de interpretação desses indicadores.

7.4.2.3. Outros exames complementares usados normalmente em patologia clínica para avaliar o funcionamento de órgãos e sistemas orgânicos podem ser realizados, a critério do médico coordenador ou encarregado, ou por notificação do médico agente da inspeção do trabalho, ou ainda decorrente de negociação coletiva de trabalho.

7.4.3. A avaliação clínica referida no item 7.4.2, alínea "a", com parte integrante dos exames médicos constantes no item

7.4.1. deverá obedecer aos prazos e à periodicidade conforme previstos nos subitens abaixo relacionados:

7.4.3.1. no exame médico admissional, deverá ser realizada antes que o trabalhador assuma suas atividades;

7.4.3.2. no exame médico periódico, de acordo com os intervalos mínimos de tempo abaixo discriminados:

a) para trabalhadores expostos a riscos ou a situações de trabalho que impliquem o desencadeamento ou agravamento de doença ocupacional, ou, ainda, para aqueles que sejam portadores de doenças crônicas, os exames deverão ser repetidos:

a.1) a cada ano ou a intervalos menores, a critério do médico encarregado, ou se notificado pelo médico agente da inspeção do trabalho, ou, ainda, como resultado de negociação coletiva de trabalho;

a.2) de acordo com à periodicidade especificada no Anexo n. 6 da NR 15, para os trabalhadores expostos a condições hiperbáricas;

b) para os demais trabalhadores:

b.1) anual, quando menores de 18 (dezoito) anos e maiores de 45 (quarenta e cinco) anos de idade;

b.2) a cada dois anos, para os trabalhadores entre 18 (dezoito) anos e 45 (quarenta e cinco) anos de idade.

7.4.3.3. No exame médico de retorno ao trabalho, deverá ser realizada obrigatoriamente no primeiro dia da volta ao trabalho de trabalhador ausente por período igual ou superior a 30 (trinta) dias por motivo de doença ou acidente, de natureza ocupacional ou não, ou parto.

7.4.3.4. No exame médico de mudança de função, será obrigatoriamente realizada antes da data da mudança.

7.4.3.4.1. Para fins desta NR, entende-se por mudança de função toda e qualquer alteração de atividade, posto de trabalho ou de setor que implique a exposição do trabalhador a risco diferente daquele a que estava exposto antes da mudança.

7.4.3.5. No exame médico demissional, será obrigatoriamente realizada até a data da homologação, desde que o último exame médico ocupacional tenha sido realizado há mais de:

(Alterado pela Portaria n. 8, de 5 de maio de 1996)

— 135 (centro e trinta e cinco) dias para as empresas de grau de risco 1 e 2, segundo o Quadro I da NR-4;

— 90 (noventa) dias para as empresas de grau de risco 3 e 4, segundo o Quadro I da NR-4.

7.4.3.5.1. As empresas enquadradas no grau de risco 1 ou 2, segundo o Quadro I da NR-4, poderão ampliar o prazo de dispensa da realização do exame demissional em até mais 135 (cento e trinta e cinco) dias, em decorrência de negociação coletiva, assistida por profissional indicado de comum acordo entre as partes ou por profissional do órgão regional competente em segurança e saúde no trabalho. *(Alterado pela Portaria n. 8, de 5 de maio de 1996)*

7.4.3.5.2. As empresas enquadradas no grau de risco 3 ou 4, segundo o Quadro I da NR 4, poderão ampliar o prazo de dispensa da realização do exame demissional em até mais 90 (noventa) dias, em decorrência de negociação coletiva assistida por profissional indicado de comum acordo entre as partes ou por profissional do órgão regional competente em segurança e saúde no trabalho. *(Alterado pela Portaria n. 8, de 5 de maio de 1996)*

7.4.3.5.3. Por determinação do Delegado Regional do Trabalho, com base em parecer técnico conclusivo da autoridade regional competente em matéria de segurança e saúde do trabalhador, ou em decorrência de negociação coletiva, as empresas poderão ser obrigadas a realizar o exame médico demissional independentemente da época de realização de qualquer outro exame, quando suas condições representarem potencial de risco grave aos trabalhadores. *(Alterado pela Portaria n. 8, de 5 de maio de 1996)*

7.4.4. Para cada exame médico realizado, previsto no item 7.4.1, o médico emitirá o Atestado de Saúde Ocupacional — ASO, em 2 (duas) vias.

7.4.4.1. A primeira via do ASO ficará arquivada no local de trabalho do trabalhador, inclusive frente de trabalho ou canteiro de obras, à disposição da fiscalização do trabalho.

7.4.4.2. A segunda via do ASO será obrigatoriamente entregue ao trabalhador, mediante recibo na primeira via.

7.4.4.3. O ASO deverá conter no mínimo: *(Alterado pela Portaria n. 8, de 5 de maio de 1996)*

a) nome completo do trabalhador, o número de registro de sua identidade e sua função;

b) os riscos ocupacionais específicos existentes, ou a ausência deles, na atividade do empregado, conforme instruções técnicas expedidas pela Secretaria de Segurança e Saúde no Trabalho-SSST;

c) indicação dos procedimentos médicos a que foi submetido o trabalhador, incluindo os exames complementares e a data em que foram realizados;

d) o nome do médico coordenador, quando houver, com respectivo CRM;

e) definição de apto ou inapto para a função específica que o trabalhador vai exercer, exerce ou exerceu;

f) nome do médico encarregado do exame e endereço ou forma de contato;

g) data e assinatura do médico encarregado do exame e carimbo contendo seu número de inscrição no Conselho Regional de Medicina.

7.4.5. Os dados obtidos nos exames médicos, incluindo avaliação clínica e exames complementares, as conclusões e as medidas aplicadas deverão ser registrados em prontuário clínico individual, que ficará sob a responsabilidade do médico-coordenador do PCMSO.

7.4.5.1. Os registros a que se refere o item 7.4.5 deverão ser mantidos por período mínimo de 20 (vinte) anos após o desligamento do trabalhador.

7.4.5.2. Havendo substituição do médico a que se refere o item 7.4.5, os arquivos deverão ser transferidos para seu sucessor.

7.4.6. O PCMSO deverá obedecer a um planejamento em que estejam previstas as ações de saúde a serem executadas durante o ano, devendo estas ser objeto de relatório anual.

7.4.6.1. O relatório anual deverá discriminar, por setores da empresa, o número e a natureza dos exames médicos, incluindo avaliações clínicas e exames complementares, estatísticas de resultados considerados anormais, assim como o planejamento para o próximo ano, tomando como base o modelo proposto no Quadro III desta NR.

7.4.6.2. O relatório anual deverá ser apresentado e discutido na CIPA, quando existente na empresa, de acordo com a NR-05, sendo sua cópia anexada ao livro de atas daquela comissão.

7.4.6.3. O relatório anual do PCMSO poderá ser armazenado na forma de arquivo informatizado, desde que este seja mantido de modo a proporcionar o imediato acesso por parte do agente da inspeção do trabalho.

7.4.6.4. As empresas desobrigadas de indicarem médico coordenador ficam dispensadas de elaborar o relatório anual. *(Alterado pela Portaria n. 8, de 05 de maio de 1996)*

7.4.7. Sendo verificada, através da avaliação clínica do trabalhador e/ou dos exames constantes do Quadro I da presente NR, apenas exposição excessiva (EE ou SC+) ao risco, mesmo sem qualquer sintomatologia ou sinal clínico, deverá o trabalhador ser afastado do local de trabalho, ou do risco, até que esteja normalizado o indicador biológico de exposição e as medidas de controle nos ambientes de trabalho tenham sido adotadas.

7.4.8. Sendo constatada a ocorrência ou agravamento de doenças profissionais, através de exames médicos que incluam os definidos nesta NR; ou sendo verificadas alterações que revelem qualquer tipo de disfunção de órgão ou sistema biológico, através dos exames constantes dos Quadros I (apenas aqueles com interpretação SC) e II, e do item 7.4.2.3 da presente NR, mesmo sem sintomatologia, caberá ao médico-coordenador ou encarregado:

a) solicitar à empresa a emissão da Comunicação de Acidente do Trabalho — CAT;

b) indicar, quando necessário, o afastamento do trabalhador da exposição ao risco, ou do trabalho;

c) encaminhar o trabalhador à Previdência Social para estabelecimento de nexo causal, avaliação de incapacidade e definição da conduta previdenciária em relação ao trabalho;

d) orientar o empregador quanto à necessidade de adoção de medidas de controle no ambiente de trabalho.

7.5. DOS PRIMEIROS SOCORROS.

7.5.1. Todo estabelecimento deverá estar equipado com material necessário à prestação dos primeiros socorros, considerando-se as características da atividade desenvolvida; manter esse material guardado em local adequado e aos cuidados de pessoa treinada para esse fim.

(Aprovado pela Portaria SSST n. 24, de 29 de dezembro de 1994)

QUADRO I

PARÂMETROS PARA CONTROLE BIOLÓGICO DA EXPOSIÇÃO OCUPACIONAL A ALGUNS AGENTES QUÍMICOS

Agentes Químicos	Indicador Biológico: Material Biológico	Indicador Biológico: Análise	VR	IBMP	Método Analítico	Amostragem	Interpretação	Vigência
Anilina	Urina	p-aminofenol e/ou	Até 2%	50mg/g creat.	CG	FJ	EE	
	Sangue	Meta-hemoglobina		5%	E	FJ 0-1	SC+	
Arsênico	Urina	Arsênico	Até 10 µg/g creat.	50µg/g creat.	E ou EAA	FS+ T-6	EE	
Cádmio	Urina	Cádmio	Até 2 µg/g creat.	5µg/g creat.	EAA	NC T-6	SC	
Chumbo Inorgânico	Sangue	Chumbo e	Até 40 µg/100 ml	60µg/100 ml	EAA	NC T-1	SC	
	Urina	Ác. delta amino levulínico ou	Até 4,5 mg/g creat.	10mg/g creat.	E	NC T-1	SC	
	Sangue	Zincoprotoporfirina	Até 40 µg/100 ml	100µg/100 ml	HF	NC T-1	SC	
Chumbo Tetraetila	Urina	Chumbo	Até 50 µg/g creat.	100µg/g creat.	EAA	FJ 0-1	EE	
Cromo Hexavalente	Urina	Cromo	Até 5 µg/g creat.	30µg/ creat.	EAA	FS	EE	
Diclorometano	Sangue	Carboxi-hemoglobina	Até 1% NF	3,5% NF	E	FJ 0-1	SC+	
Dimetilformamida	Urina	N-Metilformamida		40mg/g creat.	CG ou CLAD	FJ	EE	P-18
Dissulfeto de Carbono	Urina	Ácido 2-Tio-Tiazolidina		5mg/g creat.	CG ou CLAD	FJ	EE	P-24
Ésteres Organofosforados e Carbonatos	Sangue	Acetilcolinesterase Eritrocitária ou	Determinar a atividade pré-ocupacional	30% de depressão da atividade inicial		NC	SC	
		Colinesterase Plasmática ou		50% de depressão da atividade inicial		NC	SC	
		Colinesterase Eritrocitária e plasmática (sangue total)		25% de depressão da atividade inicial		NC	SC	
Estireno	Urina	Ácido mandélico e/ou		0,8g/g creat.	CG ou CLAD	FJ	EE	
		Ácido fenil-glioxílico		240mg/g creat.	CG ou CLAD	FJ	EE	
Etil-Benzeno	Urina	Ácido mandélico		1,5g/g creat.	CG ou CLAD	FS	EE	
Fenol	Urina	Fenol	20 mg/g creat.	250mg/g creat.	CG ou CLAD	FJ 0-1	EE	
Flúor e Fluoretos	Urina	Fluoreto	Até 0,5 mg/g creat.	3mg/g creat. no início da jornada e 10mg/g creat. no final da jornada	IS	PP+	EE	
Mercúrio Inorgânico	Urina	Mercúrio	Até 5 µg/g creat.	35µg/g creat.	EAA	PU T-12	EE	
Metanol	Urina	Metanol	Até 5 mg/l	15mg/l	CG	FJ 0-1	EE	

Agentes Químicos	Indicador Biológico		VR	IBMP	Método Analítico	Amostragem	Interpretação	Vigência
	Material Biológico	Análise						
Metiletilcetona	Urina	Metiletilcetona		2mg/l	CG	FJ	EE	P-12
Monóxido de Carbono	Sangue	Carboxi-hemoglobina	Até 1% NF	3,5% NF	E	FJ 0-1	SC+	
N-Hexano	Urina	2,5 Hexanodiona		5mg/g creat.	CG	FJ	EE	P-18
Nitrobenzeno	Sangue	Meta-hemoglobina	Até 2%	5%	E	FJ 0-1	SC+	
Pentaclorofenol	Urina	Pentaclorofenol		2mg/g creat.	CG ou CLAD	FS+	EE	
Tetracloroetileno	Urina	Ác. Tricloroacético		3,5mg/l	E	FS+	EE	
Tolueno	Urina	Ác. Hipúrico	Até 1,5 g/g creat.	2,5g/g creat.	CG ou CLAD	FJ 0-1	EE	
Tricloroetano	Urina	Triclorocompostos Totais		40mg/g creat.	E	FS	EE	
Tricloroetileno	Urina	Triclorocompostos Totais		300mg/g creat.	E	FS	EE	
Xileno	Urina	Ác. Metil-Hipúrico		1,5g/g creat.	CG ou CLAD	FJ	EE	

ANEXO do QUADRO I

(Aprovado pela Portaria SSST n. 24, de 29 de dezembro de 1994)

ABREVIATURAS

IBMP

Índice Biológico Máximo Permitido: é o valor máximo do indicador biológico para o qual se supõe que a maioria das pessoas ocupacionalmente expostas não corre risco de dano à saúde. A ultrapassagem deste valor significa exposição excessiva;

VR

Valor de Referência da Normalidade: valor possível de ser encontrado em populações não-expostas ocupacionalmente;

NF

Não-Fumantes.

MÉTODO ANALÍTICO RECOMENDADO

E

Espectrofotometria Ultravioleta/Visível;

EAA

Espectrofotometria de Absorção Atômica;

CG

Cromatografia em Fase Gasosa;

CLAD

Cromatografia Líquida de Alto Desempenho;

IS

Eletrodo Ion Seletivo;

HF

Hematofluorômetro.

CONDIÇÕES DE AMOSTRAGEM

FJ

Final do último dia de jornada de trabalho (recomenda-se evitar a primeira jornada da semana);

FS

Final do último dia de jornada da semana;

FS+

Início da última jornada da semana;

PP+,

Pré e pós a 4ª jornada de trabalho da semana;

PU

Primeira urina da manhã;

NC

Momento de amostragem "não crítico": pode ser feita em qualquer dia e horário, desde que o trabalhador esteja em trabalho contínuo nas últimas 4 (quatro) semanas sem afastamento maior que 4 (quatro) dias;

T-1

Recomenda-se iniciar a monitorização após 1 (um) mês de exposição;

T-6

Recomenda-se iniciar a monitorização após 6 (seis) meses de exposição;

T-12

Recomenda-se iniciar a monitorização após 12 (doze) meses de exposição;

0-1

Pode-se fazer a diferença entre pré e pós-jornada.

INTERPRETAÇÃO

EE

O indicador biológico é capaz de indicar uma exposição ambiental acima do limite de tolerância, mas não possui, isoladamente, significado clínico ou toxicológico próprio, ou seja, não indica doença, nem está associado a um efeito ou disfunção de qualquer sistema biológico;

SC

Além de mostrar uma exposição excessiva, o indicador biológico tem também significado clínico ou toxicológico próprio, ou seja, pode indicar doença, estar associado a um efeito ou uma disfunção do sistema biológico avaliado;

SC+

O indicador biológico possui significado clínico ou toxicológico próprio, mas, na prática, devido à sua curta meia-vida biológica, deve ser considerado como EE.

VIGÊNCIA

P-12

A inspeção do trabalho passará a exigir a avaliação deste indicador biológico 12 (doze) meses após a publicação desta norma;

P-18

A inspeção do trabalho passará a exigir a avaliação deste indicador biológico 18 (dezoito) meses após a publicação desta norma;

P-24

A inspeção do trabalho passará a exigir a avaliação deste indicador biológico 24 (vinte e quatro) meses após a publicação desta norma.

RECOMENDAÇÃO

Recomenda-se executar a monitorização biológica no coletivo, ou seja, monitorizando os resultados do grupo de trabalhadores expostos a riscos quantitativamente semelhantes.

QUADRO II

(Alterado pela Portaria SIT n. 223, de 06 de maio de 2011)

PARÂMETROS PARA MONITORIZAÇÃO DA EXPOSIÇÃO OCUPACIONAL A ALGUNS RISCOS À SAÚDE

Risco	Exame Complementar	Periodicidade	Método de Execução	Critério de Interpretação	Observações
Ruído			*Vide* Anexo I — Quadro II		
Aerodispersoides Fibrogênicos	Telerradiografia do Tórax Espirometria	Admissional e Anual Admissional e Bienal	*Vide* Anexo II do Quadro II Técnica preconizada pela *American Thoracic Society*, 1987	Classificação internacional da OIT para radiografias	
Aerodispersoides Não Fibrogênicos	Telerradiografia do Tórax Espirometria	Admissional Trienal, se exposição < 15 anos Bienal, se exposição > 15 anos Admissional e Bienal	*Vide* Anexo II do Quadro II Técnica preconizada pela *American Thoracic Society*, 1987	Classificação internacional da OIT para radiografias	
Condições Hiperbáricas	Radiografias de articulações coxofemorais e escapuloumerais	Admissional e Anual			Ver Anexo B do Anexo n. 6 da NR-15
Radiações Ionizantes	Hemograma completo e Contagem de Plaquetas	Admissional e Semestral			
Hormônios Sexuais Femininos	Apenas em homens; Testosterona total ou plasmática livre LH e FSH	Admissional e Semestral			
Benzeno	Hemograma Completo e Plaquetas	Admissional e Semestral			

ANEXO I do QUADRO II

(Incluído pela Portaria n. 19, de 09 de abril de 1998)

DIRETRIZES E PARÂMETROS MÍNIMOS PARA AVALIAÇÃO E ACOMPANHAMENTO DA AUDIÇÃO EM TRABALHADORES EXPOSTOS A NÍVEIS DE PRESSÃO SONORA ELEVADOS

1. Objetivos

1.1. Estabelecer diretrizes e parâmetros mínimos para a avaliação e o acompanhamento da audição do trabalhador através da realização de exames audiológicos de referência e sequenciais.

1.2. Fornecer subsídios para a adoção de programas que visem a prevenção da perda auditiva induzida por níveis de pressão sonora elevados e a conservação da saúde auditiva dos trabalhadores.

2. Definições e Caracterização

2.1. Entende-se por perda auditiva por níveis de pressão sonora elevados as alterações dos limiares auditivos, do tipo sensorioneural, decorrente da exposição ocupacional sistemática a níveis de pressão sonora elevados. Tem como características principais a irreversibilidade e a progressão gradual com o tempo de exposição ao risco. A sua história natural mostra, inicialmente, o acometimento dos limiares auditivos em uma ou mais frequências da faixa de 3.000 a 6.000 Hz. As frequências mais altas e mais baixas poderão levar mais tempo para serem afetadas. Uma vez cessada a exposição, não haverá progressão da redução auditiva.

2.2. Entende-se por exames audiológicos de referência e sequenciais o conjunto de procedimentos necessários para avaliação da audição do trabalhador ao longo do tempo de exposição ao risco, incluindo:

a. anamnese clínico-ocupacional;

b. exame otológico;

c. exame audiométrico realizado segundo os termos previstos nesta norma técnica.

d. outros exames audiológicos complementares solicitados a critério médico.

3. Princípios e procedimentos básicos para a realização do exame audiométrico

3.1. Devem ser submetidos a exames audiométricos de referência e sequenciais, no mínimo, todos os trabalhadores que exerçam ou exercerão suas atividades em ambientes cujos níveis de pressão sonora ultrapassem os limites de tolerância estabelecidos nos anexos 1 e 2 da NR 15 da Portaria 3.214 do Ministério do Trabalho, independentemente do uso de protetor auditivo.

3.2. O audiômetro será submetido a procedimentos de verificação e controle periódico do seu funcionamento.

3.2.1. Aferição acústica anual.

3.2.2. Calibração acústica, sempre que a aferição acústica indicar alteração, e , obrigatoriamente, a cada 5 anos.

3.2.3. Aferição biológica é recomendada precedendo a realização dos exames audiométricos. Em caso de alteração, submeter o equipamento à aferição acústica.

3.2.4. Os procedimentos constantes dos itens 3.2.1 e 3.2.2 devem seguir o preconizado na norma ISSO 8253-1, e os resultados devem ser incluídos em um certificado de aferição e/ou calibração que acompanhará o equipamento.

3.3. O exame audiométrico será executado por profissional habilitado, ou seja, médico ou fonoaudiólogo, conforme resoluções dos respectivos conselhos federais profissionais.

3.4. Periodicidade dos exames audiométricos.

3.4.1. O exame audiométrico será realizado, no mínimo, no momento da admissão, no 6º (sexto) mês após a mesma, anualmente a partir de então, e na demissão.

3.4.1.1. No momento da demissão, do mesmo modo como previsto para a avaliação clínica no item 7.4.3.5 da NR-7, poderá ser aceito o resultado de um exame audiométrico realizado até:

a) 135 (cento e trinta e cinco) dias retroativos em relação à data do exame médico demissional de trabalhador de empresa classificada em grau de risco 1 ou 2;

b) 90 (noventa) dias retroativos em relação à data do exame médico demissional de trabalhador de empresa classificada em grau de risco 3 ou 4.

3.4.2. O intervalo entre os exames audiométricos poderá se reduzido a critério do médico coordenador do PCMSO, ou por notificação do médico agente de inspeção do trabalho, ou mediante negociação coletiva de trabalho.

3.5. O resultado do exame audiométrico deve ser registrado em uma ficha que contenha, no mínimo:

a) nome, idade e número de registro de identidade do trabalhador;

b) nome da empresa e a função do trabalhador;

c) tempo de repouso auditivo cumprido para a realização do exame audiométrico;

d) nome do fabricante, modelo e data da última aferição acústica do audiômetro;

e) traçado audiométrico e símbolos conforme o modelo constante do Anexo 1;

f) nome, número de registro no conselho regional e assinatura do profissional responsável pelo exame audiométrico.

3.6. Tipos de exames audiométricos.

O trabalhador deverá ser submetido a exame audiométrico de referência e a exame audiométrico sequencial na forma abaixo descrita:

3.6.1. Exame audiométrico de referência, aquele com o qual os sequenciais serão comparados e cujas diretrizes constam dos subitens abaixo, deve ser realizado:

a) quando não se possua um exame audiométrico de referência prévio:

b) quando algum exame audiométrico sequencial apresentar alteração significativa em relação ao de referência, conforme descrito nos itens 4.2.1, 4.2.2 e 4.2.3 desta norma técnica.

3.6.1.1. O exame audiométrico será realizado em cabina audiométrica, cujos níveis de pressão sonora não ultrapassem os níveis máximos permitidos, de acordo com a norma ISO 8253.1.

3.6.1.1.1. Nas empresas em que existir ambiente acusticamente tratado, que atenda à norma ISO 8253.1, a cabina audiométrica poderá ser dispensada.

3.6.1.2. O trabalhador permanecerá em repouso auditivo por um período mínimo de 14 horas até o momento de realização do exame audiométrico.

3.6.1.3. O responsável pela execução do exame audiométrico inspecionará o meato acústico externo de ambas as orelhas e anotará os achados na ficha de registro. Se identificada alguma anormalidade, encaminhará ao médico responsável.

3.6.1.4. Vias, frequências e outros testes complementares.

3.6.1.4.1. O exame audiométrico será realizado, sempre, pela via aérea nas freqüências de 500, 1.000, 2.000. 3.000, 4.000, 6.000 e 8.000 Hz.

3.6.1.4.2. No caso de alteração detectada no teste pela via aérea ou segundo a avaliação do profissional responsável pela execução do exame, o mesmo será feito, também, pela via óssea nas frequências de 500, 1.000, 2.000, 3.000 e 4.000 Hz.

3.6.1.4.3. Segundo a avaliação do profissional responsável, no momento da execução do exame, poderão ser determinados os limiares de reconhecimento de fala (LRF).

3.6.2. Exame audiométrico sequencial, aquele que será comparado com o de referência, aplica-se a todo trabalhador que já possua um exame audiométrico de referência prévio, nos moldes previstos no item 3.6.1. As seguintes diretrizes mínimas devem ser obedecidas:

3.6.2.1. Na impossibilidade da realização do exame audiométrico nas condições previstas no item 3.6.1.1, o responsável pela execução do exame avaliará a viabilidade de sua realização em um ambiente silencioso, através do exame audiométrico em 2 (dois) indivíduos, cujos limiares auditivos, detectados em exames audiométricos de referência atuais, sejam conhecidos. Diferença de limiar auditivo, em qualquer frequência e em qualquer um dos 2 (dois) indivíduos examinados, acima de 5 dB(NA) (nível de audição em decibel) inviabiliza a realização do exame no local escolhido.

3.6.2.2. O responsável pela execução do exame audiométrico inspecionará o meato acústico externo de ambas as orelhas e anotará os achados na ficha de registro.

3.6.2.3. O exame audiométrico será feito pela via aérea nas frequências de 500, 1.000, 2.000, 3.000, 4.000, 6.000 e 8.000 Hz.

4. Interpretação dos resultados do exame audiométrico com finalidade de prevenção

4.1. A interpretação dos resultados do exame audiométrico de referência deve seguir os seguintes parâmetros:

4.1.1. São considerados dentro dos limites aceitáveis, para efeito desta norma técnica de caráter preventivo, os casos cujos audiogramas mostram limiares auditivos menores ou iguais a 25 dB(NA), em todas as frequências examinadas.

4.1.2. São considerados sugestivos de perda auditiva induzida por níveis de pressão sonora elevados os casos cujos audiogramas, nas frequências de 3.000 e/ou 4.000 e/ou 6.000 Hz, apresentam limiares auditivos acima de 25 dB(NA) e mais elevados do que nas outras frequências testadas, estando estas comprometidas ou não, tanto no teste da via aérea quanto da via óssea, em um ou em ambos os lados.

4.1.3. São considerados não sugestivos de perda auditiva induzida por níveis de pressão sonora elevados os casos cujos audiogramas não se enquadram nas descrições contidas nos itens 4.1.1 e 4.1.2 acima.

4.2. A interpretação dos resultados do exame audiométrico sequencial deve seguir os seguintes parâmetros:

4.2.1. São considerados sugestivos de desencadeamento de perda auditiva induzida por níveis de pressão sonora elevados, os casos em que os limiares auditivos em todas as frequências testadas no exame audiométrico de referência e no sequencial permanecem menores ou iguais a 25 dB(NA), mas a comparação do audiograma sequencial com o de referência mostra uma evolução dentro dos moldes definidos no item 2.1 desta norma, e preenche um dos critérios abaixo:

a) a diferença entre as médias aritméticas dos limiares auditivos no grupo de frequências de 3.000, 4.000 e 6.000 Hz iguala ou ultrapassa 10 dB(NA);

b) a piora em pelo menos uma das frequências de 3.000, 4.000 ou 6.000 Hz iguala ou ultrapassa 15 dB(NA).

4.2.2. São considerados, também sugestivos de desencadeamento de perda auditiva induzida por níveis de pressão sonora elevados, os casos em que apenas o exame audiométrico de referência apresenta limiares auditivos em todas as frequências testadas menores ou iguais a 25 dB(NA), e a comparação do audiograma sequencial com o de referência mostra uma evolução dentro dos moldes definidos no item 2.1 desta norma, e preenche um dos critérios abaixo:

a) a diferença entre as médias aritméticas dos limiares auditivos no grupo de frequência de 3.000, 4.000 e 6.000 Hz iguala ou ultrapassa 10 dB(NA);

b) a piora em pelo menos uma das frequências de 3.000, 4.000 ou 6.000 Hz iguala ou ultrapassa 15 dB(NA).

4.2.3. São considerados sugestivos de agravamento da perda auditiva induzida por níveis de pressão sonora elevados, os casos já confirmados em exame audiométrico de referência, conforme item 4.1.2., e nos quais a comparação de exame audiométrico sequencial com o de referência mostra uma evolução dentro dos moldes definidos no item 2.1 desta norma, e preenche um dos critérios abaixo:

a) a diferença entre as médias aritméticas dos limiares auditivos no grupo de frequência de 500, 1.000 e 2.000 Hz, ou no grupo de frequências de 3.000, 4.000 e 6.000 Hz iguala ou ultrapassa 10 dB(NA);

b) a piora em uma frequência isolada iguala ou ultrapassa 15 dB(NA).

4.2.4. Para fins desta norma técnica, o exame audiométrico de referência permanece o mesmo até o momento em que algum dos exames audiométricos sequenciais for preenchido algum dos critérios apresentados em 4.2.1, 4.2.2 ou 4.2.3. Uma vez preenchido por algum destes critérios, deve-se realizar um novo exame audiométrico, dentro dos moldes previstos no item 3.6.1 desta norma técnica, que será, a partir de então, o novo exame audiométrico de referência. Os exames anteriores passam a constituir o histórico evolutivo da audição do trabalhador.

5. Diagnóstico da perda auditiva induzida por níveis de pressão sonora elevados e definição da aptidão para o trabalho

5.1. O diagnóstico conclusivo, o diagnóstico diferencial e a definição da aptidão para o trabalho, na suspeita de perda auditiva induzida por níveis de pressão sonora elevados, estão a cargo do médico coordenador do PCMSO de cada empresa, ou do médico encarregado pelo mesmo para realizar o exame médico, dentro dos moldes previstos na NR-7, ou, na ausência destes, do médico que assiste ao trabalhador.

5.2. A perda auditiva induzida por níveis de pressão sonora elevados, por si só, não é indicativa de inaptidão para o trabalho, devendo-se levar em consideração na análise de cada caso, além do traçado audiométrico ou da evolução sequencial de exames audiométricos, os seguintes fatores:

a) a história clínica e ocupacional do trabalhador;

b) o resultado da otoscopia e de outros testes audiológicos complementares;

c) a idade do trabalhador;

d) o tempo de exposição pregressa e atual a níveis de pressão sonora elevados;

e) os níveis de pressão sonora a que o trabalhador estará, está ou esteve exposto no exercício do trabalho;

f) a demanda auditiva do trabalho ou da função;

g) a exposição não ocupacional a níveis de pressão sonora elevados;

h) a exposição ocupacional a outro(s) agente(s) de risco ao sistema auditivo;

i) a exposição não ocupacional a outro(s) agentes de risco ao sistema auditivo;

j) a capacitação profissional do trabalhador examinado;

k) os programas de conservação auditiva aos quais tem ou terá acesso o trabalhador.

6. Condutas Preventivas

6.1. Em presença de trabalhador cujo exame audiométrico de referência se enquadre no item 4.1.2, ou algum dos exames audiométricos sequenciais se enquadre no item 4.2.1 ou 4.2.2 ou 4.2.3, o médico coordenador do PCMSO, ou o encarregado pelo mesmo do exame médico, deverá:

a) definir a aptidão do trabalhador para a função, com base nos fatores ressaltados no item 5.2 desta norma técnica;

b) incluir o caso no relatório anual do PCMSO;

c) participar da implantação, aprimoramento e controle de programas que visem a prevenção da progressão da perda auditiva do trabalhador acometido e de outros expostos ao risco, levando-se em consideração o disposto no item 9.3.6 da NR-9;

d) disponibilizar cópias dos exames audiométricos aos trabalhadores.

6.2. Em presença de trabalhador cujo exame audiométrico de referência se enquadre no item 4.1.3, ou que algum dos exames audiométricos sequenciais se enquadre nos itens 4.2.1.a., 4.2.1.b, 4.2.2.a, 4.2.2.b, 4.2.3.a ou 4.2.3.b, mas cuja evolução foge dos moldes definidos no item 2.1 desta norma técnica, o médico coordenador do PCMSO, ou o encarregado pelo mesmo do exame médico, deverá:

a) verificar a possibilidade da presença concomitante de mais de um tipo de agressão ao sistema auditivo;

b) orientar e encaminhar o trabalhador para avaliação especializada;

c) definir sobre a aptidão do trabalhador para função;

d) participar da implantação, aprimoramento, e controle de programas que visem a prevenção da progressão da perda auditiva do trabalhador acometido e de outros expostos ao risco, levando-se em consideração o disposto no item 9.3.6 da NR-9.

e) disponibilizar cópias dos exames audiométricos aos trabalhadores.

TRAÇADO AUDIOMÉTRICO
ORELHA DIREITA
Frequência em KHZ
(Incluído pela Portaria n. 19, de 9 de abril de 1998)

NÍVEL DE AUDIÇÃO EM dB	-10	-0,25	-0,5	1	2	3	4	6	8
	0								
	10								
	20								
	30								
	40								
	50								
	60								
	70								
	80								
	90								
	100								
	110								
	120								
D	130								

D

TRAÇADO AUDIOMÉTRICO
ORELHA ESQUERDA
Frequência em KHZ
(Incluído pela Portaria n. 19, de 9 de abril de 1998)

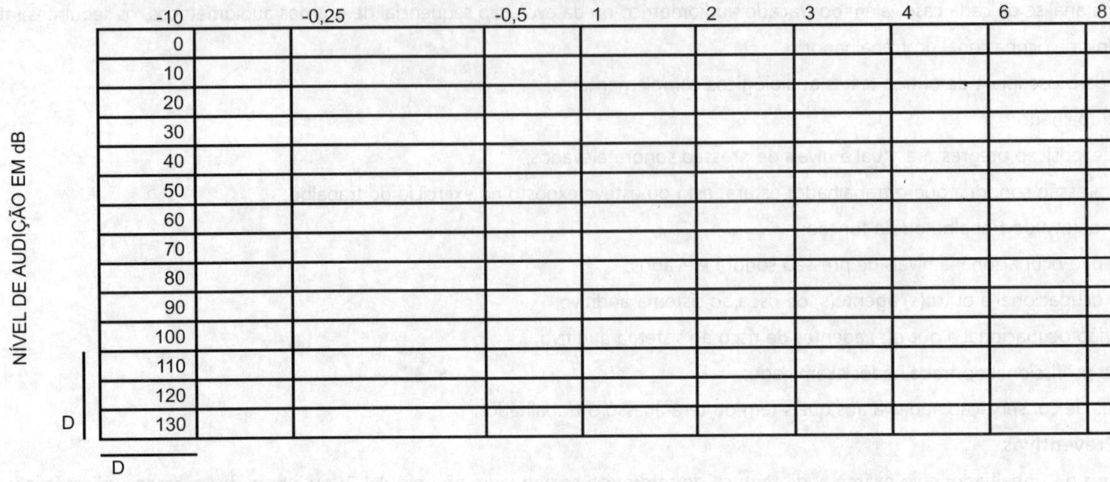

A distância entre cada oitiva de frequência deve corresponder a uma variação de 20 dB no eixo do nível de audição (D).

SÍMBOLOS
(Incluído pela Portaria n. 19, de 9 de abril de 1998)

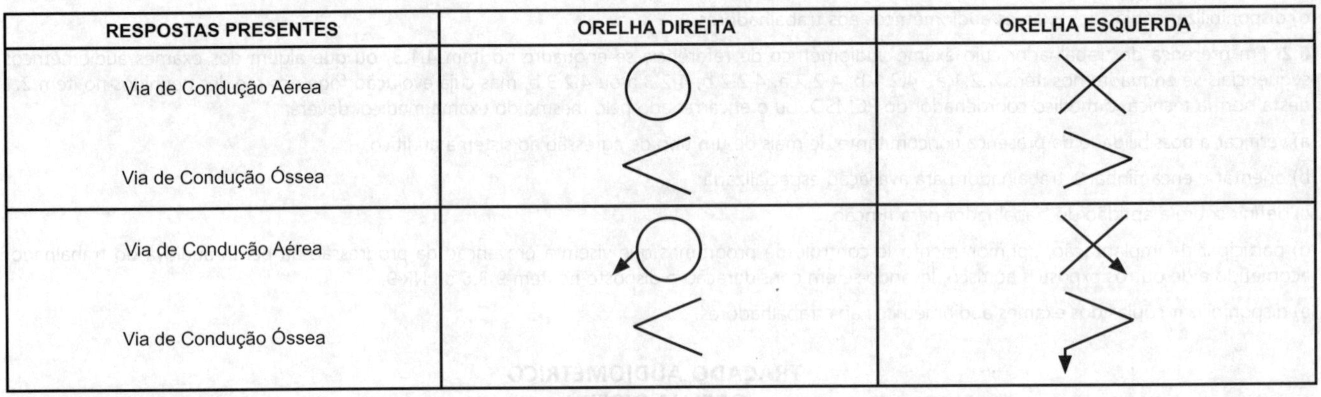

OBSERVAÇÕES

1. Os símbolos referentes à via de condução aérea devem ser ligados através de linhas contínuas para a orelha direita e linhas interrompidas para a orelha esquerda.
2. Os símbolos de condução óssea não devem ser interligados.
3. No caso do uso de cores:

a) a cor vermelha deve ser usada para os símbolos referentes à orelha direita;

b) a cor azul deve ser usada para os símbolos referentes à orelha esquerda.

ANEXO II do QUADRO II

(Incluído pela Portaria SIT n. 223, de 06 de maio de 2011)

DIRETRIZES E CONDIÇÕES MÍNIMAS PARA REALIZAÇÃO E INTERPRETAÇÃO DE RADIOGRAFIAS DE TÓRAX

1. Objetivo

Estabelecer as condições técnicas e parâmetros mínimos para a realização de Radiografias de Tórax para contribuir no diagnóstico de pneumoconioses por meio de exames de qualidade que facilitem a leitura radiológica adequada, de acordo com os critérios da Organização Internacional do Trabalho – OIT.

2. Profissionais envolvidos na realização de radiografias de tórax

2.1. Supervisor Técnico

Profissional detentor de Titulo de Especialista em Radiologia e Diagnóstico por Imagem pelo Colégio Brasileiro de Radiologia/Associação Médica Brasileira.

2.2. Profissionais Envolvidos na Realização do exame radiológico:

a) Um (ou mais) Médico Radiologista com Titulo de Especialista em Radiologia e Diagnóstico por Imagem;

b) Técnicos em Radiologia registrados no Conselho Nacional de Técnicos de Radiologia.

3. Exigências Legais para funcionamento do Serviço de Radiologia

Para o funcionamento do serviço de Radiologia deverão ser observadas as seguintes exigências legais, estabelecidas pela Agência Nacional de Vigilância Sanitária — ANVISA:

a) Alvará da Vigilância Sanitária especifico para a Radiologia;

b) Relatório de Testes de Constância;

c) Medidas Radiométricas do Equipamento e da Sala de Exame;

d) Medidas de Radiações de Fuga;

e) Dosímetros Individuais;

f) Registro no Conselho Regional de Medicina especifico para Radiologia;

g) Registro no Cadastro Nacional de Estabelecimentos de Saúde — CNES.

4. Condições ambientais dos serviços de radiologia

O serviço de radiologia deve possuir sala com, no mínimo, 25 m², com paredes baritadas ou com revestimento de chumbo, com portas blindadas com chumbo, com avisos de funcionamento e luz vermelha para aviso de disparo de Raios-X e demais condições previstas no item 32.4 da Norma Regulamentadora n. 32.

4.1. No caso de utilização de Equipamentos Transportáveis para Radiografias de Tórax deverão ser cumpridas, além do exigido no item 3 deste anexo, as seguintes exigências: *(Incluído pela Portaria MTE n. 1.892, de 9 de dezembro de 2013)*

a) Alvará específico para funcionamento da unidade transportável de Raios X. *(Incluída pela Portaria MTE n. 1.892, de 9 de dezembro de 2013)*

b) Ser realizado por profissional legalmente habilitado e sob a supervisão de responsável técnico nos termos da Portaria SVS/MS n. 453, de 1 de junho de 98. *(Incluída pela Portaria MTE n. 1.892, de 9 de dezembro de 2013)*

c) Laudo Técnico emitido por profissional legalmente habilitado, comprovando que os equipamentos utilizados atendem ao exigido no item 5 deste anexo. *(Incluída pela Portaria MTE n. 1.892, de 9 de dezembro de 2013)*

5. Equipamentos

Os equipamentos utilizados para realização das Radiografias de Tórax devem possuir as seguintes características mínimas:

a) Gerador monofásico de alta frequência de preferência e/ou trifásico de 6 a 12 pulsos, no mínimo de 500 mA;

b) Tubo de Raios X — 30/50;

c) Filtro de Alumínio de 3 a 5 mm;

d) Grade Fixa com distância focal de 1,50 m;

e) Razão da grade 10:1 com mais de100 colunas;

f) Razão da grade 12:1 com 100 colunas.

6. Técnica Radiológica

A técnica radiológica deverá observar os seguintes padrões:

a) Foco fino (0,6 a 1,2 mm) — 100 mA ou 200 mA (Tubo de alta rotação);

b) Tempo 0,01 a 0,02 ou 0,03 segundos;

c) Constante- 40 ou 50 Kv.

7. Processamento dos Filmes (Radiologia Convencional)

O processamento dos filmes deve ser realizado por Processadora Automática com um sistema de depuração de resíduos que atenda às exigências dos órgãos ambientais responsáveis.

8. Identificação dos Filmes (Radiologia Convencional)

Nos filmes deve constar no canto superior direito a data da realização do exame, número de ordem do serviço ou do prontuário do paciente, nome completo do paciente ou as iniciais do nome completo.

9. Leitura Radiológica de acordo com os critérios da Organização Internacional do Trabalho — OIT. *(Alterado pela Portaria MTE n. 1.892, de 9 de dezembro de 2013)*

9.1. A leitura radiológica é descritiva. *(Alterado pela Portaria MTE n. 1.892, de 9 de dezembro de 2013)*

9.1.1. O diagnóstico de pneumoconiose envolve a integração do histórico clínico/ocupacional associado à radiografia do tórax. *(Inserido pela Portaria SIT n. 236, de 10 de junho de 2011)*

9.1.2. Em casos selecionados, a critério clínico, pode ser realizada a Tomografia Computadorizada de Alta Resolução de Tórax. *(Inserido pela Portaria SIT n. 236, de 10 de junho de 2011)*

9.2. Para a interpretação e emissão dos laudos dos exames radiológicos que atendam ao disposto na NR-7 devem ser utilizados, obrigatoriamente, os critérios da OIT na sua revisão mais recente, a coleção de radiografias-padrão e um formulário específico para a emissão do laudo. *(Alterado pela Portaria SIT n. 236, de 10 de junho de 2011)*

9.3. O laudo do exame deve ser assinado por um (ou mais de um, em caso de múltiplas leituras) dos seguintes profissionais: *(Alterado pela Portaria MTE n. 1.892, de 09 de dezembro de 2013)*

a) Médico Radiologista com Titulo de Especialista ou registro de especialidade no Conselho Regional de Medicina e com qualificação e/ou certificação na Classificação Radiológica da OIT;

b) Médicos de outras especialidades, que possuam título ou registro de especialidade no Conselho Regional de Medicina em Pneumologia, Medicina do Trabalho ou Clínica Médica (ou uma das suas subespecialidades) e que possuam qualificação e/ou certificação na Classificação Radiológica da OIT.

9.3.1. A denominação "Qualificado" se refere ao Médico que realizou o treinamento em Leitura Radiológica por meio de curso/módulo específico. *(Alterado pela Portaria MTE n. 1.892, de 09 de dezembro de 2013)*

9.3.2. A denominação "Certificado" se refere ao Médico treinado e aprovado em exame de proficiência em Leitura Radiológica. *(Inserido pela Portaria SIT n. 236, de 10 de junho de 2011)*

9.3.3. Caso a certificação seja concedida pelo exame do National Institute for Occupational Safety and Health (NIOSH), também poderá ser denominado de "Leitor B". *(Inserido pela Portaria SIT n. 236, de 10 de junho de 2011)*

10. Utilização de Radiografias Digitais

10.1. Sistemas de radiologia digital do tipo CR ou DR podem ser utilizados para a obtenção de imagens radiológicas do tórax para fins de interpretação radiológica da OIT.

10.2. Os parâmetros físicos para obtenção de radiografias de tórax de qualidade técnica adequada, utilizando-se equipamentos de radiologia digital, devem ser similares aos da radiologia convencional.

10.3. A identificação dos filmes deve conter, no mínimo, a data da realização do exame, número de ordem do serviço ou do prontuário do paciente, nome completo do paciente ou as iniciais do nome completo.

11. Interpretação Radiológica de acordo com os critérios da OIT utilizando-se Radiografias Digitais

11.1. Imagens geradas em sistemas de radiologia digital (CR ou DR) e transferidas para monitores só podem ser interpretadas com as radiografias-padrão em monitor anexo.

11.2. Os monitores utilizados para exibição da radiografia a ser interpretada e das radiografias-padrão devem ser de qualidade diagnóstica, possuir resolução mínima de 3 megapixels e 21" (54 cm) de exibição diagonal por imagem.

11.3. Imagens digitais impressas em filmes radiológicos devem ser interpretadas com as radiografias-padrão em formato impresso, em negatoscópios.

11.4. Não é permitida a interpretação de radiografias digitais, para fins de classificação radiológica da OIT, nas seguintes condições:

a) interpretar radiografias em monitores comparando-as às radiografias-padrão em negatoscópio, ou o inverso;

b) interpretar radiografias digitais impressas em filmes radiológicos com reduções menores do que 2/3 do tamanho original;

c) interpretar radiografias digitais impressas em papel fotográfico;

d) interpretar imagens originadas no sistema de radiografias convencionais e que foram digitalizadas por scanner e, posteriormente, impressas ou exibidas em tela.

12. Ética e Segurança no armazenamento de imagens digitais

12.1 Os serviços que ofertam radiologia digital devem assegurar a confidencialidade dos arquivos eletrônicos e de dados dos trabalhadores submetidos a radiografias de tórax admissionais, periódicas e demissionais, para fins da classificação radiológica da OIT, através da implementação de medidas e procedimentos técnicos e administrativos adequados.

12.2. As imagens digitais devem ser armazenadas no formato DICOM.

12.3. O tempo de guarda dos exames radiológicos deve obedecer ao texto da NR-7.

12.4. Não é permitido guardar/arquivar filmes obtidos pelo método de radiologia convencional na forma de imagens escaneadas.

Responsável:	Data: Assinatura:

Setor	Natureza do Exame	N. Anual de Exames Realizados	N. de Resultados Anormais	N. de Resultados Anormais x 100 N. Anual de Exames	N. de Exames para o Ano Seguinte

Capítulo 8

EDIFICAÇÕES

O título deste capítulo corresponde à temática da oitava norma regulamentadora de segurança e saúde no trabalho, NR-08 (Edificações). Ressalte-se, de antemão, que por edificações entendam-se as instalações físicas de um estabelecimento em atividade industrial ou comercial, pois, encontrando-se o prédio ainda em vias de construção, a norma preventiva a ser aplicada é a NR-18 (Condições e Meio Ambiente de Trabalho na Indústria da Construção), cuja temática será abordada no Capítulo 18 deste Manual.

Sabidamente, as Normas Regulamentadoras (NRs) de Segurança e Saúde no Trabalho (SST) editadas pelo Ministério do Trabalho e Emprego (MTE) possuem existência jurídica convalidada pelo Princípio Constitucional de Minimização dos Riscos Ocupacionais, consagrado no inciso XXII do art. 7º da Constituição Federal brasileira, que expressamente assegura aos trabalhadores urbanos e rurais brasileiros o direito à redução dos riscos inerentes ao trabalho, por meio de normas de saúde, higiene e segurança. Destarte, é possível afirmar que o dever mais fundamental dos empregadores brasileiros é propiciar a seus empregados ambientes de trabalho sadios e seguros. Registre-se, mais, que os ditames das normas preventivas de infortúnios laborais e de promoção da saúde ocupacional são aplicáveis a todas as empresas privadas e estatais (empresas públicas e sociedades de economia mista) brasileiras que contratam trabalhadores como empregados e, portanto, submetidos ao Regime da Consolidação das Leis do Trabalho (CLT) que corresponde ao Decreto-lei n. 5.452 de 1º de maio de 1943.

No plano da legislação infraconstitucional, as normas preventivas de segurança e saúde no trabalho possuem respaldo de validade jurídica na forma tipificada no Estatuto Obreiro, em seu Título II: Das Normas Gerais de Tutela do Trabalho, mais precisamente no Capítulo V: Da Segurança e da Medicina do Trabalho, que compreende os arts. 154 a 201 da CLT. Recorde-se que ditos artigos do Código Obreiro possuem redação dada pela Lei n. 6.514 de 22.12.1977, observadas as atualizações subsequentes até a publicação da Lei n. 13.103 de 2.3.2015.

Sob o aspecto infralegal ou meramente regulamentar, cabe ser dito que os citados arts. 154 a 201 do Código Laboral foram inicialmente disciplinados pela Portaria MTb n. 3.214 de 8.6.1978, que instituiu as primeiras vinte e oito normas regulamentadoras de segurança e saúde no trabalho (28 NRs de SST); valendo observar que, atualmente, existem 36 NRs de SST, cada uma disciplinando uma temática específica.

Chamamos a atenção do caro leitor para o fato de que todos os dispositivos: constitucionais, infraconstitucionais, infralegais ou regulamentares e jurisprudenciais, desde que pertinentes à temática em apreço, encontram-se ao final reproduzidos no tópico Fundamentos Jurídicos deste Capítulo, inclusive a íntegra atualizada da norma regulamentadora de segurança e saúde no trabalho que o intitula.

Oportuno destacar, para os não versados na ciência do direito, que as normas jurídicas legais, tanto as constitucionais quanto as infraconstitucionais, têm o condão de criar o direito, ao passo que as normas jurídicas infralegais ou regulamentares (decretos, portarias, normas regulamentadoras, etc.) não podem criar o direito em si, mas apenas regulamentá-lo quando expressamente autorizado pela própria Lei a fazê-lo; sob pena de serem declaradas ilegais e, portanto, nulas de pleno direito..

Importante destacar que a oitava norma regulamentadora de segurança e saúde no trabalho teve sua redação original dada pela Portaria MTb n. 3.214 de 8.6.1978 e encontra-se atualizada pela Portaria SIT-MTE n. 222 de 6.5.2011. A NR-08 (Edificações) apresenta suas recomendações técnico-preventivas, de forma sequenciada e agrupada, em quatro tópicos, na forma consubstanciada no seguinte sumário:

Sumário da NR-08 (EDIFICAÇÕES)

8.1. Requisitos Técnicos Mínimos.

8.2. Observância a Posturas Municipais.

8.3. Circulação.

8.4. Proteção Contra Intempéries.

Estatui a NR-08 (Edificações) os Requisitos Técnicos Mínimos a serem observados nas instalações prediais industriais ou comerciais, de modo a garantir segurança e conforto aos que nelas trabalhem, especialmente no que concerne às áreas de circulação e proteção contra as intempéries, merecendo destacar o seguinte:

- ➢ Os locais de trabalho devem ter pé-direito mínimo (altura livre do piso ao teto) de acordo com as posturas municipais, além de satisfazer as demais condições de conforto e salubridade estipuladas na Portaria MTb n. 3.214 de 8.6.1978, instituidora das primeiras vinte e oito normas de prevenção de acidentes e doenças relacionadas ao trabalho no Brasil;
- ➢ Os pisos dos locais de trabalho não devem apresentar saliências nem depressões que prejudiquem a circulação de pessoas ou a movimentação de materiais, e as aberturas, quando existentes, devem ser protegidas de forma que impeçam a queda de pessoas ou objetos;
- ➢ Os pisos, as escadas e rampas devem oferecer resistência suficiente para funções às quais a edificação se destina;
- ➢ As rampas e as escadas fixas de qualquer tipo devem ser construídas e mantidas em perfeito estado de conservação;
- ➢ Nos pisos, escadas, rampas, corredores e passagens dos locais de trabalho, onde houver perigo de escorregamento, serão empregados materiais ou processos antiderrapantes;
- ➢ Os andares acima do solo devem dispor de proteção adequada contra quedas, de acordo com as normas técnicas e legislações municipais, atendidas as condições de segurança e conforto;
- ➢ As edificações dos locais de trabalho devem ser projetadas e construídas de modo que protejam os trabalhadores contra as intempéries.

Prevê, mais, a oitava norma preventiva que as paredes externas das edificações devem obrigatoriamente observar as normas técnicas oficiais relativas ao fogo, isolamentos térmico e acústico, resistência estrutural e impermeabilidade. E, por último, estipula a norma em comento que as edificações dos locais de trabalho devem ser projetadas e construídas de modo que evitem excesso ou ausência de insolação.

Doravante serão destacados os FUNDAMENTOS JURÍDICOS que dão suporte de validade ao tema deste capítulo, a partir dos correspondentes dispositivos legais até a própria norma regulamentadora de segurança e saúde no trabalho que o denomina, observando-se as ordens hierárquica e cronológica dos aludidos diplomas legais. Ressalte-se, porém, a inexistência de Súmulas de Jurisprudência diretamente relacionadas com a temática em apreço.

FUNDAMENTOS JURÍDICOS DO CAPÍTULO 8

NR-08: EDIFICAÇÕES *(redação dada pela Portaria GM-MTb n. 3214 de 8.6.1978, atualizada até a edição da Portaria SIT-MTE n. 222 de 6.5.2011). Art. 7º, incisos XXII, XXIII, XXVIII e XXXIII da CF-1988. Arts. 170 a 174 da CLT.*

CONSTITUIÇÃO DA REPÚBLICA FEDERATIVA DO BRASIL

(Atualizada até a edição da Emenda Constitucional n. 85 de 26.2.2015)

Título II: Dos Direitos e Garantias Fundamentais (Arts. 5º a 17)

Capítulo II: Dos Direitos Sociais (Arts. 6º a 11)

Art. 7º São direitos dos trabalhadores urbanos e rurais[(1)], além de outros que visem à melhoria de sua condição social:

XXII — redução dos riscos inerentes ao trabalho, por meio de normas de saúde, higiene e segurança;

XXIII — adicional de remuneração para as atividades penosas, insalubres ou perigosas, na forma da lei;

XXVIII — seguro contra acidentes de trabalho, a cargo do empregador, sem excluir a indenização a que este está obrigado, quando incorrer em dolo ou culpa;

---

(1) Especificamente em relação aos Servidores Públicos Federais (submetidos ao Regime Jurídico Único da Lei n. 8.112/1990) dispõe o § 3º do art. 39 da CF-1988 que: *"Aplica-se aos servidores ocupantes de cargo público o disposto no Art. 7º, IV, VII, VIII, IX, XII, XIII, XV, XVI, XVII, XVIII, XIX, XX, XXII e XXX, podendo a lei estabelecer requisitos diferenciados de admissão quando a natureza do cargo o exigir"*.

XXXIII — proibição de trabalho noturno, perigoso ou insalubre a menores de dezoito e de qualquer trabalho a menores de dezesseis anos, salvo na condição de aprendiz, a partir de quatorze anos.

NORMAS JURÍDICAS INFRACONSTITUCIONAIS

CONSOLIDAÇÃO DAS LEIS DO TRABALHO

(Decreto-lei n. 5.452 de 1º.5.1943, com a redação dos arts. 154 a 201 CLT dada pela Lei n. 6.514 de 22.12.1977, atualizada até a edição da Lei n. 13.103 de 2.3.2015)

Título II: **Das Normas Gerais de Tutela do Trabalho** (Arts. 13 a 223 da CLT)

Capítulo V: **Da Segurança e da Medicina do Trabalho** (Arts. 154 a 201 da CLT)(2)

Seção VI: **Das Edificações** (Arts. 170 a 174 da CLT)(3)

Art. 170. As edificações deverão obedecer aos requisitos técnicos que garantam perfeita segurança aos que nelas trabalhem.

Art. 171. Os locais de trabalho deverão ter, no mínimo, 3 (três) metros de pé-direito, assim considerada a altura livre do piso ao teto.

Parágrafo único. Poderá ser reduzido esse mínimo desde que atendidas as condições de iluminação e conforto térmico compatíveis com a natureza do trabalho, sujeitando-se tal redução ao controle do órgão competente em matéria de segurança e medicina do trabalho.

Art. 172. Os pisos dos locais de trabalho não deverão apresentar saliências nem depressões que prejudiquem a circulação de pessoas ou a movimentação de materiais.

Art. 173. As aberturas nos pisos e paredes serão protegidas de forma que impeçam a queda de pessoas ou de objetos.

Art. 174. As paredes, escadas, rampas de acesso, passarelas, pisos, corredores, coberturas e passagens dos locais de trabalho deverão obedecer às condições de segurança e de higiene do trabalho estabelecidas pelo Ministério do Trabalho e Emprego (MTE) e manter-se em perfeito estado de conservação e limpeza.

NORMAS JURÍDICAS INFRACONSITUCIONAIS

NR-08 (EDIFICAÇÕES)(4)

Publicação	**D.O.U.**
Portaria GM n. 3.214, de 8 de junho de 1978	6.7.78
Atualizações/Alterações	**D.O.U.**
Portaria SSMT n. 12, de 6 de outubro de 1983	14.6.83
Portaria SIT n. 23, de 9 de outubro de 2001	1º.11.01
Portaria SIT n. 222, de 6 de maio de 2011	10.5.11

8.1. Esta Norma Regulamentadora — NR estabelece requisitos técnicos mínimos que devem ser observados nas edificações, para garantir segurança e conforto aos que nelas trabalhem.

8.2. Os locais de trabalho devem ter a altura do piso ao teto, pé direito, de acordo com as posturas municipais, atendidas as condições de conforto, segurança e salubridade, estabelecidas na Portaria 3.214/78. *(Alterado pela Portaria SIT n. 23, de 9 de outubro de 2001)*

8.2.1. *(Revogado pela Portaria SIT n. 23, de 9 de outubro de 2001)*

8.3. Circulação.

8.3.1. Os pisos dos locais de trabalho não devem apresentar saliências nem depressões que prejudiquem a circulação de pessoas ou a movimentação de materiais. *(Alterado pela Portaria SIT n. 12, de 6 de outubro de 1983)*

8.3.2. As aberturas nos pisos e nas paredes devem ser protegidas de forma que impeçam a queda de pessoas ou objetos. *(Alterado pela Portaria SIT n. 12, de 6 de outubro de 1983)*

8.3.3. Os pisos, as escadas e rampas devem oferecer resistência suficiente para suportar as cargas móveis e fixas, para as quais a edificação se destina. *(Alterado pela Portaria SIT n. 12, de 06 de outubro de 1983)*

---

(2) A Lei n. 6.514 de 22.12.1977 propiciou a redação dos arts. 154 a 201 da CLT, observadas as atualizações legais até a edição da Lei n. 13.103 de 2.3.2015.

(3) A NR-08 (EDIFICAÇÕES), na forma adiante transcrita, disciplina os arts. 170 a 174 da CLT.

(4) Texto da NR-08 (EDIFICAÇÕES) com a redação original dada pela Portaria GM-MTb n. 3.214 de 8.6.1978 e atualizada até a edição da Portaria SIT-MTE 222 de 6.5.2011.

8.3.4. As rampas e as escadas fixas de qualquer tipo devem ser construídas de acordo com as normas técnicas oficiais e mantidas em perfeito estado de conservação. *(Alterado pela Portaria SIT n. 12, de 6 de outubro de 1983)*

8.3.5. Nos pisos, escadas, rampas, corredores e passagens dos locais de trabalho, onde houver perigo de escorregamento, serão empregados materiais ou processos antiderrapantes.

8.3.6 Os andares acima do solo devem dispor de proteção adequada contra quedas, de acordo com as normas técnicas e legislações municipais, atendidas as condições de segurança e conforto. *(Alterado pela Portaria SIT n. 222, de 6 de maio de 2011)*

8.4. Proteção contra intempéries.

8.4.1. As partes externas, bem como todas as que separem unidades autônomas de uma edificação, ainda que não acompanhem sua estrutura, devem, obrigatoriamente, observar as normas técnicas oficiais relativas à resistência ao fogo, isolamento térmico, isolamento e condicionamento acústico, resistência estrutural e impermeabilidade. *(Alterado pela Portaria SIT n. 12, de 6 de outubro de 1983)*

8.4.2. Os pisos e as paredes dos locais de trabalho devem ser, sempre que necessário, impermeabilizados e protegidos contra a umidade. *(Alterado pela Portaria SIT n. 12, de 6 de outubro de 1983)*

8.4.3. As coberturas dos locais de trabalho devem assegurar proteção contra as chuvas. *(Alterado pela Portaria SIT n. 12, de 6 de outubro de 1983)*

8.4.4. As edificações dos locais de trabalho devem ser projetadas e construídas de modo a evitar insolação excessiva ou falta de insolação. *(Alterado pela Portaria SIT n. 12, de 6 de outubro de 1983)*

Capítulo 9

PROGRAMA DE PREVENÇÃO DE RISCOS AMBIENTAIS (PPRA)

Inicialmente, dois conceitos elementares merecem ser recordados para a compreensão da temática deste capítulo:

- Perigo — corresponde à capacidade ou qualidade específica de determinados materiais, equipamentos, métodos ou condições de trabalho serem potencialmente causadores de danos.
- Risco — significa a possibilidade, maior ou menor, de o trabalhador sofrer danos em sua integridade física ou em sua saúde, como decorrência de exposição a perigo existente no ambiente de trabalho.

Como enfatizamos no capítulo 7 deste livro, após a edição de duas portarias específicas (Portarias SSST-MTb n. 24 e 25, ambas de 29.12.1994) da então Secretaria de Segurança e Saúde no Trabalho do Ministério do Trabalho (SSST-MTb), as empresas privadas e estatais (empresas públicas e sociedades de economia mista) brasileiras e os demais estabelecimentos que possuam trabalhadores contratados sob a égide da Consolidação das Leis do Trabalho (CLT) ficaram obrigados a possuir dois programas internos destinados à prevenção de acidentes laborais e à promoção da saúde ocupacional, a saber: o Programa de Controle Médico de Saúde Ocupacional (PCMSO) e o Programa de Prevenção de Riscos Ambientais (PPRA).

Importante observar, também, que os Riscos Ambientais podem ser representados por cinco categorias de agentes: físicos, químicos, biológicos, ergonômicos e mecânicos, possíveis de se fazerem presentes no ambiente de trabalho e que, em função da natureza, da concentração, da intensidade, do tempo de exposição, do contexto ou do *modus operandi*, podem causar danos à saúde ou à integridade física dos trabalhadores. Registre-se que, nos dias atuais, tem sido cada vez mais preocupante uma outra modalidade igualmente possível de desencadear ou contribuir para a ocorrência de infortúnios de labor ou doenças ocupacionais, mais especificamente os agentes ou fatores psicolaborais.

Agentes ou Riscos Físicos correspondem às diversas formas de energia a que ficam expostos os trabalhadores, em condições tais que possam causar-lhes desconforto ambiental, acidentes de trabalho ou doenças ocupacionais. São espécies de agentes físicos: ruído contínuo, intermitente e de impacto; calor radiante; iluminamento, frio, umidade, pressões hiperbáricas, radiações ionizantes, radiações não ionizantes, vibrações, assim como o infrassom e o ultrassom. Chamamos a atenção do leitor no sentido de que a NR-15 (Atividades e Operações Insalubres), por meio de seus Anexos 1 a 10, especifica as situações em que os agentes físicos antes mencionados podem caracterizar legalmente a insalubridade. Como será melhor estudado no Capítulo 15 (Atividades e Operações Insalubres) deste livro, os dois únicos agentes físicos possíveis de caracterizar insalubridade de grau máximo são as radiações ionizantes e as pressões hiperbáricas; pois, as demais espécies de agentes físicos (ruído, calor, frio, umidade, radiação não ionizante e vibrações) somente podem configurar insalubridade em grau médio, não havendo nenhuma hipótese legal de agente físico possível de tipificar a insalubridade em grau mínimo.

Registre-se, por oportuno, que o agente físico Iluminamento, malgrado sua nocividade no ambiente de trabalho permaneça, não mais é considerado agente insalubre para fins de adicional de insalubridade, desde a edição da Portaria MTPS n. 3.751 de 23.11.1990.

Agentes ou Riscos Químicos podem ser entendidos como as substâncias, os compostos ou produtos que podem adentrar o organismo humano pela via respiratória, absorvidos pela pele ou por ingestão. Os agentes ou riscos químicos podem se fazer presentes nos locais de trabalho sob a forma de poeiras, fumos, névoas, neblinas, gases ou vapores resultantes de diversas substâncias ou produtos químicos de largo uso industrial (acetileno, asbesto, benzeno, carvão, chumbo, cromo, mercúrio, silicatos, etc.). De se observar que os Anexos ns. 11 a 13, da NR-15 (Atividades e Operações Insalubres), especificam os tipos de agentes químicos e as situações possíveis de caracterizar a insalubridade nos graus máximo, médio ou mínimo.

Agentes ou Riscos Biológicos são representados pelas diversas espécies de micro-organismos (bactérias, fungos, bacilos, parasitas, protozoários e vírus), presentes em vários ambientes de trabalho, especialmente nos destinados aos cuidados com a saúde humana ou animal e, quando em contato com o trabalhador, poderão causar danos a sua saúde. O Anexo 14 (Agentes Biológicos) da NR-15 (Atividades e Operações Insalubres), que será abordado no capítulo próprio, especifica as situações em que os agentes biológicos caracterizam exposição insalubre nos graus máximo ou médio; pois, a exemplo dos agentes físicos, os agentes biológicos jamais podem tipificar a insalubridade em grau mínimo.

Malgrado a NR-09 tenha enfatizado como riscos ambientais apenas as modalidades de agentes físicos, químicos e biológicos, posto que omissa na tipificação dos agentes ou riscos ergonômicos, para fins do PPRA, talvez pela sabida existência de uma norma regulamentadora específica que trata dessa modalidade de agente nocivo, mais especificamente a NR-17 (Ergonomia), impõe-se ressaltar que os agentes ergonômicos são resultantes da má adequação homem-ambiente laboral e que podem ocasionar não só desgastes psicofissiológicos, como também redução na produtividade e na segurança do trabalho. Exemplos: mobiliário inadequado, levantamento e transporte manual de carga incorretos, postura inadequada, ritmo excessivo de trabalho, movimentos repetitivos e outras situações causadoras de desgaste físico e/ou psíquico. A propósito, a décima sétima norma regulamentadora de segurança e saúde no trabalho, que será abordada em capítulo específico deste livro, além de especificar os agentes ergonômicos, estipula as hipóteses em que a empresa deverá elaborar uma Análise Ergonômica do Local de Trabalho (item 17.1.2 da NR-17) que, obviamente, deverá ser parte integrante do PPRA. Importante destacar, também, que os riscos ou agentes ergonômicos, em nenhuma modalidade enseja, por si só, a tipificação de exposição insalubre, malgrado possa desencadear ou agravar inúmeras doenças ocupacionais.

De se lamentar, também, que a NR-09 tenha sido igualmente omissa na especificação dos Agentes Mecânicos ou Riscos de Acidentes; o que não significa dizer, nem de longe, que tais agentes possam ser desprezados ou excluídos da elaboração do programa de prevenção de riscos ambientais (PPRA), pois, a nosso entender, isso configuraria erro técnico-preventivo bastante grave. A propósito, são modalidades de agentes mecânicos ou riscos de acidentes: arranjo físico (*lay-out*) impróprio, máquinas e equipamentos sem proteção, ferramentas inadequadas ou defeituosas, iluminação deficitária, instalações elétricas deficientes, probabilidade de incêndio ou explosão, armazenamento inadequado, animais peçonhentos, e outras situações de risco que poderão contribuir para a ocorrência de acidentes. Assim como dito em relação aos agentes ergonômicos, os agentes mecânicos ou de acidentes também não possibilitam a caracterização legal do exercício insalubre. Todavia, são várias as hipóteses normativas em que os agentes mecânicos presentes nos locais de trabalho tipificam situação de Risco Grave e Iminente suficiente a ensejar a imediata paralisação das atividades produtivas, nos termos preconizados pela NR-03 (Embargo ou Interdição); daí porque não há como serem desprezados em qualquer programa preventivo de acidentes ou de promoção da segurança e saúde no trabalho e, mais do que isto, devem ser identificados e corrigidos com absoluta prioridade. Em verdade, não se pode conceber como tecnicamente válido um PPRA que não contemple todas as modalidades de riscos ambientais (físicos, químicos, biológicos, ergonômicos e mecânicos).

Importante destacar o fato de que os Agentes ou Fatores Psicolaborais devem merecer especial atenção no planejamento e implementação de quaisquer programas preventivos de acidentes no trabalho ou de promoção da saúde ocupacional, na medida em que essa modalidade de agente ou fator nocivo se faz presente em qualquer meio ambiente de trabalho, como decorrência ou agravamento das exigências produtivas impostas aos trabalhadores: Ritmos Excessivos de Trabalho; Monotonia; Controle Rígido da Produtividade; Relacionamentos Interpessoais Tensos; Assédio Moral; Desvalorização do Trabalho/Trabalhador e Outras Situações Causadoras de Stress Físico e/ou Psíquico. Os indicadores de que o ambiente laboral necessita de cuidados especiais fica evidenciado, por exemplo, por meio da manifestação reiterada de sintomas do tipo: Agressividade, Ansiedade e Problemas Gastrointestinais nos trabalhadores.

Como antes explicitado, os dados anuais da Estatística Acidentária Oficial Brasileira (disponível em <www.inss.gov.br>) sistematicamente têm deixado patente que os Transtornos Mentais ou Distúrbios

Comportamentais de etiologia ocupacional ocupam o segundo lugar no *ranking* das Doenças Ocupacionais que mais propiciam afastamento de trabalho, haja vista a concessão, pelo Instituto Nacional do Seguro Social (INSS), do benefício previdenciário Auxílio-Doença de natureza acidentária (Código B-91); assim sendo, acreditamos que o Psicólogo do Trabalho, que seja detentor de Especialização em Saúde no Trabalho, tem uma importante e positiva contribuição a desenvolver no processo preventivo de acidentes de labor e de promoção da saúde ocupacional e, portanto, deveria ser um dos profissionais integrantes do SESMT das empresas.

Ressalte-se, porém, que o profissional da psicologia a quem nos referimos não é o Psicólogo Organizacional que historicamente tem tido sua atuação centrada nos processos de recrutamento e seleção de trabalhadores para as empresas e, sim, o Psicólogo do Trabalho focado na saúde do trabalhador e com atuação profissional devidamente comprometida com a efetiva melhoria das condições ambientais de trabalho, especialmente a partir de ações que objetivem diminuir as tensões no ambiente de trabalho e, assim, possam contribuir para o desejado equilíbrio e bem-estar nas relações produtivas. Caso desejasse, o Ministério do Trabalho e Emprego (MTE), por meio de simples Portaria Ministerial, poderia analisar com atenção essa questão e fazer a devida inclusão desse profissional no SESMT das empresas, sempre visando a minimizar o crescente sofrimento e adoecimento psicolaboral.

Como bem explicitado na norma regulamentadora de segurança e saúde no trabalho que tipifica este capítulo, o PPRA corresponde a um programa técnico-preventivo integrante do conjunto mais amplo das iniciativas da empresa no campo da preservação da saúde e da integridade física dos trabalhadores, que deve estar articulado ou integrado com o disposto nas demais normas regulamentadoras de segurança e saúde no trabalho, particularmente com o Programa de Controle Médico de Saúde Ocupacional de que trata a NR-07 (PCMSO). As ações do PPRA devem ser desenvolvidas no âmbito de cada estabelecimento da empresa, sob a responsabilidade do empregador, com a participação dos trabalhadores, sendo sua abrangência e profundidade dependentes das características dos riscos e das necessidades de controle do meio ambiente de trabalho.

Outrossim, cabe ao leitor atentar para a existência de dois programas preventivos similares ao PPRA e que foram instituídos para duas atividades específicas: a indústria da construção civil e a mineração subterrânea. Nesse sentido, a décima oitava norma regulamentadora de segurança e saúde no trabalho, NR-18 (Condições e Meio Ambiente de Trabalho na Indústria da Construção Civil), em seu item 18.3 dispõe acerca da elaboração e implementação do Programa de Condições e Meio Ambiente de Trabalho na Indústria da Construção (PCMAT), em substituição ao PPRA, como se verá de forma mais detalhada em capítulo específico deste livro. Particularmente para a atividade de mineração, a NR-22 (Segurança e Saúde Ocupacional na Mineração), em seu inciso 22.3.7, expressamente prevê que cabe à empresa ou Permissionário de Lavra Garimpeira elaborar e implementar o Programa de Gerenciamento de Riscos (PGR), contemplando os aspectos relacionados a: riscos físicos, químicos e biológicos; atmosferas explosivas; deficiências de oxigênio; ventilação; proteção respiratória, de acordo com a Instrução Normativa SSST-MTb n. 1 de 11.4.1994; investigação e análise de acidentes do trabalho; ergonomia e organização do trabalho; riscos decorrentes do trabalho em altura, em profundidade e em espaços confinados; riscos decorrentes da utilização de energia elétrica, máquinas, equipamentos, veículos e trabalhos manuais; equipamentos de proteção individual de uso obrigatório, observando-se no mínimo o constante na NR-6 (EPI); estabilidade do maciço; plano de emergência; e outros resultantes de modificações e introdução de novas tecnologias.

Sabidamente, as Normas Regulamentadoras (NRs) de Segurança e Saúde no Trabalho (SST) editadas pelo Ministério do Trabalho e Emprego (MTE) possuem existência jurídica convalidada pelo Princípio Constitucional de Minimização dos Riscos Ocupacionais, consagrado no inciso XXII do art. 7º da Constituição Federal brasileira, que expressamente assegura aos trabalhadores urbanos e rurais brasileiros o direito à redução dos riscos inerentes ao trabalho, por meio de normas de saúde, higiene e segurança. Destarte, o dever mais fundamental dos empregadores brasileiros é propiciar a seus empregados ambientes de trabalho sadios e seguros. Registre-se, mais, que os ditames das normas preventivas de infortúnios laborais e de promoção da saúde ocupacional são aplicáveis a todas as empresas estatais (empresas públicas e sociedades de economia mista) e privadas brasileiras que contratam trabalhadores como empregados e, portanto, submetidos ao Regime da Consolidação das Leis do Trabalho (CLT) que corresponde ao Decreto-lei n. 5.452 de 1º de maio de 1943.

No plano da legislação infraconstitucional, as normas preventivas de segurança e saúde no trabalho possuem respaldo de validade jurídica na forma tipificada no Estatuto Obreiro, em seu Título II: Das Normas Gerais de Tutela do Trabalho, mais precisamente no Capítulo V: Da Segurança e da Medicina do Trabalho, que compreende os arts. 154 a 201 da CLT. Recorde-se que ditos artigos do Código Obreiro possuem redação dada pela Lei n. 6.514 de 22.12.1977, observadas as atualizações subsequentes até a publicação da Lei n. 13.103 de 2.3.2015.

Sob o aspecto infralegal ou meramente regulamentar, cabe ser dito que os citados arts. 154 a 201 do Código Laboral foram inicialmente disciplinados pela Portaria MTb n. 3.214 de 8.6.1978, que instituiu as primeiras vinte e oito normas regulamentadoras de segurança e saúde no trabalho (28 NRs de SST); vale observar que, atualmente, existem 36 NRs de SST, cada uma disciplinando uma temática específica.

Chamamos a atenção do caro leitor para o fato de que todos os dispositivos: constitucionais, infraconstitucionais, infralegais ou regulamentares e jurisprudenciais, desde que pertinentes à temática em apreço, encontram-se ao final reproduzidos no tópico Fundamentos Jurídicos deste Capítulo, inclusive a íntegra atualizada da norma regulamentadora de segurança e saúde no trabalho que o intitula.

Oportuno destacar, para os não versados na ciência do direito, que as normas jurídicas legais, tanto as constitucionais quanto as infraconstitucionais, têm o condão de criar o direito, ao passo que as normas jurídicas infralegais ou regulamentares (decretos, portarias, normas regulamentadoras, etc.) não podem criar o direito em si, mas apenas regulamentá-lo quando expressamente autorizado pela própria Lei a fazê-lo; sob pena de serem declaradas ilegais e, portanto, nulas de pleno direito.

Em termos de legislação ordinária ou infraconstitucional, a NR-09 (PPRA) tem sua existência jurídica assegurada, basicamente, pelas disposições constantes dos arts. 175 a 178 e 200, V, da Consolidação das Leis do Trabalho, devidamente reproduzidos nos Fundamentos Jurídicos deste Capítulo; os quais, de forma abreviada, deixam patentes as seguintes determinações legais em prol da melhoria das condições ambientais de trabalho:

- Em todos os locais de trabalho deverá haver iluminação adequada (uniformemente distribuída, geral e difusa), natural ou artificial, apropriada à natureza da atividade e respeitados os níveis mínimos de iluminação especificamente fixados;
- Os locais de trabalho deverão ter ventilação natural, compatível com o serviço realizado; sendo a ventilação artificial obrigatória sempre que a natural não preencha as condições de conforto térmico;
- Se as condições de ambiente tornarem-se desconfortáveis, em face de instalações geradoras de frio ou de calor, será obrigatório o uso de vestimenta adequada para o trabalho em tais condições ou de capelas, anteparos, paredes duplas, isolamento térmico e recursos similares, de forma que os empregados fiquem protegidos contra as radiações térmicas; além do que, as condições de conforto térmico dos locais de trabalho devem ser mantidas dentro dos limites fixados pelo MTE;
- Cabe ao MTE estabelecer disposições complementares, tendo em vista as peculiaridades de cada atividade ou setor de trabalho, especialmente sobre: proteção contra insolação, calor, frio, umidade e ventos, sobretudo no trabalho a céu aberto com provisão, quanto a este, de água potável, alojamento e profilaxia de endemias; e, proteção do trabalhador exposto a substâncias químicas nocivas, radiações ionizantes e não-ionizantes, ruídos, vibrações e trepidações ou pressões anormais ao ambiente de trabalho, com especificação das medidas cabíveis para eliminação ou atenuação desses efeitos, limites máximos quanto ao tempo de exposição, à intensidade da ação ou de seus efeitos sobre o organismo do trabalhador, exames médicos obrigatórios, limites de idade, controle permanente dos locais de trabalho e das demais exigências que se façam necessárias.

A norma regulamentadora em comento, com a redação atualizada pela Portaria MTE n. 1.471 de 24.9.2014, apresenta suas recomendações técnico-preventivas, de forma sequenciada e agrupada, em seis tópicos, além de um Anexo especificamente sobre o agente físico Vibração, na forma seguinte:

Sumário da NR-09 (PPRA)

Acerca de seus Objetivos e Campo de Aplicação, a nona norma regulamentadora de segurança e saúde no trabalho estabelece a obrigatoriedade de elaboração e implementação, por parte de todos os empregadores e instituições que admitam trabalhadores como empregados, de um programa técnico-preventivo, visando à preservação da saúde e da integridade física dos trabalhadores, por meio de antecipação, reconhecimento, avaliação e consequente controle da ocorrência de riscos ambientais existentes ou que venham a existir no ambiente de trabalho, tendo em consideração a proteção do meio ambiente e dos recursos naturais.

No tocante à Estrutura Básica do Programa de Prevenção de Riscos Ambientais, estipula a NR-09 que o PPRA deverá contemplar, no mínimo, a seguinte estrutura elementar:

- planejamento anual com estabelecimento de metas, prioridades e cronograma, devendo ser especificados, neste último, os prazos para o desenvolvimento das etapas e cumprimento das metas do PPRA;
- estratégia e metodologia de ação;
- forma do registro, manutenção e divulgação dos dados;
- periodicidade e forma de avaliação do desenvolvimento do PPRA.

Consta explicitado na norma regulamentadora em apreço, que deverá ser efetuada, sempre que necessário e pelo menos uma vez ao ano, uma Análise Global do PPRA para avaliação de seu desenvolvimento e realização dos ajustes necessários e estabelecimento de novas metas e prioridades.

Outrossim, o PPRA deverá estar descrito em um Documento-Base contendo sua estrutura básica nos termos antes mencionados, devendo tal documento e suas alterações posteriores permanecerem disponíveis de modo a proporcionar o imediato acesso às autoridades competentes. A propósito, o documento-base do PPRA, bem como suas alterações e complementações deverão ser apresentados e discutidos na Comissão Interna de Prevenção de Acidentes, quando existente na empresa, de acordo com a NR-05 (CIPA), sendo sua cópia anexada ao livro de atas desta comissão.

Importante mencionar que as Etapas de Desenvolvimento do Programa de Prevenção de Riscos Ambientais deverão contemplar o seguinte:

- antecipação e reconhecimento dos riscos;
- estabelecimento de prioridades e metas de avaliação e controle;
- avaliação dos riscos e da exposição dos trabalhadores;
- implantação de medidas de controle e avaliação de sua eficácia;
- monitoramento da exposição aos riscos;
- registro e divulgação dos dados.

Dispõe a NR-09 que a Antecipação dos Riscos, no desenvolvimento do PPRA, deverá corresponder a um estudo detalhado dos processos produtivos existentes ou a serem implantados, desde o recebimento da matéria-prima até a obtenção e armazenamento do produto final produzido. Certamente, a melhor antecipação de riscos, quando possível, deve ser feita a partir da análise de anteprojetos de novas instalações, métodos ou processos de trabalho, ou de modificação dos já existentes.

Da mesma forma, prevê a NR-09 que no Reconhecimento dos Riscos deverão ser observados, conforme o caso, os seguintes passos:

- identificação dos riscos;
- determinação e localização das possíveis fontes geradoras;
- identificação das possíveis trajetórias e dos meios de propagação dos agentes no ambiente de trabalho;
- identificação das funções e determinação do número de trabalhadores expostos;
- caracterização das atividades e do tipo de exposição;
- obtenção de dados existentes na empresa, indicativos de possível comprometimento da saúde decorrente do trabalho;
- possíveis danos à saúde relacionados aos riscos identificados, disponíveis na literatura técnica;
- descrição das medidas de controle já existentes.

Antecipados e identificados os riscos ambientais, o passo seguinte será o Estabelecimento de Prioridades e Metas de Avaliação e Controle dos Riscos Ambientais, sendo recomendável que nessa fase participem ativamente não só os responsáveis pela administração da empresa e os profissionais especialistas integrantes do SESMT, como também os membros da CIPA e os representantes sindicais, de modo a melhor contemplar a participação dos trabalhadores no processo de prevenção de acidentes e promoção da saúde ocupacional. Assim procedendo, a empresa estará, de uma certa forma, partilhando responsabilidades em relação a eventuais equívocos futuros na definição de prioridades e metas de controle dos riscos ambientais.

Sabidamente, a avaliação dos riscos ambientais poderá ser feita de forma qualitativa ou quantitativa. Na Análise Qualitativa os riscos ambientais são identificados mediante simples inspeção dos locais de trabalho, ao passo que na Análise Quantitativa, durante a inspeção dos locais de trabalho, necessária se faz a utilização de equipamentos de medição específicos para a quantificação dos agentes agressivos presentes no ambiente de trabalho e posterior confrontação com os limites de tolerância legalmente estipulados. A propósito, a NR-15, por meio de seus treze Anexos em vigor, especifica os agentes ambientais que necessitam ou não de análise quantitativa e fixa os limites de tolerância correspondentes.

O procedimento de Avaliação Quantitativa será necessário, na realização do PPRA com a finalidade de:

- comprovar o controle da exposição ou a inexistência dos riscos identificados na etapa de reconhecimento;
- dimensionar a exposição dos trabalhadores;
- subsidiar o equacionamento das medidas de controle.

Deverão ser adotadas as medidas necessárias e suficientes para a Eliminação, Atenuação ou Controle dos Riscos Ambientais sempre que forem verificadas uma ou mais das seguintes hipóteses:

- identificação, na fase de antecipação, de risco potencial à saúde;
- constatação, na fase de reconhecimento, de risco evidente à saúde;
- quando os resultados das avaliações quantitativas da exposição dos trabalhadores excederem os valores dos limites previstos na NR-15 ou, na ausência destes, os valores de limites de exposição ocupacional adotados pela *American Conference of Governamental Industrial Hygienists* (ACGIH), ou aqueles que venham a ser estabelecidos em negociação coletiva de trabalho, desde que mais rigorosos que os critérios técnico-legais estabelecidos;
- quando, mediante o controle médico da saúde, ficar caracterizado o nexo causal entre danos observados na saúde dos trabalhadores e a situação de trabalho a que eles ficam expostos.

Dispõe a NR-09 que o estudo, desenvolvimento e implantação de Medidas de Proteção Coletiva deverão obedecer à seguinte sequência prioritária:

- medidas que eliminem ou reduzam a utilização ou a formação de agentes prejudiciais à saúde;
- medidas que previnam a liberação ou disseminação desses agentes no ambiente de trabalho;
- medidas que reduzam os níveis ou a concentração desses agentes no ambiente de trabalho.

Outrossim, estabelece a norma regulamentadora em análise que a implantação de medidas de caráter coletivo deverá ser acompanhada de treinamento dos trabalhadores quanto aos procedimentos que assegurem a sua eficiência e de informação sobre as eventuais limitações de proteção que ofereçam. Quando comprovada pelo empregador ou instituição a inviabilidade técnica da adoção de medidas de proteção coletiva, ou quando estas não forem suficientes ou encontrarem-se em fase de estudo, planejamento ou implantação, ou ainda em caráter complementar ou emergencial, deverão ser adotadas outras medidas, obedecendo-se à seguinte escala hierárquica:

- medidas de caráter administrativo ou de organização do trabalho;
- utilização de Equipamento de Proteção Individual (EPI).

Acerca dos Equipamentos de Proteção Individual, dispõe a NR-09 que sua utilização, no âmbito do PPRA, deverá considerar as normas legais e administrativas em vigor e envolver, no mínimo:

- seleção do EPI adequado tecnicamente ao risco a que o trabalhador está exposto e à atividade exercida, considerando-se a eficiência necessária para o controle da exposição ao risco e o conforto oferecido segundo avaliação do trabalhador usuário;
- programa de treinamento dos trabalhadores quanto a sua correta utilização e orientação sobre as limitações de proteção que o EPI oferece;
- estabelecimento de normas ou procedimentos para promover o fornecimento, o uso, a guarda, a higienização, a conservação, a manutenção e a reposição do EPI, visando garantir as condições de proteção originalmente estabelecidas;
- caracterização das funções ou atividades dos trabalhadores, com a respectiva identificação dos EPIs utilizados para os riscos ambientais.

No tocante à Avaliação da Eficácia das Medidas de Controle implantadas dentro do programa de prevenção de riscos ambientais, determina a NR-09 que o PPRA deve estabelecer critérios e mecanismos de avaliação da eficácia das medidas de proteção implantadas considerando os dados obtidos nas avaliações realizadas e no controle médico da saúde ocupacional previsto na NR-07. Vale lembrar que, para fins do PPRA, considera-se Nível de Ação o valor acima do qual devem ser iniciadas ações preventivas de forma a minimizar a probabilidade de que as exposições a agentes ambientais ultrapassem os limites de exposição. As ações preventivas devem incluir o monitoramento periódico da exposição, a informação aos trabalhadores e o controle médico.

Prevê, mais, a norma preventiva em análise, que deverão ser objeto de controle sistemático as situações que apresentam exposição ocupacional acima dos níveis de ação, conforme indicado a seguir:

- para os agentes químicos, a metade dos limites de exposição ocupacional, considerados os valores dos limites previstos na NR-15 ou, na ausência destes, os valores de limites de exposição ocupacional adotados pela *American Conference of Governamental Industrial Hygienists* (ACGIH), ou aqueles que venham a ser estabelecidos em negociação coletiva de trabalho;
- para o ruído, a dose de 0,5 (dose superior a 50%), conforme critério contido na NR-15, Anexo I, item 6.

Ressalte-se, ainda, que para o monitoramento da exposição dos trabalhadores e das medidas de controle, deve ser realizada uma avaliação sistemática e repetitiva da exposição a um dado risco, visando à introdução ou modificação das medidas de controle, sempre que necessário. Outrossim, deverá ser mantido, pelo empregador ou instituição, um Registro de Dados, estruturado de forma a constituir um histórico técnico e administrativo do desenvolvimento do PPRA. Oportuno recordar que os Registros de Dados do PPRA deverão ser mantidos, pelo empregador, por um período mínimo de vinte anos. Além do que, durante esse lapso temporal tais registros de dados deverão estar sempre disponíveis aos trabalhadores interessados ou a seus representantes, e para as autoridades competentes.

Acerca das Responsabilidades Patronais em relação ao PPRA, estipula a NR-09 que compete ao empregador:

- estabelecer, implementar e assegurar o cumprimento do PPRA como atividade permanente da empresa ou instituição;
- informar os trabalhadores de maneira apropriada e suficiente sobre os riscos ambientais que possam originar-se nos locais de trabalho e sobre os meios disponíveis para prevenir ou limitar tais riscos e para proteger-se dos mesmos.

Em contrapartida, são Deveres dos Empregados no tocante ao PPRA:

- colaborar e participar na implantação e execução do PPRA;
- seguir as orientações recebidas nos treinamentos oferecidos pelo PPRA;
- informar ao seu superior hierárquico direto qualquer ocorrência que, a seu julgamento, possa implicar riscos à saúde dos trabalhadores.

Importante destacar a prescrição normativa no sentido de que sempre que vários empregadores realizem simultaneamente atividades no mesmo local de trabalho, terão o dever de executar ações integradas para aplicar as medidas previstas no PPRA, visando à proteção de todos os trabalhadores expostos aos riscos ambientais gerados.

Restou igualmente estipulado que o conhecimento e a percepção que os trabalhadores têm do processo de trabalho e dos riscos ambientais presentes, incluindo os dados consignados no Mapa de Riscos Ambientais previsto na NR-05 (CIPA), deverão ser considerados para fins de planejamento e execução do Programa de Prevenção de Riscos Ambientais em todas as suas fases.

A título de Recomendação Final da NR-09 (PPRA) está consignado que o empregador deverá garantir, na ocorrência de riscos ambientais nos locais de trabalho que coloquem em situação de grave e iminente risco um ou mais trabalhadores, que os mesmos possam interromper de imediato suas atividades, comunicando o fato ao superior hierárquico direto para as devidas providências.

Com a edição da Portaria MTE n. 1.471 de 24.9.2014 restou acrescido à NR-09 o Anexo I (Vibração) objetivando o estabelecimento de critérios para prevenção de doenças e distúrbios decorrentes da exposição ocupacional às Vibrações em Mãos e Braços (VMB) e às Vibrações de Corpo Inteiro (VCI), no âmbito do PPRA e impondo aos empregadores a adoção de medidas de prevenção e controle da exposição às vibrações mecânicas que possam afetar a segurança e a saúde dos trabalhadores, eliminando o risco ou, onde comprovadamente não houver tecnologia disponível, reduzindo-o aos menores níveis possíveis.

Oportuno registrar, acerca do aludido Anexo I da norma regulamentadora em apreço, que deve a empresa realizar Avaliação Preliminar da Exposição às VMB e VCI, no contexto do reconhecimento e da avaliação dos riscos, considerando-se também os seguintes aspectos:

- ambientes de trabalho, processos, operações e condições de exposição;
- características das máquinas, veículos, ferramentas ou equipamentos de trabalho;
- informações fornecidas por fabricantes sobre os níveis de vibração gerados por ferramentas, veículos, máquinas ou equipamentos envolvidos na exposição, quando disponíveis;
- condições de uso e estado de conservação de veículos, máquinas, equipamentos e ferramentas, incluindo componentes ou dispositivos de isolamento e amortecimento que interfiram na exposição de operadores ou condutores;
- características da superfície de circulação, cargas transportadas e velocidades de operação, no caso de VCI;
- estimativa de tempo efetivo de exposição diária;
- constatação de condições específicas de trabalho que possam contribuir para o agravamento dos efeitos decorrentes da exposição;

- esforços físicos e aspectos posturais;
- dados de exposição ocupacional existentes;
- informações ou registros relacionados a queixas e antecedentes médicos relacionados aos trabalhadores expostos.

A propósito da Avaliação Preliminar da Exposição às VMB e VCI, convém ser dito, mais, que seus resultados devem subsidiar a adoção de medidas preventivas e corretivas, no âmbito do PPRA e sem prejuízo de outras medidas previstas noutras normas regulamentadoras. E, acaso a avaliação preliminar não seja suficiente para permitir a tomada de decisão quanto à necessidade de implantação de medidas preventivas e corretivas, deve-se proceder à avaliação quantitativa representativa da exposição, abrangendo aspectos organizacionais e ambientais que envolvam o trabalhador no exercício de suas funções e observados os procedimentos específicos descritos nas Normas de Higiene Ocupacional editadas pela Fundação Jorge Figueiredo de Segurança e Medicina do Trabalho (FUNDACENTRO).

Malgrado a NR-09 estipule todos os requisitos a serem observados na elaboração do PPRA, não indica um modelo específico a ser observado na elaboração do Programa de Prevenção de Riscos Ambientais; todavia, entendemos oportuna a reprodução, a título de mera sugestão, um modelo obtido e livremente adaptado do *site:* <www.saudeetrabalho.com.br>, no Módulo Complementar deste Capítulo.

Uma questão que certamente tem suscitado as maiores controvérsias técnico-jurídicas, no tocante à temática desse capítulo, diz respeito a saber qual o profissional legalmente habilitado a elaborar o PPRA. Nesse sentido, cabe lembrar, de antemão, que o Programa de Prevenção de Riscos Ambientais nem de longe se confunde com o Mapa de Riscos Ambientais de que trata a NR-05 (CIPA), pois, sabidamente, esse último é um mero instrumento informativo a ser elaborado por trabalhadores normalmente leigos em segurança e saúde no trabalho, na condição de membros da Comissão Interna de Prevenção de Acidentes, como forma de viabilizar a efetiva participação dos trabalhadores no processo preventivo da empresa. Todavia, a adequada solução técnica das questões prevencionistas indicadas no aludido Mapa de Riscos Ambientais será oportuna e tecnicamente enfrentada pelos profissionais especialistas integrantes do Serviço Especializado em Engenharia de Segurança e Medicina do Trabalho (SESMT) da empresa. A propósito, as recomendações da CIPA oriundas do Mapa de Riscos Ambientais deverão ser levadas em conta quando da elaboração do PPRA e do PCMSO.

Importante destacar que não persistem dúvidas no sentido de que o Programa de Prevenção de Riscos Ambientais e o Programa de Controle Médico de Saúde Ocupacional correspondem a dois instrumentos técnico-preventivos similares, sendo que um prioriza a prevenção de acidentes laborais típicos e o outro enfatiza a prevenção de doenças ocupacionais; porém, ambos devem, de forma articulada e convergente, promover a integridade física e a saúde ocupacional, por intermédio da propositura de ações e recomendações técnicas que objetivem a melhoria das condições ambientais de trabalho, de modo a fazer valer o Princípio Constitucional de Minimização dos Riscos Ambientais, que assegura aos trabalhadores brasileiros a redução dos riscos inerentes ao trabalho por meio de normas de saúde, higiene e segurança no trabalho (CF-1988 — art. 7º, inciso XXII) e, por conseguinte, impõe aos empregadores o dever de propiciar meio ambiente de trabalho sadio e seguro a seus empregados.

Como dito antes, as duas normas regulamentadoras que versam sobre os programas preventivos, NR-07 (PCMSO) e NR-09 (PPRA), surgiram em nosso ordenamento jurídico, no mesmo dia e pelo mesmo órgão ministerial, ante a edição das Portarias SSST-MTb ns. 24 e 25, ambas de 27.12.1994. Quanto ao profissional competente para elaborar o PCMSO, a Secretaria de Segurança e Saúde no Trabalho não teve dúvidas e, acertadamente, deixou expresso ser atribuição exclusiva do Médico Coordenador, Médico do Trabalho integrante ou não do SESMT da empresa, a elaboração do PCMSO, nos termos preconizados pelo item 7.3.1 da NR-07 (PCMSO); somente se admitindo que Médico desprovido de especialização em medicina do trabalho possa elaborar o PCMSO, de forma excepcional e restrita às localidades onde não houver Médico do Trabalho; porém, nunca e em nenhuma hipótese, cogitou a SSST-MTb que o PCMSO pudesse ser elaborado por "pessoa ou equipe de pessoas que, a critério do empregador, fossem capazes de desenvolver o disposto na NR-07 (PCMSO)".

Todavia, de forma absolutamente inusitada e incompreensível, para não dizer ilegal, o aludido órgão ministerial, em item normativo específico (item 9.3.1.1 da NR-09), entendeu que o PPRA poderia ser elaborado por qualquer profissional integrante do SESMT ou, o que é mais grave, "por qualquer pessoa ou equipe de pessoas que, a livre arbítrio patronal, sejam capazes de desenvolver o disposto na NR-09 (PPRA)". Em assim procedendo, a então Secretaria de Segurança e Saúde no Trabalho do MTb, a nosso ver, literalmente desprezou aspectos jurídicos fundamentais.

Seguramente, a competência técnico-profissional, quando expressamente prevista em Lei, como é o caso da inerente ao Engenheiro de Segurança do Trabalho (Lei n. 7.410/1985), não pode ser relegada a mero arbítrio de quem quer que seja, ainda que por meio de dispositivo normativo editado pelo órgão de âmbito nacional competente em segurança e saúde no trabalho, sob pena de malferir dispositivo constitucional específico (inciso XIII do art. 5º da CF-1988) que, ao patentear a igualdade de todos perante a Lei e garantir o livre exercício de qualquer trabalho, ofício ou profissão, *expressamente condicionou que devem ser atendidas as qualificações profissionais que a lei estabelecer*. Destarte, não se admite que a SSST-MTb, à época em que publicou a Portaria disciplinadora do PPRA, desprezasse por inteiro as disposições legais tipificadas na Lei n. 7.410, de 27.11.1985, instituidora das profissões de Engenheiro de Segurança do Trabalho e de Técnico de Segurança do Trabalho e, por conseguinte, deixar explícita a reserva legal desses profissionais para o exercício das atividades típicas de segurança no trabalho. A propósito, o Decreto n. 92.530 de 9.4.1986, ao regulamentar a Lei n. 7.410/1985, estipulou que as atividades profissionais do Engenheiro de Segurança do Trabalho serão objeto de Resolução do Conselho Federal de Engenharia e Agronomia (CONFEA), enquanto as atividades do Técnico de Segurança do Trabalho serão disciplinadas pelo próprio MTE.

Em cumprimento aos ditames do aludido Decreto n. 92.530/1986, o Conselho Federal de Engenharia e Agronomia editou a Resolução CONFEA n. 359 de 31.7.1991 deixando patente que são atividades profissionais típicas do Engenheiro de Segurança do Trabalho, dentre outras, as seguintes:

- supervisionar, coordenar e orientar tecnicamente os serviços de engenharia de segurança do trabalho;
- estudar as condições de segurança dos locais de trabalho das instalações e equipamentos, com vistas especialmente aos problemas de controle de risco, controle de poluição, higiene do trabalho, ergonomia, prática contra incêndio e saneamento;
- planejar e desenvolver a implantação e técnicas relativas a gerenciamento e controle de riscos;
- vistoriar, avaliar, realizar perícias, arbitrar emitir parecer, laudos técnicos e indicar medidas de controle sobre grau de exposição a agentes agressivos de riscos físicos, químicos e biológicos, tais como: poluentes atmosféricos, ruídos, calor, radiação em geral e pressões anormais, caracterizando as atividades, operações e locais insalubres e perigosos; elaborar projetos de sistemas de segurança e assessorar a elaboração de projetos de obras, instalação e equipamentos, opinando do ponto de vista da Engenharia de Segurança;
- estudar instalações, máquinas e equipamentos, identificando seus pontos de riscos e projetando dispositivos de Segurança;
- projetar sistemas de proteção contra incêndios, coordenar atividades de combate a incêndio e de salvamento e elaborar planos para emergência e catástrofes;
- inspecionar locais de trabalho no que se relaciona com a Segurança do Trabalho, delimitando áreas de periculosidade;
- especificar, controlar e fiscalizar sistemas de proteção coletiva e equipamentos de segurança, inclusive os de proteção individual e os de proteção contra incêndio, assegurando-se sua qualidade e eficiência;
- informar aos trabalhadores e à comunidade, diretamente ou por meio de seus representantes, as condições que possam trazer danos a sua integridade e as medidas que eliminam ou atenuam estes riscos e que deverão ser tomadas.

Nesse mesmo sentido, o art. 195 da Consolidação das Leis do Trabalho é preciso ao reservar ao Engenheiro de Segurança do Trabalho e ao Médico do Trabalho a competência legal para a elaboração de laudos técnico-periciais de insalubridade e periculosidade, seja em questões judiciais ou administrativas. Tendo em vista ser inconcebível que a elaboração do PPRA não identifique, adequadamente, os ambientes insalubres e periculosos porventura existentes nos domínios do estabelecimento objeto do programa preventivo em comento e os trabalhadores a eles expostos, não há como se conceber que o PPRA possa ser elaborado por profissional não detentor do título de Engenheiro de Segurança do Trabalho.

Igualmente, o art. 58 da Lei n. 8.213 de 24.7.1991 (Plano de Benefícios da Previdência Social) expressamente definiu que a comprovação da efetiva exposição do empregado-segurado aos agentes nocivos, para fins de concessão de aposentadoria especial, será feita mediante formulário (Perfil Profissiográfico Previdenciário — PPP), na forma estabelecida pelo Instituto Nacional do Seguro Social (INSS), a ser emitido pela empresa ou seu preposto, com base em Laudo Técnico de Condições Ambientais de Trabalho (LTCAT) expedido por médico do trabalho ou engenheiro de segurança do trabalho nos termos da legislação trabalhista.

Importante observar que o Conselho Federal de Engenharia e Agronomia (CONFEA), utilizando de suas atribuições legais de regulamentação profissional, especialmente no que concerne aos ditames da Lei n. 7.410/1985, editou a Resolução CONFEA n. 437, de 27.11.1999, deixando patente a competência técnico-legal do Engenheiro de Segurança do Trabalho, devidamente habilitado como tal perante o Conselho Regional de Engenharia e Agronomia, para a elaboração dos programas técnico-preventivos de segurança no trabalho, merecendo destacar os seguintes:

- Programa de Prevenção de Riscos Ambientais, de que trata o 9.1.1 da NR-09 (PPRA);
- Programa de Condições e Meio Ambiente do Trabalho na Indústria da Construção (PCMAT), previsto no item 18.3 da NR-18 (Condições e Meio Ambiente do Trabalho na Indústria da Construção);
- Laudo de Avaliação ou Análise Ergonômica das Condições de Trabalho, nos termos contidos no item 17.1.2 da NR-17 (Ergonomia);
- Programa de Prevenção da Exposição Ocupacional ao Benzeno (PPEOB), de que trata o Anexo 13-A (Benzeno) da NR-15 (Atividades e Operações Insalubres).

Outrossim, cabe registrar que a citada Resolução CONFEA n. 437/1.999 somente vislumbra a competência técnico-profissional do Técnico de Segurança do Trabalho para elaborar PPRA e PCMAT em situações especiais, cabendo aos CREAs definirem os tipos de empreendimentos econômicos e em função das características do currículo escola do Técnico de Segurança do Trabalho, considerados, em cada caso, os conteúdos das disciplinas que contribuem para sua formação profissional.

Resumindo, impõe-se afirmar que o exame atento das competências profissionais especificadas para o Engenheiro de Segurança do Trabalho e das demais disposições legais antes reportadas leva à inequívoca conclusão jurídica de ser esse profissional legalmente apto a assumir a responsabilidade técnica pela elaboração dos programas técnico-preventivos de segurança do trabalho, não só em relação ao Programa de Prevenção de Riscos Ambientais, a que alude a NR-09 (PPRA), como também para seus congêneres: o Programa de Condições e Meio Ambiente de Trabalho na Indústria da Construção Civil (PCMAT), de que trata a NR-18 (Condições e Meio Ambiente de Trabalho na Indústria da Construção Civil); e o Programa de Gerenciamento de Riscos (PGR), previsto na NR-22 (Segurança e Saúde Ocupacional na Mineração).

Da mesma forma, não se pode perder de vista que segurança no trabalho é uma ciência que lida diretamente com a segurança e a saúde das pessoas, e que alcançou um estágio atual de muita complexidade, posto que evoluiu muito nas últimas décadas de modo que seu exercício profissional exige uma gama de conhecimentos técnico-científicos que passam longe do saber do "leigo".

Registre-se, mais, que aqueles que porventura demonstrarem negligência na observância dos preceitos técnico-preventivos de segurança do trabalho, seja por dolo ou culpa, sujeitar-se-ão a consequências gravíssimas, tanto na esfera penal quanto no tocante à responsabilização cível; daí porque, entendemos ser, no mínimo, temerário entregar a responsabilidade técnica de elaboração de programas técnico-preventivos de segurança do trabalho a quem não é Engenheiro de Segurança do Trabalho, o mesmo se diga em relação aos programas técnico-preventivos de saúde ocupacional (PCMSO e seus congêneres) que devem ficar sempre sob a responsabilidade de um Médico do Trabalho. Assim procedendo, a empresa evitará inúmeros transtornos e prejuízos futuros, por exemplo, em eventuais indenizações acidentárias por danos morais e materiais.

Por último, entendemos ser bastante prudente que a Secretaria de Inspeção do Trabalho do Ministério do Trabalho e Emprego (SIT-MTE) proceda a uma imediata atualização do item 9.3.1.1 da NR-09 (PPRA) para os seguintes termos: "Compete ao Engenheiro de Segurança do Trabalho devidamente habilitado junto ao Conselho Regional de Engenharia e Agronomia (CREA) e, preferencialmente, integrante do Serviço Especializado em Engenharia de Segurança e em Medicina do Trabalho (SESMT) da empresa, a responsabilidade técnica pela elaboração do Programa de Prevenção de Riscos Ambientais (PPRA)."

Doravante, será apresentado o MÓDULO COMPLEMENTAR deste Capítulo, contendo um Modelo meramente sugestivo do PPRA objetivando auxiliar o profissional de segurança e saúde no trabalho iniciante em sua rotina diária. Em seguida, foram reproduzidos os FUNDAMENTOS JURÍDICOS que propiciam o suporte de validade jurídica à temática em apreço, observando-se as ordens hierárquica e cronológica. Ao final, encontra-se igualmente transcrita, de forma integral e atualizada, a correspondente norma regulamentadora de segurança e saúde no trabalho que intitula este Capítulo. Recomenda-se a leitura das Convenções da Organização Internacional do Trabalho (OIT) ns. 115, 119, 120, 134, 136, 139, 148, 152, 155, 159, 161, 162, 164, 170, 174, 176 e 182, no capítulo específico deste livro.

MÓDULO COMPLEMENTAR DO CAPÍTULO 9

RISCOS AMBIENTAIS:

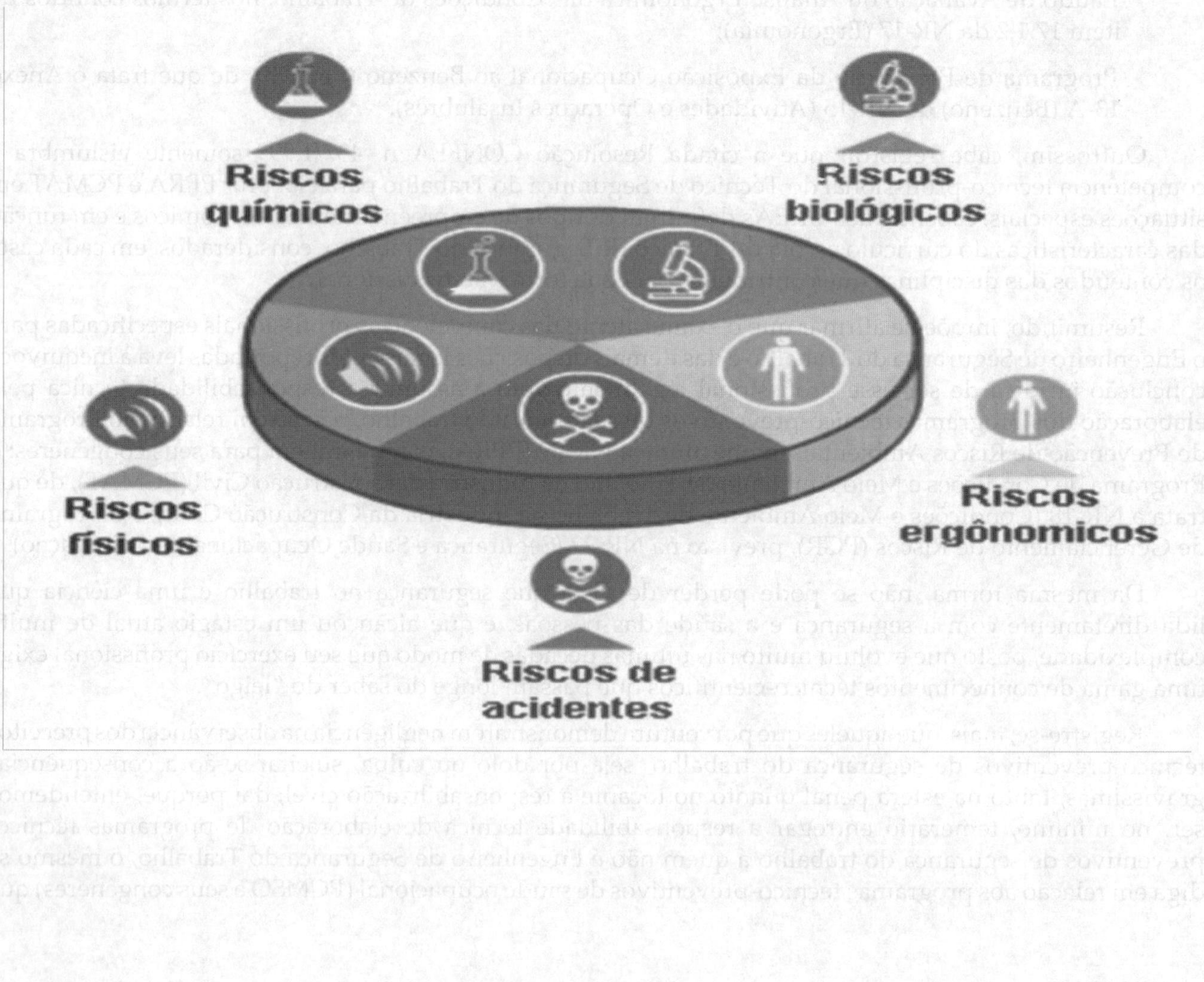

MODELO (SUGESTIVO) DE (PPRA)[1]

DOCUMENTO-BASE — Ano de ____________

IDENTIFICAÇÃO

Empresa: ....

Estabelecimento: ....

Rua/Av.: ....

Bairro: .... Fone: .... Fax: ....

E-mail: .... CEP: .... Cidade: ....

CNPJ: .... CNAE: .... Grau de Risco: ....

Elaborado em: .... Profissional Responsável: ....

QUANTIFICAÇÃO DE EMPREGADOS

Homens: > 45 anos = ...; < 45 e > 18 anos = ...; < 18 anos = ...

Mulheres: > 45 anos = ...; < 45 e > 18 anos = ...; < 18 anos = ...

HORÁRIOS DE TRABALHO

Turno ou Setor	Entrada	Repouso e Alimentação	Saída
I		Às	
II		Às	
III		Às	
IV		Às	
Administrativo		Às	

PLANEJAMENTO ANUAL DO PPRA

OBJETIVO DO PPRA: preservar a saúde e a integridade dos trabalhadores através da antecipação, reconhecimento, avaliação e consequente controle da ocorrência de riscos ambientais existentes ou que venham existir nos locais de trabalho, tendo em consideração a proteção do meio ambiente e dos recursos naturais, conforme estabelece a NR-09 (PPRA), com a redação dada pela Portaria SSST-MTb n. 25 de 29.12.1994, devidamente atualizada pela Portaria MTE n. 1.471 de 24.9.2014.

DIRETRIZES BÁSICAS:

Primeira: o presente PPRA é parte integrante do conjunto mais amplo das iniciativas da empresa no campo da preservação da saúde e da integridade dos trabalhadores, sendo que suas ações serão desenvolvidas sob responsabilidade do empregador, com a participação dos trabalhadores; *segunda:* a abrangência e a profundidade do programa dependerão das características dos riscos ambientais e das necessidades de controle, e o seu desenvolvimento será avaliado pelo menos uma vez ao ano; *terceira:* este documento-base do PPRA e suas alterações e complementações serão apresentadas e discutidas na Comissão Interna de Prevenção de Acidentes (CIPA), quando existente na empresa, e ficarão arquivados à disposição da fiscalização do trabalho.

CONCEITOS BÁSICOS: para fins deste programa consideram-se riscos ambientais os agentes físicos, químicos, biológicos e ergonômicos existentes nos ambientes de trabalho que, em função de sua natureza, concentração ou intensidade e tempo de exposição, são capazes de causar danos à saúde do trabalhador. Os riscos ambientais podem ser assim classificados:

AGENTES FÍSICOS: ruído, vibrações, pressões anormais, temperaturas extremas (frio e calor), radiações ionizantes e não ionizantes, infrassom e ultrassom;

AGENTES QUÍMICOS: substâncias, compostos ou produtos que possam penetrar no organismo através da pele, por ingestão, ou pela via respiratória, nas formas de poeiras, fumos, névoas, neblinas, gases ou vapores;

AGENTES BIOLÓGICOS: bactérias, vírus, fungos, parasitas, bacilos, entre outros;

AGENTES ERGONÔMICOS: incluem aspectos relacionados à organização do trabalho, ao mobiliário, aos equipamentos e às condições ambientais do posto de trabalho, e ao levantamento, transporte e descarga de materiais.

METODOLOGIA DA AÇÃO: o presente programa incluirá as seguintes etapas: reconhecimento dos riscos; estabelecimento de prioridades e metas de avaliação e controle; avaliação dos riscos e da exposição dos trabalhadores; implantação de medidas de controle e avaliação de sua eficácia; monitoramento da exposição aos riscos; registro e divulgação dos dados.

O RECONHECIMENTO DOS RISCOS AMBIENTAIS conterá os seguintes itens, quando aplicáveis: a identificação das possíveis trajetórias e dos meios de propagação dos agentes no ambiente de trabalho; a identificação das funções e determinação do número de trabalhadores expostos; a caracterização das atividades e do tipo de exposição; a obtenção de dados existentes na empresa, indicativos de possível comprometimento da saúde decorrente do trabalho; os possíveis danos à saúde relacionados aos riscos identificados, disponíveis na literatura técnica; e, a descrição das medidas de controle já existentes.

---

(1) Este Modelo básico do PPRA é meramente sugestivo e foi livremente adaptado do que publicado no site: <http://www.saudeetrabalho.com.br>.

METAS:

Primeira: avaliação minuciosa dos locais de trabalho, posto por posto de trabalho, com vistas a reconhecimento de eventuais riscos ambientais existentes;

Segunda: identificar os fatores de riscos ambientais e os fatores humanos que os agravam para elaboração de treinamentos específicos com objetivo de eliminação/ controle;

Terceira: estabelecer parâmetros para avaliações médicas com perfis clínicos e para exames complementares com fins de controles de exposição aos eventuais riscos, especialmente os químicos, físicos e biológicos, além das considerações necessárias com relação a riscos ergonômicos;

Quarta: elaboração de relatórios descritivos das condições ambientais encontradas e suas variações conforme as tarefas realizadas e os riscos intrínsecos;

Quinta: oferecer subsídios e orientações à CIPA nas atividades educativas e preventivas, para participação mais eficaz na prevenção da integridade e saúde do trabalhador.

PRIORIDADES:

Primeira: avaliação física dos ambientes de trabalho e confecção de documento que embase real conhecimento das condições físicas dos ambientes de trabalho e seus eventuais fatores agressivos com respectivas propostas de correção;

Segunda: análise da organização do trabalho buscando os fatores humanos dinâmicos de cada uma das tarefas realizadas;

Terceira: identificação de eventuais tarefas repetitivas de caráter nocivo ou geradoras de fadiga aos trabalhadores e correspondentes propostas corretivas;

Quarta: oferecer subsídios ao Programa de Controle Médico de Saúde Ocupacional (PCMSO) para planejamento de avaliações médicas direcionadas à identificação e quantificação de eventuais alterações do estado de saúde do trabalhador, preferentemente ainda em estágios subclínicos.

Quinta: pesquisar e analisar danos à saúde dos trabalhadores pela análise de Comunicações de Acidentes do Trabalho (CAT), afastamentos por doença (atestados médicos) e entrevistas informais com os trabalhadores durante as visitas técnicas aos locais de trabalho.

CRONOGRAMA: tendo em vista a racionalização das atividades antes expostas, serão efetivadas as seguintes etapas:

MARÇO de ________ Inspeção e levantamento descritivo dos ambientes físicos de cada setor, com especificação e quantificação de tarefas em cada posto de trabalho e análise e descrição da organização do trabalho, e reconhecimento e registro dos riscos ambientais existentes.

ABRIL de ________ Elaboração e divulgação dos resultados até então obtidos à empresa.

MAIO de ________ Apresentação para apreciação da CIPA que registrará a análise em ata de reunião ordinária, emitindo eventuais pedidos de esclarecimento ou providências, quando julgar necessárias.

JUNHO de ________ Mensurações de eventuais riscos ambientais, físicos ou químicos, que exijam avaliações quantitativas.

JULHO de ________ Atualização do PPRA com a inclusão dos riscos ambientais diagnosticados.

AGOSTO de ________ Avaliação dos dados obtidos para a quantificação de eventuais índices de exposição ou diagnósticos de doenças ocupacionais.

SETEMBRO de ________ Formalização dos treinamentos indicados e indicação de temas importantes para a SIPAT.

OUTUBRO de ________ Reavaliação das medidas de controle estabelecidas e controle de sua eficácia.

NOVEMBRO de ________ Elaboração de Laudo de Avaliação de Riscos Ambientais, em conformidade com as NR-15 e 16, da Portaria MTb n. 3.214/1978.

OBSERVAÇÃO: Mensalmente serão feitas verificações dos locais de trabalho, facultada e estimulada a participação de CIPEIROS, com verificação do andamento das medidas propostas.

REGISTRO DE DADOS: As etapas desenvolvidas serão registradas em relatórios que complementarão este documento-base. O registro de dados será estruturado de forma a constituir um histórico técnico e administrativo do desenvolvimento do PPRA, sendo que os dados serão mantidos por um período mínimo de 20 (vinte) anos. A divulgação dos dados, no conjunto, será realizada via Comissão Interna de Prevenção de Acidentes (CIPA), quando existente na empresa, que receberá cópias de todos os documentos produzidos e os registrará em atas de reunião ordinária. O registro de dados estará sempre disponível aos trabalhadores interessados ou seus representantes e para as autoridades competentes.

RECONHECIMENTO DOS RISCOS AMBIENTAIS

Setor : ______________________________

1. RUÍDO CONTÍNUO:

( ) Não há ruído contínuo intenso no ambiente.

( ) Aparenta haver ruído contínuo intenso no ambiente com as seguintes fontes geradoras prováveis:

1 —	2 —
Trajetórias / meios de propagação:	

Tipo de exposição (tempo): Contínua Intermitente:___ / 8 horas

Nota:
Trabalhadores expostos (Ponto de Trabalho):

2. RUÍDO DE IMPACTO:

( ) Não há ruído de impacto intenso no ambiente.

( ) Aparenta haver ruído de impacto no ambiente com as seguintes fontes geradoras prováveis:

1 –	2 –
Trajetórias / meios de propagação:	

Tipo de exposição (tempo): Contínua Intermitente:___ / 8 horas

Nota:
Trabalhadores expostos (Ponto de Trabalho):

3. CALOR:

( ) Temperatura ambiente satisfatória.

( ) Temperatura ambiente elevada

Ventilação:
Natural:
Artificial:

( ) Não há fontes geradoras de calor.

( ) Há as seguintes fontes geradoras de calor:

1 –	2 –

4. RADIAÇÕES IONIZANTES:

( ) Não há fontes geradoras de radiações ionizantes.

( ) Há as seguintes fontes geradoras de radiações ionizantes:

1 –	2 –
Uso de dosímetro	

5. CONDIÇÕES HIPERBÁRICAS:

( ) Não há trabalho sob pressão acima da atmosférica.

( ) Há trabalhos sob pressão acima da atmosférica, nas seguintes condições:

1 –	2 –

6. RADIAÇÕES NÃO IONIZANTES:

( ) Não há fontes dessas radiações.

( ) Há as seguintes fontes produtoras dessas radiações:

1 –	2 –

7. VIBRAÇÕES:

( ) Não há fontes produtoras de vibrações.

( ) Há as seguintes fontes produtoras de vibrações:

1 –	2 –

8. FRIO:

( ) Não há trabalho em temperaturas inferiores às do ambiente.

( ) Há trabalho em temperaturas inferiores às do ambiente conforme abaixo:

1 –	2 –
Temperatura:	Temperatura:

9. UMIDADE:

( ) Não há áreas encharcadas, permanentemente molhadas ou líquidos em condições continuadas de aspersão.

( ) Há umidade excessiva no(s) seguinte(s) ponto(s) de trabalho:

1 —	2 —

10. AGENTES QUÍMICOS

( ) Não há exposição aos agentes químicos.

( ) Há exposição aos seguintes agentes relacionados:

Ponto de Trabalho	Agente
1 —	

11. POEIRAS MINERAIS:

( ) Não há exposição Poeiras Minerais.

( ) Há exposição às seguintes Poeiras Minerais:

Ponto de Trabalho	Agente
1 —	

12. AGENTES BIOLÓGICOS :

( ) Não há exposição a agentes biológicos na forma prevista no Anexo n. 14 da NR-15.

( ) Há exposição aos seguintes agentes biológicos:

Ponto de Trabalho	Agente
1 —	

13. ATIVIDADES E OPERAÇÕES PERIGOSAS:

A — EXPLOSIVOS:

( ) Não há áreas de risco para esses agentes.

( ) Há áreas de risco para os seguintes agentes:

Ponto de Trabalho	Agente
1 —	

B — INFLAMÁVEIS:

( ) Não há áreas de risco para esses agentes.

( ) Há áreas de risco para os seguintes agentes:

Ponto de Trabalho	Agente
1 —	

C — ELETRICIDADE:

( ) Não há áreas de risco para esses agentes.

( ) Há áreas de risco para os seguintes agentes:

Ponto de Trabalho	Agente
1 —	

D — TRABALHOS DE VIGILÂNCIA:

( ) Não há áreas de risco para essa atividade.

( ) Há áreas de risco para essa atividades:

Ponto de Trabalho	Agente
1 —	

E — TRABALHO COM USO DE MOTOCICLETA:

( ) Não há áreas de risco para essa atividade.

( ) Há áreas de risco para essa atividade:

Ponto de Trabalho	Agente
1 —	

F — RADIAÇÃO IONIZANTE(2):

( ) Não há áreas de risco para esses agentes.

( ) Há áreas de risco para os seguintes agentes:

Ponto de Trabalho	Agente
1 —	

14. ERGONOMIA

A — LEVANTAMENTO E TRANSPORTE DE MATERIAIS:

( ) Não há.

Há para os seguintes postos de trabalho:

Ponto de trabalho	Mesa/Bancada	Assentos	Comandos
1 —			

B — MOBILIÁRIO:

Ponto de trabalho	Mesa/Bancada	Assentos	Comandos
1 —			

C — EQUIPAMENTOS DE TRABALHO

Ponto de trabalho	Mesa/Bancada	Assentos	Comandos
1 —			

D — ILUMINAMENTO:

Aparentemente:

( ) Satisfatório

( ) Insuficiente.

Portas/janelas/aberturas/telhas	Área (m^2)
1 —	

E — ORGANIZAÇÃO DO TRABALHO QUANTO A:

— normas de produção:
— o modo operatório:
— exigência de tempo:
— a determinação do conteúdo de tempo:
— o ritmo de trabalho:
— o conteúdo das tarefas:
— o sistema de avaliação:

(2) Há controvérsias acerca do enquadramento legal das radiações ionizantes como atividades perigosas; a propósito, veja-se o Capítulo 16: *Atividades e Operações Perigosas,* deste Manual.

15. EDIFICAÇÕES

Paredes construídas em metros	Pisos de:
Estrutura da cobertura:	Telhas:
Laje/forro:	Cor do teto:
Aberturas de iluminação:	Ventilação:
Revestimento das paredes internas:	Externas:
Divisões Internas. Material:	Altura:
Escadas/Rampas/Passagens/Mezaninos/Canaletas:	

16. INSTALAÇÕES ELÉTRICAS

FIAÇÃO ELÉTRICA: toda embutida em eletrodutos, com quadros de distribuição protegidos com tampas, caixas individuais de chave geral para cada máquina com disjuntor magnético individual, com proteções contra contatos acidentais, devidamente sinalizadas, com tomadas de força de dimensionamento e número adequados, destinadas uma para cada equipamento.

Fios:
Máquinas/Equipamentos elétricos:
Aterramento:
Manutenção elétrica:

17. MÁQUINAS

DISTANCIAMENTO
Entre máquinas:
Máquina/parede:
Áreas de circulação:
Vias de circulação:
Dispositivos de acionamento e chaves gerais individuais:
Proteções de partes móveis e transmissões
Proteções contra rupturas e partículas:
Motosserras/Cilindros de massa:

18. CALDEIRAS

( ) Não há caldeiras no estabelecimento.

( ) Há as seguintes caldeiras no estabelecimento:

PROTUÁRIOS
Projeto Mecânico:
Projeto Civil da Casa de Caldeira:
Projeto de Instalação:
Relatório Anual de Inspeção: (último) em
Teste Hidrostático: (último) em
CALDEIRA
Placa de Identificação:
Indicação de Categoria: Manual de Operação:
Controle de Qualidade da Água
Iluminação de Emergência

Registros de Segurança: última anotação: / / .

última assinatura: / /

OPERADORES DE CALDEIRAS
Número:
Qualificação:

19. VASOS DE PRESSÃO

( ) Não há vasos de pressão no estabelecimento.

( ) Há as seguintes vasos de pressão no estabelecimento:

PROTUÁRIOS
Projeto Mecânico:
Projeto de Instalação:
Relatório Anual de Inspeção: (último) em
Teste Hidrostático: (último) em
CALDEIRA
Placa de Identificação:
Indicação de Categoria:
Manual de Operação:
Manômetro
Purgador

Registros de Segurança: última anotação: / / .

última assinatura: / / .

OPERADORES DE VASOS DE PRESSÃO
Número:
Qualificação:

20. FORNOS

( ) Não há fornos no estabelecimento.

( ) Há as seguintes fornos no estabelecimento:

Modelo/Marca:
Combustível:
Projeto de Instalação:
Instalação Elétricas/GLP/Óleo:

21. TRABALHOS A CÉU ABERTO

( ) Não há trabalhos a céu aberto no estabelecimento.

( ) Há trabalhos a céu aberto com as seguintes condições:

Abrigos contra intempéries:
Água potável:
Sanitários:
Local de alimentação:
EPIs específicos

22. PROTEÇÃO CONTRA INCÊNDIO

( ) Não há Brigada de Incêndio no estabelecimento.

( ) Há uma Brigada de Incêndio no estabelecimento com ___________ participantes, com último treinamento realizado em / / .

EXTINTORES

	TIPO	QUANTIDADE	TAMANHO
Espuma			
Pó químico seco			
Água-gás			
Ága pressurizada			
Gás carbono			
Sinalização:			
Distância:			
Etiquetas de identificação:			
Fichas de Controle de Inspeção:			
Hidrantes:			

23. CONDIÇÕES SANITÁRIAS

CONJUNTOS SANITÁRIOS

	Masculino	Feminino
Número de gabinetes		
Número de lavatórios		
Área		
Paredes		
Pisos		
Limpeza		

BANHEIROS

	Masculino	Feminino
Número de chuveiros		
Área		
Paredes		
Pisos		
Limpeza		

VESTIÁRIOS

	Masculino	Feminino
Número		
Número de armários		
Área		
Paredes		
Pisos		
Limpeza		

LOCAIS DE REFEIÇÃO

Local de instalação:
Mesas de Assentos:
Pisos:
Iluminação:
Ventilação:
Lavatórios:
Pias:
Água potável
Aquecedor de refeições
Cozinha:
Alojamentos:
Água potável:
Área de lazer:

24. RESÍDUOS INDUSTRIAIS

Sólidos:
Líquidos:

25. SINALIZAÇÃO DE SEGURANÇA

Cores:
Rotulagem Preventiva:

26. COMISSÃO INTERNA DE PREVENÇÃO DE ACIDENTES (CIPA)

( ) Regularmente constituída e operante.

( ) Irregular.

( ) CIPEIROS possuem Curso de Prevenção de Acidentes do Trabalho (item 5.3.3 da NR-05).

( ) CIPEIROS não possuem Curso de Prevenção de Acidentes do Trabalho.

27. SERVIÇO ESPECIALIZADO EM ENGENHARIA DE SEGURANÇA E MEDICINA DO TRABALHO (SESMT)

( ) Não exigido para o grau de risco e número de empregados.

( ) Regularmente constituído e Registrado no MTE.

( ) Irregular.

28. ACIDENTES E AFASTAMENTOS NOS ÚLTIMOS DOIS ANOS

Data	Causas
1 —	

29. MEDIDAS DE CONTROLE JÁ EXISTENTES

Agente	Medida
1 —	

30. EQUIPAMENTO DE PROTEÇÃO INDIVIDUAL (EPI) EM USO

1 —

RESPONSÁVEL TÉCNICO

NOME / ASSINATURA:	
CRM/CREA:	

FUNDAMENTOS JURÍDICOS DO CAPÍTULO 9

NR-09: PPRA — PROGRAMA DE PREVENÇÃO DE RISCOS AMBIENTAIS *(redação dada pela Portaria SSST-MTb n. 25 de 29.12.1994, atualizada até a edição da Portaria MTE-GM n. 1.471 de 24.9.2014). Arts. 5º, inciso XIII, e 7º, incisos XXII, XXIII, XXVIII e XXXIII, da CF-1988. Arts. 175 a 178 e 200, incisos V e VI, da CLT. Art. 58 da Lei n. 8.213/1991. Convenções OIT ns. 115, 119, 120, 134, 136, 139, 148, 152, 155, 159, 161, 162, 164, 170, 174, 176 e 182; Resoluções CONFEA ns. 359 de 31.7.1991 e 437 de 27.11.1999; item 5.16 — Mapa de Riscos Ambientais (MRA) da NR-05 (CIPA); item 7.2.1 da NR-07 (PCMSO); item 18.3 — Programa de Condições e Meio Ambiente de Trabalho na Indústria da Construção (PCMAT), da NR-18 (Condições e Meio Ambiente de Trabalho na Indústria da Construção); item 22.3.7 — Programa de Gerenciamento de Riscos (PGR), da NR-22 (Segurança e Saúde Ocupacional na Mineração); item 29.6.6 — Plano de Controle de Emergência (PCE) e Plano de Ajuda Mútua (PAM), ambos da NR-29 (Segurança e Saúde no Trabalho Portuário); itens 30.4 — Grupo de Segurança e Saúde no Trabalho a Bordo das Embarcações (GSSTB) e 30.5 — PCMSO do Trabalho Aquaviário, ambos da NR-30 (Segurança e Saúde no Trabalho Aquaviário); item 31.5 — Gestão de Segurança, Saúde e Meio Ambiente de Trabalho Rural, da NR-31 (Segurança e Saúde no Trabalho na Agricultura, Pecuária, Silvicultura, Exploração Florestal e Aquicultura); itens 32.2.3.4 (PPRA) e 32.3.5 (PCMSO), ambos da NR-32 (Segurança e Saúde no Trabalho em Serviços de Saúde); item 33.3 — Gestão de Segurança, Saúde nos Trabalhos em Espaços Confinados, da NR-33 (Segurança e Saúde nos Trabalhos em Espaços Confinados); e, item 36.12 — Programas de Prevenção dos Riscos Ambientais e de Controle Médico de Saúde Ocupacional, da NR-36 (Segurança e Saúde no Trabalho em Empresas de Abate e Processamento de Carnes e Derivados).*

CONSTITUIÇÃO DA REPÚBLICA FEDERATIVA DO BRASIL
(Atualizada até a edição da Emenda Constitucional n. 85 de 26.2.2015)

Título II: **Dos Direitos e Garantias Fundamentais** (Arts. 5º a 17)

Capítulo I: **Dos Direitos e Deveres Individuais e Coletivos** (Art. 5º)

Art. 5º Todos são iguais perante a lei, sem distinção de qualquer natureza, garantindo-se aos brasileiros e aos estrangeiros residentes no País a inviolabilidade do direito à vida, à liberdade, à igualdade, à segurança e à propriedade, nos termos seguintes:

(...)

XIII — é livre o exercício de qualquer trabalho, ofício ou profissão, atendidas as qualificações profissionais que a lei estabelecer;

(...)

Capítulo II: Dos Direitos Sociais (Arts. 6º a 11)

Art. 7º São direitos dos trabalhadores urbanos e rurais[3], além de outros que visem à melhoria de sua condição social:

XXII — redução dos riscos inerentes ao trabalho, por meio de normas de saúde, higiene e segurança;

XXIII — adicional de remuneração para as atividades penosas, insalubres ou perigosas, na forma da lei;

XXVIII — seguro contra acidentes de trabalho, a cargo do empregador, sem excluir a indenização a que este está obrigado, quando incorrer em dolo ou culpa;

XXXIII — proibição de trabalho noturno, perigoso ou insalubre a menores de dezoito e de qualquer trabalho a menores de dezesseis anos, salvo na condição de aprendiz, a partir de quatorze anos.

NORMAS JURÍDICAS INFRACONSTITUCIONAIS

CONSOLIDAÇÃO DAS LEIS DO TRABALHO
(Decreto-lei n. 5.452 de 1º.5.1943, com a redação dos arts. 154 a 201 CLT dada pela Lei n. 6.514 de 22.12.1977, atualizada até a edição da Lei n. 13.103 de 2.3.2015)

Título II: **Das Normas Gerais de Tutela do Trabalho** (Arts. 13 a 223 da CLT)

Capítulo V: **Da Segurança e da Medicina do Trabalho** (Arts. 154 a 201 da CLT)[4]

Seção VII: **DA ILUMINAÇÃO** (Art. 175 da CLT)[5]

Art. 175. Em todos os locais de trabalho deverá haver iluminação adequada, natural ou artificial, apropriada à natureza da atividade.

§ 1º A iluminação deverá ser uniformemente distribuída, geral e difusa, a fim de evitar ofuscamento, reflexos incômodos, sombras e contrastes excessivos.

§ 2º O Ministério do Trabalho e Emprego estabelecerá os níveis mínimos de iluminação a serem observados.

---

(3) Especificamente em relação aos Servidores Públicos Federais (submetidos ao Regime Jurídico Único da Lei n. 8.112/1990) dispõe o § 3º do art. 39 da CF-1988 que: "Aplica-se aos servidores ocupantes de cargo público o disposto no art. 7º, IV, VII, VIII, IX, XII, XIII, XV, XVI, XVII, XVIII, XIX, XX, XXII e XXX, podendo a lei estabelecer requisitos diferenciados de admissão quando a natureza do cargo o exigir".

(4) A Lei n. 6.514 de 22.12.1977 propiciou a redação dos arts. 154 a 201 da CLT, observadas as atualizações legais até a edição da Lei n. 13.103 de 2.3.2015.

(5)A NR-09 (PPRA) disciplina os arts. 175 a 178 e 200, incisos V e VI, da CLT.

Seção VIII: **DO CONFORTO TÉRMICO** (Arts. 176 a 178 da CLT)

Art. 176. Os locais de trabalho deverão ter ventilação natural, compatível com o serviço realizado.

Parágrafo único. A ventilação artificial será obrigatória sempre que a natural não preencha as condições de conforto térmico.

Art. 177. Se as condições de ambiente se tornarem desconfortáveis, em virtude de instalações geradoras de frio ou de calor, será obrigatório o uso de vestimenta adequada para o trabalho em tais condições ou de capelas, anteparos, paredes duplas, isolamento térmico e recursos similares, de forma que os empregados fiquem protegidos contra as radiações térmicas.

Art. 178. As condições de conforto térmico dos locais de trabalho devem ser mantidas dentro dos limites fixados pelo Ministério do Trabalho e Emprego.

Seção XV: **DAS OUTRAS MEDIDAS ESPECIAIS DE PROTEÇÃO** (Art. 200 da CLT)

Art. 200. Cabe ao Ministério do Trabalho e Emprego estabelecer disposições complementares às normas de que trata este Capítulo, tendo em vista as peculiaridades de cada atividade ou setor de trabalho, especialmente sobre: (...)

V — proteção contra insolação, calor, frio, umidade e ventos, sobretudo no trabalho a céu aberto com provisão, quanto a este, de água potável, alojamento e profilaxia de endemias;

VI — proteção do trabalhador exposto a substâncias químicas nocivas, radiações ionizantes e não-ionizantes, ruídos, vibrações e trepidações ou pressões anormais ao ambiente de trabalho, com especificação das medidas cabíveis para eliminação ou atenuação desses efeitos, limites máximos quanto ao tempo de exposição, à intensidade da ação ou de seus efeitos sobre o organismo do trabalhador, exames médicos obrigatórios, limites de idade, controle permanente dos locais de trabalho e das demais exigências que se façam necessárias.

Lei n. 7.410 de 27.11.1985

(Dispõe sobre a especialização de Engenheiros e Arquitetos em Engenharia de Segurança do Trabalho e a profissão de Técnico de Segurança do Trabalho)

Art. 1º O exercício da especialização de Engenheiro de Segurança do Trabalho será permitido, exclusivamente:

I — ao Engenheiro ou Arquiteto, portador de certificado de conclusão de curso de especialização em Engenharia de Segurança do Trabalho, a ser ministrado no País, em nível de pós-graduação;

II — ao portador de certificado de curso de especialização em Engenharia de Segurança do Trabalho, realizado em caráter prioritário, pelo Ministério do Trabalho;

III — ao possuidor de registro de Engenheiro de Segurança do Trabalho, expedido pelo Ministério do Trabalho, até a data fixada na regulamentação desta Lei.

Parágrafo único. O curso previsto no inciso I deste artigo terá o currículo fixado pelo Conselho Federal de Educação, por proposta do Ministério do Trabalho e Emprego, e seu funcionamento determinará a extinção dos cursos de que trata o inciso II, na forma da regulamentação a ser expedida.

Art. 2º O exercício da profissão de Técnico de Segurança do Trabalho será permitido, exclusivamente:

I — ao portador de certificado de conclusão de curso Técnico de Segurança do Trabalho, a ser ministrado no País, em estabelecimentos de ensino de 2º grau;

I — ao portador de certificado de conclusão de curso de Supervisor de Segurança do Trabalho, realizado em caráter prioritário pelo Ministério do Trabalho e Emprego;

II — ao possuidor de registros de Supervisor de Segurança do Trabalho, expedido pelo Ministério do Trabalho, até data fixada na regulamentação desta lei.

Parágrafo único. O curso previsto no inciso I deste artigo terá o currículo fixado pelo Ministério da Educação, por proposta do Ministério do Trabalho e Emprego, e seu funcionamento determinará a extinção dos cursos de que trata o inciso II, na forma da regulamentação a ser expedida.

Art 3º O exercício da atividade de Engenheiros e Arquitetos na especialização de Engenharia de Segurança do Trabalho dependerá de registro em Conselho Regional de Engenharia e Agronomia, após a regulamentação desta Lei, e o de Técnico de Segurança do Trabalho, após o registro no Ministério do Trabalho e Emprego[6].

Art. 4º O Poder Executivo regulamentará esta Lei no prazo de 120 (centro e vinte) dias, contados de sua publicação[7].

Art. 5º Esta lei entra em vigor na data de sua publicação.

Art. 6º Revogam-se as disposições em contrário.

Lei n. 8.213 de 24.7.1991

(Plano de Benefícios da Previdência Social)

Art. 58. A relação dos agentes nocivos químicos, físicos e biológicos ou associação de agentes prejudiciais à saúde ou à integridade física, considerados para fins de concessão da aposentadoria especial de que trata o artigo anterior, será definida pelo Poder Executivo.

§ 1º A comprovação da efetiva exposição do segurado aos agentes nocivos será feita mediante formulário, na forma estabelecida pelo Instituto Nacional do Seguro Social — INSS, emitido pela empresa ou seu preposto, com base em laudo técnico de condições ambientais do trabalho expedido por médico do trabalho ou engenheiro de segurança do trabalho nos termos da legislação trabalhista.

---

(6) Ver Resolução do Conselho Federal de Engenharia e Agronomia (CONFEA) n. 359/91; e NR-27 (REGISTRO PROFISSIONAL DO TÉCNICO DE SEGURANÇA DO TRABALHO NO MINISTÉRIO DO TRABALHO E EMPREGO).

(7) Ver Decreto n. 92.530 de 9.4.1986, que regulamentou a Lei n. 7.410 de 27.11.1985.

§ 2º Do laudo técnico referido no parágrafo anterior deverão constar informação sobre a existência de tecnologia de proteção coletiva que diminua a intensidade do agente agressivo a limites de tolerância e recomendação sobre a sua adoção pelo estabelecimento respectivo.

§ 3º A empresa que não mantiver laudo técnico atualizado com referência aos agentes nocivos existentes no ambiente de trabalho de seus trabalhadores, ou que emitir documento de comprovação de efetiva exposição em desacordo com o respectivo laudo, estará sujeita à penalidade prevista no art. 133 desta Lei.

§ 4º A empresa deverá elaborar e manter atualizado perfil profissiográfico, abrangendo as atividades desenvolvidas pelo trabalhador e fornecer a este, quando da rescisão do contrato de trabalho, cópia autêntica deste documento.

NORMAS JURÍDICAS INFRALEGAIS

Decreto n. 92.530 de 9.4.1986
(Regulamenta a Lei n. 7.410 de 27.11.1985)

Art. 1º O exercício da especialização de Engenheiro de Segurança do Trabalho é permitido exclusivamente:

I — ao Engenheiro ou Arquiteto, portador de certificado de conclusão de curso de especialização em Engenharia de Segurança do Trabalho, em nível de pós-graduação;

II — ao portador de certificado de curso de especialização em Engenharia de Segurança do Trabalho, realizado em caráter prioritário, pelo Ministério do Trabalho;

III — ao possuidor de registro de Engenheiro de Segurança do Trabalho, expedido pelo Ministério do Trabalho dentro de 180 dias da extinção do curso referido no item anterior.

Art. 2º O exercício da profissão de Técnico de Segurança do Trabalho é permitido, exclusivamente:

I — ao portador de certificado de conclusão de Curso de Técnico de Segurança do Trabalho ministrado no País em estabelecimento de ensino de 2º grau;

II — ao portador de certificado de conclusão de curso de Supervisor de Segurança do Trabalho, realizado em caráter prioritário pelo Ministério do Trabalho;

III — ao possuidor de registro de Supervisor de Segurança do Trabalho, expedido pelo Ministério do Trabalho até 180 dias da extinção do curso referido no item anterior.

Art. 3º O Ministério da Educação, dentro de 120 dias, por proposta do Ministério do Trabalho, fixará os currículos básicos do curso de especialização em Engenharia de Segurança do Trabalho, e do curso de Técnico de Segurança do Trabalho, previstos no item I do art. 1º e no item I do art. 2º.

§ 1º O funcionamento dos cursos referidos neste artigo determinará a extinção dos cursos de que tratam o item II do art. 1º e no item do art. 2º.

§ 2º Até que os cursos previstos neste artigo entrem em funcionamento, o Ministério do Trabalho poderá autorizar, em caráter excepcional, que tenham continuidade os cursos mencionados no parágrafo precedente, os quais deverão adaptar-se aos currículos aprovados pelo Ministério da Educação.

Art. 4º As atividades dos Engenheiros e Arquitetos especializados em Engenharia de Segurança do Trabalho serão definidas pelo Conselho Federal de Engenharia e Agronomia (CONFEA), no prazo de 60 dias após a fixação dos currículos de que trata o art. 3º pelo Ministério da Educação, ouvida a Secretaria de Segurança e Medicina do Trabalho — SSMT (atual SIT-MTE).

Art. 5º O exercício da atividade de Engenheiros e Arquitetos, na especialidade de Engenharia de Segurança do Trabalho, depende de registro no Conselho Regional de Engenharia e Agronomia (CREA).

Art. 6º As atividades de Técnico de Segurança do Trabalho serão definidas pelo Ministério do Trabalho, no prazo de 60 dias, após a fixação do respectivo currículo escolar pelo Ministério da Educação, na forma do art. 3º.

Art. 7º O exercício da profissão de Técnico de Segurança do Trabalho depende de registro no Ministério do Trabalho.

Art. 8º O Ministério da Administração, em articulação com o Ministério do Trabalho, promoverá, no prazo de 90 dias a partir da vigência deste Decreto, estudos para a criação de categoria funcionais e os respectivos quadros do Grupo — Engenharia e Segurança do Trabalho.

Art. 9º Este Decreto entrará em vigor na data de sua publicação.

Art. 10. Revogam-se as disposições em contrário.

Portaria MTE-GM n. 3.275 de. 21.9.1989
(Define as atividades do Técnico de Segurança do Trabalho)

Art. 1º As atividades do Técnico de Segurança do Trabalho são as seguintes:

I — informar o empregador, através de parecer técnico, sobre os riscos exigentes nos ambientes de trabalho, bem como orientá-los sobre as medidas de eliminação e neutralização;

II — informar os trabalhadores sobre os riscos da sua atividade, bem como as medidas de eliminação e neutralização;

III — analisar os métodos e os processos de trabalho e identificar os fatores de risco de acidentes do trabalho, doenças profissionais e do trabalho e a presença de agentes ambientais agressivos ao trabalhador, propondo sua eliminação ou seu controle;

IV — executar os procedimentos de segurança e higiene do trabalho e avaliar os resultados alcançados, adequando-os estratégias utilizadas de maneira a integrar o processo prevencionista em uma planificação, beneficiando o trabalhador;

V — executar programas de prevenção de acidentes do trabalho, doenças profissionais e do trabalho nos ambientes de trabalho, com a participação dos trabalhadores, acompanhando e avaliando seus resultados, bem como sugerindo constante atualização dos mesmos estabelecendo procedimentos a serem seguidos;

VI — promover debates, encontros, campanhas, seminários, palestras, reuniões, treinamentos e utilizar outros recursos de ordem didática e pedagógica com o objetivo de divulgar as normas de segurança e higiene do trabalho, assuntos técnicos, visando evitar acidentes do trabalho, doenças profissionais e do trabalho;

VII — executar as normas de segurança referentes a projetos de construção, aplicação, reforma, arranjos físicos e de fluxos, com vistas à observância das medidas de segurança e higiene do trabalho, inclusive por terceiros;

VIII — encaminhar aos setores e áreas competentes normas, regulamentos, documentação, dados estatísticos, resultados de análises e avaliações, materiais de apoio técnico, educacional e outros de divulgação para conhecimento e auto-desenvolvimento do trabalhador;

IX — indicar, solicitar e inspecionar equipamentos de proteção contra incêndio, recursos audiovisuais e didáticos e outros materiais considerados indispensáveis, de acordo com a legislação vigente, dentro das qualidades e especificações técnicas recomendadas, avaliando seu desempenho;

X — cooperar com as atividades do meio ambiente, orientando quanto ao tratamento e destinação dos resíduos industriais, incentivando e conscientizando o trabalhador da sua importância para a vida;

XI — orientar as atividades desenvolvidas por empresas contratadas, quanto aos procedimentos de segurança e higiene do trabalho previstos na legislação ou constantes em contratos de prestação de serviço;

XII — executar as atividades ligadas à segurança e higiene do trabalho utilizando métodos e técnicas científicas, observando dispositivos legais e institucionais que objetivem a eliminação, controle ou redução permanente dos riscos de acidentes do trabalho e a melhoria das condições do ambiente, para preservar a integridade física e mental dos trabalhadores;

XIII — levantar e estudar os dados estatísticos de acidentes do trabalho, doenças profissionais e do trabalho, calcular a frequência e a gravidade destes para ajustes das ações prevencionistas, normas regulamentos e outros dispositivos de ordem técnica, que permitam a proteção coletiva e individual;

XIV — articular-se e colaborar com os setores responsáveis pelos recursos humanos, fornecendo-lhes resultados de levantamento técnicos de riscos das áreas e atividades para subsidiar a adoção de medidas de prevenção a nível de pessoal;

XV — informar os trabalhadores e o empregador sobre as atividades insalubre, perigosas e penosas existentes na empresa, seus riscos específicos, bem como as medidas e alternativas de eliminação ou neutralização dos mesmos;

XVI — avaliar as condições ambientais de trabalho e emitir parecer técnico que subsidie o planejamento e a organização do trabalho de forma segura para o trabalhador;

XVII — articular-se e colaborar com os órgãos e entidades ligados à prevenção de acidentes do trabalho, doenças profissionais e do trabalho;

XVIII — particular de seminários, treinamento, congressos e cursos visando o intercâmbio e o aperfeiçoamento profissional.

Art. 2º As dúvidas suscitadas e os casos omissos serão dirimidos pela Secretaria de Segurança e Medicina do Trabalho.

Art. 3º Esta Portaria entra em vigor na data de sua publicação, revogadas as disposições em contrário.

RESOLUÇÃO CONFEA n. 359 de 31.7.1991.

(Dispõe sobre o exercício profissional, o registro e as atividades do Engenheiro de Segurança do Trabalho e dá outras providências).

Art. 1º O exercício da especialização de Engenheiro de Segurança do Trabalho é permitido, exclusivamente:

I — ao Engenheiro ou Arquiteto, portador de certificado de conclusão de curso de especialização, a nível de pós-graduação, em Engenharia de Segurança do Trabalho;

II — ao portador de certificado de curso de especialização em Engenharia de Segurança do Trabalho, realizado em caráter prioritário pelo Ministério do Trabalho;

III — ao portador de registro de Engenharia de Segurança do Trabalho, expedido pelo Ministério do Trabalho, dentro de 180 (cento e oitenta) dias da extinção do curso referido no item anterior.

Parágrafo único. A expressão Engenheiro é específica e abrange o universo sujeito à fiscalização do CONFEA, compreendido entre os arts. 2º e 22, inclusive, da Resolução CONFEA n. 218/73.

Art. 2º Os Conselhos Regionais concederão o Registro dos Engenheiros de Segurança do Trabalho, procedendo à anotação nas carteiras profissionais já expedidas.

Art. 3º Para o registro, só serão aceitos certificados de cursos de pós-graduação acompanhados do currículo cumprido, de conformidade com o Parecer n. 19/87, do Conselho Federal de Educação.

Art. 4º As atividades dos Engenheiros e Arquitetos, na especialidade de Engenharia de Segurança do Trabalho, são as seguintes:

1 — Supervisionar, coordenar e orientar tecnicamente os serviços de Engenharia de Segurança do Trabalho;

2 — Estudar as condições de segurança dos locais de trabalho e das instalações e equipamentos, com vistas especialmente aos problemas de controle de risco, controle de poluição, higiene do trabalho, ergonomia, proteção contra incêndio e saneamento;

3 — Planejar e desenvolver a implantação de técnicas relativas a gerenciamento e controle de riscos;

4 — Vistoriar, avaliar, realizar perícias, arbitrar, emitir parecer, laudos técnicos e indicar medidas de controle sobre grau de exposição a agentes agressivos de riscos físicos, químicos e biológicos, tais como poluentes atmosféricos, ruídos, calor, radiação em geral e pressões anormais, caracterizando as atividades, operações e locais insalubres e perigosos;

5 — Analisar riscos, acidentes e falhas, investigando causas, propondo medidas preventivas e corretivas e orientando trabalhos estatísticos, inclusive com respeito a custo;

6 — Propor políticas, programas, normas e regulamentos de Segurança do Trabalho, zelando pela sua observância;

7 — Elaborar projetos de sistemas de segurança e assessorar a elaboração de projetos de obras, instalação e equipamentos, opinando do ponto de vista da Engenharia de Segurança;

8 — Estudar instalações, máquinas e equipamentos, identificando seus pontos de risco e projetando dispositivos de segurança;

9 — Projetar sistemas de proteção contra incêndios, coordenar atividades de combate a incêndio e de salvamento e elaborar planos para emergência e catástrofes;

10 — Inspecionar locais de trabalho no que se relaciona com a segurança do Trabalho, delimitando áreas de periculosidade;

11 — Especificar, controlar e fiscalizar sistemas de proteção coletiva e equipamentos de segurança, inclusive os de proteção individual e os de proteção contra incêndio, assegurando-se de sua qualidade e eficiência;

12 — Opinar e participar da especificação para aquisição de substâncias e equipamentos cuja manipulação, armazenamento, transporte ou funcionamento possam apresentar riscos, acompanhando o controle do recebimento e da expedição;

13 — Elaborar planos destinados a criar e desenvolver a prevenção de acidentes, promovendo a instalação de comissões e assessorando-lhes o funcionamento;

14 — Orientar o treinamento específico de Segurança do Trabalho e assessorar a elaboração de programas de treinamento geral, no que diz respeito à Segurança do Trabalho;

15 — Acompanhar a execução de obras e serviços decorrentes da adoção de medidas de segurança, quando a complexidade dos trabalhos a executar assim o exigir;

16 — Colaborar na fixação de requisitos de aptidão para o exercício de funções, apontando os riscos decorrentes desses exercícios;

17 — Propor medidas preventivas no campo da Segurança do Trabalho, em face do conhecimento da natureza e gravidade das lesões provenientes do acidente de trabalho, incluídas as doenças do trabalho;

18 — Informar aos trabalhadores e à comunidade, diretamente ou por meio de seus representantes, as condições que possam trazer danos a sua integridade e as medidas que eliminam ou atenuam estes riscos e que deverão ser tomadas.

Art. 5º A presente Resolução entrará em vigor na data de sua publicação.

Art. 6º Revogam-se as Resoluções 325 de 27.11.1987 e 329 de 31.3.1989, e as disposições em contrário.

RESOLUÇÃO CONFEA n. 437 de 27.11.1999

(Dispõe sobre a Anotação de Responsabilidade Técnica (ART) relativa às atividades dos Engenheiros e Arquitetos, especialistas em Engenharia de Segurança do Trabalho e dá outras providências)

Art. 1º As atividades relativas à Engenharia de Segurança do Trabalho ficam sujeitas à Anotação de Responsabilidade Técnica (ART), definida pela Lei n. 6.496, de 1977.

§ 1º Os estudos, projetos, planos, relatórios, laudos e quaisquer outros trabalhos ou atividades relativas à Engenharia de Segurança do Trabalho, quer público, quer particular, somente poderão ser submetidos ao julgamento das autoridades competentes, administrativas e judiciárias, e só terão valor jurídico quando seus autores forem Engenheiros ou Arquitetos, especializados em Engenharia de Segurança do Trabalho e registrados no Conselho Regional de Engenharia e Agronomia (CREA).

§ 2º Os estudos, projetos, planos, relatórios, laudos e quaisquer outros trabalhos ou atividades de Engenharia de Segurança do Trabalho referidos no parágrafo anterior, somente serão reconhecidos como tendo valor legal se tiverem sido objeto de ART no CREA competente.

Art. 2º Para os efeitos desta Resolução, entende-se como Engenharia de Segurança do Trabalho:

I — a prevenção de riscos nas atividades de trabalho com vistas à preservação da saúde e integridade da pessoa humana; e

II — a proteção do trabalhador em todas as unidades laborais, no que se refere à questão de segurança, inclusive higiene do trabalho, sem interferência específica nas competências legais e técnicas estabelecidas para as diversas modalidades da Engenharia, Arquitetura e Agronomia, conforme o Parecer n. 19/87 do Conselho Federal de Educação.

Art. 3º Em consonância com o disposto no artigo anterior, as atividades de Engenharia de Segurança do Trabalho que serão objeto de ART, são aquelas previstas nos itens 1 a 18 do art. 4º da Resolução n. 359, de 1991, do CONFEA.

Parágrafo único. O profissional, ao preencher o formulário de ART, especificará em qual item do art. 4º da Resolução n. 359, de 1991, do CONFEA, se enquadra o documento técnico e/ou atividade técnica objeto de Anotação de Responsabilidade Técnica.

Art. 4º Incluem-se entre as atividades de Engenharia de Segurança do Trabalho, referidas no art. 4º da Resolução n. 359, de 1991, a elaboração e os seguintes documentos técnicos, previstos na Portaria n. 3.214, de 08 de junho de 1978, que regulamentou a Lei n. 6.514, de 22 de dezembro de 1977, que alterou o Capítulo V, Título II da Consolidação das Leis do Trabalho (CLT):

I — Programa de Condições e Meio Ambiente do Trabalho na Indústria da Construção (PCMAT), previsto na NR-18;

II — Programa de Prevenção de Riscos Ambientais (PPRA), previsto na NR-09;

III — programa de conservação auditiva;

IV — laudo de avaliação ergonômica, previsto na NR-17; V- programa de proteção respiratória, previsto na NR-06; e,

VI — Programa de Prevenção da Exposição Ocupacional ao Benzeno (PPEOB), previsto na NR-15.

§ 1º Os documentos técnicos referidos nos incisos do "caput" deste artigo somente terão valor legal e só poderão ser submetidos às autoridades competentes, se acompanhados das devidas ARTs.

§ 2º As ART's referidas no parágrafo anterior, terão validade durante os prazos nelas obrigatoriamente fixados.

Art. 5º Todo empreendimento econômico dos setores, industrial, comercial e agrícola fica sujeito a ter, nos termos da legislação vigente, um Programa de Prevenção de Riscos Ambientais (PPRA), conforme o nível de risco que apresenta para os seus trabalhadores, que deve ser objeto de ART no CREA de jurisdição em que se localiza.

§ 1º No caso da indústria da construção civil, com 20 (vinte) trabalhadores ou mais, será obrigatória a existência unicamente do Programa de Condições e Meio Ambiente de Trabalho na Indústria da Construção (PCMAT), anotado no CREA de jurisdição da localização do empreendimento.

§ 2º O PPRA ou o PCMAT, previstos no *caput*" e no § 1º deste artigo, somente serão dispensados nos casos em que a legislação específica assim dispuser.

§ 3º Em cada caso específico, os documentos técnicos previstos no art. 4º desta Resolução deverão permanecer no empreendimento referido no "caput" deste artigo, à disposição dos CREAs, com os seus relatórios de fiscalização fazendo, obrigatoriamente, menção quanto às suas existências ou não e, em caso negativo, deverão autuar o seu empreendedor, por infração à alínea "a", do art. 6º da Lei n. 5.194, de 1966.

§ 4º As execuções dos planos e programas referidos no art. 4º desta Resolução serão objeto de ART's específicas.

§ 5º Os CREAs definirão os tipos de empreendimentos econômicos cujos PPRAs e PCMATs poderão ser elaborados por Técnico de Segurança do Trabalho em função das características de seu currículo escolar, considerados, em cada caso, os conteúdos das disciplinas que contribuem para sua formação profissional.

Art. 6º As atividades de Engenharia de Segurança do Trabalho que não tiverem sido objeto de ART, até a data de publicação desta Resolução, poderão ser anotadas se atenderem o disposto na Resolução n. 394, de 17 de março de 1995, do CONFEA.

Art. 7º Esta Resolução entra em vigor na data de sua publicação.

Art. 8º Revogam-se as disposições em contrário.

NR-09 (PROGRAMA DE PREVENÇÃO DE RISCOS AMBIENTAIS — PPRA)[8]

Publicação	**D.O.U.**
Portaria GM n. 3.214, de 8 de junho de 1978	6.7.78
Alterações/Atualizações	**D.O.U.**
Portaria SSST n. 25, de 29 de dezembro de 1994	30.12.90
Portaria MTE n. 1.297, de 13 de agosto de 2014	14.8.14
Portaria MTE n. 1.471, de 24 de setembro de 2014	25.9.14

(Texto dado pela Portaria SSST n. 25, 29 de dezembro de 1994)

9.1. Do objeto e campo de aplicação.

9.1.1. Esta Norma Regulamentadora — NR estabelece a obrigatoriedade da elaboração e implementação, por parte de todos os empregadores e instituições que admitam trabalhadores como empregados, do Programa de Prevenção de Riscos Ambientais — PPRA, visando à preservação da saúde e da integridade dos trabalhadores, através da antecipação, reconhecimento, avaliação e conseqüente controle da ocorrência de riscos ambientais existentes ou que venham a existir no ambiente de trabalho, tendo em consideração a proteção do meio ambiente e dos recursos naturais.

9.1.2. As ações do PPRA devem ser desenvolvidas no âmbito de cada estabelecimento da empresa, sob a responsabilidade do empregador, com a participação dos trabalhadores, sendo sua abrangência e profundidade dependentes das características dos riscos e das necessidades de controle.

9.1.2.1. Quando não forem identificados riscos ambientais nas fases de antecipação ou reconhecimento, descritas nos itens 9.3.2 e 9.3.3, o PPRA poderá resumir-se às etapas previstas nas alíneas "a" e "f" do subitem 9.3.1.

9.1.3. O PPRA é parte integrante do conjunto mais amplo das iniciativas da empresa no campo da preservação da saúde e da integridade dos trabalhadores, devendo estar articulado com o disposto nas demais NR, em especial com o Programa de Controle Médico de Saúde Ocupacional — PCMSO previsto na NR-7.

9.1.4. Esta NR estabelece os parâmetros mínimos e diretrizes gerais a serem observados na execução do PPRA, podendo os mesmos ser ampliados mediante negociação coletiva de trabalho.

9.1.5. Para efeito desta NR, consideram-se riscos ambientais os agentes físicos, químicos e biológicos existentes nos ambientes de trabalho que, em função de sua natureza, concentração ou intensidade e tempo de exposição, são capazes de causar danos à saúde do trabalhador.

9.1.5.1. Consideram-se agentes físicos as diversas formas de energia a que possam estar expostos os trabalhadores, tais como: ruído, vibrações, pressões anormais, temperaturas extremas, radiações ionizantes, radiações não ionizantes, bem como o infra-som e o ultra-som.

9.1.5.2. Consideram-se agentes químicos as substâncias, compostos ou produtos que possam penetrar no organismo pela via respiratória, nas formas de poeiras, fumos, névoas, neblinas, gases ou vapores, ou que, pela natureza da atividade de exposição, possam ter contato ou ser absorvidos pelo organismo através da pele ou por ingestão.

9.1.5.3. Consideram-se agentes biológicos as bactérias, fungos, bacilos, parasitas, protozoários, vírus, entre outros.

9.2. Da estrutura do PPRA.

(8) O Texto da NR-9 (PPRA), ora reproduzido, encontra-se atualizado até a edição da Portaria MTE n. 1.471 de 24.9.2014.

9.2.1. O Programa de Prevenção de Riscos Ambientais deverá conter, no mínimo, a seguinte estrutura:

a) planejamento anual com estabelecimento de metas, prioridades e cronograma;

b) estratégia e metodologia de ação;

c) forma do registro, manutenção e divulgação dos dados;

d) periodicidade e forma de avaliação do desenvolvimento do PPRA.

9.2.1.1. Deverá ser efetuada, sempre que necessário e pelo menos uma vez ao ano, uma análise global do PPRA para avaliação do seu desenvolvimento e realização dos ajustes necessários e estabelecimento de novas metas e prioridades.

9.2.2. O PPRA deverá estar descrito num documento-base contendo todos os aspectos estruturais constantes do item 9.2.1.

9.2.2.1. O documento-base e suas alterações e complementações deverão ser apresentados e discutidos na CIPA, quando existente na empresa, de acordo com a NR-5, sendo sua cópia anexada ao livro de atas desta Comissão.

9.2.2.2. O documento-base e suas alterações deverão estar disponíveis de modo a proporcionar o imediato acesso às autoridades competentes.

9.2.3. O cronograma previsto no item 9.2.1 deverá indicar claramente os prazos para o desenvolvimento das etapas e cumprimento das metas do PPRA.

9.3. Do desenvolvimento do PPRA.

9.3.1. O Programa de Prevenção de Riscos Ambientais deverá incluir as seguintes etapas:

a) antecipação e reconhecimentos dos riscos;

b) estabelecimento de prioridades e metas de avaliação e controle;

c) avaliação dos riscos e da exposição dos trabalhadores;

d) implantação de medidas de controle e avaliação de sua eficácia;

e) monitoramento da exposição aos riscos;

f) registro e divulgação dos dados.

9.3.1.1. A elaboração, implementação, acompanhamento e avaliação do PPRA poderão ser feitas pelo Serviço Especializado em Engenharia de Segurança e em Medicina do Trabalho — SESMT ou por pessoa ou equipe de pessoas que, a critério do empregador, sejam capazes de desenvolver o disposto nesta NR.

9.3.2. A antecipação deverá envolver a análise de projetos de novas instalações, métodos ou processos de trabalho, ou de modificação dos já existentes, visando a identificar os riscos potenciais e introduzir medidas de proteção para sua redução ou eliminação.

9.3.3. O reconhecimento dos riscos ambientais deverá conter os seguintes itens, quando aplicáveis:

a) a sua identificação;

b) a determinação e localização das possíveis fontes geradoras;

c) a identificação das possíveis trajetórias e dos meios de propagação dos agentes no ambiente de trabalho;

d) a identificação das funções e determinação do número de trabalhadores expostos;

e) a caracterização das atividades e do tipo da exposição;

f) a obtenção de dados existentes na empresa, indicativos de possível comprometimento da saúde decorrente do trabalho;

g) os possíveis danos à saúde relacionados aos riscos identificados, disponíveis na literatura técnica;

h) a descrição das medidas de controle já existentes.

9.3.4. A avaliação quantitativa deverá ser realizada sempre que necessária para:

a) comprovar o controle da exposição ou a inexistência riscos identificados na etapa de reconhecimento;

b) dimensionar a exposição dos trabalhadores;

c) subsidiar o equacionamento das medidas de controle.

9.3.5. Das medidas de controle.

9.3.5.1. Deverão ser adotadas as medidas necessárias suficientes para a eliminação, a minimização ou o controle dos riscos ambientais sempre que forem verificadas uma ou mais das seguintes situações:

a) identificação, na fase de antecipação, de risco potencial à saúde;

b) constatação, na fase de reconhecimento de risco evidente à saúde;

c) quando os resultados das avaliações quantitativas da exposição dos trabalhadores excederem os valores dos limites previstos na NR-15 ou, na ausência destes os valores limites de exposição ocupacional adotados pela ACGIH — American Conference of Governmental Industrial Higyenists, ou aqueles que venham a ser estabelecidos em negociação coletiva de trabalho, desde que mais rigorosos do que os critérios técnico-legais estabelecidos;

d) quando, através do controle médico da saúde, ficar caracterizado o nexo causal entre danos observados na saúde os trabalhadores e a situação de trabalho a que eles ficam expostos.

9.3.5.2. O estudo, desenvolvimento e implantação de medidas de proteção coletiva deverá obedecer à seguinte hierarquia:

a) medidas que eliminam ou reduzam a utilização ou a formação de agentes prejudiciais à saúde;

b) medidas que previnam a liberação ou disseminação desses agentes no ambiente de trabalho;

c) medidas que reduzam os níveis ou a concentração desses agentes no ambiente de trabalho.

9.3.5.3. A implantação de medidas de caráter coletivo deverá ser acompanhada de treinamento dos trabalhadores quanto os procedimentos que assegurem a sua eficiência e de informação sobre as eventuais limitações de proteção que ofereçam.

9.3.5.4. Quando comprovado pelo empregador ou instituição a inviabilidade técnica da adoção de medidas de proteção coletiva ou quando estas não forem suficientes ou encontrarem-se em fase de estudo, planejamento ou implantação, ou ainda em caráter complementar ou emergencial, deverão ser adotadas outras medidas, obedecendo-se à seguinte hierarquia:

a) medidas de caráter administrativo ou de organização do trabalho;

b) utilização de equipamento de proteção individual — EPI.

9.3.5.5. A utilização de EPI no âmbito do programa deverá considerar as Normas Legais e Administrativas em vigor e envolver no mínimo:

a) seleção do EPI adequado tecnicamente ao risco a que o trabalhador está exposto e à atividade exercida, considerando-se a eficiência necessária para o controle da exposição ao risco e o conforto oferecido segundo avaliação do trabalhador usuário;

b) programa de treinamento dos trabalhadores quanto à sua correta utilização e orientação sobre as limitações de proteção que o EPI oferece;

c) estabelecimento de normas ou procedimento para promover o fornecimento, o uso, a guarda, a higienização, a conservação, a manutenção e a reposição do EPI, visando garantir as condições de proteção originalmente estabelecidas;

d) caracterização das funções ou atividades dos trabalhadores, com a respectiva identificação dos EPI's utilizados para os riscos ambientais.

9.3.5.6. O PPRA deve estabelecer critérios e mecanismos de avaliação da eficácia das medidas de proteção implantadas considerando os dados obtidos nas avaliações realizadas e no controle médico da saúde previsto na NR-7.

9.3.6. Do nível de ação.

9.3.6.1. Para os fins desta NR, considera-se nível de ação o valor acima do qual devem ser iniciadas ações preventivas de forma a minimizar a probabilidade de que as exposições a agentes ambientais ultrapassem os limites de exposição. As ações devem incluir o monitoramento periódico da exposição, a informação aos trabalhadores e o controle médico.

9.3.6.2. Deverão ser objeto de controle sistemático as situações que apresentem exposição ocupacional acima dos níveis de ação, conforme indicado nas alíneas que seguem:

a) para agentes químicos, a metade dos limites de exposição ocupacional considerados de acordo com a alínea "c" do subitem 9.3.5.1;

b) para o ruído, a dose de 0,5 (dose superior a 50%), conforme critério estabelecido na NR-15, Anexo I, item 6.

9.3.7. Do monitoramento.

9.3.7.1. Para o monitoramento da exposição dos trabalhadores e das medidas de controle, deve ser realizada uma avaliação sistemática e repetitiva da exposição a um dado risco, visando à introdução ou modificação das medidas de controle, sempre que necessário.

9.3.8. Do registro de dados.

9.3.8.1. Deverá ser mantido pelo empregador ou instituição um registro de dados, estruturado de forma a constituir um histórico técnico e administrativo do desenvolvimento do PPRA.

9.3.8.2. Os dados deverão ser mantidos por um período mínimo de 20 (vinte) anos.

9.3.8.3. O registro de dados deverá estar sempre disponível aos trabalhadores interessados ou seus representantes e para as autoridades competentes.

9.4. Das responsabilidades.

9.4.1. Do empregador:

I. estabelecer, implementar e assegurar o cumprimento do PPRA como atividade permanente da empresa ou instituição.

9.4.2. Dos trabalhadores:

I — colaborar e participar na implantação e execução do PPRA;

II — seguir as orientações recebidas nos treinamentos oferecidos dentro do PPRA;

III — informar ao seu superior hierárquico direto ocorrências que, a seu julgamento, possam implicar riscos à saúde dos trabalhadores.

9.5. Da informação.

9.5.1. Os trabalhadores interessados terão o direito de apresentar propostas e receber informações e orientações a fim de assegurar a proteção aos riscos ambientais identificados na execução do PPRA.

9.5.2. Os empregadores deverão informar os trabalhadores de maneira apropriada e suficiente sobre os riscos ambientais que possam originar-se nos locais de trabalho e sobre os meios disponíveis para prevenir ou limitar tais riscos e para proteger-se dos mesmos.

9.6. Das disposições finais.

9.6.1. Sempre que vários empregadores realizem simultaneamente atividades no mesmo local de trabalho terão o dever de executar ações integradas para aplicar as medidas previstas no PPRA visando a proteção de todos os trabalhadores expostos aos riscos ambientais gerados.

9.6.2. O conhecimento e a percepção que os trabalhadores têm do processo de trabalho e dos riscos ambientais presentes, incluindo os dados consignados no Mapa de Riscos, previsto na NR-5, deverão ser considerados para fins de planejamento e execução do PPRA em todas as suas fases.

9.6.3. O empregador deverá garantir que, na ocorrência de riscos ambientais nos locais de trabalho que coloquem em situação de grave e iminente risco um ou mais trabalhadores, os mesmos possam interromper de imediato as suas atividades, comunicando o fato ao superior hierárquico direto para as devidas providências.

ANEXO 1
VIBRAÇÃO

(Alterado pela Portaria MTE n. 1.471, de 24 de setembro de 2014)

Sumário:

1. Objetivos

1.1. Definir critérios para prevenção de doenças e distúrbios decorrentes da exposição ocupacional às Vibrações em Mãos e Braços — VMB e às Vibrações de Corpo Inteiro — VCI, no âmbito do Programa de Prevenção de Riscos Ambientais.

2. Disposições Gerais

2.1. Os empregadores devem adotar medidas de prevenção e controle da exposição às vibrações mecânicas que possam afetar a segurança e a saúde dos trabalhadores, eliminando o risco ou, onde comprovadamente não houver tecnologia disponível, reduzindo-o aos menores níveis possíveis.

2.1.1. No processo de eliminação ou redução dos riscos relacionados à exposição às vibrações mecânicas devem ser considerados, entre outros fatores, os esforços físicos e aspectos posturais.

2.2. O empregador deve comprovar, no âmbito das ações de manutenção preventiva e corretiva de veículos, máquinas, equipamentos e ferramentas, a adoção de medidas efetivas que visem o controle e a redução da exposição a vibrações.

2.3. As ferramentas manuais vibratórias que produzam acelerações superiores a 2,5 m/s² nas mãos dos operadores devem informar junto às suas especificações técnicas a vibração emitida pelas mesmas, indicando as normas de ensaio que foram utilizadas para a medição.

3. Avaliação Preliminar da Exposição

3.1. Deve ser realizada avaliação preliminar da exposição às VMB e VCI, no contexto do reconhecimento e da avaliação dos riscos, considerando-se também os seguintes aspectos:

a) ambientes de trabalho, processos, operações e condições de exposição;

b) características das máquinas, veículos, ferramentas ou equipamentos de trabalho;

c) informações fornecidas por fabricantes sobre os níveis de vibração gerados por ferramentas, veículos, máquinas ou equipamentos envolvidos na exposição, quando disponíveis;

d) condições de uso e estado de conservação de veículos, máquinas, equipamentos e ferramentas, incluindo componentes ou dispositivos de isolamento e amortecimento que interfiram na exposição de operadores ou condutores;

e) características da superfície de circulação, cargas transportadas e velocidades de operação, no caso de VCI;

f) estimativa de tempo efetivo de exposição diária;

g) constatação de condições específicas de trabalho que possam contribuir para o agravamento dos efeitos decorrentes da exposição;

h) esforços físicos e aspectos posturais;

i) dados de exposição ocupacional existentes;

j) informações ou registros relacionados a queixas e antecedentes médicos relacionados aos trabalhadores expostos.

3.2. Os resultados da avaliação preliminar devem subsidiar a adoção de medidas preventivas e corretivas, sem prejuízo de outras medidas previstas nas demais NR.

3.3. Se a avaliação preliminar não for suficiente para permitir a tomada de decisão quanto à necessidade de implantação de medidas preventivas e corretivas, deve-se proceder à avaliação quantitativa.

4. Avaliação Quantitativa da Exposição

4.1. A avaliação quantitativa deve ser representativa da exposição, abrangendo aspectos organizacionais e ambientais que envolvam o trabalhador no exercício de suas funções.

4.1.1. Os procedimentos de avaliação quantitativa para VCI e VMB, a serem adotados no âmbito deste anexo, são aqueles estabelecidos nas Normas de Higiene Ocupacional publicadas pela FUNDACENTRO.

4.2. Avaliação quantitativa da exposição dos trabalhadores às VMB.

4.2.1. A avaliação da exposição ocupacional à vibração em mãos e braços deve ser feita utilizando-se sistemas de medição que permitam a obtenção da aceleração resultante de exposição normalizada (aren), parâmetro representativo da exposição diária do trabalhador.

4.2.2. O nível de ação para a avaliação da exposição ocupacional diária à vibração em mãos e braços corresponde a um valor de aceleração resultante de exposição normalizada (aren) de 2,5 m/s².

4.2.3. O limite de exposição ocupacional diária à vibração em mãos e braços corresponde a um valor de aceleração resultante de exposição normalizada (aren) de 5 m/s².

4.2.4. As situações de exposição ocupacional superior ao nível de ação, independentemente do uso de equipamentos de proteção individual, implicam obrigatória adoção de medidas de caráter preventivo, sem prejuízo do disposto no item 9.3.5.1 da NR-09.

4.2.5. As situações de exposição ocupacional superior ao limite de exposição, independentemente do uso de equipamentos de proteção individual, implicam obrigatória adoção de medidas de caráter corretivo, sem prejuízo do disposto no item 9.3.5.1 da NR-09.

4.3. Avaliação quantitativa da exposição dos trabalhadores às VCI.

4.3.1. A avaliação da exposição ocupacional à vibração de corpo inteiro deve ser feita utilizando-se sistemas de medição que permitam a determinação da aceleração resultante de exposição normalizada (aren) e do valor da dose de vibração resultante (VDVR), parâmetros representativos da exposição diária do trabalhador.

4.3.2. O nível de ação para a avaliação da exposição ocupacional diária à vibração de corpo inteiro corresponde a um valor da aceleração resultante de exposição normalizada (aren) de 0,5m/s^2, ou ao valor da dose de vibração resultante (VDVR) de 9,1m/s1,75.

4.3.3. O limite de exposição ocupacional diária à vibração de corpo inteiro corresponde ao:

a) valor da aceleração resultante de exposição normalizada (aren) de 1,1 m/s^2; ou

b) valor da dose de vibração resultante (VDVR) de 21,0 m/s1,75.

4.3.3.1. Para fins de caracterização da exposição, o empregador deve comprovar a avaliação dos dois parâmetros acima descritos.

4.3.4. As situações de exposição ocupacional superiores ao nível de ação implicam obrigatória adoção de medidas de caráter preventivo, sem prejuízo do disposto no item 9.3.5.1 da NR-09.

4.3.5. As situações de exposição ocupacional superiores ao limite de exposição ocupacional implicam obrigatória adoção de medidas de caráter corretivo, sem prejuízo do disposto no item 9.3.5.1 da NR-09.

5. Medidas Preventivas e Corretivas

5.1. As medidas preventivas devem contemplar:

a) Avaliação periódica da exposição;

b) Orientação dos trabalhadores quanto aos riscos decorrentes da exposição à vibração e à utilização adequada dos equipamentos de trabalho, bem como quanto ao direito de comunicar aos seus superiores sobre níveis anormais de vibração observados durante suas atividades;

c) Vigilância da saúde dos trabalhadores focada nos efeitos da exposição à vibração;

d) Adoção de procedimentos e métodos de trabalho alternativos que permitam reduzir a exposição a vibrações mecânicas.

5.1.1. As medidas de caráter preventivo descritas neste item não excluem outras medidas que possam ser consideradas necessárias ou recomendáveis em função das particularidades de cada condição de trabalho.

5.2. As medidas corretivas devem contemplar, no mínimo, uma das medidas abaixo, obedecida a hierarquia prevista na NR-09:

a) No caso de exposição às VMB, modificação do processo ou da operação de trabalho, podendo envolver: a substituição de ferramentas e acessórios; a reformulação ou a reorganização de bancadas e postos de trabalho; a alteração das rotinas ou dos procedimentos de trabalho; a adequação do tipo de ferramenta, do acessório utilizado e das velocidades operacionais;

b) No caso de exposição às VCI, modificação do processo ou da operação de trabalho, podendo envolver: o reprojeto de plataformas de trabalho; a reformulação, a reorganização ou a alteração das rotinas ou dos procedimentos e organização do trabalho; a adequação de veículos utilizados, especialmente pela adoção de assentos antivibratórios; a melhoria das condições e das características dos pisos e pavimentos utilizados para circulação das máquinas e dos veículos;

c) Redução do tempo e da intensidade de exposição diária à vibração;

d) Alternância de atividades ou operações que gerem exposições a níveis mais elevados de vibração com outras que não apresentem exposições ou impliquem exposições a menores níveis.

5.2.1. As medidas de caráter corretivo mencionadas não excluem outras medidas que possam ser consideradas necessárias ou recomendáveis em função das particularidades de cada condição de trabalho.

Capítulo 10

SEGURANÇA EM INSTALAÇÕES E SERVIÇOS EM ELETRICIDADE

Eletricidade pode ser definida como a forma de energia natural ligada aos elétrons, que se manifesta por atrações, repulsões e fenômenos luminosos, químicos e mecânicos, podendo apresentar-se em três modos: estado potencial (eletricidade estática), como carga (tensão) e em forma cinética como corrente (eletricidade dinâmica). Sabidamente, é a eletricidade a forma de energia mais utilizada na execução de trabalho mecânico necessário à produção de bens de consumo e, no que diz respeito aos ambientes de trabalho, sua presença se faz sentir em todas as etapas, desde a simples utilização de um torno elétrico até a movimentação de uma caldeira elétrica de grande porte, só para exemplificar. É comum a abordagem da eletricidade em quatro categorias distintas: geração, transmissão, distribuição e consumo de energia elétrica.

Importa destacar que eletricista e eletricitário por vezes são utilizados indistintamente como palavras sinônimas; todavia, eletricista é o profissional qualificado genericamente para construir, instalar, reparar, conservar e manter em operação condutores, acessórios, sistemas elétricos e linhas de alta ou baixa tensão; enquanto eletricitário é o profissional que exerce atividade ligada diretamente à geração, transmissão e distribuição de energia elétrica.

Tendo em vista o caráter genérico e abrangente do presente manual, é oportuno destacar alguns conceitos básicos pertinentes à temática em apreço:

- Alta Tensão (AT): tensão superior a 1000 volts em corrente alternada ou 1500 volts em corrente contínua, entre fases ou entre fase e terra.
- Baixa Tensão (BT): tensão superior a 50 volts em corrente alternada ou 120 volts em corrente contínua e igual ou inferior a 1000 volts em corrente alternada ou 1500 volts em corrente contínua, entre fases ou entre fase e terra.
- Extra-Baixa Tensão (EBT): tensão não superior a 50 volts em corrente alternada ou 120 volts em corrente contínua, entre fases ou entre fase e terra.
- Tensão de Segurança: extra baixa tensão originada em uma fonte de segurança.
- Arco Elétrico ou Arco Voltaico: corresponde a uma descarga elétrica produzida pela condução de corrente elétrica por meio de ar ou outro gás entre dois condutores.
- Aterramento Elétrico Temporário: ligação elétrica efetiva confiável e adequada intencional à terra, destinada a garantir a equipotencialidade e mantida continuamente durante a intervenção na instalação elétrica.
- Eletricidade Estática: fenômeno de superfície associado ao contato e posterior separação de duas superfícies não similares.
- Instalação Elétrica: conjunto das partes elétricas e não elétricas associadas e com características coordenadas entre si, que são necessárias ao funcionamento de uma parte determinada de um sistema elétrico.
- Isolamento Elétrico: processo destinado a impedir a passagem de corrente elétrica, por interposição de materiais isolantes.
- Prontuário: sistema organizado de forma a conter uma memória dinâmica de informações pertinentes às instalações e aos trabalhadores.
- Sistema Elétrico: circuito ou circuitos elétricos inter-relacionados destinados a atingir um determinado objetivo.

- Sistema Elétrico de Potência (SEP): em sentido amplo, é o conjunto de todas as instalações e equipamentos destinados à geração, transmissão e distribuição de energia elétrica e, em sentido restrito, corresponde a um conjunto definido de linhas e subestações que assegura a transmissão e/ou a distribuição de energia elétrica, cujos limites são definidos por meio de critérios apropriados, tais como localização geográfica, concessionária, tensão, etc.
- Transformador Elétrico pode ser conceituado como uma modalidade de equipamento elétrico do tipo máquina estática, isto é, não possui partes móveis, sendo constituído, basicamente, por quatro circuitos: magnético, elétrico, isolante e de refrigeração.

Dentre os riscos inerentes ao desenvolvimento de atividades com energia elétrica, o choque elétrico, embora não seja o único, certamente é o de maior relevância. A propósito, choque elétrico pode ser entendido como um estímulo rápido e acidental do sistema nervoso do corpo humano (condutor de eletricidade), pela passagem de uma corrente elétrica. Essa corrente circulará pelo corpo da pessoa quando ele tornar-se parte de um circuito elétrico que possua uma diferença de potencial suficiente para vencer a resistência elétrica oferecida pelo corpo.

O choque elétrico, considerada a sua origem, pode ser classificado em três categorias:

- do contato com um circuito elétrico energizado;
- de uma descarga atmosférica (raio);
- de corpos carregados com eletricidade estática.

Normalmente, considera-se a existência de quatro fatores básicos como determinantes da gravidade do choque elétrico, a saber:

- a intensidade da corrente que circulará pelo corpo humano;
- o tempo de exposição;
- o caminho percorrido pela corrente elétrica no corpo humano, sendo de maior gravidade aquele no qual a corrente elétrica passa pelo coração;
- as condições orgânicas do indivíduo.

Importante destacar as modalidades de efeitos diretos que o choque elétrico pode desencadear no corpo humano:

- inibição do sistema nervoso central, dificultando a respiração e ocasionando a asfixia, podendo chegar até à morte;
- alteração do ritmo cardíaco, podendo ocasionar fibrilação ventricular;
- queimaduras de vários graus;
- alterações do sangue decorrentes do efeito térmico.

Noutro compasso, cabe atentar, da mesma forma, para os seguintes efeitos indiretos do choque elétrico no corpo humano: consequências resultantes de quedas (fraturas, luxações) e batidas, resultantes do desequilíbrio no momento da descarga elétrica.

A literatura técnico-especializada indica os seguintes dados como resultantes da influência da intensidade de corrente no choque elétrico:

- o homem é mais sensível à corrente alternada de frequência industrial (50-60Hz) que à corrente contínua, tanto assim que o limiar humano de sensação para a corrente contínua é da ordem de 5mA (cinco miliampères), ao passo que o de corrente alternada é da ordem de 1mA (um miliampère);
- imediatamente acima do limiar de sensação da corrente contínua, a sensação predominante é de aquecimento. Corrente contínua de intensidade muito maior que o limiar de sensação (10mA) produz contrações musculares. A cessação da corrente provoca comoção violenta. A corrente alternada de frequência industrial produz formigamento característico;

- a corrente contínua e a corrente alternada de frequência industrial, embora com valores diferentes de intensidade, produzem as mesmas perturbações orgânicas, inclusive a morte;
- há registros da ocorrência de morte por asfixia de trabalhadores que ficaram expostos à intensidade de corrente elétrica superior a 30mA (trinta miliampères) durante alguns minutos; sendo comum a ocorrência de fibrilação do coração nas exposições a intensidades de correntes no intervalo de 75 a 300mA, que circulem pelo corpo humano, ainda que por um período de tempo relativamente pequeno, normalmente de alguns segundos.

Sabidamente, as Normas Regulamentadoras (NRs) de Segurança e Saúde no Trabalho (SST) editadas pelo Ministério do Trabalho e Emprego (MTE) são aplicáveis a todos os ambientes de trabalho onde hajam trabalhadores contratados sob a égide da Consolidação das Leis do Trabalho (CLT) e possuem existência jurídica convalidada pelo Princípio Constitucional de Minimização dos Riscos Ocupacionais consagrado no inciso XXII do art. 7º da Constituição Federal brasileira. No plano da legislação infraconstitucional, ditas NRs de SST possuem respaldo de validade legal na forma tipificada no Estatuto Obreiro, em seu Título II: Das Normas Gerais de Tutela do Trabalho, mais precisamente em seu Capítulo V: Da Segurança e da Medicina do Trabalho (arts. 154 a 201 da CLT). Recorde-se que ditos artigos da CLT possuem redação dada pela Lei n. 6.514, de 22.12.1977, observadas as atualizações subsequentes até a publicação da Lei n. 13.103 de 2.3.2015. De se destacar, mais, que os citados arts. 154 a 201 do Código Laboral foram inicialmente disciplinados pela Portaria MTb n. 3.214, de 8.6.1978, que instituiu as primeiras 28 NRs de SST; valendo observar que atualmente existem 36 NRs de SST, cada uma disciplinando uma temática específica.

Constam explicitadas nos três artigos Consolidados, que tratam especificamente de segurança em instações elétricas (arts. 1179 a 181 da CLT), as seguintes determinações legais:

- compete ao Ministério do Trabalho e Emprego (MTE) disciplinar as condições de segurança e as medidas especiais a serem observadas relativamente a instalações elétricas, em quaisquer das fases de produção, transmissão, distribuição ou consumo de energia;
- somente profissional qualificado poderá instalar, operar, inspecionar ou reparar instalações elétricas;
- os trabalhadores que desenvolvem atividades com exposição a riscos de contato com a energia elétrica devem ser treinados quanto aos métodos de socorro a acidentados por choque elétrico.

Cumprindo a determinação legal contida nos arts. 179 a 181 da CLT, o MTE editou a Portaria MTE n. 598, de 7.12.2004, instituidora da NR-10 (Segurança em Instalações e Serviços em Eletricidade). Registre-se que todos os dispositivos legais, infralegais ou regulamentares e jurisprudenciais, pertinentes à temática em apreço, encontram-se reproduzidos no tópico Fundamentos Jurídicos deste Capítulo, inclusive a íntegra atualizada da norma regulamentadora de segurança e saúde no trabalho que o intitula.

A décima norma regulamentadora de segurança e saúde no trabalho (NR-10: Segurança em Instalações e Serviços em Eletricidade) é aplicável a todas as empresas privadas e estatais (empresas públicas e sociedades de economia mista) brasileiras e demais estabelecimentos que possuam trabalhadores contratados sob a égide da Consolidação das Leis do Trabalho (CLT) e estabelece as condições mínimas exigíveis para garantir a segurança e a integridade física dos que trabalham em instalações elétricas nas suas diversas etapas: elaboração de projetos, execução, operação, manutenção, reforma e ampliação, assim como dispõe sobre a segurança de usuários e de terceiros, em quaisquer das fases de geração, transmissão, distribuição e consumo de energia elétrica, observando-se, para tanto, as normas técnicas oficiais vigentes e, na falta destas, as normas técnicas internacionais.

As várias recomendações preventivas da NR-10 encontram-se agrupadas em quatorze tópicos e quatro anexos, a saber:

Sumário da NR-10 (Segurança em Instalações e Serviços em Eletricidade)

Oportuno recordar que, desde a edição da Lei n. 6.514, de 26.12.1977, modificadora dos arts. 154 a 201 da Consolidação das Leis do Trabalho, que tratam especificamente da segurança e saúde no trabalho, os explosivos e os inflamáveis eram os dois únicos agentes nocivos à integridade física do trabalhador legalmente possíveis de caracterizar a periculosidade. Somente com o advento da Lei n. 7.369, de 20.9.1985, configurou-se, no mundo jurídico-laboral, o terceiro agente perigoso, precisamente a energia elétrica. Registre-se, porém, que a Lei n. 12.740, de 8.12.2012, ao propiciar uma nova redação ao art. 193 da CLT, optou por enquadrar neste mesmo artigo, duas outras modalidades periculosas: a exposição dos trabalhadores a riscos de contato com a energia elétrica e a sujeição dos vigilantes a roubos ou outras espécies de violência física no exercício de suas atividades profissionais de segurança pessoal ou patrimonial. Outrossim, a citada Lei n. 12.740, de 8.12.2012, expressamente revogou, por desnecessária, a partir de então, a Lei n. 7.369/1985.

Importa destacar que a Lei n. 12.997, de 18.6.2014, propiciou a redação atual ao art. 193 da CLT, acrescendo-lhe a quinta modalidade de exposição periculosa, qual seja, a decorrente dos riscos do trabalho com a utilização de motocicleta no trânsito brasileiro.

Oportuno mencionar que a regulamentação da periculosidade por energia elétrica, quando da vigência da Lei n. 7.369/1985, obedecia aos ditames do Decreto n. 93.412, de 14.10.1986; todavia, com a nova redação do art. 193 da CLT, decorrente da edição da Lei n. 12.740/2012, o atual regramento da exposição periculosa por energia elétrica encontra-se disciplinado na Norma Regulamentadora NR-16 (Atividades e Operações Perigosas), por intermédio do Anexo IV (Atividades e Operações Perigosas com Energia Elétrica), instituído pela Portaria MTE n. 1.078, de 16 de julho de 2014, que, em seu primeiro item, expressamente dispõe que têm direito ao adicional de periculosidade os trabalhadores:

- que executam atividades ou operações em instalações ou equipamentos elétricos energizados em alta tensão;
- que realizam atividades ou operações com trabalho em proximidade, conforme estabelece a NR-10;
- que realizam atividades ou operações em instalações ou equipamentos elétricos energizados em baixa tensão no sistema elétrico de consumo — SEC, no caso de descumprimento do item 10.2.8 e seus subitens da NR-10 (Segurança em Instalações e Serviços em Eletricidade);

- das empresas que operam em instalações ou equipamentos integrantes do Sistema Elétrico de Potência (SEP), bem como suas contratadas, em conformidade com as atividades e respectivas áreas de risco descritas no Quadro I do Anexo IV (Periculosidade com Energia Elétrica) da NR-16 (Atividades e Operações Perigosas).

Em seu segundo item regulamentador, o Anexo IV da NR-16 estipula não ser devido o adicional de periculosidade por energia elétrica nas seguintes situações:

- nas atividades ou operações no sistema elétrico de consumo em instalações ou equipamentos elétricos desenergizados e liberados para o trabalho, sem possibilidade de energização acidental, conforme estabelece a NR-10;
- nas atividades ou operações em instalações ou equipamentos elétricos alimentados por extrabaixa tensão;
- nas atividades ou operações elementares realizadas em baixa tensão, tais como o uso de equipamentos elétricos energizados e os procedimentos de ligar e desligar circuitos elétricos, desde que os materiais e equipamentos elétricos estejam em conformidade com as normas técnicas oficiais estabelecidas pelos órgãos competentes e, na ausência ou omissão destas, as normas internacionais cabíveis.

Outrossim, o terceiro item do Anexo IV da NR-16 estipula que o trabalho intermitente é equiparado à exposição permanente para fins de pagamento integral do adicional de periculosidade nos meses em que houver exposição, excluída a exposição eventual, assim considerado o caso fortuito ou que não faça parte da rotina; como aliás, tem sido expressamente reiterado por nossa mais Alta Corte de Justiça Trabalhista. Convém observar que o quarto item do anexo regulamentador em comento tipifica as atividades periculosas no Sistema Elétrico de Potência (SEP).

O Colendo Tribunal Superior do Trabalho (TST) editou três súmulas de jurisprudência que objetivaram pacificar controvérsias jurídicas acerca da exposição aos riscos de contato com a energia elétrica, as quais enunciam o seguinte:

- O adicional de periculosidade incide apenas sobre o salário básico e não sobre este acrescido de outros adicionais. Em relação aos eletricitários, o cálculo do adicional de periculosidade deverá ser efetuado sobre a totalidade das parcelas de natureza salarial. (*Súmula TST n. 191*)
- O trabalho exercido em condições perigosas, embora de forma intermitente, dá direito ao empregado a receber o adicional de periculosidade de forma integral, tendo em vista que a Lei n. 7.369/85 não estabeleceu qualquer proporcionalidade em relação ao seu pagamento. (*Súmula TST n. 361*).
- Tem direito ao adicional de periculosidade o empregado exposto permanentemente ou que, de forma intermitente, sujeita-se a condições de risco. Indevido, apenas, quando o contato dá-se de forma eventual, assim considerado o fortuito, ou o que, sendo habitual, dá-se por tempo extremamente reduzido. (*Súmula TST n. 364*).

Observamos, porém, que em face da edição da Lei n. 12.740, de 8.12.2012, que expressamente revogou a Lei n. 7.369/1985, é bem possível que o Colendo TST, brevemente, proceda a uma revisão das aludidas súmulas de jurisprudências, adaptando-as à nova redação do art. 193 Consolidado.

A NR-10 (Segurança em Instalações e Serviços em Eletricidade) estabelece os requisitos e condições mínimas objetivando a implementação de medidas de controle e sistemas preventivos, de forma a garantir a segurança e a saúde dos trabalhadores que, direta ou indiretamente, interajam em instalações elétricas e serviços com eletricidade.

O Campo de Aplicação da NR-10 alcança as fases de geração, transmissão, distribuição e consumo, incluindo as etapas de projeto, construção, montagem, operação, manutenção das instalações elétricas e quaisquer trabalhos realizados em suas proximidades, observando-se as normas técnicas oficiais estabelecidas pelos órgãos competentes e, na ausência ou omissão destas, as normas internacionais cabíveis. Registre-se, porém, as disposições normativas contidas na NR-10, via de regra, não são aplicáveis às instalações elétricas alimentadas por Extra Baixa Tensão (EBT), assim compreendida aquela não superior a 50 volts em corrente alternada ou 120 volts em corrente contínua, entre fases ou entre fase e terra.

Dispõe a citada norma regulamentadora que em todas as intervenções em instalações elétricas devem ser adotadas medidas preventivas de controle do risco elétrico e de outros riscos adicionais, mediante técnicas de análise de risco, de forma a garantir a segurança e a saúde no trabalho e que as medidas de controle adotadas devem integrar-se às demais iniciativas da empresa, no âmbito da preservação da segurança, da saúde e do meio ambiente do trabalho.

Os estabelecimentos com carga instalada superior a 75 kW (setenta e cinco quilowatts) devem constituir e manter o Prontuário de Instalações Elétricas, contendo, além dos esquemas unifilares atualizados das instalações elétricas dos seus estabelecimentos com as especificações do sistema de aterramento e demais equipamentos e dispositivos de proteção, no mínimo:

- conjunto de procedimentos e instruções técnicas e administrativas de segurança e saúde, implantadas e relacionadas a esta NR e descrição das medidas de controle existentes;
- documentação das inspeções e medições do sistema de proteção contra descargas atmosféricas e aterramentos elétricos;
- especificação dos equipamentos de proteção coletiva e individual e o ferramental, aplicáveis conforme determina esta NR;
- documentação comprobatória da qualificação, habilitação, capacitação, autorização dos trabalhadores e dos treinamentos realizados;
- resultados dos testes de isolação elétrica realizados em equipamentos de proteção individual e coletiva;
- certificações dos equipamentos e materiais elétricos em áreas classificadas; e
- relatório técnico das inspeções atualizadas com recomendações, cronogramas de adequações, contemplando as anteriores alíneas de "a" a "f".

No tocante às empresas que operam instalações ou equipamentos integrantes do sistema elétrico de potência, o Prontuário de Instalações, além do que descrito no tópico anterior, deve ser acrescido dos seguintes documentos:

- descrição dos procedimentos para emergências; e
- certificações dos equipamentos de proteção coletiva e individual.

Ainda segundo disposições contidas na norma prevencionista em apreço, o Prontuário de Instalações Elétricas deve ser organizado e mantido atualizado pelo empregador ou pessoa formalmente por ele designado, devendo permanecer à disposição dos trabalhadores envolvidos nas instalações e serviços em eletricidade. Além disso, os documentos técnicos previstos no aludido prontuário devem ser elaborados por profissional legalmente habilitado.

Prevê a NR-10 que em todos os serviços executados em instalações elétricas devem ser previstas e adotadas, prioritariamente, medidas de proteção coletiva aplicáveis, mediante procedimentos, às atividades a serem desenvolvidas, de forma a garantir a segurança e a saúde dos trabalhadores, bem como a desenergização elétrica e, na sua impossibilidade, o emprego de tensão de segurança. Caso não sejam adotadas essas medidas de proteção coletiva, deverão ser utilizadas outras, tais como: isolação das partes vivas, obstáculos, barreiras, sinalização, sistema de seccionamento automático de alimentação, bloqueio do religamento automático. Ressalte-se que o aterramento das instalações elétricas deve ser executado conforme regulamentação estabelecida pelos órgãos competentes e, na ausência desta, deve atender às Normas Internacionais vigentes.

Estipula, mais, a norma regulamentadora em comento que, quando as medidas de proteção coletiva forem tecnicamente inviáveis ou insuficientes para controlar os riscos, devem ser adotados equipamentos de proteção individual específicos e adequados às atividades desenvolvidas, em atendimento às determinações gerais e específicas contidas na NR-6 (EPI). Registre-se que as vestimentas de trabalho devem ser adequadas às atividades, devendo contemplar a condutibilidade, inflamabilidade e influências eletromagnéticas. Além do que, é vedado o uso de adornos pessoais nos trabalhos com instalações elétricas ou em suas proximidades.

Outra disposição normativa relevante é a que impõe a obrigatoriedade de que os projetos de instalações elétricas especifiquem dispositivos de desligamento de circuitos que possuam recursos para impedimento de reenergização, para sinalização de advertência com indicação da condição operativa; além do que, o projeto elétrico, na medida do possível, deve prever a instalação de dispositivo de seccionamento de ação simultânea, o qual permita a aplicação de impedimento de reenergização do circuito. Igualmente, o projeto de instalações elétricas deve considerar o espaço seguro, quanto ao dimensionamento e à localização de seus componentes e as influências externas, quando da operação e da realização de serviços de construção e manutenção.

Quanto aos requisitos mínimos a serem observados no Memorial Descritivo dos projetos de instalações elétricas, preceitua a NR-10 que ele deverá conter, no mínimo, os seguintes itens de segurança:

- especificação das características relativas à proteção contra choques elétricos, queimaduras e outros riscos adicionais;
- indicação de posição dos dispositivos de manobra dos circuitos elétricos: (Verde — "D", desligado; e, Vermelho — "L", ligado);
- descrição do sistema de identificação de circuitos elétricos e equipamentos, incluindo dispositivos de manobra, de controle, de proteção, de intertravamento dos condutores e os próprios equipamentos e estruturas, definindo como tais indicações devem ser aplicadas fisicamente nos componentes das instalações;
- recomendações de restrições e advertências quanto ao acesso de pessoas aos componentes das instalações;
- precauções aplicáveis em face das influências externas;
- o princípio funcional dos dispositivos de proteção, constantes do projeto, destinados à segurança das pessoas; e
- descrição da compatibilidade dos dispositivos de proteção com a instalação elétrica.

Oportuno ressaltar que uma instalação elétrica somente poderá ser considerada liberada para o trabalho quando atendidos os procedimentos apropriados, obedecida a seguinte sequência:

- seccionamento;
- impedimento de reenergização;
- constatação da ausência de tensão;
- instalação de aterramento temporário com equipotencialização dos condutores dos circuitos;
- proteção dos elementos energizados existentes na zona controlada (Anexo I da NR-10); e
- instalação da sinalização de impedimento de reenergização.

Impõe-se lembrar que as intervenções em instalações elétricas com tensão igual ou superior a 50 Volts em corrente alternada ou superior a 120 Volts em corrente contínua, de acordo com a NR-10, somente podem ser realizadas por trabalhador qualificado e/ou profissional legalmente habilitado, devendo serem observados os seguintes requisitos:

- as operações elementares como ligar e desligar circuitos elétricos, realizadas em baixa tensão, com materiais e equipamentos elétricos em perfeito estado de conservação, adequados para operação, podem ser realizadas por qualquer pessoa não advertida;
- os trabalhos que exigem o ingresso na zona controlada devem ser realizados mediante procedimentos específicos respeitando as distâncias previstas no Anexo I da NR-10;

- os serviços em instalações energizadas, ou em suas proximidades, devem ser suspensos de imediato na iminência de ocorrência que possa colocar os trabalhadores em perigo;
- sempre que inovações tecnológicas forem implementadas, ou para a entrada em operações de novas instalações ou equipamentos elétricos, devem ser previamente elaboradas análises de risco, desenvolvidas com circuitos desenergizados, e respectivos procedimentos de trabalho;
- o responsável pela execução do serviço deve suspender as atividades quando verificar situação ou condição de risco não prevista, cuja eliminação ou neutralização imediata não seja possível.

Os trabalhadores que intervenham em instalações elétricas energizadas com Alta Tensão (AT) e que exerçam suas atividades dentro dos limites estabelecidos como zonas controladas e de risco, conforme Anexo II (Zona de Risco e Zona Controlada) da NR-10, devem observar as regras retroespecificadas e, se desenvolverem atividades em Sistema Elétrico de Potência (SEP) ou em suas proximidades, serão submetidos a treinamento de segurança específico em segurança com currículo mínimo, carga horária e demais determinações estabelecidas no Anexo II da NR-10; além disso, impõe-se atentar para o seguinte:

- Os serviços em instalações elétricas energizadas em AT, bem como aqueles executados no Sistema Elétrico de Potência (SEP), não podem ser realizados individualmente;
- Todo trabalho em instalações elétricas energizadas em AT, bem como aquelas que interajam com o SEP, somente pode ser realizado mediante ordem de serviço específica para data e local, assinada por superior responsável pela área;
- Antes de iniciar trabalhos em circuitos energizados em AT, o superior imediato e a equipe, responsáveis pela execução do serviço, devem realizar uma avaliação prévia, estudar e planejar as atividades e ações a serem desenvolvidas de forma a atender os princípios técnicos básicos e as melhores técnicas de segurança em eletricidade aplicáveis ao serviço;
- Os serviços em instalações elétricas energizadas em AT somente podem ser realizados quando houver procedimentos específicos, detalhados e assinados por profissional autorizado;
- A intervenção em instalações elétricas energizadas em AT dentro dos limites estabelecidos como zona de risco, conforme Anexo II da NR-10, somente pode ser realizada mediante a desativação, também conhecida como bloqueio, dos conjuntos e dispositivos de religamento automático do circuito, sistema ou equipamento;
- Os equipamentos e dispositivos desativados devem ser sinalizados com identificação da condição de desativação, conforme procedimento de trabalho específico padronizado;
- Os equipamentos, ferramentas e dispositivos isolantes ou equipados com materiais isolantes, destinados ao trabalho em alta-tensão, devem ser submetidos a testes elétricos ou ensaios de laboratório periódicos, obedecendo-se as especificações do fabricante, os procedimentos da empresa e, na ausência desses, anualmente;
- Todo trabalhador em instalações elétricas energizadas em AT, bem como aqueles envolvidos em atividades no SEP, devem dispor de equipamento que permita a comunicação permanente com os demais membros da equipe ou com o centro de operação durante a realização do serviço.

A propósito, para fins da NR-10, será considerado Trabalhador Qualificado aquele que comprovar conclusão de curso específico na área elétrica reconhecido pelo Sistema Oficial de Ensino. Em contrapartida, Profissional Legalmente Habilitado é aquele previamente qualificado e com registro profissional específico perante um Órgão de Classe, como por exemplo no Conselho Regional de Engenharia e Agronomia (CREA).

Quanto ao Trabalhador Capacitado, cabe ser dito que a NR-10 assim considera aquele que tenha recebido capacitação sob orientação e responsabilidade de profissional habilitado e autorizado, somente podendo trabalhar sob a supervisão deste último; além do que dita capacitação somente terá validade aos domínios da empresa onde recebera a capacitação e nas condições estabelecidas pelo Profissional Legalmente Habilitado e responsável por sua capacitação.

Conveniente observar, também, que são considerados autorizados os trabalhadores qualificados ou capacitados e os profissionais habilitados com anuência formal da empresa, e que cabe a esta estabelecer sistema de identificação que permita a qualquer tempo conhecer a abrangência da autorização de cada trabalhador.

Acerca da Proteção Contra Incêndio e Explosão, preceitua a NR-10 que além de serem atendidos os requisitos preventivos descritos na NR-23 (Proteção Contra Incêndios), as áreas onde houver instalações ou equipamentos elétricos devem ser dotadas de proteção específica contra incêndio e explosão, em sintonia com as seguintes disposições normativas:

- Os materiais, peças, dispositivos, equipamentos e sistemas destinados à aplicação em instalações elétricas de ambientes com atmosferas potencialmente explosivas devem ser avaliados quanto à sua conformidade, no âmbito do Sistema Brasileiro de Certificação;
- Os processos ou equipamentos suscetíveis de gerar ou acumular eletricidade estática devem dispor de proteção específica e dispositivos de descarga elétrica;
- Nas instalações elétricas de áreas classificadas ou sujeitas a risco acentuado de incêndio ou explosões, devem ser adotados dispositivos de proteção, como alarme e seccionamento automático para prevenir sobretensões, sobrecorrentes, falhas de isolamento, aquecimentos ou outras condições anormais de operação;
- Os serviços em instalações elétricas nas áreas classificadas somente poderão ser realizados mediante permissão para o trabalho com liberação formalizada, conforme estabelece o item 10.5 da NR-10 ou supressão do agente de risco que determina a classificação da área.

No tocante à Sinalização de Segurança, dispõe a norma regulamentadora em análise que nas instalações e serviços em eletricidade deve ser adotada sinalização adequada de segurança, destinada à advertência e à identificação, obedecendo ao disposto na NR-26 (Sinalização de Segurança), de forma a atender, dentre outras, às seguintes situações:

- identificação de circuitos elétricos;
- travamentos e bloqueios de dispositivos e sistemas de manobra e comandos;
- restrições e impedimentos de acesso;
- delimitações de áreas;
- sinalização de áreas de circulação, de vias públicas, de veículos e de movimentação de cargas;
- sinalização de impedimento de energização; e
- identificação de equipamento ou circuito impedido.

Consta igualmente explicitado na NR-10 que os serviços em instalações elétricas devem ser planejados e realizados consoante Procedimentos de Trabalho específicos, padronizados, com descrição detalhada de cada tarefa, passo a passo, e subscritos por profissional autorizado, observado o seguinte:

- os serviços em instalações elétricas devem ser precedidos de ordens de serviço específicas, aprovadas por trabalhador autorizado, contendo, no mínimo, o tipo, a data, o local e as referências aos procedimentos de trabalho a serem adotados;
- os Procedimentos de Trabalho devem conter, no mínimo, objetivo, campo de aplicação, base técnica, competências e responsabilidades, disposições gerais, medidas de controle e orientações finais;
- os procedimentos de trabalho, o treinamento de segurança e saúde e a autorização para execução de serviços em instalações elétricas devem ter a participação em todo processo de desenvolvimento do Serviço Especializado de Engenharia de Segurança e Medicina do Trabalho (SESMT), quando houver;
- a autorização referida no item anterior deve estar em conformidade com o treinamento ministrado, previsto no Anexo II (Zona de Risco e Zona Controlada) da NR-10;

- Toda equipe deverá ter um de seus trabalhadores indicado e em condições de exercer a supervisão e condução dos trabalhos;
- Antes de iniciar trabalhos em equipe, seus membros, em conjunto com o responsável pela execução do serviço, devem realizar uma avaliação prévia, estudar e planejar as atividades e ações a serem desenvolvidas no local, de forma a atender os princípios técnicos básicos e as melhores técnicas de segurança aplicáveis ao serviço;
- A alternância de atividades deve considerar a análise de riscos das tarefas e a competência dos trabalhadores envolvidos, de forma a garantir a segurança e a saúde no trabalho.

Outra disposição normativa a ser destacada é a que estabelece que as ações de emergência alusivas às instalações ou serviços com eletricidade devem constar do plano de emergência da empresa, e que os trabalhadores autorizados devem estar aptos a executar o resgate e prestar primeiros socorros a acidentados, especialmente por meio de reanimação cardiorrespiratória, bem como a manusear e operar equipamentos de prevenção e combate a incêndio existentes nas instalações elétricas. Outrossim, a empresa deve possuir métodos de resgate padronizados e adequados a suas atividades, disponibilizando os meios para sua aplicação.

Em relação ao compartilhamento de responsabilidades preventivas das empresas contratantes e contratadas para a execução de instalações elétricas, a NR-10 sinaliza no sentido da responsabilidade solidária entre empresas contratantes e contratadas envolvidas, em relação aos trabalhadores, devendo estes serem devidamente informados sobre os riscos a que estão expostos e instruídos adequadamente acerca dos procedimentos e medidas de controle contra os riscos elétricos a serem adotados; além do que cabe à empresa, na ocorrência de acidentes de trabalho envolvendo instalações e serviços em eletricidade, propor e adotar medidas preventivas e corretivas.

Quanto às responsabilidades normativas atribuídas aos trabalhadores que executam serviços em instalações elétricas, explicita a NR-10 os seguintes deveres dos trabalhadores:

- zelar pela sua segurança e saúde e a de outras pessoas que possam ser afetadas por suas ações ou omissões no trabalho;
- responsabilizar-se junto com a empresa pelo cumprimento das disposições legais e regulamentares, inclusive quanto aos procedimentos internos de segurança e saúde; e
- comunicar, de imediato, ao responsável pela execução do serviço as situações que considerar de risco para sua segurança e saúde e a de outras pessoas.

Sob a rubrica de Disposições Finais, assim determina a NR-10:

- Os trabalhadores devem interromper suas tarefas exercendo o direito de recusa, sempre que constatarem evidências de riscos graves e iminentes para sua segurança e saúde ou a de outras pessoas, comunicando imediatamente o fato a seu superior hierárquico, que diligenciará as medidas cabíveis;
- As empresas devem promover ações de controle de riscos originados por outrem em suas instalações elétricas e oferecer, de imediato, quando cabível, denúncia aos órgãos competentes;
- Na ocorrência do não cumprimento das disposições da NR-10, o Ministério do Trabalho e Emprego, por intermédio de seus Auditores Fiscais do Trabalho, adotará as providências estabelecidas na NR-3 (Embargo ou Interdição);
- A documentação prevista na NR-10 deve estar permanentemente à disposição dos trabalhadores que atuam em serviços e instalações elétricas, respeitadas as abrangências, limitações e interferências nas tarefas;
- Igualmente, dita documentação deve estar, permanentemente, à disposição das autoridades competentes.

Doravante, serão reproduzidos os FUNDAMENTOS JURÍDICOS (dispositivos legais, infralegais ou regulamentares, e jurisprudenciais) que propiciam o suporte de validade jurídica à temática em apreço, observando-se as ordens hierárquica e cronológica. Ao final, encontra-se igualmente transcrita, de forma integral e atualizada, a correspondente norma regulamentadora de segurança e saúde no trabalho que intitula este Capítulo.

FUNDAMENTOS JURÍDICOS DO CAPÍTULO 10

NR-10: SEGURANÇA EM INSTALAÇÕES E SERVIÇOS EM ELETRICIDADE *(redação atual dada pela Portaria GM-MTE n. 598 de 7.12.2004). Art. 7º, incisos XXII, XXIII, XXVIII e XXXIII, da CF-1988. Arts. 179 a 181 e 193 da CLT. Súmulas TST ns. 191, 361 e 364.*

CONSTITUIÇÃO DA REPÚBLICA FEDERATIVA DO BRASIL

(Atualizada até a edição da Emenda Constitucional n. 85, de 26.2.2015)

Título II: Dos Direitos e Garantias Fundamentais (Arts. 5º a 17)

Capítulo II: Dos Direitos Sociais (Arts. 6º a 11)

Art. 7º São direitos dos trabalhadores urbanos e rurais(1), além de outros que visem à melhoria de sua condição social:

XXII — redução dos riscos inerentes ao trabalho, por meio de normas de saúde, higiene e segurança;

XXIII — adicional de remuneração para as atividades penosas, insalubres ou perigosas, na forma da lei;

XXVIII — seguro contra acidentes de trabalho, a cargo do empregador, sem excluir a indenização a que este está obrigado, quando incorrer em dolo ou culpa;

XXXIII — proibição de trabalho noturno, perigoso ou insalubre a menores de dezoito e de qualquer trabalho a menores de dezesseis anos, salvo na condição de aprendiz, a partir de quatorze anos.

NORMAS JURÍDICAS INFRACONSTITUCIONAIS

CONSOLIDAÇÃO DAS LEIS DO TRABALHO

(Decreto-lei n. 5.452, de 1º.5.1943, com a redação dos artigos 154 a 201 CLT dada pela Lei n. 6.514 de 22.12.1997, atualizada até a edição da Lei n. 13.103, de 2.3.2015)

Título II: **Das Normas Gerais de Tutela do Trabalho** (Arts. 13 a 223 da CLT)

Capítulo V: **Da Segurança e da Medicina do Trabalho** (Arts. 154 a 201 da CLT)(2)

Seção IX: **Das Instalações Elétricas** (Arts. 179 a 181 da CLT)(3)

Art. 179. O Ministério do Trabalho disporá sobre as condições de segurança e as medidas especiais a serem observadas relativamente a instalações elétricas, em qualquer das fases de produção, transmissão, distribuição ou consumo de energia.

Art. 180. Somente profissional qualificado poderá instalar, operar, inspecionar ou reparar instalações elétricas.

Art. 181. Os que trabalharem em serviços de eletricidade ou instalações elétricas devem estar familiarizados com os métodos de socorro a acidentados por choque elétrico.

Art. 193. São consideradas atividades ou operações perigosas, na forma da regulamentação aprovada pelo Ministério do Trabalho e Emprego, aquelas que, por sua natureza ou métodos de trabalho, impliquem risco acentuado em virtude de exposição permanente do trabalhador a:

I — inflamáveis, explosivos ou energia elétrica;

II — roubos ou outras espécies de violência física nas atividades profissionais de segurança pessoal ou patrimonial.

§ 1º O trabalho em condições de periculosidade assegura ao empregado um adicional de 30% (trinta por cento) sobre o salário sem os acréscimos resultantes de gratificações, prêmios ou participações nos lucros da empresa.

§ 2º O empregado poderá optar pelo adicional de insalubridade que porventura lhe seja devido.

§ 3º Serão descontados ou compensados do adicional outros da mesma natureza eventualmente já concedidos ao vigilante por meio de acordo coletivo.

§ 4º São também consideradas perigosas as atividades de trabalhador em motocicleta.

---

(1) Especificamente em relação aos Servidores Públicos Federais (submetidos ao Regime Jurídico Único da Lei n. 8.112/1990) dispõe o § 3º do art. 39 da CF-1988 que: "Aplica-se aos servidores ocupantes de cargo público o disposto no Art. 7º, IV, VII, VIII, IX, XII, XIII, XV, XVI, XVII, XVIII, XIX, XX, XXII e XXX, podendo a lei estabelecer requisitos diferenciados de admissão quando a natureza do cargo o exigir".

(2) A Lei n. 6.514, de 22.12.1977, propiciou a redação dos arts. 154 a 201 da CLT, observadas as atualizações legais até a edição da Lei n. 13.103, de 2.3.2015.

(3) A NR-10 (SEGURANÇA EM INSTALAÇÕES E SERVIÇOS EM ELETRICIDADE), na forma adiante transcrita, disciplina os artigos 179 a181 da CLT.

SÚMULAS DE JURUSPRUDÊNCIA DO TRIBUNAL SUPERIOR DO TRABALHO

Súmula TST n. 191. ADICIONAL. PERICULOSIDADE. INCIDÊNCIA. O adicional de periculosidade incide apenas sobre o salário básico e não sobre este acrescido de outros adicionais. Em relação aos eletricitários, o cálculo do adicional de periculosidade deverá ser efetuado sobre a totalidade das parcelas de natureza salarial.

Súmula TST n. 361. ADICIONAL PERICULOSIDADE. ELETRICITÁRIOS. EXPOSIÇÃO INTERMITENTE. O trabalho exercido em condições perigosas, embora de forma intermitente, dá direito ao empregado a receber o adicional de periculosidade de forma integral, porque a Lei n. 7.369, de 20.9.1985 não estabeleceu nenhuma proporcionalidade em relação ao seu pagamento.

Súmula TST n. 364. ADICIONAL DE PERICULOSIDADE. EXPOSIÇÃO EVENTUAL, PERMANENTE E INTERMITENTE. Tem direito ao adicional de periculosidade o empregado exposto permanentemente ou que, de forma intermitente, sujeita-se a condições de risco. Indevido, apenas, quando o contato dá-se de forma eventual, assim considerado o fortuito, ou o que, sendo habitual, dá-se por tempo extremamente reduzido.

NORMAS JURÍDICAS INFRALEGAIS OU REGULAMENTARES

NR-10 (SEGURANÇA EM INSTALAÇÕES E SERVIÇOS EM ELETRICIDADE)[(4)]

Publicação	**D.O.U.**
Portaria GM n. 3.214, de 8 de junho de 1978	6.7.78
Alterações/Atualizações	**D.O.U.**
Portaria SSMT n. 12, de 6 de junho de 1983	14.6.83
Portaria GM n. 598, de 7 de dezembro de 2004	8.9.04

(Texto dado pela Portaria GM n. 598, de 7 de dezembro de 2004)

10.1. OBJETIVO E CAMPO DE APLICAÇÃO

10.1.1. Esta Norma Regulamentadora — NR estabelece os requisitos e condições mínimas objetivando a implementação de medidas de controle e sistemas preventivos, de forma a garantir a segurança e a saúde dos trabalhadores que, direta ou indiretamente, interajam em instalações elétricas e serviços com eletricidade.

10.1.2. Esta NR se aplica às fases de geração, transmissão, distribuição e consumo, incluindo as etapas de projeto, construção, montagem, operação, manutenção das instalações elétricas e quaisquer trabalhos realizados nas suas proximidades, observando-se as normas técnicas oficiais estabelecidas pelos órgãos competentes e, na ausência ou omissão destas, as normas internacionais cabíveis.

10.2. MEDIDAS DE CONTROLE

10.2.1. Em todas as intervenções em instalações elétricas devem ser adotadas medidas preventivas de controle do risco elétrico e de outros riscos adicionais, mediante técnicas de análise de risco, de forma a garantir a segurança e a saúde no trabalho.

10.2.2. As medidas de controle adotadas devem integrar-se às demais iniciativas da empresa, no âmbito da preservação da segurança, da saúde e do meio ambiente do trabalho.

10.2.3. As empresas estão obrigadas a manter esquemas unifilares atualizados das instalações elétricas dos seus estabelecimentos com as especificações do sistema de aterramento e demais equipamentos e dispositivos de proteção.

10.2.4. Os estabelecimentos com carga instalada superior a 75 kW devem constituir e manter o Prontuário de Instalações Elétricas, contendo, além do disposto no subitem 10.2.3, no mínimo:

a) conjunto de procedimentos e instruções técnicas e administrativas de segurança e saúde, implantadas e relacionadas a esta NR e descrição das medidas de controle existentes;

b) documentação das inspeções e medições do sistema de proteção contra descargas atmosféricas e aterramentos elétricos;

c) especificação dos equipamentos de proteção coletiva e individual e o ferramental, aplicáveis conforme determina esta NR;

d) documentação comprobatória da qualificação, habilitação, capacitação, autorização dos trabalhadores e dos treinamentos realizados;

e) resultados dos testes de isolação elétrica realizados em equipamentos de proteção individual e coletiva;

f) certificações dos equipamentos e materiais elétricos em áreas classificadas;

g) relatório técnico das inspeções atualizadas com recomendações, cronogramas de adequações, contemplando as alíneas de "a" a "f".

10.2.5. As empresas que operam em instalações ou equipamentos integrantes do sistema elétrico de potência devem constituir prontuário com o conteúdo do item 10.2.4 e acrescentar ao prontuário os documentos a seguir listados:

a) descrição dos procedimentos para emergências;

b) certificações dos equipamentos de proteção coletiva e individual;

10.2.5.1. As empresas que realizam trabalhos em proximidade do Sistema Elétrico de Potência devem constituir prontuário contemplando as alíneas "a", "c", "d" e "e", do item 10.2.4 e alíneas "a" e "b" do item 10.2.5.

(4) O Texto da NR-10 (SEGURANÇA EM INSTALAÇÕES E SERVIÇOS EM ELETRICIDADE), ora reproduzido, possui redação atual dada pela Portaria MTE-GM n. 598, de 7.12.2004.

10.2.6. O Prontuário de Instalações Elétricas deve ser organizado e mantido atualizado pelo empregador ou pessoa formalmente designada pela empresa, devendo permanecer à disposição dos trabalhadores envolvidos nas instalações e serviços em eletricidade.

10.2.7. Os documentos técnicos previstos no Prontuário de Instalações Elétricas devem ser elaborados por profissional legalmente habilitado.

10.2.8. MEDIDAS DE PROTEÇÃO COLETIVA

10.2.8.1 Em todos os serviços executados em instalações elétricas devem ser previstas e adotadas, prioritariamente, medidas de proteção coletiva aplicáveis, mediante procedimentos, às atividades a serem desenvolvidas, de forma a garantir a segurança e a saúde dos trabalhadores.

10.2.8.2. As medidas de proteção coletiva compreendem, prioritariamente, a desenergização elétrica conforme estabelece esta NR e, na sua impossibilidade, o emprego de tensão de segurança.

10.2.8.2.1. Na impossibilidade de implementação do estabelecido no subitem 10.2.8.2., devem ser utilizadas outras medidas de proteção coletiva, tais como: isolação das partes vivas, obstáculos, barreiras, sinalização, sistema de seccionamento automático de alimentação, bloqueio do religamento automático.

10.2.8.3. O aterramento das instalações elétricas deve ser executado conforme regulamentação estabelecida pelos órgãos competentes e, na ausência desta, deve atender às Normas Internacionais vigentes.

10.2.9. MEDIDAS DE PROTEÇÃO INDIVIDUAL

10.2.9.1. Nos trabalhos em instalações elétricas, quando as medidas de proteção coletiva forem tecnicamente inviáveis ou insuficientes para controlar os riscos, devem ser adotados equipamentos de proteção individual específicos e adequados às atividades desenvolvidas, em atendimento ao disposto na NR-6.

10.2.9.2. As vestimentas de trabalho devem ser adequadas às atividades, devendo contemplar a condutibilidade, inflamabilidade e influências eletromagnéticas.

10.2.9.3. É vedado o uso de adornos pessoais nos trabalhos com instalações elétricas ou em suas proximidades.

10.3. SEGURANÇA EM PROJETOS

10.3.1. É obrigatório que os projetos de instalações elétricas especifiquem dispositivos de desligamento de circuitos que possuam recursos para impedimento de reenergização, para sinalização de advertência com indicação da condição operativa.

10.3.2. O projeto elétrico, na medida do possível, deve prever a instalação de dispositivo de seccionamento de ação simultânea, que permita a aplicação de impedimento de reenergização do circuito.

10.3.3. O projeto de instalações elétricas deve considerar o espaço seguro, quanto ao dimensionamento e a localização de seus componentes e as influências externas, quando da operação e da realização de serviços de construção e manutenção.

10.3.3.1. Os circuitos elétricos com finalidades diferentes, tais como: comunicação, sinalização, controle e tração elétrica devem ser identificados e instalados separadamente, salvo quando o desenvolvimento tecnológico permitir compartilhamento, respeitadas as definições de projetos.

10.3.4. O projeto deve definir a configuração do esquema de aterramento, a obrigatoriedade ou não da interligação entre o condutor neutro e o de proteção e a conexão à terra das partes condutoras não destinadas à condução da eletricidade.

10.3.5. Sempre que for tecnicamente viável e necessário, devem ser projetados dispositivos de seccionamento que incorporem recursos fixos de equipotencialização e aterramento do circuito seccionado.

10.3.6. Todo projeto deve prever condições para a adoção de aterramento temporário.

10.3.7. O projeto das instalações elétricas deve ficar à disposição dos trabalhadores autorizados, das autoridades competentes e de outras pessoas autorizadas pela empresa e deve ser mantido atualizado.

10.3.8. O projeto elétrico deve atender ao que dispõem as Normas Regulamentadoras de Saúde e Segurança no Trabalho, as regulamentações técnicas oficiais estabelecidas, e ser assinado por profissional legalmente habilitado.

10.3.9. O memorial descritivo do projeto deve conter, no mínimo, os seguintes itens de segurança:

a) especificação das características relativas à proteção contra choques elétricos, queimaduras e outros riscos adicionais;

b) indicação de posição dos dispositivos de manobra dos circuitos elétricos: (Verde — "D", desligado e Vermelho — "L", ligado);

c) descrição do sistema de identificação de circuitos elétricos e equipamentos, incluindo dispositivos de manobra, de controle, de proteção, de intertravamento, dos condutores e os próprios equipamentos e estruturas, definindo como tais indicações devem ser aplicadas fisicamente nos componentes das instalações;

d) recomendações de restrições e advertências quanto ao acesso de pessoas aos componentes das instalações;

e) precauções aplicáveis em face das influências externas;

f) o princípio funcional dos dispositivos de proteção, constantes do projeto, destinados à segurança das pessoas;

g) descrição da compatibilidade dos dispositivos de proteção com a instalação elétrica.

10.3.10. Os projetos devem assegurar que as instalações proporcionem aos trabalhadores iluminação adequada e uma posição de trabalho segura, de acordo com a NR 17 — Ergonomia.

10.4. SEGURANÇA NA CONSTRUÇÃO, MONTAGEM, OPERAÇÃO E MANUTENÇÃO

10.4.1. As instalações elétricas devem ser construídas, montadas, operadas, reformadas, ampliadas, reparadas e inspecionadas de forma a garantir a segurança e a saúde dos trabalhadores e dos usuários, e serem supervisionadas por profissional autorizado, conforme dispõe esta NR.

10.4.2. Nos trabalhos e nas atividades referidas devem ser adotadas medidas preventivas destinadas ao controle dos riscos adicionais, especialmente quanto a altura, confinamento, campos elétricos e magnéticos, explosividade, umidade, poeira, fauna e flora e outros agravantes, adotando-se a sinalização de segurança.

10.4.3. Nos locais de trabalho só podem ser utilizados equipamentos, dispositivos e ferramentas elétricas compatíveis com a instalação elétrica existente, preservando-se as características de proteção, respeitadas as recomendações do fabricante e as influências externas.

10.4.3.1. Os equipamentos, dispositivos e ferramentas que possuam isolamento elétrico devem estar adequados às tensões envolvidas, e serem inspecionados e testados de acordo com as regulamentações existentes ou recomendações dos fabricantes.

10.4.4. As instalações elétricas devem ser mantidas em condições seguras de funcionamento e seus sistemas de proteção devem ser inspecionados e controlados periodicamente, de acordo com as regulamentações existentes e definições de projetos.

10.4.4.1. Os locais de serviços elétricos, compartimentos e invólucros de equipamentos e instalações elétricas são exclusivos para essa finalidade, sendo expressamente proibido utilizá-los para armazenamento ou guarda de quaisquer objetos.

10.4.5. Para atividades em instalações elétricas deve ser garantida ao trabalhador iluminação adequada e uma posição de trabalho segura, de acordo com a NR-17 — Ergonomia, de forma a permitir que ele disponha dos membros superiores livres para a realização das tarefas.

10.4.6. Os ensaios e testes elétricos laboratoriais e de campo ou comissionamento de instalações elétricas devem atender à regulamentação estabelecida nos itens 10.6 e 10.7, e somente podem ser realizados por trabalhadores que atendam às condições de qualificação, habilitação, capacitação e autorização estabelecidas nesta NR.

10.5. SEGURANÇA EM INSTALAÇÕES ELÉTRICAS DESENERGIZADAS

10.5.1. Somente serão consideradas desenergizadas as instalações elétricas liberadas para trabalho, mediante os procedimentos apropriados, obedecida a sequência abaixo:

a) seccionamento;

b) impedimento de reenergização;

c) constatação da ausência de tensão;

d) instalação de aterramento temporário com equipotencialização dos condutores dos circuitos;

e) proteção dos elementos energizados existentes na zona controlada (Anexo I);

f) instalação da sinalização de impedimento de reenergização.

10.5.2. O estado de instalação desenergizada deve ser mantido até a autorização para reenergização, devendo ser reenergizada respeitando a sequência de procedimentos abaixo:

a) retirada das ferramentas, utensílios e equipamentos;

b) retirada da zona controlada de todos os trabalhadores não envolvidos no processo de reenergização;

c) remoção do aterramento temporário, da equipotencialização e das proteções adicionais;

d) remoção da sinalização de impedimento de reenergização;

e) destravamento, se houver, e religação dos dispositivos de seccionamento.

10.5.3. As medidas constantes das alíneas apresentadas nos itens 10.5.1 e 10.5.2 podem ser alteradas, substituídas, ampliadas ou eliminadas, em função das peculiaridades de cada situação, por profissional legalmente habilitado, autorizado e mediante justificativa técnica previamente formalizada, desde que seja mantido o mesmo nível de segurança originalmente preconizado.

10.5.4. Os serviços a serem executados em instalações elétricas desligadas, mas com possibilidade de energização, por qualquer meio ou razão, devem atender ao que estabelece o disposto no item 10.6.

10.6. SEGURANÇA EM INSTALAÇÕES ELÉTRICAS ENERGIZADAS

10.6.1. As intervenções em instalações elétricas com tensão igual ou superior a 50 Volts em corrente alternada ou superior a 120 Volts em corrente contínua somente podem ser realizadas por trabalhadores que atendam ao que estabelece o item 10.8 desta Norma.

10.6.1.1. Os trabalhadores de que trata o item anterior devem receber treinamento de segurança para trabalhos com instalações elétricas energizadas, com currículo mínimo, carga horária e demais determinações estabelecidas no Anexo II desta NR.

10.6.1.2. As operações elementares como ligar e desligar circuitos elétricos, realizadas em baixa tensão, com materiais e equipamentos elétricos em perfeito estado de conservação, adequados para operação, podem ser realizadas por qualquer pessoa não advertida.

10.6.2. Os trabalhos que exigem o ingresso na zona controlada devem ser realizados mediante procedimentos específicos respeitando as distâncias previstas no Anexo I.

10.6.3. Os serviços em instalações energizadas, ou em suas proximidades devem ser suspensos de imediato na iminência de ocorrência que possa colocar os trabalhadores em perigo.

10.6.4. Sempre que inovações tecnológicas forem implementadas ou para a entrada em operações de novas instalações ou equipamentos elétricos devem ser previamente elaboradas análises de risco, desenvolvidas com circuitos desenergizados, e respectivos procedimentos de trabalho.

10.6.5. O responsável pela execução do serviço deve suspender as atividades quando verificar situação ou condição de risco não prevista, cuja eliminação ou neutralização imediata não seja possível.

10.7. TRABALHOS ENVOLVENDO ALTA TENSÃO (AT)

10.7.1. Os trabalhadores que intervenham em instalações elétricas energizadas com alta tensão, que exerçam suas atividades dentro dos limites estabelecidos como zonas controladas e de risco, conforme Anexo I, devem atender ao disposto no item 10.8 desta NR.

10.7.2. Os trabalhadores de que trata o item 10.7.1 devem receber treinamento de segurança, específico em segurança no Sistema Elétrico de Potência (SEP) e em suas proximidades, com currículo mínimo, carga horária e demais determinações estabelecidas no Anexo II desta NR.

10.7.3. Os serviços em instalações elétricas energizadas em AT, bem como aqueles executados no Sistema Elétrico de Potência — SEP, não podem ser realizados individualmente.

10.7.4. Todo trabalho em instalações elétricas energizadas em AT, bem como aquelas que interajam com o SEP, somente pode ser realizado mediante ordem de serviço específica para data e local, assinada por superior responsável pela área.

10.7.5. Antes de iniciar trabalhos em circuitos energizados em AT, o superior imediato e a equipe, responsáveis pela execução do serviço, devem realizar uma avaliação prévia, estudar e planejar as atividades e ações a serem desenvolvidas de forma a atender os princípios técnicos básicos e as melhores técnicas de segurança em eletricidade aplicáveis ao serviço.

10.7.6. Os serviços em instalações elétricas energizadas em AT somente podem ser realizados quando houver procedimentos específicos, detalhados e assinados por profissional autorizado.

10.7.7. A intervenção em instalações elétricas energizadas em AT dentro dos limites estabelecidos como zona de risco, conforme Anexo I desta NR, somente pode ser realizada mediante a desativação, também conhecida como bloqueio, dos conjuntos e dispositivos de religamento automático do circuito, sistema ou equipamento.

10.7.7.1. Os equipamentos e dispositivos desativados devem ser sinalizados com identificação da condição de desativação, conforme procedimento de trabalho específico padronizado.

10.7.8. Os equipamentos, ferramentas e dispositivos isolantes ou equipados com materiais isolantes, destinados ao trabalho em alta tensão, devem ser submetidos a testes elétricos ou ensaios de laboratório periódicos, obedecendo-se as especificações do fabricante, os procedimentos da empresa e na ausência desses, anualmente.

10.7.9. Todo trabalhador em instalações elétricas energizadas em AT, bem como aqueles envolvidos em atividades no SEP devem dispor de equipamento que permita a comunicação permanente com os demais membros da equipe ou com o centro de operação durante a realização do serviço.

10.8. HABILITAÇÃO, QUALIFICAÇÃO, CAPACITAÇÃO E AUTORIZAÇÃO DOS TRABALHADORES

10.8.1. É considerado trabalhador qualificado aquele que comprovar conclusão de curso específico na área elétrica reconhecido pelo Sistema Oficial de Ensino.

10.8.2. É considerado profissional legalmente habilitado o trabalhador previamente qualificado e com registro no competente conselho de classe.

10.8.3. É considerado trabalhador capacitado aquele que atenda às seguintes condições, simultaneamente:

a) receba capacitação sob orientação e responsabilidade de profissional habilitado e autorizado; e

b) trabalhe sob a responsabilidade de profissional habilitado e autorizado.

10.8.3.1. A capacitação só terá validade para a empresa que o capacitou e nas condições estabelecidas pelo profissional habilitado e autorizado responsável pela capacitação.

10.8.4. São considerados autorizados os trabalhadores qualificados ou capacitados e os profissionais habilitados, com anuência formal da empresa.

10.8.5. A empresa deve estabelecer sistema de identificação que permita a qualquer tempo conhecer a abrangência da autorização de cada trabalhador, conforme o item 10.8.4.

10.8.6. Os trabalhadores autorizados a trabalhar em instalações elétricas devem ter essa condição consignada no sistema de registro de empregado da empresa.

10.8.7. Os trabalhadores autorizados a intervir em instalações elétricas devem ser submetidos a exame de saúde compatível com as atividades a serem desenvolvidas, realizado em conformidade com a NR-7 e registrado em seu prontuário médico.

10.8.8. Os trabalhadores autorizados a intervir em instalações elétricas devem possuir treinamento específico sobre os riscos decorrentes do emprego da energia elétrica e as principais medidas de prevenção de acidentes em instalações elétricas, de acordo com o estabelecido no Anexo II desta NR.

10.8.8.1. A empresa concederá autorização na forma desta NR aos trabalhadores capacitados ou qualificados e aos profissionais habilitados que tenham participado com avaliação e aproveitamento satisfatórios dos cursos constantes do ANEXO II desta NR.

10.8.8.2. Deve ser realizado um treinamento de reciclagem bienal e sempre que ocorrer alguma das situações a seguir:

a) troca de função ou mudança de empresa;

b) retorno de afastamento ao trabalho ou inatividade, por período superior a três meses;

c) modificações significativas nas instalações elétricas ou troca de métodos, processos e organização do trabalho.

10.8.8.3. A carga horária e o conteúdo programático dos treinamentos de reciclagem destinados ao atendimento das alíneas "a", "b" e "c" do item 10.8.8.2 devem atender as necessidades da situação que o motivou.

10.8.8.4. Os trabalhos em áreas classificadas devem ser precedidos de treinamento especifico de acordo com risco envolvido.

10.8.9. Os trabalhadores com atividades não relacionadas às instalações elétricas desenvolvidas em zona livre e na vizinhança da zona controlada, conforme define esta NR, devem ser instruídos formalmente com conhecimentos que permitam identificar e avaliar seus possíveis riscos e adotar as precauções cabíveis.

10.9. PROTEÇÃO CONTRA INCÊNDIO E EXPLOSÃO

10.9.1. As áreas onde houver instalações ou equipamentos elétricos devem ser dotadas de proteção contra incêndio e explosão, conforme dispõe a NR-23 — Proteção Contra Incêndios.

10.9.2. Os materiais, peças, dispositivos, equipamentos e sistemas destinados à aplicação em instalações elétricas de ambientes com atmosferas potencialmente explosivas devem ser avaliados quanto à sua conformidade, no âmbito do Sistema Brasileiro de Certificação.

10.9.3. Os processos ou equipamentos susceptíveis de gerar ou acumular eletricidade estática devem dispor de proteção específica e dispositivos de descarga elétrica.

10.9.4. Nas instalações elétricas de áreas classificadas ou sujeitas a risco acentuado de incêndio ou explosões, devem ser adotados dispositivos de proteção, como alarme e seccionamento automático para prevenir sobretensões, sobrecorrentes, falhas de isolamento, aquecimentos ou outras condições anormais de operação.

10.9.5. Os serviços em instalações elétricas nas áreas classificadas somente poderão ser realizados mediante permissão para o trabalho com liberação formalizada, conforme estabelece o item 10.5 ou supressão do agente de risco que determina a classificação da área.

10.10. SINALIZAÇÃO DE SEGURANÇA

10.10.1. Nas instalações e serviços em eletricidade deve ser adotada sinalização adequada de segurança, destinada à advertência e à identificação, obedecendo ao disposto na NR-26 — Sinalização de Segurança, de forma a atender, dentre outras, as situações a seguir:

a) identificação de circuitos elétricos;

b) travamentos e bloqueios de dispositivos e sistemas de manobra e comandos;

c) restrições e impedimentos de acesso;

d) delimitações de áreas;

e) sinalização de áreas de circulação, de vias públicas, de veículos e de movimentação de cargas;

f) sinalização de impedimento de energização;

g) identificação de equipamento ou circuito impedido.

10.11. PROCEDIMENTOS DE TRABALHO

10.11.1. Os serviços em instalações elétricas devem ser planejados e realizados em conformidade com procedimentos de trabalho específicos, padronizados, com descrição detalhada de cada tarefa, passo a passo, assinados por profissional que atenda ao que estabelece o item 10.8 desta NR.

10.11.2. Os serviços em instalações elétricas devem ser precedidos de ordens de serviço específicas, aprovadas por trabalhador autorizado, contendo, no mínimo, o tipo, a data, o local e as referências aos procedimentos de trabalho a serem adotados.

10.11.3. Os procedimentos de trabalho devem conter, no mínimo, objetivo, campo de aplicação, base técnica, competências e responsabilidades, disposições gerais, medidas de controle e orientações finais.

10.11.4. Os procedimentos de trabalho, o treinamento de segurança e saúde e a autorização de que trata o item 10.8 devem ter a participação em todo processo de desenvolvimento do Serviço Especializado de Engenharia de Segurança e Medicina do Trabalho — SESMT, quando houver.

10.11.5. A autorização referida no item 10.8 deve estar em conformidade com o treinamento ministrado, previsto no Anexo II desta NR.

10.11.6. Toda equipe deverá ter um de seus trabalhadores indicado e em condições de exercer a supervisão e condução dos trabalhos.

10.11.7. Antes de iniciar trabalhos em equipe os seus membros, em conjunto com o responsável pela execução do serviço, devem realizar uma avaliação prévia, estudar e planejar as atividades e ações a serem desenvolvidas no local, de forma a atender os princípios técnicos básicos e as melhores técnicas de segurança aplicáveis ao serviço.

10.11.8. A alternância de atividades deve considerar a análise de riscos das tarefas e a competência dos trabalhadores envolvidos, de forma a garantir a segurança e a saúde no trabalho.

10.12. SITUAÇÃO DE EMERGÊNCIA

10.12.1. As ações de emergência que envolvam as instalações ou serviços com eletricidade devem constar do plano de emergência da empresa.

10.12.2. Os trabalhadores autorizados devem estar aptos a executar o resgate e prestar primeiros socorros a acidentados, especialmente por meio de reanimação cardiorrespiratória.

10.12.3. A empresa deve possuir métodos de resgate padronizados e adequados às suas atividades, disponibilizando os meios para a sua aplicação.

10.12.4. Os trabalhadores autorizados devem estar aptos a manusear e operar equipamentos de prevenção e combate a incêndio existentes nas instalações elétricas.

10.13. RESPONSABILIDADES

10.13.1. As responsabilidades quanto ao cumprimento desta NR são solidárias aos contratantes e contratados envolvidos.

10.13.2. É de responsabilidade dos contratantes manter os trabalhadores informados sobre os riscos a que estão expostos, instruindo-os quanto aos procedimentos e medidas de controle contra os riscos elétricos a serem adotados.

10.13.3. Cabe à empresa, na ocorrência de acidentes de trabalho envolvendo instalações e serviços em eletricidade, propor e adotar medidas preventivas e corretivas.

10.13.4. Cabe aos trabalhadores:

a) zelar pela sua segurança e saúde e a de outras pessoas que possam ser afetadas por suas ações ou omissões no trabalho;

b) responsabilizar-se junto com a empresa pelo cumprimento das disposições legais e regulamentares, inclusive quanto aos procedimentos internos de segurança e saúde; e

c) comunicar, de imediato, ao responsável pela execução do serviço as situações que considerar de risco para sua segurança e saúde e a de outras pessoas.

10.14. DISPOSIÇÕES FINAIS

10.14.1. Os trabalhadores devem interromper suas tarefas exercendo o direito de recusa, sempre que constatarem evidências de riscos graves e iminentes para sua segurança e saúde ou a de outras pessoas, comunicando imediatamente o fato a seu superior hierárquico, que diligenciará as medidas cabíveis.

10.14.2. As empresas devem promover ações de controle de riscos originados por outrem em suas instalações elétricas e oferecer, de imediato, quando cabível, denúncia aos órgãos competentes.

10.14.3. Na ocorrência do não cumprimento das normas constantes nesta NR, o MTE adotará as providências estabelecidas na NR-3.

10.14.4. A documentação prevista nesta NR deve estar permanentemente à disposição dos trabalhadores que atuam em serviços e instalações elétricas, respeitadas as abrangências, limitações e interferências nas tarefas.

10.14.5. A documentação prevista nesta NR deve estar, permanentemente, à disposição das autoridades competentes.

10.14.6. Esta NR não é aplicável a instalações elétricas alimentadas por extra-baixa tensão.

GLOSSÁRIO

1. Alta Tensão (AT): tensão superior a 1000 volts em corrente alternada ou 1500 volts em corrente contínua, entre fases ou entre fase e terra.

2. Área Classificada: local com potencialidade de ocorrência de atmosfera explosiva.

3. Aterramento Elétrico Temporário: ligação elétrica efetiva confiável e adequada intencional à terra, destinada a garantir a equipotencialidade e mantida continuamente durante a intervenção na instalação elétrica.

4. Atmosfera Explosiva: mistura com o ar, sob condições atmosféricas, de substâncias inflamáveis na forma de gás, vapor, névoa, poeira ou fibras, na qual após a ignição a combustão se propaga.

5. Baixa Tensão (BT): tensão superior a 50 volts em corrente alternada ou 120 volts em corrente contínua e igual ou inferior a 1000 volts em corrente alternada ou 1500 volts em corrente contínua, entre fases ou entre fase e terra.

6. Barreira: dispositivo que impede qualquer contato com partes energizadas das instalações elétricas.

7. Direito de Recusa: instrumento que assegura ao trabalhador a interrupção de uma atividade de trabalho por considerar que ela envolve grave e iminente risco para sua segurança e saúde ou de outras pessoas.

8. Equipamento de Proteção Coletiva (EPC): dispositivo, sistema, ou meio, fixo ou móvel de abrangência coletiva, destinado a preservar a integridade física e a saúde dos trabalhadores, usuários e terceiros.

9. Equipamento Segregado: equipamento tornado inacessível por meio de invólucro ou barreira.

10. Extra-Baixa Tensão (EBT): tensão não superior a 50 volts em corrente alternada ou 120 volts em corrente contínua, entre fases ou entre fase e terra.

11. Influências Externas: variáveis que devem ser consideradas na definição e seleção de medidas de proteção para segurança das pessoas e desempenho dos componentes da instalação.

12. Instalação Elétrica: conjunto das partes elétricas e não elétricas associadas e com características coordenadas entre si, que são necessárias ao funcionamento de uma parte determinada de um sistema elétrico.

13. Instalação Liberada para Serviços (BT/AT): aquela que garanta as condições de segurança ao trabalhador por meio de procedimentos e equipamentos adequados desde o início até o final dos trabalhos e liberação para uso.

14. Impedimento de Reenergização: condição que garante a não energização do circuito através de recursos e procedimentos apropriados, sob controle dos trabalhadores envolvidos nos serviços.

15. Invólucro: envoltório de partes energizadas destinado a impedir qualquer contato com partes internas.

16. Isolamento Elétrico: processo destinado a impedir a passagem de corrente elétrica, por interposição de materiais isolantes.

17. Obstáculo: elemento que impede o contato acidental, mas não impede o contato direto por ação deliberada.

18. Perigo: situação ou condição de risco com probabilidade de causar lesão física ou dano à saúde das pessoas por ausência de medidas de controle.

19. Pessoa Advertida: pessoa informada ou com conhecimento suficiente para evitar os perigos da eletricidade.

20. Procedimento: sequência de operações a serem desenvolvidas para realização de um determinado trabalho, com a inclusão dos meios materiais e humanos, medidas de segurança e circunstâncias que impossibilitem sua realização.

21. Prontuário: sistema organizado de forma a conter uma memória dinâmica de informações pertinentes às instalações e aos trabalhadores.

22. Risco: capacidade de uma grandeza com potencial para causar lesões ou danos à saúde das pessoas.

23. Riscos Adicionais: todos os demais grupos ou fatores de risco, além dos elétricos, específicos de cada ambiente ou processos de Trabalho que, direta ou indiretamente, possam afetar a segurança e a saúde no trabalho.

24. Sinalização: procedimento padronizado destinado a orientar, alertar, avisar e advertir.

25. Sistema Elétrico: circuito ou circuitos elétricos inter-relacionados destinados a atingir um determinado objetivo.

26. Sistema Elétrico de Potência (SEP): conjunto das instalações e equipamentos destinados à geração, transmissão e distribuição de energia elétrica até a medição, inclusive.

27. Tensão de Segurança: extra baixa tensão originada em uma fonte de segurança.

28. Trabalho em Proximidade: trabalho durante o qual o trabalhador pode entrar na zona controlada, ainda que seja com uma parte do seu corpo ou com extensões condutoras, representadas por materiais, ferramentas ou equipamentos que manipule.

29. Travamento: ação destinada a manter, por meios mecânicos, um dispositivo de manobra fixo numa determinada posição, de forma a impedir uma operação não autorizada.

30. Zona de Risco: entorno de parte condutora energizada, não segregada, acessível inclusive acidentalmente, de dimensões estabelecidas de acordo com o nível de tensão, cuja aproximação só é permitida a profissionais autorizados e com a adoção de técnicas e instrumentos apropriados de trabalho.

31. Zona Controlada: entorno de parte condutora energizada, não segregada, acessível, de dimensões estabelecidas de acordo com o nível de tensão, cuja aproximação só é permitida a profissionais autorizados.

ANEXO II

ZONA DE RISCO E ZONA CONTROLADA

Tabela de raios de delimitação de zonas de risco, controlada e livre.

Faixa de tensão nominal da instalação elétrica em kV	Rr – Raio de delimitação entre zona de risco e controlada em metros	Rc – Raio de delimitação entre zona controlada e livre em metros
<1	0,20	0,70
>1 e <3	0,22	1,22
>3 e <6	0,25	1,25
>6 e <10	0,35	1,35
>10 e <15	0,38	1,38
>15 e <20	0,40	1,40
>20 e <30	0,56	1,56
>30 e <36	0,58	1,58
>36 e <45	0,63	1,63
>45 e <60	0,83	1,83
>60 e <70	0,90	1,90
>70 e <110	1,00	2,00
>110 e <132	1,10	3,10
>132 e <150	1,20	3,20
>150 e <220	1,60	3,60
>220 e <275	1,80	3,80
>275 e <380	2,50	4,50
>380 e <480	3,20	5,20
>480 e <700	5,20	7,20

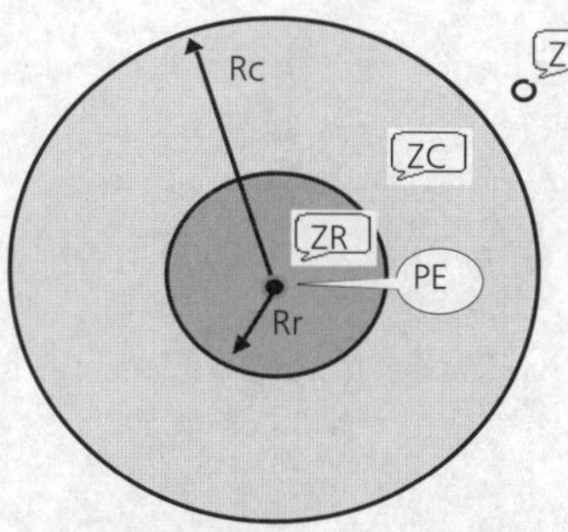

Figura 1 — Distâncias no ar que delimitam radialmente as zonas de risco, controlada e livre

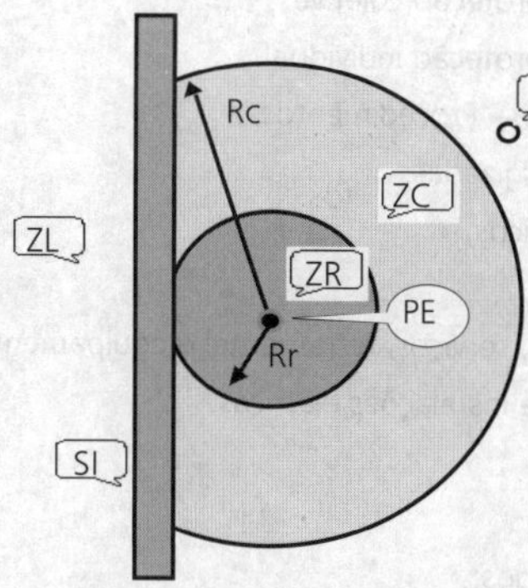

Figura 2 — Distâncias no ar que delimitam radialmente as zonas de risco, controlada e livre, com interposição de superfície de separação física adequada

ZL = Zona livre

ZC = Zona controlada, restrita a trabalhadores autorizados.

ZR = Zona de risco, restrita a trabalhadores autorizados e com a adoção de técnicas, instrumentos e equipamentos apropriados ao trabalho.

PE = Ponto da instalação energizado.

SI = Superfície isolante construída com material resistente e dotada de todos dispositivos de segurança.

ANEXO III

TREINAMENTO

1. CURSO BÁSICO — SEGURANÇA EM INSTALAÇÕES E SERVIÇOS COM ELETRICIDADE

I — Para os trabalhadores autorizados: carga horária mínima — 40h:

Programação Mínima:

1. introdução à segurança com eletricidade.

2. riscos em instalações e serviços com eletricidade:

a) o choque elétrico, mecanismos e efeitos;

b) arcos elétricos; queimaduras e quedas;

c) campos eletromagnéticos.

3. Técnicas de Análise de Risco.

4. Medidas de Controle do Risco Elétrico:

a) desenergização.

b) aterramento funcional (TN / TT / IT); de proteção; temporário;

c) equipotencialização;

d) seccionamento automático da alimentação;

e) dispositivos a corrente de fuga;

f) extra baixa tensão;

g) barreiras e invólucros;

h) bloqueios e impedimentos;

i) obstáculos e anteparos;

j) isolamento das partes vivas;

k) isolação dupla ou reforçada;

l) colocação fora de alcance;

m) separação elétrica.

5. Normas Técnicas Brasileiras — NBR da ABNT: NBR-5410, NBR 14039 e outras;

6. Regulamentações do MTE:

a) NRs;

b) NR-10 (Segurança em Instalações e Serviços com Eletricidade);

c) qualificação; habilitação; capacitação e autorização.

7. Equipamentos de proteção coletiva.

8. Equipamentos de proteção individual.

9. Rotinas de trabalho — Procedimentos.

a) instalações desenergizadas;

b) liberação para serviços;

c) sinalização;

d) inspeções de áreas, serviços, ferramental e equipamento;

10. Documentação de instalações elétricas.

11. Riscos adicionais:

a) altura;

b) ambientes confinados;

c) áreas classificadas;

d) umidade;

e) condições atmosféricas.

12. Proteção e combate a incêndios:

a) noções básicas;

b) medidas preventivas;

c) métodos de extinção;

d) prática;

13. Acidentes de origem elétrica:

a) causas diretas e indiretas;

b) discussão de casos;

14. Primeiros socorros:

a) noções sobre lesões;

b) priorização do atendimento;

c) aplicação de respiração artificial;

d) massagem cardíaca;

e) técnicas para remoção e transporte de acidentados;

f) práticas.

15. Responsabilidades.

2. CURSO COMPLEMENTAR — SEGURANÇA NO SISTEMA ELÉTRICO DE POTÊNCIA (SEP) E EM SUAS PROXIMIDADES.

É pré-requisito para frequentar este curso complementar, ter participado, com aproveitamento satisfatório, do curso básico definido anteriormente.

Carga horária mínima — 40h

(*) Estes tópicos deverão ser desenvolvidos e dirigidos especificamente para as condições de trabalho características de cada ramo, padrão de operação, de nível de tensão e de outras peculiaridades específicas ao tipo ou condição especial de atividade, sendo obedecida a hierarquia no aperfeiçoamento técnico do trabalhador.

I — Programação Mínima:

1. Organização do Sistema Elétrico de Potencia — SEP.

2. Organização do trabalho:

a) programação e planejamento dos serviços;

b) trabalho em equipe;

c) prontuário e cadastro das instalações;

d) métodos de trabalho; e

e) comunicação.

3. Aspectos comportamentais.

4. Condições impeditivas para serviços.

5. Riscos típicos no SEP e sua prevenção (*):

a) proximidade e contatos com partes energizadas;

b) indução;

c) descargas atmosféricas;

d) estática;

e) campos elétricos e magnéticos;

f) comunicação e identificação; e

g) trabalhos em altura, máquinas e equipamentos especiais.

6. Técnicas de análise de Risco no S E P (*)

7. Procedimentos de trabalho — análise e discussão. (*)

8. Técnicas de trabalho sob tensão: (*)

a) em linha viva;

b) ao potencial;

c) em áreas internas;

d) trabalho a distância;

e) trabalhos noturnos; e

f) ambientes subterrâneos.

9. Equipamentos e ferramentas de trabalho (escolha, uso, conservação, verificação, ensaios) (*).

10. Sistemas de proteção coletiva (*).

11. Equipamentos de proteção individual (*).

12. Posturas e vestuários de trabalho (*).

13. Segurança com veículos e transporte de pessoas, materiais e equipamentos(*).

14. Sinalização e isolamento de áreas de trabalho(*).

15. Liberação de instalação para serviço e para operação e uso (*).

16. Treinamento em técnicas de remoção, atendimento, transporte de acidentados (*).

17. Acidentes típicos (*) — Análise, discussão, medidas de proteção.

18. Responsabilidades (*).

Capítulo 11

TRANSPORTE, MOVIMENTAÇÃO, ARMAZENAGEM E MANUSEIO DE MATERIAIS

Como por demais reiterado, as Normas Regulamentadoras (NRs) de Segurança e Saúde no Trabalho (SST) editadas pelo Ministério do Trabalho e Emprego (MTE) possuem existência jurídica convalidada pelo Princípio Constitucional de Minimização dos Riscos Ocupacionais, consagrado no inciso XXII do art. 7º da Constituição Federal brasileira, que expressamente assegura aos trabalhadores urbanos e rurais brasileiros o direito à redução dos riscos inerentes ao trabalho, por meio de normas de saúde, higiene e segurança. Desse modo, afirmamos que o dever mais fundamental dos empregadores brasileiros é propiciar a seus empregados ambientes de trabalho sadios e seguros. Registre-se, mais, que os ditames das normas preventivas de infortúnios laborais e de promoção da saúde ocupacional são aplicáveis a todas as empresas privadas e estatais (empresas públicas e sociedades de economia mista) que contratam trabalhadores como empregados e, portanto, submetidos ao Regime da Consolidação das Leis do Trabalho (CLT) que corresponde ao Decreto-lei n. 5.452 de 1º de maio de 1943.

No plano da legislação infraconstitucional, as normas preventivas de segurança e saúde no trabalho possuem respaldo de validade jurídica na forma tipificada no Estatuto Obreiro, em seu Título II: Das Normas Gerais de Tutela do Trabalho, mais precisamente no Capítulo V: Da Segurança e da Medicina do Trabalho, que compreende os arts. 154 a 201 da CLT. Recorde-se que ditos artigos do Código Obreiro possuem redação dada pela Lei n. 6.514, de 22.12.1977, observadas as atualizações subsequentes até a publicação da Lei n. 13.103, de 2.3.2015.

Sob o aspecto infralegal ou meramente regulamentar, cabe ser dito que os citados arts. 154 a 201 do Código Laboral foram inicialmente disciplinados pela Portaria MTb n. 3.214, de 8.6.1978, que instituiu as primeiras vinte e oito normas regulamentadoras de segurança e saúde no trabalho (28 NRs de SST); vale observar que, atualmente, existem 36 NRs de SST, cada uma disciplinando uma temática específica.

Chamamos a atenção do caro leitor para o fato de que todos os dispositivos: constitucionais, infraconstitucionais, infralegais ou regulamentares e jurisprudenciais, desde que pertinentes à temática em apreço, encontram-se ao final reproduzidos no tópico Fundamentos Jurídicos deste Capítulo, inclusive a íntegra atualizada da norma regulamentadora de segurança e saúde no trabalho que o intitula.

Oportuno destacar, para os não versados na ciência do direito, que as normas jurídicas legais, tanto as constitucionais quanto as infraconstitucionais, têm o condão de criar o direito, ao passo que as normas jurídicas infralegais ou regulamentares (decretos, portarias, normas regulamentadoras, etc.) não podem criar o direito em si, mas apenas regulamentá-lo quando expressamente autorizado pela própria Lei a fazê-lo; sob pena de serem declaradas ilegais e, portanto, nulas de pleno direito.

A NR-11 (Transporte, Movimentação, Armazenagem e Manuseio de Materiais) tem sua existência jurídica legitimada, em sede de legislação infraconstitucional, nos arts. 182 e 183 do Estatuto Obreiro (CLT), que deixam patente que o órgão de âmbito nacional competente em matéria de segurança e saúde no trabalho estabelecerá normas sobre:

- as precauções de segurança na movimentação de materiais nos locais de trabalho, os equipamentos a serem obrigatoriamente utilizados e as condições especiais a que estão sujeitas a operação e a manutenção desses equipamentos, inclusive exigências de pessoal habilitado;
- as exigências similares relativas ao manuseio e à armazenagem de materiais, inclusive quanto às condições de segurança e higiene relativas aos recipientes e locais de armazenagem e os equipamentos de proteção individual;
- a obrigatoriedade de indicação de carga máxima permitida nos equipamentos de transporte, dos avisos de proibição de fumar e de advertência quanto à natureza perigosa ou nociva à saúde

das substâncias em movimentação ou em depósito, bem como das recomendações de primeiros socorros e de atendimento médico e símbolo de perigo, segundo padronização internacional, nos rótulos dos materiais ou substâncias armazenados ou transportados.

Outrossim, prevê os citados dispositivos legais que as disposições relativas ao transporte de materiais são aplicáveis, no que couber, ao transporte de pessoas nos locais de trabalho; e, as pessoas que trabalharem na movimentação de materiais deverão estar familiarizadas com os métodos racionais de levantamento de cargas.

Oportuno recordar, também, que os arts. 198, 390 e 405 do Código Laboral estipulam os limites legais a serem observados no transporte manual de mercadorias, de forma diferenciada em relação a homens, mulheres e menores e que a observância a tais limites legais deve ser harmonizada com outros aspectos ergonômicos a serem considerados no transporte e manejo de cargas ou mercadorias, nos seguintes termos:

- é de 60 kg (sessenta quilogramas) o peso máximo que o homem adulto pode remover individualmente;
- é de 20 (vinte) quilos para o trabalho contínuo ou 25 (vinte e cinco) quilos para o trabalho ocasional, o peso máximo a ser exigido de mulheres e jovens menores de dezoito anos;
- não está compreendido na proibição deste artigo a remoção de material feita por impulsão ou tração de vagonetes sobre trilhos, carros de mão ou quaisquer outros aparelhos mecânicos, podendo o Ministério do Trabalho e Emprego, em tais casos, fixar limites diversos, que evitem sejam exigidos do empregado serviços superiores às suas forças.

A propósito dos citados limites legais estipulados para o transporte individual de carga, há de se atentar, também, para as disposições específicas e mais atuais, contidas no item 17.2 da NR-17 (Ergonomia) no sentido de que para os homens a carga máxima a ser transportada individualmente deve ser estabelecida de modo que o esforço físico despendido pelo trabalhador nesta atividade seja compatível com sua capacidade de força, de modo a não comprometer sua saúde ou sua segurança e, para mulheres e trabalhadores jovens, o peso máximo a se transportar deve ser fixados em valores nitidamente inferiores aos que estabelecidos para o homem adulto.

A décima primeira norma regulamentadora de segurança e saúde no trabalho, NR-11 (Transporte, Movimentação, Armazenagem e Manuseio de Materiais), estabelece os requisitos de segurança a serem observados nos ambientes de trabalho das empresas privadas e estatais brasileiras e demais estabelecimentos que possuam trabalhadores contratados sob a égide da Consolidação das Leis do Trabalho (CLT), no que se refere ao transporte, à movimentação, à armazenagem e ao manuseio de materiais, tanto de forma mecânica quanto manual, objetivando a prevenção de infortúnios laborais.

Chamamos a especial atenção do leitor para a existência de diversas outras disposições normativas relacionadas ao transporte, à movimentação, à armazenagem e ao manuseio de materiais e que estão especialmente contidas noutras normas regulamentadoras de segurança e saúde no trabalho, particularmente as que tratam de: ergonomia; atividades de construção civil; mineração; portuária; rural; construção e reparação naval; abate e processamento de carnes e derivados. Ditos aspectos específicos serão abordados, oportunamente, nos subsequentes capítulos deste livro intitulados pelas correspondentes normas regulamentadoras:

- **item 17.2** — Levantamento, Transporte e Descarga Individual de Materiais, da NR-17 (Ergonomia);
- **itens 18.14** — Movimentação e Transporte de Materiais e Pessoas e **18.24** — Armazenamento e Estocagem de Materiais, ambos da NR-18 (Condições e Meio Ambiente de Trabalho na Indústria da Construção);
- **itens 22.7** — Circulação e Transporte de Pessoas e Materiais e **22.8** — Transportadores Contínuos por meio de Correias, ambos da NR-22 (Segurança e Saúde Ocupacional na Mineração);
- **item 29.6** — Operações com Cargas Perigosas, da NR-29 (Segurança e Saúde no Trabalho Portuário);

- **item 31.17** — Transporte de Cargas, da NR-31 (Segurança e Saúde no Trabalho na Agricultura, Pecuária, Silvicultura, Exploração Florestal e Aquicultura);
- **item 34.10** — Movimentação de Cargas, da NR-34 (Condições e Meio Ambiente de Trabalho na Indústria da Construção e Reparação Naval); e,
- **item 36.5** — Levantamento e Transporte de Produtos e Cargas, da NR-36 (Segurança e Saúde no Trabalho em Empresas de Abate e Processamento de Carnes e Derivados).

A décima primeira norma regulamentadora de segurança e saúde no trabalho apresenta suas recomendações técnico-preventivas, de forma sequenciada e agrupada, em quatro Tópicos, além de um Anexo, como se constata no seguinte Sumário:

Sumário da NR-11 (TRANSPORTE, MOVIMENTAÇÃO, ARMAZENAGEM E MANUSEIO DE MATERIAIS)

11.1. Normas de Segurança para Operação de Elevadores, Guindastes, Transportadores Industriais e Máquinas Transportadoras.

11.2. Normas de Segurança do Trabalho em Atividades de Transporte de Sacas.

11.3. Armazenamento de Materiais.

11.4. Movimentação, Armazenagem e Manuseio de Chapas de Mármore, Granito e outras Rochas.

Anexo I: Regulamento Técnico de Procedimentos para Movimentação, Armazenagem e Manuseio de Chapas de Mármore, Granito e outras Rochas.

Estabelece a norma regulamentadora em comento que os equipamentos utilizados na movimentação de materiais, tais como ascensores, elevadores de carga, guindaste, monta-cargas, pontes-rolantes, talha, empilhadeiras, guinchos, esteiras-rolantes, transportadores de diferentes tipos, serão calculados e construídos de maneira que ofereçam as necessárias garantias de resistência e segurança, e conservados em perfeitas condições de trabalho. Além disso, os poços de elevadores e monta-cargas deverão ser cercados, solidamente, em toda sua altura, exceto as portas ou cancelas necessárias nos pavimentos, e, quando a cabina do elevador não estiver no nível do pavimento, a abertura deverá estar protegida por corrimão ou outros dispositivos convenientes.

Atenção especial deve ser dispensada aos cabos de aço, às cordas, às correntes, às roldanas e aos ganchos utilizados na movimentação ou transporte de materiais, os quais deverão ser inspecionados de forma permanente, substituindo-se suas partes defeituosas e, se os equipamentos forem destinados à movimentação de pessoal, os requisitos com a segurança serão redobrados.

Em todos os equipamentos de transporte ou movimentação de materiais ou de pessoal, será indicada, em local visível, a carga máxima de trabalho permitida e deverão possuir sinal de advertência (buzina); além do que, deverão ser permanentemente inspecionados, e as peças defeituosas imediatamente substituídas. Outrossim, o operador dos equipamentos de transporte de materiais com força motriz própria deverá receber um treinamento específico dado pela empresa que o habilitará nessa função e, quando em serviço, deverá portar cartão de identificação com nome e fotografia.

Nos locais de trabalho fechados ou pouco ventilados, a emissão de gases tóxicos por máquinas transportadoras deverá ser controlada para evitar concentrações acima dos limites permissíveis. Convém ressaltar, ainda, ser terminantemente proibida, nesses locais, a utilização de máquinas transportadoras movidas a motores de combustão interna, salvo se providas de dispositivos neutralizantes adequados.

Conceitua a NR-11 que transporte manual de sacos é toda atividade realizada de maneira contínua ou descontínua, essencial ao transporte de sacos, na qual o peso da carga é suportado integralmente por um só trabalhador, compreendendo, também, o levantamento e a deposição da carga; devendo ser observado que a distância máxima a ser percorrida pelo trabalhador não pode ultrapassar sessenta metros. Além desse limite, o transporte de carga deverá ser feito mediante impulsão de vagonetes, carros, carretas, carros de mão apropriados, ou qualquer outro tipo de tração mecanizada. Caso o transporte manual de sacos necessite de passagem sobre pranchas, somente será permitido em vãos que não ultrapassem um metro de extensão e as pranchas deverão possuir largura mínima de cinquenta centímetros (50 cm).

Outrossim, na operação manual de carga e descarga de sacos, em caminhão ou vagão, o trabalhador deverá contar com auxílio de ajudantes.

Em relação ao armazenamento de sacos, deverão ser respeitadas as seguintes disposições normativas:

- se utilizado processo manual de empilhamento de sacos, a altura máxima das pilhas não deve ultrapassar 20 (vinte) fiadas de sacos;
- se utilizado processo mecanizado de empilhamento, a altura máxima das pilhas de sacos não deve ultrapassar 30 (trinta) fiadas de sacos;
- no processo mecanizado de empilhamento devem ser utilizadas esteiras rolantes, dalas (espécie de esteira sem fim, normalmente de lona, destinada ao embarque mecânico de sacos), ou empilhadeiras;
- quando não for possível o emprego de processo mecanizado de empilhamento, o processo manual deverá ser implementado mediante a utilização de escada removível de madeira.

Dispõe a NR-11 que o armazém de materiais, dentre outros requisitos, deve:

- possuir piso constituído de material não escorregadio, sem aspereza, utilizando-se, de preferência, a mástique asfáltico (mistura que contém de 15 a 25% de betume), e mantido em perfeito estado de conservação, devendo ser evitado o transporte manual de sacos em pisos escorregadios ou molhados;
- possuir cobertura apropriada nos locais de carga e descarga da sacaria.

Acerca das recomendações preventivas e genéricas a serem observadas no armazenamento de materiais, há de se atentar para o seguinte:

- o peso do material armazenado não deve exceder a capacidade de carga calculada para o piso do armazém;
- o material empilhado deverá ficar afastado das estruturas laterais do prédio a uma distância de pelo menos cinquenta centímetros;
- a disposição da carga não deverá dificultar o trânsito, a iluminação, as saídas de emergência, e o acesso aos equipamentos de combate a incêndio;
- deverão ser respeitados os requisitos especiais de segurança em função do tipo de material armazenado.

Em face da edição da Portaria SIT-MTE n. 82, de 1º.6.2004, restou instituído na NR-11 (Transporte, Movimentação, Armazenagem e Manuseio de Materiais) o Anexo I (Regulamento Técnico de Procedimentos para Movimentação, Armazenagem e Manuseio de Chapas de Mármore, Granito e outras Rochas) que, em suas disposições gerais, estipula que as chapas serradas, ainda sobre o carro transportador e dentro do alojamento do tear, devem receber proteção lateral (L ou Fueiros) para impedir a queda das mesmas, observando-se os seguintes requisitos mínimos:

- os equipamentos devem ser calculados e construídos de maneira que ofereçam as necessárias garantias de resistência e segurança e conservados em perfeitas condições de trabalho;
- em todo equipamento será indicado, em lugar visível, o nome do fabricante, o responsável técnico e a carga máxima de trabalho permitida;
- os encaixes dos L (fueiros) devem possuir sistema de trava que impeça a saída acidental dos mesmos.

Segundo previsto no citado Anexo I da NR-11, na utilização de carros porta-bloco e carros transportadores de chapas de mármore, granito e outras rochas, deverão ser observadas as seguintes disposições preventivas:

- os equipamentos devem ser calculados e construídos de maneira que ofereçam as necessárias garantias de resistência e segurança e serem conservados em perfeitas condições de trabalho, atendendo às instruções do fabricante;

- em todo equipamento deve ser indicado, em lugar visível, o nome do fabricante, o responsável técnico e a carga máxima de trabalho permitida;
- tanto o carro transportador como o porta-bloco devem dispor de proteção das partes que ofereçam risco para o operador, com atenção especial aos itens: condições dos cabos de aço; ganchos e suas proteções; proteção das roldanas; proteção das rodas do carro; proteção das polias e correias; proteção das partes elétricas;
- o operador do carro transportador e do carro porta-bloco, bem como a equipe que trabalhar na movimentação do material, deve receber treinamento adequado e específico para a operação a ser realizada por, no mínimo, duas pessoas treinadas;
- além de treinamento, informações e instruções, os trabalhadores devem receber orientação em serviço, que consistirá de período no qual desenvolverão suas atividades sob orientação de outro trabalhador experiente ou sob supervisão direta, com duração mínima de trinta dias;
- para operação de máquinas, equipamentos ou processos diferentes daqueles a que o operador estava habituado, deve ser feito novo treinamento, de modo a qualificá-lo à utilização dos mesmos;
- após a retirada do carro porta-bloco do alojamento do tear, as proteções laterais devem permanecer até a retirada de todas as chapas;
- nenhum trabalho pode ser executado com pessoas entre as chapas;
- devem ser adotados procedimentos para impedir a retirada de chapas de um único lado do carro transportador, com objetivo de manter a estabilidade do mesmo.

Ainda consoante o aludido Anexo I da NR-11, em locais do pátio, onde sejam realizadas a movimentação e armazenagem de chapas de mármore, granito e outras rochas, devem ser observados os seguintes aspectos:

- o piso não deve ser escorregadio, não ter saliências e ser horizontal, facilitando o deslocamento de pessoas e materiais;
- o piso deve ser mantido em condições adequadas, devendo a empresa garantir que o mesmo tenha resistência suficiente para suportar as cargas usuais;
- a área de armazenagem de chapas deve ser protegida contra intempéries.

Determina o Anexo I da NR-11 que os cavaletes utilizados no armazenamento de chapas devem estar instalados sobre bases construídas de material resistente e impermeável, de forma a garantir perfeitas condições de estabilidade e de posicionamento, observando-se os seguintes tópicos:

- os cavaletes devem garantir adequado apoio das chapas e possuir altura mínima de um metro e cinquenta centímetros;
- cada cavalete vertical deve ter no máximo seis metros de comprimento com um reforço nas extremidades, além do que, devem ser compostos de seções com largura máxima de vinte e dois centímetros;
- os palitos dos cavaletes verticais devem ter espessura que possibilite resistência aos esforços das cargas usuais e serem soldados, garantindo a estabilidade e impedindo o armazenamento de mais de dez chapas em cada seção;
- deve ser garantido um espaço, devidamente sinalizado, com no mínimo oitenta centímetros entre cavaletes verticais e, a distância entre cavaletes e as paredes do local de armazenagem deve ser de no mínimo cinquenta centímetros;
- os cavaletes devem ser conservados em perfeitas condições de uso e em todo cavalete deve ser indicado, em lugar visível, o nome do fabricante, o responsável técnico e a carga máxima de trabalho permitida;
- a área de circulação de pessoas deve ser demarcada e possuir, no mínimo, um metro e vinte centímetros de largura;

- o espaço destinado para carga e descarga de materiais deve possuir largura de, no mínimo, uma vez e meia a largura do maior veículo utilizado e ser devidamente demarcado no piso;
- os cavaletes em formato triangular devem ser mantidos em adequadas condições de utilização, comprovadas por vistoria realizada por profissional legalmente habilitado;
- as atividades de retirada e colocação de chapas em cavaletes devem ser realizadas sempre com pelo menos uma pessoa em cada extremidade da chapa.

Na movimentação de chapas com o uso de ventosas, segundo preceituado no Anexo I da NR-11, devem ser observados os seguintes requisitos mínimos:

- a potência do compressor deve atender às necessidades de pressão das ventosas para sustentar as chapas quando de sua movimentação e o fabricante do equipamento deve fornecer manual de operação em português, objetivando treinamento do operador;
- as ventosas devem ser dotadas de válvulas de segurança, com acesso facilitado ao operador, respeitando os aspectos ergonômicos, além de dotadas de dispositivo auxiliar que garanta a contenção da mangueira, evitando seu ricocheteamento em caso de desprendimento acidental; igualmente, as borrachas das ventosas devem ter manutenção periódica e imediata substituição em caso de desgaste ou defeitos que as tornem impróprias para uso;
- as mangueiras devem estar protegidas, firmemente presas aos tubos de saída e de entrada e, preferencialmente, afastadas das vias de circulação, e, assim como as conexões devem possuir resistência compatível com a demanda de trabalho;
- o empregador deve destinar área específica para a movimentação de chapas com uso de ventosa, de forma que o trabalho seja realizado com total segurança; esta área deve ter sinalização adequada na vertical e no piso;
- procedimentos de segurança devem ser adotados para garantir a movimentação segura de chapas na falta de energia elétrica.

Na movimentação de chapas, com a utilização de cabos de aço, cintas, correias e correntes, impõe o Anexo I da NR-11 que:

- deve ser levada em conta a capacidade de sustentação das mesmas e a capacidade de carga do equipamento de içar, atendendo às especificações técnicas e recomendações do fabricante;
- correntes e cabos de aço devem ser adquiridos exclusivamente de fabricantes ou de representantes autorizados, sendo proibida a aquisição de sucatas, em especial de atividades portuárias;
- o empregador deve manter as notas fiscais de aquisição dos cabos de aço e correntes no estabelecimento à disposição da fiscalização;
- em todo equipamento deve ser indicado, em lugar visível, o nome do fabricante, o responsável técnico e a carga máxima de trabalho permitida;
- os cabos de aço, correntes, cintas e outros meios de suspensão ou tração e suas conexões, devem ser instalados, mantidos e inspecionados conforme especificações técnicas do fabricante;
- o empregador deve manter em arquivo próprio o registro de inspeção e manutenção dos cabos de aço, cintas, correntes e outros meios de suspensão em uso;
- o empregador deve destinar área específica com sinalização adequada, na vertical e no piso, para a movimentação de chapas com uso de cintas, correntes, cabos de aço e outros meios de suspensão.

Acerca da movimentação de chapas com uso de garras, prevê o Anexo regulamentador em comento que tal só pode ser realizada pegando-se uma chapa por vez e por, no mínimo, três trabalhadores, observando-se os seguintes requisitos:

- não ultrapassar a capacidade de carga dos elementos de sustentação e a capacidade de carga da ponte rolante ou de outro tipo de equipamento de içar, atendendo às especificações técnicas e recomendações do fabricante;

- todo equipamento de içar deve ter indicado, em lugar visível, o nome do fabricante, o responsável técnico e a carga máxima de trabalho permitida;
- as áreas de movimentação devem propiciar condições de forma que o trabalho seja realizado com total segurança e serem sinalizadas de forma adequada, na vertical e no piso;
- as empresas devem ter livro próprio para registro de inspeção e manutenção dos elementos de sustentação usados na movimentação de chapas com uso de garras;
- as inspeções e manutenções devem ser realizadas por profissional legalmente habilitado e dado conhecimento ao empregador.

Sob a rubrica de Disposições Gerais, estabelece o Regulamento Técnico de Procedimentos para Movimentação, Armazenagem e Manuseio de Chapas de Mármore, Granito e outras Rochas, as seguintes disposições prevencionistas:

- durante as atividades de preparação e retirada de chapas serradas do tear devem ser tomadas providências para impedir que o quadro inferior do porta-lâminas do tear caia sobre os trabalhadores;
- as instruções, visando a informação, qualificação e treinamento dos trabalhadores, devem ser redigidas em linguagem compreensível e adotando metodologias, técnicas e materiais que facilitem o aprendizado para preservação de sua segurança e saúde;
- na construção dos equipamentos utilizados na movimentação e armazenamento de chapas devem ser observadas, no que couber, as especificações das normas da Associação Brasileira de Normas Técnicas (ABNT) e outras nacionalmente aceitas;
- são proibidos o armazenamento e a disposição de chapas sobre paredes, colunas, estruturas metálicas ou outros locais que não sejam os cavaletes especificados no Anexo da NR-11.

Doravante, serão reproduzidos os FUNDAMENTOS JURÍDICOS (dispositivos legais, infralegais ou regulamentares) que propiciam o suporte de validade jurídica à temática em apreço, observando-se as ordens hierárquica e cronológica. Ao final, encontra-se igualmente transcrita, de forma integral e atualizada, a correspondente norma regulamentadora de segurança e saúde no trabalho que intitula este Capítulo. Registre-se, porém, a inexistência de Súmulas de Jurisprudência diretamente relacionadas com a temática ora abordada.

FUNDAMENTOS JURÍDICOS DO CAPÍTULO 11

NR-11: TRANSPORTE, MOVIMENTAÇÃO, ARMAZENAGEM E MANUSEIO DE MATERIAIS *(redação dada pela Portaria MTb n. 3.214, de 8.6.1978, atualizada pela Portaria SIT-MTE n. 82, de 1º.6.2004). Art. 7º, XXII, XXIII, XXVIII e XXXIII da CF-1988. Arts. 182, 183, 198, 390 e 405 da CLT.*

CONSTITUIÇÃO DA REPÚBLICA FEDERATIVA DO BRASIL

(Atualizada até a edição da Emenda Constitucional n. 85, de 26.2.2015)

Título II: Dos Direitos e Garantias Fundamentais (Arts. 5º a 17)

Capítulo II: Dos Direitos Sociais (Arts. 6º a 11)

Art. 7º São direitos dos trabalhadores urbanos e rurais[1], além de outros que visem à melhoria de sua condição social:

XXII — redução dos riscos inerentes ao trabalho, por meio de normas de saúde, higiene e segurança;

XXIII — adicional de remuneração para as atividades penosas, insalubres ou perigosas, na forma da lei;

XXVIII — seguro contra acidentes de trabalho, a cargo do empregador, sem excluir a indenização a que este está obrigado, quando incorrer em dolo ou culpa;

XXXIII — proibição de trabalho noturno, perigoso ou insalubre a menores de dezoito e de qualquer trabalho a menores de dezesseis anos, salvo na condição de aprendiz, a partir de quatorze anos.

---

(1) Especificamente em relação aos Servidores Públicos Federais (submetidos ao Regime Jurídico Único da Lei n. 8.112/1990) dispõe o § 3º do art. 39 da CF-1988 que: "Aplica-se aos servidores ocupantes de cargo público o disposto no Art. 7º, IV, VII, VIII, IX, XII, XIII, XV, XVI, XVII, XVIII, XIX, XX, XXII e XXX, podendo a lei estabelecer requisitos diferenciados de admissão quando a natureza do cargo o exigir".

NORMAS JURÍDICAS INFRACONSTITUCIONAIS

CONSOLIDAÇÃO DAS LEIS DO TRABALHO

(Decreto-lei n. 5.452, de 1º.5.1943, com a redação dos arts. 154 a 201 CLT dada pela Lei n. 6.514 de 22.12.1977, atualizada até a edição da Lei n. 13.103, de 2.3.2015)

Título II: **Das Normas Gerais de Tutela do Trabalho** (Arts. 13 a 223 da CLT)

Capítulo V: **Da Segurança e da Medicina do Trabalho** (Arts. 154 a 201 da CLT)(2)

Seção X: Da Movimentação, Armazenagem e Manuseio de Materiais (Arts. 182 e 183 da CLT)(3)

CLT — Art. 182. O Ministério do Trabalho e Emprego estabelecerá normas sobre:

I — as precauções de segurança na movimentação de materiais nos locais de trabalho, os equipamentos a serem obrigatoriamente utilizados e as condições especiais a que estão sujeitas a operação e a manutenção desses equipamentos, inclusive exigências de pessoal habilitado;

II — as exigências similares relativas ao manuseio e à armazenagem de materiais, inclusive quanto às condições de segurança e higiene relativas aos recipientes e locais de armazenagem e os equipamentos de proteção individual;

III — a obrigatoriedade de indicação de carga máxima permitida nos equipamentos de transporte, dos avisos de proibição de fumar e de advertência quanto à natureza perigosa ou nociva à saúde das substâncias em movimentação ou em depósito, bem como das recomendações de primeiros socorros e de atendimento médico e símbolo de perigo, segundo padronização internacional, nos rótulos dos materiais ou substâncias armazenados ou transportados.

Parágrafo único. As disposições relativas ao transporte de materiais aplicam-se, também, no que couber, ao transporte de pessoas nos locais de trabalho.

CLT — Art. 183. As pessoas que trabalharem na movimentação de materiais deverão estar familiarizadas com os métodos racionais de levantamento de cargas.

Seção XIV: **Da Prevenção da Fadiga** (Arts. 198 e 199 da CLT)(4)

CLT — Art. 198. É de 60 kg (sessenta quilogramas) o peso máximo que um empregado pode remover individualmente, ressalvadas as disposições especiais relativas ao trabalho do menor e da mulher. **Parágrafo único.** Não está compreendido na proibição deste artigo a remoção de material feita por impulsão ou tração de vagonetes sobre trilhos, carros de mão ou quaisquer outros aparelhos mecânicos, podendo o Ministério do Trabalho e Emprego, em tais casos, fixar limites diversos, que evitem sejam exigidos do empregado serviços superiores às suas forças.

Título III: **Das Normas Especiais de Tutela do Trabalho** (Arts. 224 a 441)

Capítulo III: **Da Proteção do Trabalho da Mulher** (Arts. 372 a 401-B)

Seção IV: **Dos Métodos e Locais de Trabalho** (Arts. 387 a 390-E)

CLT — Art. 390. Ao empregador é vedado empregar a mulher em serviço que demande o emprego de força muscular superior a 20 (vinte) quilos para o trabalho contínuo, ou 25 (vinte e cinco) quilos para o trabalho ocasional.

Parágrafo único. Não está compreendido na proibição deste artigo a remoção de material feita por impulsão ou tração de vagonetes sobre trilhos, carros de mão ou quaisquer outros aparelhos mecânicos, podendo o Ministério do Trabalho e Emprego, em tais casos, fixar limites diversos, que evitem sejam exigidos do empregado serviços superiores às suas forças.

Capítulo IV: **Da Proteção do Trabalho do Menor** (Arts. 402 a 441)

Seção I: **Disposições Gerais** (Arts. 402 a 410)

CLT — Art. 405. Ao menor não será permitido o trabalho:

I — nos locais e serviços perigosos ou insalubres, constantes de quadro para esse fim aprovado pela Secretaria de Segurança e Medicina.

II — em locais ou serviços prejudiciais à sua moralidade.

(...)

§ 5º Aplica-se ao menor o disposto no art. 390 e seu parágrafo único.

---

(2) A Lei n. 6.514, de 22.12.1977, propiciou a redação dos arts. 154 a 201 da CLT, observadas as atualizações legais até a edição da Lei n. 13.103, de 2.3.2015.

(3) A NR-11 TRANSPORTE, MOVIMENTAÇÃO, ARMAZENAGEM E MANUSEIO DE MATERIAIS, na forma adiante transcrita, disciplina os arts. 182 e 183 da CLT.

(4) A NR-17 (ERGONOMIA) disciplina os arts. 198 e 199 da CLT.

NORMAS JURÍDICAS INFRALEGAIS OU REGULAMENTARES

NR-11 (TRANSPORTE, MOVIMENTAÇÃO, ARMAZENAGEM E MANUSEIO DE MATERIAIS)[(5)]

Publicação	**D.O.U.**
Portaria GM n. 3.214, de 8 de junho de 1978	6.7.78
Alterações/Atualizações	**D.O.U.**
Portaria SIT n. 56, de 17 de julho de 2003	6.7.03
Portaria SIT n. 82, de 1º de junho de 2004	2.6.04

11.1. Normas de segurança para operação de elevadores, guindastes, transportadores industriais e máquinas transportadoras.

11.1.1. Os poços de elevadores e monta-cargas deverão ser cercados, solidamente, em toda sua altura, exceto as portas ou cancelas necessárias nos pavimentos.

11.1.2. Quando a cabina do elevador não estiver ao nível do pavimento, a abertura deverá estar protegida por corrimão ou outros dispositivos convenientes.

11.1.3. Os equipamentos utilizados na movimentação de materiais, tais como ascensores, elevadores de carga, guindastes, monta-carga, pontes-rolantes, talhas, empilhadeiras, guinchos, esteiras-rolantes, transportadores de diferentes tipos, serão calculados e construídos demaneira que ofereçam as necessárias garantias de resistência e segurança e conservados em perfeitas condições de trabalho.

11.1.3.1. Especial atenção será dada aos cabos de aço, cordas, correntes, roldanas e ganchos que deverão ser inspecionados, permanentemente, substituindo-se as suas partes defeituosas.

11.1.3.2. Em todo o equipamento será indicado, em lugar visível, a carga máxima de trabalho permitida.

11.1.3.3. Para os equipamentos destinados à movimentação do pessoal serão exigidas condições especiais de segurança.

11.1.4. Os carros manuais para transporte devem possuir protetores das mãos.

11.1.5. Nos equipamentos de transporte, com força motriz própria, o operador deverá receber treinamento específico, dado pela empresa, que o habilitará nessa função.

11.1.6. Os operadores de equipamentos de transporte motorizado deverão ser habilitados e só poderão dirigir se durante o horário de trabalho portarem um cartão de identificação, com o nome e fotografia, em lugar visível.

11.1.6.1. O cartão terá a validade de 1 (um) ano, salvo imprevisto, e, para a revalidação, o empregado deverá passar por exame de saúde completo, por conta do empregador.

11.1.7. Os equipamentos de transporte motorizados deverão possuir sinal de advertência sonora (buzina).

11.1.8. Todos os transportadores industriais serão permanentemente inspecionados e as peças defeituosas, ou que apresentem deficiências, deverão ser imediatamente substituídas.

11.1.9. Nos locais fechados ou pouco ventilados, a emissão de gases tóxicos, por máquinas transportadoras, deverá ser controlada para evitar concentrações, no ambiente de trabalho, acima dos limites permissíveis.

11.1.10. Em locais fechados e sem ventilação, é proibida a utilização de máquinas transportadoras, movidas a motores de combustão interna, salvo se providas de dispositivos neutralizadores adequados.

11.2. Normas de segurança do trabalho em atividades de transporte de sacas.

11.2.1. Denomina-se, para fins de aplicação da presente regulamentação a expressão "Transporte manual de sacos" toda atividade realizada de maneira contínua ou descontínua, essencial ao transporte manual de sacos, na qual o peso da carga é suportado, integralmente, por um só trabalhador, compreendendo também o levantamento e sua deposição.

11.2.2. Fica estabelecida a distância máxima de 60,00m (sessenta metros) para o transporte manual de um saco.

11.2.2.1. Além do limite previsto nesta norma, o transporte descarga deverá ser realizado mediante impulsão de vagonetes, carros, carretas, carros de mão apropriados, ou qualquer tipo de tração mecanizada.

11.2.3. É vedado o transporte manual de sacos, através de pranchas, sobre vãos superiores a 1,00m (um metro) ou mais de extensão.

11.2.3.1. As pranchas de que trata o item 11.2.3 deverão ter a largura mínima de 0,50m (cinquenta centímetros).

11.2.4. Na operação manual de carga e descarga de sacos, em caminhão ou vagão, o trabalhador terá o auxílio de ajudante.

11.2.5. As pilhas de sacos, nos armazéns, devem ter altura máxima limitada ao nível de resistência do piso, à forma e resistência dos materiais de embalagem e à estabilidade, baseada na geometria, tipo de amarração e inclinação das pilhas. (*Alterado pela Portaria SIT n. 82, de 01 de junho de 2004*)

11.2.6. (*Revogado pela Portaria SIT n. 82, de 1º de junho de 2004*)

(5) O Texto da NR-11 (Transporte, Movimentação, Armazenagem e Manuseio de Materiais), ora reproduzido, encontra-se atualizado até a edição da Portaria SIT-MTE n. 82 de 1º.6.2004.

11.2.7. No processo mecanizado de empilhamento, aconselha-se o uso de esteiras-rolantes, dadas ou empilhadeiras.

11.2.8. Quando não for possível o emprego de processo mecanizado, admite-se o processo manual, mediante a utilização de escada removível de madeira, com as seguintes características:

a) lance único de degraus com acesso a um patamar final;

b) a largura mínima de 1,00m (um metro), apresentando o patamar as dimensões mínimas de 1,00m x 1,00m (um metro x um metro) e a altura máxima, em relação ao solo, de 2,25m (dois metros e vinte e cinco centímetros);

c) deverá ser guardada proporção conveniente entre o piso e o espelho dos degraus, não podendo o espelho ter altura superior a 0,15m (quinze centímetros), nem o piso largura inferior a 0,25m (vinte e cinco centímetros);

d) deverá ser reforçada, lateral e verticalmente, por meio de estrutura metálica ou de madeira que assegure sua estabilidade;

e) deverá possuir, lateralmente, um corrimão ou guarda-corpo na altura de 1,00m (um metro) em toda a extensão;

f) perfeitas condições de estabilidade e segurança, sendo substituída imediatamente a que apresente qualquer defeito.

11.2.9. O piso do armazém deverá ser constituído de material não escorregadio, sem aspereza, utilizando-se, de preferência, o mastique asfáltico, e mantido em perfeito estado de conservação.

11.2.10. Deve ser evitado o transporte manual de sacos em pisos escorregadios ou molhados.

11.2.11. A empresa deverá providenciar cobertura apropriada dos locais de carga e descarga da sacaria.

11.3. Armazenamento de materiais.

11.3.1. O peso do material armazenado não poderá exceder a capacidade de carga calculada para o piso.

11.3.2. O material armazenado deverá ser disposto de forma a evitar a obstrução de portas, equipamentos contra incêndio, saídas de emergências, etc.

11.3.3. Material empilhado deverá ficar afastado das estruturas laterais do prédio a uma distância de pelo menos 0,50m (cinquenta centímetros).

11.3.4. A disposição da carga não deverá dificultar o trânsito, a iluminação, e o acesso às saídas de emergência.

11.3.5. O armazenamento deverá obedecer aos requisitos de segurança especiais a cada tipo de material.

11.4. Movimentação, Armazenagem e Manuseio de Chapas de Mármore, Granito e outras rochas. (*Acrescentado pela Portaria SIT n. 56, de 17 de setembro de 2003*)

11.4.1. A movimentação, armazenagem e manuseio de chapas de mármore, granito e outras rochas deve obedecer ao disposto no Regulamento Técnico de Procedimentos constante no Anexo I desta NR. (*Acrescentado pela Portaria SIT n. 56, de 17 de setembro de 2003*)

Capítulo 12

SEGURANÇA NO TRABALHO EM MÁQUINAS E EQUIPAMENTOS

A décima segunda norma regulamentadora de segurança e saúde no trabalho, antes denominada simplesmente Máquinas e Equipamentos, foi integralmente reformulada, em face da edição da Portaria SIT-MTE n. 197, de 17.12.2010, e passou a denominar-se NR-12 (SEGURANÇA NO TRABALHO EM MÁQUINAS E EQUIPAMENTOS), e foi posteriormente atualizada pela Portaria MTE-GM n. 857, de 25.6.2015. Na NR-12 estão contidas as atuais medidas preventivas a serem observadas pelas empresas estatais (públicas e sociedades de economia mista) e privadas brasileiras e demais estabelecimentos que possuam trabalhadores sujeitos ao Regime da Consolidação das Leis do Trabalho, em relação à instalação, operação e manutenção de máquinas e equipamentos, visando à prevenção de infortúnios laborais.

Ressalte-se, por oportuno, que a atual NR-12 (Segurança no Trabalho em Máquinas e Equipamentos), apresenta um texto normativo muito extenso e rico em detalhes, tanto assim que suas recomendações técnico-preventivas encontram-se agrupadas em dezenove Tópicos que abrangem cento e cinquenta e seis itens e doze Anexos, consoante evidenciado no seguinte Quadro-Resumo:

Sumário da NR-12 (SEGURANÇA NO TRABALHO EM MÁQUINAS E EQUIPAMENTOS)
PRINCÍPIOS GERAIS (itens 12.1 a 12.5).
ARRANJO FÍSICO E INSTALAÇÕES (itens 12.6 a 12.13).
INSTALAÇÕES E DISPOSITIVOS ELÉTRICOS (itens 12.14 a 12.23).
DISPOSITIVOS DE PARTIDA, ACIONAMENTO E PARADA (itens 12.24 a 12.37).
SISTEMAS DE SEGURANÇA (itens 12.38 a 12.55).
DISPOSITIVOS DE PARADA DE EMERGÊNCIA (itens 12.56 a 12.63).
MEIOS DE ACESSO PERMANENTES (itens 12.64 a 12.76).
COMPONENTES PRESSURIZADOS (itens 12.77 a 12.84).
TRANSPORTADORES DE MATERIAIS (itens 12.85 a 12.93).
ASPECTOS ERGONÔMICOS (itens 12.94 a 12.105).
RISCOS ADICIONAIS (itens 12.106 a 12.110).
MANUTENÇÃO, INSPEÇÃO, PREPARAÇÃO, AJUSTES E REPAROS (itens 12.111 a 12.115).
SINALIZAÇÃO (itens 12.116 a 12.124).
MANUAIS (itens 12.125 a 12.129).
PROCEDIMENTOS DE TRABALHO E SEGURANÇA (itens 12.130 a 12.132).
PROJETO, FABRICAÇÃO, IMPORTAÇÃO, VENDA, LOCAÇÃO, LEILÃO, CESSÃO A QUALQUER TÍTULO, EXPOSIÇÃO E UTILIZAÇÃO (itens 12.133 a 12.134).
CAPACITAÇÃO (itens 12.135 a 12.147).
OUTROS REQUISITOS ESPECÍFICOS DE SEGURANÇA (itens 12.148 a 12.152).
DISPOSIÇÕES FINAIS (itens 12.153 a 12.156).
Anexo I: DISTÂNCIAS DE SEGURANÇA E REQUISITOS PARA O USO DE DETECTORES DE PRESENÇA OPTOELETRÔNICOS.
Anexo II: CONTEÚDO PROGRAMÁTICO DA CAPACITAÇÃO.
Anexo III: MEIOS DE ACESSO PERMANENTES.
Anexo IV: GLOSSÁRIO.

Anexo V: MOTOSSERRAS.

Anexo VI: MÁQUINAS PARA PANIFICAÇÃO E CONFEITARIA.

Anexo VII: MÁQUINAS PARA AÇOUGUE E MERCEARIA.

Anexo VIII: PRENSAS E SIMILARES.

Anexo IX: INJETORA DE MATERIAIS PLÁSTICOS.

Anexo X: MÁQUINAS PARA FABRICAÇÃO DE CALÇADOS E AFINS.

Anexo XI: MÁQUINAS E IMPLEMENTOS PARA USO AGRÍCOLA E FLORESTAL.

Anexo XII: EQUIPAMENTOS DE GUINDAR PARA ELEVAÇÃO DE PESSOAS E REALIZAÇÃO DE TRABALHO EM ALTURA.

Chamamos a especial atenção do leitor para outras disposições normativas relacionadas à proteção de máquinas e equipamentos contidas em outras normas regulamentadoras de segurança e saúde no trabalho, particularmente as que tratam das atividades de: construção civil, mineração, rural, abate de animais e processamento de carnes e derivados (frigoríficos), as quais serão mais bem explicitadas nos correspondentes capítulos deste livro:

- **item 18.22** — Máquinas, Equipamentos e Ferramentas Diversas, da NR-18 (Condições e Meio Ambiente de Trabalho na Indústria da Construção);
- **itens: 22.11** — Máquinas, Equipamentos, Ferramentas e Instalações; e **22.12** — Equipamentos de Guindar, ambos da NR-22 (Segurança e Saúde Ocupacional na Mineração);
- **item 31.12** — Máquinas, Equipamentos e Implementos, da NR-31 (Segurança e Saúde no Trabalho na Agricultura, Pecuária, Silvicultura, Exploração Florestal e Aquicultura).
- **itens: 36.7** — Máquinas e **36.8** — Equipamentos e Ferramentas, ambos da NR-36 (Segurança e Saúde no Trabalho em Empresas Abate e Processamento de Carnes e Derivados).

Sabidamente, as normas regulamentadoras de segurança e saúde no trabalho (NRs de SST) editadas pelo Ministério do Trabalho e Emprego (MTE) possuem existência jurídica convalidada pelo Princípio Constitucional de Minimização dos Riscos Ocupacionais consagrado no inciso XXII do art. 7º da Constituição Federal brasileira. No plano da legislação infraconstitucional, ditas NRs de SST possuem respaldo de validade legal na forma tipificada na Consolidação das Leis do Trabalho (CLT), em seu Título II: Das Normas Gerais de Tutela do Trabalho (arts. 13 a 223 da CLT), mais precisamente em seu Capítulo V: Da Segurança e da Medicina do Trabalho (arts. 154 a 201 da CLT). Recorde-se que ditos arts. 154 a 201 da CLT vigoram nos termos da Lei n. 6.514, de 22.12.1977, observadas suas atualizações subsequentes até publicação da Lei n. 12.997, de 18.6.2014. Recorde-se, mais, que tais artigos foram inicialmente disciplinados pela Portaria MTb n. 3.214, de 8.6.1978, instituidora das primeiras 28 NRs de SST e, atualmente, existem 36 NRs de SST, cada uma regulamentando uma temática específica.

Especificamente em relação à NR-12 (Segurança no Trabalho em Máquinas e Equipamentos), com a redação dada pela Portaria SIT-MTE n. 197, de 17.12.2010, e atualizada até a edição da Portaria MTE-GM n. 857, de 25.6.2015, há de ser dito que seu fundamento de validade jurídica, em termos de legislação ordinária, está contido nos ditames dos arts. 184 a 186 da CLT e em três disposições específicas da Lei n. 5.280 de 27.4.1967. A propósito, os dispositivos legais, normativos e jurisprudenciais pertinentes à temática em apreço, encontram-se adiante reproduzidos, mais especificamente no tópico Fundamentos Jurídicos, inclusive a íntegra atualizada da norma regulamentadora de segurança e saúde no trabalho que intitula o presente Capítulo.

As disposições normativas atinentes à segurança no trabalho em máquinas e equipamentos, *ab initio*, enfatizam que as ações preventivas devem ser adotadas com observância de prioridade às medidas de proteção coletiva, seguidas pelas de caráter administrativo ou de organização do trabalho, finalizando com as de proteção individual. A título de mero lembrete, cabe exemplificar o seguinte:

- medida de proteção coletiva: enclausuramento de transmissão mecânica ou colocação de anteparos para evitar contatos com partes móveis da máquina;

- medida administrativa ou de organização do trabalho: decisão técnico-administrativa de limitação do tempo de exposição do trabalhador a determinado agente nocivo à saúde;
- medida de proteção individual: fornecimento pelo empregador e utilização pelo empregado de máscara respiratória (EPI) visando a proteção contra gases nocivos.

No tocante aos Princípios Gerais descritos na NR-12, consta explicitado que as referências técnicas, os princípios fundamentais e as medidas de proteção para garantir a saúde e a integridade física dos trabalhadores, além de estabelecer os requisitos mínimos para a prevenção de acidentes e doenças do trabalho nas fases de projeto e de utilização de máquinas e equipamentos de todos os tipos, e ainda à sua fabricação, importação, comercialização, exposição e cessão a qualquer título, em todas as atividades econômicas, sem prejuízo da observância do disposto nas demais Normas Regulamentadoras (NRs) aprovadas pela Portaria MTb n. 3.214, de 8.6.1978, nas normas técnicas oficiais e, na ausência ou omissão destas, nas normas internacionais aplicáveis. Outrossim, o empregador deve adotar medidas de proteção para o trabalho em máquinas e equipamentos, capazes de garantir a saúde e a integridade física dos trabalhadores, e medidas apropriadas sempre que houver pessoas com deficiência envolvidas direta ou indiretamente no trabalho.

No tópico atinente a Arranjos Físicos e Instalações constam especificadas várias determinações preventivas, merecendo destaque as seguintes:

- Nos locais de instalação de máquinas e equipamentos, as áreas de circulação devem ser devidamente demarcadas e em conformidade com as normas técnicas oficiais.
- As vias principais de circulação nos locais de trabalho e as que conduzem às saídas devem ter, no mínimo, 1,20 m (um metro e vinte centímetros) de largura.
- As áreas de circulação devem ser mantidas permanentemente desobstruídas.
- Os materiais em utilização no processo produtivo devem ser alocados em áreas específicas de armazenamento, devidamente demarcadas com faixas na cor indicada pelas normas técnicas oficiais ou sinalizadas quando se tratar de áreas externas.
- Os espaços ao redor das máquinas e equipamentos devem ser adequados ao seu tipo e ao tipo de operação, de forma a prevenir a ocorrência de acidentes e doenças relacionados ao trabalho.
- A distância mínima entre máquinas, em conformidade com suas características e aplicações, deve garantir a segurança dos trabalhadores durante sua operação, manutenção, ajuste, limpeza e inspeção, e permitir a movimentação dos segmentos corporais, em face da natureza da tarefa.
- As áreas de circulação e armazenamento de materiais e os espaços em torno de máquinas devem ser projetados, dimensionados e mantidos de forma que os trabalhadores e os transportadores de materiais, mecanizados e manuais, movimentem-se com segurança.
- Os pisos dos locais de trabalho onde se instalam máquinas e equipamentos e das áreas de circulação devem: ser mantidos limpos e livres de objetos, ferramentas e quaisquer materiais que ofereçam riscos de acidentes; ter características de modo a prevenir riscos provenientes de graxas, óleos e outras substâncias e materiais que os tornem escorregadios; e ser nivelados e resistentes às cargas a que estão sujeitos.
- As ferramentas utilizadas no processo produtivo devem ser organizadas e armazenadas ou dispostas em locais específicos para essa finalidade.
- As máquinas estacionárias devem possuir medidas preventivas quanto à sua estabilidade, de modo que não basculem e não se desloquem intempestivamente por vibrações, choques, forças externas previsíveis, forças dinâmicas internas ou qualquer outro motivo acidental.
- A instalação das máquinas estacionárias deve respeitar os requisitos necessários fornecidos pelos fabricantes ou, na falta desses, o projeto elaborado por profissional legalmente habilitado, em especial quanto à fundação, fixação, amortecimento, nivelamento, ventilação, alimentação elétrica, pneumática e hidráulica, aterramento e sistemas de refrigeração.

- Nas máquinas móveis que possuem rodízios, pelo menos dois deles devem possuir travas.
- As máquinas, as áreas de circulação, os postos de trabalho e quaisquer outros locais em que possa haver trabalhadores devem ficar posicionados de modo que não ocorra transporte e movimentação aérea de materiais sobre os trabalhadores.

Acerca de Instalações e Dispositivos Elétricos, constam estipuladas várias recomendações preventivas, sendo conveniente apontar, no momento, as seguintes:

- As instalações elétricas das máquinas e equipamentos devem ser projetadas e mantidas de modo a prevenir, por meios seguros, os perigos de choque elétrico, incêndio, explosão e outros tipos de acidentes, conforme previsto na NR-10 (Segurança em Instalações e Serviços em Eletricidade).
- Devem ser aterrados, conforme as normas técnicas oficiais vigentes, as instalações, carcaças, invólucros, blindagens ou partes condutoras das máquinas e equipamentos que não façam parte dos circuitos elétricos, mas que possam ficar sob tensão. Igualmente, as instalações elétricas das máquinas e equipamentos que estejam ou possam estar em contato direto ou indireto com água ou agentes corrosivos devem ser projetadas com meios e dispositivos que garantam sua blindagem, estanqueidade, isolamento e aterramento, de modo a prevenir a ocorrência de acidentes.
- Os condutores de alimentação elétrica das máquinas e equipamentos devem atender aos seguintes requisitos mínimos de segurança: oferecer resistência mecânica compatível com a sua utilização; possuir proteção contra a possibilidade de rompimento mecânico, de contatos abrasivos e de contato com lubrificantes, combustíveis e calor; localização de forma que nenhum segmento fique em contato com as partes móveis ou cantos vivos; facilitar e não impedir o trânsito de pessoas e materiais ou a operação das máquinas; não oferecer quaisquer outros tipos de riscos na sua localização; e ser constituído de materiais que não propaguem o fogo, ou seja, autoextinguíveis e não emitir substâncias tóxicas em caso de aquecimento.
- Os quadros de energia das máquinas e equipamentos devem atender aos seguintes requisitos mínimos de segurança: possuir porta de acesso, mantida permanentemente fechada; possuir sinalização quanto ao perigo de choque elétrico e restrição de acesso por pessoas não autorizadas; ser mantido em bom estado de conservação, limpo e livre de objetos e ferramentas; possuir proteção e identificação dos circuitos; e atender ao grau de proteção adequado em função do ambiente de uso.
- As ligações e derivações dos condutores elétricos das máquinas e equipamentos devem ser feitas mediante dispositivos apropriados e conforme as normas técnicas oficiais vigentes, de modo a assegurar resistência mecânica e contato elétrico adequado, com características equivalentes aos condutores elétricos utilizados e proteção contra riscos.
- As instalações elétricas das máquinas e equipamentos que utilizem energia elétrica fornecida por fonte externa devem possuir dispositivo protetor contra sobrecorrente, dimensionado conforme a demanda de consumo do circuito; além do que, as máquinas e equipamentos devem possuir dispositivo protetor contra sobretensão quando a elevação da tensão puder ocasionar risco de acidentes.
- Quando a alimentação elétrica possibilitar a inversão de fases de máquina que possa provocar acidentes de trabalho, deve haver dispositivo monitorado de detecção de sequência de fases ou outra medida de proteção de mesma eficácia.
- São proibidas nas máquinas e equipamentos: a utilização de chave geral como dispositivo de partida e parada; a utilização de chaves tipo faca nos circuitos elétricos; e a existência de partes energizadas expostas de circuitos que utilizam energia elétrica.
- As baterias devem atender aos seguintes requisitos mínimos de segurança: localização de modo que sua manutenção e troca possam ser realizadas facilmente a partir do solo ou de uma plataforma de apoio; constituição e fixação de forma a não haver deslocamento acidental; e proteção do terminal positivo, a fim de prevenir contato acidental e curto-circuito.

- Os serviços e substituições de baterias devem ser realizados conforme indicação constante do manual de operação.

Quanto aos Dispositivos de Partida, Acionamento e Parada das Máquinas, a NR-12 estipula os seguintes preceitos preventivos:

- Os dispositivos de partida, acionamento e parada das máquinas devem ser projetados, selecionados e instalados de modo que: não se localizem em suas zonas perigosas; possam ser acionados ou desligados em caso de emergência por outra pessoa que não seja o operador; impeçam acionamento ou desligamento involuntário pelo operador ou por qualquer outra forma acidental; não acarretem riscos adicionais; e não possam ser burlados.
- Os comandos de partida ou acionamento das máquinas devem possuir dispositivos que impeçam seu funcionamento automático ao serem energizadas. Quando forem utilizados dispositivos de acionamento do tipo comando bimanual, visando a manter as mãos do operador fora da zona de perigo, esses devem atender aos seguintes requisitos mínimos do comando: possuir atuação síncrona, ou seja, um sinal de saída deve ser gerado somente quando os dois dispositivos de atuação do comando — botões — forem atuados com um retardo de tempo menor ou igual a 0,5s (meio segundo); estar sob monitoramento automático por interface de segurança; ter relação entre os sinais de entrada e saída, de modo que os sinais de entrada aplicados a cada um dos dois dispositivos de atuação do comando devem juntos se iniciar e manter o sinal de saída do dispositivo de comando bimanual somente durante a aplicação dos dois sinais; o sinal de saída deve terminar quando houver desacionamento de qualquer dos dispositivos de atuação de comando; possuir dispositivos de comando que exijam uma atuação intencional a fim de minimizar a probabilidade de comando acidental; possuir distanciamento e barreiras entre os dispositivos de atuação de comando para dificultar a burla do efeito de proteção do dispositivo de comando bimanual; e tornar possível o reinício do sinal de saída somente após a desativação dos dois dispositivos de atuação do comando.
- Nas máquinas operadas por dois ou mais dispositivos de comando bimanuais, a atuação síncrona é requerida somente para cada um dos dispositivos de comando bimanuais e não entre dispositivos diferentes que devem manter simultaneidade entre si. Os dispositivos de comando bimanual devem ser posicionados a uma distância segura da zona de perigo, levando em consideração: a forma, a disposição e o tempo de resposta do dispositivo de comando bimanual; o tempo máximo necessário para a paralisação da máquina ou para a remoção do perigo, após o término do sinal de saída do dispositivo de comando bimanual; e a utilização projetada para a máquina. Outrossim, os comandos bimanuais móveis instalados em pedestais devem: manter-se estáveis em sua posição de trabalho; e possuir altura compatível com o posto de trabalho para ficar ao alcance do operador em sua posição de trabalho.
- Nas máquinas e equipamentos cuja operação requeira a participação de mais de uma pessoa, o número de dispositivos de acionamento simultâneos deve corresponder ao número de operadores expostos aos perigos decorrentes de seu acionamento, de modo que o nível de proteção seja o mesmo para cada trabalhador.
- Deve haver seletor do número de dispositivos de acionamento em utilização, com bloqueio que impeça a sua seleção por pessoas não autorizadas.
- O circuito de acionamento deve ser projetado de modo a impedir o funcionamento dos comandos habilitados pelo seletor enquanto os demais comandos não habilitados não forem desconectados.
- Os dispositivos de acionamento simultâneos, quando utilizados dois ou mais, devem possuir sinal luminoso que indique seu funcionamento.
- As máquinas ou equipamentos concebidos e fabricados para permitir a utilização de vários modos de comando ou de funcionamento que apresentem níveis de segurança diferentes devem possuir um seletor que atenda aos seguintes requisitos: bloqueio em cada posição, impedindo a sua mudança por pessoas não autorizadas; correspondência de cada posição a um único modo

de comando ou de funcionamento; modo de comando selecionado com prioridade sobre todos os outros sistemas de comando, com exceção da parada de emergência; e a seleção deve ser visível, clara e facilmente identificável.

- As máquinas e equipamentos, cujo acionamento por pessoas não autorizadas possam oferecer risco à saúde ou integridade física de qualquer pessoa, devem possuir sistema que possibilite o bloqueio de seus dispositivos de acionamento. O acionamento e o desligamento simultâneo por um único comando de um conjunto de máquinas e equipamentos ou de máquinas e equipamentos de grande dimensão devem ser precedidos de sinal sonoro de alarme.
- Devem ser adotadas, quando necessárias, medidas adicionais de alerta, como sinal visual e dispositivos de telecomunicação, considerando as características do processo produtivo e dos trabalhadores. As máquinas e equipamentos comandados por radiofrequência devem possuir proteção contra interferências eletromagnéticas acidentais.
- Os componentes de partida, parada, acionamento e outros controles que compõem a interface de operação das máquinas devem: operar em extrabaixa tensão de até 25V (vinte e cinco volts) em corrente alternada ou de até 60V (sessenta volts) em corrente contínua; e possibilitar a instalação e funcionamento do sistema de parada de emergência.
- O circuito elétrico do comando da partida e parada do motor elétrico de máquinas deve possuir, no mínimo, dois contatores com contatos positivamente guiados, ligados em série, monitorados por interface de segurança ou de acordo com os padrões estabelecidos pelas normas técnicas nacionais vigentes e, na falta destas, pelas normas técnicas internacionais, se assim for indicado pela análise de risco, em função da severidade de danos e frequência ou tempo de exposição ao risco.

No que se refere aos Sistemas de Segurança das Máquinas e Equipamentos, assim dispõe a NR-12:

- As zonas de perigo das máquinas e equipamentos devem possuir sistemas de segurança, caracterizados por proteções fixas, proteções móveis e dispositivos de segurança interligados, que garantam proteção à saúde e à integridade física dos trabalhadores. Além disso, a adoção de sistemas de segurança, em especial nas zonas de operação que apresentem perigo, deve considerar as características técnicas da máquina e do processo de trabalho e as medidas e alternativas técnicas existentes, de modo a atingir o nível necessário de segurança previsto na NR-12.
- Os sistemas de segurança devem ser selecionados e instalados de modo a atender aos seguintes requisitos: ter categoria de segurança conforme prévia análise de riscos prevista nas normas técnicas oficiais vigentes; estar sob a responsabilidade técnica de profissional legalmente habilitado; possuir conformidade técnica com o sistema de comando a que são integrados; instalação de modo que não possam ser neutralizados ou burlados; manterem-se sob vigilância automática, ou seja, monitoramento, de acordo com a categoria de segurança requerida, exceto para dispositivos de segurança exclusivamente mecânicos; e paralisação dos movimentos perigosos e demais riscos quando ocorrerem falhas ou situações anormais de trabalho.
- Os sistemas de segurança, de acordo com a categoria de segurança requerida, devem exigir rearme, ou *reset* manual, após a correção da falha ou situação anormal de trabalho que provocou a paralisação da máquina.
- Considera-se proteção o elemento especificamente utilizado para prover segurança por meio de barreira física, podendo ser: proteção fixa, que deve ser mantida em sua posição de maneira permanente ou por meio de elementos de fixação que só permitam sua remoção ou abertura com o uso de ferramentas; e proteção móvel, que pode ser aberta sem o uso de ferramentas, geralmente ligada por elementos mecânicos à estrutura da máquina ou a um elemento fixo próximo, e deve se associar a dispositivos de intertravamento.
- Consideram-se dispositivos de segurança os componentes que, por si só ou interligados ou associados a proteções, reduzam os riscos de acidentes e de outros agravos à saúde, sendo classificados em: comandos elétricos ou interfaces de segurança: dispositivos responsáveis por realizar o monitoramento, que verificam a interligação, posição e funcionamento de outros

dispositivos do sistema e impedem a ocorrência de falha que provoque a perda da função de segurança, como relés de segurança, controladores configuráveis de segurança e Controlador Lógico Programável (CLP) de segurança; dispositivos de intertravamento: chaves de segurança eletromecânicas, com ação e ruptura positiva, magnéticas e eletrônicas codificadas, optoeletrônicas, sensores indutivos de segurança e outros dispositivos de segurança que possuem a finalidade de impedir o funcionamento de elementos da máquina sob condições específicas; sensores de segurança: dispositivos detectores de presença mecânicos e não mecânicos, que atuam quando uma pessoa ou parte do seu corpo adentra a zona de perigo de uma máquina ou equipamento, enviando um sinal para interromper ou impedir o início de funções perigosas, como cortinas de luz, detectores de presença optoeletrônicos, *laser* de múltiplos feixes, barreiras óticas, monitores de área, ou *scanners*, batentes, tapetes e sensores de posição; válvulas e blocos de segurança ou sistemas pneumáticos e hidráulicos de mesma eficácia; dispositivos mecânicos, como: dispositivos de retenção, limitadores, separadores, empurradores, inibidores, defletores e retráteis; e dispositivos de validação: dispositivos suplementares de comando operados manualmente, que, quando aplicados de modo permanente, habilitam o dispositivo de acionamento, como chaves seletoras bloqueáveis e dispositivos bloqueáveis.

- Os componentes relacionados aos sistemas de segurança e comandos de acionamento e parada das máquinas, inclusive de emergência, devem garantir a manutenção do estado seguro da máquina ou equipamento quando ocorrerem flutuações no nível de energia além dos limites considerados no projeto, incluindo o corte e restabelecimento do fornecimento de energia.
- A proteção deve ser móvel quando o acesso a uma zona de perigo for requerido uma ou mais vezes por turno de trabalho, observando-se que: a proteção deve ser associada a um dispositivo de intertravamento quando sua abertura não possibilitar o acesso à zona de perigo antes da eliminação do risco; e a proteção deve ser associada a um dispositivo de intertravamento com bloqueio quando sua abertura possibilitar o acesso à zona de perigo antes da eliminação do risco.
- As máquinas e equipamentos dotados de proteções móveis associadas a dispositivos de intertravamento devem: operar somente quando as proteções estiverem fechadas; paralisar suas funções perigosas quando as proteções forem abertas durante a operação; e garantir que o fechamento das proteções por si só não possa dar início às funções perigosas.
- Os dispositivos de intertravamento com bloqueio associados às proteções móveis das máquinas e equipamentos devem: permitir a operação somente enquanto a proteção estiver fechada e bloqueada; manter a proteção fechada e bloqueada até que tenha sido eliminado o risco de lesão devido às funções perigosas da máquina ou do equipamento; e garantir que o fechamento e bloqueio da proteção por si só não possa dar início às funções perigosas da máquina ou do equipamento.
- As transmissões de força e os componentes móveis a elas interligados, acessíveis ou expostos, devem possuir proteções fixas, ou móveis com dispositivos de intertravamento, que impeçam o acesso por todos os lados. Quando utilizadas proteções móveis para o enclausuramento de transmissões de força que possuam inércia, devem ser utilizados dispositivos de intertravamento com bloqueio. O eixo cardã deve possuir proteção adequada, em perfeito estado de conservação em toda a sua extensão, fixada na tomada de força da máquina desde a cruzeta até o acoplamento do implemento ou equipamento.
- As máquinas e equipamentos que ofereçam risco de ruptura de suas partes, projeção de materiais, partículas ou substâncias, devem possuir proteções que garantam a saúde e a segurança dos trabalhadores. As proteções devem ser projetadas e construídas de modo a atender aos seguintes requisitos de segurança: cumprir suas funções apropriadamente durante a vida útil da máquina ou possibilitar a reposição de partes deterioradas ou danificadas; ser constituídas de materiais resistentes e adequados à contenção de projeção de peças, materiais e partículas; fixação firme e garantia de estabilidade e resistência mecânica compatíveis com os esforços requeridos; não criar pontos de esmagamento ou agarramento com partes da máquina ou com outras proteções; não possuir extremidades e arestas cortantes ou outras saliências perigosas; resistir às condições

ambientais do local onde estão instaladas; impedir que possam ser burladas; proporcionar condições de higiene e limpeza; impedir o acesso à zona de perigo; ter seus dispositivos de intertravamento protegidos adequadamente contra sujidade, poeiras e corrosão, se necessário; ter ação positiva, ou seja, atuação de modo positivo; e não acarretar riscos adicionais.

- Quando a proteção for confeccionada com material descontínuo, devem ser observadas as distâncias de segurança para impedir o acesso às zonas de perigo, conforme previsto no item A, do Anexo I (Distâncias de Segurança e Requisitos para o uso de Detectores de Presença Optoeletrônicos), da NR-12.
- Durante a utilização de proteções distantes da máquina ou equipamento com possibilidade de alguma pessoa ficar na zona de perigo, devem ser adotadas medidas adicionais de proteção coletiva para impedir a partida da máquina enquanto houver pessoas nessa zona. As proteções também utilizadas como meio de acesso por exigência das características da máquina ou do equipamento devem atender aos requisitos de resistência e segurança adequados a ambas as finalidades.
- Deve haver proteção no fundo dos degraus da escada, ou seja, nos espelhos, sempre que uma parte saliente do pé ou da mão possa contatar uma zona perigosa. As proteções, dispositivos e sistemas de segurança devem integrar as máquinas e equipamentos, e não podem ser considerados itens opcionais para qualquer fim.
- Em função do risco, poderá ser exigido projeto, diagrama ou representação esquemática dos sistemas de segurança de máquinas, com respectivas especificações técnicas em língua portuguesa.
- Quando a máquina não possuir a documentação técnica exigida, o seu proprietário deve constituí-la, sob a responsabilidade de profissional legalmente habilitado e com respectiva Anotação de Responsabilidade Técnica (ART) junto ao Conselho Regional de Engenharia e Agronomia (CREA).

No tocante aos Dispositivos de Parada de Emergência merecem ser destacadas as seguintes medidas preventivas mais relevantes:

- As máquinas devem ser equipadas com um ou mais dispositivos de parada de emergência, por meio dos quais possam ser evitadas situações de perigo latentes e existentes; além disso, os dispositivos de parada de emergência não devem ser utilizados como dispositivos de partida ou de acionamento, salvo nas máquinas manuais, nas máquinas autopropelidas e naquelas nas quais o dispositivo de parada de emergência não possibilita a redução do risco.
- Os dispositivos de parada de emergência devem ser posicionados em locais de fácil acesso e visualização pelos operadores em seus postos de trabalho e por outras pessoas, e mantidos permanentemente desobstruídos; devendo também: ser selecionados, montados e interconectados de forma a suportar as condições de operação previstas, bem como as influências do meio; ser usados como medida auxiliar, não podendo ser alternativa a medidas adequadas de proteção ou a sistemas automáticos de segurança; possuir acionadores projetados para fácil atuação do operador ou outros que possam necessitar da sua utilização; prevalecer sobre todos os outros comandos; provocar a parada da operação ou processo perigoso em período de tempo tão reduzido quanto tecnicamente possível, sem provocar riscos suplementares; ser mantidos sob monitoramento por meio de sistemas de segurança; e ser mantidos em perfeito estado de funcionamento.
- O acionamento do dispositivo de parada de emergência deve também resultar na retenção do acionador, de tal forma que quando a ação no acionador for descontinuada, este se mantenha retido até que seja desacionado. Outrossim, o desacionamento deve ser possível apenas como resultado de uma ação manual intencionada sobre o acionador, por meio de manobra apropriada. Quando usados acionadores do tipo cabo, deve-se: utilizar chaves de parada de emergência que trabalhem tracionadas, de modo a cessarem automaticamente as funções perigosas da máquina em caso de ruptura ou afrouxamento dos cabos; considerar o deslocamento e a força aplicada nos acionadores, necessários para a atuação das chaves de parada de emergência; e obedecer à distância máxima entre as chaves de parada de emergência recomendada pelo fabricante.

- As chaves de parada de emergência devem ser localizadas de tal forma que todo o cabo de acionamento seja visível a partir da posição de desacionamento da parada de emergência. Se isso não for possível, deve-se garantir que, após a atuação e antes do desacionamento, a máquina ou equipamento seja inspecionado em toda a extensão do cabo.
- A parada de emergência deve exigir rearme, ou *reset* manual, a ser realizado somente após a correção do evento que motivou o acionamento da parada de emergência. A localização dos acionadores de rearme deve permitir uma visualização completa da área protegida pelo cabo.

Igualmente, acerca dos Meios de Acesso Permanente devem ser observadas, dentre outras, as seguintes disposições preventivas:

- As máquinas e equipamentos devem possuir acessos permanentemente fixados e seguros a todos os seus pontos de operação, abastecimento, inserção de matérias-primas e retirada de produtos trabalhados, preparação, manutenção e intervenção constante. Consideram-se meios de acesso elevadores, rampas, passarelas, plataformas ou escadas de degraus. Na impossibilidade técnica de adoção desses meios de acesso permanente, poderá ser utilizada escada fixa tipo marinheiro.
- Nas máquinas e equipamentos, os meios de acesso permanentes devem ser localizados e instalados de modo a prevenir riscos de acidente e facilitar o seu acesso e utilização pelos trabalhadores.
- Os locais ou postos de trabalho acima do nível do solo em que haja acesso de trabalhadores, para comando ou quaisquer outras intervenções habituais nas máquinas e equipamentos, como operação, abastecimento, manutenção, preparação e inspeção, devem possuir plataformas de trabalho estáveis e seguras. Na impossibilidade técnica de cumprimento desse item, poderá ser adotado o uso de plataformas móveis ou elevatórias.
- As plataformas móveis devem ser estáveis, de modo a não permitir sua movimentação ou tombamento durante a realização do trabalho. As passarelas, plataformas, rampas e escadas de degraus devem propiciar condições seguras de trabalho, circulação, movimentação e manuseio de materiais e: ser dimensionadas, construídas e fixadas de modo seguro e resistente, de forma a suportar os esforços solicitantes e movimentação segura do trabalhador; ter pisos e degraus constituídos de materiais ou revestimentos antiderrapantes; ser mantidas desobstruídas; e ser localizadas e instaladas de modo a prevenir riscos de queda, escorregamento, tropeçamento e dispêndio excessivo de esforços físicos pelos trabalhadores ao utilizá-las.
- Os meios de acesso, exceto escada fixa do tipo marinheiro e elevador, devem possuir sistema de proteção contra quedas com as seguintes características: ser dimensionados, construídos e fixados de modo seguro e resistente, de forma a suportar os esforços solicitantes; ser constituídos de material resistente a intempéries e corrosão; possuir travessão superior de 1,10 m (um metro e dez centímetros) a 1,20 m (um metro e vinte centímetros) de altura em relação ao piso ao longo de toda a extensão, em ambos os lados; o travessão superior não deve possuir superfície plana, a fim de evitar a colocação de objetos; e possuir rodapé de, no mínimo, 0,20 m (vinte centímetros) de altura e travessão intermediário a 0,70 m (setenta centímetros) de altura em relação ao piso, localizado entre o rodapé e o travessão superior.
- As passarelas, plataformas e rampas devem ter as seguintes características: largura útil mínima de 0,60 m (sessenta centímetros); meios de drenagem, se necessário; e não possuir rodapé no vão de acesso.
- As escadas de degraus sem espelho devem ter: largura de 0,60 m (sessenta centímetros) a 0,80 m (oitenta centímetros); degraus com profundidade mínima de 0,15 m (quinze centímetros); degraus e lances uniformes, nivelados e sem saliências; altura máxima entre os degraus de 0,25 m (vinte e cinco centímetros); plataforma de descanso com 0,60m (sessenta centímetros) a 0,80 m (oitenta centímetros) de largura e comprimento a intervalos de, no máximo, 3,00 m (três metros) de altura; projeção mínima de 0,01 m (dez milímetros) de um degrau sobre o outro; e degraus com profundidade que atendam à fórmula: 600 ≤ g + 2h d" 660 (dimensões em milímetros).

- As escadas de degraus com espelho devem ter: largura de 0,60 m (sessenta centímetros) a 0,80 m (oitenta centímetros); degraus com profundidade mínima de 0,20 m (vinte centímetros); degraus e lances uniformes, nivelados e sem saliências; altura entre os degraus de 0,20 m (vinte centímetros) a 0,25 m (vinte e cinco centímetros); plataforma de descanso de 0,60m (sessenta centímetros) a 0,80 m (oitenta centímetros) de largura e comprimento a intervalos de, no máximo, 3,00 m (três metros) de altura.
- As escadas fixas do tipo marinheiro devem ter: dimensionamento, construção e fixação seguras e resistentes, de forma a suportar os esforços solicitantes; constituição de materiais ou revestimentos resistentes a intempéries e corrosão, caso estejam expostas em ambiente externo ou corrosivo; gaiolas de proteção, caso possuam altura superior a 3,50 m (três metros e meio), instaladas a partir de 2,0 m (dois metros) do piso, ultrapassando a plataforma de descanso ou o piso superior em pelo menos de 1,10 m (um metro e dez centímetros) a 1,20 m (um metro e vinte centímetros); corrimão ou continuação dos montantes da escada ultrapassando a plataforma de descanso ou o piso superior de 1,10 m (um metro e dez centímetros) a 1,20 m (um metro e vinte centímetros); largura de 0,40 m (quarenta centímetros) a 0,60 m (sessenta centímetros); altura total máxima de 10,00 m (dez metros), se for de um único lance; altura máxima de 6,00 m (seis metros) entre duas plataformas de descanso, se for de múltiplos lances, construídas em lances consecutivos com eixos paralelos, distanciados no mínimo em 0,70 m (setenta centímetros), conforme Figura 3 do Anexo III (Meios de Acesso Permanente); entre barras horizontais de 0,25 m (vinte e cinco centímetros) a 0,30 m (trinta centímetros), conforme Figura 3 do Anexo III; espaçamento entre o piso da máquina ou da edificação e a primeira barra não superior a 0,55 m (cinquenta e cinco centímetros), conforme Figura 3 do Anexo III; distância em relação à estrutura em que é fixada de, no mínimo, 0,15 m (quinze centímetros), conforme Figura 4C do Anexo III; barras horizontais de 0,025m (vinte e cinco milímetros) a 0,038 m (trinta e oito milímetros) de diâmetro ou espessura; e, barras horizontais com superfícies, formas ou ranhuras a fim de prevenir deslizamentos.
- As gaiolas de proteção devem possuir: diâmetro de 0,65m (sessenta e cinco centímetros) a 0,80 m (oitenta centímetros), conforme Figura 4 C do Anexo III; barras verticais com espaçamento máximo de 0,30 m (trinta centímetros) entre si e distância máxima de 1,50m (um metro e cinquenta centímetros) entre arcos, conforme figuras 4A e 4B do Anexo III; ou vãos entre arcos de, no máximo, 0,30 m (trinta centímetros), conforme Figura 3 do Anexo III, dotadas de barra vertical de sustentação dos arcos.

Em face da importância dos Componentes Pressurizados, a décima segunda norma preventiva de segurança e saúde no trabalho explicita diversos preceitos para evitar a ocorrência de acidentes, da seguinte forma:

- Devem ser adotadas medidas adicionais de proteção das mangueiras, tubulações e demais componentes pressurizados sujeitos a eventuais impactos mecânicos e outros agentes agressivos, quando houver risco; além do que, esses componentes pressurizados devem ser localizados ou protegidos de tal forma que uma situação de ruptura destes componentes e vazamentos de fluidos, não possa ocasionar acidentes de trabalho.
- As mangueiras utilizadas nos sistemas pressurizados devem possuir indicação da pressão máxima de trabalho admissível especificada pelo fabricante. Os sistemas pressurizados das máquinas devem possuir meios ou dispositivos destinados a garantir que: a pressão máxima de trabalho admissível nos circuitos não possa ser excedida; e quedas de pressão progressivas ou bruscas e perdas de vácuo não possam gerar perigo.
- Quando as fontes de energia da máquina forem isoladas, a pressão residual dos reservatórios e de depósitos similares, como os acumuladores hidropneumáticos, não pode gerar risco de acidentes. Os recipientes contendo gases comprimidos utilizados em máquinas e equipamentos devem permanecer em perfeito estado de conservação e funcionamento e ser armazenados em depósitos bem ventilados, protegidos contra quedas, calor e impactos acidentais.
- Nas atividades de montagem e desmontagem de pneumáticos das rodas das máquinas e equipamentos não estacionários, que ofereçam riscos de acidentes, devem ser observadas as

seguintes condições: os pneumáticos devem ser completamente despressurizados, removendo o núcleo da válvula de calibragem antes da desmontagem e de qualquer intervenção que possa acarretar acidentes; e o enchimento de pneumáticos só poderá ser executado dentro de dispositivo de clausura ou gaiola adequadamente dimensionada, até que seja alcançada uma pressão suficiente para forçar o talão sobre o aro e criar uma vedação pneumática.

- Em sistemas pneumáticos e hidráulicos que utilizam dois ou mais estágios com diferentes pressões como medida de proteção, a força exercida no percurso ou circuito de segurança — aproximação — não pode ser suficiente para provocar danos à integridade física dos trabalhadores. Para o atendimento dessa disposição, a força exercida no percurso ou circuito de segurança deve estar limitada a 150 N (cento e cinquenta Newtons) e a pressão de contato limitada a 50 N/cm^2 (cinquenta Newtons por centímetro quadrado), exceto nos casos em que haja previsão de outros valores em normas técnicas oficiais vigentes especificas.

Em relação aos Transportadores de Materiais consta explicitado na NR-12, o seguinte:

- Os movimentos perigosos dos transportadores contínuos de materiais devem ser protegidos, especialmente nos pontos de esmagamento, agarramento e aprisionamento formados pelas esteiras, correias, roletes, acoplamentos, freios, roldanas, amostradores, volantes, tambores, engrenagens, cremalheiras, correntes, guias, alinhadores, região do esticamento e contrapeso e outras partes móveis acessíveis durante a operação normal.
- Os transportadores contínuos de correia cuja altura da borda da correia que transporta a carga esteja superior a 2,70 m (dois metros e setenta centímetros) do piso estão dispensados da observância da disposição anterior, desde que não haja circulação nem permanência de pessoas nas zonas de perigo.
- Os transportadores cuja correia tenha largura de até 762 mm (setecentos e sessenta e dois milímetros) ou 30 (trinta) polegadas podem possuir passarela em apenas um dos lados, devendo-se adotar o uso de plataformas móveis ou elevatórias para quaisquer intervenções e inspeções. Ficam dispensados dessa determinação, os transportadores móveis articulados em que haja possibilidade de realização de quaisquer intervenções e inspeções a partir do solo.
- Os transportadores de materiais somente devem ser utilizados para o tipo e capacidade de carga para os quais foram projetados. Os cabos de aço, correntes, eslingas, ganchos e outros elementos de suspensão ou tração e suas conexões devem ser adequados ao tipo de material e dimensionados para suportar os esforços solicitantes. Nos transportadores contínuos de materiais que necessitem de parada durante o processo é proibida a reversão de movimento para esta finalidade.
- É proibida a permanência e a circulação de pessoas sobre partes em movimento, ou que possam ficar em movimento, dos transportadores de materiais, quando não projetadas para essas finalidades. Nas situações em que haja inviabilidade técnica de cumprimento desse dispositivo, devem ser adotadas medidas que garantam a paralisação e o bloqueio dos movimentos de risco. A permanência e a circulação de pessoas sobre os transportadores contínuos devem ser realizadas por meio de passarelas com sistema de proteção contra quedas.
- É permitida a permanência e a circulação de pessoas sob os transportadores contínuos somente em locais protegidos que ofereçam resistência e dimensões adequadas contra quedas de materiais. Os transportadores contínuos acessíveis aos trabalhadores devem dispor, ao longo de sua extensão, de dispositivos de parada de emergência, de modo que possam ser acionados em todas as posições de trabalho. Os transportadores contínuos acessíveis aos trabalhadores ficam dispensados do cumprimento dessa exigência se a análise de risco assim indicar.
- Os transportadores contínuos de correia devem possuir dispositivos que garantam a segurança em caso de falha durante sua operação normal e interrompam seu funcionamento quando forem atingidos os limites de segurança, conforme especificado em projeto, e devem contemplar, no mínimo, as seguintes condições: desalinhamento anormal da correia; e sobrecarga de materiais.

- Durante o transporte de materiais suspensos devem ser adotadas medidas de segurança visando a garantir que não haja pessoas sob a carga. Tais medidas de segurança devem priorizar a existência de áreas exclusivas para a circulação de cargas suspensas devidamente delimitadas e sinalizadas.

Sob o rótulo de Aspectos Ergonômicos a décima segunda norma preventiva elenca os seguintes preceitos regulamentares, objetivando a adequada interação homem-máquina:

- As máquinas e equipamentos devem ser projetados, construídos e mantidos com observância aos seguintes aspectos: atendimento da variabilidade das características antropométricas dos operadores; respeito às exigências posturais, cognitivas, movimentos e esforços físicos demandados pelos operadores; os componentes como monitores de vídeo, sinais e comandos, devem possibilitar a interação clara e precisa com o operador de forma a reduzir possibilidades de erros de interpretação ou retorno de informação; os comandos e indicadores devem representar, sempre que possível, a direção do movimento e demais efeitos correspondentes; os sistemas interativos, como ícones, símbolos e instruções devem ser coerentes em sua aparência e função; favorecimento do desempenho e a confiabilidade das operações, com redução da probabilidade de falhas na operação; redução da exigência de força, pressão, preensão, flexão, extensão ou torção dos segmentos corporais; a iluminação deve ser adequada e ficar disponível em situações de emergência, quando exigido o ingresso em seu interior.
- Os comandos das máquinas e equipamentos devem ser projetados, construídos e mantidos com observância aos seguintes aspectos: localização e distância de forma a permitir manejo fácil e seguro; instalação dos comandos mais utilizados em posições mais acessíveis ao operador; visibilidade, identificação e sinalização que permita serem distinguíveis entre si; instalação dos elementos de acionamento manual ou a pedal de forma a facilitar a execução da manobra levando em consideração as características biomecânicas e antropométricas dos operadores; e garantia de manobras seguras e rápidas e proteção de forma a evitar movimentos involuntários.
- As máquinas e equipamentos devem ser projetados, construídos e operados levando em consideração a necessidade de adaptação das condições de trabalho às características psicofisiológicas dos trabalhadores e à natureza dos trabalhos a executar, oferecendo condições de conforto e segurança no trabalho, observado o disposto na NR-17 (Ergonomia).
- Os assentos utilizados na operação de máquinas devem possuir estofamento e ser ajustáveis à natureza do trabalho executado, além do previsto no subitem 17.3.3 da NR-17 (Ergonomia).
- Os postos de trabalho devem ser projetados para permitir a alternância de postura e a movimentação adequada dos segmentos corporais, garantindo espaço suficiente para operação dos controles nele instalados. As superfícies dos postos de trabalho não devem possuir cantos vivos, superfícies ásperas, cortantes e quinas em ângulos agudos ou rebarbas nos pontos de contato com segmentos do corpo do operador, e os elementos de fixação, como pregos, rebites e parafusos, devem ser mantidos de forma a não acrescentar riscos à operação.
- Os postos de trabalho das máquinas e equipamentos devem permitir o apoio integral das plantas dos pés no piso; devendo ser fornecido apoio para os pés quando os pés do operador não alcançarem o piso, mesmo após a regulagem do assento.
- As dimensões dos postos de trabalho das máquinas e equipamentos devem: atender às características antropométricas e biomecânicas do operador, com respeito aos alcances dos segmentos corporais e da visão; assegurar a postura adequada, de forma a garantir posições confortáveis dos segmentos corporais na posição de trabalho; e evitar a flexão e a torção do tronco de forma a respeitar os ângulos e trajetórias naturais dos movimentos corpóreos, durante a execução das tarefas.
- Os locais destinados ao manuseio de materiais em processos nas máquinas e equipamentos devem ter altura e ser posicionados de forma a garantir boas condições de postura, visualização, movimentação e operação; além disso, os locais de trabalho das máquinas e equipamentos devem possuir sistema de iluminação permanente que possibilite boa visibilidade dos detalhes do trabalho, para evitar zonas de sombra ou de penumbra e efeito estroboscópico. A iluminação

das partes internas das máquinas e equipamentos que requeiram operações de ajustes, inspeção, manutenção ou outras intervenções periódicas deve ser adequada e estar disponível em situações de emergência, quando for exigido o ingresso de pessoas, com observância, ainda das exigências específicas para áreas classificadas.

- O ritmo de trabalho e a velocidade das máquinas e equipamentos devem ser compatíveis com a capacidade física dos operadores, de modo a evitar agravos à saúde.
- O bocal de abastecimento do tanque de combustível e de outros materiais deve ser localizado, no máximo, a 1,50 m (um metro e cinquenta centímetros) acima do piso ou de uma plataforma de apoio para execução da tarefa.

No que concerne aos Riscos Adicionais e suas correspondentes medidas preventivas estipuladas na NR-12 dispõem que:

- São riscos adicionais a serem considerados em relação às máquinas e equipamentos: substâncias perigosas quaisquer, sejam agentes biológicos ou agentes químicos em estado sólido, líquido ou gasoso, que apresentem riscos à saúde ou integridade física dos trabalhadores por meio de inalação, ingestão ou contato com a pele, olhos ou mucosas; radiações ionizantes geradas pelas máquinas e equipamentos ou provenientes de substâncias radiativas por eles utilizadas, processadas ou produzidas; radiações não ionizantes com potencial de causar danos à saúde ou integridade física dos trabalhadores; vibrações; ruído; calor; combustíveis, inflamáveis, explosivos e substâncias que reagem perigosamente; e superfícies aquecidas acessíveis que apresentem risco de queimaduras causadas pelo contato com a pele.
- Devem ser adotadas medidas de controle dos riscos adicionais provenientes da emissão ou liberação de agentes químicos, físicos e biológicos pelas máquinas e equipamentos, com prioridade à sua eliminação, redução de sua emissão ou liberação e redução da exposição dos trabalhadores, nessa ordem.
- As máquinas e equipamentos que utilizem, processem ou produzam combustíveis, inflamáveis, explosivos ou substâncias que reagem perigosamente devem oferecer medidas de proteção contra sua emissão, liberação, combustão, explosão e reação acidentais, bem como a ocorrência de incêndio.
- Devem ser adotadas medidas de proteção contra queimaduras causadas pelo contato da pele com superfícies aquecidas de máquinas e equipamentos, tais como a redução da temperatura superficial, isolação com materiais apropriados e barreiras, sempre que a temperatura da superfície for maior do que o limiar de queimaduras do material do qual é constituída, para um determinado período de contato.
- Devem ser elaborados e aplicados procedimentos de segurança e permissão de trabalho para garantir a utilização segura de máquinas e equipamentos em trabalhos em espaços confinados.

Consoante previsto na décima segunda norma regulamentadora de segurança e saúde no trabalho, a realização de Manutenção, Inspeção, Ajustes e Reparos nas Máquinas e Equipamentos deve observar o seguinte:

- As máquinas e equipamentos devem ser submetidos à manutenção preventiva e corretiva, na forma e periodicidade determinada pelo fabricante, conforme as normas técnicas oficiais nacionais vigentes e, na falta destas, as normas técnicas internacionais.
- As manutenções preventivas com potencial de causar acidentes do trabalho devem ser objeto de planejamento e gerenciamento efetuado por profissional legalmente habilitado.
- As manutenções preventivas e corretivas devem ser registradas em livro próprio, ficha ou sistema informatizado, com os seguintes dados: cronograma de manutenção; intervenções realizadas; data da realização de cada intervenção; serviço realizado; peças reparadas ou substituídas; condições de

segurança do equipamento; indicação conclusiva quanto às condições de segurança da máquina; e nome do responsável pela execução das intervenções.

- O registro das manutenções deve ficar disponível aos trabalhadores envolvidos na operação, manutenção e reparos, bem como à Comissão Interna de Prevenção de Acidentes (CIPA) ao Serviço de Segurança e Medicina do Trabalho (SESMT) e à fiscalização do Ministério do Trabalho e Emprego (MTE).
- A manutenção, inspeção, reparos, limpeza, ajuste e outras intervenções que se fizerem necessárias devem ser executadas por profissionais capacitados, qualificados ou legalmente habilitados, formalmente autorizados pelo empregador, com as máquinas e equipamentos parados e adoção dos seguintes procedimentos: isolamento e descarga de todas as fontes de energia das máquinas e equipamentos, de modo visível ou facilmente identificável por meio dos dispositivos de comando; bloqueio mecânico e elétrico na posição "desligado" ou "fechado" de todos os dispositivos de corte de fontes de energia, a fim de impedir a reenergização, e sinalização com cartão ou etiqueta de bloqueio contendo o horário e a data do bloqueio, o motivo da manutenção e o nome do responsável; medidas que garantam que à jusante dos pontos de corte de energia não exista possibilidade de gerar risco de acidentes; medidas adicionais de segurança, quando for realizada manutenção, inspeção e reparos de equipamentos ou máquinas sustentados somente por sistemas hidráulicos e pneumáticos; e sistemas de retenção com trava mecânica, para evitar o movimento de retorno acidental de partes basculadas ou articuladas abertas das máquinas e equipamentos.
- Para situações especiais de regulagem, ajuste, limpeza, pesquisa de defeitos e inconformidades, em que não seja possível o cumprimento das condições retro estabelecidas e em outras situações que impliquem a redução do nível de segurança das máquinas e equipamentos e houver necessidade de acesso às zonas de perigo, deve ser possível selecionar um modo de operação que: torne inoperante o modo de comando automático; permita a realização dos serviços com o uso de dispositivo de acionamento de ação continuada associado à redução da velocidade, ou dispositivos de comando por movimento limitado; impeça a mudança por trabalhadores não autorizados; a seleção corresponda a um único modo de comando ou de funcionamento; quando selecionado, tenha prioridade sobre todos os outros sistemas de comando, com exceção da parada de emergência; e torne a seleção visível, clara e facilmente identificável.
- A manutenção de máquinas e equipamentos contemplará, dentre outros itens, a realização de Ensaios Não Destrutivos (END) nas estruturas e componentes submetidos a solicitações de força e cuja ruptura ou desgaste possa ocasionar acidentes; quando realizados, os END devem atender às normas técnicas oficiais nacionais vigentes e, na falta destas, normas técnicas internacionais.
- Nas manutenções das máquinas e equipamentos, sempre que detectado qualquer defeito em peça ou componente que comprometa a segurança, deve ser providenciada sua reparação ou substituição imediata por outra peça ou componente original ou equivalente, de modo a garantir as mesmas características e condições seguras de uso.

Dispõe a norma regulamentadora em comento que devem ser observadas as seguintes disposições alusivas à Sinalização de Máquinas e Equipamentos:

- As máquinas e equipamentos, bem como as instalações em que se encontram, devem possuir sinalização de segurança para advertir os trabalhadores e terceiros sobre os riscos a que estão expostos, as instruções de operação e manutenção e outras informações necessárias para garantir a integridade física e a saúde dos trabalhadores. Dita sinalização de segurança compreende a utilização de cores, símbolos, inscrições, sinais luminosos ou sonoros, entre outras formas de comunicação de mesma eficácia. A sinalização, inclusive cores, das máquinas e equipamentos utilizados nos setores alimentício, médico e farmacêutico deve respeitar a legislação sanitária vigente, sem prejuízo da segurança e saúde dos trabalhadores ou terceiros.

- A sinalização de segurança deve ser adotada em todas as fases de utilização e vida útil das máquinas e equipamentos, e deve: ficar destacada na máquina ou equipamento; ficar em localização claramente visível; e ser de fácil compreensão.
- Os símbolos, inscrições e sinais luminosos e sonoros devem seguir os padrões estabelecidos pelas normas técnicas nacionais vigentes e, na falta dessas, pelas normas técnicas internacionais.
- As inscrições das máquinas e equipamentos devem: ser escritas na língua portuguesa (Brasil), ser legíveis e indicar claramente o risco e a parte da máquina ou equipamento a que se referem, e não deve ser utilizada somente a inscrição de "perigo".
- As inscrições e símbolos devem ser utilizados nas máquinas e equipamentos para indicar as suas especificações e limitações técnicas; além disso, devem ser adotados, sempre que necessário, sinais ativos de aviso ou de alerta, tais como sinais luminosos e sonoros intermitentes, que indiquem a iminência de um acontecimento perigoso, como a partida ou a velocidade excessiva de uma máquina, de modo que: sejam emitidos antes que ocorra o acontecimento perigoso; não sejam ambíguos; sejam claramente compreendidos e distintos de todos os outros sinais utilizados; e possam ser inequivocamente reconhecidos pelos trabalhadores.
- Exceto quando houver previsão em outras Normas Regulamentadoras, devem ser adotadas as seguintes cores para a sinalização de segurança das máquinas e equipamentos:
  - **Amarelo: 1.** proteções fixas e móveis — exceto quando os movimentos perigosos estiverem enclausurados na própria carenagem ou estrutura da máquina ou equipamento, ou quando tecnicamente inviável; **2.** componentes mecânicos de retenção, dispositivos e outras partes destinadas à segurança; e **3.** gaiolas das escadas, corrimãos e sistemas de guarda-corpo e rodapé.
  - **Azul:** comunicação de paralisação e bloqueio de segurança para manutenção.
- As máquinas e equipamentos fabricados a partir da vigência desta Norma devem possuir em local visível as informações indeléveis, contendo no mínimo: razão social, CNPJ e endereço do fabricante ou importador; informação sobre tipo, modelo e capacidade; número de série ou identificação, e ano de fabricação; número de registro do fabricante ou importador no CREA; e peso da máquina ou equipamento.
- Para advertir os trabalhadores sobre os possíveis perigos, devem ser instalados, se necessário, dispositivos indicadores de leitura qualitativa ou quantitativa ou de controle de segurança. Os indicadores devem ser de fácil leitura e distinguíveis uns dos outros.

Em relação aos Manuais das Máquinas e Equipamentos, assim dispõe a norma regulamentadora em comento:

- As máquinas e equipamentos devem possuir manual de instruções fornecido pelo fabricante ou importador, com informações relativas à segurança em todas as fases de utilização.
- Quando inexistente ou extraviado, o manual de máquinas ou equipamentos que apresentem riscos deve ser reconstituído pelo empregador, sob a responsabilidade de profissional legalmente habilitado.
- Os manuais devem: ser escritos na língua portuguesa (Brasil), com caracteres de tipo e tamanho que possibilitem a melhor legibilidade possível, acompanhado das ilustrações explicativas; ser objetivos, claros, sem ambiguidades e em linguagem de fácil compreensão; ter sinais ou avisos referentes à segurança realçados; e permanecer disponíveis a todos os usuários nos locais de trabalho.
- Os manuais das máquinas e equipamentos fabricados ou importados devem conter, no mínimo, as seguintes informações: razão social, CNPJ e endereço do fabricante ou importador; tipo, modelo e capacidade; número de série ou número de identificação e ano de fabricação; normas observa-

das para o projeto e construção da máquina ou equipamento; descrição detalhada da máquina ou equipamento e seus acessórios; diagramas, inclusive circuitos elétricos, em especial a representação esquemática das funções de segurança; definição da utilização prevista para a máquina ou equipamento; riscos a que estão expostos os usuários, com as respectivas avaliações quantitativas de emissões geradas pela máquina ou equipamento em sua capacidade máxima de utilização; definição das medidas de segurança existentes e daquelas a serem adotadas pelos usuários; especificações e limitações técnicas para a sua utilização com segurança; riscos que podem resultar de adulteração ou supressão de proteções e dispositivos de segurança; riscos que podem resultar de utilizações diferentes daquelas previstas no projeto; procedimentos para utilização da máquina ou equipamento com segurança; procedimentos e periodicidade para inspeções e manutenção; procedimentos a serem adotados em situações de emergência; e indicação da vida útil da máquina ou equipamento e dos componentes relacionados com a segurança.

- No caso de máquinas e equipamentos fabricados ou importados antes da vigência da NR-12 (17.12.2010), os manuais devem conter, no mínimo, as seguintes informações: tipo, modelo e capacidade; descrição detalhada da máquina ou equipamento e seus acessórios; diagramas, inclusive circuitos elétricos, em especial a representação esquemática das funções de segurança; definição da utilização prevista para a máquina ou equipamento; definição das medidas de segurança existentes e daquelas a serem adotadas pelos usuários; especificações e limitações técnicas para a sua utilização com segurança; riscos que podem resultar de adulteração ou supressão de proteções e dispositivos de segurança; riscos que podem resultar de utilizações diferentes daquelas previstas no projeto; procedimentos para utilização da máquina ou equipamento com segurança; procedimentos e periodicidade para inspeções e manutenção; e procedimentos a serem adotados em situações de emergência.

No tocante aos Procedimentos de Trabalho e Segurança para as máquinas e equipamentos, constam estipulados os seguintes:

- Devem ser elaborados procedimentos de trabalho e segurança específicos, padronizados, com descrição detalhada de cada tarefa, passo a passo, a partir da análise de risco.
- Os procedimentos de trabalho e segurança não podem ser as únicas medidas de proteção adotadas para se prevenir acidentes, sendo considerados complementos e não substitutos das medidas de proteção coletivas necessárias para a garantia da segurança e saúde dos trabalhadores.
- Ao início de cada turno de trabalho ou após nova preparação da máquina ou equipamento, o operador deve efetuar inspeção rotineira das condições de operacionalidade e segurança e, se constatadas anormalidades que afetem a segurança, as atividades devem ser interrompidas, com a comunicação ao superior hierárquico.
- Os serviços em máquinas e equipamentos que envolvam risco de acidentes de trabalho devem ser planejados e realizados em conformidade com os procedimentos de trabalho e segurança, sob supervisão e anuência expressa de profissional habilitado ou qualificado, desde que autorizados.
- Os serviços em máquinas e equipamentos que envolvam risco de acidentes de trabalho devem ser precedidos de Ordens de Serviço (OS) específicas contendo, no mínimo: a descrição do serviço; a data e o local de realização; nome e a função dos trabalhadores; e s responsáveis pelo serviço e pela emissão da OS, de acordo com os procedimentos de trabalho e segurança.

As disposições regulamentares atinentes a Projeto, Fabricação, Importação, Venda, Locação, Leilão, Cessão a Qualquer Título, Exposição e Utilização de Máquinas e Equipamentos encontram-se tipificadas da seguinte maneira:

- O projeto deve levar em conta a segurança intrínseca da máquina ou equipamento durante as fases de construção, transporte, montagem, instalação, ajuste, operação, limpeza, manutenção, inspeção, desativação, desmonte e sucateamento por meio das referências técnicas indicadas na NR-12, a serem observadas para garantir a saúde e a integridade física dos trabalhadores.

- O projeto da máquina ou equipamento não deve permitir erros na montagem ou remontagem de determinadas peças ou elementos que possam gerar riscos durante seu funcionamento, especialmente quanto ao sentido de rotação ou deslocamento.
- O projeto das máquinas ou equipamentos fabricados ou importados após a vigência desta Norma deve prever meios adequados para o seu levantamento, carregamento, instalação, remoção e transporte.
- Devem ser previstos meios seguros para as atividades de instalação, remoção, desmonte ou transporte, mesmo que em partes, de máquinas e equipamentos fabricados ou importados antes da vigência desta Norma.
- É proibida a fabricação, importação, comercialização, leilão, locação, cessão a qualquer título, exposição e utilização de máquinas e equipamentos que não atendam ao disposto na NR-12.

No que diz respeito à Capacitação de Operadores de Máquinas e Equipamentos, prevê a NR-12 as seguintes disposições preventivas:

- A operação, manutenção, inspeção e demais intervenções em máquinas e equipamentos devem ser realizadas por trabalhadores habilitados, qualificados, capacitados ou autorizados para este fim.
- Os trabalhadores envolvidos na operação, manutenção, inspeção e demais intervenções em máquinas e equipamentos devem receber capacitação providenciada pelo empregador e compatível com suas funções, que aborde os riscos a que estão expostos e as medidas de proteção existentes e necessárias, nos termos desta Norma, para a prevenção de acidentes e doenças.
- Os operadores de máquinas e equipamentos devem ser maiores de dezoito anos, salvo na condição de aprendiz, nos termos da legislação vigente.
- A capacitação deve: ocorrer antes que o trabalhador assuma a sua função; ser realizada pelo empregador, sem ônus para o trabalhador; ter carga horária mínima que garanta aos trabalhadores executarem suas atividades com segurança, sendo distribuída em no máximo oito horas diárias e realizada durante o horário normal de trabalho; ter conteúdo programático conforme o estabelecido no Anexo II da NR-12; e ser ministrada por trabalhadores ou profissionais qualificados para este fim, com supervisão de profissional legalmente habilitado que se responsabilizará pela adequação do conteúdo, forma, carga horária, qualificação dos instrutores e avaliação dos capacitados.
- O material didático escrito ou audiovisual utilizado no treinamento e o fornecido aos participantes devem ser produzidos em linguagem adequada aos trabalhadores, e ser mantidos à disposição da fiscalização, assim como a lista de presença dos participantes ou certificado, currículo dos ministrantes e avaliação dos capacitados.
- Considera-se trabalhador ou profissional qualificado aquele que comprovar conclusão de curso específico na área de atuação, reconhecido pelo sistema oficial de ensino, compatível com o curso a ser ministrado.
- Considera-se profissional legalmente habilitado para a supervisão da capacitação aquele que comprovar conclusão de curso específico na área de atuação, compatível com o curso a ser ministrado, com registro no competente conselho de classe.
- A capacitação só terá validade para o empregador que a realizou e nas condições estabelecidas pelo profissional legalmente habilitado responsável pela supervisão da capacitação; fica dispensada a exigência da disposição anterior para os operadores de injetoras com curso de capacitação específico para o tipo máquina em que o operador irá exercer suas funções.
- São considerados autorizados os trabalhadores qualificados, capacitados ou profissionais legalmente habilitados, com autorização dada por meio de documento formal do empregador. Até a data da vigência da NR-12 (17.12.2010), será considerado capacitado o trabalhador que possuir

comprovação por meio de registro na Carteira de Trabalho e Previdência Social (CTPS) ou registro de empregado de pelo menos dois anos de experiência na atividade e que receba reciclagem conforme previsto na NR-12.

- Deve ser realizada capacitação para reciclagem do trabalhador sempre que ocorrerem modificações significativas nas instalações e na operação de máquinas ou troca de métodos, processos e organização do trabalho. O conteúdo programático da capacitação para reciclagem deve atender às necessidades da situação que a motivou, com carga horária mínima que garanta aos trabalhadores executarem suas atividades com segurança, sendo distribuída em no máximo oito horas diárias e realizada durante o horário normal de trabalho.
- A função do trabalhador que opera e realiza intervenções em máquinas deve ser anotada no registro de empregado, consignado em livro, ficha ou sistema eletrônico e em sua Carteira de Trabalho e Previdência Social (CTPS).
- Os operadores de máquinas autopropelidas devem portar cartão de identificação, com nome, função e fotografia em local visível, renovado com periodicidade máxima de um ano mediante exame médico, conforme disposições constantes das NR-7 (PCMSO) e NR-11 (Transporte, Movimentação, Armazenagem e Manuseio de Materiais).
- O curso de capacitação para operadores de máquinas injetoras deve possuir carga horária mínima de oito horas por tipo de máquina citada no Anexo IX da NR-12.
- O curso de capacitação deve ser específico para o tipo de máquina em que o operador irá exercer suas funções e atender ao seguinte conteúdo programático: histórico da regulamentação de segurança sobre a máquina especificada; descrição e funcionamento; riscos na operação; principais áreas de perigo; medidas e dispositivos de segurança para evitar acidentes; proteções — portas, e distâncias de segurança; exigências mínimas de segurança previstas na NR-12 (Segurança no Trabalho em Máquinas e Equipamentos) na NR-10 (Segurança em Instalações e Serviços em Eletricidade); medidas de segurança para injetoras elétricas e hidráulicas de comando manual; e demonstração prática dos perigos e dispositivos de segurança.
- O instrutor do curso de capacitação para operadores de injetora deve, no mínimo, possuir: formação técnica em nível médio; conhecimento técnico de máquinas utilizadas na transformação de material plástico; conhecimento da normatização técnica de segurança; e capacitação específica de formação.

Sob a rubrica de Outros Requisitos Específicos de Segurança, relativamente a máquinas e equipamentos, constam especificados na NR em análise que:

- As ferramentas e materiais utilizados nas intervenções em máquinas e equipamentos devem ser adequados às operações realizadas.
- Os acessórios e ferramental utilizados pelas máquinas e equipamentos devem ser adequados às operações realizadas, sendo proibido o porte de ferramentas manuais em bolsos ou locais não apropriados a essa finalidade.
- As máquinas e equipamentos tracionados devem possuir sistemas de engate padronizado para reboque pelo sistema de tração, de modo a assegurar o acoplamento e desacoplamento fácil e seguro, bem como a impedir o desacoplamento acidental durante a utilização.
- A indicação de uso dos sistemas de engate padronizado retromencionados deve ficar em local de fácil visualização e afixada em local próximo da conexão. Os equipamentos tracionados, caso o peso da barra do reboque assim o exija, devem possuir dispositivo de apoio que possibilite a redução do esforço e a conexão segura ao sistema de tração. A operação de engate deve ser feita em local apropriado e com o equipamento tracionado imobilizado de forma segura com calço ou similar.

- Para fins da NR-12, os anexos são obrigações complementares, com disposições especiais ou exceções a um tipo específico de máquina ou equipamento, além das já estabelecidas na norma em análise, sem prejuízo ao disposto em Norma Regulamentadora específica.

As Disposições Finais da norma regulamentadora em apreço estipulam que:

- O empregador deve manter inventário atualizado das máquinas e equipamentos com identificação por tipo, capacidade, sistemas de segurança e localização em planta baixa, elaborado por profissional qualificado ou legalmente habilitado. As informações do inventário devem subsidiar as ações de gestão para aplicação da NR-12.
- Toda a documentação referida nesta norma, inclusive o inventário retro mencionado, deve ficar disponível para o Serviço Especializado em Engenharia de Segurança e em Medicina do Trabalho (SESMT), para a Comissão Interna de Prevenção de Acidentes (CIPA), para a Comissão Interna de Prevenção de Acidentes da Mineração (CIPAMIN), Sindicatos representantes da categoria profissional e fiscalização do Ministério do Trabalho e Emprego (MTE).
- As máquinas autopropelidas agrícolas, florestais e de construção em aplicações agroflorestais e respectivos implementos devem atender ao disposto no Anexo XI da NR-12.
- As máquinas autopropelidas não contempladas na disposição anterior devem atender ao disposto nos itens e subitens: 12.1, 12.1.1, 12.2, 12.3, 12.4, 12.5, 12.22, 12.23, 12.38, 12.38.1, 12.47, 12.47.2, 12.48, 12.49, 12.52, 12.53, 12.54, 12.64, 12.64.3, 12.66, 12.77, 12.78, 12.94, 12.95, 12.96, 12.101, 12.105, 12.107, 12.108, 12.111, 12.112, 12.115, 12.116, 12.116.3, 12.117, 12.118, 12.121, 12.130, 12.130.1, 12.131, 12.132, 12.132.1, 12.133, 12.133.1, 12.133.2, 12.133.3, 12.134, 12.135, 12.136, 12.137, 12.138, 12.139, 12.140, 12.141, 12.142, 12.143, 12.144, 12.144.1, 12.145, 12.146, 12.151, 12.151.1, 12.151.2, 12.151.3 e itens e subitens 14, 14.1 e 14.2 do Anexo XI: MÁQUINAS E IMPLEMENTOS PARA USO AGRÍCOLA E FLORESTAL, todos da NR-12 (Segurança no Trabalho em Máquinas e Equipamentos).

Quanto às Motosserras, o Anexo V da NR-12 estipula que as motosserras, fabricadas e importadas para comercialização no país, deverão dispor dos seguintes dispositivos de segurança:

- freio manual de corrente, dispositivo de segurança que interrompe o giro da corrente, acionado pela mão esquerda do operador;
- pino pega corrente, dispositivo de segurança que, nos casos de rompimento da corrente, reduz seu curso, evitando que atinja o operador;
- protetor de mão direita, proteção traseira que, no caso de rompimento da corrente, evita que esta atinja a mão do operador;
- protetor de mão esquerda, proteção frontal que evita que a mão do operador alcance, involuntariamente, a corrente, durante a operação de corte;
- trava de segurança do acelerador, dispositivo que impede a aceleração involuntária da motosserra.

Cilindro de Massa corresponde à máquina utilizada para cilindrar a massa de fazer pães e que consiste, basicamente, de mesa baixa, prancha de extensão traseira, cilindros superior e inferior, motor e polias, consoante explicitado no Anexo VI da NR-12.

A seguir, serão destacados os FUNDAMENTOS JURÍDICOS que dão suporte ao objeto central deste capítulo, a partir dos correspondentes dispositivos legais até a própria norma regulamentadora de segurança e saúde no trabalho que o tipifica, observando-se as ordens hierárquica e cronológica dos aludidos diplomas legais. Recomenda-se a leitura da Convenção da Organização Internacional do Trabalho n. 119, no capítulo específico deste livro.

FUNDAMENTOS JURÍDICOS DO CAPÍTULO 12

NR-12: SEGURANÇA NO TRABALHO EM MÁQUINAS E EQUIPAMENTOS *(redação dada pela Portaria SIT-MTE n. 197, de 17.12.2010, atualizada até a edição da Portaria MTE-GM n. 857, de 25.6.2015). Art. 7º, incisos XXII, XXIII, XXVIII e XXXIII, da CF-1988. Arts. 184 a 186 da CLT. Lei n. 5.280, de 27.4.1967. Convenção OIT n. 119 (Decreto n. 1.255, de 29.9.1994).*

CONSTITUIÇÃO DA REPÚBLICA FEDERATIVA DO BRASIL

(Atualizada até a edição da Emenda Constitucional n. 85, de 26.2.2015)

Título II: Dos Direitos e Garantias Fundamentais (Arts. 5º a 17)

Capítulo II: Dos Direitos Sociais (Arts. 6º a 11)

Art. 7º São direitos dos trabalhadores urbanos e rurais(1), além de outros que visem à melhoria de sua condição social:

XXII — redução dos riscos inerentes ao trabalho, por meio de normas de saúde, higiene e segurança;

XXIII — adicional de remuneração para as atividades penosas, insalubres ou perigosas, na forma da lei;

XXVIII — seguro contra acidentes de trabalho, a cargo do empregador, sem excluir a indenização a que este está obrigado, quando incorrer em dolo ou culpa;

XXXIII — proibição de trabalho noturno, perigoso ou insalubre a menores de dezoito e de qualquer trabalho a menores de dezesseis anos, salvo na condição de aprendiz, a partir de quatorze anos.

NORMAS JURÍDICAS INFRACONSTITUCIONAIS

CONSOLIDAÇÃO DAS LEIS DO TRABALHO

(Decreto-lei n. 5.452, de 1º.5.1943, com a redação dos arts. 154 a 201 CLT dada pela Lei n. 6.514 de 22.12.1977, atualizada até a edição da Lei n. 13.103, de 2.3.2015)

Título II: **Das Normas Gerais de Tutela do Trabalho** (Arts. 13 a 223 da CLT)

Capítulo V: **Da Segurança e da Medicina do Trabalho** (Arts. 154 a 201 da CLT)(2)

Seção XI: **Das Máquinas e Equipamentos** (Arts. 184 a 186 da CLT)(3)

Art. 184. As máquinas e os equipamentos deverão ser dotados de dispositivos de partida e parada e outros que se fizerem necessários para a prevenção de acidentes do trabalho, especialmente quanto ao risco de acionamento acidental.

Parágrafo único. É proibida a fabricação, a importação, a venda, a locação e o uso de máquinas e equipamentos que não atendam ao disposto neste artigo.

Art. 185. Os reparos, limpeza e ajustes somente poderão ser executados com as máquinas paradas, salvo se o movimento for indispensável à realização do ajuste.

Art. 186. O Ministério do Trabalho e Emprego estabelecerá normas adicionais sobre proteção e medidas de segurança na operação de máquinas e equipamentos, especialmente quanto à proteção das partes móveis, distância entre estas, vias de acesso às máquinas e equipamentos de grandes dimensões, emprego de ferramentas, sua adequação e medidas de proteção exigidas quando motorizadas ou elétricas.

Lei n. 5.280, de 27.4.1967

(Proíbe a entrada no país de máquinas e maquinismos sem os dispositivos de proteção e segurança do trabalho exigidos pela CLT)

Art. 1º As máquinas ou maquinismos que, pela periculosidade inerente ao seu uso, devam ser munidos de guarda protetora contra os acidentes do trabalho, somente poderão ser importadas e desembargadas nas alfândegas, tendo livre trânsito no país, se da fatura de embarque constar a declaração consular de que satisfazem às condições de segurança e proteção exigidas pela Repartição Internacional do Trabalho.

Parágrafo único. A declaração consular somente será fornecida se o embarcador, vendedor ou fabricante apresentar, passado pelo serviço competente do País onde se fizer o embarque, atestado de que as máquinas ou maquinismos obedecem às condições estabelecidas neste artigo.

Art. 2º Quando não houver a declaração consular de que trata o artigo anterior, o desembaraço dos citados maquinismos somente será efetuado após a vistoria procedida pelo Ministério do Trabalho e Emprego que, no caso de as máquinas não oferecerem a proteção necessária, exigirá a colocação dos mecanismos de segurança.

Art. 3º Nos locais em que o Ministério do Trabalho e Emprego não tiver órgão competente em higiene e segurança do trabalho, poderá delegar a fiscalização dos requisitos exigidos na presente lei aos órgãos próprios das repartições federais, autárquicas, paraestatais, estaduais ou municipais.

Art. 4º Dentro de 120 (cento e vinte) dias contados da publicação desta lei, serão expedidos pelo Poder Executivo os regulamentos e demais atos que se tornem necessários à sua execução.

---

(1) Especificamente em relação aos Servidores Públicos Federais (submetidos ao Regime Jurídico Único da Lei n. 8.112/1990) dispõe o § 3º do art. 39 da CF-1988 que: "Aplica-se aos servidores ocupantes de cargo público o disposto no Art. 7º, IV, VII, VIII, IX, XII, XIII, XV, XVI, XVII, XVIII, XIX, XX, XXII e XXX, podendo a lei estabelecer requisitos diferenciados de admissão quando a natureza do cargo o exigir".

(2) A Lei n. 6.514, de 22.12.1977, propiciou a redação dos arts. 154 a 201 da CLT, observadas as atualizações legais até a edição da Lei n. 13.103, de 2.3.2015.

(3) A NR-12 (Segurança no Trabalho em Máquinas e Equipamentos), na forma adiante transcrita, disciplina os arts. 184 a 186 da CLT.

Art. 5º Esta lei entrará em vigor 120 (cento e vinte) dias após a sua publicação.

Art. 6º Ficam revogadas as disposições em contrário.

NORMAS JURÍDICAS INFRALEGAIS OU REGULAMENTARES

NR-12 (SEGURANÇA NO TRABALHO EM MÁQUINAS E EQUIPAMENTOS)

(Redação dada pela Portaria SIT-MTE n. 197 de 17.12.2010, atualizada até a edição da Portaria MTE-GM n. 857 de 25.6.2015)

NR-12 — SEGURANÇA NO TRABALHO EM MÁQUINAS E EQUIPAMENTOS

Publicação	**D.O.U.**
Portaria GM n. 3.214, de 8 de junho de 1978	6.7.78
Atualizações	**D.O.U.**
Portaria SSST n. 12, de 6 de junho de 1983	14.6.83
Portaria SSST n. 13, de 24 de outubro de 1994	26.10.94
Portaria SSST n. 25, de 28 de janeiro de 1996	5.12.96
Portaria SSST n. 4, de 28 de janeiro de 1997	4.3.97
Portaria SIT n. 197, de 17 de dezembro de 2010	24.12.10
Portaria SIT n. 293, de 8 de dezembro de 2011	9.12.11
Portaria MTE n. 1.893, de 9 de dezembro de 2013	11.12.13

(Redação dada pela Portaria SIT n. 197, de 17.12.10)

Princípios Gerais

12.1. Esta Norma Regulamentadora e seus anexos definem referências técnicas, princípios fundamentais e medidas de proteção para garantir a saúde e a integridade física dos trabalhadores e estabelece requisitos mínimos para a prevenção de acidentes e doenças do trabalho nas fases de projeto e de utilização de máquinas e equipamentos de todos os tipos, e ainda à sua fabricação, importação, comercialização, exposição e cessão a qualquer título, em todas as atividades econômicas, sem prejuízo da observância do disposto nas demais Normas Regulamentadoras — NR aprovadas pela Portaria n. 3.214, de 8 de junho de 1978, nas normas técnicas oficiais e, na ausência ou omissão destas, nas normas internacionais aplicáveis.

12.1.1. Entende-se como fase de utilização o transporte, montagem, instalação, ajuste, operação, limpeza, manutenção, inspeção, desativação e desmonte da máquina ou equipamento. *(Alterado pela Portaria MTE-GM n. 857 de 25.6.2015)*.

12.2. As disposições desta Norma referem-se a máquinas e equipamentos novos e usados, exceto nos itens em que houver menção específica quanto à sua aplicabilidade.

12.2-A. As máquinas e equipamentos comprovadamente destinados à exportação estão isentos do atendimento dos requisitos técnicos de segurança previstos nesta norma. *(Inserido pela Portaria MTE-GM n. 857 de 25.6.2015)*.

12.2-B. Esta norma não se aplica às máquinas e equipamentos: *(Item e alíneas inseridos pela Portaria MTE-GM n. 857 de 25.6.2015)*.

a) movidos ou impulsionados por força humana ou animal;

b) expostos em museus, feiras e eventos, para fins históricos ou que sejam considerados como antiguidades e não sejam mais empregados com fins produtivos, desde que sejam adotadas medidas que garantam a preservação da integridade física dos visitantes e expositores;

c) classificados como eletrodomésticos.

12.2-C. É permitida a movimentação segura de máquinas e equipamentos fora das instalações físicas da empresa para reparos, adequações, modernização tecnológica, desativação, desmonte e descarte. *(Inserido pela Portaria MTE-GM n. 857 de 25.6.2015)*.

12.3. O empregador deve adotar medidas de proteção para o trabalho em máquinas e equipamentos, capazes de garantir a saúde e a integridade física dos trabalhadores, e medidas apropriadas sempre que houver pessoas com deficiência envolvidas direta ou indiretamente no trabalho

12.4. São consideradas medidas de proteção, a ser adotadas nessa ordem de prioridade:

a) medidas de proteção coletiva;

b) medidas administrativas ou de organização do trabalho; e

c) medidas de proteção individual.

12.5. Na aplicação desta Norma devem-se considerar as características das máquinas e equipamentos, do processo, a apreciação de riscos e o estado da técnica. *(Alterado pela Portaria MTE-GM n. 857 de 25.6.2015)*.

12.5-A. Cabe aos trabalhadores: *(Item e alíneas inseridos pela Portaria MTE-GM n. 857 de 25.6.2015)*.

a) cumprir todas as orientações relativas aos procedimentos seguros de operação, alimentação, abastecimento, limpeza, manutenção, inspeção, transporte, desativação, desmonte e descarte das máquinas e equipamentos;

b) não realizar qualquer tipo de alteração nas proteções mecânicas ou dispositivos de segurança de máquinas e equipamentos, de maneira que possa colocar em risco a sua saúde e integridade física ou de terceiros;

c) comunicar seu superior imediato se uma proteção ou dispositivo de segurança foi removido, danificado ou se perdeu sua função;

d) participar dos treinamentos fornecidos pelo empregador para atender às exigências/requisitos descritos nesta Norma;

e) colaborar com o empregador na implementação das disposições contidas nesta Norma.

Arranjo físico e instalações

12.6. Nos locais de instalação de máquinas e equipamentos, as áreas de circulação devem ser devidamente demarcadas e em conformidade com as normas técnicas oficiais.

12.6.1. As vias principais de circulação nos locais de trabalho e as que conduzem às saídas devem ter, no mínimo, 1,20 m (um metro e vinte centímetros) de largura.

12.6.2. As áreas de circulação devem ser mantidas permanentemente desobstruídas.

12.7. Os materiais em utilização no processo produtivo devem ser alocados em áreas especificas de armazenamento, devidamente demarcadas com faixas na cor indicada pelas normas técnicas oficiais ou sinalizadas quando se tratar de áreas externas.

12.8. Os espaços ao redor das máquinas e equipamentos devem ser adequados ao seu tipo e ao tipo de operação, de forma a prevenir a ocorrência de acidentes e doenças relacionados ao trabalho.

12.8.1. A distância mínima entre máquinas, em conformidade com suas características e aplicações, deve garantir a segurança dos trabalhadores durante sua operação, manutenção, ajuste, limpeza e inspeção, e permitir a movimentação dos segmentos corporais, em face da natureza da tarefa.

12.8.2. As áreas de circulação e armazenamento de materiais e os espaços em torno de máquinas devem ser projetados, dimensionados e mantidos de forma que os trabalhadores e os transportadores de materiais, mecanizados e manuais, movimentem-se com segurança.

12.9. Os pisos dos locais de trabalho onde se instalam máquinas e equipamentos e das áreas de circulação devem:

a) ser mantidos limpos e livres de objetos, ferramentas e quaisquer materiais que ofereçam riscos de acidentes;

b) ter características de modo a prevenir riscos provenientes de graxas, óleos e outras substâncias e materiais que os tornem escorregadios; e

c) ser nivelados e resistentes às cargas a que estão sujeitos.

12.10. As ferramentas utilizadas no processo produtivo devem ser organizadas e armazenadas ou dispostas em locais específicos para essa finalidade.

12.11. As máquinas estacionárias devem possuir medidas preventivas quanto à sua estabilidade, de modo que não basculem e não se desloquem intempestivamente por vibrações, choques, forças externas previsíveis, forças dinâmicas internas ou qualquer outro motivo acidental.

12.11.1. A instalação das máquinas estacionárias deve respeitar os requisitos necessários fornecidos pelos fabricantes ou, na falta desses, o projeto elaborado por profissional legalmente habilitado, em especial quanto à fundação, fixação, amortecimento, nivelamento, ventilação, alimentação elétrica, pneumática e hidráulica, aterramento e sistemas de refrigeração.

12.12. Nas máquinas móveis que possuem rodízios, pelo menos dois deles devem possuir travas.

12.13. As máquinas, as áreas de circulação, os postos de trabalho e quaisquer outros locais em que possa haver trabalhadores devem ficar posicionados de modo que não ocorra transporte e movimentação aérea de materiais sobre os trabalhadores.

Instalações e dispositivos elétricos

12.14. As instalações elétricas das máquinas e equipamentos devem ser projetadas e mantidas de modo a prevenir, por meios seguros, os perigos de choque elétrico, incêndio, explosão e outros tipos de acidentes, conforme previsto na NR-10.

12.15. Devem ser aterrados, conforme as normas técnicas oficiais vigentes, as instalações, carcaças, invólucros, blindagens ou partes condutoras das máquinas e equipamentos que não façam parte dos circuitos elétricos, mas que possam ficar sob tensão.

12.16. As instalações elétricas das máquinas e equipamentos que estejam ou possam estar em contato direto ou indireto com água ou agentes corrosivos devem ser projetadas com meios e dispositivos que garantam sua blindagem, estanqueidade, isolamento e aterramento, de modo a prevenir a ocorrência de acidentes.

12.17. Os condutores de alimentação elétrica das máquinas e equipamentos devem atender aos seguintes requisitos mínimos de segurança:

a) oferecer resistência mecânica compatível com a sua utilização;

b) possuir proteção contra a possibilidade de rompimento mecânico, de contatos abrasivos e de contato com lubrificantes, combustíveis e calor;

c) localização de forma que nenhum segmento fique em contato com as partes móveis ou cantos vivos;

d) facilitar e não impedir o trânsito de pessoas e materiais ou a operação das máquinas;

e) não oferecer quaisquer outros tipos de riscos na sua localização; e

f) ser constituídos de materiais que não propaguem o fogo, ou seja, autoextinguíveis, e não emitirem substâncias tóxicas em caso de aquecimento.

12.18. Os quadros de energia das máquinas e equipamentos devem atender aos seguintes requisitos mínimos de segurança:

a) possuir porta de acesso, mantida permanentemente fechada;

b) possuir sinalização quanto ao perigo de choque elétrico e restrição de acesso por pessoas não autorizadas;

c) ser mantidos em bom estado de conservação, limpos e livres de objetos e ferramentas;

d) possuir proteção e identificação dos circuitos. e

e) atender ao grau de proteção adequado em função do ambiente de uso.

12.19. As ligações e derivações dos condutores elétricos das máquinas e equipamentos devem ser feitas mediante dispositivos apropriados e conforme as normas técnicas oficiais vigentes, de modo a assegurar resistência mecânica e contato elétrico adequado, com características equivalentes aos condutores elétricos utilizados e proteção contra riscos.

12.20. As instalações elétricas das máquinas e equipamentos que utilizem energia elétrica fornecida por fonte externa devem possuir dispositivo protetor contra sobrecorrente, dimensionado conforme a demanda de consumo do circuito.

12.20.1. As máquinas e equipamentos devem possuir dispositivo protetor contra sobretensão quando a elevação da tensão puder ocasionar risco de acidentes.

12.20.2. Quando a alimentação elétrica possibilitar a inversão de fases de máquina que possa provocar acidentes de trabalho, deve haver dispositivo monitorado de detecção de sequência de fases ou outra medida de proteção de mesma eficácia.

12.21. São proibidas nas máquinas e equipamentos:

a) a utilização de chave geral como dispositivo de partida e parada;

b) a utilização de chaves tipo faca nos circuitos elétricos; e

c) a existência de partes energizadas expostas de circuitos que utilizam energia elétrica.

12.22. As baterias devem atender aos seguintes requisitos mínimos de segurança:

a) localização de modo que sua manutenção e troca possam ser realizadas facilmente a partir do solo ou de uma plataforma de apoio;

b) constituição e fixação de forma a não haver deslocamento acidental; e

c) proteção do terminal positivo, a fim de prevenir contato acidental e curto-circuito.

12.23. Os serviços e substituições de baterias devem ser realizados conforme indicação constante do manual de operação.

Dispositivos de partida, acionamento e parada

12.24. Os dispositivos de partida, acionamento e parada das máquinas devem ser projetados, selecionados e instalados de modo que:

a) não se localizem em suas zonas perigosas;

b) possam ser acionados ou desligados em caso de emergência por outra pessoa que não seja o operador;

c) impeçam acionamento ou desligamento involuntário pelo operador ou por qualquer outra forma acidental;

d) não acarretem riscos adicionais; e

e) não possam ser burlados.

12.25. Os comandos de partida ou acionamento das máquinas devem possuir dispositivos que impeçam seu funcionamento automático ao serem energizadas.

12.26. Quando forem utilizados dispositivos de acionamento do tipo comando bimanual, visando a manter as mãos do operador fora da zona de perigo, esses devem atender aos seguintes requisitos mínimos do comando:

a) possuir atuação síncrona, ou seja, um sinal de saída deve ser gerado somente quando os dois dispositivos de atuação do comando 'botões' forem atuados com um retardo de tempo menor ou igual a 0,5 s (meio segundo); *(Retificado pela Portaria MTE n. 1.893, de 9 de dezembro de 2013)*

b) estar sob monitoramento automático por interface de segurança;

c) ter relação entre os sinais de entrada e saída, de modo que os sinais de entrada aplicados a cada um dos dois dispositivos de atuação do comando devem juntos se iniciar e manter o sinal de saída do dispositivo de comando bimanual somente durante a aplicação dos dois sinais;

d) o sinal de saída deve terminar quando houver desacionamento de qualquer dos dispositivos de atuação de comando;

e) possuir dispositivos de comando que exijam uma atuação intencional a fim de minimizar a probabilidade de comando acidental;

f) possuir distanciamento e barreiras entre os dispositivos de atuação de comando para dificultar a burla do efeito de proteção do dispositivo de comando bimanual; e

g) tornar possível o reinício do sinal de saída somente após a desativação dos dois dispositivos de atuação do comando.

12.27. Nas máquinas operadas por dois ou mais dispositivos de comando bimanuais, a atuação síncrona é requerida somente para cada um dos dispositivos de comando bimanuais e não entre dispositivos diferentes que devem manter simultaneidade entre si.

12.28. Os dispositivos de comando bimanual devem ser posicionados a uma distância segura da zona de perigo, levando em consideração:

a) a forma, a disposição e o tempo de resposta do dispositivo de comando bimanual;

b) o tempo máximo necessário para a paralisação da máquina ou para a remoção do perigo, após o término do sinal de saída do dispositivo de comando bimanual; e

c) a utilização projetada para a máquina.

12.29. Os comandos bimanuais móveis instalados em pedestais devem:

a) manter-se estáveis em sua posição de trabalho; e

b) possuir altura compatível com o posto de trabalho para ficar ao alcance do operador em sua posição de trabalho.

12.30. Nas máquinas e equipamentos cuja operação requeira a participação de mais de uma pessoa, o número de dispositivos de acionamento simultâneos deve corresponder ao número de operadores expostos aos perigos decorrentes de seu acionamento, de modo que o nível de proteção seja o mesmo para cada trabalhador.

12.30.1. Deve haver seletor do número de dispositivos de acionamento em utilização, com bloqueio que impeça a sua seleção por pessoas não autorizadas.

12.30.2. O circuito de acionamento deve ser projetado de modo a impedir o funcionamento dos comandos habilitados pelo seletor enquanto os demais comandos não habilitados não forem desconectados.

12.30.3. Os dispositivos de acionamento simultâneos, quando utilizados dois ou mais, devem possuir sinal luminoso que indique seu funcionamento.

12.31. As máquinas ou equipamentos concebidos e fabricados para permitir a utilização de vários modos de comando ou de funcionamento que apresentem níveis de segurança diferentes, devem possuir um seletor que atenda aos seguintes requisitos:

a) bloqueio em cada posição, impedindo a sua mudança por pessoas não autorizadas;

b) correspondência de cada posição a um único modo de comando ou de funcionamento;

c) modo de comando selecionado com prioridade sobre todos os outros sistemas de comando, com exceção da parada de emergência; e

d) a seleção deve ser visível, clara e facilmente identificável.

12.32. As máquinas e equipamentos, cujo acionamento por pessoas não autorizadas possam oferecer risco à saúde ou integridade física de qualquer pessoa, devem possuir sistema que possibilite o bloqueio de seus dispositivos de acionamento.

12.33. O acionamento e o desligamento simultâneo por um único comando de um conjunto de máquinas e equipamentos ou de máquinas e equipamentos de grande dimensão devem ser precedidos de sinal sonoro de alarme.

12.34. Devem ser adotadas, quando necessárias, medidas adicionais de alerta, como sinal visual e dispositivos de telecomunicação, considerando as características do processo produtivo e dos trabalhadores.

12.35. As máquinas e equipamentos comandados por radiofreqüência devem possuir proteção contra interferências eletromagnéticas acidentais.

12.36. Os componentes de partida, parada, acionamento e controles que compõem a interface de operação das máquinas e equipamentos fabricados a partir de 24 de março de 2012 devem: *(Item e alíneas alterados pela Portaria MTE-GM n. 857 de 25.6.2015).*

a) possibilitar a instalação e funcionamento do sistema de parada de emergência, quando aplicável, conforme itens e subitens do capítulo sobre dispositivos de parada de emergência, desta norma; e

b) operar em extrabaixa tensão de até 25VCA (vinte e cinco volts em corrente alternada) ou de até 60VCC (sessenta volts em corrente contínua), ou ser adotada outra medida de proteção contra choques elétricos, conforme Normas Técnicas oficiais vigentes.

12.36.1. Os componentes de partida, parada, acionamento e controles que compõem a interface de operação das máquinas e equipamentos fabricados até 24.3.2012 devem: *(Item e alíneas inseridos pela Portaria MTE-GM n. 857 de 25.6.2015).*

a) possibilitar a instalação e funcionamento do sistema de parada de emergência, quando aplicável, conforme itens e subitens do capítulo dispositivos de parada de emergência, desta norma; e

b) quando a apreciação de risco indicar a necessidade de proteções contra choques elétricos, operar em extrabaixa tensão de até 25VCA (vinte e cinco volts em corrente alternada) ou de até 60VCC (sessenta volts em corrente contínua), ou ser adotada outra medida de proteção, conforme Normas Técnicas oficiais vigentes.

12.37. O circuito elétrico do comando da partida e parada do motor elétrico de máquinas deve possuir, no mínimo, dois contatores com contatos positivamente guiados, ligados em série, monitorados por interface de segurança ou de acordo com os padrões estabelecidos pelas normas técnicas nacionais vigentes e, na falta destas, pelas normas técnicas internacionais, se assim for indicado pela análise de risco, em função da severidade de danos e frequência ou tempo de exposição ao risco.

Sistemas de segurança

12.38. As zonas de perigo das máquinas e equipamentos devem possuir sistemas de segurança, caracterizados por proteções fixas, proteções móveis e dispositivos de segurança interligados, que garantam proteção à saúde e à integridade física dos trabalhadores.

12.38.1. A adoção de sistemas de segurança, em especial nas zonas de operação que apresentem perigo, deve considerar as características técnicas da máquina e do processo de trabalho e as medidas e alternativas técnicas existentes, de modo a atingir o nível necessário de segurança previsto nesta Norma.

12.39. Os sistemas de segurança devem ser selecionados e instalados de modo a atender aos seguintes requisitos:

a) ter categoria de segurança conforme prévia análise de riscos prevista nas normas técnicas oficiais vigentes;

b) estar sob a responsabilidade técnica de profissional legalmente habilitado;

c) possuir conformidade técnica com o sistema de comando a que são integrados;

d) instalação de modo que não possam ser neutralizados ou burlados;

e) manterem-se sob vigilância automática, ou seja, monitoramento, de acordo com a categoria de segurança requerida, exceto para dispositivos de segurança exclusivamente mecânicos; e

f) paralisação dos movimentos perigosos e demais riscos quando ocorrerem falhas ou situações anormais de trabalho.

12.40. Os sistemas de segurança, de acordo com a categoria de segurança requerida, devem exigir rearme, ou reset manual, após a correção da falha ou situação anormal de trabalho que provocou a paralisação da máquina.

12.41. Para fins de aplicação desta Norma, considera-se proteção o elemento especificamente utilizado para prover segurança por meio de barreira física, podendo ser:

a) proteção fixa, que deve ser mantida em sua posição de maneira permanente ou por meio de elementos de fixação que só permitam sua remoção ou abertura com o uso de ferramentas; *(Alterada pela Portaria MTE n. 1.893, de 9 de dezembro de 2013)*

b) proteção móvel, que pode ser aberta sem o uso de ferramentas, geralmente ligada por elementos mecânicos à estrutura da máquina ou a um elemento fixo próximo, e deve se associar a dispositivos de intertravamento.

12.42. Para fins de aplicação desta Norma, consideram-se dispositivos de segurança os componentes que, por si só ou interligados ou associados a proteções, reduzam os riscos de acidentes e de outros agravos à saúde, sendo classificados em:

a) comandos elétricos ou interfaces de segurança: dispositivos responsáveis por realizar o monitoramento, que verificam a interligação, posição e funcionamento de outros dispositivos do sistema e impedem a ocorrência de falha que provoque a perda da função de segurança, como relés de segurança, controladores configuráveis de segurança e controlador lógico programável — CLP de segurança;

b) dispositivos de intertravamento: chaves de segurança eletromecânicas, com ação e ruptura positiva, magnéticas e eletrônicas codificadas, optoeletrônicas, sensores indutivos de segurança e outros dispositivos de segurança que possuem a finalidade de impedir o funcionamento de elementos da máquina sob condições específicas;

c) sensores de segurança: dispositivos detectores de presença mecânicos e não mecânicos, que atuam quando uma pessoa ou parte do seu corpo adentra a zona de perigo de uma máquina ou equipamento, enviando um sinal para interromper ou impedir o início de funções perigosas, como cortinas de luz, detectores de presença optoeletrônicos, laser de múltiplos feixes, barreiras óticas, monitores de área, ou scanners, batentes, tapetes e sensores de posição;

d) válvulas e blocos de segurança ou sistemas pneumáticos e hidráulicos de mesma eficácia;

e) dispositivos mecânicos, como: dispositivos de retenção, limitadores, separadores, empurradores, inibidores, defletores e retráteis; e

f) dispositivos de validação: dispositivos suplementares de comando operados manualmente, que, quando aplicados de modo permanente, habilitam o dispositivo de acionamento, como chaves seletoras bloqueáveis e dispositivos bloqueáveis.

12.43. Os componentes relacionados aos sistemas de segurança e comandos de acionamento e parada das máquinas, inclusive de emergência, devem garantir a manutenção do estado seguro da máquina ou equipamento quando ocorrerem flutuações no nível de energia além dos limites considerados no projeto, incluindo o corte e restabelecimento do fornecimento de energia.

12.44. A proteção deve ser móvel quando o acesso a uma zona de perigo for requerido uma ou mais vezes por turno de trabalho, observando-se que:

a) a proteção deve ser associada a um dispositivo de intertravamento quando sua abertura não possibilitar o acesso à zona de perigo antes da eliminação do risco; e

b) a proteção deve ser associada a um dispositivo de intertravamento com bloqueio quando sua abertura possibilitar o acesso à zona de perigo antes da eliminação do risco.

12.45. As máquinas e equipamentos dotados de proteções móveis associadas a dispositivos de intertravamento devem:

a) operar somente quando as proteções estiverem fechadas;

b) paralisar suas funções perigosas quando as proteções forem abertas durante a operação; e

c) garantir que o fechamento das proteções por si só não possa dar inicio às funções perigosas

12.46. Os dispositivos de intertravamento com bloqueio associados às proteções móveis das máquinas e equipamentos devem:

a) permitir a operação somente enquanto a proteção estiver fechada e bloqueada;

b) manter a proteção fechada e bloqueada até que tenha sido eliminado o risco de lesão devido às funções perigosas da máquina ou do equipamento; e

c) garantir que o fechamento e bloqueio da proteção por si só não possa dar inicio às funções perigosas da máquina ou do equipamento.

12.47. As transmissões de força e os componentes móveis a elas interligados, acessíveis ou expostos, devem possuir proteções fixas, ou móveis com dispositivos de intertravamento, que impeçam o acesso por todos os lados.

12.47.1. Quando utilizadas proteções móveis para o enclausuramento de transmissões de força que possuam inércia, devem ser utilizados dispositivos de intertravamento com bloqueio.

12.47.2. O eixo cardã deve possuir proteção adequada, em perfeito estado de conservação em toda a sua extensão, fixada na tomada de força da máquina desde a cruzeta até o acoplamento do implemento ou equipamento.

12.48. As máquinas e equipamentos que ofereçam risco de ruptura de suas partes, projeção de materiais, partículas ou substâncias, devem possuir proteções que garantam a saúde e a segurança dos trabalhadores.

12.49. As proteções devem ser projetadas e construídas de modo a atender aos seguintes requisitos de segurança:

a) cumprir suas funções apropriadamente durante a vida útil da máquina ou possibilitar a reposição de partes deterioradas ou danificadas;

b) ser constituídas de materiais resistentes e adequados à contenção de projeção de peças, materiais e partículas;

c) fixação firme e garantia de estabilidade e resistência mecânica compatíveis com os esforços requeridos;

d) não criar pontos de esmagamento ou agarramento com partes da máquina ou com outras proteções;

e) não possuir extremidades e arestas cortantes ou outras saliências perigosas;

f) resistir às condições ambientais do local onde estão instaladas;

g) impedir que possam ser burladas;

h) proporcionar condições de higiene e limpeza;

i) impedir o acesso à zona de perigo;

j) ter seus dispositivos de intertravamento protegidos adequadamente contra sujidade, poeiras e corrosão, se necessário;

k) ter ação positiva, ou seja, atuação de modo positivo; e

l) não acarretar riscos adicionais.

12.50. Quando a proteção for confeccionada com material descontínuo, devem ser observadas as distâncias de segurança para impedir o acesso às zonas de perigo, conforme previsto no Anexo I, item A.

12.51. Durante a utilização de proteções distantes da máquina ou equipamento com possibilidade de alguma pessoa ficar na zona de perigo, devem ser adotadas medidas adicionais de proteção coletiva para impedir a partida da máquina enquanto houver pessoas nessa zona.

12.52. As proteções também utilizadas como meio de acesso por exigência das características da máquina ou do equipamento devem atender aos requisitos de resistência e segurança adequados a ambas as finalidades.

12.53. Deve haver proteção no fundo dos degraus da escada, ou seja, nos espelhos, sempre que uma parte saliente do pé ou da mão possa contatar uma zona perigosa.

12.54. As proteções, dispositivos e sistemas de segurança devem integrar as máquinas e equipamentos, e não podem ser considerados itens opcionais para qualquer fim.

12.55. Em função do risco, poderá ser exigido projeto, diagrama ou representação esquemática dos sistemas de segurança de máquinas, com respectivas especificações técnicas em língua portuguesa.

12.55.1. Quando a máquina não possuir a documentação técnica exigida, o seu proprietário deve constituí-la, sob a responsabilidade de profissional legalmente habilitado e com respectiva Anotação de Responsabilidade Técnica do Conselho Regional de Engenharia e Arquitetura — ART/CREA.

Dispositivos de parada de emergência

12.56. As máquinas devem ser equipadas com um ou mais dispositivos de parada de emergência, por meio dos quais possam ser evitadas situações de perigo latentes e existentes.

12.56.1. Os dispositivos de parada de emergência não devem ser utilizados como dispositivos de partida ou de acionamento.

12.56.2. Excetuam-se da obrigação do subitem 12.56.1 as máquinas manuais, as máquinas autopropelidas e aquelas nas quais o dispositivo de parada de emergência não possibilita a redução do risco.

12.57. Os dispositivos de parada de emergência devem ser posicionados em locais de fácil acesso e visualização pelos operadores em seus postos de trabalho e por outras pessoas, e mantidos permanentemente desobstruídos.

12.58. Os dispositivos de parada de emergência devem:

a) ser selecionados, montados e interconectados de forma a suportar as condições de operação previstas, bem como as influências do meio;

b) ser usados como medida auxiliar, não podendo ser alternativa a medidas adequadas de proteção ou a sistemas automáticos de segurança;

c) possuir acionadores projetados para fácil atuação do operador ou outros que possam necessitar da sua utilização;

d) prevalecer sobre todos os outros comandos;

e) provocar a parada da operação ou processo perigoso em período de tempo tão reduzido quanto tecnicamente possível, sem provocar riscos suplementares;

f) ser mantidos sob monitoramento por meio de sistemas de segurança; e

g) ser mantidos em perfeito estado de funcionamento.

12.59. A função parada de emergência não deve:

a) prejudicar a eficiência de sistemas de segurança ou dispositivos com funções relacionadas com a segurança;

b) prejudicar qualquer meio projetado para resgatar pessoas acidentadas; e

c) gerar risco adicional.

12.60. O acionamento do dispositivo de parada de emergência deve também resultar na retenção do acionador, de tal forma que quando a ação no acionador for descontinuada, este se mantenha retido até que seja desacionado.

12.60.1. O desacionamento deve ser possível apenas como resultado de uma ação manual intencionada sobre o acionador, por meio de manobra apropriada;

12.61. Quando usados acionadores do tipo cabo, deve-se:

a) utilizar chaves de parada de emergência que trabalhem tracionadas, de modo a cessarem automaticamente as funções perigosas da máquina em caso de ruptura ou afrouxamento dos cabos;

b) considerar o deslocamento e a força aplicada nos acionadores, necessários para a atuação das chaves de parada de emergência; e

c) obedecer à distância máxima entre as chaves de parada de emergência recomendada pelo fabricante.

12.62. As chaves de parada de emergência devem ser localizadas de tal forma que todo o cabo de acionamento seja visível a partir da posição de desacionamento da parada de emergência.

12.62.1. Se não for possível o cumprimento da exigência do item 12.62, deve-se garantir que, após a atuação e antes do desacionamento, a máquina ou equipamento seja inspecionado em toda a extensão do cabo.

12.63. A parada de emergência deve exigir rearme, ou reset manual, a ser realizado somente após a correção do evento que motivou o acionamento da parada de emergência.

12.63.1. A localização dos acionadores de rearme deve permitir uma visualização completa da área protegida pelo cabo.

Meios de acesso permanentes

12.64. As máquinas e equipamentos devem possuir acessos permanentemente fixados e seguros a todos os seus pontos de operação, abastecimento, inserção de matérias-primas e retirada de produtos trabalhados, preparação, manutenção e intervenção constante.

12.64.1. Consideram-se meios de acesso elevadores, rampas, passarelas, plataformas ou escadas de degraus.

12.64.2. Na impossibilidade técnica de adoção dos meios previstos no subitem 12.64.1, poderá ser utilizada escada fixa tipo marinheiro.

12.64.3. Nas máquinas e equipamentos, os meios de acesso permanentes devem ser localizados e instalados de modo a prevenir riscos de acidente e facilitar o seu acesso e utilização pelos trabalhadores.

12.65. O emprego dos meios de acesso deve considerar o ângulo de lance conforme Figura 1 do Anexo III.

12.66. Os locais ou postos de trabalho acima do nível do solo em que haja acesso de trabalhadores, para comando ou quaisquer outras intervenções habituais nas máquinas e equipamentos, como operação, abastecimento, manutenção, preparação e inspeção, devem possuir plataformas de trabalho estáveis e seguras.

12.66.1. Na impossibilidade técnica de aplicação do previsto no item 12.66, poderá ser adotado o uso de plataformas móveis ou elevatórias.

12.67. As plataformas móveis devem ser estáveis, de modo a não permitir sua movimentação ou tombamento durante a realização do trabalho.

12.68. As passarelas, plataformas, rampas e escadas de degraus devem propiciar condições seguras de trabalho, circulação, movimentação e manuseio de materiais e:

a) ser dimensionadas, construídas e fixadas de modo seguro e resistente, de forma a suportar os esforços solicitantes e movimentação segura do trabalhador;

b) ter pisos e degraus constituídos de materiais ou revestimentos antiderrapantes;

c) ser mantidas desobstruídas; e

d) ser localizadas e instaladas de modo a prevenir riscos de queda, escorregamento, tropeçamento e dispêndio excessivo de esforços físicos pelos trabalhadores ao utilizá-las.

12.69. As rampas com inclinação entre 10º (dez) e 20º (vinte) graus em relação ao plano horizontal devem possuir peças transversais horizontais fixadas de modo seguro, para impedir escorregamento, distanciadas entre si 0,40 m (quarenta centímetros) em toda sua extensão quando o piso não for antiderrapante.

12.69.1. É proibida a construção de rampas com inclinação superior a 20º (vinte) graus em relação ao piso.

12.70. Os meios de acesso, exceto escada fixa do tipo marinheiro e elevador, devem possuir sistema de proteção contra quedas com as seguintes características:

a) ser dimensionados, construídos e fixados de modo seguro e resistente, de forma a suportar os esforços solicitantes;

b) ser constituídos de material resistente a intempéries e corrosão;

c) possuir travessão superior de 1,10 m (um metro e dez centímetros) a 1,20 m (um metro e vinte centímetros) de altura em relação ao piso ao longo de toda a extensão, em ambos os lados;

d) o travessão superior não deve possuir superfície plana, a fim de evitar a colocação de objetos; e

e) possuir rodapé de, no mínimo, 0,20 m (vinte centímetros) de altura e travessão intermediário a 0,70 m (setenta centímetros) de altura em relação ao piso, localizado entre o rodapé e o travessão superior.

12.71. Havendo risco de queda de objetos e materiais, o vão entre o rodapé e o travessão superior do guarda corpo deve receber proteção fixa, integral e resistente.

12.71.1. A proteção mencionada no item 12.71 pode ser constituída de tela resistente, desde que sua malha não permita a passagem de qualquer objeto ou material que possa causar lesões aos trabalhadores.

12.72. Para o sistema de proteção contra quedas em plataformas utilizadas em operações de abastecimento ou que acumulam sujidades, é permitida a adoção das dimensões da Figura 5 do Anexo III.

12.73. As passarelas, plataformas e rampas devem ter as seguintes características:

a) largura útil mínima de 0,60 m (sessenta centímetros);

b) meios de drenagem, se necessário; e

c) não possuir rodapé no vão de acesso.

12.74. As escadas de degraus sem espelho devem ter:

a) largura de 0,60 m (sessenta centímetros) a 0,80 m (oitenta centímetros);

b) degraus com profundidade mínima de 0,15 m (quinze centímetros);

c) degraus e lances uniformes, nivelados e sem saliências;

d) altura máxima entre os degraus de 0,25 m (vinte e cinco centímetros);

e) plataforma de descanso com 0,60m (sessenta centímetros) a 0,80 m (oitenta centímetros) de largura e comprimento a intervalos de, no máximo, 3,00 m (três metros) de altura;

f) projeção mínima de 0,01 m (dez milímetros) de um degrau sobre o outro; e

g) degraus com profundidade que atendam à fórmula: $600 \leq g + 2h \leq 660$ (dimensões em milímetros), conforme Figura 2 do Anexo III.

12.75. As escadas de degraus com espelho devem ter:

a) largura de 0,60 m (sessenta centímetros) a 0,80 m (oitenta centímetros);

b) degraus com profundidade mínima de 0,20 m (vinte centímetros);

c) degraus e lances uniformes, nivelados e sem saliências;

d) altura entre os degraus de 0,20 m (vinte centímetros) a 0,25 m (vinte e cinco centímetros);

e) plataforma de descanso de 0,60m (sessenta centímetros) a 0,80m (oitenta centímetros) de largura e comprimento a intervalos de, no máximo, 3,00 m (três metros) de altura.

12.76. As escadas fixas do tipo marinheiro devem ter:

a) dimensionamento, construção e fixação seguras e resistentes, de forma a suportar os esforços solicitantes; *(Alterada pela Portaria MTE n. 1.893, de 9 de dezembro de 2013)*

b) constituição de materiais ou revestimentos resistentes a intempéries e corrosão, caso estejam expostas em ambiente externo ou corrosivo;

c) gaiolas de proteção, caso possuam altura superior a 3,50 m (três metros e meio), instaladas a partir de 2,0 m (dois metros) do piso, ultrapassando a plataforma de descanso ou o piso superior em pelo menos de 1,10 m (um metro e dez centímetros) a 1,20 m (um metro e vinte centímetros);

d) corrimão ou continuação dos montantes da escada ultrapassando a plataforma de descanso ou o piso superior de 1,10 m (um metro e dez centímetros) a 1,20 m (um metro e vinte centímetros);

e) largura de 0,40 m (quarenta centímetros) a 0,60 m (sessenta centímetros), conforme Figura 3 do Anexo III;

f) altura total máxima de 10,00 m (dez metros), se for de um único lance;

g) altura máxima de 6,00 m (seis metros) entre duas plataformas de descanso, se for de múltiplos lances, construídas em lances consecutivos com eixos paralelos, distanciados no mínimo em 0,70 m (setenta centímetros), conforme Figura 3 do Anexo III;

h) espaçamento entre barras horizontais de 0,25 m (vinte e cinco centímetros) a 0,30 m (trinta centímetros), conforme Figura 3 do Anexo III; *(Alterada pela Portaria MTE n. 1.893, de 9 de dezembro de 2013)*

i) espaçamento entre o piso da máquina ou da edificação e a primeira barra não superior a 0,55 m (cinquenta e cinco centímetros), conforme Figura 3 do Anexo III;

j) distância em relação à estrutura em que é fixada de, no mínimo, 0,15 m (quinze centímetros), conforme Figura 4C do Anexo III; *(Alterada pela Portaria MTE n. 1.893, de 9 de dezembro de 2013)*

k) barras horizontais de 0,025m (vinte e cinco milímetros) a 0,038 m (trinta e oito milímetros) de diâmetro ou espessura; e *(Alterada pela Portaria MTE n. 1.893, de 9 de dezembro de 2013)*

l) barras horizontais com superfícies, formas ou ranhuras a fim de prevenir deslizamentos. *(Alterada pela Portaria MTE n. 1.893, de 9 de dezembro de 2013)*

12.76.1. As gaiolas de proteção devem ter diâmetro de 0,65m (sessenta e cinco centímetros) a 0,80 m (oitenta centímetros), conforme Figura 4 C do Anexo III; e: *(Alterado pela Portaria MTE n. 1.893, de 9 de dezembro de 2013)*

a) possuir barras verticais com espaçamento máximo de 0,30m (trinta centímetros) entre si e distância máxima de 1,50m (um metro e cinquenta centímetros) entre arcos, conforme figuras 4A e 4B do Anexo III; ou *(Alterada pela Portaria MTE n. 1.893, de 9 de dezembro de 2013)*

b) vãos entre arcos de, no máximo, 0,30m (trinta centímetros), conforme Figura 3 do Anexo III, dotadas de barra vertical de sustentação dos arcos. *(Alterada pela Portaria MTE n. 1.893, de 9 de dezembro de 2013)*

Componentes pressurizados

12.77. Devem ser adotadas medidas adicionais de proteção das mangueiras, tubulações e demais componentes pressurizados sujeitos a eventuais impactos mecânicos e outros agentes agressivos, quando houver risco.

12.78. As mangueiras, tubulações e demais componentes pressurizados devem ser localizados ou protegidos de tal forma que uma situação de ruptura destes componentes e vazamentos de fluidos, não possa ocasionar acidentes de trabalho.

12.79. As mangueiras utilizadas nos sistemas pressurizados devem possuir indicação da pressão máxima de trabalho admissível especificada pelo fabricante.

12.80. Os sistemas pressurizados das máquinas devem possuir meios ou dispositivos destinados a garantir que:

a) a pressão máxima de trabalho admissível nos circuitos não possa ser excedida; e

b) quedas de pressão progressivas ou bruscas e perdas de vácuo não possam gerar perigo.

12.81. Quando as fontes de energia da máquina forem isoladas, a pressão residual dos reservatórios e de depósitos similares, como os acumuladores hidropneumáticos, não pode gerar risco de acidentes.

12.82. Os recipientes contendo gases comprimidos utilizados em máquinas e equipamentos devem permanecer em perfeito estado de conservação e funcionamento e ser armazenados em depósitos bem ventilados, protegidos contra quedas, calor e impactos acidentais.

12.83. Nas atividades de montagem e desmontagem de pneumáticos das rodas das máquinas e equipamentos não estacionários, que ofereçam riscos de acidentes, devem ser observadas as seguintes condições:

a) os pneumáticos devem ser completamente despressurizados, removendo o núcleo da válvula de calibragem antes da desmontagem e de qualquer intervenção que possa acarretar acidentes; e

b) o enchimento de pneumáticos só poderá ser executado dentro de dispositivo de clausura ou gaiola adequadamente dimensionada, até que seja alcançada uma pressão suficiente para forçar o talão sobre o aro e criar uma vedação pneumática.

12.84. Em sistemas pneumáticos e hidráulicos que utilizam dois ou mais estágios com diferentes pressões como medida de proteção, a força exercida no percurso ou circuito de segurança — aproximação — não pode ser suficiente para provocar danos à integridade física dos trabalhadores.

12.84.1. Para o atendimento ao disposto no item 12.84, a força exercida no percurso ou circuito de segurança deve estar limitada a 150 N (cento e cinquenta Newtons) e a pressão de contato limitada a 50 N/cm2 (cinquenta Newtons por centímetro quadrado), exceto nos casos em que haja previsão de outros valores em normas técnicas oficiais vigentes especificas.

Transportadores de materiais

12.85. Os movimentos perigosos dos transportadores contínuos de materiais devem ser protegidos, especialmente nos pontos de esmagamento, agarramento e aprisionamento formados pelas esteiras, correias, roletes, acoplamentos, freios, roldanas, amostradores, volantes, tambores, engrenagens, cremalheiras, correntes, guias, alinhadores, região do esticamento e contrapeso e outras partes móveis acessíveis durante a operação normal.

12.85.1. Os transportadores contínuos de correia cuja altura da borda da correia que transporta a carga esteja superior a 2,70 m (dois metros e setenta centímetros) do piso estão dispensados da observância do item 12.85, desde que não haja circulação nem permanência de pessoas nas zonas de perigo.

12.85.2. Os transportadores contínuos de correia em que haja proteção fixa distante, associada a proteção móvel intertravada que restrinja o acesso a pessoal especializado para a realização de inspeções, manutenções e outras intervenções necessárias, estão dispensados da observância do item 12.85, desde que atendido o disposto no item 12.51.

12.86. Os transportadores contínuos de correia, cuja altura da borda da correia que transporta a carga esteja superior a 2,70 m (dois metros e setenta centímetros) do piso, devem possuir, em toda a sua extensão, passarelas em ambos os lados, atendidos os requisitos do item 12.66.

12.86.1. Os transportadores cuja correia tenha largura de até 762 mm (setecentos e sessenta e dois milímetros ou 30 (trinta) polegadas podem possuir passarela em apenas um dos lados, devendo-se adotar o uso de plataformas móveis ou elevatórias para quaisquer intervenções e inspeções.

12.86.2. Os transportadores móveis articulados em que haja possibilidade de realização de quaisquer intervenções e inspeções a partir do solo ficam dispensados da exigência do item 12.86.

12.87. Os transportadores de materiais somente devem ser utilizados para o tipo e capacidade de carga para os quais foram projetados.

12.88. Os cabos de aço, correntes, eslingas, ganchos e outros elementos de suspensão ou tração e suas conexões devem ser adequados ao tipo de material e dimensionados para suportar os esforços solicitantes.

12.89. Nos transportadores contínuos de materiais que necessitem de parada durante o processo é proibida a reversão de movimento para esta finalidade.

12.90. É proibida a permanência e a circulação de pessoas sobre partes em movimento, ou que possam ficar em movimento, dos transportadores de materiais, quando não projetadas para essas finalidades.

12.90.1. Nas situações em que haja inviabilidade técnica do cumprimento do disposto no item 12.90 devem ser adotadas medidas que garantam a paralisação e o bloqueio dos movimentos de risco, conforme o disposto no item 12.113 e subitem 12.113.1.

12.90.2. A permanência e a circulação de pessoas sobre os transportadores contínuos devem ser realizadas por meio de passarelas com sistema de proteção contra quedas, conforme item 12.70.

12.90.3. É permitida a permanência e a circulação de pessoas sob os transportadores contínuos somente em locais protegidos que ofereçam resistência e dimensões adequadas contra quedas de materiais.

12.91. Os transportadores contínuos acessíveis aos trabalhadores devem dispor, ao longo de sua extensão, de dispositivos de parada de emergência, de modo que possam ser acionados em todas as posições de trabalho.

12.91.1. Os transportadores contínuos acessíveis aos trabalhadores ficam dispensados do cumprimento da exigência do item 12.91 se a análise de risco assim indicar.

12.92. Os transportadores contínuos de correia devem possuir dispositivos que garantam a segurança em caso de falha durante sua operação normal e interrompam seu funcionamento quando forem atingidos os limites de segurança, conforme especificado em projeto, e devem contemplar, no mínimo, as seguintes condições:

a) desalinhamento anormal da correia; e

b) sobrecarga de materiais.

12.93. Durante o transporte de materiais suspensos devem ser adotadas medidas de segurança visando a garantir que não haja pessoas sob a carga.

12.93.1. As medidas de segurança previstas no item 12.93 devem priorizar a existência de áreas exclusivas para a circulação de cargas suspensas devidamente delimitadas e sinalizadas.

Aspectos ergonômicos

12.94. As máquinas e equipamentos devem ser projetados, construídos e mantidos com observância aos os seguintes aspectos:

a) atendimento da variabilidade das características antropométricas dos operadores;

b) respeito às exigências posturais, cognitivas, movimentos e esforços físicos demandados pelos operadores;

c) os componentes como monitores de vídeo, sinais e comandos, devem possibilitar a interação clara e precisa com o operador de forma a reduzir possibilidades de erros de interpretação ou retorno de informação;

d) os comandos e indicadores devem representar, sempre que possível, a direção do movimento e demais efeitos correspondentes;

e) os sistemas interativos, como ícones, símbolos e instruções devem ser coerentes em sua aparência e função;

f) favorecimento do desempenho e a confiabilidade das operações, com redução da probabilidade de falhas na operação;

g) redução da exigência de força, pressão, preensão, flexão, extensão ou torção dos segmentos corporais;

h) a iluminação deve ser adequada e ficar disponível em situações de emergência, quando exigido o ingresso em seu interior.

12.95. Os comandos das máquinas e equipamentos devem ser projetados, construídos e mantidos com observância aos seguintes aspectos:

a) localização e distância de forma a permitir manejo fácil e seguro;

b) instalação dos comandos mais utilizados em posições mais acessíveis ao operador;

c) visibilidade, identificação e sinalização que permita serem distinguíveis entre si;

d) instalação dos elementos de acionamento manual ou a pedal de forma a facilitar a execução da manobra levando em consideração as características biomecânicas e antropométricas dos operadores; e

e) garantia de manobras seguras e rápidas e proteção de forma a evitar movimentos involuntários.

12.96. As Máquinas e equipamentos devem ser projetados, construídos e operados levando em consideração a necessidade de adaptação das condições de trabalho às características psicofisiológicas dos trabalhadores e à natureza dos trabalhos a executar, oferecendo condições de conforto e segurança no trabalho, observado o disposto na NR-17.

12.97. Os assentos utilizados na operação de máquinas devem possuir estofamento e ser ajustáveis à natureza do trabalho executado, além do previsto no subitem 17.3.3 da NR-17.

12.98. Os postos de trabalho devem ser projetados para permitir a alternância de postura e a movimentação adequada dos segmentos corporais, garantindo espaço suficiente para operação dos controles nele instalados.

12.99. As superfícies dos postos de trabalho não devem possuir cantos vivos, superfícies ásperas, cortantes e quinas em ângulos agudos ou rebarbas nos pontos de contato com segmentos do corpo do operador, e os elementos de fixação, como pregos, rebites e parafusos, devem ser mantidos de forma a não acrescentar riscos à operação.

12.100. Os postos de trabalho das máquinas e equipamentos devem permitir o apoio integral das plantas dos pés no piso.

12.100.1. Deve ser fornecido apoio para os pés quando os pés do operador não alcançarem o piso, mesmo após a regulagem do assento.

12.101. As dimensões dos postos de trabalho das máquinas e equipamentos devem:

a) atender às características antropométricas e biomecânicas do operador, com respeito aos alcances dos segmentos corporais e da visão;

b) assegurar a postura adequada, de forma a garantir posições confortáveis dos segmentos corporais na posição de trabalho; e

c) evitar a flexão e a torção do tronco de forma a respeitar os ângulos e trajetórias naturais dos movimentos corpóreos, durante a execução das tarefas.

12.102. Os locais destinados ao manuseio de materiais em processos nas máquinas e equipamentos devem ter altura e ser posicionados de forma a garantir boas condições de postura, visualização, movimentação e operação.

12.103. Os locais de trabalho das máquinas e equipamentos devem possuir sistema de iluminação permanente que possibilite boa visibilidade dos detalhes do trabalho, para evitar zonas de sombra ou de penumbra e efeito estroboscópico.

12.103.1. A iluminação das partes internas das máquinas e equipamentos que requeiram operações de ajustes, inspeção, manutenção ou outras intervenções periódicas deve ser adequada e estar disponível em situações de emergência, quando for exigido o ingresso de pessoas, com observância, ainda das exigências específicas para áreas classificadas.

12.104. O ritmo de trabalho e a velocidade das máquinas e equipamentos devem ser compatíveis com a capacidade física dos operadores, de modo a evitar agravos à saúde.

12.105. O bocal de abastecimento do tanque de combustível e de outros materiais deve ser localizado, no máximo, a 1,50 m (um metro e cinquenta centímetros) acima do piso ou de uma plataforma de apoio para execução da tarefa.

Riscos adicionais

12.106. Para fins de aplicação desta Norma, devem ser considerados os seguintes riscos adicionais:

a) substâncias perigosas quaisquer, sejam agentes biológicos ou agentes químicos em estado sólido, líquido ou gasoso, que apresentem riscos à saúde ou integridade física dos trabalhadores por meio de inalação, ingestão ou contato com a pele, olhos ou mucosas;

b) radiações ionizantes geradas pelas máquinas e equipamentos ou provenientes de substâncias radiativas por eles utilizadas, processadas ou produzidas;

c) radiações não ionizantes com potencial de causar danos à saúde ou integridade física dos trabalhadores;

d) vibrações;

e) ruído;

f) calor;

g) combustíveis, inflamáveis, explosivos e substâncias que reagem perigosamente; e

h) superfícies aquecidas acessíveis que apresentem risco de queimaduras causadas pelo contato com a pele.

12.107. Devem ser adotadas medidas de controle dos riscos adicionais provenientes da emissão ou liberação de agentes químicos, físicos e biológicos pelas máquinas e equipamentos, com prioridade à sua eliminação, redução de sua emissão ou liberação e redução da exposição dos trabalhadores, nessa ordem.

12.108. As máquinas e equipamentos que utilizem, processem ou produzam combustíveis, inflamáveis, explosivos ou substâncias que reagem perigosamente devem oferecer medidas de proteção contra sua emissão, liberação, combustão, explosão e reação acidentais, bem como a ocorrência de incêndio.

12.109. Devem ser adotadas medidas de proteção contra queimaduras causadas pelo contato da pele com superfícies aquecidas de máquinas e equipamentos, tais como a redução da temperatura superficial, isolação com materiais apropriados e barreiras, sempre que a temperatura da superfície for maior do que o limiar de queimaduras do material do qual é constituída, para um determinado período de contato.

12.110. Devem ser elaborados e aplicados procedimentos de segurança e permissão de trabalho para garantir a utilização segura de máquinas e equipamentos em trabalhos em espaços confinados.

Manutenção, inspeção, preparação, ajustes e reparos

12.111. As máquinas e equipamentos devem ser submetidos à manutenção preventiva e corretiva, na forma e periodicidade determinada pelo fabricante, conforme as normas técnicas oficiais nacionais vigentes e, na falta destas, as normas técnicas internacionais.

12.111.1. As manutenções preventivas com potencial de causar acidentes do trabalho devem ser objeto de planejamento e gerenciamento efetuado por profissional legalmente habilitado.

12.112. As manutenções preventivas e corretivas devem ser registradas em livro próprio, ficha ou sistema informatizado, com os seguintes dados:

a) cronograma de manutenção;

b) intervenções realizadas;

c) data da realização de cada intervenção;

d) serviço realizado;

e) peças reparadas ou substituídas;

f) condições de segurança do equipamento;

g) indicação conclusiva quanto às condições de segurança da máquina; e

h) nome do responsável pela execução das intervenções.

12.112.1. O registro das manutenções deve ficar disponível aos trabalhadores envolvidos na operação, manutenção e reparos, bem como à Comissão Interna de Prevenção de Acidentes — CIPA, ao Serviço de Segurança e Medicina do Trabalho — SESMT e à fiscalização do Ministério do Trabalho e Emprego.

12.113. A manutenção, inspeção, reparos, limpeza, ajuste e outras intervenções que se fizerem necessárias devem ser executadas por profissionais capacitados, qualificados ou legalmente habilitados, formalmente autorizados pelo empregador, com as máquinas e equipamentos parados e adoção dos seguintes procedimentos:

a) isolamento e descarga de todas as fontes de energia das máquinas e equipamentos, de modo visível ou facilmente identificável por meio dos dispositivos de comando;

b) bloqueio mecânico e elétrico na posição "desligado" ou "fechado" de todos os dispositivos de corte de fontes de energia, a fim de impedir a reenergização, e sinalização com cartão ou etiqueta de bloqueio contendo o horário e a data do bloqueio, o motivo da manutenção e o nome do responsável;

c) medidas que garantam que à jusante dos pontos de corte de energia não exista possibilidade de gerar risco de acidentes;

d) medidas adicionais de segurança, quando for realizada manutenção, inspeção e reparos de equipamentos ou máquinas sustentados somente por sistemas hidráulicos e pneumáticos; e

e) sistemas de retenção com trava mecânica, para evitar o movimento de retorno acidental de partes basculadas ou articuladas abertas das máquinas e equipamentos.

12.113.1. Para situações especiais de regulagem, ajuste, limpeza, pesquisa de defeitos e inconformidades, em que não seja possível o cumprimento das condições estabelecidas no item 12.113, e em outras situações que impliquem a redução do nível de segurança das máquinas e equipamentos e houver necessidade de acesso às zonas de perigo, deve ser possível selecionar um modo de operação que:

a) torne inoperante o modo de comando automático;

b) permita a realização dos serviços com o uso de dispositivo de acionamento de ação continuada associado à redução da velocidade, ou dispositivos de comando por movimento limitado;

c) impeça a mudança por trabalhadores não autorizados;

d) a seleção corresponda a um único modo de comando ou de funcionamento;

e) quando selecionado, tenha prioridade sobre todos os outros sistemas de comando, com exceção da parada de emergência; e

f) torne a seleção visível, clara e facilmente identificável.

12.114. A manutenção de máquinas e equipamentos contemplará, dentre outros itens, a realização de ensaios não destrutivos — END, nas estruturas e componentes submetidos a solicitações de força e cuja ruptura ou desgaste possa ocasionar acidentes.

12.114.1. Os ensaios não destrutivos — END, quando realizados, devem atender às normas técnicas oficiais nacionais vigentes e, na falta destas, normas técnicas internacionais.

12.115. Nas manutenções das máquinas e equipamentos, sempre que detectado qualquer defeito em peça ou componente que comprometa a segurança, deve ser providenciada sua reparação ou substituição imediata por outra peça ou componente original ou equivalente, de modo a garantir as mesmas características e condições seguras de uso.

Sinalização

12.116. As máquinas e equipamentos, bem como as instalações em que se encontram, devem possuir sinalização de segurança para advertir os trabalhadores e terceiros sobre os riscos a que estão expostos, as instruções de operação e manutenção e outras informações necessárias para garantir a integridade física e a saúde dos trabalhadores.

12.116.1. A sinalização de segurança compreende a utilização de cores, símbolos, inscrições, sinais luminosos ou sonoros, entre outras formas de comunicação de mesma eficácia.

12.116.2. A sinalização, inclusive cores, das máquinas e equipamentos utilizadas nos setores alimentícios, médico e farmacêutico deve respeitar a legislação sanitária vigente, sem prejuízo da segurança e saúde dos trabalhadores ou terceiros.

12.116.3. A sinalização de segurança deve ser adotada em todas as fases de utilização e vida útil das máquinas e equipamentos.

12.117. A sinalização de segurança deve:

a) ficar destacada na máquina ou equipamento;

b) ficar em localização claramente visível; e

c) ser de fácil compreensão.

12.118. Os símbolos, inscrições e sinais luminosos e sonoros devem seguir os padrões estabelecidos pelas normas técnicas nacionais vigentes e, na falta dessas, pelas normas técnicas internacionais.

12.119. As inscrições das máquinas e equipamentos devem:

a) ser escritas na língua portuguesa — Brasil; e

b) ser legíveis.

12.119.1. As inscrições devem indicar claramente o risco e a parte da máquina ou equipamento a que se referem, e não deve ser utilizada somente a inscrição de "perigo".

12.120. As inscrições e símbolos devem ser utilizados nas máquinas e equipamentos para indicar as suas especificações e limitações técnicas.

12.121. Devem ser adotados, sempre que necessário, sinais ativos de aviso ou de alerta, tais como sinais luminosos e sonoros intermitentes, que indiquem a iminência de um acontecimento perigoso, como a partida ou a velocidade excessiva de uma máquina, de modo que:

a) sejam emitidos antes que ocorra o acontecimento perigoso;

b) não sejam ambíguos;

c) sejam claramente compreendidos e distintos de todos os outros sinais utilizados; e

d) possam ser inequivocamente reconhecidos pelos trabalhadores.

12.122. Exceto quando houver previsão em outras Normas Regulamentadoras, devem ser adotadas as seguintes cores para a sinalização de segurança das máquinas e equipamentos:

a) amarelo:

1. proteções fixas e móveis — exceto quando os movimentos perigosos estiverem enclausurados na própria carenagem ou estrutura da máquina ou equipamento, ou quando tecnicamente inviável;

2. componentes mecânicos de retenção, dispositivos e outras partes destinadas à segurança; e

3. gaiolas das escadas, corrimãos e sistemas de guarda-corpo e rodapé.

b) azul: comunicação de paralisação e bloqueio de segurança para manutenção.

12.123. As máquinas e equipamentos fabricados a partir da vigência desta Norma devem possuir em local visível as informações indeléveis, contendo no mínimo:

a) razão social, CNPJ e endereço do fabricante ou importador;

b) informação sobre tipo, modelo e capacidade;

c) número de série ou identificação, e ano de fabricação;

d) número de registro do fabricante ou importador no CREA; e

e) peso da máquina ou equipamento.

12.124. Para advertir os trabalhadores sobre os possíveis perigos, devem ser instalados, se necessários, dispositivos indicadores de leitura qualitativa ou quantitativa ou de controle de segurança.

12.124.1. Os indicadores devem ser de fácil leitura e distinguíveis uns dos outros.

Manuais

12.125. As máquinas e equipamentos devem possuir manual de instruções fornecido pelo fabricante ou importador, com informações relativas à segurança em todas as fases de utilização.

12.126. Quando inexistente ou extraviado, o manual de máquinas ou equipamentos que apresentem riscos deve ser reconstituído pelo empregador, sob a responsabilidade de profissional legalmente habilitado.

12.126.1. As microempresas e empresas de pequeno porte que não disponham de manual de instruções de máquinas e equipamentos fabricados antes de 24.6.2012 devem elaborar ficha de informação contendo os seguintes itens: *(Item e alíneas inseridos pela Portaria MTE-GM n. 857 de 25.6.2015).*

a) tipo, modelo e capacidade;

b) descrição da utilização prevista para a máquina ou equipamento;

c) indicação das medidas de segurança existentes;

d) instruções para utilização segura da máquina ou equipamento;

e) periodicidade e instruções quanto às inspeções e manutenção;

f) procedimentos a serem adotados em situações de emergência, quando aplicável.

12.126.1.1. A ficha de informação indicada no item 12.126.1 pode ser elaborada pelo empregador ou pessoa designada por este. *(Inserido pela Portaria MTE-GM n. 857 de 25.6.2015).*

12.127. Os manuais devem:

a) ser escritos na língua portuguesa — Brasil, com caracteres de tipo e tamanho que possibilitem a melhor legibilidade possível, acompanhado das ilustrações explicativas;

b) ser objetivos, claros, sem ambiguidades e em linguagem de fácil compreensão;

c) ter sinais ou avisos referentes à segurança realçados; e

d) permanecer disponíveis a todos os usuários nos locais de trabalho.

12.128. Os manuais das máquinas e equipamentos fabricados ou importados a partir da vigência desta Norma devem conter, no mínimo, as seguintes informações:

a) razão social, CNPJ e endereço do fabricante ou importador;

b) tipo, modelo e capacidade;

c) número de série ou número de identificação e ano de fabricação;

d) normas observadas para o projeto e construção da máquina ou equipamento;

e) descrição detalhada da máquina ou equipamento e seus acessórios;

f) diagramas, inclusive circuitos elétricos, em especial a representação esquemática das funções de segurança;

g) definição da utilização prevista para a máquina ou equipamento;

h) riscos a que estão expostos os usuários, com as respectivas avaliações quantitativas de emissões geradas pela máquina ou equipamento em sua capacidade máxima de utilização;

i) definição das medidas de segurança existentes e daquelas a serem adotadas pelos usuários;

j) especificações e limitações técnicas para a sua utilização com segurança;

k) riscos que podem resultar de adulteração ou supressão de proteções e dispositivos de segurança;

l) riscos que podem resultar de utilizações diferentes daquelas previstas no projeto;

m) procedimentos para utilização da máquina ou equipamento com segurança;

n) procedimentos e periodicidade para inspeções e manutenção;

o) procedimentos a serem adotados em situações de emergência;

p) indicação da vida útil da máquina ou equipamento e dos componentes relacionados com a segurança.

12.129. No caso de máquinas e equipamentos fabricados ou importados antes da vigência desta norma, os manuais reconstituídos devem conter, no mínimo, as informações previstas nas alíneas "b", "e", "f", "g", "i", "j", "k", "m", "n" e "o" do item 12.128. *(Alterado pela Portaria MTE-GM n. 857 de 25.6.2015).*

Procedimentos de trabalho e segurança

12.130. Devem ser elaborados procedimentos de trabalho e segurança específicos, padronizados, com descrição detalhada de cada tarefa, passo a passo, a partir da análise de risco.

12.130.1. Os procedimentos de trabalho e segurança não podem ser as únicas medidas de proteção adotadas para se prevenir acidentes, sendo considerados complementos e não substitutos das medidas de proteção coletivas necessárias para a garantia da segurança e saúde dos trabalhadores.

12.131. Ao inicio de cada turno de trabalho ou após nova preparação da máquina ou equipamento, o operador deve efetuar inspeção rotineira das condições de operacionalidade e segurança e, se constatadas anormalidades que afetem a segurança, as atividades devem ser interrompidas, com a comunicação ao superior hierárquico.

12.132. Os serviços em máquinas e equipamentos que envolvam risco de acidentes de trabalho devem ser planejados e realizados em conformidade com os procedimentos de trabalho e segurança, sob supervisão e anuência expressa de profissional habilitado ou qualificado, desde que autorizados.

12.132.1. Os serviços em máquinas e equipamentos que envolvam risco de acidentes de trabalho devem ser precedidos de ordens de serviço — OS — específicas, contendo, no mínimo:

a) a descrição do serviço;

b) a data e o local de realização;

c) o nome e a função dos trabalhadores; e

d) os responsáveis pelo serviço e pela emissão da OS, de acordo com os procedimentos de trabalho e segurança.

Projeto, fabricação, importação, venda, locação, leilão, cessão a qualquer título e exposição. *(Alterado pela Portaria MTE-GM n. 857 de 25.6.2015).*

12.133. O projeto deve levar em conta a segurança intrínseca da máquina ou equipamento durante as fases de construção, transporte, montagem, instalação, ajuste, operação, limpeza, manutenção, inspeção, desativação, desmonte e sucateamento por meio das referências técnicas indicadas nesta Norma, a serem observadas para garantir a saúde e a integridade física dos trabalhadores.

12.133.1. O projeto da máquina ou equipamento não deve permitir erros na montagem ou remontagem de determinadas peças ou elementos que possam gerar riscos durante seu funcionamento, especialmente quanto ao sentido de rotação ou deslocamento.

12.133.2. O projeto das máquinas ou equipamentos fabricados ou importados após a vigência desta Norma deve prever meios adequados para o seu levantamento, carregamento, instalação, remoção e transporte.

12.133.3. Devem ser previstos meios seguros para as atividades de instalação, remoção, desmonte ou transporte, mesmo que em partes, de máquinas e equipamentos fabricados ou importados antes da vigência desta Norma.

12.134. É proibida a fabricação, importação, comercialização, leilão, locação, cessão a qualquer título e exposição de máquinas e equipamentos que não atendam ao disposto nesta Norma. *(Alterado pela Portaria MTE-GM n. 857 de 25.6.2015).*

Capacitação

12.135. A operação, manutenção, inspeção e demais intervenções em máquinas e equipamentos devem ser realizadas por trabalhadores habilitados, qualificados, capacitados ou autorizados para este fim.

12.136. Os trabalhadores envolvidos na operação, manutenção, inspeção e demais intervenções em máquinas e equipamentos devem receber capacitação providenciada pelo empregador e compatível com suas funções, que aborde os riscos a que estão expostos e as medidas de proteção existentes e necessárias, nos termos desta Norma, para a prevenção de acidentes e doenças.

12.137. Os operadores de máquinas e equipamentos devem ser maiores de dezoito anos, salvo na condição de aprendiz, nos termos da legislação vigente.

12.138. A capacitação deve:

a) ocorrer antes que o trabalhador assuma a sua função;

b) ser realizada sem ônus para o trabalhador; *(Alterada pela Portaria MTE-GM n. 857 de 25.6.2015).*

c) ter carga horária mínima que garanta aos trabalhadores executarem suas atividades com segurança, sendo distribuída em no máximo oito horas diárias e realizada durante o horário normal de trabalho;

d) ter conteúdo programático conforme o estabelecido no Anexo II desta Norma; e

e) ser ministrada por trabalhadores ou profissionais qualificados para este fim, com supervisão de profissional legalmente habilitado que se responsabilizará pela adequação do conteúdo, forma, carga horária, qualificação dos instrutores e avaliação dos capacitados.

12.138.1. A capacitação dos trabalhadores de microempresas e empresas de pequeno porte poderá ser ministrada por trabalhador da própria empresa que tenha sido capacitado nos termos do item 12.138 em entidade oficial de ensino de educação profissional. *(Inserido pela Portaria MTE-GM n. 857 de 25.6.2015).*

12.138.1.1. O empregador é responsável pela capacitação realizada nos termos do item 12.138.1. *(Inserido pela Portaria MTE-GM n. 857 de 25.6.2015).*

12.138.1.2. A capacitação dos trabalhadores de microempresas e empresas de pequeno porte, prevista no item 12.138.1, deve contemplar o disposto no item 12.138, exceto a alínea "e". *(Inserido pela Portaria MTE-GM n. 857 de 25.6.2015).*

12.138.2. É considerado capacitado o trabalhador de microempresa e empresa de pequeno porte que apresentar declaração ou certificado emitido por entidade oficial de ensino de educação profissional, desde que atenda o disposto no item 12.138. *(Inserido pela Portaria MTE-GM n. 857 de 25.6.2015).*

12.139. O material didático escrito ou audiovisual utilizado no treinamento e o fornecido aos participantes, devem ser produzidos em linguagem adequada aos trabalhadores, e ser mantidos à disposição da fiscalização, assim como a lista de presença dos participantes ou certificado, currículo dos ministrantes e avaliação dos capacitados.

12.140. Considera-se trabalhador ou profissional qualificado aquele que comprovar conclusão de curso específico na área de atuação, reconhecido pelo sistema oficial de ensino, compatível com o curso a ser ministrado.

12.141. Considera-se profissional legalmente habilitado para a supervisão da capacitação aquele que comprovar conclusão de curso específico na área de atuação, compatível com o curso a ser ministrado, com registro no competente conselho de classe.

12.142. A capacitação só terá validade para o empregador que a realizou e nas condições estabelecidas pelo profissional legalmente habilitado responsável pela supervisão da capacitação, exceto quanto aos trabalhadores capacitados nos termos do item 12.138.2. *(Alterada pela Portaria MTE-GM n. 857 de 25.6.2015).*

12.142.1. Fica dispensada a exigência do item 12.142 para os operadores de injetoras com curso de capacitação conforme o previsto no item 12.147 e seus subitens.

12.143. São considerados autorizados os trabalhadores qualificados, capacitados ou profissionais legalmente habilitados, com autorização dada por meio de documento formal do empregador.

12.143.1. Até a data da vigência desta Norma, será considerado capacitado o trabalhador que possuir comprovação por meio de registro na Carteira de Trabalho e Previdência Social — CTPS ou registro de empregado de pelo menos dois anos de experiência na atividade e que receba reciclagem conforme o previsto no item 12.144 desta Norma.

12.144. Deve ser realizada capacitação para reciclagem do trabalhador sempre que ocorrerem modificações significativas nas instalações e na operação de máquinas ou troca de métodos, processos e organização do trabalho.

12.144.1. O conteúdo programático da capacitação para reciclagem deve atender às necessidades da situação que a motivou, com carga horária mínima que garanta aos trabalhadores executarem suas atividades com segurança, sendo distribuída em no máximo oito horas diárias e realizada durante o horário normal de trabalho.

12.145. A função do trabalhador que opera e realiza intervenções em máquinas deve ser anotada no registro de empregado, consignado em livro, ficha ou sistema eletrônico e em sua Carteira de Trabalho e Previdência Social — CTPS.

12.146. Os operadores de máquinas autopropelidas devem portar cartão de identificação, com nome, função e fotografia em local visível, renovado com periodicidade máxima de um ano mediante exame médico, conforme disposições constantes das NR-7 e NR-11.

12.147. O curso de capacitação para operadores de máquinas injetoras deve possuir carga horária mínima de oito horas por tipo de máquina citada no Anexo IX desta Norma.

12.147.1. O curso de capacitação deve ser específico para o tipo máquina em que o operador irá exercer suas funções e atender ao seguinte conteúdo programático:

a) histórico da regulamentação de segurança sobre a máquina especificada;

b) descrição e funcionamento;

c) riscos na operação;

d) principais áreas de perigo;

e) medidas e dispositivos de segurança para evitar acidentes;

f) proteções — portas, e distâncias de segurança;

g) exigências mínimas de segurança previstas nesta Norma e na NR 10;

h) medidas de segurança para injetoras elétricas e hidráulicas de comando manual; e

i) demonstração prática dos perigos e dispositivos de segurança.

12.147.2. O instrutor do curso de capacitação para operadores de injetora deve, no mínimo, possuir:

a) formação técnica em nível médio;

b) conhecimento técnico de máquinas utilizadas na transformação de material plástico;

c) conhecimento da normatização técnica de segurança; e

d) capacitação específica de formação.

Outros requisitos específicos de segurança

12.148. As ferramentas e materiais utilizados nas intervenções em máquinas e equipamentos devem ser adequados às operações realizadas.

12.149. Os acessórios e ferramental utilizados pelas máquinas e equipamentos devem ser adequados às operações realizadas.

12.150. É proibido o porte de ferramentas manuais em bolsos ou locais não apropriados a essa finalidade.

12.151. As máquinas e equipamentos tracionados devem possuir sistemas de engate padronizado para reboque pelo sistema de tração, de modo a assegurar o acoplamento e desacoplamento fácil e seguro, bem como a impedir o desacoplamento acidental durante a utilização.

12.151.1. A indicação de uso dos sistemas de engate padronizado mencionados no item 12.151 deve ficar em local de fácil visualização e afixada em local próximo da conexão.

12.151.2. Os equipamentos tracionados, caso o peso da barra do reboque assim o exija, devem possuir dispositivo de apoio que possibilite a redução do esforço e a conexão segura ao sistema de tração.

12.151.3. A operação de engate deve ser feita em local apropriado e com o equipamento tracionado imobilizado de forma segura com calço ou similar.

12.152. Para fins de aplicação desta Norma, os Anexos contemplam obrigações, disposições especiais ou exceções que se aplicam a um determinado tipo de máquina ou equipamento, em caráter prioritário aos demais requisitos desta Norma, sem prejuízo ao disposto em Norma Regulamentadora específica. *(Alterado pela Portaria MTE-GM n. 857 de 25.6.2015).*

Disposições finais

12.153. O empregador deve manter inventário atualizado das máquinas e equipamentos com identificação por tipo, capacidade, sistemas de segurança e localização em planta baixa, elaborado por profissional qualificado ou legalmente habilitado.

12.153.1. As informações do inventário devem subsidiar as ações de gestão para aplicação desta Norma.

12.153.2. O item 12.153 não se aplica: *(Item e alíneas inseridos pela Portaria MTE-GM n. 857 de 25.6.2015).*

a) às microempresas e as empresas de pequeno porte, que ficam dispensadas da elaboração do inventário de máquinas e equipamentos;

b) a máquinas autopropelidas, automotrizes e máquinas e equipamentos estacionários utilizados em frentes de trabalho.

12.154. Toda a documentação referida nesta norma, inclusive o inventário previsto no item 12.153, deve ficar disponível para o SESMT, CIPA ou Comissão Interna de Prevenção de Acidentes na Mineração — CIPAMIN, sindicatos representantes da categoria profissional e fiscalização do Ministério do Trabalho e Emprego.

12.155. As máquinas autopropelidas agrícolas, florestais e de construção em aplicações agro-florestais e respectivos implementos devem atender ao disposto no Anexo XI desta Norma.

12.156. As máquinas autopropelidas não contempladas no item 12.155 devem atender ao disposto nos itens e subitens 12.1, 12.1.1, 12.2, 12.3, 12.4, 12.5, 12.22, 12.23, 12.38, 12.38.1, 12.47, 12.47.2, 12.48, 12.49, 12.52, 12.53, 12.54, 12.64, 12.64.3, 12.66, 12.77, 12.78, 12.94, 12.95, 12.96, 12.101, 12.105, 12.107, 12.108, 12.111, 12.112, 12.115, 12.116, 12.116.3, 12.117, 12.118, 12.121, 12.130, 12.130.1, 12.131, 12.132, 12.132.1, 12.133, 12.133.1, 12.133.2, 12.133.3, 12.134, 12.135, 12.136, 12.137, 12.138, 12.139, 12.140, 12.141, 12.142, 12.143, 12.144, 12.144.1, 12.145, 12.146, 12.151, 12.151.1, 12.151.2, 12.151.3 e itens e subitens 14, 14.1 e 14.2 do Anexo XI desta Norma.

ANEXO I

DISTÂNCIAS DE SEGURANÇA E REQUISITOS PARA O USO DE DETECTORES DE PRESENÇA OPTOELETRÔNICOS

A) Distâncias de segurança para impedir o acesso a zonas de perigo quando utilizada barreira física

QUADRO I

Distâncias de segurança para impedir o acesso a zonas de perigo pelos membros superiores (dimensões em milímetros —mm)

Parte do Corpo	Ilustração	Abertura	Distância de segurança sr		
			Fenda	Quadrado	Circular
Ponta de dedo	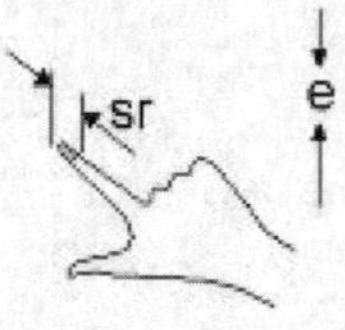	e ≤ 4	≥ 2	≥ 2	≥ 2
		4 < e ≤ 6	≥ 10	≥ 5	≥ 5
Dedo até articulação com a mão	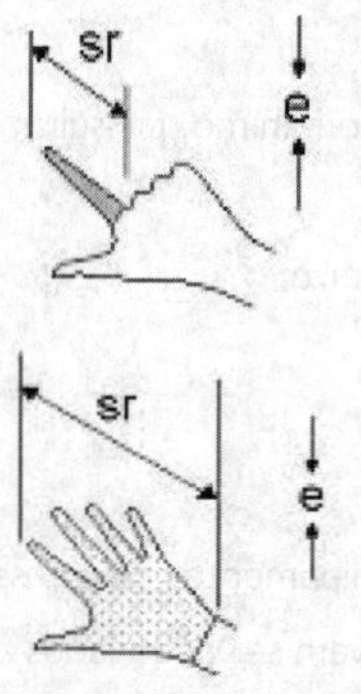	6 < e ≤ 8	≥ 20	≥ 15	≥ 5
		8 < e ≤ 10	≥ 80	≥ 25	≥ 20
		10 < e ≤ 12	≥ 100	≥ 80	≥ 80
		12 < e ≤ 20	≥ 120	≥ 120	≥ 120
		20 < e ≤ 30	≥ 850 [1]	≥ 120	≥ 120
Braço até junção com o ombro	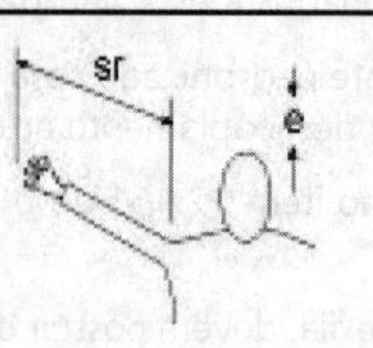	30 < e ≤ 40	≥ 850	≥ 200	≥ 120
		40 < e ≤ 120	≥ 850	≥ 850	≥ 850

[1] Se o comprimento da abertura em forma de fenda é < 65 mm, o polegar atuará como um limitador e a distância de segurança poderá ser reduzida para 200 mm.

Fonte: ABNT NBRNM-ISO 13852 — Segurança de Máquinas — Distâncias de segurança para impedir o acesso a zonas de perigo pelos membros superiores.

Figura 1 — Alcance sobre estruturas de proteção. Para utilização do Quadro II observar a legenda da figura 1 a seguir.

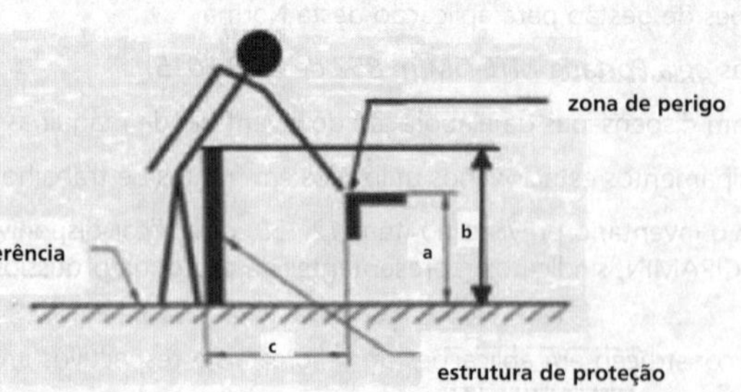

Legenda:

a: altura da zona de perigo

b: altura da estrutura de proteção

c: distância horizontal à zona de perigo

QUADRO II

Alcance sobre estruturas de proteção — Alto risco (dimensões em mm)

Altura da zona de perigo a	Altura da estrutura de proteção b [1]									
	1.000	1.200	1.400 [3]	1.600	1.800	2.000	2.200	2.400	2.500	2.700
	Distância horizontal à zona de perigo c									
2.700 [2]	-	-	-	-	-	-	-	-	-	-
2.600	900	800	700	600	600	500	400	300	100	-
2.400	1.100	1.100	900	800	700	600	400	300	100	-
2.200	1.300	1.200	1.000	900	800	600	400	300	-	-
2.000	1.400	1.300	1.100	900	800	600	400	-	-	-
1.800	1.500	1.400	1.100	900	800	600	-	-	-	-
1.600	1.500	1.400	1.100	900	800	500	-	-	-	-
1.400	1.500	1.400	1.100	900	800	-	-	-	-	-
1.200	1.500	1.400	1.100	900	700	-	-	-	-	-
1.000	1.500	1.400	1.100	800	-	-	-	-	-	-
800	1.500	1.300	900	600	-	-	-	-	-	-
600	1.400	1.300	800	-	-	-	-	-	-	-
400	1.400	1.200	400	-	-	-	-	-	-	-
200	1.200	900	-	-	-	-	-	-	-	-
0	1.100	500	-	-	-	-	-	-	-	-

[1)] Estruturas de proteção com altura inferior a 1.000 mm (mil milímetros) não estão incluídas, por não restringirem suficientemente o acesso do corpo.

[2)] Estruturas de proteção com altura menor do que 1.400 mm (mil e quatrocentos milímetros) não devem ser usadas sem medidas adicionais de segurança.

[3)] Para zonas de perigo com altura superior a 2.700 mm (dois mil e setecentos milímetros) ver figura 2. Não devem ser feitas interpolações dos valores desse quadro; consequentemente, quando os valores conhecidos de "a", "b" ou "c" estiverem entre dois valores do quadro, os valores a serem utilizados serão os que propiciarem maior segurança.

Fonte: ABNT NBR NM-ISO 13852:2003 — Segurança de Máquinas — Distâncias de segurança para impedir o acesso a zonas de perigo pelos membros superiores.

Figura 2 — Alcance das zonas de perigo superiores

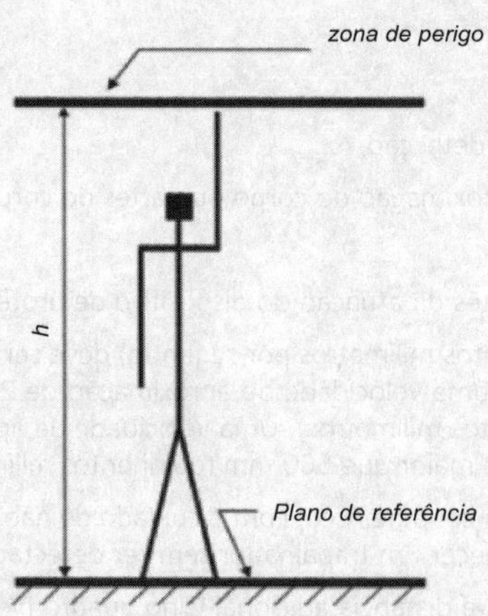

Legenda:
h: a altura da zona de perigo.
Se a zona de perigo oferece baixo risco, deve-se situar a uma altura "h" igual ou superior a 2500 mm (dois mil e quinhentos milímetros), para que não necessite proteções.
Se existe um alto risco na zona de perigo:
— a altura "h" da zona de perigo deve ser, no mínimo, de 2700 mm (dois mil e setecentos milímetros), ou
— devem ser utilizadas outras medidas de segurança.

Fonte: ABNT NBR NM-ISO 13852:2003 — Segurança de Máquinas — Distâncias de segurança para impedir o acesso a zonas de perigo pelos membros superiores.

QUADRO III

Alcance ao redor — movimentos fundamentais (dimensões em mm)

Limitação do movimento	Distância de segurança sr	Ilustração
Limitação do movimento apenas no ombro e axila	≥ 850	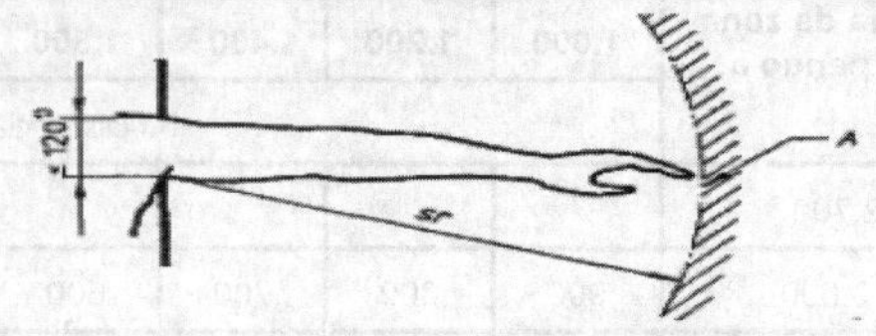
Braço apoiado até o cotovelo	≥ 550	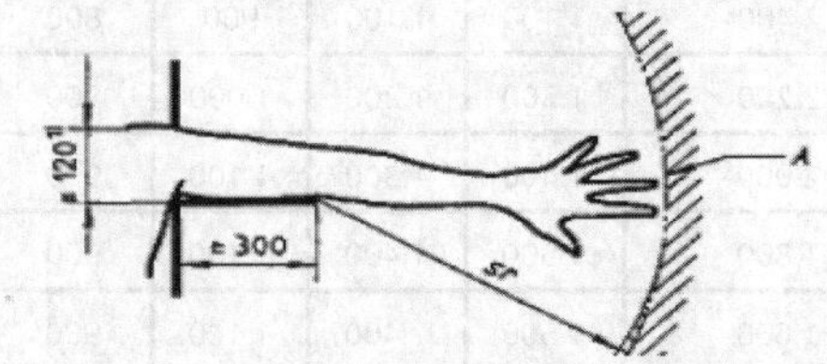
Braço apoiado até o punho	≥ 230	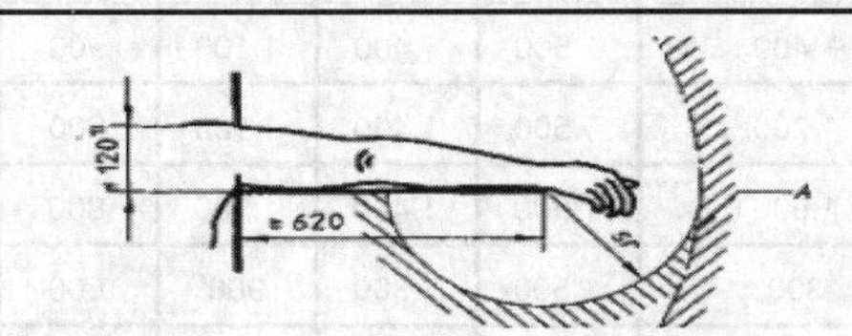
Braço e mão apoiados até a articulação dos dedos	≥ 130	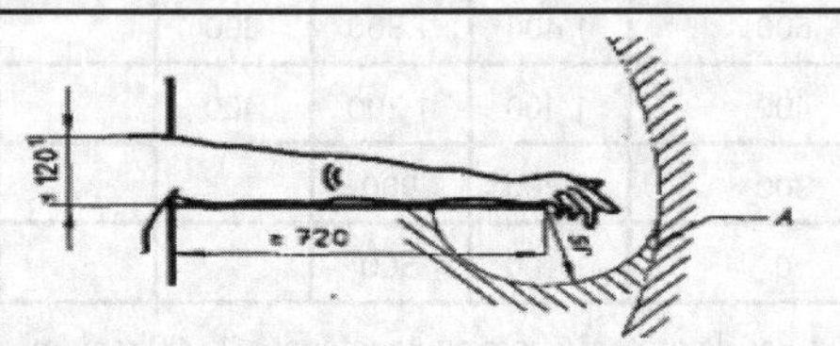

A: Faixa de movimento do braço.
[1] Diâmetro de uma abertura circular, lado de uma abertura quadrada ou largura de uma abertura em forma de fenda.

Fonte: ABNT NBRNM-ISO 13852 — Segurança de Máquinas — Distâncias de segurança para impedir o acesso a zonas de perigo pelos membros superiores.

B) Cálculo das distâncias mínimas de segurança para instalação de detectores de presença optoeletrônicos — ESPS usando cortina de luz — AOPD.

1. A distância mínima na qual ESPS usando cortina de luz — AOPD deve ser posicionada em relação à zona de perigo, observará o calculo de acordo com a norma ISO 13855. Para uma aproximação perpendicular a distância pode ser calculada de acordo com a fórmula geral apresentada na seção 5 da ISO 13855, a saber:

S = (K x T) + C

Onde:

S: é a mínima distância em milímetros, da zona de perigo até o ponto, linha ou plano de detecção;

K: é um parâmetro em milímetros por segundo, derivado dos dados de velocidade de aproximação do corpo ou partes do corpo;

T: é a performance de parada de todo o sistema — tempo de resposta total em segundos;

C: é a distância adicional em milímetros, baseada na intrusão contra a zona de perigo antes da atuação do dispositivo de proteção.

1.1. A fim de determinar K, uma velocidade de aproximação de 1600 mm/s (mil e seiscentos milímetros por segundo) deve ser usada para cortinas de luz dispostas horizontalmente. Para cortinas dispostas verticalmente, deve ser usada uma velocidade de aproximação de 2000 mm/s (dois mil milímetros por segundo) se a distância mínima for igual ou menor que 500 mm (quinhentos milímetros). Uma velocidade de aproximação de 1600 mm/s (mil e seiscentos milímetros por segundo) pode ser usada se a distância mínima for maior que 500 mm (quinhentos milímetros).

1.2. As cortinas devem ser instaladas de forma que sua área de detecção cubra o acesso à zona de risco, com o cuidado de não se oferecer espaços de zona morta, ou seja, espaço entre a cortina e o corpo da máquina onde pode permanecer um trabalhador sem ser detectado.

1.3. Em respeito à capacidade de detecção da cortina de luz, deve ser usada pelo menos a distância adicional C no quadro IV quando se calcula a mínima distância S.

QUADRO IV — Distância adicional C

Capacidade de Detecção (mm)	Distância Adicional C (Mm)
< 14	0
> 14 < 20	80
> 20 < 30	130
> 30 < 40	240
> 40	850

1.4. Outras características de instalação de cortina de luz, tais como aproximação paralela, aproximação em ângulo e equipamentos de dupla posição devem atender às condições específicas previstas na norma ISO 13855. A aplicação de cortina de luz em dobradeiras hidráulicas deve atender à norma EN 12622.

Fonte: ISO 13855 — Safety of machinery — The positioning of protective equipment in respect of approach speeds of parts of the human body.

C) Requisitos para uso de detectores de presença optoeletrônicos laser — AOPD em dobradeiras hidráulicas.

1. As dobradeiras hidráulicas podem possuir AOPD laser de múltiplos feixes desde que acompanhado de procedimento de trabalho detalhado que atenda às recomendações do fabricante, à EN12622 e aos testes previstos neste Anexo.

1.1. Os testes devem ser realizados pelo trabalhador encarregado da manutenção ou pela troca de ferramenta e repetidos pelo próprio operador a cada troca de ferramenta ou qualquer manutenção, e ser realizados pelo operador a cada início de turno de trabalho e afastamento prolongado da máquina.

1.2. Os testes devem ser realizados com um gabarito de teste fornecido pelo fabricante do dispositivo AOPD laser, que consiste em uma peça de plástico com seções de dimensões determinadas para esta finalidade, conforme figura 3.

1.3. Sistema de testes em dobradeiras hidráulicas providas de detector de presença optoeletrônico laser:

a) Teste 1: verificar a capacidade de detecção entre a ponta da ferramenta e o feixe de laser — o mais próximo da ferramenta. O espaço deve ser ≤ 14 mm (menor que quatorze milímetros) por toda a área da ferramenta. O teste deve ser realizado com a alça — parte cilíndrica com 14 mm (quatorze milímetros) de diâmetro do gabarito de teste, conforme veja figura 3;

b) Teste 2: a seção de 10 mm (dez milímetros) de espessura do gabarito de teste colocado sobre a matriz — parte inferior da ferramenta — não deve ser tocada durante o curso de descida da ferramenta. Em adição, a seção de 15 mm (quinze milímetros) de espessura do gabarito de teste deve passar entre as ferramentas.

c) Teste 3: a seção de 35 mm (trinta e cinco milímetros) de espessura do gabarito de teste colocado sobre a matriz — parte inferior da ferramenta — não deve ser tocada durante o curso de alta velocidade de descida do martelo.

Figura 3 — Gabarito de teste

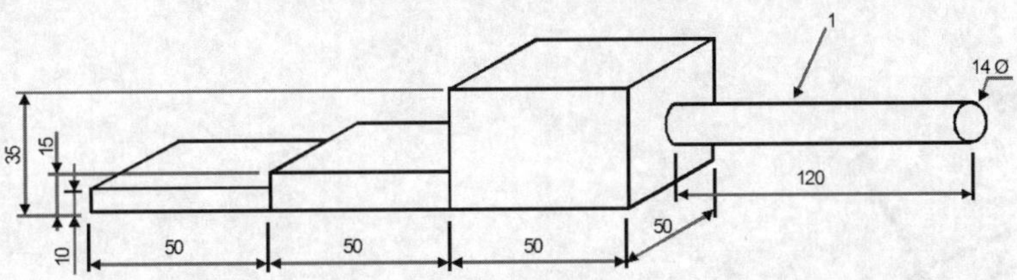

Legenda:

1. Alça

2. Nas dobradeiras hidráulicas providas de AOPD laser que utilizem pedal para acionamento de descida, este deve ser de segurança e possuir as seguintes posições:

a) 1ª (primeira) posição = parar;

b) 2ª (segunda) posição = operar; e

c) 3ª (terceira) posição = parar em caso de emergência.

2.1. A abertura da ferramenta pode ser ativada, desde que controlado o risco de queda do produto em processo, com o acionamento do pedal para a 3ª (terceira) posição ou liberando-o para a 1ª (primeira) posição.

2.2. Após o acionamento do atuador até a 3ª (terceira) posição, o reinício somente será possível com seu retorno para a 1ª (primeira) posição. A 3ª (terceira) posição só pode ser acionada passando por um ponto de pressão; a força requerida não deve exceder 350 N (trezentos e cinquenta Newtons).

Fonte: EN12622 — Safety of machine tools — Hydraulic press brackes

ANEXO II

CONTEÚDO PROGRAMÁTICO DA CAPACITAÇÃO.

1. A capacitação para operação segura de máquinas deve abranger as etapas teórica e prática, a fim de permitir habilitação adequada do operador para trabalho seguro, contendo no mínimo:

a) descrição e identificação dos riscos associados com cada máquina e equipamento e as proteções específicas contra cada um deles;

b) funcionamento das proteções; como e por que devem ser usadas;

c) como e em que circunstâncias uma proteção pode ser removida, e por quem, sendo na maioria dos casos, somente o pessoal de inspeção ou manutenção;

d) o que fazer, por exemplo, contatar o supervisor, se uma proteção foi danificada ou se perdeu sua função, deixando de garantir uma segurança adequada;

e) os princípios de segurança na utilização da máquina ou equipamento;

f) segurança para riscos mecânicos, elétricos e outros relevantes;

g) método de trabalho seguro;

h) permissão de trabalho; e

i) sistema de bloqueio de funcionamento da máquina e equipamento durante operações de inspeção, limpeza, lubrificação e manutenção.

1.1. A capacitação de operadores de máquinas automotrizes ou autopropelidas, deve ser constituída das etapas teórica e prática e possuir o conteúdo programático mínimo descrito nas alíneas do item 1 deste anexo e ainda:

a) noções sobre legislação de trânsito e de legislação de segurança e saúde no trabalho;

b) noções sobre acidentes e doenças decorrentes da exposição aos riscos existentes na máquina, equipamentos e implementos;

c) medidas de controle dos riscos: EPC e EPI;

d) operação com segurança da máquina ou equipamento;

e) inspeção, regulagem e manutenção com segurança;

f) sinalização de segurança;

g) procedimentos em situação de emergência; e

h) noções sobre prestação de primeiros socorros.

1.1.1. A etapa prática deve ser supervisionada e documentada, podendo ser realizada na própria máquina que será operada.

ANEXO III
MEIOS DE ACESSO PERMANENTES

(Alterado pela Portaria MTE n. 1.893, de 9 de dezembro de 2013)

Figura 1: Escolha dos meios de acesso conforme a inclinação — ângulo de lance.

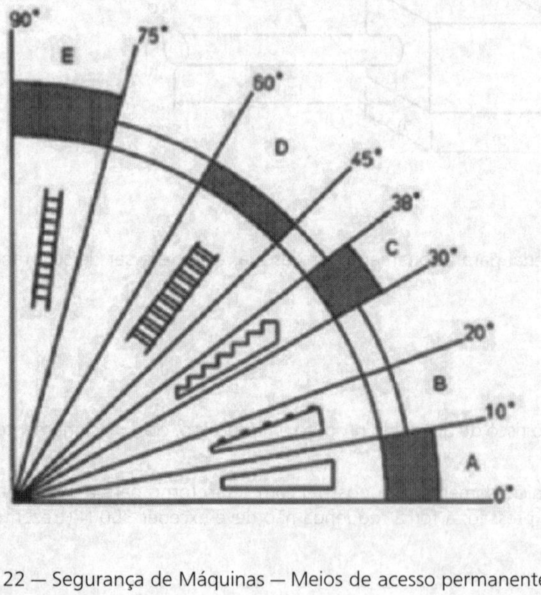

Legenda:
A: rampa.
B: rampa com peças transversais para evitar o escorregamento.
C: escada com espelho.
D: escada sem espelho.
E: escada do tipo marinheiro.

Fonte: ISO 14122 — Segurança de Máquinas — Meios de acesso permanentes às máquinas.

Figura 2: Exemplo de escada sem espelho.

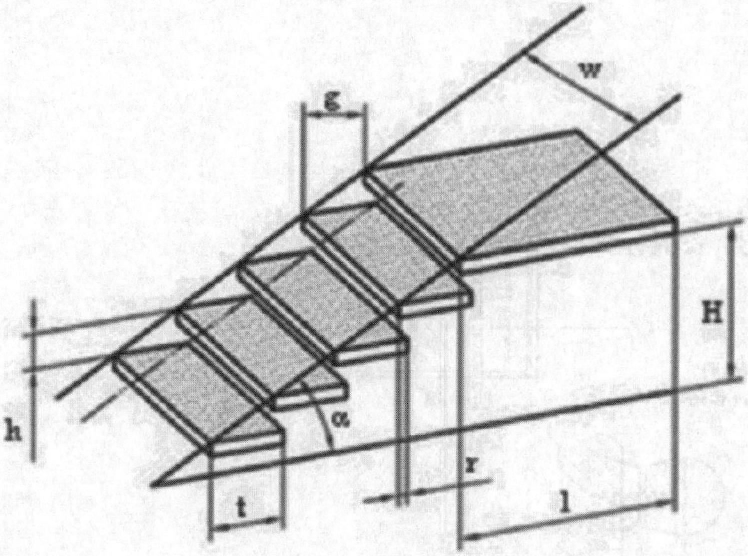

Legenda:
w: largura da escada
h: altura entre degraus
r: projeção entre degraus
g: profundidade livre do degrau
α: inclinação da escada — ângulo de lance
l: comprimento da plataforma de descanso
H: altura da escada
t: profundidade total do degrau

Figura 3: Exemplo de escada fixa do tipo marinheiro.

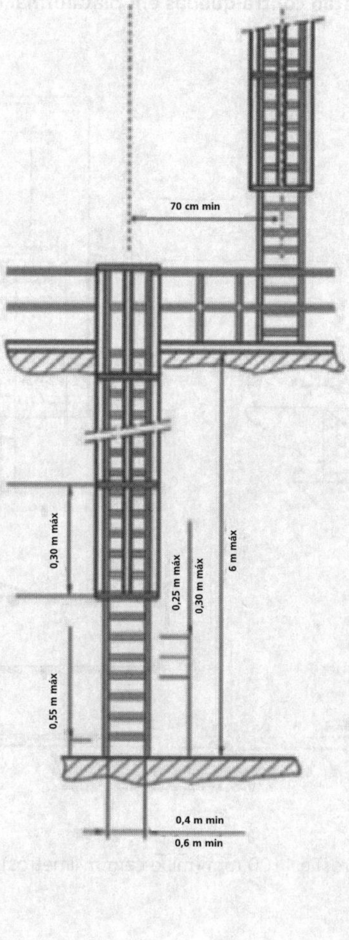

Figura 4A, 4B e 4C: Exemplo de detalhe da gaiola da escada fixa do tipo marinheiro.

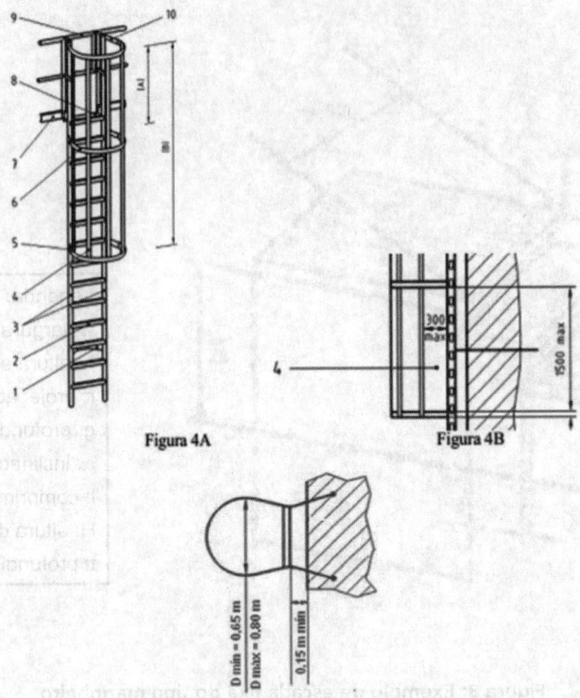

Figura 5: Sistema de proteção contra quedas em plataforma. (dimensões em milímetros)

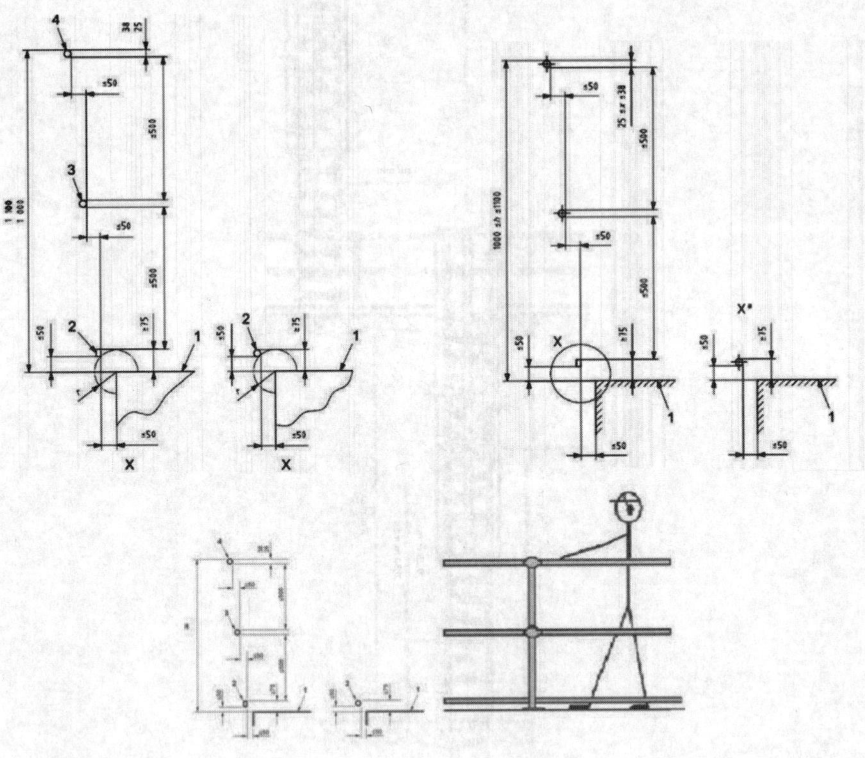

Legenda:

H: altura barra superior, entre 1000 mm (mil milímetros) e 1100 mm (mil e cem milímetros)

1: plataforma

2: barra-rodapé

3: barra intermediária

4: barra superior corrimão

ANEXO IV

GLOSSÁRIO

Ação positiva: quando um componente mecânico móvel inevitavelmente move outro componente consigo, por contato direto ou através de elementos rígidos, o segundo componente é dito como atuado em modo positivo, ou positivamente, pelo primeiro.

Adubadora automotriz: máquina destinada à aplicação de fertilizante sólido granulado e desenvolvida para o setor canavieiro.

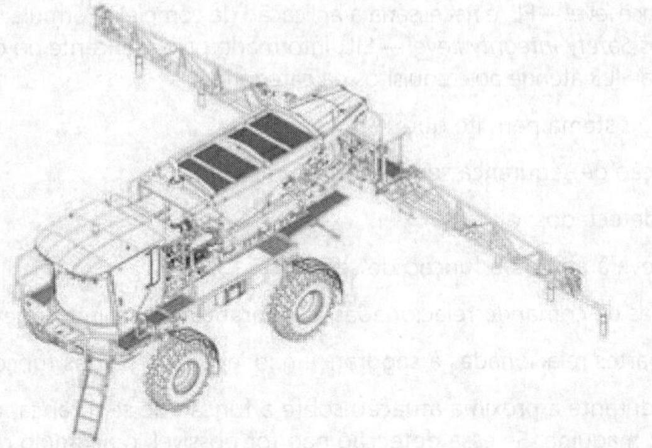

Adubadora tracionada: implemento agrícola que, quando acoplado a um trator agrícola, pode realizar a operação de aplicar fertilizantes sólidos granulados ou em pó.

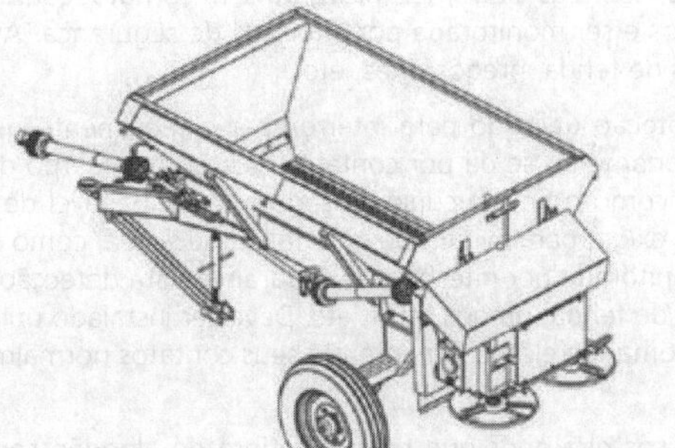

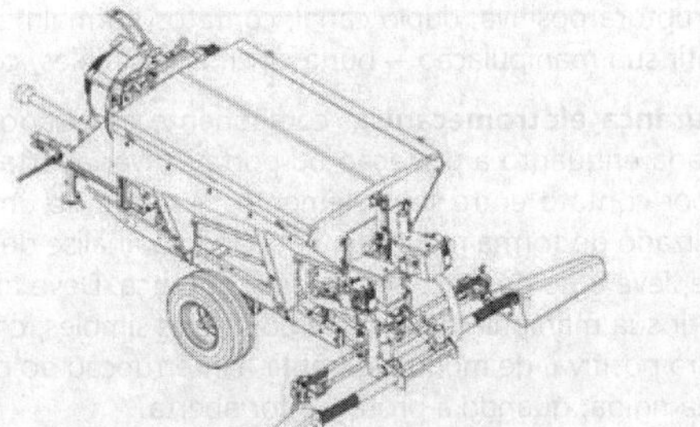

Amaciador de bifes: máquina com dois ou mais cilindros dentados paralelos tracionados que giram em sentido de rotação inversa, por onde são passadas peças de bife pré-cortadas. É composto por: estrutura, bocal de alimentação, cilindros tracionados dentados e área de descarga. A operação de amaciamento consiste na introdução do bife pelo bocal, passando-o por entre os cilindros dentados, sendo recolhido na área de descarga.

Amassadeira: máquina concebida para uso industrial ou comercial destinada a obter uma mistura homogênea para massas alimentícias. Composição básica: estrutura, acionamento, batedor, bacia e proteções. Para seu funcionamento, o sistema de acionamento transmite potência para o batedor, que realiza movimento de rotação sem movimento de translação, fazendo-o girar e misturar os ingredientes para produção da massa. O sistema de acionamento pode transmitir potência para o batedor e para a bacia simultaneamente, mantendo ambos em movimento de rotação. Em certos casos a bacia gira pela ação mecânica do batedor sobre a massa. Tanto o batedor quanto a bacia podem ter velocidade de rotação contínua ou variável.

Ângulo de lance: ângulo formado entre a inclinação do meio de acesso e o plano horizontal.

AOPD (Active Opto-electronic Protective Device): dispositivo com função de detectar interrupção da emissão óptica por um objeto opaco presente na zona de detecção especificada, como cortina de luz, detector de presença laser múltiplos feixes, monitor de área a laser, fotocélulas de segurança para controle de acesso. Sua função é realizada por elementos sensores e receptores optoeletrônicos.

Assento instrucional: assento de máquina autopropelida projetado para fins exclusivamente instrucionais.

Autoteste: teste funcional executado automaticamente pelo próprio dispositivo, na inicialização do sistema e durante determinados períodos, para verificação de falhas e defeitos, levando o dispositivo para uma condição segura.

Baixa velocidade ou velocidade reduzida: velocidade inferior à de operação, compatível com o trabalho seguro.

Balancim de braço móvel manual — balancim jacaré: máquina destinada ao corte de couro e materiais similares, operada por um trabalhador, dotada de uma superfície de corte não móvel correspondente à área útil total disponível e de um braço que contém a superfície de impacto móvel, ou seja, base prensora, que é capaz de se deslocar em um movimento de arco horizontal sobre a superfície de corte.

Balancim tipo ponte manual — balancim ponte: máquina destinada ao corte de couro e materiais similares, operada por um trabalhador, na qual a superfície de impacto fica conectada ou presa à ponte que se desloca horizontal e verticalmente sobre uma superfície de corte não móvel.

Batedeira: máquina concebida para uso industrial ou comercial destinada a obter uma mistura homogênea para massas ou cremes, de consistência leve ou média. É composta basicamente por estrutura, acionamento, batedores intercambiáveis que podem ter diversas geometrias, bacia e proteções. Para seu funcionamento, o motor transmite potência para o batedor, fazendo-o girar e misturar os ingredientes para a produção da massa, mantendo a bacia fixa. Durante o processo de operação, o batedor apresenta movimento de rotação sobre seu eixo, podendo ainda ter movimento de translação circular, denominado planetário, enquanto a bacia permanece fixa. O batedor pode ter velocidade de rotação e translação contínua ou variável. Em alguns casos a bacia pode ser movimentada manual ou eletricamente na direção vertical para ajuste operacional.

Burla: ato de anular de maneira simples o funcionamento normal e seguro de dispositivos ou sistemas da máquina, utilizando para acionamento quaisquer objetos disponíveis, tais como, parafusos, agulhas, peças em chapa de metal, objetos de uso diário, como chaves e moedas ou ferramentas necessárias à utilização normal da máquina.

Categoria: classificação das partes de um sistema de comando relacionadas à segurança, com respeito à sua resistência a defeitos e seu subsequente comportamento na condição de defeito, que é alcançada pela combinação e interligação das partes e/ou por sua confiabilidade. O desempenho com relação à ocorrência de defeitos, de uma parte de um sistema de comando, relacionado à segurança, é dividido em cinco categorias (B, 1, 2, 3 e 4) segundo a norma ABNT NBR 14153 — Segurança de máquinas — Partes de sistemas de comando relacionadas à segurança — Princípios gerais para projeto, equivalente à norma EN 954-1 — *Safety of machinery — Safety related parts of control systems*, que leva em conta princípios qualitativos para sua seleção . Na comunidade internacional a EN 954-1, em processo de substituição, convive com sua sucessora, a EN ISO 13849-1:2008 — *Safety of machinery — Safety related parts of control systems*, que estabelece critérios quantitativos, não mais divididos em categorias, mas em níveis de "A" a "E", sendo que o "E" é o mais elevado. Para seleção do nível, denominado *perfomance level* — PL, é necessária a aplicação de complexa fórmula matemática em função da probabilidade de falha dos componentes de segurança selecionados *Safety Integrity Level* — SIL, informado pelo fabricante do componente. Pode-se dizer que um determinado componente de segurança com característica SIL3 atende aos requisitos da categoria 4.

Categoria 3: quando o comportamento de sistema permite que:

a) quando ocorrer o defeito isolado, a função de segurança sempre seja cumprida;

b) alguns, mas não todos, defeitos sejam detectados; e

c) o acúmulo de defeitos não detectados leve à perda da função de segurança.

Categoria 4: quando as partes dos sistemas de comando relacionadas à segurança devem ser projetadas de tal forma que:

a) uma falha isolada em qualquer dessas partes relacionadas à segurança não leve à perda das funções de segurança, e

b) a falha isolada seja detectada antes ou durante a próxima atuação sobre a função de segurança, como, por exemplo, imediatamente, ao ligar o comando, ao final do ciclo de operação da máquina. Se essa detecção não for possível, o acúmulo de defeitos não deve levar à perda das funções de segurança.

Chave de segurança: componente associado a uma proteção utilizado para interromper o movimento de perigo e manter a máquina parada enquanto a proteção ou porta estiver aberta, com contato mecânico — físico, como as eletromecânicas, ou sem contato, como as ópticas e magnéticas. Deve ter ruptura positiva, duplo canal, contatos normalmente fechados e ser monitorada por interface de segurança. A chave de segurança não deve permitir sua manipulação — burla por meios simples, como chaves de fenda, pregos, fitas, etc.

Chave de segurança eletromecânica: componente associado a uma proteção utilizado para interromper o movimento de perigo e manter a máquina desligada enquanto a proteção ou porta estiver aberta. Seu funcionamento se dá por contato físico entre o corpo da chave e o atuador — lingüeta ou por contato entre seus elementos — chave de um só corpo, como o fim de curso de segurança. É passível de desgaste mecânico, devendo ser utilizado de forma redundante, quando a análise de risco assim exigir, para evitar que uma falha mecânica, como a quebra do atuador dentro da chave, leve à perda da condição de segurança. Deve ainda ser monitorado por interface de segurança para detecção de falhas elétricas e não deve permitir sua manipulação — burla por meios simples, como chaves de fenda, pregos, fitas, etc. Deve ser instalado utilizando-se o princípio de ação e ruptura positiva, de modo a garantir a interrupção do circuito de comando elétrico, mantendo seus contatos normalmente fechados — NF ligados de forma rígida, quando a proteção for aberta.

Colhedora de algodão: a colhedora de algodão possui um sistema de fusos giratórios que retiram a fibra do algodão sem prejudicar a parte vegetativa da planta, ou seja, caules e folhas. Determinados modelos têm como característica a separação da fibra e do caroço, concomitante à operação de colheita.

Colhedora de café: equipamento agrícola automotriz que efetua a "derriça" e a colheita de café.

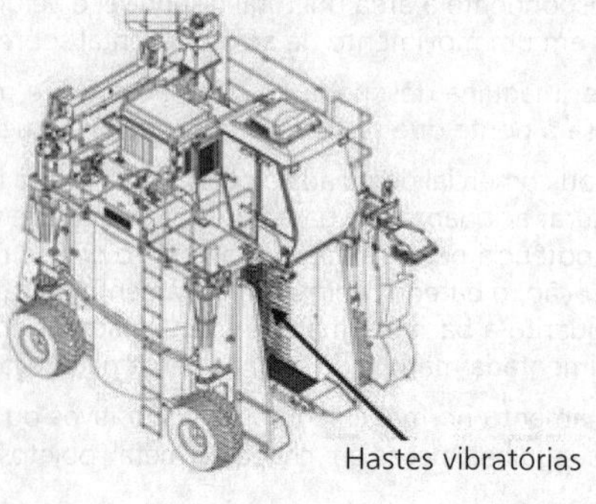

Colhedora de cana-de-açúcar: equipamento que permite a colheita de cana de modo uniforme, por possuir sistema de corte de base capaz de cortar a cana-de-açúcar acompanhando o perfil do solo. Possui um sistema de elevador que desloca a cana cortada até a unidade de transbordo.

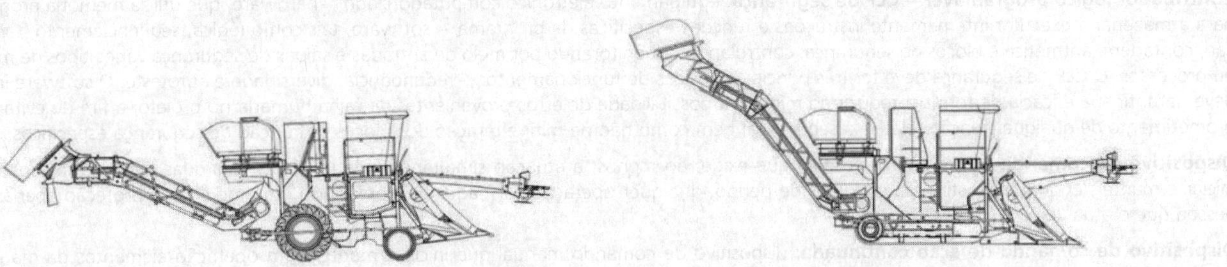

Colhedora de forragem ou forrageira autopropelida: equipamento agrícola automotriz apropriado para colheita e forragem de milho, sorgo, girassol e outros. Executa o corte da planta, sendo capaz de colher ou recolher, triturar e recolher a cultura cortada em contentores ou veículos separados de transbordo.

Colhedora de grãos: máquina destinada à colheita de grãos, como trigo, soja, milho, arroz, feijão, etc. O produto é recolhido por meio de uma plataforma de corte e conduzido para a área de trilha e separação, onde o grão é separado da palha, que é expelida, enquanto o grão é transportado ao tanque graneleiro.

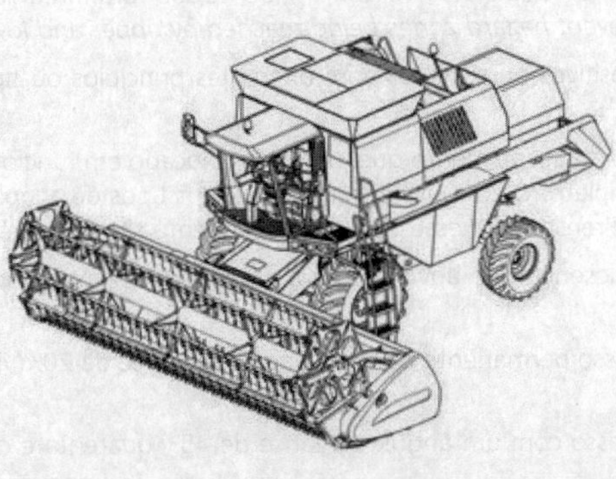

Colhedora de laranja: máquina agrícola autopropelida que efetua a colheita da laranja e outros cítricos similares.

Controlador configurável de segurança — CCS: equipamento eletrônico computadorizado — hardware, que utiliza memória configurável para armazenar e executar internamente intertravamentos de funções específicas de programa — software, tais como sequenciamento, temporização, contagem e blocos de segurança, controlando e monitorando por meio de entradas e saídas de segurança vários tipos de máquinas ou processos. Deve ter três princípios básicos de funcionamento: — redundância, diversidade e autoteste. O software instalado deve garantir sua eficácia de forma a reduzir ao mínimo a possibilidade de erros provenientes de falha humana no projeto, a fim de evitar o comprometimento de qualquer função relativa à segurança, bem como não permitir alteração dos blocos de função de segurança específicos.

Controlador lógico programável — CLP de segurança: equipamento eletrônico computadorizado — hardware, que utiliza memória programável para armazenar e executar internamente instruções e funções específicas de programa — software, tais como lógica, seqüenciamento, temporização, contagem, aritmética e blocos de segurança, controlando e monitorando por meio de entradas e saídas de segurança vários tipos de máquinas ou processos. O CLP de segurança deve ter três princípios básicos de funcionamento: — redundância, diversidade e autoteste. O software instalado deve garantir sua eficácia de forma a reduzir ao mínimo a possibilidade de erros provenientes de falha humana no projeto, a fim de evitar o comprometimento de qualquer função relativa à segurança, bem como não permitir alteração dos blocos de função de segurança específicos.

Dispositivo de comando bimanual: dispositivo que exige, ao menos, a atuação simultânea pela utilização das duas mãos, com o objetivo de iniciar e manter, enquanto existir uma condição de perigo, qualquer operação da máquina, propiciando uma medida de proteção apenas para a pessoa que o atua.

Dispositivo de comando de ação continuada: dispositivo de comando manual que inicia e mantém em operação elementos da máquina ou equipamento apenas enquanto estiver atuado.

Dispositivo de comando por movimento limitado passo a passo: dispositivo de comando cujo acionamento permite apenas um deslocamento limitado de um elemento de uma máquina ou equipamento, reduzindo assim o risco tanto quanto possível, ficando excluído qualquer movimento posterior até que o comando seja desativado e acionado de novo.

Dispositivo de intertravamento: chave de segurança mecânica, eletromecânica, magnética ou óptica projetada para este fim e sensor indutivo de segurança, que atuam enviando um sinal para a fonte de alimentação do perigo e interrompendo o movimento de perigo toda a vez que a proteção for retirada ou aberta.

Dispositivo de retenção mecânica: dispositivo que tem por função inserir em um mecanismo um obstáculo mecânico, como cunha, veio, fuso, escora, calço etc., capaz de se opor pela sua própria resistência a qualquer movimento perigoso, por exemplo, queda de uma corrediça no caso de falha do sistema de retenção normal.

Dispositivo inibidor ou defletor: obstáculo físico que, sem impedir totalmente o acesso a uma zona perigosa, reduz sua probabilidade restringindo as possibilidades de acesso.

Dispositivo limitador: dispositivo que impede que uma máquina ou elemento de uma máquina ultrapasse um dado limite, por exemplo, limite no espaço, limite de pressão etc.

Distância de segurança: distância que protege as pessoas do alcance das zonas de perigo, sob condições específicas para diferentes situações de acesso. Quando utilizadas proteções, ou seja, barreiras físicas que restringem o acesso do corpo ou parte dele, devem ser observadas as distâncias mínimas constantes do item A do Anexo I desta Norma, que apresenta os principais quadros e tabelas da ABNT NBRNM-ISO 13852 — Segurança de Máquinas — Distâncias de segurança para impedir o acesso a zonas de perigo pelos membros superiores. As distâncias de segurança para impedir o acesso dos membros inferiores são determinadas pela ABNT NBRNM-ISO 13853 e devem ser utilizadas quando há risco apenas para os membros inferiores, pois quando houver risco para membros superiores e inferiores as distâncias de segurança previstas na norma para membros superiores devem ser atendidas. As normas ABNT NBRNM-ISO 13852 e ABNT NBRNM-ISO 13853 foram reunidas em uma única norma, a EN ISO 13857:2008 — *Safety of machinery — Safety distances to prevent hazard zones being reached by upper and lower limbs*, ainda sem tradução no Brasil.

Diversidade: aplicação de componentes, dispositivos ou sistemas com diferentes princípios ou tipos, podendo reduzir a probabilidade de existir uma condição perigosa.

Engate mecânico por chaveta ou similar: tipo de acoplamento que, uma vez colocado em funcionamento ou ativado, não pode ser desengatado até que o martelo tenha realizado um ciclo completo. O conceito inclui ainda certos tipos de acoplamento que somente podem ser desengatados em certas posições do ciclo de funcionamento. Prensas com esse tipo de acoplamento são extremamente perigosas, e sua fabricação é proibida.

Equipamento tracionado: equipamento que desenvolve a atividade para a qual foi projetado, deslocando-se por meio do sistema de propulsão de outra máquina que o conduz.

Escada de degraus com espelho: meio de acesso permanente com um ângulo de lance de 20° (vinte graus) a 45° (quarenta e cinco graus), cujos elementos horizontais são degraus com espelho.

Escada de degraus sem espelho: meio de acesso com um ângulo de lance de 45° (quarenta e cinco graus) a 75° (setenta e cinco graus), cujos elementos horizontais são degraus sem espelho.

Escada do tipo marinheiro: meio permanente de acesso com um ângulo de lance de 75° (setenta e cinco graus) a 90° (noventa graus), cujos elementos horizontais são barras ou travessas.

Escorregamento: movimento do eixo de manivela, excêntrico, além de um ponto de parada definido.

Escavadeira hidráulica em aplicação florestal: escavadeira projetada para executar trabalhos de construção, que pode ser utilizada em aplicação florestal por meio da instalação de dispositivos especiais que permitam o corte, desgalhamento, processamento ou carregamento de toras.

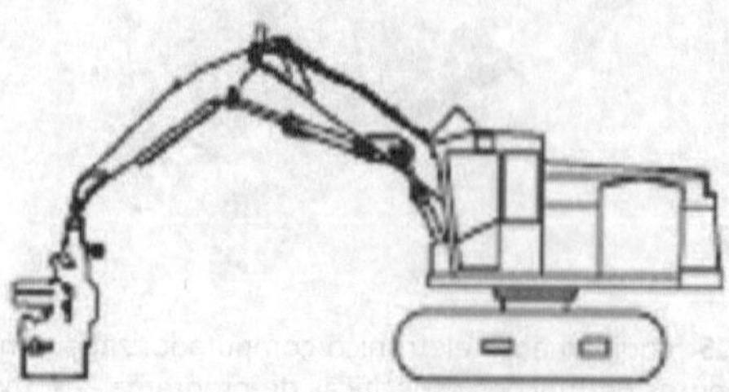

Espaço confinado: qualquer área ou ambiente não projetado para ocupação humana contínua, que possua meios limitados de entrada e saída, com ventilação insuficiente para remover contaminantes ou onde possa existir deficiência ou enriquecimento de oxigênio.

Especificação e limitação técnica: para efeito desta Norma são informações detalhadas na máquina ou manual, tais como: capacidade, velocidade de rotação, dimensões máximas de ferramentas, massa de partes desmontáveis, dados de regulagem, necessidade de utilização de EPI, frequência de inspeções e manutenções etc.

ESPS (*Electro-sensitive protective Systems*): sistema composto por dispositivos ou componentes que operam conjuntamente, com objetivo de proteção e sensoriamento da presença humana, compreendendo no mínimo: dispositivo de sensoriamento, dispositivo de monitoração ou controle e dispositivo de chaveamento do sinal de saída.

Exigência Cognitiva: exigência ligada a processos mentais como percepção, atenção, memória, raciocínio, agilidade mental, linguagem e interpretação. Envolve a necessidade de absorver informações, de memorização por meio da captação sensitiva, ou seja, visão, audição, tato, etc., de interpretar, compreender, avaliar, discriminar para então reagir, tomar uma decisão ou efetuar uma ação na interação entre o homem e outros elementos do sistema ou máquinas.

Fadiga do trabalhador: manifestação, mental ou física, local ou geral, não patológica, de uma tensão de trabalho excessiva, completamente reversível mediante descanso.

Falha segura: o princípio de falha segura requer que um sistema entre em estado seguro, quando ocorrer falha de um componente relevante à segurança. A principal pré-condição para a aplicação desse princípio é a existência de um estado seguro em que o sistema pode ser projetado para entrar nesse estado quando ocorrerem falhas. O exemplo típico é o sistema de proteção de trens (estado seguro = trem parado). Um sistema pode não ter um estado seguro como, por exemplo, um avião. Nesse caso, deve ser usado o princípio de vida segura, que requer a aplicação de redundância e de componentes de alta confiabilidade para se ter a certeza de que o sistema sempre funcione.

Fase de utilização: fase que compreende todas as etapas de construção, transporte, montagem, instalação, ajuste, operação, limpeza, manutenção, inspeção, desativação e desmonte.

Fatiador de frios: máquina com lâmina tracionada em formato de disco utilizada para fatiar frios. O tipo mais frequente possui lâmina girante em forma de disco com proteção regulável para cobri-la, como borda do disco e carro porta-frios. A operação de fatiar é feita pelo movimento de vai e vem do carro porta-frios, que conduz o material a ser processado sobre a lâmina girante. Esse tipo de máquina oferece risco de acidente aos trabalhadores durante a operação, regulagem manual da proteção para expor a lâmina para operação de corte, limpeza e afiação. Máquinas mais modernas possuem lâmina girante em forma de disco com movimento de vai e vem sob uma mesa horizontal sem acesso aos trabalhadores à zona de movimento da lâmina. A zona de corte é acessada por meio de uma calha vertical porta-frios, que funciona como alimentador, e proteção móvel intertravada, que veda o acesso à lâmina. A descarga do material processado se dá por esteira ou bandeja.

Fatiadora de pães: máquina concebida para uso profissional destinada a cortar pães em fatias uniformes e paralelas. É basicamente composta por estrutura, acionamento, proteções e dispositivo de corte. O dispositivo de corte pode seccionar o produto tanto na vertical quanto na horizontal e pode ser constituído por um conjunto de facas serrilhadas que cortam por movimento oscilatório ou por uma serra contínua que corta pelo movimento em um único sentido. Para seu funcionamento, o motor transmite potência para o dispositivo de corte movimentando-o enquanto o pão é introduzido para o corte na região de carga, conduzido pelo dispositivo de alimentação.

Feller buncher: trator florestal cortador-enfeixador de troncos para abate de árvores inteiras por meio do uso de implemento de corte com disco ou serra circular e garras para segurar e enfeixar vários troncos simultaneamente.

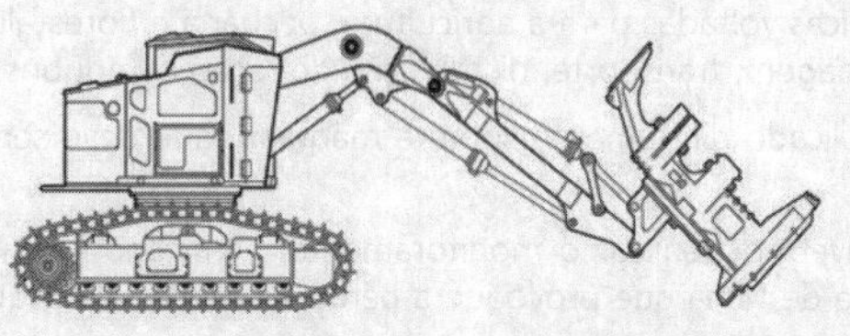

Forrageira tracionada: implemento agrícola que, quando acoplado a um trator agrícola, pode realizar a operação de colheita ou recolhimento e trituração da planta forrageira, sendo o material triturado, como forragem, depositado em contentores ou veículos separados de transbordo.

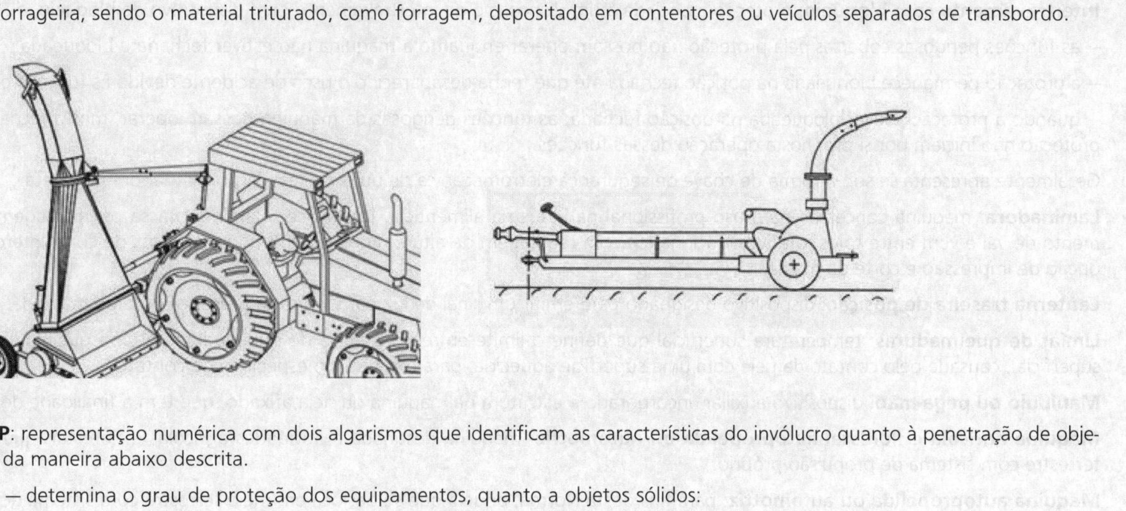

Grau de proteção — IP: representação numérica com dois algarismos que identificam as características do invólucro quanto à penetração de objetos sólidos ou líquidos, da maneira abaixo descrita.

1º (primeiro) algarismo — determina o grau de proteção dos equipamentos, quanto a objetos sólidos:

0 — não protegido;

1 — protegido contra objetos sólidos com diâmetro maior que 50 mm (cinquenta milímetros);

2 — protegido contra objetos sólidos com diâmetro maior que 12 mm (doze milímetros);

3 — protegido contra objetos sólidos com diâmetro maior que 2,5 mm (dois milímetros e meio);

4 — protegido contra objetos sólidos com diâmetro maior que 1 mm (um milímetro);

5 — protegido contra poeira;

6 — totalmente protegido contra poeira;

2º (segundo) algarismo — determina o grau de proteção dos equipamentos, quanto à entrada de água:

0 — não protegido;

1 — protegido contra quedas verticais de gotas d'água;

2 — protegido contra quedas verticais de gotas d'água para uma inclinação máxima de 15º (quinze graus);

3 — protegido contra água aspergida de um ângulo de +/- 69º (mais ou menos sessenta e nove graus);

4 — protegido contra projeções d'água;

5 — protegido contra jatos d'água;

6 — protegido contra ondas do mar ou jatos potentes;

7 — protegido contra imersão;

8 — protegido contra submersão.

Harvester: trator florestal cortador de troncos para abate de árvores, utilizando cabeçote processador que corta troncos um por vez, e que tem capacidade de processar a limpeza dos galhos e corte subsequente em toras de tamanho padronizado.

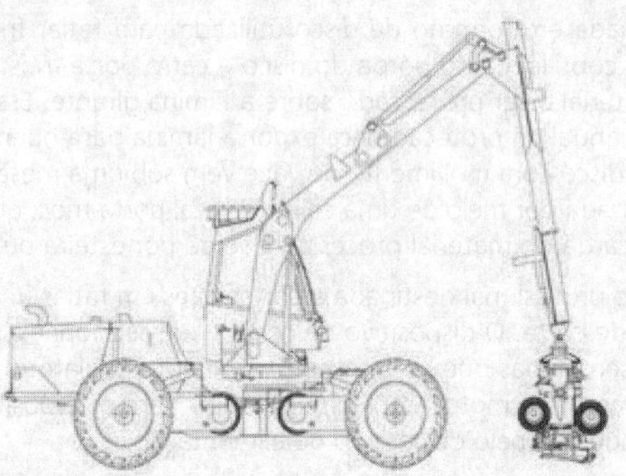

Implemento Agrícola e Florestal: dispositivo sem força motriz própria que é conectado a uma máquina e que, quando puxado, arrastado ou operado, permite a execução de operações específicas voltadas para a agricultura, pecuária e florestal, como preparo do solo, tratos culturais, plantio, colheita, abertura de valas para irrigação e drenagem, transporte, distribuição de ração ou adubos, poda e abate de árvores, etc.

Informação ou símbolo indelével: aquele aplicado diretamente sobre a máquina, que deve ser conservado de forma integra e legível durante todo o tempo de utilização máquina.

Interface de segurança: dispositivo responsável por realizar o monitoramento, verificando a interligação, posição e funcionamento de outros dispositivos do sistema, impedindo a ocorrência de falha que provoque a perda da função de segurança, como relés de segurança, controladores configuráveis de segurança e CLP de segurança.

Intertravamento com bloqueio: proteção associada a um dispositivo de intertravamento com dispositivo de bloqueio, de tal forma que:

— as funções perigosas cobertas pela proteção não possam operar enquanto a máquina não estiver fechada e bloqueada;

— a proteção permanece bloqueada na posição fechada até que tenha desaparecido o risco de acidente devido às funções perigosas da máquina; e

— quando a proteção estiver bloqueada na posição fechada, as funções perigosas da máquina possam operar, mas o fechamento e o bloqueio da proteção não iniciem por si próprios a operação dessas funções.

Geralmente apresenta-se sob a forma de chave de segurança eletromecânica de duas partes: corpo e atuador — lingueta.

Laminadora: máquina concebida para uso profissional na indústria alimentícia. Destina-se a laminar massa por passagem consecutiva em movimento de vai e vem entre rolos rotativos tracionados com regulagem de altura. Pode possuir rolos rotativos de corte intercambiáveis, oferecendo opção de impressão e corte da massa.

Lanterna traseira de posição: dispositivo designado para emitir um sinal de luz para indicar a presença de uma máquina.

Limiar de queimaduras: temperatura superficial que define o limite entre a ausência de queimaduras e uma queimadura de espessura parcial superficial, causada pelo contato da pele com uma superfície aquecida, para um período específico de contato.

Manípulo ou pega-mão: dispositivo auxiliar, incorporado à estrutura da máquina ou nela afixado, que tem a finalidade de permitir o acesso.

Máquina agrícola e florestal autopropelida ou automotriz: máquina destinada a atividades agrícolas e florestais que se desloca sobre meio terrestre com sistema de propulsão próprio.

Máquina autopropelida ou automotriz: para fins desta Norma, aquela que se desloca em meio terrestre com sistema de propulsão próprio.

Máquina de construção em aplicação agro-florestal: máquina originalmente concebida para realização de trabalhos relacionados à construção e movimentação de solo e que recebe dispositivos específicos para realização de trabalhos ligados a atividades agroflorestais.

Máquina e equipamento: para fins de aplicação desta Norma, o conceito inclui somente máquina e equipamento de uso não doméstico e movido por força não humana.

Máquina estacionária: aquela que se mantém fixa em um posto de trabalho, ou seja, transportável para uso em bancada ou em outra superfície estável em que possa ser fixada.

Máquina ou equipamento manual: máquina ou equipamento portátil guiado à mão.

Máquina ou implemento projetado: todo equipamento ou dispositivo desenhado, calculado, dimensionado e construído por profissional habilitado, para o uso adequado e seguro.

Modeladora: máquina concebida para uso na indústria alimentícia, para modelar massa para pães por passagem entre rolos rotativos, que achatam a porção de massa a ser modelada. A porção de massa achatada é enrolada pela passagem entre duas superfícies, que podem ser duas correias transportadoras ou uma correia transportadora e uma placa fixa e, por fim, é alongada pela passagem entre correias transportadoras. É composta basicamente por estrutura, correia transportadora de alimentação, correias transportadoras de descarga e moldagem ou alongamento, proteções, conjunto de guias, conjunto de rolos e acionamento. Para seu funcionamento, o motor de acionamento transmite potência às correias transportadoras e ao conjunto de rolos, e cada rolo adquire movimento de rotação sobre seu eixo causando a passagem da massa entre eles. Pode operar com alimentação e descarga manuais. Em determinadas situações o mesmo tipo de máquina também é denominado alongadora.

Moedor de carne — picador de carne: máquina que utiliza rosca sem fim para moer carne. É composta por bocal instalado em bandeja para entrada da carne e rosca sem fim dentro de duto que a conduz em direção à lâmina de corte e, em seguida, até o bocal perfurado — zona de descarga.

Moinho para farinha de rosca: máquina concebida para uso profissional, destinada a reduzir mecanicamente partes de pão torrado em farinha. É composta por base e bocal, acionamento, proteções e dispositivo de moagem.

Monitoramento: função intrínseca de projeto do componente ou realizada por interface de segurança que garante a funcionalidade de um sistema de segurança quando um componente ou um dispositivo tiver sua função reduzida ou limitada, ou quando houver situações de perigo devido a alterações nas condições do processo.

Motocultivador — trator de Rabiças, "mula mecânica" ou microtrator: equipamento motorizado de duas rodas utilizado para tracionar implementos diversos, desde preparo de solo até colheita. Caracteriza-se pelo fato de o operador caminhar atrás do equipamento durante o trabalho.

Motopoda: máquina similar à motosserra, dotada de cabo extensor para maior alcance nas operações de poda.

Motosserra: serra motorizada de empunhadura manual utilizada principalmente para corte e poda de árvores equipada obrigatorimente com:

a) freio manual ou automático de corrente, que consiste em dispositivo de segurança que interrompe o giro da corrente, acionado pela mão esquerda do operador;

b) pino pega-corrente, que consiste em dispositivo de segurança que reduz o curso da corrente em caso de rompimento, evitando que atinja o operador;

c) protetor da mão direita, que consiste em proteção traseira que evita que a corrente atinja a mão do operador em caso de rompimento;

d) protetor da mão esquerda, que consiste em proteção frontal para evitar que a mão do operador alcance involuntariamente a corrente durante a operação de corte; e

e) trava de segurança do acelerador, que consiste em dispositivo que impede a aceleração involuntária.

Muting: desabilitação automática e temporária de uma função de segurança por meio de componentes de segurança ou circuitos de comando responsáveis pela segurança, durante o funcionamento normal da máquina.

Opcional: dispositivo ou sistema não previsto nesta Norma, como faróis auxiliares.

Outro tipo de microtrator e cortador de grama autopropelido: máquina de pequeno porte destinada à execução de serviços gerais e de conservação de jardins residenciais ou comerciais. Seu peso bruto total sem implementos não ultrapassa 600 kg (seiscentos quilogramas).

Permissão de trabalho — ordem de serviço: documento escrito, específico e auditável, que contenha, no mínimo, a descrição do serviço, a data, o local, nome e a função dos trabalhadores e dos responsáveis pelo serviço e por sua emissão e os procedimentos de trabalho e segurança.

Plantadeira tracionada: implemento agrícola que, quando acoplado a um trator agrícola, pode realizar a operação de plantio de culturas, como sementes, mudas, tubérculos ou outros.

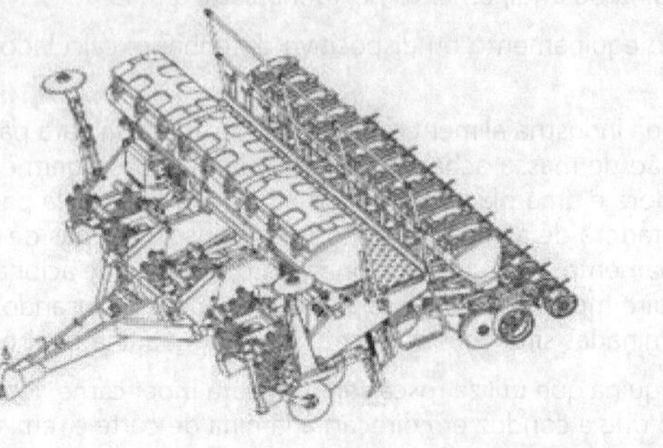

Plataforma ou escada externa para máquina autopropelida agrícola, florestal e de construção em aplicações agro-florestais: dispositivo de apoio não fixado de forma permanente na máquina.

Posto de operação: local da máquina ou equipamento de onde o trabalhador opera a máquina.

Posto de trabalho: qualquer local de máquinas e equipamentos em que seja requerida a intervenção do trabalhador.

Prensa mecânica excêntrica servoacionada: máquina que utiliza motor de torque ou servomotor ligado mecanicamente ao eixo de acionamento da máquina. O servoacionamento deve ficar intertravado com o sistema de segurança. Esse tipo de acionamento deve possuir um dispositivo de retenção do martelo, que pode ser incorporado no próprio motor. O sistema redundante de frenagem deve ser dimensionado de forma que possa bloquear o movimento do martelo em qualquer ângulo do excêntrico, em caso de emergência ou no caso de intervenção para manutenção. O sistema deve ser intertravado ao sistema de controle elétrico de segurança e projetado para atender ao nível de categoria 4 (quatro) de proteção.

Profissional habilitado para a supervisão da capacitação: profissional que comprove conclusão de curso específico na área de atuação, compatível com o curso a ser ministrado, com registro no competente conselho de classe, se necessário.

Profissional legalmente habilitado: trabalhador previamente qualificado e com registro no competente conselho de classe, se necessário.

Profissional ou trabalhador capacitado: aquele que recebeu capacitação sob orientação e responsabilidade de profissional habilitado.

Profissional ou trabalhador qualificado: aquele que comprove conclusão de curso específico na sua área de atuação e reconhecido pelo sistema oficial de ensino.

Proteção fixa distante: proteção que não cobre completamente a zona de perigo, mas que impede ou reduz o acesso em razão de suas dimensões e sua distância em relação à zona de perigo, como, por exemplo, grade de perímetro ou proteção em túnel.

Psicofisiológico: característica que engloba o que constitui o caráter distintivo, particular de uma pessoa, incluindo suas capacidades sensitivas, motoras, psíquicas e cognitivas, destacando, entre outras, questões relativas aos reflexos, à postura, ao equilíbrio, à coordenação motora e aos mecanismos de execução dos movimentos que variam intra e inter indivíduos. Inclui, no mínimo, o conhecimento antropológico, psicológico, fisiológico relativo ao ser humano. Engloba, ainda, temas como níveis de vigilância, sono, motivação e emoção, memória e aprendizagem.

Pulverizador autopropelido: instrumento ou máquina utilizado na agricultura no combate às pragas da lavoura, infestação de plantas daninha e insetos. Sua maior função é permitir o controle da dosagem na aplicação de defensivos ou fertilizantes sobre determinada área.

Pulverizador tracionado: implemento agrícola que, quando acoplado a um trator agrícola, pode realizar a operação de aplicar agrotóxicos.

Queimadura de espessura parcial superficial: queimadura em que a epiderme é completamente destruída, mas os folículos pilosos e glândulas sebáceas, bem como as glândulas sudoríparas, são poupados.

Rampa: meio de acesso permanente inclinado e contínuo em ângulo de lance de 0° (zero grau) a 20° (vinte graus).

Redundância: aplicação de mais de um componente, dispositivo ou sistema, a fim de assegurar que, havendo uma falha em um deles na execução de sua função o outro estará disponível para executar esta função.

Relé de segurança: componente com redundância e circuito eletrônico dedicado para acionar e supervisionar funções específicas de segurança, tais como chaves de segurança, sensores, circuitos de parada de emergência, ESPEs, válvulas e contatores, garantido que, em caso de falha ou defeito desses ou em sua fiação, a máquina interrompa o funcionamento e não permita a inicialização de um novo ciclo, até o defeito ser sanado. Deve ter três princípios básicos de funcionamento: redundância, diversidade e autoteste.

Ruptura positiva — operação de abertura positiva de um elemento de contato: efetivação da separação de um contato como resultado direto de um movimento específico do atuador da chave do interruptor, por meio de partes não resilientes, ou seja, não dependentes da ação de molas.

Seletor — chave seletora, dispositivo de validação: chave seletora ou seletora de modo de comando com acesso restrito ou senha de tal forma que:

a) possa ser bloqueada em cada posição, impedindo a mudança de posição por trabalhadores não autorizados;

b) cada posição corresponda a um único modo de comando ou de funcionamento;

c) o modo de comando selecionado tenha prioridade sobre todos os outros sistemas de comando, com exceção da parada de emergência; e

d) torne a seleção visível, clara e facilmente identificável.

Serra fita para corte de carnes em varejo: máquina utilizada em açougue para corte de carnes, principalmente com osso, constituída por duas polias que guiam a fita serrilhada, sendo que o movimento da polia inferior é tracionado. É operada por um único trabalhador localizado em frente à máquina, deixando as partes laterais e traseiras livres. Há constante exposição do operador à zona de corte ao manipular a peça de carne a ser cortada.

Símbolo — pictograma: desenho esquemático normatizado, destinado a significar certas indicações simples.

Sistema de proteção contra quedas: estrutura fixada à máquina ou equipamento, projetada para impedir a queda de pessoas, materiais ou objetos.

Sistema mecânico de frenagem: sistema mecânico utilizado para parada segura do movimento de risco, que garanta o retorno à posição frenado quando houver a interrupção da fonte de energia.

Talão: parte mais rígida — reforçada do pneu, que entra em contato com o aro, garantindo sua fixação.

Tensão de trabalho — work strain: resposta interna do trabalhador ao ser exposto à pressão de trabalho, dependente de suas características individuais, por exemplo, tamanho, idade, capacidade, habilidade, destrezas, etc.

Trator acavalado: trator agrícola em que, devido às dimensões reduzidas, a plataforma de operação consiste apenas de um piso pequeno nas laterais para o apoio dos pés e operação.

Trator agrícola: máquina autopropelida de médio a grande porte, destinada a puxar ou arrastar implementos agrícolas. Possui uma ampla gama de aplicações na agricultura e pecuária, e é caracterizado por possuir no mínimo dois eixos para pneus ou esteiras e peso, sem lastro ou implementos, maior que 600 kg (seiscentos quilogramas) e bitola mínima entre pneus traseiros, com o maior pneu especificado, maior que 1280 mm (mil duzentos e oitenta milímetros).

Trator agrícola estreito: trator de pequeno porte destinado à produção de frutas, café e outras aplicações nas quais o espaço é restrito e utilizado para implementos de pequeno porte. Possui bitola mínima entre pneus traseiros, com o maior pneu especificado, menor ou igual a 1280 mm (mil duzentos e oitenta milímetros) e peso bruto total acima de 600 Kg (seiscentos quilogramas).

Válvula e bloco de segurança: componente conectado à máquina ou equipamento com a finalidade de permitir ou bloquear, quando acionado, a passagem de fluidos líquidos ou gasosos, como ar comprimido e fluidos hidráulicos, de modo a iniciar ou cessar as funções da máquina ou equipamento. Deve possuir monitoramento para a verificação de sua interligação, posição e funcionamento, impedindo a ocorrência de falha que provoque a perda da função de segurança.

Zona perigosa: Qualquer zona dentro ou ao redor de uma máquina ou equipamento, onde uma pessoa possa ficar exposta a risco de lesão ou dano à saúde.

ANEXO V

MOTOSSERRAS

1. As motosserras devem dispor dos seguintes dispositivos de segurança:

a) freio manual ou automático de corrente;

b) pino pega-corrente;

c) protetor da mão direita;

d) protetor da mão esquerda; e

e) trava de segurança do acelerador.

1.1. As motopodas e similares devem atender, no que couber, o disposto no item 1 e alíneas deste Anexo.

2. Os fabricantes e importadores de motosserras e similares devem informar, nos catálogos e manuais de instruções de todos os modelos, os níveis de ruído e vibração e a metodologia utilizada para a referida aferição.

3. As motosserras e similares fabricadas e importadas devem ser comercializadas com manual de instruções que contenha informações relativas à segurança e à saúde no trabalho, especialmente:

a) quanto aos riscos à segurança e a saúde durante o seu manuseio;

b) instruções de segurança no trabalho com o equipamento, de acordo com o previsto nas Recomendações Práticas da Organização Internacional do Trabalho — OIT;

c) especificações de ruído e vibração; e

d) advertências sobre o uso inadequado.

4. Os fabricantes e importadores de motosserras e similares instalados no País devem disponibilizar, por meio de seus revendedores, treinamento e material didático para os usuários, conforme conteúdo programático relativo à utilização constante do manual de instruções.

4.1. Os empregadores devem promover, a todos os operadores de motosserra e similares, treinamento para utilização segura da máquina, com carga horária mínima de oito horas e conforme conteúdo programático relativo à utilização constante do manual de instruções.

4.2. Os certificados de garantia das máquinas devem ter campo específico, a ser assinado pelo consumidor, confirmando a disponibilidade do treinamento ou responsabilizando-se pelo treinamento dos trabalhadores que utilizarão a máquina.

5. Todos os modelos de motosserra e similares devem conter sinalização de advertência indelével e resistente, em local de fácil leitura e visualização do usuário, com a seguinte informação: o uso inadequado pode provocar acidentes graves e danos à saúde.

6. É proibido o uso de motosserras e similares à combustão interna em lugares fechados ou insuficientemente ventilados.

ANEXO VI

MÁQUINAS PARA PANIFICAÇÃO E CONFEITARIA

(Vide prazos no Art. 4º da Portaria SIT n. 197, de 17 de dezembro de 2010)

1. Este Anexo estabelece requisitos específicos de segurança para máquinas de panificação e confeitaria, a saber: amassadeiras, batedeiras, cilindros, modeladoras, laminadoras, fatiadoras para pães e moinho para farinha de rosca.

2. Amassadeiras:

2.1. Para aplicação deste Anexo consideram-se:

a) amassadeiras classe 1: amassadeiras cujas bacias têm volume maior do que 5l (cinco litros) e menor ou igual a 90l (noventa litros) com capacidade de alimentação de até 25 kg (vinte e cinco quilogramas) de farinha por ciclo de trabalho;

b) amassadeiras classe 2: amassadeiras cujas bacias têm volume maior do que 90l (noventa litros) e menor ou igual a 270l (duzentos e setenta litros) com capacidade de alimentação de até 100 kg (cem quilogramas) de farinha por ciclo de trabalho;

c) amassadeiras classe 3: amassadeiras cujas bacias têm volume maior do que 270l (duzentos e setenta litros) com capacidade de alimentação de mais de 100 kg (cem quilogramas) de farinha por ciclo de trabalho;

d) bacia: recipiente destinado a receber os ingredientes que se transformam em massa após misturados pelo batedor, podendo também ser denominado tacho e cuba;

e) volume da bacia: volume máximo da bacia, usualmente medido em litros;

f) zonas perigosas da bacia: região entre a bacia e outros elementos da máquina, inclusive sua estrutura e seus sistemas de movimentação, que possam oferecer riscos ao operador ou a terceiros;

g) batedor: dispositivo destinado a, por movimento de rotação, misturar os ingredientes e produzir a massa, podendo ter diversas geometrias e ser denominado, no caso de amassadeiras, de garfo ou braço;

h) zona perigosa do batedor: região na qual o movimento do batedor oferece risco ao trabalhador, podendo o risco ser de aprisionamento ou de esmagamento.

2.2. O acesso à zona do batedor deve ser impedido por meio de proteção móvel intertravada por, no mínimo, uma chave de segurança com duplo canal, monitorada por relé de segurança — duplo canal, conforme os itens 12.38 a 12.55 e seus subitens e quadro I, do item A, do Anexo I desta Norma.

2.3. O acesso às zonas perigosas da bacia deve ser impedido por meio de proteções fixas ou proteções móveis intertravadas por, no mínimo, uma chave de segurança com duplo canal, monitorada por relé de segurança — duplo canal, conforme os itens 12.38 a 12.55 e seus subitens e quadro I do item A do Anexo I desta Norma.

2.4. Caso sejam utilizadas chaves de segurança eletromecânicas, ou seja, com atuador mecânico, no intertravamento das proteções móveis, devem ser instaladas duas chaves de segurança com ruptura positiva por proteção — porta, ambas monitoradas por relé de segurança — duplo canal conforme os itens 12.38 a 12.55 e seus subitens desta Norma, atendendo ainda requisitos de higiene e vibração.

2.5. O acesso à zona do batedor e zonas perigosas da bacia somente deve ser possível quando o movimento do batedor e da bacia tenha cessado totalmente.

2.6. Os dispositivos responsáveis pela parada do movimento e por seu monitoramento devem ser confiáveis e seguros, conforme os itens 12.38 a 12.55 e seus subitens desta Norma.

2.7. Quando a máquina não possuir sistema de frenagem, deve ser atendido o disposto no item 12.44, alínea "b", desta Norma.

2.8. As amassadeiras devem possuir, no mínimo, dois botões de parada de emergência, conforme itens 12.56 a 12.63 e seus subitens desta Norma.

2.9. O circuito elétrico do comando da partida e parada do motor elétrico das amassadeiras deve possuir, no mínimo, dois contatores com contatos positivamente guiados, ligados em série, monitorados por interface de segurança.

3. Batedeiras

3.1. Para aplicação deste anexo consideram-se:

a) batedeira classe 1: batedeiras cujas bacias têm volume maior do que 5l (cinco litros) e menor ou igual a 18l (dezoito litros);

b) batedeira classe 2: batedeiras cujas bacias têm volume maior do que 18l (dezoito litros) e menor ou igual a 40l (quarenta litros);

c) batedeira classe 3: batedeiras cujas bacias têm volume maior do que 40l (quarenta litros);

d) bacia: recipiente destinado a receber os ingredientes que se transformarão na massa após misturados pelo batedor, podendo receber, também, as seguintes denominações: tacho e cuba;

e) volume da bacia: volume máximo da bacia usualmente medido em litros;

f) batedor: dispositivo destinado a, por movimento de rotação, misturar os ingredientes e produzir a massa; dependendo do trabalho a ser realizado, pode apresentar diversas geometrias, podendo também ser denominado gancho, leque ou paleta, globo ou arame; e

g) zona perigosa do batedor: região na qual o movimento do batedor oferece risco ao usuário, podendo o risco ser de aprisionamento ou esmagamento.

3.2. O acesso à zona do batedor deve ser impedido por meio de proteção móvel intertravada por, no mínimo, uma chave de segurança com duplo canal, monitorada por relé de segurança — duplo canal, conforme os itens 12.38 a 12.55 e seus subitens e quadro I do item A do Anexo I desta Norma.

3.3. Caso sejam utilizadas chaves de segurança eletromecânicas, com atuador mecânico no intertravamento das proteções móveis, devem ser instaladas duas chaves de segurança com ruptura positiva por proteção — porta, ambas monitoradas por relé de segurança — duplo canal, conforme os itens 12.38 a 12.55 e seus subitens desta Norma, atendendo ainda requisitos de higiene e vibração.

3.4. O acesso à zona perigosa do batedor somente deve ser possível quando o movimento do batedor e da bacia tenha cessado totalmente.

3.5. Os dispositivos responsáveis pela parada do movimento e por seu monitoramento devem ser confiáveis e seguros, conforme os itens 12.38 a 12.55 e seus subitens desta Norma.

3.6. Quando a máquina não possuir sistema de frenagem, deve ser atendido o disposto no item 12.44, alínea "b" desta Norma.

3.7. Deve haver garantia de que o batedor movimente-se apenas com a bacia na sua posição de trabalho.

3.8. As batedeiras de classes 2 e 3 definidas no subitem 3.1, alíneas "b" e "c", deste Anexo, devem possuir dispositivo para manuseio do tipo carrinho manual ou similar para deslocamento da bacia a fim de reduzir o esforço físico do operador.

3.9. As bacias das batedeiras de classe 1 definidas no subitem 3.1, alínea "a", deste Anexo, que não possuam dispositivo para manuseio do tipo carrinho manual ou similar para seu deslocamento, devem possuir pega, ou alças, ergonomicamente adequadas.

3.10. As batedeiras de classes 1, 2 e 3 definidas no subitem 3.1, alíneas "a", "b" e "c", deste Anexo, devem possuir, no mínimo, um botão de parada de emergência, conforme itens 12.56 a 12.63 e seus subitens desta Norma.

3.11. As batedeiras dotadas de sistema de aquecimento por meio de queima de combustível devem atender ao disposto no item 12.108 desta Norma e os requisitos das normas técnicas oficiais vigentes.

3.12. A temperatura máxima das superfícies acessíveis aos trabalhadores deve atender ao disposto no item 12.109 desta Norma e os requisitos das normas técnicas oficiais vigentes.

3.13. O dispositivo para movimentação vertical da bacia deve ser resistente para suportar os esforços solicitados e não deve gerar quaisquer riscos de aprisionamento ou compressão dos segmentos corporais dos trabalhadores durante seu acionamento e movimentação da bacia.

3.14. As batedeiras de classe 2 definidas no subitem 3.1, alínea "b", deste Anexo, devem possuir dispositivo de movimentação vertical mecanizado, que reduza ao máximo o esforço e que garanta condições ergonômicas adequadas.

3.15. As batedeiras de classe 3 definidas no subitem 3.1, alínea "c', deste Anexo, devem possuir dispositivo de movimentação vertical motorizado com acionamento por meio de dispositivo de comando de ação continuada.

3.16. O circuito elétrico do comando da partida e parada do motor elétrico das batedeiras deve possuir, no mínimo, dois contatores com contatos positivamente guiados, ligados em série, monitorados por interface de segurança.

4. Cilindro de panificação

4.1. Para aplicação deste Anexo considera-se cilindro de panificação a máquina de uso não doméstico, independente da capacidade, comprimento e diâmetro dos rolos cilíndricos, concebido para sovar a massa de fazer pães.

4.1.1. O cilindro de panificação consiste principalmente de dois cilindros paralelos tracionados que giram em sentido de rotação inversa, mesa baixa, prancha de extensão traseira, motor e polias.

4.1.1.1. Os conceitos e definições aqui empregados levam em conta a atual tecnologia empregada no segmento, ou seja, alimentação manual.

4.2. Para cilindros dotados de esteira que conduz a massa para a zona de cilindragem, as definições e proteções necessárias são as mesmas das modeladoras de pães, entendendo-se que o acesso à zona perigosa dos rolos, previsto no subitem 5.2.1.2 deste Anexo, deve ser isento de movimento de inércia por meio de sistema mecânico de frenagem.

4.3. Definições aplicáveis a cilindros:

a) mesa baixa: prancha na posição horizontal, utilizada como apoio para o operador manusear a massa;

b) prancha de extensão traseira: prancha inclinada em relação à base utilizada para suportar e encaminhar a massa até os cilindros;

c) cilindros superior e inferior: cilindros paralelos tracionados que giram em sentido de rotação inverso que comprimem a massa, tornando-a uniforme e na espessura desejada, situados entre a mesa baixa e a prancha de extensão traseira;

d) distância de segurança: distância mínima necessária para dificultar o acesso à zona de perigo;

e) movimento de risco: movimento de partes da máquina que pode causar danos pessoais;

f) rolete obstrutivo: rolo cilíndrico não tracionado, de movimento livre, posicionado sobre o cilindro superior, para evitar o acesso do operador à zona de perigo;

g) chapa de fechamento do vão entre cilindros: proteção móvel intertravada que impede o acesso do operador à zona de convergência entre cilindros;

h) indicador visual: mostrador com régua graduada que indica a distância entre os cilindros superior e inferior, e determina a espessura da massa, evitando o ato de colocar as mãos para verificar a abertura dos cilindros;

i) proteção lateral: proteção fixa nas laterais, especialmente na prancha de extensão traseira, para eliminar a possibilidade de contato com a zona de movimentação de risco;

j) botão de parada de emergência: botão do tipo cogumelo na cor vermelha, à prova de poeira, posicionado em ambos os lados do cilindro de panificação, para acionamento da parada instantânea da máquina em caso de emergência, devendo o sistema mecânico de frenagem atuar de tal forma que elimine o movimento de inércia dos cilindros;

k) lâmina de limpeza para o cilindro superior: lâmina paralela ao eixo do cilindro e com mesmo comprimento, mantida tensionada para obter contato com a superfície inferior do cilindro, retirando os resíduos de massa;

l) chapa de fechamento de limpeza: proteção fixa que impede o acesso ao vão entre o cilindro inferior e a mesa baixa, proporcionando a limpeza de resíduos do cilindro inferior.

Figura 1: Desenho em corte da zona de trabalho do cilindro de panificação.

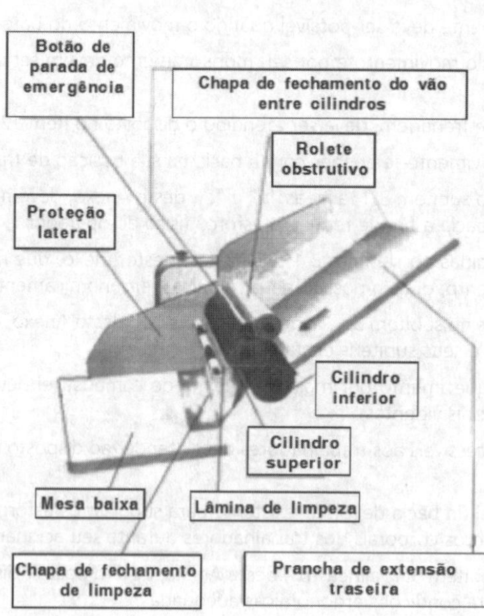

Fonte: Fundacentro.

4.4. Os cilindros de panificação devem manter uma distância mínima de segurança conforme Figura 2, respeitando os aspectos ergonômicos previstos nesta Norma.

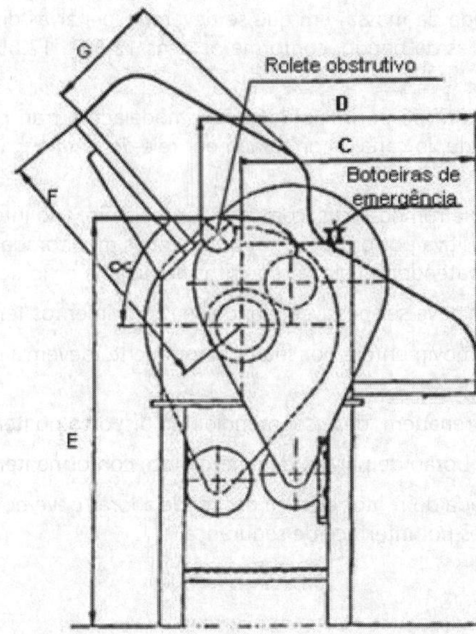

Figura 2: Desenho esquemático do cilindro de panificação.

Legenda — dimensões em milímetros com tolerância de 25,00 mm (vinte e cinco milímetros)

B: 850

C: 840

D: 890

E: 1170

F: 900

G: 710

α: 50º (cinquenta graus) a 55º (cinquenta e cinco graus) — ângulo de inclinação da prancha de extensão traseira

(Retificada no D.O.U. de 10.1.11 — Seção 1 — p. 84)

4.5. Entre o rolete obstrutivo e o cilindro tracionado superior deve haver proteção móvel intertravada — chapa de fechamento do vão entre cilindros — por, no mínimo, uma chave de segurança com duplo canal, monitorada por relé de segurança, duplo canal, conforme os itens 12.38 a 12.55 e seus subitens e quadro I do item A do Anexo I desta Norma.

4.5.1. Caso sejam utilizadas chaves de segurança eletromecânicas com atuador mecânico, no intertravamento das proteções móveis, devem ser instaladas duas chaves de segurança com ruptura positiva por proteção — porta, ambas monitoradas por relé de segurança, duplo canal, conforme os itens 12.38 a 12.55 e seus subitens desta Norma, atendendo ainda requisitos de higiene e vibração.

4.5.2. O acesso à zona de trabalho entre o rolete obstrutivo e o cilindro tracionado superior — chapa de fechamento do vão entre cilindros — somente deve ser possível quando o movimento do cilindro tracionado superior tenha cessado totalmente por meio de sistema mecânico de frenagem, que garanta a parada imediata quando aberta a proteção móvel intertravada, ou acionado o dispositivo de parada de emergência.

4.6. A inversão do sentido de giro dos cilindros tracionados deve ser impedida por sistema de segurança mecânico, elétrico ou eletromecânico à prova de burla, instalado na transmissão de força desses cilindros.

4.7. A máquina deve possuir, no mínimo, dois botões de parada de emergência instalados um de cada lado, conforme itens 12.56 a 12.63 e seus subitens desta Norma.

4.8. O circuito elétrico do comando da partida e parada do motor elétrico dos cilindros deve possuir, no mínimo, dois contatores com contatos positivamente guiados, ligados em série, monitorados por interface de segurança.

5. Modeladoras

5.1. Para aplicação deste anexo consideram-se:

a) correia transportadora modeladora: correia que transporta a porção de massa em processo de enrolamento;

b) correia transportadora enroladora: correia que, por pressionar a porção de massa contra a correia transportadora modeladora e por terem velocidades diferentes, enrola a massa já achatada pela passagem no conjunto de rolos;

c) correia transportadora alongadora: correia que, por pressionar a porção de massa contra a correia transportadora modeladora, alonga ou modela a massa já enrolada;

d) conjunto de rolos: conjunto de corpos cilíndricos que, quando em operação, apresentam movimento de rotação sobre seu eixo de simetria, observando-se que as posições relativas de alguns deles podem ser mudadas alterando-se a distância entre seus eixos de rotação, de forma a alterar a espessura da massa achatada pela passagem entre eles, que a seguir será enrolada e alongada; e

e) zona perigosa dos rolos: região na qual o movimento dos rolos oferece risco de aprisionamento ou esmagamento ao trabalhador.

5.2. O acesso à zona perigosa dos rolos, bem como aos elementos de transmissão das correias transportadoras, deve ser impedido por todos os lados por meio de proteções, exceto a entrada e saída da massa, em que se devem respeitar as distâncias de segurança, de modo a impedir que as mãos e dedos dos trabalhadores alcancem as zonas de perigo, conforme os itens 12.38 a 12.55 e seus subitens e quadro I item A do Anexo I desta Norma.

5.2.1. O acesso à zona perigosa dos rolos para alimentação por meio da correia modeladora transportadora deve possuir proteção móvel intertravada por, no mínimo, uma chave de segurança com duplo canal, monitorada por relé de segurança, duplo canal, conforme os itens 12.38 a 12.55 e seus subitens desta Norma.

5.2.1.1. Caso sejam utilizadas chaves de segurança eletromecânicas, com atuador mecânico, no intertravamento das proteções móveis, devem ser instaladas duas chaves de segurança com ruptura positiva por proteção — porta, ambas monitoradas por relé de segurança, duplo canal, conforme os itens 12.38 a 12.55 e seus subitens desta Norma, atendendo ainda requisitos de higiene e vibração.

5.2.1.2. O acesso à zona perigosa dos rolos somente deve ser possível quando seus movimentos tenham cessado totalmente.

5.2.1.3. Os dispositivos responsáveis pela parada do movimento e por seu monitoramento devem ser confiáveis e seguros, conforme os itens 12.38 a 12.55 e seus subitens desta Norma.

5.2.1.4. Quando a máquina não possuir sistema de frenagem, deve ser atendido ao disposto no item 12.44, alínea "b", desta Norma.

5.3. As modeladoras devem possuir, no mínimo, um botão de parada de emergência, conforme itens 12.56 a 12.63 e seus subitens desta Norma.

5.4. O circuito elétrico do comando da partida e parada do motor elétrico das modeladoras deve possuir, no mínimo, dois contatores com contatos positivamente guiados, ligados em série, monitorados por interface de segurança.

6. Laminadora

6.1. Para aplicação deste Anexo consideram-se:

a) correia transportadora: correia que transporta a porção de massa em processo de conformação, possuindo sentido de vai e vem a ser comandado pelo operador e que se estende desde a mesa dianteira, passando pela zona dos rolos rotativos tracionados, responsáveis pela conformação da massa, até a mesa traseira;

b) mesa dianteira: correia transportadora na qual a massa é colocada no início do processo;

c) mesa traseira: correia transportadora na qual a massa já sofreu conformação nos rolos rotativos tracionados;

d) conjunto de rolos rotativos tracionados: conjunto de corpos cilíndricos que, quando em operação, apresentam movimento de rotação sobre seu eixo de simetria, podendo suas posições variar, alterando a distância entre seus eixos, de forma a mudar a espessura da massa, bem como para impressão e corte da massa;

e) zona perigosa dos rolos: região na qual o movimento dos rolos oferece risco de aprisionamento ou esmagamento ao trabalhador.

6.2. O acesso à zona perigosa dos rolos, bem como aos elementos de transmissão da correia transportadora deve ser impedido por todos os lados por meio de proteções, exceto a entrada e saída da massa, em que se devem respeitar as distâncias de segurança, de modo a impedir que as mãos e dedos dos trabalhadores alcancem as zonas de perigo, conforme os itens 12.38 a 12.55 e seus subitens e quadro I item A do Anexo I desta Norma.

6.2.1. O acesso à zona perigosa dos rolos pela correia transportadora nas mesas dianteira e traseira deve possuir proteção móvel intertravada por, no mínimo, uma chave de segurança com duplo canal, monitorada por relé de segurança, duplo canal, conforme os itens 12.38 a 12.55 e seus subitens desta Norma.

6.2.1.1. Caso sejam utilizadas chaves de segurança eletromecânicas, com atuador mecânico, no intertravamento das proteções móveis, devem ser instaladas duas chaves de segurança com ruptura positiva por proteção — porta, ambas monitoradas por relé de segurança, duplo canal, conforme os itens 12.38 a 12.55 e seus subitens desta Norma, atendendo ainda requisitos de higiene e vibração.

6.2.1.2. O acesso à zona perigosa dos rolos somente deve ser possível quando seus movimentos tenham cessado totalmente.

6.2.1.3. Os dispositivos responsáveis pela parada do movimento e por seu monitoramento devem ser confiáveis e seguros, conforme os itens 12.38 a 12.55 e seus subitens desta Norma.

6.2.1.4. Quando a máquina não possuir sistema de frenagem, deve ser atendido o disposto no item 12.44, alínea "b", desta Norma.

6.3. As laminadoras devem possuir, no mínimo, um botão de parada de emergência, conforme o item itens 12.56 a 12.63 e seus subitens desta Norma.

6.4. As laminadoras, inclusive o movimento das correias transportadoras, devem ser acionadas por meio de dispositivo manual, atendendo ao item 12.24 desta Norma, sendo proibido o uso de pedais.

6.5. O circuito elétrico do comando da partida e parada do motor elétrico das laminadoras deve possuir, no mínimo, dois contatores com contatos positivamente guiados, ligados em série, monitorados por interface de segurança.

7. Fatiadora de pães

7.1. Para aplicação deste Anexo consideram-se:

a) dispositivo de corte: conjunto de facas serrilhadas retas paralelas, que cortam por movimento oscilatório, ou por uma ou mais serras contínuas paralelas, que cortam pelo movimento em um único sentido;

b) região de descarga: região à jusante do dispositivo de corte, na qual são recolhidos manual ou automaticamente os produtos já fatiados;

c) região de carga: região à montante do dispositivo de corte, na qual são depositados manual ou automaticamente os produtos a serem fatiados;

d) dispositivo de alimentação: dispositivo que recebe os produtos a serem fatiados e os guia para o local de corte, podendo ter operação automática utilizando, por exemplo, correia transportadora, ou ser um dispositivo operado manualmente;

e) dispositivo de descarga: dispositivo que recebe os produtos já fatiados e os disponibiliza para o restante do processo produtivo, podendo ter operação automática, utilizando, por exemplo, correia transportadora, ou ser um dispositivo operado manualmente, ou apenas uma placa metálica fixa que recebe o produto, que é retirado manualmente.

7.2. O acesso ao dispositivo de corte deve ser impedido por todos os lados por meio de proteções, exceto a entrada e saída dos pães, em que se devem respeitar as distâncias de segurança, de modo a impedir que as mãos e dedos dos trabalhadores alcancem as zonas de perigo, conforme itens 12.38 a 12.55 e seus subitens e quadro I item A do Anexo I desta Norma.

7.2.1. O acesso ao dispositivo de corte pela região de carga deve possuir proteção fixa conjugada com proteção móvel intertravada, para entrada dos pães, por, no mínimo, uma chave de segurança com duplo canal e monitorada por relé de segurança, duplo canal, conforme os itens 12.38 a 12.55 e seus subitens desta Norma.

7.2.1.1. Caso sejam utilizadas chaves de segurança eletromecânicas, com atuador mecânico no intertravamento das proteções móveis, devem ser instaladas duas chaves de segurança com ruptura positiva por proteção — porta, ambas monitoradas por relé de segurança, duplo canal, conforme os itens 12.38 a 12.55 e seus subitens desta Norma, atendendo ainda requisitos de higiene e vibração.

7.2.2. Devem existir medidas de proteção na região de descarga, de modo a impedir que as mãos e dedos dos trabalhadores alcancem as zonas de perigo, conforme os itens 12.38 a 12.55 e seus subitens e quadro I item A do Anexo I desta Norma, garantido a sua segurança durante a retirada dos pães fatiados.

7.2.3. O acesso à zona de corte somente deve ser possível quando os movimentos das serrilhas tenham cessado totalmente.

7.3. As fatiadoras automáticas devem possuir, no mínimo, dois botões de parada de emergência, conforme itens 12.56 a 12.63 e seus subitens desta Norma.

7.4. O circuito elétrico do comando da partida e parada do motor elétrico das fatiadoras deve possuir, no mínimo, dois contatores com contatos positivamente guiados, ligados em série, monitorados por interface de segurança.

8. Moinho para farinha de rosca

8.1. Para aplicação deste Anexo consideram-se:

a) dispositivo de moagem: conjunto de aletas que reduzem mecanicamente o pão torrado até a granulação de farinha de rosca;

b) região de descarga: região à jusante do dispositivo de moagem na qual é recolhida manual ou automaticamente a farinha de rosca; e

c) região de carga: região à montante do dispositivo de moagem na qual o pão torrado é depositado manual ou automaticamente.

8.2. O acesso ao dispositivo de moagem deve ser impedido por todos os lados por meio de proteções, exceto a entrada dos pães e saída da farinha de rosca, em que se devem respeitar as distâncias de segurança, de modo a impedir que as mãos e dedos dos trabalhadores alcancem as zonas de perigo, conforme os itens 12.38 a 12.55 e seus subitens e quadro I item A do Anexo I desta Norma.

8.2.1. O acesso ao dispositivo de moagem pela região de carga deve possuir proteções que garantam, por meio de distanciamento e geometria construtiva, a não inserção de segmento corporal dos trabalhadores.

8.2.2. Quando forem utilizadas proteções móveis, estas devem ser intertravadas por, no mínimo, uma chave de segurança com duplo canal, monitorada por relé de segurança, duplo canal.

8.2.2.1. Caso sejam utilizadas chaves de segurança eletromecânicas, com atuador mecânico, no intertravamento das proteções móveis, devem ser instaladas duas chaves de segurança com ruptura positiva por proteção — porta, ambas monitoradas por relé de segurança, duplo canal, conforme os itens 12.38 a 12.55 e seus subitens desta Norma, atendendo ainda requisitos de higiene e vibração.

8.2.3. O acesso ao dispositivo de moagem pela região de descarga deve possuir proteção fixa, conforme os itens 12.38 a 12.55 e seus subitens desta Norma.

8.2.4. O acesso à zona perigosa de moagem somente deve ser possível quando o movimento das aletas tenha cessado totalmente.

8.3. O bocal, se móvel, deve ser intertravado com a base por, no mínimo, uma chave de segurança com duplo canal, monitorada por relé de segurança, duplo canal, conforme os itens 12.38 a 12.55 e seus subitens desta Norma, impedindo o movimento das aletas com a máquina desmontada.

8.4. O circuito elétrico do comando da partida e parada do motor elétrico dos moinhos para farinha de rosca deve possuir, no mínimo, dois contatores com contatos positivamente guiados, ligados em série, monitorados por interface de segurança.

ANEXO VII
MÁQUINAS PARA AÇOUGUE E MERCEARIA

(Vide prazos no Art. 4º da Portaria SIT n. 197, de 17 de dezembro de 2010)

Este Anexo estabelecer requisitos específicos de segurança para máquinas de açougue e mercearia, novas, usadas e importadas, a saber: serra fita, fatiador de bifes, amaciador de bife, moedor de carne e fatiador de frios.

1. Serra fita — para corte de carnes em varejo.

1.1. Para fins deste anexo considera-se serra fita a máquina utilizada em açougue para corte de carnes, principalmente com osso.

1.2. Os movimentos da fita no entorno das polias devem ser protegidos com proteções fixas ou proteções móveis intertravadas, conforme os itens 12.38 a 12.55 e seus subitens desta Norma, à exceção da área operacional necessária para o corte da carne, onde uma canaleta regulável deslizante deve enclausurar o perímetro da fita serrilhada na região de corte, liberando apenas a área mínima de fita serrilhada para operação.

1.3. Deve ser adotado braço articulado vertical — empurrador, com movimento pendular em relação à serra, que serve para guiar e empurrar a carne e impedir o acesso da mão à área de corte.

1.3.1. O braço articulado deve ser firmemente fixado à estrutura da máquina, não podendo apresentar folga lateral que comprometa a segurança, e ser rígido, de modo a não permitir deformações ou flexões.

1.4. A mesa fixa deve ter guia regulável paralela à serra fita utilizada para limitar a espessura do corte da carne.

1.5. As mesas de corte das máquinas fabricadas a partir da vigência desta Norma devem possuir uma parte móvel para facilitar o deslocamento da carne.

1.5.1. A mesa móvel deve ter dispositivo limitador do seu curso para que a proteção para as mãos não toque a fita.

1.5.2. A mesa móvel deve ter guia que permita o apoio da carne na mesa e seu movimento de corte.

1.6. A mesa móvel e o braço articulado — empurrador — devem ter manípulos — punhos, com anteparos para proteção das mãos.

1.7. Deve ser utilizado dispositivo manual para empurrar a carne lateralmente contra a guia regulável, e perpendicularmente à serra fita, para o corte de peças pequenas ou para finalização do corte da carne.

1.8. A serra fita deve possuir, no mínimo, um botão de parada de emergência, conforme itens 12.56 a 12.63 e seus subitens desta Norma.

2. Fatiador de bifes

2.1. Para fins deste Anexo considera-se fatiador de bifes a máquina com múltiplas lâminas tracionadas utilizada em açougue para fatiar peças de carne introduzidas por um bocal ou por meio de esteira alimentadora.

2.2. Os movimentos das lâminas de corte e de seus mecanismos devem ser enclausurados por proteções fixas ou proteções móveis intertravadas, conforme os itens 12.38 a 12.55 e seus subitens desta Norma, excetuando-se o bocal de alimentação, que deve atender o disposto no subitem 2.3 deste Anexo.

2.3. O bocal de alimentação deve impedir o acesso dos membros superiores atuando como proteção móvel intertravada dotada de, no mínimo uma chave de segurança com duplo canal, monitorada por relé de segurança, duplo canal, conforme os itens 12.38 a 12.55 e seus subitens e quadro I, item A, do Anexo I desta Norma.

2.4. A abertura da zona de descarga deve impedir o alcance dos membros superiores na zona das laminas de corte, conforme o e quadro I, item A, do Anexo I desta Norma.

3. Amaciador de bife

3.1. Para fins deste Anexo, considera-se amaciador de bifes a máquina com dois ou mais cilindros dentados paralelos tracionados que giram em sentido de rotação inversa por onde são passadas peças de bife pré-cortadas.

3.2. Os movimentos dos cilindros dentados e de seus mecanismos devem ser enclausurados por proteções fixas ou proteções móveis intertravadas, conforme os itens 12.38 a 12.55 e seus subitens desta Norma, excetuando-se o bocal de alimentação, que deve atender o disposto no item 3.3 deste Anexo.

3.3. O bocal de alimentação deve impedir o acesso dos membros superiores atuando como proteção móvel intertravada dotada de, no mínimo, uma chave de segurança com duplo canal, monitorada por relé de segurança, duplo canal, conforme os itens 12.38 a 12.55 e seus subitens e quadro I, item A, do Anexo I desta Norma.

3.4. A abertura da zona de descarga deve impedir o alcance dos membros superiores na zona de convergência dos cilindros dentados, conforme o quadro I, item A, do Anexo I desta Norma.

4. Moedor de carne — Picador

4.1. Para fins deste Anexo considera-se moedor de carne a máquina que utiliza rosca sem fim para moer carne.

4.2. Os movimentos da rosca sem fim e de seus mecanismos devem ser enclausurados por proteções fixas ou proteções móveis intertravadas, conforme os itens 12.38 a 12.55 e seus subitens desta Norma.

4.3. O bocal de alimentação deve ser construído de forma solidária à bandeja, formando uma peça única, que deve servir de proteção em função de sua geometria, ou possuir proteção que impeça o ingresso dos membros superiores na zona da rosca sem fim.

4.4. A bandeja deve atuar como proteção móvel intertravada dotada de, no mínimo, uma chave de segurança com duplo canal, monitorada por relé de segurança, duplo canal, conforme os itens 12.38 a 12.55 e seus subitens e quadro I, item A, do Anexo I desta Norma.

4.5. A abertura da zona de descarga deve impedir o alcance dos membros superiores na zona perigosa da rosca sem fim, conforme o quadro I, item A, do Anexo I desta Norma.

5. Fatiador de frios

5.1. Para fins deste anexo considera-se fatiador de frios a máquina com lâmina tracionada em formato de disco utilizada para fatiar frios.

5.2. Os movimentos da lâmina, com risco de corte, e seus mecanismos, inclusive durante sua afiação, exceto a área destinada ao fatiamento, devem ser enclausurados por proteções fixas ou proteções móveis intertravadas dotadas de, no mínimo, uma chave de segurança com duplo canal, monitorada por relé de segurança, duplo canal, conforme os itens 12.38 a 12.55 e seus subitens e quadro I, item A, do Anexo I desta Norma.

ANEXO VIII

PRENSAS E SIMILARES

1. Prensas são máquinas utilizadas na conformação e corte de materiais diversos, nas quais o movimento do martelo — punção, é proveniente de um sistema hidráulico ou pneumático — cilindro hidráulico ou pneumático, ou de um sistema mecânico, em que o movimento rotativo se transforma em linear por meio de sistemas de bielas, manivelas, conjunto de alavancas ou fusos.

1.1. As prensas são divididas em:

a) mecânicas excêntricas de engate por chaveta ou acoplamento equivalente;

b) mecânicas excêntricas com freio ou embreagem;

c) de fricção com acionamento por fuso;

d) servoacionadas;

e) hidráulicas;

f) pneumáticas;

g) hidropneumáticas; e

h) outros tipos não relacionados neste subitem.

1.2. Máquinas similares são aquelas com funções e riscos equivalentes aos das prensas, englobando:

a) martelos de queda;

b) martelos pneumáticos;

c) marteletes;

d) dobradeiras;

e) recalcadoras;

f) guilhotinas, tesouras e cisalhadoras;

g) prensas de compactação e de moldagem;

h) dispositivos hidráulicos e pneumáticos;

i) endireitadeiras;

j) prensas enfardadeiras; e

k) outras máquinas similares não relacionadas neste subitem.

1.2.1. Não se aplicam as disposições deste Anexo às máquinas denominadas de balancim de braço móvel manual — balancim jacaré, e balancim tipo ponte manual, que devem atender aos requisitos do Anexo X desta Norma.

1.3. Ferramentas — ferramental, estampos ou matrizes são elementos fixados no martelo e na mesa das prensas e similares, com função de corte ou conformação de materiais, podendo incorporar os sistemas de alimentação ou extração relacionados no subitem 1.4.

1.4. Sistemas de alimentação ou extração são meios utilizados para introduzir a matéria prima e retirar a peça processada da matriz, e podem ser:

a) manuais;

b) por gaveta;

c) por bandeja rotativa ou tambor de revólver;

d) por gravidade, qualquer que seja o meio de extração;

e) por mão mecânica;

f) por transportador ou robótica;

g) contínuos — alimentadores automáticos; e

h) outros sistemas não relacionados neste subitem.

2. Sistemas de segurança nas zonas de prensagem.

2.1. Os sistemas de segurança nas zonas de prensagem ou trabalho aceitáveis são:

a) enclausuramento da zona de prensagem, com frestas ou passagens que não permitem o ingresso dos dedos e mãos nas zonas de perigo, conforme item A, do Anexo I, desta Norma, e podem ser constituído de proteções fixas ou proteções móveis dotadas de intertravamento, conforme itens 12.38 a 12.55 e seus subitens desta Norma;

b) ferramenta fechada, que significa o enclausuramento do par de ferramentas, com frestas ou passagens que não permitem o ingresso dos dedos e mãos nas zonas de perigo, conforme quadro I, item A, do Anexo I desta Norma;

c) cortina de luz com redundância e autoteste, monitorada por interface de segurança, adequadamente dimensionada e instalada, conforme item B, do Anexo I, desta Norma e normas técnicas oficiais vigentes, conjugada com comando bimanual, atendidas as disposições dos itens 12.26, 12.27, 12.28 e 12.29 desta Norma.

2.1.1. Havendo possibilidade de acesso a zonas de perigo não supervisionadas pelas cortinas, devem existir proteções fixas ou móveis dotadas de intertravamento, conforme itens 12.38 a 12.55 e subitens desta Norma.

2.1.2. O número de comandos bimanuais deve corresponder ao número de operadores na máquina, conforme item 12.30 e subitens desta Norma.

2.1.3. Os sistemas de segurança referidos na alínea "c" do subitem 2.1 e no item 2.1.1 deste Anexo devem ser classificados como categoria 4, conforme a NBR 14153.

3. Proteção da zona de prensagem ou de trabalho.

3.1. As prensas mecânicas excêntricas de engate por chaveta ou de sistema de acoplamento equivalente de ciclo completo de fricção com acionamento por fuso e seus respectivos similares, não podem permitir o ingresso das mãos ou dos dedos dos operadores nas zonas de prensagem, devendo ser adotados os seguintes sistemas de segurança:

a) enclausuramento com proteções fixas e, havendo necessidade de troca frequente de ferramentas, com proteções móveis dotadas de intertravamento com bloqueio, de modo a permitir a abertura somente após a parada total dos movimentos de risco, conforme alínea "a", do subitem 2.1, deste Anexo e item 12.46 desta Norma; ou b) operação somente com ferramentas fechadas, conforme alínea "b", do subitem 2.1 deste Anexo.

3.2. As prensas mecânicas excêntricas com freio e embreagem, servoacionadas, hidráulicas, pneumáticas, hidropneumáticas e seus respectivos similares devem adotar os seguintes sistemas de segurança nas zonas de prensagem ou trabalho:

a) enclausuramento com proteções fixas ou proteções móveis dotadas de intertravamento, conforme alínea "a", do subitem 2.1 deste Anexo; ou

b) operação somente com ferramentas fechadas, conforme alínea "b", do subitem 2.1 deste Anexo; ou

c) utilização de cortina de luz conjugada com comando bimanual, conforme alínea "c", do subitem 2.1 e seus subitens deste Anexo.

4. Sistemas hidráulicos e pneumáticos de comando.

4.1. As prensas mecânicas excêntricas com freio ou embreagem pneumático, as prensas pneumáticas e seus respectivos similares, devem ser comandados por válvula de segurança específica com fluxo cruzado, monitoramento dinâmico e livre de pressão residual.

4.1.1. A prensa ou similar deve possuir rearme manual, incorporado à válvula de segurança ou em outro componente do sistema, de modo a impedir acionamento adicional em caso de falha.

4.1.2. Nos modelos de válvulas com monitoramento dinâmico externo por pressostato, micro-switches ou sensores de proximidade, o monitoramento deve ser realizado por interface de segurança.

4.1.3. Somente podem ser utilizados silenciadores de escape que não apresentem risco de entupimento, ou que tenham passagem livre correspondente ao diâmetro nominal, de maneira a não interferir no tempo de frenagem.

4.1.4. Quando válvulas de segurança independentes forem utilizadas para o comando de prensas e similares com freio e embreagem separados, devem ser interligadas de modo a estabelecer entre si um monitoramento dinâmico, para assegurar que o freio seja imediatamente aplicado caso a embreagem seja liberada durante o ciclo, e ainda para impedir que a embreagem seja acoplada caso a válvula do freio não atue.

4.1.5. Os sistemas de alimentação de ar comprimido para circuitos pneumáticos de prensas e similares devem garantir a eficácia das válvulas de segurança, e possuir purgadores ou sistema de secagem do ar e sistema de lubrificação automática com óleo específico para este fim.

4.1.6. A exigência constante do subitem 4.1.4 não se aplica a prensas pneumáticas e seus respectivos similares.

4.2. As prensas mecânicas excêntricas com freio ou embreagem hidráulico e seus respectivos similares devem ser comandados por sistema de segurança composto por válvulas em redundância, com monitoramento dinâmico.

4.2.1. A prensa ou similar deve possuir rearme manual, de modo a impedir qualquer acionamento adicional em caso de falha.

4.2.2. Nos sistemas de válvulas com monitoramento dinâmico externo por pressostato, micro-switches ou sensores de proximidade, o monitoramento deve ser realizado por interface de segurança.

4.2.3. Quando válvulas independentes forem utilizadas, devem ser interligadas de modo a estabelecer entre si um monitoramento dinâmico, assegurando que não haja pressão residual capaz de comprometer o funcionamento do conjunto freio e embreagem em caso de falha de uma das válvulas.

4.2.4. Quando forem utilizadas válvulas independentes para o comando de prensas e similares com freio e embreagem separados, aplica-se o disposto no subitem 4.1.4.

4.3. As prensas hidráulicas e similares devem possuir bloco hidráulico de segurança ou sistema de segurança composto por válvulas em redundância que possua a mesma característica e eficácia, com monitoramento dinâmico.

4.3.1. A prensa ou similar deve possuir rearme manual, de modo a impedir acionamento adicional em caso de falha.

4.3.2. Nos sistemas de válvulas com monitoramento dinâmico externo por pressostato, micro-switches ou sensores de proximidade, o monitoramento deve ser realizado por interface de segurança.

4.3.3. Quando válvulas independentes forem utilizadas, devem ser interligadas de modo a estabelecer entre si um monitoramento dinâmico, assegurando que não haja pressão residual capaz de comprometer a segurança em caso de falha de uma das válvulas.

4.3.4. As prensas hidráulicas e similares devem possuir válvula ou sistema de retenção para impedir a queda do martelo em caso de falha do bloco de segurança ou do sistema hidráulico.

4.3.5. Quando utilizado sistema hidráulico, a válvula ou sistema de retenção deve ficar localizado o mais próximo possível do cilindro.

5. Dispositivos de parada de emergência.

5.1. As prensas e similares devem possuir dispositivos de parada de emergência que garantam a parada segura do movimento da máquina ou equipamento, conforme itens 12.56 a 12.63 e seus subitens desta Norma.

5.2. O sistema de parada de emergência da prensa deve ser preparado para interligação com os sistemas de parada de emergência de equipamentos periféricos tais como desbobinadores, endireitadores e alimentadores, de modo que o acionamento do dispositivo de parada de emergência de qualquer um dos equipamentos provoque a parada imediata de todos os demais.

5.3. Quando utilizados comandos bimanuais conectáveis por plug ou tomada, removíveis, que contenham botão de parada de emergência, deve haver também dispositivo de parada de emergência no painel ou no corpo da máquina.

5.4. Havendo vários comandos bimanuais para o acionamento de uma prensa ou similar, devem ser ligados de modo a garantir o funcionamento adequado do botão de parada de emergência de cada um deles, nos termos desta Norma.

6. Monitoramento da posição do martelo.

6.1. Nas prensas mecânicas excêntricas com freio ou embreagem e similares, com zona de prensagem não enclausurada, ou cujas ferramentas não sejam fechadas, a posição do martelo deve ser monitorada por sinais elétricos produzidos por equipamento acoplado mecanicamente ao eixo da máquina.

6.1.1. O monitoramento da posição do martelo, compreendido por ponto morto inferior — PMI, ponto morto superior — PMS e escorregamento máximo admissível, deve incluir dispositivos para assegurar que, se o escorregamento da frenagem ultrapassar o máximo admissível especificado pela norma ABNT NBR 13930, uma ação de parada seja imediatamente iniciada e não possa ser possível o início de um novo ciclo.

6.1.2. Os sinais elétricos devem ser gerados por chaves de segurança com duplo canal e ruptura positiva, monitoradas por interface de segurança classificada como categoria 4 conforme a norma ABNT NBR 14153.

6.1.3. Quando for utilizada interface de segurança programável que tenha blocos de programação dedicados à função de controle e supervisão do PMS, PMI e escorregamento, a exigência de duplo canal fica dispensada.

6.2. Nas prensas hidráulicas, pneumáticas e similares, com zona de prensagem não enclausurada, ou cujas ferramentas não sejam fechadas, a posição do martelo deve ser monitorada.

6.3. Para prensas em que não seja possível garantir a parada segura do martelo em função de sua velocidade e do tempo de resposta da máquina, não é permitido o uso de cortinas de luz para proteção da zona de prensagem, ficando dispensada a exigência do subitem 6.1 deste Anexo, devendo a zona de prensagem ser protegida com proteções fixas ou móveis com intertravamento com bloqueio, de acordo com os itens 12.38 a 12.55 e seus subitens desta Norma.

7. Pedais de acionamento.

7.1. As prensas e similares que possuem zona de prensagem ou de trabalho enclausurada ou utilizam somente ferramentas fechadas podem ser acionadas por pedal com atuação elétrica, pneumática ou hidráulica, não sendo permitido o uso de pedais com atuação mecânica ou alavancas.

7.2. Os pedais de acionamento devem permitir o acesso somente por uma única direção e por um pé, devendo ser protegidos para evitar seu acionamento acidental.

7.3. Para atividades de forjamento a morno e a quente podem ser utilizados os pedais conforme disposto no subitem 7.2 deste Anexo, desde que sejam adotadas medidas de proteção que garantam o distanciamento do trabalhador das áreas de risco.

7.4. Nas operações com dobradeiras podem ser utilizados os pedais conforme disposto no subitem 7.2 deste Anexo, sem a exigência de enclausuramento da zona de prensagem, desde que adotadas medidas adequadas de proteção contra os riscos existentes.

7.5. O número de pedais deve corresponder ao número de operadores conforme o item 12.30 e subitens desta Norma.

8. Atividades de forjamento a morno e a quente

8.1. Para as atividades de forjamento a morno e a quente podem ser utilizadas pinças e tenazes, desde que sejam adotadas medidas de proteção que garantam o distanciamento do trabalhador das zonas de perigo.

8.1.1. Caso necessário, as pinças e tenazes devem ser suportadas por dispositivos de alívio de peso, tais como balancins móveis ou tripés, de modo a minimizar a sobrecarga do trabalho.

9. Proteção das transmissões de força

9.1. As transmissões de força, como volantes, polias, correias e engrenagens devem ser protegidas conforme os itens 12.38 a 12.55 e subitens desta Norma.

9.1.1. Nas prensas excêntricas mecânicas deve haver proteção fixa das bielas e das pontas de seus eixos que resistam aos esforços de solicitação em caso de ruptura.

9.1.2. O volante vertical e horizontal da prensas de fricção com acionamento por fuso devem ser protegidos, de modo que não sejam arremessados em caso de ruptura do fuso.

10. Ferramentas.

10.1. As ferramentas devem:

a) ser construídas de forma que evitem a projeção de material nos operadores;

b) ser armazenadas em locais próprios e seguros;

c) ser fixadas às máquinas de forma adequada, sem improvisações; e

d) não oferecer riscos adicionais.

11. Sistemas de retenção mecânica.

11.1. As prensas e similares devem possuir sistema de retenção mecânica que suporte o peso do martelo e da parte superior da ferramenta, para travar o martelo no início das operações de trocas, ajustes e manutenções das ferramentas.

11.2. O componente de retenção mecânica deve ser pintado na cor amarela e possuir intertravamento monitorado por interface de segurança, de forma a impedir, durante a sua utilização, o funcionamento da prensa.

11.3. O componente de retenção mecânica deve:

a) garantir a retenção mecânica nas diversas posições de parada do martelo; e

b) ser projetado e construído de modo a garantir resistência à força estática exercida pelo peso total do conjunto móvel a ser sustentado e que impeça sua projeção ou sua simples soltura.

11.4. Nas situações em que não seja possível o uso do sistema de retenção mecânica, devem ser adotadas medidas alternativas que garantam o mesmo resultado.

12. Máquinas similares específicas.

12.1. Nos martelos pneumáticos:

a) o parafuso central da cabeça do amortecedor deve ser preso com cabo de aço;

b) o mangote de entrada de ar deve possuir proteção que impeça sua projeção em caso de ruptura; e

c) todos os prisioneiros, superior e inferior, devem ser travados com cabo de aço.

12.2. As guilhotinas, tesouras e cisalhadoras devem possuir proteções fixas e, havendo necessidade de intervenção frequente nas lâminas, devem possuir proteções móveis com intertravamento para impedir o ingresso das mãos e dedos dos operadores nas áreas de risco, conforme os itens 12.38 a 12.55 e subitens desta Norma.

13. Dobradeiras ou prensas viradeiras.

13.1. As dobradeiras devem possuir sistema de segurança que impeça o acesso pelas laterais e parte traseira da máquina às zonas de perigo, conforme os itens 12.38 a 12.55 e subitens desta Norma.

13.2. As dobradeiras devem possuir sistema de segurança frontal que cubra a área de trabalho, selecionado de acordo com as características da construção da máquina e a geometria da peça a ser conformada, observando:

a) as dobradeiras com freio ou embreagem mecânicos — cinta, em função da imprecisão na determinação do tempo de parada, não podem possuir dispositivos detectores de presença optoeletrônicos para proteção frontal na zona de trabalho, sendo proibida a operação por mais de um trabalhador e a conformação de peças que não garantam o distanciamento do operador;

b) as dobradeiras com freio ou embreagem pneumáticos e as dobradeiras hidráulicas podem possuir dispositivos detectores de presença optoeletrônicos para proteção frontal na zona de trabalho, desde que adequadamente selecionados e instalados conforme o item B do Anexo I desta Norma;

c) as dobradeiras hidráulicas podem utilizar dispositivos detectores de presença optoeletrônicos laser de múltiplos feixes para proteção da zona de trabalho em tarefas com múltiplas dobras, condicionada às características e limitações da máquina em função da disponibilidade de baixa velocidade, se inferior ou igual a 10mm/s (dez milímetros por segundo), em altura de curso que não permita o acesso dos dedos do trabalhador, ou seja, inferior ou igual a 6mm (seis milímetros);

d) nas dobradeiras hidráulicas dotadas de dispositivo detector de presença optoeletrônico laser de múltiplos feixes, sua desativação completa — muting, somente deve ocorrer quando a abertura entre a ferramenta superior e a peça a ser conformada for menor ou igual a 6 mm (seis milímetros), associada à movimentação em baixa velocidade;

e) os dispositivos detectores de presença optoeletrônicos laser de múltiplos feixes devem ser instalados e testados de acordo com as recomendações do fabricante, norma técnica específica vigente e item C, do Anexo I, desta Norma; e

f) as dobradeiras hidráulicas que possuem dispositivos detectores de presença optoeletrônicos laser de múltiplos feixes devem ser acionadas por comando bimanual previsto nos itens 12.26, 12.27, 12.28 e 12.29 ou pedal de segurança de 3 posições, conforme item C, do Anexo I, todos desta Norma;

13.3. As dobradeiras operadas unicamente por robôs podem ser dispensadas das exigências dos subitens 13.1 e 13.2 deste Anexo, desde que possuam sistema de proteção para impedir o acesso de trabalhadores em todo o perímetro da máquina e de movimentação do robô, conforme os itens 12.38 12.55 e subitens desta Norma.

13.4. Medidas adicionais, como o emprego de posicionadores ou mesa ou encosto imantado, devem ser adotadas a fim de evitar acidentes com as mãos do trabalhador entre a peça trabalhada e a estrutura — avental — da máquina no momento da conformação.

14. As bobinadeiras, desbobinadeiras, endireitadeiras e outros equipamentos de alimentação devem possuir proteção em todo o perímetro, impedindo o acesso e a circulação de pessoas nas áreas de risco, conforme os itens 12.38 a 12.55 e subitens desta Norma.

15. Outras disposições.

15.1. Podem ser adotadas, em caráter excepcional, outras medidas de proteção e sistemas de segurança nas prensas e similares, desde que garantam a mesma eficácia das proteções e dispositivos mencionados neste anexo, e atendam ao disposto nas normas técnicas oficiais vigentes.

15.2. É proibida a importação, a fabricação, comercialização, leilão, locação, cessão a qualquer título e exposição de prensas mecânicas excêntricas e similares com acoplamento para descida do martelo por meio de engate por chaveta ou similar e dobradeiras mecânicas com freio de cinta, novas ou usadas, em todo o território nacional.

15.2.1. Entende-se como mecanismo similar aquele que não possibilite a parada imediata do movimento do martelo em qualquer posição do ciclo de trabalho.

16. Transformação de prensas e equipamentos similares

16.1. Qualquer transformação substancial do sistema de funcionamento ou do sistema de acoplamento para movimentação do martelo — "retrofitting" de prensas e equipamentos similares somente deve ser realizada mediante projeto mecânico elaborado por profissional legalmente habilitado, acompanhado de Anotação de Responsabilidade Técnica — ART.

16.2. O projeto deverá conter memória de cálculo de dimensionamento dos componentes, especificação dos materiais empregados e memorial descritivo de todos os componentes.

ANEXO IX
INJETORA DE MATERIAIS PLÁSTICOS

(Vide prazos no Art. 4º da Portaria SIT n. 197, de 17 de dezembro de 2010)

1. Para fins de aplicação deste Anexo considera-se injetora a máquina utilizada para a fabricação descontínua de produtos moldados, por meio de injeção de material no molde, que contém uma ou mais cavidades em que o produto é formado, consistindo essencialmente na unidade de fechamento — área do molde e mecanismo de fechamento, unidade de injeção e sistemas de acionamento e controle, conforme Figura 1 deste Anexo.

1.1. Definições aplicáveis:

a) máquina injetora hidráulica: máquina injetora em que os acionamentos dos eixos são executados por circuito de potência hidráulico, composto por motor elétrico, bomba hidráulica e cilindro hidráulico;

b) área do molde: zona compreendida entre as placas, onde o molde é montado;

c) mecanismo de fechamento: mecanismo fixado à placa móvel para movê-la e aplicar a força de fechamento;

d) força de fechamento: força exercida pelo conjunto cilindro de injeção e rosca sobre a peça de plástico que se solidifica dentro do molde de uma injetora, que garanta sua alimentação com material adicional enquanto ela se contrai em função da solidificação e resfriamento;

e) unidade de injeção: unidade responsável pela plastificação e injeção do material no molde por meio do bico;

f) injeção: transferência da massa do cilindro de injeção para o molde, processo cíclico em que um material amolecido por calor é injetado dentro de um molde sob pressão, que se mantém até que o plástico tenha endurecido suficientemente para ser ejetado do molde;

g) circuito de potência: circuito que fornece energia para operação da máquina;

h) máquina injetora carrossel — rotativa: máquina com duas ou mais unidades de fechamento, montadas em carrossel móvel, na posição vertical ou horizontal, vinculadas a uma ou mais unidades de injeção fixas;

i) máquina injetora multi-estações com unidade de injeção móvel: máquina com unidade de injeção móvel vinculada a duas ou mais unidades de fechamento fixas;

j) máquina injetora com mesa porta-molde de deslocamento transversal: máquina projetada para conter uma ou mais partes inferiores do molde fixadas a uma mesa porta-molde de deslocamento transversal, que vincula a parte inferior do molde por meio de movimento de deslocamento ou rotação da mesa, à parte superior e à unidade de injeção;

k) máquina injetora elétrica: máquina injetora em que os acionamentos dos eixos são executados por atuadores elétricos — servomotores;

l) motor elétrico: qualquer tipo de motor que usa energia elétrica, como servomotor ou motor linear;

m) unidade de controle do motor: unidade para controlar o movimento, o processo de parada e interrupção de movimento de um motor elétrico, com ou sem dispositivo eletrônico integrado, tais como conversor de frequência e contator;

n) eixo elétrico: sistema composto por um motor elétrico, uma unidade de controle motor e os contatores adicionais;

o) estado de parada: condição no qual não há movimento de uma parte da máquina com um eixo elétrico;

p) estado de parada segura: estado de parada durante o qual medidas adicionais são tomadas para evitar disparo inesperado;

q) parada: desaceleração de um movimento de uma parte da máquina até que o estado de parada seja alcançado;

r) parada segura: parada durante a qual medidas adicionais são tomadas para evitar interrupção perigosa de movimento;

s) entrada de comando de segurança monitorada: entrada de uma unidade de controle do motor usada para interrupção do fornecimento de energia para o motor do eixo elétrico;

t) equipamento periférico: equipamento que interage com a máquina injetora, por exemplo, manipulador para retirada de peças, equipamento para troca de molde e presilhas de fixação automática do molde.

1.2. Requisitos específicos de segurança nas zonas de perigo das injetoras.

1.2.1. Perigos relacionados à área do molde.

1.2.1.1. O acesso à área do molde onde o ciclo é comandado, ou frontal, deve ser impedido por meio de proteções móveis intertravadas — portas, dotadas de duas chaves de segurança eletromecânicas monitoradas por interface de segurança, atuando na unidade de comando de tal forma que a falha em qualquer um dos dispositivos de intertravamento ou em sua interligação seja automaticamente reconhecida e ainda seja impedido o início de qualquer movimento posterior de perigo, conforme os itens 12.38 a 12.55 e subitens subsequentes desta Norma.

1.2.1.1.1. Quando utilizadas chaves de segurança magnéticas, eletrônicas codificadas ou optoeletrônicas, entre outras sem atuação mecânica, pode ser adotada apenas uma chave para o intertravamento, devendo o monitoramento ser mantido por interface de segurança.

1.2.1.2. Além do disposto no subitem 1.2.1.1 deste Anexo, a proteção frontal deve atuar no circuito de potência por meio de uma válvula monitorada ou, de maneira indireta, por meio de duas chaves de segurança eletromecânicas monitoradas por interface de segurança, exceto para as máquinas injetoras elétricas.

1.2.1.2.1. Quando utilizadas chaves de segurança magnéticas, eletrônicas codificadas ou optoeletrônicas, entre outras sem atuação mecânica, pode ser adotada apenas uma chave para essa função, mantendo-se o monitoramento por interface de segurança.

1.2.1.3. Quando utilizadas chaves de segurança magnéticas, eletrônicas codificadas ou optoeletrônicas, entre outras sem atuação mecânica, pode ser adotado apenas um dispositivo de intertravamento, monitorado por interface de segurança, para o atendimento de cada um dos subitens 1.2.1.1 e 1.2.1.2 deste Anexo.

1.2.1.4. O acesso à área do molde onde o ciclo não é comandado, ou traseira, deve ser impedido por meio de proteções móveis intertravadas — portas, dotadas de duas chaves de segurança eletromecânicas monitoradas por interface de segurança, que atuem no circuito de potência, e desliguem o motor principal.

1.2.1.4.1. Quando utilizadas chaves de segurança magnéticas, eletrônicas codificadas ou optoeletrônicas, entre outras sem atuação mecânica, pode ser adotada apenas uma chave para essa função, mantendo-se o monitoramento por interface de segurança.

1.2.5.1. Deve existir proteção na área de descarga de peças, de modo a impedir que segmentos corporais alcancem as zonas de perigo, conforme os itens 12.38 a 12.55 e subitens desta Norma.

1.2.1.6. As proteções móveis devem ser projetadas de modo que não seja possível a permanência de uma pessoa entre elas e a área do molde.

1.2.1.6.1. Caso seja necessária a permanência ou acesso de todo o corpo entre as proteções e a área de movimento perigoso ou dentro da área do molde, devem ser atendidos os subitens de 1.2.6.2 a 1.2.6.3.5 deste Anexo

1.2.1.7. Deve ser instalado dispositivo mecânico de segurança autorregulável, de tal forma que atue independente da posição da placa, ao abrir a proteção — porta, interrompendo o movimento dessa placa sem necessidade de qualquer regulagem, ou seja, sem regulagem a cada troca de molde.

1.2.1.7.1. A partir da abertura da proteção até a efetiva atuação da segurança, é permitido um deslocamento da placa móvel, de amplitude máxima igual ao passo do dispositivo mecânico de segurança autorregulável.

1.2.1.7.2. O dispositivo mecânico de segurança autorregulável deve ser dimensionado para resistir aos esforços do início do movimento de fechamento da placa móvel, não sendo sua função resistir à força de fechamento.

1.2.1.8. As proteções móveis intertravadas — portas, devem ainda proteger contra outros movimentos, e quando forem abertas, devem:

a) interromper o ciclo; a plastificação pode continuar se o espirramento de material plastificado for impedido e a força de contato do bico não puder provocar situações de perigo;

b) impedir movimento de avanço da rosca ou pistão de injeção;

c) impedir movimento de avanço da unidade de injeção; e

d) impedir movimentos perigosos dos extratores de machos e peças e de seus mecanismos de acionamento.

1.2.1.9. Dispositivos de segurança para máquinas com eixo elétrico — injetoras elétricas.

1.2.1.9.1. As máquinas injetoras elétricas devem atender aos requisitos de segurança deste Anexo, com exceção aos subitens 1.2.1.2. e 1.2.1.7

1.2.1.9.2. Para o movimento de fechamento da placa das injetoras elétricas, o circuito de potência deve possuir ligação em série com mais de uma unidade de controle motor, da seguinte forma:

a) uma unidade de controle de velocidade do motor tendo em sua saída mais dois contatores em série; ou

b) uma unidade de controle de velocidade do motor com uma entrada de comando de segurança monitorada, tendo em sua saída mais um contator em série; ou

c) uma unidade de controle de velocidade do motor com duas entradas de comando de segurança monitoradas de categoria 3, sendo que, neste caso, o uso de contator em série é desnecessário.

1.2.1.9.3. Os componentes do circuito de potência devem possuir monitoramento automático, de forma que, em caso falha em um dos componentes, não seja possível iniciar o movimento seguinte do ciclo de injeção.

1.2.1.9.3.1. O monitoramento automático deve ser realizado ao menos uma vez a cada movimento da proteção móvel — porta.

1.2.1.9.4. A proteção móvel — porta, das injetoras elétricas deve possuir dispositivo de intertravamento com bloqueio que impeça sua abertura durante o movimento perigoso.

1.2.1.9.4.1. O dispositivo de intertravamento com bloqueio deve:

a) atender às disposições dos itens 12.38 a 12.55 e subitens desta Norma;

b) suportar um esforço de até 1000N (mil Newtons);

c) manter a proteção móvel travada na posição fechada até que o estado de parada do movimento de perigo seja alcançado, devendo a detecção de estado de parada ser segura contra falhas individuais.

1.2.1.9.5. As injetoras elétricas devem atender a uma parada de emergência controlada, com fornecimento de energia ao circuito de potência necessária para atingir a parada e, então, quando a parada for atingida, a energia ser removida.

1.2.1.9.5.1. A atuação da parada de emergência deve interromper todos os movimentos e descarregar os acumuladores hidráulicos.

1.2.2. Área do mecanismo de fechamento.

1.2.2.1. O acesso à zona de perigo do mecanismo de fechamento deve ser impedido por meio de proteção fixa ou proteção móvel intertravada — portas.

1.2.2.2. A proteção móvel intertravada — porta, frontal e traseira deve possuir uma chave de segurança monitorada por interface de segurança, que atue no circuito de potência e desligue o motor principal.

1.2.2.3. As injetoras elétricas em que o desligamento do respectivo motor possa manter retida energia potencial que traga risco de movimentos inesperados na área de mecanismo de fechamento — extração em moldes com molas, por exemplo, deve possuir dispositivos adicionais que impeçam estes movimentos, tais como freios magnéticos.

1.2.3. Proteção do cilindro de plastificação e bico injetor.

1.2.3.1. O cilindro de plastificação deve possuir proteção fixa para impedir queimaduras resultantes do contato não intencional em partes quentes da unidade de injeção em que a temperatura de trabalho exceda 80º C (oitenta graus Celsius) e, em complemento, deve ser fixada uma etiqueta indicando alta temperatura.

1.2.3.2. O bico de injeção deve possuir proteção móvel intertravada com uma chave de segurança monitorada por interface de segurança, que interrompa todos os movimentos da unidade de injeção.

1.2.3.3. O projeto das proteções deve levar em consideração as posições extremas do bico e os riscos de espirramento de material plastificado.

1.2.3.4. As partes móveis do conjunto injetor devem receber proteções fixas, ou proteção móvel intertravada com uma chave de segurança monitorada por interface de segurança, que interrompa todos os movimentos da unidade de injeção.

1.2.4. Área da alimentação de material — Funil.

1.2.4.1. O acesso à rosca plastificadora deve ser impedido, atendendo-se às distâncias de segurança determinadas no item A, do Anexo I, desta Norma.

1.2.4.2. No caso de unidades de injeção horizontais, admite-se uma abertura inferior na proteção do bico.

1.2.4.3. As unidades de injeção posicionadas sobre a área do molde devem ser equipadas com um dispositivo de retenção para impedir movimentos descendentes pela ação da gravidade.

1.2.4.3.1. No caso de movimento vertical de acionamento hidráulico, uma válvula de retenção deve ser instalada de forma direta sobre o cilindro, ou tão próximo quanto o possível daquele, usando somente tubos flangeados.

1.2.4.4. Em situações específicas de manutenção, dentre elas o acesso à zona de perigo, devem ser adotadas as medidas adicionais previstas no subitem 12.113.1 desta Norma.

1.2.5. Área da descarga de peças.

1.2.5.1. Deve existir proteção na área de descarga de peças, de modo a impedir que segmentos corporais alcancem as zonas de perigo, conforme os itens 12.38 a 12.55 e subitens e item A, do Anexo I, desta Norma.

1.2.5.1.1. A existência de esteiras transportadoras na área de descarga não desobriga o atendimento do previsto no subitem 1.2.5.1.

1.2.6. Requisitos adicionais de segurança associados com máquinas de grande porte.

1.2.6.1. Definem-se máquinas de grande porte quando:

a) a distância horizontal ou vertical entre os tirantes do fechamento for maior que 1,2 m (um metro e vinte centímetros); ou,

b) se não existirem tirantes, a distância horizontal ou vertical equivalente, que limita o acesso à área do molde, for maior que 1,2 m; (um metro e vinte centímetros) ou

c) uma pessoa consiga permanecer entre a proteção da área do molde — porta — e a área de movimento perigoso.

1.2.6.2. Componentes de segurança adicionais, como travas mecânicas, devem ser instalados nas proteções de todos os lados da máquina em que o ciclo possa ser iniciado, para agir em cada movimento de abertura da proteção e impedir seu retorno à posição "fechada".

1.2.6.2.1. Os componentes previstos no subitem 1.2.6.2 devem ser reativados separadamente antes que se possa iniciar outro ciclo.

1.2.6.2.2. O correto funcionamento dos componentes de segurança adicionais deve ser supervisionado por dispositivos de segurança monitorados por interface de segurança, ao menos uma vez para cada ciclo de movimento da proteção — porta, de tal forma que qualquer falha em tais componentes, seus dispositivos de segurança ou sua interligação seja automaticamente reconhecida, de forma a impedir o início de qualquer movimento de fechamento do molde.

1.2.6.3. As máquinas injetoras de grande porte devem possuir dispositivos de segurança adicionais para detectar a presença de uma pessoa entre a proteção móvel da área do molde — porta — e a própria área do molde, ou detectar uma pessoa dentro da área do molde, conforme o item 12.42, alínea "c", desta Norma.

1.2.6.3.1. A posição da qual estes dispositivos são reativados deve permitir uma clara visualização da área do molde, com a utilização de meios auxiliares de visão, se necessário.

1.2.6.3.2. Quando estes dispositivos forem acionados, o circuito de controle do movimento de fechamento da placa deve ser interrompido e, no caso de proteções — porta — com acionamento automático, o circuito de controle do movimento de fechamento da proteção deve ser interrompido.

1.2.6.3.3. Quando a zona monitorada pelos dispositivos detectores de presença for invadida, um comando automático deve:

a) interromper o circuito de comando do movimento de fechamento da placa e, no caso de utilização de proteções — portas de acionamento automático, interromper o circuito de comando do movimento de fechamento da proteção;

b) impedir a injeção na área do molde; e

c) impedir o início do ciclo subsequente.

1.2.6.3.4. Pelo menos um botão de emergência deve ser instalado, em posição acessível, entre a proteção móvel da área do molde — porta e a área do molde, conforme itens 12.56 a 12.63 e subitens desta Norma.

1.2.6.3.5. Pelo menos um botão de emergência deve ser instalado em posição acessível na parte interna da área do molde, conforme itens 12.56 a 12.63 e subitens desta Norma.

1.2.7. Máquinas com movimento vertical da placa móvel.

1.2.7.1. Máquinas hidráulicas ou pneumáticas de fechamento vertical devem ser equipadas com dois dispositivos de retenção, que podem ser, por exemplo, válvulas hidráulicas que impeçam o movimento descendente acidental da placa.

1.2.7.1.1. As válvulas previstas no subitem 1.2.7.1 devem ser instaladas diretamente no cilindro, ou o mais próximo possível, utilizando-se somente tubos flangeados.

1.2.7.2. No local em que a placa tiver uma dimensão maior que 800 mm (oitocentos milímetros) e o curso de abertura possa exceder 500 mm (quinhentos milímetros), ao menos um dos dispositivos de retenção deve ser mecânico.

1.2.7.2.1. Quando a proteção da área do molde for aberta ou quando outro dispositivo de segurança da área do molde atuar, esse dispositivo de retenção mecânico deve agir automaticamente em todo o curso da placa.

1.2.7.2.1.1. Quando não for possível a abertura da proteção móvel da área do molde antes que se atinja a posição máxima de abertura, permite-se que o dispositivo de retenção mecânico atue apenas no final do curso de abertura.

1.2.7.2.1.2. Na eventualidade da falha de um dos dispositivos de retenção o outro deverá impedir o movimento descendente da placa.

1.2.7.3. Os dispositivos de retenção devem ser automaticamente monitorados de modo que na falha de um deles:

a) a falha seja automaticamente reconhecida; e

b) seja impedido o início de qualquer movimento descendente da placa.

1.2.8. Máquinas carrossel.

1.2.8.1. O acesso aos movimentos de perigo do carrossel deve ser impedido por proteções fixas ou proteções móveis intertravadas conforme os itens 12.38 a 12.55 e subitens desta Norma.

1.2.8.2. O acesso à zona do molde deve ser impedido conforme o subitem 1.2.1.1 deste Anexo.

1.2.9. Máquina com mesa porta-molde de deslocamento transversal.

1.2.9.1. O acesso aos movimentos de perigo da mesa deve ser impedido pela adoção de sistemas de segurança previstos nos itens 12.38 a 12.55 e subitens desta Norma e complementarmente pela adoção de dispositivos de acionamento do tipo comando bimanual, conforme os itens 12.26, 12.27, 12.28 e 12.29 desta Norma.

1.2.9.2. Quando o movimento vertical da mesa for possível, deve ser impedido o movimento descendente acidental pela ação da gravidade.

1.2.10. Máquina multiestações com unidade de injeção móvel.

1.2.10.1. O acesso às zonas perigosas da unidade de injeção, quando esta se move entre as unidades de fechamento, deve ser impedido por proteções fixas ou proteções móveis intertravadas, conforme os itens 12.38 a 12.55 e subitens desta Norma.

1.2.10.2. O acesso à zona do molde deve ser impedido conforme o subitem 1.2.1.1 deste Anexo.

1.2.11. Equipamentos periféricos.

1.2.11.1. A instalação de equipamentos periféricos não deve reduzir o nível de segurança, observando-se que:

a) a instalação de equipamento periférico que implique a modificação das proteções da máquina não deve permitir acesso às zonas de perigo;

b) se a abertura de uma proteção do equipamento periférico permitir acesso a uma zona de perigo da máquina, essa proteção deve atuar da mesma maneira que a especificada para aquela zona da máquina ou, no caso de possibilidade de acesso de todo o corpo, deve ser aplicado o disposto no subitem 1.2.6 deste Anexo;

c) se o equipamento periférico impede o acesso à zona de perigo da máquina e pode ser removido sem o auxílio de ferramentas, deve ser intertravado com o circuito de comando da máquina da mesma forma que a proteção especificada para aquela área; e

d) se a abertura de uma proteção móvel da máquina permitir acesso a uma zona de perigo de um equipamento periférico, essa proteção deve cumprir os requisitos de segurança aplicáveis ao equipamento.

Figura 1 — Desenho esquemático de injetora horizontal apresentando as principais zonas de perigo desprovidas das proteções fixas ou móveis.

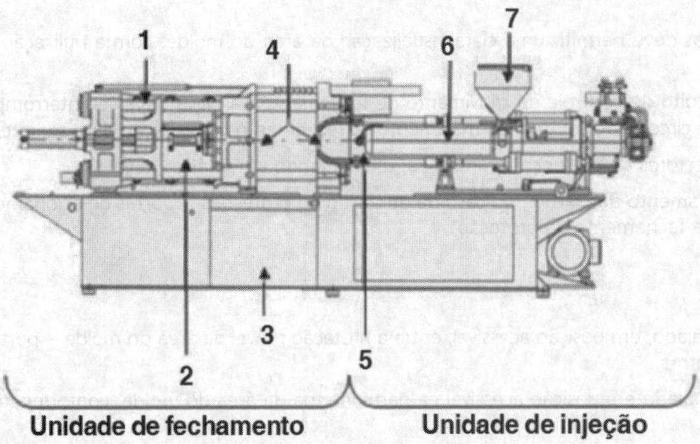

Legenda:
1: mecanismo de fechamento
2: extrator hidráulico
3: área de descarga de peças
4: placa móvel e placa fixa do bico (área do molde)
5: bico de injeção
6: cilindro de plastificação (canhão)
7: funil de alimentação

ANEXO X
MÁQUINAS PARA FABRICAÇÃO DE CALÇADOS E AFINS

(Vide prazos no Art. 4º da Portaria SIT n. 197, de 17 de dezembro de 2010)

1. As máquinas denominadas balancim de braço móvel manual, ou balancim jacaré, devem possuir, além dos requisitos desta Norma, os seguintes requisitos específicos de segurança:

a) acionamento por comando bimanual de acordo com os itens 12.26 e 12.28 desta Norma, instalado junto ao braço móvel, conforme Figura 1 deste Anexo;

b) botão de emergência conforme itens 12.56 a 12.63 e subitens desta Norma, instalado no braço móvel;

c) força para movimentar o braço móvel menor ou igual a 50N (cinquenta Newtons); e

d) altura do piso à superfície de corte igual a 1000 +/- 30mm (mil milímetros, com tolerância de mais ou menos trinta milímetros).

Figura 1 — Balancim de braço móvel manual ou balancim jacaré — Vista lateral

Legenda:
1: braço móvel
2: dispositivo de comando bimanual
3: base prensora
4: superfície de corte
5: corpo
6: botão de parada de emergência

Figura 2 — Balancim de braço móvel manual ou balancim jacaré. Vista de topo — Posição de giro do braço 180º (cento e oitenta graus)

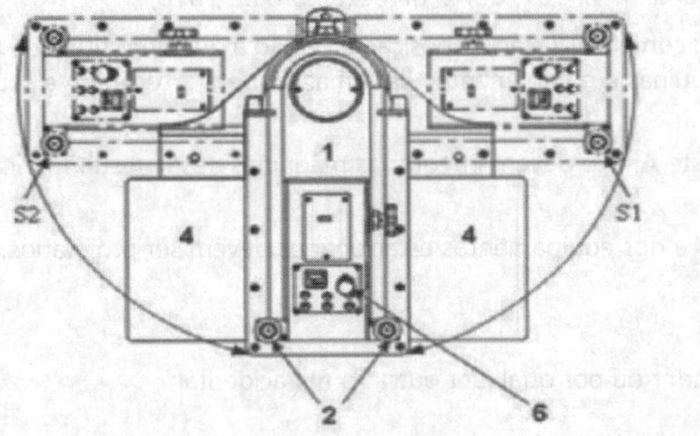

Legenda:
1: braço móvel
2: dispositivo de comando bimanual
4: superfície de corte
6: botão de parada de emergência
S1: posição de giro para direita
S2: posição de giro para esquerda

2. As máquinas denominadas balancim tipo ponte manual devem possuir, além dos requisitos desta Norma, os seguintes requisitos específicos de segurança:

a) proteção fixa ou móvel intertravada na parte superior do equipamento — proteção do guia do carro e proteção frontal, de forma a impedir o acesso entre o carro móvel e a estrutura da máquina, conforme os itens 12.38 a 12.55 e subitens desta Norma e Figura 2 deste Anexo;

b) proteção fixa ou móvel intertravada na parte traseira do equipamento que impeça o acesso a zona de risco conforme os itens 12.38 a 12.55 e subitens desta Norma e Figura 2 deste Anexo;

c) acionamento por dois comandos bimanuais de acordo com os itens 12.26 e 12.28 desta Norma, instalados junto ao carro móvel, sendo um para realizar o deslocamento horizontal do carro móvel, e outro para realizar o movimento vertical de corte, conforme detalhe A, da Figura 2 deste Anexo; e

d) botão de parada de emergência conforme itens 12.56 a 12.63 e subitens desta Norma, localizado no carro móvel.

2.1. Quando o balancim do tipo ponte dispuser de movimento automático do deslocamento horizontal do carro, deve-se adotar cortina de luz frontal monitorada por interface de segurança, conforme os itens 12.38 a 12.55 e subitens desta Norma.

Figura 3 — Balancim do tipo ponte manual. Vista lateral

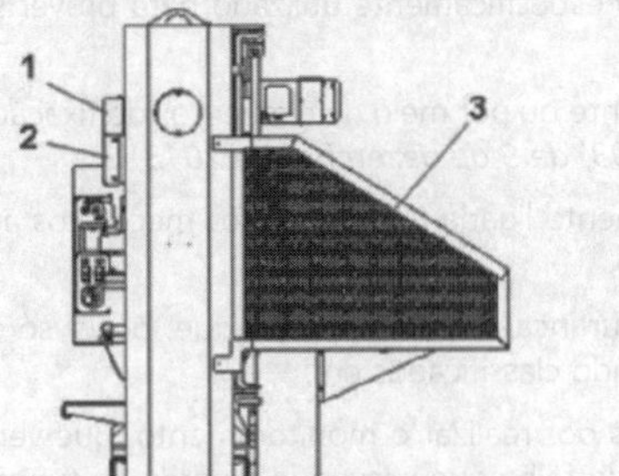

Legenda:
1: proteção do guia do carro
2: proteção frontal
3: proteção traseira

Figura 4 — Balancim do tipo ponte manual — Vista frontal

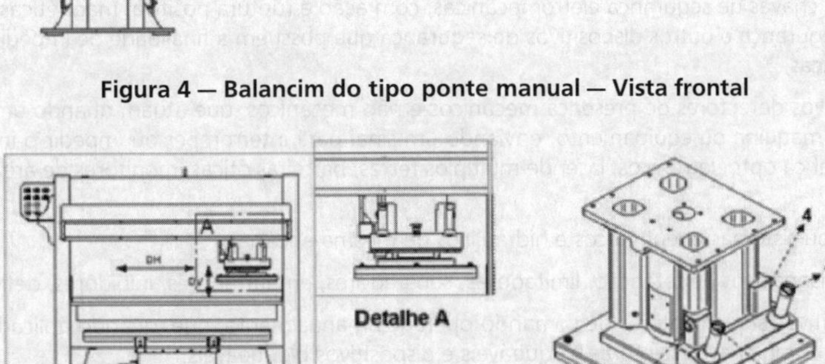

Legenda:
DH: deslocamento horizontal
DV: deslocamento vertical
1 e 2: acionamento bimanual, deslocamento vertical
2 e 4: deslocamento horizontal para esquerda
1 e 3: deslocamento horizontal para a direita

ANEXO XI
MÁQUINAS E IMPLEMENTOS PARA USO AGRÍCOLA E FLORESTAL

(Vide prazos no Art. 4º da Portaria SIT n. 197, de 17 de dezembro de 2010)

1. Este Anexo aplica-se às fases de projeto, fabricação, importação, comercialização, exposição e cessão a qualquer título de máquinas estacionárias ou não e implementos para uso agrícola e florestal, e ainda a máquinas e equipamentos de armazenagem e secagem e seus transportadores, tais como silos e secadores.

2. As proteções, dispositivos e sistemas de segurança previstos neste Anexo devem integrar as máquinas desde a sua fabricação, não podendo ser considerados itens opcionais para quaisquer fins.

3. Os dispositivos de partida, acionamento e parada das máquinas e dos equipamentos estacionários devem ser projetados, selecionados e instalados de modo que:

a) não se localizem em suas zonas perigosas;

b) impeçam acionamento ou desligamento involuntário pelo operador ou por qualquer outra forma acidental;

c) não acarretem riscos adicionais;

d) não possam ser burlados; e

e) possam ser acionados ou desligados em caso de emergência por outra pessoa que não seja o operador.

4. Os comandos de partida ou acionamento das máquinas estacionárias devem possuir dispositivos que impeçam seu funcionamento automático ao serem energizadas.

5. As máquinas cujo acionamento por pessoas não autorizadas possam oferecer risco à saúde ou integridade física de qualquer pessoa devem possuir sistema ou, no caso de máquinas autopropelidas, chave de ignição, para o bloqueio de seus dispositivos de acionamento.

6. As zonas de perigo das máquinas e implementos devem possuir sistemas de segurança, caracterizados por proteções fixas, móveis e dispositivos de segurança interligados ou não, que garantam a proteção à saúde e à integridade física dos trabalhadores.

6.1. A adoção de sistemas de segurança, em especial nas zonas de operação que apresentem perigo, deve considerar as características técnicas da máquina e do processo de trabalho e as medidas e alternativas técnicas existentes, de modo a atingir o nível necessário de segurança previsto nesta Norma.

6.1.1. Os componentes funcionais das áreas de processo e trabalho das máquinas autopropelidas e implementos, que necessitem ficar expostos para correta operação, devem ser protegidos adequadamente até a extensão máxima possível, de forma a permitir a funcionalidade operacional a que se destinam, atendendo às normas técnicas vigentes e às exceções constantes do Quadro II deste Anexo.

6.2. Para fins de aplicação deste Anexo, considera-se proteção o elemento especificamente utilizado para prover segurança por meio de barreira física, podendo ser:

a) proteção fixa, que deve ser mantida em sua posição de maneira permanente ou por meio de elementos de fixação que só permitam sua remoção ou abertura com o uso de ferramentas; *(Alterada pela Portaria MTE n. 1.893, de 9 de dezembro de 2013)*

b) proteção móvel, que pode ser aberta sem o uso de ferramentas, geralmente ligada por elementos mecânicos à estrutura da máquina ou a um elemento fixo próximo, e deve se associar a dispositivos de intertravamento.

6.3. Para fins de aplicação deste Anexo, consideram-se dispositivos de segurança os componentes que, por si só ou interligados ou associados a proteções, reduzam os riscos de acidentes e de outros agravos à saúde, sendo classificados em:

a) comandos elétricos ou interfaces de segurança: dispositivos responsáveis por realizar o monitoramento, que verificam a interligação, posição e funcionamento de outros dispositivos do sistema e impedem a ocorrência de falha que provoque a perda da função de segurança, como relés de segurança, controladores configuráveis de segurança e controlador lógico programável — CLP de segurança;

b) dispositivos de intertravamento: chaves de segurança eletromecânicas, com ação e ruptura positiva, magnéticas e eletrônicas codificadas, optoeletrônicas, sensores indutivos de segurança e outros dispositivos de segurança que possuem a finalidade de impedir o funcionamento de elementos da máquina sob condições específicas;

c) sensores de segurança: dispositivos detectores de presença mecânicos e não mecânicos, que atuam quando uma pessoa ou parte do seu corpo adentra a zona de perigo de uma máquina ou equipamento, enviando um sinal para interromper ou impedir o início de funções perigosas, como cortinas de luz, detectores de presença optoeletrônicos, laser de múltiplos feixes, barreiras óticas, monitores de área, ou scanners, batentes, tapetes e sensores de posição;

d) válvulas e blocos de segurança ou sistemas pneumáticos e hidráulicos de mesma eficácia;

e) dispositivos mecânicos, como: dispositivos de retenção, limitadores, separadores, empurradores, inibidores, defletores e retráteis; e

f) dispositivos de validação: dispositivos suplementares de comando operados manualmente, que, quando aplicados de modo permanente, habilitam o dispositivo de acionamento, como chaves seletoras bloqueáveis e dispositivos bloqueáveis.

6.3.1. Os componentes relacionados aos sistemas de segurança e comandos de acionamento e parada das máquinas estacionárias, inclusive de emergência, devem garantir a manutenção do estado seguro da máquina quando ocorrerem flutuações no nível de energia além dos limites considerados no projeto, incluindo o corte e restabelecimento do fornecimento de energia.

6.4. As proteções devem ser projetadas e construídas de modo a atender aos seguintes requisitos de segurança:

a) cumprir suas funções apropriadamente durante a vida útil da máquina ou possibilitar a reposição de partes deterioradas ou danificadas;

b) ser constituídas de materiais resistentes e adequados à contenção de projeção de peças, materiais e partículas;

c) fixação firme e garantia de estabilidade e resistência mecânica compatíveis com os esforços requeridos;

d) não criar pontos de esmagamento ou agarramento com partes da máquina ou com outras proteções;

e) não possuir extremidades e arestas cortantes ou outras saliências perigosas;

f) resistir às condições ambientais do local onde estão instaladas;

g) impedir que possam ser burladas;

h) proporcionar condições de higiene e limpeza;

i) impedir o acesso à zona de perigo;

j) ter seus dispositivos de intertravamento utilizados para bloqueio de funções perigosas das máquinas protegidos adequadamente contra sujidade, poeiras e corrosão, se necessário;

k) ter ação positiva, ou seja, atuação de modo positivo;

l) não acarretar riscos adicionais; e

m) possuir dimensões conforme previsto no Item A do Anexo I desta Norma.

6.4.1. Quando a proteção for confeccionada com material descontínuo, devem ser observadas as distâncias de segurança para impedir o acesso às zonas de perigo, conforme previsto Item A do Anexo I desta Norma.

6.5. A proteção deve ser móvel quando o acesso a uma zona de perigo for requerido uma ou mais vezes por turno de trabalho, observando-se que:

a) a proteção deve ser associada a um dispositivo de intertravamento quando sua abertura não possibilitar o acesso à zona de perigo antes da eliminação do risco; e

b) a proteção deve ser associada a um dispositivo de intertravamento com bloqueio quando sua abertura possibilitar o acesso à zona de perigo antes da eliminação do risco.

6.5.1. Para as máquinas autopropelidas e seus implementos, a proteção deve ser móvel quando o acesso a uma zona de perigo for requerido mais de uma vez por turno de trabalho.

6.5.2. As máquinas e implementos dotados de proteções móveis associadas a dispositivos de intertravamento devem:

a) operar somente quando as proteções estiverem fechadas;

b) paralisar suas funções perigosas quando as proteções forem abertas durante a operação; e

c) garantir que o fechamento das proteções por si só não possa dar inicio às funções perigosas

6.5.2.1. As máquinas autopropelidas ficam dispensadas do atendimento das alíneas "a" e "b" do subitem 6.5.2 deste Anexo para acesso em operações de manutenção e inspeção, desde que realizadas por trabalhador capacitado ou qualificado.

6.5.3. Para as máquinas autopropelidas, é permitida a utilização de dispositivo de intertravamento mecânico de atuação simples e não monitorado para proteção do compartimento do motor.

6.5.4. Os dispositivos de intertravamento com bloqueio associados às proteções móveis das máquinas e equipamentos devem:

a) permitir a operação somente enquanto a proteção estiver fechada e bloqueada;

b) manter a proteção fechada e bloqueada até que tenha sido eliminado o risco de lesão devido às funções perigosas da máquina ou do equipamento; e

c) garantir que o fechamento e bloqueio da proteção por si só não possa dar inicio às funções perigosas da máquina ou do equipamento.

6.5.4.1. As máquinas autopropelidas ficam dispensadas do atendimento das alíneas "a" e "b" do subitem 6.5.3 para acesso em operações de manutenção e inspeção, desde que realizadas por trabalhador capacitado ou qualificado.

6.6. As transmissões de força e os componentes móveis a elas interligados, acessíveis ou expostos, devem ser protegidos por meio de proteções fixas ou móveis com dispositivos de intertravamento, que impeçam o acesso por todos os lados, ressalvado o disposto no subitem 6.1.1 deste Anexo e as exceções previstas no Quadro II deste Anexo.

6.6.1. Quando utilizadas proteções móveis para o enclausuramento de transmissões de força que possuam inércia, devem ser utilizados dispositivos de intertravamento com bloqueio.

6.6.1.1. Em colhedoras, em situação de manutenção ou inspeção, quando as proteções forem abertas ou acessadas com exposição de elementos da máquina que ainda possuam rotação ou movimento após a interrupção de força, deve-se ter na área próxima da abertura uma evidência visível da rotação, ou indicação de sinal sonoro da rotação ou adesivo de segurança apropriado. *(Inserido pela Portaria MTE n. 1.893, de 9 de dezembro de 2013)*

6.6.2. As proteções de colhedoras devem: *(Inserido pela Portaria MTE n. 1.893, de 9 de dezembro de 2013)*

a) ser projetadas levando em consideração o risco para o operador e a geração de outros perigos, tais como evitar o acúmulo de detritos e risco de incêndio;

b) atingir a extensão máxima, considerando a funcionalidade da colhedora;

c) ser sinalizadas quanto ao risco;

d) ter indicação das informações sobre os riscos contidas no manual de instruções.

6.7. O eixo cardã deve possuir proteção adequada, em perfeito estado de conservação em toda a sua extensão, fixada na tomada de força da máquina desde a cruzeta até o acoplamento do implemento ou equipamento.

6.8. As máquinas e equipamentos que ofereçam risco de ruptura de suas partes, projeção de peças ou material em processamento devem possuir proteções que garantam a saúde e a segurança dos trabalhadores, salvo as exceções constantes dos Quadros I e II deste Anexo.

6.8.1. As roçadoras devem possuir dispositivos de proteção contra o arremesso de materiais sólidos.

6.9. As máquinas de cortar, picar, triturar, moer, desfibrar e similares devem possuir sistemas de segurança que impossibilitem o contato do operador ou demais pessoas com suas zonas de perigo.

6.10. Nas proteções distantes de máquinas estacionárias, em que haja possibilidade de alguma pessoa ficar na zona de perigo, devem ser adotadas medidas adicionais de proteção coletiva para impedir a partida da máquina, enquanto houver a presença de pessoas nesta zona.

6.11. As aberturas para alimentação de máquinas ou implementos que estiverem situadas ao nível do ponto de apoio do operador ou abaixo dele, devem possuir proteção que impeça a queda de pessoas em seu interior.

6.12. Quando as características da máquina ou implemento exigirem que as proteções sejam utilizadas também como meio de acesso, estas devem atender aos requisitos de resistência e segurança adequados a ambas as finalidades.

6.12.1. O fundo dos degraus ou da escada deve possuir proteção — espelho, sempre que uma parte saliente do pé ou da mão do trabalhador possa contatar uma zona perigosa.

7. As baterias devem atender aos seguintes requisitos mínimos de segurança:

a) localização de modo que sua manutenção e troca possam ser realizadas facilmente a partir do solo ou de uma plataforma de apoio;

b) constituição e fixação de forma a não haver deslocamento acidental; e

c) proteção do terminal positivo, a fim de prevenir contato acidental e curto-circuito.

8. As máquinas autopropelidas fabricadas a partir de maio de 2008, sob a égide da redação da NR-31 dada pela Portaria n. 86, de 3 de março de 2005, devem possuir faróis, lanternas traseiras de posição, buzina, espelho retrovisor e sinal sonoro automático de ré acoplado ao sistema de transmissão, salvo as exceções listadas no Quadro I deste Anexo.

9. As máquinas autopropelidas devem possuir Estrutura de Proteção na Capotagem — EPC e cinto de segurança, exceto as constantes do Quadro II deste anexo, que devem ser utilizadas em conformidade com as especificações e recomendações indicadas nos manuais do fabricante.

10. As máquinas autopropelidas que durante sua operação ofereçam riscos de queda de objetos sobre o posto de trabalho devem possuir de Estrutura de Proteção contra Queda de Objetos — EPCO.

11. Na tomada de potência — TDP dos tratores agrícolas deve ser instalada uma proteção que cubra a parte superior e as laterais, conforme Figura 1 deste Anexo.

12. As máquinas e equipamentos tracionados devem possuir sistemas de engate para reboque pelo sistema de tração, de modo a assegurar o acoplamento e desacoplamento fácil e seguro, bem como a impedir o desacoplamento acidental durante a utilização.

12.1. A indicação de uso dos sistemas de engate mencionados no item 12 deve ficar em local de fácil visualização e afixada em local próximo da conexão.

12.2. Os implementos tracionados, caso o peso da barra do reboque assim exija, devem possuir dispositivo de apoio que possibilite a redução do esforço e a conexão segura ao sistema de tração.

13. As correias transportadoras devem possuir:

a) sistema de frenagem ao longo dos trechos em que haja acesso de trabalhadores;

b) dispositivo que interrompa seu acionamento quando necessário;

c) partida precedida de sinal sonoro audível em toda a área de operação que indique seu acionamento;

d) sistema de proteção contra quedas de materiais, quando oferecer risco de acidentes aos trabalhadores que operem ou circulem em seu entorno;

e) sistemas e passarelas que permitam que os trabalhos de manutenção sejam desenvolvidos de forma segura;

f) passarelas com sistema de proteção contra queda ao longo de toda a extensão elevada onde possa haver circulação de trabalhadores; e

g) sistema de travamento para ser utilizado nos serviços de manutenção.

13.1. Excetuam-se da obrigação do item 13 as correias transportadoras instaladas em máquinas autopropelidas, implementos e em esteiras móveis para carga e descarga.

14. As máquinas e implementos devem possuir manual de instruções fornecido pelo fabricante ou importador, com informações relativas à segurança nas fases de transporte, montagem, instalação, ajuste, operação, limpeza, manutenção, inspeção, desativação e desmonte.

14.1. Os manuais devem:

a) ser escritos na língua portuguesa — Brasil, com caracteres de tipo e tamanho que possibilitem a melhor legibilidade possível, acompanhado das ilustrações explicativas;

b) ser objetivos, claros, sem ambiguidades e em linguagem de fácil compreensão;

c) ter sinais ou avisos referentes à segurança realçados; e

d) permanecer disponíveis a todos os usuários nos locais de trabalho.

14.2. Os manuais das máquinas e equipamentos fabricados no Brasil ou importados devem conter, no mínimo, as seguintes informações:

a) razão social, endereço do fabricante ou importador, e CNPJ quando houver;

b) tipo e modelo;

c) número de série ou de identificação, e ano de fabricação;

d) descrição detalhada da máquina ou equipamento e seus acessórios;

e) diagramas, inclusive circuitos elétricos, em particular a representação esquemática das funções de segurança, no que couber, para máquinas estacionárias.

f) definição da utilização prevista para a máquina ou equipamento;

g) riscos a que estão expostos os usuários;

h) definição das medidas de segurança existentes e aquelas a serem adotadas pelos usuários;

i) especificações e limitações técnicas para a sua utilização com segurança, incluindo o critérios de declividade de trabalho para máquinas e implementos, no que couber;

j) riscos que poderiam resultar de adulteração ou supressão de proteções e dispositivos de segurança;

k) riscos que poderiam resultar de utilizações diferentes daquelas previstas no projeto;

l) procedimentos para utilização da máquina ou equipamento com segurança;

m) procedimentos e periodicidade para inspeções e manutenção;

n) procedimentos básicos a serem adotados em situações de emergência.

15. As máquinas, equipamentos e implementos devem dispor de acessos permanentemente fixados e seguros a todos os seus pontos de operação, abastecimento, inserção de matérias-primas e retirada de produtos trabalhados, preparação, manutenção e de intervenção constante.

15.1. Consideram-se meios de acesso elevadores, rampas, passarelas, plataformas ou escadas de degraus.

15.1.1. Na impossibilidade técnica de adoção dos meios previstos no subitem 15.1, poderá ser utilizada escada fixa tipo marinheiro.

15.1.2. As máquinas autopropelidas e implementos com impossibilidade técnica de adoção dos meios de acesso dispostos no subitem 15.1, onde a presença do trabalhador seja necessária para inspeção e manutenção e que não sejam acessíveis desde o solo devem possuir meios de apoio como manípulos ou corrimãos, barras, apoio para os pés ou degraus com superfície antiderrapante, que garantam ao operador manter contato de apoio em três pontos durante todo o tempo de acesso, de modo a torná-lo seguro, conforme o item 15.21 deste Anexo.

15.1.2.1. Deve-se utilizar uma forma de acesso seguro indicada no manual de operação, nas situações em que não sejam aplicáveis os meios previstos no subitem 15.1.2.

15.2. Os locais ou postos de trabalho acima do nível do solo em que haja acesso de trabalhadores para intervenções devem possuir plataformas de trabalho estáveis e seguras.

15.3. Devem ser fornecidos meios de acesso se a altura do solo ou do piso ao posto de operação das máquinas for maior que 0,55 m (cinquenta e cinco centímetros).

15.4. Em máquinas autopropelidas da indústria de construção com aplicação agroflorestal, os meios de acesso devem ser fornecidos se a altura do solo ao posto de operação for maior que 0,60 m (sessenta centímetros).

15.5. Em colhedoras de arroz, colhedoras equipadas com esteiras e outras colhedoras equipadas com sistema de autonivelamento, os meios de acesso devem ser fornecidos se a altura do solo ao posto de operação for maior que 0,70 m (setenta centímetros).

15.6. Nas máquinas, equipamentos e implementos os meios de acesso permanentes devem ser localizados e instalados de modo a prevenir riscos de acidente e facilitar sua utilização pelos trabalhadores.

15.7. Os meios de acesso de máquinas estacionárias, exceto escada fixa do tipo marinheiro e elevador, devem possuir sistema de proteção contra quedas com as seguintes características:

a) ser dimensionados, construídos e fixados de modo seguro e resistente, de forma a suportar os esforços solicitantes;

b) ser constituídos de material resistente a intempéries e corrosão;

c) possuir travessão superior de 1,10 m (um metro e dez centímetros) a 1,20 m (um metro e vinte centímetros) de altura em relação ao piso ao longo de toda a extensão, em ambos os lados;

d) o travessão superior não deve possuir superfície plana, a fim de evitar a colocação de objetos; e

e) possuir rodapé de, no mínimo, 0,20 m (vinte centímetros) de altura e travessão intermediário a 0,70 m (setenta centímetros) de altura em relação ao piso, localizado entre o rodapé e o travessão superior.

15.7.1. Havendo risco de queda de objetos e materiais, o vão entre o rodapé e o travessão superior do guarda corpo deve receber proteção fixa, integral e resistente

15.7.1.1. A proteção mencionada no subitem 15.7.1 pode ser constituída de tela resistente, desde que sua malha não permita a passagem de qualquer objeto ou material que possa causar lesões aos trabalhadores.

15.7.2. Para o sistema de proteção contra quedas em plataformas utilizadas em operações de abastecimento ou que acumulam sujidades, é permitida a adoção das dimensões da Figura 5 do Anexo III desta Norma.

15.8. O emprego dos meios de acesso de máquinas estacionárias deve considerar o ângulo de lance conforme Figura 1 do Anexo III desta Norma.

15.9. As passarelas, plataformas, rampas e escadas de degraus devem propiciar condições seguras de trabalho, circulação, movimentação e manuseio de materiais e:

a) ser dimensionadas, construídas e fixadas de modo seguro e resistente, de forma a suportar os esforços solicitantes e movimentação segura do trabalhador;

b) ter pisos e degraus constituídos de materiais ou revestimentos antiderrapantes;

c) ser mantidas desobstruídas; e

d) ser localizadas e instaladas de modo a prevenir riscos de queda, escorregamento, tropeçamento e dispêndio excessivo de esforços físicos pelos trabalhadores ao utilizá-las.

15.10. As rampas com inclinação entre 10º (dez) e 20º (vinte) graus em relação ao plano horizontal devem possuir peças transversais horizontais fixadas de modo seguro, para impedir escorregamento, distanciadas entre si 0,40 m (quarenta centímetros) em toda sua extensão.

15.11. É proibida a construção de rampas com inclinação superior a 20º (vinte) graus em relação ao piso.

15.12. As passarelas, plataformas e rampas devem ter as seguintes características:

a) largura útil mínima de 0,60 m (sessenta centímetros) para máquinas, exceto para as autopropelidas e implementos que devem atender a largura mínima determinada conforme norma técnica especifica;

b) meios de drenagem, se necessário; e

c) não possuir rodapé no vão de acesso.

15.13. Em máquinas estacionárias as escadas de degraus com espelho devem ter:

a) largura mínima de 0,60 m (sessenta centímetros);

b) degraus com profundidade mínima de 0,20 m (vinte centímetros);

c) degraus e lances uniformes, nivelados e sem saliências;

d) altura entre os degraus de 0,20 m (vinte centímetros) a 0,25 m (vinte e cinco centímetros);

e) plataforma de descanso de 0,60m (sessenta centímetros) a 0,80m (oitenta centímetros) de largura e comprimento a intervalos de, no máximo, 3,00 m (três metros) de altura.

15.14. Em máquinas estacionárias as escadas de degraus sem espelho devem ter:

a) largura mínima de 0,60 m (sessenta centímetros);

b) degraus com profundidade mínima de 0,15 m (quinze centímetros);

c) degraus e lances uniformes, nivelados e sem saliências;

d) altura máxima entre os degraus de 0,25 m (vinte e cinco centímetros);

e) plataforma de descanso com 0,60m (sessenta centímetros) a 0,80 m (oitenta centímetros) de largura e comprimento a intervalos de, no máximo, 3,00 m (três metros) de altura;

f) projeção mínima de 0,01 m (dez milímetros) de um degrau sobre o outro; e

g) degraus com profundidade que atendam à fórmula: 600≤ g +2h ≤ 660 (dimensões em milímetros), conforme Figura 2 deste Anexo.

15.15. Em máquinas estacionárias as escadas fixas do tipo marinheiro devem ter:

a) dimensionamento, construção e fixação seguras e resistentes, de forma a suportar os esforços solicitantes; *(Alterada pela Portaria MTE n. 1.893, de 9 de dezembro de 2013)*

b) constituição de materiais ou revestimentos resistentes a intempéries e corrosão, caso estejam expostas em ambiente externo ou corrosivo;

c) gaiolas de proteção, caso possuam altura superior a 3,50 m (três metros e meio), instaladas a partir de 2,0 m (dois metros) do piso, ultrapassando a plataforma de descanso ou o piso superior em pelo menos de 1,10 m (um metro e dez centímetros) a 1,20 m (um metro e vinte centímetros);

d) corrimão ou continuação dos montantes da escada ultrapassando a plataforma de descanso ou o piso superior de 1,10 m (um metro e dez centímetros) a 1,20 m (um metro e vinte centímetros);

e) largura de 0,40 m (quarenta centímetros) a 0,60 m (sessenta centímetros), conforme Figura 3 do Anexo III desta Norma;

f) altura total máxima de 10,00 m (dez metros), se for de um único lance;

g) altura máxima de 6,00 m (seis metros) entre duas plataformas de descanso, se for de múltiplos lances, construídas em lances consecutivos com eixos paralelos, distanciados no mínimo em 0,70 m (setenta centímetros), conforme Figura 3 do anexo III desta Norma;

h) espaçamento entre barras horizontais de 0,25 m (vinte e cinco centímetros) a 0,30 m (trinta centímetros), conforme Figura 3 do Anexo III desta Norma; *(Alterada pela Portaria MTE n. 1.893, de 9 de dezembro de 2013)*

i) espaçamento entre o piso da máquina ou da edificação e a primeira barra não superior a 0,55 m (cinquenta e cinco centímetros), conforme Figura 3 do Anexo III desta Norma;

j) distância em relação à estrutura em que é fixada de, no mínimo, 0,15 m (quinze centímetros), conforme Figura 4C do Anexo III desta Norma; *(Alterada pela Portaria MTE n. 1.893, de 9 de dezembro de 2013)*

k) barras horizontais de 0,025m (vinte e cinco milímetros) a 0,038 m (trinta e oito milímetros) de diâmetro ou espessura; e *(Alterada pela Portaria MTE n. 1.893, de 9 de dezembro de 2013)*

l) barras horizontais com superfícies, formas ou ranhuras a fim de prevenir deslizamentos. *(Alterada pela Portaria MTE n. 1.893, de 9 de dezembro de 2013)*

15.15.1. As gaiolas de proteção devem ter diâmetro de 0,65m (sessenta e cinco centímetros) a 0,80 m (oitenta centímetros), conforme Figura 4 C, do Anexo III e: *(Alterado pela Portaria MTE n. 1.893, de 9 de dezembro de 2013)*

a) possuir barras verticais com espaçamento máximo de 0,30m (trinta centímetros) entre si e distância máxima de 1,50m (um metro e cinquenta centímetros) entre arcos, conforme figuras 4A e 4B, do Anexo III; ou *(Alterada pela Portaria MTE n. 1.893, de 9 de dezembro de 2013)*

b) vãos entre arcos de, no máximo, 0,30m (trinta centímetros), conforme Figura 3 do Anexo III, dotadas de barra vertical de sustentação dos arcos. *(Alterada pela Portaria MTE n. 1.893, de 9 de dezembro de 2013)*

15.16. Os meios de acesso das máquinas autopropelidas e implementos, devem possuir as seguintes características:

a) ser dimensionados, construídos e fixados de modo seguro e resistente, de forma a suportar os esforços solicitantes;

b) ser constituídos de material resistente a intempéries e corrosão;

c) o travessão superior não deve ter superfície plana, a fim de evitar a colocação de objetos.

15.17. A direção não pode ser considerada manípulo de apoio.

15.18. Os pneus, cubos, rodas e para-lamas não são considerados degraus para acesso aos postos de trabalho.

15.19. Os para-lamas podem ser considerados degraus para acesso desde que projetados para esse fim.

15.20. Em máquinas de esteira, as sapatas e a superfície de apoio das esteiras podem ser utilizadas como degraus de acesso desde que projetados para esse fim e se for garantido ao operador apoio em três pontos de contato durante todo tempo de acesso.

15.21. As máquinas autopropelidas e implementos devem ser dotados de corrimãos ou manípulos — pega-mãos, em um ou ambos os lados dos meios de acesso que ofereçam risco de queda ou acesso às áreas de perigo, que devem possuir:

a) projeto de forma que o operador possa manter contato de apoio em três pontos durante todo o tempo de acesso;

b) largura da seção transversal entre 0,025m (vinte e cinco milímetros) e 0,038 m (trinta e oito milímetros);

c) extremidade inferior em pelo menos um corrimão ou manípulo localizada no máximo a 1600 mm (mil e seiscentos milímetros) da superfície do solo;

d) espaço livre mínimo de 0,050m (cinquenta milímetros) entre o corrimão ou manípulo e as partes adjacentes para acesso da mão, exceto nos pontos de fixação;

e) um manípulo instalado do último degrau superior do meio de acesso a uma altura de 0,85 m (oitenta e cinco centímetros a 1,10 m (um metro e dez centímetros); e

f) manípulo com comprimento mínimo de 0,15 m (quinze centímetros).

15.21.1. Os pontos de apoio para mãos devem ficar a pelo menos 0,30 m (trinta centímetros) de qualquer elemento de articulação.

15.22. As escadas usadas no acesso ao posto de operação das máquinas autopropelidas e implementos devem atender a um dos seguintes requisitos:

a) a inclinação α deve ser entre 70° (setenta graus) e 90° (noventa graus) em relação à horizontal conforme Figura 2 desta Norma; ou *(Retificada no D.O.U. de 10/01/11 — Seção 1 — pág. 84)*

b) no caso de inclinação α menor que 70° (setenta graus), as dimensões dos degraus devem atender à equação $(2B + G) \leq 700$ mm, onde B é a distância vertical, em mm, e G a distância horizontal, em mm, entre degraus, permanecendo as dimensões restantes conforme Figura 2 do Anexo III desta Norma. *(Retificada no D.O.U. de 10.1.11 — Seção 1 — p. 84)*

15.22.1. Os degraus devem possuir:

a) superfície antiderrapante;

b) batentes verticais em ambos os lados;

c) projeção de modo a minimizar o acúmulo de água e de sujidades, nas condições normais de trabalho;

d) altura do primeiro degrau alcançada com os maiores pneus indicados para a máquina;

e) espaço livre adequado na região posterior, quando utilizado sem espelho, de forma a proporcionar um apoio seguro para os pés;

f) dimensões conforme a Figura 2 do Anexo III desta Norma;

g) altura do primeiro deles em relação ao solo de até 700mm (setecentos milímetros) para colhedoras de arroz ou colhedoras equipadas com esteiras e outras colhedoras equipadas com sistema de autonivelamento; e

h) altura do primeiro deles em relação ao solo de até 600mm (seiscentos milímetros) para máquinas autopropelidas da indústria da construção com aplicação agroflorestal.

15.22.2. A conexão entre o primeiro degrau e o segundo degrau pode ser articulada.

15.22.3. Não deve haver riscos de corte, esmagamento ou movimento incontrolável para o operador na movimentação de meios de acesso móveis.

15.23.1. O sistema de proteção contra quedas de plataformas que não sejam a de operação em colhedoras está dispensado de atender aos requisitos da figura 5 do Anexo III, desde que disponham de barra superior, instalada em um dos lados, tendo altura de 1m (um metro) a 1,1m (um metro e dez centímetros) em relação ao piso e barra intermediária instalada de 0,4m (quarenta centímetro) a 0,6m (sessenta centímetros) abaixo da barra superior. *(Inserido pela Portaria MTE n. 1.893, de 9 de dezembro de 2013)*

15.23.1.1. As plataformas indicadas no item 15.23.1 somente podem ser acessadas quando a máquina estiver parada. *(Inserido pela Portaria MTE n. 1.893, de 9 de dezembro de 2013)*

15.24. A plataforma de operação ou piso de trabalho das máquinas autopropelidas e implementos deve:

a) ser plana, nivelada e fixada de modo seguro e resistente;

b) possuir superfície antiderrapante;

c) possuir meios de drenagem, se necessário;

d) ser contínua, exceto para tratores denominados "acavalados", em que poderá ser de dois níveis; e

e) não possuir rodapé no vão de entrada da plataforma.

15.24.1. Os meios de acesso móveis ou retráteis das plataformas e cabines, para fins de transporte, devem possuir sistema para limitação do vão de acesso.

15.25. O bocal de abastecimento do tanque de combustível e de outros materiais deve ser localizado, no máximo, a 1,5 m (um metro e cinquenta centímetros) acima do ponto de apoio do operador.

15.25.1. Caso não seja possível atender ao disposto no subitem 15.25 para as operações de abastecimento de combustível e de outros materiais, nas máquinas autopropelidas deve ser instalado degrau de acesso com manípulos que garantam três pontos de contato durante toda a tarefa.

15.25.2. Caso não seja possível atender ao disposto no subitem 15.25 para as operações de abastecimento de combustível das máquinas autopropelidas que possuam o tanque localizado na parte traseira ou lateral, poderá ser utilizada plataforma ou escada externa que servirá de apoio para execução segura da tarefa.

Figura 1 — Cobertura de proteção da TDP para tratores agrícolas

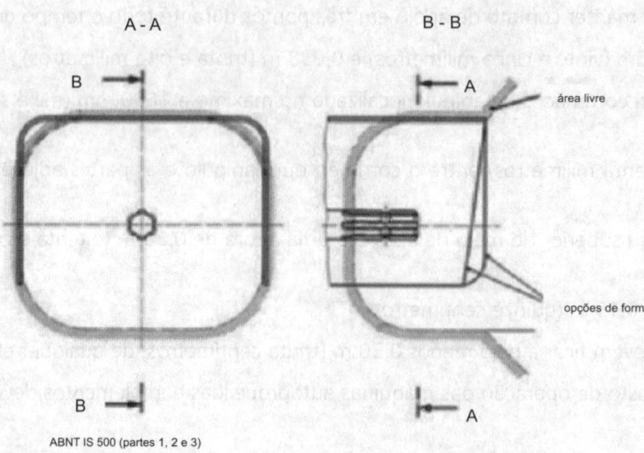

Figura 2 — Dimensões em milímetros dos meios de acesso de máquina autopropelida

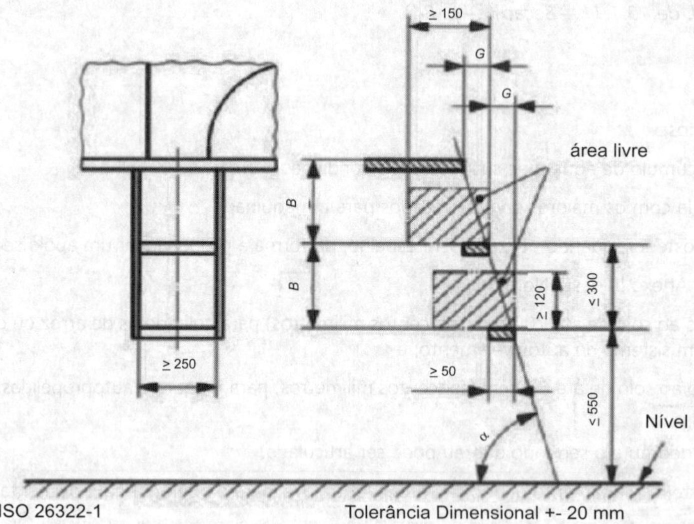

Legenda:

B: distância vertical entre degraus sucessivos

G: distância horizontal entre degraus sucessivos

α: ângulo de inclinação em relação à horizontal

Quadro I — Máquinas excluídas

Tipo de máquina	Item 9 Estrutura de Proteção na capotagem EPC	Item 9 Cinto de segurança	Subitem 6.8 Proteção contra projeção do material em processamento	Item 8 Sinal sonoro de ré acoplados ao sistema de transmissão e espelho retrovisor	Item 8 Faróis, buzinas e lanternas traseiras de posição
Motocultivadores	X	X	X	X	X
Outros microtratores e cortadores de grama autopropelidos (peso bruto total abaixo de 600 kg)	X	X	X	X	X
Pulverizadores autopropelidos	X				

Tipo de máquina	Item 9 Estrutura de Proteção na capotagem EPC	Item 9 Cinto de segurança	Subitem 6.8 Proteção contra projeção do material em processamento	Item 8 Sinal sonoro de ré acoplados ao sistema de transmissão e espelho retrovisor	Item 8 Faróis, buzinas e lanternas traseiras de posição
Adubadoras autopropelidas e tracionadas	X		X		
Colhedoras de grãos, cereais, forragem, café, cana-de-açúcar, algodão, laranja entre outras	X		X		
Escavadeiras hidráulicas	X				
Plantadeiras tracionadas	X	X	X	X	X
Plataforma porta--implementos (acoplável ao motocultivador)	X	X	X	X	X

Quadro II — Exclusões à proteção em partes móveis (subitens 6.1.1 e 6.6)

Máquina — implemento	Descrição da Exclusão
Motocultivadores	Área da parte ativa do implemento acoplado de acordo com aplicação.
Outros microtratores e cortadores de grama autopropelidos (peso bruto total abaixo de 600 kg)	Área do cortador de grama, embaixo da máquina, protegido por proteções laterais.
Adubadoras tracionadas e autopropelidas	Área distribuidora — área do distribuidor (disco ou tubo); Área de transporte e esteira helicoidal.
Colhedoras de grãos ou cereais	Área de corte e alimentação ou de captação (plataforma de corte/recolhimento); Área de expulsão e projeção de resíduos (espalhador de palha); Área de descarregamento (tubo descarregador de grãos).
Colhedoras de cana-de-açúcar	Área de corte ou recolhimento da cana-de-açúcar a ser processada (unidades de corte e recolhimento); Área de projeção/descarregamento do material (picador e transportador de material).
Colhedoras de algodão	Área de recolhimento da fibra do algodão; Área de descarregamento do fardo de algodão.
Colhedoras de café	Área de conjunto das hastes vibratórias, lâminas retráteis, transportadores e descarregamento.
Colhedoras de laranja	Área de conjunto das hastes vibratórias, lâminas retráteis, transportadores e descarregamento.
Escavadeiras hidráulicas, *feller bunchers* e *harvesters*	Área de corte, desgalhamento, processamento ou carregamento de toras.
Forrageiras tracionadas e autopropelidas	Área de corte ou recolhimento da planta a ser processada (plataforma de corte ou recolhimento); Área de descarregamento/projeção do material triturado.
Plantadeiras tracionadas	Linhas de corte da palha e seus componentes; Linhas de plantio e seus componentes; Área de distribuição de sementes e adubos.

ANEXO XII

EQUIPAMENTOS DE GUINDAR PARA ELEVAÇÃO DE PESSOAS E REALIZAÇÃO DE TRABALHO EM ALTURA

(Inserido pela Portaria SIT n. 293, de 8 de dezembro de 2011)

CESTA AÉREA: Equipamento veicular destinado à elevação de pessoas para execução de trabalho em altura, dotado de braço móvel, articulado, telescópico ou misto, com caçamba ou plataforma, com ou sem isolamento elétrico, podendo, desde que projetado para este fim, também elevar material por meio de guincho e de lança complementar (JIB), respeitadas as especificações do fabricante.

CESTO ACOPLADO: Caçamba ou plataforma acoplada a um guindaste veicular para elevação de pessoas e execução de trabalho em altura, com ou sem isolamento elétrico, podendo também elevar material de apoio indispensável para realização do serviço.

CESTO SUSPENSO: Conjunto formado pelo sistema de suspensão e a Caçamba ou plataforma suspensa por equipamento de guindar que atenda aos requisitos de segurança deste anexo, para utilização em trabalhos em altura.

1. Para fins deste anexo consideram-se as seguintes definições:

Altura nominal de trabalho (para cestas aéreas e cestos acoplados): Distância medida na elevação máxima desde o fundo da caçamba até o solo, acrescida de 1,5 m.

Berço: suporte de apoio da lança do guindaste na sua posição recolhida.

Caçamba ou plataforma (vide figura 1): Componente destinado à acomodação e movimentação de pessoas à posição de trabalho.

Carga nominal (carga bruta): capacidade estabelecida pelo fabricante ou por profissional legalmente habilitado para determinada configuração do equipamento de guindar e caçamba ou plataforma.

Capacidade nominal da caçamba ou plataforma: a capacidade máxima da caçamba, estabelecida pelo fabricante, em termos de peso e número de ocupantes previsto.

Chassi (vide figura 1): É a estrutura de todo o conjunto onde se monta o mecanismo de giro, coluna, braços e lanças, bem como o sistema de estabilizadores.

Classificação de capacidade de carga (tabela de carga): conjunto de cargas nominais para as configurações estipuladas de equipamentos de guindar e condições operacionais.

Comando: Sistema responsável pela execução de uma função.

Controle: Atuador de interface entre o operador e o comando.

Cuba isolante ou Liner: Componente projetado para ser acomodado dentro da caçamba, plataforma ou suporte similar, capaz de modificar as propriedades elétricas da caçamba/plataforma. Pode ser de duas naturezas:

- Liner/Cuba Isolante: Acessório da caçamba destinado a garantir a sua isolação elétrica em Cestas Aéreas Isoladas, aplicáveis de acordo com a classe de isolação e método de trabalho.
- Liner/Cuba condutiva: Acessório da caçamba destinado à equalização de potencial entre a rede, as partes metálicas e o eletricista, para trabalhos realizados pelo método ao potencial.

Ensaios Não Destrutivos: Exame das Cestas Aéreas ou de seus componentes sem alteração das suas características originais. Incluem, mas não se limitam a: Inspeção Visual, ensaios de Emissão Acústica, Partícula Magnética/Líquido Penetrante, Ultrassom e Dielétrico.

Dispositivo de tração na subida e descida do moitão: Sistema ou dispositivo que controle o içamento ou descida motorizada da caçamba ou plataforma impedindo a queda livre.

Eslinga, linga ou lingada: Dispositivo composto de cabos e acessórios destinados a promover a interligação entre o equipamento de guindar e a caçamba ou plataforma.

Estabilizadores (vide figura 1): Dispositivos e sistemas utilizados para estabilizar a cesta aérea, cesto acoplado ou equipamento de guindar.

Estabilizar/estabilidade: condição segura de trabalho prevista pelo fabricante para evitar o tombamento.

Freio: dispositivo utilizado para retardar ou parar o movimento.

Freio automático: dispositivo que retarda ou para o movimento, sem atuação do operador, quando os parâmetros operacionais específicos dos equipamentos são atingidos.

Giro (vide figura 1): Movimento rotativo da coluna ou torre, da lança ou braço móvel em torno do eixo vertical.

Grau de isolamento: Cestas áreas isoladas são classificadas de acordo com sua classe de isolamento elétrico, definidas em 3 categorias conforme NBR 14631.

Guindaste Veicular: Equipamento hidráulico veicular dotado de braço móvel articulado, telescópico ou misto destinado a elevar cargas.

JIB: Lança auxiliar acoplada à extremidade da lança principal com objetivo de içar ou sustentar cargas adicionais.

Lança ou braço móvel (vide figura 1): Componente articulado, extensível ou misto, que sustenta e movimenta a caçamba ou plataforma.

Manilha: Acessório para movimentação ou fixação de carga, formado por duas partes facilmente desmontáveis, consistindo em corpo e pino.

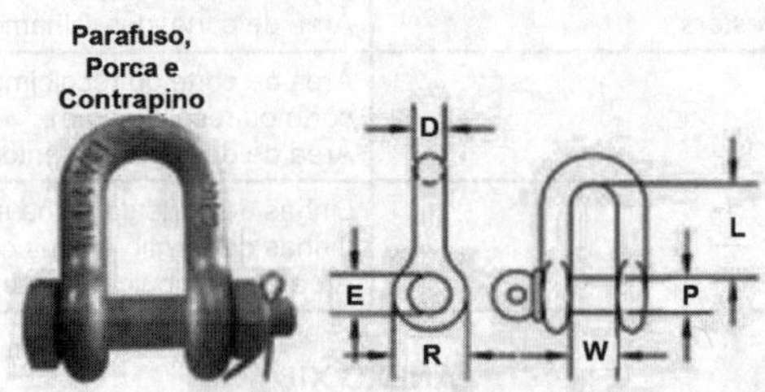

Plano de movimentação de carga (Plano de Rigging): Consiste no planejamento formalizado de uma movimentação com guindaste móvel ou fixo, visando a otimização dos recursos aplicados na operação (equipamentos, acessórios e outros) para se evitar acidentes e perdas de tempo. Ele indica, por meio do estudo da carga a ser içada, das máquinas disponíveis, dos acessórios, condições do solo e ação do vento, quais as melhores soluções para fazer um içamento seguro e eficiente.

Ponto(s) de fixação: lugar na caçamba ou plataforma para conexão ao sistema de suspensão.

Posição de acesso: Posição que permite o acesso à plataforma ou caçamba. Posição de acesso e posição de transporte podem ser idênticas.

Posição de transporte: A posição de transporte da plataforma ou caçamba é a posição recomendada pelo fabricante na qual a cesta aérea ou o cesto acoplado é transportado/deslocado ao local de utilização em vias públicas ou no interior dos canteiros de obras.

Posição de transporte para cesto acoplado: É considerada posição de transporte aquela definida pelo fabricante, quando as lanças do guindaste estiverem posicionadas no berço ou sobre a carroceria do caminhão, desde que não ultrapassada as dimensões de transporte (largura e altura) em conformidade com a legislação vigente.

Profissional de movimentação de carga (Rigger): responsável pelo planejamento e elaboração do plano de movimentação de cargas, capacitado conforme previsto no item 12.138 desta NR.

Sapatilha: Elemento utilizado na proteção para olhal de cabo de aço.

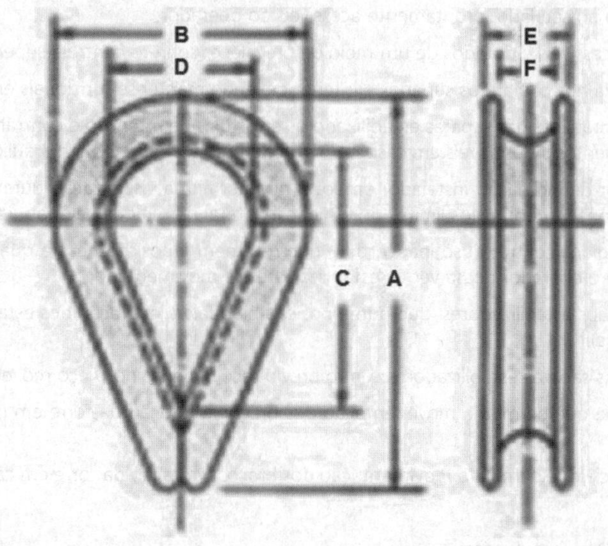

Sistema de suspensão: cabo ou eslingas e outros componentes, incluindo dispositivos de fixação, utilizado para ligar o equipamento de guindar à caçamba ou plataforma.

Sistema de suspensão dedicado: É aquele que só pode ser utilizado para a operação em conjunto com a caçamba. Quando atendidos os requisitos de segurança previstos neste anexo, pode ser dotado de cesto acoplado ou cesto suspenso.

Sistema limitador de momento: sistema de segurança que atua quando alcançado o limite do momento de carga impedindo os movimentos que aumentem o momento de carga.

Superlaço: Olhal feito abrindo-se a ponta do cabo em duas metades. Uma metade é curvada para formar um olhal, e em seguida a outra metade é entrelaçada no espaço vazio da primeira.

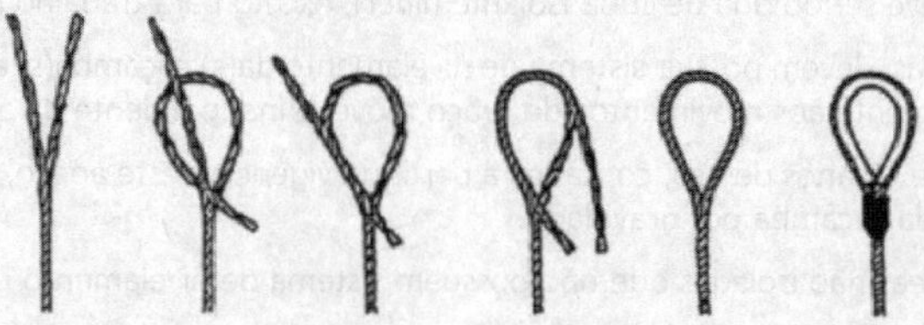

Trabalho pelo método ao potencial: Metodologia de trabalho em redes elétricas com tensões superiores a 60kV, onde, através de vestimentas e outros meios específicos, o trabalhador é equalizado no mesmo potencial da rede elétrica (mesmo nível de tensão), possibilitando o trabalho em contato direto com o condutor.

Figura 1: Exemplo de Arranjo com Cesto Acoplado

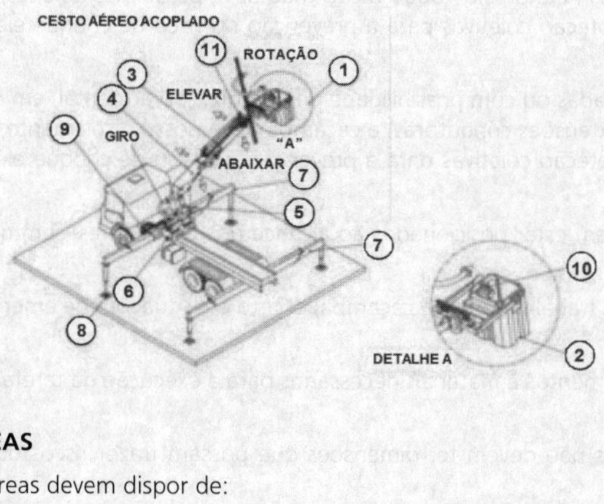

ITEM	DESCRIÇÃO
1	CA CESTO AÉREO ACOPLADO
2	CAÇAMBA
3	BRAÇO POSTERIOR
4	BRAÇO ANTERIOR
5	COLUNA GIRATÓRIA
6	BASE
7	ESTABILIZADORES
8	PÉS DE APOIO
9	COMANDO INFERIOR
10	COMANDO SUPERIOR
11	LANÇAS EXTENSÍVEIS

2. CESTAS AÉREAS

2.1. As cestas aéreas devem dispor de:

a) ancoragem para cinto de segurança tipo paraquedista, conforme projeto e sinalização do fabricante;

b) todos os controles claramente identificados quanto a suas funções e protegidos contra uso inadvertido e acidental;

c) controles para movimentação da caçamba na parte superior e na parte inferior, que devem voltar para a posição neutra quando liberados pelo operador, exceto o controle das ferramentas hidráulicas;

d) controles inferior e superior para a operação do guincho e válvula de pressão para limitar a carga nas cestas aéreas equipadas com guincho e "JIB" para levantamento de material, caso possua este acessório.

e) dispositivo de travamento de segurança de modo a impedir a atuação inadvertida dos controles superiores;

f) controles superiores na caçamba ou ao seu lado, prontamente acessíveis ao operador;

g) controles inferiores prontamente acessíveis e dotados de um meio de prevalecer sobre o controle superior de movimentação da caçamba;

h) dispositivo de parada de emergência nos comandos superior e inferior devendo manter-se funcionais em ambos casos;

i) válvulas de retenção nos cilindros hidráulicos das sapatas estabilizadoras e válvulas de retenção e contrabalanço (holding) nos cilindros hidráulicos do braço móvel a fim de evitar movimentos indesejáveis em caso de perda de pressão no sistema hidráulico;

j) sistema estabilizador, com indicador de inclinação instalado, em local que permita a visualização durante a operação dos estabilizadores, para mostrar se o equipamento está posicionado dentro dos limites de inclinação lateral permitidos pelo fabricante;

k) controles dos estabilizadores protegidos contra o uso inadvertido, que retornem à posição neutra quando soltos pelo operador, localizados na base da unidade móvel, de modo que o operador possa ver os estabilizadores se movimentando;

l) válvula seletora, junto ao comando dos estabilizadores, que numa posição bloqueie a operação dos estabilizadores e na outra posição os comandos de movimentação da(s) caçamba(s);

m) sistema que impeça a operação das sapatas estabilizadoras sem o prévio recolhimento do braço móvel para uma posição segura de transporte;

n) sistema de operação de emergência que permita a movimentação dos braços e rotação da torre em caso de pane, exceto no caso previsto na alínea "o";

o) recurso para operação de emergência que permita a movimentação dos braços e rotação da torre em caso de ruptura de mangueiras hidráulicas;

p) ponto para aterramento;

2.2. A caçamba deve atender aos seguintes requisitos:

a) ser dimensionada para suportar e acomodar o(s) operadore(s) e as ferramentas indispensáveis para realização do serviço;

b) não devem haver aberturas nem passagens nas caçambas de cestas aéreas isoladas, exceto para trabalho pelo método ao potencial;

c) possuir sistema de proteção contra quedas com no mínimo 990 mm de altura e demais requisitos dos itens 12.70 alíneas "a", "b", "d", "e", 12.71, 12.71.1, 12.73 alíneas "a", "b", "c" desta NR;

d) quando o acesso da caçamba for por meio de portão, não pode permitir a abertura para fora e deve ter sistema de travamento que impeça a abertura acidental;

e) as caçambas fabricadas em material não condutivo devem atender aos requisitos da norma ABNT NBR 14631;

f) a caçamba das cestas aéreas isoladas deve ser dotada de cuba isolante (liner), exceto para trabalho pelo método ao potencial

2.3. As cestas aéreas, isoladas e não isoladas, devem possuir sistema de nivelamento da(s) caçamba(s) ativo e automático, através de sistema mecânico ou hidráulico que funcione integradamente aos movimentos do braço móvel e independente da atuação da força gravitacional.

2.3.1. As cestas áreas não isoladas com até 10 anos de uso, contados a partir da vigência deste anexo, estão dispensadas da exigência do item 2.3, podendo possuir sistema de nivelamento da caçamba por gravidade.

2.3.2. É proibida a utilização de cestas aéreas não isoladas que não possuam sistema de nivelamento da caçamba ativo e automático.

(Vide prazo parágrafo único do Art. 2º da Portaria SIT n. 293, de 08 de dezembro de 2011)

2.4. Para serviços em linhas, redes e instalações energizadas com tensões iguais ou superiores a 1000V deve-se utilizar cesta aérea isolada, que possua o grau de isolamento, categorias A, B ou C, conforme NBR14631, e devem ser adotadas outras medidas de proteção coletivas para a prevenção do risco de choque elétrico, nos termos da NR-10.

2.5. Para serviços em linhas, redes e instalações energizadas com tensões inferiores a 1000V a caçamba deve possuir isolamento, garantido o grau de isolamento adequado, e devem ser adotadas outras medidas de proteção coletivas para a prevenção do risco de choque elétrico, nos termos da NR-10.

2.6. Para serviços em proximidade de linhas, redes e instalações energizadas ou com possibilidade de energização acidental, em que o trabalhador pode entrar na zona controlada com uma parte do seu corpo ou com extensões condutoras, a caçamba deve possuir isolamento, garantido o grau de isolamento adequado, e devem ser adotadas outras medidas de proteção coletivas para a prevenção do risco de choque elétrico, nos termos da NR-10.

2.7. Em cestas aéreas com duas caçambas, os controles superiores devem estar posicionados ao alcance dos operadores, sem que haja a necessidade de desengatar seu cinto de segurança.

2.8. Os controles inferiores da Cesta Aérea não devem ser operados com trabalhadores na caçamba, exceto em situações de emergência ou quando a operação ou atividade assim o exigir.

2.9. É proibida a movimentação de carga, exceto as ferramentas, equipamentos e materiais necessários para a execução da tarefa e acondicionados de forma segura.

2.10. As ferramentas, equipamentos e materiais a serem transportados não devem ter dimensões que possam trazer riscos ou desconforto aos trabalhadores.

2.11. O peso total dos trabalhadores, ferramentas, equipamentos e materiais não pode exceder, em nenhum momento, a capacidade de carga nominal da caçamba.

2.12. As cestas aéreas devem ter placa de identificação, localizada na parte inferior do equipamento, na qual constem, no mínimo, as seguintes informações:

a) marca;

b) modelo;

c) isolado ou não isolado;

d) teste de qualificação e data do ensaio, se aplicável;

e) número de série;

f) data de fabricação (mês e ano);

g) capacidade nominal de carga;

h) altura nominal de trabalho;

i) pressão do sistema hidráulico;

j) número de caçambas;

k) categoria de isolamento da cesta aérea, se aplicável;

l) razão Social e CNPJ do fabricante ou importador;

m) empresa instaladora;

n) existência de acessórios para manuseio de materiais (guincho e JIB);

o) indicação de que o equipamento atende a norma NBR 14631.

2.13. As cestas aéreas devem ser dotadas de sinalização de segurança, atendidos os requisitos desta NR, devendo contemplar também:

a) riscos envolvidos na operação do equipamento;

b) capacidade de carga da caçamba e dos equipamentos para movimentação de materiais (guincho e JIB);

c) informações relativas ao uso e à capacidade de carga da cesta aérea para múltiplas configurações.

2.14. Os controles das cestas aéreas devem estar identificados com símbolos e/ou inscrições com a descrição de suas funções.

2.15. As cestas aéreas devem ser submetidas as inspeções e ensaios previstos na NBR 14631.

2.16. Nos casos de transferência de propriedade é responsabilidade do comprador informar ao fabricante da cesta aérea, em um prazo de 30 dias a partir do recebimento do equipamento, seu modelo e número de série, bem como o número do CNPJ e o endereço do novo proprietário.

2.17. O vendedor deve providenciar e entregar o manual da cesta aérea para o comprador.

3. CESTOS ACOPLADOS

3.1. Os cestos acoplados devem dispor de:

a) ancoragem para cinto de segurança tipo paraquedista, conforme projeto e sinalização do fabricante;

b) todos os controles claramente identificados quanto a suas funções e protegidos contra uso inadvertido e acidental;

c) controles para movimentação da caçamba na parte superior e na parte inferior, que voltem para a posição neutra quando liberados pelo operador.

d) dispositivo de travamento de segurança de modo a impedir a atuação inadvertida dos controles superiores;

e) controles superiores na caçamba ou ao seu lado e prontamente acessíveis ao operador;

f) controles inferiores prontamente acessíveis e dotados de um meio de prevalecer sobre o controle superior de movimentação da caçamba;

g) dispositivo de parada de emergência nos comandos superior e inferior, devendo manter-se funcionais em ambos os casos;

h) válvulas de retenção nos cilindros hidráulicos das sapatas estabilizadoras, e válvulas de retenção e contrabalanço (holding) nos cilindros hidráulicos do braço móvel e giro, a fim de evitar movimentos indesejáveis em caso de perda de pressão no sistema hidráulico.

i) controles dos estabilizadores protegidos contra o uso inadvertido, que retornem à posição neutra quando soltos pelo operador, localizados na base do guindaste, de modo que o operador possa ver os estabilizadores movimentando;

j) válvula seletora, junto ao comando dos estabilizadores, que numa posição bloqueie a operação dos estabilizadores e na outra posição os comandos de movimentação da(s) caçamba(s);

k) sistema que impeça a operação das sapatas estabilizadoras sem o prévio recolhimento do braço móvel para uma posição segura de transporte;

l) sistema de operação de emergência que permita a movimentação dos braços e rotação da torre em caso de pane, exceto no caso previsto na alínea "m";

m) recurso para operação de emergência que permita a movimentação dos braços e rotação da torre em caso de ruptura de mangueiras hidráulicas;

n) sistema estabilizador, com indicador de inclinação instalado junto aos comandos dos estabilizadores, em ambos os lados, para mostrar se o equipamento está posicionado dentro dos limites de inclinação permitidos pelo fabricante;

o) sistema limitador de momento de carga que, quando alcançado o limite do momento de carga, emita um alerta visual e sonoro automaticamente e impeça o movimento de cargas acima da capacidade máxima do guindaste, bem como bloqueie as funções que aumentem o momento de carga.

p) ponto para aterramento no equipamento de guindar;

q) sistema mecânico e/ou hidráulico que permita o nivelamento do cesto, evite seu basculamento e assegure que o nível do cesto não oscile além de 5° em relação ao plano horizontal durante os movimentos do braço móvel ao qual o cesto está acoplado.

3.2. A caçamba ou plataforma deve atender aos seguintes requisitos:

a) ser dimensionada e fabricada para suportar e acomodar o operador e material de apoio indispensável para realização do serviço;

b) possuir sistema de proteção contra quedas com no mínimo 990 mm de altura e demais requisitos dos itens 12.70 alíneas "a", "b", "d", "e", 12.71, 12.71.1, 12.73 alíneas "a", "b", "c" desta NR;

c) possuir o piso com superfície antiderrapante e sistema de drenagem cujas aberturas não permitam a passagem de uma esfera com diâmetro de 15 mm;

d) possuir degrau, com superfície anti-derrapante, para facilitar a entrada do operador quando a altura entre o nível de acesso à caçamba e o piso em que ele se encontra for superior a 0,55m;

e) possuir borda com cantos arredondados.

3.3. Para serviços em linhas, redes e instalações energizadas com tensões iguais ou superiores a 1000V a caçamba e o equipamento de guindar devem possuir isolamento, garantido o grau de isolamento, categorias A, B ou C, conforme NBR14631, e devem ser adotadas outras medidas de proteção coletivas para a prevenção do risco de choque elétrico, nos termos da NR-10.

3.4. Para serviços em linhas, redes e instalações energizadas com tensões inferiores a 1000V a caçamba deve possuir isolação, garantido o grau de isolamento adequado, e devem ser adotadas outras medidas de proteção coletivas para a prevenção do risco de choque elétrico, nos termos da NR-10.

3.5. Para serviços em proximidade de linhas, redes e instalações energizadas ou com possibilidade de energização acidental, em que o trabalhador possa entrar na zona controlada com uma parte do seu corpo ou com extensões condutoras, a caçamba deve possuir isolação, garantido o grau de isolamento adequado, e devem ser adotadas outras medidas de proteção coletivas para a prevenção do risco de choque elétrico, nos termos da NR-10.

3.6. O posto de trabalho do equipamento de guindar, junto aos comandos inferiores, não deve permitir que o operador tenha contato com o solo na execução de serviços em proximidade de energia elétrica.

3.6.1. O posto de trabalho deve ser fixado na parte inferior do equipamento de guindar ou no chassi do veículo.

3.7. Os equipamentos de guindar que possuam mais de um conjunto de controle inferior devem possuir meios para evitar a operação involuntária dos controles, enquanto um dos controles estiver sendo operado.

3.8. Em cestos acoplados com duas caçambas, os controles superiores devem estar posicionados ao alcance dos operadores, sem que haja a necessidade de desengatar seu cinto de segurança.

3.9. Os controles inferiores do guindaste não devem ser operados com trabalhadores na caçamba, exceto em situações de emergência ou quando a operação ou atividade assim o exigir.

3.10. Quando o acesso da caçamba for por meio de portão, este não pode permitir a abertura para fora e deve ter sistema de travamento que impeça a abertura acidental.

3.11. O sistema de estabilização deve ser utilizado conforme orientações do fabricante para garantir a estabilidade do conjunto guindaste/cesto.

3.12. O conjunto guindaste/cesto acoplado deve ser ensaiado com carga de 1,5 vezes a capacidade nominal, a ser aplicada no centro da caçamba na sua posição de máximo momento de tombamento, registrado em relatório de ensaio.

3.13. Estabilizadores com extensão lateral devem ser projetados para evitar sua abertura involuntária e devem ter o seu curso máximo limitado por batentes mecânicos ou cilindros hidráulicos projetados para esta função.

3.14. As caçambas dos cestos acoplados devem ter placa de identificação na qual constem, no mínimo, as seguintes informações:

a) razão social e CNPJ do fabricante ou importador;

b) modelo;

c) data de fabricação;

d) capacidade nominal de carga;

e) número de ocupantes;

f) eventuais restrições de uso;

g) grau de isolação elétrica da caçamba, se aplicável.

3.15. As caçambas devem possuir sinalização, atendidos os requisitos desta NR, destacando a capacidade de carga nominal, o número de ocupantes e a tensão máxima de uso, quando aplicável.

4. CESTOS SUSPENSOS

4.1. Nas atividades onde tecnicamente for inviável o uso de Plataforma de trabalho aéreo — PTA, cesta aérea ou cesto acoplado, e em que não haja possibilidade de contato ou proximidade com redes energizadas ou com possibilidade de energização, poderá ser utilizado cesto suspenso içado por equipamento de guindar que atenda aos requisitos mínimos previstos neste anexo, sem prejuízo do disposto nas demais Normas Regulamentadoras e normas técnicas oficiais vigentes pertinentes a tarefa.

4.2. A inviabilidade técnica deve ser comprovada por laudo técnico elaborado por profissional legalmente habilitado e mediante emissão de respectiva Anotação de Responsabilidade Técnica — ART.

4.3. É proibida a movimentação de pessoas simultaneamente com carga, exceto as ferramentas, equipamentos e materiais para a execução da tarefa acondicionados de forma segura.

4.4. As ferramentas, equipamentos e materiais a serem transportados não devem ter dimensões que possam trazer riscos ou desconforto aos trabalhadores.

4.5. O peso total dos trabalhadores, ferramentas, equipamentos e materiais não pode exceder, em nenhum momento, a capacidade de carga nominal da caçamba.

4.6. Para os cestos suspensos o peso total da carga içada, incluindo o moitão, conjunto de cabos, caçamba, trabalhadores, ferramentas e material não deve exceder 50% da capacidade de carga nominal do equipamento de guindar.

4.7. A utilização de cesto suspenso deverá ser objeto de planejamento formal, contemplando as seguintes etapas:

a) realização de análise de risco;

b) especificação dos materiais e ferramentas necessárias;

c) elaboração de plano de movimentação de pessoas;

d) elaboração de procedimentos operacionais e de emergência;

e) emissão de permissão de trabalho para movimentação de pessoas.

4.8. A utilização do cesto suspenso deve estar sob a responsabilidade técnica de Engenheiro de Segurança do Trabalho.

4.9. A supervisão da operação do cesto suspenso deve ser realizada por Engenheiro de Segurança do Trabalho ou Técnico de Segurança do Trabalho.

4.10. A operação contará com a presença física de profissional capacitado em movimentação de carga desde o planejamento até a conclusão.

4.11. A análise de risco da operação deve prever recurso para realização de operação de emergência com vistas à retirada do trabalhador da caçamba ou plataforma ou seu posicionamento em local seguro em caso de pane do sistema.

4.12. A análise de risco deve considerar possíveis interferências no entorno, em particular a operação de outros equipamentos de movimentação, devendo nesse caso ser impedida a movimentação simultânea ou adotado sistema anticolisão, quando utilizadas gruas.

4.13. Antes de içar os trabalhadores nos cestos suspensos devem ser realizados testes operacionais de içamento com a caçamba a cada turno e após qualquer mudança de local de instalação, configuração dos equipamentos de içamento, ou do operador.

4.14. Os testes de içamento devem ser executados para avaliar a correta instalação e configuração dos equipamentos de içamento, o funcionamento dos sistemas de segurança, as capacidades de carga e a existência de qualquer interferência perigosa.

4.15. No içamento de teste, a caçamba deve ser carregada com a carga prevista para o içamento dos trabalhadores e deslocada até a posição em que ocorre o momento de carga máximo da operação planejada.

4.16. O cesto suspenso deve ser projetado por Profissional Legalmente Habilitado, contendo as especificações construtivas e a respectiva memória de cálculo, acompanhado de ART.

4.17. Para efeitos de dimensionamento devem ser considerados a carga nominal, com os seguintes coeficientes de segurança:

a) cinco para os elementos estruturais da caçamba;

b) sete para o sistema de suspensão com um único ponto de sustentação;

c) cinco para os sistemas de suspensão com dois ou mais pontos de sustentação.

4.18. A caçamba deve dispor de:

a) capacidade mínima de 136 kg;

b) sistema de proteção contra quedas com no mínimo 990 mm de altura e demais requisitos dos itens 12.70 alíneas "a", "b", "d", "e", 12.71, 12.71.1, 12.73 alíneas "a", "b", "c" desta NR;

c) piso com superfície antiderrapante e sistema de drenagem cujas aberturas não permitam a passagem de uma esfera com diâmetro de 15 mm;

d) no mínimo, conjunto estrutural, piso e sistema de proteção contra quedas confeccionado em material metálico;

e) ponto(s) de fixação para ancoragem de cinto de segurança tipo paraquedista em qualquer posição de trabalho, sinalizados e dimensionados em função do número máximo de ocupantes da caçamba e capazes de suportar cargas de impacto em caso de queda;

f) barra fixa no perímetro interno, na altura mínima de 990 mm, com projeção interna mínima de 50 mm a partir do limite do travessão superior do sistema de proteção contra quedas para o apoio e proteção das mãos e capaz de resistir aos esforços mencionados na alínea g deste item;

g) portão que não permita a abertura para fora e com sistema de travamento que impeça abertura acidental.

4.19. A caçamba deve ter afixada em seu interior placa de identificação indelével de fácil visualização, com no mínimo as seguintes informações:

a) identificação do fabricante;

b) data de fabricação;

c) capacidade de carga da caçamba em peso e número de ocupantes;

d) modelo e número de identificação de caçamba que permita a rastreabilidade do projeto;

e) peso do cesto suspenso vazio (caçamba e sistema de suspensão).

4.20. Sempre que o cesto suspenso sofrer alterações que impliquem em mudança das informações constantes da placa de identificação esta deve ser atualizada.

4.21. O içamento do cesto suspenso somente pode ser feito por meio de cabo de aço, com fitilho de identificação ou sistema para identificação e rastreamento previsto pelo INMETRO — Regulamento de Avaliação da Conformidade para Cabos de Aço de Uso Geral, Portaria INMETRO/MDIC n. 176 de 16.6.2009.

4.22. É proibida a utilização de correntes, cabos de fibras naturais ou sintéticos no içamento e/ou sustentação do cesto suspenso.

4.23. O sistema de suspensão deve minimizar a inclinação devido ao movimento de pessoal na caçamba e não deve permitir inclinação de mais de dez graus fora do plano horizontal.

4.24. Os sistemas de suspensão devem ser dedicados, não podendo ser utilizados para outras finalidades. e satisfazer aos seguintes requisitos:

a) o sistema de suspensão de cabos com superlaços unidos mecanicamente deve ser projetado com sapatilha em todos os olhais, sendo proibida a utilização de grampos, soquetes tipo cunha, ou nós;

b) o sistema de suspensão de cabos com conexões finais de soquetes com furos devem ser concebidos de acordo com as instruções do fabricante;

c) todos os sistemas de suspensão de eslinga devem utilizar uma ligação principal para a fixação ao gancho do moitão do equipamento de içamento ou à manilha com porca e contra-pino;

d) as cargas devem ser distribuídas uniformemente entre os pontos de sustentação do sistema de suspensão;

e) O conjunto de cabos (superlaços) destinado a suspender a caçamba deve ter sua carga nominal identificada;

f) manilhas, se usadas no sistema de suspensão, devem ser do tipo com porca e contrapino;

g) deve haver um elemento reserva entre o gancho do moitão e as eslingas do sistema de suspensão, de forma a garantir a continuidade de sustentação do sistema em caso de rompimento do primeiro elemento;

h) os ganchos devem ser dotados de sistema distorcedor e trava de segurança;

i) os cabos e suas conexões devem atender aos requisitos da NBR 11900 — Extremidades de laços de cabos de aço.

4.25. Quando a análise de risco indicar a necessidade de estabilização da caçamba por sistema auxiliar externo, esta deve ser feita por meio de elementos de material não condutor, vedado o uso de fibras naturais.

4.26. O equipamento de guindar utilizado para movimentar pessoas no cesto suspenso deve possuir, no mínimo:

a) anemômetro que emita alerta visual e sonoro para o operador do equipamento de guindar quando for detectada a incidência de vento com velocidade igual ou superior a 35 km/h;

b) indicadores do raio e do ângulo de operação da lança, com dispositivos automáticos de interrupção de movimentos (dispositivo limitador de momento de carga), que emita um alerta visual e sonoro automaticamente e impeça o movimento de cargas acima da capacidade máxima do guindaste;

c) indicadores de níveis longitudinal e transversal;

d) limitador de altura de subida do moitão que interrompa a ascensão do mesmo ao atingir a altura previamente ajustada;

e) dispositivo de tração de subida e descida livre do moitão que impeça a descida da caçamba ou plataforma em queda livre (banguela);

f) ganchos com identificação e travas de segurança;

g) aterramento elétrico;

h) válvulas hidráulicas em todos os cilindros hidráulicos a fim de evitar movimentos indesejáveis em caso de perda de pressão no sistema hidráulico, quando utilizado guindastes;

i) controles que devem voltar para a posição neutra quando liberados pelo operador;

j) dispositivo de parada de emergência;

k) dispositivo limitador de velocidade de deslocamento vertical do cesto suspenso de forma a garantir que se mantenha, no máximo, igual a trinta metros por minuto (30m/min).

4.27. Em caso de utilização de grua esta deve possuir, no mínimo:

a) limitador de momento máximo por meio de sistema de segurança monitorado por interface de segurança;

b) limitador de carga máxima para bloqueio do dispositivo de elevação, por meio de sistema de segurança monitorado por interface de segurança;

c) limitador de fim de curso para o carro da lança nas duas extremidades, por meio de sistema de segurança monitorado por interface de segurança;

d) limitador de altura que permita frenagem segura para o moitão por meio de sistema de segurança monitorado por interface de segurança;

e) alarme sonoro para ser acionado pelo operador em situações de risco e alerta, bem como de acionamento automático, quando o limitador de carga ou momento estiver atuando;

f) placas indicativas de carga admissível ao longo da lança, conforme especificado pelo fabricante;

g) luz de obstáculo (lâmpada piloto);

h) trava de segurança no gancho do moitão;

i) cabos-guia para fixação do cabo de segurança para acesso à torre, lança e contra-lança;

j) limitador de giro, quando a grua não dispuser de coletor elétrico;

k) anemômetro que emita alerta visual e sonoro para o operador do equipamento de guindar quando for detectada a incidência de vento com velocidade igual ou superior a 35 km/h;

l) dispositivo instalado nas polias que impeça o escape acidental do cabo de aço;

m) limitador de curso de movimentação de gruas sobre trilhos, por meio de sistema de segurança monitorado por interface de segurança;

n) limitadores de curso para o movimento da lança — item obrigatório para gruas de lança móvel ou retrátil.

o) aterramento elétrico;

p) dispositivo de parada de emergência.

q) dispositivo limitador de velocidade de deslocamento vertical do cesto suspenso de forma a garantir que se mantenha, no máximo, igual a trinta metros por minuto (30m/min).

4.28. É obrigatório, imediatamente antes da movimentação, a realização de:

a) reunião de segurança sobre a operação com os envolvidos, contemplando as atividades que serão desenvolvidas, o processo de trabalho, os riscos e as medidas de proteção, conforme analise de risco, consignado num documento a ser arquivado contendo o nome legível e assinatura dos participantes;

b) inspeção visual do cesto suspenso;

c) checagem do funcionamento do rádio;

d) confirmação de que os sinais são conhecidos de todos os envolvidos na operação.

4.29. A reunião de segurança deve instruir toda a equipe de trabalho, dentre outros envolvidos na operação, no mínimo, sobre os seguintes perigos:

a) impacto com estruturas externas à plataforma;

b) movimento inesperado da plataforma;

c) queda de altura;

d) outros específicos associados com o içamento.

4.30. A equipe de trabalho é formada pelos ocupante(s) do cesto, operador do equipamento de guindar, sinaleiro designado e supervisor da operação.

4.31. A caçamba, sistema de suspensão e pontos de fixação devem ser inspecionados, pelo menos, uma vez por dia, antes do uso, por um trabalhador capacitado para esta inspeção. A inspeção deve contemplar no mínimo os itens da Lista de Verificação n. 1 deste anexo, os indicados pelo fabricante da caçamba e pelo profissional legalmente habilitado responsável técnico pela utilização do cesto.

4.32. Quaisquer condições encontradas que constituam perigo devem ser corrigidas antes do içamento do pessoal.

4.33. As inspeções devem ser registradas em documento específicos, podendo ser adotado meio eletrônico.

4.34. A equipe de trabalho deve portar rádio comunicador operando em faixa segura e exclusiva.

4.35. Os ocupantes do cesto devem portar um rádio comunicador para operação e um rádio adicional no cesto.

4.36. Deve haver comunicação permanente entre os ocupantes do cesto e o operador de guindaste.

4.37. Se houver interrupção da comunicação entre o operador do equipamento de guindar e o trabalhador ocupante do cesto a movimentação do cesto deve ser interrompida até que a comunicação seja restabelecida.

4.38. Os sinais de mão devem seguir regras internacionais podendo ser criados sinais adicionais, desde que sejam conhecidos pela equipe e não entrem em conflito com os já estabelecidos pela regra internacional.

4.39. Placas ou cartazes contendo a representação dos sinais de mão devem ser afixados de modo visível dentro da caçamba e em quaisquer locais de controle e sinalização de movimento do cesto suspenso.

4.40. Dentre os ocupantes do cesto, pelo menos, um trabalhador deve ser capacitado em código de sinalização de movimentação de carga.

4.41. É proibido o trabalho durante tempestades com descargas elétricas ou em condições climáticas adversas ou qualquer outra condição metrológica que possa afetar a segurança dos trabalhadores.

4.42. Na utilização do cesto suspenso deve ser garantido distanciamento das redes energizadas.

5. Os sistemas de segurança previstos neste anexo devem atingir a performance de segurança com a combinação de componentes de diferentes tecnologias (ex: mecânica, hidráulica, pneumática e eletrônica), e da seleção da categoria de cada componente levando em consideração a tecnologia usada.

6. Toda documentação prevista neste anexo deve permanecer no estabelecimento à disposição dos Auditores Fiscais do Trabalho, dos representantes da Comissão Interna de Prevenção de Acidentes — CIPA e dos representantes das Entidades Sindicais representativas da categoria, sendo arquivada por um período mínimo de 5 (cinco) anos.

7. Para operações específicas de transbordo em plataformas marítimas deve ser utilizada a Cesta de transferência homologada pela Diretoria de Portos e Costas da Marinha do Brasil — DPC.

7.1. A equipe de trabalho deve ser capacitada com Curso Básico de Segurança de Plataforma (NORMAM 24) e portar colete salva-vidas.

7.2. Devem ser realizados procedimentos de adequação da embarcação, área livre de convés e condições ambientais.

8. Serviços de manutenção de instalações energizadas de linhas de transmissão e barramentos energizados para trabalhos ao potencial devem atender aos requisitos de segurança previstos na NR-10.

Lista de verificação n. 1

FORMULÁRIO DE PLANEJAMENTO E AUTORIZAÇÃO DE IÇAMENTO DE CESTO SUSPENSO

1. Local:______________________________ Data:____/____/____
2. Finalidade de içamento:______________________________
3. Fabricante dos Equipamentos de içamento:__________ Modelo:______ n.:______ N. de Série:______
4. Raio de Operação:__________(máximo);__________(no local de obra)
5. (A) Capacidade nominal no raio de operação:______________________________

(B) Carga máxima de ocupantes:__________(50% de 5 (A))

6. Identificação do cesto:__________ Capacidade nominal da carga: __________ Capacidade máxima de ocupantes:__________
7. Peso do cesto: ______________________________
8. (A) N. de ocupantes do cesto:__________ (B) Peso total (com equipamentos):__________
9. Peso total do içamento: __________ (7+8(B) (não além de 5(B) acima)
10. Supervisor do içamento pessoal: ______________________________
11. Quais são as alternativas para este içamento de pessoal? ______________________________
12. Por que elas não estão sendo usadas? ______________________________
13. Instrução de pré-içamento feita: __________(dia e hora)

Participantes:______________________________

____

14. Perigos antecipados (vento, condições climáticas, visibilidade, linhas de transmissão de alta-tensão): ______________________________

____

15. Data da realização do içamento: _____/_____/_____ Hora: __________
16. Observações:______________________________

____

Capítulo 13

CALDEIRAS, VASOS DE PRESSÃO E TUBULAÇÕES

Historicamente, atribui-se a Heron da Alexandria, no século II antes de Cristo, a descoberta de um aparelho que vaporizava água e movimentava uma esfera em torno de um eixo. Esse aparelho foi denominado eolípila e é considerado o precursor das atuais caldeiras e turbinas a vapor.

De início, e para facilitar a compreensão da temática deste capítulo, impõe-se recordar três conceitos elementares:

- Caldeira a Vapor — é um equipamento destinado a produzir e acumular vapor sob pressão superior à atmosférica, a partir de uma fonte externa de energia e projetado conforme código pertinente, excetuados os refervedores e equipamentos similares utilizados em unidades de processo.
- Vasos de Pressão — são equipamentos que contêm fluidos sob pressão interna ou externa, diferente da atmosférica.
- Tubulações — correspondem a um conjunto de linhas, incluindo seus acessórios, projetadas por códigos específicos, destinadas ao transporte de fluidos entre equipamentos de uma mesma unidade de uma empresa dotada de caldeiras ou vasos de pressão.

Didaticamente, as caldeiras a vapor podem ser analisadas ou agrupadas em duas categorias básicas: quanto à localização relativa a água-gases e quanto ao tipo de fonte energética utilizada.

No que concerne à localização relativa a água-gases, as caldeiras podem ser enquadradas em três espécies:

- Caldeiras Flamotubulares — são aquelas nas quais os gases já aquecidos passam por dentro de tubos circundados por água. Existem caldeiras flamotubulares verticais e horizontais, sendo as últimas as mais comuns. As caldeiras flamotubulares são também denominadas de tubos de fogo.
- Caldeiras Aquotubulares — são aquelas nas quais os tubos possuem água em seu interior e são envoltos pelos gases quentes.
- Caldeiras Mistas — são aquelas que possuem partes aquotubulares e partes flamotubulares, de ocorrência rara, em termos práticos.

Relativamente ao tipo de fonte energética utilizada, as caldeiras são classificadas em quatro tipos:

- Caldeiras à Base de Combustíveis Sólidos — são aquelas que queimam combustíveis sólidos, tais como: carvão, lenha, bagaços, cavacos e outros.
- Caldeiras à Base de Combustíveis Líquidos — são aquelas que queimam combustíveis líquidos, como, por exemplo: óleo combustível, óleo diesel, óleo vegetal.
- Caldeiras à Base de Combustíveis Gasosos — são aquelas que obtêm energia por combustão de substâncias gasosas, como, por exemplo: gás natural, gás liquefeito de petróleo (GLP).
- Caldeiras Elétricas — são aquelas que utilizam como combustível a energia elétrica, muito utilizadas no Brasil dada a facilidade de obtenção desta fonte de energia, em razão de nosso potencial hidrelétrico; apresentam, porém, um custo razoável.

Importante destacar duas modalidades específicas de caldeiras, na forma prevista na norma regulamentadora específica:

- Caldeira de Fluido Térmico — caldeira utilizada para aquecimento de um fluido no estado líquido, chamado de fluido térmico, sem vaporizá-lo.
- Caldeiras de Recuperação de Álcalis — caldeiras a vapor que utilizam como combustível principal o licor negro oriundo do processo de fabricação de celulose, realizando a recuperação de químicos e geração de energia.

Sabidamente, as Normas Regulamentadoras (NRs) de Segurança e Saúde no Trabalho (SST) editadas pelo Ministério do Trabalho e Emprego (MTE) possuem existência jurídica convalidada pelo Princípio Constitucional de Minimização dos Riscos Ocupacionais, consagrado no inciso XXII do art. 7º da Constituição Federal brasileira, que expressamente assegura aos trabalhadores urbanos e rurais brasileiros o direito à redução dos riscos inerentes ao trabalho, por meio de normas de saúde, higiene e segurança. Isso significa dizer que o dever mais fundamental dos empregadores brasileiros é propiciar a seus empregados ambientes de trabalho sadios e seguros. Registre-se, mais, que os ditames das normas preventivas de infortúnios laborais e de promoção da saúde ocupacional são aplicáveis a todas as empresas estatais (empresas públicas e sociedades de economia mista) e privadas brasileiras que contratam trabalhadores como empregados e, portanto, submetidos ao Regime da Consolidação das Leis do Trabalho (CLT) que corresponde ao Decreto-lei n. 5.452, de 1º de maio de 1943.

No plano da legislação infraconstitucional, as normas preventivas de segurança e saúde no trabalho possuem respaldo de validade jurídica na forma tipificada no Estatuto Obreiro, em seu Título II: Das Normas Gerais de Tutela do Trabalho, mais precisamente no Capítulo V: Da Segurança e da Medicina do Trabalho, que compreende os arts. 154 a 201 da CLT. Recorde-se que ditos artigos do Código Obreiro possuem redação dada pela Lei n. 6.514, de 22.12.1977, observadas as atualizações subsequentes até a publicação da Lei n. 13.103, de 2.3.2015.

Sob o aspecto infralegal ou meramente regulamentar, cabe ser dito que os citados arts. 154 a 201 do Código Laboral foram inicialmente disciplinados pela Portaria MTb n. 3.214, de 8.6.1978, que instituiu as primeiras vinte e oito normas regulamentadoras de segurança e saúde no trabalho (28 NRs de SST); vale observar que, atualmente, existem 36 NRs de SST, cada uma disciplinando uma temática específica.

Chamamos a atenção do caro leitor para o fato de que todos os dispositivos: constitucionais, infraconstitucionais, infralegais ou regulamentares e jurisprudenciais, desde que pertinentes à temática em apreço, encontram-se ao final reproduzidos no tópico Fundamentos Jurídicos deste Capítulo, inclusive a íntegra atualizada da norma regulamentadora de segurança e saúde no trabalho que o intitula.

Oportuno destacar, para os não versados na ciência do direito, que as normas jurídicas, tanto as constitucionais quanto as infraconstitucionais, têm o condão de criar o direito, ao passo que as normas jurídicas infralegais ou regulamentares (decretos, portarias, normas regulamentadoras, etc.) não podem criar o direito em si, mas apenas regulamentá-lo quando expressamente autorizado pela própria Lei a fazê-lo; sob pena de serem declaradas ilegais e, portanto, nulas de pleno direito.

Importante destacar que, no âmbito da legislação infraconstitucional, os arts. 187 e 188 da CLT propiciam o suporte de validade jurídica não só da temática deste capítulo quanto também do seguinte (Capítulo 14 — Fornos). Esses dois artigos do Código Obreiro expressamente autorizam o Ministério do Trabalho e Emprego (MTE) a elaborar normas preventivas complementares quanto à segurança das caldeiras, fornos e recipientes sob pressão, especialmente quanto ao revestimento interno, à localização, à ventilação dos locais e outros meios de eliminação de gases ou vapores prejudiciais à saúde, e demais instalações ou equipamentos necessários à execução segura das tarefas de cada empregado.

Ditos preceitos legais estipulam, ainda, que as caldeiras deverão:

- ser periodicamente submetidas a inspeções de segurança, por engenheiro ou empresa especializada, inscritos no MTE consoante instruções que, para esse fim, forem expedidas.
- possuir "Prontuário", com documentação original do fabricante, abrangendo, no mínimo: especificação técnica, desenhos, detalhes, provas e testes realizados durante a fabricação e a montagem, características funcionais e a pressão máxima de trabalho permitida (PMTP), esta última indicada, em local visível, na própria caldeira.
- possuir "Registro de Segurança — livro organizado e mantido atualizado sob a responsabilidade do empregador, no qual serão anotadas, sistematicamente, as indicações das provas efetuadas, inspeções, reparos e quaisquer outras ocorrências nas caldeiras, a ser apresentado, sempre que exigido pela autoridade competente (auditores fiscais do trabalho);
- submeter à aprovação prévia do órgão regional competente em matéria de segurança do trabalho (SRTE) os projetos de instalação de caldeiras, fornos e recipientes sob pressão.

Em observância às disposições contidas nos arts. 187 e 188 do Estatuto Laboral, o MTE editou a NR-13 (Caldeiras, Vasos de Pressão e Tubulações), com a redação atual dada pela Portaria MTE n. 594 de 28.4.2014, estabelecendo os requisitos mínimos para gestão da integridade estrutural de caldeiras a vapor, vasos de pressão e suas tubulações de interligação nos aspectos relacionados à instalação, inspeção, operação e manutenção, visando à segurança e à saúde dos trabalhadores. A propósito, as recomendações técnico-preventivas da NR-13 encontram-se tipificadas de forma sequenciada e agrupadas em sete tópicos, além de dois anexos, consoante se constata no seguinte sumário:

Sumário da NR-13 (CALDEIRAS, VASOS DE PRESSÃO E TUBULAÇÕES)

13.1. Introdução.

13.2. Abrangência.

13.3. Disposições Gerais.

13.4. Caldeiras.

13.5. Vasos de Pressão.

13.6. Tubulações.

13.7. Glossário.

Anexo I — Capacitação de Pessoal.

Anexo II — Requisitos para Certificação de Serviço Próprio de Inspeção de Equipamentos.

As determinações regulamentares contidas na NR-13 são aplicáveis aos seguintes equipamentos:

- todas as caldeiras;
- vasos de pressão cujo produto PV seja superior a 8 (oito), onde P é a pressão máxima de operação em kPa e V o seu volume interno em m^3;
- vasos de pressão que contenham fluido da Classe "A" (fluidos inflamáveis; fluidos combustíveis com temperatura superior ou igual a 200 °C; fluidos tóxicos com limite de tolerância igual ou inferior a 20 ppm; hidrogênio e acetileno), independente das dimensões e do produto P.V;
- recipientes móveis com P.V superior a 8 (oito) ou com fluido da Classe "A";
- tubulações ou sistemas de tubulação interligados a caldeiras ou vasos de pressão, que contenham fluidos de Classe "A" ou "B" (fluidos combustíveis com temperatura menor que 200 °C e fluidos tóxicos com limite de tolerância > 20 ppm).

A NR-13, excepcionalmente, dispensa do cumprimento de suas disposições normativas, sem prejuízo da realização de inspeções previstas em códigos e normas nacionais ou internacionais, os seguintes equipamentos:

- recipientes transportáveis, vasos de pressão destinados ao transporte de produtos, reservatórios portáteis de fluido comprimido e extintores de incêndio;
- vasos de pressão destinados à ocupação humana;
- vasos de pressão que façam parte integrante de pacote de máquinas de fluido rotativas ou alternativas;
- dutos;
- fornos e serpentinas para troca térmica;
- tanques e recipientes para armazenamento e estocagem de fluidos não enquadrados em normas e códigos de projeto relativos a vasos de pressão;
- vasos de pressão com diâmetro interno inferior a 150 mm (cento e cinquenta milímetros) para fluidos das Classes "B", "C" e "D";
- trocadores de calor por placas corrugadas gaxetadas;

- geradores de vapor não enquadrados em códigos de vasos de pressão;
- tubos de sistemas de instrumentação com diâmetro nominal ≤ 12,7 mm (doze milímetros e sete décimos);
- tubulações de redes públicas de tratamento e distribuição de água e gás e de coleta de esgoto.

Configura situação de Risco Grave e Iminente (RGI), suficiente a ensejar a interdição de caldeira ou de vaso de pressão, com suporte nos ditames do art. 161 da CLT e da NR-03 (Embargo ou Interdição), o não cumprimento de qualquer das disposições previstas na NR-13 (Caldeiras, Vasos de Pressão e Tubulações) que possa causar acidente ou doença relacionada ao trabalho, com lesão grave à integridade física do trabalhador, especialmente nas seguintes situações:

- operação de equipamentos abrangidos pela NR-13 sem dispositivos de segurança ajustados com pressão de abertura igual ou inferior a Pressão Máxima de Trabalho Admissível (PMTA), instalado diretamente no vaso ou no sistema que o inclui, considerados os requisitos do código de projeto relativos a aberturas escalonadas e tolerâncias de calibração;
- atraso na inspeção de segurança periódica de caldeiras;
- bloqueio inadvertido de dispositivos de segurança de caldeiras e vasos de pressão, ou seu bloqueio intencional sem a devida justificativa técnica baseada em códigos, normas ou procedimentos formais de operação do equipamento;
- ausência de dispositivo operacional de controle do nível de água de caldeira;
- operação de equipamento enquadrado na NR-13 com deterioração atestada por meio de recomendação de sua retirada de operação constante de parecer conclusivo em relatório de inspeção de segurança, de acordo com seu respectivo código de projeto ou de adequação ao uso;
- operação de caldeira por trabalhador que não atenda aos requisitos estabelecidos no Anexo I da NR-13, ou que não esteja sob supervisão, acompanhamento ou assistência específica de operador qualificado.

É possível postergar, por até 6 (seis) meses, o prazo previsto para a realização de inspeção de segurança periódica da caldeira, desde que configurada uma circunstância excepcional de força maior, e com a devida justificativa formal do empregador, acompanhada por análise técnica e respectivas medidas de contingência para mitigação dos riscos, elaborada por profissional habilitado (PH) ou por grupo multidisciplinar por ele coordenado; caso em que deve o empregador comunicar ao sindicato da categoria predominante no estabelecimento dita justificativa formal para postergação da inspeção de segurança periódica da caldeira.

Dispõe a NR-13 que profissional habilitado (PH) é aquele que tem competência legal para o exercício da profissão de engenheiro nas atividades referentes a projeto de construção, acompanhamento da operação e da manutenção, inspeção e supervisão de inspeção de caldeiras, vasos de pressão e tubulações, em conformidade com a regulamentação profissional vigente no País.

Importante destacar que todos os reparos ou alterações em equipamentos abrangidos pela norma regulamentadora em apreço devem respeitar os respectivos códigos de projeto e pós-construção e as prescrições do fabricante, particularmente no que se refere a:

- materiais;
- procedimentos de execução;
- procedimentos de controle de qualidade;
- qualificação e certificação de pessoal.

Uma outra disposição preventiva relevante é a que preceitua que o Projeto de Alteração ou Reparo (PAR) de caldeira deve ser concebido previamente sempre que as condições de projeto forem modificadas ou quando forem realizados reparos que possam comprometer a segurança. Outrossim, o citado PAR deve:

- ser concebido ou aprovado por Profissional Habilitado (PH);
- determinar materiais, procedimentos de execução, controle de qualidade e qualificação de pessoal;
- ser divulgado para os empregados do estabelecimento que estão envolvidos com o equipamento.

Dispõe a norma preventiva em comento que todas as intervenções que exijam mandrilamento ou soldagem em partes que operem sob pressão devem ser objeto de exames ou testes para controle da qualidade com parâmetros definidos pelo PH, de acordo com normas ou códigos aplicáveis. Da mesma forma, os sistemas de controle e segurança das caldeiras e dos vasos de pressão e tubulações devem ser submetidos à manutenção preventiva ou preditiva, garantindo obrigatoriamente o empregador que os exames e testes em caldeiras, vasos de pressão e tubulações sejam executados em condições de segurança para seus executantes e demais trabalhadores envolvidos.

Na ocorrência de vazamento, incêndio ou explosão envolvendo equipamentos abrangidos pela NR-13, deve o empregador efetuar comunicação específica à Superintendência Regional do Trabalho e Emprego (SRTE) e ao sindicato da categoria profissional predominante no estabelecimento, inclusive para compor com o aludido sindicato profissional uma comissão de investigação, quando restar configurada uma das seguintes hipóteses:

- morte de trabalhador(es);
- acidentes que implicaram em necessidade de internação hospitalar de trabalhador(es);
- eventos de grande proporção.

A comunicação antes reportada deve ser implementada até o segundo dia útil após a ocorrência contendo as seguintes informações:

- razão social do empregador, endereço, local, data e hora da ocorrência;
- descrição da ocorrência;
- nome e função da(s) vítima(s);
- procedimentos de investigação adotados;
- cópia do último relatório de inspeção de segurança do equipamento envolvido;
- cópia da comunicação de acidente de trabalho (CAT).

Explicita a norma preventiva em análise a permissibilidade de o trabalhador interromper suas tarefas, com base em sua capacitação e experiência, num autêntico exercício do direito de recusa, sempre que constatar evidência de risco grave e iminente para sua segurança e saúde ou de outras pessoas, devendo tal circunstância ser imediatamente informada a seu superior hierárquico.

A décima terceira norma regulamentadora de segurança e saúde no trabalho classifica as caldeiras em 3 (três) categorias ou classes, a saber:

- Caldeiras da Categoria "A" — aquelas cuja pressão de operação é igual ou superior a 1960 kPa (19,98 kgf/cm^2);
- Caldeiras da Categoria "C" — aquelas cuja pressão de operação é igual ou inferior a 588 kPa (5,99 kgf/cm^2) e o volume interno é igual ou inferior a 100 l (cem litros);
- Caldeiras da Categoria "B" — todas as caldeiras que não se enquadram nas categorias anteriores (categorias "A" ou "C").

Segundo disposições normativas específicas, as caldeiras devem ser dotadas dos seguintes itens:

- válvula de segurança com pressão de abertura ajustada em valor igual ou inferior a Pressão Máxima de Trabalho Admissível (PMTA), considerados os requisitos do código de projeto relativos a aberturas escalonadas e tolerâncias de calibração;
- instrumento que indique a pressão do vapor acumulado;

- injetor ou sistema de alimentação de água independente do principal que evite o superaquecimento por alimentação deficiente, acima das temperaturas de projeto, de caldeiras de combustível sólido não atomizado ou com queima em suspensão;
- sistema dedicado de drenagem rápida de água em caldeiras de recuperação de álcalis, com ações automáticas após acionamento pelo operador;
- sistema automático de controle do nível de água com intertravamento que evite o superaquecimento por alimentação deficiente.

Em relação ao local onde deve ser instalada a caldeira (Casa ou Área de Caldeira) determina a norma em apreço que ali deve estar afixada, em local visível, a categoria da caldeira ("A", "B" ou "C"), bem como seu número ou código de identificação. Da mesma forma, a caldeira deve possuir afixada, em seu próprio corpo e de forma visível, uma placa de identificação indelével com, no mínimo, as seguintes informações:

- nome do fabricante;
- número de ordem dado pelo fabricante da caldeira;
- ano de fabricação;
- pressão máxima de trabalho admissível;
- pressão de teste hidrostático de fabricação;
- capacidade de produção de vapor;
- área de superfície de aquecimento;
- código de projeto e ano de edição.

Igualmente, toda caldeira deve possuir, no estabelecimento onde estiver instalada, a seguinte documentação devidamente atualizada:

- Prontuário da Caldeira, fornecido por seu fabricante e contendo as seguintes informações: código de projeto e ano de edição, especificação dos materiais, procedimentos utilizados na fabricação, montagem e inspeção final, metodologia para estabelecimento da PMTA, registros da execução do teste hidrostático de fabricação, conjunto de desenhos e demais dados necessários para o monitoramento da vida útil da caldeira, características funcionais, dados dos dispositivos de segurança, ano de fabricação e categoria da caldeira;
- Registro de Segurança, constituído por livro de páginas numeradas, pastas ou sistema informatizado com confiabilidade equivalente onde serão registradas todas as ocorrências importantes capazes de influir nas condições de segurança da caldeira, as ocorrências de inspeções de segurança inicial, periódica e extraordinária, devendo constar a condição operacional da caldeira, o nome legível e assinatura de profissional habilitado e do operador de caldeira presente na ocasião da inspeção. Caso a caldeira venha a ser considerada inadequada para uso, dita condição deve ser consignada no Registro de Segurança seu encerramento formal.
- Projeto de Instalação, realizado sob a responsabilidade de profissional habilitado, e com observância aos aspectos de segurança, saúde e meio ambiente previstos nas normas regulamentadoras de segurança e saúde no trabalho, convenções e demais disposições legais aplicáveis;
- Projeto de Alteração e Reparos que atenda a todas as disposições normativas específicas antes explicitadas;
- Relatórios de Inspeção de Segurança Inicial, Periódica e Extraordinária realizadas em estrita observância às determinações preventivas adiante explicitadas.
- Certificados de Calibração dos Dispositivos de Segurança.

A propósito, toda documentação retromencionada deve permanecer sempre à disposição para consulta dos operadores, do pessoal de manutenção, de inspeção e dos membros da Comissão Interna de Prevenção de Acidentes (CIPA), devendo o empregador assegurar o pleno acesso a essa documentação.

Quando inexistente ou extraviado, o prontuário da caldeira deve ser reconstituído pelo empregador, sob a responsabilidade técnica do fabricante ou de profissional habilitado (PH), sendo imprescindível a reconstituição das características funcionais, dos dados dos dispositivos de segurança e memória de cálculo da PMTA.

Quando a caldeira for instalada em ambiente aberto, ou seja, em Área de Caldeira, esta deve satisfazer às seguintes disposições normativas:

- estar afastada de, no mínimo, 3,0 m (três metros) de: outras instalações do estabelecimento; de depósitos de combustíveis, excetuando-se reservatórios para partida com até 2000 l (dois mil litros) de capacidade; do limite de propriedade de terceiros; e do limite com as vias públicas;
- dispor de pelo menos 2 (duas) saídas amplas, permanentemente desobstruídas, sinalizadas e dispostas em direções distintas;
- dispor de acesso fácil e seguro, necessário à operação e à manutenção da caldeira, sendo que, para guarda-corpos vazados, os vãos devem ter dimensões que impeçam a queda de pessoas;
- ter sistema de captação e lançamento dos gases e material particulado, provenientes da combustão, para fora da área de operação atendendo às normas ambientais vigentes;
- dispor de iluminação conforme normas oficiais vigentes;
- ter sistema de iluminação de emergência caso opere à noite.

Encontrando-se a caldeira instalada em ambiente fechado, ou seja, em Casa de Caldeira, esta deve comprovadamente atender aos seguintes requisitos normativos:

- constituir prédio separado, construído de material resistente ao fogo, podendo ter apenas uma parede adjacente a outras instalações do estabelecimento, porém com as outras paredes afastadas de, no mínimo, 3,0 m (três metros) de outras instalações, do limite de propriedade de terceiros, do limite com as vias públicas e de depósitos de combustíveis, excetuando-se reservatórios para partida com até 2000 l (dois mil litros) de capacidade;
- dispor de pelo menos 2 (duas) saídas amplas, permanentemente desobstruídas, sinalizadas e dispostas em direções distintas;
- dispor de ventilação permanente com entradas de ar que não possam ser bloqueadas;
- dispor de sensor para detecção de vazamento de gás quando se tratar de caldeira a combustível gasoso;
- não ser utilizada para qualquer outra finalidade;
- dispor de acesso fácil e seguro, necessário à operação e à manutenção da caldeira, sendo que, para guarda-corpos vazados, os vãos devem ter dimensões que impeçam a queda de pessoas;
- ter sistema de captação e lançamento dos gases e material particulado, provenientes da combustão, para fora da área de operação, atendendo às normas ambientais vigentes;
- dispor de iluminação conforme normas oficiais vigentes e ter sistema de iluminação de emergência.

Na impossibilidade de serem atendidas as disposições normativas alusivas à casa ou área de caldeiras, o empregador deverá providenciar a elaboração de um Projeto Alternativo de Instalação, com medidas complementares de segurança, que permitam a atenuação dos riscos, comunicando previamente a representação sindical dos trabalhadores predominante no estabelecimento.

De se observar que as caldeiras classificadas na categoria "A" devem ter painel de instrumentos instalados em sala de controle, construída segundo o que estabelecem as normas regulamentadoras aplicáveis.

Toda caldeira também deve possuir Manual de Operação atualizado, em língua portuguesa, em local de fácil acesso aos operadores, contendo no mínimo:

- procedimentos de partidas e paradas;
- procedimentos e parâmetros operacionais de rotina;
- procedimentos para situações de emergência;
- procedimentos gerais de segurança, saúde e de preservação do meio ambiente.

Acerca da Segurança na Operação de Caldeiras, determina a NR-13 a observância às seguintes disposições preventivas:

- os instrumentos e controles de caldeiras devem ser mantidos calibrados e em boas condições operacionais;
- poderá ocorrer a neutralização provisória nos instrumentos e controles, desde que não seja reduzida a segurança operacional, e que esteja prevista nos procedimentos formais de operação e manutenção, ou com justificativa formalmente documentada, com prévia análise técnica e respectivas medidas de contingência para mitigação dos riscos elaborada pelo responsável técnico do processo, com anuência do PH;
- a qualidade da água deve ser controlada e tratamentos devem ser implementados, quando necessários, para compatibilizar suas propriedades físico-químicas com os parâmetros de operação da caldeira, sendo estes tratamentos obrigatórios em caldeiras classificadas como Categoria "A";
- toda caldeira a vapor deve estar obrigatoriamente sob operação e controle de Operador de Caldeira, assim considerado aquele que satisfizer o disposto no item A, do Anexo I, da NR-13.

Tipifica a norma preventiva em análise, que será considerado Operador de Caldeira o profissional que satisfizer, pelo menos, a uma das seguintes condições:

- possuir certificado de "Treinamento de Segurança na Operação de Caldeiras" e comprovação de estágio prático específico;
- possuir certificado de "Treinamento de Segurança para Operação de Caldeiras" previsto na anterior NR-13, aprovada pela Portaria SSMT-MTb n. 2 de 8.5.1984 ou na Portaria SSST-MTb n. 23 de 27.12.1994;

Consta explicitado na norma regulamentadora em análise que as caldeiras devem ser submetidas a três modalidades específicas de Inspeção de Segurança:

- Inicial — a ser feita em caldeiras novas, antes da entrada em funcionamento, no local de operação, devendo compreender exame interno, seguido de teste de estanqueidade e exame externo.
- Periódica — constituída por exames interno e externo e executada nos seguintes prazos máximos: 12 (doze) meses para caldeiras das categorias "A", "B" e "C"; 15 (quinze) meses para caldeiras de recuperação de álcalis de qualquer categoria; e, 24 (vinte e quatro) meses para caldeiras da categoria "A", desde que aos 12 (doze) meses sejam testadas as pressões de abertura das válvulas de segurança.
- Extraordinária — a ser feita na ocorrência de uma das seguintes hipóteses em que a caldeira: tenha sido danificada por acidente ou outra ocorrência capaz de comprometer sua segurança; for submetida à alteração ou reparo importante capaz de alterar suas condições de segurança; antes de ser recolocada em funcionamento, após permanecer inativa por mais de 6 (seis) meses; ou, quando houver mudança de local de instalação da caldeira.

Importante ressaltar que as caldeiras devem obrigatoriamente ser submetidas a Teste Hidrostático (TH) em sua fase de fabricação, com comprovação por meio de laudo assinado por PH, e ter o valor da pressão de teste afixado em sua placa de identificação. Na falta de comprovação documental de que o TH tenha sido realizado na fase de fabricação, devem ser observadas as seguintes regras:

- para equipamentos fabricados ou importados a partir da vigência da NR-13 (ou seja, a partir de 3.5.2014), o TH deve ser feito durante a inspeção de segurança inicial;

- para equipamentos em operação antes da vigência da NR-13 (ou seja, antes de 3.5.2014), a critério do profissional habilitado, o TH deve ser realizado na próxima inspeção de segurança periódica.

Conveniente relatar que estabelecimentos que possuam Serviço Próprio de Inspeção de Equipamentos (SPIE), conforme estabelecido no Anexo II da NR-13, podem estender seus períodos entre Inspeções de Segurança, respeitando os seguintes prazos máximos:

- 24 (vinte e quatro) meses para as caldeiras de recuperação de álcalis;
- 24 (vinte e quatro) meses para as caldeiras das categorias "B" e "C";
- 30 (trinta) meses para caldeiras da categoria "A";
- 40 (quarenta) meses para caldeiras especiais conforme a seguir definido.

É permitido ao empregador proceder ao enquadramento da caldeira como especial, caso em que se obriga a comunicação prévia à Superintendência Regional do Trabalho e Emprego (SRTE) e ao Sindicato dos Trabalhadores da categoria predominante no estabelecimento, na hipótese das caldeiras que operam de forma contínua e que utilizam gases ou resíduos das unidades de processo como combustível principal para aproveitamento de calor ou para fins de controle ambiental podem ser consideradas especiais, e desde que todas as seguintes condições forem atendidas:

- estiverem instaladas em estabelecimentos que possuam SPIE citado no Anexo II da NR-13;
- tenham testados a cada 12 (doze) meses o sistema de intertravamento e a pressão de abertura de cada válvula de segurança;
- não apresentem variações inesperadas na temperatura de saída dos gases e do vapor durante a operação;
- existam análise e controle periódico da qualidade da água;
- exista controle de deterioração dos materiais que compõem as principais partes da caldeira;
- exista parecer técnico de PH fundamentando a decisão.

Disposição normativa específica impõe que, no máximo, ao completar 25 (vinte e cinco) anos de uso, na sua inspeção subsequente, as caldeiras devem ser submetidas a uma avaliação de integridade com maior abrangência para determinar a sua vida remanescente e novos prazos máximos para inspeção, caso ainda estejam em condições de uso.

Outro aspecto importante acerca da segurança das caldeiras dispõe que suas válvulas de segurança devem ser inspecionadas periodicamente conforme segue:

- pelo menos 1 (uma) vez por mês, mediante acionamento manual da alavanca, em operação, para caldeiras das categorias "B" e "C", excluídas as caldeiras que vaporizem fluido térmico e as que trabalhem com água tratada;
- as válvulas flangeadas ou roscadas devem ser desmontadas, inspecionadas e testadas em bancada, e, no caso de válvulas soldadas, feito o mesmo no campo, com uma frequência compatível com o histórico operacional das mesmas;
- adicionalmente aos testes prescritos, as válvulas de segurança instaladas em caldeiras podem ser submetidas a testes de acumulação, a critério do PH.

Despiciendo enfatizar que a inspeção de segurança deve ser realizada sob a responsabilidade técnica de profissional habilitado e, imediatamente após sua realização, deve ser anotada no Registro de Segurança a sua condição operacional, e, em até 60 (sessenta) dias, deve ser emitido o relatório de inspeção, que passa a fazer parte da sua documentação, podendo este prazo ser estendido para 90 (noventa) dias em caso de parada geral de manutenção. Outrossim, o empregador deve informar à representação sindical da categoria profissional predominante no estabelecimento, num prazo máximo de 30 (trinta) dias após o término da inspeção de segurança, a condição operacional da caldeira; e, no prazo máximo de 10 (dez) dias após a sua elaboração, a cópia do relatório de inspeção.

A propósito do Relatório de Inspeção, cabe ser dito que este deve ser elaborado em páginas numeradas contendo no mínimo:

- dados constantes na placa de identificação da caldeira;
- categoria da caldeira;
- tipo da caldeira;
- tipo de inspeção executada;
- data de início e término da inspeção;
- descrição das inspeções, exames e testes executados;
- registros fotográficos do exame interno da caldeira;
- resultado das inspeções e providências;
- relação dos itens desta NR que não estão sendo atendidos;
- recomendações e providências necessárias;
- parecer conclusivo quanto à integridade da caldeira até a próxima inspeção;
- data prevista para a nova inspeção de segurança da caldeira;
- nome legível, assinatura e número do registro no conselho profissional do PH e nome legível e assinatura de técnicos que participaram da inspeção.

Oportuno enfatizar que as recomendações decorrentes da inspeção em caldeira devem ser registradas e implementadas pelo empregador, com a determinação de prazos e responsáveis pela execução e, conforme o caso, a placa de identificação e a documentação do prontuário devem ser atualizadas.

Iniciando a abordagem acerca dos Vasos de Pressão, assim compreendidos os equipamentos que contêm fluidos sob pressão (interna ou externa) diferente da atmosférica, devemos mencionar que sua classificação em categorias far-se-á segundo a Classe de Fluido e o Potencial de Risco. Nesse sentido, os fluidos contidos nos vasos de pressão são classificados conforme descrito a seguir:

Classe "A"	Fluidos Inflamáveis; Fluidos Combustíveis com temperatura superior ou igual a 200 °C (graus centígrados); Fluidos Tóxicos com limite de tolerância igual ou inferior a 20 ppm (partes por milhão;) Hidrogênio; Acetileno.
Classe "B"	Fluidos combustíveis com temperatura inferior a 200 °C; Fluidos tóxicos com limite de tolerância superior a 20 ppm.
Classe "C"	Vapor de água, gases asfixiantes simples ou ar comprimido.
Classe "D"	Água ou outros fluidos não enquadrados nas classes "A", "B" ou "C".
Observação: *Quando se tratar de mistura, deverá ser considerado para fins de classificação o fluido que apresentar maior risco aos trabalhadores e instalações, considerando-se sua toxicidade, inflamabilidade e concentração.*	

Igualmente, os vasos de pressão são classificados em Grupos de Potencial de Risco em função do produto "P.V"; onde: P é a pressão máxima de operação em MPa (1 Mpa = 10,197 Kgf/cm^2) e V o seu volume em m^3 (metro cúbico); conforme demonstrado no quadro seguinte:

Grupo 1	P.V ≥ 100
Grupo 2	P.V < 100 e PV ≥ 30
Grupo 3	P.V < 30 e PV ≥ 2,5
Grupo 4	P.V < 2,5 e PV ≥ 1
Grupo 5 P.V < 1	

Importa observar, da mesma forma, que os Vasos de Pressão que operem sob a Condição de Vácuo deverão enquadrar-se nas seguintes categorias:

Categoria I	para fluidos inflamáveis ou combustíveis;
Categoria V	para outros fluidos.

Na Tabela a seguir reproduzida temos a Classificação dos Vasos de Pressão em Categorias, de acordo com a Classe de Fluido contido e os Grupos de Potencial de Risco:

CATEGORIAS DE VASOS DE PRESSÃO

CLASSES DE FLUIDO	**GRUPO DE POTENCIAL DE RISCO**				
	1 (P.V ≥ 100)	**2** (P.V < 100 P.V ≥ 30)	**3** (P.V < 30 P.V ≥ 2,5)	**4** (P.V < 2,5 P.V ≥ 1)	**5** (P.V < 1)
	CATEGORIAS				
"A" Fluido inflamável Fluido combustível com temperatura igual ou superior a 200ºC; Tóxico com limite de tolerância ≤ 20 ppm; Hidrogênio; Acetileno.	**I**	**I**	**II**	**III**	**III**
"B" Fluido Combustível com temperatura menor que 200ºC; Fluido Tóxico com limite de tolerância > 20 ppm.	**I**	**II**	**III**	**IV**	**IV**
"C" Vapor de água; Gases asfixiantes simples; Ar comprimido.	**I**	**II**	**III**	**IV**	**V**
"D" Outros fluidos.	**II**	**III**	**IV**	**V**	**V**

Nota: *Considerar Volume em m³ (metro cúbico) e Pressão em MPa; 1MPa equivale a 10,197 Kgf/cm².*

Disposição específica da norma regulamentadora em comento dispõe que os vasos de pressão devem ser dotados dos seguintes itens:

- válvula ou outro dispositivo de segurança com pressão de abertura ajustada em valor igual ou inferior à PMTA, instalado diretamente no vaso ou no sistema que o inclui, considerados os requisitos do código de projeto relativos a aberturas escalonadas e tolerâncias de calibração;
- meios utilizados contra o bloqueio inadvertido de dispositivo de segurança quando este não estiver instalado diretamente no vaso;
- instrumento que indique a pressão de operação, instalado diretamente no vaso ou no sistema que o contenha.

De forma análoga ao que dito em relação às caldeiras, todo vaso de pressão deve ter afixado em seu corpo, em local de fácil acesso e bem visível, Placa de Identificação indelével com, no mínimo, as seguintes informações:

- fabricante;
- número de identificação;
- ano de fabricação;
- pressão máxima de trabalho admissível;
- pressão de teste hidrostático de fabricação;
- código de projeto e ano de edição.

Além da placa de identificação, deve constar também em local visível, a categoria do vaso, e seu número ou código de identificação. Da mesma forma, todo vaso de pressão deve possuir, no estabelecimento onde estiver instalado, a seguinte documentação atualizada:

- Prontuário do vaso de pressão a ser fornecido pelo fabricante, contendo as seguintes informações: código de projeto e ano de edição; especificação dos materiais; procedimentos utilizados na fabricação, montagem e inspeção final; metodologia para estabelecimento da PMTA; conjunto de desenhos e demais dados necessários para o monitoramento da sua vida útil; pressão máxima de operação; registros documentais do teste hidrostático; características funcionais, atualizadas pelo empregador sempre que alteradas as originais; dados dos dispositivos de segurança, atualizados pelo empregador sempre que alterados os originais; ano de fabricação; e categoria do vaso, atualizada pelo empregador sempre que alterada a original;
- Registro de Segurança — constituído por livro de páginas numeradas, pastas ou sistema informatizado com confiabilidade equivalente onde serão registradas: todas as ocorrências importantes capazes de influir nas condições de segurança dos vasos de pressão; as ocorrências de inspeções de segurança periódicas e extraordinárias, devendo constar a condição operacional do vaso;
- Projeto de Instalação;
- Projeto de Alteração ou Reparo (PAR);
- Relatórios de Inspeção;
- Certificados de calibração dos dispositivos de segurança, onde aplicável.

Assim como especificado para as caldeiras, a documentação referente aos vasos de pressão deve estar sempre à disposição para consulta dos operadores, do pessoal de manutenção e de inspeção, da Comissão Interna de Prevenção de Acidentes (CIPA), devendo o empregador assegurar pleno acesso a essa documentação, também, à representação sindical da categoria profissional predominante no estabelecimento, quando formalmente solicitado.

A exemplo das caldeiras, os vasos de pressão devem ser submetidos a três modalidades de Inspeção de Segurança:

- Inspeção de Segurança Inicial — a ser feita em vasos de pressão novos, antes de sua entrada em funcionamento, no local definitivo de instalação, devendo compreender exames interno e externo.
- Inspeção de Segurança Periódica — constituída por exames interno e externo dos vasos de pressão, observados os prazos máximos adiante especificados.
- Inspeção de Segurança Extraordinária — a ser feita na ocorrência de uma das seguintes hipóteses quando o vaso de pressão: for danificado por acidente ou outra ocorrência capaz de comprometer sua segurança; for submetido à alteração ou reparo importante capaz de alterar suas condições de segurança; antes de ser recolocado em funcionamento, após permanecer inativo por mais de 12 (doze) meses; ou, quando houver mudança de local de instalação do vaso de pressão, exceto para vasos móveis.

Os vasos de pressão devem obrigatoriamente ser submetidos a Teste Hidrostático (TH) em sua fase de fabricação, com comprovação por meio de laudo assinado por Profissional Habilitado (PH), e ter o valor da pressão de teste afixado em sua placa de identificação. Na falta de comprovação documental de que o TH tenha sido realizado na fase de fabricação, se aplicará o disposto a seguir:

- para equipamentos fabricados ou importados a partir da vigência desta NR, o TH deve ser feito durante a inspeção de segurança inicial;
- para equipamentos em operação antes da vigência desta NR, a critério do PH, o TH deve ser realizado na próxima inspeção de segurança periódica.

De se desatacar que os vasos de pressão Categorias IV ou V de fabricação em série, certificados pelo Instituto Nacional de Metrologia, Qualidade e Tecnologia (INMETRO), que possuam válvula de segurança calibrada de fábrica ficam dispensados da inspeção inicial e da documentação referente ao projeto de instalação, desde que instalados de acordo com as recomendações do fabricante.

Importante observar que deve ser anotada no Registro de Segurança a data da instalação do vaso de pressão a partir da qual se inicia a contagem do prazo para a inspeção de segurança periódica. A propósito, a inspeção de segurança periódica, constituída por exames externo e interno, deve obedecer aos seguintes prazos máximos estabelecidos a seguir:

- para estabelecimentos que não possuam Serviço Próprio de Inspeção de Equipamentos (SPIE), conforme citado no Anexo II da NR-13:

Categoria do Vaso	Exame Externo	Exame Interno
I	1 ano	3 anos
II	2 anos	4 anos
III	3 anos	6 anos
IV	4 anos	8 anos
V	5 anos	10 anos

- para estabelecimentos que possuam Serviço Próprio de Inspeção de Equipamentos (SPIE), conforme citado no Anexo II da NR-13:

Categoria do Vaso	Exame Externo	Exame Interno
I	3 anos	6 anos
II	4 anos	8 anos
III	5 anos	10 anos
IV	6 anos	12 anos
V	7 anos	a critério

- Vasos de pressão que não permitam acesso visual para o exame interno ou externo por impossibilidade física devem ser submetidos alternativamente a outros exames não destrutivos e metodologias de avaliação da integridade, a critério do PH, baseados em normas e códigos aplicáveis à identificação de mecanismos de deterioração.
- Vasos de pressão com enchimento interno ou com catalisador podem ter a periodicidade de exame interno ampliada, de forma a coincidir com a época da substituição de enchimentos ou de catalisador, desde que esta ampliação seja precedida de estudos conduzidos por PH ou por grupo multidisciplinar por ele coordenado, baseados em normas e códigos aplicáveis, onde sejam implementadas tecnologias alternativas para a avaliação da sua integridade estrutural.
- Vasos de pressão com temperatura de operação inferior a 0,0 °C (zero grau Celsius) e que operem em condições nas quais a experiência mostre que não ocorre deterioração devem ser submetidos a exame interno a cada 20 (vinte) anos e exame externo a cada 2 (dois) anos.

No tocante às disposições preventivas atinentes às Tubulações, assim compreendido um conjunto de linhas, incluindo seus acessórios, projetadas por códigos específicos, destinadas ao transporte de fluidos entre equipamentos de uma mesma unidade de uma empresa dotada de caldeiras ou vasos de pressão, convém mencionar que as empresas que possuem tubulações e sistemas de tubulações devem possuir um programa e um plano de inspeção que considere, no mínimo, as variáveis, condições e premissas a seguir descritas:

- os fluidos transportados;
- a pressão de trabalho;
- a temperatura de trabalho;
- os mecanismos de danos previsíveis;
- as consequências para os trabalhadores, instalações e meio ambiente trazidas por possíveis falhas das tubulações.

As tubulações ou sistemas de tubulação devem possuir dispositivos de segurança conforme os critérios do código de projeto utilizado, ou em atendimento às recomendações de estudo de análises de cenários de falhas, além de possuírem indicador de pressão de operação, conforme definido no projeto de processo e instrumentação.

Registre-se, mais, que todo estabelecimento que possua tubulações, sistemas de tubulação ou linhas deve ter a seguinte documentação devidamente atualizada:

- especificações aplicáveis às tubulações ou sistemas, necessárias ao planejamento e execução da sua inspeção;
- fluxograma de engenharia com a identificação da linha e seus acessórios;
- Projeto de Alteração e Reparos (PAR);
- Relatórios de Inspeção.

De forma semelhante ao descrito para as caldeiras e vasos de pressão, a documentação específica das Tubulações deve estar sempre à disposição para a fiscalização trabalhista de segurança e saúde no trabalho da SRTE, e para consulta pelos operadores, pessoal de manutenção, de inspeção e dos membros da CIPA, devendo, ainda, o empregador assegurar o acesso a essa documentação à representação sindical da categoria profissional predominante no estabelecimento, quando formalmente solicitado.

Em face da manifesta analogia entre as demais disposições preventivas alusivas a Vasos de Pressão e Tubulações em relação às já comentadas especificamente para as Caldeiras, acreditamos que a leitura das disposições normativas adiante reproduzidas (itens 13.5 e 13.6 da NR-13) seja suficiente para que o leitor as compreenda em sua totalidade; devendo ficar atento, porém, para eventuais e pequenas particularidades.

Finalizando essa abordagem, impõe-se lembrar ao leitor que o Anexo I da NR-13 (adiante reproduzido) define os parâmetros e condições gerais a serem observadas na capacitação de profissionais, inclusive estabelecendo os currículos mínimos para Treinamentos de Segurança, tanto na Operação de Caldeiras quanto na Operação de Unidades de Processo. Em contrapartida, o Anexo II da NR-13, na forma adiante reproduzida, estipula os requisitos mínimos para Certificação de Serviço Próprio de Inspeção de Equipamentos (SPIE); pois, antes de colocar em prática os períodos especiais entre inspeções, o SPIE da empresa, organizado na forma de setor, seção, departamento, divisão, ou equivalente, deve estar certificado por Organismos de Certificação de Produto (OCP) acreditados pelo INMETRO que, por meio de auditorias programadas, verificarão se foram atendidos ou não os requisitos mínimos específicos, nos termos antes reportados.

Doravante, serão reproduzidos os FUNDAMENTOS JURÍDICOS (dispositivos legais e normativos) que propiciam o suporte de validade jurídica à temática em apreço, observando-se as ordens hierárquica e cronológica. Ao final, encontra-se igualmente transcrita, de forma integral e atualizada, a correspondente norma regulamentadora de segurança e saúde no trabalho que intitula este Capítulo.

FUNDAMENTOS JURÍDICOS DO CAPÍTULO 13

NR-13: CALDEIRAS, VASOS DE PRESSÃO E TUBULAÇÕES *(redação atual dada Portaria MTE n. 594, de 28.4.2014). Art. 7º, incisos XXII, XXIII, XXVIII e XXXIII, da CF-1988. Arts. 187 e 188 da CLT.*

CONSTITUIÇÃO DA REPÚBLICA FEDERATIVA DO BRASIL

(Atualizada até a edição da Emenda Constitucional n. 85, de 26.2.2015)

Título II: Dos Direitos e Garantias Fundamentais (Arts. 5º a 17)

Capítulo II: Dos Direitos Sociais (Arts. 6º a 11)

Art. 7º São direitos dos trabalhadores urbanos e rurais(1), além de outros que visem à melhoria de sua condição social:

XXII — redução dos riscos inerentes ao trabalho, por meio de normas de saúde, higiene e segurança;

XXIII — adicional de remuneração para as atividades penosas, insalubres ou perigosas, na forma da lei;

XXVIII — seguro contra acidentes de trabalho, a cargo do empregador, sem excluir a indenização a que este está obrigado, quando incorrer em dolo ou culpa;

XXXIII — proibição de trabalho noturno, perigoso ou insalubre a menores de dezoito e de qualquer trabalho a menores de dezesseis anos, salvo na condição de aprendiz, a partir de quatorze anos.

NORMAS JURÍDICAS INFRACONSTITUCIONAIS

CONSOLIDAÇÃO DAS LEIS DO TRABALHO

(Decreto-lei n. 5.452, de 1º.5.1943, com a redação dos arts. 154 a 201 CLT dada pela Lei n. 6.514 de 22.12.1977, atualizada até a edição da Lei n. 13.103, de 2.3.2015)

Título II: **Das Normas Gerais de Tutela do Trabalho** (Arts. 13 a 223 da CLT)

Capítulo V: **Da Segurança e da Medicina do Trabalho** (Arts. 154 a 201 da CLT)(2)

Seção XII: **Das Caldeiras, Fornos e Recipientes Sob Pressão** (Arts. 187 e 188 da CLT)(3)

Art. 187. As caldeiras, equipamentos e recipientes em geral que operam sob pressão deverão dispor de válvula e outros dispositivos de segurança, que evitem seja ultrapassada a pressão interna de trabalho compatível com a sua resistência.

Parágrafo único. O Ministério do Trabalho e Emprego expedirá normas complementares quanto à segurança das caldeiras, fornos e recipientes sob pressão, especialmente quanto ao revestimento interno, à localização, à ventilação dos locais e outros meios de eliminação de gases ou vapores prejudiciais à saúde, e demais instalações ou equipamentos necessários à execução segura das tarefas de cada empregado.

Art. 188. As caldeiras serão periodicamente submetidas a inspeções de segurança, por engenheiro ou empresa especializada, inscritos no Ministério do Trabalho e Emprego, de conformidade com as instruções que, para esse fim, forem expedidas.

§ 1º Toda caldeira será acompanhada de "Prontuário", com documentação original do fabricante, abrangendo, no mínimo: especificação técnica, desenhos, detalhes, provas e testes realizados durante a fabricação e a montagem, características funcionais e a pressão máxima de trabalho permitida (PMTP), esta última indicada, em local visível, na própria caldeira.

§ 2º O proprietário da caldeira deverá organizar, manter atualizado e apresentar, quando exigido pela autoridade competente, o Registro de Segurança, no qual serão anotadas, sistematicamente, as indicações das provas efetuadas, inspeções, reparos e quaisquer outras ocorrências.

§ 3º Os projetos de instalação de caldeiras, fornos e recipientes sob pressão deverão ser submetidos à aprovação prévia do órgão regional competente em matéria de segurança do trabalho.

---

(1) Especificamente em relação aos Servidores Públicos Federais (submetidos ao Regime Jurídico Único da Lei n. 8.112/1990) dispõe o § 3º do art. 39 da CF-1988 que: "Aplica-se aos servidores ocupantes de cargo público o disposto no Art. 7º, IV, VII, VIII, IX, XII, XIII, XV, XVI, XVII, XVIII, XIX, XX, XXII e XXX, podendo a lei estabelecer requisitos diferenciados de admissão quando a natureza do cargo o exigir".

(2) A Lei n. 6.514, de 22.12.1977, propiciou a redação dos arts. 154 a 201 da CLT, observadas as atualizações legais até a edição da Lei n. 13.103, de 2.3.2015.

(3) A NR-13 (CALDEIRAS, VASOS DE PRESSÃO E TUBULAÇÕES) e a NR-14 (FORNOS) disciplinam os arts. 187 e 188 da CLT.

NORMAS JURÍDICAS INFRALEGAIS OU REGULAMENTARES

NR-13 (CALDEIRAS, VASOS DE PRESSÃO E TUBULAÇÕES)(4)

Publicação	**D.O.U.**
Portaria GM n. 3.214, de 8 de junho de 1978	6.7.78
Alterações/Atualizações	**D.O.U.**
Portaria SSMT n. 12, de 6 de junho de 1983	14.6.83
Portaria SSMT n. 2, de 8 de maio de 1984	7.6.84
Portaria SSST n. 23, de 27 de dezembro de 1994	Rep.: 26.4.95
Portaria SIT n. 57, de 19 de junho de 2008	24.6.08
Portaria MTE n. 594, de 28 de abril de 2014	2.5.14

(Redação dada pela Portaria MTE n. 594, de 28 de abril de 2014)

SUMÁRIO:

13.1. Introdução

13.1.1. Esta Norma Regulamentadora — NR estabelece requisitos mínimos para gestão da integridade estrutural de caldeiras a vapor, vasos de pressão e suas tubulações de interligação nos aspectos relacionados à instalação, inspeção, operação e manutenção, visando à segurança e à saúde dos trabalhadores.

13.1.2. O empregador é o responsável pela adoção das medidas determinadas nesta NR.

13.2. Abrangência

13.2.1. Esta NR deve ser aplicada aos seguintes equipamentos:

a) todos os equipamentos enquadrados como caldeiras conforme item 13.4.1.1;

b) vasos de pressão cujo produto P.V seja superior a 8 (oito), onde P é a pressão máxima de operação em kPa e V o seu volume interno em m3;

c) vasos de pressão que contenham fluido da classe A, especificados no item 13.5.1.2, alínea "a)", independente das dimensões e do produto P.V;

d) recipientes móveis com P.V superior a 8 (oito) ou com fluido da classe A, especificados no item 13.5.1.2, alínea "a)";

e) tubulações ou sistemas de tubulação interligados a caldeiras ou vasos de pressão, que contenham fluidos de classe A ou B conforme item 13.5.1.2, alínea "a)" desta NR.

13.2.2. Os equipamentos abaixo referenciados devem ser submetidos às inspeções previstas em códigos e normas nacionais ou internacionais a eles relacionados, ficando dispensados do cumprimento dos demais requisitos desta NR:

a) recipientes transportáveis, vasos de pressão destinados ao transporte de produtos, reservatórios portáteis de fluido comprimido e extintores de incêndio;

b) vasos de pressão destinados à ocupação humana;

c) vasos de pressão que façam parte integrante de pacote de máquinas de fluido rotativas ou alternativas;

d) dutos;

e) fornos e serpentinas para troca térmica;

f) tanques e recipientes para armazenamento e estocagem de fluidos não enquadrados em normas e códigos de projeto relativos a vasos de pressão;

g) vasos de pressão com diâmetro interno inferior a 150 mm (cento e cinquenta milímetros) para fluidos das classes B, C e D, conforme especificado no item 13.5.1.2, alínea "a)";

h) trocadores de calor por placas corrugadas gaxetadas;

(4) O Texto da NR-13 (CALDEIRAS, VASOS DE PRESSÃO E TUBULAÇÕES), ora reproduzido, possui redação atual dada pela Portaria MTE n. 594, de 28.4.2014.

i) geradores de vapor não enquadrados em códigos de vasos de pressão;

j) tubos de sistemas de instrumentação com diâmetro nominal ≤ 12,7 mm (doze milímetros e sete décimos);

k) tubulações de redes públicas de tratamento e distribuição de água e gás e de coleta de esgoto.

13.3. Disposições Gerais

13.3.1. Constitui condição de risco grave e iminente — RGI o não cumprimento de qualquer item previsto nesta NR que possa causar acidente ou doença relacionada ao trabalho, com lesão grave à integridade física do trabalhador, especialmente:

a) operação de equipamentos abrangidos por esta NR sem dispositivos de segurança ajustados com pressão de abertura igual ou inferior a pressão máxima de trabalho admissível — PMTA, instalado diretamente no vaso ou no sistema que o inclui, considerados os requisitos do código de projeto relativos a aberturas escalonadas e tolerâncias de calibração;

b) atraso na inspeção de segurança periódica de caldeiras;

c) bloqueio inadvertido de dispositivos de segurança de caldeiras e vasos de pressão, ou seu bloqueio intencional sem a devida justificativa técnica baseada em códigos, normas ou procedimentos formais de operação do equipamento;

d) ausência de dispositivo operacional de controle do nível de água de caldeira;

e) operação de equipamento enquadrado nesta NR com deterioração atestada por meio de recomendação de sua retirada de operação constante de parecer conclusivo em relatório de inspeção de segurança, de acordo com seu respectivo código de projeto ou de adequação ao uso;

f) operação de caldeira por trabalhador que não atenda aos requisitos estabelecidos no Anexo I desta NR, ou que não esteja sob supervisão, acompanhamento ou assistência específica de operador qualificado.

13.3.1.1. Por motivo de força maior e com justificativa formal do empregador, acompanhada por análise técnica e respectivas medidas de contingência para mitigação dos riscos, elaborada por Profissional Habilitado — PH ou por grupo multidisciplinar por ele coordenado, pode ocorrer postergação de até 6 (seis) meses do prazo previsto para a inspeção de segurança periódica da caldeira.

13.3.1.1.1. O empregador deve comunicar ao sindicato dos trabalhadores da categoria predominante no estabelecimento a justificativa formal para postergação da inspeção de segurança periódica da caldeira.

13.3.2. Para efeito desta NR, considera-se Profissional Habilitado — PH aquele que tem competência legal para o exercício da profissão de engenheiro nas atividades referentes a projeto de construção, acompanhamento da operação e da manutenção, inspeção e supervisão de inspeção de caldeiras, vasos de pressão e tubulações, em conformidade com a regulamentação profissional vigente no País.

13.3.3. Todos os reparos ou alterações em equipamentos abrangidos por esta NR devem respeitar os respectivos códigos de projeto e pós-construção e as prescrições do fabricante no que se refere a:

a) materiais;

b) procedimentos de execução;

c) procedimentos de controle de qualidade;

d) qualificação e certificação de pessoal.

13.3.4. Quando não for conhecido o código de projeto, deve ser respeitada a concepção original do vaso de pressão, caldeira ou tubulação, empregando-se os procedimentos de controle prescritos pelos códigos pertinentes.

13.3.5. A critério do PH podem ser utilizadas tecnologias de cálculo ou procedimentos mais avançados, em substituição aos previstos pelos códigos de projeto.

13.3.6. Projetos de alteração ou reparo — PAR devem ser concebidos previamente nas seguintes situações:

a) sempre que as condições de projeto forem modificadas;

b) sempre que forem realizados reparos que possam comprometer a segurança.

13.3.7. O PAR deve:

a) ser concebido ou aprovado por PH;

b) determinar materiais, procedimentos de execução, controle de qualidade e qualificação de pessoal;

c) ser divulgado para os empregados do estabelecimento que estão envolvidos com o equipamento.

13.3.8. Todas as intervenções que exijam mandrilamento ou soldagem em partes que operem sob pressão devem ser objeto de exames ou testes para controle da qualidade com parâmetros definidos pelo PH, de acordo com normas ou códigos aplicáveis.

13.3.9. Os sistemas de controle e segurança das caldeiras e dos vasos de pressão devem ser submetidos à manutenção preventiva ou preditiva.

13.3.10. O empregador deve garantir que os exames e testes em caldeiras, vasos de pressão e tubulações sejam executados em condições de segurança para seus executantes e demais trabalhadores envolvidos.

13.3.11. O empregador deve comunicar ao órgão regional do Ministério do Trabalho e Emprego e ao sindicato da categoria profissional predominante no estabelecimento a ocorrência de vazamento, incêndio ou explosão envolvendo equipamentos abrangidos nesta NR que tenha como consequência uma das situações a seguir:

a) morte de trabalhador(es);

b) acidentes que implicaram em necessidade de internação hospitalar de trabalhador(es);

c) eventos de grande proporção.

13.3.11.1. A comunicação deve ser encaminhada até o segundo dia útil após a ocorrência e deve conter:

a) razão social do empregador, endereço, local, data e hora da ocorrência;

b) descrição da ocorrência;

c) nome e função da(s) vítima(s);

d) procedimentos de investigação adotados;

e) cópia do último relatório de inspeção de segurança do equipamento envolvido;

f) cópia da comunicação de acidente de trabalho (CAT).

13.3.11.2. Na ocorrência de acidentes previstos no item 13.3.11, o empregador deve comunicar a representação sindical dos trabalhadores predominante do estabelecimento para compor uma comissão de investigação.

13.3.11.3. Os trabalhadores, com base em sua capacitação e experiência, devem interromper suas tarefas, exercendo o direito de recusa, sempre que constatarem evidências de riscos graves e iminentes para sua segurança e saúde ou de outras pessoas, comunicando imediatamente o fato a seu superior hierárquico.

13.3.11.3.1. É dever do empregador:

a) assegurar aos trabalhadores o direito de interromper suas atividades, exercendo o direito de recusa nas situações previstas no item 13.3.11.3, e em consonância com o item 9.6.3 da Norma Regulamentadora 9;

b) diligenciar de imediato as medidas cabíveis para o controle dos riscos.

13.3.11.4. O empregador deverá apresentar, quando exigida pela autoridade competente do órgão regional do Ministério do Trabalho e Emprego, a documentação mencionada nos itens 13.4.1.6, 13.5.1.6 e 13.6.1.4.

13.4. Caldeiras

13.4.1. Caldeiras a vapor — disposições gerais

13.4.1.1. Caldeiras a vapor são equipamentos destinados a produzir e acumular vapor sob pressão superior à atmosférica, utilizando qualquer fonte de energia, projetados conforme códigos pertinentes, excetuando-se refervedores e similares.

13.4.1.2. Para os propósitos desta NR, as caldeiras são classificadas em 3 (três) categorias, conforme segue:

a) caldeiras da categoria A são aquelas cuja pressão de operação é igual ou superior a 1960 kPa (19,98 kgf/cm2);

b) caldeiras da categoria C são aquelas cuja pressão de operação é igual ou inferior a 588 kPa (5,99 kgf/cm2) e o volume interno é igual ou inferior a 100 l (cem litros);

c) caldeiras da categoria B são todas as caldeiras que não se enquadram nas categorias anteriores.

13.4.1.3. As caldeiras devem ser dotadas dos seguintes itens:

a) válvula de segurança com pressão de abertura ajustada em valor igual ou inferior a PMTA, considerados os requisitos do código de projeto relativos a aberturas escalonadas e tolerâncias de calibração;

b) instrumento que indique a pressão do vapor acumulado;

c) injetor ou sistema de alimentação de água independente do principal que evite o superaquecimento por alimentação deficiente, acima das temperaturas de projeto, de caldeiras de combustível sólido não atomizado ou com queima em suspensão;

d) sistema dedicado de drenagem rápida de água em caldeiras de recuperação de álcalis, com ações automáticas após acionamento pelo operador;

e) sistema automático de controle do nível de água com intertravamento que evite o superaquecimento por alimentação deficiente.

13.4.1.4. Toda caldeira deve ter afixada em seu corpo, em local de fácil acesso e bem visível, placa de identificação indelével com, no mínimo, as seguintes informações:

a) nome do fabricante;

b) número de ordem dado pelo fabricante da caldeira;

c) ano de fabricação;

d) pressão máxima de trabalho admissível;

e) pressão de teste hidrostático de fabricação; *(Vide condições na Portaria MTE n. 594, de 28 de abril de 2014)*

f) capacidade de produção de vapor;

g) área de superfície de aquecimento;

h) código de projeto e ano de edição.

13.4.1.5. Além da placa de identificação, deve constar, em local visível, a categoria da caldeira, conforme definida no item 13.4.1.2 desta NR, e seu número ou código de identificação.

13.4.1.6. Toda caldeira deve possuir, no estabelecimento onde estiver instalada, a seguinte documentação devidamente atualizada:

a) Prontuário da caldeira, fornecido por seu fabricante, contendo as seguintes informações:

— código de projeto e ano de edição;

— especificação dos materiais;

— procedimentos utilizados na fabricação, montagem e inspeção final;

— metodologia para estabelecimento da PMTA;

— registros da execução do teste hidrostático de fabricação;

— conjunto de desenhos e demais dados necessários para o monitoramento da vida útil da caldeira;

— características funcionais;

— dados dos dispositivos de segurança;

— ano de fabricação;

— categoria da caldeira;

b) Registro de Segurança, em conformidade com o item 13.4.1.9;

c) Projeto de Instalação, em conformidade com o item 13.4.2.1;

d) PAR, em conformidade com os itens 13.3.6 e 13.3.7;

e) Relatórios de inspeção, em conformidade com o item 13.4.4.14;

f) Certificados de calibração dos dispositivos de segurança.

13.4.1.7. Quando inexistente ou extraviado, o prontuário da caldeira deve ser reconstituído pelo empregador, com responsabilidade técnica do fabricante ou de PH, sendo imprescindível a reconstituição das características funcionais, dos dados dos dispositivos de segurança e memória de cálculo da PMTA.

13.4.1.8. Quando a caldeira for vendida ou transferida de estabelecimento, os documentos mencionados nas alíneas "a", "d", e "e" do item 13.4.1.6 devem acompanhá-la.

13.4.1.9. O Registro de Segurança deve ser constituído por livro de páginas numeradas, pastas ou sistema informatizado com confiabilidade equivalente onde serão registradas:

a) todas as ocorrências importantes capazes de influir nas condições de segurança da caldeira;

b) as ocorrências de inspeções de segurança inicial, periódica e extraordinária, devendo constar a condição operacional da caldeira, o nome legível e assinatura de PH e do operador de caldeira presente na ocasião da inspeção.

13.4.1.10. Caso a caldeira venha a ser considerada inadequada para uso, o Registro de Segurança deve conter tal informação e receber encerramento formal.

13.4.1.11. A documentação referida no item 13.4.1.6 deve estar sempre à disposição para consulta dos operadores, do pessoal de manutenção, de inspeção e das representações dos trabalhadores e do empregador na Comissão Interna de Prevenção de Acidentes — CIPA, devendo o empregador assegurar pleno acesso a essa documentação.

13.4.2. Instalação de caldeiras a vapor

13.4.2.1. A autoria do projeto de instalação de caldeiras a vapor, no que concerne ao atendimento desta NR, é de responsabilidade de PH, e deve obedecer aos aspectos de segurança, saúde e meio ambiente previstos nas Normas Regulamentadoras, convenções e disposições legais aplicáveis.

13.4.2.2. As caldeiras de qualquer estabelecimento devem ser instaladas em casa de caldeiras ou em local específico para

tal fim, denominado área de caldeiras.

13.4.2.3. Quando a caldeira for instalada em ambiente aberto, a área de caldeiras deve satisfazer aos seguintes requisitos:

a) estar afastada de, no mínimo, 3,0 m (três metros) de:

— outras instalações do estabelecimento;

— de depósitos de combustíveis, excetuando-se reservatórios para partida com até 2000 l (dois mil litros) de capacidade;

— do limite de propriedade de terceiros;

— do limite com as vias públicas;

b) dispor de pelo menos 2 (duas) saídas amplas, permanentemente desobstruídas, sinalizadas e dispostas em direções distintas;

c) dispor de acesso fácil e seguro, necessário à operação e à manutenção da caldeira, sendo que, para guarda-corpos vazados, os vãos devem ter dimensões que impeçam a queda de pessoas;

d) ter sistema de captação e lançamento dos gases e material particulado, provenientes da combustão, para fora da área de operação atendendo às normas ambientais vigentes;

e) dispor de iluminação conforme normas oficiais vigentes;

f) ter sistema de iluminação de emergência caso opere à noite.

13.4.2.4. Quando a caldeira estiver instalada em ambiente fechado, a casa de caldeiras deve satisfazer os seguintes requisitos:

a) constituir prédio separado, construído de material resistente ao fogo, podendo ter apenas uma parede adjacente a outras instalações do estabelecimento, porém com as outras paredes afastadas de, no mínimo, 3,0 m (três metros) de outras instalações, do limite de propriedade de terceiros, do limite com as vias públicas e de depósitos de combustíveis, excetuando-se reservatórios para partida com até 2000 l (dois mil litros) de capacidade;

b) dispor de pelo menos 2 (duas) saídas amplas, permanentemente desobstruídas, sinalizadas e dispostas em direções distintas;

c) dispor de ventilação permanente com entradas de ar que não possam ser bloqueadas;

d) dispor de sensor para detecção de vazamento de gás quando se tratar de caldeira a combustível gasoso;

e) não ser utilizada para qualquer outra finalidade;

f) dispor de acesso fácil e seguro, necessário à operação e à manutenção da caldeira, sendo que, para guarda-corpos vazados, os vãos devem ter dimensões que impeçam a queda de pessoas;

g) ter sistema de captação e lançamento dos gases e material particulado, provenientes da combustão, para fora da área de operação, atendendo às normas ambientais vigentes;

h) dispor de iluminação conforme normas oficiais vigentes e ter sistema de iluminação de emergência.

13.4.2.5. Quando o estabelecimento não puder atender ao disposto nos itens 13.4.2.3 e 13.4.2.4, deve ser elaborado projeto alternativo de instalação, com medidas complementares de segurança, que permitam a atenuação dos riscos, comunicando previamente a representação sindical dos trabalhadores predominante no estabelecimento.

13.4.2.6. As caldeiras classificadas na categoria A devem possuir painel de instrumentos instalados em sala de controle, construída segundo o que estabelecem as Normas Regulamentadoras aplicáveis.

13.4.3. Segurança na operação de caldeiras

13.4.3.1. Toda caldeira deve possuir manual de operação atualizado, em língua portuguesa, em local de fácil acesso aos operadores, contendo no mínimo:

a) procedimentos de partidas e paradas;

b) procedimentos e parâmetros operacionais de rotina;

c) procedimentos para situações de emergência;

d) procedimentos gerais de segurança, saúde e de preservação do meio ambiente.

13.4.3.2. Os instrumentos e controles de caldeiras devem ser mantidos calibrados e em boas condições operacionais.

13.4.3.2.1. Poderá ocorrer a neutralização provisória nos instrumentos e controles, desde que não seja reduzida a segurança operacional, e que esteja prevista nos procedimentos formais de operação e manutenção, ou com justificativa formalmente documentada, com prévia análise técnica e respectivas medidas de contingência para mitigação dos riscos elaborada pelo responsável técnico do processo, com anuência do PH.

13.4.3.3. A qualidade da água deve ser controlada e tratamentos devem ser implementados, quando necessários, para compatibilizar suas propriedades físico-químicas com os parâmetros de operação da caldeira, sendo estes tratamentos obrigatórios em caldeiras classificadas como categoria A, conforme item 13.4.1.2 desta NR.

13.4.3.4. Toda caldeira a vapor deve estar obrigatoriamente sob operação e controle de operador de caldeira.

13.4.3.5. Será considerado operador de caldeira aquele que satisfizer o disposto no item A do Anexo I desta NR.

13.4.4. Inspeção de segurança de caldeiras.

13.4.4.1. As caldeiras devem ser submetidas a inspeções de segurança inicial, periódica e extraordinária.

13.4.4.2. A inspeção de segurança inicial deve ser feita em caldeiras novas, antes da entrada em funcionamento, no local de operação, devendo compreender exame interno, seguido de teste de estanqueidade e exame externo.

13.4.4.3. As caldeiras devem obrigatoriamente ser submetidas a Teste Hidrostático — TH em sua fase de fabricação, com comprovação por meio de laudo assinado por PH, e ter o valor da pressão de teste afixado em sua placa de identificação.

13.4.4.3.1. Na falta de comprovação documental de que o Teste Hidrostático — TH tenha sido realizado na fase de fabricação, se aplicará o disposto a seguir:

a) para equipamentos fabricados ou importados a partir da vigência desta NR, o TH deve ser feito durante a inspeção de segurança inicial;

b) para equipamentos em operação antes da vigência desta NR, a critério do PH, o TH deve ser realizado na próxima inspeção de segurança periódica.

13.4.4.4. A inspeção de segurança periódica, constituída por exames interno e externo, deve ser executada nos seguintes prazos máximos:

a) 12 (doze) meses para caldeiras das categorias A, B e C;

b) 15 (quinze) meses para caldeiras de recuperação de álcalis de qualquer categoria;

c) 24 (vinte e quatro) meses para caldeiras da categoria ^, desde que aos 12 (doze) meses sejam testadas as pressões de abertura das válvulas de segurança.

13.4.4.5. Estabelecimentos que possuam Serviço Próprio de Inspeção de Equipamentos — SPIE, conforme estabelecido no Anexo II, podem estender seus períodos entre inspeções de segurança, respeitando os seguintes prazos máximos:

a) 24 (vinte e quatro) meses para as caldeiras de recuperação de álcalis;

b) 24 (vinte e quatro) meses para as caldeiras das categorias B e C;

c) 30 (trinta) meses para caldeiras da categoria A;

d) 40 (quarenta) meses para caldeiras especiais conforme, definição no item 13.4.4.6.

13.4.4.6. As caldeiras que operam de forma contínua e que utilizam gases ou resíduos das unidades de processo como combustível principal para aproveitamento de calor ou para fins de controle ambiental podem ser consideradas especiais quando todas as condições seguintes forem satisfeitas:

a) estiverem instaladas em estabelecimentos que possuam SPIE citado no Anexo II;

b) tenham testados a cada 12 (doze) meses o sistema de intertravamento e a pressão de abertura de cada válvula de segurança;

c) não apresentem variações inesperadas na temperatura de saída dos gases e do vapor durante a operação;

d) existam análise e controle periódico da qualidade da água;

e) exista controle de deterioração dos materiais que compõem as principais partes da caldeira;

f) exista parecer técnico de PH fundamentando a decisão.

13.4.4.6.1. O empregador deve comunicar ao Órgão Regional do Ministério do Trabalho e Emprego e ao sindicato dos trabalhadores da categoria predominante no estabelecimento, previamente, o enquadramento da caldeira como especial.

13.4.4.7. No máximo, ao completar 25 (vinte e cinco) anos de uso, na sua inspeção subsequente, as caldeiras devem ser submetidas a uma avaliação de integridade com maior abrangência para determinar a sua vida remanescente e novos prazos máximos para inspeção, caso ainda estejam em condições de uso.

13.4.4.8. As válvulas de segurança instaladas em caldeiras devem ser inspecionadas periodicamente conforme segue:

a) pelo menos 1 (uma) vez por mês, mediante acionamento manual da alavanca, em operação, para caldeiras das categorias B e C, excluídas as caldeiras que vaporizem fluido térmico e as que trabalhem com água tratada conforme previsto no item 13.4.3.3;

b) as válvulas flangeadas ou roscadas devem ser desmontadas, inspecionadas e testadas em bancada, e, no caso de válvulas soldadas, feito o mesmo no campo, com uma frequência compatível com o histórico operacional das mesmas, sendo estabelecidos como limites máximos para essas atividades os períodos de inspeção estabelecidos nos itens 13.4.4.4 e 13.4.4.5, se aplicável, para caldeiras de categorias A e B.

13.4.4.9. Adicionalmente aos testes prescritos no item 13.4.4.8, as válvulas de segurança instaladas em caldeiras podem ser submetidas a testes de acumulação, a critério do PH.

13.4.4.10. A inspeção de segurança extraordinária deve ser feita nas seguintes oportunidades:

a) sempre que a caldeira for danificada por acidente ou outra ocorrência capaz de comprometer sua segurança;

b) quando a caldeira for submetida à alteração ou reparo importante capaz de alterar suas condições de segurança;

c) antes de a caldeira ser recolocada em funcionamento, quando permanecer inativa por mais de 6 (seis) meses;

d) quando houver mudança de local de instalação da caldeira.

13.4.4.11. A inspeção de segurança deve ser realizada sob a responsabilidade técnica de PH.

13.4.4.12. Imediatamente após a inspeção da caldeira, deve ser anotada no seu Registro de Segurança a sua condição operacional, e, em até 60 (sessenta) dias, deve ser emitido o relatório, que passa a fazer parte da sua documentação, podendo este prazo ser estendido para 90 (noventa) dias em caso de parada geral de manutenção.

13.4.4.13. O empregador deve informar à representação sindical da categoria profissional predominante no estabelecimento, num prazo máximo de 30 (trinta) dias após o término da inspeção de segurança, a condição operacional da caldeira.

13.4.4.13.1. Mediante o recebimento de requisição formal, o empregador deve encaminhar à representação sindical predominante no estabelecimento, no prazo máximo de 10 (dez) dias após a sua elaboração, a cópia do relatório de inspeção.

13.4.4.13.2. A representação sindical da categoria profissional predominante no estabelecimento poderá solicitar ao empregador que seja enviada de maneira regular cópia do relatório de inspeção de segurança da caldeira em prazo de 30 (trinta) dias após a sua elaboração, ficando o empregador desobrigado a atender os itens 13.4.4.13 e 13.4.4.13.1.

13.4.4.14. O relatório de inspeção, mencionado no item 13.4.1.6, alínea "e", deve ser elaborado em páginas numeradas contendo no mínimo:

a) dados constantes na placa de identificação da caldeira;

b) categoria da caldeira;

c) tipo da caldeira;

d) tipo de inspeção executada;

e) data de início e término da inspeção;

f) descrição das inspeções, exames e testes executados;

g) registros fotográficos do exame interno da caldeira;

h) resultado das inspeções e providências;

i) relação dos itens desta NR que não estão sendo atendidos;

j) recomendações e providências necessárias;

k) parecer conclusivo quanto à integridade da caldeira até a próxima inspeção;

l) data prevista para a nova inspeção de segurança da caldeira;

m) nome legível, assinatura e número do registro no conselho profissional do PH e nome legível e assinatura de técnicos que participaram da inspeção.

13.4.4.15. As recomendações decorrentes da inspeção devem ser registradas e implementadas pelo empregador, com a determinação de prazos e responsáveis pela execução.

13.4.4.16. Sempre que os resultados da inspeção determinarem alterações dos dados de projeto, a placa de identificação e a documentação do prontuário devem ser atualizadas.

13.5. Vasos de Pressão

13.5.1. Vasos de pressão — disposições gerais.

13.5.1.1. Vasos de pressão são equipamentos que contêm fluidos sob pressão interna ou externa, diferente da atmosférica.

13.5.1.2. Para efeito desta NR, os vasos de pressão são classificados em categorias segundo a classe de fluido e o potencial de risco.

a) Os fluidos contidos nos vasos de pressão são classificados conforme descrito a seguir:

Classe A:

— fluidos inflamáveis;

— fluidos combustíveis com temperatura superior ou igual a 200 °C (duzentos graus Celsius);

— fluidos tóxicos com limite de tolerância igual ou inferior a 20 (vinte) partes por milhão (ppm);

— hidrogênio;

— acetileno.

Classe B:

— fluidos combustíveis com temperatura inferior a 200 °C (duzentos graus Celsius);

— fluidos tóxicos com limite de tolerância superior a 20 (vinte) partes por milhão (ppm).

Classe C:

— vapor de água, gases asfixiantes simples ou ar comprimido.

Classe D:

— outro fluido não enquadrado acima.

b) Quando se tratar de mistura deverá ser considerado para fins de classificação o fluido que apresentar maior risco aos trabalhadores e instalações, considerando-se sua toxicidade, inflamabilidade e concentração.

c) Os vasos de pressão são classificados em grupos de potencial de risco em função do produto P.V, onde P é a pressão máxima de operação em MPa e V o seu volume em m3, conforme segue:

Grupo 1 — P.V ≥ 100

Grupo 2 — P.V < 100 e P.V ≥ 30

Grupo 3 — P.V < 30 e P.V ≥ 2,5

Grupo 4 — P.V < 2,5 e P.V ≥ 1

Grupo 5 — P.V < 1

d) Vasos de pressão que operem sob a condição de vácuo devem se enquadrar nas seguintes categorias:

— categoria I: para fluidos inflamáveis ou combustíveis;

— categoria V: para outros fluidos.

e) A tabela a seguir classifica os vasos de pressão em categorias de acordo com os grupos de potencial de risco e a classe de fluido contido.

CATEGORIAS DE VASOS DE PRESSÃO

CLASSE DE FLUIDO	GRUPO DE POTENCIAL DE RISCO				
	GRUPO 1 P.V ≥ 100	GRUPO 2 P.V < 100 P.V ≥ 30	GRUPO 3 P.V < 30 P.V ≥ 2,5	GRUPO 4 P.V < 2,5 P.V ≥ 1	GRUPO 5 P.V < 1
	CATEGORIAS				
A — Fluido inflamável, combustível com temperatura igual ou superior a 200°C; (Alterado pela Portaria n. 57, de 19 de junho de 2008 — DOU de 24.06.08 — seção 1 — p. 137) — Tóxico com limite de tolerância < 20 ppm — Hidrogênio — Acetileno	I	I	II	III	III
B — Combustíveis com temperatura menor que 200 °C; — Tóxico com limite de tolerância > 20 ppm	I	II	III	IV	IV
C — Vapor de água — Gases asfixiantes simples — Ar comprimido	I	II	III	IV	V
D — Outro fluido	II	III	IV	V	V

Notas:

a) Considerar volume em m^3 e pressão em MPa;

b) Considerar 1 MPa correspondente a 10,197 kgf/cm^2.

13.5.1.3. Os vasos de pressão devem ser dotados dos seguintes itens:

a) válvula ou outro dispositivo de segurança com pressão de abertura ajustada em valor igual ou inferior à PMTA, instalado diretamente no vaso ou no sistema que o inclui, considerados os requisitos do código de projeto relativos a aberturas escalonadas e tolerâncias de calibração;

b) meios utilizados contra o bloqueio inadvertido de dispositivo de segurança quando este não estiver instalado diretamente no vaso;

c) instrumento que indique a pressão de operação, instalado diretamente no vaso ou no sistema que o contenha.

13.5.1.4. Todo vaso de pressão deve ter afixado em seu corpo, em local de fácil acesso e bem visível, placa de identificação indelével com, no mínimo, as seguintes informações:

a) fabricante;

b) número de identificação;

c) ano de fabricação;

d) pressão máxima de trabalho admissível;

e) pressão de teste hidrostático de fabricação; *(Vide condições na Portaria MTE n. 594, de 28 de abril de 2014)*

f) código de projeto e ano de edição.

13.5.1.5. Além da placa de identificação, deve constar, em local visível, a categoria do vaso, conforme item 13.5.1.2, e seu número ou código de identificação.

13.5.1.6. Todo vaso de pressão deve possuir, no estabelecimento onde estiver instalado, a seguinte documentação devidamente atualizada:

a) Prontuário do vaso de pressão a ser fornecido pelo fabricante, contendo as seguintes informações:

— código de projeto e ano de edição;

— especificação dos materiais;

— procedimentos utilizados na fabricação, montagem e inspeção final;

— metodologia para estabelecimento da PMTA;

— conjunto de desenhos e demais dados necessários para o monitoramento da sua vida útil;

— pressão máxima de operação;

— registros documentais do teste hidrostático;

— características funcionais, atualizadas pelo empregador sempre que alteradas as originais;

— dados dos dispositivos de segurança, atualizados pelo empregador sempre que alterados os originais;

— ano de fabricação;

— categoria do vaso, atualizada pelo empregador sempre que alterada a original;

b) Registro de Segurança em conformidade com o item 13.5.1.8;

c) Projeto de Instalação em conformidade com os itens 13.5.2.4 e 13.5.2.5;

d) Projeto de alteração ou reparo em conformidade com os itens 13.3.6 e 13.3.7;

e) Relatórios de inspeção em conformidade com o item 13.5.4.13;

f) Certificados de calibração dos dispositivos de segurança, onde aplicável.

13.5.1.7. Quando inexistente ou extraviado, o prontuário do vaso de pressão deve ser reconstituído pelo empregador, com responsabilidade técnica do fabricante ou de PH, sendo imprescindível a reconstituição das premissas de projeto, dos dados dos dispositivos de segurança e da memória de cálculo da PMTA.

13.5.1.8. O Registro de Segurança deve ser constituído por livro de páginas numeradas, pastas ou sistema informatizado com confiabilidade equivalente onde serão registradas:

a) todas as ocorrências importantes capazes de influir nas condições de segurança dos vasos de pressão;

b) as ocorrências de inspeções de segurança periódicas e extraordinárias, devendo constar a condição operacional do vaso.

13.5.1.9. A documentação referida no item 13.5.1.6 deve estar sempre à disposição para consulta dos operadores, do pessoal de manutenção, de inspeção e das representações dos trabalhadores e do empregador na Comissão Interna de Prevenção de Acidentes — CIPA, devendo o empregador assegurar pleno acesso a essa documentação inclusive à representação sindical da categoria profissional predominante no estabelecimento, quando formalmente solicitado.

13.5.2. Instalação de vasos de pressão.

13.5.2.1. Todo vaso de pressão deve ser instalado de modo que todos os drenos, respiros, bocas de visita e indicadores de nível, pressão e temperatura, quando existentes, sejam facilmente acessíveis.

13.5.2.2. Quando os vasos de pressão forem instalados em ambientes fechados, a instalação deve satisfazer os seguintes requisitos:

a) dispor de pelo menos 2 (duas) saídas amplas, permanentemente desobstruídas, sinalizadas e dispostas em direções distintas;

b) dispor de acesso fácil e seguro para as atividades de manutenção, operação e inspeção, sendo que, para guarda-corpos vazados, os vãos devem ter dimensões que impeçam a queda de pessoas;

c) dispor de ventilação permanente com entradas de ar que não possam ser bloqueadas;

d) dispor de iluminação conforme normas oficiais vigentes;

e) possuir sistema de iluminação de emergência.

13.5.2.3. Quando o vaso de pressão for instalado em ambiente aberto, a instalação deve satisfazer as alíneas "a", "b", "d" e "e" do item 13.5.2.2.

13.5.2.4. A autoria do projeto de instalação de vasos de pressão enquadrados nas categorias I, II e III, conforme item 13.5.1.2, no que concerne ao atendimento desta NR, é de responsabilidade de PH e deve obedecer aos aspectos de segurança, saúde e meio ambiente previstos nas Normas Regulamentadoras, convenções e disposições legais aplicáveis.

13.5.2.5. O projeto de instalação deve conter pelo menos a planta baixa do estabelecimento, com o posicionamento e a categoria de cada vaso e das instalações de segurança.

13.5.2.6. Quando o estabelecimento não puder atender ao disposto no item 13.5.2.2, deve ser elaborado projeto alternativo de instalação com medidas complementares de segurança que permitam a atenuação dos riscos.

13.5.3. Segurança na operação de vasos de pressão.

13.5.3.1. Todo vaso de pressão enquadrado nas categorias I ou II deve possuir manual de operação próprio ou instruções de operação contidas no manual de operação de unidade onde estiver instalado, em língua portuguesa, em local de fácil acesso aos operadores, contendo no mínimo:

a) procedimentos de partidas e paradas;

b) procedimentos e parâmetros operacionais de rotina;

c) procedimentos para situações de emergência;

d) procedimentos gerais de segurança, saúde e de preservação do meio ambiente.

13.5.3.2. Os instrumentos e controles de vasos de pressão devem ser mantidos calibrados e em boas condições operacionais.

13.5.3.2.1. Poderá ocorrer à neutralização provisória nos instrumentos e controles, desde que não seja reduzida a segurança operacional, e que esteja prevista nos procedimentos formais de operação e manutenção, ou com justificativa formalmente documentada, com prévia análise técnica e respectivas medidas de contingência para mitigação dos riscos, elaborada por PH.

13.5.3.3. A operação de unidades que possuam vasos de pressão de categorias I ou II deve ser efetuada por profissional capacitado conforme item "B" do Anexo I desta NR.

13.5.4. Inspeção de segurança de vasos de pressão.

13.5.4.1. Os vasos de pressão devem ser submetidos a inspeções de segurança inicial, periódica e extraordinária.

13.5.4.2. A inspeção de segurança inicial deve ser feita em vasos de pressão novos, antes de sua entrada em funcionamento, no local definitivo de instalação, devendo compreender exames externo e interno.

13.5.4.3. Os vasos de pressão devem obrigatoriamente ser submetidos a Teste Hidrostático — TH em sua fase de fabricação, com comprovação por meio de laudo assinado por PH, e ter o valor da pressão de teste afixado em sua placa de identificação.

13.5.4.3.1. Na falta de comprovação documental de que o Teste Hidrostático — TH tenha sido realizado na fase de fabricação, se aplicará o disposto a seguir:

a) para equipamentos fabricados ou importados a partir da vigência desta NR, o TH deve ser feito durante a inspeção de segurança inicial;

b) para equipamentos em operação antes da vigência desta NR, a critério do PH, o TH deve ser realizado na próxima inspeção de segurança periódica.

13.5.4.4. Os vasos de pressão categorias IV ou V de fabricação em série, certificados pelo Instituto Nacional de Metrologia, Qualidade e Tecnologia — INMETRO, que possuam válvula de segurança calibrada de fábrica ficam dispensados da inspeção inicial e da documentação referida no item 13.5.1.6, alínea "c), desde que instalados de acordo com as recomendações do fabricante.

13.5.4.4.1. Deve ser anotada no Registro de Segurança a data da instalação do vaso de pressão a partir da qual se inicia a contagem do prazo para a inspeção de segurança periódica.

13.5.4.5. A inspeção de segurança periódica, constituída por exames externo e interno, deve obedecer aos seguintes prazos máximos estabelecidos a seguir:

a) para estabelecimentos que não possuam SPIE, conforme citado no Anexo II:

Categoria do Vaso	Exame Externo	Exame Interno
I	1 ano	3 anos
II	2 anos	4 anos
III	3 anos	6 anos
IV	4 anos	8 anos
V	5 anos	10 anos

b) para estabelecimentos que possuam SPIE, conforme citado no Anexo II, consideradas as tolerâncias nele previstas:

Categoria do Vaso	Exame Externo	Exame Interno
I	3 anos	6 anos
II	4 anos	8 anos
III	5 anos	10 anos
IV	6 anos	12 anos
V	7 anos	a critério

13.5.4.6. Vasos de pressão que não permitam acesso visual para o exame interno ou externo por impossibilidade física devem ser submetidos alternativamente a outros exames não destrutivos e metodologias de avaliação da integridade, a critério do PH, baseados em normas e códigos aplicáveis à identificação de mecanismos de deterioração.

13.5.4.7. Vasos de pressão com enchimento interno ou com catalisador podem ter a periodicidade de exame interno ampliada, de forma a coincidir com a época da substituição de enchimentos ou de catalisador, desde que esta ampliação seja precedida de estudos conduzidos por PH ou por grupo multidisciplinar por ele coordenado, baseados em normas e códigos aplicáveis, onde sejam implementadas tecnologias alternativas para a avaliação da sua integridade estrutural.

13.5.4.8. Vasos de pressão com temperatura de operação inferior a 0 ºC (zero grau Celsius) e que operem em condições nas quais a experiência mostre que não ocorre deterioração devem ser submetidos a exame interno a cada 20 (vinte) anos e exame externo a cada 2 (dois) anos.

13.5.4.9. As válvulas de segurança dos vasos de pressão devem ser desmontadas, inspecionadas e calibradas com prazo adequado à sua manutenção, porém, não superior ao previsto para a inspeção de segurança periódica interna dos vasos de pressão por elas protegidos.

13.5.4.10. A inspeção de segurança extraordinária deve ser feita nas seguintes oportunidades:

a) sempre que o vaso de pressão for danificado por acidente ou outra ocorrência que comprometa sua segurança;

b) quando o vaso de pressão for submetido a reparo ou alterações importantes, capazes de alterar sua condição de segurança;

c) antes do vaso de pressão ser recolocado em funcionamento, quando permanecer inativo por mais de 12 (doze) meses;

d) quando houver alteração do local de instalação do vaso de pressão, exceto para vasos móveis.

13.5.4.11. A inspeção de segurança deve ser realizada sob a responsabilidade técnica de PH.

13.5.4.12. Imediatamente após a inspeção do vaso de pressão, deve ser anotada no Registro de Segurança a sua condição operacional, e, em até 60 (sessenta) dias, deve ser emitido o relatório, que passa a fazer parte da sua documentação, podendo este prazo ser estendido para 90 (noventa) dias em caso de parada geral de manutenção.

13.5.4.13. O relatório de inspeção, mencionado no item 13.5.1.6, alínea "e", deve ser elaborado em páginas numeradas, contendo no mínimo:

a) identificação do vaso de pressão;

b) fluidos de serviço e categoria do vaso de pressão;

c) tipo do vaso de pressão;

d) data de início e término da inspeção;

e) tipo de inspeção executada;

f) descrição dos exames e testes executados;

g) resultado das inspeções e intervenções executadas;

h) parecer conclusivo quanto a integridade do vaso de pressão até a próxima inspeção;

i) recomendações e providências necessárias;

j) data prevista para a próxima inspeção;

k) nome legível, assinatura e número do registro no conselho profissional do PH e nome legível e assinatura de técnicos que participaram da inspeção.

13.5.4.14. Sempre que os resultados da inspeção determinarem alterações das condições de projeto, a placa de identificação e a documentação do prontuário devem ser atualizadas.

13.5.4.15. As recomendações decorrentes da inspeção devem ser implementadas pelo empregador, com a determinação de prazos e responsáveis pela sua execução.

13.6. Tubulações

13.6.1. Tubulações — Disposições Gerais

13.6.1.1. As empresas que possuem tubulações e sistemas de tubulações enquadradas nesta NR devem possuir um programa e um plano de inspeção que considere, no mínimo, as variáveis, condições e premissas descritas abaixo: *(Vide prazo na Portaria MTE n. 594, de 28 de abril de 2014)*

a) os fluidos transportados;

b) a pressão de trabalho;

c) a temperatura de trabalho;

d) os mecanismos de danos previsíveis;

e) as consequências para os trabalhadores, instalações e meio ambiente trazidas por possíveis falhas das tubulações.

13.6.1.2. As tubulações ou sistemas de tubulação devem possuir dispositivos de segurança conforme os critérios do código de projeto utilizado, ou em atendimento às recomendações de estudo de análises de cenários de falhas.

13.6.1.3. As tubulações ou sistemas de tubulação devem possuir indicador de pressão de operação, conforme definido no projeto de processo e instrumentação.

13.6.1.4. Todo estabelecimento que possua tubulações, sistemas de tubulação ou linhas deve ter a seguinte documentação devidamente atualizada:

a) especificações aplicáveis às tubulações ou sistemas, necessárias ao planejamento e execução da sua inspeção; *(Vide prazo na Portaria MTE n. 594, de 28 de abril de 2014)*

b) fluxograma de engenharia com a identificação da linha e seus acessórios;

c) PAR em conformidade com os itens 13.3.6 e 13.3.7;

d) relatórios de inspeção em conformidade com o item 13.6.3.9.

13.6.1.5. Os documentos referidos no item 13.6.1.4, quando inexistentes ou extraviados, devem ser reconstituídos pelo empregador, sob a responsabilidade técnica de um PH.

13.6.1.6. A documentação referida no item 13.6.1.4 deve estar sempre à disposição para fiscalização pela autoridade competente do Órgão Regional do Ministério do Trabalho e Emprego, e para consulta pelos operadores, pessoal de manutenção, de inspeção e das representações dos trabalhadores e do empregador na Comissão Interna de Prevenção de Acidentes — CIPA, devendo, ainda, o empregador assegurar o acesso a essa documentação à representação sindical da categoria profissional predominante no estabelecimento, quando formalmente solicitado.

13.6.2. Segurança na operação de tubulações

13.6.2.1. Os dispositivos de indicação de pressão da tubulação devem ser mantidos em boas condições operacionais.

13.6.2.2. As tubulações de vapor e seus acessórios devem ser mantidos em boas condições operacionais, de acordo com um plano de manutenção elaborado pelo estabelecimento.

13.6.2.3. As tubulações e sistemas de tubulação devem ser identificáveis segundo padronização formalmente instituída pelo estabelecimento, e sinalizadas conforme a NR-26. *(Vide prazo na Portaria MTE n. 594, de 28 de abril de 2014)*

13.6.3. Inspeção periódica de tubulações

13.6.3.1. Deve ser realizada inspeção de segurança inicial nas tubulações. *(Vide condições na Portaria MTE n. 594, de 28 de abril de 2014)*

13.6.3.2 As tubulações devem ser submetidas à inspeção de segurança periódica. *(Vide prazo na Portaria MTE n. 594, de 28 de abril de 2014)*

13.6.3.3. Os intervalos de inspeção das tubulações devem atender aos prazos máximos da inspeção interna do vaso ou caldeira mais crítica a elas interligadas, podendo ser ampliados pelo programa de inspeção elaborado por PH, fundamentado tecnicamente com base em mecanismo de danos e na criticidade do sistema, contendo os intervalos entre estas inspeções e os exames que as compõem, desde que essa ampliação não ultrapasse o intervalo máximo de 100% (cem por cento) sobre o prazo da inspeção interna, limitada a 10 (dez) anos.

13.6.3.4. Os intervalos de inspeção periódica da tubulação não podem exceder os prazos estabelecidos em seu programa de inspeção, consideradas as tolerâncias permitidas para as empresas com SPIE.

13.6.3.5. O programa de inspeção pode ser elaborado por tubulação, linha ou por sistema, a critério de PH, e, no caso de programação por sistema, o intervalo a ser adotado deve ser correspondente ao da sua linha mais crítica.

13.6.3.6. As inspeções periódicas das tubulações devem ser constituídas de exames e análises definidas por PH, que permitam uma avaliação da sua integridade estrutural de acordo com normas e códigos aplicáveis.

13.6.3.6.1. No caso de risco à saúde e à integridade física dos trabalhadores envolvidos na execução da inspeção, a linha deve ser retirada de operação.

13.6.3.7. Deve ser realizada inspeção extraordinária nas seguintes situações:

a) sempre que a tubulação for danificada por acidente ou outra ocorrência que comprometa a segurança dos trabalhadores;

b) quando a tubulação for submetida a reparo provisório ou alterações significativas, capazes de alterar sua capacidade de contenção de fluído;

c) antes da tubulação ser recolocada em funcionamento, quando permanecer inativa por mais de 24 (vinte e quatro) meses.

13.6.3.8. A inspeção periódica de tubulações deve ser executada sob a responsabilidade técnica de PH.

13.6.3.9. Após a inspeção de cada tubulação, sistema de tubulação ou linha, deve ser emitido um relatório de inspeção, com páginas numeradas, que passa a fazer parte da sua documentação, e deve conter no mínimo:

a) identificação da(s) linha(s) ou sistema de tubulação;

b) fluidos de serviço da tubulação, e respectivas temperatura e pressão de operação;

c) data de início e término da inspeção;

d) tipo de inspeção executada;

e) descrição dos exames executados;

f) resultado das inspeções;

g) parecer conclusivo quanto à integridade da tubulação, do sistema de tubulação ou da linha até a próxima inspeção;

h) recomendações e providências necessárias;

i) data prevista para a próxima inspeção;

j) nome legível, assinatura e número do registro no conselho profissional do PH e nome legível e assinatura de técnicos que participaram da inspeção.

13.6.3.9.1. O prazo para emissão desse relatório é de até 30 (trinta) dias para linhas individuais e de até 90 (noventa) dias para sistemas de tubulação.

13.6.3.10. As recomendações decorrentes da inspeção devem ser implementadas pelo empregador, com a determinação de prazos e responsáveis pela sua execução.

Glossário

Abertura escalonada de válvulas de segurança — condição de calibração diferenciada da pressão de abertura de múltiplas válvulas de segurança, prevista no código de projeto do equipamento por elas protegido, onde podem ser estabelecidos valores de abertura acima da PMTA, consideradas as vazões necessárias para o alívio da sobrepressão em cenários distintos.

Adequação ao uso — estudo conceitual multidisciplinar de engenharia, baseado em códigos ou normas, como o API 579-1/ASME FFS-1 — Fitness — for — Service, usado para determinar se um equipamento com desgaste conhecido estará apto a operar com segurança por determinado tempo.

Alteração — mudança no projeto original do fabricante que promova alteração estrutural ou de parâmetros operacionais significativos definidos por PH, ou afete a capacidade de reter pressão ou possa comprometer a segurança de caldeiras, vasos de pressão e tubulações.

Avaliação ou inspeção de integridade — conjunto de estratégias e técnicas utilizadas na avaliação detalhada da condição física de um equipamento.

Caldeira de fluido térmico — caldeira utilizada para aquecimento de um fluido no estado líquido, chamado de fluido térmico, sem vaporizá-lo.

Caldeiras de recuperação de álcalis — caldeiras a vapor que utilizam como combustível principal o licor negro oriundo do processo de fabricação de celulose, realizando a recuperação de químicos e geração de energia.

Código de projeto — conjunto de normas e regras que estabelece os requisitos para o projeto, construção, montagem, controle de qualidade da fabricação e inspeção de equipamentos.

Códigos de pós-construção — compõe-se de normas ou recomendações práticas de avaliação da integridade estrutural de equipamentos durante a sua vida útil.

Construção — processo que inclui projeto, especificação de material, fabricação, inspeção, exame, teste e avaliação de conformidade de caldeiras, vasos de pressão e tubulações.

Controle da qualidade — conjunto de ações destinadas a verificar e atestar a conformidade de caldeiras, vasos de pressão e suas tubulações de interligação nas etapas de fabricação, montagem ou manutenção. As ações abrangem o acompanhamento da execução da soldagem, materiais utilizados e realização de exames e testes tais como: líquido penetrante, partículas magnéticas, ultrassom, visual, testes de pressão, radiografia, emissão acústica e correntes parasitas.

Dispositivo Contra Bloqueio Inadvertido – DCBI — meio utilizado para evitar que bloqueios inadvertidos impeçam a atuação de dispositivos de segurança.

Dispositivos de segurança — dispositivos ou componentes que protegem um equipamento contra sobrepressão manométrica, independente da ação do operador e de acionamento por fonte externa de energia.

Duto — tubulação projetada por códigos específicos, destinada à transferência de fluidos entre unidades industriais de estabelecimentos industriais distintos ou não, ocupando áreas de terceiros.

Empregador — empresa individual ou coletiva, que, assumindo os riscos da atividade econômica, admite, assalaria e dirige a prestação pessoal de serviços; equiparam-se ao empregador os profissionais liberais, as instituições de beneficência, as associações recreativas ou outras instituições sem fins lucrativos, que admitem trabalhadores como empregados.

Enchimento interno — materiais inseridos no interior dos vasos de pressão com finalidades específicas e período de vida útil determinado, tipo catalisador, recheio, peneira molecular, e carvão ativado. Bandejas e acessórios internos não configuram enchimento interno.

Especificação da tubulação — código alfanumérico que define a classe de pressão e os materiais dos tubos e acessórios das tubulações.

Exame — atividade conduzida por PH ou técnicos qualificados ou certificados, quando exigido por códigos ou normas, para avaliar se determinados produtos, processos ou serviços estão em conformidade com critérios especificados.

Exame externo — exame da superfície e de componentes externos de um equipamento, podendo ser realizado em operação, visando avaliar a sua integridade estrutural.

Exame interno — exame da superfície interna e de componentes internos de um equipamento, executado visualmente, com o emprego de ensaios e testes apropriados para avaliar sua integridade estrutural.

Fabricante — empresa responsável pela construção de caldeiras, vasos de pressão ou tubulações.

Fluxograma de engenharia (P&ID) — diagrama mostrando o fluxo do processo com os equipamentos, as tubulações e seus acessórios, e as malhas de controle de instrumentação.

Fluxograma de processo — diagrama de representação esquemática do processo de plantas industriais mostrando o percurso ou caminho percorrido pelos fluidos.

Força maior — todo acontecimento inevitável, em relação à vontade do empregador, e para a realização do qual este não concorreu, direta ou indiretamente. A imprevidência do empregador exclui a razão de força maior.

Gerador de vapor — equipamentos destinados a produzir vapor sob pressão superior à atmosférica, sem acumulação e não enquadrados em códigos de vasos de pressão.

Inspeção de segurança extraordinária — inspeção realizada devido a ocorrências que possam afetar a condição física do equipamento, tais como hibernação prolongada, mudança de locação, surgimento de deformações inesperadas, choques mecânicos de grande impacto ou vazamentos, entre outros, envolvendo caldeiras, vasos de pressão e tubulações, com abrangência definida por PH.

Inspeção de segurança inicial — inspeção realizada no equipamento novo, montado no local definitivo de instalação e antes de sua entrada em operação.

Inspeção de segurança periódica — inspeções realizadas durante a vida útil de um equipamento, com critérios e periodicidades determinados por PH, respeitados os intervalos máximos estabelecidos nesta Norma.

Instrumentos de monitoração ou de controle — dispositivos destinados à monitoração ou controle das variáveis operacionais dos equipamentos a partir da sala de controle ou do próprio equipamento.

Integridade estrutural — conjunto de propriedades e características físicas necessárias para que um equipamento ou item desempenhe com segurança e eficiência as funções para as quais foi projetado.

Linha — trecho de tubulação individualizado entre dois pontos definidos e que obedece a uma única especificação de materiais, produtos transportados, pressão e temperatura de projeto.

Manutenção preditiva — manutenção com ênfase na predição da falha e em ações baseadas na condição do equipamento para prevenir a falha ou degradação do mesmo.

Manutenção preventiva — manutenção realizada a intervalos predeterminados ou de acordo com critérios prescritos, e destinada a reduzir a probabilidade de falha ou a degradação do funcionamento de um componente.

Máquinas de fluido — aquela que tem como função principal intercambiar energia com um fluido que as atravessa.

Mecanismos de danos — conjunto de fatores que causam degradação nos equipamentos e componentes.

Pacote de máquina — conjunto de equipamentos e dispositivos integrantes de sistemas auxiliares de máquinas de fluido para fins de arrefecimento, lubrificação ou selagem.

Pessoal qualificado — profissional com conhecimentos e habilidades que permitam exercer determinadas tarefas, e certificado quando exigível por código ou norma.

Placa de identificação — placa contendo dados do equipamento de acordo com os requisitos estabelecidos nesta NR, fixada em local visível.

Plano de inspeção — descrição das atividades, incluindo os exames e testes a serem realizados, necessárias para avaliar as condições físicas de caldeiras, vasos de pressão e tubulações, considerando o histórico dos equipamentos e os mecanismos de danos previsíveis.

Pressão máxima de trabalho admissível (PMTA) — é o maior valor de pressão a que um equipamento pode ser submetido continuamente, de acordo com o código de projeto, a resistência dos materiais utilizados, as dimensões do equipamento e seus parâmetros operacionais.

Programa de inspeção — cronograma contendo, entre outros dados, as datas das inspeções de segurança periódicas a serem realizadas.

Projetos de alteração ou reparo — PAR — projeto realizado por ocasião de reparo ou alteração que implica em intervenção estrutural ou mudança de processo significativa em caldeiras, vasos de pressão e tubulações.

Projeto alternativo de instalação — projeto concebido para minimizar os impactos de segurança para o trabalhador quando as instalações não estiverem atendendo a determinado item desta NR.

Projeto de instalação — projeto contendo o posicionamento dos equipamentos e sistemas de segurança dentro das instalações e, quando aplicável, os acessos aos acessórios dos mesmos (vents, drenos, instrumentos). Integra o projeto de instalação o inventário de válvulas de segurança com os respectivos DCBI e equipamentos protegidos.

Prontuário — conjunto de documentos e registros do projeto de construção, fabricação, montagem, inspeção e manutenção dos equipamentos.

Recipientes móveis — vasos de pressão que podem ser movidos dentro de uma instalação ou entre instalações e que não podem ser enquadrados como transportáveis.

Recipientes transportáveis — recipientes projetados e construídos para serem transportados pressurizados.

Registro de Segurança — registro da ocorrência de inspeções ou de anormalidades durante a operação de caldeiras e vasos de pressão, executado por PH ou por pessoal de operação, inspeção ou manutenção diretamente envolvido com o fato gerador da anotação.

Relatórios de inspeção — registro formal dos resultados das inspeções realizadas nos equipamentos com laudo conclusivo.

Reparo — intervenção realizada para correção de danos, defeitos ou avarias em equipamentos e seus componentes, visando restaurar a condição do projeto de construção.

Sistema de iluminação de emergência — sistema destinado a prover a iluminação necessária ao acesso seguro a um equipamento ou instalação na inoperância dos sistemas principais destinados a tal fim.

Sistema de intertravamento de caldeira — sistema de gerenciamento das atividades de dois ou mais dispositivos ou instrumentos de proteção, monitorado por interface de segurança.

Sistema de tubulação — conjunto integrado de linhas e tubulações que exerce uma função de processo, ou que foram agrupadas para fins de inspeção, com características técnicas e de processo semelhantes.

SPIE — Serviço Próprio de Inspeção de Equipamentos.

Teste de estanqueidade — tipo de teste de pressão realizado com a finalidade de atestar a capacidade de retenção de fluido, sem vazamentos, em equipamentos, tubulações e suas conexões, antes de sua entrada ou reentrada em operação. Teste hidrostático — TH — tipo de teste de pressão com fluido incompressível, executado com o objetivo de avaliar a integridade estrutural dos equipamentos e o rearranjo de possíveis tensões residuais, de acordo com o código de projeto.

Tubulações — conjunto de linhas, incluindo seus acessórios, projetadas por códigos específicos, destinadas ao transporte de fluidos entre equipamentos de uma mesma unidade de uma empresa dotada de caldeiras ou vasos de pressão.

Unidades de processo — conjunto de equipamentos e interligações de uma unidade fabril destinada a transformar matérias primas em produtos.

Vasos de pressão — são reservatórios projetados para resistir com segurança a pressões internas diferentes da pressão atmosférica, ou submetidos à pressão externa, cumprindo assim a sua função básica no processo no qual estão inseridos; para efeitos desta NR, estão incluídos:

a) permutadores de calor, evaporadores e similares;

b) vasos de pressão ou partes sujeitas à chama direta que não estejam dentro do escopo de outras NR, nem dos itens 13.2.2 e 13.2.1, alínea "a)" desta NR;

c) vasos de pressão encamisados, incluindo refervedores e reatores;

d) autoclaves e caldeiras de fluido térmico.

Vida remanescente — estimativa do tempo restante de vida de um equipamento ou acessório, executada durante avaliações de sua integridade, em períodos pré-determinados.

Vida útil — tempo de vida estimado na fase de projeto para um equipamento ou acessório.

Volume — volume interno útil do vaso de pressão, excluindo o volume dos acessórios internos, de enchimentos ou de catalisadores.

ANEXO I

CAPACITAÇÃO PESSOAL

A. Caldeiras

A1. Condições Gerais

A1.1. Para efeito desta NR, será considerado operador de caldeira aquele que satisfizer uma das seguintes condições:

a) possuir certificado de Treinamento de Segurança na Operação de Caldeiras e comprovação de estágio prático conforme item A1.5 deste Anexo;

b) possuir certificado de Treinamento de Segurança na Operação de Caldeiras previsto na NR 13 aprovada pela Portaria SSMT n. 2, de 08 de maio de 1984 ou na Portaria SSST n. 23, de 27 de dezembro de 1994.

A1.2. O pré-requisito mínimo para participação como aluno, no Treinamento de Segurança na Operação de Caldeiras é o atestado de conclusão do ensino fundamental.

A1.3. O Treinamento de Segurança na Operação de Caldeiras deve, obrigatoriamente:

a) ser supervisionado tecnicamente por PH;

b) ser ministrado por profissionais capacitados para esse fim;

c) obedecer, no mínimo, ao currículo proposto no item A2 deste Anexo.

A1.4. Os responsáveis pela promoção do Treinamento de Segurança na Operação de Caldeiras estarão sujeitos ao impedimento de ministrar novos cursos, bem como a outras sanções legais cabíveis, no caso de inobservância do disposto no item A1.3 deste Anexo.

A1.5. Todo operador de caldeira deve cumprir um estágio prático, na operação da própria caldeira que irá operar, o qual deverá ser supervisionado, documentado e ter duração mínima de:

a) caldeiras da categoria A: 80 (oitenta) horas;

b) caldeiras da categoria B: 60 (sessenta) horas;

c) caldeiras da categoria C: 40 (quarenta) horas.

A1.6. O estabelecimento onde for realizado estágio prático supervisionado previsto nesta NR deve informar, quando requerido pela representação sindical da categoria profissional predominante no estabelecimento:

a) período de realização do estágio;

b) entidade, empregador ou profissional responsável pelo Treinamento de Segurança na Operação de Caldeira ou Unidade de Processo;

c) relação dos participantes do estágio.

A1.7. Deve ser realizada capacitação para reciclagem dos trabalhadores envolvidos direta ou indiretamente com a operação das instalações sempre que nelas ocorrerem modificações significativas na operação de equipamentos pressurizados ou troca de métodos, processos e organização do trabalho.

A2. Currículo Mínimo para Treinamento de Segurança na Operação de Caldeiras.

1. Noções de grandezas físicas e unidades. Carga horária: 4 (quatro) horas

1.1. Pressão

1.1.1. Pressão atmosférica

1.1.2. Pressão interna de um vaso

1.1.3. Pressão manométrica, pressão relativa e pressão absoluta

1.1.4. Unidades de pressão

1.2. Calor e temperatura

1.2.1. Noções gerais: o que é calor, o que é temperatura

1.2.2. Modos de transferência de calor

1.2.3. Calor específico e calor sensível

1.2.4. Transferência de calor a temperatura constante

1.2.5. Vapor saturado e vapor superaquecido

1.2.6. Tabela de vapor saturado

2. Caldeiras – considerações gerais. Carga horária: 8 (oito) horas

2.1. Tipos de caldeiras e suas utilizações

2.2. Partes de uma caldeira

2.2.1. Caldeiras flamotubulares

2.2.2. Caldeiras aquatubulares

2.2.3. Caldeiras elétricas

2.2.4. Caldeiras a combustíveis sólidos

2.2.5. Caldeiras a combustíveis líquidos

2.2.6. Caldeiras a gás

2.2.7. Queimadores

2.3. Instrumentos e dispositivos de controle de caldeiras

2.3.1. Dispositivo de alimentação

2.3.2. Visor de nível

2.3.3. Sistema de controle de nível

2.3.4. Indicadores de pressão

2.3.5. Dispositivos de segurança

2.3.6. Dispositivos auxiliares

2.3.7. Válvulas e tubulações

2.3.8. Tiragem de fumaça

3. Operação de caldeiras. Carga horária: 12 (doze) horas

3.1. Partida e parada

3.2. Regulagem e controle

3.2.1. de temperatura

3.2.2. de pressão

3.2.3. de fornecimento de energia

3.2.4. do nível de água

3.2.5. de poluentes

3.3. Falhas de operação, causas e providências

3.4. Roteiro de vistoria diária

3.5. Operação de um sistema de várias caldeiras

3.6. Procedimentos em situações de emergência

4. Tratamento de água e manutenção de caldeiras. Carga horária: 8 (oito) horas

4.1. Impurezas da água e suas consequências

4.2. Tratamento de água

4.3. Manutenção de caldeiras

5. Prevenção contra explosões e outros riscos. Carga horária: 4 (quatro) horas

5.1. Riscos gerais de acidentes e riscos à saúde

5.2. Riscos de explosão

6. Legislação e normalização. Carga horária: 4 (quatro) horas

6.1. Normas Regulamentadoras

6.2. Norma Regulamentadora 13 — NR-13

B. Vasos de Pressão

B1. Condições Gerais

B1.1. A operação de unidades de processo que possuam vasos de pressão de categorias I ou II deve ser efetuada por profissional com Treinamento de Segurança na Operação de Unidades de Processos.

B1.2. Para efeito desta NR será considerado profissional com Treinamento de Segurança na Operação de Unidades de Processo aquele que satisfizer uma das seguintes condições:

a) possuir certificado de Treinamento de Segurança na Operação de Unidades de Processo expedido por instituição competente para o treinamento;

b) possuir experiência comprovada na operação de vasos de pressão das categorias I ou II de pelo menos 2 (dois) anos antes da vigência da NR-13 aprovada pela Portaria SSST n. 23, de 27 de dezembro de 1994.

B1.3. O pré-requisito mínimo para participação, como aluno, no Treinamento de Segurança na Operação de Unidades de Processo é o atestado de conclusão do ensino fundamental.

B1.4. O Treinamento de Segurança na Operação de Unidades de Processo deve obrigatoriamente:

a) ser supervisionado tecnicamente por PH;

b) ser ministrado por profissionais capacitados para esse fim;

c) obedecer, no mínimo, ao currículo proposto no item B2 deste Anexo.

B1.5. Os responsáveis pela promoção do Treinamento de Segurança na Operação de Unidades de Processo estarão sujeitos ao impedimento de ministrar novos cursos, bem como a outras sanções legais cabíveis, no caso de inobservância do disposto no item B1.4.

B1.6. Todo profissional com Treinamento de Segurança na Operação de Unidades de Processo deve cumprir estágio prático, supervisionado, na operação de vasos de pressão de 300 (trezentas) horas para o conjunto de todos os vasos de pressão de categorias I ou II.

B2. Currículo Mínimo para Treinamento de Segurança na Operação de Unidades de Processo.

1. Noções de grandezas físicas e unidades. Carga horária: 4 (quatro) horas

1.1. Pressão

1.1.1. Pressão atmosférica

1.1.2. Pressão interna de um vaso

1.1.3. Pressão manométrica, pressão relativa e pressão absoluta

1.1.4. Unidades de pressão

1.2. Calor e temperatura

1.2.1. Noções gerais: o que é calor, o que é temperatura

1.2.2. Modos de transferência de calor

1.2.3. Calor específico e calor sensível

1.2.4. Transferência de calor a temperatura constante

1.2.5. Vapor saturado e vapor superaquecido

2. Equipamentos de processo. Carga horária estabelecida de acordo com a complexidade da unidade, mantendo um mínimo de 4 (quatro) horas por item, onde aplicável

2.1. Trocadores de calor

2.2. Tubulação, válvulas e acessórios

2.3. Bombas

2.4. Turbinas e ejetores

2.5. Compressores

2.6. Torres, vasos, tanques e reatores

2.7. Fornos

2.8. Caldeiras

3. Eletricidade. Carga horária: 4 (quatro) horas

4. Instrumentação. Carga horária: 8 (oito) horas

5. Operação da unidade. Carga horária: estabelecida de acordo com a complexidade da unidade

5.1. Descrição do processo

5.2. Partida e parada

5.3. Procedimentos de emergência

5.4. Descarte de produtos químicos e preservação do meio ambiente

5.5. Avaliação e controle de riscos inerentes ao processo

5.6. Prevenção contra deterioração, explosão e outros riscos

6. Primeiros socorros. Carga horária: 8 (oito) horas

7. Legislação e normalização. Carga horária: 4 (quatro) horas

ANEXO II

REQUISITOS PARA CERTIFICAÇÃO DE SERVIÇO PRÓPRIO DE INSPEÇÃO DE EQUIPAMENTOS — SPIE

Antes de colocar em prática os períodos especiais entre inspeções, estabelecidos nos itens 13.4.4.5 e 13.5.4.5, alínea "b)" esta NR, os "Serviços Próprios de Inspeção de Equipamentos" da empresa, organizados na forma de setor, seção, departamento, divisão, ou equivalente, devem ser certificados por Organismos de Certificação de Produto — OCP acreditados pelo INMETRO, que verificarão por meio de auditorias programadas o atendimento aos seguintes requisitos mínimos expressos nas alíneas "a" a "h":

a) existência de pessoal próprio da empresa onde estão instalados caldeiras ou vasos de pressão, com dedicação exclusiva a atividades de inspeção, avaliação de integridade e vida residual, com formação, qualificação e treinamento compatíveis com a atividade proposta de preservação da segurança;

b) mão de obra contratada para ensaios não destrutivos certificada segundo regulamentação vigente e, para outros serviços de caráter eventual, selecionada e avaliada segundo critérios semelhantes ao utilizado para a mão de obra própria;

c) serviço de inspeção de equipamentos proposto com um responsável pelo seu gerenciamento formalmente designado para esta função;

d) existência de pelo menos 1 (um) PH;

e) existência de condições para manutenção de arquivo técnico atualizado, necessário ao atendimento desta NR, assim como mecanismos para distribuição de informações quando requeridas;

f) existência de procedimentos escritos para as principais atividades executadas;

g) existência de aparelhagem condizente com a execução das atividades propostas;

h) cumprimento mínimo da programação de inspeção.

A certificação de SPIE e a sua manutenção estão sujeitas a Regulamento específico do INMETRO.

Capítulo 14

FORNOS

Como explicitado anteriormente, as Normas Regulamentadoras (NR's) de Segurança e Saúde no Trabalho (SST) editadas pelo Ministério do Trabalho e Emprego (MTE) são aplicáveis a todos os ambientes de trabalho onde haja trabalhadores contratados sob a égide da Consolidação das Leis do Trabalho (CLT) e possuem existência jurídica convalidada pelo Princípio Constitucional de Minimização dos Riscos Ocupacionais consagrado no inciso XXII do art. 7º da Constituição Federal brasileira. No plano da legislação infraconstitucional, ditas NR's de SST possuem respaldo de validade legal na forma tipificada no Estatuto Obreiro, em seu Título II: Das Normas Gerais de Tutela do Trabalho, mais precisamente em seu Capítulo V: Da Segurança e da Medicina do Trabalho (arts. 154 a 201 da CLT). Recorde-se que ditos artigos da CLT possuem redação dada pela Lei n. 6.514, de 22.12.1977, observadas as atualizações subsequentes até a publicação da Lei n. 13.103, de 2.3.2015. De se destacar que os citados arts. 154 a 201 do Código Laboral foram inicialmente disciplinados pela Portaria MTb n. 3.214, de 8.6.1978, que instituiu as primeiras 28 NR´s de SST; valendo observar que atualmente existem 36 NR's de SST, cada uma disciplinando uma temática específica.

Especificamente em relação à NR-14 (FORNOS), com a redação dada pela Portaria SSMT-MTb n. 12, de 6.6.1983, impõe-se afirmar que seu fundamento de validade jurídica, em termos de legislação ordinária e a exemplo da NR-13 (Caldeiras, Vasos de Pressão e Tubulações), está contido nos ditames dos arts. 187 e 188 da CLT. A propósito, todos os dispositivos legais e normativos pertinentes à temática em apreço, encontram-se adiante reproduzidos no tópico Fundamentos Jurídicos deste Capítulo, inclusive a íntegra atualizada da norma regulamentadora de segurança e saúde no trabalho que o intitula.

A décima quarta norma regulamentadora de segurança e saúde no trabalho tipifica as recomendações técnico-legais pertinentes à construção, operação e manutenção de fornos industriais. É de se destacar que a norma regulamentadora em apreço é uma das menores, dentre as trinta e seis normas regulamentadoras de segurança e saúde no trabalho, particularmente no que se refere ao quantitativo de disposições preventivas que ela contém.

Segundo a NR-14, independente de qual seja sua utilização, os Fornos devem ser construídos solidamente e revestidos com material refratário, de forma que o calor radiante dele originado não ultrapasse os limites de tolerância estabelecidos no Anexo III (Limites de Tolerância para Exposição ao Calor) da NR-15 (Atividades e Operações Insalubres).

Outra disposição preventiva estipula que os fornos devem ser instalados em locais adequados, oferecendo o máximo de segurança aos trabalhadores e de forma a se evitar o acúmulo de gases nocivos e altas temperaturas em áreas vizinhas.

Impõe ainda a norma regulamentadora em comento que os fornos que utilizarem combustíveis gasosos ou líquidos devem ter sistemas de proteção para:

- não ocorrer explosão por falha de chama do aquecimento ou no acionamento do queimador;
- evitar retrocesso da chama.

No tocante às escadas e plataformas dos fornos, dispõe a NR-14 que as mesmas devem ser feitas de modo a garantir aos trabalhadores a execução de suas tarefas. Em relação aos preceitos regulamentares atinentes às chaminés, dispõe a referida norma regulamentadora que os fornos devem ser dotados de chaminé suficientemente dimensionada para a livre saída dos gases queimados, de acordo com normas técnicas oficiais sobre poluição do ar.

Doravante, serão reproduzidos os FUNDAMENTOS JURÍDICOS que propiciam o suporte de validade jurídica à temática em apreço, observando-se as ordens hierárquica e cronológica. Ao final, encontra-se igualmente transcrita, de forma integral e atualizada, a correspondente norma regulamentadora de segurança e saúde no trabalho que intitula este Capítulo.

FUNDAMENTOS JURÍDICOS DO CAPÍTULO 14

NR-14: FORNOS *(redação dada pela Portaria SSMT-MTb n. 12 de 6.6.1983). Art. 7º, incisos XXII, XXIII, XXVIII e XXXIII, da CF-1988. Arts. 187 e 188 da CLT.*

CONSTITUIÇÃO DA REPÚBLICA FEDERATIVA DO BRASIL

(Atualizada até a edição da Emenda Constitucional n. 85, de 26.2.2015)

Título II: Dos Direitos e Garantias Fundamentais (Arts. 5º a 17)

Capítulo II: Dos Direitos Sociais (Arts. 6º a 11)

Art. 7º São direitos dos trabalhadores urbanos e rurais[1], além de outros que visem à melhoria de sua condição social:

XXII — redução dos riscos inerentes ao trabalho, por meio de normas de saúde, higiene e segurança;

XXIII — adicional de remuneração para as atividades penosas, insalubres ou perigosas, na forma da lei;

XXVIII — seguro contra acidentes de trabalho, a cargo do empregador, sem excluir a indenização a que este está obrigado, quando incorrer em dolo ou culpa;

XXXIII — proibição de trabalho noturno, perigoso ou insalubre a menores de dezoito e de qualquer trabalho a menores de dezesseis anos, salvo na condição de aprendiz, a partir de quatorze anos.

NORMAS JURÍDICAS INFRACONSTITUCIONAIS

CONSOLIDAÇÃO DAS LEIS DO TRABALHO

(Decreto-lei n. 5.452 de 1º.5.1943, com a redação dos arts. 154 a 201 CLT dada pela Lei n. 6.514 de 22.12.1977, atualizada até a edição da Lei n. 13.103, de 2.3.2015)

Título II: **Das Normas Gerais de Tutela do Trabalho** (Arts. 13 a 223 da CLT)

Capítulo V: **Da Segurança e da Medicina do Trabalho** (Arts. 154 a 201 da CLT)[2]

Seção XII: **Das Caldeiras, Fornos e Recipientes Sob Pressão** (Arts. 187 e 188 da CLT)[3]

Art. 187. As caldeiras, equipamentos e recipientes em geral que operam sob pressão deverão dispor de válvula e outros dispositivos de segurança, que evitem seja ultrapassada a pressão interna de trabalho compatível com a sua resistência.

Parágrafo único. O Ministério do Trabalho e Emprego expedirá normas complementares quanto à segurança das caldeiras, fornos e recipientes sob pressão, especialmente quanto ao revestimento interno, à localização, à ventilação dos locais e outros meios de eliminação de gases ou vapores prejudiciais à saúde, e demais instalações ou equipamentos necessários à execução segura das tarefas de cada empregado.

Art. 188. As caldeiras serão periodicamente submetidas a inspeções de segurança, por engenheiro ou empresa especializada, inscritos no Ministério do Trabalho e Emprego, de conformidade com as instruções que, para esse fim, forem expedidas.

§ 1º Toda caldeira será acompanhada de "Prontuário", com documentação original do fabricante, abrangendo, no mínimo: especificação técnica, desenhos, detalhes, provas e testes realizados durante a fabricação e a montagem, características funcionais e a pressão máxima de trabalho permitida (PMTP), esta última indicada, em local visível, na própria caldeira.

§ 2º O proprietário da caldeira deverá organizar, manter atualizado e apresentar, quando exigido pela autoridade competente, o Registro de Segurança, no qual serão anotadas, sistematicamente, as indicações das provas efetuadas, inspeções, reparos e quaisquer outras ocorrências.

§ 3º Os projetos de instalação de caldeiras, fornos e recipientes sob pressão deverão ser submetidos à aprovação prévia do órgão regional competente em matéria de segurança do trabalho.

---

(1) Especificamente em relação aos Servidores Públicos Federais (submetidos ao Regime Jurídico Único da Lei n. 8.112/1990) dispõe o § 3º do art. 39 da CF-1988 que: "Aplica-se aos servidores ocupantes de cargo público o disposto no Art. 7º, IV, VII, VIII, IX, XII, XIII, XV, XVI, XVII, XVIII, XIX, XX, XXII e XXX, podendo a lei estabelecer requisitos diferenciados de admissão quando a natureza do cargo o exigir".

(2) A Lei n. 6.514, de 22.12.1977, propiciou a redação dos arts. 154 a 201 da CLT, observadas as atualizações legais até a edição da Lei n. 13.103, de 2.3.2015.

(3) A NR-13 (CALDEIRAS, VASOS DE PRESSÃO E TUBULAÇÕES) e a NR-14 (FORNOS) disciplinam os arts. 187 e 188 da CLT.

NORMAS JURÍDICAS INFRALEGAIS OU REGULAMENTARES

NR-14 (FORNOS)(4)

Publicação	D.O.U.
Portaria GM n. 3.214, de 8 de junho de 1978	6.7.78
Alterações/Atualizações	D.O.U.
Portaria SSMT n. 12, de 6 de junho de 1983	14.6.83

(Redação dada pela Portaria SSMT n. 12, de 6 de junho de 1983)

14.1. Os fornos, para qualquer utilização, devem ser construídos solidamente, revestidos com material refratário, de forma que o calor radiante não ultrapasse os limites de tolerância estabelecidos pela Norma Regulamentadora — NR-15.

14.2. Os fornos devem ser instalados em locais adequados, oferecendo o máximo de segurança e conforto aos trabalhadores.

14.2.1. Os fornos devem ser instalados de forma a evitar acúmulo de gases nocivos e altas temperaturas em áreas vizinhas.

14.2.2. As escadas e plataformas dos fornos devem ser feitas de modo a garantir aos trabalhadores a execução segura de suas tarefas.

14.3. Os fornos que utilizarem combustíveis gasosos ou líquidos devem ter sistemas de proteção para:

a) não ocorrer explosão por falha da chama de aquecimento ou no acionamento do queimador;

b) evitar retrocesso da chama.

14.3.1. Os fornos devem ser dotados de chaminé, suficientemente dimensionada para a livre saída dos gases queimados, de acordo com normas técnicas oficiais sobre poluição do ar.

(4) O Texto da NR-14 (FORNOS), ora reproduzido, encontra-se com a redação dada pela Portaria SST-MTb n. 12, de 6.6.1983.

Capítulo 15

ATIVIDADES E OPERAÇÕES INSALUBRES

Insalubre, no conceito vernacular e de forma simplória, significa um adjetivo que expressa a qualidade daquilo que é "não salubre", "não saudável", "que causa doença", ou "doentio". Juridicamente falando, a insalubridade se traduz na exposição do trabalhador a determinados agentes físicos, químicos ou biológicos, porventura existentes no ambiente de trabalho e em condições tais que possam comprometer sua saúde ocupacional.

Antes de se adentrar nas considerações específicas sobre insalubridade, que constitui o cerne deste capítulo, é conveniente resgatar um relato panorâmico acerca de como a questão é tratada em outros países, a partir do constante nos Anais da I Semana Internacional de Legislação Comparada de Segurança do Trabalho, promovida pela Associação Nacional de Engenharia de Segurança do Trabalho (ANEST), tal como reportado pelos representantes dos diversos países participantes:

- Na Alemanha, a agressividade no local de trabalho determina um maior salário, não sendo pago adicional a título de insalubridade, penosidade ou periculosidade. O acréscimo salarial é estabelecido mediante acordo entre sindicatos e órgãos patronais de classe. Exemplificando: Numa determinada indústria alemã de metais, o salário é acrescido em 0,65 do marco alemão por hora trabalhada em condições que demandem grande exigência física, riscos à saúde ou à integridade física dos trabalhadores.
- Na Bélgica e na Holanda, é permitido o pagamento de adicionais específicos somente após terem sido fracassadas todas as medidas para eliminar ou neutralizar os riscos ambientais de trabalho.
- Nos Estados Unidos da América, a legislação estabelece que todas as empresas devem propiciar um ambiente de trabalho sadio e/ou reduzir a sua agressividade, não havendo determinações legais quanto ao pagamento de adicionais específicos e, quando da existência de um trabalho insalubre, o pagamento salarial é decidido em convenção coletiva de trabalho.
- Na Itália, a insalubridade e a periculosidade não geram direitos ao pagamento de adicionais. A legislação aponta no sentido de sua eliminação ou neutralização. Não obstante, nas indústrias químicas italianas, quando dos contratos coletivos de trabalho, têm sido incluídas cláusulas a respeito.
- No Japão, a legislação determina a eliminação dos riscos insalubres ou perigosos, não sendo pago nenhum adicional específico, sendo permitida, no entanto, a variação salarial, ou seja, as atividades mais agressivas ensejam um salário maior.
- No Reino Unido (Inglaterra, Escócia e País de Gales) e em Portugal, os ordenamentos jurídicos desses países não tipificam o exercício insalubre ou periculoso, não sendo pago nenhum adicional específico; todavia, há limites máximos de exposição a agentes insalubres, que não podem ser ultrapassados.
- Na Suíça, existe uma legislação específica somente para a prevenção de doenças profissionais, não sendo consideradas a insalubridade e a periculosidade para efeitos de pagamento de adicionais, salvo se constatada a manifestação de doença profissional ou do trabalho.

No Brasil, a insalubridade e a periculosidade são, certamente, as temáticas de segurança e saúde no trabalho que mais despertam polêmicas, tanto do ponto de vista técnico quanto jurídico, em razão da abrangência e da complexidade dessa matéria, aliada às conhecidas repercussões salariais decorrentes dos adicionais de insalubridade e periculosidade como, também, pela possibilidade de, caso a exposição a agentes nocivos vir a se concretizar em doenças ocupacionais, ensejar o ajuizamento de demandas trabalhistas objetivando indenização acidentária por danos morais e materiais. Outrossim, a exposição prolongada do trabalhador a determinados agentes nocivos à saúde pode ensejar sua aposentadoria especial, ou seja, precocemente aos quinze, vinte ou vinte e cinco anos de serviço, como se verá adiante, em capítulo específico deste livro.

Oportuno chamar a atenção do caro leitor para o fato de que o adicional de insalubridade devido aos trabalhadores expostos a agentes nocivos à saúde (físicos, químicos ou biológicos) sob determinadas condições ambientais, corresponde a um direito trabalhista e, portanto, seu disciplinamento é objeto específico do Direito do Trabalho. Noutro compasso, os agentes nocivos à saúde possíveis de ensejar ao empregado o direito ao benefício previdenciário intitulado Aposentadoria Especial (aposentadoria precoce aos quinze, vinte ou vinte e cinco anos de trabalho), constituem matéria de Direito Previdenciário, mais especificamente nos termos contidos nos arts. 57 e 58 da Lei n. 8.213, de 24.7.1991. Embora seja comum a ocorrência de situações em que a exposição do trabalhador a agentes nocivos à saúde tipifica o direito à percepção do adicional de insalubridade e, também, o direito à aposentadoria especial, isso corresponde a mera coincidência, na medida em que não são poucas as hipóteses legais onde há divergências explícitas na tipificação do exercício insalubre e na caracterização da aposentadoria especial; caso em que prevalecerá para cada um desses dois institutos (adicional de insalubridade e aposentadoria especial), a legislação específica correspondente (trabalhista ou previdenciária).

Igualmente, convém observar que o fato de um trabalhador contrair doença profissional ou do trabalho não implica reconhecer, necessariamente, que seu exercício profissional deva ser juridicamente considerado insalubre para fins de percepção do adicional de insalubridade; do ponto de vista estritamente legal, a caracterização da exposição insalubre fica condicionada ao prévio enquadramento em relação específica elaborada pelo Ministério do Trabalho e Emprego, nos termos do art. 190 da Consolidação das Leis do Trabalho; ao passo que é ato da competência do Ministério da Previdência Social definir a relação das doenças profissionais ou do trabalho, consoante tipificado no art. 20 da Lei n. 8.213, de 24.7.1991. Noutras palavras, é possível que uma exposição nociva à saúde possibilite a caracterização de doença ocupacional, sem que essa mesma exposição nociva seja reconhecida como insalubre a ponto de ensejar o pagamento do adicional de insalubridade.

Nesse sentido, observe-se que o trabalhador que desenvolve atividades com exposição à poeira de algodão pode vir a contrair a doença ocupacional denominada bissinose (modalidade de pneumocomoniose decorrente da inalação de partículas de algodão), na forma tipificada no Anexo II (Agentes Patogênicos Causadores de Doenças Profissionais ou do Trabalho) do Decreto n. 3.048, de 6.5.1999, que regulamentou o art. 20 da Lei n. 8.213/1991. Entretanto, dita exposição à poeira de algodão, embora tenha desencadeado doença ocupacional no Obreiro, em tempo algum pode viabilizar o pagamento do adicional de insalubridade, pois a exposição à poeira de algodão não consta relacionada em nenhum dos quatorze anexos que compõem a NR-15 (Atividades e Operações Insalubres), condição indispensável para concessão do adicional insalutífero. Registre-se que o direito laboral brasileiro tipifica a exposição insalubre, para fins de adicional de insalubridade, em função da mera exposição do trabalhador a determinados agentes nocivos à saúde e sob condições previamente definidas na NR-15, sendo desnecessário perquirir acerca se ele contraíra ou não doença ocupacional.

Noutro diapasão, é possível que um empregado, em seu mister profissional, fique comprovadamente exposto a níveis de pressão sonora (ruído) acima dos limites de tolerância permitidos e sem que a empresa lhe forneça a proteção individual adequada (protetores auriculares), o que configura exercício insalubre em grau médio, nos precisos termos do Anexo I (Limites de Tolerância para Ruído Contínuo ou Intermitente) da NR-15 (Atividades e Operações Insalubres). Todavia, ainda que seus exames médico ocupacionais, também de forma induvidosa, atestem que essa exposição insalubre não afetou a capacidade auditiva do obreiro, ou seja, ele não contraiu a doença ocupacional esperada, essa situação em nada prejudicará seu direito líquido e certo à percepção legal do adicional de insalubridade ao longo do período laborado sem a devida proteção auditiva.

É por demais sabido que o ordenamento jurídico brasileiro dedica especial atenção à segurança e saúde no trabalho, tanto assim que nossa Carta Magna, em seu art. 7º, incisos XXII, XXIII e XXXIII, assegurou aos trabalhadores urbanos e rurais brasileiros, as seguintes garantias constitucionais pertinentes à temática em apreço:

- Redução dos riscos inerentes ao trabalho por meio de normas de saúde, higiene e segurança;
- Percepção de adicional de remuneração para as atividades penosas, insalubres ou perigosas, na forma da lei;
- Proibição de trabalho noturno, perigoso ou insalubre aos menores de dezoito e de qualquer trabalho a menores de dezesseis anos, salvo na condição de aprendiz, a partir de quatorze anos.

De se destacar, mais, que os citados dispositivos constitucionais servem de referência maior, na superação de controvérsias jurídicas específicas; daí por que, o disciplinamento da insalubridade, tanto pela via da legislação ordinária quanto pelas normas regulamentadoras de segurança e saúde no trabalho, deve guardar-lhes o devido respeito, em observância ao Princípio da Hierarquia das Leis, devidamente consagrado na hermenêutica jurídica pátria.

No plano infraconstitucional, impõe-se observar que nossa legislação ordinária disciplina a temática da insalubridade e da periculosidade por intermédio dos arts. 189 a 197 da Consolidação das Leis do Trabalho (CLT); ditos dispositivos do Estatuto Obreiro são anteriores à promulgação da Constituição da Primavera e foram por ela recepcionados em sua essência. De se lamentar, porém, que desde 5.10.1988 (data da promulgação da CF-1988) estejamos no aguardo de uma definição legal do que seja atividade penosa e qual o valor do correspondente adicional de penosidade, ante a inércia do Congresso Nacional e do Poder Executivo na promulgação de uma lei ordinária que faça valer o mandamento Constitucional que assegura esse *plus* salarial aos trabalhadores urbanos e rurais brasileiros (art. 7º, inciso XXIII, da CF-1988).

Oportuno destacar que, além dos citados arts. 189 a 197 da CLT, há outros dispositivos legais que disciplinam a insalubridade e a periculosidade para situações específicas, senão vejamos:

- Art. 14 da Lei n. 4.860, de 26.11.1965 (Adicional de Risco Único para os Portuários).
- Art. 16 da Lei n. 7.394, de 29.10.1985 (Adicional de Risco Único para os Técnicos em Radiologia).
- Art. 68 a 70 da Lei n. 8.122, de 11.12.1990, e Art. 12 da Lei n. 8.270, de 17.12.1991 (Adicionais de Insalubridade, de Penosidade e de Periculosidade para os Servidores Públicos Federais).
- Art. 6º da Lei n. 11.901, de 12.1.2009 (Adicional de Periculosidade para o Bombeiro Civil).

No tocante ao Trabalhador Portuário, atente-se que o art. 14 da Lei n. 4.860, de 26.11.1965 (*vide* Fundamentos Jurídicos deste Capítulo), instituiu o Adicional de Risco Portuário, no importe de 40% (quarenta por cento) a incidir sobre o valor do salário-hora do portuário, objetivando remunerar esse profissional em face de sua possível exposição simultânea a riscos nocivos à saúde (insalubre) e à integridade física (periculoso), normalmente presentes no ambiente portuário.

Igualmente, para os Técnicos em Radiologia (Operadores de Raios-X), os arts. 1º e 16 da Lei n. 7.394, de 29.10.1985, asseguram o adicional de risco único (insalubridade e periculosidade), ou seja, o adicional de risco radiológico, correspondente a 40% (quarenta por cento) incidente sobre o salário profissional do Técnico em Radiologia, como compensação pela exposição aos possíveis riscos que podem afetar a saúde (insalubre) e a integridade física (periculoso), além de também ser garantido extraordinariamente a esses profissionais o direito ao usufruto de férias semestrais de vinte dias.

Segundo disposto nos arts. 68 e 70 da Lei n. 8.112/1990 e no art. 12 da Lei n. 8.270/1991, os Servidores Civis da União, das Autarquias e das Fundações Públicas Federais, que trabalhem com habitualidade em locais insalubres ou em contato permanente com substâncias tóxicas, radioativas ou com risco de vida, fazem jus a um adicional a incidir sobre o vencimento do cargo efetivo e observados os seguintes percentuais:

- cinco, dez e vinte por cento, no caso de insalubridade, respectivamente, nos graus mínimo, médio e máximo;
- dez por cento, no caso de periculosidade;
- cinco, dez e vinte por cento, no caso de irradiação ionizante e conforme se dispuser em regulamento;
- dez por cento, no caso de trabalhos com Raios X ou substâncias radioativas.

Respeitados a base de cálculo e os percentuais dos adicionais de insalubridade e periculosidade dos servidores públicos federais, nos termos retroexplicitados, cabe destacar que a caracterização da insalubridade e da periculosidade deverá ser feita mediante perícia técnica realizada, indistintamente, por Engenheiro de Segurança do Trabalho ou Médico do Trabalho, observadas as demais disposições contidas nos arts. 189 a 197 da Consolidação das Leis do Trabalho e nas duas normas regulamentadoras especificas: NR-15 (Atividades e Operações Insalubres) e NR-16 (Atividades e Operações Perigosas), no tocante à metodologia de avaliação, à tipificação e à caracterização dos agentes insalubres e periculosos ali consubstanciados.

Acerca das atividades sujeitas à Irradiação Ionizante, convém observar que o Decreto n. 877, de 20.7.1993, ao regulamentar a concessão desses adicionais aos servidores públicos federais, estipulou que as atividades envolvendo fontes de irradiação ionizante, compreendem, desde a produção, manipulação, utilização, operação, controle, fiscalização, armazenamento, processamento, transportes até a respectiva deposição, bem como as demais situações definidas como de emergência radiológica.

Oportuno lembrar, também, que especificamente em relação aos servidores públicos federais, submetidos ao Regime Jurídico Único de que trata a Lei n. 8.112, de 11.12.1990, o art. 71 da citada Lei expressamente assegura a percepção do Adicional de Penosidade para os servidores em exercício em zonas de fronteira ou em localidades cujas condições de vida o justifiquem, nos termos, condições e limites fixados em regulamento próprio.

Quanto aos dispositivos de nosso Código Obreiro que tratam especificamente da insalubridade, convém registrar que o art. 189 da CLT conceitua atividades ou operações insalubres como sendo aquelas que, por sua natureza, condições ou métodos de trabalho, exponham os empregados a agentes nocivos à saúde, acima dos limites de tolerância fixados em razão da natureza e da intensidade do agente e do tempo de exposição aos seus efeitos.

Chamamos a atenção do leitor no sentido de que a extrapolação legal aos limites de tolerância não deve ser interpretada de forma rígida, na medida em que existem vários agentes insalubres que nem sequer possuem limites de tolerância definidos na NR-15; casos em que, a tipificação do exercício insalubre ficará condicionada à mera avaliação qualitativa, como é o caso dos agentes biológicos, só para exemplificar.

Outrossim, por intermédio do art. 190 do Estatuto Laboral, restou expressamente a delegação de competência legal outorgada ao então Ministério do Trabalho (atual Ministério do Trabalho e Emprego) para regulamentar as atividades e operações insalubres e adotar normas sobre os critérios de caracterização da insalubridade, os limites de tolerância aos agentes agressivos, meios de proteção e o tempo máximo de exposição do empregado a esses agentes, assim como as medidas de proteção do organismo do trabalhador nas operações que produzem aerodispersoides tóxicos, irritantes, alérgicos ou incômodos. Cumprindo essa concessão legislativa, o Ministério do Trabalho de então fez publicar a Norma Regulamentadora NR-15 (Atividades e Operações Insalubres), dentre as primeiras vinte oito normas de segurança e saúde no trabalho instituídas pela Portaria MTb n. 3.214, de 8.6.1978. A propósito, convém lembrar que o Excelso Supremo Tribunal Federal (STF) e o Colendo Tribunal Superior do Trabalho (TST) possuem súmulas de jurisprudência reafirmando a competência exclusiva do Ministério do Trabalho e Emprego (MTE) na tipificação das atividades e operações insalubres, como bem expresso nas Súmulas STF n. 194 e 460 e Súmula TST n. 248.

No tocante à possibilidade de eliminação ou neutralização da insalubridade e, por conseguinte, a permissibilidade legal de ficar o empregador dispensado do pagamento do correspondente adicional, é de se destacar que o art. 191 da CLT expressamente consagrou tal hipótese. Nesse sentido, cabe observar que a diferença básica entre eliminação e neutralização da insalubridade reside no fato de que, naquela tem-se que o agente nocivo à saúde é eliminado (enclausurado ou excluído) do ambiente laboral, normalmente pela adoção de adequadas medidas de proteção coletiva, de modo que o ambiente, a partir de então, passaria a ser técnica e legalmente considerado salubre; caso em que, não seria mais justificável a continuidade do pagamento desse *plus* salarial. Na neutralização, tem-se a hipótese em que o agente nocivo à saúde embora persistente no ambiente de trabalho, teoricamente não mais afetaria o trabalhador, em face da adoção de "barreiras" que impediriam o agente nocivo de adentrar no corpo do trabalhador, ou seja, o fornecimento e a utilização adequada de Equipamentos de Proteção Individual (EPI) neutralizaria ou minimizaria os efeitos nocivos à saúde do trabalhador, para valores abaixo dos limites de tolerância; o que, da mesma forma, ensejaria a supressão legal do pagamento da verba insalutífera.

Outra questão bastante polêmica e atual diz respeito à base de cálculo, pois, o art. 192 do Código Obreiro deixa patenteado os três graus de insalubridade (máximo, médio e mínimo) e, da mesma forma, consubstancia que a exposição insalubre em graus máximo, médio ou mínimo assegura ao empregado o adicional de insalubridade, respectivamente nos percentuais de 40% (quarenta por cento), 20% (vinte por cento) ou 10% (dez por cento) tendo por base o salário mínimo legal. Recorde-se que nossa mais Alta Corte de Justiça Trabalhista em súmula de jurisprudência específica (Súmula TST n. 228) de longa data confirmou esse entendimento, mesmo após o advento da Constituição Federal de 1988, situação que se manteve pacífica no âmbito da Justiça do Trabalho até a data de 9.5.2008, quando o Excelso Supremo Tribunal Federal entendeu por bem editar a quarta súmula vinculante.

Conveniente recordar que, nos termos do art. 103-A da CF-1988, com a redação dada pela Emenda Constitucional n. 45, de 31.12.2004, uma súmula vinculante diferencia-se das demais por ser um entendimento singular proferido pelo voto favorável de oito ministros dentre os onze que compõem o Excelso STF e cuja observância impõe-se obrigatoriamente a todos os órgãos dos Poderes Executivo e Judiciário, a partir da data de sua publicação. Nesse cenário foi editada a Súmula Vinculante STF n. 4, de 9.5.2008, que expressamente proibiu a utilização do salário mínimo nacional como base de cálculo para qualquer vantagem ou adicional, tanto de servidor público quanto de empregado; tendo em vista o já previamente vedado pela disposição contida na parte final do inciso IV do art. 7º da CF-1988. Importante mencionar que o citado verbete vinculante possui o gravame supletivo de igualmente proibir a fixação de base de cálculo substitutiva pela via judicial, em respeito à missão Constitucional do Poder Legislativo que é a elaboração de leis. É possível afirmar que, desde 9.5.2008, vivenciamos um imbróglio jurídico acerca da base de cálculo do adicional de insalubridade.

Malgrado se saiba que o citado dispositivo de nossa Carta Magna estipule que uma súmula vinculante produz efeitos jurídicos válidos imediatamente após sua publicação oficial, se entendermos vigorante a quarta súmula vinculante do STF, somos forçados a afirmar que o adicional de insalubridade, desde 9.5.2008, encontra-se desatrelado do salário mínimo legal e, portanto, com seus valores em reais "fixos ou congelados", salvo cláusulas específicas de Acordo ou Convenção Coletivos de Trabalho, ante a manifesta impossibilidade sumulante do Judiciário Trabalhista fixar-lhe uma base de cálculo substitutiva. Em outras palavras, a prevalecer esse entendimento, os valores atuais do adicional de insalubridade nos graus máximo, médio e mínimo seriam, respectivamente: R$ 166,00 (cento e sessenta e seis reais); R$ 83,00 (oitenta e três reais); e R$ 41,50 (quarenta e um reais e cinquenta centavos); considerando-se que o salário mínimo oficial em 8.5.2008 equivalia a R$ 415,00 (quatrocentos e quinze reais). Predominante essa hipótese, vislumbra-se que os trabalhadores que fazem jus à verba insalutífera seriam os únicos prejudicados; pois, nos últimos sete anos, o salário mínimo nacional praticamente duplicou seu valor nominal.

Todavia, no âmbito do Judiciário Trabalhista continua prevalecendo a utilização do salário mínimo atualizado como base de cálculo para o adicional de insalubridade, sem nenhuma explicação juridicamente consistente e como se o malfadado verbete vinculante jamais tivesse sido publicado. Espera-se que o Congresso Nacional, algum dia, supere esse impasse jurídico, promulgando uma lei que adeque os ditames do art. 192 da Consolidação das Leis do Trabalho ao Texto Constitucional, particularmente no tocante à parte final do inciso IV do art. 7º da CF-1988, e defina uma nova base de cálculo para o adicional de insalubridade.

É situação de ocorrência comum na prática laboral o empregado ficar exposto simultaneamente a agentes nocivos à saúde e à integridade física; noutras palavras, exercer atividades insalubres e periculosas ao mesmo tempo; todavia, cabe atentar que o § 2º do art. 193 da CLT expressamente veda a percepção cumulativa desses dois adicionais. Não obstante o citado dispositivo Consolidado sinalize que cabe ao trabalhador optar pelo adicional que deseja perceber, há de se atentar para o fato de que eventual opção pela percepção de adicional de menor valor monetário seria tida como obtida sob coação patronal e, portanto, nula de pleno direito, em homenagem ao Princípio da Irrenunciabilidade de Direitos que norteia nosso Direito Laboral. Em síntese, configurada a dupla exposição nociva, insalubre ou periculosa, o trabalhador fará jus apenas ao adicional de maior valor monetário, seja insalubridade ou periculosidade.

Registre-se, por oportuno, que a Sétima Turma de Dissídios Individuais do Colendo TST, em recente decisão, sob a relatoria do Eminente Ministro Cláudio Brandão, decidiu que o empregado pode perceber cumulativamente os dois adicionais (de insalubridade e de periculosidade), o que pode desecadear, em breve, um novo posicionamento geral de nossa mais Alta Corte Trabalhista acerca dessa congtrovérsia.

Eliminados ou neutralizados os agentes insalubres do ambiente de trabalho, certamente o empregador estará desobrigado do pagamento do adicional de insalubridade, sem qualquer ofensa a direito adquirido, mesmo em relação aos trabalhadores que por vários anos seguidos vinham percebendo tal verba, tanto assim que nosso estatuto obreiro, em seu art. 194, expressamente autoriza dita supressão de pagamento. Este entendimento, por sinal, encontra-se sumulado em verbete específico do Colendo Tribunal Superior do Trabalho (Súmula TST n. 248). Convém lembrar que os adicionais de insalubridade e de periculosidade foram instituídos como forma de penalizar financeiramente o empregador, de modo a forçá-lo a adotar as adequadas medidas de proteção em seu ambiente de trabalho e, assim, propiciar a seus empregados um local de trabalho seguro e sadio, que é o objetivo final da segurança e da saúde no trabalho, até para fazer valer o já consagrado Princípio Constitucional de Minimização dos Riscos Ambientais, insculpido no art. 7º, inciso XXII, de nossa Lei das Leis. Destarte, não seria adequada, nem tampouco justa, a continuidade de tal encargo para o empregador, quando este adotou todas as medidas preventivas adequadas, sob pena de lhe faltar estímulo para investir na melhoria das condições ambientais de trabalho.

Acerca de quais profissionais são legalmente aptos a procederem avaliações ambientais objetivando a caracterização do exercício insalubre, convém ser dito que o art. 195 Consolidado é preciso ao atribuir aos Engenheiros de Segurança do Trabalho e aos Médicos do Trabalho a competência legal para realizarem, indistintamente, as avaliações ou perícias técnicas de insalubridade e periculosidade, desde que devidamente habilitados como tais perante seus respectivos órgãos de classe: Conselho Regional de Engenharia e Agronomia (CREA) e Conselho Regional de Medicina (CRM).

Objetivando descaracterizar a ideia preconcebida de que o Médico do Trabalho seria um profissional mais bem capacitado que o Engenheiro de Segurança do Trabalho para realizar avaliações de insalubridade, impõe-se enfatizar que, consoante os ditames do art. 195 da CLT, o Engenheiro de Segurança do Trabalho e o Médico do Trabalho são os dois profissionais técnica e legalmente aptos para a realização de avaliações periciais, seja de insalubridade ou de periculosidade. Igualmente, a NR-15, em seu item 15.4.1.1 expressamente reitera a disposição legal no sentido de que a comprovação técnica da existência de insalubridade no ambiente de trabalho será feita mediante laudo técnico subscrito por Engenheiro de Segurança do Trabalho ou Médico do Trabalho.

Nesse mesmo sentido é a disposição contida no art. 58, § 1º, da Lei n. 8.213, de 24.11.1991, ao disciplinar o direito dos trabalhadores brasileiros à aposentadoria especial, como decorrência da exposição a agentes nocivos químicos, físicos e biológicos ou associação de agentes prejudiciais à saúde ou à integridade física, em que expressamente estipula que a comprovação de tal exposição será feita mediante preenchimento de formulário específico: Perfil Profissiográfico Previdenciário (PPP), na forma estabelecida pelo Instituto Nacional do Seguro Social (INSS), a ser emitido pela empresa com base em Laudo Técnico de Condições Ambientais do Trabalho (LTCAT) realizado e subscrito por Médico do Trabalho ou Engenheiro de Segurança do Trabalho.

Da mesma forma, o Anexo n. 12 (Limites de Tolerância para Poeiras Minerais) é expresso ao afirmar a competência desses dois profissionais citados para, indistintamente, procederem a perícias técnicas para fins de caracterização do exercício insalubre, deixando mais uma vez clara a posição do Órgão Ministerial acerca da competência comum do Engenheiro de Segurança do Trabalho e do Médico do Trabalho para este mister profissional específico.

Oportuno ressaltar, também, que a Resolução n. 359, de 31.7.1991, do Conselho Federal de Engenharia e Agronomia (CONFEA), expressamente define a competência do Engenheiro de Segurança do Trabalho para proceder a avaliações ambientais para fins de caracterização de insalubridade e periculosidade, sendo conveniente destacar que dita resolução foi instituída em cumprimento ao preconizado pelo § 3º do art. 3º do Decreto n. 92.530, de 9.4.1986, que regulamentou a Lei n. 7.410, de 27.11.1985. Objetivando pacificar essa controvérsia, o Colendo Tribunal Superior do Trabalho, pela sua Seção de Dissídios Individuais, editou a Orientação Jurisprudencial, OJ-SDI-TST n. 165, deixando patente não haver qualquer distinção legal entre a competência profissional do Engenheiro de Segurança do Trabalho e do Médico do Trabalho para a realização de perícias técnicas de insalubridade.

Não bastassem os argumentos jurídicos até aqui expostos serem suficientes para afirmar a competência legal do Engenheiro de Segurança do Trabalho e do Médico do Trabalho para realizarem, indistintamente, avaliações de insalubridade e de periculosidade, há de se atentar para a existência de dois critérios historicamente aceitos para a caracterização do exercício insalubre:

- CRITÉRIO SUBJETIVO, por meio do qual o adicional de insalubridade somente será devido quando o trabalhador manifestar sintomas da doença profissional ou do trabalho. Neste caso, obviamente, é indispensável o exame médico (investigação clínica no corpo do trabalhador) para se caracterizar a insalubridade; caso em que somente o profissional da medicina ocupacional encontra-se apto a caracterizar ou não o exercício insalubre, eis que o objeto da perícia é o corpo humano (do trabalhador). Em outras palavras, não importa se o ambiente de trabalho é insalubre e, sim, se o trabalhador efetivamente teve sua saúde afetada pelos agentes nocivos. A propósito, poucos países adotam o critério subjetivo. A Suíça é um dos raros exemplos.

- CRITÉRIO OBJETIVO, nesta hipótese, o objeto da perícia corresponde ao ambiente de trabalho e não ao corpo do trabalhador; por sinal, este é o método utilizado pela maioria dos países do mundo, dentre eles o Brasil. Logo, não sendo o corpo do trabalhador o objeto da perícia, não há que se falar em competência exclusiva do Médico do Trabalho para realizar avaliações de insalubridade em nosso país.

Oportuno enfatizar que, assim como para caracterizar a existência de insalubridade no ambiente de trabalho é indispensável a realização de avaliação técnica por Engenheiro de Segurança do Trabalho ou Médico do Trabalho, a comprovação de que o empregador adotou medidas que eliminaram ou neutralizaram os efeitos dos agentes nocivos à saúde no ambiente laboral, de modo suficiente a justificar a supressão do pagamento de adicional de insalubridade, necessariamente deverá ser feita por meio de uma nova e similar perícia técnica.

No tocante à elaboração do laudo técnico-pericial de insalubridade ou periculosidade, cumpre destacar que além dos dados genéricos de identificação do local periciado e também do próprio Perito, são requisitos básicos e necessários de um laudo pericial para fins de caracterização do exercício insalubre ou perigoso:

- o critério utilizado (verificação física *in loco* ou reconstituição do local de trabalho);
- a metodologia de avaliação (qualitativa ou quantitativa);
- a descrição do instrumental utilizado;
- a descrição das condições de trabalho e o tempo de exposição aos agentes insalubres ou perigosos, porventura existentes no ambiente de trabalho;
- a conclusão, caracterizando ou não, sob o ponto de vista estritamente técnico, o exercício insalubre ou periculoso, conforme o caso, e indicando para aquele qual o grau correspondente;
- as medidas para eliminação e/ou neutralização da insalubridade, quando houver.

Oportuno relatar que são deveres elementares do empregador quanto à insalubridade e periculosidade em seus locais de trabalho:

- comprovar, mediante laudo técnico-pericial, que propicia a seus empregados ambiente de trabalho sadio (isento de insalubridade) e seguro (sem periculosidade);

- adotar medidas técnicas de proteção coletiva que tornem o ambiente de trabalho dentro dos limites de tolerância;

- fornecer, gratuitamente, e tornar obrigatório o uso de Equipamentos de Proteção Individual (EPI) adequados aos risco e em perfeito estado de conservação e funcionamento, enquanto se adotam as medidas de proteção coletiva;

- remunerar os empregados com o correspondente adicional de insalubridade ou de periculosidade enquanto persistirem, no ambiente de trabalho, os agentes nocivos à saúde ou à integridade física dos trabalhadores.

Estipula nosso Código Obreiro, em seu art. 197, adiante reproduzido, que os materiais e substâncias empregados, manipulados ou transportados nos locais de trabalho, quando perigosos ou nocivos à saúde, devem conter, no rótulo, sua composição, recomendações de socorro imediato e o símbolo de perigo correspondente, segundo a padronização internacional; além do que os estabelecimentos que mantenham as atividades previstas neste artigo afixarão, nos setores de trabalho atingidos, avisos ou cartazes, com advertência quanto aos materiais e substâncias perigosos ou nocivos à saúde.

Na seara jurisprudencial, é conveniente chamar a atenção do leitor para a existência de várias súmulas de jurisprudência aprovadas pelo Excelso Supremo Tribunal Federal (STF) e pelo Colendo Tribunal Superior do Trabalho (TST). Malgrado o entendimento jurisprudencial sumulado não possua força de lei e, portanto, sua observância não se faça obrigatória por parte dos demais Tribunais ou Juízes, exceção feita às Súmulas Vinculantes editadas pelo STF, não se pode negar sua importância na hermenêutica jurídica; até porque, no âmbito do Direito do Trabalho, o legislador escolheu a Jurisprudência como a primeira via de integração da norma jurídica. Especificamente em relação às Orientações Jurisprudenciais (OJs) do TST, há de se observar que elas podem ser tidas como "embriões de súmulas de jurisprudência", pois, não são poucas as OJs que foram transformadas em súmulas de jurisprudências. Registre-se que as Súmulas STF ns. 194, 307 e 460, a Súmula Vinculante STF n. 4/2008, as Súmulas TST ns. 17, 47, 80, 139, 228, 248, 289, 293 e 341, assim como as Orientações Jurisprudenciais OJ-SDI-I-TST ns. 4, 47, 103, 121, 153, 165, 171, 172, 173, 208, 278, 316 e 345, dada a manifesta pertinência com a temática em apreço encontram-se devidamente reproduzidas nos Fundamentos Jurídicos deste Capítulo.

Adentrando o universo das normas jurídicas infralegais, é oportuno lembrar que as Normas Regulamentadoras (NRs) de Segurança e Saúde no Trabalho (SST) editadas pelo Ministério do Trabalho e Emprego (MTE) são aplicáveis a todos os ambientes de trabalho onde hajam trabalhadores contratados sob a égide da Consolidação das Leis do Trabalho (CLT) e possuem existência jurídica convalidada pelo Princípio Constitucional de Minimização dos Riscos Ocupacionais consagrado no inciso XXII do art. 7º da Constituição Federal brasileira. No plano da legislação infraconstitucional, ditas NRs de SST possuem respaldo de validade legal na forma tipificada no Estatuto Obreiro, em seu Título II: Das Normas Gerais de Tutela do Trabalho, mais precisamente em seu Capítulo V: Da Segurança e da Medicina do Trabalho (arts. 154 a 201 da CLT). Recorde-se que ditos artigos da CLT possuem redação dada pela Lei n. 6.514 de 22.12.1977, observadas as atualizações subsequentes até a publicação da Lei n. 13.103 de 2.3.2015. De se destacar que os citados arts. 154 a 201 do Código Laboral foram inicialmente disciplinados pela Portaria MTb n. 3.214, de 8.6.1978, que instituiu as primeiras 28 NRs de SST; vale observar que atualmente existem 36 NRs de SST, cada uma disciplinando uma temática específica.

No tocante à NR-15 (Atividades e Operações Insalubres), com a redação dada pela Portaria MTb n. 3.214, de 8.6.1978, e atualizada até a edição da Portaria MTE n. 1.297, de 13.8.2014, impõe-se afirmar que seu fundamento de validade jurídica, em termos de legislação ordinária, está contido nos ditames dos arts. 189 a 197 da CLT. A propósito, todos os dispositivos legais, normativos e jurisprudenciais pertinentes à temática em apreço, encontram-se adiante reproduzidos no tópico Fundamentos Jurídicos deste Capítulo, inclusive a íntegra atualizada da norma regulamentadora de segurança e saúde no trabalho que o intitula.

A décima quinta norma preventiva de segurança e saúde no trabalho conceitua e especifica as atividades, operações e agentes legalmente tidos como insalubres, estipulando as situações que, vivenciadas nos ambientes de trabalho pelos trabalhadores, ensejam a caracterização do exercício insalubre em seus três graus (máximo, médio ou mínimo), indicando os métodos de realização das avaliações de insalubridade, assim como os meios de proteger adequadamente os trabalhadores das exposições nocivas à saúde, objetivando a eliminação ou a neutralização desses riscos profissionais dos ambientes de trabalho.

Objetivando propiciar uma visão preliminar e sintética acerca dos diversos agentes insalubres, o Quadro Resumo a seguir reproduzido enumera os títulos dos quatorze anexos que compõem a NR-15 (Atividades e Operações Insalubres) com os correspondentes agentes insalubres que os denominam e os respectivos graus e adicionais de insalubridade, na forma seguinte:

QUADRO RESUMO DOS AGENTES INSALUBRES E SEUS GRAUS DE INSALUBRIDADE:

Anexo n.	AGENTES INSALUBRES	Graus	Adicional
01	Níveis de RUÍDO CONTÍNUO OU INTERMITENTE superiores aos limites de tolerância fixados no Quadro constante do Anexo 1 e no item 6 do mesmo Anexo.	Médio	20%
02	Níveis de RUÍDO DE IMPACTO superiores aos limites de tolerância fixados nos itens 2 e 3 do Anexo 2.	Médio	20%
03	Exposição ao CALOR com valores de IBUTG, superiores aos limites de tolerância fixados nos Quadros 1 e 2	Médio	20%
04	ILUMINAMENTO *(Revogado pela Portaria MTPS 3.751, de 23.11.1990)*	-	-
05	Níveis de RADIAÇÕES IONIZANTES com radioatividade superior aos limites de tolerância fixados neste Anexo.	Máximo	40%
06	AR COMPRIMIDO.	Máximo	40%
07	RADIAÇÕES NÃO-IONIZANTES consideradas insalubres em decorrência de inspeção realizada no local de trabalho. (Micro-ondas, Ultravioletas e Laser).	Médio	20%
08	VIBRAÇÕES consideradas insalubres em decorrência de inspeção realizada no local de trabalho.	Médio	20%
09	FRIO considerado insalubre em decorrência de inspeção realizada no local de trabalho.	Médio	20%
10	UMIDADE considerada insalubre em decorrência de inspeção realizada no local de trabalho.	Médio	20%
11	AGENTES QUÍMICOS cujas concentrações sejam superiores aos limites de tolerância fixados no Quadro 1.	Máximo Médio Mínimo	40% 20% 10%
12	POEIRAS MINERAIS cujas concentrações sejam superiores aos limites de tolerância fixados neste Anexo (Asbesto, Manganês e Sílica).	Máximo	40%
13	Atividades ou operações, envolvendo AGENTES QUÍMICOS, consideradas insalubres em decorrência de inspeção realizada no local de trabalho.	Máximo Médio Mínimo	40% 20% 10%
14	AGENTES BIOLÓGICOS.	Máximo Médio	40% 20%

Segundo se depreende do citado quadro resumo, são consideradas atividades ou operações insalubres as que se desenvolvem:

- Nas atividades em que o trabalhador ficar exposto, de forma habitual e sem a proteção adequada, a agentes nocivos à saúde cujos limites de tolerância fixados tiverem sido comprovadamente extrapolados nos termos contidos na NR-15 em seus Anexos: 01 (Ruído Contínuo ou Intermitente); 02 (Ruído de Impacto); 03 (Calor); 05 (Radiações Ionizantes); 08 (Vibrações); 11 (Agentes Químicos) e 12 (Poeiras Minerais). Convém ressaltar que, para caracterizar a exposição insalubre em relação a esses agentes, necessária a realização de perícia técnica (avaliação quantitativa), no local de trabalho e com a utilização de aparelhos de medição específicos para cada agente insalubre, de modo a constatar se os correspondentes limites de tolerância foram ou não extrapolados;
- Nas atividades em que o trabalhador ficar exposto, de forma habitual e sem a proteção adequada, a agentes nocivos à saúde, na forma descrita nos Anexos: 06 (Pressões Hiperbáricas; 07 (Radiações Não Ionizantes); 09 (Frio); 10 (Umidade); 13 (Agentes Químicos) e 14 (Agentes Biológicos). De se observar que, para os citados agentes insalubres, a caracterização da insalubridade far-se-á mediante perícia técnica no local de trabalho, por engenheiro de segurança do trabalho ou médico do trabalho, na modalidade de análise qualitativa pois dispensável a utilização de aparelhos de medição, na medida em que a NR-15 não fixou limites de tolerância para esses agentes insalubres.

A propósito, Limite de Tolerância (LT) corresponde à concentração ou intensidade máxima ou mínima que, relacionada com a natureza e o tempo de exposição, é possível existir no ambiente de trabalho sem causar danos à saúde dos trabalhadores durante sua vida laboral. E, caso venha a ser ultrapassado, tem-se a configuração da exposição insalubre, se não adotadas as medidas preventivas adequadas.

A título de mera observação, registramos que, nos termos da Portaria SIT-MTE n. 332, de 28.8.2012, foi divulgada para consulta pública até a data de 31.10.2012, uma proposta de um novo texto básico da NR-15 que, dentre outras alterações, prevê a substituição dos Limites de Tolerância (LT) por Valores de Referência Ocupacional (VRO), a serem utilizados como um dos indicadores na avaliação e prevenção dos riscos e, subsidiariamente, para a caracterização de condições de trabalho insalubres para fins de adicional de insalubridade. Todavia, até a edição deste livro, a Secretaria de Inspeção do Trabalho ainda não havia homologado dita alteração normativa; pelo que, deverá o caro leitor ficar atento a respeito; podendo, para tanto, consultar o sítio eletrônico: <www.mte.gov.br>, para constatar se dita alteração normativa fora aprovada. Observamos, porém, que mudanças normativas que envolvem temas delicados e complexos, como a insalubridade, por vezes demoram mais de uma década para serem aprovadas.

O conceito de Ruído, em termos ocupacionais, corresponde a uma modalidade de agente físico representado por energia transmitida por vibrações no ar e que causa uma sensação desagradável ao nosso aparelho auditivo, diferentemente do som que nos agrada.

Numa avaliação ocupacional do ruído, algumas etapas são consideradas fundamentais: coleta de informações concernentes à indústria, ao ambiente de trabalho, às fontes de ruído, ao tipo de ruído, à exposição dos trabalhadores, à praticabilidade das intervenções de prevenção; medição do ruído (definição dos grupos homogêneos, das posições de trabalho e das posições de medida; verificação de característica do ruído e da duração das medidas); elaboração, apresentação, interpretação e registro de dados.

A classificação da perda auditiva induzida pelo ruído inclui: o trauma acústico, a perda auditiva temporária e a perda auditiva permanente. Os principais fatores que influenciam as perdas auditivas relacionadas ao trabalho são: fatores ligados ao indivíduo (suscetibilidade individual), às características do ruído e do ambiente e ao tipo de exposição.

Na política de saúde ocupacional da empresa devem constar claramente definidos os princípios que norteiam as atividades econômicas no que concerne à saúde de seus trabalhadores. Aliás, todo o programa se baseia e se orienta nestes princípios; nele se detalham os grandes itens, que podem ser considerados um resumo das ações a serem tomadas, isto é, uma decisão gerencial/administrativa, considerados os aspectos éticos, políticos, legais, técnicos, econômicos e sociais.

No desenvolvimento do Programa de Prevenção de Perdas Auditivas (PPPA) devem ser observados procedimentos iniciais e anuais de auditoria: fase em que servirá de referência para a avaliação de eficiência do PPPA, uma vez que serão avaliados os recursos e medidas existentes para controlar o risco relacionado com as demais fases do programa; avaliação de exposição ao ruído; controle do ruído por métodos de engenharia ou da organização do trabalho; avaliação e monitoração audiométrica dos trabalhadores expostos; uso de protetores auriculares para exposições iguais ou superiores a 85 dB(A), independentemente do tempo de exposição; educação e motivação dos trabalhadores; registro dos dados; avaliação da eficiência do programa. Registre-se que, para saneamento acústico, ou controle de ruído, há essencialmente três meios possíveis de intervenção: sobre a fonte do ruído; sobre a propagação do ruído e sobre o trabalhador.

A NR-15 (Atividades e Operações Insalubres), como dito antes, dedica dois anexos à avaliação ocupacional do ruído para fins de insalubridade, a saber: Anexo n. 1 (Limites de Tolerância para Ruído Contínuo ou Intermitente) e Anexo n. 2 (Limites de Tolerância para Ruído de Impacto).

Em relação ao ruído, tanto o descrito nos Anexo 1 (ruído contínuo ou intermitente) quanto o do Anexo 2 (ruído de impacto), a insalubridade poderá configurar-se unicamente em grau médio; desde que comprovada a extrapolação dos respectivos limites de tolerância e que o trabalhador desenvolva suas atividades profissionais sem a devida proteção auditiva.

Ruído de Impacto, tal como concebido na NR-15, é todo aquele que apresenta picos de energia acústica de duração inferior a um segundo, em intervalos de tempo superiores a um segundo. Ruído

Contínuo ou Intermitente, a NR-15 os conceitua, por exclusão, isto é, aqueles que não se enquadram como ruído de impacto.

Na avaliação quantitativa do ruído, deve ser utilizado o equipamento denominado Medidor de Nível de Pressão Sonora, popularmente conhecido como Decibelímetro. Recorde-se que decibel (dB) é a unidade de medida do nível de pressão sonora do ruído. Noutras palavras, o medidor de nível de pressão sonora (decibelímetro) é um sonômetro eletroacústico cuja escala de leitura se processa em decibéis. O decibel, por sua vez, é a unidade de medida da intensidade do som, correspondente à décima parte do bel; ou seja, o decibel é o som mais fraco possível de ser percebido, em condições normais, pelo aparelho auditivo humano, cujo âmbito de sons perceptíveis é cerca de 130 dB (cento e trinta decibéis).

Na avaliação quantitativa da exposição ao ruído contínuo ou intermitente, o nível de pressão sonora (decibelímetro) deve ser operado no circuito de compensação "A" e circuito de resposta lenta (*slow*), ao passo que, na avaliação do ruído de impacto, tal equipamento de medição sonora deve ser operado nos circuitos linear e de resposta para impacto. As medições, em qualquer caso, deverão ser feitas próximas ao ouvido do trabalhador, de modo a melhor representar a intensidade de pressão sonora que está afetando o trabalhador. Registre-se que "Dosímetro de Ruído" é o medidor integrador de uso pessoal que fornece a dose de exposição ocupacional ao ruído.

O Anexo 01 da NR-15 estabelece os limites de tolerância para exposição ao ruído contínuo ou intermitente, em função do tempo de exposição:

NR-15 — Anexo n. 1 (Limites de Tolerância para Ruído Contínuo ou Intermitente)

Nível de ruído dB(A)	Máxima exposição diária PERMISSÍVEL
85	8 horas
86	7 horas
87	6 horas
88	5 horas
89	4 horas e 30 minutos
90	4 horas
91	3 horas e 30 minutos
92	3 horas
93	2 horas e 40 minutos
94	2 horas e 15 minutos
95	2 horas
96	1 hora e 45 minutos
98	1 hora e 15 minutos
100	1 hora
102	45 minutos
104	35 minutos
105	30 minutos
106	25 minutos
108	20 minutos
110	15 minutos
112	10 minutos
114	8 minutos
115	7 minutos

Se durante a jornada de trabalho ocorrerem dois ou mais períodos de exposição a ruídos de diferentes níveis, devem ser considerados os seus efeitos combinados, de forma que, se a soma das frações da equação seguinte exceder a unidade, a atividade deve ser considerada insalubre:

$$\frac{C1}{T1} + \frac{C2}{T2} + \frac{C3}{T3} + \ldots + \frac{C_n}{Tn}$$

Onde:

Cn = indica o tempo real de exposição a um determinado nível de ruído;

Tn = representa a máxima exposição diária permissível a este nível de ruído, de conformidade com o constante do Anexo n. 1 da NR-15.

Para o ruído de impacto, o limite de tolerância é de 130 dB (linear), ou 120 dB (*fast*) na escala de compensação "C", caso o medidor de nível de pressão sonora (decibelímetro) não disponha de circuito de resposta para impacto. Ultrapassados estes valores, e estando o trabalhador sem proteção adequada, sua atividade será caracterizada como insalubre de grau médio.

Estipula a NR-15 que, para o ruído contínuo ou intermitente, não será permitida exposição a níveis de ruído superiores a 115 dB (A), sem a proteção adequada, ao passo que, para o ruído de impacto, não se permitirão exposições superiores a 140 dB (linear), medidas no circuito de resposta para impacto, ou superiores a 130 dB (C), medidas no circuito de resposta rápida (*fast*). Desrespeitados quaisquer desses limites, teremos configurada uma situação de risco grave e iminente, suficiente a ensejar a interdição da atividade, nos termos do art. 161 da CLT e da NR-03 (Embargo ou Interdição).

Normalmente, os limites de tolerância para exposição ao ruído são extrapolados nas seguintes atividades e operações: de marteletes pneumáticos, de britadores, de serra circular, de fiação e tecelagem e em pistas de aeroportos. Os trabalhadores expostos a níveis de pressão sonora acima dos limites de tolerância, e sem a proteção adequada, sujeitam-se a contrair as seguintes doenças: surdez temporária ou permanente; trauma acústico; alterações cardiovasculares; alterações endócrinas; irritabilidade e fadiga.

Calor, ou calor radiante, é a forma de energia que se transfere de um corpo para outro, em decorrência da diferença de temperatura entre ambos. Em face da exposição ao calor ambiental excessivo, o organismo humano tende a produzir mais calor, como um mecanismo de regulação para estimular a perda de calor e manter equilibrada sua temperatura corporal. Os mecanismos de ajustes circulatórios propiciam a condução do calor do centro do organismo até a superfície. Paralelamente, as glândulas sudoríporas derramam líquido sobre a pele (suor) como forma de eliminar o calor por evaporação.

Entende-se por estresse térmico, os efeitos da sobrecarga térmica a que um trabalhador pode ficar sujeito em seu ambiente laboral, a depender de fatores ambientais (temperatura, umidade, velocidade do ar, etc.) e de características físicas do trabalhador (idade, peso, aparelho cárdio-circulatório, etc.).

Os principais agentes produtores de lesão pelo calor são: corpos sólidos; metais aquecidos; resinas; piche e asfalto; líquidos; água quente; gorduras; óleos; gases; ar aquecido; vapores; materiais inflamáveis (madeira, petróleo e seus derivados, álcool, chama de maçarico, dentre outros). As principais dermatoses ocupacionais pelo calor são representadas por: queimadura; miliária (retenção sudoral), obstrução da glândula sudorípara, em três níveis: epiderme superficial (miliária cristalina), epiderme profunda (miliária rubra), derme superficial (miliária profunda); eritema *ab igne*; intertrigo e urticária causada pelo calor (localizada — rara, e difusa — colinérgica).

Ainda com relação ao calor, dispõe o Anexo n. 3 da NR-15 que a insalubridade poderá configurar-se unicamente em grau médio, desde que caracterizada a extrapolação dos respectivos limites de tolerância e que o trabalhador desenvolva suas atividades sem a devida proteção adequada.

A exposição ao calor, segundo o Anexo 3 da NR-15, deve ser implementada pelo método Índice de Bulbo Úmido Termômetro de Globo (IBUTG), observadas as seguintes situações e fórmulas específicas:

- Ambientes internos ou externos sem carga solar: IBUTG = 0,7 Tbn + 0,3 Tg
- Ambientes externos com carga solar: IBUTG = 0,7 Tbn + 0,1 Tbs + 0,2 Tg

Onde:

Tbn = Temperatura de bulbo úmido natural.

Tg = Temperatura de globo.

Tbs = Temperatura de bulbo seco.

Na avaliação do calor radiante pelo método IBUTG, as medições de temperatura devem ser feitas no local onde permanece o trabalhador, à altura da região mais atingida, e utiliza-se o conjunto de termômetros abaixo especificado; todavia, atualmente, existem instrumentos digitais que já propiciam a leitura direta do IBUTG.

- Termômetro de bulbo úmido natural (Tbn);
- Termômetro de globo (Tg);
- Termômetro de bulbo seco ou comum (Tbs).

Há duas situações a serem consideradas na exposição ao calor nos locais de trabalho: a primeira diz respeito à exposição intermitente com períodos de descanso no próprio local de trabalho e a segunda é aplicável quando ocorre também exposição intermitente, mas os períodos de descanso acontecem fora do local da exposição ao calor.

Os limites de tolerância a serem observados, quando a exposição ao calor radiante ocorre de forma intermitente e os períodos de descanso acontecem no próprio local da exposição ao calor, estão especificados no Quadro 1 do Anexo n. 3 da NR-15, a seguir reproduzido:

Quadro n. 1 do Anexo n. 3 da NR-15:
REGIME DE TRABALHO INTERMITENTE COM DESCANSO NO PRÓPRIO LOCAL DE TRABALHO

TRABALHO INTERMITENTE COM DESCANSO NO PRÓPRIO LOCAL DE TRABALHO (por hora)	TIPO DE ATIVIDADE		
	Leve	**Moderada**	**Pesada**
Trabalho Contínuo	Até 30,0ºC	até 26,7 ºC	até 25,0 ºC
45 minutos trabalho 15 minutos descanso	30,1 a 30,6 ºC	26,8 a 28,0 ºC	25,1 a 25,9 ºC
30 minutos trabalho 30 minutos descanso	30,7 a 31,4 ºC	28,1 a 29,4 ºC	26,0 a 27,9 ºC
15 minutos trabalho 45 minutos descanso	31,5 a 32,2 ºC	29,5 a 31,1 ºC	28,0 a 30,0 ºC
Não é permitido o trabalho sem a adoção de medidas adequadas de controle	acima de 32,2 ºC	acima de 31,1 ºC	acima de 30,0 ºC

1. Os períodos de descanso serão considerados tempo de serviço para todos os efeitos legais.

2. A determinação do tipo de atividade (Leve, Moderada ou Pesada) é feita consultando-se o Quadro n. 3 do Anexo n. 3 da NR-15.

Os limites de tolerância a serem observados, quando a exposição ao calor radiante ocorre de forma intermitente e os períodos de descanso acontecem fora do local onde se dá a exposição, estão consignados no Quadro n. 2 do Anexo n. 3 da NR-15, a seguir reproduzido:

Quadro n. 2 do Anexo n. 3 da NR-15:
REGIME DE TRABALHO INTERMITENTE COM DESCANSO EM OUTRO LOCAL DE TRABALHO

M (Kcal/h)	Máximo IBUTG
175	30,5
200	30,0

M (Kcal/h)	Máximo IBUTG
250	28,5
300	27,5
350	26,5
400	26,0
450	25,5
500	25

Onde: **M** é a taxa de metabolismo média ponderada para uma obra, determinada pela seguinte fórmula:

$$M = \frac{M_t \times T_t + M_d \times T_d}{60}$$

IBUTG é o valor IBUTG médio ponderado para uma hora determinado pela seguinte fórmula:

$$\mathbf{IBUTG} = \frac{IBUTG_t \times T_t + IBUTG_d \times T_d}{60}$$

O Quadro n. 3 do Anexo n. 3 da NR-15 estipula, para os tipos de atividades desenvolvidas com exposição ao calor radiante, as respectivas taxas de metabolismo:

Quadro n. 3 do Anexo n. 3 da NR-15:
TAXAS DE METABOLISMO POR TIPO DE ATIVIDADE

TIPO DE ATIVIDADE	Kcal/h
SENTADO EM REPOUSO	**100**
TRABALHO LEVE	
Sentado, movimentos moderados com braços e tronco (ex.: datilografia).	**125**
Sentado, movimentos moderados com braços e pernas (ex.: dirigir).	**150**
De pé, trabalho leve, em máquina ou bancada, principalmente com os braços.	**150**
TRABALHO MODERADO	
Sentado, movimentos vigorosos com braços e pernas.	**180**
De pé, trabalho leve em máquina ou bancada, com alguma movimentação.	**175**
De pé, trabalho moderado em máquina ou bancada, com alguma movimentação.	**220**
Em movimento, trabalho moderado de levantar ou empurrar.	**300**
TRABALHO PESADO	
Trabalho intermitente de levantar, empurrar ou arrastar pesos (ex.: remoção com pá).	**440**
Trabalho fatigante.	**550**

Conforme estipulado na NR-15, para fins de avaliação da insalubridade decorrente da exposição ao calor radiante, os períodos de descanso serão considerados como tempo de serviço para todos os efeitos legais. Outrossim, estipula o Anexo n. 3 da NR-15 que não será permitido o trabalho sem a adoção de medidas adequadas de controle, para o IBUTG acima dos seguintes valores: 32,2 ºC, 31,1 ºC, e 30,0 ºC, respectivamente, para as atividades do tipo leve, moderada e pesada. Ultrapassados esses limites, ter-se-á configurada uma situação de risco grave e iminente, ensejando a interdição da atividade nos termos do art. 161 da CLT e na NR-3 (Embargo ou Interdição).

São exemplos de atividades ou operações onde é comum a extrapolação dos limites de tolerância para exposição ao calor: indústria siderúrgica, indústria de vidro, indústria têxtil, indústria cerâmica e outras. A exposição excessiva do trabalhador ao calor radiante pode propiciar as seguintes consequências danosas a sua saúde: exaustão pelo calor; desidratação; câibras e choque térmico.

Atualmente, o Iluminamento não é mais considerado agente insalubre, para fins de percepção do adicional correspondente, na medida em que o Anexo n. 4 que fixava os níveis mínimos de iluminamento que deveriam existir nos locais de trabalho da NR-15 (Atividades e Operações Insalubres), encontra-se revogado desde a edição da Portaria MTb n. 3.751 de 23.11.1990, persistindo, no entanto, a responsabilidade patronal de manter os ambientes de trabalho dotados de iluminação adequada, natural ou artificial, uniformemente distribuída e difusa, apropriada à natureza da atividade, além de respeitar os valores de iluminância, nos termos constantes da NBR-5413, norma brasileira registrada no Instituto Nacional de Metrologia, Normalização e Qualidade Industrial (INMETRO), consoante determinação normativa contida no item 17.5.3 da NR-17 (Ergonomia).

Segundo explicitado no Anexo n. 5 da NR-15, Radiação Ionizante é um agente físico, sob a forma de energia, que se transmite pelo espaço através de ondas eletromagnéticas, ou que apresenta comportamento corpuscular, e, ao atingir um átomo, tem a propriedade de subdividi-lo em duas partes eletricamente carregadas, chamadas de par iônico. As radiações ionizantes possuem comprimentos de onda bastante pequenos, menores de 10 nm (dez nanômetros), e frequências altíssimas, superiores a 10 PHz (dez Petahertz).[1]

A exposição às radiações ionizantes, quando constatada no ambiente de trabalho e em condições nocivas ao trabalhador, para fins de adicional de insalubridade será sempre tipificada de grau máximo a exposição do trabalhador às radiações ionizantes, segundo prevê o Anexo n. 5 da décima quinta norma regulamentadora de segurança e saúde no trabalho, desde que caracterizada, no ambiente de trabalho, a extrapolação dos respectivos limites de tolerância e o trabalhador desenvolva suas atividades profissionais sem a devida proteção adequada.

Chamamos a atenção do caro leitor para o fato de que, especificamente em relação aos Técnicos em Radiologia (Operadores de Raios X), a Lei n. 7.394, de 29.10.1985, assegura-lhes o adicional de risco radiológico, no importe de 40% (quarenta por cento) incidente sobre o seu salário profissional.

No que pertine à controvérsia jurídica acerca de ser a radiação ionizante, igualmente, um agente periculoso, deixamos essa abordagem para o capítulo seguinte. São modalidades de radiações ionizantes consideradas para fins de insalubridade:

- partículas Alfa (emissão de núcleos de hélio. Exemplos: amerício 241 e plutônio 239);
- partículas Beta (emissão de elétrons. Exemplo: criptônio 85 e estrôncio 90);
- raios Gama (emissão de energia sem substrato material, de origem eletromagnética);
- raios X (emissão de radiações de ondas eletromagnéticas).

Quanto às unidades de medidas mais usuais das radiações ionizantes, cabem ser explicitadas as seguintes:

- CURIE (Ci) — corresponde ao número de desintegrações por unidade de tempo. Utiliza-se o Ci como a unidade para uma fonte radioativa. 1 Ci = 3,7 x 10^{10} desintegrações por segundo. Já o BEQUEREL (Bq) = 1 desintegração/seg.
- ROENTGEN (R) ou COULOMB (C/Kg) — corresponde à quantidade de pares iônicos formados em 1cm^3 de ar, em condições normais de temperatura e pressão. É utilizado como a unidade que define a exposição. 1R = 1,61 x 10^{12} pares iônicos/cm^3 de ar.
- RAD (Rad) ou GRAY (Gy) — corresponde à quantidade de energia absorvida por unidade de massa (1 Rad = 100 erg/grama).
- REM (Rem) ou SIEVIERT (Sv) — corresponde à dose equivalente, que considera o efeito biológico da radiação que o organismo humano absorveu. É utilizado como a unidade de dose equivalente que proporciona uma indicação da magnitude da lesão biológica que poderá resultar da absorção de radiação.

(1) 1 nano = 10^{-9}; e, 1 peta = 10^{15}.

A avaliação da exposição às radiações ionizantes é feita pelo método quantitativo, utilizando-se, normalmente, equipamentos de medição de duas espécies:

- Detectores de Campo — são aparelhos utilizados para detecção e quantificação de radiações ionizantes em ambientes de trabalho e em roupas ou objetos que tenham sido utilizados pelos trabalhadores. Exemplos: detectores de câmaras de gás e detectores de cintilação;
- Detectores Pessoais — são equipamentos que têm a finalidade de quantificar a dose de radiação acumulada pelo trabalhador exposto. Exemplos: dosímetro de bolso e dosímetro de filme.

Importante destacar que o Anexo n. 5 (Radiações Ionizantes), com a redação que lhe foi dada pela Portaria SSST-MTb n. 4, de 11.4.1994, estipula que devem ser considerados os limites de tolerância constantes da Resolução da Comissão Nacional de Energia Nuclear (CNEN-NE) n. 3.01 (Diretrizes Básicas de Radioproteção), aprovada em caráter experimental pela Resolução CNEN n. 12/1988, ou daquela que venha a substituí-la.

Acerca das consequências negativas mais comuns para a saúde dos trabalhadores expostos às radiações ionizantes merecem ser destacadas as seguintes: cataratas, dor de cabeça, vômitos, leucemia, câncer de pele e alterações cromossômicas.

Os efeitos biológicos possíveis de acometer os trabalhadores expostos às radiações ionizantes podem ser agrupados da seguinte forma:

- Somáticos — modalidade de alterações que ocorrem nas células somáticas e se manifestam no indivíduo irradiado, não sendo transmissíveis aos descendentes.
- Hereditários — são transmissíveis aos descendentes em função de alterações nos gametas (óvulos ou espermatozoides) do indivíduo irradiado.
- Estocásticos — são aqueles para os quais a probabilidade de ocorrência é função da dose, não apresentando dose limiar. Podem aparecer em decorrência de exposição aguda ou crônica.
- Não Estocásticos — são aqueles cuja gravidade se intensifica com o aumento da dose e para os quais existe uma dose limiar.

Oportuno observar que "meia-vida" de um elemento radioativo é o tempo necessário para que a intensidade de sua radiação se reduza à metade. Exemplos de substâncias radioativas e seus respectivos tempos de meia-vida: Urânio 238 = bilhões de anos; Carbono 14 = 6.400 anos; Iodo 132 = 2,4 horas; Urânio 239 = 23 minutos; e, Sódio = 23 segundos.

Trabalhos sob Condições Hiperbáricas são aqueles nos quais os trabalhadores se expõem a pressões superiores à pressão atmosférica. Segundo o Anexo n. 6 da décima quinta norma regulamentadora de segurança e saúde no trabalho, o trabalho sob condições de pressão superior à atmosférica somente possibilita a configuração de insalubridade em grau máximo.

Oportuno destacar que as doenças ocupacionais que mais acometem os trabalhadores expostos a pressões hiperbáricas, sob ar comprimido ou em mergulho, muitas vezes decorrem da iniciação muito rápida, assemelhando-se mais, em muitos casos, a acidentes do que a doenças propriamente ditas. A ação nesses casos requer uma programação prévia, com previsão de equipamentos, recursos humanos especializados e decisões rápidas. Outrossim, o fator mais importante no estudo das atividades hiperbáricas é a pressão, definida como a quantidade de força aplicada sobre a unidade de área. O barotrauma é definido como uma síndrome ocasionada pela dificuldade de equilibrar a pressão no interior de uma cavidade pneumática do organismo com a pressão do meio ambiente em variação. É um efeito direto da pressão sobre o organismo do trabalhador.

A NR-15, por meio de seu Anexo n. 6 (Trabalhos sob Condições Hiperbáricas), considera duas modalidades de exposição insalubre: Trabalhos sob Ar Comprimido (tubulões pneumáticos e túneis pressurizados) e Trabalhos Submersos (mergulhadores). A propósito, todas as Tabelas e Quadros que compõem o Anexo n. 6 da NR-15 encontram-se devidamente reproduzidos nos Fundamentos Jurídicos deste Capítulo.

Trabalhos sob Ar Comprimido são os efetuados em ambientes onde o trabalhador é obrigado a suportar pressões maiores que a atmosférica e onde se exige cuidadosa descompressão, de acordo com as respectivas tabelas de descompressão constantes do Anexo n. 6 da NR-15.

Para a compreensão da atividade com exposição a pressões hiperbáricas, é importante ter em mente os seguintes conceitos elementares e específicos:

- Câmara de trabalho é o espaço ou compartimento sob ar comprimido no interior do qual o trabalho está sendo realizado.
- Câmara de recompressão é uma câmara que, independentemente da câmara de trabalho, é usada para tratamento de indivíduos que adquirem doenças descompressivas ou embolias, e é diretamente supervisionada por Médico qualificado.
- Campânula é uma câmara através da qual o trabalhador passa do ar livre para a câmara de trabalho do tubulão e vice-versa.
- Eclusa de pessoal, segundo a NR-15, é uma câmara através da qual o trabalhador passa do ar livre para a câmara de trabalho do túnel e vice-versa.
- Encarregado de Pessoal é o profissional treinado e conhecedor das diversas técnicas empregadas nos trabalhos sob ar comprimido, e designado pelo empregador como responsável imediato pelos trabalhadores.
- Médico qualificado, é o médico do trabalho com conhecimentos específicos comprovados em Medicina Hiperbárica e é o responsável pela supervisão do programa médico nessa atividade.
- Operador de eclusa ou de campânula é o trabalhador previamente treinado nas manobras de compressão e descompressão das eclusas ou campânulas, e é o responsável pelo controle da pressão no seu interior.
- Período de trabalho é o espaço de tempo durante o qual o trabalhador fica submetido a pressão maior que a do ar atmosférico, excluindo-se o período de descompressão.
- Pressão de trabalho é a maior pressão de ar a que é submetido o trabalhador num tubulão ou túnel, durante o período de trabalho.
- Túnel pressurizado é uma escavação abaixo da superfície do solo cujo maior eixo faz um ângulo não superior a 45° com a horizontal, fechado nas suas extremidades, em cujo interior haja pressão superior a uma atmosfera.
- Tubulão de ar comprimido é uma estrutura vertical que se estende abaixo da superfície da água ou do solo, pela qual os trabalhadores devem descer, entrando pela campânula, para uma pressão maior que a atmosférica. A atmosfera pressurizada opõe-se à pressão da água e permite que os homens trabalhem no interior.

No tocante às recomendações genéricas a serem observadas durante os processos de compressão e descompressão dos trabalhadores, devem ser destacadas as seguintes:

- o trabalhador não poderá sofrer mais de uma descompressão num período de 24 (vinte e quatro) horas;
- durante o decorrer dos trabalhos sob o ar comprimido, nenhuma pessoa poderá ser exposta à pressão superior a 3,4 Kgf/cm^2, exceto em caso de emergência ou durante tratamento em câmara de recompressão, sob supervisão direta do médico responsável;
- a duração do período de trabalho sob ar comprimido não poderá ser superior a 8 (oito) horas, em pressões de trabalho de 0 a 1,0 Kgf/cm^2; a 6 (seis) horas, em pressões de trabalho de 1,1 a 2,5 Kgf/cm^2; e a 4 (quatro) horas, em pressão de trabalho de 2,6 a 3,4 Kgf/cm^2;
- após a descompressão, os trabalhadores serão obrigados a permanecer, no mínimo, por duas horas, no canteiro de obra, cumprindo um período de observação médica;

- para o tratamento de caso de doença descompressiva ou embolia traumática pelo ar, deverão ser empregadas as tabelas de tratamento de Van Der Auer e as de Workman e Goodman.

Visando a saúde ocupacional, consta expresso na norma regulamentadora em comento que, para poder desenvolver atividades com sujeição a ar comprimido, os empregados deverão satisfazer aos seguintes requisitos básicos:

- ter idade superior a 18 (dezoito) e inferior a 45 (quarenta e cinco) anos;
- ser submetido a exame médico obrigatório, pré-admissional, periódico, de retorno à atividade, e outros exigidos pelas características e peculiaridades próprias do trabalho;
- ser portador de placa de identificação, fornecida no ato da admissão, após a realização do exame médico;
- antes de cada jornada de trabalho, os trabalhadores deverão ser inspecionados pelo médico, não sendo permitida a entrada em serviço daqueles que apresentem sinais de afecções das vias respiratórias ou outras moléstias, assim como aqueles que apresentem sinais de ingestão de bebidas alcoólicas;
- o empregado inexperiente será orientado, mediante recurso de audiovisual, quanto aos riscos decorrentes da atividade e às precauções que deverão ser tomadas, devendo ficar permanentemente sob supervisão de pessoa competente, e sua compressão não poderá ser feita se não for acompanhado, na campânula, por pessoa hábil para instruí-lo quanto ao comportamento adequado na descompressão.

As possíveis consequências danosas à saúde dos trabalhadores expostos a pressões hiperbáricas agrupam-se em dois momentos específicos:

- na compressão: ruptura do tímpano, irritação dos pulmões, irritação pelo O_2 e narcose pelo N_2;
- na descompressão: ruptura de alvéolos pulmonares, dores nas juntas, suor frio, palidez, dores abdominais, inconsciência, hemiplegia e paraplegia.

Trabalho Submerso, nos termos do Anexo n. 6 da NR-15, é qualquer trabalho realizado ou conduzido por um mergulhador em meio líquido. A propósito, mergulhador é o profissional qualificado e legalmente habilitado para utilização de equipamentos de mergulho submersos.

Os mergulhadores são classificados em duas categorias:

- MR — são os mergulhadores habilitados apenas para operação de mergulho utilizando ar comprimido.
- MP — são os mergulhadores devidamente habilitados para operações de mergulho que exijam a utilização de mistura respiratória artificial.

Consoante definido no Anexo n. 6 da NR-15, mergulho de intervenção é o caracterizado pela utilização de misturas respiratórias artificiais e pelo tempo de trabalho no fundo, limitado a valores que não incidam no emprego de técnica de saturação. A propósito, misturas respiratórias artificiais são misturas de oxigênio, hélio ou outros gases, apropriadas à respiração durante os trabalhos submersos, quando não seja indicado o uso do ar natural.

Conveniente enfatizar alguns conceitos elementares e específicos da atividade de mergulho, para fins da tipificação do exercício insalubre:

- Operação de mergulho é toda aquela que envolve trabalhos submersos e que se estende desde os procedimentos iniciais de preparação até o final do período de observação.
- Águas abrigadas corresponde a toda massa líquida que, pela existência de proteção natural ou artificial, não estiver sujeita ao embate de ondas, nem correntezas superiores a 1 (um) nó.
- Câmara hiperbárica é um vaso de pressão especialmente projetado para a ocupação humana, no qual os ocupantes podem ser submetidos a condições hiperbáricas.

- Câmara de superfície é uma câmara hiperbárica especialmente projetada para ser utilizada na descompressão dos mergulhadores, requerida pela operação ou pelo tratamento hiperbárico.
- Câmara submersível de pressão atmosférica é uma câmara resistente à pressão externa, especialmente projetada para uso submerso, na qual os seus ocupantes permanecem submetidos à pressão atmosférica.
- Câmara terapêutica é uma câmara de superfície destinada exclusivamente ao tratamento hiperbárico.
- Condição hiperbárica é qualquer condição em que a pressão ambiente seja maior que a atmosférica.
- Descompressão é o conjunto de procedimentos pelo qual um mergulhador elimina de seu organismo o excesso de gases inertes absorvidos durante determinadas condições hiperbáricas, sendo tais procedimentos absolutamente necessários no seu retorno à pressão atmosférica, para a preservação da sua integridade física.
- Emergência é qualquer condição anormal capaz de afetar a saúde do mergulhador ou a segurança da operação de mergulho.
- Equipamento autônomo de mergulho é aquele em que o suprimento de mistura respiratória é levado pelo próprio mergulhador e utilizado pela sua única fonte.
- Linha da vida é um cabo, manobrado do local de onde é conduzido o mergulho, que, conectado ao mergulhador, permite recuperá-lo e içá-lo da água, com seu equipamento.
- Mar aberto significa toda área que se encontra sob influência direta do mar.
- Médico hiperbárico é o profissional médico portador de curso de medicina hiperbárica com currículo aprovado pela Secretaria da Inspeção do Trabalho (SIT-MTE), realizado pela FUNDACENTRO ou outra entidade credenciada para tal, sendo o responsável pela realização dos exames psicofísicos admissional, periódico e demissional, de conformidade com a NR-07 (PCMSO).
- Período de observação, nos termos da NR-15, corresponde ao lapso de tempo que se inicia no momento em que o mergulhador deixa de estar submetido a condições hiperbáricas e se estende até 12 (doze) horas para os mergulhos com ar e até 24 (vinte e quatro) horas para mergulhos com mistura respiratória.
- Plataforma de mergulho corresponde a um navio, embarcação, balsa, estrutura fixa ou flutuante, canteiro de obras, cais ou local a partir do qual se realiza o mergulho.
- Programa médico corresponde ao conjunto de atividades desenvolvidas pelo empregador, na área médica, necessário à manutenção da saúde e integridade física do mergulhador.
- Regras de segurança são os procedimentos básicos que devem ser observados nas operações de mergulho, de forma a garantir sua perfeita segurança e assegurar a integridade física dos mergulhadores.
- Sino aberto corresponde à campânula com a parte inferior aberta e provida de estrado, de modo a abrigar e permitir o transporte de, no mínimo, dois mergulhadores da superfície ao local de trabalho, devendo possuir sistema próprio de comunicação, suprimento de gases de emergência e vigias que permitam a observação de seu exterior.
- Sino de mergulho é uma câmara hiperbárica, especialmente projetada para ser utilizada em trabalhos submersos.
- Sistema de mergulho é o conjunto de equipamentos necessários à execução de operações de mergulho, dentro das normas de segurança.
- Supervisor de mergulho é o mergulhador, qualificado e legalmente habilitado pelo empregador, para supervisionar a operação de mergulho.
- Técnicas de saturação são procedimentos pelos quais um mergulhador evita repetidas descompressões para a pressão atmosférica, permanecendo submetido à pressão ambiente maior que aquela, de tal forma que seu organismo se mantenha saturado com os gases inertes das misturas respiratórias.

- Umbilical é o conjunto de linha de vida, mangueira de suprimento respiratório e outros componentes que se façam necessários à execução segura do mergulho, de acordo com a sua complexidade.

Constam estipuladas no Anexo n. 6 da NR-15, as seguintes recomendações genéricas de segurança a serem observadas nas atividades de mergulho:

- é obrigatório o uso de comunicações verbais em todas as operações de mergulho realizadas em condições perigosas sendo que, em mergulhos com Misturas Respiratórias Artificiais (MRA), deverão ser incluídos instrumentos capazes de corrigir as distorções sonoras provocadas pelos gases na transmissão da voz;
- em mergulho a mais de 50 m (cinquenta metros) de profundidade, quando utilizado sino de mergulho ou câmara submersível de pressão atmosférica, é obrigatória a disponibilidade de intercomunicador, sem fio, que permita comunicações verbais para utilização em caso de emergência;
- em todas as operações de mergulho serão utilizados balizamento e sinalização adequados de acordo com o código internacional de sinais e outros meios julgados necessários à segurança;
- a técnica de mergulho suprido pela superfície será sempre empregada, exceto em casos especiais em que as condições de segurança indiquem ser mais apropriada a técnica de mergulho autônomo, sendo esta apoiada por uma embarcação miúda;
- os umbilicais ou linhas de vida serão sempre afixados a cintas adequadas e que possam suportar o peso do mergulhador e dos equipamentos;
- a entrada e saída dos mergulhadores no meio líquido será sempre facilitada com o uso de cestas, convés ao nível da água ou escadas rígidas;
- os mergulhos com descompressão só deverão ser planejados para situações em que uma câmara de superfície possa ser alcançada em menos de uma hora, utilizado o meio de transporte disponível no local;
- caso a profundidade seja maior que 40 m (quarenta metros) ou o tempo de descompressão maior que 20 min (vinte minutos), é obrigatória a presença no local de mergulho de uma câmara de superfície;
- em profundidade superior a 90 m (noventa metros), qualquer operação de mergulho só deverá ser realizada com sino de mergulho em conjunto com câmara de superfície dotada de todos os acessórios e equipamentos auxiliares, ficando a profundidade limitada à pressão máxima de trabalho dessa câmara;
- nas profundidades de 120 m a 130 m (cento e vinte a cento e trinta metros) só poderão ser realizados mergulhos utilizando equipamentos e equipes que permitam a técnica de saturação;
- o tempo máximo submerso diário, em mergulhos utilizando ar comprimido, não poderá ser superior a quatro horas;
- utilizando-se Mistura Respiratória Artificial (MRA), em mergulho de intervenção com sino aberto, o tempo de permanência do mergulhador na água não poderá exceder de 160 min (cento e sessenta minutos);
- utilizando-se MRA, em mergulho de intervenção com sino de mergulho, o tempo de fundo não poderá exceder a 90 min (noventa minutos), 60 min (sessenta minutos) e 30 min (trinta minutos), respectivamente, para mergulhos até: 90 m (noventa metros) de profundidade, 90 m a 120 m (noventa a cento e vinte metros) de profundidade, e 120 m a 130 m (cento e vinte a cento e trinta metros) de profundidade;
- utilizando-se a técnica de saturação, o período máximo submerso para cada mergulhador, incluída a permanência no interior do sino, não poderá exceder a 8 h (oito horas) para cada período de 24 h (vinte e quatro horas);

- nenhuma operação de mergulho poderá ser realizada sem ter havido uma revisão no sistema e equipamento com uma antecedência não superior a 12 h (doze horas);
- na descompressão serão utilizadas as tabelas constantes do Anexo C, do Anexo n. 6 da NR-15, sendo que outras tabelas poderão ser empregadas, desde que devidamente homologadas pela Diretoria de Portos e Costas (DPC).

Especifica o Anexo n. 6 da NR-15 as seguintes condições perigosas possíveis de ocorrer no desenvolvimento das atividades de mergulho:

- uso e manuseio de explosivos;
- trabalhos submersos de corte e solda;
- trabalhos em mar aberto;
- correntezas superiores a 2 (dois) nós;
- estado de mar superior a "mar de pequenas vagas", altura máxima das ondas igual a 2 m (dois metros);
- manobras de peso ou trabalho com ferramentas que impossibilitem o controle da flutuabilidade do mergulhador;
- trabalhos noturnos;
- trabalhos em ambientes confinados.

Tendo em vista a saúde ocupacional a ser preservada nos trabalhos de mergulho, dispõe a NR em apreço que os empregados deverão satisfazer aos seguintes requisitos básicos:

- possuir idade superior a 18 (dezoito) anos;
- ser submetido a exame médico obrigatório, pré-admissional, periódico, de retorno à atividade, e outros exigidos pelas características e peculiaridades próprias do trabalho;
- possuir Livro de Registro de Mergulho (LRM), onde devem ser anotadas e registradas todas as atividades de mergulho de que tenha tomado parte, ficando legalmente responsável pelas anotações nele contidas, obrigando-se a apresentá-lo ao Ministério do Trabalho e Emprego, a seu empregador, ou ao contratante deste, sempre que solicitado. Dito LRM deverá ser guardado por até cinco anos após a data do último registro;
- cumprir as regras de segurança das atividades de mergulho;
- comunicar ao supervisor as irregularidades observadas durante as operações de mergulho;
- apresentar-se para exames médicos, quando determinado pelo empregador;
- assegurar-se, antes do início da operação, de que os equipamentos individuais fornecidos pelo empregador estejam em perfeitas condições de funcionamento.

Importante observar que estipula a NR-15 que o descumprimento, pelo empregador, de qualquer recomendação de segurança para os trabalhos sob pressão hiperbárica, seja em relação aos trabalhos sob ar comprimido, seja no tocante aos trabalhos submersos, enseja a caracterização de uma situação de risco grave e iminente, podendo ocasionar a interdição da atividade nos termos do art. 161 da CLT e da NR-03 (Embargo ou Interdição).

Acerca das possíveis consequências danosas à saúde dos trabalhadores expostos a pressões hiperbáricas, cumpre destacar que elas podem agrupar-se em dois momentos específicos: na compressão (ruptura do tímpano, irritação dos pulmões, irritação pelo O_2 e narcose pelo N_2); e na descompressão (ruptura de alvéolos pulmonares, dores nas juntas, suor frio, palidez, dores abdominais, inconsciência, hemiplegia e paraplegia).

Um outro agente físico possível de tipificar a insalubridade é a Radiação Não Ionizante que pode ser definida como a forma de energia eletromagnética que, ao atingir um átomo, e por não dispor de energia suficiente para ionizá-lo, ocasiona apenas a sua excitação, provocando o aumento de sua energia interna. As radiações não ionizantes dentro do espectro eletromagnético abrangem uma extensa faixa de comprimentos de ondas variáveis de 100 km (cem quilômetros) a 10 nm (dez nanômetros), e valores de frequências variáveis de 10 PHz (dez petahertz) a 10 Khz (dez kilohertz) [(2)]. É conveniente frisar que a radiação pode se transmitir pelo vácuo, sem a necessidade de existência de ar ou outro meio material, tanto assim que toda a radiação solar que chega à terra (infravermelho, visível, ultravioleta e outras) é transmitida através do vácuo interplanetário.

Em relação às Radiações Não Ionizantes, segundo o Anexo n. 7 da décima quinta norma regulamentadora de segurança e saúde no trabalho, a insalubridade poderá configurar-se unicamente em grau médio, desde que caracterizada, no ambiente de trabalho, a exposição e que o trabalhador desenvolva suas atividades profissionais sem a devida proteção adequada.

A NR-15 (Atividades e Operações Insalubres), por meio do Anexo n. 7 (Radiações Não Ionizantes), estabelece três modalidades específicas de radiações não ionizantes possíveis de caracterizar a insalubridade:

- Micro-ondas correspondem às radiações não ionizantes cujos comprimentos de onda variam de 1 m (um metro) a 1 mm (um milímetro), abrangendo as frequências do tipo: UHF (frequência ultra-alta), SHF (frequência superalta) e EHF (frequência extra-alta).
- Ultravioletas correspondem às radiações não ionizantes que apresentam os menores comprimentos de onda, variáveis de dez micrômetros a dez nanômetros, abrangendo frequências muito elevadas, variáveis de 1 PHz (um petahertz) a 100 PHz (cem petahertz). Esta modalidade de radiação abrange a luz negra, a eritemática, a germicida e a ozona. Sendo que, em termos ocupacionais, são consideradas especialmente as situadas nas faixas eritemáticas e germicidas por serem mais prejudiciais.
- *Laser* (ampliação de luz mediante emissão estimulada de radiação) se distingue da luz visível porque é emitida em um único comprimento de onda e apresenta a propriedade da não dispersão, daí por que é também chamada de radiação coerente. Em outras palavras, os raios *laser* são ditos unidirecionais, dado que altamente concentrados, com dispersão insignificante. Do ponto de vista da saúde ocupacional, a radiação *laser* apresenta maiores efeitos no aparelho visual, sendo prudente evitar a sua visualização direta.

Excepciona o Anexo n. 7 da NR-15 que as atividades ou operações que exponham os trabalhadores à luz negra, radiação ultravioleta na faixa de 400-320 nm (quatrocentos a trezentos e vinte nanômetros), não serão consideradas insalubres.

As radiofrequências são uma modalidade de radiação não ionizante que se caracterizam por apresentar uma extensa faixa de comprimentos de onda, variáveis de 100 km (cem quilômetros) a 1 m (um metro), e um espectro de frequência variável desde a ULF (frequência ultrabaixa) a VHF (frequência muito alta). O estudo da radiofrequência, porém, não tem despertado muito interesse em termos de saúde ocupacional, tanto assim que a NR-15 não considera sua exposição como sendo atividade insalubre. A utilização mais comum da radiofrequência se relaciona com as atividades de: radionavegação, radiofaróis, radiodifusão AM, radioamadorismo e diatermia térmica.

Entende-se por radiações infravermelhas as radiações não ionizantes que apresentam pequenos comprimentos de onda, variáveis de um milímetro a um micrômetro, e altas frequências, variáveis de 1 THz (um Terahertz)[(3)] a 1 PHz (um Petahertz)[(4)]. Apesar de o Anexo n. 7: Radiações não ionizantes da NR-15 (Atividades e Operações Insalubres) somente enquadrar como insalubre de grau médio as radiações não ionizantes do tipo micro-ondas, ultravioletas e *laser*, há de se ressaltar que as radiações infravermelhas já foram devidamente consideradas para fins de insalubridade, sob a forma de calor radiante, nos termos anteriormente abordados, por ocasião dos questionamentos respondidos atinentes ao Anexo n. 3 (Limites de Tolerância para Exposição ao Calor).

---

(2) 1 nano = 10^{-9}; 1 peta = 10^{15}.

(3) 1 Tera = 10^{12}.

(4) 1 Peta = 10^{15}

Normalmente, o trabalhador fica exposto às radiações não ionizantes no desenvolvimento das seguintes atividades e operações: solda elétrica, aquecimento, secagem e esterilização de produtos diversos, fornos de micro-ondas, radares e satélites de comunicação, radiodifusão, microusinagem, fotocoagulação, lâmpadas germicidas, metais em fusão a altas temperaturas, vulcanização de fibras de poliéster e poliuretano.

Os trabalhadores que desenvolvem atividades com exposição habitual às radiações não ionizantes se sujeitam às seguintes entidades mórbidas: aumento de temperatura do organismo do trabalhador; distúrbios cardiovasculares e respiratórios; alterações no sistema nervoso central; conjuntivites; câncer de pele.

Vibração, ou fenômeno vibratório, é caracterizada pela oscilação de um corpo sólido em torno de uma posição, caso apresente um andamento bem definido no tempo e, portanto, previsível, ou do tipo aleatório, como no caso das exposições encontradas nas situações de trabalho. Os componentes mais importantes que definem a vibração são: a magnitude, a frequência, a duração e a direção.

O Anexo n. 8 (Vibração), com sua redação atualizada pela Portaria MTE n. 1.271 de 13.8.2014, é inteiramente dedicado a essa modalidade de agente físico caracterizado pelo movimento periódico de partículas de um corpo ou meio elástico em sentidos alternativamente opostos com relação à posição de equilíbrio, quando este foi perturbado. A vibração pode manifestar-se em frequência única, como no caso de um diapasão, ou, como é o caso mais comum, com múltiplas frequências, nas vibrações mecânicas industriais.

O citado Anexo n. 8 da NR-15 possui dois objetivos bem definidos:

- Estabelecer critérios para caracterização da condição de trabalho insalubre decorrente da exposição às Vibrações de Mãos e Braços (VMB) e Vibrações de Corpo Inteiro (VCI).
- Os procedimentos técnicos para a avaliação quantitativa das VCI e VMB são os estabelecidos nas Normas de Higiene Ocupacional da FUNDACENTRO.

Caracteriza-se a exposição ocupacional às vibrações quando, mediante perícia técnica quantitativa, ficar constatada a extrapolação aos limites de tolerância em duas situações específicas:

- Caso seja superado o limite de exposição ocupacional diária a VMB correspondente a um valor de aceleração resultante de exposição normalizada (aren) de 5 m/s^2.
- Caso sejam superados quaisquer dos limites de exposição ocupacional diária a VCI:
  - valor da aceleração resultante de exposição normalizada (aren) de 1,1 m/s^2;
  - valor da dose de vibração resultante (VDVR) de 21,0 m/s1,75.

A avaliação quantitativa deve ser representativa da exposição das vibrações, abrangendo aspectos organizacionais e ambientais que envolvam o trabalhador no exercício de suas funções. A caracterização da exposição deve ser objeto de laudo técnico que contemple, no mínimo, os seguintes itens:

- Objetivo e datas em que foram desenvolvidos os procedimentos;
- Descrição e resultado da avaliação preliminar da exposição, realizada de acordo com o item 3 do Anexo 1 (Vibração) da NR-09 (PPRA), com a redação dada pela Portaria MTE n. 1.471, de 24.9.2014;
- Metodologia e critérios empregados, inclusas a caracterização da exposição e representatividade da amostragem;
- Instrumentais utilizados, bem como o registro dos certificados de calibração;
- Dados obtidos e respectiva interpretação;
- Circunstâncias específicas que envolveram a avaliação;
- Descrição das medidas preventivas e corretivas eventualmente existentes e indicação das necessárias, bem como a comprovação de sua eficácia;
- Conclusão.

Normalmente, constata-se a exposição às vibrações nas atividades e operações de: indústria de construção civil (máquinas de movimentação de terra em geral, martelos pneumáticos, britadores, compactadores de concreto e de mesas vibratórias); indústria de transporte (caminhões, ônibus, motocicletas, máquinas agrícolas, trens e metrô); e, equipamentos industriais (ponte rolante e empilhadeira).

São catalogados como danos à saúde mais comuns a que se sujeitam os trabalhadores expostos às vibrações, os seguintes: artrose dos cotovelos, necrose dos ossos dos dedos, distúrbios circulatórios (embranquecimento dos dedos — dedo branco); distúrbios sensoriais e motores (adormecimento, perda de coordenação e destreza dos dedos, formigamento) e musculoesqueléticos, problemas nervosos e alteração da sensibilidade táctil.

As principais medidas preventivas a serem observadas nas atividades com sujeição à vibração podem ser assim exemplificadas: melhoria na qualidade do equipamento; instituir períodos de repouso e rotatividade, evitando exposições contínuas; evitar que, por meio de exame admissional, trabalhadores com quadro clínico de doença de Raynaud, lúpus, esclerodermia e dermatomiosite sejam admitidos nessa atividade e detectar precocemente as lesões iniciais e proceder ao rodízio no posto de trabalho.

Na exposição ocupacional ao Frio, verifica-se uma situação orgânico-fisiológica oposta ao que ocorre na exposição ao calor; pois, em ambiente frio, nossos vasos sanguíneos periféricos (pele e extremidades) tendem a se retrair para minimizar a perda de calor, estimulando a que mais sangue seja enviado para órgãos vitais (coração e cérebro) e, em consequência, verifica-se uma diminuição significativa da temperatura corporal periférica, ou seja, da pele como um todo e, em especial das extremidades (dedos das mãos e dos pés, das orelhas, nariz).

Normalmente, a exposição ao agente insalubre frio fica evidenciado, com mais frequência, no desenvolvimento de trabalhos em câmaras frigoríficas de supermercados, açougues, sorveterias industriais. É comum a exposição ao frio ocasionar os seguintes efeitos nocivos à saúde dos trabalhadores: alterações no equilíbrio homeotérmico com o aparecimento de tremores, sonolência, coma e problemas respiratórios.

Segundo o Anexo n. 9 (Frio), da NR-15, as atividades ou operações executadas no interior de câmaras frigoríficas, ou em locais que apresentem condições similares, sem a proteção adequada, tipificam a exposição insalubre somente em grau médio. Importante ressaltar que, em termos ocupacionais, o mais danoso efeito nocivo do frio ao trabalhador é o choque térmico decorrente da sujeição às variações bruscas de temperatura, ora num ambiente normal ora num ambiente frio, como no caso do trabalhador que fica colocando e retirando gêneros de uma câmara frigorífica. Registre-se, também, que a proteção individual fica sempre prejudicada, posto que, apesar de o trabalhador normalmente utilizar em tais atividades EPIs como luvas, botas de borracha, japona e outros, fica quase sempre desprotegido em relação ao seu aparelho respiratório.

A Consolidação das Leis do Trabalho possui disposição específica (art. 253 da CLT) alusiva à temática em comento, estipulando que para os trabalhadores no interior de câmaras frigoríficas e para os que movimentam mercadorias do ambiente quente ou normal para o frio e vice-versa, depois de 1 (uma) hora e 40 (quarenta) minutos de trabalho contínuo, será assegurado um período de 20 (vinte) minutos de repouso, computado esse intervalo como de trabalho efetivo. Outrossim, consta igualmente expresso no citado dispositivo legal que considera-se artificialmente frio, para os fins do presente artigo, o que for inferior, nas primeira, segunda e terceira zonas climáticas do mapa oficial do Ministério do Trabalho.

Segundo a Portaria SSST-MTb n. 21, de 26.12.1994, o mapa oficial do Ministério do Trabalho e Emprego a que se refere o art. 253 da CLT e a ser considerado para fins de insalubridade é o "Mapa Brasil Climas" da Fundação IBGE da SEPLAN, publicado no ano de 1978, e que define as zonas climáticas brasileiras de acordo com a temperatura média anual dos meses secos e o tipo de vegetação natural. Nesse sentido, a citada portaria ministerial, preceitua que se definem como primeira, segunda e terceira zonas climáticas do mapa oficial do MTE, a zona climática quente, a quarta zona, como a zona climática subquente, e a quinta, sexta e sétima zonas, como a zona climática mesotérmica (branda ou mediana) do "Mapa Brasil Climas" do Instituto Brasileiro de Geografia e Estatística (IBGE).

Anexo n. 10 (Umidade), da NR-15, estipula que as atividades ou operações executadas em locais alagados ou encharcados, com umidade excessiva, capazes de produzir danos à saúde dos trabalhadores, serão consideradas insalubres em decorrência de laudo de inspeção dos locais de trabalho, utilizando o método de análise qualitativa. A umidade quando caracterizada, somente possibilita seu enquadramento no grau médio, desde que comprovada a sujeição continuada a esse agente nocivo e sem a devida proteção adequada. Registre-se, por oportuno, que, apesar do enquadramento da umidade como um agente insalubre de grau médio, a literatura especializada não tem se interessado muito pelo tema, tanto assim que são escassos os estudos técnicos a respeito dos efeitos nocivos da exposição à umidade, em termos ocupacionais.

Os Agentes Químicos, para fins de insalubridade, estão agrupados em três anexos da NR-15 (Atividades e Operações Insalubres), a saber:

- Anexo n. 11: Agentes Químicos cuja insalubridade é caracterizada por Limite de Tolerância e Inspeção do Local de Trabalho, através do método de análise quantitativo;
- Anexo n. 12: Limites de Tolerância para Poeiras Minerais (asbestos, manganês e seus compostos, e sílica livre cristalizada), utiliza-se, na perícia técnica, o método de Análise Quantitativa;
- Anexo n. 13: Agentes Químicos, considerados insalubres em decorrência de Inspeção nos Locais de Trabalho, através de mera Análise Qualitativa, dado que inexistentes os limites de tolerância.

Sabidamente, as substâncias ou agentes químicos podem adentrar no organismo humano por três vias básicas de penetração: respiratória, cutânea e digestiva. As duas primeiras (respiratória e cutânea) despertam maior interesse do ponto de vista ocupacional, posto que só acidentalmente ocorre a ingestão de produtos químicos no ambiente de trabalho.

O Anexo n. 11 (Agentes Químicos, cuja insalubridade é caracterizada por limite de tolerância e inspeção no local de trabalho) estabelece que são consideradas insalubres as atividades ou operações que exponham os trabalhadores a agentes químicos acima dos limites de tolerância fixados no Quadro n. 1 (Tabela de Limites de Tolerância) do citado anexo, no qual se tem fixado o limite de tolerância para cada substância química relacionada, inclusive o valor-teto, se houver, bem como se a mesma é um asfixiante simples, e se pode ser absorvida também pela pele (via cutânea).

O Anexo 11 da NR-15 se reporta a dois limites de tolerância específicos:

- Limite de Tolerância Média Ponderada — assim entendido o correspondente às substâncias químicas onde é permitida a extrapolação momentânea deste limite, desde que sejam compensados por valores inferiores, dentro da mesma jornada semanal, de modo que, ao final do período, se tenha uma exposição igual ou inferior ao limite de tolerância fixado; caso contrário, a exposição será considerada insalubre.
- Limite de Tolerância Valor-Teto — corresponde à concentração máxima para um determinado agente químico presente no ambiente de trabalho, e que não pode ser ultrapassada em momento algum da jornada de trabalho, sob pena de se configurar uma situação de risco grave e iminente, devendo ocorrer a interdição da atividade, nos termos do art. 161 da CLT e da NR-03 (Embargo ou Interdição).

São os seguintes os agentes químicos constantes do Anexo n. 11 da NR-15 e que apresentam indicação de valor-teto: ácido clorídrico; ácido n-butílico; n-butilamina; cloreto de vinila; diclorodifluormetano (freon 12); 1,1-dicloro-I-nitroetano; 2,4-diisocianato de tolueno; dióxido de nitrogênio; formaledeído (formol); hidrazina e monometil hidrazina.

Quando se constatar a indicação de asfixiante simples para um determinado agente químico relacionado na Tabela de Limites de Tolerância do Quadro n. 1 do Anexo 11 da NR-15, significa dizer que deverá ser observada uma concentração mínima de oxigênio da ordem de dezoito por cento em volume. Se tal não for respeitado, configurar-se-á uma situação de risco grave e iminente, podendo ensejar a interdição da atividade.

São os seguintes os agentes químicos constantes do Anexo n. 11 da NR-15 que apresentam indicação de asfixiantes simples: acetileno, argônio, etano, etileno, hélio, hidrogênio, metano, neônio, óxido nitroso, n-propano e propileno.

Quando ficar constatada a indicação de absorção também pela pele, para um determinado agente químico relacionado na Tabela de Limites de Tolerância do Quadro n. 1 do Anexo 11 da NR-15, significa dizer que tal agente químico também poderá ser absorvido pela via cutânea, exigindo-se, na sua manipulação, o uso de luvas adequadas, além dos demais EPIs necessários.

São os seguintes os agentes químicos constantes do Anexo n. 11 da NR-15 que apresentam a indicação de absorção também pela pele: acetato de cellosove; ácido cianídrico; acrilato de metila; acrilonitrila; álcool n-butílico; álcool furfurílico; álcool metílico; álcool n-propílico; álcool isopropílico; anilina; brometo de metila; bromofórmio; n-butilamina; butil cellosove; ciclohexilamina; cloroprene; cumeno; decaborano; demeton; 1,2-dibramoetano; diisopropilamina; dimetilacetamida; 1,1-dimetil hidrazina; dissulfeto de carbono; éter decloroetílico; etilenoimina; n-etil-morfolina; 2-etoxietanol; fenol; hidrazina; metil cellosolve; metil demeton; metil isobutilcarbinol; monometil hidrazina; n-pentano; propileno imina; sulfato de dimetila; tetracloreto de carbono; tetracloroetano; tolueno (toluol); e 1,1,2 tricloroetano.

A avaliação das concentrações dos agentes químicos através de métodos de amostragem instantânea, de leitura direta, ou não, deverá ser feita pelo menos em 10 (dez) amostras, para cada ponto, ao nível respiratório do trabalhador. E entre cada uma das amostragens deverá haver um intervalo de, no mínimo, 20 (vinte) minutos. O limite de tolerância para os agentes químicos que não possuam a indicação de valor teto será considerado excedido quando a média aritmética das concentrações ultrapassar os valores fixados no Quadro n. 1, caso em que a exposição será considerada insalubre.

No caso das substâncias que apresentem a indicação de valor-teto, o limite de tolerância será considerado excedido quando qualquer das concentrações obtidas na amostragem ultrapassar os valores fixados no Quadro n. 1. Se ultrapassado, teremos uma situação de risco grave e iminente, suficiente a ensejar a interdição, nos termos do art. 161 da CLT e na NR-03 (Embargo ou Interdição). Outrossim, cada uma das concentrações obtidas nas referidas amostragens não deverá ultrapassar os valores obtidos na equação que segue, sob pena de ser considerada situação de risco grave e iminente. Valor Máximo = LT x FD, em que: LT = Limite de Tolerância fixado para o agente químico, segundo o Quadro n. 1 do Anexo n. 11 da NR-15 (consultar na norma), e FD = Fator de Desvio, segundo Quadro n. 2 do Anexo 11 da NR-15:

Quadro 2

L.T.			F.D.
(ppm	ou	mg/m³)	
0	a	1	3,00
1	a	10	2,00
10	a	100	1,50
100	a	1.000	1,25
acima	de	1.000	1,10

O Anexo n. 11 da NR-15 especifica diversos agentes químicos, alguns dos quais, se tiverem os correspondentes limites de tolerância extrapolados e sem a devida proteção adequada, poderão caracterizar o exercício insalubre nos graus: máximo, médio ou mínimo.

O Anexo n. 11 da NR-15 cataloga inúmeros agentes químicos possíveis de tipificar a insalubridade em grau máximo: acetaldeído; acetonitrila; ácido clorídrico; ácido crômico; ácido fluorídrico; acrilato de metila; acrilonitrila; álcool n-butílico; álcool metílico; anilina; arsina (arsenamina); bromo; brometo de etila; brometo de metila; n-butilamina; chumbo; cianogênio; ciclohexanol; ciclohexilamina; cloreto de metila; cloreto de metileno; cloreto de vinila; cloreto de vinilideno; cloro; clorobromometano; clorofórmio; I-cloro I-nitropropano; cloroprene; cumeno; decaborano; demeton, diborano; 1,2 dicloroetano; 1,1-dicloro-I-nitroetano; 1,2 dicloropropano; 2,4-diisocianato de tolueno (TDI); diisopropilamina; dimetilacetamida; 1,1 dimetil hidrazina; dióxido de cloro; dióxido de enxofre; dióxido de nitrogênio; dissulfeto de carbono; estibina; éter decloroetílico; etilamina; etilenoimina; fenol; formaledeído (formol); fosfina; fosgênio; gás sulfídrico; hidrazina; mercúrio (todas as formas, exceto orgânicas); metilamina; metil celossolve; metil demeton; metil isobutilcarbinol; monometil hidrazina; monóxido de carbono; negro de fumo; níquel carbonila; nitrato de n-propila; nitrometano; óxido de etileno; óxido nítrico; ozona; pentaborano; propileno imina; sulfato de dimetila; tetracloreto de carbono; tetrahidrofurano; tetracloroetano; tricloroetileno; 1,2,3 tricloropropano e trietilamina.

Igualmente, o Anexo n. 11 da NR-15 elenca vários agentes químicos possíveis de tipificar a insalubridade em grau médio: acetato de cellosolve; ácido acético; ácido fórmico; álcool isobutílico; álcool sec-butílico (2-butano); álcool terc-butílico; álcool furfurílico; álcool n-propílico; álcool isopropílico; amônia; bromofórmio; 1,3 butadieno; n-butano; butil-cellosolve; n-butil mercaptana; ciclohexano; cloreto de etila; clorobenzeno; 1,2 dibramoetano; 1,1 dicloretano; 1,2 dicloroetileno; dietil amina; dimetilamina; dimetilforfamida; estireno; éter etílico; etilbenzeno; etil mercaptana; n-etil morfolina; 2-etóxietanol; fluortriclorometano (feon 11); isopropilamina; metil ciclohexanol; metilclorofórmio; metil etil cetona; metil mercaptana (metanotiol); nitroetano; 1-nitropropano; 2-nitropropano; percloroetileno; piridina; 1,1,2,2 tetrabromometano; tolueno (toluol); 1,1,2 tricloroetano; 1,1,2 tricloro-1,2,2 trifluoretano (freon 113); trifluormonobramometano e xileno (xilol).

Da mesma forma, o Anexo n. 11 da NR-15 cataloga diversos agentes químicos possíveis de tipificar a insalubridade em grau mínimo: acetato de etila; acetona; álcool isoamílico; álcool etílico; clorodifluormetano (freon 22); diclorodifluormetano (freon 12); diclorotetrafluormetano (freon 114); metacrilato de metila e n-pentano.

Diversamente do ponto de vista normativo previsto na NR-15, na literatura técnico-especializada, as substâncias ou agentes químicos podem ser reunidos em sete Grupos: I, II, III, IV, V, VI e VII, considerada a nocividade que representam para a saúde dos trabalhadores, na forma a seguir descrita.

- Grupo I (substâncias de ação generalizada sobre organismo) — correspondem aos agentes químicos cujos efeitos no organismo dos trabalhadores dependem da quantidade de substância absorvida, e representam a grande maioria das substâncias relacionadas no Quadro n. 1 do Anexo n. 11 da NR-15, às quais se aplica o limite de tolerância média ponderada. Exemplos: cloro, chumbo, dióxido de carbono, monóxido de carbono e nitroetano.

- Grupo II (substâncias de ação generalizada sobre o organismo, podendo ser absorvidas, também, por via cutânea) — correspondem aos agentes químicos que, além de expor os trabalhadores por meio das vias respiratórias, também exigem a proteção individual para os membros superiores e outras partes do corpo possíveis de propiciarem a absorção cutânea do agente químico. Exemplos: anilina, benzeno, bromofórmio, fenol, percloroetileno, tetracloreto de carbono e tolueno.

- Grupo III (substâncias de efeitos extremamente rápidos) — correspondem aos agentes químicos que têm indicados os limites valor-teto, os quais não podem ser extrapolados em momento algum da jornada. Exemplos: ácido clorídrico e formaldeído (formol).

- Grupo IV (substâncias de efeitos extremamente rápidos podendo ser absorvidas, também, por via cutânea) — correspondem a apenas quatro substâncias: álcool n-butílico, m-butilamina, monometil hidrazina e sulfato de dimetila, as quais, além de apresentarem limite de tolerância valor-teto, que não pode ser ultrapassado em nenhum momento da jornada de trabalho, podem também ser absorvidas pela pele, impondo-se assim o especial cuidado na utilização de equipamentos de proteção individual.

- Grupo V (asfixiantes simples) — correspondem a alguns gases e vapores que, em altas concentrações no ar, atuam como asfixiantes simples, ou seja, deslocam o oxigênio do ar, sem provocar efeitos fisiológicos relevantes. Entende-se por asfixia o bloqueio dos processos tissulares pela falta de oxigênio. Exemplos: acetileno, argônio, hélio, hidrogênio e metano.

- Grupo VI (poeiras) — correspondem às substâncias químicas sólidas e originadas de ruptura mecânica, dada a sua alta importância no estudo das pneumoconioses; há um Anexo específico da NR-15, por sinal o próximo a ser abordado (Anexo n. 12: Poeiras Minerais), atualmente constituído por três espécies de poeiras minerais: asbestos manganês e sílica livre cristalizada.

- Grupo VII (substâncias cancerígenas) — correspondem às substâncias químicas cuja exposição pode ocasionar câncer no trabalhador, ou que tenham induzido câncer em animais sob determinadas condições experimentais. São exemplos: cloreto de vinila, asbestos, produção de benzidina, beta naftalina, 4 nitrodifenil e 4 aminodifenil.

Importante recordar, para auxiliar na compreensão dessa temática, os seguintes conceitos básicos:

- Gases são as substâncias químicas que, em condições normais de pressão e temperatura (25 ºC e 760 mmHg), encontram-se no estado gasoso. Exemplos: oxigênio, nitrogênio, hélio e hidrogênio.

- Vapores correspondem à fase gasosa de um determinado agente químico que, em condições normais, pertence ao estado sólido ou líquido. Exemplos: vapores de gasolina e vapores de naftalina.

Os gases e vapores, em termos fisiológicos, ou seja, do ponto de vista de sua ação sobre o organismo humano, podem ser classificados em: irritantes, anestésicos e asfixiantes. Embora se saiba que um mesmo agente químico possa ser simultaneamente irritante, anestésico ou asfixiante, o seu enquadramento em apenas um desses grupos considera o efeito danoso mais importante ou significativo no organismo humano. Gases e Vapores Irritantes são as substâncias que produzem inflamação nos tecidos com que entram em contato direto, tais como: pele, conjuntiva ocular e vias respiratórias. Os gases e vapores irritantes se subdividem em irritantes primários e irritantes secundários.

Gases e Vapores Irritantes Primários são as substâncias químicas que concentram sua ação danosa em determinada parte do organismo humano, e se classificam em:

- irritantes de ação sobre as vias respiratórias superiores: constituem o grupo que apresenta a mais alta solubilidade na água, localizando sua ação nas vias aéreas superiores. Exemplos: ácido clorídrico, ácido sulfúrico, amônia e soda cáustica;
- irritantes de ação sobre os brônquios: possuem moderada solubilidade na água, daí por que, quando inaladas, podem penetrar mais profundamente nas vias respiratórias, concentrando sua irritação nos brônquios. Exemplos: anidrido sulfuroso e cloro;
- irritantes sobre os pulmões: constituem o grupo de substâncias químicas que apresentam baixa solubilidade na água e, em consequência, alcançam os alvéolos pulmonares onde intensificam sua ação danosa. Exemplos: ozona, gases nitrosos e fosfogênio;
- irritantes atípicos: correspondem ao grupo de substâncias que, apesar de apresentarem baixa solubilidade, ocasionam ação irritante também nas vias respiratórias. Exemplos: acroleína e gases lacrimogênios.

Gases e Vapores Irritantes Secundários são os agentes químicos que, apesar de possuírem efeito irritante, têm uma ação tóxica generalizada sobre o organismo. Exemplo: gás sulfídrico.

Noutro compasso, Gases e Vapores Anestésicos constituem o grupo de agentes químicos que, devido a sua ação sobre o sistema nervoso central, apresentam efeitos anestésicos. Ditas substâncias são introduzidas em nosso organismo através da via respiratória, alcançando o pulmão, de onde são transferidas para a corrente sanguínea, que as distribuirá para o resto do corpo. Muitas delas também podem penetrar através da pele intacta, alcançando a corrente sanguínea. Exemplos: hidrocarbonetos alifáticos (butano, propano, eteno), tetracloreto de carbono, benzeno, álcool metílico e nitrotolueno. Os gases e vapores anestésicos podem ser classificados em:

- anestésicos primários — correspondem aos agentes químicos que não produzem outro efeito no corpo humano além da anestesia, ainda que o trabalhador seja submetido a exposições repetidas em baixas concentrações. Exemplos: aldeídos, cetonas, ésteres e os hidrocarbonetos alifáticos (butano, propano e esteno);
- anestésicos de efeitos sobre as vísceras — correspondem as substâncias que podem acarretar danos ao fígado e aos rins dos trabalhadores a eles expostos. Exemplos: hidrocarbonetos clorados (tricloroetileno, tetracloro de carbono e percloroetileno);
- anestésicos de ação sobre o sistema formador do sangue — são representados pelas substâncias que se acumulam, preferencialmente, nos tecidos graxos, medula óssea e sistema nervoso. Exemplos: hidrocarbonetos aromáticos (benzeno, tolueno e xileno). De se ressaltar que, desse grupo, a substância que se apresenta como mais danosa ao trabalhador é o benzeno, visto que sua exposição prolongada, mesmo a baixas concentrações, pode ocasionar anemia aplástica, doença irreversível e, inclusive, atingir uma leucemia. Dada a sua importância, mereceu um anexo específico na NR-15, qual seja o Anexo n. 13-A: Benzeno;
- anestésicos de ação sobre o sistema nervoso — são representados pelos álcoois, que, dada a solubilidade na água, apresentam eliminação lenta do organismo, daí a sua manifestação mais acentuada no sistema nervoso. Exemplos: álcool etílico e álcool metílico;

- anestésicos de ação sobre o sangue e o sistema circulatório — correspondem ao grupo de substâncias químicas, em especial à série de nitrocompostos de carbono que, em decorrência de sua utilização industrial, podem ocasionar alteração na hemoglobina do sangue. Exemplos: nitrotolueno, nitrito de etila, nitrobenzeno, anilina e toluidina.

Gases e Vapores Asfixiantes podem ser compreendidos como o grupo de substâncias químicas que, bloqueando os processos tissulares vitais, em decorrência da anoxemia (deficiência na entrega de oxigênio aos tecidos do organismo), pode acarretar lesões definitivas no cérebro. Os gases e vapores asfixiantes podem ser subdivididos em: simples e químicos:

- Gases e vapores asfixiantes simples correspondem às substâncias que têm a propriedade de deslocar o oxigênio do ambiente a níveis inferiores a 18% (dezoito por cento), normalmente em decorrência da presença em concentração elevada de tal substância e com ventilação deficiente. Exemplos: gases fisiologicamente inertes (hidrogênio, nitrogênio, hélio), metano, etano e acetileno.
- Gases e vapores asfixiantes químicos correspondem às substâncias químicas que, ao ingressarem no organismo, interferem na perfeita oxigenação dos tecidos, apesar de não alterarem a concentração do oxigênio. Em verdade, o asfixiante químico, inalado em conjunto com o oxigênio do ar, inibe a absorção deste pelo organismo. Exemplos: monóxido de carbono, anilina e ácido cianídrico.

A avaliação dos gases e vapores nos locais de trabalho, para fins de insalubridade, deve ser feita mediante a utilização de uma das seguintes espécies de aparelhos de medição:

- Aparelhos de Leitura Direta — aqueles que fornecem a leitura imediatamente e no próprio local que está sendo avaliado, sendo comum a sua utilização tanto para avaliação de gases e vapores quanto de aerodispersóides. Há duas modalidades mais comuns de aparelhos de medição direta:
  - de Métodos Químicos — são os que se utilizam de uma reação química para detectar a concentração de um poluente. Exemplos: tubos colorimétricos, filtros de papel e líquidos reagentes;
  - de Métodos Físicos — são os que apresentam utilização prática mais restrita, dado que normalmente são específicos para um determinado contaminante e necessitam de constantes cuidados de calibração. Exemplos: indicador portátil de monóxido de carbono.
- Aparelhos Amostradores — são os que determinam a concentração ambiental de um determinado agente insalubre por análise química ou por meio de instrumentos de laboratórios químicos de alta precisão. Há duas modalidades de aparelhos amostradores:
  - Amostradores de ar total — Coletam um volume de ar contaminado (amostra de ar total) para posterior análise dos contaminantes, por meio de métodos químicos ou instrumentais (cromatógrafos e espectrofotômetros);
  - Amostradores de Separação dos Contaminantes de Ar — Baseiam-se na técnica de separação do contaminante do ar, por ocasião da passagem de uma determinada amostra de ar mediante um meio coletor adequado. A retenção do contaminante avaliado pode ser feita através dos seguintes processos: adsorção, em que a retenção é feita em um meio sólido (carvão ativado e sílica gel, por exemplo); absorção, no qual a retenção do contaminante é feita em um meio líquido (água ou solução alcalina); ou por condensação, pela utilização de ar liquefeito ou gelo seco, normalmente dispostos em tubos em forma de "U". Este método, apesar de apresentar como vantagem a coleta do contaminante em seu estado puro, possui como inconvenientes sua pouca portabilidade e a necessidade de se manter o contaminante resfriado até sua chegada ao laboratório; em face disso, só é empregado quando a utilização de outros métodos de amostragem possa resultar em alterações do contaminante.

No que concerne aos Aerodispersoides, cabe ser dito, para fins de higiene industrial e de forma resumida, que as partículas sólidas ou líquidas de tamanho bastante reduzido, com tamanho variável de 200 (duzentos) mícrons a 0,5 (cinco décimos) do mícron e que se encontram dispersas no ambiente de trabalho em decorrência de processos industriais diversos. Os aerodispersoides podem ser classificados em: poeiras, fumos, névoas e neblinas. A título de ilustração, convém lembrar que um mícron é igual a 0,001 mm (um milésimo de milímetro), e que a menor partícula visível pelo olho humano é da ordem de 0,1 mm (um décimo de milímetro), sendo que a maior percentagem de partículas arrastadas pelo ar, em forma de pó, possui menos de um mícron de tamanho.

Poeiras, do ponto de vista ocupacional, podem ser tidas como as partículas sólidas originadas de processos de ruptura mecânica de sólidos orgânicos (algodão, sisal) ou inorgânicos (sílica, talco, mica). Os processos industriais, nos quais se evidenciam com mais intensidade a exposição às poeiras, são: moenda, perfuração, explosões e manuseio de minérios, limpeza abrasiva, corte e polimento de granitos. Registre-se que o Anexo n. 12 da NR-15 é inteiramente dedicado às poeiras minerais (asbesto, manganês e sílica).

Fumos, para fins de saúde ocupacional, podem ser entendidos como as partículas sólidas resultantes de processos industriais de combustão ou condensação de materiais comumente sólidos, tais como: fusão de metais e combustão de madeira. Os fumos que apresentam efeitos mais danosos à saúde dos trabalhadores são os de origem metálica, destacando-se entre eles: o chumbo, o mercúrio, o arsênico, o cromo, o manganês, o ferro, o estanho, o cobre, o níquel, o selênio e o zinco.

Névoas, em termos ocupacionais, correspondem às partículas líquidas resultantes de processos industriais de ruptura mecânica de substâncias que são líquidas à temperatura normal. As névoas (líquidas), a exemplo das poeiras (sólidas), correspondem às partículas que possuem diâmetros superiores a 0,5 (cinco décimos) do mícron. Exemplo: o monóxido de carbono resultante dos canos de escape dos veículos automotores.

Neblinas, em termos de saúde ocupacional, são consideradas as partículas líquidas resultantes de processos industriais de condensação de vapores de substâncias que são líquidas à temperatura normal. As neblinas (líquidas), a exemplo dos fumos (sólidos), correspondem às partículas que possuem diâmetros inferiores a 0,5 (cinco décimos) do mícron. Exemplo: neblina de ácido sulfúrico.

Numa avaliação quantitativa de aerodispersoides, sempre que possível, deve ser priorizada a amostragem individual, ou seja, efetuar a coleta de amostras na zona de respiração do trabalhador, visto que o principal risco a ser identificado diz respeito às pneumoconioses; em assim sendo, os aparelhos de medição quantitativa mais usuais utilizados em avaliação ocupacional de aerodispersoides são os seguintes:

- Conímetro: tem como princípio de funcionamento a captura de partículas para posterior observação microscópica, oferece um tipo de amostra instantânea, apresenta boa eficiência para concentrações moderadas e permite a seleção de partículas.
- Precipitadores Térmicos: têm como base de funcionamento a captura de partículas para posterior observação microscópica, oferecem um tipo de amostra contínua, possibilitam a coleta de amostra através do seletor de tamanho de partículas.
- Precipitadores Eletrostáticos: apresentam como princípio de funcionamento a precipitação das partículas por atração eletrostática ou bombeamento iônico produzido por um eletrodo ionizante submetido à alta-tensão, efetuam amostras instantânea e contínua, possuem total eficiência na retenção em atmosferas de alta e baixa concentrações de partículas, oferecem uma grande capacidade de amostragem em pouco tempo e também possibilitam uma boa recuperação da amostra para contagem ou outra análise.
- Impinger ou Borbulhadores: têm como base de funcionamento a captura de partículas através de um líquido para observação microscópica ou análise química, possibilitam amostras instantânea ou contínua, apresentam possibilidades de numerosas aplicações, permitindo a realização de granulometria e permitem a amostragem de grandes quantidades de ar.
- Filtros Porosos: têm como base de funcionamento a captura de partículas sobre um suporte poroso para observação microscópica, análise ponderal e química, possibilitam amostras instantânea e contínua, permitem a separação bastante eficiente do tamanho das partículas, utilizam a técnica gravimétrica que implica menor erro de leitura.

Acerca das Pneumoconioses, cabe ser dito, de forma abreviada, que elas são alterações produzidas nos tecidos dos pulmões pela inalação de poeiras orgânicas ou inorgânicas. A alteração pulmonar pode se materializar através de uma fibrose pulmonar ou de um simples depósito de material inerte, sem alteração da função pulmonar. As pneumoconioses se classificam como sendo de origem orgânica ou inorgânica.

As Pneumoconioses Orgânicas, resultantes de poeiras orgânicas, de maior relevância para a proteção do trabalhador são:

- Bissinose, doença pulmonar resultante da exposição dos trabalhadores à poeira de algodão;
- Bagaçose, doença pulmonar decorrente da exposição dos trabalhadores à poeira (bagaço seco) da cana-de-açúcar.

As Pneumoconioses Inorgânicas, resultantes de poeiras inorgânicas ou minerais, de maior significado para a proteção do trabalhador são:

- Silicose, doença pulmonar resultante da exposição dos trabalhadores, sem a proteção adequada, à poeira mineral de sílica livre cristalizada;
- Asbestose, doença pulmonar decorrente da exposição dos trabalhadores, sem a devida proteção, à poeira mineral (fibras) do asbesto ou cimento amianto.

Saturnismo, também denominado plumbismo, pode ser definido como uma doença ocupacional decorrente da exposição do trabalhador, sem a proteção adequada, aos fumos metálicos do chumbo (Pb).

O Anexo n. 12 (Limite de Tolerância para Poeiras Minerais) da NR-15 (Atividades e Operações Insalubres), estabelece os limites de tolerância para três espécies de poeiras minerais: Asbestos, Manganês e seus compostos, e Sílica livre cristalizada. Quando constatada, mediante laudo técnico-pericial, a exposição dos trabalhadores a qualquer uma das três modalidades de poeiras minerais acima dos limites de tolerância correspondentes e fixados pelo Anexo n. 12 da NR-15, configurar-se-á exposição insalubre unicamente em grau máximo.

Asbesto, também denominado amianto, corresponde à forma fibrosa dos silicatos minerais pertencentes aos grupos de rochas metamórficas ou serpentinas, isto é, a crisolita (asbesto branco), e dos anfibólios, isto é, a actinolita, a amosita (asbesto marrom), a antofilita, a crocidolita (asbesto azul), a Tremolita, ou qualquer mistura que contenha um ou vários desses minerais. A exposição ocupacional ao asbesto corresponde à exposição no trabalho às fibras de asbesto respiráveis ou poeira de asbesto em suspensão no ar originada pelo asbesto ou por minerais, materiais ou produtos que contenham asbesto. Fibras respiráveis de asbesto correspondem àquelas com diâmetro inferior a 3 (três) micrômetros e comprimento maior ou igual a 5 (cinco) micrômetros, e relação entre comprimento e diâmetro igual ou superior a 3:1 (três para um).

São as seguintes as vedações contidas no Anexo n. 12 da NR-15, no que se refere à utilização do asbesto:

- é proibida a utilização de qualquer tipo de asbesto do grupo anfibólio e dos produtos que contenham essa fibra; todavia, autorização especial de sua utilização poderá ser concedida pela autoridade competente em segurança e saúde no trabalho, após consulta prévia às organizações mais representativas de empregadores e trabalhadores interessados, desde que a substituição não seja exequível e sempre que sejam garantidas as medidas de proteção à saúde dos trabalhadores;
- é proibida a pulverização (*spray*) de todas as formas de asbestos;
- é proibido o trabalho de menores de dezoito anos em setores em que possa haver exposição à poeira de asbesto;
- somente podem produzir, utilizar ou comercializar fibras de asbestos as empresas privadas e estatais (empresas públicas e sociedades de economia mista), cadastradas para tal fim junto ao Ministério do Trabalho e Emprego, por intermédio do setor competente em Segurança e Medicina do Trabalho;
- o fornecedor de asbesto só poderá entregar a matéria-prima a empresas cadastradas na forma da alínea anterior;
- os órgãos públicos responsáveis pela autorização da importação de fibras de asbesto só poderão fornecer a guia de importação a empresas cadastradas, sendo de dois anos o prazo de validade de tal cadastro.

São Deveres dos Empregadores no que se refere à utilização de asbesto:

- elaborar normas e procedimentos a serem adotados em situações de emergência, informando-os aos trabalhadores convenientemente, inclusive realizando treinamento específico;
- antes de iniciar os trabalhos de remoção e/ou demolição, o empregador e/ou contratado, em conjunto com a representação dos trabalhadores, deverá elaborar um plano de trabalho onde sejam especificadas as medidas a serem tomadas, inclusive as destinadas a:
  - proporcionar toda proteção necessária aos trabalhadores;
  - limitar o desprendimento da poeira de asbesto no ar;
  - prever a eliminação dos resíduos que contenham asbesto.

Estipula o Anexo n. 12 da NR-15 que situação de emergência, em relação ao asbesto, é qualquer evento não programado dentro do processo habitual de trabalho que implique agravamento da exposição dos trabalhadores. Será de responsabilidade dos fornecedores de asbestos, assim como dos fabricantes e fornecedores de produtos contendo asbesto, a rotulagem adequada e suficiente, de maneira facilmente compreensível pelos trabalhadores e usuários interessados.

O empregador deverá realizar, às suas expensas, a Avaliação Ambiental da Poeira de Asbesto nos locais de trabalho, observando o seguinte:

- a periodicidade de sua realização não deverá ser superior a seis meses;
- os registros das avaliações deverão ser mantidos por um período não inferior a 30 (trinta) anos;
- os representantes indicados pelos trabalhadores deverão acompanhar o processo de avaliação ambiental;
- os trabalhadores e/ou seus representantes têm o direito de solicitar avaliação ambiental complementar nos locais de trabalho e/ou impugnar o resultado das avaliações junto à autoridade competente;
- o empregador é obrigado a afixar o resultado dessas avaliações ambientais em quadro próprio de avisos para conhecimento dos trabalhadores.

A avaliação ambiental relacionada ao asbesto deverá ser realizada observado o seguinte:

- o limite de tolerância para fibras respiráveis de asbesto crisolita é de 2,0 f/cm^3 (duas fibras por centímetro cúbico);
- A avaliação ambiental será realizada pelo método do filtro de membrana, utilizando-se aumentos de 400 a 500 x (quatrocentas a quinhentas vezes), com iluminação de contraste de fase, respeitando-se outros métodos de avaliação definidos pela ABNT/INMETRO;
- serão contadas as fibras respiráveis de asbestos independentemente de estarem ou não ligadas ou agregadas a outras partículas;
- os laboratórios que realizarem análises de amostras de fibras dispersas no ar devem atestar a participação em programas de controle de qualidade laboratorial e a sua aptidão para proceder às análises requeridas pelo método de fibra de membrana.

Os empregadores de trabalhadores expostos ao asbesto deverão cumprir as seguintes determinações prevencionistas:

- fornecer, gratuitamente, toda a vestimenta de trabalho que poderá ser contaminada por asbesto, a qual deverá ser trocada com frequência mínima de duas vezes por semana, e não poderá ser utilizada fora do local de trabalho;
- responsabilizar-se pela limpeza, manutenção e guarda de vestimenta do trabalho, bem como dos Equipamentos de Proteção Individual (EPIs) utilizados pelos trabalhadores;
- propiciar aos trabalhadores vestiários duplos, entendendo-se como tal o que possui uma área destinada à guarda da roupa pessoal do trabalhador e a outra, isolada, para guarda da vestimenta de trabalho, ambas com comunicação direta com a bateria de chuveiros;

- as demais especificações de construção e instalação de vestiário deverão obedecer às determinações das demais normas regulamentadoras, em especial as da NR-24 (Condições Sanitárias e de Conforto nos Locais de Trabalho);
- ao final de cada jornada diária de trabalho, o empregador deverá criar condições para troca de roupa e banho do trabalhador;
- os resíduos contendo asbestos deverão ser eliminados dos locais de trabalho, de maneira que não se produza nenhum risco à saúde dos trabalhadores e da população em geral, de conformidade com as disposições legais previstas pelos órgãos competentes do meio ambiente e outros que porventura venham a regulamentar a matéria.

Estipula o Anexo n. 12 da NR-15 que todos os trabalhadores que desempenham ou tenham funções ligadas à exposição ocupacional ao asbesto deverão ser submetidos à avaliação médico-ocupacional, nos termos da Norma Regulamentadora NR-07 (PCMSO) e, de forma especial:

- por ocasião da admissão, demissão e, anualmente, devem ser realizados, obrigatoriamente, exames complementares, incluindo, além da avaliação clínica, telerradiografia de tórax e prova de função pulmonar (espirometria);
- a técnica utilizada na realização de telerradiografias de tórax deverá obedecer ao padrão determinado pela Organização Internacional do Trabalho (OIT) especificado na Classificação Internacional de Radiografias de Pneumoconioses;
- as empresas ficam obrigadas a informar aos trabalhadores, em formulário próprio, os resultados dos exames realizados;
- após o término do contrato de trabalho envolvendo exposição ao asbesto manter disponível a realização periódica dos exames médicos de controle dos trabalhadores, durante trinta anos, os quais devem ser realizados obedecendo à seguinte periodicidade:
  - a cada três anos, para os trabalhadores que ficaram expostos ao asbesto, por um período de tempo inferior a doze anos de trabalho;
  - a cada dois anos, para os trabalhadores que permaneceram expostos ao asbesto por um período de tempo entre doze e vinte anos;
  - anualmente, para os trabalhadores que se expuseram ao asbesto por um lapso de tempo superior a vinte anos;
- quando da demissão e retorno posterior, o trabalhador receberá comunicação da data e local da próxima avaliação médica.

O empregador deverá garantir informações e treinamento, com frequência mínima anual, priorizando os riscos e as medidas de proteção e controle devidos à exposição ao asbesto, além do que, os treinamentos de prevenção já previstos em Lei (Curso de CIPA e SIPAT) deverão conter informações específicas sobre os riscos de exposição ao asbesto.

No tocante à exposição ao Manganês e seus compostos, estabelece o Anexo n. 12 da NR-15 duas situações específicas para limites de tolerância:

- o limite de tolerância, para as operações com manganês e seus compostos referente à extração, tratamento, moagem, transporte do minério; ou ainda outras operações com exposição a poeiras de manganês ou de seus compostos é de até 5 mg/m^3 (cinco miligramas por metro cúbico) no ar, para jornada de trabalho de 8 (oito) horas por dia;
- o limite de tolerância para as operações com manganês e seus compostos referente à metalurgia de minerais de manganês, fabricação de compostos de manganês, fabricação de baterias e pilhas secas, fabricação de vidros especiais e cerâmicas, fabricação e uso de eletrodutos de soldas, fabricação de produtos químicos, tintas e fertilizantes, ou ainda outras operações com exposição a fumos de manganês ou de seus compostos, é de até 1mg/m^3 (um miligrama por metro cúbico) no ar, para jornada de trabalho de 8 (oito) horas por dia.

Estatui o Anexo n. 12 da NR-15 as seguintes recomendações genéricas de prevenção a serem observadas na execução de operações com manganês e seus compostos, independentemente de terem sido ultrapassados os seus limites de tolerância:

- substituição de perfuração a seco por processos úmidos;
- perfeita ventilação após detonações, antes de se reiniciarem os trabalhos;
- ventilação adequada, durante os trabalhos, em áreas confinadas;
- uso de equipamentos de proteção respiratória com filtros mecânicos para áreas contaminadas;
- uso de equipamentos de proteção respiratória com linha de ar mandado, para trabalhos, por pequenos períodos, em áreas altamente contaminadas;
- uso de máscaras autônomas para casos especiais e treinamentos específicos;
- rotatividade das atividades e turnos de trabalho para os perfuradores e outras atividades penosas;
- controle da poeira a níveis abaixo dos permitidos.

Outrossim, constam especificadas as seguintes precauções de ordem médico-ocupacional, de caráter obrigatório para todos os trabalhadores expostos às operações com manganês e seus compostos, independentemente de os limites de tolerância terem sido ultrapassados ou não:

- exames médicos admissionais e periódicos;
- exames médicos adicionais para causas de absenteísmo prolongado, doença, acidente ou outros casos;
- não admissão de empregado portador de lesões respiratórias orgânicas do sistema nervoso central e disfunções sanguíneas para trabalhos em exposição ao manganês;
- exames médicos de acordo com os tipos de atividades de cada trabalhador, variando entre períodos de 3 a 6 meses para os trabalhos de subsolo e de 6 meses a 1 ano para os trabalhos de superfície;
- análises biológicas de sangue;
- afastamento imediato de pessoas com sintomas de intoxicação ou alterações neurológicas ou psicológicas;
- banho obrigatório após a jornada de trabalho;
- troca de roupas de passeio/serviço/passeio;
- proibição de tomar refeições nos locais de trabalho.

A Sílica é um composto químico cuja fórmula química é SiO_2 (dióxido de silício). Em seu estado natural pode ser encontrado em diversas formas diferentes. É um dos óxidos mais abundantes na crosta terrestre. Ocorre na forma de pedra, areia, quartzo, etc. A sílica é o principal componente da areia e a principal matéria-prima para o vidro e do cimento *portland*. Importante destacar que o anidrido de silício (SiO_2) se apresenta na natureza em três modalidades:

- cristalizada (quartzo, tridimita e cristobalita);
- criptocristalina (calcedônia, trípoli e pedernal);
- amorfa (sílica colidal, gel de sílica e opala).

O Pó inorgânico de maior relevância para a saúde ocupacional é a sílica livre cristalizada (em especial, o quartzo), dada a sua grande quantidade presente na crosta terrestre (60% do total), formando parte das rochas, minérios, areias e sua larga utilização industrial, pode desencadear nos trabalhadores a ela expostos, a principal modalidade de pneumoconiose no Brasil, a silicose. As principais atividades e operações onde se evidencia a possibilidade de contração de silicose são: indústria extrativa mineral (mineração subterrânea e de superfície); beneficiamento de minerais (corte de pedras, britagem, moagem e lapidação); indústria de transformação (cerâmicas, fundições que utilizam areia no processo, vidro, abrasivos, marmorarias, corte e polimento de granito); cosméticos; e atividades mistas (protéticos, cavadores de poços, artistas plásticos e jateadores de areia). A configuração da silicose depende de vários fatores, dentre eles: a suscetibilidade individual, o tamanho das partículas, o tempo de exposição e a concentração de sílica livre respirável.

Segundo o Anexo 12 (Poeiras Minerais) da NR-15, há três situações a serem consideradas a respeito dos limites de tolerância para exposição à sílica livre cristalizada ou quartzo:

- Para amostragens tomadas com Impactador (*Impinger*) no nível da zona respiratória e contadas pela técnica de campo claro, a porcentagem de quartzo é a quantidade determinada por meio de amostras em suspensão aérea:

$$LT = \frac{8{,}5}{\%\ \text{quartzo} + 10}\ \text{mppdc (milhões de partículas por décimo cúbico)}$$

- Para Poeira Respirável, expresso em mg/m³, é dado pela seguinte fórmula:

$$LT = \frac{8}{\%\ \text{quartzo} + 2}\ \text{mg/m}^3$$

- Para Poeira Total (respirável e não respirável) o limite de tolerância, expresso em mg/m³, considerada a jornada de trabalho de quarenta e oito horas semanais (para jornadas superiores, a autoridade competente estabelecerá outros limites), é dado pela seguinte fórmula:

$$LT = \frac{8}{\%\ \text{quartzo} + 3}\ \text{mg/m}^3$$

Atualmente, não é mais permitido o processo de trabalho de jateamento que utilize areia seca ou úmida como abrasivo. Outrossim, as máquinas e ferramentas utilizadas nos processos de corte e acabamento de rochas ornamentais devem ser dotadas de sistema de umidificação capaz de minimizar ou eliminar a geração de poeira decorrente de seu funcionamento.

O Anexo n. 13 (Agentes Químicos, sem limites de tolerância definidos), da NR-15, relaciona as atividades e operações envolvendo agentes químicos possíveis de serem consideradas insalubres em decorrência de inspeção realizada no local de trabalho, mediante simples análise qualitativa; ficando excluídos, portanto, os agentes químicos já constantes do Anexo n. 11 (Agentes Químicos) e do Anexo n. 12: Limites de Tolerância para Poeiras Minerais (Asbesto, Manganês e Sílica Livre Cristalizada).

Sabidamente, os Agentes Químicos, tanto os descritos no Anexo 11 quanto os constantes do Anexo 13, ambos da NR-15, são as únicas modalidades de agentes nocivos à saúde possíveis de caracterizar a insalubridade em seus três graus: máximo, médio ou mínimo, na medida em que os agentes físicos e biológicos somente possibilitam a tipificação da insalubridade nos graus máximo e médio. Ressalte-se que a diferença básica entre os agentes químicos descritos no Anexo 11 e os constantes do Anexo 13, em termos de insalubridade, reside no fato de que para aqueles há limites de tolerância devidamente especificados e, portanto, em relação a eles, a insalubridade somente pode ser materializada se precedida de avaliação quantitativa realizada com a utilização dos correspondentes equipamentos de medição, enquanto para os agentes químicos descritos no Anexo 13, a insalubridade será caracterizada mediante avaliação meramente qualitativa, pois, para esses agentes nocivos à saúde, não foram especificados limites de tolerância.

O Anexo n. 13 relaciona as seguintes atividades e operações como possíveis de caracterizar a exposição, desde que configurada a exposição habitual e sem a utilização de proteção adequada, a insalubridade em grau máximo:

- Arsênico: extração e manipulação de arsênico e seus compostos; fabricação de produtos parasiticidas, inseticidas e raticidas à base de compostos de arsênico; pintura a pistola com pigmentos de compostos de arsênico em recintos limitados ou fechados; preparação do *secret*; produção do trióxido de arsênico.
- Carvão: trabalho permanente no subsolo em operações de corte, furação e desmonte, de carregamento no local de desmonte e em atividades de manobra.

- Chumbo: fabricação de compostos de chumbo, carbonato, arseniato, cromato mínio, litargírio e outros; fabricação de esmaltes, vernizes, cores, pigmentos, tintas, unguentos, óleos, pastas, líquidos e pós à base de compostos de chumbo; fabricação e restauração de acumuladores, pilhas e baterias elétricas contendo compostos de chumbo; fabricação e emprego de chumbo tetraetila e chumbo tetrametila; fundição e laminação de chumbo, de zinco velho, cobre e latão; limpeza, raspagem e reparação de tanques de mistura, armazenamento e demais trabalhos com gasolina, contendo chumbo tetraetila; pintura a pistola com pigmentos de compostos de chumbo em recintos limitados ou fechados; e vulcanização de borracha pelo litargírio ou outros compostos de chumbo.
- Cromo: fabricação de cromatos e bicromatos; e pintura a pistola com pigmentos de compostos de cromo, em recintos limitados ou fechados.
- Fósforo: extração e preparação do fósforo branco e seus compostos; fabricação de defensivos fosforados e organofosforados; e fabricação de projéteis incendiários, explosivos e gases asfixiantes à base de fósforo branco.
- Hidrocarbonetos e outros compostos de carbono: destilação do alcatrão da hulha; destilação do petróleo; manipulação de alcatrão, breu betume, antraceno, óleos minerais, óleo queimado, parafina ou outras substâncias cancerígenas afins; fabricação de fenóis, cresóis, naftóis, nitroderivados, aminoderivados, derivados halogenados e outras substâncias tóxicas derivadas de hidrocarbonetos cíclicos; e pintura a pistola com esmaltes, tintas, vernizes e solventes contendo hidrocarbonetos aromáticos.
- Mercúrio: fabricação e manipulação de compostos orgânicos de mercúrio.
- Silicatos: operações que desprendam poeira de silicatos em trabalhos permanentes no subsolo, em minas e túneis; operações de extração, trituração e moagem de talco; e fabricação de material refratário, como refratários para formar chaminés e cadinhos; recuperação de resíduos.
- Substâncias cancerígenas: não deve ser permitida nenhuma exposição ou contato, por qualquer via, para as seguintes substâncias ou processos: 4 — amido difenil (p-xenilamina); produção de benzidina; beta-naftilamina; 4 — nitrodifenil. Nenhuma exposição ou contato significa hermetizar o processo ou operação, através dos melhores métodos praticáveis de engenharia, sendo que o trabalhador deve ser protegido adequadamente de modo a não permitir nenhum contato com o carcinogênico. Sempre que os processos ou operações que envolvem as cinco substâncias citadas não forem hermetizados, será considerado como condição de risco grave e iminente para o trabalhador, possibilitando a interdição da atividade, nos termos da NR-03 (Embargo ou Interdição).
- Cádmio: Extração, tratamento, preparação de ligas, fabricação e emprego de cádmio e seus compostos, solda com cádmio e seus compostos, utilização em fotografia com luz ultravioleta, em fabricação de vidros, como antioxidante, em revestimentos metálicos e outros produtos.
- Operações diversas com as seguintes substâncias: éter bis (cloro-metíli-co); benzopireno; berílio; cloreto de dimetil-carbamila; 3,3′ — diclo-benzidina; dióxido de vinil ciclohexano; epicloridina; hexametilfosforamida; 4,4′ — metileno bis (2-cloro analina); 4,4′ — metileno dianilina; nitrosaminas; propano sultone; beta-propiolactona; tálio e produção de trióxido de amônio ustulação de sulfeto de níquel.

Da mesma forma, o Anexo 13 da NR-15 relaciona as seguintes atividades e operações insalubres de grau médio:

- Arsênico: bronzeamento em negro e verde com compostos de arsênico; conservação de peles e plumas, depilação de peles, à base de compostos de arsênico; descoloração de vidros e cristais à base de compostos de arsênico; emprego de produtos parasiticidas, inseticidas e raticidas à base de compostos de arsênico; fabricação de cartas de jogar, papéis pintados e flores artificiais à base de compostos de arsênico; metalurgia, de minérios arsenicais (ouro, prata, chumbo, zinco, níquel, antimônio, cobalto e ferro); operações de galvanotécnica à base de compostos de arsênico; pintura manual (rolo, pincel e escova) com pigmentos de compostos de arsênico em recintos limitados ou fechados, exceto com pincel capilar.

- ➢ Carvão: demais atividades permanentes no subsolo compreendendo serviços, tais como: operações de locomotivas, condutores, engatadores, bombeiros, madeireiros, trilheiros e eletricistas.
- ➢ Chumbo: aplicação e emprego de esmaltes, vernizes, cores, pigmentos, unguentos, óleos, pastas, líquidos, e pós à base de compostos de chumbo; fabricação de porcelana com esmaltes de compostos de chumbo; pintura e decoração manual (pincel, rolo e escova) com pigmentos de compostos (exceto pincel capilar), em recintos limitados ou fechados; e tinturaria e estamparia com pigmentos à base de compostos de chumbo.
- ➢ Cromo: cromagem eletrolítica dos metais; fabricação de palitos fosfóricos à base de compostos de cromo (preparação de pasta e trabalho nos secadores); manipulação de cromatos e bicromatos; pintura manual com pigmentos de compostos de cromo em recintos limitados ou fechados (exceto pincel capilar); preparação por processos fotomecânicos de clichês para impressão à base de compostos de cromo e tanagem a cromo.
- ➢ Fósforo: emprego de defensivos fosforados e organofosforados; fabricação de bronze fosforado; e fabricação de mechas fosforadas para lâmpadas de mineiros.
- ➢ Hidrocarbonetos e outros compostos de carbono: emprego de defensivos organoclorados: DDT (diclorodifeniltricloretano), DDD (diclorodifenildicloretano), Metoxicloro (Dimetoxidifeniltricloretano), BHC (hexacloreto de benzeno) e seus compostos e isômeros; emprego de defensivos derivados do ácido carbônico; emprego de aminoderivados de hidrocarbonetos aromáticos (homólogos da anilina); emprego de cresol, naftaleno e derivados tóxicos; emprego de isocianatos na formação de poliuretanas (lacas de desmoldagem, de dupla composição, protetoras de madeiras e metais, adesivos especiais e outros produtos de polisocianetos e poliuretanas); emprego de produtos contendo hidrocarbonetos aromáticos como solventes ou em limpeza de peças; fabricação de artigos de borracha, de produtos para impermeabilização e de tecidos impermeáveis à base de hidrocarbonetos; fabricação de linóleos, celuloides, lacas, tintas, esmaltes, vernizes, solventes, colas, artefatos de ebonite, guta-percha, chapéus de palha e outros à base de hidrocarbonetos; limpeza de peças ou motores com óleo diesel aplicado sob nebulização; e pintura a pincel com esmaltes, tintas e vernizes em solvente contendo hidrocarbonetos aromáticos.
- ➢ Operações diversas: aplicação a pistola de tintas de alumínio; fabricação de pós de alumínio (trituração e moagem); fabricação de emetina e pulverização de ipeca; fabricação e manipulação de ácido foxálico, nítrico, sulfúrico, bromídrico, fosfórico e pícrico; metalização a pistola; operações com o timbó; operações com bagaço de cana-de-açúcar, nas fases de grande exposição a poeiras; operações de galvanoplastia: douração, prateação, niquelagem, cromagem, zincagem, cobreagem e anodização de alumínio; telegrafia e radiotelegrafia, manipulação em aparelhos tipos Morse e recepção de sinais em fones; trabalhos em escórias de Thomás: remoção, trituração, moagem e acondicionamento; trabalho de retirada, raspagem a seco e queima de pinturas; trabalhos na extração de sal (salinas); fabricação e manuseio de álcalis cáusticos.

Igualmente, o Anexo n. 13 da NR-15, em comento, tipifica as seguintes atividades e operações insalubres de grau mínimo:

- ➢ Arsênico: empalhamento de animais à base de compostos de arsênico; fabricação de tafetá siré; e pintura a pistola ou manual com pigmentos de compostos de arsênico ao ar livre.
- ➢ Carvão: atividades permanentes de superfície nas operações a seco, com britadores, peneiras, classificadores, carga e descarga de silos, de transportadores de correias e teleférreos.
- ➢ Chumbo: pintura a pistola ou manual com pigmentos de compostos de chumbo ao ar livre.
- ➢ Operações diversas: fabricação e transporte de cal e cimento nas fases de grande exposição a poeiras; trabalhos de carregamento; descarregamento ou remoção de enxofre ou sulfitos em geral, em sacos ou a granel.

Dada a importância do Benzeno, em função dos riscos que sua utilização ocasiona aos trabalhadores, ante seu reconhecido poder cancerígeno, a então Secretaria de Segurança e Saúde no Trabalho do MTb, através da Portaria SSST n. 14, de 20.12.1995 (publicada no Diário Oficial da União de 22.12.1995), editou o Anexo n. 13-A (Benzeno) da NR-15, especificamente para disciplinar a utilização dessa substância cancerígena nos ambientes de trabalho. Ressalte-se que dito Anexo n. 13-A (integralmente reproduzido nos Fundamentos Jurídicos deste Capítulo) encontra-se atualizado até a edição da Portaria SIT-MTE n. 203 de 28.1.2011.

O Anexo regulamentador em apreço deixa patente sua aplicação a todas as empresas que produzem, transportam, armazenam, utilizam ou manipulam benzeno e suas misturas líquidas contendo 1% (um por cento) ou mais de volume e àquelas por elas contratadas, no que couber, excetuando-se, porém, as atividades de armazenamento, transporte, distribuição, venda e uso de combustíveis derivados de petróleo. A propósito, ali constam especificadas as recomendações preventivas a serem observadas pelas empresas que utilizam o benzeno em seus ambientes de trabalho, sendo as mais importantes as seguintes:

- Fica proibida a utilização do benzeno, a partir de 1º.1.1997, para qualquer emprego, exceto nas indústrias e laboratórios que o produzem, o utilizem em processo de síntese química, o empreguem em derivados de petróleo ou em trabalhos de análise ou investigação realizados em laboratório, quando não for possível sua substituição, ou, ainda, o empreguem como azeótropo na produção de álcool anidro.
- As empresas que utilizam o benzeno em atividades que não as anteriormente elencadas na alínea "a", e que apresentem inviabilidade técnica ou econômica de sua substituição, deverão comprová-la quando da elaboração do Programa de Prevenção da Exposição Ocupacional ao Benzeno (PPEOB).
- As empresas que produzem, transportam, armazenam, utilizam ou manipulam benzeno e suas misturas líquidas contendo 1% (um por cento) ou mais de volume devem cadastrar seus estabelecimentos no Departamento de Segurança e Saúde no Trabalho (DSST). Para tal cadastramento, a empresa deverá apresentar ao DSST as seguintes informações: identificação da empresa (nome, endereço, CGC, ramo de atividade e Classificação Nacional de Atividade Econômica); número de trabalhadores por estabelecimento; nome das empresas fornecedoras de benzeno, quando for o caso; utilização a que se destina o benzeno; quantidade média de processamento mensal; documento-base do PPEOB. Outrossim, somente serão cadastradas as instalações concluídas e aptas a operar.
- Para o cadastramento de empresas e instituições que utilizam benzeno apenas em seus laboratórios, processos de análise ou pesquisa, quando não for possível a sua substituição, a solicitação junto ao DSST deve ser acompanhada de declaração assinada pelos responsáveis legal e técnico da empresa ou instituição, com justificativa sobre a inviabilidade da substituição.
- O PPEOB do laboratório de empresas ou instituições deve ser mantido à disposição da fiscalização no local de trabalho, não sendo necessário o seu encaminhamento para o DSST. A comprovação de cadastramento deverá ser apresentada quando da aquisição do benzeno junto ao fornecedor. As fornecedoras de benzeno só poderão comercializar o produto para empresas cadastradas. As empresas constantes deverão manter, por 10 (dez) anos, uma relação atualizada das empresas por elas contratadas que atuem nas áreas incluídas na caracterização prevista no PPEOB, contendo: identificação da contratada; período de contratação; atividade desenvolvida; e número de trabalhadores.
- O cadastramento da empresa ou instituição poderá ser suspenso em caso de infração à legislação do benzeno, de acordo com os procedimentos previstos em portaria específica.
- As alterações de instalações que impliquem modificação na utilização a que se destina o benzeno e a quantidade média de processamento mensal devem ser informadas ao DSST, para fins de atualização dos dados de cadastramento da empresa.
- As empresas que produzem, transportam, armazenam, utilizam ou manipulam benzeno em suas misturas líquidas contendo 1% (um por cento) ou mais do volume devem apresentar ao DSST o documento-base do PPEOB, juntamente com as informações antes mencionadas.

O Programa de Prevenção de Exposição Ocupacional ao Benzeno (PPEOB) deve ser elaborado pelas empresas representando o mais elevado grau de compromisso de sua diretoria com os princípios e diretrizes da prevenção da exposição dos trabalhadores ao benzeno, devendo também:

- ser formalizado através de ato administrativo oficial pelo ocupante do cargo gerencial mais elevado da empresa;

- possuir indicação de um responsável pelo programa que responderá pelo mesmo junto aos órgãos públicos, às representações dos trabalhadores específicas para o benzeno e ao sindicato profissional da categoria;
- ser elaborado de acordo com as diretrizes previstas na NR-09 (PPRA), e outras específicas para o benzeno.

Outrossim, estipula o Anexo em apreço que Valor de Referência Tecnológico (VRT) refere-se à concentração de benzeno no ar considerada exequível do ponto de vista técnico, definido em processo de negociação tripartite. O VRT deve ser considerado como referência para os programas de melhoria contínua das condições dos ambientes de trabalho. O cumprimento do VRT é obrigatório e não exclui o risco à saúde.

Noutro compasso, VRT-MPT corresponde à concentração média de benzeno no ar, ponderada pelo tempo, para uma jornada de trabalho de 8 horas, obtida na zona de respiração dos trabalhadores, individualmente ou de Grupos Homogêneos de Exposição (GHE), conforme definido na Instrução Normativa SSST-MTb n. 1 de 11.4.1994 (Regulamento Técnico sobre o uso de Equipamentos para Proteção Respiratória — EPR). VRT-MPT são os valores Limites de Concentração (LC) a serem utilizados na Instrução Normativa SSST n. 1/1994, para o cálculo do Índice de Julgamento "I". A propósito, os valores estabelecidos para os VRT-MPT são os seguintes:

- 1 (um) ppm (parte por milhão) para as empresas abrangidas pelo Anexo n. 13-A (com exceção das empresas siderúrgicas, as produtoras de álcool anidro e aquelas que deverão substituir o benzeno a partir de 1.1.1997);
- 2,5 (dois e meio) ppm (partes por milhão) para as empresas siderúrgicas;
- o fator de conversão da concentração de benzeno de ppm para mg/m^3 é 1 ppm = 3,19 mg/m^3 nas condições de 25 °C, 101 KPa ou 1 atm.

O Anexo n. 14 (Agentes Biológicos), por sinal o último dos anexos da NR-15, relaciona as atividades e operações envolvendo agentes biológicos possíveis de serem consideradas insalubres em decorrência de inspeção realizada no local de trabalho, mediante simples análise qualitativa.

Os Agentes Biológicos somente possibilitam seu enquadramento como insalubres em apenas dois graus de insalubridade: máximo ou médio, sendo imprescindível o perfeito enquadramento da atividade nas formas e condições especificadas no aludido anexo regulamentador.

São possíveis de tipificar a insalubridade, por agentes biológicos, em grau máximo, as seguintes atividades e operações em contato permanente com:

- pacientes em isolamento por doenças infectocontagiosas, bem como objetos de seu uso não previamente esterilizados;
- carnes, glândulas, vísceras, sangue, ossos, couros, pelos e dejeções de animais portadores de doenças infectocontagiosas (carbunculose, brucelose, tuberculose);
- esgotos (galerias e tanques);
- coleta e industrialização do lixo urbano.

Igualmente, constam explicitadas no Anexo 14 (Agentes Biológicos) como possíveis de caracterizar o exercício insalubre de grau médio, as seguintes atividades e operações em:

- hospitais, serviços de emergência, enfermarias, ambulatórios, postos de vacinação e outros estabelecimentos destinados aos cuidados da saúde humana (aplica-se unicamente ao pessoal que tenha contato com pacientes, bem como aos que manuseiam objetos de uso desses pacientes, não previamente esterilizados);
- hospitais, ambulatórios, postos de vacinação e outros estabelecimentos destinados aos cuidados da saúde animal (aplica-se apenas ao pessoal que tenha contato com tais animais);
- contato em laboratórios com animais destinados ao preparo de soro, vacinas e outros produtos;
- laboratórios de análise clínica e histopatologia (aplica-se somente ao pessoal técnico);
- gabinetes de autópsia, anatomia e histoanatomopatologia (aplica-se somente ao pessoal técnico);

- cemitérios (exumação de corpos);
- estábulos e cavalariça, e resíduos de animais deteriorados.

Por último, há de ser dito que expressamente dispõe o Anexo 14 (Agentes Biológicos) que por contato permanente com pacientes, animais ou material infectocontagiante, deve ser entendido o trabalho resultante da prestação de serviço contínuo e obrigatório, decorrente de exigência firmada no próprio contrato de trabalho, com exposição permanente aos agentes biológicos.

Doravante, serão reproduzidos os FUNDAMENTOS JURÍDICOS (dispositivos legais e súmulas de jurisprudência específicas) que propiciam o suporte de validade jurídica à temática em apreço, observando-se as ordens hierárquica e cronológica. Ao final, encontra-se igualmente transcrita, de forma integral e atualizada, a correspondente norma regulamentadora de segurança e saúde no trabalho que intitula este Capítulo.

FUNDAMENTOS JURÍDICOS DO CAPÍTULO 15

NR-15: ATIVIDADES E OPERAÇÕES INSALUBRES *(redação dada pela Portaria MTb n. 3.214, de 8.6.1978, atualizada até a edição da Portaria MTE n. 1.297, de 13.8.2014). Art. 7º, incisos XXII, XXIII, XXVIII e XXXIII, da CF-1988. Arts. 189 a 192, 194 a 197, 200, incisos V e VI, 253 e 405, inciso I, da CLT. Art. 14 da Lei n. 4.860, de 26.11.1965 (Portuários). Art. 16 da Lei n. 7.394, de 29.10.1985 (Técnicos em Radiologia). Arts. 68 a 70 da Lei n. 8.122, de 11.12.1990, e art. 12 da Lei n. 8.270, de 17.12.1991 (Adicionais de Insalubridade, Penosidade e Periculosidade para os Servidores Públicos Federais). Arts. 57 e 58 da Lei n. 8.213, de 24.7.1991 (Laudo Técnico de Condições Ambientais de Trabalho — LTCAT). Convenções OIT ns. 136, 139, 148, 155 e 170. Decreto n. 6.481 de 12.6.2008 (Lista das Piores Formas de Trabalho Infantil e dos Trabalhos Insalubres ou Perigosos Proibidos para Menores). Portaria MTE-GM n. 702 de 28.5.2015 (Prorrogação de Jornada em Atividade Insalubre). Resoluções CONFEA ns. 359, de 31.7.1991, e 437, de 27.11.1999. Resoluções CFM n. 1.488, de 11.2.1998, e n. 1940, de 14.1.2010. Resoluções do Conselho Superior da Justiça do Trabalho (CSJT) ns. 66, de 10.6.2010, e 115, de 28.9.2012 (Honorários Periciais — Justiça Gratuita). Súmula Vinculante STF n. 4/2008. Súmulas STF ns. 194, 307 e 460. Súmulas TST ns. 17, 47, 80, 139, 228, 248, 289, 293, 341, 358, 448 e 457. Orientações Jurisprudenciais OJ-SDI-I-TST ns. 47, 103, 121, 165, 171, 172, 173, 198, 208, 278, 316, 345 e 402.*

CONSTITUIÇÃO DA REPÚBLICA FEDERATIVA DO BRASIL

(Atualizada até a edição da Emenda Constitucional n. 85, de 26.2.2015)

Título II: Dos Direitos e Garantias Fundamentais (Arts. 5º a 17)

Capítulo II: Dos Direitos Sociais (Arts. 6º a 11)

Art. 7º São direitos dos trabalhadores urbanos e rurais(5), além de outros que visem à melhoria de sua condição social:

XXII — redução dos riscos inerentes ao trabalho, por meio de normas de saúde, higiene e segurança;

XXIII — adicional de remuneração para as atividades penosas, insalubres ou perigosas, na forma da lei;

XXVIII — seguro contra acidentes de trabalho, a cargo do empregador, sem excluir a indenização a que este está obrigado, quando incorrer em dolo ou culpa;

XXXIII — proibição de trabalho noturno, perigoso ou insalubre a menores de dezoito e de qualquer trabalho a menores de dezesseis anos, salvo na condição de aprendiz, a partir de quatorze anos.

NORMAS JURÍDICAS INFRACONSTITUCIONAIS

CONSOLIDAÇÃO DAS LEIS DO TRABALHO

(Decreto-lei n. 5.452, de 1º.5.1943, com a redação dos arts. 154 a 201 CLT dada pela Lei n. 6.514 de 22.12.1977, atualizada até a edição da Lei n. 13.103, de 2.3.2015)

Título II: **Das Normas Gerais de Tutela do Trabalho** (Arts. 13 a 223 da CLT)

Capítulo V: **Da Segurança e da Medicina do Trabalho** (Arts. 154 a 201 da CLT)(6)

Seção XIII: **Das Atividades Insalubres ou Perigosas** (Arts. 189 a 197 da CLT)(7)

Art. 189. Serão consideradas atividades ou operações insalubres aquelas que, por sua natureza, condições ou métodos de trabalho, exponham os empregados a agentes nocivos à saúde, acima dos limites de tolerância fixados em razão da natureza e da intensidade do agente e do tempo de exposição aos seus efeitos.

---

(5) Especificamente em relação aos Servidores Públicos Federais (submetidos ao Regime Jurídico Único da Lei n. 8.112/1990) dispõe o § 3º do art. 39 da CF-1988 que: "Aplica-se aos servidores ocupantes de cargo público o disposto no Art. 7º, IV, VII, VIII, IX, XII, XIII, XV, XVI, XVII, XVIII, XIX, XX, XXII e XXX, podendo a lei estabelecer requisitos diferenciados de admissão quando a natureza do cargo o exigir".
(6) A Lei n. 6.514, de 22.12.1977, propiciou a redação dos arts. 154 a 201 da CLT, observadas as atualizações legais até a edição da Lei n. 13.103, de 2.3.2015.
(7) A NR-15 (ATIVIDADES E OPERAÇÕES INSALUBRES) e a NR-16 (ATIVIDADES E OPERAÇÕES PERIGOSAS) disciplinam os arts. 189 a 197 da CLT.

Art. 190. O Ministério do Trabalho e Emprego aprovará o quadro das atividades e operações insalubres e adotará normas sobre os critérios de caracterização da insalubridade, os limites de tolerância aos agentes agressivos, meios de proteção e o tempo máximo de exposição do empregado a esses agentes.

Parágrafo único. As normas referidas neste artigo incluirão medidas de proteção do organismo do trabalhador nas operações que produzem aerodispersóides tóxicos, irritantes, alérgicos ou incômodos.

Art. 191. A eliminação ou a neutralização da insalubridade ocorrerá:

I — com a adoção de medidas que conservem o ambiente de trabalho dentro dos limites de tolerância;

II — com a utilização de equipamentos de proteção individual ao trabalhador, que diminuam a intensidade do agente agressivo a limites de tolerância.

Parágrafo único. Caberá às Superintendências Regionais do Trabalho e Emprego, comprovada a insalubridade, notificar as empresas, estipulando prazos para sua eliminação ou neutralização, na forma deste artigo.

Art. 192. O exercício de trabalho em condições insalubres, acima dos limites de tolerância estabelecidos pelo Ministério do Trabalho (e Emprego), assegura a percepção de adicional respectivamente de 40% (quarenta por cento), 20% (vinte por cento) e 10% (dez por cento) do salário mínimo da região, segundo se classifiquem nos graus máximo, médio e mínimo.[8]

Art. 193. São consideradas atividades ou operações perigosas, na forma da regulamentação aprovada pelo Ministério do Trabalho e Emprego, aquelas que, por sua natureza ou métodos de trabalho, impliquem risco acentuado em virtude de exposição permanente do trabalhador a: *(Redação dada pela Lei n. 12.740 de 8.12.2012)*

I — inflamáveis, explosivos ou energia elétrica; *(Incluído pela Lei n. 12.740, de 8.12.2012)*

II — roubos ou outras espécies de violência física nas atividades profissionais de segurança pessoal ou patrimonial. *(Incluído pela Lei n. 12.740, de 8.12.2012)*

§ 1º O trabalho em condições de periculosidade assegura ao empregado um adicional de 30% (trinta por cento) sobre o salário sem os acréscimos resultantes de gratificações, prêmios ou participações nos lucros da empresa.

§ 2º O empregado poderá optar pelo adicional de insalubridade que porventura lhe seja devido.

§ 3º Serão descontados ou compensados do adicional outros da mesma natureza eventualmente já concedidos ao vigilante por meio de acordo coletivo. *(Incluído pela Lei n. 12.740, de 8.12.2012)*

§ 4º São também consideradas perigosas as atividades de trabalhador em motocicleta. *(Incluído pela Lei n. 12.997, de 18.6.2014)*

Art. 194. O direito do empregado ao adicional de insalubridade ou de periculosidade cessará com a eliminação do risco à sua saúde ou integridade física, nos termos desta Seção e das normas expedidas pelo Ministério do Trabalho e Emprego.

Art. 195. A caracterização e a classificação da insalubridade e da periculosidade, segundo as normas do *Ministério* do Trabalho e Emprego, far-se-ão através de perícia a cargo de Médico do Trabalho ou *Engenheiro* do Trabalho, registrados no Ministério do Trabalho e Emprego (atualmente, o registro desses profissionais deve ser feito nos respectivos órgãos de classe, CRM ou CREA).

§ 1º É facultado às empresas e aos sindicatos das categorias profissionais interessadas requererem ao Ministério do Trabalho e Emprego a realização de perícia em estabelecimento ou setor deste, com o objetivo de caracterizar e classificar ou delimitar as atividades insalubres ou perigosas.

§ 2º Arguida em juízo insalubridade ou periculosidade, seja por empregado, seja por Sindicato em favor de grupo de associado, o juiz designará perito habilitado na forma deste artigo, e, onde não houver, requisitará perícia ao órgão competente do Ministério do Trabalho e Emprego.

§ 3º O disposto nos parágrafos anteriores não prejudica a ação fiscalizadora do Ministério do Trabalho e Emprego, nem a realização *ex officio* da perícia.

Art. 196. Os efeitos pecuniários decorrentes do trabalho em condições de insalubridade ou periculosidade serão devidos a contar da data da inclusão da respectiva atividade nos quadros aprovados pelo Ministro do Trabalho (e Emprego), respeitadas as normas do art. 11.

Art. 197. Os materiais e substâncias empregados, manipulados ou transportados nos locais de trabalho, quando perigosos ou nocivos à saúde, devem conter, no rótulo, sua composição, recomendações de socorro imediato e o símbolo de perigo correspondente, segundo a padronização internacional.

Parágrafo único. Os estabelecimentos que mantenham as atividades previstas neste artigo afixarão, nos setores de trabalho atingidas, avisos ou cartazes, com advertência quanto aos materiais e substâncias perigosos ou nocivos à saúde.

Título III: Das Normas Especiais de Tutela do Trabalho (Arts. 224 a 441)

Capítulo I: Das Disposições Especiais Sobre Duração e Condições de Trabalho (Arts. 224 a 351)

Seção VII: Dos Serviços Frigoríficos (Art. 253)

Art. 253. Para os empregados que trabalham no interior das câmaras frigoríficas e para os que movimentam mercadorias do ambiente quente ou normal para o frio e vice-versa, depois de 1 (uma) hora e 40 (quarenta) minutos de trabalho contínuo, será assegurado um período de 20 (vinte) minutos de repouso, computado esse intervalo como de trabalho efetivo.

Parágrafo único. Considera-se artificialmente frio, para os fins do presente artigo, o que for inferior, nas primeira, segunda e terceira zonas climáticas do mapa oficial do Ministério do Trabalho, Indústria e Comércio (atual Ministério do Trabalho e Emprego), a 15° (quinze graus), na quarta zona a 12° (doze graus), e nas quinta, sexta e sétima zonas a 10° (dez graus).

Capítulo IV: Da Proteção do Trabalho do Menor (Arts. 402 a 441)

Seção VII: Disposições Gerais (Arts. 402 a 410)

Art. 405. Ao menor não será permitido o trabalho:

I — nos locais e serviços perigosos ou insalubres, constantes de quadro para esse fim aprovado pelo Diretor-Geral do Departamento de Segurança e Higiene do Trabalho (atual SIT-MTE).

---

(8) A Súmula Vinculante STF n. 4, de 9.5.2008, expressamente veda a utilização do Salário Mínimo como base de cálculo do Adicional de Insalubridade.

Lei n. 4.860, de 26.11.1965 *(Adicional de Risco Portuário)*

Art. 14. A fim de remunerar os riscos relativos à insalubridade, periculosidade e outros porventura existentes, fica instituído o "adicional de riscos" de 40% (quarenta por cento) que incidirá sobre o valor do salário-hora ordinário do período diurno e substituirá todos aqueles que, com sentido ou caráter idêntico, vinham sendo pagos.

§ 1º Este adicional somente será devido enquanto não forem removidas ou eliminadas as causas de risco.

§ 2º Este adicional somente será devido durante o tempo efetivo no serviço considerado sob risco.

§ 3º As administrações dos Portos, no prazo de 60 (sessenta) dias, discriminarão, ouvida a autoridade competente, os serviços considerados sob risco.

§ 4º Nenhum outro adicional será devido além do previsto neste artigo.

§ 5º Só será devido uma única vez, na execução da mesma tarefa, o adicional previsto neste artigo, mesmo quando ocorra, simultaneamente, mais de uma causa de risco.

Lei n. 7.394, de 29.10.1985 *(Adicional de Risco para os Operadores de Raios X)*

Art. 1º Os preceitos desta lei regulam o exercício da profissão de Técnico em Radiologia, conceituando-se como tal todos os Operadores de Raios X que, profissionalmente, executam as técnicas:

I — radiológica, no setor de diagnóstico;

II — radioterápica, no setor de terapia;

III — radioisotópica, no setor de radioisótopos;

IV — industrial, no setor industrial;

V — de medicina nuclear.

Art. 16. O salário mínimo dos profissionais, que executam as técnicas definidas no art. 1º desta lei, será equivalente a 2 (dois) salários mínimos profissionais da região, incidindo sobre esses vencimentos 40% (quarenta por cento) de risco de vida e insalubridade.

Lei n. 8.112, de 11.12.1990 *(Regime Jurídico Único dos Servidores Públicos Federais)*

Art. 68. Os servidores que trabalhem com habitualidade em locais insalubres ou em contato permanente com substâncias tóxicas, radioativas ou com risco de vida, fazem jus a um adicional sobre o vencimento do cargo efetivo.

§ 1º O servidor que fizer jus aos adicionais de insalubridade e de periculosidade deverá optar por um deles.

§ 2º O direito ao adicional de insalubridade ou periculosidade cessa com a eliminação das condições ou dos riscos que deram causa a sua concessão.

Art. 69. Haverá permanente controle da atividade de servidores em operações ou locais considerados penosos, insalubres ou perigosos.

Parágrafo único. A servidora gestante ou lactante será afastada, enquanto durar a gestação e a lactação, das operações e locais previstos neste artigo, exercendo suas atividades em local salubre e em serviço não penoso e não perigoso.

Art. 70. Na concessão dos adicionais de atividades penosas, de insalubridade e de periculosidade serão observadas as situações estabelecidas em legislação específica.

Art. 71. O adicional de atividade penosa será devido aos servidores em exercício em zonas de fronteira ou em localidades cujas condições de vida o justifiquem, nos termos, condições e limites fixados em regulamento.

Art. 72. Os locais de trabalho e os servidores que operam com Raios X ou substâncias radioativas serão mantidos sob controle permanente, de modo que as doses de radiação ionizante não ultrapassem o nível máximo previsto na legislação própria.

Parágrafo único. Os servidores a que se refere este artigo serão submetidos a exames médicos a cada 6 (seis) meses.

Lei n. 8.213, de 24.7.1991 *(Plano de Benefícios da Previdência Social)*

Art. 57. A aposentadoria especial será devida, uma vez cumprida a carência exigida nesta Lei, ao segurado que tiver trabalhado sujeito a condições especiais que prejudiquem a saúde ou a integridade física, durante 15 (quinze), 20 (vinte) ou 25 (vinte e cinco) anos, conforme dispuser a lei.

§ 1º A aposentadoria especial, observado o disposto no art. 33 desta Lei, consistirá numa renda mensal equivalente a 100% (cem por cento) do salário-de-benefício.

§ 2º A data de início do benefício será fixada da mesma forma que a da aposentadoria por idade, conforme o disposto no art. 49.

Art. 58. A relação dos agentes nocivos químicos, físicos e biológicos ou associação de agentes prejudiciais à saúde ou à integridade física, considerados para fins de concessão da aposentadoria especial de que trata o artigo anterior, será definida pelo Poder Executivo.

§ 1º A comprovação da efetiva exposição do segurado aos agentes nocivos será feita mediante formulário, na forma estabelecida pelo Instituto Nacional do Seguro Social — INSS, emitido pela empresa ou seu preposto, com base em laudo técnico de condições ambientais do trabalho expedido por médico do trabalho ou engenheiro de segurança do trabalho nos termos da legislação trabalhista.

§ 2º Do laudo técnico referido no parágrafo anterior deverão constar informação sobre a existência de tecnologia de proteção coletiva que diminua a intensidade do agente agressivo a limites de tolerância e recomendação sobre a sua adoção pelo estabelecimento respectivo.

§ 3º A empresa que não mantiver laudo técnico atualizado com referência aos agentes nocivos existentes no ambiente de trabalho de seus trabalhadores, ou que emitir documento de comprovação de efetiva exposição em desacordo com o respectivo laudo, estará sujeita à penalidade prevista no art. 133 desta Lei.

§ 4º A empresa deverá elaborar e manter atualizado perfil profissiográfico(9), abrangendo as atividades desenvolvidas pelo trabalhador e fornecer a este, quando da rescisão do contrato de trabalho, cópia autêntica deste documento.

Lei n. 8.270, de 17.12.1991
(Adicionais de Insalubridade e Periculosidade dos Servidores Públicos Federais)

Art. 12. Os servidores civis da União, das autarquias e das fundações públicas federais perceberão adicionais de insalubridade e de periculosidade, nos termos das normas legais e regulamentares pertinentes aos trabalhadores em geral e calculados com base nos seguintes percentuais: **I** — cinco, dez e vinte por cento, no caso de insalubridade nos graus mínimo, médio e máximo, respectivamente; **II** — dez por cento, no de periculosidade.

§ 1º O adicional de irradiação ionizante será concedido nos percentuais de cinco, dez e vinte por cento, conforme se dispuser em regulamento.

§ 2º A gratificação por trabalhos com Raios X ou substâncias radioativas será calculada com base no percentual de dez por cento.

§ 3º Os percentuais fixados neste artigo incidem sobre o vencimento do cargo efetivo.

§ 4º O adicional de periculosidade percebido pelo exercício de atividades nucleares é mantido a título de vantagem pessoal, nominalmente identificada, e sujeita aos mesmos percentuais de revisão ou antecipação dos vencimentos.

§ 5º Os valores e adicionais ou gratificações percebidas sob os mesmos fundamentos deste artigo, superiores aos aqui estabelecidos, serão mantidos a título de vantagem pessoal, nominalmente identificada, para os servidores que permaneçam expostos à situação de trabalho que tenha dado origem à referida vantagem, aplicando-se a esses valores os mesmos percentuais de revisão ou antecipação de vencimentos.

JURISPRUDÊNCIA SUMULADA

Súmulas de Jurisprudência do Supremo Tribunal Federal (STF)

Súmula Vinculante STF n. 4. Salvo nos casos previstos na Constituição, o Salário Mínimo não pode ser usado como indexador de base de cálculo de vantagem de servidor público ou de empregado, nem ser substituído por decisão judicial.

Súmula STF n. 194. É competente o Ministro do Trabalho para a especificação das atividades insalubres.

Súmula STF n. 307. É devido o adicional de serviço insalubre, calculado à base do salário mínimo da região, ainda que a remuneração contratual seja superior ao salário mínimo acrescido da taxa de insalubridade.

Súmula STF n. 460. Para efeito do adicional de insalubridade, a perícia judicial, em reclamação trabalhista, não dispensa o enquadramento da atividade entre as insalubres, que é ato da competência do Ministro do Trabalho e Previdência Social.

Súmulas de Jurisprudência do Tribunal Superior do Trabalho — TST(10)

Súmula TST n. 17. ADICIONAL DE INSALUBRIDADE. O adicional de insalubridade devido a empregado que, por força de lei, convenção coletiva ou sentença normativa, percebe salário profissional será sobre este calculado.(11)

Súmula TST n. 47. ADICIONAL DE INSALUBRIDADE. TRABALHO EXECUTADO EM CARÁTER INTERMITENTE. O trabalho executado em condições insalubres, em caráter intermitente, não afasta, só por essa circunstância, o direito à percepção do respectivo adicional.

Súmula TST n. 80. INSALUBRIDADE. ELIMINAÇÃO. EXCLUSÃO DO ADICIONAL. A eliminação da insalubridade mediante fornecimento de aparelhos protetores aprovados pelo órgão competente do Poder Executivo exclui a percepção do respectivo adicional.

Súmula TST n. 139. ADICIONAL DE INSALUBRIDADE. INDENIZAÇÃO. Enquanto percebido, o adicional de insalubridade integra a remuneração para todos os efeitos legais.

---

(9) O art. 68, § 2º, do Decreto n. 4.032/2001 instituiu a denominação Perfil Profissiográfico Previdenciário (PPP). A Instrução Normativa da Direção Colegiada do Instituto Nacional do Seguro Social IN-DC-INSS n. 078/2002 aprovou o modelo de formulário PPP. Através da IN-DC-INSS n. 084/2002 ficou prorrogada para 1º.7.2003, a implementação do PPP, por parte das empresas. Novamente, a IN-DC-INSS n. 090/2003 postergou para 1º.11.2003 a implementação do PPP. A IN-DC-INSS n. 096/2003, além de prorrogar, pela última vez e para 1º.1.2004, a implementação do PPP, limitou sua abrangência apenas para as empresas que possuam empregados que sejam candidatos em potencial à obtenção da aposentadoria especial.

(10) Nos termos da Resolução Administrativa do TST (Pleno) os verbetes de jurisprudência denominados ENUNCIADOS passaram a denominar-se SÚMULAS, mantida sua numeração sequencial. As atuais Súmulas de Jurisprudência do TST (antigos Enunciados) n. 001 a 290 foram editadas antes da vigência da Constituição Federal de 1988, enquanto as subsequentes foram publicadas após 5.10.1988.

(11) Em face da edição da Súmula Vinculante STF n. 4, de 9.5.2008, o Tribunal Superior do Trabalho teve que cancelar as Súmulas TST ns. 17 e 228, nos termos da Resolução n. 148, de 7.7.2008.

Súmula TST n. 228. ADICIONAL DE INSALUBRIDADE. BASE DE CÁLCULO. O percentual do adicional de insalubridade incide sobre o salário mínimo de que cogita o art. 76 da CLT, salvo as hipóteses previstas na Súmula TST n. 17.[12]

Súmula TST n. 228. A partir de 9.5.2008, data da publicação da Súmula Vinculante n. 4 do STF, o adicional de insalubridade será calculado sobre o salário básico, salvo critério mais vantajoso fixado em instrumento coletivo. (*Nova redação dada pelo TST à anterior Súmula TST n. 228, em face da edição da citada súmula vinculante;* ***todavia***, *esta nova redação teve seus efeitos igualmente suspensos por Decisão Liminar do então Presidente do STF, Min. Gilmar Mendes*).

Súmula TST n. 248. ADICIONAL DE INSALUBRIDADE. DIREITO ADQUIRIDO. A reclassificação ou a descaracterização da insalubridade, por ato da autoridade competente, repercute na satisfação do respectivo adicional, sem ofensa a direito adquirido ou ao princípio da irredutibilidade salarial.

Súmula TST n. 289. INSALUBRIDADE. ADICIONAL. FORNECIMENTO DO APARELHO DE PROTEÇÃO. EFEITO. O simples fornecimento do aparelho de proteção pelo empregador não o exime do pagamento do adicional de insalubridade. Cabe-lhe tomar as medidas que conduzam à diminuição ou eliminação da nocividade, entre as quais as relativas ao uso efetivo do equipamento pelo empregado.

Súmula TST n. 293. ADICIONAL DE INSALUBRIDADE. CAUSA DE PEDIR. AGENTE NOCIVO DIVERSO DO APONTADO NA INICIAL. A verificação mediante perícia de prestação de serviços em condições nocivas, considerado agente insalubre diverso do apontado na inicial, não prejudica o pedido de adicional de insalubridade.

Súmula TST n. 341. HONORÁRIOS DO ASSISTENTE TÉCNICO. A indicação do perito assistente é faculdade da parte, a qual deve responder pelos respectivos honorários, ainda que vencedora no objeto da perícia.

Súmula TST n. 358. RADIOLOGISTA. SALÁRIO PROFISSIONAL. LEI N. 7.394, DE 29.10.1985. O salário profissional dos técnicos em radiologia é igual a 2 (dois) salários mínimos e não a 4 (quatro).

Súmula TST n. 448. ATIVIDADE INSALUBRE. CARACTERIZAÇÃO. PREVISÃO NA NORMA REGULAMENTADORA N. 15 DA PORTARIA DO MINISTÉRIO DO TRABALHO N. 3.214/78. INSTALAÇÕES SANITÁRIAS. **I** — Não basta a constatação da insalubridade por meio de laudo pericial para que o empregado tenha direito ao respectivo adicional, sendo necessária a classificação da atividade insalubre na relação oficial elaborada pelo Ministério do Trabalho. **II** — A higienização de instalações sanitárias de uso público ou coletivo de grande circulação, e a respectiva coleta de lixo, por não se equiparar à limpeza em residências e escritórios, enseja o pagamento de adicional de insalubridade em grau máximo, incidindo o disposto no Anexo 14 da NR-15 da Portaria do MTb n. 3.214/78 quanto à coleta e industrialização de lixo urbano.

Súmula TST n. 457. HONORÁRIOS PERICIAIS. BENEFICIÁRIO DA JUSTIÇA GRATUITA. RESPONSABILIDADE DA UNIÃO PELO PAGAMENTO. RESOLUÇÃO N. 66/2010 DO CSJT. OBSERVÂNCIA. A União é responsável pelo pagamento dos honorários de perito quando a parte sucumbente no objeto da perícia for beneficiária da assistência judiciária gratuita, observado o procedimento disposto nos arts. 1º, 2º e 5º da Resolução n. 66/2010 do Conselho Superior da Justiça do Trabalho (CSJT).

Orientações Jurisprudenciais da SDI (Subseção I) do TST

OJ-SDI-1-TST n. 47. HORA EXTRA. ADICIONAL DE INSALUBRIDADE. BASE DE CÁLCULO. É o resultado da soma do salário contratual mais o adicional de insalubridade, este calculado sobre o salário mínimo.

OJ-SDI-1-TST n. 103. ADICIONAL DE INSALUBRIDADE. REPOUSO SEMANAL E FERIADOS. O adicional de insalubridade porque calculado sobre o salário mínimo legal já remunera os dias de repouso semanal e feriados.

OJ-SDI-1-TST n. 121. SUBSTITUIÇÃO PROCESSUAL. DIFERENÇA DO ADICIONAL DE INSALUBRIDADE. LEGITIMIDADE. O sindicato tem legitimidade para atuar na qualidade de substituto processual para pleitear diferença de adicional de insalubridade.

OJ-SDI-1-TST n. 165. PERÍCIA. ENGENHEIRO OU MÉDICO. ADICIONAL DE INSALUBRIDADE E PERICULOSIDADE. VÁLIDO. ART. 195 DA CLT. O art. 195 da CLT não faz qualquer distinção entre o médico e o engenheiro para efeito de caracterização e classificação da insalubridade e periculosidade, bastando para a elaboração do laudo seja o profissional devidamente qualificado.

OJ-SDI-I-TST n. 171. ADICIONAL DE INSALUBRIDADE. ÓLEOS MINERAIS. SENTIDO DO TERMO "MANIPULAÇÃO". Para efeito de concessão de adicional de insalubridade não há distinção entre fabricação e manuseio de óleos minerais. Portaria n. 3.214 do Ministério do Trabalho, NR-15, Anexo XIII.

OJ-SDI-1-TST n. 172. ADICIONAL DE INSALUBRIDADE OU PERICULOSIDADE. CONDENAÇÃO. INSERÇÃO EM FOLHA DE PAGAMENTO. Condenada ao pagamento do adicional de insalubridade ou periculosidade, a empresa deverá inserir, mês a mês e enquanto o trabalho for executado sob essas condições, o valor correspondente em folha de pagamento.

OJ-SDI-1-TST n. 173. ADICIONAL DE INSALUBRIDADE. ATIVIDADE A CÉU ABERTO. EXPOSIÇÃO AO SOL E AO CALOR. **I** — Ausente previsão legal, indevido o adicional de insalubridade ao trabalhador em atividade a céu aberto, por sujeição à radiação solar (art. 195 da CLT e Anexo 7 da NR 15 da Portaria N. 3214/78 do MTE). **II** — Tem direito ao adicional de insalubridade o trabalhador que exerce atividade exposto ao calor acima dos limites de tolerância, inclusive em ambiente externo com carga solar, nas condições previstas no Anexo 3 da NR 15 da Portaria MTb n. 3214/78.

OJ-SDI-1-TST n. 198. HONORÁRIOS PERICIAIS. ATUALIZAÇÃO MONETÁRIA. Diferentemente da correção aplicada aos débitos trabalhistas, que têm caráter alimentar, a atualização monetária dos honorários periciais é fixada pelo art. 1º da Lei n. 6.899/81, aplicável a débitos resultantes de decisões judiciais.

OJ-SDI-1-TST n. 208. RADIOLOGISTA. GRATIFICAÇÃO DE RAIOS X. REDUÇÃO. LEI N. 7.923/89. A alteração da gratificação por trabalho com raios X, de quarenta para dez por cento, na forma da Lei n. 7.923/89, não causou prejuízo ao trabalhador porque passou a incidir sobre o salário incorporado com todas as demais vantagens.

OJ-SDI-1-TST n. 278. ADICIONAL DE INSALUBRIDADE. PERÍCIA. LOCAL DE TRABALHO DESATIVADO. A realização de perícia é obrigatória para a verificação de insalubridade. Quando não for possível sua realização, como em caso de fechamento da empresa, poderá o julgador utilizar-se de outros meios de prova.

(12) *Vide*: Nota de Rodapé anterior.

OJ-SDI-1-TST n. 316. PORTUÁRIOS. ADICIONAL DE RISCO. LEI N. 4.860/65. O adicional de risco dos portuários, previsto no art. 14 da Lei n. 4.860/65, deve ser proporcional ao tempo efetivo no serviço considerado sob risco e apenas concedido àqueles que prestam serviços na área portuária.

OJ-SDI-TST-n. 345. ADICIONAL DE PERICULOSIDADE. RADIAÇÃO IONIZANTE OU SUBSTÂNCIA RADIOATIVA. DEVIDO. A exposição do empregado à radiação ionizante ou à substância radioativa enseja a percepção do adicional de periculosidade, pois a regulamentação ministerial (Portarias do Ministério do Trabalho n. 3.393 de 17.12.1987 e n. 518 de 7.4.2003), ao reputar perigosa a atividade, reveste-se de plena eficácia, porquanto expedida por força de delegação legislativa contida no art. 200, *caput*, e inciso VI, da CLT. No período de 12.12.2002 a 6.4.2003, enquanto vigeu a Portaria n. 496 do Ministério do Trabalho, o empregado faz jus ao adicional de insalubridade.

OJ-SDI-TST n. 402. ADICIONAL DE RISCO. PORTUÁRIO. TERMINAL PRIVATIVO. ARTS. 14 E 19 DA LEI N. 4.860, DE 26.11.1965. INDEVIDO. O adicional de risco previsto no art. 14 da Lei n. 4.860, de 26.11.1965, aplica-se somente aos portuários que trabalham em portos organizados, não podendo ser conferido aos que operam terminal privativo.

NORMAS JURÍDICAS INFRALEGAIS

Decreto n. 97.458, de 15.1.1989
(Regulamenta os Adicionais de Periculosidade e de Insalubridade dos Servidores Públicos Federais)

Art. 1º A caracterização e a classificação da insalubridade e da periculosidade para os servidores da administração federal direta, autárquica e fundacional será feita nas condições disciplinadas na legislação trabalhista.

Art. 2º O laudo pericial identificará, conforme formulário anexo:

I — o local de exercício ou o tipo de trabalho realizado;

II — o agente nocivo à saúde ou o identificador do risco;

III — o grau de agressividade ao homem, especificando: **a)** limite de tolerância conhecida, quanto ao tempo de exposição ao agente nocivo; e **b)** verificação do tempo de exposição do serviço aos agentes agressivos;

IV — classificação dos graus de insalubridade e de periculosidade, com os respectivos percentuais aplicáveis ao local ou atividade examinados; e

V — as medidas corretivas necessárias para eliminar ou neutralizar o risco, ou proteger contra seus efeitos.

Art. 3º Os adicionais a que se refere este Decreto não serão pagos aos servidores que:

I — no exercício de suas atribuições, fiquem expostos aos agentes nocivos à saúde apenas em caráter esporádico ou ocasional; ou

II — estejam distantes do local, ou deixem de exercer o tipo de trabalho que deu origem ao pagamento do adicional.

Art. 4º Os adicionais de que trata este Decreto serão concedidos à vista de portaria de localização do servidor no local periciado ou portaria de designação para executar atividade já objeto de perícia.

Art. 5º A concessão dos adicionais será feita pela autoridade que determinar a localização ou o exercício do servidor no órgão ou atividade periciada.

Art. 6º A execução do pagamento somente será processada à vista de portaria de localização ou de exercício do servidor e de portaria de concessão do adicional, bem assim de laudo pericial, cabendo à autoridade pagadora conferir a exatidão desses documentos antes de autorizar o pagamento.

Art. 7º Consideram-se como de efetivo exercício, para o pagamento dos adicionais de que trata este Decreto, os afastamentos nas situações previstas no parágrafo único do art. 4º do Decreto-lei n. 1.873, de 1981.

Portaria MTE-GM n. 702 de 28.5.2015
(Estabelece requisitos para a Prorrogação de Jornada em Atividade Insalubre)

Art. 1º Nas atividades insalubres, quaisquer prorrogações de jornada só poderão ser praticadas mediante autorização da chefia da unidade de segurança e saúde no trabalho da Superintendência Regional do Trabalho e Emprego correspondente.

Art. 2º O pedido de autorização para a prorrogação de jornada em atividade insalubre deverá ser apresentado com as seguintes informações:

a) identificação do empregador e do estabelecimento, contendo razão social, CNPJ, endereço, CNAE e número de empregados;

b) indicação das funções, setores e turnos cuja jornada será prorrogada, com o número de empregados alcançados pela prorrogação;

c) descrição da jornada de trabalho ordinária e a indicação do tempo de prorrogação pretendido; e

d) relação dos agentes insalubres, com identificação da fonte, nível ou concentração e descrição das medidas de controle adotadas.

Art. 3º A análise do pedido deve considerar o possível impacto da prorrogação na saúde dos trabalhadores alcançados.

Art. 4º O deferimento do pedido está condicionado ao atendimento dos seguintes requisitos:

a) inexistência de infrações às Normas Regulamentadoras que possam comprometer a saúde ou a integridade física dos trabalhadores;

b) adoção de sistema de pausas durante o trabalho, quando previstas em Norma Regulamentadora, e as condições em que são concedidas;

c) rigoroso cumprimento dos intervalos previstos na legislação; e

d) anuência da representação de trabalhadores, por meio de Acordo ou Convenção Coletiva de Trabalho.

Art. 5º Os pedidos de empregadores que apresentarem números elevados de acidentes ou doenças do trabalho devem ser indeferidos.

Art. 6º Não será admitida prorrogação em atividades com exposição a agentes cuja caracterização da insalubridade se dá por meio de avaliação quantitativa, salvo em situações transitórias, por curto período de tempo e desde que sejam implementadas medidas adicionais de proteção do trabalhador contra a exposição ao agente nocivo.

Art. 7º A análise do pedido será feita por meio de análise documental e consulta aos sistemas de informação da inspeção do trabalho, referentes a ações fiscais anteriormente realizadas e, caso seja necessário, complementada por inspeção no estabelecimento do empregador.

Art. 8º A validade da autorização será determinada pela autoridade que a conceder, nunca superior a 5 (cinco) anos.

Art. 9º A autorização deve ser cancelada:

I — sempre que for verificado o não atendimento às condições estabelecidas no art. 4º;

II — quando ocorrer a situação prevista no art. 5º; ou

III — em situação que gere impacto negativo à saúde do trabalhador.

Art. 10. Esta Portaria entra em vigor na data de sua publicação. *(DOU de 29.5.2015).*

Resolução CONFEA n. 359, de 31.7.1991

(Dispõe sobre o exercício profissional, o registro e as atividades do Engenheiro de Segurança do Trabalho e dá outras providências)

Art. 1º O exercício da especialização de Engenheiro de Segurança do Trabalho é permitido, exclusivamente:

I — ao Engenheiro ou Arquiteto, portador de certificado de conclusão de curso de especialização, a nível de pós-graduação, em Engenharia de Segurança do Trabalho;

II — ao portador de certificado de curso de especialização em Engenharia de Segurança do Trabalho, realizado em caráter prioritário pelo Ministério do Trabalho;

III — ao portador de registro de Engenharia de Segurança do Trabalho, expedido pelo Ministério do Trabalho, dentro de 180 (cento e oitenta) dias da extinção do curso referido no item anterior.

Parágrafo único. A expressão Engenheiro é específica e abrange o universo sujeito à fiscalização do CONFEA, compreendido entre os arts. 2º e 22, inclusive, da Resolução CONFEA n. 218/73.

Art. 2º Os Conselhos Regionais concederão o Registro dos Engenheiros de Segurança do Trabalho, procedendo à anotação nas carteiras profissionais já expedidas.

Art. 3º Para o registro, só serão aceitos certificados de cursos de pós-graduação acompanhados do currículo cumprido, de conformidade com o Parecer n. 19/87, do Conselho Federal de Educação.

Art. 4º As atividades dos Engenheiros e Arquitetos, na especialidade de Engenharia de Segurança do Trabalho, são as seguintes:

1 — Supervisionar, coordenar e orientar tecnicamente os serviços de Engenharia de Segurança do Trabalho;

2 — Estudar as condições de segurança dos locais de trabalho e das instalações e equipamentos, com vistas especialmente aos problemas de controle de risco, controle de poluição, higiene do trabalho, ergonomia, proteção contra incêndio e saneamento;

3 — Planejar e desenvolver a implantação de técnicas relativas a gerenciamento e controle de riscos;

4 — Vistoriar, avaliar, realizar perícias, arbitrar, emitir parecer, laudos técnicos e indicar medidas de controle sobre grau de exposição a agentes agressivos de riscos físicos, químicos e biológicos, tais como poluentes atmosféricos, ruídos, calor, radiação em geral e pressões anormais, caracterizando as atividades, operações e locais insalubres e perigosos;

5 — Analisar riscos, acidentes e falhas, investigando causas, propondo medidas preventivas e corretivas e orientando trabalhos estatísticos, inclusive com respeito a custo;

6 — Propor políticas, programas, normas e regulamentos de Segurança do Trabalho, zelando pela sua observância;

7 — Elaborar projetos de sistemas de segurança e assessorar a elaboração de projetos de obras, instalação e equipamentos, opinando do ponto de vista da Engenharia de Segurança;

8 — Estudar instalações, máquinas e equipamentos, identificando seus pontos de risco e projetando dispositivos de segurança;

9 — Projetar sistemas de proteção contra incêndios, coordenar atividades de combate a incêndio e de salvamento e elaborar planos para emergência e catástrofes;

10 — Inspecionar locais de trabalho no que se relaciona com a segurança do Trabalho, delimitando áreas de periculosidade;

11 — Especificar, controlar e fiscalizar sistemas de proteção coletiva e equipamentos de segurança, inclusive os de proteção individual e os de proteção contra incêndio, assegurando-se de sua qualidade e eficiência;

12 — Opinar e participar da especificação para aquisição de substâncias e equipamentos cuja manipulação, armazenamento, transporte ou funcionamento possam apresentar riscos, acompanhando o controle do recebimento e da expedição;

13 — Elaborar planos destinados a criar e desenvolver a prevenção de acidentes, promovendo a instalação de comissões e assessorando-lhes o funcionamento;

14 — Orientar o treinamento específico de Segurança do Trabalho e assessorar a elaboração de programas de treinamento geral, no que diz respeito à Segurança do Trabalho;

15 — Acompanhar a execução de obras e serviços decorrentes da adoção de medidas de segurança, quando a complexidade dos trabalhos a executar assim o exigir;

16 — Colaborar na fixação de requisitos de aptidão para o exercício de funções, apontando os riscos decorrentes desses exercícios;

17 — Propor medidas preventivas no campo da Segurança do Trabalho, em face do conhecimento da natureza e gravidade das lesões provenientes do acidente de trabalho, incluídas as doenças do trabalho;

18 — Informar aos trabalhadores e à comunidade, diretamente ou por meio de seus representantes, as condições que possam trazer danos a sua integridade e as medidas que eliminam ou atenuam estes riscos e que deverão ser tomadas.

Art. 5º A presente Resolução entrará em vigor na data de sua publicação.

Art. 6º Revogam-se as Resoluções 325 de 27.11.1987 e 329 de 31.3.1989, e as disposições em contrário.

Resolução CONFEA n. 437, de 27.11.1999

(Dispõe sobre a Anotação de Responsabilidade Técnica (ART) relativa às atividades dos Engenheiros e Arquitetos, especialistas em Engenharia de Segurança do Trabalho e dá outras providências)

Art. 1º As atividades relativas à Engenharia de Segurança do Trabalho ficam sujeitas à Anotação de Responsabilidade Técnica (ART), definida pela Lei n. 6.496, de 1977.

§ 1º Os estudos, projetos, planos, relatórios, laudos e quaisquer outros trabalhos ou atividades relativas à Engenharia de Segurança do Trabalho, quer público, quer particular, somente poderão ser submetidos ao julgamento das autoridades competentes, administrativas e judiciárias, e só terão valor jurídico quando seus autores forem Engenheiros ou Arquitetos, especializados em Engenharia de Segurança do Trabalho e registrados no Conselho Regional de Engenharia e Agronomia (CREA).

§ 2º Os estudos, projetos, planos, relatórios, laudos e quaisquer outros trabalhos ou atividades de Engenharia de Segurança do Trabalho referidos no parágrafo anterior, somente serão reconhecidos como tendo valor legal se tiverem sido objeto de ART no CREA competente.

Art. 2º Para os efeitos desta Resolução, entende-se como Engenharia de Segurança do Trabalho:

I — a prevenção de riscos nas atividades de trabalho com vistas à preservação da saúde e integridade da pessoa humana; e

II — a proteção do trabalhador em todas as unidades laborais, no que se refere à questão de segurança, inclusive higiene do trabalho, sem interferência específica nas competências legais e técnicas estabelecidas para as diversas modalidades da Engenharia, Arquitetura e Agronomia, conforme o Parecer n. 19/87 do Conselho Federal de Educação.

Art. 3º Em consonância com o disposto no artigo anterior, as atividades de Engenharia de Segurança do Trabalho que serão objeto de ART, são aquelas previstas nos itens 1 a 18 do art. 4º da Resolução n. 359, de 1991, do CONFEA.

Parágrafo único. O profissional, ao preencher o formulário de ART, especificará em qual item do art. 4º da Resolução n. 359, de 1991, do CONFEA, se enquadra o documento técnico e/ou atividade técnica objeto de Anotação de Responsabilidade Técnica.

Art. 4º Incluem-se entre as atividades de Engenharia de Segurança do Trabalho, referidas no art. 4º da Resolução n. 359, de 1991, a elaboração e os seguintes documentos técnicos, previstos na Portaria n. 3.214, de 8 de junho de 1978, que regulamentou a Lei n. 6.514, de 22 de dezembro de 1977, que alterou o Capítulo V, Título II da Consolidação das Leis do Trabalho (CLT):

I — Programa de Condições e Meio Ambiente do Trabalho na Indústria da Construção (PCMAT), previsto na NR-18;

II — Programa de Prevenção de Riscos Ambientais (PPRA), previsto na NR-09; III— programa de conservação auditiva;

IV — laudo de avaliação ergonômica, previsto na NR-17; V— programa de proteção respiratória, previsto na NR-6; e,

VI — Programa de Prevenção da Exposição Ocupacional ao Benzeno (PPEOB), previsto na NR-15.

§ 1º Os documentos técnicos referidos nos incisos do "caput" deste artigo somente terão valor legal e só poderão ser submetidos às autoridades competentes, se acompanhados das devidas ARTs.

§ 2º As ART´s referidas no parágrafo anterior, terão validade durante os prazos nelas obrigatoriamente fixados.

Art. 5º Todo empreendimento econômico dos setores, industrial, comercial e agrícola fica sujeito a ter, nos termos da legislação vigente, um Programa de Prevenção de Riscos Ambientais (PPRA), conforme o nível de risco que apresenta para os seus trabalhadores, que deve ser objeto de ART no CREA de jurisdição em que se localiza.

§ 1º No caso da indústria da construção civil, com 20 (vinte) trabalhadores ou mais, será obrigatória a existência unicamente do Programa de Condições e Meio Ambiente de Trabalho na Indústria da Construção (PCMAT), anotado no CREA de jurisdição da localização do empreendimento.

§ 2º O PPRA ou o PCMAT, previstos no "caput" e no § 1º deste artigo, somente serão dispensados nos casos em que a legislação específica assim dispuser.

§ 3º Em cada caso específico, os documentos técnicos previstos no art. 4º desta Resolução deverão permanecer no empreendimento referido no *caput* deste artigo, à disposição dos CREAs, com os seus relatórios de fiscalização fazendo, obrigatoriamente, menção quanto às suas existências ou não e, em caso negativo, deverão autuar o seu empreendedor, por infração à alínea "a", do art. 6º da Lei n. 5.194, de 1966.

§ 4º As execuções dos planos e programas referidos no art. 4º desta Resolução serão objeto de ART´s específicas.

§ 5º Os CREAs definirão os tipos de empreendimentos econômicos cujos PPRAs e PCMATs poderão ser elaborados por Técnico de Segurança do Trabalho em função das características de seu currículo escolar, considerados, em cada caso, os conteúdos das disciplinas que contribuem para sua formação profissional.

Art. 6º As atividades de Engenharia de Segurança do Trabalho que não tiverem sido objeto de ART, até a data de publicação desta Resolução, poderão ser anotadas se atenderem o disposto na Resolução n. 394, de 17 de março de 1995, do CONFEA.

Art. 7º Esta Resolução entra em vigor na data de sua publicação.

Art. 8º Revogam-se as disposições em contrário.

Resolução do Conselho Federal de Medicina (CFM) n. 1.488, de 11.2.1998, atualizada pela Resolução CFM n. 1.940, de 14.1.2010

(Dispõe sobre Assistência Médica ao Trabalhador)

Art. 1º Aos médicos que prestam assistência médica ao trabalhador, independentemente de sua especialidade ou local em que atuem, cabe:

I — assistir ao trabalhador, elaborar seu prontuário médico e fazer todos os encaminhamentos devidos;

II — fornecer atestados e pareceres para o afastamento do trabalho sempre que necessário, considerando que o repouso, o acesso a terapias ou o afastamento de determinados agentes agressivos faz parte do tratamento;

III — fornecer laudos, pareceres e relatórios de exame médico e dar encaminhamento, sempre que necessário, para benefício do paciente e dentro dos preceitos éticos, quanto aos dados de diagnóstico, prognóstico e tempo previsto de tratamento. Quando requerido pelo paciente, deve o médico pôr à sua disposição tudo o que se refira ao seu atendimento, em especial cópia dos exames e prontuário médico.

Art. 2º Para o estabelecimento do nexo causal entre os transtornos de saúde e as atividades do trabalhador, além do exame clínico (físico e mental) e os exames complementares, quando necessários, deve o médico considerar:

I — a história clínica e ocupacional, decisiva em qualquer diagnóstico e/ou investigação de nexo causal;

II — o estudo do local do trabalho;

III — o estudo da organização do trabalho;

IV — os dados epidemiológicos;

V — a literatura atualizada;

VI — a ocorrência de quadro clínico ou subclínico em trabalhador exposto a condições agressivas;

VII — a identificação de riscos físicos, químicos, biológicos, mecânicos, estressantes e outros;

VIII — o depoimento e a experiência dos trabalhadores;

IX — os conhecimentos e as práticas de outras disciplinas e de seus profissionais, sejam ou não da área da saúde.

Art. 3º Aos médicos que trabalham em empresas, independentemente de sua especialidade, é atribuição:

I — atuar visando essencialmente à promoção da saúde e à prevenção da doença, conhecendo, para tanto, os processos produtivos e o ambiente de trabalho da empresa;

II — avaliar as condições de saúde do trabalhador para determinadas funções e/ou ambientes, indicando sua alocação para trabalhos compatíveis com suas condições de saúde, orientando-o, se necessário, no processo de adaptação;

III — dar conhecimento aos empregadores, trabalhadores, comissões de saúde, CIPAS e representantes sindicais, através de cópias de encaminhamento, solicitações e outros documentos, dos riscos existentes no ambiente de trabalho, bem como dos outros informes técnicos de que dispuser, desde que resguardado o sigilo profissional;

IV — promover a emissão de Comunicação de Acidente do Trabalho, ou outro documento que comprove o evento infortunístico, sempre que houver acidente ou moléstia causada pelo trabalho. Essa emissão deve ser feita até mesmo na suspeita de nexo causal da doença com o trabalho. Deve ser fornecida cópia dessa documentação ao trabalhador;

V — notificar, formalmente, o órgão público competente e quando houver suspeita ou comprovação de transtornos da saúde atribuíveis ao trabalho, bem como recomendar ao empregador a adoção dos procedimentos cabíveis, independentemente da necessidade de afastar o empregado do trabalho.

Art. 4º São deveres dos médicos de empresa que prestam assistência médica ao trabalhador, independentemente de sua especialidade:

I — atuar junto à empresa para eliminar ou atenuar a novidade dos processos de produção e organização do trabalho, sempre que haja risco de agressão à saúde;

II — promover o acesso ao trabalho de portadores de afecções e deficiências para o trabalho, desde que este não as agrave ou ponha em risco sua vida;

III — opor-se a qualquer ato discriminatório impeditivo do acesso ou permanência da gestante no trabalho, preservando-a, e ao feto, de possíveis agravos ou riscos decorrentes de suas funções, tarefas e condições ambientais.

Art. 5º Os médicos do trabalho (como tais reconhecidos por lei), especialmente aqueles que atuem em empresa como contratados, assessores ou consultores em saúde do trabalhador, serão responsabilizados por atos que concorram para agravos à saúde dessa clientela conjuntamente com os outros médicos que atuem na empresa e que estejam sob sua supervisão nos procedimentos que envolvam a saúde do trabalhador, especialmente com relação à ação coletiva de promoção e proteção à sua saúde.

Art. 6º São atribuições e deveres do perito-médico de instituições previdenciárias e seguradoras:

I — avaliar a capacidade de trabalho do segurado, através do exame clínico, analisando documentos, provas e laudos referentes ao caso;

II — subsidiar tecnicamente a decisão para a concessão de benefícios;

III — comunicar, por escrito, o resultado do exame médico-pericial ao periciando, com a devida identificação do perito-médico (CRM, nome e matrícula);

IV — orientar o periciando para tratamento, quando eventualmente não o estiver fazendo, e encaminhá-lo para reabilitação, quando necessária.

Art. 7º Perito-médico judicial é aquele designado pela autoridade judicial, assistindo-a naquilo que a lei determina.

Art. 8º Assistente-técnico é o médico que assiste às partes em litígio.

Art. 9º Em ações judiciais, o prontuário médico, exames complementares ou outros documentos poderão ser liberados por autorização expressa do próprio assistido.

Art. 10. São atribuições e deveres do perito-médico judicial e assistentes técnicos:

I — examinar clinicamente o trabalhador e solicitar os exames complementares necessários;

II — o perito-médico judicial e assistentes técnicos, ao vistoriarem o local de trabalho, devem fazer-se acompanhar, se possível, pelo próprio trabalhador que está sendo objeto da perícia, para melhor conhecimento do seu ambiente de trabalho e função;

III — estabelecer o nexo causal, considerando o exposto no art. 2º e incisos.

Art. 11. Deve o perito-médico judicial fornecer cópia de todos os documentos disponíveis para que os assistentes técnicos elaborem seus pareceres. Caso o perito-médico judicial necessite vistoriar a empresa (locais de trabalho e documentos sob sua guarda), ele deverá informar oficialmente o fato, com a devida antecedência, aos assistentes técnicos das partes (ano, mês, dia e hora da perícia).

Art. 12. O médico de empresa, o médico responsável por qualquer programa de controle de saúde ocupacional de empresa e o médico participante do Serviço Especializado em Segurança e Medicina do Trabalho **não podem atuar como peritos judiciais, securitários, previdenciários ou assistentes técnicos, nos casos que envolvam a firma contratante e/ou seus assistidos (atuais ou passados).**

Art. 13. A presente Resolução entrará em vigor na data de sua publicação, revogando-se as disposições em contrário.

Resolução do Conselho Superior da Justiça do Trabalho (CSJT) n. 66, de 10.6.2010

(Regulamenta, no âmbito da Justiça do Trabalho de primeiro e segundo graus, a responsabilidade pelo pagamento e antecipação de honorários do perito, do tradutor e do intérprete, no caso de concessão à parte do benefício de justiça gratuita)

Art. 1º Os Tribunais Regionais do Trabalho deverão destinar recursos orçamentários para:

I — o pagamento de honorários periciais, sempre que à parte sucumbente na pretensão for concedido o benefício da justiça gratuita;

II — o pagamento de honorários a tradutores e intérpretes, que será realizado após atestada a prestação dos serviços pelo juízo processante, de acordo com a tabela constante do Anexo.

§ 1º Os valores serão consignados sob a rubrica "Assistência Judiciária a Pessoas Carentes", em montante estimado que atenda à demanda da Região, segundo parâmetros que levem em conta o movimento processual.

§ 2º O juiz poderá ultrapassar em até 3 (três) vezes os valores fixados na tabela constante do Anexo, observados o grau de especialização do tradutor ou intérprete e a complexidade do trabalho, comunicando-se ao Corregedor do Tribunal.

Art. 2º A responsabilidade da União pelo pagamento de honorários periciais, em caso de concessão do benefício da justiça gratuita, está condicionada ao atendimento simultâneo dos seguintes requisitos:

I — fixação judicial de honorários periciais;

II — sucumbência da parte na pretensão objeto da perícia;

III — trânsito em julgado da decisão.

§ 1º A concessão da justiça gratuita a empregador, pessoa física, dependerá da comprovação de situação de carência que inviabilize a assunção dos ônus decorrentes da demanda judicial.

§ 2º O pagamento dos honorários poderá ser antecipado, para despesas iniciais, em valor máximo equivalente a R$ 350,00 (trezentos e cinquenta reais), efetuando-se o pagamento do saldo remanescente após o trânsito em julgado da decisão, se a parte for beneficiária de justiça gratuita.

§ 3º No caso de reversão da sucumbência, quanto ao objeto da perícia, caberá ao reclamado-executado ressarcir o erário dos honorários periciais adiantados, mediante o recolhimento da importância adiantada em Guia de Recolhimento da União (GRU), em código destinado ao Fundo de "assistência judiciária a pessoas carentes", sob pena de execução específica da verba. (NR)

Art. 3º Em caso de concessão do benefício da justiça gratuita, o valor dos honorários periciais, observado o limite de R$ 1.000,00 (um mil reais), será fixado pelo juiz, atendidos:

I — a complexidade da matéria;

II — o grau de zelo profissional;

III — o lugar e o tempo exigidos para a prestação do serviço;

IV — as peculiaridades regionais.

Parágrafo único. A fixação dos honorários periciais, em valor maior do que o limite estabelecido neste artigo, deverá ser devidamente fundamentada.

Art. 4º Havendo disponibilidade orçamentária, os valores fixados nesta Resolução serão reajustados anualmente no mês de janeiro, com base na variação do IPCA-E do ano anterior ou outro índice que o substitua, por ato normativo do Presidente do Tribunal.

Art. 5º O pagamento dos honorários efetuar-se-á mediante determinação do presidente do Tribunal, após requisição expedida pelo Juiz do feito, observando-se, rigorosamente, a ordem cronológica de apresentação das requisições e as deduções das cotas previdenciárias e fiscais, sendo o valor líquido depositado em conta bancária indicada pelo perito, tradutor ou intérprete.

Parágrafo único. O valor dos honorários será atualizado pelo IPCAE ou outro índice que o substitua, a partir da data do arbitramento até o seu efetivo pagamento.

Art. 6º As requisições deverão indicar, obrigatoriamente: o número do processo e o nome das partes; o valor dos honorários, especificando se de adiantamento ou se finais; o número da conta bancária para crédito; natureza e característica da atividade desempenhada pelo auxiliar do Juízo; declaração expressa de reconhecimento, pelo Juiz, do direito à justiça gratuita; certidão do trânsito em julgado e da sucumbência na perícia, se for o caso; e o endereço, telefone e inscrição no INSS do perito, tradutor ou intérprete. *(Art. 6º com redação dada pela Resolução CSJT n. 115 de 28.9.2012).*

Art. 7º Os Tribunais Regionais do Trabalho poderão manter sistema de credenciamento de peritos, tradutores e intérpretes para fins de designação, preferencialmente, de profissionais inscritos nos órgãos de classe competentes e que comprovem sua especialidade na matéria sobre a qual deverão opinar, a ser atestada por meio de certidão do órgão profissional a que estiverem vinculados.

Art. 8º As Presidências de Tribunais Regionais do Trabalho ficam autorizadas a celebrar convênios com instituições com notória experiência em avaliação e consultoria nas áreas de Meio Ambiente, Promoção da Saúde, Segurança e Higiene do Trabalho, e outras, capazes de realizar as perícias requeridas pelos Juízes.

Art. 9º O pagamento dos honorários está condicionado à disponibilidade orçamentária, transferindo-se para o exercício financeiro subsequente as requisições não atendidas.

Art. 10. Nas ações contendo pedido de adicional de insalubridade, de periculosidade, de indenização por acidente do trabalho ou qualquer outro atinente à segurança e saúde do trabalhador, o Juiz poderá determinar a notificação da empresa reclamada para trazer aos autos cópias dos LT-

CAT (Laudo Técnico de Condições Ambientais de Trabalho), PCMSO (Programa de Controle Médico de Saúde Ocupacional) e PPRA (Programa de Prevenção de Riscos Ambientais), e de laudo pericial da atividade ou local de trabalho, passível de utilização como prova emprestada, referentes ao período em que o reclamante prestou serviços na empresa.

Art. 11. Fica revogada a Resolução CSJT n. 35/2007.

Art. 12. Esta Resolução entra em vigor na data de sua publicação.

NR-15 (ATIVIDADES E OPERAÇÕES INSALUBRES)[13]

Publicação	**D.O.U.**
Portaria MTb n. 3.214, de 8 de junho de 1978	6.7.78
Alterações/Atualizações	**D.O.U.**
Portaria SSMT n. 12, de 12 de novembro de 1979	23.11.79
Portaria SSMT n. 1, de 17 de abril de 1980	25.4.80
Portaria SSMT n. 5, de 9 de fevereiro de 1983	17.2.83
Portaria SSMT n. 12, de 6 de junho de 1983	14.6.83
Portaria SSMT n. 24, de 14 de setembro de 1983	15.9.83
Portaria GM n. 3.751, de 23 de novembro de 1990	26.11.90
Portaria DSST n. 1, de 28 de maio de 1991	29.5.91
Portaria DNSST n. 8, de 5 de outubro de 1992	8.10.92
Portaria DNSST n. 9, de 5 de outubro de 1992	14.10.92
Portaria SSST n. 4, de 11 de abril de 1994	14.4.94
Portaria SSST n. 22, de 26 de dezembro de 1994	27.12.94
Portaria SSST n. 14, de 20 de dezembro de 1995	22.12.95
Portaria SIT n. 99, de 19 de outubro de 2004	21.10.04
Portaria SIT n. 43, de 11 de março de 2008 (Rep.)	13.3.08
Portaria SIT n. 203, de 28 de janeiro de 2011	1º.2.11
Portaria SIT n. 291, de 8 de dezembro de 2011	9.12.11
Portaria MTE n. 1.297, de 13 de agosto de 2014	14.8.14

15.1. São consideradas atividades ou operações insalubres as que se desenvolvem:

15.1.1. Acima dos limites de tolerância previstos nos Anexos n. 1, 2, 3, 5, 11 e 12;

15.1.2. *(Revogado pela Portaria MTE n. 3.751, de 23 de novembro de 1990)*

15.1.3. Nas atividades mencionadas nos Anexos n. 6, 13 e 14;

15.1.4. Comprovadas através de laudo de inspeção do local de trabalho, constantes dos Anexos n. 7, 8, 9 e 10.

15.1.5. Entende-se por "Limite de Tolerância", para os fins desta Norma, a concentração ou intensidade máxima ou mínima, relacionada com a natureza e o tempo de exposição ao agente, que não causará dano à saúde do trabalhador, durante a sua vida laboral.

15.2. O exercício de trabalho em condições de insalubridade, de acordo com os subitens do item anterior, assegura ao trabalhador a percepção de adicional, incidente sobre o salário mínimo da região, equivalente a:

15.2.1. 40% (quarenta por cento), para insalubridade de grau máximo;

15.2.2. 20% (vinte por cento), para insalubridade de grau médio;

15.2.3. 10% (dez por cento), para insalubridade de grau mínimo;

15.3. No caso de incidência de mais de um fator de insalubridade, será apenas considerado o de grau mais elevado, para efeito de acréscimo salarial, sendo vedada a percepção cumulativa.

15.4. A eliminação ou neutralização da insalubridade determinará a cessação do pagamento do adicional respectivo.

15.4.1. A eliminação ou neutralização da insalubridade deverá ocorrer:

a) com a adoção de medidas de ordem geral que conservem o ambiente de trabalho dentro dos limites de tolerância;

b) com a utilização de equipamento de proteção individual.

15.4.1.1. Cabe à autoridade regional competente em matéria de segurança e saúde do trabalhador, comprovada a insalubridade por laudo técnico de engenheiro de segurança do trabalho ou médico do trabalho, devidamente habilitado, fixar adicional devido aos empregados expostos à insalubridade quando impraticável sua eliminação ou neutralização.

15.4.1.2. A eliminação ou neutralização da insalubridade ficará caracterizada através de avaliação pericial por órgão competente, que comprove a inexistência de risco à saúde do trabalhador.

(13) O Texto da NR-15 (ATIVIDADES E OPERAÇÕES INSALUBRES), ora reproduzido, encontra-se atualizado até a edição da Portaria MTE-GM n. 1.297, de 13.8.2014.

15.5. É facultado às empresas e aos sindicatos das categorias profissionais interessadas requererem ao Ministério do Trabalho, através das DRTs, a realização de perícia em estabelecimento ou setor deste, com o objetivo de caracterizar e classificar ou determinar atividade insalubre.

15.5.1. Nas perícias requeridas às Delegacias Regionais do Trabalho, desde que comprovada a insalubridade, o perito do Ministério do Trabalho indicará o adicional devido.

15.6. O perito descreverá no laudo a técnica e a aparelhagem utilizadas.

15.7. O disposto no item 15.5. não prejudica a ação fiscalizadora do MTb nem a realização **ex-officio** da perícia, quando solicitado pela Justiça, nas localidades onde não houver perito.

ANEXO N. 1

LIMITES DE TOLERÂNCIA PARA RUÍDO CONTÍNUO OU INTERMITENTE

NÍVEL DE RUÍDO DB (A)	MÁXIMA EXPOSIÇÃO DIÁRIA PERMISSÍVEL
85	8 horas
86	7 horas
87	6 horas
88	5 horas
89	4 horas e 30 minutos
90	4 horas
91	3 horas e 30 minutos
92	3 horas
93	2 horas e 40 minutos
94	2 horas e 15 minutos
95	2 horas
96	1 hora e 45 minutos
98	1 hora e 15 minutos
100	1 hora
102	45 minutos
104	35 minutos
105	30 minutos
106	25 minutos
108	20 minutos
110	15 minutos
112	10 minutos
114	8 minutos
115	7 minutos

1. Entende-se por Ruído Contínuo ou Intermitente, para os fins de aplicação de Limites de Tolerância, o ruído que não seja ruído de impacto.

2. Os níveis de ruído contínuo ou intermitente devem ser medidos em decibéis (dB) com instrumento de nível de pressão sonora operando no circuito de compensação "A" e circuito de resposta lenta (SLOW). As leituras devem ser feitas próximas ao ouvido do trabalhador.

3. Os tempos de exposição aos níveis de ruído não devem exceder os limites de tolerância fixados no Quadro deste anexo.

4. Para os valores encontrados de nível de ruído intermediário será considerada a máxima exposição diária permissível relativa ao nível imediatamente mais elevado.

5. Não é permitida exposição a níveis de ruído acima de 115 dB(A) para indivíduos que não estejam adequadamente protegidos.

6. Se durante a jornada de trabalho ocorrerem dois ou mais períodos de exposição a ruído de diferentes níveis, devem ser considerados os seus efeitos combinados, de forma que, se a soma das seguintes frações:

$$\frac{C1}{T1} + \frac{C2}{T2} + \frac{C3}{T3} \text{ \_\_\_\_\_\_\_\_\_\_ } + \frac{Cn}{Tn}$$

exceder a unidade, a exposição estará acima do limite de tolerância.

Na equação acima, Cn indica o tempo total que o trabalhador fica exposto a um nível de ruído específico, e Tn indica a máxima exposição diária permissível a este nível, segundo o Quadro deste Anexo.

7. As atividades ou operações que exponham os trabalhadores a níveis de ruído, contínuo ou intermitente, superiores a 115 dB(A), sem proteção adequada, oferecerão risco grave e iminente.

ANEXO N. 2

LIMITES DE TOLERÂNCIA PARA RUÍDOS DE IMPACTO

1. Entende-se por ruído de impacto aquele que apresenta picos de energia acústica de duração inferior a 1 (um) segundo, a intervalos superiores a 1 (um) segundo.

2. Os níveis de impacto deverão ser avaliados em decibéis (dB), com medidor de nível de pressão sonora operando no circuito linear e circuito de resposta para impacto. As leituras devem ser feitas próximas ao ouvido do trabalhador. O limite de tolerância para ruído de impacto será de 130 dB (linear). Nos intervalos entre os picos, o ruído existente deverá ser avaliado como ruído contínuo.

3. Em caso de não se dispor de medidor do nível de pressão sonora com circuito de resposta para impacto, será válida a leitura feita no circuito de resposta rápida (FAST) e circuito de compensação "C". Neste caso, o limite de tolerância será de 120 dB(C).

4. As atividades ou operações que exponham os trabalhadores, sem proteção adequada, a níveis de ruído de impacto superiores a 140 dB(LINEAR), medidos no circuito de resposta para impacto, ou superiores a 130 dB(C), medidos no circuito de resposta rápida (FAST), oferecerão risco grave e iminente.

ANEXO N. 3

LIMITES DE TOLERÂNCIA PARA EXPOSIÇÃO AO CALOR

1. A exposição ao calor deve ser avaliada através do "Índice de Bulbo Úmido Termômetro de Globo" — IBUTG definido pelas equações que se seguem:

Ambientes internos ou externos sem carga solar:

IBUTG = 0,7 tbn + 0,3 tg

Ambientes externos com carga solar:

IBUTG = 0,7 tbn + 0,1 tbs + 0,2 tg

onde:

tbn = temperatura de bulbo úmido natural

tg = temperatura de globo

tbs = temperatura de bulbo seco.

2. Os aparelhos que devem ser usados nesta avaliação são: termômetro de bulbo úmido natural, termômetro de globo e termômetro de mercúrio comum.

3. As medições devem ser efetuadas no local onde permanece o trabalhador, à altura da região do corpo mais atingida.

Limites de Tolerância para exposição ao calor, em regime de trabalho intermitente com períodos de descanso no próprio local de prestação de serviço.

1. Em função do índice obtido, o regime de trabalho intermitente será definido no Quadro n. 1.

QUADRO N. 1

Regime de Trabalho Intermitente com Descanso no Próprio Local de Trabalho (por hora)	Tipo		
	Leve	**Moderada**	**Pesada**
Trabalho Contínuo	Até 30,0 °C	Até 26,7 °C	Até 25,0 °C
45 minutos trabalho 15 minutos descanso	30,1 a 30,6 °C	26,8 a 28,0 °C	25,1 a 25,9 °C
30 minutos trabalho 30 minutos descanso	30,7 a 31,4 °C	28,1 a 29,4 °C	26,0 a 27,9 °C
15 minutos trabalho 45 minutos descanso	31,5 a 32,2 °C	29,5 a 31,1 °C	28,0 a 30,0 °C
Não é permitido o trabalho sem a adoção de medidas adequadas de controle	acima de 32,2 °C	acima de 31,1 °C	acima de 30,0 °C

2. Os períodos de descanso serão considerados tempo de serviço para todos os efeitos legais.

3. A determinação do tipo de atividade (Leve, Moderada ou Pesada) é feita consultando-se o Quadro n. 3.

Limites de Tolerância para exposição ao calor, em regime de trabalho intermitente com período de descanso em outro local (local de descanso).

1. Para os fins deste item, considera-se como local de descanso ambiente termicamente mais ameno, com o trabalhador em repouso ou exercendo atividade leve.

2. Os limites de tolerância são dados segundo o Quadro n. 2.

QUADRO N. 2

M (Kcal/h)	MÁXIMO IBUTG
175	30,5
200	30,0
250	28,5
300	27,5
350	26,5
400	26,0
450	25,5
500	25,0

Onde: M é a taxa de metabolismo média ponderada para uma hora, determinada pela seguinte fórmula:

$$M = \frac{Mt \times Tt + Md \times Td}{60}$$

Sendo:

Mt — taxa de metabolismo no local de trabalho.

Tt — soma dos tempos, em minutos, em que se permanece no local de trabalho.

Md — taxa de metabolismo no local de descanso.

Td — soma dos tempos, em minutos, em que se permanece no local de descanso.

$\overline{IBUTG}$ é o valor IBUTG médio ponderado para uma hora, determinado pela seguinte fórmula:

$$\overline{IBUTG} = \frac{IBUTGt \times Tt + IBUTGd \times Td}{60}$$

Sendo:

IBUTGt = valor do IBUTG no local de trabalho.

IBUTGd = valor do IBUTG no local de descanso.

Tt e Td = como anteriormente definidos.

Os tempos Tt e Td devem ser tomados no período mais desfavorável do ciclo de trabalho, sendo Tt + Td = 60 minutos corridos.

3. As taxas de metabolismo Mt e Md serão obtidas consultando-se o Quadro n. 3.

4. Os períodos de descanso serão considerados tempo de serviço para todos os efeitos legais.

QUADRO N. 3

TAXAS DE METABOLISMO POR TIPO DE ATIVIDADE

TIPO DE ATIVIDADE	Kcal/h
SENTADO EM REPOUSO	100
TRABALHO LEVE	
Sentado, movimentos moderados com braços e tronco (ex.: datilografia)	125
Sentado, movimentos moderados com braços e pernas (ex.: dirigir)	150
De pé, trabalho leve, em máquina ou bancada, principalmente com os braços	150
TRABALHO MODERADO	
Sentado, movimentos vigorosos com braços e pernas	180
De pé, trabalho leve em máquina ou bancada, com alguma movimentação	175
De pé, trabalho moderado em máquina ou bancada, com alguma movimentação	220
Em movimento, trabalho moderado de levantar ou empurrar	300
TRABALHO PESADO	
Trabalho intermitente de levantar, empurrar ou arrastar pesos (ex.: remoção com pá)	440
Trabalho fatigante	550

ANEXO N. 4

(Anexo revogado pela Portaria MTPS n. 3.751, de 23 de novembro de 1990)

ANEXO N. 5

RADIAÇÕES IONIZANTES

Nas atividades ou operações onde trabalhadores possam ser expostos a radiações ionizantes, os limites de tolerância, o princípios, as obrigações e controles básicos para a proteção do homem e do seu meio ambiente contra possíveis efeitos indevidos causados pela radiação ionizante, são os constantes da Norma CNEN-NE-3.01: "Diretrizes Básicas de Radioproteção", de julho de 1988, aprovada, em caráter experimental, pela Resolução CNEN n. 12/88, ou daquela que venha a substituí-la. *(Parágrafo dado pela Portaria n. 4, de 11 de abril de 1994)*

ANEXO N. 6

TRABALHO SOB CONDIÇÕES HIPERBÁRICAS

(Título alterado pela Portaria SSMT n. 24, de 14 de setembro de 1983)

Este Anexo trata dos trabalhos sob ar comprimido e dos trabalhos submersos.

1. TRABALHOS SOB AR COMPRIMIDO

(Alterado pela Portaria SSMT n. 5, de 9 de fevereiro de 1983)

1.1. Trabalhos sob ar comprimido são os efetuados em ambientes onde o trabalhador é obrigado a suportar pressões maiores que a atmosférica e onde se exige cuidadosa descompressão, de acordo com as tabelas anexas.

1.2. Para fins de aplicação deste item, define-se:

a) **Câmara de Trabalho** — É o espaço ou compartimento sob ar comprimido, no interior da qual o trabalho está sendo realizado;

b) **Câmara de Recompressão** — É uma câmara que, independentemente da câmara de trabalho, é usada para tratamento de indivíduos que adquirem doença descompressiva ou embolia e é diretamente supervisionada por médico qualificado;

c) **Campânula** — É uma câmara através da qual o trabalhador passa do ar livre para a câmara de trabalho do tubulão e vice-versa;

d) **Eclusa de Pessoal** — É uma câmara através da qual o trabalhador passa do ar livre para a câmara de trabalho do túnel e vice-versa;

e) **Encarregado de Ar Comprimido** — É o profissional treinado e conhecedor das diversas técnicas empregadas nos trabalhos sob ar comprimido, designado pelo empregador como o responsável imediato pelos trabalhadores;

f) **Médico Qualificado** — É o médico do trabalho com conhecimentos comprovados em Medicina Hiperbárica, responsável pela supervisão e pelo programa médico;

g) **Operador de Eclusa ou de Campânula** — É o indivíduo previamente treinado nas manobras de compressão e descompressão das eclusas ou campânulas, responsável pelo controle da pressão no seu interior;

h) **Período de Trabalho** — É o tempo durante o qual o trabalhador fica submetido a pressão maior que a do ar atmosférico excluindo-se o período de descompressão;

i) **Pressão de Trabalho** — É a maior pressão de ar à qual é submetido o trabalhador no tubulão ou túnel durante o período de trabalho;

j) **Túnel Pressurizado** — É uma escavação, abaixo da superfície do solo, cujo maior eixo faz um ângulo não superior a 45º (quarenta e cinco graus) com a horizontal, fechado nas duas extremidades, em cujo interior haja pressão superior a uma atmosfera;

l) **Tubulão de Ar Comprimido** — É uma estrutura vertical que se estende abaixo da superfície da água ou solo, através da qual os trabalhadores devem descer, entrando pela campânula, para uma pressão maior que atmosférica. A atmosfera pressurizada opõe-se à pressão da água e permite que os homens trabalhem em seu interior.

1.3. O disposto neste item aplica-se a trabalhos sob ar comprimido em tubulões pneumáticos e túneis pressurizados.

1.3.1. Todo trabalho sob ar comprimido será executado de acordo com as prescrições dadas a seguir e quaisquer modificações deverão ser previamente aprovadas pelo órgão nacional competente em segurança e medicina do trabalho.

1.3.2. O trabalhador não poderá sofrer mais que uma compressão num período de 24 (vinte e quatro) horas.

1.3.3. Durante o transcorrer dos trabalhos sob ar comprimido, nenhuma pessoa poderá ser exposta à pressão superior a 3,4 kgf/cm^2, exceto em caso de emergência ou durante tratamento em câmara de recompressão, sob supervisão direta do médico responsável.

1.3.4. A duração do período de trabalho sob ar comprimido não poderá ser superior a 8 (oito) horas, em pressões de trabalho de 0 a 1,0 kgf/cm^2; a 6 (seis) horas em pressões de trabalho de 1,1 a 2,5 kgf/cm^2; e a 4 (quatro) horas, em pressão de trabalho de 2,6 a 3,4 kgf/cm^2.

1.3.5. Após a descompressão, os trabalhadores serão obrigados a permanecer, no mínimo, por 2 (duas) horas, no canteiro de obra, cumprindo um período de observação médica.

1.3.5.1. O local adequado para o cumprimento do período de observação deverá ser designado pelo médico responsável.

1.3.6. Para trabalhos sob ar comprimido, os empregados deverão satisfazer os seguintes requisitos:

a) ter mais de 18 (dezoito) e menos de 45 (quarenta e cinco) anos de idade;

b) ser submetido a exame médico obrigatório, pré-admissional e periódico, exigido pelas características e peculiaridades próprias do trabalho;

c) ser portador de placa de identificação, de acordo com o modelo anexo (Quadro I), fornecida no ato da admissão, após a realização do exame médico.

1.3.7. Antes da jornada de trabalho, os trabalhadores deverão ser inspecionados pelo médico, não sendo permitida a entrada em serviço daqueles que apresentem sinais de afecções das vias respiratórias ou outras moléstias.

1.3.7.1. É vedado o trabalho àqueles que se apresentem alcoolizados ou com sinais de ingestão de bebidas alcoólicas.

1.3.8. É proibido ingerir bebidas gasosas e fumar dentro dos tubulões e túneis.

1.3.9. Junto ao local de trabalho, deverão existir instalações apropriadas à Assistência Médica, à recuperação, à alimentação e à higiene individual dos trabalhadores sob ar comprimido.

1.3.10. Todo empregado que vá exercer trabalho sob ar comprimido deverá ser orientado quanto aos riscos decorrentes da atividade e às precauções que deverão ser tomadas, mediante educação audiovisual.

1.3.11. Todo empregado sem prévia experiência em trabalhos sob ar comprimido deverá ficar sob supervisão de pessoa competente, e sua compressão não poderá ser feita se não for acompanhado, na campânula, por pessoa hábil para instruílo quanto ao comportamento adequado durante a compressão.

1.3.12. As turmas de trabalho deverão estar sob a responsabilidade de um encarregado de ar comprimido, cuja principal tarefa será a de supervisionar e dirigir as operações.

1.3.13. Para efeito de remuneração, deverão ser computados na jornada de trabalho o período de trabalho, o tempo de compressão, descompressão e o período de observação médica.

1.3.14. Em relação à supervisão médica para o trabalho sob ar comprimido, deverão ser observadas as seguintes condições:

a) sempre que houver trabalho sob ar comprimido, deverá ser providenciada a assistência por médico qualificado, bem como local apropriado para atendimento médico;

b) todo empregado que trabalhe sob ar comprimido deverá ter uma ficha médica, onde deverão ser registrados os dados relativos aos exames realizados;

c) nenhum empregado poderá trabalhar sob ar comprimido, antes de ser examinado por médico qualificado, que atestará, na ficha individual, estar essa pessoa apta para o trabalho;

d) o candidato considerado inapto não poderá exercer a função, enquanto permanecer sua inaptidão para esse trabalho;

e) o atestado de aptidão terá validade por 6 (seis) meses;

f) em caso de ausência ao trabalho por mais de 10 (dez) dias ou afastamento por doença, o empregado, ao retornar, deverá ser submetido a novo exame médico.

1.3.15. Exigências para Operações nas Campânulas ou Eclusas.

1.3.15.1. Deverá estar presente no local, pelo menos, uma pessoa treinada nesse tipo de trabalho e com autoridade para exigir o cumprimento, por parte dos empregados, de todas as medidas de segurança preconizadas neste item.

1.3.15.2. As manobras de compressão e descompressão deverão ser executadas através de dispositivos localizados no exterior da campânula ou eclusa, pelo operador das mesmas. Tais dispositivos deverão existir também internamente, porém serão utilizados somente em emergências. No início de cada jornada de trabalho, os dispositivos de controle deverão ser aferidos.

1.3.15.3. O operador da campânula ou eclusa anotará, em registro adequado (Quadro II) e para cada pessoa o seguinte:

a) hora exata da entrada e saída da campânula ou eclusa;

b) pressão do trabalho;

c) hora exata do início e do término de descompressão.

1.3.15.4. Sempre que as manobras citadas no subitem 1.3.15.2 não puderem ser realizadas por controles externos, os controles de pressão deverão ser dispostos de maneira que uma pessoa, no interior da campânula, de preferência o capataz, somente possa operá-lo sob vigilância do encarregado da campânula ou eclusa.

1.3.15.5. Em relação à ventilação e à temperatura, serão observadas as seguintes condições:

a) durante a permanência dos trabalhadores na câmara de trabalho ou na campânula ou eclusa, a ventilação será contínua, à razão de, no mínimo, 30 (trinta) pés cúbicos/min./homem;

b) a temperatura, no interior da campânula ou eclusa, da câmara de trabalho, não excederá a 27 °C (temperatura de globo úmido), o que poderá ser conseguido resfriando-se o ar através de dispositivos apropriados (resfriadores), antes da entrada na câmara de trabalho, campânula ou eclusa, ou através de outras medidas de controle;

c) a qualidade do ar deverá ser mantida dentro dos padrões de pureza estabelecidos no subitem 1.3.15.6, através da utilização de filtros apropriados, colocados entre a fonte de ar e a câmara de trabalho, campânula ou eclusa.

1.3.15.6.

CONTAMINANTE	LIMITE DE TOLERÂNCIA
Monóxido de carbono	20 ppm
Dióxido de carbono	2.500 ppm
Óleo ou material particulado	5 mg/m³ (PT > 2kgf/cm²) 3 g/m³ (PT > 2kgf/cm²)
Metano	10% do limite inferior de explosividade
Oxigênio	mais de 20%

1.3.15.7. A comunicação entre o interior dos ambientes sob pressão de ar comprimido e o exterior deverá ser feita por sistema de telefonia ou similar.

1.3.16. A compressão dos trabalhadores deverá obedecer às seguintes regras:

a) no primeiro minuto, após o início da compressão, a pressão não poderá ter incremento maior que 0,3 kgf/cm²;

b) atingido o valor 0,3 kgf/cm², a pressão somente poderá ser aumentada após decorrido intervalo de tempo que permita ao encarregado da turma observar se todas as pessoas na campânula estão em boas condições;

c) decorrido o período de observação, recomendado na alínea "b", o aumento da pressão deverá ser feito a uma velocidade não-superior a 0,7 kgf/cm², por minuto, para que nenhum trabalhador seja acometido de mal-estar;

d) se algum dos trabalhadores se queixar de mal-estar, dores no ouvido ou na cabeça, a compressão deverá ser imediatamente interrompida e o encarregado reduzirá gradualmente a pressão da campânula até que o trabalhador se recupere e, não ocorrendo a recuperação, a descompressão continuará até a pressão atmosférica, retirando-se, então, a pessoa e encaminhado-a ao serviço médico.

1.3.17. Na descompressão de trabalhadores expostos à pressão de 0,0 a 3,4 kgf/cm², serão obedecidas as tabelas anexas (Quadro III) de acordo com as seguintes regras:

a) sempre que duas ou mais pessoas estiverem sendo descomprimidas na mesma campânula ou eclusa e seus períodos de trabalho ou pressão de trabalho não forem coincidentes, a descompressão processar-se-á de acordo com o maior período ou maior pressão de trabalho experimentada pelos trabalhadores envolvidos;

b) a pressão será reduzida a uma velocidade não superior a 0,4 kgf/cm², por minuto, até o primeiro estágio de descompressão, de acordo com as tabelas anexas; a campânula ou eclusa deve ser mantida naquela pressão, pelo tempo indicado em minutos, e depois diminuída a pressão à mesma velocidade anterior, até o próximo estágio e assim por diante; para cada 5 (cinco) minutos de parada, a campânula deverá ser ventilada à razão de 1 (um) minuto.

1.3.18. Para o tratamento de caso de doença descompressiva ou embolia traumática pelo ar, deverão ser empregadas as tabelas de tratamento de VAN DER AUER e as de WORKMAN e GOODMAN.

1.3.19. As atividades ou operações realizadas sob ar comprimido serão consideradas insalubres de grau máximo.

1.3.20. O não cumprimento ao disposto neste item caracteriza o grave e iminente risco para os fins e efeitos da NR-3.

QUADRO I

MODELO DE PLACA DE IDENTIFICAÇÃO PARA TRABALHO EM AMBIENTE SOB AR COMPRIMIDO

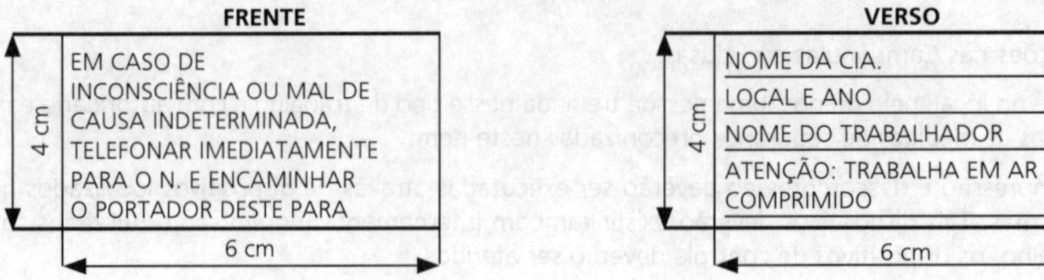

Especificação do Material da Placa: Alumínio com espessura de 2 mm.

QUADRO II

FOLHA DE REGISTRO DO TRABALHO SOB AR COMPRIMIDO

FIRMA					DATA			
OBRA				NOME DO ENCARREGADO				
NOME	FUNÇÃO	COMPRESSÃO			DESCOMPRESSÃO			
		Pressão de trabalho	Hora de Entrada	Período de Trabalho	Início	Término	Duração	Obs.

QUADRO III

TABELA DE DESCOMPRESSÃO

Pressão de Trabalho de 0 a 0,900 kgf/cm²

PERÍODO DE TRABALHO (HORAS)	ESTÁGIO DE DESCOMPRESSÃO 0,3 kgf/cm²	TEMPO TOTAL DE DESCOMPRESSÃO*
0 a 6:00	4 min	7 min
6 a 8:00	14 min	17 min
+ de 8:00**	30 min	33 min

NOTAS: A velocidade de descompressão entre os estágios não deverá exceder a 0,3 kgf/cm² por minuto;

* incluído tempo de descompressão entre os estágios;

** somente em casos excepcionais, não podendo ultrapassar 12 horas.

TABELA DE DESCOMPRESSÃO

Período de trabalho de ½ a 1 hora.

PRESSÃO DE TRABALHO*** (kgf/cm²)	ESTÁGIO DE DESCOMPRESSÃO (kgf/cm²)* 1,8	1,6	1,4	1,2	1,0	0,8	0,6	0,4	0,2	TEMPO TOTAL DESCOMPRESSÃO** (min)
1,0 a 1,2										—
1,2 a 1,4										—
1,4 a 1,6									5	5
1,6 a 1,8									10	10
1,8 a 2,0								5	15	20

NOTAS:

(*) A descompressão tanto para o 1º estágio quanto entre os estágios subsequentes deverá ser feita a velocidade não superior a 0,4 kgf/cm²/minuto.

(**) Não está incluído o tempo entre estágios.

(***) Para os valores limite de pressão de trabalho use a maior descompressão.

TABELA DE DESCOMPRESSÃO

Período de trabalho de 1h a 1 ½ hora

PRESSÃO DE TRABALHO*** (kgf/cm^2)	ESTÁGIO DE DESCOMPRESSÃO (kgf/cm^2)*									TEMPO TOTAL DESCOMPRESSÃO** (min)
	1,8	1,6	1,4	1,2	1,0	0,8	0,6	0,4	0,2	
1,0 a 1,2										—
1,2 a 1,4									5	5
1,4 a 1,6									10	10
1,6 a 1,8								5	15	20
1,8 a 2,0								5	20	25

NOTAS:

(*) A descompressão tanto para o 1º estágio quanto entre os estágios subsequentes deverá ser feita a velocidade não superior a 0,4 kgf/cm^2/minuto.

(**) Não está incluído o tempo entre estágios.

(***) Para os valores limite de pressão de trabalho use a maior descompressão.

TABELA DE DESCOMPRESSÃO

Período de trabalho de 1h 30 min. a 2 horas

PRESSÃO DE TRABALHO*** (kgf/cm^2)	ESTÁGIO DE DESCOMPRESSÃO (kgf/cm^2)*									TEMPO TOTAL DESCOMPRESSÃO** (min)
	1,8	1,6	1,4	1,2	1,0	0,8	0,6	0,4	0,2	
1,0 a 1,2									5	5
1,2 a 1,4									10	10
1,4 a 1,6								5	20	25
1,6 a 1,8								10	30	40
1,8 a 2,0							5	15	35	55

NOTAS:

(*) A descompressão tanto para o 1º estágio quanto entre os estágios subseqüentes deverá ser feita a velocidade não superior a 0,4 kgf/cm^2/minuto.

(**) Não está incluído o tempo entre estágios.

(***) Para os valores limite de pressão de trabalho use a maior descompressão.

TABELA DE DESCOMPRESSÃO

Período de trabalho de 2h a 2h 30 min.

PRESSÃO DE TRABALHO*** (kgf/cm^2)	ESTÁGIO DE DESCOMPRESSÃO (kgf/cm2)*									TEMPO TOTAL DESCOMPRESSÃO** (min)
	1,8	1,6	1,4	1,2	1,0	0,8	0,6	0,4	0,2	
1,0 a 1,2									5	5
1,2 a 1,4									20	20
1,4 a 1,6								5	30	35
1,6 a 1,8								15	40	55
1,8 a 2,0							5	25	40	70

NOTAS:

(*) A descompressão tanto para o 1º estágio quanto entre os estágios subsequentes deverá ser feita a velocidade não superior a 0,4 kgf/cm^2/minuto.

(**) Não está incluído o tempo entre estágios.

(***) Para os valores limite de pressão de trabalho use a maior descompressão.

TABELA DE DESCOMPRESSÃO

Período de trabalho de 2½ a 3 horas

PRESSÃO DE TRABALHO*** (kgf/cm²)	ESTÁGIO DE DESCOMPRESSÃO (kgf/cm²)*									TEMPO TOTAL DESCOMPRESSÃO** (min)
	1,8	1,6	1,4	1,2	1,0	0,8	0,6	0,4	0,2	
1,0 a 1,2									10	10
1,2 a 1,4								5	20	25
1,4 a 1,6								10	35	45
1,6 a 1,8							5	20	40	65
1,8 a 2,0							10	30	40	80

NOTAS:

(*) A descompressão tanto para o 1º estágio quanto entre os estágios subsequentes deverá ser feita a velocidade não superior a 0,4 kgf/cm²/minuto.

(**) Não está incluído o tempo entre estágios.

(***) Para os valores limite de pressão de trabalho use a maior descompressão.

TABELA DE DESCOMPRESSÃO

Período de trabalho de 3 a 4 horas

PRESSÃO DE TRABALHO*** (kgf/cm²)	ESTÁGIO DE DESCOMPRESSÃO (kgf/cm²)*									TEMPO TOTAL DESCOMPRESSÃO** (min)
	1,8	1,6	1,4	1,2	1,0	0,8	0,6	0,4	0,2	
1,0 a 1,2									15	15
1,2 a 1,4								5	30	35
1,4 a 1,6								15	40	55
1,6 a 1,8							5	25	45	75
1,8 a 2,0						5	15	30	45	95

NOTAS:

(*) A descompressão tanto para o 1º estágio quanto entre os estágios subsequentes deverá ser feita a velocidade não superior a 0,4 kgf/cm²/minuto.

(**) Não está incluído o tempo entre estágios.

(***) Para os valores limite de pressão de trabalho use a maior descompressão.

TABELA DE DESCOMPRESSÃO

Período de trabalho de 4 a 6 horas ****

PRESSÃO DE TRABALHO*** (kgf/cm²)	ESTÁGIO DE DESCOMPRESSÃO (kgf/cm²)*									TEMPO TOTAL DESCOMPRESSÃO** (min)
	1,8	1,6	1,4	1,2	1,0	0,8	0,6	0,4	0,2	
1,0 a 1,2									20	20
1,2 a 1,4								5	35	40
1,4 a 1,6							5	20	40	65
1,6 a 1,8							10	30	45	85
1,8 a 2,0						5	20	35	45	105

NOTAS:

(*) A descompressão tanto para o 1º estágio quanto entre os estágios subsequentes deverá ser feita a velocidade não superior a 0,4 kgf/cm²/minuto.

(**) Não está incluído o tempo entre estágios.

(***) Para os valores limite de pressão de trabalho use a maior descompressão.

(****) Até 8 (oito) horas para pressão de trabalho de 1,0 Kg/cm2 e até 6 (seis) horas para as demais pressões.

TABELA DE DESCOMPRESSÃO

Período de trabalho de 0 a ½ hora.

PRESSÃO DE TRABALHO*** (kgf/cm^2)	ESTÁGIO DE DESCOMPRESSÃO (kgf/cm^2)*								TEMPO TOTAL DESCOMPRESSÃO** (min)
	1,6	1,4	1,2	1,0	0,8	0,6	0,4	0,2	
2,0 a 2,2								5	5
2,2 a 2,4								5	5
2,4 a 2,6								5	5
2,6 a 2,8								5	5
2,8 a 3,0							5	5	10
3,0 a 3,2							5	5	10
3,2 a 3,4							5	10	15

NOTAS:

(*) A descompressão tanto para o 1º estágio quanto entre os estágios subsequentes deverá ser feita a velocidade não superior a 0,4 kgf/cm^2/minuto.

(**) Não está incluído o tempo entre estágios.

(***) Para os valores limite de pressão de trabalho use a maior descompressão.

TABELA DE DESCOMPRESSÃO

Período de trabalho ½ a 1 hora.

PRESSÃO DE TRABALHO*** (kgf/cm^2)	ESTÁGIO DE DESCOMPRESSÃO (kgf/cm^2)*								TEMPO TOTAL DESCOMPRESSÃO** (min)
	1,6	1,4	1,2	1,0	0,8	0,6	0,4	0,2	
2,0 a 2,2							5	15	20
2,2 a 2,4							5	20	25
2,4 a 2,6							10	25	35
2,6 a 2,8						5	10	35	50
2,8 a 3,0						5	15	40	60
3,0 a 3,2					5	5	20	40	70
3,2 a 3,4					5	10	25	40	80

NOTAS:

(*) A descompressão tanto para o 1º estágio quanto entre os estágios subsequentes deverá ser feita a velocidade não superior a 0,4 kgf/cm^2/minuto.

(**) Não está incluído o tempo entre estágios.

(***) Para os valores limite de pressão de trabalho use a maior descompressão.

TABELA DE DESCOMPRESSÃO

Período de trabalho de 1 a 1 ½ hora.

PRESSÃO DE TRABALHO*** (kgf/cm^2)	ESTÁGIO DE DESCOMPRESSÃO (kgf/cm^2)*								TEMPO TOTAL DESCOMPRESSÃO** (min)
	1,6	1,4	1,2	1,0	0,8	0,6	0,4	0,2	
2,0 a 2,2						5	10	35	50
2,2 a 2,4						5	20	35	60
2,4 a 2,6						10	25	40	75
2,6 a 2,8					5	10	30	45	90
2,8 a 3,0					5	20	35	45	105
3,0 a 3,2				5	10	20	35	45	115
3,2 a 3,4				5	15	25	35	45	125

NOTAS:

(*) A descompressão tanto para o 1º estágio quanto entre os estágios subsequentes deverá ser feita a velocidade não superior a 0,4 kgf/cm^2/minuto.

(**) Não está incluído o tempo entre estágios.

(***) Para os valores limite de pressão de trabalho use a maior descompressão.

TABELA DE DESCOMPRESSÃO

Período de trabalho de 1 ½ a 2 horas.

PRESSÃO DE TRABALHO*** (kgf/cm²)	ESTÁGIO DE DESCOMPRESSÃO (kgf/cm²)*								TEMPO TOTAL DESCOMPRESSÃO** (min)
	1,6	1,4	1,2	1,0	0,8	0,6	0,4	0,2	
2,0 a 2,2						5	25	40	70
2,2 a 2,4					5	10	30	40	85
2,4 a 2,6					5	20	35	40	100
2,6 a 2,8				5	10	25	35	40	115
2,8 a 3,0				5	15	30	35	45	130
3,0 a 3,2			5	10	20	30	35	45	145
3,2 a 3,4			5	15	25	30	35	45	155

NOTAS:

(*) A descompressão tanto para o 1º estágio quanto entre os estágios subsequentes deverá ser feita a velocidade não superior a 0,4 kgf/cm²/minuto.

(**) Não está incluído o tempo entre estágios.

(***) Para os valores limite de pressão de trabalho use a maior descompressão.

TABELA DE DESCOMPRESSÃO

Período de trabalho de 2 a 2 ½ horas.

PRESSÃO DE TRABALHO*** (kgf/cm²)	ESTÁGIO DE DESCOMPRESSÃO (kgf/cm²)*								TEMPO TOTAL DESCOMPRESSÃO** (min)
	1,6	1,4	1,2	1,0	0,8	0,6	0,4	0,2	
2,0 a 2,2					5	10	30	45	90
2,2 a 2,4					5	20	35	45	105
2,4 a 2,6				5	10	25	35	45	120
2,6 a 2,8				5	20	30	35	45	135
2,8 a 3,0			5	10	20	30	35	45	145
3,0 a 3,2		5	5	15	25	30	35	45	160
3,2 a 3,4		5	10	20	25	30	40	45	175

NOTAS:

(*) A descompressão tanto para o 1º estágio quanto entre os estágios subsequentes deverá ser feita a velocidade não superior a 0,4 kgf/cm²/minuto.

(**) Não está incluído o tempo entre estágios.

(***) Para os valores limite de pressão de trabalho use a maior descompressão.

TABELA DE DESCOMPRESSÃO

Período de trabalho de 2 ½ a 3 horas.

PRESSÃO DE TRABALHO*** (kgf/cm²)	ESTÁGIO DE DESCOMPRESSÃO (kgf/cm2)*								TEMPO TOTAL DESCOMPRESSÃO** (min)
	1,6	1,4	1,2	1,0	0,8	0,6	0,4	0,2	
2,0 a 2,2					5	15	35	40	95
2,2 a 2,4					10	25	35	45	115
2,4 a 2,6				5	15	30	35	45	130
2,6 a 2,8			5	10	20	30	35	45	145
2,8 a 3,0			5	20	25	30	35	45	160
3,0 a 3,2		5	10	20	25	30	40	45	175
3,2 a 3,4	5	5	15	25	25	30	40	45	190

NOTAS:

(*) A descompressão tanto para o 1º estágio quanto entre os estágios subsequentes deverá ser feita a velocidade não superior a 0,4 kgf/cm²/minuto.

(**) Não está incluído o tempo entre estágios.

(***) Para os valores limite de pressão de trabalho use a maior descompressão.

TABELA DE DESCOMPRESSÃO

Período de trabalho de 3 a 4 horas.

PRESSÃO DE TRABALHO*** (kgf/cm²)	ESTÁGIO DE DESCOMPRESSÃO (kgf/cm²)*								TEMPO TOTAL DESCOMPRESSÃO** (min)
	1,6	1,4	1,2	1,0	0,8	0,6	0,4	0,2	
2,0 a 2,2					10	20	35	45	110
2,2 a 2,4				5	15	25	40	45	130
2,4 a 2,6			5	5	25	30	40	45	150
2,6 a 2,8			5	15	25	30	40	45	160
2,8 a 3,0		5	10	20	25	30	40	45	175
3,0 a 3,2	5	5	15	25	25	30	40	45	190
3,2 a 3,4	5	15	20	25	30	30	40	45	210

NOTAS:

(*) A descompressão tanto para o 1º estágio quanto entre os estágios subsequentes deverá ser feita a velocidade não superior a 0,4 kgf/cm²/minuto.

(**) Não está incluído o tempo entre estágios.

(***) Para os valores limite de pressão de trabalho use a maior descompressão.

TABELA DE DESCOMPRESSÃO

Período de trabalho de 4 a 6 horas.

PRESSÃO DE TRABALHO*** (kgf/cm²)	ESTÁGIO DE DESCOMPRESSÃO (kgf/cm²)*								TEMPO TOTAL DESCOMPRESSÃO** (min)
	1,6	1,4	1,2	1,0	0,8	0,6	0,4	0,2	
2,0 a 2,2				5	10	25	40	50	130
2,2 a 2,4				10	20	30	40	55	155
2,4 a 2,6			5	15	25	30	45	60	180
2,6 a 2,8		5	10	20	25	30	45	70	205
2,8 a 3,0		10	15	20	30	40	50	80	245****

NOTAS:

(*) A descompressão tanto para o 1º estágio quanto entre os estágios subsequentes deverá ser feita a velocidade não superior a 0,4 kgf/cm²/minuto.

(**) Não está incluído o tempo entre estágios.

(***) Para os valores limite de pressão de trabalho use a maior descompressão.

(****) O período de trabalho mais o tempo de descompressão (incluindo o tempo entre os estágios) não deverá exceder a 12 horas.

2. TRABALHOS SUBMERSOS

(Alterado pela Portaria SSMT n. 24, de 14 de setembro de 1983)

2.1. Para os fins do presente item consideram-se:

I — **Águas Abrigadas**: toda massa líquida que, pela existência de proteção natural ou artificial, não estiver sujeita ao embate de ondas, nem correntezas superiores a 1 (um) nó;

II — **Câmara Hiperbárica**: um vaso de pressão especialmente projetado para a ocupação humana, no qual os ocupantes podem ser submetidos a condições hiperbáricas;

III — **Câmara de Superfície**: uma câmara hiperbárica especialmente projetada para ser utilizada na descompressão dos mergulhadores, requerida pela operação ou pelo tratamento hiperbárico;

IV — **Câmara Submersível de Pressão Atmosférica**: uma câmara resistente à pressão externa, especialmente projetada para uso submerso, na qual os seus ocupantes permanecem submetidos à pressão atmosférica;

V — **Câmara Terapêutica**: a câmara de superfície destinada exclusivamente ao tratamento hiperbárico;

VI — **Comandante da Embarcação**: o responsável pela embarcação que serve de apoio aos trabalhos submersos;

VII — **Condição Hiperbárica**: qualquer condição em que a pressão ambiente seja maior que a atmosférica;

VIII — **Condições Perigosas**: situações em que uma operação de mergulho envolva riscos adicionais ou condições adversas, tais como:

a) uso e manuseio de explosivos;

b) trabalhos submersos de corte e solda;

c) trabalhos em mar aberto;

d) correntezas superiores a 2 (dois) nós;

e) estado de mar superior a "mar de pequenas vagas" (altura máxima das ondas de 2,00 (dois metros);

f) manobras de peso ou trabalhos com ferramentas que impossibilitem o controle da flutuabilidade do mergulhador;

g) trabalhos noturnos;

h) trabalhos em ambientes confinados.

IX – **Contratante**: pessoa física ou jurídica que contrata os serviços de mergulho ou para quem esses serviços são prestados;

X – **Descompressão**: o conjunto de procedimentos, através do qual um mergulhador elimina do seu organismo o excesso de gases inertes absorvidos durante determinadas condições hiperbáricas, sendo tais procedimentos absolutamente necessários, no seu retorno à pressão atmosférica, para a preservação da sua integridade física;

XI – **Emergência**: qualquer condição anormal capaz de afetar a saúde do mergulhador ou a segurança da operação de mergulho;

XII – **Empregador**: pessoa física ou jurídica, responsável pela prestação dos serviços, de quem os mergulhadores são empregados;

XIII – **Equipamento Autônomo de Mergulho**: aquele em que o suprimento de mistura respiratória é levado pelo próprio mergulhador e utilizado como sua única fonte;

XIV– **Linha de Vida**: um cabo, manobrado do local de onde é conduzido o mergulho, que, conectado ao mergulhador, permite recuperá-lo e içá-lo da água, com seu equipamento;

XV – **Mar Aberto**: toda área que se encontra sob influência direta do mar alto;

XVI – **Médico Hiperbárico**: médico com curso de medicina hiperbárica com currículo aprovado pela SSMT/MTb, responsável pela realização dos exames psicofísicos admissional, periódico e demissional de conformidade com os Anexos A e B e a NR-7.

XVII – **Mergulhador**: o profissional qualificado e legalmente habilitado para utilização de equipamentos de mergulho, submersos;

XVIII – **Mergulho de Intervenção**: o mergulho caracterizado pelas seguintes condições:

a) utilização de misturas respiratórias artificiais;

b) tempo de trabalho, no fundo, limitado a valores que não incidam no emprego de técnica de saturação.

XIX – **Misturas Respiratórias Artificiais**: misturas de oxigênio, hélio ou outros gases, apropriadas à respiração durante os trabalhos submersos, quando não seja indicado o uso do ar natural;

XX – **Operação de Mergulho**: toda aquela que envolve trabalhos submersos e que se estende desde os procedimentos iniciais de preparação até o final do período de observação;

XXI – **Período de Observação**: aquele que se inicia no momento em que o mergulhador deixa de estar submetido a condições hiperbáricas e se estende:

a) até 12 (doze) horas para os mergulhos com ar;

b) até 24 (vinte e quatro) horas para os mergulhos com misturas respiratórias artificiais.

XXII – **Plataforma de Mergulho**: navio, embarcação, balsa, estrutura fixa ou flutuante, canteiro de obras, estaleiro, cais ou local a partir do qual se realiza o mergulho;

XXIII – **Pressão Ambiente**: a pressão do meio que envolve o mergulhador;

XXIV – **Programa Médico**: o conjunto de atividades desenvolvidas pelo empregador, na área médica, necessária à manutenção da saúde e integridade física do mergulhador;

XXV – **Regras de Segurança**: os procedimentos básicos que devem ser observados nas operações de mergulho, de forma a garantir sua execução em perfeita segurança e assegurar a integridade física dos mergulhadores;

XXVI – **Sino Aberto**: campânula com a parte inferior aberta e provida de estrado, de modo a abrigar e permitir o transporte de, no mínimo, 2 (dois) mergulhadores, da superfície ao local de trabalho, devendo possuir sistema próprio de comunicação, suprimento de gases de emergência e vigias que permitam a observação de seu exterior;

XXVII – **Sino de Mergulho**: uma câmara hiperbárica, especialmente projetada para ser utilizada em trabalhos submersos;

XXVIII – **Sistema de Mergulho**: o conjunto de equipamentos necessários à execução de operações de mergulho, dentro das normas de segurança;

XXIX – **Supervisor de Mergulho**: o mergulhador, qualificado e legalmente habilitado, designado pelo empregador para supervisionar a operação de mergulho;

XXX – **Técnicas de Saturação**: os procedimentos pelos quais um mergulhador evita repetidas descompressões para a pressão atmosférica, permanecendo submetido à pressão ambiente maior que aquela, de tal forma que seu organismo se mantenha saturado com os gases inertes das misturas respiratórias;

XXXI – **Técnico de Saturação**: o profissional devidamente qualificado para aplicação das técnicas adequadas às operações em saturação;

XXXII – **Trabalho Submerso**: qualquer trabalho realizado ou conduzido por um mergulhador em meio líquido;

XXXIII – **Umbilical**: o conjunto de linha de vida, mangueira de suprimento respiratório e outros componentes que se façam necessários à execução segura do mergulho, de acordo com a sua complexidade.

2.1.1. O curso referido no inciso XVI do subitem 2.1 poderá ser ministrado por instituições reconhecidas e autorizadas pelo MEC e credenciadas pela FUNDACENTRO para ministrar o referido curso.

2.1.2. O credenciamento junto à FUNDACENTRO referido no subitem 2.1.1 e o registro do médico hiperbárico na SSMT/MTb serão feitos obedecendo às normas para credenciamento e registro na área de segurança e medicina do trabalho.

2.2. Das obrigações do contratante.

2.2.1. Será de responsabilidade do contratante:

a) exigir do empregador, através do instrumento contratual, que os serviços sejam desenvolvidos de acordo com o estabelecido neste item;

b) exigir do empregador que apresente Certificado de Cadastramento expedido pela Diretoria de Portos e Costas — DPC;

c) oferecer todos os meios ao seu alcance para atendimento em casos de emergência quando solicitado pelo supervisor de mergulho.

2.3. Das obrigações do empregador.

2.3.1. Será de responsabilidade do empregador:

a) garantir que todas as operações de mergulho obedeçam a este item;

b) manter disponível, para as equipes de mergulho, nos locais de trabalho, manuais de operação completos, equipamentos e tabelas de descompressão adequadas;

c) indicar por escrito os integrantes da equipe e suas funções;

d) comunicar, imediatamente, à Delegacia do Trabalho Marítimo da região, através de relatório circunstanciado, os acidentes ou situações de risco ocorridos durante a operação de mergulho;

e) exigir que os atestados médicos dos mergulhadores estejam atualizados;

f) garantir que as inspeções de saúde sejam conduzidas de acordo com as disposições do subitem 2.9 e propiciar condições adequadas à realização dos exames médico-ocupacionais;

g) garantir a aplicação do programa médico aos seus mergulhadores, bem como assegurar comunicações eficientes e meios para, em caso de acidente, prover o transporte rápido de médico qualificado para o local da operação;

h) fornecer à equipe de mergulho as provisões, roupas de trabalho e equipamentos, inclusive os de proteção individual, necessários à condução segura das operações planejadas;

i) assegurar que os equipamentos estejam em perfeitas condições de funcionamento e tenham os seus certificados de garantia dentro do prazo de validade;

j) prover os meios para assegurar o cumprimento dos procedimentos normais e de emergência, necessários à segurança da operação de mergulho, bem como à integridade física das pessoas nela envolvida;

l) fornecer, imediatamente, aos órgãos competentes, todas as informações a respeito das operações, equipamentos de mergulho e pessoal envolvidos, quando solicitadas;

m) timbrar e assinar os livros de registro dos mergulhadores, referentes às operações de mergulho em que os mesmos tenham participado;

n) guardar os Registros das Operações de Mergulho — ROM e outros julgados necessários, por um período mínimo de 5 (cinco) anos, a contar da data de sua realização;

o) providenciar, para as equipes, condições adequadas de alojamento, alimentação e transporte.

2.4. Das Obrigações do Comandante da Embarcação ou do Responsável pela Plataforma de Mergulho.

2.4.1. Será de responsabilidade do comandante da embarcação ou do responsável pela plataforma de mergulho:

a) não permitir a realização de nenhuma atividade que possa oferecer perigo para os mergulhadores que tenham a embarcação como apoio, consultando o supervisor de mergulho sobre as que possam afetar a segurança da operação antes que os mergulhos tenham início;

b) tornar disponível ao supervisor, quando solicitado por este, durante as operações de mergulho e em casos de emergência, todo equipamento, espaço ou facilidade para garantir a integridade física dos mergulhadores;

c) garantir que nenhuma manobra seja realizada e qualquer máquina ou equipamento pare de operar, se oferecerem perigo para os mergulhadores em operação;

d) providenciar para que o supervisor de mergulho seja informado, antes do início da operação e a convenientes intervalos no curso da mesma, sobre as previsões meteorológicas para a área de operação;

e) avisar as outras embarcações, nas imediações da realização da operação de mergulho, usando, para isso, sinalização, balizamento ou outros meios adequados e eficientes.

2.5. Das Obrigações do Supervisor de Mergulho.

2.5.1. Será de responsabilidade do supervisor de mergulho:

a) assumir o controle direto da operação para a qual foi indicado;

b) só permitir que a operação de mergulho seja conduzida dentro do prescrito no presente item;

c) assinar o livro de registro de cada mergulhador participante da operação;

d) não mergulhar durante a operação de mergulho, quando atuando como supervisor;

e) só permitir que tomem parte na operação pessoas legalmente qualificadas e em condições para o trabalho;

f) decidir com os outros supervisores, quando dois ou mais supervisores forem indicados para uma operação, os períodos da responsabilidade de cada um;

g) efetuar e preservar os registros especificados no subitem 2.12;

h) estabelecer, com o comandante da embarcação ou responsável pela plataforma de mergulho, as medidas necessárias ao bom andamento e à segurança da operação de mergulho, antes do seu início;

i) requisitar a presença do médico qualificado no local da operação de mergulho, nos casos em que haja necessidade de tratamento médico especializado;

j) não permitir a operação de mergulho se não houver, no local, os equipamentos normais e de emergência adequados e em quantidade suficiente para sua condução segura;

l) comunicar ao empregador, dentro do menor prazo possível, todos os acidentes ou todas as situações de riscos, ocorridos durante a operação, inclusive as informações individuais encaminhadas pelos mergulhadores.

2.6. Dos Deveres dos Mergulhadores.

2.6.1. Será de responsabilidade do mergulhador:

a) portar, obrigatoriamente, o seu Livro de Registro do Mergulhador — LRM;

b) apresentar o LRM, sempre que solicitado pelo órgão competente, empregador, contratante ou supervisor;

c) providenciar os registros referentes a todas as operações de mergulho em que tenha tomado parte, tão breve quanto possível, respondendo legalmente pelas anotações efetuadas;

d) informar ao supervisor de mergulho se está fisicamente inapto ou se há qualquer outra razão pela qual não possa ser submetido a condição hiperbárica;

e) guardar os seus LRM, por um período mínimo de 5 (cinco) anos, a contar da data do último registro;

f) cumprir as regras de segurança e demais dispositivos deste item;

g) comunicar ao supervisor as irregularidades observadas durante a operação de mergulho;

h) apresentar-se para exame médico, quando determinado pelo empregador;

i) assegurar-se, antes do início da operação, de que os equipamentos individuais fornecidos pelo empregador estejam em perfeitas condições de funcionamento.

2.7. Da Classificação dos Mergulhadores.

2.7.1. Os mergulhadores serão classificados em duas categorias:

a) MR — mergulhadores habilitados, apenas, para operações de mergulho utilizando ar comprimido;

b) MP — mergulhadores devidamente habilitados para operações de mergulho que exijam a utilização de mistura respiratória artificial.

2.8. Das Equipes de Mergulho.

2.8.1. A equipe básica para mergulho com "ar comprimido" até a profundidade de 50 (cinquenta metros) e na ausência das condições perigosas definidas no inciso VIII do subitem 2.1 deverá ter a constituição abaixo especificada, desde que esteja prevista apenas descompressão na água:

a) 1 supervisor;

b) 1 mergulhador para a execução do trabalho;

c) 1 mergulhador de reserva, pronto para intervir em caso de emergência;

d) 1 auxiliar de superfície.

2.8.1.1. Em águas abrigadas, nas condições descritas no subitem 2.8.1, considerada a natureza do trabalho e, desde que a profundidade não exceda a 12,00m (doze metros) a equipe básica poderá ser reduzida de seu auxiliar de superfície.

2.8.2. Quando, em mergulhos nas condições estipuladas no subitem 2.8.1, estiver programada descompressão na câmara de superfície, a equipe básica será acrescida de 1 (um) mergulhador, que atuará como operador de câmara.

2.8.3. Na ocorrência de quaisquer das condições perigosas enumeradas no inciso VIII do subitem 2.1, as equipes descritas nos subitens 2.8.1 e 2.8.2 serão acrescidas de 1 (um) mergulhador, passando, respectivamente, a serem constituídas por 5 (cinco) e 6 (seis) homens.

2.8.4. Em toda operação de mergulho em que para a realização do trabalho for previsto o emprego simultâneo de 2 (dois) ou mais mergulhadores na água, deverá existir, no mínimo, 1(um) mergulhador de reserva para cada 2 (dois) submersos.

2.8.5. Em operação a mais de 50,00m (cinqüenta metros), ou quando for utilizado equipamento autônomo, serão sempre empregados, no mínimo, 2 (dois) mergulhadores submersos, de modo que um possa, em caso de necessidade, prestar assistência ao outro.

2.8.6. Nos mergulhos de intervenção, utilizando-se Misturas Respiratórias Artificiais — MRA, as equipes de mergulho terão a seguinte constituição:

a) até a profundidade de 120,00m (cento e vinte metros):

— 1 supervisor

— 2 mergulhadores

— 1 mergulhador encarregado da operação do sino

— 1 mergulhador auxiliar

— 1 mergulhador de reserva para atender a possíveis emergências

b) de 120,00m (cento e vinte metros) a 130,00m (cento e trinta metros):

— todos os elementos acima e mais 1 (um) mergulhador encarregado da operação da câmara hiperbárica.

2.8.7. Nas operações com técnica de saturação deverá haver, no mínimo, 2 (dois) supervisores e 2 (dois) técnicos de saturação.

2.9. Exames Médicos.

2.9.1. É obrigatória a realização de exames médicos, dentro dos padrões estabelecidos neste subitem, para o exercício da atividade de mergulho, em nível profissional.

2.9.2. Os exames médicos serão divididos em duas categorias:

a) exame pré-admissional para seleção de candidatos à atividade de mergulho;

b) exame periódico para controle do pessoal em atividade de mergulho.

2.9.3. Os exames médicos só serão considerados válidos, habilitando o mergulhador para o exercício da atividade, quando realizados por médico qualificado.

2.9.4. Caberá, igualmente, ao médico qualificado, a condução dos testes de pressão e de tolerância de oxigênio.

2.9.5. Os exames deverão ser conduzidos de acordo com os padrões psicofísicos estabelecidos nos Anexos A e B.

2.9.6. O médico concluirá os seus laudos por uma das seguintes formas:

a) apto para mergulho (integridade física e psíquica);

b) incapaz temporariamente para mergulho (patologia transitória);

c) incapaz definitivamente para mergulho (patologia permanente e/ou progressiva).

2.9.7. Os exames médicos dos mergulhadores serão realizados nas seguintes condições:

a) por ocasião da admissão;

b) a cada 6 seis meses, para todo o pessoal em efetiva atividade de mergulho;

c) imediatamente, após acidente ocorrido no desempenho de atividade de mergulho ou moléstia grave;

d) após o término de incapacidade temporária;

e) em situações especiais, por solicitação do mergulhador ao empregador.

2.9.7.1. Os exames médicos a que se refere o subitem anterior, só terão validade quando realizados em território nacional.

2.9.8. Os exames complementares previstos nos Anexos A e B terão validade de 12 (doze) meses, ficando a critério do médico qualificado a solicitação, a qualquer tempo, de qualquer exame que julgar necessário.

2.10. Das Regras de Segurança do Mergulho.

2.10.1. É obrigatório o uso de comunicações verbais em todas as operações de mergulho realizadas em condições perigosas sendo que, em mergulhos com Misturas Respiratórias Artificiais — MRA, deverão ser incluídos instrumentos capazes de corrigir as distorções sonoras provocadas pelos gases na transmissão da voz.

2.10.2. Em mergulho a mais de 50,00m (cinquenta metros) de profundidade, quando utilizando sino de mergulho ou câmara submersível de pressão atmosférica, é obrigatória a disponibilidade de intercomunicador, sem fio, que permita comunicações verbais, para utilização em caso de emergência.

2.10.3. Em todas as operações de mergulho, serão utilizados balizamento e sinalização adequados de acordo com o código internacional de sinais e outros meios julgados necessários à segurança.

2.10.4. A técnica de mergulho suprido pela superfície será sempre empregada, exceto em casos especiais onde as próprias condições de segurança indiquem ser mais apropriada a técnica de mergulho autônomo, sendo esta apoiada por uma embarcação miúda.

2.10.5. Os umbilicais ou linhas de vida serão sempre afixados a cintas adequadas e que possam suportar o peso do mergulhador e dos equipamentos.

2.10.6. A entrada e saída dos mergulhadores no meio líquido será sempre facilitada com o uso de cestas, convés ao nível de água ou escadas rígidas.

2.10.7. Os mergulhos com descompressão só deverão ser planejados para situações em que uma câmara de superfície, conforme especificada no subitem 2.11.20 e pronta para operar, possa ser alcançada em menos de 1(uma) hora, utilizado o meio de transporte disponível no local.

2.10.7.1. Caso a profundidade seja maior que 40,00m (quarenta metros) ou o tempo de descompressão maior que 20 (vinte) minutos, é obrigatória a presença no local do mergulho de uma câmara de superfície de conformidade com o subitem 2.11.20.

2.10.8. Sempre que for necessário pressurizar ou descomprimir um mergulhador, um segundo homem deverá acompanhá-lo no interior da câmara.

2.10.9. O uso de câmaras de compartimento único só será permitido, em emergência, para transporte de acidentado, até o local onde houver instalada uma câmara de duplo compartimento.

2.10.10. Nas operações de mergulho em que for obrigatória a utilização de câmara de superfície, só poderá ser iniciado o segundo mergulho após o término do período de observação do mergulho anterior, a menos que haja no local, em disponibilidade, uma segunda câmara e pessoal suficiente para operá-la.

2.10.11. Durante o período de observação, as câmaras de superfície deverão estar desocupadas e prontas para utilização, de modo a atender a uma possível necessidade de recompressão do mergulhador.

2.10.11.1. Durante o período de observação, o supervisor e demais integrantes da equipe, necessários para conduzir uma recompressão, não deverão afastar-se do local.

2.10.12. Durante o período de observação não será permitido aos mergulhadores:

a) realizar outro mergulho, exceto utilizando as tabelas apropriadas para mergulhos sucessivos;

b) realizar vôos a mais de 600 (seiscentos) metros;

c) realizar esforços físicos excessivos;

d) afastar-se do local da câmara, caso o mergulho tenha se realizado com a utilização de misturas respiratórias artificiais.

2.10.13. Nas operações de mergulho discriminadas neste subitem deve ser observado o seguinte:

a) mergulho com equipamento autônomo a ar comprimido: profundidade máxima igual a 40m (quarenta) metros;

b) mergulho com equipamento a ar comprido suprido pela superfície: profundidade máxima igual a 50m (cinquenta) metros;

c) mergulho sem apoio de sino aberto: profundidade máxima igual a 50m (cinquenta) metros;

d) mergulho de intervenção com mistura respiratória artificial (MRA) e apoiado por sino aberto: profundidade máxima igual a 90m (noventa) metros;

e) mergulho de intervenção com mistura respiratória artificial (MRA) e apoiado por sino de mergulho: profundidade máxima igual a 130m (cento e trinta) metros.

2.10.13.1. Nas profundidades de 120 (cento e vinte) metros a 130m (cento e trinta) metros só poderão ser realizados mergulhos utilizando equipamentos e equipes que permitam a técnica de saturação.

2.10.13.2. As operações de mergulho, em profundidade superior a 130m (cento e trinta) metros, só poderão ser realizadas quando utilizando técnicas de saturação.

2.10.13.3. Em profundidade superior a 90m (noventa) metros, qualquer operação de mergulho só deverá ser realizada com sino de mergulho em conjunto com câmara de superfície adotada de todos acessórios e equipamentos auxiliares, ficando a profundidade limitada à pressão máxima de trabalho dessa câmara.

2.10.13.4. O tempo máximo submerso diário, em mergulhos utilizando ar comprimido, não deverá ser superior a 4 (quatro) horas, respeitando-se, ainda, os seguintes limites:

a) Mergulho com Equipamento Autônomo: o tempo de fundo deverá ser mantido dentro dos limites de mergulho sem descompressão, definidos nas tabelas em anexo;

b) Mergulho com Equipamento Suprido da Superfície: o tempo de fundo deverá ser inferior aos limites definidos nas tabelas de mergulhos excepcionais em anexo.

2.10.13.5. Utilizando mistura respiratória artificial (MRA) em mergulho de intervenção com sino aberto, o tempo de permanência do mergulhador na água não poderá exceder a 160 minutos.

2.10.13.6. Utilizando mistura respiratória artificial (MRA) em mergulho de intervenção com sino de mergulho, o tempo de fundo não poderá exceder de:

a) 90 minutos, para mergulhos até 90 metros;

b) 60 minutos, para mergulhos entre 90 a 120 metros de profundidade;

c) 30 minutos, para mergulhos entre 120 a 130 metros de profundidade.

2.10.13.7. Utilizando a técnica de saturação, o período máximo submerso para cada mergulhador, incluída a permanência no interior do sino, não poderá exceder de 8 horas em cada período de 24 horas.

2.10.13.8. Utilizando a técnica de saturação, o período máximo de permanência sob pressão será de 28 dias e o intervalo mínimo entre duas saturações será igual ao tempo de saturação, não podendo este intervalo ser inferior a 14 dias. O tempo total de permanência sob saturação num período de 12 meses consecutivos não poderá ser superior a 120 dias.

2.10.14. Em mergulho a mais de 150 metros de profundidade, a mistura respiratória artificial (MRA) deverá ser devidamente aquecida para suprimento ao mergulhador.

2.10.15. Só será permitido realizar mergulhos a partir de embarcações não fundeadas, quando o supervisor de mergulho julgar seguro este procedimento e medidas adequadas forem tomadas para resguardar a integridade física do mergulhador protegendo-o contra os sistemas de propulsão, fluxo de água e possíveis obstáculos.

2.10.15.1. Estes mergulhos só serão permitidos se realizados à luz do dia, exceto quando a partir de embarcação de posicionamento dinâmico aprovada pela Diretoria de Portos e Costas (DPC), para esse tipo de operação.

2.10.16. Qualquer equipamento elétrico utilizado em submersão deverá ser dotado de dispositivo de segurança que impeça a presença de tensões ou correntes elevadas, que possam ameaçar a integridade física do mergulhador, em caso de mau funcionamento.

2.10.17. O supervisor de mergulho não poderá manter nenhum mergulhador submerso ou sob condição hiperbárica contra a sua vontade, exceto quando for necessária a complementação de uma descompressão ou em caso de tratamento hiperbárico.

2.10.17.1. O mergulhador que se recusar a iniciar o mergulho ou permanecer sob condição hiperbárica, sem motivos justificáveis, será passível de sanções de conformidade com a legislação pertinente.

2.10.18. Qualquer operação de mergulho deverá ser interrompida ou cancelada pelo supervisor de mergulho, quando as condições de segurança não permitirem a execução ou continuidade do trabalho.

2.10.19. A distância percorrida pelo mergulhador entre o sino de mergulho e o local de efetivo trabalho só poderá exceder a 33 metros em situações especiais, se atendidas as seguintes exigências:

a) não houver outra alternativa para a realização da operação de mergulho sem a utilização desse excesso. Neste caso, será o Contratante o responsável pela determinação do uso de umbilical para atender a distância superior a 33 metros, ouvidos o supervisor de mergulho e o comandante ou responsável pela plataforma de mergulho.

b) a operação de mergulho for realizada à luz do dia;

c) o percurso entre o sino de mergulho e o local de efetivo trabalho submerso for previamente inspecionado por uma câmara de TV submarina;

d) for estendido um cabo-guia entre o sino de mergulho e o local de trabalho submerso por um veículo de controle remoto ou pelo primeiro mergulhador;

e) a distância percorrida pelo mergulhador não exceder a 60 metros;

f) forem utilizadas garrafas de emergência suficientes para garantir o retorno do mergulhador ao sino de mergulho, tomando-se como base de consumo respiratório 60 litros/minuto, na profundidade considerada, com autonomia de 3 (três) minutos;

g) for utilizado um sistema com, no mínimo, 2 alternativas de fornecimento de gás, aquecimento e comunicações;

h) for utilizado umbilical de flutuabilidade neutra.

2.10.19.1. Caso as condições de visibilidade não permitam a completa visão do trajeto do mergulhador por uma câmara de TV fixa, será obrigatório o uso de câmara instalada em veículo autopropulsável com controle remoto.

2.10.19.2. Os mergulhadores, para utilizarem umbilical para distâncias superiores a 33 (trinta e três) metros deverão receber treinamento prévio de resgate e retorno ao sino em situação de emergência, devidamente registrado no Livro Registro do Mergulhador (LRM).

2.10.20. Nenhuma operação de mergulho poderá ser realizada sem ter havido uma revisão no sistema e equipamento com antecedência não superior a 12 (doze) horas.

2.10.21. Todos os integrantes das equipes de mergulho, especialmente os supervisores, deverão tomar as devidas precauções, relativas à segurança das operações, no tocante ao planejamento, preparação, execução e procedimentos de emergência, conforme discriminado a seguir:

I — Quanto ao Planejamento:

a) condições meteorológicas;

b) condições de mar;

c) movimentação de embarcações;

d) perigos submarinos, incluindo ralos, bombas de sucção ou locais onde a diferença de pressão hidrostática possa criar uma situação de perigo para os mergulhadores;

e) profundidade e tipo de operação a ser executada;

f) adequação dos equipamentos;

g) disponibilidade e qualificação do pessoal;

h) exposição a quedas da pressão atmosférica causadas por transporte aéreo, após o mergulho;

i) operações de mergulho simultâneas.

II — Quanto à Preparação:

a) obtenção, junto aos responsáveis, pela condução de quaisquer atividades que, na área, possam interferir com a operação, de informações que possam interessar à sua segurança;

b) seleção dos equipamentos e misturas respiratórias;

c) verificação dos sistemas e equipamentos;

d) distribuição das tarefas entre os membros da equipe;

e) habilitação dos mergulhadores para a realização do trabalho;

f) procedimentos de sinalização;

g) precauções contra possíveis perigos no local de trabalho.

III — Quanto à Execução:

a) responsabilidade de todo o pessoal envolvido;

b) uso correto dos equipamentos individuais;

c) suprimento e composição adequada das misturas respiratórias;

d) locais de onde poderá ser conduzida a operação;

e) operações relacionadas com câmaras de compressão submersíveis;

f) identificação e características dos locais de trabalho;

g) utilização de ferramentas e outros equipamentos pelos mergulhadores;

h) limites de profundidade e tempo de trabalho;

i) descida, subida e resgate da câmara de compressão submersível e dos mergulhadores;

j) tabelas de descompressão, inclusive as de tratamento e de correção;

l) controle das alterações das condições iniciais;

m) período de observação;

n) manutenção dos registros de mergulho.

IV — Quanto aos Procedimentos de Emergência:

a) sinalização;

b) assistência na água e na superfície;

c) disponibilidade de câmara de superfície ou terapêutica;

d) primeiros socorros;

e) assistência médica especializada;

f) comunicação e transporte para os serviços e equipamentos de emergência;

g) eventual necessidade de evacuação dos locais de trabalho;

h) suprimentos diversos para atender às emergências.

2.11. Dos equipamentos de mergulho.

2.11.1. Os sistemas e equipamentos deverão ser instalados em local adequado, de forma a não prejudicar as condições de segurança das operações.

2.11.2 Os equipamentos de mergulho utilizados nas operações de mergulho deverão possuir certificado de aprovação fornecido ou homologado pela Diretoria de Portos e Costas (DPC).

2.11.3. Os vasos de pressão deverão apresentar em caracteres indeléveis e bem visíveis:

a) limites máximos de trabalho e segurança;

b) nome da entidade que o tenha aprovado;

c) prazo de validade do certificado;

d) data do último teste de ruptura.

2.11.4. O certificado referido no subitem 2.11.2 não terá validade se:

a) qualquer alteração ou reparo tiver sido efetuado no sistema ou equipamento de forma a alterar suas características originais;

b) vencidos os períodos estabelecidos no quadro abaixo para os testes de vazamento e testes de ruptura.

TESTES / EQUIPAMENTOS	DE VAZAMENTO	DE RUPTURA
Câmaras Hiperbáricas	2 anos	5 anos
Reservatório de Gases não Submerso	5 anos	5 anos
Reservatório de Gases Submerso	2 anos	5 anos
Equipamentos com pressão de trabalho superior a 500 mbar	2 anos	2 anos

2.11.5. A pressão do teste de ruptura dos equipamentos deverá ser igual a 1,5 vezes a pressão máxima de trabalho para a qual foram projetados.

2.11.6. Preferencialmente, serão utilizados testes hidrostáticos, contudo, em caso de impossibilidade, poderão ser realizados testes pneumáticos, quando suficientes precauções forem tomadas para a segurança das pessoas, no caso de falha estrutural do equipamento.

2.11.7. Os sistemas e equipamentos deverão incluir um meio de fornecer aos mergulhadores mistura respiratória adequada (incluindo um suprimento de reserva para o caso de uma emergência ou para uma recompressão terapêutica) em volume, temperatura e pressão capazes de permitir esforço físico vigoroso e prolongado durante a operação.

2.11.8. Todos os equipamentos que funcionem com reciclagem de mistura respiratória deverão ser previamente certificados por uma entidade reconhecida e aprovada pela Diretoria de Portos e Costas — DPC, quanto à sua capacidade de fornecer misturas respiratórias nos padrões exigidos e em quantidade suficiente.

2.11.9. Todos os compressores de misturas respiratórias, especialmente os de ar, deverão ser instalados de maneira que não exista o risco de que aspirem gases da descarga do seu próprio motor ou de ambientes onde exista qualquer possibilidade de contaminação (praças de máquinas, porões, etc.).

2.11.10. Todos os reservatórios de gases deverão ter dispositivos de segurança que operem à pressão máxima de trabalho.

2.11.11. Os gases ou misturas respiratórias, fornecidos em reservatórios, para as operações de mergulho, só poderão ser utilizados se acompanhados das seguintes especificações:

a) percentual dos elementos constituintes;

b) grau de pureza;

c) tipo de análise realizada;

d) nome e assinatura do responsável pela análise

2.11.12. As Misturas Respiratórias Artificiais deverão ser analisadas no local das operações, quanto aos seus percentuais de oxigênio, e ter, indelevelmente, marcados os seus reservatórios, de forma legível, com o nome e a composição de seu conteúdo.

2.11.13. A equipe de mergulho deverá ter, sempre, condições de analisar, no local da operação, as Misturas Respiratórias Artificiais empregadas, quanto ao percentual de:

a) oxigênio;

b) gás carbônico;

c) monóxido de carbono.

2.11.14. Só poderá ser realizada uma operação de mergulho se houver disponível, no local, uma quantidade de gases, no mínimo, igual a 3 (três) vezes a necessária à pressurização das câmaras hiperbáricas, na pressão da profundidade máxima de trabalho, durante uma operação normal.

2.11.14.1. Nos equipamentos que dispuserem de sistema de reciclagem, a quantidade de gases poderá ser apenas 2/3 (dois terços) da exigida no subitem 2.11.14.

2.11.15. Todos os indicadores de pressão, profundidade ou equivalente, deverão ser construídos de forma a não serem afetados pelas condições ambientes, exceto aqueles projetados para tal.

2.11.16. Todos os instrumentos de controle, indicadores e outros acessórios deverão ser indelével e legivelmente marcados, em língua portuguesa, quanto à sua função.

2.11.17. Todos os sistemas e equipamentos deverão ter manutenção permanente de forma a assegurar seu funcionamento perfeito, quando em utilização.

2.11.18. Os sistemas e equipamentos de mergulho deverão possuir:

a) umbilical, exceto quando for utilizada a técnica de mergulho autônomo;

b) linha de vida, exceto quando:

I — a natureza das operações apresentar inconvenientes ao seu uso, sendo, neste caso, utilizado um sistema alternativo para manter a segurança dos mergulhadores;

II — a profundidade de trabalho for inferior a 30,00m (trinta metros) e um dos mergulhadores submersos já a estiver usando.

c) nas operações utilizando sino de mergulho, meios de registrar em fita magnética todas as intercomunicações efetuadas durante a pressurização, desde o seu início, até o retorno dos mergulhadores à superfície ou a entrada dos mesmos numa câmara de superfície em condições normais;

d) sistema de intercomunicação, entre os mergulhadores e o supervisor da operação, em trabalhos em profundidades superiores a 30,00m (trinta metros), exceto quando a técnica empregada seja a de mergulho autônomo.

e) profundímetro, que permita leitura na superfície, em operações em profundidades superiores a 12 (doze) metros, exceto quando utilizado equipamento autônomo;

f) sistema e equipamento para permitir, com segurança, a entrada e saída dos mergulhadores da água;

g) sistema de iluminação, normal e de emergência que durante o mergulho noturno seja capaz de iluminar adequadamente o local de controle e a superfície da água, exceto quando a natureza das operações contraindicarem seu uso;

h) equipamento individual, de uso obrigatório, composto de:

I — roupa apropriada para cada tipo de mergulho;

II — suprimento de mistura respiratória de reserva, para o caso de emergência, a partir de 20 (vinte) metros de profundidade;

III — relógio, quando em mergulhos autônomos;

IV — faca;

V — controle de flutuabilidade individual, para trabalhos em profundidade maior do que 12 (doze) metros ou em condições perigosas, exceto em profundidades superiores a 50 (cinqüenta) metros;

VI — luvas de proteção, exceto quando as condições não impuserem seu uso;

VII — tabelas de descompressão impermeabilizadas, de modo a permitir sua utilização em operações de mergulho com equipamentos autônomos;

VIII — colete inflável de mergulho, profundímetro, tubo respirador, máscara, nadadeiras e lastro adequado, quando a técnica empregada for de mergulho autônomo;

IX — lanterna, para mergulhos noturnos ou em locais escuros.

2.11.19. Todas as câmaras hiperbáricas deverão:

a) ser construídas:

I — com vigias que permitam que todos os seus ocupantes sejam perfeitamente visíveis do exterior;

II — de forma que todas as escotilhas assegurem a manutenção da pressão interna desejada;

III — de forma que todas as redes que atravessem seu corpo disponham, interna e externamente próximo ao ponto de penetração, de válvulas ou outros dispositivos convenientes à segurança;

IV — dispondo, em cada compartimento, de válvulas de alívio de pressão interna máxima do trabalho, capazes de serem operadas do exterior;

V — com isolamento térmico apropriado, de forma a proteger seus ocupantes, quando utilizadas misturas respiratórias artificiais;

VI — de modo a minimizar os riscos de incêndio interno e externo;

VII — de modo a minimizar o ruído interno.

b) ser equipadas:

I — com dispositivo de segurança para impedir sucção nas extremidades internas das redes, que possam permitir sua despressurização;

II — de modo que a pressão em seus compartimentos possa ser controlada interna e externamente;

III — com indicadores da profundidade correspondente à pressão interna, no seu interior e no local de controle na superfície;

IV — com estojo de primeiros socorros, contendo medicamentos adequados para o tratamento de acidentes típicos e as instruções para sua aplicação, na ausência do médico;

V — com sistema de iluminação normal e de emergência, em todos os seus compartimentos;

VI — com ferramentas adequadas para atender a uma possível emergência;

VII — com tabelas de descompressão adequadas, bem como regras para procedimentos em emergência;

VIII — nos mergulhos com misturas respiratórias artificiais, com analisador da pressão parcial ou de percentagem de oxigênio;

IX — nos mergulhos com misturas respiratórias artificiais, com equipamento automático que registre, gráfica e cronologicamente, as variações da pressão interna, desde o início da pressurização até o término da descompressão ou tratamento hiperbárico.

2.11.20. Todas as câmaras de superfície deverão:

a) ser construídas:

I — com, no mínimo, 2 (dois) compartimentos estanques, pressurizáveis independentemente;

II — de modo a ter espaço suficiente, em um dos compartimentos, para permitir que dois adultos permaneçam deitados, com relativo conforto;

III — de modo a ter um diâmetro interno mínimo de 1,75m (um metro e setenta e cinco centímetros), exceto aquelas já em uso no País, na data da publicação deste Anexo;

IV — de modo a ter um diâmetro mínimo de 2 (dois) metros, quando empregadas em operações de duração superior a 12 (doze) horas, exceto aquelas já em uso no País, na data da publicação deste Anexo;

V — com compartimentos próprios que permitam a transferência, sob pressão, do exterior para o interior e viceversa, de medicamentos, alimentos e equipamentos necessários.

b) ser equipadas:

I — em cada compartimento, com recursos de combate a incêndio adequados;

II — com sistema capaz de fornecer a seus ocupantes oxigenoterapia hiperbárica, através de máscaras faciais, havendo exaustão direta para o exterior quando forem utilizadas Misturas Respiratórias Artificiais como atmosfera ambiente;

III — quando utilizadas em operações que exijam ocupação por período superior a 12 (doze) horas:

a) com sistema de controle de temperatura e umidade relativa do meio ambiente;

b) com sistema sanitário completo, incluindo vaso, chuveiro e lavatório com água quente e fria.

IV — com flange padronizado pela Diretoria de Portos e Costas (DPC), que permita o seu acoplamento em emergência, a diferentes sinos de mergulho, quando prevista a utilização destes sinos.

2.11.20.1. Nos mergulhos com ar comprimido, quando a descompressão não exceder a 2 (duas) horas, ou nos casos em que seja necessário o tratamento hiperbárico, será permitida a utilização de câmaras com diâmetro mínimo de 1,20m (um metro e vinte centímetros).

2.11.20.2. Ficam dispensados das exigências dos subitens 2.11.19 e 2.11.20 as câmaras destinadas, exclusivamente, a transporte em condições de emergência.

2.11.21. Todos os sinos do mergulho deverão:

a) ser construídos:

I — com escotilha de fácil acesso para a entrada e saída dos mergulhadores;

II — com escotilha de acoplamento que permita, facilmente, a transferência dos mergulhadores sob pressão para a câmara de superfície e vice-versa;

III — com sistema próprio de controle da sua flutuabilidade, acionável internamente, sob qualquer condição de pressão, e com dispositivos de segurança que evitem seu acionamento acidental;

IV — com dispositivo de segurança que não permita que as redes e manômetros de oxigênio, no seu interior, sejam submetidos a pressões com uma diferença de mais de 8 (oito) bares acima da pressão interna ambiente.

b) ser equipadas:

I — com flange padronizado pela Diretoria de Portos e Costas (DPC), que permita o seu acoplamento em emergência, a qualquer câmara de superfície;

II — com um sistema de içamento principal e outro secundário, capazes de içar o sino até a superfície da água;

III — com recursos que os mantenham em posição adequada, evitando, tanto quanto possível, movimentos laterais, verticais ou rotacionais excessivos;

IV — com umbilical, no qual esteja incorporada uma linha de suprimento, independente da principal, capaz de controlar a pressurização e descompressão a partir da superfície;

V — com indicadores da profundidade externa;

VI — com sistema de proteção térmica e com suprimento externo de reserva de oxigênio, que permita a sobrevivência autônoma de seus ocupantes por um período mínimo de 24 (vinte e quatro) horas;

VII — com reserva de Mistura Respiratória Artificial, para ser utilizada exclusivamente em casos de emergência;

VIII — com analisador da pressão parcial de gás carbônico;

IX — com equipamento apropriado para permitir que um mergulhador inconsciente seja içado para o seu interior pelo mergulhador que ali permanece;

X — com dispositivo que permita sua fácil localização, para resgate, em caso de emergência.

2.12. Dos Registros das Operações de Mergulho.

2.12.2. No Registro das Operações de Mergulho — ROM, deve constar:

a) o nome do contratante da operação de mergulho;

b) o período de realização da operação;

c) o nome ou outra designação da plataforma de mergulho, sua localização e o nome do seu comandante ou responsável;

d) o nome do supervisor de mergulho e o período da operação na qual ele atua desempenhando aquela função;

e) o nome dos demais componentes da equipe de mergulho e outras pessoas operando qualquer sistema ou equipamento, discriminando suas respectivas tarefas;

f) os arranjos para atender a possíveis emergências;

g) os procedimentos seguidos no curso da operação de mergulho incluindo a tabela de descompressão utilizada;

h) a máxima profundidade alcançada por cada mergulhador no decurso da operação;

i) para cada mergulhador, com relação a cada mergulho realizado, a hora em que deixa a superfície e seu tempo de fundo;

j) o tipo de equipamento de respiração e a mistura utilizada;

l) a natureza da operação de mergulho;

m) qualquer tipo de acidente ou lesão sofrida pelos mergulhadores, bem como a ocorrência de doença descompressiva ou outros males;

n) particularidades de qualquer emergência ocorrida durante a operação de mergulho e as ações desenvolvidas;

o) qualquer avaria verificada no equipamento utilizado na operação de mergulho;

p) particularidades de qualquer fator ambiental que possa afetar a operação;

q) qualquer outro elemento de importância para a segurança ou a integridade física das pessoas envolvidas na operação.

2.12.1.1. Os registros das intercomunicações só poderão ser destruídos 48 (quarenta e oito) horas após o término da operação de mergulho e caso não tenha havido nenhum acidente, situação de risco ou particularidade relevante, que, nestes casos, serão registradas no ROM.

2.12.2. O Livro de Registro do Mergulhador (LRM) será aprovado pela Diretoria de Portos e Costas (DPC), devendo dele constar, além dos dados pessoais do mergulhador e do registro dos exames médicos periódicos:

a) o nome e endereço do empregador;

b) a data;

c) o nome ou outra designação da embarcação ou plataforma de mergulho de onde é conduzida a operação de mergulho e sua localização;

d) o nome do supervisor de mergulho;

e) a máxima profundidade atingida em cada mergulho;

f) para cada mergulho, a hora em que deixou e chegou à superfície e o respectivo tempo de fundo;

g) quando o mergulho incluir um tempo numa câmara hiperbárica, detalhes de qualquer tempo dispendido fora da câmara, a uma pressão diferente;

h) o tipo de equipamento empregado e, quando for o caso, a composição da Mistura Respiratória Artificial utilizada;

i) o trabalho realizado em cada mergulho, mencionando o ferramental utilizado;

j) as tabelas de descompressão seguidas em cada mergulho;

l) qualquer tipo de acidente ou lesão sofrida, bem como a ocorrência de doença descompressiva ou outros males;

m) qualquer outro elemento de importância para sua saúde ou integridade física.

2.13. Das Tabelas de Descompressão e Tratamento.

2.13.1. As tabelas empregadas em todas as operações de mergulho onde o ar comprimido seja utilizado como suprimento respiratório, inclusive as de tratamento, serão as constantes do Anexo C.

2.13.1.1. Outras tabelas poderão ser empregadas, desde que devidamente homologadas pela Diretoria de Portos e Costas — DPC.

2.13.2. As tabelas referentes à utilização de Misturas Respiratórias Artificiais só poderão ser aplicadas quando homologadas pela Diretoria de Portos e Costas (DPC).

2.14. Das Disposições Gerais.

2.14.1. O trabalho submerso ou sob pressão somente será permitido a trabalhadores com idade mínima de 18 (dezoito) anos.

2.14.2. A atividade de mergulho é considerada como atividade insalubre em grau máximo.

2.14.3. O descumprimento ao disposto no item 2 — Trabalhos Submersos caracterizará o grave e iminente risco para os fins e efeitos previstos na NR-3.

ANEXO "A"

PADRÕES PSICOFÍSICOS PARA SELEÇÃO DOS CANDIDATOS À ATIVIDADE DE MERGULHO

I — IDADE

O trabalho submerso ou sob pressão somente será permitido a trabalhadores com idade mínima de 18 (dezoito) anos.

II — ANAMNESE

Inabilita o candidato à atividade de mergulho a ocorrência ou constatação de patologias referentes a: epilepsia, meningite, tuberculose, asma e qualquer doença pulmonar crônica; sinusites crônicas ou repetidas; otite média e otite externa crônica; doença incapacitante do aparelho locomotor; distúrbios gastrointestinais crônicos ou repetidos; alcoolismo crônico e sífilis (salvo quando convenientemente tratada e sem a persistência de nenhum sintoma consequente); outras a critério médico.

III — EXAME MÉDICO

1. BIOMETRIA

Peso: os candidatos à atividade de mergulho serão selecionados de acordo com o seu biotipo e tendência a obesidade futura. Poderão ser inabilitados aqueles que apresentarem variação para mais de 10 (dez) por cento em peso, das tabelas-padrão de idade-altura-peso, a critério médico.

2. APARELHO CIRCULATÓRIO

A integridade do aparelho circulatório será verificada pelo exame clínico, radiológico e eletrocardiográfico; a pressão arterial sistólica não deverá exceder a 145 mm/Hg e a diastólica a 90mm/Hg, sem nenhuma repercussão hemodinâmica. As perturbações da circulação venosa periférica (varizes e hemorroidas) acarretam a inaptidão.

3. APARELHO RESPIRATÓRIO

Será verificada a integridade clínica e radiológica do aparelho respiratório:

a) Integridade anatômica da caixa torácica;

b) Atenção especial deve ser dada à possibilidade de tuberculose e outras doenças pulmonares pelo emprego de telerradiografia e reação tuberculínica, quando indicada:

c) Doença pulmonar ou outra qualquer condição mórbida que dificulte a ventilação pulmonar deve ser causa de inaptidão;

d) Incapacitam os candidatos doenças inflamatórias crônicas, tais como: tuberculose, histoplasmose, bronquiectasia, asma brônquica, enfisema, pneumotórax, paquipleuriz e seqüela de processo cirúrgico torácico.

4. APARELHO DIGESTIVO

Será verificada a integridade anatômica e funcional do aparelho digestivo e de seus anexos:

a) candidatos com manifestação de colite, úlcera péptica, prisão de ventre, diarréia crônica, perfuração do trato gastrointestinal ou hemorragia digestiva serão inabilitados;

b) dentes: os candidatos devem possuir número suficiente de dentes, naturais ou artificiais e boa oclusão, que assegurem mastigação satisfatória. Doenças da cavidade oral, dentes cariados ou comprometidos por focos de infecção podem também ser causas de inaptidão.

As próteses deverão ser fixas, de preferência. Próteses removíveis, tipo de grampos, poderão ser aceitas desde que não interfiram com o uso efetivo dos equipamentos autônomos (válvula reguladora, respirador) e dependentes (tipo narguilé). Os candidatos, quando portadores desse tipo de prótese, devem ser orientados para removê-la quando em atividades de mergulho.

5. APARELHO GÊNITO-URINÁRIO

As doenças geniturinárias, crônicas ou recorrentes, bem como as doenças venéreas, ativas ou repetidas, inabilitam o candidato.

6. SISTEMA ENDÓCRINO

As perturbações do metabolismo, da nutrição ou das funções endócrinas são incapacitantes.

IV — EXAME OFTALMO-OTORRINO-LARINGOLÓGICO

a) Deve ser verificada a ausência de doenças agudas ou crônicas em ambos os olhos;

b) Acuidade visual: é exigido 20/30 de visão em ambos os olhos corrigível para 20/20;

c) Senso cromático: são incapacitantes as discromatopsias de grau acentuado;

d) A audição deve ser normal em ambos os ouvidos. Doenças agudas ou crônicas do conduto auditivo externo, da membrana timpânica, do ouvido médio ou interno, inabilitam o candidato. As trompas de Eustáquio deverão estar, obrigatoriamente, permeáveis e livres para equilíbrio da pressão, durante as variações barométricas nos mergulhos;

e) As obstruções à respiração e as sinusites crônicas são causas de inabilitação. As amígdalas com inflamações crônicas, bem como todos os obstáculos nasofaringeanos que dificultam a ventilação adequada, devem inabilitaros candidatos.

V — EXAME NEURO-PSIQUIÁTRICO

Será verificada a integridade anatômica e funcional do sistema nervoso:

a) a natureza especial do trabalho de mergulho requer avaliação cuidadosa dos ajustamentos nos planos emocional, social e intelectual dos candidatos;

b) história pregressa de distúrbios neuropsíquicos ou de moléstia orgânica do sistema nervoso, epilepsia, ou póstraumática, inabilitam os candidatos;

c) tendências neuróticas, imaturidade ou instabilidade emocional, manifestações antissociais, desajustamentos ou inadaptações inabilitam os candidatos.

VI — EXAMES COMPLEMENTARES

Serão exigidos os seguintes exames complementares:

1. Telerradiografia do tórax (AP);
2. Eletrocardiograma basal;
3. Eletroencefalograma;
4. Urina: elementos anormais e sedimentoscopia;
5. Fezes: protozooscopia e ovohelmintoscopia;
6. Sangue: sorologia para lues, dosagem de glicose, hemograma completo, grupo sanguíneo e fator Rh;
7. Radiografia das articulações escapuloumerais, coxofemorais e dos joelhos (AP);
8. Audiometria.

VII — TESTES DE PRESSÃO

Todos os candidatos devem ser submetidos à pressão de 6 ATA na câmara de recompressão, para verificar a capacidade de equilibrar a pressão no ouvido médio e seios da face.

Qualquer sinal de claustrofobia, bem como apresentação de suscetibilidade individual à narcose pelo nitrogênio, será motivo de inabilitação do candidato.

VIII — TESTE DE TOLERÂNCIA AO OXIGÊNIO

Deverá ser realizado o teste de tolerância ao oxigênio, que consiste em fazer o candidato respirar oxigênio puro sob pressão (2,8 ATA) num período de 30 (trinta) minutos, na câmara de recompressão. Qualquer sinal ou sintoma de intoxicação pelo oxigênio, será motivo de inabilitação.

IX — TESTE DE APTIDÃO FÍSICA

Todos os candidatos devem ser submetidos ao "Teste de Ruffier" (ou similar) que consiste em: 30 (trinta) agachamentos em 45 (quarenta e cinco) segundos e tomadas de frequência do pulso:

P1 — Pulso do mergulhador em repouso;

P2 — Pulso imediatamente após o esforço;

P3 — Pulso após 1 (um) minuto de repouso.

Índice de Ruffier (IR) = $\frac{(P1+P2+P3) - 200}{10}$

O "Índice de Ruffier" deverá ser abaixo de 10 (dez).

ANEXO "B"

PADRÕES PSICOFÍSICOS PARA CONTROLE DO PESSOAL EM ATIVIDADE DE MERGULHO

Os critérios psicofísicos para controle do pessoal em atividade de mergulho são os mesmos prescritos no Anexo A, com as seguintes modificações:

I — IDADE

Todos os mergulhadores que permaneçam em atividade deverão ser submetidos a exames médicos periódicos.

II — ANAMNESE

A história de qualquer doença constatada após a última inspeção será meticulosamente averiguada, principalmente as doenças neuropsiquiátricas, otorrinolaringológicas, pulmonares e cardíacas, advindas ou não de acidentes de mergulho.

III — EXAME MÉDICO

1. BIOMETRIA

Mesmo critério do Anexo A.

2. APARELHO CIRCULATÓRIO

a) a evidência de lesão orgânica ou de distúrbio funcional do coração será causa de inaptidão;

b) as pressões sistólica e diastólica não devem exceder 150 e 95 mm/Hg, respectivamente.

3. APARELHO RESPIRATÓRIO

Qualquer lesão pulmonar, advinda ou não de um acidente de mergulho, é incapacitante.

4. APARELHO DIGESTIVO

Mesmos critérios constantes do Anexo A

5. APARELHO GÊNITO-URINÁRIO

Mesmos critérios constantes do Anexo A

6. SISTEMA ENDÓCRINO

As perturbações do metabolismo, da nutrição ou das funções endócrinas acarretam uma incapacidade temporária; a diabetes caracterizada é motivo de inaptidão.

IV — EXAME OFTALMO-OTORRINO-LARINGOLÓGICO

Os Mesmos critérios do Anexo A com a seguinte alteração: acuidade visual: 20/40 de visão em ambos os olhos, corrigível para 20/20.

V — EXAME NEURO-PSIQUIÁTRICO

Os mesmos critérios do Anexo A. Dar atenção a um passado de embolia traumática pelo ar ou doença descompressiva, forma neurológica, que tenha deixado sequelas neuropsiquiátricas.

VI — EXAMES COMPLEMENTARES

1. Telerradiografia do tórax (AP);

2. Urina: elementos normais e sedimentoscopia;

3. Fezes: protozooscopia e ovohelmintoscopia;

4. Sangue: sorologia para lues, hemograma completo, glicose;

5. ECG basal;

6. Audiometria, caso julgar necessário;

7. Radiografia das articulações escapuloumerais, coxofemorais e dos joelhos, caso julgar necessário;

8. Quaisquer outros exames (ex. ecocardiograma, cicloergometria, etc.) poderão ser solicitados a critério do médico responsável pelo exame de saúde do mergulhador.

ANEXO "C"

TABELAS DE DESCOMPRESSÃO

1. Definições dos Termos

1.1. PROFUNDIDADE — significa a profundidade máxima, medida em metros, atingida pelo mergulhador durante o mergulho.

1.2. TEMPO DE FUNDO — é o tempo total corrido desde o início do mergulho, quando se deixa a superfície, até o início da subida quando termina o mergulho, medido em minutos.

1.3. TEMPO PARA PRIMEIRA PARADA — é o tempo decorrido desde quando o mergulhador deixa a profundidade máxima até atingir a profundidade da primeira parada, considerando uma velocidade de subida de 18 (dezoito) metros por minuto.

1.4. PARADA PARA DESCOMPRESSÃO — é a profundidade específica na qual o mergulhador deverá permanecer por um tempo determinado para eliminar os gases inertes dos tecidos do seu organismo.

1.5. MERGULHO SIMPLES — é qualquer mergulho realizado após um período de tempo maior que 12 (doze) horas de outro mergulho.

1.6. NITROGÊNIO RESIDUAL — é o gás nitrogênio que ainda permanece nos tecidos do mergulhador após o mesmo ter chegado à superfície.

1.7. TEMPO DE NITROGÊNIO RESIDUAL — é a quantidade de tempo em minutos que precisa ser adicionado ao tempo de fundo de um mergulho repetitivo para compensar o nitrogênio residual de um mergulho prévio.

1.8. MERGULHO REPETITIVO — é qualquer mergulho realizado antes de decorridas 12 (doze) horas do término de outro.

1.9. DESIGNAÇÃO DO GRUPO REPETITIVO — é a letra a qual relaciona diretamente o total de nitrogênio residual de um mergulho com outro a ser realizado num período de tempo menor que 12 (doze) horas.

1.10. MERGULHO REPETITIVO SIMPLES — é um mergulho no qual o tempo de fundo usado para selecionar a tabela de descompressão é a soma do tempo de nitrogênio residual mais o tempo de fundo do mergulho posterior.

1.11. MERGULHO EXCEPCIONAL — é um mergulho cujo fator tempo de fundo/profundidade não permite a realização de qualquer outro mergulho antes de decorridas 12 (doze) horas após o mesmo.

2. Instruções para Uso das Tabelas de Descompressão

2.1. Para dar início à descompressão, utilizar a tabela com a profundidade exata ou a próxima maior profundidade alcançada durante o mergulho.

Exemplo: Profundidade máxima = 12,5 metros.

Selecione a tabela de 15 metros.

2.2. Para dar início à descompressão, utilizar a tabela com o tempo de fundo exato ou com o próximo maior.

Exemplo: Tempo de fundo = 112 minutos.

Selecione 120 minutos.

2.3. Nunca tente interpolar tempos ou profundidades entre os valores indicados nas tabelas.

2.4. Procure sempre seguir a velocidade de subida indicada: 18 (dezoito) metros por minuto.

2.5. Não inclua o tempo de subida entre as paradas para descompressão no tempo indicado para as paradas.

TABELA PADRÃO DE DESCOMPRESSÃO COM AR

Profundidade (metros)	Tempo de Fundo (minutos)	Tempo p/ 1ª Parada (min:seg)	Paradas p/ Descompressão (minutos)											Tempo total p/ Subida (min:seg)	Grupo Repetitivo
			33 m	30 m	27 m	24 m	21 m	18 m	15 m	12 m	9 m	6 m	3 m		
	200												0	0:40	*
	210	0:30											2	2:40	N
	230	0:30											7	7:40	N
	250	0:30											11	11:40	O
12	270	0:30											15	15:40	O
(40 pés)	300	0:30											19	19:40	Z
	360	0:30											23	23:40	**
	480	0:30											41	41:40	**
	720	0:30											69	69:40	**
	100												0	0:50	*
	110	0:40											3	3:50	L
	120	0:40											5	5:50	M
	140	0:40											10	10:50	M
15	160	0:40											21	21:50	N
(50 pés)	180	0:40											29	29:50	O
	200	0:40											35	35:50	O
	220	0:40											40	40:50	Z
	240	0:40											47	47:50	Z
															x
	60												0	1:00	*
	70	0:50											2	3:00	K

(*) Consulte a Tabela de Limites sem Descompressão.

(**) Não deverá ser permitido nenhum mergulho repetitivo após mergulhos excepcionais.

Profun-didade (metros)	Tempo de Fundo (minutos)	Tempo p/ 1ª Parada (min:seg)	Paradas p/ Descompressão (minutos)											Tempo total p/ Subida (min:seg)	Grupo Repetitivo
			33 m	30 m	27 m	24 m	21 m	18 m	15 m	12 m	9 m	6 m	3 m		
	80	0:50											7	8:00	L
	100	0:50											14	15:00	M
	120	0:50											26	27:00	N
	140	0:50											39	40:00	O
18	160	0:50											48	49:00	Z
(60 pés)	180	0:50											56	57:00	Z
	200	0:40										1	69	71:00	Z
	240	0:40										2	79	82:00	**
	360	0:40										20	119	140:00	**
	480	0:40										44	148	193:00	**
	720	0:40										78	187	266:00	**
													x		x
	50												0	1:10	*
	60	1:00											8	9:10	K
	70	1:00											14	15:10	L
	80	1:00											18	19:10	M
	90	1:00											23	24:10	N
	100	1:00											33	34:10	N
21	110	0:50										2	41	44:10	O
(70 pés)	120	0:50										4	47	52:10	O
	130	0:50										6	52	59:10	O
	140	0:50										8	56	65:10	Z
	150	0:50										9	61	71:10	Z
	160	0:50										13	72	86:10	Z
	170	0:50										19	79	99:10	Z
	40												0	1:20	*
	50	1:10											10	11:20	K
	60	1:10											17	18:20	L
	70	1:10											23	24:20	M
	80	1:00										2	31	34:20	N
	90	1:00										7	39	47:20	N
	100	1:00										11	46	58:20	O
	110	1:00										13	53	67:20	O
24	120	1:00										17	56	74:20	Z
(80 pés)	130	1:00										19	63	83:20	Z
	140	1:00										26	69	96:20	Z
	150	1:00										32	77	110:20	Z
	180	1:00										35	85	121:20	**
	240	0:50									6	52	120	179:20	**
	360	0:50									29	90	160	280:20	**
	480	0:50									59	107	187	354:20	**
	720	0:40								17	108	142	187	455:20	**
	30												0	1:30	*
	40	1:20											7	8:30	J
	50	1:20											18	19:30	L

(*) Consulte a Tabela de Limites sem Descompressão.
(**) Não deverá ser permitido nenhum mergulho repetitivo após mergulhos excepcionais.

Profundidade (metros)	Tempo de Fundo (minutos)	Tempo p/ 1ª Parada (min:seg)	Paradas p/ Descompressão (minutos)											Tempo total p/ Subida (min:seg)	Grupo Repetitivo
			33 m	30 m	27 m	24 m	21 m	18 m	15 m	12 m	9 m	6 m	3 m		
	60	1:20											25	26:30	M
	70	1:10										7	30	38:30	N
27	80	1:10										13	40	54:30	N
(90 pés)	90	1:10										18	48	67:30	O
	100	1:10										21	54	76:30	Z
	110	1:10										24	61	86:30	Z
	120	1:10										32	68	101:30	Z
	130	1:00										36	74	116:30	Z
													0	1:40	*
	25														
	30	1:30											3	4:40	I
	40	1:30											15	16:40	K
	50	1:20										2	24	27:40	L
	60	1:20										9	28	38:40	N
	70	1:20										17	39	57:40	O
	80	1:20										23	48	72:40	O
30	90	1:10									3	23	57	84:40	Z
(100 pés)	100	1:10									7	23	66	97:40	Z
	110	1:10									10	34	72	117:40	Z
	120	1:10									12	41	78	132:40	Z
	180	1:00								1	29	53	118	202:40	**
	240	1:00								14	42	84	142	283:40	**
	360	0:50								42	73	111	187	416:40	**
	480	0:50								61	91	142	187	503:40	**
	720	0:50							55	106	122	142	187	613:40	**
	20												0	1:50	*
	25	1:40											3	4:50	H
	30	1:40											7	8:50	J
	40	1:30										2	21	24:50	L
33	50	1:30										8	26	35:50	M
(110 pés)	60	1:30										18	36	55:50	N
	70	1:20									1	23	48	73:50	O
	80	1:20									7	23	57	88:50	Z
	90	1:20									12	30	64	107:50	Z
	100	1:20									15	37	72	125:50	Z
	15												0	2:00	*
	20	1:50											2	4:00	H
	25	1:50											6	8:00	I
	30	1:50											14	16:00	J
	40	1:40										5	25	32:00	L
	50	1:40										15	31	48:00	N
	60	1:30									2	22	45	71:00	O
36	70	1:30									9	23	55	89:00	O
(120 pés)	80	1:30									15	27	63	107:00	Z
	90	1:30									19	37	74	132:00	Z

(*) Consulte a Tabela de Limites sem Descompressão.
(**) Não deverá ser permitido nenhum mergulho repetitivo após mergulhos excepcionais.

Profun-didade (metros)	Tempo de Fundo (minutos)	Tempo p/ 1ª Parada (min:seg)	Paradas p/ Descompressão (minutos)											Tempo total p/ Subida (min:seg)	Grupo Repetitivo
			33 m	30 m	27 m	24 m	21 m	18 m	15 m	12 m	9 m	6 m	3 m		
	100	1:30									23	45	80	150:00	Z
	120	1:20								10	19	47	98	176:00	**
	180	1:10							5	27	37	76	137	284:00	**
	240	1:10							23	35	60	97	179	396:00	**
	360	1:00						18	45	64	93	142	187	551:00	**
	480	0:50					3	41	64	93	122	142	187	654:00	**
	720	0:50					32	74	100	114	122	142	187	773:00	**
	10												0	2:10	*
	15	2:00											1	3:10	F
	20	2:00											4	6:10	H
	25	2:00											10	12:10	J
	30	1:50										3	18	23:10	M
39	40	1:50										10	25	37:10	N
(130 pés)	50	1:40									3	21	37	63:10	O
	60	1:40									9	23	52	86:10	Z
	70	1:40									16	24	61	103:10	Z
	80	1:30								3	19	35	72	131:10	Z
	90	1:30								8	19	45	80	154:10	Z
	10												0	2:20	*
	15	2:10												4:20	G
	20	2:10											6	8:20	I
	25	2:00										2	14	18:20	J
	30	2:00										5	21	28:20	K
	40	1:50									2	16	26	46:20	N
	50	1:50									6	24	44	76:20	O
	60	1:50									16	23	56	97:20	Z
42	70	1:40								4	19	32	68	125:20	Z
(140 pés)	80	1:40								10	23	41	79	155:20	Z
	90	1:30							2	14	18	42	88	166:20	**
	120	1:30							12	14	36	56	120	240:20	**
	180	1:20						10	26	32	54	94	168	386:20	**
	240	1:10					8	28	34	50	78	124	187	511:20	**
	360	1:00				9	32	42	64	84	122	142	187	684:20	**
	480	1:00				31	44	59	100	114	122	142	187	801:20	**
	720	0:50			16	56	88	97	100	114	122	142	187	924:20	**
	5												0	2:30	C
	10	2:20											1	3:30	E
	15	2:20											3	5:30	G
	20	2:10										2	7	11:30	H
45	25	2:10										4	17	23:30	K
(150 pés)	30	2:10										8	24	34:30	L
	40	2:00									5	19	33	59:30	N
	50	2:00									12	23	51	88:30	O

(*) Consulte a Tabela de Limites sem Descompressão.
(**) Não deverá ser permitido nenhum mergulho repetitivo após mergulhos excepcionais.

Profundidade (metros)	Tempo de Fundo (minutos)	Tempo p/ 1ª Parada (min:seg)	Paradas p/ Descompressão (minutos)											Tempo total p/ Subida (min:seg)	Grupo Repetitivo
			33 m	30 m	27 m	24 m	21 m	18 m	15 m	12 m	9 m	6 m	3 m		
	60	1:50								3	19	26	62	112:30	Z
	70	1:50								11	19	39	75	146:30	Z
	80	1:40							1	17	19	50	84	173:30	Z
	5												0	2:40	D
	10	2:30											1	3:40	F
	15	2:20							x	x		1	4	7:40	H
	20	2:20										3	11	16:40	J
48	25	2:20										7	20	29:40	K
(160 pés)	30	2:10									2	11	25	40:40	M
	40	2:10									7	23	39	71:40	N
	50	2:00								2	16	23	55	98:40	Z
	60	2:00								9	19	33	69	132:40	Z
	70	1:50							1	17	22	44	80	166:40	**
	5												0	2:50	D
	10	2:40											2	4:50	F
	15	2:30										2	5	9:50	H
	20	2:30										4	15	21:50	J
	25	2:20									2	7	23	34:50	L
	30	2:20									4	13	15	45:50	M
	40	2:10								1	10	23	45	81:20	O
51	50	2:10								5	18	23	61	109:50	Z
(170 pés)	60	2:00							2	15	22	37	74	152:50	Z
	70	2:00							8	17	19	51	86	183:50	**
	90	1:50						12	12	14	34	52	120	246:50	**
	120	1:30				2	10	12	18	32	42	82	156	356:50	**
	180	1:20			4	10	22	28	34	50	78	120	187	535:50	**
	240	1:20			18	24	30	42	50	70	116	142	187	681:50	**
	360	1:10		22	34	40	52	60	98	114	122	142	187	873:50	**
	480	1:00	14	40	42	56	91	97	100	114	122	142	187	1007:50	**
	5												0	3:00	D
54	10	2:50											3	6:00	F
(180 pés)	15	2:40										3	6	12:00	I
	20	2:30									1	5	17	26:00	K
	25	2:30									3	10	24	40:00	L
	30	2:30									6	17	27	53:00	N
	40	2:20								3	14	23	50	93:00	O
	50	2:10							2	9	19	30	65	128:00	Z
	60	2:10							5	16	19	44	81	168:00	Z
	5												0	3:10	D
57	10	2:50										1	3	7:10	G
(190 pés)	15	2:50										4	7	14:10	I
	20	2:40									2	6	20	31:10	K

(*) Consulte a Tabela de Limites sem Descompressão.
(**) Não deverá ser permitido nenhum mergulho repetitivo após mergulhos excepcionais.

Profun-didade (metros)	Tempo de Fundo (minutos)	Tempo p/ 1ª Parada (min:seg)	Paradas p/ Descompressão (minutos)											Tempo total p/ Subida (min:seg)	Grupo Repetitivo
			33 m	30 m	27 m	24 m	21 m	18 m	15 m	12 m	9 m	6 m	3 m		
	25	2:40									5	11	25	44:10	M
	30	2:30								1	8	19	32	63:10	N
	40	2:30								8	14	23	55	103:10	O
	50	2:20							4	13	22	33	72	147:10	**
	60	2:20							10	17	19	50	84	183:10	**

(*) Consulte a Tabela de Limites sem Descompressão.
(**) Não deverá ser permitido nenhum mergulho repetitivo após mergulhos excepcionais.

TABELA PADRÃO DE DESCOMPRESSÃO COM AR

Profun-didade (metros)	Tempo de Fundo (minutos)	Tempo p/ 1ª Parada (min:seg)	Paradas p/ Descompressão (minutos)													Tempo total p/ Subida (min:seg)
			39m	36m	33m	30m	27m	24m	21m	18m	15m	12m	9m	6m	3m	
	5	3:10													1	4:20
	10	3:00												1	4	8:20
	15	2:50											1	4	10	18:20
	20	2:50											3	7	27	40:20
	25	2:50											7	14	25	49:20
	30	2:40										2	3	22	37	73:20
60	40	2:30									2	8	17	23	59	112:20
(**)	50	2:30									6	16	22	39	75	161:20
	60	2:20								2	13	17	24	51	89	199:20
	90	1:50					1	10	10	12	12	30	38	74	134	324:20
	120	1:40				6	10	10	10	24	28	40	64	98	180	473:20
	180	1:20		1	10	10	18	24	24	42	48	70	106	142	187	685:20
	240	1:20		6	20	24	24	36	42	54	68	114	122	142	187	842:20
	360	1:10	12	22	36	40	44	56	82	98	100	114	122	142	187	1058:20
									x							
	5	3:20													1	4:30
	10	3:10												2	4	9:30
	15	3:00											1	5	13	22:30
63	20	3:00											4	10	23	40:30
(**)	25	2:50										2	7	17	27	56:30
	30	2:50										4	9	24	41	81:30
	40	2:40									4	9	19	26	63	124:30
	50	2:30								1	9	17	19	45	80	174:30
	5	3:30													2	5:40
	10	3:20												2	5	10:40
	15	3:10											2	5	16	26:40
66	20	3:00										1	3	11	24	42:40
(**)	25	3:00										3	8	19	33	66:40
	30	2:50									1	7	10	23	47	91:40
	40	2:50									6	12	22	29	68	140:40
	50	2:40								3	12	17	18	51	86	190:40
	5	3:40													2	5:50

(**) Não deverá ser permitido nenhum mergulho repetitivo após mergulhos excepcionais.

Profun-didade (metros)	Tempo de Fundo (minutos)	Tempo p/ 1ª Parada (min:seg)	Paradas p/ Descompressão (minutos)													Tempo total p/ Subida (min:seg)
			39m	36m	33m	30m	27m	24m	21m	18m	15m	12m	9m	6m	3m	
	10	3:20											1	2	6	12:50
	15	3:20											3	6	18	30:50
69	20	3:10							x			2	5	12	26	48:50
(**)	25	3:10										4	8	22	37	74:50
	30	3:00									2	8	12	23	51	99:50
	40	2:50								1	7	15	22	34	74	156:50
	50	2:50								5	14	16	24	51	89	202:50
	5	3:50													2	6:00
	10	3:30											1	3	6	14:00
72	15	3:30											4	6	21	35:00
(**)	20	3:20										3	6	15	25	53:00
	25	3:10									1	4	9	24	40	82:00
	30	3:10									4	8	15	22	56	109:00
	40	3:00							1	3	7	17	22	39	75	167:00
	50	2:50								8	15	16	29	51	94	218:00
	5													1	2	7:10
	10	3:50											1	4	7	16:10
	15	3:40										1	4	7	22	38:10
75	20	3:30										4	7	17	27	59:10
(**)	25	3:20									2	7	10	24	45	92:10
	30	3:20									6	7	17	23	59	116:10
	40	3:10								5	9	17	19	45	79	178:10
	60	2:50					4	10	10	10	12	22	36	64	126	298:10
	90	2:10		8	10	10	10	10	10	28	28	44	68	98	186	514:10
	5	4:00												1	2	7:20
	10	3:50											2	4	9	19:20
78	15	3:40										2	4	10	22	42:20
(**)	20	3:30									1	4	7	20	31	67:20
	25	3:30									3	8	11	23	50	99:20
	30	3:20								2	6	8	19	26	61	126:20
	40	3:10							1	6	11	16	19	49	84	190:20
	5	4:10											x	1	3	8:30
	10	4:00											4	5	11	22:30
81	15	3:50										3	4	11	24	46:30
(**)	20	3:40									2	3	9	21	35	74:30
	25	3:30								2	3	8	13	23	53	106:30
	30	3:30								3	6	12	22	27	64	138:30
	40	3:20							5	6	11	17	22	51	88	204:30
	5	4:20												2	2	8:40
	10	4:00										1	2	5	13	25:40
84	15	3:50									1	3	4	11	26	49:40
(**)	20	3:50									3	4	8	23	39	81:40

(**) Não deverá ser permitido nenhum mergulho repetitivo após mergulhos excepcionais.

Profundidade (metros)	Tempo de Fundo (minutos)	Tempo p/ 1ª Parada (min:seg)	Paradas p/ Descompressão (minutos)													Tempo total p/ Subida (min:seg)
			39m	36m	33m	30m	27m	24m	21m	18m	15m	12m	9m	6m	3m	
	25	3:40								2	5	7	16	23	56	113:40
	30	3:30							1	3	7	13	22	30	70	150:40
	40	3:20						1	6	6	13	17	27	51	93	218:40
	5	4:30												2	3	9:50
	10	4:10										1	3	5	16	29:50
87	15	4:00									1	3	6	12	26	52:50
(**)	20	4:00									3	7	9	23	43	89:50
	25	3:50							1	3	5	8	17	23	60	120:50
	30	3:40							1	5	6	15	22	36	72	162:50
	40	3:30						3	5	7	15	16	32	51	95	228:50
	5	4:40												3	3	11:00
	10	4:20										1	3	6	17	32:00
	15	4:10									2	3	6	15	26	57:00
90	20	4:00								2	3	7	10	23	47	97:00
(**)	25	3:50							1	3	6	8	19	26	61	129:00
	30	3:50							2	5	7	17	22	39	75	172:00
	40	3:40						4	6	9	15	17	34	51	90	231:00
	60	3:00		4	10	10	10	10	10	14	28	32	50	90	187	460:00

(**) Não deverá ser permitido nenhum mergulho repetitivo após mergulhos excepcionais.

TABELA PARA EXPOSIÇÕES EXTREMAS — DESCOMPRESSÃO COM AR

Profundidade (metros)	Tempo de Fundo (min)	Tempo p/ 1ª Parada (min:seg)	Paradas p/ Descompressão (minutos)																				Tempo Total p/ Subida (min:seg)
			60m	57m	54m	51m	48m	45m	42m	39m	36m	33m	30m	27m	24m	21m	18m	15m	12m	9m	6m	3m	
75	120	1:50							5	10	10	10	10	16	24	24	36	48	64	94	142	187	684:10
(**)	180	1:30					4	8	8	10	22	24	24	32	42	44	60	84	114	122	142	187	931:10
	240	1:30					9	14	21	22	22	40	40	42	56	76	98	100	114	122	142	187	1.109:10
90	90	2:20					3	8	8	10	10	10	10	16	24	24	34	48	64	90	142	187	693:00
(**)	120	2:00			4	8	8	8	8	10	14	24	24	24	34	42	58	66	102	122	142	187	890:00
	180	1:40	6	8	8	8	14	20	21	21	28	40	40	48	56	82	98	100	114	122	142	187	1.168:00

TABELA DE LIMITES SEM DESCOMPRESSÃO E DE DESIGNAÇÃO DE GRUPO PARA MERGULHOS COM AR SEM DESCOMPRESSÃO

Profundidade (metros)	Tempo Limite s/ Descompressão (minutos)	Designação de Grupo (tempos em minutos)														
		A	B	C	D	E	F	G	H	I	J	K	L	M	N	O
3		60	120	210	300											
4,5		35	70	110	160	225	350									
6		25	50	75	100	135	180	240	325							
7,5		20	35	55	75	100	125	160	195	245	315					
9		15	30	45	60	75	95	120	145	170	205	250	310			
10,5	310	5	15	25	40	50	60	80	100	120	140	160	190	220	270	310
12	200	5	15	25	30	40	50	70	80	100	110	130	150	170	200	
15	100		10	15	25	30	40	50	60	70	80	90	100			

Profundidade (metros)	Tempo Limite s/ Descompressão (minutos)	Designação de Grupo (tempos em minutos)														
		A	B	C	D	E	F	G	H	I	J	K	L	M	N	O
18	60		10	15	20	25	30	40	50	55	60					
21	50		5	10	15	20	30	35	40	45	50					
24	40		5	10	15	20	25	30	35	40						
27	30		5	10	12	15	20	25	30							
30	25		5	7	10	15	20	22	25							
33	20			5	10	13	15	20								
36	15			5	10	12	15									
39	10			5	8	10										
42	10			5	7	10										
45	5			5												
48	5				5											
51	5				5											
54	5				5											
57	5				5											

TABELA DE NITROGÊNIO RESIDUAL PARA MERGULHOS REPETITIVOS COM AR

Grupo Repetitivo de Intervalos de Superfície

Grupo																
A																0:10
																12:00
B															0:10	2:11
															2:10	12:00
C														0:10	1:40	2:50
														1:39	2:49	12:00
D													0:10	1:10	2:39	5:49
													1:09	2:38	5:48	12:00
E												0:10	0:55	1:58	3:23	6:33
												0:54	1:57	3:22	6:32	12:00
F											0:10	0:46	1:30	2:29	3:58	7:06
											0:45	1:29	2:28	3:57	7:05	12:00
G										0:10	0:41	1:16	2:00	2:59	4:26	7:36
										0:40	1:15	1:59	2:58	4:25	7:35	12:00
H									0:10	0:37	1:07	1:42	2:24	3:21	4:50	8:00
									0:36	1:06	1:41	2:23	3:20	4:49	7:59	12:00
I								0:10	0:34	1:00	1:30	2:03	2:45	3:44	5:13	8:22
								0:33	0:59	1:29	2:02	2:44	3:43	5:12	8:21	12:00
J							0:10	0:32	0:55	1:20	1:48	2:21	3:05	4:03	5:41	8:41
							0:31	0:54	1:19	1:47	2:20	3:04	4:02	5:40	8:40	12:00
K						0:10	0:29	0:50	1:12	1:36	2:04	2:39	3:22	4:20	5:49	8:59
						0:28	0:49	1:11	1:35	2:03	2:38	3:21	4:19	5:48	8:58	12:00
L					0:10	0:27	0:46	1:05	1:26	1:50	2:20	2:54	3:37	4:36	6:03	9:13
					0:26	0:45	1:04	1:25	1:49	2:19	2:53	3:36	4:35	6:02	9:12	12:00
M				0:10	0:26	0:43	1:00	1:19	1:40	2:06	2:35	3:09	3:53	4:50	6:19	9:29
				0:25	0:42	0:59	1:18	1:39	2:05	2:34	3:08	3:52	4:49	6:18	9:28	12:00
N			0:10	0:25	0:40	0:55	1:12	1:31	1:54	2:19	2:48	3:23	4:05	5:04	6:33	9:44
			0:24	0:39	0:54	1:11	1:30	1:53	2:18	2:47	3:22	4:04	5:03	6:32	9:43	12:00
O		0:10	0:24	0:37	0:52	1:08	1:25	1:44	2:05	2:30	3:00	3:34	4:18	5:17	6:45	9:55
		0:23	0:36	0:51	1:07	1:24	1:43	2:04	2:29	2:59	3:33	4:17	5:16	6:44	9:54	12:00
Z	0:10	0:23	0:35	0:49	1:03	1:19	1:37	1:56	2:18	2:43	3:11	3:46	4:30	5:28	6:57	10:00
	0:22	0:34	0:48	1:02	1:18	1:3	1:55	2:17	2:42	3:10	3:45	4:29	5:27	6:56	10:00	12:00
Nova Significação de Grupo	**Z**	**O**	**N**	**M**	**L**	**K**	**J**	**I**	**H**	**G**	**F**	**E**	**D**	**C**	**B**	**A**

(*) Mergulhos seguidos de intervalos de superfície maiores que 12 horas não são mergulhos repetitivos.
Use os tempos reais de fundo nas tabelas padrão de descompressão com ar para computar tais mergulhos.

Profundidade de Mergulho Repetitivo (metros)	Z	O	N	M	L	K	J	I	H	G	F	E	D	C	B	A
12	257	241	213	187	161	138	116	101	87	73	61	49	37	25	17	7
15	169	160	142	124	111	99	87	76	66	56	47	38	29	21	13	6
18	122	117	107	97	88	79	70	61	52	44	36	30	24	17	11	5
21	100	96	87	80	72	64	57	50	43	37	31	26	20	15	9	4
24	84	80	73	68	61	54	48	43	38	32	28	23	18	13	8	4
27	73	70	64	58	53	47	43	38	33	29	24	20	16	11	7	3
30	64	62	57	62	48	43	38	34	30	26	22	18	14	10	7	3
33	57	55	51	47	42	38	34	31	27	24	20	16	13	10	6	3
36	52	50	46	43	39	35	32	28	25	21	18	15	12	9	6	3
39	46	44	40	38	35	31	28	25	22	19	16	13	11	8	6	3
42	42	40	38	35	32	29	26	23	20	18	15	12	10	7	5	2
45	40	38	35	32	30	27	24	22	19	17	14	12	9	7	5	2
48	37	36	33	31	28	26	23	20	18	16	13	11	9	6	4	2
51	35	34	31	29	26	24	22	19	17	15	13	10	8	6	4	2
54	32	31	29	27	25	22	20	18	16	14	12	10	8	6	4	2
57	31	30	28	26	24	21	19	17	15	13	11	10	8	6	4	2

Tempo Nitrogênio Residual (minutos)

TABELA DE DESCOMPRESSÃO NA SUPERFÍCIE USANDO OXIGÊNIO

Prof. (metros)	Tempo de Fundo (min)	Tempo p/ 1ª Parada ou Superfície (min:seg)	Paradas de Descompressão na Água. Tempo em Minutos Respirando Ar				Intervalo de Superfície	Tempo a 12m na Câmara Respirando Oxigênio (min)	Tempo de Superfície	Tempo Total de Descompressão (min:seg)
			18m	15m	12m	9m				
21	52	2:48	0	0	0	0	O TEMPO ENTRE A ÚLTIMA PARADA NA ÁGUA E A PRIMEIRA PARADA NA CÂMARA NÃO PODE EXCEDER 5 MINUTOS	0	O TEMPO DE SUBIDA DE 12 METROS NA CÂMARA ATÉ A SUPERFÍCIE NÃO DEVE SER MENOR QUE 2 MINUTOS RESPIRANDO OXIGÊNIO	2:48
	90	2:48	0	0	0	0		15		23:48
	120	2:48	0	0	0	0		23		31:48
	150	2:48	0	0	0	0		31		39:48
	180	2:48	0	0	0	0		39		47:48
24	40	3:12	0	0	0	0		0		3:12
	70	3:12	0	0	0	0		14		23:12
	85	3:12	0	0	0	0		20		29:12
	100	3:12	0	0	0	0		26		35:12
	115	3:12	0	0	0	0		31		40:12
	130	3:12	0	0	0	0		37		46:12
	150	3:12	0	0	0	0		44		53:12
27	32	3:36	0	0	0	0		0		3:36
	60	3:36	0	0	0	0		14		23:36
	70	3:36	0	0	0	0		20		29:36
	80	3:36	0	0	0	0		25		34:36
	90	3:36	0	0	0	0		30		39:36
	100	3:36	0	0	0	0		34		43:36
	110	3:36	0	0	0	0		39		48:36
	120	3:36	0	0	0	0		43		52:36
	130	3:36	0	0	0	0		48		57:36
	26	4:00	0	0	0	0		0		4:00
	50	4:00	0	0	0	0		14		24:00

Prof. (metros)	Tempo de Fundo (min)	Tempo p/ 1ª Parada ou Superfície (min:seg)	Paradas de Descompressão na Água. Tempo em Minutos Respirando Ar				Intervalo de Superfície	Tempo a 12m na Câmara Respirando Oxigênio (min)	Tempo de Superfície	Tempo Total de Descompressão (min:seg)
			18m	15m	12m	9m				
	60	4:00	0	0	0	0	O TEMPO ENTRE A ÚLTIMA PARADA NA ÁGUA E A PRIMEIRA PARADA NA CÂMARA NÃO PODE EXCEDER 5 MINUTOS	20	O TEMPO DE SUBIDA DE 12 METROS NA CÂMARA ATÉ A SUPERFÍCIE NÃO DEVE SER MENOR QUE 2 MINUTOS RESPIRANDO OXIGÊNIO	30:00
	70	4:00	0	0	0	0		26		36:00
30	80	4:00	0	0	0	0		32		42:00
	90	4:00	0	0	0	0		38		48:00
	100	4:00	0	0	0	0		44		54:00
	110	4:00	0	0	0	0		49		59:00
	120	2:48	0	0	0	0		53		65:48
	22	4:24	0	0	0	0		0		4:24
	40	4:24	0	0	0	0		12		22:24
	50	4:24	0	0	0	0		19		29:24
33	60	4:24	0	0	0	0		26		36:24
	70	4:24	0	0	0	0		33		43:24
	80	3:12	0	0	0	1		40		51:12
	90	3:12	0	0	0	2		46		58:12
	100	3:12	0	0	0	5		51		66:12
	110	3:12	0	0	0	12		54		76:12
	18	4:48	0	0	0	0		0		4:48
	30	4:48	0	0	0	0		9		19:48
	40	4:48	0	0	0	0		16		26:48
	50	4:48	0	0	0	0		24		34:48
36	60	3:36	0	0	0	2		32		44:36
	70	3:36	0	0	0	4		39		53:36
	80	3:36	0	0	0	5		46		61:36
	90	3:12	0	0	3	7		51		72:12
	100	3:12	0	0	6	15		54		86:12
	15	5:12	0	0	0	0		0		5:12
	30	5:12	0	0	0	0		12		23:12
	40	5:12	0	0	0	0		21		32:12
	50	4:00	0	0	0	3		29		43:00
39	60	4:00	0	0	0	5		37		53:00
	70	4:00	0	0	0	7		45		63:00
	80	3:36	0	0	6	7		51		75:36
	90	3:36	0	0	10	10		56		89:36
	13	5:36	0	0	0	0		0		5:36
	25	5:36	0	0	0	0		11		22:36
	30	5:36	0	0	0	0		15		26:36
	35	5:36	0	0	0	0		20		31:36
	40	4:24	0	0	0	2		24		37:24
	45	4:24	0	0	0	4		29		44:24
42	50	4:24	0	0	0	6		33		50:24
	55	4:24	0	0	0	7		38		56:24
	60	4:24	0	0	0	8		43		62:24
	65	4:00	0	0	3	7		48		70:00
	70	3:36	0	2	7	7		51		79:36

Prof. (metros)	Tempo de Fundo (min)	Tempo p/ 1ª Parada ou Superfície (min:seg)	Paradas de Descompressão na Água. Tempo em Minutos Respirando Ar				Intervalo de Superfície	Tempo a 12m na Câmara Respirando Oxigênio (min)	Tempo de Superfície	Tempo Total de Descompressão (min:seg)
			18m	15m	12m	9m				
	11	6:00	0	0	0	0	O TEMPO ENTRE A ÚLTIMA PARADA NA ÁGUA E A PRIMEIRA PARADA NA CÂMARA NÃO PODE EXCEDER 5 MINUTOS	0	O TEMPO DE SUBIDA DE 12 METROS NA CÂMARA ATÉ A SUPERFÍCIE NÃO DEVE SER MENOR QUE 2 MINUTOS RESPIRANDO OXIGÊNIO	6:00
	25	6:00	0	0	0	0		13		25:00
	30	6:00	0	0	0	0		18		30:00
	35	4:48	0	0	0	4		23		38:48
45	40	4:24	0	0	3	6		27		48:24
	45	4:24	0	0	5	7		33		57:24
	50	4:00	0	2	5	8		38		66:00
	55	3:36	2	5	9	4		44		77:36
	9	6:24	0	0	0	0		0		6:24
	20	6:24	0	0	0	0		11		23:24
	25	6:24	0	0	0	0		16		28:24
48	30	5:12	0	0	0	2		21		35:12
	35	4:48	0	0	4	6		26		48:48
	40	4:24	0	3	5	8		32		61:24
	45	4:00	3	4	8	8		38		73:00
	7	6:48	0	0	0	0		0		6:48
	20	6:48	0	0	0	0		13		25:48
	25	6:48	0	0	0	0		19		31:48
51	30	5:12	0	0	3	5		23		44:12
	35	4:48	0	4	4	7		29		57:48
	40	4:24	4	4	8	6		36		72:24

TABELA DE DESCOMPRESSÃO NA SUPERFÍCIE COM AR

Prof. (metros)	Tempo de Fundo (min)	Tempo p/ 1ª Parada ou Superfície (min:seg)	Paradas de Descompressão na Água. Tempo em Minutos Respirando Ar					Tempo a 12m na Câmara Respirando Oxigênio (min)	Paradas na Câmara (minutos)		Tempo Total de Descompressão (min:seg)
			15m	12m	9m	6m	3m		6m	3m	
	230	0:30					3	O TEMPO ENTRE A ÚLTIMA PARADA NA ÁGUA E A PRIMEIRA PARADA NA CÂMARA NÃO PODE EXCEDER 5 MINUTOS		7	14:30
12	250	0:30					3			11	18:30
	270	0:30					3			15	22:30
	300	0:30					3			19	26:30
	120	0:40					3			5	12:40
	140	0:40					3			10	17:40
	160	0:40					3			21	28:40
15	180	0:40					3			29	36:40
	200	0:40					3			35	42:40
	220	0:40					3			40	47:30
	240	0:40					3			47	54:40
	80	0:50					3			7	14:50
	100	0:50					3			14	21:50
18	120	0:50					3			26	33:50
	140	0:50					3			39	46:50
	160	0:50					3			48	55:50
	180	0:50					3			56	63:50

Prof. (metros)	Tempo de Fundo (min)	Tempo p/ 1ª Parada ou Superfície (min:seg)	Paradas de Descompressão na Água. Tempo em Minutos Respirando Ar					Tempo a 12m na Câmara Respirando Oxigênio (min)	Paradas na Câmara (minutos)		Tempo Total de Descompressão (min:seg)
			15m	12m	9m	6m	3m		6m	3m	
	200	0:40				3			3	59	80:10
	60	1:00					3			8	16:00
	70	1:00					3			14	22:00
	80	1:00					3			18	26:00
	90	1:00					3			23	31:00
	100	1:00					3			33	41:00
21	110	0:50					3		3	41	52:20
	120	0:50				3			4	47	59:20
	130	0:50				3			6	52	66:20
	140	0:50				3			8	56	72:20
	150	0:50				3			9	61	78:20
	160	0:50				3			13	72	93:20
	170	0:50				3			19	79	106:20
	50	1:10					3			10	18:10
	60	1:10					3			17	25:10
	70	1:10					3			23	31:10
	80	1:00				3			3	31	42:30
	90	1:00				3			7	39	54:30
24	100	1:00				3			11	46	65:30
	110	1:00				3			13	53	74:30
	120	1:00				3			17	56	81:30
	130	1:00				3			19	63	90:30
	140	1:00				26			26	69	126:30
	150	1:00				32			32	77	146:30
	40	1:20					3			7	15:20
	50	1:20					3			18	26:20
	60	1:20					3			25	33:20
	70	1:10				3			7	30	45:40
27	80	1:10				13			13	40	71:40
	90	1:10				18			18	48	89:40
	100	1:10				21			21	54	101:40
	110	1:10				24			24	61	114:40
	120	1:10			5	32			32	68	137:40
	130	1:00				36			36	74	156:40
	40	1:30					3			15	23:30
	50	1:20				3			3	24	35:50
	60	1:20				3			9	28	45:50
	70	1:20				3			17	39	64:50
30	80	1:20				23			23	48	99:50
	90	1:10			3	23			23	57	111:50
	100	1:10			7	23			23	66	124:50
	110	1:10			10	34			34	72	155:50
	120	1:10			12	41			41	78	177:50

O TEMPO ENTRE A ÚLTIMA PARADA NA ÁGUA E A PRIMEIRA PARADA NA CÂMARA NÃO PODE EXCEDER 5 MINUTOS

TABELA DE DESCOMPRESSÃO NA SUPERFÍCIE COM AR

Prof. (metros)	Tempo de Fundo (min)	Tempo p/ 1ª Parada ou Superfície (min:seg)	Paradas de Descompressão na Água. Tempo em Minutos Respirando Ar					Intervalo de Superfície	Paradas na Câmara (minutos)		Tempo Total de Descompressão (min:seg)
			15m	12m	9m	6m	3m		6m	3m	
33	30	1:40					3	O TEMPO ENTRE A ÚLTIMA PARADA NA ÁGUA E A PRIMEIRA PARADA NA CÂMARA NÃO PODE EXCEDER 5 MINUTOS		7	15:40
	40	1:30				3			3	21	33:00
	50	1:30				3			8	26	43:00
	60	1:30				18			18	36	78:00
	70	1:20			1	23			23	48	101:00
	80	1:20			7	23			23	57	116:00
	90	1:20			12	30			30	64	142:00
	100	1:20			15	37			37	72	167:00
36	25	1:50				3	3			6	14:50
	30	1:50					3			14	22:50
	40	1:40				3			5	25	39:10
	50	1:40				15			15	31	67:10
	60	1:30			2	22			22	45	97:10
	70	1:30			9	23			23	55	116:10
	80	1:30			15	27			27	63	138:10
	90	1:30			19	37			37	74	173:10
	100	1:30			23	45			45	80	189:10
39	25	2:00					3			10	19:00
	30	1:50				3			3	18	30:20
	40	1:50				10			10	25	51:20
	50	1:40			3	21			21	37	88:20
	60	1:40			9	23			23	52	113:20
	70	1:40			16	24			24	61	131:20
	80	1:30		3	19	35			35	72	170:20
	90	1:30		8	19	45			45	80	203:20
42	20	2:10					3			6	15:10
	25	2:00				3			3	14	26:30
	30	2:00				5			5	21	37:30
	40	1:50			2	16			16	26	66:30
	50	1:50			6	24			24	44	104:30
	60	1:50			16	23			23	56	124:30
	70	1:40		4	19	32			32	68	161:30
	80	1:40		10	23	41			41	79	200:30
45	20	2:10				3	3		3	7	19:40
	25	2:10				4			4	17	31:40
	30	2:10				8			8	24	46:40
	40	2:00			5	19			19	33	82:40
	50	2:00			12	23			23	51	115:40
	60	1:50		3	19	26			26	62	142:40
	70	1:50		11	19	39			39	75	189:40
	80	1:40	1	11	19	50			50	84	227:40

Prof. (metros)	Tempo de Fundo (min)	Tempo p/ 1ª Parada ou Superfície (min:seg)	Paradas de Descompressão na Água. Tempo em Minutos Respirando Ar					Intervalo de Superfície	Paradas na Câmara (minutos)		Tempo Total de Descompressão (min:seg)
			15m	12m	9m	6m	3m		6m	3m	
48	20	2:20				3		O TEMPO ENTRE A ÚLTIMA PARADA NA ÁGUA E A PRIMEIRA PARADA NA CÂMARA NÃO PODE EXCEDER 5 MINUTOS	3	11	23:50
	25	2:20				7			7	20	40:50
	30	2:10			2	11			11	25	55:50
	40	2:10			7	23			23	39	98:50
	50	2:00		2	16	23			23	55	125:50
	60	2:00		9	19	33			33	69	169:50
	70	1:50	1	17	22	44			44	80	214:50
51	15	2:30				3			3	5	18:00
	20	2:30				4			4	15	30:00
	25	2:20			2	7			7	23	46:00
	30	2:20			4	13			13	26	63:00
	40	2:10		1	10	23			23	45	109:00
	50	2:10		5	18	23			23	61	137:00
	60	2:00	2	15	22	37			37	74	194:00
	70	2:00	8	17	19	51			51	86	239:00
54	15	2:40				3			3	6	19:10
	20	2:30			1	5			5	17	35:10
	25	2:30			3	10			10	24	54:10
	30	2:30			6	17			17	27	74:10
	40	2:20		3	14	23			23	50	120:10
	50	2:10	2	9	19	30			30	65	162:10
	60	2:10	5	15	19	44			44	81	216:10
57	15	2:50				4			4	7	22:20
	20	2:40			2	6			6	20	41:20
	25	2:40			8	11			11	25	59:20
	30	2:30		1	8	19			19	32	86:20
	40	2:30		8	14	23			23	55	130:20
	50	2:20	4	13	22	33			33	72	184:20
	60	2:20	10	17	19	50			50	84	237:20

Anexo n. 6 — Anexo "C": II. TABELAS PARA RECOMPRESSÃO TERAPÊUTICA

Instruções para uso das Tabelas de Recompressão Terapêutica

1 — Siga as tabelas de tratamento precisamente.

2 — Tenha um acompanhante qualificado dentro da câmara todo o tempo da recompressão

3 — Mantenha as velocidades de descida e subida normais.

4 — Examine totalmente o paciente na profundidade de alívio ou de tratamento.

5 — Trate um paciente inconsciente como para embolia ou sintomas sérios, a menos que haja certeza absoluta de que tal condição seja causada por outro motivo.

6 — Somente utilize as Tabelas de Tratamento com Ar quando não dispuser de oxigênio.

7 — Fique alerta para envenenamento por oxigênio se ele é utilizado.

8 — Na ocorrência de convulsões por intoxicação por oxigênio, remova a máscara oral-nasal e mantenha o paciente de forma a não se machucar.

9 — Mantenha a utilização do oxigênio dentro das limitações de profundidade e tempo.

10 — Verifique as condições do paciente antes e depois de ir para cada parada e durante as paradas mais longas.

11 — Observe o paciente pelo mínimo de 6 horas após o tratamento, atento para sintomas de recorrência.

12 — Mantenha uma acurada cronometragem dos tempos e relatórios escritos.

13 — Mantenha à mão e bem guardado o kit de socorros médicos.

14 — Não permita qualquer encurtamento ou outra alteração nas tabelas, exceto aquelas autorizadas pelo órgão competente sob a supervisão direta de um médico qualificado.

15 — Não permita ao paciente dormir entre as paradas de descompressão ou por mais de 1 hora em qualquer parada.

16 — Não espere por um ressuscitador. Inicie imediatamente o método de ressuscitação boca-a-boca no caso de parada respiratória.

17 — Não quebre o ritmo durante a ressuscitação

18 — Não permita o uso de oxigênio em profundidades maiores que 18 metros.

19 — Instrua o paciente para reportar imediatamente os sintomas quando sentir.

20 — Não hesite em tratar casos duvidosos.

21 — Não permita ao paciente ou acompanhante a permanência em posições que possam interferir com a completa circulação sangüínea dos seus organismos.

DIAGNÓSTICO DE DOENÇA DESCOMPRESSIVA E EMBOLIA GASOSA

Sinais e Sintomas	DOENÇA DESCOMPRESSIVA				EMBOLIA GASOSA			
			Sintomas Sérios		Sintomas no Sistema Nervoso Central			
	Pele	Dor Somente	Sistema Nervoso Central	Sufocação	Lesão Cerebral	Lesão na Medula Espinhal	Pneumotórax	Enfisema do Mediastino
DOR NA CABEÇA					**			
DOR NAS COSTAS			*					
DOR NO PESCOÇO								**
DOR NO PEITO			*	**		*	**	*
DOR NO ESTÔMAGO			**			*		
DOR NO(S) BRAÇO(S)/ PERNA(S)		**				*		
DOR NOS OMBROS		**				*		
DOR NOS QUADRIS		**				*		
INCONSCIÊNCIA			**	*	**	*	*	
CHOQUE			**	*	**	*	*	
VERTIGENS/TONTEIRA			**					
DIFICULDADE VISUAL			**		**			
NÁUSEAS/VÔMITOS			**		**			
DIFICULDADE DE OUVIR			**		**			
DIFICULDADE DE FALAR			**		**			
FALTA DE EQUILÍBRIO			**		**			
DORMÊNCIA	*		**		**	*		*
FRAQUEZA		*	**		**	*		
SENSAÇÃO ESTRANHA	*		**		**	*		
PESCOÇO INCHADO								**
RESPIRAÇÃO CURTA			*	*	*	*	*	*
CIANOSE				*	*	*	*	*
MODIFICAÇÃO NA PELE	**							
** = MAIS PROVÁVEL					* = CAUSA POSSÍVEL			

INFORMAÇÃO CONFIRMATIVA

HISTÓRICO DO MERGULHO

Descompressão obrigatória?

Descompressão adequada?

Subida descontrolada?

Prendeu a respiração?

Causado fora do mergulho?

Mergulho repetitivo?

EXAME DO PACIENTE

Sente-se bem?

Reage e tem aparência normal?

Tem o vigor normal?

Sua sensibilidade é normal?

Seus olhos estão normais?

Seus reflexos estão normais?

Seu pulso é normal? (cardíaco)

Seu modo de andar é normal?

Sua audição está normal?

Sua coordenação motora está normal?

TRATAMENTO DE EMBOLIA GASOSA

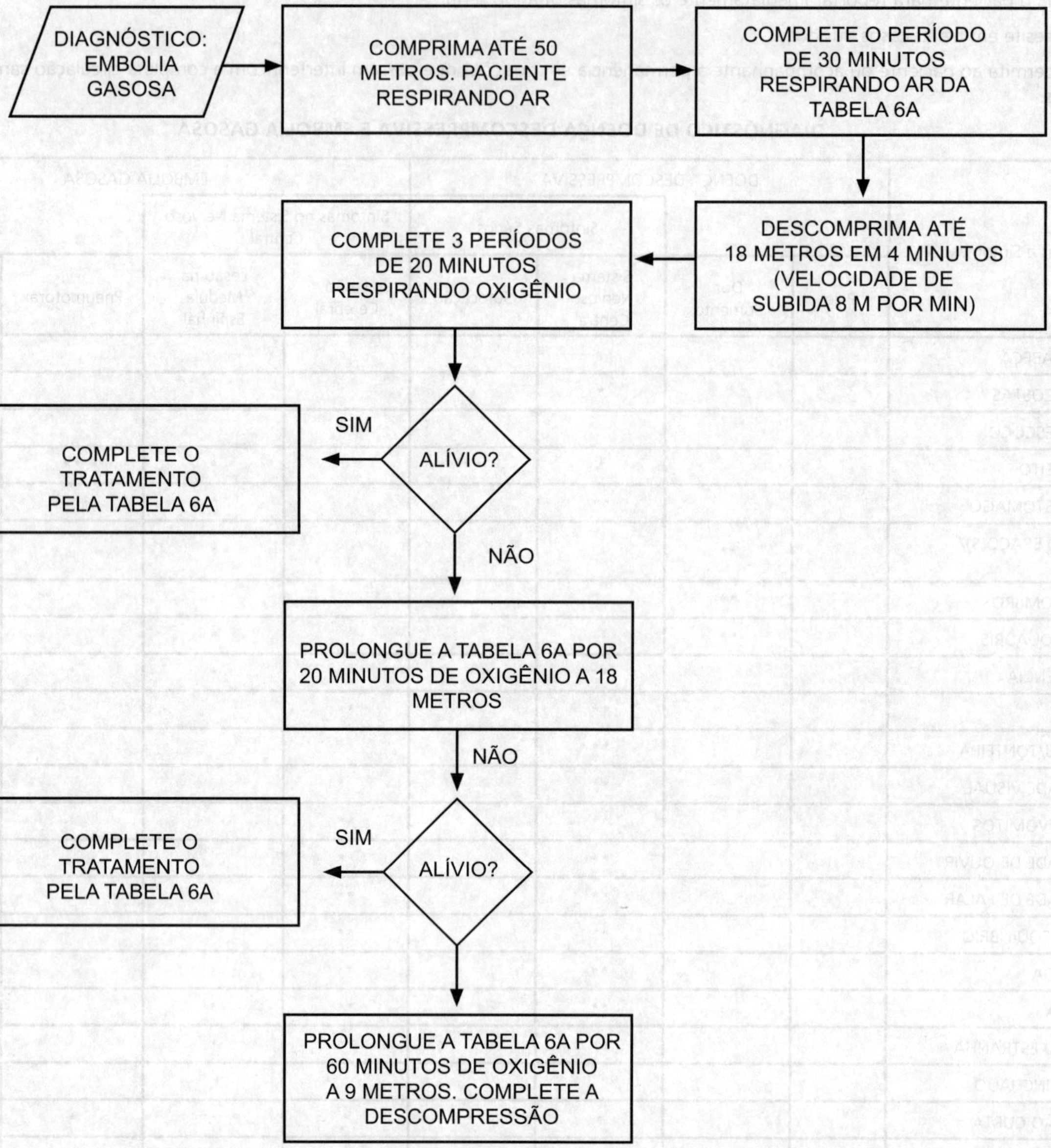

TRATAMENTO DE DOENÇA DESCOMPRESSIVA

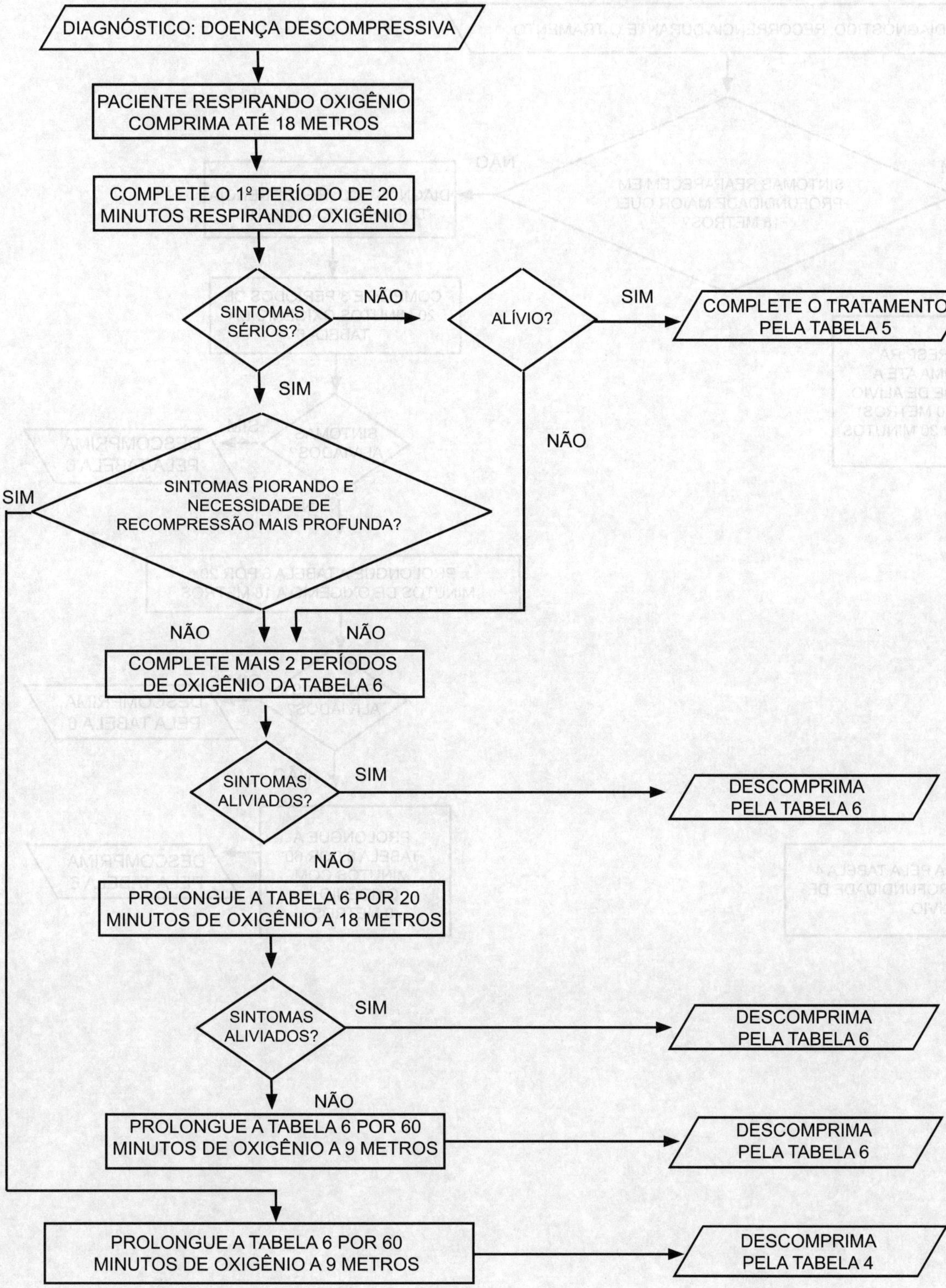

RECORRÊNCIA DURANTE O TRATAMENTO

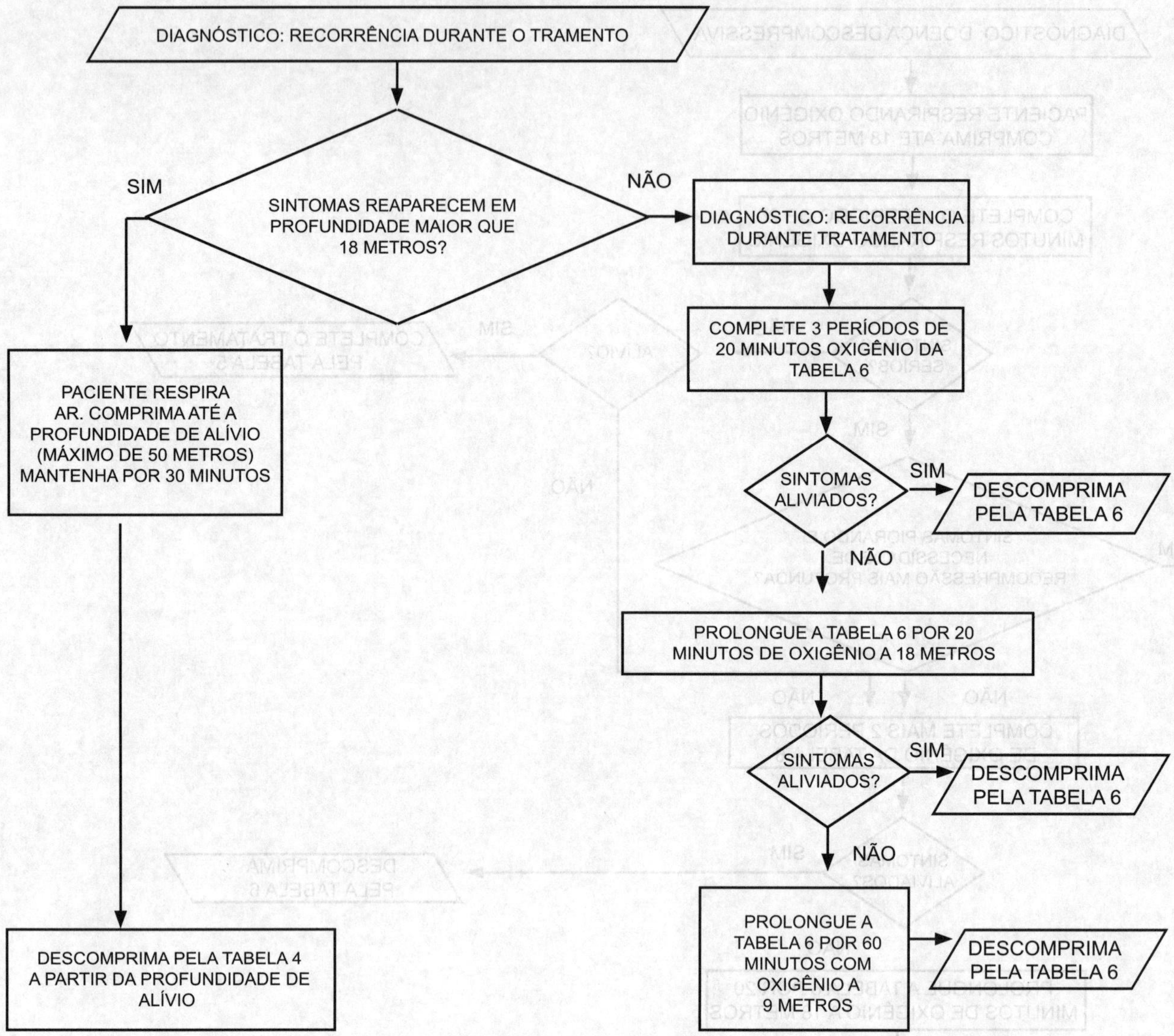

RECORRÊNCIA APÓS O TRATAMENTO

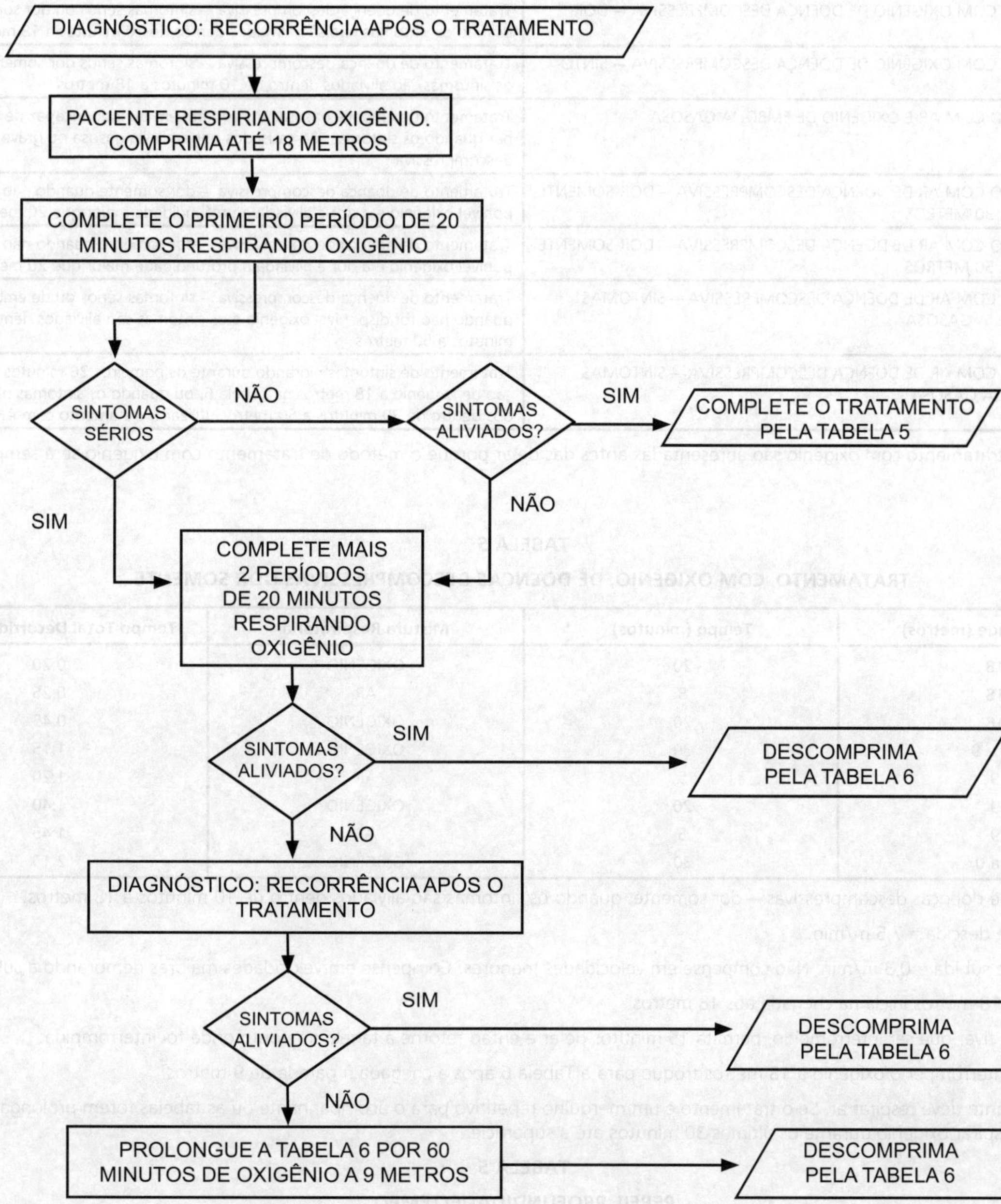

RELAÇÃO DAS TABELAS DE TRATAMENTO (*)

TABELA	UTILIZAÇÃO
5 – TRATAMENTO COM OXIGÊNIO DE DOENÇA DESCOMPRESSIVA – DOR SOMENTE	Tratamento de doença descompressiva – sintomas sérios ou dor somente usando os sintomas não são aliviados dentro de 10 minutos a 18 metros
6 – TRATAMENTO COM OXIGÊNIO DE DOENÇA DESCOMPRESSIVA – SINTOMAS SÉRIOS	Tratamento de doença descompressiva – sintomas sérios dor somente quando os sintomas são aliviados dentro de 10 minutos a 18 metros
6A – TRATAMENTO COM AR E OXIGÊNIO DE EMBOLIA GASOSA	Tratamento de embolia gasosa. Utilize também quando incapaz de determinar quando os sintomas são causados por embolia gasosa ou grave doença descompressiva
1A – TRATAMENTO COM AR DE DOENÇA DESCOMPRESSIVA – DOR SOMENTE – TRATAMENTO A 30 METROS	Tratamento de doença descompressiva – dor somente quando não for disponível oxigênio e a dor é aliviada a profundidade maior que 20 metros
2A – TRATAMENTO COM AR DE DOENÇA DESCOMPRESSIVA – DOR SOMENTE – TRATAMENTO A 50 METROS	Tratamento de doença descompressiva – dor somente quando não for disponível oxigênio e a dor é aliviada a profundidade maior que 20 metros
3 – TRATAMENTO COM AR DE DOENÇA DESCOMPRESSIVA – SINTOMAS SÉRIOS, OU EMBOLIA GASOSA	Tratamento de doença descompressiva – sintomas sérios ou de embolia gasosa quando não for disponível oxigênio e os sintomas são aliviados dentro de 30 minutos a 50 metros
4 – TRATAMENTO COM AR DE DOENÇA DESCOMPRESSIVA – SINTOMAS SÉRIOS OU EMBOLIA GASOSA	Tratamento de sintomas piorando durante os primeiros 20 minutos de respiração de oxigênio a 18 metros na Tabela 6, ou quando os sintomas não são aliviados dentro de 30 minutos a 50 metros utilizar o tratamento com AR da Tabela 3

(*) As tabelas de tratamento com oxigênio são apresentadas antes das de ar porque o método de tratamento com oxigênio será sempre preferível

TABELA 5

TRATAMENTO, COM OXIGÊNIO, DE DOENÇAS DESCOMPRESSIVAS DOR SOMENTE

Profundidade (metros)	Tempo (minutos)	Mistura Respiratória	Tempo Total Decorrido (h:min)
18	20	OXIGÊNIO	0:20
18	5	AR	0:25
18	20	OXIGÊNIO	0:45
18 a 9	30	OXIGÊNIO	1:15
9	5	AR	1:20
9	20	OXIGÊNIO	1:40
9	5	AR	1:45
9 a 0	30	OXIGÊNIO	2:15

1 — Tratamento de doenças descompressivas — dor somente, quando os sintomas são aliviados dentro de 10 minutos a 18 metros.

2 — Velocidade de descida = 7,5 m/min.

3 — Velocidade de subida = 0,3 m/min. Não compense em velocidades menores. Compense em velocidades maiores demorando a subida.

4 — O tempo em 18 metros inicia na chegada aos 18 metros.

5 — Se o oxigênio tiver que ser interrompido, permita 15 minutos de ar e então retorne à tabela no ponto onde foi interrompida.

6 — Se tiver que interromper o oxigênio a 18 metros troque para a Tabela 6 após a chegada à parada de 9 metros.

7 — O acompanhante deve respirar ar. Se o tratamento é um mergulho repetitivo para o acompanhante ou as tabelas forem prolongadas, o acompanhante deve respirar oxigênio durante os últimos 30 minutos até a superfície.

TABELA 5

PERFIL PROFUNDIDADE/TEMPO

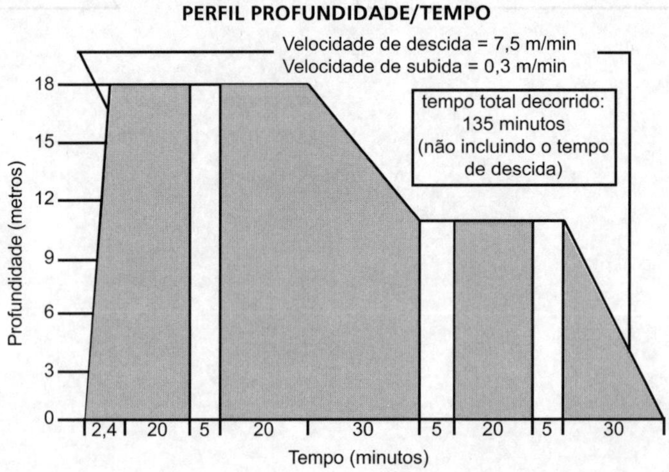

TABELA 6

TRATAMENTO, COM OXIGÊNIO, DE DOENÇAS DESCOMPRESSIVAS — SINTOMAS SÉRIOS

Profundidade (metros)	Tempo (minutos)	Mistura Respiratória	Tempo Total Decorrido (h:min)
18	20	OXIGÊNIO	0:20
18	5	AR	0:25
18	20	OXIGÊNIO	0:45
18	5	AR	0:50
18	20	OXIGÊNIO	1:10
18	5	AR	1:15
18 a 9	30	OXIGÊNIO	1:45
9	15	AR	2:00
9	60	OXIGÊNIO	3:00
9	15	AR	3:15
9	60	OXIGÊNIO	4:15
9 a 0	30	OXIGÊNIO	4:45

1 — Tratamento de doença descompressiva — sintomas sérios ou dor somente, quando os sintomas não são aliviados dentro de 10 minutos a 18 metros.

2 — Velocidade de descida = 7,5 m/min.

3 — Velocidade de subida = 0,3 m/min. Não compense em velocidades menores. Compense em velocidades maiores demorando a subida.

4 — O tempo em 18 metros se inicia na chegada aos 18 metros.

5 — Se o oxigênio tiver que ser interrompido, permita 15 minutos de ar e então retorne à tabela no ponto onde foi interrompida.

6 — O acompanhante deve respirar ar. Se o tratamento é um mergulho repetitivo para o acompanhante ou as tabelas forem prolongadas. O acompanhante deve respirar oxigênio durante os últimos 30 minutos até a chegada à superfície.

7 — A Tabela 6 pode ser prolongada por 25 minutos adicionais a 18 metros (20 minutos de oxigênio e 5 minutos de ar) ou por 75 minutos adicionais a 9m (15 minutos de ar e 60 minutos de oxigênio) ou ambos

TABELA 6

PERFIL PROFUNDIDADE/TEMPO

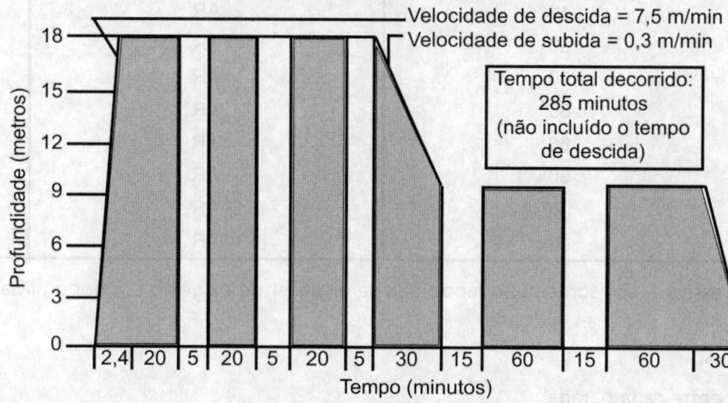

TABELA 6A

TRATAMENTO, COM AR E OXIGÊNIO, DE EMBOLIA GASOSA

Profundidade (metros)	Tempo (minutos)	Mistura Respiratória	Tempo Total Decorrido (h:min)
50	30	AR	0:30
50 a 18	4	AR	0:34
18	20	OXIGÊNIO	0:54
18	5	AR	0:59
18	20	OXIGÊNIO	1:19
18	5	AR	1:29
18	20	OXIGÊNIO	1:44
18	5	AR	1:49
18 a 9	30	OXIGÊNIO	2:19
9	15	AR	2:34
9	60	OXIGÊNIO	3:34
9	15	AR	3:49
9	60	OXIGÊNIO	4:49
9 a 0	30	OXIGÊNIO	5:19

1 — Tratamento de embolia gasosa. Utilize também quando for impossível determinar se os sintomas são causados por embolia gasosa ou grave doença descompressiva.

2 — Velocidade de descida = a mais rápida que o paciente puder suportar.

3 — Velocidade de subida = 0,3 m/min. Não compense em velocidades menores. Compense em velocidades maiores demorando a subida.

4 — O tempo a 50 metros inclui o tempo desde a superfície.

5 — Se o oxigênio tiver que ser interrompido, permita 15 minutos de ar e então retorne à tabela no ponto em que foi interrompida.

6 — O acompanhante deve respirar ar. se o tratamento é um mergulho repetitivo para o acompanhante ou a tabela for prolongada, deve respirar oxigênio durante os últimos 30 minutos até a chegada à superfície.

7 — A Tabela 6 pode ser prolongada por 25 minutos adicionais a 18 metros (20 minutos de oxigênio e 5 minutos de Ar) ou por 75 minutos adicionais a 9 metros (15 minutos no ar e 60 minutos de oxigênio) ou ambos.

TABELA 6A

PERFIL PROFUNDIDADE/TEMPO

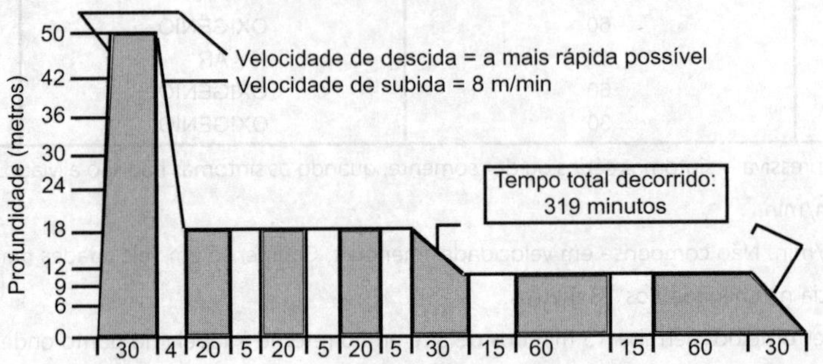

TABELA 1A

TRATAMENTO, COM AR, DE DOENÇA DESCOMPRESSIVA DOR SOMENTE TRATAMENTO A 30 METROS

Profundidade (metros)	Tempo (minutos)	Mistura Respiratória	Tempo Total Decorrido (h:min)
30	30	AR	0:30
24	12	AR	0:43
18	30	AR	1:14
15	30	AR	1:45
12	30	AR	2:16
9	60	AR	3:17
6	60	AR	4:18
3	120	AR	6:9
0	1	AR	6:20

1 — Tratamento de doença descompressiva — dor somente, quando não se dispuser de oxigênio e a dor é aliviada à profundidade menor que 20 metros.

2 — Velocidade de descida = 7,5 m/min.

3 — Velocidade de subida = 1 minuto entre cada parada.

4 — O tempo a 30 metros inclui o tempo desde a superfície.

5 — Se a configuração das tubulações da câmara não permite o retorno à superfície desde os 3 metros dentro de 1 minuto como específico, não considere o tempo adicional requerido.

TABELA 1A

PERFIL PROFUNDIDADE/TEMPO

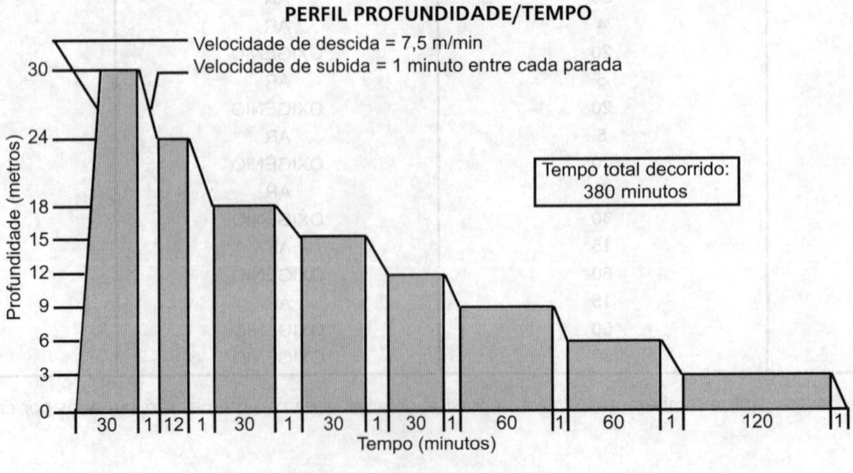

TABELA 2A

TRATAMENTO, COM AR, DE DOENÇA DESCOMPRESSIVA — DOR SOMENTE — TRATAMENTO A 50 METROS

Profundidade (metros)	Tempo (minutos)	Mistura Respiratória	Tempo Total Decorrido (h:min)
50	30	AR	0:30
42	12	AR	0:43
36	12	AR	0:56
30	12	AR	1:09
24	12	AR	1:22
18	30	AR	1:53
15	30	AR	2:24
12	30	AR	2:55
9	120	AR	4:56
6	120	AR	6:57
3	240	AR	10:58
3 a 0	1	AR	10:59

1 — Tratamento de doença descompressiva — dor somente, quando não tiver disponível oxigênio e a dor é aliviada a uma profundidade maior que 20 metros.

2 — Velocidade de descida = 7,5 m/min.

3 — Velocidade de subida = 1 minuto entre cada parada.

4 — Tempo a 50 metros — inclui o tempo desde a superfície.

TABELA 2A

PERFIL PROFUNDIDADE/TEMPO

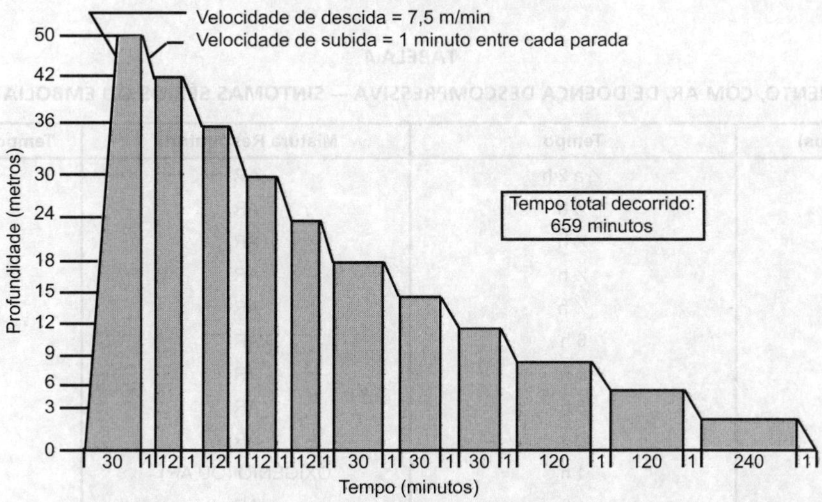

TABELA 3

TRATAMENTO, COM AR, DE DOENÇA DESCOMPRESSIVA — SINTOMAS SÉRIOS OU EMBOLIA GASOSA

Profundidade (metros)	Tempo	Mistura Respiratória	Tempo Total Decorrido (h:min)
50	30 min	AR	0:30
42	12 min	AR	0:43
36	12 min	AR	0:56
30	12 min	AR	1:09
2	12 min	AR	1:22
18	30 min	AR	1:53
15	30 min	AR	2:24
12	30 min	AR	2:55
9	12 h	AR	14:56
6	2 h	AR	16:57
3	2 h	AR	18:58
3 a 0	1 min	AR	18:59

1 — Tratamento de doença descompressiva — sintomas sérios ou embolia gasosa, quando não dispuser de oxigênio e os sintomas são aliviados dentro de 30 minutos a 50 metros.

2 — Velocidade de descida = a mais rápida que o paciente puder suportar.

3 — Velocidade de subida = 1 minuto entre cada parada.

4 — O tempo a 5 metros inclui o tempo desde a superfície.

TABELA 3

PERFIL PROFUNDIDADE/TEMPO

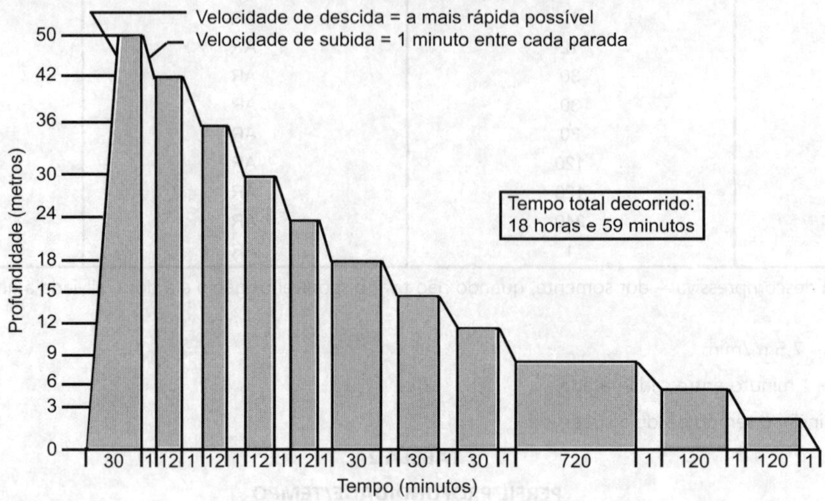

TABELA 4

TRATAMENTO, COM AR, DE DOENÇA DESCOMPRESSIVA — SINTOMAS SÉRIOS OU EMBOLIA GASOSA

Profundidade (metros)	Tempo	Mistura Respiratória	Tempo Total Decorrido (h:min)
50	½ a 2 h	AR	2:00
42	½ h	AR	2:31
36	½ h	AR	3:02
30	½ h	AR	3:33
24	½ h	AR	4:04
18	6 h	AR	10:05
15	6 h	AR	16:06
12	6 h	AR	22:07
9	11 h	AR	33:08
9	1 h	OXIGÊNIO (OU AR)	34:08
6	1 h	AR	35:09
6	1 h	OXIGÊNIO (OU AR)	36:09
3	1 h	AR	37:10
3	1 h	OXIGÊNIO (OU AR)	38:10
3 a 0	1 min	OXIGÊNIO (OU AR)	38:11

1 — Tratamento de sintomas piorando durante os primeiros 20 minutos de respiração do oxigênio a 18 metros na Tabela 6 ou quando os sintomas não são aliviados dentro de 30 minutos a 50metros, utilizando o tratamento com ar da Tabela 3.

2 — Velocidade de descida = a mais rápida que o paciente puder suportar.

3 — Velocidade de subida = 1 minuto entre cada parada.

4 — O tempo a 50 metros inclui o tempo desde a superfície.

TABELA 4

PERFIL PROFUNDIDADE/TEMPO

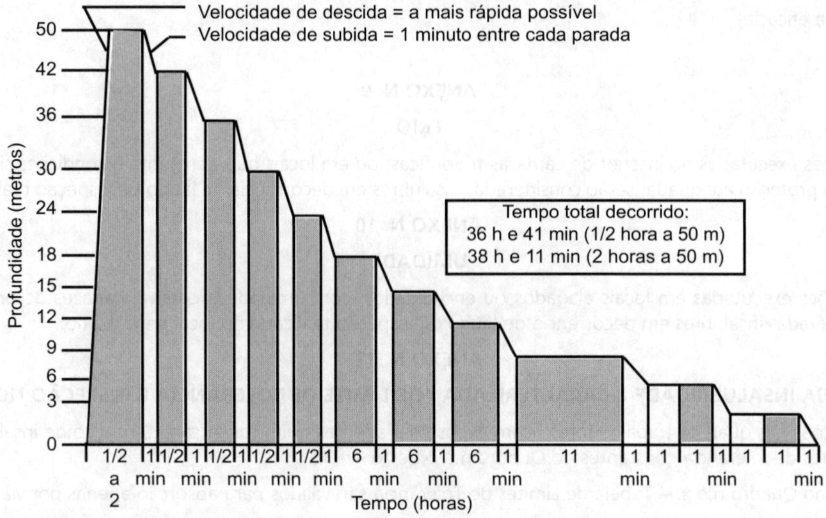

ANEXO N. 7

RADIAÇÕES NÃO IONIZANTES

1. Para os efeitos desta norma, são radiações não ionizantes as micro-ondas, ultravioletas e laser.

2. As operações ou atividades que exponham os trabalhadores às radiações não ionizantes, sem a proteção adequada, serão consideradas insalubres, em decorrência de laudo de inspeção realizada no local de trabalho.

3. As atividades ou operações que exponham os trabalhadores às radiações da luz negra (ultravioleta na faixa — 400-320 nanômetros) não serão consideradas insalubres.

ANEXO N. 8

VIBRAÇÃO

(Redação dada pela Portaria MTE n. 1.297, de 13 de agosto de 2014)

Sumário:

1. Objetivos

2. Caracterização e classificação da insalubridade

1. Objetivos

1.1. Estabelecer critérios para caracterização da condição de trabalho insalubre decorrente da exposição às Vibrações de Mãos e Braços (VMB) e Vibrações de Corpo Inteiro (VCI).

1.2. Os procedimentos técnicos para a avaliação quantitativa das VCI e VMB são os estabelecidos nas Normas de Higiene Ocupacional da FUNDACENTRO.

2. Caracterização e classificação da insalubridade

2.1. Caracteriza-se a condição insalubre caso seja superado o limite de exposição ocupacional diária a VMB correspondente a um valor de aceleração resultante de exposição normalizada (aren) de 5 m/s2.

2.2. Caracteriza-se a condição insalubre caso sejam superados quaisquer dos limites de exposição ocupacional diária a VCI:

a) valor da aceleração resultante de exposição normalizada (aren) de 1,1 m/s2;

b) valor da dose de vibração resultante (VDVR) de 21,0 m/s1,75.

2.2.1. Para fins de caracterização da condição insalubre, o empregador deve comprovar a avaliação dos dois parâmetros acima descritos.

2.3. As situações de exposição a VMB e VCI superiores aos limites de exposição ocupacional são caracterizadas como insalubres em grau médio.

2.4. A avaliação quantitativa deve ser representativa da exposição, abrangendo aspectos organizacionais e ambientais que envolvam o trabalhador no exercício de suas funções.

2..5 A caracterização da exposição deve ser objeto de laudo técnico que contemple, no mínimo, os seguintes itens:

a) Objetivo e datas em que foram desenvolvidos os procedimentos;

b) Descrição e resultado da avaliação preliminar da exposição, realizada de acordo com o item 3 do Anexo 1 da NR-9 do MTE;

c) Metodologia e critérios empregados, inclusas a caracterização da exposição e representatividade da amostragem;

d) Instrumentais utilizados, bem como o registro dos certificados de calibração;

e) Dados obtidos e respectiva interpretação;

f) Circunstâncias específicas que envolveram a avaliação;

g) Descrição das medidas preventivas e corretivas eventualmente existentes e indicação das necessárias, bem como a comprovação de sua eficácia;

h) Conclusão.

ANEXO N. 9

FRIO

1. As atividades ou operações executadas no interior de câmaras frigoríficas, ou em locais que apresentem condições similares, que exponham os trabalhadores ao frio, sem a proteção adequada, serão consideradas insalubres em decorrência de laudo de inspeção realizada no local de trabalho.

ANEXO N. 10

UMIDADE

1. As atividades ou operações executadas em locais alagados ou encharcados, com umidade excessiva, capazes de produzir danos à saúde dos trabalhadores, serão consideradas insalubres em decorrência de laudo de inspeção realizada no local de trabalho.

ANEXO N. 11

AGENTES QUÍMICOS CUJA INSALUBRIDADE É CARACTERIZADA POR LIMITE DE TOLERÂNCIA E INSPEÇÃO NO LOCAL DE TRABALHO

1. Nas atividades ou operações nas quais os trabalhadores ficam expostos a agentes químicos, a caracterização de insalubridade ocorrerá quando forem ultrapassados os limites de tolerância constantes do Quadro n.o 1 deste Anexo.

2. Todos os valores fixados no Quadro n.o 1 — Tabela de Limites de Tolerância são válidos para absorção apenas por via respiratória.

3. Todos os valores fixados no Quadro n.o 1 como "Asfixiantes Simples" determinam que nos ambientes de trabalho, em presença destas substâncias, a concentração mínima de oxigênio deverá ser 18 (dezoito) por cento em volume. As situações nas quais a concentração de oxigênio estiver abaixo deste valor serão consideradas de risco grave e iminente.

4. Na coluna "VALOR TETO" estão assinalados os agentes químicos cujos limites de tolerância não podem ser ultrapassados em momento algum da jornada de trabalho.

5. Na coluna "ABSORÇÃO TAMBÉM PELA PELE" estão assinalados os agentes químicos que podem ser absorvidos, por via cutânea, e portanto exigindo na sua manipulação o uso da luvas adequadas, além do EPI necessário à proteção de outras partes do corpo.

6. A avaliação das concentrações dos agentes químicos através de métodos de amostragem instantânea, de leitura direta ou não, deverá ser feita pelo menos em 10 (dez) amostragens, para cada ponto — ao nível respiratório do trabalhador. Entre cada uma das amostragens deverá haver um intervalo de, no mínimo, 20 (vinte) minutos.

7. Cada uma das concentrações obtidas nas referidas amostragens não deverá ultrapassar os valores obtidos na equação que segue, sob pena de ser considerada situação de risco grave e iminente.

Valor máximo = L.T. x F. D.

Onde:

L.T. = limite de tolerância para o agente químico, segundo o Quadro n. 1.

F.D. = fator de desvio, segundo definido no Quadro n. 2.

Quadro 2

L.T.	F.D.
(ppm ou mg/m^3)	
0 a 1	3
1 a 10	2
10 a 100	1,5
100 a 1000	1,25
acima de 1000	1,1

8. O limite de tolerância será considerado excedido quando a média aritmética das concentrações ultrapassar os valores fixados no Quadro n. 1.

9. Para os agentes químicos que tenham "VALOR TETO" assinalado no Quadro n. 1 (Tabela de Limites de Tolerância) considerar-se-á excedido o limite de tolerância, quando qualquer uma das concentrações obtidas nas amostragens ultrapassar os valores fixados no mesmo quadro.

10. Os limites de tolerância fixados no Quadro n. 1 são válidos para jornadas de trabalho de até 48 (quarenta e oito) horas por semana, inclusive.

10.1. Para jornadas de trabalho que excedam as 48 (quarenta e oito) horas semanais dever-se-á cumprir o disposto no art. 60 da CLT.

QUADRO N. 1

TABELA DE LIMITES DE TOLERÂNCIA

Agentes Químicos	Valor-teto	Absorção também p/ pele	Concentrações — Até 48 horas/semana		Grau de insalubridade a ser considerado no caso de sua caracterização
			ppm*	mg/m³**	
Acetaldeído			78	140	máximo
Acetato de cellosolve		+	78	420	médio
Acetato de éter monoetílico de etileno glicol (*vide* acetado de cellsolve)			—	—	—
Acetato de etila			310	1090	mínimo
Acetato de 2-etóxi etila (*vide* acetato de cellosolve)			—	—	—
Acetileno			asfixiante	simples	—
Acetona			780	1870	mínimo
Acetonitrila			30	55	máximo
Ácido acético			8	20	médio
Ácido cianídrico		+	8	9	máximo
Ácido clorídrico	+		4	5,5	máximo
Ácido crômico (névoa)			—	0,04	máximo
Ácido etanoico (*vide* ácido acético)			—	—	—
Ácido fluorídrico			2,5	1,5	máximo
Ácido fórmico			4	7	médio
Ácido metanoico (*vide* ácido fórmico)			—	—	—
Acrilato de metila		+	8	27	máximo
Acrilonitrila		+	16	35	máximo
Álcool isoamílico			78	280	mínimo
Álcool n-butílico	+	+	40	115	máximo
Álcool isobutílico			40	115	médio
Álcool sec-butílico (2-butanol)			115	350	médio
Álcool terc-butílico			78	235	médio
Álcool etílico			780	1480	mínimo
Álcool furfurílico		+	4	15,5	médio
Álcool metil amílico (*vide* metil isobutil carbinol)			—	—	—
Álcool metílico		+	156	200	máximo
Álcool n-propílico		+	156	390	médio
Álcool isopropílico		+	310	765	médio
Aldeído acético (*vide* acetaldeído)			—	—	—
Aldeído fórmico (*vide* formaldeído)			—	—	—
Amônia			20	14	médio
Anidro sulfuroso (*vide* dióxido enxofre)			—	—	—
Anilina		+	4	15	máximo
Argônio			asfixante	simples	—
Arsina (arsenamina)			0,04	0,16	máximo
Benzeno	*(Excluído pela Portaria n. 03, de 10 de março de 1994)*				
Brometo de etila			156	695	máximo
Brometo de metila		+	12	47	máximo
Bromo			0,08	0,6	máximo
Bromoetano (*vide* brometo de etila)			—	—	—

Agentes Químicos	Valor-teto	Absorção também p/ pele	Concentrações — Até 48 horas/semana		Grau de insalubridade a ser considerado no caso de sua caracterização
			ppm*	mg/m³**	
Bromofórmio		+	0,4	4	médio
Bromometano (*vide* brometo de metila)			—	—	—
1,3 Butadieno			780	1720	médio
n–Butano			470	1090	médio
n–Butano (*vide* álcoo n-butílico)			—		
sec-Butanol (*vide* álcool sec-butílico)			—	—	
Butanona (*vide* metil etil cetona)			—		
1-Butanotiol (*vide* butil mercaptana)			—	—	—
n-Butilamina	+	+	4	12	máximo
Butil cellosolve		+	39	190	médio
n-Butil mercaptana			0,4	1,2	médio
2-Butóxi etanol (*vide* butil cellosolve)			—	—	—
Cellosolve (*vide* 2-etóxi etanol)			—	—	—
Chumbo			—	0,1	máximo
Cianeto de metila (*vide* acetonitrila)			—	—	—
Cianeto de vinila (*vide* acrilonitrila)			—	—	—
Cianogênio			8	16	máximo
Ciclohexano			235	820	médio
Ciclohexanol			40	160	máximo
Ciclohexilamina		+	8	32	máximo
Cloreto de carbonila (*vide* fosgênio)			—	—	—
Cloreto de etila			780	2030	médio
Cloreto de fenila (*vide* cloro benzeno)			—	—	—
Cloreto de metila			78	165	máximo
Cloreto de metileno			156	560	máximo
Cloreto de vinila	+		156	398	máximo
Cloreto de vinilideno			8	31	máximo
Cloro			0,8	2,3	máximo
Clorobenzeno			59	275	médio
Clorobromometano			156	820	máximo
Cloroetano (*vide* cloreto de etila)			—	—	—
Cloroetílico (*vide* cloreto de vinila)			—	—	—
Clorodifluometano (freon 22)			780	2730	mínimo
Clorofórmio			20	94	máximo
1-Cloro 1-nitropropano			16	78	máximo
Cloroprene		+	20	70	máximo
Cumeno		+	39	190	máximo
Decaborano		+	0,04	0,25	máximo
Demeton		+	0,008	0,08	máximo
Diamina (*vide* hidrazina)			—	—	—
Diborano			0,08	0,08	máximo
1,2-Dibramoetano		+	16	110	médio
o-Diclorobenzeno			39	235	máximo

Agentes Químicos	Valor-teto	Absorção também p/ pele	Concentrações — Até 48 horas/semana		Grau de insalubridade a ser considerado no caso de sua caracterização
			ppm*	mg/m³**	
Diclorodifluormetano (freon 12)	+		780	3860	mínimo
1,1 Dicloroetano			156	640	médio
1,2 Dicloroetano			39	156	máximo
1,1 Dicloroetileno (*vide* cloreto de vinilideno)			—	—	—
1,2 Dicloroetileno			155	615	médio
Diclorometano (*vide* cloreto de metilino)			—	—	—
1,1 Dicloro-1-nitroetano	+		8	47	máximo
1,2 Dicloropropano			59	275	máximo
Diclorotetrafluoretano (freon 114)			780	5460	mínimo
Dietil amina			20	59	médio
Dietil éter (*vide* éter etílico)			—	—	—
2,4 Diisocianato de tolueno (TDI)	+		0,016	0,11	máximo
Diisopropilamina		+	4	16	máximo
Dimetilacetamida		+	8	28	máximo
Dimetilamina			8	14	médio
Dimetiformamida			8	24	médio
1,1 Dimetil hidrazina		+	0,4	0,8	máximo
Dióxido de carbono			3900	7020	mínimo
Dióxido de cloro			0,08	0,25	máximo
Dióxido de enxofre			4	10	máximo
Dióxido de nitrogênio	+		4	7	máximo
Dissulfeto de carbono		+	16	47	máximo
Estibina			0,08	0,4	máximo
Estireno			78	328	médio
Etanol (*vide* acetaldeído)			—	—	—
Etano			asfixiante	simples	—
Etanol (*vide* etílico)			—	—	—
Etanotiol (*vide* etil mercaptana)			—	—	—
Éter decloroetílico		+	4	24	máximo
Éter etílico			310	940	médio
Éter monobutílico do etileno glicol (*vide* butil cellosolve)			—	—	—
Éter monoetílico do etileno glicol (*vide* cellosolve)			—	—	—
Éter monometílico do etileno glicol (*vide* metil cellosolve)			—	—	—
Etilamina			8	14	máximo
Etilbenzeno			78	340	médio
Etileno			asfixiante	simples	—
Etilenoimina		+	0,4	0,8	máximo
Etil mercaptana			0,4	0,8	médio
n-Etil morfolina		+	16	74	médio
2-Etoxietanol		+	78	290	médio
Fenol		+	4	15	máximo
Fluortriclorometano (freon 11)			780	4370	médio
Formaldeído (formol)	+		1,6	2,3	máximo

Agentes Químicos	Valor-teto	Absorção também p/ pele	Concentrações — Até 48 horas/semana		Grau de insalubridade a ser considerado no caso de sua caracterização
			ppm*	mg/m³**	
Fosfina (fosfamina)			0,23	0,3	máximo
Fosgênio			0,08	0,3	máximo
Freon 11 (*vide* flortriclorometano)			—	—	—
Freon 12 (*vide* diclorodiflormetano)			—	—	—
Freon 22 (*vide* clorodifluormetano)			—	—	—
Freon 113 (*vide* 1,1,2,tricloro-1,2,2-trifluoretano)			—	—	—
Freon 114 (*vide* declrorotetrafloretano)			—	—	—
Gás amoníaco (*vide* amônia)			—	—	—
Gás carbônico (*vide* dióxido de carbono)			—	—	—
Gás cianídrico (*vide* ácido cianídrico)			—	—	—
Gás clorídrico (*vide* ácido clorídrico)			—	—	—
Gás sulfídrico			8	12	máximo
Hélio			asfixiante	simples	—
Hidrazina		+	0,08	0,08	máximo
Hidreto de antimônio (*vide* estibina)			—	—	—
Hidrogênio			asfixiante	simples	—
Isobutanol (*vide* álcool isobutílico)			—	—	—
Isopropilamina			4	9,5	médio
Isopropil benzeno (*vide* cumeno)			—	—	—
Mercúrio (todas as formas exceto orgânicas)			—	0,04	máximo
Metacrilato de metila			78	320	mínimo
Metano			asfixiante	simples	—
Metanol (*vide* álcool metílico)			—	—	—
Metilamina			8	9,5	máximo
Metil cellosolve		+	20	60	máximo
Metil ciclohexanol			39	180	médio
Metilclorofórmio			275	1480	médio
Metil demeton		+	—	0,4	máximo
metil etil cetona			155	460	médio
Metil isobutilcarbinol		+	20	78	máximo
Metil mercaptana (metanotiol)			0,04	0,8	médio
2-Metoxi etanol (*vide* metil cellosolve)			—	—	—
Monometil hidrazina	+	+	0,16	0,27	máximo
Monóxido de carbono			39	43	máximo
Negro de fumo[(1)]				3,5	máximo
Neônio			asfixiante	simples	—
Níquel carbonila (níquel tetracarbonila)			0,04	0,28	máximo
Nitrato de n-propila			20	85	máximo
Nitroetano			78	245	médio
Nitrometano			78	195	máximo
1-Nitropropano			20	70	médio
2-Nitropropano			20	70	médio

Agentes Químicos	Valor--teto	Absorção também p/ pele	Concentrações — Até 48 horas/semana		Grau de insalubridade a ser considerado no caso de sua caracterização
			ppm*	mg/m³**	
Óxido de etileno			39	70	máximo
Óxido nítrico (NO)			20	23	máximo
Óxido nitroso (N2O)			asfixiante	simples	—
Ozona			0,08	0,16	máximo
Pentaborano			0,004	0,008	máximo
n-Pentano		+	470	1400	mínimo
Percloroetíleno			78	525	médio
Piridina			4	12	médio
n-propano			asfixiante	simples	—
n-Propanol (*vide* álcool n-propílico)			—	—	—
iso-Propanol (*vide* álcool isopropílico)			—	—	—
Propanona (*vide* acetona)			—	—	—
Propileno			asfixiante	simples	—
Propileno imina		+	1,6	4	máximo
Sulfato de dimetila	+	+	0,08	0,4	máximo
Sulfeto de hidrogênio (*vide* gás sulfídrico)			—	—	—
Systox (*vide* demeton)			—	—	—
1,1,2,2,Tetrabromoetano			0,8	11	médio
Tetracloreto de carbono		+	8	50	máximo
Tetracloroetano		+	4	27	máximo
Tetracloroetileno (*vide* percloroetileno)			—	—	—
Tetrahidrofurano			156	460	máximo
Tolueno (toluol)		+	78	290	médio
Tolueno-2,4-diisocianato (TDI) (*vide* 2,4 diisocianato de tolueno)			—	—	—
Tribromometano (*vide* bromofórmio)			—	—	—
Tricloreto de vinila (*vide* 1,1,2 tricloroetano)			—	—	—
1,1,1 Tricloroetano (*vide* metil clorofórmio)			—	—	—
1,1,2 Tricloroetano		+	8	35	médio
Tricloroetileno			78	420	máximo
Triclorometano (*vide* clorofórmio)			—	—	—
1,2,3 Tricloropropano			40	235	máximo
1,1,2 Tricloro-1,2,2 trifluoretano (freon 113)			780	5930	médio
Trietilamina			20	78	máximo
Trifluormonobramometano			780	4760	médio
Vinibenzeno (*vide* estireno)			—	—	—
Xileno (xilol)			78	340	médio

* ppm — partes de vapor ou gás por milhão de partes de ar contaminado.

** mg/m3 – miligramas por metro cúbico de ar.

(1) Incluído pela Portaria DNSST n. 09, de 09 de outubro de 1992

ANEXO N. 12

LIMITES DE TOLERÂNCIA PARA POEIRAS MINERAIS

ASBESTO

(Instituído pela Portaria SSST n. 1, de 28 de maio de 1991)

1. O presente Anexo aplica-se a todas e quaisquer atividades nas quais os trabalhadores estão expostos ao asbesto no exercício do trabalho.

1.1. Entende-se por "asbesto", também denominado amianto, a forma fibrosa dos silicatos minerais pertencentes aos grupos de rochas metamórficas das serpentinas, isto é, a crisotila (asbesto branco), e dos anfibólios, isto é, a actinolita, a amosita (asbesto marrom), a antofilita, a crocidolita (asbesto azul), a tremolita ou qualquer mistura que contenha um ou vários destes minerais;

1.2. Entende-se por "exposição ao asbesto", a exposição no trabalho às fibras de asbesto respiráveis ou poeira de asbesto em suspensão no ar originada pelo asbesto ou por minerais, materiais ou produtos que contenham asbesto.

1.3. Entende-se por "fornecedor" de asbesto, o produtor e/ou distribuidor da matéria-prima "in natura".

2. Sempre que dois ou mais empregadores, embora cada um deles com personalidade jurídica própria, levem a cabo atividades em um mesmo local de trabalho, serão, para efeito de aplicação dos dispositivos legais previstos neste Anexo, solidariamente responsáveis contratante(s) e contratado(s).

2.1. Compete à(s) contratante(s) garantir os dispositivos legais previstos neste Anexo por parte do(s) contratado(s).

3. Cabe ao empregador elaborar normas de procedimento a serem adotadas em situações de emergência, informando os trabalhadores convenientemente, inclusive com treinamento específico.

3.1. Entende-se por "situações de emergência" qualquer evento não programado dentro do processo habitual de trabalho que implique o agravamento da exposição dos trabalhadores.

4. Fica proibida a utilização de qualquer tipo de asbesto do grupo anfibólio e dos produtos que contenham estas fibras.

4.1. A autoridade competente, após consulta prévia às organizações mais representativas de empregadores e de trabalhadores interessados, poderá autorizar o uso de anfibólios, desde que a substituição não seja exeqüível e sempre que sejam garantidas as medidas de proteção à saúde dos trabalhadores.

5. Fica proibida a pulverização (spray) de todas as formas do asbesto.

6. Fica proibido o trabalho de menores de dezoito anos em setores onde possa haver exposição à poeira de asbesto.

7. As empresas (públicas ou privadas) que produzem, utilizam ou comercializam fibras de asbesto e as responsáveis pela remoção de sistemas que contêm ou podem liberar fibras de asbesto para o ambiente deverão ter seus estabelecimentos cadastrados junto ao Ministério do Trabalho e da Previdência Social/Instituto Nacional de Seguridade Social, através de seu setor competente em matéria de segurança e saúde do trabalhador.

7.1. O referido cadastro será obtido mediante a apresentação do modelo Anexo I.

7.2. O número de cadastro obtido será obrigatoriamente apresentado quando da aquisição da matéria-prima junto ao fornecedor.

7.3. O fornecedor de asbesto só poderá entregar a matéria-prima a empresas cadastradas.

7.4. Os órgãos públicos responsáveis pela autorização da importação de fibras de asbesto só poderão fornecer a guia de importação a empresas cadastradas.

7.5. O cadastro deverá ser atualizado obrigatoriamente a cada 2 (dois) anos.

8. Antes de iniciar os trabalhos de remoção e/ou demolição, o empregador e/ou contratado, em conjunto com a representação dos trabalhadores, deverão elaborar um plano de trabalho onde sejam especificadas as medidas a serem tomadas, inclusive as destinadas a:

a) proporcionar toda proteção necessária aos trabalhadores;

b) limitar o desprendimento da poeira de asbesto no ar;

c) prever a eliminação dos resíduos que contenham asbesto.

9. Será de responsabilidade dos fornecedores de asbesto, assim como dos fabricantes e fornecedores de produtos contendo asbesto, a rotulagem adequada e suficiente, de maneira facilmente compreensível pelos trabalhadores e usuários interessados.

9.1. A rotulagem deverá conter, conforme modelo Anexo:

— a letra minúscula "a" ocupando 40% (quarenta por cento) da área total da etiqueta;

— caracteres: "Atenção: contém amianto", "Respirar poeira de amianto é prejudicial à saúde" e "Evite risco: siga as instruções de uso".

9.2. A rotulagem deverá, sempre que possível, ser impressa no produto, em cor contrastante, de forma visível e legível.

10. Todos os produtos contendo asbesto deverão ser acompanhados de "instrução de uso" com, no mínimo, as seguintes informações: tipo de asbesto, risco à saúde e doenças relacionadas, medidas de controle e proteção adequada.

11. O empregador deverá realizar a avaliação ambiental de poeira de asbesto nos locais de trabalho, em intervalos não superiores a 6 (seis) meses.

11.1. Os registros das avaliações deverão ser mantidos por um período não inferior a 30 (trinta) anos.

11.2. Os representantes indicados pelos trabalhadores acompanharão o processo de avaliação ambiental.

11.3. Os trabalhadores e/ou seus representantes têm o direito de solicitar avaliação ambiental complementar nos locais de trabalho e/ou impugnar os resultados das avaliações junto à autoridade competente.

11.4. O empregador é obrigado a afixar o resultado dessas avaliações em quadro próprio de avisos para conhecimento dos trabalhadores.

12. O limite de tolerância para fibras respiráveis de asbesto crisotila é de 2,0 f/cm^3.

12.1. Entende-se por "fibras respiráveis de asbesto" aquelas com diâmetro inferior a 3 micrômetros, comprimento maior que 5 micrômetros e relação entre comprimento e diâmetro superior a 3:1. *(Alterado pela Portaria SSST n. 22, de 26 de dezembro de 1994)*

13. A avaliação ambiental será realizada pelo método do filtro de membrana, utilizando-se aumentos de 400 a 500x, com iluminação de contraste de fase.

13.1. Serão contadas as fibras respiráveis conforme subitem 12.1 independentemente de estarem ou não ligadas ou agregadas a outras partículas.

13.2. O método de avaliação a ser utilizado será definido pela ABNT/INMETRO.

13.3. Os laboratórios que realizarem análise de amostras ambientais de fibras dispersas no ar devem atestar a participação em programas de controle de qualidade laboratorial e sua aptidão para proceder às análises requeridas pelo método do filtro de membrana. *(Incluído pela Portaria SSST n. 22, de 12 de dezembro de 1994)*

14. O empregador deverá fornecer gratuitamente toda vestimenta de trabalho que poderá ser contaminada por asbesto, não podendo esta ser utilizada fora dos locais de trabalho.

14.1. O empregador será responsável pela limpeza, manutenção e guarda da vestimenta de trabalho, bem como dos EPI utilizados pelo trabalhador.

14.2. A troca de vestimenta de trabalho será feita com freqüência mínima de duas vezes por semana.

15. O empregador deverá dispor de vestiário duplo para os trabalhadores expostos ao asbesto.

15.1. Entende-se por "vestiário duplo" a instalação que oferece uma área para guarda de roupa pessoal e outra, isolada, para guarda da vestimenta de trabalho, ambas com comunicação direta com a bateria de chuveiros.

15.2. As demais especificações de construção e instalação obedecerão às determinações das demais Normas Regulamentadoras.

16. Ao final de cada jornada diária de trabalho, o empregador deverá criar condições para troca de roupa e banho do trabalhador.

17. O empregador deverá eliminar os resíduos que contêm asbesto, de maneira que não se produza nenhum risco à saúde dos trabalhadores e da população em geral, de conformidade com as disposições legais previstas pelos órgãos competentes do meio ambiente e outros que porventura venham a regulamentar a matéria.

18. Todos os trabalhadores que desempenham ou tenham funções ligadas à exposição ocupacional ao asbesto serão submetidos a exames médicos previstos no subitem 7.1.3 da NR-7, sendo que por ocasião da admissão, demissão e anualmente devem ser realizados, obrigatoriamente, exames complementares, incluindo, além da avaliação clínica, telerradiografia de tórax e prova de função pulmonar (espirometria).

18.1. A técnica utilizada na realização das telerradiografias de tórax deverá obedecer ao padrão determinado pela Organização Internacional do Trabalho, especificado na Classificação Internacional de Radiografias de Pneumoconioses (OIT-1980).

18.2. As empresas ficam obrigadas a informar aos trabalhadores examinados, em formulário próprio, os resultados dos exames realizados.

19. Cabe ao empregador, após o término do contrato de trabalho envolvendo exposição ao asbesto, manter disponível a realização periódica de exames médicos de controle dos trabalhadores durante 30 (trinta) anos.

19.1. Estes exames deverão ser realizados com a seguinte periodicidade:

a) a cada 3 (três) anos para trabalhadores com período de exposição de 0 (zero) a 12 (doze) anos;

b) a cada 2 (dois) anos para trabalhadores com período de exposição de 12 (doze) a 20 (vinte) anos;

c) anual para trabalhadores com período de exposição superior a 20 (vinte) anos.

19.2. O trabalhador receberá, por ocasião da demissão e retornos posteriores, comunicação da data e local da próxima avaliação médica.

20. O empregador deve garantir informações e treinamento aos trabalhadores, com freqüência mínima anual, priorizando os riscos e as medidas de proteção e controle devido à exposição ao asbesto.

20.1. Os programas de prevenção já previstos em lei (curso da CIPA, SIPAT, etc.) devem conter informações específicas sobre os riscos de exposição ao asbesto.

21. Os prazos de notificações e os valores das infrações estão especificados no Anexo III.

22. As exigências contidas neste anexo entrarão em vigor em 180 (cento e oitenta dias) a contar da data de sua publicação, revogadas as disposições em contrário.

ANEXO N. 1

MODELO DO CADASTRO DOS UTILIZADORES DO ASBESTO

I — IDENTIFICAÇÃO

Nome________________ Endereço:________________

Bairro:____________ Cidade:____________ Telefone:________ CEP:________

CGC:____________ Ramo de Atividade:____________ CNAE____________

II — DADOS DE PRODUÇÃO

1. Número de Trabalhadores

- Total:________ Menores:________ Mulheres: ________
- Em contato direto com o asbesto: ________________

1. Procedência do asbesto

Nacional ☐

Importado ☐

Nome do(s) fornecedor(es) ________________________

____

____

3. Produtos Fabricados

Gênero de produto que contém asbesto	Utilização a que se destina

4. Observações: ____

NOTA: As declarações acima prestadas são de inteira responsabilidade da empresa, passíveis de verificação e eventuais penalidades facultadas pela lei.

____/____/____ ____

Assinatura e carimbo

ANEXO II

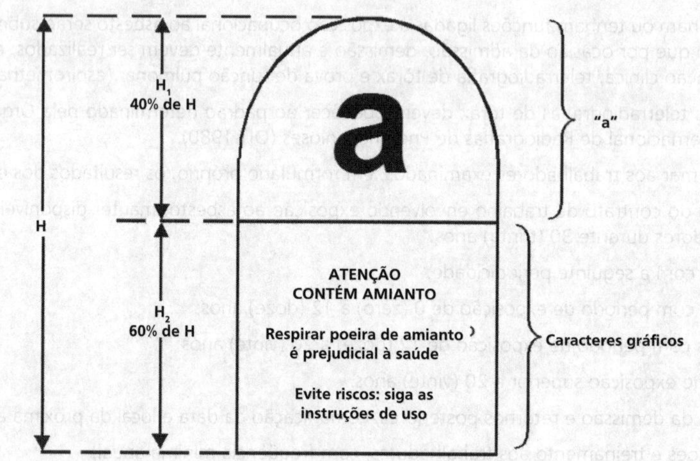

ANEXO III

Item e Subitem	Prazo	Infração
— 2.1	P_4	I_4
— 3	P_2	I_2
— 4	P_1	I_4
— 5	P_1	I_4
— 6	P_1	I_4
— 7, 7.2, 7.4	P_1	I_3
— 8	P_2	I_3
— 9, 9.1, 9.2	P_4	I_3
— 10	P_4	I_3
— 11, 11.1, 11.2 e 11.4	P_4	I_3
— 12	P_4	I_4
— 14, 14.1, 14.2	P_3	I_3
— 15	P_4	I_3
— 16	P_1	I_1
— 17	P_4	I_4
— 18, 18.2	P_3	I_2
— 19, 19.1	P_1	I_1
— 20, 20.1	P_1	I_1

MANGANÊS E SEUS COMPOSTOS

(Incluído pela Portaria DNSST n. 8, de 5 de outubro de 1992)

1. O limite de tolerância para as operações com manganês e seus compostos referente à extração, tratamento, moagem, transporte do minério, ou ainda a outras operações com exposição a poeiras do manganês ou de seus compostos é de até $5mg/m^3$ no ar, para jornada de até 8 (oito) horas por dia.

2. O limite de tolerância para as operações com manganês e seus compostos referente à metalurgia de minerais de manganês, fabricação de compostos de manganês, fabricação de baterias e pilhas secas, fabricação de vidros especiais e cerâmicas, fabricação e uso de eletrodos de solda, fabricação de produtos químicos, tintas e fertilizantes, ou ainda outras operações com exposição a fumos de manganês ou de seus compostos é de até $1mg/m^3$ no ar, para jornada de até 8 (oito) horas por dia.

3. Sempre que os limites de tolerância forem ultrapassados, as atividades e operações com o manganês e seus compostos serão consideradas como insalubres no grau máximo.

4. O pagamento do adicional de insalubridade por parte do empregador não o desobriga da adoção de medidas de prevenção e controle que visem minimizar os riscos dos ambientes de trabalho.

5. As avaliações de concentração ambiental e caracterização da insalubridade somente poderão ser realizadas por engenheiro de segurança do trabalho ou médico do trabalho conforme previsto no art. 195 da CLT.

6. As seguintes recomendações e medidas de prevenção de controle são indicadas para as operações com manganês e seus compostos, independentemente dos limites de tolerância terem sido ultrapassados ou não:

— Substituição de perfuração a seco por processos úmidos;

— Perfeita ventilação após detonações, antes de se reiniciarem os trabalhos;

— Ventilação adequada, durante os trabalhos, em áreas confinadas;

— Uso de equipamentos de proteção respiratória com filtros mecânicos para áreas contaminadas;

— Uso de equipamentos de proteção respiratórios com linha de ar mandado, para trabalhos, por pequenos períodos, em áreas altamente contaminadas;

— Uso de máscaras autônomas para casos especiais e treinamentos específicos;

— Rotatividade das atividades e turnos de trabalho para os perfuradores e outras atividades penosas;

— Controle da poeira em níveis abaixo dos permitidos.

7. As seguintes precauções de ordem médica e de higiene são de caráter obrigatório para todos os trabalhadores expostos às operações com manganês e seus compostos, independentemente dos limites de tolerância terem sido ultrapassados ou não:

— Exames médicos pré-admissionais e periódicos;

— Exames adicionais para as causas de absenteísmo prolongado, doença, acidentes ou outros casos;

— Não admissão de empregado portador de lesões respiratórias orgânicas, de sistema nervoso central e disfunções sanguíneas para trabalhos em exposição ao manganês;

— Exames periódicos de acordo com os tipos de atividades de cada trabalhador, variando de períodos de 3 (três) a 6 (seis) meses para os trabalhos do subsolo e de 6 (seis) meses a anualmente para os trabalhadores de superfície;

— Análises biológicas de sangue;

— Afastamento imediato de pessoas com sintomas de intoxicação ou alterações neurológicas ou psicológicas;

— Banho obrigatório após a jornada de trabalho;

— Troca de roupas de passeio/serviço/passeio;

— Proibição de se tomarem refeições nos locais de trabalho.

SÍLICA LIVRE CRISTALIZADA

(Incluído pela Portaria DNSST n. 8, de 5 de outubro de 1992)

1. O limite de tolerância, expresso em milhões de partículas por decímetro cúbico, é dado pela seguinte fórmula:

$$L.T. = \frac{8,5}{\%\ quartzo + 10}\ \text{mppdc (milhões de partículas por decímetro cúbico)}$$

Esta fórmula é válida para amostras tomadas com impactador (*impinger*) no nível da zona respiratória e contadas pela técnica de campo claro. A percentagem de quartzo é a quantidade determinada através de amostras em suspensão aérea.

2. O limite de tolerância para poeira respirável, expresso em mg/m3, é dado pela seguinte fórmula:

$$L.T. = \frac{8}{\%\ quartzo + 2}\ mg/m^3$$

3. Tanto a concentração como a percentagem do quartzo, para a aplicação deste limite, devem ser determinadas a partir da porção que passa por um seletor com as características do Quadro n. 1.

QUADRO N. 1

Diâmetro Aerodinâmico (um) (esfera de densidade unitária)	% de passagem pelo seletor
menor ou igual a 2	90
2,5	75
3,5	50
5,0	25
10,0	0

4. O limite de tolerância para poeira total (respirável e não respirável), expresso em mg/m³, é dado pela seguinte fórmula:

$$L.T. = \frac{24}{\%\ quartzo + 3}\ mg/m^3$$

5. Sempre será entendido que "Quartzo" significa sílica livre cristalizada.

6. Os limites de tolerância fixados no item 5 são válidos para jornadas de trabalho de até 48 (quarenta e oito) horas por semana, inclusive.

6.1. Para jornadas de trabalho que excedem a 48 (quarenta e oito) horas semanais, os limites deverão ser deduzidos, sendo estes valores fixados pela autoridade competente.

7. Fica proibido o processo de trabalho de jateamento que utilize areia seca ou úmida como abrasivo. *(Incluído pela Portaria SIT n. 99, de 19 de outubro de 2004)*

8. As máquinas e ferramentas utilizadas nos processos de corte e acabamento de rochas ornamentais devem ser dotadas de sistema de umidificação capaz de minimizar ou eliminar a geração de poeira decorrente de seu funcionamento. *(Aprovado pela Portaria SIT n.43, de 11 de março de 2008)*

ANEXO N. 13

AGENTES QUÍMICOS

1. Relação das atividades e operações envolvendo agentes químicos, consideradas, insalubres em decorrência de inspeção realizada no local de trabalho. Excluam-se cesta relação as atividades ou operações com os agentes químicos constantes dos Anexos 11 e 12.

ARSÊNICO

Insalubridade de grau máximo

Extração e manipulação de arsênico e preparação de seus compostos. Fabricação e preparação de tintas à base de arsênico.

Fabricação de produtos parasiticidas, inseticidas e raticidas contendo compostos de arsênico.

Pintura a pistola com pigmentos de compostos de arsênico, em recintos limitados ou fechados.

Preparação do *Secret.*

Produção de trióxido de arsênico.

Insalubridade de grau médio

Bronzeamento em negro e verde com compostos de arsênico.

Conservação e peles e plumas; depilação de peles à base de compostos de arsênico.

Descoloração de vidros e cristais à base de compostos de arsênico.

Emprego de produtos parasiticidas, inseticidas e raticidas à base de compostos de arsênico.

Fabricação de cartas de jogar, papéis pintados e flores artificiais à base de compostos de arsênico.

Metalurgia de minérios arsenicais (ouro, prata, chumbo, zinco, níquel, antimônio, cobalto e ferro).

Operações de galvanotécnica à base de compostos de arsênico.

Pintura manual (pincel, rolo e escova) com pigmentos de compostos de arsênico em recintos limitados ou fechados, exceto com pincel capilar.

Insalubridade de grau mínimo

Empalhamento de animais à base de compostos de arsênico.

Fabricação de tafetá *sire.*

Pintura a pistola ou manual com pigmentos de compostos de arsênico ao ar livre.

CARVÃO

Insalubridade de grau máximo

Trabalho permanente no subsolo em operações de corte, furação e desmonte, de carregamento no local de desmonte, em atividades de manobra, nos pontos de transferência de carga e de viradores.

Insalubridade de grau médio

Demais atividades permanentes do subsolo compreendendo serviços, tais como: operações de locomotiva, condutores, engatadores, bombeiros, madeireiros, trilheiros e eletricistas.

Insalubridade de grau mínimo

Atividades permanentes de superfícies nas operações a seco, com britadores, peneiras, classificadores, carga e descarga de silos, de transportadores de correia e de teleférreos.

CHUMBO

Insalubridade de grau máximo

Fabricação de compostos de chumbo, carbonato, arseniato, cromato mínio, litargírio e outros.

Fabricação de esmaltes, vernizes, cores, pigmentos, tintas, unguentos, óleos, pastas, líquidos e pós à base de compostos de chumbo.

Fabricação e restauração de acumuladores, pilhas e baterias elétricas contendo compostos de chumbo.

Fabricação e emprego de chumbo tetraetila e chumbo tetrametila.

Fundição e laminação de chumbo, de zinco velho cobre e latão.

Limpeza, raspagem e reparação de tanques de mistura, armazenamento e demais trabalhos com gasolina contendo chumbo tetraetila.

Pintura a pistola com pigmentos de compostos de chumbo em recintos limitados ou fechados.

Vulcanização de borracha pelo litargírio ou outros compostos de chumbo.

Insalubridade de grau médio

Aplicação e emprego de esmaltes, vernizes, cores, pigmentos, tintas, ungüentos, óleos, pastas, líquidos e pós à base de compostos de chumbo.

Fabricação de porcelana com esmaltes de compostos de chumbo.

Pintura e decoração manual (pincel, rolo e escova) com pigmentos de compostos de chumbo (exceto pincel capilar), em recintos limitados ou fechados.

Tinturaria e estamparia com pigmentos à base de compostos de chumbo.

Insalubridade de grau mínimo

Pintura a pistola ou manual com pigmentos de compostos de chumbo ao ar livre.

CROMO

Insalubridade de grau máximo

Fabricação de cromatos e bicromatos.

Pintura a pistola com pigmentos de compostos de cromo, em recintos limitados ou fechados.

Insalubridade de grau médio

Cromagem eletrolítica dos metais.

Fabricação de palitos fosfóricos à base de compostos de cromo (preparação da pasta e trabalho nos secadores).

Manipulação de cromatos e bicromatos.

Pintura manual com pigmentos de compostos de cromo em recintos limitados ou fechados (exceto pincel capilar).

Preparação por processos fotomecânicos de clichês para impressão à base de compostos de cromo.

Tanagem a cromo.

FÓSFORO

Insalubridade de grau máximo

Extração e preparação de fósforo branco e seus compostos.

Fabricação de defensivos fosforados e organofosforados.

Fabricação de projéteis incendiários, explosivos e gases asfixiantes à base de fósforo branco.

Insalubridade de grau médio

Emprego de defensivos organofosforados.

Fabricação de bronze fosforado.

Fabricação de mechas fosforadas para lâmpadas de mineiros.

HIDROCARBONETOS E OUTROS COMPOSTOS DE CARBONO

Insalubridade de grau máximo

Destilação do alcatrão da hulha.

Destilação do petróleo.

Manipulação de alcatrão, breu, betume, antraceno, óleos minerais, óleo queimado, parafina ou outras substâncias cancerígenas afins.

Manipulação do negro de fumo. *(Excluído pela Portaria DNSST n. 9, de 9 de outubro de 1992)*

Fabricação de fenóis, cresóis, naftóis, nitroderivados, aminoderivados, derivados halogenados e outras substâncias tóxicas derivadas de hidrocarbonetos cíclicos.

Pintura a pistola com esmaltes, tintas, vernizes e solventes contendo hidrocarbonetos aromáticos.

Insalubridade de grau médio

Emprego de defensivos organoclorados: DDT (diclorodifeniltricloretano) DDD (diclorodifenildicloretano), metoxicloro (dimetoxidifeniltricloretano), BHC (hexacloreto de benzeno) e seus compostos e isômeros.

Emprego de defensivos derivados do ácido carbônico.

Emprego de aminoderivados de hidrocarbonetos aromáticos (homólogos da anilina).

Emprego de cresol, naftaleno e derivados tóxicos.

Emprego de isocianatos na formação de poliuretanas (lacas de desmoldagem, lacas de dupla composição, lacas protetoras de madeira e metais, adesivos especiais e outros produtos à base de poliisocianetos e poliuretanas).

Emprego de produtos contendo hidrocarbonetos aromáticos como solventes ou em limpeza de peças.

Fabricação de artigos de borracha, de produtos para impermeabilização e de tecidos impermeáveis à base de hidrocarbonetos.

Fabricação de linóleos, celulóides, lacas, tintas, esmaltes, vernizes, solventes, colas, artefatos de ebonite, gutapercha, chapéus de palha e outros à base de hidrocarbonetos.

Limpeza de peças ou motores com óleo diesel aplicado sob pressão (nebulização).

Pintura a pincel com esmaltes, tintas e vernizes em solvente contendo hidrocarbonetos aromáticos.

MERCÚRIO

Insalubridade de grau máximo

Fabricação e manipulação de compostos orgânicos de mercúrio.

SILICATOS

Insalubridade de grau máximo

Operações que desprendam poeira de silicatos em trabalhos permanentes no subsolo, em minas e túneis (operações de corte, furação, desmonte, carregamentos e outras atividades exercidas no local do desmonte e britagem no subsolo).

Operações de extração, trituração e moagem de talco.

Fabricação de material refratário, como refratários para fôrmas, chaminés e cadinhos; recuperação de resíduos.

SUBSTÂNCIAS CANCERÍGENAS

(Alterado pela Portaria SSST n.14, de 20 de dezembro de 1995)

Para as substâncias ou processos as seguir relacionados, não deve ser permitida nenhuma exposição ou contato, por qualquer via:

— 4 — amino difenil (p-xenilamina);

— Produção de Benzidina;

— Betanaftilamina;

— 4 — nitrodifenil,

Entende-se por nenhuma exposição ou contato significa hermetizar o processo ou operação, através dos melhores métodos praticáveis de engenharia, sendo que o trabalhador deve ser protegido adequadamente de modo a não permitir nenhum contato com o carcinogênico.

Sempre que os processos ou operações não forem hermetizados, será considerada como situação de risco grave e iminente para o trabalhador.

Para o Benzeno, deve ser observado o disposto no anexo 13-A.

OPERAÇÕES DIVERSAS

Insalubridade de grau máximo

Operações com cádmio e seus compostos, extração, tratamento, preparação de ligas, fabricação e emprego de seus compostos, solda com cádmio, utilização em fotografia com luz ultravioleta, em fabricação de vidros, como antioxidante, em revestimentos metálicos, e outros produtos.

Operações com manganês e seus compostos: extração, tratamento, trituração, transporte de minério; fabricação de compostos de manganês, fabricação de pilhas secas, fabricação de vidros especiais, indústria de cerâmica e ainda outras operações com exposição prolongada à poeira de pirolusita ou de outros compostos de manganês. *(Excluído pela Portaria SNT n. 8, de 5 de outubro de 1992)*

Operações com as seguintes substâncias:

— Éter bis (cloro-metílico)

— Benzopireno

— Berílio

— Cloreto de dimetil-carbamila

— 3,3' — dicloro-benzidina

— Dióxido de vinil ciclohexano

— Epicloridrina

— Hexametilfosforamida

— 4,4' — metileno bis (2-cloro anilina)

— 4,4' — metileno dianilina

— Nitrosaminas

— Propano sultone

— Betapropiolactona

— Tálio

— Produção de trióxido de amônio ustulação de sulfeto de níquel.

Insalubridade de grau médio

Aplicação a pistola de tintas de alumínio.

Fabricação de pós de alumínio (trituração e moagem).

Fabricação de emetina e pulverização de ipeca.

Fabricação e manipulação de ácido oxálico, nítrico sulfúrico, bromídrico, fosfórico, pícrico.

Metalização a pistola.

Operações com o timbó.

Operações com bagaço de cana nas fases de grande exposição à poeira.

Operações de galvanoplastia: douração, prateação, niquelagem, cromagem, zincagem, cobreagem, anodização de alumínio.

Telegrafia e radiotelegrafia, manipulação em aparelhos do tipo Morse e recepção de sinais em fones.

Trabalhos com escórias de Thomás: remoção, trituração, moagem e acondicionamento.

Trabalho de retirada, raspagem a seco e queima de pinturas.

Trabalhos na extração de sal (salinas).

Fabricação e manuseio de álcalis cáusticos.

Trabalho em convés de navios. *(Revogado pela Portaria SSMT n. 12, de 6 de junho de 1983)*

Insalubridade de grau mínimo

Fabricação e transporte de cal e cimento nas fases de grande exposição a poeiras.

Trabalhos de carregamento, descarregamento ou remoção de enxofre ou sulfitos em geral, em sacos ou a granel.

ANEXO N. 13-A

(Incluído pela Portaria SSST n. 14, de 20 de dezembro de 1995)

Benzeno

1. O presente Anexo tem como objetivo regulamentar ações, atribuições e procedimentos de prevenção da exposição ocupacional ao benzeno, visando à proteção da saúde do trabalhador, visto tratar-se de um produto comprovadamente cancerígeno.

2. O presente Anexo se aplica a todas as empresas que produzem, transportam, armazenam, utilizam ou manipulam benzeno e suas misturas líquidas contendo 1% (um por cento) ou mais de volume e aquelas por elas contratadas, no que couber.

2.1. O presente Anexo não se aplica às atividades de armazenamento, transporte, distribuição, venda e uso de combustíveis derivados de petróleo.

3. Fica proibida a utilização do benzeno, a partir de 01 de janeiro de 1997, para qualquer emprego, exceto nas indústrias e laboratórios que:

a) o produzem;

b) o utilizem em processos de síntese química;

c) o empreguem em combustíveis derivados de petróleo;

d) o empreguem em trabalhos de análise ou investigação realizados em laboratório, quando não for possível sua substituição.

3.1. *(Revogado pela Portaria SIT n. 203, de 28 de janeiro de 2011)*

3.2. As empresas que utilizam benzeno em atividades que não as identificadas nas alíneas do item 3 e que apresentem inviabilidade técnica ou econômica de sua substituição deverão comprová-la quando da elaboração do Programa de Prevenção da Exposição Ocupacional ao Benzeno — PPEOB.

3.3. *(Revogado pela Portaria SIT n. 291, de 8 de dezembro de 2011)*

4. As empresas que produzem, transportam, armazenam, utilizam ou manipulam benzeno e suas misturas líquidas contendo 1% (um por cento) ou mais de volume devem cadastrar seus estabelecimentos no DSST. *(Alterado pela Portaria SIT n. 203, de 28 de janeiro de 2011)*

4.1. Para o cadastramento previsto no item 4, a empresa deverá apresentar ao DSST as seguintes informações: *(Alterado pela Portaria SIT n. 203, de 28 de janeiro de 2011)*

a) identificação da empresa (nome, endereço, CGC, ramo de atividade e Classificação Nacional de Atividade Econômica — CNAE);

b) número de trabalhadores por estabelecimento;

c) nome das empresas fornecedoras de benzeno, quando for o caso;

d) utilização a que se destina o benzeno;

e) quantidade média de processamento mensal;

f) documento-base do PPEOB. *(Inserida pela Portaria SIT n. 203, de 28 de janeiro de 2011)*

4.1.1. Somente serão cadastradas as instalações concluídas e aptas a operar. *(Inserido pela Portaria SIT n. 203, de 28 de janeiro de 2011)*

4.1.2. Para o cadastramento de empresas e instituições que utilizam benzeno apenas em seus laboratórios, processos de análise ou pesquisa, quando não for possível a sua substituição, a solicitação deve ser acompanhada de declaração assinada pelos responsáveis legal e técnico da empresa ou instituição, com justificativa sobre a inviabilidade da substituição. *(Alterado pela Portaria SIT n. 291, de 8 de dezembro de 2011)*

4.1.2.1. O PPEOB do laboratório de empresas ou instituições enquadradas no subitem 4.1.2 deve ser mantido à disposição da fiscalização no local de trabalho, não sendo necessário o seu encaminhamento para o Departamento de Segurança e Saúde no Trabalho — DSST. *(Alterado pela Portaria SIT n. 291, de 8 de dezembro de 2011)*

4.2. A comprovação de cadastramento deverá ser apresentada quando da aquisição do benzeno junto ao fornecedor.

4.3. As fornecedoras de benzeno só poderão comercializar o produto para empresas cadastradas.

4.4. As empresas constantes deverão manter, por 10 (dez) anos, uma relação atualizada das empresas por elas contratadas que atuem nas áreas incluídas na caracterização prevista no PPEOB, contendo:

— identificação da contratada;

— período de contratação;

— atividade desenvolvida;

— número de trabalhadores.

4.5. O cadastramento da empresa ou instituição poderá ser suspenso em caso de infração à legislação do benzeno, de acordo com os procedimentos previstos em portaria específica. *(Alterado pela Portaria SIT n. 203, de 28 de janeiro de 2011)*

4.6. As alterações de instalações que impliquem modificação na utilização a que se destina o benzeno e a quantidade média de processamento mensal devem ser informadas ao DSST, para fins de atualização dos dados de cadastramento da empresa. *(Alterado pela Portaria SIT n. 203, de 28 de janeiro de 2011)*

5. As empresas que produzem, transportam, armazenam, utilizam ou manipulam benzeno em suas misturas líquidas contendo 1% (um por cento) ou mais do volume devem apresentar ao DSST o documento-base do PPEOB, juntamente com as informações previstas no subitem 4.1. *(Alterado pela Portaria SIT n. 203, de 28 de janeiro de 2011)*

5.1. *(Revogado pela Portaria SIT n. 203, de 28 de janeiro de 2011)*

5.2. O PPEOB, elaborado pela empresa, deve representar o mais elevado grau de compromisso de sua diretoria com os princípios e diretrizes da prevenção da exposição dos trabalhadores ao benzeno devendo:

a) ser formalizado através de ato administrativo oficial do ocupante do cargo gerencial mais elevado;

b) ter indicação de um responsável pelo Programa que responderá pelo mesmo junto aos órgãos públicos, às representações dos trabalhadores específicas para o benzeno e ao sindicato profissional da categoria.

5.3. No PPEOB deverão estar relacionados os empregados responsáveis pela sua execução, com suas respectivas atribuições e competências.

5.4. O conteúdo do PPEOB deve ser aquele estabelecido pela Norma Regulamentadora n. 9 — Programa de Prevenção de Riscos Ambientais, com a redação dada pela Portaria n. 25, de 29.12.94, acrescido de:

— caracterização das instalações contendo benzeno ou misturas que o contenham em concentração maior do que 1% (um por cento) em volume;

— avaliação das concentrações de benzeno para verificação da exposição ocupacional e vigilância do ambiente de trabalho segundo a Instrução Normativa — IN n. 1;

— ações de vigilância à saúde dos trabalhadores próprios e de terceiros, segundo a Instrução Normativa — IN n. 2;

— descrição do cumprimento das determinações da Portaria e acordos coletivos referentes ao benzeno;

— procedimentos para o arquivamento dos resultados de avaliações ambientais previstas na IN n. 01 por 40 (quarenta) anos;

— adequação da proteção respiratória ao disposto na Instrução Normativa n. 01, de 11.4.94;

— definição dos procedimentos operacionais de manutenção, atividades de apoio e medidas de organização do trabalho necessárias para a prevenção da exposição ocupacional ao benzeno. Nos procedimentos de manutenção deverão ser descritos os de caráter emergencial, rotineiros e preditivos, objetivando minimizar possíveis vazamentos ou emissões fugitivas;

— levantamento de todas as situações onde possam ocorrer concentrações elevadas de benzeno, com dados qualitativos e quantitativos que contribuam para a avaliação ocupacional dos trabalhadores;

— procedimentos para proteção coletiva e individual dos trabalhadores, do risco de exposição ao benzeno nas situações críticas verificadas no item anterior, através de medidas tais como: organização do trabalho, sinalização apropriada, isolamento de área, treinamento específico, ventilação apropriada, proteção respiratória adequada e proteção para evitar contato com a pele;

— descrição dos procedimentos usuais nas operações de drenagem, lavagem, purga de equipamentos, operação manual de válvulas, transferências, limpezas, controle de vazamentos, partidas e paradas de unidades que requeiram procedimentos rigorosos de controle de emanação de vapores e prevenção de contato direto do trabalhador com o benzeno;

— descrição dos procedimentos e recursos necessários para o controle da situação de emergência, até o retorno à normalidade;

— cronograma detalhado das mudanças que deverão ser realizadas na empresa para a prevenção da exposição ocupacional ao benzeno e a adequação ao Valor de Referência Tecnológico;

— exigências contratuais pertinentes, que visem adequar as atividades de empresas contratadas à observância do Programa de contratante;

— procedimentos específicos de proteção para o trabalho do menor de 18 (dezoito) anos, mulheres grávidas ou em período de amamentação.

6. Valor de Referência Tecnológico — VRT se refere à concentração de benzeno no ar considerada exequível do ponto de vista técnico, definido em processo de negociação tripartite. O VRT deve ser considerado como referência para os programas de melhoria contínua das condições dos ambientes de trabalho. O cumprimento do VRT é obrigatório e não exclui risco à saúde.

6.1. O princípio da melhoria contínua parte do reconhecimento de que o benzeno é uma substância comprovadamente carcinogênica, para a qual não existe limite seguro de exposição. Todos os esforços devem ser dispendidos continuamente no sentido de buscar a tecnologia mais adequada para evitar a exposição do trabalhador ao benzeno.

6.2. Para fins de aplicação deste Anexo, é definida uma categoria de VRT.

VRT-MPT que corresponde à concentração média de benzeno no ar ponderada pelo tempo, para uma jornada de trabalho de 8 (oito) horas, obtida na zona de respiração dos trabalhadores, individualmente ou de Grupos Homogêneos de Exposição — GHE, conforme definido na Instrução Normativa n. 1.

6.2.1 Os valores Limites de Concentração — LC a serem utilizados na IN n. 1, para o cálculo do Índice de Julgamento "I", são os VRT-MPT estabelecidos a seguir.

7. Os valores estabelecidos para os VRT-MPT são:

— 1,0 (um) ppm para as empresas abrangidas por este Anexo (com exceção das empresas siderúrgicas, as produtoras de álcool anidro e aquelas que deverão substituir o benzeno a partir de 1º.1.97).

— 2,5 (dois e meio) ppm para as empresas siderúrgicas.

7.1. O Fator de Conversão da concentração de benzeno de ppm para mg/m^3 é: 1ppm = 3,19 mg/m^3 nas condições de 25º C, 101 kPa ou 1 atm.

7.2. Os prazos de adequação das empresas aos referidos VRT-MPT serão acordados entre as representações de trabalhadores, empregadores e de governo.

7.3. Situações consideradas de maior risco ou atípicas devem ser obrigatoriamente avaliadas segundo critérios de julgamento profissional que devem estar especificados no relatório da avaliação.

7.4. As avaliações ambientais deverão seguir o disposto na Instrução Normativa n. 01 "Avaliação das Concentrações de Benzeno em Ambientes de Trabalho".

8. Entende-se como Vigilância da Saúde o conjunto de ações e procedimentos que visam à detecção, o mais precocemente possível, de efeitos nocivos induzidos pelo benzeno à saúde dos trabalhadores.

8.1. Estas ações e procedimentos deverão seguir o disposto na Instrução Normativa n. 02 sobre "Vigilância da Saúde dos Trabalhadores na Prevenção da Exposição Ocupacional ao Benzeno."

9. As empresas abrangidas pelo presente Anexo, e aquelas por elas contratadas quando couber, deverão garantir a constituição de representação específica dos trabalhadores para o benzeno objetivando a acompanhar a elaboração, implantação e desenvolvimento do Programa de Prevenção da Exposição Ocupacional ao Benzeno.

9.1. A organização, constituição, atribuições e treinamento desta representação serão acordadas entre as representações dos trabalhadores e empregadores.

10. Os trabalhadores das empresas abrangidas pelo presente Anexo, e aquelas por elas contratadas, com risco de exposição ao benzeno, deverão participar de treinamento sobre os cuidados e as medidas de prevenção.

11. As áreas, recipientes, equipamentos e pontos com risco de exposição ao benzeno deverão ser sinalizadas com os dizeres — "Perigo: Presença de Benzeno — Risco à Saúde" e o acesso a estas áreas deverá ser restringido às pessoas autorizadas.

12. A informação sobre os riscos do benzeno à saúde deve ser permanente, colocando-se à disposição dos trabalhadores uma "Ficha de Informações de Segurança sobre Benzeno", sempre atualizada.

13. Será de responsabilidade dos fornecedores de benzeno, assim como dos fabricantes e fornecedores de produtos contendo benzeno, a rotulagem adequada, destacando a ação cancerígena do produto, de maneira facilmente compreensível pelos trabalhadores e usuários, incluindo obrigatoriamente instrução de uso, riscos à saúde e doenças relacionadas, medidas de controle adequadas, em cores contrastantes, de forma legível e visível.

14. Quando da ocorrência de situações de emergência, situação anormal que pode resultar em uma imprevista liberação de benzeno que possa exceder o VRT-MPT, devem ser adotados os seguintes procedimentos:

a) após a ocorrência de emergência, deve-se assegurar que a área envolvida tenha retornado à condição anterior através de monitorizações sistemáticas. O tipo de monitorização deverá ser avaliado dependendo da situação envolvida;

b) caso haja dúvidas das condições das áreas, deve-se realizar uma bateria padronizada de avaliação ambiental nos locais e dos grupos homogêneos de exposição envolvidos nestas áreas;

c) o registro da emergência deve ser feito segundo o roteiro que se segue: — descrição da emergência — descrever as condições em que a emergência ocorreu indicando:

— atividade; local, data e hora da emergência;

— causas da emergência;

— planejamento feito para o retorno à situação normal;

— medidas para evitar reincidências;

— providências tomadas a respeito dos trabalhadores expostos.

15. Os dispositivos estabelecidos nos itens anteriores, decorrido o prazo para sua aplicação, são de autuação imediata, dispensando prévia notificação, enquadrando-se na categoria "I-4", prevista na NR-28.

OPERAÇÕES DIVERSAS

Insalubridade de grau máximo

Operações com cádmio e seus compostos:

— extração, tratamento, preparação de ligas, fabricação e emprego de seus compostos, solda com cádmio, utilização em fotografia com luz ultravioleta, em fabricação de vidros, como antioxidante em revestimentos metálicos, e outros produtos.

Operações com as seguintes substâncias:

— éterbis (cloro-metílico);

— benzopireno;

— berílio;

— cloreto de dimetil-carbamila;

— 3,3' — dicloro-benzidina;

— dióxido de venil ciclohexano;

— epicloridrina;

— hexametilfosforamida;

— 4,4' — metileno bis (2-cloro anilina);

— 4,4' — metileno dianilina;

— nitrosaminas;

— propano sultone;

— beta-propiolactona; e

— tálio.

Produção de trióxido de amônio — ustulação de sulfeto de níquel.

Insalubridade de grau médio

Aplicação a pistola de tintas de alumínio.

Fabricação de pós de alumínio (trituração e moagem).

Fabricação de emetina e pulverização de ipeca.

Fabricação e manipulação de ácido oxálico, nítrico e sulfúrico, bromídrico, fosfórico, pícrico.

Metalização a pistola.

Operações com bagaço de cana nas fases de grande exposição à poeira.

Operações com o timbó.

Operações de galvanoplastia: douração, prateação, niquelagem, cromagem, zincagem, cobreagem, anodização de alumínio.

Telegrafia e radiotelegrafia, manipulação em aparelhos do tipo Morse e recepção de sinais em fones.

Trabalhos com escórias de Thomas: remoção, trituração, moagem e acondicionamento.

Trabalho de retirada, raspagem a seco e queima de pinturas.

Trabalhos na extração de sal (salinas).

Fabricação e manuseio de álcalis cáusticos.

Insalubridade de grau mínimo

Fabricação e transporte de cal e cimento nas fases de grande exposição à poeira.

Trabalhos de carregamento, descarregamento ou remoção de enxofre ou sulfitos em geral, em sacos ou granel.

AGENTES BIOLÓGICOS

(Revogado pela Portaria SSST n. 12, de 12 de novembro de 1979)

ANEXO N. 14

(Aprovado pela Portaria SSST n. 12, de 12 de novembro de 1979)

AGENTES BIOLÓGICOS

Relação das atividades que envolvem agentes biológicos, cuja insalubridade é caracterizada pela avaliação qualitativa.

Insalubridade de grau máximo

Trabalho ou operações, em contato permanente com:

— pacientes em isolamento por doenças infecto-contagiosas, bem como objetos de seu uso, não previamente esterilizados;

— carnes, glândulas, vísceras, sangue, ossos, couros, pêlos e dejeções de animais portadores de doenças infectocontagiosas (carbunculose, brucelose, tuberculose);

— esgotos (galerias e tanques); e

— lixo urbano (coleta e industrialização).

Insalubridade de grau médio

Trabalhos e operações em contato permanente com pacientes, animais ou com material infecto-contagiante, em:

— hospitais, serviços de emergência, enfermarias, ambulatórios, postos de vacinação e outros estabelecimentos destinados aos cuidados da saúde humana (aplica-se unicamente ao pessoal que tenha contato com os pacientes, bem como aos que manuseiam objetos de uso desses pacientes, não previamente esterilizados);

— hospitais, ambulatórios, postos de vacinação e outros estabelecimentos destinados ao atendimento e tratamento de animais (aplica-se apenas ao pessoal que tenha contato com tais animais);

— contato em laboratórios, com animais destinados ao preparo de soro, vacinas e outros produtos;

— laboratórios de análise clínica e histopatologia (aplica-se tão só ao pessoal técnico);

— gabinetes de autópsias, de anatomia e histoanatomopatologia (aplica-se somente ao pessoal técnico);

— cemitérios (exumação de corpos);

— estábulos e cavalariças; e

— resíduos de animais deteriorados.

GRAUS DE INSALUBRIDADE

Anexo	Atividades e Operações que exponham o trabalhador a:	Percentual
1	Níveis de ruído contínuo ou intermitente superiores aos limites de tolerância fixados no Quadro constante do Anexo n. 1 e no item 6 do mesmo Anexo	20%
2	Níveis de ruído de impacto superiores aos limites de tolerância fixados nos itens 2 e 3 do Anexo n. 2	20%
3	Exposição ao calor com valores de IBUTG superiores aos limites de tolerância fixados nos Quadros 1 e 2	20%
4	*(Revogado pela Portaria n. 3.751, de 23.11.1990)*	
5	Níveis de radiações ionizantes com radioatividade superior aos limites de tolerância fixados neste Anexo	40%
6	Ar comprimido	40%
7	Radiações não ionizantes consideradas insalubres em decorrência de inspeção realizada no local de trabalho	20%
8	Vibrações consideradas insalubres em decorrência de inspeção realizada no local de trabalho	20%
9	Frio considerado insalubre em decorrência de inspeção realizada no local de trabalho	20%
10	Umidade considerada insalubre em decorrência de inspeção realizada no local de trabalho	20%
11	Agentes químicos cujas concentrações sejam superiores aos limites de tolerância fixados no Quadro 1	10%, 20% e 40%
12	Poeiras minerais cujas concentrações sejam superiores aos limites de tolerância fixados neste Anexo	40%
13	Atividades ou operações, envolvendo agentes químicos, consideradas insalubres em decorrência de inspeção realizada no local de trabalho	10%, 20% e 40%
14	Agentes biológicos	20% e 40%

Capítulo 16

ATIVIDADES E OPERAÇÕES PERIGOSAS

Preliminarmente, três conceitos básicos merecem ser lembrados para a compreensão da temática central deste capítulo:

- Perigo — corresponde à capacidade ou qualidade específica de determinados materiais, equipamentos, métodos ou condições de trabalho serem potencialmente causadores de danos.
- Risco — corresponde à possibilidade, maior ou menor, de o trabalhador sofrer danos em sua integridade física ou em sua saúde, em face de exposição a perigo existente no ambiente de trabalho.
- Periculoso ou Perigoso — é um adjetivo que expressa a qualidade daquilo "que causa ou ameaça perigo", "em que há perigo". Em termos ocupacionais, deve-se entender como periculosa a exposição do trabalhador a condições ambientais de trabalho que, em condições de risco acentuado, sejam possíveis de causar danos consideráveis à integridade física do trabalhador.

É por demais sabido que o ordenamento jurídico brasileiro dedica especial atenção à segurança e saúde no trabalho, tanto assim que nossa Carta Magna, em seu art. 7º, incisos XXII, XXIII e XXXIII, assegurou aos trabalhadores urbanos e rurais brasileiros, as seguintes garantias constitucionais pertinentes à temática em apreço:

- Redução dos riscos inerentes ao trabalho por meio de normas de saúde, higiene e segurança;
- Percepção de adicional de remuneração para as atividades penosas, insalubres ou perigosas, na forma da lei;
- Proibição de trabalho noturno, perigoso ou insalubre aos menores de dezoito e de qualquer trabalho a menores de dezesseis anos, salvo na condição de aprendiz, a partir de quatorze anos.

De se destacar, mais, que os citados dispositivos constitucionais servem de referência maior na superação de controvérsias jurídicas específicas; daí por que, o disciplinamento da periculosidade, tanto pela via da legislação ordinária quanto pelas normas regulamentadoras de segurança e saúde no trabalho, deve guardar-lhe respeito, em observância ao Princípio da Hierarquia das Leis, de há muito consagrado na hermenêutica jurídica pátria.

No plano infraconstitucional, impõe-se observar que nossa legislação ordinária disciplina a temática da insalubridade e da periculosidade por intermédio dos arts. 189 a 197 da Consolidação das Leis do Trabalho (CLT); ditos dispositivos do Estatuto Obreiro são anteriores à promulgação da Constituição da Primavera e foram por ela recepcionados em sua essência. De se lamentar, porém, que desde 5.10.1988 (data da promulgação da CF-1988) estejamos no aguardo de uma definição legal do que seja atividade penosa e qual o valor do correspondente adicional de penosidade, ante a inércia do Congresso Nacional e do Poder Executivo brasileiros na promulgação de uma lei ordinária que faça valer o mandamento Constitucional que assegura esse *plus* salarial aos trabalhadores urbanos e rurais brasileiros (art. 7º, inciso XXIII, da CF-1988).

Além dos citados arts. 189 a 197 da CLT, há outros dispositivos legais que disciplinam a insalubridade e a periculosidade para situações específicas, senão vejamos:

- Art. 14 da Lei n. 4.860, de 26.11.1965 (adicional de risco único para os trabalhadores Portuários).
- Art. 16 da Lei n. 7.394, de 29.10.1985 (adicional de risco único para os profissionais Técnicos em Radiologia).
- Art. 68 a 70 da Lei n. 8.122, de 11.12.1990, e Art. 12 da Lei n. 8.270, de 17.12.1991 (adicional de insalubridade e periculosidade para os Servidores Públicos Federais).
- Art. 6º da Lei n. 11.901, de 12.1.2009 (adicional de periculosidade para o profissional Bombeiro Civil).

No tocante ao Trabalhador Portuário, atente-se que o art. 14 da Lei n. 4.860, de 26.11.1965 (*vide* Fundamentos Jurídicos deste Capítulo), instituiu o Adicional de Risco Portuário no importe de 40% (quarenta por cento) a incidir sobre o valor do salário-hora do portuário, objetivando remunerar esse profissional em face de sua possível exposição simultânea a riscos nocivos à saúde (insalubre) e à integridade física (periculoso), normalmente presentes no ambiente portuário.

Da mesma forma, para os Técnicos em Radiologia (Operadores de Raio X), os arts. 1º e 16 da Lei n. 7.394, de 29.10.1985, asseguram o adicional de risco único (insalubridade e periculosidade), ou seja, o adicional de risco radiológico, correspondente a 40% (quarenta por cento) incidente sobre o salário profissional do técnico em radiologia, como compensação pela exposição aos riscos que podem afetar a saúde (insalubre) e a integridade física (periculoso); além de também ser garantido, extraordinariamente, a esses profissionais o direito ao usufruto de férias semestrais de vinte dias.

Segundo disposto nos arts. 68 e 70 da Lei n. 8.112/1990 e no art. 12 da Lei n. 9.270/1991, os Servidores Públicos Civis da União, das Autarquias e das Fundações Públicas Federais, que trabalhem com habitualidade em locais insalubres ou em contato permanente com substâncias tóxicas, radioativas ou com risco de vida, fazem jus a um adicional incidente sobre o vencimento do cargo efetivo e observados os seguintes percentuais:

- cinco, dez e vinte por cento, no caso de insalubridade, respectivamente, nos graus mínimo, médio e máximo;
- dez por cento, no caso de periculosidade;
- cinco, dez e vinte por cento, no caso de irradiação ionizante e conforme se dispuser em regulamento;
- dez por cento, no caso de trabalhos com Raios X ou substâncias radioativas.

Respeitados a base de cálculo e os percentuais dos adicionais de insalubridade e de periculosidade devidos aos servidores públicos federais, nos termos retroexplicitados, cabe destacar que a caracterização da insalubridade e da periculosidade, deverá ser feita mediante perícia técnica realizada, indistintamente, por Engenheiro de Segurança do Trabalho ou Médico do Trabalho, observadas as demais disposições contidas nos arts. 189 a 197 da Consolidação das Leis do Trabalho e nas duas normas regulamentadoras específicas: NR-15 (Atividades e Operações Insalubres) e NR-16 (Atividades e Operações Perigosas), no tocante à metodologia de avaliação, à tipificação e à caracterização dos agentes insalubres e periculosos ali consubstanciados.

Oportuno lembrar, também, que especificamente em relação aos servidores públicos federais, submetidos ao Regime Jurídico Único de que trata a Lei n. 8.112, de 11.12.1990, o art. 71 da citada Lei expressamente assegura a percepção do Adicional de Penosidade para os servidores em exercício em zonas de fronteira ou em localidades cujas condições de vida o justifiquem, nos termos, condições e limites fixados em regulamento próprio.

Acerca das atividades sujeitas à Irradiação Ionizante, convém observar que o Decreto n. 877, de 20.7.1993, ao regulamentar a concessão desse adicional aos servidores públicos federais, estipulou que as atividades envolvendo as fontes de irradiação ionizante, compreendem desde a produção, manipulação, utilização, operação, controle, fiscalização, armazenamento, processamento, transportes até a respectiva deposição, bem como as demais situações definidas como de emergência radiológica.

É comum, na prática laboral, o empregado ficar exposto simultaneamente a agentes nocivos à saúde e à integridade física; noutras palavras, exercer atividades insalubres e periculosas ao mesmo tempo; todavia, cabe lembrar que o § 2º do art. 193 da CLT expressamente veda a percepção cumulativa desses dois adicionais. Malgrado o citado dispositivo Consolidado sinalize que ao trabalhador é devida a opção pelo adicional que deseja perceber, convém ser dito que eventual opção pelo adicional de menor valor monetário será tida como obtida sob coação patronal e, portanto, nula de pleno direito, em homenagem ao Princípio da Irrenunciabilidade de Direitos que norteia nosso Direito Laboral. Em síntese, configurada a dupla exposição nociva, insalubre ou periculosa, o trabalhador fará jus apenas ao adicional de maior valor monetário, seja insalubridade ou periculosidade.

Eliminados ou neutralizados os agentes periculosos do ambiente de trabalho, certamente o empregador estará desobrigado do pagamento do adicional de periculosidade, sem qualquer ofensa a direito adquirido, mesmo em relação aos trabalhadores que por vários anos seguidos vinham percebendo tal verba, tanto assim que nosso estatuto obreiro, em seu art. 194, expressamente autoriza dita supressão de pagamento. Este entendimento, por sinal, já se encontra sumulado em verbete específico do Colendo Tribunal Superior do Trabalho (Súmula TST n. 248) para situação análoga (adicional de insalubridade). Convém lembrar, mais, que os adicionais de insalubridade e de periculosidade foram instituídos como forma de penalizar financeiramente o empregador, de modo a forçá-lo a adotar as adequadas medidas de proteção em seu ambiente de trabalho e, assim, propiciar a seus empregados um local de trabalho seguro e sadio, que é o objetivo final da segurança e da saúde no trabalho, até para fazer valer o já consagrado Princípio Constitucional de Minimização dos Riscos Ambientais insculpido no art. 7º, inciso XXII, de nossa Lei das Leis. Destarte, não seria justa a continuidade de tal encargo para o empregador, quando este adotou as medidas preventivas adequadas, sob pena de lhe faltar estímulo para investir na melhoria das condições ambientais de trabalho.

Na seara jurisprudencial, é conveniente chamar a atenção do leitor para a existência de súmulas de jurisprudência aprovadas pelo Excelso Supremo Tribunal Federal (STF) e pelo Colendo Tribunal Superior do Trabalho (TST) sobre a temática da periculosidade. Malgrado o entendimento jurisprudencial sumulado não possua força de lei e, portanto, sua observância não se faça obrigatória por parte dos demais Tribunais ou Juízes, exceção feita às Súmulas Vinculantes editadas pelo STF, não se pode negar sua importância na hermenêutica jurídica; até porque, no âmbito do Direito do Trabalho, o legislador escolheu a Jurisprudência como a primeira via de integração da norma jurídica. Especificamente em relação às Orientações Jurisprudenciais (OJs) do TST, há de se observar que elas podem ser tidas como "embrião de súmula de jurisprudência"; afinal de contas, não são poucas as OJs já transformadas em súmulas de jurisprudência. Conveniente observar que os entendimentos jurisprudenciais sintetizados pelas duas Altas Cortes de Justiça citadas e pertinentes à temática em apreço, encontram-se devidamente reproduzidos nos Fundamentos Jurídicos deste Capítulo.

Quanto aos dispositivos legais de nosso Código Obreiro que tratam especificamente da periculosidade, convém registrar que o art. 193 da CLT expressamente conceitua atividades e operações perigosas como sendo aquelas que, de acordo com regulamentação do Ministério do Trabalho e Emprego, impliquem risco acentuado em virtude de exposição permanente do trabalhador a três agentes nocivos à integridade física: inflamáveis; explosivos; e energia elétrica; assim como pelo exercício de duas situações específicas: sujeição dos vigilantes a roubos ou a outras espécies de violência física no exercício de suas atividades profissionais de segurança pessoal ou patrimonial e o trabalho com utilização de motocicletas no trânsito brasileiro.

Num breve retrospecto histórico, cabe recordar que, desde o advento da Lei n. 6.514, de 22.12.1977, modificadora dos artigos do texto original da Consolidação das Leis do Trabalho e que tratam especificamente sobre segurança e saúde no trabalho (arts. 154 a 201 da CLT), os explosivos e os inflamáveis eram as duas únicas substâncias ou agentes legalmente possíveis de caracterizar a periculosidade. Somente com o advento da Lei n. 7.369, de 20.9.1985, configurou-se no mundo jurídico-laboral o terceiro agente periculoso, a energia elétrica. Todavia, a promulgação da Lei n. 12.740, de 8.12.2012, a par de propiciar uma nova redação ao art. 193 da CLT, manteve a periculosidade decorrente de explosivos e inflamáveis e passou a considerar, como igualmente periculosa a exposição aos riscos de contato com a energia elétrica, antes prevista na revogada Lei n. 7.369/1985.

Outrossim, a Lei n. 12.740/2012 inovou mais ainda, na medida em que instituiu a quarta possibilidade de exposição legalmente periculosa, qual seja, a sujeição dos Vigilantes a roubos ou outras espécies de violência física no exercício de suas atividades profissionais de segurança pessoal ou patrimonial. Posteriormente, a Lei n. 12.997, de 18.6.2014, acresceu ao art. 193 da CLT a quinta possibilidade legal do exercício periculoso, a saber, as atividades do empregado que faz uso de Motocicleta em serviço no trânsito brasileiro.

Uma controvérsia jurídica bastante interessante diz respeito à tipificação da exposição às Radiações Ionizantes como exercício periculoso, nos simples termos da Portaria MTb n. 3.393, de 17.12.1987.

Consoante explicitado no capítulo anterior, é fora de dúvidas que a exposição às radiações ionizantes legalmente possibilita a caracterização do exercício insalubre de grau máximo, *ex vi* do art. 189 da CLT e do Anexo 5 (Radiações Ionizantes) da NR-15 (Atividades e Operações Insalubres). Todavia, quanto à tipificação desse agente nocivo à saúde como a sexta possibilidade de exercício periculoso, entendemos, *data venia*, que dito enquadramento ministerial revela-se flagrantemente inconstitucional. Nesse sentido, vale recordar que o inciso XXIII do art. 7º de nossa Carta Magna, ao assegurar aos trabalhadores urbanos e rurais brasileiros o adicional de remuneração para as atividades penosas, insalubres ou perigosas, expressamente condicionou esse direito aos termos da lei; entendendo-se como tal a norma jurídica emanada do Poder Legislativo. No caso das radiações ionizantes, é inconteste a inexistência de lei ordinária específica que lhe dê o indispensável suporte de legalidade; posto que instituída a tipificação periculosa por meio de mero ato administrativo (portaria ministerial), sabidamente uma norma jurídica infralegal e que, por conseguinte, não tem o condão de criar direitos, mas apenas regulamentar o direito quando expressamente por lei específica que, *in casu*, sabidamente não existe.

Despiciendo lembrar que a Lei é a verdadeira fonte de nosso Direito, tanto assim que o Constituinte de 1988 consagrou o Princípio Constitucional da Legalidade, ao apregoar que ninguém será obrigado a fazer ou deixar de fazer alguma coisa senão em virtude de lei (inciso II do art. 5º da CF-1988).

A propósito, o próprio Ministério do Trabalho e Emprego parece ter plena consciência dessa ilegalidade em tese, tanto assim que, anos após, editou a Portaria MTE n. 496, de 11.12.2002, reconhecendo expressamente a ilegalidade do enquadramento das radiações ionizantes como agente periculoso por meio da indigitada Portaria MTb n. 3.393, de 17.12.1987, e, expressamente, a revogou. Não obstante a citada Portaria MTE n. 496/2002 possuiu vida efêmera (pouco menos de quatro meses), eis que fora precocemente revogada em face da edição da Portaria MTE n. 518, de 4.4.2003, que voltou a caracterizar, sob a ótica ministerial, as radiações ionizantes como sendo também um agente periculoso, incidindo, a nosso ver, no mesmo vício de ilegalidade que havia contaminado, *ab initio*, a Portaria MTb n. 3.393, de 17.12.1987.

Certamente, o "enquadramento" das radiações ionizantes como atividades perigosas deve ser tido como inconstitucional, pois uma portaria ministerial desprovida de suporte legal específico, por mais bem intencionada que seja, configura ato administrativo nulo e, como tal, não pode produzir efeitos válidos no mundo jurídico. Registre-se que não desconhecemos a potencialidade periculosa das radiações ionizantes, sob o aspecto essencialmente técnico; daí por que, incumbe ao Ministério do Trabalho e Emprego, nos limites da lei, adotar todas as medidas preventivas em relação aos trabalhadores a ela expostos. Todavia, nem de longe há de se cogitar que a instituição de adicional de periculosidade, à margem da lei, possa vir a ser considerada uma medida preventiva, pois a nocividade de um agente físico independe do fato de o trabalhador perceber ou não adicional de periculosidade.

Abreviadamente, até que o enquadramento das radiações ionizantes como agente periculoso aconteça pela indispensável via legislativa, vislumbra-se acoimado de ilegalidade seu enquadramento por meros atos administrativos, tanto no caso da primeira Portaria MTb n. 3.393, de 17.12.1987, quanto nos termos da atual Portaria MTE n. 518, de 4.4.2003.

Noutro compasso, admitir-se a competência plena e legal do Ministério do Trabalho e Emprego para instituir e definir os agentes periculosos, além daqueles expressamente definidos por lei, nos remete a uma indagação: decorridos vinte e sete anos da promulgação de nossa Lei Fundamental, por que esse mesmo MTE não definiu até hoje quais são as atividades e operações penosas e fixou o valor do correspondente adicional de penosidade? Certamente, o mesmo impeditivo Constitucional (inciso XXIII do art. 7º da CF-1988) para definir as atividades penosas igualmente proíbe o citado órgão administrativo de, à revelia de lei específica, enquadrar as radiações ionizantes como atividades perigosas, por meio de simples portaria ministerial.

Surpreendentemente, porém, o Colendo Tribunal Superior do Trabalho, pela sua Seção de Dissídios Individuais, na data de 22.6.2005, entendeu por bem editar uma Orientação Jurisprudencial (OJ-SDI-TST n. 345), reconhecendo como válida a caracterização da exposição perigosa às radiações ionizantes, nos termos efetuados pelo MTE; não obstante, e com o devido respeito que merece esse posicionamento jurisprudencial, acreditamos que tal entendimento jamais será convertido em súmula de jurisprudência, caso venha a ser prudentemente analisada pelo Pleno do Colendo Tribunal Superior do Trabalho.

Outrossim, temos a firme convicção no sentido de que, caso essa controvérsia jurídica seja levada a exame pelo Excelso Supremo Tribunal Federal, pela via recursal própria, provavelmente o Intérprete Maior da Constituição Federal brasileira não terá maiores dificuldades em reconhecer a inconstitucionalidade do equivocado enquadramento ministerial que considerou as radiações ionizantes como atividades periculosas, à míngua de lei específica e em flagrante violação à parte final explicitada no inciso XXIII do art. 7º de nossa Carta Magna.

Por último, um dado histórico a respeito: a Portaria MTb n. 3.393, de 17.12.1987, foi editada, *maxima venia*, como ato administrativo circunstancial e casuístico, em face do famoso acidente com o "Césio 137 em Goiânia", que propiciou uma verdadeira comoção social no país, pelas nefastas consequências provocadas pelo infortúnio causado em uma oficina de ferro velho que, inadvertidamente, rompeu uma cápsula selada da citada substância radioativa e provocou algumas mortes; porém, o respeito à ordem jurídica, em nosso modesto entendimento, há de prevalecer, sempre e em qualquer hipótese.

Resumindo, afirmamos que o reconhecimento legal do exercício periculoso somente tem razão de ser para as substâncias ou atividades expressamente tipificadas como perigosas, nos termos do art. 193 da CLT (explosivos, inflamáveis, energia elétrica, trabalho de vigilância e trabalho com motocicletas). Nesse sentido, vale a pena observar o QUADRO-RESUMO DE ATIVIDADES PERICULOSAS SEGUNDO A CLT, por nós elaborado e reproduzido no Módulo Complementar deste Capítulo.

Igualmente, é conveniente lembrar a existência de outras espécies legais de atividades consideradas periculosas especificamente para categorias ou atividades que possuem legislação própria, nos termos já reportados: Lei n. 4.860 de 26.11.1965 (Portuários); Lei n. 7.394 de 29.10.1985 (Técnicos em Radiologia); Lei n. 8.112 de 11.12.1990 e Lei n. 8.270 de 17.12.1991 (servidores públicos federais); e, Lei n. 11.901 de 12.1.2009 (Bombeiro Civil). Observe-se, a propósito, o QUADRO-RESUMO DE ATIVIDADES PERICULOSAS PREVISTAS EM LEIS ESPECIAIS, por nós elaborado e reproduzido no Módulo Complementar deste Capítulo.

A décima sexta norma preventiva de segurança e saúde no trabalho conceitua e especifica as atividades, operações e agentes tidos como perigosos, estipulando as situações que, vivenciadas pelos trabalhadores nos ambientes de trabalho, ensejam a caracterização do exercício periculoso, indica os métodos de realização das avaliações de insalubridade, assim como os meios de proteger adequadamente os trabalhadores das exposições que colocam em risco sua integridade física, objetivando a eliminação ou a neutralização desses riscos profissionais dos ambientes de trabalho. Em termos ocupacionais, entende-se como periculosa a exposição do trabalhador a condições ambientais de trabalho que, em condições de risco acentuado, sejam possíveis de causar danos consideráveis à integridade física do trabalhador.

A NR-16 (Atividades e Operações Perigosas), com a redação dada pela Portaria MTb-GM n. 3.214, de 8.6.1978, e devidamente atualizada até a edição da Portaria MTE-GM n. 595, de 7.5.2015, apresenta suas recomendações técnico-preventivas, de forma sequenciada e agrupada em oito Tópicos (16.1 a 16.8), além de conter seis Anexos, vários Quadros e um Glossário. É nessa norma que estão especificados os diversos agentes que colocam em risco a integridade física do trabalhador em condições tais suficientes a ensejar-lhes o pagamento do correspondente adicional de periculosidade. O resumo esquemático a seguir apresentado propicia uma visão global da NR-16:

RESUMO ESQUEMÁTICO DA NR-16:

➢ **Itens 16.1 a 16.8** — DISPOSIÇÕES GERAIS ATINENTES ÀS ATIVIDADES E OPERAÇÕES PERIGOSAS.

➢ **Anexo 1** — ATIVIDADES E OPERAÇÕES PERIGOSAS COM EXPLOSIVOS.

- **Quadro n. 1** — Atividades e Operações Perigosas com Explosivos que ensejam aos trabalhadores o adicional de 30% do salário básico.
- **Quadro n. 2** — Área de Risco na Armazenagem de Pólvoras Químicas, Artifícios Pirotécnicos e Produtos Químicos.
- **Quadro n. 3** — Área de Risco na Armazenagem de Explosivos Iniciadores.
- **Quadro n. 4** — Área de Risco na Armazenagem de Explosivos de Ruptura e Pólvoras Mecânicas (Pólvoras Negra, Chocolate ou Parda).

➢ **Anexo 2** — ATIVIDADES E OPERAÇÕES PERIGOSAS COM INFLAMÁVEIS.

- **Item n. 1** — Atividades e Operações Perigosas com Explosivos que ensejam aos trabalhadores expostos o adicional de 30% do salário básico.
- **Item n. 2** — Diversas Conceituações Técnicas para fins da NR-16.
- **Item n. 3** — Áreas de Risco nas Atividades e Operações Perigosas com Inflamáveis Líquidos e Gasosos.
- **Item n. 4** — Situações que Não Caracterizam a Periculosidade para fins de Adicional.
- **Quadro n. 1** — Capacidade Máxima para Embalagens de Líquidos Inflamáveis.
- **Glossário.**

➢ **Anexo 3** — ATIVIDADES E OPERAÇÕES PERIGOSAS COM EXPOSIÇÃO A ROUBOS OU OUTRAS ESPÉCIES DE VIOLÊNCIA FÍSICA NAS ATIVIDADES PROFISSIONAIS DE SEGURANÇA PESSOAL OU PATRIMONIAL.

- **Item n. 2** — Quadro Descritivo das Atividades/Operações Periculosas no Exercício das Atividades de Vigilância.

➢ **Anexo 4** — ATIVIDADES E OPERAÇÕES PERIGOSAS COM ENERGIA ELÉTRICA.

- **Quadro I:** Atividades Perigosas/Áreas de Risco em face da Energia Elétrica.

➢ **Anexo 5** — ATIVIDADES PERIGOSAS EM MOTOCICLETA.

➢ **Anexo *** — ATIVIDADES E OPERAÇÕES PERIGOSAS COM RADIAÇÕES IONIZANTES OU SUBSTÂNCIAS RADIOTIVAS.

- Quadro de Atividades/Área de Risco em face das Radiações Ionizantes ou Substâncias Radioativas.

Explosivos, em termos ocupacionais, são substâncias ou materiais que, quando submetidos a transformações químicas, produzem calor intenso e pressões elevadas, sendo que a sensibilidade explosiva e a rapidez de sua propagação determinarão se a explosão será considerada detonação ou deflagração. A propósito, detonação corresponde à modalidade de explosão na qual a expansão dos gases é muito superior à velocidade do som e se propaga rapidamente, enquanto na deflagração a transformação química ocorre de uma forma mais lenta; ou seja, na deflagração a velocidade de expansão dos gases é igual ou inferior à velocidade de propagação do som no ar. São exemplos de explosivos: dinamite, nitroglicerina, nitrocelulose, espoletas e pólvora negra.

Observe-se que os preceitos de segurança, propriamente ditos e atinentes a explosivos, são objetos da norma regulamentadora NR-19 (Explosivos) e serão abordados no Capítulo 19 (Explosivos) deste livro. Nesse sentido, cabe observar que a atual décima nona norma regulamentadora de segurança e saúde no trabalho, com a redação que lhe foi dada pela Portaria SIT-MTE n. 228, de 23.5.2011, apresenta a seguinte conceituação inicial: "Para fins desta Norma (NR-19), considera-se explosivo material ou substância que, quando iniciada, sofre decomposição muito rápida em produtos mais estáveis, com grande liberação de calor e desenvolvimento súbito de pressão".

Conforme antes enfatizado, a temática de atividades e operações perigosas com explosivos está sendo ora analisada, basicamente, com o fito de tipificar a exposição periculosa para fins de pagamento do adicional de periculosidade no importe de 30% (trinta por cento) a incidir sobre o salário básico do trabalhador, sem os acréscimos resultantes de gratificações, prêmios ou participações nos lucros da empresa, na forma bem explicitada no § 1º do art. 193 Consolidado.

- O Anexo 1 (Atividades e Operações Perigosas com Explosivos) da NR-16 (Atividades e Operações Perigosas) define que são consideradas atividades e operações perigosas as executadas com explosivos sujeitos à degradação química ou autocatalítica, ou à ação de agentes exteriores, tais como calor, umidade, faíscas, fogo, fenômenos sísmicos, choque e atritos.

De forma mais detalhada, o Quadro 1 do citado Anexo 1 da NR-16 estipula as atividades e os trabalhadores que farão jus ao adicional de periculosidade em face da exposição aos riscos de contato com explosivos, na forma a seguir tipificada:

Quadro n. 1: ATIVIDADES E OPERAÇÕES PERIGOSAS COM EXPLOSIVOS QUE ENSEJAM AOS TRABALHADORES O ADICIONAL DE 30% DO SALÁRIO BÁSICO.

ATIVIDADES	ADICIONAL DE 30%
a) Armazenamento de explosivos	Todos os trabalhadores nessa atividade ou que permaneçam na área de risco
b) Transporte de explosivos	Todos os trabalhadores nessa atividade
c) Operação de escorva dos cartuchos de explosivos	Todos os trabalhadores nessa atividade
d) Operação de carregamento de explosivos	Todos os trabalhadores nessa atividade
e) Detonação	Todos os trabalhadores nessa atividade
f) Verificação de detonações falhadas	Todos os trabalhadores nessa atividade
g) Queima e destruição de explosivos deteriorados	Todos os trabalhadores nessa atividade
h) Operações de manuseio de explosivos	Todos os trabalhadores nessa atividade

A propósito, por Área de Risco entenda-se o espaço físico delimitado em função da quantidade e potencialidade do agente perigoso armazenado ou da atividade exercida. A delimitação física obrigatória das áreas de risco corresponde à colocação de qualquer obstáculo que impeça o ingresso de pessoas não autorizadas no recinto onde são armazenadas substâncias explosivas.

Nesse sentido, cabe observar que a NR-16, em seu Anexo n. 1, mais especificamente por intermédio dos Quadros ns. 2, 3 e 4, estabelece as áreas de risco concernentes ao armazenamento de explosivos, na forma a seguir reproduzida:

Quadro n. 2: ÁREAS DE RISCO NA ARMAZENAGEM DE PÓLVORAS QUÍMICAS, ARTIFÍCIOS PIROTÉCNICOS E PRODUTOS QUÍMICOS USADOS NA FABRICAÇÃO DE MISTURAS EXPLOSIVAS OU DE FOGOS DE ARTIFÍCIO.

Quantidade armazenada em quilos	Faixa de terreno até a distância máxima de
Até 4.500	45 metros
mais de 4.500 até 45.000	90 metros
mais de 45.000 até 90.000	110 metros
mais de 90.000 até 225.000(*)	180 metros

(*) Quantidade máxima que não pode ser ultrapassada.

Quadro n. 3: ÁREAS DE RISCO NA ARMAZENAGEM DE EXPLOSIVOS INICIADORES:

Quantidade armazenada em quilos	Faixa de terreno até a distância máxima de
Até 20	75 metros
Mais de 20 até 200	220 metros

Quantidade armazenada em quilos	Faixa de terreno até a distância máxima de
Mais de 200 até 900	300 metros
Mais de 900 até 2.200	370 metros
Mais de 2.200 até 4.500	460 metros
Mais de 4.500 até 6.800	500 metros
Mais de 6.800 até 9.000**(*)**	530 metros

(*) Quantidade máxima que não pode ser ultrapassada.

Quadro n. 4: ÁREAS DE RISCO NA ARMAZENAGEM DE EXPLOSIVOS DE RUPTURA E PÓLVORAS MECÂNICAS (PÓLVORAS NEGRA, CHOCOLATE OU PARDA).

Quantidade armazenada em quilos	Faixa de terreno até a distância máxima de
Até 23	45 metros
mais de 23 até 45	75 metros
mais de 45 até 90	110 metros
mais de 90 até 135	160 metros
mais de 135 até 180	200 metros
mais de 180 até 225	220 metros
mais de 225 até 270	250 metros
mais de 270 até 300	265 metros
mais de 300 até 360	280 metros
mais de 360 até 400	300 metros
mais de 400 até 450	310 metros
mais de 450 até 680	345 metros
mais de 680 até 900	365 metros
mais de 900 até 1.300	405 metros
mais de 1.300 até 1.800	435 metros
mais de 1800 até 2.200	460 metros
mais de 2.200 até 2.700	480 metros
mais de 2.700 até 3.100	490 metros
mais de 3.100 até 3.600	510 metros
mais de 3.600 até 4.000	520 metros
mais de 4.000 até 4.500	530 metros
mais de 4.500 até 6.800	570 metros
mais de 6.800 até 9.000	620 metros
mais de 9.000 até 11.300	660 metros
mais de 11.300 até 13.600	700 metros
mais de 13.600 até 18.100	780 metros
mais de 18.100 até 22.600	860 metros
mais de 22.600 até 34.000	1.000 metros
mais de 34.000 até 45.300	1.100 metros
mais de 45.300 até 68.000	1.150 metros
mais de 68.000 até 90.700	1.250 metros
mais de 90.700 até 113.300	1.350 metros

Como última observação acerca da periculosidade em face de explosivos, convém ser dito que na hipótese de depósitos barricados ou entrincheirados, para o efeito da delimitação de área de risco, as distâncias previstas no aludido Quadro n. 4 podem ser reduzidas à metade.

Para uma melhor compreensão da segunda modalidade de agentes periculosos, Combustíveis e Inflamáveis, é importante ter em mente três conceitos elementares:

- Ponto de Fulgor — corresponde à menor temperatura na qual uma substância combustível, em contato com uma fonte externa de calor, desprende vapores suficientes para iniciar o processo de combustão (queima), mas, ao ser afastada a fonte externa de calor, a combustão não se manterá;
- Ponto de Inflamação ou de Combustão — significa a menor temperatura na qual uma substância combustível, em contato com uma fonte externa de calor, desprende vapores suficientes para sustentar sua queima e assim permanecendo enquanto houver combustível e oxigênio, ainda que se afaste a fonte externa de calor;
- Ponto de Ignição — é a menor temperatura na qual os gases desprendidos por determinados corpos combustíveis iniciam a combustão ao simples contato com o oxigênio do ar.

Importante observar que os requisitos mínimos para a gestão da segurança e saúde no trabalho contra os fatores de risco de acidentes provenientes das atividades de extração, produção, armazenamento, transferência, manuseio e manipulação de inflamáveis e líquidos combustíveis, são objeto da NR-20 (Segurança e Saúde no Trabalho com Inflamáveis e Combustíveis) que, por sinal, intitula o correspondente Capítulo 20 deste livro.

Segundo tipificado na citada NR-20, os inflamáveis e combustíveis, para fins de segurança e saúde no trabalho, são assim definidos:

- Líquidos Inflamáveis — são líquidos que possuem ponto de fulgor ≤ 60 °C.
- Líquidos Combustíveis — são líquidos com ponto de fulgor > 60° C e ≤ 93 °C.
- Gases Inflamáveis — são gases que inflamam com o ar a 20 °C e a uma pressão padrão de 101,3 kPa.

No presente Capítulo 16, os líquidos combustíveis e inflamáveis serão analisados unicamente com o fito de tipificar o exercício periculoso, suficiente a ensejar a percepção do adicional de periculosidade (30% do salário básico) em prol dos trabalhadores expostos a tais substâncias em condições perigosas.

Importa registrar que as operações de transporte de inflamáveis líquidos ou gasosos liquefeitos em quaisquer vasilhames e a granel, em princípio, são consideradas em condições de periculosidade. Todavia, impõe-se atentar que o Anexo 2 (Atividades e Operações Perigosas com Inflamáveis) da NR-16 (Atividades e Operações Perigosas) excepciona quatro situações específicas que não caracterizam o exercício periculoso, para fins de percepção do adicional de periculosidade, a saber:

- as operações de transporte em pequenas quantidades de inflamáveis líquidos ou gasosos liquefeitos, assim considerado até o limite de 200 l (duzentos litros) para os inflamáveis líquidos e até 135 kg (cento e trinta e cinco quilogramas) para os inflamáveis gasosos liquefeitos (item 16.6 da NR-16);
- as quantidades de inflamáveis contidas nos tanques de consumo próprio dos veículos (subitem 16.6.1 da NR-16);
- o manuseio, a armazenagem e o transporte de líquidos inflamáveis em embalagens certificadas, simples, compostas ou combinadas, desde que obedecidos os limites consignados no Quadro I (Capacidade Máxima para Embalagens de Líquidos Inflamáveis), do Anexo 2 da NR-16, independentemente do número total de embalagens manuseadas, armazenadas ou transportadas, sempre que obedecidas as Normas Regulamentadoras expedidas pelo MTE, a Norma NBR 11564/91 e a legislação sobre produtos perigosos relativa aos meios de transporte utilizados (item 4.1 do Anexo 2 da NR-16);
- o manuseio, a armazenagem e o transporte de recipientes de até cinco litros, lacrados na fabricação, contendo líquidos inflamáveis, independentemente do número total de recipientes manuseados,

armazenados ou transportados, sempre que obedecidas as Normas Regulamentadoras expedidas pelo MTE e a legislação sobre produtos perigosos relativa aos meios de transporte utilizados (item 4.2 do Anexo 2 da NR-16).

São consideradas perigosas, para fins de percepção do adicional de periculosidade, as atividades e operações com inflamáveis descritas no Item n. 1 do Anexo n. 2 da NR-16, na forma a seguir reproduzida:

Item n. 1: ATIVIDADES E OPERAÇÕES PERIGOSAS COM INFLAMÁVEIS QUE ENSEJAM AOS TRABALHADORES O ADICIONAL DE 30% DO SALÁRIO BÁSICO

ATIVIDADES	ADICIONAL DE 30%
a. na produção, transporte, processamento e armazenamento de gás liquefeito.	todos os trabalhadores nessas atividades ou que operam na área de risco.
b. no transporte e armazenagem de inflamáveis líquidos e gasosos liquefeitos e de vasilhames vazios nãodesgaseificados ou decantados.	todos os trabalhadores da área de operação.
c. nos postos de reabastecimento de aeronaves.	todos os trabalhadores da área de operação.
d. nos locais de carregamento de navios-tanques, vagões-tanques e caminhões-tanques e enchimento de vasilhames, com inflamáveis líquidos ou gasosos liquefeitos.	todos os trabalhadores nessas atividades ou que operam na área de risco.
e. nos locais de descarga de navios-tanques, vagões-tanques e caminhões-tanques com inflamáveis líquidos ou gasosos liquefeitos ou de vasilhames vazios não-desgaseificados ou decantados.	todos os trabalhadores nessas atividades ou que operam na área de risco.
f. nos serviços de operações e manutenção de navios-tanque, vagões-tanques, caminhões-tanques, bombas e vasilhames, com inflamáveis líquidos ou gasosos liquefeitos, ou vazios não desgaseificados ou decantados.	todos os trabalhadores nessas atividades ou que operam na área de risco.
g. nas operações de desgaseificação, decantação e reparos de vasilhames não-desgaseificados ou decantados.	todos os trabalhadores nessas atividades ou que operam na área de risco.
h. nas operações de teste de aparelhos de consumo de gás e seus equipamentos.	todos os trabalhadores nessas atividades ou que operam na área de risco.
i. no transporte de inflamáveis líquidos e gasosos liquefeitos em caminhão-tanque.	motorista e ajudantes.
j. no transporte de vasilhames (em caminhão de carga), contendo inflamáveis líquidos, em quantidade total igual ou superior a 200 litros, quando não observado o disposto nos subitens 4.1 e 4.2 do Anexo n. 2 da NR-16.	motorista e ajudantes.
l. no transporte de vasilhames (em carreta ou caminhão de carga), contendo inflamáveis gasosos líquido, em quantidade total igual ou superior a 135 quilos.	motorista e ajudantes.
m. na operação em postos de serviço e bombas de abastecimento de inflamáveis líquidos.	operador de bomba e trabalhadores que operam na área de risco.

Outrossim, chamamos a atenção do leitor para o fato de que o Item n. 3 do aludido Anexo n. 2 (Atividades e Operações Perigosas com Inflamáveis), da norma regulamentadora em comento, igualmente define as áreas de risco a serem observadas na caracterização do exercício periculoso nas atividades em que haja exposição aos riscos de contato com inflamáveis:

Item 3 — Quadro de Atividades/Área de Risco do Exercício Periculoso com Inflamáveis:

ATIVIDADE	ÁREA DE RISCO
a. Poços de petróleo em produção de gás.	Círculo com raio de 30 metros, no mínimo, com centro na boca do poço.
b. Unidade de processamento das refinarias.	Faixa de 30 metros de largura, no mínimo, contornando a área de operação.
c. Outros locais de refinaria onde se realizam operações com inflamáveis em estado de volatilização ou possibilidade de volatilização decorrente de falha ou defeito dos sistemas de segurança e fechamento das válvulas.	Faixa de 15 metros de largura, no mínimo, contornando a área de operação.
d. Tanques de inflamáveis líquidos.	Toda a bacia de segurança.

ATIVIDADE	ÁREA DE RISCO
e. Tanques elevados de inflamáveis gasosos.	Círculo com raio de 3 metros com centro nos pontos de vazamento eventual (válvulas, registros, dispositivos de medição por escapamento, gaxetas).
f. Carga e descarga de inflamáveis líquidos contidos em navios, chatas e batelões.	Afastamento de 15 metros da beira do cais, durante a operação, com extensão correspondente ao comprimento da embarcação.
g. Abastecimento de aeronaves.	Toda a área de operação.
h. Enchimento de vagões-tanques e caminhões-tanques com inflamáveis líquidos.	Círculo com raio de 15 metros com centro nas bocas de enchimento dos tanques.
i. Enchimento de vagões-tanques e caminhões-tanques com inflamáveis gasosos liquefeitos.	Círculo com raio de 7,5 metros com centros nos pontos de vazamento eventual (válvulas e registros).
j. Enchimento de vasilhames com inflamáveis gasosos liquefeitos.	Círculo com raio de 15 metros com centros nos bicos de enchimento.
l. Enchimento de vasilhames com inflamáveis líquidos, em locais abertos.	Círculo com raio de 7,5 metros com centros nos bicos de enchimento.
m. Enchimento de vasilhames com inflamáveis líquidos, em recinto fechado.	Toda a área interna do recinto.
n. Manutenção de viaturas-tanques, bombas e vasilhames que continham inflamável líquido.	Local de operação, acrescido de faixa de 7,5 metros de largura em torno dos seus pontos externos.
o. Desgaseificação, decantação e reparos de vasilhames não desgaseificados ou decantados, utilizados no transporte de inflamáveis.	Local da operação, acrescido de faixa de 7,5 metros de largura em torno dos seus pontos externos.
p. Testes em aparelhos de consumo de gás e seus equipamentos.	Local da operação, acrescido de faixa de 7,5 metros de largura em torno dos seus pontos extremos.
q. Abastecimento de inflamáveis.	Toda a área de operação, abrangendo, no mínimo, círculo com raio de 7,5 metros com centro no ponto de abastecimento e o círculo com raio de 7,5 metros com centro na bomba de abastecimento da viatura e faixa de 7,5 metros de largura para ambos os lados da máquina.
r. Armazenamento de vasilhames contendo inflamáveis líquidos ou vazios não desgaseificados ou decantados, em locais abertos.	Faixa de 3 metros de largura em torno dos seus pontos externos.
s. Armazenamento de vasilhames que contenham inflamáveis líquidos ou vazios não desgaseificados, ou decantados, em recinto fechado.	Toda a área interna do recinto.
t. Carga e descarga de vasilhames contendo inflamáveis líquidos ou vasilhames vazios não desgaseificados ou decantados, transportados por navios, chatas ou batelões.	Afastamento de 3 metros da beira do cais, durante a operação, com extensão correspondente ao comprimento da embarcação.

De acordo com o disposto no Item 2 do citado Anexo n. 2 (Atividades e Operações Perigosas com Inflamáveis), da NR-16, entende-se por serviços de operação e manutenção de embarcações, vagões-tanques, caminhões-tanques, bombas e vasilhames de inflamáveis, o seguinte:

- atividades de inspeção, calibração, medição, contagem de estoque e colheita de amostra em tanques ou quaisquer vasilhames cheios;
- serviços de vigilância, de arrumação de vasilhames vazios não desgaseificados, de bombas propulsoras em recintos fechados e de superintendência;
- atividades de manutenção, reparos, lavagem, pintura de embarcações, tanques, viaturas de abastecimento e de quaisquer vasilhames cheios de inflamáveis ou vazios, não desgaseificados;
- atividades de desgaseificação e lavagem de embarcações, tanques, viaturas, bombas de abastecimento ou quaisquer vasilhames que tenham contido inflamáveis líquidos;
- quaisquer outras atividades de manutenção ou operação, tais como: serviço de almoxarifado, de escritório, de laboratório de inspeção de segurança, de conferência de estoque, de ambulatório médico, de engenharia, de oficinas em geral de caldeiras, de mecânica, de eletricidade, de soldagem, de enchimento, fechamento e arrumação de quaisquer vasilhames com substâncias consideradas inflamáveis, desde que essas atividades sejam executadas dentro de áreas consideradas perigosas, *ad referendum* do Ministério do Trabalho e Emprego.

Preceitua igualmente o referido Anexo n. 2 da NR-16, que se entende por serviços de operação e manutenção de embarcações, vagões-tanques, caminhões-tanques, bombas e vasilhames de inflamáveis gasosos liquefeitos, o seguinte:

- atividades de inspeção nos pontos de vazamento eventual no sistema de depósito de distribuição e de medição de tanques pelos processos de escapamento direto;
- serviços de superintendência;
- atividades de manutenção das instalações da frota de caminhões-tanques, executadas dentro da área e em torno dos pontos de escapamento normais ou eventuais;
- atividades de decantação, desgaseificação, lavagem, reparos, pinturas e areação de tanques, cilindros e botijões cheios de GLP;
- quaisquer outras atividades de manutenção ou operações, executadas dentro das áreas consideradas perigosas pelo Ministério do Trabalho e Emprego.

Ainda segundo explicitado no Anexo n. 2 da NR-16, por armazenagem de inflamáveis líquidos em tanques ou vasilhames deve ser deduzido o seguinte:

- quaisquer atividades executadas dentro da bacia de segurança dos tanques;
- arrumação de tambores ou latas ou quaisquer outras atividades executadas dentro do prédio de armazenamento de inflamáveis ou em recintos abertos e com vasilhames cheios de inflamável, ou não, desgaseificado ou decantado.

Prevê o Anexo n. 2 (Atividades e Operações Perigosas com Inflamáveis), da norma regulamentadora em apreço, que por operações em postos de serviço e bombas de abastecimento de inflamáveis líquidos deve ser entendido o seguinte:

- as atividades ligadas diretamente ao abastecimento de viaturas com motor de explosão;
- outras atividades, tais como: manutenção, lubrificação, lavagem de viaturas, mecânica, eletricidade, escritório de vendas e gerência, *ad referendum* do MTE.

Importa mencionar que se entende por enchimentos de quaisquer vasilhames com inflamáveis líquidos as atividades de enchimento, fechamento e arrumação de latas ou caixas com latas, ao passo que o enchimento de quaisquer vasilhames (cilindros, botijões) com inflamáveis gasosos liquefeitos compreende as atividades de enchimento, pesagem, inspeção, estiva e arrumação de cilindros ou botijões cheios de GLP; além de outras atividades executadas dentro da área considerada perigosa, *ad referendum* do Ministério do Trabalho e Emprego.

Oportuno destacar que o Quadro I (Capacidade Máxima para Embalagens de Líquidos Inflamáveis) do Anexo n. 2 (Atividades e Operações Perigosas com Inflamáveis) da NR-16 (Atividades e Operações Perigosas) explicita os limites máximos de líquidos inflamáveis contidos nas embalagens, sejam elas combinadas (interna e externa), simples ou compostas, tendo em vista o tipo de material (metal, plástico ou madeira) e o formato de sua apresentação (tambores, bombonas ou caixas); consoante se constata na seguinte reprodução:

Quadro I: (Capacidade Máxima para Embalagens de Líquidos Inflamáveis)

CAPACIDADE MÁXIMA PARA EMBALAGENS DE LÍQUIDOS INFLAMÁVEIS

EMBALAGEM COMBINADA

Embalagem Interna	Embalagem Externa	Grupo de Embalagens I (*)	Grupo de Embalagens II (*)	Grupo de Embalagens III (*)
Recipientes de: **Vidro** com mais de 5 e até 10 litros; **Plástico** com mais de 5 e até 30 litros; **Metal** com mais de 5 e até 40 litros	**Tambores de:**			
	Metal	250 kg	400 kg	400 kg
	Plástico	250 kg	400 kg	400 kg
	Madeira Compensada	150 kg	400 kg	400 kg
	Fibra	75kg	400 kg	400 kg
	Caixas de:			
	Aço ou Alumínio Madeira	250 kg	400 kg	400 kg
	Natural ou compensada	150 kg	400 kg	400 kg
	Madeira Aglomerada			
	Papelão	75 kg	400 kg	400 kg
	Plástico Flexível	75 kg	400 kg	400 kg
	Plástico Rígido	60 kg	60 kg	60 kg
		150 kg	400 kg	400 kg
	Bombonas de:			
	Aço ou Alumínio	120 kg	120 kg	120 kg
	Plástico	120 kg	120 kg	120 kg

EMBALAGENS SIMPLES

	Grupo de Embalagens (*) I	Grupo de Embalagens II (*)	Grupo de Embalagens III (*)
Tambores de:			
Aço, tampa não removível	250 L		
Aço, tampa removível	250 L(**)		
Alumínio, tampa não removível	250 L		
Alumínio, tampa removível	250 L(**)	450 L	450 L
Outros metais, tampa não removível	250 L		
Outros metais, tampa removível	250 L(**)		
Plástico, tampa não removível	250 L (**)		
Plástico, tampa removível	250 L (**)		
Bombonas de:			
Aço, tampa não removível	60 L		
Aço, tampa removível	60 L (**)		
Alumínio, tampa não removível	60 L		
Alumínio, tampa removível	60 L(**)	60 L	60 L
Outros metais, tampa não removível	60 L		
Outros metais, tampa removível	60 L (**)		
Plástico, tampa não removível	60 L		
Plástico, tampa removível	60 L (**)		

EMBALAGENS COMPOSTAS

	Grupo de Embalagens I (*)	Grupo de Embalagens II (*)	Grupo de Embalagens III (*)
Plástico com tambor externo de aço ou alumínio	250 L	250 L	250 L
Plástico com tambor externo de fibra, plástico ou compensado	120 L	250 L	250 L
Plástico com engradado ou caixa externa de aço ou alumínio ou madeira externa ou caixa externa de compensado ou de cartão ou de plástico rígido	60 L	60 L	60 L
Vidro com tambor externo de aço, alumínio, fibra, compensado, plástico flexível ou em caixa de aço, alumínio, madeira, papelão ou compensado	60 L	60 L	60 L

(*) Conforme definições da NBR 11564 da ABNT.

(**) Somente para substâncias com viscosidade maior que 200 mm²/seg.

O último tópico do Anexo n. 2 da NR-16 corresponde a um Glossário, onde constam explicitados diversos conceitos de termos técnicos específicos da periculosidade com inflamáveis, valendo lembrar que a íntegra atualizada de toda a NR-16 encontra-se reproduzida na parte final dos Fundamentos Jurídicos deste Capítulo, para onde remetemos o leitor.

O Anexo 3 da NR-16 dispõe acerca das atividades e operações perigosas com exposição a roubos ou outras espécies de violência física nas atividades profissionais de segurança pessoal ou patrimonial. Conveniente recordar que a instituição da periculosidade dos vigilantes, como é conhecida essa modalidade de exposição periculosa, surgiu em face da Lei n. 12.740, de 8.12.2012 que, à época, propiciou uma nova redação ao art. 193 da CLT. Registre-se, mais, que a regulamentação da exposição periculosa dos vigilantes surgiu em face da Portaria MTE-GM n. 1.885, de 2.12.2013, que acresceu à NR-16 (Atividades e Operações Perigosas) o atual Anexo 3 (Atividades e Operações Perigosas com Exposição a Roubos ou Outras Espécies de Violência Física nas Atividades Profissionais de Segurança Pessoal ou Patrimonial).

Diferentemente das outras modalidades de exposição perigosa até então conhecidas (explosivos, inflamáveis e energia elétrica), essa nova modalidade de periculosidade não se caracteriza em face de exposição nociva à integridade física decorrente de agentes físico, químico ou biológico, mas sim a um fator psicossocial; qual seja, a violência, em suas vertentes física e emocional, a que normalmente estão sujeitos os profissionais da vigilância pessoal ou patrimonial em seu mister de velar pelo patrimônio material ou pessoal da empresa ou do empregador para quem trabalha, sendo alvos da cobiça de terceiros, assim compreendidos os "amigos do alheio" sempre desejosos de tomarem para si o patrimônio físico ou material que não lhes pertence.

Dispõe o terceiro anexo regulamentador em comento que as atividades ou operações que impliquem exposição dos profissionais de segurança pessoal ou patrimonial a roubos ou outras espécies de violência física são consideradas perigosas, ensejando a esses profissionais o direito à percepção do adicional de periculosidade de que cogita o art. 193 Consolidado.

Explicita, mais, o citado Anexo 3 da NR-16 que são considerados profissionais de segurança pessoal ou patrimonial os trabalhadores que atendam a uma das seguintes condições:

- empregados das empresas prestadoras de serviço nas atividades de segurança privada ou que integrem serviço orgânico de segurança privada, devidamente registradas e autorizadas pelo Ministério da Justiça, conforme lei n. 7.102/1983 e suas alterações posteriores.
- empregados que exercem a atividade de segurança patrimonial ou pessoal em instalações metroviárias, ferroviárias, portuárias, rodoviárias, aeroportuárias e de bens públicos, contratados diretamente pela administração pública direta ou indireta.

As atividades ou operações que expõem os empregados a roubos ou outras espécies de violência física, desde que atendida uma das condições anteriormente citadas, são as constantes no Item n. 2 do Anexo n. 3 da NR-16, na forma a seguir reproduzida:

Item n. 2 — Quadro Descritivo das Atividades/Operações Periculosas no Exercício das Atividades de Vigilância:

ATIVIDADES/OPERAÇÕES	DESCRIÇÃO
Vigilância Patrimonial	Segurança Patrimonial e/ou Pessoal na preservação do patrimônio em Estabelecimentos Públicos ou Privados e da incolumidade física de pessoas.
Segurança de Eventos	Segurança Patrimonial e/ou Pessoal em Espaços Públicos ou Privados, de uso comum do povo.
Segurança nos Transportes Coletivos	Segurança Patrimonial e/ou Pessoal nos Transportes Coletivos e em suas respectivas instalações.
Segurança Ambiental e Florestal	Segurança Patrimonial e/ou Pessoal em Áreas de Conservação de Fauna, Flora Natural e de Reflorestamento.
Transporte de Valores	Segurança na Execução do Serviço de Transporte de Valores.
Escolta Armada	Segurança no Acompanhamento de Qualquer Tipo de Carga ou de Valores.
Segurança Pessoal	Acompanhamento e Proteção da Integridade Física de Pessoa ou de Grupos
Supervisão/Fiscalização Operacional	Supervisão e/ou Fiscalização Direta dos Locais de Trabalho para Acompanhamento e Orientação dos Vigilantes.
Telemonitoramento/Telecontrole	Execução de Controle e/ou Monitoramento de Locais através de Sistemas Eletrônicos de Segurança.

Como é por demais sabido, somente com o advento da Lei n. 7.369, de 20.9.1985, a exposição aos riscos de contato com a energia elétrica passou a ser legalmente considerada atividade periculosa. Dito diploma legal foi inicialmente disciplinado pelo Decreto n. 92.212, de 26.12.1985, que, em seguida, foi revogado pelo Decreto n. 93.412, de 14.10.1986, que propiciou a regulamentação da periculosidade pela exposição à eletricidade. Em face da edição da Lei n. 12.740, de 8.12.2012, restou expressamente revogada a Lei n. 7.369, de 20.9.1985 e, por conseguinte, o Decreto n. 93.412/1986 que a regulamentava; em observância ao Princípio Jurídico de que *"O Acessório Segue o Destino do Principal"*.

Atualmente, o disciplinamento normativo da periculosidade resultante da exposição aos riscos de contato com a energia elétrica decorre da publicação da Portaria MTE-GM n. 1.078, de 16.7.2014, que acresceu à NR-16 (Atividades e Operações Perigosas) o seu Anexo 4 (Atividades e Operações Perigosas com Energia Elétrica).

Energia Elétrica, ou Eletricidade, para fins de periculosidade, pode ser definida como a forma de energia natural ligada aos elétrons, que se manifesta por atrações, repulsões e fenômenos luminosos, químicos e mecânicos, podendo apresentar-se em três modos: estado potencial (eletricidade estática), como carga (tensão) e em forma cinética como corrente (eletricidade dinâmica).

Apesar de os dois profissionais, Eletricista e Eletricitário, por vezes serem utilizados indistintamente tidos como palavras sinônimas, na verdade, Eletricista é o profissional qualificado genericamente para construir, instalar, reparar, conservar e manter em operação condutores, acessórios, sistemas elétricos e linhas de alta ou baixa tensão, em Sistema Eletrico de Consumo (SEC); enquanto Eletricitário é o profissional que exerce atividade em empresa que atua na geração, transmissão e distribuição de energia elétrica, ou seja, em Sistema Elétrico de Potência (SEP).

Consoante explicitado no capítulo dez deste livro e segundo a norma brasileira NBR 5.460/1981 da Associação Brasileira de Normas Técnicas (ABNT), Sistema Elétrico de Potência, em sentido amplo, é o conjunto de todas as instalações e equipamentos destinados à geração, transmissão e distribuição de energia elétrica e, em sentido restrito, corresponde a um conjunto definido de linhas e subestações que assegura a transmissão e/ou a distribuição de energia elétrica, cujos limites são definidos por meio de critérios apropriados, tais como localização geográfica, concessionária, tensão etc.

Acerca do pensamento de alguns profissionais que tencionam limitar o pagamento do adicional de periculosidade exclusivamente aos Eletricitários, há de ser dito que tal entendimento deve ser descartado, por vilipendiar, flagrantemente, o Princípio Constitucional da Igualdade Perante a Lei. Outrossim, o fator determinante para refutar qualquer tentativa de exclusão dos eletricistas como candidatos em potencial ao adicional de periculosidade reside no fato de que, a rigor, a energia elétrica não sofre qualquer modificação em sua essência, ainda que não esteja nas fases do Sistema Elétrico de Potência, tanto que permanece com todo seu potencial danoso à integridade física do trabalhador, seja ele Eletricista ou Eletricitário.

Despiciendo enfatizar que os Eletricistas não lidam apenas com baixa voltagem, e, ainda que assim o fosse, não se pode perder de vista que regulamentador da periculosidade possibilita a caracterização da exposição periculosa, tanto em alta voltagem (tensão superior a 1.000 volts em corrente alternada ou a 1.500 em corrente contínua, entre fases ou entre fase e terra) quanto em baixa voltagem (tensão superior a 50 volts e igual ou inferior 1.000 volts em corrente alternada ou tensão superior a 120 volts e igual ou inferior a 1.500 em corrente contínua, entre fases ou entre fase e terra). A referida discriminação, se transposta analogicamente para o campo da periculosidade com inflamáveis, seria a mesma coisa de pretender limitar o pagamento do adicional de periculosidade aos empregados da estatal petrolífera, ficando excluídos de tal benefício, por exemplo, os frentistas de postos de revenda de combustível. Em resumo, estando o Eletricista ou o Eletricitário exposto aos riscos de contato com a energia elétrica em alta ou baixa voltagem, não há como se imaginar que apenas uma dessas categorias seja beneficiária desse *plus* salarial, sob pena de se configurar em manifesta violência ao Princípio Constitucional da Igualdade de Todos perante a Lei, nos consagrados termos descritos no *caput* do art. 5º de nossa Carta Magna (*"Todos são iguais perante a lei, sem distinção de qualquer natureza, ..."*).

Oportuno destacar que o Colendo Tribunal Superior do Trabalho, pela Seção de Dissídios Individuais, editou duas Orientações Jurisprudenciais específicas (OJ-SDI-1-TST ns. 324 e 347), reproduzidas nos Fundamentos Jurídicos deste Capítulo que, de forma acertada, tendem a pacificar essa controvérsia jurídica, no sentido favorável do reconhecimento da periculosidade em face da exposição aos riscos de contato com a energia elétrica, sem quaisquer limitações ou restrições a essa ou aquela categoria profissional específica.

Em verdade, com a regulamentação atual da periculosidade resultante da exposição aos riscos de contato com a energia elétrica, acreditamos que essa controvérsia perdeu sua razão de ser, na medida em que o Anexo 4 da NR-16 deixou patente que a tipificação do exercício periculoso não se restringe aos que labutam em sistemas elétricos de potência e, ao revés, expressamente contempla os que trabalham em sistemas elétricos de consumo, inclusive em baixa voltagem, com a possibilidade de fazerem jus a esse mesmo *plus* salarial.

Outra antiga controvérsia jurídica pertinente à exposição periculosa em face da energia elétrica diz respeito a saber acerca da legalidade ou não do pagamento do adicional de periculosidade proporcional ao tempo de efetiva exposição. Dita querela interpretativa surgiu a partir da edição do Decreto n. 93.412, de 14.10.1986, que, ao regulamentar a Lei n. 7.369, de 20.9.1985, instituiu, de forma inusitada, um dispositivo específico (art. 2º, inciso II) viabilizador do pagamento de adicional de periculosidade proporcionalmente ao tempo de exposição aos riscos de contato com a energia elétrica. Todavia, dito preceito regulamentador constituía-se em flagrante ilegalidade, por contrariar visivelmente o tipificado no art. 1º da Lei n. 7.369/1985, ao deixar expresso que o adicional de periculosidade correspondia a 30% (trinta por cento) do salário básico do trabalhador exposto aos riscos da eletricidade. Destarte, entendimento diverso entra em rota de colisão com o consagrado Princípio da Hierarquia das Leis, na medida em que, sabidamente, o Decreto regulamentador, por ser uma norma jurídica de hierarquia inferior à lei, ou seja, por ser uma norma infralegal, deveria limitar-se apenas a regulamentá-la, sem nenhuma possibilidade jurídica válida de ampliar ou restringir o direito instituído por lei. A propósito, recorde-se que a Súmula TST n. 361 (reproduzida nos Fundamentos Jurídicos deste Capítulo) é conclusiva no sentido da ilegalidade desse pagamento proporcional ao tempo de exposição.

Com a edição da Lei n. 12.740, de 8.12.2012, restou expressamente revogada a Lei n. 7.369/1985 e, por conseguinte, o Decreto n. 93.412/1986 que a regulamentava. Atualmente, e à míngua de norma jurídica específica, acreditamos que dita controvérsia deva ser considerada integralmente superada; vislumbrando-se, *prima facie*, a impossibilidade genérica do pagamento de adicional de periculosidade proporcionalmente ao tempo de efetiva exposição aos riscos de contato com a energia elétrica e, muito menos, em relação a qualquer outro agente periculoso; salvo eventual hipótese de ajuste prévio e expresso em normas coletivas de trabalho (convenção ou acordo coletivo de trabalho).

Oportuno destacar que a atual NR-16 (Atividades e Operações Perigosas), em seu Anexo 4 (Atividades e Operações Perigosas com Energia Elétrica), deixa patente que o trabalho intermitente é equiparado à exposição permanente para fins de pagamento integral do adicional de periculosidade nos meses em que houver exposição, excluída a exposição eventual, assim considerado o caso fortuito ou que não faça parte da rotina. Noutras palavras, o empregado que comprovadamente ficar exposto aos riscos de contato com a energia elétrica somente não fará jus ao correspondente adicional de periculosidade se sua exposição, ainda que em condições de risco acentuado ocorrer de forma meramente eventual ou circunstancial.

Preceitua a NR-16 (Atividades e Operações Perigosas) em seu Anexo 4 (Atividades e Operações Perigosas com Energia Elétrica) que farão jus ao adicional de periculosidade, a depender de comprovação em laudo técnico-pericial, os empregados em qualquer uma das seguintes situações:

- que executam atividades ou operações em instalações ou equipamentos elétricos energizados em alta tensão;
- que realizam atividades ou operações com trabalho em proximidade, conforme estabelece a NR-10 (Segurança em Instalações e Serviços em Eletricidade);
- que realizam atividades ou operações em instalações ou equipamentos elétricos energizados em baixa tensão no Sistema Elétrico de Consumo (SEC), no caso de descumprimento das Medidas de Proteção Coletiva descritas no item 10.2.8 da citada NR-10;
- das empresas que operam em instalações ou equipamentos integrantes do Sistema Elétrico de Potência (SEP), bem como suas contratadas, em conformidade com as atividades e respectivas áreas de risco descritas no Quadro I do Anexo 4 da NR-16.

Outrossim, o anexo regulamentador em comento é explícito ao dizer não ser devido o pagamento do adicional de periculosidade face aos riscos de contato com a eletricidade, nas seguintes hipóteses:

- nas atividades ou operações no sistema elétrico de consumo em instalações ou equipamentos elétricos desenergizados e liberados para o trabalho, sem possibilidade de energização acidental, conforme estabelecido na NR-10 (Segurança em Instalações e Serviços em Eletricidade);
- nas atividades ou operações em instalações ou equipamentos elétricos alimentados por extra-baixa tensão (tensão não superior a 50 volts em corrente alternada ou 120 volts em corrente contínua, entre fases ou entre fase e terra);
- nas atividades ou operações elementares realizadas em baixa tensão (superior a 50 volts e igual ou inferior 1.000 volts em corrente alternada; ou, tensão superior a 120 volts e igual ou inferior a 1.500 em corrente contínua, entre fases ou entre fase e terra), tais como o uso de equipamentos elétricos energizados e os procedimentos de ligar e desligar circuitos elétricos, desde que os materiais e equipamentos elétricos estejam em conformidade com as normas técnicas oficiais estabelecidas pelos órgãos competentes e, na ausência ou omissão destas, as normas internacionais cabíveis.

No item 4.1 do Anexo 4 da NR-16, consta estipulado que, para fins do adicional de periculosidade decorrente da exposição aos riscos de contato com a energia elétrica, entende-se como atividades de construção, operação e manutenção de redes de linhas aéreas ou subterrâneas de alta e baixa tensão integrantes do Sistema Elétrico de Potência (SEP):

- Montagem, instalação, substituição, conservação, reparos, ensaios e testes de: verificação, inspeção, levantamento, supervisão e fiscalização; fusíveis, condutores, para-raios, postes, torres, chaves, muflas, isoladores, transformadores, capacitores, medidores, reguladores de tensão, religadores, seccionalizadores, carrier (onda portadora via linhas de transmissão), cruzetas, relé e braço de iluminação pública, aparelho de medição gráfica, bases de concreto ou alvenaria de torres, postes e estrutura de sustentação de redes e linhas aéreas e demais componentes das redes aéreas;
- Corte e poda de árvores;
- Ligações e cortes de consumidores;
- Manobras aéreas e subterrâneas de redes e linhas;
- Manobras em subestação;
- Testes de curto em linhas de transmissão;
- Manutenção de fontes de alimentação de sistemas de comunicação;
- Leitura em consumidores de alta tensão;
- Aferição em equipamentos de medição;
- Medidas de resistências, lançamento e instalação de cabo contrapeso;
- Medidas de campo eletromagnético, rádio, interferência e correntes induzidas;
- Testes elétricos em instalações de terceiros em faixas de linhas de transmissão (oleodutos, gasodutos etc.);
- Pintura de estruturas e equipamentos;
- Verificação, inspeção, inclusive aérea, fiscalização, levantamento de dados e supervisão de serviços técnicos;
- Montagem, instalação, substituição, manutenção e reparos de: barramentos, transformadores, disjuntores, chaves e seccionadoras, condensadores, chaves a óleo, transformadores para instrumentos, cabos subterrâneos e subaquáticos, painéis, circuitos elétricos, contatos, muflas e isoladores e demais componentes de redes subterrâneas;
- Construção civil, instalação, substituição e limpeza de: valas, bancos de dutos, dutos, condutos, canaletas, galerias, túneis, caixas ou poços de inspeção, câmaras;

- Medição, verificação, ensaios, testes, inspeção, fiscalização, levantamento de dados e supervisões de serviços técnicos.

Igualmente, preceitua o item 4.2 do Anexo 4 da NR-16 que, para fins do adicional de periculosidade decorrente da exposição aos riscos de contato com a energia elétrica, entende-se como atividades de construção, operação e manutenção nas usinas, unidades geradoras, subestações e cabinas de distribuição em operações, integrantes do SEP:

- Montagem, desmontagem, operação e conservação de: medidores, relés, chaves, disjuntores e religadoras, caixas de controle, cabos de força, cabos de controle, barramentos, baterias e carregadores, transformadores, sistemas anti-incêndio e de resfriamento, bancos de capacitores, reatores, reguladores, equipamentos eletrônicos, eletromecânico e eletroeletrônicos, painéis, para-raios, áreas de circulação, estruturas-suporte e demais instalações e equipamentos elétricos;
- Construção de: valas de dutos, canaletas, bases de equipamentos, estruturas, condutos e demais instalações;
- Serviços de limpeza, pintura e sinalização de instalações e equipamentos elétricos;
- Ensaios, testes, medições, supervisão, fiscalizações e levantamentos de circuitos e equipamentos elétricos, eletrônicos de telecomunicações e telecontrole.

Como último tópico regulamentador da periculosidade decorrente da exposição aos riscos de contato com a energia elétrica temos o Quadro correspondente às Atividades Perigosas/Área de Risco em face da Energia Elétrica, na forma a seguir reproduzida:

Quadro I: Atividades Perigosas/Áreas de Risco em face da Energia Elétrica

ATIVIDADES	ÁREA DE RISCO
I. Atividades (constantes no item 4.1 do Anexo 4 da NR-16) de construção, operação e manutenção de redes de linhas aéreas ou subterrâneas de alta e baixa tensão integrantes do SEP, energizados ou desenergizados, mas com possibilidade de energização acidental ou por falha operacional.	**a)** Estruturas, condutores e equipamentos de linhas aéreas de transmissão, subtransmissão e distribuição, incluindo plataformas e cestos aéreos usados para execução dos trabalhos; **b)** Pátio e salas de operação de subestações; **c)** Cabines de distribuição; **d)** Estruturas, condutores e equipamentos de redes de tração elétrica, incluindo escadas, plataformas e cestos aéreos usados para execução dos trabalhos; **e)** Valas, bancos de dutos, canaletas, condutores, recintos internos de caixas, poços de inspeção, câmaras, galerias, túneis, estruturas terminais e aéreas de superfície correspondentes; **f)** Áreas submersas em rios, lagos e mares.
II. Atividades (constantes no item 4.2 do Anexo 4 da NR-16) de construção, operação e manutenção nas usinas, unidades geradoras, subestações e cabinas de distribuição em operações, integrantes do SEP, energizados ou desenergizados, mas com possibilidade de energização acidental ou por falha operacional.	**a)** Pontos de medição e cabinas de distribuição, inclusive de consumidores; **b)** Salas de controles, casa de máquinas, barragens de usinas e unidades geradoras; **c)** Pátios e salas de operações de subestações, inclusive consumidoras.
III. Atividades de inspeção, testes, ensaios, calibração, medição e reparos em equipamentos e materiais elétricos, eletrônicos, eletromecânicos e de segurança individual e coletiva em sistemas elétricos de potência de alta e baixa tensão.	**a)** Áreas das oficinas e laboratórios de testes e manutenção elétrica, eletrônica e eletromecânica onde são executados testes, ensaios, calibração e reparos de equipamentos energizados ou passíveis de energização acidental; **b)** Sala de controle e casas de máquinas de usinas e unidades geradoras; **c)** Pátios e salas de operação de subestações, inclusive consumidoras; **d)** Salas de ensaios elétricos de alta tensão; **e)** Sala de controle dos centros de operações.
IV. Atividades de treinamento em equipamentos ou instalações integrantes do SEP, energizadas ou desenergizadas, mas com possibilidade de energização acidental ou por falha operacional.	**a)** Todas as áreas descritas nos itens anteriores.

A instituição da tipificação periculosa em favor dos trabalhadores que fazem uso de motocicleta surgiu no mundo jurídico em face da promulgação da Lei n. 12.997, de 18.6.2014, que acresceu ao art. 193 da CLT o seu § 4º, legitimando essa nova modalidade de exercício periculoso. Registre-se, mais, que a regulamentação da exposição periculosa dos "motoboys", como ficou conhecida a citada lei, ocorreu por intermédio da Portaria MTE-GM n. 1.885, de 2.12.2013, que acresceu à NR-16 (Atividades e Operações Perigosas) o Anexo 5 (Atividades Perigosas em Motocicletas).

Observe-se que a periculosidade dos trabalhadores que fazem uso de motocicletas, de uma certa forma, assemelha-se à tipificação do exercício periculoso dos trabalhadores em vigilância; pois, igualmente, difere das outras modalidades de exposição perigosa (explosivos, inflamáveis e energia elétrica), dado que sua caracterização não decorre da exposição nociva à integridade física de nenhum agente físico, químico ou biológico específico e, sim, devido às conhecidas más condições do trânsito brasileiro; seja pelas ruas, avenidas e estradas brasileiras, quase sempre esburacadas e em precárias condições de uso, seja pela conhecida agressividade e negligência dos motoristas brasileiros, que tantos acidentes têm propiciado e, por milhares de vezes, resultando em vítimas fatais nossos trabalhadores, especialmente aqueles que fazem uso de motocicleta em seu mister laboral.

Como antes enfatizado, os adicionais de insalubridade e periculosidade foram instituídos pela Consolidação das Leis do Trabalho não com o objetivo específico de propiciar ganhos salariais aos trabalhadores e, sim, para penalizar financeiramente o empregador, de modo a fazê-lo adotar as adequadas medidas preventivas de segurança e saúde no trabalho no ambiente laboral e, dessa forma, propiciar a seus empregados um local de trabalho seguro e sadio, objetivo final da segurança e da saúde no trabalho, e de modo a bem cumprir o consagrado Princípio Constitucional de Minimização dos Riscos Ambientais assegurado a todos os trabalhadores urbanos e rurais brasileiros, *ex vi* do disposto no inciso XXII do art. 7º de nossa Lei das Leis.

Todavia, no caso específico da periculosidade dos "Vigilantes" e dos "Motoboys" essa regra originária não se aplica adequadamente, na medida em que os riscos a que essas duas categorias profissionais ficam expostas vão muito além dos poderes patronais, pois dizem respeito a questões de ordem pública, a saber: segurança pública, no caso dos "Vigilantes"; e segurança no trânsito, no caso dos "Motoboys". Sabidamente, falece competência legal aos empregadores para adotar medidas preventivas de caráter geral (de segurança pública ou de trânsito brasileiro) que pudessem proteger eficazmente essas duas modalidades profissionais de seus riscos laborais, posto que configurados fora dos domínios da empresa.

O citado Anexo 5 (Atividades Perigosas em Motocicletas) da NR-16 possui uma redação técnica bastante exígua, constituída por dois itens; no primeiro deles, limita-se a definir as atividades consideradas perigosas em face do uso de motocicleta no trânsito brasileiro, ao passo que no segundo item explicita quatro hipóteses excludentes da caracterização do exercício periculoso nessa atividade profissional.

Dispõe o Anexo 5 da NR-16, em seu primeiro item, que as atividades laborais com utilização de motocicleta ou motoneta no deslocamento de trabalhador em vias públicas são consideradas perigosas; ensejando a esses profissionais, por conseguinte, o direito à percepção do adicional de periculosidade (30% do salário básico) de que cogita o art. 193 Consolidado.

Noutro compasso, estipula o citado Anexo 5 da NR-16, em seu segundo item, que não são considerados perigosas as seguintes situações laborais:

- a utilização de motocicleta ou motoneta exclusivamente no percurso da residência para o local de trabalho ou deste para aquela;
- as atividades em veículos que não necessitem de emplacamento ou que não exijam carteira nacional de habilitação para conduzi-los;
- as atividades em motocicleta ou motoneta em locais privados;
- as atividades com uso de motocicleta ou motoneta de forma eventual, assim considerado o fortuito, ou o que, sendo habitual, dá-se por tempo extremamente reduzido.

Conveniente observar que a Portaria MTE-GM n. 5, de 7.1.2015, suspendeu os efeitos da Portaria MTE-GM n. 1.565, de 13.10.2014 (regulamentadora da periculosidade para todos os trabalhadores em motocicletas), de forma limitada aos trabalhadores que desenvolvem atividades nas empresas vinculadas à Associação Brasileira das Indústrias de Refrigerantes e de Bebidas não Alcoólicas (ABIR) e à Confederação Nacional das Revendas Ambev e das Empresas de Logística da Distribuição (CONFENAR), em respeito aos ditames de duas Decisões Judiciais proferidas nos autos dos processos n. 0078075-82.2014.4.01.3400 e n. 0089404-91.2014.4.01.3400, que tramitam perante a 20ª Vara Federal da Seção Judiciária do Distrito Federal — Tribunal Regional Federal da Primeira Região; todavia, para as demais atividades produtivas permanece legalmente válida a regulamentação da periculosidade dos trabalhadores com motocicletas no trânsito brasileiro, nos termos da citada Portaria MTE-GM n. 1.565 de 13.10.2014, instituidora do Anexo 5 da NR-16.

Ressalvado nosso entendimento pessoal já externado quando da abordagem acerca da ilegalidade do enquadramento ministerial como sendo perigosa a exposição às Radiações Ionizantes, devemos lembrar que a Portaria MTb n. 518, de 4.4.2003, acresceu à NR-16 um "sexto anexo" regulamentador, porém sem a numeração adequada, apenas designando-o por um "*"; qual seja, o Anexo * (Atividades Perigosas/ Áreas de Risco em face da Exposição às Radiações Ionizantes ou Substâncias Radioativas), por meio do qual tipificou como periculosas as seguintes atividades/áreas de risco em face da exposição às radiações ionizantes ou substâncias radioativas:

Anexo *: Atividades Perigosas/Áreas de Risco em face da Exposição às Radiações Ionizantes ou Substâncias Radioativas

ATIVIDADES	ÁREAS DE RISCO
1. Produção, utilização, processamento, transporte, guarda, estocagem e manuseio de materiais radioativos, selados e não selados, de estado físico e forma química quaisquer, naturais ou artificiais, incluindo:	Minas e depósitos de materiais radioativos. Plantas-piloto e usinas de beneficiamento de minerais radioativos. Outras áreas sujeitas a risco potencial devido às radiações ionizantes.
1.1. Prospecção, mineração, operação, beneficiamento e processamento de minerais radioativos.	Lixiviação de minerais radioativos para a produção de concentrados de urânio e tório. Purificação de concentrados e conversão em outras formas para uso como combustível nuclear.
1.2. Produção, transformação e tratamento de materiais nucleares para o ciclo do combustível nuclear.	Produção de fluoretos de urânio para a produção de hexafluoreto e urânio metálico. Instalações para enriquecimento isotópico e reconversão. Fabricação do elemento combustível nuclear. Instalações para armazenamento dos elementos combustíveis usados. Instalações para o retratamento do combustível irradiado. Instalações para o tratamento e deposições, provisórias e finais, dos rejeitos radioativos naturais e artificiais.
1.3. Produção de radioisótopos para uso em medicina, agricultura, agropecuária, pesquisa científica e tecnológica.	Laboratórios para a produção de radioisótopos e moléculas marcadas.
1.4. Produção de Fontes Radioativas.	Instalações para tratamento do material radioativo e confecção de fontes. Laboratórios de testes, ensaios e calibração de fontes, detectores e monitores de radiação, com fontes radioativas.
1.5. Testes, ensaios e calibração de detectores e monitores de radiação com fontes de radiação.	Laboratórios de ensaios para materiais radioativos. Laboratórios de radioquímica.
1.6. Descontaminação de superfícies, instrumentos, máquinas, ferramentas, utensílios de laboratório, vestimentos e de quaisquer outras áreas ou bens duráveis contaminados com material radioativo.	Laboratórios para descontaminação de peças e materiais radioativos. Coleta de rejeitos radioativos em instalações, prédios e áreas abertas. Lavanderia para roupas contaminadas. Transporte de materiais e rejeitos radioativos, condicionamento, estocagem e sua deposição.
1.7. Separação isotópica e processamento radioquímico.	Instalações para tratamento, condicionamento, contenção, estabilização, estocagem e deposição de rejeitos radioativos. Instalações para retenção de rejeitos radioativos.
1.8. Manuseio, condicionamento, liberação, monitoração, estabilização, inspeção, retenção e deposição de rejeitos radioativos.	Sítio de rejeitos. Instalações para estocagem de produtos radioativos para posterior aproveitamento.
2. Atividades de operação e manutenção de reatores nucleares, incluindo:	Edifícios de reatores. Edifícios de estocagem de combustível.
2.1. Montagem, instalação, substituição e inspeção de elementos combustíveis.	Instalações de tratamento e estocagem de rejeitos radioativos.

ATIVIDADES	ÁREAS DE RISCO
2.2. Manutenção de componentes integrantes do reator e dos sistemas hidráulicos mecânicos e elétricos, irradiados, contaminados ou situados em áreas de radiação.	Instalações para tratamento de água de reatores e separação e contenção de produtos radioativos. Salas de operação de reatores. Salas de amostragem de efluentes radioativos.
2.3. Manuseio de amostras irradiadas.	Laboratórios de medidas de radiação.
2.4. Experimentos utilizando canais de irradiação.	Outras áreas sujeitas a risco potencial às radiações ionizantes passíveis de serem atingidas por dispersão de produtos voláteis.
2.5. Medição de radiação, levantamento de dados radiológicos e nucleares, ensaios, testes, inspeções, fiscalização e supervisão de trabalhos técnicos.	Laboratórios semiquentes e quentes. Minas de urânio e tório. Depósitos de minerais radioativos e produtos do tratamento de minerais radioativos.
2.6. Segregação, manuseio, tratamento, acondicionamento e armazenamento de rejeitos radiativos.	Coletas de materiais e peças radioativas, materiais contaminados com radioisótopos e águas radioativas.
3. Atividades de operação e manutenção de aceleradores de partículas, incluindo:	Áreas de irradiação de alvos.
3.1. Montagem, instalação, substituição e manutenção de componentes irradiados ou contaminados.	Oficinas de manutenção de componentes irradiados ou contaminados. Salas de operação de aceleradores.
3.2. Processamento de alvos irradiados.	Laboratórios para tratamento de alvos irradiados e separação de radioisótopos.
3.3. Experimentos com feixes de partículas.	Laboratórios de testes com radiação e medidas nucleares.
3.4. Medição de radiação, levantamento de dados radiológicos e nucleares, testes, inspeções e supervisão de trabalhos técnicos.	Áreas de tratamento e estocagem de rejeitos radioativos.
3.5. Segregação, manuseio, tratamento, acondicionamento e armazenamento de rejeitos radioativos.	Laboratórios de processamento de alvos irradiados.
4. Atividades de operação com aparelhos de raios-x, com irradiadores de radiação gama, radiação beta ou radiação de nêutrons, incluindo:	Salas de irradiação e de operação de aparelhos de raios-x e de irradiadores gama, beta ou nêutrons.
4.1. Diagnóstico médico e odontológico.	Laboratórios de testes, ensaios e calibração com as fontes de radiação descritas.
4.2. Radioterapia.	
4.3. Radiografia industrial, gamagrafia e neutronradiografia.	Manuseio de fontes.
4.4. Análise de materiais por difratometria.	Manuseio do equipamento.
4.5. Testes, ensaios e calibração de detectores e monitores de radiação.	Manuseio de fontes e amostras radioativas.
4.6. Irradiação de alimentos.	Manuseio de fontes e instalações para a irradiação de alimentos.
4.7. Esterilização de instrumentos médico-hospitalares.	Manuseio de fontes e instalações para a operação.
4.8. Irradiação de espécimes minerais e biológicos.	Manuseio de amostras irradiadas.
4.9. Medição de radiação, levantamento de dados radiológicos, ensaios, testes, inspeções, fiscalização de trabalhos técnicos.	Laboratórios de ensaios e calibração de fontes e materiais radioativos.
5. Atividades de Medicina Nuclear.	Salas de diagnóstico e terapia com medicina nuclear.
5.1. Manuseio e aplicação de radioisótopos para diagnóstico médico e terapia.	Enfermaria de pacientes, sob treinamento com radioisótopos. Enfermaria de pacientes contaminados com radioisótopos em observação e sob tratamento de descontaminação.
5.2. Manuseio de fontes seladas para aplicação em braquiterapia.	Área de tratamento e estocagem de rejeitos radioativos.
5.3. Obtenção de dados biológicos de pacientes com radioisótopos incorporados.	Manuseio de materiais biológicos contendo radioisótopos ou moléculas marcadas.
5.4. Segregação, manuseio, tratamento, acondicionamento e estocagem de rejeitos radioativos.	Laboratórios para descontaminação e coleta de rejeitos radioativos.
6. Descomissionamento de instalações nucleares e radioativas que inclui:	Áreas de instalações nucleares e radioativas contaminadas e com rejeitos.
6.1. Todas as descontaminações radioativas inerentes.	Depósitos provisórios e definitivos de rejeitos radioativos.

ATIVIDADES	ÁREAS DE RISCO
6.2. Gerenciamento dos rejeitos radioativos existentes, ou sejam: tratamento e acondicionamento dos rejeitos líquidos, sólidos, gasosos e aerossóis; transporte e deposição dos mesmos.	Instalações para contenção de rejeitos radioativos. Instalações para afastamento de rejeitos radioativos. Instalações para asfaltamento ou cimentação de rejeitos radioativos.
7. Descomissionamento de minas, moinhos e usinas de tratamento de minerais radioativos.	Tratamento de rejeitos minerais. Repositório de rejeitos naturais (bacia de contenção de rádio e outros radioisótopos). Deposição de gangas e rejeitos de mineração.

Nota Explicativa: *(Inserida pela Portaria MTE-GM n. 595 de 7.5.2015)*

1. Não são consideradas perigosas, para efeito deste anexo, as atividades desenvolvidas em áreas que utilizam equipamentos móveis de Raios X para diagnóstico médico.

2. Áreas tais como emergências, centro de tratamento intensivo, sala de recuperação e leitos de internação não são classificadas como salas de irradiação em razão do uso do equipamento móvel de Raios X.

Doravante, será apresentado o MÓDULO COMPLEMENTAR deste Capítulo, contendo uma representação simbólica das Atividades Periculosas, bem como dois Quadros-Resumo de Atividades Perigosas, um segundo a CLT e outro referente à Legislação Especial; sempre objetivando a praticidade dos tópicos expostos ou, quem sabe, auxiliar o profissional de segurança e saúde no trabalho iniciante em sua rotina diária. Em seguida, foram reproduzidos os FUNDAMENTOS JURÍDICOS (dispositivos legais, infralegais ou regulamentares, e jurisprudenciais) que propiciam o suporte de validade jurídica à temática em apreço, observando-se as ordens hierárquica e cronológica. Ao final, encontra-se igualmente transcrita, de forma integral e atualizada, a correspondente norma regulamentadora de segurança e saúde no trabalho que intitula este Capítulo.

MÓDULO COMPLEMENTAR DO CAPÍTULO 16

SIMBOLOGIA DAS ATIVIDADES PERCULOSAS SEGUNDO A CLT:

QUADRO-RESUMO DE ATIVIDADES PERICULOSAS SEGUNDO A CLT:

AGENTE PERICULOSO	FUNDAMENTOS LEGAIS	REGULAMENTAÇÃO	Adicional Devido
EXPLOSIVOS	Art. 7º, inciso XXIII, da CF-1988 e Art 193 da CLT	Anexo I da NR-16 (Atividades e Operações Perigosas); e, NR-19 (Explosivos).	30% do Salário Básico
INFLAMÁVEIS	Idem	Anexo II da NR-16; e, NR-20 (SST com Inflamáveis e Combustíveis).	Idem
Roubo/Violência Física na Segurança Pessoal/ Patrimonial	Idem	Anexo III da NR-16. Portaria MTE n. 1.885 de 2.12.2013.	Idem
ENERGIA ELÉTRICA	Idem	Anexo IV da NR-16. Portaria MTE n. 1.078 de 16.7.2014.	Idem
Atividades em MOTOCILETAS	Idem	Anexo V da NR-16. Portaria MTE n. 1.565 de 13.10.2014.	Idem
RADIAÇÕES IONIZANTES	**NÃO EXISTE**	Portaria MTE n. 518 de 4.4.2003.	(?)

QUADRO-RESUMO DE ATIVIDADES PERICULOSAS CONSOANTE LEIS ESPECÍFICAS:

ATIVIDADES	FUNDAMENTOS LEGAIS	ADICIONAL DEVIDO
PORTUÁRIO	Art. 14 da Lei n. 4.860 de 26.11.1965.	40% do Salário-Hora
TÉCNICO EM RADIOLOGIA	Art. 16 da Lei n. 7.394 de 29.10.1985.	40% do Salário Profissional
SERVIDORES PÚBLICOS FEDERAIS	Art. 68 da Lei n. 8.112 de 11.12.1900 e Art. 12, II, da Lei n. 8.270 de 17.12.1991.	10% do Vencimento Básico
BOMBEIRO CIVIL	Art. 6º, III, da Lei n. 11.901 de 12.11.2009.	30% do Salário Básico

FUNDAMENTOS JURÍDICOS DO CAPÍTULO 16

NR-16: ATIVIDADES E OPERAÇÕES PERIGOSAS *(redação dada pela Portaria MTb n. 3.214, de 8.6.1978, atualizada até a edição da Portaria MTE-GM n. 595 de 7.5.2015). Art. 7º, incisos XXII, XXIII, XXVI e XXXIII, da CF-1988, Art. 193 a 197 e 405, inciso I, da CLT. Art. 14 da Lei n. 4.860, de 26.11.1965 (Portuários). Art. 16 da Lei n. 7.394, de 29.10.1985 (Técnicos em Radiologia). Arts. 68 a 70 da Lei n. 8.122, de 11.12.1990, e art. 12, da Lei n. 8.270 de 17.12.1991 (Adicionais de Insalubridade, Penosidade e Periculosidade para os Servidores Públicos Federais). Arts. 57 e 58 da Lei n. 8.213, de 24.7.1991 (Laudo Técnico de Condições Ambientais de Trabalho — LTCAT). Lei n. 11.901, de 12.1.2009 (Periculosidade do Bombeiro Civil). Decreto n. 6.481, de 12.6.2008 (Lista das Piores Formas de Trabalho Infantil e dos Trabalhos Insalubres ou Perigosos Proibidos para Menores). NR-10 (Segurança em Instalações e Serviços em Eletricidade). NR-19 (Explosivos). NR-20 (Segurança e Saúde no Trabalho com Inflamáveis e Combustíveis). Resoluções CONFEA ns. 359, de 31.7.1991, e 437, de 27.11.1999 (Competência Técnico-Legal do Engenheiro de Segurança do Trabalho). Resolução CSJT n. 66, de 10.6.2010, atualizada pela Resolução CSJT n. 115, de 28.9.2012 (Honorários Periciais — Justiça Gratuita). Portarias MTb n. 3.393, de 17.12.1987, n. 496 de 11.12.2002 e MTE n. 518, de 4.4.2003 (Periculosidade de Radiações Ionizantes). Súmula STF n. 212. Súmulas TST ns. 39, 70, 132, 191, 248, 341, 358, 361, 364, 447, 453 e 457. Orientações Jurisprudenciais OJ-SDI-I-TST ns. 60, 165, 172, 198, 208, 259, 279, 316, 324, 345, 347, 385 e 402.*

CONSTITUIÇÃO DA REPÚBLICA FEDERATIVA DO BRASIL
(Atualizada até a edição da Emenda Constitucional n. 85, de 26.2.2015)

Título II: Dos Direitos e Garantias Fundamentais (Arts. 5º a 17)

Capítulo II: Dos Direitos Sociais (Arts. 6º a 11)

Art. 7º São direitos dos trabalhadores urbanos e rurais[1], além de outros que visem à melhoria de sua condição social:

XXII — redução dos riscos inerentes ao trabalho, por meio de normas de saúde, higiene e segurança;

---

(1) Especificamente em relação aos Servidores Públicos Federais (submetidos ao Regime Jurídico Único da Lei n. 8.112/1990) dispõe o § 3º do art. 39 da CF-1988 que: "Aplica-se aos servidores ocupantes de cargo público o disposto no Art. 7º, IV, VII, VIII, IX, XII, XIII, XV, XVI, XVII, XVIII, XIX, XX, XXII e XXX, podendo a lei estabelecer requisitos diferenciados de admissão quando a natureza do cargo o exigir".

XXIII — adicional de remuneração para as atividades penosas, insalubres ou perigosas, na forma da lei;

XXVIII — seguro contra acidentes de trabalho, a cargo do empregador, sem excluir a indenização a que este está obrigado, quando incorrer em dolo ou culpa;

XXXIII — proibição de trabalho noturno, perigoso ou insalubre a menores de dezoito e de qualquer trabalho a menores de dezesseis anos, salvo na condição de aprendiz, a partir de quatorze anos.

NORMAS JURÍDICAS INFRACONSTITUCIONAIS

CONSOLIDAÇÃO DAS LEIS DO TRABALHO

(Decreto-lei n. 5.452, de 1º.5.1943, com a redação dos arts. 154 a 201 CLT dada pela Lei n. 6.514, de 22.12.1977, atualizada até a edição da Lei n. 13.103, de 2.3.2015)

Título II: **Das Normas Gerais de Tutela do Trabalho** (Arts. 13 a 223 da CLT)

Capítulo V: **Da Segurança e da Medicina do Trabalho** (Arts. 154 a 201 da CLT)(2)

Seção XIII: **Das Atividades Insalubres ou Perigosas** (Arts. 189 a 197 da CLT)(3)

Art. 189. Serão consideradas atividades ou operações insalubres aquelas que, por sua natureza, condições ou métodos de trabalho, exponham os empregados a agentes nocivos à saúde, acima dos limites de tolerância fixados em razão da natureza e da intensidade do agente e do tempo de exposição aos seus efeitos.

Art. 190. O Ministério do Trabalho e Emprego aprovará o quadro das atividades e operações insalubres e adotará normas sobre os critérios de caracterização da insalubridade, os limites de tolerância aos agentes agressivos, meios de proteção e o tempo máximo de exposição do empregado a esses agentes.

Parágrafo único. As normas referidas neste artigo incluirão medidas de proteção do organismo do trabalhador nas operações que produzem aerodispersóides tóxicos, irritantes, alérgicos ou incômodos.

Art. 191. A eliminação ou a neutralização da insalubridade ocorrerá:

I — com a adoção de medidas que conservem o ambiente de trabalho dentro dos limites de tolerância;

II — com a utilização de equipamentos de proteção individual ao trabalhador, que diminuam a intensidade do agente agressivo a limites de tolerância.

Parágrafo único. Caberá às Superintendências Regionais do Trabalho e Emprego, comprovada a insalubridade, notificar as empresas, estipulando prazos para sua eliminação ou neutralização, na forma deste artigo.

Art. 192. O exercício de trabalho em condições insalubres, acima dos limites de tolerância estabelecidos pelo Ministério do Trabalho (e Emprego), assegura a percepção de adicional respectivamente de 40% (quarenta por cento), 20% (vinte por cento) e 10% (dez por cento) do salário mínimo da região, segundo se classifiquem nos graus máximo, médio e mínimo.(4)

Art. 193. São consideradas atividades ou operações perigosas, na forma da regulamentação aprovada pelo Ministério do Trabalho e Emprego, aquelas que, por sua natureza ou métodos de trabalho, impliquem risco acentuado em virtude de exposição permanente do trabalhador a: *(Redação dada pela Lei n. 12.740, de 8.12.2012)*

I — inflamáveis, explosivos ou energia elétrica; *(Incluído pela Lei n. 12.740, de 8.12.2012)*

II — roubos ou outras espécies de violência física nas atividades profissionais de segurança pessoal ou patrimonial. *(Incluído pela Lei n. 12.740, de 8.12.2012)*

§ 1º O trabalho em condições de periculosidade assegura ao empregado um adicional de 30% (trinta por cento) sobre o salário sem os acréscimos resultantes de gratificações, prêmios ou participações nos lucros da empresa.

§ 2º O empregado poderá optar pelo adicional de insalubridade que porventura lhe seja devido.

§ 3º Serão descontados ou compensados do adicional outros da mesma natureza eventualmente já concedidos ao vigilante por meio de acordo coletivo. *(Incluído pela Lei n. 12.740, de 8.12.2012)*

§ 4º São também consideradas perigosas as atividades de trabalhador em motocicleta. *(Incluído pela Lei n. 12.997, de 18.6.2014)*

Art. 194. O direito do empregado ao adicional de insalubridade ou de periculosidade cessará com a eliminação do risco à sua saúde ou integridade física, nos termos desta Seção e das normas expedidas pelo Ministério do Trabalho e Emprego.

Art. 195. A caracterização e a classificação da insalubridade e da periculosidade, segundo as normas do *Ministério* do Trabalho e Emprego, far-se-ão através de perícia a cargo de Médico do Trabalho ou *Engenheiro* do Trabalho, registrados no Ministério do Trabalho e Emprego (atualmente, o registro desses profissionais deve ser feito nos respectivos órgãos de classe, CRM ou CREA).

§ 1º É facultado às empresas e aos sindicatos das categorias profissionais interessadas requererem ao Ministério do Trabalho e Emprego a realização de perícia em estabelecimento ou setor deste, com o objetivo de caracterizar e classificar ou delimitar as atividades insalubres ou perigosas.

---

(2) A Lei n. 6.514, de 22.12.1977, propiciou a redação dos arts. 154 a 201 da CLT, observadas as atualizações legais até a edição da Lei n. 13.103, de 2.3.2015.

(3) A NR-15 (ATIVIDADES E OPERAÇÕES INSALUBRES) e a NR-16 (ATIVIDADES E OPERAÇÕES PERIGOSAS) disciplinam os arts. 189 a 197 da CLT.

(4) A Súmula Vinculante STF n. 4, de 9.5.2008, expressamente veda a utilização do Salário Mínimo como base de cálculo do Adicional de Insalubridade.

§ 2º Arguida em juízo insalubridade ou periculosidade, seja por empregado, seja por Sindicato em favor de grupo de associado, o juiz designará perito habilitado na forma deste artigo, e, onde não houver, requisitará perícia ao órgão competente do Ministério do Trabalho e Emprego.

§ 3º O disposto nos parágrafos anteriores não prejudica a ação fiscalizadora do Ministério do Trabalho e Emprego, nem a realização *ex officio* da perícia.

Art. 196. Os efeitos pecuniários decorrentes do trabalho em condições de insalubridade ou periculosidade serão devidos a contar da data da inclusão da respectiva atividade nos quadros aprovados pelo Ministro do Trabalho (e Emprego), respeitadas as normas do art. 11.

Art. 197. Os materiais e substâncias empregados, manipulados ou transportados nos locais de trabalho, quando perigosos ou nocivos à saúde, devem conter, no rótulo, sua composição, recomendações de socorro imediato e o símbolo de perigo correspondente, segundo a padronização internacional.

Parágrafo único. Os estabelecimentos que mantenham as atividades previstas neste artigo afixarão, nos setores de trabalho atingidas, avisos ou cartazes, com advertência quanto aos materiais e substâncias perigosos ou nocivos à saúde.

Capítulo IV: Da Proteção do Trabalho do Menor (Arts. 402 a 441)

Seção VII: Disposições Gerais (Arts. 402 a 410)

Art. 405. Ao menor não será permitido o trabalho:

I — nos locais e serviços perigosos ou insalubres, constantes de quadro para esse fim aprovado pelo Diretor-Geral do Departamento de Segurança e Higiene do Trabalho (atual SIT-MTE).

Lei n. 4.860, de 26.11.1965 *(Adicional de Risco Portuário)*

Art. 14. A fim de remunerar os riscos relativos à insalubridade, periculosidade e outros porventura existentes, fica instituído o "adicional de riscos" de 40% (quarenta por cento) que incidirá sobre o valor do salário-hora ordinário do período diurno e substituirá todos aqueles que, com sentido ou caráter idêntico, vinham sendo pagos.

§ 1º Este adicional somente será devido enquanto não forem removidas ou eliminadas as causas de risco.

§ 2º Este adicional somente será devido durante o tempo efetivo no serviço considerado sob risco.

§ 3º As administrações dos Portos, no prazo de 60 (sessenta) dias, discriminarão, ouvida a autoridade competente, os serviços considerados sob risco.

§ 4º Nenhum outro adicional será devido além do previsto neste artigo.

§ 5º Só será devido uma única vez, na execução da mesma tarefa, o adicional previsto neste artigo, mesmo quando ocorra, simultaneamente, mais de uma causa de risco.

Lei n. 7.394, de 29.10.1985 *(Adicional de Risco para os Operadores de Raios X)*

Art. 1º Os preceitos desta lei regulam o exercício da profissão de Técnico em Radiologia, conceituando-se como tal todos os Operadores de Raios X que, profissionalmente, executam as técnicas:

I – radiológica, no setor de diagnóstico;

II – radioterápica, no setor de terapia;

III – radioisotópica, no setor de radioisótopos;

IV – industrial, no setor industrial;

V – de medicina nuclear.

Art. 16. O salário mínimo dos profissionais, que executam as técnicas definidas no art. 1º desta lei, será equivalente a 2 (dois) salários mínimos profissionais da região, incidindo sobre esses vencimentos 40% (quarenta por cento) de risco de vida e insalubridade.

Lei n. 8.112, de 11.12.1990 *(Regime Jurídico Único dos Servidores Públicos Federais)*

Art. 68. Os servidores que trabalhem com habitualidade em locais insalubres ou em contato permanente com substâncias tóxicas, radioativas ou com risco de vida, fazem jus a um adicional sobre o vencimento do cargo efetivo.

§ 1º O servidor que fizer jus aos adicionais de insalubridade e de periculosidade deverá optar por um deles.

§ 2º O direito ao adicional de insalubridade ou periculosidade cessa com a eliminação das condições ou dos riscos que deram causa a sua concessão.

Art. 69. Haverá permanente controle da atividade de servidores em operações ou locais considerados penosos, insalubres ou perigosos.

Parágrafo único. A servidora gestante ou lactante será afastada, enquanto durar a gestação e a lactação, das operações e locais previstos neste artigo, exercendo suas atividades em local salubre e em serviço não penoso e não perigoso.

Art. 70. Na concessão dos adicionais de atividades penosas, de insalubridade e de periculosidade serão observadas as situações estabelecidas em legislação específica.

Art. 71. O adicional de atividade penosa será devido aos servidores em exercício em zonas de fronteira ou em localidades cujas condições de vida o justifiquem, nos termos, condições e limites fixados em regulamento.

Art. 72. Os locais de trabalho e os servidores que operam com Raios X ou substâncias radioativas serão mantidos sob controle permanente, de modo que as doses de radiação ionizante não ultrapassem o nível máximo previsto na legislação própria.

Parágrafo único. Os servidores a que se refere este artigo serão submetidos a exames médicos a cada 6 (seis) meses.

Lei n. 8.213, de 24.7.1991 *(Plano de Benefícios da Previdência Social)*

Art. 57. A aposentadoria especial será devida, uma vez cumprida a carência exigida nesta Lei, ao segurado que tiver trabalhado sujeito a condições especiais que prejudiquem a saúde ou a integridade física, durante 15 (quinze), 20 (vinte) ou 25 (vinte e cinco) anos, conforme dispuser a lei.

§ 1º A aposentadoria especial, observado o disposto no art. 33 desta Lei, consistirá numa renda mensal equivalente a 100% (cem por cento) do salário de benefício.

§ 2º A data de início do benefício será fixada da mesma forma que a da aposentadoria por idade, conforme o disposto no art. 49.

Art. 58. A relação dos agentes nocivos químicos, físicos e biológicos ou associação de agentes prejudiciais à saúde ou à integridade física, considerados para fins de concessão da aposentadoria especial de que trata o artigo anterior, será definida pelo Poder Executivo.

§ 1º A comprovação da efetiva exposição do segurado aos agentes nocivos será feita mediante formulário, na forma estabelecida pelo Instituto Nacional do Seguro Social — INSS, emitido pela empresa ou seu preposto, com base em laudo técnico de condições ambientais do trabalho expedido por médico do trabalho ou engenheiro de segurança do trabalho nos termos da legislação trabalhista.

§ 2º Do laudo técnico referido no parágrafo anterior deverão constar informação sobre a existência de tecnologia de proteção coletiva que diminua a intensidade do agente agressivo a limites de tolerância e recomendação sobre a sua adoção pelo estabelecimento respectivo.

§ 3º A empresa que não mantiver laudo técnico atualizado com referência aos agentes nocivos existentes no ambiente de trabalho de seus trabalhadores, ou que emitir documento de comprovação de efetiva exposição em desacordo com o respectivo laudo, estará sujeita à penalidade prevista no art. 133 desta Lei.

§ 4º A empresa deverá elaborar e manter atualizado perfil profissiográfico[5], abrangendo as atividades desenvolvidas pelo trabalhador e fornecer a este, quando da rescisão do contrato de trabalho, cópia autêntica deste documento.

Lei n. 8.270, de 17.12.1991
(Adicionais de Insalubridade e Periculosidade dos Servidores Públicos Federais)

Art. 12. Os servidores civis da União, das autarquias e das fundações públicas federais perceberão adicionais de insalubridade e de periculosidade, nos termos das normas legais e regulamentares pertinentes aos trabalhadores em geral e calculados com base nos seguintes percentuais: **I** — cinco, dez e vinte por cento, no caso de insalubridade nos graus mínimo, médio e máximo, respectivamente; **II** — dez por cento, no de periculosidade.

§ 1º O adicional de irradiação ionizante será concedido nos percentuais de cinco, dez e vinte por cento, conforme se dispuser em regulamento.

§ 2º A gratificação por trabalhos com Raios X ou substâncias radioativas será calculada com base no percentual de dez por cento.

§ 3º Os percentuais fixados neste artigo incidem sobre o vencimento do cargo efetivo.

§ 4º O adicional de periculosidade percebido pelo exercício de atividades nucleares é mantido a título de vantagem pessoal, nominalmente identificada, e sujeita aos mesmos percentuais de revisão ou antecipação dos vencimentos.

§ 5º Os valores e adicionais ou gratificações percebidas sob os mesmos fundamentos deste artigo, superiores aos aqui estabelecidos, serão mantidos a título de vantagem pessoal, nominalmente identificada, para os servidores que permaneçam expostos à situação de trabalho que tenha dado origem à referida vantagem, aplicando-se a esses valores os mesmos percentuais de revisão ou antecipação de vencimentos.

Lei n. 11.901, de 12.1.2009
(Dispõe sobre a profissão de Bombeiro Civil e dá outras providências)

Art. 1º O exercício da profissão de Bombeiro Civil reger-se-á pelo disposto nesta Lei.

Art. 2º Considera-se Bombeiro Civil aquele que, habilitado nos termos desta Lei, exerça, em caráter habitual, função remunerada e exclusiva de prevenção e combate a incêndio, como empregado contratado diretamente por empresas privadas ou públicas, sociedades de economia mista, ou empresas especializadas em prestação de serviços de prevenção e combate a incêndio.

§ 1º (VETADO)

§ 2º No atendimento a sinistros em que atuem, em conjunto, os Bombeiros Civis e o Corpo de Bombeiros Militar, a coordenação e a direção das ações caberão, com exclusividade e em qualquer hipótese, à corporação militar.

Art. 3º (VETADO)

Art. 4º As funções de Bombeiro Civil são assim classificadas:

I — Bombeiro Civil, nível básico, combatente direto ou não do fogo;

II — Bombeiro Civil Líder, o formado como técnico em prevenção e combate a incêndio, em nível de ensino médio, comandante de guarnição em seu horário de trabalho;

III — Bombeiro Civil Mestre, o formado em engenharia com especialização em prevenção e combate a incêndio, responsável pelo Departamento de Prevenção e Combate a Incêndio.

---

(5) O art. 68, § 2º, do Decreto n. 4.032/2001 instituiu a denominação Perfil Profissiográfico Previdenciário (PPP). A Instrução Normativa da Direção Colegiada do Instituto Nacional do Seguro Social IN-DC-INSS n. 078/2002 aprovou o modelo de formulário PPP. Através da IN-DC-INSS n. 084/2002 ficou prorrogada para 1º7.2003, a implementação do PPP, por parte das empresas. Novamente, a IN-DC-INSS n. 090/2003 postergou para 1º11.2003 a implementação do PPP. A IN-DC-INSS n. 096/2003, além de prorrogar, pela última vez e para 1º1.2004, a implementação do PPP, limitou sua abrangência apenas para as empresas que possuam empregados que sejam candidatos em potencial à obtenção da aposentadoria especial.

Art. 5º A jornada do Bombeiro Civil é de 12 (doze) horas de trabalho por 36 (trinta e seis) horas de descanso, num total de 36 (trinta e seis) horas semanais.

Art. 6º É assegurado ao Bombeiro Civil:

I — uniforme especial a expensas do empregador;

II -- seguro de vida em grupo, estipulado pelo empregador;

III — adicional de periculosidade de 30% (trinta por cento) do salário mensal sem os acréscimos resultantes de gratificações, prêmios ou participações nos lucros da empresa;

IV — o direito à reciclagem periódica.

Art. 7º (VETADO)

Art. 8º As empresas especializadas e os cursos de formação de Bombeiro Civil, bem como os cursos técnicos de segundo grau de prevenção e combate a incêndio que infringirem as disposições desta Lei, ficarão sujeitos às seguintes penalidades:

I — advertência;

II — (VETADO)

III — proibição temporária de funcionamento;

IV — cancelamento da autorização e registro para funcionar.

Art. 9º As empresas e demais entidades que se utilizem do serviço de Bombeiro Civil poderão firmar convênios com os Corpos de Bombeiros Militares dos Estados, dos Territórios e do Distrito Federal, para assistência técnica a seus profissionais.

Art. 10. (VETADO)

Art. 11. Esta Lei entra em vigor na data de sua publicação.

JURISPRUDÊNCIA SUMULADA

Súmulas do Supremo Tribunal Federal (STF)

Súmula STF n. 212. Tem direito ao adicional de serviço perigoso o empregado de posto de revenda de combustível líquido.

Súmulas do Tribunal Superior do Trabalho — TST[(6)]

Súmula TST n. 039. ADICIONAL DE PERICULOSIDADE. EMPREGADOS DE BOMBA DE GASOLINA. Os empregados que operam em bomba de gasolina têm direito a adicional de periculosidade (Lei n. 2.573, de 15.8.1955).

Súmula TST n. 070. ADICIONAL DE PERICULOSIDADE. TRIÊNIOS DA PETROBRAS. O adicional de periculosidade não incide sobre os triênios pagos pela PETROBRAS.

Súmula TST n. 132. ADICIONAL DE PERICULOSIDADE. INTEGRAÇÃO. **I** — O adicional de periculosidade, pago em caráter permanente, integra o cálculo de indenização e de horas extras. **II** — Durante as horas de sobreaviso, o empregado não se encontra em condições de risco, razão pela qual é incabível a integração do adicional de periculosidade sobre as mencionadas horas.

Súmula TST n. 191. ADICIONAL. PERICULOSIDADE. INCIDÊNCIA. O adicional de periculosidade incide apenas sobre o salário básico e não sobre este acrescido de outros adicionais. Em relação aos eletricitários, o cálculo do adicional de periculosidade deverá ser efetuado sobre a totalidade das parcelas de natureza salarial.

Súmula TST n. 248. DIREITO ADQUIRIDO. ADICIONAL DE INSALUBRIDADE. A reclassificação ou a descaracterização da insalubridade, por ato da autoridade competente, repercute na satisfação do respectivo adicional, sem ofensa a direito adquirido ou ao princípio da irredutibilidade salarial.

Súmula TST n. 341. HONORÁRIOS DO ASSISTENTE TÉCNICO. A indicação do perito assistente é faculdade da parte, a qual deve responder pelos respectivos honorários, ainda que vencedora no objeto da perícia.

Súmula TST n. 358. RADIOLOGISTA. SALÁRIO PROFISSIONAL. LEI N. 7.394, DE 29.10.1985. O salário profissional dos técnicos em radiologia é igual a 2 (dois) salários mínimos e não a 4 (quatro).

Súmula TST n. 361. ADICIONAL DE PERICULOSIDADE. ELETRICITÁRIOS. EXPOSIÇÃO INTERMITENTE. O trabalho exercido em condições perigosas, embora de forma intermitente, dá direito ao empregado a receber o adicional de periculosidade de forma integral, tendo em vista que a Lei n. 7.369/85 não estabeleceu qualquer proporcionalidade em relação ao seu pagamento.

Súmula TST n. 364. ADICIONAL DE PERICULOSIDADE. EXPOSIÇÃO EVENTUAL, PERMANENTE E INTERMITENTE. Tem direito ao adicional de periculosidade o empregado exposto permanentemente ou que, de forma intermitente, sujeita-se a condições de risco. Indevido, apenas, quando o contato dá-se de forma eventual, assim considerado o fortuito, ou o que, sendo habitual, dá-se por tempo extremamente reduzido.

---

(6) Nos termos da Resolução Administrativa do TST (Pleno) os verbetes de jurisprudência denominados ENUNCIADOS passaram a denominar-se SÚMULAS, mantida sua numeração sequencial. As atuais Súmulas de Jurisprudência do TST (antigos Enunciados) n. 001 a 290 foram editadas antes da vigência da Constituição Federal de 1988, enquanto as subsequentes foram publicadas após 5.10.1988.

Súmula TST n. 447. ADICIONAL DE PERICULOSIDADE. PERMANÊNCIA A BORDO DURANTE O ABASTECIMENTO DA AERONAVE. INDEVIDO — Res. 193/2013, DEJT divulgado em 13, 16 e 17.12.2013. Os tripulantes e demais empregados em serviços auxiliares de transporte aéreo que, no momento do abastecimento da aeronave, permanecem a bordo não têm direito ao adicional de periculosidade a que aludem o art. 193 da CLT e o Anexo 2, item 1, "c", da NR-16 do MTE.

Súmula TST n. 453. ADICIONAL DE PERICULOSIDADE. PAGAMENTO ESPONTÂNEO. CARACTERIZAÇÃO DE FATO INCONTROVERSO. DESNECESSÁRIA A PERÍCIA DE QUE TRATA O ART. 195 DA CLT. O pagamento de adicional de periculosidade efetuado por mera liberalidade da empresa, ainda que de forma proporcional ao tempo de exposição ao risco ou em percentual inferior ao máximo legalmente previsto, dispensa a realização da prova técnica exigida pelo art. 195 da CLT, pois torna incontroversa a existência do trabalho em condições perigosas.

Súmula TST n. 457. HONORÁRIOS PERICIAIS. BENEFICIÁRIO DA JUSTIÇA GRATUITA. RESPONSABILIDADE DA UNIÃO PELO PAGAMENTO. RESOLUÇÃO N. 66/2010 DO CSJT. OBSERVÂNCIA. A União é responsável pelo pagamento dos honorários de perito quando a parte sucumbente no objeto da perícia for beneficiária da assistência judiciária gratuita, observado o procedimento disposto nos arts. 1º, 2º e 5º da Resolução n. 66/2010 do Conselho Superior da Justiça do Trabalho (CSJT).

Orientações Jurisprudenciais da SDI (Subseção I) do TST

OJ-SDI-TST n. 60. PORTUÁRIOS. HORA NOTURNA. HORAS EXTRAS. (Lei n. 4.860/65, arts. 4º e 7º, § 5º). **I** — A hora noturna no regime de trabalho no porto, compreendida entre dezenove horas e sete horas do dia seguinte, é de sessenta minutos. **II** — Para o cálculo das horas extras prestadas pelos trabalhadores portuários, observar-se-á somente o salário básico percebido, excluídos os adicionais de risco e produtividade.

OJ-SDI-1-TST n. 165. PERÍCIA. ENGENHEIRO OU MÉDICO. ADICIONAL DE INSALUBRIDADE E PERICULOSIDADE. VÁLIDO. ART. 195 DA CLT. O art. 195 da CLT não faz qualquer distinção entre o médico e o engenheiro para efeito de caracterização e classificação da insalubridade e periculosidade, bastando para a elaboração do laudo seja o profissional devidamente qualificado.

OJ-SDI-1-TST n. 172. ADICIONAL DE INSALUBRIDADE OU PERICULOSIDADE. CONDENAÇÃO. INSERÇÃO EM FOLHA DE PAGAMENTO. Condenada ao pagamento do adicional de insalubridade ou periculosidade, a empresa deverá inserir, mês a mês e enquanto o trabalho for executado sob essas condições, o valor correspondente em folha de pagamento.

OJ-SDI-1-TST n. 198. HONORÁRIOS PERICIAIS. ATUALIZAÇÃO MONETÁRIA. Diferentemente da correção aplicada aos débitos trabalhistas, que têm caráter alimentar, a atualização monetária dos honorários periciais é fixada pelo art. 1º da Lei n. 6.899/81, aplicável a débitos resultantes de decisões judiciais.

OJ-SDI-1-TST n. 208. RADIOLOGISTA. GRATIFICAÇÃO DE RAIOS X. REDUÇÃO. LEI N. 7.923/89. A alteração da gratificação por trabalho com raios X, de quarenta para dez por cento, na forma da Lei n. 7.923/89, não causou prejuízo ao trabalhador porque passou a incidir sobre o salário incorporado com todas as demais vantagens.

OJ-SDI-1-TST n. 259. ADICIONAL NOTURNO. BASE DE CÁLCULO. ADICIONAL DE PERICULOSIDADE. INTEGRAÇÃO. O adicional de periculosidade deve compor a base de cálculo do adicional noturno, já que também neste horário o trabalhador permanece sob as condições de risco.

OJ-SDI-TST n. 279. ADICIONAL DE PERICULOSIDADE. ELETRICITÁRIOS. BASE DE CÁLCULO. Lei n. 7.369/1985, art. 1º INTERPRETAÇÃO. O adicional de periculosidade dos eletricitários deverá ser calculado sobre o conjunto de parcelas de natureza salarial.

OJ-SDI-1-TST n. 316. PORTUÁRIOS. ADICIONAL DE RISCO. LEI N. 4.860/65. O adicional de risco dos portuários, previsto no art. 14 da Lei n. 4.860/65, deve ser proporcional ao tempo efetivo no serviço considerado sob risco e apenas concedido àqueles que prestam serviços na área portuária.

OJ-SDI-TST-n. 324. ADICIONAL DE PERICULOSIDADE. SISTEMA ELÉTRICO DE POTÊNCIA. DECRETO N. 93.412/86, ART. 2º, § 1º É assegurado o adicional de periculosidade apenas aos empregados que trabalham em sistema elétrico de potência em condições de risco, ou que o façam com equipamentos e instalações elétricas similares, que ofereçam risco equivalente, ainda que em unidade consumidora de energia elétrica.

OJ-SDI-TST-n. 345. ADICIONAL DE PERICULOSIDADE. RADIAÇÃO IONIZANTE OU SUBSTÂNCIA RADIOATIVA. DEVIDO. A exposição do empregado à radiação ionizante ou à substância radioativa enseja a percepção do adicional de periculosidade, pois a regulamentação ministerial (Portarias do Ministério do Trabalho n. 3.393 de 17.12.1987 e n. 518 de 7.4.2003), ao reputar perigosa a atividade, reveste-se de plena eficácia, porquanto expedida por força de delegação legislativa contida no art. 200, *caput*, e inciso VI, da CLT. No período de 12.12.2002 a 6.4.2003, enquanto vigeu a Portaria n. 496 do Ministério do Trabalho, o empregado faz jus ao adicional de insalubridade.

OJ-SDI-TST n. 347. ADICIONAL DE PERICULOSIDADE. SISTEMA ELÉTRICO DE POTÊNCIA. LEI N. 7.369, DE 20.9.1985, REGULAMENTADA PELO DECRETO N. 93.412, DE 14.10.1986. EXTENSÃO DO DIREITO AOS CABISTAS, INSTALADORES E REPARADORES DE LINHAS E APARELHOS EM TELEFONIA. É devido o adicional de periculosidade aos empregados cabistas, instaladores e reparadores de linhas e aparelhos de empresas de telefonia, desde que, no exercício de suas funções, fiquem expostos a condições de risco equivalente ao do trabalho exercido em contato com sistema elétrico de potência.

OJ-SDI-TST n. 385. ADICIONAL DE PERICULOSIDADE. DEVIDO. ARMAZENAMENTO DE LÍQUIDO INFLAMÁVEL NO PRÉDIO. CONSTRUÇÃO VERTICAL. É devido o pagamento do adicional de periculosidade ao empregado que desenvolve suas atividades em edifício (construção vertical), seja em pavimento igual ou distinto daquele onde estão instalados tanques para armazenamento de líquido inflamável, em quantidade acima do limite legal, considerando-se como área de risco toda a área interna da construção vertical.

OJ-SDI-TST n. 402. ADICIONAL DE RISCO. PORTUÁRIO. TERMINAL PRIVATIVO. ARTS. 14 E 19 DA LEI N. 4.860, DE 26.11.1965. INDEVIDO. O adicional de risco previsto no art. 14 da Lei n. 4.860, de 26.11.1965, aplica-se somente aos portuários que trabalham em portos organizados, não podendo ser conferido aos que operam terminal privativo.

NORMAS JURÍDICAS INFRALEGAIS:

Decreto n. 97.458, de 15.1.1989
(Regulamenta os Adicionais de Periculosidade e de Insalubridade dos Servidores Públicos Federais)

Art. 1º A caracterização e a classificação da insalubridade e da periculosidade para os servidores da administração federal direta, autárquica e fundacional será feita nas condições disciplinadas na legislação trabalhista.

Art. 2º O laudo pericial identificará, conforme formulário anexo:

I — o local de exercício ou o tipo de trabalho realizado;

II — o agente nocivo à saúde ou o identificador do risco;

III — o grau de agressividade ao homem, especificando: **a)** limite de tolerância conhecida, quanto ao tempo de exposição ao agente nocivo; e **b)** verificação do tempo de exposição do serviço aos agentes agressivos;

IV — classificação dos graus de insalubridade e de periculosidade, com os respectivos percentuais aplicáveis ao local ou atividade examinados; e

V — as medidas corretivas necessárias para eliminar ou neutralizar o risco, ou proteger contra seus efeitos.

Art. 3º Os adicionais a que se refere este Decreto não serão pagos aos servidores que:

I — no exercício de suas atribuições, fiquem expostos aos agentes nocivos à saúde apenas em caráter esporádico ou ocasional; ou

II — estejam distantes do local, ou deixem de exercer o tipo de trabalho que deu origem ao pagamento do adicional.

Art. 4º Os adicionais de que trata este Decreto serão concedidos à vista de portaria de localização do servidor no local periciado ou portaria de designação para executar atividade já objeto de perícia.

Art. 5º A concessão dos adicionais será feita pela autoridade que determinar a localização ou o exercício do servidor no órgão ou atividade periciada.

Art. 6º A execução do pagamento somente será processada à vista de portaria de localização ou de exercício do servidor e de portaria de concessão do adicional, bem assim de laudo pericial, cabendo à autoridade pagadora conferir a exatidão desses documentos antes de autorizar o pagamento.

Art. 7º Consideram-se como de efetivo exercício, para o pagamento dos adicionais de que trata este Decreto, os afastamentos nas situações previstas no parágrafo único do art. 4º do Decreto-lei n. 1.873, de 1981.

RESOLUÇÃO CONFEA n. 359, de 31.7.1991
(Dispõe sobre o exercício profissional, o registro e as atividades do Engenheiro de Segurança do Trabalho e dá outras providências)

Art. 1º O exercício da especialização de Engenheiro de Segurança do Trabalho é permitido, exclusivamente:

I — ao Engenheiro ou Arquiteto, portador de certificado de conclusão de curso de especialização, a nível de pós-graduação, em Engenharia de Segurança do Trabalho;

II — ao portador de certificado de curso de especialização em Engenharia de Segurança do Trabalho, realizado em caráter prioritário pelo Ministério do Trabalho;

III — ao portador de registro de Engenharia de Segurança do Trabalho, expedido pelo Ministério do Trabalho, dentro de 180 (cento e oitenta) dias da extinção do curso referido no item anterior.

Parágrafo único. A expressão Engenheiro é específica e abrange o universo sujeito à fiscalização do CONFEA, compreendido entre os arts. 2º e 22, inclusive, da Resolução CONFEA n. 218/73.

Art. 2º Os Conselhos Regionais concederão o Registro dos Engenheiros de Segurança do Trabalho, procedendo à anotação nas carteiras profissionais já expedidas.

Art. 3º Para o registro, só serão aceitos certificados de cursos de pós-graduação acompanhados do currículo cumprido, de conformidade com o Parecer n. 19/87, do Conselho Federal de Educação.

Art. 4º As atividades dos Engenheiros e Arquitetos, na especialidade de Engenharia de Segurança do Trabalho, são as seguintes:

1 — Supervisionar, coordenar e orientar tecnicamente os serviços de Engenharia de Segurança do Trabalho;

2 — Estudar as condições de segurança dos locais de trabalho e das instalações e equipamentos, com vistas especialmente aos problemas de controle de risco, controle de poluição, higiene do trabalho, ergonomia, proteção contra incêndio e saneamento;

3 — Planejar e desenvolver a implantação de técnicas relativas a gerenciamento e controle de riscos;

4 — Vistoriar, avaliar, realizar perícias, arbitrar, emitir parecer, laudos técnicos e indicar medidas de controle sobre grau de exposição a agentes agressivos de riscos físicos, químicos e biológicos, tais como poluentes atmosféricos, ruídos, calor, radiação em geral e pressões anormais, caracterizando as atividades, operações e locais insalubres e perigosos;

5 — Analisar riscos, acidentes e falhas, investigando causas, propondo medidas preventivas e corretivas e orientando trabalhos estatísticos, inclusive com respeito a custo;

6 — Propor políticas, programas, normas e regulamentos de Segurança do Trabalho, zelando pela sua observância;

7 — Elaborar projetos de sistemas de segurança e assessorar a elaboração de projetos de obras, instalação e equipamentos, opinando do ponto de vista da Engenharia de Segurança;

8 — Estudar instalações, máquinas e equipamentos, identificando seus pontos de risco e projetando dispositivos de segurança;

9 — Projetar sistemas de proteção contra incêndios, coordenar atividades de combate a incêndio e de salvamento e elaborar planos para emergência e catástrofes;

10 — Inspecionar locais de trabalho no que se relaciona com a segurança do Trabalho, delimitando áreas de periculosidade;

11 — Especificar, controlar e fiscalizar sistemas de proteção coletiva e equipamentos de segurança, inclusive os de proteção individual e os de proteção contra incêndio, assegurando-se de sua qualidade e eficiência;

12 — Opinar e participar da especificação para aquisição de substâncias e equipamentos cuja manipulação, armazenamento, transporte ou funcionamento possam apresentar riscos, acompanhando o controle do recebimento e da expedição;

13 — Elaborar planos destinados a criar e desenvolver a prevenção de acidentes, promovendo a instalação de comissões e assessorando-lhes o funcionamento;

14 — Orientar o treinamento específico de Segurança do Trabalho e assessorar a elaboração de programas de treinamento geral, no que diz respeito à Segurança do Trabalho;

15 — Acompanhar a execução de obras e serviços decorrentes da adoção de medidas de segurança, quando a complexidade dos trabalhos a executar assim o exigir;

16 — Colaborar na fixação de requisitos de aptidão para o exercício de funções, apontando os riscos decorrentes desses exercícios;

17 — Propor medidas preventivas no campo da Segurança do Trabalho, em face do conhecimento da natureza e gravidade das lesões provenientes do acidente de trabalho, incluídas as doenças do trabalho;

18 — Informar aos trabalhadores e à comunidade, diretamente ou por meio de seus representantes, as condições que possam trazer danos a sua integridade e as medidas que eliminam ou atenuam estes riscos e que deverão ser tomadas.

Art. 5º A presente Resolução entrará em vigor na data de sua publicação.

Art. 6º Revogam-se as Resoluções 325 de 27.11.1987 e 329 de 31.3.1989, e as disposições em contrário.

RESOLUÇÃO CONFEA n. 437, de 27.11.1999

(Dispõe sobre a Anotação de Responsabilidade Técnica (ART) relativa às atividades dos Engenheiros e Arquitetos, especialistas em Engenharia de Segurança do Trabalho e dá outras providências)

Art. 1º As atividades relativas à Engenharia de Segurança do Trabalho ficam sujeitas à Anotação de Responsabilidade Técnica (ART), definida pela Lei n. 6.496, de 1977.

§ 1º Os estudos, projetos, planos, relatórios, laudos e quaisquer outros trabalhos ou atividades relativas à Engenharia de Segurança do Trabalho, quer público, quer particular, somente poderão ser submetidos ao julgamento das autoridades competentes, administrativas e judiciárias, e só terão valor jurídico quando seus autores forem Engenheiros ou Arquitetos, especializados em Engenharia de Segurança do Trabalho e registrados no Conselho Regional de Engenharia e Agronomia (CREA).

§ 2º Os estudos, projetos, planos, relatórios, laudos e quaisquer outros trabalhos ou atividades de Engenharia de Segurança do Trabalho referidos no parágrafo anterior, somente serão reconhecidos como tendo valor legal se tiverem sido objeto de ART no CREA competente.

Art. 2º Para os efeitos desta Resolução, entende-se como Engenharia de Segurança do Trabalho:

I — a prevenção de riscos nas atividades de trabalho com vistas à preservação da saúde e integridade da pessoa humana; e

II — a proteção do trabalhador em todas as unidades laborais, no que se refere à questão de segurança, inclusive higiene do trabalho, sem interferência específica nas competências legais e técnicas estabelecidas para as diversas modalidades da Engenharia, Arquitetura e Agronomia, conforme o Parecer n. 19/87 do Conselho Federal de Educação.

Art. 3º Em consonância com o disposto no artigo anterior, as atividades de Engenharia de Segurança do Trabalho que serão objeto de ART, são aquelas previstas nos itens 1 a 18 do art. 4º da Resolução n. 359, de 1991, do CONFEA.

Parágrafo único. O profissional, ao preencher o formulário de ART, especificará em qual item do art. 4º da Resolução n. 359, de 1991, do CONFEA, se enquadra o documento técnico e/ou atividade técnica objeto de Anotação de Responsabilidade Técnica.

Art. 4º Incluem-se entre as atividades de Engenharia de Segurança do Trabalho, referidas no art. 4º da Resolução n. 359, de 1991, a elaboração e os seguintes documentos técnicos, previstos na Portaria n. 3.214, de 8 de junho de 1978, que regulamentou a Lei n. 6.514, de 22 de dezembro de 1977, que alterou o Capítulo V, Título II da Consolidação das Leis do Trabalho (CLT):

I — Programa de Condições e Meio Ambiente do Trabalho na Indústria da Construção (PCMAT), previsto na NR-18;

II — Programa de Prevenção de Riscos Ambientais (PPRA), previsto na NR-09; III- programa de conservação auditiva;

IV — Laudo de avaliação ergonômica, previsto na NR-17;

V — Programa de proteção respiratória, previsto na NR-06; e,

VI — Programa de Prevenção da Exposição Ocupacional ao Benzeno (PPEOB), previsto na NR-15.

§ 1º Os documentos técnicos referidos nos incisos do *caput* deste artigo somente terão valor legal e só poderão ser submetidos às autoridades competentes, se acompanhados das devidas ARTs.

§ 2º As ART´s referidas no parágrafo anterior, terão validade durante os prazos nelas obrigatoriamente fixados.

Art. 5º Todo empreendimento econômico dos setores, industrial, comercial e agrícola fica sujeito a ter, nos termos da legislação vigente, um Programa de Prevenção de Riscos Ambientais (PPRA), conforme o nível de risco que apresenta para os seus trabalhadores, que deve ser objeto de ART no CREA de jurisdição em que se localiza.

§ 1º No caso da indústria da construção civil, com 20 (vinte) trabalhadores ou mais, será obrigatória a existência unicamente do Programa de Condições e Meio Ambiente de Trabalho na Indústria da Construção (PCMAT), anotado no CREA de jurisdição da localização do empreendimento.

§ 2º O PPRA ou o PCMAT, previstos no *caput* e no § 1º deste artigo, somente serão dispensados nos casos em que a legislação específica assim dispuser.

§ 3º Em cada caso específico, os documentos técnicos previstos no art. 4º desta Resolução deverão permanecer no empreendimento referido no *caput* deste artigo, à disposição dos CREAs, com os seus relatórios de fiscalização fazendo, obrigatoriamente, menção quanto às suas existências ou não e, em caso negativo, deverão autuar o seu empreendedor, por infração à alínea "a", do art. 6º da Lei n. 5.194, de 1966.

§ 4º As execuções dos planos e programas referidos no art. 4º desta Resolução serão objeto de ART´s específicas.

§ 5º Os CREAs definirão os tipos de empreendimentos econômicos cujos PPRAs e PCMATs poderão ser elaborados por Técnico de Segurança do Trabalho em função das características de seu currículo escolar, considerados, em cada caso, os conteúdos das disciplinas que contribuem para sua formação profissional.

Art. 6º As atividades de Engenharia de Segurança do Trabalho que não tiverem sido objeto de ART, até a data de publicação desta Resolução, poderão ser anotadas se atenderem o disposto na Resolução n. 394, de 17 de março de 1995, do CONFEA.

Art. 7º Esta Resolução entra em vigor na data de sua publicação.

Art. 8º Revogam-se as disposições em contrário.

Resolução do Conselho Superior da Justiça do Trabalho (CSJT) n. 66, de 10.6.2010

(Regulamenta, no âmbito da Justiça do Trabalho de primeiro e segundo graus, a responsabilidade pelo pagamento e antecipação de honorários do perito, do tradutor e do intérprete, no caso de concessão à parte do benefício de justiça gratuita)

Art. 1º Os Tribunais Regionais do Trabalho deverão destinar recursos orçamentários para:

I — o pagamento de honorários periciais, sempre que à parte sucumbente na pretensão for concedido o benefício da justiça gratuita;

II — o pagamento de honorários a tradutores e intérpretes, que será realizado após atestada a prestação dos serviços pelo juízo processante, de acordo com a tabela constante do Anexo.

§ 1º Os valores serão consignados sob a rubrica "Assistência Judiciária a Pessoas Carentes", em montante estimado que atenda à demanda da Região, segundo parâmetros que levem em conta o movimento processual.

§ 2º O juiz poderá ultrapassar em até 3 (três) vezes os valores fixados na tabela constante do Anexo, observados o grau de especialização do tradutor ou intérprete e a complexidade do trabalho, comunicando-se ao Corregedor do Tribunal.

Art. 2º A responsabilidade da União pelo pagamento de honorários periciais, em caso de concessão do benefício da justiça gratuita, está condicionada ao atendimento simultâneo dos seguintes requisitos:

I — fixação judicial de honorários periciais;

II — sucumbência da parte na pretensão objeto da perícia;

III — trânsito em julgado da decisão.

§ 1º A concessão da justiça gratuita a empregador, pessoa física, dependerá da comprovação de situação de carência que inviabilize a assunção dos ônus decorrentes da demanda judicial.

§ 2º O pagamento dos honorários poderá ser antecipado, para despesas iniciais, em valor máximo equivalente a R$ 350,00 (trezentos e cinquenta reais), efetuando-se o pagamento do saldo remanescente após o trânsito em julgado da decisão, se a parte for beneficiária de justiça gratuita.

§ 3º No caso de reversão da sucumbência, quanto ao objeto da perícia, caberá ao reclamado-executado ressarcir o erário dos honorários periciais adiantados, mediante o recolhimento da importância adiantada em Guia de Recolhimento da União (GRU), em código destinado ao Fundo de "assistência judiciária a pessoas carentes", sob pena de execução específica da verba. (NR)

Art. 3º Em caso de concessão do benefício da justiça gratuita, o valor dos honorários periciais, observado o limite de R$ 1.000,00 (um mil reais), será fixado pelo juiz, atendidos:

I — a complexidade da matéria;

II — o grau de zelo profissional;

III — o lugar e o tempo exigidos para a prestação do serviço;

IV — as peculiaridades regionais.

Parágrafo único. A fixação dos honorários periciais, em valor maior do que o limite estabelecido neste artigo, deverá ser devidamente fundamentada.

Art. 4º Havendo disponibilidade orçamentária, os valores fixados nesta Resolução serão reajustados anualmente no mês de janeiro, com base na variação do IPCA-E do ano anterior ou outro índice que o substitua, por ato normativo do Presidente do Tribunal.

Art. 5º O pagamento dos honorários efetuar-se-á mediante determinação do presidente do Tribunal, após requisição expedida pelo Juiz do feito, observando-se, rigorosamente, a ordem cronológica de apresentação das requisições e as deduções das cotas previdenciárias e fiscais, sendo o valor líquido depositado em conta bancária indicada pelo perito, tradutor ou intérprete.

Parágrafo único. O valor dos honorários será atualizado pelo IPCAE ou outro índice que o substitua, a partir da data do arbitramento até o seu efetivo pagamento.

Art. 6º As requisições deverão indicar, obrigatoriamente: o número do processo e o nome das partes; o valor dos honorários, especificando se de adiantamento ou se finais; o número da conta bancária para crédito; natureza e característica da atividade desempenhada pelo auxiliar do Juízo; declaração expressa de reconhecimento, pelo Juiz, do direito à justiça gratuita; certidão do trânsito em julgado e da sucumbência na perícia, se for o caso; e o endereço, telefone e inscrição no INSS do perito, tradutor ou intérprete. *(Art. 6º com redação dada pela Resolução CSJT n. 115 de 28.9.2012).*

Art. 7º Os Tribunais Regionais do Trabalho poderão manter sistema de credenciamento de peritos, tradutores e intérpretes para fins de designação, preferencialmente, de profissionais inscritos nos órgãos de classe competentes e que comprovem sua especialidade na matéria sobre a qual deverão opinar, a ser atestada por meio de certidão do órgão profissional a que estiverem vinculados.

Art. 8º As Presidências de Tribunais Regionais do Trabalho ficam autorizadas a celebrar convênios com instituições com notória experiência em avaliação e consultoria nas áreas de Meio Ambiente, Promoção da Saúde, Segurança e Higiene do Trabalho, e outras, capazes de realizar as perícias requeridas pelos Juízes.

Art. 9º O pagamento dos honorários está condicionado à disponibilidade orçamentária, transferindo-se para o exercício financeiro subsequente as requisições não atendidas.

Art. 10. Nas ações contendo pedido de adicional de insalubridade, de periculosidade, de indenização por acidente do trabalho ou qualquer outro atinente à segurança e saúde do trabalhador, o Juiz poderá determinar a notificação da empresa reclamada para trazer aos autos cópias dos LTCAT (Laudo Técnico de Condições Ambientais de Trabalho), PCMSO (Programa de Controle Médico de Saúde Ocupacional) e PPRA (Programa de Prevenção de Riscos Ambientais), e de laudo pericial da atividade ou local de trabalho, passível de utilização como prova emprestada, referentes ao período em que o reclamante prestou serviços na empresa.

Art. 11. Fica revogada a Resolução CSJT n. 35/2007.

Art. 12. Esta Resolução entra em vigor na data de sua publicação.

PORTARIAS MINISTERIAIS

Portaria MTb n. 3.393, de 17.12.1987 *(Periculosidade de Radiações Ionizantes)*[7]

O Ministro de Estado do Trabalho, no uso de suas atribuições legais, tendo em vista o que dispõe o art. 200, inciso IV, da Consolidação das Leis do Trabalho, com a redação dada pela Lei n. 6.514, de 22 de dezembro de 1977, e

Considerando que qualquer exposição do trabalhador às radiações ionizantes ou substâncias radioativas é potencialmente prejudicial à sua saúde;

Considerando, ainda, que o presente estado da tecnologia nuclear não permite evitar, ou reduzir a zero, o risco em potencial oriundo de tais atividades, sob pena de impor à sociedade custo tão elevado que dificilmente o mesmo seria justificado: Resolve:

Art. 1º Adotar como atividade de risco em potencial concernente a radiações ionizantes ou substâncias radioativas, o "Quadro de Atividades e Operações Perigosas", aprovado pela Comissão Nacional de Energia Nuclear, a que se refere o anexo[8], da presente portaria.

Art. 2º O trabalho nas condições enunciadas no quadro a que se refere o art. 1º assegura ao empregado o adicional de periculosidade de que trata o § 1º do art. 193, da Consolidação das Leis do Trabalho.

Art. 3º A Secretaria de Segurança e Medicina do Trabalho, no prazo de 60 (sessenta) dias, fará revisão de Normas Regulamentadoras pertinentes, em especial da NR-16: "ATIVIDADES E OPERAÇÕES PERIGOSAS", aprovada pela Portaria MTb 3.214, de 8.6.1978, com as alterações que couber, e baixará, na forma do art. 8º, do Decreto n. 85.565, de 18 de dezembro de 1980 e parágrafo único do art. 200, da Consolidação das Leis do Trabalho, normas específicas de segurança às atividades ora adotadas.

Art. 4º Revogam-se as disposições em contrário.

Art. 5º Esta portaria entrará em vigor na data de sua publicação.

Portaria MTE n. 496, de 11.12.2002 *(Revoga a Portaria MTb n. 3.393, de 17.12.1987)*[9]

O Ministro de Estado do Trabalho e Emprego, no uso da competência conferida pelo art. 87, II, da Constituição Federal, e

Considerando que as atividades que expõem os trabalhadores a radiações ionizantes, nos termos da Portaria n. 4, de 11 de abril de 1994, da Secretaria de Segurança e Saúde no Trabalho, caracterizam-se como insalubres;

Considerando que a caracterização dessas atividades como perigosas, nos termos da Portaria n. 3.393, de dezembro de 1987, não encontra amparo no art. 193, *caput*, da Consolidação das Leis do Trabalho, aprovada pelo Decreto-lei n. 5.452, de 1º de maio de 1943;

Considerando incumbir à Administração Pública a revisão dos atos administrativos ilegais ou inconvenientes, *Resolve*:

Art. 1º Declarar revogada a Portaria n. 3.393, de 17 de dezembro de 1987.

Art. 2º Esta Portaria entra em vigor na data de sua publicação.

Portaria MTE n. 518, de 4.4.2003 *(Revoga a Portaria MTE n. 496, de 11.12.2002, que havia revogado a Portaria MTb n. 3.393, de 17.12.1987)*

O MINISTRO DO TRABALHO E EMPREGO, no uso das competências que lhe conferem o art. 87, parágrafo único, II, da Constituição da República Federativa do Brasil e o disposto no art. 200, *caput*, inciso VI e parágrafo único, c/c os arts. 193 e 196, todas da Consolidação das Leis do Trabalho (CLT), aprovada pelo Decreto-lei n. 5.452, de 1º de maio de 1943, e

(7) A Portaria MTb n. 3.393/87 foi revogada pela Portaria MTE n. 496/2002.
(8) Ver Módulo Complementar deste Capítulo.
(9) A Portaria MTE n. 496, de 11.12.2002, foi igualmente revogada pela Portaria MTE n. 518, de 4.4.2003.

CONSIDERANDO que qualquer exposição do trabalhador a radiações ionizantes ou substâncias radioativas é potencialmente prejudicial à sua saúde;

CONSIDERANDO, ainda, que o presente estado da tecnologia nuclear não permite evitar ou eliminar o risco em potencial oriundo das tais atividades;

Resolve:

Art. 1º Adotar como atividades de risco em potencial concernentes a radiações ionizantes ou substancias radioativas, o "Quadro de Atividades e Operações Perigosas", aprovado pela Comissão Nacional de Energia Nuclear (CNEN), a que se refere o ANEXO da presente Portaria.

Art. 2º O trabalho nas condições enunciadas no quadro a que se refere o art. 1º, assegura ao empregado o adicional de periculosidade de que trata o § 1º do art. 193 da Consolidação das Leis do Trabalho (CLT), aprovada pelo Decreto-lei n. 5.452, de 1º de maio de 1943.

Art. 3º A Secretaria de Inspeção do Trabalho, no prazo de 60 (sessenta) dias, fará revisão das Normas Regulamentadoras pertinentes, em especial da NR 16- Atividades e Operações Perigosas, aprovada pela Portaria GM/MTb n. 3.214, de 8 de junho de 1978, com as alterações que couber, e baixará, na forma do art. 9º, inciso I, do Decreto n. 2.210, de 22 de abril de 1997, e do parágrafo único do art. 200 da CLT, incluindo normas específicas de segurança para atividades ora adotadas.

Art. 4º Revoga-se a Portaria n. 496, de 11 de dezembro de 2002.

Art. 5º Esta portaria entra em vigor na data de sua publicação.

Portaria MTE-GM n. 5, de 7.1.2015

(Suspende os efeitos da Portaria MTE-GM n. 1.565, de 13.10.2014, em relação aos associados da Associação Brasileira das Indústrias de Refrigerantes e de Bebidas não Alcoólicas (ABIR) e aos confederados da Confederação Nacional das Revendas Ambev e das Empresas de Logística da Distribuição (CONFENAR), atendendo a determinação judicial proferida nos autos do processo n. 0078075-82.2014.4.01.3400 e do processo n. 0089404-91.2014.4.01.3400, que tramitam na 20ª Vara Federal da Seção Judiciária do Distrito Federal — Tribunal Regional Federal da Primeira Região)

Art. 1º Revogar a Portaria MTE n. 1.930 de 16.1.2014.

Art. 2º Suspender os efeitos da Portaria MTE n. 1.565 de 13.10.2014 em relação aos associados da Associação Brasileira das Indústrias de Refrigerantes e de Bebidas não Alcoólicas e aos confederados da Confederação Nacional das Revendas Ambev e das Empresas de Logística da Distribuição.

Art. 3º Esta Portaria entra em vigor na data de sua publicação.

NR-16 (ATIVIDADES E OPERAÇÕES PERIGOSAS)[10]

Publicação	D.O.U.
Portaria GM n. 3.214, de 8 de junho de 1978	6.7.78
Alterações/Atualizações	**D.O.U.**
Portaria SSMT n. 2, de 2 de fevereiro de 1979	8.2.79
Portaria MTb n. 3.393, de 17 de dezembro de 1987	(Rev.) 23.12.87
Portaria SSST n. 25, de 29 de dezembro de 1994	(Rep.)17.2.83
Portaria MTE n. 545, de 10 de julho de 2000	11.7.00
Portaria SIT n. 26, de 2 de agosto de 2000	3.8.00
Portaria MTE n. 496, de 11 de dezembro de 2002	(Rev.) 12.12.02
Portaria MTE n. 518, de 4 de abril de 2003	7.4.03
Portaria MTE n. 1.885, de 2 de dezembro de 2013	3.12.13
Portaria MTE n. 1.078, de 16 de julho de 2014	17.7.14
Portaria MTE n. 1.565, de 13 de outubro de 2014	14.10.14
Portaria MTE n. 1.930, de 16 de dezembro de 2014	17.12.14
Portaria MTE n. 5, de 7 de janeiro de 2015	8.1.15

16.1. São consideradas atividades e operações perigosas as constantes dos Anexos números 1 e 2 desta Norma Regulamentadora — NR.

16.2. O exercício de trabalho em condições de periculosidade assegura ao trabalhador a percepção de adicional de 30% (trinta por cento), incidente sobre o salário, sem os acréscimos resultantes de gratificações, prêmios ou participação nos lucros da empresa.

16.2.1. O empregado poderá optar pelo adicional de insalubridade que porventura lhe seja devido.

16.3. É facultado às empresas e aos sindicatos das categorias profissionais interessadas requererem ao Ministério do Trabalho, através das Delegacias Regionais do Trabalho, a realização de perícia em estabelecimento ou setor da empresa, com o objetivo de caracterizar e classificar ou determinar atividade perigosa.

16.4. O disposto no item 16.3 não prejudica a ação fiscalizadora do Ministério do Trabalho nem a realização ex-officio da perícia.

---

(10) O Texto da NR-16 (ATIVIDADES E OPERAÇÕES PERIGOSAS), ora reproduzido, encontra-se atualizado até a edição da Portaria MTE-GM n. 5, de 7.1.2015.

16.5. Para os fins desta Norma Regulamentadora — NR são consideradas atividades ou operações perigosas as executadas com explosivos sujeitos a:

a) degradação química ou autocatalítica;

b) ação de agentes exteriores, tais como, calor, umidade, faíscas, fogo, fenômenos sísmicos, choque e atritos.

16.6. As operações de transporte de inflamáveis líquidos ou gasosos liquefeitos, em quaisquer vasilhames e a granel, são consideradas em condições de periculosidade, exclusão para o transporte em pequenas quantidades, até o limite de 200 (duzentos) litros para os inflamáveis líquidos e 135 (cento e trinta e cinco) quilos para os inflamáveis gasosos liquefeitos.

16.6.1. As quantidades de inflamáveis, contidas nos tanques de consumo próprio dos veículos, não serão consideradas para efeito desta Norma.

16.7. Para efeito desta Norma Regulamentadora considera-se líquido combustível todo aquele que possua ponto de fulgor maior que 60ºC (sessenta graus Celsius) e inferior ou igual a 93ºC (noventa e três graus Celsius). *(Alterado pela Portaria SIT n. 312, de 23 de março de 2012)*

16.8. Todas as áreas de risco previstas nesta NR devem ser delimitadas, sob responsabilidade do empregador. *(Incluído pela Portaria SSST n. 25, de 29 de dezembro de 1994)*

ANEXO 1
ATIVIDADES E OPERAÇÕES PERIGOSAS COM EXPLOSIVOS

(Redação dada pela Portaria SSMT n. 2, de 2 de fevereiro de 1979)

1. São consideradas atividades ou operações perigosas as enumeradas no Quadro n. 1, seguinte:

QUADRO N. 1

ATIVIDADES	ADICIONAL DE 30%
a) no armazenamento de explosivos	Todos os trabalhadores nessa atividade ou que permaneçam na área de risco
b) no transporte de explosivos	Todos os trabalhadores nessa atividade
c) na operação de escorva dos cartuchos de explosivos	Todos os trabalhadores nessa atividade
d) na operação de carregamento de explosivos	Todos os trabalhadores nessa atividade
e) na detonação	Todos os trabalhadores nessa atividade
f) na verificação de detonações falhadas	Todos os trabalhadores nessa atividade
g) na queima e destruição de explosivos deteriorados	Todos os trabalhadores nessa atividade
h) nas operações de manuseio de explosivos	Todos os trabalhadores nessa atividade

2. O trabalhador, cuja atividade esteja enquadrada nas hipóteses acima discriminadas, faz jus ao adicional de 30% (trinta por cento) sobre o salário, sem os acréscimos resultantes de gratificações, prêmios ou participações nos lucros ou participações nos lucros da empresa, sendo-lhe ressalvado o direito de opção por adicional de insalubridade eventualmente devido.

3. São consideradas áreas de risco:

a) nos locais de armazenagem de pólvoras químicas, artifícios pirotécnicos e produtos químicos usados na fabricação de misturas explosivas ou de fogos de artifício, a área compreendida no Quadro n. 2:

QUADRO N. 2

Quantidade armazenada em Quilos	Faixa de terreno até a distância máxima de
até 4.500	45 metros
mais de 4.500 até 45.000	90 metros
mais de 45.000 até 90.000	110 metros
mais de 90.000 até 225.000*	180 metros

* quantidade máxima que não pode ser ultrapassada.

b) nos locais de armazenagem de explosivos iniciadores, a área compreendida no Quadro n. 3:

QUADRO N. 3

Quantidade armazenada em Quilos		Faixa de terreno até a distância máxima de
	até 20	75 metros
mais de 20	até 200	220 metros
mais de 200	até 900	300 metros
mais de 900	até 2.200	370 metros

Quantidade armazenada em Quilos		Faixa de terreno até a distância máxima de
mais de 2.200	até 4.500	460 metros
mais de 4.500	até 6.800	500 metros
mais de 6.800	até 9.000*	530 metros

* quantidade máxima que não pode ser ultrapassada.

c) Nos locais de armazenagem de explosivos de ruptura e pólvoras mecânicos (pólvora negra e pólvora chocolate ou parda), área de operação compreendida no Quadro n. 4:

QUADRO N. 4

Quantidade armazenada em Quilos	Faixa de terreno até a distância máxima de
mais de 400 até 450	310 metros
mais de 450 até 680	345 metros
mais de 680 até 900	365 metros
mais de 900 até 1.300	405 metros
mais de 1.300 até 1.800	435 metros
mais de 1.800 até 2.200	460 metros
mais de 2.200 até 2.700	480 metros
mais de 2.700 até 3.100	490 metros
mais de 3.100 até 3.600	510 metros
mais de 3.600 até 4.000	520 metros
mais de 4.000 até 4.500	530 metros
mais de 4.500 até 6.800	570 metros
mais de 6.800 até 9.000	620 metros
mais de 9.000 até 11.300	660 metros
mais de 11.300 até 13.600	700 metros
mais de 13.600 até 18.100	780 metros
mais de 18.100 até 22.600	860 metros
mais de 22.600 até 34.000	1.000 metros
mais de 34.000 até 45.300	1.100 metros
mais de 45.300 até 68.000	1.150 metros
mais de 68.000 até 90.700	1.250 metros
mais de 90.700 até 113.300	1.350 metros

d) quando se tratar de depósitos barricados ou entricheirados, para o efeito da delimitação de área de risco, as distâncias previstas no Quadro n. 4 podem ser reduzidas à metade.

e) será obrigatória a existência física de delimitação da área de risco, assim entendido qualquer obstáculo que impeça o ingresso de pessoas não autorizadas.

ANEXO 2

ATIVIDADES E OPERAÇÕES PERIGOSAS COM INFLAMÁVEIS

1. São consideradas atividades ou operações perigosas, conferindo aos trabalhadores que se dedicam a essas atividades ou operações, bem como aqueles que operam na área de risco adicional de 30 (trinta) por cento, as realizadas:

ATIVIDADES	ADICIONAL DE 30%
a) na produção, transporte, processamento e armazenagem de gás liquefeito	Todos os trabalhadores nessas atividades ou que operam na área de risco
b) no transporte e armazenagem de inflamáveis líquidos e gasosos liquefeitos e de vasilhames vazios não desgaseificados ou decantados	Todos os trabalhadores da área de operação
c) nos pontos de reabastecimento de aeronaves	Todos os trabalhadores da área de operação
d) nos locais de carregamento de navios-tanques, vagões-tanques e caminhões-tanques e enchimento de vasilhames, com inflamáveis líquidos ou gasosos liquefeitos	Todos os trabalhadores nessas atividades ou que operam na área de risco
e) nos locais de descarga de navios-tanques, vagões-tanques e caminhões-tanques com inflamáveis líquidos ou gasosos liquefeitos ou de vasilhames vazios não desgaseificados ou decantados	Todos os trabalhadores nessas atividades ou que operam na área de risco

f) nos serviços de operações e manutenção de navios-tanques, vagões-tanques, caminhões-tanques, bombas e vasilhames, com inflamáveis líquidos ou gasosos liquefeitos, ou vazios não desgaseificados ou decantados	Todos os trabalhadores nessas atividades ou que operam na área de risco
g) nas operações de desgaseificação, decantação e reparos de vasilhames não desgaseificados ou decantados	Todos os trabalhadores nessas atividades ou que operam na área de risco
h) nas operações de teste de aparelhos de consumo de gás e seus equipamentos	Todos os trabalhadores nessas atividades ou que operam na área de risco
i) no transporte de inflamáveis líquidos e gasosos liquefeitos em caminhão-tanque	Motorista e ajudantes
j) no transporte de vasilhames (em caminhões de carga), contendo inflamáveis líquidos, em quantidade total igual ou superior a 200 litros, quando não observado o disposto nos subitens 4.1 e 4.2 deste Anexo*	Motorista e ajudantes
l) no transporte de vasilhames (em carreta ou caminhão de carga), contendo inflamável gasoso e líquido, em quantidade total, igual ou superior a 135 quilos	Motorista e ajudantes
m) na operação em postos de serviço e bombas de abastecimento de inflamáveis líquidos	Operador de bomba e trabalhadores que operam na área de risco

2. Para os efeitos desta Norma Regulamentadora — NR entende-se como:

I. Serviços de operação e manutenção de embarcações, vagões-tanques, caminhões-tanques, bombas e vasilhames de inflamáveis:

a) atividades de inspeção, calibração, medição, contagem de estoque e colheita de amostra em tanques ou quaisquer vasilhames cheios;

b) serviços de vigilância, de arrumação de vasilhames vazios não-desgaseificados, de bombas propulsoras em recinto fechados e de superintendência;

c) atividades de manutenção, reparos, lavagem, pintura de embarcações, tanques, viaturas de abastecimento e de quaisquer vasilhames cheios de inflamáveis ou vazios, não desgaseificados;

d) atividades de desgaseificação e lavagem de embarcações, tanques, viaturas, bombas de abastecimento ou quaisquer vasilhames que tenham contido inflamáveis líquidos;

e) quaisquer outras atividades de manutenção ou operação, tais como: serviço de almoxarifado, de escritório, de laboratório de inspeção de segurança, de conferência de estoque, de ambulatório médico, de engenharia, de oficinas em geral, de caldeiras, de mecânica, de eletricidade, de soldagem, de enchimento, fechamento e arrumação de quaisquer vasilhames com substâncias consideradas inflamáveis, desde que essas atividades sejam executadas dentro de áreas consideradas perigosas, *ad referendum* do Ministério do Trabalho.

II. Serviços de operação e manutenção de embarcações, vagões-tanques, caminhões-tanques e vasilhames de inflamáveis gasosos liquefeitos:

a) atividades de inspeção nos pontos de vazamento eventual no sistema de depósito de distribuição e de medição de tanques pelos processos de escapamento direto;

b) serviços de superintendência;

c) atividades de manutenção das instalações da frota de caminhões-tanques, executadas dentro da área e em torno dos pontos de escapamento normais ou eventuais;

d) atividades de decantação, desgaseificação, lavagem, reparos, pinturas e areação de tanques, cilindros e botijões cheios de GLP;

e) quaisquer outras atividades de manutenção ou operações, executadas dentro das áreas consideradas perigosas pelo Ministério do Trabalho.

III . Armazenagem de inflamáveis líquidos, em tanques ou vasilhames:

a) quaisquer atividades executadas dentro da bacia de segurança dos tanques;

b) arrumação de tambores ou latas ou quaisquer outras atividades executadas dentro do prédio de armazenamento de inflamáveis ou em recintos abertos e com vasilhames cheios inflamáveis ou não-desgaseificados ou decantados.

IV. Armazenagem de inflamáveis gasosos liquefeitos, em tanques ou vasilhames:

a) arrumação de vasilhames ou quaisquer outras atividades executadas dentro do prédio de armazenamento de inflamáveis ou em recintos abertos e com vasilhames cheios de inflamáveis ou vazios não desgaseificados ou decantados.

V. Operações em postos de serviço e bombas de abastecimento de inflamáveis líquidos:

a) atividades ligadas diretamente ao abastecimento de viaturas com motor de explosão.

VI. Outras atividades, tais como: manutenção, lubrificação, lavagem de viaturas, mecânica, eletricidade, escritório de vendas e gerência, *ad referendum* do Ministério do Trabalho.

VII. Enchimento de quaisquer vasilhames (tambores, latas), com inflamáveis líquidos:

a) atividades de enchimento, fechamento e arrumação de latas ou caixas com latas.

VIII. Enchimento de quaisquer vasilhames (cilindros, botijões) com inflamáveis gasosos liquefeitos:

a) atividades de enchimento, pesagem, inspeção, estiva e arrumação de cilindros ou botijões cheios de GLP;

b) outras atividades executadas dentro da área considerada perigosa, ad referendum do Ministério do Trabalho.

3. São consideradas áreas de risco:

ATIVIDADES	ÁREA DE RISCO
a) poços de petróleo em produção de gás	círculo com raio de 30 metros, no mínimo, com centro na boca do poço
b) unidade de processamento das refinarias	faixa de 30 metros de largura, no mínimo, contornando a área de operação
c) outros locais de refinaria onde se realizam operações com inflamáveis em estado de volatilização ou possibilidade de volatilização decorrente de falha ou defeito dos sistemas de segurança e fechamento das válvulas	faixa de 15 metros de largura, no mínimo, contornando a área de operação

d) tanques de inflamáveis líquidos	toda a bacia de segurança
e) tanques elevados de inflamáveis gasosos	círculo com raio de 3 metros com centro nos pontos de vazamento eventual (válvulas, registros, dispositivos de medição por escapamento, gaxetas)
f) carga e descarga de inflamáveis líquidos contidos em navios, chatas e batelões	afastamento de 15 metros da beira do cais, durante a operação, com extensão correspondente ao comprimento da embarcação
g) abastecimento de aeronaves	toda a área de operação
h) enchimento de vagões-tanques e caminhões-tanques com inflamáveis líquidos	círculo com raio de 15 metros com centro nas bocas de enchimento dos tanques
i) enchimento de vagões-tanques e caminhões-tanques com inflamáveis gasosos liquefeitos	círculo com raio de 7,5 metros com centros nos pontos de vazamento eventual (válvulas e registros)
j) enchimento de vasilhames com inflamáveis gasosos liquefeitos	círculo com raio de 15 metros com centro nos bicos de enchimento
l) enchimento de vasilhames com inflamáveis líquidos, em locais abertos	círculo com raio de 7,5 metros com centro nos bicos de enchimento
m) enchimento de vasilhames com inflamáveis líquidos, em recinto fechado	toda a área interna do recinto
n) manutenção de viaturas-tanques, bombas e vasilhames que continham inflamável líquido	local da operação, acrescido de faixa de 7,5 metros de largura em torno dos seus pontos externos
o) desgaseificação, decantação e reparos de vasilhames não desgaseificados ou decantados, utilizados no transporte de inflamáveis	local de operação, acrescido de faixa de 7,5 metros de largura em torno dos seus pontos externos
p) testes em aparelhos de consumo de seus equipamentos	local da operação, acrescido de faixa de 7,5 metros de largura em torno dos seus pontos externos
q) abastecimento de inflamáveis	toda a área de operação, abrangendo, no mínimo, círculo com raio de 7,5 metros com centro no ponto de abastecimento e o círculo com raio de 7,5 metros com centro na bomba de abastecimento da viatura e faixa de 7,5 metros de largura para ambos os lados da máquina
r) armazenamento de vasilhames que contenham inflamáveis líquidos ou vazios não desgaseificados ou decantados em locais abertos	faixa de 3 metros de largura em torno dos seus pontos externos
s) armazenamento de vasilhames que contenham inflamáveis líquidos ou vazios não desgaseificados, ou decantados, em recinto fechado	toda a área interna do recinto
t) carga e descarga de vasilhames contendo inflamáveis líquidos ou vasilhames vazios não desgaseificados ou decantados, transportados por navios, chatas ou batelões	afastamento de 3 metros da beira do cais, durante a operação, com extensão correspondente ao comprimento da embarcação

(Incluído pela Portaria GM n. 545, de 10 de julho de 2000)

4. Não caracterizam periculosidade, para fins de percepção de adicional:

4.1. o manuseio, a armazenagem e o transporte de líquidos inflamáveis em embalagens certificadas, simples, compostas ou combinadas, desde que obedecidos os limites consignados no Quadro I abaixo, independentemente do número total de embalagens manuseadas, armazenadas ou transportadas, sempre que obedecidas as Normas Regulamentadoras expedidas pelo Ministério do Trabalho e Emprego, a Norma NBR 11564/91 e a legislação sobre produtos perigosos relativa aos meios de transporte utilizados;

4.2. o manuseio, a armazenagem e o transporte de recipientes de até cinco litros, lacrados na fabricação, contendo líquidos inflamáveis, independentemente do número total de recipientes manuseados, armazenados ou transportados, sempre que obedecidas as Normas Regulamentadoras expedidas pelo Ministério do Trabalho e Emprego e a legislação sobre produtos perigosos relativa aos meios de transporte utilizados.

QUADRO I

Capacidade Máxima para Embalagens de Líquidos Inflamáveis				
EMBALAGEM COMBINADA				
Embalagem Interna	**Embalagem Externa**	**Grupo de Embalagens* I**	**Grupo de Embalagens* II**	**Grupo de Embalagens* III**
Recipiente de **Vidro** com mais de 5 e até 10 litros; **Plástico** com mais de 5 e até 30 litros; **Metal** com mais de 5 e até 40 litros	**Tambores**			
	Metal	250 kg	400 kg	400 kg
	Plástico	250 kg	400 kg	400 kg
	Madeira Compensada	150 kg	400 kg	400 kg
	Fibra	75 kg	400 kg	400 kg
	Caixas			
	Aço ou Alumínio	250 kg	400 kg	400 kg
	Madeira Natural ou Compensada	150 kg	400 kg	400 kg
	Madeira Aglomerada	75 kg	400 kg	400 kg
	Papelão	75 kg	400 kg	400 kg
	Plástico Flexível	60 kg	60 kg	60 kg
	Plástico Rígido	150 kg	400 kg	400 kg
	Bombonas			
	Aço ou Alumínio	120 kg	120 kg	120 kg
	Plástico	120 kg	120 kg	120 kg

EMBALAGENS SIMPLES			
	Grupo de Embalagens* I	Grupo de Embalagens* II	Grupo de Embalagens* III
Tambores			
Aço, tampa não removível	250 L		
Aço, tampa removível	250 L**		
Alumínio, tampa não removível	250 L		
Alumínio, tampa removível	250 L**	450 L	450 L
Outros metais, tampa não removível	250 L		
Outros metais, tampa removível	250 L**		
Plástico, tampa não removível	250 L**		
Plástico, tampa removível	250 L**		
Bombonas			
Aço, tampa não removível	60 L		
Aço, tampa removível	60 L**		
Alumínio, tampa não removível	60 L		
Alumínio, tampa removível	60 L**	60 L	60 L
Outros metais, tampa não removível	60 L		
Outros metais, tampa removível	60 L**		
Plástico, tampa não removível	60 L		
Plástico, tampa removível	60 L**		
EMBALAGENS COMPOSTAS			
	Grupo de Embalagens* I	Grupo de Embalagens* II	Grupo de Embalagens* III
Plástico com tambor externo de aço ou alumínio Plástico com tambor externo de fibra, plástico ou compensado	250 L	250 L	250 L
Plástico com engradado ou caixa externa de aço ou alumínio ou madeira externa ou caixa externa de compensado ou de cartão ou de plástico rígido	120 L	250 L	250 L
Vidro com tambor externo de aço, alumínio, fibra, compensado, plástico flexível	60 L	60 L	60 L
Em caixa de aço, alumínio, madeira, papelão ou compensado	60 L	60 L	60 L

* Conforme definições NBR 11564 – ABNT.

** Somente para substâncias com viscosidades maior que 200 mm²/seg

GLOSSÁRIO

(Publicado pela Portaria SIT n. 26, de 2 de agosto de 2000)

Bombonas: Elementos de metal ou plástico, com seção retangular ou poligonal.

Caixas: Elementos com faces retangulares ou poligonais, feitas de metal, madeira, papelão, plástico flexível, plástico rígido ou outros materiais compatíveis.

Embalagens ou Embalagens Simples: Recipientes ou quaisquer outros componentes ou materiais necessários para embalar, com a função de conter e proteger líquidos inflamáveis.

Embalagens Combinadas: Uma combinação de embalagens, consistindo em uma ou mais embalagens internas acondicionadas numa embalagem externa.

Embalagens Compostas: Consistem em uma embalagem externa e um recipiente interno, construídos de tal forma que o recipiente interno e a embalagem externa formam uma unidade que permanece integrada, que se enche, manuseia, armazena, transporta e esvazia como tal.

Embalagens Certificadas: São aquelas aprovadas nos ensaios e padrões de desempenho fixados para embalagens, da NBR 11564/91.

Embalagens Externas: São a proteção exterior de uma embalagem composta ou combinada, juntamente com quaisquer outros componentes necessários para conter e proteger recipientes ou embalagens.

Embalagens Internas: São as que para serem manuseadas, armazenadas ou transportadas, necessitam de uma embalagem externa.

Grupo de Embalagens: Os líquidos inflamáveis classificam-se para fins de embalagens segundo 3 grupos, conforme o nível de risco:

* Grupo de Embalagens I — alto risco

* Grupo de Embalagens II — risco médio

* Grupo de Embalagens III — baixo risco

Para efeito de classificação de Grupo de Embalagens, segundo o risco, adotar-se-á a classificação descrita na tabela do item 4 — Relação de Produtos Perigosos, da Portaria n. 204, de 20 de maio de 1997, do Ministério dos Transportes.

Lacrados: Fechados, no processo de envazamento, de maneira estanque para que não venham a apresentar vazamentos nas condições normais de manuseio, armazenamento ou transporte, assim como decorrentes de variações de temperatura, umidade ou pressão ou sob os efeitos de choques e vibrações.

Líquidos Inflamáveis: Para os efeitos do adicional de periculosidade estão definidos na NR-20 — Portaria n. 3.214/78.

Recipientes: Elementos de contenção, com quaisquer meio de fechamento, destinados a receber e conter líquidos inflamáveis. Exemplos: latas, garrafas, etc.

Tambores: Elementos cilíndricos de fundo plano ou convexo, feitos de metal, plástico, madeira, fibra ou outros materiais adequados. Esta definição inclui, também, outros formatos, excluídas bombonas. Por exemplo: redondo de bocal cintado ou em formato de balde.

ANEXO 3

(Aprovado pela Portaria MTE n. 1.885, de 2 de dezembro de 2013)

ATIVIDADES E OPERAÇÕES PERIGOSAS COM EXPOSIÇÃO A ROUBOS OU OUTRAS ESPÉCIES DE VIOLÊNCIA FÍSICA NAS ATIVIDADES PROFISSIONAIS DE SEGURANÇA PESSOAL OU PATRIMONIAL

1. As atividades ou operações que impliquem em exposição dos profissionais de segurança pessoal ou patrimonial a roubos ou outras espécies de violência física são consideradas perigosas.

2. São considerados profissionais de segurança pessoal ou patrimonial os trabalhadores que atendam a uma das seguintes condições:

a) empregados das empresas prestadoras de serviço nas atividades de segurança privada ou que integrem serviço orgânico de segurança privada, devidamente registradas e autorizadas pelo Ministério da Justiça, conforme Lei n. 7.102/1983 e suas alterações posteriores.

b) empregados que exercem a atividade de segurança patrimonial ou pessoal em instalações metroviárias, ferroviárias, portuárias, rodoviárias, aeroportuárias e de bens públicos, contratados diretamente pela administração pública direta ou indireta.

3. As atividades ou operações que expõem os empregados a roubos ou outras espécies de violência física, desde que atendida uma das condições do item 2, são as constantes do quadro abaixo:

ATIVIDADES OU OPERAÇÕES	DESCRIÇÃO
Vigilância patrimonial	Segurança patrimonial e/ou pessoal na preservação do patrimônio em estabelecimentos públicos ou privados e da incolumidade física de pessoas.
Segurança de eventos	Segurança patrimonial e/ou pessoal em espaços públicos ou privados, de uso comum do povo.
Segurança nos transportes coletivos	Segurança patrimonial e/ou pessoal nos transportes coletivos e em suas respectivas instalações.
Segurança ambiental e florestal	Segurança patrimonial e/ou pessoal em áreas de conservação de fauna, flora natural e de reflorestamento.
Transporte de valores	Segurança na execução do serviço de transporte de valores.
Escolta armada	Segurança no acompanhamento de qualquer tipo de carga ou de valores.
Segurança pessoal	Acompanhamento e proteção da integridade física de pessoa ou de grupos.
Supervisão/fiscalização Operacional	Supervisão e/ou fiscalização direta dos locais de trabalho para acompanhamento e orientação dos vigilantes.
Telemonitoramento/telecontrole	Execução de controle e/ou monitoramento de locais, através de sistemas eletrônicos de segurança.

ANEXO 4

(Aprovado pela Portaria MTE n. 1.078, de 16 de julho de 2014)

ATIVIDADES E OPERAÇÕES PERIGOSAS COM ENERGIA ELÉTRICA

1. Têm direito ao adicional de periculosidade os trabalhadores:

a) que executam atividades ou operações em instalações ou equipamentos elétricos energizados em alta tensão;

b) que realizam atividades ou operações com trabalho em proximidade, conforme estabelece a NR-10;

c) que realizam atividades ou operações em instalações ou equipamentos elétricos energizados em baixa tensão no sistema elétrico de consumo — SEC, no caso de descumprimento do item 10.2.8 e seus subitens da NR10 — Segurança em Instalações e Serviços em Eletricidade;

d) das empresas que operam em instalações ou equipamentos integrantes do sistema elétrico de potência — SEP, bem como suas contratadas, em conformidade com as atividades e respectivas áreas de risco descritas no quadro I deste anexo.

2. Não é devido o pagamento do adicional nas seguintes situações:

a) nas atividades ou operações no sistema elétrico de consumo em instalações ou equipamentos elétricos desenergizados e liberados para o trabalho, sem possibilidade de energização acidental, conforme estabelece a NR-10;

b) nas atividades ou operações em instalações ou equipamentos elétricos alimentados por extra-baixa tensão;

c) nas atividades ou operações elementares realizadas em baixa tensão, tais como o uso de equipamentos elétricos energizados e os procedimentos de ligar e desligar circuitos elétricos, desde que os materiais e equipamentos elétricos estejam em conformidade com as normas técnicas oficiais estabelecidas pelos órgãos competentes e, na ausência ou omissão destas, as normas internacionais cabíveis.

3. O trabalho intermitente é equiparado à exposição permanente para fins de pagamento integral do adicional de periculosidade nos meses em que houver exposição, excluída a exposição eventual, assim considerado o caso fortuito ou que não faça parte da rotina.

4. Das atividades no sistema elétrico de potência — SEP.

4.1 Para os efeitos deste anexo entende-se como atividades de construção, operação e manutenção de redes de linhas aéreas ou subterrâneas de alta e baixa tensão integrantes do SEP:

a) Montagem, instalação, substituição, conservação, reparos, ensaios e testes de: verificação, inspeção, levantamento, supervisão e fiscalização; fusíveis, condutores, para-raios, postes, torres, chaves, muflas, isoladores, transformadores, capacitores, medidores, reguladores de tensão, religadores, seccionalizadores, carrier (onda portadora via linhas de transmissão), cruzetas, relé e braço de iluminação pública, aparelho de medição gráfica, bases de concreto ou alvenaria de torres, postes e estrutura de sustentação de redes e linhas aéreas e demais componentes das redes aéreas;

b) Corte e poda de árvores;

c) Ligações e cortes de consumidores;

d) Manobras aéreas e subterrâneas de redes e linhas;

e) Manobras em subestação;

f) Testes de curto em linhas de transmissão;

g) Manutenção de fontes de alimentação de sistemas de comunicação;

h) Leitura em consumidores de alta tensão;

i) Aferição em equipamentos de medição;

j) Medidas de resistências, lançamento e instalação de cabo contra-peso;

k) Medidas de campo eletromagnético, rádio, interferência e correntes induzidas;

l) Testes elétricos em instalações de terceiros em faixas de linhas de transmissão (oleodutos, gasodutos etc.);

m) Pintura de estruturas e equipamentos;

n) Verificação, inspeção, inclusive aérea, fiscalização, levantamento de dados e supervisão de serviços técnicos;

o) Montagem, instalação, substituição, manutenção e reparos de: barramentos, transformadores, disjuntores, chaves e seccionadoras, condensadores, chaves a óleo, transformadores para instrumentos, cabos subterrâneos e subaquáticos, painéis, circuitos elétricos, contatos, muflas e isoladores e demais componentes de redes subterrâneas;

p) Construção civil, instalação, substituição e limpeza de: valas, bancos de dutos, dutos, condutos, canaletas, galerias, túneis, caixas ou poços de inspeção, câmaras;

q) Medição, verificação, ensaios, testes, inspeção, fiscalização, levantamento de dados e supervisões de serviços técnicos.

4.2 Para os efeitos deste anexo entende-se como atividades de construção, operação e manutenção nas usinas, unidades geradoras, subestações e cabinas de distribuição em operações, integrantes do SEP:

a) Montagem, desmontagem, operação e conservação de: medidores, relés, chaves, disjuntores e religadoras, caixas de controle, cabos de força, cabos de controle, barramentos, baterias e carregadores, transformadores, sistemas anti-incêndio e de resfriamento, bancos de capacitores, reatores, reguladores, equipamentos eletrônicos, eletromecânico e eletroeletrônicos, painéis, para-raios, áreas de circulação, estruturas-suporte e demais instalações e equipamentos elétricos;

b) Construção de: valas de dutos, canaletas, bases de equipamentos, estruturas, condutos e demais instalações;

c) Serviços de limpeza, pintura e sinalização de instalações e equipamentos elétricos;

d) Ensaios, testes, medições, supervisão, fiscalizações e levantamentos de circuitos e equipamentos elétricos, eletrônicos de telecomunicações e telecontrole.

QUADRO I

ATIVIDADES	ÁREAS DE RISCO
I. Atividades, constantes no item 4.1, de construção, operação e manutenção de redes de linhas aéreas ou subterrâneas de alta e baixa tensão integrantes do SEP, energizados ou desenergizados, mas com possibilidade de energização acidental ou por falha operacional.	a) Estruturas, condutores e equipamentos de linhas aéreas de transmissão, subtransmissão e distribuição, incluindo plataformas e cestos aéreos usados para execução dos trabalhos; b) Pátio e salas de operação de subestações; c) Cabines de distribuição; d) Estruturas, condutores e equipamentos de redes de tração elétrica, incluindo escadas, plataformas e cestos aéreos usados para execução dos trabalhos; e) Valas, bancos de dutos, canaletas, condutores, recintos internos de caixas, poços de inspeção, câmaras, galerias, túneis, estruturas terminais e aéreas de superfície correspondentes; f) Áreas submersas em rios, lagos e mares.
II. Atividades, constantes no item 4.2, de construção, operação e manutenção nas usinas, unidades geradoras, subestações e cabinas de distribuição em operações, integrantes do SEP, energizados ou desenergizados, mas com possibilidade de energização acidental ou por falha operacional.	a) Pontos de medição e cabinas de distribuição, inclusive de consumidores; b) Salas de controles, casa de máquinas, barragens de usinas e unidades geradoras; c) Pátios e salas de operações de subestações, inclusive consumidoras.
III. Atividades de inspeção, testes, ensaios, calibração, medição e reparos em equipamentos e materiais elétricos, eletrônicos, eletromecânicos e de segurança individual e coletiva em sistemas elétricos de potência de alta e baixa tensão.	a) Áreas das oficinas e laboratórios de testes e manutenção elétrica, eletrônica e eletromecânica onde são executados testes, ensaios, calibração e reparos de equipamentos energizados ou passíveis de energização acidental; b) Sala de controle e casas de máquinas de usinas e unidades geradoras; c) Pátios e salas de operação de subestações, inclusive consumidoras; d) Salas de ensaios elétricos de alta tensão; e) Sala de controle dos centros de operações.
IV. Atividades de treinamento em equipamentos ou instalações integrantes do SEP, energizadas ou desenergizadas, mas com possibilidade de energização acidental ou por falha operacional.	a) Todas as áreas descritas nos itens anteriores.

ANEXO 5

(Aprovado pela Portaria MTE n. 1.565, de 13 e outubro de 2014)

ATIVIDADES PERIGOSAS EM MOTOCICLETA

1. As atividades laborais com utilização de motocicleta ou motoneta no deslocamento de trabalhador em vias públicas são consideradas perigosas.

2. Não são consideradas perigosas, para efeito deste anexo:

a) a utilização de motocicleta ou motoneta exclusivamente no percurso da residência para o local de trabalho ou deste para aquela;

b) as atividades em veículos que não necessitem de emplacamento ou que não exijam carteira nacional de habilitação para conduzi-los;

c) as atividades em motocicleta ou motoneta em locais privados.

d) as atividades com uso de motocicleta ou motoneta de forma eventual, assim considerado o fortuito, ou o que, sendo habitual, dá-se por tempo extremamente reduzido.

ANEXO (*)

(Adotado pela Portaria GM n. 518, de 4 de abril de 2003)

ATIVIDADES E OPERAÇÕES PERIGOSAS COM RADIAÇÕES IONIZANTES OU SUBSTÂNCIAS RADIOTIVAS

ATIVIDADES/ÁREAS DE RISCO

ATIVIDADES	ÁREAS DE RISCO
1. Produção, utilização, processamento, transporte, guarda, estocagem e manuseio de materiais radioativos, selados e não selados, de estado físico e forma química quaisquer, naturais ou artificiais, incluindo:	— Minas e depósitos de materiais radioativos — Plantas-piloto e usinas de beneficiamento de minerais radioativos — Outras áreas sujeitas a risco potencial devido às radiações ionizantes
1.1. Prospecção, mineração, operação, beneficiamento e processamento de minerais radioativos	— Lixiviação de minerais radioativos para a produção de concentrados de urânio e tório — Purificação de concentrados e conversão em outras formas para uso como combustível nuclear
1.2. Produção, transformação e tratamento de materiais nucleares para o ciclo do combustível nuclear	— Produção de fluoretos de urânio para a produção de hexafluoreto e urânio metálico — Instalações para enriquecimento isotópico e reconversão — Fabricação do elemento combustível nuclear — Instalações para armazenamento dos elementos combustíveis usados — Instalações para o retratamento do combustível irradiado — Instalações para o tratamento e deposições, provisórias e finais, dos rejeitos radioativos naturais e artificiais
1.3. Produção de radioisótopos para uso em medicina, agricultura, agropecuária, pesquisa científica e tecnológica	— Laboratórios para a produção de radioisótopos e moléculas marcadas
1.4. Produção de fontes radioativas	— Instalações para tratamento do material radioativo e confecção de fontes — Laboratórios de testes, ensaios e calibração de fontes, detectores e monitores de radiação, com fontes radioativas
1.5. Testes, ensaios e calibração de detectores e monitores de radiação com fontes de radiação	— Laboratórios de ensaios para materiais radioativos — Laboratórios de radioquímica
1.6. Descontaminação de superfícies, instrumentos, máquinas, ferramentas, utensílios de laboratório, vestimentas e de quaisquer outras áreas ou bens duráveis contaminados com material radioativo	— Laboratórios para descontaminação de peças e materiais radioativos — Coleta de rejeitos radioativos em instalações, prédios e em áreas abertas — Lavanderia para roupas contaminadas — Transporte de materiais e rejeitos radioativos, condicionamento, estocagens e sua deposição
1.7. Separação isotópica e processamento radioquímico	— Instalações para tratamento, condicionamento, contenção, estabilização, estocagem e deposição de rejeitos radioativos — Instalações para retenção de rejeitos radioativos
1.8. Manuseio, condicionamento, liberação, monitoração, estabilização, inspeção, retenção e deposição de rejeitos radioativos	— Sítio de rejeitos — Instalações para estocagem de produtos radioativos para posterior aproveitamento
2. Atividades de operação e manutenção de reatores nucleares, incluindo:	— Edifícios de reatores — Edifícios de estocagem de combustível
2.1. Montagem, instalação, substituição e inspeção de elementos combustíveis	— Instalações de tratamento e estocagem de rejeitos radioativos
2.2. Manutenção de componentes integrantes do reator e dos sistemas hidráulicos mecânicos e elétricos, irradiados, contaminados ou situados em áreas de radiação	— Instalações para tratamento de água de reatores e separação e contenção de produtos radioativos — Salas de operação de reatores — Salas de amostragem de efluentes radioativos
2.3. Manuseio de amostras irradiadas	— Laboratórios de medidas de radiação

ATIVIDADES	ÁREAS DE RISCO
2.4. Experimentos utilizando canais de irradiação	— Outras áreas sujeitas a risco potencial às radiações ionizantes passíveis de serem atingidas por dispersão de produtos voláteis
2.5. Medição de radiação, levantamento de dados radiológicos e nucleares, ensaios, testes, inspeções, fiscalização e supervisão de trabalhos técnicos	— Laboratórios semiquentes e quentes — Minas de urânio e tório — Depósitos de minerais radioativos e produtos do tratamento de minerais radioativos
2.6. Segregação, manuseio, tratamento, acondicionamento e armazenamento de rejeitos radioativos	— Coletas de materiais e peças radioativas, materiais contaminados com radioisótopos e águas radioativas
3. Atividades de operação e manutenção de aceleradores de partículas, incluindo:	— Áreas de irradiação de alvos
3.1. Montagem, instalação, substituição e manutenção de componentes irradiados ou contaminados	— Oficinas de manutenção de componentes irradiados ou contaminados — Salas de operação de aceleradores
3.2. Processamento de alvos irradiados	— Laboratórios para tratamento de alvos irradiados e separação de radioisótopos
3.3. Experimentos com feixes de partículas	— Laboratórios de testes com radiação e medidas nucleares
3.4. Medição de radiação, levantamento de dados radiológicos e nucleares, testes, inspeções e supervisão de trabalhos técnicos	— Áreas de tratamento e estocagem de rejeitos radioativos
3.5. Segregação, manuseio, tratamento, acondicionamento e armazenamento de rejeitos radioativos	— Laboratórios de processamento de alvos irradiados
4. Atividades de operação com aparelhos de Raios X, com irradiadores de radiação gama, radiação beta ou radiação de nêutrons, incluindo:	— Salas de irradiação e de operação de aparelhos de raios X e de irradiadores gama, beta ou nêutrons
4.1. Diagnóstico médico e odontológico	— Laboratórios de testes, ensaios e calibração com as fontes de radiação descritas
4.2. Radioterapia	
4.3. Radiografia industrial, gamagrafia e neutronradiografia	— Manuseio de fontes
4.4. Análise de materiais por difratometria	— Manuseio do equipamento
4.5. Testes, ensaios e calibração de detectores e monitores de radiação	— Manuseio de fontes e amostras radioativas
4.6. Irradiação de alimentos	— Manuseio de fontes e instalações para a irradiação de alimentos
4.7. Esterilização de instrumentos médico-hospitalares	— Manuseio de fontes e instalações para a operação
4.8. Irradiação de espécimes minerais e biológicos	— Manuseio de amostras irradiadas
4.9. Medição de radiação, levantamento de dados radiológicos, ensaios, testes, inspeções, fiscalização de trabalhos técnicos	— Laboratórios de ensaios e calibração de fontes e materiais radioativos
5. Atividades de medicina nuclear	— Salas de diagnóstico e terapia com medicina nuclear
5.1. Manuseio e aplicação de radioisótopos para diagnóstico médico e terapia	— Enfermaria de pacientes, sob tratamento com radioisótopos — Enfermaria de pacientes contaminados com radioisótopos em observação e sob tratamento de descontaminação
5.2. Manuseio de fontes seladas para aplicação em braquiterapia	— Área de tratamento e estocagem de rejeitos radioativos
5.3. Obtenção de dados biológicos de pacientes com radioisótopos incorporados	— Manuseio de materiais biológicos contendo radioisótopos ou moléculas marcadas
5.4. Segregação, manuseio, tratamento, acondicionamento e estocagem de rejeitos radioativos	— Laboratórios para descontaminação e coleta de rejeitos radioativos
6. Descomissionamento de instalações nucleares e radioativas, que inclui:	— Áreas de instalações nucleares e radioativas contaminadas e com rejeitos
6.1. Todas as descontaminações radioativas inerentes	— Depósitos provisórios e definitivos de rejeitos radioativos
6.2. Gerenciamento dos rejeitos radioativos existentes, ou seja: tratamento e acondicionamento dos rejeitos líquidos, sólidos, gasosos e aerossóis; transporte e deposição dos mesmos	— Instalações para contenção de rejeitos radioativos — Instalações para asfaltamento de rejeitos radioativos — Instalações para cimentação de rejeitos radioativos
7. Descomissionamento de minas, moinhos e usinas de tratamento de minerais radioativos	

(*) Anexo acrescentado pela Portaria n. 3.393, de 17.12.1987.

Capítulo 17

ERGONOMIA

Sabidamente, as Normas Regulamentadoras (NRs) de Segurança e Saúde no Trabalho (SST) editadas pelo Ministério do Trabalho e Emprego (MTE) possuem existência jurídica convalidada pelo Princípio Constitucional de Minimização dos Riscos Ocupacionais, consagrado no inciso XXII do art. 7º da Constituição Federal brasileira, que expressamente assegura aos trabalhadores urbanos e rurais brasileiros o direito à redução dos riscos inerentes ao trabalho, por meio de normas de saúde, higiene e segurança. Destarte, é possível afirmar que o dever mais fundamental dos empregadores brasileiros é propiciar a seus empregados ambientes de trabalho sadios e seguros. Registre-se, mais, que os ditames das normas preventivas de infortúnios laborais e de promoção da saúde ocupacional são aplicáveis a todas as empresas privadas e estatais (empresas públicas e sociedades de economia mista) brasileiras que contratam trabalhadores como empregados e, portanto, submetidos ao Regime da Consolidação das Leis do Trabalho (CLT) que corresponde ao Decreto-lei n. 5.452, de 1º de maio de 1943.

No plano da legislação infraconstitucional, as normas preventivas de segurança e saúde no trabalho possuem respaldo de validade jurídica na forma tipificada no Estatuto Obreiro, em seu Título II: Das Normas Gerais de Tutela do Trabalho, mais precisamente no Capítulo V: Da Segurança e da Medicina do Trabalho, que compreende os arts. 154 a 201 da CLT. Recorde-se que ditos artigos do Código Obreiro possuem redação dada pela Lei n. 6.514, de 22.12.1977, observadas as atualizações subsequentes até a publicação da Lei n. 13.103, de 2.3.2015.

Sob o aspecto infralegal ou meramente regulamentar, cabe ser dito que os citados arts. 154 a 201 do Código Laboral foram inicialmente disciplinados pela Portaria MTb n. 3.214, de 8.6.1978, que instituiu as primeiras vinte e oito normas regulamentadoras de segurança e saúde no trabalho (28 NRs de SST); vale observar que, atualmente, existem 36 NRs de SST, cada uma disciplinando uma temática específica.

Chamamos a atenção do caro leitor para o fato de que todos os dispositivos: constitucionais, infraconstitucionais, infralegais ou regulamentares e jurisprudenciais, desde que pertinentes à temática em apreço, encontram-se ao final reproduzidos no tópico Fundamentos Jurídicos deste Capítulo, inclusive a íntegra atualizada da norma regulamentadora de segurança e saúde no trabalho que o intitula.

Oportuno destacar, para os não versados na ciência do direito, que as normas jurídicas legais, tanto as constitucionais quanto as infraconstitucionais, têm o condão de criar o direito, ao passo que as normas jurídicas infralegais ou regulamentares (decretos, portarias, normas regulamentadoras, etc.) não podem criar o direito em si, mas apenas regulamentá-lo quando expressamente autorizado pela própria Lei a fazê-lo; sob pena de serem declaradas ilegais e, portanto, nulas de pleno direito.

Especificamente em relação à atual NR-17, cujo título é Ergonomia, impõe-se afirmar que, em termos de legislação ordinária e específica, tem sua existência assegurada especialmente pelas disposições contidas na Seção XIV (Da Prevenção da Fadiga) do Capítulo V (Da Segurança e da Medicina do Trabalho) do Título II (Das Normas Gerais de Tutela do Trabalho) da CLT, merecendo destaque os arts. 72, 198, 199, 253 e 390 do Código Laboral.

Quanto às súmulas de jurisprudência editadas pelo Colendo Tribunal Superior do Trabalho, cabe destacar a existência de uma única súmula diretamente relacionada à Ergonomia que objetivou pacificar controvérsia jurídica acerca do intervalo para descanso aplicável aos profissionais de digitação, mais especificamente a Súmula TST n. 346, que consagrou o entendimento no sentido de que, por analogia do art. 72 da CLT, os digitadores equiparam-se aos trabalhadores nos serviços de mecanografia (datilografia, escrituração ou cálculo); pelo que fazem jus a 10 (dez) minutos de descanso, a cada 90 (noventa) de trabalho consecutivo.

Dada a inegável e crescente importância da Ergonomia no universo da segurança e saúde no trabalho, o então Ministério do Trabalho e da Previdência Social, mediante a Portaria MTPS n. 3.751, de

23.11.1990, procedeu a uma reestruturação da norma regulamentadora NR-17 (Ergonomia), ampliando os seus tópicos de abordagem, antes resumidos a três (levantamento, transporte e descarga de materiais; bancadas, mesas, escrivaninhas e papéis; e assentos ajustáveis) para seis Tópicos, contendo inúmeras recomendações técnico-preventivas de caráter ergonômico, além de dois Anexos, instituídos pelas Portarias SIT-MTE ns. 8 e 9 editadas em 30.3.2007, contendo preceitos ergonômicos específicos para duas atividades (Operadores de *Checkout* e em Teleatedimento/*Telemarketing*); consoante se constata no quadro-resumo a seguir delineado:

Sumário da NR-17 (ERGONOMIA)

17.1. OBJETIVO

17.2. LEVANTAMENTO, TRANSPORTE E DESCARGA INDIVIDUAL DE MATERIAIS.

17.3. MOBILIÁRIO DOS POSTOS DE TRABALHO.

17.4. EQUIPAMENTOS DOS POSTOS DE TRABALHO.

17.5. CONDIÇÕES AMBIENTAIS DE TRABALHO.

17.6. ORGANIZAÇÃO DO TRABALHO.

Anexo I: TRABALHO DOS OPERADORES DE *CHECKOUT*.

Anexo II: TRABALHO EM TELEATENDIMENTO/*TELEMARKETING*.

Ergonomia pode ser entendida como a ciência que estuda a interação homem-ambiente de trabalho, visando propiciar uma solicitação adequada dos trabalhadores, de modo a se alcançar a otimização do sistema de trabalho, respeitando-se, porém, as características psicofisiológicas individuais daqueles, e prevenindo o desgaste prematuro de suas potencialidades profissionais. A ergonomia é uma ciência multidisciplinar, na medida em que, para alcançar seus objetivos, utiliza o conhecimento científico de várias áreas, dentre as quais: a anatomia, a antropometria, a biomecânica, a fisiologia, a psicologia, enfim, a segurança e a saúde no trabalho em seu contexto mais abrangente. O campo de atuação da ergonomia alcança qualquer situação de trabalho ou lazer, desde os estresses físicos nas articulações, músculos, nervos, tendões e ossos aos diversos fatores ambientais que possam afetar os órgãos sensitivos do ser humano, visando alcançar o adequado conforto ambiental e, principalmente, a prevenção de acidentes de trabalho e a promoção da saúde ocupacional.

A décima sétima norma regulamentadora de segurança e saúde no trabalho, qual seja, a NR-17, visa disciplinar, sob a ótica normativa laboral, os parâmetros que permitem a adequação do meio ambiente de trabalho às reais condições biopsicofisiológicas dos trabalhadores, inclusive nos aspectos relacionados ao levantamento, transporte e descarga de materiais, ao mobiliário, aos equipamentos e às condições ambientais do posto de trabalho, e à própria organização do trabalho, de modo a se obter o máximo de conforto, segurança e desempenho eficiente.

Na definição contida na NR-17 (Ergonomia), a abrangência das condições de trabalho inclui aspectos relacionados ao levantamento, transporte e descarga de materiais, ao mobiliário, aos equipamentos e às condições ambientais do posto de trabalho e à própria organização do trabalho.

Para se avaliar a adaptação das condições de trabalho às características psicofisiológicas dos trabalhadores, cabe ao empregador realizar a Análise Ergonômica do Trabalho, devendo a mesma abordar, no mínimo, as condições de trabalho estabelecidas na NR-17 (Ergonomia).

No tocante ao Transporte Manual de Cargas, dispõe a NR-17 que significa todo transporte no qual o peso da carga é suportado inteiramente por um só trabalhador, compreendendo o levantamento e a deposição da carga. Ainda para fins da NR-17, transporte manual regular de cargas designa toda atividade realizada de maneira contínua ou que inclua, mesmo de forma descontínua, o transporte manual de cargas.

Estatui a referida norma regulamentadora que no transporte manual de cargas deverão ser respeitadas as seguintes recomendações de segurança:

- para os homens, a carga máxima a ser transportada individualmente deve ser estabelecida de modo que o esforço físico despendido pelo trabalhador nesta atividade seja compatível com sua capacidade de força, para não comprometer sua saúde ou sua segurança;
- para mulheres e trabalhadores jovens exercentes de transporte manual de cargas, o peso máximo a se transportar deve ser estabelecido em valores nitidamente inferiores aos estabelecidos para o homem;
- todo trabalhador designado para o transporte manual regular de cargas, que não as leves, deve receber treinamento ou instruções satisfatórias quanto aos métodos de trabalho que deverá utilizar, com vistas a salvaguardar sua saúde e prevenir acidentes;
- com vistas a limitar ou facilitar o transporte manual de cargas, deverão ser usados meios técnicos apropriados;
- o transporte e a descarga de materiais, feitos por impulsão ou tração de vagonetes sobre trilhos, carros de mão ou qualquer outro aparelho mecânico, assim como o trabalho de levantamento de materiais feito com equipamento mecânico de ação manual, deverão ser executados de forma que o esforço físico realizado pelo trabalhador seja compatível com sua capacidade de força e não comprometa sua saúde ou segurança.

Consoante estipulado na décima sétima norma regulamentadora, para fins ergonômicos, a expressão "trabalhador jovem" designa todo trabalhador com idade inferior a 18 (dezoito) e superior a 14 (quatorze) anos. Entretanto, há de se ressaltar que a Emenda Constitucional n. 20, de 15.12.1998, modificou o inciso XXXIII do artigo de nossa Lei das Leis e limitou em dezesseis anos a idade mínima para o início do trabalho, somente permitindo aos maiores de quatorze e menores de dezesseis anos o desenvolvimento de atividades laborais na condição de aprendiz.

Deve-se destacar que, quanto ao Mobiliário dos Postos de Trabalho, impõe a NR-17 os seguintes preceitos regulamentares:

- sempre que o trabalho puder ser executado na posição sentada, o posto de trabalho deve ser planejado ou adaptado para essa posição;
- para trabalho manual sentado ou que tenha de ser feito de pé, as bancadas, mesas, escrivaninhas e os painéis devem proporcionar ao trabalhador condições de boa postura;
- para as atividades em que os trabalhos devam ser realizados sentados, a partir da análise ergonômica do trabalho, poderá ser exigido suporte para os pés que se adapte ao comprimento da perna do trabalhador;
- nos trabalhos que necessitem também da utilização dos pés, os pedais e demais comandos para acionamento pelos pés devem ter posicionamento e dimensões que possibilitem fácil alcance, bem como ângulos adequados entre as diversas partes do corpo do trabalhador, em função das características e peculiaridades do trabalho a ser executado;
- para as atividades em que os trabalhos devam ser realizados de pé, devem ser colocados assentos para descanso em locais em que possam ser utilizados por todos os trabalhadores durante as pausas.

Determina ainda a NR-17 que as bancadas, mesas, escrivaninhas e painéis do Mobiliário dos Postos de Trabalho devem satisfazer aos seguintes requisitos mínimos:

- possuir altura e características da superfície de trabalho compatíveis com o tipo de atividade, com a distância requerida dos olhos ao campo de trabalho e com a altura do assento;
- possuir área de trabalho de fácil alcance e visualização pelo trabalhador;
- possuir características dimensionais que possibilitem posicionamento e movimentação adequados dos segmentos corporais.

No tocante aos assentos utilizados nos postos de trabalho, de acordo com a mencionada norma regulamentadora, estes devem atender aos seguintes requisitos mínimos de conforto:

- possuir altura ajustável à estatura do trabalhador e à natureza da função exercida;
- apresentar características de pouca ou nenhuma conformação na base do assento;
- possuir borda frontal arredondada;
- ser dotado de encosto com forma levemente adaptada ao corpo para proteção da região lombar.

Segundo a NR-17, o principal preceito regulamentar atinente aos Equipamentos dos Postos de Trabalho é que todos os equipamentos devem estar adequados às características psicofisiológicas dos trabalhadores e à natureza do trabalho a ser executado.

No que se refere às atividades que envolvam leitura de documentos para digitação, datilografia ou mecanografia, estabelece a NR-17 que:

- deve ser fornecido suporte adequado para documentos, que possa ser ajustado, proporcionando boa postura, visualização e operação, evitando movimentação frequente do pescoço e fadiga visual;
- deve ser utilizado documento de fácil legibilidade, sempre que possível, sendo vedada a utilização de papel brilhante, ou de qualquer outro tipo que provoque ofuscamento.

Em relação aos equipamentos utilizados no processamento eletrônico de dados com terminais de vídeo, os mesmos devem possuir os seguintes dispositivos ergonômicos:

- condições de mobilidade suficientes para permitir o ajuste da tela do equipamento à iluminação do ambiente, protegendo-a contra reflexos, e proporcionar corretos ângulos de visibilidade ao trabalhador;
- o teclado deve ser independente e ter mobilidade, permitindo ao trabalhador ajustá-lo de acordo com as tarefas a serem executadas;
- a tela, o teclado e o suporte para documentos devem ser colocados de maneira que as distâncias olho-tela, olho-teclado e olho-documento sejam aproximadamente iguais;
- ser posicionados em superfícies de trabalho com altura ajustável;
- quando, porém, os equipamentos de processamento eletrônico de dados com terminais de vídeo forem utilizados eventualmente, poderão ser dispensadas as exigências retromencionadas, observada a natureza das tarefas executadas e levando-se em conta a análise ergonômica do trabalho.

Genericamente, dispõe a norma regulamentadora em questão que as Condições Ambientais de Trabalho devem estar adequadas às características psicofisiológicas dos trabalhadores e à natureza do trabalho a ser executado. Outrossim, nos locais de trabalho onde são executadas atividades que exijam solicitação intelectual e atenção constantes, tais como: salas de controle, laboratórios, escritórios, salas de desenvolvimento ou análise de projetos, dentre outros, são recomendadas as seguintes condições de conforto:

- níveis de ruído de acordo com o estabelecido na NBR 10152, Norma Brasileira Registrada no INMETRO, sendo que o nível de ruído aceitável para efeitos de conforto será de até 65 dB (sessenta e cinco decibéis) medidos no circuito de compensação (A), e a curva de avaliação de ruído (NC) de valor não superior a 60 dB (sessenta decibéis);
- índice de temperatura efetiva entre 20 °C e 23 °C (vinte e vinte três graus Celsius);
- velocidade do ar não superior a 0,75 m/s (setenta e cinco centímetros por segundo);
- umidade relativa do ar não inferior a 40% (quarenta por cento);
- os parâmetros antes citados devem ser medidos nos postos de trabalho, sendo os níveis de ruído determinados próximos à zona auditiva, e as demais variáveis na altura do tórax do trabalhador;
- em todos os locais de trabalho deve haver iluminação adequada, natural ou artificial, geral ou suplementar, apropriada à natureza da atividade.

Preceitua a NR-17 (Ergonomia), especificamente no que se trata do iluminamento dos locais de trabalho, o seguinte:

- a iluminação geral deve ser uniformemente distribuída e difusa;
- a iluminação geral ou suplementar deve ser projetada e instalada de forma a evitar ofuscamento, reflexos incômodos, sombras e contrastes excessivos, sendo que os níveis mínimos de iluminamento a serem observados nos locais de trabalho são os valores estabelecidos na NBR 5413 (Norma Brasileira Registrada no INMETRO);
- a medição dos aludidos níveis de iluminamento deve ser feita no campo de trabalho onde se realiza a tarefa visual, utilizando-se luxímetro com fotocélula corrigida para a sensibilidade do olho humano e em função do ângulo de incidência;
- quando não puder ser definido o campo de trabalho, para fins de medição do nível de iluminamento, deverá ser considerado como tal um plano horizontal a 0,75 m (setenta e cinco centímetros) do piso.

Quanto aos preceitos regulamentares referentes à Organização do Trabalho, esta deve ser adequada às características psicofisiológicas dos trabalhadores e à natureza do trabalho a ser executado, além do que, para efeito da NR-17, deve-se levar em consideração, no mínimo:

- as normas de produção e o modo operatório;
- a exigência de tempo;
- a determinação do conteúdo de tempo;
- o ritmo de trabalho e o conteúdo das tarefas.

Nas atividades que exijam sobrecarga muscular estática ou dinâmica do pescoço, ombros, dorso e membros superiores e inferiores, a partir da análise ergonômica do trabalho, deve ser observado o seguinte:

- todo e qualquer sistema de avaliação de desempenho para efeito de remuneração e vantagens de qualquer espécie deve levar em consideração as repercussões sobre a saúde dos trabalhadores;
- devem ser incluídas pausas para descanso;
- quando do retorno ao trabalho, após qualquer tipo de afastamento igual ou superior a 15 (quinze) dias, a exigência de produção deverá permitir um retorno gradativo aos níveis de produção vigentes na época anterior ao afastamento.

Segundo a NR-17, nas atividades de Processamento Eletrônico de Dados deve-se observar as seguintes determinações ergonômicas:

- o empregador não deve promover qualquer sistema de avaliação dos trabalhadores envolvidos nas atividades de digitação, baseado no número individual de toques sobre o teclado, inclusive o automatizado, para efeito de remuneração e vantagens de qualquer espécie;
- o número máximo de toques reais exigidos pelo empregador não deve ser superior a 8.000 (oito mil) por hora trabalhada, sendo considerado toque real, para efeito desta NR, cada movimento de pressão sobre o teclado;
- o tempo efetivo de trabalho de entrada de dados não deve exceder o limite máximo de 5 (cinco) horas, sendo que no período de tempo restante da jornada, o trabalhador poderá exercer outras atividades, desde que não exijam movimentos repetitivos, nem esforço visual, e respeitando-se, sempre, o art. 468 da CLT, que expressamente proíbe alterações unilaterais do Contrato Individual de Trabalho, sob pena de nulidade;
- nas atividades de entrada de dados deve haver, no mínimo, uma pausa de 10 (dez) minutos para cada 50 (cinquenta) minutos trabalhados, não deduzidos da jornada normal de trabalho;
- quando do retorno ao trabalho, após qualquer tipo de afastamento igual ou superior a 15 (quinze) dias, a exigência de produção em relação ao número de toques deverá ser iniciada em níveis inferiores ao máximo estabelecido e ser ampliada progressivamente.

O Anexo I (Trabalho dos Operadores de *Checkout*) da NR-17 (Ergonomia) tem por objetivo estabelecer os parâmetros e as diretrizes mínimas para adequação das condições de trabalho dos operadores de *checkout*, visando à prevenção dos problemas de saúde e segurança relacionados ao trabalho, e seu campo de aplicação corresponde aos ambientes de trabalho onde se desenvolva atividade comercial utilizando sistema de autosserviço e *checkout*, como supermercados, hipermercados e comércio atacadista.

Dispõe o Anexo I da NR-17 que os requisitos a serem observados no mobiliário dos postos de trabalho dos operadores de *checkout*, suas dimensões, incluindo distâncias e alturas, no posto de trabalho devem:

- atender às características antropométricas de 90% dos trabalhadores, respeitando os alcances dos membros e da visão, ou seja, compatibilizando as áreas de visão com a manipulação;
- assegurar a postura para o trabalho na posição sentada e em pé, e as posições confortáveis dos membros superiores e inferiores, nessas duas situações;
- respeitar os ângulos limites e trajetórias naturais dos movimentos, durante a execução das tarefas, evitando a flexão e a torção do tronco;
- garantir um espaço adequado para livre movimentação do operador e colocação da cadeira, a fim de permitir a alternância do trabalho na posição em pé com o trabalho na posição sentada;
- manter uma cadeira de trabalho com assento e encosto para apoio lombar, com estofamento de densidade adequada, ajustáveis à estatura do trabalhador e à natureza da tarefa;
- colocar apoio para os pés, independente da cadeira;
- adotar, em cada posto de trabalho, sistema com esteira eletromecânica para facilitar a movimentação de mercadorias nos *checkouts* com comprimento de 2,70 metros ou mais;
- disponibilizar sistema de comunicação com pessoal de apoio e supervisão;
- manter mobiliário sem quinas vivas ou rebarbas, devendo os elementos de fixação (pregos, rebites, parafusos) serem mantidos de forma a não causar acidentes.

Em relação aos Equipamentos e Ferramentas utilizados pelos operadores de *checkout* para o cumprimento de seu trabalho, deve-se:

- Escolhê-los de modo a favorecer os movimentos e ações próprias da função, sem exigência acentuada de força, pressão, preensão, flexão, extensão ou torção dos segmentos corporais;
- Posicioná-los no posto de trabalho dentro dos limites de alcance manual e visual do operador, permitindo a movimentação dos membros superiores e inferiores e respeitando a natureza da tarefa;
- Garantir proteção contra acidentes de natureza mecânica ou elétrica nos *checkouts*, com base no que está previsto nas normas regulamentadoras do MTE ou em outras normas nacionais, tecnicamente reconhecidas;
- Mantê-los em condições adequadas de funcionamento.

No tocante ao Conforto no Ambiente Físico de Trabalho e ao conjunto do posto de trabalho dos operadores de *checkout*, há de ser observado o seguinte:

- manter as condições de iluminamento, ruído, conforto térmico, bem como a proteção contra outros fatores de risco químico e físico, de acordo com o previsto na NR-17 e outras normas regulamentadoras;
- proteger os operadores de *checkout* contra correntes de ar, vento ou grandes variações climáticas, quando necessário;
- utilizar superfícies opacas, que evitem reflexos incômodos no campo visual do trabalhador;
- na concepção do posto de trabalho do operador de *checkout* deve-se prever a possibilidade de fazer adequações ou ajustes localizados, exceto nos equipamentos fixos, considerando o conforto dos operadores.

O empregador deve envidar esforços a fim de que a manipulação de mercadorias não acarrete o uso de força muscular excessiva por parte dos operadores de *checkout*, por meio da adoção dos seguintes itens de disposições preventivas a seguir elencados, cuja escolha fica a critério da empresa:

- negociação do tamanho e volume das embalagens de mercadorias com fornecedores;
- uso de equipamentos e instrumentos de tecnologia adequada;
- formas alternativas de apresentação do código de barras da mercadoria ao leitor ótico, quando existente;
- disponibilidade de pessoal auxiliar, quando necessário;
- outras medidas que ajudem a reduzir a sobrecarga do operador na manipulação de mercadorias.

Outrossim, deve o empregador adotar medidas para evitar que a atividade de ensacamento de mercadorias se incorpore ao ciclo de trabalho ordinário e habitual dos operadores de *checkout*, tais como:

- manter, no mínimo, um ensacador a cada três *checkouts* em funcionamento;
- proporcionar condições que facilitem o ensacamento pelo cliente;
- outras medidas que se destinem ao mesmo fim.

No que concerne à Organização do Trabalho, estatui o Anexo I da NR-17 que a disposição física e o número de *checkouts* em atividade (abertos) e de operadores devem ser compatíveis com o fluxo de clientes, de modo a adequar o ritmo de trabalho às características psicofisiológicas de cada operador, por meio da adoção de pelo menos um dos seguintes itens, cuja escolha fica a critério da empresa:

- pessoas para apoio ou substituição, quando necessário;
- filas únicas por grupos de *checkouts*;
- caixas especiais (idosos, gestantes, deficientes, clientes com pequenas quantidades de mercadorias);
- pausas durante a jornada de trabalho;
- rodízio entre os operadores de *checkouts* com características diferentes;
- outras medidas que ajudem a manter o movimento adequado de atendimento sem a sobrecarga do operador de *checkout*.

Estipula ainda o Anexo I da norma regulamentadora da ergonomia que todo trabalhador envolvido com o trabalho em *checkout* deve portar um dispositivo de identificação visível, com nome e/ou sobrenome, escolhido(s) pelo próprio trabalhador, além de, no que se refere aos aspectos psicossociais, expressamente vedar que seja imposto ao trabalhador utilizar, permanente ou temporariamente, vestimentas, propagandas ou maquilagem temática, que causem constrangimento ou firam sua dignidade pessoal.

Acerca da informação e formação dos operadores de *checkout*, prevê o Anexo I da NR-17 que todos os trabalhadores envolvidos com o trabalho de Operador de *Checkout* devem receber treinamento, com duração mínima de duas horas, até o trigésimo dia da data da sua admissão, com reciclagem anual e com duração mínima de duas horas, ministrado durante sua jornada de trabalho, com o objetivo de aumentar o conhecimento da relação entre o seu trabalho e a promoção à saúde, e que dito treinamento deve conter noções sobre prevenção e os fatores de risco para a saúde, decorrentes da modalidade de trabalho de Operador de *Checkout*, levando em consideração os aspectos relacionados a:

- posto de trabalho;
- manipulação de mercadorias;
- organização do trabalho;
- aspectos psicossociais do trabalho;
- agravos à saúde mais encontrados entre Operadores de *Checkout*.

Todavia, a elaboração do conteúdo técnico e avaliação dos resultados do treinamento devem contar com a participação de integrantes do Serviço Especializado em Segurança e Medicina do Trabalho e da Comissão Interna de Prevenção de Acidentes, quando houver, e do Coordenador do Programa de Controle Médico de Saúde Ocupacional e dos responsáveis pela elaboração e implementação do Programa de Prevenção de Riscos Ambientais.

O Anexo II (Trabalho em Teleatendimento/*Telemarketing*) tem por objetivo fixar os parâmetros mínimos para o trabalho em atividades de teleatendimento/*telemarketing* nas diversas modalidades deste serviço, de modo a proporcionar um máximo de conforto, segurança, saúde e desempenho eficiente, sendo suas disposições aplicáveis a todas as empresas que mantêm serviço de teleatendimento/*telemarketing* nas modalidades ativo ou receptivo em centrais de atendimento telefônico e/ou centrais de relacionamento com clientes (*call centers*), para prestação de serviços, informações e comercialização de produtos.

Em termos de segurança e saúde no trabalho e para fins de ergonomia, *call center* corresponde ao ambiente de trabalho no qual a principal atividade é conduzida via telefone e/ou rádio com utilização simultânea de terminais de computador; razão pela qual as disposições normativas do Anexo I da NR-17 são aplicáveis, inclusive, a setores de empresas e postos de trabalho dedicados a essa atividade, além daquelas empresas especificamente voltadas para essa atividade-fim.

Entende-se, em termos ocupacionais, como trabalho de teleatendimento/*telemarketing* aquele cuja comunicação com interlocutores clientes e usuários é realizada a distância por intermédio da voz e/ou mensagens eletrônicas, com a utilização simultânea de equipamentos de audição/escuta e fala telefônica e sistemas informatizados ou manuais de processamento de dados.

Estipula o Anexo II da NR-17 que, para o trabalho manual sentado ou que tenha de ser feito em pé, deve ser proporcionado ao trabalhador de teleatendimento/*telemarketing* mobiliário que, além de atender às disposições normativas contidas nos tópicos gerais da NR-17, permita variações posturais, com ajustes de fácil acionamento, de modo a prover espaço suficiente para seu conforto, atendendo, no mínimo, aos seguintes parâmetros:

- o monitor de vídeo e o teclado devem estar apoiados em superfícies com mecanismos de regulagem independentes;
- será aceita superfície regulável única para teclado e monitor quando este for dotado de regulagem independente de, no mínimo, 26 (vinte e seis) centímetros no plano vertical;
- a bancada sem material de consulta deve ter, no mínimo, profundidade de 75 (setenta e cinco) centímetros medidos a partir de sua borda frontal e largura de 90 (noventa) centímetros que proporcionem zonas de alcance manual de, no máximo, 65 (sessenta e cinco) centímetros de raio em cada lado, medidas centradas nos ombros do operador em posição de trabalho;
- a bancada com material de consulta deve ter, no mínimo, profundidade de 90 (noventa) centímetros a partir de sua borda frontal e largura de 100 (cem) centímetros que proporcionem zonas de alcance manual de, no máximo, 65 (sessenta e cinco) centímetros de raio em cada lado, medidas centradas nos ombros do operador em posição de trabalho, para livre utilização e acesso de documentos;
- o plano de trabalho deve ter bordas arredondadas;
- as superfícies de trabalho devem ser reguláveis em altura em um intervalo mínimo de 13 (treze) centímetros, medidos de sua face superior, permitindo o apoio das plantas dos pés no piso;
- o dispositivo de apontamento na tela (mouse) deve estar apoiado na mesma superfície do teclado, colocado em área de fácil alcance e com espaço suficiente para sua livre utilização;
- o espaço sob a superfície de trabalho deve ter profundidade livre mínima de 45 (quarenta e cinco) centímetros ao nível dos joelhos e de 70 (setenta) centímetros ao nível dos pés, medidos de sua borda frontal;
- nos casos em que os pés do operador não alcançarem o piso, mesmo após a regulagem do assento, deverá ser fornecido apoio para os pés que se adapte ao comprimento das pernas do trabalhador, permitindo o apoio das plantas dos pés, com inclinação ajustável e superfície revestida de material antiderrapante;

- os assentos devem ser dotados de: apoio em 5 (cinco) pés, com rodízios cuja resistência evite deslocamentos involuntários e que não comprometam a estabilidade do assento; superfícies onde ocorre contato corporal estofadas e revestidas de material que permita a perspiração; base estofada com material de densidade entre 40 (quarenta) a 50 (cinquenta) kg/m³; altura da superfície superior ajustável, em relação ao piso, entre 37 (trinta e sete) e 50 (cinquenta) centímetros, podendo ser adotados até 3 (três) tipos de cadeiras com alturas diferentes, de forma a atender as necessidades de todos os operadores; profundidade útil de 38 (trinta e oito) a 46 (quarenta e seis) centímetros; borda frontal arredondada; características de pouca ou nenhuma conformação na base; encosto ajustável em altura e em sentido antero-posterior, com forma levemente adaptada ao corpo para proteção da região lombar; largura de, no mínimo, 40 (quarenta) centímetros e, com relação aos encostos, de, no mínimo, 30,5 (trinta vírgula cinco) centímetros; apoio de braços regulável em altura de 20 (vinte) a 25 (vinte e cinco) centímetros a partir do assento, sendo que seu comprimento não deve interferir no movimento de aproximação da cadeira em relação à mesa, nem com os movimentos inerentes à execução da tarefa.

Acerca dos equipamentos dos postos de trabalho dos Operadores de Teleatendimento/*Telemarketing*, prevê o Anexo II da NR-17 os seguintes cuidados preventivos a serem observados: devem ser fornecidos gratuitamente conjuntos de microfone e fone de ouvido (*head-sets*) individuais, que permitam ao operador a alternância do uso das orelhas ao longo da jornada de trabalho e que sejam substituídos sempre que apresentarem defeitos ou desgaste devido ao uso. Alternativamente, porém, poderá ser fornecido um *head-set* para cada posto de atendimento, desde que as partes que permitam qualquer espécie de contágio ou risco à saúde sejam de uso individual. Outrossim, os *head-sets* devem:

- ter garantidas pelo empregador a correta higienização e as condições operacionais recomendadas pelos fabricantes;
- ser substituídos prontamente quando situações irregulares de funcionamento forem detectadas pelo operador;
- ter seus dispositivos de operação e controles de fácil uso e alcance;
- permitir ajuste individual da intensidade do nível sonoro e ser providos de sistema de proteção contra choques acústicos e ruídos indesejáveis de alta intensidade, garantindo o entendimento das mensagens.

Impõe o Anexo II da NR-17 as seguintes condições ambientais de trabalho a serem observadas especificamente em relação às atividades de teleatendimento/telemarketing: que os locais de trabalho devem ser dotados de condições acústicas adequadas à comunicação telefônica, adotando-se medidas tais como o arranjo físico geral e dos postos de trabalho, pisos e paredes, isolamento acústico do ruído externo, tamanho, forma, revestimento e distribuição das divisórias entre os postos, e que o ambiente de trabalho, dentre outros requisitos, deve satisfazer aos seguintes parâmetros:

- níveis de ruído de acordo com o estabelecido na NBR 10152, norma brasileira registrada no INMETRO, observando o nível de ruído aceitável para efeito de conforto de até 65 dB(A) e a curva de avaliação de ruído (NC) de valor não superior a 60 dB;
- índice de temperatura efetiva entre 20º e 23 ºC;
- velocidade do ar não superior a 0,75 m/s;
- umidade relativa do ar não inferior a 40% (quarenta por cento).

A organização do trabalho para as operações de teleatendimento/*telemarketing* deve ser feita de forma a não haver atividades em domingos e feriados, seja total ou parcial, com exceção das empresas autorizadas previamente pelo Ministério do Trabalho e Emprego, e das atividades previstas em lei. Aos trabalhadores é assegurado, nos casos previamente autorizados, pelo menos um dia de repouso semanal remunerado coincidente com um domingo a cada mês, independentemente de metas, faltas e/ou produtividade. As escalas de fins de semana e de feriados devem ser especificadas e informadas aos trabalhadores com a antecedência necessária, na forma prevista na CLT ou por intermédio de acordos ou convenções coletivas. Os empregadores devem levar em consideração as necessidades dos operadores na elaboração das escalas laborais que acomodem necessidades especiais da vida familiar dos trabalhadores com dependentes sob seus cuidados, especialmente nutrizes, incluindo flexibilidade especial para trocas de horários e utilização das pausas.

No tocante às disposições normativas preventivas atinentes à jornada de trabalho dispõe o Anexo II da NR-17 que a duração das jornadas de trabalho somente poderá prolongar-se além do limite previsto nos termos da lei em casos excepcionais, por motivo de força maior, necessidade imperiosa ou para a realização ou conclusão de serviços inadiáveis ou cuja inexecução possa acarretar prejuízo manifesto, conforme disposto na CLT, realizando a comunicação à autoridade competente, prevista no § 1º do mesmo artigo, no prazo de 10 (dez) dias. Em caso de prorrogação do horário normal, será obrigatório um descanso mínimo de 15 (quinze) minutos antes do início do período extraordinário de trabalho. O contingente de operadores deve ser dimensionado de acordo com as demandas da produção no sentido de não gerar sobrecarga habitual ao trabalhador e para garantir que todos possam usufruir as pausas e intervalos regulamentares. O tempo de trabalho em efetiva atividade de teleatendimento/*telemarketing* é de, no máximo, 6 (seis) horas diárias, nele incluídas as pausas, sem prejuízo da remuneração. A prorrogação do tempo previsto no presente item só será admissível nos termos da legislação, sem prejuízo das pausas previstas neste Anexo, respeitado o limite de 36 (trinta e seis) horas semanais de tempo efetivo em atividade de teleatendimento/*telemarketing*.

Estipula o Anexo II da NR-17 que as pausas para os operadores de teleatendimento/telemarketing deverão ser concedidas sem prejuízo do intervalo obrigatório para repouso e alimentação previsto na CLT:

- fora do posto de trabalho;
- em 2 (dois) períodos de 10 (dez) minutos contínuos;
- após os primeiros e antes dos últimos 60 (sessenta) minutos de trabalho em atividade de teleatendimento/*telemarketing*;
- o intervalo para repouso e alimentação para a atividade de teleatendimento/*telemarketing* deve ser de 20 (vinte) minutos;
- para tempos de trabalho efetivo de teleatendimento/*telemarketing* de até 4 (quatro) horas diárias, deve ser observada a concessão de 1 pausa de descanso contínua de 10 (dez) minutos.

Acerca da Capacitação dos Operadores de teleatendimento/*telemarketing*, dispõe o Anexo II da NR-17 que todos os trabalhadores de operação e de gestão devem receber capacitação que proporcione conhecer as formas de adoecimento relacionadas a sua atividade, suas causas, efeitos sobre a saúde e medidas de prevenção, envolvendo também os trabalhadores temporários, e que a capacitação deve incluir, no mínimo, os seguintes itens:

- noções sobre os fatores de risco para a saúde em teleatendimento/*telemarketing*;
- medidas de prevenção indicadas para a redução dos riscos relacionados ao trabalho;
- informações sobre os sintomas de adoecimento que possam estar relacionados a atividade de teleatendimento/*telemarketing*, principalmente os que envolvem o sistema osteomuscular, a saúde mental, as funções vocais, auditivas e acuidade visual dos trabalhadores;
- informações sobre a utilização correta dos mecanismos de ajuste do mobiliário e dos equipamentos dos postos de trabalho, incluindo orientação para alternância de orelhas no uso dos fones mono ou biauriculares e limpeza e substituição de tubos de voz;
- duração de 4 (quatro) horas na admissão e reciclagem a cada 6 (seis) meses, independentemente de campanhas educativas que sejam promovidas pelos empregadores;
- distribuição obrigatória de material didático impresso com o conteúdo apresentado;
- realização durante a jornada de trabalho.

Além das disposições normativas típicas do Programa de Controle Médico de Saúde Ocupacional e do Programa de Prevenção de Riscos Ambientais, tal como previsto, respectivamente, na NR-7 (PCMSO) e na NR-9 (PPRA), o empregador das atividades de teleatendimento/*telemarketing* deve observar as seguintes recomendações adicionais:

- implementar um programa de vigilância epidemiológica para detecção precoce de casos de doenças relacionadas ao trabalho comprovadas ou objeto de suspeita, que inclua procedimentos de vigilância passiva (processando a demanda espontânea de trabalhadores que procurem serviços médicos) e procedimentos de vigilância ativa, por intermédio de exames médicos dirigidos que incluam, além dos exames obrigatórios por norma, coleta de dados sobre sintomas referentes aos aparelhos psíquico, osteomuscular, vocal, visual e auditivo, analisados e apresentados com a utilização de ferramentas estatísticas e epidemiológicas;
- promover a saúde vocal dos trabalhadores, observando, dentre outras medidas: modelos de diálogos que favoreçam micropausas e evitem carga vocal intensiva do operador; redução do ruído de fundo; e estímulo à ingestão frequente de água potável fornecida gratuitamente aos operadores;
- implementar a notificação das doenças profissionais e das produzidas em virtude das condições especiais de trabalho, comprovadas ou objeto de suspeita, por meio da emissão de Comunicação de Acidente de Trabalho e da legislação vigente da Previdência Social;
- promover análises ergonômicas do trabalho que contemplem, no mínimo: a descrição das características dos postos de trabalho no que se refere ao mobiliário, utensílios, ferramentas, espaço físico para a execução do trabalho e condições de posicionamento e movimentação de segmentos corporais; a avaliação da organização do trabalho demonstrando: 1. trabalho real e trabalho prescrito; 2. descrição da produção em relação ao tempo alocado para as tarefas; 3. variações diárias, semanais e mensais da carga de atendimento, incluindo variações sazonais e intercorrências técnico-operacionais mais frequentes; 4. número de ciclos de trabalho e sua descrição, incluindo trabalho em turnos e trabalho noturno; 5. ocorrência de pausas interciclos; 6. explicitação das normas de produção, das exigências de tempo, da determinação do conteúdo de tempo, do ritmo de trabalho e do conteúdo das tarefas executadas; 7. histórico mensal de horas extras realizadas em cada ano; 8. explicitação da existência de sobrecargas estáticas ou dinâmicas do sistema osteomuscular;
- relatório estatístico da incidência de queixas de agravos à saúde colhidas pela Medicina do Trabalho nos prontuários médicos;
- relatórios de avaliações de satisfação no trabalho e clima organizacional, se realizadas no âmbito da empresa;
- registro e análise de impressões e sugestões dos trabalhadores com relação aos aspectos dos itens anteriores;
- recomendações ergonômicas expressas em planos e propostas claros e objetivos, com definição de datas de implantação.

Ainda de acordo com o Anexo II da NR-17, as análises ergonômicas do trabalho deverão ser datadas, impressas, ter folhas numeradas e rubricadas e contemplar, obrigatoriamente, as seguintes etapas de execução:

- explicitação da demanda do estudo;
- análise das tarefas, atividades e situações de trabalho;
- discussão e restituição dos resultados aos trabalhadores envolvidos;
- recomendações ergonômicas específicas para os postos avaliados;
- avaliação e revisão das intervenções efetuadas com a participação dos trabalhadores, supervisores e gerentes;
- avaliação da eficiência das recomendações.

Para as pessoas com deficiência e aquelas cujas medidas antropométricas não sejam atendidas pelas especificações do Anexo II da NR-17, o mobiliário dos postos de trabalho deve ser adaptado para atender às suas necessidades, e devem estar disponíveis ajudas técnicas necessárias em seu respectivo posto de trabalho para facilitar sua integração ao trabalho, levando em consideração as repercussões sobre a saúde desses trabalhadores. Outrossim, as condições de trabalho, incluindo o acesso às instalações, mobiliário, equipamentos, condições ambientais, organização do trabalho, capacitação, condições sanitárias, programas de prevenção e cuidados para segurança pessoal devem levar em conta as necessidades dos trabalhadores com deficiência.

Doravante, serão reproduzidos os FUNDAMENTOS JURÍDICOS (dispositivos legais, infralegais ou regulamentares, e jurisprudenciais) que propiciam o suporte de validade jurídica à temática em apreço, observando-se as ordens hierárquica e cronológica. Ao final, encontra-se igualmente transcrita, de forma integral e atualizada, a correspondente norma regulamentadora de segurança e saúde no trabalho que intitula este Capítulo.

FUNDAMENTOS JURÍDICOS DO CAPÍTULO 17

NR-17: ERGONOMIA *(redação dada pela Portaria MPTS n. 3.751, de 23.11.1990, atualizada até a edição da Portaria SIT-MTE n. 13, de 21.6.2007). Art. 7º, incisos XXII, XXIII, XXVIII e XXXIII da CF-1988. Arts. 72, 198, 199, 253, 390 e 405 da CLT. Súmula TST n. 346.*

CONSTITUIÇÃO DA REPÚBLICA FEDERATIVA DO BRASIL

(Atualizada até a edição da Emenda Constitucional n. 85, de 26.2.2015)

Título II: Dos Direitos e Garantias Fundamentais (Arts. 5º a 17)

Capítulo II: Dos Direitos Sociais (Arts. 6º a 11)

Art. 7º São direitos dos trabalhadores urbanos e rurais[(1)], além de outros que visem à melhoria de sua condição social:

XXII — redução dos riscos inerentes ao trabalho, por meio de normas de saúde, higiene e segurança;

XXIII — adicional de remuneração para as atividades penosas, insalubres ou perigosas, na forma da lei;

XXVIII — seguro contra acidentes de trabalho, a cargo do empregador, sem excluir a indenização a que este está obrigado, quando incorrer em dolo ou culpa;

XXXIII — proibição de trabalho noturno, perigoso ou insalubre a menores de dezoito e de qualquer trabalho a menores de dezesseis anos, salvo na condição de aprendiz, a partir de quatorze anos.

NORMAS JURÍDICAS INFRACONSTITUCIONAIS

CONSOLIDAÇÃO DAS LEIS DO TRABALHO

(Decreto-lei n. 5.452, de 1º.5.1943, com a redação dos arts. 154 a 201 CLT dada pela Lei n. 6.514 de 22.12.1977, atualizada até a edição da Lei n. 13.103, de 2.3.2015)

Título II: **Das Normas Gerais de Tutela do Trabalho** (Arts. 13 a 223 da CLT)

Art. 72. Nos serviços permanentes de mecanografia (datilografia, escrituração ou cálculo), a cada período de 90 (noventa) minutos de trabalho consecutivo corresponderá um repouso de 10 (dez) minutos não deduzidos da duração normal de trabalho.

Capítulo V: **Da Segurança e da Medicina do Trabalho** (Arts. 154 a 201 da CLT)[(2)]

Seção XIV: **Da Prevenção da Fadiga** (Arts. 198 e 199 da CLT)[(3)]

Art. 198. É de 60 kg (sessenta quilogramas) o peso máximo que um empregado pode remover individualmente, ressalvadas as disposições especiais relativas ao trabalho do menor e da mulher.

Parágrafo único. Não está compreendida na proibição deste artigo a remoção de material feita por impulsão ou tração de vagonetes sobre trilhos, carros de mão ou quaisquer outros aparelhos mecânicos, podendo o Ministério do Trabalho e Emprego, em tais casos, fixar limites diversos, que evitem sejam exigidos do empregado serviços superiores às suas forças.

---

(1) Especificamente em relação aos Servidores Públicos Federais (submetidos ao Regime Jurídico Único da Lei n. 8.112/1990) dispõe o § 3º do art. 39 da CF-1988 que: "*Aplica-se aos servidores ocupantes de cargo público o disposto no Art. 7º, IV, VII, VIII, IX, XII, XIII, XV, XVI, XVII, XVIII, XIX, XX, XXII e XXX, podendo a lei estabelecer requisitos diferenciados de admissão quando a natureza do cargo o exigir*".

(2) A Lei n. 6.514, de 22.12.1977, propiciou a redação dos arts. 154 a 201 da CLT, observadas as atualizações legais até a edição da Lei n. 13.103, de 2.3.2015.

(3) A NR-17 (ERGONOMIA) disciplina os arts. 198 e 199 da CLT.

Art. 199. Será obrigatória a colocação de assentos que assegurem postura correta ao trabalhador, capazes de evitar posições incômodas ou forçadas, sempre que a execução da tarefa exija que trabalhe sentado.

Parágrafo único. Quando o trabalho deva ser executado de pé, os empregados terão à sua disposição assentos para serem utilizados nas pausas que o serviço permitir.

Título III: **Das Normas Especiais de Tutela do Trabalho** (Arts. 224 a 441)

Capítulo I: **Das Disposições Especiais sobre Duração e Condições de Trabalho** (Arts. 224 a 351)

Seção VII: **Dos Serviços Frigoríficos** (Art. 253)

Art. 253. Para os empregados que trabalham no interior das câmaras frigoríficas e para os que movimentam mercadorias do ambiente quente ou normal para o frio e vice-versa, depois de 1 (uma) hora e 40 (quarenta) minutos de trabalho contínuo, será assegurado um período de 20 (vinte) minutos de repouso, computado esse intervalo como de trabalho efetivo.

Parágrafo único. Considera-se artificialmente frio, para os fins do presente artigo, o que for inferior, nas primeira, segunda e terceira zonas climáticas do mapa oficial do Ministério do Trabalho, Industria e Comercio, a 15° (quinze graus), na quarta zona a 12° (doze graus), e nas quinta, sexta e sétima zonas a 10º (dez graus).

Capítulo III: **Da Proteção do Trabalho da Mulher** (Arts. 372 a 401-B)

Seção IV: **Dos Métodos e Locais de Trabalho** (Arts. 387 a 390-E)

Art. 390. Ao empregador é vedado empregar a mulher em serviço que demande o emprego de força muscular superior a 20 (vinte) quilos para o trabalho contínuo, ou 25 (vinte e cinco) quilos para o trabalho ocasional.

Parágrafo único. Não está compreendido na proibição deste artigo a remoção de material feita por impulsão ou tração de vagonetes sobre trilhos, carros de mão ou quaisquer outros aparelhos mecânicos, podendo o Ministério do Trabalho e Emprego, em tais casos, fixar limites diversos, que evitem sejam exigidos do empregado serviços superiores às suas forças.

Capítulo IV: **Da Proteção do Trabalho do Menor** (Arts. 402 a 441)

Seção I: **Disposições Gerais** (Arts. 402 a 410)

CLT — Art. 405. Ao menor não será permitido o trabalho:

I — nos locais e serviços perigosos ou insalubres, constantes de quadro para esse fim aprovado pela Secretaria de Segurança e Medicina.

II — em locais ou serviços prejudiciais à sua moralidade.

(...)

§ 5º Aplica-se ao menor o disposto no art. 390 e seu parágrafo único.

SÚMULAS DE JURISPRUDÊNCIA DO TRIBUNAL SUPERIOR DO TRABALHO

Súmula TST n. 346. DIGITADOR. INTERVALOS INTRAJORNADA. APLICAÇÃO ANALÓGICA DO ART. 72 DA CLT. Os digitadores, por aplicação analógica do art. 72 da CLT, equiparam-se aos trabalhadores nos serviços de mecanografia (datilografia, escrituração ou cálculo), razão pela qual têm direito a intervalos de descanso de 10 (dez) minutos a cada 90 (noventa) de trabalho consecutivo.

NORMAS JURÍDICAS INFRALEGAIS OU REGULAMENTARES

NR-17 (ERGONOMIA)[4]

Publicação	**D.O.U.**
Portaria GM n. 3.214, de 8 de junho de 1978	6.7.78
Atualizações/Alterações	**D.O.U.**
Portaria MTPS n. 3.751, de 23 de novembro de 1990	26.11.90
Portaria SIT n. 8, de 30 de março de 2007	2.4.07
Portaria SIT n. 9, de 30 de março de 2007	2.4.07
Portaria SIT n. 13, de 21 de junho de 2007	26.6.07

(Redação dada pela Portaria MTPS n. 3.751, de 23 de novembro de 1990)

17.1. Esta Norma Regulamentadora visa a estabelecer parâmetros que permitam a adaptação das condições de trabalho às características psicofisiológicas dos trabalhadores, de modo a proporcionar um máximo de conforto, segurança e desempenho eficiente.

17.1.1. As condições de trabalho incluem aspectos relacionados ao levantamento, transporte e descarga de materiais, ao mobiliário, aos equipamentos e às condições ambientais do posto de trabalho e à própria organização do trabalho.

17.1.2. Para avaliar a adaptação das condições de trabalho às características psicofisiológicas dos trabalhadores, cabe ao empregador realizar a análise ergonômica do trabalho, devendo a mesma abordar, no mínimo, as condições de trabalho, conforme estabelecido nesta Norma Regulamentadora.

---

(4) O Texto da NR-17 (ERGONOMIA), ora reproduzido, encontra-se atualizado até a edição da Portaria SIT-MTE n. 13, de 21.6.2007.

17.2. Levantamento, transporte e descarga individual de materiais.

17.2.1. Para efeito desta Norma Regulamentadora:

17.2.1.1. Transporte manual de cargas designa todo transporte no qual o peso da carga é suportado inteiramente por um só trabalhador, compreendendo o levantamento e a deposição da carga.

17.2.1.2. Transporte manual regular de cargas designa toda atividade realizada de maneira contínua ou que inclua, mesmo de forma descontínua, o transporte manual de cargas.

17.2.1.3. Trabalhador jovem designa todo trabalhador com idade inferior a dezoito anos e maior de quatorze anos.

17.2.2. Não deverá ser exigido nem admitido o transporte manual de cargas, por um trabalhador cujo peso seja suscetível de comprometer sua saúde ou sua segurança.

17.2.3. Todo trabalhador designado para o transporte manual regular de cargas, que não as leves, deve receber treinamento ou instruções satisfatórias quanto aos métodos de trabalho que deverá utilizar, com vistas a salvaguardar sua saúde e prevenir acidentes.

17.2.4. Com vistas a limitar ou facilitar o transporte manual de cargas deverão ser usados meios técnicos apropriados.

17.2.5. Quando mulheres e trabalhadores jovens forem designados para o transporte manual de cargas, o peso máximo destas cargas deverá ser nitidamente inferior àquele admitido para os homens, para não comprometer a sua saúde ou a sua segurança.

17.2.6. O transporte e a descarga de materiais feitos por impulsão ou tração de vagonetes sobre trilhos, carros de mão ou qualquer outro aparelho mecânico deverão ser executados de forma que o esforço físico realizado pelo trabalhador seja compatível com sua capacidade de força e não comprometa a sua saúde ou a sua segurança.

17.2.7. O trabalho de levantamento de material feito com equipamento mecânico de ação manual deverá ser executado de forma que o esforço físico realizado pelo trabalhador seja compatível com sua capacidade de força e não comprometa a sua saúde ou a sua segurança.

17.3. Mobiliário dos postos de trabalho.

17.3.1. Sempre que o trabalho puder ser executado na posição sentada, o posto de trabalho deve ser planejado ou adaptado para esta posição.

17.3.2. Para trabalho manual sentado ou que tenha de ser feito em pé, as bancadas, mesas, escrivaninhas e os painéis devem proporcionar ao trabalhador condições de boa postura, visualização e operação e devem atender aos seguintes requisitos mínimos:

a) ter altura e características da superfície de trabalho compatíveis com o tipo de atividade, com a distância requerida dos olhos ao campo de trabalho e com a altura do assento;

b) ter área de trabalho de fácil alcance e visualização pelo trabalhador;

c) ter características dimensionais que possibilitem posicionamento e movimentação adequados dos segmentos corporais.

17.3.2.1. Para trabalho que necessite também da utilização dos pés, além dos requisitos estabelecidos no subitem 17.3.2, os pedais e demais comandos para acionamento pelos pés devem ter posicionamento e dimensões que possibilitem fácil alcance, bem como ângulos adequados entre as diversas partes do corpo do trabalhador, em função das características e peculiaridades do trabalho a ser executado.

17.3.3. Os assentos utilizados nos postos de trabalho devem atender aos seguintes requisitos mínimos de conforto:

a) altura ajustável à estatura do trabalhador e à natureza da função exercida;

b) características de pouca ou nenhuma conformação na base do assento;

c) borda frontal arredondada;

d) encosto com forma levemente adaptada ao corpo para proteção da região lombar.

17.3.4. Para as atividades em que os trabalhos devam ser realizados sentados, a partir da análise ergonômica do trabalho, poderá ser exigido suporte para os pés, que se adapte ao comprimento da perna do trabalhador.

17.3.5. Para as atividades em que os trabalhos devam ser realizados de pé, devem ser colocados assentos para descanso em locais em que possam ser utilizados por todos os trabalhadores durante as pausas.

17.4. Equipamentos dos postos de trabalho.

17.4.1. Todos os equipamentos que compõem um posto de trabalho devem estar adequados às características psicofisiológicas dos trabalhadores e à natureza do trabalho a ser executado.

17.4.2. Nas atividades que envolvam leitura de documentos para digitação, datilografia ou mecanografia deve:

a) ser fornecido suporte adequado para documentos que possa ser ajustado proporcionando boa postura, visualização e operação, evitando movimentação frequente do pescoço e fadiga visual;

b) ser utilizado documento de fácil legibilidade sempre que possível, sendo vedada a utilização do papel brilhante, ou de qualquer outro tipo que provoque ofuscamento.

17.4.3. Os equipamentos utilizados no processamento eletrônico de dados com terminais de vídeo devem observar o seguinte:

a) condições de mobilidade suficientes para permitir o ajuste da tela do equipamento à iluminação do ambiente, protegendo-a contra reflexos, e proporcionar corretos ângulos de visibilidade ao trabalhador;

b) o teclado deve ser independente e ter mobilidade, permitindo ao trabalhador ajustá-lo de acordo com as tarefas a serem executadas;

c) a tela, o teclado e o suporte para documentos devem ser colocados de maneira que as distâncias olho-tela, olho-teclado e olho-documento sejam aproximadamente iguais;

d) serem posicionados em superfícies de trabalho com altura ajustável.

17.4.3.1. Quando os equipamentos de processamento eletrônico de dados com terminais de vídeo forem utilizados eventualmente poderão ser dispensadas as exigências previstas no subitem 17.4.3, observada a natureza das tarefas executadas e levando-se em conta a análise ergonômica do trabalho.

17.5. Condições ambientais de trabalho.

17.5.1. As condições ambientais de trabalho devem estar adequadas às características psicofisiológicas dos trabalhadores e à natureza do trabalho a ser executado.

17.5.2. Nos locais de trabalho onde são executadas atividades que exijam solicitação intelectual e atenção constantes, tais como: salas de controle, laboratórios, escritórios, salas de desenvolvimento ou análise de projetos, dentre outros, são recomendadas as seguintes condições de conforto:

a) níveis de ruído de acordo com o estabelecido na NBR 10152, norma brasileira registrada no INMETRO;

b) índice de temperatura efetiva entre 20°C (vinte) e 23°C (vinte e três graus centígrados);

c) velocidade do ar não superior a 0,75m/s;

d) umidade relativa do ar não inferior a 40 (quarenta) por cento.

17.5.2.1. Para as atividades que possuam as características definidas no subitem 17.5.2, mas não apresentam equivalência ou correlação com aquelas relacionadas na NBR 10152, o nível de ruído aceitável para efeito de conforto será de até 65 dB (A) e a curva de avaliação de ruído (NC) de valor não superior a 60 dB.

17.5.2.2. Os parâmetros previstos no subitem 17.5.2 devem ser medidos nos postos de trabalho, sendo os níveis de ruído determinados próximos à zona auditiva e as demais variáveis na altura do tórax do trabalhador.

17.5.3. Em todos os locais de trabalho deve haver iluminação adequada, natural ou artificial, geral ou suplementar, apropriada à natureza da atividade.

17.5.3.1. A iluminação geral deve ser uniformemente distribuída e difusa.

17.5.3.2. A iluminação geral ou suplementar deve ser projetada e instalada de forma a evitar ofuscamento, reflexos incômodos, sombras e contrastes excessivos.

17.5.3.3. Os níveis mínimos de iluminamento a serem observados nos locais de trabalho são os valores de iluminâncias estabelecidos na NBR 5413, norma brasileira registrada no INMETRO.

17.5.3.4. A medição dos níveis de iluminamento previstos no subitem 17.5.3.3 deve ser feita no campo de trabalho onde se realiza a tarefa visual, utilizando-se de luxímetro com fotocélula corrigida para a sensibilidade do olho humano e em função do ângulo de incidência.

17.5.3.5. Quando não puder ser definido o campo de trabalho previsto no subitem 17.5.3.4, este será um plano horizontal a 0,75m (setenta e cinco centímetros) do piso.

17.6. Organização do trabalho.

17.6.1. A organização do trabalho deve ser adequada às características psicofisiológicas dos trabalhadores e à natureza do trabalho a ser executado.

17.6.2. A organização do trabalho, para efeito desta NR, deve levar em consideração, no mínimo:

a) as normas de produção;

b) o modo operatório;

c) a exigência de tempo;

d) a determinação do conteúdo de tempo;

e) o ritmo de trabalho;

f) o conteúdo das tarefas.

17.6.3. Nas atividades que exijam sobrecarga muscular estática ou dinâmica do pescoço, ombros, dorso e membros superiores e inferiores, e a partir da análise ergonômica do trabalho, deve ser observado o seguinte:

a) todo e qualquer sistema de avaliação de desempenho para efeito de remuneração e vantagens de qualquer espécie deve levar em consideração as repercussões sobre a saúde dos trabalhadores;

b) devem ser incluídas pausas para descanso;

c) quando do retorno do trabalho, após qualquer tipo de afastamento igual ou superior a 15 (quinze) dias, a exigência de produção deverá permitir um retorno gradativo aos níveis de produção vigentes na época anterior ao afastamento.

17.6.4. Nas atividades de processamento eletrônico de dados, deve-se, salvo o disposto em convenções e acordos coletivos de trabalho, observar o seguinte:

a) o empregador não deve promover qualquer sistema de avaliação dos trabalhadores envolvidos nas atividades de digitação, baseado no número individual de toques sobre o teclado, inclusive o automatizado, para efeito de remuneração e vantagens de qualquer espécie;

b) o número máximo de toques reais exigidos pelo empregador não deve ser superior a 8.000 por hora trabalhada, sendo considerado toque real, para efeito desta NR, cada movimento de pressão sobre o teclado;

c) o tempo efetivo de trabalho de entrada de dados não deve exceder o limite máximo de 5 (cinco) horas, sendo que, no período de tempo restante da jornada, o trabalhador poderá exercer outras atividades, observado o disposto no art. 468 da Consolidação das Leis do Trabalho, desde que não exijam movimentos repetitivos, nem esforço visual;

d) nas atividades de entrada de dados deve haver, no mínimo, uma pausa de 10 minutos para cada 50 minutos trabalhados, não deduzidos da jornada normal de trabalho;

e) quando do retorno ao trabalho, após qualquer tipo de afastamento igual ou superior a 15 (quinze) dias, a exigência de produção em relação ao número de toques deverá ser iniciado em níveis inferiores do máximo estabelecido na alínea "b" e ser ampliada progressivamente.

ANEXO I
TRABALHO DOS OPERADORES DE *CHECKOUT*

(Aprovado pela Portaria SIT n. 8, de 30 de março de 2007)

1. Objetivo e campo de aplicação

1.1. Esta Norma objetiva estabelecer parâmetros e diretrizes mínimas para adequação das condições de trabalho dos operadores de *checkout*, visando à prevenção dos problemas de saúde e segurança relacionados ao trabalho.

1.2. Esta Norma aplica-se aos empregadores que desenvolvam atividade comercial utilizando sistema de auto-serviço e *checkout*, como supermercados, hipermercados e comércio atacadista.

2. O posto de trabalho

2.1. Em relação ao mobiliário do *checkout* e às suas dimensões, incluindo distâncias e alturas, no posto de trabalho deve-se:

a) atender às características antropométricas de 90% dos trabalhadores, respeitando os alcances dos membros e da visão, ou seja, compatibilizando as áreas de visão com a manipulação;

b) assegurar a postura para o trabalho na posição sentada e em pé, e as posições confortáveis dos membros superiores e inferiores, nessas duas situações;

c) respeitar os ângulos limites e trajetórias naturais dos movimentos, durante a execução das tarefas, evitando a flexão e a torção do tronco;

d) garantir um espaço adequado para livre movimentação do operador e colocação da cadeira, a fim de permitir a alternância do trabalho na posição em pé com o trabalho na posição sentada;

e) manter uma cadeira de trabalho com assento e encosto para apoio lombar, com estofamento de densidade adequada, ajustáveis à estatura do trabalhador e à natureza da tarefa;

f) colocar apoio para os pés, independente da cadeira;

g) adotar, em cada posto de trabalho, sistema com esteira eletromecânica para facilitar a movimentação de mercadorias nos *checkouts* com comprimento de 2,70 metros ou mais;

h) disponibilizar sistema de comunicação com pessoal de apoio e supervisão;

i) manter mobiliário sem quinas vivas ou rebarbas, devendo os elementos de fixação (pregos, rebites, parafusos) ser mantidos de forma a não causar acidentes.

2.2. Em relação ao equipamento e às ferramentas utilizadas pelos operadores de *checkout* para o cumprimento de seu trabalho, deve-se:

a) escolhê-los de modo a favorecer os movimentos e ações próprias da função, sem exigência acentuada de força, pressão, preensão, flexão, extensão ou torção dos segmentos corporais;

b) posicioná-los no posto de trabalho dentro dos limites de alcance manual e visual do operador, permitindo a movimentação dos membros superiores e inferiores e respeitando a natureza da tarefa;

c) garantir proteção contra acidentes de natureza mecânica ou elétrica nos *checkouts*, com base no que está previsto nas normas regulamentadoras do MTE ou em outras normas nacionais, tecnicamente reconhecidas;

d) mantê-los em condições adequadas de funcionamento.

2.3. Em relação ao ambiente físico de trabalho e ao conjunto do posto de trabalho, deve-se:

a) manter as condições de iluminamento, ruído, conforto térmico, bem como a proteção contra outros fatores de risco químico e físico, de acordo com o previsto na NR-17 e outras normas regulamentadoras;

b) proteger os operadores de *checkout* contra correntes de ar, vento ou grandes variações climáticas, quando necessário;

c) utilizar superfícies opacas, que evitem reflexos incômodos no campo visual do trabalhador.

2.4. Na concepção do posto de trabalho do operador de *checkout* deve-se prever a possibilidade de fazer adequações ou ajustes localizados, exceto nos equipamentos fixos, considerando o conforto dos operadores.

3. A manipulação de mercadorias

3.1. O empregador deve envidar esforços a fim de que a manipulação de mercadorias não acarrete o uso de força muscular excessiva por parte dos operadores de *checkout*, por meio da adoção de um ou mais dos seguintes itens, cuja escolha fica a critério da empresa:

a) negociação do tamanho e volume das embalagens de mercadorias com fornecedores;

b) uso de equipamentos e instrumentos de tecnologia adequada;

c) formas alternativas de apresentação do código de barras da mercadoria ao leitor ótico, quando existente;

d) disponibilidade de pessoal auxiliar, quando necessário;

e) outras medidas que ajudem a reduzir a sobrecarga do operador na manipulação de mercadorias.

3.2. O empregador deve adotar mecanismos auxiliares sempre que, em função do grande volume ou excesso de peso das mercadorias, houver limitação para a execução manual das tarefas por parte dos operadores de *checkout*.

3.3. O empregador deve adotar medidas para evitar que a atividade de ensacamento de mercadorias se incorpore ao ciclo de trabalho ordinário e habitual dos operadores de *checkout*, tais como:

a) manter, no mínimo, um ensacador a cada três *checkouts* em funcionamento;

b) proporcionar condições que facilitem o ensacamento pelo cliente;

c) outras medidas que se destinem ao mesmo fim.

3.3.1. A escolha dentre as medidas relacionadas no item 3.3 é prerrogativa do empregador.

3.4. A pesagem de mercadorias pelo operador de *checkout* só poderá ocorrer quando os seguintes requisitos forem atendidos simultaneamente:

a) balança localizada frontalmente e próxima ao operador;

b) balança nivelada com a superfície do *checkout*;

c) continuidade entre as superfícies do *checkout* e da balança, admitindo-se até dois centímetros de descontinuidade em cada lado da balança;

d) teclado para digitação localizado a uma distância máxima de 45 centímetros da borda interna do *checkout*;

e) número máximo de oito dígitos para os códigos de mercadorias que sejam pesadas.

3.5. Para o atendimento no *checkout*, de pessoas idosas, gestantes, portadoras de deficiências ou que apresentem algum tipo de incapacidade momentânea, a empresa deve disponibilizar pessoal auxiliar, sempre que o operador de caixa solicitar.

4. A organização do trabalho

4.1. A disposição física e o número de *checkouts* em atividade (abertos) e de operadores devem ser compatíveis com o fluxo de clientes, de modo a adequar o ritmo de trabalho às características psicofisiológicas de cada operador, por meio da adoção de pelo menos um dos seguintes itens, cuja escolha fica a critério da empresa:

a) pessoas para apoio ou substituição, quando necessário;

b) filas únicas por grupos de *checkouts*;

c) caixas especiais (idosos, gestantes, deficientes, clientes com pequenas quantidades de mercadorias);

d) pausas durante a jornada de trabalho;

e) rodízio entre os operadores de *checkouts* com características diferentes;

f) outras medidas que ajudem a manter o movimento adequado de atendimento sem a sobrecarga do operador de *checkout*.

4.2. São garantidas saídas do posto de trabalho, mediante comunicação, a qualquer momento da jornada, para que os operadores atendam às suas necessidades fisiológicas, ressalvado o intervalo para refeição previsto na Consolidação das Leis do Trabalho.

4.3. É vedado promover, para efeitos de remuneração ou premiação de qualquer espécie, sistema de avaliação do desempenho com base no número de mercadorias ou compras por operador.

4.4. É atribuição do operador de *checkout* a verificação das mercadorias apresentadas, sendo-lhe vedada qualquer tarefa de segurança patrimonial.

5. Os aspectos psicossociais do trabalho

5.1. Todo trabalhador envolvido com o trabalho em *checkout* deve portar um dispositivo de identificação visível, com nome e/ou sobrenome, escolhido(s) pelo próprio trabalhador.

5.2. É vedado obrigar o trabalhador ao uso, permanente ou temporário, de vestimentas ou propagandas ou maquilagem temática, que causem constrangimento ou firam sua dignidade pessoal.

6. Informação e formação dos trabalhadores

6.1. Todos os trabalhadores envolvidos com o trabalho de operador de *checkout* devem receber treinamento, cujo objetivo é aumentar o conhecimento da relação entre o seu trabalho e a promoção à saúde.

6.2. O treinamento deve conter noções sobre prevenção e os fatores de risco para a saúde, decorrentes da modalidade de trabalho de operador de *checkout*, levando em consideração os aspectos relacionados a:

a) posto de trabalho;

b) manipulação de mercadorias;

c) organização do trabalho;

d) aspectos psicossociais do trabalho;

e) agravos à saúde mais encontrados entre operadores de *checkout*.

6.2.1. Cada trabalhador deve receber treinamento com duração mínima de duas horas, até o trigésimo dia da data da sua admissão, com reciclagem anual e com duração mínima de duas horas, ministrados durante sua jornada de trabalho.

6.3. Os trabalhadores devem ser informados com antecedência sobre mudanças que venham a ocorrer no processo de trabalho.

6.4. O treinamento deve incluir, obrigatoriamente, a disponibilização de material didático com os tópicos mencionados no item 6.2 e alíneas.

6.5. A forma do treinamento (contínuo ou intermitente, presencial ou à distância, por palestras, cursos ou audiovisual) fica a critério de cada empresa.

6.6. A elaboração do conteúdo técnico e avaliação dos resultados do treinamento devem contar com a participação de integrantes do Serviço Especializado em Segurança e Medicina do Trabalho e da Comissão Interna de Prevenção de Acidentes, quando houver, e do coordenador do Programa de Controle Médico de Saúde Ocupacional e dos responsáveis pela elaboração e implementação do Programa de Prevenção de Riscos Ambientais.

7. Disposições Transitórias

7.1. As obrigações previstas neste anexo serão exigidas após encerrados os seguintes prazos:

7.1.1. Para os subitens 1.1; 1.2; 3.2; 3.5; 4.2; 4.3 e 4.4, prazo de noventa dias.

7.1.2. Para os subitens 2.1 "h"; 2.2 "c" e "d"; 2.3 "a" e "b"; 3.1 e alíneas; 4.1 e alíneas; 5.1; 5.2; e 6.3, prazo de cento e oitenta dias. (alterado pela Portaria SIT n. 13, de 21 de junho de 2007)

7.1.3. Para Subitens 2.1 "e" e "f"; 3.3 "a", "b" e "c"; 3.3.1; 6.1; 6.2 e alíneas; 6.2.1; 6.4; 6.5 e 6.6, prazo de um ano. (alterado pela Portaria SIT n. 13, de 21 de junho de 2007)

7.1.4. Para os subitens 2.1 "a", "b", "c", "d", "g" e "i"; 2.2 "a" e "b"; 2.3 "c"; 2.4 e 3.4 e alíneas, prazos conforme o seguinte cronograma:

a) Janeiro de 2008 – todas as lojas novas ou que forem submetidas a reformas;

b) Até julho de 2009 – 15% das lojas;

c) Até dezembro de 2009 – 35% das lojas;

d) Até dezembro de 2010 – 65% das lojas;

e) Até dezembro de 2011 – todas as lojas.

ANEXO II
TRABALHO EM TELEATENDIMENTO/TELEMARKETING

(Aprovado pela Portaria SIT n. 9, de 30 de março de 2007)

1. O presente Anexo estabelece parâmetros mínimos para o trabalho em atividades de teleatendimento/telemarketing nas diversas modalidades desse serviço, de modo a proporcionar um máximo de conforto, segurança, saúde e desempenho eficiente.

1.1. As disposições deste Anexo aplicam-se a todas as empresas que mantêm serviço de teleatendimento/telemarketing nas modalidades ativo ou receptivo em centrais de atendimento telefônico e/ou centrais de relacionamento com clientes (*call centers*), para prestação de serviços, informações e comercialização de produtos.

1.1.1. Entende-se como *call center* o ambiente de trabalho no qual a principal atividade é conduzida via telefone e/ou rádio com utilização simultânea de terminais de computador.

1.1.1.1. Este Anexo aplica-se, inclusive, a setores de empresas e postos de trabalho dedicados a esta atividade, além daquelas empresas especificamente voltadas para essa atividade-fim.

1.1.2. Entende-se como trabalho de teleatendimento/telemarketing aquele cuja comunicação com interlocutores clientes e usuários é realizada à distância por intermédio da voz e/ou mensagens eletrônicas, com a utilização simultânea de equipamentos de audição/escuta e fala telefônica e sistemas informatizados ou manuais de processamento de dados.

2. MOBILIÁRIO DO POSTO DE TRABALHO

2.1. Para trabalho manual sentado ou que tenha de ser feito em pé deve ser proporcionado ao trabalhador mobiliário que atenda aos itens 17.3.2, 17.3.3 e 17.3.4 e alíneas, da Norma Regulamentadora n. 17 (NR 17) e que permita variações posturais, com ajustes de fácil acionamento, de modo a prover espaço suficiente para seu conforto, atendendo, no mínimo, aos seguintes parâmetros:

a) o monitor de vídeo e o teclado devem estar apoiados em superfícies com mecanismos de regulagem independentes;

b) será aceita superfície regulável única para teclado e monitor quando este for dotado de regulagem independente de, no mínimo, 26 (vinte e seis) centímetros no plano vertical;

c) a bancada sem material de consulta deve ter, no mínimo, profundidade de 75 (setenta e cinco) centímetros medidos a partir de sua borda frontal e largura de 90 (noventa) centímetros que proporcionem zonas de alcance manual de, no máximo, 65 (sessenta e cinco) centímetros de raio em cada lado, medidas centradas nos ombros do operador em posição de trabalho;

d) a bancada com material de consulta deve ter, no mínimo, profundidade de 90 (noventa) centímetros a partir de sua borda frontal e largura de 100 (cem) centímetros que proporcionem zonas de alcance manual de, no máximo, 65 (sessenta e cinco) centímetros de raio em cada lado, medidas centradas nos ombros do operador em posição de trabalho, para livre utilização e acesso de documentos;

e) o plano de trabalho deve ter bordas arredondadas;

f) as superfícies de trabalho devem ser reguláveis em altura em um intervalo mínimo de 13 (treze) centímetros, medidos de sua face superior, permitindo o apoio das plantas dos pés no piso;

g) o dispositivo de apontamento na tela (mouse) deve estar apoiado na mesma superfície do teclado, colocado em área de fácil alcance e com espaço suficiente para sua livre utilização;

h) o espaço sob a superfície de trabalho deve ter profundidade livre mínima de 45 (quarenta e cinco) centímetros ao nível dos joelhos e de 70 (setenta) centímetros ao nível dos pés, medidos de sua borda frontal;

i) nos casos em que os pés do operador não alcançarem o piso, mesmo após a regulagem do assento, deverá ser fornecido apoio para os pés que se adapte ao comprimento das pernas do trabalhador, permitindo o apoio das plantas dos pés, com inclinação ajustável e superfície revestida de material antiderrapante;

j) os assentos devem ser dotados de:

1. apoio em 05 (cinco) pés, com rodízios cuja resistência evite deslocamentos involuntários e que não comprometam a estabilidade do assento;

2. superfícies onde ocorre contato corporal estofadas e revestidas de material que permita a perspiração;

3. base estofada com material de densidade entre 40 (quarenta) a 50 (cinquenta) kg/m3;

4. altura da superfície superior ajustável, em relação ao piso, entre 37 (trinta e sete) e 50 (cinquenta) centímetros, podendo ser adotados até 03 (três) tipos de cadeiras com alturas diferentes, de forma a atender as necessidades de todos os operadores;

5. profundidade útil de 38 (trinta e oito) a 46 (quarenta e seis) centímetros;

6. borda frontal arredondada;

7. características de pouca ou nenhuma conformação na base;

8. encosto ajustável em altura e em sentido antero-posterior, com forma levemente adaptada ao corpo para proteção da região lombar; largura de, no mínimo, 40 (quarenta) centímetros e, com relação aos encostos, de no mínimo, 30,5 (trinta vírgula cinco) centímetros;

9. apoio de braços regulável em altura de 20 (vinte) a 25 (vinte e cinco) centímetros a partir do assento, sendo que seu comprimento não deve interferir no movimento de aproximação da cadeira em relação à mesa, nem com os movimentos inerentes à execução da tarefa.

3. EQUIPAMENTOS DOS POSTOS DE TRABALHO

3.1. Devem ser fornecidos gratuitamente conjuntos de microfone e fone de ouvido (*head-sets*) individuais, que permitam ao operador a alternância do uso das orelhas ao longo da jornada de trabalho e que sejam substituídos sempre que apresentarem defeitos ou desgaste devido ao uso.

3.1.2. Alternativamente, poderá ser fornecido um *head* set para cada posto de atendimento, desde que as partes que permitam qualquer espécie de contágio ou risco à saúde sejam de uso individual.

3.1.3. Os *head-sets* devem:

a) ter garantidas pelo empregador a correta higienização e as condições operacionais recomendadas pelos fabricantes;

b) ser substituídos prontamente quando situações irregulares de funcionamento forem detectadas pelo operador;

c) ter seus dispositivos de operação e controles de fácil uso e alcance;

d) permitir ajuste individual da intensidade do nível sonoro e ser providos de sistema de proteção contra choques acústicos e ruídos indesejáveis de alta intensidade, garantindo o entendimento das mensagens.

3.2. O empregador deve garantir o correto funcionamento e a manutenção contínua dos equipamentos de comunicação, incluindo os conjuntos de *head-sets*, utilizando pessoal técnico familiarizado com as recomendações dos fabricantes.

3.3. Os monitores de vídeo devem proporcionar corretos ângulos de visão e ser posicionados frontalmente ao operador, devendo ser dotados de regulagem que permita o correto ajuste da tela à iluminação do ambiente, protegendo o trabalhador contra reflexos indesejáveis.

3.4. Toda introdução de novos métodos ou dispositivos tecnológicos que traga alterações sobre os modos operatórios dos trabalhadores deve ser alvo de análise ergonômica prévia, prevendo-se períodos e procedimentos adequados de capacitação e adaptação.

4. CONDIÇÕES AMBIENTAIS DE TRABALHO

4.1. Os locais de trabalho devem ser dotados de condições acústicas adequadas à comunicação telefônica, adotando-se medidas tais como o arranjo físico geral e dos postos de trabalho, pisos e paredes, isolamento acústico do ruído externo, tamanho, forma, revestimento e distribuição das divisórias entre os postos, com o fim de atender o disposto no item 17.5.2, alínea "a" da NR-17.

4.2. Os ambientes de trabalho devem atender ao disposto no subitem 17.5.2 da NR-17, obedecendo-se, no mínimo, aos seguintes parâmetros:

a) níveis de ruído de acordo com o estabelecido na NBR 10152, norma brasileira registrada no INMETRO, observando o nível de ruído aceitável para efeito de conforto de até 65 dB(A) e a curva de avaliação de ruído (NC) de valor não superior a 60 dB;

b) índice de temperatura efetiva entre 20º e 23ºC;

c) velocidade do ar não superior a 0,75 m/s;

d) umidade relativa do ar não inferior a 40% (quarenta por cento).

4.2.1. Devem ser implementados projetos adequados de climatização dos ambientes de trabalho que permitam distribuição homogênea das temperaturas e fluxos de ar utilizando, se necessário, controles locais e/ou setorizados da temperatura, velocidade e direção dos fluxos.

4.2.2. As empresas podem instalar higrômetros ou outros equipamentos que permitam ao trabalhador acompanhar a temperatura efetiva e a umidade do ar do ambiente de trabalho.

4.3. Para a prevenção da chamada "síndrome do edifício doente", devem ser atendidos:

a) o Regulamento Técnico do Ministério da Saúde sobre "Qualidade do Ar de Interiores em Ambientes Climatizados", com redação da Portaria MS n. 3.523, de 28 de agosto de 1998 ou outra que a venha substituir;

b) os Padrões Referenciais de Qualidade do Ar Interior em ambientes climatizados artificialmente de uso público e coletivo, com redação dada pela Resolução RE n. 9, de 16 de janeiro de 2003, da ANVISA — Agência Nacional de Vigilância Sanitária, ou outra que a venha substituir, à exceção dos parâmetros físicos de temperatura e umidade definidos no item 4.2 deste Anexo;

c) o disposto no item 9.3.5.1 da Norma Regulamentadora n. 9 (NR-9).

4.3.1. A documentação prevista nas alíneas "a" e "b" deverá estar disponível à fiscalização do trabalho.

4.3.2. As instalações das centrais de ar condicionado, especialmente o *plenum* de mistura da casa de máquinas, não devem ser utilizadas para armazenamento de quaisquer materiais.

4.3.3. A descarga de água de condensado não poderá manter qualquer ligação com a rede de esgoto cloacal.

5. ORGANIZAÇÃO DO TRABALHO

5.1. A organização do trabalho deve ser feita de forma a não haver atividades aos domingos e feriados, seja total ou parcial, com exceção das empresas autorizadas previamente pelo Ministério do Trabalho e Emprego, conforme o previsto no art. 68, *caput*, da CLT e das atividades previstas em lei.

5.1.1. Aos trabalhadores é assegurado, nos casos previamente autorizados, pelo menos um dia de repouso semanal remunerado coincidente com o domingo a cada mês, independentemente de metas, faltas e/ou produtividade.

5.1.2. As escalas de fins de semana e de feriados devem ser especificadas e informadas aos trabalhadores com a antecedência necessária, de conformidade com os Artigos 67, parágrafo único, e 386 da CLT, ou por intermédio de acordos ou convenções coletivas.

5.1.2.1. Os empregadores devem levar em consideração as necessidades dos operadores na elaboração das escalas laborais que acomodem necessidades especiais da vida familiar dos trabalhadores com dependentes sob seus cuidados, especialmente nutrizes, incluindo flexibilidade especial para trocas de horários e utilização das pausas.

5.1.3. A duração das jornadas de trabalho somente poderá prolongar-se além do limite previsto nos termos da lei em casos excepcionais, por motivo de força maior, necessidade imperiosa ou para a realização ou conclusão de serviços inadiáveis ou cuja inexecução possa acarretar prejuízo manifesto, conforme dispõe o art, 61 da CLT, realizando a comunicação à autoridade competente, prevista no § 1º do mesmo artigo, no prazo de 10 (dez) dias.

5.1.3.1. Em caso de prorrogação do horário normal, será obrigatório um descanso mínimo de 15 (quinze) minutos antes do início do período extraordinário do trabalho, de acordo com o art. 384 da CLT.

5.2. O contingente de operadores deve ser dimensionado às demandas da produção no sentido de não gerar sobrecarga habitual ao trabalhador.

5.2.1. O contingente de operadores em cada estabelecimento deve ser suficiente para garantir que todos possam usufruir as pausas e intervalos previstos neste Anexo.

5.3. O tempo de trabalho em efetiva atividade de teleatendimento/telemarketing é de, no máximo, 06 (seis) horas diárias, nele incluídas as pausas, sem prejuízo da remuneração.

5.3.1. A prorrogação do tempo previsto no presente item só será admissível nos termos da legislação, sem prejuízo das pausas previstas neste Anexo, respeitado o limite de 36 (trinta e seis) horas semanais de tempo efetivo em atividade de teleatendimento/telemarketing.

5.3.2. Para o cálculo do tempo efetivo em atividade de teleatendimento/telemarketing devem ser computados os períodos em que o operador encontra-se no posto de trabalho, os intervalos entre os ciclos laborais e os deslocamentos para solução de questões relacionadas ao trabalho.

5.4. Para prevenir sobrecarga psíquica, muscular estática de pescoço, ombros, dorso e membros superiores, as empresas devem permitir a fruição de pausas de descanso e intervalos para repouso e alimentação aos trabalhadores.

5.4.1. As pausas deverão ser concedidas:

a) fora do posto de trabalho;

b) em 02 (dois) períodos de 10 (dez) minutos contínuos;

c) após os primeiros e antes dos últimos 60 (sessenta) minutos de trabalho em atividade de teleatendimento/telemarketing.

5.4.1.1. A instituição de pausas não prejudica o direito ao intervalo obrigatório para repouso e alimentação previsto no § 1º do art. 71 da CLT.

5.4.2. O intervalo para repouso e alimentação para a atividade de teleatendimento/telemarketing deve ser de 20 (vinte) minutos.

5.4.3. Para tempos de trabalho efetivo de teleatendimento/telemarketing de até 04 (quatro) horas diárias, deve ser observada a concessão de 01 pausa de descanso contínua de 10 (dez) minutos.

5.4.4. As pausas para descanso devem ser consignadas em registro impresso ou eletrônico.

5.4.4.1. O registro eletrônico de pausas deve ser disponibilizado impresso para a fiscalização do trabalho no curso da inspeção, sempre que exigido.

5.4.4.2. Os trabalhadores devem ter acesso aos seus registros de pausas.

5.4.5. Devem ser garantidas pausas no trabalho imediatamente após operação onde haja ocorrido ameaças, abuso verbal, agressões ou que tenha sido especialmente desgastante, que permitam ao operador recuperar-se e socializar conflitos e dificuldades com colegas, supervisores ou profissionais de saúde ocupacional especialmente capacitados para tal acolhimento.

5.5. O tempo necessário para a atualização do conhecimento do operador e para o ajuste do posto de trabalho é considerado como parte da jornada normal.

5.6. A participação em quaisquer modalidades de atividade física, quando adotadas pela empresa, não é obrigatória, e a recusa do trabalhador em praticá-la não poderá ser utilizada para efeito de qualquer punição.

5.7. Com o fim de permitir a satisfação das necessidades fisiológicas, as empresas devem permitir que os operadores saiam de seus postos de trabalho a qualquer momento da jornada, sem repercussões sobre suas avaliações e remunerações.

5.8. Nos locais de trabalho deve ser permitida a alternância de postura pelo trabalhador, de acordo com suas conveniência e necessidade.

5.9. Os mecanismos de monitoramento da produtividade, tais como mensagens nos monitores de vídeo, sinais luminosos, cromáticos, sonoros, ou indicações do tempo utilizado nas ligações ou de filas de clientes em espera, não podem ser utilizados para aceleração do trabalho e, quando existentes, deverão estar disponíveis para consulta pelo operador, a seu critério.

5.10. Para fins de elaboração de programas preventivos devem ser considerados os seguintes aspectos da organização do trabalho:

a) compatibilização de metas com as condições de trabalho e tempo oferecidas;

b) monitoramento de desempenho;

c) repercussões sobre a saúde dos trabalhadores decorrentes de todo e qualquer sistema de avaliação para efeito de remuneração e vantagens de qualquer espécie;

d) pressões aumentadas de tempo em horários de maior demanda;

e) períodos para adaptação ao trabalho.

5.11. É vedado ao empregador:

a) exigir a observância estrita do script ou roteiro de atendimento;

b) imputar ao operador os períodos de tempo ou interrupções no trabalho não dependentes de sua conduta.

5.12. A utilização de procedimentos de monitoramento por escuta e gravação de ligações deve ocorrer somente mediante o conhecimento do operador.

5.13. É vedada a utilização de métodos que causem assédio moral, medo ou constrangimento, tais como:

a) estímulo abusivo à competição entre trabalhadores ou grupos/equipes de trabalho;

b) exigência de que os trabalhadores usem, de forma permanente ou temporária, adereços, acessórios, fantasias e vestimentas com o objetivo de punição, promoção e propaganda;

c) exposição pública das avaliações de desempenho dos operadores.

5.14. Com a finalidade de reduzir o estresse dos operadores, devem ser minimizados os conflitos e ambiguidades de papéis nas tarefas a executar, estabelecendo-se claramente as diretrizes quanto a ordens e instruções de diversos níveis hierárquicos, autonomia para resolução de problemas, autorização para transferência de chamadas e consultas necessárias a colegas e supervisores.

5.15. Os sistemas informatizados devem ser elaborados, implantados e atualizados contínua e suficientemente, de maneira a mitigar sobretarefas como a utilização constante de memória de curto prazo, utilização de anotações precárias, duplicidade e concomitância de anotações em papel e sistema informatizado.

5.16. As prescrições de diálogos de trabalho não devem exigir que o trabalhador forneça o sobrenome aos clientes, visando resguardar sua privacidade e segurança pessoal.

6. CAPACITAÇÃO DOS TRABALHADORES

6.1. Todos os trabalhadores de operação e de gestão devem receber capacitação que proporcione conhecer as formas de adoecimento relacionadas à sua atividade, suas causas, efeitos sobre a saúde e medidas de prevenção.

6.1.1. A capacitação deve envolver, também, obrigatoriamente os trabalhadores temporários.

6.1.2. A capacitação deve incluir, no mínimo, aos seguintes itens:

a) noções sobre os fatores de risco para a saúde em teleatendimento/telemarketing;

b) medidas de prevenção indicadas para a redução dos riscos relacionados ao trabalho;

c) informações sobre os sintomas de adoecimento que possam estar relacionados a atividade de teleatendimento/telemarketing, principalmente os que envolvem o sistema osteomuscular, a saúde mental, as funções vocais, auditivas e acuidade visual dos trabalhadores;

d) informações sobre a utilização correta dos mecanismos de ajuste do mobiliário e dos equipamentos dos postos de trabalho, incluindo orientação para alternância de orelhas no uso dos fones mono ou bi-auriculares e limpeza e substituição de tubos de voz;

e) duração de 04 (quatro) horas na admissão e reciclagem a cada 06 (seis) meses, independentemente de campanhas educativas que sejam promovidas pelos empregadores;

f) distribuição obrigatória de material didático impresso com o conteúdo apresentado;

g) realização durante a jornada de trabalho.

6.2. Os trabalhadores devem receber qualificação adicional à capacitação obrigatória referida no item anterior quando forem introduzidos novos fatores de risco decorrentes de métodos, equipamentos, tipos específicos de atendimento, mudanças gerenciais ou de procedimentos.

6.3. A elaboração do conteúdo técnico, a execução e a avaliação dos resultados dos procedimentos de capacitação devem contar com a participação de:

a) pessoal de organização e métodos responsável pela organização do trabalho na empresa, quando houver;

b) integrantes do Serviço Especializado em Segurança e Medicina do Trabalho, quando houver;

c) representantes dos trabalhadores na Comissão Interna de Prevenção de Acidentes, quando houver;

d) médico coordenador do Programa de Controle Médico de Saúde Ocupacional;

e) responsáveis pelo Programa de Prevenção de Riscos de Ambientais;

representantes dos trabalhadores e outras entidades, quando previsto em acordos ou convenções coletivas de trabalho.

7. CONDIÇÕES SANITÁRIAS DE CONFORTO

7.1. Devem ser garantidas boas condições sanitárias e de conforto, incluindo sanitários permanentemente adequados ao uso e separados por sexo, local para lanche e armários individuais dotados de chave para guarda de pertences na jornada de trabalho.

7.2. Deve ser proporcionada a todos os trabalhadores disponibilidade irrestrita e próxima de água potável, atendendo à Norma Regulamentadora n. 24 — NR-24.

7.3. As empresas devem manter ambientes confortáveis para descanso e recuperação durante as pausas, fora dos ambientes de trabalho, dimensionados em proporção adequada ao número de operadores usuários, onde estejam disponíveis assentos, facilidades de água potável, instalações sanitárias e lixeiras com tampa.

8. PROGRAMAS DE SAÚDE OCUPACIONAL E DE PREVENÇÃO DE RISCOS AMBIENTAIS

8.1. O Programa de Controle Médico de Saúde Ocupacional — PCMSO, além de atender à Norma Regulamentadora n. 7 (NR-7), deve necessariamente reconhecer e registrar os riscos identificados na análise ergonômica.

8.1.1. O empregador deverá fornecer cópia dos Atestados de Saúde Ocupacional e cópia dos resultados dos demais exames.

8.2. O empregador deve implementar um programa de vigilância epidemiológica para detecção precoce de casos de doenças relacionadas ao trabalho comprovadas ou objeto de suspeita, que inclua procedimentos de vigilância passiva (processando a demanda espontânea de trabalhadores que procurem serviços médicos) e procedimentos de vigilância ativa, por intermédio de exames médicos dirigidos que incluam, além dos exames obrigatórios por norma, coleta de dados sobre sintomas referentes aos aparelhos psíquico, osteomuscular, vocal, visual e auditivo, analisados e apresentados com a utilização de ferramentas estatísticas e epidemiológicas.

8.2.1. No sentido de promover a saúde vocal dos trabalhadores, os empregadores devem implementar, entre outras medidas:

a) modelos de diálogos que favoreçam micropausas e evitem carga vocal intensiva do operador;

b) redução do ruído de fundo;

c) estímulo à ingestão frequente de água potável fornecida gratuitamente aos operadores.

8.3. A notificação das doenças profissionais e das produzidas em virtude das condições especiais de trabalho, comprovadas ou objeto de suspeita, será obrigatória por meio da emissão de Comunicação de Acidente de Trabalho, na forma do art. 169 da CLT e da legislação vigente da Previdência Social.

8.4. As análises ergonômicas do trabalho devem contemplar, no mínimo, para atender à NR-17:

a) descrição das características dos postos de trabalho no que se refere ao mobiliário, utensílios, ferramentas, espaço físico para a execução do trabalho e condições de posicionamento e movimentação de segmentos corporais;

b) avaliação da organização do trabalho demonstrando:

1. trabalho real e trabalho prescrito;

2. descrição da produção em relação ao tempo alocado para as tarefas;

3. variações diárias, semanais e mensais da carga de atendimento, incluindo variações sazonais e intercorrências técnico-operacionais mais frequentes;

4. número de ciclos de trabalho e sua descrição, incluindo trabalho em turnos e trabalho noturno;

5. ocorrência de pausas inter-ciclos;

6. explicitação das normas de produção, das exigências de tempo, da determinação do conteúdo de tempo, do ritmo de trabalho e do conteúdo das tarefas executadas;

7. histórico mensal de horas extras realizadas em cada ano;

8. explicitação da existência de sobrecargas estáticas ou dinâmicas do sistema osteomuscular;

c) relatório estatístico da incidência de queixas de agravos à saúde colhidas pela Medicina do Trabalho nos prontuários médicos;

d) relatórios de avaliações de satisfação no trabalho e clima organizacional, se realizadas no âmbito da empresa;

e) registro e análise de impressões e sugestões dos trabalhadores com relação aos aspectos dos itens anteriores;

f) recomendações ergonômicas expressas em planos e propostas claros e objetivos, com definição de datas de implantação.

8.4.1. As análises ergonômicas do trabalho deverão ser datadas, impressas, ter folhas numeradas e rubricadas e contemplar, obrigatoriamente, as seguintes etapas de execução:

a) explicitação da demanda do estudo;

b) análise das tarefas, atividades e situações de trabalho;

c) discussão e restituição dos resultados aos trabalhadores envolvidos;

d) recomendações ergonômicas específicas para os postos avaliados;

e) avaliação e revisão das intervenções efetuadas com a participação dos trabalhadores, supervisores e gerentes;

f) avaliação da eficiência das recomendações.

8.5. As ações e princípios do Programa de Prevenção de Riscos Ambientais — PPRA devem ser associados àqueles previstos na NR-17.

9. PESSOAS COM DEFICIÊNCIA

9.1. Para as pessoas com deficiência e aquelas cujas medidas antropométricas não sejam atendidas pelas especificações deste Anexo, o mobiliário dos postos de trabalho deve ser adaptado para atender às suas necessidades, e devem estar disponíveis ajudas técnicas necessárias em seu respectivo posto de trabalho para facilitar sua integração ao trabalho, levando em consideração as repercussões sobre a saúde destes trabalhadores.

9.2. As condições de trabalho, incluindo o acesso às instalações, mobiliário, equipamentos, condições ambientais, organização do trabalho, capacitação, condições sanitárias, programas de prevenção e cuidados para segurança pessoal devem levar em conta as necessidades dos trabalhadores com deficiência.

10. DISPOSIÇÕES TRANSITÓRIAS

10.1. As empresas que no momento da publicação da portaria de aprovação deste Anexo mantiverem com seus trabalhadores a contratação de jornada de 06 (seis) horas diárias, nelas contemplados e remunerados 15 (quinze) minutos de intervalo para repouso e alimentação, obrigar-se-ão somente à complementação de 05 (cinco) minutos, igualmente remunerados, de maneira a alcançar o total de 20 (vinte) minutos de pausas obrigatórias remuneradas, concedidos na forma dos itens 5.4.1 e 5.4.2.

10.2. O disposto no item 2 desta norma (MOBILIÁRIO DO POSTO DE TRABALHO) será implementado em um prazo para adaptação gradual de, no máximo, 05 (cinco) anos, sendo de 10% (dez por cento) no primeiro ano, 25% (vinte e cinco por cento) no segundo ano, 45% (quarenta e cinco por cento) no terceiro ano, 75% (setenta e cinco por cento) no quarto ano e 100% (cem por cento) no quinto ano.

10.3. Será constituída comissão permanente para fins de acompanhamento da implementação, aplicação e revisão do presente Anexo.

10.4. O disposto nos itens 5.3 e seus subitens e 5.4 e seus subitens entrarão em vigor em 120 (cento e vinte) dias da data de publicação da portaria de aprovação deste Anexo, com exceção do item 5.4.4 que entrará em vigor em 180 (cento e oitenta) dias da publicação desta norma.

10.5. Ressalvado o disposto no item 10.2 e com exceção dos itens 5.3, 5.4, este anexo passa a vigorar no prazo de 90 (noventa) dias de sua publicação.

Capítulo 18

CONDIÇÕES E MEIO AMBIENTE DE TRABALHO NA INDÚSTRIA DA CONSTRUÇÃO

Indubitavelmente, a atividade de construção civil, em face de suas características próprias geradoras de riscos ambientais múltiplos e variáveis aliada à capacidade de grande absorção de mão de obra desprovida de qualificação profissional, tem se destacado como um dos ramos produtivos que apresenta elevados índices de acidentes de trabalho, condicionantes suficientes a justificar a existência de uma norma regulamentadora preventiva específica, NR-18 (Condições e Meio Ambiente de Trabalho na Indústria da Construção) e, por conseguinte, o presente capítulo neste manual de segurança e saúde no trabalho. Segundo a Classificação Nacional de Atividades Econômicas (CNAE) da Secretaria da Receita Federal, a atividade de construção compreende três grandes subsetores: Edificações, Construção Pesada e Montagem Industrial.

O segmento Edificações, como o próprio nome já sugere, destina-se essencialmente à construção, à reforma ou à ampliação de edifícios, seja para fins residenciais, comerciais ou industriais; as empresas que compõem esse subsetor são bastante diversificadas, abrangendo desde as de grande porte, com estruturas administrativas gigantescas, até as de pequeno porte, ou microempresas, por vezes sem maiores estruturas organizacionais, porém, muito significativas em termos de geração de emprego e, por conseguinte, de extrema relevância social.

O segundo subsetor da construção civil, a Construção Pesada, destina-se basicamente à construção de obras de grande porte do tipo: pavimentação, terraplenagem e construção de estradas, pontes, viadutos, barragens, canais, açudes, portos e aeroportos; enfim, obras de infraestrutura em geral, inclusive as de saneamento básico. Esse segmento é dominado por empresas de grande porte, em face da complexidade e da especialização comuns a tais obras.

O terceiro segmento, o subsetor de Montagem Industrial, caracteriza-se pela execução de serviços de montagem de estruturas para indústrias em geral, produção, transmissão e distribuição de energia elétrica, de telecomunicações e de exploração de recursos naturais. Esse segmento é marcado pela presença dominante de um pequeno número de empresas de médio ou grande porte.

No decorrer de sua história, a indústria da construção civil vem atenuando desequilíbrios na estrutura social, econômica e política do país, pelo que se observa de sua participação como estratégia estatal empregada na expansão de empregos. Em todas as vezes que uma situação de grave recessão vem perturbar a estrutura social, a indústria da construção civil, por manter estreita relação com o padrão de crescimento, ressente-se e acaba por isso agravando ainda mais as crises ou atenuando-as, conforme a estratégia pretendida e posta em prática pelo Estado. As políticas de saneamento e financiamento habitacional implementadas com recursos do Fundo de Garantia do Tempo de Serviço (FGTS), ainda que colocadas em prática de forma intermitente, corroboram tal assertiva.

A construção civil tem vivenciado um processo de reestruturação produtiva, com uma tendência à utilização de sistemas construtivos baseados na pré-fabricação de elementos antes produzidos no canteiro de obras, transformando o processo de construção em sistemas de montagem. Entretanto, tais inovações tecnológicas não excluem, necessariamente, materiais e sistemas construtivos tradicionais. Quanto ao trabalhador da construção civil, porém, não se constata nenhum investimento significativo na melhoria de sua capacitação profissional.

O espaço de trabalho no setor da construção civil é móvel e transitório, bastante diferente, por exemplo, de uma indústria de fiação e tecelagem. Na construção civil, a divisão do trabalho é tamanha que o trabalhador participa de uma tarefa, em determinado local, com a duração certa de tempo, de forma que ele não consegue visualizar a globalização da construção, nem antes, nem depois. Isso faz com que seu trabalho, além de muito desgastante, seja mais alienante do que nos demais ramos produtivos.

No canteiro de obras, encontram-se grupos de trabalhadores pertencentes a empresas diversas, com diferentes situações empregatícias, com diversidade salarial, executando tarefas e/ou serviços, às vezes similares, às vezes totalmente díspares. A construção civil apresenta índices altos de mobilidade e rotatividade, pois seus operários vivem "entrando e saindo", não caracterizando propriamente uma categoria, e sim um conjunto de subcategorias, no qual uma maioria é formada por trabalhadores sem qualificação que estão sempre se mudando, o que contribui para uma organização sindical precária.

O objetivo dos empregadores da construção civil, como de qualquer outro empresário capitalista, é produzir o máximo, com o mínimo possível de gastos. E essa economia, por vezes, é feita sobre as próprias condições de trabalho; é um setor que absorve mão de obra não especializada e pouco qualificada, que está sempre em grande oferta no mercado brasileiro. Como dito anteriormente, em países de grau médio de industrialização, a construção civil funciona como uma "esponja de mão de obra", e essa absorção faz parte de um processo estratégico de aumento ou diminuição do exército industrial de reserva.

Com referência à legislação especificamente voltada à prevenção dos infortúnios laborais em canteiros de obras, impõe-se recordar que, fundamentado principalmente no disposto no inciso I do art. 200 da Consolidação das Leis do Trabalho, com a redação que lhe foi dada pela Lei n. 6.514, de 22.12.1977, o então Ministro do Trabalho, por meio da Portaria MTb n. 3.214 de 8.6.1978, editou a NR-18 (Obras de Construção, Demolição e Reparos). Com a promulgação de nossa Lei Maior, em 5.10.1988, como já salientado em capítulos anteriores, a citada NR-18 foi integralmente recepcionada pelo novo ordenamento jurídico brasileiro e, a exemplo das demais normas de proteção jurídica à saúde e segurança do trabalho, ganhou revestimento constitucional, nos termos do Princípio Constitucional de Minimização dos Riscos Ocupacionais, de que trata o inciso XXII, do art. 7º de nossa Carta Magna.

Malgrado reconheça-se haver sido de grande valia a NR-18, nos termos inicialmente concebidos, com o passar dos anos revelou-se necessária uma revisão em seus conceitos, de modo a adequá-la à evolução dos métodos de trabalho, principalmente na seara tecnológica, e objetivando contemplar melhor a participação dos trabalhadores no processo preventivo de acidentes do trabalho. Demonstrando perfeita sintonia com tal pensamento e acatando proposta da Comissão Tripartite Paritária Permanente, composta por representantes dos trabalhadores, dos empregadores e do Governo Federal, e após ouvida a sociedade em geral, por meio da concessão de prazo para recebimento de propostas de alterações da então vigente norma regulamentadora da construção civil, a Secretaria de Segurança e Saúde no Trabalho do Ministério do Trabalho reformulou a norma preventiva por inteiro, a partir do seu título, que passou a denominar-se NR-18 (Condições e Meio Ambiente de Trabalho na Indústria da Construção), nos termos da Portaria SSST-MTb n. 4 de 4.7.1995, com as alterações até a edição da Portaria MTE-GM n. 597 de 7.5.2015. A propósito, todos os dispositivos legais e normativos pertinentes à temática em apreço encontram-se adiante reproduzidos no tópico Fundamentos Jurídicos deste Capítulo, inclusive a íntegra atualizada da norma regulamentadora de segurança e saúde no trabalho que o intitula.

Mais do que uma simples mudança de nomenclatura, o espírito da atual NR-18 é bem mais abrangente que o da anterior, devendo ser entendido como condições e meio ambiente de trabalho na indústria da construção o estabelecimento de diretrizes de ordem administrativa, de planejamento, de organização e de execução de medidas de controle e sistemas preventivos de segurança nos processos, nas condições e no meio ambiente de trabalho na indústria da construção civil.

A atual norma regulamentadora de segurança e saúde na indústria da construção civil possui uma sistematização bem mais feliz que a anterior, sendo bastante detalhada nos aspectos técnicos e dotada de mecanismos próprios tendentes a uma adequação mais rápida dos dispositivos normativos, sempre contemplando a participação dos trabalhadores em tal processo, mormente pela criação dos comitês tripartites permanentes, nacional e regionais, sobre condições e meio ambiente de trabalho na indústria da construção civil, além de prestigiar de forma valorosa a participação da Fundação Jorge Duprat Figueiredo de Segurança e Medicina do Trabalho (FUNDACENTRO), entidade técnico-científica vinculada ao Ministério do Trabalho e Emprego (MTE), destinada, prioritariamente, a promover pesquisas objetivando prevenir acidentes de trabalho.

Nesse sentido, cabe observar que a norma preventiva em comento apresenta suas numerosas e detalhadas recomendações técnico-preventivas, de forma sequenciada e agrupada, em trinta e nove Tópicos, sendo que o último deles corresponde a um Glossário de termos técnicos, além de quatro Anexos, na forma seguinte:

Sumário da NR-18 (Condições e Meio Ambiente de Trabalho na Indústria da Construção)

18.1. Objetivo e Campo de Aplicação.

18.2. Comunicação Prévia.

18.3. Programa de Condições e Meio Ambiente de Trabalho na Indústria da Construção (PCMAT).

18.4. Áreas de Vivência.

18.5. Demolição.

18.6. Escavações, Fundações e Desmonte de Rochas.

18.7. Carpintaria.

18.8. Armações de Aço.

18.9. Estruturas de Concreto.

18.10. Estruturas Metálicas.

18.11. Operações de Soldagem e Corte a Quente.

18.12. Escadas, Rampas e Passarelas.

18.13. Medidas de Proteção contra Quedas de Altura.

18.14. Movimentação e Transporte de Materiais e Pessoas.

18.15. Andaimes.

18.16. Cabos de Aço.

18.17. Alvenaria, Revestimento e Acabamentos.

18.18. Serviços em Telhados.

18.19. Serviços em Flutuantes.

18.20. Locais Confinados.

18.21. Instalações Elétricas.

18.22. Máquinas, Equipamentos e Ferramentas Diversas.

18.23. Equipamentos de Proteção Individual.

18.24. Armazenamento e Estocagem de Materiais.

18.25. Transporte de Trabalhadores em Veículos Automotores.

18.26. Proteção contra Incêndio.

18.27. Sinalização de Segurança.

18.28. Treinamento.

18.29. Ordem e Limpeza.

18.30. Tapumes e Galerias.

18.31. Acidente Fatal.

18.32. Dados Estatísticos (*Observação: esse item encontra-se integralmente revogado, nos termos da Portaria SIT-MTE n. 237 de 10.6.2011*).

18.33. Comissão Interna de Prevenção de Acidentes (CIPA) nas Empresas da Indústria da Construção.

18.34. Comitês Permanentes sobre Condições e Meio Ambiente do Trabalho na Indústria da Construção.

18.35. Recomendações Técnicas de Procedimento (RTP).

18.36. Disposições Gerais.

18.37. Disposições Finais.

18.38. Disposições Transitórias.

18.39. Glossário.

Anexo I: Especificações de Segurança para Cabos de Fibra Sintética.

Anexo II: Ficha de Acidente do Trabalho/Resumo Estatístico Anual. (*Observação: em face da revogação do item 18.32 da NR-18, tornaram-se desnecessários o preenchimento e o subsequente envio para a FUNDACENTRO, tanto da Ficha de Acidente do Trabalho quanto do Resumo Estatístico Anual*).

Anexo III: Plano de Cargas para Gruas.

Anexo IV: Plataforma de Trabalho Aéreo.

A NR-18 estabelece as diretrizes de ordem administrativa, de planejamento, de organização, objetivando a implementação de medidas de controle e sistemas preventivos de segurança nos processos, nas condições e no meio ambiente de trabalho na indústria da construção civil e suas determinações preventivas são aplicáveis a todas as empresas privadas e estatais (empresas públicas e sociedades de economia mista) brasileiras onde estejam sendo desenvolvidas as atividades constantes do Quadro I (Classificação Nacional de Atividades Econômicas) da NR-04 (SESMT), com a atualização dada pela Portaria SIT-MTE n. 76 de 21.11.2008, consoante se constata na reprodução de sua parte específica da construção civil:

CÓDIGO	TIPO DE ATIVIDADE	Grau de Risco
F	CONSTRUÇÃO	
41	CONSTRUÇÃO DE EDIFÍCIOS	
41.1	Incorporação de empreendimentos imobiliários	
41.10-7	Incorporação de empreendimentos imobiliários	1
41.2	Construção de edifícios	
41.20-4	Construção de edifícios	3
42	OBRAS DE INFRAESTRUTURA	
42.1	Construção de rodovias, ferrovias, obras urbanas e obras de arte especiais	
42.11-1	Construção de rodovias e ferrovias	4
42.12-0	Construção de obras de arte especiais	4
42.13-8	Obras de urbanização — ruas, praças e calçadas	3
42.2	Obras de infraestrutura para energia elétrica, telecomunicações, água, esgoto e transporte por dutos	
42.21-9	Obras para geração e distribuição de energia elétrica e para telecomunicações	4
42.22-7	Construção de redes de abastecimento de água, coleta de esgoto e construções correlatas	4
42.23-5	Construção de redes de transportes por dutos, exceto para água e esgoto	4
42.9	Construção de outras obras de infraestrutura	
42.91-0	Obras portuárias, marítimas e fluviais	4
42.92-8	Montagem de instalações industriais e de estruturas metálicas	4
42.99-5	Obras de engenharia civil não especificadas anteriormente	3
43	SERVIÇOS ESPECIALIZADOS PARA CONSTRUÇÃO	
43.1	Demolição e preparação do terreno	
43.11-8	Demolição e preparação de canteiros de obras	4
43.12-6	Perfurações e sondagens	4
43.13-4	Obras de terraplenagem	3
43.19-3	Serviços de preparação do terreno não especificados anteriormente	3
43.2	Instalações elétricas, hidráulicas e outras instalações em construções	
43.21-5	Instalações elétricas	3

CÓDIGO	TIPO DE ATIVIDADE	Grau de Risco
43.22-3	Instalações hidráulicas, de sistemas de ventilação e refrigeração	3
43.29-1	Obras de instalações em construções não especificadas anteriormente	3
43.3	Obras de acabamento	
43.30-4	Obras de acabamento	3
43.9	Outros serviços especializados para construção	
43.91-6	Obras de fundações	4
43.99-1	Serviços especializados para construção não especificados anteriormente	3

Estabelece a NR-18 que a providência preliminar obrigatória a ser adotada pelo proprietário da obra de construção é a comunicação prévia à Superintendência Regional do Trabalho e Emprego (SRTE), antes do início das atividades, contendo as seguintes informações:

- endereço correto da obra;
- endereço correto e qualificação (CEI, CNPJ ou CPF) do contratante, empregador ou condomínio;
- tipo de obra;
- datas previstas do início e conclusão da obra;
- número máximo previsto de trabalhadores na obra.

O Programa de Condições e Meio Ambiente de Trabalho na Indústria da Construção (PCMAT) corresponde a um programa técnico-preventivo integrante do conjunto mais amplo das iniciativas das empresas no campo da preservação da saúde e da integridade física dos trabalhadores nas atividades de construção civil, e que deve estar articulado ou integrado com o disposto nas demais normas regulamentadoras de segurança e saúde no trabalho, particularmente com o Programa de Controle Médico de Saúde Ocupacional e o Programa de Prevenção e Riscos Ambientais, de que tratam, respectivamente, a NR-7 (PCMSO) e a NR-9 (PPRA). Em verdade, o PCMAT corresponde ao PPRA da construção civil. A propósito, a elaboração e a implementação serão obrigatórias nos canteiros de obras ou frentes de trabalho que possuam vinte ou mais empregados. Ressalte-se, mais, que as ações do PCMAT devem ser desenvolvidas no âmbito de cada canteiro de obras ou frente de trabalho da empresa de construção civil, sob a responsabilidade do empregador e com a participação dos trabalhadores, sendo sua abrangência e profundidade dependentes das características dos riscos e das necessidades de controle do meio ambiente de trabalho.

No tocante a saber qual profissional é apto a elaborar, implementar e avaliar o PCMAT, há de ser dito que essa questão tem suscitado controvérsias técnico-jurídicas igualmente similares à definição de competência profissional para a elaboração do Programa de Prevenção de Riscos Ambientais, nos termos já respondidos no Capítulo 9 deste livro, para onde remetemos o caro leitor, de modo a possibilitar-lhe uma melhor compreensão dessa relevante questão. Como ali explicitado, o Programa de Condições e Meio Ambiente de Trabalho na Indústria da Construção corresponde ao PPRA da construção civil, de modo que sua elaboração, sob a ótica da competência técnico-legal, não pode ser diferente da forma ali descrita. Em verdade, a redação do item específico da NR-18, acerca da competência profissional para a elaboração do PCMAT, inclusive com a redação dada pela Portaria SIT-MTE n. 296, de 16.12.2011, não foi muito feliz, tanto assim que continua a ensejar controvérsias acerca da possível competência do Técnico de Segurança do Trabalho para assumir a responsabilidade técnica pela elaboração desse programa preventivo; o que, lamentavelmente, não é novidade desde a regulamentação normativa para a elaboração do PPRA (NR-9 — item 9.3.1.1. *A elaboração, implementação, acompanhamento e avaliação do PPRA poderão ser feitas pelo Serviço Especializado em Engenharia de Segurança e em Medicina do Trabalho (SESMT) ou por pessoa ou equipe de pessoas que, a critério do empregador, sejam capazes de desenvolver o disposto na NR-09*).

Em verdade, a interpretação adequada dos ditames de hierarquia superior aos citados itens: 9.3.1.1 da NR-9 e 18.3.2 da NR-18, a saber: a Lei n. 7.410, de 27.11.1985, o Decreto n. 92.530, de 9.4.1986, a Resolução CONFEA n. 359, de 31.7.1991, conduzem à inequívoca conclusão jurídica de que o Engenheiro de Segurança do Trabalho, devidamente habilitado como tal junto ao Conselho Regional de Engenharia e Agronomia, é o profissional legalmente apto a assumir a responsabilidade técnica pela elaboração e implementação de qualquer programa técnico-preventivo de segurança do trabalho, seja ele o PPRA ou o PCMAT. Para superar definitivamente essa controvérsia, e a exemplo do que arrematado na questão específica acerca da competência profissional para a elaboração do PPRA, tomamos a liberdade de igualmente sugerir à Secretaria de Inspeção do Trabalho que o item 18.3.2 da NR-18 seja reeditado com a seguinte redação: *"Compete ao Engenheiro de Segurança do Trabalho devidamente habilitado junto ao Conselho Regional de Engenharia e Agronomia (CREA) e, preferencialmente, integrante do Serviço Especializado em Engenharia de Segurança e em Medicina do Trabalho (SESMT) da empresa, a responsabilidade técnica pela elaboração do Programa de Condições e Meio Ambiente de Trabalho na Indústria da Construção (PCMAT)"*.

Os documentos que devem fazer parte do PCMAT são os seguintes:

- memorial sobre condições e meio ambiente de trabalho nas atividades e operações, levando-se em consideração os riscos de acidentes e de doenças do trabalho e suas respectivas medidas preventivas;
- projeto de execução das proteções coletivas em conformidade com as etapas da execução da obra;
- especificação técnica das proteções coletivas e individuais a serem utilizadas;
- cronograma de implantação das medidas preventivas definidas no PCMAT, em conformidade com as etapas de execução da obra;
- *layout* inicial do canteiro da obra e/ou frente de trabalho, contemplando, inclusive, previsão do dimensionamento das áreas de vivência;
- programa educativo contemplando a temática de prevenção de acidentes e de doenças do trabalho, com sua carga horária.

Entende-se por Áreas de Vivência o espaço físico separado da área de trabalho de um canteiro de obras e destinado a suprir as necessidades básicas de alimentação, higiene, descanso, lazer, convivência e ambulatório. As áreas de vivência, sempre mantidas em perfeito estado de conservação, higiene e limpeza, devem ser compostas dos seguintes itens:

- instalações sanitárias;
- vestiário;
- alojamento, se houver trabalhadores que necessitem permanecer alojados;
- local de refeições;
- cozinha, quando houver preparo de refeições;
- lavanderia, no caso da existência de trabalhadores alojados;
- área de lazer, no caso da existência de trabalhadores alojados;
- ambulatório, quando se tratar de frentes de trabalho com 50 (cinquenta) ou mais trabalhadores.

Estipula a NR-18 que as Instalações Sanitárias de um canteiro de obras devem:

- ser mantidas em perfeito estado de conservação e higiene;
- possuir portas de acesso que impeçam o devassamento e ser construídas de modo a manter o resguardo conveniente;
- possuir paredes de material resistente e lavável, podendo ser de madeira;
- possuir pisos impermeáveis, laváveis e de acabamento antiderrapante;
- não se ligar diretamente com os locais destinados às refeições;
- ser independente para homens e mulheres, quando necessário;
- ter ventilação e iluminação adequadas;

- possuir instalações elétricas adequadamente protegidas;
- possuir pé-direito mínimo de 2,50 m (dois metros e cinquenta centímetros), ou respeitando-se o que determina o Código de Obras do município da obra;
- estar situadas em locais de fácil e seguro acesso, não sendo permitido um deslocamento superior a 150 m (cento e cinquenta metros) do posto de trabalho aos gabinetes sanitários, mictórios e lavatórios.

Segundo a NR-18, todo canteiro de obras deve possuir vestiário para troca de roupa dos trabalhadores que não residem no local e que a localização dos vestiários deve ser próxima aos alojamentos e/ou à entrada da obra, sem ligação direta com o local destinado às refeições, além do que, devem satisfazer aos seguintes requisitos:

- possuir paredes de alvenaria, madeira ou material equivalente;
- possuir pisos de concreto, cimentado, madeira ou material equivalente;
- apresentar cobertura que proteja contra as intempéries;
- possuir área de ventilação correspondente a 1/10 (um décimo) da área do piso;
- ser dotado de iluminação natural e/ou artificial;
- ter armários individuais dotados de fechadura ou dispositivo com cadeado;
- apresentar pé-direito mínimo de 2,50 m (dois metros e cinquenta centímetros), ou respeitando-se o que determina o Código de Obras do município da obra;
- ser mantido em perfeito estado de conservação, higiene e limpeza;
- possuir bancos em número suficiente para atender aos usuários, com largura mínima de 0,30 m (trinta centímetros).

Consoante a norma regulamentadora em apreço, os Alojamentos dos canteiros de obra devem obedecer às seguintes condições:

- possuir paredes de alvenaria, madeira ou material equivalente;
- possuir piso de concreto, cimentado, madeira ou material equivalente;
- apresentar cobertura que os proteja das intempéries;
- possuir área de ventilação de, no mínimo, 1/10 (um décimo) da área do piso;
- ser dotado de iluminação natural ou artificial;
- possuir área mínima de 3 m^2 (três metros quadrados) por módulo cama/ armário, incluindo a área de circulação;
- apresentar pé-direito de 2,50 m (dois metros e cinquenta centímetros) para cama simples e de 3 m (três metros) para camas duplas;
- não se localizar em subsolos ou porões das edificações;
- possuir instalações elétricas adequadamente protegidas;
- é proibido cozinhar e aquecer qualquer tipo de refeição dentro do alojamento;
- o alojamento deve ser mantido em permanente estado de conservação, higiene e limpeza;
- é obrigatório no alojamento o fornecimento de água potável, filtrada e fresca, para os trabalhadores, por meio de bebedouros de jato inclinado ou equipamento similar que garanta as mesmas condições, na proporção de 1 (um) para cada grupo de 25 (vinte e cinco) trabalhadores ou fração, sendo proibido o uso de copos coletivos;
- é vedada a permanência de pessoas com moléstia infectocontagiosa nos alojamentos.

Consoante previsto na NR-18, nos canteiros de obras é obrigatória a existência de local adequado para refeições, que atenda aos seguintes requisitos:

- possuir paredes que permitam o isolamento durante as refeições;
- possuir piso de concreto, cimentado ou de outro material lavável;
- ser dotado de cobertura que proteja das intempéries;
- possuir capacidade para garantir o atendimento de todos os trabalhadores no horário das refeições;
- oferecer ventilação e iluminação natural e/ou artificial;
- ser dotado de lavatório instalado em suas proximidades ou no seu interior;
- possuir mesas com tampos lisos e laváveis;
- possuir assentos em número suficiente para atender aos usuários;
- possuir depósito, com tampa, para detritos;
- não estar situado em subsolos ou porões das edificações;
- não ter comunicação direta com as instalações sanitárias;
- apresentar pé-direito mínimo de 2,80 m (dois metros e oitenta centímetros), ou respeitando-se o que determinar o Código de Obras do município da obra.

Determina a décima oitava norma regulamentadora, quanto aos preceitos regulamentares referentes ao local de preparo de refeições e a cozinha de canteiro de obras que, independentemente do número de trabalhadores e da existência ou não de cozinha, em todo canteiro de obras deve haver local exclusivo para o aquecimento de refeições, dotado de equipamento adequado e seguro para o aquecimento, sendo proibido preparar, aquecer e tomar refeições fora do local específico. Existindo cozinha, a mesma deve atender aos seguintes preceitos:

- oferecer ventilação natural e/ou artificial que permita boa exaustão;
- apresentar pé-direito mínimo de 2,80 m (dois metros e oitenta centímetros), ou respeitando-se o Código de Obras do município da obra;
- possuir paredes de alvenaria, concreto, madeira ou material equivalente;
- possuir piso de concreto, cimentado ou de outro material de fácil limpeza;
- ser dotada de cobertura de material resistente ao fogo;
- oferecer iluminação natural e/ou artificial;
- ser dotada de pia para lavar os alimentos e utensílios;
- possuir instalações sanitárias que não se comuniquem com a cozinha, de uso exclusivo dos encarregados de manipular gêneros alimentícios, refeições e utensílios, não devendo ser ligadas à caixa de gordura;
- dispor de recipiente, com tampa, para coleta de lixo;
- possuir equipamento de refrigeração para preservação dos alimentos;
- ficar adjacente ao local para refeições;
- possuir instalações elétricas adequadamente protegidas;
- quando utilizado GLP, os botijões devem ser instalados fora do ambiente de utilização, em área permanentemente ventilada e coberta;
- é obrigatório o uso de aventais e gorros para os que trabalhem na cozinha.

Em relação ao tema Demolição, preconiza a norma regulamentadora em questão que, antes da ocorrência da demolição de uma obra, devem ser adotados os seguintes procedimentos preliminares:

- as linhas de fornecimento de energia elétrica, água, inflamáveis líquidos e gasosos liquefeitos, substâncias tóxicas, canalizações de esgotos e de escoamento de água devem ser desligadas, retiradas, protegidas ou isoladas, respeitando-se as normas e determinações em vigor;
- as construções vizinhas à obra de demolição devem ser examinadas, prévia e periodicamente, no sentido de ser preservada sua estabilidade e a integridade física de terceiros;
- devem ser fechadas todas as aberturas existentes no piso, salvo as que forem utilizadas para escoamento de materiais, ficando proibida a permanência de pessoas nos pavimentos que possam ter sua estabilidade comprometida no processo de demolição;
- devem ser removidos os vidros, ripados, estuques e outros elementos frágeis.

Dispõe a NR-18, quanto à execução de Demolição de obras, as seguintes recomendações:

- toda demolição deve ser programada e dirigida por profissional legalmente habilitado;
- as paredes somente podem ser demolidas antes da estrutura, quando esta for metálica ou de concreto armado;
- as escadas devem ser mantidas desimpedidas e livres para a circulação de emergência e somente serão demolidas à medida que forem sendo retirados os materiais dos pavimentos superiores;
- objetos pesados ou volumosos devem ser removidos mediante o emprego de dispositivos mecânicos, ficando proibido o lançamento em queda livre de qualquer material;
- a remoção dos entulhos, por gravidade, deve ser feita em calhas fechadas de material resistente, com inclinação máxima de 45º (quarenta e cinco graus), fixadas à edificação em todos os pavimentos;
- no ponto de descarga da calha deve existir dispositivo de fechamento;
- durante a execução de serviços de demolição devem ser instaladas, no máximo, a dois pavimentos abaixo do que será demolido, plataformas de retenção de entulhos, com dimensão mínima de 2,50 m (dois metros e cinquenta centímetros), e inclinação de 45º (quarenta e cinco graus) para dentro e em todo o perímetro da obra;
- os elementos da construção em demolição não devem ser abandonados em posição que torne possível o seu desabamento;
- os materiais das edificações, durante a demolição e remoção, devem ser previamente umedecidos.

Determina a NR-18 que os Serviços de Escavação de uma obra somente podem ser iniciados com a liberação e autorização do Engenheiro responsável pela execução da fundação, atendendo o disposto na NBR 6122:2010 ou alterações posteriores, devendo ser adotadas as seguintes providências preliminares:

- a área de trabalho deve ser limpa, devendo ser retirados ou escorados solidamente árvores, rochas, equipamentos, materiais e objetos de qualquer natureza, quando houver risco de comprometimento de sua estabilidade durante a execução de serviços;
- muros, edificações vizinhas e todas as estruturas que possam ser afetadas pela escavação devem ser escorados;
- quando existir cabo subterrâneo de energia elétrica nas proximidades das escavações, o mesmo deve ser desligado, ou, na impossibilidade de desligá-lo, devem ser tomadas medidas especiais junto à concessionária de energia elétrica.

Ainda em relação à Escavação de Obras, prescreve a NR-18 os seguintes termos:

- os serviços de escavação, fundação e desmonte de rochas devem ter responsável técnico legalmente habilitado, para elaboração do projeto e execução das escavações a céu aberto, serão observadas as condições exigidas na NBR 9.061/1985, Segurança de Escavação a Céu Aberto, da Associação Brasileira de Normas Técnicas (ABNT);

- os taludes instáveis das escavações com profundidade superior a 1,25 m (um metro e vinte e cinco centímetros) devem ter sua estabilidade garantida por meio de estruturas dimensionadas para este fim;
- os taludes com altura superior a 1,75 m (um metro e setenta e cinco centímetros) devem ter estabilidade garantida;
- as escavações com mais de 1,25 m (um metro e vinte e cinco centímetros) de profundidade devem dispor de escadas ou rampas, colocadas próximas aos pontos de trabalho, a fim de permitir, em caso de emergência, a saída rápida dos trabalhadores;
- os materiais retirados da escavação devem ser depositados a uma distância superior à metade da profundidade, medida a partir da borda do talude;
- quando houver possibilidade de infiltração ou vazamento de gás, o local deve ser devidamente ventilado e monitorado, enquanto o trabalho estiver sendo realizado para, em caso de vazamento, ser acionado o sistema de alarme sonoro e visual;
- as escavações realizadas em vias públicas ou canteiros de obras devem ter sinalização de advertência, inclusive noturna, e barreira de isolamento em todo o seu perímetro;
- os acessos de trabalhadores, veículos e equipamentos às áreas de escavação devem ter sinalização de advertência permanente, sendo proibido o acesso de pessoas não autorizadas às áreas de escavação e cravação de estacas.

Os Tubulões a Céu Aberto devem ser encamisados, exceto quando houver projeto elaborado por profissional legalmente habilitado que dispense o encamisamento, devendo atender os seguintes requisitos:

- sondagem ou estudo geotécnico local, para profundidade superior a 3 metros;
- todas as medidas de proteção coletiva e individual exigidas para a atividade devem estar descritas no Programa de Condições e Meio Ambiente de Trabalho na Indústria da Construção (PCMAT), bem como plano de resgate e remoção em caso de acidente, modelo de *check-list* a ser aplicado diariamente, modelo de programa de treinamento destinado aos envolvidos na atividade contendo as atividades operacionais, de resgate e noções de primeiros socorros, com carga horária mínima de 8 horas;
- as ocorrências e as atividades sequenciais das escavações dos tubulões a céu aberto devem ser registradas diariamente em livro próprio pelo engenheiro responsável;
- é proibido o trabalho simultâneo em bases alargadas em tubulões adjacentes, sejam estes trabalhos de escavação e/ou de concretagem;
- é proibida a abertura simultânea de bases tangentes;
- a escavação manual só pode ser executada acima do nível d'água ou abaixo dele nos casos em que o solo se mantenha estável, sem risco de desmoronamento, e seja possível controlar a água no interior do tubulão;
- o diâmetro mínimo para escavação de tubulão a céu aberto é de 0,80 m;
- o diâmetro de 0,70 m somente poderá ser utilizado com justificativa técnica do Engenheiro responsável pela fundação.

No que pertine ao Equipamento de Descida e Içamento de trabalhadores e materiais utilizado na execução de tubulões a céu aberto deve ser dotado de sistema de segurança com travamento, atendendo aos seguintes requisitos para a sua operação:

- liberação de serviço em cada etapa (abertura de fuste e alargamento de base) registrado no livro de registro diário de escavação de tubulões a céu aberto;
- dupla trava de segurança no sarilho, sendo uma de cada lado;

- corda de cabo de fibra sintética que atenda as recomendações do item 18.16 da NR-18, tanto da corda de içamento do balde como do cabo-guia para o trabalhador;
- corda de sustentação do balde deve ter comprimento para que haja, em qualquer posição de trabalho, no mínimo de 6 (seis) voltas sobre o tambor;
- gancho com trava de segurança na extremidade da corda do balde;
- sistema de ventilação por insuflação de ar por duto, captado em local isento de fontes de poluição, e, em caso contrário, adotar processo de filtragem do ar;
- sistema de sarilho fixado no terreno, fabricado em material resistente e com rodapé de 0,20 m em sua base, dimensionado conforme a carga e apoiado com no mínimo 0,50 m de afastamento em relação à borda do tubulão;
- depositar materiais afastados da borda do tubulão com distância determinada pelo estudo geotécnico;
- cobertura translúcida tipo tenda, com película ultravioleta, sobre montantes fixados no solo;
- possuir isolamento de área e placas de advertência;
- isolar, sinalizar e fechar os poços nos intervalos e no término da jornada de trabalho;
- impedir o trânsito de veículos nos locais de trabalho;
- paralisação imediata das atividades de escavação dos tubulões no início de chuvas;
- utilização de iluminação blindada e a prova de explosão.

Prescreve a NR-18 as seguintes recomendações genéricas na execução das Fundações de uma obra:

- o operador de bate-estacas deve ser qualificado e ter equipe treinada;
- os cabos de sustentação do pilão devem ter comprimento para que haja, em qualquer posição de trabalho, um mínimo de 6 (seis) voltas sobre o tambor;
- na execução de escavações e fundações sob ar comprimido deve ser obedecido o disposto no Anexo n. 6: Trabalhos sob Pressões Hiperbáricas da NR-15 (Atividades e Operações Insalubres);
- na execução de tubulações a céu aberto aplicam-se as disposições prevencionistas para locais confinados adiante especificadas;
- a escavação de tubulões a céu aberto, alargamento ou abertura manual de base e execução de taludes, deve ser precedida de sondagem ou de estudo geotécnico local, sendo este obrigatório para profundidade superior a 3 m (três metros);
- na execução de tubulões a céu aberto, a exigência de escoramento (encamisamento) fica a critério do Engenheiro especializado em fundações ou solo, considerados os requisitos de segurança;
- o equipamento de descida e içamento de trabalhadores e materiais utilizado na execução de tubulões a céu aberto deve ser dotado de sistema de segurança com travamento.

Estabelece a NR-18 que, na execução do Desmonte de Rochas, devem ser observados os seguintes apontamentos:

- na operação de desmonte de rocha a fogo, fogacho ou mista, deve haver um *blaster*, responsável pelo armazenamento, preparação das cargas, carregamento das minas, ordem de fogo, detonação e retirada das que não explodiram, destinação adequada das sobras de explosivos e pelos dispositivos elétricos necessários às detonações;
- a área de fogo deve ser protegida contra projeção de partículas, quando expuser a risco trabalhadores e terceiros;
- nas detonações é obrigatória a existência de alarme sonoro.

A décima oitava norma regulamentadora prevê que nas Carpintarias dos canteiros de obras devam ser observados, dentre outros, os seguintes itens:

- nas operações de corte de madeira devem ser utilizados dispositivo empurrador e guia de alinhamento;
- a carpintaria deve ter piso resistente, nivelado e antiderrapante, com cobertura capaz de proteger os trabalhadores contra quedas de materiais e intempéries;
- as lâmpadas de iluminação da carpintaria devem estar protegidas contra impactos provenientes da projeção de partículas;
- as operações em máquinas e equipamentos necessários à realização da atividade de carpintaria somente podem ser realizadas por trabalhador qualificado nos termos da NR-18.

Especificamente em relação à Serra Circular, impõe a NR-18 que a mesma deve atender os seguintes requisitos adicionais de segurança:

- ser dotada de mesa estável, com fechamento de suas faces inferiores, anterior e posterior, construída em madeira resistente e de primeira qualidade, material metálico ou similar de resistência equivalente, sem irregularidades, com dimensionamento suficiente para a execução das tarefas;
- possuir a carcaça do motor aterrada eletricamente;
- o disco deve ser mantido afiado e travado, devendo ser substituído quando apresentar trincas, dentes quebrados ou empenamentos;
- as transmissões de força mecânica devem estar protegidas obrigatoriamente por anteparos fixos e resistentes, não podendo ser removidos, em hipótese alguma, durante a execução dos trabalhos;
- ser provida de coifa protetora do disco e cutelo divisor, com identificação do fabricante e ainda coletor de serragem.

Visando à segurança do trabalho na execução de Armações de aço, assim dispõe a NR-18:

- a dobragem e o corte de vergalhões de aço em obra devem ser feitos sobre bancadas ou plataformas apropriadas e estáveis, apoiadas sobre superfícies resistentes, niveladas e não escorregadias, afastadas da área de circulação de trabalhadores;
- as armações de pilares, vigas e outras estruturas verticais devem ser apoiadas e escoradas para evitar tombamento e desmoronamento;
- a área de trabalho onde está situada a bancada de armação deve ter cobertura resistente para proteção dos trabalhadores contra a queda de materiais e intempéries;
- as lâmpadas de iluminação da área de trabalho da armação de aço devem estar protegidas contra impactos provenientes da projeção de partículas ou de vergalhões;
- é obrigatória a colocação de pranchas de madeira firmemente apoiadas sobre as armações nas formas, para a circulação de operários;
- é proibida a existência de pontas verticais de vergalhões de aço desprotegidas;
- durante a descarga de vergalhões de aço, a área deve ser isolada.

Prevê a NR-18 que, na fase de execução das Estruturas de Concreto, devem ser adotadas as seguintes medidas prevencionistas:

- as armações de pilares devem ser estaiadas ou escoradas antes do cimbramento;
- durante as operações de protensão de cabos de aço é proibida a permanência de trabalhadores atrás dos macacos ou sobre estes, ou outros dispositivos de protensão, devendo a área ser isolada e sinalizada;
- os dispositivos e equipamentos usados em protensão devem ser inspecionados por profissional legalmente habilitado antes de serem iniciados os trabalhos e durante os mesmos.

Na execução dos Serviços de Forma e Desforma das estruturas de concreto de uma obra devem ser observadas as recomendações de segurança elencadas a seguir:

- as formas devem ser projetadas e construídas de modo que resistam às cargas máximas de serviço;
- o uso de formas deslizantes deve ser supervisionado por profissional legalmente habilitado;
- os suportes e escoras de formas devem ser inspecionados antes e durante a concretagem por trabalhador qualificado;
- durante a desforma devem ser viabilizados meios que impeçam a queda livre de seções de formas e escoramentos, sendo obrigatórios a amarração das peças e o isolamento e sinalização ao nível do terreno.

Determina a NR-18 que seja observado, no Transporte de Concreto durante a execução das estruturas de concreto de uma obra, os seguintes cuidados especiais:

- as peças e máquinas do sistema transportador de concreto devem ser inspecionadas por trabalhador qualificado, antes do início dos trabalhos;
- as conexões dos dutos transportadores de concreto devem possuir dispositivos de segurança para impedir a separação das partes, quando o sistema estiver sob pressão;
- no local onde se executa a concretagem, somente deve permanecer a equipe indispensável para a execução dessa tarefa;
- os vibradores de imersão e de placas devem ter dupla isolação e os cabos de ligação ser protegidos contra choques mecânicos e cortes pela ferragem, devendo ser inspecionados antes e durante a utilização;
- as caçambas transportadoras de concreto devem ter dispositivos de segurança que impeçam o seu descarregamento acidental.

Dispõe a NR-18 que, na execução de Estruturas Metálicas de uma obra em construção, devem ser cumpridos os seguintes itens de segurança:

- na edificação de estrutura metálica, abaixo dos serviços de rebitagem, parafusagem ou soldagem, deve ser mantido piso provisório, montado sem frestas, a fim de se evitar queda de materiais ou equipamentos, e abrangendo toda a área de trabalho situada no piso imediatamente inferior;
- quando necessária a complementação do piso provisório, devem ser instaladas redes de proteção junto às colunas;
- deve ficar à disposição do trabalhador, em seu posto de trabalho, recipiente adequado para depositar pinos, rebites, parafusos e ferramentas;
- as peças estruturais pré-fabricadas devem ter pesos e dimensões compatíveis com os equipamentos de transportar e guindar;
- os elementos componentes da estrutura metálica não devem possuir rebarbas;
- quando for necessária a montagem, próximo às linhas elétricas energizadas, deve-se proceder ao desligamento da rede, afastamento dos locais energizados, proteção das linhas, além do aterramento da estrutura e equipamentos que estão sendo utilizados;
- a colocação de pilares e vigas deve ser feita de maneira que, ainda suspensos pelo equipamento de guindar, se executem a prumagem, marcação e fixação das peças.

Acerca da execução dos Serviços de Solda das estruturas metálicas de uma obra, impõe a NR-18 as seguintes disposições prevencionistas:

- as peças devem estar previamente fixadas antes de serem soldadas, rebitadas ou parafusadas;
- as operações de soldagem e corte a quente somente podem ser realizadas por trabalhadores qualificados;

- quando forem executadas operações de soldagem e corte a quente em chumbo, zinco ou materiais revestidos de cádmio, será obrigatória a remoção por ventilação local exaustora dos fumos originados no processo de solda e corte, bem como na utilização de eletrodos revestidos;
- o dispositivo usado para manusear eletrodos deve ter isolamento adequado à corrente usada, a fim de se evitar a formação de arco elétrico ou choques no operador;
- nas operações de soldagem e corte a quente é obrigatória a utilização de anteparo eficaz (de material incombustível) para a proteção dos trabalhadores circunvizinhos;
- nas operações de soldagem ou corte a quente de vasilhame, recipiente, tanque ou similar, que envolvam geração de gases confinados ou semiconfinados, é obrigatória a adoção de medidas preventivas adicionais para eliminar riscos de explosão e intoxicação do trabalhador, especificamente as previstas para locais confinados;
- as mangueiras devem possuir mecanismos contra o retrocesso das chamas na saída do cilindro e chegada do maçarico;
- é proibida a presença de substâncias inflamáveis e/ou explosivas próximo às garrafas de 2 (oxigênio);
- os equipamentos de soldagem elétrica devem ser aterrados;
- os fios condutores dos equipamentos, as pinças ou os alicates de soldagem devem ser mantidos longe de locais com óleo, graxa ou umidade, e devem ser deixados em descanso sobre superfícies isolantes.

As recomendações prevencionistas genéricas contidas na NR-18, visando à segurança dos trabalhadores em Escadas, Rampas e Passarelas de canteiros de obras, são as seguintes:

- a madeira a ser usada para construção de escadas, rampas e passarelas deve ser de boa qualidade, sem apresentar nós e rachaduras que comprometam sua resistência, e estar seca, sendo proibido o uso de pintura que encubra imperfeições;
- as escadas de uso coletivo, rampas e passarelas para a circulação de pessoas e materiais devem ser de construção sólida e dotadas de corrimão e rodapé;
- a transposição de pisos com diferença de nível superior a 0,40 m (quarenta centímetros) deve ser feita por meio de escadas ou rampas;
- é obrigatória a instalação de rampa ou escada provisória de uso coletivo para transposição de níveis como meio de circulação de trabalhadores.

A NR-18 contém os seguintes dispositivos regulamentares em relação a Escadas utilizadas em canteiros de obras:

- as escadas provisórias de uso coletivo devem ser dimensionadas em função do fluxo de trabalhadores, respeitando-se a largura mínima de 0,80 m (oitenta centímetros), devendo ter pelo menos a cada 2,90 m (dois metros e noventa centímetros) de altura um patamar intermediário;
- os patamares intermediários devem ter largura e comprimento, no mínimo, iguais à largura da escada;
- a escada de abrir deve ser rígida, estável e provida de dispositivos que a mantenham com abertura constante, devendo ter comprimento máximo de 6,0 m (seis metros), quando fechada;
- a escada extensível deve ser dotada de dispositivo limitador de curso, colocado no quarto vão, a contar da catraca. Caso não haja o limitador de curso, quando estendida, deve permitir uma sobreposição de no mínimo 1,0 m (um metro);
- a escada fixa, tipo marinheiro, com 6,0 m (seis metros) ou mais de altura, deve ser provida de gaiola protetora a partir de 2,0 m (dois metros) acima da base até 1,0 m (um metro) acima da última superfície de trabalho e, para cada lance de 9 m (nove metros), deve existir um patamar intermediário de descanso, protegido por guarda-corpo e rodapé.

Acerca da segurança do trabalho com Escadas de Mão, os seguintes itens adicionais a serem observados:

- a escada de mão deve ter seu uso restrito para acessos provisórios e serviços de pequeno porte, sendo vedada a sua utilização nas proximidades de portas ou áreas de circulação, onde houver riscos de queda de objetos ou materiais, ou nas proximidades de aberturas e vãos;
- as escadas de mão poderão ter até 7 m (sete metros) de extensão e o espaçamento entre os degraus deve ser uniforme, variando entre 0,25 m (vinte e cinco centímetros) a 0,30 m (trinta centímetros);
- a escada de mão deve ultrapassar em 1 m (um metro) o piso superior, ser fixada nos pisos inferior e superior ou dotada de dispositivo que impeça o seu escorregamento, possuir degraus antiderrapantes, e ser apoiada em piso resistente;
- é proibido o uso de escada de mão com montante único;
- é proibido o uso de escada de mão junto a redes e equipamentos elétricos desprotegidos.

A norma regulamentadora em análise, acerca da proteção do trabalho em Rampas e Passarelas nos canteiros de obras, especifica o seguinte:

- as rampas e passarelas provisórias devem ser construídas e mantidas em perfeitas condições de uso e segurança;
- as rampas provisórias devem ser fixadas no piso inferior e superior, não ultrapassando 30º (trinta graus) de inclinação em relação ao piso;
- nas rampas provisórias, com inclinação superior a 18º (dezoito graus), devem ser fixadas peças transversais, espaçadas em 0,40 m (quarenta centímetros), no máximo, para apoio dos pés;
- as rampas provisórias usadas para trânsito de caminhões devem ter largura mínima de 4 m (quatro metros) e ser fixadas em suas extremidades;
- não devem existir ressaltos entre o piso da passarela e o piso do terreno;
- os apoios das extremidades das passarelas devem ser dimensionados em função do comprimento total das mesmas e das cargas a que estarão submetidas.

Antes de tratar acerca das Medidas de Proteção contra Quedas de Altura, é oportuno lembrar ao caro leitor a edição da Portaria SIT-MTE n. 313, de 23.3.2012, instituidora da trigésima quinta norma regulamentadora de segurança e saúde no trabalho, NR-35 (Trabalho em Altura). No Capítulo 35 deste livro encontram-se descritos os dispositivos preventivos atinentes ao planejamento, à organização e à execução, de forma a garantir a segurança e a saúde dos trabalhadores envolvidos direta ou indiretamente no trabalho em altura, assim entendida toda atividade executada acima de 2,0 m (dois metros) do nível inferior, onde haja risco de queda.

Especificamente, no tocante às medidas genéricas de Proteção contra Quedas com Diferenças de Nível em canteiros de obras, estipula a NR-18 que:

- é obrigatória a instalação de proteção coletiva onde houver risco de queda de trabalhadores ou de projeção de materiais;
- as aberturas no piso devem ter fechamento provisório resistente;
- as aberturas, em caso de serem utilizadas para o transporte vertical de materiais e equipamentos, devem ser protegidas por guarda-corpo fixo, no ponto de entrada e saída de material, e por sistema de fechamento do tipo cancela ou similar;
- os vãos de acesso às caixas dos elevadores devem ter fechamento provisório de, no mínimo, 1,20 m (um metro e vinte centímetros) de altura, constituído de material resistente e seguramente fixado à estrutura, até a colocação definitiva das portas.

Outrossim, o momento em que se faz necessária a instalação de proteção contra quedas na periferia da edificação, a instalação de proteção contra queda de trabalhadores e projeção de materiais é a partir do início dos serviços necessários à concretagem da primeira laje e, quando constituída de anteparos rígidos, em sistema de guarda-corpo e rodapé, deve atender aos seguintes requisitos:

➢ ser construída com altura de 1,20 m (um metro e vinte centímetros) para o travessão superior e 0,70 m (setenta centímetros) para o travessão intermediário;

➢ possuir rodapé com altura de 0,20 m (vinte centímetros);

➢ possuir vãos entre travessas preenchidos com tela ou outro dispositivo que garanta o fechamento seguro da abertura.

Conceitua a NR-18 que as Plataformas de Proteção devem ser instaladas no perímetro da edificação vertical e em determinados pavimentos, destinadas a aparar materiais em queda livre. Ditas plataformas devem ser construídas com material resistente e mantidas sem sobrecarga que prejudique a estabilidade de sua estrutura.

A Plataforma de Proteção Principal deve ser instalada, obrigatoriamente, em todas as obras verticais com mais de quatro pavimentos, na altura da primeira laje que esteja, no mínimo, um pé-direito acima do nível do terreno, devendo ter, no mínimo, 2,50 m (dois metros e cinquenta centímetros) de projeção horizontal da face externa da construção de um complemento de 0,80 m (oitenta centímetros) de extensão, com inclinação de 45º (quarenta e cinco graus), a partir de sua extremidade; cabe observar que, nas construções em que os pavimentos mais altos forem recuados, deve ser considerada a primeira laje do corpo recuado para a instalação de plataforma principal de proteção. Outrossim, dita plataforma deve ser instalada logo após a concretagem da primeira laje acima do nível do terreno ou do corpo recusado, e retirada somente quando o revestimento externo do prédio acima dessa plataforma estiver concluído.

As Plataformas Secundárias de Proteção devem ser instaladas de 3 (três) em 3 (três) lajes, a partir da plataforma principal de proteção e acima desta, devendo ter, no mínimo, 1,40 m (um metro e quarenta centímetros) de balanço, e um complemento de 0,80 m (oitenta centímetros) de extensão, com inclinação de 45º (quarenta e cinco graus), a partir de sua extremidade; ao passo que plataformas terciárias de proteção são obrigatórias em edifícios com pavimentos no subsolo, a serem instaladas de 2 (duas) em 2 (duas) lajes, a partir da plataforma principal de proteção e abaixo desta, devendo ter, no mínimo, 2,20 m (dois metros e vinte centímetros) de projeção horizontal da face externa, e um complemento de 0,80 m (oitenta centímetros) de extensão, com inclinação de 45º (quarenta e cinco graus), a partir de sua extremidade. Observe-se, porém, que tanto as plataformas secundárias quanto terciárias devem ser instaladas logo após a concretagem da laje a que se referem, e retiradas somente quando a vedação da periferia, até a plataforma imediatamente superior, estiver concluída.

Em relação às Telas de Proteção das obras verticais, há de ser observado o seguinte:

➢ o perímetro da construção de edifícios, além do disposto em relação às plataformas de proteção, deve ser fechado com tela a partir da plataforma principal de proteção;

➢ a tela de proteção deve constituir-se de uma barreira protetora contra projeção de materiais e ferramentas;

➢ a tela de proteção deve ser instalada entre as extremidades de 2 (duas) plataformas de proteção consecutivas, só podendo ser retirada quando a vedação da periferia, até a plataforma imediatamente superior, estiver concluída.

Como medida alternativa ao uso de plataformas secundárias de proteção, pode ser instalado um sistema limitador de quedas de altura, mediante projeto que atenda às especificações de dimensionamento normativas, integrado ao PCMAT e composto, no mínimo, pelos seguintes elementos:

➢ rede de segurança;

➢ cordas de sustentação ou de amarração e perimétrica da rede;

➢ conjunto de sustentação, fixação e ancoragem e acessórios de rede, composto de: I. Elemento forca; II. Grampos de fixação do elemento forca; e, III. Ganchos de ancoragem da rede na parte inferior.

No que se refere às recomendações prevencionistas específicas para o Transporte Vertical de Materiais em canteiro de obras, assim dispõe a NR-18:

- Quando o local de lançamento de concreto não for visível pelo operador do equipamento de transporte ou bomba de concreto, deve ser utilizado um sistema de sinalização, sonoro ou visual, e, quando isso não for possível, deve haver comunicação por telefone ou rádio para determinar o início e o fim do transporte.
- No transporte e descarga de materiais, perfis, vigas e elementos estruturais é proibida a circulação ou permanência de pessoas sob a área de movimentação da carga e devem ser adotadas medidas preventivas quanto à sinalização e isolamento da área.
- Os acessos da obra devem estar desimpedidos, possibilitando a movimentação dos equipamentos de guindar e transportar.
- Os equipamentos de guindar e transportar materiais e pessoas devem ser vistoriados diariamente, antes do início dos serviços, pelo Operador, conforme orientação dada pelo responsável técnico do equipamento, atendidas as recomendações do manual do fabricante, devendo ser registrada a vistoria em livro de inspeção do equipamento.
- Na movimentação e transporte de estruturas, placas e outros pré-moldados, bem como cargas em geral, devem ser tomadas todas as medidas preventivas que garantam a sua estabilidade.
- Todas as manobras de movimentação devem ser executadas por trabalhador qualificado e por meio de dispositivos eficientes de comunicação e, na impossibilidade ou necessidade, por meio de códigos de sinais.
- Devem ser tomadas precauções especiais quando da movimentação de materiais, máquinas e equipamentos próximos às redes elétricas.
- O levantamento manual ou semimecanizado de cargas deve ser executado de forma que o esforço físico realizado pelo trabalhador seja compatível com a sua capacidade de força, conforme a NR-17 (Ergonomia).
- Os guinchos de coluna ou similar (tipo "Velox") devem ser providos de dispositivo próprios para sua fixação.
- O tambor do guincho de coluna deve estar nivelado para garantir o enrolamento adequado do cabo.
- A distância entre a roldana livre e o tambor do guincho do elevador tracionado a cabo deve estar compreendida entre 2,5 m e 3,0 m de eixo a eixo.
- Deve ser instalada uma proteção resistente desde a roldana livre até o tambor do guincho de forma a evitar o contato acidental com suas partes, sendo a área isolada por anteparos rígidos de modo a impedir a circulação de trabalhadores.
- O guincho do elevador deve ser dotado de chave de partida e bloqueio que impeça o seu acionamento por pessoa não autorizada.
- Em qualquer posição da cabina do elevador, o cabo de tração deve dispor, no mínimo, de seis voltas enroladas no tambor.
- Os elevadores de caçamba devem ser utilizados apenas para o transporte de material a granel.
- É proibido o transporte de pessoas por equipamento de guindar não projetado para este fim.
- Os equipamentos de transportes de materiais devem possuir dispositivos que impeçam a descarga acidental do material transportado.

Sob a ótica estritamente normativa, Guincho é um equipamento utilizado no transporte vertical de cargas, mediante o enrolamento do cabo de tração no tambor, enquanto guincho tipo velox ou guincho de coluna é um guincho fixado em poste ou coluna, destinado ao içamento de pequenas cargas. No tocante às disposições preventivas para utilização de guinchos, assim prevê a NR-18:

- os guinchos de coluna ou similar (tipo "velox") devem ser providos de dispositivos próprios para sua fixação;
- o tambor do guincho de coluna deve estar nivelado para garantir o enrolamento adequado do cabo;
- a distância entre a roldana livre e o tambor do guincho do elevador deve estar compreendida entre 2,50 m (dois metros e cinquenta centímetros) e 3 m (três metros), de eixo a eixo;
- o cabo de aço situado entre o tambor de rolamento e a roldana livre deve ser isolado por barreira segura, de forma que se evitem a circulação e o contato acidental de trabalhadores com o mesmo;
- o guincho do elevador deve ser dotado de chave da partida e bloqueio que impeça o seu acionamento por pessoa não autorizada;
- em qualquer posição do guincho do elevador, o cabo de tração deve dispor, no mínimo, de 6 (seis) voltas enroladas no tambor;
- os equipamentos de transportes de materiais devem possuir dispositivos que impeçam a descarga acidental do material transportado.

Segundo a NR-18, as Torres de Elevadores dos canteiros de obras possuem como requisitos:

- ser dimensionadas em função das cargas a que estarão sujeitas, devendo ser montadas e desmontadas por trabalhadores qualificados; sendo proibido, porém, o uso de elevadores com torre de elevador e/ou cabine de madeira;
- ser afastadas das redes elétricas ou estar isoladas conforme normas específicas da concessionária local;
- ser montadas de maneira que a distância entre a face da cabina e a face da edificação seja de, no máximo, sessenta centímetros;
- para distâncias maiores, as cargas e os esforços solicitantes originados pelas rampas deverão ser considerados no dimensionamento e especificação da torre do elevador;
- a base onde estão instalados o guincho, o suporte da roldana livre e a torre dos elevadores tracionados a cabo, deve ser de concreto, nivelada, rígida e dimensionada por profissional legalmente habilitado, de modo a suportar as cargas a que estará sujeita;
- os elementos estruturais componentes da torre do elevador devem estar em condições de utilização, sem apresentar estado de corrosão ou deformação que possam comprometer sua estabilidade;
- as torres para elevadores de caçamba devem ser dotadas de dispositivos que mantenham a caçamba em equilíbrio e os parafusos de pressão dos painéis laterais devem ser apertados e os contraventos contrapinados;
- para elevadores tracionados a cabo ou do tipo cremalheira, a quantidade e tipo de amarração deve ser especificada pelo fabricante ou pelo profissional legalmente habilitado responsável pelo equipamento;
- a altura livre para trabalho após amarração na última laje concretada deve ser: nos elevadores tracionados a cabo, com a cabina nivelada no último pavimento concretado, a distância entre a viga da cabina e a viga superior da torre do elevador deve estar compreendida entre quatro e seis metros, sendo que para os elevadores com caçamba automática, esta distância deve ser aumentada em dois metros; nos elevadores do tipo cremalheira, a altura da torre após o último pavimento concretado será determinada pelo fabricante, em função do tipo de torre e seus acessórios de amarração;
- o trecho da torre do elevador acima da última laje deve ser mantido estaiado observando-se o seguinte: nos elevadores tracionados a cabo, pelos montantes posteriores, de modo a evitar o tombamento da torre no sentido contrário à edificação; nos elevadores do tipo cremalheira, conforme especificações do fabricante;

- nos elevadores do tipo cremalheira o último elemento da torre do elevador deve ser montado com a régua de cremalheira invertida, de modo a evitar o tracionamento da cabina;
- a torre e o guincho do elevador devem ser aterrados eletricamente;
- em todos os acessos de entrada à torre do elevador deve ser instalada uma barreira que tenha, no mínimo, um metro e oitenta centímetros de altura, impedindo que pessoas exponham alguma parte de seu corpo no interior da mesma;
- a torre do elevador deve ser dotada de proteção e sinalização, de forma a proibir a circulação de trabalhadores através da mesma;
- as torres de elevadores de materiais devem ter suas faces revestidas com tela de arame galvanizado ou material de resistência e durabilidade equivalentes;
- nos elevadores de materiais, onde a cabina for fechada por painéis fixos de, no mínimo, dois metros de altura, e dotada de um único acesso, o entelamento da torre é dispensável;
- as torres do elevador de material e do elevador de passageiros devem ser equipadas com chaves de segurança com ruptura positiva que dificulte a burla e impeça a abertura da barreira (cancela), quando o elevador não estiver no nível do pavimento.

Dispõe a NR-18 que as Rampas de Acesso à Torre de Elevador devem:

- ser providas de sistema de guarda-corpo e rodapé, conforme subitem 18.13.5;
- ter pisos de material resistente, sem apresentar aberturas;
- não ter inclinação descendente no sentido da torre;
- ser fixadas à estrutura do prédio ou da torre, nos elevadores tracionados a cabo;
- nos elevadores de cremalheira a rampa pode estar fixada à cabine de forma articulada;
- deve haver altura livre de no mínimo dois metros sobre a rampa.

Ainda sobre as Rampas de Acesso à Torre de Elevador, há de ser observado o seguinte:

- as cabines dos elevadores tracionados a cabo devem possuir sistema de guias que dispensem a utilização de graxa nos tubos-guias da torre do elevador;
- os eixos de saída do redutor e do carretel, nos elevadores tracionados a cabo, devem ser identificados de maneira a permitir sua rastreabilidade;
- devem ser mantidos atualizados os laudos de ensaios não destrutivos dos eixos de saída do redutor e do carretel, nos elevadores de tração a cabo, sendo a periodicidade definida por profissional legalmente habilitado, obedecidos os prazos máximos previstos pelo fabricante no manual de manutenção do equipamento.

Como é sabido, Elevador de Materiais é uma cabine para transporte vertical de materiais em canteiro de obras e, acerca disso, assim dispõe a NR-18:

- é proibido o transporte de pessoas nos elevadores de materiais tracionados a cabo, com exceção dos elevadores do tipo cremalheira, onde somente o operador e o responsável pelo material a ser transportado podem subir junto com a carga, desde que fisicamente isolados da mesma;
- é igualmente proibido: transportar materiais com dimensões maiores que as dimensões internas da cabine no elevador tipo cremalheira; transportar materiais apoiados nas portas da cabine; transportar materiais do lado externo da cabine, exceto nas operações de montagem e desmontagem do elevador; transportar material a granel sem acondicionamento apropriado; adaptar a instalação de qualquer equipamento ou dispositivo para içamento de materiais em qualquer parte da cabina ou da torre do elevador, salvo se houver projeto específico do fabricante que, neste caso, deve estar à disposição da fiscalização no local da utilização do equipamento;
- deve ser fixada uma placa no interior do elevador de material, contendo a indicação de carga máxima e a proibição de transporte de pessoas;

- ➢ o posto de trabalho do guincheiro deve ser isolado, dispor de proteção segura contra queda de materiais, e os assentos utilizados devem atender ao disposto na NR-17 (Ergonomia);
- ➢ os elevadores de materiais tracionados a cabo devem dispor de: sistema de frenagem automática; sistema de segurança eletromecânica instalado a dois metros abaixo da viga superior da torre do elevador; sistema de trava de segurança para mantê-lo parado em altura, além do freio do motor; interruptor de corrente para que só se movimente com portas ou painéis fechados; sistema que impeça a movimentação do equipamento quando a carga ultrapassar a capacidade permitida;
- ➢ todo serviço executado no elevador deve ser registrado no Livro de Inspeção do Elevador, o qual deverá acompanhar o equipamento e estar sobre a responsabilidade do contratante;
- ➢ o elevador deve contar com dispositivo de tração na subida e descida, de modo a impedir a descida da cabina em queda livre (banguela). Os elevadores de materiais devem ser dotados de botão em cada pavimento para acionar lâmpada ou campainha junto ao guincheiro a fim de garantir comunicação única através de painel de controle de identificação de chamada;
- ➢ os elevadores de materiais devem ser providos, nas laterais, de painéis fixos de contenção com altura em torno de um metro e, nas demais faces, de portas ou painéis removíveis;
- ➢ os elevadores de materiais de tração a cabo devem ser dotados de cobertura fixa, basculável ou removível.

Elevador de Passageiros corresponde a uma cabine fechada para transporte vertical de pessoas, com sistema de comando automático e que satisfaça, dentre outros, aos seguintes preceitos de segurança:

- ➢ nos edifícios em construção com oito ou mais pavimentos a partir do térreo ou altura equivalente, é obrigatória a instalação de pelo menos um elevador de passageiros devendo seu percurso alcançar toda a extensão vertical da obra;
- ➢ deve ser instalado a partir da conclusão da laje de piso do quinto pavimento ou altura equivalente e, se for utilizado também para o transporte de cargas e materiais, não simultaneamente, e for o único da obra, deverá ser instalado a partir do pavimento térreo;
- ➢ é proibido o transporte simultâneo de carga e passageiros nos elevadores tracionados a cabo. Quando ocorrer o transporte de carga nos elevadores de tração a cabo, o comando do elevador deve ser externo;
- ➢ em caso de utilização de elevador de passageiros para transporte de cargas ou materiais, não simultâneo, deverá haver sinalização por meio de cartazes em seu interior, onde conste, de forma visível, os seguintes dizeres, ou outros que traduzam a mesma mensagem: "É PERMITIDO O USO DESTE ELEVADOR PARA TRANSPORTE DE MATERIAL, DESDE QUE NÃO REALIZADO SIMULTÂNEO COM O TRANSPORTE DE PESSOAS". O transporte de passageiros terá prioridade sobre o de carga ou de materiais.
- ➢ O Elevador de Passageiros deve dispor de:
  - interruptor nos fins de curso superior e inferior, conjugado com freio automático eletromecânico; (Redação vigente até 9.5.2015); "interruptor nos fins de curso superior e inferior monitorado através de interface de segurança;" (*Redação vigente a partir de 10.5.2015 — Vide: Portaria MTE n. 644 de 9.5.2013*);
  - sistema de frenagem automática, a ser acionado em caso de ruptura do cabo de tração ou em outras situações que possam gerar a queda livre da cabine;
  - sistema de segurança eletromecânico situado dois metros abaixo da viga superior da torre, ou outro sistema que impeça o choque da cabine com esta viga; (*Redação vigente até 9.5.2015*); "sistema de segurança situado a dois metros abaixo da viga superior da torre, monitorado através de interface de segurança, ou outro sistema com a mesma categoria de segurança que impeça o choque da cabine com esta viga;" (*Redação vigente a partir de 10.5.2015*);

- interruptor de corrente, para que se movimente apenas com as portas fechadas; (*Redação vigente até 9.5.2015*); "intertravamento das proteções com o sistema elétrico, através de chaves de segurança com ruptura positiva, que garantam que só se movimentem quando as portas, painéis e cancelas estiverem fechadas;" (*Redação vigente a partir de 10.5.2015*);
- cabina metálica com porta;
- freio manual situado na cabina, interligado ao interruptor de corrente que quando acionado desligue o motor;
- sistema que impeça a movimentação do equipamento quando a carga ultrapassar a capacidade permitida.

➢ todo serviço executado no elevador deve ser registrado no Livro de Inspeção do Elevador, o qual deverá acompanhar o equipamento e estar sob a responsabilidade do contratante;

➢ a cabina do elevador automático de passageiros deve ter iluminação e ventilação natural ou artificial durante o uso e indicação do número máximo de passageiros e peso máximo equivalente em quilogramas (Kg);

➢ é proibido o uso de frenagem da cabina por sistema do tipo viga flutuante para elevadores de materiais e/ou passageiros, cujo princípio de acionamento ocorra por monitoramento da tensão do cabo de aço de tração;

➢ são permitidas por 12 meses, contados da publicação desta portaria, a instalação e a utilização de elevador de passageiros tracionado com um único cabo, desde que atendidas às disposições da NR-18.

Terminado o prazo estabelecido no subitem anterior, os elevadores de passageiros tracionados a cabo somente poderão ser utilizados nas seguintes condições:

- as obras que já tenham instalados elevadores de passageiros tracionados com um único cabo poderão continuar utilizando por mais 12 meses, desde que atendam às disposições da NR-18;
- somente podem ser instalados elevadores de passageiros tracionados a cabo que atendam ao disposto na norma ABNT NBR 16.200:2013, ou alteração posterior, além das disposições da NR-18.

As disposições retromencionadas não se aplicam a elevadores definitivos tracionados a cabo utilizados para transporte vertical de pessoas, nem a elevadores provisórios tracionados a cabo para transporte de materiais.

Grua pode ser definida como um equipamento pesado utilizado no Transporte Vertical e Horizontal de Materiais, sendo vedada sua utilização para o transporte de pessoas. Na utilização de gruas em canteiros de obras, dentre outras recomendações normativas, deve ser observado o seguinte:

➢ a implantação, instalação, manutenção e retirada de gruas deve ser supervisionada por Engenheiro legalmente habilitado com vínculo à respectiva empresa e, para tais serviços, deve ser emitida Anotação de Responsabilidade Técnica (ART); além do que, toda empresa fornecedora, locadora ou de manutenção de gruas deve ser registrada no Conselho Regional de Engenharia e Agronomia (CREA), para prestar tais serviços técnicos;

➢ antes da entrega ou liberação para início de trabalho com utilização de grua, deve ser elaborado um Termo de Entrega Técnica prevendo a verificação operacional e de segurança, bem como o teste de carga, respeitando-se os parâmetros indicados pelo fabricante, e sua operação deve se desenvolver de conformidade com as recomendações do fabricante e, quando o equipamento de guindar não estiver em operação, a lança deve ser colocada em posição de descanso;

➢ toda grua deve ser operada através de cabine acoplada à parte giratória do equipamento exceto em caso de gruas automontantes ou de projetos específicos ou de operação assistida, ficando proibido qualquer trabalho sob intempéries ou outras condições desfavoráveis que exponham a risco os trabalhadores da área, sendo que a grua deve estar devidamente aterrada e, quando necessário, dispor de para-raios situados a 2,0 m (dois metros) acima da ponta mais elevada da torre; além do que, é proibida a utilização da grua para arrastar peças, bem como a utilização de travas de segurança para bloqueio de movimentação da lança quando a grua não estiver em funcionamento;

- é obrigatória a instalação de dispositivos de segurança ou fins de curso automáticos como limitadores de cargas ou movimentos, ao longo da lança, inclusive trava de segurança no gancho do moitão, e alarme sonoro que será acionado pelo operador sempre que houver movimentação de carga;

- a grua deve dispor de dispositivo automático com alarme sonoro que indique a ocorrência de ventos superiores a 42 km/h, caso em que a operação será suspensa. Somente poderá ocorrer trabalho sob condições de ventos com velocidade acima de 42 km/h mediante operação assistida; porém, sob nenhuma condição será permitida a operação com gruas quando da ocorrência de ventos com velocidade superior a 72 km/h;

- as áreas de carga/descarga devem ser delimitadas, permitindo o acesso às mesmas somente ao pessoal envolvido na operação;

- toda grua que não dispuser de identificação do fabricante, não possuir fabricante ou importador estabelecido ou, ainda, que já tenha mais de 20 (vinte) anos da data de sua fabricação, deverá possuir laudo estrutural e operacional quanto à integridade estrutural e eletromecânica, bem como atender às exigências descritas nesta norma, inclusive com emissão de Anotação de Responsabilidade Técnica por Engenheiro legalmente habilitado;

- a implantação e a operacionalização de equipamentos de guindar devem estar previstas em um documento denominado Plano de Cargas para Gruas;

- A implantação, instalação, manutenção e retirada de gruas deve ser supervisionada por Engenheiro legalmente habilitado com vínculo com a respectiva empresa e, para tais serviços, deve ser emitida Anotação de Responsabilidade Técnica (ART).

Em verdade, as informações essenciais que devem constar no plano de cargas para gruas corresponde ao Anexo III (Plano de Cargas para Gruas) da NR-18, devidamente reproduzido no texto integral da NR-18, constante da parte final dos Fundamentos Jurídicos deste Capítulo, para onde remetemos o leitor.

Acerca dos Elevadores de Cremalheira para Transporte de Pessoas e Materiais, assim estipula a norma regulamentadora em comento:

- Deverão obedecer às especificações do fabricante para montagem, operação, manutenção e desmontagem, e estar sob responsabilidade de profissional legalmente habilitado. Os manuais de orientação do fabricante deverão estar à disposição, no canteiro de obra.

- Dentre os requisitos para entrega técnica, devem ser verificados e/ou testados os seguintes itens, quando couber: o equipamento deve estar de acordo com o contratado; o equipamento deve estar identificado com placas de forma indelével no interior da cabina.

- Os elevadores de carga e passageiros devem dispor no mínimo dos seguintes itens de segurança: intertravamento das proteções com o sistema elétrico, através de chaves de segurança com ruptura positiva, que impeça a movimentação da cabine quando: I. a(s) porta(s) de acesso da cabine não estiver(em) devidamente fechada(s); II. a rampa de acesso à cabine não estiver devidamente recolhida no elevador do tipo cremalheira; e III. a porta da cancela de qualquer um dos pavimentos ou do recinto de proteção da base estiver aberta; dispositivo eletromecânico de emergência que impeça a queda livre da cabine, monitorado por interface de segurança, de forma a freá-la quando ultrapassar a velocidade de descida nominal, interrompendo automática e simultaneamente a corrente elétrica da cabine; chave de segurança monitorada através de interface de segurança, ou outro sistema com a mesma categoria de segurança, que impeça que a cabine ultrapasse a última parada superior ou inferior; nos elevadores do tipo cremalheira, de dispositivo mecânico, que impeça que a cabine se desprenda acidentalmente da torre do elevador.

- Devem ser dotados de amortecedores de impacto de velocidade nominal na base, caso o mesmo ultrapasse os limites de parada final.

Tal como define a NR-18, Andaimes são plataformas para trabalhos em alturas elevadas por estrutura provisória, ou dispositivo de sustentação, que podem se apresentar nas seguintes modalidades e suas respectivas definições:

- Andaime simplesmente apoiado é aquele cujo estrado (plataforma) está simplesmente apoiado, podendo ser fixo ou deslocar-se no sentido horizontal.
- Andaime fachadeiro corresponde a um andaime metálico simplesmente apoiado, fixado à estrutura na extensão da fachada; podendo também ser do tipo móvel.
- Andaime em balanço corresponde a um andaime simplesmente apoiado, do tipo fixo, e suportado por vigamento em balanço.
- Andaime suspenso mecânico é aquele cujo estrado de trabalho é sustentado por travessas suspensas por cabos de aço e movimentado por meio de guinchos, podendo ser do tipo leve, quando suporta uma carga total de trabalho até 300 kgf (trezentos quilogramas-força), ou pesado, quando pode suportar uma carga de trabalho até 400 kgf (quatrocentos quilogramas-força). O andaime suspenso poderá ser motorizado ou não.

Visando à segurança do trabalho em Andaimes, a NR-18 dispõe como recomendações preventivas de caráter geral:

- O dimensionamento dos andaimes e sua estrutura de sustentação e fixação devem ser realizados por profissional legalmente habilitado, de modo a suportar, com segurança, as cargas de trabalho a que estarão sujeitos; além do que, os projetos de andaimes do tipo fachadeiro, suspensos e em balanço, devem ser acompanhados pela respectiva Anotação de Responsabilidade Técnica.
- Somente empresas regularmente inscritas no CREA, com profissional legalmente habilitado pertencente ao seu quadro de empregados ou societário, podem fabricar andaimes completos ou quaisquer componentes estruturais.
- Devem ser gravados nos painéis, tubos, pisos e contraventamentos dos andaimes, de forma aparente e indelével, a identificação do fabricante, referência do tipo, lote e ano de fabricação; sendo expressamente vedada a utilização de andaimes desprovidos das gravações mencionadas.
- As montagens de andaimes dos tipos fachadeiros, suspensos e em balanço devem ser precedidas de projeto elaborado por profissional legalmente habilitado.
- Os fabricantes dos andaimes devem ser identificados e fornecer instruções técnicas por meio de manuais que contenham, dentre outras informações: especificação de materiais, dimensões e posições de ancoragens e estroncamentos; e detalhes dos procedimentos sequenciais para as operações de montagem e desmontagem.
- As superfícies de trabalho dos andaimes devem possuir travamento que não permita seu deslocamento ou desencaixe.
- Nas atividades de montagem e desmontagem de andaimes, deve-se observar que: todos os trabalhadores sejam qualificados e recebam treinamento específico para o tipo de andaime em operação; é obrigatório o uso de cinto de segurança tipo paraquedista e com duplo talabarte que possua ganchos de abertura mínima de cinquenta milímetros e dupla trava; as ferramentas utilizadas devem ser exclusivamente manuais e com amarração que impeça sua queda acidental; e os trabalhadores devem portar crachá de identificação e qualificação, do qual conste a data de seu último exame médico ocupacional e treinamento.
- Os montantes dos andaimes metálicos devem possuir travamento contra o desencaixe acidental.
- O piso de trabalho dos andaimes deve ter forração completa, ser antiderrapante, nivelado e fixado ou travado de modo seguro e resistente, podendo ser totalmente metálico ou misto, com estrutura metálica e forração do piso em material sintético ou em madeira, ou totalmente de madeira; todavia, os pisos dos andaimes devem ser dimensionados por profissional legalmente habilitado.
- No PCMAT devem ser inseridas as precauções que devem ser tomadas na montagem, desmontagem e movimentação de andaimes próximos às redes elétricas.

- A madeira para confecção de andaimes deve ser de boa qualidade, seca, sem apresentar nós e rachaduras que comprometam a sua resistência, sendo proibido o uso de pintura que encubra imperfeições; sendo proibida a utilização de aparas de madeira na confecção de andaimes.
- Os andaimes devem dispor de sistema guarda-corpo e rodapé, inclusive nas cabeceiras, em todo o perímetro, com exceção do lado da face de trabalho.
- É proibido retirar qualquer dispositivo de segurança dos andaimes ou anular sua ação; sendo igualmente proibida, sobre o piso de trabalho de andaimes, a utilização de escadas e outros meios para se atingirem lugares mais altos.
- O acesso aos andaimes deve ser feito de maneira segura e nos andaimes tubulares deve ser feito por escada incorporada à sua estrutura, que pode ser: escada metálica, incorporada ou acoplada aos painéis com dimensões de quarenta centímetros de largura mínima e a distância entre os degraus uniforme e compreendida entre vinte e cinco e trinta e cinco centímetros; escada do tipo marinheiro, montada externamente à estrutura do andaime, e escada para uso coletivo, montada interna ou externamente ao andaime, com largura mínima de oitenta centímetros, corrimãos e degraus antiderrapantes. O acesso pode ser ainda por meio de portão ou outro sistema de proteção com abertura para o interior do andaime e com dispositivo contra abertura acidental.

No tocante especificamente à prevenção de acidentes em Andaimes Simplesmente Apoiados, a NR-18 estabelece o seguinte:

- Os montantes dos andaimes devem ser apoiados em sapatas sobre base sólida e nivelada capazes de resistir aos esforços solicitantes e às cargas transmitidas.
- É proibido trabalho em andaimes apoiados sobre cavaletes que possuam altura superior a 2,00 m (dois metros) e largura inferior a 0,90 m (noventa centímetros).
- É proibido o trabalho em andaimes na periferia da edificação sem que haja proteção tecnicamente adequada, fixada a estrutura da mesma.
- É proibido o deslocamento das estruturas dos andaimes com trabalhadores sobre os mesmos.
- Os andaimes cujos pisos de trabalho estejam situados a mais de um metro de altura devem possuir escadas ou rampas.
- O ponto de instalação de qualquer aparelho de içar materiais deve ser escolhido, de modo a não comprometer a estabilidade e segurança do andaime.
- Os andaimes de madeira somente podem ser utilizados em obras de até três pavimentos ou altura equivalente e devem ser projetados por profissional legalmente habilitado.
- O andaime deve ser fixado à estrutura da construção, edificação ou instalação, por meio de amarração e estroncamento, de modo a resistir aos esforços a que estará sujeito.
- As torres de andaimes não podem exceder, em altura, quatro vezes a menor dimensão da base de apoio, quando não estaiadas.

A NR-18, no tocante aos Andaimes Fachadeiros, recomenda as seguintes prescrições prevencionistas:

- não devem receber cargas superiores às especificadas pelo fabricante. Sua carga deve ser distribuída de modo uniforme, sem obstruir a circulação de pessoas e ser limitada pela resistência da forração da plataforma de trabalho;
- os acessos verticais ao andaime fachadeiro devem ser feitos em escada incorporada à sua própria estrutura ou por meio de torre de acesso;
- a movimentação vertical de componentes e acessórios para a montagem e/ou desmontagem de andaimes fachadeiros deve ser feita por meio de cordas ou por sistema próprio de içamento;
- os montantes do andaime fachadeiro devem ter seus encaixes travados com parafusos, contrapinos, braçadeiras ou similar, e os painéis destinados a suportar os pisos e/ou funcionar como travamento, após encaixados nos montantes, devem ser contrapinados ou travados com parafusos, braçadeiras ou similar;

- as peças de contraventamento devem ser fixadas nos montantes por meio de parafusos, braçadeiras ou por encaixe em pinos, devidamente travados ou contrapinados, de modo que assegurem a estabilidade e a rigidez necessárias ao andaime;
- os andaimes fachadeiros devem dispor de proteção com tela de arame galvanizado ou material de resistência e durabilidade equivalente, desde a primeira plataforma de trabalho até pelo menos 2,0 m (dois metros) acima da última plataforma de trabalho;
- no caso de andaimes fachadeiros móveis, os rodízios dos andaimes devem ser providos de travas, de modo a evitar deslocamentos acidentais, e somente poderão ser utilizados em superfícies planas.

Quanto às recomendações prevencionistas específicas dos Andaimes em Balanço, segundo a NR-18, estes devem ter sistema de fixação à estrutura da edificação capaz de suportar três vezes os esforços solicitantes, e a estrutura do andaime deve ser convenientemente contraventada e ancorada de tal forma a eliminar quaisquer oscilações.

A NR-18, em relação aos Andaimes Suspensos Mecânicos, prescreve que:

- Os sistemas de fixação e sustentação e as estruturas de apoio dos andaimes suspensos devem ser precedidos de projeto elaborado e acompanhado por profissional legalmente habilitado.
- Os andaimes suspensos devem possuir placa de identificação, colocada em local visível, onde conste a carga máxima de trabalho permitida.
- A instalação e a manutenção dos andaimes suspensos devem ser feitas por trabalhador qualificado, sob supervisão e responsabilidade técnica de profissional legalmente habilitado obedecendo, quando de fábrica, as especificações técnicas do fabricante.
- Deve ser garantida a estabilidade dos andaimes suspensos durante todo o período de sua utilização, através de procedimentos operacionais e de dispositivos ou equipamentos específicos para tal fim.
- O trabalhador deve utilizar cinto de segurança tipo paraquedista, ligado ao trava-quedas de segurança este, ligado a cabo-guia fixado em estrutura independente da estrutura de fixação e sustentação do andaime suspenso.
- A sustentação dos andaimes suspensos deve ser feita por meio de vigas, afastadores ou outras estruturas metálicas de resistência equivalente a, no mínimo, três vezes o maior esforço solicitante, e somente pode ser apoiada ou fixada em elemento estrutural. Em caso de sustentação de andaimes suspensos em platibanda ou beiral da edificação, essa deve ser precedida de estudos de verificação estrutural sob responsabilidade de profissional legalmente habilitado.
- A verificação estrutural e as especificações técnicas para a sustentação dos andaimes suspensos em platibanda ou beiral de edificação devem permanecer no local de realização dos serviços. A extremidade do dispositivo de sustentação, voltada para o interior da construção, deve ser adequadamente fixada, constando essa especificação do projeto emitido. É proibida a fixação de sistemas de sustentação dos andaimes por meio de sacos com areia, pedras ou qualquer outro meio similar.
- Na utilização do sistema contrapeso como forma de fixação da estrutura de sustentação dos andaimes suspensos, este deve atender às seguintes especificações mínimas: ser invariável quanto à forma e peso especificados no projeto; ser fixado à estrutura de sustentação dos andaimes; ser de concreto, aço ou outro sólido não granulado, com seu peso conhecido e marcado de forma indelével em cada peça; e ter contraventamentos que impeçam seu deslocamento horizontal.
- É proibido o uso de cabos de fibras naturais ou artificiais para sustentação dos andaimes suspensos. Os cabos de suspensão devem trabalhar na vertical e o estrado, na horizontal. Os dispositivos de suspensão devem ser diariamente verificados pelos usuários e pelo responsável pela obra, antes de iniciados os trabalhos.
- Os usuários e o responsável pela verificação devem receber treinamento e manual de procedimentos para a rotina de verificação diária.

- Os cabos de aço utilizados nos guinchos tipo catraca dos andaimes suspensos devem: ter comprimento tal que para a posição mais baixa do estrado restem pelo menos seis voltas sobre cada tambor; e passar livremente na roldana, devendo o respectivo sulco ser mantido em bom estado de limpeza e conservação.
- Os andaimes suspensos devem ser convenientemente fixados à edificação na posição de trabalho, sendo proibido acrescentar trechos em balanço ao estrado de andaimes suspensos. Da mesma forma, é proibida a interligação de andaimes suspensos para a circulação de pessoas ou execução de tarefas.
- Sobre os andaimes suspensos somente é permitido depositar material para uso imediato.
- É proibida a utilização de andaimes suspensos para transporte de pessoas ou materiais que não estejam vinculados aos serviços em execução.
- Os quadros dos guinchos de elevação devem ser providos de dispositivos para fixação de sistema guarda-corpo e rodapé. O estrado do andaime deve estar fixado aos estribos de apoio e o guarda--corpo ao seu suporte.
- É vedada a utilização de guinchos tipo catraca dos andaimes suspensos para prédios acima de oito pavimentos, a partir do térreo, ou altura equivalente. Os guinchos de elevação para acionamento manual devem observar os seguintes requisitos: ter dispositivo que impeça o retrocesso do tambor para catraca; ser acionado por meio de alavancas, manivelas ou automaticamente, na subida e na descida do andaime; possuir segunda trava de segurança para catraca; e ser dotado da capa de proteção da catraca.
- A largura mínima útil da plataforma de trabalho dos andaimes suspensos deve ser de sessenta e cinco centímetros. A largura máxima útil da plataforma de trabalho dos andaimes suspensos, quando utilizado um guincho em cada armação, deve ser de noventa centímetros.
- Os estrados dos andaimes suspensos mecânicos podem ter comprimento máximo de 8,00 (oito) metros.
- Quando utilizado apenas um guincho de sustentação por armação, é obrigatório o uso de um cabo de segurança adicional de aço, ligado a dispositivo de bloqueio mecânico automático, observando--se a sobrecarga indicada pelo fabricante do equipamento.

Prevê a NR-18 que os Andaimes Suspensos Motorizados devam ser dotados de dispositivos que impeçam sua movimentação, quando sua inclinação for superior a 15º (quinze graus), devendo permanecer nivelados no ponto de trabalho, e que o conjunto motor deva ser equipado com dispositivo mecânico de emergência, que acionará automaticamente em caso de pane elétrica de forma a manter a plataforma de trabalho parada em altura e, quando acionado, permitir a descida segura até o ponto de apoio inferior. O equipamento deve ser desligado e protegido quando fora de serviço. Outrossim, na utilização de andaimes suspensos motorizados deverá ser observada a instalação dos seguintes dispositivos:

- cabos de alimentação de dupla isolação;
- plugues/tomadas blindadas;
- aterramento elétrico;
- dispositivo Diferencial Residual (DR); e
- fim de curso superior e batente.

Estipula a NR-18 que em quaisquer atividades em que não seja possível a instalação de Andaimes é permitida a utilização de Cadeira Suspensa (balancim individual). A Cadeira Suspensa deve apresentar na sua estrutura, em caracteres indeléveis e bem visíveis, a razão social do fabricante e o número de registro respectivo no Cadastro Nacional de Pessoa Jurídica (CNPJ), além de satisfazer aos seguintes requisitos de segurança:

- a sustentação da cadeira deve ser feita por meio de cabo de aço;
- o sistema de fixação da cadeira suspensa deve ser independente do cabo-guia do trava-quedas;

- sistema dotado com dispositivo de subida e descida com dupla trava de segurança;
- o trabalhador deve utilizar cinto de segurança tipo paraquedista ligado ao trava-quedas em cabo-guia independente;
- satisfazer, também, aos requisitos mínimos de conforto previstos na NR-17 (Ergonomia).

Segundo a norma regulamentadora em comento, dentre outras recomendações preventivas e genéricas, as plataformas de trabalho com sistema de movimentação vertical em pinhão e cremalheira e as plataformas hidráulicas deverão observar as especificações técnicas do fabricante quanto à montagem, operação, manutenção, desmontagem e às inspeções periódicas, sob responsabilidade técnica de profissional legalmente habilitado e, em caso de equipamento importado, os projetos, especificações técnicas e manuais de montagem, operação, manutenção, inspeção e desmontagem deverão ser revisados e referendados por profissional legalmente habilitado no país, atendendo ao previsto nas normas técnicas da Associação Brasileira de Normas Técnicas (ABNT) ou de entidades internacionais por ela referendadas, ou, ainda, outra entidade credenciada pelo Conselho Nacional de Metrologia, Normalização e Qualidade Industrial (CONMETRO). Os manuais de orientação do fabricante, em língua portuguesa, deverão estar à disposição no canteiro de obras ou frentes de trabalho. A instalação, manutenção e inspeção periódica dessas plataformas de trabalho devem ser feitas por trabalhador qualificado, sob supervisão e responsabilidade técnica de profissional legalmente habilitado. O equipamento somente deverá ser operado por trabalhador qualificado e todos os trabalhadores usuários de plataformas deverão receber orientação quanto ao correto carregamento e posicionamento dos materiais na plataforma. Outrossim, quando em operação, deve ser observado o seguinte:

- Todos os trabalhadores deverão utilizar cinto de segurança tipo paraquedista ligado a um cabo-guia fixado em estrutura independente do equipamento, salvo situações especiais tecnicamente comprovadas por profissional legalmente habilitado.
- O equipamento deve estar afastado das redes elétricas ou estas estarem isoladas conforme as normas específicas da concessionária local.
- A capacidade de carga mínima no piso de trabalho deverá ser de 150 kgf/m^2 (cento cinquenta quilogramas-força por metro quadrado).
- As extensões telescópicas, quando utilizadas, deverão oferecer a mesma resistência do piso da plataforma.
- São proibidas a improvisação na montagem de trechos em balanço e a interligação de plataformas.
- É responsabilidade do fabricante ou locador a indicação dos esforços na estrutura e apoios da plataforma, bem como a indicação dos pontos que resistam a esses esforços.
- A área sob a plataforma de trabalho deverá ser devidamente sinalizada e delimitada, sendo proibida a circulação de trabalhadores dentro daquele espaço.
- A plataforma deve dispor de sistema de sinalização sonora acionado automaticamente durante sua subida e descida, assim como possuir, no painel de comando, botão de parada de emergência, e dispositivos de segurança que garantam o perfeito nivelamento da plataforma no ponto de trabalho, não podendo exceder a inclinação máxima indicada pelo fabricante.
- No percurso vertical da plataforma não poderá haver interferências que possam obstruir o seu livre deslocamento e, em caso de pane elétrica, o equipamento deverá ser dotado de dispositivos mecânicos de emergência que mantenham a plataforma parada permitindo o alívio manual por parte do operador, para descida segura da mesma até sua base.
- A plataforma de trabalho deve ter seus acessos dotados de dispositivos eletroeletrônicos que impeçam sua movimentação quando abertos.
- O último elemento superior da torre deve ser cego, não podendo possuir engrenagens de cremalheira, de forma a garantir que os roletes permaneçam em contato com as guias. Os elementos de fixação utilizados no travamento das plataformas devem ser devidamente dimensionados para suportar os esforços indicados em projeto.

- O espaçamento entre as ancoragens ou estroncamentos deve obedecer às especificações do fabricante e serem indicados no projeto. A ancoragem da torre é obrigatória quando a altura desta for superior a nove metros.
- A utilização das plataformas sem ancoragem ou estroncamento deve seguir rigorosamente as condições de cada modelo indicadas pelo fabricante.
- No caso de utilização de plataforma com chassi móvel, este deve ficar devidamente nivelado, patolado ou travado no início de montagem das torres verticais de sustentação da plataforma, permanecendo dessa forma durante seu uso e desmontagem.
- O equipamento, quando fora de serviço, deve ficar no nível da base, desligado e protegido contra acionamento não autorizado.
- É proibido realizar qualquer trabalho sob intempéries ou outras condições desfavoráveis que exponham a risco os trabalhadores.
- É proibida a utilização das plataformas de trabalho para o transporte de pessoas e materiais não vinculados aos serviços em execução.

De acordo com a NR-18, as Plataformas por Cremalheira deverão dispor dos seguintes dispositivos:

- cabos de alimentação de dupla isolação;
- plugs/tomadas blindadas;
- aterramento elétrico;
- dispositivo Diferencial Residual (DR);
- limites elétricos de percurso superior e inferior;
- motofreio;
- freio automático de segurança; e
- botoeira de comando de operação com atuação por pressão contínua.

Em face da edição da Portaria SIT-MTE n. 15, de 3.7.2007, restou acrescido à NR-18, o Anexo IV (Plataformas de Trabalho Aéreo), devidamente reproduzido no texto integral da NR-18 constante da parte final dos Fundamentos Jurídicos deste Capítulo.

No tocante à Ancoragem, excetuadas as edificações que possuírem projetos específicos para instalação de equipamentos definitivos para limpeza, manutenção e restauração de fachadas, estipula a NR-18 como disposições normativas que as edificações com, no mínimo, quatro pavimentos ou altura de 12 m (doze metros) a partir do nível do térreo devem ser instalados dispositivos destinados à ancoragem de equipamentos de sustentação de andaimes e de cabos de segurança para o uso de proteção individual a serem utilizados nos serviços de limpeza, manutenção e restauração de fachadas, e que os pontos de ancoragem devem:

- estar dispostos de modo a atender todo o perímetro da edificação;
- suportar uma carga pontual de 1.500 kgf (mil e quinhentos quilogramas-força);
- constar do projeto estrutural da edificação;
- ser constituídos de material resistente às intempéries, como aço inoxidável ou material de características equivalentes;
- devem ser independentes dos equipamentos e dos cabos de segurança.

Segundo a norma regulamentadora que trata da segurança do trabalho em canteiros de obras, é obrigatória a observância das condições de utilização, dimensionamento e conservação dos Cabos de Aço utilizados em obras de construção, conforme o disposto na norma técnica vigente NBR 6327/83 — Cabo de Aço/Usos Gerais da ABNT. Outrossim, os cabos de aço de tração não podem ter emendas nem pernas quebradas que possam vir a comprometer sua segurança; devem apresentar carga de ruptura equivalente a, no mínimo, 5 (cinco) vezes a carga máxima de trabalho a que estiverem sujeitos, e resistência à tração de seus fios de, no mínimo, 160 kgf/mm^2 (cento e sessenta quilogramas-força por milímetro quadrado) e serem fixados por meio de dispositivos que impeçam seu deslizamento e desgaste, devendo ser substituídos quando apresentarem condições que comprometam a sua integridade em face da utilização a que estiverem submetidos.

No que diz respeito aos cabos de fibra sintética, as regras preventivas a serem observadas são que estes devem ser fixados por meio de dispositivos que impeçam seu deslizamento e desgaste, e substituídos quando apresentarem condições que comprometam a sua integridade em face da utilização a que estiverem submetidos. Quando utilizados para sustentação de cadeira suspensa ou como cabo-guia para fixação do trava-quedas do cinto de segurança tipo paraquedista, deverá ser dotado de alerta visual amarelo. Outrossim, os cabos de fibra sintética deverão atender às seguintes especificações constantes do Anexo I (Especificações de Segurança para Cabos de Fibra Sintética), devidamente reproduzido no texto integral da NR-18 constante da parte final dos Fundamentos Jurídicos deste Capítulo, para onde remetemos o leitor.

Acerca da execução de serviços de Alvenaria, Revestimento e Acabamentos, preconiza a NR-18 o seguinte:

- devem ser utilizadas técnicas que garantam a estabilidade das paredes de alvenaria da periferia;
- os quadros fixos de tomadas energizadas devem ser protegidos sempre que no local forem executados serviços de revestimento e acabamento;
- os locais abaixo das áreas de colocação de vidro devem ser interditados ou protegidos contra queda de material;
- após a colocação, os vidros devem ser marcados de maneira visível.

De acordo com a NR-18, na execução de Serviços em Telhados e Coberturas, há de se observar as seguintes disposições regulamentares:

- devem ser utilizados dispositivos dimensionados por profissional legalmente habilitado e que permitam a movimentação segura dos trabalhadores;
- é obrigatória a instalação de cabo-guia ou cabo de segurança para fixação de mecanismo de ligação por talabarte acoplado ao cinto de segurança tipo paraquedista;
- o cabo de segurança deve ter sua(s) extremidade(s) fixada(s) à estrutura definitiva da edificação, por meio de espera(s) de ancoragem, suporte ou grampo(s) de fixação de aço inoxidável ou outro material de resistência, qualidade e durabilidade equivalentes;
- nos locais sob as áreas onde se desenvolvam trabalhos em telhados e/ou coberturas, é obrigatória a existência de sinalização de advertência e de isolamento da área capazes de evitar a ocorrência de acidentes por eventual queda de materiais, ferramentas e ou equipamentos;
- é proibida a realização de trabalho ou atividades em telhados ou coberturas sobre fornos ou qualquer equipamento do qual possa haver emanação de gases, provenientes ou não de processos industriais;
- havendo equipamento com emanação de gases, o mesmo deve ser desligado previamente à realização de serviços ou atividades em telhados ou coberturas;
- é proibida a realização de trabalho ou atividades em telhados ou coberturas em caso de ocorrência de chuvas, ventos fortes ou superfícies escorregadias;
- os serviços de execução, manutenção, ampliação e reforma em telhados ou coberturas devem ser precedidos de inspeção e de elaboração de Ordens de Serviço ou Permissões para Trabalho, contendo os procedimentos a serem adotados;
- é proibida a concentração de cargas em um mesmo ponto sobre telhado ou cobertura.

Acerca dos Serviços em Flutuantes, a NR-18 contém as seguintes recomendações prevencionistas:

- na execução de trabalhos com risco de queda n'água devem ser usados coletes salva-vidas ou outros equipamentos de flutuação, devendo haver sempre, nas proximidades e em local de fácil acesso, botes salva-vidas em número suficiente e devidamente equipados;
- os coletes salva-vidas devem ser de cor laranja, contendo o nome da empresa e a capacidade máxima representada em kg (quilograma), e em número idêntico ao de trabalhadores e tripulantes;
- as plataformas de trabalho devem ser providas de linhas de segurança ancoradas em terra firme, que possam ser usadas quando as condições meteorológicas não permitirem a utilização de embarcações;
- na execução de trabalho noturno sobre a água, toda a sinalização de segurança da plataforma e o equipamento de salvamento devem ser iluminados com lâmpadas à prova d'água e o sistema de iluminação deve ser estanque;
- as superfícies de sustentação das plataformas de trabalho devem ser antiderrapantes, sendo proibido deixar materiais e ferramentas soltos sobre as plataformas de trabalho;
- ao redor das plataformas de trabalho devem ser instalados guarda-corpos, firmemente fixados à estrutura;
- em quaisquer atividades é obrigatória a presença permanente de profissional em salvamento, primeiros socorros e ressuscitamento cardiorrespiratório;
- os serviços em flutuantes devem atender às disposições constantes no Regulamento para o Tráfego Marítimo e no Regulamento Internacional para Evitar Abalroamentos no Mar (RIPEAM-72), do Ministério da Marinha;
- é obrigatória a instalação de extintores de incêndio em número e capacidade adequados, sendo vedado conservar a bordo trapos embebidos em óleo ou qualquer outra substância volátil;
- é obrigatório o uso de botas com elástico lateral.

Antes de tratar acerca das recomendações prevencionistas pertinentes à execução de serviços em Locais Confinados, é importante lembrar os dispositivos preventivos constantes da NR-33 (Segurança e Saúde nos Trabalhos em Espaços Confinados), editada nos termos da Portaria MTE n. 202 de 22.12.2006, com o objetivo de estabelecer os requisitos mínimos para identificação de espaços confinados e o reconhecimento, avaliação, monitoramento e controle dos riscos existentes, de forma a garantir permanentemente a segurança e saúde dos trabalhadores que interagem direta ou indiretamente nesses ambientes excepcionais de trabalho. Todavia, para os serviços a serem exercidos em locais confinados dos canteiros de obras, onde se evidencie a exposição dos trabalhadores a riscos de asfixia, explosão, intoxicação e doenças do trabalho, devem ser adotadas medidas especiais de proteção; a NR-18 determina que seja observado o seguinte:

- inspeção prévia e elaboração de ordem de serviço com os procedimentos a serem adotados;
- treinamento e orientação para os trabalhadores quanto aos riscos a questão submetidos, a forma de preveni-los e o procedimento a ser adotado em situação de risco, sendo que, a cada grupo de 20 (vinte) trabalhadores, dois deles devem ser treinados para resgate;
- nos serviços em que se utilizem produtos químicos, os trabalhadores não poderão realizar suas atividades sem a utilização de EPI adequado, devendo ser realizado monitoramento permanente de substância que cause asfixia, explosão e intoxicação no interior de locais confinados, realizado por trabalhador qualificado sob supervisão de responsável técnico;
- ventilação local exaustora eficaz que faça a extração dos contaminantes e ventilação geral que execute a insuflação de ar para o interior do ambiente, garantindo de forma permanente a renovação contínua do ar, sendo proibido o uso de oxigênio para ventilação de local confinado, além disso, deve ser mantido ao alcance dos trabalhadores ar mandado e/ou equipamento autônomo para resgate;

- sinalização com informação clara e permanente durante a realização de trabalhos no interior de espaços confinados;
- uso de cordas ou cabos de segurança e armaduras para amarração que possibilitem meios seguros de resgate;
- acondicionamento adequado de substâncias tóxicas ou inflamáveis utilizadas na aplicação de laminados, pisos, papéis de parede ou similares;
- no caso de manutenção de tanque, providenciar desgaseificação prévia antes da execução do trabalho.

No tocante à execução de Instalações Elétricas dos Canteiros de Obras, cabe lembrar que além de serem observadas as disposições preventivas de caráter geral constantes da NR-10 (Segurança em Instalações e Serviços em Eletricidade), a NR-18 estipula algumas recomendações específicas a serem igualmente observadas:

- a execução e manutenção das instalações elétricas devem ser realizadas por trabalhador qualificado e a supervisão por profissional legalmente habilitado;
- somente devem ser realizados serviços nas instalações quando o circuito elétrico não estiver energizado, sendo que, quando não for possível desligar o circuito elétrico, o serviço somente poderá ser executado após terem sido adotadas as medidas de proteção complementares, sendo obrigatório o uso de ferramentas apropriadas e equipamentos de proteção individual;
- é proibida a existência de partes vivas expostas de circuitos e equipamentos elétricos, e as emendas e derivações dos condutores devem ser executadas de modo que assegurem a resistência mecânica e contato elétrico adequado, além disso, o isolamento de emendas e derivações deve ter característica equivalente a dos condutores utilizados;
- os circuitos elétricos devem ser protegidos contra impactos mecânicos, umidade e agentes corrosivos, e os condutores devem ter isolamento adequado, não sendo permitido obstruir a circulação de materiais e pessoas, além do que, sempre que a fiação de um circuito provisório se tornar inoperante ou dispensável, deve ser retirada pelo eletricista responsável;
- os quadros gerais de distribuição devem ser mantidos trancados, sendo seus circuitos identificados, e em todos os ramais destinados à ligação de equipamentos elétricos devem ser instalados disjuntores ou chaves magnéticas, independentes, que possam ser acionados com facilidade e segurança;
- as redes de alta-tensão devem ser instaladas de modo a evitar contatos acidentais com veículos, equipamentos e trabalhadores em circulação, só podendo ser instaladas pela concessionária;
- os transformadores e estações abaixadoras de tensão devem ser instalados em local isolado, sendo permitido somente acesso do profissional legalmente habilitado ou trabalhador qualificado;
- as estruturas e carcaças dos equipamentos elétricos devem ser eletricamente aterradas, e as máquinas ou equipamentos elétricos móveis só podem ser desligados por intermédio de conjunto plugue e tomada;
- nos casos em que haja possibilidade de contato acidental com qualquer parte viva energizada, deve ser adotado isolamento adequado.

Nesse mesmo sentido, as Chaves Elétricas das instalações elétricas provisórias de um canteiro de obras devem satisfazer ao seguinte:

- chave geral do tipo blindada de acordo com a aprovação da concessionária local, localizada no quadro principal de distribuição;
- chave individual para cada circuito de derivação;
- chave faca blindada em quadro de tomadas;
- chaves magnéticas e disjuntores, para os equipamentos;

- as chaves blindadas devem ser convenientemente protegidas de intempéries e instaladas em posição que impeça o fechamento acidental do circuito, e somente devem ser utilizadas para circuitos de distribuição, sendo proibido o seu uso como dispositivo de partida e parada de máquinas, e os porta-fusíveis não devem ficar sob tensão quando as chaves blindadas estiverem na posição aberta;
- ao religar chaves blindadas no quadro geral de distribuição, todos os equipamentos devem estar desligados;
- os fusíveis das chaves blindadas devem ter capacidade compatível com o circuito a proteger, não sendo permitida sua substituição por dispositivos improvisados ou por outros fusíveis de capacidade superior, sem a correspondente troca da fiação.

Acerca da utilização de Máquinas, Equipamentos e Ferramentas Diversas, a NR-18 estipula as seguintes recomendações prevencionistas:

- a operação de máquinas e equipamentos que exponham o operador ou terceiros a riscos só pode ser feita por trabalhador qualificado por crachá, e quando da operação de máquinas e equipamentos com tecnologia diferente da que o operador estava habituado a usar, deve ser feito novo treinamento, de modo a qualificá-lo à utilização dos mesmos;
- as máquinas e os equipamentos que ofereçam risco de ruptura de suas partes móveis, projeção de peças ou de partículas de materiais devem ser providos de proteção adequada, devendo ser protegidas todas as partes móveis dos motores, transmissões e partes perigosas das máquinas ao alcance dos trabalhadores;
- as máquinas e equipamentos de grande porte devem proteger adequadamente o operador contra a incidência de raios solares e intempéries;
- o abastecimento de máquinas e equipamentos com motor à explosão deve ser realizado por trabalhador qualificado, em local apropriado, utilizando-se de técnicas e equipamentos que garantam a segurança da operação;
- as máquinas, equipamentos e ferramentas devem ser submetidos à inspeção e manutenção de acordo com as normas técnicas oficiais vigentes, dispensando-se especial atenção a freios, mecanismos de direção, cabos de tração e suspensão, sistema elétrico e outros dispositivos de segurança, sendo que as inspeções de máquinas e equipamentos devem ser registradas em documento específico, constando as datas e falhas observadas, as medidas corretivas adotadas e a indicação de pessoa, técnico ou empresa habilitada que as realizou;
- toda máquina ou equipamento deve estar localizado em ambiente com iluminação natural e/ou artificial adequada à atividade, em conformidade com a Norma Brasileira NBR 5.413/91 (Níveis de Iluminância de Interiores) da ABNT.

No que pertine aos Dispositivos de Partida e Parada de máquinas e equipamentos utilizados em canteiros de obras, há de se observar o seguinte:

- devem ser acionados ou desligados pelo operador na sua posição de trabalho;
- não devem ser localizados na zona perigosa da máquina ou do equipamento;
- possam ser desligados, em caso de emergência, por outra pessoa que não seja o operador;
- não possam ser acionados ou desligados, involuntariamente, pelo operador ou por qualquer outra forma acidental;
- não acarretem riscos adicionais;
- haja dispositivo de bloqueio para impedir seu acionamento por pessoa não autorizada.

Nas Operações com Equipamentos Pesados em canteiros de obras devem ser observadas as seguintes medidas de segurança:

- para encher/esvaziar pneus, não se posicionar de frente para eles, mas atrás da banda de rodagem, usando uma conexão de autofixação para encher o pneu, e o enchimento só deve ser feito por trabalhadores qualificados, de modo gradativo e com medições sucessivas da pressão;

- em caso de superaquecimento de pneus e sistema de freio, devem ser tomadas precauções especiais, prevenindo-se de possíveis explosões ou incêndios;
- antes de iniciar a movimentação ou dar partida no motor é preciso certificar-se de que não há ninguém trabalhando sobre, debaixo ou perto dos mesmos;
- os equipamentos que operam em marcha a ré devem possuir alarme sonoro acoplado ao sistema de câmbio e retrovisores em bom estado;
- o transporte de acessórios e materiais por içamento deve ser feito o mais próximo possível do piso, tomando-se as devidas precauções de isolamento da área de circulação, transporte de materiais e de pessoas;
- as máquinas não devem ser operadas em posição que comprometa sua estabilidade;
- é proibido manter sustentação de equipamentos e máquinas somente pelos cilindros hidráulicos, quando em manutenção;
- devem ser tomadas precauções especiais quando da movimentação de máquinas e equipamentos próximos a redes elétricas.

As recomendações de segurança específicas para as Ferramentas utilizadas em canteiros de obras contidas na NR-18 são as seguintes:

- devem ser apropriadas ao uso a que se destinam, proibindo-se o emprego das defeituosas, danificadas ou improvisadas, devendo ser substituídas pelo empregador ou responsável pela obra, sendo igualmente proibida a utilização de ferramentas elétricas manuais sem duplo isolamento;
- os trabalhadores devem ser treinados e instruídos para a utilização seguradas ferramentas, especialmente os que irão manusear as ferramentas de fixação a pólvora, sendo proibido o porte de ferramentas manuais em bolsos ou locais inapropriados;
- as ferramentas manuais que possuam gume ou ponta devem ser protegidas com bainha de couro ou outro material de resistência e durabilidade equivalentes, quando não estiverem sendo utilizadas;
- as ferramentas pneumáticas portáteis devem possuir dispositivo de partida instalado de modo a reduzir ao mínimo a possibilidade de funcionamento acidental;
- a válvula de ar deve fechar-se automaticamente, quando cessar a pressão da mão do operador sobre os dispositivos de partida, e as mangueiras e conexões de alimentação das ferramentas pneumáticas devem resistir às pressões de serviço, permanecendo firmemente presas aos tubos de saída e afastadas das vias de circulação; já o suprimento de ar para as mangueiras deve ser desligado e aliviada a pressão, quando a ferramenta pneumática não estiver em uso;
- as ferramentas de equipamentos pneumáticos portáteis devem ser retiradas manualmente e nunca pela pressão do ar comprimido;
- as ferramentas de fixação a pólvora devem ser obrigatoriamente operadas por trabalhadores qualificados e devidamente autorizados, sendo vedada a sua utilização por trabalhadores menores de 18 (dezoito) anos, bem como o seu uso em ambientes contendo substâncias inflamáveis ou explosivos, e devem estar descarregadas (sem o pino e o finca-pino) sempre que forem guardadas ou transportadas, e quando de sua utilização, é proibida a presença de pessoas nas proximidades do local do disparo, inclusive o ajudante;
- os condutores de alimentação das ferramentas portáteis devem ser manuseados de forma que não sofram torção, ruptura ou abrasão, nem obstruam o trânsito de trabalhadores e equipamentos;
- devem ser tomadas medidas adicionais de proteção quando da movimentação de superestruturas por meio de ferragens hidráulicas, prevenindo riscos relacionados ao rompimento dos macacos hidráulicos.

No tocante aos Equipamentos de Proteção Individual (EPIs) a serem utilizados nos canteiros de obras, dispõe a NR-18 que:

- a empresa é obrigada a fornecer aos trabalhadores, gratuitamente, EPI adequado ao risco e em perfeito estado de conservação e funcionamento, consoante disposições contidas na NR-6 (Equipamento de Proteção Individual);
- o cinto de segurança tipo abdominal somente deve ser utilizado em serviços de eletricidade e em situações em que funcione como limitador de movimentação; o cinto de segurança tipo paraquedista deve ser utilizado em atividades a mais de 2 m (dois metros) de altura do piso, nas quais haja risco de queda do trabalhador;
- o cinto de segurança, seja do tipo abdominal ou paraquedista, deve ser dotado de dispositivo tipo trava-quedas e estar ligado a cabo de segurança independente da estrutura do andaime, além disso deve possuir argolas e mosquetões de aço forjado, ilhoses de material não ferroso e fivela de aço forjado ou material de resistência e durabilidade equivalente;
- em serviços de montagem industrial, montagem e desmontagem de gruas, andaimes, torres de elevadores, estruturas metálicas e assemelhados onde haja necessidade de movimentação do trabalhador e não seja possível a instalação de cabo-guia de segurança, é obrigatório o uso de duplo talabarte, mosquetão de aço inox com abertura mínima de cinquenta milímetros e dupla trava.

Especificamente em relação ao Armazenamento e Estocagem de Materiais, preceitua a NR-18 que:

- os materiais devem ser armazenados e estocados de modo a não prejudicar o trânsito de pessoas e trabalhadores, a circulação de materiais, o acesso aos equipamentos de combate a incêndio; não obstruir portas ou saídas de emergência e não provocar empuxos ou sobrecargas nas paredes, lajes ou estruturas de sustentação, além do previsto em seu dimensionamento;
- as pilhas de materiais, a granel ou embalados, devem ter forma e altura que garantam a sua estabilidade e facilitem o seu manuseio, e, em pisos elevados, os materiais não podem ser empilhados a uma distância de suas bordas menor que a equivalente à altura da pilha, exceção feita quando da existência de elementos protetores dimensionados para tal fim;
- tubos, vergalhões, perfis, barras, pranchas e outros materiais de grande comprimento ou dimensão devem ser arrumados em camadas, com espaçadores e peças de retenção, separados de acordo com o tipo de material e a bitola das peças;
- o armazenamento deve ser feito de modo a permitir que os materiais sejam retirados obedecendo à sequência de utilização planejada, de forma a não prejudicar a estabilidade das pilhas;
- os materiais não podem ser empilhados diretamente sobre o piso instável, úmido ou desnivelado, e a cal virgem deve ser armazenada em local seco e arejado;
- os materiais tóxicos, corrosivos, inflamáveis ou explosivos devem ser armazenados em locais isolados, apropriados, sinalizados e de acesso permitido somente a pessoas devidamente autorizadas, as quais devem ter conhecimento prévio do procedimento a ser adotado em caso de eventual acidente;
- as madeiras retiradas de andaimes, tapumes, formas e escoramentos devem ser empilhadas, depois de retirados ou rebatidos os pregos, arames e fitas de amarração;
- os recipientes de gases para solda devem ser transportados e armazenados adequadamente, obedecendo-se às prescrições quanto ao transporte e armazenamento de produtos inflamáveis.

Estipula a NR-18, no tocante ao Transporte de Trabalhadores em Veículos Automotores, as seguintes prescrições de segurança:

- o transporte coletivo de trabalhadores em veículos automotores dentro do canteiro ou fora dele deve observar as normas de segurança vigentes, devendo ser feito através de meios de transportes normalizados pelas entidades competentes e adequados às características do percurso;
- o transporte coletivo dos trabalhadores deve ter autorização prévia da autoridade competente, devendo o condutor mantê-la no veículo durante todo o percurso;

- a condução do veículo deve ser feita por condutor habilitado para o transporte coletivo de passageiros;
- a utilização de veículos a título precário para transporte de passageiros somente será permitida em vias que não apresentem condições de tráfego para ônibus.

Estabelece a NR-18 que os veículos utilizados a título precário no transporte de trabalhadores devem satisfazer os seguintes requisitos mínimos:

- carroceria em todo o perímetro do veículo, com guardas altas e cobertura de altura livre de 2,10 m (dois metros e dez centímetros) em relação ao piso da carroceria, ambas com material de boa qualidade e resistência estrutural que evite o esmagamento e não permita a projeção de pessoas em caso de colisão e/ou tombamento do veículo;
- assentos com espuma revestida de 0,45 m (quarenta e cinco centímetros) de largura por 0,35 m (trinta e cinco centímetros) de profundidade e 0,45 m (quarenta e cinco centímetros) de altura com encosto e cinto de segurança tipo três pontos;
- barras de apoio para as mãos a 0,10 m (dez centímetros) da cobertura e para os braços e mãos entre os assentos;
- a capacidade de transporte de trabalhadores será dimensionada em função da área dos assentos acrescida do corredor de passagem de pelo menos 0,80 m (oitenta centímetros) de largura, não se admitindo o transporte de trabalhadores em condições inferiores ao estipulado;
- o material transportado, como ferramentas e equipamentos, deve estar acondicionado em compartimentos separados dos trabalhadores, de forma a não causar lesões aos mesmos numa eventual ocorrência de acidente com o veículo;
- escada com corrimão, para acesso pela traseira da carroceria, sistemas de ventilação nas guardas altas e de comunicação entre a cobertura e a cabine do veículo.

Quanto ao tema Proteção contra Incêndio, estipula a NR-18 que nos canteiros de obras devem ser observadas as seguintes medidas:

- é obrigatória a adoção de medidas que atendam, de forma eficaz, às necessidades de prevenção e combate a incêndio para os diversos setores, atividades, máquinas e equipamentos do canteiro de obras;
- deve haver um sistema de alarme capaz de dar sinais perceptíveis em todos os locais da construção;
- é proibida a execução de serviços de soldagem e corte a quente nos locais onde estejam depositadas, ainda que temporariamente, substâncias combustíveis, inflamáveis e explosivas;
- os canteiros de obra devem ter equipes de operários organizadas e especialmente treinadas no correto manejo do material disponível para o primeiro combate ao fogo.

Prevê a NR-18 que, nos Locais Confinados e onde são executadas pinturas, aplicação de laminados, pisos, papéis de parede e similares, com emprego de cola, bem como nos locais de manipulação e emprego de tintas, solventes e outras substâncias combustíveis, inflamáveis ou explosivas, devem ser tomadas as seguintes medidas preventivas de incêndio:

- proibição de fumar ou portar cigarros ou assemelhados acesos, ou qualquer outro material que possa produzir faísca ou chama;
- evitar, nas proximidades, a execução de operação com risco de centelhamento, inclusive por impacto entre peças;
- utilizar obrigatoriamente lâmpadas e luminárias à prova de explosão;
- instalar sistema de ventilação adequado para a retirada de mistura de gases, vapores inflamáveis ou explosivos do ambiente;
- colocar nos locais de acesso placas com a inscrição “Risco de Incêndio” ou “Risco de Explosão”;
- manter cola e solventes em recipientes fechados e seguros;

- quaisquer chamas, faíscas ou dispositivos de aquecimento devem ser mantidos afastados de formas, restos de madeiras, tintas, vernizes ou outras substâncias combustíveis, inflamáveis ou explosivas.

Acerca da Sinalização de Segurança em canteiros de obras, determina a NR-18 ser obrigatório o uso de colete ou tiras refletivas na região do tórax e costas quando o trabalhador estiver a serviço em vias públicas, sinalizando acessos ao canteiro de obras e frentes de serviços ou em movimentação e transporte vertical de materiais, e que a sinalização de segurança em vias públicas deve ser dirigida para alertar os motoristas, pedestres e em conformidade com as determinações do órgão competente. Outrossim, o canteiro de obras deve ser sinalizado com o objetivo de:

- identificar os locais de apoio que compõem o canteiro de obras, e em especial os locais com substâncias tóxicas, corrosivas, inflamáveis, explosivas e radioativas;
- manter comunicação através de avisos, cartazes ou similares;
- advertir quanto a risco de queda e contra perigo de contato ou acionamento acidental com partes móveis das máquinas e equipamentos;
- alertar quanto à obrigatoriedade do uso de EPI, específico para a atividade executada, com a devida sinalização e advertência próximas ao posto de trabalho;
- alertar quanto ao isolamento das áreas de transporte e circulação de materiais por grua e guindaste;
- indicar as saídas por meio de dizeres ou setas, e identificar acessos, circulação de veículos e equipamentos na obra;
- advertir contra risco de passagem de trabalhadores onde o pé-direito for inferior a 1,80 m (um metro e oitenta centímetros).

Dispõe a NR-18, acerca do treinamento de trabalhadores em canteiros de obras, o seguinte:

- todos os empregados devem receber treinamentos admissional e periódico, visando garantir a execução de suas atividades com segurança;
- o treinamento admissional deve ter carga horária mínima de 6 (seis) horas, ser ministrado dentro do horário de trabalho, antes de o trabalhador iniciar suas atividades, constando de: informações sobre as condições e meio ambiente de trabalho, riscos inerentes a sua função, uso adequado dos Equipamentos de Proteção Individual (EPI) e informações sobre os Equipamentos de Proteção Coletiva (EPC)existentes no canteiro de obra;
- o treinamento periódico deve ser ministrado ao início de cada fase da obra e sempre que se tornar necessário;
- nos treinamentos, os trabalhadores devem receber cópias dos procedimentos e operações a serem realizados com segurança.

Estabelece a NR-18, no tocante à Ordem e Limpeza, as seguintes recomendações de segurança a serem cumpridas:

- o canteiro de obras deve apresentar-se organizado, limpo e desimpedido, notadamente nas vias de circulação, passagens e escadarias;
- o entulho e quaisquer sobras de materiais devem ser regularmente coletados e removidos, e, por ocasião de sua remoção, devem ser tomados cuidados especiais, de forma a evitar poeira excessiva e eventuais riscos;
- quando houver diferença de nível, a remoção de entulhos ou sobras de materiais deve ser realizada por meio de equipamentos mecânicos ou calhas fechadas;
- é proibido manter lixo ou entulho acumulado ou exposto em locais inadequados do canteiro de obras, sendo igualmente proibida a queima de lixo ou qualquer outro material no interior do canteiro de obras.

Tapume corresponde a uma divisória de isolamento, normalmente de madeirite que circunda todo o perímetro do canteiro de obras, enquanto Galeria é um corredor coberto que permite o trânsito seguro de pedestre próximo ao perímetro de um canteiro de obras. A NR-18 fixa as seguintes medidas de segurança a serem observadas nos tapumes e galerias de canteiros de obras:

- é obrigatória a colocação de tapumes ou barreiras sempre que se executarem atividades da indústria da construção, de forma a impedir o acesso de pessoas estranhas aos serviços, os quais devem ser construídos e fixados de forma resistente, e ter altura mínima de 2,20 m (dois metros e vinte centímetros) em relação ao nível do terreno;
- nas atividades da indústria da construção com mais de 2 (dois) pavimentos a partir do nível do meio-fio, executadas no alinhamento do logradouro, é obrigatória a construção de galerias sobre o passeio, com altura interna livre de, no mínimo, 3 m (três metros);
- em caso de necessidade de realização de serviços sobre o passeio, a galeria deve ser executada na via pública, devendo neste caso ser sinalizada em toda sua extensão, por meio de sinais de alerta aos motoristas nos dois extremos e iluminação durante a noite, respeitando-se a legislação do código de obras municipal e de trânsito em vigor;
- as bordas da cobertura de galeria devem possuir tapumes fechados com altura mínima de 1 m (um metro), com inclinação de aproximadamente 45º (quarenta e cinco graus);
- as galerias devem ser mantidas sem sobrecargas que prejudiquem a estabilidade de suas estruturas, e, existindo risco de queda de materiais nas edificações vizinhas, estas devem ser protegidas;
- em se tratando de prédio construído no alinhamento do terreno, a obra deve ser protegida, em toda a sua extensão, com fechamento por meio de tela;
- quando a distância da demolição ao alinhamento do terreno for inferior a 3 m (três metros), deve ser feito um tapume no alinhamento do terreno, nos termos antes mencionados.

Em caso de ocorrência de Acidente Fatal (morte do trabalhador), é obrigatória a adoção das seguintes medidas:

- comunicar o acidente fatal, de imediato, à autoridade policial competente e ao Órgão Regional do Ministério do Trabalho e Emprego (SRTE), que repassará a informação imediatamente ao sindicato da categoria profissional do local da obra;
- isolar o local diretamente relacionado ao acidente, mantendo suas características até a liberação pela autoridade policial competente e pela SRTE;
- a liberação do local poderá ser concedida após a investigação pela SRTE, que ocorrerá num prazo máximo de 72 (setenta e duas) horas, contado do protocolo de recebimento da comunicação escrita ao referido órgão, podendo, após esse prazo, ser liberado o local antes isolado.

No tocante à Constituição de CIPA em canteiros de obras, as empresas de construção civil devem observar o seguinte:

- a empresa que possuir na mesma cidade 1 (um) ou mais canteiros de obra ou frentes de trabalho, com menos de 70 (setenta) empregados, deve organizar CIPA centralizada;
- a CIPA centralizada será composta de representantes do empregador e dos empregados, devendo ter pelo menos 1 (um) representante titular e 1 (um) suplente, por grupo de até 50 (cinquenta) empregados em cada canteiro de obra ou frente de trabalho, respeitando-se a paridade prevista na NR-05(CIPA);
- a empresa que possuir 1 (um) ou mais canteiros de obra ou frente de trabalho com 70 (setenta) ou mais empregados, em cada estabelecimento, fica obrigada a organizar CIPA por estabelecimento.

Preceitua a NR-18 que ficam desobrigadas de constituir CIPA os canteiros de obra cuja construção não exceda a 180 (cento e oitenta) dias, devendo, para o atendimento do disposto neste item, ser constituída comissão provisória de prevenção de acidentes, com eleição paritária de 1 (um) membro efetivo e 1 (um) suplente, a cada grupo de 50 (cinquenta) trabalhadores. As subempreiteiras que possuírem menos de 70 empregados em canteiros de obras participarão com, no mínimo, 1 (um) representante das reuniões, do curso da CIPA e das inspeções realizadas pela CIPA da empresa contratante.

A décima oitava norma regulamentadora de segurança e saúde no trabalho ainda contém duas outras disposições acerca da CIPA em canteiros de obras, a saber:

- as empresas que possuam equipes de trabalho itinerantes deverão considerar como estabelecimento a sede da equipe;
- aplicam-se às empresas da indústria da construção as demais disposições previstas na NR-05 (CIPA), naquilo em que não conflitar com o disposto neste item.

A atual NR-18 estipulou a criação de duas espécies de comitês específicos sobre condições e meio ambiente de trabalho:

- o Comitê Permanente Nacional sobre Condições e Meio Ambiente do Trabalho na Indústria da Construção, denominado CPN, composto de 3 (três) a 5 (cinco) representantes titulares do governo, dos trabalhadores, dos empregadores, sendo facultada a convocação de representantes de entidades técnico-científicas ou de profissionais especializados, sempre que necessário;
- os Comitês Permanentes Regionais sobre Condições e Meio Ambiente do Trabalho na Indústria da Construção, denominados CPR (Unidade(s) da Federação), composto de 3 (três) a 5 (cinco) representantes titulares e suplentes do Governo, dos trabalhadores, dos empregadores e de 3 (três) a 5 (cinco) titulares e suplentes de entidades de profissionais especializados em segurança e saúde do trabalho como apoio técnico-científico; as propostas resultantes dos trabalhos de cada CPR serão encaminhadas ao CPN e, se aprovadas, serão encaminhadas ao Ministério do Trabalho e Emprego, que dará andamento às mudanças, por meio de dispositivos legais pertinentes, no prazo máximo de 90 (noventa) dias.

As Recomendações Técnicas de Procedimentos (RTP) correspondem a normas complementares necessárias à implementação e atualização da NR-18, a serem editadas pelo Ministério do Trabalho e Emprego, via FUNDACENTRO e após sua aprovação pelo Comitê Permanente Nacional sobre Condições e Meio Ambiente de Trabalho na Indústria da Construção, visando subsidiar as empresas no cumprimento da citada norma regulamentadora.

Estipula a NR-18, sob o título de Disposições Gerais, várias outras determinações preventivas, a saber:

- Quanto às Máquinas, Equipamentos e Ferramentas diversas:
  - os protetores removíveis só podem ser retirados para limpeza, lubrificação, reparo e ajuste e, após, devem ser, obrigatoriamente, recolocados;
  - os operadores não podem se afastar da área de controle das máquinas ou equipamentos sob sua responsabilidade, quando em funcionamento;
  - nas paradas temporárias ou prolongadas, os operadores de máquinas e equipamentos devem colocar os controles em posição neutra, acionar os freios e adotar outras medidas com o objetivo de eliminar riscos provenientes de funcionamento acidental;
  - inspeção, limpeza, ajuste e reparo somente devem ser executados com a máquina ou o equipamento desligado, salvo se o movimento for indispensável à realização da inspeção ou ajuste;
  - quando o operador de máquinas ou equipamentos tiver a visão dificultada por obstáculos, deve ser exigida a presença de um sinaleiro para orientação do operador;
  - as ferramentas manuais não devem ser deixadas sobre passagens, escadas, andaimes e outras superfícies de trabalho ou de circulação, devendo ser guardadas em locais apropriados, quando não estiverem em uso;

- antes da fixação de pinos por ferramenta de fixação a pólvora, devem ser verificados o tipo e a espessura da parede ou laje, o tipo de pino e finca-pino mais adequados, e a região oposta à superfície de aplicação deve ser previamente inspecionada;
- o operador não deve apontar a ferramenta de fixação a pólvora para si ou para terceiros.

➢ Quanto à Escavação, Fundação e Desmonte de Rochas:

- antes de ser iniciada uma obra de escavação ou de fundação, o responsável deve procurar se informar a respeito da existência de galerias, canalizações e cabos, na área onde serão realizados os trabalhos, bem como estudar o risco de impregnação do subsolo por emanações ou produtos nocivos;
- os escoramentos devem ser inspecionados diariamente;
- quando for necessário rebaixar o lençol d'água (freático), os serviços devem ser executados por pessoas ou empresas qualificadas;
- cargas e sobrecargas ocasionais, bem como possíveis vibrações, devem ser levadas em consideração para determinar a inclinação das paredes do talude, a construção do escoramento e o cálculo dos elementos necessários;
- a localização das tubulações deve ter sinalização adequada;
- as escavações devem ser realizadas por pessoal qualificado, que orientará os operários quando se aproximarem das tubulações até a distância mínima de 1,50 m (um metro e cinquenta centímetros);
- o tráfego próximo às escavações deve ser desviado e, na sua impossibilidade, reduzida a velocidade dos veículos;
- devem ser construídas passarelas com largura mínima de 0,60 m (sessenta centímetros), protegidas por guarda-corpos, quando for necessário trânsito sobre a escavação;
- quando o bate-estacas não estiver em operação, o pilão deve permanecer em repouso sobre o solo ou no fim da guia de seu curso;
- para pilões a vapor, devem ser dispensados cuidados especiais às mangueiras e conexões, devendo o controle de manobras das válvulas estar sempre ao alcance do operador;
- para trabalhar nas proximidades da rede elétrica, a altura e/ou distância dos bate-estacas deve atender à distância mínima exigida pela concessionária;
- para a proteção contra a projeção de pedras, deve ser coberto todo o setor (área entre as minas carregadas) com malha de ferro de 1/4" a 3/16", de 0,15 m (quinze centímetros) e pontiada de solda, devendo formar uma camada amortecedora.

➢ Quanto às Estruturas de Concreto:

- antes do início dos trabalhos, deve ser designado um encarregado experiente para acompanhar o serviço e orientar a equipe de retirada de formas quanto às técnicas de segurança a serem observadas;
- durante a descarga de vergalhões de aço, a área deve ser isolada para evitar a circulação de pessoas estranhas ao serviço;
- os feixes de vergalhões de aço que forem deslocados por guinchos, guindastes ou gruas devem ser amarrados de modo a evitar escorregamento;
- durante os trabalhos de lançamento e vibração de concreto, o escoramento e a resistência das formas devem ser inspecionados por profissionais qualificados.

➢ Quanto às Escadas:

- as escadas de mão portáteis e corrimão de madeira não devem apresentar farpas, saliências ou emendas;

- as escadas fixas, tipo marinheiro, devem ser presas no topo e na base;
- as escadas fixas, tipo marinheiro, de altura superior a 5 m (cinco metros), devem ser fixadas a cada 3 m (três metros).

➢ Quanto a Movimentação e Transporte de Materiais e de Pessoas:

- o código de sinais recomendado é o seguinte: 1. elevar carga: antebraço na posição vertical; dedo indicador para mover a mão em pequeno círculo horizontal; 2. abaixar carga: braço estendido na horizontal; palma da mão para baixo; mover a mão para cima e para baixo; 3. parar: braço estendido; palma da mão para baixo; manter braço e mão rígidos na posição; 4. parada de emergência: braço estendido; palma da mão para baixo; mover a mão para a direita e a esquerda rapidamente; 5. suspender a lança: braço estendido; mão fechada, polegar apontado para cima; mover a mão para cima e para baixo; 6. abaixar a lança: braço estendido; mão fechada; polegar apontado para baixo; erguer a mão para cima e para baixo; 7. girar a lança: braço estendido; apontar com o indicador no sentido do movimento; 8. mover devagar: o mesmo que em 1 ou 2, porém com a outra mão colocada atrás ou abaixo da mão de sinal; 9. elevar lança e abaixar carga: usar 3 e 5 com as duas mãos, simultaneamente; 10. abaixar lança e elevar carga: usar 1 e 6, com as duas mãos, simultaneamente;
- deve haver um código de sinais, afixado em local visível, para comandar as operações dos equipamentos de guindar;
- os diâmetros mínimos para roldanas e eixos em função dos cabos usados são:

Distância do Eixo	Diâmetro da Roldana	Diâmetro do Eixo
12,70	30	30
15,80	35	40
19,00	40	43
22,20	46	49
25,40	51	55

- peças com mais de 2 m (dois metros) de comprimento devem ser amarradas na estrutura do elevador;
- as caçambas devem ser construídas de chapas de aço e providas decorrente de segurança ou outro dispositivo que limite sua inclinação por ocasião da descarga.

➢ Quanto às Estruturas Metálicas:

- os andaimes utilizados na montagem de estruturas metálicas devem ser suportados por meio de vergalhões de ferro, fixados à estrutura, com diâmetro mínimo de 0,018 m (dezoito milímetros);
- em locais de estrutura, onde, por razões técnicas, não se puder empregar os andaimes citados na alínea anterior, devem ser usadas plataformas com tirantes de aço ou vergalhões de ferro, com diâmetro mínimo de 0,012 m (doze milímetros), devidamente fixados a suportes resistentes;
- os andaimes referidos na alínea "a" devem ter largura mínima de 0,90 m (noventa centímetros) e proteção contra quedas constituídas de guarda-corpo e rodapé;
- as escadas de mão somente podem ser usadas quando apoiadas no solo.

Estipula a NR-18, sob o título de Disposições Finais, o seguinte:

➢ Devem ser colocados, em lugar visível para os trabalhadores, cartazes alusivos à prevenção de acidentes e doenças de trabalho.

➢ É obrigatório o fornecimento de água potável, filtrada e fresca, para os trabalhadores por meio de bebedouros de jato inclinado ou equipamento similar que garanta as mesmas condições, na proporção de 1 (um) para cada grupo de 25 (vinte e cinco) trabalhadores ou fração, e de forma que, do posto de trabalho ao bebedouro, não haja deslocamento superior a 100 m (cem metros), no plano horizontal e 15 m (quinze metros) no plano vertical.

- Na impossibilidade de instalação de bebedouro dentro dos limites referidos na alínea anterior, as empresas devem garantir, nos postos de trabalho, suprimento de água potável, filtrada e fresca fornecida em recipientes portáteis hermeticamente fechados, confeccionados em material apropriado, sendo proibido o uso de copos coletivos; em regiões do país ou estações do ano de clima quente deve ser garantido o fornecimento de água refrigerada.
- A área do canteiro de obras deve ser dotada de iluminação externa adequada, devendo ser previsto escoamento de águas pluviais, inclusive nas áreas de vivência.
- Nas áreas de vivência dotadas de alojamento, deve ser solicitada à concessionária local a instalação de um telefone comunitário ou público.
- É obrigatório o fornecimento gratuito pelo empregador de vestimenta de trabalho e sua reposição, quando danificada.
- Aplicam-se à indústria da construção, nos casos omissos, as disposições constantes nas demais Normas Regulamentadoras da Portaria MTb n. 3.214 de 8.6.1978 e suas alterações posteriores.
- Para fins da aplicação da NR-18, são considerados trabalhadores habilitados aqueles que comprovem perante o empregador e a inspeção do trabalho uma das seguintes condições: capacitação, mediante curso específico do sistema oficial de ensino; ou capacitação, mediante curso especializado ministrado por centros de treinamento e reconhecido pelo sistema oficial de ensino. Outrossim, são considerados trabalhadores qualificados aqueles que comprovem perante o empregador e a inspeção do trabalho uma das seguintes condições: capacitação mediante treinamento na empresa; capacitação mediante curso ministrado por instituições privadas ou públicas, desde que conduzido por profissional habilitado; ou, experiência comprovada em Carteira de Trabalho de pelo menos 6 (seis) meses na função.
- É facultada às empresas construtoras, regularmente registradas no Sistema CONFEA/CREA, sob responsabilidade de profissional de Engenharia, em situações especiais não previstas nesta NR, mediante cumprimento dos requisitos previstos nos subitens seguintes, a adoção de soluções alternativas referentes às medidas de proteção coletiva, a adoção de técnicas de trabalho e uso de equipamentos, tecnologias e outros dispositivos que: I. propiciem avanço tecnológico em segurança, higiene e saúde dos trabalhadores; II. objetivem a implementação de medidas de controle e de sistemas preventivos de segurança nos processos, nas condições e no meio ambiente de trabalho na Indústria da Construção; III. garantam a realização das tarefas e atividades de modo seguro e saudável.
- Os procedimentos e meios de proteção adotados devem estar sob responsabilidade de Engenheiro legalmente habilitado e de Engenheiro de Segurança do Trabalho com a devida emissão de Anotação de Responsabilidade Técnica (ART).
- As tarefas a serem executadas mediante a adoção de soluções alternativas devem estar expressamente previstas em procedimentos de segurança do trabalho, nos quais deve constar: I. os riscos aos quais os trabalhadores estarão expostos; II. a descrição dos equipamentos e das medidas de proteção coletiva a serem implementadas; III. a identificação e a indicação dos Equipamentos de Proteção Individual (EPI) a serem utilizados; IV. a descrição de uso e a indicação de procedimentos quanto aos Equipamentos de Proteção Coletiva (EPC) e EPI, conforme as etapas das tarefas a serem realizadas; V. a descrição das ações de prevenção a serem observadas durante a execução dos serviços, dentre outras medidas a serem previstas e prescritas pelo Engenheiro de Segurança responsável. Outrossim, as soluções alternativas adotadas e as respectivas memórias de cálculo, especificações técnicas e memoriais descritivos devem ser mantidas no estabelecimento (canteiro de obras ou frente de trabalho ou serviço), à disposição da fiscalização do Ministério do Trabalho e Emprego.
- Os equipamentos utilizados, observado o disposto na NR-12, devem possuir: I. manual do proprietário ou de instruções de uso emitido pelo fabricante; II. manual de manutenção, montagem e desmontagem.
- As tarefas envolvendo soluções alternativas somente devem ser iniciadas com autorização especial, precedida de Análise Preliminar de Risco (APR) e Permissão de Trabalho (PT), que contemplem os treinamentos, os procedimentos operacionais, os materiais, as ferramentas e outros dispositivos necessários à execução segura da tarefa.

- A APR poderá ser elaborada por profissional ou por equipe multidisciplinar, desde que aprovada por Engenheiro de Segurança do Trabalho, com emissão de ART específica.
- A documentação relativa à adoção de soluções alternativas integra o PCMAT, devendo ser mantida no estabelecimento (canteiro de obras ou frente de trabalho ou serviço) acompanhada das respectivas memórias de cálculo, especificações técnicas e procedimentos de trabalho, e ser disponibilizada para conhecimento dos trabalhadores e do Sindicato da categoria.

Doravante, serão reproduzidos os FUNDAMENTOS JURÍDICOS (dispositivos legais, infralegais ou regulamentares) que propiciam o suporte de validade jurídica à temática em apreço, observando-se as ordens hierárquica e cronológica. Ao final, encontra-se igualmente transcrita, de forma integral e atualizada, a correspondente norma regulamentadora de segurança e saúde no trabalho que intitula este Capítulo. Recomenda-se a leitura da Convenção OIT n. 167 (Segurança e Saúde na Construção), no capítulo específico deste livro sobre Convenções da OIT.

FUNDAMENTOS JURÍDICOS DO CAPÍTULO 18

NR-18: CONDIÇÕES E MEIO AMBIENTE DE TRABALHO NA INDÚSTRIA DA CONSTRUÇÃO *(redação dada pela* Portaria SSMT-MTb n. 4 de 4.7.1995, *atualizada até a edição da Portaria MTE-GM n. 597 de 7.5.2015). Art. 7º, XXII, XXIII, XXVIII e XXXIII da CF-1988. Art. 200, inciso I, da CLT. Convenção OIT n. 167. Portaria SIT-MTE n. 313 de 23.3.2012, que instituiu a NR-35 (Trabalho em Altura).*

CONSTITUIÇÃO DA REPÚBLICA FEDERATIVA DO BRASIL

(Atualizada até a edição da Emenda Constitucional n. 85 de 26.2.2015)

Título II: Dos Direitos e Garantias Fundamentais (Arts. 5º a 17)

Capítulo II: Dos Direitos Sociais (Arts. 6º a 11)

Art. 7º São direitos dos trabalhadores urbanos e rurais(1), além de outros que visem à melhoria de sua condição social:

XXII — redução dos riscos inerentes ao trabalho, por meio de normas de saúde, higiene e segurança;

XXIII — adicional de remuneração para as atividades penosas, insalubres ou perigosas, na forma da lei;

XXVIII — seguro contra acidentes de trabalho, a cargo do empregador, sem excluir a indenização a que este está obrigado, quando incorrer em dolo ou culpa;

XXXIII — proibição de trabalho noturno, perigoso ou insalubre a menores de dezoito e de qualquer trabalho a menores de dezesseis anos, salvo na condição de aprendiz, a partir de quatorze anos.

NORMAS JURÍDICAS INFRACONSTITUCIONAIS

CONSOLIDAÇÃO DAS LEIS DO TRABALHO

(Decreto-lei n. 5.452 de 1º.5.1943, com a redação dos arts. 154 a 201 CLT dada pela Lei n. 6.514 de 22.12.1977, atualizada até a edição da Lei n. 13.103 de 2.3.2015)

Título II: **Das Normas Gerais de Tutela do Trabalho** (Arts. 13 a 223 da CLT)

Capítulo V: **Da Segurança e da Medicina do Trabalho** (Arts. 154 a 201 da CLT)**(2)**

Seção XV: **Das Outras Medidas Especiais de Proteção** (Art. 200 da CLT)

Art. 200. Cabe ao Ministério do Trabalho e Emprego estabelecer disposições complementares às normas de que trata este Capítulo, tendo em vista as peculiaridades de cada atividade ou setor de trabalho, especialmente sobre:

(...)

I — medidas de prevenção de acidentes e os equipamentos de proteção individual em obras de construção, demolição ou reparos(3);

(...).

---

(1) Especificamente em relação aos Servidores Públicos Federais (submetidos ao Regime Jurídico Único da Lei n. 8.112/1990) dispõe o § 3º do art. 39 da CF-1988 que: "Aplica-se aos servidores ocupantes de cargo público o disposto no art. 7º, IV, VII, VIII, IX, XII, XIII, XV, XVI, XVII, XVIII, XIX, XX, XXII e XXX, podendo a lei estabelecer requisitos diferenciados de admissão quando a natureza do cargo o exigir".

(2) A Lei n. 6.514 de 22.12.1977 propiciou a redação dos arts. 154 a 201 da CLT, observadas as atualizações legais até a edição da Lei n. 13.103 de 2.3.2015.

(3) A NR-18 (CONDIÇÕES E MEIO AMBIENTE DE TRABALHO NA INDÚSTRIA DA CONSTRUÇÃO) disciplina o inciso I do art. 200 da CLT.

NORMAS JURÍDICAS INFRALEGAIS OU REGULAMENTARES

NR-18 (CONDIÇÕES E MEIO AMBIENTE DE TRABALHO NA INDÚSTRIA DA CONSTRUÇÃO)

(Texto da NR-18 com a redação dada pela Portaria SSST-MTb n. 4 de 4.7.1995, com as atualizações até a edição da Portaria MTE-GM n. 597 de 7.5.2015)

Publicação	D.O.U.
Portaria GM n. 3.214, de 8 de junho de 1978	6.7.78
Alterações/Atualizações	**D.O.U.**
Portaria DSST n. 2, de 20 de maio de 1992	21.5.92
Portaria SSST n. 4, de 4 de julho de 1995	7.7.95
Portaria SSST n. 7, de 3 de março de 1997	7.5.97
Portaria SSST n. 20, de 17 de abril de 1998	20.4.98
Portaria SSST n. 63, de 28 de dezembro de 1998	30.12.98
Portaria SIT n. 30, de 13 de dezembro de 2000	18.12.00
Portaria SIT n. 30, de 20 de dezembro de 2001	27.12.01
Portaria SIT n. 13, de 09 de julho de 2002	10.7.02
Portaria SIT n. 114, de 17 de janeiro de 2005	7.1.05
Portaria SIT n. 157, de 10 de abril de 2006	12.4.06
Portaria SIT n. 15, de 3 de julho de 2007	4.7.07
Portaria SIT n. 40, de 7 de março de 2008	10.3.08
Portaria SIT n. 201, de 21 de janeiro de 2011	24.1.11
Portaria SIT n. 224, de 6 de maio de 2011	10.5.11
Portaria SIT n. 237, de 10 de junho de 2011	13.6.11
Portaria SIT n. 254, de 4 de agosto de 2011	8.8.11
Portaria SIT n. 296, de 16 de dezembro de 2011	19.12.11
Portaria SIT n. 318, de 8 de maio de 2012	9.5.12
Portaria MTE n. 644, de 9 de maio de 2013	10.5.13
Portaria MTE-GM n. 597, de 7 de maio de 2015	

SUMÁRIO

18.1. Objetivo e Campo de Aplicação

18.1.1. Esta Norma Regulamentadora — NR estabelece diretrizes de ordem administrativa, de planejamento e de organização, que objetivam a implementação de medidas de controle e sistemas preventivos de segurança nos processos, nas condições e no meio ambiente de trabalho na Indústria da Construção.

18.1.2. Consideram-se atividades da Indústria da Construção as constantes do Quadro I, Código da Atividade Específica, da NR-4 — Serviços Especializados em Engenharia de Segurança e em Medicina do Trabalho e as atividades e serviços de demolição, reparo, pintura, limpeza e manutenção de edifícios em geral, de qualquer número de pavimentos ou tipo de construção, inclusive manutenção de obras de urbanização e paisagismo. *(Alterado pela Portaria SSST n. 63, de 28 de dezembro de 1998)*

18.1.3. É vedado o ingresso ou a permanência de trabalhadores no canteiro de obras, sem que estejam assegurados pelas medidas previstas nesta NR e compatíveis com a fase da obra.

18.1.4. A observância do estabelecido nesta NR não desobriga os empregadores do cumprimento das disposições relativas às condições e meio ambiente de trabalho, determinadas na legislação federal, estadual e/ou municipal, e em outras estabelecidas em negociações coletivas de trabalho.

18.2. Comunicação Prévia

18.2.1. É obrigatória a comunicação à Delegacia Regional do Trabalho, antes do início das atividades, das seguintes informações:

a) endereço correto da obra;

b) endereço correto e qualificação (CEI,CGC ou CPF) do contratante, empregador ou condomínio;

c) tipo de obra;

d) datas previstas do início e conclusão da obra;

e) número máximo previsto de trabalhadores na obra.

18.3. Programa de Condições e Meio Ambiente de Trabalho na Indústria da Construção — PCMAT

18.3.1. São obrigatórios a elaboração e o cumprimento do PCMAT nos estabelecimentos com 20 (vinte) trabalhadores ou mais, contemplando os aspectos desta NR e outros dispositivos complementares de segurança.

18.3.1.1. O PCMAT deve contemplar as exigências contidas na NR 9 — Programa de Prevenção e Riscos Ambientais.

18.3.1.2. O PCMAT deve ser mantido no estabelecimento à disposição do órgão regional do Ministério do Trabalho e Emprego — MTE. *(Alterado pela Portaria SIT n. 296, de 16 de dezembro de 2011)*

18.3.2. O PCMAT deve ser elaborado por profissional legalmente habilitado na área de segurança do trabalho. *(Alterado pela Portaria SIT n. 296, de 16 de dezembro de 2011)*

18.3.3. A implementação do PCMAT nos estabelecimentos é de responsabilidade do empregador ou condomínio.

18.3.4. Integram o PCMAT: *(Alterado pela Portaria SIT n. 296, de 16 de dezembro de 2011)*

a) memorial sobre condições e meio ambiente de trabalho nas atividades e operações, levando-se em consideração riscos de acidentes e de doenças do trabalho e suas respectivas medidas preventivas;

b) projeto de execução das proteções coletivas em conformidade com as etapas de execução da obra;

c) especificação técnica das proteções coletivas e individuais a serem utilizadas;

d) cronograma de implantação das medidas preventivas definidas no PCMAT em conformidade com as etapas de execução da obra; *(Alterada pela Portaria SIT n. 296, de 16 de dezembro de 2011)*

e) layout inicial e atualizado do canteiro de obras e/ou frente de trabalho, contemplando, inclusive, previsão de dimensionamento das áreas de vivência; *(Alterada pela Portaria SIT n. 296, de 16 de dezembro de 2011)*

f) programa educativo contemplando a temática de prevenção de acidentes e doenças do trabalho, com sua carga horária.

18.4. Áreas de Vivência

18.4.1. Os canteiros de obras devem dispor de:

a) instalações sanitárias;

b) vestiário;

c) alojamento;

d) local de refeições;

e) cozinha, quando houver preparo de refeições;

f) lavanderia;

g) área de lazer;

h) ambulatório, quando se tratar de frentes de trabalho com 50 (cinquenta) ou mais trabalhadores.

18.4.1.1. O cumprimento do disposto nas alíneas "c", "f" e "g" é obrigatório nos casos onde houver trabalhadores alojados.

18.4.1.2. As áreas de vivência devem ser mantidas em perfeito estado de conservação, higiene e limpeza.

18.4.1.3. Instalações móveis, inclusive contêineres, serão aceitas em áreas de vivência de canteiro de obras e frentes de trabalho, desde que, cada módulo: *(Alterado pela Portaria SIT n. 30, de 13 de dezembro de 2000)*

a) possua área de ventilação natural, efetiva, de no mínimo 15% (quinze por cento) da área do piso, composta por, no mínimo, duas aberturas adequadamente dispostas para permitir eficaz ventilação interna;

b) garanta condições de conforto térmico;

c) possua pé direito mínimo de 2,40m (dois metros e quarenta centímetros);

d) garanta os demais requisitos mínimos de conforto e higiene estabelecidos nesta NR;

e) possua proteção contra riscos de choque elétrico por contatos indiretos, além do aterramento elétrico.

18.4.1.3.1. Nas instalações móveis, inclusive contêineres, destinadas a alojamentos com camas duplas, tipo beliche, a altura livre entre uma cama e outra é, no mínimo, de 0,90m (noventa centímetros). *(Incluído pela Portaria SIT n. 30, de 13 de dezembro de 2000)*

18.4.1.3.2. Tratando-se de adaptação de contêineres, originalmente utilizados no transporte ou acondicionamento de cargas, deverá ser mantido no canteiro de obras, à disposição da fiscalização do trabalho e do sindicato profissional, laudo técnico elaborado por profissional legalmente habilitado, relativo a ausência de riscos químicos, biológicos e físicos (especificamente para radiações) com a identificação da empresa responsável pela adaptação. *(Incluído pela Portaria SIT n. 30, de 13 de dezembro de 2000)*

18.4.2. Instalações Sanitárias

18.4.2.1. Entende-se como instalação sanitária o local destinado ao asseio corporal e/ou ao atendimento das necessidades fisiológicas de excreção.

18.4.2.2. É proibida a utilização das instalações sanitárias para outros fins que não aqueles previstos no subitem 18.4.2.1.

18.4.2.3. As instalações sanitárias devem:

a) ser mantidas em perfeito estado de conservação e higiene;

b) ter portas de acesso que impeçam o devassamento e ser construídas de modo a manter o resguardo conveniente;

c) ter paredes de material resistente e lavável, podendo ser de madeira;

d) ter pisos impermeáveis, laváveis e de acabamento antiderrapante;

e) não se ligar diretamente com os locais destinados às refeições;

f) ser independente para homens e mulheres, quando necessário;

g) ter ventilação e iluminação adequadas;

h) ter instalações elétricas adequadamente protegidas;

i) ter pé-direito mínimo de 2,50m (dois metros e cinquenta centímetros), ou respeitando-se o que determina o Código de Obras do Município da obra;

j) estar situadas em locais de fácil e seguro acesso, não sendo permitido um deslocamento superior a 150 (cento e cinquenta) metros do posto de trabalho aos gabinetes sanitários, mictórios e lavatórios.

18.4.2.4. A instalação sanitária deve ser constituída de lavatório, vaso sanitário e mictório, na proporção de 1 (um) conjunto para cada grupo de 20 (vinte) trabalhadores ou fração, bem como de chuveiro, na proporção de 1 (uma) unidade para cada grupo de 10 (dez) trabalhadores ou fração.

18.4.2.5. Lavatórios

18.4.2.5.1. Os lavatórios devem:

a) ser individual ou coletivo, tipo calha;

b) possuir torneira de metal ou de plástico;

c) ficar a uma altura de 0,90m (noventa centímetros);

d) ser ligados diretamente à rede de esgoto, quando houver;

e) ter revestimento interno de material liso, impermeável e lavável;

f) ter espaçamento mínimo entre as torneiras de 0,60m (sessenta centímetros), quando coletivos;

g) dispor de recipiente para coleta de papéis usados.

18.4.2.6. Vasos sanitários

18.4.2.6.1. O local destinado ao vaso sanitário (gabinete sanitário) deve:

a) ter área mínima de 1,00m^2 (um metro quadrado);

b) ser provido de porta com trinco interno e borda inferior de, no máximo, 0,15m (quinze centímetros) de altura;

c) ter divisórias com altura mínima de 1,80m (um metro e oitenta centímetros);

d) ter recipiente com tampa, para depósito de papéis usados, sendo obrigatório o fornecimento de papel higiênico.

18.4.2.6.2. Os vasos sanitários devem:

a) ser do tipo bacia turca ou sifonado;

b) ter caixa de descarga ou válvula automática;

c) ser ligado à rede geral de esgotos ou à fossa séptica, com interposição de sifões hidráulicos.

18.4.2.7. Mictórios

18.4.2.7.1. Os mictórios devem:

a) ser individual ou coletivo, tipo calha;

b) ter revestimento interno de material liso, impermeável e lavável;

c) ser providos de descarga provocada ou automática;

d) ficar a uma altura máxima de 0,50m (cinquenta centímetros) do piso;

e) ser ligado diretamente à rede de esgoto ou à fossa séptica, com interposição de sifões hidráulicos.

18.4.2.7.2. No mictório tipo calha, cada segmento de 0,60m (sessenta centímetros) deve corresponder a um mictório tipo cuba.

18.4.2.8. Chuveiros

18.4.2.8.1. A área mínima necessária para utilização de cada chuveiro é de 0,80m^2 (oitenta decímetros quadrados), com altura de 2,10m (dois metros e dez centímetros) do piso.

18.4.2.8.2. Os pisos dos locais onde forem instalados os chuveiros devem ter caimento que assegure o escoamento da água para a rede de esgoto, quando houver, e ser de material antiderrapante ou provido de estrados de madeira.

18.4.2.8.3. Os chuveiros devem ser de metal ou plástico, individuais ou coletivos, dispondo de água quente.

18.4.2.8.4. Deve haver um suporte para sabonete e cabide para toalha, correspondente a cada chuveiro.

18.4.2.8.5. Os chuveiros elétricos devem ser aterrados adequadamente.

18.4.2.9. Vestiário

18.4.2.9.1. Todo canteiro de obra deve possuir vestiário para troca de roupa dos trabalhadores que não residem no local.

18.4.2.9.2. A localização do vestiário deve ser próxima aos alojamentos e/ou à entrada da obra, sem ligação direta com o local destinado às refeições.

18.4.2.9.3. Os vestiários devem:

a) ter paredes de alvenaria, madeira ou material equivalente;

b) ter pisos de concreto, cimentado, madeira ou material equivalente;

c) ter cobertura que proteja contra as intempéries;

d) ter área de ventilação correspondente a 1/10 (um décimo) de área do piso;

e) ter iluminação natural e/ou artificial;

f) ter armários individuais dotados de fechadura ou dispositivo com cadeado;

g) ter pé-direito mínimo de 2,50m (dois metros e cinquenta centímetros), ou respeitando-se o que determina o Código de Obras do Município, da obra;

h) ser mantidos em perfeito estado de conservação, higiene e limpeza;

i) ter bancos em número suficiente para atender aos usuários, com largura mínima de 0,30m (trinta centímetros).

18.4.2.10. Alojamento

18.4.2.10.1. Os alojamentos dos canteiros de obra devem:

a) ter paredes de alvenaria, madeira ou material equivalente;

b) ter piso de concreto, cimentado, madeira ou material equivalente;

c) ter cobertura que proteja das intempéries;

d) ter área de ventilação de no mínimo 1/10 (um décimo) da área do piso;

e) ter iluminação natural e/ou artificial;

f) ter área mínima de 3,00m² (três metros) quadrados por módulo cama/armário, incluindo a área de circulação;

g) ter pé-direito de 2,50m (dois metros e cinquenta centímetros) para cama simples e de 3,00m (três metros) para camas duplas;

h) não estar situados em subsolos ou porões das edificações;

i) ter instalações elétricas adequadamente protegidas.

18.4.2.10.2. É proibido o uso de 3 (três) ou mais camas na mesma vertical.

18.4.2.10.3. A altura livre permitida entre uma cama e outra e entre a última e o teto é de, no mínimo, 1,20m (um metro e vinte centímetros).

18.4.2.10.4. A cama superior do beliche deve ter proteção lateral e escada.

18.4.2.10.5. As dimensões mínimas das camas devem ser de 0,80m (oitenta centímetros) por 1,90m (um metro e noventa centímetros) e distância entre o ripamento do estrado de 0,05m (cinco centímetros), dispondo ainda de colchão com densidade 26 (vinte e seis) e espessura mínima de 0,10m (dez centímetros).

18.4.2.10.6. As camas devem dispor de lençol, fronha e travesseiro em condições adequadas de higiene, bem como cobertor, quando as condições climáticas assim o exigirem.

18.4.2.10.7. Os alojamentos devem ter armários duplos individuais com as seguintes dimensões mínimas:

a) 1,20m (um metro e vinte centímetros) de altura por 0,30m (trinta centímetros) de largura e 0,40m (quarenta centímetros) de profundidade, com separação ou prateleira, de modo que um compartimento, com a altura de 0,80m (oitenta centímetros), se destine a abrigar a roupa de uso comum e o outro compartimento, com a altura de 0,40m (quarenta centímetros), a guardar a roupa de trabalho; ou

b) 0,80m (oitenta centímetros) de altura por 0,50m (cinquenta centímetros) de largura e 0,40m (quarenta centímetros) de profundidade com divisão no sentido vertical, de forma que os compartimentos, com largura de 0,25m (vinte e cinco centímetros), estabeleçam rigorosamente o isolamento das roupas de uso comum e de trabalho.

18.4.2.10.8. É proibido cozinhar e aquecer qualquer tipo de refeição dentro do alojamento.

18.4.2.10.9. O alojamento deve ser mantido em permanente estado de conservação, higiene e limpeza.

18.4.2.10.10. É obrigatório no alojamento o fornecimento de água potável, filtrada e fresca, para os trabalhadores por meio de bebedouros de jato inclinado ou equipamento similiar que garanta as mesmas condições, na proporção de 1 (um) para cada grupo de 25 (vinte e cinco) trabalhadores ou fração.

18.4.2.10.11. É vedada a permanência de pessoas com moléstia infectocontagiosa nos alojamentos.

18.4.2.11. Local para refeições

18.4.2.11.1. Nos canteiros de obra é obrigatória a existência de local adequado para refeições.

18.4.2.11.2. O local para refeições deve:

a) ter paredes que permitam o isolamento durante as refeições;

b) ter piso de concreto, cimentado ou de outro material lavável;

c) ter cobertura que proteja das intempéries;

d) ter capacidade para garantir o atendimento de todos os trabalhadores no horário das refeições;

e) ter ventilação e iluminação natural e/ou artificial;

f) ter lavatório instalado em suas proximidades ou no seu interior;

g) ter mesas com tampos lisos e laváveis;

h) ter assentos em número suficiente para atender aos usuários;

i) ter depósito, com tampa, para detritos;

j) não estar situado em subsolos ou porões das edificações;

k) não ter comunicação direta com as instalações sanitárias;

l) ter pé-direito mínimo de 2,80m (dois metros e oitenta centímetros), ou respeitando-se o que determina o Código de Obras do Município, da obra.

18.4.2.11.3. Independentemente do número de trabalhadores e da existência ou não de cozinha, em todo canteiro de obra deve haver local exclusivo para o aquecimento de refeições, dotado de equipamento adequado e seguro para o aquecimento.

18.4.2.11.3.1. É proibido preparar, aquecer e tomar refeições fora dos locais estabelecidos neste subitem.

18.4.2.11.4. É obrigatório o fornecimento de água potável, filtrada e fresca, para os trabalhadores, por meio de bebedouro de jato inclinado ou outro dispositivo equivalente, sendo proibido o uso de copos coletivos.

18.4.2.12. Cozinha

18.4.2.12.1. Quando houver cozinha no canteiro de obra, ela deve:

a) ter ventilação natural e/ou artificial que permita boa exaustão;

b) ter pé-direito mínimo de 2,80m (dois metros e oitenta centímetros), ou respeitando-se o Código de Obras do Município da obra;

c) ter paredes de alvenaria, concreto, madeira ou material equivalente;

d) ter piso de concreto, cimentado ou de outro material de fácil limpeza;

e) ter cobertura de material resistente ao fogo;

f) ter iluminação natural e/ou artificial;

g) ter pia para lavar os alimentos e utensílios;

h) possuir instalações sanitárias que não se comuniquem com a cozinha, de uso exclusivo dos encarregados de manipular gêneros alimentícios, refeições e utensílios, não devendo ser ligadas à caixa de gordura;

i) dispor de recipiente, com tampa, para coleta de lixo;

j) possuir equipamento de refrigeração para preservação dos alimentos;

k) ficar adjacente ao local para refeições;

l) ter instalações elétricas adequadamente protegidas;

m) quando utilizado GLP, os botijões devem ser instalados fora do ambiente de utilização, em área permanentemente ventilada e coberta.

18.4.2.12.2. É obrigatório o uso de aventais e gorros para os que trabalham na cozinha.

18.4.2.13. Lavanderia

18.4.2.13.1. As áreas de vivência devem possuir local próprio, coberto, ventilado e iluminado para que o trabalhador alojado possa lavar, secar e passar suas roupas de uso pessoal.

18.4.2.13.2. Este local deve ser dotado de tanques individuais ou coletivos em número adequado.

18.4.2.13.3. A empresa poderá contratar serviços de terceiros para atender ao disposto no item 18.4.2.13.1, sem ônus para o trabalhador.

18.4.2.14. Área de lazer

18.4.2.14.1. Nas áreas de vivência devem ser previstos locais para recreação dos trabalhadores alojados, podendo ser utilizado o local de refeições para este fim.

18.5. Demolição

18.5.1. Antes de se iniciar a demolição, as linhas de fornecimento de energia elétrica, água, inflamáveis líquidos e gasosos liquefeitos, substâncias tóxicas, canalizações de esgoto e de escoamento de água devem ser desligadas, retiradas, protegidas ou isoladas, respeitando-se as normas e determinações em vigor.

18.5.2. As construções vizinhas à obra de demolição devem ser examinadas, prévia e periodicamente, no sentido de ser preservada sua estabilidade e a integridade física de terceiros.

18.5.3. Toda demolição deve ser programada e dirigida por profissional legalmente habilitado.

18.5.4. Antes de se iniciar a demolição, devem ser removidos os vidros, ripados, estuques e outros elementos frágeis.

18.5.5. Antes de se iniciar a demolição de um pavimento, devem ser fechadas todas as aberturas existentes no piso, salvo as que forem utilizadas para escoamento de materiais, ficando proibida a permanência de pessoas nos pavimentos que possam ter sua estabilidade comprometida no processo de demolição.

18.5.6. As escadas devem ser mantidas desimpedidas e livres para a circulação de emergência e somente serão demolidas à medida em que forem sendo retirados os materiais dos pavimentos superiores.

18.5.7. Objetos pesados ou volumosos devem ser removidos mediante o emprego de dispositivos mecânicos, ficando proibido o lançamento em queda livre de qualquer material.

18.5.8. A remoção dos entulhos, por gravidade, deve ser feita em calhas fechadas de material resistente, com inclinação máxima de 45° (quarenta e cinco graus), fixadas à edificação em todos os pavimentos.

18.5.9. No ponto de descarga da calha, deve existir dispositivo de fechamento.

18.5.10. Durante a execução de serviços de demolição, devem ser instaladas, no máximo, a 2 (dois) pavimentos abaixo do que será demolido, plataformas de retenção de entulhos, com dimensão mínima de 2,50m (dois metros e cinquenta centímetros) e inclinação de 45° (quarenta e cinco graus), em todo o perímetro da obra.

18.5.11. Os elementos da construção em demolição não devem ser abandonados em posição que torne possível o seu desabamento.

18.5.12. Os materiais das edificações, durante a demolição e remoção, devem ser previamente umedecidos.

18.5.13. As paredes somente podem ser demolidas antes da estrutura, quando esta for metálica ou de concreto armado.

18.6. Escavações, Fundações e Desmonte de Rochas

18.6.1. A área de trabalho deve ser previamente limpa, devendo ser retirados ou escorados solidamente árvores, rochas, equipamentos, materiais e objetos de qualquer natureza, quando houver risco de comprometimento de sua estabilidade durante a execução de serviços.

18.6.2. Muros, edificações vizinhas e todas as estruturas que possam ser afetadas pela escavação devem ser escorados.

18.6.3. Os serviços de escavação, fundação e desmonte de rochas devem ter responsável técnico legalmente habilitado.

18.6.4. Quando existir cabo subterrâneo de energia elétrica nas proximidades das escavações, as mesmas só poderão ser iniciadas quando o cabo estiver desligado.

18.6.4.1. Na impossibilidade de desligar o cabo, devem ser tomadas medidas especiais junto à concessionária.

18.6.5. Os taludes instáveis das escavações com profundidade superior a 1,25m (um metro e vinte e cinco centímetros) devem ter sua estabilidade garantida por meio de estruturas dimensionadas para este fim.

18.6.6. Para elaboração do projeto e execução das escavações a céu aberto, serão observadas as condições exigidas na NBR 9061/85 — Segurança de Escavação a Céu Aberto da ABNT.

18.6.7. As escavações com mais de 1,25m (um metro e vinte e cinco centímetros) de profundidade devem dispor de escadas ou rampas, colocadas próximas aos postos de trabalho, a fim de permitir, em caso de emergência, a saída rápida dos trabalhadores, independentemente do previsto no subitem 18.6.5.

18.6.8. Os materiais retirados da escavação devem ser depositados a uma distância superior à metade da profundidade, medida a partir da borda do talude.

18.6.9. Os taludes com altura superior a 1,75m (um metro e setenta e cinco centímetros) devem ter estabilidade garantida.

18.6.10. Quando houver possibilidade de infiltração ou vazamento de gás, o local deve ser devidamente ventilado e monitorado.

18.6.10.1. O monitoramento deve ser efetivado enquanto o trabalho estiver sendo realizado para, em caso de vazamento, ser acionado o sistema de alarme sonoro e visual.

18.6.11. As escavações realizadas em vias públicas ou canteiros de obras devem ter sinalização de advertência, inclusive noturna, e barreira de isolamento em todo o seu perímetro.

18.6.12. Os acessos de trabalhadores, veículos e equipamentos às áreas de escavação devem ter sinalização de advertência permanente.

18.6.13. É proibido o acesso de pessoas não autorizadas às áreas de escavação e cravação de estacas.

18.6.14. O operador de bate-estacas deve ser qualificado e ter sua equipe treinada.

18.6.15. Os cabos de sustentação do pilão devem ter comprimento para que haja, em qualquer posição de trabalho, um mínimo de 6 (seis) voltas sobre o tambor.

18.6.16. Na execução de escavações e fundações sob ar comprimido, deve ser obedecido o disposto no Anexo no 6 da NR-15 — Atividades e Operações Insalubres.

18.6.17. Na operação de desmonte de rocha a fogo, fogacho ou mista, deve haver um blaster, responsável pelo armazenamento, preparação das cargas, carregamento das minas, ordem de fogo, detonação e retirada das que não explodiram, destinação adequada das sobras de explosivos e pelos dispositivos elétricos necessários às detonações.

18.6.18. A área de fogo deve ser protegida contra projeção de partículas, quando expuser a risco trabalhadores e terceiros.

18.6.19. Nas detonações é obrigatória a existência de alarme sonoro.

18.6.20. Na execução de tubulões a céu aberto, aplicam-se as disposições constantes no item 18.20 — Locais confinados.

18.6.20.1. Toda escavação somente pode ser iniciada com a liberação e autorização do Engenheiro responsável pela execução da fundação, atendendo o disposto na NBR 6122:2010 ou alterações posteriores. *(Incluído pela Portaria MTE n. 644, de 9 de maio de 2013)*

18.6.21. Os tubulões a céu aberto devem ser encamisados, exceto quando houver projeto elaborado por profissional legalmente habilitado que dispense o encamisamento, devendo atender os seguintes requisitos: *(Incluído pela Portaria MTE n. 644, de 9 de maio de 2013)*

a) sondagem ou estudo geotécnico local, para profundidade superior a 3 metros;

b) todas as medidas de proteção coletiva e individual exigidas para a atividade devem estar descritas no Programa de Condições e Meio Ambiente de Trabalho na Indústria da Construção — PCMAT, bem como plano de resgate e remoção em caso de acidente, modelo de *check list* a ser aplicado diariamente, modelo de programa de treinamento destinado aos envolvidos na atividade contendo as atividades operacionais, de resgate e noções de primeiros socorros, com carga horária mínima de 8 horas;

c) as ocorrências e as atividades sequenciais das escavações dos tubulões a céu aberto devem ser registradas diariamente em livro próprio pelo engenheiro responsável;

d) é proibido o trabalho simultâneo em bases alargadas em tubulões adjacentes, sejam estes trabalhos de escavação e/ou de concretagem;

e) é proibida a abertura simultânea de bases tangentes;

f) a escavação manual só pode ser executada acima do nível d'água ou abaixo dele nos casos em que o solo se mantenha estável, sem risco de desmoronamento, e seja possível controlar a água no interior do tubulão;

g) o diâmetro mínimo para escavação de tubulão a céu aberto é de 0,80m;

h) o diâmetro de 0,70m somente poderá ser utilizado com justificativa técnica do Engenheiro responsável pela fundação.

18.6.22. O equipamento de descida e içamento de trabalhadores e materiais utilizado na execução de tubulões a céu aberto deve ser dotado de sistema de segurança com travamento, atendendo aos seguintes requisitos para a sua operação: *(Alterado pela Portaria MTE n. 644, de 9 de maio de 2013)*

a) liberação de serviço em cada etapa (abertura de fuste e alargamento de base) registrado no livro de registro diário de escavação de tubulões a céu aberto;

b) dupla trava de segurança no sarilho, sendo uma de cada lado;

c) corda de cabo de fibra sintética que atenda as recomendações do item 18.16 da NR-18, tanto da corda de içamento do balde como do cabo-guia para o trabalhador;

d) corda de sustentação do balde deve ter comprimento para que haja, em qualquer posição de trabalho, no mínimo de 6 (seis) voltas sobre o tambor;

e) gancho com trava de segurança na extremidade da corda do balde;

f) sistema de ventilação por insuflação de ar por duto, captado em local isento de fontes de poluição, e em caso contrário, adotar processo de filtragem do ar;

g) sistema de sarilho fixado no terreno, fabricado em material resistente e com rodapé de 0,20 m em sua base, dimensionado conforme a carga e apoiado com no mínimo 0,50 m de afastamento em relação à borda do tubulão;

h) depositar materiais afastados da borda do tubulão com distância determinada pelo estudo geotécnico;

i) cobertura translúcida tipo tenda, com película ultravioleta, sobre montantes fixados no solo;

j) possuir isolamento de área e placas de advertência;

k) isolar, sinalizar e fechar os poços nos intervalos e no término da jornada de trabalho;

l) impedir o trânsito de veículos nos locais de trabalho;

m) paralisação imediata das atividades de escavação dos tubulões no início de chuvas;

n) utilização de iluminação blindada e a prova de explosão.

18.6.23. *(Revogado pela Portaria MTE n. 644, de 9 de maio de 2013)*

18.6.23.1. *(Revogado pela Portaria MTE n. 644, de 9 de maio de 2013)*

18.7. Carpintaria

18.7.1. As operações em máquinas e equipamentos necessários à realização da atividade de carpintaria somente podem ser realizadas por trabalhador qualificado nos termos desta NR.

18.7.2. A serra circular deve atender às disposições a seguir:

a) ser dotada de mesa estável, com fechamento de suas faces inferiores, anterior e posterior, construída em madeira resistente e de primeira qualidade, material metálico ou similar de resistência equivalente, sem irregularidades, com dimensionamento suficiente para a execução das tarefas;

b) ter a carcaça do motor aterrada eletricamente;

c) o disco deve ser mantido afiado e travado, devendo ser substituído quando apresentar trincas, dentes quebrados ou empenamentos;

d) as transmissões de força mecânica devem estar protegidas obrigatoriamente por anteparos fixos e resistentes, não podendo ser removidos, em hipótese alguma, durante a execução dos trabalhos;

e) ser provida de coifa protetora do disco e cutelo divisor, com identificação do fabricante e ainda coletor de serragem.

18.7.3. Nas operações de corte de madeira, devem ser utilizados dispositivo empurrador e guia de alinhamento.

18.7.4. As lâmpadas de iluminação da carpintaria devem estar protegidas contra impactos provenientes da projeção de partículas.

18.7.5. A carpintaria deve ter piso resistente, nivelado e antiderrapante, com cobertura capaz de proteger os trabalhadores contra quedas de materiais e intempéries.

18.8. Armações de Aço

18.8.1. A dobragem e o corte de vergalhões de aço em obra devem ser feitos sobre bancadas ou plataformas apropriadas e estáveis, apoiadas sobre superfícies resistentes, niveladas e não escorregadias, afastadas da área de circulação de trabalhadores.

18.8.2. As armações de pilares, vigas e outras estruturas verticais devem ser apoiadas e escoradas para evitar tombamento e desmoronamento.

18.8.3. A área de trabalho onde está situada a bancada de armação deve ter cobertura resistente para proteção dos trabalhadores contra a queda de materiais e intempéries.

18.8.3.1. As lâmpadas de iluminação da área de trabalho da armação de aço devem estar protegidas contra impactos provenientes da projeção de partículas ou de vergalhões.

18.8.4. É obrigatória a colocação de pranchas de madeira firmemente apoiadas sobre as armações nas fôrmas, para a circulação de operários.

18.8.5. É proibida a existência de pontas verticais de vergalhões de aço desprotegidas.

18.8.6. Durante a descarga de vergalhões de aço, a área deve ser isolada.

18.9. Estruturas de Concreto

18.9.1. As fôrmas devem ser projetadas e construídas de modo que resistam às cargas máximas de serviço.

18.9.2. O uso de fôrmas deslizantes deve ser supervisionado por profissional legalmente habilitado.

18.9.3. Os suportes e escoras de fôrmas devem ser inspecionados antes e durante a concretagem por trabalhador qualificado.

18.9.4. Durante a desforma devem ser viabilizados meios que impeçam a queda livre de seções de fôrmas e escoramentos, sendo obrigatórios a amarração das peças e o isolamento e sinalização ao nível do terreno.

18.9.5. As armações de pilares devem ser estaiadas ou escoradas antes do cimbramento.

18.9.6. Durante as operações de protensão de cabos de aço, é proibida a permanência de trabalhadores atrás dos macacos ou sobre estes, ou outros dispositivos de protensão, devendo a área ser isolada e sinalizada.

18.9.7. Os dispositivos e equipamentos usados em protensão devem ser inspecionados por profissional legalmente habilitado antes de serem iniciados os trabalhos e durante os mesmos.

18.9.8. As conexões dos dutos transportadores de concreto devem possuir dispositivos de segurança para impedir a separação das partes, quando o sistema estiver sob pressão.

18.9.9. As peças e máquinas do sistema transportador de concreto devem ser inspecionadas por trabalhador qualificado, antes do início dos trabalhos.

18.9.10. No local onde se executa a concretagem, somente deve permanecer a equipe indispensável para a execução dessa tarefa.

18.9.11. Os vibradores de imersão e de placas devem ter dupla isolação e os cabos de ligação ser protegidos contra choques mecânicos e cortes pela ferragem, devendo ser inspecionados antes e durante a utilização.

18.9.12. As caçambas transportadoras de concreto devem ter dispositivos de segurança que impeçam o seu descarregamento acidental.

18.10. Estruturas Metálicas

18.10.1. As peças devem estar previamente fixadas antes de serem soldadas, rebitadas ou parafusadas.

18.10.2. Na edificação de estrutura metálica, abaixo dos serviços de rebitagem, parafusagem ou soldagem, deve ser mantido piso provisório, abrangendo toda a área de trabalho situada no piso imediatamente inferior.

18.10.3. O piso provisório deve ser montado sem frestas, a fim de se evitar queda de materiais ou equipamentos.

18.10.4. Quando necessária a complementação do piso provisório, devem ser instaladas redes de proteção junto às colunas.

18.10.5. Deve ficar à disposição do trabalhador, em seu posto de trabalho, recipiente adequado para depositar pinos, rebites, parafusos e ferramentas.

18.10.6. As peças estruturais pré-fabricadas devem ter pesos e dimensões compatíveis com os equipamentos de transportar e guindar.

18.10.7. Os elementos componentes da estrutura metálica não devem possuir rebarbas.

18.10.8. Quando for necessária a montagem, próximo às linhas elétricas energizadas, deve-se proceder ao desligamento da rede, afastamento dos locais energizados, proteção das linhas, além do aterramento da estrutura e equipamentos que estão sendo utilizados.

18.10.9. A colocação de pilares e vigas deve ser feita de maneira que, ainda suspensos pelo equipamento de guindar, se executem a prumagem, marcação e fixação das peças.

18.11. Operações de Soldagem e Corte a Quente

18.11.1. As operações de soldagem e corte a quente somente podem ser realizadas por trabalhadores qualificados.

18.11.2. Quando forem executadas operações de soldagem e corte a quente em chumbo, zinco ou materiais revestidos de cádmio, será obrigatória a remoção por ventilação local exaustora dos fumos originados no processo de solda e corte, bem como na utilização de eletrodos revestidos.

18.11.3. O dispositivo usado para manusear eletrodos deve ter isolamento adequado à corrente usada, a fim de se evitar a formação de arco elétrico ou choques no operador.

18.11.4. Nas operações de soldagem e corte a quente, é obrigatória a utilização de anteparo eficaz para a proteção dos trabalhadores circunvizinhos. O material utilizado nesta proteção deve ser do tipo incombustível.

18.11.5. Nas operações de soldagem ou corte a quente de vasilhame, recipiente, tanque ou similar, que envolvam geração de gases confinados ou semiconfinados, é obrigatória a adoção de medidas preventivas adicionais para eliminar riscos de explosão e intoxicação do trabalhador, conforme mencionado no item 18.20 — Locais confinados.

18.11.6. As mangueiras devem possuir mecanismos contra o retrocesso das chamas na saída do cilindro e chegada do maçarico.

18.11.7. É proibida a presença de substâncias inflamáveis e/ou explosivas próximo às garrafas de O_2 (oxigênio).

18.11.8. Os equipamentos de soldagem elétrica devem ser aterrados.

18.11.9. Os fios condutores dos equipamentos, as pinças ou os alicates de soldagem devem ser mantidos longe de locais com óleo, graxa ou umidade, e devem ser deixados em descanso sobre superfícies isolantes.

18.12. Escadas, Rampas e Passarelas

18.12.1. A madeira a ser usada para construção de escadas, rampas e passarelas deve ser de boa qualidade, sem apresentar nós e rachaduras que comprometam sua resistência, estar seca, sendo proibido o uso de pintura que encubra imperfeições.

18.12.2. As escadas de uso coletivo, rampas e passarelas para a circulação de pessoas e materiais devem ser de construção sólida e dotadas de corrimão e rodapé.

18.12.3. A transposição de pisos com diferença de nível superior a 0,40m (quarenta centímetros) deve ser feita por meio de escadas ou rampas.

18.12.4. É obrigatória a instalação de rampa ou escada provisória de uso coletivo para transposição de níveis como meio de circulação de trabalhadores.

18.12.5. Escadas.

18.12.5.1. As escadas provisórias de uso coletivo devem ser dimensionadas em função do fluxo de trabalhadores, respeitando-se a largura mínima de 0,80 (oitenta centímetros), devendo ter pelo menos a cada 2,90m (dois metros e noventa centímetros) de altura um patamar intermediário.

18.12.5.1.1. Os patamares intermediários devem ter largura e comprimento, no mínimo, iguais à largura da escada.

18.12.5.2. A escada de mão deve ter seu uso restrito para acessos provisórios e serviços de pequeno porte.

18.12.5.3. As escadas de mão poderão ter até 7,00m (sete metros) de extensão e o espaçamento entre os degraus deve ser uniforme, variando entre 0,25m (vinte e cinco centímetros) a 0,30m (trinta centímetros).

18.12.5.4. É proibido o uso de escada de mão com montante único.

18.12.5.5. É proibido colocar escada de mão:

a) nas proximidades de portas ou áreas de circulação;

b) onde houver risco de queda de objetos ou materiais;

c) nas proximidades de aberturas e vãos.

18.12.5.6. A escada de mão deve:

a) ultrapassar em 1,00m (um metro) o piso superior;

b) ser fixada nos pisos inferior e superior ou ser dotada de dispositivo que impeça o seu escorregamento;

c) ser dotada de degraus antiderrapantes;

d) ser apoiada em piso resistente.

18.12.5.7. É proibido o uso de escada de mão junto a redes e equipamentos elétricos desprotegidos.

18.12.5.8. A escada de abrir deve ser rígida, estável e provida de dispositivos que a mantenham com abertura constante, devendo ter comprimento máximo de 6,00m (seis metros), quando fechada.

18.12.5.9. A escada extensível deve ser dotada de dispositivo limitador de curso, colocado no quarto vão a contar da catraca. Caso não haja o limitador de curso, quando estendida, deve permitir uma sobreposição de no mínimo 1,00m (um metro).

18.12.5.10. A escada fixa, tipo marinheiro, com 6,00 (seis metros) ou mais de altura, deve ser provida de gaiola protetora a partir de 2,00m (dois metros) acima da base até 1,00m (um metro) acima da última superfície de trabalho.

18.12.5.10.1. Para cada lance de 9,00m (nove metros), deve existir um patamar intermediário de descanso, protegido por guarda-corpo e rodapé.

18.12.6. Rampas e passarelas.

18.12.6.1. As rampas e passarelas provisórias devem ser construídas e mantidas em perfeitas condições de uso e segurança.

18.12.6.2. As rampas provisórias devem ser fixadas no piso inferior e superior, não ultrapassando 30° (trinta graus) de inclinação em relação ao piso.

18.12.6.3. Nas rampas provisórias, com inclinação superior a 18° (dezoito graus), devem ser fixadas peças transversais, espaçadas em 0,40m (quarenta centímetros), no máximo, para apoio dos pés.

18.12.6.4. As rampas provisórias usadas para trânsito de caminhões devem ter largura mínima de 4,00m (quatro metros) e ser fixadas em suas extremidades.

18.12.6.5. Não devem existir ressaltos entre o piso da passarela e o piso do terreno.

18.12.6.6. Os apoios das extremidades das passarelas devem ser dimensionados em função do comprimento total das mesmas e das cargas a que estarão submetidas.

18.13. Medidas de Proteção contra Quedas de Altura

18.13.1. É obrigatória a instalação de proteção coletiva onde houver risco de queda de trabalhadores ou de projeção e materiais.

18.13.2. As aberturas no piso devem ter fechamento provisório resistente.

18.13.2.1. As aberturas, em caso de serem utilizadas para o transporte vertical de materiais e equipamentos, devem ser protegidas por guarda-corpo fixo, no ponto de entrada e saída de material, e por sistema de fechamento do tipo cancela ou similar.

18.13.3. Os vãos de acesso às caixas dos elevadores devem ter fechamento provisório de, no mínimo, 1,20m (um metro e vinte centímetros) de altura, constituído de material resistente e seguramente fixado à estrutura, até a colocação definitiva das portas.

18.13.4. É obrigatória, na periferia da edificação, a instalação de proteção contra queda de trabalhadores e projeção de materiais a partir do início dos serviços necessários à concretagem da primeira laje.

18.13.5. A proteção contra quedas, quando constituída de anteparos rígidos, em sistema de guarda-corpo e rodapé, deve atender aos seguintes requisitos:

a) ser construída com altura de 1,20m (um metro e vinte centímetros) para o travessão superior e 0,70m (setenta centímetros) para o travessão intermediário;

b) ter rodapé com altura de 0,20m (vinte centímetros);

c) ter vãos entre travessas preenchidos com tela ou outro dispositivo que garanta o fechamento seguro da abertura.

18.13.6. Em todo perímetro da construção de edifícios com mais de 4 (quatro) pavimentos ou altura equivalente, é obrigatória a instalação de uma plataforma principal de proteção na altura da primeira laje que esteja, no mínimo, um pé-direito acima do nível do terreno.

18.13.6.1. Essa plataforma deve ter, no mínimo, 2,50m (dois metros e cinquenta centímetros) de projeção horizontal da face externa da construção e 1 (um) complemento de 0,80m (oitenta centímetros) de extensão, com inclinação de 45° (quarenta e cinco graus), a partir de sua extremidade.

18.13.6.2. A plataforma deve ser instalada logo após a concretagem da laje a que se refere e retirada, somente, quando o revestimento externo do prédio acima dessa plataforma estiver concluído.

18.13.7. Acima e a partir da plataforma principal de proteção, devem ser instaladas, também, plataformas secundárias de proteção, em balanço, de 3 (três) em 3 (três) lajes.

18.13.7.1. Essas plataformas devem ter, no mínimo, 1,40m (um metro e quarenta centímetros) de balanço e um complemento de 0,80m (oitenta centímetros) de extensão, com inclinação de 45° (quarenta e cinco graus), a partir de sua extremidade.

18.13.7.2. Cada plataforma deve ser instalada logo após a concretagem da laje a que se refere e retirada, somente, quando a vedação da periferia, até a plataforma imediatamente superior, estiver concluída.

18.13.8. Na construção de edifícios com pavimentos no subsolo, devem ser instaladas, ainda, plataformas terciárias de proteção, de 2 (duas) em 2 (duas) lajes, contadas em direção ao subsolo e a partir da laje referente à instalação da plataforma principal de proteção.

18.13.8.1. Essas plataformas devem ter, no mínimo, 2,20m (dois metros e vinte centímetros) de projeção horizontal da face externa da construção e um complemento de 0,80m (oitenta centímetros) de extensão, com inclinação de 45º (quarenta e cinco graus), a partir de sua extremidade, devendo atender, igualmente, ao disposto no subitem 18.13.7.2.

18.13.9. O perímetro da construção de edifícios, além do disposto nos subitens 18.13.6 e 18.13.7, deve ser fechado com tela a partir da plataforma principal de proteção.

18.13.9.1. A tela deve constituir-se de uma barreira protetora contra projeção de materiais e ferramentas.

18.13.9.2. A tela deve ser instalada entre as extremidades de 2 (duas) plataformas de proteção consecutivas, só podendo ser retirada quando a vedação da periferia, até a plataforma imediatamente superior, estiver concluída.

18.13.10. Em construções em que os pavimentos mais altos forem recuados, deve ser considerada a primeira laje do corpo recuado para a instalação de plataforma principal de proteção e aplicar o disposto nos subitens 18.13.7 e 18.13.9.

18.13.11. As plataformas de proteção devem ser construídas de maneira resistente e mantidas sem sobrecarga que prejudique a estabilidade de sua estrutura.

18.13.12. Redes de Segurança *(Incluído pela Portaria SIT n. 157, de 10 de abril de 2006)*

18.13.12.1. Como medida alternativa ao uso de plataformas secundárias de proteção, previstas no item 18.13.7 desta norma regulamentadora, pode ser instalado Sistema Limitador de Quedas de Altura, com a utilização de redes de segurança.

18.13.12.2. O Sistema Limitador de Quedas de Altura deve ser composto, no mínimo, pelos seguintes elementos:

a) rede de segurança;

b) cordas de sustentação ou de amarração e perimétrica da rede;

c) conjunto de sustentação, fixação e ancoragem e acessórios de rede, composto de:

I. Elemento forca;

II. Grampos de fixação do elemento forca;

III. Ganchos de ancoragem da rede na parte inferior.

18.13.12.3. Os elementos de sustentação não podem ser confeccionados em madeira.

18.13.12.4. As cordas de sustentação e as perimétricas devem ter diâmetro mínimo de 16mm (dezesseis milímetros) e carga de ruptura mínima de 30 KN (trinta quilonewtons), já considerado, em seu cálculo, fator de segurança 2 (dois).

18.13.12.5. O Sistema Limitador de Quedas de Altura deve ter, no mínimo, 2,50 m (dois metros e cinquenta centímetros) de projeção horizontal a partir da face externa da construção.

18.13.12.6. Na parte inferior do Sistema Limitador de Quedas de Altura, a rede deve permanecer o mais próximo possível do plano de trabalho.

18.13.12.7. Entre a parte inferior do Sistema Limitador de Quedas de Altura e a superfície de trabalho deve ser observada uma altura máxima de 6,00 m (seis metros).

18.13.12.8. A extremidade superior da rede de segurança deve estar situada, no mínimo, 1,00m (um metro) acima da superfície de trabalho.

18.13.12.9. As redes devem apresentar malha uniforme em toda a sua extensão.

18.13.12.10. Quando necessárias emendas na panagem da rede, devem ser asseguradas as mesmas características da rede original, com relação à resistência à tração e à deformação, além da durabilidade, sendo proibidas emendas com sobreposições da rede.

18.13.12.10.1. As emendas devem ser feitas por profissionais com qualificação e especialização em redes, sob supervisão de profissional legalmente habilitado.

18.13.12.11. A distância entre os pontos de ancoragem da rede e a face do edifício deve ser no máximo de 0,10 m (dez centímetros).

18.13.12.12. A rede deve ser ancorada à estrutura da edificação, na sua parte inferior, no máximo a cada 0,50m (cinquenta centímetros).

18.13.12.13. A estrutura de sustentação deve ser projetada de forma a evitar que as peças trabalhem folgadas.

18.13.12.14. A distância máxima entre os elementos de sustentação tipo forca deve ser de 5m (cinco metros).

18.13.12.15. A rede deve ser confeccionada em cor que proporcione contraste, preferencialmente escura, em cordéis 30/45, com distância entre nós de 0,04m (quarenta milímetros) a 0,06m (sessenta milímetros) e altura mínima de 10,00m (dez metros).

18.13.12.16. A estrutura de sustentação deve ser dimensionada por profissional legalmente habilitado.

18.13.12.16.1. Os ensaios devem ser realizados com base no item 18.13.12.25 desta norma regulamentadora.

18.13.12.17. O Sistema de Proteção Limitador de Quedas de Altura deve ser submetido a uma inspeção semanal, para verificação das condições de todos os seus elementos e pontos de fixação.

18.13.12.17.1. Após a inspeção semanal, devem ser efetuadas as correções necessárias.

18.13.12.18. As redes do Sistema de Proteção Limitador de Quedas de Altura devem ser armazenadas em local apropriado, seco e acondicionadas em recipientes adequados.

18.13.12.19. Os elementos de sustentação do Sistema de Proteção Limitador de Quedas de Altura e seus acessórios devem ser armazenados em ambientes adequados e protegidos contra deterioração.

18.13.12.20. Os elementos de sustentação da rede no Sistema de Proteção Limitador de Quedas em Altura não podem ser utilizados para outro fim.

18.13.12.21. Os empregadores que optarem pelo Sistema de Proteção Limitador de Quedas em Altura devem providenciar projeto que atenda às especificações de dimensionamento previstas nesta Norma Regulamentadora, integrado ao Programa de Condições e Meio Ambiente de Trabalho na Indústria da Construção — PCMAT.

18.13.12.21.1. O projeto deve conter o detalhamento técnico descritivo das fases de montagem, deslocamento do Sistema durante a evolução da obra e desmontagem.

18.13.12.21.2. O projeto deve ser assinado por profissional legalmente habilitado.

18.13.12.22. O Sistema de Proteção Limitador de Quedas em Altura deve ser utilizado até a conclusão dos serviços de estrutura e vedação periférica.

18.13.12.23. As fases de montagem, deslocamento e desmontagem do sistema devem ser supervisionadas pelo responsável técnico pela execução da obra.

18.13.12.24. É facultada a colocação de tecidos sobre a rede, que impeçam a queda de pequenos objetos, desde que prevista no projeto do Sistema Limitador de Quedas de Altura.

18.13.12.25. As redes de segurança devem ser confeccionadas de modo a atender aos testes previstos nas Normas EM 1263-1 e EN 1263-2.

18.13.12.26. Os requisitos de segurança para a montagem das redes devem atender às Normas EN 1263-1 e EM 1263-2.

18.14. Movimentação e Transporte de Materiais e Pessoas

*(Item 18.14.1 ao 18.14.23.6 com redação dada pela Portaria SIT n. 224, de 6 de maio de 2011, **posteriormente atualizado pela Portaria MTE-GM n. 597 de 7.5.2015**)*

18.14.1. As disposições deste item aplicam-se à instalação, montagem, desmontagem, operação, teste, manutenção e reparos em equipamentos de transporte vertical de materiais e de pessoas em canteiros de obras ou frentes de trabalho. *(Alterado pela Portaria SIT n. 296, de 16 de dezembro de 2011)*

18.14.1.1. Os equipamentos de transporte vertical de materiais e de pessoas devem ser dimensionados por profissional legalmente habilitado.

18.14.1.2. Os equipamentos de transporte vertical de materiais e pessoas devem ser projetados, dimensionados e especificados tecnicamente por profissional legalmente habilitado.

(Redação vigente até 9.5.2015 — Vide Portaria MTE n. 644, 9 de maio de 2013)

"Os elevadores de transporte vertical de material ou de pessoas devem atender às normas técnicas vigentes no país e, na sua falta, às normas técnicas internacionais vigentes".

(Redação vigente a partir de 10.5.2015 — Vide Portaria MTE n. 644, 9 de maio de 2013)

18.14.1.2.1. O disposto no item 18.14.1.2 não se aplica aos elevadores tracionados com um único cabo para transporte exclusivo de material, que devem ser projetados, dimensionados e especificados tecnicamente por profissional legalmente habilitado.*(Inserido pela Portaria MTE-GM n. 597 de 7.5.2015)*

18.14.1.3. Os serviços de instalação, montagem, desmontagem e manutenção devem ser executados por profissionais qualificados e sob a supervisão de profissional legalmente habilitado.

18.14.1.3.1. A qualificação do montador e do responsável pela manutenção deve ser atualizada anualmente e os mesmos devem estar devidamente identificados.

18.14.1.4. Toda empresa fabricante, locadora ou prestadora de serviços em instalação, montagem, desmontagem e manutenção, seja do equipamento em seu conjunto ou de parte dele, deve ser registrada no Conselho Regional de Engenharia, Arquitetura e Agronomia — CREA e estar sob responsabilidade de profissional legalmente habilitado com atribuição técnica compatível.

18.14.1.5. Os elevadores tracionados a cabo, fabricados após doze meses da publicação deste item, devem ter os painéis laterais, os contra-ventos, a cabine, o guincho de tração e o freio de emergência identificados de forma indelével pelo fabricante, importador ou locador.

18.14.1.6. Toda empresa usuária de equipamentos de movimentação e transporte de materiais e ou pessoas deve possuir o seu "Programa de Manutenção Preventiva" conforme recomendação do locador, importador ou fabricante.

18.14.1.6.1. O Programa de Manutenção Preventiva deve ser mantido junto ao Livro de Inspeção do Equipamento.

18.14.1.7. O uso dos elevadores após sua montagem ou manutenções sucessivas deve ser precedido de Termo de Entrega Técnica, elaborado por profissional legalmente habilitado, prevendo a verificação operacional e de segurança, respeitando os parâmetros indicados pelo fabricante, que deverá ser anexado ao Livro de Inspeção do Equipamento.

18.14.1.8. A Entrega Técnica Inicial dos elevadores e respectivos relatórios de manutenção deve ser feita para o responsável técnico da obra e constar do Livro de Inspeção do Equipamento. *(Alterado pela Portaria SIT n. 296, de 16 de dezembro de 2011)*

18.14.1.9. Os elevadores tracionados a cabo ou cremalheira devem possuir chave de partida e bloqueio que impeça o seu acionamento por pessoas não autorizadas.

18.14.1.10. *(Revogado pela Portaria SIT n. 296, de 16 de dezembro de 2011)*

18.14.1.11. É proibido o uso de chave do tipo comutadora e/ou reversora para comando elétrico de subida, descida ou parada. *(Inserido pela Portaria SIT n. 296, de 16 de dezembro de 2011)*

18.14.1.12. Todos os componentes elétricos ou eletrônicos que fiquem expostos ao tempo devem ter proteção contra intempéries. *(Inserido pela Portaria SIT n. 296, de 16 de dezembro de 2011)*

18.14.1.13. Deve ser realizado teste dos freios de emergência dos elevadores na entrega para início de operação e, no máximo, a cada noventa dias, devendo o laudo referente a estes testes ser devidamente assinado pelo responsável técnico pela manutenção do equipamento e os parâmetros utilizados devem ser anexados ao Livro de Inspeção do Equipamento existente na obra. *(Inserido pela Portaria SIT n. 296, de 16 de dezembro de 2011)*

18.14.2. Todos os equipamentos de movimentação e transporte de materiais e pessoas só devem ser operados por trabalhador qualificado, o qual terá sua função anotada em carteira de trabalho.

18.14.2.1. Os operadores devem ter ensino fundamental completo e devem receber qualificação e treinamento específico no equipamento, com carga horária mínima de dezesseis horas e atualização anual com carga horária mínima de quatro horas.

18.14.2.1.1. Aos operadores que possuírem experiência comprovada em CTPS, anterior a maio de 2011, é dispensada a exigência de ensino fundamental completo. *(Inserido pela Portaria SIT n. 296, de 16 de dezembro de 2011)*

18.14.2.2. São atribuições do operador:

a) manter o posto de trabalho limpo e organizado;

b) instruir e verificar a carga e descarga de material e pessoas dentro da cabine;

c) comunicar e registrar ao engenheiro responsável da obra qualquer anomalia no equipamento;

d) acompanhar todos os serviços de manutenção enquanto executados no equipamento.

18.14.3. Devem ser observados os seguintes requisitos de segurança durante a execução dos serviços de montagem, desmontagem, ascensão e manutenção do elevador:

a) isolamento da área de trabalho;

b) proibição da execução de outras atividades nas periferias das fachadas onde estão sendo executados os serviços;

c) proibição de execução deste tipo de serviço em dias de condições meteorológicas não favoráveis como chuva, relâmpagos, ventanias, etc.

18.14.4. Quando o local de lançamento de concreto não for visível pelo operador do equipamento de transporte ou bomba de concreto, deve ser utilizado um sistema de sinalização, sonoro ou visual, e, quando isso não for possível deve haver comunicação por telefone ou rádio para determinar o início e o fim do transporte.

18.14.5. No transporte e descarga de materiais, perfis, vigas e elementos estruturais é proibida a circulação ou permanência de pessoas sob a área de movimentação da carga e devem ser adotadas medidas preventivas quanto à sinalização e isolamento da área.

18.14.6. Os acessos da obra devem estar desimpedidos, possibilitando a movimentação dos equipamentos de guindar e transportar.

18.14.7. Os equipamentos de guindar e transportar materiais e pessoas devem ser vistoriados diariamente, antes do início dos serviços, pelo operador, conforme orientação dada pelo responsável técnico do equipamento, atendidas as recomendações do manual do fabricante, devendo ser registrada a vistoria em livro de inspeção do equipamento. *(Alterado pela Portaria SIT n. 296, de 16 de dezembro de 2011)*

18.14.8. Na movimentação e transporte de estruturas, placas e outros pré-moldados, bem como cargas em geral, devem ser tomadas todas as medidas preventivas que garantam a sua estabilidade.

18.14.9. Todas as manobras de movimentação devem ser executadas por trabalhador qualificado e por meio de dispositivos eficientes de comunicação e, na impossibilidade ou necessidade, por meio de códigos de sinais.

18.14.10. Devem ser tomadas precauções especiais quando da movimentação de materiais, máquinas e equipamentos próximos às redes elétricas.

18.14.11. O levantamento manual ou semimecanizado de cargas deve ser executado de forma que o esforço físico realizado pelo trabalhador seja compatível com a sua capacidade de força, conforme a NR-17 (Ergonomia).

18.14.12. Os guinchos de coluna ou similar (tipo "Velox") devem ser providos de dispositivo próprios para sua fixação.

18.14.13. O tambor do guincho de coluna deve estar nivelado para garantir o enrolamento adequado do cabo.

18.14.14. A distância entre a roldana livre e o tambor do guincho do elevador tracionado a cabo deve estar compreendida entre 2,5 m e 3,0 m de eixo a eixo.

18.14.15. Deve ser instalada uma proteção resistente desde a roldana livre até o tambor do guincho de forma a evitar o contato acidental com suas partes, sendo a área isolada por anteparos rígidos de modo a impedir a circulação de trabalhadores.

18.14.16. O guincho do elevador deve ser dotado de chave de partida e bloqueio que impeça o seu acionamento por pessoa não autorizada.

18.14.17. Em qualquer posição da cabina do elevador, o cabo de tração deve dispor, no mínimo, de seis voltas enroladas no tambor.

18.14.18. Os elevadores de caçamba devem ser utilizados apenas para o transporte de material a granel.

18.14.19. É proibido o transporte de pessoas por equipamento de guindar não projetado para este fim.

18.14.20. Os equipamentos de transportes de materiais devem possuir dispositivos que impeçam a descarga acidental do material transportado.

18.14.21. Torres de Elevadores

18.14.21.1. As torres de elevadores devem ser dimensionadas em função das cargas a que estarão sujeitas.

18.14.21.1.1. É proibido o uso de elevadores com torre de elevador e/ou cabine de madeira.

18.14.21.2. As torres dos elevadores devem ser montadas e desmontadas por trabalhadores qualificados.

18.14.21.3. As torres dos elevadores devem estar afastadas das redes elétricas ou estar isoladas conforme normas específicas da concessionária local.

18.14.21.4. As torres dos elevadores devem ser montadas de maneira que a distância entre a face da cabina e a face da edificação seja de, no máximo, sessenta centímetros.

18.14.21.4.1. Para distâncias maiores, as cargas e os esforços solicitantes originados pelas rampas deverão ser considerados no dimensionamento e especificação da torre do elevador.

18.14.21.5. A base onde estão instalados o guincho, o suporte da roldana livre e a torre dos elevadores tracionados a cabo, deve ser de concreto, nivelada, rígida e dimensionada por profissional legalmente habilitado, de modo a suportar as cargas a que estará sujeita.

18.14.21.6. Os elementos estruturais componentes da torre do elevador devem estar em condições de utilização, sem apresentar estado de corrosão ou deformação que possam comprometer sua estabilidade.

18.14.21.7. As torres para elevadores de caçamba devem ser dotadas de dispositivos que mantenham a caçamba em equilíbrio.

18.14.21.8. Os parafusos de pressão dos painéis laterais devem ser apertados e os contraventos contrapinados.

18.14.21.9. Para elevadores tracionados a cabo ou do tipo cremalheira a quantidade e tipo de amarração deve ser especificada pelo fabricante ou pelo profissional legalmente habilitado responsável pelo equipamento.

18.14.21.10. A altura livre para trabalho após amarração na última laje concretada deve ser:

a) nos elevadores tracionados a cabo, com a cabina nivelada no último pavimento concretado, a distância entre a viga da cabina e a viga superior da torre do elevador deve estar compreendida entre quatro e seis metros, sendo que para os elevadores com caçamba automática, esta distância deve ser aumentada em dois metros;

b) nos elevadores do tipo cremalheira, a altura da torre após o último pavimento concretado será determinada pelo fabricante, em função do tipo de torre e seus acessórios de amarração.

18.14.21.11. O trecho da torre do elevador acima da última laje deve ser mantido estaiado observando-se o seguinte:

a) nos elevadores tracionados a cabo, pelos montantes posteriores, de modo a evitar o tombamento da torre no sentido contrário à edificação;

b) nos elevadores do tipo cremalheira, conforme especificações do fabricante.

18.14.21.11.1. Nos elevadores do tipo cremalheira o último elemento da torre do elevador deve ser montado com a régua de cremalheira invertida, de modo a evitar o tracionamento da cabina.

18.14.21.12. A torre e o guincho do elevador devem ser aterrados eletricamente.

18.14.21.13. Em todos os acessos de entrada à torre do elevador deve ser instalada uma barreira que tenha, no mínimo, um metro e oitenta centímetros de altura, impedindo que pessoas exponham alguma parte de seu corpo no interior da mesma.

18.14.21.14. A torre do elevador deve ser dotada de proteção e sinalização, de forma a proibir a circulação de trabalhadores através da mesma.

18.14.21.15. As torres de elevadores de materiais devem ter suas faces revestidas com tela de arame galvanizado ou material de resistência e durabilidade equivalentes.

18.14.21.15.1. Nos elevadores de materiais, onde a cabina for fechada por painéis fixos de, no mínimo, dois metros de altura, e dotada de um único acesso, o entelamento da torre é dispensável.

18.14.21.16. As torres do elevador de material e do elevador de passageiros devem ser equipadas com dispositivo de segurança que impeça a abertura da barreira (cancela), quando o elevador não estiver no nível do pavimento. *(Redação vigente até 10.5.2015 — Vide Portaria MTE n. 644, 9 de maio de 2013)*

"As torres do elevador de material e do elevador de passageiros devem ser equipadas com chaves de segurança com ruptura positiva que dificulte a burla e impeça a abertura da barreira (cancela), quando o elevador não estiver no nível do pavimento." (Redação vigente a partir de 10.5.2015 — Vide Portaria MTE n. 644, 9 de maio de 2013)

18.14.21.16.1. O disposto no item 18.14.21.16 não se aplica: *(Inserido pela Portaria MTE-GM n. 597 de 7.5.2015)*

a) aos elevadores tracionados com um único cabo para transporte exclusivo de material, instalados até 10.5.2015;

b) até o dia 31.12.2015, aos elevadores do tipo cremalheira instalados até 10/5/2015.

18.14.21.16.1.1. Nestes casos, as torres dos elevadores devem ser equipadas com dispositivo de segurança que impeça a abertura da barreira (cancela), quando o elevador não estiver no nível do pavimento. *(Inserido pela Portaria MTE-GM n. 597 de 7.5.2015)*

18.14.21.17. As rampas de acesso à torre de elevador devem:

a) ser providas de sistema de guarda-corpo e rodapé, conforme subitem 18.13.5;

b) ter pisos de material resistente, sem apresentar aberturas;

c) não ter inclinação descendente no sentido da torre;

d) ser fixadas à estrutura do prédio ou da torre, nos elevadores tracionados a cabo;

e) nos elevadores de cremalheira a rampa pode estar fixada à cabine de forma articulada.

18.14.21.18. Deve haver altura livre de no mínimo dois metros sobre a rampa.

18.14.21.19. As cabines dos elevadores tracionados a cabo devem possuir sistema de guias que dispensem a utilização de graxa nos tubos-guias da torre do elevador. *(Alterado pela Portaria SIT n. 224, de 6 de maio de 2011)*

18.14.21.20. Os eixos de saída do redutor e do carretel, nos elevadores tracionados a cabo, devem ser identificados de maneira a permitir sua rastreabilidade. *(Alterado pela Portaria SIT n. 296, de 16 de dezembro de 2011)*

18.14.21.21. Devem ser mantidos atualizados os laudos de ensaios não destrutivos dos eixos de saída do redutor e do carretel, nos elevadores de tração a cabo, sendo a periodicidade definida por profissional legalmente habilitado, obedecidos os prazos máximos previstos pelo fabricante no manual de manutenção do equipamento. *(Alterado pela Portaria SIT n. 296, de 16 de dezembro de 2011)*

18.14.22. Elevadores de Transporte de Materiais

18.14.22.1. É proibido o transporte de pessoas nos elevadores de materiais tracionados a cabo, com exceção dos elevadores do tipo cremalheira onde somente o operador e o responsável pelo material a ser transportado podem subir junto com a carga, desde que fisicamente isolados da mesma.

18.14.22.1.1. É proibido:

a) transportar materiais com dimensões maiores que as dimensões internas da cabine no elevador tipo cremalheira;

b) transportar materiais apoiados nas portas da cabine;

c) transportar materiais do lado externo da cabine, exceto nas operações de montagem e desmontagem do elevador;

d) transportar material a granel sem acondicionamento apropriado;

e) adaptar a instalação de qualquer equipamento ou dispositivo para içamento de materiais em qualquer parte da cabina ou da torre do elevador, salvo se houver projeto específico do fabricante que, neste caso, deve estar à disposição da fiscalização no local da utilização do equipamento.

18.14.22.2. Deve ser fixada uma placa no interior do elevador de material, contendo a indicação de carga máxima e a proibição de transporte de pessoas.

18.14.22.3. O posto de trabalho do guincheiro deve ser isolado, dispor de proteção segura contra queda de materiais, e os assentos utilizados devem atender ao disposto na NR-17 (Ergonomia).

18.14.22.4. Os elevadores de materiais tracionados a cabo devem dispor:

a) sistema de frenagem automática;

b) sistema de segurança eletromecânica instalado a dois metros abaixo da viga superior da torre do elevador; *(Redação vigente até 9.5.2015 — Vide Portaria MTE n. 644, 9 de maio de 2013)*

"sistema de segurança eletromecânica monitorado através de interface de segurança no limite superior, instalado a dois metros abaixo da viga superior da torre do elevador;" (Redação vigente a partir de 10.5.2015 — Vide Portaria MTE n. 644, 09 de maio de 2013)

c) sistema de trava de segurança para mantê-lo parado em altura, além do freio do motor;

d) interruptor de corrente para que só se movimente com portas ou painéis fechados; *(Redação vigente até 9.5.2015 — Vide Portaria MTE n. 644, 9 de maio de 2013)*

"intertravamento das proteções com o sistema elétrico, através de chaves de segurança com ruptura positiva, que garantam que só se movimentem quando as portas, painéis e cancelas estiverem fechadas;" (Redação vigente a partir de 10.5.2015 — Vide Portaria MTE n. 644, 9 de maio de 2013)

e) sistema que impeça a movimentação do equipamento quando a carga ultrapassar a capacidade permitida. *(Alterada pela Portaria SIT n. 224, de 6 de maio de 2011 — Vide prazo no art. 2º da Portaria MTE n. 644, 9 de maio de 2013)*

f) sistema que permita a visualização do interior da cabina pelo operador. *(Inserida pela Portaria MTE-GM n. 597 de 7.5.2015)*

18.14.22.4.1. O disposto nas alíneas "b", "d" e "e" do item 18.14.22.4 não se aplica aos elevadores tracionados com um único cabo para transporte exclusivo de materiais, instalados até 10.5.2015. *(Inserido pela Portaria MTE-GM n. 597 de 7.5.2015)*

18.14.22.4.1.1. Nestes casos, os elevadores devem dispor de sistema de segurança eletromecânico instalado a dois metros abaixo da viga superior da torre do elevador, bem como de interruptor de corrente para que só se movimente com portas ou painéis fechados. *(Inserido pela Portaria MTE-GM n. 597 de 7.5.2015)*

18.14.22.5. Todo serviço executado no elevador deve ser registrado no "Livro de Inspeção do Elevador" o qual deverá acompanhar o equipamento e estar sobre a responsabilidade do contratante.

18.14.22.6. O elevador deve contar com dispositivo de tração na subida e descida, de modo a impedir a descida da cabina em queda livre (banguela).

18.14.22.7. Os elevadores de materiais devem ser dotados de botão em cada pavimento para acionar lâmpada ou campainha junto ao guincheiro a fim de garantir comunicação única através de painel de controle de identificação de chamada.

18.14.22.8. Os elevadores de materiais devem ser providos, nas laterais, de painéis fixos de contenção com altura em torno de um metro e, nas demais faces, de portas ou painéis removíveis.

18.14.22.9. Os elevadores de materiais de tração a cabo devem ser dotados de cobertura fixa, basculável ou removível.

18.14.22.10. É proibida a instalação de elevadores tracionados com um único cabo para transporte exclusivo de materiais em edificações com mais de treze pavimentos a partir do térreo ou altura equivalente, a partir de 10.5.2015. *(Inserido pela Portaria MTE-GM n. 597 de 7.5.2015)*

18.14.22.11. É proibida a instalação de elevadores tracionados com um único cabo para transporte exclusivo de materiais em edificações, a partir de 10.5.2017. *(Inserido pela Portaria MTE-GM n. 597 de 7.5.2015)*

18.14.22.12. Podem ser utilizados até o término da edificação: (Inserido pela *Portaria MTE-GM n. 597 de 7.5.2015)*

a) Os elevadores tracionados com um único cabo para transporte exclusivo de materiais, sem limitação de altura, desde que tenham sido instalados até 10.5.2015;

b) Os elevadores tracionados com um único cabo para transporte exclusivo de materiais, desde que tenham sido instalados até 10/5/2017, para edificações com até treze pavimentos a partir do térreo ou altura equivalente.

18.14.22.13. Em relação aos elevadores tracionados com um único cabo para transporte exclusivo de materiais, deve ser encaminhado ao Sindicato Laboral representativo da categoria: *(Inserido pela Portaria MTE-GM n. 597 de 7.5.2015)*

a) cópia do Termo de Entrega Técnica e da Anotação de Responsabilidade Técnica do profissional legalmente habilitado dos equipamentos instalados até 10.5.2015, no prazo de trinta dias após a publicação desta portaria;

b) cópia do Termo de Entrega Técnica e da Anotação de Responsabilidade Técnica do profissional legalmente habilitado dos equipamentos instalados após 10.5.2015, no prazo de dez dias após a sua instalação.

18.14.22.13.1. Durante a utilização do equipamento deve ser enviada, ao Sindicato Laboral representativo da categoria, cópia dos seguintes documentos: (Inserido pela *Portaria MTE-GM n. 597 de 7.5.2015)*

a) Termo de Entrega Técnica das manutenções, conforme item 18.14.1.7;

b) Relação dos operadores e comprovante das capacitações para operação do equipamento;

c) laudos de ensaios não destrutivos dos eixos de saída do redutor e do carretel, bem como laudo do teste dos freios de emergência.

18.14.22.13.2. Os documentos indicados no subitem 18.14.22.13.1 devem ser encaminhados ao sindicato no prazo de até 10 dias da conclusão do serviço ou da capacitação dos trabalhadores. *(Inserido pela Portaria MTE-GM n. 597 de 7.5.2015)*

18.14.23. Elevadores de Passageiros

18.14.23.1. Nos edifícios em construção com oito ou mais pavimentos a partir do térreo ou altura equivalente é obrigatória a instalação de pelo menos um elevador de passageiros devendo seu percurso alcançar toda a extensão vertical da obra.

18.14.23.1.1. O elevador de passageiros deve ser instalado a partir da conclusão da laje de piso do quinto pavimento ou altura equivalente.

18.14.23.2. É proibido o transporte simultâneo de carga e passageiros nos elevadores tracionados a cabo.

18.14.23.2.1. Quando ocorrer o transporte de carga nos elevadores de tração a cabo, o comando do elevador deve ser externo.

18.14.23.2.2. Em caso de utilização de elevador de passageiros para transporte de cargas ou materiais, não simultâneo, deverá haver sinalização por meio de cartazes em seu interior, onde conste de forma visível, os seguintes dizeres, ou outros que traduzam a mesma mensagem: "É PERMITIDO O USO DESTE ELEVADOR PARA TRANSPORTE DE MATERIAL, DESDE QUE NÃO REALIZADO SIMULTÂNEO COM O TRANSPORTE DE PESSOAS."

18.14.23.2.3. Quando o elevador de passageiros for utilizado para o transporte de cargas e materiais, não simultaneamente, e for o único da obra, será instalado a partir do pavimento térreo.

18.14.23.2.4. O transporte de passageiros terá prioridade sobre o de carga ou de materiais.

18.14.23.3. O elevador de passageiros deve dispor de:

a) interruptor nos fins de curso superior e inferior, conjugado com freio automático eletromecânico; *(Redação vigente até 9.5.2015 — Vide Portaria MTE n. 644, 9 de maio de 2013)*

"interruptor nos fins de curso superior e inferior monitorado através de interface de segurança;" (Redação vigente a partir de 10.5.2015 — Vide Portaria MTE n. 644, 9 de maio de 2013)

b) sistema de frenagem automática, a ser acionado em caso de ruptura do cabo de tração ou, em outras situações que possam gerar a queda livre da cabine;

c) sistema de segurança eletromecânico situado a dois metros abaixo da viga superior da torre, ou outro sistema que impeça o choque da cabine com esta viga; *(Redação vigente até 9.5.2015 – Vide Portaria MTE n. 644, 9 de maio de 2013)*

"sistema de segurança situado a dois metros abaixo da viga superior da torre, monitorado através de interface de segurança, ou outro sistema com a mesma categoria de segurança que impeça o choque da cabine com esta viga;"

(Redação vigente a partir de 10.5.2015 – Vide Portaria MTE n. 644, 9 de maio de 2013)

d) interruptor de corrente, para que se movimente apenas com as portas fechadas; *(Redação vigente até 9.5.2015 – Vide Portaria MTE n. 644, 9 de maio de 2013)*

"intertravamento das proteções com o sistema elétrico, através de chaves de segurança com ruptura positiva, que garantam que só se movimentem quando as portas, painéis e cancelas estiverem fechadas;" (Redação vigente a partir de 10.5.2015 – Vide Portaria MTE n. 644, 9 de maio de 2013)

e) cabina metálica com porta

f) freio manual situado na cabina, interligado ao interruptor de corrente que quando acionado desligue o motor.

g) sistema que impeça a movimentação do equipamento quando a carga ultrapassar a capacidade permitida. *(Alterada pela Portaria SIT n. 224, de 6 de maio de 2011 – Vide prazo no art. 2º da Portaria MTE n. 644, 9 de maio de 2013)*

18.14.23.3.1. O disposto nas alíneas "a", "c", "d" e "g" do item 18.14.23.3 não se aplica, até o dia 31.12.2015, aos elevadores para transporte de pessoas instalados até 10/5/2015. (Inserido pela *Portaria MTE-GM n. 597 de 7.5.2015)*

18.14.23.3.1.1. Nestes casos, os elevadores devem dispor de interruptor nos fins de curso superior e inferior, conjugado com freio automático eletromecânico, sistema de segurança eletromecânico situado a dois metros abaixo da viga superior da torre, ou outro sistema que impeça o choque da cabine com esta viga, e interruptor de corrente, para que se movimente apenas com as portas fechadas. *(Inserido pela Portaria MTE-GM n. 597 de 7.5.2015)*

18.14.23.4. Todo serviço executado no elevador deve ser registrado no Livro de Inspeção do Elevador, o qual deverá acompanhar o equipamento e estar sob a responsabilidade do contratante.

18.14.23.5. A cabina do elevador automático de passageiros deve ter iluminação e ventilação natural ou artificial durante o uso e indicação do número máximo de passageiros e peso máximo equivalente em quilogramas (Kg).

18.14.23.6. É proibido o uso de frenagem da cabina por sistema do tipo viga flutuante para elevadores de materiais e ou passageiros, cujo princípio de acionamento ocorra por monitoramento da tensão do cabo de aço de tração.

18.14.23.7. São permitidas por 12 meses, contados da publicação desta portaria, a instalação e a utilização de elevador de passageiros tracionado com um único cabo, desde que atendidas às disposições da NR-18. *(Inserido pela Portaria MTE n. 644, de 9 de maio de 2013)*

18.14.23.7.1. Terminado o prazo estabelecido no subitem 18.14.23.7, os elevadores de passageiros tracionados a cabo somente poderão ser utilizados nas seguintes condições: *(Inserido pela Portaria MTE n. 644, de 9 de maio de 2013)*

a) as obras que já tenham instalados elevadores de passageiros tracionados com um único cabo poderão continuar utilizando por mais 12 meses, desde que atendam às disposições desta NR.

b) somente podem ser instalados elevadores de passageiros tracionados a cabo que atendam ao disposto na norma ABNT NBR 16.200:2013, ou alteração posterior, além das disposições desta NR.

18.14.23.7.2. As disposições do item 18.14.23.7 e seus subitens não se aplicam a elevadores definitivos tracionados a cabo utilizados para transporte vertical de pessoas, nem a elevadores provisórios tracionados a cabo para transporte de materiais. *(Inserido pela Portaria MTE n. 644, de 9 de maio de 2013)*

18.14.23.8. Os elevadores para transporte de passageiros devem ter cabinas dotadas de sistema de indicação de chamada informando o pavimento. *(Inserido pela Portaria MTE-GM n. 597 de 7.5.2015)*

18.14.24. Gruas

18.14.24.1. A ponta da lança e o cabo de aço de levantamento da carga devem ficar, no mínimo, a 3m (três metros) de qualquer obstáculo e ter afastamento da rede elétrica que atenda à orientação da concessionária local.

18.14.24.1.1. Para distanciamentos inferiores a 3m (três metros), a interferência deverá ser objeto de análise técnica, por profissional habilitado, dentro do plano de cargas. *(Incluído pela Portaria SIT n. 114 de 17 de janeiro de 2005)*

18.14.24.1.2. A área de cobertura da grua, bem como interferências com áreas além do limite da obra, deverão estar previstas no plano de cargas respectivo. *(Incluído pela Portaria SIT n. 114, de 17 de janeiro de 2005)*

18.14.24.2. É proibida a utilização de gruas para o transporte de pessoas. *(Alterado pela Portaria SIT n. 114, de 17 de janeiro de 2005)*

18.14.24.3. O posicionamento da primeira ancoragem, bem como o intervalo entre ancoragens posteriores, deve seguir as especificações do fabricante, fornecedor ou empresa responsável pela montagem do equipamento, mantendo disponível no local as especificações atinentes aos esforços atuantes na estrutura da ancoragem e do edifício. *(Alterado pela Portaria SIT n. 114, de 17 de janeiro de 2005)*

18.14.24.4. Antes da entrega ou liberação para início de trabalho com utilização de grua, deve ser elaborado um Termo de Entrega Técnica prevendo a verificação operacional e de segurança, bem como o teste de carga, respeitando-se os parâmetros indicados pelo fabricante. *(Alterado pela Portaria SIT n. 114, de 17 de janeiro de 2005)*

18.14.24.5. A operação da grua deve se desenvolver de conformidade com as recomendações do fabricante.

18.14.24.5.1. Toda grua deve ser operada através de cabine acoplada à parte giratória do equipamento exceto em caso de gruas automontantes ou de projetos específicos ou de operação assistida. *(Incluído pela Portaria SIT n. 114, de 17 de janeiro de 2005)*

18.14.24.6. É proibido qualquer trabalho sob intempéries ou outras condições desfavoráveis que exponham os trabalhadores a risco. *(Alterado pela Portaria SIT n. 114, de 17 de janeiro de 2005)*

18.14.24.6.1. A grua deve dispor de dispositivo automático com alarme sonoro que indique a ocorrência de ventos superiores a 42 Km/h. *(Incluído pela Portaria SIT n. 114, de 17 de janeiro de 2005)*

18.14.24.6.2. Deve ser interrompida a operação com a grua quando da ocorrência de ventos com velocidade superior a 42km/h. *(Incluído pela Portaria SIT n. 114, de 17 de janeiro de 2005)*

18.14.24.6.3. Somente poderá ocorrer trabalho sob condições de ventos com velocidade acima de 42 km/h mediante operação assistida. *(Incluído pela Portaria SIT n. 114, de 17 de janeiro de 2005)*

18.14.24.6.4. Sob nenhuma condição é permitida a operação com gruas quando da ocorrência de ventos com velocidade superior a 72 Km/h. *(Incluído pela Portaria SIT n. 114, de 17 de janeiro de 2005)*

18.14.24.7. A estrutura da grua deve estar devidamente aterrada de acordo com a NBR 5410 e procedimentos da NBR 5419 e a respectiva execução de acordo com o item 18.21.1 desta NR. *(Incluído pela Portaria SIT n. 114, de 17 de janeiro de 2005)*

18.14.24.8. Para operações de telescopagem, montagem e desmontagem de gruas ascensionais, o sistema hidráulico deverá ser operado fora da torre. *(Alterado pela Portaria SIT n. 114, de 17 de janeiro de 2005)*

18.14.24.8.1. As gruas ascensionais só poderão ser utilizadas quando suas escadas de sustentação dispuserem de sistema de fixação ou quadro-guia que garantam seu paralelismo. *(Incluído pela Portaria SIT n. 114, de 17 de janeiro de 2005)*

18.14.24.8.2. Não é permitida a presença de pessoas no interior da torre de grua durante o acionamento do sistema hidráulico. *(Incluído pela Portaria SIT n. 114, de 17 de janeiro de 2005)*

18.14.24.9. É proibida a utilização da grua para arrastar peças, içar cargas inclinadas ou em diagonal ou potencialmente ancoradas como desforma de elementos pré-moldados. *(Alterado pela Portaria SIT n. 114, de 17 de janeiro de 2005)*

18.14.24.9.1. Nesse caso, o içamento por grua só deve ser iniciado quando as partes estiverem totalmente desprendidas de qualquer ponto da estrutura ou do solo. *(Incluído pela Portaria SIT n. 114, de 17 de janeiro de 2005)*

18.14.24.10. É proibida a utilização de travas de segurança para bloqueio de movimentação da lança quando a grua não estiver em funcionamento.

18.14.24.10.1. Para casos especiais deverá ser apresentado projeto específico dentro das recomendações do fabricante com respectiva ART — Anotação de Responsabilidade Técnica. *(Incluído pela Portaria SIT n. 114, de 17 de janeiro de 2005)*

18.14.24.11. A grua deve, obrigatoriamente, dispor dos seguintes itens de segurança: *(Alterado pela Portaria SIT n. 114, de 17 de janeiro de 2005)*

a) limitador de momento máximo;

b) limitador de carga máxima para bloqueio do dispositivo de elevação;

c) limitador de fim de curso para o carro da lança nas duas extremidades;

d) limitador de altura que permita frenagem segura para o moitão;

e) alarme sonoro para ser acionado pelo operador em situações de risco e alerta, bem como de acionamento automático, quando o limitador de carga ou momento estiver atuando;

f) placas indicativas de carga admissível ao longo da lança, conforme especificado pelo fabricante;

g) luz de obstáculo (lâmpada piloto);

h) trava de segurança no gancho do moitão;

i) cabos-guia para fixação do cabo de segurança para acesso à torre, lança e contra-lança;

j) limitador de giro, quando a grua não dispuser de coletor elétrico;

k) anemômetro;

l) dispositivo instalado nas polias que impeça o escape acidental do cabo de aço;

m) proteção contra a incidência de raios solares para a cabine do operador conforme disposto no item 18.22.4 desta NR;

n) limitador de curso para o movimento de translação de gruas instaladas sobre trilhos;

o) guarda-corpo, corrimão e rodapé nas transposições de superfície;

p) escadas fixas conforme disposto no item 18.12.5.10 desta NR;

q) limitadores de curso para o movimento da lança — item obrigatório para gruas de lança móvel ou retrátil.

18.14.24.11.1. Para movimentação vertical na torre da grua é obrigatório o uso de dispositivo trava-quedas. *(Incluído pela Portaria SIT n. 114, de 17 de janeiro de 2005)*

18.14.24.12. As áreas de carga ou descarga devem ser isoladas somente sendo permitido o acesso às mesmas ao pessoal envolvido na operação. *(Alterado pela Portaria SIT n. 114, de 17 de janeiro de 2005)*

18.14.24.13. Toda empresa fornecedora, locadora ou de manutenção de gruas deve ser registrada no CREA — Conselho Regional de Engenharia, Arquitetura e Agronomia, para prestar tais serviços técnicos. *(Alterado pela Portaria SSST n. 20, de 17 de abril de 1998)*

18.14.24.13.1. A implantação, instalação, manutenção e retirada de gruas deve ser supervisionada por engenheiro legalmente habilitado com vínculo à respectiva empresa e, para tais serviços, deve ser emitida ART — Anotação de Responsabilidade Técnica. *(Incluído pela Portaria SIT n. 114, de 17 de janeiro de 2005)*

18.14.24.14. Todo dispositivo auxiliar de içamento (caixas, garfos, dispositivos mecânicos e outros), independentemente da forma de contratação ou de fornecimento, deve atender aos seguintes requisitos: *(Incluído pela Portaria SIT n. 114, de 17 de janeiro de 2005)*

a) dispor de maneira clara, quanto aos dados do fabricante e do responsável, quando aplicável;

b) ser inspecionado pelo sinaleiro ou amarrador de cargas, antes de entrar em uso;

c) dispor de projeto elaborado por profissional legalmente, mediante emissão de ART — Anotação de Responsabilidade Técnica – com especificação do dispositivo e descrição das características mecânicas básicas do equipamento.

18.14.24.15. Toda grua que não dispuser de identificação do fabricante, não possuir fabricante ou importador estabelecido ou, ainda, que já tenha mais de 20 (vinte) anos da data de sua fabricação, deverá possuir laudo estrutural e operacional quanto à integridade estrutural e eletromecânica, bem como, atender às exigências descritas nesta norma, inclusive com emissão de ART — Anotação de Responsabilidade Técnica — por engenheiro legalmente habilitado. *(Incluído pela Portaria SIT n. 114, de 17 de janeiro de 2005)*

18.14.24.15.1. Este laudo deverá ser revalidado no máximo a cada 2 (dois) anos. *(Incluído pela Portaria SIT n. 114, de 17 de janeiro de 2005)*

18.14.24.16. Não é permitida a colocação de placas de publicidade na estrutura da grua, salvo quando especificado pelo fabricante do equipamento. *(Incluído pela Portaria SIT n. 114, de 17 de janeiro de 2005)*

18.14.24.17. A implantação e a operacionalização de equipamentos de guindar devem estar previstas em um documento denominado "Plano de Cargas" que deverá conter, no mínimo, as informações constantes do Anexo III desta NR — "PLANO DE CARGAS PARA GRUAS". *(Incluído pela Portaria SIT n. 114 de 17 de janeiro de 2005)*

18.14.24.18. A implantação, instalação, manutenção e retirada de gruas deve ser supervisionada por engenheiro legalmente habilitado com vínculo à respectiva empresa e, para tais serviços, deve ser emitida Anotação de Responsabilidade Técnica — ART. *(Incluído pela Portaria SIT n. 224, de 6 de maio de 2011)*

18.14.25. Elevadores de Cremalheira

(Item 18.14.25.1 ao 18.14.25.8 com redação dada pela Portaria SIT n. 224, de 06 de maio de 2011)

18.14.25.1. Os elevadores de cremalheira para transporte de pessoas e materiais deverão obedecer às especificações do fabricante para montagem, operação, manutenção e desmontagem, e estar sob responsabilidade de profissional legalmente habilitado.

18.14.25.2. Os manuais de orientação do fabricante deverão estar à disposição, no canteiro de obra.

18.14.25.3. Dentre os requisitos para entrega técnica, devem ser verificados e ou testados os seguintes itens, quando couber:

a) o equipamento deve estar de acordo com o contratado.

b) o equipamento deve estar identificado com placas de forma indelével no interior da cabina.

18.14.25.4. Os elevadores de carga e passageiros devem dispor no mínimo dos seguintes itens de segurança:

(Vide prazo no art. 2º da Portaria MTE n. 644, de 9 de maio de 2013)

a) intertravamento das proteções com o sistema elétrico, através de chaves de segurança com ruptura positiva, que impeça a movimentação da cabine quando:

I — a(s) porta(s) de acesso da cabine não estiver(em) devidamente fechada(s);

II — a rampa de acesso à cabine não estiver devidamente recolhida no elevador do tipo cremalheira; e

III — a porta da cancela de qualquer um dos pavimentos ou do recinto de proteção da base estiver aberta;

b) dispositivo eletromecânico de emergência que impeça a queda livre da cabine, monitorado por interface de segurança, de forma a freá-la quando ultrapassar a velocidade de descida nominal, interrompendo automática e simultaneamente a corrente elétrica da cabine;

c) chave de segurança monitorada através de interface de segurança, ou outro sistema com a mesma categoria de segurança, que impeça que a cabine ultrapasse a ultima parada superior ou inferior;

d) nos elevadores do tipo cremalheira, de dispositivo mecânico, que impeça que a cabine se desprenda acidentalmente da torre do elevador.

18.14.25.5. Os elevadores do tipo cremalheira devem ser dotados de amortecedores de impacto de velocidade nominal na base caso o mesmo ultrapasse os limites de parada final.

18.14.25.6. *(Revogado pela Portaria SIT n. 296, de 16 de dezembro de 2011)*

18.14.25.7. *(Revogado pela Portaria SIT n. 296, de 16 de dezembro de 2011)*

18.14.25.8. *(Revogado pela Portaria SIT n. 296, de 16 de dezembro de 2011)*

18.15. Andaimes e Plataformas de Trabalho

(Alterado pela Portaria SIT n. 30, de 20 de dezembro de 2001)

18.15.1. O dimensionamento dos andaimes, sua estrutura de sustentação e fixação, deve ser realizado por profissional legalmente habilitado.

18.15.1.1. Os projetos de andaimes do tipo fachadeiro, suspensos e em balanço devem ser acompanhados pela respectiva Anotação de Responsabilidade Técnica. *(Inserido pela Portaria SIT n. 201, de 21 de janeiro de 2011)*

18.15.2. Os andaimes devem ser dimensionados e construídos de modo a suportar, com segurança, as cargas de trabalho a que estarão sujeitos.

18.15.2.1. Somente empresas regularmente inscritas no CREA, com profissional legalmente habilitado pertencente ao seu quadro de empregados ou societário, podem fabricar andaimes completos ou quaisquer componentes estruturais. *(Inserido pela Portaria SIT n. 201, de 21 de janeiro de 2011)*

18.15.2.2. Devem ser gravados nos painéis, tubos, pisos e contraventamentos dos andaimes, de forma aparente e indelével, a identificação do fabricante, referência do tipo, lote e ano de fabricação. *(Inserido pela Portaria SIT n. 201, de 21 de janeiro de 2011)*

18.15.2.3. É vedada a utilização de andaimes sem as gravações previstas no item 18.15.2.2. *(Inserido pela Portaria SIT n. 201, de 21 de janeiro de 2011 — Vide prazo no art. 2º da Portaria)*

18.15.2.4. As montagens de andaimes dos tipos fachadeiros, suspensos e em balanço devem ser precedidas de projeto elaborado por profissional legalmente habilitado. *(Inserido pela Portaria SIT n. 201, de 21 de janeiro de 2011)*

18.15.2.5. Os fabricantes dos andaimes devem ser identificados e fornecer instruções técnicas por meio de manuais que contenham, dentre outras informações:

(Inserido pela Portaria SIT n. 201, de 21 de janeiro de 2011)

a) especificação de materiais, dimensões e posições de ancoragens e estroncamentos; e

b) detalhes dos procedimentos sequenciais para as operações de montagem e desmontagem.

18.15.2.6. As superfícies de trabalho dos andaimes devem possuir travamento que não permita seu deslocamento ou desencaixe. *(Inserido pela Portaria SIT n. 201, de 21 de janeiro de 2011)*

18.15.2.7. Nas atividades de montagem e desmontagem de andaimes, deve-se observar que:

(Inserido pela Portaria SIT n. 201, de 21 de janeiro de 2011)

a) todos os trabalhadores sejam qualificados e recebam treinamento específico para o tipo de andaime em operação;

b) é obrigatório o uso de cinto de segurança tipo paraquedista e com duplo talabarte que possua ganchos de abertura mínima de cinquenta milímetros e dupla trava;

c) as ferramentas utilizadas devem ser exclusivamente manuais e com amarração que impeça sua queda acidental; e

d) os trabalhadores devem portar crachá de identificação e qualificação, do qual conste a data de seu último exame médico ocupacional e treinamento.

18.15.2.8. Os montantes dos andaimes metálicos devem possuir travamento contra o desencaixe acidental. *(Inserido pela Portaria SIT n. 201, de 21 de janeiro de 2011)*

18.15.3. O piso de trabalho dos andaimes deve ter forração completa, ser antiderrapante, nivelado e fixado ou travado de modo seguro e resistente. *(Alterado pela Portaria SIT n. 201, de 21 de janeiro de 2011)*

18.15.3.1. O piso de trabalho dos andaimes pode ser totalmente metálico ou misto, com estrutura metálica e forração do piso em material sintético ou em madeira, ou totalmente de madeira. *(Inserido pela Portaria SIT n. 201, de 21 de janeiro de 2011)*

18.15.3.2. Os pisos dos andaimes devem ser dimensionados por profissional legalmente habilitado. *(Inserido pela Portaria SIT n. 201, de 21 de janeiro de 2011)*

18.15.4. No PCMAT devem ser inseridas as precauções que devem ser tomadas na montagem, desmontagem e movimentação de andaimes próximos às redes elétricas. *(Alterado pela Portaria SIT n. 201, de 21 de janeiro de 2011)*

18.15.5. A madeira para confecção de andaimes deve ser de boa qualidade, seca, sem apresentar nós e rachaduras que comprometam a sua resistência, sendo proibido o uso de pintura que encubra imperfeições.

18.15.5.1. É proibida a utilização de aparas de madeira na confecção de andaimes.

18.15.6. Os andaimes devem dispor de sistema guarda-corpo e rodapé, inclusive nas cabeceiras, em todo o perímetro, conforme subitem 18.13.5, com exceção do lado da face de trabalho.

18.15.7. É proibido retirar qualquer dispositivo de segurança dos andaimes ou anular sua ação.

18.15.8. É proibida, sobre o piso de trabalho de andaimes, a utilização de escadas e outros meios para se atingirem lugares mais altos.

18.15.9. O acesso aos andaimes deve ser feito de maneira segura.

18.15.9.1. O acesso aos andaimes tubulares deve ser feito de maneira segura por escada incorporada à sua estrutura, que pode ser:

(Inserido pela Portaria SIT n. 201, de 21 de janeiro de 2011)

a) escada metálica, incorporada ou acoplada aos painéis com dimensões de quarenta centímetros de largura mínima e a distância entre os degraus uniforme e compreendida entre vinte e cinco e trinta e cinco centímetros;

b) escada do tipo marinheiro, montada externamente à estrutura do andaime conforme os itens 18.12.5.10 e 18.12.5.10.1; ou

c) escada para uso coletivo, montada interna ou externamente ao andaime, com largura mínima de oitenta centímetros, corrimãos e degraus antiderrapantes.

18.15.9.1.1. O acesso pode ser ainda por meio de portão ou outro sistema de proteção com abertura para o interior do andaime e com dispositivo contra abertura acidental. *(Inserido pela Portaria SIT n. 201, de 21 de janeiro de 2011)*

ANDAIMES SIMPLESMENTE APOIADOS

18.15.10. Os montantes dos andaimes devem ser apoiados em sapatas sobre base sólida e nivelada capazes de resistir aos esforços solicitantes e às cargas transmitidas. *(Alterado pela Portaria SIT n. 201, de 21 de janeiro de 2011)*

18.15.11. É proibido trabalho em andaimes apoiados sobre cavaletes que possuam altura superior a 2,00m (dois metros) e largura inferior a 0,90m (noventa centímetros).

18.15.12. É proibido o trabalho em andaimes na periferia da edificação sem que haja proteção tecnicamente adequada, fixada a estrutura da mesma. *(Alterado pela Portaria SIT n. 201, de 21 de janeiro de 2011)*

18.15.13. É proibido o deslocamento das estruturas dos andaimes com trabalhadores sobre os mesmos.

18.15.14. Os andaimes cujos pisos de trabalho estejam situados a mais de um metro de altura devem possuir escadas ou rampas. *(Alterado pela Portaria SIT n. 201, de 21 de janeiro de 2011)*

18.15.15. O ponto de instalação de qualquer aparelho de içar materiais deve ser escolhido, de modo a não comprometer a estabilidade e segurança do andaime.

18.15.16. Os andaimes de madeira somente podem ser utilizados em obras de até três pavimentos ou altura equivalente e devem ser projetados por profissional legalmente habilitado. *(Alterado pela Portaria SIT n. 224, de 6 de maio de 2011)*

18.15.17. O andaime deve ser fixado à estrutura da construção, edificação ou instalação, por meio de amarração e estroncamento, de modo a resistir aos esforços a que estará sujeito. *(Alterado pela Portaria SIT n. 201, de 21 de janeiro de 2011)*

18.15.18. As torres de andaimes não podem exceder, em altura, quatro vezes a menor dimensão da base de apoio, quando não estaiadas.

ANDAIMES FACHADEIROS

18.15.19. Os andaimes fachadeiros não devem receber cargas superiores às especificadas pelo fabricante. Sua carga deve ser distribuída de modo uniforme, sem obstruir a circulação de pessoas e ser limitada pela resistência da forração da plataforma de trabalho.

18.15.20. Os acessos verticais ao andaime fachadeiro devem ser feitos em escada incorporada a sua própria estrutura ou por meio de torre de acesso.

18.15.21. A movimentação vertical de componentes e acessórios para a montagem e/ou desmontagem de andaime fachadeiro deve ser feita por meio de cordas ou por sistema próprio de içamento.

18.15.22. Os montantes do andaime fachadeiro devem ter seus encaixes travados com parafusos, contrapinos, braçadeiras ou similar.

18.15.23. Os painéis dos andaimes fachadeiros destinados a suportar os pisos e/ou funcionar como travamento, após encaixados nos montantes, devem ser contrapinados ou travados com parafusos, braçadeiras ou similar.

18.15.24. As peças de contraventamento devem ser fixadas nos montantes por meio de parafusos, braçadeiras ou por encaixe em pinos, devidamente travados ou contrapinados, de modo que assegurem a estabilidade e a rigidez necessárias ao andaime.

18.15.25. Os andaimes fachadeiros devem ser externamente cobertos por tela de material que apresente resistência mecânica condizente com os trabalhos e que impeça a queda de objetos. *(Alterado pela Portaria SIT n. 201, de 21 de janeiro de 2011)*

18.15.25.1. A tela prevista no subitem 18.15.25 deve ser completa e ser instalada desde a primeira plataforma de trabalho até dois metros acima da última. *(Inserido pela Portaria SIT n. 201, de 21 de janeiro de 2011)*

ANDAIMES MÓVEIS

18.15.26. Os rodízios dos andaimes devem ser providos de travas, de modo a evitar deslocamentos acidentais.

18.15.27. Os andaimes tubulares móveis podem ser utilizados somente sobre superfície plana, que resista a seus esforços e permita a sua segura movimentação através de rodízios. *(Alterado pela Portaria SIT n. 201, de 21 de janeiro de 2011)*

ANDAIMES EM BALANÇO

18.15.28. Os andaimes em balanço devem ter sistema de fixação à estrutura da edificação capaz de suportar três vezes os esforços solicitantes.

18.15.29. A estrutura do andaime deve ser convenientemente contraventada e ancorada, de tal forma a eliminar quaisquer oscilações.

ANDAIMES SUSPENSOS *(Alterado pela Portaria SIT n. 30, de 20 de dezembro de 2001)*

18.15.30. Os sistemas de fixação e sustentação e as estruturas de apoio dos andaimes suspensos devem ser precedidos de projeto elaborado e acompanhado por profissional legalmente habilitado. *(Alterado pela Portaria SIT n. 201, de 21 de janeiro de 2011)*

18.15.30.1. Os andaimes suspensos devem possuir placa de identificação, colocada em local visível, onde conste a carga máxima de trabalho permitida. *(Inserido pela Portaria SIT n. 201, de 21 de janeiro de 2011)*

18.15.30.2. A instalação e a manutenção dos andaimes suspensos devem ser feitas por trabalhador qualificado, sob supervisão e responsabilidade técnica de profissional legalmente habilitado obedecendo, quando de fábrica, as especificações técnicas do fabricante. *(Inserido pela Portaria SIT n. 30, de 20 de dezembro de 2001)*

18.15.30.3. Deve ser garantida a estabilidade dos andaimes suspensos durante todo o período de sua utilização, através de procedimentos operacionais e de dispositivos ou equipamentos específicos para tal fim. *(Inserido pela Portaria SIT n. 30, de 20 de dezembro de 2001)*

18.15.31. O trabalhador deve utilizar cinto de segurança tipo paraquedista, ligado ao trava-quedas de segurança este, ligado a cabo-guia fixado em estrutura independente da estrutura de fixação e sustentação do andaime suspenso. *(Inserido pela Portaria SIT n. 30, de 20 de dezembro de 2001)*

18.15.32. A sustentação dos andaimes suspensos deve ser feita por meio de vigas, afastadores ou outras estruturas metálicas de resistência equivalente a, no mínimo, três vezes o maior esforço solicitante. *(Inserido pela Portaria SIT n. 30, de 20 de dezembro de 2001)*

18.15.32.1. A sustentação dos andaimes suspensos somente pode ser apoiada ou fixada em elemento estrutural. *(Alterado pela Portaria SIT n. 201, de 21 de janeiro de 2011)*

18.15.32.1.1. Em caso de sustentação de andaimes suspensos em platibanda ou beiral da edificação, essa deve ser precedida de estudos de verificação estrutural sob responsabilidade de profissional legalmente habilitado. *(Alterado pela Portaria SIT n. 201, de 21 de janeiro de 2011)*

18.15.32.1.2. A verificação estrutural e as especificações técnicas para a sustentação dos andaimes suspensos em platibanda ou beiral de edificação devem permanecer no local de realização dos serviços. *(Alterado pela Portaria SIT n. 201, de 21 de janeiro de 2011)*

18.15.32.2. A extremidade do dispositivo de sustentação, voltada para o interior da construção, deve ser adequadamente fixada, constando essa especificação do projeto emitido. *(Inserido pela Portaria SIT n. 30, de 20 de dezembro de 2001)*

18.15.32.3. É proibida a fixação de sistemas de sustentação dos andaimes por meio de sacos com areia, pedras ou qualquer outro meio similar. *(Inserido pela Portaria SIT n. 30, de 20 de dezembro de 2001)*

18.15.32.4. Na utilização do sistema contrapeso como forma de fixação da estrutura de sustentação dos andaimes suspensos, este deve atender as seguintes especificações mínimas: *(Alterado pela Portaria SIT n. 201, de 21 de janeiro de 2011)*

a) ser invariável quanto à forma e peso especificados no projeto;

b) ser fixado à estrutura de sustentação dos andaimes;

c) ser de concreto, aço ou outro sólido não granulado, com seu peso conhecido e marcado de forma indelével em cada peça; e,

d) ter contraventamentos que impeçam seu deslocamento horizontal.

18.15.33. É proibido o uso de cabos de fibras naturais ou artificiais para sustentação dos andaimes suspensos. *(Inserido pela Portaria SIT n. 30, de 20 de dezembro de 2001)*

18.15.34. Os cabos de suspensão devem trabalhar na vertical e o estrado na horizontal. *(Inserido pela Portaria SIT n. 30, de 20 de dezembro de 2001)*

18.15.35. Os dispositivos de suspensão devem ser diariamente verificados pelos usuários e pelo responsável pela obra, antes de iniciados os trabalhos. *(Alterado pela Portaria SIT n. 30, de 20 de dezembro de 2001)*

18.15.35.1. Os usuários e o responsável pela verificação devem receber treinamento e manual de procedimentos para a rotina de verificação diária. *(Alterado pela Portaria SIT n. 201, de 21 de janeiro de 2011)*

18.15.36. Os cabos de aço utilizados nos guinchos tipo catraca dos andaimes suspensos devem: *(Alterado pela Portaria SIT n. 201, de 21 de janeiro de 2011)*

a) ter comprimento tal que para a posição mais baixa do estrado restem pelo menos seis voltas sobre cada tambor; e

b) passar livremente na roldana, devendo o respectivo sulco ser mantido em bom estado de limpeza e conservação.

18.15.37. Os andaimes suspensos devem ser convenientemente fixados à edificação na posição de trabalho. *(Alterado pela Portaria SIT n. 30, de 20 de dezembro de 2001)*

18.15.38. É proibido acrescentar trechos em balanço ao estrado de andaimes suspensos. *(Alterado pela Portaria SIT n. 30, de 20 de dezembro de 2001)*

18.15.39. É proibida a interligação de andaimes suspensos para a circulação de pessoas ou execução de tarefas. *(Alterado pela Portaria SIT n. 30 de 20 de dezembro de 2001)*

18.15.40. Sobre os andaimes suspensos somente é permitido depositar material para uso imediato. *(Alterado pela Portaria SIT n. 30, de 20 de dezembro de 2001)*

18.15.40.1. É proibida a utilização de andaimes suspensos para transporte de pessoas ou materiais que não estejam vinculados aos serviços em execução. *(Inserido pela Portaria SIT n. 30, de 20 de dezembro de 2001)*

18.15.41. Os quadros dos guinchos de elevação devem ser providos de dispositivos para fixação de sistema guarda-corpo e rodapé, conforme subitem 18.13.5. *(Alterado pela Portaria SIT n. 30, de 20 de dezembro de 2001)*

18.15.41.1. O estrado do andaime deve estar fixado aos estribos de apoio e o guarda-corpo ao seu suporte. *(Inserido pela Portaria SIT n. 30, de 20 de dezembro de 2001)*

18.15.41.2. É vedada a utilização de guinchos tipo catraca dos andaimes suspenso para prédios acima de oito pavimentos, a partir do térreo, ou altura equivalente. *(Inserido pela Portaria SIT n. 201, de 21 de janeiro de 2011 — Vide prazo no art. 2º da Portaria)*

18.15.42. Os guinchos de elevação para acionamento manual devem observar os seguintes requisitos: *(Alterado pela Portaria SIT n. 30, de 20 de dezembro de 2001)*

a) ter dispositivo que impeça o retrocesso do tambor para catraca;

b) ser acionado por meio de alavancas, manivelas ou automaticamente, na subida e na descida do andaime;

c) possuir segunda trava de segurança para catraca; e

d) ser dotado da capa de proteção da catraca.

18.15.43. A largura mínima útil da plataforma de trabalho dos andaimes suspensos deve ser de sessenta e cinco centímetros. *(Alterado pela Portaria SIT n. 30, de 20 de dezembro de 2001)*

18.15.43.1. A largura máxima útil da plataforma de trabalho dos andaimes suspensos, quando utilizado um guincho em cada armação, deve ser de noventa centímetros. *(Inserido pela Portaria SIT n. 201, de 21 de janeiro de 2011)*

18.15.43.2. *Revogado pela Portaria SIT n. 157, de 10 de abril de 2006)*

18.15.43.3. Os estrados dos andaimes suspensos mecânicos podem ter comprimento máximo de 8,00 (oito metros). *(Inserido pela Portaria SIT n. 30, de 20 de dezembro de 2001)*

18.15.44. Quando utilizado apenas um guincho de sustentação por armação é obrigatório o uso de um cabo de segurança adicional de aço, ligado a dispositivo de bloqueio mecânico automático, observando-se a sobrecarga indicada pelo fabricante do equipamento. *(Alterado pela Portaria SIT n. 30, de 20 de dezembro de 2001)*

ANDAIMES SUSPENSOS MOTORIZADOS *(Inserido pela Portaria SIT n. 30, de 20 de dezembro de 2001)*

18.15.45. Na utilização de andaimes suspensos motorizados deverá ser observada a instalação dos seguintes dispositivos: *(Alterado pela Portaria SIT n. 30, de 20 de dezembro de 2001)*

a) cabos de alimentação de dupla isolação;

b) plugs/tomadas blindadas;

c) aterramento elétrico;

d) dispositivo Diferencial Residual (DR); e,

e) fim de curso superior e batente.

18.15.45.1. O conjunto motor deve ser equipado com dispositivo mecânico de emergência, que acionará automaticamente em caso de pane elétrica de forma a manter a plataforma de trabalho parada em altura e, quando acionado, permitir a descida segura até o ponto de apoio inferior. *(Inserido pela Portaria SIT n. 30, de 20 de dezembro de 2001)*

18.15.45.2. Os andaimes motorizados devem ser dotados de dispositivos que impeçam sua movimentação, quando sua inclinação for superior a 15° (quinze graus), devendo permanecer nivelados no ponto de trabalho. *(Inserido pela Portaria SIT n. 30, de 20 de dezembro de 2001)*

18.15.45.3. O equipamento deve ser desligado e protegido quando fora de serviço. *(Alterado pela Portaria SIT n. 201, de 21 de janeiro de 2011)*

PLATAFORMA DE TRABALHO COM SISTEMA DE MOVIMENTAÇÃO VERTICAL EM PINHÃO E CREMALHEIRA E PLATAFORMAS HIDRÁULICAS *(Inserido pela Portaria SIT n. 30, de 20 de dezembro de 2001)*

18.15.46. As plataformas de trabalho com sistema de movimentação vertical em pinhão e cremalheira e as plataformas hidráulicas devem observar as especificações técnicas do fabricante quanto à montagem, operação, manutenção, desmontagem e às inspeções periódicas, sob responsabilidade técnica de profissional legalmente habilitado. *(Alterado pela Portaria SIT n. 201, de 21 de janeiro de 2011)*

18.15.47. Em caso de equipamento importado, os projetos, especificações técnicas e manuais de montagem, operação, manutenção, inspeção e desmontagem devem ser revisados e referendados por profissional legalmente habilitado no país, atendendo ao previsto nas normas técnicas da Associação Brasileira de Normas Técnicas — ABNT ou de entidades internacionais por ela referendadas, ou ainda, outra entidade credenciada pelo Conselho Nacional de Metrologia, Normalização e Qualidade Industrial — CONMETRO. *(Alterado pela Portaria SIT n. 201, de 21 de janeiro de 2011)*

18.15.47.1. Os manuais de orientação do fabricante, em língua portuguesa, devem ficar à disposição no canteiro de obras ou frentes de trabalho. *(Alterado pela Portaria SIT n. 201, de 21 de janeiro de 2011)*

18.15.47.2. A instalação, manutenção e inspeção periódica dessas plataformas de trabalho devem ser feitas por trabalhador qualificado, sob supervisão e responsabilidade técnica de profissional legalmente habilitado. *(Inserido pela Portaria SIT n. 30, de 20 de dezembro de 2001)*

18.15.47.3. O equipamento somente deve ser operado por trabalhador qualificado. *(Alterado pela Portaria SIT n. 201, de 21 de janeiro de 2011)*

18.15.47.4. Todos os trabalhadores usuários de plataformas devem receber orientação quanto ao correto carregamento e posicionamento dos materiais na plataforma. *(Alterado pela Portaria SIT n. 201, de 21 de janeiro de 2011)*

18.15.47.4.1. O responsável pela verificação diária das condições de uso do equipamento deve receber manual de procedimentos para a rotina de verificação diária. *(Alterado pela Portaria SIT n. 201, de 21 de janeiro de 2011)*

18.15.47.4.1.1. Os usuários devem receber treinamento para a operação dos equipamentos. *(Alterado pela Portaria SIT n. 201, de 21 de janeiro de 2011)*

18.15.47.5. Todos os trabalhadores devem utilizar cinto de segurança tipo paraquedista ligado a um cabo guia fixado em estrutura independente do equipamento, salvo situações especiais tecnicamente comprovadas por profissional legalmente habilitado. *(Alterado pela Portaria SIT n. 201, de 21 de janeiro de 2011)*

18.15.47.6. O equipamento deve estar afastado das redes elétricas ou estas estarem isoladas conforme as normas específicas da concessionária local. *(Inserido pela Portaria SIT n. 30, de 20 de dezembro de 2001)*

18.15.47.7. A capacidade de carga mínima no piso de trabalho deve ser de cento cinquenta quilogramas — força por metro quadrado. *(Alterado pela Portaria SIT n. 201, de 21 de janeiro de 2011)*

18.15.47.8. As extensões telescópicas, quando utilizadas, devem oferecer a mesma resistência do piso da plataforma. *(Alterado pela Portaria SIT n. 201, de 21 de janeiro de 2011)*

18.15.47.9. São proibidas a improvisação na montagem de trechos em balanço e a interligação de plataformas. *(Inserido pela Portaria SIT n. 30, de 20 de dezembro de 2001)*

18.15.47.10. É responsabilidade do fabricante ou locador a indicação dos esforços na estrutura e apoios da plataforma, bem como a indicação dos pontos que resistam a esses esforços. *(Inserido pela Portaria SIT n. 30, de 20 de dezembro de 2001)*

18.15.47.11. A área sob a plataforma de trabalho deve ser devidamente sinalizada e delimitada, sendo proibida a circulação de trabalhadores dentro daquele espaço. *(Alterado pela Portaria SIT n. 201, de 21 de janeiro de 2011)*

18.15.47.12. A plataforma deve dispor de sistema de sinalização sonora acionado automaticamente durante sua subida e descida. *(Inserido pela Portaria SIT n. 30, de 20 de dezembro de 2001)*

18.15.47.13. A plataforma deve possuir no painel de comando botão de parada de emergência. *(Inserido pela Portaria SIT n. 30, de 20 de dezembro de 2001)*

18.15.47.14. O equipamento deve ser dotado de dispositivos de segurança que garantam o perfeito nivelamento da plataforma no ponto de trabalho, não podendo exceder a inclinação máxima indicada pelo fabricante. *(Inserido pela Portaria SIT n. 30, de 20 de dezembro de 2001)*

18.15.47.15. No percurso vertical da plataforma não pode haver interferências que possam obstruir o seu livre deslocamento. *(Alterado pela Portaria SIT n. 201, de 21 de janeiro de 2011)*

18.15.47.16. Em caso de pane elétrica o equipamento deve possui dispositivos mecânicos de emergência que mantenham a plataforma parada permitindo o alívio manual por parte do operador para descida segura da mesma até sua base. *(Alterado pela Portaria SIT n. 201, de 21 de janeiro de 2011)*

18.15.47.17. O último elemento superior da torre deve ser cego, não podendo possuir engrenagens de cremalheira, de forma a garantir que os roletes permaneçam em contato com as guias. *(Alterado pela Portaria SIT n. 201, de 21 de janeiro de 2011)*

18.15.47.18. Os elementos de fixação utilizados no travamento das plataformas devem ser devidamente dimensionados para suportar os esforços indicados em projeto. *(Inserido pela Portaria SIT n. 30, de 20 de dezembro de 2001)*

18.15.47.19. O espaçamento entre as ancoragens ou estroncamentos deve obedecer às especificações do fabricante e serem indicadas no projeto. *(Alterado pela Portaria SIT n. 201, de 21 de janeiro de 2011)*

18.15.47.19.1. A ancoragem da torre é obrigatória quando a altura desta for superior a nove metros. *(Alterado pela Portaria SIT n. 201, de 21 de janeiro de 2011)*

18.15.47.20. A utilização das plataformas sem ancoragem ou estroncamento deve seguir rigorosamente as condições de cada modelo indicadas pelo fabricante. *(Alterado pela Portaria SIT n. 201, de 21 de janeiro de 2011)*

18.15.47.21. No caso de utilização de plataforma com chassi móvel, este deve ficar devidamente nivelado, patolado ou travado no início de montagem das torres verticais de sustentação da plataforma, permanecendo dessa forma durante seu uso e desmontagem. *(Alterado pela Portaria SIT n. 201, de 21 de janeiro de 2011)*

18.15.47.22. Os guarda-corpos, inclusive nas extensões telescópicas, devem atender ao previsto no item 18.13.5 e observar as especificações do fabricante, não sendo permitido o uso de cordas, cabos, correntes ou qualquer outro material flexível. *(Alterado pela Portaria SIT n. 201, de 21 de janeiro de 2011)*

18.15.47.23. O equipamento, quando fora de serviço, deve ficar no nível da base, desligado e protegido contra acionamento não autorizado. *(Alterado pela Portaria SIT n. 201, de 21 de janeiro de 2011)*

18.15.47.24. A plataforma de trabalho deve ter seus acessos dotados de dispositivos eletroeletrônicos que impeçam sua movimentação quando abertos. *(Inserido pela Portaria SIT n. 30, de 20 de dezembro de 2001)*

18.15.47.25. É proibido realizar qualquer trabalho sob intempéries ou outras condições desfavoráveis que exponham a risco os trabalhadores. *(Inserido pela Portaria SIT n. 30, de 20 de dezembro de 2001)*

18.15.47.26. É proibida a utilização das plataformas de trabalho para o transporte de pessoas e materiais não vinculados aos serviços em execução. *(Inserido pela Portaria SIT n. 30, de 20 de dezembro de 2001)*

PLATAFORMAS POR CREMALHEIRA *(Inserido pela Portaria SIT n. 30 de 20 de dezembro de 2001)*

18.15.48. As plataformas por cremalheira devem dispor dos seguintes dispositivos: *(Alterado pela Portaria SIT n. 201, de 21 de janeiro de 2011)*

a) cabos de alimentação de dupla isolação;

b) plugs/tomadas blindadas;

c) aterramento elétrico;

d) dispositivo Diferencial Residual (DR);

e) limites elétricos de percurso superior e inferior;

f) motofreio;

g) freio automático de segurança; e,

h) botoeira de comando de operação com atuação por pressão contínua.

CADEIRA SUSPENSA *(Inserido pela Portaria SIT n. 13, de 9 de julho de 2002)*

18.15.49. Em quaisquer atividades em que não seja possível a instalação de andaimes, é permitida a utilização de cadeira suspensa (balancim individual).

18.15.50. A sustentação da cadeira suspensa deve ser feita por meio de cabo de aço ou cabo de fibra sintética. *(Alterado pela Portaria SIT n. 13, de 9 de julho de 2002)*

18.15.51. A cadeira suspensa deve dispor de:

a) sistema dotado com dispositivo de subida e descida com dupla trava de segurança, quando a sustentação for através de cabo de aço; *(Alterado pela Portaria SIT n. 13, de 9 de julho de 2002)*

b) sistema dotado com dispositivo de descida com dupla trava de segurança, quando a sustentação for por meio de cabo de fibra sintética; *(Alterado pela Portaria SIT n. 13, de 9 de julho de 2002)*

c) requisitos mínimos de conforto previstos na NR 17 — Ergonomia;

d) sistema de fixação do trabalhador por meio de cinto. *(Inserido pela Portaria SIT n. 13, de 9 de julho de 2002)*

18.15.52. O trabalhador deve utilizar cinto de segurança tipo paraquedista, ligado ao trava-quedas em cabo-guia independente.

18.15.53. A cadeira suspensa deve apresentar na sua estrutura, em caracteres indeléveis e bem visíveis, a razão social do fabricante e o número de registro respectivo no Cadastro Nacional de Pessoa Jurídica — CNPJ. *(Alterado pela Portaria SIT n. 13, de 9 de julho de 2002)*

18.15.54. É proibida a improvisação de cadeira suspensa.

18.15.55. O sistema de fixação da cadeira suspensa deve ser independente do cabo-guia do trava-quedas.

18.15.56. Ancoragem *(Inserido pela Portaria SIT n. 157, de 10 de abril de 2006)*

18.15.56.1. Nas edificações com, no mínimo, quatro pavimentos ou altura de 12m (doze metros) a partir do nível do térreo devem ser instalados dispositivos destinados à ancoragem de equipamentos de sustentação de andaimes e de cabos de segurança para o uso de proteção individual a serem utilizados nos serviços de limpeza, manutenção e restauração de fachadas. *(Alterado pela Portaria SIT n. 318, de 8 de maio de 2012)*

18.15.56.2. Os pontos de ancoragem devem:

a) estar dispostos de modo a atender todo o perímetro da edificação;

b) suportar uma carga pontual de 1.500 Kgf (mil e quinhentos quilogramas-força); *(Alterada pela Portaria SIT n. 318, de 8 de maio de 2012)*

c) constar do projeto estrutural da edificação;

d) ser constituídos de material resistente às intempéries, como aço inoxidável ou material de características equivalentes.

18.15.56.3. Os pontos de ancoragem de equipamentos e dos cabos de segurança devem ser independentes.

18.15.56.4. O item 18.15.56.1 desta norma regulamentadora não se aplica às edificações que possuírem projetos específicos para instalação de equipamentos definitivos para limpeza, manutenção e restauração de fachadas.

18.15.56.5. A ancoragem deve apresentar na sua estrutura, em caracteres indeléveis e bem visíveis:

(Inserido pela Portaria SIT n. 318, de 8 de maio de 2012)

a) razão social do fabricante e o seu CNPJ;

b) indicação da carga de 1.500 Kgf;

c) material da qual é constituído;

d) número de fabricação/série.

PLATAFORMAS DE TRABALHO AÉREO *(Inserido pela Portaria SIT n. 40, de 7 de março de 2008)*

18.15.57. As plataformas de trabalho aéreo devem atender ao disposto no Anexo IV desta Norma Regulamentadora. *(Inserido pela Portaria SIT n. 40, de 7 de março de 2008)*

18.16. Cabos de Aço e Cabos de Fibra Sintética

18.16.1. É obrigatória a observância das condições de utilização, dimensionamento e conservação dos cabos de aço utilizados em obras de construção, conforme o disposto na norma técnica vigente NBR 6327/83 — Cabo de Aço/Usos Gerais da ABNT.

18.16.2. Os cabos de aço de tração não podem ter emendas nem pernas quebradas que possam vir a comprometer sua segurança. *(Alterado pela Portaria SIT n. 13, de 9 de julho de 2002)*

18.16.2.1. Os cabos de aço devem ter carga de ruptura equivalente a, no mínimo, 5 (cinco) vezes a carga máxima de trabalho a que estiverem sujeitos e resistência à tração de seus fios de, no mínimo, 160 kgf/mm^2 (cento e sessenta quilogramas-força por milímetro quadrado). *(Incluído pela Portaria SIT n. 13, de 9 de julho de 2002)*

18.16.3. Os cabos de aço e de fibra sintética devem ser fixados por meio de dispositivos que impeçam seu deslizamento e desgaste. *(Alterado pela Portaria SIT n. 13, de 9 de julho de 2002)*

18.16.4. Os cabos de aço e de fibra sintética devem ser substituídos quando apresentarem condições que comprometam a sua integridade em face da utilização a que estiverem submetidos. *(Alterado pela Portaria SIT n. 13, de 9 de julho de 2002)*

18.16.5. Os cabos de fibra sintética utilizados para sustentação de cadeira suspensa ou como cabo-guia para fixação do trava-quedas do cinto de segurança tipo paraquedista, deverá ser dotado de alerta visual amarelo. *(Incluído pela Portaria SIT n. 13, de 9 de julho de 2002)*

18.16.6. Os cabos de fibra sintética deverão atender as especificações constantes do Anexo I — Especificações de Segurança para Cabos de Fibra Sintética, desta NR. *(Incluído pela Portaria SIT n. 13, de 9 de julho de 2002)*

Anexo I — Especificações de Segurança para Cabos de Fibra Sintética *(Incluído pela Portaria SIT n. 13, de 9 de julho de 2002)*

1. O Cabo de fibra sintética utilizado nas condições previstas do subitem 18.16.5 deverá atender as especificações previstas a seguir:

a) deve ser constituído em trançado triplo e alma central.

b) Trançado externo em multifilamento de poliamida.

c) Trançado intermediário e o alerta visual de cor amarela em multifilamento de polipropileno ou poliamida na cor amarela com o mínimo de 50% de identificação, não podendo ultrapassar 10% (dez por cento) da densidade linear.

d) Trançado interno em multifilamento de poliamida.

e) Alma central torcida em multifilamento de poliamida.

f) Construção dos trançados em máquina com 16, 24, 32 ou 36 fusos.

g) Número de referência: 12 (diâmetro nominal em mm.).

h) Densidade linear 95 + 5 KTEX (igual a 95 + 5 g/m).

i) Carga de ruptura mínima 20 KN.

j) Carga de ruptura mínima de segurança sem o trançado externo 15 KN.

2. O cabo de fibra sintética utilizado nas condições previstas no subitem 18.16.5 deverá atender as prescrições de identificação a seguir:

a) Marcação com fita inserida no interior do trançado interno gravado NR 18.16.5 ISO 1140 1990 e fabricante com CNPJ.

b) Rótulo fixado firmemente contendo as seguintes informações:

I — Material constituinte: poliamida

II — Número de referência: diâmetro de 2mm

III — Comprimentos em metros

c) Incluir o aviso: "CUIDADO: CABO PARA USO ESPECÍFICO EM CADEIRAS SUSPENSAS E CABO-GUIA DE SEGURANÇA PARA FIXAÇÃO DE TRAVA-QUEDAS".

3. O cabo sintético deverá ser submetido a Ensaio conforme Nota Técnica ISO 2307/1990, ter avaliação de carga ruptura e material constituinte pela rede brasileira de laboratórios de ensaios e calibração do Sistema Brasileiro de Metrologia e Qualidade Industrial.

18.17. Alvenaria, Revestimentos e Acabamentos

18.17.1. Devem ser utilizadas técnicas que garantam a estabilidade das paredes de alvenaria da periferia.

18.17.2. Os quadros fixos de tomadas energizadas devem ser protegidos sempre que no local forem executados serviços de revestimento e acabamento.

18.17.3. Os locais abaixo das áreas de colocação de vidro devem ser interditados ou protegidos contra queda de material.

18.17.3.1. Após a colocação, os vidros devem ser marcados de maneira visível.

18.17.4. Os serviços de aquecimento, transporte e aplicação de impermeabilizante a quente e a frio devem estar previstos no PCMAT e/ou no PPRA e atender a NBR 9574:2008 ou alteração posterior. *(Incluído pela Portaria MTE n. 644, de 9 de maio de 2013)*

18.17.4.1. O equipamento para aquecimento deve ser metálico, possuir tampa com respiradouro de segurança, termômetro ou termostato, bem como possuir nome da empresa fabricante ou importadora e CNPJ em caracteres indeléveis e visíveis. *(Incluído pela Portaria MTE n. 644, de 9 de maio de 2013)*

18.17.4.2. O Manual Técnico de Operação do equipamento deve acompanhar qualquer serviço de impermeabilização. *(Incluído pela Portaria MTE n. 644, de 9 de maio de 2013)*

18.17.4.3. Não é permitido o aquecimento a lenha nos serviços de impermeabilização. *(Incluído pela Portaria TEM n. 644, de 9 de maio de 2013)*

18.17.4.4. O local de instalação do equipamento para aquecimento deve: *(Incluído pela Portaria MTE n. 644, de 9 de maio de 2013)*

a) possuir ventilação natural e /ou artificial;

b) ter piso nivelado e incombustível;

c) ter sinalização de advertência e isolamento;

d) ser mantido limpo e em ordem.

18.17.4.5. O transporte do material a quente deve ser feito através de recipiente metálico, com tampa e alça, utilizando no máximo ¾ de sua capacidade. *(Incluído pela Portaria MTE n. 644, de 9 de maio de 2013)*

18.17.4.6. Os trabalhadores envolvidos na atividade devem possuir treinamento específico nos termos desta NR, com carga horária mínima de 4h anuais e o seguinte conteúdo mínimo: *(Incluído pela Portaria MTE n. 644, de 9 de maio de 2013)*

a) operação do equipamento para aquecimento com segurança;

b) manuseio e transporte da massa asfáltica quente;

c) primeiros socorros;

d) isolamento da área e sinalização de advertência.

18.17.4.7. O fornecimento dos Equipamentos de Proteção Individual — EPI deve atender o disposto no item 18.23 desta NR. *(Incluído pela Portaria MTE n. 644, de 9 de maio de 2013)*

18.17.4.8. As operações em Espaços Confinados devem atender os itens 18.20 e 18.26.4 da NR-18 e a NR-33. *(Incluído pela Portaria MTE n. 644, de 9 de maio de 2013)*

18.17.4.9. A armazenagem dos produtos utilizados nas operações de impermeabilização, inclusive os cilindros de gás, deve ser feita em local isolado, sinalizado, ventilado e isento de risco de incêndios, sendo proibida sua armazenagem no local de operação do equipamento de aquecimento. *(Incluído pela Portaria MTE n. 644, de 9 de maio de 2013)*

18.17.5. Não é permitida a utilização de cilindros de GLP inferiores a 8 quilos em qualquer operação de impermeabilização. *(Incluído pela Portaria MTE n. 644, de 9 de maio de 2013)*

18.17.5.1. Os cilindros de GLP de 45 quilos devem estar sobre rodas e afastados no mínimo 3 metros do equipamento de aquecimento. *(Incluído pela Portaria MTE n. 644, de 9 de maio de 2013)*

18.17.5.1.1. Devem ser utilizados tubos ou mangueiras flexíveis, previstos nas normas técnicas brasileiras, de no mínimo 5 metros em qualquer operação, quando do uso do equipamento de aquecimento a gás. *(Incluído pela Portaria MTE n. 644, de 9 de maio de 2013)*

18.17.6. Quanto ao funcionamento do equipamento de aquecimento, devem ser observados os seguintes itens:

(Incluído pela Portaria MTE n. 644, de 9 de maio de 2013)

a) manter o trabalhador próximo ao recipiente quando o mesmo estiver em aquecimento;

b) possuir abertura da válvula para escoar o asfalto derretido de forma lenta;

c) manter a tampa fechada;

d) proibir qualquer movimentação com a tampa destravada.

18.17.7. Após o uso, a manutenção e a limpeza do equipamento de aquecimento devem seguir as recomendações do fabricante. *(Incluído pela Portaria MTE n. 644, de 9 de maio de 2013)*

18.17.8. O Contratante deve manter no canteiro de obras a cópia da Ficha de Informações de Segurança de Produto Químico — FISPQ, bem como o Plano de Emergência. *(Incluído pela Portaria MTE n. 644, de 9 de maio de 2013)*

18.17.9. Os equipamentos de aquecimento elétrico e seus componentes devem ser aterrados nos termos da NR-10. *(Incluído pela Portaria MTE n. 644, de 9 de maio de 2013)*

18.17.10. O equipamento de aquecimento a gás deve ser verificado a cada nova conexão do cilindro com solução de água e sabão para identificação de eventuais vazamentos no queimador, regulador e válvulas. *(Incluído pela Portaria MTE n. 644, de 9 de maio de 2013)*

18.17.11. É proibida atividade que envolva o equipamento de aquecimento em locais sujeitos à ocorrência de ventos fortes e chuva. *(Incluído pela Portaria MTE n. 644, de 9 de maio de 2013)*

18.18. Telhados e Coberturas *(Alterado pela Portaria SIT n. 114, de 17 de janeiro de 2005)*

18.18.1. Para trabalho em telhados e coberturas devem ser utilizados dispositivos dimensionados por profissional legalmente habilitado e que permitam a movimentação segura dos trabalhadores.

18.18.1.1. É obrigatória a instalação de cabo guia ou cabo de segurança para fixação de mecanismo de ligação por talabarte acoplado ao cinto de segurança tipo paraquedista. *(Alterado pela Portaria SIT n. 114, de 17 de janeiro de 2005)*

18.18.1.2. O cabo de segurança deve ter sua(s) extremidade(s) fixada(s) à estrutura definitiva da edificação, por meio de espera(s) de ancoragem, suporte ou grampo(s) de fixação de aço inoxidável ou outro material de resistência, qualidade e durabilidade equivalentes. *(Incluído pela Portaria SIT n. 114, de 17 de janeiro de 2005)*

18.18.2. Nos locais sob as áreas onde se desenvolvam trabalhos em telhados e ou coberturas, é obrigatória a existência de sinalização de advertência e de isolamento da área capazes de evitar a ocorrência de acidentes por eventual queda de materiais, ferramentas e ou equipamentos. *(Alterado pela Portaria SIT n. 114, de 17 de janeiro de 2005)*

18.18.3. É proibida a realização de trabalho ou atividades em telhados ou coberturas sobre fornos ou qualquer equipamento do qual possa haver emanação de gases, provenientes ou não de processos industriais. *(Alterado pela Portaria SIT n. 114, de 17 de janeiro de 2005)*

18.18.3.1. Havendo equipamento com emanação de gases, o mesmo deve ser desligado previamente à realização de serviços ou atividades em telhados ou coberturas. *(incluído pela Portaria SIT n. 114, de 17 de janeiro de 2005)*

18.18.4. É proibida a realização de trabalho ou atividades em telhados ou coberturas em caso de ocorrência de chuvas, ventos fortes ou superfícies escorregadias. *(Alterado pela Portaria SIT n. 114, de 17 de janeiro de 2005)*

18.18.5. Os serviços de execução, manutenção, ampliação e reforma em telhados ou coberturas devem ser precedidos de inspeção e de elaboração de Ordens de Serviço ou Permissões para Trabalho, contendo os procedimentos a serem adotados. *(Incluído pela Portaria SIT n. 114, de 17 de janeiro de 2005)*

18.18.5.1. É proibida a concentração de cargas em um mesmo ponto sobre telhado ou cobertura. *(Incluído pela Portaria SIT n. 114, de 17 de janeiro de 2005)*

18.19. Serviços em Flutuantes

18.19.1. Na execução de trabalhos com risco de queda n'água, devem ser usados coletes salva-vidas ou outros equipamentos de flutuação.

18.19.2. Deve haver sempre, nas proximidades e em local de fácil acesso, botes salva-vidas em número suficiente e devidamente equipados.

18.19.3. As plataformas de trabalho devem ser providas de linhas de segurança ancoradas em terra firme, que possam ser usadas quando as condições meteorológicas não permitirem a utilização de embarcações.

18.19.4. Na execução de trabalho noturno sobre a água, toda a sinalização de segurança da plataforma e o equipamento de salvamento devem ser iluminados com lâmpadas à prova d'água.

18.19.4.1. O sistema de iluminação deve ser estanque.

18.19.5. As superfícies de sustentação das plataformas de trabalho devem ser antiderrapantes.

18.19.6. É proibido deixar materiais e ferramentas soltos sobre as plataformas de trabalho.

18.19.7. Ao redor das plataformas de trabalho, devem ser instalados guarda-corpos, firmemente fixados à estrutura.

18.19.8. Em quaisquer atividades, é obrigatória a presença permanente de profissional em salvamento, primeiros socorros e ressuscitamento cardiorrespiratório.

18.19.9. Os serviços em flutuantes devem atender às disposições constantes no Regulamento para o Tráfego Marítimo e no Regulamento Internacional para Evitar Abalroamentos no Mar — RIPEAM 72, do Ministério da Marinha.

18.19.10. Os coletes salva-vidas devem ser de cor laranja, conter o nome da empresa e a capacidade máxima representada em Kg (quilograma).

18.19.11. Os coletes salva-vidas devem ser em número idêntico ao de trabalhadores e tripulantes.

18.19.12. É proibido conservar à bordo trapos embebidos em óleo ou qualquer outra substância volátil.

18.19.13. É obrigatória a instalação de extintores de incêndio em número e capacidade adequados.

18.19.14. É obrigatório o uso de botas com elástico lateral.

18.20. Locais Confinados

18.20.1. Nas atividades que exponham os trabalhadores a riscos de asfixia, explosão, intoxicação e doenças do trabalho devem ser adotadas medidas especiais de proteção, a saber:

a) treinamento e orientação para os trabalhadores quanto aos riscos a que estão submetidos, a forma de preveni-los e o procedimento a ser adotado em situação de risco;

b) nos serviços em que se utilizem produtos químicos, os trabalhadores não poderão realizar suas atividades sem a utilização de EPI adequado;

c) a realização de trabalho em recintos confinados deve ser precedida de inspeção prévia e elaboração de ordem de serviço com os procedimentos a serem adotados;

d) monitoramento permanente de substância que cause asfixia, explosão e intoxicação no interior de locais confinados realizado por trabalhador qualificado sob supervisão de responsável técnico;

e) proibição de uso de oxigênio para ventilação de local confinado;

f) ventilação local exaustora eficaz que faça a extração dos contaminantes e ventilação geral que execute a insuflação de ar para o interior do ambiente, garantindo de forma permanente a renovação contínua do ar;

g) sinalização com informação clara e permanente durante a realização de trabalhos no interior de espaços confinados;

h) uso de cordas ou cabos de segurança e armaduras para amarração que possibilitem meios seguros de resgate;

i) acondicionamento adequado de substâncias tóxicas ou inflamáveis utilizadas na aplicação de laminados, pisos, papéis de parede ou similares;

j) a cada grupo de 20 (vinte) trabalhadores, dois deles devem ser treinados para resgate;

k) manter ao alcance dos trabalhadores ar mandado e/ou equipamento autônomo para resgate;

l) no caso de manutenção de tanque, providenciar desgaseificação prévia antes da execução do trabalho.

18.21. Instalações Elétricas

18.21.1. A execução e manutenção das instalações elétricas devem ser realizadas por trabalhador qualificado, e a supervisão por profissional legalmente habilitado.

18.21.2. Somente podem ser realizados serviços nas instalações quando o circuito elétrico não estiver energizado.

18.21.2.1. Quando não for possível desligar o circuito elétrico, o serviço somente poderá ser executado após terem sido adotadas as medidas de proteção complementares, sendo obrigatório o uso de ferramentas apropriadas e equipamentos de proteção individual.

18.21.3. É proibida a existência de partes vivas expostas de circuitos e equipamentos elétricos.

18.21.4. As emendas e derivações dos condutores devem ser executadas de modo que assegurem a resistência mecânica e contato elétrico adequado.

18.21.4.1. O isolamento de emendas e derivações deve ter característica equivalente à dos condutores utilizados.

18.21.5. Os condutores devem ter isolamento adequado, não sendo permitido obstruir a circulação de materiais e pessoas.

18.21.6. Os circuitos elétricos devem ser protegidos contra impactos mecânicos, umidade e agentes corrosivos.

18.21.7. Sempre que a fiação de um circuito provisório se tornar inoperante ou dispensável, deve ser retirada pelo eletricista responsável.

18.21.8. As chaves blindadas devem ser convenientemente protegidas de intempéries e instaladas em posição que impeça o fechamento acidental do circuito.

18.21.9. Os porta-fusíveis não devem ficar sob tensão quando as chaves blindadas estiverem na posição aberta.

18.21.10. As chaves blindadas somente devem ser utilizadas para circuitos de distribuição, sendo proibido o seu uso como dispositivo de partida e parada de máquinas.

18.21.11. As instalações elétricas provisórias de um canteiro de obras devem ser constituídas de:

a) chave geral do tipo blindada de acordo com a aprovação da concessionária local, localizada no quadro principal de distribuição.

b) chave individual para cada circuito de derivação;

c) chave-faca blindada em quadro de tomadas;

d) chaves magnéticas e disjuntores, para os equipamentos.

18.21.12. Os fusíveis das chaves blindadas devem ter capacidade compatível com o circuito a proteger, não sendo permitida sua substituição por dispositivos improvisados ou por outros fusíveis de capacidade superior, sem a correspondente troca da fiação.

18.21.13. Em todos os ramais destinados à ligação de equipamentos elétricos, devem ser instalados disjuntores ou chaves magnéticas, independentes, que possam ser acionados com facilidade e segurança.

18.21.14. As redes de alta-tensão devem ser instaladas de modo a evitar contatos acidentais com veículos, equipamentos e trabalhadores em circulação, só podendo ser instaladas pela concessionária.

18.21.15. Os transformadores e estações abaixadoras de tensão devem ser instalados em local isolado, sendo permitido somente acesso do profissional legalmente habilitado ou trabalhador qualificado.

18.21.16. As estruturas e carcaças dos equipamentos elétricos devem ser eletricamente aterradas.

18.21.17. Nos casos em que haja possibilidade de contato acidental com qualquer parte viva energizada, deve ser adotado isolamento adequado.

18.21.18. Os quadros gerais de distribuição devem ser mantidos trancados, sendo seus circuitos identificados.

18.21.19. Ao religar chaves blindadas no quadro geral de distribuição, todos os equipamentos devem estar desligados.

18.21.20. Máquinas ou equipamentos elétricos móveis só podem ser ligados por intermédio de conjunto de plugue e tomada.

18.22. Máquinas, Equipamentos e Ferramentas Diversas

18.22.1. A operação de máquinas e equipamentos que exponham o operador ou terceiros a riscos só pode ser feita por trabalhador qualificado e identificado por crachá.

18.22.2. Devem ser protegidas todas as partes móveis dos motores, transmissões e partes perigosas das máquinas ao alcance dos trabalhadores.

18.22.3. As máquinas e os equipamentos que ofereçam risco de ruptura de suas partes móveis, projeção de peças ou de partículas de materiais devem ser providos de proteção adequada.

18.22.4. As máquinas e equipamentos de grande porte devem proteger adequadamente o operador contra a incidência de raios solares e intempéries.

18.22.5. O abastecimento de máquinas e equipamentos com motor a explosão deve ser realizado por trabalhador qualificado, em local apropriado, utilizando-se de técnicas e equipamentos que garantam a segurança da operação.

18.22.6. Na operação de máquinas e equipamentos com tecnologia diferente da que o operador estava habituado a usar, deve ser feito novo treinamento, de modo a qualificá-lo à utilização dos mesmos.

18.22.7. As máquinas e os equipamentos devem ter dispositivo de acionamento e parada localizado de modo que:

a) seja acionado ou desligado pelo operador na sua posição de trabalho;

b) não se localize na zona perigosa da máquina ou do equipamento;

c) possa ser desligado em caso de emergência por outra pessoa que não seja o operador;

d) não possa ser acionado ou desligado, involuntariamente, pelo operador ou por qualquer outra forma acidental;

e) não acarrete riscos adicionais.

18.22.8. Toda máquina deve possuir dispositivo de bloqueio para impedir seu acionamento por pessoa não autorizada.

18.22.9. As máquinas, equipamentos e ferramentas devem ser submetidos à inspeção e manutenção de acordo com as normas técnicas oficiais vigentes, dispensando-se especial atenção a freios, mecanismos de direção, cabos de tração e suspensão, sistema elétrico e outros dispositivos de segurança.

18.22.10. Toda máquina ou equipamento deve estar localizado em ambiente com iluminação natural e/ou artificial adequada à atividade, em conformidade com a NBR 5.413/91 — Níveis de Iluminância de Interiores da ABNT.

18.22.11. As inspeções de máquinas e equipamentos devem ser registradas em documento específico, constando as datas e falhas observadas, as medidas corretivas adotadas e a indicação de pessoa, técnico ou empresa habilitada que as realizou.

18.22.12. Nas operações com equipamentos pesados, devem ser observadas as seguintes medidas de segurança:

a) para encher/esvaziar pneus, não se posicionar de frente para eles, mas atrás da banda de rodagem, usando uma conexão de autofixação para encher o pneu. O enchimento só deve ser feito por trabalhadores qualificados, de modo gradativo e com medições sucessivas da pressão;

b) em caso de superaquecimento de pneus e sistema de freio, devem ser tomadas precauções especiais, prevenindo-se de possíveis explosões ou incêndios;

c) antes de iniciar a movimentação ou dar partida no motor, é preciso certificar-se de que não há ninguém trabalhando sobre, debaixo ou perto dos mesmos;

d) os equipamentos que operam em marcha a ré devem possuir alarme sonoro acoplado ao sistema de câmbio e retrovisores em bom estado;

e) o transporte de acessórios e materiais por içamento deve ser feito o mais próximo possível do piso, tomando-se as devidas precauções de isolamento da área de circulação, transporte de materiais e de pessoas;

f) as máquinas não devem ser operadas em posição que comprometa sua estabilidade;

g) é proibido manter sustentação de equipamentos e máquinas somente pelos cilindros hidráulicos, quando em manutenção;

h) devem ser tomadas precauções especiais quando da movimentação de máquinas e equipamentos próximos a redes elétricas.

18.22.13. As ferramentas devem ser apropriadas ao uso a que se destinam, proibindo-se o emprego das defeituosas, danificadas ou improvisadas, devendo ser substituídas pelo empregador ou responsável pela obra.

18.22.14. Os trabalhadores devem ser treinados e instruídos para a utilização segura das ferramentas, especialmente os que irão manusear as ferramentas de fixação a pólvora.

18.22.15. É proibido o porte de ferramentas manuais em bolsos ou locais inapropriados.

18.22.16. As ferramentas manuais que possuam gume ou ponta devem ser protegidas com bainha de couro ou outro material de resistência e durabilidade equivalentes, quando não estiverem sendo utilizadas.

18.22.17. As ferramentas pneumáticas portáteis devem possuir dispositivo de partida instalado de modo a reduzir ao mínimo a possibilidade de funcionamento acidental.

18.22.17.1. A válvula de ar deve fechar-se automaticamente, quando cessar a pressão da mão do operador sobre os dispositivos de partida.

18.22.17.2. As mangueiras e conexões de alimentação das ferramentas pneumáticas devem resistir às pressões de serviço, permanecendo firmemente presas aos tubos de saída e afastadas das vias de circulação.

18.22.17.3. O suprimento de ar para as mangueiras deve ser desligado e aliviada a pressão, quando a ferramenta pneumática não estiver em uso.

18.22.17.4. As ferramentas de equipamentos pneumáticos portáteis devem ser retiradas manualmente e nunca pela pressão do ar comprimido.

18.22.18. As ferramentas de fixação a pólvora devem ser obrigatoriamente operadas por trabalhadores qualificados e devidamente autorizados.

18.22.18.1. É proibido o uso de ferramenta de fixação a pólvora por trabalhadores menores de 18 (dezoito) anos.

18.22.18.2. É proibido o uso de ferramenta de fixação a pólvora em ambientes contendo substâncias inflamáveis ou explosivas.

18.22.18.3. É proibida a presença de pessoas nas proximidades do local do disparo, inclusive o ajudante.

18.22.18.4. As ferramentas de fixação a pólvora devem estar descarregadas (sem o pino e o finca-pino) sempre que forem guardadas ou transportadas.

18.22.19. Os condutores de alimentação das ferramentas portáteis devem ser manuseados de forma que não sofram torção, ruptura ou abrasão, nem obstruam o trânsito de trabalhadores e equipamentos.

18.22.20. É proibida a utilização de ferramentas elétricas manuais sem duplo isolamento.

18.22.21. Devem ser tomadas medidas adicionais de proteção quando da movimentação de superestruturas por meio de ferragens hidráulicas, prevenindo riscos relacionados ao rompimento dos macacos hidráulicos.

18.23. Equipamentos de Proteção Individual

18.23.1. A empresa é obrigada a fornecer aos trabalhadores, gratuitamente, EPI adequado ao risco e em perfeito estado de conservação e funcionamento, consoante as disposições contidas na NR 6 — Equipamento de Proteção Individual — EPI.

18.23.2. O cinto de segurança tipo abdominal somente deve ser utilizado em serviços de eletricidade e em situações em que funcione como limitador de movimentação.

18.23.3. O cinto de segurança tipo paraquedista deve ser utilizado em atividades a mais de 2,00m (dois metros) de altura do piso, nas quais haja risco de queda do trabalhador.

18.23.3.1. O cinto de segurança deve ser dotado de dispositivo trava-quedas e estar ligado a cabo de segurança independente da estrutura do andaime. *(incluído pela Portaria SSST n. 63, de 28 de dezembro de 1998)*

18.23.4. Os cintos de segurança tipo abdominal e tipo paraquedista devem possuir argolas e mosquetões de aço forjado, ilhoses de material não ferroso e fivela de aço forjado ou material de resistência e durabilidade equivalentes.

18.23.5. Em serviços de montagem industrial, montagem e desmontagem de gruas, andaimes, torres de elevadores, estruturas metálicas e assemelhados onde haja necessidade de movimentação do trabalhador e não seja possível a instalação de cabo-guia de segurança, é obrigatório o uso de duplo talabarte, mosquetão de aço inox com abertura mínima de cinquenta milímetros e dupla trava. *(incluído pela Portaria SIT n. 201, de 21 de janeiro de 2011)*

18.24. Armazenagem e Estocagem de Materiais

18.24.1. Os materiais devem ser armazenados e estocados de modo a não prejudicar o trânsito de pessoas e de trabalhadores, a circulação de materiais, o acesso aos equipamentos de combate a incêndio, não obstruir portas ou saídas de emergência e não provocar empuxos ou sobrecargas nas paredes, lajes ou estruturas de sustentação, além do previsto em seu dimensionamento.

18.24.2. As pilhas de materiais, a granel ou embalados, devem ter forma e altura que garantam a sua estabilidade e facilitem o seu manuseio.

18.24.2.1. Em pisos elevados, os materiais não podem ser empilhados a uma distância de suas bordas menor que a equivalente à altura da pilha. Exceção feita quando da existência de elementos protetores dimensionados para tal fim.

18.24.3. Tubos, vergalhões, perfis, barras, pranchas e outros materiais de grande comprimento ou dimensão devem ser arrumados em camadas, com espaçadores e peças de retenção, separados de acordo com o tipo de material e a bitola das peças.

18.24.4. O armazenamento deve ser feito de modo a permitir que os materiais sejam retirados obedecendo à sequência de utilização planejada, de forma a não prejudicar a estabilidade das pilhas.

18.24.5. Os materiais não podem ser empilhados diretamente sobre piso instável, úmido ou desnivelado.

18.24.6. A cal virgem deve ser armazenada em local seco e arejado.

18.24.7. Os materiais tóxicos, corrosivos, inflamáveis ou explosivos devem ser armazenados em locais isolados, apropriados, sinalizados e de acesso permitido somente a pessoas devidamente autorizadas. Estas devem ter conhecimento prévio do procedimento a ser adotado em caso de eventual acidente.

18.24.8. As madeiras retiradas de andaimes, tapumes, fôrmas e escoramentos devem ser empilhadas, depois de retirados ou rebatidos os pregos, arames e fitas de amarração.

18.24.9. Os recipientes de gases para solda devem ser transportados e armazenados adequadamente, obedecendo-se às prescrições quanto ao transporte e armazenamento de produtos inflamáveis.

18.25. Transporte de Trabalhadores em Veículos Automotores

18.25.1. O transporte coletivo de trabalhadores em veículos automotores dentro do canteiro ou fora dele deve observar as normas de segurança vigentes.

18.25.2. O transporte coletivo dos trabalhadores deve ser feito através de meios de transportes normalizados pelas entidades competentes e adequados às características do percurso.

18.25.3. O transporte coletivo dos trabalhadores deve ter autorização prévia da autoridade competente, devendo o condutor mantê-la no veículo durante todo o percurso.

18.25.4. A condução do veículo deve ser feita por condutor habilitado para o transporte coletivo de passageiros.

18.25.5. A utilização de veículos, a título precário para transporte de passageiros, somente será permitida em vias que não apresentem condições de tráfego para ônibus. Neste caso, os veículos devem apresentar as seguintes condições mínimas de segurança:

a) carroceria em todo o perímetro do veículo, com guardas altas e cobertura de altura livre de 2,10m (dois metros e dez centímetros) em relação ao piso da carroceria, ambas com material de boa qualidade e resistência estrutural que evite o esmagamento e não permita a projeção de pessoas em caso de colisão e/ou tombamento do veículo;

b) assentos com espuma revestida de 0,45m (quarenta e cinco centímetros) de largura por 0,35m (trinta e cinco centímetros) de profundidade de 0,45m (quarenta e cinco centímetros) de altura com encosto e cinto de segurança tipo 3 (três) pontos;

c) barras de apoio para as mãos a 0,10m (dez centímetros) da cobertura e para os braços e mãos entre os assentos;

d) a capacidade de transporte de trabalhadores será dimensionada em função da área dos assentos acrescida do corredor de passagem de pelo menos 0,80m (oitenta centímetros) de largura;

e) o material transportado, como ferramentas e equipamentos, deve estar acondicionado em compartimentos separados dos trabalhadores, de forma a não causar lesões aos mesmos numa eventual ocorrência de acidente com o veículo;

f) escada, com corrimão, para acesso pela traseira da carroceria, sistemas de ventilação nas guardas altas e de comunicação entre a cobertura e a cabine do veículo;

g) só será permitido o transporte de trabalhadores acomodados nos assentos acima dimensionados.

18.26. Proteção Contra Incêndio

18.26.1. É obrigatória a adoção de medidas que atendam, de forma eficaz, às necessidades de prevenção e combate a incêndio para os diversos setores, atividades, máquinas e equipamentos do canteiro de obras.

18.26.2. Deve haver um sistema de alarme capaz de dar sinais perceptíveis em todos os locais da construção.

18.26.3. É proibida a execução de serviços de soldagem e corte a quente nos locais onde estejam depositadas, ainda que temporariamente, substâncias combustíveis, inflamáveis e explosivas.

18.26.4. Nos locais confinados e onde são executados pinturas, aplicação de laminados, pisos, papéis de parede e similares, com emprego de cola, bem como nos locais de manipulação e emprego de tintas, solventes e outras substâncias combustíveis, inflamáveis ou explosivas, devem ser tomadas as seguintes medidas de segurança:

a) proibir fumar ou portar cigarros ou assemelhados acesos, ou qualquer outro material que possa produzir faísca ou chama;

b) evitar, nas proximidades, a execução de operação com risco de centelhamento, inclusive por impacto entre peças;

c) utilizar obrigatoriamente lâmpadas e luminárias à prova de explosão;

d) instalar sistema de ventilação adequado para a retirada de mistura de gases, vapores inflamáveis ou explosivos do ambiente;

e) colocar nos locais de acesso placas com a inscrição "Risco de Incêndio" ou "Risco de Explosão";

f) manter cola e solventes em recipientes fechados e seguros;

g) quaisquer chamas, faíscas ou dispositivos de aquecimento devem ser mantidos afastados de fôrmas, restos de madeiras, tintas, vernizes ou outras substâncias combustíveis, inflamáveis ou explosivas.

18.26.5. Os canteiros de obra devem ter equipes de operários organizadas e especialmente treinadas no correto manejo do material disponível para o primeiro combate ao fogo.

18.27. Sinalização de Segurança

18.27.1. O canteiro de obras deve ser sinalizado com o objetivo de:

a) identificar os locais de apoio que compõem o canteiro de obras;

b) indicar as saídas por meio de dizeres ou setas;

c) manter comunicação através de avisos, cartazes ou similares;

d) advertir contra perigo de contato ou acionamento acidental com partes móveis das máquinas e equipamentos;

e) advertir quanto a risco de queda;

f) alertar quanto à obrigatoriedade do uso de EPI, específico para a atividade executada, com a devida sinalização e advertência próximas ao posto de trabalho;

g) alertar quanto ao isolamento das áreas de transporte e circulação de materiais por grua, guincho e guindaste;

h) identificar acessos, circulação de veículos e equipamentos na obra;

i) advertir contra risco de passagem de trabalhadores onde o pé-direito for inferior a 1,80m (um metro e oitenta centímetros);

j) identificar locais com substâncias tóxicas, corrosivas, inflamáveis, explosivas e radioativas.

18.27.2. É obrigatório o uso de colete ou tiras refletivas na região do tórax e costas quando o trabalhador estiver a serviço em vias públicas, sinalizando acessos ao canteiro de obras e frentes de serviços ou em movimentação e transporte vertical de materiais.

18.27.3. A sinalização de segurança em vias públicas deve ser dirigida para alertar os motoristas, pedestres e em conformidade com as determinações do órgão competente.

18.28. Treinamento

18.28.1. Todos os empregados devem receber treinamentos admissional e periódico, visando a garantir a execução de suas atividades com segurança.

18.28.2. O treinamento admissional deve ter carga horária mínima de 6 (seis) horas, ser ministrado dentro do horário de trabalho, antes de o trabalhador iniciar suas atividades, constando de:

a) informações sobre as condições e meio ambiente de trabalho;

b) riscos inerentes a sua função;

c) uso adequado dos Equipamentos de Proteção Individual — EPI;

d) informações sobre os Equipamentos de Proteção Coletiva — EPC, existentes no canteiro de obra.

18.28.3. O treinamento periódico deve ser ministrado:

a) sempre que se tornar necessário;

b) ao início de cada fase da obra.

18.28.4. Nos treinamentos, os trabalhadores devem receber cópias dos procedimentos e operações a serem realizadas com segurança.

18.29. Ordem e Limpeza

18.29.1. O canteiro de obras deve apresentar-se organizado, limpo e desimpedido, notadamente nas vias de circulação, passagens e escadarias.

18.29.2. O entulho e quaisquer sobras de materiais devem ser regulamente coletados e removidos. Por ocasião de sua remoção, devem ser tomados cuidados especiais, de forma a evitar poeira excessiva e eventuais riscos.

18.29.3. Quando houver diferença de nível, a remoção de entulhos ou sobras de materiais deve ser realizada por meio de equipamentos mecânicos ou calhas fechadas.

18.29.4. É proibida a queima de lixo ou qualquer outro material no interior do canteiro de obras.

18.29.5. É proibido manter lixo ou entulho acumulado ou exposto em locais inadequados do canteiro de obras.

18.30. Tapumes e Galerias

18.30.1. É obrigatória a colocação de tapumes ou barreiras sempre que se executarem atividades da indústria da construção, de forma a impedir o acesso de pessoas estranhas aos serviços.

18.30.2. Os tapumes devem ser construídos e fixados de forma resistente, e ter altura mínima de 2,20m (dois metros e vinte centímetros) em relação ao nível do terreno.

18.30.3. Nas atividades da indústria da construção com mais de 2 (dois) pavimentos a partir do nível do meio-fio, executadas no alinhamento do logradouro, é obrigatória a construção de galerias sobre o passeio, com altura interna livre de no mínimo 3,00m (três metros).

18.30.3.1. Em caso de necessidade de realização de serviços sobre o passeio, a galeria deve ser executada na via pública, devendo neste caso ser sinalizada em toda sua extensão, por meio de sinais de alerta aos motoristas nos dois extremos e iluminação durante a noite, respeitando-se à legislação do Código de Obras Municipal e de trânsito em vigor.

18.30.4. As bordas da cobertura da galeria devem possuir tapumes fechados com altura mínima de 1,00m (um metro), com inclinação de aproximadamente 45° (quarenta e cinco graus).

18.30.5. As galerias devem ser mantidas sem sobrecargas que prejudiquem a estabilidade de suas estruturas.

18.30.6. Existindo risco de queda de materiais nas edificações vizinhas, estas devem ser protegidas.

18.30.7. Em se tratando de prédio construído no alinhamento do terreno, a obra deve ser protegida, em toda a sua extensão, com fechamento por meio de tela.

18.30.8. Quando a distância da demolição ao alinhamento do terreno for inferior a 3,00m (três metros), deve ser feito um tapume no alinhamento do terreno, de acordo com o subitem 18.30.1.

18.31. Acidente Fatal

18.31.1. Em caso de ocorrência de acidente fatal, é obrigatória a adoção das seguintes medidas:

a) comunicar o acidente fatal, de imediato, à autoridade policial competente e ao órgão regional do Ministério do Trabalho, que repassará imediatamente ao sindicato da categoria profissional do local da obra;

b) isolar o local diretamente relacionado ao acidente, mantendo suas características até sua liberação pela autoridade policial competente e pelo órgão regional do Ministério do Trabalho.

18.31.1.1. A liberação do local poderá ser concedida após a investigação pelo órgão regional competente do Ministério do Trabalho, que ocorrerá num prazo máximo de 72 (setenta e duas) horas, contado do protocolo de recebimento da comunicação escrita ao referido órgão, podendo, após esse prazo, serem suspensas as medidas referidas na alínea "b" do subitem 18.31.1.

18.32. Dados Estatísticos *(Revogado pela Portaria SIT n. 237, de 10 de junho de 2011)*

18.32.1. O empregador deve encaminhar, por meio do serviço de postagem, à FUNDACENTRO, o Anexo I, Ficha de Acidente do Trabalho, desta norma até 10 (dez) dias após o acidente, mantendo cópia e protocolo de encaminhamento por um período de 3 (três) anos, para fins de fiscalização do órgão regional competente do Ministério do Trabalho — MTb. *(Revogado pela Portaria SIT n. 237, de 10 de junho de 2011)*

18.32.1.1. A Ficha de Acidente do Trabalho refere-se tanto ao acidente fatal, ao acidente com e sem afastamento, quanto a doença do trabalho. *(Revogado pela Portaria SIT n. 237, de 10 de junho de 2011)*

18.32.1.2. A Ficha de Acidente do Trabalho deve ser preenchida pelo empregador no estabelecimento da empresa que ocorrer o acidente ou doença do trabalho. *(Revogado pela Portaria SIT n. 237, de 10 de junho de 2011)*

18.32.2. O empregador deve encaminhar, por meio do serviço de postagem, à FUNDACENTRO, o Anexo II, Resumo Estatístico Anual, desta norma até o último dia útil de fevereiro do ano subsequente, mantendo cópia e protocolo de encaminhamento por um período de 3 (três) anos, para fins de fiscalização do órgão regional competente do Ministério do Trabalho — MTb. *(Revogado pela Portaria SIT n. 237, de 10 de junho de 2011)*

18.33. Comissão Interna de Prevenção de Acidentes CIPA nas empresas da Indústria da Construção

18.33.1. A empresa que possuir na mesma cidade 1 (um) ou mais canteiros de obra ou frentes de trabalho, com menos de 70 (setenta) empregados, deve organizar CIPA centralizada.

18.33.2. A CIPA centralizada será composta de representantes do empregador e dos empregados, devendo ter pelo menos 1 (um) representante titular e 1 (um) suplente, por grupo de até 50 (cinquenta) empregados em cada canteiro de obra ou frente de trabalho, respeitando-se a paridade prevista na NR 5.

18.33.3. A empresa que possuir 1 (um) ou mais canteiros de obra ou frente de trabalho com 70 (setenta) ou mais empregados em cada estabelecimento, fica obrigada a organizar CIPA por estabelecimento.

18.33.4. Ficam desobrigadas de constituir CIPA os canteiros de obra cuja construção não exceda a 180 (cento e oitenta) dias, devendo, para o atendimento do disposto neste item, ser constituída comissão provisória de prevenção de acidentes, com eleição paritária de 1 (um) membro efetivo e 1 (um) suplente, a cada grupo de 50 (cinquenta) trabalhadores.

18.33.5. As empresas que possuam equipes de trabalho itinerantes deverão considerar como estabelecimento a sede da equipe.

18.33.6. As subempreiteiras que pelo número de empregados não se enquadrarem no subitem 18.33.3 participarão com, no mínimo, 1 (um) representante das reuniões, do curso da CIPA e das inspeções realizadas pela CIPA da contratante.

18.33.7. Aplicam-se às empresas da indústria da construção as demais disposições previstas na NR-5, naquilo em que não conflitar com o disposto neste item.

18.34. Comitês Permanentes Sobre Condições e Meio Ambiente do Trabalho na Indústria da Construção

18.34.1. Fica criado o Comitê Permanente Nacional sobre Condições e Meio Ambiente do Trabalho na Indústria da Construção, denominado CPN, e os Comitês Permanentes Regionais sobre Condições e Meio Ambiente do Trabalho na Indústria da Construção, denominados CPR (Unidade(s) da Federação).

18.34.2. O CPN será composto de 3 (três) a 5 (cinco) representantes titulares do governo, dos empregadores e dos empregados, sendo facultada a convocação de representantes de entidades técnico-científicas ou de profissionais especializados, sempre que necessário. *(Alterado pela Portaria SSST n. 63, de 28 de dezembro de 1998)*

18.34.2.1. No primeiro mandato anual, o coordenador do CPN será indicado pela Secretaria de Segurança e Saúde no Trabalho, no segundo pela FUNDACENTRO e, nos mandatos subsequentes, a coordenação será indicada pelos membros da Comissão, dentre seus pares.

18.34.2.2. À coordenação do CPN cabe convocar pelo menos uma reunião semestral, destinada a analisar o trabalho desenvolvido no período anterior e traçar diretrizes para o ano seguinte.

18.34.2.3. O CPN pode ser convocado por qualquer de seus componentes, através da coordenação, com antecedência mínima de 30 (trinta) dias, reunindo-se com a presença de pelo menos metade dos membros.

18.34.2.4. Os representantes integrantes do grupo de apoio técnico-científico do CPN não terão direito a voto, garantido o direito de voz.

18.34.2.5. As disposições anteriores aplicam-se aos Comitês Regionais, observadas as representações em âmbito estadual.

18.34.2.6. São atribuições do CPN:

a) deliberar a respeito das propostas apresentadas pelos CPR, ouvidos os demais CPR;

b) encaminhar ao Ministério do Trabalho as propostas aprovadas;

c) justificar aos CPR a não aprovação das propostas apresentadas;

d) elaborar propostas, encaminhando cópia aos CPR;

e) aprovar os Regulamentos Técnicos de Procedimentos — RTP.

18.34.3. O CPR será composto de 3 (três) a 5 (cinco) representantes titulares e suplentes do Governo, dos trabalhadores, dos empregadores e de 3 (três) a 5 (cinco) titulares e suplentes de entidades de profissionais especializados em segurança e saúde do trabalho como apoio técnico-científico.

18.34.3.1. As propostas resultantes dos trabalhos de cada CPR serão encaminhadas ao CPN. Aprovadas, serão encaminhadas ao Ministério do Trabalho, que dará andamento às mudanças, por meio de dispositivos legais pertinentes, no prazo máximo de 90 (noventa) dias.

18.34.3.2. Nos estados onde funcionarem organizações tripartites que atendem às atribuições estabelecidas para os CPR, presume-se que aquelas sejam organismos substitutivos destes.

18.34.3.3. São atribuições dos Comitês Regionais — CPR:

a) estudar e propor medidas para o controle e a melhoria das condições e dos ambientes de trabalho na indústria da construção;

b) implementar a coleta de dados sobre acidentes de trabalho e doenças ocupacionais na indústria da construção, visando estimular iniciativas de aperfeiçoamento técnico de processos construtivos, de máquinas, equipamentos, ferramentas e procedimentos nas atividades da indústria da construção;

c) participar e propor campanhas de prevenção de acidentes para a indústria da construção;

d) incentivar estudos e debates visando ao aperfeiçoamento permanente das normas técnicas, regulamentadoras e de procedimentos na indústria da construção;

e) encaminhar o resultado de suas propostas ao CPN;

f) apreciar propostas encaminhadas pelo CPN, sejam elas oriundas do próprio CPN ou de outro CPR;

g) negociar cronograma para gradativa implementação de itens da Norma que não impliquem em grave e iminente risco, atendendo as peculiaridades e dificuldades regionais, desde que sejam aprovadas por consenso e homologados pelo Comitê Permanente Nacional — CPN. *(Incluído pela Portaria SSST n. 20, de 17 de abril de 1998)*

18.34.3.3.1. As propostas resultantes de negociações do CPR, conduzidas na forma do disposto na alínea "g" do subitem 18.34.3.3, serão encaminhadas à autoridade regional competente do Ministério do Trabalho, que dará garantias ao seu cumprimento por meio de dispositivos legais pertinentes, de acordo com as prerrogativas que lhe são atribuídas pelo subitem 28.1.4.3, da Norma Regulamentadora 28. *(Incluído pela Portaria SSST n. 20, de 17 de abril de 1998)*

18.34.4. O CPN e os CPR funcionarão na forma que dispuserem os regulamentos internos a serem elaborados após sua constituição.

18.35. Recomendações Técnicas de Procedimentos RTP

18.35.1. O Ministério do Trabalho, através da Fundação Jorge Duprat de Figueiredo de Segurança e Medicina do Trabalho — FUNDACENTRO, publicará "Recomendações Técnicas de Procedimentos — RTP", após sua aprovação pelo Comitê Permanente Nacional sobre Condições e Meio Ambiente de Trabalho na Indústria da Construção — CPN, visando subsidiar as empresas no cumprimento desta Norma. *(Alterado pela Portaria SSST n. 7, de 3 de março de 1997)*

- RTP 01 — Medidas de Proteção contra Quedas de Altura.
- RTP 02 — Movimentação e Transporte de Materiais e Pessoas — Elevadores de Obra.
- RTP 03 — Escavações, Fundações e Desmonte de Rochas.
- RTP 04 — Escadas, Rampas e Passarelas.
- RTP 05 — Instalações Elétricas Temporárias em Canteiros de Obras.

18.36. Disposições Gerais

18.36.1. São de observância, ainda, as disposições constantes dos subitens 18.36.2 a 18.36.7. *(Alterado pela Portaria SSST n. 7, de 3 de março de 1997)*

18.36.2. Quanto às máquinas, equipamentos e ferramentas diversas:

a) os protetores removíveis só podem ser retirados para limpeza, lubrificação, reparo e ajuste, e após devem ser, obrigatoriamente, recolocados;

b) os operadores não podem se afastar da área de controle das máquinas ou equipamentos sob sua responsabilidade, quando em funcionamento;

c) nas paradas temporárias ou prolongadas, os operadores de máquinas e equipamentos devem colocar os controles em posição neutra, acionar os freios e adotar outras medidas com o objetivo de eliminar riscos provenientes de funcionamento acidental;

d) inspeção, limpeza, ajuste e reparo somente devem ser executados com a máquina ou o equipamento desligado, salvo se o movimento for indispensável à realização da inspeção ou ajuste;

e) quando o operador de máquinas ou equipamentos tiver a visão dificultada por obstáculos, deve ser exigida a presença de um sinaleiro para orientação do operador;

f) as ferramentas manuais não devem ser deixadas sobre passagens, escadas, andaimes e outras superfícies de trabalho ou de circulação, devendo ser guardadas em locais apropriados, quando não estiverem em uso;

g) antes da fixação de pinos por ferramenta de fixação a pólvora, devem ser verificados o tipo e a espessura da parede ou laje, o tipo de pino e finca-pino mais adequados, e a região oposta à superfície de aplicação deve ser previamente inspecionada;

h) o operador não deve apontar a ferramenta de fixação a pólvora para si ou para terceiros.

18.36.3. Quanto à escavação, fundação e desmonte de rochas:

a) antes de ser iniciada uma obra de escavação ou de fundação, o responsável deve procurar se informar a respeito da existência de galerias, canalizações e cabos, na área onde serão realizados os trabalhos, bem como estudar o risco de impregnação do subsolo por emanações ou produtos nocivos;

b) os escoramentos devem ser inspecionados diariamente;

c) quando for necessário rebaixar o lençol d'água (freático), os serviços devem ser executados por pessoas ou empresas qualificadas;

d) cargas e sobrecargas ocasionais, bem como possíveis vibrações, devem ser levadas em consideração para determinar a inclinação das paredes do talude, a construção do escoramento e o cálculo dos elementos necessários;

e) a localização das tubulações deve ter sinalização adequada;

f) as escavações devem ser realizadas por pessoal qualificado, que orientará os operários, quando se aproximarem das tubulações até a distância mínima de 1,50m (um metro e cinquenta centímetros);

g) o tráfego próximo às escavações deve ser desviado e, na sua impossibilidade, reduzida a velocidade dos veículos;

h) devem ser construídas passarelas de largura mínima de 0,60m (sessenta centímetros), protegidas por guarda-corpos, quando for necessário o trânsito sobre a escavação;

i) quando o bate-estacas não estiver em operação, o pilão deve permanecer em repouso sobre o solo ou no fim da guia de seu curso;

j) para pilões a vapor, devem ser dispensados cuidados especiais às mangueiras e conexões, devendo o controle de manobras das válvulas estar sempre ao alcance do operador;

k) para trabalhar nas proximidades da rede elétrica, a altura e/ou distância dos bate-estacas deve atender à distância mínima exigida pela concessionária;

l) para a proteção contra a projeção de pedras, deve ser coberto todo o setor (área entre as minas, carregadas) com malha de ferro de 1/4" a 3/16", de 0,15m (quinze centímetros) e pontiada de solda, devendo ser arrumados sobre a malha pneus para formar uma camada amortecedora.

18.36.4. Quanto a estruturas de concreto:

a) antes do início dos trabalhos deve ser designado um encarregado experiente para acompanhar o serviço e orientar a equipe de retirada de fôrmas quanto às técnicas de segurança a serem observadas;

b) durante a descarga de vergalhões de aço a área deve ser isolada para evitar a circulação de pessoas estranhas ao serviço;

c) os feixes de vergalhões de aço que forem deslocados por guinchos, guindastes ou gruas, devem ser amarrados de modo a evitar escorregamento;

d) durante os trabalhos de lançamento e vibração de concreto, o escoramento e a resistência das fôrmas devem ser inspecionados por profissionais qualificados.

18.36.5. Quanto a escadas:

a) as escadas de mão portáteis e corrimão de madeira não devem apresentar farpas, saliências ou emendas;

b) as escadas fixas, tipo marinheiro, devem ser presas no topo e na base;

c) as escadas fixas, tipo marinheiro, de altura superior a 5,00m (cinco metros), devem ser fixadas a cada 3,00m (três metros).

18.36.6. Quanto à movimentação e transporte de materiais e de pessoas:

a) o código de sinais recomendado é o seguinte:

I – elevar carga: antebraço na posição vertical; dedo indicador para mover a mão em pequeno círculo horizontal;

II – abaixar carga: braço estendido na horizontal; palma da mão para baixo; mover a mão para cima e para baixo;

III – parar: braço estendido; palma da mão para baixo; manter braço e mão rígidos na posição;

IV – parada de emergência: braço estendido; palma da mão para baixo; mover a mão para a direita e a esquerda rapidamente;

V – suspender a lança: braço estendido; mão fechada, polegar apontado para cima; mover a mão para cima e para baixo;

VI – abaixar a lança: braço estendido; mão fechada; polegar apontado para baixo; erguer a mão para cima e para baixo;

VII – girar a lança: braço estendido; apontar com o indicador no sentido do movimento;

VIII – mover devagar: o mesmo que em I ou II, porém com a outra mão colocada atrás ou abaixo da mão de sinal;

IX – elevar lança e abaixar carga: usar III e V com as duas mãos simultaneamente;

X – abaixar lança e elevar carga: usar I e VI, com as duas mãos, simultaneamente;

b) deve haver um código de sinais afixado em local visível, para comandar as operações dos equipamentos de guindar.

c) os diâmetros mínimos para roldanas e eixos em função dos cabos usados são:

d) peças com mais de 2,00m (dois metros) de comprimento devem ser amarradas na estrutura do elevador;

e) as caçambas devem ser construídas de chapas de aço e providas de corrente de segurança ou outro dispositivo que limite sua inclinação por ocasião da descarga.

18.36.7. Quanto a estruturas metálicas:

a) os andaimes utilizados na montagem de estruturas metálicas devem ser suportados por meio de vergalhões de ferro, fixados à estrutura, com diâmetro mínimo de 0,018m (dezoito milímetros);

b) em locais de estrutura, onde, por razões técnicas, não se puder empregar os andaimes citados na alínea anterior, devem ser usadas plataformas com tirantes de aço ou vergalhões de ferro, com diâmetro mínimo de 0,012m (doze milímetros), devidamente fixados a suportes resistentes;

c) os andaimes referidos na alínea "a" devem ter largura mínima de 0,90m (noventa centímetros) e proteção contra quedas conforme subitem 18.13.5.

Diâmetro do Cabo (mm)	Diâmetro da Roldana (cm)	Diâmetro do Eixo (mm)
12,70	30	30
15,80	35	40
19,00	40	43
22,20	46	49
25,40	51	55

d) as escadas de mão somente podem ser usadas quando apoiadas no solo.

18.37. Disposições Finais

18.37.1. Devem ser colocados, em lugar visível para os trabalhadores, cartazes alusivos à prevenção de acidentes e doenças de trabalho.

18.37.2. É obrigatório o fornecimento de água potável, filtrada e fresca para os trabalhadores por meio de bebedouros de jato inclinado ou equipamento similar que garanta as mesmas condições, na proporção de 1 (um) para cada grupo de 25 (vinte e cinco) trabalhadores ou fração.

18.37.2.1. O disposto neste subitem deve ser garantido de forma que, do posto de trabalho ao bebedouro, não haja deslocamento superior a 100 (cem) metros, no plano horizontal e 15 (quinze) metros no plano vertical.

18.37.2.2. Na impossibilidade de instalação de bebedouro dentro dos limites referidos no subitem anterior, as empresas devem garantir, nos postos de trabalho, suprimento de água potável, filtrada e fresca fornecida em recipientes portáteis hermeticamente fechados, confeccionados em material apropriado, sendo proibido o uso de copos coletivos.

18.37.2.3. Em regiões do país ou estações do ano de clima quente deve ser garantido o fornecimento de água refrigerada.

18.37.2.4. A área do canteiro de obra deve ser dotada de iluminação externa adequada.

18.37.2.5. Nos canteiros de obras, inclusive nas áreas de vivência, deve ser previsto escoamento de águas pluviais.

18.37.2.6. Nas áreas de vivência dotadas de alojamento, deve ser solicitada à concessionária local a instalação de um telefone comunitário ou público.

18.37.3. É obrigatório o fornecimento gratuito pelo empregador de vestimenta de trabalho e sua reposição, quando danificada.

18.37.4. Para fins da aplicação desta NR, são considerados trabalhadores habilitados aqueles que comprovem perante o empregador e a inspeção do trabalho uma das seguintes condições:

a) capacitação, mediante curso específico do sistema oficial de ensino;

b) capacitação, mediante curso especializado ministrado por centros de treinamento e reconhecido pelo sistema oficial de ensino.

18.37.5. Para fins da aplicação desta NR, são considerados trabalhadores qualificados aqueles que comprovem perante o empregador e a inspeção do trabalho uma das seguintes condições:

a) capacitação mediante treinamento na empresa;

b) capacitação mediante curso ministrado por instituições privadas ou públicas, desde que conduzido por profissional habilitado;

c) ter experiência comprovada em Carteira de Trabalho de pelo menos 6 (seis) meses na função.

18.37.6. Aplicam-se à indústria da construção, nos casos omissos, as disposições constantes nas demais Normas Regulamentadoras da Portaria no 3.214/78 e suas alterações posteriores.

18.37.7. É facultada às empresas construtoras, regularmente registradas no Sistema CONFEA/CREA, sob responsabilidade de profissional de Engenharia, em situações especiais não previstas nesta NR, mediante cumprimento dos requisitos previstos nos subitens seguintes, a adoção de soluções alternativas referentes às medidas de proteção coletiva, a adoção de técnicas de trabalho e uso de equipamentos, tecnologias e outros dispositivos que:

(Alterado pela Portaria SIT n. 237, de 10 de junho de 2011)

a) propiciem avanço tecnológico em segurança, higiene e saúde dos trabalhadores;

b) objetivem a implementação de medidas de controle e de sistemas preventivos de segurança nos processos, nas condições e no meio ambiente de trabalho na Indústria da Construção;

c) garantam a realização das tarefas e atividades de modo seguro e saudável.

18.37.7.1. Os procedimentos e meios de proteção adotados devem estar sob responsabilidade de Engenheiro legalmente habilitado e de Engenheiro de Segurança do Trabalho com a devida emissão de Anotação de Responsabilidade Técnica — ART. *(Alterado pela Portaria SIT n. 237, de 10 de junho de 2011)*

18.37.7.2. As tarefas a serem executadas mediante a adoção de soluções alternativas devem estar expressamente previstas em procedimentos de segurança do trabalho, nos quais devem constar:

(Alterado pela Portaria SIT n. 237, de 10 de junho de 2011)

a) os riscos aos quais os trabalhadores estarão expostos;

b) a descrição dos equipamentos e das medidas de proteção coletiva a serem implementadas;

c) a identificação e a indicação dos equipamentos de proteção individual — EPI a serem utilizados;

d) a descrição de uso e a indicação de procedimentos quanto aos Equipamentos de Proteção Coletiva — EPC e EPI, conforme as etapas das tarefas a serem realizadas;

e) a descrição das ações de prevenção a serem observadas durante a execução dos serviços, dentre outras medidas a serem previstas e prescritas pelo Engenheiro de Segurança responsável.

18.37.7.3. Os equipamentos utilizados, observado o disposto na NR-12, devem possuir:

(Alterado pela Portaria SIT n. 237, de 10 de junho de 2011)

a) manual do proprietário ou de instruções de uso emitido pelo fabricante;

b) manual de manutenção, montagem e desmontagem.

18.37.7.4. As tarefas envolvendo soluções alternativas somente devem ser iniciadas com autorização especial, precedida de Análise Preliminar de Risco — APR e Permissão de Trabalho — PT, que contemplem os treinamentos, os procedimentos operacionais, os materiais, as ferramentas e outros dispositivos necessários à execução segura da tarefa. *(Alterado pela Portaria SIT n. 237, de 10 de junho de 2011)*

18.37.7.4.1. A APR poderá ser elaborada por profissional ou por equipe multidisciplinar, desde que aprovada por Engenheiro de Segurança do Trabalho, com emissão de ART específica. *(Inserido pela Portaria SIT n. 237, de 10 de junho de 2011)*

18.37.7.5. A documentação relativa à adoção de soluções alternativas integra o PCMAT, devendo ser mantida no estabelecimento — canteiro de obras ou frente de trabalho ou serviço — acompanhada das respectivas memórias de cálculo, especificações técnicas e procedimentos de trabalho, e ser disponibilizada para conhecimento dos trabalhadores e do Sindicato da categoria. *(Inserido pela Portaria SIT n. 237, de 10 de junho de 2011)*

18.37.7.6. As soluções alternativas adotadas na forma do subitem 18.37.7 e as respectivas memórias de cálculo, especificações técnicas e memoriais descritivos devem ser mantidas no estabelecimento — canteiro de obras ou frente de trabalho ou serviço, à disposição da fiscalização do Ministério do Trabalho e Emprego. *(Inserido pela Portaria SIT n. 237, de 10 de junho de 2011)*

18.37.8. A FUNDACENTRO fará publicar anualmente e comunicará ao órgão regional competente do Ministério do Trabalho, até no máximo 30 de junho de cada ano, os resultados estatísticos a ela encaminhados, relativos ao exercício anterior.

18.38. Disposições Transitórias

18.38.1. O Programa de Condições e Meio Ambiente de Trabalho na Indústria da Construção — PCMAT, referido no subitem 18.3.1., deverá ser elaborado e implantado nos dois primeiros anos, a partir da vigência desta Norma, conforme abaixo discriminado:

a) no primeiro ano de vigência desta NR, nos estabelecimentos com 100 (cem) ou mais trabalhadores;

b) no segundo ano de vigência desta NR, nos estabelecimentos com 50 (cinquenta) ou mais trabalhadores.

18.38.2. O elevador de passageiros referido no subitem 18.14.23.1.1 será exigido após 4 (quatro) anos de vigência desta Norma, desde que haja pelo menos 30 (trinta) ou mais trabalhadores.

18.38.3. No terceiro e quarto anos de vigência desta Norma, o elevador de passageiros deve ser instalado a partir da 7ª laje dos edifícios em construção com 10 (dez) ou mais pavimentos ou altura equivalente cujo canteiro de obras possua, pelo menos, 40 (quarenta) trabalhadores.

18.38.4. As empresas que fabricam, locam, comercializam ou utilizam os andaimes referidos no subitem 18.15.47, devem adequar os referidos equipamentos, em um prazo máximo de 1 (um) ano, a partir da vigência desta Norma.

18.39. Glossário

Acidente Fatal — quando provoca a morte do trabalhador.

Acidente Grave — quando provoca lesões incapacitantes no trabalhador.

Alta-Tensão — é a distribuição primária, em que a tensão é igual ou superior a 2.300 volts.

Altura Livre Móvel — Altura máxima atingida pela grua sem a utilização de ancoragens ou estaiamentos.

Amarras — cordas, correntes e cabos de aço que se destinam a amarrar ou prender equipamentos à estrutura.

Ancorada (ancorar) — ato de fixar por meio de cordas, cabos de aço e vergalhões, propiciando segurança e estabilidade.

Ancoragem — Sistema de fixação entre a estrutura da torre da grua e a edificação.

Andaime:

a) Geral — plataforma para trabalhos em alturas elevadas por estrutura provisória ou dispositivo de sustentação;

b) Simplesmente Apoiado — é aquele cujo estrado está simplesmente apoiado, podendo ser fixo ou deslocar-se no sentido horizontal;

c) Em Balanço — andaime fixo, suportado por vigamento em balanço;

d) Suspenso Mecânico — é aquele cujo estrado de trabalho é sustentado por travessas suspensas por cabos de aço e movimentado por meio de guinchos;

e) Cadeira Suspensa (balancim) — é o equipamento cuja estrutura e dimensões permitem a utilização por apenas uma pessoa e o material necessário para realizar o serviço;

f) Fachadeiro — andaime metálico simplesmente apoiado, fixado à estrutura na extensão da fachada;

g) Multidirecional — equipamento constituído de sistema tubular pré-fabricado com montagem sem utilização de parafusos e porcas, permitindo o encaixe rápido dos elementos horizontais e diagonais através de uma pinça com chaveta rápida, que se encaixa em um estribo de engate fixado nos montantes ou postes, proporcionando sua utilização em diversos ângulos em planta, onde suas conexões podem ser realizadas a cada cinquenta centímetros de altura; *(Inserido pela Portaria SIT n. 201, de 21 de janeiro de 2011)*

h) Tubo e Abraçadeira — sistema constituído por montantes, travessas, diagonais e/ou longarinas tubulares, através de fixação das partes ou nós por meio de abraçadeira fixa, abraçadeira giratória e/ou luva de acoplamento". *(Inserido pela Portaria SIT n. 201, de 21 de janeiro de 2011)*

Anteparo — designação genérica das peças (tabiques, biombos, guarda-corpos, para-lamas etc.) que servem para proteger ou resguardar alguém ou alguma coisa.

Aterrada / aterramento — Procedimento para proteção contra descargas elétricas, sobretudo atmosféricas. Consiste, resumidamente, numa conexão entre a estrutura do equipamento e o solo.

Arco Elétrico ou Voltaico — descarga elétrica produzida pela condução de corrente elétrica por meio do ar ou outro gás, entre dois condutores separados.

Área de Controle das Máquinas — posto de trabalho do operador.

Áreas de Vivência — áreas destinadas a suprir as necessidades básicas humanas de alimentação, higiene, descanso, lazer, convivência e ambulatória, devendo ficar fisicamente separadas das áreas laborais.

Armação de Aço — conjunto de barras de aço, moldadas conforme sua utilização e parte integrante do concreto armado.

ART — Anotação de Responsabilidade Técnica, segundo as normas vigentes no sistema CONFEA/CREA.

Aterramento Elétrico — ligação à terra que assegura a fuga das correntes elétricas indesejáveis.

Atmosfera Perigosa — presença de gases tóxicos, inflamáveis e explosivos no ambiente de trabalho.

Autopropelida — máquina ou equipamento que possui movimento próprio.

Bancada — mesa de trabalho.

Banguela — queda livre do elevador, pela liberação proposital do freio do tambor.

Bate-Estacas — equipamento de cravação de estacas por percussão.

Blaster — profissional habilitado para a atividade e operação com explosivos.

Borboleta de Pressão — parafuso de fixação dos painéis dos elevadores.

Botoeira — dispositivo de partida e parada de máquinas.

Braçadeira — correia, faixa ou peça metálica utilizada para reforçar ou prender.

Cabo-Guia ou de Segurança — cabo ancorado à estrutura, onde são fixadas as ligações dos cintos de segurança.

Cabos de Ancoragem — cabos de aço destinados à fixação de equipamentos, torres e outros à estrutura.

Cabos de Suspensão — cabo de aço destinado à elevação (içamento) de materiais e equipamentos.

Cabos de Tração — cabos de aço destinados à movimentação de pesos.

Caçamba — recipiente metálico para conter ou transportar materiais.

Calha Fechada — duto destinado a retirar materiais por gravidade.

Calço — acessório utilizado para nivelamento de equipamentos e máquinas em superfície irregular.

Canteiro de Obra — área de trabalho fixa e temporária, onde se desenvolvem operações de apoio e execução de uma obra.

Caracteres Indeléveis — qualquer dígito numérico, letra do alfabeto ou um símbolo especial, que não se dissipa, indestrutível.

CAT — Comunicação de Acidente do Trabalho.

CEI — Cadastro Específico do Instituto Nacional do Seguro Social — INSS, referente à obra.

Cimbramento — escoramento e fixação das fôrmas para concreto armado.

Cinto de Segurança Tipo Paraquedista — é o que possui tiras de tórax e pernas, com ajuste e presilhas; nas costas possui uma argola para fixação de corda de sustentação.

CGC — inscrição da empresa no Cadastro Geral de Contribuintes do Ministério da Fazenda.

Chave Blindada — chave elétrica protegida por uma caixa metálica, isolando as partes condutoras de contatos elétricos.

Chave Elétrica de Bloqueio — é a chave interruptora de corrente.

Chave Magnética — dispositivo com dois circuitos básicos, de comando e de força, destinados a ligar e desligar quaisquer circuitos elétricos, com comando local ou a distância (controle remoto).

Cinto de Segurança Abdominal — cinto de segurança com fixação apenas na cintura, utilizado para limitar a movimentação do trabalhador.

Circuito de Derivação — circuito secundário de distribuição.

Coifa — dispositivo destinado a confinar o disco da serra circular.

Coletor de Serragem — dispositivo destinado a recolher e lançar em local adequado a serragem proveniente do corte de madeira.

Coletor elétrico — Dispositivo responsável pela transmissão da alimentação elétrica da grua da parte fixa (torre) à parte rotativa.

Condutor Habilitado — condutor de veículos portador de carteira de habilitação expedida pelo órgão competente.

Conexão de Autofixação — conexão que se adapta firmemente à válvula dos pneus dos equipamentos para a insuflação de ar.

Contrapino — pequena cavilha de ferro; de duas pernas, que se atravessa na ponta de um eixo ou parafuso para manter no lugar porcas e arruelas.

Contraventamento — sistema de ligação entre elementos principais de uma estrutura para aumentar a rigidez do conjunto.

Contraventos — elemento que interliga peças estruturais das torres dos elevadores.

Corda Perimétrica — corda que passa através de cada malha nas bordas de uma rede e que determina as dimensões de uma rede de segurança. *(Incluído pela Portaria SIT n. 157, de 10 de abril de 2006)*

Cordas de Sustentação ou de Amarração — cordas utilizadas para atar a corda perimétrica a um suporte adequado. *(Incluído pela Portaria SIT n. 157, de 10 de abril de 2006)*

CPN — Comitê Permanente Nacional sobre Condições e Meio Ambiente do Trabalho na Indústria da Construção.

CPR — Comitê Permanente Regional sobre Condições e Meio Ambiente do Trabalho na Indústria da Construção (Unidade(s) da Federação).

Cutelo Divisor — lâmina de aço que compõe o conjunto de serra circular que mantém separadas as partes serradas da madeira.

Desmonte de Rocha a Fogo — retirada de rochas com explosivos:

a) Fogo — detonação de explosivo para efetuar o desmonte;

b) Fogacho — detonação complementar ao fogo principal.

Dispositivo auxiliar de içamento — Todo e qualquer dispositivo utilizado para se elevar cargas através do gancho do moitão. Este é posicionado, geralmente, entre o gancho e a carga.

Dispositivo Limitador de Curso — dispositivo destinado a permitir uma sobreposição segura dos montantes da escada extensível.

Desmonte de Rocha a Frio — retirada manual de rocha dos locais com auxílio de equipamento mecânico.

Doenças Ocupacionais — são aquelas decorrentes de exposição a substâncias ou condições perigosas inerentes a processos e atividades profissionais ou ocupacionais.

Dutos Transportadores de Concreto — tubulações destinadas ao transporte de concreto sob pressão.

Elementos Estruturais — elementos componentes de estrutura (pilares, vigas, lages, etc.).

Elevador de Materiais — cabine para transporte vertical de materiais.

Elevador de Passageiros — cabine fechada para transporte vertical de pessoas, com sistema de comando automático.

Elevador de Caçamba — caixa metálica utilizada no transporte vertical de material a granel.

Em Balanço — sem apoio além da prumada.

Empurrador — dispositivo de madeira utilizado pelo trabalhador na operação de corte de pequenos pedaços de madeira na serra circular.

Engastamento — fixação rígida da peça à estrutura.

EPI — Equipamento de Proteção Individual — todo dispositivo de uso individual destinado a proteger a saúde e a integridade física do trabalhador.

Equipamento de Guindar — equipamentos utilizados no transporte vertical de materiais (grua, guincho, guindaste).

Escada de Abrir — escada de mão constituída de duas peças articuladas na parte superior.

Escada de Mão — escada com montantes interligados por peças transversais.

Escadas de sustentação (Gruas ascensionais) — Estrutura metálica com a função de apoiar a torre da grua na operação de telescopagem de gruas ascensionais.

Escada Extensível — escada portátil que pode ser estendida em mais de um lance com segurança.

Escada Fixa (tipo marinheiro) — escada de mão fixada em uma estrutura dotada de gaiola de proteção.

Escora — peça de madeira ou metálica empregada no escoramento.

Estabelecimento — cada uma das unidades da empresa, funcionando em lugares diferentes.

Estabilidade Garantida — entende-se como sendo a característica relativa a estruturas, taludes, valas e escoramentos ou outros elementos que não ofereçam risco de colapso ou desabamento, seja por estarem garantidos por meio de estruturas dimensionadas para tal fim ou porque apresentem rigidez decorrente da própria formação (rochas). A estabilidade garantida de uma estrutura será sempre objeto de responsabilidade técnica de profissional legalmente habilitado.

Estanque — propriedade do sistema de vedação que não permita a entrada ou saída de líquido.

Estaiamento — utilização de tirantes sob determinado ângulo, para fixar os montantes da torre.

Estrado — estrutura plana, em geral de madeira, colocada sobre o andaime.

Estribo de Apoio — peça metálica, componente básico de andaime suspenso leve que serve de apoio para seu estrado.

Estronca — peça de esbarro ou escoramento com encosto destinado a impedir deslocamento.

Estrutura de Sustentação — estrutura a qual as redes estão conectadas e que contribuem para absorção da energia cinética em caso de ações dinâmicas. *(Incluído pela Portaria SIT n. 157, de 10 de abril de 2006)*

Estudo Geotécnico — são os estudos necessários à definição de parâmetros do solo ou rocha, tais como sondagem, ensaios de campo ou ensaios de laboratório.

Etapas de Execução da Obra — sequência física, cronológica, que compreende uma série de modificações na evolução da obra.

Explosivo — produto que sob certas condições de temperatura, choque mecânico ou ação química se decompõe rapidamente para libertar grandes volumes de gases ou calor intenso.

Ferramenta — utensílio empregado pelo trabalhador para realização de tarefas.

Ferramenta de Fixação a Pólvora — ferramenta utilizada como meio de fixação de pinos acionada a pólvora.

Ferramenta Pneumática — ferramenta acionada por ar comprimido.

Freio Automático — dispositivo mecânico que realiza o acionamento de parada brusca do equipamento.

Frente de Trabalho — área de trabalho móvel e temporária, onde se desenvolvem operações de apoio e execução de uma obra.

Fumos — vapores provenientes da combustão incompleta de metais.

Gaiola Protetora — estrutura de proteção usada em torno de escadas fixas para evitar queda de pessoas.

Galeria — corredor coberto que permite o trânsito de pedestres com segurança.

Gancho de Moitão — acessório para equipamentos de guindar e transportar utilizados para içar cargas.

Gases Confinados — são gases retidos em ambiente com pouca ventilação.

Garfo — Dispositivo auxiliar de içamento utilizado para se transportar "pallets" com blocos de concreto e outros materiais paletizados.

Guia de Alinhamento — dispositivo fixado na bancada da serra circular, destinado a orientar a direção e a largura do corte na madeira.

Guincheiro — operador de guincho.

Guincho — equipamento utilizado no transporte vertical de cargas ou pessoas, mediante o enrolamento do cabo de tração no tambor.

Guincho de Coluna (tipo "Velox") — guincho fixado em poste ou coluna, destinado ao içamento de pequenas cargas.

Guindaste — veículo provido de uma lança metálica de dimensão variada e motor com potência capaz de levantar e transportar cargas pesadas.

Grua — equipamento pesado utilizado no transporte horizontal e vertical de materiais.

Gruas Ascensionais — Tipo de grua onde a torre da mesma está apoiada na estrutura da edificação. No processo de telescopagem a grua é apoiada na parte superior da edificação e telescopagem para o mesmo.

Gruas Automontantes — Tipo de gruas que possuem um sistema de montagem automática sem a necessidade de guindaste auxiliar.

Incombustível — material que não se inflama.

Instalações Móveis — contêineres, utilizados como: alojamento, instalações sanitárias e escritórios.

Insuflação de Ar — transferência de ar através de tubo de um recipiente para outro, por diferença de pressão.

Intempéries — os rigores das variações atmosféricas (temperatura, chuva, ventos e umidade).

Isolamento do Local/Acidente — delimitação física do local onde ocorreu o acidente, para evitar a descaracterização do mesmo.

Isolantes — são materiais que não conduzem corrente elétrica, ou seja, oferecem alta resistência elétrica.

Lança — Parte da grua por onde percorre o carro de translação da carga.

Lançamento de Concreto — colocação do concreto nas fôrmas, manualmente ou sob pressão.

Lançamento de Partículas — pequenos pedaços de material sólido lançados no ambiente em consequência de ruptura mecânica ou corte do material.

Laudo estrutural — Laudo emitido por profissional ou entidade legalmente habilitada referente às condições estruturais no que diz respeito à resistência e integridade da estrutura em questão.

Laudo Operacional — Laudo emitido por profissional ou entidade legalmente habilitada referente às condições operacionais no que diz respeito ao funcionamento e operacionabilidade dos mecanismos, comandos e dispositivos de segurança da grua.

Lençol Freático — depósito natural de água no subsolo, podendo estar ou não sob pressão.

Legalmente Habilitado — profissional que possui habilitação exigida pela lei.

Levantamento da carga — movimento da grua responsável pela elevação da carga.

Locais Confinados — qualquer espaço com a abertura limitada de entrada e saída da ventilação natural.

Malha — série de cordas organizadas em um modelo geométrico (quadrado ou losango) formando uma rede. *(Incluído pela Portaria SIT n. 157, de 10 de abril de 2006)*

Material Combustível — aquele que possui ponto de fulgor ³70 °C e £ a 93,3 °C.

Material Inflamável — aquele que possui ponto de fulgor £ a 70ºC.

Máquina — aparelho próprio para transmitir movimento ou para utilizar e pôr em ação uma fonte natural de energia.

Medição Ôhmica — Procedimento para se obter o valor da resistência em ohms do sistema de aterramento.

Moitão — parte da grua que, através de polias, liga o cabo de aço de elevação ao gancho de içamento.

Momento máximo — Indicação do máximo esforço de momento aplicado na estrutura da grua.

Montante — peça estrutural vertical de andaime, torres e escadas.

Nó — cada um dos vértices dos polígonos que formam a malha. *(Incluído pela Portaria SIT n. 157, de 10 de abril de 2006)*

NR — Norma Regulamentadora.

Panagem — tecido da rede. *(Incluído pela Portaria SIT n. 157, de 10 de abril de 2006)*

Parafuso Esticador — dispositivo utilizado no tensionamento do cabo de aço para o estaiamento de torre de elevador.

Para-Raios — conjunto composto por um terminal aéreo, um sistema de descida e um terminal de aterramento, com a finalidade de captar descargas elétricas atmosféricas e dissipá-las com segurança.

Passarela — ligação entre dois ambientes de trabalho no mesmo nível, para movimentação de trabalhadores e materiais, construída solidamente, com piso completo, rodapé e guarda-corpo.

Patamar — plataforma entre dois lances de uma escada.

PCMAT — Programa de Condições e Meio Ambiente do Trabalho na Indústria da Construção.

Perímetro da Obra — linha que delimita o contorno da obra.

Pilão — peça utilizada para imprimir golpes, por gravidade, força hidráulica, pneumática ou explosão.

Piso Resistente — piso capaz de resistir sem deformação ou ruptura aos esforços submetidos.

Plataforma de Proteção — plataforma instalada no perímetro da edificação destinada a aparar materiais em queda livre.

Plataforma de Retenção de Entulho — plataforma de proteção com inclinação de 45º (quarenta e cinco graus) com caimento para o interior da obra, utilizada no processo de demolição.

Plataforma de Trabalho — plataforma onde ficam os trabalhadores e materiais necessários à execução dos serviços.

Plataforma Principal de Proteção — plataforma de proteção instalada na primeira laje.

Plataforma Secundária de Proteção — plataforma de proteção instalada de 3 (três) em 3 (três) lajes, a partir da plataforma principal e acima desta.

Plataforma Terciária de Proteção — plataforma de proteção instalada de 2 (duas) em 2 (duas) lajes, a partir da plataforma principal e abaixo desta.

Prancha — 1. peça de madeira com largura maior que 0,20m (vinte centímetros) e espessura entre 0,04m (quatro centímetros) e 0,07m (sete centímetros). 2. plataforma móvel do elevador de materiais, onde são transportadas as cargas.

Pranchão — peça de madeira com largura e espessura superiores às de uma prancha.

Prisma de Iluminação e Ventilação — espaço livre dentro de uma edificação em toda a sua altura e que se destina a garantir a iluminação e a ventilação dos compartimentos.

Protetor Removível — dispositivo destinado à proteção das partes móveis e de transmissão de força mecânica de máquinas e equipamentos.

Protensão de Cabos — operação de aplicar tensão nos cabos ou fios de aço usados no concreto protendido.

Prumagem — colocação de peças no sentido vertical (linha de prumo).

Rampa — ligação entre 2 (dois) ambientes de trabalho com diferença de nível, para movimentação de trabalhadores e materiais, construída solidamente com piso completo, rodapé e guarda-corpo.

RTP — Regulamentos Técnicos de Procedimentos — especificam as condições mínimas exigíveis para a implementação das disposições da NR.

Rampa de Acesso — plano inclinado que interliga dois ambientes de trabalho.

Rede de Proteção — rede de material resistente e elástico com a finalidade de amortecer o choque da queda do trabalhador.

Rede de Segurança — rede suportada por uma corda perimetral e outros elementos de sustentação. *(Incluído pela Portaria SIT n. 157, de 10 de abril de 2006)*

Roldana — disco com borda canelada que gira em torno de um eixo central.

Rosca de Protensão — dispositivo de ancoragem dos cabos de protensão.

Sapatilha — peça metálica utilizada para a proteção do olhal de cabos de aço.

Sinaleiro — pessoa responsável pela sinalização, emitindo ordens por meio de sinais visuais e/ou sonoros.

Sobrecarga — excesso de carga (peso) considerada ou não no cálculo estrutural.

Soldagem — operações de unir ou remendar peças metálicas com solda.

Talude — inclinação ou declive nas paredes de uma escavação.

Tamanho da Malha — distância medida entre duas sequências de nós, estando o fio entre estes pontos estendidos. *(Incluído pela Portaria SIT n. 157, de 10 de abril de 2006)*

Tambor do Guincho — dispositivo utilizado para enrolar e desenrolar o cabo de aço de sustentação do elevador.

Tapume — divisória de isolamento.

Tinta — produto de mistura de pigmento inorgânico com tíner, terebintina e outros diluentes. Inflamável e geralmente tóxica.

Tirante — cabo de aço tracionado.

Torre de Elevador — sistema metálico responsável pela sustentação do elevador.

Transbordo — transferência de trabalhadores de embarcação para plataforma de trabalho, através de equipamento de guindar.

Transporte Semimecanizado — é aquele que utiliza, em conjunto, meios mecânicos e esforços físicos do trabalhador.

Trava de Segurança — sistema de segurança de travamento de máquinas e elevadores.

Trava-Queda — dispositivo automático de travamento destinado à ligação do cinto de segurança ao cabo de segurança.

Válvula de Retenção — a que possui em seu interior um dispositivo de vedação que sirva para determinar único sentido de direção do fluxo.

Veículo Precário — veículo automotor que apresente as condições mínimas de segurança previstas pelo Código Nacional de Trânsito — CONTRAN.

Vergalhões de Aço — barras de aço de diferentes diâmetros e resistências, utilizadas como parte integrante do concreto armado.

Verniz — revestimento translúcido, que se aplica sobre uma superfície; solução resinosa em álcool ou em óleos voláteis.

Vestimenta — roupa adequada para a atividade desenvolvida pelo trabalhador.

Vias de Circulação — locais destinados à movimentação de veículos, equipamentos e/ou pedestres.

Vigas de Sustentação — vigas metálicas onde são presos os cabos de sustentação dos andaimes móveis.

ANEXO I

(Revogado pela Portaria SIT n. 237, de 10 de junho de 2011)

ANEXO II

(Revogado pela Portaria SIT n. 237, de 10 de junho de 2011)

ANEXO III — PLANO DE CARGAS PARA GRUAS

(Incluído pela Portaria SIT n. 114, de 17 de janeiro de 2005)

I — DADOS DO LOCAL DE INSTALAÇÃO DO(s) EQUIPAMENTO(s): nome do empreendimento, endereço completo e número máximo de trabalhadores na obra.

II — DADOS DA EMPRESA RESPONSÁVEL PELA OBRA: razão social; endereço completo; CNPJ; telefone; facsímile, endereço eletrônico e Responsável Técnico com número do registro no CREA.

III — DADOS DO(s) EQUIPAMENTO(s): tipo; altura inicial e final; comprimento da lança; capacidade de ponta; capacidade máxima; alcance; marca; modelo e ano de fabricação e demais características singulares do equipamento.

IV — Não havendo identificação de fabricante, deverá ser atendido o disposto no item 18.14.24.15.

V — FORNECEDOR(es) / LOCADOR(es) DO(s) EQUIPAMENTO(s) / PROPRIETÁRIO(s) DO(s) EQUIPAMENTO(s): razão social; endereço completo; CNPJ; telefone; fac-símile, endereço eletrônico (se houver) e Responsável Técnico com número do registro no CREA.

VI — RESPONSÁVEL(is) PELA MANUTENÇÃO DA(s) GRUA(s): razão social; endereço completo; CNPJ; telefone; fac-símile, endereço eletrônico e Responsável Técnico com número do registro no CREA e número de registro da Empresa no CREA.

VII — RESPONSÁVEL(is) PELA MONTAGEM E OUTROS SERVIÇOS DA(s) GRUA(s): razão social; endereço completo; CNPJ; telefone; fac-símile, endereço eletrônico e Responsável Técnico com número do registro no CREA e número de registro da Empresa no CREA.

VIII — LOCAL DE INSTALAÇÃO DA(s) GRUA(s) — Deverá ser elaborado um croqui ou planta de localização do equipamento no canteiro de obras, a partir da Planta Baixa da obra na projeção do térreo e ou níveis pertinentes, alocando, pelo menos, os seguintes itens:

a) Canteiro(s) / containeres / áreas de vivência;

b) Vias de acesso / circulação de pessoal / veículos;

c) Áreas de carga e descarga de materiais;

d) Áreas de estocagem de materiais;

e) Outros equipamentos (elevadores, guinchos, geradores e outros);

f) Redes elétricas, transformadores e outras interferências aéreas;

g) Edificações vizinhas, recuos, vias, córregos, árvores e outros;

h) Projeção da área de cobertura da lança e contra-lança;

i) Projeção da área de abrangência das cargas com indicações dos trajetos;

j) Todas as modificações tanto nas áreas de carregamento quanto no posicionamento ou outras alterações verticais ou horizontais.

IX — SISTEMA DE SEGURANÇA — Deverão ser observados, no mínimo, os seguintes itens:

a) Existência de plataformas aéreas fixas ou retráteis para carga e descarga de materiais;

b) Existência de placa de advertência referente às cargas aéreas, especialmente em áreas de carregamento e descarregamento, bem como de trajetos de acordo com o item 18.27.1 — alínea "g" desta NR;

c) Uso de colete refletivo;

d) A comunicação entre o sinaleiro/amarrador e o operador de grua, deverá estar prevista no Plano de Carga, observando-se o uso de rádio comunicador em frequência exclusiva para esta operação.

X — PESSOAL TÉCNICO — QUALIFICAÇÃO MÍNIMA EXIGIDA:

a) Operador da Grua — deve ser qualificado de acordo com o item 18.37.5 desta NR e ser treinado conforme o conteúdo programático mínimo, com carga horária mínima definida pelo fabricante, locador ou responsável pela obra, devendo, a partir do treinamento, ser capaz de operar conforme as normas de segurança utilizando os EPI necessários para o acesso à cabine e para a operação, bem como, executar inspeções periódicas semanais. Este profissional deve integrar cada "Plano de Carga" e ser capacitado para as seguintes responsabilidades: operação do equipamento de acordo com as determinações do fabricante e realização de "Lista de Verificação de Conformidades" (*check-list)* com frequência mínima semanal ou periodicidade inferior, conforme especificação do responsável técnico do equipamento.

b) Sinaleiro/Amarrador de cargas — deve ser qualificado de acordo com o item 18.37.5 desta NR e ser treinado conforme o conteúdo programático mínimo, com carga horária mínima de 8 horas. Deve estar qualificado a operar conforme as normas de segurança, bem como, a executar inspeção periódica com periodicidade semanal ou outra de menor intervalo de tempo, conforme especificação do responsável técnico pelo equipamento. Este profissional deve integrar cada "Plano de Carga" e ser capacitado para as seguintes responsabilidades: amarração de cargas para o içamento; escolha correta dos materiais de amarração de acordo com as características das cargas; orientação para o operador da grua referente aos movimentos a serem executados; observância às determinações do Plano de Cargas e sinalização e orientação dos trajetos.

XI — RESPONSABILIDADES:

a) Responsável pela Obra — Deve observar o atendimento dos seguintes itens de segurança: aterramento da estrutura da grua, implementação do PCMAT prevendo a operação com gruas, independentemente do Plano de Cargas; fiscalização do isolamento de áreas, de trajetos e da correta aplicação das determinações do Plano de Cargas; elaboração, implementação e coordenação do Plano de Cargas; disponibilização de instalações sanitárias a uma distância máxima de 30m (trinta metros) no plano vertical e de 50m (cinquenta metros) no plano horizontal em relação à cabine do operador, não se aplicando para gruas com altura livre móvel superiores às especificadas; verificar registro e assinatura no livro de inspeções de máquinas e equipamentos, requerido no item 18.22.11 desta NR e a confirmação da correta operacionalização de todos os dispositivos de segurança constantes no item 18.14.24.11, no mínimo, após às seguintes ocasiões: a) instalação do equipamento; b) cada alteração geométrica ou de posição do equipamento; c) cada operação de manutenção e ou regulagem nos sistemas de freios do equipamento, com especial atenção para o sistema de freio do movimento vertical de cargas.

b) Responsável pela Manutenção, Montagem e Desmontagem — Deve designar pessoal com treinamento e qualificação para executar as atividades que deverão sempre estar sob supervisão de profissional legalmente habilitado, durante as atividades de manutenção, montagem, desmontagem, telescopagem, ascensão e conservação do equipamento; checagem da operacionalização dos dispositivos de segurança, bem como, entrega técnica do equipamento e registro destes eventos em livro de inspeção ou relatório específico.

c) Responsável pelo Equipamento: Deve fornecer equipamento em perfeito estado de conservação e funcionamento como definido pelo Manual do Fabricante, observando o disposto no item 18.14.24.15 desta NR, mediante emissão de ART — Anotação de Responsabilidade Técnica — referente à liberação técnica efetuada antes da entrega.

XII — MANUTENÇÃO E ALTERAÇÃO NO EQUIPAMENTO

Toda intervenção no equipamento deve ser registrada em relatório próprio a ser fornecido, mediante recibo, devendo tal relatório, ser registrado ou anexado ao livro de inspeção de máquinas e equipamentos.

Os serviços de montagem, desmontagem, ascensões, telescopagens e manutenções, devem estar sob supervisão e responsabilidade de engenheiro legalmente habilitado responsável com emissão de ART — Anotação de Responsabilidade Técnica — específica para a obra e para o equipamento em questão.

XIII — DOCUMENTAÇÃO OBRIGATÓRIA NO CANTEIRO

No canteiro de obras deverá ser mantida a seguinte documentação mínima relativa à(s) grua(s):

a) Contrato de locação, se houver;

b) Lista de Verificação de Conformidades (*check-list)* a cargo do operador da grua;

c) Lista de Verificação de Conformidades (*check-list*) a cargo do Sinaleiro/Amarrador de cargas referente aos materiais de içamento.

d) Livro de inspeção da grua conforme disposto no item 18.22.11 desta NR-18;

e) Comprovantes de qualificação e treinamento do pessoal envolvido na operacionalização e operação da grua;

f) Cópia da ART — Anotação de Responsabilidade Técnica — do engenheiro responsável nos casos previstos nesta NR;

g) Plano de Cargas devidamente preenchido e assinado em todos os seus itens;

h) Documentação sobre esforços atuantes na estrutura do edifício conforme disposto no item 18.14.24.3 desta NR;

i) Atestado de aterramento elétrico com medição ômica, conforme NBR 5410 e 5419, elaborado por profissional legalmente habilitado e realizado semestralmente.

j) Manual do fabricante e ou operação contendo no mínimo:

— Lista de Verificação de Conformidades (*check-list*) para o operador de grua

— Lista de Verificação de Conformidades (*check-list*) para o sinaleiro/amarrador de carga

— Instruções de segurança e operação.

XIV — CONTEÚDO PROGRAMÁTICO:

O conteúdo para treinamento dos Operadores de Gruas e Sinaleiro/Amarrador de Cargas deverá conter pelo menos as seguintes informações:

— Definição; Funcionamento; Montagem e Instalação; Operação; Sinalização de Operações; Amarração de Cargas; Sistemas de Segurança; Legislação e Normas Regulamentadoras — NR-5, NR-6, NR-17 e NR-18.

ANEXO IV — PLATAFORMAS DE TRABALHO AÉREO

(Alterado pela Portaria SIT nº 40, de 7 de março de 2008)

1. Definição

1.1. Plataforma de Trabalho Aéreo — PTA é o equipamento móvel, autopropelido ou não, dotado de uma estação de trabalho (cesto ou plataforma) e sustentado em sua base por haste metálica (lança) ou tesoura, capaz de erguer-se para atingir ponto ou local de trabalho elevado.

2. Requisitos Mínimos de Segurança

2.1. A PTA deve atender às especificações técnicas do fabricante quanto a aplicação, operação, manutenção e inspeções periódicas.

2.2. O equipamento deve ser dotado de:

a) dispositivos de segurança que garantam seu perfeito nivelamento no ponto de trabalho, conforme especificação do fabricante;

b) alça de apoio interno;

c) guarda-corpo que atenda às especificações do fabricante ou, na falta destas, ao disposto no item 18.13.5 da NR-18;

d) painel de comando com botão de parada de emergência;

e) dispositivo de emergência que possibilite baixar o trabalhador e a plataforma até o solo em caso de pane elétrica, hidráulica ou mecânica;

f) sistema sonoro automático de sinalização acionado durante a subida e a descida.

2.2.1. É proibido o uso de cordas, cabos, correntes ou qualquer outro material flexível em substituição ao guarda-corpo.

2.3. A PTA deve possuir proteção contra choques elétricos, por meio de:

a) cabos de alimentação de dupla isolação;

b) *plugs* e tomadas blindadas;

c) aterramento elétrico;

d) Dispositivo Diferencial Residual (DDR).

3. Operação

3.1. Os manuais de operação e manutenção da PTA devem ser redigidos em língua portuguesa e estar à disposição no canteiro de obras ou frentes de trabalho.

3.2. É responsabilidade do usuário conduzir sua equipe de operação e supervisionar o trabalho, a fim de garantir a operação segura da PTA.

3.3. Cabe ao operador, previamente capacitado pelo empregador na forma do item 5 deste Anexo, realizar a inspeção diária do local de trabalho no qual será utilizada a PTA.

3.4. Antes do uso diário ou no início de cada turno devem ser realizados inspeção visual e teste funcional na PTA, verificando-se o perfeito ajuste e funcionamento dos seguintes itens:

a) Controles de operação e de emergência;

b) Dispositivos de segurança do equipamento;

c) Dispositivos de proteção individual, incluindo proteção contra quedas;

d) Sistemas de ar, hidráulico e de combustível;

e) Painéis, cabos e chicotes elétricos;

f) Pneus e rodas;

g) Placas, sinais de aviso e de controle;

h) Estabilizadores, eixos expansíveis e estrutura em geral;

i) Demais itens especificados pelo fabricante.

3.4.1. A inspeção visual deve contemplar a correta fixação de todas as peças.

3.4.2. É responsabilidade do usuário fornecer ao operador responsável o manual de procedimentos para a rotina de verificação diária.

3.5. Antes e durante a movimentação da PTA, o operador deve manter:

a) visão clara do caminho a ser percorrido;

b) distância segura de obstáculos, depressões, rampas e outros fatores de risco, conforme especificado em projeto ou ordem de serviço;

c) distância mínima de obstáculos aéreos, conforme especificado em projeto ou ordem de serviço.

3.5.1. O operador deve limitar a velocidade de deslocamento da PTA, observando as condições da superfície, o trânsito, a visibilidade, a existência de declives, a localização da equipe e outros fatores de risco de acidente.

3.5.2. A PTA não pode ser deslocada em rampas com inclinações superiores à especificada pelo fabricante.

3.6. Quando houver outros equipamentos móveis ou veículos no local, devem ser tomadas precauções especiais, especificadas em projeto ou ordem de serviço.

3.7. A PTA não deve ser posicionada junto a qualquer outro objeto que tenha por finalidade lhe dar equilíbrio.

3.8. O equipamento deve estar afastado das redes elétricas de acordo com o manual do fabricante ou estar isolado conforme as normas específicas da concessionária de energia local, obedecendo ao disposto na NR-10.

3.9. A área de operação da PTA deve ser delimitada e sinalizada, de forma a impedir a circulação de trabalhadores.

3.10. A PTA não deve ser operada quando posicionada sobre caminhões, trailers, carros, veículos flutuantes, estradas de ferro, andaimes ou outros veículos, vias e equipamentos similares, a menos que tenha sido projetada para este fim.

3.11. Antes da utilização da PTA, o operador deve certificar-se de que:

a) estabilizadores, eixos expansíveis ou outros meios de manter a estabilidade estejam sendo utilizados conforme as recomendações do fabricante;

b) a carga e sua distribuição na estação de trabalho, ou sobre qualquer extensão da plataforma, estejam em conformidade com a capacidade nominal determinada pelo fabricante para a configuração específica;

c) todas as pessoas que estiverem trabalhando no equipamento utilizem dispositivos de proteção contra quedas e outros riscos.

3.11.1. Todas as situações de mau funcionamento e os problemas identificados devem ser corrigidos antes de se colocar o equipamento em funcionamento, devendo o fato ser analisado e registrado em documento específico, de acordo com o item 18.22.11 da NR-18.

3.12. Durante o uso da PTA, o operador deve verificar a área de operação do equipamento, a fim de certificar-se de que:

a) a superfície de operação esteja de acordo com as condições especificadas pelo fabricante e projeto;

b) os obstáculos aéreos tenham sido removidos ou estejam a uma distância adequada, de acordo com o projeto;

c) as distâncias para aproximação segura das linhas de força energizadas e seus componentes sejam respeitadas, de acordo com o projeto;

d) inexistam condições climáticas que indiquem a paralisação das atividades;

e) estejam presentes no local somente as pessoas autorizadas;

f) não existam riscos adicionais de acidentes.

3.13. Todos os trabalhadores na PTA devem utilizar cinto de segurança tipo paraquedista ligado ao guarda-corpo do equipamento ou a outro dispositivo específico previsto pelo fabricante.

3.14. A capacidade nominal de carga definida pelo fabricante não pode ser ultrapassada em nenhuma hipótese.

3.15. Qualquer alteração no funcionamento da PTA deve ser relatada e reparada antes de se prosseguir com seu uso.

3.16. O operador deve assegurar-se de que não haja pessoas ou equipamentos nas áreas adjacentes à PTA, antes de baixar a estação de trabalho.

3.17. Quando fora de serviço, a PTA deve permanecer recolhida em sua base, desligada e protegida contra acionamento não autorizado.

3.18. As baterias devem ser recarregadas em área ventilada, onde não haja risco de fogo ou explosão.

4. Manutenção

4.1. É responsabilidade do proprietário manter um programa de manutenção preventiva de acordo com as recomendações do fabricante e com o ambiente de uso do equipamento, contemplando, no mínimo:

a) verificação de:

a1 — funções e controles de velocidade, descanso e limites de funcionamento;

a2 — controles inferiores e superiores;

a3 — rede e mecanismos de cabos;

a4 — dispositivos de segurança e emergência;

a5 — placas, sinais de aviso e controles;

b) ajuste e substituição de peças gastas ou danificadas;

c) lubrificação de partes móveis;

d) inspeção dos elementos do filtro, óleo hidráulico, óleo do motor e de refrigeração;

e) inspeção visual dos componentes estruturais e de outros componentes críticos, tais como elementos de fixação e dispositivos de travamento.

4.1.1. O programa deve ser supervisionado por profissional legalmente habilitado.

4.2. A manutenção deve ser efetuada por pessoa com qualificação específica para a marca e modelo do equipamento.

4.3. Os equipamentos que não forem utilizados por um período superior a três meses devem ser submetidos à manutenção antes do retorno à operação.

4.4. Quando identificadas falhas que coloquem em risco a operação, a PTA deve ser removida de serviço imediatamente até que o reparo necessário seja efetuado.

4.5. O proprietário da PTA deve conservar, por um período de cinco anos, a seguinte documentação:

a) registros de manutenção, contendo:

a1 — datas;

a2 — deficiências encontradas;

a3 — ação corretiva recomendada;

a4 — identificação dos responsáveis;

b) registros de todos os reparos realizados, contendo:

b1 — a data em que foi realizado cada reparo;

b2 — a descrição do trabalho realizado;

b3 — identificação dos responsáveis pelo reparo;

b4 — identificação dos responsáveis pela liberação para uso.

5. Capacitação

5.1. O operador deve ser capacitado de acordo com o item 18.22.1 da NR-18 e ser treinado no modelo de PTA a ser utilizado, ou em um similar, no seu próprio local de trabalho.

5.2. A capacitação deve contemplar o conteúdo programático estabelecido pelo fabricante, abordando, no mínimo, os princípios básicos de segurança, inspeção e operação, de forma compatível com o equipamento a ser utilizado e com o ambiente esperado.

5.2.1. A comprovação da capacitação deve ser feita por meio de certificado.

5.3. Cabe ao usuário:

a) capacitar sua equipe para a inspeção e a manutenção da PTA, de acordo com as recomendações do fabricante;

b) conservar os registros dos operadores treinados em cada modelo de PTA por um período de cinco anos;

c) orientar os trabalhadores quanto ao uso, carregamento e posicionamento dos materiais na estação de trabalho da PTA.

5.4. O usuário deve impedir a operação da PTA por trabalhador não capacitado.

6. Disposições Finais

6.1. Este Anexo não se aplica às PTA para serviços em instalações elétricas energizadas.

6.2. Os projetos, especificações técnicas e manuais de operação e serviço dos equipamentos importados devem atender ao previsto nas normas técnicas vigentes no país.

6.3. Cabe ao usuário determinar a classificação de perigo de qualquer atmosfera ou localização de acordo com a norma ANSI/NFPA 505 e outras correlatas

6.3.1. Para operação em locais perigosos, o equipamento deve atender ao disposto na norma ANSI/NFPA 505 e outras correlatas.

6.4. A PTA deve ser inspecionada e revisada segundo as exigências do fabricante antes de cada entrega por venda, arrendamento ou locação.

6.5. As instruções de operação do fabricante e a capacitação requerida devem ser fornecidas em cada entrega, seja por venda, arrendamento ou locação.

6.6. Os fornecedores devem manter cópia dos manuais de operação e manutenção.

6.6.1. Os manuais de operação e manutenção são considerados parte integrante do equipamento, devendo ser fornecidos em qualquer locação, arrendamento ou venda e ser mantidos no local de uso do equipamento.

6.7. Os avisos contendo informações de segurança devem ser redigidos em língua portuguesa.

6.8. É vedado:

a) o uso de pranchas, escadas e outros dispositivos que visem atingir maior altura ou distância sobre a PTA;

b) a utilização da PTA como guindaste;

c) a realização de qualquer trabalho sob condições climáticas que exponham trabalhadores a riscos;

d) a operação de equipamento em situações que contrariem as especificações do fabricante quanto a velocidade do ar, inclinação da plataforma em relação ao solo e proximidade a redes de energia elétrica;

e) o uso da PTA para o transporte de trabalhadores e materiais não relacionados aos serviços em execução.

GLOSSÁRIO

Autopropulsão — Capacidade de locomoção por meio de fonte de energia e motor próprios.

Eixo expansível — Eixo provido de rodízios ou esteiras nas extremidades, que permitem sua expansão, com o objetivo de proporcionar estabilidade a um equipamento ou veículo.

Estabilizador — Barra extensível dotada de mecanismo hidráulico, mecânico ou elétrico fixado na estrutura de um equipamento para impedir sua inclinação ou tombamento. Também conhecido por patola.

Botão de parada de emergência — Botão elétrico ou mecânico, localizado em ponto estratégico, que permite interromper o funcionamento de um equipamento em situação de perigo iminente.

Capacidade nominal de carga — Carga máxima admitida para a operação de um equipamento.

Área de operação da PTA — Espaço que compreende a área onde está instalada a base da PTA, incluindo os estabilizadores, acrescida da área sob a lança e a estação de trabalho em todas as posições necessárias à operação.

Distância mínima — Distância de segurança necessária para evitar o contato de qualquer parte de um equipamento com outras estruturas.

Nivelamento — Posicionamento de um equipamento em um plano horizontal.

Fornecedor de PTA — Aquele que desenvolve atividade de produção, montagem, importação, distribuição ou comercialização de PTA.

Proprietário da PTA — Aquele que detém o direito de uso, gozo, fruição e disposição do equipamento, por aquisição originária ou derivada.

Locador de PTA — Aquele que se obriga a ceder, por período determinado ou não, o uso e gozo do equipamento, a outro, mediante retribuição.

Usuário da PTA — Aquele que detém a responsabilidade sobre a utilização do equipamento.

Capítulo 19

EXPLOSIVOS

Explosivos são substâncias ou materiais que, quando submetidos a transformações químicas, produzem calor intenso e pressões elevadas, sendo que a sensibilidade explosiva e a rapidez de sua propagação determinarão se a explosão será considerada detonação ou deflagração, modalidades estas que podem ser distinguidas da seguinte forma:

- Detonação — corresponde à modalidade de explosão na qual a expansão dos gases é muito superior à velocidade do som e se propaga rapidamente.
- Deflagração — a transformação química ocorre de uma forma mais lenta; ou seja, na deflagração a velocidade de expansão dos gases é igual ou inferior à velocidade de propagação do som no ar.

Os explosivos podem ser divididos, mais comumente, em quatro espécies:

- explosivos iniciadores — são os que têm por finalidade provocar a transformação de outros explosivos, mediante excitação destes. São sensíveis ao atrito, choque e calor, e, sob efeito deste último, explodem sem se incendiar. Exemplos: fulminato de prata, fulminato de mercúrio e tetrazeno;
- explosivos reforçadores — são aqueles que servem como intermediários entre o explosivo iniciador e a carga explosiva propriamente dita. Exemplo: azida de chumbo;
- explosivos de ruptura — são os chamados altos explosivos, posto que destinados à produção de um trabalho de destruição pela ação da força viva dos gases produzidos pela sua transformação. A sua transformação normal é a detonação. Exemplos: dinamite, trotil e nitropereta;
- explosivos propelentes ou pólvoras — são os que têm por finalidade a propulsão ou projeção, ou seja, a produção de um efeito balístico. A sua transformação normal é a deflagração. Exemplos: pólvoras mecânicas e pólvoras coloidais.

Do ponto de vista estritamente teórico, os explosivos podem ser agrupados em:

- explosivos químicos — são os resultantes de uma reação química, vez que apresentam, numa mesma molécula, o elemento comburente (oxigênio) e os combustíveis (enxofre, carbono, hidrogênio). Exemplos: clorato de potássio, cloreto de nitrogênio, sais do ácido nítrico ou azidas, nitroetano, nitroglicerina, nitroamido, fulminato de prata, dinitrobenzeno, dinitrotolueno e trinitronaftaleno;
- explosivos mecânicos — são aqueles resultantes da mistura de elementos ou compostos, sendo que, por ocasião da explosão, uns atuam como combustíveis, outros como comburentes, todos homogeneamente misturados. Exemplos: pólvora negra (constituída de enxofre, carvão e salitre) e amonite (constituída de nitrato de amônia, alumínio e trotil);
- explosivos mistos — correspondem a dois ou mais compostos explosivos ou à mistura de um ou mais explosivos com compostos inertes. Exemplos: pólvora de base simples (nitrocelulose e compostos inertes); pólvora de base dupla (nitrocelulose, nitroglicerina e compostos inertes); pólvora de base tripla (nitrocelulose, nitroglicerina, nitroguanidina e compostos inertes).

Cabe ainda conceituar os fogos de artifício como artigos pirotécnicos preparados para transmitir inflamação com a finalidade de produzir luz, ruído, fumaça ou outros efeitos visuais ou sonoros normalmente empregados para entretenimento.

Importante destacar que, consoante evidenciado no Capítulo 16 deste livro, a exposição aos riscos de contato com explosivos em condições de risco acentuado, de forma habitual, contínua ou intermitente, tipifica a caracterização do exercício periculoso, ensejando aos trabalhadores nessa situação o direito à percepção do adicional de periculosidade no equivalente a 30% (trinta por cento) incidente sobre o salário básico, na forma preconizada pelo art. 193 da Consolidação das Leis do Trabalho. Outrossim, a regulamentação da periculosidade decorrente da exposição aos riscos de contato com explosivos encontra-se disciplinada no Anexo 1 (Atividades e Operações Perigosas com Explosivos) da NR-16 (Atividades e Operações Perigosas).

As Normas Regulamentadoras (NRs) de Segurança e Saúde no Trabalho (SST) editadas pelo Ministério do Trabalho e Emprego (MTE), consoante amplamente demonstrado nos capítulos precedentes, são aplicáveis a todos os ambientes de trabalho onde hajam trabalhadores contratados sob a égide da Consolidação das Leis do Trabalho (CLT) e possuem existência jurídica convalidada pelo Princípio Constitucional de Minimização dos Riscos Ocupacionais consagrado no inciso XXII do art. 7º da Constituição Federal brasileira. No plano da legislação infraconstitucional, ditas NRs de SST possuem respaldo de validade legal na forma tipificada no Estatuto Obreiro, em seu Título II: Das Normas Gerais de Tutela do Trabalho, mais precisamente em seu Capítulo V: Da Segurança e da Medicina do Trabalho (arts. 154 a 201 da CLT). Recorde-se que ditos artigos da CLT possuem redação dada pela Lei n. 6.514 de 22.12.1977, observadas as atualizações subsequentes até a publicação da Lei n. 13.103 de 2.3.2015.

De se recordar, também, que os citados arts. 154 a 201 do Código Laboral foram inicialmente disciplinados pela Portaria MTb-GM n. 3.214 de 8.6.1978, que instituiu as primeiras 28 NRs de SST; vale observar que atualmente existem 36 NRs de SST, cada uma disciplinando uma temática específica. A propósito, todos os dispositivos legais, normativos e jurisprudenciais pertinentes à temática em apreço encontram-se adiante reproduzidos no tópico Fundamentos Jurídicos deste Capítulo, inclusive a íntegra atualizada da norma regulamentadora de segurança e saúde no trabalho que o intitula.

No que diz respeito ao fundamento jurídico, no plano da legislação infraconstitucional, especificamente no tocante à temática de explosivos, cabe ser dito que, por intermédio das disposições contidas no inciso II, do art. 200 do Estatuto Obreiro restou expressamente delegada a competência legal para o Ministério do Trabalho e Emprego estabelecer disposições complementares às normas regulamentadoras de segurança e saúde no trabalho, tendo em vista as peculiaridades de cada atividade ou setor de trabalho, especialmente sobre: depósitos, armazenagem e manuseio de explosivos, bem como trânsito e permanência de trabalhadores nas áreas respectivas áreas de risco.

Em cumprimento ao disposto no inciso II do art. 200 da CLT, o MTE editou a NR-19 (Explosivos), nos termos da Portaria MTb-GM n. 3.214, de 8.6.1978, devidamente atualizada pela Portaria SIT-MTE n. 228, de 24.5.2011, que estabelece as disposições preventivas de segurança e saúde no trabalho atinentes a depósito, manuseio e transporte de explosivos, objetivando a proteção da saúde e da integridade física dos trabalhadores em seus ambientes de trabalho. Ditas disposições técnico-preventivas da NR-19 encontram-se de forma sequenciada e agrupadas em 4 Tópicos, além de 2 Anexos, na forma seguinte:

Sumário da NR-19 (Explosivos)

Em suas primeiras recomendações genéricas, a atual NR-19 preceitua que as atividades de fabricação, utilização, importação, exportação, tráfego e comércio de explosivos devem obedecer ao disposto na legislação específica, em especial ao Regulamento para Fiscalização de Produtos Controlados (R-105) do Exército Brasileiro, aprovado pelo Decreto n. 3.665, de 20 de novembro de 2000. Outrossim, a norma regulamentadora em comento expressamente veda a fabricação de explosivos no perímetro urbano das cidades, vilas ou povoados, bem como estipula as quantidades máximas de explosivos possíveis de serem armazenados, em estrita observância às distâncias mínimas de segurança em relação a edifícios habitados, ferrovias, rodovias e entre depósitos, consoante explicitado nas quatro tabelas específicas; todavia, o citado distanciamento mínimo poderá ser reduzido à metade, no caso de depósitos barricados. Igualmente, preceitua a NR-19 que o Programa de Prevenção de Riscos Ambientais (PPRA) das empresas que fabricam ou utilizam explosivos deve contemplar, além do disposto na NR-09 (PPRA), a avaliação dos riscos de incêndio e explosão e a implementação das respectivas medidas de controle.

No tocante à Fabricação de Explosivos, prevê a décima nona norma regulamentadora de segurança e saúde no trabalho, que essa atividade somente é permitida às empresas portadoras de Título de Registro (TR) emitido pelo Exército Brasileiro. Ainda segundo a NR-19, o terreno em que se achar instalado o conjunto de edificações das empresas de fabricação de explosivos deve ser provido de cerca adequada e de separação entre os locais de fabricação, armazenagem e administração; além do que, as atividades em que explosivos sejam depositados em invólucros, tal como encartuchamento, devem ser efetuadas em locais isolados, não podendo ter em seu interior mais de quatro trabalhadores ao mesmo tempo.

No que se refere aos Locais de Fabricação de Explosivos, estes devem ser:

- mantidos em perfeito estado de conservação;
- adequadamente arejados;
- construídos com paredes e tetos de material incombustível e pisos antiestáticos;
- dotados de equipamentos devidamente aterrados e, se necessárias, instalações elétricas especiais de segurança;
- providos de sistemas de combate a incêndios de manejo simples, rápido e eficiente, dispondo de água em quantidade e com pressão suficiente aos fins a que se destina;
- livres de materiais combustíveis ou inflamáveis.

Como regra geral, nos Locais de Manuseio de Explosivos as matérias-primas que ofereçam risco de explosão devem permanecer nas quantidades mínimas possíveis, admitindo-se, no máximo, material para o trabalho de quatro horas. Além disso, devem ser observadas as seguintes vedações específicas, quando do manuseio de explosivos:

- utilizar ferramentas ou utensílios que possam gerar centelha ou calor por atrito;
- fumar ou praticar atos suscetível de produzir fogo ou centelha;
- usar calçados cravejados com pregos ou peças metálicas externas;
- manter objetos que não tenham relação direta com a atividade.

Em relação ao Armazenamento de Explosivos, a NR-19 prevê que os depósitos de explosivos devem respeitar os seguintes requisitos mínimos de segurança:

- ser construídos de materiais incombustíveis, em terreno firme, seco, a salvo de inundações;
- ser apropriadamente ventilados;
- manter ocupação máxima de sessenta por cento da área, respeitando-se a altura máxima de empilhamento de dois metros e uma entre o teto e o topo do empilhamento;
- ser dotados de sinalização externa adequada.

Igualmente, está expressamente proibida a armazenagem de:

- acessórios iniciadores com explosivos, inclusive pólvoras ou acessórios explosivos em um mesmo depósito;
- pólvoras em um mesmo depósito com outros explosivos;
- fogos de artifício com pólvoras e outros explosivos em um mesmo depósito ou no balcão de estabelecimentos comerciais;

- explosivos e acessórios em habitações, estábulos, silos, galpões, oficinas, lojas ou outras edificações não destinadas a esse uso específico.

A norma regulamentadora em apreço explicita que as empresas devem observar fielmente a legislação pertinente ao transporte de produtos perigosos, em especial a emitida pelo Ministério dos Transportes, na hipótese do transporte terrestre de explosivos; enquanto o transporte por via marítima, fluvial ou lacustre, deve atentar para as normas do Comando da Marinha; de forma similar, o transporte por via aérea deve respeitar as normas específicas do Comando da Aeronáutica.

Oportuno enfatizar a existência das seguintes prescrições pertinentes ao Transporte de Explosivos:

- o material a ser transportado deve estar devidamente acondicionado em embalagem regulamentar;
- os serviços de embarque e desembarque devem ser assistidos por um fiscal da empresa transportadora, devidamente habilitado;
- todos os equipamentos empregados nos serviços de carga, transporte e descarga devem ser rigorosamente verificados quanto às condições de segurança;
- sinais de perigo, como bandeirolas vermelhas ou tabuletas de aviso, devem ser afixados em lugares visíveis do veículo de transporte;
- o material deve ser disposto e fixado no veículo de modo a facilitar a inspeção e a segurança;
- munições, pólvoras, explosivos, acessórios iniciadores e artifícios pirotécnicos devem ser transportados separadamente;
- o material deve ser protegido contra a umidade e a incidência direta dos raios solares;
- é proibido bater, arrastar, rolar ou jogar os recipientes de explosivos;
- antes de descarregar os materiais, o local previsto para armazená-los deve ser examinado;
- é proibida a utilização de luzes não protegidas, fósforos, isqueiros, dispositivos e ferramentas capazes de produzir chama ou centelha nos locais de embarque, desembarque e no transporte;
- salvo casos especiais, os serviços de carga e descarga de explosivos devem ser feitos durante o dia e com tempo bom;
- quando houver necessidade de carregar ou descarregar explosivos durante a noite, somente será usada iluminação com lanternas e holofotes elétricos.

Oportuno enfatizar que da redação anterior da NR-19 manteve-se apenas o Anexo I (Segurança e Saúde na Indústria e Comércio de Fogos de Artifício e Outros Artefatos Pirotécnicos), que fora instituído pela Portaria SIT-MTE n. 7 de 30.3.2007; pois, a Portaria SIT-MTE n. 228 de 24.5.2011, além de propiciar a redação integral do texto atual da NR-19, acresceu-lhe o Anexo II: TABELAS DE QUANTIDADES (Máximas) X DISTÂNCIAS (Mínimas), a serem observadas no ARMAZENAMENTO DE EXPLOSIVOS, cuja observância se impõe nas atividades de fabricação de explosivos, consoante o tipo de explosivo armazenado nas edificações, respeitadas as seguintes disposições específicas:

- munições: apresentam risco principal de incêndio, não havendo necessidade do uso de tabelas;
- pólvoras químicas: queimam produzindo calor intenso, sem estilhaços ou pressões capazes de causar danos sérios, devendo-se aplicar a Tabela 1 do Anexo II da NR-19;
- artifícios pirotécnicos:
  - quando apresentam risco de explosão em massa ou de projeção, devem ser armazenados aplicando-se a Tabela 3 do Anexo II da NR-19;
  - quando há apenas perigo de fogo, com pequeno risco de explosão, deve aplicar-se a Tabela 4 do Anexo II da NR-19;
  - quando não há risco significativo, e que na eventualidade de uma iniciação seus efeitos ficam confinados, predominantemente, à embalagem e não projetam fragmentos de dimensões apreciáveis à grande distância, devem ser armazenados conforme a Tabela 1 do Anexo II da NR-19;

- produtos químicos usados no fabrico de misturas explosivas e fogos de artifício, como nitrato de amônio, dinitrolueno, nitrocelulose úmida, cloratos, percloratos e outros que somente detonam em condições especiais:
  - quando apresentam apenas o risco de fogo, devem ser aplicadas as distâncias constantes da Tabela 1 do Anexo II da NR-19;
  - quando estiverem armazenados próximos a outros materiais, com os quais podem formar misturas explosivas, as distâncias entre depósitos devem obedecer às constantes da Tabela 3 do Anexo II da NR-19 e, permanecendo as demais distâncias (habitações, rodovias e ferrovias), as constantes da Tabela 1 do Anexo II da NR-19;
- iniciadores: embora possam explodir de forma simultânea, sua quantidade é pequena e sua arrumação esparsa, devendo ser armazenados conforme a Tabela 2 do Anexo II da NR-19;
- explosivos de ruptura: podem queimar ou explodir, dependendo do material, quantidade e grau de confinamento, devendo ser aplicadas as distâncias constantes da Tabela 3 do Anexo II da NR-19.

Como até aqui demonstrado, a NR-19 estabelece as disposições regulamentares acerca do depósito, manuseio e transporte de explosivos, visando a proteção da saúde e a integridade física dos trabalhadores. Todavia, chamamos a atenção do leitor para a existência de outras disposições específicas sobre explosivos, na forma consignada em outras normas regulamentadoras segurança e saúde no trabalho, merecendo destaque os seguintes dispositivos normativos:

- item 22.21 — Operações com Explosivos e Acessórios, da NR-22 (Segurança e Saúde Ocupacional na Mineração); e
- item 29.6 — Operações com Cargas Perigosas, da NR-29 (Segurança e Saúde no Trabalho Portuário).

Como se verá mais detalhadamente no **Capítulo 22** (**Segurança e Saúde Ocupacional na Mineração**) deste livro, a correspondente NR-22 contém inúmeras determinações preventivas que visam disciplinar as operações com explosivos no interior das minas subterrâneas, desde o armazenamento e transporte até a utilização propriamente dita e a verificação de detonações falhas, merecendo destaque as seguintes:

- o manuseio e utilização de material explosivo devem ser efetuados por pessoal devidamente treinado, respeitando-se as normas do Departamento de Fiscalização de Produtos Controlados do Ministério da Defesa;
- em cada mina, onde seja necessário o desmonte de rocha com uso de explosivos, deve estar disponível plano de fogo, elaborado e supervisionada sua execução pelo encarregado do fogo (*blaster*), no qual conste a disposição e profundidade dos furos, a quantidade e tipo de explosivos e acessórios utilizados, sequência das detonações, a razão de carregamento, o volume desmontado e o tempo mínimo de retorno após a detonação;
- a localização, construção, armazenagem e manutenção dos depósitos principais e secundários de explosivos e acessórios devem estar de acordo com a regulamentação vigente, do Ministério da Defesa;
- o transporte de explosivos e acessórios deve ser realizado por veículo dotado de proteção, que impeça o contato de partes metálicas com explosivos e acessórios e atenda à regulamentação vigente do Ministério da Defesa, devendo ser observadas as recomendações do fabricante;
- é proibida a escorva de explosivos fora da frente de trabalho e a fixação da espoleta no pavio deverá ser feita com instrumento específico a esse fim, assim como não é permitido utilizar fósforos, isqueiros, chama exposta ou qualquer outro instrumento gerador de faíscas, fagulhas ou centelhas durante o manuseio e transporte de explosivos e acessórios;
- a retirada de fogos falhados só poderá ser executada pelo encarregado do fogo ou, sob sua orientação, por pessoal qualificado e treinado e por meio de dispositivo que não produza faíscas, fagulhas ou centelhas. Os explosivos e acessórios remanescentes de um carregamento ou que tenham falhado devem ser recolhidos a seus respectivos depósitos, após retirada imediata da escorva entre eles e utilizando-se recipientes separados, sendo proibido o aproveitamento de restos de furos falhados.

De forma análoga, no **Capítulo 29 (Segurança e Saúde no Trabalho Portuário)** serão enfatizados, com mais pormenores, os dispositivos normativos atinentes ao manuseio, armazenamento e utilização de explosivos no trabalho portuário; não obstante, é conveniente enfatizar, no presente momento, as seguintes determinações normativas a serem cumpridas pelos responsáveis pelas atividades com explosivos na área portuária:

- o armador ou seu preposto, responsável pela embarcação que conduzir cargas perigosas embaladas destinadas ao porto organizado e instalação portuária de uso privativo, dentro ou fora da área do porto organizado, ainda que em trânsito, deverá enviar à administração do porto, ao Órgão Gestor de Mão de Obra (OGMO) e ao operador portuário, pelo menos 24 h (vinte quatro horas) antes da chegada da embarcação, a documentação, em português, contendo: declaração de mercadorias perigosas conforme o Código Marítimo Internacional de Mercadorias Perigosas (Código IMDG);
- na movimentação de carga perigosa embalada para exportação, o exportador ou seu preposto é responsável por garantir que a documentação citada no item anterior esteja disponível para a administração do porto, OGMO e ao operador portuário, com antecedência mínima de 48 h (quarenta e oito horas), da entrega da carga no porto para armazenagem ou para embarque direto em navio;
- limitar a permanência de explosivos nos portos ao tempo mínimo necessário e evitar a exposição dos explosivos aos raios solares;
- manipular em separado as distintas divisões de explosivos, salvo nos casos de comprovada compatibilidade e adotar medidas de proteção contra incêndio e explosões no local de operação, incluindo proibição de fumar e o controle de qualquer fonte de ignição ou de calor;
- impedir o abastecimento de combustíveis na embarcação, durante as operações com explosivos e proibir a operação com explosivos sob condições atmosféricas adversas à carga;
- proibir a realização de trabalhos de reparos nas embarcações atracadas, carregadas com explosivos ou em outras, a menos de 40 m (quarenta metros) dessa embarcação;
- determinar que os explosivos sejam as últimas cargas a embarcar e as primeiras a desembarcar.

Doravante, serão reproduzidos os FUNDAMENTOS JURÍDICOS (dispositivos legais e infralegais ou regulamentares) que propiciam o suporte de validade jurídica à temática em apreço, observando-se as ordens hierárquica e cronológica. Ao final, encontra-se igualmente transcrita, de forma integral e atualizada, a correspondente norma regulamentadora de segurança e saúde no trabalho que intitula este Capítulo.

FUNDAMENTOS JURÍDICOS DO CAPÍTULO 19

NR-19: EXPLOSIVOS *(redação atual dada pela Portaria SIT-MTE n. 228 de 24.5.2011). Art. 7º, incisos XXII, XXIII, XVIII e XXXIII da CF-1988. Art. 200, inciso II, da CLT. Decreto n. 3.665 de 20.11.2000 (Regulamento para Fiscalização de Produtos Controlados (R-105) do Exército Brasileiro). Itens: 22.21 — Operações com Explosivos e Acessórios, da NR-22 (Segurança e Saúde Ocupacional na Mineração) e 29.6 — Operações com Cargas Perigosas, da NR-29 (Segurança e Saúde no Trabalho Portuário).*

CONSTITUIÇÃO DA REPÚBLICA FEDERATIVA DO BRASIL

(Atualizada até a edição da Emenda Constitucional n. 85 de 26.2.2015)

Título II: Dos Direitos e Garantias Fundamentais (Arts. 5º a 17)

Capítulo II: Dos Direitos Sociais (Arts. 6º a 11)

Art. 7º São direitos dos trabalhadores urbanos e rurais[(1)], além de outros que visem à melhoria de sua condição social:

XXII — redução dos riscos inerentes ao trabalho, por meio de normas de saúde, higiene e segurança;

(1) Especificamente em relação aos Servidores Públicos Federais (submetidos ao Regime Jurídico Único da Lei n. 8.112/1990) dispõe o § 3º do art. 39 da CF-1988 que: "Aplica-se aos servidores ocupantes de cargo público o disposto no art. 7º, IV, VII, VIII, IX, XII, XIII, XV, XVI, XVII, XVIII, XIX, XX, XXII e XXX, podendo a lei estabelecer requisitos diferenciados de admissão quando a natureza do cargo o exigir".

XXIII — adicional de remuneração para as atividades penosas, insalubres ou perigosas, na forma da lei;

XXVIII — seguro contra acidentes de trabalho, a cargo do empregador, sem excluir a indenização a que este está obrigado, quando incorrer em dolo ou culpa;

XXXIII — proibição de trabalho noturno, perigoso ou insalubre a menores de dezoito e de qualquer trabalho a menores de dezesseis anos, salvo na condição de aprendiz, a partir de quatorze anos.

NORMAS JURÍDICAS INFRACONSTITUCIONAIS

CONSOLIDAÇÃO DAS LEIS DO TRABALHO

(Decreto-lei n. 5.452, de 1º.5.1943, com a redação dos arts. 154 a 201 CLT dada pela Lei n. 6.514 de 22.12.1977, atualizada até a edição da Lei n. 13.103, de 2.3.2015)

Título II: **Das Normas Gerais de Tutela do Trabalho** (Arts. 13 a 223 da CLT)

Capítulo V: **Da Segurança e da Medicina do Trabalho** (Arts. 154 a 201 da CLT)[2]

Seção XV: **Das Outras Medidas Especiais de Proteção** (Art. 200 da CLT)

Art. 200. Cabe ao Ministério do Trabalho e Emprego estabelecer disposições complementares às normas de que trata este Capítulo, tendo em vista as peculiaridades de cada atividade ou setor de trabalho, especialmente sobre:

(...)

II — depósitos, armazenagem e manuseio de combustíveis, inflamáveis e explosivos, bem como trânsito e permanência nas áreas respectivas;[3]

NORMAS JURÍDICAS INFRALEGAIS OU REGULAMENTARES

NR-19: EXPLOSIVOS[4]

Publicação	**D.O.U.**
Portaria GM n. 3.214, de 8 de junho de 1978	6.7.78
Atualizações/Alterações	**D.O.U.**
Portaria SSMT n. 2, de 2 de fevereiro de 1979	8.2.79
Portaria SIT n. 7, 30 de março de 2007	2.4.07
Portaria SIT n. 228, de 24 de maio de 2011	27.5.11

(Redação dada pela Portaria SIT n. 228, de 24 de maio de 2011)

19.1. Disposições Gerais

19.1.1. Para fins desta Norma, considera-se explosivo material ou substância que, quando iniciada, sofre decomposição muito rápida em produtos mais estáveis, com grande liberação de calor e desenvolvimento súbito de pressão.

19.1.2. As atividades de fabricação, utilização, importação, exportação, tráfego e comércio de explosivos devem obedecer ao disposto na legislação específica, em especial ao Regulamento para Fiscalização de Produtos Controlados (R-105) do Exército Brasileiro, aprovado pelo Decreto n. 3.665, de 20 de novembro de 2000.

19.1.3. É proibida a fabricação de explosivos no perímetro urbano das cidades, vilas ou povoados.

19.1.4. As empresas devem manter, nas instalações de fabricação e armazenagem, quantidades máximas de explosivos de acordo com o Anexo II desta Norma.

19.1.4.1. As distâncias constantes do Anexo II poderão ser reduzidas à metade no caso de depósitos barricados.

19.1.5. O Programa de Prevenção de Riscos Ambientais — PPRA da empresas que fabricam ou utilizam explosivos deve contemplar, além do disposto na NR-9, a avaliação dos riscos de incêndio e explosão e a implementação das respectivas medidas de controle.

19.2. Fabricação de explosivos

19.2.1. A fabricação de explosivos somente é permitida às empresas portadoras de Título de Registro — TR emitido pelo Exército Brasileiro.

19.2.2. O terreno em que se achar instalado o conjunto de edificações das empresas de fabricação de explosivos deve ser provido de cerca adequada e de separação entre os locais de fabricação, armazenagem e administração.

---

(2) A Lei n. 6.514, de 22.12.1977, propiciou a redação dos arts. 154 a 201 da CLT, observadas as atualizações legais até a edição da Lei n. 13.103, de 2.3.2015.

(3) A NR-19 (EXPLOSIVOS) e a NR-20 (SEGURANÇA E SAÚDE NO TRABALHO COM INFLAMÁVEIS E COMBUSTÍVEIS) disciplinam o inciso II do art. 200 da CLT.

(4) O Texto da NR-19 (EXPLOSIVOS), ora reproduzido, possui redação atual dada pela Portaria SIT-MTE n. 228, de 24.5.2011.

19.2.2.1. As atividades em que explosivos sejam depositados em invólucros, tal como encartuchamento, devem ser efetuadas em locais isolados, não podendo ter em seu interior mais de quatro trabalhadores ao mesmo tempo.

19.2.3. Os locais de fabricação de explosivos devem ser:

a) mantidos em perfeito estado de conservação;

b) adequadamente arejados;

c) construídos com paredes e tetos de material incombustível e pisos antiestáticos;

d) dotados de equipamentos devidamente aterrados e, se necessárias, instalações elétricas especiais de segurança;

e) providos de sistemas de combate a incêndios de manejo simples, rápido e eficiente, dispondo de água em quantidade e com pressão suficiente aos fins a que se destina;

f) livres de materiais combustíveis ou inflamáveis.

19.2.4. No manuseio de explosivos, é proibido:

a) utilizar ferramentas ou utensílios que possam gerar centelha ou calor por atrito;

b) fumar ou praticar atos suscetível de produzir fogo ou centelha;

c) usar calçados cravejados com pregos ou peças metálicas externas;

d) manter objetos que não tenham relação direta com a atividade.

19.2.5. Nos locais de manuseio de explosivos, matérias-primas que ofereçam risco de explosão devem permanecer nas quantidades mínimas possíveis, admitindo-se, no máximo, material para o trabalho de quatro horas.

19.3. Armazenamento de explosivos

19.3.1. Os depósitos de explosivos devem obedecer aos seguintes requisitos:

a) ser construídos de materiais incombustíveis, em terreno firme, seco, a salvo de inundações;

b) ser apropriadamente ventilados;

c) manter ocupação máxima de sessenta por cento da área, respeitando-se a altura máxima de empilhamento de dois metros e uma entre o teto e o topo do empilhamento;

d) ser dotados de sinalização externa adequada.

19.3.2. É proibida a armazenagem de:

a) acessórios iniciadores com explosivos, inclusive pólvoras ou acessórios explosivos em um mesmo depósito;

b) pólvoras em um mesmo depósito com outros explosivos;

c) fogos de artifício com pólvoras e outros explosivos em um mesmo depósito ou no balcão de estabelecimentos comerciais;

d) explosivos e acessórios em habitações, estábulos, silos, galpões, oficinas, lojas ou outras edificações não destinadas a esse uso específico.

19.4. Transporte de explosivos

19.4.1. O transporte terrestre de explosivos deve seguir a legislação pertinente ao transporte de produtos perigosos, em especial a emitida pelo Ministério dos Transportes; o transporte por via marítima, fluvial ou lacustre, as normas do Comando da Marinha; o transporte por via aérea, as normas do Comando da Aeronáutica.

19.4.2. Para o transporte de explosivos devem ser observadas as seguintes prescrições gerais:

a) o material a ser transportado deve estar devidamente acondicionado em embalagem regulamentar;

b) os serviços de embarque e desembarque devem ser assistidos por um fiscal da empresa transportadora, devidamente habilitado;

c) todos os equipamentos empregados nos serviços de carga, transporte e descarga devem ser rigorosamente verificados quanto às condições de segurança;

d) sinais de perigo, como bandeirolas vermelhas ou tabuletas de aviso, devem ser afixados em lugares visíveis do veículo de transporte;

e) o material deve ser disposto e fixado no veículo de modo a facilitar a inspeção e a segurança;

f) munições, pólvoras, explosivos, acessórios iniciadores e artifícios pirotécnicos devem ser transportados separadamente;

g) o material deve ser protegido contra a umidade e incidência direta dos raios solares;

h) é proibido bater, arrastar, rolar ou jogar os recipientes de explosivos;

i) antes de descarregar os materiais, o local previsto para armazená-los deve ser examinado;

j) é proibida a utilização de luzes não protegidas, fósforos, isqueiros, dispositivos e ferramentas capazes de produzir chama ou centelha nos locais de embarque, desembarque e no transporte;

k) salvo casos especiais, os serviços de carga e descarga de explosivos devem ser feitos durante o dia e com tempo bom;

l) quando houver necessidade de carregar ou descarregar explosivos durante a noite, somente será usada iluminação com lanternas e holofotes elétricos.

ANEXO I

(Aprovado pela Portaria SIT n. 7, de 30 de março de 2007)

SEGURANÇA E SAÚDE NA INDÚSTRIA E COMÉRCIO DE FOGOS DE ARTIFÍCIO E OUTROS ARTEFATOS PIROTÉCNICOS

1. Este anexo aplica-se a todos os estabelecimentos de fabricação e comercialização de fogos de artifício e outros artefatos pirotécnicos.

1.1. Incluem-se no campo de aplicação desta norma as unidades de produção de pólvora negra, alumínio para pirotecnia e produtos intermediários destinados à fabricação de fogos de artifício e outros artefatos pirotécnicos.

2. Para fins deste anexo, consideram-se:

a) fogos de artifício e outros artefatos pirotécnicos, os artigos pirotécnicos preparados para transmitir inflamação com a finalidade de produzir luz, ruído, fumaça ou outros efeitos visuais ou sonoros normalmente empregados para entretenimento;

b) Responsável Técnico, o profissional da área de química responsável pela coordenação dos laboratórios de controle de qualidade e/ou controle de processos, assim como das operações de produção, inclusive desenvolvimento de novos produtos, conforme disposto na legislação vigente;

c) acidente do trabalho, o evento não previsto, ocorrido no exercício do trabalho ou como consequência desse, que resulte em danos à saúde ou integridade física do trabalhador;

d) incidente, o evento não previsto, ocorrido no exercício do trabalho ou como consequência desse, que não resulte em danos à saúde ou integridade física do trabalhador, mas que potencialmente possa provocá-los;

e) substância perigosa, aquela com potencial de causar danos materiais, à saúde e ao meio ambiente que, em função de suas propriedades físico-químicas ou toxicológicas, é classificada como tal a partir de critérios e categorias definidas em um sistema de classificação.

3. A observância deste anexo não desobriga as empresas do cumprimento de outras disposições legais e regulamentares com relação à matéria, inclusive as oriundas de convenções e acordos coletivos de trabalho.

FABRICAÇÃO

4. Instalações

4.1. As instalações físicas dos estabelecimentos devem obedecer ao disposto na Norma Regulamentadora n. 8 — NR-8, assim como ao disposto no Regulamento para a Fiscalização de Produtos Controlados (R-105), Decreto n. 3.665/2000.

4.2. As cercas em torno dos estabelecimentos devem:

a) ser aterradas;

b) apresentar sinais de advertência em intervalos máximos de 100 m;

c) delimitar os setores administrativo, de depósitos e de fabricação.

4.3. Todas as vias de transporte de materiais no interior do estabelecimento devem:

a) apresentar largura mínima de 1,20 m;

b) ser mantidas permanentemente desobstruídas;

c) ser devidamente sinalizadas.

4.4. Deve ser mantida uma faixa de terreno livre de vegetação rasteira, com 20 m de largura mínima, em torno de todos os depósitos e pavilhões de trabalho.

4.5. Os pavilhões de trabalho devem proporcionar conforto térmico e iluminação adequada.

4.6. Nos pavilhões de trabalho deve haver aviso de segurança em caracteres indeléveis facilmente visualizáveis, contendo as seguintes informações:

a) identificação do pavilhão e da atividade desenvolvida;

b) número máximo de trabalhadores permitido;

c) nome completo do encarregado do pavilhão;

d) quantidade máxima de explosivos ou peças contendo explosivos permitida.

4.7. Os pavilhões de trabalho no setor de explosivos devem ser dotados de:

a) pisos impermeabilizados, lisos, laváveis, constituídos de material ou providos de sistema que não permita o acúmulo de energia estática, e mantidos em perfeito estado de conservação e limpeza;

b) junções de pisos com paredes, de bancadas com paredes e entre paredes com acabamento arredondado, com a finalidade de evitar o acúmulo de resíduos;

c) materiais e equipamentos antiestáticos, adotando-se procedimentos que impeçam acúmulo de poeiras e resíduos, assim como quedas de materiais no chão;

d) superfícies de trabalho lisas revestidas por material ou providas de sistema que não permita o acúmulo de energia estática, com proteções laterais e acabamentos arredondados, de forma a evitar a queda de produtos e nem possibilitar o acúmulo de pó;

e) prateleiras, bancadas e superfícies na quantidade mínima indispensável ao desenvolvimento dos trabalhos, sendo proibido o uso de materiais não condutivos ou que permitam o centelhamento.

4.7.1. O pavilhão de manipulação de pólvora branca e similares deve ser dotado de:

a) piso e paredes impermeáveis;

b) teto lavável;

c) bancada lisa, constituída de material ou provida de sistema que não permita o acúmulo de energia estática e de baixa resistência a impacto;

d) lâmina d'água de 0,10 m sobre o piso;

e) cocho de alvenaria com 1 m de largura à frente da entrada, também dotado de lâmina d'água de 0,10 m.

4.7.1.1. Toda a água deve ser substituída periodicamente, conforme projeto específico, com filtragem adequada e limpeza do filtro.

4.8. Todas as instalações elétricas no interior ou proximidades dos pavilhões de produção e armazenamento de explosivos devem ser dotadas de circuitos independentes e à prova de explosão.

4.9. As máquinas e os equipamentos que utilizarem ou gerarem energia elétrica devem ser aterrados eletricamente.

4.10. Todo projeto de instalação, reforma ou mudança da empresa, após sua autorização pelo Exército, deve ser comunicado por escrito ao órgão regional do Ministério do Trabalho e Emprego antes do início da sua execução.

5. Programa de Prevenção de Riscos Ambientais — PPRA

5.1. O Programa de Prevenção de Riscos Ambientais — PPRA — dos estabelecimentos deve contemplar o disposto na Norma Regulamentadora n. 9 — NR-9 e, ainda, os riscos específicos relativos aos locais e atividades com explosivos.

5.1.1. O PPRA deve ser elaborado e implementado conjuntamente por profissional tecnicamente capacitado em Segurança e Saúde no Trabalho, pelo Responsável Técnico da empresa e pelos seus responsáveis legais.

5.2. O documento-base do PPRA deve conter as seguintes partes:

a) documento estratégico;

b) inventário geral dos riscos;

c) plano de ação anual;

d) procedimentos e planos específicos de prevenção de acidentes com explosivos e atuação em situações de emergência.

5.2.1. O documento estratégico deve conter, de forma sucinta e no mínimo, os seguintes elementos:

a) objetivos gerais do PPRA;

b) definição do papel e responsabilidades de todos em relação às atividades de segurança e saúde no trabalho;

c) indicação do nome do coordenador do PPRA e dos demais responsáveis técnicos, a ser atualizada sempre que houver alterações;

d) estratégias para avaliação, prevenção e controle dos riscos para as atividades existentes ou futuras, no caso de ocorrerem mudanças;

e) mecanismos de integração do PPRA com o Programa de Controle Médico de Saúde Ocupacional — PCMSO — e outros programas ou atividades existentes relativos à gestão de riscos;

f) mecanismos a serem utilizados para informação, capacitação e envolvimento dos trabalhadores em Segurança e Saúde no Trabalho;

g) periodicidade e forma de avaliação do desenvolvimento do PPRA;

h) data da elaboração ou revisão e assinatura do responsável legal pela empresa.

5.2.2. O inventário geral dos riscos consiste em relatório abrangente, revisto ou atualizado no mínimo anualmente, que deve conter ao menos os seguintes elementos:

a) informações relativas ao estabelecimento, como localização geográfica, número total de trabalhadores e número de trabalhadores expostos ao risco de acidentes com explosivos, descrição dos processos produtivos, áreas de trabalho e organização do trabalho;

b) reconhecimento dos riscos por atividade ou área de trabalho ou função, com indicação dos tipos de exposições ou possíveis acidentes e danos potenciais, das causas ou fontes dos riscos, das medidas de controle existentes e da população de trabalhadores exposta;

c) síntese dos dados obtidos nos monitoramentos de exposições a agentes químicos ou físicos e estatísticas de acidentes, incidentes e danos à saúde relacionados ao trabalho;

d) estimativa do nível ou da importância dos riscos, considerando, no mínimo, os parâmetros probabilidade de ocorrência do dano e severidade do dano;

e) ações recomendadas, tais como realização de avaliações de riscos aprofundadas, monitoramento de exposições, manutenção, melhoria ou implementação de medidas de prevenção e controle, ações de informação e capacitação;

f) data de elaboração ou revisão e assinatura conjunta do profissional tecnicamente capacitado em Segurança e Saúde no Trabalho e do Responsável Técnico da empresa.

5.2.2.1. Devem ser anexados ao inventário geral de riscos os seguintes documentos:

a) inventário de produtos químicos;

b) relatórios de investigação de acidentes ou incidentes ocorridos desde a ultima revisão;

c) relatórios de monitoramento de exposições a agentes ambientais.

5.2.2.1.1. As empresas devem manter à disposição dos órgãos de fiscalização um inventário de todos os produtos por elas utilizados ou fabricados, inclusive misturas pirotécnicas intermediárias e resíduos gerados, elaborado pelo Responsável Técnico, contendo, pelo menos:

a) nome do produto e respectivos sinônimos ou códigos pelos quais são conhecidos ou referidos na empresa;

b) categoria de produto (matéria-prima, produto intermediário, produto final ou resíduo);

c) composição química qualitativa do produto, em particular dos ingredientes que contribuem para o perigo;

d) local de armazenamento;

e) processos ou operações onde são utilizados;

f) classificação da substância ou mistura quanto aos perigos ou ameaças físicas — incêndio, explosão ou reação violenta — e perigos ou ameaças à saúde humana e ao meio ambiente, sendo recomendada a adoção das diretrizes estabelecidas pela Comissão Europeia para classificação de substâncias e misturas perigosas, até que sejam adotadas diretrizes nacionais;

g) frases de risco e frases de segurança de acordo com os principais riscos potenciais e medidas de segurança.

5.2.3. O plano de ação anual deve conter, no mínimo, os seguintes elementos:

a) objetivos;

b) indicação das ações prioritárias e critérios adotados para sua seleção;

c) indicação dos responsáveis pela execução de cada ação;

d) cronograma de execução;

e) mecanismos de acompanhamento e verificação de resultados;

f) data de elaboração e assinatura do responsável legal pela empresa;

g) registros das alterações ocorridas ao longo do ano, com as respectivas justificativas.

5.2.4. Outros procedimentos ou planos específicos devem ser elaborados em função da complexidade do processo produtivo e porte da empresa, devendo ser incluídos, no mínimo:

a) Plano de Emergência e Combate a Incêndio e Explosão;

b) plano de manutenção preventiva das máquinas e equipamentos do setor produtivo, inclusive veículos utilizados para o transporte de substâncias químicas;

c) procedimentos operacionais para fabricação, armazenamento e manipulação de produtos ou misturas explosivas, com as devidas informações de segurança.

5.2.4.1. O Plano de Emergência e Combate a Incêndio e Explosão deve conter:

a) Informações sobre a empresa:

a1 — nome da empresa;

a2 — detalhamento das edificações de forma isolada;

a3 — população fixa e flutuante;

a4 — quartel de bombeiros mais próximo;

a5 — croqui dos equipamentos de segurança contra incêndio instalados;

a6 — mapa de risco de incêndio e explosão;

b) Ações de prevenção:

b1 — constituição e atribuições da brigada de incêndio;

b2 — registros de treinamentos e exercícios simulados anuais envolvendo os trabalhadores e a brigada de incêndio;

b3 — previsão de sistema de comunicação com o corpo de bombeiros e autoridades competentes;

b4 — descrição dos equipamentos de segurança contra incêndio;

b5 — cronograma de inspeção e manutenção periódica dos equipamentos de segurança contra incêndio;

c) Ações de combate a incêndio e procedimentos em caso de explosão:

c1 — acionamento do sistema de alerta e alarme;

c2 — procedimento de abandono e previsão de rotas de fuga;

c3 — comunicação com o corpo de bombeiros e autoridades competentes;

c4 — acionamento da brigada de incêndio;

c5 — isolamento da área afetada (perímetro de segurança);

c6 — local de concentração de vitimas;

c7 — descrição dos procedimentos de atendimentos as vitimas;

c8 — previsão das rotas de acesso dos veículos de socorro;

c9 — procedimentos de combate a incêndio e ações emergenciais em decorrência de explosão;

c10 — procedimento de avaliação e registro do sinistro;

c11 — autorização para o retorno as atividades normais.

5.2.4.2. O Plano de Emergência e Combate a Incêndio e Explosão deve ser implantado segundo cronograma detalhado contendo prazos para execução de todas as etapas, inclusive treinamento teórico e prático, devendo ser simulado e revisado anualmente, com a participação da Comissão Interna de Prevenção de Acidentes — CIPA — e de todos os trabalhadores.

5.2.4.3. Uma cópia do Plano de Emergência e Combate a Incêndio e Explosão deve ser encaminhada à Coordenadoria Municipal de Defesa Civil e ao Corpo de Bombeiros local.

5.2.4.4. O trabalhador que exerce atividades de ronda deve ter conhecimento do Plano de Emergência e Combate a Incêndio e Explosão e dispor de todo o material e mecanismos necessários para acioná-lo.

5.3. Todos os documentos relacionados ao PPRA devem ser atualizados e mantidos no estabelecimento à disposição dos trabalhadores e seus representantes, bem como das autoridades de fiscalização.

6. Comissão Interna de Prevenção de Acidentes — CIPA

6.1. A Comissão Interna de Prevenção de Acidentes — CIPA, organizada conforme o disposto na Norma Regulamentadora n. 5 — NR-5, deve realizar inspeções em todos os postos de trabalho com periodicidade mínima mensal, visando à identificação de situações que representem riscos à saúde e segurança dos trabalhadores, com a participação do Responsável Técnico e de profissionais de Segurança e Saúde no Trabalho.

6.2. Os relatórios das inspeções com as respectivas conclusões devem ser registrados em documentos próprios, submetidos à ciência do empregador e mantidos à disposição da Inspeção do Trabalho.

6.3. As empresas desobrigadas de manter CIPA devem indicar comissão para realizar as inspeções, que deve incluir, obrigatoriamente, pelo menos um trabalhador do setor de produção e o Responsável Técnico.

6.4. O treinamento anual da CIPA ou do trabalhador designado para o cumprimento dos objetivos desta deverá incluir todos os aspectos relativos aos riscos de acidentes com explosivos e sua prevenção.

7. Responsabilidade técnica

7.1. Todas as empresas devem manter Responsável Técnico a seu serviço, devidamente habilitado, cujo nome deverá figurar em todos os rótulos e anúncios.

7.2. Cabe ao Responsável Técnico zelar pela qualidade e segurança dos produtos fabricados, inclusive no que diz respeito à segurança e saúde dos trabalhadores.

7.3. A responsabilidade técnica abrange as operações de produção, inclusive o desenvolvimento de novos produtos, estocagem, embalagem, rotulagem e transporte interno, além do controle de qualidade.

7.4. O Responsável Técnico deve ter horário de trabalho expressamente estabelecido em seu contrato com a empresa, devendo ser mantido registro de seu cumprimento.

8. Locais de trabalho

8.1. As empresas devem manter todos os locais de trabalho sempre em perfeito estado de organização e limpeza, contendo exclusivamente o material necessário à atividade laboral.

8.2. Devem ser criados procedimentos eficazes para a limpeza dos calçados na entrada dos pavilhões de trabalho.

8.3. As empresas devem instituir e implementar Normas de Procedimentos Operacionais para todas as atividades, sob a orientação do Responsável Técnico, especificando detalhadamente os procedimentos seguros para a execução de cada tarefa E afixando o texto das mesmas nos respectivos pavilhões em local e tamanho que sejam visíveis a todos os trabalhadores.

8.4. Deve ser observada a quantidade máxima de material explosivo e o número máximo de trabalhadores permitidos em cada pavilhão de trabalho, conforme definido pelo Responsável Técnico e observando-se os dispositivos legais referentes ao tema.

8.5. É vedada a permanência de fontes de ignição, assim como de materiais ou utensílios estranhos à atividade, no interior dos pavilhões de trabalho com explosivos.

8.5.1. As ferramentas utilizadas no manuseio de materiais explosivos devem ser de aço inoxidável ou outro material que dificulte a geração de faíscas.

8.6. Durante a jornada laboral as portas dos pavilhões de trabalho devem ser mantidas totalmente abertas para fora, por meio de dispositivo adequado para sua fixação nessa posição, constituído de material que não gere centelhas por atrito, devendo ser mantidas permanentemente desobstruídas.

8.7. Todos os postos de trabalho devem ser projetados de forma que as atividades possam ser realizadas na posição sentada.

8.7.1. Todos os assentos nos postos de trabalho devem atender ao disposto na Norma Regulamentadora n. 17 — NR-17.

8.7.2. Na impossibilidade técnica de realização do trabalho na posição sentada e em casos em que essa posição implique risco de acidente, devem ser disponibilizados assentos para descanso próximos aos postos de trabalho, instituindo-se, pelo menos, uma pausa de 15 minutos a cada 2 horas de trabalho.

8.8. Todos os estabelecimentos devem dispor de reservas suficientes de água, localizadas de modo a permitir sua utilização imediata, inclusive para limpeza diária e umedecimento dos locais de trabalho.

8.9. Os depósitos de pólvora negra, de produtos acabados e de bombas devem ser dotados de instrumentos para aferição de temperatura e umidade do ar, mantendo-se à disposição dos órgãos de fiscalização registro escrito das medições, que devem ser realizadas diariamente.

9. Transporte interno

9.1. O transporte interno de produtos inflamáveis ou explosivos deve obedecer a regras especificadas pelo Responsável Técnico, que deve definir os meios de transporte, os trajetos e os recipientes a serem utilizados, assim como as quantidades máximas a serem transportadas de cada vez.

9.1.1. Os animais utilizados para transporte dentro da área de explosivos devem ser desprovidos de ferraduras, de forma a evitar centelhamento e faíscas.

9.1.2. Os carrinhos para transporte manual de explosivos devem ser ergonomicamente adequados e conter mecanismos de redução de impactos e risco de quedas, assim como dispositivos para evitar centelhamento.

9.2. Os trabalhadores responsáveis pelo transporte interno de produtos arrematados ou outros materiais devem conhecer todos os riscos inerentes a esta atividade e receber treinamento especial sobre levantamento e transporte manual de peso.

10. Proteção individual

10.1. As empresas devem fornecer gratuitamente a todos os trabalhadores os equipamentos de proteção individual adequados aos riscos identificados para cada atividade, definidos no PPRA, em perfeito estado de conservação e funcionamento, responsabilizando-se por sua limpeza, manutenção e reposição periódicas e exigindo o seu uso.

10.2. Todos os trabalhadores do setor de explosivos devem vestir uniformes completos em algodão ou tecido antiestático similar, fornecidos gratuitamente pelo empregador, sem quaisquer detalhes que possam acumular poeira ou resíduos de produtos químicos.

10.2.1. A manutenção e a reposição dos uniformes devem ser realizadas pela empresa, sem ônus para os trabalhadores.

10.2.2. Os uniformes dos trabalhadores que manipulam pólvora negra, pólvora branca e cores devem ser lavados semanalmente pela empresa.

10.3. Todos os trabalhadores devem portar calçados adequados ao trabalho.

10.3.1. Os trabalhadores envolvidos na manipulação de explosivos devem portar calçados com solados antiestáticos, sem peças metálicas externas.

10.3.1.1. Nos locais de trabalho dotados de piso com lâmina d'água, devem ser utilizados calçados impermeáveis, não sendo obrigatória a propriedade antiestática.

11. Acesso aos estabelecimentos

11.1. Os estabelecimentos devem manter serviço permanente de portaria, com trabalhador fixo, com conhecimento sobre os riscos existentes nos locais de trabalho e treinado na prevenção de acidentes com explosivos, especialmente no que concerne ao Plano de Emergência e Combate a Incêndio e Explosão, cabendo-lhe impedir a entrada de pessoas, veículos e materiais que não atendam às exigências de segurança estabelecidas pelas normas internas da empresa.

11.2. As empresas devem adotar e divulgar no portão de entrada do estabelecimento regras de segurança sobre a circulação de pessoas, veículos automotores ou de tração animal utilizados no transporte de explosivos no perímetro da fábrica, definindo previamente seu itinerário.

11.2.1. As empresas devem exercer controle para que o cano de descarga dos veículos não seja posicionado na direção do pavilhão e esteja dotado de dispositivo quebra-chamas.

11.2.2. O carregamento e o descarregamento de veículos devem ser efetuados com os motores desligados e atendendo à Norma Regulamentadora n. 19 — NR-19 e legislação pertinente.

12. Destruição de resíduos

12.1. As empresas devem implantar sistema de coleta seletiva do lixo em todos os pavilhões de trabalho e adotar procedimentos seguros de descarte de materiais e produtos impróprios para utilização.

12.2. Os resíduos de matérias-primas perigosas e/ou produtos explosivos, coletados de forma seletiva, devem ser adequadamente armazenados em recipientes apropriados e em locais seguros, distantes dos pavilhões de trabalho, até serem encaminhados para destinação adequada.

12.3. A destruição de produtos explosivos deve seguir as normas dispostas no Regulamento para a Fiscalização de Produtos Controlados (R-105), Decreto no. 3665/2000, com procedimentos implantados sob coordenação do Responsável Técnico.

12.3.1. Todos os trabalhadores envolvidos nas atividades de coleta e destruição de resíduos devem receber treinamento específico.

13. Higiene e do conforto no trabalho

13.1. As empresas devem manter instalações sanitárias para uso de seus trabalhadores, separadas por sexo, adequadamente conservadas e permanentemente limpas, em quantidade suficiente ao número daqueles, de acordo com a Norma Regulamentadora n. 24 — NR-24, localizadas estrategicamente de forma a atender todo o perímetro da fábrica, à distância máxima de 120 m dos postos de trabalho.

13.2. Os estabelecimentos devem ser dotados de vestiários com chuveiros e armários individuais, em quantidade suficiente ao número de trabalhadores, de acordo com a NR 24, localizados estrategicamente de forma a permitir que todos ingressem na área perigosa portando somente os uniformes e calçados adequados e de modo a propiciar a higienização antes do acesso ao local de refeições.

13.2.1. As empresas manterão, em cada estabelecimento, vestiários específicos e separados para os trabalhadores que manuseiam alumínio em pó e pólvora negra, localizados estrategicamente a distância máxima de 50 m dos respectivos pavilhões de trabalho.

13.3. Deve ser fornecida água potável a todos os trabalhadores em recipientes térmicos ou bebedouros não metálicos instalados em todos os locais de trabalho, sendo proibido o uso de copos metálicos e coletivos.

13.3.1. Nos locais onde se manuseie explosivos, os bebedouros devem ser instalados do lado de fora dos pavilhões, protegidos da luz solar.

13.4. As empresas assegurarão condições suficientes de conforto para as refeições dos trabalhadores, em local adequado e fora da área de produção, provido de iluminação apropriada, piso lavável, dispositivo para aquecer as refeições e fornecimento de água potável.

13.4.1. É proibida a realização de refeições nos pavilhões de trabalho.

13.5. Nos casos em que o transporte de trabalhadores seja fornecido pela empresa, deve ser utilizado veículo em boas condições de conforto e manutenção e devidamente licenciado pelas autoridades competentes, com assentos e local separado para guarda de equipamentos e materiais de trabalho, quando necessário.

14. Formação de trabalhadores

14.1. As empresas devem promover a capacitação e treinamento permanente dos seus trabalhadores, conforme programa e cronograma específico, ministrando-lhes todas as informações sobre:

a) os riscos decorrentes das suas atividades produtivas e as medidas de prevenção;

b) o PPRA, especialmente no que diz respeito à prevenção de acidentes com explosivos;

c) o Plano de Emergência e Combate a Incêndio e Explosão;

d) as Normas de Procedimentos Operacionais;

e) a correta utilização e manutenção dos equipamentos de proteção individual, bem como as suas limitações.

14.1.1. Os treinamentos devem ser ministrados, obrigatoriamente, nos atos de admissão, sempre que houver troca de função, mudança nos procedimentos, equipamentos, processos ou nos materiais de trabalho e, ainda, no mínimo a cada ano a todos os trabalhadores, sendo obrigatório o registro de seu conteúdo, carga horária e frequência.

15. Acidentes de trabalho

15.1. Todos os acidentes e incidentes envolvendo materiais explosivos ocorridos na empresa devem ser comunicados em até 48 horas aos sindicatos das categorias profissional e econômica, à Delegacia Regional do Trabalho no Estado ao qual pertence o estabelecimento e ao Exército Brasileiro.

15.2. Todos os acidentes e incidentes envolvendo materiais explosivos devem ser objeto de registro escrito e análise por comissão constituída, no mínimo, pelo Responsável Técnico, pela CIPA ou representante dos empregados e pelos profissionais de segurança e saúde da empresa, se houver, com discriminação:

a) da descrição pormenorizada do acidente ou incidente e suas consequências;

b) dos fatores causais diretos e indiretos;

c) das medidas a serem tomadas para a prevenção de eventos similares;

d) do cronograma para implantação dessas medidas.

16. Controle de qualidade

16.1. As empresas devem dispor de documentos que atestem a qualidade das matérias-primas utilizadas, arquivados pelas empresas por um período mínimo de 2 anos e mantidos à disposição da fiscalização.

COMERCIALIZAÇÃO

17. Para efeitos desta norma, considera-se:

a) comércio de produtos de uso restrito, a venda a varejo e/ou atacado de fogos de artifício de uso restrito, conforme estabelecido na Portaria n. 9/DLog, de 8.5.2006;

b) comércio de produtos de uso permitido, a venda a varejo e/ou atacado de fogos de artifício em geral que não são definidos como de uso restrito pela legislação do Exército Brasileiro.

17.1. No local de comercialização de produtos de uso restrito também poderão ser comercializados produtos de uso permitido.

17.2. Nos depósitos e locais de comercialização de produtos pirotécnicos são expressamente vedadas as atividades de fabricação, testes, montagem e desmontagem de fogos de artifício.

17.2.1. No caso de empresas autorizadas a realizar espetáculos pirotécnicos, as atividades de montagem e desmontagem somente podem ser realizadas em local específico para este fim, independente e isolado das instalações principais e que atenda ao disposto na legislação pertinente.

18. A quantidade máxima de fogos de artifício permitida em um local de comercialização de produtos de uso permitido deve atender às normas expedidas pelo órgão estadual ou municipal competente.

19. A quantidade máxima de fogos de artifício no local de comercialização de produtos de uso restrito deve atender ao disposto no Regulamento para a Fiscalização de Produtos Controlados (R-105), Decreto n. 3.665/2000.

20. Todo local de comercialização deve possuir sistema de proteção contra incêndio, de acordo com a Norma Regulamentadora n. 23 — NR-23 e normas pertinentes do estado ou município.

21. Os estabelecimentos de comercialização de produtos de uso restrito devem estar localizados de modo a atender ao Regulamento para a Fiscalização de Produtos Controlados (R-105), Decreto n. 3665/2000.

22. Os fogos de artifício à venda devem ser dispostos em locais distintos dos de líquidos inflamáveis, substancias oxidantes, corrosivas e outras de riscos similares, sendo vedada a sua disposição em móveis fechados.

22.1. As substâncias mencionadas devem ser adequadamente identificadas.

23. Os fogos de artifícios devem ser mantidos em suas embalagens originais, com rótulos em português e atender aos requisitos dos Regulamentos Técnicos do Exército Brasileiro n. 1 e 2 e à Portaria n. 09/DLog, de 8 de Maio de 2006.

24. As prateleiras e os balcões de venda de fogos de artifício devem ser dotados de sinalização de advertência quanto à proibição de fumar ou provocar qualquer tipo de chama ou centelha.

DISPOSIÇÕES FINAIS

25. Em todas as atividades produtivas é proibida a remuneração por produtividade.

26. É vedada a fabricação de fogos de artifícios com as matérias-primas proibidas pela legislação do Exército Brasileiro.

27. É vedada a contratação de serviços externos que envolvam o manuseio de materiais ou misturas de explosivos, exceto de empresa ou prestador de serviço que atenda o disposto nesta norma.

28. As empresas não utilizarão mão de obra de menores de 18 anos para a fabricação de fogos de artifício e nem para o transporte, processamento, armazenamento, manuseio ou carregamento de suas matérias-primas.

29. As empresas não permitirão a entrada de menores de 18 anos nos estabelecimentos de fabricação de fogos de artifício, exceto no setor de cartonagem, em que não haja contato com explosivos ou inflamáveis e nos setores administrativos, desde que localizados fora da área de risco.

30. É expressamente proibida a realização de testes de materiais ou produtos nos pavilhões de trabalho ou por trabalhador não treinado para esta finalidade.

30.1. O teste de novos materiais ou novos produtos somente poderá ser realizado sob a supervisão direta de Responsável Técnico.

ANEXO II

(Redação dada pela Portaria SIT n. 228, de 24 de maio de 2011)

TABELAS DE QUANTIDADES-DISTÂNCIAS

As tabelas a seguir aplicam-se às atividades de fabricação de explosivos, devendo ser utilizadas de acordo com o tipo de explosivo depositado nas edificações, conforme especificado a seguir:

a) munições: apresentam risco principal de incêndio, não havendo necessidade do uso de tabelas;

b) pólvoras químicas: queimam produzindo calor intenso, sem estilhaços ou pressões capazes de causar danos sérios, devendo-se aplicar a Tabela 1;

c) artifícios pirotécnicos:

I — quando apresentam risco de explosão em massa ou de projeção, devem ser armazenados aplicando-se a Tabela 3;

II — quando há apenas perigo de fogo, com pequeno risco de explosão, deve aplicar-se a Tabela 4;

III — quando não há risco significativo, e que na eventualidade de uma iniciação seus efeitos ficam confinados, predominantemente, à embalagem e não projetam fragmentos de dimensões apreciáveis à grande distância, devem ser armazenados conforme a Tabela 1;

d) produtos químicos usados no fabrico de misturas explosivas e fogos de artifício, como nitrato de amônio, dinitrolueno, nitrocelulose úmida, cloratos, percloratos e outros que somente detonam em condições especiais:

I — quando apresentam apenas o risco de fogo, devem ser aplicadas as distâncias constantes da Tabela 1;

II — quando estiverem armazenados próximos a outros materiais, com os quais podem formar misturas explosivas, as distâncias entre depósitos devem obedecer as constantes da Tabela 3, permanecendo as demais distâncias (habitações, rodovias e ferrovias) as constantes da Tabela 1;

e) iniciadores: embora possam explodir de forma simultânea, sua quantidade é pequena e sua arrumação esparsa, devendo ser armazenados conforme a Tabela 2;

f) explosivos de ruptura: podem queimar ou explodir, dependendo do material, quantidade e grau de confinamento, devendo ser aplicadas as distâncias constantes da Tabela 3.

TABELA 1

Peso Líquido		Distâncias mínimas (m)			
(kg)		Edifícios habitados	Ferrovias	Rodovias	Entre depósitos ou oficinas
De	Até				
0	450	25	25	25	15
451	2.250	35	35	35	25
2.251	4.500	45	45	45	30
4.501	9.000	60	60	60	40
9.001	18.100	70	70	70	50
18.001	31.750	80	80	80	55
31.751	45.350	90	90	90	60
45.351	90.700	115	115	115	75
90.701	136.000	110	110	110	75
136.001	181.400	150	150	150	100
181.401	226.800	180	180	180	120

Observações: a quantidade de 226.800 kg é a máxima permitida em um mesmo local

TABELA 2

Peso Líquido		**Distâncias mínimas (m)**			
(kg)		**Edifícios habitados**	**Ferrovias**	**Rodovias**	**Entre depósitos ou oficinas**
De	Até				
0	20	75	45	22	20
21	100	140	90	43	30
101	200	220	135	70	45
201	500	260	160	80	65
501	900	300	180	95	90
901	2.200	370	220	110	90
2.201	4.500	460	280	140	90
4.501	6.800	500	300	150	90
6.801	9.000	530	320	160	90

Observação: a quantidade de 9.000 kg é a máxima permitida em um mesmo local.

TABELA 3

Peso Líquido (kg)		Distâncias mínimas (m)			
		Edifícios habitados	Rodovias	Ferrovias	Entre depósitos ou oficinas
De	Até				
0	20	90	15	30	20
21	50	120	25	45	30
51	90	145	35	70	30
91	140	170	50	100	30
141	170	180	60	115	40
171	230	200	70	135	40
231	270	210	75	145	40
271	320	220	80	160	40
321	360	230	85	165	40
361	410	240	90	180	44
411	460	250	95	185	50
461	680	285	100	195	60
681	910	310	110	220	60
911	1.350	355	120	235	70
1.351	1.720	385	130	255	70
1.721	2.270	420	135	270	80
2.271	2.720	445	145	285	80
2.721	3.180	470	150	295	90
3.181	3.630	490	150	300	90
3.631	4.090	510	155	310	100
4.091	4.540	530	160	315	100
4.541	6.810	545	160	325	110
6.811	9.080	595	175	355	120
9.081	11.350	610	190	385	130
11.351	13.620	610	205	410	140
13.621	15.890	610	220	435	150-
15.891	18.160	610	230	460	160
18.161	20.430	610	240	485	160
20.431	22.700	610	255	505	170
22.701	24.970	610	265	525	180
24.971	27.240	610	275	550	180
27.241	29.510	610	285	565	190
29.511	30.780	610	295	585	190
31.781	34.050	610	300	600	200
34.051	36.320	610	310	615	210
36.321	38.590	610	315	625	210
38.591	40.860	610	320	640	220

Peso Líquido		Distâncias mínimas (m)			
(kg)		Edifícios habitados	Rodovias	Ferrovias	Entre depósitos ou oficinas
40.861	43.130	610	325	645	220
43.131	45.400	610	330	655	230
45.401	56.750	610	330	660	260
56.751	68.100	610	345	685	290
68.101	79.450	610	355	710	320
79.451	90.800	620	370	735	350
90.801	102.150	640	380	760	380
102.151	113.500	660	390	780	410

Observação: a quantidade de 113.500 kg é a máxima permitida em um mesmo local.

TABELA 4

Peso Líquido do Material		Distâncias (m)			
(kg)		Edifícios habitados	Ferrovias	Rodovias	Entre depósitos ou oficinas
De	Até				
0	180	61	61	31	21
181	270	64	61	31	21
271	360	77	61	31	21
361	450	89	61	31	21
451	900	140	71	36	24
901	1.360	181	91	46	30
1.361	1.810	215	108	54	36
1.811	2.260	244	122	61	41
2.261	2.720	269	135	66	45
2.721	3.620	311	156	78	82
3.621	4.530	345	173	87	58
4.531	6.800	407	204	102	68
6.801	9.070	455	228	114	76
9.071	13.600	526	264	132	88
13.601	18.140	581	291	146	97
18.141	22.670	628	314	157	105
22.671	27.210	668	334	167	111
27.211	36.280	735	368	184	123
36.281	45.350	793	397	198	132
45.351	68.020	907	454	227	151
68.021	90.700	999	500	250	167
90.701	113.370	1.076	538	269	179

Observação: a quantidade de 113.370 kg é a máxima permitida em um mesmo local.

Capítulo 20

SEGURANÇA E SAÚDE NO TRABALHO COM INFLAMÁVEIS E COMBUSTÍVEIS

Sabidamente, as Normas Regulamentadoras (NRs) de Segurança e Saúde no Trabalho (SST) editadas pelo Ministério do Trabalho e Emprego (MTE) são aplicáveis a todos os ambientes de trabalho onde haja trabalhadores contratados sob a égide da Consolidação das Leis do Trabalho (CLT) e possuem existência jurídica convalidada pelo Princípio Constitucional de Minimização dos Riscos Ocupacionais consagrado no inciso XXII do art. 7º da Constituição Federal brasileira. No plano da legislação infraconstitucional, ditas NRs de SST possuem respaldo de validade legal na forma tipificada no Estatuto Obreiro, em seu Título II: Das Normas Gerais de Tutela do Trabalho, mais precisamente em seu Capítulo V: Da Segurança e da Medicina do Trabalho (arts. 154 a 201 da CLT). Recorde-se que ditos artigos da CLT possuem redação dada pela Lei n. 6.514, de 22.12.1977, observadas as atualizações subsequentes até a publicação da Lei n. 13.103, de 2.3.2015. De se destacar que os citados arts. 154 a 201 do Código Laboral foram inicialmente disciplinados pela Portaria MTb n. 3.214, de 8.6.1978, que instituiu as primeiras 28 NRs de SST; vale observar que atualmente existem 36 NRs de SST, cada uma disciplinando uma temática específica.

Especificamente em relação à NR-20 (Segurança e Saúde no Trabalho com Líquidos Combustíveis e Inflamáveis), com a redação dada pela Portaria SIT n. 308, de 29 de fevereiro de 2012, devidamente atualizada até a edição da Portaria SIT-MTE n. 1.079, de 16.7.2014, impõe-se afirmar que seu fundamento de validade jurídica, em termos de legislação ordinária, está contido no ditame do art. 200, II, da CLT. A propósito, todos os dispositivos legais e normativos pertinentes à temática em apreço, encontram-se adiante reproduzidos no tópico Fundamentos Jurídicos deste Capítulo, inclusive a íntegra atualizada da norma regulamentadora de segurança e saúde no trabalho que o intitula.

A vigésima norma regulamentadora de segurança e saúde no trabalho urbano apresenta suas recomendações técnico-preventivas, de forma sequenciada e agrupada, em 20 Tópicos, além de 2 Anexos e 1 Glossário, na forma seguinte:

Sumário da NR-20 (Segurança e Saúde no Trabalho com Inflamáveis e Combustíveis)

20.1. Introdução
20.2. Abrangência
20.3. Definições
20.4. Classificação das Instalações
20.5. Projeto da Instalação
20.6. Segurança na Construção e Montagem
20.7. Segurança Operacional
20.8. Manutenção e Inspeção das Instalações
20.9. Inspeção em Segurança e Saúde no Ambiente de Trabalho
20.10. Análise de Riscos
20.11. Capacitação dos Trabalhadores
20.12. Prevenção e Controle de Vazamentos, Derramamentos, Incêndios, Explosões e Emissões Fugitivas
20.13. Controle de Fontes de Ignição
20.14. Plano de Resposta a Emergências da Instalação
20.15. Comunicação de Ocorrências
20.16. Contratante e Contratadas
20.17. Tanque de Líquidos Inflamáveis no Interior de Edifícios

20.18. Desativação da Instalação

20.19. Prontuário da Instalação

20.20. Disposições Finais

Anexo I — Instalações que constituem exceções à aplicação do item 20.4 (Classificação das Instalações)

Anexo II — Critérios para Capacitação dos Trabalhadores e Conteúdo Programático

Glossário

A NR-20 estabelece os requisitos mínimos para a gestão da segurança e saúde no trabalho contra os fatores de risco de acidentes provenientes das atividades de extração, produção, armazenamento, transferência, manuseio e manipulação de inflamáveis e líquidos combustíveis, sendo aplicável às atividades de extração, produção, armazenamento, transferência, manuseio e manipulação de inflamáveis e líquidos combustíveis, nas etapas de projeto, construção, montagem, operação, manutenção, inspeção e desativação da instalação.

Ressalte-se, todavia, que as disposições normativas constantes da atual NR-20 não são aplicáveis às plataformas e instalações de apoio empregadas com a finalidade de exploração e produção de petróleo e gás do subsolo marinho, conforme definido no Anexo II (Plataformas e Instalações de Apoio), da Norma Regulamentadora NR-30 (Segurança e Saúde no Trabalho Aquaviário), tampouco às edificações residenciais unifamiliares.

A exposição aos riscos de contato com líquidos combustíveis e inflamáveis em condições de risco acentuado, de forma habitual, contínua ou intermitente, tipifica a caracterização do exercício periculoso, ensejando aos trabalhadores nessa situação o direito à percepção do adicional de periculosidade equivalente a 30% (trinta por cento) sobre o salário básico, na forma preconizada pelo art. 193 da Consolidação das Leis do Trabalho.

Inflamáveis e Combustíveis, para fins de segurança e saúde no trabalho, são assim definidos:

- Líquidos Inflamáveis — são líquidos que possuem ponto de fulgor $\leq 60^{o}$ C.
- Líquidos Combustíveis — são líquidos com ponto de fulgor $> 60^{o}$ C e $\leq 93^{o}$ C
- Gases Inflamáveis — são gases que inflamam com o ar a 20° C e a uma pressão padrão de 101,3 kPa.

Igualmente, quanto à Classificação das Instalações, a NR-20 as divide em três classes, consoante disposto na Tabela 1 da NR-20, ora reproduzida:

NR-20 – Tabela 1 (Classificação das Instalações)

Classe I

a) Quanto à atividade:

a.1 — postos de serviço com inflamáveis e/ou líquidos combustíveis.

b) Quanto à capacidade de armazenamento, de forma permanente e/ou transitória:

b.1 — gases inflamáveis: acima de 2 ton até 60 ton;

b.2 — líquidos inflamáveis e/ou combustíveis: acima de 10 m³ até 5.000 m³.

Classe II

a) Quanto à atividade:

a.1 — engarrafadoras de gases inflamáveis;

a.2 — atividades de transporte dutoviário de gases e líquidos inflamáveis e/ou combustíveis.

b) Quanto à capacidade de armazenamento, de forma permanente e/ou transitória:

b.1 — gases inflamáveis: acima de 60 toneladas (ton) até 600 ton;

b.2 — líquidos inflamáveis e/ou combustíveis: acima de 5.000 m³ até 50.000 m³.

Classe III

a) Quanto à atividade:

a.1 — refinarias;

a.2 — unidades de processamento de gás natural;

a.3 — instalações petroquímicas;

a.4 — usinas de fabricação de etanol e/ou unidades de fabricação de álcool.

b) Quanto à capacidade de armazenamento, de forma permanente e/ou transitória:

b.1 — gases inflamáveis: acima de 600 ton;

b.2 — líquidos inflamáveis e/ou combustíveis: acima de 50.000 m³.

Acerca das instalações para extração, produção, armazenamento, transferência, manuseio e manipulação de inflamáveis e líquidos combustíveis, a NR-20 prevê que as instalações devem ser projetadas por Profissional Habilitado que considere os aspectos de segurança, saúde e meio ambiente que impactem sobre a integridade física dos trabalhadores previstos nas Normas Regulamentadoras, normas técnicas nacionais e, na ausência ou omissão destas, nas normas internacionais, convenções e acordos coletivos, bem como nas demais regulamentações pertinentes em vigor.

Os Projetos das Instalações de Classe I devem satisfazer, no mínimo, às cinco primeiras; ao passo que os projetos das instalações das Classes II e III devem atender todas as recomendações preventivas a seguir especificadas:

- descrição das instalações e seus respectivos processos através do manual de operações;
- planta geral de locação das instalações;
- características e informações de segurança, saúde e meio ambiente relativas aos inflamáveis e líquidos combustíveis, constantes nas fichas com dados de segurança de produtos químicos, de matérias-primas, materiais de consumo e produtos acabados;
- plantas, desenhos e especificações técnicas dos sistemas de segurança da instalação;
- identificação das áreas classificadas da instalação, para efeito de especificação dos equipamentos e instalações elétricas;
- fluxograma de processo;
- especificação técnica dos equipamentos, máquinas e acessórios críticos em termos de segurança e saúde no trabalho estabelecidos pela análise de riscos;
- medidas intrínsecas de segurança identificadas na análise de riscos do projeto.

Outrossim, no projeto, devem ser observadas as distâncias de segurança entre instalações, edificações, tanques, máquinas, equipamentos, áreas de movimentação e fluxo, vias de circulação interna, bem como dos limites da propriedade em relação a áreas circunvizinhas e vias públicas, estabelecidas em normas técnicas nacionais. Além disso, o projeto deve incluir o estabelecimento de mecanismos de controle para interromper e/ou reduzir uma possível cadeia de eventos decorrentes de vazamentos, incêndios ou explosões.

Os projetos das instalações existentes devem ser atualizados com a utilização de metodologias de análise de riscos para a identificação da necessidade de adoção de medidas de proteção complementares. De igual forma, todo sistema pressurizado deve possuir dispositivos de segurança definidos em normas técnicas nacionais e, na ausência ou omissão destas, em normas internacionais. Modificações ou ampliações das instalações passíveis de afetar a segurança e a integridade física dos trabalhadores devem ser precedidas de projeto que contemple estudo de análise de riscos. Por último, estipula o item 20.5.7 da NR-20 que no processo de transferência, enchimento de recipientes ou de tanques, devem ser definidas as medidas preventivas para: eliminar ou minimizar a emissão de vapores e gases inflamáveis e para controlar a geração, acúmulo e descarga de eletricidade estática.

Quanto aos cuidados preventivos, visando à Segurança na Construção e Montagem de instalações destinadas a inflamáveis e líquidos combustíveis, a NR-20 determina que para extração, produção, armazenamento, transferência, manuseio e manipulação de inflamáveis e líquidos combustíveis devem observar as especificações previstas no projeto, bem como nas Normas Regulamentadoras e nas normas técnicas nacionais e, na ausência ou omissão destas, nas normas internacionais. Da mesma forma, os equipamentos e as instalações devem ser identificados e sinalizados, de acordo com o previsto pelas Normas Regulamentadoras e normas técnicas nacionais. Igualmente, as inspeções e os testes realizados na fase de construção e montagem e no comissionamento devem ser documentados de acordo com o previsto nas Normas Regulamentadoras, nas normas técnicas nacionais e, na ausência ou omissão destas, nas normas internacionais, e nos manuais de fabricação dos equipamentos e máquinas.

O empregador deve seguir as recomendações preventivas no tocante à Segurança Operacional das instalações destinadas a inflamáveis e líquidos combustíveis previstas na NR-20. Nesse sentido, deve elaborar, documentar, implementar, divulgar e manter atualizados procedimentos operacionais que contemplem aspectos de segurança e saúde no trabalho, consoante as especificações do projeto das instalações Classes I, II e III e com as recomendações das análises de riscos.

Especificamente nas instalações industriais Classes II e III, com unidades de processo, os procedimentos retromencionados devem possuir instruções claras para o desenvolvimento de atividades em cada uma das seguintes fases:

- pré-operação;
- operação normal;
- operação temporária;
- operação em emergência;
- parada normal;
- parada de emergência;
- operação pós-emergência.

Além disso, nas operações de transferência de inflamáveis, enchimento de recipientes ou de tanques, devem ser adotados procedimentos para eliminar ou minimizar a emissão de vapores e gases inflamáveis, assim como para controlar a geração, acúmulo e descarga de eletricidade estática. Da mesma forma, no processo de transferência de inflamáveis e líquidos combustíveis, devem ser implementadas medidas de controle operacional e/ou de engenharia das emissões fugitivas, emanadas durante a carga e descarga de tanques fixos e de veículos transportadores, para a eliminação ou minimização dessas emissões. Na operação com inflamáveis e líquidos combustíveis, em instalações de processo contínuo de produção e de Classe III, o empregador deve dimensionar o efetivo de trabalhadores suficiente para a realização das tarefas operacionais com segurança. Por último, os critérios e parâmetros adotados para o dimensionamento do efetivo de trabalhadores devem estar documentados.

Os procedimentos operacionais devem ser revisados ou atualizados, no máximo, trienalmente para instalações Classes I e II e quinquenalmente para instalações Classe III ou em uma das seguintes situações:

- recomendações decorrentes do sistema de gestão de mudanças;
- recomendações decorrentes das análises de riscos;
- modificações ou ampliações da instalação;
- recomendações decorrentes das análises de acidentes e/ou incidentes nos trabalhos relacionados com inflamáveis e líquidos combustíveis;
- solicitações da CIPA ou SESMT.

As disposições normativas atinentes à Manutenção e Inspeção das Instalações de Classes I, II e III, para extração, produção, armazenamento, transferência, manuseio e manipulação de inflamáveis e líquidos combustíveis devem possuir Plano de Inspeção e Manutenção devidamente documentado, periodicamente revisado e atualizado, considerando o previsto nas Normas Regulamentadoras de segurança e saúde no trabalho, nas normas técnicas nacionais e, na ausência ou omissão destas, nas normas internacionais, nos manuais de inspeção, bem como nos manuais fornecidos pelos fabricantes, e com a seguinte abrangência mínima:

- equipamentos, máquinas, tubulações e acessórios, instrumentos;
- tipos de intervenção;
- procedimentos de inspeção e manutenção;
- cronograma anual;
- identificação dos responsáveis;
- especialidade e capacitação do pessoal de inspeção e manutenção;
- procedimentos específicos de segurança e saúde;
- sistemas e equipamentos de proteção coletiva e individual.

A fixação da Periodicidade das Inspeções e das Intervenções de Manutenção deve considerar:

- o previsto nas Normas Regulamentadoras de SST e normas técnicas nacionais e, na ausência ou omissão destas, nas normas internacionais;
- as recomendações do fabricante, em especial dos itens críticos à segurança e saúde do trabalhador;
- as recomendações dos relatórios de inspeções de segurança e de análise de acidentes e incidentes do trabalho, elaborados pela CIPA ou SESMT;
- as recomendações decorrentes das análises de riscos;
- a existência de condições ambientais agressivas.

No aspecto formal, os cuidados a serem observados no Plano de Manutenção e Inspeção das Instalações é que suas respectivas atividades devem ser documentadas em formulário próprio ou sistema informatizado; além do que, as atividades de inspeção e manutenção devem ser realizadas por trabalhadores capacitados e com apropriada supervisão, devendo as recomendações decorrentes das inspeções e manutenções serem registradas e implementadas, com a determinação de prazos e de responsáveis pela execução. A não implementação da recomendação no prazo definido deve ser justificada e documentada.

Igualmente, deve ser elaborada permissão de trabalho para atividades não rotineiras de intervenção nos equipamentos, baseada em análise de risco, nos trabalhos:

- que possam gerar chamas, calor, centelhas ou ainda que envolvam o seu uso;
- em espaços confinados, conforme disposto na NR-33 (Segurança e Saúde nos Trabalhos em Espaços Confinados);
- envolvendo isolamento de equipamentos e bloqueio/etiquetagem;
- em locais elevados com risco de queda;
- com equipamentos elétricos, conforme disposto na NR-10 (Segurança em Instalações e Serviços em Eletricidade);
- cujas boas práticas de segurança e saúde recomendem.

As atividades rotineiras de inspeção e manutenção devem ser precedidas de instrução de trabalho, enquanto o planejamento e a execução de paradas para manutenção de uma instalação devem incorporar os aspectos relativos à segurança e saúde no trabalho.

As instalações Classes I, II e III para extração, produção, armazenamento, transferência, manuseio e manipulação de inflamáveis e líquidos combustíveis devem ser periodicamente inspecionadas com enfoque na segurança e saúde no ambiente de trabalho. Além do que, deve ser elaborado, em articulação com a CIPA, um cronograma de inspeções em segurança e saúde no ambiente de trabalho, de acordo com os riscos das atividades e operações desenvolvidas. As inspeções devem ser documentadas e as respectivas recomendações implementadas, com estabelecimento de prazos e de responsáveis pela sua execução. A não implementação da recomendação no prazo definido deve ser justificada e documentada. Os relatórios de inspeção devem ficar disponíveis às autoridades competentes e aos trabalhadores.

Nas instalações de Classes I, II e III, o empregador deve elaborar e documentar as análises de riscos das operações que envolvam processo ou processamento nas atividades de extração, produção, armazenamento, transferência, manuseio e manipulação de inflamáveis e de líquidos combustíveis. As análises de riscos devem estar articuladas com o Programa de Prevenção de Riscos Ambientais (PPRA) da instalação, devendo ser elaboradas por equipe multidisciplinar, com conhecimento na aplicação das metodologias, dos riscos e da instalação, com participação de, no mínimo, um trabalhador com experiência na instalação, ou em parte desta, que é objeto da análise, e coordenadas por profissional habilitado e estruturadas com base em metodologias apropriadas, escolhidas em função dos propósitos da análise, das características e complexidade da instalação.

Nas instalações Classe I, deve ser elaborada Análise Preliminar de Perigos/Riscos (APP/APR). Nas instalações Classes II e III devem ser utilizadas metodologias de análise definidas pelo profissional habilitado, devendo a escolha levar em consideração os riscos, as características e complexidade da instalação. O profissional habilitado deve fundamentar tecnicamente e registrar na própria análise a escolha da metodologia utilizada. As análises de riscos devem ser revisadas:

- na periodicidade estabelecida para as renovações da licença de operação da instalação;
- no prazo recomendado pela própria análise;
- caso ocorram modificações significativas no processo ou processamento;
- por solicitação do SESMT ou da CIPA;
- por recomendação decorrente da análise de acidentes ou incidentes relacionados ao processo ou processamento;
- quando o histórico de acidentes e incidentes assim o exigir.

O empregador deve ainda implementar as recomendações resultantes das análises de riscos, com definição de prazos e de responsáveis pela execução e que a não implementação das recomendações nos prazos definidos deve ser justificada e documentada.

Acerca da Capacitação dos trabalhadores, esta deve ser efetivada a cargo e custo do empregador e durante o expediente normal da empresa, devendo ser respeitados os critérios estabelecidos e resumidos no Anexo II (Critérios para Capacitação dos Trabalhadores e Conteúdo Programático) da NR-20.

Segundo a norma regulamentadora em apreço, o empregador deve elaborar plano que contemple a prevenção e controle de vazamentos, derramamentos, incêndios e explosões e, nos locais sujeitos à atividade de trabalhadores, a identificação das fontes de emissões fugitivas. Dito plano deve contemplar todos os meios e ações necessários para minimizar os riscos de ocorrência de vazamento, derramamento, incêndio e explosão, bem como para reduzir suas consequências em caso de falha nos sistemas de prevenção e controle. Para emissões fugitivas, após a identificação das fontes nos locais sujeitos à atividade de trabalhadores, o plano deve incluir ações para minimização dos riscos, de acordo com viabilidade técnica.

Outrossim, os sistemas de prevenção e controle devem ser adequados aos perigos/riscos dos inflamáveis e líquidos combustíveis. Os tanques que armazenam líquidos inflamáveis e combustíveis devem possuir sistemas de contenção de vazamentos ou derramamentos, dimensionados e construídos de acordo com as normas técnicas nacionais. E, no caso de bacias de contenção, é vedado o armazenamento de materiais, recipientes e similares em seu interior, exceto nas atividades de manutenção e inspeção.

O Plano de Prevenção e Controle de Vazamentos, Derramamentos, Incêndios, Explosões e Emissões Fugitivas de Inflamáveis e Combustíveis deverá ser revisado:

- por recomendações das inspeções de segurança e/ou da análise de riscos;
- quando ocorrerem modificações significativas nas instalações;
- quando da ocorrência de vazamentos, derramamentos, incêndios e/ou explosões.

Cabe ressaltar que quanto às instalações elétricas e equipamentos elétricos fixos, móveis e portáteis, equipamentos de comunicação, ferramentas e similares utilizados em áreas classificadas, assim como os equipamentos de controle de descargas atmosféricas, deverão estar em conformidade com a Norma Regulamentadora NR-10 (Segurança em Instalações e Serviços em Eletricidade). O empregador deverá implementar medidas específicas para controle da geração, acúmulo e descarga de eletricidade estática em áreas sujeitas à existência de atmosferas inflamáveis, além de sinalizar a proibição do uso de fontes de ignição nas áreas sujeitas à existência de atmosferas inflamáveis. Os trabalhos envolvendo o uso de equipamentos que possam gerar chamas, calor ou centelhas, nas áreas sujeitas à existência de atmosferas inflamáveis, devem ser precedidos de permissão de trabalho. Os veículos que circulem nas áreas sujeitas à existência de atmosferas inflamáveis devem possuir características apropriadas ao local e ser mantidos em perfeito estado de conservação.

O empregador deve elaborar e implementar Plano de Resposta a Emergências da Instalação que contemple ações específicas a serem adotadas na ocorrência de vazamentos ou derramamentos de inflamáveis e líquidos combustíveis, incêndios ou explosões. Dito plano das instalações Classe I, II e III deve ser elaborado considerando as características e a complexidade da instalação e conter, no mínimo:

- nome e função do(s) responsável(eis) técnico(s) pela elaboração e revisão do plano;
- nome e função do responsável pelo gerenciamento, coordenação e implementação do plano;
- designação dos integrantes da equipe de emergência, responsáveis pela execução de cada ação e seus respectivos substitutos;
- estabelecimento dos possíveis cenários de emergências, com base nas análises de riscos;
- descrição dos recursos necessários para resposta a cada cenário contemplado;
- descrição dos meios de comunicação;
- procedimentos de resposta à emergência para cada cenário contemplado;
- procedimentos para comunicação e acionamento das autoridades públicas e desencadeamento da ajuda mútua, caso exista;
- procedimentos para orientação de visitantes, quanto aos riscos existentes e como proceder em situações de emergência;
- cronograma, metodologia e registros de realização de exercícios simulados.

Nos casos em que os resultados das análises de riscos indiquem a possibilidade de ocorrência de acidente cujas consequências ultrapassem os limites da instalação, o empregador deve incorporar no plano de emergência ações que visem à proteção da comunidade circunvizinha, estabelecendo mecanismos de comunicação e alerta, de isolamento da área atingida e de acionamento das autoridades públicas. O plano de resposta a emergências deve ser avaliado após a realização de exercícios simulados e/ou na ocorrência de situações reais, com o objetivo de testar a sua eficácia, detectar possíveis falhas e proceder aos ajustes necessários. Os exercícios simulados devem ser realizados durante o horário de trabalho, com periodicidade, no mínimo, anual, podendo ser reduzida em função das falhas detectadas ou se assim recomendar a análise de riscos. Importante destacar que os integrantes da equipe de resposta a emergências devem ser submetidos a exames médicos específicos para a função que irão desempenhar, conforme estabelece a Norma Regulamentadora NR-07 (PCMSO), incluindo os fatores de riscos psicossociais, com a emissão do respectivo atestado de saúde ocupacional.

Na ocorrência de vazamento, incêndio ou explosão envolvendo inflamáveis e líquidos combustíveis, o empregador deve comunicar à Superintendência Regional do Trabalho e Emprego (SRTE) e ao Sindicato da Categoria Profissional predominante no estabelecimento a ocorrência de vazamento, incêndio ou explosão envolvendo inflamáveis e líquidos combustíveis que tenha como consequência qualquer das possibilidades a seguir:

- morte de trabalhador(es);
- ferimentos em decorrência de explosão e/ou queimaduras de 2º ou 3º grau, que implicaram necessidade de internação hospitalar;
- acionamento do plano de resposta a emergências que tenha requerido medidas de intervenção e controle.

A Comunicação de Ocorrências, quais sejam, vazamento, incêndio ou explosão envolvendo inflamáveis e líquidos combustíveis deve ser efetuada até o segundo dia útil após a ocorrência, por ofício ou meio eletrônico, ao sindicato da categoria profissional predominante no estabelecimento e ao setor de segurança e saúde do trabalho do órgão regional do Ministério do Trabalho e Emprego. A comunicação de vazamento, incêndio ou explosão envolvendo inflamáveis e líquidos combustíveis deverá conter as seguintes informações:

- Nome da empresa, endereço, local, data e hora da ocorrência;
- Descrição da ocorrência, incluindo informações sobre os inflamáveis, líquidos combustíveis e outros produtos envolvidos;
- Nome e função da vítima;
- Procedimentos de investigação adotados;
- Consequências;
- Medidas emergenciais adotadas.

Outrossim, o empregador deve elaborar relatório de investigação e análise da ocorrência de vazamento, incêndio ou explosão envolvendo inflamáveis e líquidos combustíveis, contendo as causas básicas e medidas preventivas adotadas, e mantê-lo no local de trabalho a disposição da autoridade competente, dos trabalhadores e seus representantes.

Cabe ressaltar que a contratante e as contratadas são solidariamente responsáveis pelo cumprimento das disposições contidas na NR-20 (Segurança e Saúde no Trabalho com Inflamáveis e Combustíveis). E os requisitos de segurança e saúde no trabalho adotados para os empregados das contratadas devem ser, no mínimo, equivalentes aos aplicados para os empregados da contratante. Outrossim, a empresa contratante deve verificar e avaliar o desempenho em segurança e saúde no trabalho nos serviços contratados. Igualmente, cabe à contratante informar às contratadas e a seus empregados os riscos existentes no ambiente de trabalho e as respectivas medidas de segurança e de resposta a emergências a serem adotadas.

A empresa contratada deve cumprir os requisitos de segurança e saúde no trabalho especificados pela contratante, por esta e pelas demais Normas Regulamentadoras, além do que, deve assegurar a participação dos seus empregados nas capacitações em segurança e saúde no trabalho promovidas pela contratante, assim como deve providenciar outras capacitações específicas que se façam necessárias.

Os tanques para armazenamento de líquidos inflamáveis somente poderão ser instalados no interior dos edifícios sob a forma de tanque enterrado e destinado somente a óleo diesel, exceção feita aos tanques de superfície que armazenem óleo diesel destinados à alimentação de motores utilizados para a geração de energia elétrica em situações de emergência ou para o funcionamento das bombas de pressurização da rede de água para combate a incêndios, nos casos em que seja comprovada a impossibilidade de instalá-lo enterrado ou fora da projeção horizontal do edifício.

A instalação do tanque no interior do edifício deve ser precedida de Projeto e de Análise Preliminar de Perigos/Riscos (APP/APR), ambos elaborados por profissional habilitado, contemplando os aspectos de segurança, saúde e meio ambiente previstos nas Normas Regulamentadoras, normas técnicas nacionais e, na ausência ou omissão destas, nas normas internacionais, bem como nas demais regulamentações pertinentes. Além disso, deve obedecer aos seguintes critérios específicos:

- localizar-se no pavimento térreo, subsolo ou pilotis, em área exclusivamente destinada para tal fim;
- deve dispor de sistema de contenção de vazamentos;
- deve conter até 3 tanques separados entre si e do restante da edificação por paredes resistentes ao fogo por no mínimo 2 horas e porta do tipo corta-fogo;
- possuir volume total de armazenagem de no máximo 3.000 litros, em cada tanque;
- possuir aprovação pela autoridade competente;
- os tanques devem ser metálicos;
- possuir sistemas automáticos de detecção e combate a incêndios, bem como saídas de emergência dimensionadas conforme normas técnicas;
- os tanques devem estar localizados de forma a não bloquear, em caso de emergência, o acesso às saídas de emergência e aos sistemas de segurança contra incêndio;
- os tanques devem ser protegidos contra vibração, danos físicos e da proximidade de equipamentos ou dutos geradores de calor;
- a estrutura da edificação deve ser protegida para suportar um eventual incêndio originado nos locais que abrigam os tanques;
- devem ser adotadas as medidas necessárias para garantir a ventilação dos tanques para alívio de pressão, bem como para a operação segura de abastecimento e destinação dos gases produzidos pelos motores à combustão.

O responsável pela segurança do edifício deve designar responsável técnico pela instalação, operação, inspeção e manutenção, bem como pela supervisão dos procedimentos de segurança no processo de abastecimento do tanque. Além do que, os trabalhadores envolvidos nas atividades de operação, inspeção, manutenção e abastecimento do tanque devem ser capacitados com curso Intermediário, conforme Anexo II da NR-20. Cessadas as atividades da instalação, o empregador deve adotar os procedimentos necessários para a sua desativação. No Processo de Desativação das instalações de extração, produção, armazenagem, transferência, manuseio e manipulação de inflamáveis e líquidos combustíveis, devem ser observados os aspectos de segurança, saúde e meio ambiente previstos nas Normas Regulamentadoras, normas técnicas nacionais e, na ausência ou omissão destas, nas normas internacionais, bem como nas demais regulamentações pertinentes em vigor.

O Prontuário da Instalação deve ser organizado, mantido e atualizado pelo empregador, além de disponível às autoridades competentes, bem como para consulta aos trabalhadores e seus representantes, devendo ser constituído pela seguinte documentação:

- Projeto da Instalação;
- Procedimentos Operacionais;
- Plano de Inspeção e Manutenção;
- Análise de Riscos disponíveis para consulta aos trabalhadores e seus representantes, exceto nos aspectos ou partes que envolvam informações comerciais confidenciais;
- Plano de prevenção e controle de vazamentos, derramamentos, incêndios e explosões e identificação das fontes de emissões fugitivas;
- Certificados de capacitação dos trabalhadores;
- Análise de Acidentes;
- Plano de Resposta a Emergências.

Ressalte-se, mais, que o Prontuário das Instalações Classe I deve conter um índice e ser constituído em documento único. Os documentos do Prontuário das instalações classes II ou III podem estar separados, desde que no índice seja mencionada a localização destes na empresa e o respectivo responsável.

Apesar de no **Capítulo 29** (**Segurança e Saúde no Trabalho Portuário**) deste livro, as questões atinentes ao trabalho portuário estarem abordadas de forma mais abrangente, inclusive no tocante aos inflamáveis e combustíveis que se encontrem na área portuária; nessa ocasião, é conveniente destacar as seguintes recomendações preventivas específicas:

- o armador ou seu preposto, responsável pela embarcação que conduzir cargas perigosas embaladas destinadas ao porto organizado e instalação portuária de uso privativo, dentro ou fora da área do porto organizado, ainda que em trânsito, deverá enviar à administração do porto, ao Órgão Gestor de Mão de Obra (OGMO) e ao operador portuário, pelo menos 24 h (vinte quatro horas) antes da chegada da embarcação, a documentação, em português, contendo: declaração de mercadorias perigosas conforme o Código Marítimo Internacional de Mercadorias Perigosas (código IMDG);
- na movimentação de carga perigosa embalada para exportação, o exportador ou seu preposto é responsável por garantir que a documentação citada no item anterior esteja disponível para a administração do porto, OGMO e ao operador portuário, com antecedência mínima de 48 h (quarenta e oito horas), da entrega da carga no porto para armazenagem ou para embarque direto em navio;
- observar as demais recomendações preventivas específicas constantes das NR-16 (Atividades e Operações Perigosas) e NR-20 (Segurança e Saúde no Trabalho com Inflamáveis e Combustíveis);
- adotar medidas de proteção contra incêndio e explosões, incluindo especialmente a proibição de fumar, o controle de qualquer fonte de ignição e de calor, os aterramentos elétricos necessários, bem como a utilização dos equipamentos elétricos adequados à área classificada;
- depositar os recipientes de gases em lugares arejados e protegidos dos raios solares;
- utilizar os capacetes protetores das válvulas dos cilindros durante a movimentação, a fim de protegê-las contra impacto ou tensão;
- prevenir impactos e quedas dos recipientes nas plataformas do cais, nos armazéns e porões;
- segregar, em todas as etapas das operações, os gases, líquidos inflamáveis e tóxicos dos produtos alimentícios e das demais classes incompatíveis;
- manter os caminhões-tanques usados nas operações com inflamáveis líquidos a granel em conformidade com a legislação sobre transporte de produtos perigosos.

Cabe enfatizar, por fim, que a vigésima norma regulamentadora estipula, a título de Disposições Finais, o seguinte:

- Quando em uma atividade de extração, produção, armazenamento, manuseio e manipulação de inflamáveis e líquidos combustíveis for caracterizada situação de risco grave e iminente aos trabalhadores, o empregador deve adotar as medidas necessárias para a interrupção e a correção da situação.
- Os trabalhadores, com base em sua capacitação e experiência, devem interromper suas tarefas, exercendo o direito de recusa, sempre que constatarem evidências de riscos graves e iminentes para sua segurança e saúde ou de outras pessoas, comunicando imediatamente o fato a seu superior hierárquico, que diligenciará as medidas cabíveis.
- Os tanques, vasos e tubulações que armazenem/transportem inflamáveis e líquidos combustíveis devem ser identificados e sinalizados conforme a Norma Regulamentadora NR-26 (Sinalização de Segurança).
- Nas operações de soldagem e corte a quente com utilizações de gases inflamáveis, as mangueiras devem possuir mecanismos contra o retrocesso das chamas na saída do cilindro e chegada do maçarico.

Doravante, serão reproduzidos os FUNDAMENTOS JURÍDICOS (dispositivos legais e infralegais ou regulamentares) que propiciam o suporte de validade jurídica à temática em apreço, observando-se as ordens hierárquica e cronológica. Ao final, encontra-se igualmente transcrita, de forma integral e atualizada, a correspondente norma regulamentadora de segurança e saúde no trabalho que intitula este Capítulo.

FUNDAMENTOS JURÍDICOS DO CAPÍTULO 20

NR-20: SEGURANÇA E SAÚDE NO TRABALHO COM INFLAMÁVEIS E COMBUSTÍVEIS *(redação dada pela Portaria SIT-MTE n. 308 de 29.2.2012, atualizada até a edição da Portaria MTE-GM n. 1.079 de 16.7.2014). Art. 7º, incisos XXII, XXIII, XXVIII e XXXIII, da CF-1988; Art. 200, inciso II, da CLT. Itens: 22.19. Sinalização nas Áreas de Trabalho e de Circulação, da NR-22 (Segurança e Saúde Ocupacional na Mineração), e, 29.6. Operações com Cargas Perigosas, da NR-29 (Segurança e Saúde no Trabalho Portuário).*

CONSTITUIÇÃO DA REPÚBLICA FEDERATIVA DO BRASIL

(Atualizada até a edição da Emenda Constitucional n. 85 de 26.2.2015)

Título II: Dos Direitos e Garantias Fundamentais (Arts. 5º a 17)

Capítulo II: Dos Direitos Sociais (Arts. 6º a 11)

Art. 7º São direitos dos trabalhadores urbanos e rurais[(1)], além de outros que visem à melhoria de sua condição social:

XXII — redução dos riscos inerentes ao trabalho, por meio de normas de saúde, higiene e segurança;

XXIII — adicional de remuneração para as atividades penosas, insalubres ou perigosas, na forma da lei;

XXVIII — seguro contra acidentes de trabalho, a cargo do empregador, sem excluir a indenização a que este está obrigado, quando incorrer em dolo ou culpa;

XXXIII — proibição de trabalho noturno, perigoso ou insalubre a menores de dezoito e de qualquer trabalho a menores de dezesseis anos, salvo na condição de aprendiz, a partir de quatorze anos.

NORMAS JURÍDICAS INFRACONSTITUCIONAIS

CONSOLIDAÇÃO DAS LEIS DO TRABALHO

(Decreto-lei n. 5.452 de 1º.5.1943, com a redação dos arts. 154 a 201 CLT dada pela Lei n. 6.514 de 22.12.1977, atualizada até a edição da Lei n. 13.103 de 2.3.2015)

Título II: **Das Normas Gerais de Tutela do Trabalho** (Arts. 13 a 223 da CLT)

Capítulo V: **Da Segurança e da Medicina do Trabalho** (Arts. 154 a 201 da CLT)[(2)]

Seção XV: **Das Outras Medidas Especiais de Proteção** (Art. 200 da CLT)

Art. 200. Cabe ao Ministério do Trabalho e Emprego estabelecer disposições complementares às normas de que trata este Capítulo, tendo em vista as peculiaridades de cada atividade ou setor de trabalho, especialmente sobre:

(...)

II — depósitos, armazenagem e manuseio de combustíveis, inflamáveis e explosivos, bem como trânsito e permanência nas áreas respectivas;[(3)]

(...)

NORMAS JURÍDICAS INFRALEGAIS OU REGULAMENTARES

NR-20 (SEGURANÇA E SAÚDE NO TRABALHO COM INFLAMÁVEIS E COMBUSTÍVEIS)[(4)]

Publicação	**D.O.U.**
Portaria GM n. 3.214, de 8 de junho de 1978	6.7.78
Portaria SIT n. 308, de 29 de fevereiro de 2012	6.3.12
Portaria MTE n. 1.079, de 16 de julho de 2014	17.6.14

(1) Especificamente em relação aos Servidores Públicos Federais (submetidos ao Regime Jurídico Único da Lei n. 8.112/1990) dispõe o § 3º do art. 39 da CF-1988 que: "Aplica-se aos servidores ocupantes de cargo público o disposto no art. 7º, IV, VII, VIII, IX, XII, XIII, XV, XVI, XVII, XVIII, XIX, XX, XXII e XXX, podendo a lei estabelecer requisitos diferenciados de admissão quando a natureza do cargo o exigir".

(2) A Lei n. 6.514, de 22.12.1977, propiciou a redação dos arts. 154 a 201 da CLT, observadas as atualizações legais até a edição da Lei n. 13.103 de 2.3.2015.

(3) A NR-19 (EXPLOSIVOS) e a NR-20 (SEGURANÇA E SAÚDE NO TRABALHO COM INFLAMÁVEIS E COMBUSTÍVEIS) disciplinam o inciso II do art. 200 da CLT.

(4) O Texto da NR-20 (SEGURANÇA E SAÚDE NO TRABALHO COM INFLAMÁVEIS E COMBUSTÍVEIS), ora reproduzido, encontra-se atualizado até a edição da Portaria MTE-GM n. 1.079, de 16.7.2014.

SUMÁRIO

20.1. Introdução

20.1.1. Esta Norma Regulamentadora — NR estabelece requisitos mínimos para a gestão da segurança e saúde no trabalho contra os fatores de risco de acidentes provenientes das atividades de extração, produção, armazenamento, transferência, manuseio e manipulação de inflamáveis e líquidos combustíveis.

20.2. Abrangência

20.2.1. Esta NR se aplica às atividades de:

a) extração, produção, armazenamento, transferência, manuseio e manipulação de inflamáveis, nas etapas de projeto, construção, montagem, operação, manutenção, inspeção e desativação da instalação;

b) extração, produção, armazenamento, transferência e manuseio de líquidos combustíveis, nas etapas de projeto, construção, montagem, operação, manutenção, inspeção e desativação da instalação.

20.2.2. Esta NR não se aplica:

a) às plataformas e instalações de apoio empregadas com a finalidade de exploração e produção de petróleo e gás do subsolo marinho, conforme definido no Anexo II, da Norma Regulamentadora 30 (Portaria SIT n. 183, de 11 de maio de 2010);

b) às edificações residenciais unifamiliares.

20.3. Definições

20.3.1. Líquidos inflamáveis: são líquidos que possuem ponto de fulgor ≤ 60 °C.

20.3.2. Gases inflamáveis: gases que inflamam com o ar a 20 °C e a uma pressão padrão de 101,3 kPa.

20.3.3. Líquidos combustíveis: são líquidos com ponto de fulgor > 60 °C e ≤ 93º C

20.4. Classificação das Instalações

20.4.1. Para efeito desta NR, as instalações são divididas em classes, conforme Tabela 1.

Tabela 1

Classe I
a) Quanto à atividade: a.1 — postos de serviço com inflamáveis e/ou líquidos combustíveis.
b) Quanto à capacidade de armazenamento, de forma permanente e/ou transitória:
b.1 — gases inflamáveis: acima de 2 ton até 60 ton;
b.2 — líquidos inflamáveis e/ou combustíveis: acima de 10 m³ até 5.000 m³.

Classe II
a) Quanto à atividade: a.1 — engarrafadoras de gases inflamáveis; a.2 — atividades de transporte dutoviário de gases e líquidos inflamáveis e/ou combustíveis.
b) Quanto à capacidade de armazenamento, de forma permanente e/ou transitória: b.1 — gases inflamáveis: acima de 60 ton até 600 ton; b.2 — líquidos inflamáveis e/ou combustíveis: acima de 5.000 m³ até 50.000 m³.
Classe III
a) Quanto à atividade: a.1 — refinarias; a.2 — unidades de processamento de gás natural; a.3 — instalações petroquímicas; a.4 — usinas de fabricação de etanol e/ou unidades de fabricação de álcool.
b) Quanto à capacidade de armazenamento, de forma permanente e/ou transitória: b.1 — gases inflamáveis: acima de 600 ton; b.2 — líquidos inflamáveis e/ou combustíveis: acima de 50.000 m³.

20.4.1.1. Para critérios de classificação, o tipo de atividade enunciada possui prioridade sobre a capacidade de armazenamento.

20.4.1.2. Quando a capacidade de armazenamento da instalação se enquadrar em duas classes distintas, por armazenar líquidos inflamáveis e/ou combustíveis e gases inflamáveis, deve-se utilizar a classe de maior gradação.

20.4.2. Esta NR estabelece dois tipos de instalações que constituem exceções e estão definidas no Anexo I, não devendo ser aplicada a Tabela 1.

20.5. Projeto da Instalação

20.5.1. As instalações para extração, produção, armazenamento, transferência, manuseio e manipulação de inflamáveis e líquidos combustíveis devem ser projetadas considerando os aspectos de segurança, saúde e meio ambiente que impactem sobre a integridade física dos trabalhadores previstos nas Normas Regulamentadoras, normas técnicas nacionais e, na ausência ou omissão destas, nas normas internacionais, convenções e acordos coletivos, bem como nas demais regulamentações pertinentes em vigor.

20.5.2. No projeto das instalações classes II e III devem constar, no mínimo, e em língua portuguesa:

a) descrição das instalações e seus respectivos processos através do manual de operações;

b) planta geral de locação das instalações;

c) características e informações de segurança, saúde e meio ambiente relativas aos inflamáveis e líquidos combustíveis, constantes nas fichas com dados de segurança de produtos químicos, de matérias-primas, materiais de consumo e produtos acabados;

d) fluxograma de processo;

e) especificação técnica dos equipamentos, máquinas e acessórios críticos em termos de segurança e saúde no trabalho estabelecidos pela análise de riscos;

f) plantas, desenhos e especificações técnicas dos sistemas de segurança da instalação;

g) identificação das áreas classificadas da instalação, para efeito de especificação dos equipamentos e instalações elétricas;

h) medidas intrínsecas de segurança identificadas na análise de riscos do projeto.

20.5.2.1. No projeto das instalações classe I deve constar o disposto nas alíneas "a", "b", "c", "f" e "g" do item 20.5.2.

20.5.2.2. No projeto, devem ser observadas as distâncias de segurança entre instalações, edificações, tanques, máquinas, equipamentos, áreas de movimentação e fluxo, vias de circulação interna, bem como dos limites da propriedade em relação a áreas circunvizinhas e vias públicas, estabelecidas em normas técnicas nacionais.

20.5.2.3. O projeto deve incluir o estabelecimento de mecanismos de controle para interromper e/ou reduzir uma possível cadeia de eventos decorrentes de vazamentos, incêndios ou explosões.

20.5.3. Os projetos das instalações existentes devem ser atualizados com a utilização de metodologias de análise de riscos para a identificação da necessidade de adoção de medidas de proteção complementares. *(Vide prazo no art. 3º da Portaria n. 308/2012)*

20.5.4. Todo sistema pressurizado deve possuir dispositivos de segurança definidos em normas técnicas nacionais e, na ausência ou omissão destas, em normas internacionais.

20.5.5. Modificações ou ampliações das instalações passíveis de afetar a segurança e a integridade física dos trabalhadores devem ser precedidas de projeto que contemple estudo de análise de riscos.

20.5.6. O projeto deve ser elaborado por profissional habilitado.

20.5.7. No processo de transferência, enchimento de recipientes ou de tanques, devem ser definidas em projeto as medidas preventivas para:

a) eliminar ou minimizar a emissão de vapores e gases inflamáveis;

b) controlar a geração, acúmulo e descarga de eletricidade estática.

20.6. Segurança na Construção e Montagem

20.6.1. A construção e montagem das instalações para extração, produção, armazenamento, transferência, manuseio e manipulação de inflamáveis e líquidos combustíveis devem observar as especificações previstas no projeto, bem como nas Normas Regulamentadoras e nas normas técnicas nacionais e, na ausência ou omissão destas, nas normas internacionais.

20.6.2. As inspeções e os testes realizados na fase de construção e montagem e no comissionamento devem ser documentados de acordo com o previsto nas Normas Regulamentadoras, nas normas técnicas nacionais e, na ausência ou omissão destas, nas normas internacionais, e nos manuais de fabricação dos equipamentos e máquinas.

20.6.3. Os equipamentos e as instalações devem ser identificados e sinalizados, de acordo com o previsto pelas Normas Regulamentadoras e normas técnicas nacionais.

20.7. Segurança Operacional

20.7.1. O empregador deve elaborar, documentar, implementar, divulgar e manter atualizados procedimentos operacionais que contemplem aspectos de segurança e saúde no trabalho, em conformidade com as especificações do projeto das instalações classes I, II e III e com as recomendações das análises de riscos. *(Vide prazo no art. 3º da Portaria n. 308/2012)*

20.7.1.1. Nas instalações industriais classes II e III, com unidades de processo, os procedimentos referidos no item 20.7.1 devem possuir instruções claras para o desenvolvimento de atividades em cada uma das seguintes fases:

a) pré-operação;

b) operação normal;

c) operação temporária;

d) operação em emergência;

e) parada normal;

f) parada de emergência;

g) operação pós-emergência.

20.7.2. Os procedimentos operacionais referidos no item 20.7.1 devem ser revisados e/ou atualizados, no máximo trienalmente para instalações classes I e II e quinquenalmente para instalações classe III ou em uma das seguintes situações:

a) recomendações decorrentes do sistema de gestão de mudanças;

b) recomendações decorrentes das análises de riscos;

c) modificações ou ampliações da instalação;

d) recomendações decorrentes das análises de acidentes e/ou incidentes nos trabalhos relacionados com inflamáveis e líquidos combustíveis;

e) solicitações da CIPA ou SESMT.

20.7.3. Nas operações de transferência de inflamáveis, enchimento de recipientes ou de tanques, devem ser adotados procedimentos para:

a) eliminar ou minimizar a emissão de vapores e gases inflamáveis;

b) controlar a geração, acúmulo e descarga de eletricidade estática.

20.7.4. No processo de transferência de inflamáveis e líquidos combustíveis, deve-se implementar medidas de controle operacional e/ou de engenharia das emissões fugitivas, emanadas durante a carga e descarga de tanques fixos e de veículos transportadores, para a eliminação ou minimização dessas emissões.

20.7.5. Na operação com inflamáveis e líquidos combustíveis, em instalações de processo contínuo de produção e de Classe III, o empregador deve dimensionar o efetivo de trabalhadores suficiente para a realização das tarefas operacionais com segurança.

20.7.5.1. Os critérios e parâmetros adotados para o dimensionamento do efetivo de trabalhadores devem estar documentados.

20.8. Manutenção e Inspeção das Instalações

20.8.1. As instalações classes I, II e III para extração, produção, armazenamento, transferência, manuseio e manipulação de inflamáveis e líquidos combustíveis devem possuir plano de inspeção e manutenção devidamente documentado.

20.8.2. O plano de inspeção e manutenção deve abranger, no mínimo:

a) equipamentos, máquinas, tubulações e acessórios, instrumentos;

b) tipos de intervenção;

c) procedimentos de inspeção e manutenção;

d) cronograma anual;

e) identificação dos responsáveis;

f) especialidade e capacitação do pessoal de inspeção e manutenção;

g) procedimentos específicos de segurança e saúde;

h) sistemas e equipamentos de proteção coletiva e individual.

20.8.3. Os planos devem ser periodicamente revisados e atualizados, considerando o previsto nas Normas Regulamentadoras, nas normas técnicas nacionais e, na ausência ou omissão destas, nas normas internacionais, nos manuais de inspeção, bem como nos manuais fornecidos pelos fabricantes.

20.8.3.1. Todos os manuais devem ser disponibilizados em língua portuguesa.

20.8.4. A fixação da periodicidade das inspeções e das intervenções de manutenção deve considerar:

a) o previsto nas Normas Regulamentadoras e normas técnicas nacionais e, na ausência ou omissão destas, nas normas internacionais;

b) as recomendações do fabricante, em especial dos itens críticos à segurança e saúde do trabalhador;

c) as recomendações dos relatórios de inspeções de segurança e de análise de acidentes e incidentes do trabalho, elaborados pela CIPA ou SESMT;

d) as recomendações decorrentes das análises de riscos;

e) a existência de condições ambientais agressivas.

20.8.5. O plano de inspeção e manutenção e suas respectivas atividades devem ser documentados em formulário próprio ou sistema informatizado.

20.8.6. As atividades de inspeção e manutenção devem ser realizadas por trabalhadores capacitados e com apropriada supervisão.

20.8.7. As recomendações decorrentes das inspeções e manutenções devem ser registradas e implementadas, com a determinação de prazos e de responsáveis pela execução.

20.8.7.1. A não implementação da recomendação no prazo definido deve ser justificada e documentada.

20.8.8. Deve ser elaborada permissão de trabalho para atividades não rotineiras de intervenção nos equipamentos, baseada em análise de risco, nos trabalhos:

a) que possam gerar chamas, calor, centelhas ou ainda que envolvam o seu uso;

b) em espaços confinados, conforme Norma Regulamentadora n. 33;

c) envolvendo isolamento de equipamentos e bloqueio/etiquetagem;

d) em locais elevados com risco de queda;

e) com equipamentos elétricos, conforme Norma Regulamentadora n. 10;

f) cujas boas práticas de segurança e saúde recomendem.

20.8.8.1. As atividades rotineiras de inspeção e manutenção devem ser precedidas de instrução de trabalho.

20.8.9. O planejamento e a execução de paradas para manutenção de uma instalação devem incorporar os aspectos relativos à segurança e saúde no trabalho.

20.9. Inspeção em Segurança e Saúde no Ambiente de Trabalho

20.9.1. As instalações classes I, II e III para extração, produção, armazenamento, transferência, manuseio e manipulação de inflamáveis e líquidos combustíveis devem ser periodicamente inspecionadas com enfoque na segurança e saúde no ambiente de trabalho.

20.9.2. Deve ser elaborado, em articulação com a CIPA, um cronograma de inspeções em segurança e saúde no ambiente de trabalho, de acordo com os riscos das atividades e operações desenvolvidas.

20.9.3. As inspeções devem ser documentadas e as respectivas recomendações implementadas, com estabelecimento de prazos e de responsáveis pela sua execução.

20.9.3.1. A não implementação da recomendação no prazo definido deve ser justificada e documentada.

20.9.4. Os relatórios de inspeção devem ficar disponíveis às autoridades competentes e aos trabalhadores.

20.10. Análise de Riscos

20.10.1. Nas instalações classes I, II e III, o empregador deve elaborar e documentar as análises de riscos das operações que envolvam processo ou processamento nas atividades de extração, produção, armazenamento, transferência, manuseio e manipulação de inflamáveis e de líquidos combustíveis.

20.10.2. As análises de riscos da instalação devem ser estruturadas com base em metodologias apropriadas, escolhidas em função dos propósitos da análise, das características e complexidade da instalação.

20.10.2.1. As análises de riscos devem ser coordenadas por profissional habilitado.

20.10.2.2. As análises de riscos devem ser elaboradas por equipe multidisciplinar, com conhecimento na aplicação das metodologias, dos riscos e da instalação, com participação de, no mínimo, um trabalhador com experiência na instalação, ou em parte desta, que é objeto da análise.

20.10.3. Nas instalações classe I, deve ser elaborada Análise Preliminar de Perigos/Riscos (APP/APR). *(Vide prazo no art. 3º da Portaria SIT n. 308/2012 e prorrogação no art. 1º da Portaria MTE n. 1.079/2014)*

20.10.4. Nas instalações classes II e III, devem ser utilizadas metodologias de análise definidas pelo profissional habilitado, devendo a escolha levar em consideração os riscos, as características e complexidade da instalação. *(Vide prazo no art. 3º da Portaria SIT n. 308/2012 e prorrogação no art. 1º da Portaria MTE n. 1.079/2014)*

20.10.4.1. O profissional habilitado deve fundamentar tecnicamente e registrar na própria análise a escolha da metodologia utilizada.

20.10.5. As análises de riscos devem ser revisadas:

a) na periodicidade estabelecida para as renovações da licença de operação da instalação;

b) no prazo recomendado pela própria análise;

c) caso ocorram modificações significativas no processo ou processamento;

d) por solicitação do SESMT ou da CIPA;

e) por recomendação decorrente da análise de acidentes ou incidentes relacionados ao processo ou processamento;

f) quando o histórico de acidentes e incidentes assim o exigir.

20.10.6. O empregador deve implementar as recomendações resultantes das análises de riscos, com definição de prazos e de responsáveis pela execução.

20.10.6.1. A não implementação das recomendações nos prazos definidos deve ser justificada e documentada.

20.10.7. As análises de riscos devem estar articuladas com o Programa de Prevenção de Riscos Ambientais (PPRA) da instalação. *(Vide prazo no art. 3º da Portaria SIT n. 308/2012)*

20.11. Capacitação dos trabalhadores

20.11.1. Toda capacitação prevista nesta NR deve ser realizada a cargo e custo do empregador e durante o expediente normal da empresa. *(Vide prazo no art. 3º da Portaria SIT n. 308/2012 e prorrogação no art. 1º da Portaria MTE n. 1.079/2014)*

20.11.1.1. Os critérios estabelecidos nos itens 20.11.2 a 20.11.9 encontram-se resumidos no Anexo II.

20.11.2. Os trabalhadores que laboram em instalações classes I, II ou III e não adentram na área ou local de extração, produção, armazenamento, transferência, manuseio e manipulação de inflamáveis e líquidos combustíveis devem receber informações sobre os perigos, riscos e sobre procedimentos para situações de emergências.

20.11.3. Os trabalhadores que laboram em instalações classes I, II ou III e adentram na área ou local de extração, produção, armazenamento, transferência, manuseio e manipulação de inflamáveis e líquidos combustíveis, mas não mantêm contato direto com o processo ou processamento, devem realizar o curso de Integração.

20.11.4. Os trabalhadores que laboram em instalações classes I, II ou III, adentram na área ou local de extração, produção, armazenamento, transferência, manuseio e manipulação de inflamáveis e líquidos combustíveis e mantêm contato direto com o processo ou processamento, realizando atividades específicas, pontuais e de curta duração, devem realizar curso Básico.

20.11.5. Os trabalhadores que laboram em instalações classes I, II e III, adentram na área ou local de extração, produção, armazenamento, transferência, manuseio e manipulação de inflamáveis e líquidos combustíveis e mantêm contato direto com o processo ou processamento, realizando atividades de manutenção e inspeção, devem realizar curso Intermediário.

20.11.6. Os trabalhadores que laboram em instalações classe I, adentram na área ou local de extração, produção, armazenamento, transferência, manuseio e manipulação de inflamáveis e líquidos combustíveis e mantêm contato direto com o processo ou processamento, realizando atividades de operação e atendimento a emergências, devem realizar curso Intermediário.

20.11.7. Os trabalhadores que laboram em instalações classe II, adentram na área ou local de extração, produção, armazenamento, transferência, manuseio e manipulação de inflamáveis e líquidos combustíveis e mantêm contato direto com o processo ou processamento, realizando atividades de operação e atendimento a emergências, devem realizar curso Avançado I.

20.11.8. Os trabalhadores que laboram em instalações classe III, adentram na área ou local de extração, produção, armazenamento, transferência, manuseio e manipulação de inflamáveis e líquidos combustíveis e mantêm contato direto com o processo ou processamento, realizando atividades de operação e atendimento a emergências, devem realizar curso Avançado II.

20.11.9. Os profissionais de segurança e saúde no trabalho que laboram em instalações classes II e III, adentram na área ou local de extração, produção, armazenamento, transferência, manuseio e manipulação de inflamáveis e líquidos combustíveis e mantêm contato direto com o processo ou processamento devem realizar o curso Específico.

20.11.10. Os trabalhadores que realizaram o curso Básico, caso venham a necessitar do curso Intermediário, devem fazer complementação com carga horária de 8 horas, nos conteúdos estabelecidos pelos itens 6, 7 e 8 do curso Intermediário, incluindo a parte prática.

20.11.11. Os trabalhadores que realizaram o curso Intermediário, caso venham a necessitar do curso Avançado I, devem fazer complementação com carga horária de 8 horas, nos conteúdos estabelecidos pelos itens 9 e 10 do curso Avançado I, incluindo a parte prática.

20.11.12. Os trabalhadores que realizaram o curso Avançado I, caso venham a necessitar do curso Avançado II, devem fazer complementação com carga horária de 8 horas, no item 11 e 12 do curso Avançado II, incluindo a parte prática.

20.11.13. O trabalhador deve participar de curso de Atualização, cujo conteúdo será estabelecido pelo empregador e com a seguinte periodicidade:

a) curso Básico: a cada 3 anos com carga horária de 4 horas;

b) curso Intermediário: a cada 2 anos com carga horária de 4 horas;

c) cursos Avançado I e II: a cada ano com carga horária de 4 horas.

20.11.13.1. Deve ser realizado, de imediato, curso de Atualização para os trabalhadores envolvidos no processo ou processamento, onde:

a) ocorrer modificação significativa;

b) ocorrer morte de trabalhador;

c) ocorrerem ferimentos em decorrência de explosão e/ou queimaduras de 2º ou 3º grau, que implicaram em necessidade de internação hospitalar;

d) o histórico de acidentes e/ou incidentes assim o exigir.

20.11.14. Os instrutores da capacitação dos cursos de Integração, Básico, Intermediário, Avançados I e II e Específico devem ter proficiência no assunto.

20.11.15. Os cursos de Integração, Básico e Intermediário devem ter um responsável por sua organização técnica, devendo ser um dos instrutores.

20.11.16. Os cursos Avançados I e II e Específico devem ter um profissional habilitado como responsável técnico.

20.11.17. Para os cursos de Integração, Básico, Intermediário, Avançados I e II e Específico, a emissão do certificado se dará para os trabalhadores que, após avaliação, tenham obtido aproveitamento satisfatório.

20.11.17.1. O certificado deve conter o nome do trabalhador, conteúdo programático, carga horária, data, local, nome do(s) instrutor(es), nome e assinatura do responsável técnico ou do responsável pela organização técnica do curso.

20.11.17.2. O certificado deve ser fornecido ao trabalhador, mediante recibo, e uma cópia arquivada na empresa.

20.11.18. Os participantes da capacitação devem receber material didático, que pode ser em meio impresso, eletrônico ou similar.

20.11.19. O empregador deve estabelecer e manter sistema de identificação que permita conhecer a capacitação de cada trabalhador, cabendo a este a obrigação de utilização visível do meio identificador.

20.12. Prevenção e controle de vazamentos, derramamentos, incêndios, explosões e emissões fugitivas

20.12.1. O empregador deve elaborar plano que contemple a prevenção e controle de vazamentos, derramamentos, incêndios e explosões e, nos locais sujeitos à atividade de trabalhadores, a identificação das fontes de emissões fugitivas.

20.12.2. O plano deve contemplar todos os meios e ações necessárias para minimizar os riscos de ocorrência de vazamento, derramamento, incêndio e explosão, bem como para reduzir suas consequências em caso de falha nos sistemas de prevenção e controle.

20.12.2.1. Para emissões fugitivas, após a identificação das fontes nos locais sujeitos à atividade de trabalhadores, o plano deve incluir ações para minimização dos riscos, de acordo com viabilidade técnica. *(Vide prazo no art. 3º da Portaria n. 308/2012)*

20.12.3. O plano deve ser revisado:

a) por recomendações das inspeções de segurança e/ou da análise de riscos;

b) quando ocorrerem modificações significativas nas instalações;

c) quando da ocorrência de vazamentos, derramamentos, incêndios e/ou explosões.

20.12.4. Os sistemas de prevenção e controle devem ser adequados aos perigos/riscos dos inflamáveis e líquidos combustíveis.

20.12.5. Os tanques que armazenam líquidos inflamáveis e combustíveis devem possuir sistemas de contenção de vazamentos ou derramamentos, dimensionados e construídos de acordo com as normas técnicas nacionais.

20.12.5.1. No caso de bacias de contenção, é vedado o armazenamento de materiais, recipientes e similares em seu interior, exceto nas atividades de manutenção e inspeção.

20.13. Controle de fontes de ignição

20.13.1. Todas as instalações elétricas e equipamentos elétricos fixos, móveis e portáteis, equipamentos de comunicação, ferramentas e similares utilizados em áreas classificadas, assim como os equipamentos de controle de descargas atmosféricas, devem estar em conformidade com a Norma Regulamentadora n. 10.

20.13.2. O empregador deve implementar medidas específicas para controle da geração, acúmulo e descarga de eletricidade estática em áreas sujeitas à existência de atmosferas inflamáveis.

20.13.3. Os trabalhos envolvendo o uso de equipamentos que possam gerar chamas, calor ou centelhas, nas áreas sujeitas à existência de atmosferas inflamáveis, devem ser precedidos de permissão de trabalho.

20.13.4. O empregador deve sinalizar a proibição do uso de fontes de ignição nas áreas sujeitas à existência de atmosferas inflamáveis.

20.13.5. Os veículos que circulem nas áreas sujeitas à existência de atmosferas inflamáveis devem possuir características apropriadas ao local e ser mantidos em perfeito estado de conservação.

20.14. Plano de Resposta a Emergências da Instalação

20.14.1. O empregador deve elaborar e implementar plano de resposta a emergências que contemple ações específicas a serem adotadas na ocorrência de vazamentos ou derramamentos de inflamáveis e líquidos combustíveis, incêndios ou explosões. *(Vide prazo no art. 3º da Portaria n. 308/2012)*

20.14.2. O plano de resposta a emergências das instalações classe I, II e III deve ser elaborado considerando as características e a complexidade da instalação e conter, no mínimo:

a) nome e função do(s) responsável(eis) técnico(s) pela elaboração e revisão do plano;

b) nome e função do responsável pelo gerenciamento, coordenação e implementação do plano;

c) designação dos integrantes da equipe de emergência, responsáveis pela execução de cada ação e seus respectivos substitutos;

d) estabelecimento dos possíveis cenários de emergências, com base nas análises de riscos;

e) descrição dos recursos necessários para resposta a cada cenário contemplado;

f) descrição dos meios de comunicação;

g) procedimentos de resposta à emergência para cada cenário contemplado;

h) procedimentos para comunicação e acionamento das autoridades públicas e desencadeamento da ajuda mútua, caso exista;

i) procedimentos para orientação de visitantes, quanto aos riscos existentes e como proceder em situações de emergência;

j) cronograma, metodologia e registros de realização de exercícios simulados.

20.14.3. Nos casos em que os resultados das análises de riscos indiquem a possibilidade de ocorrência de um acidente cujas consequências ultrapassem os limites da instalação, o empregador deve incorporar no plano de emergência ações que visem à proteção da comunidade circunvizinha, estabelecendo mecanismos de comunicação e alerta, de isolamento da área atingida e de acionamento das autoridades públicas.

20.14.4. O plano de resposta a emergências deve ser avaliado após a realização de exercícios simulados e/ou na ocorrência de situações reais, com o objetivo de testar a sua eficácia, detectar possíveis falhas e proceder aos ajustes necessários.

20.14.5. Os exercícios simulados devem ser realizados durante o horário de trabalho, com periodicidade, no mínimo, anual, podendo ser reduzida em função das falhas detectadas ou se assim recomendar a análise de riscos.

20.14.5.1. Os trabalhadores na empresa devem estar envolvidos nos exercícios simulados, que devem retratar, o mais fielmente possível, a rotina de trabalho.

20.14.5.2. O empregador deve estabelecer critérios para avaliação dos resultados dos exercícios simulados.

20.14.6. Os integrantes da equipe de resposta a emergências devem ser submetidos a exames médicos específicos para a função que irão desempenhar, conforme estabelece a Norma Regulamentadora n. 7, incluindo os fatores de riscos psicossociais, com a emissão do respectivo atestado de saúde ocupacional.

20.14.7. A participação do trabalhador nas equipes de resposta a emergências é voluntária, salvo nos casos em que a natureza da função assim o determine.

20.15. Comunicação de Ocorrências

20.15.1. O empregador deve comunicar ao órgão regional do Ministério do Trabalho e Emprego e ao sindicato da categoria profissional predominante no estabelecimento a ocorrência de vazamento, incêndio ou explosão envolvendo inflamáveis e líquidos combustíveis que tenha como consequência qualquer das possibilidades a seguir:

a) morte de trabalhador(es);

b) ferimentos em decorrência de explosão e/ou queimaduras de 2º ou 3º grau, que implicaram em necessidade de internação hospitalar;

c) acionamento do plano de resposta a emergências que tenha requerido medidas de intervenção e controle.

20.15.1.1. A comunicação deve ser encaminhada até o segundo dia útil após a ocorrência e deve conter:

a) Nome da empresa, endereço, local, data e hora da ocorrência;

b) Descrição da ocorrência, incluindo informações sobre os inflamáveis, líquidos combustíveis e outros produtos envolvidos;

c) Nome e função da vítima;

d) Procedimentos de investigação adotados;

e) Consequências;

f) Medidas emergenciais adotadas.

20.15.1.2. A comunicação pode ser feita por ofício ou meio eletrônico ao sindicato da categoria profissional predominante no estabelecimento e ao setor de segurança e saúde do trabalho do órgão regional do Ministério do Trabalho e Emprego.

20.15.2. O empregador deve elaborar relatório de investigação e análise da ocorrência descrita no item 20.15.1, contendo as causas básicas e medidas preventivas adotadas, e mantê-lo no local de trabalho a disposição da autoridade competente, dos trabalhadores e seus representantes.

20.16. Contratante e Contratadas

20.16.1. A contratante e as contratadas são solidariamente responsáveis pelo cumprimento desta Norma Regulamentadora.

20.16.2. Das responsabilidades da Contratante.

20.16.2.1. Os requisitos de segurança e saúde no trabalho adotados para os empregados das contratadas devem ser, no mínimo, equivalentes aos aplicados para os empregados da contratante.

20.16.2.2. A empresa contratante, visando atender ao previsto nesta NR, deve verificar e avaliar o desempenho em segurança e saúde no trabalho nos serviços contratados.

20.16.2.3. Cabe à contratante informar às contratadas e a seus empregados os riscos existentes no ambiente de trabalho e as respectivas medidas de segurança e de resposta a emergências a serem adotadas.

20.16.3. Da Responsabilidade das Contratadas.

20.16.3.1. A empresa contratada deve cumprir os requisitos de segurança e saúde no trabalho especificados pela contratante, por esta e pelas demais Normas Regulamentadoras.

20.16.3.2. A empresa contratada deve assegurar a participação dos seus empregados nas capacitações em segurança e saúde no trabalho promovidas pela contratante, assim como deve providenciar outras capacitações específicas que se façam necessárias.

20.17. Tanque de líquidos inflamáveis no interior de edifícios

20.17.1. Os tanques para armazenamento de líquidos inflamáveis somente poderão ser instalados no interior dos edifícios sob a forma de tanque enterrado e destinados somente a óleo diesel.

20.17.2. Excetuam-se da aplicação do item 20.17.1 os tanques de superfície que armazenem óleo diesel destinados à alimentação de motores utilizados para a geração de energia elétrica em situações de emergência ou para o funcionamento das bombas de pressurização da rede de água para combate a incêndios, nos casos em que seja comprovada a impossibilidade de instalá-lo enterrado ou fora da projeção horizontal do edifício.

20.17.2.1. A instalação do tanque no interior do edifício deve ser precedida de Projeto e de Análise Preliminar de Perigos/Riscos (APP/APR), ambos elaborados por profissional habilitado, contemplando os aspectos de segurança, saúde e meio ambiente previstos nas Normas Regulamentadoras, normas técnicas nacionais e, na ausência ou omissão destas, nas normas internacionais, bem como nas demais regulamentações pertinentes, e deve obedecer aos seguintes critérios:

a) localizar-se no pavimento térreo, subsolo ou pilotis, em área exclusivamente destinada para tal fim;

b) deve dispor de sistema de contenção de vazamentos:

c) deve conter até 3 tanques separados entre si e do restante da edificação por paredes resistentes ao fogo por no mínimo 2 horas e porta do tipo corta-fogo;

d) possuir volume total de armazenagem de no máximo 3.000 litros, em cada tanque;

e) possuir aprovação pela autoridade competente;

f) os tanques devem ser metálicos;

g) possuir sistemas automáticos de detecção e combate a incêndios, bem como saídas de emergência dimensionadas conforme normas técnicas;

h) os tanques devem estar localizados de forma a não bloquear, em caso de emergência, o acesso às saídas de emergência e aos sistemas de segurança contra incêndio;

i) os tanques devem ser protegidos contra vibração, danos físicos e da proximidade de equipamentos ou dutos geradores de calor;

j) a estrutura da edificação deve ser protegida para suportar um eventual incêndio originado nos locais que abrigam os tanques;

k) devem ser adotadas as medidas necessárias para garantir a ventilação dos tanques para alívio de pressão, bem como para a operação segura de abastecimento e destinação dos gases produzidos pelos motores à combustão.

20.17.2.2. O responsável pela segurança do edifício deve designar responsável técnico pela instalação, operação, inspeção e manutenção, bem como pela supervisão dos procedimentos de segurança no processo de abastecimento do tanque.

20.17.2.3. Os trabalhadores envolvidos nas atividades de operação, inspeção, manutenção e abastecimento do tanque devem ser capacitados com curso Intermediário, conforme Anexo II.

20.17.3. Aplica-se para tanques enterrados o disposto no item 20.17.2.1, *caput*, alíneas "b", "e", "f", "g", "h", "i", "j" e "k", item 20.17.2.2 e 20.17.2.3, bem como o previsto nas normas técnicas nacionais e, na sua ausência ou omissão, nas normas técnicas internacionais.

20.18. Desativação da instalação

20.18.1. Cessadas as atividades da instalação, o empregador deve adotar os procedimentos necessários para a sua desativação.

20.18.2. No processo de desativação das instalações de extração, produção, armazenagem, transferência, manuseio e manipulação de inflamáveis e líquidos combustíveis, devem ser observados os aspectos de segurança, saúde e meio ambiente previstos nas Normas Regulamentadoras, normas técnicas nacionais e, na ausência ou omissão destas, nas normas internacionais, bem como nas demais regulamentações pertinentes em vigor.

20.19. Prontuário da Instalação

20.19.1. O Prontuário da instalação deve ser organizado, mantido e atualizado pelo empregador e constituído pela seguinte documentação:

a) Projeto da Instalação;

b) Procedimentos Operacionais;

c) Plano de Inspeção e Manutenção;

d) Análise de Riscos;

e) Plano de prevenção e controle de vazamentos, derramamentos, incêndios e explosões e identificação das fontes de emissões fugitivas;

f) Certificados de capacitação dos trabalhadores;

g) Análise de Acidentes;

h) Plano de Resposta a Emergências.

20.19.2. O Prontuário das instalações classe I devem conter um índice e ser constituído em documento único.

20.19.2.1. Os documentos do Prontuário das instalações classes II ou III podem estar separados, desde que seja mencionado no índice a localização destes na empresa e o respectivo responsável.

20.19.3. O Prontuário da Instalação deve estar disponível às autoridades competentes, bem como para consulta aos trabalhadores e seus representantes.

20.19.3.1. As análises de riscos devem estar disponíveis para consulta aos trabalhadores e seus representantes, exceto nos aspectos ou partes que envolvam informações comerciais confidenciais.

20.20. Disposições finais

20.20.1. Quando em uma atividade de extração, produção, armazenamento, manuseio e manipulação de inflamáveis e líquidos combustíveis for caracterizada situação de risco grave e iminente aos trabalhadores, o empregador deve adotar as medidas necessárias para a interrupção e a correção da situação.

20.20.2. Os trabalhadores, com base em sua capacitação e experiência, devem interromper suas tarefas, exercendo o direito de recusa, sempre que constatarem evidências de riscos graves e iminentes para sua segurança e saúde ou de outras pessoas, comunicando imediatamente o fato a seu superior hierárquico, que diligenciará as medidas cabíveis.

20.20.3. Os tanques, vasos e tubulações que armazenem/transportam inflamáveis e líquidos combustíveis devem ser identificados e sinalizados conforme a Norma Regulamentadora n. 26.

20.20.4. Nas operações de soldagem e corte a quente com utilizações de gases inflamáveis, as mangueiras devem possuir mecanismos contra o retrocesso das chamas na saída do cilindro e chegada do maçarico.

ANEXO I da NR-20

1. As instalações que desenvolvem atividades de manuseio, armazenamento, manipulação e transporte com gases inflamáveis acima de 1 ton até 2 ton e de líquidos inflamáveis e/ou combustíveis acima de 1 m³ até 10 m³ devem contemplar no Programa de Prevenção de Riscos Ambientais, além dos requisitos previstos na Norma Regulamentadora n. 9:

a) o inventário e características dos inflamáveis e/ou líquidos combustíveis;

b) os riscos específicos relativos aos locais e atividades com inflamáveis e/ou líquidos combustíveis;

c) os procedimentos e planos de prevenção de acidentes com inflamáveis e/ou líquidos combustíveis;

d) as medidas para atuação em situação de emergência.

1.1. O empregador deve treinar, no mínimo, três trabalhadores da instalação que estejam diretamente envolvidos com inflamáveis e/ou líquidos combustíveis, em curso básico previsto no Anexo II.

2. As instalações varejistas e atacadistas que desenvolvem atividades de manuseio, armazenamento e transporte de recipientes de até 20 litros, fechados ou lacrados de fabricação, contendo líquidos inflamáveis e/ou combustíveis até o limite máximo de 5.000 m³ e de gases inflamáveis até o limite máximo de 600 toneladas, devem contemplar no Programa de Prevenção de Riscos Ambientais, além dos requisitos previstos na Norma Regulamentadora n. 9:

a) o inventário e características dos inflamáveis e/ou líquidos combustíveis;

b) os riscos específicos relativos aos locais e atividades com inflamáveis e/ou líquidos combustíveis;

c) os procedimentos e planos de prevenção de acidentes com inflamáveis e/ou líquidos combustíveis;

d) as medidas para atuação em situação de emergência.

2.1. O empregador deve treinar trabalhadores da instalação que estejam diretamente envolvidos com inflamáveis, em curso Básico, na proporção definida na Tabela 2.

Tabela 2

Capacidade armazenada (gases inflamáveis e/ou líquidos inflamáveis e/ou combustíveis)	N. de trabalhadores treinados
Acima de 1 ton até 5 ton e/ou acima de 1 m³ até 9 m³	mínimo 2
Acima de 5 ton até 10 ton e/ou acima de 9 m³ até 42 m³	mínimo 3
Acima de 10 ton até 20 ton e/ou acima de 42 m³ até 84 m³	mínimo 4
Para cada 20 ton e/ou 84 m³	mais 2 trabalhadores

2.2. Para efeitos dos itens 2 e 2.1 deste Anexo, será aceito curso de prevenção e combate a incêndios já realizado pelo trabalhador há até dois anos da data de publicação desta NR, desde que possua uma carga horária mínima de 6 horas, contemple no mínimo 80% do conteúdo programático do curso Básico previsto no Anexo II.

3. Aplica-se o disposto nos itens 2 e 2.1 deste Anexo para a instalação de armazenamento de recipientes de até 20 litros, fechados ou lacrados de fabricação, contendo líquidos inflamáveis e/ou combustíveis até o limite máximo 10.000 m³ e de gases inflamáveis até o limite máximo 1.200 ton, desde que a instalação de armazenamento esteja separada por parede da instalação onde ocorre a fabricação, envase e embalagem do produto a ser armazenado.

3.1. A instalação de armazenamento de recipientes com volume total superior aos limites mencionados no item 3 deve elaborar análise de riscos, conforme disposto nos itens 20.10.2, 20.10.2.1, 20.10.2.2, 20.10.4, 20.10.4.1, 20.10.5, 20.10.6, 20.10.6.1 e 20.10.7 plano de resposta a emergências, conforme itens 20.14.1, 20.14.2, 20.14.4, 20.14.5, 20.14.5.1, 20.14.5.2, 20.14.6 e 20.14.7.

ANEXO II da NR-20

1) Critérios para Capacitação

a) Capacitação para os trabalhadores que adentram na área e NÃO mantêm contato direto com o processo ou processamento.

Instalação classe I	Instalação classe II	Instalação classe III
Curso de Integração (4 horas)	Curso de Integração (4 horas)	Curso de Integração (4 horas)

b) Capacitação para os trabalhadores que adentram na área e mantêm contato direto com o processo ou processamento.

Atividade \ Classe	Instalação Classe I	Instalação Classe II	Instalação Classe III
Específica pontual e de curta duração	Curso Básico (8 horas)	Curso Básico (8 horas)	Curso Básico (8 horas)
Manutenção e inspeção	Curso Intermediário (16 horas)	Curso Intermediário (16 horas)	Curso Intermediário (16 horas)
Operação e atendimento a emergências	Curso Intermediário (16 horas)	Curso Avançado I (24 horas)	Curso Avançado II (32 horas)
Segurança e saúde no trabalho	—	Curso Específico (16 horas)	Curso Específico (16 horas)

c) Atualização

Curso	Periodicidade	Carga Horária
Básico	Trienal	4 horas
Intermediário	Bienal	4 horas
Avançados I e II	Anual	4 horas

2) Conteúdo programático

a) Curso Integração

Carga horária: 4 horas

1. Inflamáveis: características, propriedades, perigos e riscos;
2. Controles coletivo e individual para trabalhos com inflamáveis;
3. Fontes de ignição e seu controle;
4. Procedimentos básicos em situações de emergência com inflamáveis.

b) Curso Básico

Carga horária: 8 horas

I) Conteúdo programático teórico:

1. Inflamáveis: características, propriedades, perigos e riscos;
2. Controles coletivo e individual para trabalhos com inflamáveis;
3. Fontes de ignição e seu controle;
4. Proteção contra incêndio com inflamáveis;
5. Procedimentos básicos em situações de emergência com inflamáveis;

II) Conteúdo programático prático:

Conhecimentos e utilização dos sistemas de segurança contra incêndio com inflamáveis.

c) Curso Intermediário

Carga horária: 16 horas

I) Conteúdo programático teórico:

1. Inflamáveis: características, propriedades, perigos e riscos;
2. Controles coletivo e individual para trabalhos com inflamáveis;
3. Fontes de ignição e seu controle;
4. Proteção contra incêndio com inflamáveis;
5. Procedimentos em situações de emergência com inflamáveis;
6. Estudo da Norma Regulamentadora n. 20;
7. Análise Preliminar de Perigos/Riscos: conceitos e exercícios práticos;
8. Permissão para Trabalho com Inflamáveis.

II) Conteúdo programático prático:

Conhecimentos e utilização dos sistemas de segurança contra incêndio com inflamáveis.

d) Curso Avançado I

Carga horária: 24 horas

I) Conteúdo programático teórico:

1. Inflamáveis: características, propriedades, perigos e riscos;
2. Controles coletivo e individual para trabalhos com inflamáveis;
3. Fontes de ignição e seu controle;
4. Proteção contra incêndio com inflamáveis;
5. Procedimentos em situações de emergência com inflamáveis;
6. Estudo da Norma Regulamentadora n. 20;
7. Metodologias de Análise de Riscos: conceitos e exercícios práticos;
8. Permissão para Trabalho com Inflamáveis;
9. Acidentes com inflamáveis: análise de causas e medidas preventivas;
10. Planejamento de Resposta a emergências com Inflamáveis;

II) Conteúdo programático prático:

Conhecimentos e utilização dos sistemas de segurança contra incêndio com inflamáveis.

e) Curso Avançado II

Carga horária: 32 horas

I) Conteúdo programático teórico:

1. Inflamáveis: características, propriedades, perigos e riscos;
2. Controles coletivo e individual para trabalhos com inflamáveis;
3. Fontes de ignição e seu controle;
4. Proteção contra incêndio com inflamáveis;
5. Procedimentos em situações de emergência com inflamáveis;
6. Estudo da Norma Regulamentadora n. 20;
7. Metodologias de Análise de Riscos: conceitos e exercícios práticos;
8. Permissão para Trabalho com Inflamáveis;
9. Acidentes com inflamáveis: análise de causas e medidas preventivas;
10. Planejamento de Resposta a emergências com Inflamáveis;
11. Noções básicas de segurança de processo da instalação;

12. Noções básicas de gestão de mudanças.

II) Conteúdo programático prático:

Conhecimentos e utilização dos sistemas de segurança contra incêndio com inflamáveis.

f) Curso Específico

Carga Horária: 16 horas

I) Conteúdo programático teórico:

- Estudo da Norma Regulamentadora n. 20;

- Metodologias de Análise de Riscos: conceitos e exercícios práticos;

- Permissão para Trabalho com Inflamáveis;

- Acidentes com inflamáveis: análise de causas e medidas preventivas;

- Planejamento de Resposta a emergências com Inflamáveis;

GLOSSÁRIO

Áreas Classificadas — área na qual uma atmosfera explosiva está presente ou na qual é provável sua ocorrência a ponto de exigir precauções especiais para construção, instalação e utilização de equipamentos elétricos.

Armazenamento — retenção de uma quantidade de inflamáveis (líquidos e/ou gases) e líquidos combustíveis em uma instalação fixa, em depósitos, reservatórios de superfície, elevados ou subterrâneos. Retenção de uma quantidade de inflamáveis, envasados ou embalados, em depósitos ou armazéns.

Articulação entre análise de risco e PPRA — coerência, compatibilidade, harmonização no reconhecimento e consideração dos riscos comuns aos dois documentos.

Comissionamento — conjunto de técnicas e procedimentos de engenharia aplicados de forma integrada à instalação ou parte dela, visando torná-la operacional de acordo com os requisitos especificados em projeto.

Coordenação — ação de assumir responsabilidade técnica.

Distância de segurança — Distância mínima livre, medida no plano horizontal para que, em caso de acidentes (incêndios, explosões), os danos sejam minimizados.

Edificações residenciais unifamiliares — Edificações destinadas exclusivamente ao uso residencial, constituídas de uma única unidade residencial.

Edifício — construção com pavimentos, cuja finalidade é abrigar atividades humanas, classificada pelo tipo de utilização em comercial, de serviços, cultural, etc.

Emissões fugitivas — Liberações de gás ou vapor inflamável que ocorrem de maneira contínua ou intermitente durante as operações normais dos equipamentos. Incluem liberações em selos ou gaxetas de bombas, engaxetamento de válvulas, vedações de flanges, selos de compressores, drenos de processos.

Envasado — líquido ou gás inflamável acondicionado em recipiente, podendo ser ou não lacrado.

Exercícios simulados — Exercícios práticos de simulação mais realista possível de um cenário de acidente, durante o qual é testada a eficiência do plano de respostas a emergências, com foco nos procedimentos, na capacitação da equipe, na funcionalidade das instalações e dos equipamentos, dentre outros aspectos.

Fechado — Produto fechado no processo de envasamento, de maneira estanque, para que não venha a apresentar vazamentos nas condições normais de manuseio, armazenamento ou transporte, assim como sob condições decorrentes de variações de temperatura, umidade ou pressão ou sob os efeitos de choques e vibrações.

Fluxograma de processo — É um documento contendo, em representação gráfica, o balanço de material e de energia dos fluxos de matérias-primas, produtos, subprodutos e rejeitos de um determinado processo de produção.

Instalação — Unidade de extração, produção, armazenamento, transferência, manuseio e manipulação de inflamáveis (líquidos e gases) e líquidos combustíveis, em caráter permanente ou transitório, incluindo todos os equipamentos, máquinas, estruturas, tubulações, tanques, edificações, depósitos, terminais e outros necessários para o seu funcionamento.

Lacrado — Produto que possui selo e/ou lacre de garantia de qualidade e/ou de inviolabilidade.

Manipulação — Ato ou efeito de manipular. Preparação ou operação manual com inflamáveis, com finalidade de misturar ou fracionar os produtos. Considera-se que há manipulação quando ocorre o contato direto do produto com o ambiente.

Manuseio — Atividade de movimentação de inflamáveis contidos em recipientes, tanques portáteis, tambores, bombonas, vasilhames, caixas, latas, frascos e similares. Ato de manusear o produto envasado, embalado ou lacrado.

Meio identificador — Sistema de identificação definido pela empresa como, por exemplo, crachá, botton, adesivo no crachá ou no capacete, na vestimenta de trabalho ou similares.

Metodologias de análises de risco — Constitui-se em um conjunto de métodos e técnicas que, aplicados a operações que envolvam processo ou processamento, identificam os cenários hipotéticos de ocorrências indesejadas (acidentes), as possibilidades de danos, efeitos e consequências.

Exemplos de algumas metodologias:

a) Análise Preliminar de Perigos/Riscos (APP/APR);

b) "What-if (E SE)";

c) Análise de Riscos e Operabilidade (HAZOP);

d) Análise de Modos e Efeitos de Falhas (FMEA/FMECA);

e) Análise por Árvore de Falhas (AAF);

f) Análise por Árvore de Eventos (AAE);

g) Análise Quantitativa de Riscos (AQR).

Modificações ou ampliações das instalações — Qualquer alteração de instalação industrial que:

I — altere a tecnologia de processo ou processamento empregada;

II — altere as condições de segurança da instalação industrial;

III — adapte fisicamente instalações e/ou equipamentos de plantas industriais existentes provenientes de outros segmentos produtivos;

IV — aumente a capacidade de processamento de quaisquer insumos;

V — aumente a capacidade de armazenamento de insumos ou de produtos;

VI — altere o perfil de produção ou a qualidade final dos produtos.

Planta geral de locação — planta que apresenta a localização da instalação no interior do terreno, indicando as distâncias entre os limites do terreno e um ponto inicial da instalação.

Posto de serviço — Instalação onde se exerce a atividade de fornecimento varejista de inflamáveis (líquidos e gases) e líquidos combustíveis.

Procedimentos operacionais — Conjunto de instruções claras e suficientes para o desenvolvimento das atividades operacionais de uma instalação, considerando os aspectos de segurança, saúde e meio ambiente que impactem sobre a integridade física dos trabalhadores.

Processo contínuo de produção — Sistema de produção que opera ininterruptamente durante as 24 horas do dia, por meio do trabalho em turnos de revezamento.

Processo ou processamento — Sequência integrada de operações. A sequência pode ser inclusive de operações físicas e/ou químicas. A sequência pode envolver, mas não se limita à preparação, separação, purificação ou mudança de estado, conteúdo de energia ou composição.

Proficiência — Competência, aptidão, capacitação e habilidade aliadas à experiência.

Profissional habilitado — Profissional com atribuições legais para a atividade a ser desempenhada e que assume a responsabilidade técnica, tendo registro no conselho profissional de classe.

Prontuário da Instalação — Sistema organizado de forma a conter uma memória dinâmica das informações técnicas pertinentes às instalações, geradas desde a fase de projeto, operação, inspeção e manutenção, que registra, em meio físico ou eletrônico, todo o histórico da instalação ou contém indicações suficientes para a obtenção deste histórico.

Recipiente — Receptáculo projetado e construído para armazenar produtos inflamáveis (líquidos e gases) e líquidos combustíveis conforme normas técnicas.

Riscos psicossociais — Influência na saúde mental dos trabalhadores, provocada pelas tensões da vida diária, pressão do trabalho e outros fatores adversos.

Separada por parede — Instalação de armazenamento localizada na instalação de fabricação, mas separada desta por parede de alvenaria. Instalação de armazenamento localizada em outra instalação e/ou edificação.

Sistema de Gestão de Mudanças — Processo contínuo e sistemático que assegura que as mudanças permanentes ou temporárias sejam avaliadas e gerenciadas de forma que os riscos advindos destas alterações permaneçam em níveis aceitáveis e controlados.

Trabalhadores capacitados — Trabalhadores que possuam qualificação e treinamento necessários à realização das atividades previstas nos procedimentos operacionais.

Transferência — Atividade de movimentação de inflamáveis entre recipientes, tais como tanques, vasos, tambores, bombonas e similares, por meio de tubulações.

Unidade de processo — Organização produtora que alcança o objetivo para o qual se destina através do processamento e/ou transformação de materiais/substância.

Capítulo 21

TRABALHOS A CÉU ABERTO

Sabidamente, as Normas Regulamentadoras (NRs) de Segurança e Saúde no Trabalho (SST) editadas pelo Ministério do Trabalho e Emprego (MTE) possuem existência jurídica convalidada pelo Princípio Constitucional de Minimização dos Riscos Ocupacionais, consagrado no inciso XXII do art. 7º da Constituição Federal brasileira, que expressamente assegura aos trabalhadores urbanos e rurais brasileiros o direito à redução dos riscos inerentes ao trabalho, por meio de normas de saúde, higiene e segurança. Desse modo, afirmamos que o dever mais fundamental dos empregadores brasileiros é propiciar a seus empregados ambientes de trabalho sadios e seguros. Registre-se, mais, que os ditames das normas preventivas de infortúnios laborais e de promoção da saúde ocupacional são aplicáveis a todas as empresas privadas e estatais (empresas públicas e sociedades de economia mista) brasileiras que contratam trabalhadores como empregados e, portanto, submetidos ao Regime da Consolidação das Leis do Trabalho (CLT) que corresponde ao Decreto-lei n. 5.452 de 1º de maio de 1943.

No plano da legislação infraconstitucional, as normas preventivas de segurança e saúde no trabalho possuem respaldo de validade jurídica na forma tipificada no Estatuto Obreiro, em seu Título II: Das Normas Gerais de Tutela do Trabalho, mais precisamente no Capítulo V: Da Segurança e da Medicina do Trabalho, que compreende os arts. 154 a 201 da CLT. Recorde-se que ditos artigos do Código Obreiro possuem redação dada pela Lei n. 6.514, de 22.12.1977, observadas as atualizações subsequentes até a publicação da Lei n. 13.103, de 2.3.2015.

Sob o aspecto infralegal ou meramente regulamentar, cabe ser dito que os citados arts. 154 a 201 do Código Laboral foram inicialmente disciplinados pela Portaria MTb n. 3.214, de 8.6.1978, que instituiu as primeiras vinte e oito normas regulamentadoras de segurança e saúde no trabalho (28 NRs de SST); vale observar que, atualmente, existem 36 NRs de SST, cada uma disciplinando uma temática específica.

Chamamos a atenção do caro leitor para o fato de que todos os dispositivos: constitucionais, infraconstitucionais, infralegais ou regulamentares, desde que pertinentes à temática em apreço, encontram-se ao final reproduzidos no tópico Fundamentos Jurídicos deste Capítulo, inclusive a íntegra atualizada da norma regulamentadora de segurança e saúde no trabalho que o intitula.

Oportuno destacar, para os não versados na ciência do direito, que as normas jurídicas legais, tanto as constitucionais quanto as infraconstitucionais, têm o condão de criar o direito, ao passo que as normas jurídicas infralegais ou regulamentares (decretos, portarias, normas regulamentadoras, etc.) não podem criar o direito em si, mas apenas regulamentá-lo quando expressamente autorizado pela própria Lei a fazê-lo; sob pena de serem declaradas ilegais e, portanto, nulas de pleno direito.

No tocante ao tema central deste capítulo, Trabalhos a Céu Aberto, convém ser dito que o inciso V do art. 200 da CLT expressamente autoriza o Ministério do Trabalho e Emprego (MTE) a elaborar normas preventivas de segurança e saúde no trabalho visando a proteção contra insolação, calor, frio, umidade e ventos, sobretudo no trabalho a céu aberto com provisão, quanto a este, de água potável, alojamento e profilaxia de endemias.

Em observância ao citado comando legal (art. 200, inciso V, da CLT) o MTE editou a NR-21 (Trabalhos a Céu Aberto) contendo as disposições técnico-normativas a serem observadas por todas as empresas públicas e privadas brasileiras que possuam empregados que desenvolvam atividades a céu aberto, objetivando a prevenção de acidentes e a promoção da saúde ocupacional.

Num breve retrospecto histórico, cabe ser dito que a vigésima primeira norma preventiva foi originalmente instituída pela Portaria MTb n. 3.214, de 8.6.1978; todavia, a Portaria MTE n. 2.037, de 15.12.1999, em seu art. 2º, expressamente revogou os itens 21.15 a 21.22 da NR-21 e que dispunham especificamente sobre Normas de Segurança do Trabalho no Serviço de Exploração de Pedreiras, remetendo o disciplinamento desses tópicos para a NR-22 (Segurança e Saúde Ocupacional na Mineração).

Em face disso, a atual NR-21 (Trabalhos a Céu Aberto) possui seus dispositivos normativos reduzidos a quatorze itens (21.1 a 21.14).

Estipula a NR-21 as seguintes recomendações prevencionistas genéricas a serem cumpridas na execução de trabalhos a céu aberto:

- é obrigatória a existência de abrigos, ainda que rústicos, capazes de proteger os trabalhadores contra intempéries;
- serão exigidas medidas especiais que protejam os trabalhadores contra a insolação excessiva, o calor, o frio, a umidade e os ventos inconvenientes;
- aos trabalhadores que residirem no local do trabalho deverão ser oferecidos alojamentos que apresentem adequadas condições sanitárias;
- para os trabalhos realizados em regiões pantanosas ou alagadiças, serão imperativas as medidas de profilaxia de endemias, de acordo com as normas de saúde pública;
- os locais de trabalho deverão ser mantidos em condições sanitárias compatíveis com o gênero de atividade;
- quando o empregador fornecer ao empregado moradia para si e sua família, esta deverá possuir condições sanitárias adequadas, sendo vedada, em qualquer hipótese, a moradia coletiva da família.

Consoante previsto na norma regulamentadora em análise, a moradia fornecida aos trabalhadores que desenvolvem atividades a céu aberto deve atender aos seguintes requisitos:

- possuir capacidade dimensionada de acordo com o número de moradores, apresentar ventilação e luz direta suficiente, as paredes caiadas e os pisos construídos de material impermeável;
- as casas de moradia serão construídas em locais arejados, livres de vegetação e afastadas no mínimo 50 m (cinquenta metros) dos depósitos de feno ou estercos, currais, estábulos, pocilgas, e quaisquer viveiros de criação, e o poço de água será protegido contra a contaminação;
- as portas, janelas e frestas deverão ter dispositivos capazes de mantê-las fechadas, quando necessário, e a cobertura deve ser feita de material impermeável, imputrecível, não combustível;
- toda moradia disporá de, pelo menos, um dormitório, uma cozinha e um compartimento sanitário.

Segundo a NR-21, as instalações sanitárias das moradias destinadas aos trabalhadores que exercem atividades a céu aberto deverão satisfazer aos seguintes requisitos:

- as fossas negras deverão estar, no mínimo, a 15 m (quinze metros) do poço; a 10 m (dez metros) da casa, em lugar livre de enchentes e à jusante do poço;
- os locais destinados às privadas serão arejados, com ventilação abundante, mantidos limpos, em boas condições sanitárias e devidamente protegidos contra a proliferação de insetos, ratos, animais e pragas.

Doravante, serão reproduzidos os FUNDAMENTOS JURÍDICOS (dispositivos legais, infralegais e regulamentares) que propiciam o suporte de validade jurídica à temática em apreço, observando-se as ordens hierárquica e cronológica. Ao final, encontra-se igualmente transcrita, de forma integral e atualizada, a correspondente norma regulamentadora de segurança e saúde no trabalho que intitula este Capítulo.

FUNDAMENTOS JURÍDICOS DO CAPÍTULO 21

NR-21: TRABALHOS A CÉU ABERTO *(redação dada pela Portaria MTb n. 3.214, de 8.6.1978, atualizada até a edição da Portaria MTb n. 2.037, de 15.12.1999). Art. 7º, incisos XXII, XXIII, XXVIII e XXXIII da CF-1988. Art. 200, inciso V, da CLT.*

CONSTITUIÇÃO DA REPÚBLICA FEDERATIVA DO BRASIL
(Atualizada até a edição da Emenda Constitucional n. 85, de 26.2.2015)

Título II: Dos Direitos e Garantias Fundamentais (Arts. 5º a 17)

Capítulo II: Dos Direitos Sociais (Arts. 6º a 11)

Art. 7º São direitos dos trabalhadores urbanos e rurais[1], além de outros que visem à melhoria de sua condição social:

XXII — redução dos riscos inerentes ao trabalho, por meio de normas de saúde, higiene e segurança;

XXIII — adicional de remuneração para as atividades penosas, insalubres ou perigosas, na forma da lei;

XXVIII — seguro contra acidentes de trabalho, a cargo do empregador, sem excluir a indenização a que este está obrigado, quando incorrer em dolo ou culpa;

XXXIII — proibição de trabalho noturno, perigoso ou insalubre a menores de dezoito e de qualquer trabalho a menores de dezesseis anos, salvo na condição de aprendiz, a partir de quatorze anos.

NORMAS JURÍDICAS INFRACONSTITUCIONAIS

CONSOLIDAÇÃO DAS LEIS DO TRABALHO
(Decreto-lei n. 5.452, de 1º.5.1943, com a redação dos arts. 154 a 201 CLT dada pela Lei n. 6.514 de 22.12.1977, atualizada até a edição da Lei n. 13.103, de 2.3.2015)

Título II: **Das Normas Gerais de Tutela do Trabalho** (Arts. 13 a 223 da CLT)

Capítulo V: **Da Segurança e da Medicina do Trabalho** (Arts. 154 a 201 da CLT)[2]

Seção XV: **Das Outras Medidas Especiais de Proteção** (Arts. 200, V, da CLT)[3]

Art. 200. Cabe ao Ministério do Trabalho e Emprego estabelecer disposições complementares às normas de que trata este Capítulo, tendo em vista as peculiaridades de cada atividade ou setor de trabalho, especialmente sobre:

(...)

V — proteção contra insolação, calor, frio, umidade e ventos, sobretudo no trabalho a céu aberto com provisão, quanto a este, de água potável, alojamento e profilaxia de endemias.

(...)

NORMAS JURÍDICAS INFRALEGAIS OU REGULAMENTARES

NR-21: TRABALHOS A CÉU ABERTO[4]

Publicação	**D.O.U.**
Portaria GM n. 3.214, de 8 de junho de 1978	6.7.78
Alterações/Atualizações	**D.O.U.**
Portaria GM n. 2.037, de 15 de dezembro de 1999	23.11.79

21.1. Nos trabalhos realizados a céu aberto, é obrigatória a existência de abrigos, ainda que rústicos, capazes de proteger os trabalhadores contra intempéries.

21.2. Serão exigidas medidas especiais que protejam os trabalhadores contra a insolação excessiva, o calor, o frio, a umidade e os ventos inconvenientes.

21.3. Aos trabalhadores que residirem no local do trabalho, deverão ser oferecidos alojamentos que apresentem adequadas condições sanitárias.

21.4. Para os trabalhos realizados em regiões pantanosas ou alagadiças, serão imperativas as medidas de profilaxia de endemias, de acordo com as normas de saúde pública.

---

(1) Especificamente em relação aos Servidores Públicos Federais (submetidos ao Regime Jurídico Único da Lei n. 8.112/1990) dispõe o § 3º do art. 39 da CF-1988 que: "Aplica-se aos servidores ocupantes de cargo público o disposto no Art. 7º, IV, VII, VIII, IX, XII, XIII, XV, XVI, XVII, XVIII, XIX, XX, XXII e XXX, podendo a lei estabelecer requisitos diferenciados de admissão quando a natureza do cargo o exigir".

(2) A Lei n. 6.514, de 22.12.1977 propiciou a redação dos arts. 154 a 201 da CLT, observadas as atualizações legais até a edição da Lei n. 13.103, de 2.3.2015.

(3) A NR-21 (TRABALHOS A CÉU ABERTO), na forma transcrita, disciplina o art. 200, V, da CLT.

(4) O Texto da NR-21 (TRABALHOS A CÉU ABERTO), ora reproduzido, encontra-se atualizado até a edição da Portaria GM-MTb n. 2.037, de 15.12.1999.

21.5. Os locais de trabalho deverão ser mantidos em condições sanitárias compatíveis com o gênero de atividade.

21.6. Quando o empregador fornecer ao empregado moradia para si e sua família, esta deverá possuir condições sanitárias adequadas.

21.6.1. É vedada, em qualquer hipótese, a moradia coletiva da família.

21.7. A moradia deverá ter:

a) capacidade dimensionada de acordo com o número de moradores;

b) ventilação e luz direta suficiente;

c) as paredes caiadas e os pisos construídos de material impermeável.

21.8. As casas de moradia serão construídas em locais arejados, livres de vegetação e afastadas no mínimo 50,00m (cinquenta metros) dos depósitos de feno ou estercos, currais, estábulos, pocilgas e quaisquer viveiros de criação.

21.9. As portas, janelas e frestas deverão ter dispositivos capazes de mantê-las fechadas, quando necessário.

21.10. O poço de água será protegido contra a contaminação.

21.11. A cobertura será sempre feita de material impermeável, imputrecível, não combustível.

21.12. Toda moradia disporá de, pelo menos, um dormitório, uma cozinha e um compartimento sanitário.

21.13. As fossas negras deverão estar, no mínimo, 15,00m (quinze metros) do poço; 10,00m (dez metros) da casa, em lugar livre de enchentes e à jusante do poço.

21.14. Os locais destinados às privadas serão arejados, com ventilação abundante, mantidos limpos, em boas condições sanitárias e devidamente protegidos contra a proliferação de insetos, ratos, animais e pragas.

Capítulo 22

SEGURANÇA E SAÚDE OCUPACIONAL NA MINERAÇÃO

Inicialmente, há de ser dito que a vigésima segunda norma regulamentadora, antes se intitulava NR-22 (Trabalhos Subterrâneos), nos termos da Portaria MTb n. 3.214, de 8.6.1978; todavia, com a edição da Portaria MTE-GM n. 2.037, de 15.12.1999, atualizada até a edição da Portaria MTE-GM n. 732, de 22.5.2014, ocorreu uma modificação substancial na citada norma preventiva, que foi integralmente reestruturada; inclusive, passando a denominar-se NR-22 (Segurança e Saúde Ocupacional na Mineração), com o objetivo de disciplinar os preceitos a serem observados na organização e no ambiente de trabalho, de forma a tornar compatível o planejamento e o desenvolvimento de atividades de mineração em geral com a busca permanente da segurança e saúde dos trabalhadores.

Oportuno destacar, também, que a atual NR-22 possui uma abrangência maior que sua antecessora, na medida em que esta limitava-se às atividades subterrâneas; ao passo que a atual expressamente define que o seu campo de aplicação abrange não só as atividades de mineração em geral (subterrâneas e a céu aberto), como também a proteção dos trabalhadores nas atividades de garimpo e de beneficiamento e pesquisa mineral.

É sabido que a competência regulamentar atribuída ao Ministério do Trabalho e Emprego para editar a referida norma preventiva decorre de disposição legal contida no art. 200, inciso III, da Consolidação das Leis do Trabalho, onde está explicitado, em síntese, competir ao MTE a elaboração de normas regulamentadoras de segurança e saúde do trabalho pertinentes ao trabalho em escavações, túneis, galerias, minas e pedreiras; sobretudo quanto à prevenção de explosões, incêndios, desmoronamentos e soterramentos, eliminação de poeiras e gases, além de propiciar uma rápida saída dos empregados na ocorrência de sinistros.

Outrossim, é oportuno lembrar que o Estatuto Obreiro, em seus arts. 293 a 301, contém várias outras disposições específicas para o trabalho nas minas em subsolo, merecendo destaque as seguintes:

- a duração normal do trabalho efetivo para os empregados em minas no subsolo não excederá seis horas diárias ou trinta e seis semanais. Ressalte-se, porém, que a prorrogação de tal jornada de trabalho para até oito horas diárias ou quarenta e quatro semanais, em respeito à nova ordem jurídico-constitucional, somente será permitida mediante acordo ou convenção coletivos de trabalho;
- a cada período de três horas consecutivas de trabalho, será obrigatória uma pausa de quinze minutos para repouso, a qual será computada na duração normal de trabalho efetivo. O tempo despendido pelo empregado da boca da mina ao local do trabalho e vice-versa será computado apenas para o efeito de pagamento do salário;
- ao empregado no subsolo será fornecida, pelas empresas exploradoras de minas, alimentação adequada à natureza do trabalho, de acordo com as instruções estabelecidas pelo Departamento de Segurança e Saúde no Trabalho, da Secretaria de Inspeção do Trabalho e aprovadas pelo Ministério do Trabalho e Emprego;
- a atividade no subsolo somente será permitida a trabalhadores com idade compreendida entre vinte e um e cinquenta anos, e, quando ocorrerem acontecimentos que possam comprometer a vida ou saúde do empregado, deverá a empresa comunicar o fato imediatamente à autoridade regional do Ministério do Trabalho e Emprego;
- quando, por motivo de saúde, for necessária a transferência do empregado, a juízo da autoridade competente em matéria de segurança e medicina do trabalho, dos serviços no subsolo para os de superfície, é a empresa obrigada a realizar essa transferência, assegurando ao transferido a remuneração atribuída ao trabalhador de superfície em serviço equivalente, respeitada a capacidade profissional do interessado.

A atual NR-22 (Segurança e Saúde Ocupacional na Mineração) apresenta, em seu conjunto, um bom detalhamento sequencial das técnicas preventivas a serem observadas nas diversas etapas, procedimentos e equipamentos de mineração. Ditas recomendações normativas encontram-se agrupadas em trinta e sete itens ou tópicos, além de três Quadros e dois Anexos, a seguir denominados:

Sumário da NR-22 (SEGURANÇA E SAÚDE OCUPACIONAL NA MINERAÇÃO)

22.1. Objetivo.

22.2. Campos de Aplicação.

22.3. Das Responsabilidades da Empresa e do Permissionário de Lavra Garimpeira.

22.4. Das Responsabilidades dos Trabalhadores.

22.5. Dos Direitos dos Trabalhadores.

22.6. Organização dos Locais de Trabalho.

22.7. Circulação e Transporte de Pessoas e Materiais.

22.8. Transportadores Contínuos através de Correia.

22.9. Superfícies de Trabalho.

22.10. Escadas.

22.11. Máquinas, Equipamentos, Ferramentas e Instalações.

22.12. Equipamentos de Guindar.

22.13. Cabos, Correntes e Polias.

22.14. Estabilidade dos Maciços.

22.15. Aberturas Subterrâneas.

22.16. Tratamento e Revestimento de Aberturas Subterrâneas.

22.17. Proteção contra Poeira Mineral.

22.18. Sistemas de Comunicação.

22.19. Sinalização de Áreas de Trabalho e de Circulação.

22.20. Instalações Elétricas.

22.21. Operações com Explosivos e Acessórios.

22.22. Lavra com Dragas Flutuantes.

22.23. Desmonte Hidráulico.

22.24. Ventilação em Atividades de Subsolo.

22.25. Beneficiamento.

22.26. Deposição de Estéril, Rejeitos e Produtos.

22.27. Iluminação.

22.28. Proteção contra Incêndios e Explosões Acidentais.

22.29. Prevenção de Explosão de Poeiras Inflamáveis em Minas Subterrâneas de Carvão.

22.30. Proteção contra Inundações.

22.31. Equipamentos Radioativos.

22.32. Operações de Emergência.

22.33. Vias e Saídas de Emergência.

22.34. Paralisação e Retomada de Atividades nas Minas.

22.35. Informação, Qualificação e Treinamento.

22.36. Comissão Interna de Prevenção de Acidentes na Mineração (CIPAMIN).

22.37. Disposições Gerais.

Quadro I: Número de trabalhadores a serem amostrados em função do número de trabalhadores do Grupo Homogêneo de Exposição (conforme item 22.17.1).

Quadro II: Determinação da vazão de ar fresco (conforme item 22.24.8).

Quadro III: Dimensionamento da Comissão Interna de Prevenção de Acidentes na Mineração (CIPAMIN).

Anexo II: Quadro de prazos para cumprimento dos itens da NR-22.

Anexo III: Requisitos Mínimos para Utilização de Equipamentos e de Guindar Lança Fixa.

As primeiras disposições da NR-22 definem que seu Objetivo central é disciplinar os preceitos a serem observados na organização e no ambiente de trabalho, de forma que torne compatíveis o planejamento e o desenvolvimento da atividade mineira com a busca permanente pela segurança e saúde dos trabalhadores.

Em seguida, são definidas as Responsabilidades para os diversos segmentos envolvidos com a mineração, especialmente para a Empresa e para o Permissionário de Lavra Garimpeira, assim como as obrigações e os direitos dos Mineradores. Merecendo destacar que são responsabilidades da Empresa de Mineração e do Permissionário de Lavra Garimpeira:

- zelar pelo estrito cumprimento das disposições previstas na NR-22 (Segurança e Saúde Ocupacional na Mineração), prestando as informações que se fizerem necessárias aos órgãos fiscalizadores, inclusive indicando a estes os técnicos responsáveis de cada setor;
- designar para exercer o cargo de supervisor técnico da mina, das atividades de garimpo, do beneficiamento e da pesquisa mineral, um profissional legalmente habilitado;
- registrar, em livro ou fichas próprias, as atividades de supervisão técnica da mina, efetuadas por Profissional Legalmente Habilitado e que suas observações e intervenções, propostas e realizadas, devem ficar no estabelecimento à disposição dos órgãos fiscalizadores;
- interromper todo e qualquer tipo de atividade que exponha os trabalhadores a condições de risco grave e iminente para sua saúde e segurança;
- garantir a interrupção das tarefas, quando proposta pelos trabalhadores, em função da existência de risco grave e iminente, desde que confirmado o fato pelo superior hierárquico, que diligenciará as medidas cabíveis;
- fornecer às empresas contratadas as informações sobre os riscos potenciais nas áreas em que desenvolverão suas atividades;
- coordenar a implementação das medidas relativas à segurança e saúde dos trabalhadores das empresas contratadas e prover os meios e condições para que estas atuem em conformidade com a NR-22;
- elaborar e implementar o Programa de Controle Médico e Saúde Ocupacional, conforme estabelecido na NR-7 (PCMSO);
- elaborar e implementar o Programa de Gerenciamento de Riscos (PGR) contemplando os aspectos preventivos contidos na NR-22, incluindo, no mínimo, os relacionados a riscos físicos, químicos e biológicos; atmosferas explosivas; deficiências de oxigênio; ventilação; proteção respiratória, de acordo com a Instrução Normativa SSST/MTb n. 1 de 11.4.94; investigação e análise de acidentes do trabalho; ergonomia e organização do trabalho, riscos decorrentes do trabalho em altura, em profundidade e em espaços confinados; riscos decorrentes da utilização de energia elétrica, máquinas, equipamentos, veículos e trabalhos manuais; equipamentos de proteção individual de uso obrigatório, observando-se no mínimo o constante na NR-06 (EPI), estabilidade do maciço, plano de emergência, e outros resultantes de modificações e introduções de novas tecnologias. Implantado o PGR, a empresa fica dispensada de elaborar o Programa de Prevenção de Riscos Ambientais de que trata a NR-9 (PPRA).

Consta igualmente definida como responsabilidade patronal, no tocante a instrumentos preventivos, a devida organização e funcionamento regular da Comissão Interna de Prevenção de Acidentes do

Trabalho na Mineração (CIPAMIN), nos moldes e com algumas particularidades em relação à tradicional Comissão Interna de Prevenção de Acidentes de que trata a quinta norma regulamentadora de segurança e saúde no trabalho, NR-05 (CIPA).

A exemplo do Programa de Prevenção de Riscos Ambientais, previsto na NR-9 (PPRA) e abordado no Capítulo 9 deste livro, estipula a atual NR-22 que nas atividades de mineração, de garimpo, de beneficiamento e pesquisa mineral, deve ser elaborado o Programa de Gerenciamento de Riscos (PGR) em substituição ao PPRA, contemplando as seguintes etapas:

- antecipação e identificação de fatores de risco, levando-se em conta, inclusive, as informações do Mapa de Riscos Ambientais (MRA), a ser elaborado pela Comissão Interna de Prevenção de Acidentes na Mineração (CIPAMIN), quando houver;
- avaliação dos fatores de risco e da exposição dos trabalhadores;
- estabelecimento de prioridades, metas e cronograma;
- acompanhamento das medidas de controle implementadas;
- monitorização da exposição aos fatores de riscos;
- registro e manutenção dos dados por, no mínimo, 20 (vinte) anos; e
- análise crítica do programa, pelo menos, uma vez ao ano, contemplando a evolução do cronograma, com registro das medidas de controle implantadas e programadas.

Estatui a NR-22 as seguintes disposições genéricas pertinentes ao programa de gerenciamento de riscos ambientais:

- as alterações e complementações do PGR deverão ser apresentadas e discutidas na CIPAMIN, para acompanhamento das medidas de controle;
- o PGR deve considerar os níveis de ação acima dos quais devem ser adotadas medidas preventivas, de forma a minimizar a probabilidade de ultrapassagem dos limites de exposição ocupacional, implementando-se princípios para o monitoramento periódico da exposição, informação dos trabalhadores e o controle médico, considerando as seguintes definições:
  - limites de exposição ocupacional são os valores de limites de tolerância previstos na NR-15 (Atividades e Operações Insalubres), ou, na ausência destes, valores que venham a ser estabelecidos em negociação coletiva, desde que mais rigorosos que aqueles;
  - níveis de ação para agentes químicos são os valores de concentração ambiental correspondentes à metade dos limites de exposição, conforme definidos na alínea "a" anterior; e
  - níveis de ação para ruído são os valores correspondentes à dose de zero vírgula cinco (dose superior a cinquenta por cento), conforme critério estabelecido no item 6 do Anexo I: Níveis de Ruído Contínuo ou Intermitente da NR-15 (Atividades e Operações Insalubres).

Constam especificados os seguintes Deveres dos Empregados envolvidos nas atividades de mineração, garimpo, beneficiamento e pesquisa mineral:

- zelar pela sua segurança e saúde ou de terceiros que possam ser afetados por suas ações ou omissões no trabalho, colaborando com a empresa ou permissionário de lavra garimpeira para o cumprimento das disposições legais e regulamentares, inclusive das normas internas de segurança e saúde; e
- comunicar, imediatamente, ao seu superior hierárquico as situações que considerem representar risco para sua segurança e saúde ou de terceiros.

Estabelece a NR-22 que são Direitos Básicos dos Trabalhadores nas atividades de mineração, garimpo, beneficiamento e pesquisa mineral:

- interromper suas tarefas sempre que constatar evidências que representem riscos graves e iminentes para sua segurança e saúde ou de terceiros, comunicando imediatamente o fato a seu superior hierárquico que diligenciará as medidas cabíveis; e

- serem informados sobre os riscos existentes no local de trabalho que possam afetar sua segurança e saúde.

Consoante previsto na vigésima segunda norma regulamentadora de segurança e saúde no trabalho urbano, a empresa ou permissionária de lavra garimpeira adotará as seguintes medidas preventivas, objetivando a segurança e saúde ocupacional na mineração, acerca da Organização dos Locais de Trabalho:

- os locais de trabalho devem ser concebidos, construídos, equipados, utilizados e mantidos de forma que os trabalhadores possam desempenhar as funções que lhes forem confiadas, eliminando ou reduzindo ao mínimo, praticável e factível, os riscos para sua segurança e saúde;
- os postos de trabalho devem ser projetados e instalados segundo princípios ergonômicos;
- as áreas de mineração com atividades operacionais devem possuir entradas identificadas com o nome da empresa ou do permissionário de lavra garimpeira e os acessos e as estradas sinalizadas;
- no subsolo, serão designadas equipes com, no mínimo, dois trabalhadores, para o desenvolvimento das seguintes atividades:
  - abatimento manual de choco e blocos instáveis;
  - contenção de maciço desarticulado;
  - perfuração manual;
  - retomada de atividades em fundo de saco com extensão acima de dez metros;
  - carregamento de explosivos, detonação e retirada de fogos falhados;
- a céu aberto, serão designadas equipes com, no mínimo, dois trabalhadores para o desenvolvimento das atividades de carregamento de explosivos, detonação e retirada de fogos falhados;
- deverá ser estabelecida norma interna de segurança para supervisão e controle dos demais locais de atividades onde se poderá trabalhar desacompanhado.

Determina a NR-22 várias recomendações preventivas de segurança e saúde ocupacional na mineração acerca das Superfícies de Trabalho, merecendo destacar as seguintes:

- os postos de trabalho devem ser dotados de plataformas móveis, sempre que a altura das frentes de trabalho for superior a 2 m (dois metros) ou a conformação do piso não possibilite a segurança necessária;
- as plataformas móveis devem possuir piso antiderrapante de, no mínimo, 1 m (um metro) de largura, com rodapé de 0,20 m (vinte centímetros) de altura e guarda-corpo;
- é proibido utilizar máquinas e equipamentos como plataforma de trabalho, quando esses não tenham sido projetados, construídos ou adaptados com segurança para tal fim e autorizado seu funcionamento por profissional competente;
- as passarelas de trabalho deverão possuir largura mínima de 0,60 m (sessenta centímetros), quando se destinarem ao trânsito eventual, e de 0,80 m (oitenta centímetros) nos demais casos;
- as passarelas de trabalho construídas e em operação, que não foram concebidas e construídas de acordo com o exigido na alínea anterior, deverão ter procedimentos de trabalho adequados à segurança da operação;
- o trabalho em telhados somente poderá ser executado com o uso de cinto de segurança tipo "paraquedista" afixado em cabo-guia, ou outro sistema adequado de proteção contra quedas;
- nos trabalhos realizados em superfícies inclinadas, com risco de quedas superior a 2 m (dois metros), é obrigatório o uso de cinto de segurança, adequadamente fixado;
- as galerias e superfícies de trabalho devem ser adequadamente drenadas.

Impõe a NR-22, em relação à Estabilidade dos Maciços, o cumprimento de várias recomendações preventivas, cabendo destacar as seguintes:

- todas as obras de mineração, no subsolo e na superfície, devem ser levantadas topograficamente e representadas em mapas e plantas, revistos e atualizados periodicamente por profissional habilitado;
- devem ser realizadas, no mínimo a cada seis meses, medições topográficas para verificar a verticalidade das torres dos poços;
- a empresa ou permissionário de lavra garimpeira deve adotar procedimentos técnicos, de forma a controlar a estabilidade do maciço, observando-se critérios de engenharia específicos;
- os métodos de lavra em que haja abatimento controlado do maciço ou com recuperação de pilares deverão ser acompanhados de medidas de segurança que permitam o monitoramento permanente do processo de extração e supervisionado por pessoal qualificado;
- quando se verificarem situações potenciais de instabilidade no maciço através de avaliações que levem em consideração as condições geotécnicas e geomecânicas do local, as atividades deverão ser imediatamente paralisadas, com afastamento dos trabalhadores da área de risco, adotadas as medidas corretivas necessárias, executadas sob supervisão e por pessoal qualificado;
- a deposição de qualquer material próximo às cristas das bancadas e o estacionamento de máquinas devem obedecer a uma distância mínima de segurança, definida em função da estabilidade e da altura da bancada;
- é obrigatória a estabilização ou remoção, até uma distância adequada, de material com risco de queda das cristas da bancada superior.

A norma regulamentadora de segurança e saúde ocupacional na mineração apresenta várias disposições prevencionistas acerca das Aberturas Subterrâneas, dentre as quais destacamos:

- devem ser executadas e mantidas de forma segura, durante o período de sua vida útil. Os colares dos poços e os acessos à mina devem ser construídos e mantidos, de forma a não permitir a entrada de água em quantidades que comprometam a sua estabilidade ou a ocorrência de desmoronamentos. As galerias devem ser projetadas e construídas de forma compatível com a segurança do operador das máquinas e equipamentos que por elas transita, assegurando posição confortável e impedindo o contato acidental com o teto e paredes;
- em áreas de influência da lavra não é permitido o desenvolvimento de outras obras subterrâneas que possam prejudicar a sua estabilidade e segurança;
- as aberturas, que possam acarretar riscos de queda de material ou pessoas, devem ser protegidas e sinalizadas. As aberturas subterrâneas e frentes de trabalho devem ser periodicamente inspecionadas para a identificação de blocos instáveis e chocos, tais inspeções devem ser realizadas com especial cuidado, quando da retomada das frentes de lavra após as detonações;
- verificada a existência de blocos instáveis, estes devem ter sua área de influência isolada até que sejam tratados ou abatidos;
- verificada a existência de chocos, estes devem ser abatidos imediatamente, através de dispositivo adequado para a atividade, que deverá estar disponível em todas as frentes de trabalho e realizados por trabalhador qualificado, observando normas de procedimentos da empresa ou permissionário de lavra garimpeira;
- vias de acesso, de trânsito e outras aberturas com inclinações maiores que 35º (trinta e cinco graus) devem ser protegidas, a fim de neutralizar deslizamentos e evitar quedas de objetos e pessoas;
- todas as aberturas subterrâneas devem ser avaliadas e convenientemente tratadas segundo suas características hidrogeomecânicas e finalidades a que se destinam;
- a avaliação realizada e os sistemas de tratamento a serem adotados devem ser implantados pelo profissional designado pelo cumprimento das disposições contidas na NR-22, e devem estar disponíveis para a fiscalização do trabalho;

- em todas as minas com necessidade de tratamento devem estar disponíveis os planos atualizados dos tipos utilizados, nos quais conste a fundamentação técnica do tipo adotado, a representação gráfica e instruções precisas, em linguagem acessível, das técnicas de montagem e das condições dos locais a serem tratados;

- o responsável técnico pela mina definirá as áreas em que serão recuperados os escoramentos, aprovará os métodos, sequências de desmontagem dos elementos e quais equipamentos serão utilizados na recuperação, que somente deve ser executada por trabalhadores qualificados;

- todo material de escoramento deve ser protegido contra umidade, apodrecimento, corrosão, além de outros tipos de deterioração, em função de sua vida útil programada;

- o uso de macacos hidráulicos para escoramento deve estar associado a dispositivos que detectem eventuais movimentações na rocha sustentada.

No que concerne à Proteção contra Poeira Mineral, há de se observar que nos locais onde haja geração de poeiras na superfície ou no subsolo, a empresa ou permissionário de lavra garimpeira deverá realizar o monitoramento periódico da exposição dos trabalhadores, através de grupos homogêneos de exposição e das medidas de controle adotadas, com o registro dos dados observando-se, no mínimo, o disposto no Quadro I (Número de trabalhadores a serem amostrados em função do número de trabalhadores do Grupo Homogêneo de Exposição) da NR-22, devidamente reproduzido no texto integral da norma preventiva em apreço e constante da parte dos Fundamentos Jurídicos deste Capítulo, para onde remetemos o leitor.

Registre-se, porém, que, quando ultrapassados os limites de tolerância à exposição a poeiras minerais, devem ser adotadas medidas técnicas e administrativas que reduzam, eliminem ou neutralizem seus efeitos sobre a saúde dos trabalhadores, considerados os níveis de ação estabelecidos na NR-22; além do que, em toda mina deve estar disponível água em condições de uso, com o propósito de controle da geração de poeiras nos postos de trabalho, onde rocha ou minério estiver sendo perfurado, cortado, detonado, carregado, descarregado ou transportado;

Outrossim, as operações de perfuração ou corte devem ser realizadas por processos umidificados para evitar a dispersão da poeira no ambiente de trabalho; caso haja impedimento de umidificação, em função das características mineralógicas da rocha, impossibilidade técnica ou quando a água acarretar riscos adicionais, devem ser utilizados dispositivos ou técnicas de controle que impeçam a dispersão da poeira no ambiente de trabalho.

Os equipamentos geradores de poeira com exposição dos trabalhadores devem utilizar dispositivos para sua eliminação, ou redução, e ser mantidos em condições operacionais de uso; além do que, as superfícies de máquinas, instalações e pisos dos locais de trânsito de pessoas e equipamentos devem ser periodicamente umidificados ou limpos, de forma a impedir a dispersão de poeira no ambiente de trabalho. Os postos de trabalho, que sejam enclausurados ou isolados, devem possuir sistemas adequados, que permitam a manutenção das condições de conforto previstas na NR-17 (Ergonomia), especialmente as constantes em seu subitem 17.5.2, e que possibilitem trabalhar com o sistema hermeticamente fechado.

Em relação às Instalações Elétricas, estipula a norma regulamentadora de segurança e saúde ocupacional na mineração, que:

- nos trabalhos em instalações elétricas o responsável pela mina deve assegurar a presença de pelo menos um eletricista;

- as instalações e serviços de eletricidade devem ser projetados, executados, operados, mantidos, reformados e ampliados, de forma a permitir a adequada distribuição de energia e isolamento, correta proteção contra fugas de corrente, curtos-circuitos, choques elétricos e outros riscos decorrentes do uso de energia elétrica;

- os cabos e condutores de alimentação elétrica utilizados devem ser certificados por um organismo de certificação, credenciado pelo INMETRO;

- os locais de instalação de transformadores e capacitores, seus painéis e respectivos dispositivos de operação devem ser ventilados e iluminados, ou projetados e construídos com tecnologia adequada para operação em ambientes confinados; ser construídos e ancorados de forma segura, ser devidamente protegidos e sinalizados, indicando zona de perigo, de forma a alertar que o acesso é proibido a pessoas não autorizadas; não devem ser usados para outras finalidades diferentes daquelas do projeto elétrico, e devem possuir extintores de incêndio portáteis, adequados à classe de risco, localizados na entrada ou nas proximidades e, em subsolo, montante do fluxo de ventilação;

- os cabos, instalações e equipamentos elétricos devem ser protegidos contra impactos, água e influência de agentes químicos, observando-se suas aplicações, de acordo com as especificações técnicas;
- os serviços de manutenção ou reparo de sistemas elétricos só podem ser executados com o equipamento desligado, etiquetado, bloqueado e aterrado, exceto se forem utilizadas técnicas adequadas para circuitos energizados, ferramentas e equipamentos adequados à classe de tensão e tomadas precauções necessárias para a segurança dos trabalhadores;
- o bloqueio durante as operações de manutenção e reparo de instalações elétricas deve ser realizado utilizando-se de cadeado e etiquetas sinalizadoras fixadas em local visível, contendo, no mínimo, as indicações de horário e data do bloqueio, o motivo da manutenção e o nome do responsável pela operação;
- os equipamentos e máquinas de emergência, destinados a manter a continuidade do fornecimento de energia elétrica e as condições de segurança no trabalho, devem ser mantidos permanentemente em condições de funcionamento. Redes elétricas, transformadores, motores, máquinas e circuitos elétricos devem estar equipados com dispositivos de proteção automáticos, para os casos de curto-circuito, sobrecarga, queda de fase e fugas de corrente;
- os fios condutores de energia elétrica instalados no teto de galerias para alimentação de equipamentos devem estar a altura compatível com o trânsito seguro de pessoas e equipamentos e protegidos contra contatos acidentais. Os sistemas de recolhimento automático de cabos alimentadores de equipamentos elétricos móveis devem ser eletricamente solidários à carcaça do equipamento principal;
- os equipamentos elétricos móveis devem ter aterramento adequadamente dimensionado. Em locais com ocorrência de gases inflamáveis e explosivos, as tarefas de manutenção elétrica devem ser realizadas sob o controle de um supervisor, com a rede de energia desligada e chave de acionamento bloqueada, monitorando-se a concentração dos gases;
- os terminais energizados dos transformadores devem ser isolados fisicamente por barreiras ou outros meios físicos, a fim de evitar contatos acidentais. Toda instalação, carcaça, invólucro, blindagem ou peça condutora, que não faça parte dos circuitos elétricos mas que, eventualmente, possa ficar sob tensão, deve ser aterrada, desde que esteja em local acessível a contatos;
- todas as instalações ou peças que não fazem parte da rede condutora, mas que possam armazenar energia estática com possibilidade de gerar fagulhas ou centelhas, devem ser aterradas. As malhas, os pontos de aterramento e os para-raios devem ser revisados periodicamente e os resultados registrados;
- a implantação, operação e manutenção de instalações elétricas devem ser executadas somente por pessoa qualificada, que deve receber treinamento continuado em manuseio e operação de equipamentos de combate a incêndios e explosões, bem como para prestação de primeiros socorros a acidentados;
- trabalhos em condições de risco acentuado deverão ser executados por duas pessoas qualificadas, salvo critério do responsável técnico;
- durante a manutenção de máquinas ou instalações elétricas, os ajustes e as características dos dispositivos de segurança não devem ser alterados, de modo a prejudicar sua eficácia. Na ocorrência de defeitos, estes devem ser comunicados à supervisão para a adoção imediata de providências;

- trabalhos em rede elétrica entre dois ou mais pontos sem possibilidade de contato visual entre os operadores somente podem ser realizados com comunicação por meio de rádio ou outro sistema de comunicação, que impeça a energização acidental. No caso de uso dos trilhos para o retorno do circuito elétrico de locomotivas, devem existir conexões elétricas entre eles;
- as instalações elétricas, com possibilidade de contato com água, devem ser projetadas, executadas e mantidas com especial cuidado quanto à blindagem, estanqueidade, isolamento, aterramento e proteção contra falhas elétricas. Nas subestações de distribuição de energia devem estar disponíveis os esquemas elétricos referentes à instalação da rede;
- os cabos e as linhas elétricas, especialmente no subsolo, devem ser dispostos de modo que não sejam danificados por qualquer meio de transporte, lançamento de fragmentos de rochas ou pelo próprio peso. Os trechos e pontos de tomada de força da rede elétrica em desuso devem ser desenergizados, marcados, isolados ou retirados, quando não forem mais utilizados;
- em planos inclinados, galerias e poços, as instalações de cabos e linhas energizadas devem ser executadas com suportes fixos, para a segurança de sua sustentação. Os quadros de distribuição elétrica devem ser devidamente fixados e aterrados e os locais de sua instalação devem ser ventilados, sinalizados e protegidos contra impactos acidentais;
- as estações de carregamento de baterias tracionárias no subsolo devem ser identificadas e sinalizadas e estar sujeitas à ventilação de ar fresco da mina, observando-se que a corrente do ar deverá passar primeiro pelos transformadores e depois pelas baterias, saindo diretamente no sistema de retorno da ventilação; ser separadas das outras instalações elétricas e do local de manutenção de equipamentos e ter o acesso permitido somente a pessoas autorizadas e portando lâmpadas à prova de explosão;
- na mina, devem ser mantidos atualizados os documentos referentes às instalações elétricas e os respectivos programas e registros de manutenções;
- em locais sujeitos a emanações de gases explosivos e inflamáveis, as instalações elétricas serão à prova de explosão. As instalações e edificações na superfície devem estar protegidas contra descargas elétricas atmosféricas, com sistema de proteção adequadamente dimensionado, sendo sua integridade e condições de aterramento periodicamente verificadas.

São determinações preventivas, que visam à segurança e saúde ocupacional na mineração, que todas as Operações com Explosivos e Acessórios, além de respeitar as recomendações de segurança do fabricante, devam observar o seguinte:

- o manuseio e utilização de material explosivo devem ser efetuados por pessoal devidamente treinado, respeitando-se as normas do Departamento de Fiscalização de Produtos Controlados do Ministério da Defesa;
- em cada mina, onde seja necessário o desmonte de rocha com uso de explosivos, deve estar disponível plano de fogo, no qual conste a disposição e profundidade dos furos, a quantidade e tipo de explosivos e acessórios utilizados, a sequência das detonações, a razão de carregamento, o volume desmontado e o tempo mínimo de retorno após a detonação;
- o plano de fogo da mina deve ser elaborado e supervisionada sua execução pelo encarregado do fogo (*blaster*);
- a localização, construção, armazenagem e manutenção dos depósitos principais e secundários de explosivos e acessórios devem estar de acordo com a regulamentação vigente do Ministério da Defesa. Os depósitos de explosivos e acessórios, no subsolo, não podem estar localizados junto a galerias de acesso de pessoal e de ventilação principal da mina. Nos acessos dos depósitos de explosivos e acessórios devem estar disponíveis dispositivos de combate a incêndios. O acesso aos depósitos de explosivos e de acessórios só pode ser liberado a pessoal devidamente qualificado, treinado e autorizado pela empresa ou permissionário de lavra garimpeira, ou acompanhado de pessoa que atenda a essas qualificações;

- os locais de armazenamento de explosivos e acessórios no subsolo conterão, no máximo, a quantidade a ser utilizada num período de 5 (cinco) dias de trabalho, e devem ser protegidos de impactos acidentais, trancados sob responsabilidade de profissional habilitado, independentes, separados e sinalizados (inclusive com indicação na planta da mina de sua capacidade), livres de umidade excessiva e onde a ventilação possibilite manter a temperatura adequada e minimizar o arraste de gases para as frentes de trabalho, em caso de acidente, devendo, igualmente, ser proibida a estocagem de explosivos e acessórios fora dos locais apropriados;
- explosivos e acessórios não usados devem retornar imediatamente aos depósitos respectivos;
- a menos de 20 m (vinte metros) de um depósito de explosivos e acessórios somente será permitido o acesso de pessoas que trabalhem naquela área, para execução de manutenção das galerias e de trabalho no depósito;
- no subsolo, dentro de depósito de explosivos e acessórios e a menos de 25 m (vinte e cinco metros) do mesmo, o sistema de contenção será constituído, preferencialmente, de material incombustível, não podendo existir deposição de qualquer outro material, devendo os explosivos e acessórios ser estocados em suas embalagens originais ou em recipientes apropriados e sobre material não metálico, resistente e livre de umidade, não podendo estar em contato com qualquer material que possa gerar faíscas, fagulhas ou centelhas; e, além disso, os depósitos devem ser sinalizados com placas de advertência contendo a menção "EXPLOSIVOS", em locais visíveis nas proximidades e nas portas de acesso aos mesmos;
- o transporte de explosivos e acessórios deve ser realizado por veículo dotado de proteção, que impeça o contato de partes metálicas com explosivos e acessórios e atenda à regulamentação vigente do Ministério da Defesa, observadas as recomendações do fabricante;
- o carregamento e descarregamento deve ser feito com o veículo desligado e travado, e os trabalhadores envolvidos em tais atividades devem receber treinamento específico para realizá-las, ficando proibido o transporte de explosivos e cordéis detonantes simultaneamente com acessórios e outros materiais, bem como com pessoas estranhas à atividade, e o transporte manual de explosivos e acessórios deve ser feito utilizando recipientes apropriados;
- antes do início dos trabalhos de carregamento de furos no subsolo, o profissional habilitado deve verificar a existência de contenção, conforme o plano de lavra, a limpeza dos furos, a existência da ventilação e sua proteção; se todas as pessoas não envolvidas no processo já foram retiradas do local da detonação, interditando o acesso e a existência e funcionamento de aspersor de água em frentes de desenvolvimento, para lavagem de gases e deposição da poeira durante e após a detonação;
- o desmonte com uso de explosivos deve ser precedido do acionamento de sirene, no caso de mina a céu aberto, a área de risco deve ser evacuada e devidamente vigiada, os horários de fogo previamente definidos e consignados em placas visíveis na entrada de acesso às áreas da mina, deve dispor de abrigo para uso eventual daqueles que acionam a detonação e seguir as normas técnicas vigentes e as instruções do fabricante;
- na interligação de duas frentes em subsolo, deve ser efetuada retirada total do pessoal de ambas, quando da detonação de cada frente, devendo-se evitar a detonação não simultânea das frentes e ser estabelecida a distância mínima de segurança para a paralisação de uma delas;
- somente ferramentas que não originem faíscas, fagulhas ou centelhas devem ser usadas para abrir recipientes de material explosivo ou para fazer furos nos cartuchos de explosivos, e no carregamento dos furos é permitido somente o uso de socadores de madeira, plástico ou cobre. Os instrumentos e equipamentos utilizados para detonação elétrica e medição de resistências devem ser inspecionados e calibrados periodicamente, mantendo-se o registro da última inspeção. Em minas com emanações comprovadas de gases inflamáveis ou explosivos somente será permitido o uso de explosivos adequados a essa condição;
- é proibida a escorva de explosivos fora da frente de trabalho. A fixação da espoleta no pavio deverá ser feita com instrumento específico a esse fim. É proibido utilizar fósforos, isqueiros,

chama exposta ou qualquer outro instrumento gerador de faíscas, fagulhas ou centelhas durante o manuseio e transporte de explosivos e acessórios;

- os fios condutores, utilizados nas detonações por descarga elétrica, devem ser de cobre ou ferro galvanizado; devem estar isolados, possuir resistividade elétrica abaixo da estabelecida para o circuito, não conter emendas, ser mantidos em curto-circuito até sua conexão aos detonadores, ser conectados ao equipamento de detonação pelo encarregado do fogo após a retirada do pessoal da frente de detonação, e possuir comprimento adequado, que possibilite uma distância segura para o encarregado do fogo;
- em minas com baixa umidade relativa do ar e sujeitas ao acúmulo de eletricidade estática, o encarregado do fogo deverá usar anel de aterramento ou outro dispositivo similar, durante a atividade de montagem do circuito e detonação elétrica, sendo proibida a detonação a céu aberto em condições de baixo nível de iluminamento ou quando ocorrerem descargas elétricas atmosféricas. Caso a frente esteja parcial ou totalmente carregada, a área deve ser imediatamente evacuada;
- para os trabalhos de aprofundamento de poços e rampas, o transporte dos explosivos e acessórios para o local do desmonte só pode ocorrer separadamente e após ter sido retirado todo o pessoal não autorizado. Antes da conexão das espoletas elétricas com o fio condutor, devem ser desligadas todas as instalações elétricas no poço ou rampa. A detonação só pode ser acionada da superfície ou de níveis intermediários, e os operadores de poços e rampas devem ser devidamente informados do início do carregamento;
- o retorno à frente detonada só será permitido com autorização do responsável pela área e após a dissipação dos gases e poeiras, observando-se o tempo mínimo determinado pelo projeto de ventilação e plano de fogo, confirmação das condições de estabilidade da área e marcação e eliminação de fogos falhados;
- na constatação ou suspeita de fogos falhados no material detonado, após o retorno das atividades, os trabalhos devem ser interrompidos imediatamente, o local deve ser evacuado e deve-se informar ao encarregado do fogo para adoção das providências cabíveis;
- a retirada de fogos falhados só poderá ser executada pelo encarregado do fogo ou, sob sua orientação, por pessoal qualificado e treinado e através de dispositivo que não produza faíscas, fagulhas ou centelhas. Os explosivos e acessórios remanescentes de um carregamento ou que tenham falhado devem ser recolhidos a seus respectivos depósitos, após retirada imediata da escorva entre eles e utilizando-se recipientes separados, sendo proibido o aproveitamento de restos de furos falhados.

Prevê a NR-22 que as Dragas Flutuantes, além das obrigações estabelecidas na Lei n. 9.537 de 11.12.1997, devem atender aos seguintes requisitos mínimos:

- a plataforma da draga deve ser equipada com corrimão;
- todos os equipamentos devem ser seguramente presos contra deslocamento;
- deve existir alerta sonoro em caso de emergência;
- devem ser equipadas com salva-vidas em número correspondente ao de trabalhadores;
- devem ter a carga máxima indicada em placa e local visível.

Acerca das operações de Desmonte Hidráulico, estipula a NR-22 os seguintes cuidados preventivos:

- os trabalhadores e os equipamentos que efetuarem o desmonte devem estar protegidos por uma distância adequada, de forma a protegê-los contra possíveis desmoronamentos ou deslizamentos;
- é proibida a entrada de pessoas não autorizadas nos taludes com desmonte hidráulico;
- os trabalhadores encarregados do desmonte devem estar protegidos por equipamentos de proteção adequados para trabalhos em condições de alta umidade;
- nas instalações de desmonte que funcionem com profissional com pressões de água, acima de três quilogramas por centímetro quadrado devem ser observados os seguintes requisitos adicionais:

- os tubos, as conexões e os suportes das tubulações de pressão devem ser apropriados para estas finalidades, e dotados de dispositivo que impeça o chicoteamento da mangueira em caso de desengate acidental;
- deve existir suporte para o equipamento de jateamento; e
- a instalação deve ter dispositivo para o desligamento de emergência da bomba de pressão.

Em relação à Ventilação em Atividades de Subsolo, as principais recomendações técnico-preventivas a serem cumpridas são:

- dispor de sistema de ventilação mecânica que propicie: suprimento de oxigênio, renovação contínua do ar, diluição eficaz de gases inflamáveis ou nocivos e de poeiras do ambiente de trabalho, temperatura e umidade adequada ao trabalho humano; e deve ser mantido e operado de forma regular e contínua;
- para cada mina deve ser elaborado e implantado um projeto de ventilação com fluxograma atualizado periodicamente e disponível aos trabalhadores, contendo, no mínimo, os seguintes dados: localização, vazão e pressão dos ventiladores principais; direção e sentido do fluxo de ar; localização e função de todas as portas, barricadas, cortinas, diques, tapumes e outros dispositivos de controle do fluxo de ventilação;
- todas as frentes de trabalho, em desenvolvimento e lavra, devem ser ventiladas por uma corrente de ar que previna a exposição dos trabalhadores a contaminantes acima dos limites de tolerância legais;
- em minas com emanações de grisu, a corrente de ar viciado deve ser dirigida ascendentemente, só podendo ser dirigida descendentemente mediante justificativa técnica;
- nos locais onde pessoas estiverem transitando ou trabalhando, a concentração de oxigênio no ar não deve ser inferior a 19% (dezenove por cento) em volume e a vazão de ar necessária em minas de carvão, para cada frente de trabalho, deve ser de, no mínimo, 6,00 m^3/min (seis metros cúbicos por minuto) por pessoa. A vazão de ar fresco em galerias de minas de carvão constituídas pelos últimos travessões arrombados deve ser de, no mínimo, 250 m^3/min (duzentos e cinquenta metros cúbicos por minuto). Em outras minas, a quantidade do ar fresco nas frentes de trabalho deve ser de, no mínimo, 2,00 m^3/min (dois metros cúbicos por minuto) por pessoa;
- no caso da utilização de veículos e equipamentos a óleo diesel que operem com diesel com teor de enxofre máximo de 50 ppm e motores que tenham padrões de emissão aceitáveis pela fase P7 do Programas de Controle da Poluição do Ar por Veículos Automotores (PROCONVE), a vazão de ar fresco na frente de trabalho deve ser aumentada em dois vírgula sessenta e cinco metros cúbicos por minuto para cada cavalo-vapor de potência instalada;
- no caso da utilização de veículos e equipamentos a óleo diesel com teor de enxofre acima de 50 ppm ou que operem com motores diesel que não tenham padrões de emissão aceitáveis pela fase P7 do PROCONVE, a vazão de ar fresco na frente de trabalho deve ser aumentada em três e meio metros cúbicos por minuto para cada cavalo-vapor de potência instalada;
- no caso de uso simultâneo de mais de um veículo ou equipamento a diesel que operem com diesel com teor de enxofre máximo de 50 ppm e motores que tenham padrões de emissão aceitáveis pela fase P7 do PROCONVE, em frente de desenvolvimento, deverá ser adotada a seguinte fórmula para o cálculo da vazão de ar fresco na frente de trabalho:

  $QT = 2,65 (P1 + 0,75 \times P2 + 0,5 \times Pn)$ [m^3/min]

  Onde:

  QT = vazão total de ar fresco em metros cúbico por minuto

  P1 = potência em cavalo-vapor do equipamento de maior potência em operação

  P2 = potência em cavalo-vapor do equipamento de segunda maior potência em operação

  Pn = somatório da potência em cavalo-vapor dos demais equipamentos em operação

- No caso de uso simultâneo de mais de um veículo ou equipamento a óleo diesel com teor de enxofre acima de 50 ppm ou que operem com motores diesel que não tenham padrões de emissão aceitáveis pela fase P7 do PROCONVE, a vazão de ar fresco em frente de desenvolvimento, deverá ser adotada a seguinte fórmula para o cálculo da vazão de ar fresco na frente de trabalho:

  $QT = 3{,}50\ (P1 + 0{,}75 \times P2 + 0{,}5 \times Pn)\ [m^3/min]$

  Onde:

  QT = vazão total de ar fresco em metros cúbico por minuto

  P1 = potência em cavalo-vapor do equipamento de maior potência em operação

  P2 = potência em cavalo-vapor do equipamento de segunda maior potência em operação

  Pn = somatório da potência em cavalo-vapor dos demais equipamentos em operação
- No caso de desenvolvimento, sem uso de veículos ou equipamentos a óleo diesel, a vazão de ar fresco deverá ser dimensionada à razão de quinze metros cúbicos por minuto por metro quadrado da área da frente em desenvolvimento;
- Em outras minas e demais atividades subterrâneas a vazão de ar fresco nas frentes de trabalho será dimensionada de acordo com o disposto no Quadro II (Determinação da Vazão de Ar Fresco) da NR-22, prevalecendo a vazão que for maior;
- o fluxo total de ar fresco na mina será, no mínimo, o somatório dos fluxos das áreas de desenvolvimento e dos fluxos das demais áreas da mina, dimensionados conforme determinado nesta Norma;
- a velocidade do ar no subsolo não deve ser inferior a zero vírgula dois metros por segundo nem superior à média de oito metros por segundo onde haja circulação de pessoas;
- os casos especiais que demandem o aumento de limite superior da velocidade para até dez metros por segundo deverão ser submetidos à Superintendência Regional do Trabalho e Emprego (SRTE);
- em poços, furos de sonda, chaminés ou galerias, exclusivos para ventilação, a velocidade pode ser superior a dez metros por segundo;
- sempre que a passagem por portas de ventilação acarretar riscos oriundos da diferença de pressão, deverão ser instaladas duas portas em série, de modo a permitir que uma permaneça fechada enquanto a outra estiver aberta, durante o trânsito de pessoas ou equipamentos;
- a montagem e desmontagem das portas de ventilação somente será permitida com autorização do responsável pela mina;
- no caso de minas grisutosas ou com ocorrência de gases tóxicos, explosivos ou inflamáveis, o controle da sua concentração deve ser feito a cada turno, nas frentes de trabalho em operação e nos pontos importantes da ventilação.

Tipifica a NR-22, em relação ao Beneficiamento Mineral, os seguintes requisitos de segurança e saúde a serem observados:

- os equipamentos de beneficiamento devem ser dispostos a uma distância suficiente entre si, de forma a permitir a circulação segura do pessoal, sua manutenção, o desvio do material no caso de defeitos e a interposição de outros equipamentos necessários para reparos e manutenção;
- é obrigatória a adoção de medidas especiais de segurança para o trabalho no interior dos equipamentos alimentadores, moinhos, teares, galgas, transportadores contínuos, espessadores, silos de armazenamento e transferência e outros também utilizados nas operações de corte, revolvimento, moagem, mistura, armazenamento e transporte de massa;
- as medidas especiais de segurança citadas devem contemplar, no mínimo, os seguintes aspectos: uso de cinto de segurança fixado a cabo salva-vida, realização dos trabalhos sob supervisão, os equipamentos devem estar desligados, desenergizados, com os comandos bloqueados, travados

e etiquetados. Devem ser feitos descarregamento e ventilação prévia dos equipamentos e monitoramento prévio de qualidade do ar, de explosividade e de radiações ionizantes;

- somente o responsável pelo bloqueio pode desbloquear o comando de partida dos equipamentos, cujo procedimento deverá estar devidamente registrado;
- nos casos em que houver trabalho manual auxiliar na alimentação por gravidade de britadores, outros equipamentos ou locais com risco de queda, o trabalhador deverá usar, obrigatoriamente, cinto de segurança firmemente fixado;
- nos processos que exijam coleta de amostras, esta deve ser realizada seguindo procedimentos escritos e os equipamentos devem dispor de local seguro para esta atividade;
- em locais de risco de queda de material, ou pessoas, ou contato com partes móveis, as áreas de circulação de pessoas devem estar sinalizadas e protegidas adequadamente;
- o acionamento de qualquer equipamento só pode ser realizado por pessoa autorizada, através de um sistema ou procedimento adequado de comando de partida, que impeça a ligação acidental;
- deve haver, no mínimo, um sinal audível por todos os trabalhadores envolvidos ou afetados pela operação, pelo menos 20 (vinte) segundos antes da movimentação efetiva de equipamentos, que ofereçam riscos acentuados;
- os locais de implantação de processos de lixiviação em pilha devem ser cercados e sinalizados, de forma a alertar que o acesso é proibido a pessoas não autorizadas;
- os processos de lixiviação devem ser executados por trabalhadores treinados e supervisionados por profissional legalmente habilitado.

No que concerne à Proteção contra Incêndios e Explosões Acidentais, estatui a atual NR-22 que:

- nas minas e instalações sujeitas a emanações de gases tóxicos, explosivos ou inflamáveis, o Programa de Gerenciamento de Riscos deverá incluir ações de prevenção e combate a incêndio e de explosões acidentais, a serem implementadas pelo responsável pela mina, devendo incluir, no mínimo, a indicação de um responsável pelas equipes, serviços e equipamentos para realizar as medições, os registros dos resultados das medições permanentemente organizados, atualizados e disponíveis à fiscalização; a periodicidade da realização das medições deverá ser determinada em função das características dos gases, podendo ser modificada a critério técnico;
- em minas subterrâneas não deve ser ultrapassada a concentração de 1% (um por cento) em volume, ou equivalente, de metano no ambiente de trabalho. No caso da ocorrência de metano acima dessa concentração, as atividades devem ser imediatamente suspensas, informando-se à chefia imediata e executando somente trabalhos para reduzir a concentração;
- em caso de ocorrência de metano com concentração igual ou superior a 2% (dois por cento) em volume, ou equivalente, a zona em perigo deve ser imediatamente evacuada e interditada. A concentração de metano na corrente de ar deverá ser controlada periodicamente, conforme programa estabelecido e aprovado pelo responsável pela mina. Acima de 0,8% (zero vírgula oito por cento) em volume de metano no ar, será proibido desmonte com explosivo;
- nas minas subterrâneas sujeitas à concentração de gases, que possam provocar explosões e incêndios, devem estar disponíveis próximos aos postos de trabalho equipamentos individuais de fuga rápida em quantidade suficiente para o número de pessoas presentes na área. Além dos equipamentos de fuga rápida deverão estar disponíveis câmaras de refúgio incombustíveis, por tempo mínimo previsto no Programa de Gerenciamento de Riscos com capacidade para abrigar os trabalhadores em caso de emergência;
- todas as minerações devem possuir um sistema com procedimentos escritos, equipes treinadas de combate a incêndio e sistema de alarme. As equipes deverão ser treinadas por profissional qualificado e fazer exercícios periódicos de simulação;
- a prevenção de incêndio deverá ser promovida em todas as dependências da mina através da proibição de se portar ou utilizar produtos inflamáveis ou qualquer objeto que produza fogo ou

faísca, a não ser os necessários aos trabalhos de mineração subterrânea, disposição adequada de lixo ou material descartável com potencial inflamável em qualquer dependência da mina, proibição de estocagem de produtos inflamáveis e de explosivos próximo a transformadores, caldeiras e outros equipamentos, e instalações que envolvam eletricidade e calor, sendo que os trabalhos envolvendo soldagem, corte e aquecimento, através de chama aberta, só poderão ser executados quando forem providenciados todos os meios adequados para prevenção e combate de eventual incêndio; devendo ser proibido fumar no subsolo;

- é proibido o porte e uso de lanternas de carbureto de cálcio em subsolo;
- em minas subterrâneas, onde for utilizado sistema de transporte por correias transportadoras, deverá ser instalado sistema de combate a incêndio próximo ao seu sistema de acionamento e dos tambores. Em minas de carvão, as correias transportadoras deverão ser construídas de material resistente à combustão, igualmente, deverão ser tomadas todas as medidas necessárias para evitar o acúmulo de pó de carvão ao longo das partes móveis dos sistemas de transportadores de correia, onde possa ocorrer aquecimento por atrito;
- nos acessos de ar fresco devem ser tomadas precauções adicionais nas instalações para se evitar incêndios e sua propagação. O sistema da ventilação de mina subterrânea deve ser regido e dotado de procedimentos ou dispositivos que: impeçam que os gases de combustão provenientes de incêndio na superfície penetrem no seu interior e possibilitem que os gases de combustão ou outros gases tóxicos gerados em seu interior em virtude de incêndio não sejam carreados para as frentes de trabalho ou sejam adequadamente diluídos;
- nas proximidades dos acessos à mina subterrânea não devem ser instalados depósitos de produtos combustíveis, inflamáveis ou explosivos. Todo insumo inflamável ou explosivo deve ser rotulado e guardado em depósito seguro, identificado e construído conforme regulamentação vigente;
- devem ser instalados, nas minas subterrâneas, redes de água, sistemas ou dispositivos que permitam o combate a incêndios. Em toda mina devem ser instalados extintores portáteis de incêndio, adequados à classe de risco, cuja inspeção deve ser realizada por pessoal treinado. Os equipamentos de combate a incêndios, as tomadas de água e o estoque do material a ser utilizado na construção emergencial de diques, na superfície e no subsolo, devem estar permanentemente identificados e dispostos em locais apropriados e visíveis;
- todos os trabalhadores devem estar instruídos sobre prevenção e combate a princípios de incêndios, através do uso de extintores portáteis, e sobre noções de primeiros socorros;
- havendo a constatação de incêndio, toda a área de risco deve ser interditada e as pessoas não diretamente envolvidas no seu combate devem ser evacuadas para áreas seguras;
- as carpintarias devem estar distantes de outras oficinas e demais zonas com risco de incêndio e explosão;
- as minas subterrâneas de carvão devem identificar as fontes de geração de poeiras tomando as medidas preventivas cabíveis para reduzir o risco de inflamação de poeiras e a propagação da chama. As medidas preventivas serão implementadas principalmente nas frentes de lavra, nos pontos de transferência, nos pontos de carregamento de minério em correias transportadoras e onde existam fontes de ignição;
- as medidas preventivas, nas frentes de lavra, consistirão em umidificação das operações que possam gerar poeiras; nos pontos de transferência e nos pontos de carregamento consistirão em umidificação, neutralização com material inerte ou lavagem periódica em intervalos de tempo a serem determinados para cada local, das paredes, teto e lapa, e nos locais onde existam fontes de ignição será efetuado o isolamento da fonte, a umidificação ou a neutralização com material inerte.

Dispõe a NR-22 acerca dos Equipamentos Radioativos, os seguintes cuidados específicos:

- as minerações que utilizem fontes ou medidores radioativos em seus processos devem obedecer as Diretrizes Básicas e de Radioproteção da Comissão Nacional de Energia Nuclear (CNEN), especialmente nas de n. 3.01/1983; 6.02/1984; 3.02/1988; 3.03/1988 e alterações posteriores;

- a empresa que utilizar fontes ou medidores radioativos deverá manter à disposição da fiscalização seu Plano de Radioproteção, os resultados de exposição dos trabalhadores e dos levantamentos radiométricos, além dos certificados de calibração dos aparelhos de medição;
- todas as fontes radioativas e áreas com possibilidade de expor os trabalhadores a taxas de doses acima das permitidas para indivíduos do público devem ser mantidas sinalizadas;
- os trabalhadores sujeitos à exposição a radiações ionizantes e os que transitem por áreas onde haja fontes radioativas devem ser informados sobre os equipamentos, seu funcionamento e seus riscos;
- os trabalhos envolvendo radiações ionizantes devem possuir orientação de um Supervisor de Radioproteção habilitado pela CNEN;
- as fontes radioativas suplementares e as fora de uso devem estar armazenadas segundo as normas da CNEN.

As medidas preventivas que devem ser adotadas por todas as minas visando às Operações de Emergência são elaborar, implementar e manter atualizado um plano de emergência que inclua, no mínimo, os seguintes requisitos:

- identificação de seus riscos maiores;
- normas de procedimentos para operações em caso de:
  - incêndios;
  - inundações;
  - explosões;
  - desabamentos;
  - paralisação do fornecimento de energia para o sistema de ventilação;
  - acidentes maiores; e
  - outras situações de emergência em função das características da mina, dos produtos e dos insumos utilizados;
- localização de equipamentos e materiais necessários para as operações de emergência e prestação de primeiros socorros;
- descrição da composição e os procedimentos de operação de brigadas de emergência para atuar nas situações antes descritas;
- treinamento periódico das brigadas de emergência;
- simulação periódica de situações de salvamento com a mobilização do contingente da mina diretamente afetado pelo evento;
- definição de áreas e instalações devidamente construídas e equipadas para refúgio das pessoas e prestação de primeiros socorros;
- definição de sistema de comunicação e sinalização de emergência, abrangendo o ambiente interno e externo; e
- articulação da empresa com órgãos da defesa civil.

Outrossim, compete ao supervisor conhecer e divulgar os procedimentos do plano de emergência a todos os seus subordinados, devendo a empresa proporcionar treinamento semestral específico à brigada de emergência, com aulas teóricas e aplicações práticas; além de serem realizadas, anualmente, simulações do plano de emergência com mobilização do contingente da mina diretamente afetado e, nas minas de subsolo, deve existir uma área reservada para refúgio, em caso de emergência, devidamente construída e equipada para abrigar o pessoal e prestação de primeiros socorros.

Quanto às previsões regulamentares acerca das Vias e Saídas de Emergência, toda mina subterrânea em atividade, exceto durante a fase de abertura, deve possuir, obrigatoriamente, no mínimo, duas vias de acesso à superfície, uma via principal e uma alternativa ou de emergência, separadas entre si e comunicando-se por vias secundárias, de forma que a interrupção de uma delas não afete o trânsito pela outra. Na mina subterrânea em operação normal de suas atividades, as vias principais e secundárias devem proporcionar condições para que toda pessoa, a partir dos locais de trabalho, tenha alternativa de trânsito para as duas vias de acesso à superfície, sendo uma delas o caminho de emergência. No subsolo, os locais de trabalho devem possibilitar a imediata evacuação, em condições de segurança para os trabalhadores. As vias e saídas de emergência devem ser direcionadas o mais diretamente possível para o exterior, em zona de segurança ou ponto de concentração previamente determinado e sinalizado.

A título de Informação, Qualificação e Treinamento, assim dispõe a norma regulamentadora de segurança e saúde ocupacional na mineração:

- a empresa ou permissionário de lavra garimpeira deve proporcionar aos trabalhadores treinamento, qualificação, informações, instruções e reciclagem necessárias para preservação da sua segurança e saúde, levando-se em consideração o grau de risco e natureza das operações;
- o treinamento admissional para os trabalhadores, que desenvolverão atividades no setor de mineração ou daqueles transferidos da superfície para o subsolo ou vice-versa, abordará, no mínimo, treinamento introdutório geral com reconhecimento do ambiente de trabalho, treinamento específico na função e orientação em serviço;
- o treinamento introdutório geral deve ter duração mínima de 6 (seis) horas diárias, durante 5 (cinco) dias, para as atividades de subsolo, e de 8 (oito) horas diárias, durante 3 (três) dias, para atividades em superfície, durante o horário de trabalho, e terá o seguinte currículo mínimo: ciclo de operações da mina, principais equipamentos e suas funções, infraestrutura da mina, distribuição de energia, suprimento de materiais, transporte na mina, regras de circulação de equipamentos e pessoas, procedimentos de emergência, primeiros socorros, divulgação dos riscos existentes nos ambientes de trabalho constantes no Programa de Gerenciamento de Riscos e dos acidentes e doenças profissionais e reconhecimento do ambiente de trabalho;
- o treinamento específico na função consistirá de estudo e práticas relacionadas às atividades a serem desenvolvidas, seus riscos, sua prevenção, procedimentos corretos e de execução e terá duração mínima de 40 (quarenta) horas para as atividades de superfície e 48 (quarenta e oito) horas para as atividades de subsolo, durante o horário de trabalho e no período contratual de experiência ou antes da mudança de função. O treinamento específico, com reciclagem periódica, deve ser proporcionado aos trabalhadores que executem as operações e atividades de abatimento de chocos e blocos instáveis, de tratamento de maciços, de manuseio de explosivos e acessórios, de perfuração manual, de carregamento e transporte de material, de transporte por arraste, de guinchos e içamentos, de inspeções gerais da frente de trabalho, de manipulação e manuseio de produtos tóxicos ou perigosos e de outras atividades ou operações de risco especificadas no PGR. Treinamentos periódicos e para situações específicas deverão ser ministrados sempre que necessário para a execução das atividades de forma segura;
- a orientação em serviço consistirá de período no qual o trabalhador desenvolverá suas atividades, sob orientação de outro trabalhador experiente ou sob supervisão direta, com a duração mínima de 45 (quarenta e cinco) dias;
- as instruções visando a informação, qualificação e treinamento dos trabalhadores devem ser redigidas em linguagem compreensível e adotando metodologias, técnicas e materiais que facilitem o aprendizado para preservação de sua segurança e saúde;
- considerando as características da mina, dos métodos de lavra e do beneficiamento, outros treinamentos poderão ser determinados pela autoridade regional competente em matéria de segurança e saúde do trabalhador.

A norma regulamentadora de segurança e saúde ocupacional na mineração contém as seguintes disposições específicas acerca da CIPAMIN (Comissão Interna de Prevenção de Acidentes na Mineração):

- a empresa de mineração ou permissionário de lavra garimpeira que admita trabalhadores como empregados deve organizar e manter em regular funcionamento, na forma prevista na NR-22, em cada estabelecimento, uma Comissão Interna de Prevenção de Acidentes (CIPA), doravante denominada CIPA na Mineração (CIPAMIN);

- a CIPAMIN tem por objetivo observar e relatar as condições de risco no ambiente de trabalho, visando à prevenção de acidentes e doenças decorrentes do trabalho na mineração, de modo a tornar compatível permanentemente o trabalho com a segurança e a saúde dos trabalhadores; a CIPAMIN será composta de representante do empregador e dos empregados e seus respectivos suplentes, de acordo com as proporções mínimas constantes no Quadro III que se encontra reproduzido nos Fundamentos Jurídicos deste Capítulo e para onde remetemos o leitor;
- a composição da CIPAMIN deverá observar critérios que permitam estar representados os setores que ofereçam maior risco ou que apresentem maior número de acidentes do trabalho. Os setores de maior risco deverão ser definidos pela CIPAMIN com base nos dados do PGR, no relatório anual do PCMSO, na estatística de acidentes do trabalho elaborada pelo SESMT e outros dados e informações relativas à segurança e saúde no trabalho disponíveis na empresa;
- quando o estabelecimento não se enquadrar no Quadro III da NR-22, a empresa ou permissionário de lavra garimpeira deverá designar e treinar em prevenção de acidentes um representante para cumprir os objetivos da CIPAMIN, o qual deverá promover a participação dos trabalhadores nas ações de prevenção de acidentes e doenças profissionais;
- os representantes dos empregados na CIPAMIN serão por estes eleitos seguindo os procedimentos estabelecidos na NR-05 (CIPA), respeitado o critério retroestabelecido;
- observado o dimensionamento do citado Quadro III, a CIPAMIN deverá ser composta de forma a abranger a representatividade de todos os setores da empresa, podendo, se for o caso, agrupar áreas ou setores preferentemente afins. Os candidatos interessados deverão inscrever-se para representação da sua área ou setor de trabalho. A eleição será realizada por área ou setor e os empregados votarão nos inscritos de sua área ou setor de trabalho. Assumirá a condição de titular da CIPAMIN o candidato mais votado na área ou setor de trabalho, e a condição de suplente, considerando o Quadro III, dentre todos os outros candidatos, o mais votado, desconsiderando a área ou setor de trabalho;
- o mandato dos membros eleitos da CIPAMIN terá duração de um ano, permitida uma reeleição. O Presidente da CIPAMIN bem como o representante suplente do empregador serão por este indicados. O Vice-Presidente da CIPAMIN será escolhido entre os representantes titulares dos empregados;
- as atribuições da CIPAMIN, de seus membros, inclusive do Presidente, do Vice-Presidente e do Secretário, serão semelhantes às previstas na NR-5 (CIPA), inclusive deverão participar de reuniões ordinárias mensais, de acordo com o Calendário Anual de Reuniões, assim como de Reuniões Extraordinárias, a serem realizadas nas quarenta e oito horas subsequentes da ocorrência de acidente do trabalho fatal ou que resulte em lesões graves com perda de membro ou função orgânica ou que cause prejuízo de monta;
- todos os membros da CIPAMIN, efetivos e suplentes, deverão receber treinamento de prevenção de acidentes e doenças profissionais, durante o expediente normal da empresa, e será ministrado pelo SESMT, quando houver, ou entidades sindicais de empregadores ou de trabalhadores, escolhidas de comum acordo entre o empregador e os membros da Comissão;
- o currículo do curso previsto na alínea anterior deverá abranger os riscos de acidentes e doenças profissionais constantes no Programa de Gerenciamento de Riscos (PGR), as medidas adotadas para eliminar e controlar aqueles riscos, além de técnicas para elaboração do Mapa de Riscos Ambientais e metodologias de análise de acidentes. A carga horária do curso de prevenção de acidentes e doenças profissionais deverá ser de 40 (quarenta) horas anuais, das quais 20 (vinte) horas serão ministradas antes da posse dos membros da CIPAMIN;
- havendo no estabelecimento empresas prestadoras de serviços ou empreiteiras que não se enquadrem no Quadro III desta Norma, estas deverão indicar pelo menos um representante para participar das reuniões da CIPAMIN da contratante.

A norma regulamentadora que trata da segurança e saúde ocupacional na mineração, sob o título de Disposições Gerais, especifica que:

- ao trabalhador do subsolo será fornecida alimentação compatível com a natureza do trabalho, de acordo com as instruções a serem expedidas pelo Departamento de Segurança e Saúde no Trabalho, da Secretaria de Inspeção do Trabalho do Ministério do Trabalho e Emprego (DSST-SIT-MTE);
- havendo fornecimento de alimentação no subsolo, a empresa ou permissionário de lavra garimpeira manterá local adequado que atenda às condições de segurança, higiene e conforto;
- a empresa ou permissionário de lavra garimpeira manterá instalações sanitárias tratadas e higienizadas destinadas à satisfação das necessidades fisiológicas, próximas aos locais e frentes de trabalho; no subsolo, os recipientes coletores dos dejetos gerados deverão ser removidos ao final de cada turno de trabalho para a superfície, onde será dado destino conveniente a seu conteúdo, respeitadas as normas de higiene e saúde e a legislação ambiental vigente; quando for adotado processamento químico ou biológico dos dejetos, deverão ser observadas as normas de higiene e saúde e as instruções do fabricante;
- as condições de conforto e higiene nos locais de trabalho serão aquelas estabelecidas na NR-24 (Condições Sanitárias e de Conforto nos Locais de Trabalho);
- nos locais e postos de trabalho será fornecida aos trabalhadores água potável em condições de higiene;
- quando o empregador fornecer o transporte para deslocamento de pessoal, diretamente ou através de empresas idôneas, deverá observar que sejam realizados em veículos apropriados, garantindo condições de comodidade, conforto e segurança aos trabalhadores;
- a empresa deverá manter organizada e atualizada a estatística de acidentes de trabalho e doenças profissionais, assegurando pleno acesso a essa documentação à CIPAMIN, ao SESMT e à Superintendência Regional do Trabalho e Emprego (SRTE);
- os acidentes e doenças profissionais deverão ser analisados segundo metodologia que permita identificar as causas principais e contribuintes que levaram à ocorrência do evento, indicando as medidas de controle para prevenção de novas ocorrências;
- em caso de ocorrência de acidente fatal, é obrigatória sua comunicação, de imediato, à autoridade policial competente e à SRTE, devendo ser isolado o local diretamente relacionado ao acidente, mantendo suas características até a liberação pela autoridade policial competente;
- os casos omissos decorrentes da aplicação da NR-22 serão dirimidos pelo DSST-SIT-MTE;
- o cumprimento das disposições contidas na NR-22 não exclui a observância de disposições pertinentes estabelecidas em legislações específicas expedidas pelo Departamento Nacional de Produção Mineral (DNPM) e Ministério da Defesa, e demais órgãos oficiais que regulamentem a matéria.

Em prosseguimento, serão destacados os FUNDAMENTOS JURÍDICOS que dão suporte ao objeto central deste capítulo, a partir dos correspondentes dispositivos legais até a própria norma regulamentadora que o caracteriza, observando-se as ordens hierárquica e cronológica dos aludidos diplomas legais. Registre-se, porém, a inexistência de Súmulas de Jurisprudência diretamente relacionadas com a temática ora abordada. Recomenda-se a leitura da Convenção OIT n. 176 (Segurança e Saúde no Trabalho em Minas), no capítulo específico deste livro sobre Convenções da OIT.

FUNDAMENTOS JURÍDICOS DO CAPÍTULO 22

NR-22: SEGURANÇA E SAÚDE OCUPACIONAL NA MINERAÇÃO *(redação dada pela Portaria MTE-GM n. 2.037, de 15.12.1999, atualizada até a edição da Portaria MTE-GM n. 732, de 22.5.2014). Convenção OIT n. 176. Art. 7º, incisos XXII, XXIII, XXVIII e XXXIII da CF-1988. Arts. 200, inciso III, e 293 a 301 da CLT. Convenção OIT n. 176.*

CONSTITUIÇÃO DA REPÚBLICA FEDERATIVA DO BRASIL

(Atualizada até a edição da Emenda Constitucional n. 85, de 26.2.2015)

Título II: Dos Direitos e Garantias Fundamentais (Arts. 5º a 17)

Capítulo II: Dos Direitos Sociais (Arts. 6º a 11)

Art. 7º São direitos dos trabalhadores urbanos e rurais(1), além de outros que visem à melhoria de sua condição social:

XXII — redução dos riscos inerentes ao trabalho, por meio de normas de saúde, higiene e segurança;

XXIII — adicional de remuneração para as atividades penosas, insalubres ou perigosas, na forma da lei;

XXVIII — seguro contra acidentes de trabalho, a cargo do empregador, sem excluir a indenização a que este está obrigado, quando incorrer em dolo ou culpa;

XXXIII — proibição de trabalho noturno, perigoso ou insalubre a menores de dezoito e de qualquer trabalho a menores de dezesseis anos, salvo na condição de aprendiz, a partir de quatorze anos.

NORMAS JURÍDICAS INFRACONSTITUCIONAIS

CONSOLIDAÇÃO DAS LEIS DO TRABALHO

(Decreto-lei n. 5.452, de 1º.5.1943, com a redação dos arts. 154 a 201 CLT dada pela Lei n. 6.514 de 22.12.1977, atualizada até a edição da Lei n. 13.103, de 2.3.2015)

Título II: **Das Normas Gerais de Tutela do Trabalho** (Arts. 13 a 223 da CLT)

Capítulo V: **Da Segurança e da Medicina do Trabalho** (Arts. 154 a 201 da CLT)(2)

Seção XV: **Das Outras Medidas Especiais de Proteção** (Art. 200 da CLT)

Art. 200. Cabe ao Ministério do Trabalho e Emprego estabelecer disposições complementares às normas de que trata este Capítulo, tendo em vista as peculiaridades de cada atividade ou setor de trabalho, especialmente sobre:

(...)

III — trabalho em escavações, túneis, galerias, minas e pedreiras, sobretudo quanto à prevenção de explosões, incêndios, desmoronamentos e soterramentos, eliminação de poeiras, gases etc., e facilidades de rápida saída dos empregados.

(...).

Seção X: **Do Trabalho em Minas e Subsolo** (Arts. 293 a 301 da CLT)(3)

Art. 293. A duração normal do trabalho efetivo para os empregados em minas no subsolo não excederá de 6 (seis) horas diárias ou de 36 (trinta e seis) semanais.

Art. 294. O tempo despendido pelo empregado da boca da mina ao local do trabalho e vice-versa será computado para o efeito de pagamento do salário.

Art. 295. A duração normal do trabalho efetivo no subsolo poderá ser elevada até 8 (oito) horas diárias ou 48 (quarenta e oito) semanais, mediante acordo escrito entre empregado e empregador ou contrato coletivo de trabalho, sujeita essa prorrogação à prévia licença da autoridade competente em matéria de higiene do trabalho.

Parágrafo único. A duração normal do trabalho efetivo no subsolo poderá ser inferior a 6 (seis) horas diárias, por determinação da autoridade de que trata este artigo, tendo em vista condições locais de insalubridade e os métodos e processos do trabalho adotado.

Art. 296. A remuneração da hora prorrogada será no mínimo de 50% (cinquenta por cento) superior à da hora normal e deverá constar do acordo ou contrato coletivo de trabalho. *(percentual majorado pelo inciso XIV do art. 7º Constitucional).*

Art. 297. Ao empregado no subsolo será fornecida, pelas empresas exploradoras de minas, alimentação adequada à natureza do trabalho, de acordo com as instruções estabelecidas pelo Programa de Alimentação do Trabalhador (PAT) e aprovadas pelo Ministério do Trabalho e Emprego (MTE).

Art. 298. Em cada período de 3 (três) horas consecutivas de trabalho, será obrigatória uma pausa de 15 (quinze) minutos para repouso, a qual será computada na duração normal de trabalho efetivo.

Art. 299. Quando nos trabalhos de subsolo ocorrer acontecimentos que possam comprometer a vida ou saúde do empregado, deverá a empresa comunicar o fato imediatamente à autoridade regional do trabalho, do Ministério do Trabalho e Emprego.

---

(1) Especificamente em relação aos Servidores Públicos Federais (submetidos ao Regime Jurídico Único da Lei n. 8.112/1990) dispõe o § 3º do art. 39 da CF-1988 que: "Aplica-se aos servidores ocupantes de cargo público o disposto no art. 7º, IV, VII, VIII, IX, XII, XIII, XV, XVI, XVII, XVIII, XIX, XX, XXII e XXX, podendo a lei estabelecer requisitos diferenciados de admissão quando a natureza do cargo o exigir".

(2) A Lei n. 6.514, de 22.12.1977, propiciou a redação dos arts. 154 a 201 da CLT, observadas as atualizações legais até a edição da Lei n. 13.103 de 2.3.2015.

(3) A NR-22 (SEGURANÇA E SAÚDE OCUPACIONAL NA MINERAÇÃO) disciplina o art. 200, inciso III, e os arts. 293 a 301, todos da CLT.

Art. 300. Sempre que, por motivo de saúde, for necessária a transferência do empregado, a juízo da autoridade competente em matéria da segurança e da medicina do trabalho, dos serviços no subsolo para os de superfície, é a empresa obrigada a realizar essa transferência, assegurando ao transferido a remuneração atribuída ao trabalhador de superfície em serviço equivalente, respeitada a capacidade profissional do interessado.

Parágrafo único. No caso de recusa do empregado em atender a essa transferência, será ouvida a autoridade competente em matéria de higiene e segurança do trabalho, que decidirá a respeito.

Art. 301. O trabalho no subsolo somente será permitido a adultos com idade compreendida entre 21 (vinte e um) e 50 (cinquenta) anos, assegurada a transferência para a superfície nos termos previstos no artigo anterior.

NORMAS JURÍDICAS INFRALEGAIS OU REGULAMENTARES

NR-22: SEGURANÇA E SAÚDE OCUPACIONAL NA MINERAÇÃO[(4)]

Publicação	**D.O.U.**
Portaria GM n. 3.214, de 8 de junho de 1978	6.7.78
Atualizações/Alterações	**D.O.U.**
Portaria GM n. 2.037, de 15 de dezembro de 1999	20.12.99
Portaria SIT n. 33, de 26 de dezembro de 2000	27.12.00
Portaria SIT n. 27, de 1 de outubro de 2002	3.10.02
Portaria SIT n. 63, de 2 de dezembro de 2003	4.12.03
Portaria SIT n. 70, de 12 de março de 2004	17.3.04
Portaria SIT n. 202, de 26 de janeiro de 2011	27.1.11
Portaria SIT n. 1.894, de 9 de dezembro de 2013	11.12.13
Portaria MTE n. 732, de 22 de maio de 2014	26.5.14

(Redação dada Portaria MTE n. 2.037, de 15 de dezembro de 1999)

Índice Geral

(4) O Texto da NR-22 (SEGURANÇA E SAÚDE OCUPACIONAL NA MINERAÇÃO), ora reproduzido, encontra-se atualizado até a edição da Portaria MTE-GM n. 732, de 22.5.2014.

22.1. Objetivo

22.1.1. Esta Norma Regulamentadora tem por objetivo disciplinar os preceitos a serem observados na organização e no ambiente de trabalho, de forma a tornar compatível o planejamento e o desenvolvimento da atividade mineira com a busca permanente da segurança e saúde dos trabalhadores.

22.2. Campos de Aplicação

22.2.1. Esta norma se aplica a:

a) minerações subterrâneas;

b) minerações a céu aberto;

c) garimpos, no que couber;

d) beneficiamentos minerais e

e) pesquisa mineral

22.3. Das Responsabilidades da Empresa e do Permissionário de Lavra Garimpeira

22.3.1. Cabe à empresa, ao Permissionário de Lavra Garimpeira e ao responsável pela mina a obrigação de zelar pelo estrito cumprimento da presente Norma, prestando as informações que se fizerem necessárias aos órgãos fiscalizadores.

22.3.1.1. A empresa, o Permissionário de Lavra Garimpeira ou o responsável pela mina deve indicar aos órgãos fiscalizadores os técnicos responsáveis de cada setor.

22.3.2. Quando forem realizados trabalhos através de empresas contratadas pela empresa ou Permissionário de Lavra Garimpeira, deverá ser indicado o responsável pelo cumprimento da presente Norma Regulamentadora. *(Alterado pela Portaria SIT n. 27, de 1º de outubro de 2002)*

22.3.3. Toda mina e demais atividades referidas no item 22.2 devem estar sob supervisão técnica de profissional legalmente habilitado.

22.3.3.1. A empresa ou Permissionário de Lavra Garimpeira deve registrar, por meio de livro ou fichas próprias, as atividades de supervisão técnica da mina, efetuadas pelo Profissional Legalmente Habilitado, bem como suas observações e intervenções propostas e realizadas, que devem ficar no estabelecimento à disposição dos órgãos fiscalizadores. *(Inserido pela Portaria MTE n. 732, de 22 de maio de 2014)*

22.3.4. Compete ainda à empresa ou Permissionário de Lavra Garimpeira:

a) interromper todo e qualquer tipo de atividade que exponha os trabalhadores a condições de risco grave e iminente para sua saúde e segurança;

b) garantir a interrupção das tarefas, quando proposta pelos trabalhadores, em função da existência de risco grave e iminente, desde que confirmado o fato pelo superior hierárquico, que diligenciará as medidas cabíveis e

c) fornecer às empresas contratadas as informações sobre os riscos potenciais nas áreas em que desenvolverão suas atividades.

22.3.5. A empresa ou Permissionário de Lavra Garimpeira coordenará a implementação das medidas relativas à segurança e saúde dos trabalhadores das empresas contratadas e proverá os meios e condições para que estas atuem em conformidade com esta Norma.

22.3.6. Cabe à empresa ou Permissionário de Lavra Garimpeira elaborar e implementar o Programa de Controle Médico e Saúde Ocupacional — PCMSO, conforme estabelecido na Norma Regulamentadora n. 7.

22.3.7. Cabe à empresa ou Permissionário de Lavra Garimpeira elaborar e implementar o Programa de Gerenciamento de Riscos — PGR, contemplando os aspectos desta Norma, incluindo, no mínimo, os relacionados a:

a) riscos físicos, químicos e biológicos;

b) atmosferas explosivas;

c) deficiências de oxigênio;

d) ventilação;

e) proteção respiratória, de acordo com a Instrução Normativa n. 1, de 11.4.94, da Secretaria de Segurança e Saúde no Trabalho;

f) investigação e análise de acidentes do trabalho;

g) ergonomia e organização do trabalho;

h) riscos decorrentes do trabalho em altura, em profundidade e em espaços confinados;

i) riscos decorrentes da utilização de energia elétrica, máquinas, equipamentos, veículos e trabalhos manuais;

j) equipamentos de proteção individual de uso obrigatório, observando-se no mínimo o constante na Norma Regulamentadora n. 6.

l) estabilidade do maciço;

m) plano de emergência e

n) outros resultantes de modificações e introduções de novas tecnologias.

22.3.7.1. O Programa de Gerenciamento de Riscos — PGR deve incluir as seguintes etapas:

a) antecipação e identificação de fatores de risco, levando-se em conta, inclusive, as informações do Mapa de Risco elaborado pela CIPAMIN, quando houver;

b) avaliação dos fatores de risco e da exposição dos trabalhadores;

c) estabelecimento de prioridades, metas e cronograma;

d) acompanhamento das medidas de controle implementadas;

e) monitorizarão da exposição aos fatores de riscos;

f) registro e manutenção dos dados por, no mínimo, vinte anos e

g) análise crítica do programa, pelo menos, uma vez ao ano, contemplando a evolução do cronograma, com registro das medidas de controle implantadas e programadas. *(Inserido pela Portaria MTE n. 732, de 22 de maio de 2014).*

22.3.7.1.1. O Programa de Gerenciamento de Riscos, suas alterações e complementações deverão ser apresentados e discutidos na CIPAMIN, para acompanhamento das medidas de controle.

22.3.7.1.2. O Programa de Gerenciamento de Riscos deve considerar os níveis de ação acima dos quais devem ser desenvolvidas ações preventivas, de forma a minimizar a probabilidade de ultrapassagem dos limites de exposição ocupacional, implementando-se medidas para o monitoramento periódico da exposição, informação dos trabalhadores e o controle médico, considerando as seguintes definições: *(Alterado pela Portaria SIT n. 27, de 1º de outubro de 2002)*

a) limites de exposição ocupacional são os valores de limites de tolerância previstos na Norma Regulamentadora n. 15 ou, na ausência destes, valores limites de exposição ocupacional adotados pela *American Conference of Governamental Industrial Higyenists* — ACGIH ou valores que venham a ser estabelecidos em negociação coletiva, desde que mais rigorosos que os acima mencionados; *(Alterado pela Portaria SIT n. 27, de1º de outubro de 2002)*

b) níveis de ação para agentes químicos são os valores de concentração ambiental correspondentes à metade dos limites de exposição, conforme definidos na alínea "a" anterior e

c) níveis de ação para ruído são os valores correspondentes a dose de zero vírgula cinco (dose superior a cinquenta por cento), conforme critério estabelecido na Norma Regulamentadora n. 15, Anexo I, item 6.

22.3.7.1.3. Desobrigam-se da exigência do PPRA as empresas que implementarem o PGR.

22.4. Das Responsabilidades dos Trabalhadores

22.4.1. Cumpre aos trabalhadores:

a) zelar pela sua segurança e saúde ou de terceiros que possam ser afetados por suas ações ou omissões no trabalho, colaborando com a empresa ou Permissionário de Lavra Garimpeira para o cumprimento das disposições legais e regulamentares, inclusive das normas internas de segurança e saúde e

b) comunicar, imediatamente, ao seu superior hierárquico as situações que considerar representar risco para sua segurança e saúde ou de terceiros.

22.5. Dos Direitos dos Trabalhadores

22.5.1. São direitos dos trabalhadores:

a) interromper suas tarefas sempre que constatar evidências que representem riscos graves e iminentes para sua segurança e saúde ou de terceiros, comunicando imediatamente o fato a seu superior hierárquico que diligenciará as medidas cabíveis e

b) ser informados sobre os riscos existentes no local de trabalho que possam afetar sua segurança e saúde.

22.6. Organização dos Locais de Trabalho

22.6.1. A empresa ou Permissionário de Lavra Garimpeira adotará as medidas necessárias para que:

a) os locais de trabalho sejam concebidos, construídos, equipados, utilizados e mantidos de forma que os trabalhadores possam desempenhar as funções que lhes forem confiadas, eliminando ou reduzindo ao mínimo, praticável e factível, os riscos para sua segurança e saúde e

b) os postos de trabalho sejam projetados e instalados segundo princípios ergonômicos.

22.6.2. As áreas de mineração com atividades operacionais devem possuir entradas identificadas com o nome da empresa ou do Permissionário de Lavra Garimpeira e os acessos e as estradas sinalizadas.

22.6.3. Nas atividades abaixo relacionadas serão designadas equipes com, no mínimo, dois trabalhadores:

a) no subsolo, nas atividades de:

I — abatimento manual de choco e blocos instáveis;

II — contenção de maciço desarticulado;

III – perfuração manual;

IV – retomada de atividades em fundo de saco com extensão acima de dez metros e

V – carregamento de explosivos, detonação e retirada de fogos falhados.

b) a céu aberto, nas atividades de carregamento de explosivos, detonação e retirada de fogos falhados.

22.6.3.1. A empresa ou Permissionário de Lavra Garimpeira deve estabelecer norma interna de segurança para supervisão e controle dos demais locais de atividades onde se poderá trabalhar desacompanhado.

22.7. Circulação e Transporte de Pessoas e Materiais

22.7.1. Toda mina deve possuir plano de trânsito estabelecendo regras de preferência de movimentação e distâncias mínimas entre máquinas, equipamentos e veículos compatíveis com a segurança, e velocidades permitidas, de acordo com as condições das pistas de rolamento.

22.7.2. Equipamentos de transporte de materiais ou pessoas devem possuir dispositivos de bloqueio que impeçam seu acionamento por pessoas não autorizadas.

22.7.3. Equipamentos de transporte sobre pneus, de materiais e pessoas, devem possuir, em bom estado de conservação e funcionamento, faróis, luz e sinal sonoro de ré acoplado ao sistema de câmbio de marchas, buzina e sinal de indicação de mudança do sentido de deslocamento e espelhos retrovisores.

22.7.4. A capacidade e a velocidade máxima de operação dos equipamentos de transporte devem figurar em placa afixada, em local visível.

22.7.5. A operação das locomotivas e de outros meios de transporte só será permitida a trabalhador qualificado, autorizado e identificado.

22.7.6. O transporte em minas a céu aberto deve obedecer aos seguintes requisitos mínimos:

a) os limites externos das bancadas utilizadas como estradas devem estar demarcados e sinalizados de forma visível durante o dia e à noite;

b) a largura mínima das vias de trânsito, deve ser duas vezes maior que a largura do maior veículo utilizado, no caso de pista simples, e três vezes, para pistas duplas e

c) nas laterais das bancadas ou estradas onde houver riscos de quedas de veículos devem ser construídas leiras com altura mínima correspondente à metade do diâmetro do maior pneu de veículo que por elas trafegue.

22.7.6.1. Quando o plano de lavra e a natureza das atividades realizadas ou o porte da mina não permitirem a observância do constante na alínea "b" deste item, a largura das vias de trânsito poderá ser de no mínimo uma vez e meia maior que a largura do maior veículo utilizado, devendo existir baias intercaladas para o estacionamento dos veículos e ser adotados procedimentos e sinalização adicionais para garantir o tráfego com segurança, previstos no Plano de Trânsito. *(Alterado pela Portaria MTE n. 1.894, de 9 de dezembro de 2013)*

22.7.7. Os veículos de pequeno porte que transitam em áreas de mineração a céu aberto devem possuir sinalização, através bandeira de sinalização em antena telescópica ou, outro dispositivo que permita a sua visualização pelos operadores dos demais equipamentos e veículos, bem como manter os faróis acesos durante todo dia, de forma a facilitar sua visualização. *(Alterado pela Portaria SIT n. 27, de 1º de outubro de 2002)*

22.7.7.1. Sinalização luminosa é obrigatória em condições de visibilidade adversa e à noite.

22.7.8. As vias de circulação de veículos no empreendimento mineiro, não pavimentadas, devem ser umidificadas, de forma a minimizar a geração de poeira. *(Alterado pela Portaria MTE n. 1.894, de 9 de dezembro de 2013)*

22.7.9. Sempre que houver via única para circulação de pessoal e transporte de material ou trânsito de veículo no subsolo, a galeria deverá ter a largura mínima de um metro e cinquenta centímetros além da largura do maior veículo que nela trafegue, além do estabelecimento das regras de circulação.

22.7.9.1. Quando o plano de lavra e a natureza das atividades não permitirem a existência da distância de segurança prevista neste item, deverão ser construídas nas paredes das galerias ou rampas, aberturas com, no mínimo, sessenta centímetros de profundidade, dois metros de altura e um metro e cinquenta centímetros de comprimento, devidamente sinalizadas e desobstruídas a cada cinquenta metros, para abrigo de pessoal.

22.7.10. Quando utilizados guinchos ou vagonetas, no transporte de material em planos inclinados sem vias específicas e isoladas por barreiras para pedestres, estes devem permanecer parados enquanto houver circulação de pessoal.

22.7.11. O transporte de trabalhadores em todas as áreas das minas deve ser realizado através de veículo adequado para transporte de pessoas, que atenda, no mínimo, aos seguintes requisitos:

a) condições seguras de tráfego;

b) assento com encosto;

c) cinto de segurança;

d) proteção contra intempéries ou contato acidental com tetos das galerias e

e) escada para embarque e desembarque quando necessário.

22.7.11.1. Em situações em que o uso de cinto de segurança possa implicar em riscos adicionais, o mesmo será dispensado, observando-se normas internas de segurança para estas situações.

22.7.11.2. A empresa ou Permissionário de Lavra Garimpeira é corresponsável pela segurança do transporte dos trabalhadores caso contrate empresa prestadora de serviço para tal fim.

22.7.12. O transporte conjunto de pessoas e materiais tais como ferramentas, equipamentos, insumos e matéria-prima somente será permitido em quantidades compatíveis com a segurança e quando estes estiverem acondicionados de maneira segura, em compartimento adequado, fechado e fixado de forma a não causar lesão aos trabalhadores.

22.7.13. O transporte de pessoas em máquinas ou equipamentos somente será permitido se estes estiverem projetados ou adaptados para tal fim, por profissional legalmente habilitado.

22.7.14. O transporte vertical de pessoas só será permitido em cabines ou gaiolas que possuam as seguintes características:

a) altura mínima de dois metros;

b) portas com trancas que impeçam sua abertura acidental;

c) manter-se fechadas durante a operação de transporte;

d) teto resistente, com corrimão e saída de emergência;

e) proteção lateral que impeça o acesso acidental a área externa;

f) iluminação;

g) acesso convenientemente protegido;

h) distância inferior a quinze centímetros entre a plataforma de acesso e a gaiola;

i) fixação em local visível do limite máximo de capacidade de carga e de velocidade e

j) sistema de comunicação com o operador do guincho nos pontos de embarque e desembarque.

22.7.14.1. O transporte de pessoas durante a fase de abertura e equipagem de poços deve obedecer aos seguintes requisitos mínimos:

a) o poço deve ser dotado de tampa protetora com abertura basculante, que impeça a queda de material ou pessoas e que deverá ser mantida fechada durante a permanência de pessoas no poço;

b) o colar do poço deve ser concretado;

c) o balde de transporte deve ser construído com material de qualidade, resistente à carga transportada e com altura lateral mínima de um metro e vinte centímetros;

d) velocidade máxima de um metro e vinte centímetros por segundo, que deverá ser reduzida durante a aproximação do fundo do poço;

e) dispor de sinalização sonora específica, conforme o item 22.18 e

f) não transportar em conjunto pessoas e materiais.

22.7.15. Os equipamentos e transportes de pessoas em rampas ou planos inclinado sobre trilhos devem obedecer os seguintes requisitos mínimos:

a) possuir assentos em número igual a capacidade máxima de usuários;

b) ter proteção frontal e superior, de forma a impedir o contato acidental com o teto;

c) ter fixado em local visível o limite máximo de carga ou de usuários e de velocidade e

d) embarcar ou desembarcar pessoas somente em locais apropriados.

22.7.15.1. O transporte de pessoas durante a fase de abertura e equipagem de rampas ou planos inclinado sobre trilhos, deve obedecer aos seguintes requisitos mínimos:

a) velocidade máxima de um metro e vinte centímetros por segundo, que deverá ser reduzida durante a aproximação do fundo da rampa ou plano inclinado;

b) dispor de estrado para apoio das pessoas transportadas;

c) dispor de sinalização sonora específica, conforme o item 22.18 e

d) não transportar em conjunto pessoas e materiais.

22.7.16. O transporte de pessoas em planos inclinados ou poços deve ser informado, pelo sistema de sinalização, ao operador do guincho.

22.7.17. Havendo irregularidade que ponha em risco o transporte por gaiola ou plano inclinado deve ser proibido imediatamente o funcionamento do guincho, tomando-se prontamente as medidas cabíveis para restabelecer a segurança do transporte.

22.7.18. As vias de circulação de pessoas devem ser sinalizadas, desimpedidas e protegidas contra queda de material e mantidas em boas condições de segurança e trânsito.

22.7.19. Quando o somatório das distâncias a serem percorridas a pé pelo trabalhador, na ida ou volta de seu local de atividade, em subsolo, for superior a dois mil metros, a mina deverá ser dotada de sistema mecanizado para este deslocamento.

22.7.20. Em galerias ou rampas no subsolo, com tráfego nos dois sentidos, deve haver locais próprios para desvios em intervalos regulares ou dispositivo de sinalização que indique a prioridade de fluxo, de tal forma que não ocorra o tráfego simultâneo em sentidos contrários.

22.7.21. É proibido o transporte de material através da movimentação manual de vagonetas.

22.7.21.1. É permitida a movimentação manual de vagonetas em operações de manobra, em distância não superior a cinquenta metros e em inclinação inferior a meio por cento, desde que a força exercida pelos trabalhadores não comprometa sua saúde e segurança.

22.7.22. Cada vagoneta a ser movimentada em planos inclinados deve estar ligada a um dispositivo de acoplamento principal e a um secundário de segurança.

22.7.23. O comboio só poderá se movimentar estando acoplado em toda sua extensão.

22.7.24. É proibido manipular os dispositivos de acoplamento durante a movimentação das vagonetas, exceto se os mesmos forem projetados para tal fim.

22.7.25. As vagonetas devem possuir dispositivo limitador que garanta uma distância mínima de cinquenta centímetros entre as caçambas.

22.7.26. Nos locais onde forem executados serviços de acoplamento e desacoplamento de vagonetas devem ser adotadas medidas de segurança com relação à limpeza, iluminação e espaço livre para circulação de pessoas.

22.7.27. Os locais de tombamento de vagonetas devem ser dotados de:

a) proteção coletiva e individual contra quedas;

b) dispositivos de proteção que permita trabalhos sobre a grelha, quando necessários;

c) iluminação;

d) sinalização adequada;

e) dispositivos e procedimentos de trabalho que reduzam os riscos de exposição dos trabalhadores às poeiras minerais e

f) bloqueadores, a fim de evitar movimentações imprevistas no tombamento manual.

22.8. Transportadores Contínuos através de Correia

22.8.1. No dimensionamento, projeto, instalação, montagem e operação de transportadores contínuos, devem ser observados, sem prejuízo das demais exigências desta Norma, os controles especificados nas análises de riscos constantes do Programa de Gerenciamento de Riscos previsto no subitem 22.3.7 e as especificações das normas técnicas da ABNT aplicáveis, especialmente as NBR 6177, NBR 13.742 e NBR 13.862. *(Alterado pela Portaria SIT n. 202, de 26 de janeiro de 2011)*

22.8.1.1. Os transportadores contínuos de correia já em uso e que foram construídos antes da vigência do estabelecido no subitem 22.8.1 devem possuir medidas de controle para mitigar os riscos identificados na fase de avaliação do Programa de Gerenciamento de Riscos. *(Inserido pela Portaria SIT n. 202, de 26 de janeiro de 2011 — Vide prazo no art. 2º)*

22.8.2. O dimensionamento e a construção de transportadores contínuos devem considerar o tensionamento do sistema, de forma a garantir uma tensão adequada à segurança da operação, conforme especificado em projeto.

22.8.3. É obrigatória a existência de dispositivo de desligamento ao longo de todos os trechos de transportadores contínuos onde possa haver acesso rotineiro de trabalhadores.

22.8.3.1. Os transportadores contínuos devem possuir dispositivos que interrompam seu funcionamento quando forem atingidos os limites de segurança, conforme especificado em projeto, que deve contemplar, no mínimo, as seguintes condições de:

a) ruptura da correia;

b) escorregamento anormal da correia em relação aos tambores;

c) desalinhamento anormal da correia e

d) sobrecarga.

22.8.4. Só será permitido a transposição por cima dos transportadores contínuos através de passarelas dotadas de guardacorpo e rodapé.

22.8.5. O trânsito por baixo de transportadores contínuos só será permitido em locais protegidos contra queda de materiais.

22.8.6. A partida dos transportadores contínuos só será permitida decorridos vinte segundos após sinal audível ou outro sistema de comunicação que indique o seu acionamento.

22.8.7. Os transportadores contínuos, cuja altura do lado da carga esteja superior a dois metros do piso, devem ser dotados em toda a sua extensão por passarelas com guarda-corpo e rodapé fechado com altura mínima de vinte centímetros.

22.8.7.1. Os transportadores que, em função da natureza da operação, não possam suportar a estrutura de passarelas, deverão possuir sistema e procedimento de segurança para inspeção e manutenção.

22.8.8. Todos os pontos de transmissão de força, de rolos de cauda e de desvio dos transportadores contínuos, devem ser protegidos com grades de segurança ou outro mecanismo que impeça o contato acidental.

22.8.9. Os transportadores contínuos elevados devem ser dotados de dispositivos de proteção, onde houver risco de queda ou lançamento de materiais de forma não controlada.

22.8.10. Os trabalhos de limpeza e manutenção dos transportadores contínuos só podem ser realizados com o equipamento parado e bloqueado, exceto quando a limpeza for através de jato d'água ou outro sistema, devendo neste caso possuir mecanismo, que impeça contato acidental do trabalhador com as partes móveis.

22.9. Superfícies de Trabalho

22.9.1. Os postos de trabalho devem ser dotados de plataformas móveis, sempre que a altura das frentes de trabalho for superior a dois metros ou a conformação do piso não possibilite a segurança necessária.

22.9.1.1. As plataformas móveis devem possuir piso antiderrapante de, no mínimo, um metro de largura, com rodapé de vinte centímetros de altura e guarda-corpo.

22.9.2. É proibido utilizar máquinas e equipamentos como plataforma de trabalho, quando esses não tenham sido projetados, construídos ou adaptados com segurança para tal fim, e autorizado seu funcionamento por profissional competente.

22.9.3. As passarelas suspensas e seus acessos devem possuir guarda-corpo e rodapé com vinte centímetros de altura, garantida sua estabilidade e condições de uso.

22.9.3.1. Os pisos das passarelas devem ser antiderrapantes, resistentes e mantidas em condições adequadas de segurança.

22.9.4. As passarelas de trabalho deverão possuir largura mínima de sessenta centímetros, quando se destinarem ao trânsito eventual e de oitenta centímetros nos demais casos.

22.9.4.1. As passarelas de trabalho construídas e em operação, que não foram concebidas e construídas de acordo com o exigido neste item, deverão ter procedimentos de trabalho adequados à segurança da operação.

22.9.5. Passarelas com inclinação superior a quinze graus e altura superior a dois metros, devem possuir rodapé de vinte centímetros e guarda-corpo com tela até a altura de quarenta centímetros acima do rodapé em toda a sua extensão ou outro sistema que impeça a queda do trabalhador.

22.9.6. Trabalhos em pilhas de estéril e minério desmontado e em desobstrução de galerias, devem ser executados, de acordo com normas de segurança específica elaboradas pela empresa ou Permissionário de Lavra Garimpeira.

22.9.7. O trabalho em telhados somente poderá ser executado com o uso de cinto de segurança tipo "paraquedista" afixado em cabo-guia, ou outro sistema adequado de proteção contra quedas.

22.9.8. Nos trabalhos realizados em superfícies inclinadas, com risco de quedas superior a dois metros, é obrigatório o uso de cinto de segurança, adequadamente fixado.

22.9.9. As galerias e superfícies de trabalho devem ser adequadamente drenadas.

22.10. Escadas

22.10.1. Para transposição de poços, chaminés ou aberturas no piso devem ser instaladas passarelas dotadas de guarda-corpo e rodapé.

22.10.2. Quando os meios de acesso aos locais de trabalho possuírem uma inclinação maior que vinte graus e menor que cinquenta graus com a horizontal deverá ser instalado um sistema de escadas fixadas de modo seguro, com as seguintes características: *(Alterado pela Portaria MTE n. 1.894, de 9 de dezembro de 2013)*

a) possuir degraus e lances uniformes;

b) ter espelhos entre os degraus com altura entre dezoito e vinte centímetros;

c) possuir distância vertical entre planos ou lances no máximo de três metros e sessenta centímetros;

d) possuir guarda-corpo resistente e com uma altura entre noventa centímetros e um metro; e

e) ser o piso dotado de material antiderrapante.

22.10.3. Quando os meios de acesso ao local de trabalho possuírem uma inclinação superior a cinquenta graus com a horizontal, deverá ser disponibilizada uma escada de mão, que atenda aos seguintes requisitos:

a) ser de construção rígida e fixada de modo seguro, de forma a reduzir ao mínimo os riscos de queda;

b) ser livres de elementos soltos ou quebrados;

c) ter distância entre degraus entre vinte e cinco e trinta centímetros;

d) ter espaçamento no mínimo de dez centímetros entre o degrau e a parede ou outra obstrução atrás da escada, proporcionando apoio seguro para os pés;

e) possuir instalação de plataforma de descanso com no mínimo sessenta centímetros de largura e cento e vinte centímetros de comprimento em intervalos de, no máximo, sete metros, com abertura suficiente para permitir a passagem dos trabalhadores e

f) ultrapassar a plataforma de descanso em pelo menos um metro.

22.10.3.1. Se a escada for instalada em poço de passagem de pessoas, deverá ser construída em lances consecutivos com eixos diferentes, distanciados, no mínimo, de sessenta centímetros.

22.10.3.2. Se a escada possuir inclinação maior que setenta graus com a horizontal, deverá ser dotada de gaiola de proteção a partir de dois metros do piso ou outro dispositivo de proteção contra quedas.

22.10.4. As escadas de madeira devem possuir as seguintes características mínimas:

a) a madeira deve ser de boa qualidade, não apresentar nós ou rachaduras que comprometam sua resistência;

b) não ser pintadas ou tratadas de forma a encobrir imperfeições;

c) ter uma distância entre degraus entre vinte e cinco e trinta centímetros;

d) ter espaçamento de pelo menos dez centímetros entre os degraus e a parede ou outra obstrução atrás da escada, proporcionando apoio seguro para os pés e

e) projetar-se pelo menos um metro acima do piso ou abertura, caso não haja corrimão resistente no topo da escada.

22.10.5. No caso de uso de escadas metálicas, deverão ser adotadas medidas adicionais de segurança, quando próximas a instalações elétricas.

22.10.6. Só será permitida a utilização de escadas de corrente nas fases de abertura de poços em minas subterrâneas.

22.11. Máquinas, Equipamentos, Ferramentas e Instalações

22.11.1. Todas as máquinas, equipamentos, instalações auxiliares e elétricas devem ser projetadas, montadas, operadas e mantidas em conformidade com as normas técnicas vigentes e as instruções dos fabricantes e as melhorias desenvolvidas por profissional habilitado.

22.11.2. As máquinas e equipamentos devem ter dispositivos de acionamento e parada instalados de modo que:

a) seja acionado ou desligado pelo operador na sua posição de trabalho;

b) não se localize na zona perigosa da máquina ou equipamento e nem acarrete riscos adicionais;

c) possa ser acionado ou desligado, em caso de emergência, por outra pessoa que não seja o operador;

d) não possa ser acionado ou desligado involuntariamente pelo operador ou de qualquer outra forma acidental.

22.11.3. Máquinas, equipamentos, sistemas e demais instalações que funcionem automaticamente devem conter dispositivos de fácil acesso, que interrompam seu funcionamento quando necessário.

22.11.4. As máquinas e sistemas de comando automático, uma vez paralisados, somente podem voltar a funcionar com prévia sinalização sonora de advertência.

22.11.5. As máquinas e equipamentos de grande porte, devem possuir sinal sonoro que indique o início de sua operação e inversão de seu sentido de deslocamento.

22.11.5.1. As máquinas e equipamentos de grande porte, que se deslocam também em marcha à ré, devem possuir sinal sonoro que indique o início desta manobra.

22.11.5.2. As máquinas e equipamentos, cuja área de atuação esteja devidamente sinalizada e isolada, estão dispensada de possuir sinal sonoro.

22.11.6. As máquinas e equipamentos operando em locais com riscos de queda de objetos e materiais devem dispor de proteção adequada contra impactos que possam atingir os operadores.

22.11.6.1. As máquinas e equipamentos devem possuir proteção do operador contra exposição ao sol e chuva.

22.11.7. No subsolo, os motores de combustão interna utilizados só podem ser movidos a óleo diesel e respeitando as seguintes condições:

a) existir sistema eficaz de ventilação em todos os locais de seu funcionamento;

b) possuir sistemas de filtragem do ar aspirado pelo motor, com sistemas de resfriamento e de lavagem de gás de exaustão ou catalisador;

c) possuir sistema de prevenção de chamas e faíscas do ar exaurido pelo motor, em minas com emanações de gases explosivos ou no transporte de explosivos e

d) executar programa de amostragem periódica do ar exaurido, em intervalos que não excedam um mês, nos pontos mais representativos da área afetada, e de gases de exaustão dos motores; em intervalos que não excedam três meses, realizados em condições de carga plena e sem carga, devendo ser amostrados pelo menos gases nitrosos, monóxido de carbono e dióxido de enxofre.

22.11.8. Nas operações de início de furos com marteletes pneumáticos deve ser usado dispositivo adequado para firmar a haste, vedada a utilização exclusiva das mãos.

22.11.9. As máquinas e equipamentos, que ofereçam risco de tombamento, de ruptura de suas partes ou projeção de materiais, peças ou partes destas, devem possuir dispositivo de proteção ao operador.

22.11.10. É obrigatória a proteção de todas as partes móveis de máquinas e equipamentos ao alcance dos trabalhadores e que lhes ofereçam riscos.

22.11.10.1. No caso de remoção das proteções para execução de manutenção ou testes, as áreas próximas deverão ser isoladas e sinalizadas até a sua recolocação para funcionamento definitivo do equipamento.

22.11.11. As instalações, máquinas e equipamentos, em locais com possibilidade de ocorrência de atmosfera explosiva, devem ser à prova de explosão, observando as especificações constantes nas normas NBR 5418 — Instalações Elétricas em Atmosferas Explosivas e NRB 9518 — Equipamentos Elétricos para Atmosferas Explosivas — Requisitos Gerais, da Associação Brasileira de Normas Técnicas — ABNT. *(Alterado pela Portaria SIT n. 27, de 1º de outubro de 2002)*

22.11.12. A manutenção e o abastecimento de veículos e equipamentos devem ser realizados por trabalhador treinado, utilizando-se de técnicas e dispositivos que garantam a segurança da operação.

22.11.13. Todo equipamento ou veículo de transporte deve possuir registro disponível no estabelecimento, em que conste:

a) suas características técnicas;

b) a periodicidade e o resultado das inspeções e manutenções;

c) acidentes e anormalidades;

d) medidas corretivas a adotar ou adotadas e

e) indicação de pessoa, técnico ou empresa que realizou as inspeções ou manutenções.

22.11.13.1. O registro citado neste item deve ser mantido por, no mínimo, um ano à disposição dos órgãos fiscalizadores.

22.11.14. As ferramentas devem ser apropriadas ao uso a que se destinam, proibindo-se o emprego de defeituosas, danificadas ou improvisadas inadequadamente.

22.11.15. As mangueiras e conexões de alimentação de equipamentos pneumáticos devem possuir as seguintes características:

a) permanecer protegidas, firmemente presas aos tubos de saída e entradas e, preferencialmente, afastadas das vias de circulação e

b) serem dotadas de dispositivo auxiliar, que garanta a contenção da mangueira, evitando seu ricocheteamento, em caso de desprendimento acidental. *(Alterado pela Portaria SIT n. 27, de 1º de outubro de 2002)*

22.11.16. Os condutores de alimentação de ar comprimido devem ser locados de forma a minimizar os impactos acidentais.

22.11.17. Na utilização e manuseio de ferramentas de fixação a pólvora devem ser observadas as seguintes condições:

a) o operador deve ser devidamente qualificado e autorizado;

b) o operador deve certificar-se que quaisquer outras pessoas não estejam no raio de ação do projétil, inclusive atrás de paredes;

c) o operador deve certificar-se que o ambiente de operação não contém substâncias inflamáveis e explosivas;

d) as ferramentas devem ser transportadas e guardadas descarregadas, sem o pino e o finca-pino e

e) as ferramentas devem ser guardadas em local de acesso restrito.

22.11.18. Todo equipamento elétrico manual utilizado deve ter sistema de duplo isolamento, exceto quando acionado por baterias.

22.11.19. Nas operações com máquinas e equipamentos pesados devem ser observadas as seguintes medidas de segurança:

a) isolar e sinalizar a sua área de atuação, sendo o acesso à área somente permitido mediante autorização do operador ou pessoa responsável;

b) antes de iniciar a partida e movimentação o operador deve certificar-se de que ninguém está trabalhando sobre ou debaixo dos mesmos ou na zona de perigo;

c) não operar em posição que comprometa sua estabilidade e

d) tomar precauções especiais quando da movimentação próximas a redes elétricas.

22.11.19.1. As máquinas e equipamentos pesados devem possuir no mínimo:

a) indicação de capacidade máxima em local visível no corpo dos mesmos e

b) cadeira confortável, fixada, de forma que sejam reduzidos os efeitos da transmissão da vibração.

22.11.20. É proibido fazer manutenção, inspeção e reparos de qualquer equipamento ou máquinas sustentados somente por sistemas hidráulicos.

22.11.21. Nas atividades de montagem e desmontagem de pneumáticos das rodas devem ser observadas as seguintes condições:

a) os pneumáticos devem ser completamente esvaziados, removendo o núcleo da válvula de calibragem antes da desmontagem, remoção do eixo ou reparos em que não haja necessidade de sua retirada;

b) o enchimento de pneumáticos só poderá ser executado dentro de dispositivo de clausura até alcançar uma pressão suficiente para forçar o talão sobre o aro e criar uma vedação pneumática e

c) o dispositivo de clausura citado na alínea "b" deve suportar o impacto de um aro de um pneumático com cento e cinquenta por cento da pressão máxima especificada.

22.11.22. As hastes de abater choco devem ser, levando-se em conta a segurança da operação, ergonomicamente compatíveis com o trabalho a ser realizado, tendo comprimento e resistência suficientes e peso o menor possível para não gerar sobrecarga muscular excessiva.

22.11.23. Os recipientes contendo gases comprimidos devem ser armazenados em depósitos bem ventilados e estar protegidos contra quedas, calor e impactos acidentais, bem como observar o estabelecido nas NBR 12.791 — Cilindro de Aço, sem costura, para Armazenamento e Transporte de Gases a Alta Pressão, NBR 12.790 — Cilindro de Aço Especificado, sem costura, para Armazenagem e Transporte de Gases a Alta Pressão, e NBR 11.725 — Conexões e Roscas para Válvulas de cilindros para Gases Comprimidos, da Associação Brasileira de Normas Técnicas — ABNT e ainda atender as recomendações do fabricante. *(Alterado pela Portaria SIT n. 27, de 1º de outubro de 2002)*

22.11.24. Todo cabo sem fim só poderá operar nas seguintes condições:

a) possuir sistema de proteção anti-recuo que impeça a continuidade do movimento em caso de desligamento;

b) dispor de proteção das partes móveis das estações de impulso e inversão;

c) ser instalados de maneira que seu acionamento exclua movimentos bruscos e descontrolados e

d) sua partida só será permitida decorridos vinte segundos após sinal audível ou outro sistema de comunicação que indique seu acionamento.

22.12. Equipamentos de Guindar

22.12.1. Os equipamentos de guindar devem possuir:

a) indicação de carga máxima permitida e da velocidade máxima de operação e dispositivos que garantam sua paralisação em caso de ultrapassagem destes índices;

b) indicador e limitador de velocidade para máquinas com potência superior a quarenta quilowatts;

c) em subsolo, indicador de profundidade funcionando independente do tambor;

d) freio de segurança contra recuo, e

e) freio de emergência quando utilizados para transporte de pessoas.

22.12.2. Poços com guincho devem ser equipados, no mínimo, com as seguintes instalações e dispositivos:

a) bloqueios que evitem o acesso indevido ao poço;

b) portões para acesso à cabine ou gaiola em cada nível;

c) dispositivos que interrompam a corrente elétrica do guincho quando a cabine ou gaiola, na subida ou na descida, ultrapasse os limites de velocidade e posicionamento permitidos;

d) sinal mecanizado ou automático em cada nível do poço;

e) sistema de telefonia integrado com os níveis principais do poço, com o guincho e a superfície e

f) sistema de sinalização sonora e luminosa ou através de rádio ou telefone, que permita comunicação ao longo de todo o poço para fins de revisão e emergência.

22.12.3. O meio de transporte e extração, em subsolo, acionado por guincho, deve ser dotado de sistema de frenagem que possibilite a sua sustentação, parado e em qualquer posição, carregado com, no mínimo, cento e cinquenta por cento da carga máxima recomendada.

22.12.3.1. O sistema de frenagem do equipamento de transporte vertical deve ser acionado quando:

a) houver um comando de parada;

b) o sistema de transporte estiver desativado;

c) os dispositivos de proteção forem ativados;

d) houver interrupção da energia;

e) for ultrapassado o limite de velocidade e

f) for ultrapassada a carga máxima permitida.

22.12.3.2. O sistema de frenagem só poderá liberar o equipamento de transporte vertical quando os motores estiverem ligados.

22.12.4. Os equipamentos de guindar devem ser montados, conforme recomendam as normas e especificações técnicas vigentes e as instruções do fabricante.

22.12.4.1. No caso de utilização de equipamentos de guindar de lança fixa, devem ser obedecidos os requisitos mínimos constantes no Anexo III desta NR. *(Inserido pela Portaria MTE n. 1.894, de 9 de dezembro de 2013)*

22.13. Cabos, Correntes e Polias

22.13.1. Os cabos, correntes e outros meios de suspensão ou tração e suas conexões, devem ser projetados, especificados, instalados e mantidos em poços e planos inclinados, conforme instruções dos fabricantes e o estabelecido nas NBR 6.327 — Cabo de Aço para Usos Gerais — Especificações, NBR 11.900 — Extremidade de Laços de Cabo de Aço — Especificações, NRB 13.541 — Movimentação de Carga — Laço do Cabo de Aço — Especificações, NBR 13.542 — Movimentação de Carga — Anel de Carga, NBR 13.543 — Movimentação de Carga — Laço de Cabo de Aço — Utilização e Inspeção, 13.511 — Movimentação de Carga — Sapatilho para Cabo de Aço, NBR 13.545 — Movimentação de Carga — Manilha, da Associação Brasileira de Normas Técnicas — ABNT, além de serem previamente certificados por organismo credenciado pelo Instituto Nacional de Metrologia, Normalização e Qualidade Industrial — INMETRO, ou ainda, por instituição certificadora internacional. *(Alterado pela Portaria SIT n. 27, de 1º de outubro de 2002)*

22.13.2. Os cabos, correntes e outros meios de suspensão ou tração devem observar os seguintes requisitos:

a) no poço, possuir coeficiente de segurança de, no mínimo, igual a oito em relação à carga estática máxima;

b) em outros aparelhos dos sistemas de transportes, cuja ruptura possa ocasionar acidentes pessoais, possuir coeficiente de segurança de, no mínimo, igual a seis em relação à carga estática máxima e

c) para suspensão ou conjugação de veículos possuir no mínimo resistência de dez vezes a carga máxima.

22.13.2.1. Mediante justificativa técnica, os coeficientes de segurança e de resistência citados neste item poderão ser alterados, mediante responsabilidade técnica de profissional legalmente habilitado.

22.13.2.2. Devem ser realizadas, no mínimo a cada seis meses, medições topográficas para verificar o posicionamento dos eixos das polias dos cabos, de acordo com as características técnicas do respectivo projeto.

22.13.3. A empresa ou Permissionário de Lavra Garimpeira anotará em livro ou outro sistema de registro, sob responsabilidade técnica, os seguintes dados relativos aos cabos, correntes e outros meios de suspensão ou tração utilizados nas atividades de guindar:

a) composição e natureza;

b) características mecânicas;

c) nome e endereço do fornecedor e fabricante;

d) tipo de ensaios e inspeções recomendadas pelo fabricante;

e) tipo e resultado das inspeções realizadas;

f) data de instalação e de reparos ou substituições;

g) natureza e consequências dos eventuais acidentes;

h) capacidade de carga conduzida e

i) datas das inspeções com nomes e assinaturas dos inspetores.

22.13.3.1. Os registros citados neste item devem ser mantidos por, no mínimo, um ano à disposição dos órgãos fiscalizadores.

22.13.4. No caso da extração com polia de fricção, todos os níveis principais do poço serão indicados na mesma e no painel do indicador de profundidade, sendo corrigido concomitantemente com o ajuste do cabo.

22.14. Estabilidade dos Maciços

22.14.1. Todas as obras de mineração, no subsolo e na superfície, devem ser levantadas topograficamente e representadas em mapas e plantas, revistas e atualizadas periodicamente por profissional habilitado.

22.14.1.1. Devem ser realizadas, no mínimo a cada seis meses, medições topográficas para verificar a verticalidade das torres dos poços.

22.14.2. A empresa ou Permissionário de Lavra Garimpeira deve adotar procedimentos técnicos, de forma a controlar a estabilidade do maciço, observando-se critérios de engenharia, incluindo ações para:

a) monitorar o movimento dos estratos;

b) tratar de forma adequada o teto e as paredes dos locais de trabalho e de circulação de pessoal;

c) monitorar e controlar as bancadas e taludes das minas a céu aberto;

d) verificar o impacto sobre a estabilidade de áreas anteriormente lavradas e

e) verificar a presença de fatores condicionantes de instabilidade dos maciços, em especial, água, gases, rochas alteradas, falhas e fraturas.

22.14.3. Os métodos de lavra em que haja abatimento controlado do maciço ou com recuperação de pilares deverão ser acompanhados de medidas de segurança, que permitam o monitoramento permanente do processo de extração e supervisionado por pessoal qualificado.

22.14.4. Quando se verificarem situações potenciais de instabilidade no maciço através de avaliações que levem em consideração as condições geotécnicas e geomecânicas do local, as atividades deverão ser imediatamente paralisadas, com afastamento dos trabalhadores da área de risco, adotadas as medidas corretivas necessárias, executadas sob supervisão e por pessoal qualificado.

22.14.4.1. São consideradas indicativas de situações de potencial instabilidade no maciço as seguintes ocorrências:

a) em minas a céu aberto:

I — fraturas ou blocos desgarrados do corpo principal nas faces dos bancos da cava e abertura de trincas no topo do banco;

II — abertura de fraturas em rochas com eventual surgimento de água;

III — feições de subsidências superficiais;

IV — estruturas em taludes negativos e

V — percolação de água através de planos de fratura ou quebras mecânicas; e

b) em minas subterrâneas

I — quebras mecânicas com blocos desgarrados dos tetos ou paredes;

II — quebras mecânicas no teto, nas encaixantes ou nos pilares de sustentação;

III — surgimento de água em volume anormal durante escavação, perfuração ou após detonação e

IV — deformação acentuada nas estruturas de sustentação.

22.14.4.2. Na ocorrência das situações descritas no subitem 22.14.4.1 sem o devido monitoramento, conforme previsto no subitem 22.14.2, as atividades serão imediatamente paralisadas, sem prejuízo da adoção das medidas corretivas necessárias.

22.14.4.2.1. A retomada das atividades operacionais somente poderá ocorrer após a adoção de medidas corretivas e liberação formal da área pela supervisão técnica responsável.

22.14.5. A deposição de qualquer material próximo às cristas das bancadas e o estacionamento de máquinas devem obedecer a uma distância mínima de segurança, definida em função da estabilidade e da altura da bancada.

22.14.6. É obrigatória a estabilização ou remoção, até uma distância adequada, de material com risco de queda das cristas da bancada superior.

22.15. Aberturas Subterrâneas

22.15.1. As aberturas de vias subterrâneas devem ser executadas e mantidas de forma segura, durante o período de sua vida útil.

22.15.2. Os colares dos poços e os acessos à mina devem ser construídos e mantidos, de forma a não permitir a entrada de água em quantidades que comprometam a sua estabilidade ou a ocorrência de desmoronamentos.

22.15.3. As galerias devem ser projetadas e construídas de forma compatível com a segurança do operador das máquinas e equipamentos que por elas transitam, assegurando posição confortável e impedindo o contato acidental com o teto e paredes.

22.15.4. Em áreas de influência da lavra não é permitido o desenvolvimento de outras obras subterrâneas que possam prejudicar a sua estabilidade e segurança.

22.15.5. As aberturas, que possam acarretar riscos de queda de material ou pessoas, devem ser protegidas e sinalizadas.

22.15.6. As aberturas subterrâneas e frentes de trabalho devem ser periodicamente inspecionadas para a identificação de blocos instáveis e chocos.

22.15.6.1. As inspeções devem ser realizadas com especial cuidado, quando da retomada das frentes de lavra após as detonações.

22.15.7. Verificada a existência de blocos instáveis estes devem ter sua área de influência isolada até que sejam tratados ou abatidos.

22.15.7.1. Verificada a existência de chocos, estes devem ser abatidos imediatamente.

22.15.7.2. O abatimento de chocos ou blocos instáveis deve ser realizado através de dispositivo adequado para a atividade, que deverá estar disponível em todas as frentes de trabalho e realizados por trabalhador qualificado, observando normas de procedimentos da empresa ou Permissionário de Lavra Garimpeira.

22.15.8. No desenvolvimento de galerias, eixos principais, lavra em áreas já mineradas, intemperizadas ou ao longo de zonas com distúrbios geológicos devem ser utilizadas técnicas adequadas de segurança.

22.15.9. A base do poço de elevadores e gaiolas deve ser rebaixada além do último nível, adequadamente dimensionada, dotada de sistemas de drenagem e limpa periodicamente, de forma a manter uma profundidade segura.

22.15.10. Os depósitos de materiais desmontados, próximos aos níveis de acesso aos poços e planos inclinados, devem ser adequadamente protegidos contra deslizamento ou dispostos a uma distância superior a dez metros da abertura.

22.15.11. Vias de acesso, de trânsito e outras aberturas com inclinações maiores que trinta e cinco graus devem ser protegidas, a fim de neutralizar deslizamentos e evitar quedas de objetos e pessoas.

22.16. Tratamento e Revestimento de Aberturas Subterrâneas

22.16.1. Todas as aberturas subterrâneas devem ser avaliadas e convenientemente tratadas segundo suas características hidro-geo-mecânicas e finalidades a que se destinam.

22.16.2. A avaliação realizada e os sistemas de tratamento a serem adotados devem ser implantados pelo profissional previsto no subitem 22.3.3 e devem estar disponíveis para a fiscalização do trabalho.

22.16.2.1. Em todas as minas com necessidade de tratamento devem estar disponíveis os planos atualizados dos tipos utilizados.

22.16.2.2. Devem constar do plano de tratamento:

a) fundamentação técnica do tipo adotado;

b) representação gráfica e

c) instruções precisas, em linguagem acessível, das técnicas de montagem e das condições dos locais a serem tratados.

22.16.3. O pessoal de supervisão deve, sistemática e periodicamente, vistoriar todo o tratamento da mina em atividade.

22.16.4. No caso de comprometimento do tratamento deverão ser adotadas medidas adicionais, a fim de prevenir o colapso e desestruturação do maciço.

22.16.5. O responsável técnico pela mina definirá as áreas em que serão recuperados os escoramentos, aprovará os métodos, sequencias de desmontagem dos elementos e quais equipamentos serão utilizados na recuperação.

22.16.5.1. Os serviços de recuperação devem ser executados somente por trabalhadores qualificados.

22.16.6. Todo material de escoramento deve ser protegido contra umidade, apodrecimento, corrosão, além de outros tipos de deterioração, em função de sua vida útil programada.

22.16.7. O uso de macacos hidráulicos para escoramento deve estar associado a dispositivos que detectem eventuais movimentações na rocha sustentada.

22.17. Proteção contra Poeira Mineral

22.17.1. Nos locais onde haja geração de poeiras na superfície ou no subsolo, a empresa ou Permissionário de Lavra Garimpeira deverá realizar o monitoramento periódico da exposição dos trabalhadores, através de grupos homogêneos de exposição e das medidas de controle adotadas, com o registro dos dados observando-se, no mínimo, o Quadro I.

22.17.1.1. Grupo Homogêneo de Exposição corresponde a um grupo de trabalhadores, que experimentam exposição semelhante, de forma que o resultado fornecido pela avaliação da exposição de qualquer trabalhador do grupo seja representativo da exposição do restante dos trabalhadores do mesmo grupo.

22.17.2. Quando ultrapassados os limites de tolerância à exposição a poeiras minerais, devem ser adotadas medidas técnicas e administrativas que, reduzam, eliminem ou neutralizem seus efeitos sobre a saúde dos trabalhadores e considerados os níveis de ação estabelecidos nesta Norma.

22.17.3. Em toda mina deve estar disponível água em condições de uso, com o propósito de controle da geração de poeiras nos postos de trabalho, onde rocha ou minério estiver sendo perfurado, cortado, detonado, carregado, descarregado ou transportado.

22.17.3.1. As operações de perfuração ou corte devem ser realizados por processos umidificados para evitar a dispersão da poeira no ambiente de trabalho.

22.17.3.2. Caso haja impedimento de umidificação, em função das características mineralógicas da rocha, impossibilidade técnica ou quando a água acarretar riscos adicionais, devem ser utilizados dispositivos ou técnicas de controle, que impeçam a dispersão da poeira no ambiente de trabalho.

22.17.4. Os equipamentos geradores de poeira com exposição dos trabalhadores devem utilizar dispositivos para sua eliminação ou redução e ser mantidos em condições operacionais de uso.

22.17.5. As superfícies de máquinas, instalações e pisos dos locais de trânsito de pessoas e equipamentos, devem ser periodicamente umidificados ou limpos, de forma a impedir a dispersão de poeira no ambiente de trabalho.

22.17.6. Os postos de trabalho, que sejam enclausurados ou isolados, devem possuir sistemas adequados, que permitam a manutenção das condições de conforto previstas na Norma Regulamentadora n. 17, especialmente as constantes no subitem 17.5.2. da citada NR e que possibilitem trabalhar com o sistema hermeticamente fechado.

22.18. Sistemas de Comunicação

22.18.1. Todas as minas subterrâneas devem possuir sistema de comunicação padronizado para informar o transporte em poços e planos inclinados.

22.18.2. O transporte de pessoas em poços e planos inclinados deve ser informado pelo sistema de comunicação ao operador do guincho.

22.18.2.1. Não existindo na mina código padronizado para o sistema de comunicação, o código de sinais básicos, sonoros e luminosos, deverá observar a sistemática constante na tabela a seguir:

NÚMERO DE TOQUES	TIPO DE TOQUE	AÇÃO
1	longo	parar
1	curto	subir
2	curto	descer
3	curto	entrada e saída de pessoas
3+3+1	curto	subir lentamente
3+3+2	curto	descer lentamente
4	curto	início do transporte de pessoas
4+4	curto	fim do transporte de pessoas
5	curto	o sinalizador vai entrar na gaiola
1	contínuo	emergência

22.18.2.2. O código do sistema de comunicação deve estar afixado em local visível, em todos os pontos de parada e nos postos de operação do sistema de transporte.

22.18.3. Quando detectada falha no sistema de comunicação, que comprometa a segurança dos trabalhadores, o transporte deverá ser imediatamente paralisado, sendo informado ao pessoal de supervisão e providenciado o necessário reparo.

22.18.4. Todo sistema de comunicação deve possuir retorno, através de repetição do sinal, que comprove ao emissor que o receptor recebeu corretamente a mensagem.

22.18.5. Os seguintes setores da mina devem estar interligados, através de rede telefônica ou outros meios de comunicação:

a) supervisão da mina;

b) próximo às frentes de trabalho;

c) segurança e medicina do trabalho;

d) manutenção;

e) estação principal de ventilação;

f) subestação principal;

g) acesso de cada nível de poços e planos inclinados;

h) prevenção e combate a incêndios;

i) central de transporte;

j) salas de controle de beneficiamento e

l) câmaras de refúgio para os casos de emergência.

22.18.5.1. As linhas telefônicas devem ser independentes e protegidas de contatos com a rede elétrica geral.

22.18.6. Em minas grisutosas, o sistema de comunicação deve ser à prova de explosão.

22.19. Sinalização de Áreas de Trabalho e de Circulação

22.19.1. As vias de circulação e acesso das minas devem ser sinalizadas de modo adequado, para a segurança dos trabalhadores.

22.19.2. As áreas de utilização de material inflamável, assim como aquelas sujeitas à ocorrência de explosões ou incêndios devem estar sinalizadas, com indicação de área de perigo e proibição de uso de fósforos, de fumar ou outros meios que produzam calor, faísca ou chama.

22.19.2.1. Os trabalhos em áreas citadas neste item, que utilizem meios que produzam calor, faísca ou chama, só poderão ser realizados quando adorados procedimentos especiais ou mediante a liberação por escrito do engenheiro responsável pelo setor observado o disposto no subitem 22.3.3. *(Alterado pela Portaria SIT n. 27, de 1º de outubro de 2002)*

22.19.3. Os tanques e depósitos de substâncias tóxicas, de combustíveis inflamáveis, de explosivos e de materiais passíveis de gerar atmosfera explosiva devem ser sinalizadas, com a indicação de perigo e proibição de uso de chama aberta nas proximidades e o acesso restrito a trabalhadores autorizados.

22.19.4. Nos depósitos de substâncias tóxicas e de explosivos e nos tanques de combustíveis inflamáveis devem ser fixados, em local visível, indicações do tipo do produto e capacidade máxima dos mesmos.

22.19.5. Os dispositivos de sinalização devem ser mantidos em perfeito estado de conservação.

22.19.6. Todas as galerias principais devem ser identificadas e sinalizadas de forma visível.

22.19.6.1. Nos cruzamentos e locais de ramificações principais devem estar indicadas as direções e as saídas da mina, inclusive as de emergência.

22.19.7. As plantas de beneficiamento devem ter suas vias de circulação e saída identificadas e sinalizadas de forma visível.

22.19.8. As áreas em subsolo já lavradas ou desativadas devem permanecer sinalizadas e interditadas, sendo o acesso permitido apenas a pessoas autorizadas.

22.19.9. As áreas de superfície mineradas ou desativadas, que ofereçam perigo devido a sua condição ou profundidade, devem ser cercadas e sinalizadas ou vigiadas contra o acesso inadvertido.

22.19.10. As tubulações devem ser identificadas na forma disposta na NBR 6.493 — Emprego de Cores para Identificação de Tubulações, da Associação Brasileira de Normas Técnicas — ABNT ou, alternativamente, identificadas a cada cem metros, informando a natureza do seu conteúdo, direção do fluxo e pressão de trabalho. *(Alterado pela Portaria SIT n. 27, de 1º de outubro de 2002)*

22.19.11. Os recipientes de produtos tóxicos, perigosos ou inflamáveis devem ser rotulados obedecendo a regulamentação vigente, indicando, no mínimo a composição do material utilizado. *(Alterado pela Portaria SIT n. 27, de 1º de outubro de 2002)*

22.19.11.1. Nos locais de estocagem, manuseio e uso de produtos tóxicos, perigosos ou inflamáveis devem estar disponíveis fichas de emergência contendo informações acessíveis e claras sobre o risco à saúde e as medidas a serem tomadas em caso de derramamento ou contato acidental ou não.

22.19.12. As áreas de basculamento devem ser sinalizadas, delimitadas e protegidas contra quedas acidentais de pessoas ou equipamentos.

22.19.13. Os acessos às bancadas devem ser identificados e sinalizados.

22.20. Instalações Elétricas

22.20.1. Nos trabalhos em instalações elétricas o responsável pela mina deve assegurar a presença de pelo menos um eletricista.

22.20.2. As instalações e serviços de eletricidade devem ser projetados, executados, operados, mantidos, reformados e ampliados, de forma a permitir a adequada distribuição de energia e isolamento, correta proteção contra fugas de corrente, curtos-circuitos, choques elétricos e outros riscos decorrentes do uso de energia elétrica.

22.20.3. Os cabos e condutores de alimentação elétrica utilizados devem ser certificados por um organismo de certificação, credenciado pelo Instituto Nacional de Metrologia, Normalização e Qualidade Industrial — INMETRO.

22.20.4. Os locais de instalação de transformadores e capacitores, seus painéis e respectivos dispositivos de operação devem atender aos seguintes requisitos:

a) ser ventilados e iluminados ou projetados e construídos com tecnologia adequada para operação em ambientes confinados;

b) ser construídos e ancorados de forma segura;

c) ser devidamente protegidos e sinalizados, indicando zona de perigo, de forma a alertar que o acesso é proibido a pessoas não autorizadas;

d) não ser usados para outras finalidades diferentes daquelas do projeto elétrico e

e) possuir extintores portáteis de incêndio, adequados à classe de risco, localizados na entrada ou nas proximidades e, em subsolo, montante do fluxo de ventilação.

22.20.5. Os cabos, instalações e equipamentos elétricos devem ser protegidos contra impactos, água e influência de agentes químicos, observando-se suas aplicações, de acordo com as especificações técnicas.

22.20.6. Os serviços de manutenção ou reparo de sistemas elétricos só podem ser executados com o equipamento desligado, etiquetado, bloqueado e aterrado, exceto se forem:

a) utilizadas técnicas adequadas para circuitos energizados;

b) utilizadas ferramentas e equipamentos adequadas à classe de tensão e

c) tomadas precauções necessárias para a segurança dos trabalhadores.

22.20.6.1. O bloqueio durante as operações de manutenção e reparo de instalações elétricas deve ser realizado utilizando-se de cadeado e etiquetas sinalizadoras, fixadas em local visível, contendo, no mínimo, as seguintes indicações:

a) horário e data do bloqueio;

b) motivo da manutenção e

c) nome do responsável pela operação.

22.20.7. Os equipamentos e máquinas de emergência, destinados a manter a continuidade do fornecimento de energia elétrica e as condições de segurança no trabalho, devem ser mantidos permanentemente em condições de funcionamento.

22.20.8. Redes elétricas, transformadores, motores, máquinas e circuitos elétricos, devem estar equipados com dispositivos de proteção automáticos, para os casos de curto-circuito, sobrecarga, queda de fase e fugas de corrente.

22.20.9. Os fios condutores de energia elétrica instalados no teto de galerias para alimentação de equipamentos devem estar à altura compatível com o trânsito seguro de pessoas e equipamentos e protegidos contra contatos acidentais.

22.20.10. Os sistemas de recolhimento automático de cabos alimentadores de equipamentos elétricos móveis devem ser eletricamente solidários à carcaça do equipamento principal.

22.20.11. Os equipamentos elétricos móveis devem ter aterramento adequadamente dimensionado.

22.20.12. Em locais com ocorrência de gases inflamáveis e explosivos, as tarefas de manutenção elétrica devem ser realizadas sob o controle de um supervisor, com a rede de energia desligada e chave de acionamento bloqueada, monitorando-se a concentração dos gases.

22.20.13. Os terminais energizados dos transformadores devem ser isolados fisicamente por barreiras ou outros meios físicos, a fim de evitar contatos acidentais.

22.20.14. Toda instalação, carcaça, invólucro, blindagem ou peça condutora, que não faça parte dos circuitos elétricos mas que, eventualmente, possa ficar sob tensão, deve ser aterrada, desde que esteja em local acessível a contatos.

22.20.15. Todas as instalações ou peças, que não fazem parte da rede condutora, mas que possam armazenar energia estática com possibilidade de gerar fagulhas ou centelhas, devem ser aterradas.

22.20.16. As malhas, os pontos de aterramento e os pára-raios devem ser revisados periodicamente e os resultados registrados.

22.20.17. A implantação, operação e manutenção de instalações elétricas devem ser executadas somente por pessoa qualificada, que deve receber treinamento continuado em manuseio e operação de equipamentos de combate a incêndios e explosões, bem como para prestação de primeiros socorros a acidentados.

22.20.18. Trabalhos em condições de risco acentuado deverão ser executados por duas pessoas qualificadas, salvo critério do responsável técnico.

22.20.19. Durante a manutenção de máquinas ou instalações elétricas, os ajustes e as características dos dispositivos de segurança não devem ser alterados, prejudicando sua eficácia.

22.20.20. Ocorrendo defeitos em máquinas ou em instalações elétricas, estes devem ser comunicados à supervisão para a adoção imediata de providências.

22.20.21. Trabalhos em rede elétrica entre dois ou mais pontos sem possibilidade de contato visual entre os operadores somente podem ser realizados com comunicação por meio de rádio ou outro sistema de comunicação, que impeça a energização acidental.

22.20.22. No caso de uso dos trilhos para o retorno do circuito elétrico de locomotivas, devem existir conexões elétricas entre os trilhos.

22.20.23. As instalações elétricas, com possibilidade de contato com água, devem ser projetadas, executadas e mantidas com especial cuidado quanto à blindagem, estanqueidade, isolamento, aterramento e proteção contra falhas elétricas.

22.20.24. Nas subestações de distribuição de energia devem estar disponíveis os esquemas elétricos referentes à instalação da rede.

22.20.25. Os cabos e as linhas elétricas, especialmente no subsolo, devem ser dispostos, de modo que não sejam danificados por qualquer meio de transporte, lançamento de fragmentos de rochas ou pelo próprio peso.

22.20.26. Os trechos e pontos de tomada de força da rede elétrica em desuso devem ser desenergizados, marcados e isolados ou retirados, quando não forem mais utilizados.

22.20.27. Em planos inclinados, galerias e poços, as instalações de cabos e linhas energizadas devem ser executadas com suportes fixos, para a segurança de sua sustentação.

22.20.28. Os quadros de distribuição elétrica devem ser devidamente fixados e aterrados e os locais de sua instalação devem ser ventilados, sinalizados e protegidos contra impactos acidentais.

22.20.29. As estações de carregamento de baterias tracionárias no subsolo devem observar as seguintes condições:

a) ser identificadas e sinalizadas;

b) estar sujeitas à ventilação de ar fresco da mina, observando-se que a corrente do ar deverá passar primeiro pelos transformadores e depois pelas baterias, saindo diretamente no sistema de retorno da ventilação;

c) ser separadas das outras instalações elétricas e do local de manutenção de equipamentos e

d) ter o acesso permitido somente a pessoas autorizadas e portando lâmpadas à prova de explosão.

22.20.30. Na mina devem ser mantidos atualizados os documentos referentes às instalações elétricas e os respectivos programas e registros de manutenções.

22.20.31. Em locais sujeitos a emanações de gases explosivos e inflamáveis, as instalações elétricas serão à prova de explosão.

22.20.32. As instalações e edificações na superfície devem estar protegidas contra descargas elétricas atmosféricas, com sistema de proteção adequadamente dimensionado, sendo sua integridade e condições de aterramento periodicamente verificadas.

22.21. Operações com Explosivos e Acessórios

22.21.1. Todas as operações envolvendo explosivos e acessórios devem observar as recomendações de segurança do fabricante, sem prejuízo do contido nesta Norma.

22.21.2. O manuseio e utilização de material explosivo devem ser efetuados por pessoal devidamente treinado, respeitando-se as normas do Departamento de Fiscalização de Produtos Controlados do Ministério da Defesa.

22.21.3. Em cada mina, onde seja necessário o desmonte de rocha com uso de explosivos, deve estar disponível plano de fogo, no qual conste:

a) disposição e profundidade dos furos;

b) quantidade de explosivos;

c) tipos de explosivos e acessórios utilizados;

d) sequencia das detonações;

e) razão de carregamento;

f) volume desmontado e

g) tempo mínimo de retorno após a detonação.

22.21.3.1. O plano de fogo da mina deve ser elaborado por profissional legalmente habilitado. *(Alterado pela Portaria SIT n. 27, de 1º de outubro de 2002)*

22.21.4. A execução do plano de fogo, operações de detonação e atividades correlatas devem ser supervisionadas ou executadas pelo encarregado — do — fogo.

22.21.4.1. O encarregado — do — fogo é responsável por:

a) ordenar a retirada dos paióis ou depósitos, transporte e descarregamento dos explosivos e acessórios nas quantidades necessárias ao posto de trabalho a que se destinam;

b) orientar e supervisionar o carregamento dos furos, verificando a quantidade carregada e a sequencia de fogo;

c) antes e durante o carregamento dos furos, no caso de minas ou frentes de trabalho sujeitas a emanações de gases explosivos, solicitar a medida da concentração destes gases, respeitando o limite constante no subitem 22.28.3.1;

d) orientar a conexão dos furos carregados com o sistema de iniciação;

e) certificar que não haja mais pessoas na frente de desmonte, antes de ligar o fogo e retirar-se;

f) nas frentes em desenvolvimento, certificar-se do adequado funcionamento da ventilação auxiliar e da aspersão de água;

g) certificar-se da inexistência de fogos falhados e, se houver, adotar as providências previstas no subitem 22.21.37 e

h) comunicar ao responsável pela área ou frente de serviço o encerramento das atividades de detonação.

22.21.5. A localização, construção, armazenagem e manutenção dos depósitos principais e secundários de explosivos e acessórios devem estar de acordo com a regulamentação vigente, do Ministério da Defesa.

22.21.6. Os depósitos de explosivos e acessórios, no subsolo, não podem estar localizados junto a galerias de acesso de pessoal e de ventilação principal da mina.

22.21.7. Nos acessos dos depósitos de explosivos e acessórios devem estar disponíveis dispositivos de combate a incêndios.

22.21.8. O acesso aos depósitos de explosivos e de acessórios, só pode ser liberado a pessoal devidamente qualificado, treinado e autorizado pela empresa ou Permissionário de Lavra Garimpeira ou acompanhado de pessoa, que atenda a estas qualificações.

22.21.9. Os locais de armazenamento de explosivos e acessórios no subsolo devem:

a) conter no máximo a quantidade a ser utilizada num período de cinco dias de trabalho;

b) ser protegidos de impactos acidentais;

c) ser trancados sob responsabilidade de profissional habilitado;

d) ser independentes, separados e sinalizados;

e) ser sinalizados na planta da mina indicando-se sua capacidade e

f) ser livres de umidade excessiva e onde a ventilação possibilite manter a temperatura adequada e minimizar o arraste de gases para as frentes de trabalho, em caso de acidente.

22.21.10. O consumo de explosivos deve ser controlado por intermédio dos mapas previstos na regulamentação vigente, do Ministério da Defesa.

22.21.10.1. Em todos os depósitos de explosivos e acessórios devem ser anotados os estoques semanais destes materiais, sendo que os registros devem ser examinados e conferidos periodicamente pelo encarregado do fogo e pelo engenheiro responsável pela mina.

22.21.11. É proibida a estocagem de explosivos e acessórios fora dos locais apropriados.

22.21.11.1. Explosivos e acessórios não usados devem retornar imediatamente aos depósitos respectivos.

22.21.12. A menos de vinte metros de um depósito de explosivos e acessórios somente será permitido o acesso de pessoas que trabalhem naquela área, para execução de manutenção das galerias e de trabalho no depósito.

22.21.13. No subsolo, dentro de depósito de explosivos e acessórios e a menos de vinte e cinco metros do mesmo o sistema de contenção será constituído, preferencialmente, de material incombustível e não podendo existir deposição de qualquer outro material.

22.21.14. Explosivos e acessórios devem ser estocados em suas embalagens originais ou em recipientes apropriados e sobre material não metálico, resistente e livre de umidade.

22.21.14.1. Os explosivos e acessórios não podem estar em contato com qualquer material que possa gerar faíscas, fagulhas ou centelhas.

22.21.15. Os depósitos de explosivos e acessórios devem ser sinalizados com placas de advertência contendo a menção "EXPLOSIVOS", em locais visíveis nas proximidades e nas portas de acesso aos mesmos.

22.21.16. O transporte de explosivos e acessórios deve ser realizado por veículo dotado de proteção, que impeça o contato de partes metálicas com explosivos e acessórios e atenda à regulamentação vigente, do Ministério da Defesa e observadas as recomendações do fabricante.

22.21.16.1. O carregamento e descarregamento deve ser feito com o veículo desligado e travado.

22.21.17. Os trabalhadores envolvidos no transporte de explosivos e acessórios devem receber treinamento específico para realizar sua atividade.

22.21.18. É proibido o transporte de explosivos e cordéis detonantes simultaneamente com acessórios e outros materiais bem como com pessoas estranhas à atividade.

22.21.19. O transporte manual de explosivos e acessórios deve ser feito utilizando recipientes apropriados.

22.21.20. O guincheiro deve ser previamente comunicado de todo transporte de explosivo e acessórios no interior dos poços e planos inclinados.

22.21.21. Os explosivos comprometidos em seu estado de conservação, inclusive os oriundos de fogos falhados, devem ser destruídos, conforme regulamentação vigente do Ministério da Defesa e instruções do fabricante.

22.21.22. Antes do início dos trabalhos de carregamento de furos no subsolo, o profissional habilitado deve verificar:

a) a existência de contenção, conforme o plano de lavra;

b) a limpeza dos furos;

c) a existência da ventilação e sua proteção;

d) se todas as pessoas não envolvidas no processo já foram retiradas do local da detonação, interditando o acesso e

e) a existência e funcionamento de aspersor de água em frentes de desenvolvimento, para lavagem de gases e deposição da poeira durante e após a detonação;

22.21.23. O desmonte com uso de explosivos deve obedecer as seguintes condições:

a) ser precedido do acionamento de sirene, no caso de mina a céu aberto;

b) a área de risco deve ser evacuada e devidamente vigiada;

c) horários de fogo previamente definidos e consignados em placas visíveis na entrada de acesso às áreas da mina;

d) dispor de abrigo para uso eventual daqueles que acionam a detonação e

e) seguir as normas técnicas vigentes e as instruções do fabricante.

22.21.24. Na interligação de duas frentes em subsolo, devem ser observados os seguintes critérios:

a) retirada total do pessoal das duas frentes, quando da detonação de cada frente;

b) detonação não simultânea das frentes e

c) estabelecer a distância mínima de segurança para a paralisação de uma das frentes.

22.21.25. Somente ferramentas que não originem faíscas, fagulhas ou centelhas devem ser usadas para abrir recipientes de material explosivo ou para fazer furos nos cartuchos de explosivos.

22.21.26. No carregamento dos furos é permitido somente o uso de socadores de madeira, plástico ou cobre.

22.21.27. Os instrumentos e equipamentos utilizados para detonação elétrica e medição de resistências devem ser inspecionados e calibrados periodicamente, mantendo-se o registro da última inspeção.

22.21.28. Em minas com emanações comprovadas de gases inflamáveis ou explosivos somente será permitido o uso de explosivos adequados a esta condição.

22.21.29. É proibida a escorva de explosivos fora da frente de trabalho.

22.21.30. A fixação da espoleta no pavio deverá ser feita com instrumento específico a este fim.

22.21.31. É proibido utilizar fósforos, isqueiros, chama exposta ou qualquer outro instrumento gerador de faíscas, fagulhas ou centelhas durante o manuseio e transporte de explosivos e acessórios.

22.21.32. Os fios condutores, utilizados nas detonações por descarga elétrica, devem possuir as seguintes características:

a) ser de cobre ou ferro galvanizado;

b) estar isolados;

c) possuir resistividade elétrica abaixo da estabelecida para o circuito;

d) não conter emendas;

e) ser mantidos em curto circuito até sua conexão aos detonadores;

f) ser conectados ao equipamento de detonação pelo encarregado do fogo e após a retirada do pessoal da frente de detonação e

g) possuir comprimento adequado, que possibilite uma distância segura para o encarregado do fogo.

22.21.33. Em minas com baixa umidade relativa do ar, sujeitas ao acúmulo de eletricidade estática, o encarregado do fogo deverá usar anel de aterramento ou outro dispositivo similar, durante a atividade de montagem do circuito e detonação elétrica.

22.21.34. É proibida a detonação a céu aberto em condições de baixo nível de iluminamento ou quando ocorrerem descargas elétricas atmosféricas.

22.21.34.1. Caso a frente esteja parcial ou totalmente carregada, a área deve ser imediatamente evacuada.

22.21.35. Para os trabalhos de aprofundamento de poços e rampas, devem ser atendidos os seguintes requisitos adicionais:

a) o transporte dos explosivos e acessórios para o local do desmonte só pode ocorrer separadamente e após ter sido retirado todo o pessoal não autorizado;

b) antes da conexão das espoletas elétricas com o fio condutor, devem ser desligadas todas as instalações elétricas no poço ou rampa.

c) a detonação só pode ser acionada da superfície ou de níveis intermediários e

d) os operadores de poços e rampas devem ser devidamente informados do início do carregamento.

22.21.36. O retorno à frente detonada só será permitido com autorização do responsável pela área e após verificação da existência das seguintes condições:

a) dissipação dos gases e poeiras, observando-se o tempo mínimo determinado pelo projeto de ventilação e plano de fogo;

b) confirmação das condições de estabilidade da área e

c) marcação e eliminação de fogos falhados.

22.21.37. Na constatação ou suspeita de fogos falhados no material detonado, após o retorno das atividades, devem ser tomadas as seguintes providências:

a) os trabalhos devem ser interrompidos imediatamente;

b) o local deve ser evacuado e

c) informar ao encarregado do fogo para adoção das providências cabíveis.

22.21.37.1. A retirada de fogos falhados só poderá ser executada pelo encarregado do fogo ou, sob sua orientação, por pessoal qualificado e treinado.

22.21.38. A retirada de fogos falhados só poderá ser realizada através de dispositivo que não produza faíscas, fagulhas ou centelhas.

22.21.39. Os explosivos e acessórios remanescentes de um carregamento ou que tenham falhado devem ser recolhidos a seus respectivos depósitos, após retirada imediata da escorva entre eles e utilizando-se recipientes separados.

22.21.40. É proibido o aproveitamento de restos de furos falhados.

22.22. Lavra com Dragas Flutuantes

22.22.1. As dragas flutuantes, além das obrigações estabelecidas na Lei n. 9.537 de 11 de dezembro de 1997, devem atender ainda os seguintes requisitos mínimos:

a) a plataforma da draga deve ser equipada com corrimão;

b) todos os equipamentos devem ser seguramente presos contra deslocamento;

c) deve existir alerta sonoro em caso de emergência;

d) ser equipadas com salva-vidas em número correspondente ao de trabalhadores e

e) ter a carga máxima indicada em placa e local visível.

22.23. Desmonte Hidráulico

22.23.1. Os trabalhadores e os equipamentos que efetuarem o desmonte devem estar protegidos por um distância adequada, de forma a protegê-los contra possíveis desmoronamentos ou deslizamentos.

22.23.2. É proibida a entrada de pessoas não autorizadas nos taludes com desmonte hidráulico.

22.23.3. Os trabalhadores encarregados do desmonte devem estar protegidos por equipamentos de proteção adequado para trabalhos em condições de alta umidade.

22.23.4. Nas instalações de desmonte que funcionem com pressões de água acima de três quilogramas por centímetro quadrado devem ser observados os seguintes requisitos adicionais: *(Alterado pela Portaria SIT n. 27, de1º de outubro de 2002)*

a) os tubos, as conexões e os suportes das tubulações de pressão devem ser apropriados para estas finalidades e dotados de dispositivo que impeça o chicocheteamento da mangueira em caso de desengate acidental; *(Alterado pela Portaria SIT n. 27, de 1º de outubro de 2002)*

b) deve existir suporte para o equipamento de jateamento e

c) a instalação deve ter dispositivo para o desligamento de emergência da bomba de pressão.

22.24. Ventilação em Atividades de Subsolo.

22.24.1. As atividades em subsolo devem dispor de sistema de ventilação mecânica que atenda aos seguintes requisitos:

a) suprimento de oxigênio;

b) renovação contínua do ar;

c) diluição eficaz de gases inflamáveis ou nocivos e de poeiras do ambiente de trabalho;

d) temperatura e umidade adequadas ao trabalho humano e

e) ser mantido e operado de forma regular e contínua.

22.24.1.1. Devem ser observados os níveis de ação para implantação de medidas preventivas, conforme disposto nesta Norma.

22.24.2. Para cada mina deve ser elaborado e implantado um projeto de ventilação com fluxograma atualizado periodicamente, contendo, no mínimo, os seguintes dados:

a) localização, vazão e pressão dos ventiladores principais;

b) direção e sentido do fluxo de ar e

c) localização e função de todas as portas, barricadas, cortinas, diques, tapumes e outros dispositivos de controle do fluxo de ventilação.

22.24.2.1. O fluxograma de ventilação deverá estar disponível aos trabalhadores ou seus representantes e autoridades competentes.

22.24.2.2. Um diagrama esquemático do fluxograma de ventilação, de cada nível, deve ser afixado em local visível do respectivo nível.

22.24.3. Todas as frentes de trabalho, em desenvolvimento e lavra, devem ser ventiladas por uma corrente de ar que previna a exposição dos trabalhadores a contaminantes acima dos Limites de Tolerância legais. *(Alterado pela Portaria MTE n. 732, de 22 de maio de 2014)*

22.24.4. É proibida a utilização de um mesmo poço ou plano inclinado para a saída e entrada de ar, exceto durante o trabalho de desenvolvimento com exaustão ou adução tubuladas ou através de sistema que garanta a ausência de mistura entre os dois fluxos de ar.

22.24.5. Em minas com emanações de grisu, a corrente de ar viciado deve ser dirigida ascendentemente.

22.24.5.1. A corrente de ar viciado só poderá ser dirigida descendentemente mediante justificativa técnica.

22.24.6. Nos locais onde pessoas estiverem transitando ou trabalhando, a concentração de oxigênio no ar não deve ser inferior a dezenove por cento em volume.

22.24.7. A vazão de ar necessária em minas de carvão, para cada frente de trabalho, deve ser de, no mínimo, seis metros cúbicos por minuto por pessoa.

22.24.7.1. A vazão de ar fresco em galerias de minas de carvão constituídas pelos últimos travessões arrombados deve ser de, no mínimo, duzentos e cinquenta metros cúbicos por minuto.

22.24.7.2. Em outras minas, a quantidade do ar fresco nas frentes de trabalho deve ser de, no mínimo, dois metros cúbicos por minuto por pessoa.

22.24.7.3. No caso da utilização de veículos e equipamentos a óleo diesel que operem com diesel com teor de enxofre máximo de 50 ppm e motores que tenham padrões de emissão aceitáveis pela fase P7 do Proconve — Programas de Controle da Poluição do Ar por Veículos Automotores, a vazão de ar fresco na frente de trabalho deve ser aumentada em dois vírgula sessenta e cinco metros cúbicos por minuto para cada cavalo-vapor de potência instalada. *(Alterado pela Portaria MTE n. 732, de 22 de maio de 2014)*

22.24.7.3.1. No caso da utilização de veículos e equipamentos a óleo diesel com teor de enxofre acima de 50 ppm ou que operem com motores diesel que não tenham padrões de emissão aceitáveis pela fase P7 do Proconve — Programas de Controle da Poluição do Ar por Veículos Automotores, a vazão de ar fresco na frente de trabalho deve ser aumentada em três e meio metros cúbicos por minuto para cada cavalo-vapor de potência instalada. *(Alterado pela Portaria TEM n. 732, de 22 de maio de 2014)*

22.24.7.3.2. No caso de uso simultâneo de mais de um veículo ou equipamento a diesel que operem com diesel com teor de enxofre máximo de 50 ppm e motores que tenham padrões de emissão aceitáveis pela fase P7 do Proconve, em frente de desenvolvimento, deverá ser adotada a seguinte fórmula para o cálculo da vazão de ar fresco na frente de trabalho:

(Alterado pela Portaria MTE n. 732, de 22 de maio de 2014)

$QT = 2{,}65\ (P1 + 0{,}75 \times P2 + 0{,}5 \times Pn)\ [m^3/min]$

Onde:

QT = vazão total de ar fresco em metros cúbico por minuto

P1 = potência em cavalo-vapor do equipamento de maior potência em operação

P2 = potência em cavalo-vapor do equipamento de segunda maior potência em operação

Pn = somatório da potência em cavalo-vapor dos demais equipamentos em operação.

22.24.7.3.3. No caso de uso simultâneo de mais de um veículo ou equipamento a óleo diesel com teor de enxofre acima de 50 ppm ou que operem com motores diesel que não tenham padrões de emissão aceitáveis pela fase P7 do Proconve — Programas de Controle da Poluição do Ar por Veículos Automotores, a vazão de ar fresco em frente de desenvolvimento, deverá ser adotada a seguinte fórmula para o cálculo da vazão de ar fresco na frente de trabalho:

(Alterado pela Portaria MTE n. 732, de 22 de maio de 2014)

$QT = 3{,}50\ (P1 + 0{,}75 \times P2 + 0{,}5 \times Pn)\ [m^3/min]$

Onde:

QT = vazão total de ar fresco em metros cúbico por minuto

P1 = potência em cavalo-vapor do equipamento de maior potência em operação

P2 = potência em cavalo-vapor do equipamento de segunda maior potência em operação

Pn = somatório da potência em cavalo-vapor dos demais equipamentos em operação.

22.24.7.3.4. No caso de desenvolvimento, sem uso de veículos ou equipamentos a óleo diesel, a vazão de ar fresco deverá ser dimensionada à razão de quinze metros cúbicos por minuto por metro quadrado da área da frente em desenvolvimento. *(Renumerado pela Portaria MTE n. 732, de 22 de maio de 2014)*

22.24.8. Em outras minas e demais atividades subterrâneas a vazão de ar fresco nas frentes de trabalho será dimensionada de acordo com o disposto no Quadro II, prevalecendo a vazão que for maior.

22.24.9. O fluxo total de ar fresco na mina será, no mínimo, o somatório dos fluxos das áreas de desenvolvimento e dos fluxos das demais áreas da mina, dimensionados conforme determinado nesta Norma.

22.24.10. A velocidade do ar no subsolo não deve ser inferior a zero vírgula dois metros por segundo nem superior à média de oito metros por segundo onde haja circulação de pessoas.

22.24.10.1. Os casos especiais que demandem o aumento de limite superior da velocidade para até dez metros por segundo deverão ser submetidos à instância regional do Ministério do Trabalho e Emprego — MTE.

22.24.10.2. Em poços, furos de sonda, chaminés ou galerias, exclusivos para ventilação, a velocidade pode ser superior a dez metros por segundo.

22.24.11. Sempre que a passagem por portas de ventilação acarretar riscos oriundos da diferença de pressão, deverão ser instaladas duas portas em série, de modo a permitir que uma permaneça fechada enquanto a outra estiver aberta, durante o trânsito de pessoas ou equipamentos.

22.24.11.1. A montagem e desmontagem das portas de ventilação somente será permitida com autorização do responsável pela mina.

22.24.12. Na corrente principal, as estruturas utilizadas para a separação de ar fresco do ar viciado, nos cruzamentos, devem ser construídas com alvenaria ou material resistente à combustão ou revestido com material anti-chama.

22.24.12.1. Os tapumes de ventilação devem ser conservados em boas condições de vedação de forma a proporcionar um fluxo adequado de ar nas frentes de trabalho.

22.24.13. A instalação e as formas de operação do ventilador principal e do de emergência devem ser definidas e estabelecidas no projeto de ventilação constante do plano de lavra.

22.24.14 O sistema de ventilação deve atender, no mínimo, aos seguintes requisitos:

a) possuir ventilador de emergência com capacidade que mantenha a direção do fluxo de ar, de acordo com as atividades para este caso, previstas no projeto de ventilação;

b) as entradas aspirantes dos ventiladores devem ser protegidas;

c) o ventilador principal e o de emergência devem ser instalados de modo que não permitam a recirculação do ar e

d) possuir sistema alternativo de alimentação de energia proveniente de fonte independente da alimentação principal para acionar o sistema de emergência nas seguintes situações:

I — minas sujeitas a acúmulo de gases explosivos ou tóxicos e

II — minas em que a falta de ventilação coloque em risco a segurança das pessoas durante sua retirada.

22.24.14.1. Na falta de alimentação de energia e de fonte independente da alimentação principal, o responsável pela mina deverá providenciar a retirada imediata das pessoas.

22.24.15. A estação onde estão localizados os ventiladores principais e de emergência deve estar equipada com instrumentos para medição da pressão do ar.

22.24.16. O ventilador principal deve ser dotado de dispositivo de alarme que indique a sua paralisação.

22.24.17. Os motores dos ventiladores a serem instalados nas frentes com presença de gases explosivos devem ser a prova de explosão.

22.24.18. Todas as galerias de desenvolvimento, após dez metros de avançamento, e obras subterrâneas sem comunicação ou em fundo de saco devem ser ventiladas através de sistema de ventilação auxiliar e o ventilador utilizado deverá ser instalado em posição que impeça a recirculação de ar.

22.24.18.1. A chave de partida dos ventiladores deve estar na corrente de ar fresco.

22.24.19. Para cada instalação ou desinstalação de ventilação auxiliar deve ser elaborado um diagrama específico, aprovado pelo responsável pela ventilação da mina.

22.24.20. A ventilação auxiliar não deve ser desligada enquanto houver pessoas trabalhando na frente de serviço, salvo em casos de manutenção do próprio sistema e após a retirada do pessoal, permitida apenas a presença da equipe de manutenção, seguindo procedimentos previstos para esta situação específica.

22.24.21. É vedada a ventilação utilizando-se somente ar comprimido, salvo em situações de emergência ou se o mesmo for tratado para a retirada de impurezas.

22.24.21.1. O ar de descarga das perfuratrizes não é considerado ar de ventilação.

22.24.22. O pessoal envolvido na ventilação e todo o nível de supervisão da mina, que trabalhe em subsolo, deve receber treinamento em princípios básicos de ventilação de mina.

22.24.23. Devem ser executadas, mensalmente, medições para avaliação da velocidade, vazão do ar, temperatura de bulbo seco e bulbo úmido contemplando, no mínimo, os seguintes pontos:

a) caminhos de entrada da ventilação;

b) frentes de lavra e de desenvolvimento e

c) ventilador principal.

22.24.23.1. O resultados das medições devem ser anotados em registros próprios.

22.24.24. No caso de minas grisutosas ou com ocorrência de gases tóxicos, explosivos ou inflamáveis o controle da sua concentração deve ser feito a cada turno, nas frentes de trabalho em operação e nos pontos importantes da ventilação.

22.25. Beneficiamento

22.25.1. Os equipamentos de beneficiamento devem ser dispostos a uma distância suficiente entre si, de forma a permitir:

a) a circulação segura do pessoal;

b) a sua manutenção;

c) o desvio do material no caso de defeitos e

d) a interposição de outros equipamentos necessários para reparos e manutenção.

22.25.2. É obrigatória a adoção de medidas especiais de segurança para o trabalho no interior dos seguintes equipamentos:

a) alimentadores;

b) moinhos;

c) teares;

d) galgas;

e) transportadores contínuos;

f) espessadores;

g) silos de armazenamento e transferência e

h) outros também utilizados nas operações de corte, revolvimento, moagem, mistura, armazenamento e transporte de massa.

22.25.2.1. As medidas especiais de segurança citadas devem contemplar, no mínimo, os seguintes aspectos:

a) uso de cinto de segurança fixado a cabo salva-vida;

b) realização dos trabalhos sob supervisão;

c) os equipamentos devem estar desligados, desenergizados, com os comandos bloqueados, travados e etiquetados;

d) descarregamento e ventilação prévia dos equipamentos e

e) monitoramento prévio, quando aplicável de:

I – qualidade do ar;

II – explosividade e

III – radiações ionizantes, quando utilizados medidores radioativos.

22.25.2.2. Somente o responsável pelo bloqueio pode desbloquear o comando de partida dos equipamentos, cujo procedimento deverá estar devidamente registrado.

22.25.3. Nos casos em que houver trabalho manual auxiliar na alimentação por gravidade de britadores, outros equipamentos ou locais com risco de queda, o trabalhador deve usar, obrigatoriamente, cinto de segurança firmemente fixado.

22.25.4. Nos processos que exijam coleta de amostras esta deve ser realizada seguindo procedimentos escritos e os equipamentos devem dispor de local seguro para esta atividade.

22.25.5. Em locais de risco de queda de material ou pessoas ou contato com partes móveis as áreas de circulação de pessoas devem estar sinalizadas e protegidas adequadamente,

22.25.6. O acionamento de qualquer equipamento só pode ser realizado por pessoa autorizada, através de um sistema ou procedimento adequado de comando de partida, que impeça a ligação acidental.

22.25.6.1. Deve haver, no mínimo, um sinal audível por todos os trabalhadores envolvidos ou afetados pela operação, pelo menos vinte segundos antes da movimentação efetiva de equipamentos que ofereçam riscos acentuados.

22.25.7. Os locais de implantação de processos de lixiviação em pilha devem ser cercados e sinalizados, de forma a alertar que o acesso é proibido a pessoas não autorizadas.

22.25.8. Os processos de lixiviação devem ser executados por trabalhadores treinados e supervisionados por profissional legalmente habilitado.

22.26. Deposição de Estéril, Rejeitos e Produtos

22.26.1. Os depósitos de estéril, rejeitos, produtos, barragens e áreas de armazenamento, assim como as bacias de decantação devem ser construídas em observância aos estudos hidrogeológicos e, ainda, atender às normas ambientais, às normas reguladoras de mineração e às especificações das normas técnicas da ABNT aplicáveis, especialmente a NBR 11682 e suas alterações. *(Alterado pela Portaria MTE n. 732, de 22 de maio de 2014)*

22.26.2. Os depósitos de estéril, rejeitos ou de produtos e as barragens devem ser mantidas sob supervisão de profissional habilitado e dispor de monitoramento da percolação de água, da movimentação e estabilidade e do comprometimento do lençol freático.

22.26.2.1. Nas situações de risco grave e iminente de ruptura de barragens e taludes, as áreas de risco devem ser evacuadas, isoladas e a evolução do processo monitorado e todo o pessoal potencialmente afetado deve ser informado.

22.26.2.2. O acesso aos depósitos de produtos, estéril e rejeitos deve ser sinalizado e restrito ao pessoal necessário aos trabalhos ali realizados.

22.26.3. A estocagem definitiva ou temporária de produtos tóxicos ou perigosos deve ser realizada com segurança e de acordo com a regulamentação vigente.

22.27. Iluminação

22.27.1. Os locais de trabalho, circulação e transporte de pessoas devem dispor de sistemas de iluminação natural ou artificial, adequado às atividades desenvolvidas.

22.27.1.1. Em subsolo, é obrigatória a existência de sistema de iluminação estacionária, mantendo-se os seguintes níveis mínimos de iluminamento médio nos locais a seguir relacionados:

a) cinquenta lux no fundo do poço;

b) cinquenta lux na casa de máquinas;

c) vinte lux no caminhos principais;

d) vinte lux nos pontos de carregamento, descarregamento e trânsito sobre transportadores contínuos:

e) sessenta lux na estação de britagem e

f) duzentos e setenta lux no escritório e oficinas de reparos.

22.27.2. As instalações de superfície que dependam de iluminação artificial, cuja falha possa colocar em risco acentuado a segurança das pessoas, devem ser providas de iluminação de emergência que atenda aos seguintes requisitos:

a) ligação automática no caso de falha do sistema principal;

b) ser independente do sistema principal;

c) prover iluminação suficiente que permita a saída das pessoas da instalação e

d) ser testadas e mantidas em condições de funcionamento.

22.27.2.1. Caso não seja possível a instalação de iluminação de emergência, os trabalhadores devem dispor de equipamentos individuais de iluminação.

22.27.3. Devem dispor de iluminação suplementar à iluminação individual as seguintes atividades no subsolo:

a) verificação de riscos de quedas de material;

b) verificação de falhas e descontinuidades geológicas;

c) abatimentos de chocos e blocos instáveis e

d) manutenção elétrica e mecânica nas frentes de trabalho.

22.27.4. Quando necessária iluminação dos depósitos de explosivos e acessórios, esta somente poderá ser externa.

22.27.5. Em trabalhos no interior de depósitos de explosivos e acessórios só é permitido o uso de lanternas de segurança.

22.27.6. Durante o trabalho noturno ou em condições de pouca visibilidade em minas a céu aberto, as frentes de basculamento ou descarregamento em operação devem possuir iluminação suficiente.

22.27.6.1. Quando as condições atmosféricas impedirem a visibilidade, mesmo com iluminação artificial, os trabalhos e o tráfego de veículos e equipamentos móveis deverão ser suspensos.

22.27.7. É obrigatório o uso de lanternas individuais nas seguintes condições:

a) para o acesso e o trabalho em mina subterrânea e

b) para deslocamento noturno na área de operação de lavra, basculamento e carregamento, nas minas a céu aberto.

22.27.7.1. Em minas com ocorrência de gases explosivos, só será permitido o uso de lanternas de segurança.

22.27.7.2. Lanternas de reserva devem estar disponíveis em pontos próximos aos locais de trabalho e em condições de uso.

22.27.8. No caso de trabalhos em minerais com alto índice de refletância deverão ser tomadas medidas especiais de proteção da visão.

22.28. Proteção contra Incêndios e Explosões Acidentais.

22.28.1. Na minas e instalações sujeitas a emanações de gases tóxicos, explosivos ou inflamáveis o PGR — Programa de Gerenciamento de Riscos — deverá incluir ações de prevenção e combate a incêndio e de explosões acidentais.

22.28.1.1. As ações de prevenção e combate a incêndio e de prevenção de explosões acidentais devem ser implementadas pelo responsável pela mina e devem incluir, no mínimo:

a) indicação de um responsável pelas equipes, serviços e equipamentos para realizar as medições;

b) registros dos resultados das medições permanentemente organizados, atualizados e disponíveis à fiscalização e

c) a periodicidade da realização das medições deverá ser determinada em função das características dos gases, podendo ser modificada a critério técnico.

22.28.2. Em minas subterrâneas não deve ser ultrapassada a concentração um por cento em volume, ou equivalente, de metano no ambiente de trabalho.

22.28.2.1. No caso da ocorrência de metano acima desta concentração, as atividades devem ser imediatamente suspensas, informando-se a chefia imediata e executando somente trabalhos para reduzir a concentração.

22.28.2.2. Em caso de ocorrência de metano com concentração igual ou superior a dois por cento em volume, ou equivalente, a zona em perigo deve ser imediatamente evacuada e interditada.

22.28.3. A concentração de metano na corrente de ar deverá ser controlada periodicamente, conforme programa estabelecido e aprovado pelo responsável pela mina.

22.28.3.1. Acima de zero vírgula oito por cento em volume de metano no ar, será proibido desmonte com explosivo.

22.28.4. Nas minas subterrâneas sujeitas à concentração de gases, que possam provocar explosões e incêndios, devem estar disponíveis próximos aos postos de trabalho equipamentos individuais de fuga rápida em quantidade suficiente para o número de pessoas presentes na área.

22.28.4.1. Além dos equipamentos de fuga rápida deverão estar disponíveis câmaras de refúgio incombustíveis, por tempo mínimo previsto no Programa de Gerenciamento de Riscos — PGR- com capacidade para abrigar os trabalhadores em caso de emergência possuindo as seguintes características mínimas:

a) porta capaz de ser selada hermeticamente;

b) sistema de comunicação com a superfície;

c) água potável e sistema de ar comprimido e

d) ser facilmente acessíveis e identificados.

22.28.5. Todas as minerações devem possuir um sistema com procedimentos escritos, equipes treinadas de combate a incêndio e sistema de alarme.

22.28.5.1. As equipes deverão ser treinadas por profissional qualificado e fazer exercícios periódicos de simulação.

22.28.6. A prevenção de incêndio deverá ser promovida em todas as dependências da mina através das seguintes medidas:

a) proibição de se portar ou utilizar produtos inflamáveis ou qualquer objeto que produza fogo ou faísca, a não ser os necessários aos trabalhos de mineração subterrânea;

b) disposição adequada de lixo ou material descartável com potencial inflamável em qualquer dependência da mina;

c) proibição de estocagem de produtos inflamáveis e de explosivos próximo a transformadores, caldeiras, e outros equipamentos e instalações que envolvam eletricidade e calor;

d) os trabalhos envolvendo soldagem, corte e aquecimento, através de chama aberta, só poderão ser executados quando forem providenciados todos os meios adequados para prevenção e combate de eventual incêndio e

e) proibição de fumar em subsolo.

22.28.7. É proibido o porte e uso de lanternas de carbureto de cálcio em subsolo.

22.28.8. Em minas subterrâneas, onde for utilizado sistema de transporte por correias transportadoras, deverá ser instalado sistema de combate a incêndio próximo ao seu sistema de acionamento e dos tambores.

22.28.9. Em minas de carvão, as correias transportadoras deverão ser construídas de material resistente à combustão.

22.28.9.1. Em minas de carvão deverão ser tomadas todas as medidas necessárias para evitar o acúmulo de pó de carvão ao longo das partes móveis dos sistemas de transportadores de correia, onde possa ocorrer aquecimento por atrito.

22.28.10. Nos acessos de ar fresco devem ser tomadas precauções adicionais nas instalações para se evitar incêndios e sua propagação.

22.28.11. O sistema da ventilação de mina subterrânea deve ser regido e dotado de procedimentos ou dispositivos que:

a) impeçam que os gases de combustão provenientes de incêndio na superfície penetrem no seu interior e

b) possibilitem que os gases de combustão ou outros gases tóxicos gerados em seu interior em virtude de incêndio não sejam carreados para as frentes de trabalho ou sejam adequadamente diluídos.

22.28.12. Nas proximidades dos acessos à mina subterrânea não devem ser instalados depósitos de produtos combustíveis, inflamáveis ou explosivos.

22.28.13. Todo insumo inflamável ou explosivo, deve ser rotulado e guardado em depósito seguro, identificado e construído conforme regulamentação vigente.

22.28.14. Devem ser instaladas, nas minas subterrâneas, redes de água, sistemas ou dispositivos que permitam o combate a incêndios.

22.28.15. Em toda mina devem ser instalados extintores portáteis de incêndio, adequados à classe de risco, cuja inspeção deve ser realizada por pessoal treinado.

22.28.16. Os equipamentos de combate a incêndios, as tomadas de água e o estoque do material a ser utilizado na construção emergencial de diques, na superfície e no subsolo, devem estar permanentemente identificados e dispostos em locais apropriados e visíveis.

22.28.16.1. Os equipamentos do sistema de combate a incêndio devem ser inspecionados periodicamente.

22.28.17. Todos os trabalhadores devem estar instruídos sobre prevenção e combate a princípios de incêndios, através do uso de extintores portáteis, e sobre noções de primeiros socorros.

22.28.18. Havendo a constatação de incêndio, toda a área de risco deve ser interditada e as pessoas não diretamente envolvidas no seu combate devem ser evacuadas para áreas seguras.

22.28.19. As carpintarias devem estar distantes de outras oficinas e demais zonas com risco de incêndio e explosão.

22.29. Prevenção de Explosão de Poeiras Inflamáveis em Minas Subterrâneas de Carvão

22.29.1. As minas subterrâneas de carvão devem identificar as fontes de geração de poeiras tomando as medidas preventivas cabíveis para reduzir o risco de inflamação de poeiras e a propagação da chama.

22.29.1.1. As medidas preventivas serão implementadas principalmente nos seguintes locais:

a) frentes de lavra;

b) pontos de transferência

c) pontos de carregamento de minério em correias transportadoras e

d) onde existam fontes de ignição

22.29.1.2. As medidas preventivas serão:

a) nas frentes de lavra: umidificação das operações que possam gerar poeiras;

b) nos pontos de transferência e nos pontos de carregamento:

I — umidificação;

II — neutralização com material inerte ou

III — lavagem periódica em intervalos de tempo a serem determinados para cada local, das paredes, teto e lapa e

c) nos locais onde existam fontes de ignição:

I — isolamento da fonte

II — umidificação ou

III — neutralização com material inerte.

22.30. Proteção contra Inundações

22.30.1. A empresa ou o Permissionário de Lavra Garimpeira deve adotar medidas que previnam inundações acidentais em suas instalações, tomando por base os estudos hidro-geológicos previstos nas normas reguladoras de mineração. *(Alterado pela Portaria SIT n. 27, de 1º de outubro de 2002)*

22.30.1.1. No subsolo, serão ainda adotadas as seguintes providências:

a) controlar a quantidade de água bombeada e suas variações ao longo do tempo e

b) adotar sistema de comunicação adequado sempre que houver risco iminente de inundação das galerias de acesso ou saída de pessoal.

22.31. Equipamentos Radioativos

22.31.1. As minerações que utilizem fontes ou medidores radioativos em seus processos devem obedecer as Diretrizes Básicas e de Radioproteção da Comissão Nacional de Energia Nuclear — CNEN, especialmente nas NE n.s 3.01/83; 6.02/84; 3.02/88; 3.03/88 e alterações posteriores.

22.31.2. A empresa que utilizar fontes ou medidores radioativos deverá manter a disposição da fiscalização seu Plano de Radioproteção, os resultados de exposição dos trabalhadores e dos levantamentos radiométricos, além dos certificados de calibração dos aparelhos de medição.

22.31.3. Todas as fontes radioativas e áreas com possibilidade de expor os trabalhadores a taxas de doses acima das permitidas para indivíduos do público devem ser mantidas sinalizadas.

22.31.4. Os trabalhadores sujeitos a exposição a radiações ionizantes e os que transitem por áreas onde haja fontes radioativas devem ser informados sobre os equipamentos, seu funcionamento e seus riscos.

22.31.5. Os trabalhos envolvendo radiações ionizantes devem possuir orientação de um Supervisor de Radioproteção habilitado pela CNEN.

22.31.6. As fontes radioativas suplementares e as fora de uso devem estar armazenadas segundo as normas da CNEN.

22.32. Operações de Emergência

22.32.1. Toda mina deverá elaborar, implementar e manter atualizado um plano de emergência que inclua, no mínimo, os seguintes requisitos:

a) Identificação de seus riscos maiores;

b) normas de procedimentos para operações em caso de:

I — incêndios;

II — inundações;

III — explosões;

IV — desabamentos;

V — paralisação do fornecimento de energia para o sistema de ventilação;

VI — acidentes maiores e

VII — outras situações de emergência em função das características da mina, dos produtos e dos insumos utilizados;

c) localização de equipamentos e materiais necessários para as operações de emergência e prestação de primeiros socorros;

d) descrição da composição e os procedimentos de operação de brigadas de emergência para atuar nas situações descritas nos incisos I a VII;

e) treinamento periódico das brigadas de emergência;

f) simulação periódica de situações de salvamento com a mobilização do contingente da mina diretamente afetado pel evento;

g) definição de áreas e instalações devidamente construídas e equipadas para refúgio das pessoas e prestação de primeiros socorros;

h) definição de sistema de comunicação e sinalização de emergência, abrangendo o ambiente interno e externo e

i) a articulação da empresa com órgãos da defesa civil.

22.32.1.1. Compete ao supervisor conhecer e divulgar os procedimentos do plano de emergência a todos os seus subordinados.

22.32.2. A empresa proporcionará treinamento semestral específico à brigada de emergência, com aulas teóricas e aplicações práticas.

22.32.3. Devem ser realizadas, anualmente, simulações do plano de emergência com mobilização do contingente da mina diretamente afetado.

22.32.4. Nas minas de subsolo deve existir uma área reservada para refúgio, em caso de emergência, devidamente construída e equipada para abrigar o pessoal e prestação de primeiros socorros.

22.33. Vias e Saídas de Emergência

22.33.1. Toda mina subterrânea em atividade deve possuir, obrigatoriamente, no mínimo, duas vias de acesso à superfície, uma via principal e uma alternativa ou de emergência, separadas entre si e comunicando-se por vias secundárias, de forma que a interrupção de uma delas não afete o trânsito pela outra.

22.33.1.1. O disposto neste item não se aplica durante a fase de abertura da mina.

22.33.2. Na mina subterrânea em operação normal de suas atividades, as vias principais e secundárias devem proporcionar condições para que toda pessoa, a partir dos locais de trabalho, tenha alternativa de trânsito para as duas vias de acesso à superfície, sendo uma delas o caminho de emergência.

22.33.3. No subsolo, os locais de trabalho devem possibilitar a imediata evacuação, em condições de segurança para os trabalhadores, devendo ser previsto o número e distribuição do pessoal no plano de emergências conforme disposto no subitem 22.32.1.

22.33.4. As vias e saídas de emergência devem ser direcionadas o mais diretamente possível para o exterior, em zona de segurança ou ponto de concentração previamente determinado e sinalizado.

22.33.5. As vias e saídas de emergência, assim como as vias de circulação e as portas que lhes dão acesso, devem ser devidamente sinalizadas e mantidas desobstruídas.

22.33.6. Os planos inclinados e chaminés destinados à saída de emergência devem possuir escadas construídas e instaladas conforme prescrito no item 22.10.

22.34. Paralisação e Retomada de Atividades nas Minas

22.34.1. Ao suspender temporária ou definitivamente a lavra, a empresa ou Permissionário de Lavra Garimpeira deverá comunicar ao órgão regional do Ministério do Trabalho e Emprego — MTE.

22.34.2. As minas paralisadas definitivamente deverão ter todos os seus acessos vedados, na forma da legislação em vigor.

22.34.3. Para o retorno das atividades de lavra, a empresa ou Permissionário de Lavra Garimpeira deverá tomar as seguintes providências:

a) reavaliar o estado de conservação da mina, suas dependências, equipamentos e sistemas;

b) restabelecer as condições de higiene e segurança do trabalho;

c) ventilar todas as frentes antes de se adentrar nas mesmas, no caso de minas subterrâneas, monitorando a qualidade do ar;

d) drenar as áreas inundadas ou alagadas;

e) verificar a estabilidade da estrutura da mina, reforçando-a, em especial aquelas danificadas;

f) realizar estudos e projetos adicionais exigidos pelos órgãos fiscalizadores e

g) manter à disposição da fiscalização do trabalho a autorização de reinício das atividades de lavra, expedida pelo DNPM.

22.35. Informação, Qualificação e Treinamento

22.35.1. A empresa ou Permissionário de Lavra Garipeira deve proporcionar aos trabalhadores treinamento, qualificação, informações, instruções e reciclagem necessárias para preservação da sua segurança e saúde, levando-se em consideração o grau de risco e natureza das operações.

22.35.1.1. O treinamento admissional para os trabalhadores, que desenvolverão atividades no setor de mineração ou daqueles transferidos da superfície para o subsolo ou vice-versa, abordará, no mínimo, os seguintes tópicos:

— treinamento introdutório geral com reconhecimento do ambiente de trabalho;

— treinamento específico na função e

— orientação em serviço.

22.35.1.2. O treinamento introdutório geral deve ter duração mínima de seis horas diárias, durante cinco dias, para as atividades de subsolo, e de oito horas diárias, durante três dias, para atividades em superfície, durante o horário de trabalho, e terá o seguinte currículo mínimo:

a) ciclo de operações da mina;

b) principais equipamentos e suas funções;

c) infraestrutura da mina;

d) distribuição de energia;

e) suprimento de materiais;

f) transporte na mina;

g) regras de circulação de equipamentos e pessoas;

h) procedimentos de emergência;

i) primeiros socorros;

j) divulgação dos riscos existentes nos ambientes de trabalho constantes no Programa de Gerenciamento de Riscos e dos acidentes e doenças profissionais e

l) reconhecimento do ambiente do trabalho.

22.35.1.3. O treinamento específico na função consistirá de estudo e práticas relacionadas às atividades a serem desenvolvidas, seus riscos, sua prevenção, procedimentos corretos e de execução e terá duração mínima de quarenta horas para as atividades de superfície e quarenta e oito horas para as atividades de subsolo, durante o horário de trabalho e no período contratual de experiência ou antes da mudança de função.

22.35.1.3.1. A empresa ou Permissionário de Lavra Garimpeira deve proporcionar treinamento específico, com reciclagem periódica, aos trabalhadores que executem as seguintes operações e atividades:

a) abatimento de chocos e blocos instáveis;

b) tratamento de maciços;

c) manuseio de explosivos e acessórios;

d) perfuração manual;

e) carregamento e transporte de material;

f) transporte por arraste;

g) operações com guinchos e içamentos;

h) inspeções gerais da frente de trabalho;

i) manipulação e manuseio de produtos tóxicos ou perigosos e

j) outras atividades ou operações de risco especificadas no PGR.

22.35.1.4. A orientação em serviço consistirá de período no qual o trabalhador desenvolverá suas atividades, sob orientação e outro trabalhador experiente ou sob supervisão direta, com a duração mínima de quarenta e cinco dias.

22.35.1.5. Treinamentos periódicos e para situações específicas deverão ser ministrados sempre que necessário para a execução das atividades de forma segura.

22.35.2. Para operação de máquinas, equipamentos ou processos diferentes a que o operador estava habituado, deve ser feito novo treinamento, de modo a qualificá-lo à utilização dos mesmos.

22.35.3. Será obrigatória orientação que inclua as condições atuais das vias de circulação das minas para os trabalhadores afastados do trabalho por mais de trinta dias consecutivos.

22.35.4. As instruções visando a informação, qualificação e treinamento dos trabalhadores devem ser redigidas em linguagem compreensível e adotando metodologias, técnicas e materiais que facilitem o aprendizado para preservação de sua segurança e saúde.

22.35.5. Considerando as características da mina, dos métodos de lavra e do beneficiamento, outros treinamentos poderão ser determinados pela autoridade regional competente em matéria de Segurança e Saúde do Trabalhador.

22.36. Comissão Interna de Prevenção de Acidentes na Mineração — CIPAMIN

22.36.1. A empresa de mineração ou Permissionário de Lavra Garimpeira que admita trabalhadores como empregados deve organizar e manter em regular funcionamento, na forma prevista nesta NR, em cada estabelecimento, uma Comissão Interna de Prevenção de Acidentes — CIPA, doravante denominada CIPA na Mineração- CIPAMIN.

22.36.2.1. O treinamento para membros da CIPAMIN poderá ser ministrado pelo SESMT, entidades sindicais de empregadores ou de trabalhadores ou por profissionais que possuam conhecimentos sobre os temas ministrados, escolhidos de comum acordo entre o empregador e os membros da Comissão.

22.36.2.1.1. As empresas com até cinquenta empregados, inclusive as que possuem somente trabalhadores designados, podem organizar ou participar de treinamentos conjuntos que contemplem os temas especificados no item 22.36.12.2.

22.36.3. A CIPAMIN será composta de representante do empregador e dos empregados e seus respectivos suplentes, de acordo com as proporções mínimas constantes no Quadro III, anexo.

22.36.3.1. A composição da CIPAMIN deverá observar critérios que permitam estar representados os setores que ofereçam maior risco ou que apresentem maior número de acidentes do trabalho.

22.36.3.1.1. Os setores de maior risco deverão ser definidos pela CIPAMIN com base nos dados do PGR, no relatório anual do PCMSO, na estatística de acidentes do trabalho elaborada pelo SESMT e outros dados e informações relativas à segurança e saúde no trabalho disponíveis na empresa.

22.36.3.2. Quando o estabelecimento não se enquadrar no Quadro III desta NR a empresa ou Permissionário de Lavra Garimpeira deverá designar e treinar em prevenção de acidentes um representante para cumprir os objetivos da CIPAMIN, o qual deverá promover a participação dos trabalhadores nas ações de prevenção de acidentes e doenças profissionais.

22.36.4. Os representantes dos empregados na CIPAMIN serão por estes eleitos seguindo os procedimentos estabelecidos na Norma Regulamentadora n. 5 — CIPA e respeitando o critério estabelecido no item subitem 22.36. 3.1.

22.36.4.1. Em obediência aos critérios do subitem 22.36.3.1 para a composição da CIPAMIN esta indicará as áreas a serem contempladas pela representatividade individual de empregados do setor.

22.36.4.1.1. Observado o dimensionamento do Quadro III, a CIPAMIN deverá ser composta de forma a abranger a representatividade de todos os setores da empresa, podendo, se for o caso, agrupar áreas ou setores preferentemente afins.

22.36.4.2. Os candidatos interessados deverão inscrever-se para representação da sua área ou setor de trabalho.

22.36.4.3. A eleição será realizada por área ou setor e os empregados votarão nos inscritos de sua área ou setor de trabalho.

22.36.4.4. Assumirá a condição de titular da CIPAMIN o candidato mais votado na área ou setor de trabalho.

22.36.4.5. Assumirá a condição de suplente, considerando o Quadro III, dentre todos os outros candidatos, o mais votado, desconsiderando a área ou setor de trabalho.

22.36.4.6. O mandato dos membros eleitos da CIPAMIN terá duração de um ano, permitida uma reeleição.

22.36.5. O Presidente da CIPAMIN bem como o representante suplente do empregador serão por este indicados.

22.36.6. O Vice-Presidente da CIPAMIN será escolhido entre os representantes titulares dos empregados.

22.36.7. A CIPAMIN terá como atribuições:

a) elaborar o Mapa de Riscos, conforme prescrito na Norma Regulamentadora n. 5 (CIPA), encaminhando-o ao empregador e ao SESMT, quando houver;

b) recomendar a implementação de ações para o controle dos riscos identificados;

c) analisar e discutir os acidentes do trabalho e doenças profissionais ocorridos, propondo e solicitando medidas que previnam ocorrências semelhantes e orientando os demais trabalhadores quanto à sua prevenção;

d) estabelecer negociação permanente no âmbito de suas representações para a recomendação e solicitação de medidas de controle ao empregador;

e) acompanhar a implantação das medidas de controle e do cronograma de ações estabelecido no PGR e no PCMSO;

f) participar das inspeções periódicas dos ambientes de trabalho programadas pela empresa ou SESMT, quando houver, seguindo cronograma negociado com o empregador;

g) realizar reuniões mensais em local apropriado e durante o expediente normal da empresa, em obediência ao calendário anual, com lavratura das respectivas atas e nos termos da Norma Regulamentadora n. 5; *(Alterada pela Portaria SIT n. 202, de 26 de janeiro de 2011)*

h) realizar reuniões extraordinárias quando da ocorrência de acidentes de trabalho fatais ou que resultem em lesões graves com perda de membro ou função orgânica ou que cause prejuízo de monta, no prazo máximo de 48 (quarenta e oito) horas após sua ocorrência;

i) requerer do SESMT, quando houver, ou do empregador ciência prévia do impacto à segurança e à saúde dos trabalhadores de novos projetos ou de alterações significativas no ambiente ou no processo de trabalho, revisando, nestes casos, o Mapa de Riscos elaborado;

j) requisitar à empresa ou ao Permissionário de Lavra Garimpeira as cópias da Comunicações de Acidente do Trabalho — CAT — emitidas;

l) apresentar, durante o treinamento admissional dos trabalhadores previsto no item 22.35, os seus objetivos, atribuições e responsabilidades e

m) realizar, anualmente, a Semana Interna de Prevenção de Acidentes do Trabalho na Mineração — SIPATMIN, com divulgação do resultado das ações implementadas pela CIPAMIN.

22.36.8. O empregador deverá proporcionar à CIPAMIN os meios e condições necessários ao desempenho de suas atribuições

22.36.9. São atribuições do Presidente da CIPAMIN:

a) coordenar e controlar as atividades da CIPAMIN;

b) convocar os membros para as reuniões ordinárias mensais e extraordinárias;

c) preparar a pauta das reuniões ordinárias em conjunto com o Vice-Presidente;

d) presidir as reuniões;

e) encaminhar ao empregador e ao SESMT, quando houver, o Mapa de Riscos elaborado;

f) encaminhar ao empregador e ao SESMT, quando houver, as recomendações e solicitações da CIPAMIN;

g) zelar pelo funcionamento e prover os meios necessários ao cumprimento das atribuições da CIPAMIN;

h) manter e promover o relacionamento da CIPAMIN com o SESMT, quando houver, e com os demais setores da empresa e

i) elaborar relatório trimestral de atividades, em conjunto com o Vice-Presidente, enviando-o ao empregador e ao SESMT, quando houver.

22.36.10. São atribuições do Vice-Presidente da CIPAMIN:

a) substituir o Presidente em seus impedimentos;

b) coordenar os representantes dos empregados na elaboração e no encaminhamento das recomendações e demais ações previstas nas atribuições da CIPAMIN;

c) liderar os representantes dos empregados nas discussões e negociações dos itens da pauta nas reuniões da CIPAMIN;

d) negociar com o empregador a adoção de medidas de controle e de correção dos riscos e de melhoria dos ambientes de trabalho, inclusive a designação de grupo de trabalho para investigação de acidentes de trabalho e para participar das inspeções periódicas dos ambientes de trabalho e

e) havendo impasse na negociação prevista na alínea "d", solicitar a presença do Ministério do Trabalho e Emprego na empresa.

22.36.11. Será indicado pela empresa, de comum acordo com os membros da CIPAMIN, um secretário e seu substituto, componentes ou não da Comissão.

22.36.11.1. O Secretário da CIPAMIN terá como atribuições:

a) acompanhar as reuniões da Comissão, lavrando as respectivas atas e submetendo-as à aprovação e assinatura dos membros presentes;

b) preparar a correspondência;

c) outras que lhe forem conferidas pelo Presidente ou Vice-Presidente da CIPAMIN e

d) registrar em Ata as recomendações e solicitações da CIPAMIN.

22.36.12. Todos os membros da CIPAMIN, efetivos e suplentes, deverão receber treinamento de prevenção de acidentes e doenças profissionais, durante o expediente normal da empresa.

22.36.12.1. O treinamento para os membros da CIPAMIN poderá ser ministrado pelo SESMT, entidades sindicais de empregadores ou de trabalhadores ou por profissionais que possuam conhecimentos sobre os temas ministrados, escolhidos de comum acordo entre o empregador e os membros da Comissão. *(Alterado pela Portaria SIT n. 63, de 2 de dezembro de 2003)*

22.36.12.1.1. As empresas com até cinquenta empregados, inclusive as que possuem somente trabalhadores designados, podem organizar ou participar de treinamentos conjuntos que contemplem os temas especificados no item 22.36.12.2. *(Acrescido pela Portaria SIT n. 63, de 02 de dezembro de 2003)*

22.36.12.2. O currículo do curso previsto neste item deverá abranger os riscos de acidentes e doenças profissionais constantes no PGR, as medidas adotadas para eliminar e controlar aqueles riscos, além de técnicas para elaboração do Mapa de Riscos e metodologias de análise de acidentes.

22.36.12.3. A carga horária do curso de prevenção de acidentes e doenças profissionais deverá ser de quarenta horas anuais, das quais vinte horas serão ministradas antes da posse dos membros da CIPAMIN.

22.36.13. Uma vez instalada a CIPAMIN, o processamento de toda a documentação referente ao processo eleitoral, atas de eleição e de posse e o calendário anual deverão observar o previsto nos itens 5.14; 5.14.1 e 5.14.2 da Norma Regulamentadora n. 5. *(Alterado pela Portaria MTE n. 1.894, de 9 de dezembro de 2013)*

22.36.14. Havendo no estabelecimento empresas prestadoras de serviços ou empreiteiras que não se enquadrem no Quadro III desta Norma, estas deverão indicar pelo menos um representante para participar das reuniões da CIPAMIN da contratante.

22.37. Disposições Gerais

22.37.1. O empregador deverá fornecer ao trabalhador do subsolo alimentação compatível com a natureza do trabalho, sob a orientação de nutricionista, na forma da legislação vigente. *(Alterado pela Portaria SIT n. 27, de 1º de outubro de 2002)*

22.37.1.1. Havendo fornecimento de alimentação no subsolo, a empresa ou Permissionário de Lavra Garimpeira manterá local adequado que atenda às condições de segurança, higiene e conforto.

22.37.2. A empresa ou Permissionário de Lavra Garimpeira manterá instalações sanitárias tratadas e higienizadas destinadas à satisfação das necessidades fisiológicas, próximas aos locais e frentes de trabalho.

22.37.2.1. Em subsolo os recipientes coletores dos dejetos gerados deverão ser removidos ao final de cada turno de trabalho para a superfície, onde será dado destino conveniente a seu conteúdo, respeitadas as normas de higiene e saúde e a legislação ambiental vigente.

22.37.2.2. As instalações sanitárias que adotem processamento químico ou biológico dos dejetos deverão observar as normas de higiene e saúde e as instruções do fabricante.

22.37.3. As condições de conforto e higiene nos locais de trabalho serão aquelas estabelecidas na Norma Regulamentadora n. 24 Condições sanitárias e de conforto nos locais de trabalho.

22.37.3.1. A empresa ou Permissionário de Lavra Garimpeira poderá substituir os armários individuais por outros dispositivos para a guarda de roupa e objetos pessoais que garantam condições de higiene, saúde e conforto.

22.37.3.2. Havendo locais para a troca e guarda de roupa no subsolo estes deverão observar os mesmos requisitos dos subitens 22.37.3 e 22.37.3.1

22.37.4. Nos locais e postos de trabalho será fornecida aos trabalhadores água potável em condições de higiene.

22.37.5. Quando o empregador fornecer o transporte para deslocamento de pessoal, diretamente ou através de empresas idôneas, deverá observar que sejam realizados em veículos apropriados, garantindo condições de comodidade, conforto e segurança aos trabalhadores.

22.37.6. A empresa deverá manter organizada e atualizada a estatística de acidentes de trabalho e doenças profissionais, assegurando pleno acesso a essa documentação à CIPAMIN, SESMT. *(Alterado pela Portaria SIT n. 27, de 1º de outubro de 2002)*

22.37.6.1. Os acidentes e doenças profissionais deverão ser analisados segundo metodologia que permita identificar as causas principais e contribuintes que levaram à ocorrência do evento, indicando as medidas de controle para prevenção de novas ocorrências.

22.37.7. Em caso de ocorrência de acidente fatal, é obrigatória a adoção das seguintes medidas:

a) comunicar de imediato, à autoridade policial competente e à DRT, a ocorrência do acidente; *(Alterado pela Portaria SIT n. 27, de 1º de outubro de 2002)*

b) isolar o local diretamente relacionado ao acidente, mantendo suas características até sua liberação pela autoridade policial competente.

22.37.8. Os casos omissos decorrentes da aplicação desta Norma Regulamentadora serão dirimidas pelo Departamento de Segurança e Saúde no Trabalho — DSST/MTE.

22.37.9. O disciplinado na presente Norma Regulamentadora não exclui a observância das demais disposições estabelecidas em legislações específicas. *(Alterado pela Portaria SIT n. 27, de 1º de outubro de 2002)*

QUADROS ANEXOS À NR-22

QUADRO I

Número de trabalhadores a serem amostrados em função do número de trabalhadores do Grupo Homogêneo de Exposição, conforme disposto no item 22.17.1.

N*	n
8	7
9	8
10	9
11-12	10
13-14	11
15-17	12
18-20	13
21-24	14
25-29	15
30-37	16
38-49	17
50	18
ACIMA DE 50	22

Onde: N = número de trabalhadores do Grupo Homogêneo de Exposição

n = número de trabalhadores a serem amostrados

* se N menor ou igual a 7, n = N

QUADRO II

Determinação da vazão de ar fresco conforme disposto no item 22.24.8

a) Cálculo da vazão de ar fresco em função do número máximo de pessoas ou máquinas com motores a combustão a óleo diesel

$Q_T = Q_1 \times n_1 + Q_2 \times n_2$ [m³/min]

Onde: Q_T = vazão total de ar fresco em m³/min

Q_1 = quantidade de ar por pessoa em m³/min

(em minas de carvão = 6,0 m³/min; em outras minas = 2,0 m³/min)

n_1 = número de pessoas no turno de trabalho

Q_2 = 3,5 m³ / min/cv (cavalo-vapor) dos motores a óleo diesel

n_2 = número total de cavalo-vapor dos motores a óleo diesel em operação

b) Cálculo da vazão de ar fresco em função do consumo de explosivos

$QT = \frac{0,5 \times A}{t}$ [m³/min]

Onde: QT = vazão total de ar fresco em m³/min

A = quantidade total em quilogramas de explosivos empregados por desmonte

t = tempo de aeração (reentrada) da frente em minutos

c) Cálculo da vazão de ar fresco em função da tonelagem mensal desmontada

QT = q x T [m³/min]

Onde: QT = vazão total de ar fresco em m³/min

q = vazão de ar em m³/minuto para 1.000 toneladas desmontadas por mês

(mínimo de 180 m³/minuto/1.000 toneladas por mês)

T = produção em toneladas desmontadas por mês.

QUADRO III

Dimensionamento da CIPAMIN

N. DE EMPREGADOS NO ESTABELECIMENTO	15 a 30	31 a 50	51 a 100	101 a 250	251 a 500	501 a 1.000	1.001 a 2.500	2.501 a 5.000	Acima de 5.000 para cada grupo de 500 acrescentar
n. de representantes titulares do empregador	1	1	1	1	1	1	1	1	–
n. de representantes suplentes do empregador	1	1	1	1	1	1	1	1	–
n. de representantes titulares dos empregados	1	2	3	4	5	6	9	12	4
n. de representantes suplentes dos empregados	1	1	1	1	2	2	3	4	2

ANEXO II

QUADRO DE PRAZOS PARA CUMPRIMENTO DOS ITENS DA NR-22

N. DE TRABALHADORES NO ESTABELECIMENTO ITENS	01 a 50	51 a 100	101 a 250	251 a 500	501 a 1.000	1.001 a 2.500	2.501 ou mais
	Tempo em meses para cumprimento						
Programa de gerenciamento de riscos: 22.3.7	12	12	12	6	6	6	6
Circulação e transporte de pessoas e materiais: 22.7.9 e 22.7.9.1	12	12	12	24	24	24	24
Transportadores contínuos através de correias: 22.8.3; 22.8.3.1 e 22.8.7	36	36	36	36	36	36	36
Superfícies de trabalho: 22.9.1 e 22.9.5	36	36	36	36	36	36	36

N. DE TRABALHADORES NO ESTABELECIMENTO ITENS	01 a 50	51 a 100	101 a 250	251 a 500	501 a 1.000	1.001 a 2.500	2.501 ou mais
	Tempo em meses para cumprimento						
Escadas: 22.10.2 e 22.10.3	24	24	24	6	6	6	6
Máquinas, equipamentos, ferramentas e instalações: 22.11.7 alíneas "a", "b" e "c"; 22.11.9; 22.11.10; 22.11.24	36	36	36	36	36	24	24
Equipamentos de guindar: 22.12.1 alíneas b, c e e; 22.12.2 alíneas c e e	36	36	36	36	36	24	24
Cabos, correntes e polias: 22.13.2	24	24	24	12	12	12	12
Estabilidade de maciços: 22.14.1 e 22.14.2	36	36	36	36	24	12	12
Proteção contra poeira mineral: 22.17.3 a 22.17.6	60	48	36	36	36	24	24
Eletricidade: 22.20.8; 22.20.10; 22.20.11; 22.20.24 e 22.20.32	36	36	36	24	24	12	12
Ventilação em atividades de subsolo: 22.24.2 a 22.24.4; 22.24.7 a 22.24.10.2; 22.24.13 e 22.24.14, alínea "d"	36	36	36	36	36	12	12
Iluminação: 22.27.1.1 a 22.27.6	36	36	36	24	24	12	12
Proteção contra incêndios e explosões acidentais: 22.28.4 e 22.28.14	12	12	12	36	48	48	48
Câmaras de refúgio: 22.28.4.1 e 22.32.4	12	12	12	36	48	48	48
Vias e saídas de emergência: 22.33.1 a 22.33.6	36	36	36	36	24	24	24
Itens referentes à elaboração de registros: 22.11.13; 22.13.3; 22.20.30; 22.28.1.1, alínea b; 22.28.5 e 22.32.1	36	36	36	36	36	12	12
Itens referentes a treinamento: 22.24.22; 22.28.17; 22.35.1 a 22.35.5	36	36	36	36	36	36	36

ANEXO III

(Aprovado pela Portaria MTE n. 1.894, de 9 de dezembro de 2013)

Requisitos Mínimos para Utilização de Equipamentos de guindar de lança fixa

Os requisitos a seguir são específicos para Equipamentos de guindar de lança fixa, aplicando-se, no que couber, ao de lança giratória.

1 — Projeto: o projeto dos equipamentos deve se elaborado por profissional legalmente habilitado, com a respectiva emissão de Anotação de Responsabilidade Técnica — ART.

2 — Material da lança: poderá ser de madeira tratada, aço ou outro material estrutural e dimensionada para os esforços atuantes, conforme as Normas da Associação Brasileira de Normas Técnicas — ABNT, e na ausência destas, as normas internacionais aplicáveis.

3 — Bases da Lança e dos Estaios: as bases da lança e dos estaios devem ser rígidas e garantir a estabilidade do equipamento e devem ser projetadas e executadas de forma compatível com a carga máxima e a natureza do solo do local. Os blocos devem ter um afloramento mínimo de 10 cm, de forma que a cava de assento da lança ou dos chumbadores não tenham contato com terra ou umidade.

4 — Fixação da lança: a extremidade inferior da lança deve ser fixada à base por meio de elementos mecânicos que garantam a estabilidade do equipamento. No caso de uso de bloco de rocha consistente ou de concreto como base da lança, deve-se fazer um entalhe no bloco para sua fixação. A extremidade inferior da lança deve ficar completamente apoiada no entalhe evitando-se esforços desiguais na seção de apoio.

5 — Reforço metálico: no caso de utilização de lança de madeira, deve ser utilizada em sua extremidade superior, dispositivo de reforço metálico, a exemplo do constante no croqui anexo, dimensionado com alças para fixação dos estaios, do moitão superior ou qualquer outro dispositivo de elevação.

6 — Fixação dos estaios nas bases: devem ser usados chumbadores dimensionados de acordo com as Normas da Associação Brasileira de Normas Técnicas — ABNT, e na ausência destas, as normas internacionais aplicáveis, cravados em rocha ou em base de concreto, para amarração dos laços dos cabos de aço.

7 — Dimensionamento dos cabos de aço e confecção dos laços: os cabos de aço devem ser dimensionados e os laços confeccionados de acordo com as Normas da Associação Brasileira de Normas Técnicas — ABNT, citadas no item 22.13.1 da NR-22 e na ausência destas, as normas internacionais aplicáveis.

8 — Acesso ao topo da lança: deve ser proporcionado meio seguro para acesso ao topo da lança. No caso de utilização de escada devem ser obedecidos os requisitos do item 22.10 — Escadas desta NR-22.

9 — Aquisição de cabos de aço: os cabos de aço novos adquiridos devem ser certificados para a carga máxima de utilização prevista, conforme as Normas da Associação Brasileira de Normas Técnicas — ABNT, e na ausência destas, as normas internacionais aplicáveis. Caso sejam utilizados cabos de aço usados estes devem ser recertificados por organismo credenciado pelo Instituto Nacional de Metrologia, Normalização e Qualidade Industrial — INMETRO, ou ainda, por instituição certificadora internacional , levando-se em conta a carga máxima de utilização prevista.

10 — Lubrificação dos cabos de aço: os cabos de aço devem ser lubrificados com produto específico, de acordo com as necessidades operacionais, conforme especificações do profissional legalmente habilitado e instruções do fabricante.

11 — Travamento de eixos e pinos: eixos e pinos usados na fixação de cabos, moitões, polias e da carga de içamento devem ser fixados por elementos travantes especificados no projeto construtivo.

12 — Fixação da roda de manobra ao pé da lança ("Catarina"): se utilizada, esta deve ser fixada por meio de elementos mecânicos projetados e dimensionados para garantir a segurança das operações.

13 — Inspeções nos cabos de aço: devem ser realizadas inspeções periódicas, por profissional capacitado, em intervalos definidos nas Normas da Associação Brasileira de Normas Técnicas — ABNT, e na ausência destas, as normas internacionais aplicáveis.

14 — Indicação da capacidade de carga: na lança deve ser instalada, em local de fácil visualização, placa com indicação de sua capacidade máxima, do fabricante e do responsável técnico e respectivo registro no Conselho Regional de Engenharia e Agrimensura — CREA.

15 — Registros: devem ser registrados em meio eletrônico, pasta ou livro, os dados das intervenções realizadas no equipamento como: laudos técnicos, inspeções periódicas, manutenções preventivas e corretivas, trocas de cabos de aço, nota fiscal de aquisição dos cabos de aço e cópia do respectivo certificado, lubrificação dos cabos, troca de peças, acidentes ocorridos e outros dados pertinentes ao equipamento. Nos registros de manutenção devem estar indicados os nomes dos executores. Os registros devem estar disponíveis aos órgãos fiscalizadores.

16 — Operação de arraste: o equipamento não pode ser utilizado em operações de arraste de blocos.

17 — Montagem e realocação: a montagem e a realocação do equipamento devem ser supervisionadas e atestadas por profissional legalmente habilitado, com a respectiva emissão de Anotação de Responsabilidade Técnica — ART.

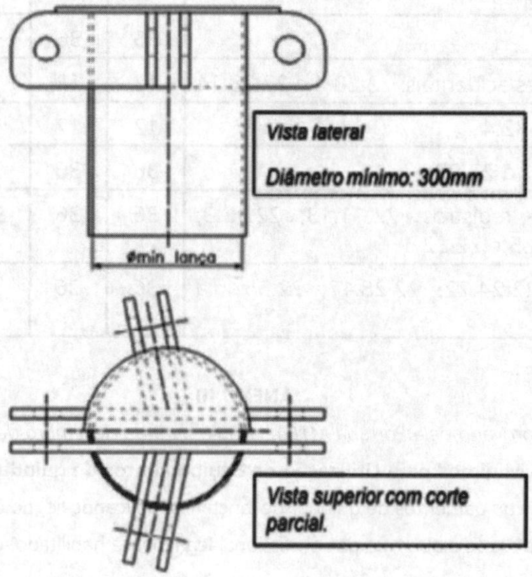

Capítulo 23

PROTEÇÃO CONTRA INCÊNDIOS

Inicialmente, é oportuno lembrar que o fogo é considerado uma descoberta das mais revolucionárias já feitas pelo homem. Sua utilidade tem sido vital na evolução humana, inicialmente para afugentar animais ferozes, na proteção contra o frio, ou na preparação de alimentos e como iluminação em geral; nos dias atuais, sua utilização continua cada vez mais crescente e significativa na vida cotidiana.

Fogo, do ponto de vista químico, corresponde a uma reação química exotérmica das mais elementares, também chamada de combustão e correspondente à oxidação rápida de uma substância com consequente produção de calor, realizada de forma preordenada e objetivando um benefício para o próprio homem. Incêndio, do ponto de vista químico, é exatamente igual ao fogo, porém a sua ocorrência normalmente se dá fora do controle e em prejuízo do próprio homem. Para a ocorrência de fogo ou incêndio, necessária se faz a justaposição adequada e simultânea de três componentes básicos:

- Combustível — pode ser definido como o material que vai sofrer a reação química propriamente dita, podendo ser do tipo: sólido (papel, madeira, tecidos, fibras); líquido (gasolina, álcool, tintas); ou gasoso (metano, butano);
- Oxigênio — é um gás não inflamável, componente do ar atmosférico, normalmente na proporção de 21% (vinte e um por cento) em volume. É também chamado de "comburente", isto é, reage com o combustível;
- Calor — é uma forma de energia que serve para dar início a um incêndio, para mantê-lo e para aumentar sua propagação.

Se, para a formação do fogo ou incêndio, necessária se faz a junção dos três elementos: combustível, oxigênio e calor; para a sua extinção, basta, tão somente, a separação de qualquer um dos três, em relação aos demais. Três são os métodos básicos de extinção do fogo ou incêndio:

- Isolamento ou Retirada do Material — constitui-se no método de extinção do fogo ou incêndio por meio do qual se exclui da reação química o elemento combustível, também chamado de material.
- Resfriamento — corresponde ao método de extinção do fogo ou incêndio por meio do qual se elimina ou se diminui o elemento calor da reação química.
- Abafamento — é o método no qual temos a diminuição do teor de oxigênio, a níveis inferiores a 13% (treze por cento) de volume no ar, a partir do qual a reação química não mais se mantém.

Importante destacar que não há um método mais eficaz no combate a incêndios, logo, a depender do tipo ou classe de incêndio tem-se o método mais adequado e eficaz de combatê-lo.

Tradicionalmente, e em função das características dos combustíveis ou materiais, consideram-se os incêndios enquadrados em quatro classes, a saber:

- Classe "A" — são aqueles nos quais o combustível corresponde a corpos comuns e sólidos, e tem como característica básica o fato de que a queima se dá na superfície e em profundidade e, após a queima, deixam resíduos (cinzas e brasas). Exemplos: papel, madeiras, fibras, tecidos e algodão;
- Classe "B" — são aqueles nos quais o combustível corresponde a líquidos combustíveis e inflamáveis, e têm como característica básica a queima limitada à superfície, não deixando resíduos após concluído o processo de queima do combustível. Exemplos: derivados de petróleo (óleo, graxa, solventes, gasolina), álcool, tintas e vernizes;
- Classe "C" — são aqueles cuja característica principal é a presença da corrente elétrica. Exemplos: motores e equipamentos elétricos e eletrônicos, transformadores e demais componentes das instalações elétricas predial e industrial;

- Classe "D" — são aqueles nos quais o combustível corresponde a metais pirofóricos, ou seja, substâncias que têm o poder de alimentar a própria chama, e, para a sua extinção, exigem o emprego de substâncias especiais. São de ocorrência mais rara que as outras três classes. Exemplos: magnésio, zircônio e titânio.

Agentes Extintores são substâncias (sólidas, líquidas ou gasosas) que, agindo pelos métodos de abafamento ou resfriamento, intervêm no incêndio até a sua completa extinção. Exemplos: água, areia, gases inertes (gás carbônico e nitrogênio), espuma química ou mecânica e pó químico seco (talco, grafite, bicarbonato de sódio). Considera-se a água como agente extintor por excelência, dada a sua larga aplicação no combate a incêndio, ressalvada, porém, a vedação de sua utilização em incêndios da Classe "C", enquanto presente a corrente elétrica.

Aparelhos Extintores são recipientes dos mais variados tipos, tamanhos e modelos, que guardam no seu interior determinado agente extintor, para ser prontamente utilizado em caso de incêndio. Existem quatro tipos de extintores mais comuns:

- Água Pressurizada — o agente extintor (água) é impulsionado através da pressão de um gás inerte existente em seu interior. É indicado para os incêndios da Classe "A", e atua por resfriamento. Jamais deve ser utilizado nos incêndios da Classe "C", na medida em que a água é uma excelente condutora de corrente elétrica e pode propiciar choque elétrico em quem o estiver utilizando;

- Espuma Química — constitui-se de dois cilindros, um interno, não visível externamente, no qual há uma solução de sulfato de alumínio e um agente estabilizador (alcaçuz), e no cilindro maior (o corpo do extintor, propriamente dito) há uma outra solução de água com bicarbonato de sódio. Ao invertermos a posição do extintor, ou seja, colocando-o de "ponta-cabeça", ocorre a reação química resultante da mistura das duas soluções, tendo como resultado uma grande e rápida formação de espuma, e sua consequente liberação pelo orifício de saída. Atua principalmente por abafamento, sendo ideal para combater os incêndios da Classe "B". Podendo ser utilizado na Classe "A", caso não se disponha do extintor de água pressurizada. Tendo em vista, porém, que a espuma química é obtida a partir de duas soluções aquosas, igualmente e a exemplo do extintor de água, não deve ser utilizado o extintor de espuma nos incêndios da Classe "C". Atualmente, esse extintor tem sido pouco utilizado;

- Gás Carbônico ou Dióxido de Carbono (CO_2) — o agente extintor atua por abafamento, diminuindo a concentração de oxigênio no foco de incêndio, em razão de formar uma nuvem do gás inerte (CO_2) ao redor do combustível em chamas, apagando-o por asfixia. Ideal para utilização nos incêndios das Classes "B" e "C", especialmente em equipamentos eletroeletrônicos sensíveis (computadores, por exemplo), posto que não é corrosivo nem deixa resíduos. Valendo ressaltar, ainda, que apresenta pouca ou nenhuma eficácia se utilizado nos incêndios da Classe "A";

- Pó Químico Seco (PQS) — o agente extintor atua por abafamento, sendo de grande eficácia para combater os incêndios das Classes "B" e "C", porém, nesta última, deve ser evitado em equipamentos elétricos delicados, pois o PQS é corrosivo e deixa resíduos que podem afetar, posteriormente, o funcionamento desses equipamentos. A exemplo do extintor de gás carbônico, não tem muita eficácia nos incêndios da Classe "A", dado que não possui poder de penetração no interior do combustível, pois se limita a formar uma "nuvem abafante" na superfície dos mesmos.

A regra mais importante na utilização dos extintores portáteis de combate a incêndios é a seguinte: nos incêndios da Classe "C", jamais devem ser utilizados os extintores de água ou de espuma, dada a possibilidade de condução da corrente elétrica através desses agentes extintores para o corpo do operador e propiciar-lhe choque elétrico.

Quanto aos extintores de incêndio a serem utilizados para combater os incêndios da Classe "D", deve ser dito que nesta classe de incêndio, felizmente de ocorrência rara, só podem ser utilizados extintores de incêndio à base de pós-químicos especiais, e, como opção, a limalha de ferro fundido. Razão pela qual as indústrias que tenham risco de incêndios com magnésio, zircônio ou titânio, por exemplo, deverão possuir extintores de pó químico especial, diferentes dos extintores tradicionalmente comercializados.

Sabidamente, as Normas Regulamentadoras (NRs) de Segurança e Saúde no Trabalho (SST) editadas pelo Ministério do Trabalho e Emprego (MTE) são aplicáveis a todos os ambientes de trabalho onde hajam trabalhadores contratados sob a égide da Consolidação das Leis do Trabalho (CLT) e possuem existência jurídica convalidada pelo Princípio Constitucional de Minimização dos Riscos Ocupacionais consagrado no inciso XXII do art. 7º da Constituição Federal brasileira. No plano da legislação infraconstitucional, ditas NRs de SST possuem respaldo de validade legal na forma tipificada no Estatuto Obreiro, em seu Título II: Das Normas Gerais de Tutela do Trabalho, mais precisamente em seu Capítulo V: Da Segurança e da Medicina do Trabalho (arts. 154 a 201 da CLT). Recorde-se que ditos artigos da CLT possuem redação dada pela Lei n. 6.514, de 22.12.1977, observadas as atualizações subsequentes até a publicação da Lei n. 13.103, de 2.3.2015. De se destacar que os citados arts. 154 a 201 do Código Laboral foram inicialmente disciplinados pela Portaria MTb n. 3.214, de 8.6.1978, que instituiu as primeiras 28 NRs de SST; vale observar que atualmente existem 36 NRs de SST, cada uma disciplinando uma temática específica.

Especificamente em relação à atual NR-23 (Proteção contra Incêndios), com a redação atual dada pela Portaria SIT-MTE n. 221, de 6.5.2011, impõe-se afirmar que seu fundamento de validade jurídica, em termos de legislação ordinária, está contido nos ditames do art. 200, IV da CLT. A propósito, todos os dispositivos legais, normativos e jurisprudenciais pertinentes à temática em apreço encontram-se adiante reproduzidos no tópico Fundamentos Jurídicos deste Capítulo, inclusive a íntegra atualizada da norma regulamentadora de segurança e saúde no trabalho que o intitula.

A vigésima terceira norma regulamentadora de segurança e saúde no trabalho possui redação original dada pela Portaria MTb n. 3.214, de 8.6.1978, e foi devidamente atualizada pela Portaria SIT-MTE n. 221, de 6.5.2011. A NR-23 (Proteção Contra Incêndios) apresenta suas recomendações técnico-preventivas, de forma sequenciada e agrupada, em cinco itens e um subitem, onde constam estabelecidas as medidas de proteção contra incêndio que devem existir e serem adotadas nos estabelecimentos das empresas privadas e estatais (empresas públicas e sociedades de economia mista), objetivando a manutenção da saúde e da integridade física dos trabalhadores.

A NR-23 sofreu uma reformulação radical, na medida em que, atualmente, limita-se a deixar patente que o empregador deve cumprir a legislação estadual de combate a incêndio, além de estipular algumas determinações específicas disciplinadoras das Saídas de Emergência nos locais de trabalho. Entendemos que essa modificação foi positiva, ao afirmar a obrigatoriedade patronal de cumprir a legislação estadual de combate a incêndio e demais normas técnicas aplicáveis, com o manifesto intuito de superar eventuais desencontros normativos normalmente havidos entre a legislação estadual de prevenção e combate a incêndio e a norma ministerial em comento. Não obstante, acreditamos que a uniformidade normativa na prevenção e combate a incêndios somente será alcançada, de forma mais eficaz, quando essa matéria for objeto de disciplinamento por lei federal específica que defina os parâmetros gerais a serem observados na prevenção e combate a incêndio.

A primeira e mais relevante recomendação preventiva constante do item 23.1 da atual NR-23 dispõe que todos os empregadores devem adotar medidas de prevenção de incêndios, em conformidade com a legislação estadual e as normas técnicas aplicáveis. Outrossim, o empregador deve providenciar para todos os trabalhadores informações sobre:

- utilização dos equipamentos de combate ao incêndio;
- procedimentos para evacuação dos locais de trabalho com segurança;
- dispositivos de alarme existentes.

Segundo a atual NR-23, os locais de trabalho deverão dispor de saídas, em número suficiente e dispostas de modo que aqueles que se encontrem nesses locais possam abandoná-los com rapidez e segurança, em caso de emergência. Outrossim, as aberturas, saídas e vias de passagem devem ser claramente assinaladas por meio de placas ou sinais luminosos, indicando a direção da saída. Igualmente, nenhuma saída de emergência deverá ser fechada à chave ou presa durante a jornada de trabalho. E, por último, as saídas de emergência podem ser equipadas com dispositivos de travamento que permitam fácil abertura do interior do estabelecimento.

Doravante, será apresentado o MÓDULO COMPLEMENTAR deste Capítulo, contendo Representações Simbólicas de Fogo ou Incêndio, Quadro-Resumo de Classes/Extinção/Extintores de Incêndio, bem como diversos tipos de Extintores e Acessórios de Sistemas de Hidrantes, objetivando a visualização e praticidade de alguns dos tópicos expostos ou, quem sabe, auxiliar o profissional de segurança e saúde no trabalho iniciante em sua rotina diária. Em seguida, foram reproduzidos os FUNDAMENTOS JURÍDICOS (dispositivos legais, infralegais ou regulamentares) que propiciam o suporte de validade jurídica à temática em apreço, observando-se as ordens hierárquica e cronológica. Ao final, encontra-se igualmente transcrita, de forma integral e atualizada, a correspondente norma regulamentadora de segurança e saúde no trabalho que intitula este Capítulo.

MÓDULO COMPLEMENTAR DO CAPÍTULO 23

RESPRESENTAÇÃO SIMBÓLICA DE FOGO OU INCÊNDIO:

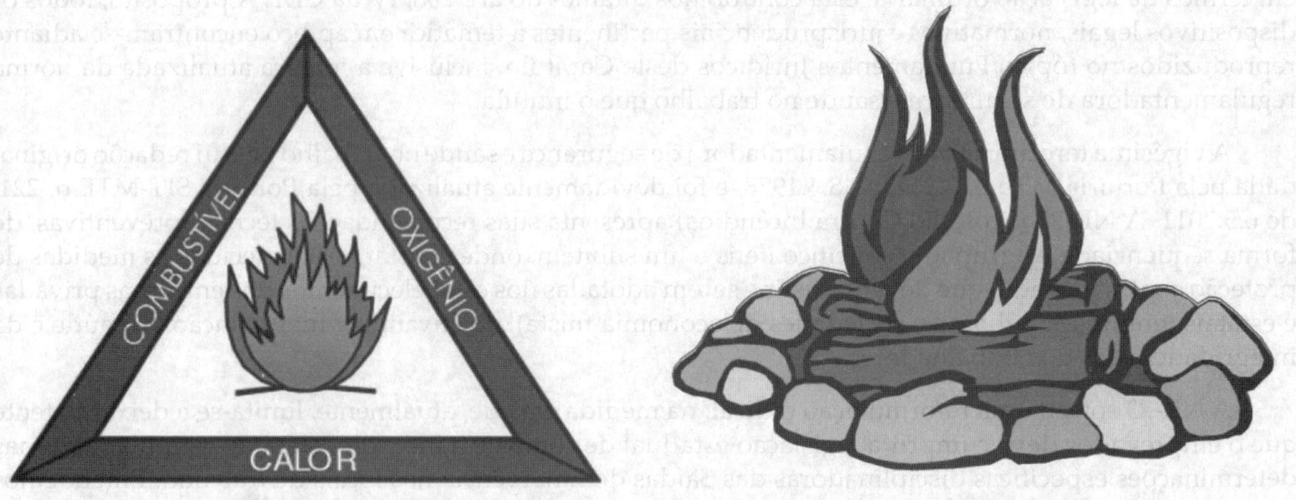

QUADRO-RESUMO DE CLASSES/MÉTODOS/EXTINTORES DE INCÊNDIO:

CLASSES DE INCÊNDIO/ MÉTODOS DE EXTINÇÃO		TIPO DE EXTINTOR RECOMENDADO			
CLASSES DE INCÊNDIO	MÉTODOS DE EXTINÇÃO	ÁGUA	Espuma Química	Gás Carbônico (CO_2)	Pó Químico Seco (PQS)
Classe "A" (Papel, Madeira, Fibras)	Resfriamento	**SIM**	**SIM**	**NÃO**	**NÃO**
Classe "B" (Óleos, GLP, Gasolina)	Abafamento	**NÃO***	**SIM**	**SIM**	**SIM**
Classe "C" (Equipamentos energizados)	Abafamento e Corte da energia	**NÃO**	**NÃO**	**SIM**	**SIM**
Classe "D" (Metais pirofóricos)	Abafamento	**NÃO**	**NÃO**	**NÃO**	**PQS Especial**

NOTAS: (*) *Não é utilizada como jato pleno, mas pode ser usada sob a forma de neblina.*

Variante para Classe "D": Usar o método de abafamento por meio de limalha de ferro fundido.

TÉCNICAS DE OPERAÇÃO PARA EXTINTORES PORTÁTEIS

TIPO DE EXTINTOR	MANEJO DO EXTINTOR
 ÁGUA PRESSURIZADA	1. USE O EXTINTOR NA POSIÇÃO VERTICAL 2. PUXE A TRAVA ROMPENDO O LACRE, APERTE O GATILHO 3. DIRIJA O JATO À BASE DO FOGO
 PÓ QUÍMICO SECO	1. USE O EXTINTOR NA POSIÇÃO VERTICAL 2. PUXE A TRAVA ROMPENDO O LACRE 3. APERTE O GATILHO ATÉ O FIM 4. DIRIJA O JATO À BASE DO FOGO
 CO²	1. RETIRE A TRAVA ROMPENDO O LACRE 2. APERTE O GATILHO E DIRIJA O JATO À BASE DO FOGO

FUNDAMENTOS JURÍDICOS DO CAPÍTULO 23

NR-23: PROTEÇÃO CONTRA INCÊNDIOS *(redação atual dada pela Portaria SIT-MTE n. 221 de 6.5.2011). Art. 7º, incisos XXII, XXIII, XXVIII e XXXIII da CF-1988. Art. 200, inciso IV, da CLT. Lei n. 11.901, de 12.1.2009 (Periculosidade do Bombeiro Civil).*

CONSTITUIÇÃO DA REPÚBLICA FEDERATIVA DO BRASIL
(Atualizada até a edição da Emenda Constitucional n. 85, de 26.2.2015)

Título II: Dos Direitos e Garantias Fundamentais (Arts. 5º a 17)

Capítulo II: Dos Direitos Sociais (Arts. 6º a 11)

Art. 7º São direitos dos trabalhadores urbanos e rurais[1], além de outros que visem à melhoria de sua condição social:

XXII — redução dos riscos inerentes ao trabalho, por meio de normas de saúde, higiene e segurança;

XXIII — adicional de remuneração para as atividades penosas, insalubres ou perigosas, na forma da lei;

(1) Especificamente em relação aos Servidores Públicos Federais (submetidos ao Regime Jurídico Único da Lei n. 8.112/1990) dispõe o § 3º do art. 39 da CF-1988 que: "Aplica-se aos servidores ocupantes de cargo público o disposto no art. 7º, IV, VII, VIII, IX, XII, XIII, XV, XVI, XVII, XVIII, XIX, XX, XXII e XXX, podendo a lei estabelecer requisitos diferenciados de admissão quando a natureza do cargo o exigir".

XXVIII — seguro contra acidentes de trabalho, a cargo do empregador, sem excluir a indenização a que este está obrigado, quando incorrer em dolo ou culpa;

XXXIII — proibição de trabalho noturno, perigoso ou insalubre a menores de dezoito e de qualquer trabalho a menores de dezesseis anos, salvo na condição de aprendiz, a partir de quatorze anos.

NORMAS JURÍDICAS INFRACONSTITUCIONAIS

CONSOLIDAÇÃO DAS LEIS DO TRABALHO

(Decreto-lei n. 5.452, de 1º.5.1943, com a redação dos arts. 154 a 201 CLT dada pela Lei n. 6.514 de 22.12.1977, atualizada até a edição da Lei n. 13.103, de 2.3.2015)

Título II: **Das Normas Gerais de Tutela do Trabalho** (Arts. 13 a 223 da CLT)

Capítulo V: **Da Segurança e da Medicina do Trabalho** (Arts. 154 a 201 da CLT)[(2)]

Seção XV: **Das Outras Medidas Especiais de Proteção** (Art. 200 da CLT)

Art. 200. Cabe ao Ministério do Trabalho e Emprego estabelecer disposições complementares às normas de que trata este Capítulo, tendo em vista as peculiaridades de cada atividade ou setor de trabalho, especialmente sobre:

(...)

IV — proteção contra incêndio em geral e as medidas preventivas adequadas, com exigências ao especial revestimento de portas e paredes, construção de paredes contra fogo, diques e outros anteparos, assim como garantia geral de fácil circulação, corredores de acesso e saídas amplas e protegidas, com suficiente sinalização;[(3)]

(...)

Lei n. 11.901, de 12.1.2009

(Dispõe sobre a profissão de Bombeiro Civil e dá outras providências)

Art. 1º O exercício da profissão de Bombeiro Civil reger-se-á pelo disposto nesta Lei.

Art. 2º Considera-se Bombeiro Civil aquele que, habilitado nos termos desta Lei, exerça, em caráter habitual, função remunerada e exclusiva de prevenção e combate a incêndio, como empregado contratado diretamente por empresas privadas ou públicas, sociedades de economia mista, ou empresas especializadas em prestação de serviços de prevenção e combate a incêndio.

§ 1º *(VETADO).*

§ 2º No atendimento a sinistros em que atuem, em conjunto, os Bombeiros Civis e o Corpo de Bombeiros Militar, a coordenação e a direção das ações caberão, com exclusividade e em qualquer hipótese, à corporação militar.

Art. 3º *(VETADO).*

Art. 4º As funções de Bombeiro Civil são assim classificadas:

I — Bombeiro Civil, nível básico, combatente direto ou não do fogo;

II — Bombeiro Civil Líder, o formado como técnico em prevenção e combate a incêndio, em nível de ensino médio, comandante de guarnição em seu horário de trabalho;

III — Bombeiro Civil Mestre, o formado em engenharia com especialização em prevenção e combate a incêndio, responsável pelo Departamento de Prevenção e Combate a Incêndio.

Art. 5º A jornada do Bombeiro Civil é de 12 (doze) horas de trabalho por 36 (trinta e seis) horas de descanso, num total de 36 (trinta e seis) horas semanais.

Art. 6º É assegurado ao Bombeiro Civil:

I — uniforme especial a expensas do empregador;

II — seguro de vida em grupo, estipulado pelo empregador;

III — adicional de periculosidade de 30% (trinta por cento) do salário mensal sem os acréscimos resultantes de gratificações, prêmios ou participações nos lucros da empresa;

IV — o direito à reciclagem periódica.

Art. 7º *(VETADO).*

Art. 8º As empresas especializadas e os cursos de formação de Bombeiro Civil, bem como os cursos técnicos de segundo grau de prevenção e combate a incêndio que infringirem as disposições desta Lei, ficarão sujeitos às seguintes penalidades:

I — advertência;

II — *(VETADO).*

---

(2) A Lei n. 6.514, de 22.12.1977, propiciou a redação dos arts. 154 a 201 da CLT, observadas as atualizações legais até a edição da Lei n. 13.103, de 2.3.2015.

(3) A NR-23 (PROTEÇÃO CONTRA INCÊNDIOS) disciplina o inciso do IV do art. 200 da CLT.

III — proibição temporária de funcionamento;

IV — cancelamento da autorização e registro para funcionar.

Art. 9º As empresas e demais entidades que se utilizem do serviço de Bombeiro Civil poderão firmar convênios com os Corpos de Bombeiros Militares dos Estados, dos Territórios e do Distrito Federal, para assistência técnica a seus profissionais.

Art. 10. *(VETADO).*

Art. 11. Esta Lei entra em vigor na data de sua publicação.

NORMAS JURÍDICAS INFRALEGAIS OU REGULAMENTARES

NR-23: PROTEÇÃO CONTRA INCÊNDIOS[4]

Publicação	**D.O.U.**
Portaria GM n. 3.214, de 8 de junho de 1978	6.7.78
Atualizações/Alterações	**D.O.U.**
Portaria SNT n. 6, de 29 de outubro de 1991	31.10.91
Portaria SNT n. 2, de 21 de janeiro de 1992	22.1.92
Portaria SIT n. 24, de 9 de outubro de 2001	1º.11.01
Portaria SIT n. 221, de 6 de maio de 2011	10.5.11

(Redação dada pela Portaria SIT n. 221, de 06 de maio de 2011)

23.1. Todos os empregadores devem adotar medidas de prevenção de incêndios, em conformidade com a legislação estadual e as normas técnicas aplicáveis.

23.1.1. O empregador deve providenciar para todos os trabalhadores informações sobre:

a) utilização dos equipamentos de combate ao incêndio;

b) procedimentos para evacuação dos locais de trabalho com segurança;

c) dispositivos de alarme existentes.

23.2. Os locais de trabalho deverão dispor de saídas, em número suficiente e dispostas de modo que aqueles que se encontrem nesses locais possam abandoná-los com rapidez e segurança, em caso de emergência.

23.3. As aberturas, saídas e vias de passagem devem ser claramente assinaladas por meio de placas ou sinais luminosos, indicando a direção da saída.

23.4. Nenhuma saída de emergência deverá ser fechada à chave ou presa durante a jornada de trabalho.

23.5. As saídas de emergência podem ser equipadas com dispositivos de travamento que permitam fácil abertura do interior do estabelecimento.

(4) O Texto da NR-23 (PROTEÇÃO CONTRA INCÊNDIOS), ora reproduzido, encontra-se atualizado até a edição da Portaria SIT-MTE n. 221, de 6.5.2011.

Capítulo 24

CONDIÇÕES SANITÁRIAS E DE CONFORTO NOS LOCAIS DE TRABALHO

Consoante reiteradas vezes afirmado, as Normas Regulamentadoras (NRs) de Segurança e Saúde no Trabalho (SST) editadas pelo Ministério do Trabalho e Emprego (MTE) possuem existência jurídica convalidada pelo Princípio Constitucional de Minimização dos Riscos Ocupacionais, consagrado no inciso XXII do art. 7º da Constituição Federal brasileira, que expressamente assegura aos trabalhadores urbanos e rurais brasileiros o direito à redução dos riscos inerentes ao trabalho, por meio de normas de saúde, higiene e segurança. Logo, reiteramos que o dever mais fundamental dos empregadores brasileiros é propiciar a seus empregados ambientes de trabalho sadios e seguros. Registre-se, mais, que os ditames das normas preventivas de infortúnios laborais e de promoção da saúde ocupacional são aplicáveis a todas as empresas privadas e estatais (empresas públicas e sociedades de economia mista) brasileiras que contratam trabalhadores como empregados e, portanto, submetidos ao Regime da Consolidação das Leis do Trabalho (CLT) que corresponde ao Decreto-lei n. 5.452, de 1º de maio de 1943.

No plano da legislação infraconstitucional, as normas preventivas de segurança e saúde no trabalho possuem respaldo de validade jurídica na forma tipificada no Estatuto Obreiro, em seu Título II: Das Normas Gerais de Tutela do Trabalho, mais precisamente no Capítulo V: Da Segurança e da Medicina do Trabalho, que compreende os arts. 154 a 201 da CLT. Recorde-se que ditos artigos do Código Obreiro possuem redação dada pela Lei n. 6.514, de 22.12.1977, observadas as atualizações subsequentes até a publicação da Lei n. 13.103, de 2.3.2015.

Sob o aspecto infralegal ou meramente regulamentar, cabe ser dito que os citados arts. 154 a 201 do Código Laboral foram inicialmente disciplinados pela Portaria MTb n. 3.214, de 8.6.1978, que instituiu as primeiras vinte e oito normas regulamentadoras de segurança e saúde no trabalho (28 NRs de SST); vale observar que, atualmente, existem 36 NRs de SST, cada uma disciplinando uma temática específica.

Chamamos a atenção do caro leitor para o fato de que todos os dispositivos: constitucionais, infraconstitucionais, infralegais ou regulamentares e jurisprudenciais, desde que pertinentes à temática em apreço, encontram-se ao final reproduzidos no tópico Fundamentos Jurídicos deste Capítulo, inclusive a íntegra atualizada da norma regulamentadora de segurança e saúde no trabalho que o intitula.

Oportuno destacar, para os não versados na ciência do direito, que as normas jurídicas legais, tanto as constitucionais quanto as infraconstitucionais, têm o condão de criar o direito, ao passo que as normas jurídicas infralegais ou regulamentares (decretos, portarias, normas regulamentadoras, etc.) não podem criar o direito em si, mas apenas regulamentá-lo quando expressamente autorizado pela própria a fazê-lo; sob pena de ser declarada ilegal e, portanto, nula de pleno direito.

No tocante ao tema central deste capítulo, Condições Sanitárias e de Conforto nos Locais de Trabalho, convém ser dito que o inciso VII do art. 200 da CLT expressamente autoriza o Ministério do Trabalho e Emprego (MTE) a elaborar normas preventivas de segurança e saúde no trabalho visando a higiene nos locais de trabalho, com discriminação das exigências, instalações sanitárias, com separação de sexos, chuveiros, lavatórios, vestiários e armários individuais, refeitórios ou condições de conforto por ocasião das refeições, fornecimento de água potável, condições de limpeza dos locais de trabalho e modo de sua execução; além do tratamento e destino que devem ser dados aos resíduos industriais e que será objeto da temática do capítulo seguinte.

Em observância ao citado comando legal (inciso VII do art. 200 da CLT) o MTE editou a vigésima quarta norma regulamentadora de segurança e saúde no trabalho contendo disposições técnico-normativas de higiene e conforto nos locais de trabalho e objetivando a prevenção de acidentes e de doenças laborais, assim como a promoção da saúde ocupacional.

A NR-24 (CONDIÇÕES SANITÁRIAS E DE CONFORTO NOS LOCAIS DE TRABALHO) estipula diversas recomendações preventivas a serem implementadas no âmbito das empresas públicas e privadas, que possuam empregados regidos pelo Estatuto Obreiro. Ditas determinações preventivas, como se constatará em seguida, encontram-se agrupadas em sete Tópicos e um Quadro, a saber:

Sumário da NR-24
(CONDIÇÕES SANITÁRIAS E DE CONFORTO NOS LOCAIS DE TRABALHO)

24.1. Instalações Sanitárias.
24.2. Vestiários.
24.3. Refeitórios.
24.4. Cozinhas.
24.5. Alojamento.
24.6. Condições de Higiene e Conforto por Ocasião das Refeições.
24.7. Disposições Gerais.
Quadro I: Dimensionamento Mínimo dos Módulos Cama/Armário nos Dormitórios.

Inicialmente, para a melhor compreensão das disposições preventivas constantes da NR-24, é oportuno ter em mente alguns conceitos elementares específicos ali consignados:

- Aparelho Sanitário é o equipamento ou o conjunto de peças destinadas ao uso de água para fins higiênicos ou a receber águas servidas (banheira, mictório, bebedouro, lavatório, vaso sanitário e outros).
- Gabinete Sanitário, também denominado latrina, retrete, patente, cafofo, sentina, privada, WC, é o local destinado a fins higiênicos e dejeções.
- Banheiro é o conjunto de peças ou equipamentos que compõem determinada unidade e destinado ao asseio corporal.
- Vestiário é o local apropriado para a troca de roupa dos trabalhadores, devendo ser separado por sexo e dotado de armários para guarda de roupas.
- Alojamento é o local destinado ao repouso dos operários.

Estabelece a NR-24 que as Instalações Sanitárias dos locais de trabalho devem atender às seguintes disposições prevencionistas de caráter genérico:

- as instalações sanitárias deverão ser separadas por sexo;
- os locais onde se encontrarem instalações sanitárias deverão ser submetidos a processo permanente de higienização, de sorte que sejam mantidos limpos e desprovidos de quaisquer odores, durante toda a jornada de trabalho, e não poderão se comunicar diretamente com os locais de trabalho nem com os locais destinados às refeições;
- os locais destinados às instalações sanitárias serão providos de uma rede de iluminação, cuja fiação deverá ser protegida por eletrodutos, e, com o objetivo de manter um iluminamento mínimo de 100 (cem) lux, deverão ser instaladas lâmpadas incandescentes de 100 W/8 m^2 (cem watts por oito metros quadrados) de área com pé-direito de 3 m (três metros), ou outro tipo de luminária que produza o mesmo efeito;
- a rede hidráulica será abastecida por caixa d'água elevada, a qual deverá ter altura suficiente para permitir bom funcionamento nas tomadas de água e contar com reserva para combate a incêndio de acordo com as posturas locais;
- as instalações sanitárias deverão dispor de água canalizada e esgotos ligados à rede geral ou à fossa séptica, com interposição de sifões hidráulicos, e, nas regiões onde não haja serviço de esgoto, deverá ser assegurado aos empregados um serviço de privadas, seja por meio de fossas adequadas, seja por outro processo que não afete a saúde pública, mantidas as exigências legais;

- nos estabelecimentos comerciais, bancários, securitários, de escritórios e afins, poderá a autoridade local competente em matéria de Segurança e Saúde no Trabalho, em decisão fundamentada, submetida à homologação do Superintendente Regional do Trabalho e Emprego, dispensar ou reduzir o quantitativo de mictórios e de chuveiros estabelecidos na NR-24;
- nas indústrias de gêneros alimentícios ou congêneres, o isolamento das privadas deverá ser o mais rigoroso possível, a fim de evitar poluição ou contaminação dos locais de trabalho;
- serão previstos 60 l (sessenta litros) diários de água por trabalhador para o consumo nas instalações sanitárias.

Em relação aos Sanitários, impõe a NR-24 as seguintes disposições regulamentares a serem observadas:

- as áreas destinadas aos sanitários deverão atender às dimensões mínimas essenciais. O órgão regional competente em segurança e saúde no trabalho poderá, à vista de perícia local, exigir alterações de metragem que atendam ao mínimo de conforto exigível, sendo considerada satisfatória a metragem de 1 m^2 (um metro quadrado), para cada sanitário, por 20 (vinte) operários em atividade;
- os vasos sanitários deverão ser sifonados, e possuir caixa de descarga automática externa de ferro fundido, material plástico ou fibrocimento;
- os chuveiros poderão ser de metal ou de plástico, e deverão ser comandados por registros de metal à meia altura na parede;
- o mictório deverá ser de porcelana vitrificada ou de outro material equivalente, liso e impermeável, provido de aparelho de descarga provocada ou automática, de fácil escoamento e limpeza, podendo apresentar a conformação do tipo calha ou cuba, sendo que, no tipo calha, de uso coletivo, cada segmento, no mínimo de 0,60 m (sessenta centímetros), corresponderá a um mictório do tipo cuba;
- os lavatórios poderão ser formados por calhas revestidas com materiais impermeáveis e laváveis, possuindo torneiras de metal, tipo comum, espaçadas de 0,60 m (sessenta centímetros), devendo haver disposições de uma torneira para cada grupo de 20 (vinte) trabalhadores;
- o lavatório deverá ser provido de material para a limpeza, enxugo ou secagem das mãos, proibindo-se o uso de toalhas coletivas.

No que se refere às disposições especiais a serem exigidas nas instalações sanitárias dos locais de trabalho onde sejam desenvolvidas atividades e operações insalubres, assim determina a NR-24:

- será exigido um chuveiro para cada 10 (dez) trabalhadores nas atividades ou operações insalubres, ou nos trabalhos com exposição a substâncias tóxicas, irritantes, infectantes, alergizantes, poeiras ou substâncias que provoquem sujidade, e nos casos em que estejam expostos a calor intenso;
- será exigido, no conjunto de instalações sanitárias, um lavatório para 10 (dez) trabalhadores nas atividades ou operações insalubres, ou nos trabalhos com exposição a substâncias tóxicas, irritantes, infectantes, alergizantes, poeiras ou substâncias que provoquem sujidade.

Tipifica a NR-24 os seguintes preceitos regulamentares que devem ser observados em relação aos Gabinetes Sanitários:

- ser instalados em compartimentos individuais, separados;
- ser ventilados para o exterior;
- possuir paredes divisórias com altura mínima de 2,10 m (dois metros e dez centímetros) e seu bordo inferior não poderá situar-se a mais de 0,15 m (quinze centímetros) acima do pavimento;
- ser dotados de portas independentes, providas de fechos que impeçam o devassamento;
- ser mantidas em estado de asseio e higiene;
- possuir recipientes com tampa, para guarda de papéis servidos, quando não ligados diretamente à rede ou quando sejam destinados às mulheres;

- cada grupo de gabinete sanitário deve ser instalado em local independente, dotado de antecâmara;
- é proibido o envolvimento das bacias ou vasos sanitários com quaisquer materiais (caixas de madeira, blocos de cimento e outros).

No tocante a Vestiários, dispõe a NR-24 que devem ser satisfeitas as seguintes disposições:

- em todos os estabelecimentos industriais e naqueles em que a atividade exija troca de roupas, ou seja imposto o uso de uniforme ou guarda-pó, haverá local apropriado para vestiário dotado de armários individuais, observada a separação de sexos;
- a localização do vestiário, respeitada a determinação da autoridade regional competente em Segurança e Medicina do Trabalho, levará em conta a conveniência do estabelecimento;
- a área de um vestiário será dimensionada em função de um mínimo de 1,50 m^2 (um metro e cinquenta centímetros quadrados) para 1 (um) trabalhador;
- as paredes dos vestiários deverão ser construídas em alvenaria de tijolo comum ou de concreto e revestidas com material impermeável e lavável;
- os pisos deverão ser impermeáveis, laváveis e de acabamento liso, inclinados para os ralos de escoamento providos de sifões hidráulicos, e deverão também impedir a entrada de umidade e emanações no vestiário e não apresentar ressaltos e saliências;
- a cobertura dos vestiários deverá ter estrutura de madeira ou metálica, e as telhas poderão ser de barro ou de fibrocimento, devendo ser colocadas telhas translúcidas para melhorar a iluminação natural;
- as janelas dos vestiários deverão ter caixilhos fixos inclinados de 45 °C (quarenta e cinco graus centígrados), com vidros incolores e translúcidos, totalizando uma área total correspondente a 1/8 (um oitavo) da área do piso, e a parte inferior do caixilho deverá se situar, no mínimo, à altura de 1,50 m (um metro e cinquenta centímetros) a partir do piso;
- os locais destinados às instalações de vestiários serão providos de uma rede de iluminação cuja fiação deverá ser protegida por eletrodutos;
- com o objetivo de manter um iluminamento mínimo de 100 (cem) lux, deverão ser instaladas lâmpadas incandescentes de 100 W/8 m^2 (cem watts por oito metros quadrados) de área com pé-direito de 3 m (três metros), ou outro tipo de luminária que produza o mesmo efeito.

Quanto aos Armários dos locais de trabalho, assim dispõe a norma regulamentadora em comento:

- os armários, de aço, madeira, ou outro material de fácil limpeza, deverão ser essencialmente individuais, deverão possuir aberturas para ventilação ou portas teladas, podendo também ser sobrepostos, pintados com tintas laváveis ou revestidos com fórmica;
- deverão possuir as dimensões mínimas de 0,80 m (oitenta centímetros) de altura por 0,30 m (trinta centímetros) de largura e 0,40 m (quarenta centímetros) de profundidade;
- nas atividades comerciais, bancárias, securitárias, de escritório e afins, nas quais não haja troca de roupa, não será o vestiário exigido, admitindo-se gavetas, escaninhos ou cabides, onde possam os empregados guardar ou pendurar seus pertences;
- em casos especiais, poderá a autoridade local competente em matéria de Segurança e Medicina do Trabalho, em decisão fundamentada submetida à homologação do MTE, dispensar a exigência de armários individuais para determinadas atividades;
- é proibida a utilização do vestiário para quaisquer outros fins, ainda que em caráter provisório, não sendo permitido, sob pena de autuação, que roupas e pertences dos empregados se encontrem fora dos respectivos armários.

Especificamente para as Atividades e Operações Insalubres, bem como para aquelas incompatíveis com o asseio corporal ou que exponham os empregados a poeiras e produtos graxos e oleosos, os Armários serão de compartimentos duplos e terão as seguintes dimensões mínimas:

- 1,20 m (um metro e vinte centímetros) de largura e 0,40 m (quarenta centímetros) de profundidade, com separação ou prateleira, de modo que um compartimento, com a altura de 0,80 m (oitenta centímetros), destine-se a abrigar a roupa de uso comum e o outro compartimento, com a altura de 0,40 m (quarenta centímetros) a guardar a roupa de trabalho; ou,
- 0,80 m (oitenta centímetros) de altura por 0,50 m (cinquenta centímetros) de largura e 0,40 m (quarenta centímetros) de profundidade, com divisão no sentido vertical, de forma que os compartimentos, com largura de 0,25 m (vinte e cinco centímetros), estabeleçam, rigorosamente, o isolamento das roupas de uso comum e de trabalho.

Em relação aos Refeitórios nos locais de trabalho, a NR-24 preceitua o seguinte:

- nos estabelecimentos em que trabalhem mais de 300 (trezentos) operários, é obrigatória a existência de refeitório, não sendo permitido aos trabalhadores tomarem suas refeições em outro local do estabelecimento;
- o refeitório deverá ser instalado em local apropriado, não se comunicando diretamente com os locais de trabalho, instalações sanitárias e locais insalubres ou perigosos;
- no refeitório será possibilitado o fornecimento de água potável, em condições higiênicas, por meio de copos individuais, ou bebedouros de jato inclinado e guarda protetora, proibindo-se sua instalação em pias e lavatórios, e o uso de copos coletivos;
- é proibida, ainda que em caráter provisório, a utilização do refeitório para depósito, bem como para quaisquer outros fins.

Dispõe a norma regulamentadora em apreço que os Refeitórios devem:

- possuir área de 1,00 m^2 (um metro quadrado) por usuário, abrigando, de cada vez, 1/3 (um terço) do total de empregados por turno de trabalho, considerado o que tem maior número de empregados, sendo que a circulação principal deverá ter a largura mínima de 0,75 m (setenta e cinco centímetros), e a circulação entre bancos e banco/parede deverá ter a largura mínima de 0,55 m (cinquenta e cinco centímetros);
- ser dotados de mesas providas de tampo liso e de material impermeável, bancos ou cadeiras, mantidos permanentemente limpos;
- possuir rede de iluminação, cuja fiação seja protegida por eletrodutos, devendo ser instaladas lâmpadas incandescentes de 150 W/6 m^2 (cento e cinquenta watts por seis metros quadrados) de área com pé-direito de 3 m (três metros) máximo, ou outro tipo de luminária que produza o mesmo efeito;
- possuir piso impermeável, revestido de cerâmica, plástico ou outro material lavável, ao passo que a cobertura deverá ter estrutura de madeira ou metálica e as telhas poderão ser de barro ou fibrocimento, enquanto o teto poderá ser de laje de concreto, estuque, madeira ou outro material adequado. Já as paredes deverão ser revestidas com material liso, resistente e impermeável, até a altura de 1,50 m (um metro e cinquenta centímetros);
- ser dotados de ventilação e iluminação de acordo com as normas fixadas na legislação federal, estadual ou municipal;
- possuir lavatórios individuais ou coletivos e pias instalados nas proximidades do refeitório, ou nele próprio, em número suficiente, a critério da autoridade competente em matéria de segurança e saúde no trabalho.

Prevê a norma preventiva em apreço que os estabelecimentos dispensados de possuir refeitório por possuírem mais de 30 (trinta) e menos de 300 (trezentos) empregados deverão satisfazer aos seguintes requisitos no tocante ao Local de Refeições:

- local adequado, fora da área de trabalho;
- piso lavável;

- limpeza, arejamento e boa iluminação;
- mesas e assentos em número correspondente ao de usuários;
- lavatórios e pias instalados nas proximidades ou no próprio local;
- fornecimento de água potável aos empregados;
- estufa, fogão ou similar (micro-ondas), para aquecer as refeições.

Nos estabelecimentos ou frentes de trabalho com menos de 30 (trinta) trabalhadores deverão, a critério da autoridade competente em matéria de segurança e saúde no trabalho, ser asseguradas, aos trabalhadores, condições suficientes de conforto para as refeições em local que atenda aos requisitos de limpeza, arejamento, iluminação e fornecimento de água potável; inclusive, poderão ser permitidas as refeições nos locais de trabalho, observadas as condições seguintes:

- respeitar dispositivos legais relativos à segurança e saúde no trabalho;
- haver interrupção das atividades do estabelecimento, nos períodos destinados às refeições;
- não se tratar de atividades insalubres, perigosas ou incompatíveis com o asseio corporal.

Ficam dispensadas das exigências da NR-24, no que se refere às disposições de Refeitórios ou Locais de Refeições:

- estabelecimentos comerciais, bancários e atividades afins que interromperem suas atividades por 2 (duas) horas, no período destinado às refeições;
- estabelecimentos industriais localizados em cidades do interior, quando a empresa mantiver vila operária ou residirem seus operários nas proximidades, permitindo refeições nas próprias residências;
- em casos excepcionais, considerando condições especiais de duração, natureza de trabalho, exiguidade de área, peculiaridades locais e tipo de participação no Programa de Alimentação do Trabalhador (PAT), poderá a autoridade competente em matéria de segurança e saúde no trabalho dispensar as exigências de refeitório (mais de trezentos empregados) ou do local de refeições (de trinta a trezentos empregados), submetendo sua decisão à homologação do Superintendente Regional do Trabalho e Emprego.

No tocante às Cozinhas dos locais de trabalho, assim estabelece a NR-24:

- deverão ficar adjacentes aos refeitórios e com ligação para os mesmos, através de aberturas por onde serão servidas as refeições;
- é indispensável que os funcionários da cozinha, encarregados de manipular gêneros, refeições e utensílios, disponham de sanitário e vestiário próprios, cujo uso seja vetado aos comensais e que não se comuniquem com a cozinha;
- deverá ser dispensado tratamento ao lixo, de acordo com as normas locais do Serviço de Saúde Pública.

Preceitua a NR-24 que a edificação destinada à Cozinha deverá atender aos seguintes dispositivos preventivos:

- as áreas previstas para cozinha e depósito de gêneros alimentícios deverão ser de 35% (trinta e cinco por cento) e 20% (vinte por cento), respectivamente, da área do refeitório, e deverão ter pé-direito de 3 m (três metros) no mínimo;
- as paredes das cozinhas serão construídas em alvenaria de tijolo comum, em concreto, ou em madeira, com revestimento de material liso, resistente e impermeável e lavável em toda a extensão;
- os pisos deverão ser impermeáveis, laváveis e de acabamento liso, inclinados para os ralos de escoamento providos de sifões hidráulicos, e deverão também impedir a entrada de umidade e emanações no vestiário e não apresentar ressaltos e saliências;

- as portas deverão ser metálicas ou de madeira, medindo no mínimo 1 m (um metro) por 2,10 m (dois metros e dez centímetros), as janelas deverão ser de madeira ou de ferro, de 0,60 m x 0,60 m (sessenta centímetros de altura por sessenta de largura) no mínimo, e as aberturas, além de garantir suficiente aeração, devem ser protegidas com telas, podendo-se melhorar a ventilação através de exaustores ou coifas;
- as pinturas das paredes, portas e janelas, móveis e utensílios, se de alvenaria, deverão ser de tinta de base plástica; se de ferro, deverão ser pintados com tinta óleo, e, no caso de ser de madeira, deverá ser utilizada tinta especial retardante à ação do fogo;
- a rede de iluminação terá sua fiação protegida por eletrodutos, e deverão ser instaladas lâmpadas incandescentes de 150 W/4 m^2 (cento e cinquenta watts por quatro metros quadrados) com pé-direito de 3 m (três metros) no máximo, ou outro tipo de luminária que produza o mesmo efeito;
- possuir lavatório dotado de água corrente para uso dos funcionários do serviço de alimentação, dispondo de sabão e toalhas.

No tocante aos Alojamentos destinados ao repouso dos operários, a norma regulamentadora em análise estabelece as seguintes disposições genéricas:

- os alojamentos deverão ser localizados em áreas que permitam atender não só às exigências construtivas como, também, evitar o devassamento aos prédios vizinhos;
- os alojamentos deverão ter um pavimento, podendo ter, no máximo, dois pisos, quando a área disponível para a construção for insuficiente;
- é vedada a permanência de pessoas com moléstia infectocontagiosa;
- as instalações sanitárias, além de atenderem às exigências genéricas do estabelecimento, deverão fazer parte integrante do alojamento ou estar localizadas a uma distância máxima de 50 m (cinquenta metros) do mesmo;
- o pé-direito das instalações sanitárias será, no mínimo, igual ao do alojamento onde for contíguo, sendo permitidos rebaixos para as instalações hidráulicas de, no máximo, 0,40 m (quarenta centímetros);
- não será permitida ventilação em dormitório feita somente de modo indireto

Igualmente, as edificações destinadas aos Alojamentos deverão satisfazer às seguintes disposições mínimas:

- o pé-direito dos alojamentos deverá ser de, no mínimo, 2,60 m (dois metros e sessenta centímetros) na existência de camas simples, e de, no mínimo, 3 m (três metros), na existência de camas duplas;
- as paredes dos alojamentos poderão ser construídas em alvenaria de tijolo comum, em concreto ou em madeira;
- os pisos dos alojamentos deverão ser impermeáveis, laváveis e de acabamento áspero, deverão impedir a entrada de umidade e emanações no alojamento, e não deverão apresentar ressaltos e saliências, sendo o acabamento compatível com as condições mínimas de conforto térmico e higiene;
- a cobertura dos alojamentos deverá ter estrutura de madeira ou metálica, as telhas poderão ser de barro ou de fibrocimento e não haverá forro, e o ponto do telhado deverá ser de 1:4, independentemente do tipo de telha usada;
- as portas dos alojamentos deverão ser metálicas ou de madeira, abrindo para fora, medindo no mínimo 1 m x 2,10 m (um metro por dois metros e dez centímetros) para cada 100 (cem) operários; as janelas dos alojamentos deverão ser de madeira ou de ferro, de 0,60 m x 0,60 m (sessenta centímetros de altura por sessenta de largura), no mínimo, sendo que a parte inferior do caixilho deve se situar, no mínimo, no plano da cama superior (caso de camas duplas) e à altura de 1,60 m (um metro e sessenta centímetros) do piso, no caso de camas simples;

- a ligação do alojamento com o sanitário será feita por meio de portas, com o mínimo de 0,80 m x 2,10 m (oitenta centímetros por dois metros e dez centímetros);
- existindo corredor, este terá, no mínimo, uma porta em cada extremidade, abrindo para fora;
- todo alojamento será provido de uma rede de iluminação, cuja fiação deverá ser protegida por eletrodutos, e deverá ser mantido um iluminamento mínimo de 100 (cem) lux, podendo ser instaladas lâmpadas incandescentes de 100 W/ 8 m^2 (cem watts por oito metros quadrados) de área com pé-direito máximo de 3 m (três metros), ou outro tipo de luminária que produza o mesmo efeito;
- nos alojamentos deverão ser instalados bebedouros, na proporção de um bebedouro para cada 50 (cinquenta) empregados, se houver rede de abastecimento de água;
- as pinturas das paredes, portas e janelas, móveis e utensílios, se de alvenaria, deverão ser de tinta de base plástica, se de ferro, deve ser pintado de tinta a óleo, e, no caso de ser de madeira, deverá ser utilizada tinta especial retardante à ação do fogo.

Em relação ao dimensionamento dos Dormitórios dos locais de trabalho, assim dispõe a NR-24:

- a capacidade máxima de cada dormitório será de 100 (cem) operários;
- os alojamentos deverão ter área de circulação interna, nos dormitórios, com a largura mínima de 1 m (um metro);
- serão permitidas o máximo de duas camas na mesma vertical;
- os dormitórios deverão ter áreas mínimas dimensionadas de acordo com os módulos (camas/ armários) adotados, capazes de atender ao efeito a ser alojado, conforme disposto no Quadro I (Dimensionamento Mínimo dos Módulos Cama/Armário nos Dormitórios) da NR-24, integralmente reproduzida ao final deste Capítulo.

Impõe a NR-24, no tocante às Camas dos Alojamentos, os seguintes preceitos:

- poderão ser de estrutura metálica ou de madeira, oferecendo perfeita rigidez;
- a altura livre das camas duplas deverá ser de, no mínimo, 1,10 m (um metro e dez centímetros) contando do nível superior do colchão da cama de baixo, ao nível inferior da longarina da cama de cima;
- as camas superiores deverão ter proteção lateral e altura livre, mínima, de 1,10 m (um metro e dez centímetros) do teto do alojamento, e o acesso à cama superior deverá ser fixo e parte integrante da estrutura da mesma;
- os estrados das camas superiores deverão ser fechados na parte inferior;
- deverão ser colocadas caixas metálicas com areia, para serem usadas como cinzeiros.

De se observar que os Armários dos Alojamentos poderão ser de aço ou de madeira, individuais, e deverão ter as seguintes dimensões mínimas: 0,60 m (sessenta centímetros) de frente x 0,45 m (quarenta e cinco centímetros) de fundo x 0,90 m (noventa centímetros) de altura. E, no que se refere a escadas e corredores dos alojamentos de locais de trabalho, assim prevê a NR-24:

- no caso de alojamentos com dois pisos deverá haver, no mínimo, duas escadas de saída, guardada a proporcionalidade de 1 m (um metro) de largura para cada 100 (cem) operários;
- escadas e corredores coletivos principais terão largura mínima de 1,20 m (um metro e vinte centímetros), podendo os secundários ter 0,80 m (oitenta centímetros);
- os corredores dos alojamentos, com mais de dez metros de comprimento, terão vãos para o exterior com área não inferior a 1/8 (um oitavo) do piso.

Além do mais, consta estipulado que nos Alojamentos deverão ser obedecidas as seguintes instruções gerais de higiene:

- todo quarto ou instalação deverá ser conservado limpo e todos eles serão pulverizados a cada 30 dias;
- os sanitários deverão ser desinfetados diariamente;
- o lixo deverá ser retirado diariamente e depositado em local adequado;
- é proibida, nos dormitórios, a instalação para eletrodomésticos e o uso de fogareiro ou similares.

No tocante às Condições de Higiene e Conforto por Ocasião das Refeições nos Locais de Trabalho, impõe a NR-24 que:

- as empresas urbanas e rurais e os órgãos governamentais devem oferecer a seus empregados e servidores condições de conforto e higiene que garantam refeições adequadas por ocasião dos intervalos previstos na jornada de trabalho;
- a empresa que contratar terceiros para a prestação de serviços em seus estabelecimentos deve estender aos trabalhadores da contratada as mesmas condições de higiene e conforto oferecidas aos seus próprios empregados;
- a empresa deverá orientar os trabalhadores sobre a importância das refeições adequadas e hábitos alimentares saudáveis;
- na hipótese de o trabalhador trazer a própria alimentação, a empresa deve garantir condições de conservação e higiene adequadas e os meios para o aquecimento em local próximo ao destinado às refeições;
- aos trabalhadores rurais e aos ocupados em frentes de trabalho devem ser oferecidos dispositivos térmicos que atendam ao disposto neste item, em número suficiente para todos os usuários;
- os recipientes ou marmitas utilizados pelos trabalhadores deverão ser fornecidos pelas empresas, devendo atender às exigências de conservação e serem adequados aos equipamentos de aquecimento disponíveis;
- caberá à Comissão Interna de Prevenção de Acidentes (CIPA), à Comissão Interna de Prevenção de Acidentes do Trabalho Rural (CIPATR), ao Serviço Especializado em Segurança e Medicina do Trabalho (SESMT) e ao Serviço Especializado em Prevenção de Acidentes do Trabalho Rural (SEPATR), quando houver, promover a divulgação e zelar pela observância da NR-24;
- os sindicatos de trabalhadores, que tiverem conhecimento de irregularidades quanto ao cumprimento da NR-24, poderão denunciá-las ao MTE, solicitando a fiscalização dos respectivos órgãos regionais;
- as empresas que concedem o benefício de alimentação aos seus empregados poderão inscrever-se no Programa de Alimentação do Trabalhador (PAT) do MTE, obedecendo aos dispositivos legais que tratam da matéria.

Quanto ao fornecimento de Água Potável aos trabalhadores nos locais de trabalho, assim impõe a NR-24:

- em todos os locais de trabalho deverá ser fornecida, aos trabalhadores, água potável, em condições higiênicas, sendo proibido o uso de recipientes coletivos, e, onde houver rede de abastecimento de água, deverão existir bebedouros de jato inclinado em pias ou lavatórios, e na proporção de 1 (um) bebedouro para cada 50 (cinquenta) empregados;
- as empresas devem garantir suprimento de água potável e fresca em quantidade superior a 1/4 de litro (250 ml) por hora/homem trabalho;
- quando não for possível obter água potável corrente, essa deverá ser fornecida em recipientes portáteis hermeticamente fechados, de material adequado e construídos de maneira a permitir fácil limpeza;
- a água não potável para uso no local de trabalho ficará separada e deve ser afixado aviso de advertência da sua não potabilidade;

- os poços e as fontes de água potável serão protegidos contra a contaminação.

A NR-24 contém as seguintes Recomendações Finais pertinentes à higiene e conforto dos locais de trabalho:

- nas operações em que se empregam dispositivos que sejam levados à boca, somente serão permitidos os de uso estritamente individual, substituindo-se, sempre que for possível, por outros de processos mecânicos;
- os locais de trabalho serão mantidos em estado de higiene compatível com o gênero de atividade, e o serviço de limpeza será realizado, sempre que possível, fora do horário de trabalho e por processos que reduzam ao mínimo o levantamento de poeiras;
- deverão os responsáveis pelos estabelecimentos industriais dar aos resíduos destino e tratamento que os tornem inócuos aos empregados e à coletividade.

Oportuno destacar que a Portaria MTE-GM n. 944 de 8.7.2015, editada em sintonia com os ditames do art. 9º da Lei n. 13.103 de 2.3.2015 e do art. 4º do Decreto n. 8.433 de 16.4.2015, expressamente regulamenta as Condições de Segurança, Sanitárias e de Conforto nos Locais de Espera, de Repouso e de Descanso dos Motoristas Profissionais de Transporte Rodoviário de Passageiros e de Cargas. Dada a manifesta pertinência com a temática central em apreço, achamos por bem reproduzir integralmente a citada Portaria na parte final dos Fundamentos Jurídicos deste Capítulo, em que pese dita portaria não haver feito nenhuma menção expressa à NR-24.

Doravante, serão reproduzidos os FUNDAMENTOS JURÍDICOS (dispositivos legais, infralegais ou regulamentares) que propiciam o suporte de validade jurídica à temática em apreço, observando-se as ordens hierárquica e cronológica. Ao final, encontra-se igualmente transcrita, de forma integral e atualizada, a correspondente norma regulamentadora de segurança e saúde no trabalho que intitula este Capítulo.

FUNDAMENTOS JURÍDICOS DO CAPÍTULO 24

NR-24: CONDIÇÕES SANITÁRIAS E DE CONFORTO NOS LOCAIS DE TRABALHO *(redação dada pela Portaria MTb n. 3.214, de 8.6.1978, atualizada até a edição da Portaria SSST-MTb n. 13, de 17.9.1993). Art. 7º, incisos XXII, XXIII, XXVIII e XXXIII da CF-1988. Art. 200, inciso VII, da CLT. Portaria MTE-GM n. 944 de 8.7.2015 (Condições de Segurança, Sanitárias e de Conforto nos Locais de Espera, de Repouso e de Descanso dos Motoristas Profissionais de Transporte Rodoviário de Passageiros e de Cargas).*

CONSTITUIÇÃO DA REPÚBLICA FEDERATIVA DO BRASIL

(Atualizada até a edição da Emenda Constitucional n. 85, de 26.2.2015)

Título II: Dos Direitos e Garantias Fundamentais (Arts. 5º a 17)

Capítulo II: Dos Direitos Sociais (Arts. 6º a 11)

Art. 7º São direitos dos trabalhadores urbanos e rurais[(1)], além de outros que visem à melhoria de sua condição social:

XXII — redução dos riscos inerentes ao trabalho, por meio de normas de saúde, higiene e segurança;

XXIII — adicional de remuneração para as atividades penosas, insalubres ou perigosas, na forma da lei;

XXVIII — seguro contra acidentes de trabalho, a cargo do empregador, sem excluir a indenização a que este está obrigado, quando incorrer em dolo ou culpa;

XXXIII — proibição de trabalho noturno, perigoso ou insalubre a menores de dezoito e de qualquer trabalho a menores de dezesseis anos, salvo na condição de aprendiz, a partir de quatorze anos.

NORMAS JURÍDICAS INFRACONSTITUCIONAIS

CONSOLIDAÇÃO DAS LEIS DO TRABALHO

(Decreto-lei n. 5.452, de 1º.5.1943, com a redação dos arts. 154 a 201 CLT dada pela Lei n. 6.514 de 22.12.1977, atualizada até a edição da Lei n. 13.103, de 2.3.2015)

Título II: **Das Normas Gerais de Tutela do Trabalho** (Arts. 13 a 223 da CLT)

(1) Especificamente em relação aos Servidores Públicos Federais (submetidos ao Regime Jurídico Único da Lei n. 8.112/1990) dispõe o § 3º do art. 39 da CF-1988 que: "Aplica-se aos servidores ocupantes de cargo público o disposto no art. 7º, IV, VII, VIII, IX, XII, XIII, XV, XVI, XVII, XVIII, XIX, XX, XXII e XXX, podendo a lei estabelecer requisitos diferenciados de admissão quando a natureza do cargo o exigir".

Capítulo V: **Da Segurança e da Medicina do Trabalho** (Arts. 154 a 201 da CLT)(2)

Seção XV: **Das Outras Medidas Especiais de Proteção** (Art. 200 da CLT)

Art. 200. Cabe ao Ministério do Trabalho e Emprego estabelecer disposições complementares às normas de que trata este Capítulo, tendo em vista as peculiaridades de cada atividade ou setor de trabalho, especialmente sobre:

(...)

VII — higiene nos locais de trabalho, com discriminação das exigências, instalações sanitárias, com separação de sexos, chuveiros, lavatórios, vestiários e armários individuais, refeitórios ou condições de conforto por ocasião das refeições, fornecimento de água potável, condições de limpeza dos locais de trabalho e modo de sua execução, tratamento de resíduos industriais;(3)

(...)

NORMAS JURÍDICAS INFRALEGAIS OU REGULAMENTARES

Portaria MTE-GM n. 944 de 8.7.2015

(Estabelece as Condições de Segurança, Sanitárias e de Conforto nos Locais de Espera, de Repouso e de Descanso dos Motoristas Profissionais de Transporte Rodoviário de Passageiros e de Cargas)

Art. 1º As condições de segurança, sanitárias e de conforto nos locais de espera, de repouso e de descanso dos motoristas profissionais de transporte rodoviário de passageiros e de cargas devem atender ao disposto nesta Portaria.

Art. 2º As instalações sanitárias devem:

a) ser localizadas a uma distância máxima de 250 (duzentos e cinquenta) metros do local de estacionamento do veículo;

b) ser separadas por sexo;

c) possuir gabinetes sanitários privativos, dotados de portas de acesso que impeçam o devassamento, com dispositivo de fechamento, além de cesta de lixo e papel higiênico;

d) dispor de lavatórios dotados de espelhos, material para higienização e para secagem das mãos;

e) ser dotadas de chuveiros com água fria e quente;

f) seguir a proporção mínima de 1 (um) gabinete sanitário, 1 (um) lavatório e 1 (um) chuveiro, por sexo, para cada 20 (vinte) vagas ou fração, considerando a quantidade total de vagas existentes no estacionamento;

g) ser providos de rede de iluminação; e

h) ser mantidas em adequadas condições de higiene, conservação, funcionamento e organização.

§ 1º Os vasos sanitários devem possuir assento com tampa.

§ 2º O local dos chuveiros pode ser separado daquele destinado às instalações com gabinetes sanitários e lavatórios.

§ 3º Nas instalações sanitárias masculinas é permitida a instalação adicional de mictórios.

§ 4º As instalações sanitárias femininas podem ser reduzidas em até 70% da proporção prevista na alínea "f", nos locais em que houver baixa demanda de usuárias, desde que assegurada a existência de pelo menos uma instalação sanitária feminina.

§ 5º Para cumprimento do disposto nesta Portaria, não é permitida a utilização de banheiros químicos.

Art. 3º Os compartimentos destinados aos chuveiros devem:

a) ser individuais;

b) ser dotados de portas de acesso que impeçam o devassamento, com dispositivo de fechamento;

c) possuir ralos sifonados com sistema de escoamento que impeça a comunicação das águas servidas entre os compartimentos e que escoe toda a água do piso;

d) dispor de suporte para sabonete e cabide para toalha;

e) ter área mínima de 1,20m²; e

f) possuir estrado removível em material lavável e impermeável.

Art. 4º Medidas adequadas devem ser adotadas para garantir que o esgotamento das águas utilizadas não seja fonte de contaminação.

Art. 5º Os ambientes para refeições podem ser de uso exclusivo ou compartilhado com o público em geral, devendo sempre:

a) ser dotados de mesas e assentos;

b) ser mantidos em adequadas condições de higiene, limpeza e conforto; e

c) permitir acesso fácil às instalações sanitárias e às fontes de água potável.

---

(2) A Lei n. 6.514, de 22.12.1977, propiciou a redação dos arts. 154 a 201 da CLT, observadas as atualizações legais até a edição da Lei n. 13.103, de 2.3.2015.

(3) A NR-24 (CONDIÇÕES SANITÁRIAS E DE CONFORTO NOS LOCAIS DE TRABALHO) e a NR-25 (RESÍDUOS INDUSTRIAIS) disciplina o inciso VII do art. 200 da CLT.

Art. 6º É permitido que os usuários dos locais de espera, de repouso e de descanso utilizem a própria caixa de cozinha ou equipamento similar para preparo de suas refeições.

Art. 7º Deve ser disponibilizada gratuitamente água potável em quantidade suficiente, por meio de copos descartáveis individuais, bebedouro de jato inclinado ou equipamento similar que garanta as mesmas condições.

Art. 8º Todo local de espera, de repouso e de descanso deve conter sinalização vertical e horizontal informando as regras de movimentação, as áreas destinadas ao estacionamento e o pátio de manobra de veículos, bem como a indicação da localização das instalações sanitárias e dos ambientes para refeições.

Art. 9º Os locais de espera, de repouso e de descanso situados em rodovia pavimentada devem possuir pavimentação ou calçamento.

Art. 10. Todo local de espera, de repouso e de descanso deve possuir sistema de vigilância e/ou monitoramento eletrônico.

Parágrafo único. O local de espera, de repouso e de descanso que exija dos usuários pagamento de taxa para permanência do veículo deve ser cercado e possuir controle de acesso.

Art. 11. É proibida a venda, o fornecimento e o consumo de bebidas alcoólicas nos locais de espera, de repouso e de descanso.

Art. 12. É vedado o ingresso e a permanência de crianças e adolescentes nos locais de espera, de repouso e de descanso, salvo quando acompanhados pelos responsáveis ou por eles autorizados.

Art. 13. Aos estabelecimentos de propriedade do transportador, do embarcador ou do consignatário de cargas, bem como nos casos em que esses mantiverem com os proprietários destes locais contratos que os obriguem a disponibilizar locais de espera, de repouso e de descanso aos motoristas profissionais aplicam-se as Normas Regulamentadoras do Ministério do Trabalho e Emprego.

Art. 14. Os locais de espera, de repouso e de descanso já existentes na data publicação desta Portaria, terão o prazo de 1 (um) ano, a contar da citada publicação, para se adequarem ao disposto na alínea "a" do art. 2º e ao art. 9º.

Art. 15. Revoga-se a Portaria MTE-GM n. 510 de 17 de abril de 2015.(D.O.U. de 20.4.2015)

Art. 16. Esta Portaria entra em vigor na data de sua publicação.

NR-24 (CONDIÇÕES SANITÁRIAS E DE CONFORTO NOS LOCAIS DE TRABALHO)[4]

Publicação	**D.O.U.**
Portaria GM n. 3.214, de 8 de junho de 1978	6.7.78
Atualizações/Alterações	**D.O.U.**
Portaria SSST n. 13, de 17 de setembro de 1993	21.9.93

24.1. Instalações sanitárias.

24.1.1. Denomina-se, para fins de aplicação da presente NR, a expressão:

a) aparelho sanitário: o equipamento ou as peças destinadas ao uso de água para fins higiênicos ou a receber águas servidas (banheira, mictório, bebedouro, lavatório, vaso sanitário e outros);

b) gabinete sanitário: também denominado de latrina, retrete, patente, cafoto, sentina, privada, WC, o local destinado a fins higiênicos e dejeções;

c) banheiro: o conjunto de peças ou equipamentos que compõem determinada unidade e destinado ao asseio corporal.

24.1.2. As áreas destinadas aos sanitários deverão atender às dimensões mínimas essenciais. O órgão regional competente em Segurança e Medicina do Trabalho poderá, à vista de perícia local, exigir alterações de metragem que atendam ao mínimo de conforto exigível. É considerada satisfatória a metragem de 1 metro quadrado, para cada sanitário, por 20 operários em atividade.

24.1.2.1. As instalações sanitárias deverão ser separadas por sexo.

24.1.3. Os locais onde se encontrarem instalações sanitárias deverão ser submetidos a processo permanente de higienização, de sorte que sejam mantidos limpos e desprovidos de quaisquer odores, durante toda a jornada de trabalho.

24.1.4. Os vasos sanitários deverão ser sifonados e possuir caixa de descarga automática externa de ferro fundido, material plástico ou fibrocimento.

24.1.5. Os chuveiros poderão ser de metal ou de plástico, e deverão ser comandados por registros de metal a meia altura na parede;

24.1.6. O mictório deverá ser de porcelana vitrificada ou de outro material equivalente, liso e impermeável, provido de aparelho de descarga provocada ou automática, de fácil escoamento e limpeza, podendo apresentar a conformação do tipo calha ou cuba.

24.1.6.1. No mictório do tipo calha, de uso coletivo, cada segmento, no mínimo de 0,60m, corresponderá a um mictório do tipo cuba.

24.1.7. Os lavatórios poderão ser formados por calhas revestidas com materiais impermeáveis e laváveis, possuindo torneiras de metal, tipo comum, espaçadas de 0,60m, devendo haver disposição de 1 (uma) torneira para cada grupo de 20 (vinte) trabalhadores.

24.1.8. Será exigido, no conjunto de instalações sanitárias, um lavatório para cada 10 (dez) trabalhadores nas atividades ou operações insalubres, ou nos trabalhos com exposição a substâncias tóxicas, irritantes, infectantes, alergizantes, poeiras ou substâncias que provoquem sujidade.

24.1.8.1. O disposto no item 24.1.8 deverá também ser aplicado próximo aos locais de atividades.

24.1.9. O lavatório deverá ser provido de material para a limpeza, enxugo ou secagem das mãos, proibindo-se o uso de toalhas coletivas.

24.1.10. Deverá haver canalização com tomada d'água, exclusivamente para uso contra incêndio.

---

(4) O Texto ora reproduzido da NR-24 (CONDIÇÕES SANITÁRIAS E DE CONFORTO NOS LOCAIS DE TRABALHO) possui redação atualizada pela Portaria SSST-MTb n. 13, de 17.9.1993.

24.1.11. Os banheiros, dotados de chuveiros, deverão:

a) ser mantidos em estado de conservação, asseio e higiene;

b) ser instalados em local adequado;

c) dispor de água quente, a critério da autoridade competente em matéria de Segurança e Medicina do Trabalho;

d) ter portas de acesso que impeçam o devassamento, ou ser construídos de modo a manter o resguardo conveniente;

e) ter piso e paredes revestidos de material resistente, liso, impermeável e lavável.

24.1.12. Será exigido 1 um chuveiro para cada 10 (dez) trabalhadores nas atividades ou operações insalubres, ou nos trabalhos com exposição a substâncias tóxicas, irritantes, infectantes, alergizantes, poeiras ou substâncias que provoquem sujidade, e nos casos em que estejam expostos a calor intenso.

24.1.13. Não serão permitidos aparelhos sanitários que apresentem defeitos ou soluções de continuidade que possam acarretar infiltrações ou acidentes.

24.1.14. Quando os estabelecimentos dispuserem de instalações de privadas ou mictórios anexos às diversas seções fabris, devem os respectivos equipamentos ser computados para efeito das proporções estabelecidas na presente Norma.

24.1.15. Nas indústrias de gêneros alimentícios ou congêneres, o isolamento das privadas deverá ser o mais rigoroso possível, a fim de evitar poluição ou contaminação dos locais de trabalho.

24.1.16. Nas regiões onde não haja serviço de esgoto, deverá ser assegurado aos empregados um serviço de privadas, seja por meio de fossas adequadas, seja por outro processo que não afete a saúde pública, mantidas as exigências legais.

24.1.17. Nos estabelecimentos comerciais, bancários, securitários, de escritório e afins, poderá a autoridade local competente em matéria de Segurança e Medicina do Trabalho, em decisão fundamentada, submetida à homologação do Delegado Regional do Trabalho, dispensar ou reduzir o número de mictórios e de chuveiros estabelecidos nesta Norma.

24.1.18. As paredes dos sanitários deverão ser construídas em alvenaria de tijolo comum ou de concreto e revestidas com material impermeável e lavável.

24.1.19. Os pisos deverão ser impermeáveis, laváveis, de acabamento liso, inclinado para os ralos de escoamento providos de sifões hidráulicos. Deverão também impedir a entrada de umidade e emanações no banheiro, e não apresentar ressaltos e saliências.

24.1.20. A cobertura das instalações sanitárias deverá ter estrutura de madeira ou metálica, e as telhas poderão ser de barro ou de fibrocimento.

24.1.20.1. Deverão ser colocadas telhas translúcidas, para melhorar a iluminação natural, e telhas de ventilação de 4 em 4 metros.

24.1.21. As janelas das instalações sanitárias deverão ter caixilhos fixos, inclinados de 45°, com vidros inclinados de 45°, com vidros incolores e translúcidos, totalizando uma área correspondente a 1/8 da área do piso.

24.1.21.1. A parte inferior do caixilho deverá se situar, no mínimo, à altura de 1,50 m a partir do piso.

24.1.22. Os locais destinados às instalações sanitárias serão providos de uma rede de iluminação, cuja fiação deverá ser protegida por eletrodutos.

24.1.23. Com o objetivo de manter um iluminamento mínimo de 100 lux, deverão ser instaladas lâmpadas incandescentes de 100 W/8,00 m² de área com pé-direito de 3,00m máximo, ou outro tipo de luminária que produza o mesmo efeito.

24.1.24. A rede hidráulica será abastecida por caixa d'água elevada, a qual deverá ter altura suficiente para permitir bom funcionamento nas tomadas de água e contar com reserva para combate a incêndio de acordo com posturas locais.

24.1.24.1. Serão previstos 60 litros diários de água por trabalhador para o consumo nas instalações sanitárias.

24.1.25. As instalações sanitárias deverão dispor de água canalizada e esgotos ligados à rede geral ou à fossa séptica, com interposição de sifões hidráulicos.

24.1.25.1. Não poderão se comunicar diretamente com os locais de trabalho nem com os locais destinados às refeições.

24.1.25.2. Serão mantidas em estado de asseio e higiene.

24.1.25.3. No caso de se situarem fora do corpo do estabelecimento, a comunicação com os locais de trabalho deve fazer-se por passagens cobertas.

24.1.26. Os gabinetes sanitários deverão:

a) ser instalados em compartimentos individuais, separados;

b) ser ventilados para o exterior;

c) ter paredes divisórias com altura mínima de 2,10m e seu bordo inferior não poderá situar-se a mais de 0,15 m acima do pavimento;

d) ser dotados de portas independentes, providas de fecho que impeçam o devassamento;

e) ser mantidos em estado de asseio e higiene;

f) possuir recipientes com tampa, para guarda de papéis servidos, quando não ligados diretamente à rede ou quando sejam destinados às mulheres.

24.1.26.1. Cada grupo de gabinete sanitário deve ser instalado em local independente, dotado de antecâmara.

24.1.27. É proibido o envolvimento das bacias ou vasos sanitários com quaisquer materiais (caixas) de madeira, blocos de cimento e outros.

24.2. Vestiários.

24.2.1. Em todos os estabelecimentos industriais e naqueles em que a atividade exija troca de roupas ou seja imposto o uso de uniforme ou guarda-pó, haverá local apropriado para vestiário dotado de armários individuais, observada a separação de sexos.

24.2.2. A localização do vestiário, respeitada a determinação da autoridade regional competente em Segurança e Medicina do Trabalho, levará em conta a conveniência do estabelecimento.

24.2.3. A área de um vestiário será dimensionada em função de um mínimo de 1,50 m² para 1 trabalhador.

24.2.4. As paredes dos vestiários deverão ser construídas em alvenaria de tijolo comum ou de concreto, e revestidas com material impermeável e lavável.

24.2.5. Os pisos deverão ser impermeáveis, laváveis e de acabamento liso, inclinados para os ralos de escoamento providos de sifões hidráulicos. Deverão também impedir a entrada de umidade e emanações no vestiário e não apresentar ressaltos e saliências.

24.2.6. A cobertura dos vestiários deverá ter estrutura de madeira ou metálica, e as telhas poderão ser de barro ou de fibrocimento.

24.2.6.1. Deverão ser colocadas telhas translúcidas para melhorar a iluminação natural.

24.2.7. As janelas dos vestiários deverão ter caixilhos fixos inclinados de 45º, com vidros incolores e translúcidos, totalizando uma área correspondente a 1/8 da área do piso.

24.2.7.1. A parte inferior do caixilho deverá se situar, no mínimo, à altura de 1,50 a partir do piso.

24.2.8. Os locais destinados às instalações de vestiários serão providos de uma rede de iluminação, cuja fiação deverá ser protegida por eletrodutos.

24.2.9. Com objetivo de manter um iluminamento mínimo de 100 lux, deverão ser instaladas lâmpadas incandescentes de 100 W/ 8,00 m² de área com pé-direito de 3.00 m, ou outro tipo de luminária que produza o mesmo efeito.

24.2.10. Os armários, de aço, madeira, ou outro material de limpeza, deverão ser essencialmente individuais.

24.2.10.1. Deverão possuir aberturas para ventilação ou portas teladas podendo também ser sobrepostos.

24.2.10.2. Deverão ser pintados com tintas laváveis, ou revestidos com fórmica, se for o caso.

24.2.11. Nas atividades e operações insalubres, bem como nas atividades incompatíveis com o asseio corporal, que exponham os empregados a poeiras e produtos graxos e oleosos, os armários serão de compartimentos duplos.

24.2.12. Os armários de compartimentos duplos terão as seguintes dimensões mínimas:

a) 1,20m (um metro e vinte centímetros) de altura por 0,30m (trinta centímetros) de largura e 0,40m (quarenta centímetros) de profundidade, com separação ou prateleira, de modo que um compartimento, com a altura de 0,80m (oitenta centímetros), se destine a abrigar a roupa de uso comum e o outro compartimento, com altura de 0,40m (quarenta centímetros) a guardar a roupa de trabalho; ou

b) 0,80m (oitenta centímetros) de altura por 0,50m (cinquenta centímetros) de largura e 0,40m (quarenta centímetros) de profundidade, com divisão no sentido vertical, de forma que os compartimentos, com largura de 0,25m (vinte e cinco centímetros), estabeleçam, rigorosamente, o isolamento das roupas de uso comum e de trabalho.

24.2.13. Os armários de um só compartimento terão as dimensões mínimas de 0,80m (oitenta centímetros) de altura por 0,30m (trinta centímetros) de largura e 0,40m (quarenta centímetros) de profundidade.

24.2.14. Nas atividades comerciais, bancárias, securitárias, de escritório e afins, nas quais não haja troca de roupa, não será o vestiário exigido, admitindo-se gavetas, escaninhos ou cabides, onde possam os empregados guardar ou pendurar seus pertences.

24.2.15. Em casos especiais, poderá a autoridade local competente em matéria de segurança e medicina do trabalho, em decisão fundamentada submetida à homologação do MTb, dispensar a exigência de armários individuais para determinadas atividades.

24.2.16. É proibida a utilização do vestiário para quaisquer outros fins, ainda em caráter provisório, não sendo permitido, sob

pena de autuação, que roupas e pertences dos empregados se encontrem fora dos respectivos armários.

24.3. Refeitórios.

24.3.1. Nos estabelecimentos em que trabalhem mais de 300 (trezentos) operários, é obrigatória a existência de refeitório, não sendo permitido aos trabalhadores tomarem suas refeições em outro local do estabelecimento.

24.3.2. O refeitório a que se refere o item 24.3.1 obedecerá aos seguintes requisitos:

a) área de 1,00m² (um metro quadrado) por usuário, abrigando, de cada vez, 1/3 (um terço) do total de empregados por turno de trabalho, sendo este turno o que tem maior número de empregados;
b) a circulação principal deverá ter a largura mínima de 75 cm, e a circulação entre bancos e banco/parede deverá ter a largura mínima de 55 cm.

24.3.3. Os refeitórios serão providos de uma rede de iluminação, cuja fiação deverá ser protegida por eletrodutos.

24.3.4. Deverão ser instaladas lâmpadas incandescentes de 150 W/6,00 m² de área com pé direito de 3,00 m máximo ou outro tipo de luminária que produza o mesmo efeito.

24.3.5. O piso será impermeável, revestido de cerâmica, plástico ou outro material lavável.

24.3.6. A cobertura deverá ter estrutura de madeira ou metálica e as telhas poderão ser de barro ou fibrocimento.

24.3.7. O teto poderá ser de laje de concreto, estuque, madeira ou outro material adequado.

24.3.8. Paredes revestidas com material liso, resistente e impermeável, até a altura de 1,50m (um metro e cinquenta centímetros).

24.3.9. Ventilação e iluminação de acordo com as normas fixadas na legislação federal, estadual ou municipal.

24.3.10. Água potável, em condições higiênicas, fornecida por meio de copos individuais, ou bebedouros de jato inclinado e guarda protetora, proibindo-se sua instalação em pias e lavatórios, e o uso de copos coletivos.

24.3.11. Lavatórios individuais ou coletivos e pias instalados nas proximidades do refeitório, ou nele próprio, em número suficiente, a critério da autoridade competente em matéria de Segurança e Medicina do Trabalho.

24.3.12. Mesas providas de tampo liso e de material impermeável, bancos ou cadeiras, mantidos permanentemente limpos.

24.3.13. O refeitório deverá ser instalado em local apropriado, não se comunicando diretamente com os locais de trabalho, instalações sanitárias e locais insalubres ou perigosos.

24.3.14. É proibida, ainda que em caráter provisório, a utilização do refeitório para depósito, bem como para quaisquer outros fins.

24.3.15. Nos estabelecimentos em que trabalhem mais de 30 (trinta) até 300 (trezentos) empregados, embora não seja exigido o refeitório, deverão ser asseguradas aos trabalhadores condições suficientes de conforto para a ocasião das refeições.

24.3.15.1. As condições de conforto de que trata o item 24.3.15 deverão preencher os seguintes requisitos mínimos:

a) local adequado, fora da área de trabalho;

b) piso lavável;

c) limpeza, arejamento e boa iluminação;

d) mesas e assentos em número correspondente ao de usuários;

e) lavatórios e pias instalados nas proximidades ou no próprio local;

f) fornecimento de água potável aos empregados;

g) estufa, fogão ou similar, para aquecer as refeições.

24.3.15.2. Nos estabelecimentos e frentes de trabalho com menos de 30 (trinta) trabalhadores deverão, a critério da autoridade competente, em matéria de Segurança e Medicina do Trabalho, ser asseguradas aos trabalhadores condições suficientes de conforto para as refeições em local que atenda aos requisitos de limpeza, arejamento, iluminação e fornecimento de água potável.

24.3.15.3. Ficam dispensados das exigências desta NR:

a) estabelecimentos comerciais bancários e atividades afins que interromperem suas atividades por 2 (duas) horas, no período destinado às refeições;

b) estabelecimentos industriais localizados em cidades do interior, quando a empresa mantiver vila operária ou residirem, seus operários, nas proximidades, permitindo refeições nas próprias residências.

24.3.15.4. Em casos excepcionais, considerando-se condições especiais de duração, natureza do trabalho, exigüidade de área, peculiaridades locais e tipo de participação no PAT, poderá a autoridade competente, em matéria de Segurança e Medicina no Trabalho, dispensar as exigências dos subitens 24.3.1 e 24.3.15.2, submetendo sua decisão à homologação do Delegado Regional do Trabalho. *(Alterado pela Portaria SSST n. 13, de 17 de setembro de 1993)*

24.3.15.5. Nos estabelecimentos em que trabalhem 30 (trinta) ou menos trabalhadores, poderão, a critério da autoridade competente, em matéria de Segurança e Medicina do Trabalho, ser permitidas às refeições nos locais de trabalho, seguindo as condições seguintes:

a) respeitar dispositivos legais relativos à segurança e medicina do trabalho;

b) haver interrupção das atividades do estabelecimento, nos períodos destinados às refeições;

c) não se tratar de atividades insalubres, perigosas ou incompatíveis com o asseio corporal.

24.4. Cozinhas.

24.4.1. Deverão ficar adjacentes aos refeitórios e com ligação para os mesmos, através de aberturas por onde serão servidas as refeições.

24.4.2. As áreas previstas para cozinha e depósito de gêneros alimentícios deverão ser de 35% (trinta e cinco por cento) e 20% (vinte por cento) respectivamente, da área do refeitório.

24.4.3. Deverão ter pé-direito de 3,00 (três) no mínimo.

24.4.4. As paredes das cozinhas serão construídas em alvenaria de tijolo comum, em concreto ou em madeira, com revestimento de material liso, resistente e impermeável — lavável em toda a extensão.

24.4.5. Pisos-idênticos ao item 24.2.5.

24.4.6. As portas deverão ser metálicas ou de madeira, medindo no mínimo 1,00 metro por 2,10 metros.

24.4.7. As janelas deverão ser de madeira ou de ferro, de 60 cm x 60 cm, no mínimo.

24.4.7.1. As aberturas, além de garantir suficiente aeração, devem ser protegidas com telas, podendo ser melhorada a ventilação através de exaustores ou coifas.

24.4.8. Pintura — idêntico ao item 24.5.17.

24.4.9. A rede de iluminação terá sua fiação protegida por eletrodutos.

24.4.10. Deverão ser instaladas lâmpadas incandescentes de 150 W/4,00m² com pé-direito de 3,0 m máximo, ou outro tipo de luminária que produza o mesmo efeito.

24.4.11. Lavatório dotado de água corrente para uso dos funcionários do serviço de alimentação e dispondo de sabão e toalhas.

24.4.12. Tratamento de lixo, de acordo com as normas locais do Serviço de Saúde Pública.

24.4.13. É indispensável que os funcionários da cozinha encarregados de manipular gêneros, refeições e utensílios, disponham de sanitário e vestiário próprios, cujo uso seja vedado aos comensais e que não se comunique com a cozinha.

24.5. Alojamento.

24.5.1. Conceituação.

24.5.1.1. Alojamento é o local destinado ao repouso dos operários.

24.5.2. Características gerais.

24.5.2.1. A capacidade máxima de cada dormitório será de 100 (cem) operários.

24.5.2.2. Os dormitórios deverão ter áreas mínimas dimensionadas de acordo com os módulos (camas/armários) adotados e capazes de atender ao efeito a ser alojado, conforme o Quadro I.

N. de Operários	tipos de cama e área respectiva (m²)	área de circulação lateral à cama (m²)	área de armário lateral à cama (m²)	área total (m²)
1	simples 1,9 x 0,7 = 1,33	1,45 x 0,6 = 0,87	0,6 x 0,45 = 0,27	2,47
2	dupla 1,9 x 0,7 = 1,33	1,45 x 0,6 = 0,87	0,6 x 0,45 = 0,27	2,47

Serão permitidas o máximo de 2 (duas) camas na mesma vertical.

24.5.3. Os alojamentos deverão ser localizados em áreas que permitam atender não só às exigências construtivas como também evitar o devassamento aos prédios vizinhos.

24.5.4. Os alojamentos deverão ter um pavimento, podendo ter, no máximo, dois pisos quando a área disponível para a construção for insuficiente.

24.5.5. Os alojamentos deverão ter área de circulação interna, nos dormitórios, com a largura mínima de 1,00 metro.

24.5.6. O pé-direito dos alojamentos deverá obedecer às seguintes dimensões mínimas.

a) 2,6m para camas simples;

b) 3,0m para camas duplas.

24.5.7. As paredes dos alojamentos poderão ser construídas em alvenaria de tijolo comum, em concreto ou em madeira.

24.5.8. Os pisos dos alojamentos deverão ser impermeáveis, laváveis e de acabamento áspero. Deverão impedir a entrada de umidade e emanações no alojamento. Não deverão apresentar ressaltos e saliências, sendo o acabamento compatível com as condições mínimas de conforto térmico e higiene.

24.5.9. A cobertura dos alojamentos deverá ter estrutura de madeira ou metálica, as telhas poderão ser de barro ou de fibrocimento, e não haverá forro.

24.5.9.1. O ponto do telhado deverá ser de 1:4, independentemente do tipo de telha usada.

24.5.10. As portas dos alojamentos deverão ser metálicas ou de madeira, abrindo para fora, medindo no mínimo 1,00m x 2,10m para cada 100 operários.

24.5.11. Existindo corredor, este terá, no mínimo, uma porta em cada extremidade, abrindo para fora.

24.5.12. As janelas dos alojamentos deverão ser de madeira ou de ferro, de 60cm x 60cm, no mínimo.

24.5.12.1. A parte inferior do caixilho deverá se situar, no mínimo, no plano da cama superior (caso de camas duplas) e à altura de 1,60 do piso no caso de camas simples.

24.5.13. A ligação do alojamento com o sanitário será feita através de portas, com mínimo de 0,80 m x 2,10 m.

24.5.14. Todo alojamento será provido de uma rede de iluminação, cuja fiação deverá ser protegida por eletrodutos.

24.5.15. Deverá ser mantido um iluminamento mínimo de 100 lux, podendo ser instaladas lâmpadas incandescentes de 100W/8,00 m² de área com pé-direito de 3 (três) metros máximo, ou outro tipo de luminária que produza o mesmo efeito.

24.5.16. Nos alojamentos deverão ser instalados bebedouros de acordo com o item 24.6.1.

24.5.17. As pinturas das paredes, portas e janelas, móveis e utensílios, deverão obedecer ao seguinte:

a) alvenaria — tinta de base plástica;

b) ferro — tinta a óleo;

c) madeira — tinta especial retardante à ação do fogo.

24.5.18. As camas poderão ser de estrutura metálica ou de madeira, oferecendo perfeita rigidez.

24.5.19. A altura livre das camas duplas deverá ser de, no mínimo, 1,10m contados do nível superior do colchão da cama de baixo, ao nível inferior da longarina da cama de cima.

24.5.19.1. As camas superiores deverão ter proteção lateral e altura livre, mínima, de 1,10 m do teto do alojamento.

24.5.19.2. O acesso à cama superior deverá ser fixo e parte integrante da estrutura da mesma.

24.5.19.3. Os estrados das camas superiores deverão ser fechados na parte inferior.

24.5.20. Deverão ser colocadas caixas metálicas com areia, para serem usadas como cinzeiros.

24.5.21. Os armários dos alojamentos poderão ser de aço ou de madeira, individuais, e deverão ter as seguintes dimensões mínimas: 0,60m de frente x 0,45m de fundo x 0,90m de altura.

24.5.22. No caso de alojamentos com dois pisos deverá haver, no mínimo, duas escadas de saída, guardada a proporcionalidade de 1,0m de largura para cada 100 operários;

24.5.23. Escadas e corredores coletivos principais terão largura mínima de 1,20m (um metro e vinte centímetros), podendo os secundários ter 0,80m.

24.5.24.1. Estes vãos poderão dar para prisma externo descoberto, devendo este prisma ter área não menor que 9m² e dimensão linear mínima de 2,00 m.

24.5.24.2. Os valores enumerados no item são aplicáveis ao caso de edificações que tenham altura máxima de 6,00m (seis metros) entre a laje do teto mais alto e o piso mais baixo.

24.5.25. No caso em que a vertical Vm entre o teto mais alto e o piso mais baixo for superior a 6,00 m, a área do prisma, em metros quadrados, será dada pela expressão V2/4 (o quadrado do valor V em metros dividido por quatro), respeitando-se, também, o mínimo linear de 2,00m para uma dimensão do prisma.

24.5.26. Não será permitido ventilação em dormitório, feita somente de modo indireto.

24.5.27. Os corredores dos alojamentos com mais de 10 metros de comprimento terão vãos para o exterior com área não inferior a 1/8 (um oitavo) do respectivo piso.

24.5.28. Nos alojamentos deverão ser obedecidas as seguintes instruções gerais de uso:

a) todo quarto ou instalação deverá ser conservado limpo e todos eles serão pulverizados de 30 em 30 dias;

b) os sanitários deverão ser desinfetados diariamente;

c) o lixo deverá ser retirado diariamente e depositado em local adequado;

d) é proibida, nos dormitórios, a instalação para eletrodomésticos e o uso de fogareiro ou similares.

24.5.29. É vedada a permanência de pessoas com moléstias infectocontagiosas.

24.5.30. As instalações sanitárias, além de atender às exigências do item 24.1, deverão fazer parte integrante do alojamento ou estar localizadas a uma distância máxima de 50,00 (cinquenta metros) do mesmo.

24.5.31. O pé-direito das instalações sanitárias será, no mínimo, igual ao do alojamento onde for contíguo sendo permitidos rebaixos para as instalações hidráulicas de, no máximo, 0,40m (quarenta centímetros).

24.6. Condições de higiene e conforto por ocasião das refeições. *(Alteração dada pela Portaria n. 13, de 17/09/93)*

24.6.1. As empresas urbanas e rurais, que possuam empregados regidos pela Consolidação das Leis do Trabalho — CLT, e os órgãos governamentais devem oferecer a seus empregados e servidores condições de conforto e higiene que garantam refeições adequadas por ocasião dos intervalos previstos na jornada de trabalho. *(Alterado pela Portaria SSST n. 13, de 17 de setembro de 1993)*

24.6.1.1. A empresa que contratar terceiros para a prestação de serviços em seus estabelecimentos deve estender aos trabalhadores da contratada as mesmas condições de higiene e conforto oferecidas aos seus próprios empregados. *(Alterado pela Portaria SSST n. 13, de 17 de setembro de 1993)*

24.6.2. A empresa deverá orientar os trabalhadores sobre a importância das refeições adequadas e hábitos alimentares saudáveis. *(Alterado pela Portaria SSST n. 13, de 17 de setembro de 1993)*

24.6.3. Na hipótese de o trabalhador trazer a própria alimentação, a empresa deve garantir condições de conservação e higiene adequadas e os meios para o aquecimento em local próximo ao destinado às refeições. *(Alterado pela Portaria SSST n. 13, de 17 de setembro de 1993)*

24.6.3.1. Aos trabalhadores rurais e aos ocupados em frentes de trabalho devem ser oferecidos dispositivos térmicos que atendam ao disposto neste item, em número suficiente para todos os usuários. *(Alterado pela Portaria SSST n. 13, de 17 de setembro de 1993)*

24.6.3.2. Os recipientes ou marmitas utilizados pelos trabalhadores deverão ser fornecidos pelas empresas, devendo atender às exigências de higiene e conservação e serem adequados aos equipamentos de aquecimento disponíveis. *(Alterado pela Portaria SSST n. 13, de 17 de setembro de 1993)*

24.6.4. Caberá à Comissão Interna de Prevenção de Acidentes — CIPA, à Comissão Interna de Prevenção de Acidentes do Trabalho Rural — CIPATR, ao Serviço Especializado em Segurança e Medicina do Trabalho — SESMT e ao Serviço Especializado em Prevenção de Acidentes do Trabalho Rural — SEPATR, quando houver, promoverem a divulgação e zelar pela observância desta Norma. *(Alterado pela Portaria SSST n. 13, de 17 de setembro de 1993)*

24.6.5. Os sindicatos de trabalhadores que tiverem conhecimento de irregularidades quanto ao cumprimento desta Norma, poderão denunciá-las ao Ministério do Trabalho e solicitar a fiscalização dos respectivos órgãos regionais. *(Alterado pela Portaria SSST n. 13, de 17 de setembro de 1993)*

24.6.6. As empresas que concederem o benefício da alimentação aos seus empregados poderão inscrever-se no Programa de Alimentação do Trabalhador — PAT, do Ministério do Trabalho, obedecendo aos dispositivos legais que tratam da matéria. *(Alterado pela Portaria SSST n. 13, de 17 de setembro de 1993)*

24.7. Disposições gerais. *(Renumerado pela Portaria SSST n. 13, de 17 de setembro de 1993)*

24.7.1. Em todos os locais de trabalho deverá ser fornecida aos trabalhadores água potável, em condições higiênicas, sendo proibido o uso de recipientes coletivos. Onde houver rede de abastecimento de água, deverão existir bebedouros de jato inclinado e guarda protetora, proibida sua instalação em pias ou lavatórios, e na proporção de 1 (um) bebedouro para cada 50 (cinquenta) empregados.

24.7.1.1. As empresas devem garantir, nos locais de trabalho, suprimento de água potável e fresca em quantidade superior a 1/4 (um quarto) de litro (250ml) por hora/homem trabalho.

24.7.1.2. Quando não for possível obter água potável corrente, essa deverá ser fornecida em recipientes portáteis hermeticamente fechados de material adequado e construídos de maneira a permitir fácil limpeza.

24.7.2. A água não potável para uso no local de trabalho ficará separada e deve ser afixado aviso de advertência da sua não potabilidade.

24.7.3. Os poços e as fontes de água potável serão protegidos contra a contaminação.

24.7.4. Nas operações em que se empregam dispositivos que sejam levados à boca, somente serão permitidos os de uso estritamente individual, substituindo, sempre que for possível, por outros de processos mecânicos.

24.7.5. Os locais de trabalho serão mantidos em estado de higiene compatível com o gênero de atividade. O serviço de limpeza será realizado, sempre que possível, fora do horário de trabalho e por processo que reduza ao mínimo o levantamento de poeiras.

24.7.6. Deverão os responsáveis pelos estabelecimentos industriais dar aos resíduos destino e tratamento que os tornem inócuos aos empregados e à coletividade.

Capítulo 25

RESÍDUOS INDUSTRIAIS

Sabidamente, as Normas Regulamentadoras (NRs) de Segurança e Saúde no Trabalho (SST) editadas pelo Ministério do Trabalho e Emprego (MTE) possuem existência jurídica convalidada pelo Princípio Constitucional de Minimização dos Riscos Ocupacionais, consagrado no inciso XXII do art. 7º da Constituição Federal brasileira, que expressamente assegura aos trabalhadores urbanos e rurais brasileiros o direito à redução dos riscos inerentes ao trabalho, por meio de normas de saúde, higiene e segurança. Em face disso, enfatizamos que o dever mais fundamental dos empregadores brasileiros é propiciar a seus empregados ambientes de trabalho sadios e seguros. Registre-se, mais, que os ditames das normas preventivas de infortúnios laborais e de promoção da saúde ocupacional são aplicáveis a todas as empresas privadas e estatais (empresas públicas e sociedades de economia mista) brasileiras que contratam trabalhadores como empregados e, portanto, submetidos ao Regime da Consolidação das Leis do Trabalho (CLT) que corresponde ao Decreto-lei n. 5.452 de 1º de maio de 1943.

No plano da legislação infraconstitucional, as normas preventivas de segurança e saúde no trabalho possuem respaldo de validade jurídica na forma tipificada no Estatuto Obreiro, em seu Título II: Das Normas Gerais de Tutela do Trabalho, mais precisamente no Capítulo V: Da Segurança e da Medicina do Trabalho, que compreende os arts. 154 a 201 da CLT. Recorde-se que ditos artigos do Código Obreiro possuem redação dada pela Lei n. 6.514, de 22.12.1977, observadas as atualizações subsequentes até a publicação da Lei n. 13.103, de 2.3.2015.

Sob o aspecto infralegal ou meramente regulamentar, cabe ser dito que os citados arts. 154 a 201 do Código Laboral foram inicialmente disciplinados pela Portaria MTb n. 3.214 de 8.6.1978, que instituiu as primeiras vinte e oito normas regulamentadoras de segurança e saúde no trabalho (28 NRs de SST); vale observar que, atualmente, existem 36 NRs de SST, cada uma disciplinando uma temática específica.

Chamamos a atenção do caro leitor para o fato de que todos os dispositivos: constitucionais, infraconstitucionais, infralegais ou regulamentares e jurisprudenciais, desde que pertinentes à temática em apreço, encontram-se ao final reproduzidos no tópico Fundamentos Jurídicos deste Capítulo, inclusive a íntegra atualizada da norma regulamentadora de segurança e saúde no trabalho que o intitula.

Oportuno destacar, para os não versados na ciência do direito, que as normas jurídicas legais, tanto as constitucionais quanto as infraconstitucionais, têm o condão de criar o direito, ao passo que as normas jurídicas infralegais ou regulamentares (decretos, portarias, normas regulamentadoras, etc.) não podem criar o direito em si, mas apenas regulamentá-lo quando expressamente autorizado pela própria Lei a fazê-lo; sob pena de serem declaradas ilegais e, portanto, nulas de pleno direito.

No tocante ao tema central deste capítulo, Resíduos Industriais, convém ser dito que o inciso VII do art. 200 da CLT expressamente autoriza o Ministério do Trabalho e Emprego (MTE) a elaborar normas preventivas de segurança e saúde no trabalho a serem observadas pelas empresas visando buscar a redução da geração de resíduos por meio da adoção das melhores práticas tecnológicas e organizacionais disponíveis.

Em observância ao citado comando legal (art. 200, inciso VII, da CLT) o MTE editou a NR-25 (Resíduos Industriais), contendo as disposições técnico-normativas a serem observadas por todas as empresas públicas e privadas brasileiras que possuam empregados que desenvolvam atividades em que sejam gerados resíduos industriais, sejam eles sólidos, líquidos ou gasosos, e como deverão ser eliminados adequadamente dos ambientes de trabalho de modo a preservar a saúde e a integridade física dos trabalhadores.

A NR-25 (Resíduos Industriais) teve sua redação inicial nos termos da Portaria SSST-MTb n. 3.214, de 8.6.1978, e foi posteriormente reescrita pela Portaria SIT n. 227, de 24.5.2011, e, em seguida, atualizada pela Portaria SIT-MTE n. 253 de 4.8.2011. Dita norma regulamentadora apresenta suas recomendações técnico-preventivas, de forma sequenciada e agrupada em apenas cinco itens; em verdade, a NR-25 é uma das normas regulamentadoras com menor quantitativo de disposições preventivas.

Resíduos Industriais, segundo preconizado pela norma regulamentadora em apreço, são aqueles provenientes dos processos industriais, na forma sólida, líquida ou gasosa ou combinação dessas, e que por suas características físicas, químicas ou microbiológicas não se assemelham aos resíduos domésticos; como, por exemplo: cinzas, lodos, óleos, materiais alcalinos ou ácidos, escórias, poeiras, borras, substâncias lixiviadas e aqueles gerados em equipamentos e instalações de controle de poluição, bem como demais efluentes líquidos e emissões gasosas de contaminantes atmosféricos.

Explicita a norma regulamentadora em comento que a empresa deve buscar a redução da geração de resíduos por meio da adoção das melhores práticas tecnológicas e organizacionais disponíveis. Outrossim, os resíduos industriais devem ter destino adequado, sendo proibido o lançamento ou a liberação no ambiente de trabalho de quaisquer contaminantes que possam comprometer a segurança e saúde dos trabalhadores.

Em prosseguimento, dispõe NR-25 que as medidas, métodos, equipamentos ou dispositivos de controle do lançamento ou liberação dos contaminantes gasosos, líquidos e sólidos devem ser submetidos ao exame e à aprovação dos órgãos competentes.

Os resíduos líquidos e sólidos produzidos por processos e operações industriais devem ser adequadamente coletados, acondicionados, armazenados, transportados, tratados e encaminhados à adequada disposição final pela empresa. A propósito, em cada uma dessas etapas a empresa deve desenvolver ações de controle, de forma a evitar risco à segurança e saúde dos trabalhadores.

Outrossim, os resíduos sólidos e líquidos de alta toxicidade e periculosidade devem ser dispostos com o conhecimento, aquiescência e auxílio de entidades especializadas/públicas e no campo de sua competência.

Atualmente, os rejeitos radioativos devem ser dispostos conforme legislação específica da Comissão Nacional de Energia Nuclear (CNEN), enquanto os resíduos de risco biológico devem ser dispostos conforme previsto nas legislações sanitária e ambiental.

Como última recomendação prevencionista, consta explicitado na NR-25 que os trabalhadores envolvidos em atividades de coleta, manipulação, acondicionamento, armazenamento, transporte, tratamento e disposição de resíduos devem ser capacitados pela empresa, de forma continuada, sobre os riscos envolvidos e as medidas de controle e eliminação adequadas.

Doravante, serão reproduzidos os FUNDAMENTOS JURÍDICOS (dispositivos legais, infralegais ou regulamentares) que propiciam o suporte de validade jurídica à temática em apreço, observando-se as ordens hierárquica e cronológica. Ao final, encontra-se igualmente transcrita, de forma integral e atualizada, a correspondente norma regulamentadora de segurança e saúde no trabalho que intitula este Capítulo.

FUNDAMENTOS JURÍDICOS DO CAPÍTULO 25

NR-25: RESÍDUOS INDUSTRIAIS *(redação dada pela Portaria SIT-MTE n. 227 de 24.5.2011, modificada pela Portaria SIT-MTE n. 253, de 4.8.2011). Art. 7º, incisos XXII, XXIII, XXVIII e XXXIII, da CF-1988. Art. 200, inciso VII, da CLT.*

CONSTITUIÇÃO DA REPÚBLICA FEDERATIVA DO BRASIL

(Atualizada até a edição da Emenda Constitucional n. 85, de 26.2.2015)

Título II: Dos Direitos e Garantias Fundamentais (Arts. 5º a 17)

Capítulo II: Dos Direitos Sociais (Arts. 6º a 11)

Art. 7º São direitos dos trabalhadores urbanos e rurais[(1)], além de outros que visem à melhoria de sua condição social:

XXII — redução dos riscos inerentes ao trabalho, por meio de normas de saúde, higiene e segurança;

(1) Especificamente em relação aos Servidores Públicos Federais (submetidos ao Regime Jurídico Único da Lei n. 8.112/1990) dispõe o § 3º do art. 39 da CF-1988 que: "Aplica-se aos servidores ocupantes de cargo público o disposto no art. 7º, IV, VII, VIII, IX, XII, XIII, XV, XVI, XVII, XVIII, XIX, XX, XXII e XXX, podendo a lei estabelecer requisitos diferenciados de admissão quando a natureza do cargo o exigir".

XXIII — adicional de remuneração para as atividades penosas, insalubres ou perigosas, na forma da lei;

XXVIII — seguro contra acidentes de trabalho, a cargo do empregador, sem excluir a indenização a que este está obrigado, quando incorrer em dolo ou culpa;

XXXIII — proibição de trabalho noturno, perigoso ou insalubre a menores de dezoito e de qualquer trabalho a menores de dezesseis anos, salvo na condição de aprendiz, a partir de quatorze anos.

NORMAS JURÍDICAS INFRACONSTITUCIONAIS

CONSOLIDAÇÃO DAS LEIS DO TRABALHO

(Decreto-lei n. 5.452, de 1º.5.1943, com a redação dos artigos 154 a 201 CLT dada pela Lei n. 6.514 de 22.12.1977, atualizada até a edição da Lei n. 13.103, de 2.3.2015)

Título II: **Das Normas Gerais de Tutela do Trabalho** (Arts. 13 a 223 da CLT)

Capítulo V: **Da Segurança e da Medicina do Trabalho** (Arts. 154 a 201 da CLT)[2]

Seção XV: **Das Outras Medidas Especiais de Proteção** (Art. 200 da CLT)

Art. 200. Cabe ao Ministério do Trabalho e Emprego estabelecer disposições complementares às normas de que trata este Capítulo, tendo em vista as peculiaridades de cada atividade ou setor de trabalho, especialmente sobre:

(...)

VII — higiene nos locais de trabalho, com discriminação das exigências, instalações sanitárias, com separação de sexos, chuveiros, lavatórios, vestiários e armários individuais, refeitórios ou condições de conforto por ocasião das refeições, fornecimento de água potável, condições de limpeza dos locais de trabalho e modo de sua execução, *tratamento de resíduos industriais*;[3] (grifo nosso).

(...)

NORMAS JURÍDICAS INFRALEGAIS OU REGULAMENTARES

NR-25 (RESÍDUOS INDUSTRIAIS)[4]

Publicação	**D.O.U.**
Portaria GM n. 3.214, de 8 de junho de 1978	6.7.78
Portaria SIT n. 227, de 24 de maio de 2011	26.5.11
Portaria SIT n. 253, de 4 de agosto de 201	8.9.11

(Redação dada pela Portaria SIT n. 227, de 24.05.11)

25.1. Entende-se como resíduos industriais aqueles provenientes dos processos industriais, na forma sólida, líquida ou gasosa ou combinação dessas, e que por suas características físicas, químicas ou microbiológicas não se assemelham aos resíduos domésticos, como cinzas, lodos, óleos, materiais alcalinos ou ácidos, escórias, poeiras, borras, substâncias lixiviadas e aqueles gerados em equipamentos e instalações de controle de poluição, bem como demais efluentes líquidos e emissões gasosas contaminantes atmosféricos.

25.2. A empresa deve buscar a redução da geração de resíduos por meio da adoção das melhores práticas tecnológicas e organizacionais disponíveis.

25.3. Os resíduos industriais devem ter destino adequado sendo proibido o lançamento ou a liberação no ambiente de trabalho de quaisquer contaminantes que possam comprometer a segurança e saúde dos trabalhadores. *(Alterado pela Portaria SIT n. 253, de 4.8.11)*

25.3.1. As medidas, métodos, equipamentos ou dispositivos de controle do lançamento ou liberação dos contaminantes gasosos, líquidos e sólidos devem ser submetidos ao exame e à aprovação dos órgãos competentes.

25.3.2. Os resíduos líquidos e sólidos produzidos por processos e operações industriais devem ser adequadamente coletados, acondicionados, armazenados, transportados, tratados e encaminhados à adequada disposição final pela empresa.

---

(2) A Lei n. 6.514, de 22.12.1977, propiciou a redação dos arts. 154 a 201 da CLT, observadas as atualizações legais até a edição da Lei n. 13.103, de 2.3.2015.

(3) A NR-24 (Condições Sanitárias e de Conforto nos Locais de Trabalho) e a NR-25 (Resíduos Industriais) disciplinam o inciso VII do art. 200 da CLT.

(4) O Texto da NR-25 (RESÍDUOS INDUSTRIAIS), ora reproduzido, encontra-se atualizado até a edição da Portaria SIT-MTE n. 253, de 4.8.2011.

25.3.2.1. Em cada uma das etapas citadas no subitem 25.3.2 a empresa deve desenvolver ações de controle, de forma a evitar risco à segurança e saúde dos trabalhadores.

25.3.3. Os resíduos sólidos e líquidos de alta toxicidade e periculosidade devem ser dispostos com o conhecimento, aquiescência e auxílio de entidades especializadas/públicas e no campo de sua competência. *(Alterado pela Portaria SIT n. 253, de 4.8.11)*

25.3.3.1. Os rejeitos radioativos devem ser dispostos conforme legislação específica da Comissão Nacional de Energia Nuclear — CNEN. *(Inserido pela Portaria SIT n. 253, de 4.8.11)*

25.3.3.2. Os resíduos de risco biológico devem ser dispostos conforme previsto nas legislações sanitária e ambiental. *(Inserido pela Portaria SIT n. 253, de 4.8.11)*

25.4. *Revogado pela Portaria SIT n. 253, de 4.8.11)*

25.5. Os trabalhadores envolvidos em atividades de coleta, manipulação, acondicionamento, armazenamento, transporte, tratamento e disposição de resíduos devem ser capacitados pela empresa, de forma continuada, sobre os riscos envolvidos e as medidas de controle e eliminação adequadas. *(Alterado pela Portaria SIT n. 253, de 4.8.11)*

Capítulo 26

SINALIZAÇÃO DE SEGURANÇA

Antes de serem abordados os aspectos preventivos propriamente ditos e constantes da vigésima sexta norma preventiva, que denomina este capítulo, faz-se necessária a apresentação de alguns conceitos elementares visando facilitar sua compreensão, o que será feito a partir de uma abordagem superficial acerca das "cores", dada a sua íntima correlação com o tema central deste capítulo e, também, com o disposto no capítulo décimo sétimo, Ergonomia.

Cor pode ser entendida como a impressão variável que a luz refletida pelos corpos produz no órgão da visão, enquanto a capacidade que o olho humano possui de registrar a existência de uma cor se denomina luminância. A cor não é matéria, tampouco luz, e sim uma sensação visual. As cores podem ser classificadas em primárias, secundárias e terciárias, a saber:

- CORES PRIMÁRIAS (Vermelho, Amarelo e Azul), assim consideradas em razão de serem indecomponíveis e, misturadas em proporções variáveis, produzem todas as cores do espectro.
- CORES SECUNDÁRIAS são aquelas formadas pela mistura de cores primárias em quantidades iguais ou equivalentes (Azul + Amarelo = Verde; Vermelho + Amarelo = Laranja; Vermelho + Azul = Roxo).
- CORES TERCIÁRIAS são intermediárias entre uma cor secundária e qualquer das duas primárias que lhe dão origem.

Além da referida classificação, convém destacar que as sete cores do Espectro Solar: Vermelho, Alaranjado, Amarelo, Verde, Azul, Anilado e Roxo, constituem as chamadas Cores Prismáticas. A mistura de todas as cores do espectro solar origina a cor Branca, enquanto a ausência de tais cores resulta na cor Preta.

Quanto à sensação térmica e seus efeitos psicológicos, as cores podem ser agrupadas em quentes ou frias, da seguinte forma:

- CORES FRIAS são representadas pelo Verde, Violeta e Azul, ou as demais cores nas quais há predominância destas.
- CORES QUENTES são caracterizadas pelo Vermelho, Laranja ou Amarelo, ou, também, por aquelas nas quais há o predomínio dessas cores.

Importante lembrar que as faixas correspondentes ao intervalo do espectro eletromagnético (ondas de rádio, infravermelho, luz visível, ultravioleta, raios X, raios gama e raios cósmicos), que conseguimos enxergar, situam-se acima do infravermelho e abaixo do ultravioleta. Quanto mais longo o comprimento de onda da cor e mais próxima do infravermelho, mais quente ela será; ao passo que, quanto mais curto for o comprimento de onda e mais próximo do ultravioleta, mais fria será a cor.

A propósito da relação entre os comprimentos de onda e as cores, é conveniente destacar os intervalos de ocorrência do espectro da luz visível: Vermelho (780-627 nm), Laranja (627-589 nm), Amarelo (589-566 nm), Verde (566-495 nm), Azul (495-436 nm) e Violeta (436-380 nm). De se lembrar que um nanômetro (nm) = 10^{-9} metro.

No que diz respeito à NR-26 (SINALIZAÇÃO DE SEGURANÇA), com a redação atual dada pela Portaria SIT-MTE n. 229, de 24.5.2011, impõe-se afirmar que seu fundamento de validade jurídica, em termos de legislação ordinária, está contido nos ditames do art. 200, inciso VIII da CLT. A propósito, todos os dispositivos legais e normativos pertinentes à temática em apreço, encontram-se adiante reproduzidos no tópico Fundamentos Jurídicos deste Capítulo, inclusive a íntegra atualizada da norma regulamentadora de segurança e saúde no trabalho que o intitula. Registre-se, mais, a existência da Norma Brasileira, NBR 7.195/82, da Associação Brasileira de Normas Técnicas (ABNT), que igualmente contém vários dispositivos complementares e pertinentes à temática central deste Capítulo.

A vigésima sexta norma regulamentadora de segurança e saúde no trabalho estipula as regras atinentes às cores a serem utilizadas nos ambientes de trabalho para identificar os equipamentos de segurança, delimitar as áreas e advertir contra os perigos, objetivando a prevenção de acidentes e a promoção da saúde ocupacional. Ditas recomendações técnico-preventivas encontram-se agrupadas e de forma sequenciada, em dois itens, conforme se vê no Sumário ora reproduzido:

Sumário da NR-26 (SINALIZAÇÃO DE SEGURANÇA)

Estipula a NR-26 como disposições gerais em relação ao emprego das cores nos locais de trabalho, o seguinte:

- Devem ser adotadas cores para segurança em estabelecimentos ou locais de trabalho, a fim de indicar e advertir acerca dos riscos existentes.
- As cores utilizadas nos locais de trabalho para identificar os equipamentos de segurança, delimitar áreas, identificar tubulações empregadas para a condução de líquidos e gases e advertir contra riscos, devem atender ao disposto nas normas técnicas oficiais.
- A utilização de cores não dispensa o emprego de outras formas de prevenção de acidentes.
- O uso de cores deve ser o mais reduzido possível, a fim de não ocasionar distração, confusão e fadiga ao trabalhador.

As cores mais comuns utilizadas na sinalização de segurança são as seguintes:

- vermelho;
- amarelo;
- branco;
- preto;
- azul;
- verde;
- laranja;
- púrpura;
- lilás;
- cinza;
- alumínio;
- marrom.

No tocante às disposições específicas alusivas ao emprego das cores em sinalização de segurança nos ambientes de trabalho, deve ser destacada a função de cada uma das cores mencionadas, senão vejamos:

- Vermelho — deverá ser usado para distinguir e indicar "equipamentos e aparelhos de proteção e combate a incêndio", não devendo ser usado para assinalar perigo, por ser de pouca visibilidade em comparação com o Amarelo (de alta visibilidade) e o Alaranjado (que significa "alerta"). Utiliza-se o Vermelho para identificar: caixas de alarme de incêndio; hidrantes; bombas de incêndio; sirene de alarme de incêndio; caixas com cobertores para abafar chamas; extintores e sua localização; indicações de extintores (visível à distância, dentro da área de uso do extintor); localização de mangueiras de incêndio (a cor deve ser usada no carretel, suporte, moldura da caixa ou nicho); baldes de areia ou água, para extinção de incêndio; tubulações, válvulas e hastes do sistema de aspersão de água; transporte com equipamentos de combate a incêndio; portas de saídas de emergência; rede de água para incêndio (*sprinklers*) e mangueira de acetileno (solda oxiacetilênica). Excepcionalmente, a cor Vermelha será usada com sentido de advertência de perigo:

nas luzes a serem colocadas em barricadas, tapumes de construções e quaisquer outras obstruções temporárias; e em botões interruptores de circuitos elétricos para paradas de emergência.

- Amarelo — deve ser utilizado em canalizações, para identificar "gases não liquefeitos" e, de maneira geral, para indicar "cuidado", assinalando: partes baixas de escadas portáteis; corrimões, parapeitos, pisos e partes inferiores de escadas que apresentem risco; espelhos de degraus de escadas; bordos desguarnecidos de aberturas no solo (poço e entradas subterrâneas) e de plataformas que não possam ter corrimões; bordas horizontais de portas de elevadores que se fecham verticalmente; faixas no piso da entrada de elevadores e plataformas de carregamento; meios-fios, onde haja necessidade de chamar atenção; paredes de fundo de corredores sem saída; vigas colocadas à baixa altura; cabines, caçambas e gatos de pontes rolantes, guindastes e escavadeiras; equipamentos de transporte e manipulação de material, tais como empilhadeiras, tratores industriais, pontes rolantes, vagonetes e reboques; fundos de letreiros e avisos de advertência; pilastras, vigas, postes, colunas e partes salientes da estrutura e equipamentos em que se possa esbarrar; cavaletes, porteiras e lanças de cancelas; bandeiras como sinal de advertência (combinado ao preto); comandos e equipamentos suspensos que ofereçam risco; para-choques para veículos de transporte pesado, com listras Pretas; listras (verticais ou inclinadas) e quadrados pretos serão usados sobre o Amarelo quando houver necessidade de melhorar a visibilidade da sinalização.

- Branco — será empregado em: "passarelas e corredores de circulação", por meio de faixas (localização e largura); direção e circulação, por meio de sinais; localização de coletores de resíduos; localização de bebedouros; área em torno dos equipamentos de socorro de urgência, de combate a incêndio ou outros equipamentos de emergência; áreas destinadas à armazenagem; e zonas de segurança.

- Preto — será empregado para indicar as "canalizações de inflamáveis e combustíveis de alta viscosidade" (exemplos: óleo lubrificante, asfalto, óleo combustível, alcatrão e piche), podendo, ainda, ser usado em substituição ao Branco, ou combinado a este quando condições especiais o exigirem.

- Azul — será utilizado para indicar "cuidado", ficando o seu emprego limitado a avisos contra uso e movimentação de equipamentos, que deverão permanecer fora de serviço. Deverá ser empregado em: barreiras e bandeirolas de advertência a serem localizadas nos pontos de comando, de partida, ou fontes de energia dos equipamentos; canalizações de ar comprimido; prevenção contra movimento acidental de qualquer equipamento em manutenção; e avisos colocados no ponto de arranque ou fontes de potência.

- Verde — é a cor que caracteriza "segurança", e deverá ser empregada para identificar: canalizações de água; caixas de equipamento de socorro de urgência; caixas contendo máscaras contra gases; chuveiros de segurança; macas; fontes lavadoras de olhos; quadros para exposição de cartazes, boletins e avisos de segurança; porta de entrada de salas de curativos de urgência; localização de EPI e caixas contendo EPI; emblemas de segurança; dispositivos de segurança e mangueiras de oxigênio (solda oxiacetilênica).

- Laranja — deverá ser empregada para identificar: "canalizações contendo ácidos"; partes móveis de máquinas e equipamentos; partes internas das guardas de máquinas que possam ser removidas ou abertas; faces internas de caixas protetoras de dispositivos elétricos; faces externas de polias e engrenagens; botões de arranque de segurança; e dispositivos de corte, bordas de serras e prensas.

- Púrpura — deverá ser usada para indicar os "perigos provenientes das radiações eletromagnéticas" penetrantes de partículas nucleares, devendo, portanto, ser empregada para sinalizar: portas e aberturas que dão acesso a locais onde se manipulam ou armazenam materiais radioativos ou materiais contaminados pela radioatividade; locais onde tenham sido enterrados materiais e equipamentos contaminados; recipientes de materiais radioativos ou de refugos de materiais e equipamentos contaminados; e sinais luminosos para indicar equipamentos produtores de radiações eletromagnéticas penetrantes e partículas nucleares.

- Lilás — deverá ser usado para indicar "canalizações que contenham álcalis", sendo que as refinarias de petróleo poderão utilizar o lilás para a identificação de lubrificantes.

- Cinza como sinalização de segurança, devem ser consideradas suas duas tonalidades:
  - cinza claro — deverá ser usado para identificar canalizações em vácuo;
  - cinza escuro — deverá ser usado para identificar eletrodutos.
- Alumínio — será utilizada em "canalizações contendo gases liquefeitos, inflamáveis e combustíveis de baixa viscosidade" (exemplos: óleo diesel, gasolina, querosene e óleo lubrificante).
- Marrom — pode ser adotado, a critério da empresa, para identificar "qualquer fluido não identificável pelas demais cores retroespecificadas".

Em seu segundo e último tópico (Classificação, Rotulagem Preventiva e Ficha com Dados de Segurança de Produto Químico), a norma preventiva em comento explicita que o produto químico utilizado no local de trabalho deve ser classificado quanto aos perigos para a segurança e a saúde dos trabalhadores, de acordo com os critérios estabelecidos pelo Sistema Globalmente Harmonizado de Classificação e Rotulagem de Produtos Químicos (GHS), da Organização das Nações Unidas (ONU). Outrossim, a classificação de substâncias perigosas deve ser baseada em lista de classificação harmonizada ou com a realização de ensaios exigidos pelo processo de classificação; e, na ausência de lista nacional de classificação harmonizada de substâncias perigosas, pode ser utilizada lista internacional.

Importante destacar, também, que a NR-26 define como Rotulagem Preventiva um conjunto de elementos com informações escritas, impressas ou gráficas, a ser afixada, impressa ou anexada à embalagem que contém o produto químico.

A norma regulamentadora em apreço determina que o produto químico não classificado como perigoso à segurança e saúde dos trabalhadores conforme o Sistema Globalmente Harmonizado (GHS) de Classificação e Rotulagem de Produtos Químicos deve dispor de rotulagem preventiva simplificada que contenha, no mínimo, a indicação do nome, a informação de que se trata de produto não classificado como perigoso e recomendações de precaução. Igualmente, o fabricante ou, no caso de importação, o fornecedor no mercado nacional deve elaborar e tornar disponível ficha com dados de segurança para todo produto químico classificado como perigoso.

Já a rotulagem preventiva do produto químico classificado como perigoso à segurança e saúde dos trabalhadores deve utilizar procedimentos definidos pelo Sistema Globalmente Harmonizado (GHS) de Classificação e Rotulagem de Produtos Químicos, da Organização das Nações Unidas.

- A rotulagem preventiva é um conjunto de elementos com informações escritas, impressas ou gráficas, relativas a um produto químico, que deve ser afixada, impressa ou anexada à embalagem que contém o produto.
- A rotulagem preventiva deve conter os seguintes elementos: identificação e composição do produto químico; pictograma(s) de perigo; palavra de advertência; frase(s) de perigo; frase(s) de precaução; e informações suplementares.
- Os aspectos relativos à rotulagem preventiva devem atender ao disposto em norma técnica oficial vigente.
- O produto químico não classificado como perigoso à segurança e saúde dos trabalhadores conforme o GHS deve dispor de rotulagem preventiva simplificada que contenha, no mínimo, a indicação do nome, a informação de que se trata de produto não classificado como perigoso e recomendações de precaução.

No tocante à Classificação dos Produtos Químicos nos locais de trabalho, assim dispõe a NR-26:

- O produto químico utilizado no local de trabalho deve ser classificado quanto aos perigos para a segurança e a saúde dos trabalhadores de acordo com os critérios estabelecidos pelo Sistema Globalmente Harmonizado (GHS) de Classificação e Rotulagem de Produtos Químicos, da Organização das Nações Unidas (ONU).
- A classificação de substâncias perigosas deve ser baseada em lista de classificação harmonizada ou com a realização de ensaios exigidos pelo processo de classificação.

- Na ausência de lista nacional de classificação harmonizada de substâncias perigosas pode ser utilizada lista internacional.
- Os aspectos relativos à classificação devem atender ao disposto em norma técnica oficial vigente.

Estipula a NR-26 as seguintes observações pertinentes aos Dados de Segurança dos Produtos Químicos utilizados nos locais de trabalho:

- O fabricante ou, no caso de importação, o fornecedor no mercado nacional deve elaborar e tornar disponível ficha com dados de segurança do produto químico para todo produto químico classificado como perigoso.
- O formato e conteúdo da ficha com dados de segurança do produto químico devem seguir o estabelecido pelo Sistema Globalmente Harmonizado (GHS) de Classificação e Rotulagem de Produtos Químicos, da Organização das Nações Unidas.

A norma regulamentadora em comento estabelece que no caso de mistura deve ser explicitado na Ficha com Dados de Segurança o nome e a concentração, ou faixa de concentração, das substâncias que:

- representam perigo para a saúde dos trabalhadores, se estiverem presentes em concentração igual ou superior aos valores de corte/limites de concentração estabelecidos pelo GHS para cada classe/categoria de perigo; e
- possuam limite de exposição ocupacional estabelecidos.

A propósito, os aspectos relativos à ficha com dados de segurança devem atender ao disposto em norma técnica oficial vigente. Idêntica disposição será aplicável aos produtos químicos que, apesar de não classificados como perigosos, possam originar riscos à segurança e saúde dos trabalhadores.

A atual norma regulamentadora que trata da Sinalização de Segurança as seguintes determinações de segurança e saúde no trabalho, acerca das Fichas com Dados de Segurança dos Produtos Químicos preceitua que:

- Os aspectos relativos à ficha com dados de segurança devem atender ao disposto em norma técnica oficial vigente, especialmente em relação a produto químico não classificado como perigoso, mas cujos usos previstos ou recomendados derem origem a riscos à segurança e saúde dos trabalhadores.
- O empregador deve assegurar o acesso dos trabalhadores às fichas com dados de segurança dos produtos químicos que utilizam no local de trabalho.
- Os trabalhadores devem receber treinamento: para compreender a rotulagem preventiva e a ficha com dados de segurança do produto químico; e sobre os perigos, riscos, medidas preventivas para o uso seguro e procedimentos para atuação em situações de emergência com o produto químico.

Especificamente em relação à Sinalização de Segurança em Tubulações e Canalizações, devem ser observadas as seguintes recomendações:

- as canalizações industriais, para condução de líquidos e gases, deverão receber a aplicação de cores, em toda sua extensão, a fim de facilitar a identificação do produto e evitar acidentes;
- obrigatoriamente, a canalização de água potável deverá ser diferenciada das demais;
- quando houver a necessidade de uma identificação mais detalhada (concentração, temperatura, pressões e pureza), a diferenciação far-se-á de faixas de cores diferentes, aplicadas sobre a cor básica;
- a identificação por meio de faixas deverá ser feita de modo que possibilite facilmente a sua visualização em qualquer parte da canalização;
- todos os acessórios das tubulações serão pintados nas cores básicas de acordo com a natureza do produto a ser transportado;
- o sentido de transporte do fluido, quando necessário, será indicado por meio de seta pintada em cor de contraste sobre a cor básica da tubulação;
- para fins de segurança, os depósitos ou tanques fixos que armazenem fluidos deverão ser identificados pelo mesmo sistema de cores que as canalizações.

Doravante, serão reproduzidos os FUNDAMENTOS JURÍDICOS (dispositivos legais, infralegais ou regulamentares) que propiciam o suporte de validade jurídica à temática em apreço, observando-se as ordens hierárquica e cronológica. Ao final, encontra-se igualmente transcrita, de forma integral e atualizada, a correspondente norma regulamentadora de segurança e saúde no trabalho que intitula este Capítulo.

FUNDAMENTOS JURÍDICOS DO CAPÍTULO 26

NR-26: SINALIZAÇÃO DE SEGURANÇA *(redação atual dada pela Portaria SIT-MTE n. 229, de 24.5.2011, atualizada até a edição da Portaria MTE-GM n. 704 de 28.5.2015). Art. 7º, incisos XXII, XXIII, XXVIII e XXXIII da CF-1988. Art. 200, inciso VIII, da CLT; Norma Brasileira NBR n. 7.195/1982 da Associação Brasileira de Normas Técnicas (ABNT).*

CONSTITUIÇÃO DA REPÚBLICA FEDERATIVA DO BRASIL

(Atualizada até a edição da Emenda Constitucional n. 85, de 26.2.2015)

Título II: Dos Direitos e Garantias Fundamentais (Arts. 5º a 17)

Capítulo II: Dos Direitos Sociais (Arts. 6º a 11)

Art. 7º São direitos dos trabalhadores urbanos e rurais(1), além de outros que visem à melhoria de sua condição social:

XXII — redução dos riscos inerentes ao trabalho, por meio de normas de saúde, higiene e segurança;

XXIII — adicional de remuneração para as atividades penosas, insalubres ou perigosas, na forma da lei;

XXVIII — seguro contra acidentes de trabalho, a cargo do empregador, sem excluir a indenização a que este está obrigado, quando incorrer em dolo ou culpa;

XXXIII — proibição de trabalho noturno, perigoso ou insalubre a menores de dezoito e de qualquer trabalho a menores de dezesseis anos, salvo na condição de aprendiz, a partir de quatorze anos.

NORMAS JURÍDICAS INFRACONSTITUCIONAIS

CONSOLIDAÇÃO DAS LEIS DO TRABALHO

(Decreto-lei n. 5.452, de 1º.5.1943, com a redação dos arts. 154 a 201 CLT dada pela Lei n. 6.514, de 22.12.1977, atualizada até a edição da Lei n. 13.103, de 2.3.2015)

Título II: **Das Normas Gerais de Tutela do Trabalho** (Arts. 13 a 223 da CLT)

Capítulo V: **Da Segurança e da Medicina do Trabalho** (Arts. 154 a 201 da CLT)(2)

Seção XV: **Das Outras Medidas Especiais de Proteção** (Art. 200 da CLT)

Art. 200. Cabe ao Ministério do Trabalho e Emprego estabelecer disposições complementares às normas de que trata este Capítulo, tendo em vista as peculiaridades de cada atividade ou setor de trabalho, especialmente sobre:

(...)

VIII — emprego das cores nos locais de trabalho, inclusive nas sinalizações de perigo.(3)

(...).

NORMAS JURÍDICAS INFRALEGAIS OU REGULAMENTARES

NR-26 (SINALIZAÇÃO DE SEGURANÇA)

(Texto da NR-26 com a redação dada pela Portaria SIT-MTE n. 229 de 24.5.2011, atualizado até a edição da Portaria MTE-GM n. 704 de 28.5.2015)

Publicação	**D.O.U.**
Portaria GM n. 3.214, de 8 de junho de 1978	6.7.78
Portaria SIT n. 229, de 24 de maio de 2011	27.5.11

(Redação dada pela Portaria SIT n. 229, de 24 de maio de 2011)

---

(1) Especificamente em relação aos Servidores Públicos Federais (submetidos ao Regime Jurídico Único da Lei n. 8.112/1990) dispõe o § 3º do art. 39 da CF-1988 que: "Aplica-se aos servidores ocupantes de cargo público o disposto no art. 7º, IV, VII, VIII, IX, XII, XIII, XV, XVI, XVII, XVIII, XIX, XX, XXII e XXX, podendo a lei estabelecer requisitos diferenciados de admissão quando a natureza do cargo o exigir".

(2) A Lei n. 6.514, de 22.12.1977, propiciou a redação dos arts. 154 a 201 da CLT, observadas as atualizações legais até a edição da Lei n. 13.103, de 2.3.2015.

(3) A NR-26 (SINALIZAÇÃO DE SEGURANÇA) disciplina o inciso VIII do art. 200 da CLT.

26.1. Cor na segurança do trabalho

26.1.1. Devem ser adotadas cores para segurança em estabelecimentos ou locais de trabalho, a fim de indicar e advertir acerca dos riscos existentes.

26.1.2. As cores utilizadas nos locais de trabalho para identificar os equipamentos de segurança, delimitar áreas, identificar tubulações empregadas para a condução de líquidos e gases e advertir contra riscos, devem atender ao disposto nas normas técnicas oficiais.

26.1.3. A utilização de cores não dispensa o emprego de outras formas de prevenção de acidentes.

26.1.4. O uso de cores deve ser o mais reduzido possível, a fim de não ocasionar distração, confusão e fadiga ao trabalhador.

26.2. Classificação, Rotulagem Preventiva e Ficha com Dados de Segurança de Produto Químico

26.2.1. O produto químico utilizado no local de trabalho deve ser classificado quanto aos perigos para a segurança e a saúde dos trabalhadores de acordo com os critérios estabelecidos pelo Sistema Globalmente Harmonizado de Classificação e Rotulagem de Produtos Químicos (GHS), da Organização das Nações Unidas.

26.2.1.2. A classificação de substâncias perigosas deve ser baseada em lista de classificação harmonizada ou com a realização de ensaios exigidos pelo processo de classificação.

26.2.1.2.1. Na ausência de lista nacional de classificação harmonizada de substâncias perigosas pode ser utilizada lista internacional.

26.2.1.3. Os aspectos relativos à classificação devem atender ao disposto em norma técnica oficial vigente.

26.2.2. A rotulagem preventiva do produto químico classificado como perigoso a segurança e saúde dos trabalhadores deve utilizar procedimentos definidos pelo Sistema Globalmente Harmonizado de Classificação e Rotulagem de Produtos Químicos (GHS), da Organização das Nações Unidas.

26.2.2.1. A rotulagem preventiva é um conjunto de elementos com informações escritas, impressas ou gráficas, relativas a um produto químico, que deve ser afixada, impressa ou anexada à embalagem que contém o produto.

26.2.2.2. A rotulagem preventiva deve conter os seguintes elementos:

a) identificação e composição do produto químico;

b) pictograma(s) de perigo;

c) palavra de advertência;

d) frase(s) de perigo;

e) frase(s) de precaução;

f) informações suplementares.

26.2.2.3. Os aspectos relativos à rotulagem preventiva devem atender ao disposto em norma técnica oficial vigente.

26.2.2.4. O produto químico não classificado como perigoso a segurança e saúde dos trabalhadores conforme o GHS deve dispor de rotulagem preventiva simplificada que contenha, no mínimo, a indicação do nome, a informação de que se trata de produto não classificado como perigoso e recomendações de precaução.

26.2.2.5. Os produtos notificados ou registrados como Saneantes na ANVISA estão dispensados do cumprimento das obrigações de rotulagem preventiva estabelecidas pelos itens 26.2.2, 26.2.2.1, 26.2.2.2 e 26.2.2.3 da NR-26. *(Inserido pela Portaria MTE-GM n. 704, de 28.5.2015).*[4]

26.2.3. O fabricante ou, no caso de importação, o fornecedor no mercado nacional deve elaborar e tornar disponível ficha com dados de segurança do produto químico para todo produto químico classificado como perigoso.

26.2.3.1. O formato e conteúdo da ficha com dados de segurança do produto químico devem seguir o estabelecido pelo Sistema Globalmente Harmonizado de Classificação e Rotulagem de Produtos Químicos (GHS), da Organização das Nações Unidas.

26.2.3.1.1. No caso de mistura deve ser explicitado na ficha com dados de segurança o nome e a concentração, ou faixa de concentração, das substâncias que:

a) representam perigo para a saúde dos trabalhadores, se estiverem presentes em concentração igual ou superior aos valores de corte/limites de concentração estabelecidos pelo GHS para cada classe/categoria de perigo; e

b) possuam limite de exposição ocupacional estabelecidos.

26.2.3.2. Os aspectos relativos à ficha com dados de segurança devem atender ao disposto em norma técnica oficial vigente.

26.2.3.3. O disposto no item 26.2.3 se aplica também a produto químico não classificado como perigoso, mas cujos usos previstos ou recomendados derem origem a riscos a segurança e saúde dos trabalhadores.

26.2.3.4. O empregador deve assegurar o acesso dos trabalhadores às fichas com dados de segurança dos produtos químicos que utilizam no local de trabalho.

26.2.4. Os trabalhadores devem receber treinamento:

a) para compreender a rotulagem preventiva e a ficha com dados de segurança do produto químico.

b) sobre os perigos, riscos, medidas preventivas para o uso seguro e procedimentos para atuação em situações de emergência com o produto químico.

---

(4) De acordo com a Portaria MTE-GM n. 704 de 28.5.2015, o disposto no item 26.2.3 não dispensa a elaboração da ficha com dados de segurança do produto químico prevista no item 26.2.3 da NR-26.

Capítulo 27

REGISTRO PROFISSIONAL DO TÉCNICO DE SEGURANÇA DO TRABALHO NO MTE

Num breve retrospecto histórico, convém lembrar que para os profissionais de segurança e saúde no trabalho: Engenheiros de Segurança do Trabalho, Médicos do Trabalho, Enfermeiros de Trabalho, Auxiliares de Enfermagem do Trabalho e Supervisores de Segurança do Trabalho (atuais Técnicos de Segurança do Trabalho) poderem legalmente desempenhar suas atividades laborais como integrantes dos Serviços Especializados em Engenharia de Segurança e em Medicina do Trabalho (SESMT), nas empresas privadas e estatais (empresas públicas e sociedades de economia mista) brasileiras, era indispensável a comprovação simultânea de dois requisitos básicos:

- haver concluído, em nível de pós-graduação, um dos três cursos de especialização: Engenharia de Segurança do Trabalho, Medicina do Trabalho ou Enfermagem do Trabalho; e, para os profissionais de nível médio, um desses dois cursos: Supervisor de Segurança do Trabalho (atualmente denominado Técnico de Segurança do Trabalho) ou Auxiliar de Enfermagem do Trabalho (atualmente denominado Técnico em Enfermagem do Trabalho);
- o registro profissional específico, perante o órgão de âmbito nacional competente em segurança e saúde no trabalho, qual seja, a Secretaria de Segurança e Medicina do Trabalho (SSMT-MTb), que expedia uma Carteira de Identidade Profissional específica, com validade em todo o território nacional.

A partir da publicação da Lei n. 7.410, de 27.11.1985, que legalmente instituiu as profissões de: Engenheiro de Segurança do Trabalho e Técnico de Segurança do Trabalho (antigo Supervisor de Segurança do Trabalho), essa situação começou a ser modificada, pois, a partir de então, o registro profissional do Engenheiro de Segurança do Trabalho passou a ser efetivado diretamente junto a seu órgão de classe, Conselho Regional de Engenharia e Agronomia (CREA); permanecendo, porém, o citado profissional de nível médio, com o registro profissional nos termos anteriores, perante a então Secretaria de Segurança e Saúde no Trabalho (SSMT-MTb).

Considerando que a Lei n. 7.410/85 transferira legalmente o registro profissional do Engenheiro de Segurança do Trabalho para seu órgão de classe (CREA), o próprio órgão nacional competente em matéria de segurança e saúde no trabalho editou a Portaria SSMT-MTb n. 25, de 27.6.1989, por meio da qual restou estabelecido que os médicos do trabalho, os enfermeiros do trabalho e os auxiliares de enfermagem do trabalho também deveriam, igualmente, ter seus registros profissionais implementados diretamente perante seus respectivos órgãos de classe: Conselho Regional de Medicina (CRM), para os médicos do trabalho; e Conselho Regional de Enfermagem (COREN), para os enfermeiros do trabalho e auxiliares ou técnicos de enfermagem do trabalho.

Destarte, o Técnico de Segurança do Trabalho, por força de disposição específica da citada Lei n. 7.410/85, é o único dentre os profissionais de segurança e saúde no trabalho que permaneceu com a obrigatoriedade de registro profissional específico junto ao Ministério do Trabalho e Emprego.

Como decorrência da publicação da Portaria MTE-GM n. 262, de 29.5.2008 (adiante reproduzida), a NR-27 (Registro Profissional do Técnico de Segurança do Trabalho no MTE) foi inteiramente revogada; isso significa dizer que, desde então, não mais prevalece no mundo jurídico a norma regulamentadora que trata de registro profissional de profissionais de segurança e saúde no trabalho perante o MTE.

Como decorrência da portaria ministerial por último mencionada, que revogou integralmente a NR-27, o registro profissional do Técnico de Segurança do Trabalho deixou de ser efetuado pelo Departamento de Segurança e Saúde no Trabalho, da Secretaria de Inspeção do Trabalho (DSST-SIT-MTE), que expedia uma identidade profissional específica, e passou a ser efetivado diretamente pelo Setor de Identificação e Registro Profissional, da Superintendência Regional do Trabalho e Emprego (SRTE) em cada estado da federação.

A anotação do registro profissional de Técnico de Segurança do Trabalho, agora em sua própria Carteira de Trabalho e Previdência Social (CTPS), terá início por simples requerimento do interessado, que poderá ser encaminhado pelo sindicato da categoria; devendo tal petição ser acompanhada dos seguintes documentos, cuja autenticidade será conferida pelas próprias SRTEs, a saber:

- original da Carteira de Trabalho e Previdência Social (CTPS), na qual será efetuado o registro profissional como Técnico de Segurança do Trabalho;
- cópia autenticada de documento comprobatório de atendimento aos requisitos constantes nos incisos I, II ou III do art. 2º da Lei n. 7.410, de 27.11.1985;
- cópia autenticada da Carteira de Identidade (RG); e
- cópia autenticada do comprovante de inscrição no Cadastro de Pessoa Física (CPF).

Importante destacar que eventual decisão da Superintendência Regional do Trabalho que porventura indefira o registro profissional na CTPS do Requerente, como Técnico de Segurança do Trabalho, poderá ser atacada mediante recurso administrativo para a devida análise pelo Departamento de Segurança e Saúde no Trabalho (DSST), da Secretaria de Inspeção do Trabalho (SIT), do Ministério do Trabalho e Emprego (MTE).

Registre-se, finalmente, que os detentores de registro profissional como Técnico de Segurança do Trabalho, na sistemática anterior, não necessitam requerer o novo registro profissional na CTPS, na medida em que permanecem válidas as identidades específicas de Técnico de Carteira de Registro Profissional, na forma antes emitida pelo DSST-SIT-MTE.

Doravante, serão reproduzidos FUNDAMENTOS JURÍDICOS mais relevantes e que foram reportados na abordagem deste capítulo, até a Portaria Ministerial que revogou por inteiro a vigésima sétima norma regulamentadora de segurança e saúde no trabalho.

FUNDAMENTOS JURÍDICOS DO CAPÍTULO 27

NR-27: REGISTRO PROFISSIONAL DO TÉCNICO DE SEGURANÇA DO TRABALHO NO MINISTÉRIO DO TRABALHO E EMPREGO *(revogada pela Portaria MTE n. 262, de 29.5.2008).*

NORMAS JURÍDICAS INFRACONSITUCIONAIS

Lei n. 7.410, de 27.11.1985

(Dispõe sobre a Especialização em Engenharia de Segurança do Trabalho e a Profissão do Técnico de Segurança do Trabalho e dá Outras Providências)

Art. 2º O exercício da profissão de Técnico de Segurança do Trabalho será permitido, exclusivamente:

I — ao portador de certificado de conclusão de curso Técnico de Segurança do Trabalho, a ser ministrado no País, em estabelecimentos de ensino de 2o grau;

II — ao portador de certificado de conclusão de curso de Supervisor de Segurança do Trabalho, realizado em caráter prioritário pelo Ministério do Trabalho;

III — ao possuidor de registro de Supervisor de Segurança do Trabalho, expedido pelo Ministério do Trabalho, até data fixada na regulamentação desta lei.

Parágrafo único. O curso previsto no inciso I deste artigo terá o currículo fixado pelo Ministério da Educação, por proposta do Ministério do Trabalho, e seu funcionamento determinará a extinção dos cursos de que trata o inciso II, na forma da regulamentação a ser expedida.

Art. 3º O exercício da atividade de Engenheiros e Arquitetos na especialização de Engenharia de Segurança do Trabalho dependerá de registro em Conselho Regional de Engenharia, Arquitetura e Agronomia (CREA), após a regulamentação desta Lei, e o de Técnico de Segurança do Trabalho, após o registro no Ministério do Trabalho (atual Ministério do Trabalho e Emprego).

NORMAS JURÍDICAS INFRALEGAIS OU REGULAMENTARES

Decreto n. 92.530, de 9.4.1986
(Regulamenta a Lei n. 7.410, de 27.11.1985)

Art. 6º As atividades de Técnico de Segurança do Trabalho serão definidas pelo Ministério do Trabalho, no prazo de 60 dias, após a fixação do respectivo currículo escolar pelo Ministério da Educação, na forma do art. 3º.

Art. 7º O exercício da profissão de Técnico de Segurança do Trabalho depende de registro no Ministério do Trabalho e Emprego.

Portaria MTE-GM n. 3.275, de. 21.9.1989
(Define as atividades do Técnico de Segurança do Trabalho)

Art. 1º As atividades do Técnico de Segurança do Trabalho são as seguintes:

I — informar o empregador, através de parecer técnico, sobre os riscos exigentes nos ambientes de trabalho, bem como orientá-los sobre as medidas de eliminação e neutralização;

II — informar os trabalhadores sobre os riscos da sua atividade, bem como as medidas de eliminação e neutralização;

III — analisar os métodos e os processos de trabalho e identificar os fatores de risco de acidentes do trabalho, doenças profissionais e do trabalho e a presença de agentes ambientais agressivos ao trabalhador, propondo sua eliminação ou seu controle;

IV — executar os procedimentos de segurança e higiene do trabalho e avaliar os resultantes alcançados, adequando-os estratégias utilizadas de maneira a integrar o processo prevencionista em uma planificação, beneficiando o trabalhador;

V — executar programas de prevenção de acidentes do trabalho, doenças profissionais e do trabalho nos ambientes de trabalho, com a participação dos trabalhadores, acompanhando e avaliando seus resultados, bem como sugerindo constante atualização dos mesmos estabelecendo procedimentos a serem seguidos;

VI — promover debates, encontros, campanhas, seminários, palestras, reuniões, treinamentos e utilizar outros recursos de ordem didática e pedagógica com o objetivo de divulgar as normas de segurança e higiene do trabalho, assuntos técnicos, visando evitar acidentes do trabalho, doenças profissionais e do trabalho;

VII — executar as normas de segurança referentes a projetos de construção, aplicação, reforma, arranjos físicos e de fluxos, com vistas à observância das medidas de segurança e higiene do trabalho, inclusive por terceiros;

VIII — encaminhar aos setores e áreas competentes normas, regulamentos, documentação, dados estatísticos, resultados de análises e avaliações, materiais de apoio técnico, educacional e outros de divulgação para conhecimento e autodesenvolvimento do trabalhador;

IX — indicar, solicitar e inspecionar equipamentos de proteção contra incêndio, recursos audiovisuais e didáticos e outros materiais considerados indispensáveis, de acordo com a legislação vigente, dentro das qualidades e especificações técnicas recomendadas, avaliando seu desempenho;

X — cooperar com as atividades do meio ambiente, orientando quanto ao tratamento e destinação dos resíduos industriais, incentivando e conscientizando o trabalhador da sua importância para a vida;

XI — orientar as atividades desenvolvidas por empresas contratadas, quanto aos procedimentos de segurança e higiene do trabalho previstos na legislação ou constantes em contratos de prestação de serviço;

XII — executar as atividades ligadas à segurança e higiene do trabalho utilizando métodos e técnicas científicas, observando dispositivos legais e institucionais que objetivem a eliminação, controle ou redução permanente dos riscos de acidentes do trabalho e a melhoria das condições do ambiente, para preservar a integridade física e mental dos trabalhadores;

XIII — levantar e estudar os dados estatísticos de acidentes do trabalho, doenças profissionais e do trabalho, calcular a frequência e a gravidade destes para ajustes das ações prevencionistas, normas regulamentos e outros dispositivos de ordem técnica, que permitam a proteção coletiva e individual;

XIV — articular-se e colaborar com os setores responsáveis pelos recursos humanos, fornecendo-lhes resultados de levantamento técnicos de riscos das áreas e atividades para subsidiar a adoção de medidas de prevenção a nível de pessoal;

XV — informar os trabalhadores e o empregador sobre as atividades insalubre, perigosas e penosas existentes na empresa, seus riscos específicos, bem como as medidas e alternativas de eliminação ou neutralização dos mesmos;

XVI — avaliar as condições ambientais de trabalho e emitir parecer técnico que subsidie o planejamento e a organização do trabalho de forma segura para o trabalhador;

XVII — articular-se e colaborar com os órgãos e entidades ligados à prevenção de acidentes do trabalho, doenças profissionais e do trabalho;

XVIII — particular de seminários, treinamento, congressos e cursos visando o intercâmbio e o aperfeiçoamento profissional.

Art. 2º As dúvidas suscitadas e os casos omissos serão dirimidos pela Secretaria de Segurança e Medicina do Trabalho.

Art. 3º Esta Portaria entra em vigor na data de sua publicação, revogadas as disposições em contrário.

Portaria MTE-GM n. 262, de 29.5.2008
(Revoga a NR-27: Registro Profissional do Técnico de Segurança do Trabalho no MTE)

O MINISTRO DO TRABALHO E EMPREGO, no uso das atribuições que lhe conferem o inciso II do parágrafo único do art. 87 da Constituição Federal, o art. 3º da Lei n. 7.410 de 27.11.1985, e o art. 7º do Decreto n. 92.530, de 9.4.1986, *resolve*:

Art. 1º O exercício da profissão do Técnico de Segurança do Trabalho depende de prévio registro no Ministério do Trabalho e Emprego.

Art. 2º O registro profissional será efetivado pelo Setor de Identificação e Registro Profissional das Unidades Descentralizadas do Ministério do Trabalho e Emprego, mediante requerimento do interessado, que poderá ser encaminhado pelo sindicato da categoria.

§ 1º O requerimento deverá estar acompanhado dos seguintes documentos:

I — Carteira de Trabalho e Previdência Social (CTPS), para lançamento do registro profissional;

II — cópia autenticada de documento comprobatório de atendimento aos requisitos constantes nos incisos I, II ou III do art. 2º da Lei n. 7.410, de 27.11.1985;

III — cópia autenticada da Carteira de Identidade (RG); e

IV — cópia autenticada do comprovante de inscrição no Cadastro de Pessoa Física (CPF).

§ 2º A autenticação das cópias dos documentos dispostos nos incisos II, III e IV poderá ser obtida mediante apresentação dos originais para conferência na Unidade Descentralizada do Ministério do Trabalho e Emprego.

Art. 3º Permanecerão válidos os registros profissionais de técnico de segurança do trabalho emitidos pela Secretaria de Inspeção do Trabalho (SIT-MTE).

Art. 4º Os recursos interpostos em razão de indeferimento dos pedidos de registro pelas unidades descentralizadas serão analisados pelo Departamento de Segurança e Saúde no Trabalho (DSST), da SIT-MTE.

Art. 5º Esta Portaria entra em vigor na data de sua publicação.

Art. 6º Ficam revogadas a Portaria SNT n. 4 de 6.2.1992; a Portaria DNSST n. 01, de 19.5.1992; e a Portaria SSST n. 13, de 20.12.1995, que deu nova redação à NR-27 ***(atualmente revogada)***.

Capítulo 28

FISCALIZAÇÃO E PENALIDADES

No âmbito da segurança e saúde ocupacional é fácil perceber a distinção entre Fiscalização e Penalidade. Fiscalização corresponde ao procedimento administrativo implementado pelo Auditor-Fiscal do Trabalho quando da realização de inspeção trabalhista junto às empresas privadas e estatais (empresas públicas e sociedades de economia mista) e demais estabelecimentos que possuam trabalhadores submetidos ao regime da Consolidação das Leis do Trabalho. Penalidade é uma sanção administrativa a ser aplicada pelo Superintendente Regional do Trabalho e Emprego como decisão final de um processo administrativo-trabalhista, que teve seu início em procedimento fiscal trabalhista específico (auto de infração ou laudo técnico de embargo ou interdição), implementado pelo Auditor-Fiscal do Trabalho em face de manifesto descumprimento à legislação trabalhista, particularmente à de segurança e saúde no trabalho.

Oportuno recordar que, a partir da edição da Lei n. 10.593, de 6.12.2002, disciplinada pelo Decreto n. 4.552, de 27.12.2002 (Regulamento da Inspeção do Trabalho — RIT), os então Agentes da Inspeção do Trabalho de nível superior (Fiscal do Trabalho, Assistente Social, Engenheiro de Segurança do Trabalho e Médico do Trabalho) do Ministério do Trabalho e Emprego passaram a integrar a carreira de Auditoria Fiscal do Trabalho, no cargo único de Auditor Fiscal do Trabalho. As duas primeiras modalidades citadas terão atuação na área de especialização de legislação do trabalho, enquanto as duas últimas desenvolverão atividades prioritárias de verificação das condições ambientais relacionadas à segurança e à saúde no trabalho.

Os Auditores Fiscais do Trabalho, tanto na área de especialização de legislação do trabalho quanto na fiscalização da segurança e saúde no trabalho, possuem as seguintes atribuições em todo o território nacional:

- a aplicação de dispositivos legais e regulamentares de natureza trabalhista, especialmente os relacionados à segurança e à saúde no trabalho;
- a verificação dos registros em Carteira de Trabalho e Previdência Social (CTPS), visando à redução dos índices de informalidade;
- a verificação do recolhimento do Fundo de Garantia do Tempo de Serviço (FGTS), objetivando maximizar os índices de arrecadação;
- o cumprimento de acordos, convenções e contratos coletivos de trabalho celebrados entre empregados e empregadores;
- o respeito aos acordos, tratados e convenções internacionais dos quais o Brasil seja signatário.

Prevê o Regulamento da Inspeção do Trabalho (Decreto n. 4.552, de 27.12.2002) que os servidores públicos federais exercentes do cargo de Agente de Higiene e Segurança do Trabalho, ou seja, os Técnicos de Segurança do Trabalho lotados e em exercício nas Superintendências Regionais do Trabalho e Emprego, terão como atribuição profissional o desenvolvimento de atividades auxiliares de apoio à inspeção do trabalho.

Importante destacar que o descumprimento patronal às disposições legais e regulamentares de segurança e saúde no trabalho sujeita a empresa infratora aos seguintes procedimentos fiscais a serem adotados pelos Auditores-Fiscais do Trabalho ou mesmo às penalidades administrativo-trabalhistas a serem impostas pelo Superintendente Regional do Trabalho e Emprego. Ditos procedimentos trabalhistas, de forma resumidas, são os seguintes:

- ORIENTAÇÃO — corresponde a um procedimento fiscal por intermédio do qual o Auditor Fiscal do Trabalho transmite ao empregador ou a seus prepostos, orientações técnico-preventivas de segurança e saúde no trabalho. De se observar que, durante a realização de qualquer fiscalização trabalhista, naturalmente serão fornecidas várias orientações gerais de caráter preventivo, inclusive e conforme o caso, durante a implementação de outros tipos de procedimentos fiscais específicos. Todavia, na hipótese de a empresa estar sendo fiscalizada pela primeira vez, desde o início de suas atividades produtivas e quando não foi constatada nenhuma situação de risco grave e iminente que possa ensejar embargo ou interdição, o Auditor Fiscal poderá, excepcionalmente, limitar sua ação fiscalizatória a meras orientações técnico-preventivas de acidentes de labor e de promoção da saúde ocupacional.

- NOTIFICAÇÃO — é o procedimento fiscal a ser implementado pelo Auditor Fiscal do Trabalho mediante a lavratura de Termo de Notificação específico, no qual descreverá as infrações constatadas e concederá ao empregador prazos específicos e variáveis de um a sessenta dias para a devida correção de cada uma das irregularidades detectadas; obviamente, não poderão ser objeto de notificação, ou seja, em hipótese alguma poderá ser concedido prazo para correção de situação de risco grave e iminente, devendo serem adotadas, imediatamente, as medidas técnico-legais objetivando a paralisação da atividade, por intermédio dos procedimentos específicos de embargo ou interdição.

- AUTUAÇÃO — é o procedimento fiscal a ser adotado pelo Auditor-Fiscal do Trabalho quando, ao realizar inspeção trabalhista numa empresa, constata a persistência de irregularidade técnico-preventiva de segurança e saúde no trabalho que, normalmente, fora objeto de anterior Termo de Notificação e cujo prazo já se vencera sem a devida correção patronal. A concretização da autuação se dá mediante a lavratura de um formulário padronizado, denominado Auto de Infração, a ser lavrado para cada item de infração à legislação técnico-preventiva. Com a lavratura do Auto de Infração, e sua subsequente protocolização na Superintendência Regional do Trabalho e Emprego (SRTE), pelo Auditor Fiscal do Trabalho, tem-se o início do processo de aplicação de multa administrativa-trabalhista. Recorde-se que a efetiva aplicação da correspondente multa por infração à legislação trabalhista, inclusive a de segurança e saúde no trabalho, é ato da competência privativa do Superintendente Regional do Trabalho e Emprego.

- MULTA TRABALHISTA — corresponde a uma sanção pecuniária a ser aplicada pelo Superintendente Regional do Trabalho e Emprego, em face de anterior procedimento fiscal na modalidade de autuação, quando a empresa optou não apresentar defesa escrita nos dez dias subsequentes ao recebimento de cópia do auto de infração ou, quando tenha apresentado defesa escrita, porém, seus argumentos defensivos não foram suficientes para justificar a decretação de nulidade do auto de infração. Registre-se que, a efetiva aplicação da Multa Trabalhista é ato da competência privativa do Superintendente Regional do Trabalho e Emprego. Após receber o correspondente Aviso de Imposição de Multa Trabalhista, a empresa terá a opção de, nos dez dias subsequentes, pagá-la com um desconto de 50% (cinquenta por cento) ou, se assim o preferir, interpor Recurso Administrativo para a Secretaria de Inspeção do Trabalho (SIT-MTE), no decêndio subsequente ao recebimento do aviso de imposição da multa.

- INSPEÇÃO PRÉVIA — é um procedimento de fiscalização trabalhista de natureza especial, na medida em que, começa não por iniciativa do órgão de fiscalização e, sim, mediante requerimento do próprio empregador e direcionado ao Superintendente Regional do Trabalho e Emprego, solicitando a designação de Auditor-Fiscal do Trabalho (especializado em engenharia de segurança ou em medicina do trabalho) para realizar uma inspeção técnico-preventiva de segurança e saúde no trabalho nos domínios da empresa, antes do início de suas atividades produtivas. Realizada a inspeção prévia e se ficar constatado que o estabelecimento submetido à inspeção prévia atende às condições mínimas de segurança e conforto ambiental, o Superintendente Regional do Trabalho e Emprego mandará expedir o correspondente Certificado de Aprovação de Instalações (CAI), espécie de "alvará de funcionamento em termos de segurança e saúde no trabalho"; sem prejuízo, porém, de procedimentos fiscais futuros. O Capitulo 2 (Inspeção Prévia) deste livro destina-se exclusivamente à abordagem desse procedimento fiscal de natureza especial.

- INTERDIÇÃO — corresponde a uma penalidade técnico-preventiva de segurança e saúde no trabalho, consistente na paralisação, parcial ou total, de serviços ou atividades diversas das executadas em canteiros de obras, quando constatada a existência de uma situação de risco grave e iminente no ambiente de trabalho. De se destacar que embargo e interdição são procedimentos fiscais de natureza especial, na medida em que, consoante previsto no art. 161 da CLT, começam a partir da lavratura de um Laudo Técnico de Embargo ou Interdição subscrito por Auditor-Fiscal do Trabalho especializado em engenharia de segurança ou em medicina do trabalho e se concretizam com a determinação específica de paralisação de atividades por ato do Superintendente Regional do Trabalho e Emprego. A propósito, por situação de risco grave e iminente entenda-se toda e qualquer condição ambiental de trabalho que esteja prestes a causar doença ocupacional ou acidente de trabalho que possa comprometer gravemente a saúde ou a integridade física de pelo menos um trabalhador.

➢ EMBARGO — é um procedimento análogo à interdição, porém desta diverge apenas em relação ao campo de aplicação, na medida que o embargo se destina às atividades de construção civil, ou seja, em canteiros de obras. No mais, o embargo e a interdição seguem o mesmo rito procedimental, ou seja, tem início a partir da configuração de uma situação de risco grave e iminente por intermédio de um Laudo Técnico de Embargo ou Interdição subscrito por Auditor-Fiscal do Trabalho especializado em engenharia de segurança ou em medicina do trabalho e se concretizam com a determinação específica de paralisação de atividades por ato do Superintendente Regional do Trabalho e Emprego. No Capítulo 3 (Embargo ou Interdição) deste Manual consta a abordagem pormenorizada e atualizada desses dois procedimentos punitivos de natureza especial; pelo que sua leitura é indispensável para a compreensão plena e atualizada dessa temática.

Despiciendo lembrar que, antes de ser aplicado qualquer procedimento punitivo, devem ser possibilitadas às empresas as garantias Constitucionais do Contraditório e da Ampla Defesa, nos termos preconizados pelo inciso LV do art. 5º da Constituição Republicana que expressamente preconiza: *"aos litigantes, em processo judicial ou administrativo, e aos acusados em geral são assegurados o contraditório e ampla defesa, com os meios e recursos a ela inerentes."*

Sabidamente, as Normas Regulamentadoras (NRs) de Segurança e Saúde no Trabalho (SST) editadas pelo Ministério do Trabalho e Emprego (MTE) possuem existência jurídica convalidada pelo Princípio Constitucional de Minimização dos Riscos Ocupacionais, consagrado no inciso XXII do art. 7º da Constituição Federal brasileira, que expressamente assegura aos trabalhadores urbanos e rurais brasileiros o direito à redução dos riscos inerentes ao trabalho, por meio de normas de saúde, higiene e segurança. Dessa maneira, acreditamos que o dever mais fundamental dos empregadores brasileiros é propiciar a seus empregados ambientes de trabalho sadios e seguros. Registre-se, mais, que os ditames das normas preventivas de infortúnios laborais e de promoção da saúde ocupacional são aplicáveis a todas as empresas públicas e privadas brasileiras que contratam trabalhadores como empregados e, portanto, submetidos ao Regime da Consolidação das Leis do Trabalho (CLT) que corresponde ao Decreto-lei n. 5.452, de 1º de maio de 1943.

No plano da legislação infraconstitucional, as normas preventivas de segurança e saúde no trabalho possuem respaldo de validade jurídica na forma tipificada no Estatuto Obreiro, em seu Título II (Das Normas Gerais de Tutela do Trabalho), mais precisamente no Capítulo V (Da Segurança e da Medicina do Trabalho), que compreende os arts. 154 a 201 da CLT. Recorde-se que ditos artigos do Código Obreiro possuem redação dada pela Lei n. 6.514, de 22.12.1977, observadas as atualizações subsequentes até a publicação da Lei n. 13.103, de 23.2.2015.

Sob o aspecto infralegal ou meramente regulamentar, cabe ser dito que os citados arts. 154 a 201 do Código Laboral foram inicialmente disciplinados pela Portaria MTb n. 3.214, de 8.6.1978, que instituiu as primeiras vinte e oito normas regulamentadoras de segurança e saúde no trabalho (28 NRs de SST); valendo observar que, atualmente, existem 36 NRs de SST, cada uma disciplinando uma temática específica.

Oportuno destacar, para os não versados na ciência do direito, que as normas jurídicas legais, tanto as constitucionais quanto as infraconstitucionais, têm o condão de criar o direito, ao passo que as normas jurídicas infralegais ou regulamentares (decretos, portarias, normas regulamentadoras, etc.) não podem criar o direito em si, mas apenas regulamentá-lo quando expressamente autorizado própria Lei a fazê-lo; sob pena de serem tidas como ilegais e, portanto, nulas de pleno direito.

De uma maneira geral, e salvo situações excepcionais, as empresas que descumprirem a legislação trabalhista preventiva de segurança e saúde no trabalho, especialmente as disposições contidas nas trinta e seis normas regulamentadoras dos arts. 154 a 201 da CLT, ao término de procedimentos administrativos específicos, sujeitam-se ao pagamento de multas administrativas variáveis em função do total de empregados do estabelecimento e do grau de risco da infração (variável de 1 a 4); tudo consoante tabela constante do Anexo I (Gradação das Multas) da NR-28, por sinal integralmente reproduzida na parte final dos Fundamentos Jurídicos deste Capítulo. Observe-se, a propósito, que os valores das multas trabalhistas por infração à legislação trabalhista de segurança e saúde no trabalho atualmente podem variar da seguinte forma:

- de 378 (trezentas e setenta e oito) a 3.782 (três mil setecentas e oitenta e duas) Unidades Fiscais de Referência (UFIRs)[1] em se tratando de violação às normas regulamentadoras de saúde no trabalho; e,
- de 630 (seiscentas e trinta) a 6.304 (seis mil trezentas e quatro) UFIRs, quando a violação patronal disser respeito às disposições normativas de segurança do trabalho.

Especificamente em relação às infrações às disposições preventivas constantes da NR-29 (Segurança e Saúde no Trabalho Portuário), a Portaria SIT-MTE n. 319, de 15.5.2012, expressamente atualizou seus valores em reais e acresceu à NR-28 o Anexo I-A (Gradação das Multas por infração à NR-29) devidamente reproduzido nos Fundamentos Jurídicos deste Capítulo; destarte, os valores das multas trabalhistas por infração à norma regulamentadora de segurança e saúde no trabalho portuário (NR-29) atualmente podem variar da seguinte forma:

- de 345,00 (trezentos e quarenta e cinco reais) a 3.450 (três mil quatrocentos e cinquenta reais), em se tratando de violação às disposições preventivas de saúde no trabalho portuário; e,
- de 575,00 (quinhentos e setenta e cinco reais) a 5.750,00 (cinco mil setecentos e cinquenta reais), em se tratando de violação às disposições preventivas de segurança no trabalho portuário.

Oportuno enfatizar que o parágrafo único do art. 201 do Código Laboral deixa patente que, em caso de reincidência, embaraço ou resistência à fiscalização, emprego de artifício ou simulação com o objetivo de fraudar a lei, a multa trabalhista por infração à legislação preventiva de segurança e saúde no trabalho será aplicada nos valores máximos constantes dos antes mencionados Anexos I e I-A da NR-28.

Nesse sentido, cabe observar que a Portaria SSMT-MTb n. 19, de 26.7.1983, expressamente tipifica a reincidência para fins de aplicação de multas trabalhistas como sendo a repetida violação de um mesmo item, subitem, inciso ou alínea de uma norma regulamentadora, dentro do espaço de dois anos. Outrossim, a reincidência será considerada em relação a cada um dos estabelecimentos mantidos pela empresa infratora.

A NR-28 (FISCALIZAÇÃO E PENALIDADES), com a redação dada pela Portaria DNSST-MTPS n. 3, de 1º.7.1992, e atualizada até a edição da Portaria MTE-GM n. 882, de 1º.7.2015, tem por objeto nuclear disciplinar os procedimentos fiscais possíveis de serem adotados pelos Auditores Fiscais do Trabalho, assim como os procedimentos punitivos a serem aplicados pelo Superintendente Regional do Trabalho e Emprego às empresas transgressoras da legislação de segurança e saúde no trabalho. Os fundamentos de validade jurídica da aludida norma regulamentadora, em termos de legislação ordinária, estão explicitados nos arts. 154 a 161, 201 e, 626 a 642 da CLT; todos devidamente reproduzidos nos Fundamentos Jurídicos deste Capítulo.

Oportuno destacar que a norma regulamentadora em apreço apresenta suas disposições normativas, de forma sequenciada e agrupada, em três Tópicos, além de três Anexos, na forma a seguir sintetizada:

---

(1) A Lei n. 7.855, de 24.10.1989, instituiu o Bônus do Tesouro Nacional (BTN) como valor monetário a ser utilizado na cobrança de multas; posteriormente, a Lei n. 8.383, de 30.12.1991, instituiu a Unidade Fiscal de Referência (UFIR) como valor monetário a ser utilizado na cobrança de multas em substituição ao BTN.

Sumário da NR-28 (FISCALIZAÇÃO E PENALIDADES)

28.1. Fiscalização.

28.2. Embargo ou Interdição.

28.3. Penalidades.

Anexo I: Gradação das Multas em UFIR (exceto para a NR-29).

Anexo I-A: Gradação das Multas em REAIS, especificamente para infrações à NR-29 (Segurança e Saúde no Trabalho Portuário).

Anexo II: Codificação das Infrações às Normas Regulamentadoras.

Acerca de procedimentos de fiscalização trabalhista, é conveniente lembrar a existência de duas instruções normativas específicas editadas pela Secretaria de Inspeção do Trabalho: a IN SIT-MTE n. 70, 13.8.2007, que dispõe acerca dos Procedimentos de Fiscalização das Condições de Trabalho a Bordo de Embarcações Nacionais e Estrangeiras; e a IN SIT-MTE n. 76, de 15.5.2009, que disciplina os Procedimentos de Fiscalização do Trabalho Rural.

O Auditor Fiscal do Trabalho, em especial o Engenheiro de Segurança do Trabalho e o Médico do Trabalho, no efetivo desempenho das atividades de fiscalização de segurança e saúde no trabalho, conforme o caso, deverá notificar os empregadores para corrigir as infrações detectadas às normas preventivas de segurança e saúde no trabalho, por meio da lavratura de um Termo de Notificação específico, concedendo ao empregador um prazo variável e específico de 1 (um) a 60 (sessenta) dias para a correção das irregularidades detectadas.

É possível ao empregador, que não tenha condições de corrigir adequadamente as infrações constantes do Termo de Notificação lavrado por Auditor Fiscal do Trabalho, solicitar a prorrogação de prazos, desde que sejam observadas as seguintes regras:

- a empresa deverá protocolar, na Superintendência Regional do Trabalho e Emprego (SRTE), de preferência imediatamente, ou antes de findo o prazo concedido no Termo de Notificação, um requerimento escrito solicitando ao Superintendente Regional do Trabalho e Emprego a prorrogação do prazo constante da notificação, além de indicar adequadamente os motivos que a impedem de cumprir o que fora notificado, bem como demonstrar a impossibilidade de sanar as irregularidades no prazo concedido;
- o Superintendente Regional do Trabalho e Emprego, após análise técnica do setor competente de segurança e saúde do trabalho da SRTE e, se entender justificáveis e comprovados os argumentos apresentados pelo empregador, poderá conceder a pretendida dilatação de prazo, respeitado o limite máximo de até 120 dias contados da data de lavratura do Termo de Notificação; caso em que, deverá comunicar formalmente essa decisão ao empregador requerente;
- a concessão de prazos superiores a 120 dias, para a correção de infrações à legislação de segurança e saúde no trabalho, fica condicionada à prévia negociação entre a empresa notificada e o sindicato profissional representante da categoria dos empregados, com a interveniência da SRTE.

Não tendo sido protocolado na SRTE requerimento patronal solicitando prorrogação de prazo, ou se requerido não fora deferido, deverá o Auditor Fiscal do Trabalho, quando do retorno à empresa e, se constatar a persistência da irregularidade técnica apontada no termo de notificação anterior, proceder à imediata lavratura do correspondente Auto de Infração, dando início, assim, ao processo de aplicação de multa administrativa por infração à legislação de segurança e saúde no trabalho.

Consumada a autuação, deverá o Auditor Fiscal do Trabalho entregar a segunda via do auto de infração ao empregador e protocolar a primeira via na SRTE. Caso haja recusa patronal em receber a cópia do auto de infração, ser-lhe-á remetida via correio, mediante Aviso de Recebimento (AR).

Caso a empresa entenda ser indevida a autuação que lhe fora imposta, poderá apresentar defesa escrita direcionada ao Superintendente Regional do Trabalho e Emprego, a ser protocolada na SRTE nos dez dias subsequentes à data de recebimento da cópia do auto de infração. Em sua defesa, o empregador descreverá os motivos que, em seu entendimento, justificam o não cumprimento do item objeto da autuação trabalhista, podendo ainda apontar quaisquer vícios formais ou materiais no procedimento fiscal adotado. Se a defesa patronal for protocolizada na SRTE após decorrido o decêndio subsequente à lavratura do auto de infração, será considerada intempestiva; ou seja, dela não se conhecerá, sendo considerada processualmente inexistente.

No que diz respeito ao curso processual administrativo do auto de infração, convém ser dito que, após o Auditor Fiscal do Trabalho protocolizar na SRTE o auto de infração lavrado em desfavor de uma determinada empresa, e decorrido o citado decêndio legal posterior à autuação, para a apresentação de defesa pela empresa, a autoridade regional encaminhará o processo de auto de infração, com ou sem a defesa da empresa, a fim de ser procedida a análise técnica no setor competente da SRTE. Exarado dito parecer técnico, será o processo de auto de infração submetido à decisão final do Superintendente Regional do Trabalho e Emprego, que concluirá pela subsistência ou insubsistência do citado procedimento fiscal.

Quando o Superintendente Regional do Trabalho e Emprego concluir pela insubsistência do auto de infração, em face de vícios formais ou materiais supostamente perpetrados pelo Auditor Fiscal do Trabalho, necessariamente, haverá o recurso administrativo de ofício ou remessa necessária para a instância administrativa superior, *in casu*, a Secretaria de Inspeção do Trabalho do Ministério do Trabalho e Emprego (SIT-MTE), de modo a bem preservar o interesse público; afinal de contas, a lavratura de um auto de infração pela fiscalização trabalhista é um indício de transgressão à norma legal de caráter público, o que desencadeia a possibilidade de a União Federal ser detentora do valor correspondente à multa administrativa a ser aplicada à empresa transgressora.

Caso a decisão do Superintendente Regional do Trabalho e Emprego seja pela subsistência do auto de infração, significa dizer que o procedimento adotado pela fiscalização trabalhista seguiu os preceitos formais e materiais para a sua regular lavratura e, *a contrario sensu*, os argumentos de defesa apresentados pela empresa foram insuficientes para invalidar dito procedimento fiscal. Destarte, o Superintendente "converterá" o auto de infração em multa administrativa e, em prosseguimento, a empresa receberá o devido Aviso de Imposição de Multa Trabalhista por infração à legislação preventiva de segurança e saúde no trabalho.

Recebido o Aviso de Imposição de Multa, a empresa multada terá a possibilidade legal de pagar o valor da multa com uma redução de 50% (cinquenta por cento), desde que o faça nos dez dias subsequentes. Concretizado o pagamento da multa pela metade, no decêndio subsequente ao recebimento do aviso de imposição de multa administrativa, significa dizer que a empresa quitou o pagamento da multa e desistiu da interposição de recurso administrativo voluntário para a SIT-MTE.

Caso não seja apresentado recurso administrativo (a empresa permaneceu silente) ou se interposto de forma intempestiva (quando já transcorridos os dez dias subsequentes ao recebimento do aviso de imposição de multa), prevalecerá a anterior decisão de aplicação da multa administrativa, na forma imposta pelo Superintendente Regional do Trabalho e Emprego, uma vez que o recurso inadequado se assemelha ao inexistente.

Importante destacar que até 10.11.2009, para que um recurso administrativo voluntariamente interposto pelo empregador, em face de aplicação de multa pela administração pública brasileira, fosse devidamente analisado pelo órgão competente, era indispensável que o suposto infrator, além de apresentar a peça recursal nos dez dias subsequentes ao recebimento do aviso de imposição de multa, comprovasse, também, o prévio depósito da importância correspondente ao valor total da multa questionada; condição conhecida como "preparo" do recurso. Todavia, em face da edição da Súmula Vinculante STF n. 21, de 10.11.2009, não se faz mais necessário o prévio depósito do numerário (preparo) para a interposição de qualquer recurso administrativo. A propósito, assim dispõe o citado verbete vinculante de nossa mais alta Corte de Justiça: "*É inconstitucional a exigência de depósito ou arrolamento prévios de dinheiro ou bens para admissibilidade de recurso administrativo*".

Não se conformando a empresa com a decisão do Superintendente Regional do Trabalho e Emprego que considerou subsistente o auto de infração e lhe impôs a correspondente sanção pecuniária administrativa, a empresa multada poderá, nos dez dias subsequentes ao recebimento do aviso de imposição da multa trabalhista, interpor recurso administrativo voluntário para a SIT-MTE, na forma escrita e protocolizando-o na própria SRTE.

Na hipótese de o recurso patronal haver sido interposto de forma adequada, isto é, tempestivamente apresentado (protocolado no decêndio subsequente ao aviso de imposição de multa administrativa), os autos do processo administrativo serão remetidos à análise da instância administrativa superior, a SIT-MTE.

A Secretaria de Inspeção do Trabalho, ao analisar o recurso administrativo, voluntário ou de ofício, resultantes de procedimentos fiscais por suposta infração patronal à legislação de segurança e saúde no trabalho, adotará uma das seguintes possibilidades legais:

- se, ao analisar o recurso administrativo de ofício ou remessa necessária decorrente de anterior decisão do Superintendente Regional do Trabalho e Emprego no sentido da insubsistência do auto de infração e consequente não aplicação de multa administrativa, entender a Secretaria de Inspeção do Trabalho pela manutenção integral dessa decisão administrativa, a empresa será oportunamente comunicada a respeito, ficando definitivamente isenta do pagamento de multa administrativa; e, igualmente, nada terá a perceber, a título de devolução, uma vez que nenhuma importância recolhera previamente aos cofres públicos;

- caso, porém, ao analisar o recurso administrativo de ofício ou remessa necessária decorrente de anterior decisão do Superintendente Regional do Trabalho e Emprego no sentido da insubsistência do auto de infração e consequente não aplicação de multa administrativa, entender a Secretaria de Inspeção do Trabalho pela reforma integral dessa decisão administrativa, a empresa será definitivamente notificada a pagar integralmente o valor total da multa correspondente à infração de segurança e saúde no trabalho;

- se, entretanto, ao analisar o recurso administrativo voluntário interposto pela empresa, que não se conformou com a decisão do Superintendente Regional do Trabalho e Emprego no sentido da subsistência do auto de infração e consequente aplicação de multa administrativa, a Secretaria de Inspeção do Trabalho modificar a anterior decisão do Superintendente Regional do Trabalho e Emprego e concluir pela insubsistência do auto de infração, a empresa será comunicada a respeito e, igualmente, não se fará necessário qualquer pagamento;

- quando, porém, ao analisar o recurso administrativo voluntário interposto pela empresa, que não se conformou com a decisão do Superintendente Regional do Trabalho e Emprego no sentido da subsistência do auto de infração e consequente aplicação de multa administrativa, a Secretaria de Inspeção do Trabalho mantiver a anterior Decisão do Titular da SRTE e concluir pela subsistência do auto de infração, a empresa será notificada a pagar integralmente o valor total da multa administrativa imposta.

Ressalte-se que, nos termos preconizados pelo inciso III do art. 155 da CLT, a Secretaria de Inspeção do Trabalho do Ministério do Trabalho e Emprego (SIT-MTE) é a última instância administrativa no tocante aos processos de aplicação de multa trabalhista, inclusive as decorrentes de infrações à legislação técnico-preventiva de segurança e saúde no trabalho.

Sob a rubrica de Dispositivos Genéricos pertinentes à fiscalização trabalhista de segurança e saúde no trabalho, estabelece a NR-28 (Fiscalização e Penalidades), de forma geral, o seguinte:

- aos processos resultantes da ação fiscalizadora é facultado anexar quaisquer documentos, quer de pormenorização de fatos circunstanciais, quer comprobatórios, podendo o Auditor Fiscal do Trabalho utilizar todos os meios, inclusive audiovisuais, necessários à comprovação da infração;

- o Auditor Fiscal do Trabalho, com base em critérios técnicos, poderá notificar os empregadores concedendo prazos de até sessenta dias para a correção das irregularidades encontradas;

- o Auditor Fiscal do Trabalho deverá lavrar o respectivo auto de infração à vista de descumprimento dos preceitos legais e/ou regulamentares contidos nas normas regulamentadoras de segurança e saúde no trabalho, considerando o critério da dupla visita, na forma prevista no Regulamento da Inspeção do Trabalho.

No tocante ao Procedimentos Trabalhistas de Embargo ou Interdição, convém recordar que, no Capítulo Terceiro deste Manual, esta temática foi abordada de forma pormenorizada; pelo que, recomendações ao leitor a leitura ou releitura do que ali consignado.

Como antes explicitado, o Anexo II (Codificação das Infrações às Normas Regulamentadoras de Segurança e Saúde no Trabalho) da NR-28 (Fiscalização e Penalidades) estabelece uma classificação de infração para cada item de qualquer norma regulamentadora de segurança e saúde no trabalho que tenha sido objeto de descumprimento por parte da empresa, agrupando-os em quatro categorias: I-1, I-2, I-3 e I-4. Com o mero propósito de facilitar a compreensão do Anexo II, integralmente reproduzido na parte final dos Fundamentos Jurídicos deste Capítulo, vejamos a exemplificação da tipificação de uma infração:

- **Item 6.3 da NR-06 (EPI) —** *A empresa é obrigada a fornecer aos empregados, gratuitamente, EPI adequado ao risco, em perfeito estado de conservação e funcionamento, nas seguintes circunstâncias:*

  a) *sempre que as medidas de ordem geral não ofereçam completa proteção contra os riscos de acidentes do trabalho ou de doenças profissionais e do trabalho* **(C = 206.024-8; I = 4)**;

  Onde:

  C = *Código da Infração, utilizado pelo Auditor Fiscal do Trabalho no Auto de Infração;*

  I = *Grau da Infração, que indica a gradação da multa (crescente de 1 a 4) possível de ser aplicada pelo Superintendente Regional do Trabalho e Emprego à empresa infratora.*

Segundo a NR-28, entende-se por descumprimento patronal reiterado à legislação de segurança e saúde ocupacional a lavratura do auto de infração por três descumprimentos seguidos a um mesmo item de norma regulamentadora de segurança e saúde no trabalho, ou a negligência do empregador em cumprir as disposições legais e/ou regulamentares sobre segurança e saúde do trabalhador, violando-as reiteradamente, ou o não atendimento às advertências, intimações ou sanções, de repetida ação da fiscalização trabalhista. Nesse caso, o Superintendente Regional do Trabalho e Emprego deverá convocar o representante legal da empresa a comparecer à SRTE, para tratar dessa situação e propor soluções para corrigir as situações que estejam em desacordo com as exigências legais.

De forma análoga ao procedimento genérico de aplicação das demais modalidades de multas administrativas federais, cabe destacar que, após esgotados os prazos e os recursos previstos em lei, a empresa não efetuar o pagamento do valor da multa fixado por infração à legislação de segurança e medicina do trabalho, dar-se-á a sua inscrição na Dívida Ativa da União, seguindo-se sua execução fiscal, por intermédio da Procuradoria da Fazenda Nacional.

Em face da Emenda Constitucional n. 45, de 31.12.2004, restou transferida da Justiça Federal Não Especializada para a Justiça Federal do Trabalho a competência material para dirimir as lides possíveis de serem judicialmente promovidas pelas empresas que não se conformam com as penalidades trabalhistas (multa administrativa, embargo ou interdição) que lhe tenham sido impostas como resultantes de fiscalizações trabalhistas.

Doravante, será apresentado o MÓDULO COMPLEMENTAR deste Capítulo, contendo Modelos ou Formulários objetivando a praticidade de alguns dos tópicos expostos ou, quem sabe, auxiliar o profissional de segurança e saúde no trabalho iniciante em sua rotina diária. Em seguida, foram reproduzidos os FUNDAMENTOS JURÍDICOS (dispositivos legais, infralegais ou regulamentares, e jurisprudenciais) que propiciam o suporte de validade jurídica à temática em apreço, observando-se as ordens hierárquica e cronológica. Ao final, encontra-se igualmente transcrita, de forma integral e atualizada, a correspondente norma regulamentadora de segurança e saúde no trabalho que intitula este Capítulo.

MÓDULO COMPLEMENTAR DO CAPÍTULO 28

MODELO DE TERMO DE NOTIFICAÇÃO

(Vide Portaria SSMT/MTb n. 8/85)

SERVIÇO PÚBLICO FEDERAL (SPF)
Ministério do Trabalho e Emprego — MTE
Superintendência Regional do Trabalho e Emprego — SRTE

TERMO DE NOTIFICAÇÃO n. 30202XXXXX.

Empresa: ....

Endereço: .... **Bairro:** ....

Município: .... Telefone: .... **CGC-MF:** ....

Atividade Principal: *Fiação de Algodão* **Código CNAE:** *17.21-6* **Grau de Risco:** *03.*

N. de Empregados: Homens: *430* **Mulheres:** *194* **Menores:** *16* **Total:** *640.*

Pelo presente Termo de Notificação, resultante de fiscalização trabalhista realizada nesta data, a empresa acima identificada, fica legalmente notificada a cumprir, no(s) prazo(s) indicados(s), a(s) seguinte(s) exigência(s) de Segurança e Saúde no Trabalho:

01. *Elaborar ORDENS INTERNAS DE SERVIÇO SOBRE SEGURANÇA E SAÚDE NO TRABALHO, dando ciência aos empregados das obrigações às quais os mesmos se obrigam a conhecer e cumprir, objetivando prevenir a ocorrência de acidentes do trabalho, de conformidade com o previsto na alínea "a" do item 1.7 da NR-01 (Disposições Gerais), da Portaria SSMT/MTb n. 06/83, que regulamentou o art. 157 da CLT.* ***Prazo:*** *15 (quinze) dias.*

02. *Organizar, Registrar na Superintendência Regional do Trabalho e Emprego (SRTE) — e Manter em funcionamento o Serviço Especializado em Engenharia de Segurança e em Medicina do Trabalho (SESMT) de acordo com o que estipulado nos itens 4.1, 4.2 e 4.17 da NR-04 (SESMT), com a redação dada pelas Portarias SSMT/MTb n. 33, de 27.10.1983 e 34 de 20.12.1983, que disciplinaram o art. 162 da CLT.* ***Prazo:*** *30 (trinta) dias.*

03. *Fornecer, gratuitamente, e tornar obrigatório o uso de Equipamentos de Proteção Individual — EPI — adequados ao risco e em perfeito estado de conservação, de modo a proteger adequadamente os empregados dos riscos ambientais presentes nos locais de trabalho, consoante tipificado nos itens 6.2 (alínea "a") e 6.3 da NR-06 (EP)I, da Portaria SSMT/MTb n. 6/83, que regulamentou os arts. 166 e 167 da CLT.* ***Prazo:*** *20 (vinte) dias.*

O presente Termo de Notificação foi lavrado em 3 (três) vias, sendo a primeira entregue ao empregador para o atendimento da(s) exigência(s) no(s) prazo(s) ora concedido(s). Outrossim, fica o empregador cientificado de que é facultado recorrer, com efeito suspensivo, para a autoridade regional competente, no prazo de 10 (dez) dias contados do recebimento deste, de conformidade com o disposto no § 2º do art. 12 do Decreto n. 55.841, de 15.3.1965.

Natal-RN, 20 de Setembro de 1993.

RECEBI a 2ª VIA.

....

Empregador ou Preposto. *Engenheiro EDWAR ABREU GONÇALVES.*

Agente da Inspeção do Trabalho.

(Assinatura e Carimbo)

MODELO DE AUTO DE INFRAÇÃO

(Vide Portaria MTb n. 3.159/71)

SERVIÇO PÚBLICO FEDERAL (SPF)
Ministério do Trabalho e Emprego — MTE
Superintendência Regional do Trabalho e Emprego — SRTE

AUTO DE INFRAÇÃO n. 30202YYYYYY

Empresa: ....
Endereço: .... **Bairro:** ....
Município:............................... **Telefone:** .... **CGC-MF:** ....
Atividade Principal: *Fiação de Algodão* **Código CNAE:** *17.21-6* **Grau de Risco:** *03.*
N. de Empregados: Homens: *430* Mulheres : *194* Menores : *16* **Total:** *640.*
Capital Social: R$ *320.000,00* **Código da Ementa:** *106.001-5* **Hora:** *10:30.*

Pelo presente Auto de Infração, resultante de fiscalização trabalhista realizada nesta data, a empresa acima identificada fica legalmente autuada, tendo em vista o flagrante descumprimento ao seguinte preceito de Segurança e Saúde do Trabalho:

EMENTA DA INFRAÇÃO: NÃO POSSUIR SERVIÇO ESPECIALIZADO EM ENGENHARIA DE SEGURANÇA E EM MEDICINA DO TRABALHO (SESMT).

CAPITULAÇÃO: Infração ao disposto no item 4.1 da NR-04: SESMT, da Portaria SSMT/MTb n. 33, de 27.10.1983, que regulamentou o art. 162 da CLT.

ELEMENTOS DE CONVICÇÃO: A empresa, apesar de anteriormente notificada a sanar a irregularidade acima indicada, na forma consignada no Termo de Notificação n. 30202XXXXX, por mim lavrado na data de 20.9.1993, deixou transcorrer "*in albis*" o prazo ali concedido e não organizou o seu SESMT, o que deveria ter sido feito através da contratação dos profissionais especialistas em segurança e medicina do trabalho na forma indicada no Quadro I da NR-04 (SESMT). A persistência da irregularidade se comprova face a não apresentação das Fichas de Registro de Empregados dos profissionais de Segurança e medicina do trabalho, bem como pela não comprovação do Registro do SESMT na SRTE.

O presente Auto de Infração foi lavrado em 3 (três) vias, sendo a segunda entregue ao empregador, o qual fica desde já cientificado de que poderá apresentar DEFESA ESCRITA ao Sr. Superintendente Regional do Trabalho e Emprego, no prazo de 10 (dez) dias contados do recebimento deste, devendo ser entregue na SRTE, de conformidade com o disposto nos arts. 628 e 629 da CLT.

É facultada a remessa da defesa, via postal (com AR), postada até o último dia do prazo.

Observação: Lavrado fora do local de trabalho porque no dia ___/___/___, às ___:___horas:
( ) O local não oferecia condições. **( )** A lavratura poderia perturbar o funcionamento do local.
( ) Houve reação, constrangimento, coação, resistência.

Natal-RN, 27 de Outubro de 1993.

RECEBI a 2ª VIA.

....
Empregador ou Preposto. Engenheiro EDWAR ABREU GONÇALVES.
Agente da Inspeção do Trabalho.
(Assinatura e Carimbo)

FUNDAMENTOS JURÍDICOS DO CAPÍTULO 28

NR-28: FISCALIZAÇÃO E PENALIDADES *(redação dada pela Portaria DNSST-MTPS n. 3, de 1º.7.1992, atualizada até a edição da Portaria MTE-GM n. 882, de 1º.7.2015). Arts. 5º, inciso LV, 7º, incisos XXII, XXIII, XXVIII e XXXIII, 114, inciso VII, da CF-1988. Arts. 154 a 161, 201 e 626 a 642 da CLT. Lei n. 9.784 de 29.1.1999 (Processo Administrativo no Âmbito da Administração Pública). Lei n. 10.593, de 6.12.2002. Lei n. 10.683, de 28.5.2003. Súmula Vinculante STF n. 21, de 10.11.2009. Convenções OIT n. 81, 155 e 174. Decreto n. 3.129, de 9.8.1999. Decreto n. 4.552, de 27.12.2002 (Regulamento da Inspeção do Trabalho — RIT). Portaria SSMT-MTb n. 19, de 26.7.1983. Portaria MTE n. 40, de 14.1.2011 (Procedimentos relativos a Embargo e Interdição). Portaria MTE-GM n. 1.719, de 5.11.2014 (Suspendeu os efeitos da Portaria MTE n.40/2011 para disciplinar temporariamente os Procedimentos relativos a Embargo e Interdição). Instruções Normativas: IN SIT-MTE n. 70, de 13.8.2007 (Procedimentos de Fiscalização das Condições de Trabalho a Bordo de Embarcações Nacionais e Estrangeiras) e IN SIT-MTE n. 76, de 15.5.2009 (Procedimentos de Fiscalização do Trabalho Rural).*

CONSTITUIÇÃO DA REPÚBLICA FEDERATIVA DO BRASIL

(Atualizada até a edição da Emenda Constitucional n. 85, de 26.2.2015)

Título II: Dos Direitos e Garantias Fundamentais (Arts. 5º a 17)

Capítulo I: Dos Direitos e Deveres Individuais e Coletivos (Art. 5º)

Art. 5º Todos são iguais perante a lei, sem distinção de qualquer natureza, garantindo-se aos brasileiros e aos estrangeiros residentes no País a inviolabilidade do direito à vida, à liberdade, à igualdade, à segurança e à propriedade, nos termos seguintes:

LV — aos litigantes, em processo judicial ou administrativo, e aos acusados em geral são assegurados o contraditório e ampla defesa, com os meios e recursos a ela inerentes;

Capítulo II: Dos Direitos Sociais (Arts. 6º a 11)

Art. 7º São direitos dos trabalhadores urbanos e rurais[(2)], além de outros que visem à melhoria de sua condição social:

XXII — redução dos riscos inerentes ao trabalho, por meio de normas de saúde, higiene e segurança;

XXIII — adicional de remuneração para as atividades penosas, insalubres ou perigosas, na forma da lei;

XXVIII — seguro contra acidentes de trabalho, a cargo do empregador, sem excluir a indenização a que este está obrigado, quando incorrer em dolo ou culpa;

XXXIII — proibição de trabalho noturno, perigoso ou insalubre a menores de dezoito e de qualquer trabalho a menores de dezesseis anos, salvo na condição de aprendiz, a partir de quatorze anos.

Capítulo III — Do Poder Judiciário (Arts. 92 a 126)

Seção V — Dos Tribunais e Juízes do Trabalho

Art. 114. Compete à Justiça do Trabalho processar e julgar:

VII — as ações relativas às penalidades administrativas impostas aos empregadores pelos órgãos de fiscalização das relações de trabalho.

NORMAS JURÍDICAS INFRACONSITUCIONAIS

CONSOLIDAÇÃO DAS LEIS DO TRABALHO

(Decreto-lei n. 5.452, de 1º.5.1943, com a redação dos arts. 154 a 201 CLT dada pela Lei n. 6.514, de 22.12.1977, atualizada até a edição da Lei n. 13.103, de 2.3.2015)

Título II: Das Normas Gerais de Tutela do Trabalho (Arts. 13 a 223 da CLT)

Capítulo V: Da Segurança e da Medicina do Trabalho (Arts. 154 a 201 da CLT)[(3)]

Seção I: **Disposições Gerais**[(4)] (Arts. 154 a 159 da CLT)

Art. 154. A observância, em todos os locais de trabalho, do disposto neste Capítulo, não desobriga as empresas do cumprimento de outras disposições que, com relação à matéria, sejam incluídas em códigos de obras ou regulamentos sanitários dos Estados ou Municípios em que se situem os respectivos estabelecimentos, bem como daquelas oriundas de convenções coletivas de trabalho.[(5)]

Art. 155. Incumbe ao órgão de âmbito nacional competente em matéria de segurança e medicina do trabalho:

I — estabelecer, nos limites de sua competência, normas sobre a aplicação dos preceitos deste Capítulo, especialmente os referidos no art. 200;

II — coordenar, orientar, controlar e supervisionar a fiscalização e as demais atividades relacionadas com a segurança e a medicina do trabalho em todo o território nacional, inclusive a Campanha Nacional de Prevenção de Acidentes do Trabalho;

III — conhecer, em última instância, dos recursos, voluntários ou de ofício, das decisões proferidas pelos Delegados Regionais do Trabalho (atuais Superintendentes Regionais do Trabalho e Emprego), em matéria de segurança e medicina do trabalho.

Art. 156. Compete especialmente às Delegacias Regionais do Trabalho (atuais Superintendências Regionais do Trabalho e Emprego), nos limites de sua jurisdição:

I — promover a fiscalização do cumprimento das normas de segurança e medicina do trabalho;

II — adotar as medidas que se tornem exigíveis, em virtude das disposições deste Capítulo, determinando as obras e reparos que, em qualquer local de trabalho, se façam necessárias;

---

(2) Especificamente em relação aos Servidores Públicos Federais (submetidos ao Regime Jurídico Único da Lei n. 8.112/1990) dispõe o § 3º do art. 39 da CF-1988 que: "*Aplica-se aos servidores ocupantes de cargo público o disposto no Art. 7º, IV, VII, VIII, IX, XII, XIII, XV, XVI, XVII, XVIII, XIX, XX, XXII e XXX, podendo a lei estabelecer requisitos diferenciados de admissão quando a natureza do cargo o exigir*".

(3) A Lei n. 6.514, de 22.12.1977, propiciou a redação dos arts. 154 a 201 da CLT, observadas as atualizações legais até a edição da Lei n. 13.103, de 2.3.2105.

(4) A NR-01 (DISPOSIÇÕES GERAIS) disciplina os arts. 154 a 159 da CLT.

(5) Ver Convenção OIT n. 155 (Segurança e Saúde dos Trabalhadores e o Meio Ambiente), no capítulo específico de Convenções da OIT sobre Segurança e Saúde no Trabalho, deste Manual.

III — impor as penalidades cabíveis por descumprimento das normas constantes deste Capítulo, nos termos do art. 201.

Art. 157. Cabe às empresas:

I — cumprir e fazer cumprir as normas de segurança e medicina do trabalho;

II — instruir os empregados, através de ordens de serviço, quanto às precauções a tomar no sentido de evitar acidentes do trabalho ou doenças ocupacionais;

III — adotar as medidas que lhes sejam determinadas pelo órgão regional competente;

IV — facilitar o exercício da fiscalização pela autoridade competente.

Art. 158. Cabe aos empregados:

I — observar as normas de segurança e medicina do trabalho, inclusive as instruções de que trata o item II do artigo anterior;

II — colaborar com a empresa na aplicação dos dispositivos deste Capítulo.

Parágrafo único. Constitui ato faltoso do empregado a recusa injustificada:

a) à observância das instruções expedidas pelo empregador na forma do item II do artigo anterior;

b) ao uso dos equipamentos de proteção individual fornecidos pela empresa.

Art. 159. Mediante convênio autorizado pelo Ministro do Trabalho (atual Ministro do Trabalho e Emprego), poderão ser delegadas a outros órgãos federais, estaduais ou municipais atribuições de fiscalização ou orientação às empresas quanto ao cumprimento das disposições constantes deste Capítulo.

Seção II: **Da Inspeção Prévia e do Embargo ou Interdição** (Arts. 160 a 161 da CLT)

Art. 160. Nenhum estabelecimento poderá iniciar suas atividades sem prévia inspeção e aprovação das respectivas instalações pela autoridade regional competente em matéria de segurança e medicina do trabalho.(6)

§ 1º Nova inspeção deverá ser feita quando ocorrer modificação substancial nas instalações, inclusive equipamentos, que a empresa fica obrigada a comunicar, prontamente, à Superintendência Regional do Trabalho e Emprego.

§ 2º É facultado às empresas solicitar prévia aprovação, pela Superintendência Regional do Trabalho e Emprego, dos projetos de construção e respectivas instalações.

Art. 161. O Superintendente Regional do Trabalho e Emprego, à vista do laudo técnico do serviço competente que demonstre grave e iminente risco para o trabalhador, poderá interditar estabelecimento, setor de serviço, máquina ou equipamento, ou embargar obra, indicando na decisão, tomada com a brevidade que a ocorrência exigir, as providências que deverão ser adotadas para prevenção de infortúnios de trabalho.(7)

§ 1º As autoridades federais, estaduais e municipais darão imediato apoio às medidas determinadas pelo Superintendente Regional do Trabalho e Emprego.

§ 2º A interdição ou embargo poderão ser requeridos pelo serviço competente da Superintendência Regional do Trabalho e Emprego e, ainda, por Auditor-Fiscal do Trabalho ou por entidade sindical.

§ 3º Da decisão do Superintendente Regional do Trabalho e Emprego poderão os interessados recorrer, no prazo de 10 (dez) dias, para o órgão de âmbito nacional competente em matéria de segurança e medicina do trabalho, ao qual será facultado dar efeito suspensivo ao recurso.

§ 4º Responderá por desobediência, além das medidas penais cabíveis, quem, após determinada a interdição ou embargo, ordenar ou permitir o funcionamento do estabelecimento ou de um dos seus setores, a utilização de máquina ou equipamento, ou o prosseguimento de obra, se, em consequência, resultarem danos a terceiros.

§ 5º O Superintendente Regional do Trabalho e Emprego, independente de recurso, e após laudo técnico do serviço competente, poderá levantar a interdição.

§ 6º Durante a paralisação dos serviços, em decorrência da interdição ou embargo, os empregados receberão os salários como se estivessem em efetivo exercício.

Seção XVI: Das Penalidades (Art. 201 da CLT)(8)

Art. 201. As infrações ao disposto neste Capítulo relativas à medicina do trabalho serão punidas com multa de 30 (trinta) a 300 (trezentas) vezes o valor de referência previsto no art. 2º, parágrafo único, da Lei n. 6.205, de 29 de abril de 1975, e as concernentes à segurança do trabalho com multa de 50 (cinquenta) a 500 (quinhentas) vezes o mesmo valor.

Parágrafo único. Em caso de reincidência, embaraço ou resistência à fiscalização, emprego de artifício ou simulação com o objetivo de fraudar a lei, a multa será aplicada em seu valor máximo.

Título VII: Do Processo de Multas Administrativas (arts. 626 a 642)

Capítulo I: Da Fiscalização, da Autuação e da Imposição de Multas (arts. 626 a 634)

Art. 626. Incumbe às autoridades competentes do Ministério do Trabalho, Indústria e Comércio, ou àquelas que exerçam funções delegadas, a fiscalização do fiel cumprimento das normas de proteção ao trabalho.

Parágrafo único. Os fiscais dos Institutos de Seguro Social e das entidades paraestatais em geral dependentes do Ministério do Trabalho, Indústria e Comércio serão competentes para a fiscalização a que se refere o presente artigo, na forma das instruções que forem expedidas pelo Ministro do Trabalho, Indústria e Comércio.

Art. 627. A fim de promover a instrução dos responsáveis no cumprimento das leis de proteção do trabalho, a fiscalização deverá observar o critério de dupla visita nos seguintes casos:

---

(6) A NR-02 (INSPEÇÃO PRÉVIA) regulamenta o art. 160 da CLT.
(7) A NR-03 (EMBARGO OU INTERDIÇÃO) disciplina o art. 161 da CLT.
(8) A NR-28 (FISCALIZAÇÃO E PENALIDADES) disciplina o art. 201 da CLT.

a) quando ocorrer promulgação ou expedição de novas leis, regulamentos ou instruções ministeriais, sendo que, com relação exclusivamente a esses atos, será feita apenas a instrução dos responsáveis;

b) em se realizando a primeira inspeção dos estabelecimentos ou dos locais de trabalho, recentemente inaugurados ou empreendidos.

Art. 627-A[(9)]. Poderá ser instaurado procedimento especial para ação fiscal, objetivando a orientação sobre o cumprimento das leis de proteção ao trabalho, bem como a prevenção e o saneamento das infrações à legislação mediante Termo de Compromisso, na forma a ser disciplinada no Regulamento da Inspeção do Trabalho.

Art. 628. Salvo o disposto no art. 627, a toda verificação em que o agente da inspeção concluir pela existência de violação de preceito legal deve corresponder, sob pena de responsabilidade administrativa, a lavratura de auto de infração.

§ 1º Ficam as empresas obrigadas a possuir o livro intitulado "Inspeção do Trabalho", cujo modelo será aprovado por portaria Ministerial.

§ 2º Nesse livro, registrará o agente da inspeção (atual Auditor-Fiscal do Trabalho) sua visita ao estabelecimento, declarando a data e a hora do início e término da mesma, bem como o resultado da inspeção, nele consignando, se for o caso, todas as irregularidades verificadas e as exigências feitas, com os respectivos prazos para seu atendimento, e, ainda, de modo legível, os elementos de sua identificação funcional.

§ 3º Comprovada a má-fé do agente da inspeção (atual Auditor-Fiscal do Trabalho) quanto à omissão ou lançamento de qualquer elemento no livro, responderá ele por falta grave no cumprimento do dever, ficando passível, desde logo, da pena de suspensão até 30 (trinta) dias, instaurando-se, obrigatoriamente, em caso de reincidência, inquérito administrativo.

§ 4º A lavratura de autos contra empresas fictícias e de endereços inexistentes, assim como a apresentação de falsos relatórios, constituem falta grave, punível na forma do § 3º.

Art. 629. O auto de infração será lavrado em duplicata, nos termos dos modelos e instruções expedidos, sendo uma via entregue ao infrator, contra recibo, ou ao mesmo enviada, dentro de 10 (dez) dias da lavratura, sob pena de responsabilidade, em registro postal, com franquia e recibo de volta.

§ 1º O auto não terá o seu valor probante condicionado à assinatura do infrator ou de testemunhas, e será lavrado no local da inspeção, salvo havendo motivo justificado que será declarado no próprio auto, quando então deverá ser lavrado no prazo de 24 (vinte e quatro) horas, sob pena de responsabilidade.

§ 2º Lavrado o auto de infração, não poderá ele ser inutilizado, nem sustado o curso do respectivo processo, devendo o agente da inspeção (atual Auditor-Fiscal do Trabalho) apresentá-lo à autoridade competente, mesmo se incidir em erro.

§ 3º O infrator terá, para apresentar defesa, o prazo de 10 (dez) dias contados do recebimento do auto.

§ 4º O auto de infração será registrado com a indicação sumária de seus elementos característicos, em livro próprio que deverá existir em cada órgão fiscalizador, de modo a assegurar o controle do seu processamento.

Art. 630. Nenhum agente da inspeção (atual Auditor-Fiscal do Trabalho) poderá exercer as atribuições do seu cargo sem exibir a carteira de identidade fiscal, devidamente autenticada, fornecida pela autoridade competente.

§ 1º É proibida a outorga de identidade fiscal a quem não esteja autorizado, em razão do cargo ou função, a exercer ou praticar, no âmbito da legislação trabalhista, atos de fiscalização.

§ 2º A credencial a que se refere este artigo deverá ser devolvida para inutilização, sob as penas da lei em casos de provimentos em outro cargo público, exoneração ou demissão, bem como nos de licenciamento por prazo superior a 60 (sessenta) dias e de suspensão do exercício do cargo.

§ 3º O agente da inspeção (atual Auditor-Fiscal do Trabalho) terá livre acesso a todas dependências dos estabelecimentos sujeitos ao regime da legislação, sendo as empresas, por seus dirigentes ou prepostos, obrigados a prestar-lhes os esclarecimentos necessários ao desempenho de suas atribuições legais e a exibir-lhes, quando exigidos, quaisquer documentos que digam respeito ao fiel cumprimento das normas de proteção ao trabalho.

§ 4º Os documentos sujeitos à inspeção deverão permanecer, sob as penas da lei nos locais de trabalho, somente se admitindo, por exceção, a critério da autoridade competente, sejam os mesmos apresentados em dia hora previamente fixados pelo agente da inspeção.

§ 5º No território do exercício de sua função, o agente da inspeção gozará de passe livre nas empresas de transportes, públicas ou privadas, mediante a apresentação da carteira de identidade fiscal.

§ 6º A inobservância do disposto nos §§ 3º, 4º e 5º configurará resistência ou embaraço à fiscalização e justificará a lavratura do respectivo auto de infração, cominada a multa de valor igual a 1/2 (meio) salário mínimo regional até 5 (cinco) vezes esse salário, levando-se em conta, além das circunstâncias atenuantes ou agravantes, a situação econômico-financeira do infrator e os meios a seu alcance para cumprir a lei.

§ 7º Para o efeito do disposto no § 5º, a autoridade competente divulgará em janeiro e julho, de cada ano, a relação dos agentes da inspeção titulares da carteira de identidade fiscal.

§ 8º As autoridades policiais, quando solicitadas, deverão prestar aos agentes da inspeção (atuais Auditores-Fiscais do Trabalho) a assistência de que necessitarem para o fiel cumprimento de suas atribuições legais.

Art. 631. Qualquer funcionário público federal, estadual ou municipal, ou representante legal de associação sindical, poderá comunicar à autoridade competente do Ministério do Trabalho, Indústria e Comércio as infrações que verificar.

Parágrafo único. De posse dessa comunicação, a autoridade competente procederá desde logo às necessárias diligências, lavrando os autos de que haja mister.

Art. 632. Poderá o autuado requerer a audiência de testemunhas e as diligências que lhe parecerem necessárias à elucidação do processo, cabendo, porém, à autoridade, julgar da necessidade de tais provas.

Art. 633. Os prazos para defesa ou recurso poderão ser prorrogados de acordo com despacho expresso da autoridade competente, quando o autuado residir em localidade diversa daquela onde se achar essa autoridade.

Art. 634. Na falta de disposição especial, a imposição das multas incumbe às autoridades regionais competentes em matéria de trabalho, na forma estabelecida por este Título.

---

(9) Artigo acrescentado nos termos da MP n. 2.164/2001.

Parágrafo único. A aplicação da multa não eximirá o infrator da responsabilidade em que incorrer por infração das leis penais.

Capítulo II: Dos Recursos (arts. 635 a 638)

Art. 635. De toda decisão que impuser multa por infração das leis e disposições reguladoras do trabalho, e não havendo forma especial de processo caberá recurso para o Diretor-Geral do Departamento ou Serviço do Ministério do Trabalho e Previdência Social, que for competente na matéria (atual Secretaria de Inspeção do Trabalho do Ministério do Trabalho e Emprego).

Parágrafo único. As decisões serão sempre fundamentadas.

Art. 636. Os recursos devem ser interpostos no prazo de 10 (dez) dias, contados do recebimento da notificação, perante autoridade que houver imposto a multa, a qual, depois de os informar, encaminhá-los-á à autoridade de instância superior.

§ 1º O recurso só terá seguimento se o interessado o instruir com a prova do depósito da multa.

§ 2º A notificação somente será realizada por meio de edital, publicada no órgão oficial, quando o infrator estiver em lugar incerto e não sabido.

§ 3º A notificação de que trata este artigo fixará igualmente o prazo de 10 (dez) dias para que o infrator recolha o valor da multa, sob pena de cobrança executiva.

§ 4º As guias de depósito ou recolhimento serão emitidas em 3 (três) vias e o recolhimento da multa deverá proceder-se dentro de 5 (cinco) dias às repartições federais competentes, que escriturarão a receita a crédito do Ministério do Trabalho e Previdência Social.

§ 5º A segunda via da guia do recolhimento será devolvida pelo infrator à repartição que a emitiu, até o sexto dia depois de sua expedição, para a averbação no processo.

§ 6º A multa será reduzida de 50% (cinquenta por cento) se o infrator, renunciando ao recurso a recolher ao Tesouro Nacional dentro do prazo de 10 (dez) dias contados do recebimento da notificação ou da publicação do edital.

§ 7º Para a expedição da guia, no caso do § 6º, deverá o infrator juntar a notificação com a prova da data do seu recebimento, ou a folha do órgão oficial que publicou o edital.

Art. 637. De todas as decisões que proferirem em processos de infração das leis de proteção ao trabalho e que impliquem arquivamento destes, observado o disposto no parágrafo único do art. 635, deverão as autoridades prolatoras recorrer de ofício para a autoridade competente de instância superior.

Art. 638. Ao Ministro do Trabalho, Indústria e Comércio (atual Ministro do Trabalho e Emprego) é facultado avocar ao seu exame e decisão, dentro de 90 (noventa) dias do despacho final do assunto, ou no curso do processo, as questões referentes à fiscalização dos preceitos estabelecidos nesta Consolidação.

Capítulo III: Do Depósito, da Inscrição e da Cobrança (arts. 639 a 642)

Art. 639. Não sendo provido o recurso, o depósito se converterá em pagamento.

Art. 640. É facultado às Superintendências Regionais do Trabalho e Emprego, na conformidade de instruções expedidas pelo Ministro de Estado, promover a cobrança amigável das multas antes do encaminhamento dos processos à cobrança executiva.

Art. 641. Não comparecendo o infrator, ou não depositando a importância da multa ou penalidade, far-se-á a competente inscrição em livro especial, existente nas repartições das quais se tiver originado a multa ou penalidade, ou de onde tenha provindo a reclamação que a determinou, sendo extraída cópia autentica dessa inscrição e enviada às autoridades competentes para a respectiva cobrança judicial, valendo tal instrumento como título de dívida líquida e certa.

Art. 642. A cobrança judicial das multas impostas pelas autoridades administrativas do trabalho obedecerá ao disposto na legislação aplicável à cobrança da dívida ativa da União, sendo promovida, no Distrito Federal e nas capitais dos Estados em que funcionarem Tribunais Regionais do Trabalho, pela Procuradoria da Justiça do Trabalho, e nas demais localidades, pelo Ministério Público Estadual e do Território do Acre, nos termos do Decreto-lei n. 960, de 17 de dezembro de 1938.

Lei n. 9.719, de 27.11.1998
(Dispõe sobre as Normas e Condições Gerais de Proteção ao Trabalho Portuário)

Art. 10. O descumprimento do disposto nesta Lei sujeitará o infrator às seguintes multas:

II — de R$ 575,00 (quinhentos e setenta e cinco reais) a R$ 5.750,00 (cinco mil, setecentos e cinquenta reais), por infração às normas de segurança do trabalho portuário, e de R$ 345,00 (trezentos e quarenta e cinco reais) a R$ 3.450,00 (três mil, quatrocentos e cinquenta reais), por infração às normas de saúde do trabalho, nos termos do art. 9º.

Parágrafo único. As multas previstas neste artigo serão graduadas segundo a natureza da infração, sua extensão e a intenção de quem a praticou, e aplicadas em dobro em caso de reincidência, oposição à fiscalização e desacato à autoridade, sem prejuízo das penalidades previstas na legislação previdenciária.

Lei n. 9.784, de 29.1.1999
(Dispõe sobre Processo Administrativo no Âmbito da Administração Pública Federal)

Capítulo I: Das Disposições Gerais

Art. 1º Esta Lei estabelece normas básicas sobre o processo administrativo no âmbito da Administração Federal direta e indireta, visando, em especial, à proteção dos direitos dos administrados e ao melhor cumprimento dos fins da Administração.

§ 1º Os preceitos desta Lei também se aplicam aos órgãos dos Poderes Legislativo e Judiciário da União, quando no desempenho de função administrativa.

§ 2º Para os fins desta Lei, consideram-se:

I — Órgão — a unidade de atuação integrante da estrutura da Administração direta e da estrutura da Administração indireta;

II — Entidade — a unidade de atuação dotada de personalidade jurídica;

III — Autoridade -o servidor ou agente público dotado de poder de decisão.

Art. 2º A Administração Pública obedecerá, dentre outros, aos princípios da legalidade, finalidade, motivação, razoabilidade, proporcionalidade, moralidade, ampla defesa, contraditório, segurança jurídica, interesse público e eficiência.

Parágrafo único. Nos processos administrativos serão observados, entre outros, os critérios de:

I — atuação conforme a lei e o Direito;

II — atendimento a fins de interesse geral, vedada a renúncia total ou parcial de poderes ou competências, salvo autorização em lei;

III — objetividade no atendimento do interesse público, vedada a promoção pessoal de agentes ou autoridades;

IV — atuação segundo padrões éticos de probidade, decoro e boa-fé;

V — divulgação oficial dos atos administrativos, ressalvadas as hipóteses de sigilo previstas na Constituição;

VI — adequação entre meios e fins, vedada a imposição de obrigações, restrições e sanções em medida superior àquelas estritamente necessárias ao atendimento do interesse público;

VII — indicação dos pressupostos de fato e de direito que determinarem a decisão;

VIII — observância das formalidades essenciais à garantia dos direitos dos administrados;

IX — adoção de formas simples, suficientes para propiciar adequado grau de certeza, segurança e respeito aos direitos dos administrados;

X — garantia dos direitos à comunicação, à apresentação de alegações finais, à produção de provas e à interposição de recursos, nos processos de que possam resultar sanções e nas situações de litígio;

XI — proibição de cobrança de despesas processuais, ressalvadas as previstas em lei;

XII — impulsão, de ofício, do processo administrativo, sem prejuízo da atuação dos interessados;

XIII — interpretação da norma administrativa da forma que melhor garanta o atendimento do fim público a que se dirige, vedada aplicação retroativa de nova interpretação.

Capítulo II: Dos Direitos dos Administrados

Art. 3º O administrado tem os seguintes direitos perante a Administração, sem prejuízo de outros que lhe sejam assegurados:

I — ser tratado com respeito pelas autoridades e servidores, que deverão facilitar o exercício de seus direitos e o cumprimento de suas obrigações;

II — ter ciência da tramitação dos processos administrativos em que tenha a condição de interessado, ter vista dos autos, obter cópias de documentos neles contidos e conhecer as decisões proferidas;

III — formular alegações e apresentar documentos antes da decisão, os quais serão objeto de consideração pelo órgão competente;

IV — fazer-se assistir, facultativamente, por advogado, salvo quando obrigatória a representação, por força de lei.

Capítulo III: Dos Deveres do Administrado

Art. 4º São deveres do administrado perante a Administração, sem prejuízo de outros previstos em ato normativo:

I — expor os fatos conforme a verdade;

II — proceder com lealdade, urbanidade e boa-fé;

III — não agir de modo temerário;

IV — prestar as informações que lhe forem solicitadas e colaborar para o esclarecimento dos fatos.

Capítulo IV: Do Início do Processo

Art. 5º O processo administrativo pode iniciar-se de ofício ou a pedido de interessado.

Art. 6º O requerimento inicial do interessado, salvo casos em que for admitida solicitação oral, deve ser formulado por escrito e conter os seguintes dados:

I — órgão ou autoridade administrativa a que se dirige;

II — identificação do interessado ou de quem o represente;

III — domicílio do requerente ou local para recebimento de comunicações;

IV — formulação do pedido, com exposição dos fatos e de seus fundamentos;

V — data e assinatura do requerente ou de seu representante.

Parágrafo único. É vedada à Administração a recusa imotivada de recebimento de documentos, devendo o servidor orientar o interessado quanto ao suprimento de eventuais falhas.

Art. 7º Os órgãos e entidades administrativas deverão elaborar modelos ou formulários padronizados para assuntos que importem pretensões equivalentes.

Art. 8º Quando os pedidos de uma pluralidade de interessados tiverem conteúdo e fundamentos idênticos, poderão ser formulados em um único requerimento, salvo preceito legal em contrário.

Capítulo VII: Dos Impedimentos e da Suspeição

Art. 18. É impedido de atuar em processo administrativo o servidor ou autoridade que:

I — tenha interesse direto ou indireto na matéria;

II — tenha participado ou venha a participar como perito, testemunha ou representante, ou se tais situações ocorrem quanto ao cônjuge, companheiro ou parente e afins até o terceiro grau;

III — esteja litigando judicial ou administrativamente com o interessado ou respectivo cônjuge ou companheiro.

Art. 19. A autoridade ou servidor que incorrer em impedimento deve comunicar o fato à autoridade competente, abstendo-se de atuar.

Parágrafo único. A omissão do dever de comunicar o impedimento constitui falta grave, para efeitos disciplinares.

Art. 20. Pode ser arguida a suspeição de autoridade ou servidor que tenha amizade íntima ou inimizade notória com algum dos interessados ou com os respectivos cônjuges, companheiros, parentes e afins até o terceiro grau.

Art. 21. O indeferimento de alegação de suspeição poderá ser objeto de recurso, sem efeito suspensivo.

Capítulo VIII: Da Forma, Tempo e Lugar dos Atos do Processo

Art. 22. Os atos do processo administrativo não dependem de forma determinada, senão quando a lei expressamente a exigir.

§ 1º Os atos do processo devem ser produzidos por escrito, em vernáculo, com a data e o local de sua realização e a assinatura da autoridade responsável.

§ 2º Salvo imposição legal, o reconhecimento de firma somente será exigido quando houver dúvida de autenticidade.

§ 3º A autenticação de documentos exigidos em cópia poderá ser feita pelo órgão administrativo.

§ 4º O processo deverá ter suas páginas numeradas sequencialmente e rubricadas.

Art. 23. Os atos do processo devem realizar-se em dias úteis, no horário normal de funcionamento da repartição na qual tramitar o processo.

Parágrafo único. Serão concluídos depois do horário normal os atos já iniciados, cujo adiamento prejudique o curso regular do procedimento ou cause dano ao interessado ou à Administração.

Art. 24. Inexistindo disposição específica, os atos do órgão ou autoridade responsável pelo processo e dos administrados que dele participem devem ser praticados no prazo de cinco dias, salvo motivo de força maior.

Parágrafo único. O prazo previsto neste artigo pode ser dilatado até o dobro, mediante comprovada justificação.

Art. 25. Os atos do processo devem realizar-se preferencialmente na sede do órgão, cientificando-se o interessado se outro for o local de realização.

Capítulo IX: Da Comunicação dos Atos

Art. 26. O órgão competente perante o qual tramita o processo administrativo determinará a intimação do interessado para ciência de decisão ou a efetivação de diligências.

§ 1º A intimação deverá conter:

I — identificação do intimado e nome do órgão ou entidade administrativa;

II — finalidade da intimação;

III — data, hora e local em que deve comparecer;

IV — se o intimado deve comparecer pessoalmente, ou fazer-se representar;

V — informação da continuidade do processo independentemente do seu comparecimento;

VI — indicação dos fatos e fundamentos legais pertinentes.

§ 2º A intimação observará a antecedência mínima de três dias úteis quanto à data de comparecimento.

§ 3º A intimação pode ser efetuada por ciência no processo, por via postal com aviso de recebimento, por telegrama ou outro meio que assegure a certeza da ciência do interessado.

§ 4º No caso de interessados indeterminados, desconhecidos ou com domicílio indefinido, a intimação deve ser efetuada por meio de publicação oficial.

§ 5º As intimações serão nulas quando feitas sem observância das prescrições legais, mas o comparecimento do administrado supre sua falta ou irregularidade.

Art. 27. O desatendimento da intimação não importa o reconhecimento da verdade dos fatos, nem a renúncia a direito pelo administrado.

Parágrafo único. No prosseguimento do processo, será garantido direito de ampla defesa ao interessado.

Art. 28. Devem ser objeto de intimação os atos do processo que resultem para o interessado em imposição de deveres, ônus, sanções ou restrição ao exercício de direitos e atividades e os atos de outra natureza, de seu interesse.

Capítulo XI: Do Dever de Decidir

Art. 48. A Administração tem o dever de explicitamente emitir decisão nos processos administrativos e sobre solicitações ou reclamações, em matéria de sua competência.

Art. 49. Concluída a instrução de processo administrativo, a Administração tem o prazo de até trinta dias para decidir, salvo prorrogação por igual período expressamente motivada.

Capítulo XII: Da Motivação

Art. 50. Os atos administrativos deverão ser motivados, com indicação dos fatos e dos fundamentos jurídicos, quando:

I — neguem, limitem ou afetem direitos ou interesses;

II — imponham ou agravem deveres, encargos ou sanções;

III — decidam processos administrativos de concurso ou seleção pública;

IV — dispensem ou declarem a inexigibilidade de processo licitatório;

V — decidam recursos administrativos;

VI — decorram de reexame de ofício;

VII — deixem de aplicar jurisprudência firmada sobre a questão ou discrepem de pareceres, laudos, propostas e relatórios oficiais;

VIII — importem anulação, revogação, suspensão ou convalidação de ato administrativo.

§ 1º A motivação deve ser explícita, clara e congruente, podendo consistir em declaração de concordância com fundamentos de anteriores pareceres, informações, decisões ou propostas, que, neste caso, serão parte integrante do ato.

§ 2º Na solução de vários assuntos da mesma natureza, pode ser utilizado meio mecânico que reproduza os fundamentos das decisões, desde que não prejudique direito ou garantia dos interessados.

§ 3º A motivação das decisões de órgãos colegiados e comissões ou de decisões orais constará da respectiva ata ou de termo escrito.

Capítulo XV: Do Recurso Administrativo e da Revisão

Art. 56. Das decisões administrativas cabe recurso, em face de razões de legalidade e de mérito.

§ 1º O recurso será dirigido à autoridade que proferiu a decisão, a qual, se não a reconsiderar no prazo de cinco dias, o encaminhará à autoridade superior.

§ 2º Salvo exigência legal, a interposição de recurso administrativo independe de caução.

Art. 57. O recurso administrativo tramitará no máximo por três instâncias administrativas, salvo disposição legal diversa.

Art. 58. Têm legitimidade para interpor recurso administrativo:

I — os titulares de direitos e interesses que forem parte no processo;

II — aqueles cujos direitos ou interesses forem indiretamente afetados pela decisão recorrida;

III — as organizações e associações representativas, no tocante a direitos e interesses coletivos;

IV — os cidadãos ou associações, quanto a direitos ou interesses difusos.

Art. 59. Salvo disposição legal específica, é de dez dias o prazo para interposição de recurso administrativo, contado a partir da ciência ou divulgação oficial da decisão recorrida.

§ 1º Quando a lei não fixar prazo diferente, o recurso administrativo deverá ser decidido no prazo máximo de trinta dias, a partir do recebimento dos autos pelo órgão competente.

§ 2º O prazo mencionado no parágrafo anterior poderá ser prorrogado por igual período, ante justificativa explícita.

Art. 60. O recurso interpõe-se por meio de requerimento no qual o recorrente deverá expor os fundamentos do pedido de reexame, podendo juntar os documentos que julgar convenientes.

Art. 61. Salvo disposição legal em contrário, o recurso não tem efeito suspensivo.

Parágrafo único. Havendo justo receio de prejuízo de difícil ou incerta reparação decorrente da execução, a autoridade recorrida ou a imediatamente superior poderá, de ofício ou a pedido, dar efeito suspensivo ao recurso.

Art. 62. Interposto o recurso, o órgão competente para dele conhecer deverá intimar os demais interessados para que, no prazo de cinco dias úteis, apresentem alegações.

Art. 63. O recurso não será conhecido quando interposto:

I — fora do prazo;

II — perante órgão incompetente;

III — por quem não seja legitimado;

IV -após exaurida a esfera administrativa.

§ 1º Na hipótese do inciso II, será indicada ao recorrente a autoridade competente, sendo-lhe devolvido o prazo para recurso.

§ 2º O não conhecimento do recurso não impede a Administração de rever de ofício o ato ilegal, desde que não ocorrida preclusão administrativa.

Art. 64. O órgão competente para decidir o recurso poderá confirmar, modificar, anular ou revogar, total ou parcialmente, a decisão recorrida, se a matéria for de sua competência.

Parágrafo único. Se da aplicação do disposto neste artigo puder decorrer gravame à situação do recorrente, este deverá ser cientificado para que formule suas alegações antes da decisão.

Art. 65. Os processos administrativos de que resultem sanções poderão ser revistos, a qualquer tempo, a pedido ou de ofício, quando surgirem fatos novos ou circunstâncias relevantes suscetíveis de justificar a inadequação da sanção aplicada.

Parágrafo único. Da revisão do processo não poderá resultar agravamento da sanção.

Capítulo XVI: Dos Prazos

Art. 66. Os prazos começam a correr a partir da data da cientificação oficial, excluindo-se da contagem o dia do começo e incluindo-se o do vencimento.

§ 1º Considera-se prorrogado o prazo até o primeiro dia útil seguinte se o vencimento cair em dia em que não houver expediente ou este for encerrado antes da hora normal.

§ 2º Os prazos expressos em dias contam-se de modo contínuo.

§ 3º Os prazos fixados em meses ou anos contam-se de data a data. Se no mês do vencimento não houver o dia equivalente àquele do início do prazo, tem-se como termo o último dia do mês.

Art. 67. Salvo motivo de força maior devidamente comprovado, os prazos processuais não se suspendem.

Lei n. 10.593, de 6.12.2002
(Cria a carreira Auditoria-Fiscal do Trabalho)

Art. 10. São transformados em cargo de Auditor-Fiscal do Trabalho, na Carreira Auditoria-Fiscal do Trabalho, os seguintes cargos efetivos do quadro permanente do Ministério do Trabalho e Emprego:

I — Fiscal do Trabalho;

II — Assistente Social, encarregado da fiscalização do trabalho da mulher e do menor;

III — Engenheiros e Arquitetos, com a especialização prevista na Lei n. 7.410, de 27 de novembro de 1985, encarregados da fiscalização da segurança no trabalho;

IV — Médico do Trabalho, encarregado da fiscalização das condições de salubridade do ambiente do trabalho.

Art. 11. Os ocupantes do cargo de Auditor-Fiscal do Trabalho têm por atribuições assegurar, em todo o território nacional:

I — o cumprimento de disposições legais e regulamentares, inclusive as relacionadas à segurança e à medicina do trabalho, no âmbito das relações de trabalho e de emprego;

II — a verificação dos registros em Carteira de Trabalho e Previdência Social (CTPS), visando a redução dos índices de informalidade;

III — a verificação do recolhimento do Fundo de Garantia do Tempo de Serviço (FGTS), objetivando maximizar os índices de arrecadação;

IV — o cumprimento de acordos, convenções e contratos coletivos de trabalho celebrados entre empregados e empregadores;

V — o respeito aos acordos, tratados e convenções internacionais dos quais o Brasil seja signatário;

VI — a lavratura de auto de apreensão e guarda de documentos, materiais, livros e assemelhados, para verificação da existência de fraude e irregularidades, bem como o exame da contabilidade das empresas, não se lhes aplicando o disposto nos arts. 17 e 18 do Código Comercial.

Parágrafo único. O Poder Executivo regulamentará as atribuições privativas previstas neste artigo, podendo cometer aos ocupantes do cargo de Auditor-Fiscal do Trabalho outras atribuições, desde que compatíveis com atividades de auditoria e fiscalização.

SÚMULA DE JURISPRUDÊNCIA DO SUPREMO TRIBUNAL FEDERAL

Súmula Vinculante STF n. 21. É inconstitucional a exigência de depósito ou arrolamento prévios de dinheiro ou bens para admissibilidade de recurso administrativo.

NORMAS JURÍDICAS INFRALEGAIS OU REGULAMENTARES

Decreto n. 4.552, de 27.12.2002(10)
(Aprova o Regulamento da Inspeção do Trabalho — RIT)

O PRESIDENTE DA REPÚBLICA, no uso da atribuição que lhe confere o art. 84, inciso IV, e considerando o disposto no art. 21, inciso XXIV, ambos da Constituição, na Lei n. 10.593, de 6 de dezembro de 2002, e na Convenção 81 da Organização Internacional do Trabalho, aprovada pelo Decreto Legislativo n. 24, de 29 de maio de 1956, promulgada pelo Decreto n. 41.721, de 25 de junho de 1957, e revigorada pelo Decreto n. 95.461, de 11 de dezembro de 1987, bem como o disposto na Consolidação das Leis do Trabalho, aprovada pelo Decreto-lei n. 5.452, de 1º de maio de 1943, *DECRETA*:

Art. 1º Fica aprovado o Regulamento da Inspeção do Trabalho, que a este Decreto acompanha.

Art. 2º Este Decreto entra em vigor na data da sua publicação.

Art. 3º Revogam-se os Decretos n. 55.841, de 15 de março de 1965; 57.819, de 15 de fevereiro de 1966; 65.557, de 21 de outubro de 1969; e 97.995, de 26 de julho de 1989.

REGULAMENTO DA INSPEÇÃO DO TRABALHO (RIT)

Art. 1º O Sistema Federal de Inspeção do Trabalho, a cargo do Ministério do Trabalho e Emprego, tem por finalidade assegurar, em todo o território nacional, a aplicação das disposições legais, incluindo as convenções internacionais ratificadas, os atos e decisões das autoridades competentes e as convenções, acordos e contratos coletivos de trabalho, no que concerne à proteção dos trabalhadores no exercício da atividade laboral.

---

(10) O Decreto n. 4.870, de 30.10.2003, alterou os arts. 2º, 6º, e 18, além de revogar os §§ 2º e 1º respectivamente, dos arts. 8º e 18, todos do Regulamento da Inspeção do Trabalho, que fora aprovado pelo Decreto n. 4.552, de 27.12.2002. Ditas modificações já foram devidamente implementadas no texto ora reproduzido.

Art. 2º Compõem o Sistema Federal de Inspeção do Trabalho:

I — autoridades de direção nacional, regional ou local: aquelas indicadas em leis, regulamentos e demais atos atinentes à estrutura administrativa do Ministério do Trabalho e Emprego;

II — Auditores-Fiscais do Trabalho;(11)

III — Agentes de Higiene e Segurança do Trabalho, em funções auxiliares de inspeção do trabalho.

Art. 9º A inspeção do trabalho será promovida em todas as empresas, estabelecimentos e locais de trabalho, públicos ou privados, estendendo-se aos profissionais liberais e instituições sem fins lucrativos, bem como às embarcações estrangeiras em águas territoriais brasileiras.

Art. 10. Ao Auditor-Fiscal do Trabalho será fornecida Carteira de Identidade Fiscal (CIF), que servirá como credencial privativa, com renovação quinquenal.

§ 1º Além da credencial aludida no *caput*, será fornecida credencial transcrita na língua inglesa ao Auditor-Fiscal do Trabalho, que tenha por atribuição inspecionar embarcações de bandeira estrangeira.

§ 2º A autoridade nacional competente em matéria de inspeção do trabalho fará publicar, no Diário Oficial da União, relação nominal dos portadores de Carteiras de Identidade Fiscal, com nome, número de matrícula e órgão de lotação.

§ 3º É proibida a outorga de identidade fiscal a quem não seja integrante da Carreira Auditoria-Fiscal do Trabalho.

Art. 18. Compete aos Auditores-Fiscais do Trabalho, em todo o território nacional:

I — verificar o cumprimento das disposições legais e regulamentares, inclusive as relacionadas à segurança e à saúde no trabalho, no âmbito das relações de trabalho e de emprego, em especial:

a) os registros em Carteira de Trabalho e Previdência Social (CTPS), visando à redução dos índices de informalidade;

b) o recolhimento do Fundo de Garantia do Tempo de Serviço (FGTS), objetivando maximizar os índices de arrecadação;

c) o cumprimento de acordos, convenções e contratos coletivos de trabalho celebrados entre empregados e empregadores; e

d) o cumprimento dos acordos, tratados e convenções internacionais ratificados pelo Brasil;

II — ministrar orientações e dar informações e conselhos técnicos aos trabalhadores e às pessoas sujeitas à inspeção do trabalho, atendidos os critérios administrativos de oportunidade e conveniência;

III — interrogar as pessoas sujeitas à inspeção do trabalho, seus prepostos ou representantes legais, bem como trabalhadores, sobre qualquer matéria relativa à aplicação das disposições legais e exigir-lhes documento de identificação;

IV — expedir notificação para apresentação de documentos;

V — examinar e extrair dados e cópias de livros, arquivos e outros documentos, que entenda necessários ao exercício de suas atribuições legais, inclusive quando mantidos em meio magnético ou eletrônico;

VI — proceder a levantamento e notificação de débitos;

VII — apreender, mediante termo, materiais, livros, papéis, arquivos e documentos, inclusive quando mantidos em meio magnético ou eletrônico, que constituam prova material de infração, ou, ainda, para exame ou instrução de processos;

VIII — inspecionar os locais de trabalho, o funcionamento de máquinas e a utilização de equipamentos e instalações;

IX — averiguar e analisar situações com risco potencial de gerar doenças ocupacionais e acidentes do trabalho, determinando as medidas preventivas necessárias;

X — notificar as pessoas sujeitas à inspeção do trabalho para o cumprimento de obrigações ou a correção de irregularidades e adoção de medidas que eliminem os riscos para a saúde e segurança dos trabalhadores, nas instalações ou métodos de trabalho;

XI — quando constatado grave e iminente risco para a saúde ou segurança dos trabalhadores, expedir a notificação a que se refere o inciso X deste artigo, determinando a adoção de medidas de imediata aplicação;

XII — coletar materiais e substâncias nos locais de trabalho para fins de análise, bem como apreender equipamentos e outros itens relacionados com a segurança e saúde no trabalho, lavrando o respectivo termo de apreensão;

XIII — propor a interdição de estabelecimento, setor de serviço, máquina ou equipamento, ou o embargo de obra, total ou parcial, quando constatar situação de grave e iminente risco à saúde ou à integridade física do trabalhador, por meio de emissão de laudo técnico que indique a situação de risco verificada e especifique as medidas corretivas que deverão ser adotadas pelas pessoas sujeitas à inspeção do trabalho, comunicando o fato de imediato à autoridade competente;

XIV — analisar e investigar as causas dos acidentes do trabalho e das doenças ocupacionais, bem como as situações com potencial para gerar tais eventos;

XV — realizar auditorias e perícias e emitir laudos, pareceres e relatórios;(12)

XVI — solicitar, quando necessário ao desempenho de suas funções, o auxílio da autoridade policial;

XVII — lavrar termo de compromisso decorrente de procedimento especial de inspeção;

XVIII — lavrar autos de infração por inobservância de disposições legais;

XIX — analisar processos administrativos de auto de infração, notificações de débitos ou outros que lhes forem distribuídos;

---

(11) Redação atualizada pelo Decreto n. 4.870 de 30.10.2003. Assim dispunha a redação anterior: "*II – Auditores-Fiscais do Trabalho, nas seguintes áreas de especialização: a) legislação do trabalho; b) segurança do trabalho; e c) saúde no trabalho.*"

(12) Redação atualizada pelo Decreto n. 4.870, de 30.10.2003. Assim dispunha a redação anterior: "***XV*** *— realizar perícias e auditorias, no campo de suas atribuições e formação profissional, emitindo pareceres, laudos e relatórios.*"

XX — devolver, devidamente informados os processos e demais documentos que lhes forem distribuídos, nos prazos e formas previstos em instruções expedidas pela autoridade nacional competente em matéria de inspeção do trabalho;

XXI — elaborar relatórios de suas atividades, nos prazos e formas previstos em instruções expedidas pela autoridade nacional competente em matéria de inspeção do trabalho;

XXII — levar ao conhecimento da autoridade competente, por escrito, as deficiências ou abusos que não estejam especificamente compreendidos nas disposições legais;

XXIII — atuar em conformidade com as prioridades estabelecidas pelos planejamentos nacional e regional.[13]

§ 1º Revogado pelo Decreto n. 4870, de 30.10.2003.[14]

§ 2º Aos Auditores-Fiscais do Trabalho serão ministrados regularmente cursos, visando a sua formação e aperfeiçoamento, observadas as peculiaridades regionais, conforme instruções expedidas pela autoridade nacional competente em matéria de inspeção do trabalho.[15]

Art. 21. Caberá ao órgão regional do Ministério do Trabalho e Emprego promover a investigação das causas de acidentes ou doenças relacionadas ao trabalho, determinando as medidas de proteção necessárias.

Art. 22. O Auditor-Fiscal do Trabalho poderá solicitar o concurso de especialistas e técnicos devidamente qualificados, assim como recorrer a laboratórios técnico-científicos governamentais ou credenciados, a fim de assegurar a aplicação das disposições legais e regulamentares relativas à segurança e saúde no trabalho.

Art. 31. São atividades auxiliares de apoio operacional à inspeção do trabalho, a cargo dos Agentes de Higiene e Segurança do Trabalho:

I — levantamento técnico das condições de segurança nos locais de trabalho, com vistas à investigação de acidentes do trabalho;

II — levantamento de dados para fins de cálculo dos coeficientes de frequência e gravidade dos acidentes;

III — avaliação qualitativa ou quantitativa de riscos ambientais;

IV — levantamento e análise das condições de risco nas pessoas sujeitas à inspeção do trabalho;

V — auxílio à realização de perícias técnicas para caracterização de insalubridade ou de periculosidade;

VI — comunicação, de imediato e por escrito, à autoridade competente de qualquer situação de risco grave e iminente à saúde ou à integridade física dos trabalhadores;

VII — participação em estudos e análises sobre as causas de acidentes do trabalho e de doenças profissionais;

VIII — colaboração na elaboração de recomendações sobre segurança e saúde no trabalho;

IX — acompanhamento das ações de prevenção desenvolvidas pela unidade descentralizada do Ministério do Trabalho e Emprego;

X — orientação às pessoas sujeitas à inspeção do trabalho sobre instalação e funcionamento das Comissões Internas de Prevenção de Acidentes (CIPA) e dimensionamento dos Serviços Especializados em Engenharia de Segurança e em Medicina do Trabalho (SESMT);

XI — prestação de assistência às CIPA;

XII — participação nas reuniões das CIPA das pessoas sujeitas à inspeção do trabalho, como representantes da unidade descentralizada do Ministério do Trabalho e Emprego;

XIII — devolução dos processos e demais documentos que lhes forem distribuídos, devidamente informados, nos prazos assinalados;

XIV — elaboração de relatório mensal de suas atividades, nas condições e nos prazos fixados pela autoridade nacional em matéria de inspeção do trabalho; e

XV — prestação de informações e orientações em plantões fiscais na área de sua competência.

§ 1º As atividades externas de que trata este artigo somente poderão ser exercidas mediante ordem de serviço expedida pela chefia de fiscalização.

§ 2º Para o desempenho das atribuições previstas neste artigo, será fornecida aos Agentes de Higiene e Segurança do Trabalho (Técnicos de Segurança do Trabalho do MTE) credencial específica que lhes possibilite o livre acesso aos estabelecimentos e locais de trabalho.

Capítulo VI: Das Disposições Gerais

Art. 33. Os Auditores-Fiscais do Trabalho poderão participar de atividades de coordenação, planejamento, análise de processos e de desenvolvimento de programas especiais e de outras atividades internas e externas relacionadas com a inspeção do trabalho, na forma das instruções expedidas pela autoridade nacional competente em matéria de inspeção do trabalho.

Art. 34. As empresas de transportes de qualquer natureza, inclusive as exploradas pela União, Distrito Federal, Estados e Municípios, bem como as concessionárias de rodovias que cobram pedágio para o trânsito concederão passe livre aos Auditores-Fiscais do Trabalho e aos Agentes de Higiene e Segurança do Trabalho, no território nacional em conformidade com o disposto no art. 630, § 5º, da Consolidação das Leis do Trabalho (CLT), mediante a apresentação da Carteira de Identidade Fiscal.

---

(13) Redação atualizada pelo Decreto n. 4.870, de 30.10.2003. Assim dispunha a redação anterior: "***XXIII – atuar em conformidade com as prioridades estabelecidas pelos planejamentos nacional e regional, nas respectivas áreas de especialização.***"

(14) Assim dispunha o revogado § 1º "A autoridade nacional competente em matéria de inspeção do trabalho estabelecerá, no planejamento anual, as áreas de atuação prioritárias dos Auditores-Fiscais do Trabalho em razão de sua especialização."

(15) Redação atualizada pelo Decreto n. 4.870 de 30.10.2003. Assim dispunha a redação anterior do § 2º "*Aos Auditores-Fiscais do Trabalho serão ministrados regularmente cursos necessários à sua formação, aperfeiçoamento e especialização, observadas as peculiaridades regionais, conforme instruções do Ministério do Trabalho e Emprego, expedidas pela autoridade nacional competente em matéria de inspeção do trabalho.*"

Parágrafo único. O passe livre a que se refere este artigo abrange a travessia realizada em veículos de transporte aquaviário.

Art. 35. É vedado aos Auditores-Fiscais do Trabalho e aos Agentes de Higiene e Segurança do Trabalho:

I — revelar, sob pena de responsabilidade, mesmo na hipótese de afastamento do cargo, os segredos de fabricação ou comércio, bem como os processos de exploração de que tenham tido conhecimento no exercício de suas funções;

II — revelar informações obtidas em decorrência do exercício das suas competências;

III — revelar as fontes de informações, reclamações ou denúncias; e

IV — inspecionar os locais em que tenham qualquer interesse direto ou indireto, caso em que deverão declarar o impedimento.

Parágrafo único. Os Auditores-Fiscais do Trabalho e os Agentes de Higiene e Segurança do Trabalho responderão civil, penal e administrativamente pela infração ao disposto neste artigo.

Art. 36. Configura falta grave o fornecimento ou a requisição de Carteira de Identidade Fiscal para qualquer pessoa não integrante do Sistema Federal de Inspeção do Trabalho.

Parágrafo único. É considerado igualmente falta grave o uso da Carteira de Identidade Fiscal para fins outros que não os da fiscalização.

Art. 37. Em toda unidade descentralizada do Ministério do Trabalho e Emprego em que houver Auditores-Fiscais do Trabalho deverá ser reservada uma sala para o uso exclusivo desses servidores.

Art. 38. A autoridade nacional competente em matéria de inspeção do trabalho expedirá as instruções necessárias à execução deste Regulamento.

Portaria SSMT-MTb n. 19, de 26.7.1983
(Considera Reincidência para Aplicação de Multas)

Art. 1º Considerar reincidência, para efeito de aplicação das multas previstas no parágrafo único do art. 201 da CLT e na NR-28, aprovada pela Portaria n. 7/83, a repetida violação de um mesmo item, subitem, inciso ou alínea de uma Norma Regulamentadora, dentro do espaço de dois anos.

Parágrafo único. A reincidência será considerada em relação a cada um dos estabelecimentos mantidos pela empresa infratora.

Art. 2º Em caso de reincidência, a multa será aplicada de acordo com o disposto no Quadro II desta Portaria.

Art. 3º Dentro do prazo de dois anos, previsto no art. 3º desta Portaria, a multa prevista no Quadro II anexo será acrescida de 30 VR (Medicina do Trabalho) e 50 VR (Segurança do Trabalho) por reincidência, até atingir os valores máximos estabelecidos no parágrafo único do art. 201 da CLT, com a alteração procedida pela Lei n. 6.986, de 13 de abril de 1982.

Art. 4º Em caso de embaraço ou resistência à Fiscalização, emprego de artifício ou simulação, com o objetivo de fraudar a lei, a multa aplicada será de 125 VR, correspondendo ao maior valor fixado no Quadro I desta Portaria.

Art. 5º O Quadro I, do Anexo II, da NR-28, aprovada pela Portaria n. 07/83, passará a vigorar com novos valores, conforme Quadro I desta Portaria.

Art. 6º As dúvidas suscitadas e os casos omissos serão dirimidos pela SSMT.

Art. 7º A presente Portaria entrará em vigor na data de sua publicação, revogadas as disposições em contrário e o Quadro I, do Anexo II, da NR-28.

NR-28 (FISCALIZAÇÃO E PENALIDADES)
(Texto da NR-28 com a redação dada pela Portaria DNSST de 1º.7.1992, atualizado até a edição da Portaria MTE-GM n. 882 de 1º.7.2015)

Publicação	
Portaria GM n. 3.214, de 8 de junho de 1978	6.7.78
Alterações/Atualizações	**D.O.U**
Portaria SSMT n. 7, de 15 de março de 1983	18.3.83
Portaria SSMT n. 12, de 6 de junho de 1983	14.6.83
Portaria SSMT n. 18, de 26 de julho de 1983	28.7.83
Portaria SSMT n. 19, de 26 de julho de 1983	28.7.83
Portaria SSMT n. 08, de 7 de março de 1985	12.3.85
Portaria MTb n. 3.032, de 15 de fevereiro de 1990	16.2.90
Portaria DNSST n. 3, de 1º de julho de 1992	13.7.92
Portaria DNSST n. 7, de 5 de outubro de 1992	7.10.92
Portaria SSST n. 13, de 17 de setembro de 1993	21.9.93
Portaria SSST n. 23, de 27 de dezembro de 1994	Rep. 26.4.95
Portaria SSST n. 24, de 29 de dezembro de 1994	30.12.94
Portaria SSST n. 6, de 14 de agosto de 1995	18.8.95
Portaria SSST n. 8, de 8 de maio de 1996	Rep. 13.5.96
Portaria SSST n. 17, de 25 de junho de 1996	28.6.96

Portaria SSST n. 8, de 24 de março de 1997	Rep. 3.4.97
Portaria SSST n. 12, de 6 de maio de 1997	7.5.97
Portaria SSST n. 18, de 30 de março de 1998	Rep. 3.9.98
Portaria SSST n. 20, de 17 de abril de 1998	Retif. 20.4.98
Portaria SSST n. 26, de 6 de maio de 1998	8.5.98
Portaria SIT n. 4, de 6 de outubro de 1999	8.10.99
Portaria SIT n. 35, de 26 de dezembro de 2000	3.8.00
Portaria SIT n. 8, de 21 de fevereiro de 2001	22.2.01
Portaria SIT n. 31, de 20 de dezembro de 2001	27.12.01
Portaria SIT n. 1, de 17 de janeiro de 2002	25.1.02
Portaria SIT n. 18, de 12 de julho de 2002	12.7.02
Portaria SIT n. 70, de 12 de março de 2004	17.3.04
Portaria SIT n. 82, de 1 de junho de 2004	2.6.04
Portaria SIT n. 94, de 17 de agosto de 2004	18.8.04
Portaria SIT n. 114, de 17 de janeiro de 2005	27.1.05
Portaria SIT n. 126, de 3 de junho de 2005	6.6.05
Portaria SIT n. 127, de 16 de junho de 2005	20.6.05
Portaria SIT n. 160, de 19 de abril de 2006	20.4.06
Portaria SIT n. 166, de 30 de maio de 2006	31.5.06
Portaria SIT n. 178, de 21 de setembro de 2006	25.9.06
Portaria SIT n. 38, de 21 de fevereiro de 2008	25.2.08
Portaria SIT n. 44, de 9 de abril de 2008	11.4.08
Portaria MTE n. 191, de 15 de abril de 2008	16.4.08
Portaria SIT n. 277, de 6 de outubro de 2011	10.10.11
Portaria SIT n. 298, de 11 de janeiro de 2012	12.1.12
Portaria SIT n. 319, de 15 de maio de 2012	18.5.12
Portaria SIT n. 2.033, de 7 de dezembro de 2012	10.12.12
Portaria MTE n. 591, de 28 de abril de 2014	30.4.14
Portaria MTE n. 11, de 9 de janeiro de 2015	12.1.15

(Redação dada pela Portaria n. 3, de 1º de julho de 1992)

28.1. FISCALIZAÇÃO

28.1.1. A fiscalização do cumprimento das disposições legais e/ou regulamentares sobre segurança e saúde do trabalhador será efetuada obedecendo ao disposto nos Decretos n. 55.841, de 15.3.65, e n. 97.995, de 26.7.89, no Título VII da CLT e no § 3º do art. 6º da Lei n. 7.855, de 24.10.89 e nesta Norma Regulamentadora. *(Alterado pela Portaria n. 7, de 5 de outubro de 1992)*

28.1.2. Aos processos resultantes da ação fiscalizadora é facultado anexar quaisquer documentos, quer de pormenorização de fatos circunstanciais, quer comprobatórios, podendo, no exercício das funções de inspeção do trabalho, o agente de inspeção do trabalho usar de todos os meios, inclusive audiovisuais, necessários à comprovação da infração.

28.1.3. O agente da inspeção do trabalho deverá lavrar o respectivo auto de infração à vista de descumprimento dos preceitos legais e/ou regulamentares contidos nas Normas Regulamentadoras urbanas e rurais, considerando o critério da dupla visita, elencados no Decreto n. 55.841, de 15.3.65, no Título VII da CLT e no § 3º do art. 6º da Lei n. 7.855, de 24.10.89. *(Alterado pela Portaria n. 7, de 5 de outubro de 1992)*

28.1.4. O agente da inspeção do trabalho, com base em critérios técnicos, poderá notificar os empregadores concedendo prazos para a correção das irregularidades encontradas.

28.1.4.1. O prazo para cumprimento dos itens notificados deverá ser limitado a, no máximo, 60 (sessenta) dias.

28.1.4.2. A autoridade regional competente, diante de solicitação escrita do notificado, acompanhada de exposição de motivos relevantes, apresentada no prazo de 10 dias do recebimento da notificação, poderá prorrogar por 120 (cento e vinte) dias, contados da data do Termo de Notificação, o prazo para seu cumprimento. *(Alterado pela Portaria n. 7, de 5 de outubro de 1992)*

28.1.4.3. A concessão de prazos superiores a 120 (cento e vinte) dias fica condicionada à prévia negociação entre o notificado e o sindicato representante da categoria dos empregados, com a presença da autoridade regional competente. *(Alterado pela Portaria n. 7, de 5 de outubro de 1992)*

28.1.4.4. A empresa poderá recorrer ou solicitar prorrogação de prazo de cada item notificado até no máximo 10 (dez) dias a contar da data de emissão da notificação.

28.1.5. Poderão ainda os agentes da inspeção do trabalho lavrar auto de infração pelo descumprimento dos preceitos legais e/ou regulamentares sobre segurança e saúde do trabalhador, à vista de laudo técnico emitido por engenheiro de segurança do trabalho ou médico do trabalho, devidamente habilitado.

28.2. EMBARGO OU INTERDIÇÃO.

28.2.1. Quando o agente da inspeção do trabalho constatar situação de grave e iminente risco à saúde e/ou integridade física do trabalhador, com base em critérios técnicos, deverá propor de imediato à autoridade regional competente a interdição do estabelecimento, setor de serviço, máquina ou equipamento, ou o embargo parcial ou total da obra, determinando as medidas que deverão ser adotadas para a correção das situações de risco. *(Alterado pela Portaria n. 7, de 5 de outubro de 1992)*

28.2.2. A autoridade regional competente, à vista de novo laudo técnico do agente da inspeção do trabalho, procederá à suspensão ou não da interdição ou embargo. *(Alterado pela Portaria n. 7, de 5 de outubro de 1992)*

28.2.3. A autoridade regional competente, à vista de relatório circunstanciado, elaborado por agente da inspeção do trabalho que comprove o descumprimento reiterado das disposições legais e/ou regulamentares sobre segurança e saúde do trabalhador, poderá convocar representante legal da empresa para apurar o motivo da irregularidade e propor solução para corrigir as situações que estejam em desacordo com exigências legais. *(Alterado pela Portaria n. 7, de 5 de outubro de 1992)*

28.2.3.1. Entende-se por descumprimento reiterado a lavratura do auto de infração por 3 (três) vezes no tocante ao descumprimento do mesmo item de norma regulamentadora ou a negligência do empregador em cumprir as disposições legais e/ou regulamentares sobre segurança e saúde do trabalhador, violando-as reiteradamente, deixando de atender às advertências, intimações ou sanções e sob reiterada ação fiscal por parte dos agentes da inspeção do trabalho.

28.3. PENALIDADES.

28.3.1. As infrações aos preceitos legais e/ou regulamentadores sobre segurança e saúde do trabalhador terão as penalidades aplicadas conforme o disposto no quadro de gradação de multas (Anexo I), obedecendo às infrações previstas no quadro de classificação das infrações (Anexo II) desta Norma. *(Alterado pela Portaria n. 7, de 5 de outubro de 1992)*

28.3.1.1. Em caso de reincidência, embaraço ou resistência à fiscalização, emprego de artifício ou simulação com o objetivo de fraudar a lei, a multa será aplicada na forma do art. 201, parágrafo único, da CLT, conforme os seguintes valores estabelecidos: *(Alterado pela Portaria n. 7, de 5 de outubro de 1992)*

VALOR DA MULTA (em UFIR)	
Segurança do Trabalho	**Medicina do Trabalho**
6.304	3.782

ANEXO I

(Alterado pela Portaria n. 3, de 1º de julho de 1992)

GRADAÇÃO DAS MULTAS (EM BTN)								
Número de empregados	SEGURANÇA DO TRABALHO				MEDICINA DO TRABALHO			
	I_1	I_2	I_3	I_4	I_1	I_2	I_3	I_4
1-10	630-729	1129-1393	1691-2091	2252-2792	378-428	676-839	1015-1254	1350-1680
11-25	730-830	1394-1664	2092-2495	2793-3334	429-498	840-1002	1255-1500	1681-1998
26-50	831-963	1665-1935	2496-2898	3335-3876	499-580	1003-1166	1501-1746	1999-2320
51-100	964-1104	1936-2200	2899-3302	3877-4418	581-662	1167-1324	1747-1986	2321-2648
101-250	1105-1241	2201-2471	3303-3718	4419-4948	663-744	1325-1482	1987-2225	2649-2976
251-500	1242-1374	2472-2748	3719-4121	4949-5490	745-826	1483-1646	2226-2471	2977-3297
501-1000	1375-1507	2749-3020	4122-4525	5491-6033	827-906	1647-1810	2472-2717	3298-3618
mais de 1000	1508-1646	3021-3284	4526-4929	6034-6304	907-990	1811-1973	2718-2957	3619-3782

ANEXO IA

(Inserido pela Portaria n. 319, de 15 de maio de 2012)

Valor das multas específicas de trabalho portuário (NR-29)

GRADUAÇÃO DAS MULTAS EM REAIS (R$)								
Número de Empregados	SEGURANÇA DO TRABALHO							
	I_1		I_2		I_3		I_4	
	Mínimo	Máxima	Mínimo	Máxima	Mínimo	Máxima	Mínimo	Máxima
01-10	575,00	665,36	1.030,44	1.271,39	1.543,38	1.908,46	2.055,40	2.548,27
11-25	666,27	757,54	1.272,31	1.518,73	1.909,38	2.277,19	2.549,18	3.042,95
26-50	758,46	878,93	1.519,65	1.766,08	2.278,10	2.645,01	3.043,86	3.537,63
51-100	879,84	1.007,63	1.766,99	2.007,95	2.645,93	3.013,75	3.538,55	4.032,32
101-250	1.008.54	1.132,67	2.008,85	2.255,29	3.014,65	3.393,42	4.033,23	4.516,05
251-500	1.133,57	1.254,05	2.256,20	2.508,11	3.394,34	3.761,25	4.516,96	5.010,74
501-1000	1.254,97	1.375,44	2.509,02	2.756,36	3.762,16	4.129,98	5.011,65	5.506,34
Mais de 1000	1.376,35	1.502,31	2.757,28	2.997,31	4.130,89	4.498,71	5.507,25	5.750,00
Número de Empregados	MEDICINA DO TRABALHO							
	I_1		I_2		I_3		I_4	
	Mínimo	Máxima	Mínimo	Máxima	Mínimo	Máxima	Mínimo	Máxima
01-10	345,00	390,63	616,98	765,75	926,39	1.144,52	1.232,15	1.533,33
11-25	391,55	454,52	766,66	914,52	1.145,44	1.369,05	1.534,24	1.823,57
26-50	455,44	529,37	915,43	1.064,21	1.369,96	1.593,57	1.824,49	2.117,46
51-100	530,28	604,20	1.065,11	1.208,41	1.594,48	1.812,62	2.118,38	2.416,83
101-250	605,12	679,05	1.209,32	1.355,36	1.813,53	2.030,75	2.417,74	2.716,19
251-500	679,96	753,89	1.353,53	1.502,30	2.031,67	2.255,28	2.717,11	3.009,17
501-1000	754,80	826,90	1.503,21	1.651,92	2.256,19	2.479,80	3.010,08	3.302,14
Mais de 1000	827,82	903,57	1.652,90	1.800,75	2.480,71	2.698,84	3.303,06	3.450,00

ANEXO II

NORMAS REGULAMENTADORAS — NR

(Última Alteração: Portaria MTE-GM n. 882, de 1 de julho de 2015)

NR-1 (101.000-0)			
Item/Subitem	Código	Infração	Tipo
1.7. "a"	101001-8	1	S
1.7. "b"	101002-6	1	S
1.7. "c" I	101005-0	3	S
1.7. "c" II	101006-9	3	S
1.7. "c" III	101007-7	3	S
1,7. "c" IV	101008-5	3	S
1,7. "d"	101009-3	3	S
1.7. "e"	101011-5	3	S

NR-3 (103.000-0)			
Item/Subitem	Código	Infração	Tipo
3.2	103005-1	4	S
3.3	103006-0	4	S
3.5	103007-8	2	S

NR-4 (104.000-6)			
Item/Subitem	Código	Infração	Tipo
4.1	104027-8	4	S
4.2	104028-6	3	S
4.2.4	104029-4	3	S
4.3.3	104030-8	3	S
4.3.4	104031-6	3	S
4.4	104032-4	3	S
4.4.2	104033-2	3	S
4.5	104034-0	2	S
4.5.1	104035-9	4	S
4.5.2	104036-7	2	S
4.7	104018-9	1	S
4.8	104037-5	2	S

NR-4 (104.000-6)			
Item/Subitem	Código	Infração	Tipo
4.9	104038-3	2	S
4.10	104039-1	3	S
4.11	104040-5	1	S
4.12	104026-0	2	S
4.17	104023-5	1	S
4.19	104025-1	4	S

NR-5 (205.000-5)			
Item/Subitem	Código	Infração	Tipo
5.2	205001-3	4	S
5.4	205066-8	1	S
5.6	205067-6	3	S
5.6.2	205068-4	3	S
5.6.4	205007-2	2	S
5.7	205008-0	2	S
5.8	205069-2	3	S
5.9	205070-6	3	S
5.10	205071-4	1	S
5.11	205072-2	2	S
5.12	205073-0	1	S
5.13	205014-5	1	S
5.14	205074-9	1	S
5.14.1	205104-4	2	S
5.14.2	205105-2	2	S
5.15	205075-7	3	S
5.17	205017-0	2	S
5.23	205076-5	3	S
5.24	205019-6	2	S
5.25	205077-3	1	S
5.26	205078-1	1	S
5.27	205064-1	3	S
5.30	205079-0	1	S
5.31	205026-9	2	S
5.31.1	205080-3	1	S
5.31.3	205109-5	2	S
5.31.3.1	205-110-9	2	S
5.31.3.2	205-111-7	3	S
5.32	205081-1	3	S
5.32.1	205082-0	3	S
5.32.2	205083-8	3	S
5.33	205065-0	2	S
5.34	205038-2	2	S
5.36	205084-6	1	S
5.38	205085-4	2	S

NR-5 (205.000-5)			
Item/Subitem	Código	Infração	Tipo
5.38.1	205086-2	1	S
5.39	205102-8	1	S
5.39.1	205087-0	1	S
5.40 "a"	205088-9	2	S
5.40 "b"	205089-7	2	S
5.40 "c"	205045-5	3	S
5.40 "d"	205046-3	3	S
5.40 "e"	205090-0	2	S
5.40 "f"	205091-9	2	S
5.40 "g"	205092-7	2	S
5.40 "h"	205093-5	2	S
5.40 "j"	205094-3	2	S
5.41	205095-1	1	S
5.42.2	205096-0	2	S
5.42.3	205097-8	2	S
5.43	205098-6	3	S
5.45	205058-7	2	S
5.48	205099-4	1	S
5.49	205100-1	3	S
5.50	205101-0	3	S

NR-6 (206.000-0)			
Item/Subitem	Código	Infração	Tipo
6.2	206023-0	4	S
6.3	206024-8	4	S
6.6.1. "a"	206005-1	3	S
6.6.1. "b"	206025-6	4	S
6.6.1. "c"	206026-4	4	S
6.6.1. "d"	206008-6	3	S
6.6.1. "e"	206009-4	3	S
6.6.1. "f"	206027-2	2	S
6.6.1. "h"	206033-7	2	S
6.8.1. "a"	206034-5	3	S
6.8.1. "c"	206035-3	3	S
6.8.1. "d"	206036-1	3	S
6.8.1. "e"	206029-9	4	S
6.8.1. "g"	206018-3	1	S
6.8.1. "h"	206030-2	2	S
6.8.1. "i"	206031-0	2	S
6.8.1. "k"	206037-0	3	S
6.8.1.1	206038-8	2	S
6.9.1	206039-6	4	S
6.9.3	206032-9	3	S
6.9.3.1	206040-0	2	S

NR-7 (107.000-2)			
Item/Subitem	Código	Infração	Tipo
7.1.3	107055-0	3	M
7.2.2	107056-8	3	M
7.2.3	107057-6	3	M
7.2.4	107058-4	3	M
7.3.1. "a"	107059-2	4	M
7.3.1. "b"	107060-6	2	M
7.3.1. "c"	107061-4	2	M
7.3.1. "d"	107062-2	2	M
7.3.2. "a"	107063-0	2	M
7.3.2. "b"	107064-9	2	M
7.4.1. "a"	107008-8	3	M
7.4.1. "b"	107009-6	3	M
7.4.1. "c"	107010-0	3	M
7.4.1. "d"	107011-8	3	M
7.4.1. "e"	107012-6	3	M
7.4.2. "a"	107065-7	3	M
7.4.2. "b"	107066-5	3	M
7.4.2.1	107067-3	3	M
7.4.2.2	107016-9	1	M
7.4.2.3	107017-7	1	M
7.4.3.1	107068-1	2	M
7.4.3.2. "a.1"	107069-0	2	M
7.4.3.2. "a.2"	107070-3	2	M
7.4.3.2. "b.1"	107021-5	2	M
7.4.3.2. "b.2"	107071-1	2	M
7.4.3.3	107072-0	2	M
7.4.3.4	107073-8	2	M
7.4.3.5	107074-6	2	M
7.4.4	107075-4	2	M
7.4.4.1	107076-2	1	M
7.4.4.2	107077-0	1	M
7.4.4.3	107078-9	2	M
7.4.5	107033-9	3	M
7.4.5.1	107079-7	3	M
7.4.5.2	107080-0	3	M
7.4.6	107081-9	3	M
7.4.6.1	107082-7	2	M
7.4.6.2	107038-0	1	M
7.4.6.3	107039-8	1	M
7.4.7	107083-5	4	M
7.4.8	107084-3	4	M
7.5.1	107045-2	1	M

NR-8 (108.000-8)			
Item/Subitem	Código	Infração	Tipo
8.2	108016-4	3	S
8.3.1	108017-2	2	S
8.3.2	108018-0	4	S
8.3.3	108019-9	4	S

NR-8 (108.000-8)			
Item/Subitem	Código	Infração	Tipo
8.3.4	108020-2	3	S
8.3.5	108021-0	2	S
8.3.6	108030-0	4	S
8.4.1	108026-1	2	S
8.4.2	108027-0	2	S
8.4.3	108028-8	2	S
8.4.4	108029-6	2	S

NR-9 (109.000-3)			
Item/Subitem	Código	Infração	Tipo
9.1.1	109042-9	4	S
9.1.2	109002-0	2	S
9.1.3	109043-7	3	S
9.2.1. "a"	109044-5	2	S
9.2.1. "b"	109045-3	2	S
9.2.1. "c"	109046-1	2	S
9.2.1. "d"	109047-0	2	S
9.2.1.1	109048-8	3	S
9.2.2	109049-6	2	S
9.2.2.1	109050-0	1	S
9.2.2.2	109051-8	1	S
9.2.3	109052-6	2	S
9.3.1. "a"	109053-4	3	S
9.3.1. "b"	109054-2	3	S
9.3.1. "c"	109055-0	3	S
9.3.1. "d"	109056-9	3	S
9.3.1. "e"	109057-7	3	S
9.3.1. "f"	109058-5	3	S
9.3.2	109059-3	3	S
9.3.3. "a"	109060-7	2	S
9.3.3. "b"	109061-5	2	S
9.3.3. "c"	109062-3	2	S
9.3.3. "d"	109063-1	2	S
9.3.3. "e"	109064-0	2	S
9.3.3. "f"	109065-8	1	S
9.3.3. "g"	109066-6	1	S
9.3.3. "h"	109067-4	1	S
9.3.4	109068-2	4	S
9.3.5.1	109069-0	4	S
9.3.5.2	109070-4	2	S
9.3.5.3	109071-2	3	S
9.3.5.4	109072-0	2	S
9.3.5.5. "a"	109073-9	3	S
9.3.5.5. "b"	109074-7	3	S
9.3.5.5. "c"	109075-5	2	S
9.3.5.5. "d"	109076-3	2	S
9.3.5.6	109077-1	2	S
9.3.6.2	109078-0	3	S

NR-9 (109.000-3)			
Item/Subitem	Código	Infração	Tipo
9.3.7.1	109079-8	2	S
9.3.8.1	109080-1	3	S
9.3.8.2	109081-0	3	S
9.3.8.3	109037-2	1	S
9.5.2	109082-8	3	S
9.6.1	109039-9	2	S
9.6.2	109040-2	2	S
9.6.3	109083-6	4	S

NR-9 — Anexo 1			
Item/Subitem	Código	Infração	Tipo
2.1	109084-4	'I3	S
2.2	109085-2	I3	S
2.3	109086-0	I3	S
3.1	109087-9	I3	S
4.1.1	109.088-7	I4	S
4.2.1	109089-5	I4	S
4.2.4	109090-9	I3	S
4.2.5	109091-7	I4	S
4.3.1	109092-5	I4	S
4.3.4	109093-3	I3	S
4.3.5	109094-1	I4	S

NR-10 (210.000-2)			
Item/Subitem	Código	Infração	Tipo
10.2.1	210122-0	4	S
10.2.2	210002-9	1	S
10.2.3	210003-7	3	S
10.2.4	210004-5	4	S
10.2.4. "a"	210123-8	2	S
10.2.4. "b"	210006-1	2	S
10.2.4. "c"	210007-0	2	S
10.2.4. "d"	210008-8	2	S
10.2.4. "e"	210124-6	2	S
10.2.4. "f"	210125-4	2	S
10.2.4. "g"	210126-2	2	S
10.2.5	210012-6	4	S
10.2.5. "a"	210127-0	2	S
10.2.5. "b"	210128-9	2	S
10.2.6	210016-9	3	S
10.2.7	210017-7	2	S
10.2.8.1	210018-5	4	S
10.2.8.2	210019-3	3	S
10.2.8.2.1	210129-7	3	S
10.2.8.3	210130-0	3	S
10.2.9.1	210022-3	4	S
10.2.9.2	210131-9	3	S
10.2.9.3	210132-7	3	S
10.3.1	210025-8	3	S

NR-10 (210.000-2)			
Item/Subitem	Código	Infração	Tipo
10.3.2	210133-5	3	S
10.3.3	210134-3	3	S
10.3.3.1	210028-2	2	S
10.3.4	210135-1	3	S
10.3.5	210136-0	3	S
10.3.6	210137-8	3	S
10.3.7	210138-6	3	S
10.3.8	210033-9	2	S
10.3.9. "a"	210139-4	2	S
10.3.9. "b"	210140-8	2	S
10.3.9. "c"	210141-6	2	S
10.3.9. "d"	210142-4	2	S
10.3.9. "e"	210143-2	2	S
10.3.9. "f"	210144-0	2	S
10.3.9. "g"	210145-9	2	S
10.3.10	210041-0	2	S
10.4.1	210042-8	4	S
10.4.2	210043-6	4	S
10.4.3	210044-4	3	S
10.4.3.1	210045-2	3	S
10.4.4	210046-0	3	S
10.4.4.1	210047-9	2	S
10.4.5	210146-7	3	S
10.4.6	210049-5	3	S
10.5.1	210147-5	4	S
10.5.2	210148-3	4	S
10.5.4	210062-2	3	S
10.6.1	210063-0	4	S
10.6.1.1	210149-1	3	S
10.6.2	210065-7	3	S
10.6.3	210150-5	4	S
10.6.4	210067-3	3	S
10.6.5	210151-3	3	S
10.7.1	210069-0	4	S
10.7.2	210152-1	3	S
10.7.3	210071-1	4	S
10.7.4	210153-0	3	S
10.7.5	210154-8	3	S
10.7.6	210074-6	3	S
10.7.7	210075-4	4	S
10.7.7.1	210076-2	3	S
10.7.8	210077-0	3	S
10.7.9	210078-9	3	S
10.8.5	210155-6	2	S
10.8.6	210080-0	1	S
10.8.7	210156-4	2	M
10.8.8	210157-2	3	S
10.8.8.1	210158-0	3	S
10.8.8.2	210159-9	3	S

NR-10 (210.000-2)			
Item/Subitem	Código	Infração	Tipo
10.8.8.3	210160-2	2	S
10.8.8.4	210089-4	3	S
10.8.9	210090-8	2	S
10.9.1	210091-6	3	S
10.9.2	210161-0	3	S
10.9.3	210162-9	3	S
10.9.4	210094-0	3	S
10.9.5	210163-7	3	S
10.10.1	210096-7	3	S
10.10.1. "a"	210097-5	2	S
10.10.1. "b"	210098-3	2	S
10.10.1. "c"	210099-1	2	S
10.10.1. "d"	210100-9	2	S
10.10.1. "e"	210101-7	2	S
10.10.1. "f"	210102-5	2	S
10.10.1. "g"	210103-3	2	S
10.11.1	210104-1	3	S
10.11.2	210164-5	3	S
10.11.3	210106-8	2	S
10.11.4	210107-6	2	S
10.11.5	210108-4	3	S
10.11.6	210109-2	1	S
10.11.7	210165-3	3	S
10.11.8	210166-1	3	S
10.12.1	210112-2	2	S
10.12.2	210113-0	3	S
10.12.3	210114-9	3	S
10.12.4	210115-7	3	S
10.13.2	210167-0	2	M
10.13.3	210117-3	4	S
10.14.1	210118-1	4	S
10.14.2	210168-8	1	S
10.14.4	210120-3	2	S
10.14.5	210169-6	1	S

NR-11 (111.000-4)			
Item/Subitem	Código	Infração	Tipo
11.1.1	111036-5	4	S
11.1.2	111037-3	3	S
11.1.3	111038-1	4	S
11.1.3.1	111039-0	4	S
11.1.3.2	111040-3	2	S
11.1.3.3	111041-1	4	S
11.1.4	111042-0	2	S
11.1.5	111043-8	3	S
11.1.6	111044-6	3	S
11.1.6.1	111045-4	2	M
11.1.7	111046-2	2	S

NR-11 (111.000-4)			
Item/Subitem	Código	Infração	Tipo
11.1.8	111047-0	3	S
11.1.9	111048-9	3	S
11.1.10	111014-4	3	S
11.2.2	111051-9	2	S
11.2.2.1	111052-7	2	S
11.2.3	111053-5	1	S
11.2.3.1	111018-7	1	S
11.2.4	111054-3	2	S
11.2.5	111055-1	3	S
11.2.8	111056-0	3	S
11.2.9	111057-8	2	S
11.2.10	111049-7	2	S
11.2.11	111050-0	2	S
11.3.1	111058-6	3	S
11.3.2	111059-4	3	S
11.3.3	111033-0	1	S
11.3.4	111060-8	3	S
11.3.5	111061-6	2	S
11.4.1	111035-7	4	S

NR-12 (212.000-3)			
Item/Subitem	Código	Infração	Tipo
12.3	212001-1	3	S
12.4	212002-0	4	S
12.5	212003-8	3	S
12.6	212004-6	1	S
12.6.1	212005-4	1	S
12.6.2	212006-2	1	S
12.7	212007-0	1	S
12.8	212008-9	2	S
12.8.1	212009-7	2	S
12.8.2	212010-0	2	S
12.9. "a"	212011-9	2	S
12.9. "b"	212012-7	2	S
12.9. "c"	212013-5	2	S
12.10	212014-3	1	S
12.11	212015-1	2	S
12.11.1	212016-0	2	S
12.12	212017-8	2	S
12.13	212018-6	4	S
12.14	212019-4	3	S
12.15	212020-8	2	S
12.16	212021-6	2	S
12.17. "a"	212022-4	2	S
12.17. "b"	212023-2	2	S
12.17. "c"	212024-0	2	S
12.17. "d"	212025-9	2	S

NR-12 (212.000-3)			
Item/Subitem	Código	Infração	Tipo
12.17. "e"	212026-7	2	S
12.17. "f"	212027-5	2	S
12.18. "a"	212028-3	2	S
12.18. "b"	212029-1	2	S
12.18. "c"	212030-5	2	S
12.18. "d"	212031-3	2	S
12.18. "e"	212032-1	2	S
12.19	212033-0	2	S
12.20	212034-8	2	S
12.20.1	212035-6	2	S
12.20.2	212036-4	3	S
12.21. "a"	212037-2	4	S
12.21. "b"	212038-0	4	S
12.21. "c"	212039-9	4	S
12.22. "a"	212040-2	1	S
12.22. "b"	212041-0	1	S
12.22. "c"	212042-9	1	S
12.23	212043-7	1	S
12.24. "a"	212044-5	3	S
12.24. "b"	212045-3	3	S
12.24. "c"	212046-1	3	S
12.24. "d"	212047-0	3	S
12.24. "e"	212048-8	3	S
12.25	212049-6	2	S
12.26. "a"	212050-0	4	S
12.26. "b"	212051-8	4	S
12.26. "c"	212052-6	4	S
12.26. "d"	212053-4	4	S
12.26. "e"	212054-2	4	S
12.26. "f"	212055-0	4	S
12.26. "g"	212056-9	4	S
12.28. "a"	212057-7	3	S
12.28. "b"	212058-5	3	S
12.28. "c"	212059-3	3	S
12.29. "a"	212060-7	2	S
12.29. "b"	212061-5	2	S
12.30	212062-3	4	S
12.30.1	212063-1	4	S
12.30.2	212064-0	4	S
12.30.3	212065-8	3	S
12.31. "a"	212066-6	3	S
12.31. "b"	212067-4	3	S
12.31. "c"	212068-2	3	S
12.31. "d"	212069-0	3	S
12.32	212070-4	3	S
12.33	212071-2	2	S
12.34	212072-0	2	S
12.35	212073-9	2	S
12.36. "a"	212074-7	3	S

NR-12 (212.000-3)			
Item/Subitem	Código	Infração	Tipo
12.36. "b"	212075-5	3	S
12.37	212076-3	2	S
12.38	212077-1	4	S
12.38.1	212078-0	4	S
12.39. "a"	212079-8	4	S
12.39. "b"	212080-1	4	S
12.39. "c"	212081-0	4	S
12.39. "d"	212082-8	4	S
12.39. "e"	212083-6	4	S
12.39. "f"	212084-4	4	S
12.40	212085-2	4	S
12.43	212086-0	4	S
12.44	212087-9	3	S
12.44. "a"	212088-7	3	S
12.44. "b"	212089-5	3	S
12.45. "a"	212090-9	3	S
12.45. "b"	212091-7	3	S
12.45. "c"	212092-5	3	S
12.46. "a"	212093-3	3	S
12.46. "b"	212094-1	3	S
12.46. "c"	212095-0	3	S
12.47	212096-8	4	S
12.47.1	212097-6	4	S
12.47.2	212098-4	4	S
12.48	212099-2	4	S
12.49. "a"	212100-0	3	S
12.49. "b"	212101-8	3	S
12.49. "c"	212102-6	3	S
12.49. "d"	212103-4	3	S
12.49. "e"	212104-2	3	S
12.49. "f"	212105-0	3	S
12.49. "g"	212106-9	3	S
12.49. "h"	212107-7	3	S
12.49. "i"	212108-5	3	S
12.49. "j"	212109-3	3	S
12.49. "k"	212110-7	3	S
12.49. "l"	212111-5	3	S
12.50	212112-3	3	S
12.51	212113-1	4	S
12.52	212114-0	3	S
12.53	212115-8	3	S
12.54	212116-6	4	S
12.55	212117-4	2	S
12.55.1	212118-2	1	S
12.56	212119-0	4	S
12.56.1	212120-4	4	S
12.57	212121-2	3	S
12.58. "a"	212122-0	3	S
12.58. "b"	212123-9	3	S

NR-12 (212.000-3)			
Item/Subitem	Código	Infração	Tipo
12.58. "c"	212124-7	3	S
12.58. "d"	212125-5	3	S
12.58. "e"	212126-3	3	S
12.58. "f"	212127-1	3	S
12.58. "g"	212128-0	3	S
12.59. "a"	212129-8	3	S
12.59. "b"	212130-1	3	S
12.59. "c"	212131-0	3	S
12.60	212132-8	3	S
12.60.1	212133-6	3	S
12.61. "a"	212134-4	3	S
12.61. "b"	212135-2	3	S
12.61. "c"	212136-0	3	S
12.62	212137-9	3	S
12.62.1	212138-7	3	S
12.63	212139-5	3	S
12.63.1	212140-9	3	S
12.64	212141-7	2	S
12.64.3	212142-5	2	S
12.65	212143-3	2	S
12.66	212144-1	2	S
12.67	212145-0	2	S
12.68	212146-8	2	S
12.68. "a"	212147-6	2	S
12.68. "b"	212148-4	2	S
12.68. "c"	212149-2	2	S
12.68. "d"	212150-6	2	S
12.69	212151-4	2	S
12.69.1	212152-2	2	S
12.70	212153-0	3	S
12.70. "a"	212154-9	3	S
12.70. "b"	212155-7	3	S
12.70. "c"	212156-5	3	S
12.70. "d"	212157-3	3	S
12.70. "e"	212158-1	3	S
12.71	212159-0	3	S
12.71.1	212160-3	3	S
12.73. "a"	212161-1	2	S
12.73. "b"	212162-0	2	S
12.73. "c"	212163-8	2	S
12.74. "a"	212164-6	2	S
12.74. "b"	212165-4	2	S
12.74. "c"	212166-2	2	S
12.74. "d"	212167-0	2	S
12.74. "e"	212168-9	2	S
12.74. "f"	212169-7	2	S
12.74. "g"	212170-0	2	S
12.75. "a"	212171-9	2	S
12.75. "b"	212172-7	2	S

NR-12 (212.000-3)			
Item/Subitem	Código	Infração	Tipo
12.75. "c"	212173-5	2	S
12.75. "d"	212174-3	2	S
12.75. "e"	212175-1	2	S
12.76. "a"	212975-2	2	S
12.76. "b"	212177-8	2	S
12.76. "c"	212178-6	2	S
12.76. "d"	212179-4	2	S
12.76. "e"	212180-8	2	S
12.76. "f"	212181-6	2	S
12.76. "g"	212182-4	2	S
12.76. "h"	212976-0	2	S
12.76. "i"	212184-0	2	S
12.76. "j"	212977-9	2	S
12.76. "k"	212978-7	2	S
12.76. "l"	212979-5	2	S
12.76.1	212980-9	2	S
12.76.1. "a"	212981-7	2	S
12.76.1. "b"	212982-5	2	S
12.77	212190-5	2	S
12.78	212191-3	2	S
12.79	212192-1	2	S
12.80. "a"	212193-0	3	S
12.80. "b"	212194-8	3	S
12.81	212195-6	3	S
12.82	212196-4	2	S
12.83. "a"	212197-2	3	S
12.83. "b"	212198-0	3	S
12.84	212199-9	4	S
12.84.1	212200-6	4	S
12.85	212201-4	4	S
12.85.1	212202-2	4	S
12.85.2	212203-0	4	S
12.86	212204-9	3	S
12.86.1	212205-7	3	S
12.87	212206-5	4	S
12.88	212207-3	4	S
12.89	212208-1	4	S
12.90	212209-0	4	S
12.90.1	212210-3	4	S
12.90.2	212211-1	3	S
12.90.3	212212-0	3	S
12.91	212213-8	4	S
12.92	212214-6	3	S
12.92. "a"	212215-4	3	S
12.92. "b"	212216-2	3	S
12.93	212217-0	4	S
12.93.1	212218-9	3	S
12.94. "a"	212219-7	2	S
12.94. "b"	212220-0	2	S

NR-12 (212.000-3)			
Item/Subitem	Código	Infração	Tipo
12.94. "c"	212221-9	2	S
12.94. "d"	212222-7	2	S
12.94. "e"	212223-5	2	S
12.94. "f"	212224-3	2	S
12.94. "g"	212225-1	2	S
12.94. "h"	212226-0	2	S
12.95. "a"	212227-8	2	S
12.95. "b"	212228-6	2	S
12.95. "c"	212229-4	2	S
12.95. "d"	212230-8	2	S
12.95. "e"	212231-6	2	S
12.96	212232-4	2	S
12.97	212233-2	1	S
12.98	212234-0	2	S
12.99	212235-9	2	S
12.100	212236-7	2	S
12.100.1	212237-5	2	S
12.101. "a"	212238-3	2	S
12.101. "b"	212239-1	2	S
12.101. "c"	212240-5	2	S
12.102	212241-3	2	S
12.103	212242-1	2	S
12.103.1	212243-0	2	S
12.104	212244-8	3	S
12.105	212245-6	2	S
12.107	212246-4	4	S
12.108	212247-2	4	S
12.109	212248-0	3	S
12.110	212249-9	3	S
12.111	212250-2	4	S
12.111.1	212251-0	2	S
12.112	212252-9	2	S
12.112. "a"	212253-7	2	S
12.112. "b"	212254-5	2	S
12.112. "c"	212255-3	2	S
12.112. "d"	212256-1	2	S
12.112. "e"	212257-0	2	S
12.112. "f"	212258-8	2	S
12.112. "g"	212259-6	2	S
12.112. "h"	212260-0	2	S
12.112.1	212261-8	1	S
12.113	212262-6	4	S
12.113. "a"	212263-4	4	S
12.113. "b"	212264-2	4	S
12.113. "c"	212265-0	4	S
12.113. "d"	212266-9	4	S
12.113. "e"	212267-7	4	S
12.113.1. "a"	212268-5	4	S
12.113.1. "b"	212269-3	4	S

NR-12 (212.000-3)			
Item/Subitem	Código	Infração	Tipo
12.113.1. "c"	212270-7	4	S
12.113.1. "d"	212271-5	4	S
12.113.1. "e"	212272-3	4	S
12.113.1. "f"	212273-1	4	S
12.114	212274-0	2	S
12.114.1	212275-8	2	S
12.115	212276-6	4	S
12.116	212277-4	2	S
12.116.3	212278-2	2	S
12.117. "a"	212279-0	2	S
12.117. "b"	212280-4	2	S
12.117. "c"	212281-2	2	S
12.118	212282-0	1	S
12.119. "a"	212283-9	1	S
12.119. "b"	212284-7	1	S
12.119.1	212285-5	1	S
12.120	212286-3	1	S
12.121. "a"	212287-1	2	S
12.121. "b"	212288-0	2	S
12.121. "c"	212289-8	2	S
12.121. "d"	212290-1	2	S
12.122. "a"	212291-0	1	S
12.122. "b"	212292-8	1	S
12.123. "a"	212293-6	1	S
12.123. "b"	212294-4	1	S
12.123. "c"	212295-2	1	S
12.123. "d"	212296-0	1	S
12.123. "e"	212297-9	1	S
12.124	212298-7	1	S
12.124.1	212299-5	1	S
12.125	212300-2	2	S
12.126	212301-0	1	S
12.127. "a"	212302-9	1	S
12.127. "b"	212303-7	1	S
12.127. "c"	212304-5	1	S
12.127. "d"	212305-3	1	S
12.128. "a"	212306-1	1	S
12.128. "b"	212307-0	1	S
12.128. "c"	212308-8	1	S
12.128. "d"	212309-6	1	S
12.128. "e"	212310-0	1	S
12.128. "f"	212311-8	2	S
12.128. "g"	212312-6	1	S
12.128. "h"	212313-4	2	S
12.128. "i"	212314-2	2	S
12.128. "j"	212315-0	2	S
12.128. "k"	212316-9	2	S
12.128. "l"	212317-7	2	S
12.128. "m"	212318-5	2	S

NR-12 (212.000-3)			
Item/Subitem	Código	Infração	Tipo
12.128. "n"	212319-3	2	S
12.128. "o"	212320-7	2	S
12.128. "p"	212321-5	2	S
12.129	212322-3	1	S
12.130	212323-1	3	S
12.130.1	212324-0	3	S
12.131	212325-8	3	S
12.132	212326-6	3	S
12.132.1	212327-4	2	S
12.132.1. "a"	212328-2	2	S
12.132.1. "b"	212329-0	2	S
12.132.1. "c"	212330-4	2	S
12.132.1. "d"	212331-2	2	S
12.133	212332-0	3	S
12.133.1	212333-9	3	S
12.133.2	212334-7	3	S
12.133.3	212335-5	3	S
12.134	212336-3	4	S
12.135	212337-1	3	S
12.136	212338-0	3	S
12.137	212339-8	4	S
12.138. "a"	212340-1	3	S
12.138. "b"	212341-0	3	S
12.138. "c"	212342-8	3	S
12.138. "d"	212343-6	3	S
12.138. "e"	212344-4	3	S
12.139	212345-2	1	S
12.144	212346-0	2	S
12.144.1	212347-9	2	S
12.145	212348-7	2	S
12.146	212349-5	2	S
12.147	212350-9	2	S
12.147.1	212351-7	2	S
12.147.1. "a"	212352-5	2	S
12.147.1. "b"	212353-3	2	S
12.147.1. "c"	212354-1	2	S
12.147.1. "d"	212355-0	2	S
12.147.1. "e"	212356-8	2	S
12.147.1. "f"	212357-6	2	S
12.147.1. "g"	212358-4	2	S
12.147.1. "h"	212359-2	2	S
12.147.1. "i"	212360-6	2	S
12.147.2. "a"	212361-4	2	S
12.147.2. "b"	212362-2	2	S
12.147.2. "c"	212363-0	2	S
12.147.2. "d"	212364-9	2	S
12.148	212365-7	2	S
12.149	212366-5	2	S
12.150	212367-3	3	S

NR-12 (212.000-3)			
Item/Subitem	Código	Infração	Tipo
12.151	212368-1	2	S
12.151.1	212369-0	1	S
12.151.2	212370-3	2	S
12.151.3	212371-1	2	S
12.153	212372-0	2	S
12.153.1	212373-8	2	S
12.154	212374-6	1	S

NR-12 — Anexo V			
Item/Subitem	Código	Infração	Tipo
1. "a"	212375-4	4	S
1. "b"	212376-2	4	S
1. "c"	212377-0	4	S
1. "d"	212378-9	4	S
1. "e"	212379-7	4	S
1.1	212380-0	4	S
2.	212381-9	2	S
3.	212382-7	3	S
3. "a"	212383-5	3	S
3. "b"	212384-3	3	S
3. "c"	212385-1	3	S
3. "d"	212386-0	3	S
4.	212387-8	3	S
4.1	212388-6	4	S
4.2	212389-4	1	S
5.	212390-8	2	S
6.	212391-6	4	S

NR-12 — Anexo VI			
Item/Subitem	Código	Infração	Tipo
2.2	212392-4	4	S
2.3	212393-2	4	S
2.4	212394-0	4	S
2.5	212395-9	4	S
2.6	212396-7	3	S
2.7	212397-5	3	S
2.8	212398-3	4	S
2.9	212399-1	3	S
3.2	212400-9	4	S
3.3	212401-7	4	S
3.4	212402-5	4	S
3.5	212403-3	3	S
3.6	212404-1	3	S
3.7	212405-0	3	S
3.8	212406-8	2	S
3.9	212407-6	2	S
3.10	212408-4	4	S
3.11	212409-2	4	S

NR-12 — Anexo VI			
Item/Subitem	Código	Infração	Tipo
3.12	212410-6	3	S
3.13	212411-4	2	S
3.14	212412-2	2	S
3.15	212413-0	2	S
3.16	212414-9	3	S
4.2	212415-7	4	S
4.4	212416-5	4	S
4.5	212417-3	4	S
4.5.1	212418-1	4	S
4.5.2	212419-0	4	S
4.6	212420-3	4	S
4.7	212421-1	4	S
4.8	212422-0	3	S
5.2	212423-8	4	S
5.2.1	212424-6	4	S
5.2.1.1	212425-4	4	S
5.2.1.2	212426-2	4	S
5.2.1.3	212427-0	3	S
5.2.1.4	212428-9	3	S
5.3	212429-7	4	S
5.4	212430-0	3	S
6.2	212431-9	4	S
6.2.1	212432-7	4	S
6.2.1.1	212433-5	4	S
6.2.1.2	212434-3	4	S
6.2.1.3	212435-1	3	S
6.2.1.4	212436-0	3	S
6.3	212437-8	4	S
6.4	212438-6	3	S
6.5	212439-4	3	S
7.2	212440-8	4	S
7.2.1	212441-6	4	S
7.2.1.1	212442-4	4	S
7.2.2	212443-2	4	S
7.2.3	212444-0	4	S
7.3	212445-9	4	S
7.4	212446-7	3	S
8.2	212447-5	4	S
8.2.1	212448-3	4	S
8.2.2	212449-1	4	S
8.2.2.1	212450-5	4	S
8.2.3	212451-3	4	S
8.2.4	212452-1	4	S
8.3	212453-0	4	S
8.4	212454-8	3	S

NR-12 — Anexo VII			
Item/Subitem	Código	Infração	Tipo
1.2	212455-6	4	S
1.3	212456-4	4	S

NR-12 — Anexo VII			
Item/Subitem	Código	Infração	Tipo
1.3.1	212457-2	4	S
1.4	212458-0	4	S
1.5	212459-9	4	S
1.5.1	212460-2	4	S
1.5.2	212461-0	4	S
1.6	212462-9	4	S
1.7	212463-7	4	S
1.8	212464-5	4	S
2.2	212465-3	4	S
2.3	212466-1	4	S
2.4	212467-0	4	S
3.2	212468-8	4	S
3.3	212469-6	4	S
3.4	212470-0	4	S
4.2	212471-8	4	S
4.3	212472-6	4	S
4.4	212473-4	4	S
4.5	212474-2	4	S
5.2	212475-0	4	S

NR-12 — Anexo VIII			
Item/Subitem	Código	Infração	Tipo
2.1. "a"	212476-9	4	S
2.1. "b"	212477-7	4	S
2.1. "c"	212478-5	4	S
2.1.1	212479-3	4	S
2.1.2	212480-7	4	S
2.1.3	212481-5	4	S
3.1. "a"	212482-3	4	S
3.1. "b"	212483-1	4	S
3.2. "a"	212484-0	4	S
3.2. "b"	212485-8	4	S
3.2. "c"	212486-6	4	S
4.1	212487-4	4	S
4.1.1	212488-2	3	S
4.1.2	212489-0	3	S
4.1.3	212490-4	3	S
4.1.4	212491-2	3	S
4.1.5	212492-0	3	S
4.2	212493-9	4	S
4.2.1	212494-7	3	S
4.2.2	212495-5	3	S
4.2.3	212496-3	3	S
4.2.4	212497-1	3	S
4.3	212498-0	4	S
4.3.1	212499-8	3	S
4.3.2	212500-5	3	S
4.3.3	212501-3	3	S
4.3.4	212502-1	3	S

NR-12 — Anexo VIII			
Item/Subitem	Código	Infração	Tipo
4.3.5	212503-0	3	S
5.1	212504-8	4	S
5.2	212505-6	3	S
5.3	212506-4	4	S
5.4	212507-2	4	S
6.1	212508-0	4	S
6.1.1	212509-9	4	S
6.1.2	212510-2	4	S
6.2	212511-0	4	S
6.3	212512-9	4	S
7.1	212513-7	4	S
7.2	212514-5	3	S
7.3	212515-3	3	S
7.4	212516-1	3	S
7.5	212517-0	4	S
8.1	212518-8	3	S
8.1.1	212519-6	3	S
9.1	212520-0	4	S
9.1.1	212521-8	4	S
9.1.2	212522-6	4	S
10.1. "a"	212523-4	3	S
10.1. "b"	212524-2	3	S
10.1. "c"	212525-0	3	S
10.1. "d"	212526-9	3	S
11.1	212527-7	3	S
11.2	212528-5	3	S
11.3. "a"	212529-3	3	S
11.3. "b"	212530-7	3	S
11.4	212531-5	3	S
12.1. "a"	212532-3	3	S
12.1. "b"	212533-1	3	S
12.1. "c"	212534-0	3	S
12.2	212535-8	4	S
13.1	212536-6	4	S
13.2. "a"	212537-4	4	S
13.2. "b"	212538-2	4	S
13.2. "c"	212539-0	4	S
13.2. "d"	212540-4	4	S
13.2. "e"	212541-2	4	S
13.2. "f"	212542-0	4	S
13.3	212543-9	4	S
13.4	212544-7	4	S
14.	212545-5	4	S
15.1	212546-3	3	S
15.2	212547-1	4	S
16.1	212548-0	3	S
16.2	212549-8	3	S

NR-12 — Anexo IX			
Item/Subitem	**Código**	**Infração**	**Tipo**
1.2.1.1	212550-1	4	S
1.2.1.1.1	212551-0	4	S
1.2.1.2	212552-8	4	S
1.2.1.2.1	212553-6	4	S
1.2.1.3	212554-4	4	S
1.2.1.4	212555-2	4	S
1.2.1.4.1	212556-0	4	S
1.2.1.5	212557-9	4	S
1.2.1.6	212558-7	4	S
1.2.1.6.1	212559-5	4	S
1.2.1.7	212560-9	4	S
1.2.1.7.1	212561-7	4	S
1.2.1.7.2	212801-2	4	S
1.2.1.8. "a"	212562-5	4	S
1.2.1.8. "b"	212563-3	4	S
1.2.1.8. "c"	212564-1	4	S
1.2.1.8. "d"	212565-0	4	S
1.2.1.9.2. "a"	212566-8	4	S
1.2.1.9.2. "b"	212567-6	4	S
1.2.1.9.2. "c"	212568-4	4	S
1.2.1.9.3	212569-2	4	S
1.2.1.9.3.1	212570-6	4	S
1.2.1.9.4	212571-4	4	S
1.2.1.9.4.1. "a"	212572-2	4	S
1.2.1.9.4.1. "b"	212573-0	4	S
1.2.1.9.4.1. "c"	212574-9	4	S
1.2.1.9.5	212575-7	4	S
1.2.1.9.5.1	212576-5	4	S
1.2.2.1	212577-3	3	S
1.2.2.2	212578-1	3	S
1.2.2.3	212579-0	3	S
1.2.3.1	212580-3	3	S
1.2.3.2	212581-1	3	S
1.2.3.3	212582-0	3	S
1.2.3.4	212583-8	3	S
1.2.4.1	212584-6	3	S
1.2.4.3	212585-4	3	S
1.2.4.3.1	212586-2	3	S
1.2.4.4	212587-0	4	S
1.2.5.1	212588-9	3	S
1.2.5.1.1	212589-7	3	S
1.2.6.2	212590-0	4	S
1.2.6.2.1	212591-9	3	S
1.2.6.2.2	212592-7	4	S
1.2.6.3	212593-5	4	S
1.2.6.3.1	212594-3	3	S

NR-12 — Anexo IX			
Item/Subitem	**Código**	**Infração**	**Tipo**
1.2.6.3.2	212595-1	3	S
1.2.6.3.3. "a"	212596-0	4	S
1.2.6.3.3. "b"	212597-8	4	S
1.2.6.3.3. "c"	212598-6	4	S
1.2.6.3.4	212599-4	4	S
1.2.6.3.5	212600-1	4	S
1.2.7.1	212601-0	3	S
1.2.7.1.1	212602-8	3	S
1.2.7.2	212603-6	3	S
1.2.7.2.1	212604-4	3	S
1.2.7.2.1.1	212605-2	3	S
1.2.7.2.1.2	212606-0	3	S
1.2.7.3. "a"	212607-9	3	S
1.2.7.3. "b"	212608-7	3	S
1.2.8.1	212609-5	4	S
1.2.8.2	212610-9	4	S
1.2.9.1	212611-7	4	S
1.2.9.2	212612-5	4	S
1.2.10.1	212613-3	4	S
1.2.10.2	212614-1	4	S
1.2.11.1. "a"	212615-0	3	S
1.2.11.1. "b"	212616-8	3	S
1.2.11.1. "c"	212617-6	3	S
1.2.11.1. "d"	212618-4	3	S

NR-12 — Anexo X			
Item/Subitem	Código	Infração	Tipo
1. "a"	212619-2	4	S
1. "b"	212620-6	4	S
1. "c"	212621-4	3	S
1. "d"	212622-2	3	S
2. "a"	212623-0	4	S
2. "b"	212624-9	4	S
2. "c"	212625-7	4	S
2. "d"	212626-5	4	S
2.1	212627-3	4	S

NR-12 — Anexo XI			
Item/Subitem	Código	Infração	Tipo
2.	212628-1	4	S
3. "a"	212629-0	3	S
3. "b"	212630-3	3	S
3. "c"	212631-1	3	S
3. "d"	212632-0	3	S
3. "e"	212633-8	3	S
4.	212634-6	2	S
5.	212635-4	3	S

NR-12 — Anexo XI			
Item/Subitem	Código	Infração	Tipo
6.	212636-2	4	S
6.1	212637-0	4	S
6.1.1	212638-9	4	S
6.3.1	212639-7	4	S
6.4. "a"	212640-0	3	S
6.4. "b"	212641-9	3	S
6.4. "c"	212642-7	3	S
6.4. "d"	212643-5	3	S
6.4. "e"	212644-3	3	S
6.4. "f"	212645-1	3	S
6.4. "g"	212646-0	3	S
6.4. "h"	212647-8	3	S
6.4. "i"	212648-6	3	S
6.4. "j"	212649-4	3	S
6.4. "k"	212650-8	3	S
6.4. "l"	212651-6	3	S
6.4. "m"	212652-4	3	S
6.4.1	212653-2	3	S
6.5	212654-0	3	S
6.5. "a"	212655-9	3	S
6.5. "b"	212656-7	3	S
6.5.1.	212657-5	3	S
6.5.2. "a"	212658-3	3	S
6.5.2. "b"	212659-1	3	S
6.5.2. "c"	212660-5	3	S
6.5.2.1.	212661-3	3	S
6.5.4. "a"	212662-1	3	S
6.5.4. "b"	212663-0	3	S
6.5.4. "c"	212664-8	3	S
6.5.4.1	212665-6	3	S
6.6	212666-4	4	S
6.6.1	212667-2	4	S
6.6.1.1	206041-8	3	S
6.6.2 "a"	206042-6	4	S
6.6.2 "b"	206043-4	4	S
6.6.2 "c"	206044-2	4	S
6.6.2 "d"	206045-0	2	S
6.7	212668-0	4	S
6.8	212669-9	4	S
6.8.1	212670-2	4	S
6.9	212671-0	4	S
6.10	212672-9	4	S
6.11	212673-7	3	S
6.12	212674-5	3	S
6.12.1	212675-3	3	S
7. "a"	212676-1	1	S
7. "b"	212677-0	1	S

NR-12 — Anexo XI			
Item/Subitem	Código	Infração	Tipo
7. "c"	212678-8	1	S
8.	212679-6	2	S
9.	212680-0	4	S
10.	212681-8	4	S
11.	212682-6	3	S
12.	212683-4	2	S
12.1	212684-2	1	S
12.2	212685-0	2	S
13. "a"	212686-9	3	S
13. "b"	212687-7	3	S
13. "c"	212688-5	3	S
13. "d"	212689-3	3	S
13. "e"	212690-7	3	S
13. "f"	212691-5	3	S
13. "g"	212692-3	3	S
14.	212693-1	2	S
14.1. "a"	212694-0	1	S
14.1. "b"	212695-8	1	S
14.1. "c"	212696-6	1	S
14.1. "d"	212697-4	1	S
14.2. "a"	212698-2	1	S
14.2. "b"	212699-0	1	S
14.2. "c"	212700-8	1	S
14.2. "d"	212701-6	1	S
14.2. "e"	212702-4	2	S
14.2. "f"	212703-2	1	S
14.2. "g"	212704-0	2	S
14.2. "h"	212705-9	2	S
14.2. "i"	212706-7	2	S
14.2. "j"	212707-5	2	S
14.2. "k"	212708-3	2	S
14.2. "l"	212709-1	2	S
14.2. "m"	212710-5	2	S
14.2. "n"	212711-3	2	S
15.	212712-1	2	S
15.1.2	212713-0	2	S
15.1.2.1	212714-8	2	S
15.2	212715-6	2	S
15.3	212716-4	2	S
15.4	212717-2	2	S
15.5	212718-0	2	S
15.6	212719-9	2	S
15.7	212720-2	3	S
15.7. "a"	212721-0	3	S
15.7. "b"	212722-9	3	S
15.7. "c"	212723-7	3	S

NR-12 — Anexo XI			
Item/Subitem	Código	Infração	Tipo
15.7. "d"	212724-5	3	S
15.7. "e"	212725-3	3	S
15.7.1	212726-1	3	S
15.7.1.1	212727-0	3	S
15.8	212728-8	2	S
15.9	212729-6	2	S
15.9. "a"	212730-0	2	S
15.9. "b"	212731-8	2	S
15.9. "c"	212732-6	2	S
15.9. "d"	212733-4	2	S
15.10.	212734-2	2	S
15.11.	212735-0	2	S
15.12. "a"	212736-9	2	S
15.12. "b"	212737-7	2	S
15.12. "c"	212738-5	2	S
15.13. "a"	212739-3	2	S
15.13. "b"	212740-7	2	S
15.13. "c"	212741-5	2	S
15.13. "d"	212742-3	2	S
15.13. "e"	212743-1	2	S
15.14. "a"	212744-0	2	S
15.14. "b"	212745-8	2	S
15.14. "c"	212746-6	2	S
15.14. "d"	212747-4	2	S
15.14. "e"	212748-2	2	S
15.14. "f"	212749-0	2	S
15.14. "g"	212750-4	2	S
15.15. "a"	115100-2	2	S
15.15. "b"	212752-0	2	S
15.15. "c"	212753-9	2	S
15.15. "d"	212754-7	2	S
15.15. "e"	212755-5	2	S
15.15. "f"	212756-3	2	S
15.15. "g"	212757-1	2	S
15.15. "h"	115101-0	2	S
15.15. "i"	212759-8	2	S
15.15. "j"	115102-9	2	S
15.15. "k"	115103-7	2	S
15.15. "l"	115104-5	2	S
15.15.1	115105-3	2	S
15.15.1. "a"	115106-1	2	S
15.15.1. "b"	115107-0	2	S
15.16. "a"	212765-2	2	S
15.16. "b"	212766-0	2	S
15.16. "c"	212767-9	2	S
15.17	212768-7	2	S

NR-12 — Anexo XI			
Item/Subitem	Código	Infração	Tipo
15.18	212769-5	2	S
15.19	212770-9	2	S
15.20	212771-7	2	S
15.21	212772-5	2	S
15.21. "a"	212773-3	2	S
15.21. "b"	212774-1	2	S
15.21. "c"	212775-0	2	S
15.21. "d"	212776-8	2	S
15.21. "e"	212777-6	2	S
15.21. "f"	212778-4	2	S
15.21.1	212779-2	2	S
15.22. "a"	212780-6	2	S
15.22. "b"	212781-4	2	S
15.22.1. "a"	212782-2	2	S
15.22.1. "b"	212783-0	2	S
15.22.1. "c"	212784-9	2	S
15.22.1. "d"	212785-7	2	S
15.22.1. "e"	212786-5	2	S
15.22.1. "f"	212787-3	2	S
15.22.1. "g"	212788-1	2	S
15.22.1. "h"	212789-0	2	S
15.22.3	212790-3	2	S
15.23	212791-1	2	S
15.23.1	115108-8	4	S
15.23.1.1	115109-6	4	S
15.24. "a"	212792-0	2	S
15.24. "b"	212793-8	2	S
15.24. "c"	212794-6	2	S
15.24. "d"	212795-4	2	S
15.24. "e"	212796-2	2	S
15.24.1	212797-0	2	S
15.25	212798-9	2	S
15.25.1	212799-7	2	S
15.25.2	212800-4	2	S

NR-12 — Anexo XII			
Item/Subitem	Código	Infração	Tipo
2.1. "a"	212803-9	4	S
2.1. "b"	212804-7	4	S
2.1. "c"	212805-5	4	S
2.1. "d"	212806-3	4	S
2.1. "e"	212807-1	4	S
2.1. "f"	212808-0	3	S
2.1. "g"	212809-8	4	S
2.1. "h"	212810-1	4	S
2.1. "i"	212811-0	4	S
2.1. "j"	212812-8	4	S

NR-12 — Anexo XII			
Item/Subitem	Código	Infração	Tipo
2.1. "k"	212813-6	4	S
2.1. "l"	212814-4	4	S
2.1. "m"	212815-2	4	S
2.1. "n"	212816-0	4	S
2.1. "o"	212817-9	3	S
2.1. "p"	212818-7	4	S
2.2. "a"	212819-5	4	S
2.2. "b"	212820-9	3	S
2.2. "c"	212821-7	4	S
2.2. "d"	212822-5	3	S
2.2. "e"	212823-3	3	S
2.2. "f"	212824-1	3	S
2.3	212825-0	2	S
2.4	212826-8	4	S
2.5	212827-6	4	S
2.6	212828-4	4	S
2.7	212829-2	3	S
2.8	212830-6	3	S
2.9	212831-4	4	S
2.10	212832-2	2	S
2.11	212833-0	4	S
2.12	212834-9	3	S
2.13. "a"	212835-7	2	S
2.13. "b"	212836-5	2	S
2.13. "c"	212837-3	2	S
2.14	212838-1	2	S
2.15	212839-0	3	S
2.16	212840-3	2	S
2.17	212841-1	2	S
3.1. "a"	212842-0	4	S
3.1. "b"	212843-8	4	S
3.1. "c"	212844-6	4	S
3.1. "d"	212845-4	4	S
3.1. "e"	212846-2	3	S
3.1. "f"	212847-0	4	S
3.1. "g"	212848-9	4	S
3.1. "h"	212849-7	4	S
3.1. "i"	212850-0	4	S
3.1. "j"	212851-9	4	S
3.1. "k"	212852-7	4	S
3.1. "l"	212853-5	4	S
3.1. "m"	212854-3	4	S
3.1. "n"	212855-1	4	S
3.1. "o"	212856-0	4	S
3.1. "p"	212857-8	4	S
3.1. "q"	212858-6	3	S
3.2. "a"	212859-4	4	S
3.2. "b"	212860-8	4	S
3.2. "c"	212861-6	3	S

NR-12 — Anexo XII			
Item/Subitem	Código	Infração	Tipo
3.2. "d"	212862-4	2	S
3.2. "e"	212863-2	2	S
3.3	212864-0	4	S
3.4	212865-9	4	S
3.5	212866-7	4	S
3.6	212867-5	4	S
3.6.1	212868-3	4	S
3.7	212869-1	4	S
3.8	212870-5	3	S
3.9	212871-3	3	S
3.10	212872-1	3	S
3.11	212873-0	3	S
3.12	212874-8	4	S
3.13	212875-6	3	S
3.14	212876-4	3	S
3.15	212877-2	2	S
4.2	212878-0	2	S
4.3	212879-9	4	S
4.4	212880-2	2	S
4.5	212881-0	4	S
4.6	212882-9	4	S
4.7. "a"	212883-7	3	S
4.7. "b"	212884-5	3	S
4.7. "c"	212885-3	3	S
4.7. "d"	212886-1	3	S
4.7. "e"	212887-0	3	S
4.8	212888-8	3	S
4.9	212889-6	3	S
4.10	212890-0	3	S
4.11	212891-8	3	S
4.12	212892-6	3	S
4.13	212893-4	3	S
4.15	212894-2	3	S
4.16	212895-0	3	S
4.17. "a"	212896-9	3	S
4.17. "b"	212897-7	3	S
4.17. "c"	212898-5	3	S
4.18. "a"	212899-3	4	S
4.18. "b"	212900-0	4	S
4.18. "c"	212901-9	3	S
4.18. "d"	212902-7	4	S
4.18. "e"	212903-5	4	S
4.18. "f"	212904-3	4	S
4.18. "g"	212905-1	4	S
4.19	212906-0	3	S
4.20	212907-8	2	S
4.21	212908-6	4	S
4.22	212909-4	4	S
4.23	212910-8	3	S

NR-12 — Anexo XII			
Item/Subitem	Código	Infração	Tipo
4.24	212911-6	4	S
4.24. "a"	212912-4	4	S
4.24. "b"	212913-2	4	S
4.24. "c"	212914-0	4	S
4.24. "d"	212915-9	4	S
4.24. "e"	212916-7	3	S
4.24. "f"	212917-5	3	S
4.24. "g"	212918-3	4	S
4.24. "h"	212919-1	4	S
4.24. "i"	212920-5	4	S
4.25	212921-3	3	S
4.26. "a"	212922-1	4	S
4.26. "b"	212923-0	4	S
4.26. "c"	212924-8	4	S
4.26. "d"	212925-6	4	S
4.26. "e"	212926-4	4	S
4.26. "f"	212927-2	4	S
4.26. "g"	212928-0	4	S
4.26. "h"	212929-9	4	S
4.26. "i"	212930-2	4	S
4.26. "j"	212931-0	4	S
4.26. "k"	212932-9	4	S
4.27. "a"	212933-7	4	S
4.27. "b"	212934-5	4	S
4.27. "c"	212935-3	4	S
4.27. "d"	212936-1	4	S
4.27. "e"	212937-0	4	S
4.27. "f"	212938-8	3	S
4.27. "g"	212939-6	4	S
4.27. "h"	212940-0	4	S
4.27. "i"	212941-8	4	S
4.27. "j"	212942-6	4	S
4.27. "k"	212943-4	4	S
4.27. "l"	212944-2	4	S
4.27. "m"	212945-0	4	S
4.27. "n"	212946-9	4	S
4.27. "o"	212947-7	4	S
4.27. "p"	212948-5	4	S
4.27. "q"	212949-3	4	S
4.28. "a"	212950-7	2	S
4.28. "b"	212951-5	3	S
4.28. "c"	212952-3	2	S
4.28. "d"	212953-1	2	S
4.29	212954-0	2	S
4.29. "a"	212955-8	2	S
4.29. "b"	212956-6	2	S
4.29. "c"	212957-4	2	S
4.29. "d"	212958-2	2	S
4.31	212959-0	3	S

NR-12 — Anexo XII			
Item/Subitem	Código	Infração	Tipo
4.32	212960-4	4	S
4.33	212961-2	2	S
4.34	212962-0	4	S
4.35	212963-9	4	S
4.36	212964-7	3	S
4.37	212965-5	4	S
4.38	212966-3	3	S
4.39	212967-1	2	S
4.40	212968-0	2	S
4.41	212969-8	4	S
4.42	212970-1	4	S
6.	212971-0	2	S
7.	212972-8	3	S
7.1	212973-6	3	S
7.2	212974-4	3	S

NR-13 (213.000-9)			
Item/Subitem	Código	Infração	Tipo
13.3.1. "a"	213001-7	I4	S
13.3.1. "b"	213002-5	I4	S
13.3.1. "c"	213003-3	I4	S
13.3.1. "d"	213004-1	I4	S
13.3.1. "e"	213005-0	I4	S
13.3.1. "f"	213006-8	I4	S
13.3.1.1	213007-6	I4	S
13.3.1.1.1	213008-4	I4	S
13.3.3	213009-2	I3	S
13.3.6	213010-6	I3	S
13.3.7. "a"	213011-4	I2	S
13.3.7. "b"	213012-2	I2	S
13.3.7. "c"	213013-0	I2	S
13.3.8	213014-9	I3	S
13.3.9	213015-7	I3	S
13.3.10	213016-5	I4	S
13.3.11	213017-3	I2	S
13.3.11.1	213018-1	I2	S
13.3.11.3.1. "a"	213019-0	I4	S
13.3.11.3.1. "b"	213020-3	I4	S
13.3.11.4	213021-1	I2	S
13.4.1.3. "a"	213022-0	I4	S
13.4.1.3. "b"	213023-8	I4	S
13.4.1.3. "c"	213024-6	I4	S
13.4.1.3. "d"	213025-4	I4	S
13.4.1.3. "e"	213026-2	I4	S
13.4.1.4	213027-0	I2	S
13.4.1.5	213028-9	I2	S
13.4.1.6. "a"	213029-7	I3	S
13.4.1.6. "b"	213030-0	I3	S

NR-13 (213.000-9)			
Item/Subitem	Código	Infração	Tipo
13.4.1.6. "c"	213031-9	I3	S
13.4.1.6. "d"	213032-7	I3	S
13.4.1.6. "e"	213033-5	I3	S
13.4.1.6. "f"	213034-3	I3	S
13.4.1.7	213035-1	I3	S
13.4.1.9. "a"	213036-0	I2	S
13.4.1.9. "b"	213037-8	I2	S
13.4.1.10	213038-6	I2	S
13.4.1.11	213039-4	I2	S
13.4.2.1	213040-8	I2	S
13.4.2.3. "a"	213041-6	I3	S
13.4.2.3. "b"	213042-4	I4	S
13.4.2.3. "c"	213043-2	I3	S
13.4.2.3. "d"	213044-0	I4	S
13.4.2.3. "e"	213045-9	I3	S
13.4.2.3. "f"	213046-7	I4	S
13.4.2.4. "a"	213047-5	I4	S
13.4.2.4. "b"	213048-3	I4	S
13.4.2.4. "c"	213049-1	I4	S
13.4.2.4. "d"	213050-5	I4	S
13.4.2.4. "e"	213051-3	I4	S
13.4.2.4. "f"	213052-1	I3	S
13.4.2.4. "g"	213053-0	I4	S
13.4.2.4. "h"	213054-8	I4	S
13.4.2.5	213055-6	I4	S
13.4.2.6	213056-4	I3	S
13.4.3.1	213057-2	I3	S
13.4.3.2	213058-0	I4	S
13.4.3.2.1	213059-9	I4	S
13.4.3.3	213060-2	I3	S
13.4.3.4	213061-0	I4	S
13.4.4.2	213062-9	I4	S
13.4.4.3	213063-7	I3	S
13.4.4.4	213064-5	I4	S
13.4.4.6.1	213065-3	I1	S
13.4.4.7	213066-1	I4	S
13.4.4.8	213067-0	I4	S
13.4.4.9	213068-8	I4	S
13.4.4.10	213069-6	I4	S
13.4.4.12	213070-0	I3	S
13.4.4.13	213071-8	I1	S
13.4.4.13.1	213072-6	I2	S
13.4.4.14	213073-4	I2	S
13.4.4.15	213074-2	I4	S
13.4.4.16	213075-0	I1	S
13.5.1.3. "a"	213076-9	I4	S
13.5.1.3. "b"	213077-7	I4	S
13.5.1.3. "c"	213078-5	I4	S
13.5.1.4	213079-3	I1	S

NR-13 (213.000-9)			
Item/Subitem	Código	Infração	Tipo
13.5.1.5	213080-7	I1	S
13.5.1.6. "a"	213081-5	I3	S
13.5.1.6. "b"	213082-3	I3	S
13.5.1.6. "c"	213083-1	I3	S
13.5.1.6. "d"	213084-0	I3	S
13.5.1.6. "e"	213085-8	I3	S
13.5.1.6. "f"	213086-6	I3	S
13.5.1.7	213087-4	I3	S
13.5.1.8. "a"	213088-2	I2	S
13.5.1.8. "b"	213089-0	I2	S
13.5.1.9	213090-4	I2	S
13.5.2.1	213091-2	I2	S
13.5.2.2. "a"	213092-0	I4	S
13.5.2.2. "b"	213093-9	I3	S
13.5.2.2. "c"	213094-7	I4	S
13.5.2.2. "d"	213095-5	I4	S
13.5.2.2. "e"	213096-3	I4	S
13.5.2.3	213097-1	I4	S
13.5.2.4	213098-0	I2	S
13.5.2.5	213099-8	I2	S
13.5.2.6	213100-5	I2	S
13.5.3.1	213101-3	I3	S
13.5.3.2	213102-1	I3	S
13.5.3.2.1	213103-0	I4	S
13.5.3.3	213104-8	I4	S
13.5.4.2	213105-6	I3	S
13.5.4.3	213106-4	I3	S
13.5.4.4.1	213107-2	I2	S
13.5.4.5	213108-0	I3	S
13.5.4.6	213109-9	I3	S
13.5.4.7	213110-2	I3	S
13.5.4.8	213111-0	I3	S
13.5.4.9	213112-9	I3	S
13.5.4.10	213113-7	I3	S
13.5.4.12	213114-5	I3	S
13.5.4.13	213115-3	I2	S
13.5.4.14	213116-1	I1	S
13.5.4.15	213117-0	I2	S
13.6.1.1	213118-8	I3	S
13.6.1.2	213119-6	I4	S
13.6.1.3	213120-0	I4	S
13.6.1.4. "a"	213121-8	I3	S
13.6.1.4. "b"	213122-6	I3	S
13.6.1.4. "c"	213123-4	I3	S
13.6.1.4. "d"	213124-2	I3	S
13.6.1.5	213125-0	I3	S
13.6.1.6	213126-9	I2	S
13.6.2.1	213127-7	I3	S
13.6.2.2	213128-5	I3	S

NR-13 (213.000-9)			
Item/Subitem	Código	Infração	Tipo
13.6.2.3	213129-3	I2	S
13.6.3.1	213130-7	I3	S
13.6.3.2	213131-5	I3	S
13.6.3.3	213132-3	I3	S
13.6.3.4	213133-1	I3	S
13.6.3.5	213134-0	I3	S
13.6.3.6	213135-8	I3	S
13.6.3.6.1	213136-6	I4	S
13.6.3.7	213137-4	I3	S
13.6.3.9	213138-2	I2	S
13.6.3.9.1	213139-0	I3	S
13.6.3.10	213140-4	I2	S

NR-13 — Anexo 1			
Item/Subitem	Código	Infração	Tipo
A1.3. "a"	213142-0	I2	S
A1.3. "b"	213143-9	I3	S
A1.3. "c"	213144-7	I3	S
A1.5	213145-5	I3	S
A1.6	213146-3	I1	S
A1.7	213147-1	I3	S
B1.4. "a"	213148-0	I2	S
B1.4. "b"	213149-8	I3	S
B1.4. "c"	213150-1	I3	S
B1.6	213151-0	I3	S

NR-14 (114.000-0)			
Item/Subitem	Código	Infração	Tipo
14.1	114008-6	3	S
14.2	114009-4	4	S
14.2.1	114010-8	4	S
14.2.2	114011-6	4	S
14.3. "a"	114005-1	4	S
14.3. "b"	114006-0	4	S
14.3.1	114012-4	3	S

NR-15 (115.000-6)			
Item/Subitem	Código	Infração	Tipo
15,2	115001-4	1	S

NR-15 — Anexo 1			
Item/Subitem	Código	Infração	Tipo
3	115050-2	3	S
5	115051-0	4	S

NR-15 Anexo 2			
Item/Subitem	Código	Infração	Tipo
4	115052-9	4	S

NR-15 Anexo 3			
Item/Subitem	Código	Infração	Tipo
1	115053-7	3	S

NR-15 Anexo 5			
Item/Subitem	Código	Infração	Tipo
Anexo 5	115054-7	3	S

NR-15 — Anexo 6			
Item/Subitem	Código	Infração	Tipo
1.3.1	115055-3	4	S
2.3.1. "a"	115056-1	4	S

NR-15 — Anexo 8			
Item/Subitem	Código	Infração	Tipo
2,5	115110-0	13	S

NR-15 — Anexo 11			
Item/Subitem	Código	Infração	Tipo
3	115057-0	4	S
4	115058-8	4	S
7	115059-6	4	S

NR-15 — Anexo 12			
Item/Subitem	Código	Infração	Tipo
2.1	115016-2	4	S
2.3	115060-0	3	S
4	115018-9	4	S
5	115019-7	4	S
6	115020-0	4	S
7	115021-9	3	S
7.2	115061-8	2	S
7.3	115062-6	3	S
8	115024-3	3	S
9	115025-1	3	S
9.1	115063-4	2	S
9.2	115064-2	2	S
10	115028-6	3	S
11	115029-4	3	S
11.1	115030-8	3	S
11.2	115065-0	2	S
11.4	115066-9	1	S
14	115034-0	3	S
14.1	115067-7	2	S
14.2	115068-5	2	S
15	115069-3	2	S
16	115070-7	2	S
17	115071-5	3	S

NR-15 — Anexo 12			
Item/Subitem	Código	Infração	Tipo
18	115072-3	3	M
18.2	115041-3	2	M
19	115073-1	3	M
19.1	115074-0	2	M
19.2	115075-8	1	M
20	115099-5	3	S
20.1	115077-4	2	S
"Manganês"	115078-2	3	S
7 do item "Sílica"	115079-0	3	S
8 do item "Sílica"	115093-6	3	S

NR-15 — Anexo 13			
Item/Subitem	Código	Infração	Tipo
"Substâncias Cancerígenas"	115080-4	4	S

NR-15 — Anexo 13A			
Item/Subitem	Código	Infração	Tipo
4.	115095-2	4	S
4.1.2.1	115098-7	3	S
4.3	115082-0	4	S
4.4	115083-9	4	S
4.6	115097-9	2	S
5.3	115085-5	4	S
5.4	115086-3	4	S
6.	115087-1	4	S
9.	115088-0	4	S
10.	115089-8	4	S
11.	115090-1	4	S
12.	115091-0	4	S
14.	115092-8	4	S

NR-16 — (116.000-1)			
Item/Subitem	Código	Infração	Tipo
16.2	116001-0	1	S
16.8	116029-0	3	S

NR-17 — (117.000-7)			
Item/Subitem	Código	Infração	Tipo
17.1.2	117037-6	4	S
17.2.2	117038-4	3	S
17.2.3	117039-2	3	S
17.2.4	117040-6	2	S
17.2.5	117041-4	3	S
17.2.6	117042-2	3	S
17.2.7	117043-0	3	S

NR-17 — (117.000-7)			
Item/Subitem	Código	Infração	Tipo
17.3.1	117044-9	3	S
17.3.2	117045-7	3	S
17.3.2. "a"	117007-4	2	S
17.3.2. "b"	117008-2	2	S
17.3.2. "c"	117009-0	2	S
17.3.2.1	117010-4	2	S
17.3.3	117046-5	3	S
17.3.4	117047-3	2	S
17.3.5	117048-1	3	S
17.4.1	117049-0	3	S
17.4.2. "a"	117050-3	2	S
17.4.2. "b"	117051-1	2	S
17.4.3. "a"	117019-8	2	S
17.4.3. "b"	117020-1	2	S
17.4.3. "c"	117021-0	2	S
17.4.3. "d"	117022-8	2	S
17.5.1	117052-0	3	S
17.5.2. "a"	117023-6	2	S
17.5.2. "b"	117024-4	2	S
17.5.2. "c"	117025-2	2	S
17.5.2. "d"	117026-0	2	S
17.5.3	117053-8	2	S
17.5.3.1	117054-6	1	S
17.5.3.2	117055-4	1	S
17.5.3.3	117027-9	2	S
17.6.1	117056-2	4	S
17.6.3. "a"	117029-5	3	S
17.6.3. "b"	117057-0	4	S
17.6.3. "c"	117031-7	3	S
17.6.4. "a"	117032-5	3	S
17.6.4. "b"	117033-3	3	S
17.6.4. "c"	117034-1	3	S
17.6.4. "d"	117035-0	3	S
17.6.4. "e"	117036-8	3	S

NR-17 — Anexo I			
Item/Subitem	Código	Infração	Tipo
2.1. "a"	117058-9	3	S
2.1. "b"	117059-7	2	S
2.1. "c"	117060-0	2	S
2.1. "d"	117061-9	2	S
2.1. "e"	117062-7	3	S
2.1. "f"	117063-5	2	S
2.1. "g"	117064-3	2	S
2.1. "h"	117065-1	2	S

NR-17 — Anexo I			
Item/Subitem	Código	Infração	Tipo
2.1. "i"	117066-0	2	S
2.2. "a"	117067-8	2	S
2.2. "b"	117068-6	2	S
2.2. "c"	117069-4	2	S
2.2. "d"	117070-8	2	S
2.3. "a"	117071-6	1	S
2.3. "b"	117072-4	1	S
2.3. "c"	117073-2	1	S
2.4	117074-0	3	S
3.1	117075-9	3	S
3.2	117076-7	3	S
3.3	117077-5	3	S
3.4. "a"	117078-3	3	S
3.4. "b"	117079-1	2	S
3.4. "c"	117080-5	2	S
3.4. "d"	117081-3	2	S
3.4. "e"	117082-1	2	S
3.5	117083-0	1	S
4.1	117084-8	3	S
4.2	117085-6	4	S
4.3	117086-4	3	S
4.4	117087-2	2	S
5.1	117088-0	1	S
5.2	117089-9	2	S
6.1	117090-2	3	S
6.2	117091-0	2	S
6.2.1	117092-9	2	S
6.3	117093-7	2	S
6.4	117094-5	1	S
6.6	117095-3	1	S

NR-17 — Anexo II			
Item/Subitem	Código	Infração	Tipo
2.1	117096-1	3	S
2.1. "a"	117097-0	2	S
2.1. "b"	117098-8	2	S
2.1. "c"	117099-6	2	S
2.1. "d"	117100-3	2	S
2.1. "e"	117101-1	2	S
2.1. "f"	117102-0	2	S
2.1. "g"	117103-8	2	S
2.1. "h"	117104-6	2	S
2.1. "i"	117105-4	2	S
2.1. "j"	117106-2	3	S
3.1	117107-0	2	S

NR-17 — Anexo II			
Item/Subitem	Código	Infração	Tipo
3.1.3. "a"	117108-9	1	S
3.1.3. "b"	117109-7	1	S
3.1.3. "c"	117110-0	1	S
3.1.3. "d"	117111-9	1	S
3.2	117112-7	2	S
3.3	117113-5	2	S
3.4	117114-3	3	S
4.1	117115-1	2	S
4.2. "a"	117116-0	2	S
4.2. "b"	117117-8	2	S
4.2. "c"	117118-6	2	S
4.2. "d"	117119-4	2	S
4.2.1	117120-8	2	S
4.3	117121-6	3	S
4.3.1	117122-4	1	S
4.3.2	117123-2	1	S
4.3.3	117124-0	2	S
5.1.2.1	117125-9	1	S
5.1.3.1	117126-7	3	S
5.2	117127-5	3	S
5.2.1	117128-3	3	S
5.3	117129-1	4	S
5.3.1	117130-5	4	S
5.4	117140-2	4	S
5.4.1. "a"	117131-3	3	S
5.4.1. "b"	117132-1	4	S
5.4.1. "c"	117133-0	3	S
5.4.2	117134-8	3	S
5.4.3	117135-6	3	S
5.4.4	117136-4	2	S
5.4.4.1	117137-2	1	S
5.4.4.2	117138-0	2	S
5.4.5	117139-9	3	S
5.5	117141-0	2	S
5.6	117142-9	2	S
5.7	117143-7	4	S
5.8	117144-5	3	S
5.9	117145-3	3	S
5.10. "a"	117146-1	1	S
5.10. "b"	117147-0	1	S
5.10. "c"	117148-8	1	S
5.10. "d"	117149-6	1	S
5.10. "e"	117150-0	1	S
5.11. "a"	117151-8	3	S
5.11. "b"	117152-6	3	S

NR-17 — Anexo II			
Item/Subitem	Código	Infração	Tipo
5.12	117153-4	3	S
5.13. "a"	117154-2	3	S
5.13. "b"	117155-0	2	S
5.13. "c"	117156-9	2	S
5.14	117157-7	2	S
5.15	117158-5	3	S
5.16	117159-3	1	S
6.1	117160-7	3	S
6.1.1	117161-5	3	S
6.1.2. "a"	117162-3	1	S
6.1.2. "b"	117163-1	1	S
6.1.2. "c"	117164-0	1	S
6.1.2. "d"	117165-8	1	S
6.1.2. "e"	117166-6	3	S
6.1.2. "f"	117167-4	1	S
6.1.2. "g"	117168-2	1	S
6.2	117169-0	3	S
6.3. "a"	117170-4	1	S
6.3. "b"	117171-2	1	S
6.3. "c"	117172-0	1	S
6.3. "d"	117173-9	1	S
6.3. "e"	117174-7	1	S
7.1	117175-5	3	S
7.2	117176-3	4	S
7.3	117177-1	3	S
8.1	117178-0	2	M
8.1.1	117179-8	1	M
8.2	117180-1	3	M
8.2.1. "a"	117181-0	2	S
8.2.1. "b"	117182-8	2	S
8.2.1. "c"	117183-6	2	S
8.3	117184-4	4	S
8.4 ."a"	117185-2	2	S
8.4. "b"	117186-0	3	S
8.4. "b" 1	117187-9	1	S
8.4. "b" 2	117188-7	1	S
8.4. "b" 3	117189-5	1	S
8.4. "b" 4	117190-9	1	S
8.4. "b" 5	117191-7	1	S
8.4. "b" 6	117192-5	1	S
8.4. "b" 7	117193-3	1	S
8.4. "b" 8	117194-1	1	S
8.4 ."c"	117195-0	2	S
8.4 ."d"	117196-8	2	S
8.4 ."e"	117197-6	2	S

NR-17 — Anexo II			
Item/Subitem	Código	Infração	Tipo
8.4. "f"	117198-4	2	S
8.4.1	117199-2	2	S
8.4.1. "a"	117200-0	2	S
8.4.1. "b"	117201-8	2	S
8.4.1. "c"	117202-6	2	S
8.4.1. "d"	117203-4	2	S
8.4.1. "e"	117204-2	2	S
8.4.1. "f"	117205-0	2	S
8.5	117206-9	1	S
9.1	117207-7	3	S
9.2	117208-5	3	S

NR-18 (218.000-6)			
Item/Subitem	Código	Infração	Tipo
18.1.3	218001-4	3	S
18.2.1	218002-2	1	S
18.3.1	218003-0	4	S
18.3.1.1	218004-9	2	S
18.3.1.2	218946-1	1	S
18.3.2	218947-0	2	S
18.3.3	218007-3	3	S
18.3.4. "a"	218008-1	3	S
18.3.4. "b"	218009-0	3	S
18.3.4. "c"	218010-3	3	S
18.3.4. "d"	218948-8	2	S
18.3.4. "e"	218949-6	1	S
18.3.4. "f"	218013-8	1	S
18.4.1. "a"	218014-6	3	S
18.4.1. "b"	218015-4	3	S
18.4.1. "c"	218016-2	3	S
18.4.1. "d"	218017-0	3	S
18.4.1. "e"	218018-9	3	S
18.4.1. "f"	218019-7	1	S
18.4.1. "g"	218020-0	1	S
18.4.1. "h"	218021-9	3	S
18.4.1.2	218022-7	2	S
18.4.1.3. "a"	218023-5	2	S
18.4.1.3. "b"	218024-3	2	S
18.4.1.3. "c"	218025-1	2	S
18.4.1.3. "d"	218026-0	2	S
18.4.1.3. "e"	218027-8	3	S
18.4.1.3.1	218028-6	2	S
18.4.1.3.2	218029-4	2	S
18.4.2.2	218030-8	2	S
18.4.2.3. "a"	218031-6	2	S
18.4.2.3. "b"	218032-4	2	S
18.4.2.3. "c"	218033-2	1	S
18.4.2.3. "d"	218034-0	1	S

NR-18 (218.000-6)			
Item/Subitem	Código	Infração	Tipo
18.4.2.3. "e"	218035-9	1	S
18.4.2.3. "f"	218036-7	1	S
18.4.2.3. "g"	218037-5	1	S
18.4.2.3. "h"	218038-3	3	S
18.4.2.3. "i"	218039-1	1	S
18.4.2.3. "j"	218040-5	2	S
18.4.2.4	218041-3	2	S
18.4.2.5.1	218042-1	2	S
18.4.2.6.1	218043-0	2	S
18.4.2.6.2	218044-8	2	S
18.4.2.7.1	218045-6	2	S
18.4.2.8.1	218046-4	1	S
18.4.2.8.2	218047-2	1	S
18.4.2.8.3	218048-0	1	S
18.4.2.8.4	218049-9	1	S
18.4.2.8.5	218050-2	3	S
18.4.2.9.2	218051-0	1	S
18.4.2.9.3. "a"	218052-9	1	S
18.4.2.9.3. "b"	218053-7	1	S
18.4.2.9.3. "c"	218054-5	1	S
18.4.2.9.3. "d"	218055-3	1	S
18.4.2.9.3. "e"	218056-1	1	S
18.4.2.9.3. "f"	218057-0	1	S
18.4.2.9.3. "g"	218058-8	1	S
18.4.2.9.3. "h"	218059-6	2	S
18.4.2.9.3. "i"	218060-0	1	S
18.4.2.10.1. "a"	218061-8	1	S
18.4.2.10.1. "b"	218062-6	1	S
18.4.2.10.1. "c"	218063-4	1	S
18.4.2.10.1. "d"	218064-2	1	S
18.4.2.10.1. "e"	218065-0	1	S
18.4.2.10.1. "f"	218066-9	2	S
18.4.2.10.1. "g"	218067-7	1	S
18.4.2.10.1. "h"	218068-5	2	S
18.4.2.10.1. "i"	218069-3	3	S
18.4.2.10.2	218070-7	1	S
18.4.2.10.3	218071-5	1	S
18.4.2.10.4	218072-3	1	S
18.4.2.10.5	218073-1	1	S
18.4.2.10.6	218074-0	1	S
18.4.2.10.7	218075-8	1	S
18.4.2.10.8	218076-6	2	S
18.4.2.10.9	218077-4	2	S
18.4.2.10.10	218078-2	4	S
18.4.2.10.11	218079-0	4	M
18.4.2.11.2. "a"	218080-4	1	S
18.4.2.11.2. "b"	218081-2	1	S
18.4.2.11.2. "c"	218082-0	1	S
18.4.2.11.2. "d"	218083-9	1	S

NR-18 (218.000-6)			
Item/Subitem	Código	Infração	Tipo
18.4.2.11.2. "e"	218084-7	1	S
18.4.2.11.2. "f"	218085-5	1	S
18.4.2.11.2. "g"	218086-3	1	S
18.4.2.11.2. "h"	218087-1	1	S
18.4.2.11.2. "i"	218088-0	1	S
18.4.2.11.2. "j"	218089-8	2	S
18.4.2.11.2. "k"	218090-1	1	S
18.4.2.11.2. "l"	218091-0	1	S
18.4.2.11.3	218092-8	2	S
18.4.2.11.3.1	218093-6	2	S
18.4.2.11.4	218094-4	4	S
18.4.2.12.1. "a"	218095-2	1	S
18.4.2.12.1. "b"	218096-0	1	S
18.4.2.12.1. "c"	218097-9	1	S
18.4.2.12.1. "d"	218098-7	1	S
18.4.2.12.1. "e"	218099-5	1	S
18.4.2.12.1. "f"	218100-2	1	S
18.4.2.12.1. "g"	218101-0	1	S
18.4.2.12.1. "h"	218102-9	1	S
18.4.2.12.1. "i"	218103-7	1	S
18.4.2.12.1. "j"	218104-5	1	S
18.4.2.12.1. "k"	218105-3	1	S
18.4.2.12.1. "l"	218106-1	3	S
18.4.2.12.1. "m"	218107-0	3	S
18.4.2.12.2	218108-8	1	S
18.4.2.13.2	218109-6	1	S
18.5.1	218110-0	4	S
18.5.2	218111-8	3	S
18.5.3	218112-6	3	S
18.5.4	218113-4	3	S
18.5.5	218114-2	3	S
18.5.6	218115-0	2	S
18.5.7	218116-9	2	S
18.5.8	218117-7	2	S
18.5.9	218118-5	2	S
18.5.10	218119-3	4	S
18.5.11	218120-7	3	S
18.5.12	218121-5	3	S
18.5.13	218122-3	3	S
18.6.1	218123-1	4	S
18.6.2	218124-0	4	S
18.6.3	218125-8	3	S
18.6.4	218126-6	4	S
18.6.4.1	218127-4	4	S
18.6.5	218128-2	4	S
18.6.6	218129-0	3	S
18.6.7	218130-4	3	S
18.6.8	218131-2	4	S
18.6.9	218132-0	4	S

NR-18 (218.000-6)			
Item/Subitem	Código	Infração	Tipo
18.6.10	218133-9	4	S
18.6.10.1	218134-7	4	S
18.6.11	218135-5	3	S
18.6.12	218136-3	3	S
18.6.13	218137-1	2	S
18.6.14	218138-0	3	S
18.6.15	218139-8	3	S
18.6.17	218141-0	3	S
18.6.18	218142-8	4	S
18.6.19	218143-6	3	S
18.6.20.1	218-962-3	4	S
18.6.21	218963-1	4	S
18.6.21 "a"	218964-0	4	S
18.6.21 "b"	218965-8	4	S
18.6.21 "c"	218966-6	4	S
18.6.21 "d"	218967-4	4	S
18.6.21 "e"	218968-2	4	S
18.6.21 "f"	218969-0	4	S
18.6.21 "g"	218970-4	4	S
18.6.22	218971-2	4	S
18.6.23	218145-2	3	S
18.7.1	218146-0	3	S
18.7.2. "a"	218147-9	3	S
18.7.2. "b"	218148-7	2	S
18.7.2. "c"	218149-5	4	S
18.7.2. "d"	218150-9	3	S
18.7.2. "e"	218151-7	4	S
18.7.3	218152-5	4	S
18.7.4	218153-3	1	S
18.7.5	218154-1	2	S
18.8.1	218155-0	2	S
18.8.2	218156-8	2	S
18.8.3	218157-6	2	S
18.8.3.1	218158-4	1	S
18.8.4	218159-2	2	S
18.8.5	218160-6	3	S
18.8.6	218161-4	1	S
18.9.1	218162-2	2	S
18.9.2	218163-0	3	S
18.9.3	218164-9	2	S
18.9.4	218165-7	4	S
18.9.5	218166-5	4	S
18.9.6	218167-3	4	S
18.9.7	218168-1	3	S
18.9.8	218169-0	2	S
18.9.9	218170-3	2	S
18.9.10	218171-1	2	S
18.9.11	218172-0	3	S
18.9.12	218173-8	3	S

NR-18 (218.000-6)			
Item/Subitem	Código	Infração	Tipo
18.10.1	218174-6	3	S
18.10.2	218175-4	4	S
18.10.3	218176-2	3	S
18.10.4	218177-0	3	S
18.10.5	218178-9	2	S
18.10.6	218179-7	3	S
18.10.7	218180-0	2	S
18.10.8	218181-9	4	S
18.10.9	218182-7	2	S
18.11.1	218183-5	3	S
18.11.2	218184-3	3	S
18.11.3	218185-1	4	S
18.11.4	218186-0	2	S
18.11.6	218187-8	4	S
18.11.7	218188-6	4	S
18.11.8	218189-4	3	S
18.11.9	218190-8	2	S
18.12.1	218191-6	2	S
18.12.2	218192-4	3	S
18.12.3	218193-2	2	S
18.12.4	218194-0	2	S
18.12.5.1	218195-9	2	S
18.12.5.1.1	218196-7	2	S
18.12.5.2	218197-5	2	S
18.12.5.3	218198-3	3	S
18.12.5.4	218199-1	3	S
18.12.5.5. "a"	218200-9	3	S
18.12.5.5. "b"	218201-7	3	S
18.12.5.5. "c"	218202-5	3	S
18.12.5.6. "a"	218203-3	2	S
18.12.5.6. "b"	218204-1	2	S
18.12.5.6. "c"	218205-0	2	S
18.12.5.6. "d"	218206-8	2	S
18.12.5.7	218207-6	4	S
18.12.5.8	218208-4	3	S
18.12.5.9	218209-2	3	S
18.12.5.10	218210-6	3	S
18.12.5.10.1	218211-4	3	S
18.12.6.1	218212-2	3	S
18.12.6.2	218213-0	3	S
18.12.6.3	218214-9	2	S
18.12.6.4	218215-7	3	S
18.12.6.5	218216-5	2	S
18.12.6.6	218217-3	2	S
18.13.1	218218-1	4	S
18.13.2	218219-0	4	S
18.13.2.1	218220-3	4	S
18.13.3	218221-1	4	S
18.13.4	218222-0	4	S

NR-18 (218.000-6)			
Item/Subitem	Código	Infração	Tipo
18.13.5. "a"	218223-8	3	S
18.13.5. "b"	218224-6	3	S
18.13.5. "c"	218225-4	3	S
18.13.6	218226-2	4	S
18.13.6.1	218227-0	3	S
18.13.6.2	218228-9	3	S
18.13.7	218229-7	4	S
18.13.7.1	218230-0	3	S
18.13.7.2	218231-9	3	S
18.13.8	218232-7	4	S
18.13.8.1	218233-5	3	S
18.13.9	218234-3	3	S
18.13.9.2	218235-1	3	S
18.13.11	218236-0	3	S
18.13.12.2	218237-8	4	S
18.13.12.3	218238-6	4	S
18.13.12.4	218239-4	4	S
18.13.12.5	218240-8	3	S
18.13.12.6	218241-6	3	S
18.13.12.7	218242-4	3	S
18.13.12.8	218243-2	3	S
18.13.12.9	218244-0	3	S
18.13.12.10	218245-9	3	S
18.13.12.10.1	218246-7	3	S
18.13.12.11	218247-5	3	S
18.13.12.12	218248-3	3	S
18.13.12.13	218249-1	3	S
18.13.12.14	218250-5	3	S
18.13.12.15	218251-3	2	S
18.13.12.16	218252-1	3	S
18.13.12.17	218253-0	3	S
18.13.12.17.1	218254-8	3	S
18.13.12.18	218255-6	1	S
18.13.12.19	218256-4	1	S
18.13.12.20	218257-2	1	S
18.13.12.21	218258-0	2	S
18.13.12.21.1	218259-9	2	S
18.13.12.21.2	218260-2	3	S
18.13.12.22	218261-0	3	S
18.13.12.23	218262-9	2	S
18.13.12.24	218263-7	1	S
18.13.12.25	218264-5	3	S
18.13.12.26	218265-3	3	S
18.14.1.1	218741-8	3	S
18.14.1.2	218892-5	I3	S
18.14.1.2.1	218993-3	I3	S
18.14.1.3	218743-4	3	S
18.14.1.3.1	218744-2	2	S
18.14.1.4	218745-0	3	S

NR-18 (218.000-6)			
Item/Subitem	Código	Infração	Tipo
18.14.1.5	218746-9	2	S
18.14.1.6	218747-7	3	S
18.14.1.6.1	218748-5	2	S
18.14.1.7	218749-3	3	S
18.14.1.8	218950-0	2	S
18.14.1.9	218751-5	4	S
18.14.1.11	218954-2	4	S
18.14.1.12	218955-0	4	S
18.14.1.13	218956-9	4	S
18.14.2	218900-3	3	S
18.14.2.1	218753-1	3	S
18.14.3. "a"	218754-0	3	S
18.14.3. "b"	218755-8	3	S
18.14.3. "c"	218756-6	4	S
18.14.4	218901-1	3	S
18.14.5	218757-4	2	S
18.14.6	218902-0	2	S
18.14.7	218951-8	3	S
18.14.8	218759-0	3	S
18.14.9	218760-4	3	S
18.14.10	218761-2	4	S
18.14.11	218903-8	3	S
18.14.12	218904-6	4	S
18.14.13	218905-4	3	S
18.14.14	218906-2	3	S
18.14.15	218762-0	3	S
18.14.16	218907-0	3	S
18.14.17	218908-9	4	S
18.14.18	218909-7	4	S
18.14.19	218910-0	4	S
18.14.20	218911-9	4	S
18.14.21.1	218912-7	4	S
18.14.21.1.1	218763-9	4	S
18.14.21.2	218913-5	3	S
18.14.21.3	218914-3	4	S
18.14.21.4	218764-7	4	S
18.14.21.4.1	218765-5	4	S
18.14.21.5	218766-3	4	S
18.14.21.6	218767-1	4	S
18.14.21.7	218915-1	3	S
18.14.21.8	218916-0	3	S
18.14.21.9	218768-0	4	S
18.14.21.10. "a"	218769-8	4	S
18.14.21.10. "b"	218770-1	4	S
18.14.21.11. "a"	218771-0	4	S
18.14.21.11. "b"	218772-8	4	S
18.14.21.11.1	218773-6	4	S
18.14.21.12	218774-4	4	S
18.14.21.13	218775-2	4	S

NR-18 (218.000-6)			
Item/Subitem	Código	Infração	Tipo
18.14.21.14	218776-0	4	S
18.14.21.15	218777-9	4	S
18.14.21.16	218994-1	4	S
18.14.21.16.1.1	218995-0	4	S
18.14.21.17. "a"	218779-5	4	S
18.14.21.17. "b"	218780-9	4	S
18.14.21.17. "c"	218781-7	4	S
18.14.21.17. "d"	218782-5	4	S
18.14.21.18	218783-3	3	S
18.14.21.19	218784-1	4	S
18.14.21.20	218952-6	2	S
18.14.21.21	218953-4	4	S
18.14.22.1	218787-6	4	S
18.14.22.1. "a"	218788-4	4	S
18.14.22.1. "b"	218789-2	4	S
18.14.22.1. "c"	218790-6	4	S
18.14.22.1. "d"	218791-4	4	S
18.14.22.1. "e"	218792-2	4	S
18.14.22.2	218918-6	1	S
18.14.22.3	218919-4	3	S
18.14.22.4. "a"	218793-0	4	S
18.14.22.4. "b"	218996-8	4	S
18.14.22.4. "c"	218795-7	4	S
18.14.22.4. "d"	218997-6	4	S
18.14.22.4. "e"	218797-3	2	S
18.14.22.4. "f"	218998-4	4	S
18.14.22.4.1.1	218999-2	3	S
18.14.22.5	218798-1	3	S
18.14.22.6	218922-4	4	S
18.14.22.7	218799-0	3	S
18.14.22.8	218923-2	2	S
18.14.22.9	218800-7	4	S
18.14.22.10	318001-8	4	S
18.14.22.11	318002-6	4	S
18.14.22.13	318003-4	2	S
18.14.22.13.1	318004-2	2	S
18.14.23.1	218801-5	4	S
18.14.23.1.1	318008-5	I4	S
18.14.23.2	218802-3	4	S
18.14.23.2.1	218803-1	4	S
18.14.23.2.2	218957-7	1	S
18.14.23.2.3	218958-5	2	S
18.14.23.2.4	218959-3	1	S
18.14.23.3. "a"	318005-0	4	S
18.14.23.3. "b"	218926-7	4	S
18.14.23.3. "c"	318006-9	4	S
18.14.23.3. "d"	318007-7	4	S
18.14.23.3. "f"	218929-1	4	S
18.14.23.3. "g"	218807-4	2	S

NR-18 (218.000-6)			
Item/Subitem	Código	Infração	Tipo
18.14.23.4	218808-2	4	S
18.14.23.5	218930-5	2	S
18.14.23.6	218809-0	4	S
18.14.23.7	218972-0	4	S
18.14.23.8	318009-3	2	S
18.14.24.1	218340-4	4	S
18.14.24.1.2	218341-2	3	S
18.14.24.2	218342-0	4	S
18.14.24.3	218343-9	4	S
18.14.24.4	218344-7	3	S
18.14.24.5	218345-5	4	S
18.14.24.5.1	218346-3	3	S
18.14.24.6	218347-1	4	S
18.14.24.6.1	218348-0	3	S
18.14.24.6.2	218349-8	4	S
18.14.24.6.4	218350-1	4	S
18.14.24.7	218351-0	3	S
18.14.24.8	218352-8	2	S
18.14.24.8.1	218353-6	4	S
18.14.24.8.2	218354-4	4	S
18.14.24.9	218355-2	4	S
18.14.24.9.1	218356-0	4	S
18.14.24.10	218357-9	4	S
18.14.24.11. "a"	218358-7	4	S
18.14.24.11. "b"	218359-5	4	S
18.14.24.11. "c"	218360-9	4	S
18.14.24.11. "d"	218361-7	4	S
18.14.24.11. "e"	218362-5	4	S
18.14.24.11. "f"	218363-3	2	S
18.14.24.11. "g"	218364-1	4	S
18.14.24.11. "h"	218365-0	4	S
18.14.24.11. "i"	218366-8	4	S
18.14.24.11. "j"	218367-6	4	S
18.14.24.11. "k"	218368-4	4	S
18.14.24.11. "l"	218369-2	4	S
18.14.24.11. "m"	218370-6	3	S
18.14.24.11. "n"	218371-4	4	S
18.14.24.11. "o"	218372-2	4	S
18.14.24.11. "p"	218373-0	4	S
18.14.24.11. "q"	218374-9	4	S
18.14.24.11.1	218375-7	4	S
18.14.24.12	218376-5	4	S
18.14.24.13	218377-3	2	S
18.14.24.13.1	218378-1	3	S
18.14.24.14. "a"	218379-0	3	S
18.14.24.14. "b"	218380-3	3	S
18.14.24.14. "c"	218381-1	3	S
18.14.24.15	218382-0	3	S
18.14.24.15.1	218383-8	3	S

NR-18 (218.000-6)			
Item/Subitem	Código	Infração	Tipo
18.14.24.16	218384-6	3	S
18.14.24.17	218385-4	4	S
18.14.24.18	218810-4	4	S
18.14.25.1	218931-3	4	S
18.14.25.2	218932-1	2	S
18.14.25.3. "a"	218811-2	2	S
18.14.25.3. "b"	218812-0	4	S
18.14.25.4. "a"	218813-9	4	S
18.14.25.4. "b"	218814-7	4	S
18.14.25.4. "c"	218815-5	4	S
18.14.25.4. "d"	218816-3	4	S
18.14.25.5	218817-1	4	S
18.15.1	218388-9	3	S
18.15.1.1	218821-0	2	S
18.15.2	218389-7	4	S
18.15.2.1	218822-8	4	S
18.15.2.3	218823-6	2	S
18.15.2.4	218824-4	3	S
18.15.2.5	218825-2	3	S
18.15.2.6	218826-0	4	S
18.15.2.7. "a"	218827-9	4	S
18.15.2.7. "b"	218828-7	4	S
18.15.2.7. "c"	218829-5	3	S
18.15.2.7. "d"	218830-9	3	S
18.15.2.8	218831-7	4	S
18.15.3	218832-5	4	S
18.15.3.2	218833-3	4	S
18.15.4	218834-1	4	S
18.15.5	218392-7	4	S
18.15.5.1	218393-5	4	S
18.15.6	218394-3	4	S
18.15.7	218395-1	4	S
18.15.8	218396-0	4	S
18.15.9	218397-8	4	S
18.15.9.1	218835-0	3	S
18.15.9.1. "a"	218836-8	3	S
18.15.9.1. "b"	218837-6	3	S
18.15.9.1. "c"	218838-4	4	S
18.15.9.1.1	218839-2	4	S
18.15.10	218840-6	4	S
18.15.11	218399-4	4	S
18.15.12	218841-4	2	S
18.15.13	218401-0	4	S
18.15.14	218842-2	4	S
18.15.15	218403-6	4	S
18.15.16	218933-0	4	S
18.15.17	218844-9	3	S
18.15.18	218406-0	4	S
18.15.19	218407-9	4	S

NR-18 (218.000-6)			
Item/Subitem	Código	Infração	Tipo
18.15.20	218408-7	4	S
18.15.21	218409-5	2	S
18.15.22	218410-9	4	S
18.15.23	218411-7	4	S
18.15.24	218412-5	4	S
18.15.25	218845-7	3	S
18.15.25.1	218846-5	3	S
18.15.26	218414-1	3	S
18.15.27	218847-3	3	S
18.15.28	218416-8	4	S
18.15.29	218417-6	4	S
18.15.30	218848-1	2	S
18.15.30.1	218849-0	3	S
18.15.30.2	218850-3	4	S
18.15.30.3	218851-1	4	S
18.15.31	218852-0	4	S
18.15.32	218853-8	4	S
18.15.32.1	218854-6	4	S
18.15.32.1.1	218855-4	2	S
18.15.32.1.2	218856-2	4	S
18.15.32.2	218857-0	4	S
18.15.32.3	218858-9	4	S
18.15.32.4. "a"	218859-7	4	S
18.15.32.4. "b"	218860-0	4	S
18.15.32.4. "c"	218861-9	4	S
18.15.32.4. "d"	218862-7	4	S
18.15.33	218863-5	4	S
18.15.34	218864-3	4	S
18.15.35	218865-1	3	S
18.15.35.1	218866-0	4	S
18.15.36. "a"	218867-8	4	S
18.15.36. "b"	218868-6	4	S
18.15.37	218439-7	4	S
18.15.38	218440-0	4	S
18.15.39	218441-9	4	S
18.15.40	218442-7	3	S
18.15.40.1	218443-5	3	S
18.15.41	218444-3	4	S
18.15.41.1	218445-1	4	S
18.15.41.2	218869-4	2	S
18.15.42. "a"	218446-0	4	S
18.15.42. "b"	218447-8	3	S
18.15.42. "c"	218448-6	4	S
18.15.42. "d"	218449-4	3	S
18.15.43	218450-8	2	S
18.15.43.1	218870-8	2	S
18.15.43.3	218452-4	2	S
18.15.44	218453-2	4	S
18.15.45. "a"	218454-0	3	S

NR-18 (218.000-6)			
Item/Subitem	Código	Infração	Tipo
18.15.45. "b"	218455-9	3	S
18.15.45. "c"	218456-7	3	S
18.15.45. "d"	218457-5	3	S
18.15.45. "e"	218458-3	3	S
18.15.45.1	218459-1	4	S
18.15.45.2	218460-5	3	S
18.15.45.3	218871-6	3	S
18.15.46	218872-4	3	S
18.15.47	218873-2	2	S
18.15.47.1	218874-0	2	S
18.15.47.2	218465-6	3	S
18.15.47.3	218875-9	3	S
18.15.47.4	218876-7	3	S
18.15.47.4.1	218877-5	4	S
18.15.47.4.1.1	218469-9	3	S
18.15.47.5	218878-3	3	S
18.15.47.6	218471-0	4	S
18.15.47.7	218879-1	3	S
18.15.47.8	218880-5	3	S
18.15.47.9	218474-5	4	S
18.15.47.10	218475-3	4	S
18.15.47.11	218881-3	3	S
18.15.47.12	218477-0	3	S
18.15.47.13	218478-8	4	S
18.15.47.14	218479-6	3	S
18.15.47.15	218882-1	3	S
18.15.47.16	218883-0	3	S
18.15.47.17	218884-8	4	S
18.15.47.18	218483-4	4	S
18.15.47.19	218885-6	4	S
18.15.47.19.1	218886-4	4	S
18.15.47.20	218887-2	4	S
18.15.47.21	218888-0	4	S
18.15.47.22	218889-9	2	S
18.15.47.23	218890-2	2	S
18.15.47.24	218490-7	4	S
18.15.47.25	218491-5	3	S
18.15.47.26	218492-3	3	S
18.15.48. "a"	218891-0	3	S
18.15.48. "b"	218892-9	3	S
18.15.48. "c"	218893-7	3	S
18.15.48. "d"	218894-5	3	S
18.15.48. "e"	218895-3	3	S
18.15.48. "f"	218896-1	3	S
18.15.48. "g"	218897-0	3	S
18.15.48. "h"	218898-8	3	S
18.15.49	218501-6	4	S
18.15.50	218502-4	4	S
18.15.51. "a"	218503-2	4	S

NR-18 (218.000-6)			
Item/Subitem	Código	Infração	Tipo
18.15.51. "b"	218504-0	4	S
18.15.51. "c"	218505-9	3	S
18.15.51. "d"	218506-7	3	S
18.15.52	218507-5	4	S
18.15.53	218508-3	2	S
18.15.54	218509-1	4	S
18.15.55	218510-5	4	S
18.15.56.1	218960-7	4	S
18.15.56.2	218512-1	4	S
18.15.56.3	218513-0	4	S
18.15.56.5	218961-5	4	S
18.15.57	218514-8	4	S
18.16.1	218515-6	4	S
18.16.2	218516-4	4	S
18.16.2.1	218517-2	4	S
18.16.3	218518-0	4	S
18.16.4	218519-9	4	S
18.16.5	218520-2	2	S
18.16.6	218521-0	4	S
18.17.1	218522-9	3	S
18.17.2	218523-7	3	S
18.17.3	218524-5	3	S
18.17.3.1	218525-3	2	S
18.17.4	218973-9	3	S
18.17.4.1	218974-7	3	S
18.17.4.2	218975-5	3	S
18.17.4.3	218976-3	3	S
18.17.4.4	218977-1	2	S
18.17.4.5	218978-0	3	S
18.17.4.6	218979-8	4	S
18.17.4.7	218980-1	4	S
18.17.4.8	218981-0	4	S
18.17.4.9	218982-8	4	S
18.17.5	218983-6	3	S
18.17.5.1	218984-4	3	S
18.17.5.1.1	218985-2	2	S
18.17.6	218986-0	3	S
18.17.7	218987-9	2	S
18.17.8	218988-7	2	S
18.17.9	218989-5	3	S
18.17.10	218990-9	2	S
18.17.11	218991-7	3	S
18.18.1	218526-1	4	S
18.18.1.1	218527-0	4	S
18.18.1.2	218528-8	4	S
18.18.2	218529-6	3	S
18.18.3	218530-0	4	S
18.18.3.1	218531-8	4	S
18.18.4	218532-6	4	S

NR-18 (218.000-6)			
Item/Subitem	Código	Infração	Tipo
18.18.5	218533-4	3	S
18.18.5.1	218534-2	4	S
18.19.1	218535-0	4	S
18.19.2	218536-9	4	S
18.19.3	218537-7	2	S
18.19.4	218538-5	2	S
18.19.4.1	218539-3	2	S
18.19.5	218540-7	3	S
18.19.6	218541-5	2	S
18.19.7	218542-3	4	S
18.19.8	218543-1	3	S
18.19.9	218544-0	2	S
18.19.10	218545-8	1	S
18.19.11	218546-6	4	S
18.19.12	218547-4	3	S
18.19.13	218548-2	3	S
18.19.14	218549-0	3	S
18.20.1. "a"	218550-4	3	S
18.20.1. "b"	218551-2	4	S
18.20.1. "c"	218552-0	3	S
18.20.1. "d"	218553-9	4	S
18.20.1. "e"	218554-7	4	S
18.20.1. "f"	218555-5	4	S
18.20.1. "g"	218556-3	3	S
18.20.1. "h"	218557-1	4	S
18.20.1. "i"	218558-0	4	S
18.20.1. "j"	218559-8	3	S
18.20.1. "k"	218560-1	4	S
18.20.1. "l"	218561-0	4	S
18.21.1	218562-8	3	S
18.21.2	218563-6	4	S
18.21.2.1	218564-4	4	S
18.21.3	218565-2	4	S
18.21.4	218566-0	4	S
18.21.4.1	218567-9	4	S
18.21.5	218568-7	4	S
18.21.6	218569-5	4	S
18.21.7	218570-9	2	S
18.21.8	218571-7	4	S
18.21.9	218572-5	4	S
18.21.10	218573-3	4	S
18.21.11. "a"	218574-1	4	S
18.21.11. "b"	218575-0	4	S
18.21.11. "c"	218576-8	4	S
18.21.11. "d"	218577-6	4	S
18.21.12	218578-4	4	S
18.21.13	218579-2	4	S
18.21.14	218580-6	4	S
18.21.15	218581-4	4	S

NR-18 (218.000-6)			
Item/Subitem	Código	Infração	Tipo
18.21.16	218582-2	4	S
18.21.17	218583-0	4	S
18.21.18	218584-9	3	S
18.21.19	218585-7	4	S
18.21.20	218586-5	3	S
18.22.1	218587-3	3	S
18.22.2	218588-1	4	S
18.22.3	218589-0	4	S
18.22.4	218590-3	3	S
18.22.5	218591-1	3	S
18.22.6	218592-0	3	S
18.22.7 "a"	218593-8	3	S
18.22.7 "b"	218594-6	3	S
18.22.7 "c"	218595-4	3	S
18.22.7 "d"	218596-2	3	S
18.22.7 "e"	218597-0	3	S
18.22.8	218598-9	3	S
18.22.9	218599-7	3	S
18.22.10	218600-4	2	S
18.22.11	218601-2	1	S
18.22.12 "a"	218602-0	3	S
18.22.12 "b"	218603-9	3	S
18.22.12 "c"	218604-7	3	S
18.22.12 "d"	218605-5	3	S
18.22.12 "e"	218606-3	3	S
18.22.12 "f"	218607-1	3	S
18.22.12 "g"	218608-0	3	S
18.22.12 "h"	218609-8	4	S
18.22.13	218610-1	3	S
18.22.14	218611-0	3	S
18.22.15	218612-8	1	S
18.22.16	218613-6	1	S
18.22.17	218614-4	3	S
18.22.17.1	218615-2	1	S
18.22.17.2	218616-0	3	S
18.22.17.3	218617-9	2	S
18.22.17.4	218618-7	2	S
18.22.18	218619-5	3	S
18.22.18.1	218620-9	4	S
18.22.18.2	218621-7	4	S
18.22.18.3	218622-5	4	S
18.22.18.4	218623-3	4	S
18.22.19	218624-1	2	S
18.22.20	218625-0	4	S
18.22.21	218626-8	3	S
18.23.1	218627-6	4	S
18.23.2	218628-4	3	S
18.23.3	218629-2	4	S
18.23.3.1	218630-6	4	S

NR-18 (218.000-6)			
Item/Subitem	Código	Infração	Tipo
18.23.4	218631-4	3	S
18.23.5	218934-8	4	S
18.24.1	218632-2	3	S
18.24.2	218633-0	2	S
18.24.2.1	218634-9	2	S
18.24.3	218635-7	1	S
18.24.4	218636-5	2	S
18.24.5	218637-3	2	S
18.24.6	218638-1	2	S
18.24.7	218639-0	4	S
18.24.8	218640-3	3	S
18.24.9	218641-1	3	S
18.25.1	218642-0	4	S
18.25.2	218643-8	4	S
18.25.3	218644-6	3	S
18.25.4	218645-4	4	S
18.25.5	218646-2	3	S
18.25.5. "a"	218647-0	3	S
18.25.5. "b"	218648-9	3	S
18.25.5. "c"	218649-7	3	S
18.25.5. "d"	218650-0	3	S
18.25.5. "e"	218651-9	3	S
18.25.5. "f"	218652-7	3	S
18.25.5. "g"	218653-5	3	S
18.26.1	218654-3	3	S
18.26.2	218655-1	2	S
18.26.3	218656-0	4	S
18.26.4. "a"	218657-8	4	S
18.26.4. "b"	218658-6	4	S
18.26.4. "c"	218659-4	4	S
18.26.4. "d"	218660-8	4	S
18.26.4. "e"	218661-6	2	S
18.26.4. "f"	218662-4	2	S
18.26.4. "g"	218663-2	3	S
18.26.5	218664-0	3	S
18.27.1	218665-9	2	S
18.27.2	218666-7	3	S
18.27.3	218667-5	2	S
18.28.1	218668-3	3	S
18.28.2	218669-1	3	S
18.28.3	218670-5	3	S
18.28.4	218671-3	2	S
18.29.1	218672-1	3	S
18.29.2	218673-0	3	S
18.29.3	218674-8	3	S
18.29.4	218675-6	2	S
18.29.5	218676-4	2	S
18.30.1	218677-2	3	S
18.30.2	218678-0	3	S

NR-18 (218.000-6)			
Item/Subitem	Código	Infração	Tipo
18.30.3	218679-9	3	S
18.30.3.1	218680-2	3	S
18.30.4	218681-0	3	S
18.30.5	218682-9	3	S
18.30.6	218683-7	3	S
18.30.7	218684-5	3	S
18.30.8	218685-3	3	S
18.31.1 "a"	218686-1	3	S
18.31.1 "b"	218687-0	3	S
18.31.1.1	218688-8	3	S
18.32.1	218689-6	1	S
18.32.1.2	218690-0	1	S
18.32.2	218691-8	1	S
18.33.1	218692-6	3	S
18.33.2	218693-4	2	S
18.33.3	218694-2	3	S
18.33.4	218695-0	1	S
18.33.6	218696-9	1	S
18.36.2 "a"	218697-7	4	S
18.36.2 "b"	218698-5	4	S
18.36.2 "c"	218699-3	3	S
18.36.2 "d"	218700-0	4	S
18.36.2 "e"	218701-9	3	S
18.36.2 "f"	218702-7	2	S
18.36.2 "g"	218703-5	3	S
18.36.2 "h"	218704-3	4	S
18.36.3 "a"	218705-1	4	S
18.36.3 "b"	218706-0	4	S
18.36.3 "c"	218707-8	3	S
18.36.3 "d"	218708-6	4	S
18.36.3 "e"	218709-4	3	S
18.36.3 "f"	218710-8	3	S
18.36.3 "g"	218711-6	3	S
18.36.3 "h"	218712-4	3	S
18.36.3 "i"	218713-2	3	S
18.36.3 "j"	218714-0	3	S
18.36.3 "k"	218715-9	4	S
18.36.3 "l"	218716-7	4	S
18.36.4 "a"	218717-5	2	S
18.36.4 "c"	218718-3	3	S
18.36.4 "d"	218719-1	3	S
18.36.5 "a"	218720-5	3	S
18.36.5 "b"	218721-3	3	S
18.36.5 "c"	218722-1	3	S
18.36.6 "b"	218723-0	3	S
18.36.6 "c"	218724-8	3	S
18.36.6 "d"	218725-6	2	S
18.36.6 "e"	218726-4	2	S
18.36.7 "a"	218727-2	3	S

NR-18 (218.000-6)			
Item/Subitem	Código	Infração	Tipo
18.36.7 "b"	218728-0	3	S
18.36.7 "c"	218729-9	3	S
18.36.7 "d"	218730-2	3	S
18.37.1	218731-0	1	S
18.37.2	218732-9	4	S
18.37.2.1	218733-7	3	S
18.37.2.2	218734-5	3	S
18.37.2.3	218735-3	2	S
18.37.2.4	218736-1	2	S
18.37.2.5	218737-0	2	S
18.37.2.6	218738-8	1	S
18.37.3	218739-6	3	S
18.37.7.1	218935-6	4	S
18.37.7.2. "a"	218936-4	4	S
18.37.7.2. "b"	218937-2	4	S
18.37.7.2. "c"	218938-0	4	S
18.37.7.2. "d"	218939-9	4	S
18.37.7.2. "e"	218940-2	4	S
18.37.7.3	218941-0	4	S
18.37.7.4	218942-9	4	S
18.37.7.4.1	218943-7	4	S
18.37.7.5	218944-5	4	S
18.37.7.6	218945-3	4	S

NR-19 (119.000-8)			
Item/Subitem	Código	Infração	Tipo
19.1.2	119223-0	4	S
19.1.3	119224-8	4	S
19.1.4	119225-6	4	S
19.1.5	119226-4	3	S
19.2.1	119227-2	4	S
19.2.2	119228-0	4	S
19.2.2.1	119229-9	4	S
19.2.3. "a"	119217-5	4	S
19.2.3. "b"	119218-3	4	S
19.2.3. "c"	119219-1	4	S
19.2.3. "d"	119220-5	4	S
19.2.3. "e"	119221-3	4	S
19.2.3. "f"	119222-1	4	S
19.2.4. "a"	119230-2	4	S
19.2.4. "b"	119231-0	4	S
19.2.4. "c"	119232-9	4	S
19.2.4. "d"	119233-7	4	S
19.2.5	119234-5	4	S
19.3.1. "a"	119235-3	4	S
19.3.1. "b"	119236-1	4	S
19.3.1. "c"	119237-0	4	S

NR-19 (119.000-8)			
Item/Subitem	Código	Infração	Tipo
19.3.1. "d"	119238-8	3	S
19.3.2. "a"	119239-6	4	S
19.3.2. "b"	119240-0	4	S
19.3.2. "c"	119241-8	4	S
19.3.2. "d"	119242-6	4	S
19.4.1	119243-4	4	S
19.4.2. "a"	119244-2	4	S
19.4.2. "b"	119245-0	3	S
19.4.2. "c"	119246-9	3	S
19.4.2. "d"	119247-7	3	S
19.4.2. "e"	119248-5	3	S
19.4.2. "f"	119249-3	4	S
19.4.2. "g"	119250-7	4	S
19.4.2. "h"	119251-5	4	S
19.4.2. "i"	119252-3	3	S
19.4.2. "j"	119253-1	4	S
19.4.2. "k"	119254-0	4	S
19.4.2. "l"	119255-8	4	S

NR-19 — Anexo I			
Item/Subitem	Código	Infração	Tipo
4.1	119077-6	4	S
4.2. "a"	119078-4	3	S
4.2. "b"	119079-2	3	S
4.2. "c"	119080-6	3	S
4.3. "a"	119081-4	3	S
4.3. "b"	119082-2	3	S
4.3. "c"	119083-0	3	S
4.4	119084-9	4	S
4.5	119085-7	2	S
4.6	119086-5	3	S
4.6. "a"	119087-3	2	S
4.6. "b"	119088-1	2	S
4.6. "c"	119089-0	2	S
4.6. "d"	119090-3	2	S
4.7. "a"	119091-1	4	S
4.7. "b"	119092-0	4	S
4.7. "c"	119093-8	4	S
4.7. "d"	119094-6	4	S
4.7. "e"	119095-4	4	S
4.7.1. "a"	119096-2	4	S
4.7.1. "b"	119097-0	4	S
4.7.1. "c"	119098-9	4	S
4.7.1. "d"	119099-7	4	S
4.7.1. "e"	119100-4	4	S

NR-19 — Anexo I			
Item/Subitem	Código	Infração	Tipo
4.7.1.1	119101-2	4	S
4.8	119102-0	4	S
4.9	119103-9	4	S
4.10	119104-7	2	S
5.1	119105-5	3	S
5.1.1	119106-3	3	S
5.2 "a"	119107-1	3	S
5.2 "b"	119108-0	3	S
5.2 "c"	119109-8	3	S
5.2 "d"	119110-1	3	S
5.2.1	119111-0	2	S
5.2.2	119112-8	2	S
5.2.2.1 "a"	119113-6	2	S
5.2.2.1 "b"	119114-4	2	S
5.2.2.1 "c"	119115-2	2	S
5.2.2.1.1	119116-0	2	S
5.2.3	119117-9	2	S
5.2.4 "a"	119118-7	3	S
5.2.4 "b"	119119-5	3	S
5.2.4 "c"	119120-9	3	S
5.2.4.1	119121-7	2	S
5.2.4.2	119122-5	2	S
5.2.4.3	119123-3	1	S
5.2.4.4	119124-1	3	S
5.3	119125-0	2	S
6.1	119126-8	2	S
6.2	119127-6	1	S
6.3	119128-4	2	S
6.4	119129-2	2	S
7.1	119130-6	4	S
7.3	119131-4	3	S
7.4	119132-2	3	S
8.1	119133-0	4	S
8.2	119134-9	4	S
8.3	119135-7	3	S
8.4	119136-5	4	S
8.5	119137-3	4	S
8.5.1	119138-1	4	S
8.6	119139-0	4	S
8.7	119140-3	3	S
8.7.1	119141-1	3	S
8.7.2	119142-0	3	S
8.8	119143-8	3	S
8.9	119144-6	4	S
9.1	119145-4	4	S

NR-19 — Anexo I			
Item/Subitem	Código	Infração	Tipo
9.1.1	119146-2	4	S
9.1.2	119147-0	4	S
9.2	119148-9	3	S
10.1	119149-7	3	S
10.2	119150-0	4	S
10.2.1	119151-9	2	S
10.2.2	119152-7	3	S
10.3	119153-5	3	S
10.3.1	119154-3	4	S
10.3.1.1	119155-1	3	S
11.1	119156-0	4	S
11.2	119157-8	3	S
11.2.1	119158-6	4	S
11.2.2	119159-4	4	S
12.1	119160-8	3	S
12.2	119161-6	4	S
12.3	119162-4	4	S
12.3.1	119163-2	3	S
13.1	119164-0	3	S
13.2	119165-9	3	S
13.2.1	119166-7	4	S
13.3	119167-5	4	S
13.3.1	119168-3	4	S
13.4	119169-1	3	S
13.4.1	119170-5	3	S
13.5	119171-3	3	S
14.1	119172-1	3	S
14.1.1	119173-0	3	S
15.1	119174-8	3	S
15.2	119175-6	3	S
16.1	119176-4	4	S
17.2	119177-2	4	S
17.2.1	119178-0	4	S
18	119179-9	4	S
19	119180-2	4	S
20	119181-0	4	S
21	119182-9	4	S
22	119183-7	4	S
22.1	119184-5	3	S
23	119185-3	4	S
24	119186-1	3	S
25	119187-0	4	S
26	119188-8	4	S
27	119189-6	4	S
28	119190-0	4	S
29	119191-8	3	S
30	119192-6	4	S
30.1	119193-4	4	S

NR-20 (220.000-7)			
Item/Subitem	Código	Infração	Tipo
20.3.1	220001-5	3	S
20.3.2	220002-3	3	S
20.3.3	220003-1	3	S
20.4.1	220004-0	3	S
20.4.1.1	220005-8	3	S
20.4.1.2	220006-6	3	S
20.5.1	220007-4	4	S
20.5.2. "a"	220008-2	3	S
20.5.2. "b"	220009-0	3	S
20.5.2. "c"	220010-4	3	S
20.5.2. "d"	220011-2	3	S
20.5.2. "e"	220012-0	3	S
20.5.2. "f"	220013-9	3	S
20.5.2. "g"	220014-7	3	S
20.5.2. "h"	220015-5	3	S
20.5.2.1	220016-3	3	S
20.5.2.2	220017-1	3	S
20.5.2.3	220018-0	3	S
20.5.3	220019-8	3	S
20.5.4	220020-1	3	S
20.5.5	220021-0	3	S
20.5.6	220022-8	4	S
20.5.7. "a"	220023-6	3	S
20.5.7. "b"	220024-4	3	S
20.6.1	220025-2	3	S
20.6.2	220026-0	3	S
20.6.3	220027-9	3	S
20.7.1	220028-7	4	S
20.7.1.1	220029-5	3	S
20.7.2	220030-9	3	S
20.7.3. "a"	220031-7	4	S
20.7.3. "b"	220032-5	4	S
20.7.5	220033-3	4	S
20.7.5.1	220034-1	2	S
20.8.1	220035-0	4	S
20.8.2. "a"	220036-8	3	S
20.8.2. "b"	220037-6	3	S
20.8.2. "c"	220038-4	3	S
20.8.2. "d"	220039-2	3	S

NR-20 (220.000-7)			
Item/Subitem	Código	Infração	Tipo
20.8.2. "e"	220040-6	3	S
20.8.2. "f"	220041-4	3	S
20.8.2. "g"	220042-2	3	S
20.8.2. "h"	220043-0	3	S
20.8.3	220044-9	3	S
20.8.3.1	220045-7	2	S
20.8.4. "a"	220046-5	3	S
20.8.4. "b"	220047-3	3	S
20.8.4. "c"	220048-1	3	S
20.8.4. "d"	220049-0	3	S
20.8.4. "e"	220050-3	3	S
20.8.5	220051-1	3	S
20.8.6	220052-0	3	S
20.8.7	220053-8	3	S
20.8.7.1	220054-6	2	S
20.8.8	220055-4	2	S
20.8.8.1	220056-2	2	S
20.8.9	220057-0	3	S
20.9.1	220058-9	4	S
20.9.2	220059-7	3	S
20.9.3	220060-0	3	S
20.9.3.1	220061-9	2	S
20.9.4	220062-7	2	S
20.10.1	220063-5	4	S
20.10.2	220064-3	3	S
20.10.2.1	220065-1	3	S
20.10.2.2	220066-0	3	S
20.10.3	220067-8	3	S
20.10.4	220068-6	3	S
20.10.4.1	220069-4	2	S
20.10.5. "a"	220070-8	3	S
20.10.5. "b"	220071-6	3	S
20.10.5. "c"	220072-4	3	S
20.10.5. "d"	220073-2	3	S
20.10.5. "e"	220074-0	3	S
20.10.5. "f"	220075-9	3	S
20.10.6	220076-7	3	S
20.10.6.1	220077-5	2	S
20.10.7	220078-3	3	S
20.11.1	220079-1	2	S
20.11.2	220080-5	2	S
20.11.3	220081-3	2	S
20.11.4	220082-1	2	S
20.11.5	220083-0	3	S
20.11.6	220084-8	3	S

NR-20 (220.000-7)			
Item/Subitem	Código	Infração	Tipo
20.11.7	220085-6	3	S
20.11.8	220086-4	3	S
20.11.9	220087-2	3	S
20.11.10	220088-0	3	S
20.11.11	220089-9	3	S
20.11.12	220090-2	3	S
20.11.13	220091-0	2	S
20.11.13.1	220092-9	2	S
20.11.14	220093-7	3	S
20.11.15	220094-5	3	S
20.11.16	220095-3	3	S
20.11.17	220096-1	3	S
20.11.17.1	220097-0	3	S
20.11.17.2	220098-8	2	S
20.11.18	220099-6	2	S
20.11.19	220100-3	2	S
20.12.1	220101-1	4	S
20.12.2	220102-0	4	S
20.12.2.1	220103-8	4	S
20.12.3	220104-6	4	S
20.12.4	220105-4	4	S
20.12.5	220106-2	4	S
20.12.5.1	220107-0	4	S
20.13.1	220108-9	4	S
20.13.2	220109-7	4	S
20.13.3	220110-0	4	S
20.13.4	220111-9	4	S
20.13.5	220112-7	4	S
20.14.1	220113-5	4	S
20.14.2	220114-3	4	S
20.14.3	220115-1	4	S
20.14.4	220116-0	2	S
20.14.5	220117-8	3	S
20.14.5.1	220118-6	2	S
20.14.5.2	220119-4	2	S
20.14.6	220120-8	3	S
20.14.7	220121-6	1	S
20.15.1	220122-4	3	S
20.15.1.1	220123-2	2	S
20.15.1.2	220124-0	2	S
20.15.2	220125-9	3	S
20.16.2.1	220126-7	2	S
20.16.2.2	220127-5	2	S
20.16.2.3	220128-3	3	S
20.16.3.1	220129-1	3	S

NR-20 (220.000-7)			
Item/Subitem	Código	Infração	Tipo
20.16.3.2	220130-5	2	S
20.17.1	220131-3	3	S
20.17.2.1	220132-1	3	S
20.17.2.1. "a"	220133-0	3	S
20.17.2.1. "b"	220134-8	3	S
20.17.2.1. "c"	220135-6	3	S
20.17.2.1. "d"	220136-4	3	S
20.17.2.1. "e"	220137-2	3	S
20.17.2.1. "f"	220138-0	3	S
20.17.2.1. "g"	220139-9	3	S
20.17.2.1. "h"	220140-2	3	S
20.17.2.1. "i"	220141-0	3	S
20.17.2.1. "j"	220142-9	3	S
20.17.2.1. "k"	220143-7	3	S
20.17.2.2	220144-5	3	S
20.17.2.3	220145-3	3	S
20.17.3	220146-1	3	S
20.18.1	220147-0	3	S
20.18.2	220148-8	3	S
20.19.1	220149-6	3	S
20.19.2	220150-0	1	S
20.19.2.1	220151-8	1	S
20.19.3	220152-6	2	S
20.19.3.1	220153-4	2	S
20.20.1	220154-2	4	S
20.20.2	220155-0	4	S
20.20.3	220156-9	2	S
20.20.4	220157-7	3	S
ANEXO I - item 1. "a"	220158-5	3	S
ANEXO I - item 1. "b"	220159-3	3	S
ANEXO I - item 1. "c"	220160-7	3	S
ANEXO I - item 1. "d"	220161-5	3	S
ANEXO I - item 1.1	220162-3	2	S
ANEXO I - item 2. "a"	220163-1	3	S
ANEXO I - item 2. "b"	220164-0	3	S
ANEXO I - item 2. "c"	220165-8	3	S
ANEXO I - item 2. "d"	220166-6	3	S
ANEXO I - item 2.1	220167-4	2	S
ANEXO I - item 3.1	220168-2	3	S

NR-21 (121.000-9)			
Item/Subitem	Código	Infração	Tipo
21.1	121032-7	3	S
21.2	121033-5	3	S
21.3	121034-3	3	S
21.4	121004-1	2	M
21.5	121035-1	2	S
21.6	121036-0	3	S
21.6.1	121037-8	3	S
21.7. "a"	121038-6	2	S
21.7. "b"	121039-4	2	S
21.7. "c"	121040-8	2	S
21.8	121041-6	3	S
21.9	121012-2	1	S
21.10	121042-4	3	S
21.11	121043-2	2	S
21.12	121044-0	2	S
21.13	121016-5	2	S
21.14	121045-9	2	S

NR-22 (222.000-8)			
Item/Subitem	Código	Infração	Tipo
22.3.1	222370-8	1	S
22.3.1.1	222371-6	1	S
22.3.2	222372-4	1	S
22.3.3	222774-6	3	S
22.3.4. "a"	222002-4	4	S
22.3.4. "b"	222003-2	4	S
22.3.4. "c"	222373-2	3	S
22.3.5	222775-4	4	S
22.3.6	222776-2	4	M
22.3.7	222777-0	4	S
22.3.7. "a"	222376-7	2	S
22.3.7. "b"	222377-5	2	S
22.3.7. "c"	222378-3	2	S
22.3.7. "d"	222379-1	2	S
22.3.7. "e"	222380-5	2	S
22.3.7. "f"	222381-3	2	S
22.3.7. "g"	222382-1	2	S
22.3.7. "h"	222383-0	2	S
22.3.7. "i"	222384-8	2	S
22.3.7. "j"	222385-6	2	S
22.3.7. "l"	222386-4	2	S
22.3.7. "n"	222387-2	2	S
22.3.7. "n"	222388-0	2	S
22.3.7.1. "a"	222778-9	3	S
22.3.7.1. "b"	222779-7	3	S

NR-22 (222.000-8)			
Item/Subitem	Código	Infração	Tipo
22.3.7.1. "c"	222780-0	3	S
22.3.7.1. "d"	222781-9	3	S
22.3.7.1. "e"	222782-7	3	S
22.3.7.1. "f"	222783-5	3	S
22.3.7.1. "g"	222784-3	3	S
22.3.7.1.1	222785-1	1	S
22.3.7.1.2	222786-0	3	S
22.6.1. "a"	222787-8	3	S
22.6.1. "b"	222788-6	3	S
22.6.2	222789-4	2	S
22.6.3. "a" I	222402-0	3	S
22.6.3. "a" II	222403-8	3	S
22.6.3. "a" III	222404-6	3	S
22.6.3. "a" IV	222405-4	3	S
22.6.3. "a" V	222406-2	3	S
22.6.3. "b"	222007-5	3	S
22.6.3.1	222790-8	3	S
22.7.1	222009-1	2	S
22.7.2	222010-5	3	S
22.7.3	222011-3	3	S
22.7.4	222407-0	1	S
22.7.5	222791-6	3	S
22.7.6. "a"	222012-1	3	S
22.7.6. "b"	222013-0	3	S
22.7.6. "c"	222014-8	3	S
22.7.6.1	222926-9	4	S
22.7.7	222015-6	3	S
22.7.7.1	222410-0	3	S
22.7.8	222927-7	3	S
22.7.9	222017-2	3	S
22.7.9.1	222018-0	4	S
22.7.10	222019-9	4	S
22.7.11	222792-4	4	S
22.7.11. "a"	222411-9	3	S
22.7.11. "b"	222412-7	3	S
22.7.11. "c"	222413-5	3	S
22.7.11. "d"	222414-3	3	S
22.7.11. "e"	222793-2	2	S
22.7.11.1	222416-0	2	S
22.7.12	222021-0	3	S
22.7.13	222794-0	3	S
22.7.14. "a"	222424-0	3	S
22.7.14. "b"	222194-2	3	S
22.7.14. "c"	222477-1	3	S
22.7.14. "d"	222200-0	3	S

NR-22 (222.000-8)			
Item/Subitem	Código	Infração	Tipo
22.7.14. "e"	222419-4	3	S
22.7.14. "f"	222236-1	3	S
22.7.14. "g"	222420-8	3	S
22.7.14. "h"	222421-6	3	S
22.7.14. "i"	222795-9	2	S
22.7.14. "j"	222423-2	3	S
22.7.14.1. "a"	222023-7	3	S
22.7.14.1. "b"	222024-5	3	S
22.7.14.1. "c"	222025-3	3	S
22.7.14.1. "d"	222026-1	3	S
22.7.14.1. "e"	222213-2	3	S
22.7.14.1. "f"	222027-0	3	S
22.7.15. "a"	222028-8	3	S
22.7.15. "b"	222029-6	3	S
22.7.15. "c"	222796-7	2	S
22.7.15. "d"	222031-8	3	S
22.7.15.1. "a"	222032-6	3	S
22.7.15.1. "b"	222033-4	3	S
22.7.15.1. "c"	222425-9	3	S
22.7.15.1. "d"	222034-2	3	S
22.7.16	222426-7	3	S
22.7.17	222035-0	4	S
22.7.18	222036-9	3	S
22.7.19	222037-7	3	S
22.7.20	222038-5	3	S
22.7.21	222427-5	2	S
22.7.21.1	222428-3	2	S
22.7.22	222797-5	2	S
22.7.23	222429-1	2	S
22.7.24	222430-5	3	S
22.7.25	222431-3	2	S
22.7.26	222432-1	2	S
22.7.27. "a"	222040-7	3	S
22.7.27. "b"	222041-5	3	S
22.7.27. "c"	222042-3	3	S
22.7.27. "d"	222798-3	2	S
22.7.27. "e"	222044-0	3	S
22.7.27. "f"	222045-8	3	S
22.8.1	222924-2	3	S
22.8.1.1	222925-0	3	S
22.8.2	222434-8	1	S
22.8.3	222046-6	3	S
22.8.3.1	222799-1	3	S
22.8.4	222051-2	4	S
22.8.5	222052-0	4	S

NR-22 (222.000-8)			
Item/Subitem	Código	Infração	Tipo
22.8.6	222053-9	4	S
22.8.7	222054-7	4	S
22.8.7.1	222055-5	4	S
22.8.8	222056-3	4	S
22.8.9	222057-1	4	S
22.8.10	222058-0	4	S
22.9.1	222059-8	4	S
22.9.1.1	222060-1	4	S
22.9.2	222061-0	4	S
22.9.3	222062-8	4	S
22.9.3.1	222063-6	4	S
22.9.4	222064-4	3	S
22.9.4.1	222435-6	3	S
22.9.5	222065-2	4	S
22.9.6	222066-0	4	S
22.9.7	222067-9	4	S
22.9.8	222800-9	4	S
22.9.9	222069-5	2	S
22.10.1	222070-9	4	S
22.10.2	222928-5	3	S
22.10.3	222802-5	3	S
22.10.3.1	222436-4	3	S
22.10.3.2	222082-2	3	S
22.10.4. "a"	222083-0	2	S
22.10.4. "b"	222084-9	2	S
22.10.4. "c"	222085-7	2	S
22.10.4. "d"	222086-5	2	S
22.10.4. "e"	222087-3	2	S
22.10.5	222088-1	3	S
22.10.6	222089-0	4	S
22.11.1	222803-3	4	S
22.11.2. "a"	222804-1	3	S
22.11.2. "b"	222805-0	3	S
22.11.2. "c"	222806-8	3	S
22.11.2. "d"	222807-6	3	S
22.11.3	222095-4	3	S
22.11.4	222096-2	3	S
22.11.5	222097-0	3	S
22.11.5.1	222098-9	3	S
22.11.6	222099-7	3	S
22.11.6.1	222100-4	2	S
22.11.7	222769-0	4	S
22.11.7. "a"	222101-2	4	S
22.11.7. "b"	222102-0	4	S
22.11.7. "c"	222103-9	4	S

NR-22 (222.000-8)			
Item/Subitem	Código	Infração	Tipo
22.11.7. "d"	222104-7	4	S
22.11.8	222105-5	4	S
22.11.9	222106-3	4	S
22.11.10	222107-1	4	S
22.11.10.1	222108-0	4	S
22.11.11	222109-8	4	S
22.11.12	222110-1	3	S
22.11.13	222808-4	3	S
22.11.13.1	222111-0	2	S
22.11.14	222112-8	3	S
22.11.15. "a"	222113-6	3	S
22.11.15. "b"	222114-4	3	S
22.11.16	222115-2	3	S
22.11.17. "a"	222116-0	4	S
22.11.17. "b"	222117-9	4	S
22.11.17. "c"	222118-7	4	S
22.11.17. "d"	222119-5	4	S
22.11.17. "e"	222120-9	4	S
22.11.18	222121-7	3	S
22.11.19. "a"	222122-5	3	S
22.11.19. "b"	222123-3	3	S
22.11.19. "c"	222124-1	4	S
22.11.19. "d"	222125-0	4	S
22.11.19.1. "a"	222126-8	2	S
22.11.19.1. "b"	222127-6	3	S
22.11.20	222128-4	4	S
22.11.21. "a"	222129-2	4	S
22.11.21. "b"	222130-6	4	S
22.11.21. "c"	222131-4	4	S
22.11.22	222132-2	3	S
22.11.23	222442-9	4	S
22.11.24. "a"	222133-0	4	S
22.11.24. "b"	222134-9	4	S
22.11.24. "c"	222135-7	4	S
22.11.24. "d"	222136-5	4	S
22.12.1. "a"	222443-7	3	S
22.12.1. "b"	222444-5	3	S
22.12.1. "c"	222445-3	3	S
22.12.1. "d"	222137-3	4	S
22.12.1. "e"	222138-1	4	S
22.12.2. "a"	222139-0	4	S
22.12.2. "b"	222140-3	4	S
22.12.2. "c"	222141-1	4	S
22.12.2. "d"	222142-0	3	S
22.12.2. "e"	222143-8	3	S

NR-22 (222.000-8)			
Item/Subitem	Código	Infração	Tipo
22.12.2. "f"	222144-6	4	S
22.12.3	222145-4	4	S
22.12.3.1. "a"	222146-2	4	S
22.12.3.1. "b"	222147-0	4	S
22.12.3.1. "c"	222148-9	4	S
22.12.3.1. "d"	222149-7	4	S
22.12.3.1. "e"	222150-0	4	S
22.12.3.1. "f"	222151-9	4	S
22.12.3.2	222446-1	4	S
22.12.4	222766-5	3	S
22.12.4.1	222929-3	3	S
22.13.1	222447-0	3	S
22.13.2. "a"	222152-7	4	S
22.13.2. "b"	222153-5	4	S
22.13.2. "c"	222154-3	4	S
22.13.2.1	222448-8	4	S
22.13.2.2	222809-2	3	S
22.13.3	222810-6	3	S
22.13.3.1	222811-4	2	S
22.13.4	222460-7	2	S
22.14.1	222461-5	3	S
22.14.1.1	222155-1	3	S
22.14.2	222812-2	4	S
22.14.2 "a"	222813-0	3	S
22.14.2 "b"	222814-9	3	S
22.14.2 "c"	222815-7	3	S
22.14.2 "d"	222816-5	3	S
22.14.2 "e"	222817-3	3	S
22.14.3	222161-6	4	S
22.14.4	222162-4	4	S
22.14.4.2.1	222462-3	4	S
22.14.5	222164-0	4	S
22.14.6	222165-9	4	S
22.15.1	222166-7	3	S
22.15.2	222167-5	4	S
22.15.3	222168-3	4	S
22.15.4	222169-1	4	S
22.15.5	222170-5	4	S
22.15.6	222171-3	4	S
22.15.6.1	222172-1	4	S
22.15.7	222173-0	4	S
22.15.7.1	222463-1	4	S
22.15.7.2	222174-8	4	S
22.15.8	222175-6	4	S
22.15.9	222176-4	3	S

NR-22 (222.000-8)			
Item/Subitem	Código	Infração	Tipo
22.15.10	222177-2	4	S
22.15.11	222178-0	4	S
22.16.1	222179-9	3	S
22.16.2	222464-0	3	S
22.16.2.1	222818-1	3	S
22.16.2.2. "a"	222819-0	2	S
22.16.2.2. "b"	222820-3	2	S
22.16.2.2. "c"	222821-1	2	S
22.16.3	222469-0	3	S
22.16.4	222470-4	4	S
22.16.5	222471-2	4	S
22.16.5.1	222822-0	3	S
22.16.6	222180-2	3	S
22.16.7	222181-0	3	S
22.17.1	222182-9	4	S
22.17.2	222183-7	4	S
22.17.3	222184-5	4	S
22.17.3.1	222185-3	4	S
22.17.3.2	222473-9	4	S
22.17.4	222186-1	4	S
22.17.5	222187-0	4	S
22.17.6	222823-8	3	S
22.18.1	222189-6	2	S
22.18.2.1	222191-8	2	S
22.18.2.2	222192-6	2	S
22.18.3	222474-7	4	S
22.18.4	222193-4	2	S
22.18.5	222824-6	3	S
22.18.5.1	222825-4	3	S
22.18.6	222195-0	4	S
22.19.1	222826-2	2	S
22.19.2	222827-0	3	S
22.19.2.1	222198-5	4	S
22.19.3	222828-9	3	S
22.19.4	222829-7	3	S
22.19.5	222830-0	2	S
22.19.6	222831-9	3	S
22.19.6.1	222832-7	3	S
22.19.7	222490-9	3	S
22.19.8	222833-5	3	S
22.19.9	222203-5	4	S
22.19.10	222492-5	3	S
22.19.11	222834-3	3	S
22.19.11.1	222835-1	3	S
22.19.12	222836-0	3	S

NR-22 (222.000-8)			
Item/Subitem	Código	Infração	Tipo
22.19.13	222205-1	3	S
22.20.1	222206-0	3	S
22.20.2	222837-8	3	S
22.20.3	222838-6	3	S
22.20.4. "a"	222207-8	3	S
22.20.4. "b'	222208-6	3	S
22.20.4. "c"	222209-4	3	S
22.20.4. "d"	222210-8	3	S
22.20.4. "e"	222211-6	3	S
22.20.5	222212-4	3	S
22.20.6	222770-3	4	S
22.20.6. "a"	222498-4	4	S
22.20.6. "b"	222499-2	4	S
22.20.6. "c"	222500-0	4	S
22.20.6.1	222839-4	4	S
22.20.7	222215-9	4	S
22.20.8	222216-7	4	S
22.20.9	222217-5	4	S
22.20.10	222218-3	4	S
22.20.11	222219-1	3	S
22.20.12	222220-5	4	S
22.20.13	222221-3	4	S
22.20.14	222840-8	3	S
22.20.15	222841-6	3	S
22.20.16	222224-8	3	S
22.20.17	222225-6	4	S
22.20.18	222842-4	4	S
22.20.19	222227-2	3	S
22.20.20	222504-2	3	S
22.20.21	222228-0	4	S
22.20.22	222229-9	3	S
22.20.23	222230-2	4	S
22.20.24	222843-2	3	S
22.20.25	222232-9	3	S
22.20.26	222233-7	4	S
22.20.27	222234-5	3	S
22.20.28	222235-3	4	S
22.20.29. "a"	222505-0	3	S
22.20.29. "b"	222506-9	3	S
22.20.29. "c"	222507-7	3	S
22.20.29. "d"	222508-5	3	S
22.20.30	222509-3	3	S
22.20.31	222237-0	4	S
22.20.32	222238-8	3	S
22.21.1	222844-0	4	S

NR-22 (222.000-8)			
Item/Subitem	Código	Infração	Tipo
22.21.2	222845-9	3	S
22.21.3	222846-7	4	S
22.21.3. "a"	222214-0	3	S
22.21.3. "b"	222369-4	3	S
22.21.3. "c"	222511-5	3	S
22.21.3. "d"	222512-3	3	S
22.21.3. "e"	222513-1	3	S
22.21.3. "f"	222514-0	3	S
22.21.3. "g"	222515-8	3	S
22.21.3.1	222516-6	4	S
22.21.4	222847-5	3	S
22.21.5	222848-3	4	S
22.21.6	222243-4	4	S
22.21.7	222517-4	4	S
22.21.8	222518-2	3	S
22.21.9. "a"	222519-0	4	S
22.21.9. "b"	222520-4	4	S
22.21.9. "c"	222521-2	4	S
22.21.9. "d"	222522-0	4	S
22.21.9. "e"	222849-1	3	S
22.21.9. "f"	222524-7	4	S
22.21.10	222525-5	3	S
22.21.10.1	222526-3	3	S
22.21.11	222245-0	4	S
22.21.11.1	222246-9	4	S
22.21.12	222247-7	4	S
22.21.13	222248-5	4	S
22.21.14	222249-3	4	S
22.21.14.1	222250-7	4	S
22.21.15	222850-5	3	S
22.21.16	222251-5	4	S
22.21.16.1	222528-0	4	S
22.21.17	222252-3	3	S
22.21.18	222253-1	4	S
22.21.19	222529-8	4	S
22.21.20	222530-1	4	S
22.21.21	222531-0	4	S
22.21.22. "a"	222851-3	3	S
22.21.22. "b"	222852-1	3	S
22.21.22. "c"	222853-0	3	S
22.21.22. "d"	222854-8	3	S
22.21.22. "e"	222855-6	3	S
22.21.23. "a"	222537-9	4	S
22.21.23. "b"	222538-7	4	S
22.21.23. "c"	222539-5	4	S

NR-22 (222.000-8)			
Item/Subitem	Código	Infração	Tipo
22.21.23. "d"	222540-9	4	S
22.21.23. "e"	222541-7	4	S
22.21.24. "a"	222542-5	4	S
22.21.24. "b"	222543-3	4	S
22.21.24. "c"	222544-1	4	S
22.21.25	222256-6	4	S
22.21.26	222257-4	4	S
22.21.27	222258-2	3	S
22.21.28	222259-0	4	S
22.21.29	222545-0	4	S
22.21.30	222260-4	4	S
22.21.31	222261-2	4	S
22.21.32. "a"	222546-8	4	S
22.21.32. "b"	222547-6	4	S
22.21.32. "c"	222548-4	4	S
22.21.32. "d"	222549-2	4	S
22.21.32. "e"	222550-6	4	S
22.21.32. "f"	222551-4	4	S
22.21.32. "g"	222552-2	4	S
22.21.33	222263-9	4	S
22.21.34	222264-7	4	S
22.21.34.1	222265-5	4	S
22.21.35. "a"	222553-0	4	S
22.21.35. "b"	222554-9	4	S
22.21.35. "c"	222555-7	4	S
22.21.35. "d"	222556-5	4	S
22.21.36	222772-0	4	S
22.21.36. "a"	222557-3	4	S
22.21.36. "b"	222558-1	4	S
22.21.36. "c"	222559-0	4	S
22.21.37. "a"	222560-3	4	S
22.21.37. "b"	222561-1	4	S
22.21.37. "c"	222562-0	4	S
22.21.37.1	222856-4	3	S
22.21.38	222564-6	4	S
22.21.39	222565-4	4	S
22.21.40	222269-8	4	S
22.22.1. "a"	222566-2	4	S
22.22.1. "b"	222567-0	3	S
22.22.1. "c"	222568-9	3	S
22.22.1. "d"	222254-0	4	S
22.22.1. "e"	222857-2	2	S
22.23.1	222271-0	4	S
22.23.2	222272-8	3	S
22.23.3	222273-6	3	S

NR-22 (222.000-8)			
Item/Subitem	Código	Infração	Tipo
22.23.4. "a"	222570-0	3	S
22.23.4. "b"	222571-9	3	S
22.23.4. "c"	222572-7	3	S
22.24.1	222858-0	4	S
22.24.1. "a"	222573-5	4	S
22.24.1. "b"	222574-3	4	S
22.24.1. "c"	222575-1	4	S
22.24.1. "d"	222576-0	4	S
22.24.1. "e"	222577-8	4	S
22.24.1.1	222578-6	3	S
22.24.2	222859-9	4	S
22.24.2.1	222860-2	2	S
22.24.2.2	222583-2	3	S
22.24.3	222276-0	4	S
22.24.4	222277-9	4	S
22.24.5	222278-7	4	S
22.24.5.1	222584-0	4	S
22.24.6	222279-5	4	S
22.24.7	222280-9	4	S
22.24.7.1	222281-7	4	S
22.24.7.2	222282-5	4	S
22.24.7.3	222283-3	4	S
22.24.7.3.1	222284-1	4	S
22.24.7.3.2	222285-0	4	S
22.24.8	222585-9	4	S
22.24.9	222586-7	4	S
22.24.10	222286-8	4	S
22.24.10.1	222861-0	2	S
22.24.11	222287-6	3	S
22.24.11.1	222588-3	3	S
22.24.12	222288-4	3	S
22.24.12.1	222289-2	3	S
22.24.13	222290-6	3	S
22.24.14. "a"	222589-1	4	S
22.24.14. "b"	222590-5	4	S
22.24.14. "c"	222591-3	4	S
22.24.14. "d" I	222592-1	4	S
22.24.14. "d" II	222593-0	4	S
22.24.14.1	222594-8	4	S
22.24.15	222292-2	4	S
22.24.16	222293-0	4	S
22.24.17	222294-9	4	S
22.24.18	222295-7	4	S
22.24.18.1	222595-6	3	S
22.24.19	222862-9	2	S

NR-22 (222.000-8)			
Item/Subitem	Código	Infração	Tipo
22.24.20	222863-7	4	S
22.24.21	222298-1	4	S
22.24.22	222596-4	3	S
22.24.23. "a"	222597-2	3	S
22.24.23. "b"	222598-0	3	S
22.24.23. "c"	222599-9	3	S
22.24.23.1	222864-5	2	S
22.24.24	222601-4	4	S
22.25.1. "a"	222602-2	3	S
22.25.1. "b"	222603-0	3	S
22.25.1. "c"	222604-9	3	S
22.25.1. "d"	222605-7	3	S
22.25.2. "a"	222606-5	4	S
22.25.2. "b"	222607-3	4	S
22.25.2. "c"	222608-1	4	S
22.25.2. "d"	222609-0	4	S
22.25.2. "e"	222610-3	4	S
22.25.2. "f"	222611-1	4	S
22.25.2. "g"	222612-0	4	S
22.25.2. "h"	222613-8	4	S
22.25.2.1. "a"	222614-6	4	S
22.25.2.1. "b"	222615-4	4	S
22.25.2.1. "c"	222616-2	4	S
22.25.2.1. "d"	222617-0	4	S
22.25.2.1. "e" I	222618-9	4	S
22.25.2.1. "e" II	222767-3	4	S
22.25.2.1. "e" III	222768-1	4	S
22.25.2.2	222619-7	4	S
22.25.3	222303-1	4	S
22.25.4	222620-0	3	S
22.25.5	222304-0	4	S
22.25.6	222621-9	4	S
22.25.6.1	222305-8	4	S
22.25.7	222865-3	2	S
22.25.8	222307-4	3	S
22.26.1	222866-1	3	S
22.26.2	222308-2	3	S
22.26.2.1	222867-0	4	S
22.26.2.2	222310-4	3	S
22.26.3	222868-8	4	S
22.27.1	222869-6	4	S
22.27.1.1	222870-0	3	S
22.27.1.1. "a"	222623-5	3	S
22.27.1.1. "b"	222624-3	3	S
22.27.1.1. "c"	222625-1	3	S

NR-22 (222.000-8)			
Item/Subitem	Código	Infração	Tipo
22.27.1.1. "d"	222626-0	3	S
22.27.1.1. "e"	222627-8	3	S
22.27.1.1. "f"	222628-6	3	S
22.27.2	222871-8	4	S
22.27.2. "a"	222872-6	3	S
22.27.2. "b"	222873-4	3	S
22.27.2. "c"	222874-2	3	S
22.27.2. "d"	222875-0	3	S
22.27.2.1	222315-5	4	S
22.27.3. "a"	222633-2	4	S
22.27.3. "b"	222634-0	4	S
22.27.3. "c"	222635-9	4	S
22.27.3. "d"	222636-7	4	S
22.27.4	222637-5	4	S
22.27.5	222638-3	4	S
22.27.6	222317-1	4	S
22.27.6.1	222318-0	4	S
22.27.7. "a"	222639-1	4	S
22.27.7. "b"	222640-5	4	S
22.27.7.1	222320-1	4	S
22.27.7.2	222876-9	3	S
22.27.8	222641-3	3	S
22.28.1	222642-1	3	S
22.28.1.1	222877-7	4	S
22.28.1.1. "a"	222878-5	2	S
22.28.1.1. "b"	222879-3	2	S
22.28.1.1. "c"	222880-7	2	S
22.28.2	222323-6	4	S
22.28.2.1	222324-4	4	S
22.28.2.2	222325-2	4	S
22.28.3	222326-0	3	S
22.28.3.1	222327-9	4	S
22.28.4	222328-7	4	S
22.28.4.1	222881-5	4	S
22.28.4.1. "a"	222882-3	3	S
22.28.4.1. "b"	222883-1	3	S
22.28.4.1. "c"	222884-0	3	S
22.28.4.1. "d"	222885-8	3	S
22.28.5	222330-9	3	S
22.28.5.1	222650-2	3	S
22.28.6. "a"	222651-0	4	S
22.28.6. "b"	222652-9	4	S
22.28.6. "c"	222653-7	4	S
22.28.6. "d"	222654-5	4	S
22.28.6. "e"	222655-3	4	S

NR-22 (222.000-8)			
Item/Subitem	Código	Infração	Tipo
22.28.7	222332-5	4	S
22.28.8	222333-3	4	S
22.28.9	222334-1	4	S
22.28.9.1	222335-0	4	S
22.28.10	222336-8	4	S
22.28.11. "a"	222656-1	4	S
22.28.11. "b"	222657-0	4	S
22.28.12	222338-4	4	S
22.28.13	222339-2	3	S
22.28.14	222340-6	4	S
22.28.15	222341-4	4	S
22.28.16	222658-8	4	S
22.28.16.1	222659-6	3	S
22.28.17	222660-0	3	S
22.28.18	222661-8	4	S
22.28.19	222342-2	3	S
22.29.1	222343-0	4	S
22.29.1.1. "a"	222662-6	4	S
22.29.1.1. "b"	222663-4	4	S
22.29.1.1. "c"	222664-2	4	S
22.29.1.1. "d"	222665-0	4	S
22.30.1	222886-6	4	S
22.30.1.1. "a"	222673-1	3	S
22.30.1.1. "b"	222674-0	4	S
22.31.1	222675-8	4	S
22.31.2	222887-4	1	S
22.31.3	222349-0	4	S
22.31.4	222676-6	3	S
22.31.5	222350-3	4	S
22.31.6	222351-1	4	S
22.32.1	222888-2	4	S
22.32.1. "a"	222677-4	3	S
22.32.1. "b" I	222678-2	3	S
22.32.1. "b" II	222679-0	3	S
22.32.1. "b" III	222680-4	3	S
22.32.1. "b" IV	222681-2	3	S
22.32.1. "b" V	222682-0	3	S
22.32.1. "b" VI	222683-9	3	S
22.32.1. "b" VII	222684-7	3	S
22.32.1. "c"	222685-5	3	S
22.32.1. "d"	222686-3	3	S
22.32.1. "e"	222687-1	3	S
22.32.1. "f"	222688-0	3	S
22.32.1. "g"	222689-8	3	S
22.32.1. "h"	222690-1	3	S

NR-22 (222.000-8)			
Item/Subitem	Código	Infração	Tipo
22.32.1. "i"	222691-0	2	S
22.32.1.1	222692-8	3	S
22.32.2	222693-6	3	S
22.32.3	222694-4	3	S
22.32.4	222353-8	4	S
22.33.1	222354-6	4	S
22.33.2	222355-4	4	S
22.33.3	222696-0	4	S
22.33.4	222697-9	4	S
22.33.5	222356-2	4	S
22.33.6	222698-7	4	S
22.34.1	222889-0	1	S
22.34.2	222700-2	4	S
22.34.3. "a"	222701-0	3	S
22.34.3. "b"	222702-9	4	S
22.34.3. "c"	222703-7	4	S
22.34.3. "d"	222704-5	4	S
22.34.3. "e"	222705-3	4	S
22.34.3. "f"	222706-1	3	S
22.34.3. "g"	222890-4	1	S
22.35.1	222708-8	3	S
22.35.1.1	222891-2	3	S
22.35.1.2	222892-0	3	S
22.35.1.3	222893-9	3	S
22.35.1.3.1. "a"	222894-7	3	S
22.35.1.3.1. "b"	222895-5	3	S
22.35.1.3.1. "c"	222896-3	3	S
22.35.1.3.1. "d"	222897-1	3	S
22.35.1.3.1. "e"	222898-0	3	S
22.35.1.3.1. "f"	222899-8	3	S
22.35.1.3.1. "g"	222900-5	3	S
22.35.1.3.1. "h"	222901-3	3	S
22.35.1.3.1. "i"	222902-1	3	S
22.35.1.3.1. "j"	222903-0	3	S
22.35.1.4	222733-9	3	S
22.35.1.5	222734-7	3	S
22.35.2	222904-8	3	S
22.35.3	222361-9	3	S
22.35.4	222905-6	2	S
22.35.5	222737-1	3	S
22.36.1	222906-4	4	S
22.36.3	222738-0	3	S
22.36.3.1	222907-2	2	S
22.36.3.1.1	222908-0	2	S
22.36.3.2	222909-9	2	S

NR-22 (222.000-8)			
Item/Subitem	Código	Infração	Tipo
22.36.4	222910-2	3	S
22.36.4.1	222911-0	1	S
22.36.4.1.1	222744-4	2	S
22.36.4.3	222745-2	2	S
22.36.4.4	222746-0	2	S
22.36.4.5	222747-9	2	S
22.36.4.6	222748-7	2	S
22.36.5	222912-9	2	S
22.36.6	222749-5	2	S
22.36.8	222913-7	2	S
22.36.11	222914-5	1	S
22.36.12	222752-5	3	S
22.36.12.2	222915-3	2	S
22.36.12.3	222916-1	2	S
22.36.13	222930-7	1	S
22.36.14	222918-8	1	S
22.37.1	222363-5	3	S
22.37.1.1	222364-3	3	S
22.37.2	222365-1	3	S
22.37.2.1	222757-6	3	S
22.37.2.2	222758-4	3	S
22.37.3.1	222760-6	2	S
22.37.3.2	222919-6	2	S
22.37.4	222366-0	4	S
22.37.5	222920-0	4	S
22.37.6	222921-8	2	S
22.37.6.1	222763-0	3	S
22.37.7. "a"	222922-6	3	S
22.37.7. "b"	222923-4	3	S

NR-23 (123.000-0)			
Item/Subitem	Código	Infração	Tipo
23.1	123093-0	4	S
23.1.1. "a"	123094-8	3	S
23.1.1. "b"	123095-6	3	S
23.1.1. "c"	123096-4	3	S
23.2	123097-2	4	S
23.3	123098-0	3	S
23.4	123099-9	4	S
23.5	123100-6	2	S

NR-24 (124.000-5)			
Item/Subitem	Código	Infração	Tipo
24.1.2	124001-3	2	S
24.1.2.1	124158-3	3	S

NR-24 (124.000-5)			
Item/Subitem	Código	Infração	Tipo
24.1.3	124159-1	2	S
24.1.4	124160-5	2	S
24.1.5	124161-3	2	S
24.1.6	124162-1	2	S
24.1.7	124163-0	2	S
24.1.8	124164-8	2	S
24.1.8.1	124165-6	2	S
24.1.9	124010-2	1	S
24.1.10	124011-0	3	S
24.1.11. "a"	124166-4	2	S
24.1.11. "b"	124167-2	2	S
24.1.11. "c"	124014-5	1	S
24.1.11. "d"	124168-0	2	S
24.1.11. "e"	124169-9	2	S
24.1.12	124017-0	2	S
24.1.13	124170-2	2	S
24.1.15	124019-6	1	S
24.1.16	124020-0	2	S
24.1.18	124171-0	2	S
24.1.19	124172-9	2	S
24.1.20	124173-7	2	S
24.1.20.1	124024-2	1	S
24.1.21	124025-0	1	S
24.1.21.1	124026-9	1	S
24.1.22	124027-7	2	S
24.1.23	124174-5	1	S
24.1.24	124029-3	1	S
24.1.24.1	124175-3	2	S
24.1.25	124176-1	2	S
24.1.25.1	124032-3	1	S
24.1.25.2	124177-0	2	S
24.1.25.3	124034-0	1	S
24.1.26. "a"	124178-8	2	S
24.1.26. "b"	124036-6	1	S
24.1.26. "c"	124037-4	1	S
24.1.26. "d"	124179-6	2	S
24.1.26. "e"	124180-0	2	S
24.1.26. "f"	124040-4	1	S
24.1.26.1	124041-2	1	S
24.1.27	124042-0	2	S
24.2.1	124181-8	3	S
24.2.3	124182-6	2	S
24.2.4	124045-5	1	S
24.2.5	124046-3	1	S

NR-24 (124.000-5)			
Item/Subitem	Código	Infração	Tipo
24.2.6	124047-1	1	S
24.2.6.1	124048-0	1	S
24.2.7	124049-8	1	S
24.2.7.1	124050-1	1	S
24.2.8	124051-0	2	S
24.2.9	124183-4	1	S
24.2.10	124184-2	3	S
24.2.10.1	124054-4	1	S
24.2.10.2	124055-2	1	S
24.2.11	124185-0	3	S
24.2.12	124186-9	2	S
24.2.13	124187-7	2	S
24.2.14	124060-9	1	S
24.2.16	124188-5	2	S
24.3.1	124189-3	3	S
24.3.2. "a"	124190-7	2	S
24.3.2. "b"	124064-1	1	S
24.3.3	124065-0	2	S
24.3.4	124191-5	1	S
24.3.5	124192-3	2	S
24.3.6	124068-4	1	S
24.3.8	124193-1	2	S
24.3.9	124070-6	1	S
24.3.10	124194-0	4	S
24.3.11	124072-2	2	S
24.3.12	124195-8	2	S
24.3.13	124196-6	2	S
24.3.14	124197-4	2	S
24.3.15	124198-2	3	S
24.3.15.1. "a"	124199-0	2	S
24.3.15.1. "b"	124200-8	2	S
24.3.15.1. "c"	124201-6	2	S
24.3.15.1. "d"	124202-4	2	S
24.3.15.1. "e"	124203-2	2	S
24.3.15.1. "f"	124204-0	4	S
24.3.15.1. "g"	124205-9	2	S
24.3.15.2	124206-7	3	S
24.3.15.5. "a"	124085-4	2	S
24.3.15.5. "b"	124207-5	3	S
24.3.15.5. "c"	124208-3	3	S
24.4.1	124088-9	1	S
24.4.2	124209-1	2	S
24.4.3	124210-5	2	S
24.4.4	124211-3	2	S

NR-24 (124.000-5)			
Item/Subitem	Código	Infração	Tipo
24.4.5	124212-1	2	S
24.4.6	124093-5	1	S
24.4.7	124094-3	1	S
24.4.7.1	124095-1	1	S
24.4.8	124096-0	1	S
24.4.9	124097-8	2	S
24.4.10	124213-0	1	S
24.4.11	124099-4	1	S
24.4.12	124100-1	1	S
24.4.13	124101-0	2	S
24.5.2.1	124214-8	2	S
24.5.2.2	124215-6	2	S
24.5.3	124216-4	2	S
24.5.4	124105-2	1	S
24.5.5	124106-0	1	S
24.5.6	124217-2	2	S
24.5.7	124218-0	2	S
24.5.8	124219-9	2	S
24.5.9	124110-9	1	S
24.5.9.1	124111-7	1	S
24.5.10	124112-5	1	S
24.5.11	124220-2	2	S
24.5.12	124114-1	1	S
24.5.12.1	124115-0	1	S
24.5.13	124116-8	1	S
24.5.14	124117-6	2	S
24.5.15	124221-0	1	S
24.5.16	124222-9	4	S
24.5.17	124223-7	1	S
24.5.18	124224-5	2	S
24.5.19	124225-3	2	S
24.5.19.1	124226-1	2	S
24.5.19.2	124125-7	1	S
24.5.19.3	124126-5	1	S
24.5.20	124127-3	1	S
24.5.21	124227-0	3	S
24.5.22	124129-0	2	S
24.5.23	124228-8	2	S
24.5.26	124229-6	1	S
24.5.27	124133-8	1	S
24.5.28. "a"	124230-0	2	S
24.5.28. "b"	124231-8	2	S
24.5.28. "c"	124232-6	2	S
24.5.28. "d"	124233-4	3	S
24.5.29	124234-2	3	M

NR-24 (124.000-5)			
Item/Subitem	Código	Infração	Tipo
24.5.30	124235-0	2	S
24.5.31	124140-0	1	S
24.6.1	124236-9	3	S
24.6.1.1	124237-7	3	S
24.6.2	124143-5	1	S
24.6.3	124238-5	2	S
24.6.3.1	124239-3	2	S
24.6.3.2	124240-7	2	S
24.6.6	124241-5	3	S
24.7.1	124242-3	4	S
24.7.1.1	124243-1	3	S
24.7.1.2	124244-0	3	S
24.7.2	124245-8	2	S
24.7.3	124246-6	3	S
24.7.4	124155-9	1	S
24.7.5	124247-4	2	S
24.7.6	124248-2	3	S

NR-25 (125.000-0)			
Item/Subitem	Código	Infração	Tipo
25.2	125004-3	4	S
25.3	125012-4	4	S
25.3.1	125006-0	4	S
25.3.2	125007-8	4	S
25.3.2.1	125008-6	4	S
25.3.3	125013-2	4	S
25.3.3.1	125014-0	3	S
25.3.3.2	125015-9	3	S
25.5	125016-7	3	S

NR-26 (126.000-6)			
Item/Subitem	Código	Infração	Tipo
26.1.1	126035-9	2	S
26.1.2	126036-7	2	S
26.2.1	126037-5	3	S
26.2.1.2	126038-3	3	S
26.2.1.3	126039-1	2	S
26.2.2	126040-5	3	S
26.2.2.1	126041-3	3	S
26.2.2.2	126042-1	3	S
26.2.2.3	126043-0	2	S
26.2.2.4	126044-8	2	S
26.2.3	126045-6	4	S
26.2.3.1	126046-4	3	S
26.2.3.1.1	126047-2	3	S

NR-26 (126.000-6)			
Item/Subitem	Código	Infração	Tipo
26.2.3.2	126048-0	2	S
26.2.3.3	126049-9	3	S
26.2.3.4	126050-2	3	S
26.2.4	126051-0	3	S

NR-29 (229.000-6)			
Item/Subitem	Código	Infração	Tipo
29.1.4.1. "a"	329001-8	4	S
29.1.4.1. "b"	329002-6	4	S
29.1.4.1. "d"	229398-6	4	S
29.1.4.2. "a"	329003-4	3	S
29.1.4.2. "b"	329004-2	4	S
29.1.4.2. "c"	329005-0	4	S
29.1.4.2. "d"	329006-9	4	M
29.1.4.4	329279-7	1	S
29.1.5.1	329280-0	3	S
29.1.6.1	329007-7	4	S
29.1.6.2. "a"	329008-5	3	S
29.1.6.2. "b"	329009-3	3	S
29.1.6.2. "c"	329010-7	3	S
29.1.6.2. "d"	329011-5	3	S
29.1.6.2. "e"	329012-3	3	S
29.1.6.2. "f"	329013-1	3	S
29.1.6.3	329281-9	2	S
29.2.1.1	329014-0	4	S
29.2.1.1.1	329015-8	1	S
29.2.1.1.2	329016-6	3	S
29.2.1.1.3	329282-7	4	S
29.2.1.2.3	329017-4	3	S
29.2.1.3	329283-5	2	S
29.2.1.4	329018-2	1	S
29.2.2.1	329019-0	4	S
29.2.2.3	229399-4	2	S
29.2.2.4	329021-2	2	S
29.2.2.5	329284-3	1	S
29.2.2.6	329022-0	2	S
29.2.2.8	329023-9	3	S
29.2.2.9	329285-1	3	S
29.2.2.11	329024-7	2	S
29.2.2.12	329286-0	2	S
29.2.2.13	329287-8	1	S
29.2.2.15	229400-1	2	S
29.2.2.15.1	329026-3	2	S
29.2.2.16	329288-6	1	S
29.2.2.17	329289-4	1	S

NR-29 (229.000-6)			
Item/Subitem	Código	Infração	Tipo
29.2.2.18	229401-0	3	S
29.2.2.20	329291-6	1	S
29.2.2.25. "a"	329292-4	3	S
29.2.2.25. "b"	329293-2	2	S
29.2.2.25. "c"	329294-0	2	S
29.2.2.25. "d"	329027-1	2	S
29.2.2.25. "e"	329028-0	2	S
29.2.2.27	329029-8	3	S
29.2.2.28	329295-9	3	S
29.2.2.29	229402-8	3	S
29.3.1.1	329030-1	3	S
29.3.1.2	329031-0	3	S
29.3.1.3	329032-8	3	S
29.3.1.4	329033-6	3	S
29.3.2.1	329034-4	4	S
29.3.2.2	329035-2	4	S
29.3.2.2.1	329036-0	3	S
29.3.2.3	329037-9	3	S
29.3.2.4	329038-7	4	S
29.3.2.5	329039-5	3	S
29.3.2.6	329040-9	3	S
29.3.2.7	329041-7	3	S
29.3.2.8	329042-5	4	S
29.3.2.9	329043-3	3	S
29.3.2.10. "a"	329044-1	3	S
29.3.2.10. "b"	329045-0	3	S
29.3.2.10. "c"	329046-8	3	S
29.3.2.10. "d"	329047-6	3	S
29.3.2.10. "e"	329048-4	3	S
29.3.2.10. "f"	329049-2	3	S
29.3.2.10. "g"	329050-6	3	S
29.3.2.11	329051-4	4	S
29.3.2.12	329052-2	4	S
29.3.2.13	329053-0	3	S
29.3.2.13.1	329054-9	3	S
29.3.3.1	329055-7	3	S
29.3.3.2	329056-5	4	S
29.3.3.3	329057-3	3	S
29.3.3.4	329058-1	3	S
29.3.3.5	329059-0	4	S
29.3.3.6	329060-3	3	S
29.3.3.7	329061-1	4	S
29.3.4.1	329062-0	3	S
29.3.4.2	329297-5	2	S
29.3.4.3	329063-8	3	S
29.3.4.4	329064-6	2	S
29.3.4.4.1	329065-4	3	S
29.3.4.4.2	329066-2	4	S
29.3.4.6	329067-0	3	S
29.3.4.7	329068-9	3	S
29.3.4.8	329069-7	3	S
29.3.4.9	329070-0	3	S
29.3.4.9.1	329071-9	3	S
29.3.4.9.2	329072-7	3	S
29.3.4.10	329073-5	2	S
29.3.4.10.1	329074-3	2	S
29.3.4.11	329075-1	4	S
29.3.4.11.1	329076-0	3	S
29.3.4.12	329077-8	3	S
29.3.4.13	329078-6	3	S
29.3.4.14	329079-4	3	S
29.3.4.15	329080-8	4	S
29.3.4.16	329081-6	3	S
29.3.4.17	329082-4	3	S
29.3.4.18	329083-2	3	S
29.3.4.18.1	329084-0	4	S
29.3.5.1	329085-9	3	S
29.3.5.2	329086-7	2	S
29.3.5.2.1	329087-5	4	S
29.3.5.3	329088-3	3	S
29.3.5.4	329089-1	4	S
29.3.5.5	329090-5	4	S
29.3.5.6	329091-3	3	S
29.3.5.7	329298-3	4	S
29.3.5.8	329092-1	4	S
29.3.5.10	329299-1	3	S
29.3.5.10.1	329300-9	3	S
29.3.5.10.2	329093-0	2	S
29.3.5.11	329094-8	2	S
29.3.5.12	329095-6	1	S
29.3.5.13	329096-4	3	S
29.3.5.14	329097-2	3	S
29.3.5.15	329098-0	2	S
29.3.5.16	329099-9	2	S
29.3.5.17	329100-6	3	S
29.3.5.18	329101-4	3	S
29.3.5.18.1	229403-6	3	S
29.3.5.18.2	229404-4	3	S
29.3.5.19	329102-2	3	S
29.3.5.20	329103-0	2	S

NR-29 (229.000-6)			
Item/Subitem	Código	Infração	Tipo
29.3.5.21	329104-9	4	S
29.3.5.22	329105-7	3	S
29.3.5.23	329106-5	3	S
29.3.5.24	329301-7	3	S
29.3.5.25	229405-2	3	S
29.3.6.1	329108-1	2	S
29.3.6.2. "a"	329109-0	3	S
29.3.6.2. "b"	329110-3	3	S
29.3.6.2. "c"	329111-1	3	S
29.3.6.2. "d"	329302-5	2	S
29.3.6.3	329112-0	4	S
29.3.6.4	329113-8	3	S
29.3.6.5	329114-6	3	S
29.3.6.5.1	329115-4	3	S
29.3.6.5.2	329116-2	3	S
29.3.6.5.3	329117-0	3	S
29.3.6.5.4	329118-9	3	S
29.3.7.1	329119-7	4	S
29.3.7.2	329120-0	4	S
29.3.7.3	329121-9	4	S
29.3.7.4	329122-7	4	S
29.3.7.4.1	329123-5	4	S
29.3.7.5	329124-3	4	S
29.3.7.6	329125-1	4	S
29.3.7.7	329126-0	3	S
29.3.7.8	329127-8	3	S
29.3.7.9	329128-6	3	S
29.3.7.10. "a"	329129-4	4	S
29.3.7.10. "b"	329303-3	3	S
29.3.7.10. "c"	329130-8	3	S
29.3.7.10. "d"	329131-6	3	S
29.3.8.1	329132-4	4	S
29.3.8.2	329133-2	4	S
29.3.8.3	329134-0	4	S
29.3.8.4. "a"	329135-9	3	S
29.3.8.4. "b"	229406-0	3	S
29.3.8.4. "c"	329137-5	3	S
29.3.8.4. "d"	329138-3	3	S
29.3.8.4. "e"	229407-9	3	S
29.3.8.4. "f"	329140-5	3	S
29.3.8.4. "g"	329141-3	3	S
29.3.8.5	329142-1	3	S
29.3.9.1	329143-0	3	S
29.3.9.2	329144-8	3	S
29.3.9.3	329145-6	3	S

NR-29 (229.000-6)			
Item/Subitem	Código	Infração	Tipo
29.3.9.3.1	329146-4	3	S
29.3.9.4	329147-2	3	S
29.3.9.5	329148-0	4	S
29.3.10.1. "a"	329149-9	4	S
29.3.10.1. "b"	329150-2	4	S
29.3.10.1. "c"	329151-0	4	S
29.3.10.1. "d"	329152-9	4	S
29.3.10.1. "e"	329153-7	4	S
29.3.10.1. "f"	329154-5	4	S
29.3.10.1. "g"	329155-3	4	S
29.3.10.2	329156-1	4	S
29.3.10.3. "a"	329157-0	4	S
29.3.10.3. "b"	329158-8	4	S
29.3.10.3. "c"	329159-6	4	S
29.3.10.3. "d"	329160-0	4	S
29.3.10.3. "e"	329304-1	4	S
29.3.11.1	329161-8	4	S
29.3.11.2	329162-6	4	S
29.3.12.2	329163-4	4	S
29.3.12.3	329164-2	2	S
29.3.13.1	329305-0	2	S
29.3.13.2	329165-0	3	S
29.3.13.3	329166-9	3	S
29.3.14.1	329167-7	2	S
29.3.14.2	329168-5	2	S
29.3.15.2	329169-3	4	S
29.3.16.1	329170-7	4	S
29.3.16.2	329171-5	4	S
29.4.1	329172-3	3	S
29.4.2	329173-1	2	S
29.4.3	329174-0	3	S
29.4.4	329306-8	4	S
29.5.1	329175-8	4	S
29.5.2	229408-7	3	S
29.5.3	329177-4	3	S
29.5.4	329178-2	3	S
29.5.4.1	329179-0	3	S
29.6.2.1	329180-4	3	S
29.6.3.1.1. "a"	329307-6	3	S
29.6.3.1.1. "b"	229409-5	3	S
29.6.3.1.1. "c"	329182-0	3	S
29.6.3.2.1	329308-4	3	S
29.6.3.4. "a"	329183-9	4	S
29.6.3.4. "b"	329309-2	1	S
29.6.3.4. "c"	329184-7	4	S

NR-29 (229.000-6)			
Item/Subitem	Código	Infração	Tipo
29.6.3.4. "d"	329185-5	4	S
29.6.3.5. "a"	329310-6	2	S
29.6.3.5. "b"	329186-3	3	S
29.6.3.5. "c"	329187-1	3	S
29.6.3.5. "d"	329188-0	3	S
29.6.3.5. "e"	329189-8	4	S
29.6.4. "a"	329190-1	4	S
29.6.4. "b"	329191-0	4	S
29.6.4. "c"	329192-8	4	S
29.6.4. "d"	329193-6	4	S
29.6.4.1. "a"	329194-4	4	S
29.6.4.1. "b"	329195-2	4	S
29.6.4.1. "c"	329196-0	4	S
29.6.4.1. "d"	329197-9	4	S
29.6.4.1. "e"	329198-7	4	S
29.6.4.1. "f"	329199-5	4	S
29.6.4.1. "g"	329200-2	4	S
29.6.4.1. "h"	329201-0	4	S
29.6.4.1. "i"	329202-9	4	S
29.6.4.1. "j"	329203-7	4	S
29.6.4.2. "a"	329204-5	4	S
29.6.4.2. "b"	329205-3	4	S
29.6.4.2. "c"	329206-1	3	S
29.6.4.2. "d"	329207-0	3	S
29.6.4.2. "e"	329208-8	4	S
29.6.4.2. "f" I	329209-6	3	S
29.6.4.2. "f" II	329210-0	3	S
29.6.4.2. "f" III	329211-8	3	S
29.6.4.2. "f" IV	329212-6	3	S
29.6.4.2. "f" V	329213-4	3	S
29.6.4.2. "f" VI	329214-2	3	S
29.6.4.2. "f" VII	329215-0	3	S
29.6.4.2. "f" VIII	329216-9	3	S
29.6.4.2. "g"	329217-7	3	S
29.6.4.3. "a"	329218-5	4	S
29.6.4.3. "b"	329219-3	4	S
29.6.4.3. "c"	329220-7	4	S
29.6.4.3. "d"	329221-5	4	S
29.6.4.3. "e"	329222-3	4	S
29.6.4.3. "f"	329223-1	4	S
29.6.4.3. "g"	329224-0	4	S
29.6.4.4. "a"	329225-8	4	S
29.6.4.4. "b"	329226-6	4	S
29.6.4.4. "c"	329227-4	4	S
29.6.4.4. "d"	329228-2	4	S

NR-29 (229.000-6)			
Item/Subitem	Código	Infração	Tipo
29.6.4.5. "a"	329229-0	4	S
29.6.4.5. "b"	329230-4	4	S
29.6.4.5. "c"	329231-2	4	S
29.6.4.5. "d"	329232-0	4	S
29.6.4.5. "e"	329233-9	4	S
29.6.4.5. "f"	329234-7	4	S
29.6.4.5. "g"	329235-5	4	S
29.6.4.6. "b"	229410-9	4	S
29.6.4.6. "c"	229411-7	4	S
29.6.4.6. "d"	229412-5	4	S
29.6.4.6. "e"	229413-3	4	S
29.6.4.7. "a"	329240-1	4	S
29.6.4.7. "b"	329241-0	4	S
29.6.4.7. "c"	329242-8	4	S
29.6.4.8. "a"	329243-6	4	S
29.6.4.8. "b"	329244-4	4	S
29.6.4.8. "c"	329245-2	4	S
29.6.4.8. "d"	329246-0	4	S
29.6.4.8. "e"	329247-9	4	S
29.6.5.1	329311-4	2	S
29.6.5.2	329248-7	4	S
29.6.5.3	329249-5	4	S
29.6.5.4	329250-9	4	S
29.6.5.6.1	329251-7	4	S
29.6.5.7.1	329312-2	4	S
29.6.5.7.1. "a"	329252-5	4	S
29.6.5.7.1. "b"	329253-3	3	S
29.6.5.7.1. "c"	329254-1	4	S
29.6.5.7.1. "d"	329255-0	4	S
29.6.5.8.1	329313-0	4	S
29.6.5.8.1. "a"	329256-8	4	S
29.6.5.8.1. "c"	329257-6	4	S
29.6.5.8.1. "d"	329258-4	4	S
29.6.5.8.1. "e"	329259-2	4	S
29.6.5.9.1	329260-6	4	S
29.6.5.9.2	329261-4	4	S
29.6.5.9.3	329262-2	4	S
29.6.5.9.4	329263-0	4	S
29.6.5.10.1	329264-9	4	S
29.6.5.10.2	329265-7	4	S
29.6.5.10.3	329266-5	4	S
29.6.5.10.4	329267-3	4	S
29.6.5.10.5	329268-1	4	S
29.6.5.11.1	329269-0	4	S
29.6.5.11.2	329270-3	4	S

NR-29 (229.000-6)			
Item/Subitem	Código	Infração	Tipo
29.6.5.12.1	329271-1	4	S
29.6.5.12.2	329272-0	4	S
29.6.5.12.3	329273-8	4	S
29.6.5.13.1	329274-6	4	S
29.6.5.13.2	329275-4	4	S
29.6.6.1	329276-2	4	M
29.6.6.2	329314-9	3	S
29.6.6.3	329277-0	4	S
29.6.6.4	329278-9	2	S

NR-30 (130.000-8)			
Item/Subitem	Código	Infração	Tipo
30.2.3.2	130339-2	3	S
30.3.1.1. "b"	130003-2	1	S
30.3.1.1. "c"	130340-6	2	M
30.3.1.1. "d"	130005-9	2	S
30.4.1	130616-2	4	S
30.4.1.1	130341-4	4	S
30.4.1.1. "a"	130342-2	3	S
30.4.1.1. "b"	130343-0	3	S
30.4.1.2	130344-9	2	S
30.4.1.3.1	130345-7	2	S
30.4.1.4	130618-9	2	S
30.4.1.4.1	130347-3	2	S
30.4.1.4.2	130348-1	1	S
30.4.1.5	130349-0	2	S
30.4.1.6	130617-0	2	S
30.4.5.1	130619-7	2	S
30.4.8.1	130009-1	2	S
30.4.8.2. "b"	130010-5	2	S
30.4.8.2. "c"	130011-3	3	S
30.4.8.2. "d"	130012-1	2	S
30.4.8.3	130013-0	2	S
30.4.8.4	130076-8	1	S
30.4.8.5	130077-6	1	S
30.4.8.5.1	130350-3	1	S
30.4.8.6	130015-6	1	S
30.4.8.7	130016-4	1	S
30.4.9.1. "a"	130351-1	2	S
30.4.9.1. "b"	130079-2	1	S
30.4.9.1. "c"	130080-6	1	S
30.4.9.2. "a"	130017-2	3	S
30.4.9.2. "b"	130018-0	1	S
30.4.9.2. "c"	130352-0	2	S
30.5.1	130353-8	4	M
30.5.2	130354-6	2	M

NR-30 (130.000-8)			
Item/Subitem	Código	Infração	Tipo
30.5.2.1	130355-4	1	M
30.5.2.2	130356-2	1	M
30.5.2.3	130357-0	1	M
30.5.3	130024-5	2	M
30.5.4	130620-0	3	M
30.6.1	130358-9	4	S
30.6.1.1	130026-1	2	S
30.7.1	130027-0	3	S
30.7.1.1	130028-8	2	S
30.7.2	130029-6	3	S
30.7.3	130030-0	3	S
30.7.4	130031-8	2	S
30.7.5	130032-6	1	S
30.7.5.1	130033-4	1	S
30.7.5.2	130034-2	1	S
30.7.6	130035-0	2	S
30.7.7	130036-9	2	S
30.7.8	130037-7	2	S
30.7.9	130038-5	2	S
30.7.9.1	130039-3	1	S
30.7.10	130040-7	2	S
30.7.11	130041-5	1	S
30.7.12	130042-3	2	S
30.7.13	130359-7	1	S
30.7.14	130360-0	2	S
30.7.15	130045-8	2	S
30.7.16	130361-9	2	S
30.8.1	130047-4	2	S
30.8.1.1	130048-2	2	S
30.8.2	130049-0	2	S
30.8.2.1	130050-4	1	S
30.8.3	130051-2	2	S
30.8.4	130362-7	1	S
30.9.1	130053-9	2	S
30.9.2	130363-5	3	S
30.10.1. "a"	130364-3	1	S
30.10.1. "b"	130056-3	2	S
30.10.1. "c"	130057-1	2	S
30.10.1. "d"	130058-0	2	S
30.10.1. "e"	130059-8	2	S
30.10.1. "f"	130365-1	2	S
30.11.1	130366-0	2	S
30.11.2	130062-8	2	S
30.11.3	130367-8	2	S
30.12.1	130064-4	3	S

NR-30 (130.000-8)			
Item/Subitem	Código	Infração	Tipo
30.12.2	130368-6	2	S
30.13.1. "a"	130369-4	3	S
30.13.1. "b"	130067-9	4	S
30.13.1. "c"	130068-7	4	S
30.13.1. "d"	130370-8	4	S
30.13.1. "e"	130371-6	4	S
30.13.1. "f"	130071-7	4	S
30.13.1. "g"	130072-5	3	S
30.13.2	130073-3	4	S
30.13.3	130372-4	4	S
30.13.4	130373-2	4	S

NR-30 — Anexo I			
Item/Subitem	Código	Infração	Tipo
3.1. "a"	130092-0	4	S
3.1. "b"	130093-8	4	S
3.2	130111-0	2	S
3.2.1	130112-8	1	S
3.2.2	130115-2	2	S
4.4. "a"	130138-1	3	S
4.4. "b"	130139-0	2	S
4.4. "c"	130140-3	4	S
4.4. "d"	130141-1	4	S
4.4. "e"	130142-0	3	S
4.4. "f"	130143-8	4	S
5.1. "a"	130147-0	2	M
5.1. "b"	130148-9	3	M
5.1. "c"	130149-7	3	M
5.2	130163-2	2	M
5.2.1	130166-7	1	M
5.2.2	130167-5	1	M
5.2.3	130168-3	1	M
6.1. "a"	130173-0	3	S
6.1. "b"	130174-8	3	S
6.2	130191-8	3	S
6.2.1	130192-6	3	S
6.3	130197-7	4	S
6.3.1	130198-5	3	S
2.1 do Apêndice I	130083-0	4	S
2.2 do Apêndice I	130085-7	3	S
2.3 do Apêndice I	130087-3	4	S
2.4 do Apêndice I	130089-0	4	S
3.1.1. "a" do Apêndice I	130094-6	4	S
3.1.1. "b" do Apêndice I	130096-2	4	S
3.1.1. "c" do Apêndice I	130098-9	4	S

NR-30 — Anexo I			
Item/Subitem	Código	Infração	Tipo
3.1.2 do Apêndice I	130100-4	4	S
3.1.2.1 do Apêndice I	130102-0	3	S
3.1.2.2 do Apêndice I	130104-7	3	S
3.1.3. "a" do Apêndice I	130106-3	4	S
3.1.3. "b" do Apêndice I	130107-1	3	S
3.1.3. "c" do Apêndice I	130108-0	3	S
3.1.4 do Apêndice I	130110-1	4	S
3.2.1 do Apêndice I	130113-6	4	S
3.2.2 do Apêndice I	130116-0	4	S
3.2.3 do Apêndice I	130117-9	4	S
3.2.4 do Apêndice I	130118-7	3	S
3.2.5 do Apêndice I	130119-5	4	S
3.2.6 do Apêndice I	130120-9	4	S
3.2.6.1 do Apêndice I	130121-7	4	S
4.1. "a" do Apêndice I	130123-3	4	S
4.1. "b" do Apêndice I	130125-0	4	S
4.1. "c" do Apêndice I	130127-6	4	S
4.1.1 do Apêndice I	130129-2	4	S
4.1.2 do Apêndice I	130131-4	3	S
4.2 do Apêndice I	130132-2	4	S
4.3. "a" do Apêndice I	130134-9	3	S
4.3. "b" do Apêndice I	130135-7	3	S
4.4 do Apêndice I	130144-6	4	S
5.1 do Apêndice I	130150-0	4	S
5.1.1. "a" do Apêndice I	130152-7	3	S
5.1.1. "b" do Apêndice I	130153-5	3	S
5.1.2 do Apêndice I	130155-1	3	S
5.1.3 do Apêndice I	130157-8	3	S
5.1.4 do Apêndice I	130159-4	3	S
5.1.4.1 do Apêndice I	130161-6	3	S
5.2 do Apêndice I	130164-0	3	S
5.3 do Apêndice I	130169-1	2	S
6.1.1 do Apêndice I	130175-6	2	S
6.1.1.1 do Apêndice I	130177-2	2	S
6.1.2 do Apêndice I	130179-9	3	S
6.1.3 do Apêndice I	130181-0	3	S

NR-30 — Anexo I			
Item/Subitem	Código	Infração	Tipo
6.1.3.1 do Apêndice I	130183-7	3	S
6.1.3.2 do Apêndice I	130184-5	3	S
6.1.3.3 do Apêndice I	130185-3	3	S
6.2.1 do Apêndice I	130193-4	3	S
6.2.2 do Apêndice I	130195-0	2	S
6.3.1 do Apêndice I	130199-3	3	S
6.3.2 do Apêndice I	130201-9	3	S
6.3.3 do Apêndice I	130203-5	3	S
6.4.1 do Apêndice I	130205-1	3	S
6.4.2 do Apêndice I	130207-8	3	S
6.4.3 do Apêndice I	130209-4	4	S
6.4.3.1 do Apêndice I	130211-6	3	S
6.4.4 do Apêndice I	130213-2	4	S
6.4.5 do Apêndice I	130215-9	4	S
6.4.6 do Apêndice I	130217-5	4	S
6.4.6.1 do Apêndice I	130219-1	3	S
7.1 do Apêndice I	130222-1	4	S
7.1.1 do Apêndice I	130224-8	2	S
7.2 do Apêndice I	130228-0	3	S
7.2.1 do Apêndice I	130230-2	3	S
7.3. "a" do Apêndice I	130232-9	3	S
7.3. "b" do Apêndice I	130233-7	4	S
7.3. "c" do Apêndice I	130234-5	4	S
7.4 do Apêndice I	130236-1	4	S
7.5 do Apêndice I	130238-8	4	S
7.5.1 do Apêndice I	130240-0	4	S
7.6 do Apêndice I	130242-6	3	S
7.7 do Apêndice I	130244-2	3	S
7.8 do Apêndice I	130246-9	4	S
7.9 do Apêndice I	130250-7	3	S
7.9. "a" do Apêndice I	130248-5	2	S
7.9. "b" do Apêndice I	130249-3	2	S
7.10 do Apêndice I	130226-4	2	S
8.1.1 do Apêndice I	130254-0	2	S
8.1.2 do Apêndice I	130256-6	2	S
8.1.2.1 do Apêndice I	130258-2	3	S
8.1.2.2 do Apêndice I	130260-4	2	S
8.1.3 do Apêndice I	130261-2	2	S

NR-30 — Anexo I			
Item/Subitem	Código	Infração	Tipo
8.1.3.1 do Apêndice I	130263-9	2	S
8.1.3.2 do Apêndice I	130264-7	2	S
8.1.4 do Apêndice I	130265-5	2	S
8.1.5 do Apêndice I	130268-0	2	S
8.1.6 do Apêndice I	130270-1	4	S
8.1.7 do Apêndice I	130275-2	3	S
8.1.8 do Apêndice I	130276-0	1	S
8.1.9 do Apêndice I	130278-7	1	S
8.1.10 do Apêndice I	130279-5	2	S
8.2.1 do Apêndice I	130280-9	2	S
8.2.1.1 do Apêndice I	130285-0	2	S
8.2.2 do Apêndice I	130286-8	2	S
8.2.3 do Apêndice I	130287-6	2	S
8.2.3.1 do Apêndice I	130288-4	2	S
8.2.4 do Apêndice I	130289-2	2	S
8.2.4.1 do Apêndice I	130290-6	2	S
8.2.5 do Apêndice I	130291-4	2	S
8.2.5.1 do Apêndice I	130292-2	2	S
8.3.1 do Apêndice I	130293-0	4	S
8.3.2 do Apêndice I	130295-7	2	S
8.3.2.1 do Apêndice I	130296-5	2	S
8.3.2.2 do Apêndice I	130297-3	2	S
8.3.3 do Apêndice I	130298-1	2	S
8.3.3.1 do Apêndice I	130299-0	2	S
8.3.4 do Apêndice I	130300-7	1	S
8.3.5 do Apêndice I	130301-5	2	S
8.3.5.1 do Apêndice I	130302-3	2	S
8.3.6 do Apêndice I	130303-1	2	S
8.3.6.1 do Apêndice I	130304-0	2	S
8.3.6.2 do Apêndice I	130305-8	2	S
8.3.7 do Apêndice I	130306-6	1	S
8.3.8 do Apêndice I	130307-4	1	S
8.4.1 do Apêndice I	130308-2	2	S
8.4.1.1. "a" do Apêndice I	130309-0	2	S
8.4.1.1. "b" do Apêndice I	130310-4	2	S
8.4.1.1. "c" do Apêndice I	130311-2	2	S

NR-30 — Anexo I			
Item/Subitem	Código	Infração	Tipo
8.4.1.1. "d" do Apêndice I	130312-0	2	S
8.4.1.2 do Apêndice I	130313-9	2	S
8.5.1 do Apêndice I	130314-7	1	S
8.5.1.1 do Apêndice I	130315-5	2	S
8.5.2 do Apêndice I	130316-3	2	S
8.5.3 do Apêndice I	130317-1	2	S
8.6.1 do Apêndice I	130318-0	2	S
8.6.1.1 do Apêndice I	130319-8	2	S
8.6.1.2 do Apêndice I	130320-1	2	S
8.6.2 do Apêndice I	130321-0	2	S
8.6.3 do Apêndice I	130322-8	4	S
8.6.4 do Apêndice I	130323-6	2	S
8.6.4.1 do Apêndice I	130324-4	2	S
8.6.4.2 do Apêndice I	130325-2	2	S
8.6.5 do Apêndice I	130326-0	2	S
8.6.6 do Apêndice I	130327-9	2	S
8.6.7 do Apêndice I	130328-7	3	S
8.7.1 do Apêndice I	130329-5	1	S
8.7.1.1 do Apêndice I	130330-9	1	S
8.7.1.2 do Apêndice I	130331-7	1	S
8.8.1 do Apêndice I	130332-5	3	S
8.8.1.1 do Apêndice I	130333-3	3	S
8.8.2 do Apêndice I	130334-1	3	S
9.1 do Apêndice I	130336-8	3	S
9.1.1 do Apêndice I	130337-6	3	S
9.1.2 do Apêndice I	130338-4	1	S
2.1 do Apêndice II	130084-9	4	S
2.2 do Apêndice II	130086-5	3	S
2.3 do Apêndice II	130088-1	4	S
2.4 do Apêndice II	130090-3	4	S
3.1.1. "a" do Apêndice II	130095-4	4	S
3.1.1. "b" do Apêndice II	130097-0	4	S
3.1.1. "c" do Apêndice II	130099-7	4	S
3.1.2 do Apêndice II	130101-2	4	S
3.1.2.1 do Apêndice II	130103-9	3	S
3.1.2.2 do Apêndice II	130105-5	3	S

NR-30 — Anexo I			
Item/Subitem	Código	Infração	Tipo
3.1.3 do Apêndice II	130109-8	4	S
3.2.1 do Apêndice II	130114-4	4	S
4.1. "a" do Apêndice II	130124-1	4	S
4.1. "b" do Apêndice II	130126-8	4	S
4.1. "c" do Apêndice II	130128-4	4	S
4.1.1 do Apêndice II	130130-6	4	S
4.2 do Apêndice II	130133-0	4	S
4.3 do Apêndice II	130136-5	4	S
4.3.1 do Apêndice II	130137-3	3	S
4.4 do Apêndice II	130145-4	4	S
5.1 do Apêndice II	130151-9	4	S
5.1.1 do Apêndice II	130154-3	3	S
5.1.2 do Apêndice II	130156-0	3	S
5.1.3 do Apêndice II	130158-6	3	S
5.1.4 do Apêndice II	130160-8	3	S
5.1.4.1 do Apêndice II	130162-4	3	S
5.2 do Apêndice II	130165-9	3	S
5.3 do Apêndice II	130170-5	2	S
5.4 do Apêndice II	130171-3	1	S
6.1.1 do Apêndice II	130176-4	2	S
6.1.1.1 do Apêndice II	130178-0	2	S
6.1.2 do Apêndice II	130180-2	3	S
6.1.3 do Apêndice II	130182-9	3	S
6.1.4 do Apêndice II	130186-1	3	S
6.1.5 do Apêndice II	130187-0	3	S
6.1.6 do Apêndice II	130188-8	3	S
6.1.7 do Apêndice II	130189-6	3	S
6.1.7.1 do Apêndice II	130190-0	3	S
6.2.1 do Apêndice II	130194-2	3	S
6.2.2 do Apêndice II	130196-9	2	S
6.3.1 do Apêndice II	130200-0	3	S

NR-30 — Anexo I			
Item/Subitem	Código	Infração	Tipo
6.3.2 do Apêndice II	130202-7	3	S
6.3.3 do Apêndice II	130204-3	3	S
6.4.1 do Apêndice II	130206-0	3	S
6.4.2 do Apêndice II	130208-6	3	S
6.4.3 do Apêndice II	130210-8	4	S
6.4.3.1 do Apêndice II	130212-4	3	S
6.4.4 do Apêndice II	130214-0	4	S
6.4.5 do Apêndice II	130216-7	4	S
6.4.6 do Apêndice II	130218-3	4	S
6.4.6.1 do Apêndice II	130220-5	3	S
7.1 do Apêndice II	130223-0	4	S
7.1.1 do Apêndice II	130225-6	2	S
7.2 do Apêndice II	130229-9	3	S
7.2.1 do Apêndice II	130231-0	3	S
7.3 do Apêndice II	130235-3	4	S
7.4 do Apêndice II	130237-0	4	S
7.5 do Apêndice II	130239-6	4	S
7.5.1 do Apêndice II	130241-8	4	S
7.6 do Apêndice II	130243-4	3	S
7.7 do Apêndice II	130245-0	3	S
7.8 do Apêndice II	130247-7	4	S
7.9 do Apêndice II	130251-5	3	S
7.10 do Apêndice II	130227-2	2	S
8.1.1 do Apêndice II	130255-8	2	S
8.1.1.1 do Apêndice II	130374-0	2	S
8.1.2 do Apêndice II	130257-4	2	S
8.1.2.1 do Apêndice II	130259-0	2	S
8.1.3 do Apêndice II	130262-0	1	S
8.1.4 do Apêndice II	130266-3	2	S
8.1.4.2 do Apêndice II	130267-1	2	S
8.1.5 do Apêndice II	130269-8	2	S
8.1.6 do Apêndice II	130271-0	2	S

NR-30 — Anexo I			
Item/Subitem	Código	Infração	Tipo
8.1.7. "a" do Apêndice II	130272-8	2	S
8.1.7. "b" do Apêndice II	130273-6	2	S
8.1.7. "c" do Apêndice II	130274-4	2	S
8.1.8 do Apêndice II	130277-9	2	S
8.2.1 do Apêndice II	130281-7	2	S
8.2.1.1. "a" do Apêndice II	130282-5	2	S
8.2.1.1. "b" do Apêndice II	130283-3	2	S
8.2.1.1. "c" do Apêndice II	130284-1	2	S
8.3.1 do Apêndice II	130294-9	3	S
2 do Apêndice III	130082-2	4	S
3 do Apêndice III	130091-1	4	S
4 do Apêndice III	130122-5	3	S
5 do Apêndice III	130146-2	3	S
6 do Apêndice III	130172-1	3	S
7 do Apêndice III	130221-3	3	S
8 do Apêndice III	130252-3	2	S
8.1 do Apêndice III	130253-1	2	S
9 do Apêndice III	130335-0	3	S

NR-30 — Anexo II			
Item/Subitem	Código	Infração	Tipo
1.3.2	130375-9	4	S
2.1. II	130564-6	4	S
2.1. III	130565-4	2	S
2.1. V	130566-2	3	S
2.1. VI	130567-0	3	S
2.1. VII	130568-9	1	S
2.1. VIII	130569-7	4	S
2.1.1	130570-0	2	S
2.2. I	130571-9	3	S
2.2. II	130572-7	2	S
2.2. III	130573-5	3	S
2.3. I	130574-3	3	S
2.3. II	130575-1	3	S
4.2	130576-0	4	S
4.3.2	130577-8	3	S
4.3.3	130578-6	3	S
5.1. I	130580-8	4	S
5.1. II	130581-6	4	S
5.1.3	130582-4	4	S

NR-30 — Anexo II			
Item/Subitem	Código	Infração	Tipo
6.2	130587-5	4	S
6.3	130588-3	3	S
6.4.1.1	130589-1	2	S
6.5	130590-5	3	S
6.8	130591-3	2	S
6.8.1. I	130592-1	3	S
6.8.1. II	130593-0	3	S
6.10	130583-2	2	S
6.11	130584-0	2	S
6.12	130585-9	4	S
6.14	130586-7	2	S
7.1	130594-8	4	S
7.2	130595-6	2	M
8.1.1	130596-4	4	S
8.1.2	130597-2	3	S
8.1.3. I	130598-0	2	S
8.1.4	130599-9	4	S
8.1.5	130600-6	3	S
9.1.1.1	130601-4	3	S
9.1.2.1	130605-7	2	S
9.1.3.1	130606-5	2	S
9.1.5.1	130607-3	2	S
9.1.6.1	130608-1	2	S
9.1.7.1	130609-0	2	S
9.1.7.2	130610-3	2	S
9.1.8.1	130611-1	3	S
9.1.9.1	130612-0	2	S
9.1.10.1	130602-2	2	S
9.1.10.2	130603-0	2	S
9.1.11.1	130604-9	2	S
9.2.1	130613-8	3	S
10.1.2	130376-7	3	S
10.1.2.1	130377-5	3	S
10.2.1	130378-3	3	S
10.2.2	130389-9	3	S
10.2.3	130393-7	3	S
10.2.4	130394-5	3	S
10.2.5	130395-3	3	S
10.2.6	130396-1	2	S
10.2.7	130397-0	3	S
10.2.9	130398-8	2	S
10.2.10	130379-1	2	S
10.2.11	130380-5	3	S
10.2.12	130381-3	3	S

NR-30 — Anexo II			
Item/Subitem	Código	Infração	Tipo
10.2.13	130382-1	3	S
10.2.14	130383-0	4	S
10.2.15	130384-8	3	S
10.2.16	130385-6	3	S
10.2.17	130386-4	3	S
10.2.18	130387-2	2	S
10.2.19 e Incisos	130388-0	3	S
10.2.20	130390-2	2	S
10.2.21	130391-0	2	S
10.2.22	130392-9	3	S
10.3.1	130399-6	2	S
10.3.2	130400-3	2	S
10.3.2.1	130401-1	2	S
10.3.2.2	130402-0	2	S
10.3.3	130403-8	3	S
10.3.4	130404-6	3	S
10.3.5	130405-4	3	S
10.4.1	130406-2	3	S
10.4.2	130407-0	2	S
10.4.3	130408-9	2	S
10.4.4	130409-7	2	S
10.4.5	130410-0	2	S
10.4.6	130411-9	2	S
10.4.7	130412-7	2	S
10.4.8	130413-5	2	S
10.5.1.1	130414-3	2	S
10.5.1.2	130420-8	4	S
10.5.1.2.1	130421-6	4	S
10.5.1.3	130422-4	4	S
10.5.1.4	130615-4	3	S
10.5.1.5	130423-2	3	S
10.5.1.6	130424-0	2	S
10.5.1.7	130425-9	4	S
10.5.1.8	130426-7	3	S
10.5.1.9	130427-5	3	S
10.5.1.10	130415-1	4	S
10.5.1.11	130416-0	3	S
10.5.1.12	130417-8	2	S
10.5.1.13	130418-6	2	S
10.5.1.14	130419-4	3	S
10.5.2.1	130428-3	3	S
10.5.2.2	130429-1	2	S
10.5.2.3	130430-5	3	S
10.5.2.4	130431-3	3	S
10.5.2.5	130432-1	4	S

NR-30 — Anexo II			
Item/Subitem	Código	Infração	Tipo
10.5.3.1	130433-0	4	S
10.5.4.1	130434-8	4	S
10.5.4.2	130435-6	4	S
10.5.5.1	130436-4	3	S
10.5.5.2	130437-2	3	S
10.5.5.3	130438-0	3	S
10.5.6.1	130439-9	4	S
10.5.6.2	130440-2	3	S
11.2	130441-0	3	S
11.3	130442-9	1	S
11.4	130443-7	1	S
11.5	130444-5	3	S
11.6	130445-3	3	S
12.1	130446-1	3	S
12.2. I	130447-0	3	M
12.2. III	130448-8	4	M
12.2. IV	130449-6	2	M
12.3	130450-0	2	M
12.3.2	130451-8	4	S
12.4	130452-6	3	S
12.4.1	130453-4	3	S
12.4.2	130454-2	3	S
12.5	130455-0	3	M
12.5.1	130456-9	3	M
12.5.2	130457-7	3	S
12.6	130458-5	4	S
13.1.1	130459-3	1	S
13.1.3	130460-7	1	S
13.1.4	130461-5	1	S
13.1.5	130462-3	3	S
13.1.6	130463-1	3	S
13.1.7. I	130464-0	3	S
13.1.7. II	130465-8	3	S
13.1.7. III	130466-6	3	S
13.1.7. IV	130467-4	2	S
13.1.7. V	130468-2	2	S
14.2	130480-1	2	S
14.5	130481-0	1	S
14.7	130483-6	1	S
14.12.1.2	130472-0	4	S
14.12.2	130473-9	4	S
14.12.3	130474-7	4	S
14.14	130476-3	4	S
14.14.1	130477-1	4	S
14.15	130478-0	4	S

NR-30 — Anexo II			
Item/Subitem	Código	Infração	Tipo
14.17	130479-8	4	S
15.1.3. I	130485-2	4	S
15.1.3. II	130486-0	4	S
15.2.2.1	130492-5	4	S
15.2.3	130493-3	4	S
15.2.3.1. I	130494-1	4	S
15.2.3.1. II	130495-0	4	S
15.2.3.1. III	130496-8	4	S
15.2.3.2	130497-6	4	S
15.2.4	130498-4	4	S
15.2.5	130499-2	4	S
15.2.6. I	130500-0	4	S
15.2.6. II	130501-8	4	S
15.2.6. III	130502-6	4	S
15.2.7. I	130503-4	4	S
15.2.7. II	130504-2	4	S
15.3.1	130505-0	4	S
15.3.2. I	130506-9	2	S
15.3.2. II	130507-7	2	S
15.3.2. III	130508-5	2	S
15.3.2. IV	130509-3	2	S
15.3.2. V	130510-7	3	S
15.3.2. VI	130511-5	3	S
15.3.3	130512-3	2	S
15.3.4. I	130513-1	2	S
15.3.4. II	130514-0	2	S
15.3.5	130515-8	2	S
15.3.6. I	130516-6	3	S
15.3.6. II	130517-4	3	S
15.3.7	130518-2	3	S
15.3.8	130519-0	1	S
15.3.9	130520-4	3	S
15.3.9.1	130521-2	1	S
15.4.1	130522-0	1	S
15.5.1	130523-9	3	S
15.5.1. I	130524-7	1	S
15.5.1. IV	130525-5	1	S
15.5.2	130526-3	1	S
15.6.1	130527-1	1	S
15.7.1	130528-0	4	S
15.7.2	130529-8	1	S
15.8.1	130530-1	3	S
15.8.3	130532-8	1	S
15.9.1	130533-6	3	S
15.9.2	130534-4	1	S

NR-30 — Anexo II			
Item/Subitem	Código	Infração	Tipo
15.10. I	130488-7	1	S
15.10. II	130489-5	2	S
15.10. III	130490-9	2	S
15.10. IV	130491-7	2	S
16.1.1	130535-2	4	S
16.1.2	130536-0	2	S
16.1.3	130537-9	3	S
16.1.4	130538-7	2	S
16.3.1	130540-9	3	S
16.3.2	130541-7	3	S
16.4.1	130542-5	4	S
16.4.2	130543-3	3	S
16.4.3	130544-1	3	S
16.4.4	130545-0	3	S
16.4.5	130546-8	3	S
16.5.1	130547-6	3	S
16.5.2	130548-4	2	S
16.5.3	130549-2	2	S
16.6.1	130550-6	3	S
16.6.2	130551-4	3	S
16.7.1	130552-2	3	S
16.7.2	130553-0	3	S
16.7.3	130554-9	3	S
16.7.4	130555-7	3	S
16.8.1	130556-5	3	S
16.8.2	130557-3	3	S
16.8.3	130558-1	2	S
16.8.4	130559-0	2	S
16.9.1	130560-3	4	S
16.9.1.1	130561-1	3	S
16.9.2	130562-0	3	S
16.9.3	130563-8	4	S
16.10.1	130539-5	3	S

NR-31 (131.000-3)			
Item/Subitem	Código	Infração	Tipo
31.3.3. "a"	131001-1	4	S
31.3.3. "b"	131002-0	4	S
31.3.3. "c"	131003-8	4	S
31.3.3. "d"	131399-1	1	S
31.3.3. "e"	131005-4	3	S
31.3.3. "f"	131400-9	2	S
31.3.3. "g"	131401-7	4	S
31.3.3. "h"	131402-5	3	S
31.3.3. "i"	131009-7	3	S

NR-31 (131.000-3)			
Item/Subitem	Código	Infração	Tipo
31.3.3. "j.1"	131403-3	3	S
31.3.3. "j.2"	131404-1	3	M
31.3.3. "j.3"	131405-0	3	S
31.3.3. "k"	131406-8	3	S
31.3.3. "l"	131014-3	3	S
31.5.1	131015-1	3	S
31.5.1.1. "a"	131016-0	3	S
31.5.1.1. "b"	131017-8	3	S
31.5.1.1. "c"	131018-6	3	S
31.5.1.2. "a"	131019-4	2	S
31.5.1.2. "b"	131020-8	2	S
31.5.1.2. "c"	131021-6	2	S
31.5.1.3	131407-6	2	M
31.5.1.3.1. "a"	131023-2	3	M
31.5.1.3.1. "b"	131024-0	3	M
31.5.1.3.1. "c"	131025-9	3	M
31.5.1.3.1. "d"	131026-7	3	M
31.5.1.3.1. "e"	131027-5	3	M
31.5.1.3.2	131028-3	3	M
31.5.1.3.3	131408-4	2	M
31.5.1.3.4	131409-2	1	M
31.5.1.3.5	131036-4	1	M
31.5.1.3.6	131037-2	1	M
31.5.1.3.7	131038-0	1	M
31.5.1.3.8	131410-6	4	S
31.5.1.3.9. "a"	131040-2	2	M
31.5.1.3.9. "b"	131041-0	2	M
31.5.1.3.10	131042-9	2	M
31.5.1.3.11	131411-4	4	M
31.6.2	131412-2	2	S
31.6.3	131413-0	3	S
31.6.5.1	131057-7	3	S
31.6.6.1	131058-5	3	S
31.6.6.2	131059-3	2	S
31.6.7	131414-9	4	S
31.6.8.5	131415-7	1	S
31.6.11	131062-3	3	S
31.6.12	131416-5	3	S
31.6.13	131064-0	3	S
31.7.2	131417-3	4	S
31.7.3	131066-6	3	S
31.7.4	131067-4	3	S
31.7.5	131418-1	2	S
31.7.5.1	131419-0	2	S
31.7.6	131070-4	2	S

NR-31 (131.000-3)			
Item/Subitem	Código	Infração	Tipo
31.7.7	131420-3	1	S
31.7.8	131072-0	3	S
31.7.10. "a"	131421-1	2	S
31.7.10. "b"	131422-0	2	S
31.7.10. "c"	131091-7	3	S
31.7.12	131093-3	3	S
31.7.13	131094-1	3	S
31.7.14	131423-8	1	S
31.7.15	131096-8	3	S
31.7.16.1	131424-6	2	S
31.7.16.2. "a"	131098-4	2	S
31.7.16.2. "b"	131425-4	1	S
31.7.16.2. "c"	131100-0	2	S
31.7.16.2. "d"	131426-2	3	S
31.7.16.2. "e"	131427-0	3	S
31.7.16.2. "f"	131103-4	2	S
31.7.16.2. "g"	131104-2	2	S
31.7.16.2. "h"	131105-0	2	S
31.7.16.2. "i"	131106-9	2	S
31.7.16.2. "j"	131107-7	2	S
31.7.16.3	131428-9	1	S
31.7.16.4.3	131429-7	2	S
31.7.16.4.4	131430-0	2	S
31.7.16.4.6	131431-9	2	S
31.7.17	131432-7	1	S
31.7.17.1	131433-5	1	S
31.7.18	131434-3	3	S
31.7.20.1	131116-6	3	S
31.7.20.2	131128-0	3	S
31.7.20.3	131129-8	2	S
31.8.2	131130-1	4	S
31.8.3	131131-0	4	S
31.8.3.1	131132-8	4	S
31.8.4	131133-6	3	S
31.8.5	131134-4	3	S
31.8.6	131135-2	4	S
31.8.7	131136-0	3	S
31.8.8	131137-9	3	S
31.8.8.1	131138-7	3	S
31.8.8.2	131435-1	2	S
31.8.8.4	131146-8	3	S
31.8.9. "a"	131147-6	4	S
31.8.9. "b"	131148-4	4	S
31.8.9. "c"	131149-2	3	S
31.8.9. "d"	131150-6	3	S

NR-31 (131.000-3)			
Item/Subitem	Código	Infração	Tipo
31.8.9. "e"	131151-4	3	S
31.8.9. "f"	131152-2	3	S
31.8.9. "g"	131153-0	3	S
31.8.9. "h"	131154-9	4	S
31.8.10	131436-0	3	S
31.8.10.1	131164-6	3	S
31.8.11	131694-0	4	M
31.8.12. "a"	131166-2	3	S
31.8.12. "b"	131167-0	3	S
31.8.12. "c"	131438-6	4	S
31.8.12. "d"	131169-7	3	S
31.8.13	131170-0	4	S
31.8.13.1	131171-9	3	S
31.8.14	131439-4	4	S
31.8.15	131173-5	4	S
31.8.16	131440-8	4	S
31.8.17. "a"	131175-1	3	S
31.8.17. "b"	131176-0	3	S
31.8.17. "c"	131177-8	3	S
31.8.17. "d"	131178-6	2	S
31.8.17. "e"	131179-4	3	S
31.8.17. "f"	131441-6	3	S
31.8.18	131181-6	3	S
31.8.18. "a"	131182-4	3	S
31.8.18. "b"	131183-2	3	S
31.8.19	131442-4	4	S
31.8.19.1	131185-9	4	S
31.8.19.2	131186-7	3	S
31.8.19.3	131187-5	3	S
31.8.19.4	131188-3	4	S
31.9.1	131189-1	2	S
31.9.2	131190-5	2	S
31.9.3	131191-3	4	S
31.9.4	131192-1	3	S
31.10.1	131193-0	3	S
31.10.2	131194-8	3	S
31.10.3	131195-6	3	S
31.10.4	131196-4	3	S
31.10.5	131197-2	3	S
31.10.6	131198-0	3	S
31.10.7	131199-9	3	S
31.10.8	131443-2	4	S
31.10.9	131444-0	4	S
31.11.1	131202-2	3	S
31.11.2. "a"	131203-0	3	S

NR-31 (131.000-3)			
Item/Subitem	Código	Infração	Tipo
31.11.2. "b"	131204-9	3	S
31.11.2. "c"	131205-7	3	S
31.11.3	131206-5	3	S
31.11.4. "a"	131207-3	3	S
31.11.4. "b"	131208-1	3	S
31.12.1	131480-7	4	S
31.12.3	131481-5	3	S
31.12.4	131482-3	4	S
31.12.5	131483-1	4	S
31.12.6. "a"	131484-0	3	S
31.12.6. "b"	131485-8	3	S
31.12.6. "c"	131486-6	3	S
31.12.6. "d"	131487-4	3	S
31.12.6. "e"	131488-2	3	S
31.12.7	131489-0	2	S
31.12.8	131490-4	3	S
31.12.9	131491-2	3	S
31.12.10	131492-0	4	S
31.12.11	131493-9	4	S
31.12.11.1	131494-7	4	S
31.12.12	131495-5	4	S
31.12.15. "a"	131496-3	3	S
31.12.15. "b"	131497-1	3	S
31.12.15. "c"	131498-0	3	S
31.12.15. "d"	131499-8	3	S
31.12.15. "e"	131500-5	3	S
31.12.15. "f"	131501-3	3	S
31.12.15. "g"	131502-1	3	S
31.12.15. "h"	131503-0	3	S
31.12.15. "i"	131504-8	3	S
31.12.15. "j"	131505-6	3	S
31.12.15. "k"	131506-4	3	S
31.12.15. "l"	131507-2	3	S
31.12.15. "m"	131508-0	3	S
31.12.15.1	131509-9	3	S
31.12.16	131510-2	4	S
31.12.17	131511-0	3	S
31.12.17. "a"	131512-9	3	S
31.12.17. "b"	131513-7	3	S
31.12.17.1	131514-5	3	S
31.12.18. "a"	131515-3	3	S
31.12.18. "b"	131516-1	3	S
31.12.18. "c"	131517-0	3	S
31.12.18.1	131518-8	3	S
31.12.19. "a"	131519-6	3	S

NR-31 (131.000-3)			
Item/Subitem	Código	Infração	Tipo
31.12.19. "b"	131520-0	3	S
31.12.19. "c"	131521-8	3	S
31.12.19.1	131522-6	3	S
31.12.20	131523-4	4	S
31.12.20 "a"	131695-8	4	S
31.12.20 "b"	131696-6	4	S
31.12.20 "c"	131697-4	4	S
31.12.20 "d"	131698-2	2	S
31.12.21	131524-2	4	S
31.12.22	131525-0	4	S
31.12.23	131526-9	4	S
31.12.23.1	131527-7	4	S
31.12.24	131528-5	4	S
31.12.25	131529-3	4	S
31.12.26	131530-7	3	S
31.12.27	131531-5	3	S
31.12.28	131532-3	3	S
31.12.29. "a"	131533-1	1	S
31.12.29. "b"	131534-0	1	S
31.12.29. "c"	131535-8	1	S
31.12.30	131536-6	2	S
31.12.30.1	131537-4	2	S
31.12.31	131538-2	4	S
31.12.33. "a"	131539-0	3	S
31.12.33. "b"	131540-4	3	S
31.12.33. "c"	131541-2	3	S
31.12.34	131542-0	4	S
31.12.35	131543-9	3	S
31.12.36	131544-7	2	S
31.12.36.1	131545-5	1	S
31.12.36.2	131546-3	2	S
31.12.36.3	131547-1	3	S
31.12.37	131548-0	3	S
31.12.38. "a"	131549-8	3	S
31.12.38. "b"	131550-1	3	S
31.12.38. "c"	131551-0	3	S
31.12.38. "d"	131552-8	3	S
31.12.38. "e"	131553-6	3	S
31.12.38.1	131554-4	3	S
31.12.39	131555-2	2	S
31.12.40	131556-0	2	S
31.12.41.2	131557-9	2	S
31.12.41.2.1	131558-7	2	S
31.12.42	131559-5	2	S
31.12.42.1.1	131560-9	2	S

NR-31 (131.000-3)			
Item/Subitem	Código	Infração	Tipo
31.12.43	131561-7	2	S
31.12.44	131562-5	2	S
31.12.45	131563-3	2	S
31.12.46	131564-1	2	S
31.12.47	131565-0	3	S
31.12.47. "a"	131566-8	3	S
31.12.47. "b"	131567-6	3	S
31.12.47. "c"	131568-4	3	S
31.12.47. "d"	131569-2	3	S
31.12.47. "e"	131570-6	3	S
31.12.47.1	131571-4	3	S
31.12.47.1.1	131572-2	3	S
31.12.47.3	131699-0	4	S
31.12.47.3.1	131700-8	4	S
31.12.48	131573-0	2	S
31.12.49	131574-9	2	S
31.12.49. "a"	131575-7	2	S
31.12.49. "b"	131576-5	2	S
31.12.49. "c"	131577-3	2	S
31.12.49. "d"	131578-1	2	S
31.12.50	131579-0	2	S
31.12.50.1	131580-3	2	S
31.12.51. "a"	131581-1	2	S
31.12.51. "b"	131582-0	2	S
31.12.51. "c"	131583-8	2	S
31.12.52. "a"	131584-6	2	S
31.12.52. "b"	131585-4	2	S
31.12.52. "c"	131586-2	2	S
31.12.52. "d"	131587-0	2	S
31.12.52. "e"	131588-9	2	S
31.12.53. "a"	131589-7	2	S
31.12.53. "b"	131590-0	2	S
31.12.53. "c"	131591-9	2	S
31.12.53. "d"	131592-7	2	S
31.12.53. "e"	131593-5	2	S
31.12.53. "f"	131594-3	2	S
31.12.53. "g"	131595-1	2	S
31.12.54. "a"	131701-6	2	S
31.12.54. "b"	131597-8	2	S
31.12.54. "c"	131598-6	2	S
31.12.54. "d"	131599-4	2	S
31.12.54. "e"	131600-1	2	S
31.12.54. "f"	131601-0	2	S
31.12.54. "g"	131602-8	2	S
31.12.54. "h"	131702-4	2	S

NR-31 (131.000-3)			
Item/Subitem	Código	Infração	Tipo
31.12.54. "i"	131604-4	2	S
31.12.54. "j"	131703-2	2	S
31.12.54. "k"	131704-0	2	S
31.12.54. "l"	131705-9	2	S
31.12.54.1	131706-7	2	S
31.12.54.1. "a"	131707-5	2	S
31.12.54.1. "b"	131708-3	2	S
31.12.55. "a"	131610-9	2	S
31.12.55. "b"	131611-7	2	S
31.12.55. "c"	131612-5	2	S
31.12.56	131613-3	2	S
31.12.57	131614-1	2	S
31.12.58	131615-0	2	S
31.12.59	131616-8	2	S
31.12.60	131617-6	2	S
31.12.60. "a"	131618-4	2	S
31.12.60. "b"	131619-2	2	S
31.12.60. "c"	131620-6	2	S
31.12.60. "d"	131621-4	2	S
31.12.60. "e"	131622-2	2	S
31.12.60. "f"	131623-0	2	S
31.12.60.1	131624-9	2	S
31.12.61. "a"	131625-7	2	S
31.12.61. "c"	131626-5	2	S
31.12.61.1. "a"	131627-3	2	S
31.12.61.1. "b"	131628-1	2	S
31.12.61.1. "c"	131629-0	2	S
31.12.61.1. "d"	131630-3	2	S
31.12.61.1. "e"	131631-1	2	S
31.12.61.1. "f"	131632-0	2	S
31.12.61.1. "g"	131633-8	2	S
31.12.61.1. "h"	131634-6	2	S
31.12.61.3	131635-4	2	S
31.12.62	131636-2	2	S
31.12.63. "a"	131637-0	2	S
31.12.63. "b"	131638-9	2	S
31.12.63. "c"	131639-7	2	S
31.12.63. "d"	131640-0	2	S
31.12.63. "e"	131641-9	2	S
31.12.63.1	131642-7	2	S
31.12.65	131643-5	2	S
31.12.65.1	131644-3	2	S
31.12.65.2	131645-1	2	S
31.12.66	131646-0	3	S
31.12.67	131647-8	3	S

NR-31 (131.000-3)			
Item/Subitem	Código	Infração	Tipo
31.12.68	131648-6	3	S
31.12.68.1	131709-1	3	S
31.12.69	131649-4	3	S
31.12.70	131650-8	3	S
31.12.71	131651-6	3	S
31.12.72	131652-4	3	S
31.12.72. "a"	131653-2	3	S
31.12.72. "b"	131654-0	3	S
31.12.73. "a"	131655-9	3	S
31.12.73. "b"	131656-7	3	S
31.12.73. "c"	131657-5	3	S
31.12.73. "d"	131658-3	3	S
31.12.73. "e"	131659-1	3	S
31.12.73. "f"	131660-5	3	S
31.12.73. "g"	131661-3	3	S
31.12.74	131662-1	2	S
31.12.75. "a"	131663-0	2	S
31.12.75. "b"	131664-8	2	S
31.12.75. "c"	131665-6	2	S
31.12.75. "d"	131666-4	2	S
31.12.76	131667-2	2	S
31.12.77	131668-0	2	S
31.12.78	131669-9	2	S
31.12.80	131670-2	2	S
31.12.80.1	131671-0	2	S
31.12.81	131672-9	2	S
31.12.82	131673-7	2	S
31.12.83	131674-5	2	S
31.12.84	131675-3	2	S
31.12.84.1. "a"	131676-1	1	S
31.12.84.1. "b"	131677-0	1	S
31.12.84.1. "c"	131678-8	1	S
31.12.84.1. "d"	131679-6	1	S
31.12.84.2. "a"	131680-0	1	S
31.12.84.2. "b"	131681-8	1	S
31.12.84.2. "c"	131682-6	1	S
31.12.84.2. "d"	131683-4	1	S
31.12.84.2. "e"	131684-2	2	S
31.12.84.2. "f"	131685-0	1	S
31.12.84.2. "g"	131686-9	2	S
31.12.84.2. "h"	131687-7	2	S
31.12.84.2. "i"	131688-5	2	S
31.12.84.2. "j"	131689-3	2	S
31.12.84.2. "k"	131690-7	2	S
31.12.84.2. "l"	131691-5	2	S

NR-31 (131.000-3)			
Item/Subitem	Código	Infração	Tipo
31.12.84.2. "m"	131692-3	2	S
31.12.84.2. "n"	131693-1	2	S
31.13.1	131250-2	3	S
31.13.2. "a"	131251-0	3	S
31.13.2. "b"	131252-9	3	S
31.13.2. "c"	131253-7	3	S
31.13.2.1	131254-5	3	S
31.13.3. "a"	131255-3	3	S
31.13.3. "b"	131256-1	3	S
31.14.1	131257-0	3	S
31.14.2	131258-8	4	S
31.14.3	131259-6	3	S
31.14.4	131455-6	4	S
31.14.5	131261-8	4	S
31.14.6	131262-6	4	S
31.14.7	131263-4	4	S
31.14.8. "a"	131264-2	4	S
31.14.8. "b"	131265-0	4	S
31.14.9	131266-9	4	S
31.14.10	131456-4	1	S
31.14.11	131268-5	4	S
31.14.12	131457-2	4	S
31.14.13	131458-0	4	S
31.14.14	131271-5	3	S
31.14.15	131272-3	3	S
31.15.1	131273-1	3	S
31.15.2	131274-0	3	S
31.15.3	131275-8	3	S
31.15.4	131276-6	3	S
31.16.1. "a"	131277-4	4	S
31.16.1. "b"	131278-2	4	S
31.16.1. "c"	131279-0	4	S
31.16.1. "d"	131280-4	4	S
31.16.2	131281-2	4	S
31.16.2. "a"	131282-0	4	S
31.16.2. "b"	131283-9	4	S
31.16.2. "c"	131459-9	3	S
31.16.2. "d"	131460-2	3	S
31.16.2. "e"	131286-3	4	S
31.17.1	131287-1	3	S
31.17.2	131288-0	3	S
31.17.3	131289-8	3	S
31.18.1. "a"	131290-1	3	M
31.18.1. "b"	131291-0	3	S
31.18.1. "c"	131292-8	3	S

NR-31 (131.000-3)			
Item/Subitem	Código	Infração	Tipo
31.18.2	131461-0	3	S
31.18.3	131462-9	4	S
31.18.4	131298-7	3	S
31.19.1. "a"	131463-7	3	S
31.19.1. "b"	131300-2	3	S
31.19.1. "c"	131301-0	1	S
31.19.2	131302-9	3	S
31.20.1	131464-5	4	S
31.20.1.1	131307-0	3	S
31.20.1.2	131308-8	3	S
31.20.1.3	131465-3	3	S
31.21.1	131318-5	3	S
31.21.2	131319-3	2	S
31.21.3	131320-7	4	S
31.21.4	131321-5	3	S
31.21.5	131322-3	4	S
31.21.6	131323-1	3	S
31.21.7	131324-0	2	S
31.21.8. "a"	131466-1	2	S
31.21.8. "b"	131326-6	2	S
31.21.8. "c"	131467-0	2	S
31.21.8. "d"	131329-0	3	S
31.21.8. "e"	131330-4	3	S
31.21.9	131468-8	2	S
31.21.10	131332-0	3	S
31.22.1	131333-9	4	S
31.22.2	131334-7	4	S
31.22.3	131335-5	3	S
31.22.4	131336-3	4	S
31.22.5	131337-1	4	S
31.22.6	131338-0	2	S
31.22.7	131339-8	2	S
31.23.1. "a"	131341-0	3	S
31.23.1. "b"	131342-8	3	S
31.23.1. "c"	131343-6	3	S
31.23.1. "d"	131344-4	3	S
31.23.1. "e"	131469-6	1	S
31.23.2. "a"	131346-0	3	S
31.23.2. "b"	131347-9	3	S
31.23.2. "c"	131348-7	3	S
31.23.2. "d"	131349-5	3	S
31.23.2. "e"	131470-0	2	S
31.23.2.1	131351-7	2	S
31.23.3.1. "a"	131352-5	2	S
31.23.3.1. "b"	131353-3	2	S
31.23.3.1. "c"	131354-1	2	S
31.23.3.1. "d"	131355-0	2	S
31.23.3.2. "a"	131356-8	2	S

NR-31 (131.000-3)			
Item/Subitem	Código	Infração	Tipo
31.23.3.2. "b"	131357-6	2	S
31.23.3.2. "c"	131358-4	2	S
31.23.3.2. "d"	131359-2	2	S
31.23.3.2. "e"	131360-6	2	S
31.23.3.2. "f"	131361-4	1	S
31.23.3.3	131362-2	2	S
31.23.3.4	131363-0	3	S
31.23.4.1. "a"	131364-9	2	S
31.23.4.1. "b"	131365-7	2	S
31.23.4.1. "c"	131366-5	2	S
31.23.4.1. "d"	131367-3	2	S
31.23.4.1. "e"	131368-1	2	S
31.23.4.1. "f"	131471-8	4	S
31.23.4.1. "g"	131370-3	1	S
31.23.4.2	131371-1	3	S
31.23.4.3	131372-0	3	S
31.23.5.1. "a"	131373-8	2	S
31.23.5.1. "b"	131374-6	2	S
31.23.5.1. "c"	131375-4	2	S
31.23.5.1. "d"	131376-2	1	S
31.23.5.1. "e"	131377-0	2	S
31.23.5.2	131378-9	3	S
31.23.5.3	131472-6	2	S
31.23.5.4	131380-0	2	S
31.23.5.5	131381-9	3	M
31.23.6.1	131382-7	2	S
31.23.6.2	131383-5	2	S
31.23.7.1	131473-4	1	S
31.23.7.2	131474-2	1	S
31.23.8	131386-0	3	S
31.23.9	131475-0	4	S
31.23.10	131388-6	3	S
31.23.11.1. "a"	131389-4	2	S
31.23.11.1. "b"	131390-8	2	S
31.23.11.1. "c"	131391-6	2	S
31.23.11.1. "d"	131476-9	3	S
31.23.11.1. "e"	131393-2	2	S
31.23.11.1. "f"	131394-0	2	S
31.23.11.1. "g"	131477-7	3	S
31.23.11.1. "h"	131478-5	3	S
31.23.11.2	131479-3	3	S
31.23.11.3	131398-3	3	S

NR-32 (132.000-9)			
Item/Subitem	Código	Infração	Tipo
32.2.2.1 I	132375-0	3	S
32.2.2.1 I. "a"	132376-8	2	S
32.2.2.1 I. "b"	132377-6	2	S

NR-32 (132.000-9)			
Item/Subitem	Código	Infração	Tipo
32.2.2.1 I. "c"	132378-4	2	S
32.2.2.1 I. "d"	132379-2	2	S
32.2.2.1 I. "e"	132380-6	2	S
32.2.2.1 I. "f"	132381-4	2	S
32.2.2.1 II	132382-2	3	S
32.2.2.1 II. "a"	132383-0	2	S
32.2.2.1 II. "b"	132384-9	2	S
32.2.2.1 II. "c"	132385-7	2	S
32.2.2.1 II. "d"	132386-5	2	S
32.2.2.1 II. "e"	132387-3	2	S
32.2.2.2	132015-7	3	S
32.2.2.2. "a"	132016-5	3	S
32.2.2.2. "b"	132017-3	3	S
32.2.2.3	132388-1	2	S
32.2.3.1. "a"	132389-0	3	M
32.2.3.1. "b"	132390-3	3	M
32.2.3.1. "c"	132391-1	3	M
32.2.3.1. "d"	132392-0	3	M
32.2.3.1. "e"	132393-8	3	M
32.2.3.2	132394-6	2	M
32.2.3.3. "a"	132025-4	2	M
32.2.3.3. "b"	132026-2	2	M
32.2.3.3. "c"	132027-0	2	M
32.2.3.3."d"	132028-9	2	M
32.2.3.3. "e"	132029-7	2	M
32.2.3.3. "f"	132030-0	2	M
32.2.3.3. "g"	132031-9	2	M
32.2.3.4	132395-4	2	M
32.2.3.5	132033-5	4	S
32.2.4.1	132034-3	4	S
32.2.4.1.1	132035-1	4	S
32.2.4.2	132036-0	4	S
32.2.4.3	132396-2	3	S
32.2.4.3.1	132038-6	3	S
32.2.4.3.2	132039-4	3	S
32.2.4.4	132040-8	4	S
32.2.4.5. "a"	132041-6	4	S
32.2.4.5. "b"	132042-4	4	S
32.2.4.5. "c"	132043-2	4	S
32.2.4.5. "d"	132044-0	4	S
32.2.4.5. "e"	132045-9	4	S
32.2.4.6	132046-7	4	S
32.2.4.6.1	132397-0	4	S
32.2.4.6.2	132398-9	4	S
32.2.4.6.3	132049-1	3	S

NR-32 (132.000-9)			
Item/Subitem	Código	Infração	Tipo
32.2.4.6.4	132399-7	4	S
32.2.4.7	132051-3	4	S
32.2.4.8. "a"	132052-1	4	S
32.2.4.8. "b"	132053-0	4	S
32.2.4.9	132054-8	3	S
32.2.4.9. "a"	132400-4	3	S
32.2.4.9. "b"	132056-4	2	S
32.2.4.9. "c"	132401-2	3	S
32.2.4.9.1	132402-0	3	S
32.2.4.9.2	132403-9	1	S
32.2.4.10	132066-1	3	S
32.2.4.10.1	132404-7	1	S
32.2.4.12	132405-5	3	S
32.2.4.13	132406-3	2	S
32.2.4.13.1	132070-0	2	S
32.2.4.15	132071-8	4	S
32.2.4.16	132436-5	4	S
32.2.4.16.1	132438-1	3	S
32.2.4.16.2	132437-3	3	S
32.2.4.17.1	132072-6	4	M
32.2.4.17.2	132073-4	4	M
32.2.4.17.3	132074-2	3	M
32.2.4.17.4	132075-0	3	M
32.2.4.17.5	132076-9	3	M
32.2.4.17.6	132077-7	2	M
32.2.7.17.7	132078-5	2	M
32.3.1	132407-1	4	S
32.3.2	132080-7	4	S
32.3.3	132081-5	4	S
32.3.4.1	132082-3	3	S
32.3.4.1.1	132083-1	3	S
32.3.4.1.2	132408-0	3	S
32.3.5.1	132090-4	2	M
32.3.6.1	132091-2	3	S
32.3.6.1.1	132409-8	3	S
32.3.7.1	132095-5	4	S
32.3.7.1.1	132096-3	3	S
32.3.7.1.3. "a"	132410-1	2	S
32.3.7.1.3. "b"	132098-0	3	S
32.3.7.1.3. "c"	132099-8	3	S
32.3.7.1.3. "d"	132100-5	3	S
32.3.7.1.3. "e"	132101-3	3	S
32.3.7.1.3. "f"	132102-1	3	S
32.3.7.2	132103-0	3	S
32.3.7.3	132104-8	4	S

NR-32 (132.000-9)			
Item/Subitem	Código	Infração	Tipo
32.3.7.4	132105-6	4	S
32.3.7.5	132106-4	4	S
32.3.7.6	132107-2	4	S
32.3.7.6.1	132108-0	3	S
32.3.8.1	132109-9	4	S
32.3.8.1.1	132110-2	3	S
32.3.8.2. "a"	132111-0	4	S
32.3.8.2. "b"	132112-9	4	S
32.3.8.2. "c"	132113-7	4	S
32.3.8.2. "d"	132411-0	4	S
32.3.8.2. "e"	132115-3	4	S
32.3.8.2. "f"	132116-1	4	S
32.3.8.2. "g"	132117-0	4	S
32.3.8.2. "h"	132118-8	4	S
32.3.8.2. "i"	132119-6	4	S
32.3.8.2. "j"	132120-0	4	S
32.3.8.3	132121-8	4	S
32.3.8.4	132412-8	2	S
32.3.9.2	132127-7	2	S
32.3.9.3.1	132128-5	4	S
32.3.9.3.2	132129-3	3	S
32.3.9.3.2.1	132413-6	2	S
32.3.9.3.3	132131-5	3	S
32.3.9.3.4	132132-3	4	S
32.3.9.4.1	132133-1	4	S
32.3.9.4.1. "a"	132134-0	3	S
32.3.9.4.1. "b"	132135-8	3	S
32.3.9.4.1. "c"	132136-6	3	S
32.3.9.4.1. "d"	132137-4	3	S
32.3.9.4.2. "a"	132138-2	3	S
32.3.9.4.2. "b"	132139-0	3	S
32.3.9.4.2. "c"	132140-4	3	S
32.3.9.4.2. "d"	132141-2	3	S
32.3.9.4.2. "e"	132414-4	3	S
32.3.9.4.2. "f"	132143-9	3	S
32.3.9.4.3	132144-7	3	S
32.3.9.4.3.1	132145-5	3	S
32.3.9.4.4	132146-3	3	S
32.3.9.4.5	132147-1	4	S
32.3.9.4.5. "a"	132148-0	3	S
32.3.9.4.5. "b"	132149-8	3	S
32.3.9.4.5.1. "a"	132150-1	3	S
32.3.9.4.5.1. "b"	132151-0	4	S
32.3.9.4.5.1. "c"	132152-8	3	S
32.3.9.4.5.1. "d"	132153-6	2	S
32.3.9.4.5.1. "e"	132154-4	4	S
32.3.9.4.5.1. "f"	132155-2	4	S
32.3.9.4.6."a"	132156-0	4	S
32.3.9.4.6. "b"	132157-9	4	S
32.3.9.4.6. "c"	132158-7	4	S
32.3.9.4.6. "d"	132159-5	4	S
32.3.9.4.6. "e"	132160-9	4	S
32.3.9.4.6. "f"	132161-7	4	S
32.3.9.4.7. "a"	132162-5	3	S
32.3.9.4.7. "b"	132163-3	3	S
32.3.9.4.8. "a"	132164-1	4	S
32.3.9.4.8. "b"	132165-0	4	S
32.3.9.4.9.2	132166-8	3	S
32.3.9.4.9.3	132167-6	4	S
32.3.10.1	132168-4	3	S
32.3.10.1.1	132173-0	3	S
32.4.2	132174-9	3	S
32.4.2.1. "a"	132175-7	3	S
32.4.2.1. "b"	132176-5	2	S
32.4.2.1. "c"	132177-3	2	S
32.4.2.1. "d"	132178-1	2	M
32.4.2.1. "e"	132415-2	2	S
32.4.3. "a"	132180-3	4	S
32.4.3. "b"	132416-0	3	S
32.4.3. "c"	132417-9	3	S
32.4.3. "d"	132183-8	4	S
32.4.3. "e"	132184-6	4	S
32.4.4	132185-4	4	S
32.4.5	132186-2	4	S
32.4.5.1	132187-0	4	S
32.4.5.2	132188-9	4	S
32.4.5.3	132189-7	4	S
32.4.5.4	132190-0	4	S
32.4.5.5	132191-9	4	S
32.4.5.6	132192-7	4	S
32.4.6. "a"	132193-5	4	S
32.4.6. "b"	132194-3	4	S
32.4.6. "c"	132195-1	3	S
32.4.6. "d"	132196-0	2	S
32.4.6. "e"	132197-8	3	S
32.4.6. "f"	132198-6	3	S
32.4.7	132199-4	4	S
32.4.7.1	132210-9	2	S
32.4.8	132211-7	4	S
32.4.9	132212-5	4	S

NR-32 (132.000-9)			
Item/Subitem	Código	Infração	Tipo
32.4.9.1	132213-3	4	S
32.4.9.2. "a"	132214-1	4	S
32.4.9.2. "b"	132215-0	4	S
32.4.9.2. "c"	132216-8	4	S
32.4.9.3	132418-7	3	S
32.4.9.4	132218-4	3	S
32.4.10	132219-2	3	M
32.4.11	132220-6	4	S
32.4.12	132221-4	3	S
32.4.12. "a"	132222-2	2	S
32.4.12. "b"	132223-0	4	S
32.4.12. "c"	132224-9	3	S
32.4.12. "d"	132419-5	3	S
32.4.12. "e"	132226-5	3	S
32.4.12. "f"	132227-3	3	S
32.4.12. "g"	132228-1	4	S
32.4.13.1	132229-0	3	S
32.4.13.2. "a"	132230-3	3	S
32.4.13.2. "b"	132231-1	3	S
32.4.13.2. "c"	132232-0	3	S
32.4.13.2.1. "a"	132233-8	4	S
32.4.13.2.1. "b"	132234-6	4	S
32.4.13.2.2. "a"	132235-4	4	S
32.4.13.2.2. "b"	132236-2	4	S
32.4.13.3	132237-0	4	S
32.4.13.4	132238-9	4	S
32.4.13.5	132239-7	4	S
32.4.13.6. "a"	132240-0	4	S
32.4.13.6. "b"	132420-9	3	S
32.4.13.6. "c"	132242-7	4	S
32.4.13.6. "d"	132243-5	4	S
32.4.13.7. "a"	132244-3	4	S
32.4.13.7. "b"	132245-1	4	S
32.4.13.7. "c"	132246-0	4	S
32.4.13.7. "d"	132247-8	4	S
32.4.13.7. "e"	132248-6	3	S
32.4.13.7. "f"	132249-4	4	S
32.4.14.1. "a"	132250-8	4	S
32.4.14.1. "b"	132251-6	4	S
32.4.14.2.1	132252-4	3	S
32.4.14.2.2	132253-2	4	S
32.4.14.2.3	132254-0	4	S
32.4.14.2.4	132421-7	3	S
32.4.14.2.5	132256-7	4	S
32.4.14.2.6	132257-5	4	S

NR-32 (132.000-9)			
Item/Subitem	Código	Infração	Tipo
32.4.14.2.7	132258-3	4	S
32.4.15.1	132422-5	1	S
32.4.15.2. "a"	132260-5	3	S
32.4.15.2. "b"	132261-3	3	S
32.4.15.3. "a"	132262-1	3	S
32.4.15.3. "b"	132263-0	3	S
32.4.15.3.1	132264-8	4	S
32.4.15.3.2	132265-6	4	S
32.4.15.4. "a"	132266-4	3	S
32.4.15.4. "b"	132267-2	3	S
32.4.15.5	132268-0	4	S
32.4.15.6	132269-9	3	S
32.4.15.7	132270-2	3	S
32.4.15.8. "a"	132271-0	3	S
32.4.15.8. "b"	132272-9	4	S
32.4.15.8. "c"	132273-7	4	S
32.4.15.8. "d"	132274-5	4	S
32.4.15.8.1	132275-3	4	S
32.4.16.1. "a"	132276-1	4	S
32.4.16.1. "b"	132277-0	4	S
32.4.16.1. "c"	132278-8	4	S
32.4.16.2	132279-6	4	S
32.5.1	132423-3	3	S
32.5.2	132288-5	3	S
32.5.2. "a"	132289-3	3	S
32.5.2. "b"	132290-7	3	S
32.5.2. "c"	132291-5	3	S
32.5.2. "d"	132292-3	3	S
32.5.3	132293-1	3	S
32.5.3. "a"	132294-0	3	S
32.5.3. "b"	132295-8	3	S
32.5.3. "c"	132296-6	3	S
32.5.3. "d"	132297-4	3	S
32.5.3.2	132298-2	4	S
32.5.3.2.1	132299-0	4	S
32.5.4	132300-8	3	S
32.5.5	132301-6	3	S
32.5.6 I "a"	132302-4	2	S
32.5.6 I "b"	132303-2	2	S
32.5.6 I "c"	132304-0	2	S
32.5.6 I "d"	132305-9	2	S
32.5.6 I "e"	132306-7	2	S
32.5.6 I "f"	132307-5	2	S
32.5.6 II	132308-3	2	S
32.5.6 III	132309-1	2	S

NR-32 (132.000-9)			
Item/Subitem	Código	Infração	Tipo
32.5.6 IV	132310-5	3	S
32.5.6 V	132424-1	2	S
32.5.7. "a"	132312-1	3	S
32.5.7. "b"	132313-0	2	S
32.5.7.1	132314-8	3	S
32.5.8	132315-6	4	S
32.5.8.1	132316-4	3	S
32.5.9	132317-2	4	S
32.6.2. "a"	132318-0	3	S
32.6.2. "b"	132319-9	2	S
32.6.2. "c"	132320-2	2	S
32.6.2. "d"	132321-0	2	S
32.6.2. "e"	132322-9	2	S
32.6.2. "f"	132425-0	4	S
32.6.2. "g"	132324-5	2	S
32.6.3	132325-3	3	S
32.7.1	132326-1	3	S
32.7.2	132327-0	3	S
32.7.2.1	132328-8	3	S
32.7.3. "a"	132329-6	3	S
32.7.3. "b"	132426-8	3	S
32.7.3. "c"	132331-8	4	S
32.7.4	132332-6	4	S
32.8.1	132333-4	3	S
32.8.1.1	132334-2	2	S
32.8.2. "a"	132335-0	3	S
32.8.2. "b"	132427-6	3	S
32.8.2. "c"	132337-7	3	S
32.8.2. "d"	132338-5	3	S
32.9.1	132339-3	3	S
32.9.2	132345-8	4	S
32.9.2.1	132346-6	4	S
32.9.3	132347-4	4	S
32.9.3.1	132348-2	2	S
32.9.3.3	132349-0	3	S
32.9.4	132350-4	3	S
32.9.5	132351-2	3	S
32.9.6	132352-0	3	S
32.10.1. "a"	132428-4	3	S
32.10.1. "b"	132429-2	3	S
32.10.1. "c"	132430-6	3	S
32.10.1. "d"	132357-1	3	S
32.10.2	132431-4	3	S
32.10.3	132359-8	3	S
32.10.4	132360-1	3	S

NR-32 (132.000-9)			
Item/Subitem	Código	Infração	Tipo
32.10.5	132361-0	4	S
32.10.6	132362-8	3	S
32.10.7	132363-6	2	S
32.10.8	132364-4	3	S
32.10.9	132365-2	3	S
32.10.10	132366-0	3	S
32.10.11	132367-9	3	S
32.10.12. "a"	132432-2	3	S
32.10.12. "b"	132433-0	3	S
32.10.13	132370-9	2	S
32.10.14	132371-7	4	S
32.10.15. "a"	132434-9	2	S
32.10.15. "b"	132435-7	2	S
32.10.16	132374-1	3	S

NR-33 (133.000-4)			
Item/Subitem	Código	Infração	Tipo
33.2.1. "a"	133001-2	2	S
33.2.1. "g"	133002-0	3	S
33.2.1 ."h"	133003-9	4	S
33.2.1. "i"	133004-7	4	S
33.2.1. "j"	133005-5	3	S
33.3.1	133006-3	4	S
33.3.2. "a"	133007-1	3	S
33.3.2. "b"	133008-0	3	S
33.3.2. "c"	133009-8	3	S
33.3.2. "d"	133010-1	3	S
33.3.2. "e"	133011-0	3	S
33.3.2. "f"	133012-8	3	S
33.3.2. "g"	133013-6	3	S
33.3.2. "h"	133014-4	3	S
33.3.2. "i"	133015-2	3	S
33.3.2. "j"	133016-0	3	S
33.3.2. "k"	133017-9	3	S
33.3.2.1	133018-7	3	S
33.3.2.2	133019-5	3	S
33.3.2.3	133020-9	3	S
33.3.2.4	133021-7	3	S
33.3.2.5	133022-5	3	S
33.3.3. "a"	133023-3	2	S
33.3.3. "b"	133024-1	3	S
33.3.3. "c"	133025-0	3	S
33.3.3. "d"	133026-8	3	S
33.3.3. "e"	133027-6	2	S
33.3.3. "f"	133028-4	3	S

NR-33 (133.000-4)			
Item/Subitem	Código	Infração	Tipo
33.3.3. "g"	133029-2	2	S
33.3.3. "h"	133030-6	2	S
33.3.3. "i"	133031-4	3	S
33.3.3. "j"	133032-2	2	S
33.3.3. "k"	133033-0	1	S
33.3.3. "l"	133034-9	2	S
33.3.3. "m"	133035-7	2	S
33.3.3. "n"	133036-5	3	S
33.3.3. "o"	133037-3	3	S
33.3.3. "p"	133038-1	3	S
33.3.3.1	133039-0	3	S
33.3.3.2	133040-3	3	S
33.3.3.3	133041-1	2	S
33.3.3.4	133042-0	2	S
33.3.3.5. "a"	133043-8	2	S
33.3.3.5. "b"	133044-6	2	S
33.3.3.5. "c"	133045-4	2	S
33.3.3.5. "d"	133046-2	2	S
33.3.3.5. "e"	133047-0	2	S
33.3.3.5. "f"	133048-9	2	S
33.3.4.1	133049-7	3	M
33.3.4.3	133050-0	3	S
33.3.4.4	133051-9	4	S
33.3.4.5. "a"	133052-7	3	S
33.3.4.5. "b"	133053-5	3	S
33.3.4.5. "c"	133054-3	3	S
33.3.4.5. "d"	133055-1	3	S
33.3.4.7. "a"	133056-0	3	S
33.3.4.7. "b"	133057-8	3	S
33.3.4.7. "c"	133058-6	3	S
33.3.4.7. "d"	133059-4	3	S
33.3.4.7. "e"	133060-8	3	S
33.3.4.8	133061-6	4	S
33.3.4.9	133062-4	3	S
33.3.4.10	133063-2	4	S
33.3.5.1	133064-0	3	S
33.3.5.2. "a"	133065-9	2	S
33.3.5.2. "b"	133066-7	2	S
33.3.5.2. "c"	133067-5	2	S
33.3.5.3	133085-3	3	S
33.3.5.4	133086-1	2	S
33.3.5.5	133087-0	2	S
33.3.5.6	133071-3	3	S
33.3.5.7	133072-1	2	S
33.3.5.8	133073-0	1	S

NR-33 (133.000-4)			
Item/Subitem	Código	Infração	Tipo
33.3.5.8.1	133074-8	1	S
33.4.1	133075-6	4	S
33.4.1. "a"	133076-4	2	S
33.4.1. "b"	133077-2	2	S
33.4.1. "c"	133078-0	2	S
33.4.1. "d"	133079-9	2	S
33.4.1. "e"	133080-2	2	S
33.4.2	133081-0	3	S
33.4.3	133082-9	3	S
33.5.1	133083-7	4	S
33.5.3	133084-5	4	S

NR-34 (134.000-0)			
Item/Subitem	Código	Infração	Tipo
34.2.1 "a"	134002-6	3	S
34.2.1 "b"	134003-4	4	S
34.2.1 "c"	134004-2	4	S
34.2.1 "d"	134005-0	4	S
34.2.1 "e"	134006-9	4	S
34.2.1 "f"	134007-7	4	S
34.2.1 "g"	134008-5	4	S
34.2.2	134009-3	4	S
34.3.4	134010-7	3	S
34.3.4.1	134011-5	3	S
34.3.4.2	134012-3	3	S
34.3.5	134013-1	4	S
34.3.5.1	134014-0	2	S
34.3.5.2	134015-8	1	S
34.3.5.3	134016-6	1	S
34.3.6	134017-4	1	S
34.4.1	134018-2	4	S
34.4.2 "a"	134019-0	2	S
34.4.2 "b"	134020-4	4	S
34.4.2 "c"	134021-2	3	S
34.4.2 "d"	134402-1	4	S
34.4.3	134023-9	4	S
34.5.2.1 "a"	134024-7	4	S
34.5.2.1 "b"	134025-5	4	S
34.5.2.1 "c"	134403-0	3	S
34.5.3.1 "a"	134027-1	4	S
34.5.3.1 "b"	134028-0	4	S
34.5.3.1 "c"	134029-8	4	S
34.5.3.1 "d"	134030-1	4	S
34.5.4.1 "a"	134031-0	4	S
34.5.4.1 "b"	134032-8	4	S

NR-34 (134.000-0)			
Item/Subitem	Código	Infração	Tipo
34.5.4.2	134033-6	4	S
34.5.4.3	134034-4	4	S
34.5.5.1 "a"	134035-2	4	S
34.5.5.1 "b"	134036-0	3	S
34.5.5.1 "c"	134037-9	4	S
34.5.5.2	134038-7	4	S
34.5.5.3	134039-5	4	S
34.5.5.4 "a"	134040-9	4	S
34.5.5.4 "b"	134041-7	4	S
34.5.5.5	134042-5	4	S
34.5.5.6 "a"	134043-3	4	S
34.5.5.6 "b"	134044-1	4	S
34.5.5.6 "c"	134045-0	3	S
34.5.5.6 "d"	134046-8	3	S
34.5.5.7	134047-6	4	S
34.5.5.8	134048-4	4	S
34.5.5.9	134049-2	3	S
34.5.5.10	134050-6	4	S
34.5.6.1	134051-4	4	S
34.5.6.2	134052-2	4	S
34.5.6.3	134053-0	3	S
34.5.6.4	134054-9	3	S
34.5.8	134055-7	2	S
34.5.9	134056-5	4	S
34.5.10	134057-3	4	S
34.5.10.1	134058-1	3	S
34.6.2.1	134059-0	4	S
34.6.2.1 "a"	134410-2	3	S
34.6.2.1 "b"	134411-0	3	S
34.6.2.1 "c"	134412-9	4	S
34.6.2.1 "d"	134413-7	4	S
34.6.2.1 "e"	134414-5	4	S
34.6.2.2	134060-3	4	S
34.6.2.2 "a"	134415-3	3	S
34.6.2.2 "b"	134416-1	3	S
34.6.2.3	134061-1	3	M
34.6.2.4 "a"	134396-3	4	M
34.6.2.4 "b"	134063-8	2	M
34.6.2.5	134064-6	2	S
34.6.2.6 "a"	134065-4	4	S
34.6.2.6 "b"	134066-2	4	S
34.6.2.6 "c"	134067-0	4	S
34.6.3.1	134417-0	3	S
34.6.3.2	134418-8	3	S
34.6.3.3	134419-6	4	S

NR-34 (134.000-0)			
Item/Subitem	Código	Infração	Tipo
34.6.3.3.1	134071-9	4	S
34.6.3.4	134420-0	3	S
34.6.3.5	134421-8	3	S
34.6.3.5 "a"	134073-5	4	S
34.6.3.5 "b"	134074-3	4	S
34.6.3.5 "c"	134075-1	4	S
34.6.3.5.1	134076-0	4	S
34.6.3.5.2	134077-8	4	S
34.6.3.5.3	134078-6	2	S
34.6.3.6	134422-6	4	S
34.6.3.6 "a"	134423-4	4	S
34.6.3.6 "b"	134424-2	4	S
34.6.3.6 "c"	134425-0	4	S
34.6.3.6 "d"	134426-9	4	S
34.6.3.6 "e"	134427-7	4	S
34.6.3.7	134428-5	4	S
34.6.3.8	134429-3	4	S
34.6.3.9	134430-7	4	S
34.6.3.10	134431-5	4	S
34.6.3.11 "a"	134432-3	4	S
34.6.3.11 "b"	134433-1	4	S
34.6.3.12	134434-0	4	S
34.6.3.13	134435-8	4	S
34.6.3.14	134436-6	4	S
34.6.3.15	134437-4	4	S
34.6.3.16	134438-2	4	S
34.6.4.1	134439-0	4	S
34.6.4.1 "a"	134079-4	4	S
34.6.4.1 "b"	134080-8	3	M
34.6.4.1 "c"	134081-6	3	S
34.6.4.1 "d"	134082-4	3	M
34.6.4.1 "e"	134083-2	3	S
34.6.4.2	134440-4	3	S
34.6.4.3	134441-2	2	S
34.6.4.4	134442-0	4	S
34.6.4.5	134443-9	2	S
34.6.5.1	134444-7	4	S
34.6.5.1 "a"	134085-9	4	S
34.6.5.1 "b"	134086-7	4	S
34.6.5.1 "c"	134087-5	4	S
34.6.5.1 "d"	134088-3	4	S
34.6.5.1 "e"	134089-1	4	S
34.6.5.2	134445-5	3	S
34.6.5.2 a"	134398-0	4	S
34.6.5.2 b"	134399-8	4	S

NR-34 (134.000-0)			
Item/Subitem	Código	Infração	Tipo
34.6.5.3	134446-3	3	S
34.6.5.4	134447-1	4	S
34.6.5.5	134448-0	4	S
34.6.5.6	134449-8	3	S
34.6.5.7	134450-1	3	S
34.6.5.8	134451-0	3	S
34.6.5.9	134452-8	3	S
34.6.5.10	134453-6	4	S
34.6.5.12	134454-4	3	S
34.6.5.13 "a"	134455-2	3	S
34.6.5.13 "b"	134456-0	4	S
34.6.5.13 "c"	134457-9	3	S
34.6.5.14	134458-7	3	S
34.6.5.15	134459-5	4	S
34.6.5.16	134460-9	4	S
34.6.5.17	134461-7	4	S
34.6.5.18	134462-5	3	S
34.6.5.19	134463-3	4	S
34.6.5.20	134464-1	3	S
34.6.5.21	134465-0	4	S
34.6.5.22	134466-8	4	S
34.6.5.23	134467-6	4	S
34.6.5.24	134468-4	4	S
34.6.5.25	134469-2	4	S
34.6.6.1	134470-6	4	S
34.6.6.2	134471-4	3	S
34.6.6.3	134472-2	3	S
34.6.6.4	134473-0	3	S
34.6.6.5	134474-9	3	S
34.6.6.6	134475-7	3	S
34.6.6.7	134476-5	3	S
34.6.6.8	134477-3	3	S
34.6.6.9	134478-1	4	S
34.6.6.9.1 "a"	134479-0	3	S
34.6.6.9.1 "b"	134480-3	3	S
34.6.6.10	134481-1	3	S
34.6.6.11	134100-6	3	S
34.6.6.12	134101-4	3	S
34.6.6.13	134102-2	2	S
34.6.6.14	134103-0	2	S
34.6.6.15	134104-9	4	S
34.6.6.16	134105-7	2	S
34.6.7.1	134106-5	3	S
34.6.7.1 "a"	134482-0	2	S
34.6.7.1 "b"	134483-8	3	S
34.6.7.1 "c"	134484-6	3	S
34.6.7.1 "d"	134485-4	3	S
34.6.7.1.1	134486-2	3	S
34.6.7.1.2 "a"	134487-0	3	S
34.6.7.1.2 "b"	134488-9	3	S
34.6.7.2	134107-3	3	S
34.6.7.3	134108-1	1	S
34.6.7.4	134109-0	4	S
34.6.7.5	134110-3	2	S
34.6.8.1	134111-1	4	S
34.6.8.2	134112-0	3	S
34.6.8.3	134113-8	3	S
34.6.8.4	134114-6	3	S
34.6.8.5	134115-4	4	S
34.6.8.6	134116-2	4	S
34.6.8.7	134117-0	2	S
34.6.8.8	134118-9	4	S
34.6.8.9	134119-7	4	S
34.6.8.10	134120-0	4	S
34.6.8.11	134121-9	2	S
34.6.8.12	134122-7	4	S
34.6.8.13 "a"	134123-5	3	S
34.6.8.13 "b"	134124-3	4	S
34.6.8.13 "c"	134125-1	4	S
34.6.8.14	134126-0	3	S
34.6.8.15	134127-8	4	S
34.6.8.16	134128-6	3	S
34.6.8.17	134129-4	4	S
34.6.8.18	134130-8	3	S
34.6.8.19	134131-6	4	S
34.6.8.20	134132-4	4	S
34.6.8.21	134133-2	4	S
34.6.8.22	134134-0	4	S
34.6.8.23	134135-9	3	S
34.6.8.24	134136-7	4	S
34.6.8.25	134137-5	4	S
34.6.9.1	134138-3	4	S
34.6.9.2	134139-1	3	S
34.6.9.3	134140-5	4	S
34.6.9.4	134141-3	3	S
34.6.9.5	134142-1	4	S
34.6.9.6	134143-0	4	S
34.6.9.7	134144-8	2	S
34.6.9.8	134145-6	1	S
34.6.9.9	134146-4	4	S

NR-34 (134.000-0)			
Item/Subitem	Código	Infração	Tipo
34.6.9.9.1 a"	134400-5	4	S
34.6.9..9.1 b"	134401-3	4	S
34.6.9.10	134147-2	3	S
34.7.1	134148-0	4	S
34.7.2	134149-9	4	S
34.7.2.1	134150-2	4	S
34.7.3	134151-0	4	S
34.7.4	134152-9	4	S
34.7.5 "a"	134153-7	4	S
34.7.5 "b"	134154-5	4	S
34.7.5 "c"	134155-3	3	S
34.7.5 "d"	134156-1	3	S
34.7.5 "e"	134157-0	3	S
34.7.6	134158-8	3	S
34.7.7	134397-1	3	M
34.7.8	134160-0	4	S
34.7.9	134161-8	4	S
34.7.9.1	134162-6	4	S
34.7.10	134163-4	4	S
34.7.11.1 "a"	134164-2	4	S
34.7.11.1 "b"	134165-0	4	S
34.7.11.2 "a"	134166-9	4	S
34.7.11.2 "b"	134167-7	4	S
34.7.11.2 "c"	134168-5	4	S
34.7.11.2 "d"	134169-3	4	S
34.7.11.2 "e"	134170-7	4	S
34.7.11.3 "a"	134171-5	4	S
34.7.11.3 "b"	134172-3	4	S
34.7.11.3 "c"	134173-1	4	S
34.7.12	134174-0	4	S
34.7.13 "a"	134175-8	4	S
34.7.13 "b"	134176-6	4	S
34.7.13 "c"	134177-4	3	S
34.7.14 "a"	134178-2	4	S
34.7.14 "b"	134179-0	4	S
34.7.14 "c"	134180-4	4	S
34.7.14 "d"	134181-2	4	S
34.7.14 "e"	134182-0	4	M
34.8.1	134183-9	4	S
34.8.1.1	134184-7	1	S
34.8.1.2	134185-5	3	S
34.8.2	134186-3	3	S
34.8.3	134187-1	3	S
34.8.4 "a"	134188-0	4	S
34.8.4 "b"	134189-8	4	S

NR-34 (134.000-0)			
Item/Subitem	Código	Infração	Tipo
34.8.4 "c"	134190-1	3	S
34.8.4 "d"	134191-0	3	S
34.8.4 "e"	134192-8	1	S
34.8.4 "f"	134193-6	3	S
34.8.4 "g"	134194-4	4	S
34.8.4 "h"	134195-2	2	S
34.8.4 "i"	134196-0	3	S
34.8.4 "j"	134197-9	4	S
34.8.5	134198-7	4	S
34.8.6	134199-5	4	S
34.8.7	134200-2	2	S
34.8.8	134201-0	4	S
34.8.9	134202-9	3	S
34.8.10	134203-7	3	S
34.8.11	134204-5	4	S
34.8.11.1	134205-3	4	S
34.8.12	134206-1	2	S
34.8.13	134207-0	4	S
34.9.1 "a"	134208-8	3	S
34.9.1 "b"	134209-6	3	S
34.9.1 "c"	134210-0	3	S
34.9.1 "d"	134211-8	4	S
34.9.1 "e"	134212-6	4	S
34.9.1 "f"	134213-4	4	S
34.9.2	134214-2	3	S
34.9.3	134215-0	4	S
34.9.4	134216-9	4	S
34.9.4.1	134217-7	4	S
34.9.4.2	134218-5	4	S
34.9.5	134219-3	4	S
34.9.5.1	134220-7	4	S
34.9.6	134221-5	2	S
34.9.7	134222-3	2	S
34.9.8	134223-1	2	S
34.9.9	134224-0	2	S
34.9.10	134225-8	4	S
34.9.11	134226-6	4	S
34.9.12	134227-4	4	S
34.9.13	134228-2	4	S
34.9.14	134229-0	3	S
34.9.15	134230-4	3	S
34.9.16	134231-2	4	S
34.9.17	134232-0	4	S
34.10.1	134233-9	3	S
34.10.2	134234-7	4	S

NR-34 (134.000-0)			
Item/Subitem	Código	Infração	Tipo
34.10.3 "a"	134235-5	3	S
34.10.3 "b"	134236-3	3	S
34.10.3 "c"	134237-1	3	S
34.10.3 "d"	134238-0	4	S
34.10.3 "e"	134239-8	4	S
34.10.3 "f"	134240-1	3	S
34.10.4	134241-0	4	S
34.10.5	134242-8	4	S
34.10.6 "a"	134243-6	3	S
34.10.6 "b"	134244-4	4	S
34.10.6 "c"	134245-2	4	S
34.10.6.1 "a"	134246-0	4	S
34.10.6.1 "b"	134247-9	4	S
34.10.6.1 "c"	134248-7	3	S
34.10.6.2	134249-5	4	S
34.10.7	134250-9	3	S
34.10.8	134251-7	4	S
34.10.9	134252-5	4	S
34.10.10	134253-3	4	S
34.10.11 "a"	134254-1	4	S
34.10.11 "b"	134255-0	4	S
34.10.11 "c"	134256-8	4	S
34.10.11 "d"	134257-6	4	S
34.10.11 "e"	134258-4	4	S
34.10.11 "f"	134259-2	4	S
34.10.11 "g"	134260-6	4	S
34.10.11 "h"	134261-4	2	S
34.10.11 "i"	134262-2	4	S
34.10.11 "j"	134263-0	3	S
34.10.11 "k"	134264-9	2	S
34.10.11 l	134265-7	2	S
34.10.11 "m"	134266-5	3	S
34.10.11 "n"	134267-3	2	S
34.10.11 "o"	134268-1	3	S
34.10.12	134269-0	3	S
34.10.12.1	134270-3	3	S
34.10.13 "a"	134271-1	3	S
34.10.13 "b"	134272-0	3	S
34.10.13 "c"	134273-8	3	S
34.10.13 "d"	134274-6	2	S
34.10.14	134275-4	3	S
34.10.15 "a"	134276-2	4	S
34.10.15 "b"	134277-0	1	S
34.10.15 "c"	134278-9	4	S
34.10.15 "d"	134279-7	3	S

NR-34 (134.000-0)			
Item/Subitem	Código	Infração	Tipo
34.10.16	134280-0	4	S
34.10.17	134281-9	4	S
34.10.18	134282-7	3	S
34.10.18.1	134283-5	3	S
34.10.19	134284-3	3	S
34.10.20	134285-1	4	S
34.10.21	134286-0	4	S
34.10.22	134287-8	4	S
34.11.1	134288-6	3	S
34.11.2	134289-4	4	S
34.11.3	134290-8	2	S
34.11.4	134291-6	4	S
34.11.4.1	134292-4	4	S
34.11.5	134293-2	4	S
34.11.6	134294-0	3	S
34.11.7	134295-9	4	S
34.11.8	134296-7	3	S
34.11.9	134297-5	3	S
34.11.9.1	134298-3	4	S
34.11.10	134299-1	3	S
34.11.11	134300-9	3	S
34.11.12	134301-7	4	S
34.11.13	134302-5	4	S
34.11.13.1	134303-3	4	S
34.11.13.2	134404-8	2	S
34.11.14	134305-0	4	S
34.11.15 "a"	134306-8	4	S
34.11.15 "b"	134405-6	4	S
34.11.15 "c"	134406-4	4	S
34.11.16 "a"	134309-2	4	S
34.11.16 "b"	134310-6	4	S
34.11.17	134311-4	4	S
34.11.18	134312-2	4	S
34.11.19	134313-0	3	S
34.11.20 "a"	134314-9	4	S
34.11.20 "b"	134315-7	4	S
34.11.20 "c"	134316-5	4	S
34.11.21	134317-3	3	S
34.11.22	134318-1	4	S
34.11.23	134319-0	3	S
34.11.23.1	134320-3	4	S
34.11.24	134321-1	4	S
34.11.25	134322-0	3	S
34.11.26	134323-8	4	S
34.11.27	134324-6	3	S

NR-34 (134.000-0)			
Item/Subitem	Código	Infração	Tipo
34.11.28	134325-4	4	S
34.11.28.1	134326-2	3	S
34.11.29	134327-0	2	S
34.11.30	134328-9	2	S
34.11.31	134329-7	2	S
34.12.1	134330-0	3	S
34.12.2	134331-9	4	S
34.12.3	134332-7	3	S
34.12.4	134333-5	3	S
34.12.5	134334-3	4	S
34.12.6	134335-1	4	S
34.12.7	134336-0	4	S
34.12.8	134337-8	3	S
34.12.9 "a"	134338-6	4	S
34.12.9 "b"	134339-4	3	S
34.12.9 "c"	134340-8	4	S
34.12.9 "d"	134341-6	4	S
34.12.10	134342-4	3	S
34.12.11	134343-2	3	S
34.12.12	134344-0	3	S
34.12.13	134345-9	3	S
34.12.14	134346-7	3	S
34.12.14.1	134347-5	3	S
34.13.1	134348-3	4	S
34.13.2	134349-1	4	S
34.13.3	134350-5	4	S
34.13.4	134351-3	4	S
34.13.5	134352-1	2	S
34.13.6	134353-0	3	S
34.13.7	134354-8	4	S
34.13.8	134355-6	2	S
34.13.8.2	134356-4	2	S
34.13.9	134357-2	3	S
34.13.10	134358-0	4	S
34.13.10.1	134359-9	3	S
34.14.2	134407-2	3	S
34.14.2.2	134408-0	2	S
31.14.2.3	134409-9	2	S
34.14.3	134361-0	2	S
34.14.4	134362-9	4	S
34.14.5	134363-7	3	S
34.14.5.1	134364-5	2	S
34.14.6 "a"	134365-3	4	S
34.14.6 "b"	134366-1	4	S
34.14.6 "c"	134367-0	4	S
34.14.6 "d"	134368-8	4	S
34.14.7	134369-6	3	S
34.14.8	134370-0	3	S
34.14.9	134371-8	4	S
34.14.10	134372-6	4	S
34.14.11	134373-4	4	S
34.14.12	134374-2	3	S
34.14.13	134375-0	4	S
34.14.14	134376-9	3	S
34.14.15	134377-7	4	S
34.15.1	134378-5	4	S
34.15.1.2	134489-7	2	S
34.15.1.3 "a"	134490-0	2	S
34.15.1.3 "b"	134491-9	2	S
34.15.1.4	134492-7	3	S
34.15.2	134493-5	3	S
34.15.3	134494-3	3	S
34.15.4	134495-1	3	S
34.15.4.1	134496-0	2	S
34.15.5	134497-8	3	S
34.15.5.1	134383-1	2	S
34.15.5.2	134384-0	2	S
34.15.6	134385-8	4	S
34.15.7	134386-6	4	S
34.15.8	134387-4	4	S
34.15.8.1	134388-2	4	S
34.15.8.2	134389-0	4	S
34.15.8.3	134390-4	4	S
34.15.9 "a"	134391-2	4	S
34.15.9 "b"	134392-0	4	S
34.15.10	134393-9	2	S
34.15.11	134394-7	2	S
34.15.12	134395-5	2	S
34.16.1	134498-6	4	S
34.16.2	134499-4	4	S
34.16.3	134500-1	3	S
34.16.4	134501-0	3	S
34.16.5	134502-8	3	S
34.16.5.1	134503-6	2	S
34.16.5.2	134504-4	2	S
34.16.6	134505-2	4	S
34.16.7	134506-0	4	S
34.16.8	134507-9	4	S
34.16.8.1	134508-7	4	S
34.16.8.2	134509-5	4	S

NR-34 (134.000-0)			
Item/Subitem	Código	Infração	Tipo
34.16.8.3	134510-9	4	S
34.16.9 "a"	134511-7	4	S
34.16.9 "b"	134512-5	4	S
34.16.10	134513-3	2	S
34.16.11	134514-1	2	S
34.16.12	134515-0	2	S

NR-35 (135.000-5)			
Item/Subitem	Código	Infração	Tipo
35.2.1. "a"	135001-3	3	S
35.2.1. "b"	135002-1	3	S
35.2.1. "c"	135003-0	3	S
35.2.1. "d"	135004-8	3	S
35.2.1. "e"	135005-6	3	S
35.2.1. "f"	135006-4	3	S
35.2.1. "g"	135007-2	3	S
35.2.1. "h"	135008-0	4	S
35.2.1. "i"	135009-9	3	S
35.2.1. "j"	135010-2	3	S
35.2.1. "k"	135011-0	3	S
35.3.1	135012-9	2	S
35.3.2. alíneas "a" a "g"	135013-7	4	S
35.3.3. alíneas "a" a "d"	135014-5	3	S
35.3.3.1	135015-3	2	S
35.3.3.2	135016-1	2	S
35.3.5.1	135017-0	3	S
35.3.6	135018-8	3	S
35.3.7	135019-6	2	S
35.3.7.1	135020-0	2	S
35.3.8	135021-8	2	S
35.4.1	135022-6	3	S
35.4.1.2	135023-4	3	M
35.4.1.2.1	135024-2	2	M
35.4.1.3	135025-0	2	S
35.4.2	135026-9	3	S
35.4.3	135027-7	3	S
35.4.4	135028-5	3	S
35.4.5	135029-3	3	S
35.4.5.1. "caput"	135030-7	3	S
35.4.5.1. "a"	135031-5	3	S
35.4.5.1. "b"	135032-3	3	S
35.4.5.1. "c"	135033-1	3	S
35.4.5.1. "d"	135034-0	3	S
35.4.5.1. "e"	135035-8	3	S

NR-35 (135.000-5)			
Item/Subitem	Código	Infração	Tipo
35.4.5.1. "f"	135036-6	3	S
35.4.5.1. "g"	135037-4	3	S
35.4.5.1. "h"	135038-2	3	S
35.4.5.1. "i"	135039-0	3	S
35.4.5.1. "j"	135040-4	3	S
35.4.5.1. "k"	135041-2	3	S
35.4.5.1. "l"	135042-0	3	S
35.4.5.1. "m"	135043-9	3	S
35.4.6.1	135044-7	2	S
35.4.7	135045-5	3	S
35.4.7.1	135046-3	3	S
35.4.8	135047-1	3	S
35.4.8.1	135048-0	3	S
35.4.8.2	135049-8	3	S
35.5.1	135050-1	4	S
35.5.1.1	135051-0	3	S
35.5.2	135052-8	4	S
35.5.2.1	135053-6	4	S
35.5.2.2. "a"	135054-4	3	S
35.5.2.2. "b"	135055-2	3	S
35.5.2.3	135056-0	4	S
35.5.3	135057-9	4	S
35.5.3.1	135058-7	4	S
35.5.3.2	135059-5	4	S
35.5.3.3	135060-9	3	S
35.5.3.4	135061-7	3	S
35.5.4. "a"	135062-5	3	S
35.5.4. "b"	135063-3	4	S
35.5.4. "c"	135064-1	4	S
35.6.1	135065-0	4	S
35.6.2	135066-8	4	S
35.6.3	135067-6	3	S
35.6.4	135068-4	3	S

NR-35 — Anexo 1			
Item/Subitem	Código	Infração	Tipo
1.2	135069-2	3	S
2.1. a"	135070-6	3	S
2.1. b"	135071-4	3	S
2.1. c"	135072-2	3	S
2.2	135073-0	3	S
3.1	135074-9	3	S
3.2	135075-7	3	S
3.3	135076-5	3	S
3.3.1	135077-3	3	S

NR-35 — Anexo 1			
Item/Subitem	Código	Infração	Tipo
3.4	135078-1	3	S
3.4.1	135079-0	3	S
3.4.2	135080-3	3	S
3.4.2.1	135081-1	3	S
3.4.2.2	135082-0	3	S
3.5. a"	135083-8	2	S
3.5. b"	135084-6	2	S
3.5. c"	135085-4	2	S
3.6	135086-2	2	S
4.1	135087-0	2	S
4.2	135088-9	3	S
5.1	135089-7	4	S
5.2. a"	135090-0	4	S
5.2. b"	135091-9	4	S
5.2. c"	135092-7	4	S
5.2. d"	135093-5	4	S

NR-36			
Item/Subitem	Código	Infração	Tipo
36.2.1	136001-9	I2	S
36.2.2	136002-7	I2	S
36.2.3	136003-5	I2	S
36.2.4	136004-3	I2	S
36.2.5	136005-1	I2	S
36.2.6.1	136006-0	I2	S
36.2.6.2	136007-8	I2	S
36.2.6.3	136008-6	I2	S
36.2.7. "a"	136009-4	I2	S
36.2.7. "b"	136010-8	I2	S
36.2.7. "c"	136011-6	I2	S
36.2.7. "d"	136012-4	I2	S
36.2.8	136013-2	I2	S
36.2.8.1	136014-0	I2	S
36.2.9. "a"	136015-9	I2	S
36.2.9. "b"	136016-7	I2	S
36.2.9. "c"	136017-5	I2	S
36.2.9. "d"	136018-3	I2	S
36.2.9. "e"	136019-1	I2	S
36.2.10.1	136020-5	I2	S
36.2.10.2	136021-3	I2	S
36.3.1	136022-1	I2	S
36.3.2	136023-0	I2	S
36.3.3.1	136024-8	I2	S
36.3.4	136025-6	I2	S
36.4.1	136026-4	I2	S

NR-36			
Item/Subitem	Código	Infração	Tipo
36.4.1.1	136027-2	I2	S
36.4.1.1. "a"	136028-0	I2	S
36.4.1.1. "b"	136029-9	I2	S
36.4.1.1. "c"	136030-2	I2	S
36.4.1.2	136031-0	I2	S
36.4.1.3	136032-9	I2	S
36.4.1.4	136033-7	I2	S
36.4.1.5	136034-5	I2	S
36.4.1.5.1	136035-3	I2	S
36.4.1.6. "a"	136036-1	I3	S
36.4.1.6. "b"	136037-0	I3	S
36.4.1.6. "c"	136038-8	I3	S
36.4.1.6. "d'	136039-6	I3	S
36.4.1.6. "e"	136040-0	I3	S
36.4.1.7. "a'	136041-8	I3	S
36.4.1.7. "b"	136042-6	I3	S
36.4.1.7. "c"	136043-4	I3	S
36.5.1	136044-2	I3	S
36.5.2	136045-0	I3	S
36.5.3	136046-9	I3	S
36.5.4	136047-7	I3	S
36.5.5	136048-5	I3	S
36.5.6	136049-3	I2	S
36.5.7. "a"	136050-7	I2	S
36.5.7. "b"	136051-5	I2	S
36.5.7. "c"	136052-3	I2	S
36.5.7. "d"	136053-1	I2	S
36.5.7.1	136054-0	I2	S
36.5.8	136055-8	I2	S
36.5.8.1	136056-6	I2	S
36.5.9	136057-4	I2	S
36.5.10	136058-2	I2	S
36.5.11	136059-0	I2	S
36.6.1. "a"	136060-4	I2	S
36.6.1. "b"	136061-2	I2	S
36.6.1. "c"	136062-0	I2	S
36.6.1. "d"	136063-9	I2	S
36.6.1. "e'	136064-7	I2	S
36.6.1. "f'	136065-5	I2	S
36.6.1. "g"	136066-3	I2	S
36.6.1. "h"	136067-1	I2	S
36.6.1.1	136068-0	I2	S
36.6.2	136069-8	I2	S
36.6.3	136070-1	I3	S
36.6.4	136071-0	I2	S

NR-36			
Item/Subitem	Código	Infração	Tipo
36.6.5	136072-8	I2	S
36.6.6	136073-6	I2	S
36.6.7	136074-4	I2	S
36.6.7.1	136075-2	I2	S
36.7.2	136076-0	I2	S
36.7.3	136077-9	I4	S
36.7.4	136078-7	I3	S
36.7.5	136079-5	I3	S
36.7.7. "a"	136080-9	I3	S
36.7.7. "b"	136081-7	I3	S
36.7.7. "c"	136082-5	I2	S
36.7.8	136083-3	I4	S
36.8.1	136084-1	I2	S
36.8.2	136085-0	I2	S
36.8.3	136086-8	I2	S
36.8.4	136087-6	I2	S
36.8.4.1. "a"	136088-4	I2	S
36.8.4.1. "b"	136089-2	I2	S
36.8.5	136090-6	I3	S
36.8.6	136091-4	I2	S
36.8.7	136092-2	I4	S
36.8.8	136093-0	I2	S
36.8.9	136094-9	I2	S
36.8.10. "a"	136095-7	I2	S
36.8.10. "b"	136096-5	I2	S
36.8.10. "c"	136097-3	I2	S
36.8.10. "d"	136098-1	I2	S
36.8.10. "e"	136099-0	I2	S
36.8.11	136100-7	I2	S
36.9.1.1	136101-5	I3	S
36.9.1.2	136102-3	I3	S
36.9.1.3	136103-1	I3	S
36.9.1.4. "a"	136104-0	I3	S
36.9.1.4. "b"	136105-8	I3	S
36.9.2.1	136106-6	I3	S
36.9.2.2. "a"	136107-4	I3	S
36.9.2.2. "b"	136108-2	I3	S
36.9.2.2. "c"	136109-0	I4	S
36.9.2.3	136110-4	I3	S
36.9.2.4	136111-2	I3	S
36.9.3.1	136112-0	I3	S
36.9.3.2. "a"	136113-9	I4	S
36.9.3.2. "b"	136114-7	I4	S
36.9.3.2. "c"	136115-5	I4	S
36.9.3.2. "d"	136116-3	I4	S

NR-36			
Item/Subitem	Código	Infração	Tipo
36.9.3.2. "e"	136117-1	I4	S
36.9.3.2. "f"	136118-0	I4	S
36.9.3.2. "g"	136119-8	I4	S
36.9.3.2. "h"	136120-1	I4	S
36.9.3.2. "i"	136121-0	I4	S
36.9.3.2. "j"	136122-8	I4	S
36.9.3.2.1. "a"	136123-6	I4	S
36.9.3.2.1. "b"	136124-4	I4	S
36.9.3.3	136125-2	I4	S
36.9.3.3.1	136126-0	I4	S
36.9.3.4	136127-9	I4	S
36.9.3.4.1	136128-7	I4	S
36.9.4.1. "a"	136129-5	I4	S
36.9.4.1. "b"	136130-9	I3	S
36.9.4.1. "c"	136131-7	I4	S
36.9.4.1. "d"	136132-5	I3	S
36.9.4.1. "e"	136133-3	I4	S
36.9.4.2. "a"	136134-1	I4	S
36.9.4.2. "b"	136135-0	I4	S
36.9.4.2. "c"	136136-8	I4	S
36.9.4.2. "d"	136137-6	I4	S
36.9.4.2. "e"	136138-4	I3	S
36.9.4.3	136139-2	I3	S
36.9.5.1	136140-6	I3	S
36.9.5.2	136141-4	I2	S
36.9.5.3	136142-2	I3	S
36.10.1	136143-0	I3	S
36.10.1.1	136144-9	I3	S
36.10.1.2	136145-7	I2	S
36.10.1.3	136146-5	I2	S
36.10.1.4	136147-3	I3	S
36.10.2	136148-1	I3	S
36.10.2. "a"	136149-0	I2	S
36.10.2. "b"	136150-3	I3	S
36.10.2. "c"	136151-1	I2	S
36.10.2.1	136152-0	I2	S
36.11.1	136153-8	I2	S
36.11.2. "a"	136154-6	I2	S
36.11.2. "b"	136155-4	I2	S
36.11.3	136156-2	I3	S
36.11.5. "a"	136157-0	I1	S
36.11.5. "b"	136158-9	I1	S
36.11.5. "c"	136159-7	I1	S
36.11.6	136160-0	I3	S
36.11.7	136161-9	I3	S

NR-36			
Item/Subitem	Código	Infração	Tipo
36.11.8	136162-7	I3	S
36.11.9	136163-5	I2	S
36.12.1	136164-3	I3	S
36.12.2. "a"	136165-1	I3	S
36.12.2. "b"	136166-0	I2	S
36.12.2. "c"	136167-8	I2	S
36.12.3	136168-6	I3	M
36.12.4	136169-4	I3	M
36.12.5	136170-8	I4	S
36.12.6	136171-6	I4	M
36.12.6.1	136172-4	I2	S
36.12.7	136173-2	I2	M
36.12.8. "a"	136174-0	I4	S
36.12.8. "b"	136175-9	I3	S
36.12.8. "c"	136176-7	I3	S
36.12.8. "d"	136177-5	I3	S
36.12.9	136178-3	I3	S
36.12.10	136179-1	I2	S
36.13.1	136180-5	I3	S
36.13.2	136181-3	I3	S
36.13.2.3	136182-1	I3	S
36.13.2.3.1	136183-0	I3	S
36.13.2.4	136184-8	I3	S
36.13.2.5	136185-6	I2	S
36.13.2.6	136186-4	I2	S
36.13.4	136187-2	I4	S
36.13.5	136188-0	I3	S
36.13.6	136189-9	I2	S
36.13.7	136190-2	I2	S
36.13.9	136191-0	I3	S
36.14.1	136192-9	I2	S
36.14.1.1	136193-7	I2	S
36.14.2. "a"	136194-5	I3	S
36.14.2. "b"	136195-3	I3	S
36.14.2. "c"	136196-1	I3	S
36.14.2. "d"	136197-0	I3	S

NR-36			
Item/Subitem	Código	Infração	Tipo
36.14.3	136198-8	I3	S
36.14.4	136199-6	I2	S
36.14.5	136200-3	I3	S
36.14.6	136201-1	I3	S
36.14.7.1	136202-0	I2	S
36.14.7.1.2	136203-8	I3	S
36.14.7.2	136204-6	I2	S
36.14.7.3	136205-4	I2	S
36.14.7.4	136206-2	I3	S
36.14.8.1	136207-0	I3	S
36.15.1	136208-9	I3	S
36.15.2. "a"	136209-7	I2	S
36.15.2. "b"	136210-0	I2	S
36.15.2. "c"	136211-9	I2	S
36.15.2. "d"	136212-7	I2	S
36.16.1	136213-5	I2	S
36.16.1.1	136214-3	I2	S
36.16.1.2. "a"	136215-1	I2	S
36.16.1.2. "b"	136216-0	I2	S
36.16.1.2. "c"	136217-8	I2	S
36.16.1.2. "d"	136218-6	I2	S
36.16.1.2. "e"	136219-4	I2	S
36.16.1.2. "f"	136220-8	I2	S
36.16.1.3	136221-6	I2	S
36.16.2. "a"	136222-4	I2	S
36.16.2. "b"	136223-2	I2	S
36.16.2. "c"	136224-0	I2	S
36.16.2. "d"	136225-9	I2	S
36.16.2. "e"	136226-7	I2	S
36.16.2. "f"	136227-5	I2	S
36.16.3	136228-3	I2	S
36.16.4	136229-1	I2	S
36.16.4.1	136230-5	I2	S
36.16.5	136231-3	I2	S
36.16.6	136232-1	I2	S
36.16.6.1	136233-0	I2	S
36.16.6.1.1	136234-8	I2	S
36.16.7	136235-6	I2	S

Capítulo 29

SEGURANÇA E SAÚDE NO TRABALHO PORTUÁRIO

O objeto nuclear deste capítulo, dada a sua relevância para a prevenção de acidentes e doenças relacionadas ao ambiente de trabalho, justifica a existência de uma norma preventiva específica, a NR-29: Segurança e Saúde no Trabalho Portuário. Essa norma regulamentadora, diferentemente das primeiras vinte e oito, não foi instituída por meio da Portaria MTb n. 3.214, de 8.6.1978, que regulamentou os artigos 154 a 201 da Consolidação das Leis do Trabalho, e sim mediante a edição da Portaria SSST-MTb n. 53, de 17.12.1997, regulamentadora do parágrafo único do art. 9º da Medida Provisória n. 1.575-6, de 27.11.1997, posteriormente convertida na Lei n. 9.719, de 27.11.1998, que disciplina a atividade portuária em todo o território nacional.

Importante destacar que o artigo 14 da Lei n. 4.860, de 26.11.1965, expressamente instituiu o Adicional de Risco Portuário, no importe de 40% (quarenta por cento) a incidir sobre o valor do salário-hora do portuário, objetivando remunerar o trabalhador portuário em face de possível exposição simultânea a riscos nocivos à saúde (insalubre) e à integridade física (perigoso), normalmente presentes no ambiente portuário.

A NR-29 (Segurança e Saúde no Trabalho Portuário), com a redação dada pela Portaria SIT-MTE n. 158, de 10.4.2006, e atualizada até a edição da Portaria MTE-GM n. 1080, de 16.7.2014, trata da prevenção de acidentes do trabalho e doenças ocupacionais dos trabalhadores que exercem atividades portuárias, tanto em operações a bordo como em terra e, também, dos que executam atividades nos portos organizados e instalações portuárias de uso privativo e retroportuárias situadas dentro ou fora da área do porto organizado; objetivando propiciar as melhores condições possíveis de segurança e saúde para a classe portuária, bem como facilitar os primeiros socorros aos acidentados.

Objetivando propiciar uma visão global da vigésima nona norma regulamentadora de segurança e saúde no trabalho urbano, cabe ser dito que ela contém inúmeras recomendações preventivas agrupadas em seis Tópicos, além de dois Quadros, uma Tabela e nove Anexos, a saber:

Sumário da NR-29 (Segurança e Saúde no Trabalho Portuário)

29.1. Disposições Gerais.

29.2. Organização da Área de Segurança e Saúde do Trabalho Portuário.

29.3. Segurança, Higiene e Saúde no Trabalho Portuário.

29.4. Condições Sanitárias e de Conforto nos Locais de Trabalho.

29.5. Primeiros Socorros e outras Providências.

29.6. Operações com Cargas Perigosas.

Quadro I: Dimensionamento Mínimo do SESSTP;

Quadro II: Dimensionamento Mínimo da CPATP; e

Tabela I: Limites de Exposição em Locais Frigorificados.

Anexo I: Mapas de Dados Estatísticos, apresentados em quatro modelos: Mapa I = Acidentes com Vítima; Mapa II = Doenças Ocupacionais; Mapa III = Insalubridade; e Mapa IV = Acidentes sem Vítima; mapas esses bastante similares aos Quadros III a VI da NR-04 (SESMT);

Anexo II: Ficha de Informações da Comissão de Prevenção de Acidentes no Trabalho Portuário (CPATP), formulário similar ao existente na antiga versão da NR-05; entretanto, na versão atual da NR-05 (CIPA), não mais se faz necessário o seu preenchimento e envio à SRTE;

Anexo III: Currículo Básico para componentes da CPATP;

Anexo IV: Códigos e Convenções Internacionais sobre Cargas Perigosas Embaladas ou a Granel;

Anexo V: Tabela de Classificação das Cargas ou Mercadorias Perigosas;

Anexo VI: Símbolos Padronizados (Etiquetas e Rótulos) pela OMI;

Anexo VII: Declaração de Mercadorias Perigosas;

Anexo VIII: Modelo de Ficha de Emergência; e

Anexo IX: Tabela de Segregação de Cargas Perigosas.

Para a adequada compreensão da temática contida na NR-29 é importante ter em mente os seguintes conceitos elementares:

- Terminal Retroportuário — é aquele situado em zona contígua à de porto organizado ou instalação portuária, compreendida no perímetro de cinco quilômetros dos limites da zona primária, demarcada pela autoridade aduaneira local, no qual são executados os serviços de operação, sob controle aduaneiro, com carga de importação e exportação, embarcados em contêiner, reboque ou semirreboque.
- Zona Primária — é a área alfandegada para a movimentação ou armazenagem de cargas destinadas ou provenientes do transporte aquaviário.
- Tomador de Serviço — é toda pessoa jurídica de direito público ou privado que, não sendo operador portuário ou empregador, requisite trabalhador portuário avulso.
- Pessoa Responsável — é aquela designada por operadores portuários, empregadores, tomadores de serviço, comandantes de embarcações, Órgão Gestor de Mão de Obra (OGMO), sindicatos de classe, fornecedores de equipamentos mecânicos e outros, conforme o caso, para assegurar o cumprimento de uma ou mais tarefas específicas, e que possua conhecimentos e experiências suficientes, com a necessária autoridade para o exercício dessas funções.

Em relação às medidas preventivas de caráter geral, impõe a norma portuária que compete aos operadores portuários, empregadores, tomadores de serviço e ao Órgão Gestor de Mão de Obra (OGMO), conforme o caso:

- Cumprir e fazer cumprir a NR-29 no que tange à prevenção de riscos de acidentes do trabalho e doenças profissionais nos serviços portuários;
- Fornecer instalações, equipamentos, maquinários e acessórios em bom estado e condições de segurança, responsabilizando-se pelo correto uso;
- Cumprir e fazer cumprir a norma de segurança e saúde no trabalho portuário e as demais Normas Regulamentadoras expedidas pela Portaria MTb n. 3.214/78 e alterações posteriores;
- Fazer a gestão dos riscos à segurança e à saúde do trabalhador portuário, de acordo com as recomendações técnicas do SESSTP e aquelas sugeridas e aprovadas pela Comissão de Prevenção de Acidentes do Trabalho Portuário (CPATP).

No tocante aos deveres patronais específicos, estipula a norma preventiva em apreço que devem o OGMO ou o empregador:

- Proporcionar a todos os trabalhadores formação sobre segurança, saúde e higiene ocupacional no trabalho portuário;
- Responsabilizar-se pela compra, manutenção, distribuição, higienização, treinamento, zelo e pelo uso correto dos EPI (Equipamentos de Proteção Individual) e dos EPC (Equipamentos de Proteção Coletiva), observado o disposto na NR-6 (EPI);
- Elaborar e implementar o PCMSO (Programa de Controle Médico em Saúde Ocupacional), abrangendo todos os trabalhadores portuários, observado o disposto na NR-7 (PCMSO); e

- Elaborar e implementar o Programa de Prevenção de Riscos Ambientais (PPRA) no ambiente de trabalho portuário, observado o disposto na NR-9 (PPRA).

Em contrapartida, devem os Trabalhadores Portuários observar as seguintes determinações preventivas regulamentares:

- Cumprir as disposições contidas na NR-29, bem como as demais disposições legais de segurança e saúde do trabalhador, que lhes sejam pertinentes;
- Informar ao responsável pela operação de que esteja participando as avarias ou deficiências observadas que possam constituir risco para o trabalhador ou para a operação;
- Utilizar corretamente os dispositivos de segurança, EPI e EPC, que lhes sejam fornecidos, bem como as instalações que lhes forem destinadas.

Outrossim, dispõe a norma preventiva em comento que cabe à administração portuária, ao OGMO e aos empregadores elaborar o Plano de Controle de Emergência (PCE) e compor com outras organizações o Plano de Ajuda Mútua (PAM). Nesses dois planos devem ser previstos os recursos necessários, bem como as linhas de atuação conjunta e organizada, inclusive deve ser estabelecida uma periodicidade de treinamentos simulados, cabendo aos trabalhadores indicados compor as equipes e ter uma efetiva participação, sendo objetos dos planos as seguintes situações:

- Incêndio ou explosão;
- Vazamento de produtos perigosos;
- Queda de homem ao mar;
- Condições adversas de tempo que afetem a segurança das operações portuárias;
- Poluição ou acidente ambientais;
- Socorro a acidentados.

Com relação à Organização da Área de Segurança e Saúde na atividade portuária, é sabido que as empresas públicas e privadas que possuam empregados contratados sob a égide da CLT, conforme o caso, devem possuir dois órgãos internos voltados para a prevenção de acidentes do trabalho e de doenças ocupacionais, o Serviço Especializado em Engenharia de Segurança e em Medicina do Trabalho (SESMT) e a Comissão Interna de Prevenção de Acidentes do Trabalho (CIPA), conforme evidenciado, respectivamente, nos Capítulos quarto e quinto deste Manual. De forma similar, a NR-29 estipula que todo porto organizado, instalação portuária de uso privativo e retroportuária, conforme o caso, deve organizar e manter em funcionamento, às expensas do OGMO ou dos empregadores, o Serviço Especializado em Segurança e Saúde do Trabalhador Portuário (SESSTP) de acordo com o Quadro I (Dimensionamento Mínimo do SESSTP) da NR-29, e a Comissão de Prevenção de Acidentes no Trabalho Portuário (CPATP) dimensionada de acordo com Quadro II (Dimensionamento Mínimo da CIPATP) da NR-29. Em síntese, o SESSTP é o SESMT da atividade portuária, enquanto a CPATP é a CIPA da atividade portuária.

Estipula a NR-29 as seguintes disposições gerais acerca do SESSTP:

- todo porto organizado, instalação portuária de uso privativo e retroportuária deve dispor de um SESSTP, de acordo com o dimensionamento mínimo constante do Quadro I da NR-29, mantido pelo OGMO ou empregadores, conforme o caso, atendendo a todas as categorias de trabalhadores;
- o custeio do SESSTP será dividido proporcionalmente de acordo com o número de trabalhadores utilizados pelos operadores portuários, empregadores, tomadores de serviço e pela administração do porto, por ocasião da arrecadação dos valores relativos à remuneração dos trabalhadores;
- os profissionais integrantes do SESSTP deverão ser empregados do OGMO ou empregadores, podendo ser firmados convênios entre os terminais privativos, os operadores portuários e administrações portuárias, compondo com seus profissionais o SESSTP, que deverá ficar sob a coordenação do OGMO;

- nas situações em que o OGMO não tenha sido constituído, cabe ao responsável pelas operações portuárias o cumprimento deste subitem, tendo, de forma análoga, as mesmas atribuições e responsabilidade do OGMO;
- o SESSTP deve ser dimensionado de acordo com a soma dos seguintes fatores: a média aritmética obtida pela divisão do número de trabalhadores avulsos tomados no ano civil anterior e pelo número de dias efetivamente trabalhados e a média do número de empregados com vínculo empregatício do ano civil anterior;
- nos portos organizados e instalações portuárias de uso privativo em início de operação, o dimensionamento terá por base a estimativa de trabalhadores a serem tomados no ano.

Registre-se que enquanto os profissionais de nível superior integrantes do SESMT, em várias situações, poderão ser contratados para cumprir jornada de trabalho em tempo parcial (com um mínimo de três horas/dia), no caso específico do SESSTP, há uma única situação possível para a contratação de Médico do Trabalho em tempo parcial, mais especificamente para a faixa de empregados entre 251 e 751 empregados, nos termos do aludido Quadro I da NR-29.

São atribuições específicas dos profissionais integrantes do Serviço Especializado em Segurança e Saúde do Trabalhador Portuário:

- realizar, com acompanhamento de pessoa responsável, a identificação das condições de segurança nas operações portuárias — a bordo da embarcação, nas áreas de atracação, pátios e armazéns — antes do início das mesmas ou durante sua realização, conforme o caso, priorizando as operações com maior vulnerabilidade para ocorrência de acidentes, detectando os agentes de riscos existentes, demandando as medidas de segurança para imediata eliminação ou neutralização, para garantir a integridade do trabalhador;
- registrar os resultados da identificação em relatório a ser entregue à pessoa responsável;
- realizar análise imediata e obrigatória — em conjunto com o órgão competente do MTE — dos acidentes em que haja morte, perda de membro, função orgânica ou prejuízo de grande monta, ocorridos nas atividades portuárias;
- as atribuições previstas na NR-4 (SESMT), observados os modelos de mapas constantes do Anexo I (Mapa de Dados Estatísticos) da NR-29.

No que concerne ao dimensionamento da Comissão de Prevenção de Acidentes no Trabalho Portuário, deverão ser observadas as seguintes regras básicas:

- A CPATP será constituída de forma paritária, por representantes dos trabalhadores portuários com vínculo empregatício por tempo indeterminado e avulsos e por representantes dos operadores portuários e empregadores, dimensionado de acordo com o Quadro II (Dimensionamento Mínimo da CPATP) da NR-29.
- Haverá na CPATP tantos suplentes quantos forem os representantes titulares, sendo a suplência específica de cada titular.
- A composição da CPATP obedecerá a critérios que garantam a representação das atividades portuárias com maior potencial de risco e ocorrência de acidentes, respeitado o dimensionamento do Quadro II da NR-29.
- A composição da CPATP será proporcional ao número médio do conjunto de trabalhadores portuários utilizados no ano anterior.
- A duração do mandato será de 2 (dois) anos, permitida uma reeleição.
- Os empregadores e as instalações portuárias de uso privativo designarão dentre os seus representantes titulares o Presidente da CPATP, que assumirá no primeiro ano de mandato. Os trabalhadores titulares da CPATP elegerão, entre seus pares, o Vice-presidente, que assumirá a presidência no segundo ano do mandato. O representante dos empregadores ou dos trabalhadores, quando não estiver na presidência, assumirá as funções do Vice-presidente.

- Nos impedimentos do Presidente, assumirá as suas funções o Vice-presidente.
- A CPATP terá um secretário e seu respectivo substituto, que serão escolhidos, de comum acordo, pelos membros titulares da comissão.

A norma regulamentadora em comento estatui que a Comissão Interna de Prevenção de Acidentes do Trabalho Portuário (CPATP) deverá desenvolver as seguintes atribuições básicas:

- discutir os acidentes ocorridos na área portuária, inclusive a bordo;
- sugerir medidas de prevenção de acidentes julgadas necessárias, por iniciativa própria ou indicadas por outros trabalhadores, encaminhando-as ao SESSTP, ao OGMO, aos empregadores e/ou às administrações dos terminais de uso privativo;
- promover a divulgação e zelar pela observância das normas de segurança e saúde no trabalho;
- despertar o interesse dos trabalhadores portuários pela prevenção de acidentes e de doenças ocupacionais e estimulá-los, permanentemente, a adotar comportamento preventivo durante o trabalho;
- promover, anualmente, em conjunto com o SESSTP, a Semana Interna de Prevenção de Acidentes no Trabalho Portuário (SIPATP);
- lavrar as atas das reuniões ordinárias e extraordinárias em livro próprio que deve ser registrado no órgão regional do Ministério do Trabalho e Emprego, enviando-as mensalmente ao SESSTP, ao OGMO, aos empregadores e à administração dos terminais portuários de uso privativo;
- realizar em conjunto com o SESSTP, quando houver, a investigação de causas e consequências dos acidentes e das doenças ocupacionais, acompanhando a execução das medidas corretivas, inclusive convocando pessoas quando necessário, para a tomada de informações, depoimentos e dados ilustrativos e/ou esclarecedores;
- realizar mensalmente, e sempre que houver denúncia de risco, mediante prévio aviso ao OGMO, empregadores, administrações de instalações portuárias de uso privativo e ao SESSTP, inspeção nas dependências do porto ou instalação portuária de uso privativo, dando-lhes conhecimento dos riscos encontrados, bem como ao responsável pelo setor;
- sugerir a realização de cursos, treinamentos e campanhas que julgar necessárias para melhorar o desempenho dos trabalhadores portuários quanto à segurança e saúde no trabalho;
- elaborar o Mapa de Riscos Ambientais de acordo com o disposto na NR-05 (CIPA);
- preencher o Anexo II (Ficha de Informações Trimestrais da CPATP) da NR-29, mantendo-o arquivado, de maneira a permitir acesso, a qualquer momento, aos interessados, sendo de livre escolha o método de arquivamento.

No tocante às Atribuições do Presidente da CPATP, constam previstas as seguintes:

- convocar os membros para as reuniões da CPATP;
- presidir as reuniões, encaminhando ao OGMO, empregadores, administrações dos terminais portuários de uso privativo e ao SESSTP as recomendações aprovadas, bem como acompanhar-lhes a execução;
- designar membros da CPATP para investigar o acidente do trabalho ou acompanhar investigação feita pelo SESSTP, imediatamente após receber a comunicação da ocorrência do acidente;
- determinar tarefas aos membros da CPATP;
- coordenar todas as atribuições da CPATP;
- manter e promover o relacionamento da CPATP com o SESSTP e demais órgãos dos portos organizados ou instalações portuárias de uso privativo;
- delegar atribuições ao Vice-Presidente.

Compete ao Vice-Presidente da CIPA Portuária: executar atribuições que lhe forem delegadas pelo Presidente e substituir o Presidente da CPATP nos seus impedimentos eventuais.

Em relação às atribuições dos membros da Comissão de Prevenção de Acidentes no Trabalho Portuário, convém destacar as seguintes:

- elaborar o calendário anual de reuniões da CPATP;
- participar das reuniões da CPATP, discutindo os assuntos em pauta e aprovando ou não as recomendações;
- investigar o acidente do trabalho, quando designado pelo Presidente da CPATP, e discutir os acidentes ocorridos;
- frequentar o curso sobre prevenção de acidentes do trabalho, promovido pelo OGMO, empregadores e administrações dos terminais portuários de uso privativo;
- cuidar para que todas as atribuições da CPATP, anteriormente elencadas, sejam cumpridas durante a respectiva gestão.

Noutro compasso, compete ao Secretário da CPATP:

- elaborar as atas da eleição, da posse e das reuniões, registrando-as em livro próprio;
- preparar a correspondência;
- manter o arquivo atualizado;
- providenciar para que as atas sejam assinadas por todos os membros da CPATP;
- realizar as demais tarefas que lhe forem atribuídas pelo Presidente da CPATP.

No tocante às Responsabilidades do OGMO ou dos Empregadores atinentes à Comissão de Prevenção de Acidentes no Trabalho Portuário, cabe enfatizar as seguintes:

- prestigiar integralmente a CPATP, proporcionando aos seus componentes os meios necessários ao desempenho de suas atribuições;
- convocar eleições para escolha dos membros da nova CPATP, com antecedência mínima de 45 (quarenta e cinco) dias, realizando-as, no máximo, até 30 (trinta) dias antes do término do mandato da CPATP em exercício;
- promover cursos de atualização para os membros da CPATP;
- dar condições necessárias para que todos os titulares de representações na CPATP compareçam às reuniões ordinárias e/ou extraordinárias;
- promover para todos os membros da CPATP, titulares e suplentes, curso sobre prevenção de acidentes do trabalho e saúde ocupacional, com carga horária mínima de 24 (vinte e quatro) horas, sendo este de frequência obrigatória e realizado antes da posse dos membros de cada mandato, exceção feita ao mandato inicial, obedecendo ao currículo básico do Anexo III (Currículo Básico do Curso para Componentes da CPATP) da NR-29.

No que diz respeito à Higiene e Saúde no Trabalho Portuário mais especificamente à execução dos serviços de limpeza e manutenção nos portos e embarcações, devem ser observadas as seguintes recomendações:

- na limpeza de tanques de carga, óleo ou lastro de embarcações que contenham ou tenham contido produtos tóxicos, corrosivos e/ou inflamáveis, é obrigatório:
  - a vistoria antecipada do local por pessoa responsável, com atenção especial no monitoramento dos percentuais de oxigênio e de explosividade da mistura no ambiente;
  - o uso de exaustores, cujos dutos devem prolongar-se até o convés, para eliminação de resíduos tóxicos;

- o trabalho ser realizado em dupla, portando o observador um cabo de arrasto conectado ao executante;
- o uso de aparelhos de iluminação e acessórios cujas especificações sejam adequadas à área classificada;
- não fumar ou portar objetos que produzam chamas, centelhas ou faíscas;
- o uso de equipamentos de ar mandado ou autônomo em ambientes com ar rarefeito ou impregnados por substâncias tóxicas;
- depositar em recipientes adequados as estopas e trapos usados, com óleo, graxa, solventes ou similares para serem retirados de bordo logo após o término do trabalho;

- ➢ as determinações do item anterior aplicam-se, também, nos locais confinados ou de produtos tóxicos ou inflamáveis;
- ➢ são vedados os trabalhos simultâneos de reparo e manutenção com os de carga e descarga, que prejudiquem a saúde e a integridade física dos trabalhadores;
- ➢ nas pinturas, raspagens, apicoamento de ferragens e demais reparos em embarcações, é recomendada, onde couber, a proteção dos trabalhadores através de:
  - andaimes com guarda-corpos ou, preferencialmente, com cadeiras suspensas;
  - uso de cinturão de segurança do tipo paraquedista, fixado em cabo paralelo à estrutura do navio;
  - uso dos demais equipamentos de proteção individual necessários;
  - uso de coletes salva-vidas, Classe IV, aprovados pela DPC;
  - interdição, quando necessária, da área abaixo desses serviços.

Em relação à Sinalização de Segurança dos locais de trabalho portuário devem ser observados os seguintes requisitos:

- ➢ os riscos nos locais de trabalho, tais como: faixa primária, embarcações, abertura de acesso aos porões, conveses, escadas, olhais, estações de força e depósitos de cargas, devem ser sinalizados conforme previsto na NR-26 (Sinalização de Segurança);
- ➢ quando a natureza do obstáculo exigir, a sinalização incluirá iluminação adequada;
- ➢ as vias de trânsito de veículos ou pessoas nos recintos e áreas portuárias, com especial atenção na faixa primária do porto, em plataformas, rampas, armazéns e pátios, devem ser sinalizadas, aplicando-se o Código Nacional de Trânsito e a NR-26 (Sinalização de Segurança), no que couber.

Já em se tratando de Iluminação dos locais de trabalho portuário, a NR-29 impõe as seguintes regras prevencionistas:

- ➢ os porões, passagens de trabalhadores e demais locais de operação devem ter níveis adequados de iluminamento, obedecendo ao que estabelece a NR-17 (Ergonomia). Não sendo permitido níveis de iluminamento inferiores a 50 (cinquenta) lux;
- ➢ os locais iluminados artificialmente devem ser dotados de pontos de iluminação de forma que não provoquem ofuscamento, reflexos incômodos, sombras e contrastes excessivos aos trabalhadores, em qualquer atividade.

Ainda de acordo com a norma prevencionista portuária, deverão ser respeitados os seguintes requisitos visando a melhorias das Condições Sanitárias e de Conforto nos Locais de Trabalho:

- ➢ as instalações sanitárias, vestiários, refeitórios, locais de repouso e aguardo de serviços devem ser mantidos pela administração do porto organizado, pelo titular da instalação portuária de uso privativo e retroportuária, conforme o caso, e observar o disposto na NR-24 (Condições Sanitárias e de Conforto nos Locais de Trabalho);

- as instalações sanitárias devem estar à distância máxima de 200 m (duzentos metros) dos locais das operações portuárias;
- as embarcações devem oferecer aos trabalhadores em operação a bordo instalações sanitárias, com gabinete sanitário e lavatório, em boas condições de higiene e funcionamento. Quando não for possível esse atendimento, o operador portuário deverá dispor, a bordo, de instalações sanitárias móveis, similares às descritas (WC — Químico);
- o transporte de trabalhadores ao longo do porto deve ser feito por meios seguros.

Preconiza a NR-29, acerca de Primeiros Socorros e Outras Providências a serem tomadas em relação aos portuários acidentados, as seguintes disposições:

- todo porto organizado, instalação portuária de uso privativo e retroportuária deve dispor de serviço de atendimento de urgência mantido pelo OGMO ou empregadores, possuindo equipamentos e pessoal habilitado a prestar os primeiros socorros e prover a rápida e adequada remoção de acidentado;
- para o resgate de acidentado em embarcações atracadas devem ser mantidas, próximas a estes locais de trabalho, gaiolas e macas;
- nos trabalhos executados em embarcações ao largo deve ser garantida comunicação eficiente e meios para, em caso de acidente, prover a rápida remoção do acidentado, devendo os primeiros socorros serem prestados por trabalhador treinado para esse fim;
- no caso de acidente a bordo em que haja morte, perda de membro, função orgânica ou prejuízo de grande monta, o responsável pela embarcação deve comunicá-lo, imediatamente, à Capitania dos Portos, suas Delegacias e Agências e ao órgão regional do MTE;
- o local do acidente deve ser isolado, estando a embarcação impedida de suspender (zarpar) até que seja realizada a investigação do acidente por especialistas desses órgãos e posterior liberação do despacho da embarcação pela Capitania dos Portos, suas Delegacias ou Agência;
- estando em condições de navegabilidade e não trazendo prejuízos aos trabalhos de investigação do acidente, a critério da Capitania dos Portos, suas Delegacias e Agências, o navio poderá ser autorizado a deslocar-se do berço de atracação para outro local, onde será concluída a análise do acidente.

Quanto às Operações com Cargas Perigosas, inicialmente conceitua a norma preventiva portuária que as mesmas correspondem a quaisquer cargas que, por serem explosivas, gases comprimidos ou liquefeitos, inflamáveis, oxidantes, venenosas, infecciosas, radioativas, corrosivas ou poluentes, possam representar risco aos trabalhadores e ao ambiente. O termo "cargas perigosas" inclui quaisquer receptáculos, tais como: tanques portáteis, embalagens, contentores intermediários para granéis (IBC) e contêineres-tanques que tenham anteriormente contido cargas perigosas e estejam sem a devida limpeza e descontaminação que anulem os seus efeitos prejudiciais. Nas operações com cargas perigosas, na área portuária, deverão ser observadas as seguintes recomendações preventivas:

- As cargas perigosas, embaladas ou a granel, serão abrangidas conforme o caso, por uma das Convenções ou Códigos Internacionais publicados da OMI, constantes do Anexo IV (Códigos e Convenções Internacionais sobre Cargas Perigosas Embaladas ou a Granel) da NR-29;
- As cargas perigosas classificam-se de acordo com a Tabela de Classificação contida no Anexo V (Tabela de Classificação das Cargas ou Mercadorias Perigosas) da NR-29;
- Deve ser instalado um quadro obrigatório contendo a identificação das Classes e Tipos de Produtos Perigosos, em locais estratégicos, de acordo com os Símbolos padronizados pela OMI, conforme Anexo VI (Símbolos Padronizados — Etiquetas e Rótulos — pela OMI) da NR-29;
- Somente devem ser manipuladas, armazenadas e estivadas as substâncias perigosas que estiverem embaladas, sinalizadas e rotuladas de acordo com o Código Marítimo Internacional de Cargas Perigosas (IMDG);

- As cargas do tipo: explosivos em geral, gases inflamáveis (classe 2.1) e venenosas (classe 2.3), radioativas, chumbo tetraetila, poliestireno expansível, perclorato de amônia, e mercadorias perigosas acondicionadas em contêineres refrigerados devem permanecer o tempo mínimo necessário próximas às áreas de operação de carga e descarga;
- As cargas perigosas devem ser submetidas a cuidados especiais, sendo observadas, dentre outras, as providências para adoção das medidas constantes das fichas de emergências, inclusive aquelas cujas embalagens estejam avariadas ou que estejam armazenadas próximas a cargas nessas condições;
- É vedado lançar na água, direta ou indiretamente, poluentes resultantes dos serviços de limpeza e trato de vazamento de carga perigosa.

Importante destacar que a vigésima nona norma regulamentadora de segurança e saúde no trabalho contém diversas outras disposições preventivas específicas acerca do transporte, movimentação, armazenagem e manuseio de cargas e materiais na área portuária, assim como sobre as condições sanitárias, de higiene e conforto no trabalho portuário; entretanto, para não ficarem muito extensas essas considerações gerais, recomenda-se a leitura de tais dispositivos no texto integral e atualizado da NR-29, na forma adiante reproduzida, o que será plenamente suficiente para sua perfeita compreensão.

Doravante, serão reproduzidos os FUNDAMENTOS JURÍDICOS (dispositivos legais, infralegais ou regulamentares, e jurisprudenciais) que propiciam o suporte de validade jurídica à temática em apreço, observando-se as ordens hierárquica e cronológica. Ao final, encontra-se igualmente transcrita, de forma integral e atualizada, a correspondente norma regulamentadora de segurança e saúde no trabalho que intitula este Capítulo. Recomenda-se a leitura das Convenções da Organização Internacional do Trabalho ns. 126, 133, 137, 152, 163, 164 e 166, no capítulo específico deste livro.

FUNDAMENTOS JURÍDICOS DO CAPÍTULO 29

NR-29: SEGURANÇA E SAÚDE NO TRABALHO PORTUÁRIO *(redação dada pela Portaria SIT-MTE n. 158 de 10.4.2006, atualizada até a edição da Portaria MTE-GM n. 1080, de 16.7.2014). Art. 7º, incisos XXII, XXIII, XXVIII e XXXIII, da CF-1988. Art. 14 da Lei n. 4.860, de 26.11.1965. Arts. 9º e 10 da Lei n. 9.719, de 27.11.1998. Convenções OIT ns. 126, 133, 137, 152, 163, 164 e 166. Súmula TST n. 309. Orientações Jurisprudenciais OJ-SDI — (Subseção I) — TST ns. 60, 316 e 402.*

CONSTITUIÇÃO DA REPÚBLICA FEDERATIVA DO BRASIL

(Atualizada até a edição da Emenda Constitucional n. 85, de 26.2.2015)

Título II: Dos Direitos e Garantias Fundamentais (Arts. 5º a 17)

Capítulo II: Dos Direitos Sociais (Arts. 6º a 11)

Art. 7º São direitos dos trabalhadores urbanos e rurais[1], além de outros que visem à melhoria de sua condição social:

XXII — redução dos riscos inerentes ao trabalho, por meio de normas de saúde, higiene e segurança;

XXIII — adicional de remuneração para as atividades penosas, insalubres ou perigosas, na forma da lei;

XXVIII — seguro contra acidentes de trabalho, a cargo do empregador, sem excluir a indenização a que este está obrigado, quando incorrer em dolo ou culpa;

XXXIII — proibição de trabalho noturno, perigoso ou insalubre a menores de dezoito e de qualquer trabalho a menores de dezesseis anos, salvo na condição de aprendiz, a partir de quatorze anos.

NORMAS JURÍDICAS INFRACONSTITUCIONAIS

Lei n. 4.860, de 26.11.1965 (Adicional de Risco Portuário)

Art. 14. A fim de remunerar os riscos relativos à insalubridade, periculosidade e outros porventura existentes, fica instituído o "adicional de riscos (portuário)" de 40% (quarenta por cento) que incidirá sobre o valor do salário-hora ordinário do período diurno e substituirá todos aqueles que, com sentido ou caráter idêntico, vinham sendo pagos.

---

(1) Especificamente em relação aos Servidores Públicos Federais (submetidos ao Regime Jurídico Único da Lei n. 8.112/1990) dispõe o § 3º do art. 39 da CF-1988 que: *"Aplica-se aos servidores ocupantes de cargo público o disposto no art. 7º, IV, VII, VIII, IX, XII, XIII, XV, XVI, XVII, XVIII, XIX, XX, XXII e XXX, podendo a lei estabelecer requisitos diferenciados de admissão quando a natureza do cargo o exigir".*

§ 1º Este adicional somente será devido enquanto não forem removidas ou eliminadas as causas de risco.

§ 2º Este adicional somente será devido durante o tempo efetivo no serviço considerado sob risco.

§ 3º As administrações dos Portos, no prazo de 60 (sessenta) dias, discriminarão, ouvida a autoridade competente, os serviços considerados sob risco.

§ 4º Nenhum outro adicional será devido além do previsto neste artigo.

§ 5º Só será devido uma única vez, na execução da mesma tarefa, o adicional previsto neste artigo, mesmo quando ocorra, simultaneamente, mais de uma causa de risco.

Lei n. 9.719, de 27.11.1998 (Normas e Condições Gerais do Trabalho Portuário)

Art. 1º Observado o disposto nos arts. 18 e seu parágrafo único, 19 e seus parágrafos, 20, 21, 22, 25 e 27 e seus parágrafos, 29, 47, 49 e 56 e seu parágrafo único, da Lei n. 8.630, de 25 de fevereiro de 1993, a mão de obra do trabalho portuário avulso deverá ser requisitada ao órgão gestor de mão de obra.

Art. 2º Para os fins previstos no art. 1º desta Lei:

I — cabe ao operador portuário recolher ao órgão gestor de mão de obra os valores devidos pelos serviços executados, referentes à remuneração por navio, acrescidos dos percentuais relativos a 13º (décimo terceiro) salário, férias, Fundo de Garantia do Tempo de Serviço (FGTS), encargos fiscais e previdenciários, no prazo de 24 (vinte e quatro) horas da realização do serviço, para viabilizar o pagamento ao trabalhador portuário avulso;

II — cabe ao órgão gestor de mão de obra efetuar o pagamento da remuneração pelos serviços executados e das parcelas referentes a 13º (décimo terceiro) salário e férias, diretamente ao trabalhador portuário avulso.

§ 1º O pagamento da remuneração pelos serviços executados será feito no prazo de 48 (quarenta e oito) horas após o término do serviço.

§ 2º Para efeito do disposto no inciso II, o órgão gestor de mão de obra depositará as parcelas referentes às férias e ao décimo terceiro salário, separada e respectivamente, em contas individuais vinculadas, a serem abertas e movimentadas às expensas, especialmente para este fim, em instituição bancária de sua livre escolha, sobre as quais deverão incidir rendimentos mensais com base nos parâmetros fixados para atualização dos saldos dos depósitos de poupança.

§ 3º Os depósitos a que se refere o parágrafo anterior serão efetuados no dia 2 do mês seguinte ao da prestação do serviço, prorrogado o prazo para o primeiro dia útil subsequente se o vencimento cair em dia em que não haja expediente bancário.

§ 4º O operador portuário e o órgão gestor de mão de obra são solidariamente responsáveis pelo pagamento dos encargos trabalhistas, das contribuições previdenciárias e demais obrigações, inclusive acessórias, devidas à Seguridade Social, arrecadadas pelo Instituto Nacional do Seguro Social (INSS), vedada a invocação do benefício de ordem.

§ 5º Os prazos previstos neste artigo podem ser alterados mediante convenção coletiva firmada entre entidades sindicais representativas dos trabalhadores e operadores portuários, observado o prazo legal para recolhimento dos encargos fiscais, trabalhistas e previdenciários.

§ 6º A liberação das parcelas referentes ao décimo terceiro salário e férias, depositadas nas contas individuais vinculadas, e o recolhimento do FGTS e dos encargos fiscais e previdenciários serão efetuados conforme regulamentação do Poder Executivo.

Art. 3º O órgão gestor de mão de obra manterá o registro do trabalhador portuário avulso que:

I — for cedido ao operador portuário para trabalhar em caráter permanente;

II — constituir ou se associar à cooperativa formada para se estabelecer como operador portuário, na forma do art. 17 da Lei n. 8.630 de 1993.

§ 1º Enquanto durar a cessão ou a associação de que tratam os incisos I e II deste artigo, o trabalhador deixará de concorrer à escala como avulso.

§ 2º É vedado ao órgão gestor de mão de obra ceder trabalhador portuário avulso cadastrado a operador portuário, em caráter permanente.

Art. 4º É assegurado ao trabalhador portuário avulso cadastrado no órgão gestor de mão de obra o direito de concorrer à escala diária complementando a equipe de trabalho do quadro dos registrados.

Art. 5º A escalação do trabalhador portuário avulso, em sistema de rodízio, será feita pelo órgão gestor de mão de obra.

Art. 6º Cabe ao operador portuário e ao órgão gestor de mão de obra verificar a presença, no local de trabalho, dos trabalhadores constantes da escala diária.

Parágrafo único. Somente fará jus à remuneração o trabalhador avulso que, constante da escala diária, estiver em efetivo serviço.

Art. 7º O órgão gestor de mão de obra deverá, quando exigido pela fiscalização do Ministério do Trabalho e do INSS, exibir as listas de escalação diária dos trabalhadores portuários avulsos, por operador portuário e por navio.

Parágrafo único. Caberá exclusivamente ao órgão gestor de mão de obra a responsabilidade pela exatidão dos dados lançados nas listas diárias referidas no *caput* deste artigo, assegurando que não haja preterição do trabalhador regularmente registrado e simultaneidade na escalação.

Art. 8º Na escalação diária do trabalhador portuário avulso deverá sempre ser observado um intervalo mínimo de 11 (onze) horas consecutivas entre duas jornadas, salvo em situações excepcionais, constantes de acordo ou convenção coletiva de trabalho.

Art. 9º Compete ao órgão gestor de mão de obra, ao operador portuário e ao empregador, conforme o caso, cumprir e fazer cumprir as normas concernentes à saúde e segurança do trabalho portuário.

Parágrafo único. O Ministério do Trabalho e Emprego estabelecerá as normas regulamentadoras de que trata o *caput* deste artigo.

Art. 10. O descumprimento do disposto nesta Lei sujeitará o infrator às seguintes multas:

I — de R$ 173,00 (cento e setenta e três reais) a R$ 1.730,00 (um mil, setecentos e trinta reais), por infração ao *caput* do art. 7º;

II — de R$ 575,00 (quinhentos e setenta e cinco reais) a R$ 5.750,00 (cinco mil, setecentos e cinquenta reais), por infração às normas de segurança do trabalho portuário, e de R$ 345,00 (trezentos e quarenta e cinco reais) a R$ 3.450,00 (três mil, quatrocentos e cinquenta reais), por infração às normas de saúde do trabalho, nos termos do art. 9º;

III — de R$ 345,00 (trezentos e quarenta e cinco reais) a R$ 3.450,00 (três mil, quatrocentos e cinquenta reais), por trabalhador em situação irregular, por infração ao parágrafo único do art. 7º e aos demais artigos.

Parágrafo único. As multas previstas neste artigo serão graduadas segundo a natureza da infração, sua extensão e a intenção de quem a praticou, e aplicadas em dobro em caso de reincidência, oposição à fiscalização e desacato à autoridade, sem prejuízo das penalidades previstas na legislação previdenciária.

Art. 11. O descumprimento dos arts. 22, 25 e 28 da Lei n. 8.630, de 1993, sujeitará o infrator à multa prevista no inciso I, e o dos arts. 26 e 45 da mesma Lei à multa prevista no inciso III do artigo anterior, sem prejuízo das demais sanções cabíveis.

Art. 12. O processo de autuação e imposição das multas previstas nesta Lei obedecerá ao disposto no Título VII da Consolidação das Leis do Trabalho ou na legislação previdenciária, conforme o caso.

Art. 13. Esta Lei também se aplica aos requisitantes de mão de obra de trabalhador portuário avulso junto ao órgão gestor de mão de obra que não sejam operadores portuários.

Art. 14. Compete ao Ministério do Trabalho e Emprego e ao INSS a fiscalização da observância das disposições contidas nesta Lei, devendo as autoridades de que trata o art. 3º da Lei n. 8.630, de 1993, colaborar com os Auditores-Fiscais do Trabalho e da Previdência Social em sua ação fiscalizadora, nas instalações portuárias ou a bordo de navios.

Art. 15. Ficam convalidados os atos praticados com base na Medida Provisória n. 1.679/18, de 26 de outubro de 1998.

Art. 16. Esta Lei entra em vigor na data de sua publicação.

Art. 17. Revoga-se a Medida Provisória n. 1.679-18, de 26 de outubro de 1998.

SÚMULAS DE JURISPRUDÊNCIA DO TRIBUNAL SUPERIOR DO TRABALHO

Súmula TST n. 309. VIGIA PORTUÁRIO. TERMINAL PRIVATIVO. NÃO OBRIGATORIEDADE DE REQUISIÇÃO. Tratando-se de terminais privativos destinados à navegação de cabotagem ou de longo curso, não é obrigatória a requisição de vigia portuário indicado por sindicato.

ORIENTAÇÕES JURISPRUDENCIAIS DA SDI (Subseção I) do TST

OJ-SDI-(Subseção I)-TST n. 60. PORTUÁRIOS. HORA NOTURNA. HORAS EXTRAS. (Lei n. 4.860/1965, arts. 4º e 7º, § 5º). **I** — A hora noturna no regime de trabalho no porto, compreendida entre dezenove horas e sete horas do dia seguinte, é de sessenta minutos. **II** — Para o cálculo das horas extras prestadas pelos trabalhadores portuários, observar-se-á somente o salário básico, excluídos os Adicionais de Risco e de Produtividade.

OJ-SDI-(Subseção I)-TST n. 316. PORTUÁRIOS. ADICIONAL DE RISCO. Lei n. 4.860/1965. O adicional de risco dos portuários, previsto no art. 14 da Lei n. 4.860/65, deve ser proporcional ao tempo efetivo no serviço considerado sob risco e apenas àqueles que prestam serviços na área portuária.

OJ-SDI-(Subseção I)-TST n. 402.ADICIONAL DE RISCO. PORTUÁRIO. TERMINAL PRIVATIVO. Arts. 14 e 19 da Lei n. 4.860, de 26.11.1965. INDEVIDO. O adicional de risco previsto no art. 14 da Lei n. 4.860, de 26.11.1965, aplica-se somente aos portuários que trabalham em portos organizados, não podendo ser conferido aos que operam terminal privativo.

NORMAS JURÍDICAS INFRALEGAIS OU REGULAMENTARES

NR-29: SEGURANÇA E SAÚDE NO TRABALHO PORTUÁRIO(2)

Publicação	**D.O.U.**
Portaria SSST N. 53, de 17 de dezembro de 1997	29.12.97
Alterações/Atualizações	**D.O.U.**
Portaria SSST n. 18, de 30 de março de 1998	3.9.98
Portaria SIT n. 17, de 12 de julho de 2002	13.7.02
Portaria SIT n. 158, de 10 de abril de 2006	17.4.06
Portaria MTE n. 1.895, de 09 de dezembro de 2013	*12.12.13
Portaria MTE n. 1080, de 16 de julho de 2014	17.7.14

(Redação dada pela Portaria SIT n. 158, de 10 de abril de 2006)

29.1. Disposições Iniciais

29.1.1. Objetivo

Regular a proteção obrigatória contra acidentes e doenças profissionais, facilitar os primeiros socorros a acidentados e alcançar as melhores condições possíveis de segurança e saúde aos trabalhadores portuários.

(2) O Texto da NR-29 (SEGURANÇA E SAÚDE NO TRABALHO PORTUÁRIO), ora reproduzido, encontra-se atualizado até a edição da Portaria MTE-GM n. 1080, de 16.7.2014.

29.1.2. Aplicabilidade

As disposições contidas nesta NR aplicam-se aos trabalhadores portuários em operações tanto a bordo como em terra, assim como aos demais trabalhadores que exerçam atividades nos portos organizados e instalações portuárias de uso privativo e retroportuárias, situadas dentro ou fora da área do porto organizado.

29.1.3. Definições.

Para os fins desta Norma Regulamentadora, considera-se:

a) Terminal Retroportuário

É o terminal situado em zona contígua à de porto organizado ou instalação portuária, compreendida no perímetro de cinco quilômetros dos limites da zona primária, demarcada pela autoridade aduaneira local, no qual são executados os serviços de operação, sob controle aduaneiro, com carga de importação e exportação, embarcados em contêiner, reboque ou semirreboque.

b) Zona Primária

É a área alfandegada para a movimentação ou armazenagem de cargas destinadas ou provenientes do transporte aquaviário.

c) Tomador de Serviço

É toda pessoa jurídica de direito público ou privado que, não sendo operador portuário ou empregador, requisite trabalhador portuário avulso.

d) Pessoa Responsável

É aquela designada por operadores portuários, empregadores, tomadores de serviço, comandantes de embarcações, Órgão Gestor de Mão de Obra — OGMO, sindicatos de classe, fornecedores de equipamentos mecânicos e outros, conforme o caso, para assegurar o cumprimento de uma ou mais tarefas específicas e que possuam suficientes conhecimentos e experiência, com a necessária autoridade para o exercício dessas funções.

29.1.4. Competências

29.1.4.1. Compete aos operadores portuários, empregadores, tomadores de serviço e OGMO, conforme o caso:

a) cumprir e fazer cumprir esta NR no que tange à prevenção de riscos de acidentes do trabalho e doenças profissionais nos serviços portuários;

b) fornecer instalações, equipamentos, maquinários e acessórios em bom estado e condições de segurança, responsabilizando-se pelo correto uso;

c) cumprir e fazer cumprir a norma de segurança e saúde no trabalho portuário e as demais Normas Regulamentadoras expedidas pela Portaria MTb n. 3.214/78 e alterações posteriores; *(Alterada pela Portaria MTE n. 1.895, de 9 de dezembro de 2013)*

d) fazer a gestão dos riscos à segurança e à saúde do trabalhador portuário, de acordo com as recomendações técnicas do SESSTP e aquelas sugeridas e aprovadas pela CPATP, em consonância com os subitens 29.2.1.3, alíneas "a" e "b", e 29.2.2.2, respectivamente. *(inserida pela Portaria MTE n. 1.895, de 9 de dezembro de 2013)*

29.1.4.2. Compete ao OGMO ou ao empregador:

a) proporcionar a todos os trabalhadores formação sobre segurança, saúde e higiene ocupacional no trabalho portuário, conforme o previsto nesta NR;

b) responsabilizar-se pela compra, manutenção, distribuição, higienização, treinamento e zelo pelo uso correto dos equipamentos de proteção individual — EPI e equipamentos de proteção coletiva — EPC, observado o disposto na NR-6;

c) elaborar e implementar o Programa de Prevenção de Riscos Ambientais — PPRA — no ambiente de trabalho portuário, observado o disposto na NR-9;

d) elaborar e implementar o Programa de Controle Médico de Saúde Ocupacional — PCMSO, abrangendo todos os trabalhadores portuários, observado o disposto na NR-7.

29.1.4.3. Compete aos trabalhadores:

a) cumprir a presente NR bem como as demais disposições legais de segurança e saúde do trabalhador;

b) informar ao responsável pela operação de que esteja participando as avarias ou deficiências observadas que possam constituir risco para o trabalhador ou para a operação;

c) utilizar corretamente os dispositivos de segurança, EPI e EPC, que lhes sejam fornecidos, bem como as instalações que lhes forem destinadas.

29.1.4.4. Compete às administrações portuárias, dentro dos limites da área do porto organizado, zelar para que os serviços se realizem com regularidade, eficiência, segurança e respeito ao meio ambiente.

29.1.5. Instruções Preventivas de Riscos nas Operações Portuárias.

29.1.5.1. Para adequar os equipamentos e acessórios necessários à manipulação das cargas, os operadores portuários, empregadores ou tomadores de serviço, deverão obter com a devida antecedência o seguinte:

a) peso dos volumes, unidades de carga e suas dimensões;

b) tipo e classe do carregamento a manipular;

c) características específicas das cargas perigosas a serem movimentadas ou em trânsito.

29.1.6. Plano de Controle de Emergência — PCE e Plano de Ajuda Mútua — PAM.

29.1.6.1. Cabe à administração do porto, ao OGMO e aos empregadores a elaboração do PCE, contendo ações coordenadas a serem seguidas nas situações descritas neste subitem e compor com outras organizações o PAM.

29.1.6.2. Devem ser previstos os recursos necessários, bem como linhas de atuação conjunta e organizada, sendo objeto dos planos as seguintes situações:

a) incêndio ou explosão;

b) vazamento de produtos perigosos;

c) queda de homem ao mar;

d) condições adversas de tempo que afetem a segurança das operações portuárias;

e) poluição ou acidente ambiental;

f) socorro a acidentados.

29.1.6.3. No PCE e no PAM, deve constar o estabelecimento de uma periodicidade de treinamentos simulados, cabendo aos trabalhadores indicados comporem as equipes e efetiva participação.

29.2. Organização da Área de Segurança e Saúde no Trabalho Portuário.

29.2.1. Serviço Especializado em Segurança e Saúde do Trabalhador Portuário — SESSTP.

29.2.1.1. Todo porto organizado, instalação portuária de uso privativo e retroportuária deve dispor de um SESSTP, de acordo com o dimensionamento mínimo constante do Quadro I, mantido pelo OGMO ou empregadores, conforme o caso, atendendo a todas as categorias de trabalhadores.

29.2.1.1.1. O custeio do SESSTP será dividido proporcionalmente de acordo com o número de trabalhadores utilizados pelos operadores portuários, empregadores, tomadores de serviço e pela administração do porto, por ocasião da arrecadação dos valores relativos à remuneração dos trabalhadores.

29.2.1.1.2. Os profissionais integrantes do SESSTP deverão ser empregados do OGMO ou empregadores, podendo ser firmados convênios entre os terminais privativos, os operadores portuários e administrações portuárias, compondo com seus profissionais o SESSTP local, que deverá ficar sob a coordenação do OGMO.

29.2.1.1.3. Nas situações em que o OGMO não tenha sido constituído, cabe ao responsável pelas operações portuárias o cumprimento deste subitem, tendo, de forma análoga, as mesmas atribuições e responsabilidade do OGMO.

29.2.1.2. O SESSTP deve ser dimensionado de acordo com a soma dos seguintes fatores:

a) média aritmética obtida pela divisão do número de trabalhadores avulsos tomados no ano civil anterior e pelo número de dias efetivamente trabalhados;

b) média do número de empregados com vínculo empregatício do ano civil anterior.

29.2.1.2.1. Nos portos organizados e instalações portuárias de uso privativo em início de operação, o dimensionamento terá por base o número estimado de trabalhadores a serem tomados no ano.

QUADRO I — DIMENSIONAMENTO MÍNIMO DO SESSTP

Prof. especializados	Números de Trabalhadores			
	20 — 250	251 — 750	751 — 2000	2001 — 3500
Engenheiro de Segurança	—	01	02	03
Técnico de Segurança	01	02	04	11
Médico do Trabalho	—	01*	02	03
Enfermeiro do Trabalho	—	—	01	03
Auxiliar Enf. do Trabalho	01	01	02	04

* horário parcial 3 horas.

29.2.1.2.2. Acima de 3500 (três mil e quinhentos) trabalhadores para cada grupo de 2000 (dois mil) trabalhadores, ou fração acima de 500, haverá um acréscimo de 01 profissional especializado por função, exceto no caso do Técnico de Segurança do Trabalho, no qual haverá um acréscimo de três profissionais.

29.2.1.2.3. Os profissionais do SESSTP devem cumprir jornada de trabalho integral, observada a exceção prevista no Quadro I.

29.2.1.3. Compete aos profissionais integrantes do SESSTP:

a) realizar com acompanhamento de pessoa responsável, a identificação das condições de segurança nas operações portuária — abordo da embarcação, nas áreas de atracação, pátios e armazéns — antes do início das mesmas ou durante a realização conforme o caso, priorizando as operações com maior vulnerabilidade para ocorrências de acidentes, detectando os agentes de riscos existentes, demandando medidas de segurança para sua imediata eliminação ou neutralização, para garantir a integridade do trabalhador;

b) registrar os resultados da identificação em relatório a ser entregue a pessoa responsável;

c) realizar análise direta e obrigatória — em conjunto com o órgão competente do Ministério do Trabalho e Emprego — TEM — dos acidentes em que haja morte, perda de membro, função orgânica ou prejuízo de grande monta, ocorrido nas atividade portuárias;

d) as atribuições previstas na NR-4 (Serviços Especializados em Engenharia de Segurança e em Medicina do Trabalho — SESMT), observados os modelos de mapas constantes do Anexo I.

29.2.1.4. O SESSTP disposto nesta NR deverá ser registrado no órgão regional do MTE.

29.2.1.4.1. O registro deverá ser requerido ao órgão regional do MTE, devendo conter os seguintes dados:

a) o nome dos profissionais integrantes do SESSTP;

b) número de registro dos componentes do SESSTP nos respectivos conselhos profissionais ou órgãos competentes;

c) número de trabalhadores portuários conforme as alíneas "a ou "b" do subitem 29.2.1.2;

d) especificação dos turnos de trabalho do(s) estabelecimento(s);

e) horário de trabalho dos profissionais do SESSTP.

29.2.2. Comissão de Prevenção de Acidentes no Trabalho Portuário — CPATP

29.2.2.1. O OGMO, os empregadores e as instalações portuárias de uso privativo, ficam obrigados a organizar e manter em funcionamento a CPATP.

29.2.2.2. A CPATP tem como objetivo observar e relatar condições de risco nos ambientes de trabalho e solicitar medidas para reduzir até eliminar ou neutralizar os riscos existentes, bem como discutir os acidentes ocorridos, encaminhando ao SESSTP, ao OGMO ou empregadores, o resultado da discussão, solicitando medidas que previnam acidentes semelhantes e ainda, orientar os demais trabalhadores quanto à prevenção de acidentes.

29.2.2.3. A CPATP será constituída de forma paritária, por representantes dos trabalhadores portuários com vínculo empregatício por tempo indeterminado e avulsos e por representantes dos operadores portuários e empregadores, dimensionado de acordo com o Quadro II. *(Alterado pela Portaria MTE n. 1.895, de 9 de dezembro de 2013)*

29.2.2.4. A duração do mandato será de 2 (dois) anos, permitida uma reeleição

29.2.2.5. Haverá na CPATP tantos suplentes quantos forem os representantes titulares, sendo a suplência específica de cada titular.

29.2.2.6. A composição da CPATP obedecerá a critérios que garantam a representação das atividades portuárias com maior potencial de risco e ocorrência de acidentes, respeitado o dimensionamento mínimo do quadro II.

QUADRO II — DIMENSIONAMENTO DA CPATP

N. médio de trabalhadores	20 a 50	51 a 100	101 a 500	501 a 1000	1001 a 2000	2001 a 5000	5001 a 10000	Acima de 10000 a cada grupo de 2500 acrescentar
N. de representantes Titulares do empregador	01	02	04	06	09	12	15	02
N. de representantes Titulares dos trabalhadores	01	02	04	06	09	12	15	02

29.2.2.7. A composição da CPATP será proporcional ao número médio do conjunto de trabalhadores portuários utilizados no ano anterior.

29.2.2.8. Os representantes dos trabalhadores na CPATP, titulares e suplentes, serão eleitos em escrutínio secreto.

29.2.2.9. Assumirão a condição de membros titulares os candidatos mais votados, observando-se os critérios constantes do subitem 29.2.2.6.

29.2.2.10. Em caso de empate, assumirá o candidato que tiver maior tempo de serviço no trabalho portuário.

29.2.2.11. Os demais candidatos votados assumirão a condição de suplentes, obedecendo a ordem decrescente de votos recebidos, observando o disposto no item 29.2.2 e subitens.

29.2.2.12. A eleição deve ser realizada durante o expediente, respeitados os turnos, devendo ter a participação de, no mínimo, metade mais um do número médio do conjunto dos trabalhadores portuários utilizados no ano anterior, obtido conforme subitem 29.2.1.4 desta NR.

29.2.2.13. *(Revogado pela Portaria MTE n. 1.895, de 9 de dezembro de 2013)*

29.2.2.14. *(Revogado pela Portaria MTE n. 1.895, de 9 de dezembro de 2013)*

29.2.2.15. Os empregadores e as instalações portuárias de uso privativo designarão dentre os seus representantes titulares o presidente da CPATP, que assumirá no primeiro ano de mandato. *(Alterado pela Portaria MTE n. 1.895, de 9 de dezembro de 2013)*

29.2.2.15.1. Os trabalhadores titulares da CPATP elegerão, entre seus pares o vice-presidente, que assumirá a presidência no segundo ano do mandato.

29.2.2.15.2. O representante dos empregadores ou dos trabalhadores, quando não estiver na presidência, assumirá as funções do vice-presidente.

29.2.2.16. No impedimento eventual ou no afastamento temporário do presidente, assumirá suas funções o vice-presidente. No caso de afastamento definitivo, o empregador indicará substituto em 2 (dois) dias úteis, preferencialmente entre os membros da CPATP.

29.2.2.17. A CTATP terá um secretário e seu respectivo substituto que serão escolhidos, de comum acordo, pelos membros titulares da comissão.

29.2.2.18. A CPATP terá as seguintes atribuições:

a) discutir os acidentes ocorridos na área portuária, inclusive a bordo;

b) sugerir medidas de prevenção de acidentes julgadas necessárias, por iniciativa própria ou indicadas por outros trabalhadores, encaminhando-as ao SESSTP, ao OGMO, empregadores e/ou as administrações dos terminais de uso privativo;

c) promover a divulgação e zelar pela observância das Normas Regulamentadoras de Segurança e Saúde no Trabalho;

d) despertar o interesse dos trabalhadores portuários pela prevenção de acidentes e de doenças ocupacionais e estimulá-los, permanentemente, a adotar comportamento preventivo durante o trabalho;

e) promover, anualmente, em conjunto com o SESSTP, a Semana Interna de Prevenção de Acidente no Trabalho Portuário — SIPATP;

f) encaminhar mensalmente cópias das atas das reuniões, assinadas pelos presentes, ao SESSTP, OGMO, aos empregadores e à administração dos terminais portuários de uso privativo e disponibilizá-las para a fiscalização do Ministério do Trabalho e Emprego; *(Alterada pela Portaria MTE n. 1.895, de 9 de dezembro de 2013)*

g) realizar em conjunto com o SESSTP, quando houver, a investigação de causas e consequências dos acidentes e das doenças ocupacionais, acompanhando a execução das medidas corretivas;

h) realizar mensalmente e sempre que houver denúncia de risco, mediante prévio aviso ao OGMO, empregadores, administrações de instalações portuárias de uso privativo e ao SESSTP, inspeção nas dependências do porto ou instalação portuária de uso privativo, dando-lhes conhecimento dos riscos encontrados, bem como ao responsável pelo setor;

i) sugerir a realização de cursos, treinamentos e campanhas que julgar necessárias para melhorar o desempenho dos trabalhadores portuários quanto à segurança e saúde no trabalho;

j) preencher o Anexo II desta NR, mantendo-o arquivado, de maneira a permitir acesso a qualquer momento, aos interessados, sendo de livre escolha o método de arquivamento;

k) elaborar o Mapa de Risco;

l) convocar pessoas, quando necessário, para tomada de informações, depoimentos e dados ilustrativos e/ou esclarecedores, por ocasião de investigação dos acidentes do trabalho;

29.2.2.19. As decisões da CPATP deverão ocorrer, sempre que possível, por consenso entre os participantes.

29.2.2.20. Não havendo consenso para as decisões da CPATP, deverá ser tomada pelo menos uma das seguintes providências, visando a solução dos conflitos:

a) constituir um mediador em comum acordo com os participantes;

b) solicitar no prazo de 8 (oito) dias, através do presidente da CPATP, a mediação do órgão regional do MTE.

29.2.2.21. Compete ao presidente da CPATP:

a) convocar os membros para as reuniões da CPATP;

b) presidir as reuniões, encaminhando ao OGMO, empregadores, administrações dos terminais portuários de uso privativo e ao SESSTP as recomendações aprovadas, bem como, acompanhar-lhes a execução;

c) designar membros da CPATP para investigar o acidente do trabalho ou acompanhar investigação feita pelo SESSTP, imediatamente após receber a comunicação da ocorrência do acidente;

d) determinar tarefas aos membros da CPATP;

e) coordenar todas as atribuições da CPATP;

f) manter e promover o relacionamento da CPATP com o SESSTP e demais órgãos dos portos organizados ou instalações portuárias de uso privativo;

g) delegar atribuições ao vice-presidente;

29.2.2.22. Compete ao vice-presidente da CPATP:

a) executar atribuições que lhe forem delegadas;

b) substituir o presidente nos impedimentos eventual ou temporário.

29.2.2.23. Compete ao Secretário da CPATP:

a) acompanhar as reuniões da CPATP e redigir as atas apresentando-as para aprovação e assinatura dos membros presentes; *(Alterada pela Portaria MTE n. 1.895, de 9 de dezembro de 2013)*

b) preparar a correspondência;

c) manter o arquivo atualizado;

d) providenciar para que as atas sejam assinadas por todos os membros do CPATP;

e) realizar as demais tarefas que lhe forem atribuídas pelo presidente da CPATP.

29.2.2.24. Compete aos Membros da CPATP:

a) elaborar o calendário anual de reuniões da CPATP;

b) participar das reuniões da CPATP, discutindo os assuntos em pauta e aprovando ou não as recomendações;

c) investigar o acidente do trabalho, quando designado pelo presidente da CPATP, e discutir os acidentes ocorridos;

d) frequentar o curso sobre prevenção de acidentes do trabalho, promovido pelo OGMO, empregadores e administrações dos terminais portuários de uso privativo;

e) cuidar para que todas as atribuições da CPATP previstas no subitem 29.2.2.18 sejam cumpridas durante a respectiva gestão.

f) mediante denúncia de risco, realizar em conjunto com o responsável pela operação portuária, a verificação das condições de trabalho, dando conhecimento a CPATP e ao SESSTP.

29.2.2.25. Compete ao OGMO ou empregadores:

a) promover para todos os membros da CPATP, titulares e suplentes, curso sobre prevenção de acidentes do trabalho, higiene e saúde ocupacional , com carga horária mínima de 24 (vinte e quatro) horas, obedecendo ao currículo básico do Anexo III desta NR, sendo este de frequência obrigatória e realizado antes da posse dos membros de cada mandato, exceção feita ao mandato inicial;

b) prestigiar integralmente a CPATP, proporcionando aos seus componentes os meios necessários ao desempenho de suas atribuições;

c) convocar eleições para escolha dos membros da nova CPATP, com antecedência mínima de 45 (quarenta e cinco) dias, realizando-as, no máximo, até 30 (trinta) dias antes do término do mandato da CPATP em exercício;

d) promover cursos de atualização para os membros da CPATP;

e) dar condições necessárias para que todos os titulares de representações na CPATP compareçam às reuniões ordinárias e/ou extraordinárias;

29.2.2.26. Compete aos trabalhadores:

a) eleger seus representantes na CPATP;

b) indicar à CPATP e ao SESSTP situações de risco e apresentar sugestões para melhoria das condições de trabalho;

c) cumprir as recomendações quanto à prevenção de acidentes, transmitidas pelos membros da CPATP e do SESSTP;

d) comparecer às reuniões da CPATP sempre que convocado.

29.2.2.27. A CPATP se reunirá pelo menos uma vez por mês, em local apropriado e durante o expediente, obedecendo ao calendário anual.

29.2.2.28. Sempre que ocorrer acidente que resulte em morte, perda de membro ou de função orgânica, ou que cause prejuízo de grande monta, a CPATP se reunirá em caráter extraordinário no prazo máximo de 48 (quarenta e oito) horas após a ocorrência, podendo ser exigida a presença da pessoa responsável pela operação portuária conforme definido no subitem 29.1.3 alínea "d" desta NR.

29.2.2.29. A CPATP não pode ter o número de representantes reduzido, bem como não pode ser desativada pelo OGMO ou empregadores antes do término do mandato de seus membros, ainda que haja redução do número de trabalhadores portuários, exceto nos casos em que houver encerramento da atividade portuária. *(Alterado pela Portaria MTE n. 1.895, de 9 de dezembro de 2013)*

29.2.2.30. No caso de instalações portuárias de uso privativo e os terminais retroportuários que possuam SESMT e CIPA nos termos do que estabelecem, respectivamente as NR-4 e NR-5, aprovadas pela Portaria n. 3214/78 do MTE e alterações posteriores, e não utilizem mão de obra de trabalhadores portuários avulsos, poderão mantê-los, com as atribuições especificadas nesta NR.

29.3. SEGURANÇA, HIGIENE E SAÚDE NO TRABALHO PORTUÁRIO.

29.3.1. Nas operações de atracação, desatracação e manobras de embarcações.

29.3.1.1. Na atracação, desatracação e manobras de embarcações devem ser adotadas medidas de prevenção de acidentes, com cuidados especiais aos riscos de prensagem, batidas contra e esforços excessivos dos trabalhadores.

29.3.1.2. É obrigatório o uso de um sistema de comunicação entre o prático, na embarcação, e o responsável em terra pela atracação, através de transceptor portátil, de modo a ser assegurada uma comunicação bilateral.

29.3.1.3. Todos os trabalhadores envolvidos nessas operações devem fazer uso de coletes salva-vidas aprovados pela Diretoria de Portos e Costas — DPC.

29.3.1.4. Durante as manobras de atracação e desatracação, os guindastes de terra e os de pórtico devem estar o mais afastado possível das extremidades dos navios.

29.3.2. Acessos às embarcações.

29.3.2.1. As escadas, rampas e demais acessos às embarcações devem ser mantidas em bom estado de conservação e limpeza, sendo preservadas as características das superfícies antiderrapantes.

29.3.2.2. As escadas e rampas de acesso às embarcações devem dispor de balaustrada — guarda-corpos de proteção contra quedas.

29.3.2.2.1. O corrimão deve oferecer apoio adequado, possuindo boa resistência em toda a sua extensão, não permitindo flexões que tirem o equilíbrio do usuário.

29.3.2.3. As escadas de acesso às embarcações ou as estruturas complementares a estas conforme o previsto no subitem 29.3.2.10, devem ficar apoiadas em terra, tendo em sua base um dispositivo rotativo, devidamente protegido que permita a compensação dos movimentos da embarcação.

29.3.2.4. As escadas de acesso às embarcações devem possuir largura adequada que permita o trânsito seguro para um único sentido de circulação, devendo ser guarnecidas com uma rede protetora, em perfeito estado de conservação. Uma parte lateral da rede deve ser amarrada ao costado do navio, enquanto a outra, passando sob a escada, deve ser amarrada no lado superior de sua balaustrada (lado de terra), de modo que, em caso de queda, o trabalhador não venha a bater contra as estruturas vizinhas.

29.3.2.4.1. O disposto no subitem 29.3.2.4 não se aplica quando a distância do convés da embarcação ao cais não permita a instalação de redes de proteção.

29.3.2.5. A escada de portaló deve ficar posicionada com aclividade adequada em relação ao plano horizontal de modo que permita o acesso seguro à embarcação.

29.3.2.6. Os degraus das escadas, em face das variações de nível da embarcação, devem ser montados de maneira a mantê-los em posição horizontal ou com declive que permita apoio adequado para os pés.

29.3.2.7. O acesso à embarcação deve ficar fora do alcance do raio da lança do guindaste, pau-de-carga ou assemelhado. Quando isso não for possível, o local de acesso deve ser adequadamente sinalizado.

29.3.2.8. É proibida a colocação de extensões elétricas nas estruturas e corrimões das escadas e rampas de acesso das embarcações.

29.3.2.9. Os suportes e os cabos de sustentação das escadas ligados ao guincho não podem criar obstáculos à circulação de pessoas e devem ser mantidos sempre tencionados.

29.3.2.10. Quando necessário o uso de pranchas, rampas ou passarelas de acesso, conjugadas ou não com as escadas, estas devem seguir as seguintes especificações:

a) serem de concepção rígida;

b) terem largura mínima de 0,80 m (oitenta centímetros);

c) estarem providas de tacos transversais a intervalos de 0,40 m (quarenta centímetros) em toda extensão do piso;

d) possuírem corrimão em ambos os lados de sua extensão dotado de guarda-corpo duplo com réguas situadas a alturas mínimas de 1,20 m (um meto e vinte centímetros) e 0,70 m (setenta centímetros) medidas a partir da superfície do piso e perpendicularmente ao eixo longitudinal da escada;

e) serem dotadas de dispositivos que permitam fixá-las firmemente à escada da embarcação ou à sua estrutura numa extremidade;

f) a extremidade, que se apoia no cais, deve ser dotada de dispositivo rotativo que permita acompanhar o movimento da embarcação;

g) estarem posicionadas no máximo a 30 (trinta) graus de um plano horizontal.

29.3.2.11. Não é permitido o acesso à embarcação utilizando-se escadas tipo quebra-peito, salvo em situações excepcionais, devidamente justificadas, avaliadas e acompanhadas pelo SESSTP e SESMT, conforme o caso.

29.3.2.12. É proibido o acesso de trabalhadores à embarcações em equipamentos de guindar, exceto em operações de resgate e salvamento ou quando forem utilizados cestos especiais de transporte, desde que os equipamentos de guindar possuam condições especiais de segurança e existam procedimentos específicos para tais operações.

29.3.2.13. Nos locais de trabalho próximos à água e pontos de transbordo devem existir boias salva-vidas e outros equipamentos necessários ao resgate de vitimas que caiam na água, que sejam aprovados pela DPC.

29.3.2.13.1. Nos trabalhos noturnos as boias salva-vidas deverão possuir dispositivo de iluminação automática aprovadas pela DPC.

29.3.3. Conveses.

29.3.3.1. Os conveses devem estar sempre limpos e desobstruídos, dispondo de uma área de circulação que permita o trânsito seguro dos trabalhadores.

29.3.3.2. Quaisquer aberturas devem estar protegidas de forma que impeçam a queda de pessoas ou objetos. Quando houver perigo de escorregamento nas superfícies em suas imediações, devem ser empregados dispositivos ou processo que tornem o piso antiderrapante.

29.3.3.3. A circulação de pessoal no convés principal deve ser efetuada pelo lado do mar, exceto por impossibilidade técnica ou operacional comprovada.

29.3.3.4. Os conveses devem oferecer boas condições de visibilidade aos operadores dos equipamentos de içar, sinaleiros e outros, a fim de que não sejam prejudicadas as manobras de movimentação de carga.

29.3.3.5. As cargas ou objetos que necessariamente tenham que ser estivadas no convés, devem ser peadas e escoradas imediatamente após a estivagem.

29.3.3.6. Olhais, escadas, tubulações, aberturas e cantos vivos dever ser mantidos sinalizados, a fim de indicar e advertir acerca dos riscos existentes.

29.3.3.7. Nas operações de abertura e fechamento de equipamentos acionados por força motrizes, os quartéis, tampas de escotilha e aberturas similares, devem possuir dispositivos de segurança que impeçam sua movimentação acidental. Esses equipamentos só poderão ser abertos ou fechados por pessoa autorizada, após certificar-se de que não existe risco para os trabalhadores.

29.3.4. Porões.

29.3.4.1. As bocas dos agulheiros devem estar protegidas por braçolas e serem providas de tampas com travas de segurança.

29.3.4.2. As escadas de acesso ao porão devem estar em perfeito estado de conservação e limpeza.

29.3.4.3. Quanto o porão possuir escada vertical até o piso, esta deve ser dotada de guarda-corpos ou ser provida de cabo de aço paralelo à escada para se aplicar dispositivos do tipo trava-quedas acoplado ao cinto de segurança utilizado na operação de subida e descida da escada.

29.3.4.4. A estivagem das cargas nos porões não deve obstruir o acesso às escadas dos agulheiros.

29.3.4.4.1. Quando não houver condições de utilização dos agulheiros, o acesso ao porão do navio deverá ser efetuado por escada de mão de no máximo 7 m (sete metros) de comprimento, afixada junto à estrutura do navio, devendo ultrapassar a borda da estrutura de apoio em 1m (um metro).

29.3.4.4.2. Não é permitido o uso de escada do tipo quebra-peito.

29.3.4.5. Recomenda-se a criação de passarelas para circulação de no mínimo 0,60 m (sessenta centímetros) de largura sobre as cargas estivadas de modo a permitir o acesso seguro à praça de trabalho.

29.3.4.6. Os pisos dos porões devem estar limpos e isentos de materiais inservíveis e de substâncias que provoquem riscos de acidente.

29.3.4.7. A forração empregada deve oferecer equilíbrio à carga e criar sobre a mesma um piso de trabalho regular e seguro.

29.3.4.8. As plataformas de trabalho devem ser confeccionadas de maneira que não ofereçam riscos de desmoronamento e propiciem espaço seguro de trabalho.

29.3.4.9. Passarelas, plataformas, beiras de cobertas abertas, bocas de celas de contêineres e grandes vãos entre cargas, com diferença de nível superior a 2,00 m (dois metros), devem possuir guarda-corpo com 1,10 m (um metro e dez centímetros) de altura.

29.3.4.9.1. O trânsito de pessoas sobre os vãos entre cargas estivadas, só será permitido se cobertos com pranchas de madeira de boa qualidade, seca, sem nós ou rachaduras que comprometam a sua resistência e sem pintura, podendo ser utilizado material de maior resistência.

29.3.4.9.2. É obrigatório o uso de escadas para a transposição de obstáculos de altura superior a 1,50 m (um metro e cinquenta centímetros).

29.3.4.10. Os quartéis devem estar sempre em perfeito estado de conservação e nivelados, a fim de não criarem irregularidades no piso.

29.3.4.10.1. Os quartéis devem permanecer fechados por ocasião de trabalho na mesma coberta.

29.3.4.11. Em locais em que não haja atividade, os vãos livres com risco de quedas, como bocas de agulheiros, cobertas e outros, deve estar fechados.

29.3.4.11.1. Quando em atividade, devem ser devidamente sinalizados, iluminados e protegidos com guarda-corpo, redes ou madeiramento resistente.

29.3.4.12. A altura entre a parte superior da carga e a coberta deve permitir ao trabalhador condições adequadas de postura para execução do trabalho.

29.3.4.13. Nas operações de carga e descarga com contêineres, ou demais cargas de altura equivalente, é obrigatório o uso de escadas. Quando essas forem portáteis devem ultrapassar 1,00 m (um metro) do topo do contêiner, ser providas de sapatas, sinalização refletiva nos degraus e montantes, não ter mais de 7,00 m (sete metros) de comprimento e ser construída de material comprovadamente leve e resistente.

29.3.4.14. Nas operações em embarcações do tipo transbordo horizontal (roll-on/roll-off) devem ser adotadas medidas preventivas de controle de ruídos e de exposição a gases tóxicos.

29.3.4.15. A carga deve ser estivada de forma que fique em posição segura, sem perigo de tombar ou desmoronar sobre os trabalhadores no porão.

29.3.4.16. O empilhamento de tubos, bobinas ou similares deve ser obrigatoriamente peado imediatamente após a estivagem e mantido e adequadamente calçado. Os trabalhadores só devem se posicionar à frente desses materiais, por ocasião da movimentação, quando absolutamente indispensável.

29.3.4.17. A iluminação de toda a área de operação deve ser adequada, adotando-se medidas para evitar colisões e/ou atropelamentos.

29.3.4.18. A estivagem de carga deve ser efetuada à distância de 1,00 m (um metro) da abertura do porão, quando esta tiver que ser aberta posteriormente.

29.3.4.18.1. É proibida qualquer atividade laboral em cobertas distintas do mesmo porão e mesmo bordo simultaneamente.

29.3.5. Trabalho com máquinas, equipamentos, aparelhos de içar e acessórios de estivagem.

29.3.5.1. Os equipamentos: pás mecânicas, empilhadeiras, aparelhos de guindar e outros serão entregues para a operação em perfeitas condições de uso.

29.3.5.2. Todo equipamento de movimentação de carga deve apresentar, de forma legível, sua capacidade máxima de carga e seu peso bruto, quando se deslocar de ou para bordo.

29.3.5.2.1. A capacidade máxima de carga do aparelho não deve ser ultrapassada, mesmo que se utilizem dois equipamentos cuja soma de suas capacidades supere o peso da carga a ser transportada, devendo ser respeitados seus limites de alcance, salvo em situações excepcionais, com prévio planejamento técnico que garanta a execução segura da operação, a qual será acompanhada pelo SESSTP ou SESMT conforme o caso.

29.3.5.3. Somente pode operar máquinas e equipamentos o trabalhador habilitado e devidamente identificado.

29.3.5.4. Não é permitida a operação de empilhadeiras sobre as cargas estivadas que apresentem piso irregular, ou sobre quartéis de madeira.

29.3.5.5. Todo trabalho em porões que utilize máquinas e equipamentos de combustão interna, deve contar com exaustores cujos dutos estejam em perfeito estado, em quantidade suficiente e instalados de forma a promoverem a retirada dos gases expelidos por essas máquinas ou equipamentos, de modo a garantir um ambiente propício à realização dos trabalhos em conformidade com a legislação vigente.

29.3.5.6. Os maquinários utilizados devem conter dispositivos que controlem a emissão de poluentes gasosos, fagulhas, chamas e a produção de ruídos.

29.3.5.7. É proibido o uso de máquinas de combustão interna e elétrica em porões e armazéns com cargas inflamáveis ou explosivas, salvo se as especificações das máquinas forem compatíveis com a classificação da área envolvida.

29.3.5.8. É proibido o transporte de trabalhadores em empilhadeiras e similares, exceto em operações de resgate e salvamento.

29.3.5.9. A empresa armadora e seus representantes no país são os responsáveis pelas condições de segurança dos equipamentos de guindar e acessórios de bordo, devendo promover vistoria periódica, conforme especificações dos fabricantes, através de profissionais, empresas e órgãos técnicos devidamente habilitados, promovendo o reparo ou troca das partes defeituosas imediatamente após a constatação.

29.3.5.10. Os equipamentos terrestres de guindar e os acessórios neles utilizados para içamento de cargas devem ser periodicamente vistoriados e testados por pessoa física ou jurídica devidamente registrada no Conselho Regional de Engenharia, Arquitetura e Agronomia — CREA.

29.3.5.10.1. A vistoria deve ser efetuada pelo menos uma vez a cada doze meses.

29.3.5.10.2. Deve ser estabelecido cronograma para vistorias e testes dos equipamentos, os quais terão suas planilhas e laudos encaminhados pelos detentores ou arrendatários dos mesmos ao OGMO, que dará conhecimento aos trabalhadores envolvidos na operação.

29.3.5.11. A vistoria realizada por Sociedade Classificadora, que atestar o bom estado de conservação e funcionamento dos equipamentos de guindar e acessórios do navio, deve ser comprovada através de certificado que a ser exibido pelo comandante da embarcação mediante solicitação da pessoa responsável envolvida nas operações que estiverem em curso na embarcação, cabendo ao agente marítimo sua tradução, quando de origem estrangeira.

29.3.5.12. Em se tratando de instalações portuárias de uso privativo, os laudos e planilhas das vistorias e testes devem ser encaminhados à administração destas instalações e/ou empregadores, que darão conhecimento aos trabalhadores envolvidos na operação e ao OGMO, quando utilizar trabalhadores avulsos.

29.3.5.13. Os equipamentos em operação devem estar posicionados de forma que não ultrapassem outras áreas de trabalho, não sendo permitido o trânsito ou permanência de pessoas no setor necessário à rotina operacional do equipamento.

29.3.5.14. No local onde se realizam serviços de manutenção, testes e montagens de aparelhos de içar, a área de risco deve ser isolada e devidamente sinalizada.

29.3.5.15. Os aparelhos de içar e os acessórios de estivagem, devem trazer, de modo preciso e de fácil visualização, a indicação de sua carga máxima admissível.

29.3.5.16. Todo aparelho de içar deve ter afixado no interior de sua cabine tabela de carga que possibilite ao operador o conhecimento da carga máxima em todas as suas condições de uso.

29.3.5.17. Todo equipamento de guindar deve emitir sinais sonoros e luminosos, durante seus deslocamentos.

29.3.5.18. Os guindastes sobre trilhos devem dispor de suportes de prevenção de tombamento.

29.3.5.18.1. Todo equipamento de guindar sobre trilhos deve ser dotado de sistema de frenagem e ancoragem a fim de evitar o seu deslocamento acidental pela ação do vento. *(Inserido pela Portaria MTE n. 1.895, de 9 de dezembro de 2013)*

29.3.5.18.2. No Plano de Controle de Emergência — PCE da instalação portuária devem constar todas as medidas aplicáveis para prevenir acidentes pela ação do vento, sendo obedecidos os limites operacionais recomendados pelo fabricante do equipamento de guindar. *(Inserido pela Portaria MTE n. 1.895, de 9 de dezembro de 2013)*

29.3.5.19. Os equipamentos de guindar quando não utilizados devem ser desligados e fixados em posição que não ofereça riscos aos trabalhadores e à operação portuária.

29.3.5.20. Toda embarcação deve conservar a bordo os planos de enxárcia/equipamento fixo, e todos os outros documentos necessários para possibilitar a enxárcia correta dos mastros de carga e de seus acessórios que devem ser apresentados quando solicitados pela inspeção do trabalho.

29.3.5.21. No caso de acidente envolvendo guindastes de bordo, paus de carga, cábreas de bordo e similares, em que ocorram danos nos equipamentos que impeçam sua operação, estes não poderão reiniciar os trabalhos até que os reparos e testes necessários sejam feitos em conformidade com os padrões ditados pela Sociedade Classificadora do navio.

29.3.5.22. Os acessórios de estivagem e demais equipamentos portuários devem ser mantidos em perfeito estado de funcionamento e serem vistoriados pela pessoa responsável, antes do início dos serviços.

29.3.5.23. Lingas descartáveis não devem ser reutilizadas, sendo inutilizadas imediatamente após o uso.

29.3.5.24. Os ganchos de içar devem dispor de travas de segurança em perfeito estado de conservação e funcionamento.

29.3.5.25. É obrigatória a observância das condições de utilização, dimensionamento e conservação de cabos de aço, anéis de carga, manilhas e sapatilhos para cabos de aço utilizados nos acessórios de estivagem, nas lingas e outros dispositivos de levantamento que formem parte integrante da carga, conforme o disposto nas normas técnicas da ABNT: NBR ISSO 2408:2008 versão corrigida 2009 (Cabos de aço para uso geral — Requisitos mínimos). NBR 11900/91 (Terminal para cabo de aço — Parte 3: Olhal com presilha, 2408:2008 versão corrigida 2009 (Cabos de aço para uso geral — Requisitos mínimos), ABNT NBR ISO 16798:2006 versão corrigida 2007 (Anel de carga Grau 8 para uso em lingas), ABNT NBR 13541-2:2012 (Linga de cabo de aço — Parte 2: Utilização e inspeção), NBR 13544/95 (Movimentação de Carga — Sapatilho para Cabo de Aço) NBR 13545/95 (Movimentação de Carga — Manilha), e alterações posteriores. *(Alterado pela Portaria MTE n. 1.895, de 9 de dezembro de 2013)*

29.3.6. Lingamento e deslingamento de cargas.

29.3.6.1. O operador de equipamento de guindar deve certificar-se, de que os freios segurarão o peso a ser transportado.

29.3.6.2. Todos os carregamentos devem lingar-se na vertical do engate do equipamento de guindar, observando-se em especial:

a) o impedimento da queda ou deslizamento parcial ou total da carga;

b) de que nas cargas de grande comprimento como tubos, perfis metálicos, tubulões, tábuas e outros, sejam usadas no mínimo 2 (duas) lingas/estropos ou através de uma balança com dois ramais;

c) de que o ângulo formado pelos ramais das lingas/estropos não excedam a 120º (cento e vinte graus), salvo em casos especiais;

d) de que as lingas/estropos, estrados, paletes, redes e outros acessórios tenham marcada sua capacidade de carga de forma bem visível.

29.3.6.3. Nos serviços de lingamento e deslingamento de cargas sobre veículos com diferença de nível, é obrigatório o uso de plataforma de trabalho segura do lado contrário ao fluxo de cargas. Nos locais em que não exista espaço disponível, será utilizada escada.

29.3.6.4. É proibido o transporte de materiais soltos sobre a carga lingada.

29.3.6.4. É proibido o transporte de trabalhadores em empilhadeiras e similares, exceto em operações de resgate e salvamento.

29.3.6.5. A movimentação aérea de cargas deve ser necessariamente orientada por sinaleiro devidamente habilitado.

29.3.6.5.1. O sinaleiro deve ser facilmente destacável das demais pessoas na área de operação pelo uso de coletes de cor diferenciada.

29.3.6.5.2. Nas operações noturnas o mesmo deve portar luvas de cor clara e colete, ambos com aplicações de material refletivo.

29.3.6.5.3. O sinaleiro deve localizar-se de modo que possa visualizar toda área de operação da carga e ser visto pelo operador do equipamento de guindar. Quando estas condições não puderem ser atendidas deverá ser utilizado um sistema de comunicação bilateral.

29.3.6.5.4. O sinaleiro deve receber treinamento adequado para aquisição de conhecimento do código de sinais de mão nas operações de guindar.

29.3.7. Operações com contêineres.

29.3.7.1. Na movimentação de carga e descarga de contêiner é obrigatório o uso de quadro posicionador dotado de travas de acoplamento acionadas mecanicamente, de maneira automática ou manual, com dispositivo visual indicador da situação de travamento e dispositivo de segurança que garanta o travamento dos quatro cantos.

29.3.7.2. No caso de contêineres fora de padrão, avariados ou em condições que impeçam os procedimentos do subitem 29.3.7.1, será permitida a movimentação por outros métodos seguros, sob a supervisão direta do responsável pela operação.

29.3.7.3. Nos casos em que a altura de empilhamento dos containeres for superior a 2 (dois) de alto, ou 5 m (cinco metros), quando necessário e exclusivamente para o transporte de trabalhadores dos conveses para os containeres e vice-versa, deve ser empregada gaiola especialmente construída para esta finalidade, com capacidade máxima de dois trabalhadores, dotada de guarda-corpo e de dispositivo para acoplamento do cinto de segurança. Esta operação deve ser realizada com o uso de um sistema de rádio que propicie comunicação bilateral adequada.

29.3.7.4. O trabalhador que estiver sobre o contêiner deve estar em comunicação visual e utilizar-se de meios de radiocomunicação com sinaleiro e o operador de guindaste, os quais deverão obedecer unicamente as instruções formuladas pelo trabalhador.

29.3.7.4.1. Não é permitida a permanência de trabalhador sobre contêiner quando este estiver sendo movimentado.

29.3.7.5. A abertura de contêineres contendo cargas perigosas deve ser efetuada por trabalhador usando EPI adequado ao risco.

29.3.7.5.1. Quando houver em um mesmo contêiner, cargas perigosas e produtos inócuos, prevalecem as recomendações de utilização de EPI adequado à carga perigosa.

29.3.7.6. Todos os contêineres que cheguem a um porto organizado, instalações portuárias de uso privativo, ou retroportuários para serem movimentados, devem estar devidamente certificados, de acordo com a Convenção de Segurança para Contêineres — CSC da Organização Marítima Internacional — OMI.

29.3.7.7. Todo contêiner que requeira uma inspeção detalhada, deve ser retirado de sua pilha e conduzido a uma zona reservada especialmente para esse fim, que disponha de meios de acesso seguros, tais como plataformas ou escadas fixas.

29.3.7.8. Os trabalhadores devem utilizar-se de hastes guia ou de cabos, com a finalidade de posicionar o contêiner quando o mesmo for descarregado sobre veículo.

29.3.7.9. Cada porto organizado, instalação portuária de uso privativo e retroportuária deve dispor de um regulamento próprio, estabelecendo ações coordenadas a serem adotadas na ocorrência de condições ambientais adversas.

29.3.7.10. Nas operações com contêineres devem ser adotadas as seguintes medidas de segurança:

a) movimentá-los somente após o trabalhador haver descido do mesmo;

b) instruir o trabalhador quanto às posturas ergonômicas e seguras nas operações de estivagem, desestivagem, fixação e movimentação de contêiner;

c) obedecer a sinalização e rotulagem dos contêineres quanto aos riscos inerentes a sua movimentação.

d) instruir trabalhador sobre o significado das sinalizações e das rotulagens de risco de contêineres, bem como dos cuidados e medidas de prevenção a serem observados.

29.3.8. Operações com granéis secos.

29.3.8.1. Durante as operações devem ser adotados procedimentos que impeçam a formação de barreiras que possam por em risco a segurança dos trabalhadores.

29.3.8.2. Quando houver risco de queda ou deslizamento volumoso durante a carga ou descarga de granéis secos, nenhum trabalhador deve permanecer no interior do porão e outros recintos similares.

29.3.8.2.1. A avaliação específica de risco de queda de barreiras ou deslizamento de cargas de granel sólido armazenadas em porões deve ser efetuada pela pessoa responsável, considerando-se, obrigatoriamente, o ângulo de repouso do produto, conforme estabelecido na ficha do produto constante no Código Marítimo Internacional para Cargas Sólidas a Granel (IMSBC), da IMO. *(Inserido pela Portaria MTE n. 1.080, de 16 de julho de 2014)*

29.3.8.3. Nas operações com pá mecânica no interior do porão, ou armazém, na presença de aerodispersóides, o operador deve estar protegido por cabine resistente, fechada, dotada de ar condicionado, provido de filtro contra pó em seu sistema de captação de ar.

29.3.8.4. Nas operações com uso de caçambas, "grabs", moegas e pás carregadeiras, a produção de pó, derrames e outros incidentes, deve ser evitada com as seguintes medidas: *(Alterado pela Portaria MTE n. 1.895, de 9 de dezembro de 2013)*

a) umidificação da carga, caso sua natureza o permita;

b) manutenção periódica das caçambas, "grabs", moegas e pás carregadeiras; *(Alterada pela Portaria MTE n. 1.895, de 9 de dezembro de 2013)*

c) carregamento adequado das pás carregadeiras, evitando a queda do material por excesso;

d) abertura das caçambas ou basculamento de pás carregadeiras, na menor altura possível, quando da descarga;

e) estabilização de caçambas, moegas e pás carregadeiras, em sua posição de descarga, até que estejam totalmente vazias; *(Alterada pela Portaria MTE n. 1.895, de 9 de dezembro de 2013)*

f) utilização de adaptadores apropriados ao veículo terrestre, com bocas de descarga e vedações em material flexível, lonas, mantas de plásticos e outros, sempre que a descarga se realize diretamente de navio para caminhão, vagão ou solo;

g) utilização de proteção na carga e descarga de granéis, que garanta o escoamento do material que caia no percurso entre porão e costado do navio, para um só local no cais.

29.3.8.5. Veículos e vagões transportando granéis sólidos devem estar cobertos, para trânsito e estacionamento em área portuária.

29.3.8.6. A moega ou funil utilizado no descarregamento de granéis sólidos deve ser vistoriado anualmente, devendo o responsável técnico emitir um laudo, acompanhado da respectiva Anotação de Responsabilidade Técnica no CREA, que comprove que a estrutura está em condições operacionais para suportar as tensões de sua capacidade máxima de carga de trabalho seguro, de acordo com seu projeto construtivo. *(Inserido pela Portaria MTE n. 1.080, de 16 de julho de 2014)*

29.3.8.6.1. No caso de incidentes, avarias ou reformas nos equipamentos, estes somente podem iniciar seus trabalhos após nova vistoria, obedecido o disposto no subitem 29.3.8.6. *(Inserido pela Portaria MTE n. 1.080, de 16 de julho de 2014)*

29.3.8.6.2. Toda moega/funil deve apresentar de forma legível sua capacidade máxima de carga e seu peso bruto. *(Inserido pela Portaria MTE n. 1.080, de 16 de julho de 2014)*

29.3.8.6.3. A moega ou funil deve oferecer as seguintes condições de trabalho ao operador:

(Inserido pela Portaria MTE n. 1.080, de 16 de julho de 2014 — prazo:24 meses)

a) possuir cabine fechada que impeça a exposição do trabalhador à poeira e às intempéries;

b) possuir janela de material transparente e resistente ao vento, à chuva e à vibração;

c) possuir ar condicionado mantido em bom estado de funcionamento;

d) possuir escadas de acesso à cabine e parte superior dotadas de corrimão e guarda-corpo;

e) ter as instalações elétricas em bom estado, devidamente aterradas e protegidas;

f) possuir assento ergonômico de acordo com a NR-17.

29.3.8.6.3.1. Moegas e funis operados de modo remoto ficam dispensados do disposto no subitem 29.3.8.6.3. *(Inserido pela Portaria MTE n. 1.080, de 16 de julho de 2014)*

29.3.9. Transporte, movimentação, armazenagem e manuseio de materiais.

29.3.9.1. Cada porto organizado e instalação portuária de uso privativo, deve dispor de um regulamento próprio que discipline a rota de trafego de veículos, equipamentos, ciclistas e pedestres, bem como a movimentação de cargas no cais, plataformas, pátios, estacionamentos, armazéns e de mais espaços operacionais.

29.3.9.1.1. Cada porto organizado, terminal privativo e terminal retroportuário deve dispor de sinalização adequada, que esteja contida em regulamento próprio, tais como sinalização vertical, horizontal, com dispositivos e sinalização auxiliares, semafórica, por gestos, sonora, visando à adequação do trânsito de pedestres, tráfego de veículos, armazenamento de carga, posicionamento de equipamentos fixos e móveis, a fim de preservar a segurança dos trabalhadores envolvidos nas diversas atividades executadas nestas áreas. *(Inserido pela Portaria MTE n. 1.080, de 16 de julho de 2014)*

29.3.9.2. Os veículos automotores utilizados nas operações portuárias que trafeguem ou estacionem na área do porto organizado e instalações portuárias de uso privativo devem possuir sinalização sonora e luminosa adequada para as manobras de marcha-a-ré.

29.3.9.3. As cargas transportadoras por caminhões ou carretas devem estar peadas ou fixas de modo a evitar sua queda acidental.

29.3.9.3.1. Nos veículos cujas carrocerias tenham assoalho, este deve estar em perfeita condições de uso e conservação.

29.3.9.4. As pilhas de cargas ou materiais devem distar, pelo menos, de 1,50 m (um metro e cinquenta centímetros) das bordas do cais.

29.3.9.5. Embalagens com produtos perigosos não devem ser movimentadas com equipamentos inadequados que possam danificá-las.

29.3.9.6. Segurança em Armazéns e Silos. *(Inserido pela Portaria MTE n. 1.080, de 16 de julho de 2014)*

29.3.9.6.1. Os armazéns e silos onde houver o trânsito de pessoas devem dispor de sinalização horizontal em seu piso, demarcando área de segurança, e sinalização vertical que indique outros riscos existentes no local. *(Inserido pela Portaria MTE n. 1.080, de 16 de julho de 2014)*

29.3.9.6.2. Toda instalação portuária que tenha em sua área de abrangência local onde uma atmosfera explosiva de gás, vapor, névoa e/ou poeira combustível esteja presente, ou possa estar presente, deve dispor de regulamento interno que estabeleça normas de segurança para a entrada e permanência de pessoas nestes locais, liberação para serviços a quente como solda elétrica ou corte a maçarico (oxiacetileno), circuito elétrico e iluminação classificado para este tipo de área e sistema de aterramento que controle a energia estática, devendo ainda comprovar com documentação a efetiva execução das recomendações de segurança para o controle dos riscos de explosões e incêndios. *(Inserido pela Portaria MTE n. 1.080, de 16 de julho de 2014)*

29.3.10. Segurança nos trabalhos de limpeza e manutenção nos portos e embarcações.

29.3.10.1. Na limpeza de tanques de carga, óleo ou lastro de embarcações que contenham ou tenham contido produtos tóxicos, corrosivos e/ou inflamáveis, é obrigatório:

a) a vistoria antecipada do local por pessoa responsável, com atenção especial no monitoramento dos percentuais de oxigênio e de explosividade da mistura no ambiente;

b) o uso de exaustores, cujos dutos devem prolongar-se até o convés, para a eliminação de resíduos tóxicos;

c) o trabalho ser realizado em dupla, portando o observador um cabo de arrasto conectado ao executante;

d) o uso de aparelhos de iluminação e acessórios cujas especificações sejam adequadas à área classificada;

e) não fumar ou portar objetos que produzam chamas, centelhas ou faíscas;

f) o uso de equipamentos de ar mandado ou autônomo em ambientes com ar rarefeito ou impregnados por substâncias tóxicas;

g) depositar em recipientes adequados as estopas e trapos usados, com óleo, graxa, solventes ou similares para serem retirados de bordo logo após o término do trabalho;

29.3.10.1.1. As determinações do item anterior aplicam-se também, nos locais confinados ou de produtos tóxicos ou inflamáveis.

29.3.10.2. São vedados os trabalhos simultâneos de reparo e manutenção com os de carga e descarga, que prejudiquem a saúde e a integridade física dos trabalhadores.

29.3.10.3. Nas pinturas, raspagens, apicoamento de ferragens e demais reparos em embarcações, é recomendada onde couber a proteção dos trabalhadores através de:

a) andaimes com guarda-corpos ou, preferencialmente, com cadeiras suspensas;

b) uso de cinturão de segurança do tipo pára-quedista, fixado em cabo paralelo à estrutura donavio;

c) uso dos demais EPI necessários;

d) uso de colete salva-vidas aprovados pela DPC;

e) interdição quando necessário, da área abaixo desses serviços.

29.3.11. Recondicionamento de embalagens

29.3.11.1. Os trabalhos de recondicionamento de embalagens, nos quais haja risco de danos à saúde e a integridade física dos trabalhadores, deve ser efetuada em local fora da área de movimentação de carga. Quando isto não for possível, a operação no local será interrompida até a conclusão do reparo.

29.3.11.2. No recondicionamento de embalagens com cargas perigosas, a área deve ser vistoriada, previamente, por pessoa responsável, que definirá as medidas de proteção coletiva e individual necessárias.

29.3.12. Segurança nos serviços do vigia de portaló.

29.3.12.1. No caso do portaló não possuir proteção para o vigia se abrigar das intempéries, aplicam-se as disposições da NR-21 (Trabalho a Céu Aberto) – itens 21.1 e 21.2 .

29.3.12.2. Havendo movimentação de carga sobre o portaló ou outros postos onde deva permanecer um vigia portuário, este se posicionará fora dele, em local seguro.

29.3.12.3. Deve ser fornecido ao vigia assento com encosto, com forma levemente adaptada ao corpo para a proteção da região lombar.

29.3.13. Sinalização de segurança dos locais de trabalho portuários.

29.3.13.1. Os riscos nos locais de trabalho, tais como: faixa primária, embarcações, abertura de acesso aos porões, conveses, escadas, olhais, estações de força e depósitos de cargas devem ser sinalizados conforme NR-26 (Sinalização de Segurança).

29.3.13.2. Quando a natureza do obstáculo exigir, a sinalização incluirá iluminação adequada.

29.3.13.3. As vias de trânsito de veículos ou pessoas nos recintos e áreas portuárias, com especial atenção na faixa primária do porto, em plataformas, rampas, armazéns e pátios devem ser sinalizadas, aplicando-se o Código Nacional de Trânsito do Ministério da Justiça e NR-26 (Sinalização de Segurança) no que couber.

29.3.14. Iluminação dos locais de trabalho.

29.3.14.1. Os porões, passagens de trabalhadores e demais locais de operação, devem ter níveis adequados de iluminamento, obedecendo ao que estabelece a NR-17 (Ergonomia). Não sendo permitido níveis inferiores a 50 lux.

29.3.14.2. Os locais iluminados artificialmente devem ser dotados de pontos de iluminação de forma que não provoquem ofuscamento, reflexos, incômodos, sombras e contrastes excessivos aos trabalhadores, em qualquer atividade.

29.3.15. Transporte de trabalhadores por via aquática.

29.3.15.1. As embarcações que fizerem o transporte de trabalhadores, devem observar as normas de segurança estabelecidas pela autoridade marítima.

29.3.15.2. Os locais de atracação sejam fixos ou flutuantes, para embarque e desembarque de trabalhadores, devem possuir dispositivos que garantam o transbordo seguro.

29.3.16. Locais frigorificados.

29.3.16.1. Nos locais frigorificados é proibido o uso de máquinas e equipamentos movidos a combustão interna.

29.3.16.2. A jornada de trabalho em locais frigorificados deve obedecer a seguinte tabela:

Tabela 1

Faixa de Temperatura de Bulbo Seco (°C)	Máxima Exposição Diária Permissível para Pessoas Adequadamente Vestidas para Exposição ao Frio
+15,0 a -17,9 * +12,0 a -17,9 ** +10,0 a -17,9 ***	Tempo total de trabalho no ambiente frio de 6 horas e 40 minutos, sendo quatro períodos de 1 hora e 40 minutos alternados com 20 minutos de repouso e recuperação térmica fora do ambiente de trabalho.
-18,0 a -33,9	Tempo total de trabalho no ambiente frio de 4 horas alternando-se 1 hora de trabalho com 1 hora para recuperação térmica fora do ambiente frio.
-34,0 a -56,9	Tempo total de trabalho no ambiente frio de 1 hora, sendo dois períodos de 30 minutos com separação mínima de 4 horas para recuperação térmica fora do ambiente frio.
-57,0 a -73,0	Tempo total de trabalho no ambiente frio de 5 minutos sendo o restante da jornada cumprida obrigatoriamente fora de ambiente frio.
Abaixo de -73,0	Não é permitida a exposição ao ambiente frio, seja qual for a vestimenta utilizada.

(*) faixa de temperatura válida para trabalhos em zona climática quente, de acordo com o mapa oficial do IBGE.

(**) faixa de temperatura válida para trabalhos em zona climática sub-quente, de acordo com o mapa oficial do IBGE.

(***) faixa de temperatura válida para trabalhos em zona climática mesotérmica, de acordo com o mapa oficial do IBGE.

29.4. CONDIÇÕES SANITÁRIAS E DE CONFORTO NOS LOCAIS DE TRABALHO

29.4.1. As instalações sanitárias, vestiários, refeitórios, locais de repouso e aguardo de serviços devem ser mantidos pela administração do porto organizado, pelo titular da instalação portuária de uso privativo e retroportuária, conforme o caso, e observar o disposto na NR-24 condições sanitárias e de conforto nos locais de trabalho.

29.4.1.1. Toda instalação portuária deve ser dotada de local para aguardo de serviço que deve: *(Inserido pela Portaria MTE n. 1.080, de 16 de julho de 2014)*

a) ter paredes em alvenaria ou material equivalente;

b) ter piso em concreto cimentado ou material equivalente;

c) ter cobertura que proteja contra as intempéries;

d) possuir área de ventilação natural, composta por, no mínimo, duas aberturas adequadamente dispostas para permitir eficaz ventilação interna;

e) garantir condições de conforto térmico, acústico e de iluminação;

f) ter assentos em número suficiente para atender aos usuários durante a sua pausa na jornada de trabalho;

g) ter pé direito de 2,40m ou respeitando-se o que determinar o código de obras do município;

h) possuir proteção contra riscos de choque elétrico e aterramento elétrico;

i) ser identificado de forma visível, sendo proibida sua utilização para outras finalidades;

j) ser mantido em perfeito estado de conservação e limpeza.

29.4.1.2. Toda instalação portuária deve ser dotada de um local de repouso, destinado aos trabalhadores que operem equipamentos portuários de grande porte, ou àqueles cuja análise ergonômica exija que o trabalhador tenha períodos de descansos intrajornadas. *(Inserido pela Portaria MTE n. 1.080, de 16 de julho de 2014 – prazo: 6 meses)*

29.4.1.2.1. O local de repouso deve ser climatizado, dotado de isolamento acústico eficiente e mobiliário apropriado ao descanso dos usuários. *(Inserido pela Portaria MTE n. 1.080, de 16 de julho de 2014)*

29.4.2. As instalações sanitárias devem estar situadas à distância máxima de 200 m (duzentos metros) dos locais das operações portuárias.

29.4.3. As embarcações devem oferecer aos trabalhadores em operação a bordo, instalações sanitárias, com gabinete sanitário e lavatório, em boas condições de higiene e funcionamento. Quando não for possível este atendimento, o operador portuário deverá dispor, a bordo, de instalações sanitárias móveis, similares às descritas (WC — Químico).

29.4.4. O transporte de trabalhadores ao longo do porto deve ser feito através de meios seguros.

29.5. PRIMEIROS SOCORROS E OUTRAS PROVIDÊNCIAS

29.5.1. Todo porto organizado, instalação portuária de uso privativo e retroportuária deve dispor de serviço de atendimento de urgência, próprio ou terceirizado, mantido pelo OGMO ou empregadores, possuindo equipamentos e pessoal habilitado a prestar os primeiros socorros e prover a rápida e adequada remoção de acidentado.

29.5.2. Para o resgate de acidentado em embarcações atracadas devem ser mantidas, próximas a estes locais de trabalho, gaiolas e macas em bom estado de conservação e higiene, não podendo ser utilizadas para outros fins. *(Alterado pela Portaria MTE n. 1.895, de 9 de dezembro de 2013)*

29.5.3. Nos trabalhos executados em embarcações ao largo deve ser garantida comunicação eficiente e meios para, em caso de acidente, prover a rápida remoção do acidentado, devendo os primeiros socorros serem prestados por trabalhador treinado para este fim.

29.5.4. No caso de acidente a bordo em que haja morte, perda de membro, função orgânica ou prejuízo de grande monta, o responsável pela embarcação deve comunicar, imediatamente, à Capitania dos Portos, suas Delegacias e Agências e ao órgão regional do MTE.

29.5.4.1. O local do acidente deve ser isolado, estando a embarcação impedida de suspender (zarpar) até que seja realizada a investigação do acidente por especialistas desses órgãos e posterior liberação do despacho da embarcação pela Capitania dos Portos, suas Delegacias ou Agência.

29.5.4.2. Estando em condições de navegabilidade e não trazendo prejuízos aos trabalhos de investigação do acidente e a critério da Capitania dos Portos, suas Delegacias e Agências, o navio poderá ser autorizado a deslocar-se do berço de atracação para outro local, onde será concluída a análise do acidente.

29.6. OPERAÇÕES COM CARGAS PERIGOSAS

29.6.1. Cargas perigosas são quaisquer cargas que, por serem explosivas, gases comprimidos ou liquefeitos, inflamáveis, oxidantes, venenosas, infecciosas, radioativas, corrosivas ou poluentes, possam representar riscos aos trabalhadores e ao ambiente.

29.6.1.1. O termo cargas perigosas inclui quaisquer receptáculos, tais como tanques portáteis, embalagens, contentores intermediários para graneis (IBC) e contêineres-tanques que tenham anteriormente contido cargas perigosas e estejam sem a devida limpeza e descontaminação que anulem os seus efeitos prejudiciais.

29.6.1.2. As cargas perigosas embaladas ou a granel, serão abrangidas conforme o caso, por uma das convenções ou códigos internacionais publicados da OMI, constantes do Anexo IV.

29.6.2. As cargas perigosas se classificam de acordo com tabela de classificação contida no Anexo V desta NR.

29.6.2.1. Deve ser instalado um quadro obrigatório contendo a identificação das classes e tipos de produtos perigosos, em locais estratégicos, de acordo com os símbolos padronizados pela OMI, conforme Anexo VI.

29.6.3. Obrigações e competências

29.6.3.1. Do armador ou seu preposto

29.6.3.1.1. O armador ou seu preposto, responsável pela embarcação que conduzir cargas perigosas embaladas destinadas ao porto organizado e instalação portuária de uso privativo, dentro ou fora da área do porto organizado, ainda que em trânsito, deverá enviar à administração do porto e ao OGMO, pelo menos 24 h (vinte e quatro horas) antes da chegada da embarcação, a documentação contendo: *(Alterado pela Portaria MTE n. 1.080, de 16 de julho de 2014)*:

a) declaração de mercadorias perigosas conforme o Código Marítimo Internacional de Mercadorias Perigosas — código IMDG, com as seguintes informações, conforme modelo do Anexo VII.

I — nome técnico das substâncias perigosas, classe e divisão de risco;

II — número ONU — número de identificação das substâncias perigosas estabelecido pelo Comitê das Nações Unidas e grupo de embalagem;

III — ponto de fulgor, e quando aplicável, temperatura de controle e de emergência dos líquidos inflamáveis;

IV — quantidade e tipo de embalagem da carga;

V — identificação de carga como poluentes marinhos;

b) ficha de emergência da carga perigosa, em português, contendo, no mínimo, as informações constantes do modelo do Anexo VIII; *(Alterada pela Portaria MTE n. 1.080, de 16 de julho de 2014)*

c) indicação das cargas perigosas — qualitativa e quantitativamente — segundo o código IMDG, informando as que serão descarregadas no porto e as que permanecerão a bordo, com sua respectiva localização.

29.6.3.2. Do exportador e seu preposto.

29.6.3.2.1. Na movimentação de carga perigosa embalada para exportação, o exportador ou seu preposto deve fornecer à administração do porto e ao OGMO, a documentação de que trata o subitem 6.3.1.1 com antecedência mínima de 48 h (quarenta e oito horas) do embarque.

29.6.3.3. Do responsável pela embarcação com cargas perigosas.

29.6.3.3.1. Durante todo o tempo de atracação de uma embarcação com carga perigosa no porto, o seu comandante deve adotar os procedimentos contidos no seu plano de controle de emergências o qual, entre outros, deve assegurar:

a) manobras de emergência, reboque ou propulsão;

b) manuseio seguro de carga e lastro;

c) controle de avarias.

29.6.3.3.2. O comandante deve informar imediatamente à administração do porto e ao operador portuário, qualquer incidente ocorrido com as cargas perigosas que transporta, quer na viagem, quer durante sua permanência no porto.

29.6.3.4. Cabe à administração do porto:

a) divulgar à guarda portuária toda a relação de cargas perigosas recebida do armador ou seu preposto;

b) manter em seu arquivo literatura técnica referente às cargas perigosas, devidamente atualizada;

c) criar e coordenar o Plano de Controle de Emergência (PCE);

d) participar do Plano de Ajuda Mútua (PAM);

29.6.3.5. Cabe ao OGMO, titular de instalação portuária de uso privativo ou empregador: *(Alterado pela Portaria MTE n. 1.080, de 16 de julho de 2014)*

a) enviar, aos sindicatos dos trabalhadores envolvidos com a operação, cópia da documentação de que trata os subitens 29.6.3.1.1, alíneas 'b' e 'c', e 29.6.3.2.1 desta NR, com antecedência mínima de 24 h (vinte e quatro horas) do início da operação; *(Alterada pela Portaria MTE n. 1.080, de 16 de julho de 2014)*

b) instruir o trabalhador portuário, envolvido nas operações com cargas perigosas, quanto aos riscos existentes e cuidados a serem observados durante o manejo, movimentação, estiva e armazenagem nas zonas portuárias;

c) participar da elaboração e execução do PCE;

d) responsabilizar-se pela adequada proteção de todo o pessoal envolvido diretamente com a operação;

e) supervisionar o uso dos equipamentos de proteção específicos para a carga perigosa manuseada;

29.6.3.6. Cabe ao trabalhador:

a) habilitar-se por meio de cursos específicos, oferecidos pelo OGMO, titular de instalação portuária de uso privativo ou empregador, para operações com carga perigosa;

b) comunicar ao responsável pela operação as irregularidades observadas com as cargas perigosas;

c) participar da elaboração e execução do PCE e PAM;

d) zelar pela integridade dos equipamentos fornecidos e instalações;

e) fazer uso adequado dos EPI e EPC fornecidos.

29.6.4. Nas operações com cargas perigosas devem ser obedecidas as seguintes medidas gerais de segurança:

a) somente devem ser manipuladas, armazenadas e estivadas as substâncias perigosas que estiverem embaladas, sinalizadas e rotuladas de acordo com o código marítimo internacional de cargas perigosas (IMDG);

b) as cargas relacionadas abaixo devem permanecer o tempo mínimo necessário próximas às áreas de operação de carga e descarga:

I — explosivos em geral;

II — gases inflamáveis (classe 2.1) e venenosos (classe 2.3);

III — radioativos;

IV — chumbo tetraetila;

V — poliestireno expansível;

VI — perclorato de amônia, e

VII — mercadorias perigosas acondicionadas em contêineres refrigerados;

c) as cargas perigosas devem ser submetidas a cuidados especiais, sendo observadas, dentre outras, as providências para adoção das medidas constantes das fichas de emergências a que se refere o subitem 29.6.3.1.1 alínea "b" desta NR, inclusive aquelas cujas embalagens estejam avariadas ou que estejam armazenadas próximas a cargas nessas condições;

d) é vedado lançar na água, direta ou indiretamente, poluentes resultantes dos serviços de limpeza e trato de vazamento de carga perigosa.

29.6.4.1. Nas operações com explosivos — Classe 1:

a) limitar a permanência de explosivos nos portos ao tempo mínimo necessário;

b) evitar a exposição dos explosivos aos raios solares;

c) manipular em separado as distintas divisões de explosivos, salvo nos casos de comprovada compatibilidade;

d) adotar medidas de proteção contra incêndio e explosões no local de operação, incluindo proibição de fumar e o controle de qualquer fonte de ignição ou de calor;

e) impedir o abastecimento de combustíveis na embarcação, durante essas operações;

f) proibir a operação com explosivos sob condições atmosféricas adversas à carga;

g) utilizar somente aparelhos e equipamentos cujas especificações sejam adequadas ao risco;

h) estabelecer zona de silêncio na área de manipulação — proibição do uso de transmissor de rádio, telefone celular e radar — exceto por permissão de pessoa responsável;

i) proibir a realização de trabalhos de reparos nas embarcações atracadas, carregadas com explosivos ou em outras, a menos de 40 m (quarenta metros) dessa embarcação; e

j) determinar que os explosivos sejam as últimas cargas a embarcar e as primeiras a desembarcar.

29.6.4.2. Operações com gases e líquidos inflamáveis — Classes 2 e 3.

a) adotar medidas de proteção contra incêndio e explosões, incluindo especialmente a proibição de fumar, o controle de qualquer fonte de ignição e de calor, os aterramentos elétricos necessários, bem como a utilização dos equipamentos elétricos adequados à área classificada;

b) depositar os recipientes de gases em lugares arejados e protegidos dos raios solares;

c) utilizar os capacetes protetores das válvulas dos cilindros durante, a movimentação a fim de protegê-las contra impacto ou tensão;

d) prevenir impactos e quedas dos recipientes nas plataformas do cais, nos armazéns e porões;

e) segregar, em todas as etapas das operações, os gases, líquidos inflamáveis e tóxicos dos produtos alimentícios e das demais classes incompatíveis;

f) observar as seguintes recomendações, nas operações com gases e líquidos inflamáveis, sem prejuízo do disposto na NR-16 (Atividades e Operações Perigosas) e NR-20 (Líquidos Combustíveis e Inflamáveis):
I — isolar a área a partir do ponto de descarga durante as operações;

II — manter a fiação e terminais elétricos com isolamento perfeito e com os respectivos tampões, inclusive os instalados nos guindastes;

III — manter os guindastes totalmente travados, tanto no solo como nas superestruturas;

IV — realizar inspeções visuais e testes periódicos nos mangotes, mantendo-as em boas condições de uso operacional;

V — fiscalizar permanentemente a operação, paralisando-a sob qualquer condição de anormalidade operacional;

VI — alojar, nos abrigos de material de combate a incêndio, os equipamentos necessários ao controle de emergências;

VII — instalar na área delimitada, durante a operação e em locais de fácil visualização, placas em fundo branco, com os seguintes dizeres pintados em vermelho refletivo: NÃO FUME — NO SMOKING; NÃO USE LÂMPADAS DESPROTEGIDAS — NO OPEN LIGHTS;

VII —. instalar na área delimitada da faixa do cais, onde se encontram as tomadas e válvulas de gases e líquidos inflamáveis, placa com fundo branco, pintadas em vermelho refletivo e em local de fácil visualização, com os dizeres: NÃO FUME — NO SMOKING; NÃO USE LÂMPADAS DESPROTEGIDAS — NO OPEN LIGHTS.

g) manter os caminhões-tanques usados nas operações com inflamáveis líquidos a granel em conformidade com a legislação sobre transporte de produtos perigosos.

29.6.4.3. Operações com sólidos e outras substâncias inflamáveis — Classe 4.

a) adotar medidas preventivas para controle não somente do risco principal, como também dos riscos secundários, como toxidez e corrosividade, encontrados em algumas substâncias desta classe;

b) adotar as práticas de segurança, relativas as cargas sólidas a granel, que constam do suplemento ao código IMDG;

c) utilizar medidas de proteção contra incêndio e explosões, incluindo especialmente a proibição de fumar e o controle de qualquer fonte de ignição e de calor;

d) adotar medidas que impeçam o contato da água com substâncias das subclasses 4.2 substâncias sujeitas a combustão espontânea e 4.3- substâncias perigosas em contato com a água;

e) adotar medidas que evitem a fricção e impactos com a carga;

f) ventilar o local de operação que contém ou conteve substâncias da classe 4, antes dos trabalhadores terem acesso ao mesmo. No caso de concentração de gases, os trabalhadores que adentrem neste espaço devem portar aparelhos de respiração autônoma, cintos de segurança com dispositivos de engate, travamento e cabo de arrasto;

g) monitorar, antes e durante a operação de descarga de carvão ou pré-reduzidos de ferro, a temperatura do porão e a presença de hidrogênio ou outros gases no mesmo, para as providências devidas.

29.6.4.4. Operações com substâncias oxidantes e peróxidos orgânicos — Classe 5.

a) adotar medidas de segurança contra os riscos específicos desta classe e os secundários, como corrosão e toxidez, que ela possa apresentar;

b) adotar medidas que impossibilitem o contato das substâncias dessa classe com os materiais ácidos, óxidos metálicos e aminas;

c) monitorar e controlar a temperatura externa, até seu limite máximo, dos tanques que contenham peróxidos orgânicos;

d) adotar medidas de proteção contra incêndio e explosões, incluindo especialmente a proibição de fumar e o controle de qualquer fonte de ignição e de calor.

29.6.4.5. Nas operações com substâncias tóxicas e infectantes — Classe 6.

a) segregar substâncias desta classe dos produtos alimentícios;

b) manipular cuidadosamente as cargas, especialmente aquelas simultaneamente tóxicas e inflamáveis;

c) restringir o acesso à área operacional e circunvizinhas, somente ao pessoal envolvido nas operações;

d) dispor de conjuntos adequados de EPC e EPI, para o caso de avarias ou na movimentação de graneis da Classe 6;

e) dispor, no local das operações, de sacos com areia limpa e seca ou similares, para absorver e conter derramamentos;

f) proibir a participação de trabalhadores, na manipulação destas cargas, principalmente da Classe 6.2 — substâncias infectantes, quando portadores de erupções, úlceras ou cortes na pele;

g) proibir comer, beber ou fumar na área operacional e nas proximidades;

29.6.4.6. Nas operações com materiais radioativos — Classe 7:

a) exigir que as embarcações de bandeira estrangeira que transportem materiais radioativos apresentem, para a admissão no porto, a documentação fixada no "Regulamento para o Transporte com Segurança de Materiais Radioativos", da Agência Internacional de Energia Atômica. No caso de embarcações de bandeira brasileira, deverá ser atendida a "Norma de Transporte de Materiais Radioativos" — Resolução da Comissão Nacional de Energia Nuclear — CNEN 13/80 e Norma CNEN-NE 5.01/88 e alterações posteriores;

b) obedecer às normas de segregação desses materiais, constantes no IMDG, com as distâncias de afastamento aplicáveis, constante no "Regulamento para o Transporte com Segurança de Materiais Radioativos", da Agência Internacional de Energia Atômica; *(Alterada pela Portaria MTE n. 1.895, de 9 de dezembro de 2013)*

c) a autorização para a atracação de embarcação com carga da Classe 7 deve ser precedida pela confirmação de que as exigências contidas no subitem 29.6.4.6 alíneas "a" e "b" desta NR foram adequadamente cumpridas, sendo que esta confirmação deve ser feita com base nas informações contidas nos documentos de transporte; *(Alterada pela Portaria MTE n. 1.895, de 9 de dezembro de 2013)*

d) em caso de acidente/incidente com ou sem danos aos embalados, a pessoa responsável deverá solicitar a presença do Supervisor de Proteção Radiológica — SPR — designado pelo expedidor ou destinatário da carga, para avaliação geral, que decidirá formalmente pelos procedimentos a serem adotados; *(Alterada pela Portaria MTE n. 1.895, de 9 de dezembro de 2013)*

e) é assegurado ao pessoal envolvido nas operações com materiais radioativos, o total acesso aos dados e resultados da eventual monitoração e do consequente controle da exposição. *(Alterada pela Portaria MTE n. 1.895, de 9 de dezembro de 2013)*

29.6.4.7. Nas operações com substâncias corrosivas — Classe 8:

a) adotar medidas de segurança que impeçam o contato de substâncias dessa classe com a água ou com temperatura elevada;

b) utilizar medidas de proteção contra incêndio e explosões, incluindo especialmente a proibição de fumar e o controle de qualquer fonte de ignição e de calor;

c) dispor, no local das operações, de sacos com areia limpa e seca ou similares, para absorver e conter eventuais derramamentos.

29.6.4.8. Nas operações com misturas de substâncias e artigos perigosos — Classe 9 *(Alterado pela Portaria MTE n. 1.895, de 9 de dezembro de 2013)*

a) adotar medidas preventivas dos riscos dessas substâncias, que podem ser inflamáveis, irritantes e, afora outros riscos, passíveis de uma decomposição ou alteração durante o transporte;

b) rotular as embalagens e contêineres com o nome técnico dessas substâncias, marcados de forma indelével;

c) utilizar medidas de proteção contra incêndio e explosões, incluindo especialmente a proibição de fumar e o controle de qualquer fonte de ignição e de calor;

d) dispor, no local das operações, de sacos com areia limpa e seca ou similares, para absorver e conter derramamentos;

e) adotar medidas de controle de aerodispersoides.

29.6.5. Armazenamento de cargas perigosas.

29.6.5.1. A administração portuária, em conjunto com o SESSTP, deve fixar em cada porto, a quantidade máxima total por classe e subclasse de substâncias a serem armazenadas na zona portuária, obedecendo-se as recomendações contidas na tabela de segregação, Anexo IX.

29.6.5.2. Os depósitos de cargas perigosas devem ser compatíveis com as características dos produtos a serem armazenados.

29.6.5.3. Não serão armazenadas cargas perigosas em embalagens inadequadas ou avariadas.

29.6.5.4. Deve ser realizada vigilância permanente e inspeção diária da carga armazenada, adotando-se, nos casos de avarias, os procedimentos previstos na respectiva ficha de emergência referida no subitem 29.6.3.1 alínea "b" desta norma.

29.6.5.6. Armazenamento de explosivos

29.6.5.6.1. Não é permitido o armazenamento de explosivos na área portuária, e a sua movimentação será efetuada conforme o disposto na NR-19 explosivos.

29.6.5.7. Armazenamento de gases e de líquidos inflamáveis.

29.6.5.7.1. No armazenamento de gases e de líquidos inflamáveis será observada a NR-20 combustíveis líquidos e inflamáveis, a NBR 7505 — armazenamento de petróleo e seus derivados líquidos e as seguintes prescrições gerais:

a) os gases inflamáveis ou tóxicos devem ser depositados em lugares adequadamente ventilados e protegidos contra as intempéries, incidência dos raios solares e água do mar, longe de habitações e de qualquer fonte de ignição e calor que não esteja sob controle;

b) no caso de suspeita de vazamento de gases, devem ser adotadas as medidas de segurança constantes do PCE, a que se refere o item 29.6.6 desta NR;

c) os gases inflamáveis serão armazenados, adequadamente segregados de outras cargas perigosas, conforme tabela de segregação (Anexo IX) e completamente isolados de alimentos;

d) os armazéns e os tanques de inflamáveis a granel devem ser providos de instalações e equipamentos de combate a incêndio.

29.6.5.8. Armazenamento de inflamáveis sólidos

29.6.5.8.1. No armazenamento de inflamáveis sólidos devem ser utilizados depósitos especiais e observadas as seguintes prescrições gerais:

a) os recipientes devem ser armazenados em compartimentos bem ventilados ou ao ar livre, protegidos de intempéries, água do mar, bem como de fontes de calor e de ignição que não estejam sob controle;

b) os sólidos inflamáveis da subclasse 4.1 podem ser armazenados em lugares abertos ou fechados;

c) os da subclasses 4.2 e 4.3 devem ser depositados em lugares abertos rigorosamente protegidos do contato com a água e a umidade;

d) no caso de substâncias tóxicas, isolar rigorosamente dos gêneros alimentícios;

e) as substâncias desta classe devem ser armazenadas de conformidade com a tabela de segregação no Anexo IX.

29.6.5.9. Armazenamento de oxidantes e peróxidos.

29.6.5.9.1. O armazenamento de produtos da classe 5 será feito em depósitos específicos.

29.6.5.9.2. Antes de armazenar estes produtos, verificar se o local está limpo, sem a presença de material combustível ou inflamável.

29.6.5.9.3. Obedecer à segregação das cargas desta classe 5, com outras incompatíveis, de conformidade com a tabela de segregação (Anexo IX).

29.6.5.9.4. Durante o armazenamento, os peróxidos orgânicos devem ser mantidos refrigerados e longe de qualquer fonte artificial de calor ou ignição.

29.6.5.10. Armazenamento de substâncias tóxicas e infectantes.

29.6.5.10.1. Substâncias tóxicas devem ser armazenadas em depósitos especiais, espaços bem ventilados e em recipientes que poderão ficar ao ar livre, desde que protegidos do sol, de intempéries ou da água do mar.

29.6.5.10.2. Quando as substâncias tóxicas forem armazenadas em recintos fechados, estes locais devem dispor de ventilação forçada. O armazenamento dessas substâncias deve ser feito mantendo sob controle o risco das fontes de calor, incluindo faíscas, chamas ou canalização de vapor.

29.6.5.10.3. Para evitar contaminação, as substâncias desta classe devem ser armazenadas em ambientes distintos dos de gêneros alimentícios.

29.6.5.10.4. No armazenamento será observada a tabela de segregação, constante do Anexo IX.

29.6.5.10.5. As substâncias da subclasse 6.2 só poderão ser armazenadas em caráter excepcional e mediante autorização da vigilância sanitária.

29.6.5.11. Armazenamento de substâncias radioativas.

29.6.5.11.1. *(Revogado pela Portaria MTE n. 1.895, de 9 de dezembro de 2013)*

29.6.5.11.2. No armazenamento destas cargas, será obedecida a tabela de segregação do Anexo IX.

29.6.5.12. Armazenamento de substâncias corrosivas.

29.6.5.12.1. As substâncias corrosivas devem ser armazenadas em locais abertos ou em recintos fechados bem ventilados.

29.6.5.12.2. Quando a céu aberto, as embalagens devem ficar protegidas de intempéries ou de água, mantendo sob controle os riscos das fontes de calor, chamas, faíscas ou canalizações de vapor.

29.6.5.12.3. No armazenamento destas cargas, deve ser obedecida a tabela de segregação do Anexo IX.

29.6.5.13. Armazenamento de substâncias perigosas diversas.

29.6.5.13.1. As substâncias desta classe, armazenadas em lugares abertos ou fechados, devem receber os cuidados preventivos aos seus riscos principais e secundários.

29.6.5.13.2. No armazenamento destas cargas, aplica-se a tabela de segregação, conforme Anexo IX, ficando segregadas de alimentos.

29.6.6. Plano de Controle de Emergência — PCE e Plano de Ajuda Mútua — PAM.

29.6.6.1. Devem ser adotados procedimentos de emergência, primeiros socorros e atendimento médico, constando para cada classe de risco a respectiva ficha, nos locais de operação dos produtos perigosos.

29.6.6.2. Os trabalhadores devem ter treinamento específico em relação às operações com produtos perigosos.

29.6.6.3. O plano de atendimento às situações de emergência deve ser abrangente, permitindo o controle dos sinistros potenciais, como explosão, contaminação ambiental por produto tóxico, corrosivo, radioativo e outros agentes agressivos, incêndio, abalroamento e colisão de embarcação com o cais.

29.6.6.4. Os PCE e PAM devem prever ações em terra e a bordo, e deverá ser exibido aos agentes da inspeção do trabalho, quando solicitado.

ANEXO I — MAPA I

Acidente com Vítima:______________________ Data do Mapa: ___/___/___

Responsável:______________________ Assinatura: ______________

Local	N. Absoluto (Abs)	N. Abs c/ afast. ≤ 15 dias	N. Abs c/ afast. >15 dias	N. Abs s/ afast.	Índice relativo total de Trabalhadores	Dias/ Homens perdidos	Taxa de Frequência	Óbitos	Índice de Avaliação da Gravidade
Total do Setor									

ANEXO I — MAPA II

Doenças Ocupacionais:______________________ Data do Mapa: ___/___/___

Responsável:______________________ Assinatura: ______________

Tipo de Doença	N. Absoluto de casos	Setores de atividades dos portadores	N. Relativo de casos	N. de Óbitos	N. de trabalhadores transferidos para outras atividades	N. de trabalhadores definitivamente incapacitados

(*) codificar no verso. Por exemplo, 1 — Serviço de estiva, 2 — Conserto de Carga, 3 — Capatazia.

ANEXO I — MAPA III

Insalubridade: ______ Data do Mapa: __/__/__

Responsável: ______ Assinatura: ______

Setor/Atividade	Agentes Identificados	Intensidade ou Concentração	N. de Trabalhadores Expostos

ANEXO I — MAPA IV

Acidentes sem vítima: ______ Data do Mapa: __/__/__

Responsável: ______ Assinatura: ______

Total do Estabelecimento			

ANEXO II

MINISTÉRIO DO TRABALHO Ficha de Identificação	NR-29 Anexo

Identificação

01. Razão Social: ______

02. Endereço: ______

Bairro: ______ Município: ______ UF: ______

CEP: ______ Telefone: ( ) ______ Fax: ______ *E-mail:* ______

03. Número do CGC: ______ 04. CNAE: ______ 05. N. Registro: ______

06. Data do Início da Atividade: ______

Dados Gerais	Quant.	Informações Gerais	Sim	Não
07. N. de Reuniões Ordinárias no Trimestre		13. O responsável pelo setor do acidente compareceu à reunião extraordinária?		
08. N. de representantes na CPATP		14. A CPATP tem recebido sugestões dos trabalhadores?		
09. N. de Trabalhadores capacitados na prevenção de acidentes		15. Existe SESTP?		
10. N. total de horas empregadas em capacitação		16. A CPATP foi orientada pelo SESTP?		
11. N. de investigações e inspeções realizadas pela CPATP		17. A CPATP recebeu orientação da DRT ou Fundacentro?		
12. N. de reuniões extraordinárias no semestre		18. Todos os representantes da CPATP foram capacitados em Prevenção de acidentes?		

Informações Estatísticas **Ano-base:** ______ **Semestre:** ______

19. N. médio de trabalhadores no semestre: ______

20. N. de homens horas trabalhadas no semestre: ______

Número	Acidente Típico	Doença Profissional	Acidente de Trajeto
Mortes	21.	22.	23.
Acidentes	24.	25.	26.
Dias Perdidos	27.	28.	29.
Dias Debitados	30.	31.	32.

33. Resumo das Recomendações

A presente declaração é a expressão da verdade Local:______________ Data:___/___/___ Nome: ______________ ______________ Assinatura do Representante da CPATP	Carimbo da DRT (Recibo) ______________ Assinatura do Recebedor Matrícula

Instruções de preenchimento do Anexo II

1 — Razão social ou denominação do empregador, do operador portuário ou OGMO.

2 — Dados referentes a localização do estabelecimento (Porto, Instalação Portuária de uso privativo e retroportuária).

3 — Número de inscrição no cadastro geral de contribuintes do Ministério da Fazenda — CGC da empresa, incluindo complemento e digito de controle do estabelecimento.

4 — CNAE — Código Nacional de Atividade Econômica

5 — Número do registro da CPATP na DRT.

6 — Mês e ano do inicio da atividade da empresa.

Dados Gerais

7 — Número de reuniões ordinárias no semestre realizadas pela CPATP

8 — Número de representantes na CPATP (empregadores + trabalhadores)

9 — Número de trabalhadores capacitados em prevenção de acidentes do trabalho no semestre.

10 — Número de horas utilizados para a capacitação dos trabalhadores indicados no item 9.

11 — Número de investigações e inspeções realizadas pelos representantes da CPATP durante o semestre.

12 — Número de reuniões realizadas no semestre, em caráter extraordinário, em face de ocorrência de morte ou de acidentes que tenham ocasionado graves prejuízos pessoais ou materiais.

Informações Gerais

De 13 a 18, assinalar com "X" a resposta conveniente.

Informações Estatísticas

19 — Número médio de Trabalhadores no semestre: é a soma total dos trabalhadores Portuários (por mês) com contrato por tempo indeterminado mais os avulsos tomados no semestre divididos por seis.

20 — Horas-Homem trabalhadas no semestre (HHT): é o numero total de horas efetivamente trabalhadas no semestre, incluídas as horas extraordinárias.

21 — Total de trabalhadores no semestre vítimas por acidentes do trabalho com perda de vida

22 — Total de trabalhadores no semestre vitimados por doenças profissionais com perdas de vida.

23 — Total de trabalhadores, no semestre, vitimas de acidentes de trajeto com perda de vida.

24 — Total de vitimas de acidentes do trabalho, no semestre, com lesão pessoal que cause incapacidade total, temporária ou permanente, para o trabalho.

25 — Total de doentes no semestre, vitimados por doenças profissionais com incapacidade temporária total e incapacidade permanente parcial ou total.

26 — total de dias no semestre, perdidos em decorrência de acidentes de trajeto com perda total ou temporária da capacidade de trabalho.

27 — Total de dias, no semestre, perdidos em decorrência de acidentes do trabalho com perda total ou temporária da capacidade de trabalho.

28 — Total de dias, no semestre, perdidos em decorrência de doenças profissionais, com perda total e temporária da capacidade de trabalho.

29 — Total de dias, no semestre, perdidos em decorrência de acidentes de trajeto com perda total ou temporária da capacidade de trabalho.

30 — Total de dias, no semestre, debitado em decorrência de acidente do trabalho com morte ou perda permanente, parcial ou total, da capacidade de trabalho. Para atribuição de dias debitados será utilizada a tabela do Quadro 1A da NR-5.

31 — Total de dias, no semestre, debitados em decorrência por doenças profissionais com morte ou perda permanente parcial ou total da capacidade de trabalho. Para atribuição de dias debitados será utilizada a tabela do Quadro 1A da NR-5.

32 — Total de dias, no semestre, debitado em decorrência de acidentes de trajeto com morte ou perda permanente parcial ou total da capacidade de trabalho. Para atribuição de dias debitados será utilizada a tabela do Quadro 1A da NR-5.

33 — A ser preenchido pela CPATP, com o resumo das recomendações enviadas ao do empregador, ao OGMO, ao tomador de serviço, conforme o caso, e ao SESSTP, referentes ao semestre, bem como o resumo das medidas adotadas.

ANEXO III

Currículo básico do curso para componentes da CPATP

1 — Organização do trabalho e riscos ambientais.

2 — Mapeamento de risco.

a) Riscos físicos;

b) Riscos químicos;

c) Riscos biológicos;

d) Riscos ergonômicos;

e) Riscos de acidentes.

3 — Introdução à segurança do trabalho.

a) Acidentes do trabalho.

— Conceito legal; conceito prevencionista; outros casos considerados como acidentes do trabalho;

b) Causas dos acidentes do trabalho;

c) Equipamentos portuários sob os aspectos da segurança.

4 — Inspeção de segurança.

— Conceito de importância; objetivos; levantamento das condições ambientais e de trabalho; relatório.

5 — Investigação dos acidentes.

— Procura das causas do acidente; fonte da lesão; fator pessoal de insegurança; natureza da lesão, localização da lesão, levantamento das condições ambientais e de trabalho.

6 — Análise dos acidentes.

— Comunicação do acidente; cadastro de acidentados; levantamento das causas dos acidentes; medidas de segurança a serem adotadas; taxa de freqüência; taxa de gravidade e estatística de acidentes.

7 — Campanhas de segurança.

— SIPATP (Semana Interna de Prevenção de Acidentes do Trabalho Portuário); CANPAT (Campanha Nacional de Prevenção de Acidentes do Trabalho); campanhas internas.

8 — Equipamento de Proteção Individual/Coletivo — EPI/EPC

— Exigência legal para empresa e empregados; EPI/EPC de uso permanente; EPI/EPC de uso temporário; relação dos EPI/EPC mais usados e as formas de sua utilização.

9 — Princípios básicos de prevenção de incêndios

— Normas básicas; procedimentos em caso de incêndio; classe de incêndio e tipos de equipamentos para seu combate, tática e técnicas de combate a incêndios.

10 — Estudo da NR -29 e NR-5

— Organização e funcionamento da CPATP, preenchimento do Anexo I da NR 29.

11 — Reuniões da CPATP

— Organização e finalidade; forma de atuação dos representantes; reuniões ordinária e extraordinária; realização prática de uma reunião da CPATP.

12 — Primeiros socorros.

— Material necessário para emergência; tipos de emergências; como prestar primeiros socorros.

13 — Análise de riscos e impactos ambientais.

14 — Noções básicas sobre produtos perigosos.

ANEXO IV

PRODUTOS	REGULAMENTOS
1. Óleos	Convenção MARPOL/73/78, Anexo I
2. Gases	Código para Construção e Equipamentos de Navios Transportadores de Gases Liquefeitos a Granel da IMO
3. Líquidos (inclusive dejetos)	Código para Construção e Equipamentos de Navios Transportadores de Líquidos Perigosos a Granel da IMO Convenção MARPOL/73/78, Anexo II
4. Substâncias, materiais e artigos perigosos ou potencialmente perigosos, incluindo resíduos e as prejudiciais ao meio ambiente	Código Marítimo Internacional para Transporte de Mercadorias Perigosas — (IMDG Code) da IMO
5. Materiais sólidos que possuam riscos químicos e materiais sólidos a granel, incluindo resíduos	Código de Práticas Seguras para Cargas Sólidas a Granel — BC Code da IMO, Apêndice B

ANEXO V

MERCADORIAS PERIGOSAS	
CLASSE 1 — EXPLOSIVOS	
DIVISÃO	**DESCRIÇÃO DA SUBSTÂNCIA OU ARTIGO**
1.1	Substâncias ou produtos que apresentam um risco de explosão de toda a massa
1.2	Substâncias ou produtos que apresentam um risco de projeção, mas não um risco de explosão de toda a massa
1.3	Substâncias e produtos que apresentam um risco de ignição e um risco de que se produzam pequenos efeitos de onda de choque ou projeção, ou de ambos os efeitos, mas que não apresentam um risco de explosão de toda a massa
1.4	Substâncias e produtos que não apresentam nenhum risco considerável
1.5	Substâncias e produtos muito insensíveis e produtos que apresentam um risco de explosão de toda a massa
1.6	Produtos extremamente insensíveis que não apresentam risco de explosão de toda a massa
CLASSE 2 — GASES COMPRIMIDOS, LIQUEFEITOS, DISSOLVIDOS SOB PRESSÃO	
DIVISÃO	**DESCRIÇÃO DA SUBSTÂNCIA OU ARTIGO**
2.1	Gases inflamáveis
2.2	Gases não inflamáveis, não venenosos
2.3	Gases venenosos (tóxicos)
CLASSE 3 — LÍQUIDOS INFLAMÁVEIS	
DIVISÃO	**DESCRIÇÃO DA SUBSTÂNCIA OU ARTIGO**
3.1	Líquidos inflamáveis com ponto de fulgor baixo: compreende os líquidos cujo ponto de fulgor é inferior a -18 ºC (0 ºF)
3.2	Líquidos inflamáveis com ponto de fulgor médio: compreende os líquidos cujo ponto de fulgor é igual ou superior a -18ºC (0 ºF) e inferior a 23 ºC (73 ºF)
3.3	Líquidos inflamáveis com ponto de fulgor alto: compreende os líquidos cujo ponto de fulgor é igual ou superior a 23 ºC (73 ºF) porém não superior a 61 ºC (141 ºF)
CLASSE 4 — SÓLIDOS INFLAMÁVEIS, SUBSTÂNCIAS SUJEITAS À COMBUSTÃO ESPONTÂNEA, SUBSTÂNCIAS QUE, EM CONTATO COM A ÁGUA, EMITEM GASES INFLAMÁVEIS	
DIVISÃO	**DESCRIÇÃO DA SUBSTÂNCIA OU ARTIGO**
4.1	Sólidos sujeitos à rápida combustão imediata e sólidos que podem causar ignição mediante fricção; autorreativos (sólidos e líquidos) e substâncias relacionadas; explosivos neutralizados (reação exotérmica)
4.2	Substâncias sujeitas à combustão espontânea
4.3	Substâncias que, em contato com a água, emitem gases inflamáveis
DIVISÃO	**DESCRIÇÃO DA SUBSTÂNCIA OU ARTIGO**
5.1	Substâncias (Agentes) oxidantes
5.2	Peróxidos orgânicos
DIVISÃO	**DESCRIÇÃO DA SUBSTÂNCIA OU ARTIGO**
6.1	Substâncias venenosas (tóxicas)
6.2	Substâncias infectantes
CLASSE 7 — MATERIAIS RADIOATIVOS	
CLASSE 8 — SUBSTÂNCIAS CORROSIVAS	
CLASSE 9 — MISTURAS DE SUBSTÂNCIAS E ARTIGOS PERIGOSOS	
(ALTERADO PELA PORTARIA MTE N. 1.895, DE 09 DE DEZEMBRO DE 2013)	

Observações: (*)

A CLASSE 3 — LÍQUIDOS INFLAMÁVEIS não possui as "DIVISÕES" 3.1, 3.2 e 3.3; de acordo com as seguintes publicações:

a) RECOMMENDATION ON THE TRANSPORT OF DANGEROUS GOOD — MODEL REGULATIONS — TWELFTH REVISED EDITIO;

b) IMDG CODE — 2000 EDITION — AMANDAMETNT 30.00; e

c) RESOLUÇÃO 420 DA ANTT.

ANEXO VI

SÍMBOLOS PADRONIZADOS PELA I.M.O.

ETIQUETAS

CLASSE 1

** Local para indicação de subclasse — para ser deixado sem inscrição se o explosivo tem risco subsidiário.

* Local para indicação do grupo de compatibilidade — para ser deixado sem inscrição se o explosivo tem risco subsidiário.

CLASSE 2

CLASSE 3

CLASSE 4

CLASSE 5

(Alterado pela Portaria MTE n. 1.895, de 09 de dezembro de 2013)

CLASSE 6

CLASSE 7

CLASSE 8

CLASSE 9

SINAL DE TEMPERATURA ELEVADA

MARCA DE POLUENTE MARINHO

(Alterada pela Portaria MTE n. 1.895, de 09 de dezembro de 2013)

FUMIGAÇÃO

SINAL DE ADVERTÊNCIA

PERIGO

ESTA UNIDADE ESTÁ SOB FUMIGAÇÃO

COM _______________APLICADO

DATA__________

HORA__________

NÃO ENTRE

* COMPLETE OS ESPAÇOS DE FORMA APROPRIADA

CLASSE 1 — SUBSTÂNCIAS EXPLOSIVAS OU ARTIGOS

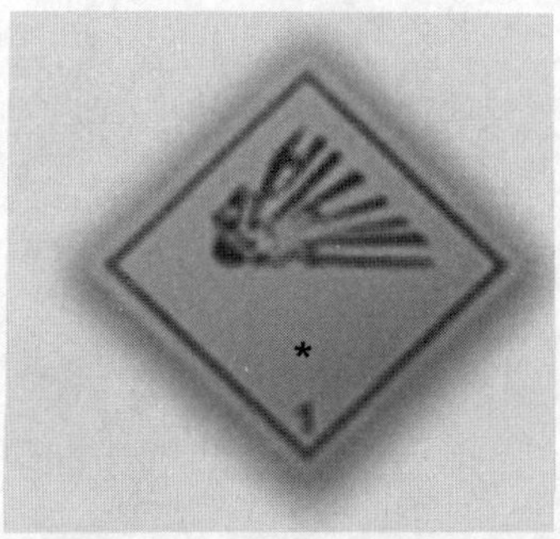

(N. 1)
DIVISÕES 1.1, 1.2 E 11.3
Símbolo (Bomba explodindo): em preto, fundo em laranja: número 1 no canto inferior

(N. 14)	(N. 15)	(N. 16)
Divisão 1.4	Divisão 1.5	Divisão 1.6

Fundo: em laranja
Números em preto e devem ter 30 mm de altura por 55 mm de largura (para um rótulo medindo 100 mm x 100 mm).
Número 1 no canto inferior.
** Local para indicação de subclasse — para ser deixado sem inscrição se o explosivo tem risco subsidiário.
* Local para indicação do grupo de compatibilidade — para ser deixado sem inscrição se o explosivo tem risco subsidiário.

CLASSE 2 — GASES

(N. 2.1)
CLASSE 2.1 — GASES INFLAMÁVEIS
Símbolo — Chama em preto ou branco
Fundo Vermelho — número 2 no canto inferior

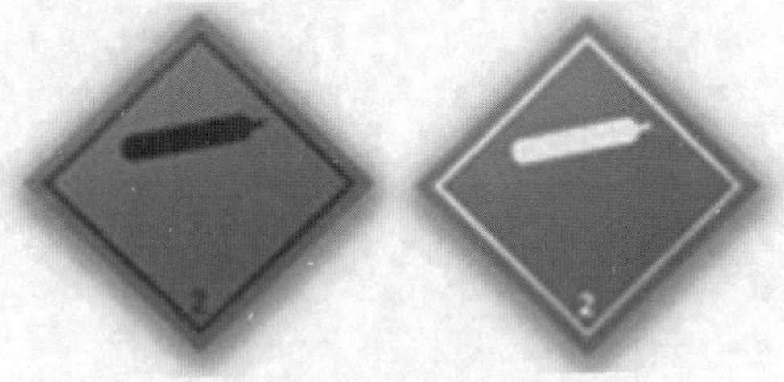

(N. 2.2)
CLASSE 2.2 — GASES NÃO INFLAMÁVEIS E NÃO TÓXICOS
Símbolo — Cilindro de gás preto ou branco
Fundo em Verde — número 2 no canto inferior

CLASSE 2.3 — GASES TÓXICOS

(N. 2.3)
CLASSE 2.3 — GASES TÓXICOS
Símbolo — Caveira em preto
Fundo em branco — número 2 no canto inferior

CLASSE 3 — LÍQUIDOS INFLAMÁVEIS

(N. 3)
CLASSE 3 — LÍQUIDOS INFLAMÁVEIS
Símbolo: Chama em preto ou branco
Fundo vermelho número 3 no canto inferior

CLASSE 4

(N. 4.1)
CLASSE 4.1 — SÓLIDOS INFLAMÁVEIS
Símbolo — chama em preto
Fundo branco com sete listras verticais vermelhas
Número 4 no canto inferior

(N. 4.2)
CLASSE 4.2 — SUBSTÂNCIAS SUJEITAS A COMBUSTÃO ESPONTÂNEA
Símbolo — chama em preto
Fundo metade superior branca e metade inferior vermelha
Número 4 no canto inferior

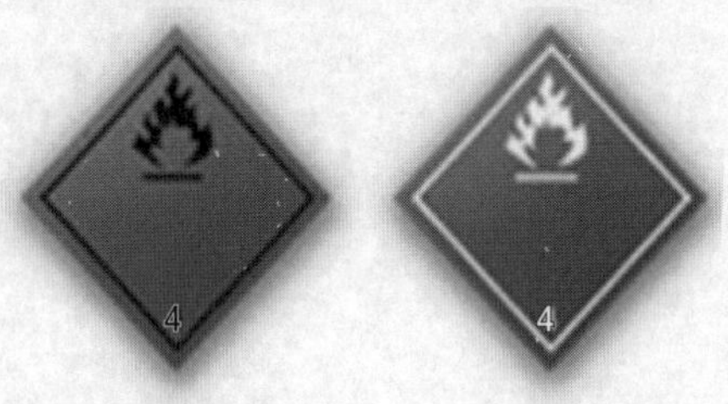

(N. 4.3)
CLASSE 4. — SUBSTÂNCIAS QUE EM CONTATO COM A ÁGUA EMITEM GASES INFLAMÁVEIS
Símbolo — chama preta ou branca
Fundo azul
Número 4 no canto inferior

CLASSE 5 — SUBSTÂNCIAS OXIDANTES

(N. 5.1)
CLASSE 5.1 — SUBSTÂNCIAS OXIDANTES
Símbolo — chama sobre círculo em preto
Fundo amarelo
Número 5.1 no canto inferior

(N. 5.2)
CLASSE 5.2 — PERÓXIDOS ORGÂNICOS
Símbolo — chama sobre círculo em preto
Fundo amarelo
Número 5.2 no canto inferior

CLASSE 6 — SUBSTÂNCIAS TÓXICAS

(N. 6.1)
CLASSE 6.1 — SUBSTÂNCIAS TÓXICAS
Símbolo — Caveira
Fundo branco
Número 6 no canto inferior

(N. 6.2)
CLASSE 6 — SUBSTÂNCIAS INFECTANTES
A metade inferior da etiqueta deve ter a inscrição SUBSTÂNCIA INFECTANTE em caso de dano ou vazamento comunicar imediatamente a autoridade de saúde pública.
Símbolo: três meias-luas crescentes superpostas em um círculo e inscrições em preto
Fundo branco
Número 6 no canto inferior

CLASSE 7 — MATERIAL RADIOATIVO

(N. 7A)
Categoria I — Branco
Símbolo — Trifólio em preto, fundo branco.
Texto obrigatório em preto na metade inferior da etiqueta contendo:
RADIATIVO
Conteúdo ....
Atividade ....
Uma barra vertical vermelho após a palavra RADIOATIVO, e o número 7 no canto inferior

(N. 7B)
Categoria II — Amarelo
Duas barras verticais em vermelho após a palavra RADIOATIVO
Número 7 no canto inferior
Símbolo — Trifólio em preto, fundo branco.
Texto obrigatório em preto na metade inferior da etiqueta contendo:
RADIATIVO
Conteúdo ....
Atividade ....
Num retângulo em preto: Índice de transporte

(N. 7C)
Categoria III — Amarelo
Duas barras verticais em vermelho após a palavra RADIOATIVO
Número 7 no canto inferior
Símbolo — Trifólio em preto, fundo branco.
Texto obrigatório em preto na metade inferior da etiqueta contendo:
RADIATIVO
Conteúdo ....
Atividade ....
Num retângulo em preto: Índice de transporte

CLASSE 7 — MATERIAL FÍSSIL

(N. 7E)
Fundo Branco
Texto (obrigatório) em preto na parte superior da etiqueta escrito: FÍSSIL
Na metade inferior da etiqueta, num retângulo em preto: ÍNDICE DE SEGURANÇA CRÍTICA
Número 7 no canto inferior

CLASSE 8 — SUBSTÂNCIAS CORROSIVAS

(N. 8)
Símbolo: Líquidos pingando de dois recipientes de vidro atacando um pedaço de metal e uma mão em preto
Fundo: metade superior em branco e metade inferior em preto com bordas em branco.
Número 8 no canto inferior

CLASSE 9 — MISTURA DE SUBSTÂNCIAS E ARTIGOS PERIGOSOS

(N. 9)
Símbolo: sete listras verticais na metade superior da etiqueta em preto
Fundo: branco.
Número 9 sublinhado no canto inferior

ANEXO VII
DECLARAÇÃO DE MERCADORIAS PERIGOSAS

<table>
<tr><td colspan="2">EXPEDIDOR</td><td colspan="2">NÚMERO DE REFERÊNCIA</td></tr>
<tr><td colspan="2">CONSIGNATÁRIO</td><td colspan="2">TRANSPORTADOR</td></tr>
<tr><td colspan="2">Declaração de Arrumação Contêiner/Veículo
DECLARAÇÃO:
Declaro que a arrumação do contêiner/veículo está de acordo com o disposto na Introdução Geral do IMDG Code, parágrafo 12.3.7 ou 17.7.7.</td><td colspan="2">NOME/CARGO, ORGANIZAÇÃO DO SIGNATÁRIO
Local e Data
Assinatura e Nome do Embalador</td></tr>
<tr><td colspan="2">Nome do Navio/Viagem no Porto de Carga</td><td colspan="2" rowspan="2">(Reservado para texto e outras informações)</td></tr>
<tr><td colspan="2">Porto de Carga</td></tr>
<tr><td>Marca e número, quando aplicável, identificação ou número de registro da unidade</td><td>N. e tipo de embalagens, nome de expedição/nome técnico correto, classe, divisão de risco, N. ONU, Grupo de embalagem/envase, Ponto de fulgor (ºC c.f.), temperatura de controle e de emergência, identificação de mercadoria como Poluentes Marinhos, procedimentos de emergência (EmS/Fem) e procedimentos de primeiros socorros (MFAG)</td><td>Peso Bruto
Peso Líquido</td><td>Mercadorias Transportadas como:
☐ Carga Heterogênea
☐ Carga Homogênea
☐ Embalagens para Granéis
Tipo de Unidade Contêiner:
☐ Aberto
☐ Fechado</td></tr>
<tr><td colspan="4">OBS.: — Nomes comerciais, somente, não são permitidos.
— Quando for o caso, as expressões: RESÍDUO, QUANTIDADE LIMITADA ou VAZIO SEM LIMPAR, deverão constar junto aos nomes técnicos dos produtos.</td></tr>
<tr><td colspan="2">Informações Adicionais:</td><td colspan="2"></td></tr>
<tr><td colspan="2">DECLARAÇÃO
Pelo presente documento, declaro que os nomes técnicos corretos, nomes de expedição acima indicados correspondem com exatidão ao conteúdo dessa remessa, estando classificadas, embaladas (embalagens aprovadas), marcadas, rotuladas e estão sob todos os aspectos em condições adequadas para o transporte, de acordo com as normas nacionais e internacionais.</td><td colspan="2">Nome/Cargo, Companhia/Organização do Signatário
Local e Data:
Assinatura e Nome do Expedidor:</td></tr>
</table>

ANEXO VIII
MODELO DE FICHA DE EMERGÊNCIA

(Alterado pela Portaria MTE n. 1.895, de 09 de dezembro de 2013)

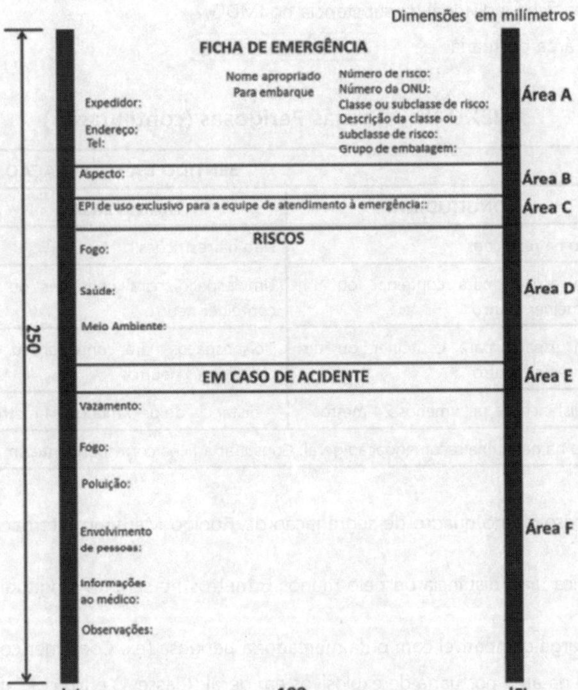

ANEXO IX — Cargas Perigosas

TABELA DE SEGREGAÇÃO

CLASSE	1.1 1.2 1.5	1.3	1.4	2.1	2.2	2.3	3	4.1	4.2	4.3	5.1	5.2	6.1	6.2	7	8	9
Explosivos 1.1, 1.2, 1.5	*	*	*	4	2	2	4	4	4	4	4	4	2	4	2	4	X
Explosivos 1.3	*	*	*	4	2	2	4	3	3	4	4	4	2	4	2	2	X
Explosivos 1.4	*	*	*	2	1	1	2	2	2	2	2	4	c	4	2	2	X
Gases inflamáveis 2.1	4	4	2	X	X	X	2	1	2	X	2	4	X	4	2	1	X
Gases não tóxicos, não inflamáveis 2.2	2	2	1	X	X	X	1	X	1	X	X	2	X	2	1	X	X
Gases venenosos 2.3	2	2	1	X	X	X	2	X	2	X	X	2	X	2	1	X	X
Líquidos inflamáveis 3	4	4	2	2	1	2	X	X	2	1	2	3	X	3	2	X	X
Sólidos inflamáveis 4.1	4	3	2	1	X	X	X	X	1	X	1	3	X	3	2	1	X
Substâncias sujeitas à combustão espontânea 4.2	4	3	2	2	1	2	2	1	X	1	2	3	1	3	2	1	X
Substâncias que são perigosas quando molhadas 4.3	4	4	2	X	X	X	1	1	X	X	2	2	X	2	2	1	X
Substâncias oxidantes 5.1	4	4	2	2	X	X	2	1	2	2	X	3	1	3	1	2	X
Peróxidos orgânicos 5.2	4	4	2	2	1	2	2	2	2	2	2	3	X	3	2	2	X
Venenos 6.1	2	2	X	X	X	X	X	X	X	X	1	1	X	1	X	X	X
Substâncias infecciosas 6.2	4	4	4	4	2	2	3	3	3	2	3	X	1	X	3	3	X
Materiais radioativos 7	2	2	2	2	1	1	2	2	2	2	1	3	X	3	X	2	X
Corrosivos 8	4	2	2	1	X	X	X	1	1	1	2	3	X	3	2	X	X
Misturas de substâncias e artigos perigosos 9 *(Alterado pela Portaria MTE n. 1.895, de 09 de dezembro de 2013)*	X	X	X	X	X	X	X	X	X	X	X	X	X	X	X	X	X

Números e símbolos relativos aos seguintes termos conforme definidos na seção 15 para a introdução geral do IMDG Code:

1 — "Longe de"

2 — "Separado de"

3 — "Separado por um compartimento completo"

4 — "Separado longitudinalmente por um compartimento completo"

x — a segregação caso haja, é indicada na ficha individual da substância no IMDG.

* — não é permitida a armazenagem na área portuária.

ANEXO IX — Cargas Perigosas (continuação)

TIPO DA SEGREGAÇÃO	SENTIDO DA SEGREGAÇÃO		
	LONGITUDINAL	TRANSVERSAL	VERTICAL
TIPO 1	Não há restrições	Não há restrições	Permitido um remonte
TIPO 2	Um espaço para contêiner ou um contêiner neutro	Um espaço para contêiner ou um contêiner neutro	Proibido o remonte
TIPO 3	Um espaço para contêiner ou um contêiner neutro	Dois espaços para contêiner ou dois contêineres neutros	Proibido o remonte
TIPO 4	A distância de pelo menos 24 metros	A distância de pelo menos 24 metros	Proibido o remonte
TIPO x	Não há nenhuma recomendação geral. Consultar a ficha correspondente em cada produto		

OBSERVAÇÕES:

a) A tabela de segregação anexa, está baseada no quadro de segregação do Código Marítimo Internacional de Mercadorias Perigosas — IMDG/ CODE-IMO.

b) Um "espaço para contêineres", significa uma distância de pelo menos 6 metros no sentido longitudinal e pelo menos 2,4 metros no sentido transversal do armazenamento.

c) Contêiner neutro significa cofre com carga compatível com o da mercadoria perigosa (ex: Contêiner com carga geral — não alimento).

d) Não será permitido o armazenamento na área portuária de explosivos em geral (Classe 1) e tóxicos infectantes (Classe 6.2). *(Alterada pela Portaria MTE n. 1.895, de 9 de dezembro de 2013)*

Capítulo 30

SEGURANÇA E SAÚDE NO TRABALHO AQUAVIÁRIO

O objeto nuclear deste capítulo, dada a sua relevância para a prevenção de acidentes e doenças relacionadas ao ambiente de trabalho, justifica a existência de uma norma regulamentadora específica de segurança e saúde no trabalho, NR-30 (Segurança e Saúde no Trabalho Aquaviário), com redação atualizada pela Portaria MTE-GM n. 2.062, de 30.12.2014, e cuja fundamentação legal encontra-se não só no abrangente dispositivo constitucional do art. 7º, inciso XXII, que dá guarida a todas as normas preventivas; mas, especialmente, nas regras consubstanciadas nos arts. 248 a 252 da Consolidação das Leis do Trabalho e nas disposições contidas nas Convenções da Organização Internacional do Trabalho ns. 163, 164 e 166.

Importante destacar, também, a edição da Instrução Normativa IN SIT-MTE n. 70, de 13.8.2007, que corresponde a um importante instrumento disciplinador de procedimentos atinentes à Fiscalização das Condições de Trabalho, Segurança e Saúde de Vida a Bordo de Embarcações Nacionais e Estrangeiras.

A propósito, todos os dispositivos legais, normativos pertinentes à temática em apreço, encontram-se adiante reproduzidos no tópico Fundamentos Jurídicos deste Capítulo, inclusive a íntegra atualizada da norma regulamentadora de segurança e saúde no trabalho que o intitula.

A trigésima norma regulamentadora de segurança e saúde no trabalho estipula as recomendações preventivas a serem implementadas no âmbito das embarcações comerciais utilizadas no transporte de mercadorias ou de passageiros, inclusive naquelas utilizadas na prestação de serviços, seja na navegação marítima de longo curso, na de cabotagem, na navegação interior, de apoio marítimo e portuário, bem como em plataformas marítimas e fluviais, quando em deslocamento. Essas determinações normativas, como se constatará na oportuna transcrição integral e atualizada da referida norma preventiva encontram-se agrupadas em 14 Tópicos, 3 Quadros e 2 Anexos (com seus Apêndices e Quadros).

Sumário da NR-30 (SEGURANÇA E SAÚDE NO TRABALHO AQUAVIÁRIO)

30.1. Objetivo.

30.2. Aplicabilidade.

30.3. Competências.

30.4. Grupo de Segurança e Saúde no Trabalho a Bordo dos Navios Mercantes — GSSTB.

30.5. Programa de Controle Médico de Saúde Ocupacional — PCMSO.

30.6. Da Alimentação.

30.7. Higiene e Conforto a Bordo.

30.8. Dos Salões de Refeições e Locais de Recreio.

30.9. Da Cozinha.

30.10. Das Instalações Sanitárias.

30.11. Dos Locais para Lavagem e Secagem de Roupas e Guarda de Roupas de Trabalho.

30.12. Da Proteção à Saúde.

30.13. Segurança nos Trabalhos de Limpeza e Manutenção das Embarcações.

30.14. Disposições Complementares.

Quadro I: Quadro Estatístico Acidentário;

Quadro II: Padrões Mínimos dos Exames Médicos; e,

Quadro III: Padrões Médicos e Modelo de Certificado Médico.

Anexo I: Pesca Comercial e Industrial.

Apêndice I: Disposições Mínimas de Segurança e Saúde Aplicáveis aos Barcos de Pesca Novos;

Apêndice II: Disposições Mínimas de Segurança e Saúde Aplicáveis aos Barcos de Pesca Existentes;

Apêndice III: Meios de Salvamento e Sobrevivência.

Anexo II: Plataformas e Instalações de Apoio.

Quadro I: Declaração de Instalação Marítima; e,

Quadro II: Especificação de Módulos de Acomodação Temporária.

A NR-30 (Segurança e Saúde no Trabalho Aquaviário) tem por objetivo a proteção e a regulamentação das condições de segurança e saúde dos trabalhadores aquaviários; sendo que para outras categorias de trabalhadores que realizem trabalhos a bordo de embarcações, a regulamentação das condições ambientais se dará na forma especificada no Anexo I dessa norma e seus apêndices. As disposições técnico-preventivas da norma em comento são aplicáveis aos trabalhadores das embarcações comerciais, de bandeira nacional, bem como às de bandeiras estrangeiras, no limite do disposto na Convenção da OIT n. 147 (Normas Mínimas para Marinha Mercante), utilizadas no transporte de mercadorias ou de passageiros, inclusive naquelas embarcações utilizadas na prestação de serviços.

As disposições preventivas constantes da NR-30 são igualmente aplicáveis, no que couber, às embarcações abaixo de 500 AB (arqueação bruta), consideradas as características físicas da embarcação, sua finalidade e área de operação. Da mesma forma, a norma preventiva em comento aplica-se na forma estabelecida em seus Anexos, aos trabalhadores das embarcações artesanais, comerciais e industriais de pesca, das embarcações e plataformas destinadas à exploração e produção de petróleo, das embarcações específicas para a realização do trabalho submerso e de embarcações e plataformas destinadas a outras atividades.

Outrossim, a observância às disposições contidas na NR-30 não desobriga as empresas do cumprimento de outras disposições legais com relação à matéria e ainda daquelas oriundas de convenções, acordos e contratos coletivos de trabalho.

A seguir, destacaremos algumas das relevantes determinações regulamentares específicas sobre a temática central deste capítulo, devendo ser enfatizado, de antemão, que trabalhador aquaviário é todo aquele que desenvolve suas atividades profissionais em embarcações comerciais destinadas ao transporte de mercadorias ou de passageiros, inclusive naquelas utilizadas na prestação de serviços, seja na navegação marítima de longo curso, na de cabotagem, na navegação interior, de apoio marítimo e portuário, bem como em plataformas marítimas e fluviais, quando em deslocamento. O empregador do trabalhador aquaviário é, normalmente, o armador, ou seja, o dono da embarcação.

No tocante às Responsabilidades dos Armadores e seus prepostos em relação à segurança e saúde no trabalho aquaviário, convém destacar os seguintes:

- cumprir e fazer cumprir o disposto nesta NR, bem como a observância do contido no item 1.7 da NR-01 (Disposições Gerais) e das demais disposições legais de segurança e saúde no trabalho;
- disponibilizar aos trabalhadores as normas de segurança e saúde no trabalho vigentes, publicações e material instrucional em matéria de segurança e saúde, bem-estar e vida a bordo;
- responsabilizar-se por todos os custos relacionados à implementação do PCMSO;
- disponibilizar, sempre que solicitado pelas representações patronais ou de trabalhadores, as estatísticas de acidentes e doenças relacionadas ao trabalho.

Quanto aos Deveres dos Trabalhadores atinentes à segurança e saúde no trabalho aquaviário, merecem ser realçados os seguintes:

- cumprir as disposições da NR-30, bem como a observância das disposições específicas da NR-01 (Disposições Gerais) e das demais disposições legais de segurança e saúde no trabalho;
- informar ao oficial de serviço, ou a qualquer membro do GSTB, as avarias ou deficiências observadas que possam constituir risco para o trabalhador ou para a embarcação;

- utilizar corretamente os dispositivos e equipamentos de segurança e estar familiarizado com as instalações, sistemas de segurança e compartimentos de bordo.

No que se refere às disposições normativas atinentes ao Grupo de Segurança e Saúde no Trabalho a Bordo das Embarcações (GSSTB), assim dispõe a NR-30:

- é obrigatória a constituição de GSSTB a bordo das embarcações de bandeira nacional com, no mínimo, 100 de arqueação bruta (AB); sendo igualmente aplicável tal determinação às embarcações de bandeira estrangeira que forem operar por mais de 90 dias em águas jurisdicionais brasileiras e com trabalhadores brasileiros a bordo;
- o GSSTB fica sob a responsabilidade do comandante da embarcação e deve ser integrado pelos seguintes tripulantes:
  - Encarregado da segurança;
  - Chefe de máquinas;
  - Representante da seção de convés;
  - Responsável pela seção de saúde, se existente;
  - Representante da guarnição de máquinas.
- Caso a embarcação não disponha dos tripulantes acima mencionados, os integrantes poderão ser substituídos por outros tripulantes com funções assemelhadas;
- O comandante da embarcação poderá convocar outro qualquer membro da tripulação;
- Quando a lotação da embarcação for composta de registro em rol portuário, o GSSTB será constituído por um representante de cada categoria de aquaviários da lotação do rol, sendo, no mínimo, 01 (um) GSSTB para cada 05 (cinco) embarcações ou fração existentes na empresa.

O Grupo de Segurança e Saúde do Trabalho a Bordo (GSSTB) não se confunde com a Comissão Interna de Prevenção de Acidentes, nem tampouco com o Serviço Especializado em Segurança e em Medicina do Trabalho. A propósito, com a constituição do GSSTB, o dimensionamento da(s) CIPA(s) da(s) empresa(s) de trabalho aquaviário será objeto de cláusula específica de negociação coletiva (convenção ou acordo coletivos de trabalho).

A NR-30 especifica as seguintes finalidades para o GSSTB (Grupo de Segurança e Saúde no Trabalho a Bordo das Embarcações):

- manter procedimentos que visem à preservação da segurança e saúde no trabalho e do meio ambiente, procurando atuar de forma preventiva;
- agregar esforços de toda a tripulação para que a embarcação possa ser considerada local seguro de trabalho;
- contribuir para a melhoria das condições de trabalho e de bem-estar a bordo;
- recomendar modificações e receber sugestões técnicas que visem à garantia de segurança dos trabalhos realizados a bordo;
- investigar, analisar e discutir as causas de acidentes do trabalho a bordo, divulgando o seu resultado;
- adotar providências para que as empresas mantenham à disposição do GSSTB informações, normas e recomendações atualizadas em matéria de prevenção de acidentes, doenças relacionadas ao trabalho, enfermidades infectocontagiosas e outras de caráter médico-social;
- zelar para que todos a bordo recebam e usem equipamentos de proteção individual e coletiva para controle das condições de risco.

São atribuições normativas básicas do GSSTB:

- zelar pelo cumprimento a bordo das normas vigentes de segurança, saúde no trabalho e preservação do meio ambiente;

- avaliar se as medidas existentes a bordo para prevenção de acidentes e doenças relacionadas ao trabalho são satisfatórias;
- sugerir procedimentos que contemplem medidas de segurança do trabalho, especialmente quando se tratar de atividades que envolvam risco;
- verificar o correto funcionamento dos sistemas e equipamentos de segurança e de salvatagem;
- investigar, analisar e divulgar os acidentes ocorridos a bordo, com ou sem afastamento, fazendo as recomendações necessárias para evitar a possível repetição dos mesmos;
- preencher o quadro estatístico de acordo com o modelo constante no Quadro I, Anexo, e elaborar relatório encaminhando-os ao empregador;
- participar do planejamento para a execução dos exercícios regulamentares de segurança, tais como abandono, combate a incêndio, resgate em ambientes confinados, prevenção à poluição e emergências em geral, avaliando os resultados e propondo medidas corretivas;
- promover, a bordo, palestras e debates de caráter educativo, assim como a distribuição de publicações e/ou recursos audiovisuais relacionados com os propósitos do grupo;
- identificar as necessidades de treinamento sobre segurança, saúde do trabalho e preservação do meio ambiente;
- quando da ocorrência de acidente de trabalho, o GSSTB deve zelar pela emissão da CAT e escrituração de termo de ocorrência no diário de bordo.

O GSSTB, quanto à previsão normativa de suas reuniões, reunir-se-á em sessão ordinária, de caráter obrigatório, pelo menos uma vez a cada trinta dias, e em sessão extraordinária por iniciativa do comandante da embarcação, por meio de solicitação escrita pela maioria dos componentes do GSSTB e dirigida a ele; quando da ocorrência de acidente de trabalho, tendo como consequência óbito ou lesão grave do acidentado; ou, ainda, na ocorrência de incidente, práticas ou procedimentos que possam gerar riscos ao trabalho a bordo. Serão consideradas de efetivo trabalho as horas destinadas ao cumprimento das atribuições do GSSTB que devem ser realizadas durante a jornada de trabalho. O comandante tomará as providências para proporcionar aos membros do GSSTB, os meios necessários ao desempenho de suas funções e ao cumprimento das deliberações do grupo. Ao final de cada reunião será elaborada uma ata referente às questões discutidas. As atas das reuniões ficarão arquivadas a bordo, sendo extraídas cópias para o envio à direção da empresa ou, quando houver, diretamente ao SESMT. Anualmente, sempre que compatível com a movimentação da embarcação, o GSSTB reunir-se-á a bordo com representantes do SESMT da empresa, em porto nacional escolhido por esta, para acompanhamento, monitoração e avaliação das atividades do referido grupo. Quando o empregador não for obrigado a manter SESMT, deverá recorrer aos serviços profissionais de uma assessoria especializada em segurança e medicina do trabalho para avaliação anual das atividades do GSSTB.

A CIPA das empresas de navegação marítima/fluvial deve ser constituída pelos empregados envolvidos nas atividades de cada estabelecimento da empresa e por marítimos empregados, efetivamente trabalhando nas embarcações da empresa, eleitos na forma estabelecida pela NR-05 (CIPA), obedecendo-se as regras abaixo definidas:

- o total de empregados existentes em cada estabelecimento da empresa deve determinar o número de seus representantes, de acordo com o Quadro I da NR-05 (CIPA);
- os marítimos devem ser representados, na CIPA do estabelecimento sede da empresa, por um membro titular para cada dez embarcações da empresa ou fração, e de um suplente para cada vinte embarcações da empresa ou fração;
- os marítimos titulares e suplentes devem ser eleitos em votação em separado para comporem a CIPA, tendo, todos, os direitos assegurados pela NR-05;
- a participação dos marítimos eleitos nas reuniões da CIPA fica condicionada à presença da embarcação onde ele está lotado, no município onde a empresa tem estabelecimento, no dia da reunião, desde que razões operacionais não impeçam sua saída de bordo;

- as despesas decorrentes da participação do marítimo eleito nas reuniões da CIPA são responsabilidade da empresa;
- a empresa deve adequar as datas das reuniões da CIPA de modo a permitir a presença dos marítimos a, no mínimo, duas reuniões durante cada ano de seu mandato;
- no caso de o representante dos marítimos estar em trânsito pelo estabelecimento da empresa, em virtude de início ou término de férias ou de afastamento legal, a data da reunião da CIPA deve ser alterada, para permitir a sua participação;
- no caso da hipótese anterior, deve-se alterar a data de contagem do início das férias ou do afastamento legal, ou do regresso do marítimo para bordo devido ao fim das férias ou do afastamento legal, correspondente ao número de dias necessários à sua participação na reunião da CIPA;
- a administração de bordo deve adequar o regime de serviço a bordo para que o representante dos marítimos possa participar das reuniões da CIPA sem prejuízo de suas horas de repouso;
- os Cipeiros marítimos eleitos, titulares e suplentes, devem participar da reunião mensal do GSSTB quando estiverem embarcados.

Importante destacar que se obrigam ao cumprimento da presente norma as empresas privadas e estatais (empresas públicas e sociedades de economia mista), e os demais órgãos da administração direta ou indireta.

As empresas que têm no trabalho aquaviário sua atividade principal são obrigadas a elaborar Programa de Controle Médico de Saúde Ocupacional (PCMSO), com o objetivo de promover e preservar a saúde de seus empregados, conforme disposto na NR-07 (PCMSO) e observado o disposto no Quadro II (Padrões Mínimos dos Exames Médicos) da NR-30; as seguintes determinações:

- para cada exame médico realizado, o médico emitirá o Atestado de Saúde Ocupacional (ASO), em três vias;
- a primeira via do ASO deve ser mantida a bordo da embarcação em que o trabalhador estiver prestando serviço;
- a segunda via do ASO deve ser obrigatoriamente entregue ao trabalhador, mediante recibo nas outras duas vias;
- a terceira via do ASO deve ser mantida na empresa em terra;
- caso o prazo de validade do exame médico expire no decorrer de uma travessia, fica prorrogado até a data da escala da embarcação, em porto onde haja as condições necessárias para realização desses exames, observado o prazo máximo de quarenta e cinco dias;
- para os trabalhadores aquaviários do grupo marítimos que operam embarcações classificadas para navegação em mar aberto e apoio marítimo, devem ser adotados os padrões médicos e o modelo de Certificado Médico (*Health Certificate* — Convenção Internacional sobre Padrões de Instrução, Certificação e Serviço de Quarto para Marítimos — STCW) estabelecidos no QUADRO III desta NR, sem prejuízo da elaboração do Atestado de Saúde Ocupacional (ASO), conforme a NR-7 (PCMSO) e disposições da NR-30 (Segurança e Saúde no Trabalho Aquaviário) sobre o tema.

Oportuno enfatizar, também, que a norma preventiva em comento especifica diversos itens preventivos alusivos a: alimentação, higiene e conforto a bordo, enfermaria, além de várias recomendações, prescreve a NR-30 que toda embarcação comercial deve ter a bordo o aprovisionamento de víveres e água potável, devendo ser observado: o número de tripulantes, a duração, a natureza da viagem e as situações de emergência, além do que deverá ser garantido um cardápio balanceado, cujo teor nutritivo atenda às exigências calóricas necessárias às condições de saúde e conforto dos trabalhadores, adequadas ao tipo de atividade e que assegure o bem-estar a bordo.

Estipula a trigésima norma regulamentadora as seguintes determinações, tendo por escopo a higiene e o conforto a bordo das embarcações:

- os corredores e a disposição dos camarotes, refeitórios e salas de recreação devem garantir uma adequada segurança e proteção contra as intempéries e condições da navegação, bem como isolamento do calor, do frio, do ruído excessivo e das emanações provenientes de outras partes da embarcação e, ao longo do convés, a embarcação deverá possuir uma via de segurança para passagem dos tripulantes;
- as tubulações de vapor, de descarga de gases e outras semelhantes não devem passar pelas acomodações da tripulação nem pelos corredores que levem a elas. Quando essas, por motivos técnicos, passarem por tais corredores, devem estar isoladas e protegidas;
- toda embarcação deve estar provida de um sistema de ventilação adequado que deve ser regulado para manter o ar em condições satisfatórias, de modo suficiente a atender quaisquer condições atmosféricas e, à exceção daquelas destinadas exclusivamente à navegação nos trópicos, deve estar provida de um sistema de calefação adequado para o alojamento da tripulação. Os radiadores e demais equipamentos de calefação devem estar instalados de modo a evitar perigo ou desconforto para os ocupantes dos alojamentos;
- todos os locais destinados à tripulação devem ser bem iluminados e, quando não for possível obter luz natural suficiente, deve ser instalado um sistema de iluminação artificial;
- nos camarotes, cada beliche deve estar provido de uma lâmpada elétrica, individual e cada camarote deve estar provido de uma mesa ou de uma escrivaninha, um espelho, pequenos armários para os artigos usados no asseio pessoal, uma estante para livros e cabides para pendurar roupas, bem como de um armário individual e um cesto de lixo. Todo mobiliário deverá ser de material liso e resistente, que não se deforme pela corrosão;
- nos casos de prévia utilização de qualquer acomodação por tripulante portador de doença infectocontagiosa, o local deverá ser submetido a uma desinfecção minuciosa. Os membros da tripulação devem dispor de camas individuais, com dimensões internas não inferiores a 1,90 metro por 0,80 metro. As camas devem estar colocadas a uma distância uma da outra de modo a que se permita o acesso a uma delas sem passar por cima da outra. A cama superior deve ser provida de escada fixa para acesso à mesma. É vedada a sobreposição de mais de duas camas, assim como é vedada a sobreposição de camas ao longo do costado da embarcação, quando esta sobreposição impedir a ventilação e iluminação natural proporcionada por uma vigia. Outrossim, as camas não devem estar dispostas a menos de 30 cm do piso e os colchões utilizados devem ter, no mínimo, densidade 26 e espessura de 10 cm, mantidos em perfeito estado de higiene e conservação, devendo ser fornecida roupa de cama higienizada que será por conta do empregador.

Dispõe a NR-30 no que diz respeito aos Salões de Refeições e Locais de Recreio, as seguintes prescrições normativas:

- os pisos e anteparas não devem apresentar irregularidades e devem ser mantidos em perfeito estado de conservação;
- os pisos devem ser de material antiderrapante;
- as mesas e cadeiras devem ser de material resistente à umidade, de fácil limpeza e estar em perfeitas condições de uso;
- as cadeiras devem possuir dispositivos para fixação ao piso;
- os salões de refeições e os locais de recreio devem ter iluminação, ventilação e temperatura adequadas;
- nas embarcações maiores que 3000 AB, devem ser instaladas salas de lazer, com mobiliário próprio;
- nas embarcações menores que 3000 AB, o refeitório pode ser utilizado como sala de lazer.

Quanto aos requisitos normativos a serem observados na Cozinha das embarcações, tem-se que a captação de fumaças, vapores e odores deve ser feita mediante a utilização de um sistema de exaustão, e as garrafas de Gás Liquefeito de Petróleo (GLP), bem como suas conexões, devem ser certificadas e armazenadas fora do recinto da cozinha, em local sinalizado, protegido e ventilado.

Prescreve a NR-30 que as instalações sanitárias das embarcações alcançadas pelo trabalho aquaviário devem obedecer aos seguintes requisitos:

- os pisos devem ser de material antiderrapante, impermeável, de fácil limpeza e devem estar providos de um sistema de drenagem;
- os locais devem ser devidamente iluminados, arejados e, quando necessário, aquecidos; as pias devem ter o necessário abastecimento de água doce, quente e fria;
- os vasos sanitários devem ter pressão de descarga suficiente, permitindo seu funcionamento a qualquer momento e o seu controle de modo individual e, quando necessário, dispor de ducha higiênica próxima;
- quando houver vários vasos sanitários instalados num mesmo local, os mesmos devem estar separados por meio de divisórias que garantam a privacidade dos usuários;
- as instalações sanitárias devem ser mantidas em permanente estado de conservação e limpeza.

No que se refere aos locais de lavagem, secagem e guarda de roupas no trabalho aquaviário, prescreve a trigésima norma regulamentadora que:

- todas as embarcações de um mínimo de 500 AB (arqueação bruta) devem ter facilidades para lavagem e secagem de roupas de trabalho;
- as instalações para a lavagem de roupas devem ter abastecimento de água doce;
- deve haver local devidamente arejado e de fácil acesso para guardar as roupas de trabalho.

Sob o tópico Proteção à Saúde, dispõe a norma regulamentadora em comento no tocante à enfermaria que a mesma, quando existente, deve reunir condições quanto a sua capacidade, área, instalações de água, quente e fria, drenagem de líquidos e resíduos, além de dispor de meios e materiais adequados para o cumprimento de sua finalidade.

Prescreve a NR-30 que na Limpeza e Manutenção das Embarcações, mais especificamente nos tanques de carga, óleo, lastro ou de espaços confinados é obrigatório:

- vistoria prévia do local por tripulante habilitado, com atenção especial ao monitoramento dos percentuais de oxigênio, contaminantes e de explosividade da mistura no ambiente, em conformidade com as normas vigentes;
- uso de ventilador, exaustor ou de ambos para a eliminação de gases e vapores, antes de permitir a entrada de pessoas, a fim de manter uma atmosfera segura durante a realização dos trabalhos;
- trabalho realizado em dupla, portando o executante um cabo-guia que possibilite o seu resgate, pelo observador;
- uso de aparelhos de iluminação e acessórios cujas especificações sejam adequadas à área classificada;
- proibição de fumar ou portar objetos que produzam chamas, centelhas ou faíscas;
- uso de equipamentos de ar mandado ou autônomo de pressão positiva, em ambientes com deficiência de oxigênio ou impregnados por gases e vapores tóxicos;
- depositar, em recipientes apropriados, estopas e trapos usados com óleo, graxa, solventes ou similares, para terem destinação adequada.

Segundo a NR-30, a execução de serviços em Espaços Confinados deve ser implementada mediante a observância dos seguintes cuidados adicionais:

- somente deve ser realizada após vistoria e emissão da respectiva Permissão de Trabalho pelo Comandante da embarcação ou seu preposto;
- não são permitidos trabalhos simultâneos de reparo e manutenção com as operações de carga e descarga, quando prejudiquem a saúde e a integridade física dos trabalhadores;

- os tripulantes não poderão realizar trabalhos em andaimes, estruturas altas e em costado sem a observância das medidas de segurança devidas.

Além das disposições normativas expressamente descritas no texto propriamente dito da NR-30 (Segurança e Saúde no Trabalho Aquaviário), em relação à Atividade de Pesca Comercial e Industrial, deverão ser observadas as disposições específicas constantes do Anexo I (Pesca Industrial e Comercial), acrescido à NR-30, em face da Portaria SIT-MTE n. 36 de 29.1.2008.

Objetivando facilitar a compreensão do Anexo I da NR-30 é importante ter em mente os seguintes conceitos normativos elementares:

- Barco de Pesca — é toda embarcação de bandeira brasileira utilizada para fins comerciais ou industriais que exerça atividade de captura, conservação, beneficiamento, transformação ou industrialização de seres vivos que têm na água ou no seu meio natural. Genericamente, há duas espécies de barcos de pesca: novo ou já existente.
  - Barco de Pesca Novo — é a embarcação cujos planos de construção tenham sido aprovados pela autoridade marítima após a data de entrada em vigor do Anexo I da NR-30 (Diário Oficial da União de 30.1.2008) ou cuja inscrição tenha ocorrido após seis meses da mesma data;
  - Barco de Pesca Existente — é toda embarcação de pesca que não seja um barco de pesca novo.
- Trabalhador — é toda pessoa que exerce uma atividade profissional a bordo de um barco, inclusive as que estão em período de formação e os aprendizes, com exclusão do pessoal de terra que realize trabalhos a bordo e dos práticos;
- Pescador Profissional — é a pessoa que exerce sua atividade a bordo, em todas as funções devidamente habilitadas pela autoridade marítima brasileira, ainda que em período de formação ou aperfeiçoamento, com exclusão do prático e do pessoal de terra que realize trabalhos não inerentes à atividade-fim.
- Armador — é a pessoa física ou jurídica que explora barcos próprios, fretados, arrendados ou cedidos, dentro de qualquer modalidade prevista nas legislações nacional ou internacional, ainda que esta não seja sua atividade principal;
- Patrão de Pesca — é todo pescador devidamente habilitado para comandar um barco e administrar as atividades de pesca, sendo responsável por sua operação.

O objetivo do citado Anexo I da NR-30 é disciplinar a proteção jurídica de segurança e saúde no trabalho a bordo das embarcações de pesca comercial e industrial, inscritas em órgão da autoridade marítima e licenciadas pelo órgão de pesca competente, sem prejuízo do cumprimento dos controles periódicos previstos nas demais normas que a elas se aplicam. Outrossim, as disposições contidas no aludido Anexo I são aplicáveis a todos os pescadores profissionais e barcos de pesca de comprimento total igual ou superior a 12 m ou arqueação bruta igual ou superior a 10, que se dediquem a operações de pesca comercial e industrial, salvo disposições em contrário. Ressalte-se que, para embarcações menores que 12 m ou arqueação bruta inferior a 10, a NR-30 será aplicável naquilo que couber.

Cabe ao Armador, no que diz respeito a suas obrigações preventivas gerais:

- adotar as medidas necessárias para que os barcos sejam utilizados de forma a não comprometer a segurança e a saúde dos trabalhadores nas condições meteorológicas previsíveis;
- fornecer ao patrão de pesca os meios necessários para cumprir as obrigações que lhe são atribuídas pelo Anexo I;
- em caso de acidente a bordo em que haja morte ou desaparecimento, lesão grave ou prejuízo material de grande monta, tomar providências para que o patrão de pesca, além de cumprir as normas legais, elabore um relatório detalhado do ocorrido a ser enviado, caso requerido, à autoridade laboral competente. Outrossim, a ocorrência será registrada de forma detalhada no livro de quarto ou, caso não exista, em documento específico para esse fim;
- zelar pela manutenção técnica dos barcos, de suas instalações e equipamentos, especialmente no que diz respeito ao disposto nos Apêndices I (Disposições Mínimas de Segurança e Saúde

Aplicáveis aos Barcos de Pesca Novos) e II (Disposições Mínimas de Segurança e Saúde Aplicáveis aos Barcos de Pesca Existentes), ambos do Anexo I (Pesca Comercial e Industrial), de forma a eliminar o quanto antes os defeitos que possam afetar a segurança e saúde dos trabalhadores, sem prejuízo da responsabilidade do Patrão de Pesca;

- tomar medidas para garantir a limpeza periódica dos barcos e do conjunto de instalações e equipamentos, de modo a manter condições adequadas de higiene e segurança, sem prejuízo da responsabilidade do Patrão de Pesca;
- manter a bordo dos barcos os meios de salvamento e de sobrevivência apropriados, em bom estado de funcionamento e em quantidade suficiente, de acordo com as normas da autoridade marítima, sem prejuízo da responsabilidade do Patrão de Pesca;
- atender às disposições mínimas de segurança e saúde relativas aos meios de salvamento e sobrevivência previstas no Apêndice III (Meios de Salvamento e Sobrevivência) do Anexo I (Pesca Comercial e Industrial) e nas normas da autoridade marítima, sem prejuízo da responsabilidade do Patrão de Pesca;
- fornecer os equipamentos de proteção individual necessários, quando não for possível evitar ou diminuir suficientemente os riscos para a segurança e saúde dos trabalhadores com meios ou técnicas coletivas de proteção, de acordo com a Norma Regulamentadora NR-6 (EPI), sem prejuízo da responsabilidade do Patrão de Pesca; e,
- garantir o aprovisionamento de víveres e água potável em quantidade suficiente, de acordo com o número de pescadores profissionais e outros trabalhadores a bordo, a duração e natureza da viagem e com as situações de emergência, sem prejuízo da responsabilidade do Patrão de Pesca.

Com a ressalva de que a observância das disposições técnico-preventivas contidas no Anexo I da NR-30 não exime os barcos dos controles periódicos previstos nas demais normas que a eles se aplicam, há que se atentar para o seguinte:

- os barcos de pesca novos, ou que sofreram reformas ou modificações importantes, devem atender às disposições mínimas de segurança e saúde previstas no Apêndice I: (Disposições Mínimas de Segurança e Saúde Aplicáveis aos Barcos de Pesca Novos), do Anexo I (Pesca Comercial e Industrial) da NR-30 (Segurança e Saúde no Trabalho Aquaviário);
- no caso de barcos de pesca existentes, devem ser cumpridas as disposições previstas no Apêndice II (Disposições Mínimas de Segurança e Saúde Aplicáveis aos Barcos de Pesca Existentes), do Anexo I (Pesca Comercial e Industrial), da NR-30 (Segurança e Saúde no Trabalho Aquaviário).

O Anexo I da NR-30 deixa patente como responsabilidades do Armador, especificamente em relação à saúde dos trabalhadores:

- custear a elaboração e implementação do Programa de Controle Médico e Saúde Ocupacional (PCMSO) dos pescadores, conforme disposto na NR-7 (PCMSO);
- suprir a embarcação dos meios necessários para o atendimento de primeiros socorros a bordo e de livro de primeiros socorros e medicamentos, de acordo com o preconizado pelas autoridades marítima e sanitária;
- tomar providências para que exista pelo menos um pescador profissional treinado no atendimento de primeiros socorros para cada dez pescadores profissionais ou fração a bordo;
- promover a realização dos exames médicos ocupacionais, devendo observar que, para cada exame médico realizado, o Médico responsável emitirá o Atestado de Saúde Ocupacional (ASO), em três vias, e que a primeira via do ASO deve ser mantida a bordo da embarcação em que o Pescador Profissional estiver prestando serviço, enquanto a segunda via deve ser obrigatoriamente entregue ao pescador profissional, mediante recibo nas outras duas vias, ao passo que a terceira via deve ser mantida com o Armador ou seu preposto em terra;
- caso o prazo de validade do exame médico ocupacional expire no decorrer de uma pescaria, considerar-se-á prorrogado até a data da escala da embarcação em um porto onde haja as condições necessárias para sua realização, observado o máximo de quarenta e cinco dias.

Cabe ao Armador exigir do Pescador Profissional, por ocasião de sua contratação, a comprovação de que o mesmo é detentor de certificado de formação emitido pela autoridade marítima. Nesse sentido, estipula o Anexo I da NR-30 acerca da formação e informação do Pescador Profissional:

- deverá o Armador garantir o fornecimento de informações adequadas e compreensíveis sobre segurança e saúde a bordo, assim como sobre as medidas de prevenção e proteção adotadas no barco, e que toda pessoa contratada para comandar um barco esteja devidamente habilitada pela autoridade marítima, sem prejuízo da responsabilidade do Patrão de Pesca;
- a formação dos Pescadores Profissionais deve incluir instruções precisas compreendendo, em especial, o treinamento para o combate a incêndios; a utilização de meios de salvamento e sobrevivência; o uso adequado dos aparelhos de pesca e dos equipamentos de tração; e os diferentes métodos de sinalização, especialmente os de comunicação por sinais;
- quando de modificações nas atividades do barco, novas informações devem ser ministradas sempre que necessário;
- a formação profissional especializada deve incluir, no mínimo, os seguintes tópicos: prevenção de enfermidades profissionais e acidentes de trabalho a bordo e as providências a serem adotadas em caso de acidentes; combate a incêndio e utilização dos meios de salvamento e sobrevivência; estabilidade do barco e manutenção da estabilidade em todas as condições previsíveis de carga e durante as operações de pesca; e procedimentos de navegação e comunicação via rádio;
- cabe à Fundação Jorge Duprat Figueredo de Segurança e Medicina do Trabalho (FUNDACENTRO) elaborar e manter atualizado um GUIA TÉCNICO, de caráter recomendatório, para a avaliação e a prevenção dos riscos relativos à utilização de barcos de pesca.

O Anexo II (Plataformas e Instalações de Apoio) da NR-30 (Segurança e Saúde no Trabalho Aquaviário) foi instituído pela Portaria SIT-MTE n. 183, de 11.5.2010, e, posteriormente, teve a redação de seu item 13.1 modificada pela Portaria SIT-MTE n. 200, de 21.1.2011. Dito Anexo II tem por objetivo estabelecer os requisitos mínimos de segurança e saúde no trabalho a bordo de plataformas e instalações de apoio empregadas com a finalidade de exploração e produção de petróleo e gás do subsolo marinho, de modo que suas disposições normativas são aplicáveis ao trabalho nas plataformas nacionais e estrangeiras, devidamente autorizadas a operar em águas sob jurisdição nacional.

Importante destacar que, excepcionalmente em relação às plataformas existentes ou afretadas ou em construção, de qualquer bandeira, onde a aplicação dos itens deste Anexo gere a necessidade de modificações estruturais incompatíveis tecnicamente com as áreas disponíveis ou que possam influenciar na segurança da plataforma, o Anexo II da NR-30 possibilitou que seja apresentado, pelo Operador da Instalação, projeto técnico ou solução alternativa, com justificativa, para análise e manifestação da autoridade competente. Devendo a análise do projeto ou solução alternativa antes reportada ser feita de forma tripartite.

Outrossim, plataformas com previsão de operação temporária de até seis meses em águas sob jurisdição nacional e que não tenham suas instalações adequadas aos requisitos do Anexo II da NR-30 devem atender às regras estabelecidas em convenções internacionais, certificadas por sociedade classificadora.

O Anexo II da NR-30 estipula as seguintes responsabilidades e competências para os segmentos envolvidos na atividade aquaviária em plataformas e instalações de apoio, a saber:

- Cabe ao Operador da Instalação:
  - cumprir e fazer cumprir o presente Anexo;
  - interromper todo e qualquer tipo de atividade que exponha os trabalhadores a condições de risco grave e iminente para a sua saúde e segurança no trabalho;
  - fornecer às empresas contratadas as informações sobre os riscos potenciais existentes na área da plataforma em que desenvolvem suas atividades;

- zelar pela segurança e saúde dos trabalhadores e de terceiros que estejam a bordo.
- prestar informações solicitadas pelos órgãos fiscalizadores;
- informar os trabalhadores sobre os riscos existentes no local de trabalho;
- fazer constar no contrato de serviços celebrados com outras empresas a obrigatoriedade do cumprimento das medidas de segurança e saúde no trabalho previstas no Anexo II da NR-30;
- garantir, pelos meios usuais de transporte e sem ônus para o MTE, o acesso dos Auditores Fiscais do Trabalho em serviço à plataforma, onde não houver concessionárias de serviço público.

➢ Cabe ao Operador da Concessão:

- fazer constar no contrato, celebrado junto ao Operador da Instalação, a obrigatoriedade do cumprimento das medidas de segurança e saúde no trabalho especificadas no presente Anexo;
- auditar, na forma prevista em sistema de gestão, o Operador da Instalação quanto às suas atribuições no cumprimento do presente Anexo; e
- prestar informações solicitadas pelos órgãos fiscalizadores.

➢ Cabe ao Concessionário:

- nomear o Operador da Concessão; e
- zelar pelo cumprimento do presente Anexo junto ao operador da concessão.

➢ Cabe aos Trabalhadores:

- colaborar com o Operador da Instalação para o cumprimento das disposições legais e regulamentares, inclusive nos procedimentos internos sobre segurança e saúde no trabalho;
- comunicar imediatamente ao seu superior hierárquico as situações que considerem representar risco para sua segurança e saúde ou para a de terceiros;
- transportar para bordo os medicamentos, com prescrição médica, indispensáveis ou de uso contínuo.

O Anexo II em comento estipula também que são direitos básicos dos trabalhadores em plataformas e instalações de apoio:

➢ suspender sua tarefa e informar imediatamente ao seu superior hierárquico para que sejam tomadas todas as medidas de correção adequadas, quando tiver convicção, fundamentada em seu treinamento e experiência, de que exista grave e iminente risco para a sua segurança e saúde ou para a de terceiros; e

➢ serem informados sobre os riscos existentes no local de trabalho que possam afetar sua segurança e saúde.

O Operador de Instalação e as empresas que prestem serviços a bordo de plataformas e em instalações de apoio devem dimensionar os seus Serviços Especializados em Segurança e Medicina do Trabalho de acordo com o estabelecido na Norma Regulamentadora NR-4 (SESMT), bem como devem atender, complementarmente, aos seguintes requisitos:

➢ Em cada plataforma que possua número de trabalhadores embarcados acima de vinte e cinco, o Operador da Instalação deve garantir a existência, a bordo, de Técnico de Segurança do Trabalho, na proporção de um por grupo de cinquenta trabalhadores ou fração, considerando-se o número total de trabalhadores a bordo.

➢ As empresas que prestarem serviços em plataformas mantendo a bordo um número de empregados acima de cinquenta devem possuir no local Técnico de Segurança do Trabalho, na proporção de um por grupo de cinquenta empregados embarcados ou fração, durante o período de prestação do serviço.

- Os Técnicos de Segurança do Trabalho que prestam serviços a bordo de cada plataforma serão considerados para efeito da composição do SESMT da empresa operadora de instalação ou prestadora de serviços.

- No caso de plataformas unidas por meio de pontes de interligação, permanentes ou provisórias, o conjunto dessas plataformas é considerado, para efeito de dimensionamento do número de Técnicos de Segurança do Trabalho a bordo, como uma única plataforma.

- Sempre que existam operações de risco, independentemente do número de trabalhadores embarcados, é obrigatória a presença a bordo de, no mínimo, Técnico de Segurança do Trabalho, sem prejuízo da presença de outros profissionais de segurança do trabalho que possam ser designados para o serviço.

- O dimensionamento da quantidade de Técnicos de Segurança do Trabalho a bordo é baseado na média do número de trabalhadores embarcados no trimestre que antecede o cálculo.

No tocante à Comissão Interna de Prevenção de Acidentes (CIPA) em plataformas e instalações de apoio, dispõe o Anexo II da NR-30 que as empresas responsáveis pela operação de instalação e as empresas prestadoras de serviço a bordo de plataformas devem dimensionar sua(s) CIPA(s) obedecendo às regras específicas a seguir reproduzidas e, complementarmente, naquilo que couber, ao disposto na Norma Regulamentadora NR-5 (CIPA) e nas convenções ou acordos coletivos de trabalho. Em sendo assim, cada Operador de Instalação deverá constituir uma CIPA a bordo da plataforma da qual é o responsável, sempre que o número de empregados nelas lotados seja igual ou maior que vinte, de acordo com as seguintes regras:

- A representação dos empregadores deve ser composta por ocupantes dos seguintes cargos ou funções: Gerente da Plataforma ou Comandante da embarcação, ou denominação equivalente; empregado que esteja a bordo de maior nível hierárquico da atividade-fim da instalação (perfuração, produção, apoio); e Técnico de Segurança do Trabalho ou profissional da área de segurança e saúde no trabalho a bordo.

- A representação dos empregados embarcados deve ser composta pelos membros eleitos da operadora da instalação.

- A Comissão eleitoral da CIPA da plataforma será constituída pelo Presidente e Vice-Presidente da CIPA presentes à reunião na qual for iniciado o processo eleitoral. Poderão constituir uma única Comissão Eleitoral as empresas operadoras de instalação que possuam mais de uma plataforma em uma mesma bacia petrolífera. Cabe ao Presidente e ao Vice-Presidente da CIPA constituírem a Comissão Eleitoral para conduzir os procedimentos de eleição do conjunto das plataformas que estejam em sua base operacional.

- A eleição dos representantes dos empregados da operadora da instalação na CIPA de bordo deve ocorrer da seguinte forma: cada grupo ou turma de embarque da operadora da plataforma deve eleger dentre seus componentes um representante; os três primeiros mais votados — sendo um de cada grupo ou turno de embarque — serão os titulares e os demais, suplentes; e o *quorum* necessário para validação do processo eleitoral será formado pelo número de empregados presentes em cada grupo ou turma de embarque. Havendo participação inferior a cinquenta por cento dos empregados de um grupo ou turma de embarque, não haverá a apuração dos votos e a Comissão Eleitoral deverá organizar outra votação no embarque seguinte do mesmo grupo.

- A presidência da CIPA da plataforma será atribuída ao Gerente da Plataforma ou ao Comandante da embarcação.

- A vice-presidência da CIPA da plataforma será exercida pelo representante dos empregados com o maior tempo de embarque naquele período.

- As reuniões da CIPA da plataforma devem ser realizadas a bordo. As reuniões ordinárias devem: ter periodicidade mensal e ser agendadas de modo a garantir presença de pelo menos dois representantes dos empregados. Quando possível, as reuniões extraordinárias serão agendadas de acordo com esta mesma regra.

- O membro, eleito ou designado, da CIPA de empresa prestadora de serviços que esteja a bordo poderá participar da reunião. A participação desse membro contará como presença na reunião da CIPA da empresa à qual ele pertença.
- Caso algum tema debatido pela CIPA da plataforma não obtenha consenso, e seja requerido um processo de votação, a mesma deve ser feita por paridade de votantes entre os representantes do empregador e dos empregados presentes.
- Devem ser incluídas em ata as decisões da CIPA que não puderem ser implementadas apenas com os recursos disponíveis a bordo, para que, posteriormente, o Operador da Instalação tome as devidas providências.
- A representação dos empregados da CIPA de empresa prestadora de serviço a bordo de plataforma deve ser constituída a partir do somatório de duas partes distintas: a primeira, denominada de parte marítima da CIPA, será formada pelo conjunto de seus empregados a bordo em cada plataforma na qual a empresa atue como prestadora de serviço; e a segunda, denominada parte terrestre, será representada pelo número de empregados lotados na base terrestre do estabelecimento da empresa que controla administrativamente a prestação de serviços a bordo.
- Os representantes do empregador, na CIPA de que trata a alínea anterior, devem ser indicados, a critério da empresa, na proporção que garanta a paridade entre os membros eleitos e designados.
- Todas as decisões tomadas na reunião da CIPA do Operador da Instalação que estejam relacionadas, de alguma maneira, com empresa prestadora de serviço devem ser incluídas na ata da CIPA da empresa referida para que a mesma tome as devidas providências.

Estipula a NR-30, em seu Anexo II, as seguintes determinações preventivas em relação ao Programa de Controle Médico de Saúde Ocupacional (PCMSO) em Plataformas:

- Cada empresa operadora de instalação e cada uma das empresas prestadoras de servido a bordo de plataformas devem elaborar seu PCMSO considerando separadamente os riscos previstos no Programa de Prevenção de Riscos Ambientais (PPRA) de cada plataforma.
- Uma cópia do Atestado de Saúde Ocupacional (ASO) dos trabalhadores que permaneçam mais do que três dias a bordo deve ser mantida no serviço de assistência médica de bordo, admitindo-se que esta esteja acessível em meio eletrônico através de sistema de consulta médica a distância.

O Anexo II da NR-30 dispõe que as operadoras de instalação e as empresas prestadoras de serviço a bordo de plataformas devem elaborar seus Programas de Prevenção de Riscos Ambientais (PPRA) em Plataformas, obedecendo à regulamentação prevista na Norma Regulamentadora NR-9 (PPRA), devendo atender complementarmente as seguintes regras específicas:

- Cabe ao Operador da Instalação elaborar um PPRA por plataforma, de acordo com o que preconiza a NR-9 (PPRA).
- O Operador da Instalação deve repassar às empresas prestadoras de serviço a bordo as informações oriundas do desenvolvimento do PPRA em cada plataforma, naquilo que disser respeito à atividade desenvolvida por elas.
- Na elaboração do PPRA devem ser consideradas: as disposições da NR-5 (CIPA) quanto à participação dos trabalhadores e as metodologias para avaliação de riscos ambientais preconizadas na legislação brasileira, sendo que, na sua ausência, podem ser adotadas outras já consagradas internacionalmente ou estabelecidas em acordo ou convenção coletiva.
- As empresas prestadoras de serviço a bordo devem, com base nos dados recebidos do Operador da Instalação, complementando com levantamentos e informações específicas do processo de trabalho que realizam a bordo, elaborar e manter atualizado um PPRA para cada plataforma onde atuem.
- A empresa prestadora de serviço que, ao desenvolver sua atividade, introduza risco não previsto no PPRA da plataforma deve informar a existência de tal risco ao Operador da Instalação, para que este adote as medidas de controle adequadas.

Para fins de atendimento à Sinalização de Segurança, dispõe o Anexo II da NR-30 que se aplica às plataformas o constante da norma regulamentadora NR-26 (Sinalização de Segurança) com as alterações a seguir descritas:

- VERMELHO — a cor vermelha deve ser usada para distinguir e indicar a bordo os equipamentos e aparelhos de proteção e combate a incêndio, tais como: caixas de alarme de incêndio; hidrantes; bombas de água para combate a incêndio; sirenes de alarme de incêndio; extintores de incêndio e sua localização; indicações de extintores; localização de mangueiras de incêndio (a cor deve ser usada no carretel, suporte, moldura da caixa ou nicho); tubulações e válvulas de acionamento de sistemas de chuveiros automáticos; tubulações da rede de água para combate a incêndio; portas de saída de emergência; tanques de líquido gerador de espuma; tubulações, cilindros e difusores de gás carbônico para combate a incêndio; escotilhas para fuga; botoeiras para iniciar alarme ou parada de emergência ou de acionamento manual de sistemas de combate a incêndio; a mangueira de acetileno, nos equipamentos de soldagem oxiacetilênica.
- AMARELO — a cor amarela deve ser empregada a bordo para indicar "Alerta!", assinalando: corrimãos, parapeitos, guarda-corpos e rodapés de guarda-corpo; passarelas e plataformas; espelhos de degraus de escadas; bordas desguarnecidas de aberturas no piso que não possam ter guarda-corpo ou que tenham guarda-corpos removíveis para passagem de cargas; bordas horizontais de portas de elevadores que se fechem verticalmente; faixas no piso da entrada de elevadores e plataformas de carregamento; paredes de fundo de corredores sem saída; estruturas metálicas ou trechos de tubulações colocadas a baixa altura; cabines de equipamentos, guindastes, pontes rolantes, guinchos, talhas, ganchos (gato), acessórios de movimentação de carga etc.; equipamentos de transporte sobre trilhos, vagonetes, reboques etc.; fundos de letreiros e avisos de advertência; obstáculos ou estrutura saliente onde se necessita chamar a atenção (risco de acidente ou impacto); cavaletes; comandos e equipamentos suspensos que ofereçam risco; faixas delimitando zonas de proteção contra arcos elétricos em painéis e quadros elétricos; tubulações de gases inflamáveis não liquefeitos (gás natural, hidrogênio etc.). Outrossim, a cor amarela pode ser combinada com a cor preta para se obter maior destaque.
- BRANCO — a cor branca deve ser empregada a bordo em: faixas para delimitar passarelas e corredores de circulação; setas de sinalização de sentido e circulação; localização de coletores de resíduos; localização de bebedouros; áreas de piso em torno dos equipamentos de socorros de urgência e outros equipamentos de emergência; faixas delimitando áreas destinadas à armazenagem de materiais; faixas delimitando zonas de segurança; identificação de tubulações de vapor d'água.
- PRETO — a cor preta poderá ser usada em substituição à cor branca, ou combinada a esta, quando condições especiais o exigirem.
- AZUL — a cor azul deve ser utilizada a bordo para indicar "Cuidado!" ou uma ação de segurança obrigatória, como nas seguintes situações: barreiras de prevenção contra movimento acidental de qualquer equipamento em manutenção; avisos e barreiras de advertência nos painéis de comando ou de partida de equipamentos geradores de energia elétrica; identificar tubulações de ar comprimido.
- VERDE — a cor verde é a cor que caracteriza "Segurança". Deve ser empregada a bordo para identificar: caixas de equipamento de socorro de urgência; caixas contendo equipamentos de proteção respiratória; chuveiros de segurança; caixas contendo macas; fontes lavadoras de olhos; quadros para exposição de cartazes, boletins, avisos de segurança etc.; caixas contendo EPI e sinalização de sua localização; placas e emblemas de segurança; a mangueira de oxigênio, nos equipamentos de soldagem oxiacetilênica; tubulações de água.
- LARANJA — a cor laranja deve ser empregada a bordo para indicar "Perigo!" e deve ser usada para identificar, por exemplo: guardas e coberturas de proteção para partes móveis perigosas, partes rotativas de equipamentos e máquinas; partes internas das guardas de máquinas que possam ser removidas ou abertas; placas internas para montagem de componentes e/ou portas internas/barreiras de segurança em painéis elétricos e quadros de distribuição de energia elétrica;

faces e proteções internas de caixas de dispositivos elétricos que possam ser abertas; faces externas de polias e engrenagens, quando expostas; bordas de dispositivos de corte, serras ou prensas; tubulações de ácidos. A cor laranja deve ser utilizada em equipamentos de salvamento marítimo, tais como boias circulares, coletes salva-vidas, embarcações de resgate, embarcações de salvamento, dentre outros, assim como deve ser usada para identificar armários contendo o conjunto de equipamentos usados para o controle de poluição previsto na Convenção MARPOL.

- PÚRPURA — a cor púrpura deve ser usada para indicar os perigos provenientes das radiações eletromagnéticas penetrantes e partículas nucleares. Deve ser empregada a cor púrpura em: portas e aberturas que dão acesso a locais onde se manipulam ou armazenam materiais radioativos ou materiais contaminados por materiais radioativos; recipientes de materiais radioativos ou refugos de materiais radioativos e equipamentos contaminados por materiais radioativos; sinais luminosos para indicar equipamentos produtores de radiações eletromagnéticas penetrantes ou partículas nucleares.
- LILÁS — a cor lilás deve ser usada para identificar tubulações que contenham álcalis.
- CINZA — a cor cinza-claro deve ser usada para identificar canalizações que operem sob vácuo. A cor cinza-escuro deve ser usada para identificar eletrodutos.
- ALUMÍNIO — a cor alumínio deve ser utilizada a bordo para identificar tubulações contendo petróleo, misturas oleosas, inflamáveis líquidos, gases liquefeitos e líquidos combustíveis.
- MARROM — a cor marrom pode ser adotada, a critério do Operador da Instalação, para identificar qualquer fluido não identificável pelas demais cores.

Os ambientes, o corpo das máquinas e equipamentos mecânicos em geral devem ser pintados em cores claras, a critério do Operador da Instalação, visando proporcionar maior segurança, melhores condições ergonômicas, facilidade para trabalhos de operação, inspeção e manutenção, e maior eficiência energética e luminosa. Com exceção das cores verde, branca e preta, as demais cores padronizadas neste Anexo não devem ser utilizadas na pintura do corpo de máquinas.

O Anexo II da NR-30 estipula, mais, as seguintes medidas normativas acerca das condições de vivência a bordo de plataformas:

- As instalações sanitárias, vestiários, refeitórios, cozinhas, camarotes, alojamentos temporários e as instalações de lazer devem ser projetados, considerando: o atendimento a requisitos de segurança e saúde do trabalhador e as condições de vivência adequadas ao conforto dos trabalhadores embarcados.
- Toda plataforma, à exceção daquelas destinadas exclusivamente à operação na zona tropical, deve estar provida de um sistema de calefação adequado para o alojamento dos trabalhadores. Os radiadores e demais equipamentos de calefação devem estar instalados de modo a evitar perigo ou desconforto para os ocupantes dos alojamentos.
- As instalações sanitárias devem ser mantidas em condições higiênico-sanitárias satisfatórias. As de uso coletivo devem possuir uma área de 1,00 m² (um metro quadrado), para cada aparelho sanitário, para cada quinze trabalhadores em atividade, ou fração, não sendo permitido que a área do espaço frontal ao sanitário seja menor do que 800 mm x 600 mm.
- Nas plataformas habitadas é obrigatória a existência de refeitório sendo proibido aos trabalhadores tomarem suas principais refeições em outro local da plataforma. O refeitório deve possuir área de 1,50 m² (um e meio metro quadrado) por usuário, abrigando, de cada vez, 1/3 (um terço) do total de empregados por turno de trabalho, sendo este turno o que tem maior número de empregados. É proibida, ainda que em caráter provisório, a utilização do refeitório para depósito.
- A cozinha deve ficar adjacente aos refeitórios e com ligação para o mesmo, através de duas passagens independentes, sendo uma para a instalação da rampa para serviço de refeições e outra para a devolução de utensílios. As áreas previstas para cozinha, depósito de gêneros alimentícios secos e dispositivos de refrigeração de alimentos devem ser compatíveis com o número diário

de refeições servidas e a quantidade de provisões que devem ser armazenadas, considerando-se ainda uma reserva de emergência.

- Os camarotes, camarotes provisórios e módulos de acomodação temporária devem: ter ocupação separada por sexo; ter dimensões adequadas e ser devidamente equipados, de modo a propiciar conforto e a facilitar sua limpeza e ordem; possuir um leito para cada trabalhador a bordo, em todas as circunstâncias, tendo as mesmas dimensões interiores no mínimo de 1,98 m por 0,80 m; possuir mobiliário constituído de material liso, sem cantos vivos, resistente e mantido em boas condições de uso; possuir sistema de iluminação artificial de modo a manter um nível mínimo de iluminamento geral e difuso de 100 lux; e ser providos de ventilação, exaustão ou ar-condicionado, de modo a garantir conforto térmico e mantidos em condições higiênico-sanitárias satisfatórias.

- O Operador da Instalação deve observar a especificação técnica, constante do Quadro II deste Anexo, quando for necessária a instalação de módulos de acomodação temporária a bordo. Devem ser negociadas com o órgão regional do Ministério do Trabalho e Emprego, de forma tripartite, quando necessário, eventuais alterações que forneçam condições equivalentes ao disposto nesta especificação.

- Todas as plataformas e instalações de apoio devem possuir facilidades para a lavagem e a secagem das roupas de trabalho. As instalações de lavagem de roupas devem ser abastecidas com água doce. As roupas de trabalho, de uso pessoal e de cama devem ser lavadas separadamente.

- Nas plataformas devem existir meios e instalações para proporcionar condições de bem-estar aos trabalhadores a bordo, podendo, sempre que compatível com as características técnicas e operacionais, incluírem-se: academia de ginástica dotada de aparelhos para exercícios físicos; sala de projeção de filmes e vídeos com sortimento adequado, variado e renovado a intervalos regulares; sala de música e televisão para recepção de programas de TV e rádio, incluindo aparatos para jogos de mesa; sala de leitura contendo uma biblioteca com obras de caráter profissional e de outra índole, em quantidade suficiente e cujo conteúdo deve ser renovado a intervalos razoáveis; quadra polivalente para a prática de desportos; piscina para natação e relaxamento; sauna para relaxamento; e sala de internet recreativa com acesso privado a correio eletrônico.

- Nas plataformas deve existir cabine telefônica para comunicação entre a plataforma e terra, salvo impossibilidade técnica, e com preços razoáveis e factíveis para os trabalhadores a bordo.

Outrossim, devem ser tomados os seguintes cuidados adicionais nas instalações elétricas das plataformas, além dos já elencados na Norma Regulamentadora NR-10 (Segurança em Instalações e Serviços em Eletricidade, excetuando do cumprimento apenas o disposto no item 10.7.2 — Curso Complementar — "Segurança no Sistema Elétrico de Potência e em suas Proximidades":

- A documentação prevista na NR-10 pode existir nas plataformas tanto em meio físico quanto em meio eletrônico, desde que, neste caso, seja possível o acesso através de sistema de consulta a distância.

- Em plataformas onde a operação dos sistemas elétricos seja feita exclusivamente por operadores estrangeiros, a documentação técnica prevista na NR-10 deve possuir uma versão escrita no idioma inglês.

- Em plataformas de bandeira estrangeira, para efeitos dos itens 10.8.1 e 10.8.2 da NR-10, os trabalhadores e profissionais estrangeiros devem estar devidamente qualificados e habilitados para o exercício de suas funções.

- O Operador da Instalação deve manter documentos que comprovem a habilitação, capacitação e treinamento dos trabalhadores qualificados.

- As plataformas com continuidade metálica estão dispensadas da comprovação de inspeções e medições de sistemas de proteção contra descargas atmosféricas.

- Para efeitos da aplicação do item 10.3.8 da NR-10, no caso da construção no exterior de plataformas para operar transitoriamente em águas sob jurisdição nacional, as regulamentações elétricas nacionais correlacionadas podem ser substituídas por Convenções Marítimas Internacionais auditadas por Sociedade Classificadora.

- O Direito de Recusa previsto na NR-10 será exercido conforme o disposto no item "Dos Direitos dos Trabalhadores" deste Anexo.
- As responsabilidades quanto ao cumprimento da NR-10 pelo Operador da Instalação estão previstas no capítulo de Obrigações Gerais — Responsabilidades e Competências do Anexo II da NR-30.

O Anexo em comento contém as seguintes recomendações preventivas pertinentes às Instalações de Atenção à Saúde a Bordo:

- Todas as plataformas devem ser mantidas em condições higiênico-sanitárias satisfatórias e devem ser permanentemente adotadas medidas que visem à promoção, proteção e recuperação da saúde, bem como à prevenção de agravos à saúde de todos os trabalhadores a bordo. Tais medidas devem garantir que todos os trabalhadores a bordo sejam submetidos a exames médicos prévios ao embarque previstos no PCMSO além de disporem de assistência gratuita à saúde tão próxima quanto possível da que gozariam caso estivessem em terra e que sejam incluídos em programas de promoção da saúde e de educação sanitária, a fim de que também possam contribuir ativamente para a redução das enfermidades e agravos a que estejam sujeitos.
- Todas as plataformas devem dispor de caixa de medicamentos e de Guia Médica Internacional de Bordo, devendo o conteúdo da caixa de medicamentos e os procedimentos para sua utilização atenderem às normas sanitárias vigentes.
- Em caso de urgência, quando um trabalhador não dispuser de um medicamento indispensável por prescrição médica e esse não estiver disponível na caixa de medicamentos da plataforma, o responsável pela operação da instalação deverá tomar todas as medidas necessárias para a sua obtenção ou providenciar o desembarque do trabalhador.
- O Operador da Instalação deve garantir, mediante um sistema preestabelecido, que em qualquer hora do dia ou da noite as plataformas possam efetuar consultas médicas a distância, incluindo o assessoramento de especialistas.
- Todas as plataformas devem ser dotadas de um sistema de comunicação organizado, capaz de permitir consultas médicas a distância. Os trabalhadores a bordo responsáveis pelo acionamento do sistema de consulta médica a distância devem ser devidamente treinados para operar o equipamento e para compreender as informações recebidas do profissional de saúde consultado, a fim de executar as medidas que sejam prescritas.
- Todas as plataformas com mais de cinquenta trabalhadores devem possuir a bordo um ou mais profissionais de saúde devidamente habilitados e treinados para prestar assistência à saúde e prestar atendimento de primeiros socorros.
- As plataformas que não tenham profissionais de saúde a bordo devem possuir entre seus trabalhadores uma ou mais pessoas especificamente capacitadas na prestação de atendimento de primeiros socorros. Todos os trabalhadores que permaneçam mais do que três dias na plataforma devem receber um treinamento sobre as medidas que devam ser adotadas em caso de acidente ou outro tipo de emergência médica a bordo, de acordo com as normas da Autoridade Marítima.
- Todas as plataformas com mais de trinta trabalhadores a bordo devem dispor de uma enfermaria. Podem ser adotadas medidas no sentido de estabelecer uma cooperação internacional na promoção da saúde e assistência médica dos trabalhadores embarcados, com empresas que desenvolvam atividades similares.

Igualmente, dispõe o Anexo II da NR-30 acerca das atividades de construção, manutenção e reparo que aplicam-se às plataformas as disposições constantes da Norma Regulamentadora NR-34 (Condições e Meio Ambiente de Trabalho na Indústria da Construção e Reparação Naval), naquilo que couber, e, especificamente, em função de particularidades de projeto, instalação e operação o seguinte:

- É obrigatória a comunicação prévia de atividades de construção, manutenção ou reparo a bordo que impliquem aumento da população da plataforma acima do cartão de lotação aprovado pela Autoridade Marítima ou aumento acentuado do risco avaliado através de uma Análise Preliminar de Risco (APR), ou metodologia similar de análise de risco.
- O Operador da Instalação deve encaminhar a comunicação antes reportada ao Órgão Regional do Ministério do Trabalho e Emprego, contendo as seguintes informações: identificação da plataforma onde ocorrerá a atividade de construção, manutenção ou reparo; endereço e qualificação das empresas contratadas, junto ao Ministério da Previdência Social (CEI) e junto ao Ministério da Fazenda (CNPJ); descrição das atividades; datas previstas do início e conclusão da atividade; número máximo previsto de trabalhadores na atividade; e APR ou metodologia similar de análise de risco, quando solicitado.
- Junto com a comunicação prévia retrocitada deve ser encaminhado um Programa de Condições e Meio Ambiente de Trabalho na Indústria da Construção (PCMAT), com o seguinte conteúdo mínimo: memorial descritivo das atividades; identificação dos riscos e definição das medidas de controle; e programa educativo contemplando a temática de acidentes e doenças do trabalho.
- As áreas de vivência destinadas aos trabalhadores das atividades de construção, manutenção ou reparos devem atender aos requisitos estabelecidos no Anexo II da NR-30.
- Atividades de construção, manutenção ou reparos realizados com concurso de flutuantes devem ser aprovadas pelo Gerente da plataforma ou Comandante da embarcação, ou responsável por ele designado, devendo atender aos requisitos da Lei de Segurança do Tráfego Aquaviário e seguir as normas da Autoridade Marítima.
- As atividades de construção, manutenção ou reparo a bordo devem: ter suas instalações elétricas provisórias instaladas para suporte submetidas à aprovação do Gerente da plataforma ou Comandante da embarcação ou responsável por ele designado; ser executadas mediante procedimentos de Permissão para Trabalho (PT) com a adoção de medidas de proteção para o local e para as ações realizadas; ser sinalizadas e, conforme o caso, isoladas de acordo com as orientações técnicas e recomendações do Gerente da plataforma ou Comandante da embarcação ou responsável por ele designado; ser executadas somente por trabalhadores que possuam os treinamentos obrigatórios de segurança e salvatagem exigidos para o tipo de atividade que irão realizar; e ter seus resíduos tratados conforme os dispositivos legais pertinentes.

No que tange às Caldeiras e Vasos de Pressão, prevê o Anexo II da NR-30 que se aplicam às plataformas as disposições da NR-13 (Caldeiras, Vasos de Pressão e Tubulações), naquilo que couber e, em função de particularidades de projeto, instalação e operação, deve ser observado o seguinte:

- Aos vasos de pressão pertencentes aos sistemas navais e de propulsão de embarcações convertidas em plataformas não será aplicada a NR-13, desde que: estas embarcações possuam certificado de classe atualizado emitido por Sociedades Classificadoras reconhecidas pelo governo brasileiro; e os vasos sob pressão não estejam integrados à planta de processamento da plataforma. O que antes excepcionado não se aplica, porém, às caldeiras da embarcação, ainda que certificadas por Sociedades Classificadoras.
- Nas plataformas cujos operadores de caldeiras e vasos de pressão sejam estrangeiros, os Registros de Segurança elaborados em outro idioma podem ser mantidos, desde que existam cópias arquivadas, de igual teor, em português.
- A praça de máquinas pode ser entendida como Casa de Caldeiras.
- Para as instalações de caldeiras não são aplicáveis as seguintes exigências: prédio separado para a casa de caldeiras ou praça de máquinas; ventilação permanente que não possa ser bloqueada; e proibição da utilização de casa de caldeiras (praça de máquinas) para outras finalidades.
- Para plataformas onde existam operadores de caldeira e profissionais com "Treinamento de Segurança na Operação de Unidades de Processo" estrangeiros, os manuais de operação das caldeiras e unidades de processo a que se referem os itens 13.3.1 e 13.8.1 da NR-13 podem ser escritos em idioma estrangeiro, devendo existir cópias de igual teor em português.

- Podem ser considerados, alternativamente, como Operador de Caldeira ou profissional com "Treinamento de Segurança na Operação de Unidades de Processo" em plataformas, profissionais estrangeiros, que possuam formação e treinamento ministrados no exterior, cujo conteúdo seja semelhante ao previsto pela NR-13, desde que reconhecido por empresa ou profissional responsável por Treinamento de Segurança na Operação de Caldeiras ou Treinamento de Segurança na Operação de Unidades de Processo, respectivamente.

- O Operador da Instalação deve manter a bordo documentos que comprovem a capacitação e treinamento dos operadores de caldeira e dos profissionais com Treinamento de Segurança na Operação de Plantas de Processo.

- Operadores de caldeiras profissionais com "Treinamento de Segurança na Operação de Plantas de Processo" das instalações de bandeira estrangeira, com treinamento no exterior, que comprovarem experiência maior que dois anos, estão dispensados do estágio prático, desde que reconhecido por empresa ou profissional responsável por Treinamento de Segurança na Operação de Caldeiras ou Treinamento de Segurança na Operação de Unidades de Processo, respectivamente.

- Para as caldeiras e vasos de pressão instalados em plataformas e em ambientes fechados não são aplicáveis as seguintes exigências: dispor de ventilação permanente com entradas de ar que não possam ser bloqueadas; e constituir prédio separado, construído de material resistente ao fogo.

- Os vasos de pressão devem ser submetidos à inspeção de fabricação no fabricante, de modo a garantir que todas as características construtivas previstas no projeto e em legislação e normas pertinentes sejam seguidas.

- Os testes e inspeções de fabricação realizados no fabricante do vaso depressão não são considerados como inspeção inicial no local definitivo da instalação, com exceção feita ao teste hidrostático quando este for acompanhado e aceito por Profissional Habilitado empregado do Serviço Próprio de Inspeção de Equipamentos (SPIE) do estabelecimento do Operador da Instalação.

- Para efeitos de inspeção inicial, nas plataformas, entende-se como local definitivo de instalação aquele onde o vaso de pressão está interligado de modo definitivo ao processo, conforme estabelecido no projeto.

- No caso de plataformas, onde a unidade de processo for construída por módulos interligáveis, a inspeção inicial de vasos de pressão pode ser feita com o equipamento montado e interligado ao módulo, antes de este módulo ser içado e interligado aos outros módulos de maneira definitiva sobre o convés, desde que estas inspeções sejam conduzidas e assinadas obrigatoriamente por profissional habilitado, empregado do SPIE, do estabelecimento do Operador da Instalação. Nesta situação, o prazo máximo para interligação definitiva dos módulos que contenham os vasos de pressão ao convés da embarcação ou à jaqueta é de um ano. Se o prazo retro estipulado for excedido, as inspeções iniciais devem ser repetidas. O içamento e interligação dos módulos em questão devem seguir procedimentos específicos que garantam a manutenção da integridade física dos vasos de pressão e demais facilidades montadas sobre estes, devendo esta operação ser acompanhada obrigatoriamente por profissional habilitado, empregado do SPIE, do estabelecimento do Operador da Instalação.

- O profissional habilitado, empregado do SPIE, deve conduzir uma inspeção externa extraordinária do vaso de pressão e suas interligações após o término das operações de içamento e interligação dos módulos, acompanhada obrigatoriamente por um teste de estanqueidade.

- As inspeções de segurança de caldeiras e vasos de pressão devem ser executadas conforme previsto na NR-13.

- O prazo limite para desmontagem e calibração em bancada das válvulas de segurança de vasos de pressão deve ser equivalente ao prazo máximo para exame interno do vaso por ela protegido. Quando a válvula de segurança proteger mais de um vaso de pressão, deve ser considerado o prazo máximo para exame interno do vaso mais crítico.

- Vasos de pressão fabricados em conformidade com códigos de projeto de vasos transportáveis e que estejam permanentemente solidários às instalações e não sofram qualquer tipo de movimentação durante o processo de operação, devem atender aos requisitos da NR-13.
- As válvulas de controle de pressão (PCV) que disponham de mecanismo de regulagem da pressão de alívio, instaladas em vasos de pressão que sejam parte integrante de pacotes de máquinas rotativas, tais como filtros, amortecedores de pulsação, resfriadores de óleo, podem ser consideradas como dispositivo de proteção contra sobre pressão.
- Todos os sistemas de tubulação para interligação de caldeiras e vasos depressão instalados a bordo de plataformas devem ser identificados e submetidos, periodicamente, a inspeções de segurança externa ou teste hidrostático, em períodos definidos por profissional habilitado, empregado do SPIE, do estabelecimento do Operador da Instalação, atendendo aos critérios técnicos estabelecidos em regulamentação pertinente ou em normalização internacional pertinente.

Segundo disposto no Anexo II da NR-30 aplicam-se às plataformas as disposições da Norma Regulamentadora NR-23 (Proteção Contra Incêndios), naquilo que couber, e, especificamente, em função de particularidades de projeto, instalação e operação o seguinte:

- A proteção contra incêndios nas plataformas deve ser desenvolvida por meio de uma abordagem estruturada, considerando os riscos existentes para os trabalhadores e com objetivo de: reduzir a possibilidade de ocorrência de incêndio; limitar a possibilidade de propagação de incêndio; proteger a atuação dos trabalhadores envolvidos nas atividades de resposta a emergências; proteger as operações de abandono da plataforma; e controlar e, quando for seguro, extinguir focos de incêndio.
- Todas as plataformas devem possuir: equipamentos suficientes, conforme estabelecido neste capítulo, para combater incêndios em seu início; e trabalhadores treinados no uso correto desses equipamentos.
- As Plataformas Móveis de Perfuração Marítima, a partir de sua entrada no Brasil, durante o primeiro ano de operação, estão isentas da aplicação dos itens específicos constantes do Capítulo 15 deste Anexo, desde que atendam aos requisitos do Capítulo 9 do *Mobile Offshore Drilling Units Code* (MODU Code) da Organização Marítima Internacional (IMO).
- O arranjo físico das plataformas deve ser elaborado de acordo com os seguintes objetivos: minimizar a possibilidade de acumulações perigosas de hidrocarbonetos líquidos e gasosos e possibilitar a rápida remoção de qualquer acumulação que venha a ocorrer; facilitar o escape dos trabalhadores de áreas perigosas e a sua evacuação; separar as áreas de menor risco de incêndio, tais como alojamentos, escritórios, oficinas, daquelas de maior risco, tais como instalações operacionais e de armazenamento de hidrocarbonetos líquidos; minimizar a probabilidade de ignição de hidrocarbonetos líquidos e gasosos; e limitar a propagação de incêndios.
- Em plataformas semissubmersíveis, do tipo coluna estabilizada, não devem ser instalados no interior de colunas ou submarinos (*pontoons*) tanques ou vasos interligados à unidade de processamento de petróleo ou gás.
- Nas plataformas devem existir sistemas automáticos que paralisem o processo, isolem os sistemas e equipamentos e, quando requerido, despressurizem os equipamentos, de modo a limitar a escalada de situações anormais, tais como vazamento de hidrocarbonetos ou incêndio.
- Onde aplicável, o sistema de parada de emergência deve prever ações para minimizar a possibilidade de ignição de hidrocarbonetos líquidos e gasosos no caso de ocorrer uma perda de contenção do processo, tais como: a retirada de operação de fornos e caldeiras; o desligamento de motores de combustão interna não essenciais; e o desligamento, em caso de grandes vazamentos de gás, dos equipamentos elétricos que não sejam adequados para instalação em áreas com atmosfera explosiva. Além do sistema automático de parada de emergência, devem ser previstas botoeiras que permitam comandar, remotamente, a parada de equipamentos e sistemas que possam contribuir para a propagação de um incêndio ou continuidade no fornecimento do combustível que alimenta o incêndio.

- Com o objetivo de evitar incêndios ou reduzir suas consequências, devem ser previstas medidas apropriadas para a contenção ou disposição, ainda que parcial, de vazamentos de hidrocarbonetos líquidos. Nas plataformas com presença permanente de trabalhadores, devem ser instalados sistemas automáticos que possibilitem um monitoramento contínuo e automático de vazamentos de gás ou de ocorrência de incêndio, de forma a alertar os trabalhadores acerca da presença destas situações anormais e, quando for o caso, iniciar ações de controle com objetivo de minimizar a possibilidade de uma escalada dessas ocorrências.
- As plataformas devem ser dotadas de recursos de proteção passiva contra incêndio por meio de anteparas e pisos resistentes ao fogo, conforme os critérios estabelecidos na Convenção SOLAS, com objetivo de: evitar a propagação de incêndios de áreas de maior risco de incêndio para áreas de menor risco, tais como alojamentos, escritórios, oficinas; proteger as áreas de reunião para abandono, bem como as rotas de fuga que levam até elas, dos efeitos de incêndios que possam impedir a sua utilização segura; e proteger sistemas essenciais à segurança e saúde dos trabalhadores.
- A plataforma deve ser dotada de sistemas automáticos de segurança para o fechamento dos poços aos quais esteja interligada para atuarem: em decorrência de uma parada de emergência da plataforma, quando for o caso; e nos casos de vazamento ou descontrole de um poço.
- Os locais de trabalho ou de vivência de plataformas devem dispor de rotas de fuga e saídas para áreas externas, em número suficiente e dispostas de modo que aqueles que se encontrem nesses locais possam abandoná-los com rapidez e segurança, em caso de incêndio. As rotas de fuga devem: possuir sinalização vertical por meio de placas fosforescentes ou sinais luminosos; possuir sinalização no piso, indicando a direção da saída; ser dotadas de recursos de iluminação de emergência; ser mantidas permanentemente desobstruídas; possuir largura mínima de um metro e vinte centímetros, quando principais; e nas áreas internas, ser contínuas e seguras, para acesso às áreas externas.
- As saídas para áreas externas devem ser claramente sinalizadas por meio de placas fosforescentes ou sinais luminosos. Todas as portas, tanto as de saída como as de comunicação interna, devem: abrir no sentido da saída, exceto para as portas de camarotes ou salas de ocupação de até 4 pessoas, de modo a evitar lesões pessoais nos corredores, quando a porta for aberta; e situar-se de tal modo que, ao serem abertas, não impeçam as vias de passagem ou causem lesões pessoais. As portas que conduzam a escadas devem ser dispostas de maneira a não diminuírem a largura efetiva dessas escadas. As portas de saída devem: atender aos mesmos requisitos de resistência ao fogo previstos na Convenção SOLAS para as anteparas onde estejam localizadas; e ser dispostas de maneira a serem visíveis, ficando terminantemente proibido qualquer obstáculo, mesmo ocasional, que entrave o seu acesso ou impeça a sua visualização.
- Devem ser realizados exercícios de combate a incêndio na periodicidade determinada pela Autoridade Marítima, a fim de verificar: se os trabalhadores reconhecem o sinal de alarme; se a evacuação do local se faz em boa ordem, evitando qualquer pânico; se foram compreendidas as atribuições e responsabilidades conferidas aos trabalhadores no plano de controle de emergências; e se o alarme é audível em todas as áreas da plataforma.
- Os trabalhadores que fazem parte das brigadas de incêndio devem ser treinados em instalação de treinamento conforme critérios fixados pela Autoridade Marítima. As plataformas devem ser dotadas de sistemas de combate a incêndio com água sob pressão. Os sistemas de combate a incêndio com água sob pressão devem estar devidamente inspecionados.
- Todas as plataformas devem ser providas de extintores de incêndio, de modo a permitir o combate inicial a incêndios. O número e a distribuição de extintores de incêndio, bem como a sua instalação e sinalização devem estar em conformidade com o estabelecido na NR-23 (Proteção Contra Incêndios) considerando risco de fogo grande. Os serviços de inspeção técnica e manutenção de extintores de incêndio devem ser realizados de acordo com os requisitos estabelecidos em norma técnica brasileira, complementados pelos requisitos a esse respeito estabelecidos pelo Instituto Nacional de Metrologia, Normalização e Qualidade Industrial (INMETRO).

- Deve haver um sistema de alarme capaz de emitir sinais sonoros ou visuais perceptíveis em todos os locais da plataforma. Os alarmes sonoros para incêndio devem emitir um som que não possa ser confundido com qualquer outro que exista, ou seja, utilizado na plataforma. Botoeiras manuais de acionamento do alarme de incêndio, do tipo "Quebre o Vidro e Aperte o Botão", devem ser instaladas e sinalizadas na cor vermelha em todas as áreas da plataforma.

Com vistas à Proteção dos Trabalhadores, as seguintes medidas de segurança devem ser consideradas nas plataformas e instalações de apoio durante a fase de operação, inclusive no tocante às atividades de inspeção e manutenção:

- existência de procedimentos operacionais que considerem a prevenção de incêndios, atualizados e disponíveis para todos os trabalhadores envolvidos, referentes às operações que são realizadas na plataforma, com instruções claras e específicas para execução das atividades com segurança, em conformidade com as especificidades operacionais;
- capacitação dos trabalhadores nos processos de trabalho em que atuem, bem como a sua conscientização quanto a necessidade do cumprimento dos procedimentos;
- formas adequadas de supervisão e gerenciamento dos trabalhadores; e
- existência de planos e procedimentos para inspeção, teste e manutenção de equipamentos com vistas a manter a integridade dos sistemas de proteção contra incêndios e dos sistemas e equipamentos que contenham hidrocarbonetos líquidos ou gasosos.

Objetivando a prevenção e controle de acidentes maiores, prevê o Anexo II da NR-30 que o Operador de Instalação deve elaborar e documentar as análises de riscos das operações ou das atividades nas plataformas, observando o seguinte:

- As análises de riscos da plataforma devem ser estruturadas com base em metodologias apropriadas, escolhidas em função dos propósitos da análise, das características e da complexidade da instalação.
- As análises de riscos devem ser elaboradas por equipe multidisciplinar com a participação de, no mínimo, um trabalhador com conhecimento dos riscos e com experiência na instalação que é objeto da análise.
- O Operador da Instalação é responsável pela avaliação das recomendações resultantes das análises de risco e deve definir prazos bem como os responsáveis para a execução das recomendações a serem implementadas.

Quanto à inspeção de segurança e saúde no trabalho, tem-se que as plataformas devem ser regularmente inspecionadas com enfoque na segurança e saúde no trabalho. O cronograma anual de inspeções de segurança e saúde no trabalho deve ser elaborado e implementado pelo SESMT, consultada a CIPA, de acordo com os riscos das atividades/ operações desenvolvidas. As inspeções devem ser devidamente documentadas e as respectivas recomendações implementadas, com o estabelecimento de prazos e de responsáveis pela sua execução.

Dispõe o Anexo II da NR-30, acerca da Prevenção e Controle de Vazamentos, Derramamentos, Incêndios e Explosões, e a título de Disposições Transitórias, no que concerne aos preceitos aplicáveis às plataformas e instalações de apoio, o seguinte:

- O Operador de Instalação deve elaborar e implementar ações no sentido de prevenir e controlar vazamentos, derramamentos, incêndios e explosões.
- Estas ações devem compreender tanto aquelas necessárias para minimizar os riscos de ocorrência de vazamentos, derramamentos, incêndios e explosões quanto para reduzir suas consequências em caso de falha nos sistemas de prevenção e controle.
- Todas as instalações elétricas e equipamentos elétricos fixos ou móveis, equipamentos de comunicação, ferramentas e similares utilizadas em áreas classificadas, e os dispositivos de proteção contra descargas atmosféricas, devem estar em conformidade com a NR-10 (Segurança em Instalações e Serviços em Eletricidade). O Operador da Instalação é responsável pela implementação

de medidas específicas para controle da geração e acumulação de eletricidade estática em áreas sujeitas à existência e/ou à formação de atmosferas explosivas ou misturas inflamáveis.

- Os trabalhos envolvendo o uso de equipamentos que possam gerar chamas, calor ou centelhas, nas áreas sujeitas à existência e/ou formação de atmosferas explosivas ou misturas inflamáveis, devem ser precedidos de Permissão para Trabalho. As plataformas devem possuir sinalização de segurança indicando a proibição do uso de fontes de ignição nas áreas sujeitas à existência e/ou formação de atmosferas explosivas ou misturas inflamáveis.

- O Operador da Instalação deve elaborar e implementar um plano de resposta a emergências que contemple ações específicas a serem adotadas na ocorrência de vazamentos ou derramamentos de inflamáveis, incêndios ou explosões ou evento que configure emergência em saúde pública. O plano de emergência deve ser elaborado considerando as características, bem como a complexidade da plataforma, e conter, no mínimo: identificação da plataforma e responsável legal; descrição dos acessos à plataforma; cenários acidentais; sistemas de alerta; comunicação de acidente; estrutura organizacional de resposta; procedimentos para resposta; equipamentos e materiais de resposta; e procedimentos para acionamento de recursos e estruturas de resposta complementares quando aplicável.

- O plano de emergência deve ser avaliado após a realização de exercícios simulados ou na ocorrência de situações reais, com o objetivo de testar a sua eficácia, detectar possíveis falhas e proceder aos ajustes necessários.

- Os exercícios simulados devem ser realizados durante o horário de trabalho, com periodicidade, no mínimo, anual, podendo ser reduzida em função das falhas detectadas ou se assim recomendar a análise de risco.

- O Operador da Instalação deve comunicar ao Órgão Regional do Ministério do Trabalho e Emprego a ocorrência de vazamento, incêndio ou explosão que implique grave perigo para a segurança e saúde dos trabalhadores. A comunicação deve ser encaminhada até o segundo dia útil após a ocorrência e deve conter: nome da plataforma e localização, data e hora da ocorrência; descrição da ocorrência; nome e função dos acidentados, se houver; prováveis causas; consequências; e medidas emergenciais adotadas.

- O Operador da Instalação deve encaminhar, no prazo de até trinta dias da ocorrência do acidente, ao Órgão Regional do Ministério do Trabalho e Emprego, relatório de investigação e análise de acidente com a descrição das causas básicas e medidas preventivas adotadas. O prazo retro especificado poderá ser prorrogado por mais 30 dias mediante acordo com o Órgão Regional do Ministério do Trabalho e Emprego. O prazo por último concedido poderá ser ampliado mediante acordo tripartite.

- O Operador da Instalação deve comunicar à autoridade sanitária competente os eventos ocorridos a bordo que configurem emergência em saúde pública conforme regulamentação específica sobre o tema.

- O Operador da Instalação deve manter disponível aos trabalhadores, seus representantes e autoridades competentes um Relatório de Segurança contendo a descrição sucinta da plataforma, os possíveis cenários acidentais, o plano de contingência da plataforma e, complementarmente, indicações de localização específica para o acesso em seus sistemas de gestão de informações sobre: projeto; análise de riscos; plano de manutenção e inspeção; procedimentos de segurança e saúde no trabalho; plano de prevenção e controle de incêndios e explosões; e plano de emergência.

- A título de Disposições Transitórias consta expresso que para as plataformas com projeto em andamento na data de entrada em vigor deste Anexo, onde a aplicação dos seus itens gere a necessidade de modificações estruturais incompatíveis tecnicamente com as áreas disponíveis ou que possam influenciar na segurança da plataforma, deverá ser apresentado, pelo Operador da Instalação, antes do início da construção, projeto técnico ou solução alternativa, com justificativa, para apreciação e manifestação da autoridade competente.

O Quadro I do Anexo II da NR-30 corresponde a uma Declaração de Instalação Marítima, enquanto o Quadro II do Anexo II da NR-30 corresponde à Especificação de Módulos de Acomodação Temporária.

Doravante, serão reproduzidos os FUNDAMENTOS JURÍDICOS (dispositivos legais, infralegais ou regulamentares) que propiciam o suporte de validade jurídica à temática em apreço, observando-se as ordens hierárquica e cronológica. Ao final, encontra-se igualmente transcrita, de forma integral e atualizada, a correspondente norma regulamentadora de segurança e saúde no trabalho que intitula este Capítulo. Recomendamos a leitura das Convenções da Organização Internacional do Trabalho ns. 163, 164 e 166, no capítulo específico deste livro.

FUNDAMENTOS JURÍDICOS DO CAPÍTULO 30

NR-30: SEGURANÇA E SAÚDE NO TRABALHO AQUAVIÁRIO *(redação original dada pela Portaria SIT-MTE n. 34 de 4.12.2002 e atualizada até a edição da Portaria MTE n. 2.062 de 30.12.2014). Art. 7º*, incisos XXII, XXIII, XXVIII e *XXXIII, da CF-1988. Arts. 248 a 252 da CLT. Convenções OIT ns. 163, 164 e 166. Instrução Normativa IN SIT-MTE n. 70 13.8.2007 (Procedimentos de Fiscalização das Condições de Trabalho a Bordo de Embarcações Nacionais e Estrangeiras).*

CONSTITUIÇÃO DA REPÚBLICA FEDERATIVA DO BRASIL

(Atualizada até a edição da Emenda Constitucional n. 85, de 26.2.2015)

Título II: Dos Direitos e Garantias Fundamentais (Arts. 5º a 17)

Capítulo II: Dos Direitos Sociais (Arts. 6º a 11)

Art. 7º São direitos dos trabalhadores urbanos e rurais[1], além de outros que visem à melhoria de sua condição social:

XXII — redução dos riscos inerentes ao trabalho, por meio de normas de saúde, higiene e segurança;

XXIII — adicional de remuneração para as atividades penosas, insalubres ou perigosas, na forma da lei;

XXVIII — seguro contra acidentes de trabalho, a cargo do empregador, sem excluir a indenização a que este está obrigado, quando incorrer em dolo ou culpa;

XXXIII — proibição de trabalho noturno, perigoso ou insalubre a menores de dezoito e de qualquer trabalho a menores de dezesseis anos, salvo na condição de aprendiz, a partir de quatorze anos.

NORMAS JURÍDICAS INFRACONSTITUCIONAIS

CONSOLIDAÇÃO DAS LEIS DO TRABALHO

(Decreto-lei n. 5.452, de 1º.5.1943, com a redação dos arts. 154 a 201 CLT dada pela Lei n. 6.514 de 22.12.1977, atualizada até a edição da Lei n. 13.103, de 2.3.2015)

Título III: **Das Normas Especiais de Tutela do Trabalho** (Arts. 224 a 441 da CLT)

Capítulo I: **Das Disposições Especiais sobre Duração e Condições de Trabalho** (Arts. 224 a 351 da CLT)

Seção VI: **Dos Equipamentos das Embarcações da Marinha Mercante Nacional, de Navegação Fluvial e Lacustre, do Tráfego nos Portos e da Pesca** (Arts. 248 a 252 da CLT)

Art. 248. Entre as horas 0 (zero) e 24 (vinte e quatro) de cada dia civil, o tripulante poderá ser conservado em seu posto durante 8 (oito) horas, quer de modo contínuo, quer de modo intermitente.

§ 1º A exigência do serviço contínuo ou intermitente ficará a critério do comandante e, neste último caso, nunca por período menor que 1 (uma) hora.

§ 2º Os serviços de quarto nas máquinas, passadiço, vigilância e outros que, consoante parecer médico, possam prejudicar a saúde do tripulante serão executados por períodos não maiores e com intervalos não menores de 4 (quatro) horas.

Art. 249. Todo o tempo de serviço efetivo, excedente de 8 (oito) horas, ocupado na forma do artigo anterior, será considerado de trabalho extraordinário, sujeito à compensação a que se refere o art. 250, exceto se se tratar de trabalho executado:

a) em virtude de responsabilidade pessoal do tripulante e no desempenho de funções de direção, sendo consideradas como tais todas aquelas que a bordo se achem constituídas em um único indivíduo com responsabilidade exclusiva e pessoal;

b) na iminência de perigo, para salvaguarda ou defesa da embarcação, dos passageiros, ou da carga, a juízo exclusivo do comandante ou do responsável pela segurança a bordo;

---

(1) Especificamente em relação aos Servidores Públicos Federais (submetidos ao Regime Jurídico Único da Lei n. 8.112/1990) dispõe o § 3º do art. 39 da CF-1988 que: "Aplica-se aos servidores ocupantes de cargo público o disposto no art. 7º, IV, VII, VIII, IX, XII, XIII, XV, XVI, XVII, XVIII, XIX, XX, XXII e XXX, podendo a lei estabelecer requisitos diferenciados de admissão quando a natureza do cargo o exigir".

c) por motivo de manobras ou fainas gerais que reclamem a presença, em seus postos, de todo o pessoal de bordo;

d) na navegação lacustre e fluvial, quando se destina ao abastecimento do navio ou embarcação de combustível e rancho, ou por efeito das contingências da natureza da navegação, na transposição de passos ou pontos difíceis, inclusive operações de alívio ou transbordo de carga, para obtenção de calado menor para essa transposição.

§ 1º O trabalho executado aos domingos e feriados será considerado extraordinário, salvo se se destinar:

a) ao serviço de quartos e vigilância, movimentação das máquinas e aparelhos de bordo, limpeza e higiene da embarcação, preparo de alimentação da equipagem e dos passageiros, serviço pessoal destes e, bem assim, aos socorros de urgência ao navio ou ao pessoal;

b) ao fim da navegação ou das manobras para a entrada ou saída de portos, atracação, desatracação, embarque ou desembarque de carga e passageiros.

§ 2º Não excederá de 30 (trinta) horas semanais o serviço extraordinário prestado para o tráfego nos portos.

Art. 250. As horas de trabalho extraordinário serão compensadas, segundo a conveniência do serviço, por descanso em período equivalente no dia seguinte ou no subsequente dentro das do trabalho normal, ou no fim da viagem, ou pelo pagamento do salário correspondente.

Parágrafo único. As horas extraordinárias de trabalho são indivisíveis, computando-se a fração de hora como hora inteira.

Art. 251. Em cada embarcação haverá um livro em que serão anotadas as horas extraordinárias de trabalho de cada tripulante, e outro, do qual constarão, devidamente circunstanciadas, as transgressões dos mesmos tripulantes.

Parágrafo único. Os livros de que trata este artigo obedecerão a modelos organizados pelo Ministério do Trabalho e Emprego (MTE), serão escriturados em dia pelo comandante da embarcação e ficam sujeitos às formalidades instituídas para os livros de registro de empregados em geral.

Art. 252. Qualquer tripulante que se julgue prejudicado por ordem emanada de superior hierárquico poderá interpor recurso, em termos, perante a Superintendência Regional do Trabalho e Emprego, por intermédio do respectivo comandante, o qual deverá encaminhá-lo com a respectiva informação dentro de 5 (cinco) dias, contados de sua chegada ao porto.

NORMAS JURÍDICAS INFRALEGAIS OU REGULAMENTARES

NR-30 (Segurança e Saúde Ocupacional no Trabalho Aquaviário)[(2)]

Publicação	**D.O.U.**
Portaria SIT n. 34, de 4 de dezembro de 2002	9.12.02

Alterações/Atualizações	**D.O.U.**
Portaria SIT n. 12, de 31 de maio de 2007	4.6.07 (Ret. 8.6.07)
Portaria SIT n. 36, de 29 de janeiro de 2008	30.1.08
Portaria SIT n. 58, de 19 de junho de 2008	24.6.08
Portaria SIT n. 183, de 11 de maio de 2010	14.5.10
Portaria MTE n. 100, de 17 de janeiro de 2013	18.1.13
Portaria MTE n. 2.062, de 30 de dezembro de 2015	2.1.14

30.1. Objetivo

30.1.1. Esta norma regulamentadora tem como objetivo a proteção e a regulamentação das condições de segurança e saúde dos trabalhadores aquaviários.

30.1.1.1. Para outras categorias de trabalhadores que realizem trabalhos a bordo de embarcações a regulamentação das condições de segurança e saúde dos trabalhadores se dará na forma especificada nos Anexos a esta norma. *(Aprovado pela Portaria SIT n. 58, de 19 de junho de 2008)*

30.2. Aplicabilidade

30.2.1. Esta norma aplica-se aos trabalhadores das embarcações comerciais, de bandeira nacional, bem como às de bandeiras estrangeiras, no limite do disposto na Convenção da OIT n. 147 — Normas Mínimas para Marinha Mercante, utilizadas no transporte de mercadorias ou de passageiros, inclusive naquelas embarcações utilizadas na prestação de serviços. *(Alterado pela Portaria SIT n. 58, de 19 de junho de 2008)*

30.2.1.1. O disposto nesta NR aplica-se, no que couber, às embarcações abaixo de 500 AB, consideradas as características físicas da embarcação, sua finalidade e área de operação.

30.2.1.2. Esta norma aplica-se na forma estabelecida em seus Anexos, aos trabalhadores das embarcações artesanais, comerciais e industriais de pesca, das embarcações e plataformas destinadas à exploração e produção de petróleo, das embarcações específicas para a realização do trabalho submerso e de embarcações e plataformas destinadas a outras atividades. *(Aprovado pela Portaria SIT n. 58, de 19 de junho de 2008)*

30.2.2. A observância desta Norma Regulamentadora não desobriga as empresas do cumprimento de outras disposições legais com relação à matéria e ainda daquelas oriundas de convenções, acordos e contratos coletivos de trabalho.

30.2.3. Às embarcações classificadas de acordo com a Convenção Solas, cujas normas de segurança são auditadas pelas sociedades classificadoras, não se aplicarem as NR-10, 13 e 23.

30.2.3.1. Às plataformas e os navios plataforma não se aplica o disposto no subitem anterior.

30.2.3.2. Para as embarcações descritas no subitem 30.2.3, são exigidas a apresentação dos certificados de classe.

30.3. Competências

30.3.1. Dos armadores e seus prepostos

---

(2) O Texto da NR-30 (Segurança e Saúde no Trabalho Aquaviário) possui *redação original dada pela Portaria SIT-MTE n. 34, de 4.12.2002, atualizado até a edição da Portaria MTE n. 2.062, de 30.12.2014.*

30.3.1.1. Cabe aos armadores e seus prepostos:

a) cumprir e fazer cumprir o disposto nesta NR, bem como a observância do contido no item 1.7 da NR-1 — Disposições Gerais e das demais disposições legais de segurança e saúde no trabalho;

b) disponibilizar aos trabalhadores as normas de segurança e saúde no trabalho vigentes, publicações e material instrucional em matéria de segurança e saúde, bem estar e vida a bordo;

c) responsabilizar-se por todos os custos relacionados a implementação do PCMSO;

d) disponibilizar, sempre que solicitado pelas representações patronais ou de trabalhadores, as estatísticas de acidentes e doenças relacionadas ao trabalho.

30.3.2. Dos trabalhadores

30.3.2.1. Cabe aos trabalhadores:

a) cumprir as disposições da presente NR, bem como a observância do contido no item 1.8 da NR 01 — Disposições Gerais e das demais disposições legais de segurança e saúde no trabalho;

b) informar ao oficial de serviço ou a qualquer membro do GSTB, conforme estabelecido em 30.4, as avarias ou deficiências observadas que possam constituir risco para o trabalhador ou para a embarcação;

c) utilizar corretamente os dispositivos e equipamentos de segurança e estar familiarizado com as instalações, sistemas de segurança e compartimentos de bordo.

30.4. Grupo de Segurança e Saúde no Trabalho a Bordo das Embarcações — GSSTB *(Alterado pela Portaria SIT n. 58, de 19 de junho de 2008).*

30.4.1. É obrigatória a constituição de GSSTB a bordo das embarcações de bandeira nacional com, no mínimo, 100 de arqueação bruta(AB). *(Alterado pela Portaria SIT n. 100, de 17 de janeiro de 2013)*

30.4.1-A. As embarcações de bandeira estrangeira que forem operar por mais de 90 dias em águas jurisdicionais brasileiras e com trabalhadores brasileiros a bordo aplica-se o disposto no item 30.4.1. *(Inserido pela Portaria SIT n. 100, de 17 de janeiro de 2013)*

30.4.1.1. A Comissão Interna de Prevenção de Acidentes (CIPA) das empresas de navegação marítima/fluvial deve ser constituída pelos empregados envolvidos nas atividades de cada estabelecimento da empresa e por marítimos empregados, efetivamente trabalhando nas embarcações da empresa, eleitos na forma estabelecida pela Norma Regulamentadora n. 5 (NR-5), obedecendo-se as regras abaixo definidas: *(Alterado pela Portaria SIT n. 12, de 31 de maio de 2007)*

a) o total de empregados existentes em cada estabelecimento da empresa deve determinar o número de seus representantes, de acordo com o Quadro I da NR 5;

b) os marítimos devem ser representados na CIPA do estabelecimento sede da empresa, por um membro titular para cada dez embarcações da empresa, ou fração, e de um suplente para cada vinte embarcações da empresa, ou fração. *(Alterado pela Portaria SIT n. 12, de 31 de maio de 2007) (Retificação no DOU de 8.6.07)*

30.4.1.2. Os marítimos titulares e suplentes devem ser eleitos em votação em separado para comporem a CIPA, tendo todos os direitos assegurados pela NR 5. *(Alterado pela Portaria SIT n. 12, de 31 de maio de 2007)*

30.4.1.3. A participação dos marítimos eleitos nas reuniões da CIPA fica condicionada à presença da embarcação onde ele está lotado no município onde a empresa tem estabelecimento, no dia da reunião, desde que razões operacionais não impeçam sua saída de bordo. *(Alterado pela Portaria SIT n. 12, de 31 de maio de 2007)*

30.4.1.3.1. As despesas decorrentes da participação do marítimo eleito nas reuniões da CIPA são responsabilidade da empresa. *(Alterado pela Portaria SIT n. 12, de 31 de maio de 2007)*

30.4.1.4. Observado o item 30.4.1.3, a empresa deve adequar as datas das reuniões da CIPA de modo a permitir a presença dos marítimos a no mínimo duas reuniões durante cada ano de seu mandato. *(Alterado pela Portaria TEM n. 2.062, de 30 de dezembro de 2014)*

30.4.1.4.1. No caso do representante dos marítimos estar em trânsito pelo estabelecimento da empresa em virtude de início ou término de férias ou de afastamento legal, a data da reunião da CIPA deve ser alterada, para permitir a sua participação. *(Alterado pela Portaria SIT n. 12, de 31 de maio de 2007)*

30.4.1.4.2. No caso previsto no subitem 30.4.1.4.1, deve-se alterar a data de contagem do início das férias ou do afastamento legal, ou do regresso do marítimo para bordo devido ao fim das férias ou do afastamento legal, correspondente ao número de dias necessários à sua participação na reunião da CIPA. *(Alterado pela Portaria SIT n. 12, de 31 de maio de 2007)*

30.4.1.5. A administração de bordo deve adequar o regime de serviço a bordo para que o representante dos marítimos possa participar das reuniões da CIPA sem prejuízo de suas horas de repouso. *(Alterado pela Portaria SIT n. 12, de 31 de maio de 2007)*

30.4.1.6. Os cipeiros marítimos eleitos, titulares e suplentes, devem participar da reunião mensal do GSSTB quando estiverem embarcados. *(Inserido pela Portaria SIT n. 100, de 17 de janeiro de 2013)*

30.4.2. Obrigam-se ao cumprimento da presente norma as empresas privadas ou públicas e órgãos da administração direta ou indireta.

30.4.3. O GSSTB, funcionará sob orientação e apoio técnico dos serviços especializados em engenharia de segurança e em medicina do trabalho, observando o disposto na NR 04.

30.4.4. A constituição do GSSTB não gera estabilidade aos seus membros, em razão das peculiaridades inerentes à atividade a bordo das embarcações mercantes.

30.4.5. Da composição

30.4.5.1. O Grupo de Segurança e Saúde do Trabalho a Bordo — GSSTB fica sob a responsabilidade do comandante da embarcação e deve ser integrado pelos seguintes tripulantes: *(Todo o item alterado pela Portaria MTE n. 2.062, de 30 de dezembro de 2014)*

— Encarregado da segurança;

— Chefe de máquinas;

— Representante da seção de convés;

— Responsável pela seção de saúde, se existente;

— Representante da guarnição de máquinas.

30.4.5.1.1. Caso a embarcação não disponha dos tripulantes acima mencionados, os integrantes poderão ser substituídos por outros tripulantes com funções assemelhadas. *(Inserido pela Portaria MTE n. 2.062, de 30 de dezembro de 2014)*

30.4.5.2. O comandante da embarcação poderá convocar outro qualquer membro da tripulação.

30.4.5.3. Quando a lotação da embarcação for composta de registro em rol portuário, o GSSTB será constituído por um representante de cada categoria de aquaviários da lotação do rol, sendo, no mínimo, 1 (um) GSSTB para cada 5 (cinco) embarcações ou fração existentes na empresa. *(Inserido pela Portaria MTE n. 2.062, de 30 de dezembro de 2014)*

30.4.6. Das finalidades do GSSTB:

a) manter procedimentos que visem à preservação da segurança e saúde no trabalho e do meio ambiente, procurando atuar de forma preventiva;

b) agregar esforços de toda a tripulação para que a embarcação possa ser considerada local seguro de trabalho;

c) contribuir para a melhoria das condições de trabalho e de bem-estar a bordo;

d) recomendar modificações e receber sugestões técnicas que visem a garantia de segurança dos trabalhos realizados a bordo;

e) investigar, analisar e discutir as causas de acidentes do trabalho a bordo, divulgando o seu resultado;

f) adotar providências para que as empresas mantenham à disposição do GSSTB informações, normas e recomendações atualizadas em matéria de prevenção de acidentes, doenças relacionadas ao trabalho, enfermidades infectocontagiosas e outras de caráter médico-social;

g) zelar para que todos a bordo recebam e usem equipamentos de proteção individual e coletiva para controle das condições de risco.

30.4.7. Das atribuições

30.4.7.1. Cabe ao GSSTB:

a) zelar pelo cumprimento a bordo das normas vigentes de segurança, saúde no trabalho e preservação do meio ambiente;

b) avaliar se as medidas existentes a bordo para prevenção de acidentes e doenças relacionadas ao trabalho são satisfatórias;

c) sugerir procedimentos que contemplem medidas de segurança do trabalho, especialmente quando se tratar de atividades que envolvam risco;

d) verificar o correto funcionamento dos sistemas e equipamentos de segurança e de salvatagem;

e) investigar, analisar e divulgar os acidentes ocorridos a bordo, com ou sem afastamento, fazendo as recomendações necessárias para evitar a possível repetição dos mesmos;

f) preencher o quadro estatístico de acordo com o modelo constante no Quadro I anexo e elaborar relatório encaminhando-os ao empregador;

g) participar do planejamento para a execução dos exercícios regulamentares de segurança, tais como abandono, combate a incêndio, resgate em ambientes confinados, prevenção a poluição e emergências em geral, avaliando os resultados e propondo medidas corretivas;

h) promover, a bordo, palestras e debates de caráter educativo, assim como a distribuição publicações e/ou recursos audiovisuais relacionados com os propósitos do grupo;

i) identificar as necessidades de treinamento sobre segurança, saúde do trabalho e preservação do meio ambiente;

j) quando da ocorrência de acidente de trabalho o GSSTB deve zelar pela emissão da CAT e escrituração de termo de ocorrência no diário de bordo.

30.4.8. Das reuniões

30.4.8.1. O GSSTB reunir-se-á, em sessão ordinária, de caráter obrigatório, pelo menos uma vez a cada trinta dias.

30.4.8.2. Em sessão extraordinária:

a) por iniciativa do comandante da embarcação;

b) por solicitação escrita da maioria dos componentes do GSSTB ao comandante da embarcação;

c) quando da ocorrência de acidente de trabalho, tendo como consequência óbito ou lesão grave do acidentado;

d) na ocorrência de incidente, práticas ou procedimentos que possam gerar riscos ao trabalho a bordo.

30.4.8.3. Serão consideradas de efetivo trabalho as horas destinadas ao cumprimento das atribuições do GSSTB que devem ser realizadas durante a jornada de trabalho.

30.4.8.4. O comandante tomará as providências para proporcionar aos membros do GSSTB, os meios necessários ao desempenho de suas funções e ao cumprimento das deliberações do grupo.

30.4.8.5. Ao final de cada reunião será elaborada uma ata referente às questões discutidas.

30.4.8.5.1. As atas das reuniões ficarão arquivadas a bordo, sendo extraídas cópias para o envio à direção da empresa ou quando houver, diretamente ao Serviço Especializado em Engenharia de Segurança e em Medicina do Trabalho — SESMT.

30.4.8.6. Anualmente, sempre que compatível com a movimentação da embarcação, o GSSTB reunir-se-á a bordo com representantes do SESMT da empresa, em porto nacional escolhido por esta, para acompanhamento, monitoração e avaliação das atividades do referido grupo.

30.4.8.7. Quando o empregador não for obrigado a manter o SESMT, deverá recorrer aos serviços profissionais de uma assessoria especializada em segurança e medicina do trabalho para avaliação anual das atividades do GSSTB.

30.4.9. Das comunicações e providências

30.4.9.1. Cabe ao comandante da embarcação:

a) comunicar e divulgar as normas que a tripulação deve conhecer e cumprir em matéria de segurança e saúde no trabalho a bordo e preservação do meio ambiente;

b) dar conhecimento à tripulação das sanções legais que poderão advir do descumprimento das Normas Regulamentadoras, no que tange ao trabalho a bordo;

c) encaminhar à empresa as atas das reuniões do GSSTB solicitando o atendimento para os itens que não puderam ser resolvidos com os recursos de bordo.

30.4.9.2. Cabe ao armador e seus prepostos:

a) analisar as propostas do grupo, implementando-as sempre que se mostrarem adequadas e exequíveis e, em qualquer caso, informar ao GSSTB sua decisão fundamentada;

b) quando do transporte de substâncias perigosas, assegurar que o comandante da embarcação tenha conhecimento das medidas de segurança que deverão ser tomadas;

c) promover os meios necessários para o cumprimento das atribuições do GSSTB previstas nos itens 30.7 e 30.8.

30.5. Do Programa de Controle Medico de Saúde Ocupacional — PCMSO

30.5.1. As empresas ficam obrigadas a elaborar Programa de Controle Médico de Saúde Ocupacional — PCMSO, com o objetivo de promover e preservar a saúde de seus empregados, conforme disposto na NR 07 e observado o disposto no Quadro II — Padrões Mínimos dos Exames Médicos.

30.5.2. Para cada exame médico realizado, o médico emitirá o Atestado de Saúde Ocupacional — ASO, em três vias.

30.5.2.1. A primeira via do ASO deve ser mantida a bordo da embarcação em que o trabalhador estiver prestando serviço.

30.5.2.2. A segunda via do ASO deve ser obrigatoriamente entregue ao trabalhador, mediante recibo nas outras duas vias.

30.5.2.3. A terceira via do ASO deve ser mantida na empresa em terra.

30.5.3. Caso o prazo de validade do exame médico expire no decorrer de uma travessia, fica prorrogado até a data da escala da embarcação em porto onde hajam as condições necessárias para realização desses exames, observado o prazo máximo de quarenta e cinco dias.

30.5.4. Para os trabalhadores aquaviários do grupo marítimos que operam embarcações classificadas para navegação em mar aberto e apoio marítimo, devem ser adotados os padrões médicos e o modelo de Certificado Médico (Health Certificate — Convenção Internacional sobre Padrões de Instrução, Certificação e Serviço de Quarto para Marítimos — STCW) estabelecidos no QUADRO III desta NR, sem prejuízo da elaboração do Atestado de Saúde Ocupacional (ASO), conforme a Norma Regulamentadora n. 07 e disposições da NR 30 sobre o tema. *(Inserido pela Portaria MTE n. 2.062, de 30 de dezembro de 2014)*

30.6. Da Alimentação

30.6.1. Toda embarcação comercial deve ter a bordo o aprovisionamento de víveres e água potável, devendo ser observado: o número de tripulantes, a duração, a natureza da viagem e as situações de emergência.

30.6.1.1. Deverá ser garantido um cardápio balanceado, cujo teor nutritivo atenda às exigências calóricas necessárias às condições de saúde e conforto dos trabalhadores, adequadas ao tipo de atividade e que assegure o bem estar a bordo.

30.7. Higiene e Conforto a Bordo

30.7.1. Os corredores e a disposição dos camarotes, refeitórios e salas de recreação, devem garantir uma adequada segurança e proteção contra as intempéries e condições da navegação, bem como isolamento do calor, do frio, do ruído excessivo e das emanações provenientes de outras partes da embarcação.

30.7.1.1. Ao longo do convés a embarcação deverá possuir uma via de segurança para passagem dos tripulantes.

30.7.2. As tubulações de vapor, de descarga de gases e outras semelhantes, não devem passar pelas acomodações da tripulação nem pelos corredores que levem a elas. Quando essas, por motivos técnicos, passarem por tais corredores, devem estar isoladas e protegidas.

30.7.3. Toda embarcação deve estar provida de um sistema de ventilação adequado que deve ser regulado para manter o ar em condições satisfatórias, de modo suficiente a atender quaisquer condições atmosféricas.

30.7.4. Toda embarcação, à exceção daquelas destinadas exclusivamente à navegação nos trópicos, deve estar provida de um sistema de calefação adequado para o alojamento da tripulação. Os radiadores e demais equipamentos de calefação devem estar instalados de modo a evitar perigo ou desconforto para os ocupantes dos alojamentos.

30.7.5. Todos os locais destinados à tripulação devem ser bem iluminados.

30.7.5.1. Quando não for possível obter luz natural suficiente, deve ser instalado um sistema de iluminação artificial.

30.7.5.2. Nos camarotes, cada beliche deve estar provido de uma lâmpada elétrica, individual.

30.7.6. Cada camarote deve estar provido de uma mesa ou de uma escrivaninha, um espelho, pequenos armários para os artigos usados no asseio pessoal, uma estante para livros e cabides para pendurar roupas, bem como de um armário individual e um cesto de lixo. Todo mobiliário deverá ser de material liso e resistente, que não se deforme pela corrosão.

30.7.7. Nos casos de prévia utilização de qualquer acomodação por tripulante portador de doença infectocontagiosa, o local deverá ser submetido a uma desinfecção minuciosa.

30.7.8. Os membros da tripulação devem dispor de camas individuais.

30.7.9. As camas devem estar colocadas a uma distância uma da outra de modo a que se permita o acesso a uma delas sem passar por cima da outra.

30.7.9.1. A cama superior deve ser provida de escada fixa para acesso à mesma.

30.7.10. É vedada a sobreposição de mais de duas camas.

30.7.11. É vedada a sobreposição de camas ao longo do costado da embarcação, quando esta sobreposição impedir a ventilação e iluminação natural proporcionada por uma vigia.

30.7.12. As camas não devem estar dispostas a menos de 30 cm do piso.

30.7.13. Os colchões utilizados devem ter, no mínimo, densidade 26 e espessura de 10 cm, mantidos em perfeito estado de higiene e conservação.

30.7.14. O fornecimento, conservação e higienização da roupa de cama serão por conta do empregador.

30.7.15. As dimensões internas de uma cama não devem ser inferiores a 1,90 metros por 0,80 metros.

30.7.16. Na embarcação onde a aplicação dos subitens 30.7.1 e 30.8.4, gere modificações estruturais incompatíveis tecnicamente com as áreas disponíveis, ou reformas capazes de influenciar na segurança da embarcação, deve ser apresentado pelo armador projeto técnico alternativo para aprovação da autoridade competente.

30.8. Dos Salões de Refeições e Locais de Recreio.

30.8.1. Os pisos e anteparas não devem apresentar irregularidades e devem ser mantidos em perfeito estado de conservação.

30.8.1.1. Os pisos devem ser de material antiderrapante.

30.8.2. As mesas e cadeiras devem ser de material resistente à umidade, de fácil limpeza e estar em perfeitas condições de uso.

30.8.2.1. As cadeiras devem possuir dispositivos para fixação ao piso.

30.8.3. Os salões de refeições e os locais de recreio devem ter iluminação, ventilação e temperatura adequadas.

30.8.4. Nas embarcações maiores que 3000 AB, devem ser instaladas salas de lazer, com mobiliário próprio.

30.8.4.1. Nas embarcações menores que as previstas no subitem 30.8.4, o refeitório pode ser utilizado como sala de lazer.

30.9. Da Cozinha

30.9.1. A captação de fumaças, vapores e odores deve ser feita mediante a utilização de um sistema de exaustão.

30.9.2. As garrafas de GLP, bem como suas conexões devem ser certificadas e armazenadas fora do recinto da cozinha, em local sinalizado, protegido e ventilado.

30.10. Das Instalações Sanitárias

30.10.1. As instalações sanitárias devem obedecer aos seguintes requisitos:

a) os pisos devem ser de material antiderrapante, impermeável, de fácil limpeza e devem estar providos de um sistema de drenagem;

b) os locais devem ser devidamente iluminados, arejados e, quando necessário, aquecidos;

c) as pias devem ter o necessário abastecimento de água doce, quente e fria;

d) os vasos sanitários devem ter pressão de descarga suficiente, permitindo seu funcionamento a qualquer momento e o seu controle de modo individual e, quando necessário, dispor de ducha higiênica próxima;

e) quando houver vários vasos sanitários instalados num mesmo local os mesmos devem estar separados por meio de divisórias que garantam a privacidade dos usuários;

f) as instalações sanitárias devem ser mantidas em permanente estado de conservação e limpeza.

30.11. Dos Locais para Lavagem e Secagem de Roupas e Guarda de Roupas de Trabalho.

30.11.1. Todas as embarcações de um mínimo de 500 AB devem ter facilidades para lavagem e secagem de roupas de trabalho.

30.11.2. As instalações para a lavagem de roupas devem ter abastecimento de água doce.

30.11.3. Deve haver local devidamente arejado e de fácil acesso para guardar as roupas de trabalho.

30.12. Da Proteção à Saúde

30.12.1. A enfermaria, quando existente, deve reunir condições quanto a sua capacidade, área, instalações de água quente e fria, drenagem de líquidos e resíduos.

30.12.1. A enfermaria deve dispor de meios e materiais adequados para o cumprimento de sua finalidade.

30.13. Segurança nos Trabalhos de Limpeza e Manutenção das Embarcações.

30.13.1. Na limpeza de tanques de carga, óleo, lastro ou de espaços confinados é obrigatório:

a) vistoria prévia do local por tripulante habilitado, com atenção especial ao monitoramento dos percentuais de oxigênio, contaminantes e de explosividade da mistura no ambiente, em conformidade com as normas vigentes;

b) uso de ventilador, exaustor ou de ambos para a eliminação de gases e vapores, antes de permitir a entrada de pessoas, a fim de manter uma atmosfera segura durante a realização dos trabalhos;

c) trabalho realizado em dupla, portando o executante um cabo guia que possibilite o seu resgate, pelo observador;

d) uso de aparelhos de iluminação e acessórios cujas especificações sejam adequadas à área classificada;

e) proibição de fumar ou portar objetos que produzam chamas, centelhas ou faíscas;

f) uso de equipamentos de ar mandado ou autônomo de pressão positiva, em ambientes com deficiência de oxigênio ou impregnados por gases e vapores tóxicos;

g) depositar em recipientes apropriados, estopas e trapos usados, com óleo, graxa, solventes ou similares para terem destinação adequada.

30.13.2. A execução de serviços em espaços confinados somente deve ser realizado após vistoria e emissão da respectiva Permissão de Trabalho pelo comandante da embarcação ou seu preposto.

30.13.3. Não são permitidos trabalhos simultâneos de reparo e manutenção com as operações de carga e descarga, quando prejudiquem a saúde e a integridade física dos trabalhadores.

30.13.4. Os tripulantes não poderão realizar trabalhos em andaimes, estruturas altas e em costado sem a observância das medidas de segurança devidas.

30.14. Disposições Complementares.

30.14.1. As normas relativas à segurança e saúde no trabalho são regulamentadas quanto à sua abrangência, aplicação e condições de trabalho, na forma de anexos a esta norma, nas seguintes atividades:

— exploração e produção de petróleo em plataformas e navios-plataforma marítimos;

— pesca industrial e comercial;

— pesca artesanal;

— trabalho submerso;

— outras atividades realizadas a bordo de embarcações e plataformas.

QUADRO I da NR-30

EMPRESA:					ANO:
NAVIO:					
(1) HORAS HOMEM DE EXPOSIÇÃO AO RISCO		NÚMERO DE ACIDENTES OCORRIDOS		TAXA DE ACIDENTADOS	
MÊS	QUANTIDADE	(2) SEM AFASTAMENTO	(3) COM AFASTAMENTO	(4) TFSA	(5) TFCA
JAN.					
FEV.					
MAR.					
ABR.					
MAIO					
JUN.					
JUL.					
AGO.					
SET.					
OUT.					
NOV.					
DEZ.					
TOTAL					

(1) Total de horas à disposição do empregador (número de tripulantes x 24 horas x 30 dias).

(2) Aquele em que o empregado retorna as suas atividades normais no mesmo dia do acidente ou no dia seguinte no início da próxima jornada de trabalho.

(3) Aquele em que o empregado não retorna as suas atividades normais no mesmo dia do acidente ou no dia seguinte no início da próxima jornada de trabalho.

(4) Número de acidentes sem afastamento x 1.000.000 / número de horas homem de exposição.

(5) Número de acidentes com afastamento x 1.000.000 / número de horas homem de exposição.

QUADRO II da NR-30

PADRÕES MÍNIMOS BÁSICOS NOS EXAMES MÉDICOS
Requisitos gerais para todos os trabalhadores marítimos por ocasião do exame médico:
a) não apresentar qualquer distúrbio em seu senso de equilíbrio, sendo capaz de movimentar-se sobre superfícies escorregadias irregulares e instáveis;
b) não apresentar qualquer limitação ou doença que possa impedir a sua movimentação normal e o desempenho das atividades físicas de rotina de bordo, incluído agachar, ajoelhar, curvar e alcançar objetos localizados acima da altura do ombro;
c) ser capaz de subir e descer, sem ajuda, escadas verticais e inclinadas;
d) ser capaz de segurar, levantar, girar e manejar diversas ferramentas de uso comum, abrir e fechar alavancas e volantes de válvulas e equipamentos de uso comum;
e) ser capaz de manter uma conversação normal;
f) não apresentar sintomas de distúrbios mentais ou de comportamento;
g) dentição — mínimo de 10 dentes naturais ou prótese similar, em cada arcada, que não comprometam a articulação normal e os tecidos moles.

Acuidade Visual	
Suficiente com correção para desempenhar suas atividades ou funções a bordo	Para os trabalhadores marítimos que se tornarem monoculares em serviço, sem evidência de doença degenerativa progressiva, será requerida uma acuidade visual, com correção, compatível com as atividades ou funções que desempenham a bordo

PADRÕES MÍNIMOS ESPECÍFICOS		
Função a bordo	**Acuidade Visual Básica**	**Acuidade Visual Corrigida**
Comandante, Oficiais de Náutica e Subalternos da Seção de Convés	Sem correção 6/60 = 0,6	6/6 no melhor olho = 1 e 6/12 = 0,5 no outro olho
Tripulante que se tornou monocular em serviço com evidência de doença progressiva no olho remanescente		
Comandante, Oficiais de Náutica e Subalternos da Seção de Convés	Sem correção 6/60 = 0,6	6/6 = 1 no olho remanescente
Função a bordo	**Acuidade Visual Básica**	**Acuidade Visual Corrigida**
Oficiais de máquinas e Subalternos da Seção de Máquinas	Sem correção 6/60 = 0,6	6/18 = 0,4
Tripulante que se tornou monocular em serviço com evidência de doença progressiva no olho remanescente		
Oficiais de máquinas e Subalternos da Seção de Máquinas	Sem correção 6/60 = 0,6	6/9 = 0,6 no olho remanescente

Para todas as funções a bordo serão considerados como padrões mínimos específicos:

– Sem condições significativas evidentes de visão dupla (diplopia);

– Campos visuais suficientes e sem evidências de patologias;

– Serão toleradas discromatopsias leves e moderadas, conforme os critérios estabelecidos nos testes utilizados.

QUADRO III da NR-30

(Inserido pela Portaria MTE n. 2.062, de 30 de dezembro de 2014)

PADRÕES MÍNIMOS BÁSICOS NOS EXAMES MÉDICOS

Requisitos gerais por ocasião do exame médico:

a) não apresentar qualquer distúrbio em seu senso de equilíbrio, sendo capaz de se movimentar sobre superfícies escorregadias irregulares e instáveis;

b) não apresentar qualquer limitação ou doença que possa impedir a sua movimentação normal e o desempenho das atividades físicas de rotina e emergência a bordo, durante o período de validade de seu certificado médico, incluído-se agachar, ajoelhar, curvar e alcançar objetos localizados acima da altura do ombro;

c) ser capaz de subir e descer, sem ajuda, escadas verticais e inclinadas;

d) ser capaz de segurar, levantar, girar e manejar diversas ferramentas de uso comum, abrir e fechar alavancas e volantes de válvulas e equipamentos de uso comum;

e) demonstrar ter uma audição e uma fala adequadas para se comunicar de maneira eficaz e detectar quaisquer alarmes sonoros;

f) não apresentar sintomas de distúrbios mentais ou de comportamento;

g) dentição — mínimo de 10 dentes naturais ou prótese similar, em cada arcada, que não comprometam a articulação normal e os tecidos moles.

h) não estar sofrendo de qualquer problema de saúde que possa ser agravado pelo serviço no mar ou tornar o marítimo inapto para esse serviço, ou colocar em perigo a saúde e a segurança de outras pessoas a bordo;

i) não estar tomando qualquer medicamento que tenha efeitos colaterais que possam prejudicar quaisquer requisitos para um desempenho eficaz e seguro de atribuições de rotina e de emergência a bordo;

j) ter capacitação física compatível com técnicas de sobrevivência pessoal, prevenção e combate a incêndio, primeiros socorros elementares, segurança pessoal e responsabilidades sociais.

Acuidade Visual	
Suficiente com correção para desempenhar suas atividades ou funções a bordo	Para os trabalhadores marítimos que se tornarem monoculares em serviço, sem evidência de doença degenerativa progressiva, será requerida uma acuidade visual, com correção, compatível com as atividades ou funções que desempenham a bordo

PADRÕES MÍNIMOS DE VISÃO EM SERVIÇO

Regra da Convenção STCW	Categoria do Marítimo	Visão para longe com correção[1]		Visão para perto	Visão de Cores[3]	Campos Visuais[4]	Cegueira noturna[4]	Diplopia (visão dupla)[4]
		Um olho	Outro olho	Os dois olhos juntos, com ou sem correção				
I/11 II/1 II/2 II/3 II/4 II/5 VII/2	Comandante, oficiais do departamento de convés e subalternos de convés dos quais é exigido que desempenhem atribuições de vigilância	0,5[2]	0,5	Visão exigida para a navegação do navio (ex.: consulta a cartas e publicações náuticas, utilização dos instrumentos e equipamentos do passadiço e identificação dos auxílios à navegação)	Ver Nota 6	Campos visuais normais	Visão exigida para desempenhar todas as funções necessárias no escuro, sem comprometer o seu desempenho	Nenhum problema significativo evidente
1/11 III/1 III/2 III/3 III/4 III/5 III/6 III/7 VII/2	Todos os oficiais de máquinas, oficiais eletrotécnicos, subalternos eletrotécnicos e subalternos ou outros que façam parte de um quarto de serviço na máquina	0,4[5]	0,4 (Ver Nota 5)	Visão exigida para ler instrumentos próximos, para operar equipamentos e para identificar sistemas/componentes como for necessário	Ver Nota 7	Campos visuais suficientes	Visão exigida para desempenhar todas as funções necessárias no escuro, sem comprometer o seu desempenho	Nenhum problema significativo evidente
I/11 IV/2	Radioperadores de GMDSS	0,4	0,4	Visão exigida para ler instrumentos próximos, para operar equipamentos e para identificar sistemas/componentes como for necessário	Ver Nota 7	Campos visuais suficientes	Visão exigida para desempenhar todas as funções necessárias no escuro, sem comprometer o seu desempenho	Nenhum problema significativo evidente

Notas:

1. Valores fornecidos na escala decimal de Snellen.
2. É recomendado um valor de pelo menos 0,7 num olho, para reduzir o risco de uma doença subjacente não detectada nos olhos.
3. Como definido nas Recomendações Internacionais para Exigências para Visão de Cores para Transporte pela Commission Internationale de l'Eclairage (CIE-143-2001, inclusive quaisquer versões posteriores).
4. Sujeito a uma avaliação por um especialista clínico em visão, quando indicado por conclusões no exame inicial.
5. O pessoal do departamento de máquinas deverá ter uma visão conjunta de pelo menos 0,4.
6. Padrão de visão de cores 1 ou 2 da CIE.
7. Padrão de visão de cores 1, 2 ou 3 da CIE.

DIRETRIZES SOBRE A AVALIAÇÃO DO NÍVEL MÍNIMO DA CAPACIDADE FÍSICA NECESSÁRIA PARA ADMISSÃO E PARA A PERMANÊNCIA EM SERVIÇO

TAREFA, FUNÇÃO, EVENTO OU SITUAÇÃO A BORDO[3]	CAPACIDADE FÍSICA RELACIONADA	UM EXAMINADOR MÉDICO deve estar convencido de que o candidato[4,5]
Movimentos de rotina em superfícies escorregadias, desniveladas e instáveis; risco de ferimentos	Manter o equilíbrio	não tem perturbação do senso de equilíbrio.

TAREFA, FUNÇÃO, EVENTO OU SITUAÇÃO A BORDO[3]	CAPACIDADE FÍSICA RELACIONADA	UM EXAMINADOR MÉDICO deve estar convencido de que o candidato[4,5]
Acesso de rotina entre níveis; procedimentos de reação à emergência	Subir e descer escadas verticais e inclinadas	é capaz de subir e descer, sem ajuda, escadas verticais e inclinadas.
Movimentos de rotina entre espaços e compartimentos; procedimentos de reação à emergência	Passar por cima de braçolas (ex.: de até 60 cm de altura)	é capaz de passar por cima, sem ajuda, de uma soleira de porta alta (braçola).
Abrir e fechar portas estanques; sistemas manuais de manivelas; abrir e fechar volantes de válvulas; manusear cabos; utilizar ferramentas manuais (isto é, chaves de boca, machados de incêndio, chaves para válvulas, martelos, chaves de fenda, alicates)	Manusear dispositivos mecânicos (destreza e força manual e digital)	é capaz de segurar, levantar e manusear diversas ferramentas comuns de bordo; mover as mãos/braços para abrir e fechar volantes de válvulas nas direções vertical e horizontal; girar os punhos para girar manivelas.
Obter acesso através do navio; utilizar ferramentas e equipamentos; os procedimentos de reação à emergência devem ser seguidos prontamente, inclusive vestir colete salva-vidas ou roupa de exposição	Mover-se com agilidade	não tem qualquer debilitação ou doença que possa impedir seus movimentos e suas atividades físicas normais.
Manusear os suprimentos de bordo; utilizar ferramentas e equipamentos; manusear cabos; seguir os procedimentos de reação à emergência	Levantar, puxar, empurrar e transportar uma carga	não tem qualquer debilitação ou doença que possa impedir seus movimentos e suas atividades físicas normais.
Armazenar em local elevado; abrir e fechar válvulas	Alcançar locais acima da altura dos ombros	não tem qualquer debilitação ou doença que possa impedir seus movimentos e suas atividades físicas normais.
Manutenção geral do navio; procedimentos de reação à emergência, inclusive controle de avarias	Agachar (reduzir a altura dobrando os joelhos); Ajoelhar (colocar os joelhos no chão); Curvar o corpo (reduzir a altura curvando a cintura).	não tem qualquer debilitação ou doença que possa impedir seus movimentos e suas atividades físicas normais.
Procedimentos de reação à emergência,inclusive escape de compartimentos cheios de fumaça	Rastejar (a capacidade de mover o corpo com as mãos e os joelhos); Sentir (a capacidade de manusear ou tocar para examinar ou verificar diferenças de temperatura).	não tem qualquer debilitação ou doença que possa impedir seus movimentos e suas atividades físicas normais.
Fazer serviço de quarto no mínimo por 4 horas	Ficar em pé e andar por longos períodos de tempo	é capaz de ficar em pé e andar por longos períodos de tempo.
Obter acesso entre compartimentos; seguir os procedimentos de reação à emergência	Trabalhar em espaços apertados e mover-se através de aberturas restritas (ex.: 60 cm x 60 cm)	não tem qualquer debilitação ou doença que possa impedir seus movimentos e suas atividades físicas normais.
Reagir a alarmes, avisos e instruções visuais; procedimentos de reação à emergência	Distinguir um objeto ou uma forma a uma certa distância	atende aos padrões de acuidade visual especificados pela autoridade competente.
Reagir a alarmes e instruções sonoras; procedimentos de reação à emergência	Ouvir um som com um nível especificado de dB, numa frequência especificada	atende aos padrões de capacidade auditiva especificados pela autoridade competente.
Dar informações verbais ou chamar a atenção para situações suspeitas ou de emergência	Descrever o que está à sua volta e atividades próximas e pronunciar claramente as palavras	é capaz de manter uma conversação normal.

Observações:

1. A tabela acima descreve (a) as tarefas, funções, eventos e situações normais a bordo, (b) uma capacidade física correspondente que é considerada necessária para a segurança de um marítimo que esteja vivendo e trabalhando a bordo de um navio no mar, e (c) uma diretriz para medir a capacidade física correspondente. As Administrações devem levar em conta estas capacidades físicas ao estabelecer os padrões de aptidão médica.

2. Esta tabela não se destina a abordar todas as situações possíveis a bordo, nem todas as situações que possam desqualificar medicamente o indivíduo; e devem, portanto, ser utilizadas apenas como uma orientação geral. As Administrações devem estabelecer as categorias de marítimos que estão sujeitos a uma avaliação da capacidade física para o serviço em navios que operam na navegação marítima, levando em conta a natureza do trabalho em que serão empregados a bordo. Por exemplo, a aplicação integral destas diretrizes pode não ser adequada no caso de artistas aos quais não são designadas tarefas na tabela mestra. Além disto, deve ser dada toda a atenção a circunstâncias especiais envolvendo casos individuais, bem como quaisquer riscos conhecidos de permitir que o indivíduo seja empregado a bordo do navio, e até que ponto uma capacidade limitada pode ser conciliada numa determinada situação.

3. O termo "procedimentos de reação à emergência", como usado nesta tabela, destina-se a abranger todas as medidas padrão de reação a emergências, tais como abandono do navio e combate a incêndio, bem como os procedimentos básicos a serem seguidos por cada marítimo para aumentar a sua sobrevivência pessoal, para evitar criar situações em que seja necessária a ajuda especial de outros membros da tripulação.

4. O termo "ajuda" significa a utilização de outra pessoa para realizar a tarefa.

5. Na dúvida, o examinador médico deve quantificar, por meio de testes objetivos, o grau de gravidade de qualquer debilitação que desqualifique o candidato, sempre que houver testes adequados disponíveis, ou enviar o candidato para uma outra avaliação.

6. A Convenção sobre Exames Médicos (Marítimos) da OIT, 1946 (No. 73) fornece, entre outras, as medidas que devem ser tomadas para permitir que uma pessoa a quem, após um exame, tenha sido negado um certificado possa solicitar um novo exame por um árbitro ou árbitros médicos, que deverão ser independentes de qualquer armador ou de qualquer organização de armadores ou de marítimos.

MODELO DE CERTIFICADO MÉDICO (*HEALTH CERTIFICATE*), DE ACORDO COM A CONVENÇÃO INTERNACIONAL SOBRE PADRÕES DE INSTRUÇÃO, CERTIFICAÇÃO E SERVIÇO DE QUARTO PARA MARÍTIMOS — STCW, PARA OS TRABALHADORES AQUAVIÁRIOS DO GRUPO MARÍTIMOS QUE OPERAM EMBARCAÇÕES CLASSIFICADAS PARA NAVEGAÇÃO EM MAR ABERTO E APOIO MARÍTIMO

CERTIFICADO MÉDICO

Health Certificate

Nome/*Name:*

Data de Nascimento/*Date of Birth:*

Sexo/*Gender:*

Nacionalidade/*Nationality:*

Matrícula/*Identification:*

CPF/*CPF Id:*

Cargo/*Function:*

Tipo de Exame/*Type of Medical Exam:*

( ) Admissional/*Admission* **( ) Periódico/***Periodic*

( ) Outro/*Other:*____________

Médico Coordenador/*Medical Coordinator:*

____

Riscos Ocupacionais da Atividade/*Occupational Risks:*

Físicos/*Physical:*

( ) Ausentes/*Absent* **( ) Calor/***Heat* **( ) Ruído/***Noise*

( ) Frio/*Cold* **/ ( ) Vibração/***Vibration*

( ) Outros/*Others:*______________________________

Químicos/*Chemical:*

( ) Ausentes/*Absent* ( ) Hidrocarbonetos/*Hydrocarbons*

( ) Gases Tóxicos/*Toxic Gases* ( ) Produtos Químicos/*Chemical Products*

( ) Outros/*Others:*______________________________

Biológicos/*Biological:*

( ) Ausentes/*Absent* ( ) Agentes microbiológicos/2

( ) Outros/*Others:*______________________________

EXAMES COMPLEMENTARES/*Additional Exams:*

Exame/*Exam:* Data/*Date:*

( ) Apto/*Fit for duty* ( ) Inapto/*Unfit for duty*

Fui informado do conteúdo do exame e do direito a recurso, caso não concorde com o mesmo.

I hereby certify that I was informed about the content of this document, and that I have the right to ask for recourse (appeal) if I do not agree with it.

____________________, _____ de ______________ de ___________.

Local e data/*Place and Date*

____________________ ____________________

Médico/*Doctor* Tripulante/*Crew member*

Este Certificado de Saúde tem validade de um ano; menos apenas se claramente registrado. / This Health *Certificate is valid for one year, except if clearly stated otherwise.*

De acordo com Reg 1/9 do SCTW, MLC-2006 / *In accordance with SCTW Reg 1/9, MLC-2006.*

Informações adicionais/*Additional Information:*

Pergunta/*Question*	**Sim/*Yes***	**Não/*No***
A identificação foi verificada? *Was the identify werfied?*		
A audição atende os requisitos mínimos para embarque? *Is hearing adequate for boarding?*		

Pergunta/*Question*	Sim/*Yes*	Não/*No*
A audição sem próteses é adequada? *Is unaided hearing adequate?*		
A visão de cores atende aos padrões? *Is colours vision adequate?*		
Data da última verificação de daltonismo (máximo: 6 anos) *Last colour vision evaluation (Max. 6 years)*		
Alguma limitação ou restrição médica? *Any medical limitation or restriction?*		
Se sim, qual? *If (Yes), specify:*		
O marítimo está livre de condições que possam torná-lo inapto? *Is the seafarer free of health conditions that could impair him?*		

_______________, ____ de __________ de ______.

Local e data/*Place and Date*

Médico/*Doctor* Tripulante/*Cr Crew member*

ANEXO I da NR-30

PESCA COMERCIAL E INDUSTRIAL

1. Objetivo e campo de aplicação

2. Definições

3. Obrigações gerais

4. Disposições de segurança e saúde nas embarcações

5. Exames médicos e primeiros socorros

6. Formação e informação

Apêndice I — Disposições mínimas de segurança e saúde aplicáveis aos barcos de pesca novos

Apêndice II — Disposições mínimas de segurança e saúde aplicáveis aos barcos de pesca existentes

Apêndice III — Meios de salvamento e sobrevivência

1. Objetivo e campo de aplicação

1.1. O presente Anexo estabelece as disposições mínimas de segurança e saúde no trabalho a bordo das embarcações de pesca comercial e industrial inscritas em órgão da autoridade marítima e licenciadas pelo órgão de pesca competente.

1.1.1. As embarcações de pesca comercial e industrial estão sujeitas ainda aos controles periódicos previstos nas demais normas que a elas se aplicam.

1.2. Este Anexo aplica-se a todos os pescadores profissionais e barcos de pesca de comprimento total igual ou superior a 12,0 m ou Arqueação Bruta igual ou superior a 10 que se dediquem a operações de pesca comercial e industrial, salvo disposições em contrário.

1.2.1. Para embarcações menores que 12,0 m ou Arqueação Bruta inferior a 10, esta Norma aplica-se naquilo que couber.

2. Definições

2.1. Barco é todo barco de pesca, novo ou existente.

2.1.1 Barco de pesca, para os fins deste Anexo, é toda embarcação de bandeira brasileira utilizada para fins comerciais ou industriais que exerça atividade de captura, conservação, beneficiamento, transformação ou industrialização de seres vivos que têm na água o seu meio natural.

2.1.2. Considera-se barco de pesca novo a embarcação cujos planos de construção tenham sido aprovados pela autoridade marítima após a data de entrada em vigor do presente Anexo ou cuja inscrição tenha ocorrido após seis meses da mesma data.

2.1.3. Barco de pesca existente é toda embarcação de pesca que não seja um barco de pesca novo.

2.2. Trabalhador é toda pessoa que exerce uma atividade profissional a bordo de um barco, inclusive as que estão em período de formação e os aprendizes, com exclusão do pessoal de terra que realize trabalhos a bordo e dos práticos.

2.3. Pescador profissional é a pessoa que exerce sua atividade a bordo, em todas as funções devidamente habilitadas pela autoridade marítima brasileira, ainda que em período de formação ou aperfeiçoamento, com exclusão do prático e do pessoal de terra que realize trabalhos não inerentes à atividade-fim.

2.4. Armador é a pessoa física ou jurídica que explora barcos próprios, afretados, arrendados ou cedidos, dentro de qualquer modalidade prevista nas legislações nacional ou internacional, ainda que esta não seja sua atividade principal.

2.5. Patrão de pesca é todo pescador devidamente habilitado para comandar um barco e administrar as atividades de pesca, sendo responsável por sua operação.

3. Obrigações Gerais

3.1. Cabe ao armador:

a) adotar as medidas necessárias para que os barcos sejam utilizados de forma a não comprometer a segurança e a saúde dos trabalhadores nas condições meteorológicas previsíveis; e

b) fornecer ao patrão de pesca os meios necessários para cumprir as obrigações que lhe são atribuídas pelo presente Anexo.

3.2. É responsabilidade do armador, em caso de acidente a bordo em que haja morte ou desaparecimento, lesão grave ou prejuízo material de grande monta, tomar providências para que o patrão de pesca, além de cumprir as normas legais, elabore um relatório detalhado do ocorrido.

3.2.1. O relatório deve ser enviado, caso requerido, à autoridade laboral competente.

3.2.2. A ocorrência será registrada de forma detalhada no livro de quarto ou, caso não exista, em documento específico para esse fim.

4. Disposições de segurança e saúde nos barcos

4.1. Os barcos de pesca novos, ou que sofreram reformas ou modificações importantes, devem atender às disposições mínimas de segurança e saúde previstas no Apêndice I do presente Anexo.

4.2. No caso de barcos de pesca existentes, devem ser cumpridas as disposições previstas no Apêndice II.

4.3. A observância do disposto neste Anexo não exime os barcos dos controles periódicos previstos nas demais normas que a eles se aplicam.

4.4. Cabe ao armador, sem prejuízo da responsabilidade do patrão de pesca:

a) zelar pela manutenção técnica dos barcos, de suas instalações e equipamentos, especialmente no que diz respeito ao disposto nos Apêndices I e II do presente Anexo, de forma a eliminar o quanto antes os defeitos que possam afetar a segurança e saúde dos trabalhadores;

b) tomar medidas para garantir a limpeza periódica dos barcos e do conjunto de instalações e equipamentos, de modo a manter condições adequadas de higiene e segurança;

c) manter a bordo dos barcos os meios de salvamento e de sobrevivência apropriados, em bom estado de funcionamento e em quantidade suficiente, de acordo com as normas da autoridade marítima;

d) atender às disposições mínimas de segurança e saúde relativas aos meios de salvamento e sobrevivência previstas no Apêndice III deste Anexo e nas normas da autoridade marítima;

e) fornecer os equipamentos de proteção individual necessários, quando não for possível evitar ou diminuir suficientemente os riscos para a segurança e saúde dos trabalhadores com meios ou técnicas coletivas de proteção, de acordo com a Norma Regulamentadora n. 6; e

f) garantir o aprovisionamento de víveres e água potável em quantidade suficiente, de acordo com o número de pescadores profissionais e outros trabalhadores a bordo, a duração, a natureza da viagem e as situações de emergência.

5. Exames médicos e primeiros socorros

5.1. É responsabilidade do armador:

a) custear a elaboração e implementação do Programa de Controle Médico e Saúde Ocupacional — PCMSO dos pescadores, conforme disposto na Norma Regulamentadora n. 7;

b) suprir a embarcação dos meios necessários para o atendimento de primeiros socorros a bordo e de livro de primeiros socorros e medicamentos, de acordo com o preconizado pelas autoridades marítima e sanitária; e

c) tomar providências para que exista pelo menos um pescador profissional treinado no atendimento de primeiros socorros para cada dez pescadores profissionais ou fração a bordo.

5.2. Para cada exame médico realizado, o médico responsável emitirá o Atestado de Saúde Ocupacional — ASO, em três vias.

5.2.1. A primeira via do ASO deve ser mantida a bordo da embarcação em que o pescador profissional estiver prestando serviço.

5.2.2. A segunda via do ASO deve ser obrigatoriamente entregue ao pescador profissional, mediante recibo nas outras duas vias.

5.2.3. A terceira via do ASO deve ser mantida com o armador ou seu preposto em terra.

5.3. O prazo de validade do exame médico fica prorrogado, caso expire no decorrer de uma pescaria, até a data da escala da embarcação em um porto onde haja as condições necessárias para sua realização, observado o máximo de quarenta e cinco dias.

6. Formação e informação

6.1. Em relação aos pescadores profissionais, cabe ao armador:

a) exigir certificado de formação emitido pela autoridade marítima; e

b) garantir o fornecimento de informações adequadas e compreensíveis sobre segurança e saúde a bordo, assim como sobre as medidas de prevenção e proteção adotadas no barco, sem prejuízo da responsabilidade do patrão de pesca;

6.2. A formação dos pescadores profissionais deve incluir instruções precisas compreendendo, em especial:

a) o treinamento para o combate a incêndios;

b) a utilização de meios de salvamento e sobrevivência;

c) o uso adequado dos aparelhos de pesca e dos equipamentos de tração; e

d) os diferentes métodos de sinalização, especialmente os de comunicação por sinais.

6.2.1. Quando de modificações nas atividades do barco, novas informações devem ser ministradas sempre que necessário.

6.3. É responsabilidade do armador garantir que toda pessoa contratada para comandar um barco esteja devidamente habilitada pela autoridade marítima.

6.3.1. A formação profissional especializada deve incluir, no mínimo, os seguintes tópicos:

a) prevenção de enfermidades profissionais e acidentes de trabalho a bordo e as providências a serem adotadas em caso de acidentes;

b) combate a incêndio e utilização dos meios de salvamento e sobrevivência;

c) estabilidade do barco e manutenção da estabilidade em todas as condições previsíveis de carga e durante as operações de pesca; e

d) procedimentos de navegação e comunicação via rádio.

7. Disposição Final

7.1. Cabe à Fundacentro elaborar e manter atualizado um Guia Técnico, de caráter recomendatório, para a avaliação e a prevenção dos riscos relativos à utilização de barcos de pesca.

APÊNDICE I

Disposições Mínimas de Segurança e Saúde Aplicáveis aos Barcos de Pesca Novos

1. Campo de aplicação

1.1. As obrigações previstas no presente apêndice aplicam-se aos barcos de pesca novos, considerando:

a) as características operacionais para as quais foram projetados;

b) a distância máxima de operação;

c) a autonomia de tempo de navegação e pesca;

d) os requisitos de segurança dos locais de trabalho ou da atividade pesqueira; e

e) as circunstâncias ou a evidência de riscos a bordo.

2. Navegabilidade e estabilidade

2.1. O barco deve ser mantido em boas condições de navegabilidade e ser dotado de equipamentos apropriados ao seu destino e utilização.

2.2. Informações sobre as características de estabilidade do barco, quando exigíveis, devem estar disponíveis a bordo e acessíveis ao pessoal de serviço.

2.3. Todo barco deve manter sua estabilidade intacta para as condições de serviço previstas, cabendo ao patrão de pesca adotar as medidas de precaução necessárias.

2.4. As instruções relativas à estabilidade do barco devem ser estritamente observadas.

3. Instalações

3.1. Instalações elétricas

3.1.1. As instalações elétricas devem ser projetadas e montadas de modo seguro, garantindo:

a) a proteção da tripulação e do barco contra os perigos elétricos;

b) o funcionamento correto dos equipamentos necessários para a manutenção do barco em condições normais de operação e de habitabilidade, sem que se recorra a uma fonte de eletricidade de emergência; e

c) o funcionamento dos equipamentos elétricos essenciais para a segurança em situações de emergência.

3.1.2. O barco deve ser dotado de fonte de energia elétrica de emergência.

3.1.2.1. A fonte de energia elétrica de emergência deve estar situada fora da praça de máquinas e ser projetada, em todos os casos, de forma a garantir, em caso de incêndio ou de avaria da instalação elétrica principal, o funcionamento simultâneo, por no mínimo três horas:

a) do sistema de comunicação interna, dos detectores de incêndio e da sinalização de emergência;

b) das luzes de navegação e da iluminação de emergência;

c) do sistema de radiocomunicação; e

d) da bomba elétrica de emergência contra incêndio ou alagamento, caso exista.

3.1.2.2. A bateria de acumuladores, quando utilizada como fonte, deve estar ligada automaticamente ao quadro de distribuição de energia elétrica de emergência e garantir a alimentação ininterrupta durante três horas dos sistemas a que se fez referência nas alíneas a, b e c do subitem 3.1.2.1.

3.1.3. O quadro principal de distribuição de eletricidade e o quadro de emergência devem:

a) ser instalados de forma a não estarem expostos à água ou ao fogo;

b) dispor de indicações claras; e

c) ser revistos periodicamente no que diz respeito às caixas e aos suportes dos fusíveis, de modo a garantir que sejam utilizados fusíveis cuja corrente nominal seja adequada à intensidade de corrente do circuito.

3.1.4. Os compartimentos onde ficam alojados os acumuladores elétricos devem ser adequadamente ventilados.

3.2. Outras instalações

3.2.1. Os dispositivos eletrônicos de navegação devem ser testados frequentemente e mantidos em perfeito estado de funcionamento.

3.2.2. A instalação de radiocomunicações deve ter capacidade de entrar em contato, a qualquer momento, com, no mínimo, uma estação costeira ou interior, levando-se em conta as condições normais de propagação das ondas radioelétricas, observados os requisitos técnicos estabelecidos nas normas da autoridade marítima.

3.2.3. Os equipamentos de tração, carga e descarga e acessórios semelhantes devem ser mantidos em boas condições de funcionamento, examinados periodicamente e certificados anualmente.

3.2.4. As instalações frigoríficas e os sistemas de ar comprimido devem ter manutenção adequada e ser submetidos a revisões periódicas.

3.2.5. Os equipamentos de cozinha e eletrodomésticos que utilizem gases somente devem ser usados em espaços ventilados.

3.2.6. Cilindros que contenham gases inflamáveis ou outros gases perigosos devem ter indicação clara do seu conteúdo e ser armazenados em espaços abertos.

3.2.6.1. As válvulas reguladoras de pressão e as canalizações ligadas aos cilindros devem ser protegidas contra avarias por choque.

4. Vias e saídas de emergência

4.1. As vias e saídas a serem utilizadas no caso de emergência devem:

a) permanecer sempre desimpedidas;

b) ser de fácil acesso e adequadamente sinalizadas, com indicação clara da direção da saída; e

c) conduzir o mais diretamente possível ao nível superior ou a uma zona de segurança e, desse ponto, às embarcações de salvamento, de modo que os trabalhadores possam evacuar os locais de trabalho e de alojamento rapidamente e em condições de máxima segurança.

4.1.1. O número, a distribuição e as dimensões das vias devem estar de acordo com a utilização, o equipamento e o número máximo de pessoas que podem estar nesses locais.

4.1.2. A sinalização deve ser feita nos lugares adequados e ter durabilidade.

4.2. As saídas que possam ser utilizadas como de emergência e que devam permanecer fechadas devem permitir abertura fácil e rápida por qualquer trabalhador ou por equipes de salvamento.

4.3. As portas e outras saídas de emergência devem:

a) manter estanqueidade ao mau tempo ou à água, de acordo com o local, considerando suas funções específicas em relação à segurança; e

b) oferecer a mesma resistência ao fogo que a das anteparas.

4.4. As vias, os meios de abandono e as saídas de emergência que necessitem de iluminação devem ser dotados de sistema de iluminação de emergência de intensidade suficiente para os casos de avaria do sistema normal.

5. Detecção e combate a incêndios

5.1. Os alojamentos e os lugares de trabalho fechados, incluindo praça de máquinas e porões de pesca, devem ter dispositivos adequados de combate a incêndio e, se necessário, detectores de incêndio e sistema de alarme, de acordo com as dimensões e a utilização do barco, os equipamentos de que é dotado, as características físicas e químicas das substâncias a bordo e o número máximo de pessoas que podem estar a bordo.

5.1.1. Os dispositivos de combate a incêndio devem ser:

a) instalados em locais de fácil acesso, desobstruídos e sinalizados; e

b) mantidos em perfeitas condições de funcionamento.

5.1.2. Os trabalhadores devem ser informados quanto à localização, aos mecanismos de funcionamento e à forma de utilização dos dispositivos de combate a incêndio.

5.1.3. É obrigatória a verificação da existência de extintores e demais equipamentos de combate a incêndio a bordo, antes de qualquer saída do barco do porto.

5.1.4. Os dispositivos portáteis de combate a incêndio devem ser de fácil acesso e operação e estar devidamente sinalizados.

5.1.4.1. A sinalização deve ser colocada em locais adequados e permanentemente mantida.

5.2. Os sistemas de detecção de incêndio e de alarme devem ser testados regularmente e mantidos em bom estado de funcionamento.

5.3. Devem ser realizados exercícios de combate a incêndio envolvendo toda a tripulação pelo menos uma vez por ano e sempre que necessário.

6. Locais de trabalho

6.1. Ambientes de trabalho

6.1.1. Os locais de trabalho fechados devem dispor de ventilação suficiente, de acordo com os métodos de trabalho e as exigências físicas impostas aos trabalhadores.

6.1.1.1. A ventilação mecânica deve ser mantida em bom estado de funcionamento.

6.1.2. A temperatura nos locais de trabalho deve ser adequada ao organismo humano durante as horas de trabalho, levando-se em consideração os métodos de trabalho empregados, as exigências físicas impostas aos trabalhadores e as condições meteorológicas reinantes ou que possam ocorrer na região em que o barco opera.

6.1.3. Os locais de trabalho, na medida do possível, devem receber luz natural suficiente e estar equipados com iluminação artificial adequada às circunstâncias da pesca e que não coloque em risco a segurança e saúde dos trabalhadores, nem a navegação de outros barcos.

6.1.3.1. As instalações de iluminação dos locais de trabalho, das escadas e dos corredores devem ser escolhidas de modo a não apresentar riscos de acidentes para os trabalhadores nem dificultar a navegação do barco.

6.1.3.2. Os lugares de trabalho em que trabalhadores estejam particularmente expostos a riscos em caso de avaria da iluminação artificial devem possuir iluminação de emergência de intensidade adequada, mantida em condições de funcionamento eficaz e testada periodicamente.

6.1.3.3. Os locais onde estejam instalados postos de trabalho devem ser dotados de isolamento acústico e térmico suficientes, levando-se em conta o tipo de tarefas e a atividade física dos pescadores profissionais.

6.2. Pisos, anteparas e tetos

6.2.1. Todos os locais aos quais os trabalhadores tenham acesso devem possuir pisos antiderrapantes ou dispositivos contra quedas e estar livres de obstáculos.

6.2.2. As superfícies dos pisos, das anteparas e dos tetos devem ser de fácil higienização.

6.3. Portas

6.3.1. As portas, em especial as portas de correr, quando indispensáveis, devem funcionar com a máxima segurança para os trabalhadores, especialmente em condições de mar e de tempo adversas.

6.3.2. Todas as portas devem poder ser abertas por dentro, sem necessidade de dispositivos específicos, como chaves ou assemelhados.

6.3.3. As portas devem poder ser abertas por ambos os lados nos compartimentos de trabalho.

6.4. Vias de circulação e zonas perigosas

6.4.1. Deve estar disponível escada de embarque, prancha de embarque ou dispositivo similar que ofereça acesso apropriado e seguro ao barco.

6.4.2. Os corredores, cruzamentos, partes exteriores de compartimentos e todas as vias de circulação no barco devem ser equipados com corrimãos, apoios para as mãos ou outro meio que garanta a segurança da tripulação durante suas atividades a bordo.

6.4.3. Caso haja risco de queda de trabalhadores pela escotilha do convés, ou de um convés para outro, devem ser instalados guarda-corpos adequados em todos os locais necessários.

6.4.3.1. Os guarda-corpos devem ter altura mínima de um 1,20 m, proteções intermediárias e rodapé de 0,20 m.

6.4.4. As aberturas de acesso às áreas do convés ou da coberta utilizadas para permitir a manutenção das instalações devem ser feitas de modo a garantir a segurança dos trabalhadores.

6.4.5. As amuradas e outros meios instalados para evitar quedas pela borda devem ser mantidos em bom estado de conservação e permitir o escoamento rápido da água.

6.4.6. Nos sistemas de arrasto pela popa dotados de rampa na parte superior deve haver portão ou outro dispositivo de segurança da mesma altura que as amuradas, a fim de proteger os trabalhadores do risco de queda.

6.4.6.1. O dispositivo deve ser facilmente aberto e fechado, de preferência por controle remoto, e ser aberto unicamente para largar ou içar a rede.

7. Segurança nas operações

7.1. As áreas de trabalho devem estar preparadas para sua finalidade e oferecer proteção adequada aos trabalhadores contra quedas a bordo ou no mar.

7.1.1. As zonas de manuseio do pescado devem ser suficientemente espaçosas no que diz respeito à altura e à área de trabalho, considerando o número de pescadores profissionais exigidos na operação.

7.2. O controle dos motores deve ser instalado em local específico, separado, com isolamento acústico e térmico.

7.2.1. Quando localizado na praça de máquinas, o controle dos motores deve possuir acesso independente.

7.2.2. Considera-se o passadiço um local que atende a todos os requisitos mencionados no item 7.2.

7.3. Os comandos de equipamentos de tração devem:

a) ser instalados em área suficientemente ampla, projetada para facilitar a operação;

b) permitir fácil visualização da área de trabalho; e

c) garantir que os operadores não se exponham a riscos de acidentes com cabos e partes móveis.

7.4. Os equipamentos de tração devem ser dotados de dispositivos de parada de emergência localizados onde possam ser acionados diretamente pelo operador ou por outros pescadores profissionais.

7.5. O operador dos comandos de equipamentos de tração deve ter visão adequada da movimentação do equipamento e dos trabalhadores que estão na faina.

7.5.1. Quando os equipamentos de tração forem acionados do passadiço, o operador deve ter visão clara da área de movimentação do equipamento e dos trabalhadores envolvidos na faina, diretamente ou por outro meio adequado.

7.6. O sistema de comunicação entre o passadiço e o convés de trabalho deve ser adequado e confiável.

7.7. Deve-se manter rigorosa vigilância, assim como sistema sonoro e visual de alerta da tripulação, quanto ao risco iminente de golpe do mar durante as operações de pesca ou quando se realize trabalho no convés.

7.8. As partes móveis a descoberto dos viradores, dos cabos de arrasto e das peças dos equipamentos devem ser protegidas por meio de mecanismos adequados.

7.9. Devem ser instalados sistemas de controle da movimentação de cargas, especialmente nos sistemas de arrasto, incluindo:

a) mecanismos de bloqueio da porta da rede de arrasto; e

b) mecanismos de controle do balanceio do copo da rede de arrasto.

7.10. Os equipamentos de proteção individual utilizados como peças de vestuários ou que se usem por cima dessas peças devem ser de cores vivas, para contrastar com o meio marinho e serem bem visíveis.

8. Condições de habitabilidade e áreas de vivência a bordo

8.1. Requisitos básicos

8.1.1. A localização, a estrutura, o isolamento acústico e térmico e a disposição das áreas de vivência a bordo, incluindo dormitórios, locais de alimentação, sanitários, áreas de lazer, lavanderia e meios de acesso aos mesmos, devem oferecer proteção adequada contra inclemências do tempo e do mar, vibrações, ruído e emanações provenientes de outras áreas, que possam perturbar os trabalhadores nos seus períodos de alimentação e repouso.

8.1.2. As áreas de vivência a bordo devem possuir altura livre adequada.

8.1.2.1. Nos locais em que os trabalhadores devam permanecer em pé por períodos prolongados, a altura não pode ser inferior a 1,9 m.

8.1.2.2. Nos barcos com comprimento total igual ou superior a 26,5 m ou Arqueação Bruta igual ou superior a 100, a altura livre nas áreas de vivência não pode ser inferior a 2,0 m.

8.1.2.3. A autoridade marítima pode permitir redução da altura livre nas áreas de vivência, se razoável e se não resultar em desconforto para os pescadores profissionais.

8.1.3. As áreas de vivência destinadas aos dormitórios não podem comunicar-se diretamente com os porões de armazenamento de pescado e com as salas de máquinas, exceto por meio de aberturas a serem utilizadas exclusivamente como saídas de emergência.

8.1.3.1. Caso seja razoável e factível, deve-se evitar comunicação direta entre as áreas destinadas aos dormitórios e as áreas destinadas a cozinha, despensas, instalações sanitárias coletivas e lavanderia.

8.1.3.2. Nos barcos com comprimento total igual ou superior a 26,5 m ou Arqueação Bruta igual ou superior a 100, as áreas destinadas aos dormitórios não podem comunicar-se diretamente com porões de pescado, sala de máquinas, cozinhas, despensas, lavanderias e instalações sanitárias de uso coletivo, exceto pelas aberturas destinadas a servir exclusivamente como saídas de emergência.

8.1.4. Os espaços destinados às áreas de vivência devem ser adequadamente isolados e os materiais constituintes das anteparas interiores, divisórias e revestimentos de piso devem ser adequados, de modo a garantir um ambiente salubre a bordo.

8.1.5. As áreas de vivência devem possuir sistema para escoamento de água.

8.1.6. Todos os espaços das áreas de vivência em seu conjunto devem possuir pelo menos duas saídas de emergência em bordos opostos.

8.1.7. A temperatura nos dormitórios, nas áreas de serviço, nos refeitórios e nos locais de primeiros socorros deve estar de acordo com o uso específico de cada lugar.

8.1.8. Os barcos com comprimento total igual ou superior a 26,5 m ou Arqueação Bruta igual ou superior a 100 devem dispor de instalações de lazer, jogos, livros e outros meios de entretenimento adequados.

8.1.9. Os trabalhadores a bordo devem poder ter acesso aos equipamentos de comunicação disponíveis, a um preço que não exceda o de custo.

8.1.10. As áreas de vivência dos pescadores devem ser mantidas em condições adequadas de asseio e limpeza, não sendo permitido o armazenamento nesses locais de material ou mercadoria que não seja de uso pessoal dos seus ocupantes.

8.2. Conforto térmico e acústico

8.2.1. Os níveis de ruído nas áreas de vivência devem ser reduzidos ao mínimo.

8.2.1.1. Nas áreas destinadas aos dormitórios dos pescadores profissionais, os níveis de ruído devem ser limitados a um máximo de 65 dB(A).

8.2.2. As áreas de vivência devem ser protegidas quanto à transmissão de vibrações oriundas dos motores, dos equipamentos de guindar e da casa de máquinas.

8.2.3. Os barcos com comprimento total igual ou superior a 26,5 m ou Arqueação Bruta igual ou superior a 100 devem ser dotados de áreas de vivência com isolamento acústico e sistemas de absorção de vibrações, de modo a garantir um nível máximo de ruído de 65 dB(A).

8.2.3.1. Nas áreas destinadas aos dormitórios dos pescadores profissionais dos barcos a que se refere o subitem 8.2.3, os níveis máximos de ruído devem ser de 60 db(A).

8.2.4. A ventilação das áreas de vivência deve considerar as condições climáticas da área de operação prevista no projeto do barco, de modo a proporcionar continuamente uma renovação de ar em quantidade satisfatória em relação ao número máximo de trabalhadores a bordo.

8.2.4.1. Os barcos com comprimento total igual ou superior a 26,5 m ou Arqueação Bruta igual ou superior a 100 devem ser equipados com sistema de ventilação artificial nas áreas de vivência, capaz de regular continuamente a circulação de ar em qualquer condição atmosférica e climatológica.

8.2.5. As áreas de vivência dos barcos projetados para operar em áreas situadas fora das Zonas Tropicais ou sujeitas a temperaturas inferiores a 15ºC devem possuir sistema de calefação capaz de garantir um nível de aquecimento adequado.

8.2.5.1. Nos barcos com comprimento total igual ou superior a 26,5 m ou Arqueação Bruta igual ou superior a 100, deve ser instalado sistema de ar condicionado nos espaços destinados a áreas de vivência, ponte de comando, sala de rádio e salas de controle central de máquinas, assim como nos locais de trabalho onde seja necessário, exceto naqueles que operem com regularidade em zonas cujas condições climáticas tornem desnecessárias medidas de controle térmico.

8.3. Dormitórios

8.3.1. Quando o desenho, as dimensões ou as características de operação de pesca para as quais o barco foi projetado permitirem, os dormitórios devem estar situados próximos ao centro de gravidade do barco, onde se minimizem os efeitos dos movimentos e da aceleração, não sendo permitida sua instalação à frente da antepara de colisão.

8.3.2. As áreas dos dormitórios, excluindo-se os espaços ocupados pelas camas e armários, devem proporcionar aos pescadores profissionais espaço e comodidade adequados, considerando o período de duração das operações de pesca para as quais foi projetado o barco.

8.3.2.1. Os barcos com comprimento total igual ou superior a 26,5 m, porém menor do que 50,0 m, ou de Arqueação Bruta igual ou superior a 100, porém menor do que 500, devem possuir nos dormitórios área livre de no mínimo 1,0 m² por trabalhador a bordo, excluindo-se os espaços ocupados por camas e armários.

8.3.2.2. Nos barcos com comprimento total igual ou superior a 50,0 m ou Arqueação Bruta igual ou superior a 500, a área livre deverá ser de 1,5 m² por trabalhador.

8.3.3. O número máximo de trabalhadores por dormitório não poderá ser superior a seis.

8.3.3.1. Nos barcos com comprimento total igual ou superior a 26,5 m ou Arqueação Bruta igual ou superior a 100, o número máximo de trabalhadores não pode ser superior a quatro e o número de oficiais não pode ser superior a dois, por dormitório.

8.3.3.2. A autoridade marítima poderá permitir exceção aos subitens 8.3.3 e 8.3.3.1, nos casos particulares em que sua aplicação não seja razoável ou factível, de acordo com o tipo de embarcação, suas dimensões e o serviço ao qual se destina.

8.3.4. O número máximo de pessoas por dormitório deverá estar indicado de forma legível e indelével em lugar de fácil visualização na entrada do dormitório.

8.3.5. Os pescadores profissionais devem dispor de camas individuais de dimensões apropriadas e com colchões confeccionados com materiais adequados.

8.3.5.1. Nos barcos com comprimento total igual ou superior a 26,5 m ou Arqueação Bruta igual ou superior a 100, as dimensões das camas não podem ser menores que 1,90 x 0,68 m.

8.3.6. Os dormitórios devem ser equipados com mobiliário que facilite a limpeza e proporcione comodidade aos pescadores profissionais, devendo ser incluídos camas, armários individuais e uma escrivaninha em cada dormitório.

8.3.6.1. Nos barcos com comprimento total igual ou superior a 26,5 m ou Arqueação Bruta igual ou superior a 100, os dormitórios devem ser separados por sexo.

8.3.6.2. Nos barcos menores, os dormitórios devem ser administrados de modo a proporcionar aos homens e mulheres a bordo um nível adequado de privacidade.

8.3.7. Devem existir cabides ou armários fora das áreas de dormitórios para pendurar roupas de trabalho usadas ou capas impermeáveis.

8.3.8. O armador deverá prover a embarcação de roupa de cama apropriada para cada cama a bordo.

8.4. Instalações Sanitárias

8.4.1. Os barcos que disponham de dormitórios devem ser dotados de instalações sanitárias compostas de pias, privadas e chuveiros protegidos contra oxidação e escorregões, de fácil limpeza e em número adequado à quantidade de trabalhadores, de acordo com as normas das autoridades marítima e sanitária.

8.4.1.1. As instalações sanitárias devem:

a) ser ventiladas com ar livre independente de qualquer outra parte das áreas de vivência;

b) ser concebidas e operadas de maneira a eliminar o risco de contaminação de outras áreas do barco;

c) permitir privacidade aos trabalhadores na sua utilização; e

d) dispor de água doce, quente e fria, em quantidade suficiente para assegurar higiene adequada aos trabalhadores durante todo o período que permaneçam a bordo.

8.4.1.2. Nos barcos com comprimento total igual ou superior a 26,5 m ou Arqueação Bruta igual ou superior a 100, os pescadores que ocupam dormitórios com instalações sanitárias privadas devem dispor de pelo menos uma ducha, um vaso sanitário e um lavatório para cada quatro pessoas.

8.5. Refeitórios

8.5.1. Os refeitórios devem ser próximos da cozinha.

8.5.1.1. Nos barcos com comprimento total igual ou superior a 26,5 m ou Arqueação Bruta igual ou superior a 100, os refeitórios devem ser separados dos dormitórios.

8.5.2. As dimensões e o equipamento do refeitório devem estar adequados a atender no mínimo de 1/3 dos trabalhadores a bordo por vez.

8.5.3. Nos barcos com comprimento total igual ou superior a 26,5 m ou Arqueação Bruta igual ou superior a 100, os trabalhadores devem poder ter acesso a um refrigerador de volume adequado e possibilidade de preparar bebidas quentes e frias.

8.6. Cozinha, Local de Preparo de Alimentos e Despensa

8.6.1. Todos os barcos devem possuir local adequado, com utensílios e equipamentos necessários, para se preparar alimentos.

8.6.1.1. Sempre que possível deve instalar-se uma cozinha em ambiente separado e exclusivamente para essa finalidade.

8.6.1.2. Os barcos de comprimento total igual ou superior a 26,5 m ou Arqueação Bruta igual ou superior a 100 devem estar equipados com cozinha separada.

8.6.2. A cozinha ou a instalação destinada à preparação dos alimentos deve possuir dimensões adequadas, ser bem iluminada, ventilada e devidamente mantida.

8.6.3. Quando se utilize gás liquefeito para se cozinhar, os recipientes devem estar devidamente acondicionados na área externa da embarcação.

8.6.4. Deve existir local adequado, com tamanho suficiente, devidamente ventilado e seco, para o armazenamento de provisões, de modo a evitar sua deterioração durante a viagem.

8.6.4.1. Os barcos que não disponham de refrigeradores devem ser dotados de outros dispositivos que possam ser utilizados para se manter alimentos armazenados a baixa temperatura.

8.6.4.2. Os barcos de comprimento total igual ou superior a 26,5 m ou Arqueação Bruta igual ou superior a 100, devem dispor de despensa e refrigerador ou outro tipo de lugar específico para o armazenamento de alimentos a baixa temperatura.

8.6.5. A cozinha, despensa e locais para preparo de alimentos devem ser mantidas em boas condições de higiene.

8.6.6. Todo o lixo e restos de alimentos devem ser depositados em recipientes fechados e mantidos fora dos locais onde se manipulam os alimentos e ser descartados de acordo com as normas ambientais vigentes.

8.6.7. Deve ser previsto aprovisionamento suficiente de víveres e água potável em quantidade, qualidade, variedade e valor nutritivo, levando em consideração o número de pescadores a bordo, suas exigências religiosas e práticas culturais em relação à alimentação, assim como a duração e natureza da viagem.

8.6.7.1. A autoridade competente pode estabelecer requisitos mínimos quanto ao valor nutricional dos alimentos e às quantidades mínimas de alimentos e água que devem ser levadas a bordo.

8.7. Lavanderia

8.7.1. Os barcos que possuam dormitórios devem dispor de instalações para lavagem e secagem de roupas, conforme seja necessário, considerando as condições de utilização do barco.

8.7.1.1. Os barcos com comprimento total igual ou superior a 26,5 m ou Arqueação Bruta igual ou superior a 100 devem possuir instalações para lavar, secar e passar roupas.

8.7.1.2. Nos barcos com comprimento total igual ou superior a 50,0 m ou Arqueação Bruta igual ou superior a 500, as instalações para lavar, secar e passar roupa devem ser separadas dos dormitórios, refeitórios, instalações sanitárias, e devem estar em local suficientemente ventilado e provido de cordas ou outros meios para secar a roupa.

8.8. Locais para atenção à saúde:

8.8.1. Sempre que necessário, deve ser disponibilizado dormitório isolado para pescador que esteja enfermo ou lesionado.

8.8.1.1. Os barcos com comprimento total igual ou superior a 50,0 m ou Arqueação Bruta igual ou superior a 500 devem ser dotados de enfermaria separada, adequadamente equipada e mantida em condições higiênicas.

8.8.2. Todos os barcos devem dispor de material de primeiros socorros de acordo com as normas das autoridades marítima e sanitária.

9. Inspeções periódicas

9.1. Nos barcos com comprimento total igual ou superior a 26,5 m ou Arqueação Bruta igual ou superior a 100, o patrão de pesca ou outro pescador profissional por ele autorizado deve realizar inspeções periódicas para garantir que os locais de vivência estejam em condições de habitabilidade e de segurança adequadas.

9.1.1. As inspeções periódicas devem verificar se o barco dispõe de alimentos e água potável em quantidade suficiente e em bom estado de conservação.

9.1.2. Os resultados das inspeções devem ser anotados no livro de bordo, assim como as medidas adotadas para solucionar as anomalias detectadas.

APÊNDICE II

Disposições Mínimas de Segurança e Saúde Aplicáveis aos Barcos de Pesca Existentes

1. Campo de aplicação

1.1. As obrigações previstas neste Apêndice aplicam-se aos barcos de pesca já existentes, considerando:

a) as características operacionais para as quais foram projetados;

b) a distância máxima de operação;

c) a autonomia de tempo de navegação e pesca;

d) os requisitos de segurança dos locais de trabalho ou da atividade pesqueira; e

e) as circunstâncias ou a evidência de riscos a bordo.

2. Navegabilidade e estabilidade

2.1. O barco deve ser mantido em boas condições de navegabilidade e ser dotado de equipamentos apropriados ao seu destino e utilização.

2.2. Informações sobre as características de estabilidade do barco, quando exigíveis, devem estar disponíveis a bordo e acessíveis ao pessoal de serviço.

2.3. Todo barco deve manter sua estabilidade intacta para as condições de serviço previstas, cabendo ao patrão de pesca adotar as medidas de precaução necessárias.

2.4. As instruções relativas à estabilidade do barco devem ser estritamente observadas.

3. Instalações

3.1. Instalações elétricas

3.1.1. As instalações elétricas devem ser mantidas de modo seguro, garantindo:

a) a proteção da tripulação e do barco contra os perigos elétricos;

b) o funcionamento correto dos equipamentos necessários para manutenção do barco nas condições normais de operação e de habitabilidade, sem que se recorra a uma fonte de energia elétrica de emergência; e

c) o funcionamento dos aparelhos elétricos essenciais à segurança em situações de emergência.

3.1.2. Deve ser instalada uma fonte de energia elétrica de emergência de maneira a garantir, em caso de incêndio ou de avaria da instalação elétrica principal, o funcionamento simultâneo, por no mínimo três horas:

a) do sistema de comunicação interna, dos detectores de incêndio e da sinalização de emergência;

b) das luzes de navegação e da iluminação de emergência;

c) do sistema de radiocomunicação; e

d) da bomba elétrica de emergência contra incêndios e da bomba elétrica de esgotamento do porão, caso exista.

3.1.2.1. Quando as características estruturais do barco permitirem, a fonte de energia elétrica de emergência deve, exceto em barcos abertos, estar situada fora da praça de máquinas.

3.1.2.2. A bateria de acumuladores, quando utilizada como fonte, deve estar ligada automaticamente ao quadro de distribuição de energia elétrica de emergência e garantir, em caso de falha da fonte principal, a alimentação ininterrupta durante três horas dos dispositivos a que se fez referência nas alíneas a, b e c do subitem 3.1.2.

3.1.3. O quadro principal de distribuição de eletricidade e o quadro de emergência devem ser instalados de forma a não estarem expostos à água ou ao fogo.

3.2. Outras instalações

3.2.1. A instalação de radiocomunicações deve ter capacidade de entrar em contato, a qualquer momento, com, no mínimo, uma estação costeira ou interior, levando-se em conta as condições normais de propagação das ondas radioelétricas, observados os requisitos técnicos estabelecidos nas normas da autoridade marítima.

4. Vias e saídas de emergência

4.1. As vias e saídas a serem utilizadas no caso de emergência devem:

a) permanecer sempre desimpedidas;

b) ser de fácil acesso; e

c) conduzir o mais diretamente possível ao nível superior ou a uma zona de segurança e desse ponto, às embarcações de salvamento, de modo que os trabalhadores possam evacuar os locais de trabalho e de alojamento rapidamente e em condições de máxima segurança.

4.1.1. O número, a distribuição e as dimensões das vias e saídas devem estar de acordo com o número máximo de pessoas que possam estar nesses locais.

4.1.1.1. Na impossibilidade de atendimento ao item 4.1.1, devem ser providenciadas as alterações necessárias nos seguintes prazos, com aprovação da autoridade competente:

a) imediatamente, quando não houver pelo menos duas saídas situadas uma em cada bordo; ou

b) por ocasião da primeira reforma, nos demais casos.

4.2. As saídas que possam ser utilizadas como de emergência e que devam permanecer fechadas devem permitir abertura fácil e rápida por qualquer trabalhador ou por equipes de salvamento.

4.3. As vias e saídas de emergência devem ser adequadamente sinalizadas, com indicação clara da direção da saída.

4.3.1. A sinalização deve ser feita nos lugares adequados e ter durabilidade.

4.4. As vias, os meios de abandono e as saídas de emergência que necessitem de iluminação devem ser dotados de sistema de iluminação de emergência de intensidade suficiente para os casos de avaria do sistema normal.

5. Detecção e combate a incêndios

5.1. Os alojamentos e os lugares de trabalho fechados, incluindo praça de máquinas e porões de pesca, devem ter dispositivos adequados de combate a incêndio e, se necessário, detectores de incêndio e sistema de alarme, de acordo com as dimensões e a utilização do barco, os equipamentos de que é dotado, as características físicas e químicas das substâncias a bordo e o número máximo de pessoas que podem estar a bordo.

5.1.1. Os dispositivos de combate a incêndio devem sempre estar em seus locais, em perfeitas condições de funcionamento e prontos para uso imediato.

5.1.2. Os trabalhadores devem ser informados quanto à localização, aos mecanismos de funcionamento e à forma de utilização dos dispositivos de combate a incêndio.

5.1.3. Antes da saída do barco do porto deve ser verificado se os extintores e os demais equipamentos de combate a incêndio encontram-se a bordo.

5.1.4. Os dispositivos manuais de combate a incêndio devem ser de fácil acesso e operação, devidamente sinalizados.

5.1.4.1. A sinalização deve ser colocada em locais adequados e estar permanentemente mantida.

5.2. Os sistemas de detecção de incêndio e de alarme, quando houver, devem ser testados regularmente e mantidos em bom estado de funcionamento.

5.3. Exercícios de combate a incêndio devem ser realizados periodicamente.

5.4. Quando da recarga, os extintores devem ser efetivamente descarregados pelos trabalhadores de bordo como forma de treinamento e capacitação para sua utilização.

6. Locais de trabalho

6.1. Ambientes de trabalho

6.1.1. Os locais de trabalho fechados devem dispor de ventilação suficiente, de acordo com os métodos de trabalho e as exigências físicas impostas aos pescadores profissionais.

6.1.1.1. A ventilação mecânica deve ser mantida em bom estado de funcionamento.

6.1.2. A temperatura nos locais de trabalho deve ser adequada ao organismo humano durante as horas de trabalho, levando-se em consideração os métodos de trabalho empregados, as exigências físicas impostas aos trabalhadores e as condições meteorológicas reinantes ou que possam ocorrer na região em que o barco opera.

6.1.3. A temperatura nos alojamentos, na área de serviços, nos refeitórios e nos locais de primeiros socorros deve estar de acordo com o uso específico de cada lugar.

6.1.4. A critério da autoridade competente, os locais de trabalho devem dispor de isolamento acústico e térmico suficientes, levando-se em conta o tipo de tarefas e a atividade física dos trabalhadores.

6.1.5. Os locais de trabalho, na medida do possível, devem receber luz natural suficiente e ser equipados com iluminação artificial adequada às circunstâncias da pesca, que não ponha em perigo a segurança e saúde dos trabalhadores, nem a navegação de outros barcos.

6.1.6. As instalações de iluminação dos locais de trabalho, das escadas e dos corredores devem ser escolhidas de modo a não apresentar riscos de acidentes para os trabalhadores nem dificultar a navegação do barco.

6.1.7. Os lugares de trabalho em que trabalhadores estejam particularmente expostos a riscos em caso de avaria da iluminação artificial devem possuir iluminação de emergência de intensidade adequada.

6.1.7.1. A iluminação de emergência deve ser mantida em condições de funcionamento eficaz e testada periodicamente.

6.2. Pisos, anteparas e tetos

6.2.1. Todos os locais aos quais os trabalhadores tenham acesso devem possuir pisos antiderrapantes ou dispositivos contra quedas e estar livres de obstáculos.

6.2.2. As superfícies dos pisos, das anteparas e dos tetos devem ser de fácil higienização.

6.3. Portas

6.3.1. As portas, em especial as portas de correr, quando indispensáveis, devem funcionar com a máxima segurança para os trabalhadores, especialmente em condições de mar e de tempo adversas.

6.3.2. Todas as portas devem poder ser abertas por dentro, sem necessidade de dispositivos específicos, como chaves ou assemelhados.

6.3.3. As portas devem poder ser abertas por ambos os lados nos compartimentos de trabalho.

6.4. Vias de circulação e zonas perigosas

6.4.1. Deve estar disponível escada de embarque, prancha de embarque ou dispositivo similar que ofereça acesso apropriado e seguro ao barco.

6.4.2. Os corredores, cruzamentos, partes exteriores de compartimentos e todas as vias de circulação no barco devem ser equipados, quando tecnicamente possível, com corrimãos, apoios para as mãos ou outro meio que garanta a segurança da tripulação durante suas atividades a bordo.

6.4.3. Caso haja risco de queda de trabalhadores pela escotilha do convés, ou de um convés para outro, devem ser instalados guarda-corpos adequados em todos os locais em que seja tecnicamente possível.

6.4.3.1. Os guarda-corpos devem ter altura mínima de 1,20 m.

6.4.4. As aberturas de acesso às áreas do convés ou da coberta utilizadas para permitir a manutenção das instalações devem ser feitas de modo a garantir a segurança dos trabalhadores.

6.4.5. As amuradas e outros meios instalados para evitar quedas pela borda devem ser mantidos em bom estado de conservação e permitir o escoamento rápido da água.

6.4.6. Nos sistemas de arrasto pela popa dotados de rampa na parte superior deve haver portão ou outro dispositivo de segurança da mesma altura que as amuradas, a fim de proteger os trabalhadores do risco de queda.

6.4.6.1. O dispositivo deve ser facilmente aberto e fechado, de preferência por controle remoto, e ser aberto unicamente para largar ou içar a rede ou o bote.

7. Segurança nas operações

7.1. As áreas de trabalho devem estar preparadas para sua finalidade e, na medida do possível, oferecer proteção adequada aos trabalhadores contra quedas a bordo ou no mar.

7.1.1. As zonas de manuseio do pescado devem ser suficientemente espaçosas no que diz respeito a altura e área de trabalho, considerando o número de pescadores profissionais exigidos na operação.

7.2. O controle dos motores deve ser instalado em lugar separado, com isolamento acústico e térmico.

7.2.1 Quando localizado na praça de máquinas, o controle dos motores deve possuir acesso independente, se as características estruturais do barco permitirem.

7.2.2. Considera-se o passadiço um local que atende a todos os requisitos mencionados no item 7.2.

7.3. Os comandos de equipamentos de tração, quando as características estruturais do barco permitirem, devem ser instalados em área suficientemente ampla, para não permitir que os operadores exponham-se a riscos de acidentes com cabos e partes móveis.

7.4. Os equipamentos de tração devem ser dotados de dispositivos de segurança adequados para emergências, inclusive os de parada de emergência.

7.5. O operador dos comandos de equipamentos de tração deve ter visão adequada da movimentação do equipamento e dos trabalhadores que estão na faina.

7.5.1. Quando os equipamentos de tração forem acionados do passadiço, o operador deve ter visão clara dos trabalhadores envolvidos na faina, diretamente ou por outro meio adequado.

7.6. O sistema de comunicação entre o passadiço e o convés de trabalho deve ser confiável.

7.7. Deve-se manter constantemente rigorosa vigilância e procedimentos para alerta da tripulação quanto ao risco iminente de golpe do mar durante as operações de pesca ou quando se realize trabalho no convés.

7.8. Os riscos da movimentação a descoberto dos viradores, dos cabos de arrasto e das peças móveis do equipamento devem ser reduzidos ao mínimo por meio da instalação de mecanismos de proteção.

7.9. Devem ser instalados sistemas de controle da movimentação de cargas, especialmente mecanismo de bloqueio da porta da rede de arrasto.

7.10. Os equipamentos de proteção individual utilizados como peças de vestuários ou que se usem por cima dessas peças devem ser de cores vivas, para contrastar com o meio marinho e serem bem visíveis.

8. Condições de habitabilidade e áreas de vivência a bordo

8.1. Alojamentos

8.1.1. Os alojamentos dos trabalhadores devem ser protegidos das intempéries, do calor e do frio excessivos e adaptados de forma a minimizar ruído, vibrações, efeitos dos movimentos e das acelerações e emanações provenientes de outros locais, quando tecnicamente possível.

8.1.1.1. Deve-se instalar iluminação adequada nos alojamentos.

8.1.2. O número de trabalhadores por dormitório não pode ser superior a seis.

8.1.2.1. Nos barcos com comprimento total igual ou superior a 26,5 m ou Arqueação Bruta igual ou superior a 100, o número de trabalhadores por dormitório não pode ser superior a quatro e o de oficiais não pode ser superior a dois por dormitório.

8.1.2.2. A autoridade marítima poderá permitir exceção aos subitens 8.1.2 e 8.1.2.1, nos casos particulares em que sua aplicação não seja razoável ou factível, de acordo com o tipo de embarcação, suas dimensões e o serviço ao qual se destina.

8.1.3. O número máximo de pessoas por dormitório deve ser indicado de forma legível e indelével em lugar de fácil visualização na entrada do dormitório.

8.1.4. Os pescadores profissionais devem dispor de camas individuais de dimensões apropriadas e com colchões confeccionados com materiais adequados.

8.1.4.1. Consideradas as características regionais, a autoridade competente poderá autorizar o uso de redes individuais no lugar das camas.

8.1.4.2. Nos barcos com comprimento total igual ou superior a 26,5 m ou Arqueação Bruta igual ou superior a 100, as dimensões das camas não podem ser inferiores a 1,90 x 0,68 m.

8.1.5. Os dormitórios devem ser equipados com mobiliário que facilite a limpeza e proporcione comodidade aos pescadores profissionais, devendo ser incluídos camas e armários individuais.

8.1.6. Nos barcos com comprimento total igual ou superior a 26,5 m ou Arqueação Bruta igual ou superior a 100, os dormitórios devem ser separados por sexo.

8.1.7. A cozinha e o refeitório devem:

a) ter dimensões adequadas;

b) ser suficientemente iluminados e ventilados; e

c) ser de fácil limpeza.

8.1.8. Devem estar disponíveis refrigeradores ou outros meios de armazenamento de alimentos a baixa temperatura, assim como utensílios e meios adequados para preparo das refeições.

8.2. Instalações Sanitárias

8.2.1. Os barcos que disponham de alojamento devem ser dotados de instalações sanitárias contendo pias, privadas e chuveiros protegidos contra oxidação.

8.2.1.1. As instalações sanitárias devem:

a) ser protegidas contra escorregões e adequadamente ventiladas;

b) ser em número adequado à quantidade de trabalhadores; e

c) estar de acordo com as normas da autoridade marítima.

8.3. Primeiros socorros

8.3.1. Todos os barcos deverão dispor de material de primeiros socorros, de acordo com as normas das autoridades marítima e sanitária.

APÊNDICE III
Meios de Salvamento e Sobrevivência

1. As obrigações previstas neste Apêndice aplicam-se a todos os barcos de pesca, considerando:

a) as características operacionais para os quais foram projetados;

b) a distância máxima de operação;

c) a autonomia de tempo de navegação e pesca;

d) os requisitos de segurança dos locais de trabalho ou da atividade pesqueira; e

e) as circunstâncias ou a evidência de riscos a bordo.

2. Os barcos de pesca devem dispor de meios adequados de salvamento e sobrevivência, incluindo os que permitam a retirada de trabalhadores da água e os determinados pelas normas da autoridade marítima.

3. Todos os meios de salvamento e sobrevivência devem estar em lugar apropriado e em bom estado de conservação, prontos para uso imediato.

4. O patrão de pesca ou pescador profissional por ele indicado deve verificar os meios de salvamento antes que o barco deixe o porto.

5. Os meios de salvamento e sobrevivência devem ser supervisionados regularmente, de acordo com as normas da autoridade marítima.

6. Todos os pescadores profissionais devem estar devidamente treinados e instruídos para o caso de emergências.

7. Os barcos com comprimento superior total igual ou superior a 26,5 m ou Arqueação Bruta igual ou superior a 100 devem dispor de quadro com instruções precisas sobre os procedimentos que cada trabalhador deve seguir em caso de emergência.

8. O exercício anual de salvamento deve ser realizado no porto ou no mar e envolver todos os pescadores profissionais.

8.1. Os exercícios devem garantir que os pescadores profissionais conheçam perfeitamente as operações relativas ao manejo e funcionamento dos meios de salvamento e de sobrevivência.

9. Os pescadores profissionais devem estar familiarizados com as instalações do equipamento de radiocomunicação e ser treinados em seu manejo.

ANEXO II da NR-30

(Aprovado pela Portaria SIT n. 183, de 11 de maio de 2010)

PLATAFORMAS E INSTALAÇÕES DE APOIO

1. DO OBJETIVO E CAMPO DE APLICAÇÃO

1.1. Este Anexo estabelece os requisitos mínimos de segurança e saúde no trabalho a bordo de plataformas e instalações de apoio empregadas com a finalidade de exploração e produção de petróleo e gás do subsolo marinho.

1.1.1. Para fins deste anexo o termo plataforma empregado no texto abrange as plataformas e suas instalações de apoio conforme definidos no glossário.

1.2. As regras deste Anexo aplicam-se ao trabalho nas plataformas nacionais e estrangeiras, devidamente autorizadas a operar em águas sob jurisdição nacional.

1.3. Aplicação do Anexo a Plataformas Existentes

1.3.1. Nas plataformas existentes ou afretadas ou em construção, de qualquer bandeira, onde a aplicação dos itens deste Anexo gere a necessidade de modificações estruturais incompatíveis tecnicamente com as áreas disponíveis ou que possam influenciar na segurança da plataforma, deve ser apresentado, pelo Operador da Instalação, projeto técnico ou solução alternativa, com justificativa, para análise e manifestação da autoridade competente.

1.3.1.1. A analise do projeto ou solução alternativa a que se refere o item 1.3.1 pode ser feita de forma tripartite.

1.3.2. Plataformas com previsão de operação temporária de até seis meses em águas sob jurisdição nacional e que não tenham suas instalações adequadas aos requisitos deste Anexo, devem atender a regras estabelecidas em convenções internacionais, certificadas por sociedade classificadora.

1.3.2.1. Para a aplicação do disposto no item 1.3.2 a períodos consecutivos de operação de uma plataforma, o intervalo entre eles não poderá ser inferior a três meses.

1.3.2.2. Havendo renovação ou nova contratação dentro do período de três meses de que trata o item 1.3.2.1, aplica-se a regra contida no item 1.3.1

2. DAS OBRIGAÇÕES GERAIS — RESPONSABILIDADES E COMPETÊNCIAS

2.1. Cabe ao Operador da Instalação:

I — cumprir e fazer cumprir o presente Anexo;

II — interromper todo e qualquer tipo de atividade que exponha os trabalhadores a condições de risco grave e iminente para a sua saúde e segurança no trabalho;

III — fornecer às empresas contratadas as informações sobre os riscos potenciais existentes na área da plataforma em que desenvolvem suas atividades;

IV — zelar pela segurança e saúde dos trabalhadores e de terceiros que estejam a bordo.

V — prestar informações solicitadas pelos órgãos fiscalizadores;

VI — informar os trabalhadores sobre os riscos existentes no local de trabalho;

VII — fazer constar no contrato de serviços celebrados com outras empresas a obrigatoriedade do cumprimento das medidas de segurança e saúde no trabalho previstas neste Anexo; e

VIII — garantir, pelos meios usuais de transporte e sem ônus para o MTE, o acesso dos Auditores Fiscais do Trabalho em serviço à plataforma, onde não houver concessionárias de serviço público.

2.1.1. No caso de uma contratada transferir seus serviços a terceiros, deve fazê-lo somente com a expressa anuência do Operador da Instalação.

2.2. Cabe ao Operador da Concessão:

I — fazer constar no contrato, celebrado junto ao Operador da Instalação, a obrigatoriedade do cumprimento das medidas de segurança e saúde no trabalho especificadas no presente Anexo;

II — auditar, na forma prevista em sistema de gestão, o Operador da Instalação quanto às suas atribuições no cumprimento do presente Anexo; e

III — prestar informações solicitadas pelos órgãos fiscalizadores.

2.3. Cabe ao Concessionário:

I — nomear o Operador da Concessão; e

II — zelar pelo cumprimento do presente Anexo junto ao operador da concessão.

2.4. Cabe aos trabalhadores:

I — colaborar com o Operador da Instalação para o cumprimento das disposições legais e regulamentares, inclusive nos procedimentos internos sobre segurança e saúde no trabalho;

II — comunicar imediatamente ao seu superior hierárquico as situações que considerem representar risco para sua segurança e saúde ou para a de terceiros; e

III — transportar para bordo os medicamentos, com prescrição médica, indispensáveis ou de uso contínuo.

3. DOS DIREITOS DOS TRABALHADORES

3.1. São direitos dos trabalhadores:

I — suspender sua tarefa e informar imediatamente ao seu superior hierárquico para que sejam tomadas todas as medidas de correção adequadas, quando tiver convicção, fundamentada em seu treinamento e experiência, de que exista grave e iminente risco para a sua segurança e saúde ou para a de terceiros; e

II — ser informados sobre os riscos existentes no local de trabalho que possam afetar sua segurança e saúde.

4. DA INSPEÇÃO PRÉVIA

4.1. Aplica-se às plataformas o que dispõe a Norma Regulamentadora n. 2 (NR-2), com as alterações que constam deste item.

4.2. O Operador de Concessão ou o Operador de Instalação deve requerer ao Ministério do Trabalho e Emprego, de acordo com a NR-2, a inspeção prévia de plataforma que irá operar em águas sob jurisdição nacional.

4.3. Além do disposto no inciso I do item 2.1 e III do item 2.2 deste Anexo, o Operador de Instalação ou o Operador de Concessão pode encaminhar ao Órgão Regional Competente do Ministério do Trabalho e Emprego uma Declaração da Instalação Marítima, conforme modelo constante do Quadro I, para demonstrar que suas instalações atendem aos requisitos deste Anexo.

4.3.1. Esta Declaração será aceita para fins de fiscalização, quando não for possível realizar a inspeção prévia antes da plataforma ou da instalação de apoio iniciar suas atividades.

4.3.2. No caso de instalação de perfuração, esta Declaração deve ser entregue ao órgão regional do Ministério do Trabalho e Emprego até noventa dias antes do início das atividades de perfuração em águas sob jurisdição nacional.

4.3.3. No caso de instalação de produção, esta declaração deve ser entregue ao órgão regional do Ministério do Trabalho e Emprego até cento e oitenta dias:

I — antes do final da ancoragem no local de operação, para instalações flutuantes; e

II — antes do término da montagem no local de operação, para as instalações fixas.

4.3.4. No caso de não ser possível atender aos prazos acima, o operador de instalação poderá apresentar justificativa ao órgão regional do Ministério do Trabalho e Emprego, o qual analisará a possibilidade de aceitar a documentação em prazo menor, condicionando-se, neste caso, o início das operações à realização da inspeção prévia da instalação.

4.4. A entrega da documentação a que se refere o item 4.3 deve ser feita no protocolo geral da sede da Superintendência Regional do Trabalho e Emprego — SRTE correspondente à unidade da federação onde o estabelecimento interessado está instalado.

4.5. No caso das instalações de perfuração marítima, o Operador de Instalação deve comunicar a ocorrência de mudança do Operador de Concessão, tomador de seus serviços, ao órgão regional do Ministério do Trabalho e Emprego.

4.5.1. A situação indicada no item 4.5 não enseja necessidade de nova inspeção ou nova remessa de Declaração de Instalação.

5. DOS SERVIÇOS ESPECIALIZADOS EM SEGURANÇA E MEDICINA DO TRABALHO (SESMT)

5.1. O Operador de Instalação e as empresas que prestem serviços a bordo de plataformas devem dimensionar os seus Serviços Especializados em Segurança e Medicina do Trabalho — SESMT de acordo com o estabelecido na Norma Regulamentadora n. 4 (NR-4), bem como devem atender, complementarmente, os seguintes requisitos:

I — em cada plataforma que possua número de trabalhadores embarcados acima de vinte e cinco, o Operador da Instalação deve garantir a existência, a bordo, de Técnico de Segurança do Trabalho, na proporção de um por grupo de cinquenta trabalhadores ou fração, considerando-se o número total de trabalhadores a bordo; e

II — as empresas que prestarem serviços em plataformas mantendo a bordo um número de empregados acima de cinquenta devem possuir no local Técnico de Segurança do Trabalho, na proporção de um por grupo de cinquenta empregados embarcados ou fração, durante o período de prestação do serviço.

5.1.1. Os Técnicos de Segurança do Trabalho que prestam serviços a bordo de cada plataforma serão considerados para efeito da composição do SESMT da empresa operadora de instalação ou prestadora de serviços.

5.1.1.1. Os Técnicos de Segurança do Trabalho de que trata o inciso II do item 5.1 serão considerados para os efeitos do cumprimento do inciso I do item 5.1.

5.1.2. No caso de plataformas unidas por meio de pontes de interligação, permanentes ou provisórias, o conjunto dessas plataformas é considerado, para efeito de dimensionamento do número de Técnicos de Segurança do Trabalho a bordo, como uma única plataforma.

5.1.3. Sempre que existam operações de risco, independentemente do número de trabalhadores embarcados, é obrigatória a presença a bordo de, no mínimo, Técnico de Segurança do Trabalho, sem prejuízo da presença de outros profissionais de segurança do trabalho que possam ser designados para o serviço.

5.1.4. O dimensionamento da quantidade de Técnicos de Segurança do Trabalho a bordo é baseado na média do número de trabalhadores embarcados no trimestre que antecede o cálculo.

6. DA COMISSÃO INTERNA DE PREVENÇÃO DE ACIDENTES — CIPA EM PLATAFORMAS

6.1. As empresas responsáveis pela operação de instalação e as empresas prestadoras de serviço a bordo de plataformas devem dimensionar sua(s) CIPA(s) obedecendo às regras específicas estabelecidas neste Anexo e, complementarmente, naquilo que couber, ao disposto na Norma Regulamentadora n. 5 (NR-5) e nas convenções ou acordos coletivos de trabalho.

6.2. Cada operador de instalação deverá constituir uma CIPA a bordo da plataforma da qual é o responsável, sempre que o número de empregados nelas lotados seja igual ou maior que vinte.

6.3. A CIPA de que trata o item 6.2 será composta de acordo com as seguintes regras:

I — a representação dos empregadores deve ser composta por ocupantes dos cargos ou funções abaixo especificados:

a) gerente da plataforma ou comandante da embarcação, ou denominação equivalente;

b) empregado que esteja a bordo de maior nível hierárquico da atividade fim da instalação (perfuração, produção, apoio); e

c) técnico de segurança do trabalho ou profissional da área de segurança e saúde no trabalho a bordo.

II — a representação dos empregados embarcados deve ser composta pelos membros eleitos da operadora da instalação.

6.4. A Comissão eleitoral da CIPA da plataforma será constituída pelo Presidente e Vice-Presidente da CIPA presentes à reunião na qual for iniciado o processo eleitoral;

6.4.1. Poderão constituir uma única Comissão Eleitoral, as empresas operadoras de instalação que possuam mais de uma plataforma em uma mesma bacia petrolífera.

6.4.1.1. Cabe ao Presidente e ao Vice-Presidente da CIPA de que trata o item 6.4.1 constituir a Comissão Eleitoral para conduzir os procedimentos de eleição do conjunto das plataformas que estejam em sua base operacional.

6.5. A eleição dos representantes dos empregados da operadora da instalação na CIPA de bordo deve ocorrer da seguinte forma:

I — cada grupo ou turma de embarque da operadora da plataforma deve eleger dentre seus componentes um representante;

II — os três primeiros mais votados — sendo um de cada grupo ou turno de embarque — serão os titulares e os demais, suplentes; e

III — o quorum necessário para validação do processo eleitoral será formado pelo número de empregados presentes em cada grupo ou turma de embarque. Havendo participação inferior a cinquenta por cento dos empregados de um grupo ou turma de embarque, não haverá a apuração dos votos e a Comissão Eleitoral deverá organizar outra votação no embarque seguinte do mesmo grupo.

6.6. A presidência da CIPA da plataforma será atribuída ao Gerente da Plataforma ou ao Comandante da Embarcação.

6.7. A vice-presidência da CIPA da plataforma será exercida pelo representante dos empregados com o maior tempo de embarque naquele período.

6.8. As reuniões da CIPA da plataforma devem ser realizadas a bordo.

6.8.1. As reuniões ordinárias devem:

I — ter periodicidade mensal; e

II — ser agendadas de modo a garantir presença de pelo menos dois representantes dos empregados.

6.8.1.1. Quando possível, as reuniões extraordinárias serão agendadas de acordo com esta mesma regra.

6.9. O membro, eleito ou designado, da CIPA de empresa prestadora de serviços que esteja a bordo poderá participar da reunião.

6.9.1. A participação do membro de que trata o item 6.9 contará como presença na reunião da CIPA da empresa à qual ele pertença.

6.10. Caso algum tema debatido pela CIPA da plataforma não obtenha consenso, e seja requerido um processo de votação, a mesma deve ser feita por paridade de votantes entre os representantes do empregador e dos empregados presentes.

6.11. Devem ser incluídas em ata as decisões da CIPA que não puderem ser implementadas apenas com os recursos disponíveis a bordo, para que, posteriormente, o Operador da Instalação tome as devidas providências.

6.12. A representação dos empregados da CIPA de empresa prestadora de serviço a bordo de plataforma deve ser constituída a partir do somatório de duas partes distintas:

I — a primeira, denominada de parte marítima da CIPA, será formada pelo conjunto de seus empregados a bordo em cada plataforma na qual a empresa atue como prestadora de serviço; e

II — a segunda, denominada parte terrestre, será representada pelo número de empregados lotados na base terrestre do estabelecimento da empresa que controla administrativamente a prestação de serviços a bordo.

6.13. Os representantes do empregador, na CIPA de que trata o item 6.12, devem ser indicados, a critério da empresa, na proporção que garanta a paridade entre os membros eleitos e designados.

6.14. Todas as decisões tomadas na reunião da CIPA do Operador da Instalação que estejam relacionadas, de alguma maneira, com empresa prestadora de serviço devem ser incluídas na ata da CIPA da empresa referida para que a mesma tome as devidas providências.

7. DO PROGRAMA DE CONTROLE MÉDICO NA PLATAFORMA

7.1. Cada empresa operadora de instalação e cada uma das empresas prestadoras de servido a bordo de plataformas devem elaborar seu Programa de Controle Médico de Saúde Ocupacional — PCMSO, considerando separadamente os riscos previstos no Programa de Prevenção de Riscos Ambientais — PPRA de cada plataforma.

7.2. Uma cópia do Atestado de Saúde Ocupacional — ASO dos trabalhadores que permaneçam mais do que três dias a bordo deve ser mantida no serviço de assistência médica de bordo, admitindo-se que esta esteja acessível em meio eletrônico através de sistema de consulta médica à distância.

8. DO PROGRAMA DE PREVENÇÃO DE RISCOS NA PLATAFORMA

8.1. As operadoras de instalação e as empresas prestadoras de serviço a bordo de plataformas devem elaborar seus PPRA, obedecendo à regulamentação prevista na Norma Regulamentadora n. 9 (NR-9), devendo atender complementarmente as regras específicas previstas nos subitens abaixo.

8.1.1. Cabe ao Operador da Instalação elaborar um PPRA por Plataforma, de acordo com o que preconiza a NR-9.

8.1.2. O Operador da Instalação deve repassar às empresas prestadoras de serviço a bordo, as informações oriundas do desenvolvimento do PPRA em cada plataforma, naquilo que disser respeito à atividade desenvolvida por elas.

8.1.3. Na elaboração do PPRA devem ser consideradas:

I — as disposições da NR-5 quanto à participação dos trabalhadores; e

II — as metodologias para avaliação de riscos ambientais preconizadas na legislação brasileira, sendo que, na sua ausência, podem ser adotadas outras já consagradas internacionalmente ou estabelecidas em acordo ou convenção coletiva.

8.1.4. As empresas prestadoras de serviço a bordo devem, com base nos dados recebidos do Operador da Instalação, complementando com levantamentos e informações específicas do processo de trabalho que realizam a bordo, elaborar e manter atualizado um PPRA para cada plataforma onde atuem.

8.1.5. A empresa prestadora de serviço que, ao desenvolver sua atividade, introduza risco não previsto no PPRA da plataforma deve informar a existência de tal risco ao Operador da Instalação, para que este adote as medidas de controle adequadas.

9. DA SINALIZAÇÃO DE SEGURANÇA

9.1. Para fins de atendimento à sinalização de segurança, aplica-se às plataformas o constante da Norma Regulamentadora n. 26 (NR-26) com as alterações conforme descritas nos subitens abaixo.

9.1.1. Vermelho

9.1.1.1. A cor vermelha deve ser usada para distinguir e indicar a bordo os equipamentos e aparelhos de proteção e combate a incêndio, tais como:

I — caixas de alarme de incêndio;

II — hidrantes;

III — bombas de água para combate a incêndio;

IV — sirenes de alarme de incêndio;

V — extintores de incêndio e sua localização;

VI — indicações de extintores;

VII — localização de mangueiras de incêndio (a cor deve ser usada no carretel, suporte, moldura da caixa ou nicho);

VIII — tubulações e válvulas de acionamento de sistemas de chuveiros automáticos;

IX — tubulações da rede de água para combate a incêndio;

X — portas de saída de emergência;

XI — tanques de Líquido Gerador de Espuma;

XII — tubulações, cilindros e difusores de gás carbônico para combate a incêndio;

XIII — escotilhas para fuga;

XIV — botoeiras para iniciar alarme ou parada de emergência ou de acionamento manual de sistemas de combate a incêndio;

XV — a mangueira de acetileno, nos equipamentos de soldagem oxi-acetilênica.

9.1.2. Amarelo

9.1.2.1. A cor amarela deve ser empregada a bordo para indicar "Alerta!", assinalando:

I — corrimãos, parapeitos, guarda-corpos e rodapés de guarda-corpo;

II — passarelas e plataformas;

III — espelhos de degraus de escadas;

IV — bordas desguarnecidas de aberturas no piso que não possam ter guarda-corpo ou que tenham guarda-corpos removíveis para passagem de cargas;

V — bordas horizontais de portas de elevadores que se fechem verticalmente;

VI — faixas no piso da entrada de elevadores e plataformas de carregamento;

VII — paredes de fundo de corredores sem saída;

VIII — estruturas metálicas ou trechos de tubulações colocadas a baixa altura;

IX. cabines de equipamentos, guindastes, pontes rolantes, guinchos, talhas, ganchos (gato), acessórios de movimentação de carga, etc.;

X — equipamentos de transporte sobre trilhos, vagonetes, reboques, etc.;

XI — fundos de letreiros e avisos de advertência;

XII — obstáculos ou estrutura saliente onde se necessita chamar a atenção (risco de acidente ou impacto);

XIII — cavaletes;

XIV — comandos e equipamentos suspensos que ofereçam risco;

XV — faixas delimitando zonas de proteção contra arcos elétricos em painéis e quadros elétricos;

XVI — tubulações de gases inflamáveis não liquefeitos (gás natural, hidrogênio, etc.).

9.1.2.2. A cor amarela pode ser combinada com a cor preta para se obter maior destaque.

9.1.3. Branco

9.1.3.1. A cor branca deve ser empregada a bordo em:

I — faixas para delimitar passarelas e corredores de circulação;

II — setas de sinalização de sentido e circulação;

III — localização de coletores de resíduos;

IV – localização de bebedouros;

V – áreas de piso em torno dos equipamentos de socorros de urgência e outros equipamentos de emergência;

VI – faixas delimitando áreas destinadas à armazenagem de materiais;

VII – faixas delimitando zonas de segurança;

VIII – identificação de tubulações de vapor d'água.

9.1.4. Preto

9.1.4.1. A cor preta poderá ser usada em substituição à cor branca, ou combinada a esta, quando condições especiais o exigirem.

9.1.5. Azul

9.1.5.1. A cor azul deve ser utilizada a bordo para indicar "Cuidado!" ou uma ação de segurança obrigatória, como nas seguintes situações:

I – barreiras de prevenção contra movimento acidental de qualquer equipamento em manutenção;

II – avisos e barreiras de advertência nos painéis de comando ou de partida de equipamentos geradores de energia elétrica;

III – identificar tubulações de ar comprimido.

9.1.6. Verde

9.1.6.1. A cor verde é a cor que caracteriza "Segurança". Deve ser empregada a bordo para identificar:

I – caixas de equipamento de socorro de urgência;

II – caixas contendo equipamentos de proteção respiratória;

III – chuveiros de segurança;

IV – caixas contendo macas;

V – fontes lavadoras de olhos;

VI – quadros para exposição de cartazes, boletins, avisos de segurança, etc.;

VII – caixas contendo EPI e sinalização de sua localização;

VIII – placas e emblemas de segurança;

IX – a mangueira de oxigênio, nos equipamentos de soldagem oxi-acetilênica;

X – tubulações de água

9.1.7. Laranja

9.1.7.1. A cor laranja deve ser empregada a bordo para indicar "Perigo!" e deve ser usada para identificar, por exemplo:

I – guardas e coberturas de proteção para partes móveis perigosas, partes rotativas de equipamentos e máquinas;

II – partes internas das guardas de máquinas que possam ser removidas ou abertas;

III – placas internas para montagem de componentes e/ou portas internas/barreiras de segurança em painéis elétricos e quadros de distribuição de energia elétrica;

IV – faces e proteções internas de caixas de dispositivos elétricos que possam ser abertas;

V – faces externas de polias e engrenagens, quando expostas;

VI – bordas de dispositivos de corte, serras ou prensas;

VII – tubulações de ácidos.

9.1.7.2. A cor laranja deve ser utilizada em equipamentos de salvamento marítimo, tais como boias circulares, coletes salva vidas, embarcações de resgate, embarcações de salvamento, dentre outros, assim como deve ser usada para identificar armários contendo o conjunto de equipamentos usados para o controle de poluição previsto na Convenção MARPOL.

9.1.8. Púrpura

9.1.8.1. A cor púrpura deve ser usada para indicar os perigos provenientes das radiações eletromagnéticas penetrantes e partículas nucleares. Deve ser empregada a cor púrpura em:

I – portas e aberturas que dão acesso a locais onde se manipulam ou armazenam materiais radioativos ou materiais contaminados por materiais radioativos;

II – recipientes de materiais radioativos ou refugos de materiais radioativos e equipamentos contaminados por materiais radioativos;

III – sinais luminosos para indicar equipamentos produtores de radiações eletromagnéticas penetrantes ou partículas nucleares.

9.1.9. Lilás

9.1.9.1. A cor lilás deve ser usada para identificar tubulações que contenham álcalis.

9.1.10. Cinza

9.1.10.1. A cor cinza-claro deve ser usada para identificar canalizações que operem sob vácuo.

9.1.10.2. A cor cinza-escuro deve ser usada para identificar eletrodutos.

9.1.11. Alumínio

9.1.11.1. A cor alumínio deve ser utilizada a bordo para identificar tubulações contendo petróleo, misturas oleosas, inflamáveis líquidos, gases liquefeitos e líquidos combustíveis.

9.1.12. Marrom

9.1.12.1. A cor marrom pode ser adotada, a critério do Operador da Instalação, para identificar qualquer fluido não identificável pelas demais cores.

9.2. Os ambientes, o corpo das máquinas e equipamentos mecânicos em geral devem ser pintados em cores claras, a critério do Operador da Instalação, visando proporcionar maior segurança, melhores condições ergonômicas, facilidade para trabalhos de operação, inspeção e manutenção, e maior eficiência energética e luminosa.

9.2.1. Com exceção das cores verde, branca e preta, as demais cores padronizadas neste Anexo não devem ser utilizadas na pintura do corpo de máquinas.

10. DAS CONDIÇÕES DE VIVÊNCIA À BORDO

10.1. Disposições gerais

10.1.1. As instalações sanitárias, vestiários, refeitórios, cozinhas, camarotes, alojamentos temporários e as instalações de lazer devem ser projetados, considerando:

I — o atendimento a requisitos de segurança e saúde do trabalhador; e

II — as condições de vivência adequadas ao conforto dos trabalhadores embarcados.

10.1.2. Toda plataforma, à exceção daquelas destinadas exclusivamente à operação na zona tropical, deve estar provida de um sistema de calefação adequado para o alojamento dos trabalhadores.

10.1.2.1. Os radiadores e demais equipamentos de calefação devem estar instalados de modo a evitar perigo ou desconforto para os ocupantes dos alojamentos.

10.2. Instalações sanitárias.

10.2.1. As instalações sanitárias de uso coletivo devem possuir uma área de 1,00m² (um metro quadrado), para cada aparelho sanitário, para cada quinze trabalhadores em atividade, ou fração, não sendo permitido que a área do espaço frontal ao sanitário seja menor do que 800mm x 600mm.

10.2.2. As instalações sanitárias dos camarotes devem possuir uma área de 1,00m² (um metro quadrado), para cada aparelho sanitário, para até quatro trabalhadores alojados, não sendo permitido que a área do espaço frontal ao vaso sanitário seja menor do que 800mm x 600mm.

10.2.3. As instalações sanitárias de uso coletivo devem ser separadas por sexo.

10.2.4. As instalações sanitárias devem ser mantidas em condições higiênico-sanitárias satisfatórias.

10.2.5. Os vasos sanitários devem ser sifonados ou dotados de outro mecanismo que impeça o retorno de odores, além de possuir dispositivo de descarga e dispor de assento com tampa.

10.2.6. Os chuveiros devem ser dotados de crivo e confeccionados em material resistente.

10.2.7. Os mictórios devem ser de material liso e impermeável, provido de descarga provocada ou automática, de fácil escoamento e limpeza, podendo apresentar a conformação do tipo calha ou cuba.

10.2.8. No mictório do tipo calha, de uso coletivo, cada segmento, no mínimo de 0,60m, corresponderá a um mictório do tipo cuba.

10.2.9. Os lavatórios podem ser formados por calhas metálicas, possuindo torneiras confeccionadas em material resistente, de acionamento manual ou automático, espaçadas de 0,60m (sessenta centímetros).

10.2.10. O lavatório deve ser provido de material para a higienização e secagem das mãos, proibindo-se toalhas de uso coletivo.

10.2.11. As instalações sanitárias, exceto vasos e mictórios, devem ser abastecidas de água tratada para fins de higiene pessoal

10.2.12. Os boxes de chuveiros devem:

I — dispor de água quente e fria;

II — ter portas de acesso que impeçam o devassamento, ou serem construídos de modo a manter o resguardo conveniente;

III — ter piso antiderrapante e paredes revestidas de material resistente, liso, impermeável e lavável;

IV — ter quinas arredondadas para evitar acidentes; e

V — possuir alças de apoio.

10.2.13. Não serão permitidos aparelhos sanitários que apresentem defeitos ou que representem risco ao usuário ou que possam acarretar infiltrações.

10.2.14. Os sistemas que movimentam dejetos orgânicos e água servidas devem ser dispostos e mantidos de forma a garantir a qualidade das águas tratada ou potável, evitando-se a contaminação por ligação cruzada entre os esses sistemas.

10.2.15. Os dejetos orgânicos e águas servidas oriundas dos aparelhos sanitários devem ser descartados de acordo com as normas das autoridades competentes.

10.2.16. Os pisos das instalações sanitárias não devem apresentar ressaltos e depressões e devem ser impermeáveis, laváveis, de acabamento antiderrapante, inclinado para ralos de escoamento providos de sifões hidráulicos.

10.2.17. As instalações sanitárias devem ser providas de uma rede de iluminação, cuja fiação deve ser protegida por eletrodutos e dotadas de luminárias com o objetivo de manter um iluminamento geral e difuso de no mínimo 150 lux.

10.2.18. Devem ser previstos sessenta litros diários de água por trabalhador para o consumo nas instalações sanitárias.

10.2.19. As instalações sanitárias devem dispor de água canalizada e esgotos ligados ao sistema de descarte de dejetos ou efluentes sanitários da plataforma, com interposição de sifões hidráulicos e:

I — não podem se comunicar diretamente com os locais de trabalho, nem com os locais destinados às refeições; e

II — devem ser mantidas em bom estado de limpeza e higiene.

10.2.20. A comunicação dos alojamentos com instalações sanitárias situadas fora do casario deve ser feita por meio de passagens cobertas.

10.2.20.1. Instalações sanitárias temporárias situadas nas áreas operacionais estão isentas desta obrigatoriedade.

10.2.21. Os gabinetes sanitários devem:

II — ser instalados em compartimentos individuais, separados, exceto quando localizados nas instalações sanitárias dos camarotes;

III — ser atendidos por um sistema de exaustão, cuja saída esteja localizada de modo a não permitir o retorno dos gases para o interior do casario;

IV — quando localizados em instalações sanitárias de uso coletivo:

a) ter paredes divisórias com altura mínima de 2,10m (dois metros e dez centímetros), e com bordo inferior a, no máximo, 0,15m (quinze centímetros) acima do piso; e

b) ter portas independentes e providas de fecho que impeçam o devassamento.

V — ser mantidos em bom estado de limpeza e higiene; e

VI — possuir lixeira com tampa e pedal.

10.2.22. Instalações sanitárias coletivas devem garantir a privacidade de seus usuários em relação ao ambiente externo.

10.3. Refeitórios.

10.3.1. Nas plataformas habitadas é obrigatória a existência de refeitório sendo proibido aos trabalhadores tomarem suas principais refeições em outro local da plataforma.

10.3.2. O refeitório deve obedecer aos seguintes requisitos:

I — possuir área de 1,50m² (um e meio metro quadrado) por usuário, abrigando, de cada vez, 1/3 (um terço) do total de empregados por turno de trabalho, sendo este turno o que tem maior número de empregados.

II — possuir circulação principal com largura mínima de 0,75m (setenta e cinco centímetros), e a circulação entre assentos e entre o assento e a parede deverá ter a largura mínima de 0,55m (cinquenta e cinco centímetros);

III — ser provido de uma rede de iluminação, cuja fiação deve ser protegida por eletrodutos de modo a manter um iluminamento geral e difuso de, no mínimo, 150 lux;

IV — ter piso impermeável e revestido de material que permita a limpeza e desinfecção;

V — ter anteparas revestidas com material liso, resistente, impermeável e que permita a limpeza e desinfecção;

VI — ser provido de ventilação, exaustão ou ar condicionado, de modo a garantir conforto térmico, mantidos em condições higiênico-sanitárias satisfatórias;

VII — disponibilizar água potável, em condições higiênico-sanitárias satisfatórias, dentro do padrão de potabilidade;

VIII — possuir bebedouros situados em locais que não permitam a sua contaminação; e

IX — possuir mesas fixáveis providas de tampo liso e de material impermeável de fácil higienização e mantidas permanentemente limpas.

10.3.2.1. Devem existir lavatórios localizados nas proximidades da entrada do refeitório provido de material para higienização e secagem das mãos, sendo proibido toalhas de uso coletivo;

10.3.2.2. Em plataformas flutuantes as mesas devem dispor de tampo provido de ressalto nas bordas, bem como bancos ou cadeiras com dispositivo de fixação.

10.3.3. O refeitório deve ser instalado em local apropriado, não se comunicando diretamente com os locais de trabalho, instalações sanitárias e locais insalubres ou perigosos.

10.3.4. É proibida, ainda que em caráter provisório, a utilização do refeitório para depósito.

10.3.5. Nas plataformas desabitadas devem ser asseguradas aos trabalhadores condições suficientes de conforto para a ocasião das refeições, devendo ainda preencher os seguintes requisitos mínimos:

I — local adequado, isolado da área de trabalho;

II — piso e anteparas apropriados para limpeza e desinfecção;

III — ventilação e boa iluminação;

IV — mesas e assentos em número adequado;

V — lavatórios nas proximidades;

VI — fornecimento de água potável de acordo com os padrões de potabilidade vigentes; e

VII — equipamento próprio para aquecer as refeições.

10.4. Cozinha

10.4.1. A cozinha deve ficar adjacente aos refeitórios e com ligação para o mesmo, através de duas passagens independentes, sendo uma para a instalação da rampa para serviço de refeições e outra para a devolução de utensílios.

10.4.2. As áreas previstas para cozinha, depósito de gêneros alimentícios secos e dispositivos de refrigeração de alimentos, devem ser compatíveis com o número diário de refeições servidas e a quantidade de provisões que devem ser armazenadas, considerando-se ainda uma reserva de emergência.

10.4.3. As anteparas da cozinha devem ser de material apropriado para limpeza e desinfecção.

10.4.4. O piso da cozinha deve ser de material apropriado para limpeza e desinfecção, com caimento e ralos para escoamento de águas.

10.4.5. As portas da cozinha devem ser revestidas de materiais lisos e de fácil limpeza e desinfecção.

10.4.6. A rede de iluminação deve ter sua fiação protegida por eletrodutos, com iluminação geral e difusa de, no mínimo, 200 lux.

10.4.7. A cozinha deve dispor de:

I — lavatório, para uso dos trabalhadores do serviço de alimentação, dotado de água corrente com acionamento automático, dispositivos de sabão líquido, dispositivo para secagem das mãos e, quando for o caso, local adequado para descarte do material utilizado na secagem;

II — bancadas de trabalho, pias para lavagem de utensílios e rampa para o serviço de refeições, em aço inoxidável;

III — sistema de exaustão para a captação de fumaças, vapores e odores, dotada de coifa em aço inoxidável;

IV — local para instalação de equipamentos auxiliares para lavagem de utensílios e preparo de alimentos;

V — local para instalação de dispositivos para refrigeração de alimentos;

VI — local para guarda de utensílios;

VII — áreas independentes para preparação de carnes, peixes, aves e saladas;

VIII — área de cocção;

IX — área de manuseio de massas; e

X — área de higienização dos alimentos.

10.4.8. Deve existir sistema para trituração de resíduos orgânicos e disposição de lixo de acordo com as normas das autoridades sanitária e marítima competentes.

10.5. Camarotes, Camarotes Provisórios e Módulos de Acomodação Temporária

10.5.1. Condições Gerais

10.5.1.1. Os camarotes, camarotes provisórios e módulos de acomodação temporária devem:

I — ter ocupação separada por sexo;

II — ter dimensões adequadas e ser devidamente equipados, de modo a propiciar conforto e a facilitar sua limpeza e ordem;

III — possuir um leito para cada trabalhador a bordo, em todas as circunstâncias, tendo As mesmos dimensões interiores no mínimo de 1,98m por 0,80m;

IV — possuir mobiliário constituído de material liso, sem cantos vivos, resistente e mantido em boas condições de uso.

V — possuir sistema de iluminação artificial de modo a manter um nível mínimo de iluminamento geral e difuso de 100 lux; e

VI — ser providos de ventilação, exaustão ou ar condicionado, de modo a garantir conforto térmico e mantidos em condições higiênico-sanitárias satisfatórias.

10.5.1.2. O camarote não pode acomodar mais do que quatro pessoas e a área disponível não pode ser inferior a 3,6m² por pessoa.

10.5.1.2.1. Nos camarotes individuais ou duplos, deve ser observada uma área disponível para os trabalhadores ocupantes de, pelo menos, 7,5m².

10.5.1.3. Os Camarotes Provisórios e os Módulos de Acomodação Temporária não podem acomodar mais do que quatro pessoas; neste caso, a área disponível não pode ser inferior a 3,00m² por pessoa.

10.5.1.4. Devem ser adotadas medidas técnicas para obtenção de níveis de ruídos não superiores a 60 dB (A) sendo que a partir de 55 dB (A) devem ser adotadas medidas preventivas.

10.5.1.5. Os materiais utilizados na construção de anteparas internas, revestimento e forro, pisos e juntas deverão ser apropriados ao seu propósito e propícios a um ambiente saudável.

10.5.1.6. Cada cama deve ser provida de uma luminária individual.

10.5.1.7. Nos casos da utilização de qualquer acomodação por trabalhador portador de doença infectocontagiosa, o local deve ser submetido à desinfecção.

10.5.1.8. As camas devem estar colocadas a uma distância horizontal uma da outra, de modo a que se permita o acesso a uma delas sem passar por cima da outra.

10.5.1.9. A cama superior deve ser provida de proteção lateral e escada fixa. Nas plataformas flutuantes, a cama inferior deve ser provida de proteção lateral.

10.5.1.10. É vedada a sobreposição de mais de duas camas.

10.5.1.11. As camas não devem estar dispostas a menos de 0,30m (trinta centímetros) do piso.

10.5.1.12. Os colchões utilizados devem ter, no mínimo, densidade trinta e três ou correspondente, mantidos em condições higiênico-sanitária satisfatórias.

10.5.1.13. O fornecimento, conservação e higienização da roupa de cama é de responsabilidade do empregador.

10.5.1.14. As tubulações de vapor, de descarga de gases e outras semelhantes não devem passar pelo interior das acomodações, nem pelos corredores que levem a elas. Quando, por motivos técnicos, essas tubulações passarem por tais corredores, devem estar isoladas e protegidas.

10.5.2. Condições Específicas dos Camarotes

10.5.2.1. Com respeito aos requisitos específicos relativos aos camarotes em plataformas e instalações de apoio devem ser observados os seguintes requisitos mínimos:

I — para cada ocupante, o mobiliário deverá incluir um guarda-roupa provido de gaveta, prateleira e cabides, com volume mínimo de 0,5m³, sendo passível de ser trancado pelo ocupante.

II — cada camarote deverá contar com uma mesa ou escrivaninha, que poderá ser do tipo de tampo fixo, dobrável ou corrediço, e provida de assento.

III – instalação sanitária para uso exclusivo de seus ocupantes, contendo armário, espelho, secador de toalhas e alça de apoio;

IV – um espelho, podendo este ser instalado na parte interna do armário;

V – um pequeno armário para artigos usados no asseio pessoal, podendo este ser localizado na instalação sanitária;

VI – uma prateleira para livros; e

VII – um recipiente para lixo.

10.5.2.2. A área de circulação para acesso aos camarotes deve ter a largura mínima de 1,20m (um metro e vinte centímetros).

10.5.2.3. A altura livre dos camarotes não pode ser inferior a 2,40m (dois metros e quarenta centímetros) quando forem usadas camas sobrepostas (beliches). Para casos onde não forem usadas camas sobrepostas (beliches) a altura livre dos camarotes não pode ser inferior a 2,20m (dois metros e vinte centímetros).

10.5.2.4. O camarote deve ser adequadamente isolado, não podendo haver quaisquer aberturas diretas para a praça de máquinas, o compartimento de carga, a cozinha, o paiol, as lavanderias ou as instalações sanitárias de uso coletivo.

10.5.2.5. Deve haver antepara separando os camarotes das áreas externas de processamento de óleo e gás. Estas anteparas externas devem ser impermeáveis à água e gás e construídas de aço ou outro material aprovado.

10.5.3. Camarotes Provisórios

10.5.3.1. Os camarotes provisórios devem atender os requisitos constantes do item 10.5.1 (Condições Gerais) e ter seu projeto aprovado pelo órgão regional do Ministério do Trabalho e Emprego, após ouvidas as partes em procedimento de negociação tripartite, quando necessária.

10.5.4. Módulos de Acomodação Temporária

10.5.4.1. O Operador da Instalação deve observar a especificação técnica, constante do Quadro II deste Anexo, quando for necessária a instalação de módulos de acomodação temporária a bordo.

10.5.4.2. Devem ser negociadas com o órgão regional do Ministério do Trabalho e Emprego, de forma tripartite, quando necessária, eventuais alterações que forneçam condições equivalentes ao disposto nesta especificação.

10.5.5. Lavanderia

10.5.5.1. Todas as plataformas e instalações de apoio devem possuir facilidades para a lavagem e a secagem das roupas de trabalho.

10.5.5.2. As instalações de lavagem de roupas devem ser abastecidas com água doce.

10.5.5.3. As roupas de trabalho, de uso pessoal e de cama devem ser lavadas separadamente.

10.5.6. Serviços de bem-estar a bordo

10.5.6.1. Nas plataformas devem existir meios e instalações para proporcionar condições de bem-estar aos trabalhadores a bordo, podendo, sempre que compatível com as características técnicas e operacionais, incluírem-se:

I – academia de ginástica dotada de aparelhos para exercícios físicos;

II – sala de projeção de filmes e vídeos com sortimento adequado, variado e renovado a intervalos regulares;

III – sala de música e televisão para recepção de programas de TV e rádio, incluindo aparatos para jogos de mesa;

IV – sala de leitura contendo uma biblioteca com obras de caráter profissional e de outra índole, em quantidade suficiente e cujo conteúdo deve ser renovado a intervalos razoáveis;

V – quadra polivalente para a prática de desportos;

VI – piscina para natação e relaxamento;

VII – sauna para relaxamento; e

VIII – sala de internet recreativa com acesso privado a correio eletrônico.

10.5.6.2. Nas plataformas deve existir cabine telefônica para comunicação entre a plataforma e terra, salvo impossibilidade técnica, e com preços razoáveis e factíveis para os trabalhadores a bordo.

11. DAS INSTALAÇÕES ELÉTRICAS

11.1. Aplica-se às plataformas a Norma Regulamentadora n. 10 (NR-10) naquilo que couber, e, especificamente, em função de particularidades, o que dispõem os itens deste capítulo.

11.2. Aplicam-se aos trabalhadores de plataformas todos os treinamentos previstos na NR-10, exceto o disposto no item 10.7.2 Curso Complementar – "Segurança no Sistema Elétrico de Potência e em suas Proximidades".

11.3. A documentação prevista na NR-10 pode existir nas plataformas tanto em meio físico, quanto em meio eletrônico, desde que, neste caso, seja possível o acesso através de sistema de consulta à distância.

11.4. Em plataformas onde a operação dos sistemas elétricos seja feita exclusivamente por operadores estrangeiros, a documentação técnica prevista na NR-10 deve possuir uma versão escrita no idioma inglês.

11.5. Em plataformas de bandeira estrangeira, para efeitos dos itens 10.8.1 e 10.8.2 da NR-10, os trabalhadores e profissionais estrangeiros, devem estar devidamente qualificados e habilitados para o exercício de suas funções.

11.6. O Operador da Instalação deve manter documentos que comprovem a habilitação, capacitação e treinamento dos trabalhadores qualificados.

11.7. As plataformas com continuidade metálica estão dispensadas da comprovação de inspeções e medições de sistemas de proteção contra descargas atmosféricas.

11.8. Para efeitos da aplicação do item 10.3.8 da NR-10, no caso da construção no exterior de plataformas para operar transitoriamente em águas sob jurisdição nacional, as regulamentações elétricas nacionais correlacionadas podem ser substituídas por Convenções Marítimas Internacionais auditadas por Sociedade Classificadora.

11.9. O Direito de Recusa previsto na NR-10 será exercido conforme o disposto no item "Dos Direitos dos Trabalhadores" deste Anexo.

11.10. As responsabilidades quanto ao cumprimento da NR-10 pelo Operador da Instalação estão previstas no capítulo de Obrigações Gerais — Responsabilidades e Competências deste Anexo.

12. DAS INSTALAÇÕES DE ATENÇÃO À SAÚDE A BORDO

12.1. Todas as plataformas devem ser mantidas em condições higiênico-sanitárias satisfatórias.

12.2. Devem ser permanentemente adotadas medidas que visem à promoção, proteção e recuperação da saúde, bem como à prevenção de agravos à saúde de todos os trabalhadores a bordo. Tais medidas devem garantir:

I — que todos os trabalhadores a bordo tenham sido submetidos a exames médicos prévios ao embarque previstos no PCMSO;

II — aos trabalhadores uma assistência à saúde tão próxima quanto possível da que gozariam caso estivessem em terra;

III — que a assistência à saúde prestada aos trabalhadores embarcados seja gratuita; e

IV — que os trabalhadores sejam incluídos em programas de promoção da saúde e de educação sanitária, a fim de que também possam contribuir ativamente para a redução das enfermidades e agravos a que estejam sujeitos.

12.3. Todas as plataformas devem dispor de caixa de medicamentos e de Guia Médica Internacional de Bordo.

12.3.1. O conteúdo da caixa de medicamentos e os procedimentos para sua utilização devem atender às normas sanitárias vigentes.

12.3.2. Em caso de urgência, quando um trabalhador não dispuser de um medicamento indispensável por prescrição médica e esse não estiver disponível na caixa de medicamentos da plataforma, o responsável pela operação da instalação deverá tomar todas as medidas necessárias para a sua obtenção ou providenciar o desembarque do trabalhador.

12.4. O Operador da Instalação deve garantir, mediante um sistema preestabelecido, que em qualquer hora do dia ou da noite as plataformas possam efetuar consultas médicas à distância, incluindo o assessoramento de especialistas.

12.4.1. Todas as plataformas devem ser dotadas de um sistema de comunicação organizado, capaz de permitir consultas médicas à distância.

12.4.2. Os trabalhadores a bordo responsáveis pelo acionamento do sistema de consulta médica à distância devem ser devidamente treinados para operar o equipamento e para compreender as informações recebidas do profissional de saúde consultado, a fim de executar as medidas que sejam prescritas.

12.5. Todas as plataformas com mais de cinquenta trabalhadores devem possuir a bordo um ou mais profissionais de saúde devidamente habilitados e treinados para prestar assistência à saúde e prestar atendimento de primeiros socorros.

12.5.1. As plataformas que não tenham profissionais de saúde a bordo devem possuir entre seus trabalhadores uma ou mais pessoas especificamente capacitadas na prestação de atendimento de primeiros socorros.

12.5.2. Todos os trabalhadores, que permaneçam mais do que três dias na plataforma devem receber um treinamento sobre as medidas que devam ser adotadas em caso de acidente ou outro tipo de emergência médica a bordo, de acordo com as normas da Autoridade Marítima.

12.6. Todas as plataformas com mais de trinta trabalhadores a bordo devem dispor de uma enfermaria.

12.7. Podem ser adotadas medidas no sentido de estabelecer uma cooperação internacional na promoção da saúde e assistência médica dos trabalhadores embarcados, com empresas que desenvolvam atividades similares.

13. DAS ATIVIDADES DE CONSTRUÇÃO, MANUTENÇÃO E REPARO

13.1. Aplicam-se às plataformas as disposições da Norma Regulamentadora n. 34 (NR-34), naquilo que couber, e, especificamente, em função de particularidades de projeto, instalação e operação o que dispõem os itens deste capítulo. *(Alterado pela Portaria SIT n. 200, de 20 de janeiro de 2011)*

13.1.1. É obrigatória a comunicação prévia de atividades de construção, manutenção ou reparo a bordo que impliquem aumento da população da plataforma acima do cartão de lotação aprovado pela Autoridade Marítima ou aumento acentuado do risco avaliado através de uma Análise Preliminar de Risco — APR ou metodologia similar de análise de risco.

13.1.2. O Operador da Instalação deve encaminhar a comunicação a que se refere o item 13.1.1 ao Órgão Regional do Ministério do Trabalho e Emprego.

13.1.3. A comunicação a que se referem os itens 13.1.1 deve conter as seguintes informações:

I — identificação da plataforma onde ocorrerá a atividade de construção, manutenção ou reparo;

II — endereço e qualificação das empresas contratadas, junto ao Ministério da Previdência Social — MPS (CEI) e junto ao Ministério da Fazenda — MF (CNPJ);

III — descrição das atividades;

IV — datas previstas do início e conclusão da atividade;

V — número máximo previsto de trabalhadores na atividade; e

VI — APR ou metodologia similar de análise de risco, quando solicitado.

13.1.4. Junto com a comunicação prévia prevista no item 13.1.1 deve ser encaminhado um Programa de Condições e Meio Ambiente de Trabalho na Indústria da Construção — PCMAT, com o seguinte conteúdo mínimo:

I — memorial descritivo das atividades;

II — identificação dos riscos e definição das medidas de controle; e

III — programa educativo contemplando a temática de acidentes e doenças do trabalho.

13.1.5. As áreas de vivência destinadas aos trabalhadores das atividades de construção, manutenção ou reparos devem atender aos requisitos estabelecidos neste Anexo.

13.1.6. Atividades de construção, manutenção ou reparos realizadas com concurso de flutuantes devem ser aprovadas pelo Gerente da Plataforma ou Comandante da Embarcação, ou responsável por ele designado, devendo atender aos requisitos da Lei de Segurança do Tráfego Aquaviário e seguir as normas da Autoridade Marítima.

13.1.7. As atividades de construção, manutenção ou reparo a bordo devem:

I — ter suas instalações elétricas provisórias instaladas para suporte submetidas à aprovação do Gerente da Plataforma ou Comandante da Embarcação ou responsável por ele designado;

II — ser executadas mediante procedimentos de Permissão para Trabalho (PT) com a adoção de medidas de proteção para o local e para as ações realizadas;

III — ser sinalizadas e, conforme o caso, isoladas de acordo com as orientações técnicas e recomendações do Gerente da Plataforma ou Comandante da Embarcação ou responsável por ele designado;

IV — ser executadas somente por trabalhadores que possuam os treinamentos obrigatórios de segurança e salvatagem exigidos para o tipo de atividade que irão realizar; e

V — ter seus resíduos tratados conforme os dispositivos legais pertinentes.

14. DAS CALDEIRAS E VASOS DE PRESSÃO

14.1. Aplicam-se às plataformas as disposições da Norma Regulamentadora n. 13 (NR-13), naquilo que couber, e, especificamente, em função de particularidades de projeto, instalação e operação, o que dispõem os itens deste capítulo.

14.1.1. Aos vasos de pressão pertencentes aos sistemas navais e de propulsão de embarcações convertidas em plataformas não será aplicada a NR-13, desde que:

I — estas embarcações possuam certificado de classe atualizado emitido por Sociedades Classificadoras reconhecida pelo governo brasileiro; e

II — os vasos sob pressão de que trata o caput não estejam integrados à planta de processamento da plataforma;

14.1.2. O disposto no item 14.1.1 não se aplica às caldeiras da embarcação, mesmo que certificadas por Sociedades Classificadoras.

14.2. Nas plataformas cujos operadores de caldeiras e vasos de pressão sejam estrangeiros, os Registros de Segurança elaborados em outro idioma podem ser mantidos, desde que existam cópias arquivadas, de igual teor, em português.

14.3. A praça de máquinas pode ser entendida como Casa de Caldeiras.

14.4. Para as instalações de caldeiras não são aplicáveis as seguintes exigências:

I — prédio separado para a casa de caldeiras ou praça de máquinas;

II — ventilação permanente que não possa ser bloqueada; e

III — proibição da utilização de casa de caldeiras (praça de máquinas) para outras finalidades.

14.5. Para plataformas onde existam operadores de caldeira e profissionais com "Treinamento de Segurança na Operação de Unidades de Processo" estrangeiros, os manuais de operação das caldeiras e unidades de processo a que se referem os itens 13.3.1 e 13.8.1 da NR-13 podem ser escritos em idioma estrangeiro, devendo existir cópias de igual teor em português.

14.6. Pode ser considerado, alternativamente, como operador de caldeira ou profissional com "Treinamento de Segurança na Operação de Unidades de Processo" em plataformas, profissionais estrangeiros, que possuam formação e treinamento ministrados no exterior, cujo conteúdo seja semelhante ao previsto pela NR-13, desde que reconhecido por empresa ou profissional responsável por Treinamento de Segurança na Operação de Caldeiras ou Treinamento de Segurança na Operação de Unidades de Processo, respectivamente.

14.7. O Operador da Instalação deve manter a bordo documentos que comprovem a capacitação e treinamento dos operadores de caldeira e dos profissionais com Treinamento de Segurança na Operação de Plantas de Processo.

14.8. Operadores de caldeiras profissionais com "Treinamento de Segurança na Operação de Plantas de Processo" das instalações de bandeira estrangeira, com treinamento no exterior, que comprovarem experiência maior que dois anos, estão dispensados do estágio prático, desde que reconhecido por empresa ou profissional responsável por Treinamento de Segurança na Operação de Caldeiras ou Treinamento de Segurança na Operação de Unidades de Processo, respectivamente.

14.9. Para as caldeiras e vasos de pressão instalados em plataformas e em ambientes fechados não são aplicáveis as seguintes exigências:

I — dispor de ventilação permanente com entradas de ar que não possam ser bloqueadas; e

II — constituir prédio separado, construído de material resistente ao fogo.

14.10. Os vasos de pressão devem ser submetidos à inspeção de fabricação no fabricante, de modo a garantir que todas as características construtivas previstas no projeto e em legislação e normas pertinentes sejam seguidas.

14.11. Os testes e inspeções de fabricação realizados no fabricante do vaso de pressão não são considerados como inspeção inicial no local definitivo da instalação, com exceção feita ao teste hidrostático quando este for acompanhado e aceito por Profissional Habilitado empregado do Serviço Próprio de Inspeção de Equipamentos — SPIE do estabelecimento do Operador da Instalação.

14.12. Para efeitos de inspeção inicial, nas plataformas, entende-se como local definitivo de instalação aquele onde o vaso de pressão está interligado de modo definitivo ao processo, conforme estabelecido no projeto.

14.12.1. No caso de plataformas, onde a unidade de processo for construída por módulos interligáveis, a inspeção inicial de vasos de pressão pode ser feita com o equipamento montado e interligado ao módulo, antes deste módulo ser içado e interligado aos outros módulos de maneira definitiva sobre o convés, desde que estas inspeções sejam conduzidas e assinadas obrigatoriamente por Profissional Habilitado, empregado do SPIE, do estabelecimento do Operador da Instalação.

14.12.1.1. Nesta situação, o prazo máximo para interligação definitiva dos módulos que contenham os vasos de pressão ao convés da embarcação ou à jaqueta é de um ano.

14.12.1.2. Se o prazo estipulado no item 14.12.1.1 for excedido, as inspeções iniciais devem ser repetidas.

14.12.2. O içamento e interligação dos módulos em questão devem seguir procedimentos específicos que garantam a manutenção da integridade física dos vasos de pressão e demais facilidades montadas sobre estes, devendo esta operação ser acompanhada obrigatoriamente por Profissional Habilitado, empregado do SPIE, do estabelecimento do Operador da Instalação.

14.12.3. O Profissional Habilitado, empregado do SPIE, deve conduzir uma inspeção externa extraordinária do vaso de pressão e suas interligações após o término das operações de içamento e interligação dos módulos, acompanhada obrigatoriamente por um teste de estanqueidade.

14.13. As inspeções de segurança de caldeiras e vasos de pressão devem ser executadas conforme previsto na NR-13.

14.14. O prazo limite para desmontagem e calibração em bancada das válvulas de segurança de vasos de pressão deve ser equivalente ao prazo máximo para exame interno do vaso por ela protegido.

14.14.1. Quando a válvula de segurança proteger mais de um vaso de pressão, deve ser considerado o prazo máximo para exame interno do vaso mais crítico.

14.15. Vasos de pressão fabricados em conformidade com códigos de projeto de vasos transportáveis e que estejam permanentemente solidários às instalações e não sofram qualquer tipo de movimentação durante o processo de operação, devem atender aos requisitos da NR-13.

14.16. As válvulas de controle de pressão (PCV) que disponham de mecanismo de regulagem da pressão de alívio, instaladas em vasos de pressão que sejam parte integrante de pacotes de máquinas rotativas, tais como filtros, amortecedores de pulsação, resfriadores de óleo, podem ser consideradas como dispositivo de proteção contra sobrepressão.

14.17. Todos os sistemas de tubulação para interligação de caldeiras e vasos de pressão instalados a bordo de plataformas, devem ser identificados e submetidos, periodicamente, a inspeções de segurança externa ou teste hidrostático, em períodos definidos por Profissional Habilitado, empregado do SPIE, do estabelecimento do Operador da Instalação, atendendo aos critérios técnicos estabelecidos em regulamentação pertinente ou em normalização internacional pertinente.

15. DA PROTEÇÃO CONTRA INCÊNDIOS

15.1. Geral

15.1.1. Aplicam-se às plataformas as disposições da Norma Regulamentadora n. 23 (NR-23), naquilo que couber, e, especificamente, em função de particularidades de projeto, instalação e operação o que dispõem os itens deste capítulo.

15.1.2. A proteção contra incêndios nas plataformas deve ser desenvolvida por meio de uma abordagem estruturada, considerando os riscos existentes para os trabalhadores e com objetivo de:

I — reduzir a possibilidade de ocorrência de incêndio;

II — limitar a possibilidade de propagação de incêndio;

III — proteger a atuação dos trabalhadores envolvidos nas atividades de resposta a emergências ;

IV — proteger as operações de abandono da plataforma; e

V — controlar e, quando for seguro, extinguir focos de incêndio.

15.1.3. Todas as plataformas devem possuir:

I — equipamentos suficientes, conforme estabelecido neste capítulo, para combater incêndios em seu início; e

II — trabalhadores treinados no uso correto desses equipamentos.

15.1.4. As Plataformas Móveis de Perfuração Marítima, a partir de sua entrada no Brasil, durante o primeiro ano de operação, estão isentas da aplicação dos itens específicos constantes do Capítulo 15 deste Anexo, desde que atendam os requisitos do Capítulo 9 do Mobile Offshore Drilling Units Code (MODU Code) da Organização Marítima Internacional — IMO.

15.2. Requisitos de Projeto para Plataformas e Instalações de Apoio

15.2.1. Os requisitos dispostos neste capítulo devem ser considerados desde o início da fase do projeto de plataformas.

15.2.2. O arranjo físico das plataformas deve ser elaborado de acordo com os seguintes objetivos:

I — minimizar a possibilidade de acumulações perigosas de hidrocarbonetos líquidos e gasosos e possibilitar a rápida remoção de qualquer acumulação que venha a ocorrer;

II — facilitar o escape dos trabalhadores de áreas perigosas e a sua evacuação;

III — separar as áreas de menor risco de incêndio, tais como alojamentos, escritórios, oficinas, daquelas de maior risco, tais como instalações operacionais e de armazenamento de hidrocarbonetos líquidos;

IV — minimizar a probabilidade de ignição de hidrocarbonetos líquidos e gasosos; e

V — limitar a propagação de incêndios.

15.2.2.1. Em plataformas semi-submersiveis, do tipo coluna estabilizada, não devem ser instalados no interior de colunas ou submarinos (pontoons) tanques ou vasos interligados à unidade de processamento de petróleo ou gás.

15.2.3. Nas plataformas devem existir sistemas automáticos que paralisem o processo, isolem os sistemas e equipamentos e, quando requerido, despressurizem os equipamentos, de modo a limitar a escalada de situações anormais, tais como vazamento de hidrocarbonetos ou incêndio.

15.2.3.1. Onde aplicável, o sistema de parada de emergência deve prever ações para minimizar a possibilidade de ignição de hidrocarbonetos líquidos e gasosos no caso de ocorrer uma perda de contenção do processo, tais como:

I — a retirada de operação de fornos e caldeiras;

II — o desligamento de motores de combustão interna não essenciais; e

III — o desligamento, em caso de grandes vazamentos de gás, dos equipamentos elétricos que não sejam adequados para instalação em áreas com atmosfera explosiva.

15.2.3.2. Além do sistema automático de parada de emergência, devem ser previstas botoeiras que permitam comandar, remotamente, a parada de equipamentos e sistemas que possam contribuir para a propagação de um incêndio ou continuidade no fornecimento do combustível que alimenta o incêndio.

15.2.4. Com o objetivo de evitar incêndios ou reduzir suas consequências, devem ser previstas medidas apropriadas para a contenção ou disposição, ainda que parcial, de vazamentos de hidrocarbonetos líquidos.

15.2.5. Nas plataformas com presença permanente de trabalhadores, devem ser instalados sistemas automáticos que possibilitem um monitoramento contínuo e automático de vazamentos de gás ou de ocorrência de incêndio, de forma a alertar os trabalhadores acerca da presença destas situações anormais e, quando for o caso, iniciar ações de controle com objetivo de minimizar a possibilidade de uma escalada dessas ocorrências.

15.2.6. As plataformas devem ser dotadas de recursos de proteção passiva contra incêndio por meio de anteparas e pisos resistentes ao fogo, conforme os critérios estabelecidos na Convenção SOLAS, com objetivo de:

I — evitar a propagação de incêndios de áreas de maior risco de incêndio para áreas de menor risco, tais como alojamentos, escritórios, oficinas;

II — proteger as áreas de reunião para abandono, bem como as rotas de fuga que levam até elas, dos efeitos de incêndios que possam impedir a sua utilização segura; e

III — proteger sistemas essenciais à segurança e saúde dos trabalhadores.

15.2.7. A plataforma deve ser dotada de sistemas automáticos de segurança para o fechamento dos poços aos quais esteja interligada para atuarem:

I — em decorrência de uma parada de emergência da plataforma, quando for o caso; e

II — nos casos de vazamento ou descontrole de um poço.

15.3. Rotas de Fuga e Saídas de Emergência

15.3.1. Os locais de trabalho ou de vivência de plataformas devem dispor de rotas de fuga e saídas para áreas externas, em número suficiente e dispostas de modo que aqueles que se encontrem nesses locais possam abandoná-los com rapidez e segurança, em caso de incêndio.

15.3.2. As rotas de fuga devem:

I — possuir sinalização vertical por meio de placas fosforescentes ou sinais luminosos;

II — possuir sinalização no piso, indicando a direção da saída; e

III — ser dotadas de recursos de iluminação de emergência.

IV — ser mantidas permanentemente desobstruídas;

V — possuir largura mínima de um metro e vinte centímetros, quando principais; e

VI — nas áreas internas, ser contínuas e seguras, para acesso às áreas externas.

15.3.3. As saídas para áreas externas devem ser claramente sinalizadas por meio de placas fosforescentes ou sinais luminosos.

15.3.4. Todas as portas, tanto as de saída como as de comunicação interna, devem:

I — abrir no sentido da saída, exceto para as portas de camarotes ou salas de ocupação de até 4 pessoas, de modo a evitar lesões pessoais nos corredores, quando a porta for aberta; e

II — situar-se de tal modo que, ao serem abertas, não impeçam as vias de passagem ou causem lesões pessoais.

15.3.5. As portas que conduzam a escadas devem ser dispostas de maneira a não diminuírem a largura efetiva dessas escadas.

15.3.6. As portas de saída devem:

I — atender aos mesmos requisitos de resistência ao fogo previstos na Convenção SOLAS para as anteparas onde estejam localizadas; e

II — ser dispostas de maneira a serem visíveis, ficando terminantemente proibido qualquer obstáculo, mesmo ocasional, que entrave o seu acesso ou impeça a sua visualização.

15.3.7. Nenhuma porta em rota de fuga deve ser fechada com chave, aferrolhada ou presa, tanto interna quanto externamente, podendo apenas ser fechada com dispositivo de segurança que permita a qualquer trabalhador abri-la facilmente do interior do local de trabalho ou vivência.

15.3.8. Todas as portas com abertura para o interior devem ser dotadas de passagem de emergência que possa ser aberta para fora em caso de pânico ou de falha no sistema regular de abertura.

15.3.9. Acessos verticais nas áreas de vivência que interliguem mais de dois pavimentos devem ser enclausurados por anteparas Classe A conforme Convenção SOLAS, e protegidos, em todos os pavimentos, por portas da mesma Classe, com fechamento automático.

15.3.9.1. As portas de que trata o item 15.3.9 não devem possuir dispositivos que permitam travá-las na posição aberta.

15.4. Parada de Emergência

15.4.1. As máquinas e aparelhos elétricos que precisam permanecer ligados, em caso de incêndio, devem conter placa de advertência, instalada próxima à chave de interrupção.

15.5. Exercícios de Combate a Incêndio

15.5.1. Devem ser realizados exercícios de combate a incêndio na periodicidade determinada pela Autoridade Marítima, a fim de verificar:

I — se os trabalhadores reconheçam o sinal de alarme;

II — se a evacuação do local se faz em boa ordem, evitando qualquer pânico;

III — se foram compreendidas as atribuições e responsabilidades conferidas aos trabalhadores no plano de controle de emergências; e

IV — se o alarme é audível em todas as áreas da plataforma.

15.5.2. Os exercícios de que trata o item 15.5.1 devem ser realizados sob a direção do Gerente da Plataforma ou Comandante da Embarcação ou pessoa por ele designada, com capacitação e experiência para preparar e comandar o exercício.

15.5.3. Os exercícios de combate a incêndio devem ser, tanto quanto possível, realizados sem aviso prévio e conduzidos como se fosse um incêndio real.

15.6. Brigadas de Incêndio

15.6.1. Os trabalhadores que fazem parte das brigadas de incêndio devem ser treinados em instalação de treinamento conforme critérios fixados pela Autoridade Marítima.

15.7. Sistemas de Combate a Incêndio com Água

15.7.1. As plataformas devem ser dotadas de sistemas de combate a incêndio com água sob pressão.

15.7.2. Os sistemas de combate a incêndio com água sob pressão devem estar devidamente inspecionados.

15.8. Extintores de Incêndio

15.8.1. Todas as plataformas devem ser providas de extintores de incêndio, de modo a permitir o combate inicial a incêndios.

15.8.2. O número e a distribuição de extintores de incêndio, bem como a sua instalação e sinalização devem estar em conformidade com o estabelecido na NR-23 considerando risco de fogo grande.

15.8.3. Os serviços de inspeção técnica e manutenção de extintores de incêndio devem ser realizados de acordo com os requisitos estabelecidos em norma técnica brasileira, complementados pelos requisitos a esse respeito estabelecidos pelo Instituto Nacional de Metrologia, Normalização e Qualidade Industrial — INMETRO.

15.9. Sistema de Alarme de Incêndio

15.9.1. Deve haver um sistema de alarme capaz de emitir sinais sonoros ou visuais perceptíveis em todos os locais da plataforma.

15.9.2. Os alarmes sonoros para incêndio devem emitir um som que não possa ser confundido com qualquer outro que exista, ou seja, utilizado na plataforma.

15.9.3. Botoeiras manuais de acionamento do alarme de incêndio, do tipo "Quebre o Vidro e Aperte o Botão", devem ser instaladas e sinalizadas na cor vermelha em todas as áreas da plataforma.

15.10. Segurança na Operação

15.10.1. Com vistas à proteção dos trabalhadores, os seguintes aspectos devem ser considerados nas plataformas durante a fase de operação, inclusive no tocante às atividades de inspeção e manutenção:

I — existência de procedimentos operacionais que considerem a prevenção de incêndios, atualizados e disponíveis para todos os trabalhadores envolvidos, referentes às operações que são realizadas na plataforma, com instruções claras e específicas para execução das atividades com segurança, em conformidade com as especificidades operacionais;

II — capacitação dos trabalhadores nos processos de trabalho em que atuem, bem como a sua conscientização quanto a necessidade do cumprimento dos procedimentos;

III — formas adequadas de supervisão e gerenciamento dos trabalhadores; e

IV — existência de planos e procedimentos para inspeção, teste e manutenção de equipamentos com vistas a manter a integridade dos sistemas de proteção contra incêndios e dos sistemas e equipamentos que contenham hidrocarbonetos líquidos ou gasosos.

16. DA PREVENÇÃO E CONTROLE DE ACIDENTES MAIORES

16.1. ANÁLISE DE RISCOS

16.1.1. O Operador de Instalação deve elaborar e documentar as análises de riscos das operações ou das atividades nas plataformas.

16.1.2. As análises de riscos da plataforma devem ser estruturadas com base em metodologias apropriadas, escolhidas em função dos propósitos da análise, das características e da complexidade da instalação.

16.1.3. As análises de riscos devem ser elaboradas por equipe multidisciplinar com a participação de, no mínimo, um trabalhador com conhecimento dos riscos e com experiência na instalação que é objeto da análise.

16.1.4. O Operador da Instalação é responsável pela avaliação das recomendações resultantes das análises de risco e deve definir prazos bem como os responsáveis para a execução das recomendações a serem implementadas.

16.2. CONSTRUÇÃO E MONTAGEM

16.2.1. A construção e montagem das plataformas devem observar, as normas regulamentadoras, as normas técnicas e os manuais de fabricação dos equipamentos e máquinas quanto:

I — as especificações previstas no projeto;

II — a documentação referente as inspeções e os testes realizados; e

III — à adequada identificação e sinalização dos equipamentos e das instalações das plataformas.

16.3. SEGURANÇA OPERACIONAL

16.3.1. O Operador da Instalação deve elaborar e implementar os programas de segurança operacional e do trabalho, em conformidade com as especificações do projeto das instalações e com as recomendações das análises de riscos das atividades e operações.

16.3.2. Os procedimentos de segurança no trabalho, existentes nos programas acima referidos devem ser reavaliados no mínimo bienalmente, ou em uma das seguintes situações:

I — recomendações das análises de risco;

II — modificações, ampliações e reformas da instalação;

III — acidentes e incidentes ocorridos na instalação, ou mesmo fora dela que possam ter afetado as condições normais de operação;

IV — recomendações do SESMT e da CIPA; e

V — notificação das autoridades competentes.

16.4. INSPEÇÃO E MANUTENÇÃO

16.4.1. As instalações e equipamentos das plataformas devem possuir plano de inspeção e manutenção devidamente documentado.

16.4.2. O plano de inspeção e manutenção deve contemplar, no mínimo:

I — equipamentos, máquinas e instalações sujeitas a inspeção e manutenção;

II — tipos de intervenções;

III — procedimentos de inspeção e manutenção;

IV — cronograma;

V — identificação dos responsáveis;

VI — quantidade, especialidade e capacitação dos trabalhadores;

VII — procedimentos de segurança; e

VIII — sistemas e equipamentos de proteção coletiva e individual.

16.4.3. A fixação da periodicidade das inspeções e das intervenções de manutenção deve considerar:

I — o previsto nas Normas Regulamentadoras e normas técnicas;

II — as recomendações do fabricante, em especial dos itens críticos à segurança do trabalhador;

III — as recomendações dos relatórios de inspeções, de investigação de acidentes e incidentes do trabalho, elaborados pelo SESMT, SPIE ou CIPA;

IV — as recomendações das análises de risco;

V — a existência de condições ambientais agressivas;

VI — as boas práticas de engenharia; e

VII — as notificações das autoridades competentes.

16.4.4. As recomendações decorrentes das inspeções e manutenções devem ser devidamente registradas e implementadas com a determinação de prazos e de responsáveis pela execução.

16.4.5. Para a realização das inspeções e manutenções devem ser elaboradas análises de riscos e emitidas Permissões para Trabalho contendo procedimentos específicos de segurança e saúde para trabalhos:

I — que possam gerar chamas, calor, centelhas ou ainda que envolvam o seu uso;

II — em espaços confinados, conforme Norma Regulamentadora n. 33 (NR-33);

III — envolvendo isolamento de equipamentos e bloqueio/etiquetagem;

IV — em locais elevados com risco de queda;

V — com equipamentos elétricos, conforme NR-10;

VI — submersos; e

VII — outros cuja análise de riscos assim recomendar.

16.5. INSPEÇÃO DE SEGURANÇA E SAÚDE NO TRABALHO

16.5.1. As plataformas devem ser regularmente inspecionadas com enfoque na segurança e saúde no trabalho.

16.5.2. O cronograma anual de inspeções de segurança e saúde no trabalho deve ser elaborado e implementado pelo SESMT, consultada a CIPA, de acordo com os riscos das atividades/operações desenvolvidas.

16.5.3. As inspeções devem ser devidamente documentadas e as respectivas recomendações implementadas, com o estabelecimento de prazos e de responsáveis pela sua execução.

16.6. PREVENÇÃO E CONTROLE DE VAZAMENTOS, DERRAMAMENTOS, INCÊNDIOS E EXPLOSÕES

16.6.1. O Operador de Instalação deve elaborar e implementar ações no sentido de prevenir e controlar vazamentos, derramamentos, incêndios e explosões.

16.6.2. Estas ações devem compreender tanto aquelas necessárias para minimizar os riscos de ocorrência de vazamentos, derramamentos, incêndios e explosões quanto para reduzir suas consequências em caso de falha nos sistemas de prevenção e controle.

16.7. CONTROLE DAS FONTES DE IGNIÇÃO

16.7.1. Todas as instalações elétricas e equipamentos elétricos fixos ou móveis, equipamentos de comunicação, ferramentas e similares utilizadas em áreas classificadas, e os dispositivos de proteção contra descargas atmosféricas, devem estar em conformidade com a NR-10;

16.7.2. O Operador da Instalação é responsável pela implementação de medidas específicas para controle da geração e acumulação de eletricidade estática em áreas sujeitas à existência e/ou à formação de atmosferas explosivas ou misturas inflamáveis.

16.7.3. Os trabalhos envolvendo o uso de equipamentos que possam gerar chamas, calor ou centelhas, nas áreas sujeitas à existência e/ou formação de atmosferas explosivas ou misturas inflamáveis, devem ser precedidos de Permissão para Trabalho.

16.7.4. As plataformas devem possuir sinalização de segurança indicando a proibição do uso de fontes de ignição nas áreas sujeitas à existência e/ou formação de atmosferas explosivas ou misturas inflamáveis.

16.8. Plano de Emergência

16.8.1. O Operador da Instalação deve elaborar e implementar um plano de resposta a emergências que contemple ações específicas a serem adotadas na ocorrência de vazamentos ou derramamentos de inflamáveis, incêndios ou explosões ou evento que configure emergência em saúde pública.

16.8.2. O plano de emergência deve ser elaborado considerando as características, bem como a complexidade da plataforma e conter, no mínimo:

I — identificação da plataforma e responsável legal;

II — descrição dos acessos à plataforma;

III — cenários acidentais;

IV — sistemas de alerta;

V — comunicação de acidente;

VI — estrutura organizacional de resposta;

VII — procedimentos para resposta;

VIII — equipamentos e materiais de resposta; e

IX — procedimentos para acionamento de recursos e estruturas de resposta complementares quando aplicável.

16.8.3. O plano de emergência deve ser avaliado após a realização de exercícios simulados ou na ocorrência de situações reais, com o objetivo de testar a sua eficácia, detectar possíveis falhas e proceder aos ajustes necessários.

16.8.4. Os exercícios simulados devem ser realizados durante o horário de trabalho, com periodicidade, no mínimo, anual, podendo ser reduzida em função das falhas detectadas ou se assim recomendar a análise de risco.

16.9. Comunicações de Ocorrências

16.9.1. O Operador da Instalação deve comunicar ao Órgão Regional do Ministério do Trabalho e Emprego a ocorrência de vazamento, incêndio ou explosão que implique em grave perigo para a segurança e saúde dos trabalhadores.

16.9.1.1. A comunicação deve ser encaminhada até o segundo dia útil após a ocorrência e deve conter:

I — nome da plataforma e localização, data e hora da ocorrência;

II — descrição da ocorrência;

III — nome e função dos acidentados, se houver;

IV — prováveis causas;

V — consequências; e

VI — medidas emergenciais adotadas.

16.9.2. O Operador da Instalação deve encaminhar, no prazo de até trinta dias da ocorrência do acidente, ao Órgão Regional do Ministério do Trabalho e Emprego, relatório de investigação e análise de acidente com a descrição das causas básicas e medidas preventivas adotadas.

16.9.2.1. O prazo concedido no item 16.9.2 poderá ser prorrogado por mais 30 dias mediante acordo com o Órgão Regional do Ministério do Trabalho e Emprego.

16.9.2.2. O prazo concedido no item 16.9.2.1 poderá ser ampliado mediante acordo tripartite.

16.9.3. O Operador da Instalação deve comunicar à autoridade sanitária competente os eventos ocorridos a bordo que configurem emergência em saúde pública conforme regulamentação específica sobre o tema.

16.10. Relatório de Segurança

16.10.1. O Operador da Instalação deve manter disponível aos trabalhadores, seus representantes e autoridades competentes um Relatório de Segurança contendo a descrição sucinta da plataforma, os possíveis cenários acidentais, o plano de contingência da plataforma e, complementarmente, indicações de localização específica para o acesso em seus sistemas de gestão de informações sobre:

I — projeto;

II — análise de riscos;

III — plano de manutenção e inspeção;

IV — procedimentos de segurança e saúde no trabalho;

V — plano de prevenção e controle de incêndios e explosões; e

VI — plano de emergência.

17. DISPOSIÇÕES TRANSITÓRIAS

17.1. Para as plataformas com projeto em andamento na data de entrada em vigor deste Anexo, onde a aplicação dos seus itens gere a necessidade de modificações estruturais incompatíveis tecnicamente com as áreas disponíveis ou que possam influenciar na segurança da plataforma, deverá ser apresentado, pelo Operador da Instalação, antes do início da construção, projeto técnico ou solução alternativa, com justificativa, para apreciação e manifestação da autoridade competente.

18. GLOSSÁRIO

Água Potável — Água com características físico-químicas e biológicas em conformidade com a legislação vigente.

Água Tratada: água da qual foram eliminados os agentes de contaminação que possam causar algum risco para a saúde, tornando-a própria ao uso humano.

Águas sob jurisdição nacional: Compreendem as águas interiores e as áreas marítimas que se estendem até o limite da Zona Econômica Exclusiva — ZEE. Nos casos em que a plataforma continental se estende alem do limite da ZEE, as águas sobrejacentes são consideradas jurisdicionais no que diz respeito ao aproveitamento da plataforma continental.

Aparelho sanitário: Equipamento ou as peças destinadas ao uso de água para fins higiênicos ou para a recepção de águas servidas.

Área de Concessão: Área geográfica estabelecida pelo órgão regulador e retida pelo concessionário para exploração e produção de petróleo e gás natural, nos termos do contrato de concessão celebrado entre o órgão regulador da indústria do petróleo e o concessionário.

Camarote provisório: Acomodação temporária, necessária ao aumento da população a bordo, de caráter excepcional, utilizando-se de estrutura ou compartimento já existente no casario para outra finalidade.

Concessionário: Detentor do direito exclusivo de realizar todas as operações e atividades na área de concessão, durante a vigência do contrato de concessão celebrado com o órgão regulador da indústria do petróleo.

Convenção SOLAS: Convenção Internacional para a Salvaguarda da Vida Humana no Mar, adotada pela Organização Marítima Internacional – IMO (Considera-se a versão ratificada pelo Brasil).

Crivo: Difusor de água utilizado no chuveiro.

Desinfecção: procedimento utilizado para eliminar ou tornar inativos micro-organismos em objetos inanimados e superfícies, com exceção de esporos bacterianos, por meio da exposição direta a agentes químicos ou físicos.

Evento que configure emergência em saúde pública: Evento extraordinário constituído de um risco para a saúde pública devido a propagação de doença ou agravo e que potencialmente exija uma resposta coordenada.

Gabinete sanitário: Local destinado a instalação do vaso sanitário para dejeções fisiológicas e fins higiênicos.

Higiene Pessoal: Conjunto de hábitos de limpeza e de asseio com o objetivo de evitar doenças e contribuir com a manutenção do bom estado de saúde.

Instalações de apoio: quaisquer instalações marítimas habitadas de apoio à execução das atividades das plataformas. Não estão incluídas neste conceito, entre outras, as embarcações de apoio marítimo, as embarcações de levantamento sísmico e as embarcações de operação de mergulho.

Instalações sanitárias: Unidade destinada ao asseio corporal composta por um conjunto de aparelhos sanitários.

Lavatório: Peça sanitária destinada exclusivamente à lavagem de mãos.

Marpol: Convenção Internacional para a Prevenção da Poluição Causada por Navios.

Operador da Concessão: Empresa legalmente designada pelo concessionário para conduzir e executar todas as operações e atividades na área de concessão, de acordo com o estabelecido no contrato de concessão celebrado entre o órgão regulador da indústria do petróleo e o concessionário.

Operador da Instalação: Responsável pelo gerenciamento e execução de todas as operações e atividades de uma plataforma, podendo ser o Operador da Concessão ou empresa por ele designada.

Pia de lavagem: peça sanitária destinada preferencialmente à lavagem de utensílios de cozinha, podendo ser também usada para a lavagem das mãos.

Plataforma: Instalação de perfuração, produção, armazenamento ou transferência, fixa ou móvel, destinada à atividade diretamente relacionada com a exploração, produção ou armazenamento de óleo e/ou gás nas águas sob jurisdição nacional. Para efeito deste Anexo, este conceito abrange também as instalações de apoio.

Plataforma em construção: Aquela cujo contrato de construção ou conversão de embarcação existente tenha sido assinado antes da entrada em vigor deste Anexo.

Plataforma existente: Aquela cuja entrada em operação seja anterior a data de entrada em vigor deste anexo.

Sociedade Classificadora: empresas, entidades ou organismos reconhecidos para atuarem em nome da Autoridade Marítima Brasileira na regularização, controle e certificação de embarcações nos aspectos relativos à segurança da navegação, salvaguarda da vida humana e da prevenção da poluição ambiental.

Vestiário: Área destinada para a guarda e a troca de roupa.

QUADRO I

DECLARAÇÃO DE INSTALAÇÃO MARÍTIMA (MODELO)

Nome da Plataforma:
Razão social (do Estabelecimento do Operador da Concessão ou do Operador da Instalação):
CNPJ: (*idem*) ___.___.___/____-__
Endereço: (da gerência que tem gestão sobre a plataforma)
CEP: (*idem*) _______-____ Telefone: (*idem*) __________
Atividade principal da plataforma:
Localização da plataforma:
Número de trabalhadores a bordo (previstos):

<table>
<tr><td>Masculino:
Empregados Próprios: _______
Empregados de Prestadoras de Serviço: _______</td><td>Feminino:
Empregados Próprios: _______
Empregados de Prestadoras de Serviço: _______</td></tr>
<tr><td colspan="2">Descrição das Instalações e dos Equipamentos (deverá ser feita obedecendo ao disposto no Anexo de Plataformas da NR-30; usar o verso e anexar outras folhas, se necessário).

Anexos:
Planta Geral
Planta das Áreas de Vivência
Planta de localização dos equipamentos de Combate a incêndio e Salvatagem
Relação das Caldeiras e Vasos de Pressão
____ (Nome legível, Número de Registro no CREA e assinatura do Engenheiro de Segurança do Trabalho Responsável pelas Informações)</td></tr>
<tr><td colspan="2">Requerimento:
____ (Nome do Operador da Concessão ou do Operador da Instalação) vem, consoante o previsto no item Inspeção Prévia do Anexo de Plataformas da NR-30, solicitar ao Ministério do Trabalho e Emprego a inspeção prévia da ____ (Nome da plataforma), acima descrita, informando que a mesma deverá entrar em operação em ____/____/______ (data).</td></tr>
<tr><td colspan="2">Nestes termos, pede deferimento.

____
(Nome legível e assinatura do empregador ou preposto)

Data: ____/____/ 20___.</td></tr>
</table>

QUADRO II
ESPECIFICAÇÃO DE MÓDULOS DE ACOMODAÇÃO TEMPORÁRIA

1. OBJETIVO

Estabelecer critérios mínimos de segurança, saúde e conforto para os Módulos de Acomodação Temporária a serem instalados nas plataformas com o intuito de aumentar sua capacidade de acomodação durante a execução de campanhas de manutenção, projetos de construção e montagem ou comissionamento de novas unidades ou sistemas.

2. CARACTERÍSTICAS CONSTRUTIVAS

I — cada Módulo de Acomodação Temporária deve ser constituído de dormitório para no máximo quatro usuários conjugado a uma instalação sanitária de uso exclusivo.

II — a altura livre do piso ao teto deve ser de 2,40m (dois metros e sessenta centímetros), no mínimo.

III — as anteparas, o piso e o mobiliário devem ser construídos com materiais que garantam sua perfeita higienização.

IV — todos os materiais de revestimento de anteparas, tetos, pisos, estofamentos, janelas, portas, cortinas, bem como os equipamentos sanitários, devem ser especificados conforme as regras e regulamentos correspondentes. Todos os materiais devem ser, preferencialmente, do tipo não combustível ou fogo-retardantes, não sendo permitida a utilização de materiais que produzam gases ou particulados tóxicos quando expostos ao fogo, tais como acrílico, policarbonatos ou PVC.

V — as anteparas devem ser do tipo A-0, externamente, e B-15, internamente, conforme definido na Convenção SOLAS. Como solução alternativa poderá ser aceita uma barreira para retardar a propagação de fogo constituída de lã de rocha ou outro material similar. Fica a critério do Operador da Instalação concordar ou não com esta alternativa.

VI — não são aceitas adaptações de instalações que já tenham sido utilizadas para outros fins, em especial o armazenamento ou manuseio de produtos perigosos à saúde (riscos físicos, químicos e biológicos).

3. CARACTERÍSTICAS BÁSICAS DO MÓDULO

3.1. Geral

I — deve haver uma distância horizontal mínima entre as camas de pelo menos 1,00m (um metro).

II — a área mínima do dormitório para quatro pessoas deve ser de 12,00m² (doze metros quadrados).

III — as instalações sanitárias devem dispor de água canalizada e esgotos ligados à rede geral da plataforma, com interposição de sifões hidráulicos. No caso de impossibilidade de interligação à rede da plataforma, será aceita a instalação de um sistema de tratamento próprio, desde que não seja um sistema de banheiro químico.

IV — a Instalação Sanitária (box de chuveiro, lavatório e gabinete sanitário) deve ser isolada do dormitório, com os requisitos mínimos conforme especificado a seguir.

3.2. Box de Chuveiro

I — o box de chuveiro deve ter área mínima de 1,10m² (um e um décimo metro quadrado) e vãos livres de, pelo menos, 0,80m (oitenta centímetros).

II — o chuveiro deve ser abastecido com água tratada quente e fria.

III – o chuveiro deve estar a 2,10m (dois metros e dez centímetros) de altura do piso e ser comandado por registros de metal à meia altura na parede.

IV – o piso deve ter caimento que assegure o escoamento da água para a rede de esgoto e ser de material antiderrapante. Deve ter um rebaixo de, no mínimo, 0,05m (5 centímetros) em relação ao piso da Instalação Sanitária.

V – no caso de uso de chuveiros ou aquecedores elétricos, estes devem possuir resistência do tipo blindada.

3.3. Gabinete sanitário

I – o gabinete sanitário deve ter área mínima de 1,00m² (um metro quadrado), e a área do espaço frontal ao vaso sanitário deve ser de, pelo menos, 0,80m (oitenta centímetros) por 0,60m (sessenta centímetros).

II – o gabinete sanitário deve permitir a instalação, lateralmente ao vaso sanitário, de um cesto com tampa para recolhimento do papel higiênico usado.

III – deve contar com dispositivo para o rolo de papel higiênico (porta papel) instalado na lateral oposta ao cesto, e um armário local para a guarda de pelo menos quatro rolos adicionais.

IV – deve ser provido de ducha higiênica.

V – o vaso sanitário deve ser do tipo sifonado com caixa de descarga acoplada, comando de descarga manual ou automático e dispor de assento com tampa.

3.4. Lavatório

I – o lavatório deve ser constituído de um conjunto cuba/bancada e estar à altura de 1,00m (um metro) do piso.

II – deve ser abastecido com água tratada.

III – deve ser provido de espelho, iluminação complementar e tomada de energia elétrica.

IV – deve ter armário com gavetas individuais para os usuários, saboneteira e porta-toalhas.

V – deve estar próximo ao box de chuveiro e ao gabinete sanitário.

3.5. Corredor e antecâmara

I – deve ser prevista a instalação de uma antecâmara com o objetivo de isolar o Módulo de Acomodação Temporária do ruído exterior, das intempéries e do devassamento.

II – um corredor que interligue mais de dois módulos pode ser considerado como antecâmara, desde que garanta a proteção requerida acima.

III – os corredores devem ser providos de iluminação de emergência, indicação das rotas de fuga, e placa indicadora de saída.

IV – na adoção do corredor, este deve ter no mínimo 1,20m (um metro e vinte centímetros) de largura.

3.6. Camas (beliche)

I – a altura livre entre camas (beliche) deve ser de 1,00m (um metro).

II – a altura total mínima da cama inferior (face superior do colchão) deve ser de 0,40m (quarenta centímetros).

III – as camas (beliche) devem dispor de duas gavetas sob a cama inferior com no mínimo 0,15m (quinze centímetros) de altura.

IV – as camas devem ter dimensões mínimas de 1,90m (um metro e noventa centímetros) por 0,80m (oitenta centímetros).

V – as camas (beliche) devem ser providas de escada rígida, fixada ao beliche com degraus que permitam a penetração correta da planta do pé.

VI – a cama superior deve possuir duas alças para pega, uma junto à escada, outra interna para projeção do corpo.

VII – as camas devem ser providas de proteção contra queda (grade da cama).

VIII – as camas devem ter cortina tipo 'black-out' ou outro elemento, confeccionada em material antialérgico, que impeça a entrada de luz e promova a privacidade sem, contudo, prejudicar a circulação de ar.

IX – cada cama deve possuir prateleira, iluminação complementar e tomada de energia elétrica.

X – os estrados das camas (apoio do colchão) devem ser impermeáveis, com a finalidade de evitar escorrimento de líquido entre compartimentos.

3.7. Armários

I – os armários devem ser individuais com tranca e chave, e possuir as seguintes dimensões mínimas: 0,60m (sessenta centímetros) de largura por 0,45m (quarenta e cinco centímetros) de profundidade e por 0,90m (noventa centímetros) de altura.

II – os armários devem estar divididos em três compartimentos com as seguintes destinações:

a) guarda de EPI e bolsa de viagem;

b) roupas pessoais; e

c) pertences e objetos de higiene pessoal.

III – adicionalmente, fora do armário, deve ser provido dispositivo para guarda individual e secagem das toalhas de banho e rosto que assegure condições de higiene e quatro compartimentos abertos destinados à guarda de coletes salva-vidas.

3.8. Portas

Todas as portas devem possuir dispositivo que permita mantê-las abertas.

3.8.1. Portas Externas

I – define-se como porta externa aquela(s) que liga(m) a antecâmara do Módulo de Acomodação Temporária ou o corredor comum à área externa.

II – as portas devem ser providas de visor de vidro.

III — as portas devem ter no mínimo 2,10m (dois metros e dez centímetros) de altura por 0,80m (oitenta centímetros) de largura, com molas aéreas hidráulicas em cada porta e guarnição para adequar o nível de ruído interno àquele fixado nesta especificação.

IV — a porta do Módulo deve abrir para fora.

V — caso o Módulo esteja interligado a outros Módulos, através de corredor comum, a porta deve abrir para dentro.

VI — a porta que liga o corredor comum à área externa deve abrir para fora.

VII — as portas externas devem ser fabricadas do mesmo material das anteparas adjacentes, com fechaduras e dobradiças fabricadas com material adequado para uso marítimo, e dotadas de dispositivo antipânico.

3.8.2. Portas Internas

I — define-se como porta interna aquela que liga o dormitório à antecâmara.

II — a porta deve ter no mínimo 2,10m (dois metros e dez centímetros) de altura por 0,80m (oitenta centímetros) de largura com molas aéreas hidráulicas e guarnição para adequar o nível de ruído interno aquele fixado nesta especificação.

III — a porta deve abrir para fora. Caso o dormitório possua antecâmara a porta deve ser de correr.

3.8.3. Portas da Instalação Sanitária e do Gabinete Sanitário

I — as portas devem ser inteiriças, com largura mínima de 0,60m (sessenta centímetros) e dotadas de venezianas no terço inferior, de forma a permitir a ventilação desses compartimentos.

II — o material a ser empregado deve possuir as seguintes características:

a) ser resistente ao uso contínuo;

b) ser resistente à umidade; e

c) ter leveza no mecanismo de acionamento.

III — as portas devem possuir fechamento interno sem, contudo, impedir sua abertura emergencial.

3.9. Janelas

I — recomenda-se a instalação de uma janela de forma a permitir a iluminação natural do dormitório.

II — a janela deve estar localizada a meia altura e preferencialmente ao fundo do dormitório.

III — o projeto de instalação dos módulos deve validar a localização acima, tendo em vista as características da plataforma e a localização das áreas perigosas.

IV — os vidros a serem instalados em divisórias, janelas e visores das portas, devem ser laminados de modo a não produzir estilhaços quando submetidos a impactos mecânicos ou a sobrepressão de explosões. Materiais alternativos podem ser utilizados desde que tenham características de baixa emissão de fumaça tóxica.

V — todas as janelas devem ser do tipo fixo, soldada na antepara e do mesmo material desta.

VI — todas as janelas devem ser do tipo naval e possuir isolamento térmico e acústico.

VII — as janelas devem ser providas de cortinas, confeccionadas com material antialérgico, de forma a proporcionar o bloqueio da luz.

3.10. Pisos e revestimentos

I — os materiais empregados nos pisos e nos revestimentos das paredes devem ser resistentes, lisos, impermeáveis e laváveis.

II — todos os materiais empregados devem ter características antialérgicas e baixa emissão de fumaça tóxica.

III — o piso e o rodapé devem ter revestimento antiderrapante e não devem apresentar ressaltos ou saliências.

IV — o piso e demais revestimentos devem impedir a entrada de umidade e emanações no alojamento.

V — a escolha do revestimento de pisos, paredes e teto deve contemplar materiais com características de resistência ao fogo e isolamento termo-acústico, bem como considerar aspectos arquitetônicos próprios para o uso a que se destina.

3.11. Mobiliário

I — os materiais empregados no mobiliário devem ser de fácil higienização, e encontráveis facilmente no mercado.

II — todo o material utilizado na fabricação do mobiliário deve ter características de não sustentar a propagação de chama.

III — todo tecido deve ter característica fogo-retardante e ser de fácil limpeza.

IV — todo o material de estofamento deve ter característica fogo-retardante, de acordo com requisitos fixados pelas sociedades classificadoras.

4. CONDIÇÕES GERAIS DAS INSTALAÇÕES

4.1. Geral

I — devem ser previstas facilidades para instalação de televisor, antena e telefone.

II — deve possuir uma escrivaninha (mesa e cadeira) com iluminação auxiliar e tomada de energia elétrica.

4.2. Conservação e asseio

Devem ser empregados no mobiliário e no acabamento de paredes, pisos e teto, materiais que permitam fácil manutenção, higienização e conservação.

4.3. Ar condicionado

I — a captação de ar exterior deve ser monitorada por meio de detectores de gás e com isolamento por meio de dampers.

II — o projeto da ventilação dos compartimentos da instalação sanitária e gabinete sanitário devem considerar que a exaustão deve ser feita para o exterior do módulo de forma que não contamine os ambientes adjacentes.

III — as grelhas de insuflação de ar devem possuir aletas direcionais ajustáveis.

4.4. Iluminação

I — o projeto de iluminação deve prever um nível de iluminamento mínimo de 100 lux, avaliado conforme o estabelecido em norma técnica brasileira.

II — deve ser prevista iluminação de emergência no dormitório.

4.5. Detecção de fumaça

Devem ser instalados detectores de fumaça que permitam sua interligação ao sistema de detecção de fogo e gás da plataforma. Alternativas à interligação podem ser propostas desde que mantenham a filosofia de prover o reconhecimento do alarme pela Sala de Controle.

4.6. Alarmes

I — devem ser instalados alarmes manuais de incêndio que permitam sua interligação ao sistema de detecção de fogo e gás da plataforma.

II — o Módulo de Acomodação Temporária deve possuir sistema de áudio que permita a difusão dos alarmes e a veiculação de mensagens audíveis do Sistema de Comunicação com o Público da plataforma.

4.7. Instalação elétrica

I — o projeto do sistema elétrico do Módulo de Acomodação Temporária deve considerar circuitos de iluminação e força aterrados e protegidos contra sobrecarga e curto-circuito, assim como dispositivos de proteção a corrente diferencial-residual (Dispositivo DR), previsto em norma técnica brasileira.

II — as tomadas de energia elétrica devem ser do tipo com três pinos padronizados, de acordo com a norma técnica brasileira, devidamente identificadas. A chave geral, o quadro elétrico para partida de motores e quadro elétrico para iluminação devem ser identificados.

III — para a instalação dos circuitos elétricos devem ser utilizados eletrodutos mesmo que a fiação não esteja aparente.

IV — o projeto deve estar de acordo com os requisitos estabelecidos na NR-10.

V — os quadros elétricos devem ter barramento interno com disjuntores, portas com vedação de borracha e trinco e pintura eletrostática a pó. Os quadros elétricos devem ser instalados em local de fácil acesso, no interior do Módulo de Acomodação Temporária.

VI — a tensão elétrica das tomadas deve ser de 127 Volts.

VII — deve haver identificação dos circuitos no quadro de distribuição elétrica.

VIII — a instalação elétrica deve ser projetada e executada de modo a prevenir os riscos de choque elétrico, incêndio e outros tipos de acidente.

IX — o projeto de instalação deve prever meios para o desligamento da alimentação elétrica do Módulo de Acomodação Temporária pelo Sistema de Parada de Emergência da plataforma.

4.8. Sistemas móveis de proteção contra incêndio

Devem ser previstos extintores portáteis de incêndio, instalados conforme norma técnica brasileira.

4.9. Níveis de ruído e vibração

I — Ruído

São aceitáveis níveis de pressão sonora até 60 dB(A) devendo sempre ser buscado o menor nível de pressão sonora possível. Sempre que os níveis de pressão sonora encontrados superarem os 55 dB(A) devem ser tomadas medidas para sua efetiva redução.

II — Vibração

As estruturas de sustentação dos Módulos de Acomodação Temporária devem ter apoios resilientes para absorção de ruído e vibrações, salvo a realização de estudo técnico que comprove não serem necessários tais apoios.

Capítulo 31

SEGURANÇA E SAÚDE NO TRABALHO NA AGRICULTURA, PECUÁRIA, SILVICULTURA, EXPLORAÇÃO FLORESTAL E AQUICULTURA

No tocante ao tema central deste capítulo, Segurança e Saúde no Trabalho na Agricultura, Pecuária, Silvicultura, Exploração Florestal e Aquicultura, convém ser dito que consoante reiterado por diversas vezes nesta obra, o Constituinte de 1988 expressamente consagrou o Princípio Constitucional da Igualdade de Direitos entre os Trabalhadores Urbanos e Rurais brasileiros, no inciso XXII, do art. 7º, não obstante, mesmo antes do advento da Atual Carta Magna, ocorrida em 5.10.1988, o Estatuto do Trabalho Rural (Lei n. 5.889, de 8.6.1978), em disposição própria, já outorgara ao Ministério do Trabalho e Previdência Social (atual Ministério do Trabalho e Emprego) a competência legal para a elaboração de normas regulamentadoras de segurança e saúde no trabalho rural visando à prevenção de acidentes de trabalho e à promoção da saúde ocupacional dos empregados rurais que desenvolvam atividades produtivas em favor de um empregador rural, no meio ambiente de trabalho rurícola.

Malgrado a citada determinação legal específica contida no Estatuto do Trabalho Rural, o Órgão Ministerial demorou cerca de quinze anos para regulamentar a segurança e saúde no trabalho rural, somente vindo a fazê-lo por meio da edição de uma Portaria específica instituidora das primeiras Cinco Normas Regulamentadoras de Segurança e Saúde no Trabalho Rural (5 NRRs), num autêntico e inegável descompromisso governamental para com a prevenção de acidentes de trabalho e a promoção da saúde ocupacional no meio rural.

Com o intuito de adequar a proteção jurídica à segurança e saúde no trabalho aos citados princípios constitucionais, o atual Ministério do Trabalho e Emprego optou pela edição de uma nova e única norma regulamentadora de segurança e saúde rural; em face disso, publicou a Portaria MTE n. 86, de 3.3.2005, instituidora da trigésima primeira norma regulamentadora de segurança e saúde no trabalho, sob o título NR-31 (Segurança e Saúde no Trabalho na Agricultura, Pecuária, Silvicultura, Exploração Florestal e Aquicultura); por meio da qual se encontra disciplinada toda a proteção jurídica à segurança e saúde no meio ambiente de trabalho rural, nos dias atuais, em substituição às então vigorantes cinco normas regulamentadoras rurais.

Importante destacar, que a Instrução Normativa SIT-MTE n. 76, de 15.5.2009 corresponde ao atual e importante instrumento disciplinador de Procedimentos para a Fiscalização do Trabalho Rural, com ênfase nas ações fiscais para o combate ao trabalho análogo ao de escravo e ao aliciamento e transporte de trabalhadores para localidade diversa de sua origem, na medida em que revogou a IN SIT-MTE n. 65, de 19.7.2006, que por sua vez havia revogado a IN SEFIT-SSST-MTb n. 01, de 24.3.1994.

Segundo disposto na citada IN SIT-MTE n. 76, de 15.5.2009, o planejamento da inspeção do trabalho rural deverá, dentre outros aspectos, atentar para o seguinte:

➢ As Superintendências Regionais do Trabalho e Emprego (SRTEs), por intermédio de suas estruturas de fiscalização, deverão, obrigatoriamente, incluir no planejamento anual as estratégias de ação relativas às inspeções nas atividades rurais.

➢ O planejamento deverá ser precedido de diagnóstico para a identificação dos focos de recrutamento de trabalhadores, das atividades econômicas rurais e sua sazonalidade, bem como das peculiaridades locais.

➢ O diagnóstico, elaborado com base em dados obtidos junto a órgãos e instituições governamentais, deverá ser subsidiado também por informações oriundas do Ministério Público do Trabalho, dos sindicatos de trabalhadores rurais e outras organizações não governamentais.

- O planejamento deverá direcionar com prioridade as ações para os focos de recrutamento de trabalhadores; para as atividades econômicas intensivas em mão de obra e para aquelas com maior incidência de agravos à saúde do trabalhador.
- A proposta de planejamento deverá ser encaminhada à consulta da representação dos trabalhadores rurais que integra a CCIT (Comissão de Colaboração com a Inspeção do Trabalho) e de representantes do Ministério Público do Trabalho, Polícia Federal e Polícia Rodoviária Federal, com o intuito de colher informações para a versão final do documento.
- Para a definição da estratégia a ser utilizada na ação fiscal, quando necessário, serão ouvidos previamente o Ministério Público do Trabalho, a Polícia Federal e/ou a Polícia Rodoviária Federal.

Dispõe, mais, a IN SIT-MTE n. 76, de 15.5.2009, que, na fase de execução da ação fiscal, deverão ser observadas disposições específicas, merecendo destaque as seguintes:

- Após avaliação do grupo ou equipe, deverá ser garantida a participação da Polícia Federal, da Polícia Rodoviária Federal, da Polícia Militar ou da Polícia Civil, por intermédio de solicitação direta da autoridade regional ou da chefia de fiscalização.
- O Superintendente Regional do Trabalho e Emprego é responsável pela manutenção da frota de veículos de uso da fiscalização rural, devendo garantir a sua pronta disponibilização para a realização das ações fiscais previstas no planejamento.
- A ação fiscal será iniciada com a verificação do cumprimento dos preceitos básicos da legislação trabalhista, destacando-se aqueles relativos às condições de segurança e saúde no trabalho, ao registro, à jornada, ao salário e aos recolhimentos fundiários (FGTS).
- No caso de constatação de risco grave e iminente para o trabalhador, o Auditor Fiscal do trabalho deverá adotar os procedimentos legais para interdição do estabelecimento, setor de serviço, máquina ou equipamento, conforme dispõem o artigo 161 da CLT e a NR-03 (Embargo ou Interdição).

Em relação aos procedimentos a serem observados no recrutamento de trabalhadores rurais, prevê a aludida instrução normativa disciplinadora da fiscalização trabalhista rural o seguinte:

- Para o transporte de trabalhadores recrutados para trabalhar em localidade diversa da sua origem é necessária a comunicação do fato às SRTEs por intermédio da Certidão Declaratória de Transporte de Trabalhadores (CDTT).
- A CDTT deverá ser devidamente preenchida e entregue nas Superintendências ou Gerências Regionais do Trabalho e Emprego da circunscrição dos trabalhadores recrutados, acompanhada de:
  - Cópia da inscrição no CNPJ ou CEI e CPF do empregador;
  - Procuração original ou cópia autenticada, concedendo poderes ao procurador para recrutar, contratar trabalhadores e proceder ao encaminhamento da CDTT junto à SRTE;
  - Cópia do contrato social do empregador, quando se tratar de pessoa jurídica;
  - Cópias do documento de identidade do procurador e das habilitações dos condutores dos veículos;
  - Cópias dos contratos individuais de trabalho;
  - Cópia do certificado de registro para fretamento da empresa transportadora, emitido pela Agência Nacional de Transportes Terrestres (ANTT);
  - Relação nominal dos trabalhadores recrutados, com os números da CTPS e do PIS.
- A CDTT poderá, excepcionalmente, ser protocolada fora das dependências da unidade do MTE, desde que em local definido pela chefia da fiscalização e por servidor especialmente designado para esse fim.

- Estando a documentação completa, a SRTE receberá uma via da CDTT, devolvendo outra via ao empregador, devidamente protocolada.
- A SRTE de origem dos trabalhadores enviará cópia da CDTT ao Sindicato dos Trabalhadores Rurais, acompanhada da relação nominal dos trabalhadores recrutados, e a entidade, se assim entender, dará ciência ao sindicato da localidade de destino.

Constitui-se forte indício de Trabalho Forçado a situação em que o trabalhador é reduzido à condição análoga à de escravo, por meio de fraude, dívida, retenção de salários ou documentos, ameaças ou violência que impliquem o cerceamento da liberdade dele e/ou seus familiares de deixar o local onde presta serviços, ou mesmo quando o empregador se negar a fornecer transporte para que ele se retire do local para onde foi levado, não havendo outros meios de sair em condições seguras, devido às dificuldades de ordem econômica ou física da região.

Considera-se forte indício de Aliciamento de Mão de Obra o fato de alguém, por si ou em nome de outro, recrutar trabalhadores para prestar serviços em outras localidades do território nacional, sem adoção de providências preliminares que identifiquem uma contratação regular. Importante ressaltar que o aliciamento e transporte de trabalhadores para localidade diversa de sua origem constitui, em tese, o crime tipificado no artigo 207 do Código Penal brasileiro.

Chamamos a atenção do caro leitor para o fato de que todos os dispositivos: constitucionais, infraconstitucionais, infralegais ou regulamentares e jurisprudenciais, desde que pertinentes à temática em apreço, encontram-se reproduzidos no tópico Fundamentos Jurídicos deste Capítulo, inclusive a íntegra atualizada da norma regulamentadora de segurança e saúde no trabalho que o intitula.

Oportuno lembrar, para os não versados na ciência do direito, que as normas jurídicas legais, tanto as constitucionais quanto as infraconstitucionais, têm o condão de criar o direito, ao passo que as normas jurídicas infralegais ou regulamentares (decretos, portarias, normas regulamentadoras, etc.) não podem criar o direito em si, mas apenas regulamentá-lo quando expressamente autorizado pela própria a fazê-lo; sob pena de ser declarada ilegal e, portanto, nula de pleno direito.

A NR-31 (Segurança e Saúde no Trabalho na Agricultura, Pecuária, Silvicultura, Exploração Florestal e Aquicultura), com a redação dada pela Portaria SIT-MTE n. 86, de 3.3.2005, devidamente atualizada até a edição da Portaria SIT-MTE n. 1.896, de 9.12.2013, apresenta suas recomendações técnico-preventivas, de forma sequenciada e agrupada em vinte e três Tópicos, além de quatro Anexos, na forma a seguir sintetizada:

Sumário da NR-31 (Segurança e Saúde no Trabalho na Agricultura, Pecuária, Silvicultura, Exploração Florestal e Aquicultura)

31.1. Objetivo.

31.2. Campos de Aplicação.

31.3. Disposições Gerais — Obrigações e Competências — Das Responsabilidades.

31.4. Comissões Permanentes de Segurança e Saúde no Trabalho Rural.

31.5. Gestão de Segurança, Saúde e Meio Ambiente de Trabalho Rural.

31.6. Serviço Especializado em Segurança e Saúde no Trabalho Rural (SESTR).

31.7. Comissão Interna de Prevenção de Acidentes do Trabalho Rural (CIPATR).

31.8. Agrotóxicos, Adjuvantes e Produtos Afins.

31.9. Meio Ambiente e Resíduos.

31.10. Ergonomia.

31.11. Ferramentas Manuais.

31.12. Segurança no Trabalho em Máquinas e Implementos Agrícolas.

31.13. Secadores.

31.14. Silos.

31.15. Acessos e Vias de Circulação.

31.16. Transporte de Trabalhadores.

31.17. Transporte de Cargas.

31.18. Trabalho com Animais.

31.19. Fatores Climáticos e Topográficos.

31.20. Medidas de Proteção Pessoal.

31.21. Edificações Rurais.

31.22. Instalações Elétricas.

31.23. Áreas de Vivência.

Anexo I: Glossário.

Anexo II: Distâncias de Segurança e Requisitos para o uso de Detectores de Presença Optoeletrônicos.

Anexo III: Meios de Acesso Permanente.

Anexo IV: Quadros e Figuras Auxiliares.

O objetivo central da NR-31 é estabelecer os preceitos a serem observados na organização e no ambiente de trabalho, de forma a tornar compatíveis o planejamento e o desenvolvimento das atividades da agricultura, pecuária, silvicultura, exploração florestal e aquicultura com a segurança e a saúde ocupacionais. Outrossim, as disposições técnico-preventivas contidas na aludida NR são aplicáveis a quaisquer atividades da agricultura, pecuária, silvicultura, exploração florestal e aquicultura, verificadas as formas de relações de trabalho e emprego e o local das atividades, sendo igualmente exigíveis nas atividades de exploração industrial desenvolvidas em estabelecimentos agrários. Conveniente registrar que a atual norma disciplinadora de prevenção de acidentes do trabalho e de promoção da saúde ocupacional na área rural (NR-31), possui uma sistematização bem mais abrangente do que as cinco normas regulamentadoras por ela revogadas (5 NRRs).

Importante destacar que a Portaria MTE n. 2.546, de 14.12.2011, trouxe modificações relevantes na NR-31, particularmente no item 31.12 — Segurança no Trabalho em Máquinas e Implementos Agrícolas, com o intuito de adaptá-la à atual NR-12 (Segurança no Trabalho em Máquinas e Equipamentos).

Compete à Secretaria de Inspeção do Trabalho (SIT-MTE), com a assessoria técnico-especializada de seu Departamento de Segurança e Saúde no Trabalho (DSST-SIT-MTE), definir, coordenar, orientar e implementar a Política Nacional de Segurança e Saúde no Trabalho Rural, com os seguintes objetivos:

- identificar os principais problemas de segurança e saúde do setor, estabelecendo as prioridades de ação, desenvolvendo os métodos efetivos de controle dos riscos e de melhoria das condições de trabalho;
- avaliar periodicamente os resultados da ação;
- prescrever medidas de prevenção dos riscos no setor, observado os avanços tecnológicos, os conhecimentos em matéria de segurança e saúde e os preceitos aqui definidos;
- avaliar permanentemente os impactos das atividades rurais no meio ambiente de trabalho;
- elaborar recomendações técnicas para os empregadores, empregados e para trabalhadores autônomos;
- definir máquinas e equipamentos cujos riscos de operação justifiquem estudos e procedimentos para alteração de suas características de fabricação ou de concepção;
- criar um banco de dados com base nas informações disponíveis sobre acidentes, doenças e meio ambiente de trabalho, dentre outros;
- coordenar, orientar e supervisionar as atividades preventivas desenvolvidas pelos órgãos regionais do MTE e realizar, com a participação dos trabalhadores e empregadores, a Campanha Nacional de Prevenção de Acidentes do Trabalho Rural (CANPATR) e implementar o Programa de Alimentação do Trabalhador (PAT);

- executar, através das SRTEs (Superintendências Regionais do Trabalho e Emprego), as atividades definidas na política nacional de segurança e saúde no trabalho, bem como as ações de fiscalização.

A norma regulamentadora em apreço enumera as Responsabilidades ou Deveres do Empregador Rural ou do Equiparado para com a segurança e saúde no trabalho, merecendo destacar as seguintes:

- garantir adequadas condições de trabalho, higiene e conforto para todos os trabalhadores, segundo as especificidades de cada atividade;
- realizar avaliações dos riscos para a segurança e saúde dos trabalhadores e, com base nos resultados, adotar medidas de prevenção e proteção para garantir que todas as atividades, lugares de trabalho, máquinas, equipamentos, ferramentas e processos produtivos sejam seguros e em conformidade com as normas de segurança e saúde;
- promover melhorias nos ambientes e nas condições de trabalho, de forma a preservar o nível de segurança e saúde dos trabalhadores;
- cumprir e fazer cumprir as disposições legais e regulamentares sobre segurança e saúde no trabalho;
- analisar, com a participação da Comissão Interna de Prevenção de Acidentes no Trabalho Rural (CIPATR), as causas dos acidentes e das doenças decorrentes do trabalho, buscando prevenir e eliminar as possibilidades de novas ocorrências;
- assegurar a divulgação de direitos, deveres e obrigações que os trabalhadores devam conhecer em matéria de segurança e saúde no trabalho;
- adotar os procedimentos necessários quando da ocorrência de acidentes e doenças do trabalho;
- assegurar que sejam transmitidas aos trabalhadores instruções compreensíveis em matéria de segurança e saúde, bem como toda orientação e supervisão necessárias ao trabalho seguro;
- garantir que os trabalhadores, por meio da CIPATR, participem das discussões sobre o controle dos riscos presentes nos ambientes de trabalho;
- informar aos trabalhadores sobre: os riscos decorrentes do trabalho e as medidas de proteção implantadas, inclusive em relação a novas tecnologias adotadas pelo empregador; os resultados dos exames médicos e complementares a que foram submetidos, quando realizados por serviço médico contratado pelo empregador; e os resultados das avaliações ambientais realizadas nos locais de trabalho;
- permitir que representante dos trabalhadores, legalmente constituído, acompanhe a fiscalização dos preceitos legais e regulamentares sobre segurança e saúde no trabalho;
- adotar medidas de avaliação e gestão dos riscos ambientais com a seguinte ordem de prioridade: eliminação dos riscos; controle de riscos na fonte; redução do risco ao mínimo através da introdução de medidas técnicas ou organizacionais e de práticas seguras inclusive por meio de capacitação; adoção de medidas de proteção pessoal, sem ônus para o trabalhador, de forma a complementar ou caso ainda persistam temporariamente fatores de risco.

Ainda no tocante às Responsabilidades Patronais, dispõe a norma regulamentadora em comento que responderão solidariamente pela aplicação dos preceitos técnico-preventivos de segurança e saúde no trabalho rural as empresas, empregadores, cooperativas de produção ou parceiros rurais que se congreguem para desenvolver tarefas, ou que constituam grupo econômico. Outrossim, sempre que haja dois ou mais empregadores rurais ou trabalhadores autônomos que exerçam suas atividades em um mesmo local, estes deverão colaborar na aplicação das prescrições normativas preventivas.

Constam explicitados como Direitos dos Trabalhadores Rurais pertinentes à segurança e saúde no trabalho rural:

- desenvolver suas atividades profissionais em ambientes de trabalho seguros e saudáveis;

- ser consultado, através de seus representantes na CIPATR, sobre as medidas de prevenção que serão adotadas pelo empregador;
- escolher sua representação em matéria de segurança e saúde no trabalho;
- quando houver motivos para considerar que exista grave e iminente risco para sua segurança e saúde, ou de terceiros, informar imediatamente ao seu superior hierárquico, ou membro da CIPATR ou diretamente ao empregador, para que sejam tomadas as medidas de correção adequadas, interrompendo o trabalho se necessário;
- receber instruções em matéria de segurança e saúde, bem como orientação para atuar no processo de implementação das medidas de prevenção que serão adotadas pelo empregador.

Outrossim, devem os trabalhadores rurais cumprir as determinações sobre as formas seguras de desenvolver suas atividades, especialmente quanto às ordens internas de serviço sobre segurança e saúde no trabalho rural emitidas pelo empregador para esse fim, bem como adotar as demais medidas preventivas de proteção determinadas pelo empregador, além de submeter-se aos exames médicos regulamentares previstos e colaborar com a empresa na aplicação das disposições preventivas previstas na NR-31.

Igualmente, está consignado na NR-31 que os empregadores rurais ou equiparados devem elaborar e implantar, sob o seu custeio pleno, ações de segurança e saúde ocupacionais objetivando a melhoria das condições ambientais de trabalho, de modo a promover e a preservar a saúde e a integridade física dos trabalhadores rurais, inclusive por meio de campanhas educativas de prevenção de acidentes e doenças decorrentes do trabalho; de investigação e análise dos acidentes e das situações de trabalho que os geraram, sempre visando uma melhor organização do trabalho e observando a seguinte ordem de prioridade:

- eliminação de riscos ambientais (físicos, químicos, mecânicos, ergonômicos e biológicos) através da substituição ou adequação dos processos produtivos, máquinas e equipamentos;
- adoção de medidas de proteção coletiva para controle dos riscos na fonte; e adoção de medidas de proteção pessoal.

Impõe a NR-31 que, salvo o especificamente disposto em convenção ou acordos coletivos de trabalho, o empregador rural ou equiparado deve promover, às suas expensas, a realização de exames médicos ocupacionais de seus trabalhadores, que compreendem a avaliação clínica e exames complementares, quando necessários em função dos riscos a que o trabalhador estiver exposto, observadas as seguintes modalidades e prazos de realização:

- exame médico admissional, que deve ser realizado antes que o trabalhador assuma suas atividades;
- exame médico periódico, que deve ser realizado anualmente, resguardado o critério médico;
- exame médico de retorno ao trabalho, que deve ser realizado no primeiro dia do retorno à atividade do trabalhador ausente por período superior a trinta dias devido a qualquer doença ou acidente;
- exame médico de mudança de função, que deve ser realizado antes da data do início do exercício na nova função, desde que haja a exposição do trabalhador a risco específico diferente daquele a que estava exposto;
- exame médico demissional, que deve ser realizado até a data da homologação, desde que o último exame médico ocupacional tenha sido realizado há mais de noventa dias, resguardado o critério médico.

Para cada exame médico realizado deve ser emitido um Atestado de Saúde Ocupacional (ASO), em duas vias, sendo que a primeira via deverá ficar arquivada no estabelecimento, à disposição da fiscalização, e a segunda será obrigatoriamente entregue ao trabalhador, mediante recibo na primeira via. São requisitos formais mínimos que devem constar do Atestado de Saúde Ocupacional:

- nome completo do trabalhador, o número de sua identidade e sua função;
- os riscos ocupacionais a que está exposto;
- indicação dos procedimentos médicos a que foi submetido e a data em que foram realizados;

- definição de apto ou inapto para a função específica que o trabalhador vai exercer, exerce ou exerceu;
- data, nome, número de inscrição no Conselho Regional de Medicina e assinatura do médico que realizou o exame.

A norma regulamentadora em comento prevê outras ações de saúde no trabalho que devem ser planejadas e executadas, levando-se em consideração as necessidades e peculiaridades. Além disso, todo estabelecimento rural deverá estar equipado com material necessário à prestação de primeiros socorros, considerando-se as características da atividade desenvolvida e, sempre que no estabelecimento rural houver dez ou mais trabalhadores, o material de primeiros socorros ficará sob cuidado de pessoa treinada para esse fim. Outrossim, o empregador deve garantir remoção do acidentado em caso de urgência, sem ônus para o trabalhador, além de possibilitar o acesso dos trabalhadores aos órgãos de saúde visando a prevenção e à profilaxia de doenças endêmicas, inclusive promovendo a aplicação de vacina antitetânica.

Em caso de acidentes com animais peçonhentos, após os procedimentos de primeiros socorros, o trabalhador acidentado deve ser encaminhado imediatamente à unidade de saúde mais próxima do local e, quando constatada a ocorrência ou agravamento de doenças ocupacionais, por meio dos exames médicos, ou sendo verificadas alterações em indicador biológico com significado clínico, mesmo sem sintomatologia, caberá ao empregador rural ou equiparado, mediante orientação formal, por intermédio de laudo ou atestado do médico encarregado dos exames:

- emitir a Comunicação de Acidentes do Trabalho (CAT);
- afastar o trabalhador da exposição ao risco, ou do trabalho;
- encaminhar o trabalhador à previdência social para estabelecimento de nexo causal, avaliação de incapacidade e definição da conduta previdenciária em relação ao trabalho.

Cabe aos empregadores rurais ou equiparados organizar e manter em funcionamento o Serviço Especializado em Segurança e Saúde no Trabalho Rural (SESTR), composto por profissionais especializados, além de proporcionar os meios e recursos necessários para o cumprimento de seus objetivos e atribuições. A propósito, o SESTR tem por objetivo desenvolver, nos domínios da empresa, ações técnicas integradas às práticas de gestão de segurança, saúde e meio ambiente de trabalho, para tornar o ambiente de trabalho compatível com a promoção da segurança e saúde e a preservação da integridade física do trabalhador rural.

São atribuições específicas do SESTR:

- assessorar tecnicamente os empregadores e trabalhadores;
- promover e desenvolver atividades educativas em saúde e segurança para todos os trabalhadores;
- identificar e avaliar os riscos para a segurança e saúde dos trabalhadores em todas as fases do processo de produção, com a participação dos envolvidos;
- indicar medidas de eliminação, controle ou redução dos riscos, priorizando a proteção coletiva;
- monitorar periodicamente a eficácia das medidas adotadas;
- analisar as causas dos agravos relacionados ao trabalho e indicar as medidas corretivas e preventivas pertinentes;
- participar dos processos de concepção e alterações dos postos de trabalho, escolha de equipamentos, tecnologias, métodos de produção e organização do trabalho, para promover a adaptação do trabalho ao homem;
- intervir imediatamente nas condições de trabalho que estejam associadas a graves e iminentes riscos para a segurança e saúde dos trabalhadores;
- estar integrado com a Comissão Interna de Prevenção de Acidentes no Trabalho Rural (CIPATR), valendo-se, ao máximo, de suas observações, além de apoiá-la, treiná-la e atendê-la nas suas necessidades e solicitações;

- manter registros atualizados referentes a avaliações das condições de trabalho, indicadores de saúde dos trabalhadores, acidentes e doenças do trabalho e ações desenvolvidas pelo SESTR.

De forma similar ao explicitado para o Serviço Especializado em Engenharia de Segurança e em Medicina do Trabalho, correspondente à temática do Capítulo 4 (SESMT), são possíveis de integrar o Serviço Especializado em Segurança e Saúde no Trabalho Rural (SEST) os seguintes profissionais especialistas: o Engenheiro de Segurança do Trabalho; o Médico do Trabalho; o Enfermeiro do Trabalho; o Técnico de Segurança do Trabalho e o Auxiliar ou Técnico de Enfermagem do Trabalho, sendo permitida a inclusão de outros profissionais especializados mediante ajuste específico em norma coletiva (convenção ou acordo coletivo de trabalho).

Excepcionalmente, prevê a norma disciplinadora da segurança e saúde no trabalho rural, três modalidades de SESTR possíveis de serem organizados pelos empregadores rurais, a saber:

- SESTR PRÓPRIO — quando os profissionais especializados mantiverem vínculo empregatício diretamente com o empregador rural;
- SESTR EXTERNO — quando o empregador rural ou equiparado contar com consultoria externa dos profissionais especializados;
- SESTR COLETIVO — quando um segmento empresarial ou econômico coletivizar a contratação dos profissionais especializados.

Sabidamente, o Dimensionamento do SESTR vincula-se ao número de empregados contratados por prazo indeterminado e deve observar às seguintes regras gerais:

- sempre que um empregador rural ou equiparado proceder à contratação de trabalhadores, por prazo determinado, fazendo que o número de empregados ultrapasse a cinquenta, deve contratar SESTR Próprio, Externo ou Coletivo durante o período de vigência da contratação;
- o estabelecimento com mais de dez e até cinquenta empregados fica dispensado de constituir SESTR, desde que o empregador rural ou preposto tenha formação sobre prevenção de acidentes e doenças relacionadas ao trabalho, necessária ao cumprimento dos objetivos da NR-31;
- o não atendimento ao anteriormente disposto obriga o empregador rural ou equiparado a contratar um técnico de segurança do trabalho ou SESTR Externo;
- será obrigatória a constituição de SESTR, Próprio ou Externo, para os estabelecimentos com mais de cinquenta empregados.

Para fins de credenciamento junto à Superintendência Regional do Trabalho e Emprego, o SESTR EXTERNO deverá:

- ser organizado por instituição ou possuir personalidade jurídica própria;
- exercer exclusivamente atividades de prestação de serviços em segurança e saúde no trabalho e apresentar a relação dos profissionais que compõem o SESTR;
- comunicar ao Superintendente Regional do Trabalho e Emprego, no prazo de quinze dias da data da efetivação do contrato, a identificação dos empregadores rurais ou equiparados para os quais prestará serviços.

Caberá ao Superintendente Regional do Trabalho e Emprego, no prazo de trinta dias, avaliar, ouvida a Comissão Permanente Regional Rural (CPRR), e sem prejuízo dos serviços, neste período, a compatibilidade entre a capacidade instalada e o número de contratados do SESTR. Os empregadores rurais ou equiparados que contratarem SESTR Externo devem manter à disposição da fiscalização, em todos os seus estabelecimentos, documento atualizado comprobatório da contratação do referido serviço.

Os empregadores rurais ou equiparados, que sejam obrigados a constituir SESTR Próprio ou Externo, poderão optar pelo SESTR Coletivo, desde que estabelecido em acordos ou convenções coletivos de trabalho e se configure uma das seguintes situações:

- vários empregadores rurais ou equiparados instalados em um mesmo estabelecimento;
- empregadores rurais ou equiparados, que possuam estabelecimentos que distem entre si menos de cem quilômetros;
- vários estabelecimentos sob controle acionário de um mesmo grupo econômico, que distem entre si menos de cem quilômetros;
- consórcio de empregadores e cooperativas de produção.

A Superintendência Regional do Trabalho e Emprego, ouvida a Comissão Permanente Regional Rural (CPRR), credenciará o SESTR Coletivo, que deverá apresentar a comprovação do anteriormente disposto e a relação dos profissionais que compõem o serviço, mediante comprovação da habilitação requerida. Responderão solidariamente pelo SESTR Coletivo todos os seus integrantes.

O SESTR EXTERNO assim como o SESTR COLETIVO poderão ser descredenciados pelo Superintendente Regional do Trabalho e Emprego, ouvida a CPRR, sempre que os serviços por ele prestados não atenderem aos critérios estabelecidos na NR-31.

As empresas que mantiverem atividades agrícolas e industriais, interligadas no mesmo espaço físico e obrigadas a constituir SESTR e serviço equivalente (SESMT) previsto na Consolidação das Leis do Trabalho, poderão constituir apenas um desses Serviços, considerando o somatório do número de empregados, desde que estabelecido em convenção ou acordo coletivo.

O empregador rural ou equiparado que mantenha vinte ou mais empregados contratados por prazo indeterminado fica obrigado a manter em funcionamento, por estabelecimento, uma Comissão Interna de Prevenção de Acidentes no Trabalho Rural (CIPATR), tendo como objetivo a prevenção de acidentes e doenças relacionados ao trabalho, de modo a tornar compatível permanentemente o trabalho com a preservação da vida do trabalhador. Nos estabelecimentos com número de onze a dezenove empregados, nos períodos de safra ou de elevada concentração de empregados por prazo determinado, a assistência em matéria de segurança e saúde no trabalho será garantida pelo empregador diretamente ou por meio de preposto ou de profissional por ele contratado.

Acerca da Organização da CIPATR, assim dispõe a NR-31:

- os membros da representação dos empregados na CIPATR serão eleitos em escrutínio secreto;
- os candidatos votados e não eleitos deverão ser relacionados na ata de eleição, em ordem decrescente de votos, possibilitando a posse como membros da CIPATR em caso de vacância;
- o Coordenador da CIPATR será escolhido pela representação do empregador, no primeiro ano do mandato, e pela representação dos trabalhadores, no segundo ano do mandato, dentre seus membros;
- o mandato dos membros da CIPATR terá duração de dois anos, permitida uma recondução;
- organizada a CIPATR, as atas de eleição e posse e o calendário das reuniões devem ser mantidos no estabelecimento à disposição da fiscalização do trabalho;
- a CIPATR não poderá ter seu número de representantes reduzido, bem como não poderá ser desativada pelo empregador antes do término do mandato de seus membros, ainda que haja redução do número de empregados, exceto no caso de encerramento das atividades do estabelecimento;
- os casos em que ocorra redução do número de empregados, por mudanças na atividade econômica, devem ser encaminhados à Superintendência Regional do Trabalho e Emprego, que decidirá sobre a redução ou não da quantidade de membros da CIPATR;
- nas Unidades da Federação com Comissão Permanente Regional Rural (CPRR) em funcionamento, esta será ouvida antes da decisão anteriormente referida.

A eleição para o novo mandato da CIPATR deverá ser convocada pelo empregador, pelo menos quarenta e cinco dias antes do término do mandato e realizada com antecedência mínima de trinta dias do término do mandato; além do que, o processo eleitoral deverá observar as seguintes condições:

- divulgação de edital, em locais de fácil acesso e visualização, por todos os empregados do estabelecimento, no prazo mínimo de quarenta e cinco dias antes do término do mandato em curso;
- comunicação do início do processo eleitoral ao sindicato dos empregados e dos empregadores, por meio do envio de cópia do edital de convocação;
- inscrição e eleição individual, sendo que o período mínimo para inscrição será de quinze dias;
- liberdade de inscrição para todos os empregados do estabelecimento, independentemente de setores ou locais de trabalho, com fornecimento de comprovante;
- garantia de emprego para todos os inscritos até a eleição;
- realização da eleição no prazo mínimo de trinta dias antes do término do mandato da CIPATR, quando houver;
- realização de eleição em dia normal de trabalho, respeitando os horários de turnos e em horário que possibilite a participação da maioria dos empregados;
- voto secreto;
- apuração dos votos imediatamente após o término da eleição, em horário normal de trabalho, com acompanhamento de um representante dos empregados e um do empregador;
- assumirão a condição de membros os candidatos mais votados e, em caso de empate, assumirá aquele que tiver maior tempo de serviço no estabelecimento;
- a posse dos membros da CIPATR se dará no primeiro dia útil após o término do mandato anterior e, em caso de primeiro mandato, a posse será realizada no prazo máximo de quarenta e cinco dias após a eleição;
- o empregador deverá guardar, por um período mínimo de cinco anos, toda a documentação relativa à eleição da CIPATR;
- havendo participação inferior a cinquenta por cento dos empregados na votação, não haverá a apuração dos votos e deverá ser organizada outra votação que ocorrerá no prazo máximo de dez dias.

Consideram-se trabalhadores em exposição direta os que manipulam agrotóxicos, adjuvantes e produtos afins, em qualquer uma das etapas de armazenamento, transporte, preparo, aplicação, descarte e descontaminação de equipamentos e vestimentas, ao passo que são tidos por trabalhadores em exposição indireta os que não manipulam diretamente os agrotóxicos, adjuvantes e produtos afins, mas circulam e desempenham suas atividades de trabalho em áreas vizinhas aos locais onde se faz a manipulação dos agrotóxicos em qualquer uma das etapas de armazenamento, transporte, preparo, aplicação, descarte, descontaminação de equipamentos e vestimentas, ou ainda os que desempenham atividades de trabalho em áreas recém-tratadas.

Constam elencadas na NR-31, as seguintes determinações preventivas atinentes a Agrotóxicos, Adjuvantes e Produtos Afins:

- é vedada a manipulação de quaisquer agrotóxicos, adjuvantes e produtos afins que não estejam registrados e autorizados pelos órgãos governamentais competentes, bem como a manipulação de tais produtos por menores de dezoito anos, maiores de sessenta anos e por gestantes;
- o empregador rural ou equiparado afastará a gestante das atividades com exposição direta ou indireta a agrotóxicos imediatamente após ser informado da gestação;
- é vedada a manipulação de quaisquer agrotóxicos, adjuvantes e produtos afins, nos ambientes de trabalho, em desacordo com a receita e as indicações do rótulo e bula, previstos em legislação vigente, bem como o trabalho em áreas recém-tratadas, antes do término do intervalo de reentrada estabelecido nos rótulos dos produtos, salvo com o uso de equipamento de proteção recomendado;

- é vedada a entrada e permanência de qualquer pessoa na área a ser tratada durante a pulverização da aérea;
- o empregador rural ou equiparado deve fornecer instruções suficientes aos que manipulam agrotóxicos, adjuvantes e afins, e aos que desenvolvam qualquer atividade em áreas onde possa haver exposição direta ou indireta a esses produtos, garantindo os requisitos de segurança previstos na NR-31.

Deve o empregador rural proporcionar Capacitação sobre Prevenção de Acidentes com Agrotóxicos a todos os trabalhadores expostos diretamente mediante programa, com carga horária mínima de vinte horas, distribuídas em no máximo oito horas diárias, durante o expediente normal de trabalho, desenvolvido a partir de materiais escritos ou audiovisuais e apresentado em linguagem adequada aos trabalhadores e assegurada a atualização de conhecimentos para os trabalhadores já capacitados, observado o seguinte conteúdo mínimo:

- conhecimento das formas de exposição direta e indireta aos agrotóxicos;
- conhecimento de sinais e sintomas de intoxicação e medidas de primeiros socorros;
- rotulagem e sinalização de segurança;
- medidas higiênicas durante e após o trabalho;
- uso de vestimentas e equipamentos de proteção pessoal;
- limpeza e manutenção das roupas, vestimentas e equipamentos de proteção pessoal.

O empregador rural ou equiparado deve adotar, no mínimo, as seguintes medidas preventivas básicas quanto à vestimenta e higiene pessoais:

- as vestimentas devem ser adequadas aos riscos que não propiciem desconforto térmico prejudicial ao trabalhador, em perfeitas condições de uso e devidamente higienizados, responsabilizando-se pela descontaminação dos mesmos ao final de cada jornada de trabalho, e substituindo-os sempre que necessário;
- orientar quanto ao uso correto dos dispositivos de proteção;
- disponibilizar um local adequado para a guarda da roupa de uso pessoal;
- fornecer água, sabão e toalhas para higiene pessoal;
- garantir que nenhum dispositivo de proteção ou vestimenta contaminada seja levado para fora do ambiente de trabalho;
- garantir que nenhum dispositivo ou vestimenta de proteção seja reutilizado antes da devida descontaminação;
- vedar o uso de roupas pessoais quando da aplicação de agrotóxicos.

O empregador rural ou equiparado deve disponibilizar a todos os trabalhadores informações sobre o Uso de Agrotóxicos no estabelecimento, abordando os seguintes aspectos:

- área tratada: descrição das características gerais da área da localização e do tipo de aplicação a ser feita, incluindo o equipamento a ser utilizado;
- nome comercial do produto utilizado;
- classificação toxicológica;
- data e hora da aplicação;
- intervalo de reentrada;
- intervalo de segurança/período de carência;
- medidas de proteção necessárias aos trabalhadores em exposição direta e indireta;
- medidas a serem adotadas em caso de intoxicação.

Quanto às disposições técnico-preventivas acerca do Meio Ambiente e Resíduos de Agrotóxico, prevê a NR-31:

- os resíduos provenientes dos processos produtivos devem ser eliminados dos locais de trabalho, segundo métodos e procedimentos adequados que não provoquem contaminação ambiental;
- as emissões de resíduos para o meio ambiente devem estar de acordo com a legislação em vigor sobre a matéria;
- os resíduos sólidos ou líquidos de alta toxicidade, periculosidade, alto risco biológico e os resíduos radioativos deverão ser dispostos com o conhecimento e a orientação dos órgãos competentes e mantidos sob monitoramento;
- nos processos de compostagem de dejetos de origem animal, deve-se evitar que a fermentação excessiva provoque incêndios no local.

No tocante à Ergonomia, as prescrições normativas a serem observadas no meio ambiente de trabalho rural são as seguintes:

- o empregador rural ou equiparado deve adotar princípios ergonômicos que visem à adaptação das condições de trabalho às características psicofisiológicas dos trabalhadores, de modo a proporcionar melhorias nas condições de conforto e segurança no trabalho;
- é vedado o levantamento e o transporte manual de carga com peso suscetível de comprometer a saúde do trabalhador;
- todo trabalhador designado para o transporte manual regular de cargas deve receber treinamento ou instruções quanto aos métodos de trabalho que deverá utilizar, com vistas a salvaguardar sua saúde e prevenir acidentes;
- o transporte e a descarga de materiais feitos por impulsão ou tração de vagonetes sobre trilhos, carros de mão ou qualquer outro aparelho mecânico deverão ser executados de forma que o esforço físico realizado pelo trabalhador seja compatível com sua saúde, segurança e capacidade de força;
- todas as máquinas, equipamentos, implementos, mobiliários e ferramentas devem proporcionar ao trabalhador condições de boa postura, visualização, movimentação e operação;
- nas operações que necessitem também da utilização dos pés, os pedais e outros comandos devem ter posicionamento e dimensões que possibilitem fácil alcance e ângulos adequados entre as diversas partes do corpo do trabalhador, em função das características e peculiaridades do trabalho a ser executado;
- para as atividades que forem realizadas necessariamente em pé, devem ser garantidas pausas para descanso;
- a organização do trabalho deve ser adequada às características psicofisiológicas dos trabalhadores e à natureza do trabalho a ser executado;
- nas atividades que exijam sobrecarga muscular estática ou dinâmica devem ser incluídas pausas para descanso e outras medidas que preservem a saúde do trabalhador.

No que diz respeito aos Secadores, a NR-31 prescreve que devem possuir revestimentos com material refratário e anteparos adequados de forma a não gerar riscos à segurança e saúde dos trabalhadores, e para evitar incêndios nos secadores o empregador rural ou equiparado deverá garantir a:

- limpeza das colunas e condutos de injeção e tomada de ar quente;
- verificação da regulagem do queimador, quando existente;
- verificação do sistema elétrico de aquecimento, quando existente;
- os filtros de ar dos secadores devem ser mantidos limpos;
- os secadores alimentados por combustíveis gasosos ou líquidos devem ter sistema de proteção para não ocorrer explosão por falha da chama de aquecimento ou no acionamento do queimador, assim como para evitar retrocesso da chama.

Constam explicitadas na NR-31 as seguintes determinações alusivas aos Silos de Armazenamento:

- os silos devem ser adequadamente dimensionados e construídos em solo com resistência compatível às cargas de trabalho;
- as escadas e as plataformas dos silos devem ser construídas de modo a garantir aos trabalhadores o desenvolvimento de suas atividades em condições seguras;
- o revestimento interno dos silos deve ter características que impeçam o acúmulo de grãos, poeiras e a formação de barreiras;
- é obrigatória a prevenção dos riscos de explosões, incêndios, acidentes mecânicos, asfixia e dos decorrentes da exposição a agentes químicos, físicos e biológicos em todas as fases da operação do silo;
- não deve ser permitida a entrada de trabalhadores no silo durante a sua operação, se não houver meios seguros de saída ou resgate;
- nos silos hermeticamente fechados, só será permitida a entrada de trabalhadores após renovação do ar ou com proteção respiratória adequada;
- antes da entrada de trabalhadores na fase de abertura dos silos deve ser medida a concentração de oxigênio e o limite de explosividade relacionado ao tipo de material estocado.

Outrossim, deverão ser tomadas as seguintes precauções nos Trabalhos desenvolvidos no interior dos silos:

- os trabalhos no interior dos silos devem ser realizados com no mínimo dois trabalhadores, devendo um deles permanecer no exterior e com a utilização de cinto de segurança e cabo-guia;
- devem ser previstos e controlados os riscos de combustão espontânea e explosões no projeto construtivo, na operação e manutenção;
- o empregador rural ou equiparado deve manter à disposição da fiscalização do trabalho a comprovação dos monitoramentos e controles relativos à operação dos silos;
- os elevadores e sistemas de alimentação dos silos devem ser projetados e operados de forma a evitar o acúmulo de poeiras, em especial nos pontos onde seja possível a geração de centelhas por eletricidade estática;
- todas as instalações elétricas e de iluminação no interior dos silos devem ser apropriadas à área classificada;
- serviços de manutenção por processos de soldagem, operações de corte ou que gerem eletricidade estática devem ser precedidas de uma permissão especial onde serão analisados os riscos e os controles necessários;
- nos intervalos de operação dos silos, o empregador rural ou equiparado deve providenciar a sua adequada limpeza para remoção de poeiras;
- as pilhas de materiais armazenados deverão ser dispostas de forma que não ofereçam riscos de acidentes.

No que se refere ao Transporte de Trabalhadores Rurais, o veículo de transporte coletivo de passageiros deve possuir autorização emitida pela autoridade de trânsito competente, deve ter todos os passageiros sentados e conduzidos por motorista habilitado e devidamente identificado, e possuir compartimento resistente e fixo, para a guarda das ferramentas e materiais, separado dos passageiros. Igualmente, o transporte de trabalhadores em veículos adaptados somente ocorrerá em situações excepcionais, mediante autorização prévia da autoridade competente em matéria de trânsito, devendo o veículo apresentar as seguintes condições mínimas de segurança:

- escada para acesso, com corrimão, posicionada em local de fácil visualização pelo motorista;
- carroceria com cobertura, barras de apoio para as mãos, proteção lateral rígida, com dois metros e dez centímetros de altura livre, de material de boa qualidade e resistência estrutural que evite o esmagamento e a projeção de pessoas em caso de acidente com o veículo;

- cabina e carroceria com sistemas de ventilação, garantida a comunicação entre o motorista e os passageiros;
- assentos revestidos de espuma, com encosto e cinto de segurança;
- compartimento para materiais e ferramentas mantido fechado e separado dos passageiros.

Em relação ao Transporte de Cargas, deverão ser atendidas as seguintes disposições normativas:

- O método de carregamento e descarregamento de caminhões deve ser compatível com o tipo de carroceria utilizado, devendo ser observadas condições de segurança durante toda a operação.
- As escadas ou rampas utilizadas pelos trabalhadores, para carregamento e descarregamento de caminhões, devem garantir condições de segurança e evitar esforços físicos excessivos.
- Nos caminhões graneleiros abertos deve ser proibido que os trabalhadores subam sobre a carga em descarregamento.

O empregador rural ou equiparado deve garantir em relação ao trabalho com animais as seguintes medidas preventivas:

- imunização, quando necessária, dos trabalhadores em contato com os animais;
- técnicas de segurança quanto à manipulação e eliminação de secreções, excreções e restos de animais, incluindo a limpeza e desinfecção das instalações contaminadas;
- fornecimento de desinfetantes e de água suficientes para a adequada higienização dos locais de trabalho.

Outrossim, em todas as etapas dos processos de trabalhos com animais devem ser disponibilizadas aos trabalhadores informações sobre:

- formas corretas e locais adequados de aproximação, contato e imobilização;
- maneiras de higienização pessoal e do ambiente;
- reconhecimento e precauções relativas a doenças transmissíveis;
- proibir a reutilização de águas utilizadas no trato com animais, para uso humano;
- utilizar somente animais adestrados e treinados por trabalhador preparado para este fim, no transporte com tração animal.

Importante destacar as disposições genéricas acerca das Medidas de Proteção Coletiva e Individual, senão vejamos:

- É obrigatório o fornecimento aos trabalhadores, gratuitamente, de equipamentos de proteção individual (EPI), nas seguintes circunstâncias:
  - sempre que as medidas de proteção coletiva forem tecnicamente comprovadas inviáveis ou quando não oferecerem completa proteção contra os riscos decorrentes do trabalho;
  - enquanto as medidas de proteção coletiva estiverem sendo implantadas;
  - para atender situações de emergência.
- Os equipamentos de proteção individual devem ser adequados aos riscos e mantidos em perfeito estado de conservação e funcionamento.
- O empregador deve exigir que os trabalhadores utilizem os EPIs.
- Cabe ao empregador orientar o empregado sobre o uso do EPI.

Em relação às Edificações Rurais, a trigésima primeira norma regulamentadora prescreve que devem proporcionar proteção contra a umidade, devem ser projetadas e construídas de modo a evitar insolação excessiva ou falta de insolação e possuir ventilação e iluminação adequadas às atividades laborais a que se destinam, além de serem submetidas a processo constante de limpeza e desinfecção, para que se neutralize a ação nociva de agentes patogênicos, e devem ser dotadas de sistema de saneamento básico, destinado à coleta das águas servidas na limpeza e na desinfecção, para que se evite a contaminação do meio ambiente, devendo serem atendidas as seguintes disposições complementares:

- as estruturas das edificações rurais, tais como armazéns, silos e depósitos, devem ser projetadas, executadas e mantidas para suportar as cargas permanentes e móveis a que se destinam;
- os pisos dos locais de trabalho internos às edificações não devem apresentar defeitos que prejudiquem a circulação de trabalhadores ou a movimentação de materiais;
- as aberturas nos pisos e nas paredes devem ser protegidas de forma que impeçam a queda de trabalhadores ou de materiais;
- nas escadas, rampas, corredores e outras áreas destinadas à circulação de trabalhadores e à movimentação de materiais, que ofereçam risco de escorregamento, devem ser empregados materiais ou processos antiderrapantes;
- as escadas, rampas, corredores e outras áreas destinadas à circulação de trabalhadores e à movimentação de materiais, devem dispor de proteção contra o risco de queda;
- as escadas ou rampas fixas, que sejam dotadas de paredes laterais, devem dispor de corrimão em toda a extensão;
- as coberturas dos locais de trabalho devem assegurar proteção contra as intempéries;
- os galpões e demais edificações destinados ao beneficiamento, ao armazenamento de grãos e à criação de animais devem possuir sistema de ventilação;
- as edificações rurais devem garantir permanentemente segurança e saúde dos que nela trabalhem ou residam.

O empregador rural ou equiparado deve disponibilizar aos trabalhadores Áreas de Vivência compostas de:

- instalações sanitárias;
- locais para refeição;
- alojamentos, quando houver permanência de trabalhadores no estabelecimento nos períodos entre as jornadas de trabalho, assim como local adequado para preparo de alimentos, onde houver trabalhadores alojados e lavanderias.

Outrossim, as Áreas de Vivência, cuja utilização deve ser vedada para fins diversos daqueles a que se destinam, devem atender aos seguintes requisitos:

- condições adequadas de conservação, asseio e higiene;
- paredes de alvenaria, madeira ou material equivalente;
- piso cimentado, de madeira ou de material equivalente;
- cobertura que proteja contra as intempéries;
- iluminação e ventilação adequadas.

As Instalações Sanitárias devem ter portas de acesso que impeçam o devassamento, devendo ser construídas de modo a manter o resguardo conveniente, separadas por sexo e situadas em locais de fácil e seguro acesso, dispor de água limpa e papel higiênico, estar ligadas a sistema de esgoto, fossa séptica ou sistema equivalente e possuir recipiente para coleta de lixo. A propósito, as instalações sanitárias devem ser constituídas de:

- lavatório na proporção de uma unidade para cada grupo de vinte trabalhadores ou fração;
- vaso sanitário na proporção de uma unidade para cada grupo de vinte trabalhadores ou fração;
- mictório na proporção de uma unidade para cada grupo de dez trabalhadores ou fração;

- chuveiro na proporção de uma unidade para cada grupo de dez trabalhadores ou fração;
- água para banho disponibilizada em conformidade com os usos e costumes da região ou na forma estabelecida em convenção ou acordo coletivo.

Determina a NR-31 que as moradias familiares devem ser construídas em local arejado e afastadas, no mínimo, cinquenta metros de construções destinadas a outros fins, sendo vedada, em qualquer hipótese, a moradia coletiva de famílias. Sempre que o empregador rural ou equiparado fornecer aos trabalhadores moradias familiares, estas deverão possuir:

- capacidade dimensionada para uma família;
- paredes construídas em alvenaria ou madeira;
- pisos de material resistente e lavável;
- condições sanitárias adequadas;
- ventilação e iluminação suficientes;
- cobertura capaz de proporcionar proteção contra intempéries;
- poço ou caixa de água protegido contra contaminação;
- fossas sépticas, quando não houver rede de esgoto, afastadas da casa e do poço de água, em lugar livre de enchentes e à jusante do poço.

Doravante, serão reproduzidos os FUNDAMENTOS JURÍDICOS (dispositivos legais, infralegais ou regulamentares) que propiciam o suporte de validade jurídica à temática em apreço, observando-se as ordens hierárquica e cronológica. Ao final, encontra-se igualmente transcrita, de forma integral e atualizada, a correspondente norma regulamentadora de segurança e saúde no trabalho que intitula este Capítulo. Recomendamos a leitura das Convenções da Organização Internacional do Trabalho ns. 81, 155 e 174, no capítulo específico deste livro.

FUNDAMENTOS JURÍDICOS DO CAPÍTULO 31

NR-31: SEGURANÇA E SAÚDE NO TRABALHO NA AGRICULTURA, PECUÁRIA, SILVICULTURA, EXPLORAÇÃO FLORESTAL E AQUICULTURA *(redação original dada pela Portaria MTE n. 86, de 3.3.2005, atualizada até a edição da Portaria MTE n. 1.896 de 9.12.2013). Art. 7º*, incisos XXII, XXIII, XXVIII e XXXIII, da CF-1988. *Art. 13 da Lei n. 5.889, de 8.6.1973. Lei n. 10.593, de 6.1.2002. Lei n. 10.683, de 28.5.2003. Convenções OIT, n. 81, 155 e 174. Decreto n. 4.552, de 27.12.2002 (Regulamento da Inspeção do Trabalho). Instrução Normativa IN SIT-MTE n. 76, de 15.5.2009 (Procedimentos de Fiscalização do Trabalho Rural).*

CONSTITUIÇÃO DA REPÚBLICA FEDERATIVA DO BRASIL

(Atualizada até a edição da Emenda Constitucional n. 85 de 26.2.2015)

Título II: Dos Direitos e Garantias Fundamentais (Arts. 5º a 17)

Capítulo II: Dos Direitos Sociais (Arts. 6º a 11)

Art. 7º São direitos dos trabalhadores urbanos e rurais[1], além de outros que visem à melhoria de sua condição social:

XXII — redução dos riscos inerentes ao trabalho, por meio de normas de saúde, higiene e segurança;

XXIII — adicional de remuneração para as atividades penosas, insalubres ou perigosas, na forma da lei;

XXVIII — seguro contra acidentes de trabalho, a cargo do empregador, sem excluir a indenização a que este está obrigado, quando incorrer em dolo ou culpa;

XXXIII — proibição de trabalho noturno, perigoso ou insalubre a menores de dezoito e de qualquer trabalho a menores de dezesseis anos, salvo na condição de aprendiz, a partir de quatorze anos.

---

(1) Especificamente em relação aos Servidores Públicos Federais (submetidos ao Regime Jurídico Único da Lei n. 8.112/1990) dispõe o § 3º do art. 39 da CF-1988 que: "Aplica-se aos servidores ocupantes de cargo público o disposto no art. 7º, IV, VII, VIII, IX, XII, XIII, XV, XVI, XVII, XVIII, XIX, XX, XXII e XXX, podendo a lei estabelecer requisitos diferenciados de admissão quando a natureza do cargo o exigir".

NORMAS JURÍDICAS INFRACONSTITUCIONAIS

Lei n. 5.889, de 8.6.1973 — Estatuto do Trabalho Rural

(Estatui Normas Reguladoras do Trabalho Rural)

Art. 1º As relações de trabalho rural serão reguladas por esta Lei e, no que com ela não colidirem, pelas normas da Consolidação das Leis do Trabalho, aprovada pelo Decreto-lei n. 5.452 de 1º.5.1943.

Parágrafo único. Observadas as peculiaridades do trabalho rural, a ele também se aplicam as Leis ns. 605 de 5.1.1949; 4.090 de 13.7.1962; 4.725 de 13.7.1965, com as alterações da Lei n. 4903 de 16.12.1965 e os Decretos-Leis ns. 15 de 29.7.1966; 17 de 22.8.1966 e 368 de 19.12.1968.

Art. 2º Empregado rural é toda pessoa física que, em propriedade rural ou prédio rústico, presta serviços de natureza não eventual a empregador rural, sob a dependência deste e mediante salário.

Art. 3º Considera-se empregador, rural, para os efeitos desta Lei, a pessoa física ou jurídica, proprietário ou não, que explore atividade agro-econômica, em caráter permanente ou temporário, diretamente ou através de prepostos e com auxílio de empregados.

§ 1º Inclui-se na atividade econômica, referida no *caput* deste artigo, a exploração industrial em estabelecimento agrário não compreendido na Consolidação das Leis do Trabalho.

§ 2º Sempre que uma ou mais empresas, embora tendo cada uma delas personalidade jurídica própria, estiverem sob direção, controle ou administração de outra, ou ainda quando, mesmo guardando cada uma sua autonomia, integrem grupo econômico ou financeiro rural, serão responsáveis solidariamente nas obrigações decorrentes da relação de emprego.

Art. 4º Equipara-se ao empregador rural, a pessoa física ou jurídica que, habitualmente, em caráter profissional, e por conta de terceiros, execute serviços de natureza agrária, mediante utilização do trabalho de outrem.

Art. 5º Em qualquer trabalho contínuo de duração superior a seis horas, será obrigatória a concessão de um intervalo para repouso ou alimentação observados os usos e costumes da região, não se computando este intervalo na duração do trabalho. Entre duas jornadas de trabalho haverá um período mínimo de onze horas consecutivas para descanso.

Art. 6º Nos serviços, caracteristicamente intermitentes, não serão computados, como de efeito exercício, os intervalos entre uma e outra parte da execução da tarefa diária, desde que tal hipótese seja expressamente ressalvada na Carteira de Trabalho e Previdência Social.

Art. 7º Para os efeitos desta Lei, considera-se trabalho noturno o executado entre as vinte e uma horas de um dia e as cinco horas do dia seguinte, na lavoura, e entre as vinte horas de um dia e as quatro horas do dia seguinte, na atividade pecuária.

Parágrafo único. Todo trabalho noturno será acrescido de 25% (vinte e cinco por cento) sobre a remuneração normal.

Art. 8º Ao menor de 18 anos é vedado o trabalho noturno.

Art. 9º Salvo as hipóteses de autorização legal ou decisão judiciária, só poderão ser descontadas do empregado rural as seguintes parcelas, calculadas sobre o salário mínimo:

a) até o limite de 20% (vinte por cento) pela ocupação da morada;

b) até o limite de 25% (vinte por cento) pelo fornecimento de alimentação sadia e farta, atendidos os preços vigentes na região;

c) adiantamentos em dinheiro.

§ 1º As deduções acima especificadas deverão ser previamente autorizadas, sem o que serão nulas de pleno direito.

§ 2º Sempre que mais de um empregado residir na mesma morada, o desconto, previsto na letra "a" deste artigo, será dividido proporcionalmente ao número de empregados, vedada, em qualquer hipótese, a moradia coletiva de famílias.

§ 3º Rescindido ou findo o contrato de trabalho, o empregado será obrigado a desocupar a casa dentro de trinta dias.

§ 4º O Regulamento desta Lei especificará os tipos de morada para fins de dedução.

§ 5º A cessão pelo empregador, de moradia e de sua infraestrutura básica, assim, como, bens destinados à produção para sua subsistência e de sua família, não integram o salário do trabalhador rural, desde que caracterizados como tais, em contrato escrito celebrado entre as partes, com testemunhas e notificação obrigatória ao respectivo sindicato de trabalhadores rurais.

Art. 10. A prescrição dos direitos assegurados por esta Lei aos trabalhadores rurais só ocorrerá após dois anos de cessação do contrato de trabalho.

Parágrafo único. Contra o menor de dezoito anos não corre qualquer prescrição.

Art. 11. Ao empregado rural maior de dezesseis anos é assegurado salário mínimo igual ao de empregado adulto.

Parágrafo único. Ao empregado menor de dezesseis anos é assegurado salário mínimo fixado em valor correspondente à metade do salário mínimo estabelecido para o adulto.

Art. 12. Nas regiões em que se adota a plantação subsidiária ou intercalar (cultura secundária), a cargo do empregado rural, quando autorizada ou permitida, será objeto de contrato em separado.

Parágrafo único. Embora devendo integrar o resultado anual a que tiver direito o empregado rural, a plantação subsidiária ou intercalar não poderá compor a parte correspondente ao salário mínimo na remuneração geral do empregado, durante o ano agrícola.

Art. 13. Nos locais de trabalho rural serão observadas as normas de segurança e higiene estabelecidas em portaria do ministro do Trabalho e Previdência Social.

Art. 14. Expirado normalmente o contrato, a empresa pagará ao safrista, a título de indenização do tempo de serviço, importância correspondente a 1/12 (um doze avos) do salário mensal, por mês de serviço ou fração superior a 14 (quatorze) dias.

Parágrafo único. Considera-se contrato de safra o que tenha sua duração dependente de variações estacionais da atividade agrária.

Art. 14-A. O produtor rural pessoa física poderá realizar contratação de trabalhador rural por pequeno prazo para o exercício de atividades de natureza temporária.

§ 1º A contratação de trabalhador rural por pequeno prazo que, dentro do período de 1 (um) ano, superar 2 (dois) meses fica convertida em contrato de trabalho por prazo indeterminado, observando-se os termos da legislação aplicável.

§ 2º A filiação e a inscrição do trabalhador de que trata este artigo na Previdência Social decorrem, automaticamente, da sua inclusão pelo empregador na Guia de Recolhimento do Fundo de Garantia do Tempo de Serviço e Informações à Previdência Social (GFIP), cabendo à Previdência Social instituir mecanismo que permita a sua identificação.

§ 3º O contrato de trabalho por pequeno prazo deverá ser formalizado mediante a inclusão do trabalhador na GFIP, na forma do disposto no § 2º deste artigo, e:

I — mediante a anotação na Carteira de Trabalho e Previdência Social e em Livro ou Ficha de Registro de Empregados; ou

II — mediante contrato escrito, em 2 (duas) vias, uma para cada parte, onde conste, no mínimo:

a) expressa autorização em acordo coletivo ou convenção coletiva;

b) identificação do produtor rural e do imóvel rural onde o trabalho será realizado e indicação da respectiva matrícula;

c) identificação do trabalhador, com indicação do respectivo Número de Inscrição do Trabalhador — NIT.

§ 4º A contratação de trabalhador rural por pequeno prazo só poderá ser realizada por produtor rural pessoa física, proprietário ou não, que explore diretamente atividade agro-econômica.

§ 5º A contribuição do segurado trabalhador rural contratado para prestar serviço na forma deste artigo é de 8% (oito por cento) sobre o respectivo salário-de-contribuição definido no inciso I do *caput* do art. 28 da Lei n. 8.212, de 24 de julho de 1991.

§ 6º A não inclusão do trabalhador na GFIP pressupõe a inexistência de contratação na forma deste artigo, sem prejuízo de comprovação, por qualquer meio admitido em direito, da existência de relação jurídica diversa.

§ 7º Compete ao empregador fazer o recolhimento das contribuições previdenciárias nos termos da legislação vigente, cabendo à Previdência Social e à Receita Federal do Brasil instituir mecanismos que facilitem o acesso do trabalhador e da entidade sindical que o representa às informações sobre as contribuições recolhidas.

§ 8º São assegurados ao trabalhador rural contratado por pequeno prazo, além de remuneração equivalente à do trabalhador rural permanente, os demais direitos de natureza trabalhista.

§ 9º Todas as parcelas devidas ao trabalhador de que trata este artigo serão calculadas dia a dia e pagas diretamente a ele mediante recibo.

§ 10. O Fundo de Garantia do Tempo de Serviço (FGTS) deverá ser recolhido e poderá ser levantado nos termos da Lei n. 8.036, de 11 de maio de 1990.

Art. 15. Durante o prazo do aviso prévio, se a rescisão tiver sido promovida pelo empregador, o empregado rural terá direito a um dia por semana, sem prejuízo do salário integral, para procurar outro trabalho.

Art. 16. Toda propriedade rural, que mantenha a seu serviço ou trabalhando em seus limites mais de cinquenta famílias de trabalhadores de qualquer natureza, é obrigada a possuir e conservar em funcionamento escola primária, inteiramente gratuita, para os filhos destes, com tantas classes quantos sejam os filhos destes, com tantas classes quantos sejam os grupos de quarenta crianças em idade escolar.

Parágrafo único. A matrícula da população em idade escolar será obrigatória, sem qualquer outra exigência, além da certidão de nascimento, para cuja obtenção o empregador proporcionará todas as facilidades aos responsáveis pelas crianças.

Art. 17. As normas da presente Lei são aplicáveis, no que couber, aos trabalhadores rurais não compreendidos na definição do art. 2º, que prestem serviços a empregador rural.

Art. 18. As infrações aos dispositivos desta Lei serão punidas com multa de R$ 380,00 (trezentos e oitenta reais) por empregado em situação irregular.

§ 1º As infrações aos dispositivos da Consolidação das Leis do Trabalho (CLT) e legislação esparsa, cometidas contra o trabalhador rural, serão punidas com as multas nelas previstas.

§ 2º As penalidades serão aplicadas pela autoridade competente do Ministério do Trabalho e Emprego, de acordo com o disposto no Título VII da CLT.

§ 3º A fiscalização do Ministério do Trabalho e Emprego exigirá dos empregadores rurais ou produtores equiparados a comprovação do recolhimento da Contribuição Sindical Rural das categorias econômica e profissional.

Art. 19. O enquadramento e a contribuição sindical rurais continuam regidos pela legislação ora em vigor; o seguro social e o seguro contra acidente do trabalho rurais serão regulados por lei especial.

Art. 20. Lei especial disporá sobre a aplicação ao trabalhador rural, no que couber, do regime do Fundo de Garantia do Tempo de Serviço.

Art. 21. Esta Lei entra em vigor na data de sua publicação, revogadas as disposições em contrário, em especial a Lei n. 4.214 de 2.2.1963, e o Decreto-lei n. 761 de 14.8.1969.

Instrução Normativa IN n. 76, de 15.5.2009

(Dispõe sobre Procedimentos para a Fiscalização do Trabalho Rural)

DO PLANEJAMENTO DAS AÇÕES FISCAIS

Art. 1º As Superintendências Regionais do Trabalho (SRTE), por intermédio de suas estruturas de fiscalização, deverão, obrigatoriamente, incluir no planejamento anual as estratégias de ação relativas às inspeções nas atividades rurais.

§ 1º O planejamento deverá ser precedido de diagnóstico para a identificação dos focos de recrutamento de trabalhadores, das atividades econômicas rurais e sua sazonalidade, bem como das peculiaridades locais.

§ 2º O diagnóstico, elaborado com base em dados obtidos junto a órgãos e instituições governamentais, deverá ser subsidiado também por informações oriundas do Ministério Público do Trabalho, dos sindicatos de trabalhadores rurais e outras organizações não governamentais.

§ 3º O planejamento deverá direcionar com prioridade as ações para os focos de recrutamento de trabalhadores; para as atividades econômicas intensivas em mão de obra e para aquelas com maior incidência de agravos à saúde do trabalhador.

Art. 2º A proposta de planejamento deverá ser encaminhada à consulta da representação dos trabalhadores rurais que integra a Comissão de Colaboração com a Inspeção do Trabalho (CCIT) e de representantes do Ministério Público do Trabalho, Polícia Federal e Polícia Rodoviária Federal, com o intuito de colher informações para a versão final do documento.

Art. 3º As SRTE poderão instituir, por intermédio de portaria, grupos especiais permanentes de fiscalização para implementar as ações fiscais nas atividades rurais ou constituir equipes especiais para cada operação.

§ 1º No caso dos grupos especiais permanentes, as chefias de fiscalização e de segurança e saúde no trabalho designarão, de comum acordo, um coordenador dentre os integrantes do grupo.

§ 2º A chefia buscará garantir que cada grupo ou equipe de fiscalização seja integrado por, no mínimo, três auditores fiscais do trabalho, preferencialmente compondo uma equipe com formação multidisciplinar.

§ 3º Os grupos e/ou equipes de fiscalização também deverão, a cada operação, ter um coordenador indicado de comum acordo pelas chefias de fiscalização e de segurança e saúde no trabalho.

Art. 4º Para a definição da estratégia a ser utilizada na ação fiscal, quando necessário, serão ouvidos previamente o Ministério Público do Trabalho, a Polícia Federal e/ou a Polícia Rodoviária Federal.

Art. 5º Na fase de execução da ação fiscal, após avaliação do grupo ou equipe, deverá ser garantida a participação da Polícia Federal, da Polícia Rodoviária Federal, da Polícia Militar ou da Policia Civil, por intermédio de solicitação direta da autoridade regional ou da chefia de fiscalização.

Art. 6º O Superintendente Regional do Trabalho e Emprego é responsável pela manutenção da frota de veículos de uso da fiscalização rural, devendo garantir a sua pronta disponibilização para a realização das ações fiscais previstas no planejamento.

Parágrafo único. Os recursos necessários ao licenciamento anual e à manutenção dos veículos de uso exclusivo da fiscalização deverão ser solicitados em tempo hábil à Secretaria de Inspeção do Trabalho, com cópias dos respectivos orçamentos.

Art. 7º Para subsidiar a execução das ações de fiscalização do trabalho rural, deverão ser observadas as normas previstas na Portaria n. 3.311, de 29 de novembro de 1989; no item 1.7, alínea "d", da Norma Regulamentadora n. 1, aprovada pela Portaria n. 6, de 9 de março de 1983, e no item 31.3.3, alínea "k", da Norma Regulamentadora n. 31, aprovada pela Portaria n. 86, de 3 de março de 2005.

Art. 8º A ação fiscal será iniciada com a verificação do cumprimento dos preceitos básicos da legislação trabalhista, destacando-se aqueles relativos às condições de segurança e saúde no trabalho, ao registro, à jornada, ao salário e ao FGTS.

Art. 9º No caso de constatação de risco grave e iminente para o trabalhador, o auditor fiscal do trabalho deverá adotar os procedimentos legais para interdição do estabelecimento, setor de serviço, máquina ou equipamento, conforme dispõe o art. 161 da CLT e a Norma Regulamentadora n. 3, aprovada pela Portaria Ministerial MTb n. 6, de 9 de março de 1983.

Art. 10. Ao identificar a ocorrência de aliciamento, terceirização ilegal ou qualquer forma irregular de intermediação de mão de obra, o auditor fiscal do trabalho procederá às autuações pertinentes e informará os fatos e circunstâncias em seu relatório para adoção de providências subsequentes.

Art. 11. Havendo identificação de trabalho análogo ao de escravo em ação fiscal rotineira, o auditor fiscal do trabalho ou grupo/equipe especial de fiscalização comunicará imediatamente o fato à chefia da fiscalização, por qualquer meio, e adotará os procedimentos previstos nos arts. 19 a 22 desta Instrução.

Art. 12. Quando constatar trabalho de crianças e adolescentes menores de 16 anos ou adolescentes entre 16 e 18 anos em atividades noturnas, insalubres, perigosas ou naquelas listadas no Decreto n. 6.481, de 12 de junho de 2008, o auditor fiscal do trabalho deverá observar o disposto na Instrução Normativa própria, bem como fazer constar do histórico do auto de infração a situação encontrada.

Art. 13. Concluída a ação fiscal, o coordenador do grupo/ equipe especial de fiscalização encaminhará à chefia imediata, no prazo de cinco (5) dias úteis, contado do término da ação fiscal, relatório padrão contendo a identificação das empresas inspecionadas, descrição das situações encontradas, as providências adotadas, os resultados obtidos, cópias dos autos de infração lavrados, notificações emitidas e outros documentos e provas coletadas.

DAS AÇÕES FISCAIS EM REFLORESTAMENTOS E CARVOARIAS

Art.14. As autoridades regionais, as chefias e os auditores fiscais do trabalho em sua atividade de inspeção rural orientarão os empregadores e trabalhadores e suas respectivas representações sindicais sobre a importância da utilização dos serviços públicos de intermediação de mão de obra no âmbito do Sistema Nacional de Emprego (SINE).

Art. 15. No caso de ações fiscais em exploração de madeira e produção de carvão vegetal, o grupo ou equipe de fiscalização deverá estar atento para a ocorrência de possíveis fraudes que visem a encobrir a natureza da relação laboral.

Parágrafo único. Havendo informações da existência de ilícitos relacionados à posse de terra ou a crimes ambientais, a fiscalização consultará previamente representantes do Instituto Brasileiro do Meio Ambiente (IBAMA), Instituto Nacional de Colonização e Reforma Agrária (INCRA) e/ou Fundação Nacional do Índio (FUNAI) sobre a regularidade da propriedade dos fiscalizados.

Art. 16. A responsabilidade decorrente da relação de emprego poderá ser estabelecida diretamente com o proprietário da terra, com o posseiro ou arrendatário ou com o comprador do produto da atividade de reflorestamento e/ou carvoejamento, dependendo da situação fática encontrada e da objetiva identificação dos pressupostos configuradores dessa relação, a partir da verificação do contrato realidade.

Parágrafo único. O procedimento acima deverá ser observado inclusive quando das ações nos assentamentos rurais, com comunicação dos resultados ao INCRA, ao IBAMA, ao Ministério Público do Trabalho e ao Ministério Público Federal.

Art. 17. Havendo, no curso da fiscalização, a constatação da inexistência de Licença Ambiental (LA) e do Documento de Origem Florestal (DOF) ou irregularidade nesses documentos, o coordenador do grupo e/ou equipe deverá comunicar o fato imediatamente aos órgãos competentes na matéria.

Art. 18. Nos casos em que ocorrer a identificação de trabalhadores submetidos à condição de trabalho análoga à de escravo, deverão ser obedecidos os procedimentos previstos nos arts. 19 a 22.

DAS AÇÕES FISCAIS PARA O COMBATE AO TRABALHO ANÁLOGO AO DE ESCRAVO

Art. 19. As ações fiscais para erradicação do trabalho análogo ao de escravo serão coordenadas pela Secretaria de Inspeção do Trabalho, que poderá realizá-las diretamente, por intermédio das equipes do grupo especial de fiscalização móvel ou por intermédio de grupos/equipes especiais de fiscalização rural, organizados no âmbito das SRTE.

Art. 20. Sempre que a SRTE receber denúncia que relate a existência de trabalhadores reduzidos à condição análoga à de escravo e decidir pela realização de ação fiscal local para a apuração dos fatos, esta deverá ser precedida da devida comunicação à Secretaria de Inspeção do Trabalho.

Art. 21. As ações fiscais deverão contar com a participação de representante da Polícia Federal, ou da Polícia Rodoviária Federal, ou da Polícia Militar ou da Polícia Civil.

§ 1º O Superintendente Regional do Trabalho e Emprego ou a chefia de fiscalização deverá providenciar a participação de membros de um dos órgãos mencionados no *caput*, bem como enviar ao Ministério Público do Trabalho e à Advocacia Geral da União (AGU) comunicação sobre a operação, para que estas instituições avaliem a conveniência de integrá-la.

§ 2º A constatação inequívoca de trabalho análogo ao de escravo ensejará a adoção dos procedimentos previstos no art. 2º-C, §§ 1º e 2º, da Lei n. 7.998, de 11 de janeiro de 1990, dando causa à rescisão indireta dos contratos de trabalho.

§ 3º O coordenador do grupo/equipe especial notificará o empregador para que providencie a imediata paralisação das atividades; a regularização dos contratos; a anotação nas Carteiras de Trabalho e Previdência Social (CTPS); as rescisões contratuais; o pagamento dos créditos trabalhistas; o recolhimento do FGTS; bem como para que tome as providências para o retorno dos trabalhadores aos locais de origem.

§ 4º Caberá ao coordenador, devidamente credenciado, o correto preenchimento, sob pena de responsabilidade, dos Requerimentos do Seguro-Desemprego do Trabalhador Resgatado, entregando a via própria ao interessado e outra à chefia imediata juntamente com o relatório a ser encaminhado à SIT.

Art. 22. No prazo de cinco (5) dias úteis após o encerramento da ação fiscal, o coordenador de grupo e/ou equipe deverá elaborar relatório na forma dos manuais e orientações da SIT e encaminhá-lo à chefia da fiscalização, que o encaminhará à SIT no prazo máximo de 5 (cinco) dias úteis a contar da data de seu recebimento.

DO RECRUTAMENTO DE TRABALHADORES

Art. 23. Para o transporte de trabalhadores recrutados para trabalhar em localidade diversa da sua origem é necessária a comunicação do fato às SRTE por intermédio da Certidão Declaratória de Transporte de Trabalhadores (CDTT).

Parágrafo único. O aliciamento e transporte de trabalhadores para localidade diversa de sua origem constitui, em tese, crime previsto no art. 207 do Código Penal.

Art. 24. A CDTT será preenchida em modelo próprio, conforme Anexo I, nela constando:

I — A identificação da razão social e o CNPJ da empresa contratante ou nome do empregador e seu CEI e CPF;

II — O endereço completo da sede do contratante e a indicação precisa do local de prestação dos serviços;

III — Os fins e a razão do transporte dos trabalhadores;

IV — O número total de trabalhadores recrutados;

V — As condições pactuadas de alojamento, alimentação e retorno à localidade de origem do trabalhador;

VI — O salário contratado;

VII — A data de embarque e o destino;

VIII — A identificação da empresa transportadora e dos condutores dos veículos;

IX — A assinatura do empregador ou seu preposto.

§ 1º O empregador poderá optar por realizar os exames médicos admissionais na localidade onde será prestado o serviço, caso não haja serviço médico adequado no local da contratação, desde que tal providência ocorra antes do início da atividade laboral.

§ 2º Na hipótese de o trabalhador não ser considerado apto para o trabalho, o empregador será responsável pelo custeio das despesas de transporte até o local de origem, bem como pelo pagamento das verbas salariais decorrentes do encerramento antecipado do contrato de trabalho.

Art. 25. A CDTT deverá ser devidamente preenchida e entregue nas unidades descentralizadas do MTE (Superintendências Regionais do Trabalho e Emprego ou Gerências Regionais do Trabalho e Emprego) da circunscrição dos trabalhadores recrutados, acompanhada de:

I — Cópia da inscrição no CNPJ ou CEI e CPF do empregador;

II — Procuração original ou cópia autenticada, concedendo poderes ao procurador para recrutar, contratar trabalhadores e proceder ao encaminhamento da CDTT junto à SRTE;

III — Cópia do contrato social do empregador, quando se tratar de pessoa jurídica;

IV — Cópias do documento de identidade do procurador e das habilitações dos condutores dos veículos;

V — Cópias dos contratos individuais de trabalho;

VI — Cópia do certificado de registro para fretamento da empresa transportadora, emitido pela Agência Nacional de Transportes Terrestres (ANTT);

VII — Relação nominal dos trabalhadores recrutados, com os números da CTPS e do PIS.

Parágrafo único. A CDTT poderá, excepcionalmente, ser protocolada fora das dependências da unidade do MTE, desde que em local definido pela chefia da fiscalização e por servidor especialmente designado para esse fim.

Art. 26. Estando a documentação completa, a SRTE receberá uma via da CDTT, devolvendo outra via ao empregador, devidamente protocolada.

§ 1º A SRTE formará processo a partir do recebimento da documentação, conferindo a regularidade do CNPJ na página da Secretaria da Receita Federal, encaminhando-o à SRTE da circunscrição onde ocorrerá a prestação dos serviços para que a situação seja analisada e ocorra, quando necessário, o devido acompanhamento in loco das condições de trabalho.

§ 2º A guarda da CDTT, documento de valor primário, deverá ser feita em arquivos intermediários por pelo menos um ano.

§ 3º A SRTE de origem dos trabalhadores enviará cópia da CDTT ao Sindicato dos Trabalhadores Rurais, acompanhada da relação nominal dos trabalhadores recrutados, e a entidade, se assim entender, dará ciência ao sindicato da localidade de destino.

§ 4º A SRTE encaminhará trimestralmente à SIT dados estatísticos referentes ao número de CDTT recebidas, atividades econômicas dos empregadores, número de trabalhadores transportados, municípios de recrutamento e destino dos trabalhadores.

Art. 27. O empregador, ou seu preposto, deverá, durante a viagem, manter no veículo de transporte dos trabalhadores a cópia da CDTT e, posteriormente, no local da prestação de serviços à disposição da fiscalização, juntamente com a cópia da relação nominal dos trabalhadores recrutados.

§ 1º Identificado o transporte de trabalhadores sem a CDTT, o auditor fiscal do trabalho comunicará o fato imediatamente à Polícia Rodoviária Federal, diretamente ou através de sua chefia imediata, ao tempo em que adotará as medidas legais cabíveis e providenciará relatório contendo a identificação do empregador, dos trabalhadores e demais dados relativos aos fatos apurados.

§ 2º A Chefia da fiscalização encaminhará o relatório ao Ministério Público Federal para as providências aplicáveis ao aliciamento e transporte irregular de trabalhadores.

DA AVALIAÇÃO DOS RESULTADOS

Art. 28. A SRTE deverá promover, no mínimo, uma reunião semestral com os coordenadores dos grupos e/ou equipes para avaliação dos resultados quantitativos e qualitativos das ações e eventual alteração das estratégias e processos de trabalho.

Art. 29. Esta Instrução Normativa entra em vigor na data de sua publicação, ficando revogada a Instrução Normativa n. 65, de 19 de julho de 2006, publicada na Seção I do Diário Oficial da União, de 21 de julho de 2006.

NR-31 (SEGURANÇA E SAÚDE NO TRABALHO NA AGRICULTURA, PECUÁRIA, SILVICULTURA, EXPLORAÇÃO FLORESTAL E AQUICULTURA)(2)

Publicação	**D.O.U.**
Portaria MTE n. 86, de 3 de março de 2005	4.3.05
Alterações	**D.O.U.**
Portaria MTE n. 2.546, de 14 de dezembro de 2011	16.12.11
Portaria MTE n. 1.896, de 9 de dezembro de 2013	11.12.13

31.1. Objetivo

31.1.1. Esta Norma Regulamentadora tem por objetivo estabelecer os preceitos a serem observados na organização e no ambiente de trabalho, de forma a tornar compatível o planejamento e o desenvolvimento das atividades da agricultura, pecuária, silvicultura, exploração florestal e aquicultura com a segurança e saúde e meio ambiente do trabalho.

31.2. Campos de Aplicação

31.2.1. Esta Norma Regulamentadora se aplica a quaisquer atividades da agricultura, pecuária, silvicultura, exploração florestal e aquicultura, verificadas as formas de relações de trabalho e emprego e o local das atividades.

---

(2) O Texto da NR-31 (Segurança e Saúde no Trabalho na Agricultura, Pecuária, Silvicultura, Exploração Florestal e Aquicultura), ora reproduzido, encontra-se atualizado até a edição da Portaria SIT-MTE n. 1.896, de 9.12.2013.

31.2.2. Esta Norma Regulamentadora também se aplica às atividades de exploração industrial desenvolvidas em estabelecimentos agrários.

31.3. Disposições Gerais — Obrigações e Competências — Das Responsabilidades

31.3.1. Compete à Secretaria de Inspeção do Trabalho — SIT, através do Departamento de Segurança e Saúde no Trabalho — DSST, definir, coordenar, orientar e implementar a política nacional em segurança e saúde no trabalho rural para:

a) identificar os principais problemas de segurança e saúde do setor, estabelecendo as prioridades de ação, desenvolvendo os métodos efetivos de controle dos riscos e de melhoria das condições de trabalho;

b) avaliar periodicamente os resultados da ação;

c) prescrever medidas de prevenção dos riscos no setor observado os avanços tecnológicos, os conhecimentos em matéria de segurança e saúde e os preceitos aqui definidos;

d) avaliar permanentemente os impactos das atividades rurais no meio ambiente de trabalho;

e) elaborar recomendações técnicas para os empregadores, empregados e para trabalhadores autônomos;

f) definir máquinas e equipamentos cujos riscos de operação justifiquem estudos e procedimentos para alteração de suas características de fabricação ou de concepção;

g) criar um banco de dados com base nas informações disponíveis sobre acidentes, doenças e meio ambiente de trabalho, dentre outros.

31.3.1.1. Compete ainda à SIT, através do DSST, coordenar, orientar e supervisionar as atividades preventivas desenvolvidas pelos órgãos regionais do MTE e realizar com a participação dos trabalhadores e empregadores, a Campanha Nacional de Prevenção de Acidentes do Trabalho Rural — CANPATR e implementar o Programa de Alimentação do Trabalhador — PAT.

31.3.2. A SIT é o órgão competente para executar, através das Delegacias Regionais do Trabalho — DRT, as atividades definidas na política nacional de segurança e saúde no trabalho, bem como as ações de fiscalização.

31.3.3. Cabe ao empregador rural ou equiparado:

a) garantir adequadas condições de trabalho, higiene e conforto, definidas nesta Norma Regulamentadora, para todos os trabalhadores, segundo as especificidades de cada atividade;

b) realizar avaliações dos riscos para a segurança e saúde dos trabalhadores e, com base nos resultados, adotar medidas de prevenção e proteção para garantir que todas as atividades, lugares de trabalho, máquinas, equipamentos, ferramentas e processos produtivos sejam seguros e em conformidade com as normas de segurança e saúde;

c) promover melhorias nos ambientes e nas condições de trabalho, de forma a preservar o nível de segurança e saúde dos trabalhadores;

d) cumprir e fazer cumprir as disposições legais e regulamentares sobre segurança e saúde no trabalho;

e) analisar, com a participação da Comissão Interna de Prevenção de Acidentes no Trabalho Rural — CIPATR, as causas dos acidentes e das doenças decorrentes do trabalho, buscando prevenir e eliminar as possibilidades de novas ocorrências;

f) assegurar a divulgação de direitos, deveres e obrigações que os trabalhadores devam conhecer em matéria de segurança e saúde no trabalho;

g) adotar os procedimentos necessários quando da ocorrência de acidentes e doenças do trabalho;

h) assegurar que se forneça aos trabalhadores instruções compreensíveis em matéria de segurança e saúde, bem como toda orientação e supervisão necessárias ao trabalho seguro;

i) garantir que os trabalhadores, através da CIPATR, participem das discussões sobre o controle dos riscos presentes nos ambientes de trabalho;

j) informar aos trabalhadores:

1. os riscos decorrentes do trabalho e as medidas de proteção implantadas, inclusive em relação a novas tecnologias adotadas pelo empregador;

2. os resultados dos exames médicos e complementares a que foram submetidos, quando realizados por serviço médico contratado pelo empregador;

3. os resultados das avaliações ambientais realizadas nos locais de trabalho.

k) permitir que representante dos trabalhadores, legalmente constituído, acompanhe a fiscalização dos preceitos legais e regulamentares sobre segurança e saúde no trabalho;

l) adotar medidas de avaliação e gestão dos riscos com a seguinte ordem de prioridade:

1. eliminação dos riscos;

2. controle de riscos na fonte;

3. redução do risco ao mínimo através da introdução de medidas técnicas ou organizacionais e de práticas seguras inclusive através de capacitação;

4. adoção de medidas de proteção pessoal, sem ônus para o trabalhador, de forma a complementar ou caso ainda persistam temporariamente fatores de risco.

31.3.3.1. Responderão solidariamente pela aplicação desta Norma Regulamentadora as empresas, empregadores, cooperativas de produção ou parceiros rurais que se congreguem para desenvolver tarefas, ou que constituam grupo econômico.

31.3.3.2. Sempre que haja dois ou mais empregadores rurais ou trabalhadores autônomos que exerçam suas atividades em um mesmo local, estes deverão colaborar na aplicação das prescrições sobre segurança e saúde.

31.3.4. Cabe ao trabalhador:

a) cumprir as determinações sobre as formas seguras de desenvolver suas atividades, especialmente quanto às Ordens de Serviço para esse fim;

b) adotar as medidas de proteção determinadas pelo empregador, em conformidade com esta Norma Regulamentadora, sob pena de constituir ato faltoso a recusa injustificada;

c) submeter-se aos exames médicos previstos nesta Norma Regulamentadora;

d) colaborar com a empresa na aplicação desta Norma Regulamentadora.

31.3.5. São direitos dos trabalhadores:

a) ambientes de trabalho, seguros e saudáveis, em conformidade com o disposto nesta Norma Regulamentadora;

b) ser consultados, através de seus representantes na CIPATR, sobre as medidas de prevenção que serão adotadas pelo empregador;

c) escolher sua representação em matéria de segurança e saúde no trabalho;

d) quando houver motivos para considerar que exista grave e iminente risco para sua segurança e saúde, ou de terceiros, informar imediatamente ao seu superior hierárquico, ou membro da CIPATR ou diretamente ao empregador, para que sejam tomadas as medidas de correção adequadas, interrompendo o trabalho se necessário;

e) receber instruções em matéria de segurança e saúde, bem como orientação para atuar no processo de implementação das medidas de prevenção que serão adotadas pelo empregador.

31.4. Comissões Permanentes de Segurança e Saúde no Trabalho Rural

31.4.1. A instância nacional encarregada das questões de segurança e saúde no trabalho rural, estabelecidas nesta Norma Regulamentadora será a Comissão Permanente Nacional Rural — CPNR, instituída pela Portaria SIT/MTE n. 18, de 30 de maio de 2001.

31.4.2. Fica criada a Comissão Permanente Regional Rural — CPRR, no âmbito de cada Delegacia Regional do Trabalho.

31.4.3. A Comissão Permanente Regional Rural — CPRR terá as seguintes atribuições:

a) estudar e propor medidas para o controle e a melhoria das condições e dos ambientes de trabalho rural;

b) realizar estudos, com base nos dados de acidentes e doenças decorrentes do trabalho rural, visando estimular iniciativas de aperfeiçoamento técnico de processos de concepção e produção de máquinas, equipamentos e ferramentas;

c) propor e participar de Campanhas de Prevenção de Acidentes no Trabalho Rural;

d) incentivar estudos e debates visando o aperfeiçoamento permanente desta Norma Regulamentadora e de procedimentos no trabalho rural;

e) encaminhar as suas propostas à CPNR;

f) apresentar, à CPNR, propostas de adequação ao texto desta Norma Regulamentadora;

g) encaminhar à CPNR, para estudo e avaliação, proposta de cronograma para gradativa implementação de itens desta Norma Regulamentadora que não impliquem grave e iminente risco, atendendo às peculiaridades e dificuldades regionais.

31.4.4. A CPRR terá a seguinte composição paritária mínima:

a) três representantes do governo;

b) três representantes dos trabalhadores;

c) três representantes dos empregadores.

31.4.4.1. Os representantes dos trabalhadores e dos empregadores, bem como os seus suplentes, serão indicados por suas entidades representativas.

31.4.4.2. Os representantes titulares e suplentes serão designados pela autoridade regional competente do Ministério do Trabalho e Emprego.

31.4.5. A coordenação da CPRR será exercida por um dos representantes titulares da Delegacia Regional do Trabalho.

31.5. Gestão de Segurança, Saúde e Meio Ambiente de Trabalho Rural

31.5.1. Os empregadores rurais ou equiparados devem implementar ações de segurança e saúde que visem a prevenção de acidentes e doenças decorrentes do trabalho na unidade de produção rural, atendendo a seguinte ordem de prioridade:

a) eliminação de riscos através da substituição ou adequação dos processos produtivos, máquinas e equipamentos;

b) adoção de medidas de proteção coletiva para controle dos riscos na fonte;

c) adoção de medidas de proteção pessoal.

31.5.1.1. As ações de segurança e saúde devem contemplar os seguintes aspectos:

a) melhoria das condições e do meio ambiente de trabalho;

b) promoção da saúde e da integridade física dos trabalhadores rurais;

c) campanhas educativas de prevenção de acidentes e doenças decorrentes do trabalho.

31.5.1.2. As ações de melhoria das condições e meio ambiente de trabalho devem abranger os aspectos relacionados a:

a) riscos químicos, físicos, mecânicos e biológicos;

b) investigação e análise dos acidentes e das situações de trabalho que os geraram;

c) organização do trabalho;

31.5.1.3. As ações de preservação da saúde ocupacional dos trabalhadores, prevenção e controle dos agravos decorrentes do trabalho, devem ser planejadas e implementadas com base na identificação dos riscos e custeadas pelo empregador rural ou equiparado.

31.5.1.3.1. O empregador rural ou equiparado deve garantir a realização de exames médicos, obedecendo aos prazos e periodicidade previstos nas alíneas abaixo:

a) exame médico admissional, que deve ser realizado antes que o trabalhador assuma suas atividades;

b) exame médico periódico, que deve ser realizado anualmente, salvo o disposto em acordo ou convenção coletiva de trabalho, resguardado o critério médico;

c) exame médico de retorno ao trabalho, que deve ser realizado no primeiro dia do retorno à atividade do trabalhador ausente por período superior a trinta dias devido a qualquer doença ou acidente;

d) exame médico de mudança de função, que deve ser realizado antes da data do início do exercício na nova função, desde que haja a exposição do trabalhador a risco específico diferente daquele a que estava exposto;

e) exame médico demissional, que deve ser realizado até a data da homologação, desde que o último exame médico ocupacional tenha sido realizado há mais de noventa dias, salvo o disposto em acordo ou convenção coletiva de trabalho, resguardado o critério médico.

31.5.1.3.2. Os exames médicos compreendem a avaliação clínica e exames complementares, quando necessários em função dos riscos a que o trabalhador estiver exposto.

31.5.1.3.3. Para cada exame médico deve ser emitido um Atestado de Saúde Ocupacional — ASO, em duas vias, contendo no mínimo:

a) nome completo do trabalhador, o número de sua identidade e sua função;

b) os riscos ocupacionais a que está exposto;

c) indicação dos procedimentos médicos a que foi submetido e a data em que foram realizados;

d) definição de apto ou inapto para a função específica que o trabalhador vai exercer, exerce ou exerceu;

e) data, nome, número de inscrição no Conselho Regional de Medicina e assinatura do médico que realizou o exame.

31.5.1.3.4. A primeira via do ASO deverá ficar arquivada no estabelecimento, à disposição da fiscalização e a segunda será obrigatoriamente entregue ao trabalhador, mediante recibo na primeira via.

31.5.1.3.5. Outras ações de saúde no trabalho devem ser planejadas e executadas, levando-se em consideração as necessidades e peculiaridades.

31.5.1.3.6. Todo estabelecimento rural, deverá estar equipado com material necessário à prestação de primeiros socorros, considerando-se as características da atividade desenvolvida.

31.5.1.3.7. Sempre que no estabelecimento rural houver dez ou mais trabalhadores o material referido no subitem anterior ficará sob cuidado da pessoa treinada para esse fim.

31.5.1.3.8. O empregador deve garantir remoção do acidentado em caso de urgência, sem ônus para o trabalhador.

31.5.1.3.9. Deve ser possibilitado o acesso dos trabalhadores aos órgãos de saúde com fins a:

a) prevenção e a profilaxia de doenças endêmicas;

b) aplicação de vacina antitetânica.

31.5.1.3.10. Em casos de acidentes com animais peçonhentos, após os procedimentos de primeiros socorros, o trabalhador acidentado deve ser encaminhado imediatamente à unidade de saúde mais próxima do local.

31.5.1.3.11. Quando constatada a ocorrência ou agravamento de doenças ocupacionais, através dos exames médicos, ou sendo verificadas alterações em indicador biológico com significado clínico, mesmo sem sintomatologia, caberá ao empregador rural ou equiparado, mediante orientação formal, através de laudo ou atestado do médico encarregado dos exames:

a) emitir a Comunicação de Acidentes do Trabalho — CAT;

b) afastar o trabalhador da exposição ao risco, ou do trabalho;

c) encaminhar o trabalhador à previdência social para estabelecimento de nexo causal, avaliação de incapacidade e definição da conduta previdenciária em relação ao trabalho.

31.6. Serviço Especializado em Segurança e Saúde no Trabalho Rural — SESTR

31.6.1. O SESTR, composto por profissionais especializados, consiste em um serviço destinado ao desenvolvimento de ações técnicas, integradas às práticas de gestão de segurança, saúde e meio ambiente de trabalho, para tornar o ambiente de trabalho compatível com a promoção da segurança e saúde e a preservação da integridade física do trabalhador rural.

31.6.2. São atribuições do SESTR:

a) assessorar tecnicamente os empregadores e trabalhadores;

b) promover e desenvolver atividades educativas em saúde e segurança para todos os trabalhadores;

c) identificar e avaliar os riscos para a segurança e saúde dos trabalhadores em todas as fases do processo de produção, com a participação dos envolvidos;

d) indicar medidas de eliminação, controle ou redução dos riscos, priorizando a proteção coletiva;

e) monitorar periodicamente a eficácia das medidas adotadas;

f) analisar as causas dos agravos relacionados ao trabalho e indicar as medidas corretivas e preventivas pertinentes;

g) participar dos processos de concepção e alterações dos postos de trabalho, escolha de equipamentos, tecnologias, métodos de produção e organização do trabalho, para promover a adaptação do trabalho ao homem;

h) intervir imediatamente nas condições de trabalho que estejam associadas a graves e iminentes riscos para a segurança e saúde dos trabalhadores;

i) estar integrado com a CIPATR, valendo-se, ao máximo, de suas observações, além de apoiá-la, treiná-la e atendê-la nas suas necessidades e solicitações;

j) manter registros atualizados referentes a avaliações das condições de trabalho, indicadores de saúde dos trabalhadores, acidentes e doenças do trabalho e ações desenvolvidas pelo SESTR.

31.6.3. Cabe aos empregadores rurais ou equiparados proporcionar os meios e recursos necessários para o cumprimento dos objetivos e atribuições dos SESTR.

31.6.3.1. Os empregadores rurais ou equiparados devem constituir uma das seguintes modalidades de SESTR:

a) Próprio — quando os profissionais especializados mantiverem vínculo empregatício;

b) Externo — quando o empregador rural ou equiparado contar com consultoria externa dos profissionais especializados;

c) Coletivo — quando um segmento empresarial ou econômico coletivizar a contratação dos profissionais especializados.

31.6.4. O SESTR deverá ser composto pelos seguintes profissionais legalmente habilitados:

a) de nível superior:

1. Engenheiro de Segurança do Trabalho;
2. Médico do Trabalho;
3. Enfermeiro do Trabalho.

b) de nível médio:

1. Técnico de Segurança do Trabalho
2. Auxiliar de Enfermagem do Trabalho

31.6.4.1. A inclusão de outros profissionais especializados será estabelecida em acordo ou convenção coletiva.

31.6.5. O dimensionamento do SESTR vincula-se ao número de empregados contratados por prazo indeterminado.

31.6.5.1. Sempre que um empregador rural ou equiparado proceder à contratação de trabalhadores, por prazo determinado, que atinja o número mínimo exigido nesta Norma Regulamentadora para a constituição de SESTR, deve contratar SESTR Próprio, Externo ou Coletivo durante o período de vigência da contratação.

31.6.6. O estabelecimento com mais de dez até cinquenta empregados fica dispensado de constituir SESTR, desde que o empregador rural ou preposto tenha formação sobre prevenção de acidentes e doenças relacionadas ao trabalho, necessária ao cumprimento dos objetivos desta Norma Regulamentadora.

31.6.6.1. O não atendimento ao disposto no subitem 31.6.6 obriga o empregador rural ou equiparado a contratar um técnico de segurança do trabalho ou SESTR Externo, observado o disposto no subitem 31.6.12 desta NR.

31.6.6.2. A capacitação prevista no subitem 31.6.6 deve atender, no que couber, ao conteúdo estabelecido no subitem 31.7.20.1 desta Norma Regulamentadora.

31.6.7. Será obrigatória a constituição de SESTR, Próprio ou Externo, para os estabelecimentos com mais de cinquenta empregados.

31.6.8. Do SESTR Externo

31.6.8.1. Para fins de credenciamento junto a unidade regional do Ministério do Trabalho e Emprego, o SESTR Externo deverá:

a) ser organizado por instituição ou possuir personalidade jurídica própria;

b) exercer exclusivamente atividades de prestação de serviços em segurança e saúde no trabalho;

c) apresentar a relação dos profissionais que compõem o SESTR.

31.6.8.2. O SESTR Externo deverá comunicar à autoridade regional competente do MTE no prazo de quinze dias da data da efetivação do contrato, a identificação dos empregadores rurais ou equiparados para os quais prestará serviços.

31.6.8.3. A autoridade regional competente do MTE, no prazo de trinta dias, avaliará, ouvida a CPRR, sem prejuízo dos serviços, neste período, a compatibilidade entre a capacidade instalada e o número de contratados.

31.6.8.4. O SESTR Externo poderá ser descredenciado pela autoridade regional do MTE competente, ouvida a CPRR, sempre que os serviços não atenderem aos critérios estabelecidos nesta Norma Regulamentadora.

31.6.8.5. Os empregadores rurais ou equiparados que contratarem SESTR Externo devem manter à disposição da fiscalização, em todos os seus estabelecimentos, documento atualizado comprobatório da contratação do referido serviço.

31.6.9. Do SESTR Coletivo

31.6.9.1. Os empregadores rurais ou equiparados, que sejam obrigados a constituir SESTR Próprio ou Externo, poderão optar pelo SESTR Coletivo, desde que estabelecido em acordos ou convenções coletivos de trabalho e se configure uma das seguintes situações:

a) vários empregadores rurais ou equiparados instalados em um mesmo estabelecimento;

b) empregadores rurais ou equiparados, que possuam estabelecimentos que distem entre si menos de cem quilômetros;

c) vários estabelecimentos sob controle acionário de um mesmo grupo econômico, que distem entre si menos de cem quilômetros;

d) consórcio de empregadores e cooperativas de produção.

31.6.9.2. A Delegacia Regional do Trabalho, ouvida a CPRR, credenciará o SESTR Coletivo, que deverá apresentar:

a) a comprovação do disposto no subitem 31.6.9.1;

b) a relação dos profissionais que compõem o serviço, mediante comprovação da habilitação requerida.

31.6.9.3. O SESTR Coletivo poderá ser descredenciado pela autoridade regional competente do MTE, ouvida a CPRR sempre que não atender aos critérios estabelecidos nesta Norma Regulamentadora.

31.6.9.4. Responderão solidariamente pelo SESTR Coletivo todos os seus integrantes.

31.6.10. As empresas que mantiverem atividades agrícolas e industriais, interligadas no mesmo espaço físico e obrigados a constituir SESTR e serviço equivalente previsto na Consolidação das Leis do Trabalho — CLT, poderão constituir apenas um desses Serviços, considerando o somatório do número de empregados, desde que estabelecido em convenção ou acordo coletivo.

31.6.11. O dimensionamento do SESTR Próprio ou Coletivo obedecerá ao disposto no Quadro I desta Norma Regulamentadora.

Quadro I

N. de Trabalhadores	Profissionais Legalmente Habilitados				
	Eng. Seg.	Méd. Trab.	Téc. Seg.	Enf. Trab.	Aux. Enf.
51 a 150			1		
151 a 300			1		1
301 a 500		1	2		1
501 a 1000	1	1	2	1	1
Acima de 1000	1	1	3	1	2

31.6.12. O empregador rural ou equiparado deve contratar os profissionais constantes no Quadro I, em jornada de trabalho compatível com a necessidade de elaboração e implementação das ações de gestão em segurança, saúde e meio ambiente do trabalho rural.

31.6.13. O SESTR Externo dever ter a seguinte composição mínima:

Quadro II

N. de Trabalhadores	Profissionais Legalmente Habilitados				
	Eng. Seg.	Méd. Trab.	Téc. Seg.	Enf. Trab.	Aux. Enf.
Até 500	1	1	2	1	1
500 a 1000	1	1	3	1	2
Acima de 1000	2	2	4	2	3

31.7. Comissão Interna de Prevenção de Acidentes do Trabalho Rural — CIPATR

31.7.1. A CIPATR tem como objetivo a prevenção de acidentes e doenças relacionados ao trabalho, de modo a tornar compatível permanentemente o trabalho com a preservação da vida do trabalhador.

31.7.2. O empregador rural ou equiparado que mantenha vinte ou mais empregados contratados por prazo indeterminado, fica obrigado a manter em funcionamento, por estabelecimento, uma CIPATR. (C = 131.065-8/I3)

31.7.2.1. Nos estabelecimentos com número de onze a dezenove empregados, nos períodos de safra ou de elevada concentração de empregados por prazo determinado, a assistência em matéria de segurança e saúde no trabalho será garantida pelo empregador diretamente ou através de preposto ou de profissional por ele contratado, conforme previsto nos subitens 31.6.6 e 31.6.6.1 desta Norma Regulamentadora.

31.7.3. A CIPATR será composta por representantes indicados pelo empregador e representantes eleitos pelos empregados de forma paritária, de acordo com a seguinte proporção mínima:

N. de Membros \ N. de Trab.	20 a 35	36 a 70	71 a 100	101 a 500	501 a 1000	Acima de 1000
Representantes dos trabalhadores	1	2	3	4	5	6
Representantes do empregador	1	2	3	4	5	6

31.7.4. Os membros da representação dos empregados na CIPATR serão eleitos em escrutínio secreto.

31.7.5. Os candidatos votados e não eleitos deverão ser relacionados na ata de eleição, em ordem decrescente de votos, possibilitando a posse como membros da CIPATR em caso de vacância.

31.7.5.1. O coordenador da CIPATR será escolhido pela representação do empregador, no primeiro ano do mandato, e pela representação dos trabalhadores, no segundo ano do mandato, dentre seus membros.

31.7.6. O mandato dos membros da CIPATR terá duração de dois anos, permitida uma recondução.

31.7.7. Organizada a CIPATR, as atas de eleição e posse e o calendário das reuniões devem ser mantidas no estabelecimento à disposição da fiscalização do trabalho.

31.7.8. A CIPATR não poderá ter seu número de representantes reduzido, bem como, não poderá ser desativada pelo empregador antes do término do mandato de seus membros, ainda que haja redução do número de empregados, exceto no caso de encerramento das atividades do estabelecimento.

31.7.8.1. Os casos em que ocorra redução do número de empregados, por mudanças na atividade econômica, devem ser encaminhados à Delegacia Regional do Trabalho, que decidirá sobre a redução ou não da quantidade de membros da CIPATR.

31.7.8.2. Nas Unidades da Federação com Comissão Permanente Regional Rural — CPRR em funcionamento esta será ouvida antes da decisão referida no subitem 31.7.8.1 desta Norma Regulamentadora.

31.7.9. A CIPATR terá por atribuição:

a) acompanhar a implementação das medidas de prevenção necessárias, bem como da avaliação das prioridades de ação nos locais de trabalho;

b) identificar as situações de riscos para a segurança e saúde dos trabalhadores, nas instalações ou áreas de atividades do estabelecimento rural, comunicando-as ao empregador para as devidas providências;

c) divulgar aos trabalhadores informações relativas à segurança e saúde no trabalho;

d) participar, com o SESTR, quando houver, das discussões promovidas pelo empregador, para avaliar os impactos de alterações nos ambientes e processos de trabalho relacionados à segurança e saúde dos trabalhadores, inclusive quanto à introdução de novas tecnologias e alterações nos métodos, condições e processos de produção;

e) interromper, informando ao SESTR, quando houver, ou ao empregador rural ou equiparado, o funcionamento de máquina ou setor onde considere haver risco grave e iminente à segurança e saúde dos trabalhadores;

f) colaborar no desenvolvimento e implementação das ações da Gestão de Segurança, Saúde e Meio Ambiente de Trabalho Rural;

g) participar, em conjunto com o SESTR, quando houver, ou com o empregador, da análise das causas das doenças e acidentes de trabalho e propor medidas de solução dos problemas encontrados;

h) requisitar à empresa cópia das CAT emitidas;

i) divulgar e zelar pela observância desta Norma Regulamentadora;

j) propor atividades que visem despertar o interesse dos trabalhadores pelos assuntos de prevenção de acidentes de trabalho, inclusive a semana interna de prevenção de acidentes no trabalho rural;

k) propor ao empregador a realização de cursos e treinamentos que julgar necessários para os trabalhadores, visando a melhoria das condições de segurança e saúde no trabalho;

l) elaborar o calendário anual de reuniões ordinárias;

m) convocar, com conhecimento do empregador, trabalhadores para prestar informações por ocasião dos estudos dos acidentes de trabalho.

n) encaminhar ao empregador, ao SESTR e às entidades de classe as recomendações aprovadas, bem como acompanhar as respectivas execuções;

o) constituir grupos de trabalho para o estudo das causas dos acidentes de trabalho rural;

31.7.9.1. No exercício das atribuições elencadas no subitem 31.7.11, a CIPATR contemplará os empregados contratados por prazo determinado e indeterminado.

31.7.10. Cabe ao empregador rural ou equiparado:

a) convocar as reuniões ordinárias e extraordinárias da CIPATR;

b) conceder aos componentes da CIPATR os meios necessários ao desempenho de suas atribuições;

c) estudar as recomendações e determinar a adoção das medidas necessárias, mantendo a CIPATR informada;

d) promover para todos os membros da CIPATR, em horário de expediente normal do estabelecimento rural, treinamento sobre prevenção de acidentes de trabalho previsto no subitem 31.7.20.1 desta Norma Regulamentadora.

31.7.11. Cabe aos trabalhadores indicar à CIPATR situações de risco e apresentar sugestões para a melhoria das condições de trabalho.

31.7.12. A CIPATR reunir-se-á uma vez por mês, ordinariamente, em local apropriado e em horário normal de expediente, obedecendo ao calendário anual.

31.7.13. Em caso de acidentes com consequências de maior gravidade ou prejuízo de grande monta, a CIPATR se reunirá em caráter extraordinário, com a presença do responsável pelo setor em que ocorreu o acidente, no máximo até cinco dias após a ocorrência.

31.7.14. Quando o empregador rural ou equiparado contratar empreiteiras, a CIPATR da empresa contratante deve, em conjunto com a contratada, definir mecanismos de integração e participação de todos os trabalhadores em relação às decisões da referida comissão.

31.7.15. Os membros da CIPATR não poderão sofrer despedida arbitrária, entendendo-se como tal a que não se fundar em motivo disciplinar, técnico, econômico ou financeiro.

31.7.16. Do Processo Eleitoral

31.7.16.1. A eleição para o novo mandato da CIPATR deverá ser convocada pelo empregador, pelo menos quarenta e cinco dias antes do término do mandato e realizada com antecedência mínima de 30 dias do término do mandato.

31.7.16.2. O processo eleitoral observará as seguintes condições:

a) divulgação de edital, em locais de fácil acesso e visualização, por todos os empregados do estabelecimento, no prazo mínimo de quarenta e cinco dias antes do término do mandato em curso;

b) comunicação do início do processo eleitoral ao sindicato dos empregados e dos empregadores, por meio do envio de cópia do edital de convocação;

c) inscrição e eleição individual, sendo que o período mínimo para inscrição será de quinze dias;

d) liberdade de inscrição para todos os empregados do estabelecimento, independentemente de setores ou locais de trabalho, com fornecimento de comprovante;

e) garantia de emprego para todos os inscritos até a eleição;

f) realização da eleição no prazo mínimo de trinta dias antes do término do mandato da CIPATR, quando houver;

g) realização de eleição em dia normal de trabalho, respeitando os horários de turnos e em horário que possibilite a participação da maioria dos empregados;

h) voto secreto;

i) apuração dos votos imediatamente após o término da eleição, em horário normal de trabalho, com acompanhamento de um representante dos empregados e um do empregador;

j) guarda, pelo empregador, de todos os documentos relativos à eleição, por um período mínimo de cinco anos.

31.7.16.3. Havendo participação inferior a cinquenta por cento dos empregados na votação, não haverá a apuração dos votos e deverá ser organizada outra votação que ocorrerá no prazo máximo de dez dias.

31.7.16.4. As denúncias sobre o processo eleitoral devem ser encaminhadas à Delegacia Regional do Trabalho, até trinta dias após a divulgação do resultado da eleição.

31.7.16.4.1. O processo eleitoral é passível de anulação quando do descumprimento de qualquer das alíneas do subitem 31.7.16.2 desta Norma Regulamentadora.

31.7.16.4.2. Compete à Delegacia Regional do Trabalho, confirmadas irregularidades no processo eleitoral, determinar a sua correção ou proceder à anulação quando for o caso.

31.7.16.4.3. Em caso de anulação, o empregador rural ou equiparado, deve iniciar novo processo eleitoral no prazo de quinze dias, a contar da data de ciência da decisão da Delegacia Regional do Trabalho, garantidas as inscrições anteriores.

31.7.16.4.4. Sempre que houver denuncia formal de irregularidades no processo eleitoral, deve ser mantida a CIPATR anterior, quando houver, até a decisão da Delegacia Regional do Trabalho.

31.7.16.4.5. Cabe à Delegacia Regional do Trabalho informar ao empregador rural ou equiparado sobre a existência de denuncia de irregularidade na eleição da CIPATR.

31.7.16.4.6. Em caso de anulação da eleição, deve ser mantida a CIPATR anterior, quando houver, até a complementação do processo eleitoral.

31.7.17. A posse dos membros da CIPATR se dará no primeiro dia útil após o término do mandato anterior.

31.7.17.1. Em caso de primeiro mandato a posse será realizada no prazo máximo de quarenta e cinco dias após a eleição.

31.7.18. Assumirão a condição de membros, os candidatos mais votados.

31.7.19. Em caso de empate, assumirá aquele que tiver maior tempo de serviço no estabelecimento.

31.7.20. Do Treinamento

31.7.20.1. O empregador rural ou equiparado deverá promover treinamento em segurança e saúde no trabalho para os membros da CIPATR antes da posse, de acordo com o conteúdo mínimo:

a) noções de organização, funcionamento, importância e atuação da CIPATR;

b) estudo das condições de trabalho com análise dos riscos originados do processo produtivo no campo, bem como medidas de controle (por exemplo, nos temas agrotóxicos, maquinas e equipamentos, riscos com eletricidade, animais peçonhentos, ferramentas, silos e armazéns, transporte de trabalhadores, fatores climáticos e topográficos, áreas de vivência, ergonomia e organização do trabalho);

c) caracterização e estudo de acidentes ou doenças do trabalho, metodologia de investigação e análise;

d) noções de primeiros socorros;

e) noções de prevenção de DST, AIDS e dependências químicas;

f) noções sobre legislação trabalhista e previdenciária relativa à Segurança e Saúde no Trabalho;

g) noções sobre prevenção e combate a incêndios;

h) princípios gerais de higiene no trabalho;

i) relações humanas no trabalho;

j) proteção de máquinas equipamentos;

k) noções de ergonomia.

31.7.20.2. O empregador rural ou equiparado deve promover o treinamento previsto no subitem 31.7.20.1 desta Norma Regulamentadora para os empregados mais votados e não eleitos, limitado ao número de membros eleitos da CIPATR.

31.7.20.3. O treinamento para os membros da CIPATR terá carga horária mínima de vinte horas, distribuídas em no máximo oito horas diárias e será realizado durante o expediente normal, abordando os principais riscos a que estão expostos os trabalhadores em cada atividade que desenvolver.

31.8. Agrotóxicos, Adjuvantes e Produtos Afins

31.8.1. Para fins desta norma são considerados:

a) trabalhadores em exposição direta, os que manipulam os agrotóxicos, adjuvantes e produtos afins, em qualquer uma das etapas de armazenamento, transporte, preparo, aplicação, descarte, e descontaminação de equipamentos e vestimentas;

b) trabalhadores em exposição indireta, os que não manipulam diretamente os agrotóxicos, adjuvantes e produtos afins, mas circulam e desempenham suas atividade de trabalho em áreas vizinhas aos locais onde se faz a manipulação dos agrotóxicos em qualquer uma das etapas de armazenamento, transporte, preparo, aplicação e descarte, e descontaminação de equipamentos e vestimentas, e ou ainda os que desempenham atividades de trabalho em áreas recém-tratadas.

31.8.2. É vedada a manipulação de quaisquer agrotóxicos, adjuvantes e produtos afins que não estejam registrados e autorizados pelos órgãos governamentais competentes.

31.8.3. É vedada a manipulação de quaisquer agrotóxicos, adjuvantes e produtos afins por menores de dezoito anos, maiores de sessenta anos e por gestantes.

31.8.3.1. O empregador rural ou equiparado afastará a gestante das atividades com exposição direta ou indireta a agrotóxicos imediatamente após ser informado da gestação.

31.8.4. É vedada a manipulação de quaisquer agrotóxico, adjuvantes e produtos afins, nos ambientes de trabalho, em desacordo com a receita e as indicações do rótulo e bula, previstos em legislação vigente.

31.8.5. É vedado o trabalho em áreas recém-tratadas, antes do término do intervalo de reentrada estabelecido nos rótulos dos produtos, salvo com o uso de equipamento de proteção recomendado.

31.8.6. É vedada a entrada e permanência de qualquer pessoa na área a ser tratada durante a pulverização aérea.

31.8.7. O empregador rural ou equiparado, deve fornecer instruções suficientes aos que manipulam agrotóxicos, adjuvantes e afins, e aos que desenvolvam qualquer atividade em áreas onde possa haver exposição direta ou indireta a esses produtos, garantindo os requisitos de segurança previstos nesta norma.

31.8.8. O empregador rural ou equiparado, deve proporcionar capacitação sobre prevenção de acidentes com agrotóxicos a todos os trabalhadores expostos diretamente.

31.8.8.1. A capacitação prevista nesta norma deve ser proporcionada aos trabalhadores em exposição direta mediante programa, com carga horária mínima de vinte horas, distribuídas em no máximo oito horas diárias, durante o expediente normal de trabalho, com o seguinte conteúdo mínimo:

a) conhecimento das formas de exposição direta e indireta aos agrotóxicos;

b) conhecimento de sinais e sintomas de intoxicação e medidas de primeiros socorros;

c) rotulagem e sinalização de segurança;

d) medidas higiênicas durante e após o trabalho;

e) uso de vestimentas e equipamentos de proteção pessoal;

f) limpeza e manutenção das roupas, vestimentas e equipamentos de proteção pessoal.

31.8.8.2. O programa de capacitação deve ser desenvolvido a partir de materiais escritos ou audiovisuais e apresentado em linguagem adequada aos trabalhadores e assegurada a atualização de conhecimentos para os trabalhadores já capacitados.

31.8.8.3. São considerados válidos os programas de capacitação desenvolvidos por órgãos e serviços oficiais de extensão rural, instituições de ensino de nível médio e superior em ciências agrárias e Serviço Nacional de Aprendizagem Rural — SENAR, entidades sindicais, associações de produtores rurais, cooperativas de produção agropecuária ou florestal e associações de profissionais, desde que obedecidos os critérios estabelecidos por esta norma, garantindo-se a livre escolha de quaisquer destes pelo empregador.

31.8.8.4. O empregador rural ou equiparado deve complementar ou realizar novo programa quando comprovada a insuficiência da capacitação proporcionada ao trabalhador.

31.8.9. O empregador rural ou equiparado, deve adotar, no mínimo, as seguintes medidas:

a) fornecer equipamentos de proteção individual e vestimentas adequadas aos riscos, que não propiciem desconforto térmico prejudicial ao trabalhador;

b) fornecer os equipamentos de proteção individual e vestimentas de trabalho em perfeitas condições de uso e devidamente higienizados, responsabilizando-se pela descontaminação dos mesmos ao final de cada jornada de trabalho, e substituindo-os sempre que necessário;

c) orientar quanto ao uso correto dos dispositivos de proteção;

d) disponibilizar um local adequado para a guarda da roupa de uso pessoal;

e) fornecer água, sabão e toalhas para higiene pessoal;

f) garantir que nenhum dispositivo de proteção ou vestimenta contaminada seja levado para fora do ambiente de trabalho;

g) garantir que nenhum dispositivo ou vestimenta de proteção seja reutilizado antes da devida descontaminação;

h) vedar o uso de roupas pessoais quando da aplicação de agrotóxicos.

31.8.10. O empregador rural ou equiparado deve disponibilizar a todos os trabalhadores informações sobre o uso de agrotóxicos no estabelecimento, abordando os seguintes aspectos:

a) área tratada: descrição das características gerais da área da localização, e do tipo de aplicação a ser feita, incluindo o equipamento a ser utilizado;

b) nome comercial do produto utilizado;

c) classificação toxicológica;

d) data e hora da aplicação;

e) intervalo de reentrada;

f) intervalo de segurança/período de carência;

g) medidas de proteção necessárias aos trabalhadores em exposição direta e indireta;

h) medidas a serem adotadas em caso de intoxicação.

31.8.10.1. O empregador rural ou equiparado deve sinalizar as áreas tratadas, informando o período de reentrada.

31.8.11. O trabalhador que apresentar sintomas de intoxicação deve ser imediatamente afastado das atividades e transportado para atendimento médico, juntamente com as informações contidas nos rótulos e bulas dos agrotóxicos aos quais tenha sido exposto.

31.8.12. Os equipamentos de aplicação dos agrotóxicos, adjuvantes e produtos afins, devem ser:

a) mantidos em perfeito estado de conservação e funcionamento;

b) inspecionados antes de cada aplicação;

c) utilizados para a finalidade indicada;

d) operados dentro dos limites, especificações e orientações técnicas.

31.8.13. A conservação, manutenção, limpeza e utilização dos equipamentos só poderão ser realizadas por pessoas previamente treinadas e protegidas.

31.8.13.1. A limpeza dos equipamentos será executada de forma a não contaminar poços, rios, córregos e quaisquer outras coleções de água.

31.8.14. Os produtos devem ser mantidos em suas embalagens originais, com seus rótulos e bulas.

31.8.15. É vedada a reutilização, para qualquer fim, das embalagens vazias de agrotóxicos, adjuvantes e produtos afins, cuja destinação final deve atender à legislação vigente.

31.8.16. É vedada a armazenagem de agrotóxicos, adjuvantes e produtos afins a céu aberto.

31.8.17. As edificações destinadas ao armazenamento de agrotóxicos, adjuvantes e produtos afins devem:

a) ter paredes e cobertura resistentes;

b) ter acesso restrito aos trabalhadores devidamente capacitados a manusear os referidos produtos

c) possuir ventilação, comunicando-se exclusivamente com o exterior e dotada de proteção que não permita o acesso de animais;

d) ter afixadas placas ou cartazes com símbolos de perigo;

e) estar situadas a mais de trinta metros das habitações e locais onde são conservados ou consumidos alimentos, medicamentos ou outros materiais, e de fontes de água;

f) possibilitar limpeza e descontaminação.

31.8.18. O armazenamento deve obedecer, as normas da legislação vigente, as especificações do fabricante constantes dos rótulos e bulas, e as seguintes recomendações básicas:

a) as embalagens devem ser colocadas sobre estrados, evitando contato com o piso, com as pilhas estáveis e afastadas das paredes e do teto;

b) os produtos inflamáveis serão mantidos em local ventilado, protegido contra centelhas e outras fontes de combustão.

31.8.19. Os agrotóxicos, adjuvantes e produtos afins devem ser transportados em recipientes rotulados, resistentes e hermeticamente fechados.

31.8.19.1. É vedado transportar agrotóxicos, adjuvantes e produtos afins, em um mesmo compartimento que contenha alimentos, rações, forragens, utensílios de uso pessoal e doméstico.

31.8.19.2. Os veículos utilizados para transporte de agrotóxicos, adjuvantes e produtos afins, devem ser higienizados e descontaminados, sempre que forem destinados para outros fins.

31.8.19.3. É vedada a lavagem de veículos transportadores de agrotóxicos em coleções de água.

31.8.19.4. É vedado transportar simultaneamente trabalhadores e agrotóxicos, em veículos que não possuam compartimentos estanques projetados para tal fim.

31.9. Meio Ambiente e Resíduos

31.9.1. Os resíduos provenientes dos processos produtivos devem ser eliminados dos locais de trabalho, segundo métodos e procedimentos adequados que não provoquem contaminação ambiental.

31.9.2. As emissões de resíduos para o meio ambiente devem estar de acordo com a legislação em vigor sobre a matéria.

31.9.3. Os resíduos sólidos ou líquidos de alta toxicidade, periculosidade, alto risco biológico e os resíduos radioativos deverão ser dispostos com o conhecimento e a orientação dos órgãos competentes e mantidos sob monitoramento.

31.9.4. Nos processos de compostagem de dejetos de origem animal, deve-se evitar que a fermentação excessiva provoque incêndios no local.

31.10. Ergonomia

31.10.1. O empregador rural ou equiparado deve adotar princípios ergonômicos que visem a adaptação das condições de trabalho às características psicofisiológicas dos trabalhadores, de modo a proporcionar melhorias nas condições de conforto e segurança no trabalho.

31.10.2. É vedado o levantamento e o transporte manual de carga com peso suscetível de comprometer a saúde do trabalhador.

31.10.3. Todo trabalhador designado para o transporte manual regular de cargas deve receber treinamento ou instruções quanto aos métodos de trabalho que deverá utilizar, com vistas a salvaguardar sua saúde e prevenir acidentes.

31.10.4. O transporte e a descarga de materiais feitos por impulsão ou tração de vagonetes sobre trilhos, carros de mão ou qualquer outro aparelho mecânico deverão ser executados de forma que o esforço físico realizado pelo trabalhador seja compatível com sua saúde, segurança e capacidade de força.

31.10.5. Todas as máquinas, equipamentos, implementos, mobiliários e ferramentas devem proporcionar ao trabalhador condições de boa postura, visualização, movimentação e operação.

31.10.6. Nas operações que necessitem também da utilização dos pés, os pedais e outros comandos devem ter posicionamento e dimensões que possibilitem fácil alcance e ângulos adequados entre as diversas partes do corpo do trabalhador, em função das características e peculiaridades do trabalho a ser executado.

31.10.7. Para as atividades que forem realizadas necessariamente em pé, devem ser garantidas pausas para descanso.

31.10.8. A organização do trabalho deve ser adequada às características psicofisiológicas dos trabalhadores e à natureza do trabalho a ser executado.

31.10.9. Nas atividades que exijam sobrecarga muscular estática ou dinâmica devem ser incluídas pausas para descanso e outras medidas que preservem a saúde do trabalhador.

31.11. Ferramentas Manuais

31.11.1. O empregador deve disponibilizar, gratuitamente, ferramentas adequadas ao trabalho e às características físicas do trabalhador, substituindo-as sempre que necessário.

31.11.2. As ferramentas devem ser:

a) seguras e eficientes;

b) utilizadas exclusivamente para os fins a que se destinam;

c) mantidas em perfeito estado de uso.

31.11.3. Os cabos das ferramentas devem permitir boa aderência em qualquer situação de manuseio, possuir formato que favoreça a adaptação à mão do trabalhador, e ser fixados de forma a não se soltar acidentalmente da lâmina.

31.11.4. As ferramentas de corte devem ser:

a) guardadas e transportadas em bainha;

b) mantidas afiadas.

31.12. Segurança no Trabalho em Máquinas e Implementos Agrícolas

(Alterado pela Portaria MTE n. 2.546, de 14 de dezembro de 2011)

Princípios gerais

31.12.1. As máquinas e implementos devem ser utilizados segundo as especificações técnicas do fabricante e dentro dos limites operacionais e restrições por ele indicados, e operados por trabalhadores capacitados, qualificados ou habilitados para tais funções.

31.12.2. As proteções, dispositivos e sistemas de segurança previstos nesta Norma devem integrar as máquinas desde a sua fabricação, não podendo ser considerados itens opcionais para quaisquer fins.

31.12.3. Os procedimentos de segurança e permissão de trabalho, quando necessários, devem ser elaborados e aplicados para garantir de forma segura o acesso, acionamento, inspeção, manutenção ou quaisquer outras intervenções em máquinas e implementos.

31.12.4. É vedado o transporte de pessoas em máquinas autopropelidas e nos seus implementos.

31.12.4.1. Excetuam-se da vedação do subitem 31.12.4 as máquinas autopropelidas e seus implementos que possuam postos de trabalhos projetados para este fim pelo fabricante ou por profissional habilitado, conforme disposto nesta Norma.

31.12.5. É vedada a adaptação de máquinas forrageiras tracionadas e equipadas com sistema de autoalimentação para sistema de alimentação manual.

Dispositivos de partida, acionamento e parada

31.12.6. Os dispositivos de partida, acionamento e parada das máquinas estacionárias e dos equipamentos estacionários devem ser projetados, selecionados e instalados de modo que:

a) não se localizem em suas zonas perigosas;

b) impeçam acionamento ou desligamento involuntário pelo operador ou por qualquer outra forma acidental;

c) não acarretem riscos adicionais;

d) não possam ser burlados; e

e) possam ser acionados ou desligados em caso de emergência por outra pessoa que não seja o operador.

31.12.7. Os comandos de partida ou acionamento das máquinas estacionárias devem possuir dispositivos que impeçam seu funcionamento automático ao serem energizadas.

31.12.8. Nas paradas temporárias ou prolongadas das máquinas autopropelidas, o operador deve colocar os controles em posição neutra ou de estacionamento, acionar os freios e adotar todas as medidas necessárias para eliminar riscos provenientes de deslocamento ou movimentação de implementos ou de sistemas da máquina operada.

31.12.9. As máquinas cujo acionamento por pessoas não autorizadas possa oferecer risco à saúde ou integridade física de qualquer pessoa devem possuir sistema ou, no caso de máquinas autopropelidas, chave de ignição, para o bloqueio de seus dispositivos de acionamento.

Sistemas de segurança em máquinas e implementos

31.12.10. As zonas de perigo das máquinas e implementos devem possuir sistemas de segurança, caracterizados por proteções fixas, móveis e dispositivos de segurança interligados ou não, que garantam a proteção à saúde e à integridade física dos trabalhadores.

31.12.11. A adoção de sistemas de segurança, em especial nas zonas de operação que apresentem perigo, deve considerar as características técnicas da máquina e do processo de trabalho e as medidas e alternativas técnicas existentes, de modo a atingir o nível necessário de segurança previsto nesta Norma.

31.12.11.1. Os componentes funcionais das áreas de processo e trabalho das máquinas autopropelidas e implementos, que necessitem ficar expostos para correta operação, devem ser protegidos adequadamente até a extensão máxima possível, de forma a permitir a funcionalidade operacional a que se destinam, atendendo às normas técnicas vigentes e às exceções constantes do Quadro II do Anexo IV desta Norma.

31.12.12. Cabe ao empregador rural ou equiparado manter os sistemas de segurança em perfeito estado de conservação e funcionamento, sendo a retirada ou neutralização total ou parcial destes sistemas que coloquem em risco a integridade física dos trabalhadores considerada risco grave e iminente.

31.12.13. Para fins de aplicação desta Norma, considera-se proteção o elemento especificamente utilizado para prover segurança por meio de barreira física, podendo ser:

a) proteção fixa, que deve ser mantida em sua posição de maneira permanente ou por meio de elementos de fixação que só permitam sua remoção ou abertura com o uso de ferramentas; *(Alterada pela Portaria MTE n. 1.896, de 9 de dezembro de 2013)*

b) proteção móvel, que pode ser aberta sem o uso de ferramentas, geralmente ligada por elementos mecânicos à estrutura da máquina ou a um elemento fixo próximo, e deve se associar a dispositivos de intertravamento.

31.12.14. Para fins de aplicação desta Norma, consideram-se dispositivos de segurança os componentes que, por si só ou interligados ou associados a proteções, reduzam os riscos de acidentes e de outros agravos à saúde, sendo classificados em:

a) comandos elétricos ou interfaces de segurança: dispositivos responsáveis por realizar o monitoramento, que verificam a interligação, posição e funcionamento de outros dispositivos do sistema e impedem a ocorrência de falha que provoque a perda da função de segurança, como relés de segurança, controladores configuráveis de segurança e controlador lógico programável — CLP de segurança;

b) dispositivos de intertravamento: chaves de segurança eletromecânicas, com ação e ruptura positiva, magnéticas e eletrônicas codificadas, optoeletrônicas, sensores indutivos de segurança e outros dispositivos de segurança que possuem a finalidade de impedir o funcionamento de elementos da máquina sob condições específicas;

c) sensores de segurança: dispositivos detectores de presença mecânicos e não mecânicos, que atuam quando uma pessoa ou parte do seu corpo adentra a zona de perigo de uma máquina ou equipamento, enviando um sinal para interromper ou impedir o início de funções perigosas, como cortinas de luz, detectores de presença optoeletrônicos, laser de múltiplos feixes, barreiras óticas, monitores de área, ou scanners, batentes, tapetes e sensores de posição;

d) válvulas e blocos de segurança ou sistemas pneumáticos e hidráulicos de mesma eficácia;

e) dispositivos mecânicos, como: dispositivos de retenção, limitadores, separadores, empurradores, inibidores, defletores e retráteis; e

f) dispositivos de validação: dispositivos suplementares de comando operados manualmente, que, quando aplicados de modo permanente, habilitam o dispositivo de acionamento, como chaves seletoras bloqueáveis e dispositivos bloqueáveis.

31.12.14.1. As máquinas autopropelidas podem possuir dispositivo de intertravamento mecânico de atuação simples e não monitorado para proteção do compartimento do motor.

31.12.15. As proteções devem ser projetadas e construídas de modo a atender aos seguintes requisitos de segurança:

a) cumprir suas funções apropriadamente durante a vida útil da máquina ou possibilitar a reposição de partes deterioradas ou danificadas;

b) ser constituídas de materiais resistentes e adequados à contenção de projeção de peças, materiais e partículas;

c) fixação firme e garantia de estabilidade e resistência mecânica compatíveis com os esforços requeridos;

d) não criar pontos de esmagamento ou agarramento com partes da máquina ou com outras proteções;

e) não possuir extremidades e arestas cortantes ou outras saliências perigosas;

f) resistir às condições ambientais do local onde estão instaladas;

g) impedir que possam ser burladas;

h) proporcionar condições de higiene e limpeza;

i) impedir o acesso à zona de perigo;

j) ter seus dispositivos de intertravamento utilizados para bloqueio de funções perigosas das máquinas protegidos adequadamente contra sujidade, poeiras e corrosão, se necessário;

(Vide prazo no art. 4º da Portaria MTE n. 2.546, de 14 de dezembro de 2011)

k) ter ação positiva, ou seja, atuação de modo positivo;

l) não acarretar riscos adicionais; e

m) possuir dimensões conforme previsto no Item A do Anexo II desta Norma.

(Vide prazo no art. 4º da Portaria MTE n. 2.546, de 14 de dezembro de 2011)

31.12.15.1. Quando a proteção for confeccionada com material descontínuo, devem ser observadas as distâncias de segurança para impedir o acesso às zonas de perigo, conforme previsto no Item A do Anexo II desta Norma.

(Vide prazo no art. 4º da Portaria MTE n. 2.546, de 14 de dezembro de 2011)

31.12.16. Os componentes relacionados aos sistemas de segurança e comandos de acionamento e parada das máquinas estacionárias, inclusive de emergência, devem garantir a manutenção do estado seguro da máquina quando ocorrerem flutuações no nível de energia além dos limites considerados no projeto, incluindo o corte e restabelecimento do fornecimento de energia.

31.12.17. A proteção deve ser móvel quando o acesso a uma zona de perigo for requerido uma ou mais vezes por turno de trabalho, observando-se que:

a) a proteção deve ser associada a um dispositivo de intertravamento quando sua abertura não possibilitar o acesso à zona de perigo antes da eliminação do risco; e

b) a proteção deve ser associada a um dispositivo de intertravamento com bloqueio quando sua abertura possibilitar o acesso à zona de perigo antes da eliminação do risco.

31.12.17.1. Para as máquinas autopropelidas e seus implementos, a proteção deve ser móvel quando o acesso a uma zona de perigo for requerido mais de uma vez por turno de trabalho.

(Vide prazos no art. 4º da Portaria MTE n. 2.546, de 14 de dezembro de 2011)

31.12.18. As máquinas e implementos dotados de proteções móveis associadas a dispositivos de intertravamento devem:

a) operar somente quando as proteções estiverem fechadas;

b) paralisar suas funções perigosas quando as proteções forem abertas durante a operação; e

c) garantir que o fechamento das proteções por si só não possa dar inicio às funções perigosas.

31.12.18.1. As máquinas autopropelidas ficam dispensadas do atendimento das alíneas "a" e "b" do subitem 31.12.18 para acesso em operações de manutenção e inspeção, desde que realizadas por trabalhador capacitado ou qualificado.

31.12.19. Os dispositivos de intertravamento com bloqueio associados às proteções móveis das máquinas e implementos devem:

a) permitir a operação somente enquanto a proteção estiver fechada e bloqueada;

b) manter a proteção fechada e bloqueada até que tenha sido eliminado o risco de lesão devido às funções perigosas da máquina ou do equipamento; e

c) garantir que o fechamento e bloqueio da proteção por si só não possa dar inicio às funções perigosas da máquina ou do equipamento.

31.12.19.1. As máquinas autopropelidas ficam dispensadas do atendimento das alíneas "a" e "b" do subitem 31.12.19 para acesso em operações de manutenção e inspeção, desde que realizadas por trabalhador capacitado ou qualificado.

31.12.20. As transmissões de força e os componentes móveis a elas interligados, acessíveis ou expostos, devem ser protegidos por meio de proteções fixas ou móveis com dispositivos de intertravamento, que impeçam o acesso por todos os lados, ressalvado o disposto no subitem 31.12.11.1 e as exceções previstas no Quadro II do Anexo IV desta Norma.

31.12.20.1. As proteções de colhedoras devem: *(Inserido pela Portaria MTE n. 1.896, de 9 de dezembro de 2013)*

a) ser projetadas levando em consideração o risco para o operador e a geração de outros perigos, tais como evitar o acúmulo de detritos e risco de incêndio; *(Inserida pela Portaria MTE n. 1.896, de 9 de dezembro de 2013)*

b) atingir a extensão máxima, considerando a funcionalidade da colhedora; *(Inserida pela Portaria MTE n. 1.896, de 9 de dezembro de 2013)*

c) ser sinalizadas quanto ao risco; *(Inserida pela Portaria MTE n. 1.896, de 9 de dezembro de 2013)*

d) ter indicação das informações sobre os riscos contidas no manual de instruções. *(Inserida pela Portaria MTE n. 1.896, de 9 de dezembro de 2013)*

31.12.21. Quando utilizadas proteções móveis para o enclausuramento de transmissões de força que possuam inércia, devem ser utilizados dispositivos de intertravamento com bloqueio.

31.12.22. O eixo cardã deve possuir proteção adequada, em perfeito estado de conservação em toda a sua extensão, fixada na tomada de força da máquina desde a cruzeta até o acoplamento do implemento ou equipamento.

31.12.23. As máquinas e implementos que ofereçam risco de ruptura de suas partes, projeção de peças ou material em processamento devem possuir proteções que garantam a saúde e a segurança dos trabalhadores, salvo as exceções constantes dos Quadros I e II do Anexo IV desta Norma.

31.12.23.1. As roçadoras devem possuir dispositivos de proteção contra o arremesso de materiais sólidos.

31.12.24. As máquinas de cortar, picar, triturar, moer, desfibrar e similares devem possuir sistemas de segurança que impossibilitem o contato do operador ou demais pessoas com suas zonas de perigo.

31.12.25. Nas proteções distantes de máquinas estacionárias, em que haja possibilidade de alguma pessoa ficar na zona de perigo, devem ser adotadas medidas adicionais de proteção coletiva para impedir a partida da máquina, enquanto houver a presença de pessoas nesta zona.

31.12.26. As aberturas para alimentação de máquinas ou implementos que estiverem situadas ao nível do ponto de apoio do operador ou abaixo dele, devem possuir proteção que impeça a queda de pessoas em seu interior.

31.12.27. Quando as características da máquina ou implemento exigirem que as proteções sejam utilizadas também como meio de acesso, estas devem atender aos requisitos de resistência e segurança adequados a ambas as finalidades.

31.12.28. O fundo dos degraus ou da escada deve possuir proteção — espelho, sempre que uma parte saliente do pé ou da mão do trabalhador possa contatar uma zona perigosa.

31.12.29. As baterias devem atender aos seguintes requisitos mínimos de segurança:

a) localização de modo que sua manutenção e troca possam ser realizadas facilmente a partir do solo ou de uma plataforma de apoio;

b) constituição e fixação de forma a não haver deslocamento acidental; e

c) proteção do terminal positivo, a fim de prevenir contato acidental e curto-circuito.

31.12.30. As máquinas autopropelidas fabricadas a partir de maio de 2008, sob a égide da redação da NR 31 dada pela Portaria n. 86, de 3 de março de 2005, devem possuir faróis, lanternas traseiras de posição, buzina, espelho retrovisor e sinal sonoro automático de ré acoplado ao sistema de transmissão, salvo as exceções previstas no Quadro I do Anexo IV desta Norma.

31.12.30.1. As máquinas autopropelidas fabricadas antes de maio de 2008 devem possuir faróis e buzina.

31.12.31. As máquinas autopropelidas devem possuir Estrutura de Proteção na Capotagem — EPC e cinto de segurança, exceto as constantes do Quadro I do Anexo IV desta Norma, que devem ser utilizadas em conformidade com as especificações e recomendações indicadas nos manuais do fabricante.

31.12.31.1. As máquinas autopropelidas fabricadas antes de maio de 2008 ficam excluídas da obrigação do subitem 31.12.31, desde que utilizadas conforme as recomendações operacionais do fabricante, em especial quanto a limites de declividade, velocidade, carga e aplicação.

31.12.32. Para as máquinas autopropelidas fabricadas a partir de maio de 2008, deve ser consultado o Quadro III do Anexo IV desta Norma para verificação da disponibilidade técnica de EPC.

31.12.33. A EPC deve:

a) ser adquirida do fabricante ou revenda autorizada;

b) ser instalada conforme as recomendações do fabricante; e

c) atender aos requisitos de segurança estabelecidos pelas normas técnicas vigentes.

31.12.34. As máquinas autopropelidas que durante sua operação ofereçam riscos de queda de objetos sobre o posto de trabalho devem possuir de Estrutura de Proteção contra Queda de Objetos — EPCO.

31.12.35. Na tomada de potência — TDP dos tratores agrícolas deve ser instalada uma proteção que cubra a parte superior e as laterais, conforme Figura 1 do Anexo IV desta Norma.

31.12.36. As máquinas e implementos tracionados devem possuir sistemas de engate para reboque pelo sistema de tração, de modo a assegurar o acoplamento e desacoplamento fácil e seguro, bem como a impedir o desacoplamento acidental durante a utilização.

31.12.36.1. A indicação de uso dos sistemas de engate mencionados no subitem 31.12.36 deve ficar em local de fácil visualização e afixada em local próximo da conexão.

31.12.36.2. Os implementos tracionados, caso o peso da barra do reboque assim exija, devem possuir dispositivo de apoio que possibilite a redução do esforço e a conexão segura ao sistema de tração.

31.12.36.3. A operação de engate deve ser feita em local apropriado e com o equipamento tracionado imobilizado de forma segura com calço ou similar.

31.12.37. É vedado o trabalho de máquinas e implementos acionados por motores de combustão interna em locais fechados sem ventilação, salvo quando for assegurada a eliminação de gases.

31.12.38. As motosserras devem dispor dos seguintes dispositivos de segurança:

a) freio manual ou automático de corrente;

b) pino pega-corrente;

c) protetor da mão direita;

d) protetor da mão esquerda; e

e) trava de segurança do acelerador.

31.12.38.1. Motopodas e similares devem dispor dos dispositivos do caput, quando couber.

31.12.39. Os empregadores ou equiparados devem promover, a todos os operadores de motosserra, motopoda e similares, treinamento para utilização segura da máquina, com carga horária mínima de oito horas e conforme conteúdo programático relativo à utilização constante do manual de instruções.

Meios de Acesso

31.12.40. As máquinas, equipamentos e implementos devem dispor de acessos permanentemente fixados e seguros a todos os seus pontos de operação, abastecimento, inserção de matérias-primas e retirada de produtos trabalhados, preparação, manutenção e de intervenção constante.

31.12.41. Consideram-se meios de acesso elevadores, rampas, passarelas, plataformas ou escadas de degraus.

31.12.41.1. Na impossibilidade técnica de adoção dos meios previstos no subitem 31.12.41, poderá ser utilizada escada fixa tipo marinheiro.

31.12.41.2. As máquinas autopropelidas e implementos com impossibilidade técnica de adoção dos meios de acesso dispostos no subitem 31.12.41, onde a presença do trabalhador seja necessária para inspeção e manutenção e que não sejam acessíveis desde o solo devem possuir meios de apoio como manípulos ou corrimãos, barras, apoio para os pés ou degraus com superfície antiderrapante, que garantam ao operador manter contato de apoio em três pontos durante todo o tempo de acesso, de modo a torná-lo seguro, conforme o item 31.12.60 desta Norma.

31.12.41.2.1. Deve-se utilizar uma forma de acesso seguro indicada no manual de operação, nas situações em que não sejam aplicáveis os meios previstos no subitem 31.12.41.2.

31.12.42. Os locais ou postos de trabalho acima do nível do solo em que haja acesso de trabalhadores para comando ou quaisquer outras intervenções habituais nas máquinas e implementos, como operação, abastecimento, manutenção, preparação e inspeção, devem possuir plataformas de trabalho estáveis e seguras.

31.12.42.1. Na impossibilidade técnica de aplicação do previsto no subitem 31.12.42, é permitida a utilização de plataformas móveis ou elevatórias.

31.12.42.1.1. As plataformas móveis devem ser estáveis, de modo a não permitir sua movimentação ou tombamento durante a realização do trabalho.

31.12.43. Devem ser fornecidos meios de acesso se a altura do solo ou do piso ao posto de operação das máquinas for maior que 0,55 m (cinquenta e cinco centímetros).

31.12.44. Em máquinas autopropelidas da indústria de construção com aplicação agroflorestal, os meios de acesso devem ser fornecidos se a altura do solo ao posto de operação for maior que 0,60 m (sessenta centímetros).

31.12.45. Em colhedoras de arroz, colhedoras equipadas com esteiras e outras colhedoras equipadas com sistema de autonivelamento, os meios de acesso devem ser fornecidos se a altura do solo ao posto de operação for maior que 0,70 m (setenta centímetros).

31.12.46. Nas máquinas, equipamentos e implementos os meios de acesso permanentes devem ser localizados e instalados de modo a prevenir riscos de acidente e facilitar sua utilização pelos trabalhadores.

31.12.47. Os meios de acesso de máquinas, exceto escada fixa do tipo marinheiro e elevador, devem possuir sistema de proteção contra quedas com as seguintes características:

a) ser dimensionados, construídos e fixados de modo seguro e resistente, de forma a suportar os esforços solicitantes;

b) ser constituídos de material resistente a intempéries e corrosão;

c) possuir travessão superior de 1,10 m (um metro e dez centímetros) a 1,20 m (um metro e vinte centímetros) de altura em relação ao piso ao longo de toda a extensão, em ambos os lados;

d) o travessão superior não deve possuir superfície plana, a fim de evitar a colocação de objetos;

e) possuir rodapé de, no mínimo, 0,20 m (vinte centímetros) de altura e travessão intermediário a 0,70 m (setenta centímetros) de altura em relação ao piso, localizado entre o rodapé e o travessão superior.

31.12.47.1. Havendo risco de queda de objetos e materiais, o vão entre o rodapé e o travessão superior do guarda corpo deve receber proteção fixa, integral e resistente

31.12.47.1.1. A proteção mencionada no subitem 31.12.47.1 pode ser constituída de tela resistente, desde que sua malha não permita a passagem de qualquer objeto ou material que possa causar lesões aos trabalhadores.

31.12.47.2. Para o sistema de proteção contra quedas em plataformas utilizadas em operações de abastecimento ou que acumulam sujidades, é permitida a adoção das dimensões da Figura 5 do Anexo III desta Norma.

31.12.47.3. O sistema de proteção contra quedas de plataformas que não sejam a de operação em colhedoras está dispensado de atender aos requisitos da figura 5 do Anexo III, desde que disponham de barra superior, instalada em um dos lados, tendo altura de 1m (um metro) a 1,1m (um metro e dez centímetros) em relação ao piso e barra intermediária instalada de 0,4 m (quarenta centímetro) a 0,6m (sessenta centímetros) abaixo da barra superior. *(Inserido pela Portaria MTE n. 1.896, de 9 de dezembro de 2013)*

31.12.47.3.1. As plataformas indicadas no item 31.12.47.3 somente podem ser acessadas quando a máquina estiver parada. *(Inserido pela Portaria MTE n. 1.896, de 09 de dezembro de 2013)*

31.12.48. O emprego dos meios de acesso de máquinas estacionárias deve considerar o ângulo de lance conforme Figura 1 do Anexo III desta Norma.

31.12.49. As passarelas, plataformas, rampas e escadas de degraus devem propiciar condições seguras de trabalho, circulação, movimentação e manuseio de materiais e:

a) ser dimensionadas, construídas e fixadas de modo seguro e resistente, de forma a suportar os esforços solicitantes e movimentação segura do trabalhador;

b) ter pisos e degraus constituídos de materiais ou revestimentos antiderrapantes;

c) ser mantidas desobstruídas; e

d) ser localizadas e instaladas de modo a prevenir riscos de queda, escorregamento, tropeçamento e dispêndio excessivo de esforços físicos pelos trabalhadores ao utilizá-las.

31.12.50. As rampas com inclinação entre 10° (dez) e 20° (vinte) graus em relação ao plano horizontal devem possuir peças transversais horizontais fixadas de modo seguro, para impedir escorregamento, distanciadas entre si 0,40 m (quarenta centímetros) em toda sua extensão.

31.12.50.1. É proibida a construção de rampas com inclinação superior a 20º (vinte) graus em relação ao piso.

31.12.51. As passarelas, plataformas e rampas devem ter as seguintes características:

a) largura útil mínima de 0,60 m (sessenta centímetros) para máquinas, exceto para as autopropelidas e implementos que devem atender a largura mínima determinada conforme norma técnica específica;

b) meios de drenagem, se necessário; e

c) não possuir rodapé no vão de acesso.

31.12.52. Em máquinas estacionárias as escadas de degraus com espelho devem ter:

a) largura mínima de 0,60 m (sessenta centímetros);

b) degraus com profundidade mínima de 0,20 m (vinte centímetros);

c) degraus e lances uniformes, nivelados e sem saliências;

d) altura entre os degraus de 0,20 m (vinte centímetros) a 0,25 m (vinte e cinco centímetros); e

e) plataforma de descanso de 0,60m (sessenta centímetros) a 0,80m (oitenta centímetros) de largura e comprimento a intervalos de, no máximo, 3,00 m (três metros) de altura.

31.12.53. Em máquinas estacionárias as escadas de degraus sem espelho devem ter:

a) largura mínima de 0,60 m (sessenta centímetros);

b) degraus com profundidade mínima de 0,15 m (quinze centímetros);

c) degraus e lances uniformes, nivelados e sem saliências;

d) altura máxima entre os degraus de 0,25 m (vinte e cinco centímetros);

e) plataforma de descanso com 0,60m (sessenta centímetros) a 0,80 m (oitenta centímetros) de largura e comprimento a intervalos de, no máximo, 3,00 m (três metros) de altura;

f) projeção mínima de 0,01 m (dez milímetros) de um degrau sobre o outro; e

g) degraus com profundidade que atendam à fórmula: 600≤ g +2h ≤ 660 (dimensões em milímetros), conforme Figura 2 do Anexo III desta Norma.

31.12.54. Em máquinas estacionárias as escadas fixas do tipo marinheiro devem ter:

a) dimensionamento, construção e fixação seguras e resistentes, de forma a suportar os esforços solicitantes; *(Alterada pela Portaria MTE n. 1.896, de 9 de dezembro de 2013)*

b) constituição de materiais ou revestimentos resistentes a intempéries e corrosão, caso estejam expostas em ambiente externo ou corrosivo;

c) gaiolas de proteção, caso possuam altura superior a 3,50 m (três metros e meio), instaladas a partir de 2,0 m (dois metros) do piso, ultrapassando a plataforma de descanso ou o piso superior em pelo menos de 1,10 m (um metro e dez centímetros) a 1,20 m (um metro e vinte centímetros);

d) corrimão ou continuação dos montantes da escada ultrapassando a plataforma de descanso ou o piso superior de 1,10 m (um metro e dez centímetros) a 1,20 m (um metro e vinte centímetros);

e) largura de 0,40 m (quarenta centímetros) a 0,60 m (sessenta centímetros), conforme Figura 3 do Anexo III desta Norma;

f) altura total máxima de 10,00 m (dez metros), se for de um único lance;

g) altura máxima de 6,00 m (seis metros) entre duas plataformas de descanso, se for de múltiplos lances, construídas em lances consecutivos com eixos paralelos, distanciados no mínimo em 0,70 m (setenta centímetros), conforme Figura 3 do Anexo III desta Norma.

h) espaçamento entre barras de 0,25 m (vinte e cinco centímetros) a 0,30 m (trinta centímetros), conforme Figura 3 do Anexo III desta Norma; *(Alterada pela Portaria MTE n. 1.896, de 9 de dezembro de 2013)*

i) espaçamento entre o piso da máquina ou da edificação e a primeira barra não superior a 0,55 m (cinquenta e cinco centímetros), conforme Figura 3 do Anexo III desta Norma;

j) distância em relação à estrutura em que é fixada de, no mínimo, 0,15 m (quinze centímetros), conforme Figura 4C do Anexo III desta Norma; *(Alterada pela Portaria MTE n. 1.896, de 9 de dezembro de 2013)*

k) barras horizontais de 0,025m (vinte e cinco milímetros) a 0,038 m (trinta e oito milímetros) de diâmetro ou espessura; e *(Alterada pela Portaria MTE n. 1.896, de 9 de dezembro de 2013)*

l) barras horizontais com superfícies, formas ou ranhuras a fim de prevenir deslizamentos. *(Alterada pela Portaria MTE n. 1.896, de 9 de dezembro de 2013)*

31.12.54.1. As gaiolas de proteção devem ter diâmetro de 0,65m (sessenta e cinco centímetros) a 0,80m (oitenta centímetros), conforme Figura 4 C, do Anexo III e: *(Alterado pela Portaria MTE n. 1.896, de 9 de dezembro de 2013)*

a) possuir barras verticais com espaçamento máximo de 0,30m (trinta centímetros) entre si e distância máxima de 1,50m (um metro e cinquenta centímetros) entre arcos, conforme figuras 4A e 4B, do Anexo III; ou *(Alterada pela Portaria MTE n. 1.896, de 9 de dezembro de 2013)*

b) vãos entre arcos de, no máximo, 0,30m (trinta centímetros), conforme Figura 3 do Anexo III, dotadas de barra vertical de sustentação dos arcos. *(Alterada pela Portaria MTE n. 1.896, de 9 de dezembro de 2013)*

31.12.55. Os meios de acesso das máquinas autopropelidas e implementos devem possuir as seguintes características:

a) ser dimensionados, construídos e fixados de modo seguro e resistente, de forma a suportar os esforços solicitantes;

b) ser constituídos de material resistente a intempéries e corrosão; e

c) o travessão superior não deve ter superfície plana, a fim de evitar a colocação de objetos.

31.12.56. A direção não pode ser considerada manípulo de apoio.

31.12.57. Os pneus, cubos, rodas e para-lamas não são considerados degraus para acesso aos postos de trabalho.

31.12.58. Os para-lamas podem ser considerados degraus para acesso desde que projetados para esse fim.

31.12.59. Em máquinas de esteira, as sapatas e a superfície de apoio das esteiras podem ser utilizadas como degraus de acesso desde que projetados para esse fim e se for garantido ao operador apoio em três pontos de contato durante todo tempo de acesso.

31.12.60. As máquinas autopropelidas e implementos devem ser dotados de corrimãos ou manípulos — pega-mãos, em um ou ambos os lados dos meios de acesso que ofereçam risco de queda ou acesso às áreas de perigo, que devem possuir:

(Vide prazo no art. 4º da Portaria MTE n. 2.546, de 14 de dezembro de 2011)

a) projeto de forma que o operador possa manter contato de apoio em três pontos durante todo o tempo de acesso;

b) largura da seção transversal entre 0,025m (vinte e cinco milímetros) e 0,038 m (trinta e oito milímetros);

c) extremidade inferior em pelo menos um corrimão ou manípulo localizada no máximo a 1600 mm (um mil e seiscentos milímetros) da superfície do solo;

d) espaço livre mínimo de 0,050m (cinquenta milímetros) entre o corrimão ou manípulo e as partes adjacentes para acesso da mão, exceto nos pontos de fixação;

e) um manípulo instalado do último degrau superior do meio de acesso a uma altura de 0,85 m (oitenta e cinco centímetros) a 1,10 m (um metro e dez centímetros); e

f) manípulo com comprimento mínimo de 0,15 m (quinze centímetros).

31.12.60.1. Os pontos de apoio para mãos devem ficar a pelo menos 0,30 m (trinta centímetros) de qualquer elemento de articulação.

31.12.61. As escadas usadas no acesso ao posto de operação das máquinas autopropelidas e implementos devem atender a um dos seguintes requisitos:

a) a inclinação α deve ser entre 70° (setenta graus) e 90° (noventa graus) em relação à horizontal conforme Figura 2 do Anexo III desta Norma; ou

b) no caso de inclinação α menor que 70° (setenta graus), as dimensões dos degraus devem atender à equação $(2B + G) \leq 700$ mm, onde B é a distância vertical, em mm, e G a distância horizontal, em mm, entre degraus, permanecendo as dimensões restantes conforme Figura 6 do Anexo III desta Norma.

31.12. 61.1. Os degraus devem possuir:

a) superfície antiderrapante;

b) batentes verticais em ambos os lados;

c) projeção de modo a minimizar o acúmulo de água e de sujidades, nas condições normais de trabalho;

d) altura do primeiro degrau alcançada com os maiores pneus indicados para a máquina;

e) espaço livre adequado na região posterior, quando utilizado sem espelho, de forma a proporcionar um apoio seguro para os pés;

f) dimensões conforme a Figura 6 do Anexo III desta Norma;

g) altura do primeiro deles em relação ao solo de até 700 mm (setecentos milímetros) para colhedoras de arroz ou colhedoras equipadas com esteiras e outras colhedoras equipadas com sistema de autonivelamento; e

h) altura do primeiro deles em relação ao solo de até 600 mm (seiscentos milímetros) para máquinas autopropelidas da indústria da construção com aplicação agroflorestal.

31.12.61.2. A conexão entre o primeiro degrau e o segundo degrau pode ser articulada.

31.12.61.3. Não deve haver riscos de corte, esmagamento ou movimento incontrolável para o operador na movimentação de meios de acesso móveis.

31.12. 62. As plataformas de máquinas autopropelidas e implementos que apresentem risco de queda de trabalhadores devem ser acessados por degraus e possuir sistema de proteção contra quedas conforme as dimensões da Figura 5 do Anexo III desta Norma.

31.12.63. A plataforma de operação ou piso de trabalho das máquinas autopropelidas e implementos deve:

a) ser plana, nivelada e fixada de modo seguro e resistente;

b) possuir superfície antiderrapante;

c) possuir meios de drenagem, se necessário;

d) ser contínua, exceto para tratores denominados "acavalados", em que poderá ser de dois níveis; e

e) não possuir rodapé no vão de entrada da plataforma.

31.12.63.1. Os meios de acesso móveis ou retráteis das plataformas e cabines, para fins de transporte, devem possuir sistema para limitação do vão de acesso.

31.12.64. As máquinas estacionárias, autopropelidas e implementos, fabricadas antes da vigência desta Norma e que possuam plataforma de trabalho, devem possuir escada de acesso e proteção contra quedas, sendo consideradas regulares desde que dimensionadas conforme normas vigentes à época de sua fabricação.

31.12.65. O bocal de abastecimento do tanque de combustível e de outros materiais deve ser localizado, no máximo, a 1,5 m (um metro e cinquenta centímetros) acima do ponto de apoio do operador.

31.12.65.1. Caso não seja possível atender ao disposto no subitem 31.12.65 para as operações de abastecimento de combustível e de outros materiais, nas máquinas autopropelidas deve ser instalado degrau de acesso com manípulos que garantam três pontos de contato durante toda a tarefa.

(Vide prazo no art. 4º da Portaria MTE n. 2.546, de 14 de dezembro de 2011)

31.12.65.2. Caso não seja possível atender ao disposto no subitem 31.12.65 para as operações de abastecimento de combustível das máquinas autopropelidas que possuam o tanque localizado na parte traseira ou lateral, poderá ser utilizada plataforma ou escada externa que servirá de apoio para execução segura da tarefa.

31.12.65.3. Para máquinas autopropelidas e implementos fabricados antes da vigência desta Norma poderá ser utilizada plataforma ou escada externa que servirá de apoio para execução segura da tarefa.

Operação e manutenção

31.12.66. As atividades de manutenção e ajuste devem ser feitas por trabalhadores qualificados ou capacitados, com as máquinas paradas e observância das recomendações constantes dos manuais ou instruções de operação e manutenção seguras.

31.12.67. É vedada a execução de serviços de limpeza, lubrificação, abastecimento e ajuste com as máquinas e implementos em funcionamento, salvo se o movimento for indispensável à realização dessas operações, em que devem ser tomadas medidas especiais de treinamento, proteção e sinalização contra acidentes de trabalho, e atendido o subitem 31.12.68, no que couber.

31.12.68. Para situações especiais de manutenção em que houver necessidade de acesso às áreas de risco, os serviços deverão ser realizados com o uso de dispositivo de comando de ação continuada e baixa velocidade ou dispositivo de comando por movimento limitado — passo a passo, selecionados em dispositivo de validação.

(Vide prazo no art. 4º da Portaria MTE n. 2.546, de 14 de dezembro de 2011)

31.12.68.1. Em colhedoras, em situação de manutenção ou inspeção, quando as proteções forem abertas ou acessadas com exposição de elementos da máquina que ainda possuam rotação ou movimento após a interrupção de força, deve-se ter na área próxima, uma evidência visível da rotação, ou indicação de sinal sonoro da rotação ou adesivo de segurança apropriado. *(Inserido pela Portaria MTE n. 1.896, de 9 de dezembro de 2013)*

31.12.69. Excetuam-se do cumprimento do subitem 31.12.68 as máquinas autopropelidas e seus implementos que devem atender aos procedimentos de segurança e os requisitos indicados no manual do fabricante.

31.12.70. As proteções fixas que podem ser removidas só podem ser retiradas para execução de limpeza, lubrificação, reparo e ajuste, e ao fim dos quais, devem ser obrigatoriamente recolocadas.

31.12.71. Os serviços e substituições de baterias devem ser realizados conforme as orientações constantes do manual de operação.

31.12.72. Nas atividades de montagem e desmontagem de pneumáticos das rodas, que ofereçam riscos de acidentes, devem ser observadas as recomendações do fabricante e as seguintes condições:

a) os pneumáticos devem ser completamente despressurizados, removendo o núcleo da válvula de calibragem antes da desmontagem e de qualquer intervenção que possa acarretar acidentes; e

b) o enchimento de pneumáticos só poderá ser executado dentro de dispositivo de clausura ou gaiola adequadamente dimensionada, até que seja alcançada uma pressão suficiente para forçar o talão sobre o aro e criar uma vedação pneumática.

Transportadores

31.12.73. As correias transportadoras devem possuir:

a) sistema de frenagem ao longo dos trechos em que haja acesso de trabalhadores;

b) dispositivo que interrompa seu acionamento quando necessário;

c) partida precedida de sinal sonoro audível em toda a área de operação que indique seu acionamento;

d) sistema de proteção contra quedas de materiais, quando oferecer risco de acidentes aos trabalhadores que operem ou circulem em seu entorno;

e) sistemas e passarelas que permitam que os trabalhos de manutenção sejam desenvolvidos de forma segura;

f) passarelas com sistema de proteção contra queda ao longo de toda a extensão elevada onde possa haver circulação de trabalhadores; e

g) sistema de travamento para ser utilizado nos serviços de manutenção.

31.12.73.1. Excetuam-se da obrigação do subitem 31.12.73 as correias transportadoras instaladas em máquinas autopropelidas, implementos e em esteiras móveis para carga e descarga.

Capacitação

31.12.74. O empregador rural ou equiparado se responsabilizará pela capacitação dos trabalhadores visando ao manuseio e à operação segura de máquinas e implementos, de forma compatível com suas funções e atividades.

31.12.75. A capacitação deve:

a) ocorrer antes que o trabalhador assuma a função;

b) ser providenciada pelo empregador ou equiparado, sem ônus para o empregado;

c) respeitar o limite diário da jornada de trabalho; e

d) ser ministrada pelo Serviço Especializado em Segurança e Saúde no Trabalho do empregador rural ou equiparado, fabricantes, por órgãos e serviços oficiais de extensão rural, instituições de ensino de nível médio e superior em ciências agrárias, Serviço Nacional de Aprendizagem Rural — SENAR, entidades sindicais, associações de produtores rurais, associação de profissionais, cooperativas de produção agropecuária ou florestal e profissionais qualificados para este fim, com supervisão de profissional habilitado que se responsabilizará pela adequação do conteúdo, forma, carga horária, qualificação dos instrutores e avaliação dos discentes.

31.12.76. O programa deve abranger partes teórica e prática, com o seguinte conteúdo mínimo:

a) descrição e identificação dos riscos associados com cada máquina e as proteções específicas contra cada risco;

b) funcionamento das proteções; como e por que devem ser usadas;

c) como, por quem e em que circunstâncias pode ser removida uma proteção;

d) o que fazer se uma proteção é danificada ou perde sua função, deixando de garantir uma segurança adequada;

e) princípios de segurança na utilização da máquina;

f) segurança para riscos mecânicos, elétricos e outros relevantes;

g) procedimento de trabalho seguro;

h) ordem ou permissão de trabalho; e

i) sistema de bloqueio de funcionamento das máquinas e implementos durante a inspeção e manutenção.

31.12.77. A capacitação de operadores de máquinas autopropelidas e implementos deve atender ao programa de capacitação em etapas teórica e prática, carga horária mínima de vinte e quatro horas distribuídas em no máximo oito horas diárias, com respeito à jornada diária de trabalho ao seguinte conteúdo programático:

a) legislação de segurança e saúde no trabalho e noções de legislação de trânsito;

b) identificação das fontes geradoras dos riscos à integridade física e à saúde do trabalhador;

c) noções sobre acidentes e doenças decorrentes da exposição aos riscos existentes na máquina e implementos;

d) medidas de controle dos riscos: Equipamento Proteção Coletiva e Equipamento de Proteção Individual;

e) operação da máquina e implementos com segurança;

f) inspeção, regulagem e manutenção com segurança;

g) sinalização de segurança;

h) procedimentos em situação de emergência; e

i) noções sobre prestação de primeiros socorros.

31.12.78. A parte prática da capacitação pode ser realizada na máquina que o trabalhador irá operar e deve ter carga horária mínima de doze horas, ser supervisionada e documentada.

31.12.78.1. O material didático escrito ou audiovisual utilizado no treinamento deve ser produzido na língua portuguesa — Brasil, e em linguagem adequada aos trabalhadores.

31.12.79. Será também considerado capacitado o trabalhador que possuir comprovação, por meio de registro, na Carteira de Trabalho e Previdência Social — CTPS ou no registro de empregado, de pelo menos dois anos de experiência na atividade, até a data de publicação desta norma, e que participou da reciclagem prevista no subitem 31.12.80.1.

31.12.80. Deve ser realizada capacitação para reciclagem do trabalhador sempre que ocorrerem modificações significativas nas instalações e na operação de máquinas e implementos ou troca de métodos, processos e organização do trabalho.

31.12.80.1. O conteúdo programático da reciclagem deve atender às necessidades da situação que a motivou, com carga horária mínima de quatro horas que garanta aos trabalhadores executarem suas atividades com segurança, com respeito ao limite diário da jornada de trabalho.

31.12.81. Os operadores de máquinas e implementos devem ser maiores de dezoito anos, salvo na condição de aprendiz, nos termos da legislação vigente.

31.12.82. Os operadores de máquinas autopropelidas e implementos devem portar cartão de identificação, com o nome, função e fotografia.

Manuais

31.12.83. Os manuais das máquinas e implementos devem ser mantidos no estabelecimento, em originais ou cópias, e deve o empregador dar conhecimento aos operadores do seu conteúdo e disponibilizá-lo aos trabalhadores sempre que necessário.

31.12.84. As máquinas e implementos devem possuir manual de instruções fornecido pelo fabricante ou importador, com informações relativas à segurança nas fases de transporte, montagem, instalação, ajuste, operação, limpeza, manutenção, inspeção, desativação e desmonte.

31.12.84.1. Os manuais devem:

a) ser escritos na língua portuguesa — Brasil, com caracteres de tipo e tamanho que possibilitem a melhor legibilidade possível, acompanhado das ilustrações explicativas;

b) ser objetivos, claros, sem ambiguidades e em linguagem de fácil compreensão;

c) ter sinais ou avisos referentes à segurança realçados; e

d) permanecer disponíveis a todos os usuários nos locais de trabalho.

31.12.84.2. Os manuais das máquinas e implementos fabricados no Brasil devem conter, no mínimo, as seguintes informações:

a) razão social, endereço do fabricante ou importador, e CNPJ quando houver;

b) tipo e modelo;

c) número de série ou de identificação, e ano de fabricação;

d) descrição detalhada da máquina ou equipamento e seus acessórios;

e) diagramas, inclusive circuitos elétricos, em particular a representação esquemática das funções de segurança, no que couber, para máquinas estacionárias.

f) definição da utilização prevista para a máquina ou equipamento;

g) riscos a que estão expostos os usuários;

h) definição das medidas de segurança existentes e aquelas a serem adotadas pelos usuários;

i) especificações e limitações técnicas para a sua utilização com segurança, incluindo o critérios de declividade de trabalho para máquinas e implementos, no que couber;

j) riscos que poderiam resultar de adulteração ou supressão de proteções e dispositivos de segurança;

k) riscos que poderiam resultar de utilizações diferentes daquelas previstas no projeto;

l) procedimentos para utilização da máquina ou equipamento com segurança;

m) procedimentos e periodicidade para inspeções e manutenção; e

n) procedimentos básicos a serem adotados em situações de emergência.

31.13. Secadores

31.13.1. Os secadores devem possuir revestimentos com material refratário e anteparos adequados de forma a não gerar riscos à segurança e saúde dos trabalhadores.

31.13.2. Para evitar incêndios nos secadores o empregador rural ou equiparado deverá garantir a:

a) limpeza das colunas e condutos de injeção e tomada de ar quente;

b) verificação da regulagem do queimador, quando existente;

c) verificação do sistema elétrico de aquecimento, quando existente.

31.13.2.1. Os filtros de ar dos secadores devem ser mantidos limpos.

31.13.3. Os secadores alimentados por combustíveis gasosos ou líquidos devem ter sistema de proteção para:

a) não ocorrer explosão por falha da chama de aquecimento ou no acionamento do queimador;

b) evitar retrocesso da chama.

31.14. Silos

31.14.1. Os silos devem ser adequadamente dimensionados e construídos em solo com resistência compatível às cargas de trabalho.

31.14.2. As escadas e as plataformas dos silos devem ser construídas de modo a garantir aos trabalhadores o desenvolvimento de suas atividades em condições seguras.

31.14.3. O revestimento interno dos silos deve ter características que impeçam o acumulo de grãos, poeiras e a formação de barreiras.

31.14.4. É obrigatória a prevenção dos riscos de explosões, incêndios, acidentes mecânicos, asfixia e dos decorrentes da exposição a agentes químicos, físicos e biológicos em todas as fases da operação do silo.

31.14.5. Não deve ser permitida a entrada de trabalhadores no silo durante a sua operação, se não houver meios seguros de saída ou resgate.

31.14.6. Nos silos hermeticamente fechados, só será permitida a entrada de trabalhadores após renovação do ar ou com proteção respiratória adequada.

31.14.7. Antes da entrada de trabalhadores na fase de abertura dos silos deve ser medida a concentração de oxigênio e o limite de explosividade relacionado ao tipo de material estocado.

31.14.8. Os trabalhos no interior dos silos devem obedecer aos seguintes critérios:

a) realizados com no mínimo dois trabalhadores, devendo um deles permanecer no exterior;

b) com a utilização de cinto de segurança e cabo vida.

31.14.9. Devem ser previstos e controlados os riscos de combustão espontânea e explosões no projeto construtivo, na operação e manutenção.

31.14.10. O empregador rural ou equiparado deve manter à disposição da fiscalização do trabalho a comprovação dos monitoramentos e controles relativos à operação dos silos.

31.14.11. Os elevadores e sistemas de alimentação dos silos devem ser projetados e operados de forma a evitar o acúmulo de poeiras, em especial nos pontos onde seja possível a geração de centelhas por eletricidade estática.

31.14.12. Todas as instalações elétricas e de iluminação no interior dos silos devem ser apropriados à área classificada.

31.14.13. Serviços de manutenção por processos de soldagem, operações de corte ou que gerem eletricidade estática devem ser precedidas de uma permissão especial onde serão analisados os riscos e os controles necessários.

31.14.14. Nos intervalos de operação dos silos o empregador rural ou equiparado deve providenciar a sua adequada limpeza para remoção de poeiras.

31.14.15. As pilhas de materiais armazenados deverão ser dispostas de forma que não ofereçam riscos de acidentes.

31.15. Acessos e Vias de Circulação

31.15.1. Devem ser garantidos todas as vias de acesso e de circulação internos do estabelecimento em condições adequadas para os trabalhadores e veículos.

31.15.2. Medidas especiais de proteção da circulação de veículos e trabalhadores nas vias devem ser tomadas nas circunstâncias de chuvas que gerem alagamento e escorregamento.

31.15.3. As vias de acesso e de circulação internos do estabelecimento devem ser sinalizadas de forma visível durante o dia e a noite.

31.15.4. As laterais das vias de acesso e de circulação internos do estabelecimento devem ser protegidas com barreiras que impeçam a queda de veículos.

31.16. Transporte de Trabalhadores

31.16.1. O veículo de transporte coletivo de passageiros deve observar os seguintes requisitos:

a) possuir autorização emitida pela autoridade de trânsito competente;

b) transportar todos os passageiros sentados;

c) ser conduzido por motorista habilitado e devidamente identificado;

d) possuir compartimento resistente e fixo para a guarda das ferramentas e materiais, separado dos passageiros.

31.16.2. O transporte de trabalhadores em veículos adaptados somente ocorrerá em situações excepcionais, mediante autorização prévia da autoridade competente em matéria de trânsito, devendo o veículo apresentar as seguintes condições mínimas de segurança:

a) escada para acesso, com corrimão, posicionada em local de fácil visualização pelo motorista;

b) carroceria com cobertura, barras de apoio para as mãos, proteção lateral rígida, com dois metros e dez centímetros de altura livre, de material de boa qualidade e resistência estrutural que evite o esmagamento e a projeção de pessoas em caso de acidente com o veículo;

c) cabina e carroceria com sistemas de ventilação, garantida a comunicação entre o motorista e os passageiros;

d) assentos revestidos de espuma, com encosto e cinto de segurança;

e) compartimento para materiais e ferramentas, mantido fechado e separado dos passageiros.

31.17. Transporte de cargas

31.17.1. O método de carregamento e descarregamento de caminhões deve ser compatível com o tipo de carroceria utilizado, devendo ser observadas condições de segurança durante toda a operação.

31.17.2. As escadas ou rampas utilizadas pelos trabalhadores, para carregamento e descarregamento de caminhões, devem garantir condições de segurança e evitar esforços físicos excessivos.

31.17.3. Nos caminhões graneleiros abertos deve ser proibido que os trabalhadores subam sobre a carga em descarregamento.

31.18. Trabalho com Animais

31.18.1. O empregador rural ou equiparado deve garantir:

a) imunização, quando necessária, dos trabalhadores em contato com os animais;

b) medidas de segurança quanto à manipulação e eliminação de secreções, excreções e restos de animais, incluindo a limpeza e desinfecção das instalações contaminadas;

c) fornecimento de desinfetantes e de água suficientes para a adequada higienização dos locais de trabalho.

31.18.2. Em todas as etapas dos processos de trabalhos com animais devem ser disponibilizadas aos trabalhadores informações sobre:

a) formas corretas e locais adequados de aproximação, contato e imobilização;

b) maneiras de higienização pessoal e do ambiente;

c) reconhecimento e precauções relativas a doenças transmissíveis.

31.18.3. É proibida a reutilização de águas utilizadas no trato com animais, para uso humano.

31.18.4. No transporte com tração animal devem ser utilizados animais adestrados e treinados por trabalhador preparado para este fim.

31.19. Fatores Climáticos e Topográficos

31.19.1. O empregador rural ou equiparado deve:

a) orientar os seus empregados quanto aos procedimentos a serem adotados na ocorrência de condições climáticas desfavoráveis;

b) interromper as atividades na ocorrência de condições climáticas que comprometam a segurança do trabalhador;

c) organizar o trabalho de forma que as atividades que exijam maior esforço físico, quando possível, sejam desenvolvidas no período da manhã ou no final da tarde.

31.19.2. O empregador rural ou equiparado deve adotar medidas de proteção, para minimizar os impactos sobre a segurança e saúde do trabalhador, nas atividades em terrenos acidentados.

31.20. Medidas de Proteção Pessoal

31.20.1. É obrigatório o fornecimento aos trabalhadores, gratuitamente, de equipamentos de proteção individual (EPI), nas seguintes circunstâncias:

a) sempre que as medidas de proteção coletiva forem tecnicamente comprovadas inviáveis ou quando não oferecerem completa proteção contra os riscos decorrentes do trabalho;

b) enquanto as medidas de proteção coletiva estiverem sendo implantadas;

c) para atender situações de emergência.

31.20.1.1. Os equipamentos de proteção individual devem ser adequados aos riscos e mantidos em perfeito estado de conservação e funcionamento.

31.20.1.2. O empregador deve exigir que os trabalhadores utilizem os EPIs.

31.20.1.3. Cabe ao empregador orientar o empregado sobre o uso do EPI.

31.20.2. O empregador rural ou equiparado, de acordo com as necessidades de cada atividade, deve fornecer aos trabalhadores os seguintes equipamentos de proteção individual:

a) proteção da cabeça, olhos e face:

1. capacete contra impactos provenientes de queda ou projeção de objetos;

2. chapéu ou outra proteção contra o sol, chuva e salpicos

3. protetores impermeáveis e resistentes para trabalhos com produtos químicos;

4. protetores faciais contra lesões ocasionadas por partículas, respingos, vapores de produtos químicos e radiações luminosas intensas;

5. óculos contra lesões provenientes do impacto de partículas, ou de objetos pontiagudos ou cortantes e de respingos.

b) óculos contra irritação e outras lesões :

1. óculos de proteção contra radiações não ionizantes;

2. óculos contra a ação da poeira e do pólen;

3. óculos contra a ação de líquidos agressivos.

c) proteção auditiva:

1. protetores auriculares para as atividades com níveis de ruído prejudiciais à saúde.

d) proteção das vias respiratórias:

1. respiradores com filtros mecânicos para trabalhos com exposição a poeira orgânica;

2. respiradores com filtros químicos, para trabalhos com produtos químicos;

3. respiradores com filtros combinados, químicos e mecânicos, para atividades em que haja emanação de gases e poeiras tóxicas;

4. aparelhos de isolamento, autônomos ou de adução de ar para locais de trabalho onde haja redução do teor de oxigênio.

e) proteção dos membros superiores;

1. luvas e mangas de proteção contra lesões ou doenças provocadas por:

1.1. materiais ou objetos escoriantes ou vegetais, abrasivos, cortantes ou perfurantes;

1.2. produtos químicos tóxicos, irritantes, alergênicos, corrosivos, cáusticos ou solventes;

1.3. materiais ou objetos aquecidos;

1.4. operações com equipamentos elétricos;

1.5. tratos com animais, suas vísceras e de detritos e na possibilidade de transmissão de doenças decorrentes de produtos infecciosos ou parasitários.

1.6. picadas de animais peçonhentos;

f) proteção dos membros inferiores;

1. botas impermeáveis e antiderrapantes para trabalhos em terrenos úmidos, lamacentos, encharcados ou com dejetos de animais;

2. botas com biqueira reforçada para trabalhos em que haja perigo de queda de materiais, objetos pesados e pisões de animais;

3. botas com solado reforçado, onde haja risco de perfuração.

4. botas com cano longo ou botina com perneira, onde exista a presença de animais peçonhentos;

5. perneiras em atividades onde haja perigo de lesões provocadas por materiais ou objetos cortantes, escoriantes ou perfurantes;

6. calçados impermeáveis e resistentes em trabalhos com produtos químicos;

7. calçados fechados para as demais atividades.

g) proteção do corpo inteiro nos trabalhos que haja perigo de lesões provocadas por agentes de origem térmica, biológica, mecânica, meteorológica e química:

1. aventais;

2. jaquetas e capas;

3. macacões;

4. coletes ou faixas de sinalização;

5. roupas especiais para atividades específicas (apicultura e outras).

h) proteção contra quedas com diferença de nível.

1. cintos de segurança para trabalhos acima de dois metros, quando houver risco de queda.

31.20.3. Cabe ao trabalhador usar os equipamentos de proteção individual indicados para as finalidades a que se destinarem e zelar pela sua conservação.

31.20.4. O Ministério do Trabalho e Emprego poderá determinar o uso de outros equipamentos de proteção individual, quando julgar necessário.

31.21. Edificações Rurais

31.21.1. As estruturas das edificações rurais tais como armazéns, silos e depósitos devem ser projetadas, executadas e mantidas para suportar as cargas permanentes e móveis a que se destinam.

31.21.2. Os pisos dos locais de trabalho internos às edificações não devem apresentar defeitos que prejudiquem a circulação de trabalhadores ou a movimentação de materiais.

31.21.3. As aberturas nos pisos e nas paredes devem ser protegidas de forma que impeçam a queda de trabalhadores ou de materiais.

31.21.4. Nas escadas, rampas, corredores e outras áreas destinadas à circulação de trabalhadores e à movimentação de materiais, que ofereçam risco de escorregamento, devem ser empregados materiais ou processos antiderrapantes.

31.21.5. As escadas, rampas, corredores e outras áreas destinadas à circulação de trabalhadores e à movimentação de materiais, devem dispor de proteção contra o risco de queda.

31.21.6. As escadas ou rampas fixas, que sejam dotadas de paredes laterais, devem dispor de corrimão em toda a extensão.

31.21.7. As coberturas dos locais de trabalho devem assegurar proteção contra as intempéries.

31.21.8. As edificações rurais devem:

a) proporcionar proteção contra a umidade;

b) ser projetadas e construídas de modo a evitar insolação excessiva ou falta de insolação;

c) possuir ventilação e iluminação adequadas às atividades laborais a que se destinam.

d) ser submetidas a processo constante de limpeza e desinfecção, para que se neutralize a ação nociva de agentes patogênicos;

e) ser dotadas de sistema de saneamento básico, destinado à coleta das águas servidas na limpeza e na desinfecção, para que se evite a contaminação do meio ambiente.

31.21.9. Os galpões e demais edificações destinados ao beneficiamento, ao armazenamento de grãos e à criação de animais devem possuir sistema de ventilação.

31.21.10. As edificações rurais devem garantir permanentemente segurança e saúde dos que nela trabalham ou residem.

31.22. Instalações Elétricas

31.22.1. Todas as partes das instalações elétricas devem ser projetadas, executadas e mantidas de modo que seja possível prevenir, por meios seguros, os perigos de choque elétrico e outros tipos de acidentes.

31.22.2. Os componentes das instalações elétricas devem ser protegidos por material isolante.

31.22.3. Toda instalação ou peça condutora que esteja em local acessível a contatos e que não faça parte dos circuitos elétricos deve ser aterrada.

31.22.4. As instalações elétricas que estejam em contato com a água devem ser blindadas, estanques e aterradas.

31.22.5. As ferramentas utilizadas em trabalhos em redes energizadas devem ser isoladas.

31.22.6. As edificações devem ser protegidas contra descargas elétricas atmosféricas.

31.22.7. As cercas elétricas devem ser instaladas de acordo com as instruções fornecidas pelo fabricante.

31.23. Áreas de Vivência

31.23.1. O empregador rural ou equiparado deve disponibilizar aos trabalhadores áreas de vivência compostas de:

a) instalações sanitárias;

b) locais para refeição;

c) alojamentos, quando houver permanência de trabalhadores no estabelecimento nos períodos entre as jornadas de trabalho;

d) local adequado para preparo de alimentos;

e) lavanderias;

31.23.1.1. O cumprimento do disposto nas alíneas "d" e "e" do subitem 31.23.1 somente é obrigatório nos casos onde houver trabalhadores alojados.

31.23.2. As áreas de vivência devem atender aos seguintes requisitos:

a) condições adequadas de conservação, asseio e higiene;

b) paredes de alvenaria, madeira ou material equivalente;

c) piso cimentado, de madeira ou de material equivalente;

d) cobertura que proteja contra as intempéries;

e) iluminação e ventilação adequadas.

31.23.2.1. É vedada a utilização das áreas de vivência para fins diversos daqueles a que se destinam.

31.23.3. Instalações Sanitárias

31.23.3.1. As instalações sanitárias devem ser constituídas de:

a) lavatório na proporção de uma unidade para cada grupo de vinte trabalhadores ou fração;

b) vaso sanitário na proporção de uma unidade para cada grupo de vinte trabalhadores ou fração;

c) mictório na proporção de uma unidade para cada grupo de dez trabalhadores ou fração;

d) chuveiro na proporção de uma unidade para cada grupo de dez trabalhadores ou fração.

31.23.3.1.1. No mictório tipo calha, cada segmento de sessenta centímetros deve corresponder a um mictório tipo cuba.

31.23.3.2. As instalações sanitárias devem:

a) ter portas de acesso que impeçam o devassamento e ser construídas de modo a manter o resguardo conveniente;

b) ser separadas por sexo;

c) estar situadas em locais de fácil e seguro acesso;

d) dispor de água limpa e papel higiênico;

e) estar ligadas a sistema de esgoto, fossa séptica ou sistema equivalente;

f) possuir recipiente para coleta de lixo.

31.23.3.3. A água para banho deve ser disponibilizada em conformidade com os usos e costumes da região ou na forma estabelecida em convenção ou acordo coletivo.

31.23.3.4. Nas frentes de trabalho, devem ser disponibilizadas instalações sanitárias fixas ou móveis compostas de vasos sanitários e lavatórios, na proporção de um conjunto para cada grupo de quarenta trabalhadores ou fração, atendidos os requisitos do item 31.23.3.2, sendo permitida a utilização de fossa seca.

31.23.4. Locais para refeição

31.23.4.1. Os locais para refeição devem atender aos seguintes requisitos:

a) boas condições de higiene e conforto;

b) capacidade para atender a todos os trabalhadores;

c) água limpa para higienização;

d) mesas com tampos lisos e laváveis;

e) assentos em número suficiente;

f) água potável, em condições higiênicas;

g) depósitos de lixo, com tampas.

31.23.4.2. Em todo estabelecimento rural deve haver local ou recipiente para a guarda e conservação de refeições, em condições higiênicas, independentemente do número de trabalhadores.

31.23.4.3. Nas frentes de trabalho devem ser disponibilizados abrigos, fixos ou moveis, que protejam os trabalhadores contra as intempéries, durante as refeições.

31.23.5. Alojamentos

31.23.5.1. Os alojamentos devem:

a) ter camas com colchão, separadas por no mínimo um metro, sendo permitido o uso de beliches, limitados a duas camas na mesma vertical, com espaço livre mínimo de cento e dez centímetros acima do colchão;

b) ter armários individuais para guarda de objetos pessoais;

c) ter portas e janelas capazes de oferecer boas condições de vedação e segurança;

d) ter recipientes para coleta de lixo;

e) ser separados por sexo.

31.23.5.2. O empregador rural ou equiparado deve proibir a utilização de fogões, fogareiros ou similares no interior dos alojamentos.

31.23.5.3. O empregador deve fornecer roupas de cama adequadas às condições climáticas locais.

31.23.5.4. As camas poderão ser substituídas por redes, de acordo com o costume local, obedecendo o espaçamento mínimo de um metro entre as mesmas.

31.23.5.5. É vedada a permanência de pessoas com doenças infectocontagiosas no interior do alojamento.

31.23.6. Locais para preparo de refeições

31.23.6.1. Os locais para preparo de refeições devem ser dotados de lavatórios, sistema de coleta de lixo e instalações sanitárias exclusivas para o pessoal que manipula alimentos.

31.23.6.2. Os locais para preparo de refeições não podem ter ligação direta com os alojamentos.

31.23.7. Lavanderias

31.23.7.1. As lavanderias devem ser instaladas em local coberto, ventilado e adequado para que os trabalhadores alojados possam cuidar das roupas de uso pessoal.

31.23.7.2. As lavanderias devem ser dotadas de tanques individuais ou coletivos e água limpa.

31.23.8. Devem ser garantidas aos trabalhadores das empresas contratadas para a prestação de serviços as mesmas condições de higiene conforto e alimentação oferecidas aos empregados da contratante.

31.23.9. O empregador rural ou equiparado deve disponibilizar água potável e fresca em quantidade suficiente nos locais de trabalho.

31.23.10. A água potável deve ser disponibilizada em condições higiênicas, sendo proibida a utilização de copos coletivos.

31.23.11. Moradias

31.23.11.1. Sempre que o empregador rural ou equiparado fornecer aos trabalhadores moradias familiares estas deverão possuir:

a) capacidade dimensionada para uma família;

b) paredes construídas em alvenaria ou madeira;

c) pisos de material resistente e lavável;

d) condições sanitárias adequadas;

e) ventilação e iluminação suficientes;

f) cobertura capaz de proporcionar proteção contra intempéries;

g) poço ou caixa de água protegido contra contaminação;

h) fossas sépticas, quando não houver rede de esgoto, afastadas da casa e do poço de água, em lugar livre de enchentes e a jusante do poço.

31.23.11.2. As moradias familiares devem ser construídas em local arejado e afastadas, no mínimo, cinquenta metros de construções destinadas a outros fins.

31.23.11.3. É vedada, em qualquer hipótese, a moradia coletiva de famílias.

ANEXO I

(Acrescentado pela Portaria MTE n. 2.546, de 14 de dezembro de 2011)

GLOSSÁRIO

Ação positiva: quando um componente mecânico móvel inevitavelmente move outro componente consigo, por contato direto ou através de elementos rígidos, o segundo componente é dito como atuado em modo positivo, ou positivamente, pelo primeiro.

Adubadora automotriz: máquina destinada à aplicação de fertilizante sólido granulado e desenvolvida para o setor canavieiro.

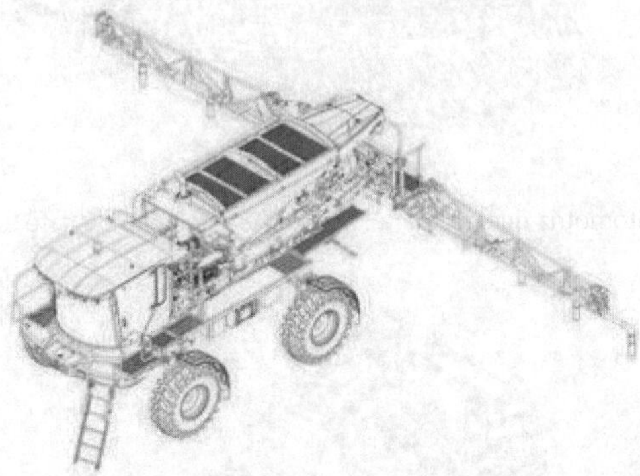

Adubadora tracionada: implemento agrícola que, quando acoplado a um trator agrícola, pode realizar a operação de aplicar fertilizantes sólidos granulados ou em pó

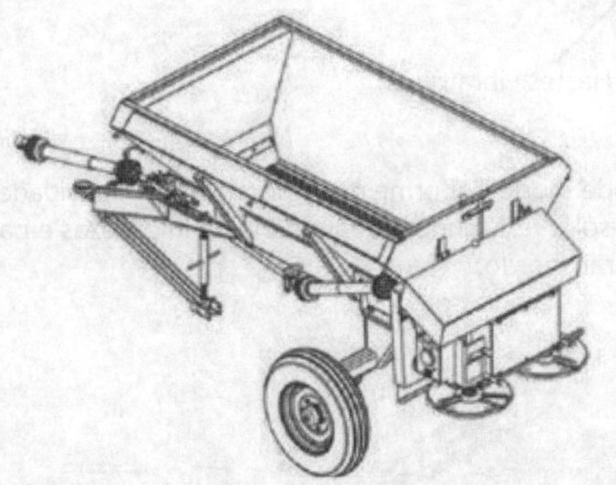

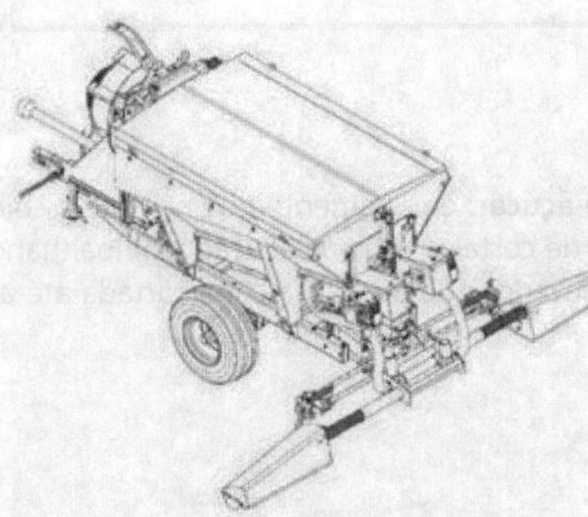

Ângulo de lance: ângulo formado entre a inclinação do meio de acesso e o plano horizontal.

AOPD (Active Opto-electronic Protective Device): dispositivo com função de detectar interrupção da emissão óptica por um objeto opaco presente na zona de detecção especificada, como cortina de luz, detector de presença laser múltiplos feixes, monitor de área a laser, fotocélulas de segurança para controle de acesso. Sua função é realizada por elementos sensores e receptores optoeletrônicos.

Assento instrucional: assento de máquina autopropelida projetado para fins exclusivamente instrucionais.

Autoteste: teste funcional executado automaticamente pelo próprio dispositivo, na inicialização do sistema e durante determinados períodos, para verificação de falhas e defeitos, levando o dispositivo para uma condição segura.

Baixa velocidade ou velocidade reduzida: velocidade inferior à de operação, compatível com o trabalho seguro.

Burla: ato de anular de maneira simples o funcionamento normal e seguro de dispositivos ou sistemas da máquina, utilizando para acionamento quaisquer objetos disponíveis, tais como, parafusos, agulhas, peças em chapa de metal, objetos de uso diário, como chaves e moedas ou ferramentas necessárias à utilização normal da máquina.

Chave de segurança: componente associado a uma proteção utilizado para interromper o movimento de perigo e manter a máquina parada enquanto a proteção ou porta estiver aberta, com contato mecânico — físico, como as eletromecânicas, ou sem contato, como as ópticas e magnéticas. Deve ter ruptura positiva, duplo canal, contatos normalmente fechados e ser monitorada por interface de segurança. A chave de segurança não deve permitir sua manipulação — burla por meios simples, como chaves de fenda, pregos, fitas, etc.

Chave de segurança eletromecânica: componente associado a uma proteção utilizado para interromper o movimento de perigo e manter a máquina desligada enquanto a proteção ou porta estiver aberta. Seu funcionamento se dá por contato físico entre o corpo da chave e o atuador — lingueta ou por contato entre seus elementos — chave de um só corpo, como o fim de curso de segurança. É passível de desgaste mecânico, devendo ser utilizado de forma redundante, quando a análise de risco assim exigir, para evitar que uma falha mecânica, como a quebra do atuador dentro da chave, leve à perda da condição de segurança. Deve ainda ser monitorado por interface de segurança para detecção de falhas elétricas e não deve permitir sua manipulação — burla por meios simples, como chaves de fenda, pregos, fitas, etc. Deve ser instalado utilizando-se o princípio de ação e ruptura positiva, de modo a garantir a interrupção do circuito de comando elétrico, mantendo seus contatos normalmente fechados — NF ligados de forma rígida, quando a proteção for aberta.

Colhedora de algodão: a colhedora de algodão possui um sistema de fusos giratórios que retiram a fibra do algodão sem prejudicar a parte vegetativa da planta, ou seja, caules e folhas. Determinados modelos têm como característica a separação da fibra e do caroço, concomitante à operação de colheita.

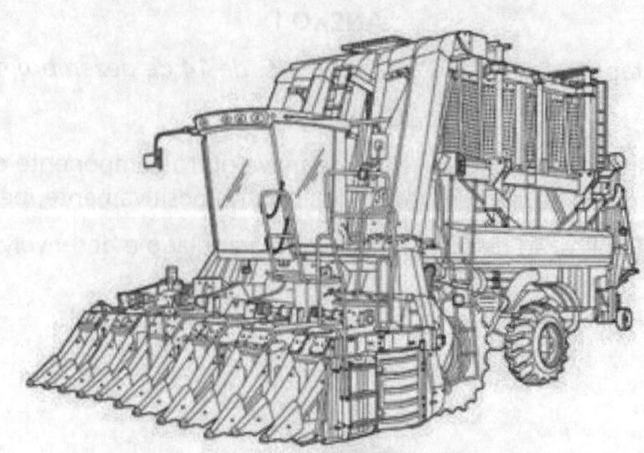

Colhedora de café: equipamento agrícola automotriz que efetua a "derriça" e a colheita de café.

Colhedora de cana-de-açúcar: equipamento que permite a colheita de cana de modo uniforme gerando maior produtividade, por possuir sistema de corte de base capaz de cortar a cana-de-açúcar acompanhando o perfil do solo, reduzindo a quantidade de impurezas e palha no produto final. Possui um sistema de elevador que desloca a cana cortada até a unidade de transbordo.

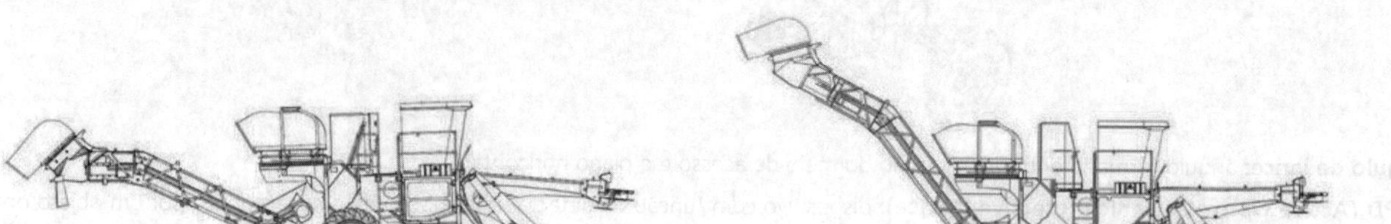

Colhedora de forragem ou forrageira autopropelida: equipamento agrícola automotriz apropriado para colheita e forragem de milho, sorgo, girassol e outros. Oferece corte preciso da planta, sendo capaz de colher ou recolher, triturar e recolher a cultura cortada em contentores ou veículos separados de transbordo.

Colhedora de grãos: máquina destinada à colheita de grãos, como trigo, soja, milho, arroz, feijão, etc. O produto é recolhido por meio de uma plataforma de corte e conduzido para a área de trilha e separação, onde o grão é separado da palha, que é expelida, enquanto o grão é transportado ao tanque graneleiro.

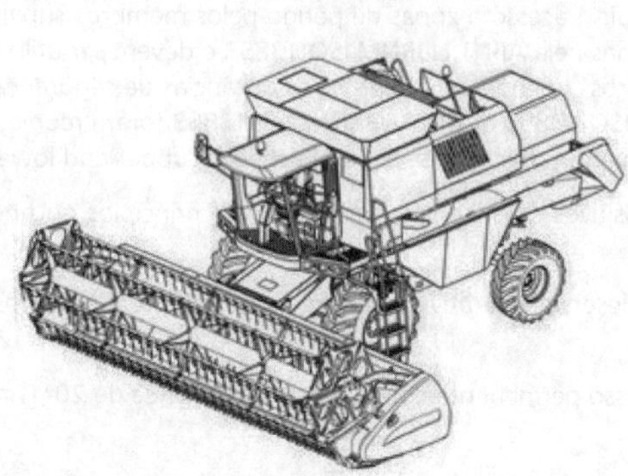

Colhedora de laranja: máquina agrícola autopropelida que efetua a colheita da laranja e outros cítricos similares.

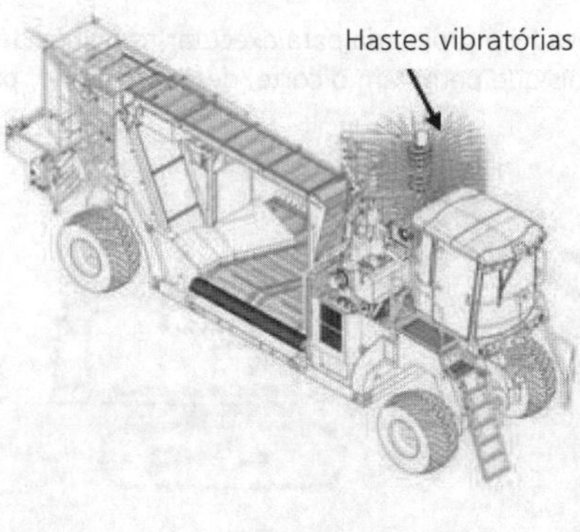

Controlador configurável de segurança — CCS: equipamento eletrônico computadorizado — hardware, que utiliza memória configurável para armazenar e executar internamente intertravamentos de funções específicas de programa — software, tais como sequenciamento, temporização, contagem e blocos de segurança, controlando e monitorando por meio de entradas e saídas de segurança vários tipos de máquinas ou processos. Deve ter três princípios básicos de funcionamento: — redundância, diversidade e autoteste. O software instalado deve garantir sua eficácia de forma a reduzir ao mínimo a possibilidade de erros provenientes de falha humana no projeto, a fim de evitar o comprometimento de qualquer função relativa à segurança, bem como não permitir alteração dos blocos de função de segurança específicos.

Controlador lógico programável — CLP de segurança: equipamento eletrônico computadorizado — hardware, que utiliza memória programável para armazenar e executar internamente instruções e funções específicas de programa — software, tais como lógica, sequenciamento, temporização, contagem, aritmética e blocos de segurança, controlando e monitorando por meio de entradas e saídas de segurança vários tipos de máquinas ou processos. O CLP de segurança deve ter três princípios básicos de funcionamento: — redundância, diversidade e autoteste. O software instalado deve garantir sua eficácia de forma a reduzir ao mínimo a possibilidade de erros provenientes de falha humana no projeto, a fim de evitar o comprometimento de qualquer função relativa à segurança, bem como não permitir alteração dos blocos de função de segurança específicos.

Dispositivo de comando bimanual: dispositivo que exige, ao menos, a atuação simultânea pela utilização das duas mãos, com o objetivo de iniciar e manter, enquanto existir uma condição de perigo, qualquer operação da máquina, propiciando uma medida de proteção apenas para a pessoa que o atua.

Dispositivo de comando de ação continuada: dispositivo de comando manual que inicia e mantém em operação elementos da máquina ou equipamento apenas enquanto estiver atuado.

Dispositivo de comando por movimento limitado passo a passo: dispositivo de comando cujo acionamento permite apenas um deslocamento limitado de um elemento de uma máquina ou equipamento, reduzindo assim o risco tanto quanto possível, ficando excluído qualquer movimento posterior até que o comando seja desativado e acionado de novo.

Dispositivo de intertravamento: chave de segurança mecânica, eletromecânica, magnética ou óptica projetada para este fim e sensor indutivo de segurança, que atuam enviando um sinal para a fonte de alimentação do perigo e interrompendo o movimento de perigo toda a vez que a proteção for retirada ou aberta.

Dispositivo de retenção mecânica: dispositivo que tem por função inserir em um mecanismo um obstáculo mecânico, como cunha, veio, fuso, escora, calço etc., capaz de se opor pela sua própria resistência a qualquer movimento perigoso, por exemplo, queda de uma corrediça no caso de falha do sistema de retenção normal.

Dispositivo inibidor ou defletor: obstáculo físico que, sem impedir totalmente o acesso a uma zona perigosa, reduz sua probabilidade restringindo as possibilidades de acesso.

Dispositivo limitador: dispositivo que impede que uma máquina ou elemento de uma máquina ultrapasse um dado limite, por exemplo, limite no espaço, limite de pressão etc.

Distância de segurança: distância que protege as pessoas do alcance das zonas de perigo, sob condições específicas para diferentes situações de acesso. Quando utilizadas proteções, ou seja, barreiras físicas que restringem o acesso do corpo ou parte dele, devem ser observadas as distâncias mínimas constantes do item A do Anexo II desta Norma, que apresenta os principais quadros e tabelas da ABNT NBRNM-ISO 13852 — Segurança de Máquinas — Distâncias de segurança para impedir o acesso a zonas de perigo pelos membros superiores. As distâncias de segurança para impedir o acesso dos membros inferiores são determinadas pela ABNT NBRNM-ISO 13853 e devem ser utilizadas quando há risco apenas para os membros inferiores, pois quando houver risco para membros superiores e inferiores as distâncias de segurança previstas na norma para membros superiores devem ser atendidas. As normas ABNT NBRNM-ISO 13852 e ABNT NBRNM-ISO 13853 foram reunidas em uma única norma, a EN ISO 13857:2008 — Safety of machinery — Safety distances to prevent hazard zones being reached by upper and lower limbs, ainda sem tradução no Brasil.

Diversidade: aplicação de componentes, dispositivos ou sistemas com diferentes princípios ou tipos, podendo reduzir a probabilidade de existir uma condição perigosa.

Equipamento tracionado: equipamento que desenvolve a atividade para a qual foi projetado, deslocando-se por meio do sistema de propulsão de outra máquina que o conduz.

Escada de degraus com espelho: meio de acesso permanente com um ângulo de lance de 20º (vinte graus) a 45º (quarenta e cinco graus), cujos elementos horizontais são degraus com espelho.

Escada de degraus sem espelho: meio de acesso com um ângulo de lance de 45º (quarenta e cinco graus) a 75º (setenta e cinco graus), cujos elementos horizontais são degraus sem espelho.

Escada do tipo marinheiro: meio permanente de acesso com um ângulo de lance de 75º (setenta e cinco graus) a 90º (noventa graus), cujos elementos horizontais são barras ou travessas.

Escavadeira hidráulica em aplicação florestal: escavadeira projetada para executar trabalhos de construção, que pode ser utilizada em aplicação florestal por meio da instalação de dispositivos especiais que permitam o corte, desgalhamento, processamento ou carregamento de toras.

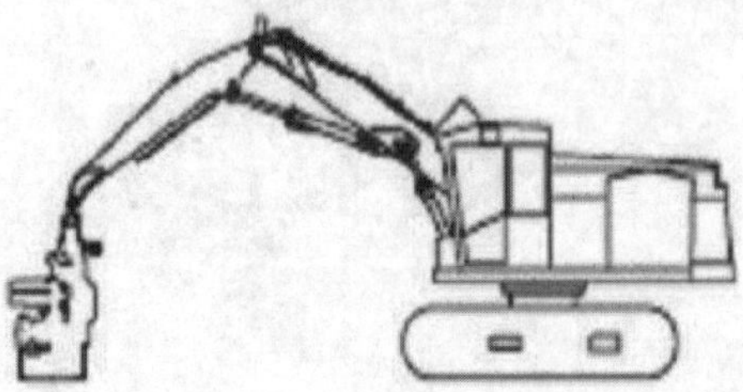

Espaço confinado: qualquer área ou ambiente não projetado para ocupação humana contínua, que possua meios limitados de entrada e saída, com ventilação insuficiente para remover contaminantes ou onde possa existir deficiência ou enriquecimento de oxigênio.

Especificação e limitação técnica: para efeito desta Norma, são informações detalhadas na máquina ou manual, tais como: capacidade, velocidade de rotação, dimensões máximas de ferramentas, massa de partes desmontáveis, dados de regulagem, necessidade de utilização de EPI, frequência de inspeções e manutenções etc.

ESPS (Electro-sensitive protective Systems): sistema composto por dispositivos ou componentes que operam conjuntamente, com objetivo de proteção e sensoriamento da presença humana, compreendendo no mínimo: dispositivo de sensoriamento, dispositivo de monitoração ou controle e dispositivo de chaveamento do sinal de saída.

Falha segura: o princípio de falha segura requer que um sistema entre em estado seguro, quando ocorrer falha de um componente relevante à segurança. A principal pré-condição para a aplicação desse princípio é a existência de um estado seguro em que o sistema pode ser projetado para entrar nesse estado quando ocorrerem falhas. O exemplo típico é o sistema de proteção de trens (estado seguro = trem parado). Um sistema pode não ter um estado seguro como, por exemplo, um avião. Nesse caso, deve ser usado o princípio de vida segura, que requer a aplicação de redundância e de componentes de alta confiabilidade para se ter a certeza de que o sistema sempre funcione.

Fase de utilização: fase que compreende todas as etapas de construção, transporte, montagem, instalação, ajuste, operação, limpeza, manutenção, inspeção, desativação e desmonte.

Feller buncher: trator florestal cortador-enfeixador de troncos para abate de árvores inteiras por meio do uso de implemento de corte com disco ou serra circular e garras para segurar e enfeixar vários troncos simultaneamente.

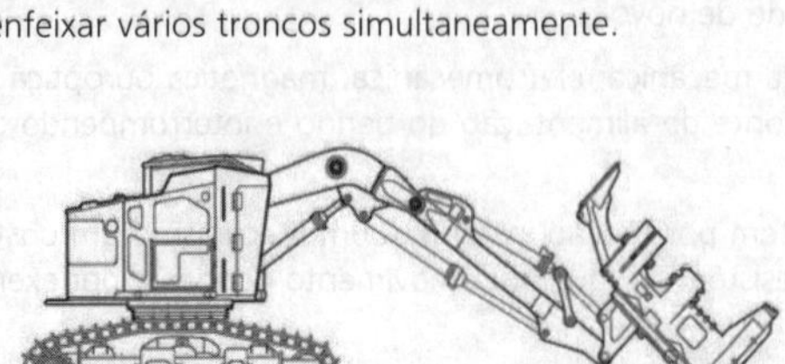

Forrageira tracionada: implemento agrícola que, quando acoplado a um trator agrícola, pode realizar a operação de colheita ou recolhimento e trituração da planta forrageira, sendo o material triturado, como forragem, depositado em contentores ou veículos separados de transbordo.

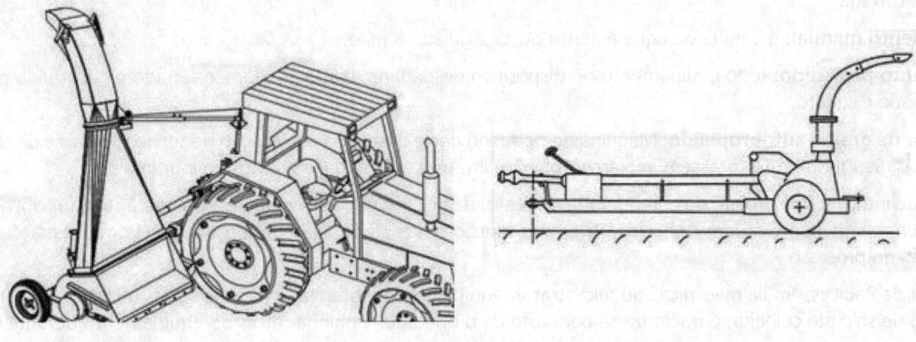

Harvester: trator florestal cortador de troncos para abate de árvores, utilizando cabeçote processador que corta troncos um por vez, e que tem capacidade de processar a limpeza dos galhos e corte subsequente em toras de tamanho padronizado.

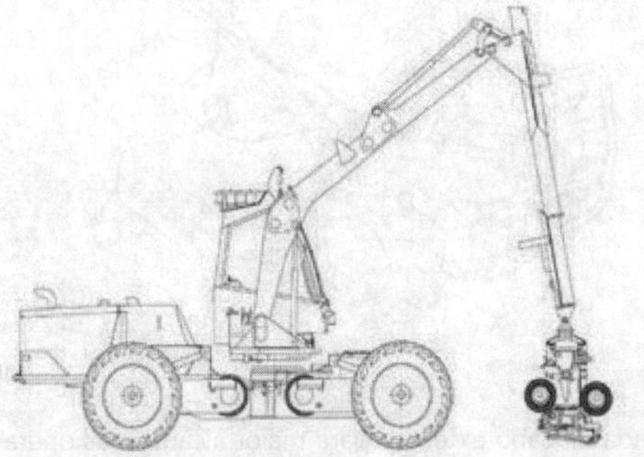

Implemento Agrícola e Florestal: dispositivo sem força motriz própria que é conectado a uma máquina e que, quando puxado, arrastado ou operado, permite a execução de operações específicas voltadas para a agricultura, pecuária e florestal, como preparo do solo, tratos culturais, plantio, colheita, abertura de valas para irrigação e drenagem, transporte, distribuição de ração ou adubos, poda e abate de árvores, etc.

Informação ou símbolo indelével: aquele aplicado diretamente sobre a máquina, que deve ser conservado de forma íntegra e legível durante todo o tempo de utilização máquina.

Interface de segurança: dispositivo responsável por realizar o monitoramento, verificando a interligação, posição e funcionamento de outros dispositivos do sistema, impedindo a ocorrência de falha que provoque a perda da função de segurança, como relés de segurança, controladores configuráveis de segurança e CLP de segurança.

Intertravamento com bloqueio: proteção associada a um dispositivo de intertravamento com dispositivo de bloqueio, de tal forma que:

— as funções perigosas cobertas pela proteção não possam operar enquanto a máquina não estiver fechada e bloqueada;

— a proteção permanece bloqueada na posição fechada até que tenha desaparecido o risco de acidente devido às funções perigosas da máquina; e

— quando a proteção estiver bloqueada na posição fechada, as funções perigosas da máquina possam operar, mas o fechamento e o bloqueio da proteção não iniciem por si próprios a operação dessas funções.

Geralmente apresenta-se sob a forma de chave de segurança eletromecânica de duas partes: corpo e atuador — lingueta.

Lanterna traseira de posição: dispositivo designado para emitir um sinal de luz para indicar a presença de uma máquina.

Limiar de queimaduras: temperatura superficial que define o limite entre a ausência de queimaduras e uma queimadura de espessura parcial superficial, causada pelo contato da pele com uma superfície aquecida, para um período específico de contato.

Manípulo ou pega-mão: dispositivo auxiliar, incorporado à estrutura da máquina ou nela afixado, que tem a finalidade de permitir o acesso.

Máquinas: conjunto de mecanismos combinados para receber uma forma definida de energia, transformá-la e restituí-la sob forma mais apropriada, ou para produzir determinado efeito ou executar determinada função. Como por exemplo: um trator agrícola cujo motor alimentado com combustível produz uma força que pode puxar ou arrastar implementos e ainda, através da "tomada de potência", fornecer energia para funcionamento deste.

Máquina agrícola e florestal autopropelida ou automotriz: máquina destinada a atividades agrícolas e florestais que se desloca sobre meio terrestre com sistema de propulsão próprio.

Máquina automotriz ou autopropelida: é a maquina que desloca sobre meio terrestre com sistema de propulsão próprio, tais como: tratores, colhedoras e pulverizadores.

Máquina de construção em aplicação agro-florestal: máquina originalmente concebida para realização de trabalhos relacionados à construção e movimentação de solo e que recebe dispositivos específicos para realização de trabalhos ligados a atividades agro-florestais.

Máquina estacionária: aquela que se mantém fixa em um posto de trabalho, ou seja, transportável para uso em bancada ou em outra superfície estável em que possa ser fixada.

Máquina ou equipamento manual: máquina ou equipamento portátil guiado à mão.

Máquina ou implemento projetado: todo equipamento ou dispositivo desenhado, calculado, dimensionado e construído por profissional habilitado, para o uso adequado e seguro.

Microtrator e cortador de grama autopropelido: Máquina de pequeno porte destinada à execução de serviços gerais e de conservação de jardins residências ou comerciais. Seu peso bruto total sem implementos não ultrapassa 600 Kg (seiscentos quilogramas).

Monitoramento: função intrínseca de projeto do componente ou realizada por interface de segurança que garante a funcionalidade de um sistema de segurança quando um componente ou um dispositivo tiver sua função reduzida ou limitada, ou quando houver situações de perigo devido a alterações nas condições do processo.

Motocultivador: trator de Rabiças, "mula mecânica" ou microtrator: equipamento motorizado de duas rodas utilizado para tracionar implementos diversos, desde preparo de solo até colheita. Caracteriza-se pelo fato de o operador caminhar atrás do equipamento durante o trabalho.

Motopoda: máquina similar à motosserra, dotada de cabo extensor para maior alcance nas operações de poda.

Motosserra: serra motorizada de empunhadura manual utilizada principalmente para corte e poda de árvores equipada obrigatoriamente com:

a) freio manual ou automático de corrente, que consiste em dispositivo de segurança que interrompe o giro da corrente, acionado pela mão esquerda do operador;

b) pino pega-corrente, que consiste em dispositivo de segurança que reduz o curso da corrente em caso de rompimento, evitando que atinja o operador;

c) protetor da mão direita, que consiste em proteção traseira que evita que a corrente atinja a mão do operador em caso de rompimento;

d) protetor da mão esquerda, que consiste em proteção frontal para evitar que a mão do operador alcance involuntariamente a corrente durante a operação de corte; e

e) trava de segurança do acelerador, que consiste em dispositivo que impede a aceleração involuntária.

Muting: desabilitação automática e temporária de uma função de segurança por meio de componentes de segurança ou circuitos de comando responsáveis pela segurança, durante o funcionamento normal da máquina.

Opcional: dispositivo ou sistema não obrigatório, como faróis auxiliares.

Permissão de trabalho: ordem de serviço: documento escrito, específico e auditável, que contenha, no mínimo, a descrição do serviço, a data, o local, nome e a função dos trabalhadores e dos responsáveis pelo serviço e por sua emissão e os procedimentos de trabalho e segurança

Plantadeira tracionada: implemento agrícola que, quando acoplado a um trator agrícola, pode realizar a operação de plantio de culturas, como sementes, mudas, tubérculos ou outros.

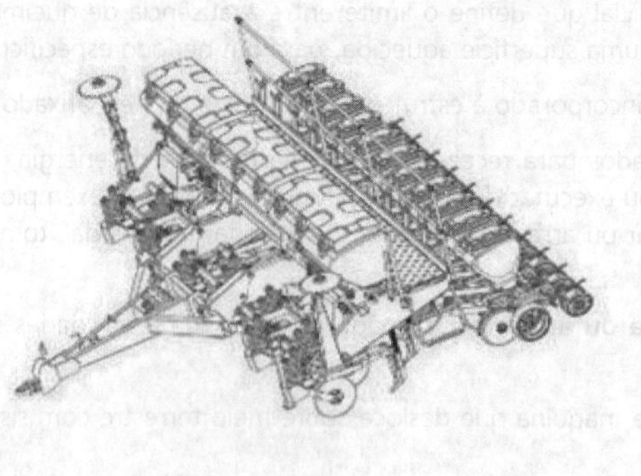

Plataforma ou escada externa para máquina autopropelida agrícola, florestal e de construção em aplicações agroflorestais: dispositivo de apoio não fixado de forma permanente na máquina.

Posto de operação: local da máquina ou equipamento de onde o trabalhador opera a máquina.

Posto de trabalho: qualquer local de máquinas, equipamentos e implementos em que seja requerida a intervenção do trabalhador.

Profissional habilitado para a supervisão da capacitação: profissional que comprove conclusão de curso específico na área de atuação, compatível com o curso a ser ministrado, com registro no competente conselho de classe, se necessário.

Profissional legalmente habilitado: trabalhador previamente qualificado e com registro no competente conselho de classe, se necessário.

Profissional ou trabalhador capacitado: aq uele que recebeu capacitação sob orientação e responsabilidade de profissional habilitado.

Profissional ou trabalhador qualificado: aquele que comprove conclusão de curso específico na sua área de atuação e reconhecido pelo sistema oficial de ensino.

Proteção fixa distante: proteção que não cobre completamente a zona de perigo, mas que impede ou reduz o acesso em razão de suas dimensões e sua distância em relação à zona de perigo, como, por exemplo, grade de perímetro ou proteção em túnel.

Pulverizador autopropelido: instrumento ou máquina utilizado na agricultura no combate às pragas da lavoura, infestação de plantas daninha e insetos. Tem como principal característica a condição de cobrir grandes áreas, com altíssima produtividade e preciso controle da dosagem dos produtos aplicados. Sua maior função é permitir o controle da dosagem na aplicação de defensivos ou fertilizantes sobre determinada área.

Pulverizador tracionado: implemento agrícola que, quando acoplado a um trator agrícola, pode realizar a operação de aplicar agrotóxicos.

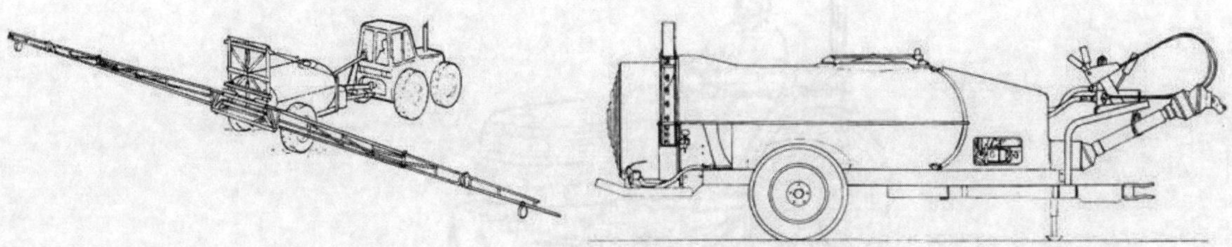

Queimadura de espessura parcial superficial: queimadura em que a epiderme é completamente destruída, mas os folículos pilosos e glândulas sebáceas, bem como as glândulas sudoríparas, são poupados.

Rampa: meio de acesso permanente inclinado e contínuo em ângulo de lance de 0° (zero grau) a 20° (vinte graus).

Redundância: aplicação de mais de um componente, dispositivo ou sistema, a fim de assegurar que, havendo uma falha em um deles na execução de sua função o outro estará disponível para executar esta função.

Relé de segurança: componente com redundância e circuito eletrônico dedicado para acionar e supervisionar funções específicas de segurança, tais como chaves de segurança, sensores, circuitos de parada de emergência, ESPEs, válvulas e contatores, garantido que, em caso de falha ou defeito desses ou em sua fiação, a máquina interrompa o funcionamento e não permita a inicialização de um novo ciclo, até o defeito ser sanado. Deve ter três princípios básicos de funcionamento: redundância, diversidade e autoteste.

Ruptura positiva: operação de abertura positiva de um elemento de contato: efetivação da separação de um contato como resultado direto de um movimento específico do atuador da chave do interruptor, por meio de partes não resilientes, ou seja, não dependentes da ação de molas.

Seletor: chave seletora, dispositivo de validação: chave seletora ou seletora de modo de comando com acesso restrito ou senha de tal forma que:

a) possa ser bloqueada em cada posição, impedindo a mudança de posição por trabalhadores não autorizados;

b) cada posição corresponda a um único modo de comando ou de funcionamento;

c) o modo de comando selecionado tenha prioridade sobre todos os outros sistemas de comando, com exceção da parada de emergência; e

d) torne a seleção visível, clara e facilmente identificável.

e) Símbolo — pictograma: desenho esquemático normatizado, destinado a significar certas indicações simples.

Sistema de proteção contra quedas: estrutura fixada à máquina ou equipamento, projetada para impedir a queda de pessoas, materiais ou objetos.

Talão: parte mais rígida — reforçada do pneu, que entra em contato com o aro, garantindo sua fixação.

Trator acavalado: trator agrícola em que, devido às dimensões reduzidas, a plataforma de operação consiste apenas de um piso pequeno nas laterais para o apoio dos pés e operação.

Trator agrícola: máquina autopropelida de médio a grande porte, destinada a puxar ou arrastar implementos agrícolas. Possui uma ampla gama de aplicações na agricultura e pecuária, e é caracterizado por possuir no mínimo dois eixos para pneus ou esteiras e peso, sem lastro ou implementos, maior que 600 kg (seiscentos quilogramas) e bitola mínima entre pneus traseiros, com o maior pneu especificado, maior que 1280 mm (um mil duzentos e oitenta milímetros).

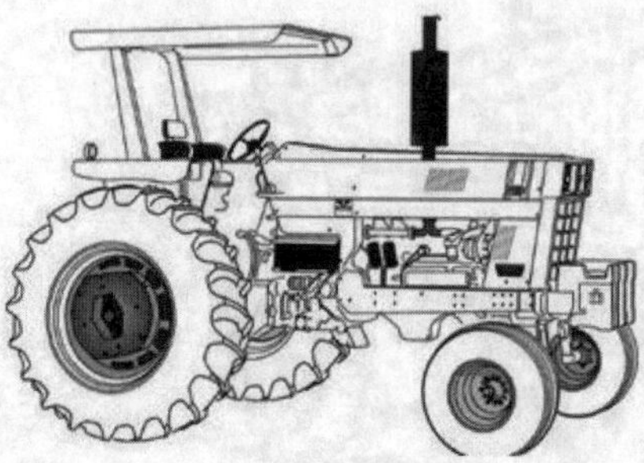

Trator agrícola estreito: trator de pequeno porte destinado à produção de frutas, café e outras aplicações nas quais o espaço é restrito e utilizado para implementos de pequeno porte. Possui bitola mínima entre pneus traseiros, com o maior pneu especificado, menor ou igual a 1280 mm (um mil duzentos e oitenta milímetros) e peso bruto total acima de 600 Kg (seiscentos quilogramas).

Válvula e bloco de segurança: componente conectado à máquina ou equipamento com a finalidade de permitir ou bloquear, quando acionado, a passagem de fluidos líquidos ou gasosos, como ar comprimido e fluidos hidráulicos, de modo a iniciar ou cessar as funções da máquina ou equipamento. Deve possuir monitoramento para a verificação de sua interligação, posição e funcionamento, impedindo a ocorrência de falha que provoque a perda da função de segurança.

Zona perigosa: Qualquer zona dentro ou ao redor de uma máquina ou equipamento, onde uma pessoa possa ficar exposta a risco de lesão ou dano à saúde.

ANEXO II

(Acrescentado pela Portaria MTE n. 2.546, de 14 de dezembro de 2011)

DISTÂNCIAS DE SEGURANÇA E REQUISITOS PARA O USO DE DETECTORES DE PRESENÇA OPTOELETRÔNICOS

A) Distâncias de segurança para impedir o acesso a zonas de perigo quando utilizada barreira física

Quadro I

Distâncias de segurança para impedir o acesso a zonas de perigo pelos membros superiores (dimensões em milímetros — mm)

			Distância de segurança sr		
Parte do Corpo	**Ilustração**	**Abertura**	**Fenda**	**Quadrado**	**Circular**
Ponta de dedo	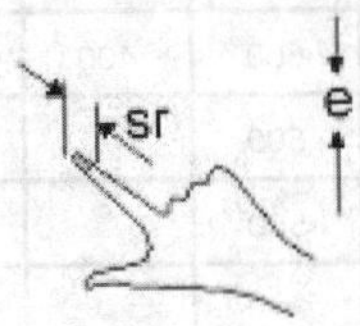	e ≤ 4	≥ 2	≥ 2	≥ 2
		4 < e ≤ 6	≥ 10	≥ 5	≥ 5
Dedo até articulação com a mão	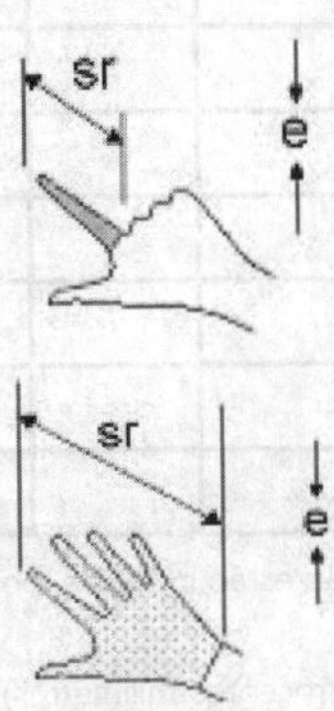	6 < e ≤ 8	≥ 20	≥ 15	≥ 5
		8 < e ≤ 10	≥ 80	≥ 25	≥ 20
		10 < e ≤ 12	≥ 100	≥ 80	≥ 80
		12 < e ≤ 20	≥ 120	≥ 120	≥ 120
		20 < e ≤ 30	≥ 850 [1)]	≥ 120	≥ 120
Braço até junção com o ombro	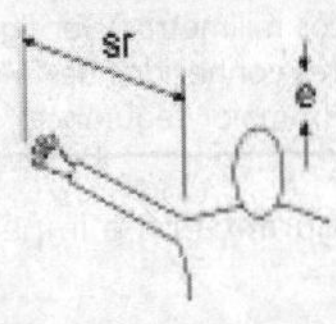	30 < e ≤ 40	≥ 850	≥ 200	≥ 120
		40 < e ≤ 120	≥ 850	≥ 850	≥ 850

[1)] Se o comprimento da abertura em forma de fenda é < 65 mm, o polegar atuará como um limitador e a distância de segurança poderá ser reduzida para 200 mm.

Fonte: ABNT NBRNM-ISO 13852 — Segurança de Máquinas — Distâncias de segurança para impedir o acesso a zonas de perigo pelos membros superiores.

Figura 1 — Alcance sobre estruturas de proteção. Para utilização do Quadro II observar a legenda da figura 1 a seguir.

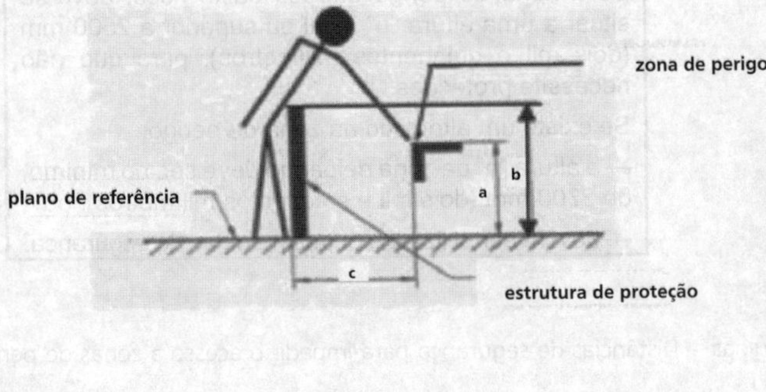

Legenda:
a: altura da zona de perigo
b: altura da estrutura de proteção
c: distância horizontal à zona de perigo

Quadro II
Alcance sobre estruturas de proteção — Alto risco (dimensões em mm)

Altura da zona de perigo a	Altura da estrutura de proteção b [1]									
	1.000	1.200	1.400 [3]	1.600	1.800	2.000	2.200	2.400	2.500	2.700
	Distância horizontal à zona de perigo c									
2.700 [2]	-	-	-	-	-	-	-	-	-	-
2.600	900	800	700	600	600	500	400	300	100	-
2.400	1.100	1.100	900	800	700	600	400	300	100	-
2.200	1.300	1.200	1.000	900	800	600	400	300	-	-
2.000	1.400	1.300	1.100	900	800	600	400	-	-	-
1.800	1.500	1.400	1.100	900	800	600	-	-	-	-
1.600	1.500	1.400	1.100	900	800	500	-	-	-	-
1.400	1.500	1.400	1.100	900	800	-	-	-	-	-
1.200	1.500	1.400	1.100	900	700	-	-	-	-	-
1.000	1.500	1.400	1.100	800	-	-	-	-	-	-
800	1.500	1.300	900	600	-	-	-	-	-	-
600	1.400	1.300	800	-	-	-	-	-	-	-
400	1.400	1.200	400	-	-	-	-	-	-	-
200	1.200	900	-	-	-	-	-	-	-	-
0	1.100	500	-	-	-	-	-	-	-	-

[1] Estruturas de proteção com altura inferior a 1.000 mm (mil milímetros) não estão incluídas, por não restringirem suficientemente o acesso do corpo.

[2] Estruturas de proteção com altura menor do que 1.400 mm (mil e quatrocentos milímetros) não devem ser usadas sem medidas adicionais de segurança.

[3] Para zonas de perigo com altura superior a 2.700 mm (dois mil e setecentos milímetros) ver figura 2. Não devem ser feitas interpolações dos valores desse quadro; consequentemente, quando os valores conhecidos de "a", "b" ou "c" estiverem entre dois valores do quadro, os valores a serem utilizados serão os que propiciarem maior segurança.

Fonte: ABNT NBR NM-ISO 13852:2003 — Segurança de Máquinas — Distâncias de segurança para impedir o acesso a zonas de perigo pelos membros superiores.

Figura 2 — Alcance das zonas de perigo superiores

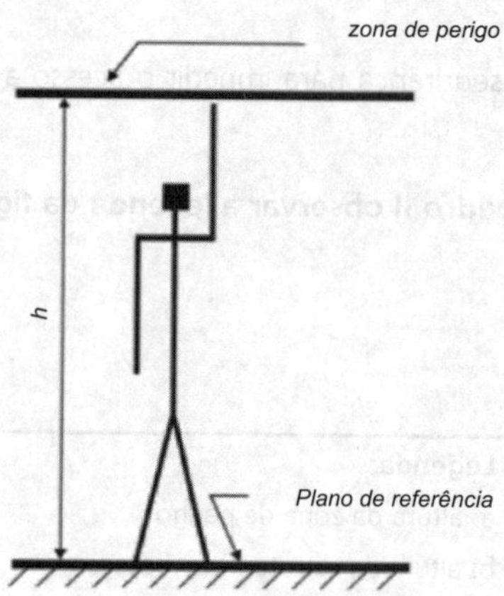

Legenda:

h: a altura da zona de perigo.

Se a zona de perigo oferece baixo risco, deve-se situar a uma altura "h" igual ou superior a 2500 mm (dois mil e quinhentos milímetros), para que não necessite proteções.

Se existe um alto risco na zona de perigo:

— a altura "h" da zona de perigo deve ser, no mínimo, de 2700 mm (dois mil e setecentos milímetros), ou

— devem ser utilizadas outras medidas de segurança.

Fonte: ABNT NBR NM-ISO 13852:2003 — Segurança de Máquinas — Distâncias de segurança para impedir o acesso a zonas de perigo pelos membros superiores.

Quadro III

Alcance ao redor — movimentos fundamentais (dimensões em mm)

Limitação do movimento	Distância de segurança sr	Ilustração
Limitação do movimento apenas no ombro e axila	≥ 850	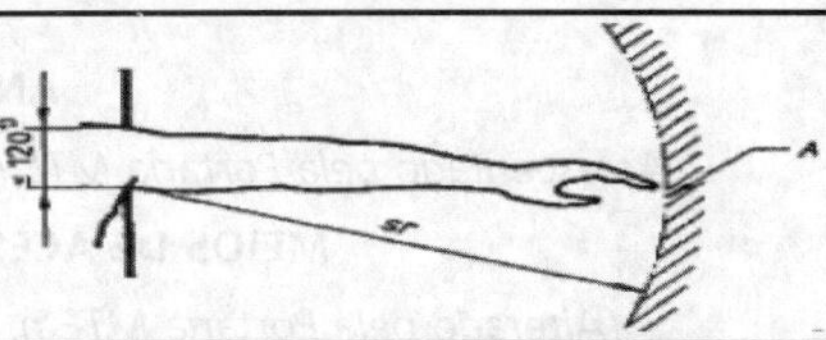
Braço apoiado até o cotovelo	≥ 550	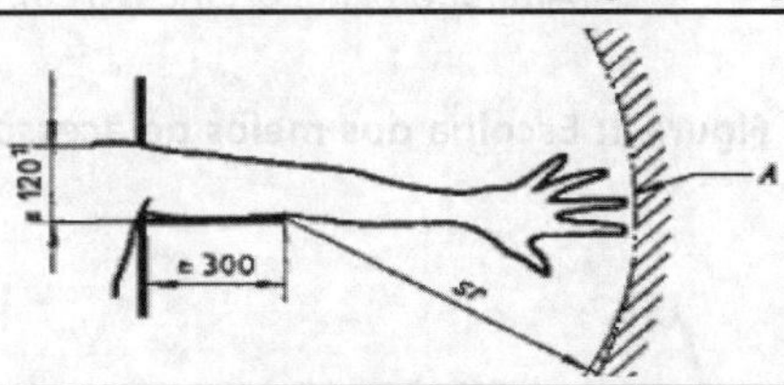
Braço apoiado até o punho	≥ 230	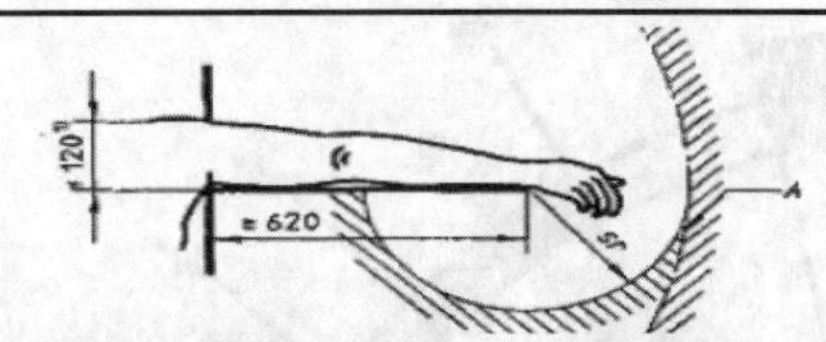
Braço e mão apoiados até a articulação dos dedos	≥ 130	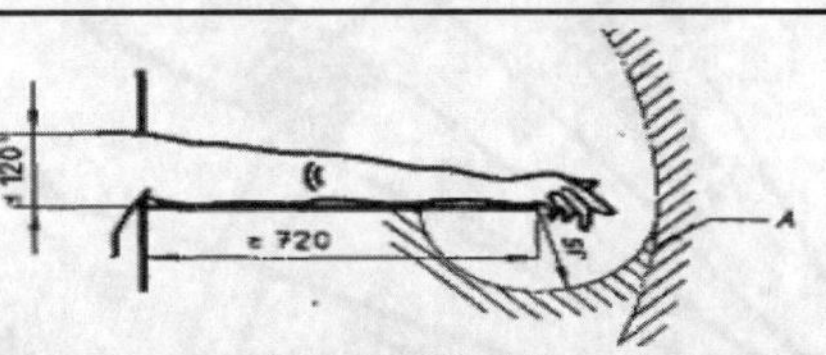

A: Faixa de movimento do braço.

1) Diâmetro de uma abertura circular, lado de uma abertura quadrada ou largura de uma abertura em forma de fenda.

Fonte: ABNT NBRNM-ISO 13852 — Segurança de Máquinas — Distâncias de segurança para impedir o acesso a zonas de perigo pelos membros superiores.

B) Cálculo das distâncias mínimas de segurança para instalação de detectores de presença optoeletrônicos — ESPS usando cortina de luz — AOPD.

1. A distância mínima na qual ESPS usando cortina de luz — AOPD deve ser posicionada em relação à zona de perigo, observará o calculo de acordo com a norma ISO 13855. Para uma aproximação perpendicular a distância pode ser calculada de acordo com a fórmula geral apresentada na seção 5 da ISO 13855, a saber:

S = (K x T) + C

Onde:

S: é a mínima distância em milímetros, da zona de perigo até o ponto, linha ou plano de detecção;

K: é um parâmetro em milímetros por segundo, derivado dos dados de velocidade de aproximação do corpo ou partes do corpo;

T: é a performance de parada de todo o sistema — tempo de resposta total em segundos; e

C: é a distância adicional em milímetros, baseada na intrusão contra a zona de perigo antes da atuação do dispositivo de proteção.

1.1. A fim de determinar K, uma velocidade de aproximação de 1600 mm/s (um mil e seiscentos milímetros por segundo) deve ser usada para cortinas de luz dispostas horizontalmente. Para cortinas dispostas verticalmente, deve ser usada uma velocidade de aproximação de 2000 mm/s (dois mil milímetros por segundo) se a distância mínima for igual ou menor que 500 mm (quinhentos milímetros). Uma velocidade de aproximação de 1600 mm/s (um mil e seiscentos milímetros por segundo) pode ser usada se a distância mínima for maior que 500 mm (quinhentos milímetros).

1.2. As cortinas devem ser instaladas de forma que sua área de detecção cubra o acesso à zona de risco, com o cuidado de não se oferecer espaços de zona morta, ou seja, espaço entre a cortina e o corpo da máquina onde pode permanecer um trabalhador sem ser detectado.

1.3. Em respeito à capacidade de detecção da cortina de luz, deve ser usada pelo menos a distância adicional C no quadro IV quando se calcula a mínima distância S.

Quadro IV — Distância adicional C

Capacidade de Detecção (mm)	Distância Adicional C (Mm)
< 14	0
> 14 < 20	80
> 20 < 30	130
> 30 < 40	240
> 40	850

1.4. Outras características de instalação de cortina de luz, tais como aproximação paralela, aproximação em ângulo e equipamentos de dupla posição devem atender às condições específicas previstas na norma ISO 13855. A aplicação de cortina de luz em dobradeiras hidráulicas deve atender à norma EN 12622.

Fonte: ISO 13855 — Safety of machinery — The positioning of protective equipment in respect of approach speeds of parts of the human body.

ANEXO III

(Acrescentado pela Portaria MTE n. 2.546, de 14 de dezembro de 2011)

MEIOS DE ACESSO PERMANENTES

(Alterado pela Portaria MTE n. 1.896, de 9 de dezembro de 2013)

Figura 1: Escolha dos meios de acesso conforme a inclinação — ângulo de lance

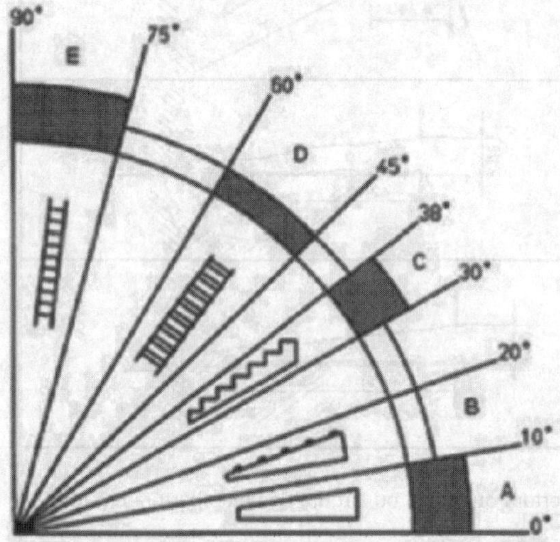

Legenda:

A: rampa.

B: rampa com peças transversais para evitar o escorregamento.

C: escada com espelho.

D: escada sem espelho.

E: escada do tipo marinheiro.

Fonte: ISO 14122 — Segurança de Máquinas — Meios de acesso permanentes às máquinas.

Figura 2: Exemplo de escada sem espelho.

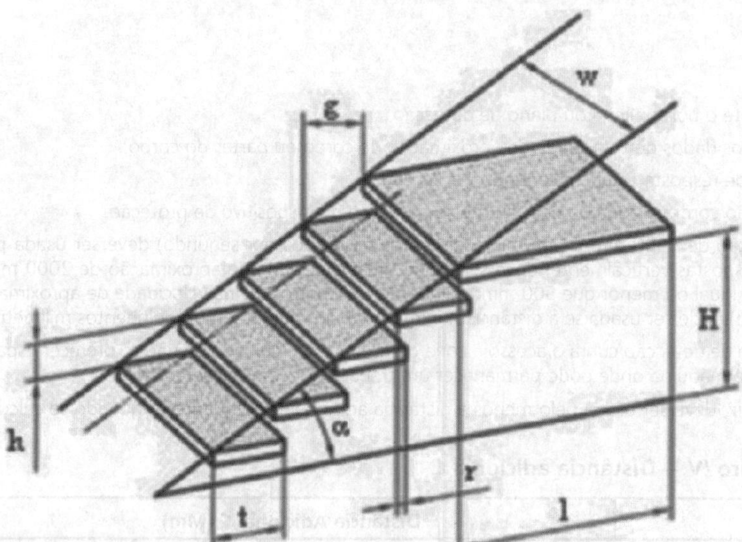

Legenda:

w: largura da escada

h: altura entre degraus

r: projeção entre degraus

g: profundidade livre do degrau

α: inclinação da escada — ângulo de lance

l: comprimento da plataforma de descanso

H: altura da escada

t: profundidade total do degrau

Figura 3: Exemplo de escada fixa do tipo marinheiro

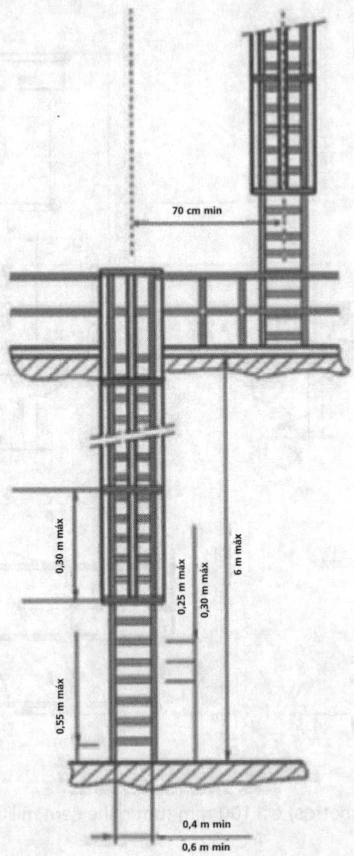

Figura 4A, B e C: Exemplo de detalhe da gaiola da escada fixa do tipo marinheiro

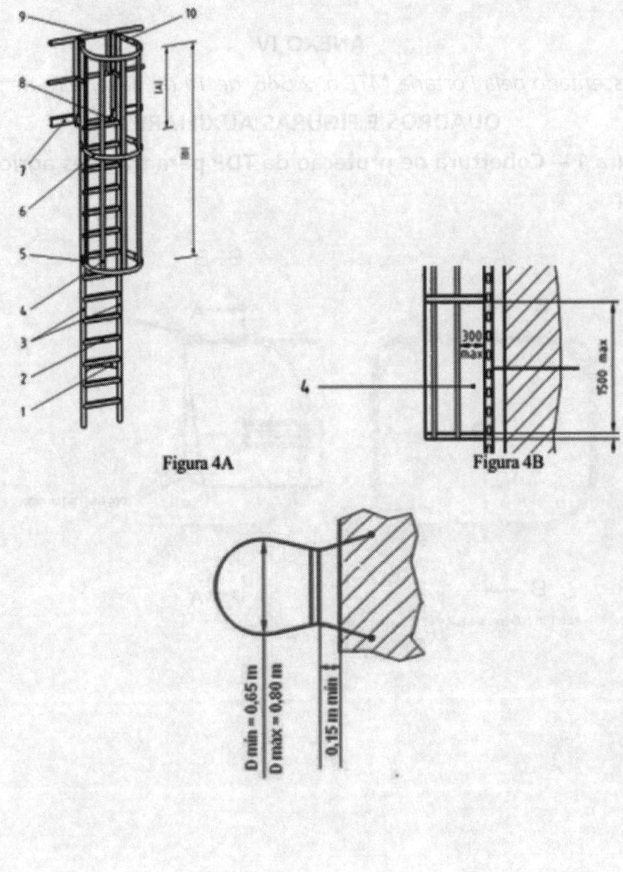

Figura 5: Sistema de proteção contra quedas em plataforma (dimensões em milímetros)

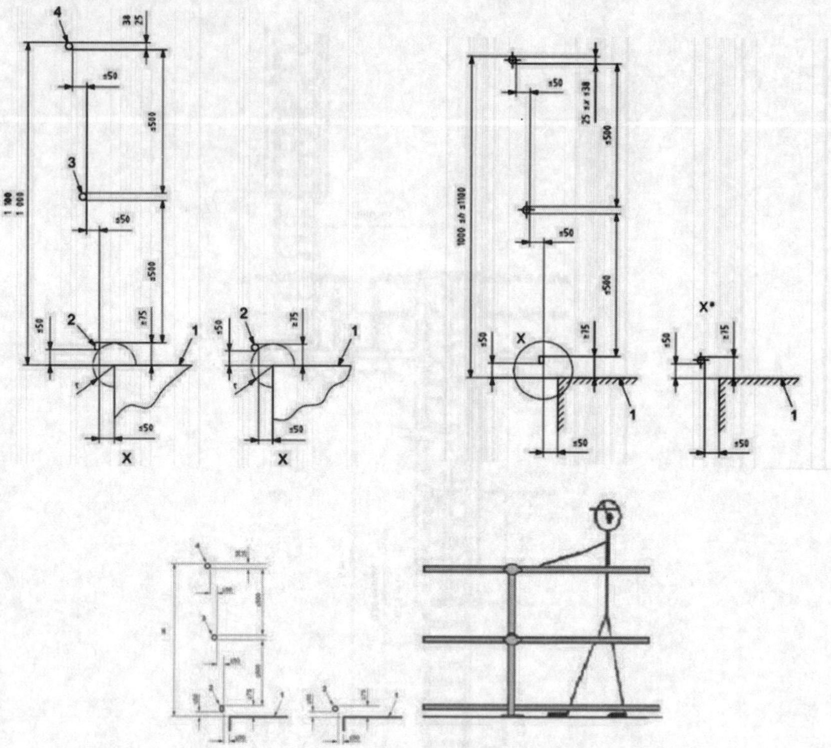

Legenda:

H: altura barra superior, entre 1000 mm (um mil milímetros) e 1100 mm (um mil e cem milímetros)

1: plataforma

2: barra-rodapé

3: barra intermediária

4: barra superior corrimão

ANEXO IV

(Acrescentado pela Portaria MTE n. 2.546, de 14 de dezembro de 2011)

QUADROS E FIGURAS AUXILIARES

Figura 1 — Cobertura de proteção da TDP para tratores agrícolas

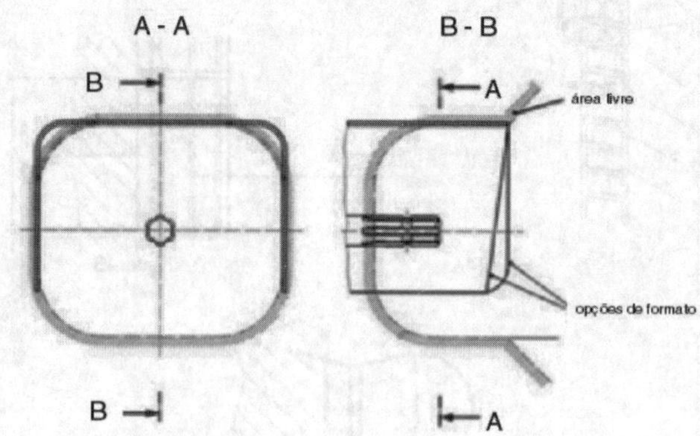

ABNT IS 500 (partes 1, 2 e 3)

Quadro I — Máquinas a que se aplicam as exclusões de dispositivos referidos nos itens: 31.12.23, 31.12.30, 31.12.31.

Tipo de máquina	Subitem 31.12.31 Estrutura de Proteção na capotagem EPC	Subitem 31.12.31 Cinto de segurança	Subitem 31.12.23 Proteção contra Projeção do material em processamento	Subitem 31.12.30 Sinal sonoro de ré acoplados ao sistema de transmissão e espelho retrovisor	Subitem 31.12.30 Faróis, buzinas e lanternas traseiras de posição
Motocultivadores	X	X	X	X	X
Outros microtratores e cortadores de grama autopropelidos (peso bruto total abaixo de 600 kg)	X	X	X	X	X
Pulverizadores autopropelidos	X				
Adubadoras autopropelidas e tracionadas	X		X		
Colhedoras de grãos, cereais, forragem, café, cana-de-açúcar, algodão, laranja entre outras.	X		X		
Escavadeiras hidráulicas	X				
Plantadeiras tracionadas	X	X	X	X	X
Plataforma porta-implementos (acoplável ao motocultivador)	X	X	X	X	X

Quadro II — Exclusões à proteção em partes móveis (itens 31.12.11.1 e 31.12.20)

Máquina — implemento	Descrição da Exclusão
Motocultivadores	Área da parte ativa do implemento acoplado de acordo com aplicação.
Outros microtratores e cortadores de grama autopropelidos (peso bruto total abaixo de 600 kg)	Área do cortador de grama, embaixo da máquina, protegido por proteções laterais.
Adubadoras tracionadas e autopropelidas	Área distribuidora — área do distribuidor (disco ou tubo); Área de transporte e esteira helicoidal.
Colhedoras de grãos ou cereais	Área de corte e alimentação ou de captação (plataforma de corte/recolhimento); Área de expulsão e projeção de resíduos (espalhador de palha); Área de descarregamento (tubo descarregador de grãos).
Colhedoras de cana-de-açúcar	Área de corte ou recolhimento da cana-de-açúcar a ser processada (unidades de corte e recolhimento); Área de projeção/descarregamento do material (picador e transportador de material).
Colhedoras de algodão	Área de recolhimento da fibra do algodão; Área de descarregamento do fardo de algodão.
Colhedoras de café	Área de conjunto das hastes vibratórias, lâminas retráteis, transportadores e descarregamento.
Colhedoras de laranja	Área de conjunto das hastes vibratórias, lâminas retráteis, transportadores e descarregamento.
Escavadeiras hidráulicas, *feller bunchers* e *harvesters*	Área de corte, desgalhamento, processamento ou carregamento de toras.
Forrageiras tracionadas e autopropelidas	Área de corte ou recolhimento da planta a ser processada (plataforma de corte ou recolhimento); Área de descarregamento/projeção do material triturado.
Plantadeiras tracionadas	Linhas de corte da palha e seus componentes; Linhas de plantio e seus componentes; Área de distribuição de sementes e adubos.

Quadro III — Tabela para consulta de disponibilidade técnica para implantação de EPC (item 31.12.32.)

Marca	Modelo	EPC Subitem 31.12.32 (a partir do mês/ano)	Cinto de segurança Subitem 31.12.32 (a partir do mês/ano)
Agrale	4100	Janeiro/2009	Janeiro/2009
Agrale	4100 gás	Janeiro/2009	Janeiro/2009
Agrale	4118	Janeiro/2009	Janeiro/2009
Agrale	4230	Janeiro/2009	Janeiro/2009
Agrale	5075	Janeiro/2009	Janeiro/2009
Agrale	5085	Janeiro/2009	Janeiro/2009
Agrale	6110	Janeiro/2009	Janeiro/2009
Agrale	6150	Janeiro/2009	Janeiro/2009
Agrale	6180	Janeiro/2009	Janeiro/2009
Agritech	1030-h	Janeiro/2009	Janeiro/2009
Agritech	1030-dt	Janeiro/2009	Janeiro/2009
Agritech	1045-h	Janeiro/2009	Janeiro/2009
Agritech	1045-dt	Janeiro/2009	Janeiro/2009
Agritech	1055-dt	Janeiro/2009	Janeiro/2009
Agritech	1145	Janeiro/2009	Janeiro/2009
Agritech	1145.4	Janeiro/2009	Janeiro/2009
Agritech	155.4	Janeiro/2009	Janeiro/2009
Agritech	1175.4	Janeiro/2009	Janeiro/2009
Agritech ou yanmar	2060-xt	Janeiro/2008	Janeiro/2008
Agritech ou yanmar	Ke-40	Janeiro/2008	Janeiro/2008
Agritech ou yanmar	F-28	Janeiro/2008	Janeiro/2008
Agritech ou yanmar	1040	Janeiro/2008	Janeiro/2008
Case ih	Maxxum 135	Janeiro/2008	Janeiro/2008
Case ih	Maxxum 150	Janeiro/2008	Janeiro/2008
Case ih	Maxxum 150	Janeiro/2008	Janeiro/2008
Case ih	Maxxum 180	Janeiro/2008	Janeiro/2008
Case ih	Magnum 220	Janeiro/2008	Janeiro/2008
Case ih	Magnum 240	Janeiro/2008	Janeiro/2008
Case ih	Magnum 270	Janeiro/2008	Janeiro/2008
Case ih	Magnum 305	Janeiro/2008	Janeiro/2008
John deere	5303	Janeiro/2008	Janeiro/2008
John deere	5403	Janeiro/2008	Janeiro/2008
John deere	5603	Janeiro/2008	Janeiro/2008
John deere	5605	Janeiro/2008	Janeiro/2008
John deere	5705	Janeiro/2008	Janeiro/2008
John deere	6405	Janeiro/2008	Janeiro/2008
John deere	6415	Janeiro/2008	Janeiro/2008
John deere	6605	Janeiro/2008	Janeiro/2008
John deere	6615	Janeiro/2008	Janeiro/2008
John deere	6415 classic	Janeiro/2008	Janeiro/2008
John deere	6615 classic	Janeiro/2008	Janeiro/2008
John deere	6110j	Janeiro/2008	Janeiro/2008
John deere	6125j	Janeiro/2008	Janeiro/2008
John deere	6145j	Janeiro/2008	Janeiro/2008
John deere	6165j	Janeiro/2008	Janeiro/2008
John deere	7505	Janeiro/2008	Janeiro/2008
John deere	7515	Janeiro/2008	Janeiro/2008
John deere	7715	Janeiro/2008	Janeiro/2008
John deere	7815	Janeiro/2008	Janeiro/2008
Landini	Technofarm	Janeiro/2008	Janeiro/2008
Landini	Globalfarm	Janeiro/2008	Janeiro/2008

Marca	Modelo	EPC Subitem 31.12.32 (a partir do mês/ano)	Cinto de segurança Subitem 31.12.32 (a partir do mês/ano)
Landini	Rex	Janeiro/2008	Janeiro/2008
Landini	Mistral	Janeiro/2008	Janeiro/2008
Landini	Rex	Janeiro/2008	Janeiro/2008
Landini	Landpower	Janeiro/2008	Janeiro/2008
Landini	Montana 30/40/45/50/60	Janeiro/2008	Janeiro/2008
Maxion	Maxion 750	Janeiro/2011	Janeiro/2011
Massey ferguson	Mf250	Janeiro/2008	Janeiro/2008
Massey ferguson	Mf255	Janeiro/2008	Janeiro/2008
Massey ferguson	Mf250 f	Janeiro/2008	Janeiro/2008
Massey ferguson	Mf255 f	Janeiro/2008	Janeiro/2008
Massey ferguson	Mf265 f	Janeiro/2008	Janeiro/2008
Massey ferguson	Mf275 f	Janeiro/2008	Janeiro/2008
Massey ferguson	Mf283 f	Janeiro/2008	Janeiro/2008
Massey ferguson	Mf4265	Março/2010	Março/2010
Massey ferguson	Mf4275	Março/2010	Março/2010
Massey ferguson	Mf4283	Março/2010	Março/2010
Massey ferguson	Mf4290	Março/2010	Março/2010
Massey ferguson	Mf4291	Março/2010	Março/2010
Massey ferguson	Mf4292	Março/2010	Março/2010
Massey ferguson	Mf4297	Março/2010	Março/2010
Massey ferguson	Mf4299	Março/2010	Março/2010
Massey ferguson	Mf6350	Janeiro/2008	Janeiro/2008
Massey ferguson	Mf6360	Janeiro/2008	Janeiro/2008
Massey ferguson	Mf7140	Janeiro/2009	Janeiro/2009
Massey ferguson	Mf7150	Janeiro/2009	Janeiro/2009
Massey ferguson	Mf7170	Janeiro/2009	Janeiro/2009
Massey ferguson	Mf7180	Janeiro/2009	Janeiro/2009
Massey ferguson	Mf7350	Janeiro/2010	Janeiro/2010
Massey ferguson	Mf7370	Janeiro/2010	Janeiro/2010
Massey ferguson	Mf7390	Janeiro/2010	Janeiro/2010
Massey ferguson	Mf7415	Janeiro/2010	Janeiro/2010
Massey ferguson	Mf86	Janeiro/2011	Janeiro/2011
Massey ferguson	Mf96	Janeiro/2011	Janeiro/2011
Massey ferguson	Mf265	Janeiro/2008	Janeiro/2008
Massey ferguson	Mf275	Janeiro/2008	Janeiro/2008
Massey ferguson	Mf283	Janeiro/2008	Janeiro/2008
Massey ferguson	Mf290	Janeiro/2008	Janeiro/2008
Massey ferguson	Mf291	Janeiro/2008	Janeiro/2008
Massey ferguson	Mf292	Janeiro/2008	Janeiro/2008
Massey ferguson	Mf297	Janeiro/2008	Janeiro/2008
Massey ferguson	Mf298	Janeiro/2008	Janeiro/2008
Massey ferguson	Mf299	Janeiro/2008	Janeiro/2008
Massey ferguson	Mf630	Janeiro/2008	Janeiro/2008
Massey ferguson	Mf640	Janeiro/2008	Janeiro/2008
Massey ferguson	Mf650	Janeiro/2008	Janeiro/2008
Massey ferguson	Mf660	Janeiro/2008	Janeiro/2008
Massey ferguson	Mf680	Janeiro/2008	Janeiro/2008
New holland	Tl 60 e	Janeiro/2008	Janeiro/2008
New holland	Tl 75 e	Janeiro/2008	Janeiro/2008
New holland	Tl 85 e	Janeiro/2008	Janeiro/2008
New holland	Tl 95 e	Janeiro/2008	Janeiro/2008
New holland	Tt 3840	Janeiro/2008	Janeiro/2008

Marca	Modelo	EPC Subitem 31.12.32 (a partir do mês/ano)	Cinto de segurança Subitem 31.12.32 (a partir do mês/ano)
New holland	Tt 4030	Janeiro/2008	Janeiro/2008
New holland	Ts 6000	Janeiro/2008	Janeiro/2008
New holland	Ts 6020	Janeiro/2008	Janeiro/2008
New holland	Ts 6030	Janeiro/2008	Janeiro/2008
New holland	Ts 6040	Janeiro/2008	Janeiro/2008
New holland	Tm 7010	Janeiro/2008	Janeiro/2008
New holland	Tm 7020	Janeiro/2008	Janeiro/2008
New holland	Tm 7030	Janeiro/2008	Janeiro/2008
New holland	Tm 7040	Janeiro/2008	Janeiro/2008
New holland	7630	Janeiro/2008	Janeiro/2008
New holland	8030	Janeiro/2008	Janeiro/2008
Valtra	Bf65	Janeiro/2008	Janeiro/2008
Valtra	Bf75	Janeiro/2008	Janeiro/2008
Valtra	A650	Março/2010	Março/2010
Valtra	A750	Julho/2009	Julho/2009
Valtra	A850	Julho/2009	Julho/2009
Valtra	A950	Agosto/2009	Agosto/2009
Valtra	Bm100	Janeiro/2008	Janeiro/2008
Valtra	Bm110	Janeiro/2008	Janeiro/2008
Valtra	Bm125i	Janeiro/2008	Janeiro/2008
Valtra	Bh145	Janeiro/2008	Janeiro/2008
Valtra	Bh165	Janeiro/2008	Janeiro/2008
Valtra	Bh180	Janeiro/2008	Janeiro/2008
Valtra	Bh185i	Janeiro/2008	Janeiro/2008
Valtra	Bh205i	Agosto/2008	Agosto/2008
Valtra	Bt150	Setembro/2010	Setembro/2010
Valtra	Bt170	Setembro/2010	Setembro/2010
Valtra	Bt190	Setembro/2010	Setembro/2010
Valtra	Bt210	Setembro/2010	Janeiro/2008
Valtra	Bf65	Janeiro/2008	Janeiro/2008
Valtra	Bf75	Janeiro/2008	Janeiro/2008
Valtra	585	Janeiro/2008	Janeiro/2008
Valtra	685ats	Janeiro/2008	Janeiro/2008
Valtra	685	Janeiro/2008	Janeiro/2008
Valtra	785	Janeiro/2008	Janeiro/2008
Case	Pá carregadeira - 521d toldo	Janeiro/2008	Janeiro/2008
Case	Pá carregadeira - 621d toldo	Janeiro/2008	Janeiro/2008
Case	Pá carregadeira - w20e cabine	Janeiro/2008	Janeiro/2008
Caterpillar	Motoniveladora 120h / 120k	Janeiro/2008	Janeiro/2008
Caterpillar	Motoniveladora 140h / 140k	Janeiro/2008	Janeiro/2008
Caterpillar	Motoniveladora 160h / 160k	Janeiro/2008	Janeiro/2008
Caterpillar	Motoniveladora 12h / 12k	Janeiro/2008	Janeiro/2008
Caterpillar	Motoniveladora 135h	Janeiro/2008	Janeiro/2008
Ciber	Rolo hamm 3410/11	Janeiro/2008	Janeiro/2008
New holland	Pá carregadeira - w130 toldo	Janeiro/2008	Janeiro/2008
New holland	Trator de esteira - d170	Janeiro/2008	Janeiro/2008

Capítulo 32

SEGURANÇA E SAÚDE NO TRABALHO EM ESTABELECIMENTOS DE SAÚDE

Após vários anos de muitos debates e intensas discussões técnicas, inclusive consulta pública à comunidade interessada, o Ministério do Trabalho e Emprego, por meio da Portaria MTE n. 485, de 11.11.2005, editou a Trigésima Segunda Norma Regulamentadora de Segurança e Saúde, cujo título é NR-32 (Segurança e Saúde no Trabalho em Estabelecimentos de Saúde), tendo por meta a prevenção de acidentes e a promoção da saúde ocupacional de trabalhadores submetidos ao regime de contratação empregatícia previsto na Consolidação das Leis do Trabalho e que desenvolvam suas atividades profissionais em hospitais, clínicas médicas, enfermarias, ambulatórios, postos de saúde e demais locais de trabalho destinados aos cuidados da saúde humana em geral.

No que diz respeito à NR-32 (SEGURANÇA E SAÚDE NO TRABALHO EM ESTABELECIMENTOS DE SAÚDE), com a redação atualizada pela Portaria SIT-MTE n. 1.748, de 30.8.2011, impõe-se afirmar que seu fundamento de validade jurídica, em termos de legislação ordinária, está contido nos ditames dos arts. 155, I, 157, I, e 200, VI, da CLT. A propósito, todos os dispositivos legais, normativos pertinentes à temática em apreço, encontram-se adiante reproduzidos no tópico Fundamentos Jurídicos deste Capítulo, inclusive a íntegra atualizada da norma regulamentadora de segurança e saúde no trabalho que o intitula.

Numa visão panorâmica, constata-se que as disposições preventivas contidas na norma regulamentadora de segurança e saúde no trabalho em comento encontram-se agrupadas em 11 Tópicos, além de três Anexos e 1 Glossário, que igualmente compõem a NR-32, a saber:

Sumário da NR-32 (SEGURANÇA E SAÚDE NO TRABALHO EM ESTABELECIMENTOS DE SAÚDE)

32.1. DO OBJETIVO E CAMPO DE APLICAÇÃO.

32.2. DOS RISCOS BIOLÓGICOS.

32.3. DOS RISCOS QUÍMICOS.

32.4. DAS RADIAÇÕES IONIZANTES.

32.5. DOS RESÍDUOS.

32.6. DAS CONDIÇÕES DE CONFORTO POR OCASIÃO DAS REFEIÇÕES.

32.7. DAS LAVANDERIAS.

32.8. DA LIMPEZA E CONSERVAÇÃO.

32.9. DA MANUTENÇÃO DE MÁQUINAS E EQUIPAMENTOS.

32.10. DAS DISPOSIÇÕES GERAIS.

32.11. DAS DISPOSIÇÕES FINAIS.

Anexo I: CLASSIFICAÇÃO DE RISCOS DOS AGENTES BIOLÓGICOS.

Anexo II: TABELA DE CLASSIFICAÇÃO DOS AGENTES BIOLÓGICOS.

Anexo III: PLANO DE PREVENÇÃO DE RISCOS DE ACIDENTES COM MATERIAIS PERFUROCORTANTES.

Glossário.

Quanto ao objetivo primordial da norma preventiva em comento, certamente dúvidas não há no sentido de que é estabelecer as diretrizes básicas para a implementação de medidas técnico-preventivas que tenham por escopo a proteção jurídica da segurança e saúde no trabalho daqueles que exercem a nobre missão de promoção e assistência à saúde humana em geral, nela inclusas as ações de promoção, de recuperação, de pesquisa e ensino em saúde, em seus vários níveis de complexidade; sendo igualmente certo que o campo de aplicação da aludida norma prevencionista alcança todos os ambientes de trabalho, público ou privado, onde existam trabalhadores empregados submetidos ao Regime Celetista desenvolvendo as atividades profissionais antes reportadas.

Define a NR-32 que Risco Biológico é a probabilidade da exposição ocupacional a agentes biológicos, ou seja, a possibilidade de contato humano com microrganismos, geneticamente modificados ou não, culturas de células, parasitas, toxinas e príons. Por intermédio de seu Anexo I, a citada norma preventiva apresenta uma classificação dos aludidos agentes biológicos, a saber:

- Risco 1 — correspondem aos agentes biológicos com baixa probabilidade de causar doença ao ser humano;
- Risco 2 — apresentam risco individual moderado para o trabalhador e baixa probabilidade de disseminação para a coletividade;
- Risco 3 — são aqueles que apresentam elevado risco para o trabalhador e com probabilidade de disseminação para a coletividade;
- Risco 4 — são os agentes biológicos que apresentam risco individual elevado para o trabalhador e com probabilidade elevada de disseminação para a coletividade, apresentam grande poder de transmissibilidade de um indivíduo a outro, podendo causar doenças graves ao ser humano, para as quais não existem meios eficazes de profilaxia ou tratamento.

No que concerne às Disposições Complementares do Programa de Prevenção de Riscos Ambientais (PPRA) dos estabelecimentos de saúde, determina a NR-32, além do previsto na NR-09, que dito programa preventivo deve ser reavaliado uma vez ao ano e sempre que se produza uma mudança nas condições de trabalho, que possa alterar a exposição aos agentes biológicos ou quando a análise dos acidentes e incidentes assim o determinar; além do que, em sua fase de reconhecimento, o PPRA dos estabelecimentos destinados aos cuidados da saúde humana deve conter:

- Identificação dos riscos biológicos mais prováveis, em função da localização geográfica e da característica do serviço de saúde e seus setores, considerando:
  - fontes de exposição e reservatórios;
  - vias de transmissão e de entrada;
  - transmissibilidade, patogenicidade e virulência do agente;
  - persistência do agente biológico no ambiente;
  - estudos epidemiológicos ou dados estatísticos;
  - outras informações científicas.
- Avaliação do local de trabalho e do trabalhador, considerando:
  - a finalidade e descrição do local de trabalho;
  - a organização e procedimentos de trabalho;
  - a possibilidade de exposição;
  - a descrição das atividades e funções de cada local de trabalho;
  - as medidas preventivas aplicáveis e seu acompanhamento.

Nos estabelecimentos onde são desenvolvidas atividades destinadas aos cuidados da saúde humana, além do previsto na NR-7 e nas retrocitadas disposições complementares relativas ao PPRA, determina a NR-32 que o Programa de Controle Médico de Saúde Ocupacional (PCMSO) deve observar as seguintes disposições complementares:

- o reconhecimento e a avaliação dos riscos biológicos;
- a localização das áreas de risco segundo os parâmetros complementares do PPRA;

- a relação contendo a identificação nominal dos trabalhadores, sua função, o local em que desempenham suas atividades e o risco a que estão expostos;
- a vigilância médica dos trabalhadores potencialmente expostos;
- o programa de vacinação;
- sempre que houver transferência permanente ou ocasional de um trabalhador para um outro posto de trabalho, que implique mudança de risco, esta deve ser comunicada de imediato ao Médico coordenador ou responsável pelo PCMSO;
- o PCMSO deve estar à disposição dos trabalhadores, bem como da inspeção do trabalho;
- em toda ocorrência de acidente envolvendo riscos biológicos, com ou sem afastamento do trabalhador, deve ser emitida a Comunicação de Acidente de Trabalho (CAT).

Com relação à possibilidade de exposição acidental a agentes biológicos, devem constar do PCMSO, conforme dispõe a trigésima segunda norma regulamentadora de segurança e saúde no trabalho, os seguintes itens:

- os procedimentos a serem adotados para diagnóstico, acompanhamento e prevenção da soroconversão e das doenças;
- as medidas para descontaminação do local de trabalho;
- o tratamento médico de emergência para os trabalhadores;
- a identificação dos responsáveis pela aplicação das medidas pertinentes;
- a relação dos estabelecimentos de saúde que podem prestar assistência aos trabalhadores;
- as formas de remoção para atendimento dos trabalhadores;
- a relação dos estabelecimentos de assistência à saúde depositários de imunoglobulinas, vacinas, medicamentos necessários, materiais e insumos especiais.

Dispõe a norma regulamentadora que trata da prevenção de acidentes de promoção da saúde ocupacional nos ambientes de trabalho destinados aos cuidados da saúde humana as seguintes medidas preventivas genéricas, contidas na NR-32, a serem adotadas a partir do resultado da avaliação, previstas no PPRA, observando suas recomendações complementares específicas antes reportadas:

- em caso de exposição acidental ou incidental, medidas de proteção devem ser adotadas imediatamente, mesmo que não previstas no PPRA;
- a manipulação em ambiente laboratorial deve seguir as orientações contidas na publicação do Ministério da Saúde — Diretrizes Gerais para o Trabalho em Contenção com Material Biológico, correspondentes aos respectivos micro-organismos;
- todo local onde exista possibilidade de exposição ao agente biológico deve ter lavatório exclusivo para higiene das mãos provido de água corrente, sabonete líquido, toalha descartável e lixeira provida de sistema de abertura sem contato manual;
- os quartos ou enfermarias destinados ao isolamento de pacientes portadores de doenças infectocontagiosas devem conter lavatório em seu interior;
- o uso de luvas não substitui o processo de lavagem das mãos, o que deve ocorrer, no mínimo, antes e depois do uso das mesmas;
- os trabalhadores com feridas ou lesões nos membros superiores só podem iniciar suas atividades após avaliação médica obrigatória com emissão de documento de liberação para o trabalho;
- o empregador deve vedar: a utilização de pias de trabalho para fins diversos dos previstos, o ato de fumar, o uso de adornos e o manuseio de lentes de contato nos postos de trabalho, o consumo de alimentos e bebidas nos postos de trabalho, assim como a guarda de alimentos em locais não destinados para este fim e o uso de calçados abertos.

No que diz respeito a vestimentas e Equipamentos de Proteção Individual (EPIs), estipula a NR-32 as seguintes prescrições normativas:

- todos os trabalhadores com possibilidade de exposição a agentes biológicos devem utilizar vestimenta de trabalho adequada e em condições de conforto, fornecida sem ônus para o empregado;
- os trabalhadores não devem deixar o local de trabalho com os Equipamentos de Proteção Individual e as vestimentas utilizadas em suas atividades laborais, cabendo ao empregador providenciar locais apropriados para vestimentas limpas e para deposição das usadas;
- a higienização das vestimentas utilizadas nos centros cirúrgicos e obstétricos, serviços de tratamento intensivo, unidades de pacientes com doenças infectocontagiosas e quando houver contato direto da vestimenta com material orgânico, deve ser de responsabilidade do empregador;
- os Equipamentos de Proteção Individual (EPIs), descartáveis ou não, deverão estar à disposição em número suficiente nos postos de trabalho, de forma que seja garantido o imediato fornecimento ou reposição;
- o empregador deve: garantir a conservação e a higienização dos materiais e instrumentos de trabalho e providenciar recipientes e meios de transporte adequados para materiais infectantes, fluidos e tecidos orgânicos.

No tocante à capacitação de trabalhadores, prevê a NR-32 que o empregador deve assegurar capacitação aos trabalhadores, antes do início das atividades e de forma continuada, devendo ser ministrada, durante a jornada de trabalho e por profissionais de saúde familiarizados com os riscos inerentes aos agentes biológicos sempre que ocorra uma mudança das condições de exposição dos trabalhadores aos agentes biológicos. Outrossim, o empregador deve comprovar, para a inspeção do trabalho, a realização da capacitação por intermédio de documentos que informem a data, o horário, a carga horária, o conteúdo ministrado, o nome e a formação ou capacitação profissional do instrutor e dos trabalhadores envolvidos; além do que, dita capacitação deve ser adaptada à evolução do conhecimento e à identificação de novos riscos biológicos e deve incluir:

- os dados disponíveis sobre riscos potenciais para a saúde;
- medidas de controle que minimizem a exposição aos agentes;
- normas e procedimentos de higiene;
- utilização de equipamentos de proteção coletiva, individual e vestimentas de trabalho;
- medidas para a prevenção de acidentes e incidentes;
- medidas a serem adotadas pelos trabalhadores no caso de ocorrência de incidentes e acidentes.

Em se tratando de informações relacionadas à segurança e saúde no trabalho em estabelecimentos de saúde, especifica a NR-32 que, em todo local onde exista a possibilidade de exposição a agentes biológicos, devem ser fornecidas aos trabalhadores instruções escritas, em linguagem acessível, das rotinas realizadas no local de trabalho e medidas de prevenção de acidentes e de doenças relacionadas ao trabalho, a serem repassadas aos trabalhadores pelo empregador ou seus prepostos, mediante recibo, devendo este ficar à disposição da inspeção do trabalho. Além disso, deve ser observado que:

- os trabalhadores devem comunicar imediatamente todo acidente ou incidente, com possível exposição a agentes biológicos, ao responsável pelo local de trabalho e, quando houver, ao serviço de segurança e saúde do trabalho e à Comissão Interna de Prevenção de Acidentes (CIPA);
- o empregador deve informar, imediatamente, aos trabalhadores e aos seus representantes qualquer acidente ou incidente grave que possa provocar a disseminação de um agente biológico suscetível de causar doenças graves nos seres humanos, as suas causas e as medidas adotadas ou a serem adotadas para corrigir a situação.

Quanto aos objetos perfurocortantes, apregoa a norma preventiva em análise alguns cuidados adicionais a serem tomados, tanto pelos trabalhadores quanto pelas empresas. Os trabalhadores que utilizem tais objetos devem ser os responsáveis pelo seu descarte, sendo vedados o reencape e a desconexão manual de agulhas, além de ser assegurado o uso de materiais perfurocortantes com dispositivo de segurança. Outrossim, as empresas que produzem ou comercializam esses materiais devem disponibilizar, para os trabalhadores dos serviços de saúde, cursos de capacitação sobre a correta utilização de dispositivos de segurança relacionados aos objetos perfurocortantes, devendo o empregador assegurar que seus trabalhadores dos serviços de saúde participem desses cursos de capacitação. Importante ressaltar que, em face da edição da Portaria MTE n. 1.748, de 30.11.2011, o empregador deve elaborar e implementar um Plano de Prevenção de Riscos de Acidentes com Materiais Perfurocortantes, conforme as diretrizes estabelecidas no Anexo III (Plano de Prevenção de Riscos de Acidentes com Materiais Perfurocortantes) da NR-32. As empresas que produzem ou comercializam materiais perfurocortantes devem disponibilizar, para os trabalhadores dos serviços de saúde, capacitação sobre a correta utilização do dispositivo de segurança, devendo o empregador assegurar, aos trabalhadores dos serviços de saúde, a capacitação retro-mencionada.

Acerca da vacinação de trabalhadores, prescreve a NR-32 que a todo trabalhador dos serviços de saúde deve ser fornecido, gratuitamente, programa de imunização ativa contra tétano, difteria, hepatite B e os estabelecidos no PCMSO, obedecidas as recomendações do Ministério da Saúde e, sempre que houver vacinas eficazes contra outros agentes biológicos a que os trabalhadores estão, ou poderão estar expostos, o empregador deve fornecê-las gratuitamente. Além disso, deve o empregador fazer o controle da eficácia da vacinação sempre que for recomendado pelo Ministério da Saúde e seus órgãos, e providenciar, se necessário, seu reforço, além de assegurar aos trabalhadores informações acerca das vantagens e dos efeitos colaterais, assim como dos riscos a que estarão expostos por falta ou recusa de vacinação e, nestes casos, guardar documento comprobatório e mantê-lo disponível à inspeção do trabalho. Igualmente, a vacinação deve ser registrada no prontuário clínico individual do trabalhador e a este ser fornecido comprovante das vacinas recebidas.

Em relação aos Riscos Químicos nos estabelecimentos de saúde, convém lembrar que deve ser mantida a rotulagem do fabricante na embalagem original dos produtos químicos utilizados em serviços de saúde e que todo recipiente contendo produto químico manipulado ou fracionado deve ser identificado, de forma legível, por etiqueta com o nome do produto, composição química, sua concentração, data de envase e de validade e nome do responsável pela manipulação ou fracionamento, sendo vedado o procedimento de reutilização das embalagens de produtos químicos.

No Programa de Prevenção de Riscos Ambientais (PPRA) dos serviços de saúde deve constar inventário de todos os produtos químicos, inclusive intermediários e resíduos, com indicação daqueles que impliquem riscos à segurança e saúde do trabalhador, além de uma ficha descritiva, que deve ser mantida nos locais onde o produto é utilizado, contendo, no mínimo, as seguintes informações específicas, a serem igualmente consideradas na elaboração e implementação do Programa de Controle Médico de Saúde Ocupacional (PCMSO), a saber:

- as características e as formas de utilização do produto;
- os riscos à segurança e saúde do trabalhador e ao meio ambiente, considerando as formas de utilização;
- as medidas de proteção coletiva, individual e controle médico da saúde dos trabalhadores;
- condições e local de estocagem;
- procedimentos em situações de emergência.

Em se tratando dos deveres patronais específicos relacionados à segurança e saúde no trabalho com produtos químicos em estabelecimentos de saúde, tem-se que cabe ao empregador capacitar, inicialmente e de forma continuada, os trabalhadores envolvidos para a utilização segura de produtos químicos; devendo dita capacitação conter, no mínimo:

- a apresentação das fichas descritivas dos produtos químicos, com explicação das informações nelas contidas;
- os procedimentos de segurança relativos à utilização;

- os procedimentos a serem adotados em caso de incidentes, acidentes e em situações de emergência;
- a manipulação ou fracionamento de produtos químicos que impliquem riscos à segurança e saúde do trabalhador somente poderá ser implementada por trabalhador qualificado e em local apropriado para este fim, excetuadas a preparação e associação de medicamentos para administração imediata aos pacientes.

Os locais destinados à manipulação ou fracionamento de produtos químicos que impliquem riscos à segurança e saúde do trabalhador devem dispor, no mínimo, dos seguintes requisitos:

- sinalização gráfica de fácil visualização para identificação do ambiente, respeitando o disposto na NR-26 (Sinalização de Segurança);
- equipamentos que garantam a concentração dos produtos químicos no ar abaixo dos limites de tolerância estabelecidos na NR-9 (PPRA) e na NR-15 (Atividades e Operações Insalubres) e observando-se os níveis de ação previstos na citada NR-9;
- equipamentos que garantam a exaustão dos produtos químicos de forma a não potencializar a exposição de qualquer trabalhador, envolvido ou não, no processo de trabalho, não devendo ser utilizado o equipamento tipo coifa;
- chuveiro e lava-olhos, os quais deverão ser acionados e higienizados semanalmente;
- equipamentos de proteção individual, adequados aos riscos, à disposição dos trabalhadores;
- sistema adequado de descarte.

No que diz respeito ao transporte e armazenamento de produtos químicos em estabelecimentos de saúde, determina a norma preventiva em comento as seguintes precauções a serem adotadas:

- o transporte de produtos químicos deve ser realizado considerando os riscos à segurança e saúde do trabalhador e ao meio ambiente;
- todos os estabelecimentos que realizam, ou que pretendem realizar, esterilização, reesterilização ou reprocessamento por gás óxido de etileno, deverão atender ao disposto na Portaria Interministerial MS-MTE n. 482, de 16.4.1999;
- nos locais onde se utilizam e armazenam produtos inflamáveis, o sistema de prevenção de incêndio deve prever medidas especiais de segurança e procedimentos de emergência;
- as áreas de armazenamento de produtos químicos devem ser ventiladas e sinalizadas;
- devem ser previstas áreas de armazenamento próprias para produtos químicos incompatíveis.

Segundo previsão da NR-32, na movimentação, transporte, armazenamento, manuseio e utilização dos gases medicinais nos estabelecimentos de saúde, bem como na manutenção dos equipamentos, devem ser observadas as recomendações do fabricante, em português, compatíveis com as disposições da legislação vigente e mantidas no local de trabalho à disposição dos trabalhadores e da inspeção do trabalho; sendo vedado:

- a utilização de equipamentos em que se constate vazamento de gás;
- submeter equipamentos a pressões superiores àquelas para as quais foram projetados;
- a utilização de cilindros que não tenham a identificação do gás e a válvula de segurança;
- a movimentação dos cilindros sem a utilização dos Equipamentos de Proteção Individual adequados;
- a submissão dos cilindros a temperaturas extremas;
- a utilização do oxigênio e do ar comprimido para fins diversos aos que se destinam;
- o contato de óleos, graxas, hidrocarbonetos ou materiais orgânicos similares com gases oxidantes;

- a utilização de cilindros de oxigênio sem a válvula de retenção ou o dispositivo apropriado para impedir o fluxo reverso;
- a transferência de gases de um cilindro para outro, independentemente da capacidade dos cilindros;
- o transporte de cilindros soltos, em posição horizontal e sem capacetes.

Quanto aos cuidados preventivos especiais cabe destacar que os cilindros contendo gases inflamáveis, tais como hidrogênio e acetileno, devem ser armazenados a uma distância mínima de oito metros daqueles contendo gases oxidantes, tais como oxigênio e óxido nitroso, ou através de barreiras vedadas e resistentes ao fogo e, para o sistema centralizado de gases medicinais, devem ser fixadas placas, em local visível, com caracteres indeléveis e legíveis, com as seguintes informações:

- nominação das pessoas autorizadas a terem acesso ao local e treinadas na operação e manutenção do sistema;
- procedimentos a serem adotados em caso de emergência;
- número de telefone para uso em caso de emergência;
- sinalização alusiva a perigo.

Outrossim, ressalte-se que se consideram medicamentos e drogas de risco aquelas que possam causar genotoxicidade, carcinogenicidade, teratogenicidade e toxicidade séria e seletiva sobre órgãos e sistemas. No PPRA deve constar a descrição dos riscos inerentes às atividades de recebimento, armazenamento, preparo, distribuição, administração dos medicamentos e das drogas de risco.

Em relação às determinações normativas específicas a serem observadas em relação aos gases e vapores anestésicos, tem-se que todos os equipamentos utilizados para a administração dos mesmos devem ser submetidos à manutenção corretiva e preventiva, dando-se especial atenção aos pontos de vazamentos para o ambiente de trabalho, buscando sua eliminação; ditas manutenções consistem, no mínimo, na verificação dos cilindros de gases, conectores, conexões, mangueiras, balões, traqueias, válvulas, aparelhos de anestesia e máscaras faciais para ventilação pulmonar. O programa e os relatórios de manutenção devem constar de documento próprio que deve ficar à disposição dos trabalhadores diretamente envolvidos e da fiscalização do trabalho. Outrossim, os locais onde são utilizados gases ou vapores anestésicos devem ter sistemas de ventilação e exaustão, com o objetivo de manter a concentração ambiental sob controle, conforme previsto na legislação vigente. Especial atenção será dada à trabalhadora gestante, que só será liberada para o trabalho em áreas com possibilidade de exposição a gases ou vapores anestésicos, mediante prévia e escrita autorização do médico responsável pelo PCMSO, que levará em conta as informações contidas no PPRA.

Os quimioterápicos antineoplásicos, assim entendidos os medicamentos utilizados no tratamento e controle do câncer, somente devem ser preparados em área exclusiva e com acesso restrito aos profissionais diretamente envolvidos. Devem ser elaborados manuais de procedimentos relativos à limpeza, descontaminação e desinfecção de todas as áreas, incluindo superfícies, instalações, equipamentos, mobiliário, vestimentas, EPI e materiais, devendo ditos manuais ser disponibilizados a todos os trabalhadores e à fiscalização do trabalho. A propósito, a citada área exclusiva de preparação de quimioterápicos antineoplásicos deve dispor no mínimo de:

- vestiário de barreira com dupla câmara, e que disponha de: pia e material para lavar e secar as mãos; lava-olhos, o qual pode ser substituído por uma ducha tipo higiênica; chuveiro de emergência; equipamentos de proteção individual e vestimentas para uso e reposição; armários para guarda de pertences; e recipientes para descarte de vestimentas usadas;
- sala de preparo dos quimioterápicos, dotada de Cabine de Segurança Biológica Classe II B2 e na sua instalação devem ser previstos, no mínimo: suprimento de ar necessário ao seu funcionamento; local e posicionamento, de forma a evitar a formação de turbulência aérea;
- local destinado para as atividades administrativas;
- local de armazenamento exclusivo para estocagem.

No tocante aos ambientes de trabalho onde sejam desenvolvidas atividades com quimioterápicos antineoplásicos, tem o empregador as seguintes obrigações patronais:

- proibir fumar, comer ou beber, bem como portar adornos ou maquiar-se;
- afastar das atividades as trabalhadoras gestantes e nutrizes;
- proibir que os trabalhadores expostos realizem atividades com possibilidade de exposição aos agentes ionizantes;
- fornecer aos trabalhadores avental confeccionado de material impermeável, com frente resistente e fechado nas costas, manga comprida e punho justo, quando do seu preparo e administração;
- fornecer aos trabalhadores dispositivos de segurança que minimizem a geração de aerossóis e a ocorrência de acidentes durante a manipulação e administração;
- fornecer aos trabalhadores dispositivos de segurança para a prevenção de acidentes durante o transporte;
- não permitir o início ou a continuidade das atividades na falta de Equipamentos de Proteção Individual ou quando ocorrer qualquer interrupção do funcionamento da cabine de segurança biológica.

Define a NR-32, com relação aos quimioterápicos, que se entende por acidente ambiental a contaminação do ambiente devido à saída do medicamento do envase no qual esteja acondicionado, seja por derramamento ou por aerodispersoides sólidos ou líquidos e, por acidente pessoal, a contaminação gerada por contato ou inalação dos medicamentos da terapia quimioterápica antineoplásica em qualquer das etapas do processo. Outrossim, as normas e os procedimentos a serem adotados em caso de ocorrência de acidentes ambientais ou pessoais envolvendo quimioterápicos antineoplásicos devem constar em manual disponível e de fácil acesso aos trabalhadores e à fiscalização do trabalho e, nas áreas de preparação, armazenamento e administração e para o transporte deve ser mantido um "Kit" de derramamento identificado e disponível, que deve conter, no mínimo: luvas de procedimento, avental impermeável, compressas absorventes, proteção respiratória, proteção ocular, sabão, recipiente identificado para recolhimento de resíduos e descrição do procedimento.

Os trabalhadores que lidam em suas atividades com quimioterápicos antineoplásicos devem receber capacitação inicial e continuada, ser ministrada por profissionais de saúde familiarizados com os riscos inerentes aos quimioterápicos antineoplásicos, que contenha, no mínimo:

- as principais vias de exposição ocupacional;
- os efeitos terapêuticos e adversos destes medicamentos e o possível risco à saúde, a longo e curto prazo;
- as normas e os procedimentos padronizados relativos ao manuseio, preparo, transporte, administração, distribuição e descarte dos quimioterápicos antineoplásicos;
- as normas e os procedimentos a serem adotadas no caso de ocorrência de acidentes.

No tocante às determinações normativas atinentes às radiações ionizantes nos estabelecimentos destinados aos cuidados da saúde humana, tem-se que o atendimento das exigências da NR-32, com relação às radiações ionizantes, não desobriga o empregador de observar as disposições estabelecidas pelas normas específicas da Comissão Nacional de Energia Nuclear (CNEN) e da Agência Nacional de Vigilância Sanitária (ANVISA) do Ministério da Saúde. Igualmente, é obrigatório manter no local de trabalho e à disposição da inspeção do trabalho o Plano de Proteção Radiológica (PPR), aprovado pela CNEN, e para os serviços de radiodiagnóstico aprovado pela Vigilância Sanitária, o qual deverá:

- estar dentro do prazo de vigência;
- identificar o profissional responsável e seu substituto eventual como membros efetivos da equipe de trabalho do serviço;
- fazer parte do PPRA do estabelecimento;

- ser considerado na elaboração e implementação do PCMSO;
- ser apresentado na CIPA, quando existente na empresa, sendo sua cópia anexada às atas desta comissão.

Em relação ao trabalhador que realize atividades em áreas onde existam fontes de radiações ionizantes, os seguintes cuidados específicos devem ser tomados:

- permanecer nestas áreas o menor tempo possível para a realização do procedimento;
- ter conhecimento dos riscos radiológicos associados ao seu trabalho;
- estar capacitado inicialmente e de forma continuada em proteção radiológica;
- usar os EPIs adequados para a minimização dos riscos;
- estar sob monitoração individual de dose de radiação ionizante, nos casos em que a exposição seja ocupacional;
- a trabalhadora com gravidez confirmada deve ser afastada das atividades com radiações ionizantes, devendo ser remanejada para atividade compatível com seu nível de formação.

Quanto aos cuidados especiais das instalações radioativas em estabelecimentos de saúde, assim preconiza a NR-32:

- toda instalação radioativa deve dispor de monitoração individual e de áreas;
- os dosímetros individuais devem ser obtidos, calibrados e avaliados exclusivamente em laboratórios de monitoração individual acreditados pela CNEN;
- a monitoração individual externa, de corpo inteiro ou de extremidades, deve ser feita por meio de dosimetria com periodicidade mensal e levando-se em conta a natureza e a intensidade das exposições normais e potenciais previstas.
- na ocorrência ou suspeita de exposição acidental, os dosímetros devem ser encaminhados para leitura no prazo máximo de 24 horas;
- após ocorrência ou suspeita de exposição acidental a fontes seladas, devem ser adotados procedimentos adicionais de monitoração individual, avaliação clínica e a realização de exames complementares, incluindo a dosimetria citogenética, a critério médico;
- após ocorrência ou suspeita de acidentes com fontes não seladas, sujeitas à exposição externa ou com contaminação interna, devem ser adotados procedimentos adicionais de monitoração individual, avaliação clínica e a realização de exames complementares, incluindo a dosimetria citogenética, a análise *in vivo* e *in vitro*, a critério médico;
- deve ser elaborado e implementado um programa de monitoração periódica de áreas, constante do Plano de Proteção Radiológica, para todas as áreas da instalação radioativa.

Quanto às obrigações patronais relacionadas aos riscos radiológicos, tem-se que cabe ao empregador:

- implementar medidas de proteção coletiva relacionadas aos riscos radiológicos;
- manter profissional habilitado, responsável pela proteção radiológica em cada área específica, com vinculação formal com o estabelecimento;
- promover capacitação em proteção radiológica, inicialmente e de forma continuada, para os trabalhadores ocupacionalmente e paraocupacionalmente expostos às radiações ionizantes;
- manter no registro individual do trabalhador as capacitações ministradas;
- fornecer ao trabalhador, por escrito e mediante recibo, instruções relativas aos riscos radiológicos e procedimentos de proteção radiológica adotados na instalação radioativa;
- dar ciência dos resultados das doses referentes às exposições de rotina, acidentais e de emergências, por escrito e mediante recibo, a cada trabalhador e ao médico coordenador do PCMSO ou Médico encarregado dos exames médicos previstos na NR-7.

Segundo a NR-32, para cada trabalhador de instalação radioativa, deve constar em seu registro individual, além do prontuário clínico individual previsto pela NR-7 (PCMSO), referido registro atualizado, mantido no local de trabalho e à disposição da inspeção do trabalho, a ser conservado por 30 (trinta) anos após o término de sua ocupação, contendo as seguintes informações:

- identificação (Nome, DN, Registro, CPF), endereço e nível de instrução;
- datas de admissão e de saída do emprego;
- nome e endereço do responsável pela proteção radiológica de cada período trabalhado;
- funções associadas às fontes de radiação com as respectivas áreas de trabalho, os riscos radiológicos a que está ou esteve exposto, data de início e término da atividade com radiação, horários e períodos de ocupação;
- tipos de dosímetros individuais utilizados;
- registro de doses mensais e anuais (doze meses consecutivos) recebidas e relatórios de investigação de doses;
- capacitações realizadas;
- estimativas de incorporações;
- relatórios sobre exposições de emergência e de acidente;
- exposições ocupacionais anteriores à fonte de radiação.

No tocante ao Serviço de Proteção Radiológica, tem-se que toda instalação radioativa deve possuir um serviço de proteção radiológica que atenda ao seguinte requisitos:

- o serviço de proteção radiológica deve estar localizado no mesmo ambiente da instalação radiativa e serem garantidas as condições de trabalho compatíveis com as atividades desenvolvidas, observando as normas da CNEN e da ANVISA, devendo possuir, de acordo com o especificado no Programa de Proteção Radiológica, equipamentos para monitoração individual dos trabalhadores e de área, proteção individual e medições ambientais de radiações ionizantes específicas para práticas de trabalho;
- o serviço de proteção radiológica deve estar diretamente subordinado ao titular da instalação radioativa;
- quando o estabelecimento possuir mais de um serviço, deve ser indicado um responsável técnico para promover a integração das atividades de proteção radiológica destes serviços;
- o Médico coordenador do PCMSO ou o encarregado pelos exames médicos, previstos na NR-7 (PCMSO), deve estar familiarizado com os efeitos e a terapêutica associados à exposição decorrente das atividades de rotina ou de acidentes com radiações ionizantes;
- as áreas da instalação radioativa devem ser classificadas e devem ter controle de acesso definido pelo responsável pela proteção radiológica.

No que se refere aos serviços de medicina nuclear nos estabelecimentos de saúde, determina a NR em comento que as áreas supervisionadas e controladas de Serviço de Medicina Nuclear devem ter pisos e paredes impermeáveis que permitam sua descontaminação e possuir sistemas exclusivos de exaustão nos locais para manipulação de fontes não seladas voláteis e para os serviços que realizem estudos de ventilação pulmonar. Outrossim, a sala de manipulação e armazenamento de fontes radioativas em uso deve:

- ser revestida com material impermeável que possibilite sua descontaminação, devendo os pisos e paredes ser providos de cantos arredondados;
- possuir bancadas constituídas de material liso, de fácil descontaminação, recobertas com plástico e papel absorvente;
- dispor de pia com cuba de, no mínimo, 40 cm de profundidade, e acionamento para abertura das torneiras sem controle manual;

- nos locais onde são manipulados e armazenados materiais radioativos ou rejeitos, não é permitido aplicar cosméticos, alimentar-se, beber, fumar e repousar, tampouco guardar alimentos, bebidas e bens pessoais;
- o local destinado ao decaimento de rejeitos radioativos deve ser localizado em área de acesso controlado, devidamente sinalizado, possuir blindagem adequada e ser constituído de compartimentos que possibilitem a segregação dos rejeitos por grupo de radionuclídeos com meia-vida física próxima e por estado físico;
- o quarto destinado à internação de paciente, para administração de radiofármacos deve possuir blindagem, paredes e pisos com cantos arredondados, revestidos de materiais impermeáveis, que permitam sua descontaminação, sanitário privativo, biombo blindado junto ao leito, sinalização externa da presença de radiação ionizante e acesso controlado.

Os Serviços de Radioterapia, correspondentes às instalações específicas para aplicação médica da radiação ionizante para fins terapêuticos com utilização de fontes seladas ou feixes de radiação, devem adotar, no mínimo, os seguintes dispositivos de segurança:

- salas de tratamento possuindo portas com sistema de intertravamento, que previnam o acesso indevido de pessoas durante a operação do equipamento;
- indicadores luminosos de equipamento em operação, localizados na sala de tratamento e em seu acesso externo, em posição visível.

Acerca da braquiterapia, assim considerada radioterapia mediante uma ou mais fontes seladas emissoras de raio gama ou beta utilizadas para aplicações superficiais, intracavitárias ou intersticiais, prescreve a NR-32 o seguinte:

- na sala de preparo e armazenamento de fontes é vedada a prática de qualquer atividade não relacionada com a preparação das fontes seladas;
- os recipientes utilizados para o transporte de fontes devem estar identificados com o símbolo de presença de radiação e a atividade do radionuclídeo a ser deslocado;
- no deslocamento de fontes para utilização em braquiterapia deve ser observado o princípio da otimização, de modo a expor o menor número possível de pessoas;
- na capacitação dos trabalhadores para manipulação de fontes seladas utilizadas em braquiterapia, devem ser empregados simuladores de fontes;
- o preparo manual de fontes utilizadas em braquiterapia de baixa taxa de dose deve ser realizado em sala específica com acesso controlado, somente sendo permitida a presença de pessoas diretamente envolvidas com esta atividade;
- o manuseio de fontes de baixa taxa de dose deve ser realizado exclusivamente com a utilização de instrumentos e com a proteção de anteparo plumbífero;
- após cada aplicação, as vestimentas de pacientes e as roupas de cama devem ser monitoradas para verificação da presença de fontes seladas.

Impõe a NR-32, acerca dos serviços de radiodiagnóstico médico em estabelecimentos de saúde ser obrigatório manter no local de trabalho e à disposição da inspeção do trabalho o Alvará de Funcionamento vigente concedido pela autoridade sanitária local e o Programa de Garantia da Qualidade. A cabine de comando deve ser posicionada de forma a permitir ao operador, na posição de disparo, eficaz comunicação e observação visual do paciente, bem como a visualização da entrada de qualquer pessoa durante o procedimento radiológico. Outrossim, a Sala de Raios "X" deve dispor de:

- sinalização visível na face exterior das portas de acesso, contendo o símbolo internacional de radiação ionizante, acompanhado das inscrições: "raios X, entrada restrita" ou "raios X, entrada proibida a pessoas não autorizadas";
- sinalização luminosa vermelha acima da face externa da porta de acesso, acompanhada do seguinte aviso de advertência: "Quando a luz vermelha estiver acesa, a entrada é proibida". A sinalização luminosa deve ser acionada durante os procedimentos radiológicos;

- as portas de acesso das salas com equipamentos de raios X fixos devem ser mantidas fechadas durante as exposições;
- não é permitida a instalação de mais de um equipamento de raios X por sala;
- a câmara escura deve dispor de sistema de exaustão de ar localizado e pia com torneira;
- todo equipamento de radiodiagnóstico médico deve possuir diafragma e colimador em condições de funcionamento para tomada radiográfica;
- os equipamentos móveis devem ter um cabo disparador com um comprimento mínimo de 2 metros;
- deverão permanecer no local do procedimento radiológico somente o paciente e a equipe necessária;
- os equipamentos de fluoroscopia devem possuir sistema de intensificação de imagem com monitor de vídeo acoplado, cortina ou saiote plumbífero inferior e lateral para proteção do operador contra radiação espalhada, sistema para garantir que o feixe de radiação seja completamente restrito à área do receptor de imagem e de alarme indicador de um determinado nível de dose ou exposição;
- caso o equipamento de fluoroscopia não possua o sistema de alarme citado, o mesmo deve ser instalado no ambiente.

No tocante à capacitação de trabalhadores acerca dos Resíduos, determina a NR-32 que cabe ao empregador capacitar, inicialmente e de forma continuada, os trabalhadores nos seguintes assuntos:

- segregação, acondicionamento e transporte dos resíduos;
- definições, classificação e potencial de risco dos resíduos;
- sistema de gerenciamento adotado internamente no estabelecimento;
- formas de reduzir a geração de resíduos;
- conhecimento das responsabilidades e de tarefas;
- reconhecimento dos símbolos de identificação das classes de resíduos;
- conhecimento sobre a utilização dos veículos de coleta;
- orientações quanto ao uso de Equipamentos de Proteção Individual (EPIs).

Os sacos plásticos utilizados no acondicionamento dos resíduos de saúde devem atender ao disposto na NBR 9191, preenchidos até 2/3 de sua capacidade e fechados de tal forma que não se permita o seu derramamento, mesmo que virados com a abertura para baixo, além de retirados imediatamente do local de geração após o preenchimento e fechamento e mantidos íntegros até o tratamento ou a disposição final do resíduo. Da mesma forma, a segregação dos resíduos deve ser realizada no local onde são gerados, devendo ser observado que:

- sejam utilizados recipientes que atendam às normas da ABNT, em número suficiente para o armazenamento;
- os recipientes estejam localizados próximos da fonte geradora;
- os recipientes sejam constituídos de material lavável, resistente à punctura, ruptura e vazamento, com tampa provida de sistema de abertura sem contato manual, com cantos arredondados e que sejam resistentes ao tombamento;
- os recipientes sejam identificados e sinalizados segundo as normas da ABNT.

Dentre as várias Disposições Gerais constantes da trigésima segunda norma regulamentadora, destacam-se as seguintes:

- os serviços de saúde devem atender: às condições de conforto relativas aos níveis de ruído previstas na NB 95 da ABNT; às condições de iluminação conforme NB 57 da ABNT; às condições de conforto térmico previstas na RDC 50/02 da ANVISA; além de serem mantidos os ambientes de trabalho em condições de limpeza e conservação;

- no processo de elaboração e implementação do PPRA e do PCMSO devem ser consideradas as atividades desenvolvidas pela Comissão de Controle de Infecção Hospitalar (CCIH) do estabelecimento ou comissão equivalente;
- é vedada a utilização de material médico-hospitalar em desacordo com as recomendações de uso e especificações técnicas descritas em seu manual ou em sua embalagem;
- em todo serviço de saúde deve existir um programa de controle de animais sinantrópicos, assim entendidas as espécies que indesejavelmente coabitam com o homem e que podem transmitir doenças ou causar agravos à saúde humana, tais como roedores, baratas, moscas, pernilongos, pombos, formigas, pulgas e outros; controle esse a ser comprovado sempre que exigido pela inspeção do trabalho;
- as cozinhas devem ser dotadas de sistemas de exaustão e outros equipamentos que reduzam a dispersão de gorduras e vapores, conforme estabelecido na NBR-14518;
- o transporte de materiais que possa comprometer a segurança e a saúde do trabalhador deve ser efetuado com auxílio de meios mecânicos ou eletromecânicos;
- o ambiente onde são realizados procedimentos que provoquem odores fétidos deve ser provido de sistema de exaustão ou outro dispositivo que os minimizem;
- as edificações dos serviços de saúde devem atender ao disposto na RDC 50 de 21 de fevereiro de 2002 da ANVISA.

Prescreve a trigésima segunda norma regulamentadora de segurança e saúde no trabalho, sob o título de Disposições Finais, as seguintes disposições:

- a observância das disposições regulamentares constantes da NR-32 não desobriga as empresas do cumprimento de outras disposições que, com relação à matéria, sejam incluídas em códigos ou regulamentos sanitários dos Estados, Municípios e do Distrito Federal, e outras oriundas de convenções e acordos coletivos de trabalho, ou constantes nas demais NR e legislação federal pertinente à matéria;
- todos os atos normativos mencionados nesta NR, quando substituídos ou atualizados por novos atos, terão a referência automaticamente atualizada em relação ao ato de origem;
- ficam criadas a Comissão Tripartite Permanente Nacional da NR-32, denominada CTPN da NR-32, e as Comissões Tripartites Permanentes Regionais da NR-32, no âmbito das Unidades da Federação, denominadas CTPR da NR-32;
- as dúvidas e dificuldades encontradas durante a implantação e o desenvolvimento continuado desta NR deverão ser encaminhadas à CTPN;
- a responsabilidade é solidária entre contratantes e contratados quanto ao cumprimento da NR-32.

Segundo o Glossário da NR-32, análise *in vitro* é um método indireto utilizado para determinação da atividade do radionuclídeo no corpo por meio da análise de material biológico, principalmente amostras de urina e fezes; enquanto análise *in vivo* corresponde a um método direto de medida da radiação emitida, utilizado para avaliação do conteúdo corporal ou das atividades de alguns radionuclídeos em órgãos específicos do corpo. Nesta análise, geralmente são utilizados os chamados contadores de corpo inteiro, em que os raios gama ou X emitidos pelos elementos radioativos incorporados são detectados em pontos estratégicos do corpo do indivíduo monitorado.

De acordo com o glossário da NR-32, a Cabine de Segurança Biológica Classe II B1 tem por finalidade oferecer proteção aos trabalhadores e ao meio ambiente dos produtos químicos, radionuclídeos e dos agentes biológicos que se enquadram no critério de Biossegurança Nível 3, de modo que protegem também o produto ou ensaio executado no interior da cabine dos contaminantes existentes no local onde ela está instalada e da contaminação cruzada no interior da própria cabine; ao passo que a Cabine de

Segurança Biológica Classe II tipo B2 (segundo os conceitos da NSF 49) corresponde a uma cabine dotada de filtro absoluto (HEPA) com eficiência da filtragem e exaustão do ar de 99,99% a 100%, velocidade média do ar (m/s) 0,45 ± 10%, velocidade de entrada de ar pela janela frontal de 0,5-0,55 m/s. Todo ar que entra na cabine e o que é exaurido para o exterior passam previamente pelo filtro HEPA. Não há recirculação de fluxo de ar, a exaustão é total. A cabine tem pressão negativa em relação ao local onde está instalada, pela diferença entre o insuflamento do ar no interior da cabine e sua exaustão (vazão 1500 m^3/h e pressão de sucção de @35 m.m. c.a.).

Decaimento de rejeitos radioativos corresponde a uma transformação espontânea pela qual a atividade de um material radioativo reduz com o tempo. Deste processo resulta a diminuição do número de átomos radioativos originais de uma amostra. O tempo para que a atividade se reduza à metade é chamado meia-vida radioativa.

Dosimetria citogenética pode ser entendida como uma avaliação da dose de radiação absorvida através da contagem da frequência de aberrações cromossômicas em cultura de linfócitos do indivíduo irradiado. É principalmente utilizada para confirmar doses elevadas registradas em dosímetros individuais.

Em termos de Radiações Ionizantes, exposição acidental corresponde a uma exposição involuntária e imprevisível decorrente de situação de acidentes; ao passo que exposição de emergência é a exposição deliberada por autoridade competente ocorrida durante o atendimento a situações de emergência, exclusivamente no interesse de: a) salvar vidas; b) prevenir a escalada de acidentes que possam acarretar mortes; c) salvar uma instalação de vital importância para o país.

Entende-se por fontes seladas os materiais radioativos hermeticamente encapsulados de modo a evitar vazamentos e contato com o referido material, sob condições de aplicação específicas; enquanto fontes não seladas são aquelas em que o material radioativo está sob forma sólida (pó), líquida ou, mais raramente, gasosa, em recipientes que permitem o fracionamento do conteúdo em condições normais de uso.

Doravante, serão apresentados os FUNDAMENTOS JURÍDICOS (dispositivos legais, infralegais ou regulamentares), que propiciam o suporte de validade jurídica à temática em apreço, observando-se as ordens hierárquica e cronológica. Ao final, encontra-se igualmente transcrita, de forma integral e atualizada, a correspondente norma regulamentadora de segurança e saúde no trabalho que intitula este Capítulo.

FUNDAMENTOS JURÍDICOS DO CAPÍTULO 32

NR-32: SEGURANÇA E SAÚDE NO TRABALHO EM ESTABELECIMENTOS DE SAÚDE *(redação original dada pela Portaria MTE n. 485, de 11.11.2005, atualizada até a edição da Portaria MTE n. 1.748, de 30.8.2011). Artigo 7º, incisos XXII, XXIII, XXVIII e XXXIII da CF-1988. Artigos 155, inciso I, 157, inciso I, e 200, inciso VI, da CLT.*

CONSTITUIÇÃO DA REPÚBLICA FEDERATIVA DO BRASIL

(Atualizada até a edição da Emenda Constitucional n. 85, de 26.2.2015)

Título II: Dos Direitos e Garantias Fundamentais (Arts. 5º a 17)

Capítulo II: Dos Direitos Sociais (Artigos 6º a 11)

Art. 7º São direitos dos trabalhadores urbanos e rurais[(1)], além de outros que visem à melhoria de sua condição social:

XXII — redução dos riscos inerentes ao trabalho, por meio de normas de saúde, higiene e segurança;

XXIII — adicional de remuneração para as atividades penosas, insalubres ou perigosas, na forma da lei;

XXVIII — seguro contra acidentes de trabalho, a cargo do empregador, sem excluir a indenização a que este está obrigado, quando incorrer em dolo ou culpa;

XXXIII — proibição de trabalho noturno, perigoso ou insalubre a menores de dezoito e de qualquer trabalho a menores de dezesseis anos, salvo na condição de aprendiz, a partir de quatorze anos.

(1) Especificamente em relação aos Servidores Públicos Federais (submetidos ao Regime Jurídico Único da Lei n. 8.112/1990) dispõe o § 3º do art. 39 da CF-1988 que: *"Aplica-se aos servidores ocupantes de cargo público o disposto no art. 7º, IV, VII, VIII, IX, XII, XIII, XV, XVI, XVII, XVIII, XIX, XX, XXII e XXX, podendo a lei estabelecer requisitos diferenciados de admissão quando a natureza do cargo o exigir"*.

NORMAS JURÍDICAS INFRACONSTITUCIONAIS

CONSOLIDAÇÃO DAS LEIS DO TRABALHO

(Decreto-lei n. 5.452, de 1º.5.1943, com a redação dos artigos 154 a 201 CLT dada pela Lei n. 6.514 de 22.12.1977, atualizada até a edição da Lei n. 13.103, de 2.3.2015)

Título II: Das Normas Gerais de Tutela do Trabalho (Arts. 13 a 223 da CLT)

Capítulo V: Da Segurança e da Medicina do Trabalho (Arts. 154 a 201 da CLT)[2]

Seção I: Disposições Gerais (Arts. 154 a 159)

Art. 155. Incumbe ao órgão de âmbito nacional competente em matéria de segurança e medicina do trabalho:

I — estabelecer, nos limites de sua competência, normas sobre a aplicação dos preceitos deste Capítulo (Título II: Das Normas Gerais de Tutela do Trabalho em seu Capítulo V: Da Segurança e da Medicina do Trabalho, que corresponde aos 154 a 201, da CLT), especialmente os referidos no art. 200;

Art. 157. Cabe às empresas:

I — cumprir e fazer cumprir as normas de segurança e medicina do trabalho;

Seção XV: Das Outras Medidas Especiais de Proteção (Art. 200 da CLT)

Art. 200. Cabe ao Ministério do Trabalho e Emprego estabelecer disposições complementares às normas de que trata este Capítulo, tendo em vista as peculiaridades de cada atividade ou setor de trabalho, especialmente sobre:

VI — proteção do trabalhador exposto a substâncias químicas nocivas, radiações ionizantes e não ionizantes, ruídos, vibrações e trepidações ou pressões anormais ao ambiente de trabalho, com especificação das medidas cabíveis para eliminação ou atenuação desses efeitos, limites máximos quanto ao tempo de exposição, à intensidade da ação ou de seus efeitos sobre o organismo do trabalhador, exames médicos obrigatórios, limites de idade, controle permanente dos locais de trabalho e das demais exigências que se façam necessárias;

NORMAS JURÍDICAS INFRALEGAIS OU REGULAMENTARES

NR-32 (SEGURANÇA E SAÚDE NO TRABALHO EM ESTABELECIMENTOS DE SAÚDE)[3]

32.1. Do objetivo e campo de aplicação

32.1.1. Esta Norma Regulamentadora — NR tem por finalidade estabelecer as diretrizes básicas para a implementação de medidas de proteção à segurança e à saúde dos trabalhadores dos serviços de saúde, bem como daqueles que exercem atividades de promoção e assistência à saúde em geral.

32.1.2. Para fins de aplicação desta NR entende-se por serviços de saúde qualquer edificação destinada à prestação de assistência à saúde da população, e todas as ações de promoção, recuperação, assistência, pesquisa e ensino em saúde em qualquer nível de complexidade.

Toda atividade que esteja identificada entre as listadas no Quadro I anexo deve ser entendida como abrangida pela NR-32.

As atividades de pesquisa e ensino em saúde humana compreendem aquelas que envolvem a participação de seres humanos, animais ou o uso de suas amostras biológicas, sob protocolo de experimentação definido e aprovado previamente, em qualquer nível de complexidade.

A definição de serviço de saúde incorpora o conceito de edificação. Assim, todos os trabalhadores que exerçam atividades nessas edificações, relacionadas ou não com a promoção e assistência à saúde, são abrangidos pela norma. Por exemplo, atividade de limpeza, lavanderia, reforma e manutenção.

32.2. Dos Riscos Biológicos

32.2.1. Para fins de aplicação desta NR, considera-se Risco Biológico a probabilidade da exposição ocupacional a agentes biológicos.

A exposição ocupacional a agentes biológicos decorre da presença desses agentes no ambiente de trabalho, podendo-se distinguir duas categorias de exposição:

1. Exposição derivada da atividade laboral que implique a utilização ou manipulação do agente biológico, que constitui o objeto principal do trabalho. É conhecida também como exposição com intenção deliberada.

Nesses casos, na maioria das vezes, a presença do agente já está estabelecida e determinada. O reconhecimento dos riscos será relativamente simples, pois as características do agente são conhecidas e os procedimentos de manipulação estão bem determinados, assim como os riscos de exposição.

Na área de saúde, alguns exemplos poderiam ser: atividades de pesquisa ou desenvolvimento que envolvam a manipulação direta de agentes biológicos, atividades realizadas em laboratórios de diagnóstico microbiológico, atividades relacionadas à biotecnologia (desenvolvimento de antibióticos, enzimas e vacinas, entre outros).

---

(2) A Lei n. 6.514, de 22.12.1977, propiciou a redação dos arts. 154 a 201 da CLT, observadas as atualizações legais até a edição da Lei n. 13.103, de 2.3.2015.

(3) O Texto da NR-32 (Segurança e Saúde no Trabalho em Estabelecimentos de Saúde), ora reproduzido, encontra-se atualizado até a edição da Portaria SIT-MTE n. 1.748, de 30.8.2011.

2. Exposição que decorre da atividade laboral sem que essa implique na manipulação direta deliberada do agente biológico como objeto principal do trabalho. Nesses casos a exposição é considerada não deliberada.

Alguns exemplos de atividades: atendimento em saúde, laboratórios clínicos (com exceção do setor de microbiologia), consultórios médicos e odontológicos, limpeza e lavanderia em serviços de saúde.

A diferenciação desses dois tipos de exposição é importante porque condiciona o método de análise dos riscos e consequentemente as medidas de proteção a serem adotadas.

32.2.1.1. Consideram-se agentes biológicos os microrganismos, geneticamente modificados ou não; as culturas de células; os parasitas; as toxinas e os príons.

Esses agentes são capazes de provocar dano à saúde humana, podendo causar infecções, efeitos tóxicos, efeitos alergênicos, doenças autoimunes e a formação de neoplasias e malformações.

Podem ser assim subdivididos:

a. Microrganismos, formas de vida de dimensões microscópicas, visíveis individualmente apenas ao microscópio — entre aqueles que causam dano à saúde humana, incluem-se bactérias, fungos, alguns parasitas (protozoários) e vírus;

b. Microrganismos geneticamente modificados, que tiveram seu material genético alterado por meio de técnicas de biologia molecular;

c. Culturas de células de organismos multicelulares, o crescimento *in vitro* de células derivadas de tecidos ou órgãos de organismos multicelulares em meio nutriente e em condições de esterilidade — podem causar danos à saúde humana quando contiverem agentes biológicos patogênicos;

d. Parasitas, organismos que sobrevivem e se desenvolvem às expensas de um hospedeiro, unicelulares ou multicelulares — as parasitoses são causadas por protozoários, helmintos (vermes) e artrópodes (piolhos e pulgas);

e. Toxinas, substâncias secretadas (exotoxinas) ou liberadas (endotoxinas) por alguns microrganismos e que causam danos à saúde humana, podendo até provocar a morte — como exemplo de exotoxina, temos a secretada pelo Clostridium tetani, responsável pelo tétano e, de endotoxinas, as liberadas por Meningococcus ou Salmonella;

f. Príons, estruturas protéicas alteradas relacionadas como agentes etiológicos das diversas formas de encefalite espongiforme — exemplo: a forma bovina, vulgarmente conhecida por "mal da vaca louca", que, atualmente, não é considerada de risco relevante para os trabalhadores dos serviços de saúde.

Não foram incluídos como agentes biológicos os organismos multicelulares, à exceção de parasitas e fungos.

Diversos animais e plantas produzem ainda substâncias alergênicas, irritativas e tóxicas com as quais os trabalhadores entram em contato, como pêlos e pólen, ou por picadas e mordeduras.

32.2.1.2. A classificação dos agentes biológicos encontra-se no anexo I desta NR.

A classificação dos agentes biológicos, que distribui os agentes em classes de risco de 1 a 4, considera o risco que representam para a saúde do trabalhador, sua capacidade de propagação para a coletividade e a existência ou não de profilaxia e tratamento. Em função desses e outros fatores específicos, as classificações existentes nos vários países apresentam algumas variações, embora coincidam em relação à grande maioria dos agentes.

Em 2002, foi criada no Brasil a Comissão de Biossegurança em Saúde — CBS (Portaria no. 343/2002 do Ministério da Saúde). Entre as atribuições da Comissão, inclui-se a competência de elaborar, adaptar e revisar periodicamente a classificação, considerando as características e peculiaridades do país.

Considerando que essa classificação baseia-se principalmente no risco de infecção, a avaliação de risco para o trabalhador deve considerar ainda os possíveis efeitos alergênicos, tóxicos ou carcinogênicos dos agentes biológicos. A classificação publicada no Anexo II da NR 32 indica alguns destes efeitos.

Resumo das características de cada classe de risco

Classe de Risco	Risco individual[1]	Risco de propagação à coletividade	Profilaxia ou tratamento eficaz
1	baixo	baixo	–
2	moderado	baixo	existem
3	elevado	moderado	nem sempre existem
4	elevado	elevado	atualmente não existem

1 O risco individual relaciona-se com a probabilidade do trabalhador contrair a doença e com a gravidade dos danos à saúde que essa pode ocasionar.

Quando a exposição é do tipo "com intenção deliberada", devem ser aplicadas as normas estabelecidas para o trabalho em contenção, cujo nível é determinado pelo agente da maior classe de risco presente. Por exemplo, para um laboratório em que são manipulados agentes das classes de risco 2 e 3, o nível de contenção a ser adotado deverá ser o nível de contenção 3.

Na publicação "Diretrizes Gerais para o Trabalho em Contenção com Material Biológico", do Ministério da Saúde, encontram-se descritas as especificações de estrutura física e operacional, visando a proteção dos trabalhadores, usuários e meio ambiente. Esses níveis aplicam-se a laboratórios de microbiologia, de diagnóstico, de pesquisa, de ensino e de produção. A publicação esta disponível na internet, nos seguintes sítios:

<http://www.saudepublica.bvs.br/;>

<http://dtr2001.saude.gov.br/editora/produtos/livros/pdf/04_0408_M.pdf;>

<http://www.anvisa.gov.br/reblas/diretrizes.pdf.>

Em atividades com exposição do tipo "não deliberada", medidas e procedimentos específicos são definidos após a avaliação dos riscos biológicos, realizada durante a elaboração do PPRA ou em situações emergenciais, e podem incluir desde alterações nos procedimentos operacionais até reformas no espaço físico.

32.2.2. Do Programa de Prevenção de Riscos Ambientais — PPRA:

O controle de riscos descrito no PPRA tem como objetivo eliminar ou reduzir ao mínimo a exposição dos trabalhadores do serviço de saúde, bem como daqueles que exercem atividades de promoção e assistência à saúde, aos agentes biológicos.

32.2.2.1. O PPRA, além do previsto na NR 9, na fase de reconhecimento, deve conter:

I. Identificação dos riscos biológicos mais prováveis, em função da localização geográfica e da característica do serviço de saúde e seus setores, considerando:

A identificação dos riscos biológicos deve seguir metodologia qualitativa, devendo ser considerados os agentes epidemiologicamente mais frequentes, tendo em vista o perfil epidemiológico da região, do próprio serviço e dos trabalhadores do serviço de saúde.

Informações relativas aos agentes biológicos epidemiologicamente mais frequentes podem ser obtidas:

- nas Comissões de Controle de Infecção Hospitalar;
- a partir dos dados ou registros de atendimento (Serviço de Assistência Médica e Estatística, prontuários);
- nos serviços de vigilância epidemiológica municipais, estaduais e do Distrito Federal;
- no serviço médico de atendimento aos trabalhadores ou Serviços Especializados em Segurança e Medicina do Trabalho — SESMTs;
- no Ministério da Previdência Social.

A localização geográfica é importante para o reconhecimento dos riscos biológicos porque certos agentes podem estar restritos a determinadas regiões, enquanto que outros são de distribuição mais ampla. Dessa forma, um agente biológico que seja mais frequente em determinada região deve ser considerado no reconhecimento de riscos dos serviços de saúde localizados naquela região.

As características do serviço de saúde envolvem as atividades desenvolvidas no serviço e o perfil da população atendida. Em relação à atividade do serviço, os agentes biológicos presentes na pediatria podem ser bem diferentes daqueles que ocorrem em um serviço de atendimento de adultos.

Considerando o perfil socioeconômico da população atendida, também podem existir diferenças na ocorrência de agentes biológicos.

a) fontes de exposição e reservatórios;

As fontes de exposição incluem pessoas, animais, objetos ou substâncias que abrigam agentes biológicos, a partir dos quais torna-se possível a transmissão a um hospedeiro ou a um reservatório.

Reservatório é a pessoa, animal, objeto ou substância no qual um agente biológico pode persistir, manter sua viabilidade, crescer ou multiplicar-se, de modo a poder ser transmitido a um hospedeiro.

A identificação da fonte de exposição e do reservatório é fundamental para se estabelecerem as medidas de proteção a serem adotadas. Exemplos: o uso de máscara de proteção para doentes portadores de tuberculose pulmonar, a higienização das mãos após procedimentos como a troca de fraldas em unidades de neonatologia para diminuir o risco de transmissão de hepatite A.

b) vias de transmissão e de entrada;

Via de transmissão é o percurso feito pelo agente biológico a partir da fonte de exposição até o hospedeiro.

A transmissão pode ocorrer das seguintes formas:

1. Direta — transmissão do agente biológico sem a intermediação de veículos ou vetores. Exemplos: transmissão aérea por bioaerossóis, transmissão por gotículas e contato com a mucosa dos olhos;

2. Indireta — transmissão do agente biológico por meio de veículos ou vetores. Exemplos: transmissão por meio de mãos, perfuro cortantes, luvas, roupas, instrumentos, vetores, água, alimentos e superfícies.

Vias de entrada são os tecidos ou órgãos por onde um agente penetra em um organismo, podendo ocasionar uma doença. A entrada pode ser por via cutânea (por contato direto com a pele), parenteral (por inoculação intravenosa, intramuscular, subcutânea), por contato direto com as mucosas, por via respiratória (por inalação) e por via oral (por ingestão).

A identificação das vias de transmissão e de entrada determina quais a medidas de proteção que devem ser adotadas.

Se a via de transmissão for sanguínea, devem ser adotadas medidas que evitem o contato do trabalhador com sangue.

No caso de transmissão via aérea, gotículas ou aerossóis, as medidas de proteção consistem na utilização de barreiras ou obstáculos entre a fonte de exposição e o trabalhador (exemplos: adoção de sistema de ar com pressão negativa, isolamento do paciente e uso de máscaras).

c) transmissibilidade, patogenicidade e virulência do agente;

Transmissibilidade é a capacidade de transmissão de um agente a um hospedeiro. O período de transmissibilidade corresponde ao intervalo de tempo durante o qual um organismo pode transmitir um agente biológico.

Patogenicidade dos agentes biológicos é a sua capacidade de causar doença em um hospedeiro suscetível.

Virulência é o grau de agressividade de um agente biológico, isto é, uma alta virulência de um agente pode levar a uma forma grave ou fatal de uma doença. A virulência relaciona-se à capacidade de o agente invadir, manter-se e proliferar, superar as defesas e, em alguns casos, produzir toxinas.

A identificação da transmissibilidade, patogenicidade e virulência do agente no PPRA determina, além de quais medidas de proteção serão adotadas, a prioridade das mesmas. Na possibilidade de exposição ao meningococo, por exemplo, as medidas de proteção devem ser adotadas de forma emergencial devido à alta transmissibilidade, alta patogenicidade e alta virulência desse agente. Por outro lado, na exposição ao vírus da influenza, as medidas de proteção são menos emergenciais devido à baixa virulência do agente.

d) persistência do agente biológico no ambiente;

e) estudos epidemiológicos ou dados estatísticos;

f) outras informações científicas.

Persistência no ambiente é a capacidade de o agente permanecer no ambiente, mantendo a possibilidade de causar doença. Exemplo: a persistência prolongada do vírus da hepatite B quando comparada àquela do vírus HIV.

A persistência é um fator importante na avaliação do risco de exposição e de proteção do trabalhador.

II. Avaliação do local de trabalho e do trabalhador, considerando:

O objetivo é conhecer e descrever a situação de trabalho que pode influenciar na segurança, na saúde ou no bem estar do trabalhador do serviço de saúde, bem como daqueles que exercem atividades de promoção e assistência à saúde e, para tanto, devem ser considerados:

- aspectos físicos e de organização do local de trabalho e
- aspectos psicológicos e sociais do grupo de trabalho, isto é, do conjunto de pessoas de diferentes níveis hierárquicos.

a) a finalidade e descrição do local de trabalho;

O local de trabalho deve ter uma descrição física contendo, entre outros dados, a altura do piso ao teto, o tipo de paredes e do piso (laváveis ou não), os tipos e os sistemas de ventilação, a existência de janelas (com ou sem tela de proteção), o tipo de iluminação, o mobiliário existente (possibilidade de descontaminação), a presença de pia para higienização das mãos.

b) a organização e procedimentos de trabalho;

Quanto à organização do trabalho é importante observarem-se os turnos, as escalas, as pausas para o descanso e as refeições, o relacionamento entre os membros da equipe e a chefia, bem como as distâncias a serem percorridas para a realização dos procedimentos, entre outros.

Deve ser verificado ainda se existem procedimentos escritos e determinados para a realização das atividades, e em caso positivo, se os mesmos são adotados (diferença entre tarefa prescrita e real).

A observação do procedimento de trabalho é fundamental para a avaliação do risco.

c) a possibilidade de exposição;

A possibilidade de exposição ocorre em função da situação de trabalho e das características de risco dos agentes biológicos mais prováveis.

d) a descrição das atividades e funções de cada local de trabalho;

A alínea complementa as alíneas "a" e "b" e tem por objetivo descrever as atividades e funções em cada local de trabalho. Por exemplo, as atividades desenvolvidas em um posto de enfermagem de uma enfermaria geral podem ser: preparo de medicação, anotações em prontuário e preparo de material para curativos. A função ou finalidade de todos os postos de enfermagem é a de prestar assistência. No entanto, é necessária a caracterização do tipo de paciente assistido (renais crônicos, idosos, em pós-operatório, em isolamento, gestantes), que tem papel relevante na avaliação do risco existente no local de trabalho.

e) as medidas preventivas aplicáveis e seu acompanhamento.

É importante analisarem-se as medidas já adotadas, verificando a sua pertinência, eficiência e eficácia. Após essa análise e a dos demais dados coletados anteriormente, devem ser determinadas as medidas de prevenção a serem implantadas, observando-se a hierarquia descrita na nota explicativa do item 32.2.4.

Ao propor uma medida preventiva é fundamental que a informação seja completa, de forma a propiciar a aplicação correta. Por exemplo, não basta citar a necessidade de utilização de máscara, deve ser descrito qual o tipo de máscara. Pode-se dizer o mesmo para luvas, vestimentas, capelas químicas e cabines de segurança biológicas, entre outros.

32.2.2.2. O PPRA deve ser reavaliado 01 (uma) vez ao ano e:

a) sempre que se produza uma mudança nas condições de trabalho, que possa alterar a exposição aos agentes biológicos;

b) quando a análise dos acidentes e incidentes assim o determinar.

Sempre que as análises dos acidentes e incidentes constatarem a ineficácia de procedimentos de prevenção definidos no PPRA ou a identificação de riscos biológicos não reconhecidos no programa, o documento deve ser reavaliado e sofrer as devidas correções.

32.2.2.3. Os documentos que compõem o PPRA deverão estar disponíveis aos trabalhadores.

32.2.3. Do Programa de Controle Médico de Saúde Ocupacional — PCMSO

Todas as empresas, independente do número de empregados ou do grau de risco de sua atividade, estão obrigadas a elaborar e implementar o PCMSO.

Para a adequada operacionalização do PCMSO, o Ministério do Trabalho e Emprego (MTE) publicou no DOU de 1º.10.96 uma Nota Técnica, na forma de Despacho da Secretaria de Segurança e Saúde no Trabalho.

32.2.3.1. O PCMSO, além do previsto na NR-7, e observando o disposto no inciso I do item 32.2.2.1, deve contemplar:

A elaboração e implementação do PCMSO devem estar embasadas na identificação dos riscos à saúde dos trabalhadores prevista no PPRA. Desta forma, o item 32.2.3.1 enfatiza não só essa obrigação em relação aos riscos biológicos, mas também a necessidade de interação entre os dois programas.

a) o reconhecimento e a avaliação dos riscos biológicos;

b) a localização das áreas de risco segundo os parâmetros do item 32.2.2;

c) a relação contendo a identificação nominal dos trabalhadores, sua função, o local em que desempenham suas atividades e o risco a que estão expostos;

A obrigatoriedade da "identificação nominal dos trabalhadores" agrega ao PCMSO um conteúdo dinâmico. Com a NR-32, o Programa ganha destaque na gestão de segurança e saúde em serviços de saúde. A relação nominal, preferencialmente informatizada, deve estar atualizada e disponível às auditorias internas e fiscais e aos trabalhadores e suas representações.

A relação é extremamente importante na implementação do PCMSO nos serviços de saúde, uma vez que, em decorrência das necessidades do serviço, os trabalhadores podem vir a exercer suas atividades em diversos ambientes, podendo ainda haver remanejamento eventual de trabalhadores de um setor a outro.

d) a vigilância médica dos trabalhadores potencialmente expostos;

Os trabalhadores potencialmente expostos devem ter acompanhamento de saúde com especificidade para o risco a que estão submetidos. Esse compreende a avaliação clínica e ocupacional (anamnese clínica e ocupacional, exame físico e os exames complementares), a monitoração das condições de exposição e as ações necessárias resultantes do acompanhamento.

As informações médicas individuais são confidenciais, respeitando sempre o direito à intimidade e à dignidade do trabalhador no que se refere a seu estado de saúde.

e) o programa de vacinação.

O PCMSO deve contemplar o programa de vacinação dos trabalhadores, que é detalhado a partir do item 32.2.4.17, enfatizando-se que sua implementação, execução e acompanhamento são responsabilidades do coordenador do PCMSO.

O PCMSO deve conter o procedimento que disciplina o esquema de vacinação, descrevendo, entre outras, as seguintes especificações:

- vacinações obrigatórias;
- vacinações indicadas, quando for o caso;
- informações sobre as vantagens, os efeitos colaterais e os riscos decorrentes da recusa;
- local de aplicação;
- condições de conservação e transporte;
- responsável e condições de aplicação;
- sistema de registro;
- comprovantes de aplicação e recusa;
- controle de eficácia, quando houver.

32.2.3.2. Sempre que houver transferência permanente ou ocasional de um trabalhador para um outro posto de trabalho, que implique em mudança de risco, esta deve ser comunicada de imediato ao médico coordenador ou responsável pelo PCMSO.

32.2.3.3. Com relação à possibilidade de exposição acidental aos agentes biológicos, deve constar do PCMSO:

Nesse item a Norma estabelece que constem do PCMSO procedimentos e informações relativos a situações que possam resultar na exposição acidental a agentes biológicos.

Os acidentes com material biológico devem ser considerados emergências, tendo em vista que os resultados do tratamento profilático são mais eficientes quando o atendimento e a adoção das medidas pertinentes ocorrem no menor prazo possível após o acidente.

As recomendações e os procedimentos relacionados à profilaxia pós-exposição do HBV, HCV e HIV encontram-se detalhados na publicação "Recomendações para atendimento e acompanhamento de exposição ocupacional a material biológico: HIV e hepatites B e C" do Ministério da Saúde, disponível nos endereços eletrônicos:

<www.riscobiologico.org/resources/4888.pdf>;

<www.aids.gov.br/final/biblioteca/manual_exposicao/manual_acidentes.doc.>

A profilaxia pós-exposição também pode ser recomendável para outros agentes e doenças, independente do que foi avaliado no PPRA, correlacionando-se com o que foi levantado durante a vigilância da saúde do trabalhador exposto, detalhada no PCMSO.

a) os procedimentos a serem adotados para diagnóstico, acompanhamento e prevenção da soroconversão e das doenças;

b) as medidas para descontaminação do local de trabalho;

A descontaminação do local de trabalho, quando necessária, tem por objetivo principal evitar que o mesmo venha a se tornar uma fonte de contaminação por agentes biológicos. As medidas para a descontaminação devem considerar o agente, a sua concentração e as vias de transmissão.

c) o tratamento médico de emergência para os trabalhadores;

d) a identificação dos responsáveis pela aplicação das medidas pertinentes;

e) a relação dos estabelecimentos de saúde que podem prestar assistência aos trabalhadores;

f) as formas de remoção para atendimento dos trabalhadores;

Quando não for possível realizar o atendimento do trabalhador no local de trabalho, o PCMSO deve estabelecer os procedimentos de remoção a serem adotados.

g) a relação dos estabelecimentos de assistência à saúde depositários de imunoglobulinas, vacinas, medicamentos necessários, materiais e insumos especiais.

32.2.3.4. O PCMSO deve estar à disposição dos trabalhadores, bem como da inspeção do trabalho.

32.2.3.5. Em toda ocorrência de acidente envolvendo riscos biológicos, com ou sem afastamento do trabalhador, deve ser emitida a Comunicação de Acidente de Trabalho — CAT.

32.2.4. Das Medidas de Proteção

Ao propor medidas para o controle de riscos, deve-se observar a ordem de prioridade abaixo.

1. Medidas para o controle de riscos na fonte, que eliminem ou reduzam a presença dos agentes biológicos, como por exemplo:

- redução do contato dos trabalhadores do serviço de saúde, bem como daqueles que exercem atividades de promoção e assistência à saúde com pacientes-fonte (potencialmente portadores de agentes biológicos), evitando-se procedimentos desnecessários;
- afastamento temporário dos trabalhadores do serviço de saúde, bem como daqueles que exercem atividades de promoção e assistência à saúde com possibilidade de transmitir agentes biológicos;

• eliminação de plantas presentes nos ambientes de trabalho;

• eliminação de outras fontes e reservatórios, não permitindo o acúmulo de resíduos e higienização, substituição ou descarte de equipamentos, instrumentos, ferramentas e materiais contaminados;

• restrição do acesso de visitantes e terceiros que possam representar fonte de exposição;

• mantutenção do agente restrito à fonte de exposição ou ao seu ambiente imediato, por meio do uso de sistemas fechados e recipientes fechados, enclausuramento, ventilação local exaustora, cabines de segurança biológica, segregação de materiais e resíduos, dispositivos de segurança em perfurocortantes e recipientes adequados para descarte destes perfurocortantes.

2. Medidas para o controle de riscos na trajetória entre a fonte de exposição e o receptor ou hospedeiro, que previnam ou diminuam a disseminação dos agentes biológicos ou que reduzam a concentração desses agentes no ambiente de trabalho, como por exemplo:

• planejamento e implantação dos processos e procedimentos de recepção, manipulação e transporte de materiais, visando a redução da exposição aos agentes;

• planejamento do fluxo de pessoas de forma a reduzir a possibilidade de exposição;

• redução da concentração do agente no ambiente: isolamento de pacientes, definição de enfermarias para pacientes com a mesma doença, concepção de ambientes com pressão negativa, instalação de ventilação geral diluidora;

• realização de procedimentos de higienização e desinfecção do ambiente, dos materiais e dos equipamentos;

• realização de procedimentos de higienização e desinfecção das vestimentas;

• implantação do gerenciamento de resíduos e do controle integrado de pragas e vetores.

3. Medidas de proteção individual, como:

• proteção das vias de entrada do organismo (por meio do uso de Equipamentos de Proteção Individual — EPIs): respiratória, pele, mucosas;

• implementação de medidas de proteção específicas e adaptadas aos trabalhadores do serviço de saúde, bem como àqueles que exercem atividades de promoção e assistência à saúde com maior suscetibilidade: gestantes, trabalhadores alérgicos, portadores de doenças crônicas.

32.2.4.1. As medidas de proteção devem ser adotadas a partir do resultado da avaliação, previstas no PPRA, observando o disposto no item 32.2.2.

Esse item tem por objetivo fortalecer a premissa técnica de que a implementação das medidas de proteção deve ser consequência da análise dos resultados da avaliação do PPRA, que é um dos instrumentos para o desenvolvimento de estratégias voltadas à segurança e saúde do trabalhador.

32.2.4.1.1. *Em caso de exposição acidental ou incidental, medidas de proteção devem ser adotadas imediatamente, mesmo que não previstas no PPRA.*

32.2.4.2. A manipulação em ambiente laboratorial deve seguir as orientações contidas na publicação do Ministério da Saúde — Diretrizes Gerais para o Trabalho em Contenção com Material Biológico, correspondentes aos respectivos microrganismos.

Essas diretrizes, elaboradas pela Comissão de Biossegurança em Saúde/Ministério da Saúde/CBS, definem os requisitos mínimos necessários ao trabalho seguro com material biológico em ambiente de contenção. Aplicam-se à execução dos procedimentos de segurança em contenção em laboratório, na manipulação de materiais biológicos que contenham ou possam conter agentes biológicos com potencial patogênico.

As diretrizes se aplicam ao trabalho em contenção que utilize materiais biológicos, independentemente do volume a ser manipulado.

O documento encontra-se disponível na biblioteca virtual do Ministério da Saúde:

<http://www.saudepublica.bvs.br/>;

<http://dtr2001.saude.gov.br/editora/produtos/livros/pdf/04_0408_M.pdf>;

<www.anvisa.gov.br/reblas/diretrizes.pdf>.

32.2.4.3. Todo local onde exista possibilidade de exposição ao agente biológico deve ter lavatório exclusivo para higiene das mãos provido de água corrente, sabonete líquido, toalha descartável e lixeira provida de sistema de abertura sem contato manual.

32.2.4.3.1. Os quartos ou enfermarias destinados ao isolamento de pacientes portadores de doenças infectocontagiosas devem conter lavatório em seu interior.

Essas exigências dizem respeito à necessidade de higienização das mãos como medida de precaução-padrão.

A técnica de fricção antisséptica das mãos com a utilização de preparações alcoólicas não substitui a exigência de lavatórios, por não poder ser adotada na presença de sujidade.

32.2.4.3.2. O uso de luvas não substitui o processo de lavagem das mãos, o que deve ocorrer, no mínimo, antes e depois do uso das mesmas.

A higienização das mãos é considerada uma das principais medidas na redução do risco de transmissão de agentes biológicos.

Tem sido constatado que o uso de luvas é um dos fatores que faz com que o profissional de saúde não realize a higienização das mãos. No entanto, a perda de integridade, a existência de microfuros não perceptíveis ou a utilização de técnica incorreta na remoção das luvas possibilitam a contaminação das mãos.

No sítio da ANVISA está disponível publicação referente à higienização das mãos em serviços de saúde: *<http://www.anvisa.gov.br/hotsite/higienizacao_maos/index.htm>.*

32.2.4.4. Os trabalhadores com feridas ou lesões nos membros superiores só podem iniciar suas atividades após avaliação médica obrigatória com emissão de documento de liberação para o trabalho.

Feridas ou lesões com solução de continuidade da pele do trabalhador do serviço de saúde, bem como daqueles que exercem atividades de promoção e assistência à saúde, acarretam maior risco de se adquirirem doenças, uma vez que representam uma porta de entrada para agentes biológicos. Por isso, recomenda-se que o trabalhador seja avaliado por um médico, que deverá verificar a extensão e gravidade da ferida ou lesão para, baseado nessa verificação, liberá-lo ou não para o trabalho. O médico também poderá recomendar que a ferida ou lesão seja coberta com curativo impermeável ou ainda que, caso isso não seja possível, o trabalhador deva evitar o contato direto com pacientes.

32.2.4.5. O empregador deve vedar:

a) a utilização de pias de trabalho para fins diversos dos previstos;

b) o ato de fumar, o uso de adornos e o manuseio de lentes de contato nos postos de trabalho;

A proibição do uso de adornos deve ser observada para todo trabalhador do serviço de saúde, bem como daqueles que exercem atividades de promoção e assistência à saúde expostos a agente biológico, independentemente da sua função.

O PPRA deve descrever as funções e os locais de trabalho onde haja exposição ao agente biológico, conforme previsto no item 32.2.2.1.

São exemplos de adornos: alianças e anéis, pulseiras, relógios de uso pessoal, colares, brincos, broches e piercings expostos. Esta proibição estende-se a crachás pendurados com cordão e gravatas.

c) o consumo de alimentos e bebidas nos postos de trabalho;

d) a guarda de alimentos em locais não destinados para este fim;

Deve ser entendido como posto de trabalho o local onde o trabalhador efetivamente realiza suas atividades.

O empregador pode disponibilizar ambientes próximos aos postos de trabalho, para a realização de refeições complementares. Esses ambientes devem obedecer aos requisitos mínimos estabelecidos no item 32.6.2.

e) o uso de calçados abertos.

Entende-se por calçado aberto aquele que proporciona exposição da região do calcâneo (calcanhar), do dorso ("peito") ou das laterais do pé. A proibição aplica-se aos trabalhadores do serviço de saúde, bem como daqueles que exercem atividades de promoção e assistência à saúde potencialmente expostos, conforme definido no PPRA.

O PPRA deve indicar as características dos calçados a serem utilizados nos diversos postos de trabalho.

A proibição do uso de calçados abertos implica o fornecimento gratuito, pelo empregador, dos calçados fechados conforme definidos no PPRA.

32.2.4.6. Todos trabalhadores com possibilidade de exposição a agentes biológicos devem utilizar vestimenta de trabalho adequada e em condições de conforto.

Vestimentas são os trajes de trabalho, que devem ser fornecidas pelo empregador, podendo compreender trajes completos ou peças, como aventais, jalecos e capotes. O PPRA deve definir a vestimenta mais apropriada a cada situação. Em todos os casos a vestimenta fornecida deve atender a condições mínimas de conforto, especialmente o conforto térmico.

32.2.4.6.1. A vestimenta deve ser fornecida sem ônus para o empregado.

32.2.4.6.2. Os trabalhadores não devem deixar o local de trabalho com os equipamentos de proteção individual e as vestimentas utilizadas em suas atividades laborais.

Todos os EPIs devem ser retirados ao se ausentar do posto de trabalho.

O trabalhador do serviço de saúde, bem como daqueles que exercem atividades de promoção e assistência à saúde, deverá retirar as vestimentas de trabalho ao final da jornada de trabalho ou quando for usufruir de intervalo para descanso ou alimentação fora das instalações, ou ainda para realizar outra atividade fora dessas instalações, não relacionada à atividade laboral.

32.2.4.6.3. O empregador deve providenciar locais apropriados para fornecimento de vestimentas limpas e para deposição das usadas.

32.2.4.6.4. A higienização das vestimentas utilizadas nos centros cirúrgicos e obstétricos, serviços de tratamento intensivo, unidades de pacientes com doenças infectocontagiosa e quando houver contato direto da vestimenta com material orgânico, deve ser de responsabilidade do empregador.

32.2.4.7. Os Equipamentos de Proteção Individual — EPI, descartáveis ou não, deverão estar à disposição em número suficiente nos postos de trabalho, de forma que seja garantido o imediato fornecimento ou reposição.

32.2.4.8. O empregador deve:

a) garantir a conservação e a higienização dos materiais e instrumentos de trabalho;

b) providenciar recipientes e meios de transporte adequados para materiais infectantes, fluidos e tecidos orgânicos.

As especificações dos recipientes e dos meios de transporte a serem utilizados deverão estar contempladas no PPRA.

32.2.4.9. O empregador deve assegurar capacitação aos trabalhadores, antes do início das atividades e de forma continuada, devendo ser ministrada:

Os trabalhadores do serviço de saúde, bem como daqueles que exercem atividades de promoção e assistência à saúde, irão aderir mais facilmente a um programa de prevenção de riscos se compreenderem suas premissas e objetivos. Assim, a capacitação dos trabalhadores é um elemento que contribui para a implementação do PPRA.

Como o risco biológico pode variar entre as diversas funções, a capacitação deve ter seu conteúdo planejado de acordo com o risco de cada uma, conforme identificado no PPRA.

a) sempre que ocorra uma mudança das condições de exposição dos trabalhadores aos agentes biológicos;

Alterações nas condições de trabalho, tais como a introdução de novos equipamentos, a alteração de procedimentos de trabalho, a implementação de novas medidas de segurança e a troca de posto de trabalho, determinam mudanças nas condições de exposição dos trabalhadores do serviço de saúde, bem como daqueles que exercem atividades de promoção e assistência à saúde, sendo então necessária capacitação para atender a esta nova condição.

b) durante a jornada de trabalho;

c) por profissionais de saúde familiarizados com os riscos inerentes aos agentes biológicos.

32.2.4.9.1. A capacitação deve ser adaptada à evolução do conhecimento e à identificação de novos riscos biológicos e deve incluir:

Os principais focos de atenção devem ser o surgimento ou identificação de novos problemas de saúde e novos agentes infecciosos e a mudança no comportamento epidemiológico de doenças já conhecidas, incluindo a introdução de agentes já conhecidos em novas populações de hospedeiros suscetíveis, como, por exemplo, trabalhadores imunodeprimidos.

a) os dados disponíveis sobre riscos potenciais para a saúde;

b) medidas de controle que minimizem a exposição aos agentes;

c) normas e procedimentos de higiene;

d) utilização de equipamentos de proteção coletiva, individual e vestimentas de trabalho;

e) medidas para a prevenção de acidentes e incidentes;

f) medidas a serem adotadas pelos trabalhadores no caso de ocorrência de incidentes e acidentes.

Os trabalhadores do serviço de saúde, bem como daqueles que exercem atividades de promoção e assistência à saúde, devem ser informados do conteúdo do PCMSO (item 32.2.3.3).

32.2.4.9.2. O empregador deve comprovar para a inspeção do trabalho a realização da capacitação através de documentos que informem a data, o horário, a carga horária, o conteúdo ministrado, o nome e a formação ou capacitação profissional do instrutor e dos trabalhadores envolvidos.

32.2.4.10. Em todo local onde exista a possibilidade de exposição a agentes biológicos, devem ser fornecidas aos trabalhadores instruções escritas, em linguagem acessível, das rotinas realizadas no local de trabalho e medidas de prevenção de acidentes e de doenças relacionadas ao trabalho.

Procedimentos e instruções escritos de forma clara asseguram uniformidade, eficiência e eficácia na coordenação das atividades nos serviços de saúde.

32.2.4.10.1. As instruções devem ser entregues ao trabalhador, mediante recibo, devendo este ficar à disposição da inspeção do trabalho.

As instruções devem ser entregues na forma impressa, constituindo um documento. Outras formas de comunicação dessas instruções não substituem a forma impressa.

32.2.4.11. Os trabalhadores devem comunicar imediatamente todo acidente ou incidente, com possível exposição a agentes biológicos, ao responsável pelo local de trabalho e, quando houver, ao serviço de segurança e saúde do trabalho e à CIPA.

32.2.4.12. O empregador deve informar, imediatamente, aos trabalhadores e aos seus representantes qualquer acidente ou incidente grave que possa provocar a disseminação de um agente biológico suscetível de causar doenças graves nos seres humanos, as suas causas e as medidas adotadas ou a serem adotadas para corrigir a situação.

Os dois itens são complementares, sendo relativos à comunicação de acidentes ou incidentes envolvendo agentes biológicos. Uma comunicação coordenada é fundamental para o cumprimento de outros itens da norma, a saber:

a. item 32.2.2.2, sobre a reavaliação do PPRA quando da ocorrência de acidentes ou incidentes;

b. item 32.2.3.3, que estabelece medidas de atendimento e acompanhamento médicos dos trabalhadores acidentados;

c. item 32.2.3.5, que exige a emissão da CAT nesses casos;

d. item 32.2.4.1.1, que estabelece que nessas ocasiões devem ser tomadas medidas de proteção imediatas.

A comunicação ágil, eficiente e eficaz de ocorrências envolvendo agentes biológicos, tanto por parte dos trabalhadores quanto por parte dos empregadores, contribui substancialmente para a adoção de medidas de prevenção e proteção da saúde das pessoas potencialmente expostas. A comunicação imediata de eventos graves envolvendo agentes biológicos também permite que sejam estruturadas ações para evitar que estes agentes se disseminem para além dos limites físicos do serviço de saúde, atingindo populações presentes no entorno.

32.2.4.13. Os colchões, colchonetes e demais almofadados devem ser revestidos de material lavável e impermeável, permitindo desinfecção e fácil higienização.

32.2.4.13.1. O revestimento não pode apresentar furos, rasgos, sulcos ou reentrâncias.

32.2.4.14. Os trabalhadores que utilizarem objetos perfuro cortantes devem ser os responsáveis pelo seu descarte.

O processo de trabalho, durante a utilização de objetos com características perfuro cortantes, deve ser considerado como finalizado somente após o descarte seguro dos mesmos.

Estudos demonstram que 41% dos acidentes ocorrem após o uso e antes do descarte, 39% durante o uso do produto e 16% após o descarte. Dessa forma, 80% dos acidentes ocorrem sob a responsabilidade do profissional que está realizando o procedimento.

O objetivo do item, portanto, é contribuir para a diminuição dessa taxa, ao exigir que o descarte imediato de perfuro cortantes seja realizado exclusivamente pelos trabalhadores envolvidos no procedimento. Ressalte-se que o descarte deve ser feito em recipiente apropriado, situado o mais próximo possível do local onde o procedimento é executado.

32.2.4.15. São vedados o reencape e a desconexão manual de agulhas.

O objetivo do item é diminuir a ocorrência dos acidentes com agulhas. Estudos nacionais e internacionais relatam que práticas de risco são responsáveis por parte significativa da ocorrência de acidentes de trabalho com perfuro cortantes. Nesses estudos, a prática de reencapar agulhas foi responsável por 15 a 35% dos acidentes. Estudo em hospital universitário da cidade de São Paulo evidenciou que o reencape manual de agulhas foi responsável por 13,7% dos acidentes com agulhas.

Os ferimentos com perfuro cortantes estão primariamente associados à transmissão ocupacional dos vírus da hepatite B (HBV), hepatite C (HCV) e HIV. Após um acidente com agulha contaminada com o agente estima-se que o risco de contaminação com o vírus da hepatite B (HBV) é de 6 a 30%, com o vírus da hepatite C (HCV) é de 0,5 a 2% e, com o vírus da AIDS (HIV), é de 0,3 a 0,4%.

32.2.4.16. Deve ser assegurado o uso de materiais perfuro cortantes com dispositivo de segurança, conforme cronograma a ser estabelecido pela CTPN.

Devido a implicações de ordem técnica e econômica, o uso obrigatório de perfuro cortantes com dispositivos de segurança obedecerá a um cronograma a ser elaborado pela CTPN.

Embora de uso ainda não obrigatório, os serviços de saúde poderão avaliar os materiais atualmente disponíveis e estabelecer o uso dos perfuro cortantes com dispositivos de segurança que melhor atendam às suas especificidades.

Até a elaboração e publicação do cronograma pela CTPN, o uso obrigatório de perfuro cortantes com dispositivos de segurança não poderá ser exigido pela inspeção do trabalho.

32.2.4.1.7. Da Vacinação dos Trabalhadores

32.2.4.17.1. A todo trabalhador dos serviços de saúde deve ser fornecido, gratuitamente, programa de imunização ativa contra tétano, difteria, hepatite B e os estabelecidos no PCMSO.

A maioria das vacinas a serem aplicadas nos trabalhadores do serviço de saúde, bem como daqueles que exercem atividades de promoção e assistência à saúde, estão disponíveis, de forma gratuita, nas unidades de atendimento do SUS ou em Centros de Referência de Imunobiológicos Especiais (CRIE) (vide *<http://portal.saude.gov.br/portal/arquivos/pdf/indicacoes_cries.pdf>*).

Quando o programa de imunização for oferecido pelo empregador utilizando serviços privados, é importante observar o licenciamento destes serviços junto à vigilância sanitária e o uso de vacinas registradas na ANVISA.

O programa de imunização compreende a vacinação inicial, reforços e revacinações em períodos definidos, além de controle de eficácia conforme orientação do Ministério da Saúde.

Outras vacinas também podem ser indicadas no PCMSO se for constatado o risco de exposição dos trabalhadores a outros agentes para os quais existam vacinas disponíveis.

32.2.4.17.2. Sempre que houver vacinas eficazes contra outros agentes biológicos a que os trabalhadores estão, ou poderão estar, expostos, o empregador deve fornecê-las gratuitamente.

Quando for constatado o risco de exposição dos trabalhadores do serviço de saúde, bem como daqueles que exercem atividades de promoção e assistência à saúde, a outros agentes para os quais existam vacinas disponíveis, estas devem ser indicadas no PCMSO.

Vide <http://portal.saude.gov.br/portal/saude/visualizar_texto.cfm?idtxt= 25806>; <www.sbim.org.br> e <www.anant.org.br>).

32.2.4.17.3. O empregador deve fazer o controle da eficácia da vacinação sempre que for recomendado pelo Ministério da Saúde e seus órgãos, e providenciar, se necessário, seu reforço.

32.2.4.17.4. A vacinação deve obedecer às recomendações do Ministério da Saúde.

Endereço eletrônico do Programa Nacional de Imunizações:

<http://portal.saude.gov.br/portal/saude/visualizar_texto.cfm?idtxt=25806>.

32.2.4.17.5. O empregador deve assegurar que os trabalhadores sejam informados das vantagens e dos efeitos colaterais, assim como dos riscos a que estarão expostos por falta ou recusa de vacinação, devendo, nestes casos, guardar documento comprobatório e mantê-lo disponível à inspeção do trabalho.

32.2.4.17.6. A vacinação deve ser registrada no prontuário clínico individual do trabalhador, previsto na NR-07.

32.2.4.17.7. Deve ser fornecido ao trabalhador comprovante das vacinas recebidas.

ANEXO

Quadro I — Campo de Aplicação da NR-32

86 — ATIVIDADES DE ATENÇÃO À SAÚDE HUMANA

861 — ATIVIDADES DE ATENDIMENTO HOSPITALAR

8610-1 — ATIVIDADES DE ATENDIMENTO HOSPITALAR

8610-1/01 — ATIVIDADES DE ATENDIMENTO HOSPITALAR, EXCETO PRONTO-SOCORRO E UNIDADES PARA ATENDIMENTO A URGÊNCIAS

• Serviços de internação de curta ou longa duração prestados a pacientes realizados em hospitais gerais e especializados, hospitais universitários, maternidades, hospitais psiquiátricos, centros de medicina preventiva e outras instituições de saúde com internação, incluindo-se os hospitais militares e os hospitais de centros penitenciários. Essas atividades incluem:

• serviços de médicos;

• serviços de laboratório, radiológicos e anestesiológicos;

• serviços de centros cirúrgicos;

• serviços farmacêuticos, de alimentação e outros serviços prestados em hospitais;

• os serviços prestados pelas unidades mistas de saúde, que são compostas por um centro de saúde e uma unidade de internação com características de hospital local de pequeno porte, sob administração única;

• as atividades dos navios-hospital;

• as atividades de centros de parto.

8610-1/02 — ATIVIDADES DE ATENDIMENTO EM PRONTO-SOCORRO E UNIDADES HOSPITALARES PARA ATENDIMENTO A URGÊNCIAS

• Atividades exercidas em unidades de hospitais preparadas para atendimento a urgências;

• Atividades exercidas em prontos-socorros com assistência 24 horas e com leitos de observação.

862 — SERVIÇOS MÓVEIS DE ATENDIMENTO A URGÊNCIAS E DE REMOÇÃO DE PACIENTES

8621-6 — SERVIÇOS MÓVEIS DE ATENDIMENTO A URGÊNCIAS

8621-6/01 — UTI MÓVEL

• Atividades de unidades móveis terrestres (ambulâncias) e aéreas com equipamentos análogos aos usados nas unidades de terapia intensiva, preparadas para realizarem, em suas instalações, atendimento a urgências, inclusive para realizarem pequenas intervenções cirúrgicas.

8621-6/02 — SERVIÇOS MÓVEIS DE ATENDIMENTO A URGÊNCIAS, EXCETO POR UTI MÓVEL

• Atividades de unidades móveis terrestres (ambulâncias) ou aéreas destinadas a prestar atendimento de urgência. Inclui os serviços das unidades móveis do setor público para atendimento a urgências fora dos domicílios (SAMU) e as unidades móveis de atendimento a urgências ligadas a seguradoras e planos de saúde.

8622-4 — SERVIÇOS DE REMOÇÃO DE PACIENTES, EXCETO OS SERVIÇOS MÓVEIS DE ATENDIMENTO A URGÊNCIAS

8622-4/00 — SERVIÇOS DE REMOÇÃO DE PACIENTES, EXCETO OS SERVIÇOS MÓVEIS DE ATENDIMENTO A URGÊNCIAS

• Serviços de ambulância cuja função é unicamente a de remoção de enfermos, sem envolver atendimento ao paciente. A remoção de pacientes não é, em geral, acompanhada por médico, mas por profissional de saúde (técnico ou auxiliar de enfermagem).

863 — ATIVIDADES DE ATENÇÃO AMBULATORIAL EXECUTADAS POR MÉDICOS E ODONTÓLOGOS

8630-5 — ATIVIDADES DE ATENÇÃO AMBULATORIAL EXECUTADAS POR MÉDICOS E ODONTÓLOGOS

8630-5/01 ATIVIDADE MÉDICA AMBULATORIAL COM RECURSOS PARA REALIZAÇÃO DE PROCEDIMENTOS CIRÚRGICOS

• Atividades de consultas e tratamento médico, prestadas a pacientes que não estão sob regime de internação, como: consultórios, ambulatórios, postos de assistência médica, clínicas médicas especializadas ou não, policlínicas, consultórios privados em hospitais, clínicas de empresas, desde que sejam equipados para a realização de procedimentos cirúrgicos.

8630-5/02 ATIVIDADE MÉDICA AMBULATORIAL COM RECURSOS PARA REALIZAÇÃO DE EXAMES COMPLEMENTARES

• Consultas prestadas em consultórios, ambulatórios, postos de assistência médica, clínicas médicas e outros locais equipados para a realização de exames complementares;

• Postos de saúde pública.

8630-5/03 — ATIVIDADE MÉDICA AMBULATORIAL RESTRITA A CONSULTAS

• Atividades de consultas e tratamento médico prestadas a pacientes externos exercidas em consultórios, ambulatórios, postos de assistência médica, clínicas médicas, clínicas oftalmológicas e policlínicas, consultórios privados em hospitais, clínicas de empresas, centros geriátricos, bem como realizadas no domicílio do paciente;

• Atividades de unidades móveis fluviais equipadas apenas de consultório médico e sem leitos para internação.

8630-5/04 — ATIVIDADE ODONTOLÓGICA COM RECURSOS PARA REALIZAÇÃO DE PROCEDIMENTOS CIRÚRGICOS

• Atividades de consultas e tratamento odontológico, prestadas a pacientes em clínicas e consultórios odontológicos, em hospitais, clínicas de empresas, quando estes locais são equipados com a infraestrutura necessária para a realização de procedimentos cirúrgicos odontológicos.

8630-5/05 — ATIVIDADE ODONTOLÓGICA SEM RECURSOS PARA REALIZAÇÃO DE PROCEDIMENTOS CIRÚRGICOS

• Atividades de consultas e tratamento odontológico realizadas em consultórios e outros locais não equipados com a infraestrutura necessária para a realização de procedimentos cirúrgicos odontológicos, bem como, as consultas prestadas no domicílio do paciente;

• Atividades de unidades móveis terrestres, equipadas de consultório odontológico;

• Atividades de unidades móveis fluviais equipadas apenas de consultório odontológico, mas sem leitos para internação.

8630-5/06 — SERVIÇOS DE VACINAÇÃO E IMUNIZAÇÃO HUMANA

• Serviços de vacinação e imunização humana.

8630-5/07 ATIVIDADES DE REPRODUÇÃO HUMANA ASSISTIDA

• Atividades de reprodução humana assistida, quando realizadas em unidades independentes de estabelecimentos hospitalares.

8630-5/99 ATIVIDADES DE ATENÇÃO AMBULATORIAL NÃO ESPECIFICADAS ANTERIORMENTE

• Atividades de atenção ambulatorial, não especificadas anteriormente.

864 — ATIVIDADES DE SERVIÇOS DE COMPLEMENTAÇÃO DIAGNÓSTICA E TERAPÊUTICA

8640-2 — ATIVIDADES DE SERVIÇOS DE COMPLEMENTAÇÃO DIAGNÓSTICA E TERAPÊUTICA

8640-2/01 LABORATÓRIOS DE ANATOMIA PATOLÓGICA E CITOLÓGICA

• Atividades dos laboratórios de anatomia patológica e citológica, tais como:

• exame de peças histológicas;

• testes para definição de paternidade;

• autópsias.

8640-2/02 LABORATÓRIOS CLÍNICOS

• Atividades dos laboratórios de análises clínicas;

• Atividades de unidades móveis terrestres equipadas apenas de laboratório de análises clínicas, com pessoal especializado, sem fornecimento de consultas médicas.

8640-2/03 — SERVIÇOS DE DIÁLISE E NEFROLOGIA

• Serviços de diálise e nefrologia.

8640-2/04 — SERVIÇOS DE TOMOGRAFIA

• Serviços de tomografia.

8640-2/05 — SERVIÇOS DE DIAGNÓSTICO POR IMAGEM COM USO DE RADIAÇÃO IONIZANTE, EXCETO TOMOGRAFIA

• Serviços de raios-X, radiodiagnóstico e radiologia;

• Atividades de unidades móveis terrestres equipadas apenas de laboratório radiológico, com pessoal especializado, sem fornecimento de consultas médicas.

8640-2/06 — SERVIÇOS DE RESSONÂNCIA MAGNÉTICA

• Serviços de ressonância magnética.

8640-2/07 — SERVIÇOS DE DIAGNÓSTICO POR IMAGEM SEM USO DE RADIAÇÃO IONIZANTE, EXCETO RESSONÂNCIA MAGNÉTICA

• Serviços de diagnóstico por imagem sem uso de radiação ionizante, exceto os serviços de ressonância magnética.

8640-2/08 — SERVIÇOS DE DIAGNÓSTICO POR REGISTRO GRÁFICO — ECG, EEG E OUTROS EXAMES ANÁLOGOS

• Serviços de diagnóstico por registro gráfico — ECG, EEG e outros exames análogos.

8640-2/09 — SERVIÇOS DE DIAGNÓSTICO POR MÉTODOS ÓPTICOS — ENDOSCOPIA E OUTROS EXAMES ANÁLOGOS

• Serviços de diagnóstico por métodos ópticos, como os de endoscopia e outros exames análogos.

8640-2/10 — SERVIÇOS DE QUIMIOTERAPIA

• Serviços de quimioterapia.

8640-2/11 — SERVIÇOS DE RADIOTERAPIA

• Serviços de radioterapia.

8640-2/12 — SERVIÇOS DE HEMOTERAPIA

• Serviços prestados pelos bancos de sangue;

• Demais serviços de hemoterapia.

8640-2/13 — SERVIÇOS DE LITOTRIPSIA

• Serviços de litotripsia.

8640-2/14 — SERVIÇOS DE BANCOS DE CÉLULAS E TECIDOS HUMANOS

• Atividades dos bancos de células e tecidos humanos para transplante, quando realizadas em unidades independentes de hospitais.

8640-2/99 — ATIVIDADES DE SERVIÇOS DE COMPLEMENTAÇÃO DIAGNÓSTICA E TERAPÊUTICA NÃO ESPECIFICADAS ANTERIORMENTE

• Métodos gráficos em cardiologia e neurologia exclusivamente em serviço de diagnóstico;

• Medicina nuclear;

• Outros serviços de complementação diagnóstica e terapêutica não especificados anteriormente.

865 — ATIVIDADES DE PROFISSIONAIS DA ÁREA DE SAÚDE, EXCETO MÉDICOS E ODONTÓLOGOS

8650-0 — ATIVIDADES DE PROFISSIONAIS DA ÁREA DE SAÚDE, EXCETO MÉDICOS E ODONTÓLOGOS

8650-0/01 — ATIVIDADES DE ENFERMAGEM

• Atividades realizadas por enfermeiros legalmente habilitados.

8650-0/02 — ATIVIDADES DE PROFISSIONAIS DA NUTRIÇÃO

• Atividades realizadas por nutricionistas.

8650-0/03 — ATIVIDADES DE PSICOLOGIA E PSICANÁLISE

• Atividades de psicólogos e de psicanalistas.

8650-0/04 — ATIVIDADES DE FISIOTERAPIA

• Atividades de fisioterapeutas realizadas em centros e núcleos de reabilitação física;

• Atividades realizadas por fisioterapeutas legalmente habilitados exercidas de forma independente.

8650-0/05 — ATIVIDADES DE TERAPIA OCUPACIONAL

• Atividades de terapeutas ocupacionais.

8650-0/06 — ATIVIDADES DE FONOAUDIOLOGIA

• Atividades de fonoaudiólogos.

8650-0/07 — ATIVIDADES DE TERAPIA DE NUTRIÇÃO ENTERAL E PARENTERAL

• Serviços de terapia de nutrição enteral e parenteral.

8650-0/99 — ATIVIDADES DE PROFISSIONAIS DA ÁREA DE SAÚDE NÃO ESPECIFICADAS ANTERIORMENTE

• Atividades relacionadas com a saúde realizadas por profissionais legalmente habilitados, exceto as compreendidos nas subclasses anteriores, como as de médicos e dentistas;

• Atividades de optometristas;

• Atividades de instrumentadores cirúrgicos;

• Outras atividades de serviços profissionais da área de saúde não especificadas anteriormente.

869 — ATIVIDADES DE ATENÇÃO À SAÚDE HUMANA NÃO ESPECIFICADAS ANTERIORMENTE

8690-9 — ATIVIDADES DE ATENÇÃO À SAÚDE HUMANA NÃO ESPECIFICADAS ANTERIORMENTE

8690-9/01 — ATIVIDADES DE PRÁTICAS INTEGRATIVAS E COMPLEMENTARES EM SAÚDE HUMANA

- Atividades relacionadas a terapias alternativas, como:
- Cromoterapia, do-in, shiatsu e similares
- Acupuntura

8690-9/02 — ATIVIDADES DE BANCO DE LEITE HUMANO

- Atividades dos bancos de leite humano, quando realizadas em locais independentes de unidades hospitalares.

8690-9/99 — OUTRAS ATIVIDADES DE ATENÇÃO À SAÚDE HUMANA NÃO ESPECIFICADAS ANTERIORMENTE

- Atividades de podologia e similares;
- Atividades de parteiras;
- Atividades de outros profissionais de área de saúde, não especificadas anteriormente.

87 — ATIVIDADESDEATENÇÃOÀ SAÚDEHUMANA INTEGRADASCOM ASSISTÊNCIA SOCIAL, PRESTADASEM RESIDÊNCIASCOLETIVASEPARTICULARES

871 — ATIVIDADES DE ASSISTÊNCIA A IDOSOS, DEFICIENTES FÍSICOS, IMUNODEPRIMIDOS E CONVALESCENTES, E DE INFRA-ESTRUTURA E APOIO A PACIENTES PRESTADAS EM RESIDÊNCIAS COLETIVAS E PARTICULARES

8711-5 — ATIVIDADES DE ASSISTÊNCIA A IDOSOS, DEFICIENTES FÍSICOS, IMUNODEPRIMIDOS E CONVALESCENTES PRESTADAS EM RESIDÊNCIAS COLETIVAS E PARTICULARES

8711-5/01 — CLÍNICAS E RESIDÊNCIAS GERIÁTRICAS

- Fornecimento de serviços em clínicas e residências geriátricas ou domicílios coletivos para idosos que não têm condições de saúde e/ou não desejam viver de forma independente. A infra-estrutura oferecida por esses locais inclui, além do fornecimento de alojamento e alimentação, cuidados médicos e psicológicos, serviços de enfermagem e de acompanhantes.

8711-5/02 — INSTITUIÇÕES DE LONGA PERMANÊNCIA PARA IDOSOS

- Atividades de assistência social a idosos sem condições econômicas para se manterem prestadas em estabelecimentos públicos, filantrópicos ou privados (asilos) equipados para atender a necessidades de alojamento, alimentação, higiene e lazer. Esses estabelecimentos podem oferecer cuidados médicos esporádicos.

8711-5/03 — ATIVIDADES DE ASSISTÊNCIA A DEFICIENTES FÍSICOS, IMUNODEPRIMIDOS E CONVALESCENTES

Fornecimento de serviços em residências coletivas cujos moradores são deficientes físicos, imunodeprimidos ou convalescentes que não têm condições e/ou não desejam viver de forma independente. A infra-estrutura oferecida por esses lugares inclui, além do fornecimento do alojamento, alimentação, cuidados médicos e psicológicos, serviços de enfermagem e de acompanhantes;

- Casas de repouso e outras instituições de saúde para o tratamento de pessoas convalescentes e imunodeprimidas;
- Instituições de assistência médica e psicossocial para deficientes físicos

8711-5/04 — CENTROS DE APOIO A PACIENTES COM CÂNCER E COM AIDS

- Atividades de atenção à saúde humana especializadas em apoio a pacientes portadores de câncer e de AIDS (HIV)

872 — ATIVIDADES DE ASSISTÊNCIA PSICOSSOCIAL E À SAÚDE A PORTADORES DE DISTÚRBIOS PSÍQUICOS, DEFICIÊNCIA MENTAL E DEPENDÊNCIA QUÍMICA

8720-4 — ATIVIDADES DE ASSISTÊNCIA PSICOSSOCIAL E À SAÚDE A PORTADORES DE DISTÚRBIOS PSÍQUICOS, DEFICIÊNCIA MENTAL E DEPENDÊNCIA QUÍMICA

8720-4/01 ATIVIDADES DE CENTROS DE ASSISTÊNCIA PSICOSSOCIAL

- Atividades de fornecimento de assistência médica e psicossocial em centros de assistência psicossocial. Esses locais atendem a pessoas com deficiência ou doença mental, distúrbios psíquicos e problemas causados pelo uso de drogas. A infraestrutura oferecida inclui alimentação, supervisão, acompanhamento psicológico e cuidados médicos.

8720-4/99 ATIVIDADES DE ASSISTÊNCIA PSICOSSOCIAL E À SAÚDE A PORTADORES DE DISTÚRBIOS PSÍQUICOS, DEFICIÊNCIA MENTAL E DEPENDÊNCIA QUÍMICA NÃO ESPECIFICADAS ANTERIORMENTE

- Atividades de assistência social a crianças sem lar, em locais que fornecem alimentação e moradia e, em alguns casos, cuidados médicos e educação.

873 — ATIVIDADES DE ASSISTÊNCIA SOCIAL PRESTADAS EM RESIDÊNCIAS COLETIVAS E PARTICULARES

8730-1 — ATIVIDADES DE ASSISTÊNCIA SOCIAL PRESTADAS EM RESIDÊNCIAS COLETIVAS E PARTICULARES

8730-1/01 — ORFANATOS

- Atividades de assistência social a crianças sem lar, em locais que fornecem alimentação e moradia e, em alguns casos, cuidados médicos e educação.

OUTROS CNAE

Nos CNAE abaixo deverão ser consideradas apenas as atividades listadas.

2110-6/00 — FABRICAÇÃO DE PRODUTOS FARMOQUÍMICOS

- Transformação do sangue e a fabricação de seus derivados.

2121-1/01 — FABRICAÇÃO DE MEDICAMENTOS ALOPÁTICOS PARA USO HUMANO

• Fabricação de soros e vacinas.

4771-7/01 — COMÉRCIO VAREJISTA DE PRODUTOS FARMACÊUTICOS, SEM MANIPULAÇÃO DE FÓRMULAS

• Comércio varejista de produtos farmacêuticos para uso humano sem manipulação de fórmulas;

• Drogarias.

4771-7/02 — COMÉRCIO VAREJISTA DE PRODUTOS FARMACÊUTICOS, COM MANIPULAÇÃO DE FÓRMULAS

• Comércio varejista de produtos farmacêuticos para uso humano manipulados no próprio estabelecimento através de fórmulas magistrais (receitas médicas) e da farmacopéia brasileira.

4771-7/03 — COMÉRCIO VAREJISTA DE PRODUTOS FARMACÊUTICOS HOMEOPÁTICOS

• Comércio varejista de produtos farmacêuticos, homeopáticos, fitoterápicos e produtos a flora medicinal com manipulação de fórmula;

• Farmácias homeopáticas.

9601-7/03 — TOALHEIROS

• Serviços de lavagem de roupas hospitalares;

• Lavanderia hospitalar.

8129-0/00 — ATIVIDADES DE LIMPEZA NÃO ESPECIFICADAS ANTERIORMENTE

• Serviços de eliminação de micro-organismos nocivos por meio de esterilização em produtos agrícolas, livros, equipamentos médico-hospitalares e outros.

Capítulo 33

SEGURANÇA E SAÚDE NOS TRABALHOS EM ESPAÇOS CONFINADOS

Certamente, as Normas Regulamentadoras (NRs) de Segurança e Saúde no Trabalho (SST) editadas pelo Ministério do Trabalho e Emprego (MTE) são aplicáveis a todos os ambientes de trabalho onde haja trabalhadores contratados sob a égide da Consolidação das Leis do Trabalho (CLT) e possuem existência jurídica convalidada pelo Princípio Constitucional de Minimização dos Riscos Ocupacionais consagrado no inciso XXII do art. 7º da Constituição Federal brasileira. No plano da legislação infraconstitucional, ditas NRs de SST possuem respaldo de validade legal na forma tipificada no Estatuto Obreiro, em seu Título II: Das Normas Gerais de Tutela do Trabalho, mais precisamente em seu Capítulo V: Da Segurança e da Medicina do Trabalho (arts. 154 a 201 da CLT). Recorde-se que ditos artigos da CLT possuem redação dada pela Lei n. 6.514, de 22.12.1977, observadas as atualizações subsequentes até a publicação da Lei n. 12.997, de 18.6.2014. De se destacar, mais, que os citados arts. 154 a 201 do Código Laboral foram inicialmente disciplinados pela Portaria MTb n. 3.214, de 8.6.1978, que instituiu as primeiras 28 NRs de SST; vale observar que atualmente existem 36 NRs de SST, cada uma disciplinando uma temática específica.

A trigésima terceira norma regulamentadora de segurança e saúde no trabalho possui fundamentos de validade jurídica, em termos de legislação ordinária, nos ditames dos arts. 155, inciso I, 157, inciso I e 200, incisos III e VI, da CLT. A propósito, todos os dispositivos legais e normativos pertinentes à temática em apreço encontram-se adiante reproduzidos no tópico Fundamentos Jurídicos deste Capítulo, inclusive a íntegra atualizada da norma regulamentadora de segurança e saúde no trabalho que o intitula.

A NR-33 (Segurança e Saúde nos Trabalhos em Espaços Confinados), com a redação dada pela Portaria MTE n. 202, de 22.12.2006, devidamente atualizada até a edição da Portaria SIT-MTE n. 1.409, de 29.8.2012, apresenta suas recomendações técnico-preventivas, de forma sequenciada e agrupada, em Cinco Tópicos, além de Três Anexos, na forma seguinte:

Sumário da NR-33 (SEGURANÇA E SAÚDE NOS TRABALHOS EM ESPAÇOS CONFINADOS)

33.1. OBJETIVO E DEFINIÇÃO.

33.2. DAS RESPONSABILIDADES.

33.3. GESTÃO DE SEGURANÇA E SAÚDE NOS TRABALHOS EM ESPAÇOS CONFINADOS.

33.4. EMERGÊNCIA E SALVAMENTO.

33.5. DISPOSIÇÕES GERAIS.

Anexo I — SINALIZAÇÃO PARA IDENTIFICAÇÃO DE ESPAÇO CONFINADO.

Anexo II — PERMISSÃO DE ENTRADA E TRABALHO (PET).

Anexo III — GLOSSÁRIO.

A NR-33 tem por objetivo estabelecer os requisitos mínimos para identificação de espaços confinados e o reconhecimento, avaliação, monitoramento e controle dos riscos existentes, de forma que garanta permanentemente a segurança e saúde dos trabalhadores que interagem direta ou indiretamente nesses ambientes excepcionais de trabalho.

Espaço Confinado pode ser definido como qualquer área ou ambiente não projetado especificamente para ocupação humana prolongada e que possua meios limitados de entrada e saída, cuja ventilação existente seja insuficiente para remover contaminantes ou que apresente deficiência ou enriquecimento de oxigênio.

Dentre os vários riscos ambientais normalmente presentes nos ambientes confinados, destaca-se a atmosfera perigosa, entendendo-se como tal aquela que possa propiciar risco imediato à vida dos trabalhadores ou produzir imediato efeito debilitante à saúde desses. Concretamente, os riscos profissionais a que normalmente se sujeitam os trabalhadores que desenvolvem suas atividades em locais confinados podem ser exemplificados da seguinte forma:

- falta ou excesso de oxigênio;
- incêndio ou explosão, presença de vapores e gases inflamáveis;
- intoxicação por substâncias químicas;
- choque elétrico;
- infecção por agentes biológicos;
- afogamento ou soterramento.

A importância das atividades desenvolvidas em espaços confinados revela-se em face da multiplicidade de sua ocorrência em tanques ou reservatórios de armazenamentos, tubulações, galerias, silos e biodigestores normalmente encontrados nas indústrias: alimentícia, agrícola, química, petrolífera, naval, marítima, siderúrgica, metalúrgica e de construção civil, assim como nos serviços de: eletricidade, telecomunicações, gás, água e esgoto.

Ressalte-se, por oportuno, que, nos estabelecimentos onde houver espaços confinados, devem ser observadas, de forma complementar às disposições preventivas contidas na NR-33, os seguintes atos normativos: NBR 14606 (Postos de Serviço — Entrada em Espaço Confinado); e NBR 14787 (Espaço Confinado — Prevenção de Acidentes, Procedimentos e Medidas de Proteção), bem como suas alterações posteriores.

Importante lembrar que nenhum programa preventivo de segurança e saúde no trabalho, em qualquer ramo de atividade, obterá êxito sem a efetiva participação de todos os trabalhadores envolvidos; daí por que prevê a NR-33 que são Deveres dos Empregados, enquanto no exercício de atividades em ambientes confinados:

- colaborar com a empresa no cumprimento das disposições normativas específicas;
- utilizar adequadamente os meios e equipamentos fornecidos pela empresa;
- comunicar ao Vigia e ao Supervisor de Entrada as situações de risco para sua segurança e saúde ou de terceiros, que sejam do seu conhecimento; e
- cumprir os procedimentos e orientações recebidos nos treinamentos com relação aos espaços confinados.

Dentre as Responsabilidades normativas a serem cumpridas pelos Empregadores responsáveis pelo desenvolvimento de atividades em espaços confinados, destacam-se:

- indicar, formalmente, um Responsável Técnico pelo cumprimento de todas as disposições preventivas da NR-33;
- identificar os espaços confinados existentes no estabelecimento e seus riscos específicos;
- implementar a Gestão em Segurança e Saúde no Trabalho em Espaços Confinados, através de Medidas Técnicas de Prevenção, Administrativas, Pessoais e de Emergência e Salvamento, de forma que garanta, permanentemente, ambientes com condições adequadas de trabalho, inclusive dedicando especial atenção aos trabalhadores das empresas contratadas;
- garantir que o acesso ao espaço confinado somente ocorra após a emissão formal da Permissão de Entrada e Trabalho (PET), conforme modelo específico;
- fornecer às empresas contratadas informações sobre os riscos nas áreas onde desenvolverão suas atividades e exigir a capacitação de seus trabalhadores;
- interromper todo e qualquer tipo de trabalho em caso de suspeição de condição de risco grave e iminente, procedendo ao imediato abandono do local; e

- garantir informações atualizadas sobre os riscos e medidas de controle antes de cada acesso aos espaços confinados.

Segundo previsão normativa específica, a Gestão de Segurança e Saúde deve ser planejada, programada, implementada e avaliada, incluindo medidas técnicas de prevenção, medidas administrativas, medidas pessoais e capacitação para trabalho em espaços confinados.

Acerca das Medidas Técnicas de Prevenção para os Espaços Confinados, dispõe a correspondente norma regulamentadora que a empresa deve:

- identificar, isolar e sinalizar os espaços confinados para evitar a entrada de pessoas não autorizadas;
- antecipar, reconhecer, avaliar e controlar os riscos físicos, químicos, biológicos, ergonômicos e mecânicos presentes nos espaços confinados, prevendo a implantação de travas, bloqueios, alívio, lacre e etiquetagem;
- implementar as medidas necessárias para eliminação ou controle dos riscos atmosféricos em espaços confinados, avaliando a atmosfera interior, antes da entrada dos trabalhadores;
- manter condições atmosféricas aceitáveis na entrada e durante toda a realização dos trabalhos, ventilando, purgando, lavando ou inertizando o espaço confinado, além de monitorar continuamente a atmosfera interior;
- proibir a ventilação com oxigênio puro, testando os equipamentos de medição antes de cada utilização; e
- utilizar equipamento de leitura direta, intrinsecamente seguro, provido de alarme, calibrado e protegido contra emissões eletromagnéticas ou interferências de radiofrequência.

No tocante às Medidas Administrativas, as empresas que desenvolvem atividades confinadas devem:

- manter cadastro atualizado de todos os espaços confinados, inclusive dos desativados, e respectivos riscos;
- definir medidas para isolar, sinalizar, controlar ou eliminar os riscos do espaço confinado;
- manter Sinalização Permanente junto à Entrada do Espaço Confinado (Anexo I, da NR-33);
- emitir, em três vias, a Permissão de Entrada e Trabalho (Anexo II da NR-33), devidamente adaptada às peculiaridades da empresa e dos seus espaços confinados (uma via deve ser arquivada na empresa por cinco anos, a segunda via para um dos trabalhadores autorizados, a terceira para o Vigia);
- designar as pessoas que participarão das operações de entrada, identificando os deveres de cada trabalhador e providenciando a capacitação requerida e estabelecendo procedimentos de supervisão dos trabalhos no exterior e no interior dos espaços confinados;
- implementar um Programa de Proteção Respiratória (PPR) de acordo com a análise de risco, considerando o local, a complexidade e o tipo de trabalho a ser desenvolvido.

Outrossim, os Procedimentos para Trabalho em Espaços Confinados e a Permissão de Entrada e Trabalho devem ser avaliados no mínimo uma vez ao ano e revisados sempre que houver alteração dos riscos, com a participação do Serviço Especializado em Segurança e Medicina do Trabalho (SESMT) e da Comissão Interna de Prevenção de Acidentes (CIPA); além disso, ditos procedimentos de entrada em espaços confinados devem ser revistos quando da ocorrência de qualquer uma das circunstâncias:

- entrada não autorizada num espaço confinado;
- identificação de riscos não descritos na Permissão de Entrada e Trabalho;
- acidente, incidente ou condição não prevista durante a entrada;
- qualquer mudança na atividade desenvolvida ou na configuração do espaço confinado;
- solicitação do SESMT ou da CIPA; e
- identificação de condição de trabalho mais segura.

Quanto às Medidas Pessoais a serem observadas pelas empresas nos espaços confinados, prevê a norma regulamentadora em comento que:

- todo trabalhador deve ser submetido a exames médicos específicos para a função que irá desempenhar, conforme estabelecem as NRs 7 e 31, incluindo os fatores de riscos psicossociais com a emissão do respectivo Atestado de Saúde Ocupacional (ASO);
- deve capacitar todos os trabalhadores envolvidos, direta ou indiretamente com os espaços confinados, sobre seus direitos, deveres, riscos e medidas de controle;
- o número de trabalhadores envolvidos na execução dos trabalhos em espaços confinados deve ser determinado conforme a análise de risco;
- é vedada a realização de qualquer trabalho em espaços confinados de forma individual ou isolada.

As empresas, ao desenvolverem atividades em espaços confinados, deverão manter tais locais de trabalho sob o controle de um Responsável Técnico, um Vigia e um Supervisor de Entrada. Cabe ao Responsável Técnico assumir, em nome da empresa, as responsabilidades pelo efetivo cumprimento das disposições normativas preventivas específicas para os ambientes confinados.

Ao Supervisor de Entrada, segundo previsto na NR-33, compete:

- emitir a Permissão de Entrada e Trabalho antes do início das atividades;
- executar os testes, conferir os equipamentos e os procedimentos contidos na Permissão de Entrada e Trabalho;
- assegurar que os serviços de emergência e salvamento estejam disponíveis e que os meios para acioná-los estejam operantes;
- cancelar os procedimentos de entrada e trabalho quando necessário; e,
- encerrar a Permissão de Entrada e Trabalho após o término dos serviços; excepcionalmente, o Supervisor de Entrada pode desempenhar a função de Vigia.

Importante observar que o Vigia não poderá realizar outras tarefas que possam comprometer seu dever principal que é o de monitorar e proteger os trabalhadores autorizados a adentrarem os espaços confinados, ou seja, cumprir as seguintes atribuições normativas básicas:

- manter continuamente a contagem precisa do número de trabalhadores autorizados no espaço confinado e assegurar que todos saiam ao término da atividade;
- permanecer fora do espaço confinado, junto à entrada, em contato permanente com os trabalhadores autorizados; adotar os procedimentos de emergência, acionando a equipe de salvamento, pública ou privada, quando necessário;
- operar os movimentadores de pessoas; e ordenar o abandono do espaço confinado sempre que reconhecer algum sinal de alarme, perigo, sintoma, queixa, condição proibida, acidente, situação não prevista ou quando não puder desempenhar efetivamente suas tarefas, nem ser substituído por outro vigia.

Dentre as várias medidas preventivas importantes constantes da norma regulamentadora em análise, merece registro que, em caso de existência de Atmosfera Imediatamente Perigosa à Vida ou à Saúde (Atmosfera IPVS) o espaço confinado somente pode ser adentrado com a utilização de máscara autônoma de demanda com pressão positiva ou com respirador de linha de ar comprimido com cilindro auxiliar para escape.

Todos os trabalhadores autorizados, vigias e supervisores de entrada devem receber capacitação periódica a cada 12 meses, com carga horária mínima de 8 horas. A capacitação inicial dos trabalhadores autorizados e vigias deve possuir carga horária mínima de dezesseis horas, e será realizada no horário de trabalho normal, com o seguinte conteúdo programático:

- definições;
- reconhecimento, avaliação e controle de riscos;
- funcionamento de equipamentos utilizados;

- procedimentos e utilização da Permissão de Entrada e Trabalho; e
- noções de resgate e primeiros socorros.

Outrossim, os Supervisores de Entrada devem receber capacitação inicial com carga horária mínima de quarenta horas para a capacitação inicial, e cujo conteúdo programático, além do previsto para os vigias e demais trabalhadores abrangerá os seguintes tópicos adicionais:

- identificação dos espaços confinados;
- critérios de indicação e uso de equipamentos para controle de riscos;
- conhecimentos sobre práticas seguras em espaços confinados;
- legislação de segurança e saúde no trabalho;
- programa de proteção respiratória;
- área classificada; e
- operações de salvamento.

No tocante aos Procedimentos de Emergência e Resgate adequados aos espaços confinados, determina a NR-33 que o empregador deve elaborar e implementar tais procedimentos contemplando, no mínimo:

- descrição dos possíveis cenários de acidentes, obtidos a partir da Análise de Riscos;
- descrição das medidas de salvamento e primeiros socorros a serem executadas em caso de emergência;
- seleção e técnicas de utilização dos equipamentos de comunicação, iluminação de emergência, busca, resgate, primeiros socorros e transporte de vítimas;
- acionamento de equipe responsável, pública ou privada, pela execução das medidas de resgate e primeiros socorros para cada serviço a ser realizado; e
- exercício simulado anual de salvamento nos possíveis cenários de acidentes em espaços confinados.

Sob a rubrica de Disposições Gerais, estipula a NR-33 ser proibida a entrada e a realização de qualquer trabalho em espaços confinados sem a emissão da Permissão de Entrada e Trabalho, devendo o empregador garantir aos trabalhadores a paralisação das atividades e o abandono do espaço confinado, sempre que suspeitarem da existência de risco grave e iminente para sua segurança e saúde ou a de terceiros, além de considerar solidariamente responsáveis pelo cumprimento da NR-33 as empresas contratantes e contratadas.

Doravante, serão reproduzidos os FUNDAMENTOS JURÍDICOS (dispositivos legais, infralegais ou regulamentares) que propiciam o suporte de validade jurídica à temática em apreço, observando-se as ordens hierárquica e cronológica. Ao final, encontra-se igualmente transcrita, de forma integral e atualizada, a correspondente norma regulamentadora de segurança e saúde no trabalho que intitula este Capítulo.

FUNDAMENTOS JURÍDICOS DO CAPÍTULO 33

NR-33: SEGURANÇA E SAÚDE NOS TRABALHOS EM ESPAÇOS CONFINADOS *(redação dada pela Portaria MTE n. 202, de 22.12.2006, atualizada até a edição da Portaria MTE n. 1.409, de 29.8.2012). Art. 7º, incisos XXII, XXIII, XXVIII e XXXIII, da CF-1988. Arts. 155, inciso I, 157, inciso I, e 200, incisos III e VI, da CLT.*

CONSTITUIÇÃO DA REPÚBLICA FEDERATIVA DO BRASIL

(Atualizada até a edição da Emenda Constitucional n. 85, de 26.2.2015)

Título II: Dos Direitos e Garantias Fundamentais (Arts. 5º a 17)

Capítulo II: Dos Direitos Sociais (Arts. 6º a 11)

Art. 7º São direitos dos trabalhadores urbanos e rurais[(1)], além de outros que visem à melhoria de sua condição social:

XXII — redução dos riscos inerentes ao trabalho, por meio de normas de saúde, higiene e segurança;

(1) Especificamente em relação aos Servidores Públicos Federais (submetidos ao Regime Jurídico Único da Lei n. 8.112/1990) dispõe o § 3º do art. 39 da CF-1988 que: *"Aplica-se aos servidores ocupantes de cargo público o disposto no art. 7º, IV, VII, VIII, IX, XII, XIII, XV, XVI, XVII, XVIII, XIX, XX, XXII e XXX, podendo a lei estabelecer requisitos diferenciados de admissão quando a natureza do cargo o exigir"*.

XXIII — adicional de remuneração para as atividades penosas, insalubres ou perigosas, na forma da lei;

XXVIII — seguro contra acidentes de trabalho, a cargo do empregador, sem excluir a indenização a que este está obrigado, quando incorrer em dolo ou culpa;

XXXIII — proibição de trabalho noturno, perigoso ou insalubre a menores de dezoito e de qualquer trabalho a menores de dezesseis anos, salvo na condição de aprendiz, a partir de quatorze anos.

NORMAS JURÍDICAS INFRACONSTITUCIONAIS

CONSOLIDAÇÃO DAS LEIS DO TRABALHO

(Decreto-lei n. 5.452, de 1º.5.1943, com a redação dos arts. 154 a 201 CLT dada pela Lei n. 6.514 de 22.12.1977, atualizada até a edição da Lei n. 13.103, de 2.3.2015)

Título II: **Das Normas Gerais de Tutela do Trabalho** (Arts. 13 a 223 da CLT)

Capítulo V: **Da Segurança e da Medicina do Trabalho** (Arts. 154 a 201 da CLT)(2)

Seção I: **Disposições Gerais** (Arts. 154 a 159)

Art. 155. Incumbe ao órgão de âmbito nacional competente em matéria de segurança e medicina do trabalho:

I — estabelecer, nos limites de sua competência, normas sobre a aplicação dos preceitos deste Capítulo (Título II: Das Normas Gerais de Tutela do Trabalho em seu Capítulo V: Da Segurança e da Medicina do Trabalho, que corresponde aos 154 a 201, da CLT), especialmente os referidos no art. 200;

Art. 157. Cabe às empresas:

I — cumprir e fazer cumprir as normas de segurança e medicina do trabalho;

Seção XV: **Das Outras Medidas Especiais de Proteção** (Art. 200 da CLT)

Art. 200. Cabe ao Ministério do Trabalho e Emprego estabelecer disposições complementares às normas de que trata este Capítulo, tendo em vista as peculiaridades de cada atividade ou setor de trabalho, especialmente sobre:

III — trabalho em escavações, túneis, galerias, minas e pedreiras, sobretudo quanto à prevenção de explosões, incêndios, desmoronamentos e soterramentos, eliminação de poeiras, gases etc., e facilidades de rápida saída dos empregados;

VI — proteção do trabalhador exposto a substâncias químicas nocivas, radiações ionizantes e não ionizantes, ruídos, vibrações e trepidações ou pressões anormais ao ambiente de trabalho, com especificação das medidas cabíveis para eliminação ou atenuação desses efeitos, limites máximos quanto ao tempo de exposição à intensidade da ação ou de seus efeitos sobre o organismo do trabalhador, exames médicos obrigatórios, limites de idade, controle permanente dos locais de trabalho e das demais exigências que se façam necessárias.

NORMAS JURÍDICAS INFRALEGAIS OU REGULAMENTARES

NR-33 (SEGURANÇA E SAÚDE NOS TRABALHOS EM ESPAÇOS CONFINADOS)(3)

Publicação	**D.O.U.**
Portaria MTE n. 202, 22 de dezembro de 2006	27.12.06
Alterações/Atualizações	
Portaria MTE n. 1.409, 29 de agosto de 2012	31.8.12

33.1. Objetivo e Definição

33.1.1. Esta Norma tem como objetivo estabelecer os requisitos mínimos para identificação de espaços confinados e o reconhecimento, avaliação, monitoramento e controle dos riscos existentes, de forma a garantir permanentemente a segurança e saúde dos trabalhadores que interagem direta ou indiretamente nestes espaços.

33.1.2. Espaço Confinado é qualquer área ou ambiente não projetado para ocupação humana contínua, que possua meios limitados de entrada e saída, cuja ventilação existente é insuficiente para remover contaminantes ou onde possa existir a deficiência ou enriquecimento de oxigênio.

33.2. Das Responsabilidades

33.2.1. Cabe ao Empregador:

a) indicar formalmente o responsável técnico pelo cumprimento desta norma;

b) identificar os espaços confinados existentes no estabelecimento;

---

(2) A Lei n. 6.514, de 22.12.1977, propiciou a redação dos arts. 154 a 201 da CLT, observadas as atualizações legais até a edição da Lei n. 13.103, de 2.3.2015.

(3) O Texto da NR- NR-33 (Segurança e Saúde nos Trabalhos em Espaços Confinados), ora reproduzido, encontra-se atualizado até a edição da Portaria SIT-MTE n. 1.409, de 29.8.2012.

c) identificar os riscos específicos de cada espaço confinado;

d) implementar a gestão em segurança e saúde no trabalho em espaços confinados, por medidas técnicas de prevenção, administrativas, pessoais e de emergência e salvamento, de forma a garantir permanentemente ambientes com condições adequadas de trabalho;

e) garantir a capacitação continuada dos trabalhadores sobre os riscos, as medidas de controle, de emergência e salvamento em espaços confinados;

f) garantir que o acesso ao espaço confinado somente ocorra após a emissão, por escrito, da Permissão de Entrada e Trabalho, conforme modelo constante no anexo II desta NR;

g) fornecer às empresas contratadas informações sobre os riscos nas áreas onde desenvolverão suas atividades e exigir a capacitação de seus trabalhadores;

h) acompanhar a implementação das medidas de segurança e saúde dos trabalhadores das empresas contratadas provendo os meios e condições para que eles possam atuar em conformidade com esta NR;

i) interromper todo e qualquer tipo de trabalho em caso de suspeição de condição de risco grave e iminente, procedendo ao imediato abandono do local; e

j) garantir informações atualizadas sobre os riscos e medidas de controle antes de cada acesso aos espaços confinados.

33.2.2. Cabe aos Trabalhadores:

a) colaborar com a empresa no cumprimento desta NR;

b) utilizar adequadamente os meios e equipamentos fornecidos pela empresa;

c) comunicar ao Vigia e ao Supervisor de Entrada as situações de risco para sua segurança e saúde ou de terceiros, que sejam do seu conhecimento; e

d) cumprir os procedimentos e orientações recebidos nos treinamentos com relação aos espaços confinados.

33.3. Gestão de segurança e saúde nos trabalhos em espaços confinados

33.3.1. A gestão de segurança e saúde deve ser planejada, programada, implementada e avaliada, incluindo medidas técnicas de prevenção, medidas administrativas e medidas pessoais e capacitação para trabalho em espaços confinados.

33.3.2. Medidas técnicas de prevenção:

a) identificar, isolar e sinalizar os espaços confinados para evitar a entrada de pessoas não autorizadas;

b) antecipar e reconhecer os riscos nos espaços confinados;

c) proceder à avaliação e controle dos riscos físicos, químicos, biológicos, ergonômicos e mecânicos;

d) prever a implantação de travas, bloqueios, alívio, lacre e etiquetagem;

e) implementar medidas necessárias para eliminação ou controle dos riscos atmosféricos em espaços confinados;

f) avaliar a atmosfera nos espaços confinados, antes da entrada de trabalhadores, para verificar se o seu interior é seguro;

g) manter condições atmosféricas aceitáveis na entrada e durante toda a realização dos trabalhos, monitorando, ventilando, purgando, lavando ou inertizando o espaço confinado;

h) monitorar continuamente a atmosfera nos espaços confinados nas áreas onde os trabalhadores autorizados estiverem desempenhando as suas tarefas, para verificar se as condições de acesso e permanência são seguras;

i) proibir a ventilação com oxigênio puro;

j) testar os equipamentos de medição antes de cada utilização; e

k) utilizar equipamento de leitura direta, intrinsecamente seguro, provido de alarme, calibrado e protegido contra emissões eletromagnéticas ou interferências de radiofreqüência.

33.3.2.1. Os equipamentos fixos e portáteis, inclusive os de comunicação e de movimentação vertical e horizontal, devem ser adequados aos riscos dos espaços confinados;

33.3.2.2. Em áreas classificadas os equipamentos devem estar certificados ou possuir documento contemplado no âmbito do Sistema Brasileiro de Avaliação da Conformidade — INMETRO.

33.3.2.3. As avaliações atmosféricas iniciais devem ser realizadas fora do espaço confinado.

33.3.2.4. Adotar medidas para eliminar ou controlar os riscos de incêndio ou explosão em trabalhos a quente, tais como solda, aquecimento, esmerilhamento, corte ou outros que liberem chama aberta, faíscas ou calor.

33.3.2.5. Adotar medidas para eliminar ou controlar os riscos de inundação, soterramento, engolfamento, incêndio, choques elétricos, eletricidade estática, queimaduras, quedas, escorregamentos, impactos, esmagamentos, amputações e outros que possam afetar a segurança e saúde dos trabalhadores.

33.3.3. Medidas administrativas:

a) manter cadastro atualizado de todos os espaços confinados, inclusive dos desativados, e respectivos riscos;

b) definir medidas para isolar, sinalizar, controlar ou eliminar os riscos do espaço confinado;

c) manter sinalização permanente junto à entrada do espaço confinado, conforme o Anexo I da presente norma;

d) implementar procedimento para trabalho em espaço confinado;

e) adaptar o modelo de Permissão de Entrada e Trabalho, previsto no Anexo II desta NR, às peculiaridades da empresa e dos seus espaços confinados;

f) preencher, assinar e datar, em três vias, a Permissão de Entrada e Trabalho antes do ingresso de trabalhadores em espaços confinados;

g) possuir um sistema de controle que permita a rastreabilidade da Permissão de Entrada e Trabalho;

h) entregar para um dos trabalhadores autorizados e ao Vigia cópia da Permissão de Entrada e Trabalho;

i) encerrar a Permissão de Entrada e Trabalho quando as operações forem completadas, quando ocorrer uma condição não prevista ou quando houver pausa ou interrupção dos trabalhos;

j) manter arquivados os procedimentos e Permissões de Entrada e Trabalho por cinco anos;

k) disponibilizar os procedimentos e Permissão de Entrada e Trabalho para o conhecimento dos trabalhadores autorizados, seus representantes e fiscalização do trabalho;

l) designar as pessoas que participarão das operações de entrada, identificando os deveres de cada trabalhador e providenciando a capacitação requerida;

m) estabelecer procedimentos de supervisão dos trabalhos no exterior e no interior dos espaços confinados;

n) assegurar que o acesso ao espaço confinado somente seja iniciado com acompanhamento e autorização de supervisão capacitada;

o) garantir que todos os trabalhadores sejam informados dos riscos e medidas de controle existentes no local de trabalho; e

p) implementar um Programa de Proteção Respiratória de acordo com a análise de risco, considerando o local, a complexidade e o tipo de trabalho a ser desenvolvido.

33.3.3.1. A Permissão de Entrada e Trabalho é válida somente para cada entrada.

33.3.3.2. Nos estabelecimentos onde houver espaços confinados devem ser observadas, de forma complementar a presente NR, os seguintes atos normativos: NBR 14606 — Postos de Serviço — Entrada em Espaço Confinado; e NBR 14787 — Espaço Confinado — Prevenção de Acidentes, Procedimentos e Medidas de Proteção, bem como suas alterações posteriores.

33.3.3.3. O procedimento para trabalho deve contemplar, no mínimo: objetivo, campo de aplicação, base técnica, responsabilidades, competências, preparação, emissão, uso e cancelamento da Permissão de Entrada e Trabalho, capacitação para os trabalhadores, análise de risco e medidas de controle.

33.3.3.4. Os procedimentos para trabalho em espaços confinados e a Permissão de Entrada e Trabalho devem ser avaliados no mínimo uma vez ao ano e revisados sempre que houver alteração dos riscos, com a participação do Serviço Especializado em Segurança e Medicina do Trabalho — SESMT e da Comissão Interna de Prevenção de Acidentes — CIPA.

33.3.3.5. Os procedimentos de entrada em espaços confinados devem ser revistos quando da ocorrência de qualquer uma das circunstâncias abaixo:

a) entrada não autorizada num espaço confinado;

b) identificação de riscos não descritos na Permissão de Entrada e Trabalho;

c) acidente, incidente ou condição não prevista durante a entrada;

d) qualquer mudança na atividade desenvolvida ou na configuração do espaço confinado;

e) solicitação do SESMT ou da CIPA; e

f) identificação de condição de trabalho mais segura.

33.3.4. Medidas Pessoais

33.3.4.1. Todo trabalhador designado para trabalhos em espaços confinados deve ser submetido a exames médicos específicos para a função que irá desempenhar, conforme estabelecem as NRs 07 e 31, incluindo os fatores de riscos psicossociais com a emissão do respectivo Atestado de Saúde Ocupacional — ASO.

33.3.4.2. Capacitar todos os trabalhadores envolvidos, direta ou indiretamente com os espaços confinados, sobre seus direitos, deveres, riscos e medidas de controle, conforme previsto no item 33.3.5.

33.3.4.3. O número de trabalhadores envolvidos na execução dos trabalhos em espaços confinados deve ser determinado conforme a análise de risco.

33.3.4.4. É vedada a realização de qualquer trabalho em espaços confinados de forma individual ou isolada.

33.3.4.5. O Supervisor de Entrada deve desempenhar as seguintes funções:

a) emitir a Permissão de Entrada e Trabalho antes do início das atividades;

b) executar os testes, conferir os equipamentos e os procedimentos contidos na Permissão de Entrada e Trabalho;

c) assegurar que os serviços de emergência e salvamento estejam disponíveis e que os meios para acioná-los estejam operantes;

d) cancelar os procedimentos de entrada e trabalho quando necessário; e

e) encerrar a Permissão de Entrada e Trabalho após o término dos serviços.

33.3.4.6. O Supervisor de Entrada pode desempenhar a função de Vigia.

33.3.4.7. O Vigia deve desempenhar as seguintes funções:

a) manter continuamente a contagem precisa do número de trabalhadores autorizados no espaço confinado e assegurar que todos saiam ao término da atividade;

b) permanecer fora do espaço confinado, junto à entrada, em contato permanente com os trabalhadores autorizados;

c) adotar os procedimentos de emergência, acionando a equipe de salvamento, pública ou privada, quando necessário;

d) operar os movimentadores de pessoas; e

e) ordenar o abandono do espaço confinado sempre que reconhecer algum sinal de alarme, perigo, sintoma, queixa, condição proibida, acidente, situação não prevista ou quando não puder desempenhar efetivamente suas tarefas, nem ser substituído por outro Vigia.

33.3.4.8. O Vigia não poderá realizar outras tarefas que possam comprometer o dever principal que é o de monitorar e proteger os trabalhadores autorizados;

33.3.4.9. Cabe ao empregador fornecer e garantir que todos os trabalhadores que adentrarem em espaços confinados disponham de todos os equipamentos para controle de riscos, previstos na Permissão de Entrada e Trabalho.

33.3.4.10. Em caso de existência de Atmosfera Imediatamente Perigosa à Vida ou à Saúde — Atmosfera IPVS —, o espaço confinado somente pode ser adentrado com a utilização de máscara autônoma de demanda com pressão positiva ou com respirador de linha de ar comprimido com cilindro auxiliar para escape.

33.3.5. Capacitação para trabalhos em espaços confinados

33.3.5.1. É vedada a designação para trabalhos em espaços confinados sem a prévia capacitação do trabalhador.

33.3.5.2. O empregador deve desenvolver e implantar programas de capacitação sempre que ocorrer qualquer das seguintes situações:

a) mudança nos procedimentos, condições ou operações de trabalho;

b) algum evento que indique a necessidade de novo treinamento; e

c) quando houver uma razão para acreditar que existam desvios na utilização ou nos procedimentos de entrada nos espaços confinados ou que os conhecimentos não sejam adequados.

33.3.5.3. Todos os trabalhadores autorizados, Vigias e Supervisores de Entrada devem receber capacitação periódica a cada 12 meses, com carga horária mínima de 8 horas. *(Alterado pela Portaria MTE n. 1.409, de 29 de agosto de 2012).*

33.3.5.4. A capacitação inicial dos trabalhadores autorizados e Vigias deve ter carga horária mínima de dezesseis horas, ser realizada dentro do horário de trabalho, com conteúdo programático de: *(Alterado pela Portaria MTE n. 1.409, de 29 de agosto de 2012).*

a) definições;

b) reconhecimento, avaliação e controle de riscos;

c) funcionamento de equipamentos utilizados;

d) procedimentos e utilização da Permissão de Entrada e Trabalho; e

e) noções de resgate e primeiros socorros.

33.3.5.5. A capacitação dos Supervisores de Entrada deve ser realizada dentro do horário de trabalho, com conteúdo programático estabelecido no subitem 33.3.5.4, acrescido de:

a) identificação dos espaços confinados;

b) critérios de indicação e uso de equipamentos para controle de riscos;

c) conhecimentos sobre práticas seguras em espaços confinados;

d) legislação de segurança e saúde no trabalho;

e) programa de proteção respiratória;

f) área classificada; e

g) operações de salvamento.

33.3.5.6. Todos os Supervisores de Entrada devem receber capacitação específica, com carga horária mínima de quarenta horas para a capacitação inicial. *(Alterado pela Portaria MTE n. 1.409, de 29 de agosto de 2012).*

33.3.5.7. Os instrutores designados pelo responsável técnico, devem possuir comprovada proficiência no assunto.

33.3.5.8. Ao término do treinamento deve-se emitir um certificado contendo o nome do trabalhador, conteúdo programático, carga horária, a especificação do tipo de trabalho e espaço confinado, data e local de realização do treinamento, com as assinaturas dos instrutores e do responsável técnico.

33.3.5.8.1. Uma cópia do certificado deve ser entregue ao trabalhador e a outra cópia deve ser arquivada na empresa.

33.4. Emergência e Salvamento

33.4.1. O empregador deve elaborar e implementar procedimentos de emergência e resgate adequados aos espaços confinados incluindo, no mínimo:

a) descrição dos possíveis cenários de acidentes, obtidos a partir da Análise de Riscos;

b) descrição das medidas de salvamento e primeiros socorros a serem executadas em caso de emergência;

c) seleção e técnicas de utilização dos equipamentos de comunicação, iluminação de emergência, busca, resgate, primeiros socorros e transporte de vítimas;

d) acionamento de equipe responsável, pública ou privada, pela execução das medidas de resgate e primeiros socorros para cada serviço a ser realizado; e

e) exercício simulado anual de salvamento nos possíveis cenários de acidentes em espaços confinados.

33.4.2. O pessoal responsável pela execução das medidas de salvamento deve possuir aptidão física e mental compatível com a atividade a desempenhar.

33.4.3. A capacitação da equipe de salvamento deve contemplar todos os possíveis cenários de acidentes identificados na análise de risco.

33.5. Disposições Gerais

33.5.1. O empregador deve garantir que os trabalhadores possam interromper suas atividades e abandonar o local de trabalho, sempre que suspeitarem da existência de risco grave e iminente para sua segurança e saúde ou a de terceiros.

33.5.2. São solidariamente responsáveis pelo cumprimento desta NR os contratantes e contratados.

33.5.3. É vedada a entrada e a realização de qualquer trabalho em espaços confinados sem a emissão da Permissão de Entrada e Trabalho.

ANEXO I — SINALIZAÇÃO

Sinalização para identificação de espaço confinado

ANEXO II — Permissão de Entrada e Trabalho — PET

Caráter informativo para elaboração da Permissão de Entrada e Trabalho em Espaço Confinado

Caráter informativo para elaboração da Permissão de Entrada e Trabalho em Espaço Confinado			
Nome da empresa:			
Local do espaço confinado:			
Local do espaço confinado:	Espaço confinado n.		
Data e horário da emissão:	Data e horário do término:		
Trabalho a ser realizado:			
Trabalhadores autorizados:			
Vigia:	Equipe de resgate:		
Supervisor de Entrada:			
Procedimentos que devem ser completados antes da entrada			
1. Isolamento		S ( )	N ( )
2. Teste inicial da atmosfera: horário Oxigênio Inflamáveis Gases/vapores tóxicos Poeiras/fumos/névoas tóxicas	 % O2 %LIE ppm mg/m³		
Nome legível/assinatura do Supervisor dos testes:			
3. Bloqueios, travamento e etiquetagem	N/A ( )	S ( )	N ( )
4. Purga e/ou lavagem	N/A ( )	S ( )	N ( )
5. Ventilação/exaustão — tipo, equipamento e tempo	N/A ( )	S ( )	N ( )
6. Teste após ventilação e isolamento: horário ________ Oxigênio Inflamáveis Gases/vapores tóxicos Poeiras/fumos/névoas tóxicas Nome legível/assinatura do Supervisor dos testes:	 % O2 > 19,5% ou < 23,0 % %LIE < 10% ppm mg/m³		
7. Iluminação geral	N/A ( )	S ( )	N ( )
8. Procedimentos de comunicação:	N/A ( )	S ( )	N ( )
9. Procedimentos de resgate:	N/A ( )	S ( )	N ( )
10. Procedimentos e proteção de movimentação vertical:	N/A ( )	S ( )	N ( )
11. Treinamento de todos os trabalhadores? É atual?		S ( )	N ( )
12. Equipamentos:			

13. Equipamento de monitoramento contínuo de gases aprovados e certificados por um Organismo de Certificação Credenciado (OCC) pelo INMETRO para trabalho em áreas potencialmente explosivas de leitura direta com alarmes em condições:		S ( )	N ( )
Lanternas	N/A ( )	S ( )	N ( )
Roupa de proteção	N/A ( )	S ( )	N ( )
Extintores de incêndio	N/A ( )	S ( )	N ( )
Capacetes, botas, luvas	N/A ( )	S ( )	N ( )
Equipamentos de proteção respiratória/autônomo ou sistema de ar mandado com cilindro de escape			
Cinturão de segurança e linhas de vida para os trabalhadores autorizado			
Cinturão de segurança e linhas de vida para a equipe de resgate			
Escada			
Equipamentos de movimentação vertical/suportes externos			
Equipamentos de comunicação eletrônica aprovados e certificados por um Organismo de Certificação Credenciado (OCC) pelo INMETRO para trabalho em áreas potencialmente explosivas			
Equipamento de proteção respiratória autônomo ou sistema de ar mandado com cilindro de escape para a equipe de resgate			
Equipamentos elétricos e eletrônicos aprovados e certificados por um Organismo de Certificação Credenciado (OCC) pelo INMETRO para trabalho em áreas potencialmente explosivas			
Legenda: N/A — "não se aplica"; N — "não"; S — "sim".			
Procedimentos que devem ser completados durante o desenvolvimento dos trabalhos			
Permissão de trabalhos a quente			
Procedimentos de Emergência e Resgate			
Permissão de trabalhos a quente	N/A ( )	S ( )	N ( )
Telefones e contatos: Ambulância:__________ Bombeiros:__________ Segurança:__________			
Obs.: *• A entrada não pode ser permitida se algum campo não for preenchido ou contiver a marca na coluna "não".* *• A falta de monitoramento contínuo da atmosfera no interior do espaço confinado, alarme, ordem do Vigia ou qualquer situação de risco à segurança dos trabalhadores, implica no abandono imediato da área.* *• Qualquer saída de toda equipe por qualquer motivo implica a emissão de nova permissão de entrada. Esta permissão de entrada deverá ficar exposta no local de trabalho até o seu término. Após o trabalho, esta permissão deverá ser arquivada.*			

ANEXO III — Glossário

Abertura de linha: abertura intencional de um duto, tubo, linha, tubulação que está sendo utilizada ou foi utilizada para transportar materiais tóxicos, inflamáveis, corrosivos, gás, ou qualquer fluido em pressões ou temperaturas capazes de causar danos materiais ou pessoais visando a eliminar energias perigosas para o trabalho seguro em espaços confinados.

Alívio: o mesmo que abertura de linha.

Análise Preliminar de Risco (APR): avaliação inicial dos riscos potenciais, suas causas, consequências e medidas de controle.

Área Classificada: área potencialmente explosiva ou com risco de explosão.

Atmosfera IPVS — Atmosfera Imediatamente Perigosa à Vida ou à Saúde: qualquer atmosfera que apresente risco imediato à vida ou produza imediato efeito debilitante à saúde.

Avaliações iniciais da atmosfera: conjunto de medições preliminares realizadas na atmosfera do espaço confinado.

Base técnica: conjunto de normas, artigos, livros, procedimentos de segurança de trabalho, e demais documentos técnicos utilizados para implementar o Sistema de Permissão de Entrada e Trabalho em espaços confinados.

Bloqueio: dispositivo que impede a liberação de energias perigosas tais como: pressão, vapor, fluidos, combustíveis, água e outros visando à contenção de energias perigosas para trabalho seguro em espaços confinados.

Chama aberta: mistura de gases incandescentes emitindo energia, que é também denominada chama ou fogo.

Condição IPVS: Qualquer condição que coloque um risco imediato de morte ou que possa resultar em efeitos à saúde irreversíveis ou imediatamente severos ou que possa resultar em dano ocular, irritação ou outras condições que possam impedir a saída de um espaço confinado.

Contaminantes: gases, vapores, névoas, fumos e poeiras presentes na atmosfera do espaço confinado.

Deficiência de Oxigênio: atmosfera contendo menos de 20,9% de oxigênio em volume na pressão atmosférica normal, a não ser que a redução do percentual seja devidamente monitorada e controlada.

Engolfamento: é o envolvimento e a captura de uma pessoa por líquidos ou sólidos finamente divididos.

Enriquecimento de Oxigênio: atmosfera contendo mais de 23% de oxigênio em volume.

Etiquetagem: colocação de rótulo num dispositivo isolador de energia para indicar que o dispositivo e o equipamento a ser controlado não podem ser utilizados até a sua remoção.

Faísca: partícula candente gerada no processo de esmerilhamento, polimento, corte ou solda.

Gestão de segurança e saúde nos trabalhos em espaços confinados: conjunto de medidas técnicas de prevenção, administrativas, pessoais e coletivas necessárias para garantir o trabalho seguro em espaços confinados.

Inertização: deslocamento da atmosfera existente em um espaço confinado por um gás inerte, resultando numa atmosfera não combustível e com deficiência de oxigênio.

Intrinsecamente Seguro: situação em que o equipamento não pode liberar energia elétrica ou térmica suficientes para, em condições normais ou anormais, causar a ignição de uma dada atmosfera explosiva, conforme expresso no certificado de conformidade do equipamento.

Lacre: braçadeira ou outro dispositivo que precise ser rompido para abrir um equipamento.

Leitura direta: dispositivo ou equipamento que permite realizar leituras de contaminantes em tempo real.

Medidas especiais de controle: medidas adicionais de controle necessárias para permitir a entrada e o trabalho em espaços confinados em situações peculiares, tais como trabalhos a quente, atmosferas IPVS ou outras.

Ordem de Bloqueio: ordem de suspensão de operação normal do espaço confinado.

Ordem de Liberação: ordem de reativação de operação normal do espaço confinado.

Oxigênio puro: atmosfera contendo somente oxigênio (100%).

Permissão de Entrada e Trabalho (PET): documento escrito contendo o conjunto de medidas de controle visando à entrada e desenvolvimento de trabalho seguro, além de medidas de emergência e resgate em espaços confinados.

Proficiência: competência, aptidão, capacitação e habilidade aliadas à experiência.

Programa de Proteção Respiratória: conjunto de medidas práticas e administrativas necessárias para proteger a saúde do trabalhador pela seleção adequada e uso correto dos respiradores.

Purga: método de limpeza que torna a atmosfera interior do espaço confinado isenta de gases, vapores e outras impurezas indesejáveis através de ventilação ou lavagem com água ou vapor.

Quase-acidente: qualquer evento não programado que possa indicar a possibilidade de ocorrência de acidente.

Responsável Técnico: profissional habilitado para identificar os espaços confinados existentes na empresa e elaborar as medidas técnicas de prevenção, administrativas, pessoais e de emergência e resgate.

Risco Grave e Iminente: Qualquer condição que possa causar acidente de trabalho ou doença profissional com lesão grave à integridade física do trabalhador.

Riscos psicossociais: influência na saúde mental dos trabalhadores, provocada pelas tensões da vida diária, pressão do trabalho e outros fatores adversos.

Salvamento: procedimento operacional padronizado, realizado por equipe com conhecimento técnico especializado, para resgatar e prestar os primeiros socorros a trabalhadores em caso de emergência.

Sistema de Permissão de Entrada em Espaços Confinados: procedimento escrito para preparar uma Permissão de Entrada e Trabalho (PET).

Supervisor de Entrada: pessoa capacitada para operar a permissão de entrada com responsabilidade para preencher e assinar a Permissão de Entrada e Trabalho (PET) para o desenvolvimento de entrada e trabalho seguro no interior de espaços confinados.

Trabalhador autorizado: trabalhador capacitado para entrar no espaço confinado, ciente dos seus direitos e deveres e com conhecimento dos riscos e das medidas de controle existentes.

Trava: dispositivo (como chave ou cadeado) utilizado para garantir isolamento de dispositivos que possam liberar energia elétrica ou mecânica de forma acidental.

Vigia: trabalhador designado para permanecer fora do espaço confinado e que é responsável pelo acompanhamento, comunicação e ordem de abandono para os trabalhadores.

Capítulo 34

CONDIÇÕES E MEIO AMBIENTE DE TRABALHO NA INDÚSTRIA DA CONSTRUÇÃO E REPARAÇÃO NAVAL

Atividades da indústria da construção e reparação naval são todas aquelas desenvolvidas no âmbito das instalações empregadas para este fim ou nas próprias embarcações e estruturas, tais como: navios, barcos, lanchas, plataformas fixas ou flutuantes, dentre outras.

A trigésima quarta norma regulamentadora de segurança e saúde no trabalho, NR-34 (CONDIÇÕES E MEIO AMBIENTE DE TRABALHO NA INDÚSTRIA DA CONSTRUÇÃO E REPARAÇÃO NAVAL), foi editada nos termos da Portaria SIT-MTE n. 200, de 20.1.2011, e encontra-se atualizada até a edição da Portaria MTE n. 592, de 28.4.2014, e possui fundamento de validade jurídica, em termos de legislação ordinária, consubstanciado nos ditames dos arts. 155, 157, 158 e 200 da Consolidação das Leis do Trabalho (CLT). As recomendações técnico-preventivas da NR-34 estão contidas, de forma sequenciada e agrupada, em 17 Tópicos, além de 2 Anexos, na forma seguinte:

Sumário da NR-34 (CONDIÇÕES E MEIO AMBIENTE DE TRABALHO NA INDÚSTRIA DA CONSTRUÇÃO E REPARAÇÃO NAVAL)

34.1. Objetivo e Campo de Aplicação.

34.2. Responsabilidades.

34.3. Capacitação e Treinamento.

34.4. Documentação.

34.5. Trabalho a Quente.

34.6. Trabalho em Altura.

34.7. Trabalho com Exposição a Radiações Ionizantes.

34.8. Trabalhos de Jateamento e Hidrojateamento.

34.9. Atividades de Pintura.

34.10. Movimentação de Cargas.

34.11. Montagem e Desmontagem de Andaimes.

34.12. Equipamentos Portáteis.

34.13. Instalações Elétricas Provisórias.

34.14. Testes de Estanqueidade.

34.15. Fixação e Estabilização Temporária de Elementos Estruturais.

34.16. Disposições Finais.

34.17. Glossário.

Anexo I: Conteúdo Programático e Carga Horária Mínima para o Programa de Treinamento.

Anexo II: Tabelas de Serviços em Oficinas e em Áreas Descobertas.

Tabela 1 — Serviços em Oficinas.

Tabela 2 — Serviços em Área Descobertas.

Certamente, as determinações preventivas da NR-34 têm como destinatários as empresas privadas e estatais (empresas públicas e sociedades de economia mista) brasileiras e seus trabalhadores e, como objetivo básico, estabelecer os requisitos mínimos e as medidas de proteção à segurança, à saúde e ao meio ambiente de trabalho na indústria da construção e reparação naval.

Reiterando conceitos já consagrados em outras normas regulamentadoras, a norma preventiva em análise igualmente diferencia três modalidades de capacitação profissional de trabalhadores, a saber:

- Trabalhador Capacitado é todo aquele que recebeu capacitação sob orientação e responsabilidade de profissional legalmente habilitado.
- Trabalhador Qualificado é aquele que comprovar conclusão de curso específico para sua atividade em instituição reconhecida pelo sistema oficial de ensino.
- Profissional Legalmente Habilitado é o trabalhador previamente qualificado e com registro no competente conselho de classe.

São disposições normativas atinentes às Responsabilidades Patronais, garantir a efetiva implementação das medidas de proteção assim como proporcionar condições para que os trabalhadores possam colaborar com a implementação das medidas previstas na NR-34, e, em especial:

- Designar formalmente um responsável pela implementação das medidas preventivas contidas na NR-34;
- Garantir a adoção das medidas de proteção definidas na NR-34 antes do início de qualquer trabalho;
- Assegurar que os trabalhos sejam imediatamente interrompidos quando houver mudanças nas condições ambientais que os tornem potencialmente perigosos à integridade física e psíquica dos trabalhadores;
- Providenciar a realização da Análise Preliminar de Risco (APR) e, quando aplicável, a emissão da Permissão de Trabalho (PT);
- Realizar, antes do início das atividades operacionais, Diálogo Diário de Segurança (DDS), contemplando as atividades que serão desenvolvidas, o processo de trabalho, os riscos e as medidas de proteção, consignando o tema tratado em um documento, rubricado pelos participantes e arquivado, juntamente com a lista de presença;
- Garantir aos trabalhadores informações atualizadas acerca dos riscos da atividade e as medidas de controle que são e devem ser adotadas;
- Adotar as providências necessárias para acompanhar o cumprimento das medidas de proteção estabelecidas na NR-34 pelas empresas contratadas.

Acerca da Permissão de Trabalho (PT) cabe ser dito que ela corresponde a um documento escrito contendo o conjunto de medidas de controle necessárias para que o trabalho seja desenvolvido de forma segura, além de medidas de emergência e resgate, e deve:

- ser emitida em três vias, para: afixação no local de trabalho, entrega à chefia imediata dos trabalhadores que realizarão o trabalho, e arquivo de forma a ser facilmente localizada;
- conter os requisitos mínimos a serem atendidos para a execução dos trabalhos e, quando aplicável, às disposições estabelecidas na APR;
- ser assinada pelos integrantes da equipe de trabalho, chefia imediata e profissional de segurança e saúde no trabalho ou, na inexistência desse, pelo responsável pelo cumprimento desta Norma;
- ter validade limitada à duração da atividade, restrita ao turno de trabalho, podendo ser revalidada pelo responsável pela aprovação nas situações em que não ocorram mudanças nas condições estabelecidas ou na equipe de trabalho.

Análise Preliminar de Risco (APR) consiste na avaliação inicial dos riscos potenciais, suas causas, consequências e medidas de controle, efetuada por equipe técnica multidisciplinar, sob a coordenação de profissional de segurança e saúde no trabalho ou, na inexistência deste, pelo responsável que tenha sido designado pelo empregador para a implementação de todas as medidas preventivas contidas na NR-34, devendo a APR ser assinada por todos os participantes.

Importante enfatizar que todos esses documentos e os demais previstos na NR-34 devem permanecer no estabelecimento à disposição da Auditoria Fiscal do Trabalho, dos representantes da Comissão Interna de Prevenção de Acidentes (CIPA) e dos representantes das Entidades Sindicais representativas da categoria, além de ser arquivada por um período mínimo de cinco anos.

No que concerne à realização de Treinamento, segundo a NR-34, o empregador deverá promover para seus empregados treinamentos de capacitação, durante o horário normal de trabalho. Ao término da capacitação, deve ser emitido certificado contendo o nome do trabalhador, conteúdo programático, carga horária, data e local de realização do treinamento e assinatura do responsável técnico. Ditos treinamentos serão realizados observadas as seguintes modalidades:

- ADMISSIONAL, com carga horária mínima de seis horas, com conteúdo programático contendo informações sobre os seguintes tópicos:
  - riscos inerentes à atividade;
  - condições e meio ambiente de trabalho;
  - equipamentos de proteção coletiva (EPCs) existentes no estabelecimento;
  - uso adequado dos equipamentos de proteção individual (EPIs).
- PERIÓDICO, com carga horária mínima de quatro horas e ser realizado anualmente ou quando do retorno de afastamento ao trabalho por período superior a noventa dias.
- ESPECIAL, a ser realizado sempre que ocorrer qualquer uma das seguintes situações:
  - mudança nos procedimentos, condições ou operações de trabalho;
  - evento que indique a necessidade de novo treinamento;
  - acidente grave ou fatal.

Consideram-se Trabalho a Quente as atividades de soldagem, goivagem, esmerilhamento, corte ou outras que possam gerar fontes de ignição tais como aquecimento, centelha ou chama; nessas atividades devem ser adotadas medidas preventivas de duas modalidades:

- Medidas de Ordem Geral atinentes à Inspeção Preliminar, à Proteção Contra Incêndios, ao Controle de Fumos e Contaminantes, à Utilização de Gases e aos Equipamentos Elétricos.
- Medidas Específicas alusivas à Análise Preliminar de Risco e à Permissão de Trabalho.

Importante destacar que, em face da edição da NR-35 (Trabalho em Altura), o item 34.6, que trata especificamente sobre Trabalho em Altura na Indústria da Construção e Reparação Naval, foi inteiramente reformulado, nos termos da Portaria MTE-GM n. 592, de 28.4.2014; merecendo destacar que, além de serem atendidos os dispositivos preventivos do citado item da NR-34, deverão ser observadas, igualmente, as medidas preventivas de caráter geral contidas na NR-35.

Na execução dos Trabalhos em Altura na indústria da construção e reparação naval deverão ser tomadas as seguintes precauções básicas:

- isolamento e sinalização de toda a área sob o serviço antes do início das atividades;
- adoção de medidas para evitar a queda de ferramentas e materiais, inclusive no caso de paralisação dos trabalhos;
- desenergização, bloqueio e etiquetagem de toda instalação elétrica aérea nas proximidades do serviço;
- instalação de proteção ou barreiras que evitem contato acidental com instalações elétricas aéreas, conforme procedimento da concessionária local, na inviabilidade técnica de sua desenergização;

- interrupção imediata do trabalho em altura em caso de iluminação insuficiente ou de condições meteorológicas adversas, como chuva, ventos superiores a quarenta quilômetros por hora, dentre outras.

Excepcionalmente, pode ser autorizada a execução de trabalho em altura em condições com ventos superiores a quarenta quilômetros por hora e inferiores a cinquenta e cinco quilômetros por hora, desde que atendidos os seguintes requisitos:

- justificada a impossibilidade do adiamento dos serviços por meio de documento apensado à APR, assinado por profissional de segurança e saúde no trabalho e pelo responsável pela execução dos serviços, consignando as medidas de proteção adicionais aplicáveis;

- realizada mediante operação assistida por profissional de segurança e saúde no trabalho e pelo responsável pela execução das atividades.

No trabalho com exposição a Radiações Ionizantes, estipula a NR-34 que devem ser adotadas medidas de segurança para execução dos serviços envolvendo radiações ionizantes (radiografia e gamagrafia), visando a proteger os trabalhadores, indivíduos do público e meio ambiente contra os efeitos nocivos da radiação. Deverá ser designado Supervisor de Proteção Radiológica (SPR), responsável pela supervisão dos trabalhos com exposição a radiações ionizantes. Da mesma forma, deve ser indicado e mantido, dentre os empregados, um Responsável por Instalação Aberta (RIA) para implementação dos trabalhos com radiações ionizantes. Os serviços devem ser executados conforme instruções da PT, devendo ser interrompido imediatamente se houver mudança nas condições ambientais que o torne potencialmente perigoso, informando-se o ocorrido ao responsável pela segurança e saúde no trabalho, quando houver, bem como ao RIA/SPR.

Na execução dos serviços com exposição a radiações ionizante, os seguintes documentos devem ser elaborados e mantidos atualizados no estabelecimento:

- Plano de Proteção Radiológica (PPR), aprovado pela CNEN (Comissão Nacional de Energia Nuclear);

- Autorização para Operação, expedida pela CNEN;

- Relação dos profissionais certificados pela CNEN para execução dos serviços;

- Certificados de calibração dos monitores de radiação, conforme regulamentação da CNEN;

- Certificados das fontes radioativas e as respectivas tabelas de decaimento.

Antes do início da execução dos serviços envolvendo radiações ionizantes, o empregador deve elaborar em conjunto com a executante um plano específico de radioproteção; o Plano de Proteção Radiológica (PPR) em articulação com os demais programas preventivos da empresa, especialmente, o Programa de Prevenção de Riscos Ambientais (PPRA) e o Programa de Controle Médico de Saúde Ocupacional (PCMSO). O aludido PPR deve especificar:

- as características da fonte radioativa (atividade máxima) e as do equipamento (tipo de foco, potência máxima etc.);

- a memória de cálculo do balizamento;

- o método de armazenamento da fonte radioativa;

- a movimentação da fonte radioativa;

- a relação dos acessórios e instrumentos a serem utilizados em situações de emergência e a dos funcionários envolvidos; e

- o plano de atuação para situações de emergência.

A contratante da execução dos serviços radiológicos deve guardar os registros de dose para cada Indivíduo Ocupacionalmente Exposto (IOE) até que estes alcancem setenta e cinco anos de idade e, pelo menos, por trinta anos após o término de sua ocupação, mesmo que já tenham falecido. Todos os serviços envolvendo radiações ionizantes (radiografia e gamagrafia) devem ser executados de maneira a expor o menor número de trabalhadores; pelo que devem ser aplicadas medidas preventivas especiais de segurança nessas atividades.

Quanto à execução de Trabalhos de Jateamento e Hidrojateamento, dispõe a trigésima quarta norma regulamentadora de segurança e saúde no trabalho que estes somente devem ser realizados por trabalhadores capacitados e os envolvidos no serviço devem portar cartão específico contendo as informações necessárias ao atendimento de emergência, além de estarem devidamente protegidos contra os riscos específicos dessas atividades. Na execução desses trabalhos, devem ser tomadas as seguintes precauções:

- demarcar, sinalizar e isolar a área de trabalho;
- aterrar a máquina de jato/hidrojato;
- empregar mangueira/ mangote dotada de revestimento em malha de aço e dispositivo de segurança em suas conexões que impeça o chicoteamento;
- verificar as condições dos equipamentos, acessórios e travas de segurança;
- eliminar vazamentos no sistema de jateamento/hidrojateamento;
- somente ligar a máquina após a autorização do jatista/hidrojatista;
- operar o equipamento conforme recomendações do fabricante, proibindo pressões operacionais superiores às especificadas para as mangueiras/mangotes;
- impedir dobras, torções e a colocação de mangueiras/mangotes sobre arestas sem proteção;
- manter o contato visual entre operadores e jatista/hidrojatista ou empregar observador intermediário;
- realizar revezamento entre jatista/hidrojatista, obedecendo à resistência física do trabalhador.

No tocante às Atividades de Pintura, preceitua a NR-34 que o empregador deve cumprir as seguintes disposições normativas:

- designar somente trabalhador capacitado;
- emitir PT em conformidade com a atividade a ser desenvolvida;
- impedir a realização de trabalhos incompatíveis nas adjacências;
- demarcar, sinalizar e isolar a área de trabalho;
- utilizar equipamentos e iluminação à prova de explosão, com cabo de alimentação elétrica sem emendas, para pintura em espaço confinado ou com pistola pneumática (*airless*);
- aterrar a bomba empregada no sistema de pistola pneumática.

Devem ser implementadas as recomendações constantes da Ficha de Informação de Segurança de Produtos Químicos (FISPQ), e o trabalhador será treinado quanto às disposições preventivas. Será disponibilizado para o pintor e auxiliares, armário individual duplo, de forma que os compartimentos estabeleçam, rigorosamente, o isolamento das roupas de uso comum e as de trabalho. A higienização e substituição da vestimenta de trabalho deve ser realizada diariamente ou, havendo impossibilidade, que se forneça vestimenta de material descartável. A qualidade do ar empregado nos equipamentos de proteção respiratória de adução por linha de ar comprimido, será garantida conforme estabelecido no PPR. Deve haver lava-olhos de emergência próximo ao local da pintura e disponibilizados chuveiros de emergência em locais definidos pela APR.

Segundo estabelecido na NR-34, as operações de Movimentação Eletromecânica de Cargas devem ser realizadas por trabalhador capacitado e autorizado. Os equipamentos de movimentação de cargas e seus acessórios somente serão utilizados em perfeito estado operacional e certificados, com identificação e documentação que possam ser rastreados. Deve ser elaborado o Prontuário dos Equipamentos contendo, no mínimo, as seguintes informações:

- cópia do manual de operação fornecido pelo fabricante, em língua portuguesa, e, na indisponibilidade deste, é permitida a reclassificação do equipamento por órgão certificador externo credenciado;
- especificações técnicas;
- programa de inspeção, manutenção e certificação;
- registro das inspeções, manutenções e certificações;
- plano de ação para correção das não conformidades encontradas durante as inspeções, manutenções ou certificações;
- identificação e assinatura do responsável técnico indicado pela empresa para implementar este procedimento.

Outrossim, a certificação dos equipamentos de movimentação de cargas e seus assessórios deve obedecer aos seguintes critérios:

- ser realizada por profissional legalmente habilitado, com registro no Conselho Regional de Engenharia e Agronomia (CREA);
- ser registrada em Relatório de Inspeção;
- atender à periodicidade especificada pelo órgão certificador e/ou fabricante.

A propósito, o Relatório de Inspeção nas atividades de movimentação de cargas deve conter:

- os itens inspecionados e as não conformidades encontradas, descrevendo as impeditivas e as não impeditivas à operação do equipamento de guindar;
- as medidas corretivas adotadas para as não conformidades impeditivas;
- o cronograma de correção para as irregularidades não impeditivas, que não representem perigo à segurança e à saúde, isoladamente ou em conjunto.

A NR-34 contém várias disposições preventivas a serem cumpridas pelo empregador, por ocasião da realização de Serviços de Montagem e Desmontagem de Andaimes, merecendo destacar as seguintes:

- o dimensionamento dos andaimes e de sua estrutura de sustentação e fixação deve ser realizado por profissional legalmente habilitado, devendo a memória de cálculo ser mantida no estabelecimento;
- deve ser emitida Permissão de Trabalho (PT) para montagem, desmontagem e manutenção de andaimes; além do que, tais serviços devem ser executados por trabalhador capacitado, sob a supervisão e responsabilidade da chefia imediata;
- o trabalho de montagem e desmontagem deve ser interrompido imediatamente em caso de iluminação insuficiente e condições climáticas adversas, como chuva, ventos superiores a quarenta quilômetros por hora, dentre outras;
- é obrigatório o uso de cinto de segurança do tipo paraquedista, dotado de talabarte duplo pelos montadores de andaimes, que devem dispor de ferramentas apropriadas, acondicionadas e atadas ao cinto;
- a área deve ser isolada durante os serviços de montagem, desmontagem ou manutenção, permitindo-se o acesso somente à equipe envolvida nas atividades. Os andaimes em processo de montagem, desmontagem ou manutenção devem ser sinalizados com placas nas cores vermelha, indicando a proibição do uso, ou verde, após sua liberação;
- os andaimes somente devem ser utilizados após serem aprovados pelo profissional de segurança e saúde no trabalho ou, na inexistência desse, do responsável pelo cumprimento da NR-34, conjuntamente com o encarregado do serviço. A aprovação deve ser consignada não "Ficha de Liberação de Andaime" que será preenchida, assinada e afixada no andaime.

Acerca das medidas preventivas atinentes ao Manuseio de Equipamentos Portáteis, assim dispõe a NR-34:

- deve ser realizada manutenção preventiva conforme programa aprovado pelo responsável técnico, mantendo seu registro na empresa;
- os equipamentos devem ser dotados de dispositivo de acionamento e parada em sua estrutura, assim como deve ser identificada a pressão máxima ou tensão de trabalho dos equipamentos em sua estrutura, de forma visível e indelével;
- deve ser assegurado que a atividade com equipamento portátil rotativo seja executada por trabalhador capacitado; além do que, os equipamentos que ofereçam risco de ruptura de suas partes, projeção de peças ou partes dessas devem ter os seus movimentos alternados ou rotativos protegidos.

No trabalho com máquinas e equipamentos portáteis devem ser providenciadas as seguintes medidas preventivas:

- inspecionar o equipamento e os acessórios antes do início das atividades;
- garantir área de trabalho segura e limpa para as atividades com máquinas rotativas;
- empregar EPC, para evitar a projeção de faíscas;
- utilizar as máquinas e acessórios de acordo com as recomendações do fabricante;
- operar somente equipamentos em perfeito estado de conservação e funcionamento.

É terminantemente proibido:

- utilizar equipamentos portáteis rotativos para afiar ferramentas;
- utilizar o cabo de alimentação para movimentar ou desconectar o equipamento;
- utilizar o disco de corte para desbastar;
- utilizar equipamento portátil como máquina de bancada, exceto quando especificado pelo fabricante;
- retirar a coifa de proteção das máquinas que utilizam disco rígido.

Dentre os vários itens preventivos estipulados pela NR-34 acerca das Instalações Elétricas Provisórias, merecem ser destacadas as seguintes:

- os cabos elétricos devem ser dispostos em estruturas aéreas ou subterrâneas, de forma a garantir a proteção dos trabalhadores e não obstruir acessos, passagens e rotas de fuga; e, nos circuitos elétricos, devem ser utilizados somente cabos bi ou tripolares com isolação plástica (PP) ou de borracha (PB).
- as caixas de distribuição devem ser:
  - dimensionadas adequadamente;
  - confeccionadas em material não combustível, livre de arestas cortantes;
  - aterradas e protegidas por disjuntores;
  - dotadas de dispositivos de proteção contra choques e dispositivo Diferencial Residual (DR);
  - identificadas quanto à voltagem e sinalizadas para evitar choque elétrico;
  - dotadas de porta e fecho;
  - equipadas com barreira fixa para evitar contato acidental com as partes energizadas.

- deve ser realizado Teste de Estanqueidade, assim entendido o ensaio não destrutivo realizado pela aplicação de pressão em peça, compartimento ou tubulação para detecção de vazamentos, por profissional qualificado conforme normas técnicas nacionais pertinentes e por organismos independentes que atendam à ABNT-NBR-ISSO-IEC-17024, e que deve usar uma identificação de fácil visualização que os diferencie dos demais. Deve ser mantida no estabelecimento memória de cálculo do projeto do sistema de teste de estanqueidade.
- antes do início das atividades, devem ser adotadas as seguintes medidas de segurança:
  - emitir a PT;
  - evacuar, isolar e sinalizar a área de risco definida no procedimento;
  - implementar EPC;
  - na inviabilidade técnica do uso de EPC, deve ser elaborada APR contendo medidas alternativas que assegurem a integridade física do trabalhador.

A título de Disposições Finais, constam especificadas na NR-34 as seguintes recomendações preventivas:

- é proibido o uso de adorno pessoal na área industrial, inclusive a utilização de lentes de contato nos trabalhos a quente;
- é vedado o uso de solvente, ar comprimido e gases pressurizados para limpar a pele ou as vestimentas, ou como processo de limpeza;
- deve ser colocada, em lugares visíveis para os trabalhadores, comunicação visual alusiva à prevenção de acidentes e doenças do trabalho;
- deve ser disponibilizada no estaleiro área de recreação para os trabalhadores;
- os locais de trabalho devem ser mantidos em estado de limpeza compatível com a atividade e a área de produção industrial deve ser provida de sistema de escoamento de águas pluviais;
- é obrigatório o fornecimento gratuito pelo empregador de Equipamentos de Proteção Individual adequados ao risco e em perfeito estado de conservação e funcionamento, assim como de vestimentas de trabalho e sua reposição quando danificadas;
- é obrigatório o fornecimento de água potável, filtrada e fresca para os trabalhadores por meio de bebedouro de jato inclinado ou equipamento similar que garanta as mesmas condições, na proporção de um para cada grupo de vinte e cinco trabalhadores ou fração.

Por último, cabe ser dito que, quando da ocorrência de Acidente Fatal, prescreve a NR-34 ser obrigatória a adoção das seguintes medidas:

- comunicar de imediato à autoridade policial competente e à Superintendência Regional do Trabalho e Emprego (SRTE), que repassará a informação imediatamente ao sindicato da categoria profissional;
- isolar o local diretamente relacionado ao acidente, mantendo suas características até a sua liberação pela autoridade policial competente e pela SRTE;
- a liberação do local poderá ser concedida após a investigação pela SRTE, que ocorrerá num prazo máximo de setenta e duas horas, a partir do protocolo de recebimento da comunicação escrita ao referido órgão.

Doravante, serão reproduzidos os FUNDAMENTOS JURÍDICOS (dispositivos legais, infralegais e regulamentares) que propiciam o suporte de validade jurídica à temática em apreço, observando-se as ordens hierárquica e cronológica. Ao final, encontra-se igualmente transcrita, de forma integral e atualizada, a correspondente norma regulamentadora de segurança e saúde no trabalho que intitula este Capítulo.

FUNDAMENTOS JURÍDICOS DO CAPÍTULO 34

NR-34: CONDIÇÕES E MEIO AMBIENTE DE TRABALHO NA INDÚSTRIA DA CONSTRUÇÃO E REPARAÇÃO NAVAL *(redação original dada pela Portaria SIT-MTE n. 200, de 20.1.2011, atualizada até a edição da Portaria MTE n. 592, de 28.4.2014). Art. 7º, incisos XXII, XXIII, XXVIII e XXXIII, da CF-1988. Artigos 155, 157, 158 e 200 da CLT.*

CONSTITUIÇÃO DA REPÚBLICA FEDERATIVA DO BRASIL

(Atualizada até a edição da Emenda Constitucional n. 85, de 26.2.2015)

Título II: Dos Direitos e Garantias Fundamentais (Arts. 5º a 17)

Capítulo II: Dos Direitos Sociais (Arts. 6º a 11)

Art. 7º São direitos dos trabalhadores urbanos e rurais[(1)], além de outros que visem à melhoria de sua condição social:

XXII — redução dos riscos inerentes ao trabalho, por meio de normas de saúde, higiene e segurança;

XXIII — adicional de remuneração para as atividades penosas, insalubres ou perigosas, na forma da lei;

XXVIII — seguro contra acidentes de trabalho, a cargo do empregador, sem excluir a indenização a que este está obrigado, quando incorrer em dolo ou culpa;

XXXIII — proibição de trabalho noturno, perigoso ou insalubre a menores de dezoito e de qualquer trabalho a menores de dezesseis anos, salvo na condição de aprendiz, a partir de quatorze anos.

NORMAS JURÍDICAS INFRACONSTITUCIONAIS

CONSOLIDAÇÃO DAS LEIS DO TRABALHO

(Decreto-lei n. 5.452, de 1º.5.1943, com a redação dos arts. 154 a 201 CLT dada pela Lei n. 6.514 de 22.12.1977, atualizada até a edição da Lei n. 13.103, de 2.3.2015)

Título II: **Das Normas Gerais de Tutela do Trabalho** (Arts. 13 a 223 da CLT)

Capítulo V: **Da Segurança e da Medicina do Trabalho** (Arts. 154 a 201 da CLT)[(2)]

Seção I: **Disposições Gerais** (Arts. 154 a 159)

Art. 155. Incumbe ao órgão de âmbito nacional competente em matéria de segurança e medicina do trabalho:

I — estabelecer, nos limites de sua competência, normas sobre a aplicação dos preceitos deste Capítulo, especialmente os referidos no art. 200;

II — coordenar, orientar, controlar e supervisionar a fiscalização e as demais atividades relacionadas com a segurança e a medicina do trabalho em todo o território nacional, inclusive a Campanha Nacional de Prevenção de Acidentes do Trabalho;

III — conhecer, em última instância, dos recursos, voluntários ou de ofício, das decisões proferidas pelos Delegados Regionais do Trabalho (atuais Superintendentes Regionais do Trabalho e Emprego), em matéria de segurança e medicina do trabalho.

Art. 157. Cabe às empresas:

I — cumprir e fazer cumprir as normas de segurança e medicina do trabalho;

II — instruir os empregados, através de ordens de serviço, quanto às precauções a tomar no sentido de evitar acidentes do trabalho ou doenças ocupacionais;

III — adotar as medidas que lhes sejam determinadas pelo órgão regional competente;

IV — facilitar o exercício da fiscalização pela autoridade competente

Art. 158. Cabe aos empregados:

I — observar as normas de segurança e medicina do trabalho, inclusive as instruções de que trata o item II do artigo anterior.

II — colaborar com a empresa na aplicação dos dispositivos deste Capítulo.

Parágrafo único — Constitui ato faltoso do empregado a recusa injustificada;

a) à observância das instruções expedidas pelo empregador na forma do item II do artigo anterior;

b) ao uso dos equipamentos de proteção individual fornecidos pela empresa.

---

(1) Especificamente em relação aos Servidores Públicos Federais (submetidos ao Regime Jurídico Único da Lei n. 8.112/1990) dispõe o § 3º do art. 39 da CF-1988 que: "Aplica-se aos servidores ocupantes de cargo público o disposto no art. 7º, IV, VII, VIII, IX, XII, XIII, XV, XVI, XVII, XVIII, XIX, XX, XXII e XXX, podendo a lei estabelecer requisitos diferenciados de admissão quando a natureza do cargo o exigir".

(2) A Lei n. 6.514, de 22.12.1977 propiciou a redação dos arts. 154 a 201 da CLT, observadas as atualizações legais até a edição da Lei n. 13.103, de 2.3.2015.

Seção XV: **Das Outras Medidas Especiais de Proteção** (Art. 200 da CLT)

Art. 200. Cabe ao Ministério do Trabalho e Emprego estabelecer disposições complementares às normas de que trata este Capítulo, tendo em vista as peculiaridades de cada atividade ou setor de trabalho, especialmente sobre:

I — medidas de prevenção de acidentes e os equipamentos de proteção individual em obras de construção, demolição ou reparos;[(3)]

II — depósitos, armazenagem e manuseio de combustíveis, inflamáveis e explosivos, bem como trânsito e permanência nas áreas respectivas;[(4)]

III — trabalho em escavações, túneis, galerias, minas e pedreiras, sobretudo quanto à prevenção de explosões, incêndios, desmoronamentos e soterramentos, eliminação de poeiras, gases etc., e facilidades de rápida saída dos empregados;[(5)]

IV — proteção contra incêndio em geral e as medidas preventivas adequadas, com exigências ao especial revestimento de portas e paredes, construção de paredes contra fogo, diques e outros anteparos, assim como garantia geral de fácil circulação, corredores de acesso e saídas amplas e protegidas, com suficiente sinalização;[(6)]

V — proteção contra insolação, calor, frio, umidade e ventos, sobretudo no trabalho a céu aberto com provisão, quanto a este, de água potável, alojamento e profilaxia de endemias;[(7)]

VI — proteção do trabalhador exposto a substâncias químicas nocivas, radiações ionizantes e não ionizantes, ruídos, vibrações e trepidações ou pressões anormais ao ambiente de trabalho, com especificação das medidas cabíveis para eliminação ou atenuação desses efeitos, limites máximos quanto ao tempo de exposição, à intensidade da ação ou de seus efeitos sobre o organismo do trabalhador, exames médicos obrigatórios, limites de idade, controle permanente dos locais de trabalho e das demais exigências que se façam necessárias;[(8)]

VII — higiene nos locais de trabalho, com discriminação das exigências, instalações sanitárias, com separação de sexos, chuveiros, lavatórios, vestiários e armários individuais, refeitórios ou condições de conforto por ocasião das refeições, fornecimento de água potável, condições de limpeza dos locais de trabalho e modo de sua execução, tratamento de resíduos industriais;[(9)]

VIII — emprego das cores nos locais de trabalho, inclusive nas sinalizações de perigo.[(10)]

Parágrafo único. Tratando-se de radiações ionizantes e explosivos, as normas a que se refere este artigo serão expedidas de acordo com as resoluções a respeito adotadas pelo órgão técnico.[(11)]

NORMAS JURÍDICAS INFRALEGAIS OU REGULAMENTARES

NR-34 (CONDIÇÕES E MEIO AMBIENTE DE TRABALHO NA INDÚSTRIA DA CONSTRUÇÃO E REPARAÇÃO NAVAL)[(12)]

Publicação	**D.O.U.**
Portaria SIT n. 200, de 20 de janeiro de 2011	21.1.2011
Alterações/Atualizações	**D.O.U.**
Portaria SIT n. 317, de 8 de maio de 2012	9.5.12
Portaria MTE n. 1.897, de 9 de dezembro de 2013	11.12.13
Portaria MTE n. 592, de 28 de abril de 2014	30.4.14

SUMÁRIO

---

(3) A NR-18 (Condições e Meio Ambiente de Trabalho na Indústria da Construção) disciplina o inciso I, do art. 200 da CLT.
(4) A NR-19 (Explosivos) e a NR-20 (SEGURANÇA E SAÚDE NO TRABALHO COM INFLAMÁVEIS E COMBUSTÍVEIS) disciplinam o inciso II, do art. 200 da CLT.
(5) A NR-22 (Segurança e Saúde Ocupacional na Mineração) disciplina o inciso III do art. 200 da CLT.
(6) A NR-23 (Proteção Contra Incêndios) disciplina o inciso do IV, do art. 200 da CLT.
(7) A NR-21: Trabalho a Céu Aberto disciplina o art. V, da CLT.
(8) A NR-9 (PPRA), a NR-7 (PCMSO) e a NR-15: Atividades e Operações Insalubres disciplinam este inciso do art. 200 da CLT.
(9) A NR-24 (Condições Sanitárias e de Conforto nos Locais de Trabalho) e a NR-25 (Resíduos Industriais) disciplinam o inciso VII do art. 200 da CLT.
(10) A NR-26 (Sinalização de Segurança) disciplina o inciso VIII, do art. 200 da CLT.
(11) O Anexo n. 5 (Limites de Tolerância para Radiações Ionizantes), da NR-15 (Atividades e Operações Insalubres), estipula a observância às Resoluções da Comissão Nacional de Energia Nuclear (CNEN) n. 9/88 e 10/88.
(12) O Texto da NR-34 (CONDIÇÕES E MEIO AMBIENTE DE TRABALHO NA INDÚSTRIA DA CONSTRUÇÃO E REPARAÇÃO NAVAL), ora reproduzido, encontra-se atualizado até a edição da Portaria SIT-MTE n. 592, de 28.4.2014.

34.1. Objetivo e Campo de Aplicação

34.1.1. Esta Norma Regulamentadora — NR estabelece os requisitos mínimos e as medidas de proteção à segurança, à saúde e ao meio ambiente de trabalho nas atividades da indústria de construção e reparação naval.

34.1.2. Consideram-se atividades da indústria da construção e reparação naval todas aquelas desenvolvidas no âmbito das instalações empregadas para este fim ou nas próprias embarcações e estruturas, tais como navios, barcos, lanchas, plataformas fixas ou flutuantes, dentre outras.

34.1.3. A observância do estabelecido nesta NR não desobriga os empregadores do cumprimento das disposições contidas nas demais Normas Regulamentadoras, aprovadas pela Portaria n. 3.214/78, de 8 de junho de 1978.

34.2. Responsabilidades

34.2.1. Cabe ao empregador garantir a efetiva implementação das medidas de proteção estabelecidas nesta Norma, devendo:

a) designar formalmente um responsável pela implementação desta Norma;

b) garantir a adoção das medidas de proteção definidas nesta Norma antes do início de qualquer trabalho;

c) assegurar que os trabalhos sejam imediatamente interrompidos quando houver mudanças nas condições ambientais que os tornem potencialmente perigosos à integridade física e psíquica dos trabalhadores;

d) providenciar a realização da Análise Preliminar de Risco — APR e, quando aplicável, a emissão da Permissão de Trabalho — PT;

e) realizar, antes do início das atividades operacionais, Diálogo Diário de Segurança — DDS, contemplando as atividades que serão desenvolvidas, o processo de trabalho, os riscos e as medidas de proteção, consignando o tema tratado em um documento, rubricado pelos participantes e arquivado, juntamente com a lista de presença;

f) garantir aos trabalhadores informações atualizadas acerca dos riscos da atividade e as medidas de controle que são e devem ser adotadas;

g) adotar as providências necessárias para acompanhar o cumprimento das medidas de proteção estabelecidas nesta Norma pelas empresas contratadas.

34.2.2. O empregador deve proporcionar condições para que os trabalhadores possam colaborar com a implementação das medidas previstas nesta Norma, bem como interromper imediatamente o trabalho, com informação a seu superior hierárquico, conforme previsto na alínea "c" do item 34.2.1.

34.3. Capacitação e Treinamento

34.3.1. É considerado trabalhador qualificado aquele que comprovar conclusão de curso específico para sua atividade em instituição reconhecida pelo sistema oficial de ensino.

34.3.2. É considerado profissional legalmente habilitado o trabalhador previamente qualificado e com registro no competente conselho de classe.

34.3.3. É considerado trabalhador capacitado aquele que receba capacitação sob orientação e responsabilidade de profissional legalmente habilitado.

34.3.4. O empregador deve desenvolver e implantar programa de capacitação, compreendendo treinamento admissional, periódico e sempre que ocorrer qualquer das seguintes situações:

a) mudança nos procedimentos, condições ou operações de trabalho;

b) evento que indique a necessidade de novo treinamento;

c) acidente grave ou fatal.

34.3.4.1. O treinamento admissional deve ter carga horária mínima de seis horas, constando de informações sobre:

a) os riscos inerentes à atividade;

b) as condições e meio ambiente de trabalho;

c) os Equipamentos de Proteção Coletiva — EPC existentes no estabelecimento;

d) o uso adequado dos Equipamentos de Proteção Individual — EPI.

34.3.4.2. O treinamento periódico deve ter carga horária mínima de quatro horas e ser realizado anualmente ou quando do retorno de afastamento ao trabalho por período superior a noventa dias.

34.3.5. A capacitação deve ser realizada durante o horário normal de trabalho.

34.3.5.1. Ao término da capacitação, deve ser emitido certificado contendo o nome do trabalhador, conteúdo programático, carga horária, data e local de realização do treinamento e assinatura do responsável técnico.

34.3.5.2. O certificado deve ser entregue ao trabalhador e uma cópia deve ser arquivada na empresa.

34.3.5.3. A capacitação será consignada no registro do empregado.

34.3.6. O trabalhador deve receber o material didático utilizado na capacitação.

34.4. Documentação

34.4.1. Toda documentação prevista nesta Norma deve permanecer no estabelecimento à disposição à disposição da Auditoria-Fiscal do Trabalho, dos representantes da Comissão Interna de Prevenção de Acidentes — CIPA e dos representantes das Entidades Sindicais representativas da categoria, sendo arquivada por um período mínimo de cinco anos.

34.4.2. Consiste a Permissão de Trabalho — PT em documento escrito que contém o conjunto de medidas de controle necessárias para que o trabalho seja desenvolvido de forma segura, além de medidas emergência e resgate, e deve:

a) ser emitida em três vias, para: afixação no local de trabalho, entrega à chefia imediata dos trabalhadores que realizarão o trabalho, e arquivo de forma a ser facilmente localizada;

b) conter os requisitos mínimos a serem atendidos para a execução dos trabalhos e, quando aplicável, às disposições estabelecidas na APR;

c) ser assinada pelos integrantes da equipe de trabalho, chefia imediata e profissional de segurança e saúde no trabalho ou, na inexistência desse, pelo responsável pelo cumprimento desta Norma;

d) ter validade limitada à duração da atividade, restrita ao turno de trabalho, podendo ser revalidada pelo responsável pela aprovação nas situações em que não ocorram mudanças nas condições estabelecidas ou na equipe de trabalho. *(Alterada pela Portaria MTE n. 1.897, de 9 de dezembro de 2013)*

34.4.3. A Análise Preliminar de Risco — APR consiste na avaliação inicial dos riscos potenciais suas causas, consequências e medidas de controle, efetuada por equipe técnica multidisciplinar e coordenada por profissional de segurança e saúde no trabalho ou, na inexistência deste, o responsável pelo cumprimento desta Norma, devendo ser assinada por todos participantes.

34.5. Trabalho a Quente

34.5.1. Para fins desta Norma, considera-se trabalho a quente as atividades de soldagem, goivagem, esmerilhamento, corte ou outras que possam gerar fontes de ignição tais como aquecimento, centelha ou chama.

34.5.1.1. As medidas de proteção contemplam as de ordem geral e as específicas, aplicáveis, respectivamente, a todas as atividades inerentes ao trabalho a quente e aos trabalhos em áreas não previamente destinadas a esse fim.

Medidas de Ordem Geral

34.5.2. Inspeção Preliminar

34.5.2.1. Nos locais onde se realizam trabalhos a quente deve ser efetuada inspeção preliminar, de modo a assegurar que:

a) o local de trabalho e áreas adjacentes estejam limpos, secos e isentos de agentes combustíveis, inflamáveis, tóxicos e contaminantes;

b) a área somente seja liberada após constatação da ausência de atividades incompatíveis com o trabalho a quente;

c) o trabalho a quente seja executado por trabalhador capacitado, conforme item 4 do Anexo I. *(Alterada pela Portaria MTE n. 1.897, de 9 de dezembro de 2013)*

34.5.3. Proteção contra Incêndio

34.5.3.1. Cabe aos empregadores tomar as seguintes medidas de proteção contra incêndio nos locais onde se realizam trabalhos a quente:

a) providenciar a eliminação ou manter sob controle possíveis riscos de incêndios;

b) instalar proteção física adequada contra fogo, respingos, calor, fagulhas ou borras, de modo a evitar o contato com materiais combustíveis ou inflamáveis, bem como interferir em atividades paralelas ou na circulação de pessoas;

c) manter desimpedido e próximo à área de trabalho sistema de combate a incêndio, especificado conforme tipo e quantidade de inflamáveis e/ou combustíveis presentes;

d) inspecionar o local e as áreas adjacentes ao término do trabalho, a fim de evitar princípios de incêndio.

34.5.4. Controle de fumos e contaminantes

34.5.4.1. Para o controle de fumos e contaminantes decorrentes dos trabalhos a quente devem ser implementadas as seguintes medidas:

a) limpar adequadamente a superfície e remover os produtos de limpeza utilizados, antes de realizar qualquer operação;

b) providenciar renovação de ar a fim de eliminar gases, vapores e fumos empregados e/ou gerados durante os trabalhos a quente.

34.5.4.2. Sempre que ocorrer mudança nas condições ambientais estabelecidas as atividades devem ser interrompidas, avaliando-se as condições ambientais e adotando-se as medidas necessárias para adequar a renovação de ar.

34.5.4.3. Quando a composição do revestimento da peça ou dos gases liberados no processo de solda/aquecimento não for conhecida, deve ser utilizado equipamento autônomo de proteção respiratória ou proteção respiratória de adução por linha de ar comprimido, de acordo com o previsto no Programa de Proteção Respiratória — PPR.

34.5.5. Utilização de gases

34.5.5.1. Nos trabalhos a quente que utilizem gases devem ser adotadas as seguintes medidas:

a) utilizar somente gases adequados à aplicação, de acordo com as informações do fabricante;

b) seguir as determinações indicadas na Ficha de Informação de Segurança de Produtos Químicos — FISPQ;

c) usar reguladores de pressão calibrados e em conformidade com o gás empregado.

34.5.5.2. É proibida a instalação de adaptadores entre o cilindro e o regulador de pressão.

34.5.5.3. No caso de equipamento de oxiacetileno, deve ser utilizado dispositivo contra retrocesso de chama nas alimentações da mangueira e do maçarico.

34.5.5.4. Quanto ao circuito de gás, devem ser observadas:

a) a inspeção antes do início do trabalho, de modo a assegurar a ausência de vazamentos e o seu perfeito estado de funcionamento;

b) manutenção com a periodicidade estabelecida no procedimento da empresa, conforme especificações técnicas do fabricante/fornecedor.

34.5.5.5. Somente é permitido emendar mangueiras por meio do uso de conector, em conformidade com as especificações técnicas do fornecedor/fabricante.

34.5.5.6. Os cilindros de gás devem ser:

a) mantidos em posição vertical, fixados e distantes de chamas, fontes de centelhamento, calor ou de produtos inflamáveis;

b) instalados de forma a não se tornar parte de circuito elétrico, mesmo que acidentalmente;

c) transportados na posição vertical, com capacete rosqueado, por meio de equipamentos apropriados, devidamente fixados, evitando-se colisões;

d) quando inoperantes e/ou vazios, mantidos com as válvulas fechadas e guardados com o protetor de válvulas (capacete rosqueado).

34.5.5.7. É proibida a instalação de cilindros de gases em ambientes confinados.

34.5.5.8. Sempre que o serviço for interrompido, devem ser fechadas as válvulas dos cilindros, dos maçaricos e dos distribuidores de gases.

34.5.5.9. Ao término do serviço, as mangueiras de alimentação devem ser desconectadas.

34.5.5.10. Os equipamentos inoperantes e as mangueiras de gases devem ser mantidos fora dos espaços confinados.

34.5.6. Equipamentos elétricos

34.5.6.1. Os equipamentos elétricos e seus acessórios devem ser aterrados a um ponto seguro de aterramento e instalados de acordo com as instruções do fabricante.

34.5.6.2. Devem ser utilizados cabos elétricos de bitola adequada às aplicações previstas, e com a isolação em perfeito estado.

34.5.6.3. Os terminais de saída devem ser mantidos em bom estado, sem partes quebradas ou isolação trincada, principalmente aquele ligado à peça a ser soldada.

34.5.6.4. Deve ser assegurado que as conexões elétricas estejam bem ajustadas, limpas e secas.

Medidas Específicas

34.5.7. Devem ser empregadas técnicas de APR para:

a) determinar as medidas de controle;

b) definir o raio de abrangência;

c) sinalizar e isolar a área;

d) avaliar a necessidade de vigilância especial contra incêndios (observador) e de sistema de alarme;

e) outras providências, sempre que necessário.

34.5.8. Antes do início dos trabalhos a quente, o local deve ser inspecionado, e o resultado da inspeção ser registrado na Permissão de Trabalho.

34.5.9. As aberturas e canaletas devem ser fechadas ou protegidas, para evitar projeção de fagulhas, combustão ou interferência em outras atividades.

34.5.10. Quando definido na APR, o observador deve permanecer no local, em contato permanente com as frentes de trabalho, até a conclusão do serviço.

34.5.10.1. O observador deve receber treinamento ministrado por trabalhador capacitado em prevenção e combate a incêndio, com conteúdo programático e carga horária mínima conforme o item 1 do Anexo I desta Norma.

34.6. Trabalhos em Altura *(nova redação pela Portaria MTE n. 592, de 28 de abril de 2014)*

34.6.1. As medidas de proteção contra quedas de altura devem atender à NR-35 e ao disposto neste item.

34.6.2. Metodologia de Trabalho

34.6.2.1. Na execução do trabalho em altura devem ser tomadas as seguintes providências:

a) isolamento e sinalização de toda a área sob o serviço antes do início das atividades;

b) adoção de medidas para evitar a queda de ferramentas e materiais, inclusive no caso de paralisação dos trabalhos;

c) desenergização, bloqueio e etiquetagem de toda instalação elétrica aérea nas proximidades do serviço;

d) instalação de proteção ou barreiras que evitem contato acidental com instalações elétricas aéreas, conforme procedimento da concessionária local, na inviabilidade técnica de sua desenergização;

e) interrupção imediata do trabalho em altura em caso de iluminação insuficiente ou condições meteorológicas adversas, como chuva e ventos superiores a quarenta quilômetros por hora, dentre outras.

34.6.2.2. Pode ser autorizada a execução de trabalho em altura em condições com ventos superiores a quarenta quilômetros por hora e inferiores a cinquenta e cinco quilômetros por hora, desde que atendidos os seguintes requisitos:

a) justificada a impossibilidade do adiamento dos serviços por meio de documento apensado à APR, assinado por profissional de segurança e saúde no trabalho e pelo responsável pela execução dos serviços, consignando as medidas de proteção adicionais aplicáveis;

b) realizada mediante operação assistida por profissional de segurança e saúde no trabalho e pelo responsável pela execução das atividades.

34.6.3. Escadas, rampas e passarelas.

34.6.3.1. A transposição de pisos com diferença de nível superior a trinta centímetros deve ser feita por meio de escadas ou rampas.

34.6.3.2. As escadas de uso coletivo, rampas e passarelas para a circulação de pessoas e materiais devem possuir construção sólida, corrimão e rodapé.

34.6.3.3. Para a construção de escadas, rampas e passarelas, deve ser utilizada madeira seca e de boa qualidade, que não apresente nós e rachaduras que possam comprometer sua resistência, sendo vedado o uso de pintura para encobrir imperfeições.

Escadas

34.6.3.4. Nos trabalhos a quente, é vedada a utilização de escadas de madeira.

34.6.3.5. As escadas provisórias de uso coletivo devem ser dimensionadas em função do fluxo de trabalhadores, com largura mínima de oitenta centímetros, e patamar intermediário pelo menos a cada dois metros e noventa centímetros de altura, com largura e comprimento, no mínimo, iguais à largura da escada.

34.6.3.6. As escadas de mão devem ser de uso restrito a acessos provisórios e serviços de pequeno porte, e:

a) ser dimensionadas com até sete metros de extensão e espaçamento uniforme entre os degraus, variando entre vinte e cinco e trinta centímetros;

b) ser instaladas de forma a ultrapassar em um metro o piso superior;

c) ser fixadas nos pisos inferior e superior ou possuir dispositivo que impeça o seu escorregamento;

d) possuir degraus antiderrapantes; e

e) ser apoiadas em piso resistente.

34.6.3.7. É proibida a utilização de escadas de mão com montante único e junto a redes e equipamentos elétricos desprotegidos.

34.6.3.8. É vedada a colocação de escadas de mão nas proximidades de portas ou áreas de circulação, de aberturas e vãos e em locais onde haja risco de queda de objetos ou materiais.

34.6.3.9. As escadas de abrir devem ser rígidas, estáveis e possuir dispositivos que as mantenham com abertura constante e comprimento máximo de seis metros quando fechadas.

34.6.3.10. As escadas extensíveis devem possuir dispositivo limitador de curso, colocado no quarto vão a contar da catraca ou, caso não haja o limitador de curso, devem permitir uma sobreposição de no mínimo um metro quando estendidas.

34.6.3.11. As escadas fixas, tipo marinheiro, que possuam seis metros ou mais de altura, devem possuir:

a) gaiola protetora a partir de dois metros acima da base até um metro acima da última superfície de trabalho;

b) patamar intermediário de descanso, protegido por guarda-corpo e rodapé, para cada lance de nove metros.

Rampas e passarelas

34.6.3.12. As rampas e passarelas provisórias devem ser construídas e mantidas em perfeitas condições de uso e segurança.

34.6.3.13. As rampas provisórias devem ser fixadas no piso inferior e superior, não ultrapassando trinta graus de inclinação em relação ao piso.

34.6.3.14. Nas rampas provisórias com inclinação superior a dezoito graus, devem ser fixadas peças transversais, espaçadas em quarenta centímetros, no máximo, para apoio dos pés.

34.6.3.15. Não devem existir ressaltos entre o piso da passarela e o piso do terreno.

34.6.3.16. Os apoios das extremidades das passarelas devem ser dimensionados em função do comprimento total das mesmas e das cargas a que estarão submetidas.

34.6.4. Plataformas Fixas

34.6.4.1. As plataformas devem ser projetadas, aprovadas, instaladas e mantidas de modo a suportar as cargas máximas permitidas.

34.6.4.2. O projeto de plataformas e de sua estrutura de sustentação e fixação deve ser realizado por profissional legalmente habilitado.

34.6.4.3. A memória de cálculo do projeto de plataformas deve ser mantida no estabelecimento.

34.6.4.4. É proibida a utilização de quaisquer meios para se atingir lugares mais altos sobre o piso de trabalho de plataformas.

34.6.4.5. Deve ser afixada nas plataformas, de forma visível e indelével, placa contendo a indicação da carga máxima permitida.

34.6.5. Plataformas Elevatórias

34.6.5.1. As plataformas de trabalho com sistema de movimentação vertical em pinhão e cremalheira e as plataformas hidráulicas devem observar as especificações técnicas do fabricante quanto à montagem, operação, manutenção, desmontagem e inspeções periódicas, sob responsabilidade técnica de profissional legalmente habilitado.

34.6.5.2. Em caso de equipamentos importados, os projetos, especificações técnicas e manuais de montagem, operação, manutenção, inspeção e desmontagem devem ser revisados e referendados por profissional legalmente habilitado no país, atendendo o previsto nas normas técnicas da Associação Brasileira de Normas Técnicas — ABNT ou de entidades internacionais por ela referendadas, ou, ainda, outra entidade credenciada pelo Conselho Nacional de Metrologia, Normalização e Qualidade Industrial.

34.6.5.3. Os manuais de orientação do fabricante, em língua portuguesa, devem estar à disposição no estabelecimento.

34.6.5.4. A instalação, manutenção e inspeção periódica das plataformas de trabalho devem ser feitas por trabalhador capacitado, sob supervisão e responsabilidade técnica de profissional legalmente habilitado.

34.6.5.5. Os equipamentos da plataforma elevatória somente devem ser operados por trabalhador capacitado.

34.6.5.6. Todos os trabalhadores usuários de plataformas devem receber orientação quanto ao correto carregamento e posicionamento dos materiais na plataforma.

34.6.5.7. O responsável pela verificação diária das condições de uso dos equipamentos deve receber manual de procedimentos para a rotina de verificação diária.

34.6.5.8. A capacidade de carga mínima no piso de trabalho deve ser de cento e cinquenta quilogramas-força por metro quadrado.

34.6.5.9. As extensões telescópicas, quando utilizadas, devem oferecer a mesma resistência do piso da plataforma.

34.6.5.10. São proibidas a improvisação na montagem de trechos em balanço e a interligação de plataformas.

34.6.5.11. É responsabilidade do fabricante ou locador a indicação dos esforços na estrutura e apoios das plataformas, bem como a indicação dos pontos que resistam a esses esforços.

34.6.5.12. A área sob as plataformas de trabalho deve ser devidamente sinalizada e delimitada, sendo proibida a circulação de trabalhadores dentro daquele espaço.

34.6.5.13. As plataformas elevatórias devem dispor de:

a) sistema de sinalização sonora acionado automaticamente durante sua subida e descida;

b) botão de parada de emergência no painel de comando;

c) dispositivos de segurança que garantam o perfeito nivelamento no ponto de trabalho, que não pode exceder a inclinação máxima indicada pelo fabricante.

34.6.5.14. No percurso vertical das plataformas não pode haver interferências que obstruam seu livre deslocamento.

34.6.5.15. Em caso de pane elétrica, os equipamentos devem ser dotados de dispositivos mecânicos de emergência que mantenham a plataforma parada permitindo o alívio manual por parte do operador, para descida segura da mesma até sua base.

34.6.5.16. O último elemento superior da torre deve ser cego, não contendo engrenagens de cremalheira, de forma a garantir que os roletes permaneçam em contato com as guias.

34.6.5.17. Os elementos de fixação utilizados no travamento das plataformas devem ser devidamente dimensionados para suportar os esforços indicados em projeto.

34.6.5.18. Os espaçamentos entre as ancoragens ou entroncamentos devem obedecer às especificações do fabricante e ser indicados no projeto.

34.6.5.19. A ancoragem da torre é obrigatória quando a altura desta for superior a nove metros.

34.6.5.20. A utilização das plataformas elevatórias sem ancoragem ou entroncamento deve seguir rigorosamente as condições de cada modelo indicadas pelo fabricante.

34.6.5.21. No caso de utilização de plataformas elevatórias com chassi móvel, este deve estar devidamente nivelado, patolado e/ou travado no início da montagem das torres verticais de sustentação das plataformas, permanecendo dessa forma durante seu uso e desmontagem.

34.6.5.22. Os guarda-corpos, inclusive nas extensões telescópicas, devem atender ao previsto no item 34.11.16 e observar as especificações do fabricante, não sendo permitido o uso de cordas, cabos, correntes ou qualquer outro material flexível.

34.6.5.23. Os equipamentos, quando fora de serviço, devem estar no nível da base, desligados e protegidos contra acionamento não autorizado.

34.6.5.24. As plataformas de trabalho devem ter seus acessos dotados de dispositivos eletroeletrônicos que impeçam sua movimentação quando abertos.

34.6.5.25. É proibida a utilização das plataformas elevatórias de trabalho para o transporte de pessoas e materiais não vinculados aos serviços em execução.

34.6.6. Acesso por Corda

34.6.6.1. Na execução das atividades com acesso por cordas devem ser utilizados procedimentos técnicos de escalada industrial, conforme estabelecido em norma técnica nacional ou, na sua ausência, em normas internacionais.

34.6.6.2. A empresa responsável pelo serviço e a equipe de trabalhadores devem ser certificadas em conformidade com norma técnica nacional ou, na sua ausência, com normas internacionais.

34.6.6.3. A equipe de trabalho deve ser capacitada para resgate em altura e composta por, no mínimo, três pessoas, sendo um supervisor.

34.6.6.4. Para cada local de trabalho deve haver um plano de autorresgate e resgate dos profissionais.

34.6.6.5. Durante a execução da atividade, o trabalhador deve estar conectado a, pelo menos, dois pontos de ancoragem.

34.6.6.6. Devem ser utilizados equipamentos e cordas que sejam certificados em conformidade com normas nacionais ou, na ausência dessas, normas internacionais.

34.6.6.7. Os equipamentos utilizados para acesso por corda devem ser armazenados e mantidos conforme recomendação do fabricante/fornecedor.

34.6.6.8. As informações do fabricante/fornecedor devem ser mantidas de modo a permitir a rastreabilidade.

34.6.6.9. O trabalho de acesso por corda deve ser interrompido imediatamente em caso de iluminação insuficiente e condições meteorológicas adversas, como chuva e ventos superiores a quarenta quilômetros por hora, dentre outras.

34.6.6.9.1. Pode ser autorizada a execução de trabalho em altura utilizando acesso por cordas em condições com ventos superiores a quarenta quilômetros por hora e inferiores a quarenta e seis quilômetros por hora, desde que atendidos os seguintes requisitos:

a) justificada a impossibilidade do adiamento dos serviços mediante documento apensado à APR, assinado por profissional de segurança e saúde no trabalho e pelo responsável pela execução dos serviços, consignando as medidas de proteção adicionais aplicáveis;

b) realizada mediante operação assistida por profissional de segurança e saúde no trabalho e pelo responsável pela execução das atividades.

34.6.6.10. A equipe de trabalho deve portar rádio comunicador ou equipamento de telefonia similar.

34.6.7. Plataformas para trabalho em altura inferior a 2,00m.

34.6.7.1. Para trabalhos executados em altura inferior a 2,00 (dois metros), podem ser usadas plataformas, as quais devem:

a) ter capacidade de carga indicada de forma indelével;

b) dispor de meio de acesso incorporado à mesma;

c) dispor de guarda-corpo com altura mínima de 1,00m (um metro) com vãos inferiores a 50 cm;

d) dispor de rodapé com 20 cm de altura, no caso de plataformas com pisos acima de 1,00m (um metro).

34.6.7.1.1. É proibido o uso de estrutura de madeira.

34.6.7.1.2. No caso de plataformas sobre rodízios essas devem adicionalmente:

a) ser dotadas de travas;

b) ser apoiadas somente sobre superfícies horizontais planas.

34.7. Trabalho com Exposição a Radiações Ionizantes

34.7.1. Devem ser adotadas medidas de segurança para execução dos serviços envolvendo radiações ionizantes (radiografia e gamagrafia), visando a proteger os trabalhadores, indivíduos do público e meio ambiente contra os efeitos nocivos da radiação.

34.7.2. Deve ser designado Supervisor de Proteção Radiológica — SPR, responsável pela supervisão dos trabalhos com exposição a radiações ionizantes.

34.7.2.1. Deve ser indicado e mantido, dentre os empregados, Responsável por Instalação Aberta — RIA para implementação dos trabalhos com radiações ionizantes.

34.7.3. Os serviços devem ser executados conforme instruções da PT.

34.7.4. O trabalho deve ser interrompido imediatamente se houver mudança nas condições ambientais que o torne potencialmente perigoso, informando-se o ocorrido ao responsável pela segurança e saúde no trabalho, quando houver, bem como ao RIA/SPR.

34.7.5. Os seguintes documentos devem ser elaborados e mantidos atualizados no estabelecimento:

a) Plano de Proteção Radiológica, aprovado pela Comissão Nacional de Energia Nuclear — CNEN;

b) autorização para operação, expedida pela CNEN;

c) relação dos profissionais certificados pela CNEN para execução dos serviços;

d) certificados de calibração dos monitores de radiação, conforme regulamentação da CNEN;

e) certificados das fontes radioativas e as respectivas tabelas de decaimento.

34.7.6. No caso da execução dos serviços por terceiros, cópias dos documentos relacionados no item 34.7.5 devem permanecer na contratante, conforme período estabelecido pela CNEN.

34.7.7. O Plano de Proteção Radiológica deve estar articulado com os demais programas da empresa, especialmente com o Programa de Prevenção de Riscos Ambientais — PPRA e o Programa de Controle Médico de Saúde Ocupacional — PCMSO.

34.7.8. O empregador, antes do início da execução dos serviços envolvendo radiações ionizantes, deve elaborar em conjunto com a executante um plano específico de radioproteção, contendo:

a) as características da fonte radioativa (atividade máxima);

b) as características do equipamento (tipo de foco, potência máxima etc.);

c) a memória de cálculo do balizamento;

d) o método de armazenamento da fonte radioativa;

e) a movimentação da fonte radioativa;

f) a relação dos acessórios e instrumentos a serem utilizados em situações de emergência;

g) a relação de funcionários envolvidos;

h) o plano de atuação para situações de emergência.

34.7.9. A contratante deve prover a guarda dos registros de dose para cada Indivíduo Ocupacionalmente Exposto — IOE.

34.7.9.1. Os registros devem ser preservados até os IOE atingirem a idade de setenta e cinco anos e, pelo menos, por trinta anos após o término de sua ocupação, mesmo que já tenham falecido.

34.7.10. Todos os serviços envolvendo radiações ionizantes (radiografia e gamagrafia) devem ser executados de maneira a expor o menor número de trabalhadores.

34.7.11. Devem ser aplicadas medidas preventivas de segurança nos serviços envolvendo radiações ionizantes.

34.7.11.1. Antes da exposição da fonte de radiação, devem ser tomadas as seguintes providências:

a) dotar o local onde é executada a radiografia e/ou gamagrafia do objeto de acessos e condições adequados;

b) isolar a área controlada , sinalizando-a com placas de advertência contendo o símbolo internacional de radiação ionizante e providenciando iluminação de alerta e controle nos locais de acesso.

34.7.11.2. Durante a exposição da fonte de radiação, devem ser adotadas as seguintes medidas:

a) monitoração individual de dose de radiação ionizante de todo o pessoal envolvido, por dispositivo de leitura direta e indireta, conforme o plano de proteção radiológica;

b) monitoração da área controlada quando do acionamento da fonte de radiação, por meio de medidor portátil de radiação, por profissional e equipamento certificados pela CNEN;

c) interrupção imediata da atividade e recolhimento da fonte em caso de detecção de exposição acima do limite, estabelecido pela CNEN observando que:

I — os IOE deverão ser afastados e avaliados em conformidade com o Plano de Proteção Radiológica;

II — a área e o tempo de exposição devem ser redimensionados para o reinício da atividade;

d) direcionamento do feixe de radiação, sempre que possível, para o solo;

e) utilização obrigatória do colimador, ou, havendo inviabilidade técnica, registro do fato na PT pelo RIA responsável.

34.7.11.3. Após o recolhimento da fonte de radiação, devem ser obedecidas as seguintes medidas:

a) acondicionar devidamente a fonte de radiação em recipiente blindado;

b) em nenhuma hipótese abandonar o equipamento com a fonte de radiação;

c) somente liberar a área controlada após a determinação do RIA do executante, removendo os isolamentos e a sinalização.

Transporte e Acondicionamento

34.7.12. As operações de transporte rodoviário de material radioativo devem ser acompanhadas de sua documentação específica, atendendo aos requisitos das normas técnicas nacionais vigentes, bem como às instruções e às recomendações da CNEN e dos recebedores e/ou fornecedores de fontes seladas.

Situações de Emergência

34.7.13. O RIA responsável pela frente de trabalho deve, imediatamente, coordenar as ações e garantir a adoção das seguintes medidas:

a) dimensionar a área e controlar seu(s) acesso(s), de modo que os IOE, não fiquem sujeitos a níveis de radiação acima dos valores admissíveis;

b) aplicar as disposições contidas no plano de emergência, parte integrante do PPR, de modo a resgatar de forma segura a fonte radioativa imediatamente;

c) informar a ocorrência ao SPR, o qual deve comparecer ao local caso o resgate não tenha sido efetuado pela equipe.

34.7.14. As medidas estabelecidas no plano de emergência do PPR devem contemplar, no mínimo:

a) método, instrumentação e dispositivos necessários para delimitação e sinalização da área de emergência;

b) instruções relativas ao planejamento das etapas ou fases de resgate da fonte;

c) critérios para seleção da equipe de IOE responsável pela execução das atividades planejadas para o resgate da fonte;

d) registros e anotações a serem executados pela equipe de resgate, que serão utilizados para a elaboração do relatório da ocorrência;

e) critérios para avaliação de doses recebidas pelos IOE envolvidos na emergência e encaminhamento, quando necessário, para supervisão médica especial.

34.8. Trabalhos de Jateamento e Hidrojateamento

34.8.1. Os serviços de jateamento/hidrojateamento somente devem ser realizados por trabalhadores capacitados.

34.8.1.1. Os envolvidos no serviço devem utilizar cartão especifico contendo as informações necessárias ao atendimento de emergência.

34.8.1.2. Os trabalhadores devem estar devidamente protegidos contra os riscos decorrentes das atividades de jateamento/hidrojateamento, em especial os riscos mecânicos.

34.8.2. A manutenção dos equipamentos deve ser realizada somente por trabalhadores qualificados.

34.8.3. A PT deve ser emitida em conformidade com a atividade a ser desenvolvida.

34.8.4. Na execução dos trabalhos, devem ser tomados os seguintes cuidados:

a) demarcar, sinalizar e isolar a área de trabalho;

b) aterrar a máquina de jato/hidrojato;

c) empregar mangueira/mangote dotada de revestimento em malha de aço e dispositivo de segurança em suas conexões que impeça o chicoteamento;

d) verificar as condições dos equipamentos, acessórios e travas de segurança;

e) eliminar vazamentos no sistema de jateamento/hidrojateamento;

f) somente ligar a máquina após a autorização do jatista/hidrojatista;

g) operar o equipamento conforme recomendações do fabricante, proibindo pressões operacionais superiores às especificadas para as mangueiras/mangotes;

h) impedir dobras, torções e a colocação de mangueiras/mangotes sobre arestas sem proteção;

i) manter o contato visual entre operadores e jatista/hidrojatista ou empregar observador intermediário;

j) realizar revezamento entre jatista/hidrojatista, obedecendo à resistência física do trabalhador.

34.8.5. A atividade de hidrojateamento de alta pressão deve ser realizada em tempo contínuo de até uma hora; com intervalos de igual período, em jornada de trabalho máxima de oito horas.

34.8.6. É proibido o travamento ou amarração do gatilho da pistola do equipamento.

34.8.7. Deve ser mantido sistema de drenagem para retirar a água liberada durante o hidrojateamento.

34.8.8. O dispositivo de segurança (trava) da pistola deve ser acionado quando da interrupção do trabalho, sobretudo durante a mudança de nível ou compartimento.

34.8.9. É proibido ao jatista/hidrojatista desviar o jato do seu foco de trabalho.

34.8.10. Em serviço de hidrojateamento deve ser utilizada iluminação estanque alimentada por extrabaixa tensão.

34.8.11. É obrigatório o uso de equipamento de adução por linha de ar comprimido nas atividades de jateamento.

34.8.11.1. Deve ser assegurado que a qualidade do ar empregado nos equipamentos de proteção respiratória de adução por linha de ar comprimido esteja conforme estabelecido pelo PPR.

34.8.12. Todo o sistema deve ser despressurizado quando o equipamento estiver fora de uso, em manutenção ou limpeza.

34.8.13. É proibido o jateamento de areia ou a utilização de materiais que contenham concentração de sílica superior ao permitido pela legislação vigente.

34.9. Atividades de Pintura

34.9.1. Na realização de serviços de pintura, devem ser observadas as seguintes medidas:

a) designar somente trabalhador capacitado;

b) emitir PT em conformidade com a atividade a ser desenvolvida;

c) impedir a realização de trabalhos incompatíveis nas adjacências;

d) demarcar, sinalizar e isolar a área de trabalho;

e) utilizar equipamentos e iluminação à prova de explosão, com cabo de alimentação elétrica sem emendas, para pintura em espaço confinado ou com pistola pneumática (*Airless*);

f) aterrar a bomba empregada no sistema de pistola pneumática.

34.9.2. Devem ser implementadas as recomendações da FISPQ, treinando o trabalhador quanto a suas disposições.

34.9.3. É proibido consumir alimentos e portar materiais capazes de gerar centelha, fagulha ou chama na área da pintura e em seu entorno.

34.9.4. Deve ser providenciada renovação de ar para eliminar gases e vapores gerados durante o serviço de pintura, monitorando continuamente a concentração de contaminantes no ar.

34.9.4.1. Quando a concentração de contaminantes for igual ou superior a dez por cento do Limite Inferior de Explosividade — LIE, o serviço deve ser imediatamente interrompido e o compartimento evacuado, implementando-se ventilação adicional.

34.9.4.2. Os contaminantes devem ser direcionados para fora dos locais de trabalho, onde não haja fontes de ignição próxima, observando a legislação vigente.

34.9.5. Ao término do serviço, deve ser mantida a ventilação, avaliando-se a concentração dos gases, em conformidade com o LIE.

34.9.5.1. A área somente deve ser liberada após autorização do profissional de segurança e saúde no trabalho ou, na sua inexistência, pelo responsável pelo cumprimento desta Norma, observados os limites inferiores de explosividade e de exposição estabelecidos na APR.

Preparo e Descarte

34.9.6. As tintas devem ser preparadas em local ventilado, pré-estabelecido pela PT e delimitado por dique de contenção.

34.9.7. No local do serviço, deve ser disposta a quantidade de tinta necessária à utilização imediata.

34.9.8. Os vasilhames contendo resíduos de tintas ou solventes devem ser armazenados em local protegido, ventilado e sinalizado.

34.9.9. Os resíduos devem ser tratados, dispostos ou retirados dos limites do estabelecimento em conformidade com a legislação ambiental.

Espaço Confinado

34.9.10. Os quadros de alimentação elétricos devem ser instalados fora do espaço confinado, com distância mínima de dois metros de sua entrada.

34.9.11. Deve ser mantido equipamento autônomo de proteção respiratória ou sistema de ar mandado disponível e de fácil acesso para situações de emergência.

34.9.12. Somente deve ser utilizada alimentação elétrica em extrabaixa tensão.

34.9.13. A bomba pneumática de pintura (*Airless*) deve ser instalada fora do espaço confinado.

Higiene e Proteção do Trabalhador

34.9.14. Deve ser fornecido ao trabalhador armário individual duplo, de forma que os compartimentos estabeleçam, rigorosamente, o isolamento das roupas de uso comum e as de trabalho.

34.9.15. A higienização e substituição da vestimenta de trabalho deve ser realizada diariamente ou, havendo impossibilidade, deve ser fornecida vestimenta de material descartável.

34.9.16. Deve ser garantida a qualidade do ar empregado nos equipamentos de proteção respiratória de adução por linha de ar comprimido, conforme estabelecido no PPR.

34.9.17. Devem ser mantidos lava-olhos de emergência próximo ao local da pintura e disponibilizados chuveiros de emergência em locais definidos pela APR.

34.10. Movimentação de Cargas

34.10.1. As operações de movimentação eletromecânicas de cargas somente devem ser realizadas por trabalhador capacitado e autorizado.

34.10.2. Deve ser garantido que os equipamentos de movimentação de cargas e seus acessórios sejam utilizados em perfeito estado operacional e certificados, com identificação e documentação que possam ser rastreados.

34.10.3. Deve ser elaborado o Prontuário dos Equipamentos contendo, no mínimo, as seguintes informações:

a) cópia do manual de operação fornecido pelo fabricante, em língua portuguesa, e na indisponibilidade deste, é permitida a reclassificação do equipamento por órgão certificador externo credenciado;

b) especificações técnicas;

c) programa de inspeção, manutenção e certificação;

d) registro das inspeções, manutenções e certificações;

e) plano de ação para correção das não conformidades encontradas durante as inspeções, manutenções ou certificações;

f) identificação e assinatura do responsável técnico indicado pela empresa para implementar este procedimento.

Inspeção, Manutenção e Certificação de Equipamentos

34.10.4. Antes de iniciar a jornada de trabalho, o operador deve inspecionar e registrar em lista de verificação (*checklist*), no mínimo, os seguintes itens:

a) freios;

b) embreagens;

c) controles;

d) mecanismos da lança;

e) anemômetro;

f) mecanismo de deslocamento;

g) dispositivos de segurança de peso e curso;

h) níveis de lubrificantes, combustível e fluido refrigerante;

i) instrumentos de controle no painel;

j) cabos de alimentação dos equipamentos;

k) sinal sonoro e luminoso;

l) eletroímã.

34.10.5. Antes de iniciar a jornada de trabalho, o sinaleiro deve inspecionar e registrar em lista de verificação (*checklist*) os acessórios de movimentação de cargas, contemplando, no mínimo, os seguintes itens:

a) moitões;

b) grampos;

c) ganchos;

d) manilhas;

e) distorcedores;

f) cintas, estropos e correntes;

g) cabos de aço;

h) clips;

i) pinos de conexões, parafusos, travas e demais dispositivos;

j) roldanas da ponta da lança e do moitão;

k) olhais;

l) patolas;

m) grampo de içamento;

n) balanças.

34.10.6. A certificação dos equipamentos de movimentação de cargas e seus assessórios deve obedecer aos seguintes critérios:

a) ser realizada por profissional legalmente habilitado, com registro no Conselho Regional de Engenharia e Arquitetura – CREA;

b) ser registrada em Relatório de Inspeção;

c) atender à periodicidade especificada pelo órgão certificador e/ou fabricante.

34.10.6.1. O Relatório de Inspeção deve conter:

a) os itens inspecionados e as não conformidades encontradas, descrevendo as impeditivas e as não impeditivas à operação do equipamento de guindar;

b) as medidas corretivas adotadas para as não conformidades impeditivas;

c) o cronograma de correção para as irregularidades não impeditivas, que não representem perigo à segurança e à saúde, isoladamente ou em conjunto.

34.10.6.2. O equipamento somente será liberado para operar após a correção das não conformidades impeditivas.

34.10.7. O equipamento reprovado e/ou inoperante deve ter essa situação consignada em seu Prontuário, e somente poderá operar após nova certificação.

34.10.8. É proibida a utilização de cabos de fibras naturais na movimentação de cargas ou de pessoas.

Procedimentos de movimentação de cargas

34.10.9. Deve ser realizada APR quando a Segurança no Trabalho e/ou responsável da operação considerar necessário.

34.10.10. A operação de movimentação de cargas deve ser impedida em condições climáticas adversas e/ou iluminação deficiente.

34.10.11. Para movimentar cargas, deve ser adotado o seguinte procedimento operacional:

a) proibir ferramentas ou qualquer objeto solto;

b) garantir que a carga esteja distribuída uniformemente entre os ramais da lingada, estabilizada e amarrada;

c) certificar-se que o peso seja compatível com a capacidade do equipamento;

d) garantir que o gancho do equipamento de guindar esteja perpendicular à peça a ser içada, verificando a posição do centro de gravidade da carga;

e) utilizar guia, em material não condutor de eletricidade, para posicionar a carga;

f) sinalizar a área de movimentação, garantindo a proibição do trânsito ou da permanência de pessoas sob a carga suspensa;

g) sinalizar, desenergizar e aterrar as redes elétricas aéreas localizadas nas áreas de movimentação ou, na impossibilidade da desenergização, assegurar que o dispositivo suspenso, ao ser movimentado, guarde o dobro das distâncias da zona controlada em relação às redes elétricas (conforme Anexo I da NR-10), mantendo o guindaste aterrado;

h) assegurar que os dispositivos e acessórios de movimentação de carga tenham identificação de carga máxima, de forma indelével e de fácil visualização;

i) somente utilizar ganchos dos moitões com trava de segurança;

j) garantir que os cilindros de gases, bombonas e tambores somente sejam transportados na posição vertical, dentro de dispositivo apropriado;

k) proibir jogar e arrastar os acessórios de movimentação de cargas;

l) garantir que o cabo de aço e/ou cintas não entrará em contato direto com as arestas das peças durante o transporte;

m) proibir a movimentação simultânea de cargas com o mesmo equipamento;

n) proibir a interrupção da movimentação mantendo a carga suspensa;

o) ao interromper ou concluir a operação, manter os controles na posição neutra, freios aplicados, travamento acionado e desenergizado.

34.10.12. Os locais destinados aos patolamentos dos equipamentos de guindar devem obedecer a projeto elaborado por profissional legalmente habilitado, que deve estar disponível no estabelecimento.

34.10.12.1. A operação de patolamento deve obedecer às recomendações do fabricante.

34.10.13. A cabine de operação do equipamento de guindar deve dispor de:

a) mobiliário do posto de trabalho e condições ambientais ergonômicas, em conformidade com a NR-17;

b) proteção contra insolação e intempéries;

c) piso limpo e isento de materiais;

d) tabela de cargas máxima em todas as condições de uso, escrita em língua portuguesa, afixada no interior da cabine e de fácil visualização pelo operador.

34.10.14. Antes de iniciar as operações com equipamentos de movimentação de cargas sobre trilhos, deve ser assegurado que os trilhos ou pantógrafos estejam desobstruídos e os batentes em perfeitas condições.

34.10.15. Antes de iniciar a operação de ponte rolante comandada por controle remoto, deve ser garantido que o transmissor:

a) corresponde ao equipamento a ser comandado;

b) contém numeração correspondente ao equipamento;

c) está no sentido correto de funcionamento;

d) será utilizado conforme as instruções do fabricante.

34.10.16. A utilização de gruas em condições de ventos superiores a quarenta e dois quilômetros por hora só será permitida mediante trabalho assistido, limitada a setenta e dois quilômetros por hora.

Sinalização

34.10.17. A movimentação aérea de carga deve ser orientada por sinaleiro.

34.10.18. O sinaleiro deve estar sempre no raio de visão do operador.

34.10.18.1. Na impossibilidade da visualização do operador, deve ser empregada comunicação via rádio e/ou sinaleiro intermediário.

34.10.19. O sinaleiro deve usar identificação de fácil visualização, diurna/noturna, que o diferencie dos demais trabalhadores da área de operação.

34.10.20. O operador deve obedecer unicamente às instruções dadas pelo sinaleiro, exceto quando for constatado risco de acidente.

Treinamento e Avaliação

34.10.21. O sinaleiro deve receber treinamento com carga horária e conteúdo programático em conformidade com o Anexo I, item 2, desta Norma.

34.10.22. Para os operadores, além do estabelecido no item 34.10.21, deve ser ministrado treinamento complementar, de acordo com o Anexo I, item 3, desta Norma.

34.11. Montagem e Desmontagem de Andaimes

Medidas de Ordem Geral

34.11.1. O dimensionamento dos andaimes e de sua estrutura de sustentação e fixação deve ser realizado por profissional legalmente habilitado.

34.11.2. Os andaimes devem ser dimensionados e construídos de modo a suportar, com segurança, as cargas de trabalho a que estarão sujeitos.

34.11.3. A memória de cálculo do projeto dos andaimes deve ser mantida no estabelecimento.

34.11.4. Os andaimes devem ser fixados a estruturas firmes, estaiadas ou ancoradas em pontos que apresentem resistência suficiente à ação dos ventos e às cargas a serem suportadas.

34.11.4.1. Poderá ser dispensada a fixação quando a torre do andaime não ultrapassar, em altura, três vezes a menor dimensão da base de apoio.

34.11.5. A estrutura do andaime em balanço deve ser contraventada e ancorada para eliminar oscilações.

34.11.6. Os montantes devem ser firmemente apoiados em sapatas sobre base sólida e nivelada capaz de resistir aos esforços solicitantes e as cargas transmitidas.

34.11.7. Somente devem ser utilizados andaimes móveis até seis metros de altura, com rodízios providos de travas e apoiados em superfícies planas.

34.11.8. As áreas ao redor dos andaimes devem ser sinalizadas e protegidas contra o impacto de veículos ou equipamentos móveis.

Dos Elementos Constitutivos

34.11.9. Para a montagem de andaimes, devem ser utilizadas somente peças de qualidade comprovada para suportar cargas, em bom estado de conservação e limpeza.

34.11.9.1. As peças devem ser inspecionadas e avaliadas periodicamente, consignando os resultados em lista de verificação sob a supervisão de profissional legalmente habilitado.

34.11.10. Devem ser usados tubos de aço galvanizado, com espessura de parede mínima de três inteiros e cinco centésimos de milímetro.

34.11.11. Devem ser utilizados somente tubos de comprimento inferior a quatro metros e cinquenta centímetros como montantes em torres e andaimes, exceto na montagem da base.

34.11.12. As peças de contraventamento devem ser fixadas, travadas e ajustadas nos montantes por meio de parafusos, abraçadeiras ou por encaixe em pinos.

34.11.13. O piso de trabalho deve ter forração completa, antiderrapante, ser nivelado e fixado de modo seguro e resistente, permanecendo desimpedido.

34.11.13.1. As pranchas de madeira, caso sejam utilizadas, devem ser secas, com trinta e oito milímetros de espessura mínima, de qualidade comprovada, isentas de nós, rachaduras e outros defeitos que comprometam a sua resistência, sendo proibido o uso de pintura que encubra imperfeições.

34.11.13.2. A fixação das pranchas sobre as travessas deve ser estabelecida no projeto e feita por meio de abraçadeira e/ou fio de arame recozido, com diâmetro mínimo de dois inteiros e setenta e sete centésimos de milímetro e/ou dispositivo mecânico equivalente que assegure a fixação e não sobressaia do piso do andaime mais do que 5 (cinco) milímetros (0,005m), sem cantos vivos. *(alterado pela Portaria MTE n. 1.897, de 9 de dezembro de 2013)*

34.11.14. As emendas das pranchas ou tábuas devem ser por justaposição, apoiadas sobre travessas, uma em cada extremidade, com balanço mínimo de quinze centímetros e máximo de vinte centímetros.

34.11.15. É permitida a emenda por sobreposição, desde que: *(alterado pela Portaria MTE n. 1.897, de 9 de dezembro de 2013)*

a) prevista no projeto do andaime;

b) em segmentos não lineares de andaimes e/ou limitados por espaço físico, validada a sobreposição por profissional de segurança no trabalho ou, na inexistência deste, pelo responsável pelo cumprimento desta Norma; *(Alterada pela Portaria MTE n. 1.897, de 9 de dezembro de 2013)*

c) apoiada sobre uma travessa e com pelo menos vinte centímetros para cada lado, criando uma sobreposição de, no mínimo, quarenta centímetros, caso em que é obrigatória a sinalização adequada do local (indicando a existência do ressalto e pintura de uma faixa de alerta no piso), bem como a fixação cuidadosa das pontas, de modo a não permitir que fiquem levantadas do piso. *(alterada pela Portaria MTE n. 1.897, de 9 de dezembro de 2013)*

34.11.16. A plataforma do andaime deve ser protegida em todo o seu perímetro, exceto na face de trabalho, com:

a) guarda-corpo rígido, fixo e formado por dois tubos metálicos, colocados horizontalmente a distâncias do tablado de setenta centímetros e um metro e vinte centímetros;

b) rodapés, junto à prancha, com altura mínima de vinte centímetros.

34.11.17. Quando houver possibilidade de queda em direção à face interna, deve ser prevista proteção adequada de guarda-corpo e rodapé.

34.11.18. As aberturas nos pisos devem ser protegidas com guarda-corpo fixo e rodapé.

34.11.19. Os andaimes com pisos situados a mais de um metro de altura devem ser providos de escadas ou rampas.

Requisitos para Trabalhos em Andaimes

34.11.20. É proibido:

a) a retirada ou bloqueio de dispositivos de segurança do andaime;

b) o uso de escadas e outros meios para se atingir lugares mais altos, a partir do piso de trabalho de andaimes;

c) o deslocamento de andaimes com trabalhadores e/ou ferramentas sobre os mesmos.

34.11.21. Caso seja necessário instalar aparelho de içar material, deve-se escolher o ponto de aplicação em conformidade com o projeto, de modo a não comprometer a estabilidade e a segurança do andaime.

Montagem e Desmontagem de Andaimes

34.11.22. Deve ser emitida PT para montagem, desmontagem e manutenção de andaimes.

34.11.23. A montagem, desmontagem e manutenção devem ser executadas por trabalhador capacitado, sob a supervisão e responsabilidade da chefia imediata.

34.11.23.1. O trabalho de montagem e desmontagem deve ser interrompido imediatamente em caso de iluminação insuficiente e condições climáticas adversas, como chuva, ventos superiores a quarenta quilômetros por hora, dentre outras.

34.11.24. É obrigatório o uso de cinto de segurança do tipo pára-quedista, dotado de talabarte duplo pelos montadores de andaimes.

34.11.25. O montador de andaimes deve dispor de ferramentas apropriadas, acondicionadas e atadas ao cinto.

34.11.26. A área deve ser isolada durante os serviços de montagem, desmontagem ou manutenção, permitindo-se o acesso somente à equipe envolvida nas atividades.

34.11.27. Os andaimes em processo de montagem, desmontagem ou manutenção devem ser sinalizados com placas nas cores vermelha, indicando a proibição do uso, ou verde, após sua liberação.

Liberação para Utilização de Andaimes

34.11.28. Os andaimes somente devem ser utilizados após serem aprovados pelo profissional de segurança e saúde no trabalho ou, na inexistência desse, do responsável pelo cumprimento desta Norma, conjuntamente com o encarregado do serviço.

34.11.28.1. A aprovação deve ser consignada na "Ficha de Liberação de Andaime" que será preenchida, assinada e afixada no andaime.

Armazenagem

34.11.29. O material a ser usado na montagem de andaimes deve ser armazenado em local iluminado, nivelado, não escorregadio e protegido de intempéries.

34.11.30. As pranchas e os tubos devem ser estocadas por tamanhos, perfeitamente escorados e apoiados sobre estantes resistentes, montadas em locais preestabelecidos.

34.11.31. O material restante deve ser recolhido, transportado e armazenado ao término da montagem ou desmontagem do andaime.

34.12. Equipamentos Portáteis

34.12.1. Deve ser realizada manutenção preventiva conforme programa aprovado pelo responsável técnico, mantendo seu registro na empresa.

34.12.2. Os equipamentos devem ser dotados de dispositivo de acionamento e parada em sua estrutura.

34.12.3. Deve ser Identificada a pressão máxima ou tensão de trabalho dos equipamentos em sua estrutura, de forma visível e indelével.

34.12.4. Deve ser assegurado que a atividade com equipamento portátil rotativo seja executada por trabalhador capacitado.

34.12.5. Os equipamentos que ofereçam risco de ruptura de suas partes, projeção de peças ou partes dessas devem ter os seus movimentos alternados ou rotativos protegidos.

34.12.6. Para o trabalho com máquinas e equipamentos portáteis devem ser providenciadas as seguintes medidas:

a) inspecionar o equipamento e os acessórios antes do início das atividades;

b) garantir área de trabalho segura e limpa para as atividades com máquinas rotativas;

c) empregar EPC, para evitar a projeção de faíscas;

d) utilizar as máquinas e acessórios de acordo com as recomendações do fabricante;

e) operar somente equipamentos em perfeito estado de conservação e funcionamento.

34.12.7. É proibido retirar a coifa de proteção das máquinas que utilizam disco rígido.

34.12.8. Os acessórios devem ser protegidos contra impactos, trepidações e produtos químicos.

34.12.9. É proibido:

a) utilizar equipamentos portáteis rotativos para afiar ferramentas;

b) utilizar o cabo de alimentação para movimentar ou desconectar o equipamento;

c) utilizar o disco de corte para desbastar;

d) utilizar equipamento portátil como máquina de bancada, exceto quando especificado pelo fabricante.

34.12.10. O cabo de alimentação deve ser mantido.distante da área de rotação.

34.12.11. Deve ser assegurado que o dispositivo de acionamento esteja na posição "desligado" antes de ser conectado ao sistema de alimentação.

34.12.12. A troca ou aperto dos acessórios deve ser efetuada com o equipamento desconectado da fonte de alimentação, utilizando-se ferramenta apropriada.

34.12.13. Os discos devem ser compatíveis com a rotação dos equipamentos.

34.12.14. No emprego de equipamentos pneumáticos, deve ser utilizado cabo de segurança para evitar chicoteamento.

34.12.14.1. O equipamento deve ser despressurizado quando estiver fora de uso, em manutenção ou limpeza.

34.13. Instalações Elétricas Provisórias

34.13.1. Os cabos elétricos devem ser dispostos em estruturas aéreas ou subterrâneas, de forma a garantir a proteção dos trabalhadores e não obstruir acessos, passagens e rotas de fuga.

34.13.2. Nos circuitos elétricos, devem ser utilizados somente cabos bi ou tripolares com isolação plástica (PP) ou de borracha (PB).

34.13.3. As caixas de distribuição devem ser:

a) dimensionadas adequadamente;

b) confeccionadas em material não combustível, livre de arestas cortantes;

c) aterradas e protegidas por disjuntores;

d) dotadas de dispositivos de proteção contra choques e dispositivo Diferencial Residual — DR;

e) identificadas quanto à voltagem e sinalizadas para evitar choque elétrico;

f) dotadas de porta e fecho;

g) equipadas com barreira fixa para evitar contato acidental com as partes energizadas.

34.13.4. As máquinas manuais e de solda devem ser conectadas por meio de plugues a quadros de tomadas protegidos por disjuntores.

34.13.5. As luminárias devem ser alimentadas por circuito exclusivo.

34.13.6. As luminárias provisórias devem ser instaladas e fixadas de modo seguro pelos eletricistas autorizados.

34.13.7. Emendas que eventualmente fiquem submersas devem ser vulcanizadas ou receber capa externa estanque.

34.13.8. Devem ser utilizados nas emendas conectores tubulares de liga de cobre, prensados ou soldados, para garantir a continuidade do circuito e minimizar o aquecimento.

34.13.8.1. Para cabos estacionários de tensão alternada, poderá ser utilizado o conector tipo parafuso fendido (*split-bolt*).

34.13.8.2. A emenda, quando concluída, deve ser isolada com fita de autofusão.

34.13.9. Para cabos de solda, o afastamento mínimo permitido entre as emendas deve ser de três metros.

34.13.10. A capa da isolação deve ser recomposta sempre que houver danos em sua superfície.

34.13.10.1. O conduto, em caso de exposição, deve ser isolado com fita de autofusão.

34.14. Testes de Estanqueidade

34.14.1. Considera-se teste de estanqueidade o ensaio não destrutivo realizado pela aplicação de pressão em peça, compartimento ou tubulação para detecção de vazamentos.

34.14.2. A elaboração e qualificação do procedimento, bem como a execução e supervisão do ensaio devem ser realizadas por profissional capacitado. *(Alterado pela Portaria MTE n. 1.897, de 9 de dezembro de 2013)*

34.14.2.1. Considera-se trabalhador capacitado para realização de testes de estanqueidade aquele que foi submetido a treinamento teórico e prático com carga horária e conteúdo programático em conformidade com o item 5 do Anexo I. *(Inserido pela Portaria MTE n. 1.897, de 9 de dezembro de 2013)*

34.14.2.2. O trabalhador capacitado em teste de estanqueidade deve receber treinamento periódico a cada 12 meses, com carga horária mínima de 8 horas. *(Inserido pela Portaria MTE n. 1.897, de 9 de dezembro de 2013)*

34.14.2.3. Os treinamentos devem ser ministrados por instrutores com comprovada proficiência no assunto, sob a responsabilidade de profissional legalmente habilitado. *(inserido pela Portaria MTE n. 1.897, de 9 de dezembro de 2013)*

34.14.3. Os trabalhadores que executam o teste de estanqueidade devem usar uma identificação de fácil visualização que os diferencie dos demais.

34.14.4. O sistema de teste deve dispor de regulador de pressão, válvula de segurança, válvula de alívio e medidor de pressão calibrado e de fácil leitura.

34.14.5. O projeto do sistema do teste de estanqueidade deve ser elaborado por profissional legalmente habilitado.

34.14.5.1. Deve ser mantida no estabelecimento memória de cálculo do projeto do sistema de teste de estanqueidade.

34.14.6. Antes do início das atividades, devem ser adotadas as seguintes medidas de segurança:

a) emitir a PT;

b) evacuar, isolar e sinalizar a área de risco definida no procedimento;

c) implementar EPC;

d) na inviabilidade técnica do uso de EPC, deve ser elaborada APR contendo medidas alternativas que assegurem a integridade física do trabalhador.

34.14.7. As juntas de expansão, acessórios, instrumentos, e vidros de manômetros que não possam ser submetidas aos testes de pressão devem ser retirados e isolados.

34.14.8. Todas as junções devem estar expostas, sem isolamento ou revestimento.

34.14.9. É proibido o reparo, reaperto ou martelamento no sistema testado quando pressurizado.

34.14.10. Deve ser utilizada sempre válvula de segurança com pressão de abertura ajustada em conformidade com o procedimento de teste.

34.14.11. Após atingir a pressão de ensaio o sistema de teste deve ser bloqueado do sistema testado.

34.14.12. Ao interromper o teste, os sistemas não devem ser mantidos pressurizados.

34.14.13. Somente é permitido despressurizar por meio da válvula de alívio do sistema.

34.14.14. No emprego de linhas flexíveis, deve ser adotado cabo de segurança para evitar chicoteamento.

34.14.15. Durante a realização dos testes, a pressão deve ser elevada gradativamente até a pressão final de teste.

34.15. Fixação e Estabilização Temporária de Elementos Estruturais *(inserido pela Portaria MTE n. 592, de 28 de abril de 2014)*

34.15.1. São consideradas fixação e estabilização temporária de elementos estruturais as atividades onde um conjunto de elementos é disposto em posição de equilíbrio estável, mediante a utilização de dispositivos temporários, ponteamentos, apoios especiais ou suporte por equipamento de guindar.

34.15.1.1. O disposto neste item se aplica nas fases de processamento, submontagem, montagem, edificação, reparo, retrabalho e estocagem vertical de peças.

34.15.1.2. A atividade de fixação ou estabilização temporária deve estar sob a responsabilidade técnica de profissional legalmente habilitado, indicado formalmente pelo empregador.

34.15.1.3. Cabe ao responsável técnico, em conformidade com as tabelas do Anexo II:

a) classificar os elementos estruturais sobre os quais se aplica o disposto neste item, considerando, no mínimo, peso e área vélica;

b) estabelecer o procedimento para as atividades de fixação e estabilização.

34.15.1.4. A classificação do elemento estrutural, considerando seu peso e área vélica, deve atender à situação mais crítica para selecionar o tipo de procedimento de estabilização (geral — G ou específico — E, citados nas tabelas do Anexo II) a ser adotado durante a fixação e estabilização.

34.15.2. O procedimento geral — G deve conter no mínimo:

a) sistema de fixação e estabilização do elemento estrutural através de equipamento de guindar e/ou dispositivos temporários;

b) sequência de execução das atividades;

c) inspeções;

d) responsabilidades.

34.15.3. O procedimento específico — E, além do descrito no item 34.15.2, deve contemplar:

a) Análise de Risco;

b) Permissão de Trabalho;

c) isolamento e sinalização;

d) representação mediante tabelas, esquemas ou desenhos específicos;

e) fundamentação em memória de cálculo estrutural específica.

34.15.4. As atividades de fixação e estabilização devem ser supervisionadas por Responsável Operacional — RO previamente capacitado nos procedimentos, sob a responsabilidade do profissional legalmente habilitado definido no item 34.15.1.2.

34.15.4.1. Somente o RO deve autorizar a liberação do equipamento de guindar ou remoção dos dispositivos temporários.

34.15.5. A remoção dos dispositivos temporários deve ser realizada quando o elemento estrutural se encontrar em uma das seguintes situações:

a) fixado de forma permanente;

b) fixado por processo de soldagem temporária, em conformidade com o procedimento de trabalho;

c) sustentado por equipamento de guindar.

34.16. Disposições Finais *(renumerado pela Portaria MTE n. 592, de 28 de abril de 2014)*

34.16.1. É proibido o uso de adorno pessoal na área industrial.

34.16.2. É proibido o uso de lentes de contato nos trabalhos a quente.

34.16.3. O trabalhador deve estar protegido contra insolação excessiva, calor, frio e umidade em serviços a céu aberto.

34.16.4. É proibido o uso de solvente, ar comprimido e gases pressurizados para limpar a pele ou as vestimentas.

34.16.5. Os locais de trabalho devem ser mantidos em estado de limpeza compatível com a atividade.

34.16.5.1. O serviço de limpeza deve ser realizado por processo que reduza, ao mínimo, o levantamento de poeira.

34.16.5.2. É proibido o uso de ar comprimido como processo de limpeza.

34.16.6. A embarcação deve ser dotada de sinalização e iluminação de emergência, de forma a possibilitar a saída em caso de falta de energia.

34.16.7. É obrigatório o fornecimento gratuito pelo empregador de vestimentas de trabalho e sua reposição quando danificadas.

34.16.8. É obrigatório o fornecimento de água potável, filtrada e fresca para os trabalhadores por meio de bebedouro de jato inclinado ou equipamento similar que garanta as mesmas condições, na proporção de um para cada grupo de vinte e cinco trabalhadores ou fração.

34.16.8.1. O disposto neste subitem deve ser garantido de forma que, do posto de trabalho ao bebedouro, não haja deslocamento superior a cem metros, no plano horizontal e cinco metros no plano vertical.

34.16.8.2. Na impossibilidade da instalação de bebedouros dentro dos limites referidos no subitem anterior, o empregador deve garantir, nos postos de trabalho, suprimento de água potável, filtrada e fresca fornecida em recipientes portáteis hermeticamente fechados, confeccionados em material apropriado, sendo proibido o uso de copos coletivos.

34.16.8.3. Em regiões do país ou estações do ano de clima quente deve ser garantido o fornecimento de água refrigerada.

34.16.9. Em caso de ocorrência de acidente fatal, é obrigatória a adoção das seguintes medidas:

a) comunicar de imediato à autoridade policial competente e ao órgão regional do Ministério do Trabalho e Emprego, que repassará a informação imediatamente ao sindicato da categoria profissional;

b) isolar o local diretamente relacionado ao acidente, mantendo suas características até a sua liberação pela autoridade policial competente e pelo órgão regional do Ministério do Trabalho e Emprego.

34.16.9.1. A liberação do local poderá ser concedida após a investigação pelo órgão regional competente do Ministério do Trabalho e Emprego, que ocorrerá num prazo máximo de setenta e duas horas, contando do protocolo de recebimento da comunicação escrita ao referido órgão, podendo, após esse prazo, serem suspensas as medidas referidas na alínea "b" do subitem 34.16.9.

34.16.10. A área de produção industrial deve ser provida de sistema de escoamento de águas pluviais.

34.16.11. Deve ser colocada, em lugares visíveis para os trabalhadores, comunicação visual alusiva à prevenção de acidentes e doenças do trabalho.

34.16.12. Deve ser disponibilizada no estaleiro área de recreação para os trabalhadores.

34.17. Glossário *(renumerado pela Portaria MTE n. 592, de 28 de abril de 2014)*

Acesso por corda: também denominado alpinismo industrial, é o conjunto de técnicas específicas, adequadas para a área industrial, destinadas à realização de trabalhos em altura ou em ambiente de difícil acesso.

Acessórios de movimentação: dispositivos utilizados na movimentação de carga, situados entre a carga e o cabo de elevação do equipamento de transporte, tais como moitões, estropos, manilhas, balanças, correntes, grampos, distorcedores, olhais de suspensão, cintas e ganchos.

Análise Preliminar de Risco — APR: avaliação inicial dos riscos potenciais, suas causas, consequências e medidas de controle.

Andaime: plataforma para trabalhos em alturas elevadas por meio de estrutura provisória ou dispositivo de sustentação.

Andaime em balanço: andaime fixo, suportado por vigamento em balanço.

Andaime externo: andaime metálico simplesmente apoiado, fixado à estrutura na extensão do costado ou casario.

Andaime simplesmente apoiado: andaime cujo estrado está simplesmente apoiado, podendo ser fixo ou deslocar-se no sentido horizontal.

Área controlada: área submetida às regras especiais de proteção e segurança, sob supervisão de profissional com conhecimento para prevenir a disseminação de contaminação radioativa e limitar a amplitude das exposições potenciais.

Área não previamente destinada para trabalhos a quente: local de trabalho não projetado para tal finalidade, provisoriamente adaptado para a execução de trabalhos a quente, como os realizados a bordo das embarcações e em blocos, caso em que os materiais combustíveis ou inflamáveis foram removidos ou protegidos contra exposição à fontes de ignição.

Área previamente destinada para trabalhos a quente: local de trabalho projetado e aprovado para trabalhos a quente, construído com materiais incombustíveis ou resistentes ao fogo, livre de materiais inflamáveis ou combustíveis, bem como segregado de áreas adjacentes; tais como oficinas, *pipe shops* e *maintenance shops*.

Área vélica: maior área da peça exposta à ação do vento. *(inserido pela Portaria MTE n. 592, de 28 de abril de 2014)*

Balizamento: delimitação da área controlada, calculada em função da atividade da fonte radioativa e do tempo de exposição, em ensaios de radiografia e gamagrafia.

Cabo de energia: condutor formado por um feixe de fios, ou por um conjunto de grupos de fios não isolados entre si.

Capacidade do equipamento de guindar: carga máxima que pode suportar o equipamento de guindar para uma determinada configuração de içamento.

Cinto de segurança tipo paraquedista: Equipamento de Proteção Individual utilizado para trabalhos em altura onde haja risco de queda.

Coifa: anteparo fixado a máquina para proteger o operador contra projeções de fragmentos, fagulhas ou contato acidental.

Colimador: dispositivo de formato especial empregado para blindar e direcionar a radiação por uma abertura visando reduzir a área de radiação.

Condutor ou condutor elétrico: componente metálico utilizado para transportar energia elétrica ou transmitir sinais elétricos.

Contraventamento: sistema de ligação entre elementos principais de uma estrutura para aumentar a rigidez do conjunto.

Desbaste: preparação de superfície pela remoção de revestimentos ou de defeitos, tais como rebarbas e imperfeições de cordões de solda, utilizando-se ferramentas abrasivas.

Diálogo Diário de Segurança — DDS: reunião diária, de curta duração, durante a qual são discutidos temas de segurança, saúde no trabalho e meio ambiente.

Dispositivos temporários de fixação ou estabilização: equipamentos e peças utilizadas para unir ou suportar temporariamente elementos estruturais, tais como talhas, tifor, guias de espera, vigas provisórias, olhais, reforços, cachorros, borboletas etc. *(inserido pela Portaria MTE n. 592, de 28 de abril de 2014)*

Elemento estrutural: peça utilizada na edificação de embarcações ou outras estruturas flutuantes, tais como bloco, antepara, piso, reforço e hastilha. *(inserido pela Portaria MTE n. 592, de 28 de abril de 2014)*

Equipamento pneumático de pintura (*Airless*): equipamento pneumático de pintura a pistola, que utiliza pressão por ar comprimido para aplicação do revestimento.

Esmerilhamento: processo de remoção de material (por corte e/ou desbaste) de uma superfície com um equipamento que utiliza abrasivos em alta rotação.

Extra baixa tensão: tensão não superior a cinquenta volts em corrente alternada ou cento e vinte volts em corrente contínua, entre fases ou entre fase e terra.

Fator de queda: relação entre a distância que o trabalhador percorreria na queda e o comprimento do equipamento que irá detê-lo.

Ficha de Liberação de Andaime: formulário contendo lista de verificação dos requisitos de segurança a serem atendidos para a liberação do andaime.

Fonte de radiação: equipamento ou material que emite ou é capaz de emitir radiação ionizante ou de liberar substâncias ou materiais radioativos.

Gamagrafia: ensaio não destrutivo de materiais com uso de fonte de radiação gama.

Goivagem: processo de corte por eletrodo de grafite para remoção de raízes de solda imperfeitas e dispositivos auxiliares de montagem, entre outros.

Guindaste: veículo provido de lança metálica de dimensão variada e motor com potência capaz de levantar e transportar cargas pesadas.

Grua: equipamento pesado empregado no transporte horizontal e vertical de materiais.

Hidrojateamento: tratamento prévio de superfícies por meio de jato d'água pressurizado para remover depósitos aderidos, podendo ser de baixa pressão (até cinco mil psi), alta pressão (de cinco mil psi a vinte mil psi) ou ultra-alta pressão (superiores a vinte mil psi).

Indivíduo Ocupacionalmente Exposto — IOE: indivíduo sujeito à exposição ocupacional a radiação ionizante.

Isolamento elétrico: processo destinado a impedir a passagem de corrente elétrica, por interposição de materiais isolantes.

Jateamento: tratamento prévio de superfícies por meio de projeção de partículas abrasivas em alta velocidade.

Lingada: conjunto de objetos, sustentados por eslingas, a serem movimentados por equipamento de guindar.

Moitão: parte do equipamento de guindar, que liga o cabo de içamento ao gancho de içamento por meio de polias.

Monitoração individual de dose: monitoração da dose externa, contaminação ou incorporação de radionuclídeos em indivíduos.

Montante: peça estrutural vertical de andaime, torres e escadas.

Patolar: utilização de sistema de braços (patolas) para estabilizar equipamento de guindar, evitando o tombamento.

Permissão de Trabalho — PT: documento escrito contendo conjunto de medidas de controle visando o desenvolvimento de trabalho seguro, além de medidas de emergência e resgate.

Plataforma elevatória: plataforma de trabalho em altura com movimentação vertical por sistema hidráulico, articulado ou de pinhão e cremalheira.

Ponte rolante: equipamento de movimentação de cargas montado sobre trilhos suspensos.

Ponto de ancoragem: ponto destinado a suportar carga de pessoas para a conexão de dispositivos de segurança, tais como cordas, cabos de aço, trava-queda e talabartes.

Ponto de ancoragem temporário: aquele que foi avaliado e selecionado para ser utilizado de forma temporária para suportar carga de pessoas durante determinado serviço.

Quadro distribuidor: caixa de material incombustível destinada a conter dispositivos elétricos de proteção e manobra.

Radiação ionizante: qualquer partícula ou radiação eletromagnética que, ao interagir com a matéria, ioniza direta ou indiretamente seus átomos ou moléculas.

Radiografia industrial: ensaio não destrutivo de materiais com uso de fonte de radiação.

Radioproteção: conjunto de medidas que visa proteger o ser humano, seus descendentes e o meio ambiente de possíveis efeitos indesejados causados pela radiação ionizante, de acordo com princípios básicos estabelecidos pela CNEN.

Responsável por Instalação Aberta — RIA: trabalhador certificado pela CNEN para coordenar a execução dos serviços de radiografia industrial em instalações abertas.

Sinaleiro/Amarrador de cargas: trabalhador capacitado que realiza e verifica a amarração da carga, emitindo os sinais necessários ao operador do equipamento durante a movimentação.

Sistema amortecedor: dispositivo destinado a reduzir o impacto transmitido ao corpo do trabalhador e sistema de segurança durante a contenção de queda.

Soldagem ou soldadura: processo de união de materiais para obter a coalescência localizada, produzida por aquecimento, com ou sem a utilização de pressão e/ou material de adição.

Split-bolt: tipo de conector de cabos elétricos em forma de parafuso fendido.

Supervisor de Proteção Radiológica — SPR: trabalhador certificado pela CNEN para supervisionar a aplicação das medidas de radioproteção, através do Serviço de Radioproteção.

Suspensão inerte: situação em que um trabalhador permanece suspenso pelo sistema de segurança, até o momento do socorro.

Talabarte: dispositivo de conexão de um sistema de segurança, regulável ou não, para sustentar, posicionar e limitar a movimentação do trabalhador.

Trava-queda: dispositivo automático de travamento destinado à ligação do cinto de segurança ao cabo de segurança, com Certificado de Aprovação — CA.

Vigilância especial contra incêndios: trabalhador capacitado, também denominado observador, que permanece em contato permanente com os trabalhadores que executam trabalhos a quente, monitora os trabalhos e o seu entorno, visando detectar e combater possíveis princípios de incêndio.

ANEXO I

CONTEÚDO PROGRAMÁTICO E CARGA HORÁRIA MÍNIMA PARA O PROGRAMA DE TREINAMENTO

1. Curso básico para observador de Trabalhos a Quente

Carga horária mínima de oito horas.

Conteúdo programático:

a) Classes de fogo;

b) Métodos de extinção;

c) Tipos de equipamentos de combate a incêndio;

d) Sistemas de alarme e comunicação;

e) Rotas de fuga;

f) Equipamento de proteção individual e coletiva;

g) Práticas de prevenção e combate a incêndio.

2. Curso básico de segurança em operações de Movimentação de Cargas

Carga horária mínima de vinte horas.

Conteúdo programático:

a) Conceitos básicos;

b) Considerações Gerais (amarrações, acessórios de içamento, cabos de aço etc.);

c) Tabela de capacidade de cargas e ângulos de içamento;

d) Operação (cargas perigosas, peças de pequeno porte, tubos, perfis, chapas e eixos etc.);

e) Sinais e comunicação durante a movimentação de cargas;

f) Segurança na movimentação de cargas;

g) Exercício prático;

h) Avaliação Final.

3. Curso complementar para operadores de Equipamento de Guindar

Carga horária mínima de vinte horas.

Conteúdo programático:

a) Acidente do Trabalho e sua prevenção;

b) Equipamentos de proteção coletiva e individual;

c) Dispositivos aplicáveis das Normas Regulamentadoras (NR-6, NR-10, NR-11 e NR-17);

d) Equipamento de Guindar (tipos de equipamento, inspeções dos equipamentos e acessórios);

e) Situações especiais de risco (movimentação de cargas nas proximidades de rede elétrica energizada, condições climáticas adversas dentre outras);

f) Ergonomia do posto de trabalho;

g) Exercício prático;

h) Avaliação Final.

4. Curso Básico de Segurança para Trabalhos a Quente

(Inserido pela Portaria MTE n. 1.897, de 9 de dezembro de 2013)

Carga horária mínima: 08 (oito) horas

4.1. Módulo Geral: aplicável a todas as especialidades de trabalho a quente.

Carga horária mínima: 04 (quatro) horas;

Conteúdo programático:

a) Estudo da NR-34, Item 34.5;

b) Identificação de Perigos e Análise de Riscos

- Conceitos de Perigos e Riscos;
- Técnicas de Identificação de Perigos e Análise de Riscos;
- APP e APR – Análise Preliminar de Perigos e Análise Preliminar de Riscos.

c) Permissão para Trabalho – PT;

d) Limite inferior e superior de explosividade;

e) Medidas de Controle no Local de Trabalho

- Inspeção Preliminar
- Controle de materiais combustíveis e inflamáveis
- Proteção Física
- Atividades no entorno
- Sinalização e Isolamento do Local de Trabalho;
- Inspeção Posterior para controle de fontes de ignição

f) Renovação de Ar no Local de Trabalho (Ventilação/Exaustão);

g) Rede de Gases (Válvulas e Engates);

h) Ergonomia;

i) Doenças ocupacionais;

j) FISPQ.

4.2. Módulo Específico: aplicável às diferentes modalidades de trabalho a quente:

Carga horária mínima: 04 (quatro) horas para cada uma das modalidades

Conteúdo programático:

4.2.1. Atividade com Solda – Riscos e Formas de Prevenção:

- Riscos da Solda Elétrica;
- Radiações Não Ionizantes;

- Gases e Fumos Metálicos;
- Máquinas de Solda;
- Cabos de Solda;
- Eletrodos;
- Circuito de Corrente de Solda;
- Riscos nas Soldas com Eletrodos Especiais;
- Riscos nas Soldas com Processos Especiais (Arco Submerso, Mig, Mag, Tig)
- Riscos na Operação de Goivagem;
- EPI e EPC.
- Proteção Elétrica — Quadros, Disjuntores e Cabos de Alimentação

4.2.2. Atividade com maçarico — Riscos e Forma de Prevenção:

- Riscos no Corte e Solda a Gás;
- Cilindros de Gases;
- Sistemas de Alimentação de Gases;
- Características dos Gases Utilizados (Acetileno, Oxigênio, GLP);
- Mangueiras de Gases;
- Maçaricos.
- EPI e EPC.

4.2.3. Atividades com Máquinas Portáteis rotativas — Riscos e Forma de Prevenção:

- Equipamentos de Corte e Desbaste;
- Acessórios: Coifas, Disco de Corte, Disco de Desbaste, Escova, Retífica, Lixa e Outros;
- Sistema de Segurança;
- Proteção Física contra Faíscas;
- Proteção Elétrica — Quadros, Disjuntores e Cabos de Alimentação;
- EPI e EPC.

4.2.4. Outras atividades a quente — Riscos e Forma de Prevenção:

- Conteúdo definido de acordo com a atividade, identificados na APR.

5. Curso Básico de Segurança em Teste de Estanqueidade

(Inserido pela Portaria MTE n. 1.897, de 9 de dezembro de 2013)

Carga horária mínima: 24 (vinte e quatro) horas.

5.1. Módulo Teórico

Carga horária mínima: 08 (oito) horas.

Conteúdo programático:

a) Estudo da NR-34, item 34.14;

b) Princípios básicos, finalidade e campo de aplicação dos Testes de Estanqueidade;

c) Grandezas físicas;

d) Normas Técnicas e Procedimentos de teste de estanqueidade;

e) Sistema de testes;

f) Características especiais dos sistemas a serem testados;

g) Identificação de Perigos e Análise de Riscos

- Conceitos de Perigos e Riscos;
- Técnicas de Identificação de Perigos e Análise de Riscos;
- APR — Análise Preliminar de Riscos.

h) Permissão de Trabalho — PT;

i) Sistemas de Proteção (coletiva e individual);

j) Determinação do isolamento.

5.2. Módulo Prático

Carga horária mínima: 16 (dezesseis) horas.

ANEXO II

(inserido pela Portaria MTE n. 592, de 28 de abril de 2014)

TABELA 1 — SERVIÇOS EM OFICINAS

	SITUAÇÃO DE FIXAÇÃO TEMPORÁRIA		PESO (TON) - P			ÁREA VÉLICA (M2) - A		
	POSIÇÃO	SUPORTE & ESTABILIZAÇÃO	P≤0,30	0,3<P≤10,0	P>10,0	A≤4,0	4,0<A≤32,0	A>32,0
HASTILHAS SUBCONJUNTOS E DEMAIS ESTRUTURAS LEVES	HORIZONTAL	APOIADO EM CACHORROS	N/A	G	E	N/A	G	E
	HORIZONTAL	APOIADO EM PONTOS DE SOLDA	N/A	G	E	N/A	G	E
	VERTICAL	APOIADO EM OUTRAS ESTRUTURAS E ESTABILIZADO POR CACHORROS	N/A	G	E	N/A	G	E
	VERTICAL	APOIADO EM OUTRAS ESTRUTURAS E ESTABILIZADO POR PONTOS DE SOLDA	N/A	G	E	N/A	G	E
	HORIZONTAL	PENDURADO EM CACHORROS	G	G	E	G	G	E
	VERTICAL	PENDURADO E ESTABILIZADO POR CACHORROS	G	G	E	G	G	E
VÃOS DE CAVERNAS	HORIZONTAL	APOIADO EM CACHORROS	N/A	G	E	N/A	G	E
	HORIZONTAL	APOIADO EM PONTOS DE SOLDA	N/A	G	E	N/A	G	E
	VERTICAL	APOIADO EM OUTRAS ESTRUTURAS E ESTABILIZADO POR CACHORROS	N/A	G	E	N/A	G	E
	VERTICAL	APOIADO EM OUTRAS ESTRUTURAS E ESTABILIZADO POR PONTOS DE SOLDA	N/A	G	E	N/A	G	E
	HORIZONTAL	PENDURADO EM CACHORROS	G	G	E	G	G	E
	VERTICAL	PENDURADO E ESTABILIZADO POR CACHORROS	G	G	E	G	G	E
PAINÉIS	HORIZONTAL	APOIADO EM CACHORROS	N/A	G	E	N/A	G	E
	HORIZONTAL	APOIADO EM PONTOS DE SOLDA	N/A	G	E	N/A	G	E
	VERTICAL	APOIADO EM OUTRAS ESTRUTURAS E ESTABILIZADO POR CACHORROS	N/A	G	E	N/A	G	E
	VERTICAL	APOIADO EM OUTRAS ESTRUTURAS E ESTABILIZADO POR PONTOS DE SOLDA	N/A	G	E	N/A	G	E
	HORIZONTAL	PENDURADO EM CACHORROS	G	G	E	G	G	E
	VERTICAL	PENDURADO E ESTABILIZADO POR CACHORROS	G	G	E	G	G	E
BLOCOS	HORIZONTAL	APOIADO EM CACHORROS	N/A	G	E	N/A	G	E
	HORIZONTAL	APOIADO EM PONTOS DE SOLDA	N/A	G	E	N/A	G	E
	VERTICAL	APOIADO EM OUTRAS ESTRUTURAS E ESTABILIZADO POR CACHORROS	N/A	G	E	N/A	G	E
	VERTICAL	APOIADO EM OUTRAS ESTRUTURAS E ESTABILIZADO POR PONTOS DE SOLDA	N/A	G	E	N/A	G	E
	HORIZONTAL	PENDURADO EM CACHORROS	G	G	E	G	G	E
	VERTICAL	PENDURADO E ESTABILIZADO POR CACHORROS	G	G	E	G	G	E

TABELA 2 — SERVIÇOS EM ÁREA DESCOBERTAS

SITUAÇÃO DE FIXAÇÃO TEMPORÁRIA			PESO (TON) - P			ÁREA VÉLICA (M2) - A		
	POSIÇÃO	SUPORTE & ESTABILIZAÇÃO	P≤0,30	0,3<P≤10,0	P>10,0	A≤2,0	2,0<A≤16,0	A>16,0
HASTILHAS SUBCONJUNTOS E DEMAIS ESTRUTURAS LEVES	HORIZONTAL	APOIADO EM CACHORROS	N/A	G	E	N/A	G	E
	HORIZONTAL	APOIADO EM PONTOS DE SOLDA	N/A	G	E	N/A	G	E
	VERTICAL	APOIADO EM OUTRAS ESTRUTURAS E ESTABILIZADO POR CACHORROS	N/A	G	E	N/A	G	E
	VERTICAL	APOIADO EM OUTRAS ESTRUTURAS E ESTABILIZADO POR PONTOS DE SOLDA	N/A	G	E	N/A	G	E
	HORIZONTAL	PENDURADO EM CACHORROS	G	G	E	G	G	E
	VERTICAL	PENDURADO E ESTABILIZADO POR CACHORROS	G	G	E	G	G	E
VÃOS DE CAVERNAS	HORIZONTAL	APOIADO EM CACHORROS	N/A	G	E	N/A	G	E
	HORIZONTAL	APOIADO EM PONTOS DE SOLDA	N/A	G	E	N/A	G	E
	VERTICAL	APOIADO EM OUTRAS ESTRUTURAS E ESTABILIZADO POR CACHORROS	N/A	G	E	N/A	G	E
	VERTICAL	APOIADO EM OUTRAS ESTRUTURAS E ESTABILIZADO POR PONTOS DE SOLDA	N/A	G	E	N/A	G	E
	HORIZONTAL	PENDURADO EM CACHORROS	G	G	E	G	G	E
	VERTICAL	PENDURADO E ESTABILIZADO POR CACHORROS	G	G	E	G	G	E
PAINÉIS	HORIZONTAL	APOIADO EM CACHORROS	N/A	G	E	N/A	G	E
	HORIZONTAL	APOIADO EM PONTOS DE SOLDA	N/A	G	E	N/A	G	E
	VERTICAL	APOIADO EM OUTRAS ESTRUTURAS E ESTABILIZADO POR CACHORROS	N/A	G	E	N/A	G	E
	VERTICAL	APOIADO EM OUTRAS ESTRUTURAS E ESTABILIZADO POR PONTOS DE SOLDA	N/A	G	E	N/A	G	E
	HORIZONTAL	PENDURADO EM CACHORROS	G	G	E	G	G	E
	VERTICAL	PENDURADO E ESTABILIZADO POR CACHORROS	G	G	E	G	G	E
BLOCOS	HORIZONTAL	APOIADO EM CACHORROS	N/A	G	E	N/A	G	E
	HORIZONTAL	APOIADO EM PONTOS DE SOLDA	N/A	G	E	N/A	G	E
	VERTICAL	APOIADO EM OUTRAS ESTRUTURAS E ESTABILIZADO POR CACHORROS	N/A	G	E	N/A	G	E
	VERTICAL	APOIADO EM OUTRAS ESTRUTURAS E ESTABILIZADO POR PONTOS DE SOLDA	N/A	G	E	N/A	G	E
	HORIZONTAL	PENDURADO EM CACHORROS	G	G	E	G	G	E
	VERTICAL	PENDURADO E ESTABILIZADO POR CACHORROS	G	G	E	G	G	E

LEGENDA:

N/A — NÃO SE APLICA

G — PROCEDIMENTO GERAL ELABORADO PELO RESPONSÁVEL TÉCNICO (PODENDO ABRANGER DIVERSOS PROJETOS E SERVIÇOS).

E — PROCEDIMENTO ESPECÍFICO PARA CADA PROJETO OU SERVIÇO, EMITIDO POR RESPONSÁVEL TÉCNICO.

Capítulo 35

TRABALHO EM ALTURA

De plano, convém ser dito que se entende por Trabalho em Altura toda atividade executada acima de 2,00 m (dois metros) do nível inferior, onde haja risco de queda. A trigésima quinta norma regulamentadora de segurança e saúde no trabalho, NR-35 (TRABALHO EM ALTURA), surgiu no mundo jurídico com o objetivo de estabelecer os requisitos mínimos e as medidas de proteção básicas para o trabalho em altura, envolvendo o planejamento, a organização e a execução, de forma a garantir a segurança e a saúde dos trabalhadores envolvidos direta ou indiretamente nessa atividade. Importante destacar que a referida NR será complementada com as normas técnicas oficiais estabelecidas pelos órgãos competentes e, na ausência ou omissão dessas, com as normas internacionais aplicáveis.

A NR-35 teve sua redação inicial dada pela Portaria SIT-MTE n. 313, de 23.3.2012, e encontra-se atualizada até a edição da Portaria MTE n. 1.471, de 24.9.2014. No plano da legislação ordinária, os fundamentos de validade jurídica da aludida norma preventiva estão tipificados nos arts. 155, 157, 158 e 200 da CLT. Suas recomendações técnico-preventivas estão contidas, de forma sequenciada e agrupada, em seis Tópicos, além de um Glossário e um Anexo, na forma seguinte:

Sumário da NR-35 (TRABALHO EM ALTURA)

35.1. Objetivo e Campo de Aplicação.

35.2. Responsabilidades.

35.3. Capacitação e Treinamento.

35.4. Planejamento, Organização e Execução.

35.5. Equipamentos de Proteção Individual, Acessórios e Sistemas de Ancoragem.

35.6. Emergência e Salvamento.

Glossário.

Anexo I: Acesso por Cordas.

Dentre as disposições preventivas da NR-35, merecem destaque as Responsabilidades Patronais quando da realização de trabalhos em altura:

- Garantir a realização de avaliação prévia das condições no local do trabalho em altura, pelo estudo, planejamento e implementação das ações e das medidas complementares de segurança aplicáveis, de modo que a efetiva execução dos trabalhos somente aconteça após a adoção das medidas de proteção definidas na NR-35;
- Assegurar a realização da Análise de Risco (AR) e, quando aplicável, a emissão da Permissão de Trabalho (PT);
- Desenvolver procedimento operacional para as atividades rotineiras de trabalho em altura;
- Adotar as providências necessárias para acompanhar o cumprimento das medidas de proteção estabelecidas na NR-35 pelas empresas contratadas;
- Garantir aos trabalhadores informações atualizadas sobre os riscos e as medidas de controle, e possibilitar a suspensão dos trabalhos em altura quando verificar situação ou condição de risco não prevista, cuja eliminação ou neutralização imediata não seja possível;
- Estabelecer uma sistemática de autorização dos trabalhadores para trabalho em altura, sempre sujeita à supervisão, cuja forma será definida pela análise de riscos de acordo com as peculiaridades da atividade;
- Manter organizada e arquivada para consulta a documentação prevista na NR-35.

Constam explicitados como Deveres e Direitos dos Empregados no exercício de trabalho em altura, os seguintes:

- Cumprir as disposições legais e regulamentares sobre trabalho em altura, inclusive os procedimentos expedidos pelo empregador;
- Colaborar com o empregador na implementação das disposições contidas na NR-35;
- Interromper suas atividades exercendo o direito de recusa, sempre que constatarem evidências de riscos graves e iminentes para sua segurança e saúde ou a de outras pessoas, comunicando imediatamente o fato a seu superior hierárquico, que diligenciará as medidas cabíveis;
- Zelar pela sua segurança e saúde e a de outras pessoas que possam ser afetadas por suas ações ou omissões no trabalho.

A norma prevencionista em apreço contém, ainda, várias disposições preventivas atinentes à Capacitação e Treinamento de Trabalhadores que vão desenvolver atividades em altura, a saber:

- O empregador deve promover programa para capacitação dos trabalhadores à realização de trabalho em altura;
- Considera-se trabalhador capacitado para trabalho em altura aquele que foi submetido e aprovado em treinamento, teórico e prático, com carga horária mínima de oito horas, cujo conteúdo programático deve, no mínimo, incluir:
  - Normas e regulamentos aplicáveis ao trabalho em altura;
  - Análise de Risco e condições impeditivas;
  - Riscos potenciais inerentes ao trabalho em altura e medidas de prevenção e controle;
  - Equipamentos de Proteção Individual para trabalho em altura: seleção, inspeção, conservação e limitação de uso;
  - Acidentes típicos em trabalhos em altura;
  - Condutas em situações de emergência, incluindo noções de técnicas de resgate e de primeiros socorros.
- O empregador deve realizar treinamento periódico bienal, com carga horária mínima de oito horas e conteúdo programático definido pelo empregador, sempre que ocorrer quaisquer das seguintes situações:
  - mudança nos procedimentos, condições ou operações de trabalho;
  - evento que indique a necessidade de novo treinamento;
  - retorno de afastamento ao trabalho por período superior a noventa dias;
  - mudança de empresa.

No tocante ao Planejamento, Organização e Execução, estabelece a NR-35 que todo trabalho em altura deve ser planejado, organizado e executado por trabalhador capacitado e autorizado, assim entendido aquele capacitado, cujo estado de saúde foi avaliado, tendo sido considerado apto para executar essa atividade e que possua anuência formal da empresa. Outrossim, merecem destaque as seguintes determinações preventivas:

- É da responsabilidade do empregador avaliar o estado de saúde dos trabalhadores que exercem atividades em altura, garantindo que:
  - os exames e a sistemática de avaliação sejam partes integrantes do Programa de Controle Médico de Saúde Ocupacional (PCMSO), devendo estar nele consignados;
  - a avaliação seja efetuada periodicamente, considerando os riscos envolvidos em cada situação;
  - seja realizado exame médico voltado às patologias que poderão originar mal súbito e queda de altura, considerando também os fatores psicossociais.

➢ No planejamento do trabalho devem ser adotadas, de acordo com a seguinte hierarquia, as seguintes medidas preventivas que visem:

- evitar o trabalho em altura, sempre que existir meio alternativo de execução;
- eliminar o risco de queda dos trabalhadores, na impossibilidade de execução do trabalho de outra forma;
- minimizar as consequências da queda, quando o risco de queda não puder ser eliminado.

➢ Todo trabalho em altura deve ser realizado sob supervisão, cuja forma será definida pela análise de risco de acordo com as peculiaridades da atividade;

➢ A execução do serviço deve considerar as influências externas que possam alterar as condições do local de trabalho já previstas na análise de risco;

➢ Todo trabalho em altura deve ser precedido de análise de risco que, além dos riscos inerentes ao trabalho em altura, deve considerar:

- o local em que os serviços serão executados e seu entorno;
- o isolamento e a sinalização no entorno da área de trabalho;
- o estabelecimento dos sistemas e pontos de ancoragem;
- as condições meteorológicas adversas;
- a seleção, inspeção, forma de utilização e limitação de uso dos sistemas de proteção coletiva e individual, atendendo às normas técnicas vigentes, às orientações dos fabricantes e aos princípios da redução do impacto e dos fatores de queda;
- o risco de queda de materiais e ferramentas;
- os trabalhos simultâneos que apresentem riscos específicos;
- o atendimento aos requisitos de segurança e saúde contidos nas demais normas regulamentadoras;
- os riscos adicionais;
- as condições impeditivas;
- as situações de emergência e o planejamento do resgate e primeiros socorros, de forma a reduzir o tempo da suspensão inerte do trabalhador;
- a necessidade de sistema de comunicação;
- a forma de supervisão.

➢ Os procedimentos operacionais para as atividades rotineiras de trabalho em altura devem conter, no mínimo:

- as diretrizes e requisitos da tarefa;
- as orientações administrativas;
- o detalhamento da tarefa;
- as medidas de controle dos riscos característicos à rotina;
- as condições impeditivas;
- os sistemas de proteção coletiva e individual necessários;
- as competências e responsabilidades.

➢ As atividades de trabalho em altura não rotineiras devem ser previamente autorizadas mediante Permissão de Trabalho;

➢ Para as atividades não rotineiras as medidas de controle devem ser evidenciadas na análise de risco e na Permissão de Trabalho;

- A Permissão de Trabalho deve ser emitida, aprovada pelo responsável pela autorização da permissão, disponibilizada no local de execução da atividade e, ao final, encerrada e arquivada de forma a permitir sua rastreabilidade;

- A Permissão de Trabalho deve ter validade limitada à duração da atividade, restrita ao turno de trabalho, podendo ser revalidada pelo responsável pela aprovação nas situações em que não ocorram mudanças nas condições estabelecidas ou na equipe de trabalho; além do que, deve conter:

  - os requisitos mínimos a serem atendidos para a execução dos trabalhos;
  - as disposições e medidas estabelecidas na Análise de Risco;
  - a relação de todos os envolvidos e suas autorizações.

Os Equipamentos de Proteção Individual (EPIs), Acessórios e Sistemas de Ancoragem utilizados nos trabalhos em altura devem ser especificados e selecionados considerando-se a eficiência, o conforto, a carga aplicada aos mesmos e o respectivo fator de segurança, em caso de eventual queda. Outrossim, cabe observar, mais, o seguinte:

- Na seleção dos EPI devem ser considerados, além dos riscos a que o trabalhador está exposto, os riscos adicionais e, antes do início dos trabalhos, deve ser efetuada inspeção rotineira de todos os EPI, acessórios e sistemas de ancoragem;

- Os EPI, acessórios e sistemas de ancoragem que apresentarem defeitos, degradação, deformações ou sofrerem impactos de queda devem ser inutilizados e descartados, exceto quando sua restauração for prevista em normas técnicas nacionais ou, na sua ausência, normas internacionais;

- O cinto de segurança deve ser do tipo paraquedista e dotado de dispositivo para conexão em sistema de ancoragem, tal como estabelecido pela Análise de Risco;

- O trabalhador deve permanecer conectado ao sistema de ancoragem durante todo o período de exposição ao risco de queda;

- O talabarte e o dispositivo trava-quedas devem estar fixados acima do nível da cintura do trabalhador, ajustados de modo a restringir a altura de queda e assegurar que, em caso de ocorrência, minimize as chances do trabalhador colidir com estrutura inferior;

- É obrigatório o uso de absorvedor de energia nas seguintes situações quando o fator de queda for maior que 1 ou quando o comprimento do talabarte for maior que 0,9 m;

- No ponto de ancoragem, devem ser tomadas as seguintes providências:

  - ser selecionado por profissional legalmente habilitado;
  - ter resistência para suportar a carga máxima aplicável;
  - ser inspecionado quanto à integridade antes da sua utilização.

No tocante às disposições preventivas atinentes a Emergência e Salvamento a serem cumpridas pelo empregador, merecem ser observadas as seguintes:

- O empregador deve disponibilizar equipe para respostas em caso de emergências para trabalho em altura, a ser constituída de forma ser própria, externa ou interna (composta pelos próprios trabalhadores que executam o trabalho em altura), em função das características das atividades, além de assegurar que a equipe possua os recursos necessários para as respostas às emergências;

- As ações de respostas às emergências que envolvam o trabalho em altura devem constar do plano de emergência da empresa;

- As pessoas responsáveis pela execução das medidas de salvamento devem estar capacitadas a executar o resgate, prestar primeiros socorros e possuir aptidão física e mental compatível com a atividade a desempenhar.

Doravante, serão reproduzidos os FUNDAMENTOS JURÍDICOS (dispositivos legais, infralegais ou regulamentares) que propiciam o suporte de validade jurídica à temática em apreço, observando-se as ordens hierárquica e cronológica. Ao final, encontra-se igualmente transcrita, de forma integral e atualizada, a correspondente norma regulamentadora de segurança e saúde no trabalho que intitula este Capítulo.

FUNDAMENTOS JURÍDICOS DO CAPÍTULO 35

NR-35: TRABALHO EM ALTURA *(redação original dada pela Portaria SIT-MTE n. 313, de 23.3.2012, atualizada até a edição da Portaria MTE n. 1.471, de 24.9.2014). Art. 7º, incisos XXII, XXIII, XXVIII e XXXIII, da CF-1988. Arts. 155, 157, 158 e 200, da CLT.*

CONSTITUIÇÃO DA REPÚBLICA FEDERATIVA DO BRASIL

(Atualizada até a edição da Emenda Constitucional n. 85, de 26.2.2015)

Título II: Dos Direitos e Garantias Fundamentais (Arts. 5º a 17)

Capítulo II: Dos Direitos Sociais (Arts. 6º a 11)

Art. 7º São direitos dos trabalhadores urbanos e rurais[(1)], além de outros que visem à melhoria de sua condição social:

XXII — redução dos riscos inerentes ao trabalho, por meio de normas de saúde, higiene e segurança;

XXIII — adicional de remuneração para as atividades penosas, insalubres ou perigosas, na forma da lei;

XXVIII — seguro contra acidentes de trabalho, a cargo do empregador, sem excluir a indenização a que este está obrigado, quando incorrer em dolo ou culpa;

XXXIII — proibição de trabalho noturno, perigoso ou insalubre a menores de dezoito e de qualquer trabalho a menores de dezesseis anos, salvo na condição de aprendiz, a partir de quatorze anos.

NORMAS JURÍDICAS INFRACONSTITUCIONAIS

CONSOLIDAÇÃO DAS LEIS DO TRABALHO

(Decreto-lei n. 5.452, de 1º.5.1943, com a redação dos arts. 154 a 201 CLT dada pela Lei n. 6.514 de 22.12.1977, atualizada até a edição da Lei n. 13.103, de 2.3.2015)

Título II: **Das Normas Gerais de Tutela do Trabalho** (Arts. 13 a 223 da CLT)

Capítulo V: **Da Segurança e da Medicina do Trabalho** (Arts. 154 a 201 da CLT)[(2)]

Seção I: **Disposições Gerais** (Arts. 154 a 159)

Art. 155. Incumbe ao órgão de âmbito nacional competente em matéria de segurança e medicina do trabalho:

I — estabelecer, nos limites de sua competência, normas sobre a aplicação dos preceitos deste Capítulo, especialmente os referidos no art. 200;

II — coordenar, orientar, controlar e supervisionar a fiscalização e as demais atividades relacionadas com a segurança e a medicina do trabalho em todo o território nacional, inclusive a Campanha Nacional de Prevenção de Acidentes do Trabalho;

III — conhecer, em última instância, dos recursos, voluntários ou de ofício, das decisões proferidas pelos Delegados Regionais do Trabalho (atuais Superintendentes Regionais do Trabalho e Emprego), em matéria de segurança e medicina do trabalho.

Art. 157. Cabe às empresas:

I — cumprir e fazer cumprir as normas de segurança e medicina do trabalho;

II — instruir os empregados, através de ordens de serviço, quanto às precauções a tomar no sentido de evitar acidentes do trabalho ou doenças ocupacionais;

III — adotar as medidas que lhes sejam determinadas pelo órgão regional competente;

IV — facilitar o exercício da fiscalização pela autoridade competente

Art. 158. Cabe aos empregados:

I — observar as normas de segurança e medicina do trabalho, inclusive as instruções de que trata o item II do artigo anterior.

II — colaborar com a empresa na aplicação dos dispositivos deste Capítulo.

Parágrafo único — Constitui ato faltoso do empregado a recusa injustificada;

a) à observância das instruções expedidas pelo empregador na forma do item II do artigo anterior;

b) ao uso dos equipamentos de proteção individual fornecidos pela empresa.

---

(1) Especificamente em relação aos Servidores Públicos Federais (submetidos ao Regime Jurídico Único da Lei n. 8.112/1990) dispõe o § 3º do art. 39 da CF-1988 que: *"Aplica-se aos servidores ocupantes de cargo público o disposto no art. 7º, IV, VII, VIII, IX, XII, XIII, XV, XVI, XVII, XVIII, XIX, XX, XXII e XXX, podendo a lei estabelecer requisitos diferenciados de admissão quando a natureza do cargo o exigir"*.

(2) A Lei n. 6.514, de 22.12.1977, propiciou a redação dos arts. 154 a 201 da CLT, observadas as atualizações legais até a edição da Lei n. 13.103, de 2.3.2015.

Seção XV: **Das Outras Medidas Especiais de Proteção** (Art. 200 da CLT)

Art. 200. Cabe ao Ministério do Trabalho e Emprego estabelecer disposições complementares às normas de que trata este Capítulo, tendo em vista as peculiaridades de cada atividade ou setor de trabalho, especialmente sobre:

I — medidas de prevenção de acidentes e os equipamentos de proteção individual em obras de construção, demolição ou reparos;[(3)]

II — depósitos, armazenagem e manuseio de combustíveis, inflamáveis e explosivos, bem como trânsito e permanência nas áreas respectivas;[(4)]

III — trabalho em escavações, túneis, galerias, minas e pedreiras, sobretudo quanto à prevenção de explosões, incêndios, desmoronamentos e soterramentos, eliminação de poeiras, gases etc., e facilidades de rápida saída dos empregados;[(5)]

IV — proteção contra incêndio em geral e as medidas preventivas adequadas, com exigências ao especial revestimento de portas e paredes, construção de paredes contra fogo, diques e outros anteparos, assim como garantia geral de fácil circulação, corredores de acesso e saídas amplas e protegidas, com suficiente sinalização;[(6)]

V — proteção contra insolação, calor, frio, umidade e ventos, sobretudo no trabalho a céu aberto com provisão, quanto a este, de água potável, alojamento e profilaxia de endemias;[(7)]

VI — proteção do trabalhador exposto a substâncias químicas nocivas, radiações ionizantes e não ionizantes, ruídos, vibrações e trepidações ou pressões anormais ao ambiente de trabalho, com especificação das medidas cabíveis para eliminação ou atenuação desses efeitos, limites máximos quanto ao tempo de exposição, à intensidade da ação ou de seus efeitos sobre o organismo do trabalhador, exames médicos obrigatórios, limites de idade, controle permanente dos locais de trabalho e das demais exigências que se façam necessárias;[(8)]

VII — higiene nos locais de trabalho, com discriminação das exigências, instalações sanitárias, com separação de sexos, chuveiros, lavatórios, vestiários e armários individuais, refeitórios ou condições de conforto por ocasião das refeições, fornecimento de água potável, condições de limpeza dos locais de trabalho e modo de sua execução, tratamento de resíduos industriais;[(9)]

VIII — emprego das cores nos locais de trabalho, inclusive nas sinalizações de perigo.[(10)]

Parágrafo único. Tratando-se de radiações ionizantes e explosivos, as normas a que se refere este artigo serão expedidas de acordo com as resoluções a respeito adotadas pelo órgão técnico.[(11)]

NORMAS JURÍDICAS INFRALEGAIS OU REGULAMENTARES

NR-35 (TRABALHO EM ALTURA)[(12)]

Publicação	**D.O.U.**
Portaria SIT n. 313, de 23 de março de 2012	27.3.12
Alterações/Atualizações	**D.O.U.**
Portaria MTE n. 593, de 28 de abril de 2014	30.4.14
Portaria MTE n. 1.471, de 24 de setembro de 2014	25.9.14

35.1. Objetivo e Campo de Aplicação

35.1.1. Esta Norma estabelece os requisitos mínimos e as medidas de proteção para o trabalho em altura, envolvendo o planejamento, a organização e a execução, de forma a garantir a segurança e a saúde dos trabalhadores envolvidos direta ou indiretamente com esta atividade.

35.1.2. Considera-se trabalho em altura toda atividade executada acima de 2,00 m (dois metros) do nível inferior, onde haja risco de queda.

35.1.3. Esta norma se complementa com as normas técnicas oficiais estabelecidas pelos Órgãos competentes e, na ausência ou omissão dessas, com as normas internacionais aplicáveis.

35.2. Responsabilidades

35.2.1. Cabe ao empregador:

a) garantir a implementação das medidas de proteção estabelecidas nesta Norma;

---

(3) A NR-18 (CONDIÇÕES E MEIO AMBIENTE DE TRABALHO NA INDÚSTRIA DA CONSTRUÇÃO) disciplina o inciso I, do art. 200 da CLT.

(4) A NR-19 (EXPLOSIVOS) e a NR-20 (SEGURANÇA E SAÚDE NO TRABALHO COM INFLAMÁVEIS E COMBUSTÍVEIS) disciplinam o inciso II, do art. 200 da CLT.

(5) A NR-22 (SEGURANÇA E SAÚDE OCUPACIONAL NA MINERAÇÃO) disciplina o inciso III do art. 200 da CLT.

(6) A NR-23 (PROTEÇÃO CONTRA INCÊNDIOS) disciplina o inciso do IV, do art. 200 da CLT.

(7) A NR-21: TRABALHO A CÉU ABERTO disciplina o art. V, da CLT.

(8) A NR-9 (PPRA), a NR-7 (PCMSO) e a NR-15: ATIVIDADES E OPERAÇÕES INSALUBRES disciplinam este inciso do art. 200 da CLT.

(9) A NR-24 (CONDIÇÕES SANITÁRIAS E DE CONFORTO NOS LOCAIS DE TRABALHO) e a NR-25 (RESÍDUOS INDUSTRIAIS) disciplinam o inciso VII do art. 200 da CLT.

(10) A NR-26 (SINALIZAÇÃO DE SEGURANÇA) disciplina o inciso VIII, do art. 200 da CLT.

(11) O Anexo n. 5 (Limites de Tolerância para Radiações Ionizantes), da NR-15 (ATIVIDADES E OPERAÇÕES INSALUBRES), estipula a observância às Resoluções da Comissão Nacional de Energia Nuclear (CNEN) n. 9/88 e 10/88.

(12) O Texto da NR-35 (TRABALHO EM ALTURA), ora reproduzido, encontra-se atualizado até a edição da Portaria MTE n. 1.471, de 24.9.2014.

b) assegurar a realização da Análise de Risco — AR e, quando aplicável, a emissão da Permissão de Trabalho — PT;

c) desenvolver procedimento operacional para as atividades rotineiras de trabalho em altura;

d) assegurar a realização de avaliação prévia das condições no local do trabalho em altura, pelo estudo, planejamento e implementação das ações e das medidas complementares de segurança aplicáveis;

e) adotar as providências necessárias para acompanhar o cumprimento das medidas de proteção estabelecidas nesta Norma pelas empresas contratadas;

f) garantir aos trabalhadores informações atualizadas sobre os riscos e as medidas de controle;

g) garantir que qualquer trabalho em altura só se inicie depois de adotadas as medidas de proteção definidas nesta Norma;

h) assegurar a suspensão dos trabalhos em altura quando verificar situação ou condição de risco não prevista, cuja eliminação ou neutralização imediata não seja possível;

i) estabelecer uma sistemática de autorização dos trabalhadores para trabalho em altura;

j) assegurar que todo trabalho em altura seja realizado sob supervisão, cuja forma será definida pela análise de riscos de acordo com as peculiaridades da atividade;

k) assegurar a organização e o arquivamento da documentação prevista nesta Norma.

35.2.2. Cabe aos trabalhadores:

a) cumprir as disposições legais e regulamentares sobre trabalho em altura, inclusive os procedimentos expedidos pelo empregador;

b) colaborar com o empregador na implementação das disposições contidas nesta Norma;

c) interromper suas atividades exercendo o direito de recusa, sempre que constatarem evidências de riscos graves e iminentes para sua segurança e saúde ou a de outras pessoas, comunicando imediatamente o fato a seu superior hierárquico, que diligenciará as medidas cabíveis;

d) zelar pela sua segurança e saúde e a de outras pessoas que possam ser afetadas por suas ações ou omissões no trabalho.

35.3. Capacitação e Treinamento

35.3.1. O empregador deve promover programa para capacitação dos trabalhadores à realização de trabalho em altura.

35.3.2. Considera-se trabalhador capacitado para trabalho em altura aquele que foi submetido e aprovado em treinamento, teórico e prático, com carga horária mínima de oito horas, cujo conteúdo programático deve, no mínimo, incluir:

a) normas e regulamentos aplicáveis ao trabalho em altura;

b) análise de Risco e condições impeditivas;

c) riscos potenciais inerentes ao trabalho em altura e medidas de prevenção e controle;

d) sistemas, equipamentos e procedimentos de proteção coletiva;

e) equipamentos de Proteção Individual para trabalho em altura: seleção, inspeção, conservação e limitação de uso;

f) acidentes típicos em trabalhos em altura;

g) condutas em situações de emergência, incluindo noções de técnicas de resgate e de primeiros socorros.

35.3.3. O empregador deve realizar treinamento periódico bienal e sempre que ocorrer quaisquer das seguintes situações:

a) mudança nos procedimentos, condições ou operações de trabalho;

b) evento que indique a necessidade de novo treinamento;

c) retorno de afastamento ao trabalho por período superior a noventa dias;

d) mudança de empresa.

35.3.3.1. O treinamento periódico bienal deve ter carga horária mínima de oito horas, conforme conteúdo programático definido pelo empregador.

35.3.3.2. Nos casos previstos nas alíneas "a", "b", "c" e "d", a carga horária e o conteúdo programático devem atender a situação que o motivou.

35.3.4. Os treinamentos inicial, periódico e eventual para trabalho em altura podem ser ministrados em conjunto com outros treinamentos da empresa.

35.3.5. A capacitação deve ser realizada preferencialmente durante o horário normal de trabalho.

35.3.5.1. O tempo despendido na capacitação deve ser computado como tempo de trabalho efetivo.

35.3.6. O treinamento deve ser ministrado por instrutores com comprovada proficiência no assunto, sob a responsabilidade de profissional qualificado em segurança no trabalho.

35.3.7. Ao término do treinamento deve ser emitido certificado contendo o nome do trabalhador, conteúdo programático, carga horária, data, local de realização do treinamento, nome e qualificação dos instrutores e assinatura do responsável.

35.3.7.1. O certificado deve ser entregue ao trabalhador e uma cópia arquivada na empresa.

35.3.8. A capacitação deve ser consignada no registro do empregado.

4. Planejamento, Organização e Execução

35.4.1. Todo trabalho em altura deve ser planejado, organizado e executado por trabalhador capacitado e autorizado.

35.4.1.1. Considera-se trabalhador autorizado para trabalho em altura aquele capacitado, cujo estado de saúde foi avaliado, tendo sido considerado apto para executar essa atividade e que possua anuência formal da empresa.

35.4.1.2. Cabe ao empregador avaliar o estado de saúde dos trabalhadores que exercem atividades em altura, garantindo que:

a) os exames e a sistemática de avaliação sejam partes integrantes do Programa de Controle Médico de Saúde Ocupacional — PCMSO, devendo estar nele consignados;

b) a avaliação seja efetuada periodicamente, considerando os riscos envolvidos em cada situação;

c) seja realizado exame médico voltado às patologias que poderão originar mal súbito e queda de altura, considerando também os fatores psicossociais.

35.4.1.2.1. A aptidão para trabalho em altura deve ser consignada no atestado de saúde ocupacional do trabalhador.

35.4.1.3. A empresa deve manter cadastro atualizado que permita conhecer a abrangência da autorização de cada trabalhador para trabalho em altura.

35.4.2. No planejamento do trabalho devem ser adotadas, de acordo com a seguinte hierarquia:

a) medidas para evitar o trabalho em altura, sempre que existir meio alternativo de execução;

b) medidas que eliminem o risco de queda dos trabalhadores, na impossibilidade de execução do trabalho de outra forma;

c) medidas que minimizem as consequências da queda, quando o risco de queda não puder ser eliminado.

35.4.3. Todo trabalho em altura deve ser realizado sob supervisão, cuja forma será definida pela análise de risco de acordo com as peculiaridades da atividade.

35.4.4. A execução do serviço deve considerar as influências externas que possam alterar as condições do local de trabalho já previstas na análise de risco.

35.4.5. Todo trabalho em altura deve ser precedido de Análise de Risco.

35.4.5.1. A Análise de Risco deve, além dos riscos inerentes ao trabalho em altura, considerar:

a) o local em que os serviços serão executados e seu entorno;

b) o isolamento e a sinalização no entorno da área de trabalho;

c) o estabelecimento dos sistemas e pontos de ancoragem;

d) as condições meteorológicas adversas;

e) a seleção, inspeção, forma de utilização e limitação de uso dos sistemas de proteção coletiva e individual, atendendo às normas técnicas vigentes, às orientações dos fabricantes e aos princípios da redução do impacto e dos fatores de queda;

f) o risco de queda de materiais e ferramentas;

g) os trabalhos simultâneos que apresentem riscos específicos;

h) o atendimento aos requisitos de segurança e saúde contidos nas demais normas regulamentadoras;

i) os riscos adicionais;

j) as condições impeditivas;

k) as situações de emergência e o planejamento do resgate e primeiros socorros, de forma a reduzir o tempo da suspensão inerte do trabalhador;

l) a necessidade de sistema de comunicação;

m) a forma de supervisão.

35.4.6. Para atividades rotineiras de trabalho em altura a análise de risco pode estar contemplada no respectivo procedimento operacional.

35.4.6.1. Os procedimentos operacionais para as atividades rotineiras de trabalho em altura devem conter, no mínimo:

a) as diretrizes e requisitos da tarefa;

b) as orientações administrativas;

c) o detalhamento da tarefa;

d) as medidas de controle dos riscos características à rotina;

e) as condições impeditivas;

f) os sistemas de proteção coletiva e individual necessários;

g) as competências e responsabilidades.

35.4.7. As atividades de trabalho em altura não rotineiras devem ser previamente autorizadas mediante Permissão de Trabalho.

35.4.7.1. Para as atividades não rotineiras as medidas de controle devem ser evidenciadas na Análise de Risco e na Permissão de Trabalho.

35.4.8. A Permissão de Trabalho deve ser emitida, aprovada pelo responsável pela autorização da permissão, disponibilizada no local de execução da atividade e, ao final, encerrada e arquivada de forma a permitir sua rastreabilidade.

35.4.8.1. A Permissão de Trabalho deve conter:

a) os requisitos mínimos a serem atendidos para a execução dos trabalhos;

b) as disposições e medidas estabelecidas na Análise de Risco;

c) a relação de todos os envolvidos e suas autorizações.

35.4.8.2. A Permissão de Trabalho deve ter validade limitada à duração da atividade, restrita ao turno de trabalho, podendo ser revalidada pelo responsável pela aprovação nas situações em que não ocorram mudanças nas condições estabelecidas ou na equipe de trabalho.

35.5. Equipamentos de Proteção Individual, Acessórios e Sistemas de Ancoragem

35.5.1. Os Equipamentos de Proteção Individual - EPI, acessórios e sistemas de ancoragem devem ser especificados e selecionados considerando-se a sua eficiência, o conforto, a carga aplicada aos mesmos e o respectivo fator de segurança, em caso de eventual queda.

35.5.1.1. Na seleção dos EPI devem ser considerados, além dos riscos a que o trabalhador está exposto, os riscos adicionais.

35.5.2. Na aquisição e periodicamente devem ser efetuadas inspeções dos EPI, acessórios e sistemas de ancoragem, destinados à proteção de queda de altura, recusando-se os que apresentem defeitos ou deformações.

35.5.2.1. Antes do início dos trabalhos deve ser efetuada inspeção rotineira de todos os EPI, acessórios e sistemas de ancoragem.

35.5.2.2. Deve ser registrado o resultado das inspeções:

a) na aquisição;

b) periódicas e rotineiras quando os EPI, acessórios e sistemas de ancoragem forem recusados.

35.5.2.3. Os EPI, acessórios e sistemas de ancoragem que apresentarem defeitos, degradação, deformações ou sofrerem impactos de queda devem ser inutilizados e descartados, exceto quando sua restauração for prevista em normas técnicas nacionais ou, na sua ausência, normas internacionais.

35.5.3. O cinto de segurança deve ser do tipo paraquedista e dotado de dispositivo para conexão em sistema de ancoragem.

35.5.3.1. O sistema de ancoragem deve ser estabelecido pela Análise de Risco.

35.5.3.2. O trabalhador deve permanecer conectado ao sistema de ancoragem durante todo o período de exposição ao risco de queda.

35.5.3.3. O talabarte e o dispositivo trava-quedas devem estar fixados acima do nível da cintura do trabalhador, ajustados de modo a restringir a altura de queda e assegurar que, em caso de ocorrência, minimize as chances do trabalhador colidir com estrutura inferior.

35.5.3.4. É obrigatório o uso de absorvedor de energia nas seguintes situações:

a) fator de queda for maior que 1;

b) comprimento do talabarte for maior que 0,9m.

35.5.4. Quanto ao ponto de ancoragem, devem ser tomadas as seguintes providências:

a) ser selecionado por profissional legalmente habilitado;

b) ter resistência para suportar a carga máxima aplicável;

c) ser inspecionado quanto à integridade antes da sua utilização.

35.6. Emergência e Salvamento

35.6.1. O empregador deve disponibilizar equipe para respostas em caso de emergências para trabalho em altura.

35.6.1.1. A equipe pode ser própria, externa ou composta pelos próprios trabalhadores que executam o trabalho em altura, em função das características das atividades.

35.6.2. O empregador deve assegurar que a equipe possua os recursos necessários para as respostas a emergências.

35.6.3. As ações de respostas às emergências que envolvam o trabalho em altura devem constar do plano de emergência da empresa.

35.6.4. As pessoas responsáveis pela execução das medidas de salvamento devem estar capacitadas a executar o resgate, prestar primeiros socorros e possuir aptidão física e mental compatível com a atividade a desempenhar.

Glossário

Absorvedor de energia: dispositivo destinado a reduzir o impacto transmitido ao corpo do trabalhador e sistema de segurança durante a contenção da queda.

Análise de Risco — AR: avaliação dos riscos potenciais, suas causas, consequências e medidas de controle.

Atividades rotineiras: atividades habituais, independente da frequência, que fazem parte do processo de trabalho da empresa.

Cinto de segurança tipo paraquedista: Equipamento de Proteção Individual utilizado para trabalhos em altura onde haja risco de queda, constituído de sustentação na parte inferior do peitoral, acima dos ombros e envolto nas coxas.

Condições impeditivas: situações que impedem a realização ou continuidade do serviço que possam colocar em risco a saúde ou a integridade física do trabalhador.

Equipamentos auxiliares: equipamentos utilizados nos trabalhos de acesso por corda que completam o cinturão tipo paraquedista, talabarte, trava quedas e corda, tais como: conectores, bloqueadores, anéis de cintas têxteis, polias, descensores, ascensores, dentre outros. *(Inserido pela Portaria MTE n. 593, de 28 de abril de 2014)*

Fator de queda: razão entre a distância que o trabalhador percorreria na queda e o comprimento do equipamento que irá detê-lo.

Influências Externas: variáveis que devem ser consideradas na definição e seleção das medidas de proteção, para segurança das pessoas, cujo controle não é possível implementar de forma antecipada.

Operação Assistida: atividade realizada sob supervisão permanente de profissional com conhecimentos para avaliar os riscos nas atividades e implantar medidas para controlar, minimizar ou neutralizar tais riscos. *(Inserido pela Portaria MTE n. 593, de 28 de abril de 2014)*

Permissão de Trabalho — PT: documento escrito contendo conjunto de medidas de controle visando o desenvolvimento de trabalho seguro, além de medidas de emergência e resgate.

Ponto de ancoragem: ponto destinado a suportar carga de pessoas para a conexão de dispositivos de segurança, tais como cordas, cabos de aço, trava-queda e talabartes.

Profissional legalmente habilitado: trabalhador previamente qualificado e com registro no competente conselho de classe.

Riscos adicionais: todos os demais grupos ou fatores de risco, além dos existentes no trabalho em altura, específicos de cada ambiente ou atividade que, direta ou indiretamente, possam afetar a segurança e a saúde no trabalho.

Sistemas de ancoragem: componentes definitivos ou temporários, dimensionados para suportar impactos de queda, aos quais o trabalhador possa conectar seu Equipamento de Proteção Individual, diretamente ou através de outro dispositivo, de modo a que permaneça conectado em caso de perda de equilíbrio, desfalecimento ou queda

Suspensão inerte: situação em que um trabalhador permanece suspenso pelo sistema de segurança, até o momento do socorro.

Talabarte: dispositivo de conexão de um sistema de segurança, regulável ou não, para sustentar, posicionar e/ou limitar a movimentação do trabalhador.

Trabalhador qualificado: trabalhador que comprove conclusão de curso específico para sua atividade em instituição reconhecida pelo sistema oficial de ensino.

Trava-queda: dispositivo de segurança para proteção do usuário contra quedas em operações com movimentação vertical ou horizontal, quando conectado com cinturão de segurança para proteção contra quedas.

ANEXO I
ACESSO POR CORDAS

(Inserido pela Portaria MTE n. 593, de 28 de abril de 2014)

1. Campo de Aplicação

1.1. Para fins desta Norma Regulamentadora considera-se acesso por corda a técnica de progressão utilizando cordas, com outros equipamentos para ascender, descender ou se deslocar horizontalmente, assim como para posicionamento no local de trabalho, normalmente incorporando dois sistemas de segurança fixados de forma independente, um como forma de acesso e o outro como corda de segurança utilizado com cinturão de segurança tipo paraquedista.

1.2. Em situações de trabalho em planos inclinados, a aplicação deste anexo deve ser estabelecida por Análise de Risco.

1.3. As disposições deste anexo não se aplicam nas seguintes situações:

a) atividades recreacionais, esportivas e de turismo de aventura;

b) arboricultura;

c) serviços de atendimento de emergência destinados a salvamento e resgate de pessoas que não pertençam à própria equipe de acesso por corda.

2. Execução das atividades

2.1. As atividades com acesso por cordas devem ser executadas:

a) de acordo com procedimentos em conformidade com as normas técnicas nacionais vigentes;

b) por trabalhadores certificados em conformidade com normas técnicas nacionais vigentes de certificação de pessoas; *(Vide prazo para implementação no art. 3º da Portaria MTE n. 593/2014 e prorrogação no art. 1º da Portaria MTE n. 1.471/2014)*

c) por equipe constituída de pelo menos dois trabalhadores, sendo um deles o supervisor.

2.1.1. O processo de certificação desses trabalhadores contempla os treinamentos inicial e periódico previstos nos subitens 35.3.1 e 35.3.3 da NR-35.

2.2. Durante a execução da atividade o trabalhador deve estar conectado a pelo menos duas cordas em pontos de ancoragem independentes.

2.2.1. A execução da atividade com o trabalhador conectado a apenas uma corda pode ser permitida se atendidos cumulativamente aos seguintes requisitos:

a) for evidenciado na análise de risco que o uso de uma segunda corda gera um risco superior;

b) sejam implementadas medidas suplementares, previstas na análise de risco, que garantam um desempenho de segurança no mínimo equivalente ao uso de duas cordas.

3. Equipamentos e cordas

3.1. As cordas utilizadas devem atender aos requisitos das normas técnicas nacionais.

3.2. Os equipamentos auxiliares utilizados devem ser certificados de acordo com normas técnicas nacionais ou, na ausência dessas, de acordo com normas técnicas internacionais. *(Vide prazo para implementação no art. 3º da Portaria MTE n. 593/2014)*

3.2.1. Na inexistência de normas técnicas internacionais, a certificação por normas estrangeiras pode ser aceita desde que atendidos aos requisitos previstos na norma europeia (EN).

3.3. Os equipamentos e cordas devem ser inspecionados nas seguintes situações:

a) antes da sua utilização;

b) periodicamente, com periodicidade mínima de seis meses.

3.3.1. Em função do tipo de utilização ou exposição a agentes agressivos, o intervalo entre as inspeções deve ser reduzido.

3.4. As inspeções devem atender às recomendações do fabricante e aos critérios estabelecidos na Análise de Risco ou no Procedimento Operacional.

3.4.1. Todo equipamento ou corda que apresente defeito, desgaste, degradação ou deformação deve ser recusado, inutilizado e descartado.

3.4.2. A Análise de Risco deve considerar as interferências externas que possam comprometer a integridade dos equipamentos e cordas.

3.4.2.1. Quando houver exposições a agentes químicos que possam comprometer a integridade das cordas ou equipamentos, devem ser adotadas medidas adicionais em conformidade com as recomendações do fabricante considerando as tabelas de incompatibilidade dos produtos identificados com as cordas e equipamentos.

3.4.2.2. Nas atividades nas proximidades de sistemas energizados ou com possibilidade de energização, devem ser adotadas medidas adicionais.

3.5. As inspeções devem ser registradas:

a) na aquisição;

b) periodicamente;

c) quando os equipamentos ou cordas forem recusados.

3.6. Os equipamentos utilizados para acesso por corda devem ser armazenados e mantidos conforme recomendação do fabricante ou fornecedor.

4. Resgate

4.1. A equipe de trabalho deve ser capacitada para autorresgate e resgate da própria equipe.

4.2. Para cada frente de trabalho deve haver um plano de resgate dos trabalhadores.

5. Condições impeditivas

5.1. Além das condições impeditivas identificadas na Análise de Risco, como estabelece o item 35.4.5.1, alínea "j" da NR-35, o trabalho de acesso por corda deve ser interrompido imediatamente em caso de ventos superiores a quarenta quilômetros por hora.

5.2. Pode ser autorizada a execução de trabalho em altura utilizando acesso por cordas em condições com ventos superiores a quarenta quilômetros por hora e inferiores a quarenta e seis quilômetros por hora, desde que atendidos os seguintes requisitos:

a) justificar a impossibilidade do adiamento dos serviços mediante documento assinado pelo responsável pela execução dos serviços;

b) elaborar Análise de Risco complementar com avaliação dos riscos, suas causas, consequências e medidas de controle, efetuada por equipe multidisciplinar coordenada por profissional qualificado em segurança do trabalho ou, na inexistência deste, pelo responsável pelo cumprimento desta norma, anexada à justificativa, com as medidas de proteção adicionais aplicáveis, assinada por todos os participantes;

c) implantar medidas adicionais de segurança que possibilitem a realização das atividades;

d) ser realizada mediante operação assistida pelo supervisor das atividades.

Capítulo 36

SEGURANÇA E SAÚDE NO TRABALHO EM EMPRESAS DE ABATE E PROCESSAMENTO DE CARNES E DERIVADOS

De antemão, cabe ser dito que a trigésima sexta norma regulamentadora de segurança e saúde no trabalho, NR-36 (Segurança e Saúde no Trabalho em Empresas de Abate e Processamento de Carnes e Derivados), editada nos termos da Portaria MTE-GM n. 555, de 18.4.2013, publicada no Diário Oficial da União em 19.4.2013, excepcionalmente, estipulou um prazo de até seis meses para que as mudanças normativas por ela consubstanciadas entrem em vigor, com exceção de alguns itens que demandam mais tempo, como as que necessitem de intervenções estruturais para as quais foi concedido um prazo de doze meses, assim como para aquelas que impliquem alterações nas instalações físicas das empresas, caso em que o prazo para vigência será de vinte e quatro meses a partir da data de publicação da citada portaria ministerial.

Segundo dados divulgados no sítio eletrônico do Ministério do Trabalho e Emprego *(www.mte.gov.br)* quando da assinatura da NR-36, conhecida como "NR dos Frigoríficos", essa norma busca a prevenção e a redução de acidentes de trabalho e doenças ocupacionais, com adequação e organização de postos de trabalho, adoção de pausas, gerenciamento de riscos, disponibilização de equipamentos de proteção individual (EPI) adequados, rodízios de atividades, entre outras.

Importante destacar, também, de acordo com dados da estatística acidentária oficial *(www.mps.gov.br)*, ocorreram 19.453 acidentes de trabalho na atividade frigorífica no ano de 2011 correspondente a 2,73% de todos os infortúnios laborais. Tendo sido registradas também, 32 mortes acidentárias nesse mesmo setor e ano. A propósito, as atividades no setor de frigoríficos, abate e processamento de carnes e derivados, em sua maioria, são realizadas em postos fixos e com o trabalhador em pé, com ciclos de trabalhos muito curtos, inferiores a trinta segundos e operações muito repetitivas, o que evidencia os elevados números da Comunicação de Acidentes de Trabalho (CAT) efetivados. Outrossim, há ainda outros gravames acidentários, como a exigência de força no manuseio de produtos, o uso constante de ferramentas de trabalho, como facas, a exposição ao frio, à umidade e a níveis de pressão sonora elevados.

Como bem destacado na aludida divulgação ministerial, o setor abrange as empresas que abatem gado, suínos e aves, determinando medidas no processo produtivo, de maneira que reduza o risco à sua saúde e segurança. As atividades são fragmentadas, sujeitas à cadência imposta por esteiras e máquinas e pela organização da produção, com pressões de tempo, que não permitem que os trabalhadores tenham controle sobre a sua jornada. Daí por que se revelou bastante oportuna e necessária a edição da NR-36.

Convido o leitor que não possua um domínio maior sobre essa importante atividade produtiva, que tantas doenças ocupacionais e acidentes de trabalho tem causado, para assistir ao documentário intitulado "Carne e Osso", livremente disponibilizado na internet e que pode ser acessado via "*Youtube*". Dita película possui uma duração de cerca de cinquenta minutos e demonstra com bastante clareza e realidade os inúmeros riscos a que ficam expostos os trabalhadores desse importante segmento alimentício, com destaque para os subsequentes sofrimentos psicossociais por eles vivenciados.

A norma regulamentadora em apreço possui seu fundamento de validade jurídica, em termos de legislação ordinária, nos ditames gerais dos arts. 155, 157, 158 e 200 da Consolidação das Leis do Trabalho (CLT). A propósito, todos os dispositivos legais, normativos e jurisprudenciais pertinentes à temática em apreço encontram-se reproduzidos no tópico Fundamentos Jurídicos deste Capítulo, inclusive a íntegra atualizada da norma regulamentadora de segurança e saúde no trabalho que o intitula.

A NR-36 (Segurança e Saúde no Trabalho em Empresas de Abate e Processamento de Carnes e Derivados), com a redação original e ainda atual dada pela Portaria MTE-GM n. 555, de 18.4.2013, apresenta suas recomendações técnico-preventivas, de forma sequenciada e agrupada, em 16 Tópicos, além de 1 Anexo, na forma seguinte:

Sumário da NR-36 (SEGURANÇA E SAÚDE NO TRABALHO EM EMPRESAS DE ABATE E PROCESSAMENTO DE CARNES E DERIVADOS)

O objetivo da NR-36 é estabelecer os requisitos mínimos para avaliação, controle e monitoração dos riscos existentes nas atividades desenvolvidas na indústria do abate e processamento de carnes e derivados destinados ao consumo humano, de forma a garantir permanentemente a qualidade, saúde e segurança no trabalho, sem prejuízo no disposto nas demais normas regulamentadoras do Ministério do Trabalho e Emprego.

No tocante ao Mobiliário e Postos de Trabalho, preceitua a citada norma regulamentadora que sempre que o trabalho puder ser executado alternando a posição de pé com a posição sentada, o posto de trabalho deve ser planejado ou adaptado para favorecer a alternância das posições. Para possibilitar a alternância do trabalho sentado com o trabalho em pé, o empregador deve fornecer assentos para os postos de trabalho estacionários, de acordo com as recomendações da Análise Ergonômica do Trabalho (AET) de que trata a NR-17 (Ergonomia), assegurando, no mínimo, um assento para cada três trabalhadores.

Para o trabalho manual, sentado ou em pé, as bancadas, esteiras, nórias (engenho para tirar água de poços, cisterna, etc.), mesas ou máquinas devem proporcionar condições de boa postura, visualização e operação, atendendo, no mínimo:

- altura e características da superfície de trabalho compatíveis com o tipo de atividade, com a distância requerida dos olhos ao campo de trabalho e com a altura do assento;
- características dimensionais que possibilitem posicionamento e movimentação adequados dos segmentos corporais isentas de amplitudes articulares excessivas, tanto para o trabalho na posição sentada quanto na posição em pé;
- área de trabalho dentro da zona de alcance manual permitindo o posicionamento adequado dos segmentos corporais;
- ausência de quinas vivas ou rebarbas.

As dimensões dos espaços de trabalho devem ser suficientes para que o trabalhador possa movimentar os segmentos corporais livremente, de forma segura, de maneira a facilitar o trabalho, reduzir o esforço do trabalhador e não exigir a adoção de posturas extremas ou nocivas. Os postos de trabalho devem possuir os seguintes requisitos:

- pisos com características antiderrapantes, obedecidas as características higiênico-sanitárias legais;
- sistema de escoamento de água e resíduos;
- áreas de trabalho e de circulação dimensionadas de forma a permitir a movimentação segura de materiais e pessoas;
- proteção contra intempéries quando as atividades ocorrerem em área externa, obedecida a hierarquia seguinte ordem de prioridade: I — eliminação dos fatores de risco; II — minimização e controle dos fatores de risco, com a adoção de medidas coletivas — técnicas, administrativas e organizacionais; III — uso de Equipamentos de Proteção Individual (EPI);
- limpeza e higienização constantes.

Outrossim, as Câmaras Frias, também conhecidas por câmaras frigoríficas, consistem em armários metálicos com prateleiras e gavetas e portas isolantes, para manter o frio no interior do utensílio e devem possuir dispositivo que possibilite abertura das portas pelo interior sem muito esforço, e alarme ou outro sistema de comunicação, que possa ser acionado pelo interior, em caso de emergência. As câmaras frias cuja temperatura for igual ou inferior a -18º C devem possuir indicação do tempo máximo de permanência no local.

Com relação ao Manuseio de Produtos, estatui a NR-36 que o empregador deve adotar meios técnicos e organizacionais para reduzir os esforços nas atividades de manuseio de produtos. O manuseio de animais ou produtos não deve propiciar o uso de força muscular excessiva por parte dos trabalhadores, devendo ser atendidos, no mínimo, os seguintes preceitos:

- os elementos a serem manipulados, devem estar dispostos dentro da área de alcance principal para o trabalhador, tanto para a posição sentada como em pé;
- a altura das esteiras ou de outro mecanismo utilizado para depósito de produtos e de partes dos produtos manuseados, deve ser dimensionada de maneira a não propiciar extensões e/ou elevações excessivas dos braços e ombros;
- as caixas e outros continentes utilizados para depósito de produtos devem estar localizados de modo a facilitar a pega e não propiciar a adoção excessiva e continuada de torção e inclinações do tronco, elevação e/ou extensão dos braços e ombros.

Devem ser implementadas medidas de controle que evitem que os trabalhadores, ao realizar suas atividades, sejam obrigados a efetuar de forma contínua e repetitiva:

- movimentos bruscos de impacto dos membros superiores;
- uso excessivo de força muscular;
- frequência de movimentos dos membros superiores que possam comprometer a segurança e saúde do trabalhador;
- exposição prolongada a vibrações;
- imersão ou contato permanente das mãos com água.

O Levantamento, Transporte, Descarga, Manipulação e Armazenamento de produtos, partes de animais e materiais devem ser executados de forma que o esforço físico realizado pelo trabalhador seja compatível com sua segurança, saúde e capacidade de força. O empregador deve adotar medidas técnicas e organizacionais apropriadas e fornecer os meios adequados para reduzir a necessidade de carregamento manual constante de produtos e cargas cujo peso possa comprometer a segurança e saúde dos trabalhadores. Igualmente, deve, ainda, o empregador efetuar Análise Ergonômica do Trabalho para avaliar a compatibilidade do esforço físico dos trabalhadores com a sua capacidade de força, nas atividades que exijam levantamento, transporte, descarga, manipulação e armazenamento de animais, produtos e materiais de forma constante e repetitiva, tendo em vista que a duração e a frequência da tarefa de carregamento manual de cargas que possa comprometer a segurança e saúde do trabalhador devem ser limitadas, devendo-se efetuar alternância com outras atividades ou pausas adequadas, entre períodos não superiores a duas horas, ressalvadas outras disposições legais. Além do que, devem ser adotadas medidas para adequação do peso e do tamanho da carga, do número de movimentos a serem efetuados, da frequência de levantamento e carregamento e das distâncias a percorrer com cargas que possam comprometer a segurança e saúde dos trabalhadores.

No que se refere às atividades de Recepção e Descarga de Animais, consta explicitado que nas áreas de tais atividades devem permanecer somente trabalhadores devidamente informados e treinados, e caso os animais sejam de grande porte é proibido o trabalho isolado. Referidas atividades de descarga e recepção devem ser devidamente organizadas e planejadas, devendo envolver, no mínimo:

- procedimentos específicos e regras de segurança na recepção e descarga de animais para os trabalhadores e terceiros, incluindo os motoristas e ajudantes;
- sinalização e/ou separação das áreas de passagem de veículos, animais e pessoas;
- plataformas de descarregamento de animais isoladas de outros setores ou locais de trabalho;
- postos de trabalho, da recepção até o curral de animais de grande porte, protegidos contra intempéries;
- medidas de proteção contra a movimentação intempestiva e perigosa dos animais de grande porte que possam gerar risco aos trabalhadores;
- passarelas para circulação dos trabalhadores ao lado ou acima da plataforma quando o acesso aos animais assim o exigir;
- informação aos trabalhadores sobre os riscos e as medidas de prevenção no trabalho com animais vivos;
- estabelecimento de procedimentos de orientação aos contratados e terceiros acerca das disposições relativas aos riscos ocupacionais.

As Máquinas e Equipamentos utilizados nas empresas de abate e processamento de carnes e derivados devem atender ao disposto na NR-12 (Segurança no Trabalho em Máquinas e Equipamentos). Os elevadores, guindastes ou quaisquer outras máquinas e equipamentos devem oferecer garantias de resistência, segurança e estabilidade. As instalações elétricas das máquinas e equipamentos devem ser projetadas e mantidas de modo a prevenir, por meios seguros, os riscos de choque elétrico e todos os outros tipos de acidentes, atendendo as disposições contidas nas NR-12 e NR-10 (Segurança em Instalações e Serviços em Eletricidade). Nos locais fechados e sem ventilação é proibida a utilização de máquinas e equipamentos movidos a combustão interna, salvo se providos de dispositivos neutralizadores adequados.

O efetivo de trabalhadores da manutenção deve ser compatível com a quantidade de máquinas e equipamentos existentes na empresa. Devem, ainda, ser adotadas medidas de controle para proteger os trabalhadores dos riscos adicionais provenientes:

- da emissão ou liberação de agentes físicos ou químicos pelas máquinas e equipamentos;
- das emanações aquecidas de máquinas, equipamentos e tubulações;
- do contato do trabalhador com superfícies quentes de máquinas e equipamentos que possam ocasionar queimaduras.

Os Equipamentos e Ferramentas disponibilizados devem favorecer a adoção de posturas e movimentos adequados, facilidade de uso e conforto, de maneira a não obrigar o trabalhador ao uso excessivo de força, pressão, preensão, flexão, extensão ou torção dos segmentos corporais. Devem, ainda, ser adotadas medidas preventivas para permitir o uso correto de ferramentas ou equipamentos manuais de forma a evitar a compressão da palma da mão ou de um ou mais dedos em arestas ou quinas vivas dos equipamentos, devendo as mesmas terem sistema de manutenção constante.

No tocante às Condições Ambientais de Trabalho, a NR em comento destaca alguns fatores ambientais específicos: ruído, qualidade do ar nos ambientes artificialmente climatizados, agentes químicos, agentes biológicos e conforto térmico.

Para controlar a exposição ao Ruído ambiental devem ser adotadas medidas que priorizem a sua eliminação, a redução da sua emissão e a redução da exposição dos trabalhadores, nesta ordem. Caso não seja possível tecnicamente eliminar ou reduzir a emissão do ruído ou quando as medidas de proteção adotadas não forem suficientes ou encontrarem-se em fase de estudo, planejamento ou implantação, ou ainda em caráter complementar ou emergencial, devem ser adotadas medidas para redução da exposição dos trabalhadores obedecendo à seguinte hierarquia:

- medidas de caráter administrativo ou de organização do trabalho;
- utilização de equipamento de proteção individual (EPI).

Quanto aos Agentes Químicos, a empresa deve adotar medidas de prevenção coletivas e individuais quando da utilização de produtos químicos. Em relação aos Agentes Biológicos, deverá ser efetuado o controle destes riscos, utilizando-se, no mínimo, das seguintes medidas:

- procedimentos de limpeza e desinfecção;
- medidas de biosegurança envolvendo a cadeia produtiva;
- medidas adotadas no processo produtivo pela própria empresa;
- fornecimento de equipamentos de proteção individual adequados;
- treinamento e informação aos trabalhadores.

No que se refere ao Conforto Térmico, as medidas de prevenção devem envolver, no mínimo:

- controle da temperatura, da velocidade do ar e da umidade;
- manutenção constante dos equipamentos;
- acesso fácil e irrestrito a água fresca;
- uso de EPI e vestimenta de trabalho compatível com a temperatura do local e da atividade desenvolvida;
- outras medidas de proteção visando o conforto térmico.

Quando as condições do ambiente forem desconfortáveis, em virtude da exposição ao calor, além do previsto no parágrafo anterior, devem ser adotadas as seguintes medidas:

- alternância de tarefas, buscando a redução da exposição ao calor;
- medidas técnicas para minimizar os esforços físicos.

Deve ser disponibilizado, também, sistema para aquecimento das mãos próximo dos sanitários ou dos locais de fruição de pausas, quando as atividades manuais forem realizadas em ambientes frios ou exijam contato constante com superfícies e produtos frios.

Em relação aos Equipamentos de Proteção Individual (EPI), explicita a NR-36 que estes devem ser selecionados de forma a oferecer eficácia necessária para o controle da exposição ao risco e o conforto, atendendo o previsto nas NR-6 (EPI) e NR-9 (PPRA). O empregador deve fornecer vestimentas de trabalho de maneira que:

- os trabalhadores possam dispor de mais de uma peça de vestimenta, para utilizar de maneira sobreposta, a seu critério, e em função da atividade e da temperatura do local, atendendo às características higiênico-sanitárias legais e ao conforto térmico;
- as extremidades sejam compatíveis com a atividade e o local de trabalho;
- sejam substituídas quando necessário, a fim de evitar o comprometimento de sua eficácia.

Quanto ao Gerenciamento de Riscos, preceitua a norma regulamentadora que o empregador deve colocar em prática uma abordagem planejada, estruturada e global da prevenção, por meio do gerenciamento dos fatores de risco em Segurança e Saúde no Trabalho (SST), utilizando-se de todos os meios técnicos, organizacionais e administrativos para assegurar o bem-estar dos trabalhadores e garantir que os ambientes e condições de trabalho sejam seguros e saudáveis. A estratégia de prevenção em SST e meio ambiente de trabalho deve:

- integrar as ações de prevenção às atividades de gestão e à dinâmica da produção, levando-se em consideração a competência e experiência dos trabalhadores e de um representante indicado pelo sindicato da categoria preponderante, afim de aperfeiçoar de maneira contínua os níveis de proteção e desempenho no campo da segurança e saúde no trabalho;
- integrar a prevenção nas atividades de capacitação e treinamento dos trabalhadores, incluindo os níveis gerenciais.

No Planejamento da Prevenção devem ser definidos métodos, técnicas e ferramentas adequadas para a avaliação de riscos, incluindo parâmetros e critérios necessários para tomada de decisão. A avaliação dos riscos tem como objetivo introduzir medidas de prevenção para a sua eliminação ou redução, assim como para determinar se as medidas previstas ou existentes são adequadas, de forma a minimizar o impacto desses riscos à segurança e saúde dos trabalhadores.

As ações em SST devem abranger todos os riscos à segurança e saúde e abordar, no mínimo, os seguintes aspectos:

- riscos gerados por máquinas, equipamentos, instalações, eletricidade, incêndios, entre outros;
- riscos gerados pelo ambiente de trabalho, entre eles os decorrentes da exposição a agentes físicos, químicos e biológicos, como definidos na NR-9 (PPRA);
- riscos de natureza ergonômica e outros gerados pela organização do trabalho.

O Programa de Prevenção de Riscos Ambientais (PPRA) e o Programa de Controle Médico de Saúde Ocupacional (PCMSO) devem estar articulados entre si e com as demais normas, em particular com a NR-17 (Ergonomia). Para fins de elaboração de programas preventivos devem ser considerados, entre outros, os seguintes aspectos da organização do trabalho:

- compatibilização das metas com as condições de trabalho e tempo oferecidas;
- repercussões sobre a saúde do trabalhador de todo e qualquer sistema de avaliação de desempenho para efeito de remuneração e vantagens de qualquer espécie;
- períodos insuficientes para adaptação e readaptação de trabalhadores à atividade.

Em se tratando de Organização Temporal do Trabalho que, para os trabalhadores que exercem suas atividades em ambientes artificialmente frios e para os que movimentam mercadorias do ambiente quente ou normal para o frio e vice-versa, depois de uma hora e quarenta minutos de trabalho contínuo, será assegurado um período mínimo de vinte minutos de repouso, nos termos do art. 253 da CLT. Considera-se artificialmente frio, o que for inferior, na primeira, segunda e terceira zonas climáticas a 15º C, na quarta zona a 12º C, e nas zonas quinta, sexta e sétima, a 10º C, conforme mapa oficial do Instituto Brasileiro de Geografia e Estatística (IBGE). Para os trabalhadores que desenvolvem atividades exercidas diretamente no processo produtivo, ou seja, desde a recepção até a expedição, onde são exigidas repetitividade e/ou sobrecarga muscular estática ou dinâmica do pescoço, ombros, dorso e membros superiores e inferiores, devem ser asseguradas pausas psicofisiológicas, consoante Quadro I da NR-36. (*Vide* Fundamentos Jurídicos deste Capítulo).

No que se refere à Organização das Atividades, prescreve a NR-36 que devem ser adotadas medidas técnicas de engenharia, organizacionais e administrativas com o objetivo de eliminar ou reduzir os fatores de risco, especialmente a repetição de movimentos dos membros superiores. A organização das tarefas deve ser efetuada com base em estudos e procedimentos de forma a atender aos seguintes objetivos:

- a cadência requerida na realização de movimentos de membros superiores e inferiores não deve comprometer a segurança e a saúde dos trabalhadores;
- as exigências de desempenho devem ser compatíveis com as capacidades dos trabalhadores, de maneira a minimizar os esforços físicos estáticos e dinâmicos que possam comprometer a sua segurança e saúde;
- o andamento da atividade deve ser efetuado de forma menos árdua e mais confortável aos trabalhadores;
- facilitar a comunicação entre trabalhadores, entre trabalhadores e supervisores, e com outros setores afins.

Informações e Treinamentos em Segurança e Saúde no Trabalho devem ser ministrados a todos os trabalhadores acerca dos riscos relacionados ao trabalho, suas causas potenciais, efeitos sobre a saúde e medidas de prevenção, especialmente sobre:

- os métodos e procedimentos de trabalho;
- o uso correto e os riscos associados à utilização de equipamentos e ferramentas;
- as variações posturais e operações manuais que ajudem a prevenir a sobrecarga osteomuscular e reduzir a fadiga, especificadas na AET;
- os riscos existentes e as medidas de controle;
- o uso de EPI e suas limitações;
- as ações de emergência.

Doravante, serão reproduzidos os FUNDAMENTOS JURÍDICOS (dispositivos legais, infralegais ou regulamentares) que propiciam o suporte de validade jurídica à temática em apreço, observando-se as ordens hierárquica e cronológica. Ao final, encontra-se igualmente transcrita, de forma integral e atualizada, a correspondente norma regulamentadora de segurança e saúde no trabalho que intitula este Capítulo.

FUNDAMENTOS JURÍDICOS DO CAPÍTULO 36

NR-36: SEGURANÇA E SAÚDE NO TRABALHO EM EMPRESAS DE ABATE E PROCESSAMENTO DE CARNES E DERIVADOS *(redação original e atual dada pela Portaria MTE-GM n. 555, de 18.4.2013). Art. 7º, incisos XXII, XXIII, XXVIII e XXXIII, da CF-1988. Arts. 155, 157, 158 e 200 da CLT.*

CONSTITUIÇÃO DA REPÚBLICA FEDERATIVA DO BRASIL

(Atualizada até a edição da Emenda Constitucional n. 85, de 26.2.2015)

Título II: Dos Direitos e Garantias Fundamentais (Arts. 5º a 17)

Capítulo II: Dos Direitos Sociais (Arts. 6º a 11)

Art. 7º São direitos dos trabalhadores urbanos e rurais[(1)], além de outros que visem à melhoria de sua condição social:

XXII — redução dos riscos inerentes ao trabalho, por meio de normas de saúde, higiene e segurança;

XXIII — adicional de remuneração para as atividades penosas, insalubres ou perigosas, na forma da lei;

XXVIII — seguro contra acidentes de trabalho, a cargo do empregador, sem excluir a indenização a que este está obrigado, quando incorrer em dolo ou culpa;

XXXIII — proibição de trabalho noturno, perigoso ou insalubre a menores de dezoito e de qualquer trabalho a menores de dezesseis anos, salvo na condição de aprendiz, a partir de quatorze anos.

NORMAS JURÍDICAS INFRACONSTITUCIONAIS

CONSOLIDAÇÃO DAS LEIS DO TRABALHO

(Decreto-lei n. 5.452, de 1º.5.1943, com a redação dos arts. 154 a 201 CLT dada pela Lei n. 6.514, de 22.12.1977, atualizada até a edição da Lei n. 13.103, de 2.3.2015)

Título II: **Das Normas Gerais de Tutela do Trabalho** (Arts. 13 a 223 da CLT)

Capítulo V: **Da Segurança e da Medicina do Trabalho** (Arts. 154 a 201 da CLT)[(2)]

Seção I: **Disposições Gerais** (Arts. 154 a 159)

Art. 155. Incumbe ao órgão de âmbito nacional competente em matéria de segurança e medicina do trabalho:

I — estabelecer, nos limites de sua competência, normas sobre a aplicação dos preceitos deste Capítulo, especialmente os referidos no art. 200;

II — coordenar, orientar, controlar e supervisionar a fiscalização e as demais atividades relacionadas com a segurança e a medicina do trabalho em todo o território nacional, inclusive a Campanha Nacional de Prevenção de Acidentes do Trabalho;

---

(1) Especificamente em relação aos Servidores Públicos Federais (submetidos ao Regime Jurídico Único da Lei n. 8.112/1990) dispõe o § 3º do art. 39 da CF-1988 que: *"Aplica-se aos servidores ocupantes de cargo público o disposto no art. 7º, IV, VII, VIII, IX, XII, XIII, XV, XVI, XVII, XVIII, XIX, XX, XXII e XXX, podendo a lei estabelecer requisitos diferenciados de admissão quando a natureza do cargo o exigir"*.

(2) A Lei n. 6.514, de 22.12.1977, propiciou a redação dos arts. 154 a 201 da CLT, observadas as atualizações legais até a edição da Lei n. 13.103, de 2.3.2015.

III — conhecer, em última instância, dos recursos, voluntários ou de ofício, das decisões proferidas pelos Delegados Regionais do Trabalho (atuais Superintendentes Regionais do Trabalho e Emprego), em matéria de segurança e medicina do trabalho.

Art. 157. Cabe às empresas:

I — cumprir e fazer cumprir as normas de segurança e medicina do trabalho;

II — instruir os empregados, através de ordens de serviço, quanto às precauções a tomar no sentido de evitar acidentes do trabalho ou doenças ocupacionais;

III — adotar as medidas que lhes sejam determinadas pelo órgão regional competente;

IV — facilitar o exercício da fiscalização pela autoridade competente

Art. 158. Cabe aos empregados:

I — observar as normas de segurança e medicina do trabalho, inclusive as instruções de que trata o item II do artigo anterior.

II — colaborar com a empresa na aplicação dos dispositivos deste Capítulo.

Parágrafo único — Constitui ato faltoso do empregado a recusa injustificada;

a) à observância das instruções expedidas pelo empregador na forma do item II do artigo anterior;

b) ao uso dos equipamentos de proteção individual fornecidos pela empresa.

Seção XV: **Das Outras Medidas Especiais de Proteção** (Art. 200 da CLT)

Art. 200. Cabe ao Ministério do Trabalho e Emprego estabelecer disposições complementares às normas de que trata este Capítulo, tendo em vista as peculiaridades de cada atividade ou setor de trabalho, especialmente sobre:

I — medidas de prevenção de acidentes e os equipamentos de proteção individual em obras de construção, demolição ou reparos;(3)

II — depósitos, armazenagem e manuseio de combustíveis, inflamáveis e explosivos, bem como trânsito e permanência nas áreas respectivas;(4)

III — trabalho em escavações, túneis, galerias, minas e pedreiras, sobretudo quanto à prevenção de explosões, incêndios, desmoronamentos e soterramentos, eliminação de poeiras, gases etc., e facilidades de rápida saída dos empregados;(5)

IV — proteção contra incêndio em geral e as medidas preventivas adequadas, com exigências ao especial revestimento de portas e paredes, construção de paredes contra fogo, diques e outros anteparos, assim como garantia geral de fácil circulação, corredores de acesso e saídas amplas e protegidas, com suficiente sinalização;(6)

V — proteção contra insolação, calor, frio, umidade e ventos, sobretudo no trabalho a céu aberto com provisão, quanto a este, de água potável, alojamento e profilaxia de endemias;(7)

VI — proteção do trabalhador exposto a substâncias químicas nocivas, radiações ionizantes e não-ionizantes, ruídos, vibrações e trepidações ou pressões anormais ao ambiente de trabalho, com especificação das medidas cabíveis para eliminação ou atenuação desses efeitos, limites máximos quanto ao tempo de exposição, à intensidade da ação ou de seus efeitos sobre o organismo do trabalhador, exames médicos obrigatórios, limites de idade, controle permanente dos locais de trabalho e das demais exigências que se façam necessárias;(8)

VII — higiene nos locais de trabalho, com discriminação das exigências, instalações sanitárias, com separação de sexos, chuveiros, lavatórios, vestiários e armários individuais, refeitórios ou condições de conforto por ocasião das refeições, fornecimento de água potável, condições de limpeza dos locais de trabalho e modo de sua execução, tratamento de resíduos industriais;(9)

VIII — emprego das cores nos locais de trabalho, inclusive nas sinalizações de perigo.(10)

Parágrafo único. Tratando-se de radiações ionizantes e explosivos, as normas a que se refere este artigo serão expedidas de acordo com as resoluções a respeito adotadas pelo órgão técnico.(11)

NORMAS JURÍDICAS INFRALEGAIS OU REGULAMENTARES

Portaria n. 555 de 18.4.2013, publicada no D.O.U., de 19.4.2013.

(Aprova a NR-36: Segurança e Saúde no Trabalho em Empresas de Abate e Processamento de Carnes e Derivados)

O MINISTRO DE ESTADO DO TRABALHO E EMPREGO, no uso das atribuições que lhe conferem o inciso II do parágrafo único do art. 87 da Constituição Federal e os arts. 155 e 200 da CLT, aprovada pelo Decreto-Lei n. 5.452, de 1º de maio de 1943, **resolve:**

---

(3) A NR-18 (CONDIÇÕES E MEIO AMBIENTE DE TRABALHO NA INDÚSTRIA DA CONSTRUÇÃO) disciplina o inciso I, do art. 200 da CLT.

(4) A NR-19 (EXPLOSIVOS) e a NR-20 (SEGURANÇA E SAÚDE NO TRABALHO COM INFLAMÁVEIS E COMBUSTÍVEIS) disciplinam o inciso II, do art. 200 da CLT.

(5) A NR-22 (SEGURANÇA E SAÚDE OCUPACIONAL NA MINERAÇÃO) disciplina o inciso III do art. 200 da CLT.

(6) A NR-23 (PROTEÇÃO CONTRA INCÊNDIOS) disciplina o inciso do IV, do art. 200 da CLT.

(7) A NR-21: TRABALHO A CÉU ABERTO disciplina o inciso V, do art. 200, da CLT.

(8) A NR-9 (PPRA), a NR-7 (PCMSO) e a NR-15: ATIVIDADES E OPERAÇÕES INSALUBRES disciplinam o inciso VI do art. 200 da CLT.

(9) A NR-24 (CONDIÇÕES SANITÁRIAS E DE CONFORTO NOS LOCAIS DE TRABALHO) e a NR-25 (RESÍDUOS INDUSTRIAIS) disciplinam o inciso VII do art. 200 da CLT.

(10) A NR-26 (SINALIZAÇÃO DE SEGURANÇA) disciplina o inciso VIII, do art. 200 da CLT.

(11) O Anexo n. 5 (Limites de Tolerância para Radiações Ionizantes), da NR-15 (ATIVIDADES E OPERAÇÕES INSALUBRES), estipula a observância às Resoluções da Comissão Nacional de Energia Nuclear (CNEN) n. 9/88 e 10/88.

Art. 1º Aprovar a Norma Regulamentadora n. 36 (NR-36), sob o título "Segurança e Saúde no Trabalho em Empresas Abate e Processamento de Carnes e Derivados", com a redação constante no Anexo desta Portaria.

Art. 2º Criar a Comissão Nacional Tripartite Temática (CNTT) da NR-36 com o objetivo de acompanhar a implantação da Norma Regulamentadora, conforme estabelece o art. 9º da Portaria MTE n. 1.127 de 2.10.2003.

Art. 3º Esta Portaria entra em vigor 6 meses após a sua publicação (*publicada no D.O.U de 19.4.2013*), exceto quanto aos itens abaixo discriminados, que entrarão em vigor nos prazos consignados, contados da publicação deste ato (*D.O.U. de 19.4.2013*):

Itens que demandem intervenções estruturais de mobiliário e equipamentos	12 meses
Itens que demandem alterações nas instalações físicas da empresa	24 meses
Subitem 36.2.2	Um assento para cada quatro trabalhadores: 9 meses. Um assento para cada três trabalhadores: 24 meses.
Subitem 36.2.7, alínea "d".	• Atendimento a, no mínimo, 50% do efetivo de trabalhadores que usufruirá das pausas previstas neste item: 6 meses. • Atendimento a, no mínimo, 75% do efetivo de trabalhadores que usufruirá das pausas previstas neste item: 12 meses. • Atendimento a 100% do efetivo de trabalhadores que usufruirá das pausas previstas neste item: 18 meses.
Subitem 36.13.2, Quadro I.	• Concessão de pausas psicofisiológicas distribuídas, no mínimo, da seguinte forma: ✓ Para jornadas de até 6h20: 10 minutos em prazo imediato; e, 20 minutos em prazo de 6 meses. ✓ Para jornadas de 6h20 a 7h40: 20 minutos em prazo imediato; 30 minutos em 9 meses; e, 45 minutos em 18 meses. ✓ Para jornadas de 7h40 a 9h10: 40 minutos em prazo imediato; 50 minutos em 9 (nove) meses; e, 60 minutos em 18 meses.

NR-36 (SEGURANÇA E SAÚDE NO TRABALHO EM EMPRESAS DE ABATE E PROCESSAMENTO DE CARNES E DERIVADOS)[12]

Publicação	**D.O.U.**
Portaria MTE n. 555, de 18 de abril de 2013	19.4.13

Sumário

(Vide prazos de implementação no art. 3º da Portaria n. 555/2013)

---

(12) O Texto da NR-36 (SEGURANÇA E SAÚDE NO TRABALHO EM EMPRESAS DE ABATE E PROCESSAMENTO DE CARNES E DERIVADOS), ora reproduzido, encontra-se com a redação original e atual da Portaria MTE-GM n. 585, de 18.4.2013.

36.1. Objetivos

36.1.1. O objetivo desta Norma é estabelecer os requisitos mínimos para a avaliação, controle e monitoramento dos riscos existentes nas atividades desenvolvidas na indústria de abate e processamento de carnes e derivados destinados ao consumo humano, de forma a garantir permanentemente a segurança, a saúde e a qualidade de vida no trabalho, sem prejuízo da observância do disposto nas demais Normas Regulamentadoras — NR do Ministério do Trabalho e Emprego.

36.2. Mobiliário e postos de trabalho

36.2.1. Sempre que o trabalho puder ser executado alternando a posição de pé com a posição sentada, o posto de trabalho deve ser planejado ou adaptado para favorecer a alternância das posições.

36.2.2. Para possibilitar a alternância do trabalho sentado com o trabalho em pé, referida no item 36.2.1, o empregador deve fornecer assentos para os postos de trabalho estacionários, de acordo com as recomendações da Análise Ergonômica do Trabalho — AET, assegurando, no mínimo, um assento para cada três trabalhadores. *(Vide prazo no art. 3º da Portaria n. 555/2013)*

36.2.3. O número de assentos dos postos de trabalho cujas atividades possam ser efetuadas em pé e sentado deve ser suficiente para garantir a alternância das posições, observado o previsto no item 36.2.2.

36.2.4. Para o trabalho manual sentado ou em pé, as bancadas, esteiras, nórias, mesas ou máquinas devem proporcionar condições de boa postura, visualização e operação, atendendo, no mínimo:

a) altura e características da superfície de trabalho compatíveis com o tipo de atividade, com a distância requerida dos olhos ao campo de trabalho e com a altura do assento;

b) características dimensionais que possibilitem posicionamento e movimentação adequados dos segmentos corporais isentas de amplitudes articulares excessivas, tanto para o trabalho na posição sentada quanto na posição em pé;

c) área de trabalho dentro da zona de alcance manual permitindo o posicionamento adequado dos segmentos corporais;

d) ausência de quinas vivas ou rebarbas.

36.2.5. As dimensões dos espaços de trabalho devem ser suficientes para que o trabalhador possa movimentar os segmentos corporais livremente, de forma segura, de maneira a facilitar o trabalho, reduzir o esforço do trabalhador e não exigir a adoção de posturas extremas ou nocivas.

36.2.6. Para o trabalho realizado sentado:

36.2.6.1. Além do previsto no item 17.3.3 da NR-17 (Ergonomia), os assentos devem:

a) possuir sistemas de ajustes de fácil manuseio;

b) ser construídos com material que priorize o conforto térmico, obedecidas as características higiênicosanitárias legais.

36.2.6.2. Deve ser fornecido apoio para os pés que se adapte ao comprimento das pernas do trabalhador, nos casos em que os pés do operador não alcançarem o piso, mesmo após a regulagem do assento, com as seguintes características:

a) dimensões que possibilitem o posicionamento e a movimentação adequada dos segmentos corporais, permitindo as mudanças de posição e o apoio total das plantas dos pés;

b) altura e inclinação ajustáveis e de fácil acionamento;

c) superfície revestida com material antiderrapante, obedecidas as características higiênico-sanitárias legais.

36.2.6.3. O mobiliário utilizado nos postos de trabalho onde o trabalhador pode trabalhar sentado deve:

a) possuir altura do plano de trabalho e altura do assento compatíveis entre si;

b) ter espaços e profundidade suficientes para permitir o posicionamento adequado das coxas, a colocação do assento e a movimentação dos membros inferiores.

36.2.7. Para o trabalho realizado exclusivamente em pé, devem ser atendidos os seguintes requisitos mínimos:

a) zonas de alcance horizontal e vertical que favoreçam a adoção de posturas adequadas, e que não ocasionem amplitudes articulares excessivas, tais como elevação dos ombros, extensão excessiva dos braços e da nuca, flexão ou torção do tronco;

b) espaço suficiente para pernas e pés na base do plano de trabalho, para permitir que o trabalhador se aproxime o máximo possível do ponto de operação e possa posicionar completamente a região plantar;

c) barras de apoio para os pés para alternância dos membros inferiores, quando a atividade permitir;

d) existência de assentos ou bancos próximos ao local de trabalho para as pausas permitidas pelo trabalho, atendendo no mínimo 50% do efetivo que usufruirá dessas pausas. *(Vide prazo no art. 3º da Portaria n. 555/2013)*

36.2.8. Para as atividades que necessitam do uso de pedais e comandos acionados com os pés ou outras partes do corpo de forma permanente e repetitiva, os trabalhadores devem efetuar alternância com atividades que demandem diferentes exigências físico-motoras.

36.2.8.1. Caso os comandos sejam acionados por outras partes do corpo, devem ter posicionamento e dimensões que possibilitem alcance fácil e seguro e movimentação adequada dos segmentos corporais.

36.2.9. Os postos de trabalho devem possuir:

a) pisos com características antiderrapantes, obedecidas as características higiênico-sanitárias legais;

b) sistema de escoamento de água e resíduos;

c) áreas de trabalho e de circulação dimensionadas de forma a permitir a movimentação segura de materiais e pessoas;

d) proteção contra intempéries quando as atividades ocorrerem em área externa, obedecida a hierarquia das medidas previstas no item 36.11.7;

e) limpeza e higienização constantes.

36.2.10. Câmaras Frias

36.2.10.1. As câmaras frias devem possuir dispositivo que possibilite abertura das portas pelo interior sem muito esforço, e alarme ou outro sistema de comunicação, que possa ser acionado pelo interior, em caso de emergência.

36.2.10.1.1. As câmaras frias cuja temperatura for igual ou inferior a -18 ºC devem possuir indicação do tempo máximo de permanência no local.

36.3. Estrados, passarelas e plataformas

36.3.1. Os estrados utilizados para adequação da altura do plano de trabalho ao trabalhador nas atividades realizadas em pé, devem ter dimensões, profundidade, largura e altura que permitam a movimentação segura do trabalhador.

36.3.2. É vedado improvisar a adequação da altura do posto de trabalho ao trabalhador com materiais não destinados para este fim.

36.3.3. As plataformas, escadas fixas e passarelas devem atender ao disposto na NR-12 (Segurança e Saúde no Trabalho em Máquinas e Equipamentos).

36.3.3.1. Caso seja tecnicamente inviável a colocação de guarda-corpo, tais como nas fases de evisceração e espostejamento de animais de grande e médio porte, em plataformas elevadas, devem ser adotadas medidas preventivas que garantam a segurança dos trabalhadores e o posicionamento adequado dos segmentos corporais.

36.3.4. A altura, posicionamento e dimensões das plataformas devem ser adequadas às características da atividade, de maneira a facilitar a tarefa a ser exercida com segurança, sem uso excessivo de força e sem exigência de adoção de posturas extremas ou nocivas de trabalho.

36.4. Manuseio de produtos

36.4.1. O empregador deve adotar meios técnicos e organizacionais para reduzir os esforços nas atividades de manuseio de produtos.

36.4.1.1. O manuseio de animais ou produtos não deve propiciar o uso de força muscular excessiva por parte dos trabalhadores, devendo ser atendidos, no mínimo, os seguintes requisitos:

a) os elementos a serem manipulados, devem estar dispostos dentro da área de alcance principal para o trabalhador, tanto para a posição sentada como em pé;

b) a altura das esteiras ou de outro mecanismo utilizado para depósito de produtos e de partes dos produtos manuseados, deve ser dimensionada de maneira a não propiciar extensões e/ou elevações excessivas dos braços e ombros;

c) as caixas e outros continentes utilizados para depósito de produtos devem estar localizados de modo a facilitar a pega e não propiciar a adoção excessiva e continuada de torção e inclinações do tronco, elevação e/ou extensão dos braços e ombros.

36.4.1.2 Os elementos a serem manipulados, tais como caixas, bandejas, engradados, devem:

a) possuir dispositivos adequados ou formatos para pega segura e confortável;

b) estar livres de quinas ou arestas que possam provocar irritações ou ferimentos;

c) ter dimensões e formato que não provoquem o aumento do esforço físico do trabalhador;

d) ser estáveis.

36.4.1.2.1. O item 36.4.1.2 não se aplica a caixas de papelão ou produtos finais selados.

36.4.1.3. Os sistemas utilizados no transporte de produtos a serem espostejados em linha, trilhagem aérea mecanizada e esteiras, devem ter características e dimensões que evitem a adoção de posturas excessivas e continuadas dos membros superiores e da nuca.

36.4.1.4. Não devem ser efetuadas atividades que exijam manuseio ou carregamento manual de peças, volumosas ou pesadas, que possam comprometer a segurança e a saúde do trabalhador.

36.4.1.5. Caso a peça não seja de fácil manuseio, devem ser utilizados meios técnicos que facilitem o transporte da carga.

36.4.1.5.1. Sendo inviável tecnicamente a mecanização do transporte, devem ser adotadas medidas, tais como redução da frequência e do manuseio dessas cargas.

36.4.1.6. Devem ser implementadas medidas de controle que evitem que os trabalhadores, ao realizar suas atividades, sejam obrigados a efetuar de forma contínua e repetitiva:

a) movimentos bruscos de impacto dos membros superiores;

b) uso excessivo de força muscular;

c) frequência de movimentos dos membros superiores que possam comprometer a segurança e saúde do trabalhador;

d) exposição prolongada a vibrações;

e) imersão ou contato permanente das mãos com água.

36.4.1.7. Nas atividades de processamento de animais, principalmente os de grande e médio porte, devem ser adotados:

a) sistemas de transporte e ajudas mecânicas na sustentação de cargas, partes de animais e ferramentas pesadas;

b) medidas organizacionais e administrativas para redução da frequência e do tempo total nas atividades de manuseio, quando a mecanização for tecnicamente inviável;

c) medidas técnicas para prevenir que a movimentação do animal durante a realização da tarefa possa ocasionar riscos de acidentes, tais como corte, tombamento e prensagem do trabalhador.

36.5. Levantamento e transporte de produtos e cargas

36.5.1. O empregador deve adotar medidas técnicas e organizacionais apropriadas e fornecer os meios adequados para reduzir a necessidade de carregamento manual constante de produtos e cargas cujo peso possa comprometer a segurança e saúde dos trabalhadores.

36.5.2. O levantamento, transporte, descarga, manipulação e armazenamento de produtos, partes de animais e materiais devem ser executados de forma que o esforço físico realizado pelo trabalhador seja compatível com sua segurança, saúde e capacidade de força.

36.5.3. O empregador deve efetuar análise ergonômica do trabalho para avaliar a compatibilidade do esforço físico dos trabalhadores com a sua capacidade de força, nas atividades que exijam levantamento, transporte, descarga, manipulação e armazenamento de animais, produtos e materiais de forma constante e repetitiva.

36.5.4. A duração e a frequência da tarefa de carregamento manual de cargas que possa comprometer a segurança e saúde do trabalhador devem ser limitadas, devendo-se efetuar alternância com outras atividades ou pausas adequadas, entre períodos não superiores a duas horas, ressalvadas outras disposições legais.

36.5.5. Devem ser adotadas medidas para adequação do peso e do tamanho da carga, do número de movimentos a serem efetuados, da frequência de levantamento e carregamento e das distâncias a percorrer com cargas que possam comprometer a segurança e saúde dos trabalhadores.

36.5.6. Os pisos e as passagens onde são efetuadas operações de levantamento, carregamento e transporte manual de cargas devem estar em perfeito estado de conservação e desobstruídos.

36.5.7. No levantamento, manuseio e transporte individual de cargas deve ser observado, além do disposto no item 17.2 da NR-17 (Ergonomia), os seguintes requisitos:

a) os locais para pega e depósito das cargas devem ser organizados de modo que as cargas, acessos, espaços para movimentação, alturas de pega e deposição não obriguem o trabalhador a efetuar flexões, extensões e rotações excessivas do tronco e outros posicionamentos e movimentações forçadas e nocivas aos segmentos corporais;

b) a estocagem dos materiais e produtos deve ser organizada em função dos pesos e da frequência de manuseio, de maneira a não exigir manipulação constante de carga com pesos que possam comprometer a segurança e saúde do trabalhador;

c) devem ser adotadas medidas, sempre que tecnicamente possível, para que quaisquer materiais e produtos a serem erguidos, retirados, armazenados ou carregados de forma frequente não estejam localizados próximos ao solo ou acima dos ombros;

d) cargas e equipamentos devem ser posicionadas o mais próximo possível do trabalhador, resguardando espaços suficientes para os pés, de maneira a facilitar o alcance, não atrapalhar os movimentos ou ocasionar outros riscos.

36.5.7.1. É vedado o levantamento não eventual de cargas quando a distância de alcance horizontal da pega for superior a 60 cm em relação ao corpo.

36.5.8. Devem ser adotados meios técnicos, administrativos e organizacionais, a fim de evitar esforços contínuos e prolongados do trabalhador, para impulsão e tração de cargas.

36.5.8.1. Sempre que tecnicamente possível, devem ser disponibilizados vagonetes com rodas apropriadas ou movidos a eletricidade ou outro sistema de transporte por impulsão ou tração que facilite a movimentação e reduza o esforço do trabalhador.

36.5.9. O transporte e a descarga de materiais feitos por impulsão ou tração de vagonetes sobre trilhos, carros de mão ou qualquer outro aparelho mecânico devem ter mecanismos que propiciem posicionamento e movimentação adequados dos segmentos corporais, de forma que o esforço físico realizado pelo trabalhador seja compatível com sua capacidade de força e não comprometa a sua segurança ou saúde.

36.5.10. As alças, empunhaduras ou pontos de apoio de vagonetes ou outros equipamentos para transporte por impulsão devem ter formato anatômico, para facilitar a pega, e serem posicionadas em altura adequada, de modo a não induzir a adoção de posturas forçadas, tais como a flexão do tronco.

36.5.11. Os equipamentos de transporte devem ser submetidos a manutenções periódicas.

36.6. Recepção e descarga de animais

36.6.1. As atividades de descarga e recepção de animais devem ser devidamente organizadas e planejadas, devendo envolver, no mínimo:

a) procedimentos específicos e regras de segurança na recepção e descarga de animais para os trabalhadores e terceiros, incluindo os motoristas e ajudantes;

b) sinalização e/ou separação das áreas de passagem de veículos, animais e pessoas;

c) plataformas de descarregamento de animais isoladas de outros setores ou locais de trabalho;

d) postos de trabalho, da recepção até o curral de animais de grande porte, protegidos contra intempéries;

e) medidas de proteção contra a movimentação intempestiva e perigosa dos animais de grande porte que possam gerar risco aos trabalhadores;

f) passarelas para circulação dos trabalhadores ao lado ou acima da plataforma quando o acesso aos animais assim o exigir;

g) informação aos trabalhadores sobre os riscos e as medidas de prevenção no trabalho com animais vivos;

h) estabelecimento de procedimentos de orientação aos contratados e terceiros acerca das disposições relativas aos riscos ocupacionais.

36.6.1.1. Para a atividade de descarga de animais de grande porte é proibido o trabalho isolado.

36.6.2. Nas áreas de recepção e descarga de animais devem permanecer somente trabalhadores devidamente informados e treinados.

36.6.3. Na recepção e descarga de aves devem ser adotadas medidas de controle de poeiras de maneira a garantir que os níveis não sejam prejudiciais à saúde dos trabalhadores.

36.6.4. O box de atordoamento de animais – acesso ao local e ao animal, e as posições e uso dos comandos, devem permitir a execução segura da atividade para qualquer tipo, tamanho e forma de abate do animal.

36.6.5. Devem ser previstos dispositivos para reter o animal de médio e grande porte no caso de um atordoamento falho ou de procedimentos de não atordoamento que possam gerar riscos ao trabalhador devido à movimentação dos animais.

36.6.6. A atividade de verificação de animais de grande porte deve ser realizada de maneira que as condições do local e dos acessos garantam o posicionamento adequado e seguro dos segmentos corporais dos trabalhadores.

36.6.7. Devem ser adotadas medidas de prevenção para que as atividades de segurar e degolar animais sejam efetuadas de modo a permitir a movimentação adequada e segura dos trabalhadores.

36.6.7.1. Devem ser adotados rodízios ou pausas ou outras medidas preventivas para minimizar a exposição dos trabalhadores nas atividades descritas no item 36.6.7 e na sangria manual.

36.7. Máquinas

36.7.1. As máquinas e equipamentos utilizados nas empresas de abate e processamento de carnes e derivados devem atender ao disposto na NR-12 (Segurança no Trabalho em Máquinas e Equipamentos).

36.7.2. O efetivo de trabalhadores da manutenção deve ser compatível com a quantidade de máquinas e equipamentos existentes na empresa.

36.7.3. Os sistemas de trilhagem aérea, esteiras transportadoras, roscas sem fim ou nórias devem estar equipados com um ou mais dispositivos de parada de emergência, que permitam a interrupção do seu funcionamento por segmentos curtos, a partir de qualquer um dos operadores em seus postos de trabalho.

36.7.4. Os elevadores, guindastes ou quaisquer outras máquinas e equipamentos devem oferecer garantias de resistência, segurança e estabilidade.

36.7.5. As atividades de manutenção e higienização de máquinas e equipamentos que possam ocasionar riscos de acidentes devem ser realizadas por mais de um trabalhador, desde que a análise de risco da máquina ou equipamento assim o exigir.

36.7.6. As instalações elétricas das máquinas e equipamentos devem ser projetadas e mantidas de modo a prevenir, por meios seguros, os riscos de choque elétrico e todos os outros tipos de acidentes, atendendo as disposições contidas nas NR-12 (Segurança no Trabalho em Máquinas e Equipamentos) e NR-10 (Segurança em Instalações e Serviços em Eletricidade).

36.7.7. Devem ser adotadas medidas de controle para proteger os trabalhadores dos riscos adicionais provenientes:

a) da emissão ou liberação de agentes físicos ou químicos pelas máquinas e equipamentos;

b) das emanações aquecidas de máquinas, equipamentos e tubulações;

c) do contato do trabalhador com superfícies quentes de máquinas e equipamentos que possam ocasionar queimaduras.

36.7.8. Nos locais fechados e sem ventilação é proibida a utilização de máquinas e equipamentos movidos a combustão interna, salvo se providos de dispositivos neutralizadores adequados.

36.8. Equipamentos e ferramentas

36.8.1. Os equipamentos e ferramentas disponibilizados devem favorecer a adoção de posturas e movimentos adequados, facilidade de uso e conforto, de maneira a não obrigar o trabalhador ao uso excessivo de força, pressão, preensão, flexão, extensão ou torção dos segmentos corporais.

36.8.2. O tipo, formato e a textura da empunhadura das facas devem ser apropriados à tarefa, à mão do trabalhador e ao eventual uso de luvas.

36.8.3. As ferramentas devem ser específicas e adequadas para cada tipo de atividade e tão leves e eficientes quanto possível.

36.8.4. Devem ser adotadas medidas preventivas para permitir o uso correto de ferramentas ou equipamentos manuais de forma a evitar a compressão da palma da mão ou de um ou mais dedos em arestas ou quinas vivas dos equipamentos.

36.8.4.1. As medidas preventivas devem incluir, no mínimo:

a) afiação e adequação de ferramentas e equipamentos;

b) treinamento e orientação, na admissão e periodicamente.

36.8.5. Os equipamentos manuais, cujos pesos forem passíveis de comprometer a segurança e saúde dos trabalhadores, devem ser dotados de dispositivo de sustentação.

36.8.6. Os equipamentos devem estar posicionados dentro dos limites de alcance manual e visual do operador, permitindo a movimentação adequada e segura dos membros superiores e inferiores e respeitando a natureza da tarefa.

36.8.7. Os equipamentos e ferramentas elétricas devem estar aterrados e as fiações e cabos devem ser submetidos a revisões periódicas para verificação de sinais de desgaste ou outros defeitos que possam comprometer a segurança.

36.8.8. As ferramentas e equipamentos de trabalho devem ter sistema de manutenção constante.

36.8.9. Devem ser consideradas as sugestões dos trabalhadores na escolha das ferramentas e dos equipamentos manuais.

36.8.10. Os empregadores devem:

a) estabelecer critérios de exigências para a escolha das características das facas, com a participação dos trabalhadores, em função das necessidades das tarefas existentes na empresa;

b) implementar sistema para controle de afiação das facas;

c) estabelecer mecanismos de reposição constante de facas afiadas, em quantidade adequada em função da demanda de produção;

d) instruir os supervisores sobre a importância da reposição de facas afiadas;

e) treinar os trabalhadores, especialmente os recém admitidos ou nos casos de mudança de função, no uso da chaira, quando aplicável à atividade.

36.8.11. O setor ou local destinado a afiação de facas, onde houver, deve possuir espaço físico e mobiliário adequado e seguro.

36.9. Condições ambientais de trabalho

36.9.1. Ruído

36.9.1.1. Para controlar a exposição ao ruído ambiental devem ser adotadas medidas que priorizem a suaeliminação, a redução da sua emissão e a redução da exposição dos trabalhadores, nesta ordem.

36.9.1.2. Todas as condições de trabalho com níveis de ruído excessivo devem ser objeto de estudo para determinar as mudanças estruturais necessárias nos equipamentos e no modo de produção, a fim de eliminar ou reduzir os níveis de ruído.

36.9.1.3. As recomendações para adequações e melhorias devem ser expressas em programas claros e objetivos, com definição de datas de implantação.

36.9.1.4. Caso não seja possível tecnicamente eliminar ou reduzir a emissão do ruído ou quando as medidas de proteção adotadas não forem suficientes ou encontrarem-se em fase de estudo, planejamento ou implantação, ou ainda em caráter complementar ou emergencial, devem ser adotadas medidas para redução da exposição dos trabalhadores obedecendo à seguinte hierarquia:

a) medidas de caráter administrativo ou de organização do trabalho;

b) utilização de equipamento de proteção individual — EPI.

36.9.2. Qualidade do ar nos ambientes artificialmente climatizados

36.9.2.1. As empresas devem efetuar o controle do ar nos ambientes artificialmente climatizados a fim de manter a boa qualidade do ar interno e garantir a prevenção de riscos à saúde dos trabalhadores.

36.9.2.2. Para atender o disposto no item 36.9.2.1 devem ser adotado, no mínimo, o seguinte:

a) limpeza dos componentes do sistema de climatização de forma a evitar a difusão ou multiplicação de agentes nocivos à saúde humana;

b) verificação periódica das condições físicas dos filtros mantendo-os em condições de operação e substituindo-os quando necessário;

c) adequada renovação do ar no interior dos ambientes climatizados.

a) 36.9.2.3 Deve ser observado, como indicador de renovação de ar interno, uma concentração de dióxido de carbono (CO_2) igual ou inferior a 1000 ppm;

36.9.2.3.1. Uma medição de CO_2 acima de 1000 ppm não indica que o critério não é satisfeito, desde que a medição não ultrapasse em mais de 700 ppm a concentração no ar exterior.

36.9.2.3.2. Para aferição do parâmetro indicado no item 36.9.2.3 deve ser adotada a metodologia constante na Norma Técnica 002 da Resolução RE n. 9 da ANVISA, de 16 de janeiro de 2003.

36.9.2.4. Os procedimentos de manutenção, operação e controle dos sistemas de climatização e limpeza dos ambientes climatizados não devem trazer riscos à saúde dos trabalhadores que os executam, nem aos ocupantes dos ambientes climatizados.

36.9.3. Agentes químicos

36.9.3.1. A empresa deve adotar medidas de prevenção coletivas e individuais quando da utilização de produtos químicos.

36.9.3.2. As medidas de prevenção coletivas a serem adotadas quando da utilização de amônia devem envolver, no mínimo:

a) manutenção das concentrações ambientais aos níveis mais baixos possíveis e sempre abaixo do nível de ação (NR-9), por meio de ventilação adequada;

b) implantação de mecanismos para a detecção precoce de vazamentos nos pontos críticos, acoplados a sistema de alarme;

c) instalação de painel de controle do sistema de refrigeração;

d) instalação de chuveiros de segurança e lava-olhos;

e) manutenção de saídas de emergência desobstruídas e adequadamente sinalizadas;

f) manutenção de sistemas apropriados de prevenção e combate a incêndios, em perfeito estado de funcionamento;

g) instalação de chuveiros ou sprinklers acima dos grandes vasos de amônia, para mantê-los resfriados em caso de fogo, de acordo com a análise de risco;

h) manutenção das instalações elétricas à prova de explosão, próximas aos tanques;

i) sinalização e identificação dos componentes, inclusive as tubulações;

j) permanência apenas das pessoas autorizadas para realizar atividades de inspeção, manutenção ou operação de equipamentos na sala de máquinas.

36.9.3.2.1. Em caso de vazamento de amônia, o painel de controle do sistema de refrigeração deve:

a) acionar automaticamente o sistema de alarme;

b) acionar o sistema de controle e eliminação da amônia.

36.9.3.3. O empregador deve elaborar Plano de Resposta a Emergências que contemple ações específicas a serem adotadas na ocorrência de vazamentos de amônia.

36.9.3.3.1. O Plano de Resposta a Emergências deve conter, no mínimo:

a) nome e função do responsável técnico pela elaboração e revisão do plano;

b) nome e função do responsável pelo gerenciamento e execução do plano;

c) designação dos integrantes da equipe de emergência, responsáveis pela execução de cada ação;

d) estabelecimento dos possíveis cenários de emergências, com base na análise de riscos;

e) descrição das medidas necessárias para resposta a cada cenário contemplado;

f) descrição dos procedimentos de resposta à emergência, incluindo medidas de evacuação das áreas, remoção das fontes de ignição, quando necessário, formas de redução da concentração de amônia e procedimentos de contenção de vazamento;

g) descrição das medidas de proteção coletiva e individual;

h) indicação dos EPI adequados ao risco;

i) registro dos exercícios simulados realizados com periodicidade mínima anual envolvendo todos os empregados da área.

36.9.3.4. Sempre que ocorrer acidente que implique vazamento de amônia nos ambientes de trabalho, deve ser efetuada a medição da concentração do produto no ambiente para que seja autorizado o retorno dos trabalhadores às suas atividades.

36.9.3.4.1. Deve ser realizada avaliação das causas e consequências do acidente, com registro das ocorrências, postos e locais afetados, identificação dos trabalhadores expostos, resultados das avaliações clínicas e medidas de prevenção a serem adotadas.

36.9.4. Agentes biológicos

36.9.4.1. Devem ser identificadas as atividades e especificadas as tarefas suscetíveis de expor os trabalhadores a contaminação biológica, através de:

a) estudo do local de trabalho, considerando as medidas de controle e higiene estabelecidas pelas Boas Práticas de Fabricação — BPF;

b) controles mitigadores estabelecidos pelos serviços de inspeção sanitária, desde a criação até o abate;

c) identificação dos agentes patogênicos e meios de transmissão;

d) dados epidemiológicos referentes ao agente identificado, incluindo aqueles constantes dos registros dos serviços de inspeção sanitária;

e) acompanhamento de quadro clínico ou subclínico dos trabalhadores, conforme Programa de Controle Médico de Saúde Ocupacional — PCMSO.

36.9.4.2. Caso seja identificada exposição a agente biológico prejudicial à saúde do trabalhador, conforme item anterior, deverá ser efetuado o controle destes riscos, utilizando-se, no mínimo, das seguintes medidas:

a) procedimentos de limpeza e desinfecção;

b) medidas de biosegurança envolvendo a cadeia produtiva;

c) medidas adotadas no processo produtivo pela própria empresa;

d) fornecimento de equipamentos de proteção individual adequados;

e) treinamento e informação aos trabalhadores.

36.9.4.2.1. O treinamento indicado no item 36.9.4.2, alínea "e", deve contemplar:

a) os riscos gerados por agentes biológicos;

b) as medidas preventivas existentes e necessárias;

c) o uso adequado dos EPI;

d) procedimentos em caso de acidente.

36.9.4.3. Nas atividades que possam expor o trabalhador ao contato com excrementos, vísceras e resíduos animais, devem ser adotadas medidas técnicas, administrativas e organizacionais a fim de eliminar, minimizar ou reduzir o contato direto do trabalhador com estes produtos ou resíduos.

36.9.5. Conforto térmico

36.9.5.1. Devem ser adotadas medidas preventivas individuais e coletivas — técnicas, organizacionais e administrativas, em razão da exposição em ambientes artificialmente refrigerados e ao calor excessivo, para propiciar conforto térmico aos trabalhadores.

36.9.5.1.1. As medidas de prevenção devem envolver, no mínimo:

a) controle da temperatura, da velocidade do ar e da umidade;

b) manutenção constante dos equipamentos;

c) acesso fácil e irrestrito a água fresca;

d) uso de EPI e vestimenta de trabalho compatível com a temperatura do local e da atividade desenvolvida;

e) outras medidas de proteção visando o conforto térmico.

36.9.5.1.2. Quando as condições do ambiente forem desconfortáveis, em virtude da exposição ao calor, além do previsto no subitem 36.9.5.1.1 devem ser adotadas as seguintes medidas:

a) alternância de tarefas, buscando a redução da exposição ao calor;

b) medidas técnicas para minimizar os esforços físicos.

36.9.5.2. Deve ser disponibilizado sistema para aquecimento das mãos próximo dos sanitários ou dos locais de fruição de pausas, quando as atividades manuais forem realizadas em ambientes frios ou exijam contato constante com superfícies e produtos frios.

36.9.5.3. Devem ser adotadas medidas de controle da ventilação ambiental para minimizar a ocorrência de correntes de ar aplicadas diretamente sobre os trabalhadores.

36.10. Equipamentos de Proteção Individual — EPI e Vestimentas de Trabalho

36.10.1. Os Equipamentos de proteção individual — EPI devem ser selecionados de forma a oferecer eficácia necessária para o controle da exposição ao risco e o conforto, atendendo o previsto nas NR-6 (Equipamentos de proteção Individual — EPI) e NR-09 (Programa de Prevenção dos Riscos Ambientais — PPRA).

36.10.1.1. Os EPI usados concomitantemente, tais como capacete com óculos e/ou proteção auditiva, devem ser compatíveis entre si, confortáveis e não acarretar riscos adicionais.

36.10.1.2. Nas atividades com exposição ao frio devem ser fornecidas meias limpas e higienizadas diariamente.

36.10.1.3. As luvas devem ser:

a) compatíveis com a natureza das tarefas, com as condições ambientais e o tamanho das mãos dos trabalhadores;

b) substituídas, quando necessário, a fim de evitar o comprometimento de sua eficácia.

36.10.1.4. Nas atividades onde as mãos dos trabalhadores ficam totalmente molhadas e não seja possível a utilização de luvas em razão da geração de riscos adicionais, deve ser efetuado rodízio com outras tarefas.

36.10.2. O empregador deve fornecer vestimentas de trabalho de maneira que:

a) os trabalhadores possam dispor de mais de uma peça de vestimenta, para utilizar de maneira sobreposta, a seu critério, e em função da atividade e da temperatura do local, atendendo às características higiênico sanitárias legais e ao conforto térmico;

b) as extremidades sejam compatíveis com a atividade e o local de trabalho;

c) sejam substituídas quando necessário, a fim de evitar o comprometimento de sua eficácia.

36.10.2.1. As vestimentas devem ser trocadas diariamente, sendo sua higienização responsabilidade do empregador.

36.11. Gerenciamento dos riscos

36.11.1. O empregador deve colocar em prática uma abordagem planejada, estruturada e global da prevenção, por meio do gerenciamento dos fatores de risco em Segurança e Saúde no Trabalho – SST, utilizando-se de todos os meios técnicos, organizacionais e administrativos para assegurar o bem estar dos trabalhadores e garantir que os ambientes e condições de trabalho sejam seguros e saudáveis.

36.11.2. A estratégia de prevenção em SST e meio ambiente de trabalho deve:

a) integrar as ações de prevenção às atividades de gestão e à dinâmica da produção, levando-se em consideração a competência e experiência dos trabalhadores e de um representante indicado pelo sindicato da categoria preponderante, afim de aperfeiçoar de maneira contínua os níveis de proteção e desempenho no campo da segurança e saúde no trabalho;

b) integrar a prevenção nas atividades de capacitação e treinamento dos trabalhadores, incluindo os níveis gerenciais.

36.11.3. No planejamento da prevenção devem ser definidos métodos, técnicas e ferramentas adequadas para a avaliação de riscos, incluindo parâmetros e critérios necessários para tomada de decisão.

36.11.4. A avaliação dos riscos tem como objetivo introduzir medidas de prevenção para a sua eliminação ou redução, assim como para determinar se as medidas previstas ou existentes são adequadas, de forma a minimizar o impacto desses riscos à segurança e saúde dos trabalhadores.

36.11.5. As ações de avaliação, controle e monitoração dos riscos devem:

a) constituir um processo contínuo e interativo;

b) integrar todos os programas de prevenção e controle previstos nas demais NR;

c) abranger a consulta e a comunicação às partes envolvidas, com participação dos trabalhadores.

36.11.6. As ações em SST devem abranger todos os riscos à segurança e saúde e abordar, no mínimo:

a) riscos gerados por máquinas, equipamentos, instalações, eletricidade, incêndios, entre outros;

b) riscos gerados pelo ambiente de trabalho, entre eles os decorrentes da exposição a agentes físicos, químicos e biológicos, como definidos na NR-9 (Programa de Prevenção de Riscos Ambientais);

c) riscos de natureza ergonômica e outros gerados pela organização do trabalho.

36.11.7. As medidas preventivas e de proteção devem ser implementadas de acordo com a seguinte ordem de prioridade:

a) eliminação dos fatores de risco;

b) minimização e controle dos fatores de risco, com a adoção de medidas coletivas-técnicas, administrativas e organizacionais;

c) uso de Equipamentos de Proteção Individual – EPI.

36.11.8. A implementação de projetos de novas instalações, métodos ou processos de trabalho, ou de modificação dos já existentes e das medidas de controle, deve envolver a análise das repercussões sobre a segurança e saúde dos trabalhadores.

36.11.9. Quando ocorrer a implementação ou introdução de alterações nos ambientes e nos processos de trabalho deve-se assegurar que os trabalhadores envolvidos tenham sido adequadamente informados e treinados.

36.12. Programas de Prevenção dos Riscos Ambientais e de Controle Médico de Saúde Ocupacional.

36.12.1. O Programa de Prevenção de Riscos Ambientais – PPRA e o Programa de Controle Médico de Saúde Ocupacional – PCMSO devem estar articulados entre si e com as demais normas, em particular com a NR-17.

36.12.2. Para fins de elaboração de programas preventivos devem ser considerados, entre outros, os seguintes aspectos da organização do trabalho:

a) compatibilização das metas com as condições de trabalho e tempo oferecidas;

b) repercussões sobre a saúde do trabalhador de todo e qualquer sistema de avaliação de desempenho para efeito de remuneração e vantagens de qualquer espécie;

c) períodos insuficientes para adaptação e readaptação de trabalhadores à atividade.

36.12.3. Deve ser utilizado, no PCMSO, instrumental clínico-epidemiológico que oriente as medidas a serem implementadas no PPRA e nos programas de melhorias ergonômicas e de condições gerais de trabalho, por meio de tratamento de informações coletivas e individuais, incluindo, no mínimo:

a) vigilância passiva, através do estudo causal em trabalhadores que procurem o serviço médico;

b) vigilância ativa, por meio da utilização de questionários, análise de séries históricas dos exames médicos, avaliações clínicas e resultados dos exames complementares.

36.12.4. O médico coordenador do PCMSO deve informar aos responsáveis pelo PPRA e ao empregador, as situações geradoras de riscos aos trabalhadores, especialmente quando observar, no controle médico ocupacional, nexo causal entre as queixas e agravos à saúde dos trabalhadores e as situações de trabalho a que ficam expostos.

36.12.5. Deve ser implementado um Programa de Conservação Auditiva, para os trabalhadores expostos a níveis de pressão sonora acima dos níveis de ação, contendo no mínimo:

a) controles técnicos e administrativos da exposição ao ruído;

b) monitoramento periódico da exposição e das medidas de controle;

c) treinamento e informação aos trabalhadores;

d) determinação dos Equipamentos de Proteção Individual — EPI;

e) audiometrias conforme Anexo I da NR-7;

f) histórico clínico e ocupacional do trabalhador.

36.12.6. O coordenador do PCMSO deve elaborar o Relatório anual com os dados da evolução clínica e epidemiológica dos trabalhadores, contemplando as medidas administrativas e técnicas a serem adotadas na comprovação do nexo causal entre as alterações detectadas nos exames e a atividade exercida.

36.12.6.1. As medidas propostas pelo Médico do Trabalho devem ser apresentadas e discutidas com os responsáveis pelo PPRA, com os responsáveis pelas melhorias ergonômicas na empresa e com membros da Comissão Interna de Prevenção de Acidentes — CIPA.

36.12.7. Além do previsto na NR-7, o Relatório Anual do PCMSO deve discriminar número e duração de afastamentos do trabalho, estatísticas de queixas dos trabalhadores, estatísticas de alterações encontradas em avaliações clínicas e exames complementares, com a indicação dos setores e postos de trabalho respectivos.

36.12.8. Sendo constatados a ocorrência ou o agravamento de doenças ocupacionais, através de exames médicos que incluam os definidos na NR-7 ou sendo verificadas alterações que revelem qualquer tipo de disfunção de órgão ou sistema biológico, através dos exames médicos constantes nos quadros I e II e do item 7.4.2.3 da NR-7, mesmo sem sintomatologia, caberá ao Médico coordenador ou encarregado:

a) emitir a CAT;

b) indicar, quando necessário, o afastamento do trabalhador da exposição ao risco ou do trabalho;

c) encaminhar o trabalhador à Previdência Social para estabelecimento de nexo causal, avaliação de incapacidade e definição da conduta previdenciária em relação ao trabalho;

d) adotar as medidas de controle no ambiente de trabalho.

36.12.9. Cabe ao empregador, conforme orientação do coordenador do PCMSO, proceder, quando necessário, à readaptação funcional em atividade compatível com o grau de incapacidade apresentada pelo trabalhador.

36.12.10. Devem ser estabelecidos critérios e mecanismos de avaliação da eficácia das medidas de prevenção implantadas, considerando os dados obtidos nas avaliações e estudos realizados e no controle médico de saúde ocupacional.

36.13. Organização temporal do trabalho

36.13.1. Para os trabalhadores que exercem suas atividades em ambientes artificialmente frios e para os que movimentam mercadorias do ambiente quente ou normal para o frio e vice-versa, depois de uma hora e quarenta minutos de trabalho contínuo, será assegurado um período mínimo de vinte minutos de repouso, nos termos do art. 253 da CLT.

36.13.1.1. Considera-se artificialmente frio, o que for inferior, na primeira, segunda e terceira zonas climáticas a 15º C, na quarta zona a 12º C, e nas zonas quinta, sexta e sétima, a 10º C, conforme mapa oficial do Instituto Brasileiro de Geografia e Estatística — IBGE.

36.13.2. Para os trabalhadores que desenvolvem atividades exercidas diretamente no processo produtivo, ou seja, desde a recepção até a expedição, onde são exigidas repetitividade e/ou sobrecarga muscular estática ou dinâmica do pescoço, ombros, dorso e membros superiores e inferiores, devem ser asseguradas pausas psicofisiológicas distribuídas, no mínimo, de acordo com o seguinte quadro:

QUADRO 1

(Vide prazo no Art. 3º da Portaria n. 555/2013)

JORNADA DE TRABALHO	TEMPO DE TOLERÂNCIA PARA APLICAÇÃO DA PAUSA	TEMPO DE PAUSA
até 6h	Até 6h20	20 MINUTOS
até 7h20	Até 7h40	45 MINUTOS
até 8h48	Até 9h10	60 MINUTOS

36.13.2.1. Caso a jornada ultrapasse 6h20, excluído o tempo de troca de uniforme e de deslocamento até o setor de trabalho, deve ser observado o tempo de pausa da jornada de até 7h20.

36.13.2.2. Caso a jornada ultrapasse 7h40, excluído o tempo de troca de uniforme e de deslocamento até o setor de trabalho, deve ser observado o tempo de pausa da jornada de até 8h48.

36.13.2.3. Caso a jornada ultrapasse 9h10, excluído o tempo de troca de uniforme e de deslocamento até o setor de trabalho, deve ser concedida pausa de 10 minutos após as 8h48 de jornada.

36.13.2.3.1. Caso a jornada ultrapasse 9h58, excluído o tempo de troca de uniforme e de deslocamento até o setor de trabalho, devem ser concedidas pausas de 10 minutos a cada 50 minutos trabalhados.

36.13.2.4. A empresa deve medir o tempo de troca de uniforme e de deslocamento até o setor de trabalho e consigná-lo no PPRA ou nos relatórios de estudos ergonômicos.

36.13.2.4.1. Caso a empresa não registre o tempo indicado nos documentos citados no item 36.13.2.4, presume-se, para fins de aplicação da tabela prevista no quadro I do item 36.13.2, os registros de ponto do trabalhador.

36.13.2.5. Os períodos unitários das pausas, distribuídas conforme quadro 1, devem ser de no mínimo 10 minutos e máximo 20 min.

36.13.2.6. A distribuição das pausas deve ser de maneira a não incidir na primeira hora de trabalho, contíguo ao intervalo de refeição e no final da última hora da jornada.

36.13.3. Constatadas a simultaneidade das situações previstas nos itens 36.13.1 e 36.13.2, não deve haver aplicação cumulativa das pausas previstas nestes itens.

36.13.4. Devem ser computadas como trabalho efetivo as pausas previstas nesta NR.

36.13.5. Para que as pausas possam propiciar a recuperação psicofisiológica dos trabalhadores, devem ser observados os seguintes requisitos:

a) a introdução de pausas não pode ser acompanhada do aumento da cadência individual;

b) As pausas previstas no item 36.13.1 devem ser obrigatoriamente usufruídas fora dos locais de trabalho, em ambientes que ofereçam conforto térmico e acústico, disponibilidade de bancos ou cadeiras e água potável;

c) As pausas previstas no item 36.13.2 devem ser obrigatoriamente usufruídas fora dos postos de trabalho, em local com disponibilidade de bancos ou cadeiras e água potável;

36.13.6. A participação em quaisquer modalidades de atividade física, quando ofertada pela empresa, pode ser realizada apenas em um dos intervalos destinado a pausas, não sendo obrigatória a participação do trabalhador, e a sua recusa em praticá-la não é passível de punição.

36.13.7. No local de repouso deve existir relógio de fácil visualização pelos trabalhadores, para que eles possam controlar o tempo das pausas.

36.13.8. Fica facultado o fornecimento de lanches durante a fruição das pausas, resguardas as exigências sanitárias.

36.13.9. As saídas dos postos de trabalho para satisfação das necessidades fisiológicas dos trabalhadores devem ser asseguradas a qualquer tempo, independentemente da fruição das pausas.

36.14. Organização das atividades

36.14.1. Devem ser adotadas medidas técnicas de engenharia, organizacionais e administrativas com o objetivo de eliminar ou reduzir os fatores de risco, especialmente a repetição de movimentos dos membros superiores.

36.14.1.1. Os empregadores devem elaborar um cronograma com prazos para implementação de medidas que visem promover melhorias e, sempre que possível, adequações no processo produtivo nas situações de risco identificado.

36.14.2. A organização das tarefas deve ser efetuada com base em estudos e procedimentos de forma a atender os seguintes objetivos:

a) a cadência requerida na realização de movimentos de membros superiores e inferiores não deve comprometer a segurança e a saúde dos trabalhadores;

b) as exigências de desempenho devem ser compatíveis com as capacidades dos trabalhadores, de maneira a minimizar os esforços físicos estáticos e dinâmicos que possam comprometer a sua segurança e saúde;

c) o andamento da atividade deve ser efetuado de forma menos árdua e mais confortável aos trabalhadores;

d) facilitar a comunicação entre trabalhadores, entre trabalhadores e supervisores, e com outros setores afins.

36.14.3. A empresa deve possuir contingente de trabalhadores em atividade, compatível com as demandas e exigências de produção, bem como mecanismos para suprir eventuais faltas de trabalhadores, e exigências relacionadas ao aumento de volume de produção, de modo a não gerar sobrecarga excessiva aos trabalhadores.

36.14.4. Mudanças significativas no processo produtivo com impacto no dimensionamento dos efetivos devem ser efetuadas com a participação do Serviço Especializado em Engenharia de Segurança e em Medicina do Trabalho — SESMT e da CIPA, em conjunto com os supervisores imediatos.

36.14.5. Na organização do processo e na velocidade da linha de produção deve ser considerada a variabilidade temporal requerida por diferentes demandas de produção e produtos, devendo ser computados, pelo menos, os tempos necessários para atender as seguintes tarefas:

a) afiação/chairação das facas;

b) limpeza das mesas;

c) outras atividades complementares à tarefa, tais como mudança de posto de trabalho, troca de equipamentos e ajuste dos assentos.

36.14.6. Os mecanismos de monitoramento da produtividade ou outros aspectos da produção não podem ser usados para aceleração do ritmo individual de trabalho para além dos limites considerados seguros.

36.14.7. Rodízios

36.14.7.1. O empregador, observados os aspectos higiênico-sanitários, deve implementar rodízios de atividades dentro da jornada diária que propicie o atendimento de pelo menos uma das seguintes situações:

a) alternância das posições de trabalho, tais como postura sentada com a postura em pé;

b) alternância dos grupos musculares solicitados;

c) alternância com atividades sem exigências de repetitividade;

d) redução de exigências posturais, tais como elevações, flexões/extensões extremas dos segmentos corporais, desvios cúbitos-radiais excessivos dos punhos, entre outros;

e) redução ou minimização dos esforços estáticos e dinâmicos mais frequentes;

f) alternância com atividades cuja exposição ambiental ao ruído, umidade, calor, frio, seja mais confortável;

g) redução de carregamento, manuseio e levantamento de cargas e pesos;

h) redução da monotonia.

36.14.7.1.1. A alternância de atividades deve ser efetuada, sempre que possível, entre as tarefas com cadência estabelecida por máquinas, esteiras, nórias e outras tarefas em que o trabalhador possa determinar livremente

seu ritmo de trabalho.

36.14.7.1.2. Os trabalhadores devem estar treinados para as diferentes atividades que irão executar.

36.14.7.2. Os rodízios devem ser definidos pelos profissionais do SESMT e implantados com a participação da CIPA e dos trabalhadores envolvidos.

36.14.7.3. O SESMT e o Comitê de Ergonomia da empresa, quando houver, devem avaliar os benefícios dos rodízios implantados e monitorar a eficácia dos procedimentos na redução de riscos e queixas dos trabalhadores, com a participação dos mesmos.

36.14.7.4. Os rodízios não substituem as pausas para recuperação psicofisiológica previstas nesta NR.

36.14.8. Aspectos psicossociais

36.14.8.1. Os superiores hierárquicos diretos dos trabalhadores da área industrial devem ser treinados para buscar no exercício de suas atividades:

a) facilitar a compreensão das atribuições e responsabilidades de cada função;

b) manter aberto o diálogo de modo que os trabalhadores possam sanar dúvidas quanto ao exercício de suas atividades;

c) facilitar o trabalho em equipe;

d) conhecer os procedimentos para prestar auxílio em caso de emergência ou mal estar;

e) estimular tratamento justo e respeitoso nas relações pessoais no ambiente de trabalho.

36.15. Análise Ergonômica do Trabalho

36.15.1. As análises ergonômicas do trabalho devem ser realizadas para avaliar a adaptação das condições de trabalho às características psicofisiológicas dos trabalhadores e subsidiar a implementação das medidas e adequações necessárias conforme previsto na NR-17.

36.15.2. As análises ergonômicas do trabalho devem incluir as seguintes etapas:

a) discussão e divulgação dos resultados com os trabalhadores e instâncias hierárquicas envolvidas, assim como apresentação e discussão do documento na CIPA;

b) recomendações ergonômicas específicas para os postos e atividades avaliadas;

c) avaliação e revisão das intervenções efetuadas com a participação dos trabalhadores, supervisores e gerentes;

d) avaliação e validação da eficácia das recomendações implementadas.

36.16. Informações e Treinamentos em Segurança e Saúde no Trabalho

36.16.1. Todos os trabalhadores devem receber informações sobre os riscos relacionados ao trabalho, suas causas potenciais, efeitos sobre a saúde e medidas de prevenção.

36.16.1.1. Os superiores hierárquicos, cuja atividade influencie diretamente na linha de produção operacional devem ser informados sobre:

a) os eventuais riscos existentes;

b) as possíveis consequências dos riscos para os trabalhadores;

c) a importância da gestão dos problemas;

d) os meios de comunicação adotados pela empresa na relação empregado-empregador.

36.16.1.2. Os trabalhadores devem estar treinados e suficientemente informados sobre:

a) os métodos e procedimentos de trabalho;

b) o uso correto e os riscos associados à utilização de equipamentos e ferramentas;

c) as variações posturais e operações manuais que ajudem a prevenir a sobrecarga osteomuscular e reduzir a fadiga, especificadas na AET;

d) os riscos existentes e as medidas de controle;

e) o uso de EPI e suas limitações;

f) as ações de emergência.

36.16.1.3. Os trabalhadores que efetuam limpeza e desinfecção de materiais, equipamentos e locais de trabalho devem, além do exposto acima, receber informações sobre os eventuais fatores de risco das atividades, quando aplicável, sobre:

a) agentes ambientais físicos, químicos, biológicos;

b) riscos de queda;

c) riscos biomecânicos;

d) riscos gerados por máquinas e seus componentes;

e) uso de equipamentos e ferramentas.

36.16.2. As informações e treinamentos devem incluir, além do abordado anteriormente, no mínimo, os seguintes itens:

a) noções sobre os fatores de risco para a segurança e saúde nas atividades;

b) medidas de prevenção indicadas para minimizar os riscos relacionados ao trabalho;

c) informações sobre riscos, sinais e sintomas de danos à saúde que possam estar relacionados às atividades do setor;

d) instruções para buscar atendimento clínico no serviço médico da empresa ou terceirizado, sempre que houver percepção de sinais ou sintomas que possam indicar agravos a saúde;

e) informações de segurança no uso de produtos químicos, quando necessário, incluindo, no mínimo, dados sobre os produtos, grau de nocividade, forma de contato, procedimentos para armazenamento e forma adequada de uso;

f) informações sobre a utilização correta dos mecanismos de ajuste do mobiliário e dos equipamentos dos postos de trabalho, incluindo orientação para alternância de posturas.

36.16.3. Em todas as etapas dos processos de trabalhos com animais que antecedem o serviço de inspeção sanitária, devem ser disponibilizadas aos trabalhadores informações sobre:

a) formas corretas e locais adequados de aproximação, contato e imobilização;

b) maneiras de higienização pessoal e do ambiente;

c) precauções relativas a doenças transmissíveis.

36.16.4. Deve ser realizado treinamento na admissão com, no mínimo, quatro horas de duração.

36.16.4.1. Deve ser realizado treinamento periódico anual com carga horária de, no mínimo, duas horas.

36.16.5. Os trabalhadores devem receber instruções adicionais ao treinamento obrigatório referido no item anterior quando forem introduzidos novos métodos, equipamentos, mudanças no processo ou procedimentos que possam implicar em novos fatores de riscos ou alterações significativas.

36.16.6. A elaboração do conteúdo, a execução e a avaliação dos resultados dos treinamentos em SST devem contar com a participação de:

a) representante da empresa com conhecimento técnico sobre o processo produtivo;

b) integrantes do Serviço Especializado em Segurança e Medicina do Trabalho, quando houver;

c) membros da Comissão Interna de Prevenção de Acidentes;

d) médico coordenador do Programa de Controle Médico de Saúde Ocupacional;

e) responsáveis pelo Programa de Prevenção de Riscos Ambientais.

36.16.6.1. O empregador deve disponibilizar material contendo, no mínimo, o conteúdo dos principais tópicos abordados nos treinamentos aos trabalhadores e, quando solicitado, disponibilizar ao representante sindical.

36.16.6.1.1. A representação sindical pode encaminhar sugestões para melhorias dos treinamentos ministrados pelas empresas e tais sugestões devem ser analisadas.

36.16.7. As informações de SST devem ser disponibilizadas aos trabalhadores terceirizados.

ANEXO I — GLOSSÁRIO

1. Abate e processamento de carnes e derivados: abate de bovinos e suínos, aves, pescados e outras espécies animais, realizado para obtenção de carne e de seus derivados.

2. Derivados de produtos de origem animal: produtos e subprodutos, comestíveis ou não, elaborados no todo ou em parte.

3. Estabelecimentos de carnes e derivados — os estabelecimentos de carnes e derivados são classificados em:

a) Matadouro-frigorífico: estabelecimento dotado de instalações completas e equipamentos adequados para o abate, manipulação, elaboração, preparo e conservação das espécies de açougue sob variadas formas, com aproveitamento completo, racional e perfeito, de subprodutos não comestíveis; possui instalações de frio industrial.

b) Matadouro: estabelecimento dotado de instalações adequadas para a matança de quaisquer das espécies de açougue, visando o fornecimento de carne em natureza ao comércio interno, com ou sem dependências para industrialização; deve dispor obrigatoriamente, de instalações e aparelhagem para o aproveitamento completo e perfeito de todas as matérias-primas e preparo de subprodutos não comestíveis.

c) Matadouro de pequenos e médios animais — estabelecimento dotado de instalações para o abate e industrialização de: Suínos; Ovinos; Caprinos; Aves e Coelhos; Caça de pelo, dispondo de frio industrial.

d) Charqueada: estabelecimento que realiza matança com o objetivo principal de produzir charque, dispondo obrigatoriamente de instalações próprias para o aproveitamento integral e perfeito de todas as matérias-primas e preparo de subprodutos não comestíveis;

e) Fábrica de conservas: estabelecimento que industrialize a carne de variadas espécies de açougue, com ou sem sala de matança anexa, e em qualquer dos casos seja dotado de instalações de frio industrial e aparelhagem adequada para o preparo de subprodutos não comestíveis.

f) Fábrica de produtos suínos: estabelecimento que disponha de sala de matança e demais dependências, industrialize animais da espécie suína e, em escala estritamente necessária aos seus trabalhos, animais de outras espécies; disponha de instalações de frio industrial e aparelhagem adequada ao aproveitamento completo de subprodutos não comestíveis.

g) Fábrica de produtos gordurosos: os estabelecimentos destinados exclusivamente ao preparo de gorduras, excluída a manteiga, adicionadas ou não de matérias-primas de origem vegetal.

h) Entreposto de carnes e derivados: estabelecimento destinado ao recebimento, guarda, conservação, acondicionamento e distribuição de carnes frescas ou frigorificadas das diversas espécies de açougue e outros produtos animais, dispondo ou não de dependências anexas para a industrialização.

i) Fábricas de produtos não comestíveis: estabelecimento que manipula matérias primas e resíduos de animais de várias procedências, para preparo exclusivo de produtos não utilizados na alimentação humana.

j) Matadouro de aves e coelhos: estabelecimento dotado de instalações para o abate e industrialização de: Aves e caça de penas; Coelhos, dispondo de frio industrial.

k) Entreposto-frigorífico: estabelecimento destinado, principalmente, à estocagem de produtos de origem animal pelo emprego de frio industrial.

4. Carcaça:

a) Bovinos: animais abatidos, formados das massas musculares e ossos, desprovidos de cabeça, mocotós, cauda, couro, órgãos e vísceras torácicas e abdominais, tecnicamente preparados;

b) Suínos: animais abatidos, formados das massas musculares e ossos, desprovidos de mocotós, cauda, órgãos e vísceras torácicas e abdominais, tecnicamente preparados, podendo ou não incluir couro, cabeça e pés;

c) Aves: corpo inteiro do animal após insensibilização, ou não, sangria, depenagem e evisceração, onde papo, traqueia, esôfago, intestinos, cloaca, baço, órgãos reprodutores e pulmões tenham sido removidos. É facultativa a retirada dos rins, pés, pescoço e cabeça.

5. Corte: parte ou fração da carcaça, com limites previamente especificados, com osso ou sem osso, com pele ou sem pele, temperado ou não, sem mutilações e/ou dilacerações.

6. Recorte: parte ou fração de um corte.

7. Produtos gordurosos: são os que resultam do aproveitamento de tecidos animais, por fusão ou por outros processos aprovados.

8. Graxaria: seção destinada ao aproveitamento de matérias-primas gordurosas e de subprodutos não comestíveis. A graxaria compreende a seção de produtos gordurosos comestíveis; seção de produtos gordurosos não comestíveis; seção de subprodutos não comestíveis. Processam subprodutos e/ou resíduos dos abatedouros ou frigoríficos e de casas de comercialização de carnes (açougues), como sangue, ossos, cascos, chifres, gorduras, aparas de carne, animais ou suas partes condenadas pela inspeção sanitária e vísceras não comestíveis. Seus produtos principais são o sebo ou gordura animal (para a indústria de sabões/sabonetes, de rações animais e para a indústria química) e farinhas de carne e ossos (para rações animais). Há graxarias que também produzem sebo ou gordura e/ou o chamado adubo organo-mineral somente a partir de ossos. Podem ser anexas aos abatedouros e frigoríficos ou unidades de negócio independentes.

9. BPF – Boas Práticas de Fabricação para estabelecimentos que processam produtos de origem animal: são procedimentos necessários para obtenção de alimentos inócuos, saudáveis e sãos.

10. Ambientes climatizados: espaços fisicamente determinados e caracterizados por dimensões e instalações próprias, submetidos ao processo de climatização, através de equipamentos.

11. Aerodispersóides: sistema disperso, em um meio gasoso, composto de partículas sólidas e/ou líquidas. O mesmo que aerosol ou aerossol.

12. Ar de renovação: ar externo que é introduzido no ambiente climatizado.

13. Ar condicionado: processo de tratamento do ar, destinado a manter os requisitos de qualidade do ar interior do espaço condicionado, controlando variáveis, como a temperatura, umidade, velocidade, material particulado, partículas biológicas e teor de dióxido de carbono (CO2).

14. Avaliação de riscos: processo geral, abrangente e amplo de identificação, análise e valoração, para definir ações de controle e monitoração.

15. Características psicofisiológicas: englobam o que constitui o caráter distintivo, particular de uma pessoa, incluindo suas capacidades sensitivas, motoras, psíquicas e cognitivas, destacando, entre outras, questões relativas aos reflexos, à postura, ao equilíbrio, à coordenação motora e aos mecanismos de execução dos movimentos que variam intra e inter indivíduos. Inclui, no mínimo, o conhecimento antropológico, psicológico, fisiológico relativo ao ser humano. Englobam, ainda, temas como níveis de vigilância, sono, motivação e emoção; memória e aprendizagem.

16. Climatização: conjunto de processos empregados para se obter por meio de equipamentos em recintos fechados, condições específicas de conforto e boa qualidade do ar, adequadas ao bem-estar dos ocupantes.

17. Continente: também chamado de contentor, é todo o material que envolve ou acondiciona o alimento, total ou parcialmente, para comércio e distribuição como unidade isolada.

18. COV's: compostos orgânicos voláteis, responsáveis por odores desagradáveis (existentes principalmente nas graxarias).

19. Demanda ergonômica: observação do contexto geral do processo produtivo da empresa e a evidência de seus disfuncionamentos, não devendo se restringir apenas a dores, sofrimento e doenças.

20. Desinfecção: é a redução por intermédio de agentes químicos ou métodos físicos adequados, do número de micro organismos no prédio, instalações, maquinaria, utensílios, ao nível que impeça a contaminação do alimento que se elabora.

21. Equipamentos: maquinaria e demais utensílios utilizados nos estabelecimentos.

22. Padrão Referencial de Qualidade do Ar Interior: marcador qualitativo e quantitativo de qualidade do ar ambiental interior, utilizado como sentinela para determinar a necessidade da busca das fontes poluentes ou das intervenções ambientais.

23. Qualidade do Ar Ambiental Interior: Condição do ar ambiental de interior, resultante do processo de ocupação de um ambiente fechado com ou sem climatização artificial.

24. Resfriamento: processo de refrigeração e manutenção da temperatura entre 0 °C (zero grau centígrado) e 4 °C (quatro graus centígrados positivos) dos produtos (carcaças, cortes ou recortes, miúdos e/ou derivados), com tolerância de 1 °C (um grau centígrado) medidos no interior dos mesmos.

25. Risco: possibilidade ou chance de ocorrerem danos à saúde ou integridade física dos trabalhadores, devendo ser identificado em relação aos eventos ou exposições possíveis e suas consequências potenciais.

26. Serviço de Inspeção Sanitária: serviço de inspeção federal (SIF), estadual e municipal.

27. Subprodutos e/ou resíduos: couros, sangue, ossos, gorduras, aparas de carne, tripas, animais ou suas partes condenadas pela inspeção sanitária, etc. que devem passar por processamentos específicos.

28. Triparia: departamento destinado à manipulação, limpeza e preparo para melhor apresentação ou subsequente tratamento dos órgãos e vísceras retiradas dos animais abatidos. São considerados produtos de triparia as cabeças, miolos, línguas, mocotós, esôfagos e todas as vísceras e órgãos, torácicos e abdominais, não rejeitados pela Inspeção Federal.

29. Valor Máximo Recomendável: Valor limite recomendável que separa as condições de ausência e de presença do risco de agressão à saúde humana.

30. Valoração dos riscos: a valoração do risco refere-se ao processo de comparar a magnitude ou nível do risco em relação a critérios previamente definidos para estabelecer prioridades e fundamentar decisões sobre o controle/tratamento do risco.

31. Agentes Biológicos: Para fins de aplicação desta norma, consideram-se agentes biológicos prejudiciais aqueles que pela sua natureza ou intensidade são capazes de produzir danos à saúde dos trabalhadores.

32. Boa qualidade do ar interno: conjunto de propriedades físicas, químicas e biológicas do ar que não apresentem agravos à saúde humana.

33. Isolamento térmico: Propriedade de um material, usado na vestimenta, de reduzir as trocas térmicas entre o corpo e o ambiente. No caso dos ambientes frios, de reduzir a perda de calor. A eficácia do isolamento da vestimenta depende das propriedades isolantes do tecido e da adaptação às diferentes partes do corpo.

Capítulo 37

ASPECTOS TÉCNICO-JURÍDICOS DE ACIDENTES DO TRABALHO

Segundo dados estatísticos mundiais divulgados pela Organização Internacional do Trabalho (OIT), agência da Organização das Nações Unidas (ONU), a cada dia morrem cinco mil e quinhentos trabalhadores em face do exercício de atividades laborativas, o que significa dizer que um trabalhador morre a cada quinze segundos, vítima de infortúnio. A propósito, anualmente, são registradas 2,34 milhões de mortes de trabalhadores em face do exercício laboral; dos quais, cerca de 15% (quinze por cento) decorrem de acidentes de trabalho propriamente dito e o restante (85%) resulta de doenças profissionais ou do trabalho.

Como explicitado nos capítulos anteriores e será reiterado neste, o Brasil possui um Ordenamento Jurídico de Segurança e Saúde Ocupacional que pode ser tido como um dos melhores e mais modernos do mundo. Nesse sentido, basta recordar que há vários dispositivos de Direito Constitucional, de Direito do Trabalho e de Direito Previdenciário diretamente relacionados com a Segurança e Saúde no Trabalho. Outrossim, existem vários Órgãos do Poder Público com responsabilidades legais e específicas pela Prevenção de Acidentes e Promoção da Saúde Ocupacional. Todavia, nosso país tem ocupado, sistematicamente, uma incômoda posição de destaque na infortunística internacional, em face do elevado número de acidentes do trabalho, consoante estatística acidentária oficial divulgada pelo Ministério da Previdência Social, o que, como se sabe, nem sequer representa nossa verdadeira realidade acidentária, em face da conhecida notificação a menor ou subnotificação acidentária. Essa situação revela que as políticas públicas e privadas de prevenção de acidentes e de promoção da saúde ocupacional necessitam ser repensadas visando alcançar maior eficácia.

A ESTATÍSTICA ACIDENTÁRIA OFICIAL brasileira(1) disponibilizada pela Autarquia Seguradora, em seu sítio eletrônico (www.inss.gov.br), acusa a ocorrência de 717.911 Acidentes do Trabalho no ano de 2013; dos quais, 14.837 resultaram em Incapacidade Total e Permanente e 2.797 em mortes de trabalhadores. Esses dados sinalizam, em média, para o seguinte quadro dantesco de nossa infortunística: oitenta e três trabalhadores sofrem acidentes do trabalho a cada hora laborada,um trabalhador morre a cada três horas e, a cada dia, quarenta e três trabalhadores acidentados não mais voltam a desenvolver suas atividades produtivas em face de invalidez permanente para o trabalho.

Outro dado bastante negativo e que igualmente justifica a importância de se investir, mais e adequadamente, no campo da segurança e saúde no trabalho, diz respeito ao Custo Previdenciário Acidentário que alcança o montante anual de R$ 14.000.000.000,00 (quatorze bilhões de reais); ou seja, a despesa previdenciária com o pagamento de benefícios relacionados à segurança e saúde no trabalho é uma cifra monetária bastante expressiva. Mais grave ainda é saber que esse custo previdenciário ou custo direto corresponde a apenas um quarto do custo total (custo direto + custo indireto) dos infortúnios em nosso país.

Acerca da estatística acidentária, convém ser dito, mais, que seus objetivos podem ser assim sintetizados:

- possibilitar comparações sobre o desempenho do Programa de Segurança do Trabalho da empresa, por meio de comparações de índices de acidentes ocorridos entre os seus diversos setores ou entre empresas do mesmo ramo de atividades;
- propiciar o desenvolvimento de estudos referentes ao custo de acidentes;

(1) No Módulo Complementar deste Capítulo encontra-se reproduzida a Estatística Acidentária Oficial nos termos divulgados pelo INSS relativamente aos últimos quarenta e quatro anos.

- fornecer aos órgãos públicos e particulares dados concretos e atualizados acerca do quantitativo de acidentes, bem como das espécies de infortúnios;
- desenvolver programas que visem à redução de acidentes do trabalho e, assim, permitir que a empresa pague prêmios menores no tocante ao seguro de acidentes.

Infortunística é a parte da Medicina Legal e da Legislação Trabalhista que trata dos riscos profissionais e dos acidentes do trabalho em suas várias modalidades, especialmente as doenças ocupacionais. Noutras palavras, infortunística pode ser entendida como a ciência que congrega o saber jurídico, em especial os princípios e as normas de Direito Constitucional, Previdenciário, Trabalhista, Civil e Penal, em sua interface com o saber técnico-especializado de segurança e saúde no trabalho, tendo por objeto a prevenção e a reparação dos acidentes laborais. Ressalte-se, mais, que a infortunística não é questão recente e tem variado de frequência e de gravidade, ao longo do tempo, conforme a cultura e o desenvolvimento social, econômico e tecnológico de cada nação.

A Constituição Federal brasileira possui vários dispositivos que, de forma direta ou indireta, guardam relação com a infortunística, merecendo destaque os seguintes preceitos constitucionais:

- o direito e garantia fundamental pertinente à inviolabilidade da intimidade, da vida privada, da honra e da imagem das pessoas, assegurado o direito à indenização pelo dano material ou moral decorrente de sua violação. *(Art. 5º, inciso X, da CF/1988)*
- o direito social alusivo à educação, à saúde, ao trabalho, à moradia, ao lazer, à segurança, à previdência social, a proteção à maternidade, a assistência aos desamparados, nos termos constitucionais. *(Art. 6º da CF/1988)*
- o direito social dos trabalhadores urbanos e rurais à redução dos riscos inerentes ao trabalho, por meio de normas de saúde, higiene e segurança, assim como o seguro contra acidentes de trabalho, a cargo do empregador, sem excluir a indenização a que este está obrigado, quando incorrer em dolo ou culpa. *(Art. 7º, incisos XXII e XXVIII, da CF/1988)*
- a saúde é direito de todos e dever do Estado, garantida mediante políticas sociais e econômicas que visem à redução do risco de doença e de outros agravos e ao acesso universal e igualitário às ações e serviços para sua promoção, proteção e recuperação. *(Art. 196 da CF/1988)*
- a previdência social será organizada sob a forma de regime geral, de caráter contributivo e de filiação obrigatória, observados critérios que preservem o equilíbrio financeiro e atuarial, e atenderá, nos termos da lei, à cobertura dos eventos de doença, invalidez, morte e idade avançada, e à pensão por morte do segurado, homem ou mulher, ao cônjuge ou companheiro e dependentes; outrossim, a Lei disciplinará a cobertura do risco de acidente do trabalho, a ser atendida concorrentemente pelo regime geral de previdência social e pelo setor privado. *(Art. 201, incisos I e V, e § 10 da CF/1988)*

Em termos de legislação infraconstitucional, mais precisamente no plano do Direito do Trabalho, é de se recordar que a Consolidação das Leis do Trabalho (Decreto-Lei n. 5.452 de 1º.5.1943), em seu Título II (Das Normas Gerais de Tutela do Trabalho), dedica o Capítulo V (Da Segurança e da Medicina do Trabalho), correspondente aos arts. 154 a 201 da CLT, com a redação dada pela Lei n. 6.514, de 22.12.1977, e atualizada até a edição da Lei n. 13.103, de 2.3.2015, para disciplinar a temática da segurança e saúde no trabalho; merecendo especial destaque, dada sua interface direta com a infortunística, os seguintes dispositivos legais:

- são deveres do empregador: cumprir e fazer cumprir as disposições legais e regulamentares sobre segurança e saúde no trabalho; elaborar ordens internas de serviço sobre segurança e saúde no trabalho, dando ciência aos empregados, por comunicados, cartazes ou meios eletrônicos; informar os trabalhadores sobre: os riscos profissionais que possam originar-se nos locais de trabalho; os meios para prevenir e limitar tais riscos e as medidas adotadas pela empresa; os resultados dos exames médicos e de exames complementares de diagnóstico aos quais os próprios trabalhadores forem submetidos; os resultados das avaliações ambientais realizadas nos locais de trabalho; permitir que representantes dos trabalhadores acompanhem a fiscalização dos preceitos legais e regulamentares sobre segurança e saúde no trabalho; e determinar os procedimentos que devem ser adotados em caso de acidente ou doença relacionada ao trabalho. *(Art. 157 da CLT)*

➢ são obrigações dos empregados: cumprir as disposições legais e regulamentares sobre segurança e saúde no trabalho, inclusive as ordens de serviço expedidas pelo empregador; usar o EPI fornecido pelo empregador; submeter-se aos exames médicos previstos nas normas regulamentadoras; e colaborar com a empresa na aplicação das normas regulamentadoras. (*Art. 158 da CLT*)

No âmbito do Direito Previdenciário, convém observar a existência de duas leis ordinárias específicas que cuidam da Previdência Social: a primeira delas trata da Receita Previdenciária, ou seja, o Plano de Custeio da Previdência Social (Lei n. 8.212, de 24.7.1991), e a segunda disciplina a Despesa Previdenciária, isto é, o Plano de Benefícios da Previdência Social (Lei n. 8.213, de 24.7.1991), sendo oportuno enfatizar os seguintes institutos e preceitos do direito previdenciário que dizem respeito diretamente à infortunística:

➢ SEGURO ACIDENTE DO TRABALHO (SAT) — correspondente a uma contribuição previdenciária patronal adicional em face de riscos ambientais do trabalho, no importe básico de 1%, 2% ou 3%, conforme o risco da atividade da empresa seja leve, médio ou grave, para o custeio de benefícios previdenciários concedidos em decorrência de infortúnios laborais e da aposentadoria especial. (*Art. 22, inciso II, da Lei n. 8.212/1991*)

➢ FATOR ACIDENTÁRIO DE PREVENÇÃO (FAP) — índice numérico individualizado por empresa e variável de 0,5 a 2,0 (consoante índices de frequência, de gravidade e de custo previdenciário da empresa), que será multiplicado pelos percentuais do SAT, a partir de janeiro de 2010, de modo a possibilitar uma redução até a metade do valor do SAT para as empresas que investirem em segurança e saúde no trabalho e apresentarem redução de seus índices acidentários ou, ao revés, acrescer até o dobro os valores do aludido percentual do SAT, para as empresas que não apresentarem diminuição em seus índices acidentários. Em verdade, enquanto instrumento atuarial o FAP respeita o princípio "*bonus* x *malus*"; ou seja, a empresa que causar mais dispêndios à Autarquia Seguradora pagará mais contribuição previdenciária, enquanto as que propiciarem menos despesas previdenciárias em face de infortúnios laborais, serão estimuladas com redução de suas alíquotas patronais para o custeio do seguro acidente de trabalho. O FAP corresponde a um importante instrumento das políticas públicas relativas à saúde e segurança no trabalho pois permite a flexibilização da tributação coletiva dos Riscos Ambientais do Trabalho (RAT) — redução ou majoração das alíquotas SAT (1%, 2% ou 3%) segundo o desempenho de cada empresa no interior da respectiva Subclasse da Classificação Nacional de Atividade Econômica (CNAE 2.0). O FAP anual é um indicador da acidentalidade empresas relativamente aos dois anos anteriores ao processamento. O FAP anual tem como período de vigência o ano imediatamente posterior ao ano de seu processamento. A partir do ano de 2010, o processamento anual do FAP segue o padrão metodológico definido na Resolução CNPS n. 1.316/2010. Segundo o INSS, o FAP é um multiplicador variável num intervalo contínuo (de 0,5000 a 2,0000), a ser aplicado à respectiva alíquota dos Riscos Ambientais do Trabalho (RAT), que pode ser reduzida pela metade ou duplicada. Cria um ajuste à alíquota do RAT através de um tratamento estatístico da gravidade, frequência e custo dos acidentes relativos à empresa. Portanto, na prática, o FAP amplia as alíquotas do RAT (antes fixo de forma genérica em 1%, 2% ou 3%) para valores atuais e individualizados de 0,5% a 6%, e possíveis de variar anualmente, conforme o desempenho infortunístico da empresa. (*Art. 10 da Lei n. 10.666, de 8.5.2003*)[2]

➢ NEXO TÉCNICO-EPIDEMIOLÓGICO PREVIDENCIÁRIO (NTEP) — espécie de nexo causal legalmente presumido, a ser utilizado pela Perícia Médica do INSS, com suporte em estudos epidemiológicos e estatísticos que correlacionam à atividade da empresa e a doença motivadora da incapacidade do empregado, consoante disposto na Lista C, do Anexo II (Agentes Patogênicos Causadores de Doenças Profissionais ou do Trabalho), do Decreto n. 3.048, de 6.5.1999 (Regulamento da Previdência Social), disciplinador dos Planos de Custeio e de Benefícios da Previdência Social.

(2) Nos termos da Lei Complementar n. 123, de 14.12.2006, as Microempresas (assim entendidas aquelas cuja receita bruta anual seja igual ou inferior a R$ 360.000,00) e as Empresas de Pequeno Porte (aquelas cuja receita bruta anual seja superior a R$ 360.000,00 e igual ou inferior a R$ 3.600.000,00) não são alcançadas pelo FAP (Fator Acidentário de Prevenção) em face de se sujeitarem à modalidade especial de tributação única e simplificada, em que a contribuição previdenciária patronal já se encontra computada de forma global (Simples Nacional), não havendo, pois, como se lhes aplicar a incidência do FAP sobre o percentual específico do seguro acidente do trabalho ou de riscos ambientais de trabalho.

O NTEP é obtido a partir do cruzamento das informações do código da Classificação Internacional de Doenças (CID-10) e do código da Classificação Nacional de Atividade Econômica (CNAE 2.0), e aponta a existência de uma relação entre a lesão ou agravo[3] e a atividade desenvolvida pelo trabalhador. A partir da instituição do NTEP, em abril de 2007, a Perícia Médica do INSS passou a dispor de mais uma importante ferramenta-auxiliar em suas análises para conclusão sobre a natureza da incapacidade ao trabalho apresentada, se de natureza previdenciária ou acidentária. Com a adoção do NTEP constatou-se, de imediato, um acréscimo substancial na concessão de auxílios-doença de natureza acidentária, haja vista o incremento imediato da ordem de 148% na concessão de auxílio-doença de natureza acidentária (Código B-91); o que significa dizer que esse quantitativo antes estava sendo concedido na modalidade meramente previdenciária (Código B-31). Este dado confirma uma verdade de há muito sabida: a subnotificação patronal relativamente a acidentes e doenças ocupacionais. A partir da implementação do NTEP, a perícia médica do INSS passa a adotar três etapas sequenciais e hierarquizadas para a identificação e caracterização da natureza da incapacidade — se acidentária ou não acidentária (previdenciária). As três etapas são: **1** — Identificação de ocorrência de Nexo Técnico Profissional ou do Trabalho (NTP/T) — verificação da existência da relação "agravo — exposição" ou "exposição — agravo" (Listas A e B do Anexo II do Decreto n. 3.048/1999); **2** — Identificação de ocorrência de Nexo Técnico Epidemiológico Previdenciário (NTEP) — averiguação do cruzamento do código da CNAE com o código da CID-10 e a presença na matriz do NTEP (publicada na Lista C do Anexo II do Decreto n. 3.048/1999); **3** — Identificação de ocorrência de Nexo Técnico por Doença Equiparada a Acidente do Trabalho (NTDEAT) — implica a análise individual do caso, mediante o cruzamento de todos os elementos levados ao conhecimento do médico-perito, da situação geradora da incapacidade e a anamnese. A ocorrência de qualquer um dos três nexos implicará a concessão de benefício de natureza acidentária. Não configurado o enquadramento em nenhuma das três hipóteses de nexo causal presumido, o benefício será classificado como meramente previdenciário ou não acidentário. *(Art. 21-A da Lei n. 8.213, de 24.7.1991, acrescido pela Lei n. 11.430, de 26.12.2006)*

➢ ESTABILIDADE PROVISÓRIA NO EMPREGO DO ACIDENTADO NO TRABALHO — direito material legalmente assegurado ao segurado-empregado que tenha sofrido acidente do trabalho que o impossibilite de trabalhar por mais de quinze dias[4], relativamente ao período compreendido entre o término do gozo do benefício previdenciário intitulado auxílio-doença de natureza acidentária (código 91) e os doze meses subsequentes. *(Art. 118 da Lei n. 8.213/1991)*

➢ AÇÃO REGRESSIVA — objetiva o ressarcimento das despesas previdenciárias implementadas pela Autarquia Seguradora, na hipótese de o acidente do trabalho haver acontecido em face de negligência patronal, particularmente pelo descumprimento às normas preventivas de segurança e saúde no trabalho. Essa ação será promovida pela Procuradoria Federal Especializada perante a Justiça Federal Não Especializada. (*Lei n. 8.213/1991 — Art. 120*)

Importante observar, também, que o Código Penal brasileiro (CPb), correspondente ao Decreto-Lei n. 2.848, de 2.12.1940, tipifica três modalidades criminosas que guardam pertinência com a infortunística:

➢ HOMICÍDIO DOLOSO OU CULPOSO — Matar alguém (homicídio doloso) — Pena: reclusão, de seis a vinte anos. Se o homicídio é culposo — Pena: detenção, de um a três anos. No homicídio culposo, a pena é aumentada de um terço, se o crime resulta de inobservância de regra técnica de profissão, arte ou ofício, ou se o agente deixa de prestar imediato socorro à vítima, não procura diminuir as consequências de seu ato, ou foge para evitar prisão em flagrante. Sendo doloso o homicídio, a pena é aumentada de um terço, se o crime é praticado contra menor de quatorze ou maior de sessenta anos. *(Art. 121 do CPb)*.

---

(3) Agravo é a forma como se convencionou chamar no âmbito da Previdência Social lesões, doenças, transtornos de saúde, distúrbios, disfunções ou a síndrome de evolução aguda, subaguda ou crônica, de natureza clínica ou subclínica, inclusive morte, independentemente do tempo de latência.

(4) De acordo com o § 2º do art. 60 da Lei n. 8.213, de 24.7.1991, é da responsabilidade do empregador o pagamento salarial ao empregado durante os primeiros quinze dias consecutivos ao do afastamento da atividade por motivo de doença ou de acidente de trabalho ou de qualquer natureza.

- LESÃO CORPORAL DOLOSA OU CULPOSA — Ofender a integridade corporal ou a saúde de outrem. Lesão corporal dolosa — Pena: detenção, de três meses a um ano. Lesão corporal de natureza grave, se resultar: I — Incapacidade para as ocupações habituais por mais de trinta dias; II — Perigo de vida; III — Debilidade permanente de membro ou função; IV — Aceleração de parto — Pena: reclusão de um a cinco anos. Se resultar: I — Incapacidade para o trabalho; II — Enfermidade incurável; III — Perda ou inutilização de membro, sentido ou função; IV — Deformidade permanente; V — Aborto — Pena: reclusão, de dois a oito anos. Lesão corporal seguida de morte: Se resulta morte e as circunstâncias evidenciam que o agente não quis o resultado, nem assumiu o risco de produzi-lo — Pena: reclusão, de quatro a doze anos. Se a lesão é culposa. Lesão corporal culposa — Pena: detenção, de dois meses a um ano. *(Art. 129 do CPb)*
- EXPOSIÇÃO A PERIGO — Expor a vida ou saúde de outrem a perigo direto e iminente. Dolo de exposição a perigo — Pena: detenção, de três meses a um ano, se o fato não constitui crime mais grave. *(Art. 132 do CPb)*

Outrossim, outros conceitos jurídicos são igualmente úteis para uma melhor compressão da infortunística, para aqueles não versados na ciência jurídica:

- MEIO AMBIENTE DE TRABALHO — corresponde ao espaço físico, fixo ou móvel, com todos os seus componentes naturais ou artificiais, máquinas e equipamentos, no qual são desenvolvidas atividades profissionais produtivas e onde se fazem presentes os agentes físicos, químicos, biológicos, mecânicos, ergonômicos, psicossociais e outros, naturais ou artificiais que, associados ou não, podem desencadear reações psicofisiológicas e sociais com repercussões na Saúde, na Integridade Física e na Qualidade de Vida do Trabalhador.
- OBRIGAÇÃO — é o vínculo jurídico nascido da lei ou de ato da vontade, que obriga alguém a dar, a fazer ou a não fazer alguma coisa economicamente apreciável, em proveito de outrem.
- ATO ILÍCITO — é o ato contrário ao Direito, ou seja, antijurídico. Ação ou omissão que, consoante disciplinado pelo Direito Positivo, implica a invasão da esfera jurídica de outra pessoa e que, por conseguinte, dá legitimidade jurídica a uma oposição, com as correspondentes sanções civis ou penais.
- CRIME — em sentido amplo, é a conduta humana (ação ou omissão) violadora da norma penal. De modo mais restrito, tem-se que é a infração penal a que a lei atribui pena de reclusão ou de detenção, quer isoladamente, quer alternativa ou cumulativamente com a pena de multa.
- CONTRAVENÇÃO PENAL — é, por exclusão, toda violação a preceito de natureza penal que não é tipificada na lei como crime. A contravenção penal é comumente denominada de "crime-anão".
- CULPA — em sentido amplo, é qualquer violação de um dever jurídico preexistente, que causa prejuízos a uma outra pessoa. Nesse sentido, abrange o dolo. Em sentido estrito (que não engloba o dolo), é o elemento subjetivo do ato ilícito, que produz dano e torna responsável pelo resultado aquele a quem ele é imputável (por não ter sabido prever e evitar os efeitos danosos de sua conduta). Há TRÊS GRAUS DE CULPA: levíssima, leve e grave; e TRÊS MODALIDADES DE CULPA: imprudência, negligência e imperícia.
  - Imprudência é uma atitude em que o agente atua com precipitação, sem cautelas, não usando de poderes inibidores. Exemplo: o empregador que determina a um empregado não qualificado que passe a operar uma máquina perigosa.
  - Negligência é a inércia psíquica, a indiferença do agente que, podendo tomar as cautelas exigíveis, não o faz por displicência ou preguiça mental. Exemplo: o empregador que não cumpre as normas preventivas de segurança e saúde no trabalho.
  - Imperícia é a falta de aptidão técnica (teórica ou prática) necessária para realização de determinada atividade. Somente pode ser atribuída a alguém no exercício de arte ou profissão. Exemplo: o profissional de segurança que indica o Equipamento de Proteção Individual inadequado para a proteção eficaz do trabalhador.
- DOLO — é a vontade dirigida ao resultado delituoso, isto é, querer esse resultado (dolo direto), ou assumir o risco de produzi-lo (dolo eventual). É a mais grave das formas de culpabilidade.

➢ DANO — é a lesão ou prejuízo, de ordem física, mental, patrimonial ou moral, suportado por uma pessoa em face de ação ou omissão, voluntária ou não, praticada ou atribuída a outrem. A palavra "dano" é originária do latim "*damnu*", que significa ofensa ou diminuição do patrimônio moral ou material de alguém. Algumas das modalidades de dano são:

- Dano Material corresponde ao somatório dos prejuízos de natureza física ou patrimonial suportados pelo empregado que tenha sofrido acidente de trabalho em qualquer uma de suas variantes; portanto, o dano material abrange a ofensa à integridade física do trabalhador que resultou na redução ou perda da capacidade produtiva, além do somatório de todas as despesas médicas, hospitalares e de medicamentos que tenham sido efetuados pelo acidentado e, também, dos lucros cessantes, ou seja, aquilo que o acidentado deixou de ganhar por haver sofrido o infortúnio.

- Dano Moral ou Extrapatrimonial, em termos de acidente de trabalho, decorre da lesão psíquica ou psicológica proveniente do sentimento de inferioridade que normalmente acomete o acidentado em face da dor, do sofrimento, do constrangimento, da deformidade física ou do aleijão por ele suportado e que, portanto, merece ser financeiramente compensado. Em nosso entendimento, o dano moral abrange, também, o dano estético.

- Dano Moral Coletivo, em termos de indenização acidentária, pode ser entendido como o que resulta de uma ofensa patronal que vai além do prejuízo moral suportado por um trabalhador, na medida em que ofende os direitos transindividuais de caráter coletivo. Noutras palavras, o dano moral coletivo resulta de um ilícito patronal, normalmente materializado no descumprimento às normas de segurança e saúde no trabalho e que ofende a coletividade dos trabalhadores; por exemplo, na hipótese em que o empregador fornece água contaminada a seus empregados pode ensejar uma ação civil pública a ser ajuizada pelo Ministério Público do Trabalho, na medida em que a saúde de toda a coletividade de trabalhadores restou potencialmente ameaçada, suficiente a possibilitar uma reparação moral coletiva.

➢ NEXO CAUSAL ou NEXO DE CAUSALIDADE — é a relação de causa e efeito que vincula a ação ou omissão daquele a quem se atribui a responsabilidade pelo dano ou lesão suportado por aquele que deseja a indenização. Importante recordar que, ao realizar uma perícia médica para fins de indenização acidentária por danos morais e materiais, particularmente na hipótese de doença ocupacional, deverá o Médico do Trabalho, no tocante ao nexo de causalidade, observar os ditames do art. 2º da Resolução do Conselho Federal de Medicina n. 1.488, de 11.12.1998, que trata da Assistência Médica do Trabalhador.

➢ RESPONSABILIDADE — pode ser definida como a obrigação de alguém ser responsabilizado juridicamente por seus próprios atos ou pelos de outrem, consoante disposição legal ou contratual, se, em consequência, resultarem danos a terceiros. Cabe reforçar, de forma simplificada, as duas teorias básicas que norteiam a aplicabilidade da responsabilidade em nosso ordenamento jurídico:

- Teoria da Responsabilidade Objetiva estipula que, configurados o dano e o nexo de causalidade, será devida a indenização reparadora ou compensatória ao autor da ação (acidentado ou seus dependentes) independentemente da comprovação de que o evento danoso ocorrera por dolo ou culpa do réu (empregador). Exemplificando, o INSS deverá pagar os correspondentes benefícios previdenciários ao segurado-acidentado, independentemente de quem tenha dado causa à ocorrência, inclusive na situação em que o acidentado tenha sido o próprio e único causador do evento infortunístico. Como na hipótese, em que um motorista empregado dirige imprudentemente, avança um sinal de trânsito e provoca uma colisão.

- Teoria da Responsabilidade Subjetiva estabelece que, para o autor da ação de uma indenização acidentária por danos morais ou materiais obter êxito na desejada compensação financeira, além de configurar adequadamente o dano e o nexo de causalidade, é indispensável demonstrar, processualmente, que o acidente ocorrera em face de uma ação ou omissão, dolosa ou culposa, do empregador ou de seus representantes legais.

➢ RESPONSABILIDADE CONSTITUCIONAL PATRONAL — corresponde à obrigação constitucionalmente imposta ao empregador de propiciar a seus empregados meio ambiente de trabalho sadio e seguro, como corolário do Princípio Constitucional de Minimização dos Riscos Ambientais de Trabalho *(Art. 7º, inciso XXII, da CF-1988)* e do Direito Constitucional à Indenização Acidentária, se configurado o dolo ou culpa patronal *(Art. 7º, inciso XXVIII, da CF-1988)*. Malgrado a existência de múltiplas divergências doutrinárias e jurisprudenciais, impõe-se observar que, no âmbito do Tribunal Superior do Trabalho tem prevalecido a tese no sentido de que a responsabilidade patronal acidentária possui natureza contratual-legal e é de natureza subjetiva; logo, para obter a indenização acidentária, o empregado-acidentado ou seus familiares terão que demonstrar, processualmente, o dolo ou a culpa patronal pela ocorrência do acidente de trabalho.

- RESPONSABILIDADE TRABALHISTA PATRONAL — é a obrigação imposta ao empregador de responder por eventuais danos causados na execução das atividades empresariais. Legalmente, o empregador assume integralmente os riscos decorrentes das atividades exercidas por seus empregados. *(Arts. 2º e 157 da CLT)*
- RESPONSABILIDADE PREVIDENCIÁRIA PATRONAL — prevê que o empregador é obrigado, constitucionalmente, a custear o seguro acidente do trabalho de seus empregados junto ao INSS, o qual deverá efetuar o pagamento de determinados benefícios sociais ao trabalhador vítima de acidente do trabalho. Sob o aspecto estritamente previdenciário, a responsabilidade acidentária é de natureza objetiva; ou seja, os benefícios previdenciários serão devidos ao segurado-acidentado ou a seus dependentes, independentemente da configuração de dolo ou culpa, de quem quer que seja. *(Art. 22 da Lei n. 8.212/1991 e Art. 19 da Lei n. 8.213/1991)*
- RESPONSABILIDADE PENAL OU CRIMINAL — é o direito material estatal de aplicar uma sanção àquele que praticou crime ou contravenção penal. No âmbito trabalhista, tanto o empregador ou seus prepostos quanto os profissionais de segurança e saúde no trabalho poderão sujeitar-se às sanções penais, quando da ocorrência de acidentes do trabalho, desde que configurada a participação destes, de forma dolosa ou culposa, na concretização do infortúnio.
- RESPONSABILIDADE CIVIL — aquele que por ato ilícito causar dano a outrem, fica obrigado a repará-lo. Haverá obrigação de reparar o dano, independentemente de culpa, nos casos especificados em lei, ou quando a atividade normalmente desenvolvida pelo autor do dano implicar, por sua natureza, riscos para os direitos de outrem. *(Art. 927 do CCb)*
- RESPONSABILIDADE ADMINISTRATIVA — corresponde à obrigação imposta ao servidor público de responder ou ser responsável pelos atos praticados no desempenho de suas atribuições administrativas. Exemplo: o Auditor Fiscal do Trabalho que, ao realizar uma inspeção de segurança e saúde do trabalho em determinada empresa, constata a existência de uma situação de risco grave e iminente, e se omite na imediata adoção das medidas necessárias para o embargo ou interdição, incorrerá em responsabilidade administrativa de natureza grave.
- RESPONSABILIDADE PROFISSIONAL — é atribuída ao exercente de determinada função, cargo, emprego, trabalho ou serviço, que tenha agido em descompasso com os princípios éticos ou técnicos da profissão.

Objetivando fixar concretamente alguns conceitos elementares até então abordados, reproduziremos, de forma meramente exemplificativa, o histórico de um acidente do trabalho para, em seguida, analisar suas possíveis consequências jurídicas:

"Uma empresa cuja atividade principal é a Fabricação de Laticínios (Código CNAE = 10.52-0 e Grau de Risco = 3) possui 200 (duzentos empregados). No setor produtivo, existe uma caldeira que é normalmente operada por quatro operadores que se revezam em turnos ininterruptos de seis horas cada. O Técnico de Segurança do Trabalho, único integrante do Serviço Especializado em Engenharia de Segurança e em Medicina do Trabalho (SESMT), foi demitido sem justa causa há seis meses, sem que a empresa até então tivesse contratado um novo profissional para compor o seu SESMT, nos termos do Quadro II da NR-04 (SESMT). Ao ser submetida a uma fiscalização trabalhista, por intermédio de um Auditor Fiscal do Trabalho (Engenheiro de Segurança do Trabalho), a empresa, além de haver sido devidamente autuada por não manter o seu SESMT constituído, ante o manifesto descumprimento de anterior notificação fiscal, teve a sua CALDEIRA legal e prontamente INTERDITADA, pois a última inspeção periódica de segurança na caldeira fora realizada há mais de dezoito

meses, o que configura uma situação de Risco Grave e Iminente, nos termos de disposição específica da NR-13 (Caldeiras, Vasos de Pressão e Tubulações) e dos arts. 187 e 188 da CLT. Após lavrar o competente Laudo Técnico de Interdição da Caldeira, o Auditor Fiscal do Trabalho concretizou a imediata interdição da caldeira. Considerando que havia cerca de vinte mil litros de leite para serem processados imediatamente, sob pena de perda total dessa matéria-prima, tão logo o Auditor Fiscal do Trabalho encerrou a fiscalização e retirou-se do estabelecimento, o empregador determinou o rompimento do lacre de interdição e determinou que a caldeira interditada voltasse a funcionar imediatamente. Todavia, para a infelicidade patronal, três horas após, dita caldeira veio a explodir. Desse infortúnio laboral resultaram, dentre outras consequências danosas para o operador de caldeiras, extensas queimaduras de terceiro grau por todo o corpo e, após seis meses de convalescença hospitalar, a perda total do braço direito e duas cicatrizes constrangedoras e permanentes, uma na face esquerda e outra no tórax. Observe-se que esse operador de caldeira dedicava parte de seus momentos de folga para trabalhar como Taxista Autônomo, conduzindo um veículo de sua propriedade, visando à complementação de seu orçamento familiar."

Nesse contexto, merecem ser destacadas as possíveis repercussões jurídicas desse acidente de trabalho típico:

- O principal dano material suportado pelo acidentado corresponde à perda total e permanente da capacidade para o exercício de sua atividade principal de operador de caldeira; condição suficiente a ensejar o pedido de compensação financeira, levando-se em conta sua idade e a expectativa de sua vida útil laboral, sua remuneração mensal e a capacidade financeira do empregador.
- O dano material secundário suportado pelo acidentado decorre do fato de que a perda de seu braço direito igualmente o impossibilita, de forma total e permanente, para o exercício de sua atividade complementar de taxista autônomo, pelo que os lucros cessantes dessa atividade deverão ser igualmente contabilizados na pretendida indenização acidentária por danos materiais.
- A amputação do braço direito, além de haver resultado na perda total e permanente da capacidade produtiva do acidentado, inclusive para o exercício da aludida atividade complementar de taxista autônomo, propiciará severos reflexos na vida pessoal e doméstica do obreiro, ante a impossibilidade de praticar esportes, vestir-se sozinho, preparar uma comida, fazer pequenos reparos domésticos, etc.
- São facilmente perceptíveis os inúmeros e graves prejuízos morais que o acidentado terá que suportar em sua vida futura, não só os decorrentes da perda do braço direito como também os decorrentes da cicatrizes constrangedoras e permanentes na face e no tórax, como os previsíveis e múltiplos transtornos no campo psíquico, comportamental e social. Certamente, todos esses prejuízos de natureza extrapatrimonial deverão ser prudentemente avaliados e levados em conta pelo Magistrado Trabalhista ao fixar a verba indenizatória a título de compensação pela ofensa moral suportada pelo acidentado.
- O nexo causal ou nexo de causalidade, isto é, a relação de causa e efeito que vincula a causa (o exercício profissional) ao infortúnio (explosão da caldeira) com os subsequentes danos morais e materiais suportados pelo acidentado, no exemplo acidentário narrado, corresponde, talvez, ao elemento de mais fácil percepção; pois é inequívoco que, no caso descrito, a explosão da caldeira resultou de seu uso indevido e ilegal, na medida em que se encontrava oficialmente interditada por ato da autoridade competente em matéria de segurança e saúde no trabalho.
- Induvidosamente, o ato patronal determinando que a caldeira legalmente interditada fosse posta em funcionamento produtivo não corresponde a um ato meramente culposo, mas, sim, um verdadeiro ato ilícito doloso, ainda que na modalidade de dolo eventual, posto que o empregador atraiu para si todos os riscos que poderiam advir do descumprimento da regular interdição da caldeira. A propósito, esse ilícito trabalhista patronal, independentemente da tipificação penal, que será oportunamente abordada, configura violação expressa às determinações normativas de segurança e saúde no trabalho, na forma contida na NR-13 (Caldeiras, Vasos de Pressão e Tubulações) e nos ditames dos arts. 187 e 188 da Consolidação das Leis do Trabalho.
- Certamente, o empregador deverá ser responsabilizado penalmente por duas modalidades tipificadas no Código Penal brasileiro: a primeira, correspondente à lesão corporal dolosa de

natureza grave (art. 129, § 1º, do CPb), em face dos danos infligidos ao operador da caldeira; e, a segunda caracterizada pela exposição da vida alheia a perigo (art. 132 do CPb), pois o irregular e indevido funcionamento da caldeira em situação de risco grave e iminente, resultou em exposição de perigo de vida, de forma acintosa, em desfavor de toda a coletividade de trabalhadores do estabelecimento.

- A empresa poderá vir a ser responsabilizada, também, por dano moral coletivo, pois a determinação patronal de colocar em funcionamento a caldeira que se encontrava legalmente interditada vai além da ofensa à integridade física e moral do trabalhador acidentado, na medida em que, como dito antes, colocou em risco, também, o direito extrapatrimonial da coletividade de trabalhadores, sendo fácil perceber que o funcionamento de uma caldeira em situação de risco grave e iminente, no mínimo, desencadeia um clima de insegurança, angústia e apreensão em todos os trabalhadores, ante a iminência de acontecer o infortúnio de natureza grave. Certamente, esse clima agravou-se pelo clima de comoção que possivelmente se instaurou e deve ter causado múltiplos transtornos no campo moral da coletividade dos empregados do estabelecimento. Logo, deverá o Ministério Público do Trabalho buscar a tutela jurisdicional, em face do empregador e perante a Justiça do Trabalho, objetivando uma reparação financeira compensatória do manifesto dano moral suportado pela coletividade de trabalhadores decorrente da ganância patronal que não se conformou ao perceber que a interdição da caldeira afetaria o seu lucro diário, e em total desprezo a sua obrigação constitucional de propiciar a seus empregados um ambiente de trabalho sadio e seguro, na lição derivada do art. 7º, inciso XXII, da Constituição Republicana.
- Da narrativa exposta, vislumbra-se que o Operador de Caldeiras acidentado, durante os primeiros quinze dias seguintes ao infortúnio, fará jus à percepção de sua remuneração integral como se estivesse regularmente trabalhando, a ser paga pelo empregador. Após esse quinzena e até à data da alta médica (seis meses após), perceberá da Autarquia Seguradora (INSS) o benefício previdenciário intitulado auxílio-doença acidentário (Código B-91). Como as lesões foram de tal gravidade que resultaram em perda total e permanente da capacidade produtiva, fará jus, imediatamente após a alta médica, ao benefício previdenciário intitulado aposentadoria por invalidez acidentária.
- Considerando-se que o infortúnio citado decorrera unicamente de ato ilícito patronal, em manifesto descumprimento às normas regulamentadoras de segurança e saúde no trabalho, a Procuradoria Federal Especializada junto ao INSS deverá propor Ação Regressiva, objetivando o ressarcimento de todas as despesas previdenciárias implementadas em favor do segurado-acidentado, nos termos previstos no art. 120 da Lei n. 8.213/1991.
- Sabidamente, a partir do momento em que o acidentado passa a perceber auxílio-doença acidentário, ocorre a suspensão do contrato de trabalho, nos termos do art. 476 Consolidado. A estabilidade provisória acidentária de que cogita o art. 118 da Lei n. 8.213/1991 tem início a partir da data de término de gozo do auxílio-doença acidentário. Todavia, particularmente no caso relatado, o empregado-acidentado após o gozo do auxílio-doença acidentário foi imediatamente aposentado por invalidez; pelo que se revela inaplicável ao citado caso o instituto da estabilidade provisória acidentária.

Sabidamente, o conceito legal de acidente do trabalho encontra-se tipificado no art. 19 do Plano de Benefícios da Previdência Social (Lei n. 8.213, de 24.7.1991) e corresponde ao que ocorre pelo exercício do trabalho a serviço da empresa ou de empregador doméstico ou pelo exercício do trabalho dos segurados (produtor, parceiro, meeiro e arrendatário rural, pescador artesanal e assemelhados), provocando lesão corporal ou perturbação funcional que cause a morte ou a perda ou redução, permanente ou temporária, da capacidade para o trabalho. Oportuno lembrar que infortúnio laboral, sob a ótica legal, é um gênero que comporta várias espécies, dentre as quais: o acidente de trabalho tipo ou típico (ocorrido no local e horário de trabalho), a doença profissional e a do trabalho, a concausa (ou causa concomitante), o acidente de trajeto, a prestação espontânea de serviços ao empregador para lhe evitar prejuízos, viagens de serviços, inclusive para o empregado participar de cursos de capacitação profissional, etc.

Consoante previsto no art. 20 do Plano de Benefícios da Previdência Social, são consideradas acidentes do trabalho duas entidades mórbidas:

- Doença Profissional (ergopatia ou tecnopatia) — os trabalhadores de uma mesma categoria profissional a contraem como decorrência da exposição aos riscos típicos dessa atividade, de forma até previsível ou esperada.

- Doença do Trabalho (mesopatia) — decorre de uma condição especial do ambiente de trabalho ensejadora da exposição do trabalhador a agentes nocivos que normalmente não se fazem presentes no exercício comum dessa atividade profissional.

Para compreender a distinção entre esses dois conceitos, vejamos a seguinte exemplificação: Os Agentes Aeroportuários (operadores de pistas de aeroportos) se sujeitam a contrair a doença profissional do tipo surdez profissional, por ser típico dessa atividade a exposição a elevados níveis de pressão sonora nas operações de pouso e decolagem de aeronaves. Todavia, imaginando que um Digitador trabalhe nesse mesmo local (pátio de aeronaves) e fique exposto aos mesmos níveis elevados de pressão sonora poderá, igualmente, vir a sofrer redução ou perda em sua capacidade auditiva; porém, nesse caso a eventual surdez será caracterizada como doença do trabalho, por não ser comum ao profissional de digitação desenvolver suas atividades profissionais com exposição a ruídos excessivos decorrentes de aeronaves.

Convém destacar que o Regulamento da Previdência Social (Decreto n. 3.048, de 6.5.1999), em seu Anexo II (Agentes Patogênicos Causadores de Doenças Profissionais ou do Trabalho), relaciona os diversos agentes patogênicos (químicos, físicos, biológicos e poeiras orgânicas) aos trabalhos que contêm o respectivo risco; consoante se constata nos Fundamentos Jurídicos deste Capítulo.

Importante destacar, porém, a existência de várias modalidades de doenças expressamente excluídas da tipificação legal ocupacional, conforme estipulado no § 1º do art. 20 da Lei n. 8.213/1991:

- a doença degenerativa;
- a inerente a grupo etário;
- a que não produza incapacidade laborativa;
- a doença endêmica adquirida por segurado habitante de região em que ela se desenvolva, salvo comprovação de que é resultante de exposição ou contato direto determinado pela natureza do trabalho.

Registre-se, igualmente, a previsão legal subsequente no sentido de que, em caso excepcional, constatando-se que a doença não está incluída na relação legal das doenças profissionais ou do trabalho mas resultou das condições especiais em que o trabalho é executado e com ele se relaciona diretamente, a Previdência Social deve considerá-la acidente do trabalho.

O Plano de Benefícios da Previdência Social estabelece outras possibilidades legalmente tipificadas como acidente do trabalho, a saber:

- a concausa, ou causa concomitante, correspondente à hipótese de acidente ligado ao trabalho que, embora não tenha sido a causa única, haja contribuído diretamente para a morte do segurado, para redução ou perda da sua capacidade para o trabalho, ou produzido lesão que exija atenção médica para a sua recuperação; todavia, não é considerada agravação ou complicação de acidente do trabalho a lesão que, resultante de acidente de outra origem, se associe ou se superponha às consequências do anterior.

- o acidente sofrido pelo segurado no local e no horário do trabalho, em consequência de:
  - ato de agressão, sabotagem ou terrorismo praticado por terceiro ou companheiro de trabalho;
  - ofensa física intencional, inclusive de terceiro, por motivo de disputa relacionada ao trabalho;
  - ato de imprudência, de negligência ou de imperícia de terceiro ou de companheiro de trabalho;
  - ato de pessoa privada do uso da razão;
  - desabamento, inundação, incêndio e outros casos fortuitos ou decorrentes de força maior;

- a doença proveniente de contaminação acidental do empregado no exercício de sua atividade;

➢ o acidente sofrido pelo segurado ainda que fora do local e horário de trabalho:

- na execução de ordem ou na realização de serviço sob a autoridade da empresa;
- na prestação espontânea de qualquer serviço à empresa para lhe evitar prejuízo ou proporcionar proveito;
- em viagem a serviço da empresa, inclusive para estudo quando financiada por esta dentro de seus planos para melhor capacitação da mão de obra, independentemente do meio de locomoção utilizado, inclusive veículo de propriedade do segurado;
- no percurso da residência para o local de trabalho ou deste para aquela, qualquer que seja o meio de locomoção, inclusive veículo de propriedade do segurado (acidente de trajeto ou *in itinere*).

No intervalo intrajornada, ou seja, no período destinado à refeição e/ou descanso, o segurado é considerado no exercício do trabalho exclusivamente para fins de Direito Previdenciário, ou seja, se nesse lapso temporal o trabalhador sofrer acidente, ainda que fora dos domínios da empresa, será legalmente considerado acidente de trabalho, segundo a Legislação Previdenciária; todavia, o tempo despendido no intervalo intrajornada não será computado como de efetivo serviço e, portanto, não será remunerado pelo empregador, se regularmente concedido, nos termos do art. 71 da Consolidação das Leis do Trabalho (CLT).

O acidente de trajeto, assim compreendido o infortúnio possível de acontecer com o empregado no percurso de sua residência para o local de trabalho ou deste para aquela, antes ou após o término de sua jornada de trabalho, qualquer que seja o meio de locomoção por ele utilizado, inclusive veículo próprio de sua propriedade, equipara-se legalmente ao acidente de trabalho. Importante ressaltar que não há um lapso temporal máximo definido para a caracterização do acidente de trajeto, sendo indispensável para a configuração do infortúnio a observância ao itinerário habitual e ao tempo normalmente gasto para o trabalhador vencer o percurso casa-trabalho-casa. Ressalte-se, por oportuno, que o fato de o acidente de trajeto ser legalmente considerado uma modalidade de acidente de trabalho, à luz do Direito Previdenciário, não significa dizer que o empregador será responsabilizado por tal ocorrência, na medida em que para este seja condenado a pagar indenização acidentária ao empregado-acidentado ou a seus dependentes é indispensável a comprovação processual da conduta patronal, de forma dolosa ou culposa, determinante para a concretização do infortúnio.

Impõe o art. 22 da Lei n. 8.213/1991 que a empresa deverá comunicar o acidente do trabalho à Previdência Social (INSS) até o 1º (primeiro) dia útil seguinte ao da ocorrência e, em caso de morte, de imediato à autoridade competente, sob pena de multa administrativa variável entre o limite mínimo e o limite máximo do salário de contribuição, sucessivamente aumentada nas reincidências, aplicada e cobrada pela Previdência Social.

A comunicação da ocorrência de acidente do trabalho, por parte da empresa ao INSS, deverá ser feita mediante o preenchimento de formulário específico, denominado Comunicação de Acidente do Trabalho (CAT). A propósito, no sítio eletrônico da Autarquia Seguradora (INSS) é possível obter-se cópia do formulário CAT (<www.inss.gov.br>). Ressalte-se, mais, que em caso de morte a autoridade policial deve imediatamente ser comunicada a respeito de modo a iniciar o competente Inquérito Policial.

Outrossim, poderão efetivar a comunicação acidentária ao INSS, o próprio empregado acidentado, seus familiares, seu Sindicato Profissional, o Médico que o atendeu, o Auditor Fiscal do Trabalho ou qualquer outra autoridade pública; e, para tais pessoas não se aplica o prazo de vinte e quatro horas fixados para o empregador para o envio da CAT ao INSS. Outrossim, o fato de o empregado ou dessas outras pessoas mencionadas implementarem a Comunicação de Acidente do Trabalho não isenta a empresa de sua responsabilidade legal, significando dizer que, se a empresa não fizer a devida comunicação acidentária, sujeitar-se-á, sempre, à multa administrativa prevista no art. 133 da Lei n. 8.213/1991.

O Plano de Benefícios da Previdência Social estipula que será considerado como dia do acidente, no caso de doença profissional ou do trabalho, a data do início da incapacidade laborativa para o exercício da atividade habitual, ou o dia da segregação compulsória, ou o dia em que for realizado o diagnóstico, valendo para este efeito o que ocorrer primeiro.

A Legislação Previdenciária assegura, durante um ano, a partir da data de cessação do auxílio-doença, a permanência no emprego do segurado que tenha sofrido infortúnio laboral, em qualquer uma de suas modalidades (acidente de trabalho ocorrido no local e horário de trabalho, acidente de trajeto, doença profissional ou do trabalho, entre outros) e que o tenha impossibilitado de trabalhar por mais de quinze dias; em face disso, é vedado ao empregador, nesse período de afastamento do trabalho, proceder à dispensa contratual do acidentado, salvo nos casos de comprovada prática de falta grave por parte do Obreiro; consoante expressamente previsto no art. 118 da Lei n. 8.213/1991. Nossa mais Alta Corte de Justiça Trabalhista possui súmula de jurisprudência específica (Súmula TST n. 378) acerca da estabilidade provisória no emprego, reconhecendo a constitucionalidade do citado dispositivo legal, assim como os pressupostos para que o trabalhador seja albergado com o instituto da estabilidade provisória acidentária.

Oportuno destacar que a Consolidação das Leis do Trabalho, em seu art. 482, expressamente enumera as espécies legais de falta grave[5] que, acaso praticada pelo segurado-acidentado, ou qualquer outro detentor de estabilidade provisória no emprego, terá prejudicado o direito à garantia de permanência e poderá ser dispensado por justa causa, ou seja, sem direito à percepção de verbas indenizatórias: Aviso-Prévio, Multa Fundiária (40% do montante do FGTS), assim como não poderá habilitar-se à percepção do benefício social intitulado Seguro-Desemprego.

O Plano de Benefícios da Previdência Social enumera as seguintes modalidades de benefícios previdenciários relacionados à segurança e saúde no trabalho e possíveis de serem concedidos aos segurados-empregados ou a seus dependentes, conforme o caso:

- Auxílio-Doença;
- Auxílio-Acidente;
- Aposentadoria por Invalidez;
- Pensão por Morte;
- Aposentadoria Especial;
- Habilitação e Reabilitação Profissional.

Excepcionalmente, os benefícios previdenciários possíveis de serem concedidos ao trabalhador acidentado no trabalho (auxílio-doença, auxílio-acidente, aposentadoria por invalidez e reabilitação profissional), ou a seus dependentes (pensão por morte), não se sujeitam a qualquer período de carência, sendo legalmente devidos independentemente do tempo de filiação do trabalhador acidentado junto ao INSS.

Outrossim, cabe lembrar que, salvo no caso de direito adquirido, não é permitida percepção simultânea dos seguintes benefícios da Previdência Social:

- aposentadoria e auxílio-doença;
- mais de uma aposentadoria;
- aposentadoria e abono de permanência em serviço;
- salário-maternidade e auxílio-doença;
- mais de um auxílio-acidente;

(5) **CLT — Art. 482.** Constituem Justa Causa para rescisão do contrato de trabalho pelo empregador: **a)** ato de improbidade; **b)** incontinência de conduta ou mau procedimento; **c)** negociação habitual por conta própria ou alheia sem permissão do empregador, e quando constituir ato de concorrência à empresa para a qual trabalha o empregado, ou for prejudicial ao serviço; **d)** condenação criminal do empregado, passada em julgado, caso não tenha havido suspensão da execução da pena; **e)** desídia no desempenho das respectivas funções; **f)** embriaguez habitual ou em serviço; **g)** violação de segredo da empresa; **h)** ato de indisciplina ou de insubordinação; **i)** abandono de emprego; **j)** ato lesivo da honra ou da boa fama praticado no serviço contra qualquer pessoa, ou ofensas físicas, nas mesmas condições, salvo em caso de legítima defesa, própria ou de outrem; **k)** ato lesivo da honra ou da boa fama ou ofensas físicas praticadas contra o empregador e superiores hierárquicos, salvo em caso de legítima defesa, própria ou de outrem; **l)** prática constante de jogos de azar. **Parágrafo único.** Constitui igualmente justa causa para dispensa de empregado a prática, devidamente comprovada em inquérito administrativo, de atos atentatórios contra a segurança nacional.

- mais de uma pensão deixada por cônjuge ou companheiro, ressalvado o direito de opção pela mais vantajosa.

Despiciendo enfatizar ser igualmente vedada a percepção conjunta ou simultânea de Seguro-Desemprego com qualquer benefício de prestação continuada da Previdência Social, exceto pensão por morte ou auxílio-acidente.

O AUXÍLIO-DOENÇA é o benefício previdenciário mensal devido ao segurado que ficar incapacitado temporariamente para o seu trabalho por mais de quinze dias consecutivos. Corresponde a 91% do salário de benefício. É devido a partir do décimo sexto dia subsequente ao acidente e até o dia em que o empregado readquirir sua condição de trabalho (data da alta médica pela perícia médica do INSS). Oportuno destacar que não será devido o auxílio-doença ao segurado que se filiar ao Regime Geral da Previdência Social já portador da doença ou da lesão invocada como causa para o benefício, salvo quando a incapacidade sobrevier por motivo de progressão ou agravamento dessa doença ou lesão.

Para a Previdência Social, em princípio, não há diferença financeira entre a concessão do auxílio-doença nas modalidades previdenciária (Código B-31) ou acidentária (Código B-91). Entretanto, no âmbito do Direito do Trabalho, há duas consequências importantes a serem consideradas:

- O empregador permanece obrigado a recolher o FGTS em favor do empregado-acidentado durante o período de percepção do auxílio-doença acidentário (Código B-91), consoante determinação expressa contida no art. 15, § 5º, da Lei n. 8.036/1990, o que não se verifica na hipótese de concessão de auxílio-doença meramente previdenciário (Código B-31).
- O empregado acidentado adquire estabilidade provisória no emprego, durante os doze meses subsequentes à data de término de gozo do auxílio-doença acidentário (Código B-91), *ex vi* do já reportado art. 118 da Lei n. 8.213/1991, o que não se configura quando da percepção de auxílio meramente previdenciário (Código B-31).

Importante recordar que a empresa que dispuser de serviço médico, próprio ou em convênio, terá a seu cargo o exame médico e o abono das faltas correspondentes aos primeiros quinze dias de ausência ao trabalho por motivo de doença, somente devendo encaminhar o segurado à perícia médica da Previdência Social quando a incapacidade ultrapassar esses quinze dias, na forma preconizada no art. 60, § 4º, da Lei n. 8.213/1991. A propósito, o Colendo Tribunal Superior do Trabalho, por intermédio de súmula de jurisprudência específica (Súmula TST n. 282), firmou entendimento nesse mesmo sentido.

O segurado-empregado em gozo de auxílio-doença será legalmente considerado licenciado do trabalho. Em verdade, durante o período de gozo de auxílio-doença ocorre a suspensão do contrato de trabalho, na medida em que o empregado não estará prestando serviços para a empresa por isso não perceberá salário diretamente de seu empregador, ao passo que, durante os primeiros quinze dias subsequentes ao acidente de trabalho, verifica-se o caso típico de interrupção do contrato, na medida em que o acidentado não prestará serviços por impossibilidade médica, mas terá direito à percepção de seu salário integral diretamente da empresa, como se estivesse em pleno exercício profissional.

O AUXÍLIO-ACIDENTE é um benefício previdenciário mensal concedido a título de indenização ao segurado quando, após a consolidação das lesões decorrentes de acidentes de qualquer natureza, resultarem sequelas que impliquem redução permanente da capacidade funcional para o trabalho que habitualmente exercia. O valor do auxílio-acidente corresponde à metade do valor que seria devido a título de aposentadoria por invalidez e será devido a partir do dia seguinte ao da cessação do auxílio-doença, independentemente de qualquer remuneração ou rendimento auferido pelo acidentado, vedada sua acumulação com qualquer aposentadoria. O recebimento de salário ou concessão de outro benefício, exceto de aposentadoria, não prejudicará a continuidade do recebimento do auxílio-acidente. O Anexo III do Decreto n. 3.048/1999, devidamente reproduzido nos Fundamentos Jurídicos deste Capítulo relaciona as hipóteses de sequelas laborais que ensejam o direito à percepção do auxílio-acidente.

A APOSENTADORIA POR INVALIDEZ é um benefício previdenciário mensal devido ao segurado que, estando ou não em gozo de auxílio-doença, for considerado incapaz e insuscetível de reabilitação para o exercício de atividade que lhe garanta a subsistência, e ser-lhe-á paga enquanto permanecer nesta condição, no importe de 100% (cem por cento) do salário de benefício e não será inferior ao salário mínimo, nem superior ao do limite máximo do salário de contribuição. Oportuno destacar que, ao segurado que vier a ser aposentado por invalidez e necessitar da assistência permanente de outra pessoa, será concedida uma majoração de 25% (vinte e cinco por cento) sobre o valor da aposentadoria por invalidez, nos termos do art. 45 do Plano de Benefícios da Previdência Social.

O aposentado por invalidez que retornar voluntariamente à atividade terá sua aposentadoria automaticamente cancelada, a partir da data do retorno. Registre-se, porém, que, verificada a recuperação da capacidade de trabalho do aposentado por invalidez, será observado o seguinte procedimento:

- quando a recuperação ocorrer dentro de 5 (cinco) anos, contados da data do início da aposentadoria por invalidez ou do auxílio-doença que a antecedeu sem interrupção, o benefício cessará:
  - de imediato, para o segurado empregado que tiver direito a retornar à função que desempenhava na empresa quando se aposentou, na forma da legislação trabalhista, valendo como documento, para tal fim, o certificado de capacidade fornecido pela Previdência Social; ou
  - após tantos meses quantos forem os anos de duração do auxílio-doença ou da aposentadoria por invalidez, para os demais segurados;
- quando a recuperação for parcial, ou ocorrer após o período de 5 (cinco) anos, ou ainda quando o segurado for declarado apto para o exercício de trabalho diverso do qual habitualmente exercia, a aposentadoria será mantida, sem prejuízo da volta à atividade:
  - no seu valor integral, durante 6 (seis) meses contados da data em que for verificada a recuperação da capacidade;
  - com redução de 50% (cinquenta por cento), no período seguinte de 6 (seis) meses;
  - com redução de 75% (setenta e cinco por cento), também por igual período de 6 (seis) meses, ao término do qual cessará definitivamente.

A PENSÃO POR MORTE é um benefício previdenciário devido ao conjunto dos dependentes do segurado que falecer em decorrência de acidente de labor, a contar da data do óbito, se requerida nos trinta dias subsequentes, ou data do requerimento, se pleiteada junto ao INSS após o trintídio antes mencionado, ou da data consignada em decisão judicial, no caso de morte presumida.

A HABILITAÇÃO E A REABILITAÇÃO PROFISSIONAL E SOCIAL, diferentemente dos benefícios previdenciários antes reportados não se traduzem em prestações financeiras, pois objetiva proporcionar ao beneficiário incapacitado parcial ou totalmente para o trabalho e às pessoas com deficiência, os meios para a (re)educação e (re)adaptação profissional e social indicados para participar do mercado de trabalho e do contexto em que vivem. A reabilitação profissional compreende:

- o fornecimento de aparelho de prótese (órgão ou parte do corpo artificiais), órtese e instrumentos de auxílio para locomoção quando a perda ou redução da capacidade funcional puder ser atenuada por seu uso e dos equipamentos necessários à habilitação e reabilitação social e profissional;
- a reparação ou a substituição dos aparelhos mencionados no inciso anterior, desgastados pelo uso normal ou por ocorrência estranha à vontade do beneficiário;
- o transporte do acidentado do trabalho, quando necessário.

Concluído o processo de habilitação ou reabilitação social e profissional, a Previdência Social emitirá certificado individual, indicando as atividades que poderão ser exercidas pelo beneficiário, nada impedindo que este exerça outra atividade para a qual se capacitar.

Oportuno observar, em relação às Pessoas com deficiência, que as empresas com 100 (cem) ou mais empregados são legalmente obrigadas a preencherem de 2% (dois por cento) a 5% (cinco por cento) do efetivo total de seus empregados com beneficiários reabilitados ou pessoas portadoras de deficiência, habilitadas, em observância aos ditames do art. 93 da Lei n. 8.213/1991, observada a seguinte regra de proporção:

- até 200 empregados, no mínimo 2% (dois por cento) de seu efetivo total;
- de 201 a 500, no mínimo 3% (três por cento) de seu efetivo total;
- de 501 a 1.000, no mínimo 4% (quatro por cento) de seu efetivo total;
- de 1.001 em diante, 5% (cinco por cento) de seu efetivo total.

Outrossim, a dispensa de trabalhador reabilitado ou do deficiente habilitado ao final de contrato por prazo determinado de mais de 90 (noventa) dias, e a imotivada, no contrato por prazo indeterminado, só poderão ocorrer após a contratação de substituto de condição semelhante.

A APOSENTADORIA ESPECIAL se diferencia dos benefícios previdenciários até aqui analisados, na medida em que sua concessão não está na dependência de ocorrência de acidente de trabalho nem tampouco na configuração de doença profissional ou do trabalho, pois corresponde a um benefício previdenciário possível de ser concedido ao segurado empregado, ao trabalhador avulso ou ao contribuinte individual, este somente quando cooperado filiado a uma cooperativa de trabalho ou de produção, que tenha trabalhado durante quinze, vinte ou vinte e cinco anos, conforme o caso, sujeito a determinadas condições nocivas à saúde ou à integridade física. Nesse sentido, a aposentadoria especial se assemelha com os adicionais de insalubridade posto que será devida em face da mera exposição aos agentes nocivos à saúde ou à integridade física, sem a necessária configuração do dano real. A propósito, os arts. 57 e 58 do Plano de Benefícios da Previdência Social (Lei n. 8.213/1991) disciplinam, no plano da legislação ordinária, a concessão desse benefício previdenciário mensal.

Os agentes nocivos (químicos, físicos, biológicos ou associação de agentes prejudiciais à saúde ou à integridade física) considerados para fins de concessão de aposentadoria especial encontram-se especificados no Anexo IV (Classificação dos Agentes Nocivos), do Regulamento da Previdência Social (Decreto n. 3.048/1999). São possibilidades exemplificativas de concessão de aposentadoria especial os que comprovadamente trabalharem por durante:

- quinze anos de efetivo serviço nas atividades que ensejem exposição nociva à saúde decorrente de Associação de Agentes Físicos, Químicos e Biológicos em mineração subterrânea cujas atividades sejam exercidas nas frentes de produção.
- vinte anos de serviço nas atividades relacionadas a diversas modalidades de exposição a agentes nocivos à saúde ou à integridade física, dentre as quais destacamos:
  - Agentes Químicos — Asbestos: Extração, processamento e manipulação de rochas amianíferas; fabricação de guarnições para freios, embreagens e materiais isolantes contendo asbestos; fabricação de produtos de fibrocimento; mistura, cardagem, fiação e tecelagem de fibras de asbestos.
  - Associação de Agentes Físicos, Químicos e Biológicos em mineração subterrânea cujas atividades sejam exercidas afastadas das frentes de produção.
- vinte e cinco anos de serviço com exposição a agentes nocivos à saúde ou à integridade, a seguir exemplificadas:
  - Agentes Químicos — Extração, tratamento, preparação, utilização, isolada ou em compostos tóxicos de: arsênio, benzeno, berílio, bromo, cádmio; carvão mineral; tungstênio, chumbo, cloro, cromo, dissulfeto de carbono, flúor, fósforo, iodo, manganês; mercúrio, níquel, petróleo, xisto betuminoso, gás natural, sílica livre e outras substâncias químicas.
  - Agentes Físicos — Exposição acima dos limites de tolerância fixados nos respectivos anexos da NR-15: Ruído (Anexos 1 e 2); Temperaturas Anormais — Calor Radiante (Anexo 3); Radiações Ionizantes (Anexo 5); Pressão Atmosférica Anormal (Anexo 6) e Vibrações (Anexo 8 da NR-15: Atividades e Operações Insalubres, da Portaria MTb n. 3.214, de 8.6.1978).
  - Agentes Biológicos — Exposição a micro-organismos e parasitas infecciosos vivos e suas toxinas, nas atividades especificadas no Anexo 14 (Agentes Biológicos) da NR-15 (Atividades e Operações Insalubres), da Portaria MTb n. 3.214, de 8.6.1978.

Historicamente, o instituto da aposentadoria especial em nosso país sempre foi objeto de muitas polêmicas e distorções, além de inúmeras fraudes previdenciárias em sua obtenção. Neste sentido, vale lembrar que a legislação previdenciária vigente até o primeiro trimestre do ano de 1995 possibilitava a concessão desse benefício independentemente da comprovação da efetiva exposição do trabalhador aos agentes nocivos à saúde, posto que suficiente para o Instituto Nacional do Seguro Social uma declaração da empresa informando que o segurado ficara exposto aos agentes nocivos. Em face disso, reinava uma certa "generosidade patronal" no afirmar que seus empregados satisfaziam aos requisitos para a obtenção do benefício social em comento, pelo preenchimento de um formulário simplificado (SB-40).

Em face de oportunas alterações legislativas implementadas no Plano de Benefícios da Previdência Social, especialmente a partir do advento da Lei n. 9.032, de 28.4.1995, para a obtenção da aposentadoria especial junto à Autarquia Seguradora, o trabalhador deverá comprovar, por meio de um documento-formulário específico, o Perfil Profissiográfico Previdenciário (PPP), a ser emitido pela empresa ou seu preposto, atestando a efetiva exposição permanente, não ocasional nem intermitente, aos agentes nocivos químicos, físicos, biológicos ou associação de agentes prejudiciais à saúde ou à integridade física, pelo período equivalente ao exigido para a concessão do benefício, com suporte em Laudo Técnico das Condições Ambientais do Trabalho (LTCAT), a ser realizado e subscrito por Médico do Trabalho ou Engenheiro de Segurança do Trabalho. Registre-se, mais, que nos dias atuais está extinta a possibilidade de concessão de aposentadoria especial por categoria profissional, posto que, conforme dito anteriormente, indispensável comprovar que o trabalhador ficou exposto aos agentes nocivos prescritos.

Além da modificação legislativa retromencionada, uma outra inovação legal revelou-se de fundamental importância para modificar positivamente a concessão de aposentadoria especial, posto que fora legalmente instituída uma contribuição previdenciária adicional, prevista no art. 22-A da Lei n. 8.212/1991,visando ao custeio desse benefício social, especificamente para as empresas que mantenham empregados expostos aos agentes nocivos à saúde e, por conseguinte, candidatos em potencial à obtenção de aposentadoria especial. A partir de então, cessou a conhecida "generosidade patronal" no informar que seus empregados preenchiam os requisitos legais para a obtenção da aposentadoria precoce; afinal de contas, o reconhecimento patronal de que seu empregado é candidato em potencial à aposentadoria especial corresponde, igualmente, a uma confissão de que a empresa é devedora da aludida contribuição adicional para o custeio da aposentadoria especial, cujas alíquotas serão acrescidas de doze, nove ou seis pontos percentuais, conforme a atividade exercida pelo segurado a serviço da empresa possibilite a concessão de aposentadoria precoce após quinze, vinte ou vinte e cinco anos de contribuição, respectivamente.

O Laudo Técnico das Condições Ambientais de Trabalho (LTCAT) corresponde a um levantamento técnico-ambiental objetivando identificar a presença e a exposição de trabalhadores a agentes físicos, químicos, mecânicos, biológicos e ergonômicos, em condições tais que possam caracterizar os trabalhadores desenvolvendo atividades possíveis de ensejar sua aposentadoria especial. O LTCAT servirá de base para a confecção do Perfil Profissiográfico Previdenciário (PPP). No LTCAT deverão constar informações sobre a existência de tecnologia de proteção coletiva ou individual que diminua a intensidade do agente agressivo a limites de tolerância e recomendações sobre a sua adoção pelo estabelecimento respectivo. Outrossim, o LTCAT será de grande utilidade na elaboração dos programas de prevenção de acidentes e de promoção da saúde ocupacional previstos na legislação específica de segurança e saúde no trabalho, especialmente o PCMSO e o PPRA.

A legislação previdenciária estipula que o LTCAT deverá ser realizado exclusivamente por Engenheiro de Segurança do Trabalho ou Médico do Trabalho, devidamente habilitado como tais em seus respectivos órgãos de classe (CREA e CRM).

Prevê a legislação previdenciária que a empresa que não mantiver o Laudo Técnico das Condições Ambientais de Trabalho (LTCAT) devidamente atualizado ou que emitir documento de comprovação de exposição do trabalhador (Perfil Profissiográfico Previdenciário) às atividades motivadoras de aposentadoria especial em desacordo com o referido laudo técnico estará sujeita a uma multa administrativa variável de R$ 636,17 (seiscentos e trinta e seis reais e dezessete centavos) a R$ 63.617,35 (sessenta e três mil, seiscentos e dezessete reais e trinta e cinco centavos), a ser imposta pelos Auditores Fiscais da Previdência Social.

O Perfil Profissiográfico Previdenciário (PPP) corresponde a um documento histórico-laboral, individual do trabalhador que presta serviço à empresa, contendo informações relativas à efetiva exposição a agentes nocivos e que, entre outras informações, registra dados administrativos, atividades desenvolvidas e registros ambientais com base no Laudo Técnico das Condições Ambientais de Trabalho (LTCAT) e nos resultados de Monitoração Biológica previstas nas normas regulamentadoras do Ministério do Trabalho e Emprego: NR-07 (PCMSO) e NR-09 (PPRA).

O PPP é um documento-formulário que objetiva propiciar ao segurado-empregado o meio de prova adequado para demonstrar, perante o Instituto Nacional do Seguro Social, sua efetiva exposição permanente, não ocasional nem intermitente, aos agentes nocivos químicos, físicos, biológicos ou associação de agentes prejudiciais à saúde ou à integridade física, pelo período equivalente ao exigido para a concessão do benefício. Outrossim, o PPP objetiva, também, prover a empresa de meios de prova produzidos em tempo real, de modo a organizar e a individualizar as informações contidas em seus diversos setores ao longo dos anos, possibilitando que a empresa evite ações judiciais indevidas relativas a seus trabalhadores, além de possibilitar aos administradores públicos e privados acessos a bases de informações fidedignas, como fonte primária de informação estatística, para desenvolvimento de vigilância sanitária e epidemiológica, bem como definição de políticas em saúde coletiva.

A empresa deverá elaborar e manter atualizado o Perfil Profissiográfico Previdenciário, com base no Laudo Técnico de Condições Ambientais de Trabalho e nos resultados de Monitoração Biológica previstas na NR-07 (PCMSO) e na NR-09 (PPRA). Não se pode esquecer que, por ocasião da ruptura contratual, deverá o empregador fornecer ao empregado uma cópia autêntica de seu PPP, para que este, futuramente, possa utilizá-lo como prova perante o INSS, quando vier a pleitear sua aposentadoria especial.

Tradicionalmente, persistem dois conceitos básicos de acidente de trabalho: o legal e o prevencionista. O conceito prevencionista de acidente de trabalho vislumbra-se mais abrangente do que o conceito legal, posto que este restringe-se às hipóteses de infortúnio em que restou configurada lesão e/ou perturbação de ordem funcional ou mental no trabalhador acidentado, ao passo que o acidente do trabalho, em termos prevencionistas, contempla qualquer situação da qual tenha resultado, de forma isolada ou simultânea, perda de tempo útil e/ou danos materiais e/ou lesão ou perturbação funcional no trabalhador. A propósito, para os profissionais de segurança e saúde no trabalho, a hipótese prevencionista de acidente do trabalho é mais relevante e deve ser sempre objeto de análise, até para evitar que na sua repetição o evento possa propiciar lesões nos trabalhadores e venha a configurar o acidente do trabalho no conceito legal.

A omissão patronal em não implementar a comunicação acidentária não é despropositada e, ao revés, corresponde a uma deliberada intenção em furtar-se às eventuais consequências jurídicas que ditas comunicações poderiam ensejar em seu desfavor. A propósito, não têm sido poucos os casos em que o empregador, mesmo ciente de que somente está obrigado a custear o salário do acidentado relativamente aos primeiros quinze dias subsequentes ao infortúnio, opta por assumir o ônus do pagamento salarial no curso de todo período da enfermidade. Dito proceder, dentre outros aspectos, objetiva tentar impedir o reconhecimento jurídico da estabilidade provisória acidentária conferida ao trabalhador nos doze meses subsequentes à data de cessação de percepção de auxílio-doença acidentário.

Igualmente, a não comunicação de acidente de trabalho por parte do empregador evita chamar a atenção dos Órgãos de Fiscalização para as reais condições ambientais de trabalho existentes nos domínios da empresa e, dessa forma, minimizar a possibilidade de sanções administrativas, além de auspiciar que a empresa não seja futuramente demandada em Juízo, objetivando uma Ação Regressiva por parte da Autarquia Seguradora.

Historicamente e para fins meramente didáticos, as CAUSAS DE ACIDENTES DO TRABALHO são resumidas em duas categorias: condições inseguras e atos inseguros.

- CONDIÇÕES INSEGURAS — são deficiências, defeitos ou irregularidades técnicas nas instalações físicas, máquinas ou equipamentos, os quais, presentes nos ambientes de trabalho, podem ocasionar acidentes de trabalho. Convém destacar que é da responsabilidade do empregador a eliminação ou correção das condições inseguras existentes em seus ambientes de trabalho. São exemplos de condições inseguras: iluminação inadequada; desconforto térmico; piso escorregadio; ruído e trepidações excessivas; instalações elétricas precárias ou improvisadas; falta de ordem e limpeza; falta de proteção em partes móveis das máquinas; não submeter as máquinas, equipamentos e ferramentas às manutenções periódicas de acordo com as recomendações técnicas dos fabricantes, assim como o não fornecimento de equipamentos de proteção individual adequados aos trabalhadores.

- ATOS INSEGUROS — são atitudes, atos, ações ou comportamentos do trabalhador contrários às normas de segurança e que colocam em risco a sua saúde e/ou integridade física ou de outros colegas de trabalho. Os atos inseguros são geralmente definidos como causas de acidentes que residem, predominantemente, no fator humano. Os atos inseguros podem ser exemplificados por meio dos seguintes comportamentos inadequados do trabalhador: indiferença às normas de segurança e saúde no trabalho; atos de exibicionismo; ingestão de bebidas alcoólicas antes ou durante o horário de trabalho; não realização de prévia inspeção de rotina nas máquinas, equipamentos ou ferramentas com que vai trabalhar e a não utilização dos equipamentos de proteção individual fornecidos pela empresa.

Chamamos a especial atenção do leitor no sentido de que uma forte e expressiva corrente acadêmica de estudiosos da segurança e saúde no trabalho propugnam a inexistência de atos inseguros como causa da ocorrência de acidentes de trabalho e advogam a tese de que todo acidente de trabalho tem como causa determinante uma condição insegura. Respeitando os que perfilham esse entendimento, nos reservamos o direito de pensar diferente e reconhecer a real existência de atos inseguros possíveis de serem praticados pelo trabalhador como causas determinantes e, por vezes, a única na consumação do infortúnio.

Sem pretender provocar ou aprofundar polêmicas a respeito e, de antemão, reconhecendo que as condições inseguras laborais ocorrem de forma mais significativa e determinante na concretização do infortúnio, afirmamos nosso entendimento no sentido de que os trabalhadores por vezes praticam atos inseguros desencadeadores de acidentes de trabalho. Entendimento em contrário, *maxima venia*, significa desprezar a singularidade e a complexidade da natureza humana, particularmente os seus aspectos biopsicossociais.

A propósito, cabe lembrar que boa parte dos acidentes de trânsito que acontecem em nosso país, por sinal bem mais numerosos e significativos que os infortúnios laborais, decorrem da conhecida e condenável prática de "atos inseguros" (embriaguez no volante, uso do celular, excesso de velocidade, ..., só para exemplificar) praticados por motoristas na condução de seus próprios veículos, e em flagrante desrespeito às normas mais elementares de trânsito. Igualmente, não há como negar ser plenamente possível que um motorista profissional, quando em serviço, cometa idênticas transgressões de trânsito; ou seja, pratique atos inseguros determinantes para a ocorrência de acidente de trânsito que simultaneamente será considerado infortúnio laboral, segundo a legislação específica.

Em verdade, as questões da infortunística, como de regra, todas as questões trabalhistas, tendem a ser mais bem analisadas e compreendidas quando deixamos de lado eventuais questões "ideológicas ou preconceituosas". Não devemos esquecer que empregador e empregado possuem em comum a natureza humana, com todas as suas vicissitudes. Destarte, acreditamos que todo acidente de trabalho merece e deve ser analisado e interpretado com suporte nas disposições técnicas de segurança e saúde no trabalho, de modo a identificar corretamente quem deu causa ou contribuiu para a ocorrência do infortúnio, seja ele empregado ou empregador, ou simultaneamente ambos.

É por demais sabido que os três segmentos envolvidos na relação trabalhista (Empregado, Empregador e Governo Federal) sofrem consideráveis PREJUÍZOS EM FACE DA OCORRÊNCIA DE ACIDENTE DO TRABALHO. Nesse sentido, basta atentar para a seguinte enumeração exemplificativa de consequências danosas do infortúnio:

- para o GOVERNO FEDERAL (INSS): aumento do custo social, pagamento de benefícios previdenciários (auxílio-doença, auxílio-acidente, aposentadoria por invalidez, pensão por morte, dentre outros); despesas médico-hospitalares do trabalhador acidentado; e gastos com a reabilitação profissional do acidentado, inclusive fornecendo-lhe aparelhos de prótese e/ ou órtese.
- para o EMPREGADO ACIDENTADO: danos morais e materiais, sofrimento físico, dor, lesão incapacitante, parcial ou total, temporária ou permanente, quando não ocorrer a própria morte;

sofrimento psicológico decorrente de eventuais sequelas acidentárias, inclusive distúrbios familiares, dependendo do grau da incapacidade sofrida; e redução financeira no orçamento familiar, pois os benefícios previdenciários são pagos em valores inferiores à remuneração auferida em atividade.

- para o EMPREGADOR: pagamento salarial ao acidentado durante os quinze primeiros dias subsequentes ao do acidente; danos ou avarias nos equipamentos, máquinas ou ferramentas que porventura estejam sendo utilizados pelo trabalhador vitimado; paralisação de uma máquina ou equipamento componente da linha de produção, que pode afetar o processo produtivo como um todo, até que se proceda ao reparo ou à substituição da máquina ou equipamento danificado; pagamento de INDENIZAÇÃO ACIDENTÁRIA POR DANOS MORAIS E MATERIAIS, como resultado de condenação imposta pela Justiça do Trabalho, em reclamação trabalhista específica promovida pelo acidentado ou seus herdeiros, se configurado o dolo ou culpa patronal pela ocorrência do acidente de trabalho, inclusive na hipótese de doença ocupacional; ressarcimento de todas as despesas efetuadas pelo Instituto Nacional do Seguro Social ao Acidentado, em decorrência de AÇÃO REGRESSIVA PROMOVIDA PELO INSS EM DESFAVOR DAS EMPRESAS, quando configurado que o acidente de trabalho, inclusive na modalidade de doença ocupacional, ocorrera pela negligência patronal no tocante ao cumprimento das normas de segurança, higiene ou saúde do trabalho; reflexos negativos no ambiente de trabalho onde ocorreu o acidente, com a consequente queda de produtividade; reflexos depreciativos na boa imagem da empresa, variável que dependerá da gravidade do acidente e do grau de repercussão causado à comunidade.

INSPEÇÃO DE SEGURANÇA DO TRABALHO pode ser entendida como o procedimento técnico correspondente a uma meticulosa verificação física das condições ambientais de trabalho, visando identificar todas as possíveis causas de acidente do trabalho, em especial os agentes físicos, químicos, biológicos, mecânicos e/ou ergonômicos porventura existentes no local de trabalho, de modo a fornecer subsídios para uma posterior análise técnica, que indicará as medidas preventivas a serem implementadas de modo a evitar a concretização do infortúnio laboral, inclusive nas modalidades de doença profissional ou do trabalho.

É possível agrupar as MODALIDADES DE INSPEÇÃO DE SEGURANÇA mais comuns, da seguinte maneira:

- INSPEÇÃO DE SEGURANÇA GERAL — é a realizada de forma abrangente, englobando todos os setores e dependências do estabelecimento de uma determinada empresa. Dependendo do porte da empresa, para a sua realização será necessário o trabalho conjunto de um bom número de profissionais inspetores durante um período de tempo razoável;
- INSPEÇÃO DE SEGURANÇA PARCIAL — é a realizada de forma limitada, ou seja, apenas em determinados setores da empresa, ou em certos tipos de atividades, ou ainda, restrita a determinadas máquinas ou equipamentos;
- INSPEÇÃO DE SEGURANÇA DE ROTINA — é a modalidade de inspeção que se caracteriza pela constância de sua realização. Exemplo: antes de iniciar o seu trabalho diário, o motorista de um transporte coletivo deve, rotineiramente, examinar os freios, o estado dos pneus e os equipamentos de sinalização obrigatórios do veículo;
- INSPEÇÃO DE SEGURANÇA PERIÓDICA — é a espécie de inspeção de segurança realizada de tempos em tempos previamente estabelecidos. Exemplo: os extintores de incêndio devem ser inspecionados periodicamente, de modo a se providenciar sua recarga;
- INSPEÇÃO DE SEGURANÇA EVENTUAL — é a modalidade de inspeção de segurança realizada de forma aleatória, sem dia ou período preestabelecido;
- INSPEÇÃO DE SEGURANÇA OFICIAL — é a modalidade de inspeção de segurança realizada pelos órgãos governamentais, em especial pelos Auditores Fiscais do Trabalho integrantes da Fiscalização Trabalhista do Ministério do Trabalho e Emprego;

- INSPEÇÃO DE SEGURANÇA ESPECIAL — é a espécie de inspeção de segurança que, para a sua realização, se faz necessária a utilização de profissionais especializados e/ou equipamentos de medição apropriados. Exemplo: a inspeção de segurança geral na caldeira, que só pode ser realizada por engenheiro mecânico devidamente habilitado para tal.

Outrossim, as ETAPAS DA INSPEÇÃO DE SEGURANÇA DO TRABALHO podem ser assim representadas:

- OBSERVAÇÃO — por meio da qual serão visualizadas, nos locais de trabalho, as diversas e possíveis causas de acidentes do trabalho (atos inseguros e condições inseguras) porventura existentes;
- INFORMAÇÃO — após observadas as causas de acidentes do trabalho existentes, deve-se buscar informações com o encarregado e com os demais trabalhadores do setor, a fim de se inteirar do porquê daquela situação; procurando, conforme o caso, discutir e sugerir soluções imediatas, ainda que de caráter temporário;
- REGISTRO — nessa fase serão anotados, em formulário próprio (podendo ser elaborado em forma de roteiro ou *check-list*), setorialmente, todas as causas acidentárias detectadas por ocasião da realização da inspeção de segurança;
- ENCAMINHAMENTO — nessa etapa deverá ser entregue ao empregador, ou a seu preposto, uma cópia do relatório da inspeção de segurança realizada, com a anotação de todas as causas de acidentes identificadas, acompanhadas, se possível, das propostas de soluções técnicas recomendáveis e possíveis de serem adotadas;
- ACOMPANHAMENTO — as causas de acidentes do trabalho encaminhadas ao empregador deverão receber o acompanhamento permanente dos que realizaram a inspeção, até sua completa correção.

A distinção fundamental entre INSPEÇÃO DE SEGURANÇA E INVESTIGAÇÃO DE ACIDENTES DO TRABALHO está no fato de que a inspeção visa detectar possíveis causas de acidentes antes que estes venham a acontecer e, para tanto, deve ser realizada independentemente da ocorrência do infortúnio laboral. Já a investigação de acidentes deve ser realizada logo após a ocorrência do acidente do trabalho, objetivando detectar as causas que propiciaram sua ocorrência e promover sua correção, de modo a prevenir a repetição de acidentes similares.

Não é desejável que os acidentes de trabalho aconteçam; todavia, quando de sua ocorrência, mesmo nos casos de menor gravidade, é extremamente importante que o mesmo seja devidamente investigado com o intuito de identificar as causas que motivaram sua ocorrência e, assim, tornar possível a adoção das medidas técnico-preventivas para evitar sua repetição. Em relação à investigação de acidentes, devemos dizer que, quando da ocorrência de um acidente do trabalho, deverá a Comissão Interna de Prevenção de Acidentes (CIPA) promover sua investigação, a fim de identificar as causas determinantes e, se o acidente for de natureza grave, além da investigação, deverá ser realizada pela CIPA uma reunião de caráter extraordinário com a finalidade exclusiva de discutir o acidente ocorrido, como esclarecido na abordagem do capítulo pertinente à CIPA.

Em qualquer INVESTIGAÇÃO DE ACIDENTE DO TRABALHO, devem ser respondidas, dentre outras, sete perguntas elementares e esclarecedoras:

- O que estava o acidentado fazendo no momento anterior à ocorrência?
- De que forma aconteceu?
- Quais foram as consequências?
- Que causas contribuíram, direta ou indiretamente, para a ocorrência do acidente?
- Quando ocorreu? (Especificar data e hora)
- Onde ocorreu? (Especificar o setor ou seção)
- Quanto tempo de experiência na função tinha o acidentado?

AGENTE DA LESÃO pode ser uma condição ambiental, o ato ou o objeto causador da lesão. Exemplos: pisos, escadas, ferramentas, máquinas, produtos químicos tóxicos, radiações ionizantes e não ionizantes.

FONTE DA LESÃO pode ser definida como aquilo que, ao entrar em contato com o corpo do trabalhador, provocou-lhe a lesão. Exemplos: uma lâmina da máquina de corte; uma aresta cortante; um prego mal batido em uma madeira e a corrente elétrica de uma fiação exposta.

FATOR PESSOAL DE INSEGURANÇA corresponde às características físicas ou psíquicas do trabalhador que possam ter contribuído, direta ou indiretamente, para a concretização do acidente. Exemplos: excesso de confiança; desinteresse na participação de treinamentos específicos; falta de aptidão ou interesse para o trabalho e incapacidade física ou mental para o adequado desenvolvimento do trabalho. Importante destacar que muitos dos aspectos atribuídos ao fator pessoal de insegurança devem ser previamente detectados na avaliação médico-ocupacional.

A importância de se identificar a NATUREZA DA LESÃO é significativa não só por sua repercussão no tratamento médico, mas, também, devido a sua utilização para fins estatísticos. Na ocorrência de acidentes do trabalho, as lesões mais frequentes são dos seguintes tipos:

- CONTUSÃO — decorre de um traumatismo sobre qualquer região do organismo, sem que ocorra rompimento da pele;
- ENTORSE — resulta de um movimento anormal ou exagerado nas articulações dos ossos;
- LUXAÇÃO — ocorre quando os ligamentos de uma articulação óssea são submetidos a esforços excessivos, ocasionando o deslocamento dos ossos articulados de suas posições normais;
- FRATURA — configura a ruptura ou quebra de qualquer osso que compõe o esqueleto humano. A fratura é dita simples ou fechada quando o osso fraturado não perfura a pele. Diz-se que a fratura será aberta ou exposta quando o osso fraturado perfura a pele, ficando visível;
- FERIMENTO — manifesta-se pelo rompimento da pele dando origem a sangramentos;
- QUEIMADURA — é a lesão produzida nos tecidos humanos pela ação do calor, de substâncias ácidas ou cáusticas.

Os acidentes do trabalho, no que diz respeito à capacidade produtiva do acidentado, são agrupados em duas espécies:

- ACIDENTE SEM AFASTAMENTO DO TRABALHO: quando o acidentado retorna ao trabalho no mesmo dia da ocorrência ou no dia seguinte, no início do expediente normal de trabalho, pelo que se diz que não houve nenhum dia de trabalho perdido, pois, sabidamente, o dia da ocorrência do acidente é considerado dia trabalhado integralmente, ainda que o infortúnio laboral tenha ocorrido na primeira hora da jornada de trabalho e o empregado tenha ficado impossibilitado de trabalhar pelo resto do dia;
- ACIDENTE COM AFASTAMENTO DO TRABALHO: quando ocasiona a incapacidade temporária ou permanente do trabalhador para exercer a mesma ou outra atividade profissional, resultando na perda de, pelo menos, um dia de trabalho, ou seja, o trabalhador fica impossibilitado de trabalhar no dia seguinte ao da ocorrência, já que, conforme visto anteriormente, o dia do acidente é considerado como integralmente trabalhado.

Do acidente do trabalho com afastamento podem resultar, dentre outras consequências, incapacidade para o trabalhador. A propósito, incapacidade é o termo genérico para deficiências, limitações de atividade e restrições na participação, indicando os aspectos negativos da interação entre um indivíduo (com uma condição de saúde) e seus fatores contextuais (ambientais e pessoais); em termos ocupacionais, podemos especificar a incapacidade da seguinte forma:

- INCAPACIDADE TEMPORÁRIA PARA O TRABALHO: a consequência do acidente de trabalho que impossibilita o trabalhador acidentado de desenvolver atividades profissionais durante, pelo menos, um dia (o dia seguinte ao do acidente) e, normalmente, após a consolidação das lesões, o trabalhador retorna ao trabalho em condições de desenvolver plenamente suas mesmas funções. Quando o lapso de incapacidade temporária para o trabalho extrapolar quinze dias, o trabalhador fará jus ao benefício previdenciário denominado auxílio-doença, de natureza acidentária, concedido sob o código 91, nos termos dos arts. 59 a 63 do Plano de Benefícios da Previdência Social; significa dizer que durante o período de gozo do auxílio-doença de natureza acidentária é dever do empregador continuar efetuando o recolhimento mensal da contribuição fundiária em favor do obreiro, como se ele estivesse trabalhando normalmente; além do que, após o acidentado obter alta médica, pela perícia médica do INSS, cessará o gozo do auxílio-doença acidentário e, a partir de então, ficará sob o manto da estabilidade provisória no emprego, durante os doze meses subsequentes;

- INCAPACIDADE PARCIAL E PERMANENTE PARA O TRABALHO: quando o trabalhador acidentado tem como sequela a perda de membro e/ou função que afete a sua capacidade produtiva, sem contudo incapacitá-lo totalmente para o trabalho. Configurada legalmente a incapacidade parcial e permanente para o trabalho, o empregado segurado fará jus ao benefício previdenciário denominado auxílio-acidente, a título de indenização pela redução parcial e permanente de sua capacidade produtiva, consoante previsto no art. 86 da Lei n. 8.213/1991. Dito benefício previdenciário, sabidamente, corresponde à metade do valor da aposentadoria por invalidez, e será devido ao segurado até a data em que este venha a se aposentar por qualquer motivo. Registre-se, por oportuno, que, além do auxílio-acidente, o INSS também propiciará, conforme o caso, ao segurado acidentado parcial e permanentemente incapacitado para o trabalho, o benefício previdenciário intitulado habilitação e reabilitação profissional, de acordo com o disposto nos arts. 89 a 93 do Plano de Benefícios da Previdência Social; vale lembrar que esse benefício previdenciário, diferentemente dos demais, não corresponde a uma quantia financeira mensal, e sim aos meios para a (re)educação e (re)adaptação profissional e social do acidentado;
- INCAPACIDADE TOTAL E PERMANENTE PARA O TRABALHO: Será caracterizada, pela perícia médica do INSS, a incapacidade total e permanente para o trabalho quando o trabalhador acidentado for considerado incapacitado definitivamente para o exercício de atividade laboral que lhe garanta a subsistência. Configurada legalmente a incapacidade total e permanente para o trabalho, o empregado fará jus ao benefício previdenciário denominado aposentadoria por invalidez, a teor do disposto nos arts. 42 a 47 da Lei n. 8.213/ 1991. O segurado aposentado por invalidez, que necessitar da assistência permanente de outra pessoa, faz jus a uma majoração de 25% (vinte e cinco por cento) sobre o valor de sua aposentadoria por invalidez;
- MORTE — consequência mais drástica e funesta para o trabalhador e sua família e que dispensa comentários.

No tocante ao Foro Judicial competente para solucionar os litígios entre empregado e empregador relativamente à INDENIZAÇÃO ACIDENTÁRIA POR DANOS MORAIS E MATERIAIS, cabe ser dito que, com a promulgação da Emenda Constitucional n. 45, de 31.12.2004, que propiciou a redação atual ao art. 114 da Carta Republicana, restou transferida para a Justiça Federal do Trabalho a competência material para dirimir juridicamente os litígios promovidos pelo empregado-acidentado ou por seus dependentes, em face do empregador, objetivando a compensação financeira pelos danos morais ou materiais decorrentes do infortúnio, em qualquer uma de suas espécies, inclusive nas modalidades de doenças profissionais ou do trabalho.

Não obstante, convém observar que o Foro Judicial competente para solucionar os litígios entre o Segurado-Empregado e a Autarquia Seguradora (INSS), objetivando a concessão de BENEFÍCIOS PREVIDENCIÁRIOS DECORRENTES DE ACIDENTES DO TRABALHO (auxílio-doença acidentário, auxílio-acidente, aposentadoria por invalidez acidentária, pensão por morte acidentária, habilitação e reabilitação profissional) continua sendo a Justiça Comum Estadual.

No pertinente ao Termo Inicial da Prescrição na Indenização Acidentária por Danos Morais e/ou Materiais revela-se igualmente aplicável a regra geral prescricional constitucionalmente prevista para as demandas trabalhistas, que impõe o prazo de dois anos a contar do término contratual (prescrição bienal) para a busca da tutela jurisdicional trabalhista em relação aos créditos trabalhistas porventura devidos durante os últimos cinco anos (prescrição quinquenal), contados retroativamente, a partir do ajuizamento da reclamação trabalhista; ressalvadas, porém, as ações meramente declaratórias, como, por exemplo, as que objetivem apenas o reconhecimento do vínculo empregatício, que não se sujeitam a quaisquer prazo prescricionais; ou seja, são imprescritíveis as ações não condenatórias ou meramente declaratórias.

No caso específico da ação de indenização acidentária por danos morais e/ou materiais, há de se levar em conta, porém, que várias espécies de DOENÇAS OCUPACIONAIS somente começam a manifestar seus efeitos nocivos ou sintomas após um longo período de hibernação ou incubação, como é caso da asbestose, uma moléstia profissional possível de acometer os trabalhadores que ficaram expostos ao amianto e, cujo período de incubação pode alcançar trinta anos. Nesse sentido, o Excelso Supremo Tribunal Federal e o Colendo Superior Tribunal de Justiça, por intermédio de duas súmulas de jurisprudência específicas (Súmula STF n. 230 e Súmula STJ n. 278) firmaram o entendimento excepcional no sentido de que, em se tratado de infortúnio laboral, o termo inicial da prescrição deve ser contado somente a partir da data da efetiva comprovação da enfermidade profissional ou da ciência inequívoca da incapacidade laborativa.

O prazo prescricional a ser observado nas ações que objetivem o pagamento de Benefícios Previdenciários decorrentes de acidente do trabalho prescrevem em cinco anos, objetivando compelir o INSS a pagar-lhe benefícios previdenciários decorrentes de acidente do trabalho, de acordo com o art. 104 da Lei n. 8.213/1991.

O direito trabalhista assegurado ao empregado acidentado aposentado por invalidez que, posteriormente, readquire a capacidade produtiva, segundo já pacificado em duas súmulas de jurisprudência (Sumula n. 217 do STF e Súmula n. 160 do TST) consagram a regra tipificada no art. 475 da Consolidação das Leis do Trabalho, no sentido de que o empregado aposentado por invalidez tem o seu contrato de trabalho suspenso e, na hipótese de vir a readquirir sua capacidade laboral, ser-lhe-á assegurado o direito de retorno ao emprego, ressalvada ao empregador a possibilidade de readmiti-lo ou pagar-lhe a indenização legalmente devida.

Doravante, será apresentado o MÓDULO COMPLEMENTAR deste Capítulo, contendo Modelos, Formulários ou Rotinas relacionados à temática da segurança e saúde no trabalho, objetivando a praticidade de alguns dos tópicos expostos ou, quem sabe, auxiliar o profissional de segurança e saúde no trabalho iniciante em sua rotina diária. Em seguida, foram reproduzidos os FUNDAMENTOS JURÍDICOS (dispositivos legais, infralegais ou regulamentares, e jurisprudenciais) que propiciam o suporte de validade jurídica à temática em apreço, observando-se as ordens hierárquica e cronológica.

A propósito, neste Módulo Complementar, reproduzimos um Modelo de ATA DE AUDIÊNCIA INICIAL onde consta a ROTINA DE DESIGNAÇÃO DE PERÍCIA JUDICIAL TRABALHISTA DE SEGURANÇA E SAÚDE NO TRABALHO, seguida da reprodução de um LAUDO TÉCNICO-PERICIAL DE SEGURANÇA E SAÚDE NO TRABALHO de um processo trabalhista real, no qual o Reclamante pleiteou sua reintegração no emprego tendo como *causa petendi* o fato de encontrar-se, à época, acometido de doença ocupacional. Oportuno registrar que o correspondente Laudo Pericial foi muito bem elaborado pela Médica do Trabalho, Dra. Regina Lúcia Bezerra Cunha Dantas, que prestou inúmeros e relevantes serviços à Terceira Vara do Trabalho de Natal-RN. Objetivando, igualmente, propiciar uma exemplificação prática sobre uma das modalidades de prestação jurisdicional no campo da infortunística, reproduzimos, em seguida, a correspondente SENTENÇA TRABALHISTA DECIDINDO PLEITO ATINENTE A ACIDENTE DE TRABALHO, NA MODALIDADE DE DOENÇA OCUPACIONAL, com o firme propósito de sempre facilitar, mediante exemplos práticos, a compreensão da temática central deste Capítulo. Registramos, por último, que apesar de a citada sentença reproduzida, de há muito haver transitada em julgado e, portanto, ser do domínio público, na medida em que se encontra regular e integralmente publicada no sítio eletrônico do Tribunal Regional do Trabalho da Vigésima Primeira Região (*www.tr21.jus.br*), achamos conveniente e prudente omitir os nomes das Partes, de seus Advogados e dos Peritos Assistentes, de modo a não expô-los publicamente, sem prévia autorização.

MÓDULO COMPLEMENTAR DO CAPÍTULO 37

ESTATÍSTICA ACIDENTÁRIA OFICIAL BRASILEIRA(6)

Ano	Total de Trabalhadores Segurados (TS)	N. de Acidentes do Trabalho Registrados					N. de Óbitos	Índices Acidentários (%)	
		Acidente Típico	Acid. de Trajeto	Doença Ocupac.	Sem CAT Registrada	Total de (AT)	(ATF)	(AT/TS)	(ATF/AT)
1970	7.284.022	1.199.672	14.502	5.937	-	1.220.111	2.232	16,8	0,18
1971	7.553.472	1.308.335	18.138	4.050	-	1.330.523	2.587	17,6	0,19
1972	8.148.987	1.479.318	23.389	2.016	-	1.504.723	2.854	18,5	0,19
1973	10.956.956	1.602.517	28.395	1.784	-	1.632.696	3.173	15,0	0,19
1974	11.537.024	1.756.649	38.273	1.839	-	1.796.761	3.833	15,8	0,21
1975	12.996.796	1.869.689	44.307	2.191	-	1.916.187	4.001	14,8	0,21
1976	14.945.489	1.692.833	48.394	2.598	-	1.743.825	3.900	11,7	0,22
1977	16.589.605	1.562.957	48.780	3.013	-	1.614.750	4.445	9,7	0,28
1978	16.638.799	1.497.934	48.511	5.016	-	1.551.461	4.342	9,3	0,28
1979	17.637.127	1.388.525	52.279	3.823	-	1.444.627	4.673	8,2	0,32
Média	**12.428.828**	**1.535.843**	**36.497**	**3.227**	-	**1.575.566**	**3.604**	**13,7**	**0,23**
1980	18.686.355	1.404.531	55.967	3.713	-	1.464.211	4.824	7,8	0,33
1981	19.188.536	1.215.539	51.722	3.204	-	1.270.465	4.808	6,6	0,38
1982	19.476.362	1.117.832	57.874	2.766	-	1.178.472	4.496	6,0	0,38
1983	19.671.128	943.110	56.989	3.016	-	1.003.115	4.214	5,0	0,42
1984	19.673.915	901.238	57.054	3.233	-	961.575	4.508	4,9	0,47
1985	21.151.994	1.010.340	63.515	4.006	-	1.077.861	4.384	5,0	0,40
1986	22.163.827	1.129.152	72.693	6.014	-	1.207.859	4.578	6,0	0,38
1987	22.617.787	1.065.912	64.830	6.382	-	1.137.124	5.738	5,0	0,50
1988	23.661.579	926.354	60.202	5.025	-	991.581	4.616	4,2	0,47
1989	24.486.553	825.081	58.524	4.838	-	888.443	4.554	3,6	0,50
Média	**21.077.804**	**1.053.909**	**59.937**	**4.220**	-	**1.118.071**	**4.672**	**5,41**	**0,42**
1990	23.198.656	632.012	56.343	5.217	-	693.572	5.355	2,99	0,77
1991	23.004.264	579.362	46.679	6.281	-	632.322	4.527	2,75	0,72
1992	22.272.843	490.916	33.299	8.299	-	532.514	3.516	2,39	0,66
1993	23.165.027	374.167	22.709	15.417	-	412.293	3.110	1,78	0,75
1994	23.667.241	350.210	22.824	15.270	-	388.304	3.129	1,64	0,81
1995	23.755.736	374.700	28.791	20.646	-	424.137	3.967	1,78	0,94
1996	23.830.312	325.870	34.696	34.889	-	395.455	4.488	1,66	1,13
1997	24.104.428	347.482	37.213	36.648	-	421.343	3.469	1,75	0,82
1998	24.491.625	347.738	36.114	30.489	-	414.341	3.793	1,70	0,91
1999	24.993.265	326.404	37.513	23.903	-	387.820	3.896	1,55	1,00
Média	**23.648.341**	**414.886**	**35.618**	**19.706**	-	**470.210**	**3.925**	**2,00**	**0,85**
2000	26.228.629	304.963	39.300	19.605	-	363.868	3.094	1,39	0,85
2001	27.189.614	282.965	38.799	18.487	-	340.251	2.753	1,25	0,81
2002	28.683.913	323.879	46.881	22.311	-	393.071	2.968	1,37	0,76
2003	29.544.927	325.577	49.642	23.858	-	399.077	2.674	1,35	0,67
2004	31.407.576	375.171	60.335	30.194	-	465.700	2.839	1,48	0,61
2005	33.238.617	398.613	67.971	33.096	-	499.680	2.766	1,50	0,55
2006	35.155.249	407.426	74.636	30.170	-	512.232	2.798	1,45	0,55
2007	37.607.430	417.036	79.056	22.374	141.108	659.523	2.845	1,75	0.43
2008	39.441.566	441.925	88.742	20.356	204.957	755.980	2.817	1,92	0.37
2009	41.207.546	424.498	90.180	19.570	199.117	733.365	2.560	1,76	0,35
Média	**32.970.507**	**370.205**	**63.549**	**24.002**	**181.727**	**512.275**	**2.811**	**1,55**	**0,55**
2010	44.068.355	417.295	95.321	17.177	179.681	709.474	2.753	1,61	0,39
2011	46.310.631	426.153	100.897	16.839	176.740	720.629	2.938	1,55	0,41
2012	47.458.712	426.284	103.040	16.896	167.762	713.984	2.768	1,50	0,39
2013	48.948.433	432.254	111.601	15.226	158.830	717.911	2.797	1,47	0,39
Média	**46.696.533**	**425.497**	**102.715**	**16.535**	**170.753**	**715.500**	**2.814**	**1.53**	**0,40**

Nota: *A coluna **Sem CAT Registrada** decorre da aplicação do Nexo Técnico-Epidemiológico Previdenciário, pela Perícia Médica do INSS.*

(6) Fonte: ANUÁRIO BRASILEIRO DE PROTEÇÃO 2015 — Edição Especial da REVISTA PROTEÇÃO. 20. ed. Novo Hamburgo: MPF Publicações, 2015. p. 24/25.

FORMULÁRIO COMUNICAÇÃO DE ACIDENTE DE TRABALHO (CAT)

PREVIDÊNCIA SOCIAL
INSTITUTO NACIONAL DO SEGURO SOCIAL

COMUNICAÇÃO DE ACIDENTE DE TRABALHO — CAT
(Ler atentamente as orientações no verso, antes do preenchimento)

1. Emitente ☐
1. Empregador 2. Sindicato 3. Médico 4. Segurado ou dependente 5. Autoridade pública

2. Tipo de CAT ☐
1. Início 2. Reabertura 3. Comunicação de óbito em __/__/__

I — EMITENTE

Empregador

3. Razão Social/Nome
4. Tipo ☐ 1. CNPJ 2. CEI 3. CPF 4. NIT
5. CNAE
6. Endereço Rua/Av./Nº/Comp. | Bairro | CEP | 7. Município | 8. UF | 9. Telefone ( )

Acidentado

10. Nome
11. Nome da mãe
12. Data de nasc.
13. Sexo ☐ 1. Masc. 2. Fem.
14. Estado Civil ☐ 1. Solteiro 2. Casado 3. Viúvo 4. Sep. Judic. 5. Outro 6. IGN
15. CTPS | Série | Data de Emissão | 16. UF
17. Carter]ira de identidade | Data | Órgão . Exp. | 18. UF
19. PIS/PASEP
20. Remuneração mensal
21. Endereço Rua/Av./Nº/Comp. | Bairro | CEP | 22. Município | 23. UF | 24. Telefone ( )
25. Nome da ocupação
26. CBO
27. Filiação à Previdência Social ☐ 1. Empregado 2. Trab. Avulso 7. Seg. especial 8. Médico resid.
28. Aposentado? ☐ 1. Sim 2. Não
29. Área ☐ 1. Urbana 2. Rural

Acidente ou Doença

30. Data do Acidente
31. Hora do acidente
32. Após quantas horas de trabalho?
33. Houve afastamento ☐ 1. Sim 2. Não
34. Último dia de Trabalho
35. Local do acidente
36.CNPJ
37. Município do local do acidente
38. UF
39. Especif. do local do acidente
40. Parte(s) do corpo atingida(s)
41. Agente causador
42. Descrição da situação geradora do acidente ou doença
43. Houve registro policial? ☐ 1. Sim 2. Não
44. Houve morte? ☐ 1. Sim 2. Não

Testemunhas

45. Nome
46. Endereço Rua/Av./Nº/Comp. | Bairro | CEP | 47. Município | 48. UF | Telefone ( )
49. Nome
50. Endereço Rua/Av./Nº/Comp. | Bairro | CEP | 51. Município | 52. UF | Telefone ( )

Local e data ______________ Assinatura e Carimbo do emitente ______________

II — ATESTADO MÉDICO

Andamento

53. Unidade de atendimento médico
54. Data
55. Hora
58. Houve internação? ☐ 1. Sim 2. Não
57. Duração provável do tratamento ____ dias
58. Deverá o acidentado afastar-se do tarbalho durante o tratamento? ☐ 1. Sim 2. Não

Lesão

59. Descrição e natureza da lesão

Diagnóstico

60. Diagnóstico provável
61. CID-10
62. Observações

Local e data ______________ Assinatura e Carimbo do médico com CRM ______________

III — INSS

63. Recebida Em
64. Código da Unidade
65. Número do acidente
66. É reconhecido o direito do segurado à habilitação de benefício acidentário? ☐ 1. Sim 2. Não
67. Tipo ☐ 1. Típico 2. Doença 3. Trajeto
68. Matrícula do servidor

Matrícula ______________ Assinatura do servidor ______________

Notas:

1. A inexatidão das declarações desta comunicação implicará as sanções nos arts. 171 e 299 do Código Penal.
2. A comunicação de acidente do trabalho deverá ser feita até o 1º dia útil após o acidente, sob pena de multa.
3. A comunicação do acidente do trabalho reger-se-á pelo art. 134 do Decreto nº 2.172/97.
4. Os conceitos de acidente do trabalho e doença ocupacional estão definidos nos arts. 131 a 133 do Decreto n º 2.172/97.
5. A caracterização do acidente reger-se-á pelo art.135 do Decreto nº 2.172/97.

A COMUNICAÇÃO DO ACIDENTADO É OBRIGATÓRIA, MESMO NO CASO EM QUE NÃO HAJA AFASTAMENTO DO TRABALHO.

ORIENTAÇÕES DE PREENCHIMENTO DO FORMULÁRIO CAT.

__Obs.:__*A CAT deverá ser emitida para todo acidente ou doença relacionados com o trabalho ainda que não haja afastamento ou incapacidade. As datas informadas deverão ser completas, o ano com quatro dígitos (Ex: 11.4.2015), a hora com quatro dígitos (Ex: 10:45). Telefone, quando houver, informar inclusive DDD (Ex: (0XX61)7654321). A comunicação, os conceitos e a caracterização do acidente são regidos pelo Decreto n. 3.048/99.*

QUADRO I — EMITENTE

Campo 1. Emitente — informar no campo demarcado o dígito que especifica o responsável pela emissão da CAT. Ex: (1) empregador.

Campo 2. Tipo de CAT — informar no campo demarcado o dígito que especifica o tipo de CAT, sendo: (1) Inicial: refere-se à primeira comunicação do acidente ou doença quando estes ocorrem; (2) Reabertura: quando houver reinício de tratamento ou afastamento por agravamento da lesão por acidente ou doença comunicado anteriormente ao INSS; (3) Comunicação de Óbito: refere-se a comunicação do óbito, em decorrência de acidente de trabalho ocorrido após a emissão da CAT inicial.

Obs.: Os acidentes com morte imediata deverão ser comunicados na CAT inicial.

Informações Relativas ao Empregador.

Campo 3. Razão Social/Nome — informar a denominação da empresa, cooperativa, associação, autônomo ou equiparado quando empregador (ver art. 12 do Decreto n. 3.048/99). Obs.: Informar o nome do acidentado quando segurado especial.

Campo 4. Tipo e n. de documento — informar o código que especifica o tipo de documentação, cuja numeração será inserida neste, sendo: (1) CGC/CNPJ: informar o número da matrícula no Cadastro Geral de Contribuintes ou Cadastro Nacional de Pessoa Jurídica da empresa quando empregadora; (2) CEI: informar o número de inscrição no Cadastro Específico do INSS quando empregador for pessoa jurídica desobrigada de inscrição no CGC; (3) CPF: informar o número de inscrição no Cadastro de Pessoa Física quando empregador for pessoa física; (4) NIT: informar o Número de Identificação do Trabalhador no INSS quando for segurado especial.

Campo 5. CNAE informar o código relativo a atividade principal do estabelecimento em conformidade com aquela que determina o Grau de Risco para fins de contribuição para os benefícios decorrentes de acidente de trabalho. O código CNAE (Classificação Nacional de Atividade Econômica) encontra-se no documento de CGC da empresa ou no anexo V do Decreto n. 3.048/99.

Campos 6 a 9. Endereço — informar o endereço completo referente ao Campo 3.

Informações Relativas ao Acidentado.

Campo 10. Nome — informar o nome completo do acidentado sem abreviaturas.

Campo 11. Nome da mãe — informar o nome completo da mãe do acidentado sem abreviaturas.

Campo 12. Data de nascimento — informar a data completa de nascimento do acidentado.

Campo 13. Sexo do Acidentado — informar se o acidentado é do sexo masculino ou feminino.

Campo 14. Estado Civil — informar (6) Ignorado quando o estado civil for desconhecido ou não informado.

Campo 15 e 16. CTPS — informar o número, série, data de emissão e UF de emissão da Carteira de Trabalho e Previdência Social. Obs.: No caso de segurado empregado é obrigatória a especialização do número da CTPS.

Campo 17. Remuneração mensal — informar a remuneração mensal do acidentado em moeda corrente, da data do acidente.

Campo 20. PIS/PASEP/NIT — informar o número de inscrição PIS/PASEP. No caso de segurado especial ou médico residente informar o número de inscrição de Contribuinte Individual no INSS.

Campo 21 a 24. Endereço do acidentado — informar o endereço completo referente ao acidentado.

Campos 25 e 26. Nome da ocupação/CBO — informar o nome da ocupação exercida pelo acidentado à época do acidente/doença e o respectivo código constante do Código Brasileiro de Ocupação.

Campo 27. Modalidade de Filiação à Previdência Social — informar se: empregado, trabalhador avulso, segurado especial ou médicos residentes.

Campo 28. Aposentado — informar (1) Sim, somente se aposentado pelo Regime Geral de Previdência Social — RGPS.

Campo 29. Área — informar a natureza da prestação de serviços, se Urbana ou Rural. Informações relativas ao Acidente ou Doença.

Campo 30. Data do acidente — informar a data em que o acidente ocorreu. No caso de doença, informar a data da conclusão do diagnóstico ou do início da incapacidade laborativa, aquela que ocorrer primeiro.

Campo 31. Hora do acidente — No caso de doença, deixar o campo em branco.

Campo 32. Após quantas horas de trabalho — informar o número de horas trabalhadas entre o início da jornada e o acidente. No caso de doença, deixar em branco.

Campo 33. Tipo de acidente — informar o tipo de acidente sendo (1) Típico, o que ocorrer com o segurado a serviço da empregadora; (2) Doença ocupacional; (3) Trajeto, aquele ocorrido no percurso residência/local de trabalho ou vice-versa.

Campo 35. Último dia trabalhado — Se campo 34 = (1) Sim, Informar o último dia em que o acidentado trabalhou, mesmo que não tenha cumprido a jornada.

Campo 36. Local do acidente — informar o local onde ocorreu o acidente, sendo: (1) Em estabelecimento da empregadora; (2) Em empresa onde a empregadora presta serviços; (3) Em via pública; (4) Em área rural; (5) Outros.

Campo 37. Especificação do local do acidente — informar de maneira clara e precisa o local onde ocorreu o acidente. (Ex. pátio, rampa de acesso, posto de trabalho, nome da rua, etc.)

Campo 38. CGC/CNPJ — informar o CGC ou CNPJ da empresa onde ocorreu o acidente/doença, quando no campo 36 for (2).

Campo 39. Especificação do Local do Acidentes.

Campo 40. Parte (s) do Corpo Atingida.

Campo 41. Parte(s) do corpo atingida(s) — informar a parte do corpo diretamente atingida pelo agente causador, seja externa ou internamente. Para doenças ocupacionais, informar o órgão ou sistema lesionado. Especificar o lado atingido (direito ou esquerdo), quando se tratar de parte do corpo que seja bilateral.

Campo 42. Agente causador — informar o agente diretamente relacionado ao acidente: máquina, equipamento, ferramenta (Ex.: prensa ou injetora de plásticos); produtos químicos, agentes físicos ou biológicos (Ex.: benzeno, sílica, ruído, salmonela); situações específicas (Ex.: queda, choque elétrico, atropelamento).

Campo 43. Descrição da situação geradora do acidente — descrever a situação ou a atividade de trabalho desenvolvida pelo acidentado, e por outros diretamente relacionados ao acidente. Tratando-se de acidente de trajeto especificar o deslocamento e informar se este foi ou não, alterado ou interrompido por motivos alheios ao trabalho. Caso de doença, descrever a atividade de trabalho, o ambiente, ou as condições em que o trabalho era realizado. Obs.: Evitar consignar neste campo o diagnóstico da doença ou lesão (Ex.: indicar a exposição continuada a níveis acentuados de benzeno em função da atividade de pintar motores com tintas contendo solventes orgânicos e não benzenismo).

Campo 44. Houve morte — Responder (1) Sim, se a morte ocorreu antes do preenchimento da CAT, independente de ter ocorrido no local do acidente ou após. Se posterior a emissão da CAT inicial (tipo 1), deverá ser emitida CAT de óbito (tipo 3), anexando Certidão de Óbito.

Informações Relativas às Testemunhas.

Campos 45 a 52. Testemunhas — qualificar as testemunhas que tenham presenciado o acidente ou aquelas que primeiro tomaram ciência do fato.

Informações Relativas ao Atestado Médico.

Deverá ser preenchido por profissional médico, no caso de morte é dispensável, devendo ser apresentada a certidão de óbito e quando houver, o laudo de necrópsia.

Campo 53. Unidade de Atendimento Médico — informar o hospital, ambulatório, clínica ou posto de saúde.

Campos 54 e 55. Data e Hora- informar a data e a hora em que fora prestado o atendimento médico.

Campo 56. Internação — informar se houve ou não necessidade de internação.

Campo 57. Duração provável do tratamento — informar o número de dias de duração provável do tratamento.

Campo 58. Afastamento do trabalho — informar de o acidentado deverá se ausentar do trabalho durante o tratamento.

Campo 59. Descrição e natureza da lesão — fazer relato claro e sucinto, informando a natureza, tipo da lesão e/ou quadro clínico da doença citando a parte do corpo atingida, sistemas ou aparelhos. Exemplos: edema, equimose, limitação dos movimentos na articulação társica direita; sinais flogísticos, edema no antebraço esquerdo e dor a movimentação ou flexão do punho esquerdo.

Campo 60. Diagnóstico provável — informar objetivamente o diagnóstico (Ex.: a) entorse direito; b) tendinite dos flexores do carpo).

Campo 61. CID-10 — classificar conforme CID-10 (Ex.: S 93.4 — entorse e distensão do tornozelo; M65.9 — sinovite ou tendinite não especificada).

Campo 62. Observações — citar qualquer tipo de informação médica adicional, como condições patológicas pré-existentes, concausas, se há compatibilidade entre o estágio evolutivo das lesões e a data do acidente declarada. Existindo recomendação especial para permanência no trabalho, justificar.

Campos 63 a 68. Preenchimento a cargo do INSS.

Fluxograma de emissão da CAT.

Roteiro e Emissão e Registro de Comunicação de Acidente do Trabalho — CAT

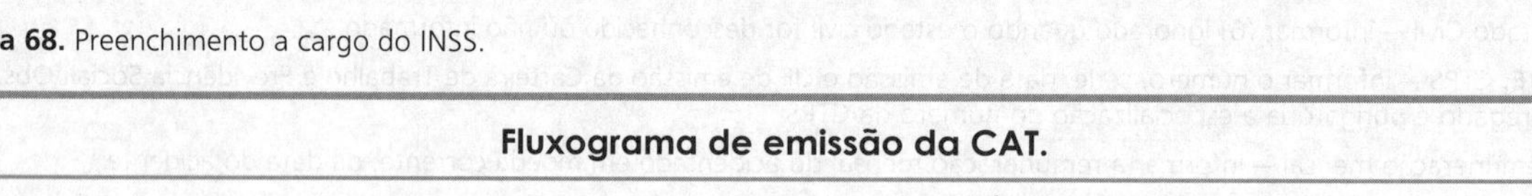

Nota (1) – Emissão da CAT em 6 vias: 1ª via para o Instituto Nacional do Seguro Social — INSS, 2ª via para o eminente, 3ª via para o segurado ou dependente, 4ª via para o sindicato de classe do trabalhador, 5ª via para o Sistema Único de Saúde — SUS e 6ª via para a Superintendência Regional do Trabalho e Emprego.

ATA DE AUDIÊNCIA INICIAL COM ROTINA DE DESIGNAÇÃO DE PERÍCIA JUDICIAL TRABALHISTA DE SEGURANÇA E SAÚDE NO TRABALHO

Poder Judiciário Federal
Tribunal Regional do Trabalho da Vigésima Primeira Região
TERCEIRA VARA FEDERAL DO TRABALHO DE NATAL-RN
Av. Cap. Mor Gouveia 1738, Lagoa Nova, Natal-RN. CEP 59.063-400. Tel. (084) 4006-3241

Às **:** horas do dia ** do mês de ** do ano de 2009, na Sala de Audiências desta Vara do Trabalho, sita no endereço supra, o MM. Juiz Titular, Dr. EDWAR ABREU GONÇALVES, determinou a realização do pregão com a subsequente qualificação dos Litigantes e de seus Representantes Legais:

Processo n.: ******-****-003-21-00-***

Reclamante:****, portadora da CTPS n. ****, inscrita no CPF-MF n. ****, sob o patrocínio jurídico do Ilustre Advogado, Dr. ****, OAB-RN n. ****.

Reclamada:****, inscrita no CNPJ-MF sob o n. ****, sob a assistência jurídica da Ilustre Advogada, Dra.****, OAB-RN n. ****.

PRESENTES as Partes e seus Representantes Legais.

INSTALADA A AUDIÊNCIA E RELATADO O PROCESSO.

SEM ÊXITO A PRIMEIRA TENTATIVA CONCILIATÓRIA.

Apresentou a Reclamada, pelas mãos de sua Ilustre Advogada, DEFESA ESCRITA, acompanhada de vários Documentos. Após o exame de tais peças, o Reclamante, por intermédio de seu Ilustre Advogado, assim se pronunciou: "nada a impugnar".

DEFERIDA A JUNTADA da Contestação e das peças que a acompanham.

Fixado o VALOR DA CAUSA nos termos da inicial, tão somente para fins de Alçada.

Considerando que os principais pleitos autorais decorrem de QUESTÕES AMBIENTAIS DE SEGURANÇA E SAÚDE NO TRABALHO, necessária a produção de prova pericial específica; pelo que, deverá a Reclamada, até a data de ****, consignar em Juízo o montante de R$ xx,00 (xx reais), a título de ADIANTAMENTO DE HONORÁRIOS PERICIAIS, de modo a viabilizar a realização do trabalho pericial. Faculta-se aos Litigantes, em idêntica data preclusiva, a FORMULAÇÃO DE QUESITOS, desde que pertinentes ao ponto controvertido, bem como a INDICAÇÃO de ASSISTENTES TÉCNICOS comprovadamente habilitados como Engenheiro de Segurança do Trabalho ou/Médico do Trabalho. Este Juiz Singular nomeia como *Expert* Judicial a Dra. Regina Lúcia Bezerra Cunha Dantas, Médica do Trabalho, a ser notificada para cumprir o presente encargo e apresentar o correspondente LAUDO TÉCNICO-PERICIAL que deverá, dentre outros fatores: **a)** Descrever o ambiente de trabalho e as atividades desempenhadas pelo Reclamante, de maneira a retratar as condições ambientais no período de trabalho alegado e, particularmente, no que diz respeito à alegada enfermidade ocupacional; **b)** Observar se, à época do período laborado, a empresa fornecera EPIs adequados ao risco, e em perfeito estado de conservação, e se esses eram efetivamente utilizados; **c)** Se havia, no ambiente de trabalho, PROTEÇÃO COLETIVA adequada e suficiente a evitar a concretização do infortúnio; ou, em caso contrário, especificar que providências preventivas a empresa deveria ter tomado, e não as implementara (itens normativos preventivos de Segurança e Saúde no Trabalho descumpridos pela Reclamada e que guardam correlação com o acidente); **d)** Identificar se restou ou não tecnicamente caracterizado o alegado ACIDENTE DO TRABALHO, na modalidade de Doença Ocupacional, bem como suas CAUSAS e CONSEQÜÊNCIAS, TIPO e GRAVIDADE DA LESÃO, NEXO DE CAUSALIDADE (relação de causa e efeito entre o evento laboral e a lesão) e CULPABILIDADE PATRONAL (ação ou omissão, dolosa ou culposa — imprudência, negligência ou imperícia — que tenha contribuído ou sido determinante para a ocorrência do infortúnio); **f)** Detalhar os eventuais PREJUÍZOS MORAIS suportados pelo Reclamante, decorrentes do infortúnio, e as subsequentes repercussões para sua vida futura; **g)** Fundamentar suas Conclusões, indicando, dentre outros aspectos e conforme o caso, os correspondentes Itens e Anexos da Legislação Previdenciária que tipificam a Doença Ocupacional, bem como o respectivo Código da Classificação Internacional das Doenças "CID-10". Outrossim, a Sra. Perita Judicial deverá entregar seu Laudo Pericial circunstanciado em três vias, até a data de **.**.2009; data limite a ser igualmente observada pelos Assistentes Periciais indicados pelas Partes para a entrega de seus Pareceres Técnicos, sob pena de preclusão[(7)]. Consumada a data ora fixada para a entrega dos Laudos, os Litigantes disporão do prazo comum, correspondente ao período preclusivo compreendido entre **.**.2009 e **.**.2009, para eventuais IMPUGNAÇÕES AOS LAUDOS, independentemente de notificação futura.

SESSÃO DE CONTINUIDADE aprazada para o dia**.**.2009 às **:** horas. Cientes as Partes de que deverão comparecer para a tomada de seus DEPOIMENTOS PESSOAIS, acompanhados de suas TESTEMUNHAS, as quais devem ser informadas, unicamente, para portarem documentos de identidade e vestes compatíveis ao decoro da Audiência, tudo sob as advertências legais quanto à possibilidade de aplicação das penas de CONFISSÃO e PRECLUSÃO, consoante preconizam, respectivamente, a Súmula n. 74 do Colendo Tribunal Superior do Trabalho e o art. 845 do Código Obreiro. O Reclamante compareça munido de sua Carteira de Trabalho. NADA MAIS.

E, para constar, foi lavrada a presente Ata de Julgamento, devidamente subscrita por _________, Januário Cicco Wanderley Galvão, Técnico Judiciário que a digitou e pelo MM. Juiz Titular que presidiu a Sessão.[(8)]

EDWAR ABREU GONÇALVES

Juiz Titular da Terceira Vara Federal do Trabalho de Natal-RN.

---

(7) **Lei n. 5.584/70 — Art. 3º** *Os exames periciais serão realizados por Perito Único designado pelo Juiz, que fixará o prazo para entrega do laudo.* **Parágrafo único.** *Permitir-se-á a cada Parte a indicação de um Assistente, cujo laudo terá que ser apresentado no mesmo prazo assinado para o perito, sob pena de ser desentranhado dos autos.*

(8) *A Secretaria desta Vara do Trabalho disponibiliza, para consulta das Partes, cópia da presente Ata de Audiência, até o final do expediente diário, no Site deste Regional: <www.trt21.jus.br> (Consulta >>Pautas, Atas e Sentenças >>3ª Vara do Trabalho >>Data da Audiência >>N. do Processo).*

LAUDO TÉCNICO-PERICIAL JUDICIAL DE SEGURANÇA E SAÚDE NO TRABALHO

SUMÁRIO

2.0. IDENTIFICAÇÃO

Processo: RT n. ******-56.2009.5.21.0003.

Espécie: RECLAMAÇÃO TRABALHISTA COM PEDIDOS DECORRENTES DE ACIDENTE DE TRABALHO NA MODALIDADE DE DOENÇA OCUPACIONAL.

Reclamante: *****.

1º Reclamado: Banco *****

2º Reclamado: ***** SAÚDE.

3.0. OBJETIVO

O objetivo deste Laudo Técnico-Pericial é relatar a Perícia Judicial realizada em cumprimento à determinação judicial específica contida nos autos do Processo n. ******, diante da alegação do Reclamante de que à época de sua demissão se encontrava acometido de distúrbios psiquiátricos decorrentes de suas condições de trabalho, devendo o mesmo: **I)** Avaliar a existência do alegado agravo, através da conjugação e processamento dos dados obtidos pela história clínica, pelo exame físico e pelos meios complementares ao diagnóstico; **II)** estabelecer ou não o nexo causal entre o alegado agravo e as eventuais causas ou circunstâncias informadas como geradoras do mesmo, caracterizando a exposição ao risco e a compatibilidade entre esse e as agressões sofridas; e **III)** qualificar e quantificar o quadro clínico observado — repercussões sobre a capacidade laborativa, atendendo ao que foi determinado pelo Juízo: ***a)*** *Descrever o ambiente de trabalho e as atividades desempenhadas pelo Reclamante, de maneira a retratar as condições ambientais no período de trabalho alegado e, particularmente, no momento do infortúnio;* ***b)*** *Identificar se restou ou não tecnicamente caracterizado o ACIDENTE DO TRABALHO, bem como suas CAUSAS e CONSEQÜÊNCIAS, TIPO e GRAVIDADE DA LESÃO, NEXO DE CAUSALIDADE (relação de causa e efeito entre o evento laboral e a lesão) e CULPABILIDADE PATRONAL (ação ou omissão, dolosa ou culposa — imprudência, negligência ou imperícia — que tenha contribuído ou sido determinante para a ocorrência do infortúnio);* ***c)*** *Detalhar os eventuais PREJUÍZOS MORAIS suportados pelo Reclamante, decorrentes do infortúnio, e as subsequentes repercussões para sua vida futura;* ***d)*** *Fundamentar suas Conclusões, indicando, dentre outros aspectos e conforme o caso, os correspondentes Itens e Anexos da Legislação Previdenciária que tipificam a Doença Ocupacional, bem como o respectivo Código "CID-10".*

4.0. HISTÓRICO

A perícia relatada no presente Laudo Técnico-Pericial foi realizada no dia 02 de fevereiro de 2010, nesta Capital, quando foi realizado o exame clínico do Reclamante, com início às 10:00 horas, no consultório médico localizado na Av. ****, n. ***, Ponta Negra, seguido da visita à Agência ******, estabelecimento da Reclamada localizado na *****, com início às 14 horas e 30 minutos, ambos com a participação do Assistente Técnico indicado pela Reclamada, Dr. ***, CREMESP n. ****, e do Assistente Técnico indicado pelo Reclamante, Dr. ****, CREMERN n. ****.

5.0. DESCRIÇÃO E EXAME TÉCNICO DETALHADO DO OBJETO PERICIADO

5.1. AVALIAÇÃO DA EXISTÊNCIA DO ALEGADO AGRAVO

5.1.1. EXAME MÉDICO

O exame médico visou dimensionar o estado de saúde atual, avaliando a existência da alegada doença, identificando os principais fatores que a causaram ou aagravaram, e em que extensão essa doença afeta o Reclamante.

5.1.1.1. QUEIXA PRINCIPAL

O Reclamante refere como queixa principal quadro depressivo e sonolência devido à medicação antidepressiva.

5.1.1.2. HISTÓRIA DA DOENÇA ALEGADA

Segundo relatou o Reclamante, seu quadro clínico psiquiátrico começou a surgir em decorrência de atitudes de sua superiora, a Gerente Geral, a Sra. *****. Diz que a mesma falava alto com ele na frente dos clientes, fazendo-o se sentir desvalorizado. Alega ainda que a Gerente Geral o assediava dizendo que ele não tinha perfil para trabalhar naquela função.

Afirma ter sofrido pressões, ataques descontrolados e assédio no trabalho, perpetrados pela Sra. *****, fora as pressões "normais" decorrentes de quem trabalhava há vários anos num ambiente de finanças, de crédito, de contas, de numerários, de contabilidade, de metas exacerbadas a serem cumpridas dentro de um tempo exíguo e opressivo, com a venda de um número determinado de títulos de capitalização, consórcios, seguros em geral, etc.

Afirma, ainda, que o auge dos transtornos que passou a sofrer foi em torno de novembro e dezembro de 2008, quando não queria sequer entrar na agência onde trabalhava. Foi quando procurou tratamento médico especializado.

Os primeiros sintomas da doença alegada foram insônia, angústia, ansiedade e "nervosismo" em junho de 2006.

Em 1º6.2006, foi afastado por 48 horas de suas atividades laborais pelo Dr. *****, CREMERN ***** RN, por motivo de tratamento médico não especificado (fl. 70).

Em 14.6.2006, foi indicada psicoterapia por motivo de ansiedade pelo Dr. *****, neurologista e neurocirurgião, CREMERN **** (fl. 71).

Em 16.6.2006, o Atestado de Saúde Ocupacional (ASO) periódico considerou o Reclamante apto para exercer suas funções (fl. 88).

Em 16.8.2008, atestado médico do Dr.***, CREMERN ****, afirmava que o Reclamante era portador de depressão associado ao quadro de ansiedade e que fez tratamento durante longo período com anti-depressivos — Fluoxetina 20g (12/12h) e Rivotril 2,0g (1 vez ao dia) (fl. 72).

Em 18.11.2008, foi prescrito pela médica psiquiatra, Dra. *****, CREMERN ****, Procimax 20mg (bromidrato de citalopram), indicado para o tratamento da depressão, do transtorno obsessivo compulsivo e do transtorno do pânico (fl. 77).

Em 17.12.2008, foi prescrito pela já citada médica psiquiatra, Procinox 20mg (citalopram), indicado para o tratamento da depressão, do transtorno obsessivo compulsivo e do transtorno do pânico (fl. 76).

Em 22.12.2008, a mesma médica psiquiatra, Dra.*****, CREMERN ****, indicou afastamento do trabalho por 15 (quinze) dias pelo motivo CID-10 F43 — reação aguda ao estresse.

Em 24.4.2009, foi prescrito pela médica psiquiatra, Dra.*****, CREMERN ****, Procimax 20mg (bromidrato de citalopram) (fl. 78).

Em 4.6.2009, foi prescrito pela médica psiquiatra, Dra.*****, CREMERN ****, Citalopram 20mg, indicado para tratar a depressão e para a prevenção de recaída ou recorrência de transtorno do pânico com ou sem fobia, e do transtorno obsessivo compulsivo (fl. 79).

O Atestado de Sáude Ocupacional periódico datado de 16.6.2009 atesta a aptidão do Reclamante para a função que exercia no Banco Reclamado (fl. 23).

Em 1º9.2009, laudo médico realizado pelos médicos psiquiatras Dra.*****, CREMERN ****, Dr.*****, CREMERN ****, e Dra.*****, CREMERN ****, atestou, através de exame psíquico, que o Reclamante "está em tratamento desde 18.11.2008 e apresenta quadro depressivo acentuado, angústia, insônia, desmotivação decorrentes de pressão no ambiente de trabalho, tendo desencadeado psoríase e que, devido ao nível considerável de estresse, mal estar, prostração e adinamia, e que o Reclamante não se encontrava em condições de trabalho, embora permanecesse no mesmo (fl. 75).

Em 1º9.2009, foi prescrito pela médica psiquiatra, Dra.*****, CREMERN ****, Citalopram 20mg (fl. 80).

A Comunicação de Acidente de Trabalho (CAT) foi emitida pelo Sindicato dos Bancários em 2.9.2009, onde consta atestado do Dr. *****, CREMERN ****, com diagnóstico de CID-10 F43 (reação ao estresse grave) causado por excesso de trabalho, estresse, pressão no ambiente de trabalho e metas abusivas, com sintomas de nervosismo, angústia, medo, isolamento e choro, com indicação de afastamento da situação de desgaste mental e do local de trabalho por incapacidade temporária (fl. 85/86).

Em 12.9.2009, o Dr. *****, médico do trabalho, CREMERN ****, afirma que o Reclamante é seu paciente desde o ano de 2006 e que o mesmo faz tratamento para CID-10 F43 (reação ao estresse) desde aquela época (fl. 69).

Em 21.9.2009, o dermatologista Dr. *****, CREMERN ****, atestou que o Reclamante encontrava-se em tratamento para patologia CID-10 L40.0 (psoríase em placas), com predomínio de sintomatologia cutânea e forte influência psicossomática. O mesmo estava sob tratamento de methotrexato, 15 mg (antimetabólito antineoplásico com propriedades imunossupressoras), de ácido fólico, 5mg e emolientes (fl. 84).

Em 29.9.2009, em atenção a pedido de reconsideração, foi concedido auxílio-doença previdenciário (espécie 31) n. ***** ao Reclamante (fl. 101).

Em 30.9.2009, segundo declaração fornecida pela Dermatologista, Dra.*****, CREMERN ****, o Reclamante deu entrada no Hospital São Lucas às 14h da tarde do dia 30.9.2009, levado pelo SAMU, por ingerir cerca de 40 (quarenta) comprimidos de Alprazolam (indicado para tratamento de ansiedade) e Citalopram (é um antidepressivo inibidor de recaptação de serotonina) por tentativa de suicídio e que o mesmo apresentava um quadro de intoxicação exógena. Após os procedimentos de lavagem foi encaminhado para UTI (fl. 91).

Em 1º10.2009, através de laudo de exame médico psiquiátrico, a médica Dra.*****, CREMERN ****, atesta que o Reclamante encontrava-se em tratamento especializado desde 18.11.2008, que o mesmo apresenta quadro depressivo grave com angústia e insônia decorrente de pressão da gerência em ambiente de trabalho, em nível acentuado de estresse, e que, sem evolução satisfatória ao tratamento, encontra-se em risco e sem a mínima condição de trabalho, com os diagnósticos: CID-10 F43 (reação ao estresse grave) e F33 (transtorno depressivo recorrente) (fl. 97).

Foram 35 (trinta e cinco) prontuários clínicos individuais do Reclamante, apresentados pela Reclamada, datados de **.**.1997 a **.**.2009, mostrando que em 34 (trinta e quatro) prontuários o consignatário estaria apto para a função e, em apenas um, realizado em 4.11.1998, o mesmo estaria apto, condicionado a tratamento clínico, com diagnóstico de HAS — hipertensão arterial sistêmica (fls. 365 a 397).

A Gerente Geral Sra. *****, a quem o Reclamante era subordinado, foi transferida da agência onde o Reclamante trabalhava em junho de 2009.

Afirma o Reclamante que o psiquiatra que consultou queria encaminhá-lo ao INSS para requerer benefício, mas que ele próprio recusou com receio de ser demitido; que foi o único dos funcionários da agência onde trabalhava demitido na época de sua rescisão contratual, fato que atribui aos problemas de relacionamento que tinha com a Gerente Geral; que faz tratamento psicológico com a Dra. **** do CEREST e que de 2 em 2 meses consulta a Dra.*****, CREMERN ****, psiquiatra. Está em tratamento medicamentoso com **Anafranil**SR, antidepressivo tricíclico (75 mg, 1 por dia) e **Olcadil** (Cloxazolam), benzodiazepínico que produz alívio da ansiedade, do medo, da inquietude interior, da tensão, da agitação, dos sintomas depressivos e de vários tipos de insônia (1 mg, 3 vezes ao dia); que está sob benefício de auxílio-doença previdenciário (espécie 31) até 30.4.2010, que acarretou perda salarial de cerca de R$ 1.000,00 (hum mil reais); e que pediu transformação do referido benefício para auxílio-doença acidentário (espécie 91), mas que ainda não obteve resposta.

5.1.1.3. HISTÓRIA OCUPACIONAL

Informou o Reclamante que antes de ser admitido no Banco consignante, prestou serviço militar à Marinha por cerca de 1 ano.

Diz que foi admitido no Banco Reclamado na função de Contínuo, função essa que exerceu por pouco tempo, quando foi promovido para a função de Bancário.

Afirmou que, em razão de seu desempenho, foi transferido para diferentes agências durante anos, tendo trabalhado na agência ***-Natal por 13 anos, agência *****-Natal por 3 anos e na agência *****-RN por 3 anos, quando passou a exercer a função de Gerente Administrativo.

Há mais de cinco anos, desde 2004, trabalhava na agência ****-RN, onde trabalhou por cerca de 2 anos na função de Gerente Administrativo, e foi promovido à função de Gerente Comercial, sendo subordinado à Gerente Geral Sra. *****.

Nessa nova função, diz que ficou muito satisfeito com as atribuições, além de ter tido um aumento salarial.

Em decorrência de atitudes de sua superiora, a Gerente Geral, Sra. *****, foi acometido de quadro psiquiátrico e encontra-se em benefício previdenciário.

5.1.1.4. ANTECEDENTES PESSOAIS MÓRBIDOS

O Reclamante tem antecedentes de obesidade, hipertensão arterial, gota e psoríase (desde 2005). Submeteu-se a cirurgias (vasectomia e fimose).

5.1.1.5. ANTECEDENTES FAMILIARES IMPORTANTES

Nega antecedentes psiquiátricos na família.

5.1.1.6. HISTÓRIA SOCIOECONÔMICA

O Reclamante, juntamente com o irmão, foi criado pelos avós maternos devido à separação dos pais. Diz que o período escolar transcorreu normalmente. Na escola, praticava atletismo e basquete. É evangélico há 15 anos. Serviu à Marinha dos 18 aos 19 anos, quando se casou e teve o primeiro filho. Tem 2 filhos, de 25 e 23 anos. Até cerca de 4 anos atrás, jogava futebol como lazer. Não fuma e não bebe.

5.1.1.7. EXAME FÍSICO

O Reclamante, com 45 anos de idade, compareceu acompanhado da esposa e do irmão, em bom estado geral e de higiene, bem vestido e cuidado. Colaborou no exame, apresentando clareza e ordem do pensamento, da vontade e da ação. Apresentou humor levemente deprimido.

Alegou que passa boa parte do dia dormindo e referiu plano de restabelecer a sua saúde para retornar ao trabalho.

Apresentou lesões de pele características de psoríase na face lateral das pernas e no couro cabeludo à direita.

5.2. DESCRIÇÃO E AVALIAÇÃO DAS CONDIÇÕES DE TRABALHO

As condições de trabalho do Reclamante foram avaliadas na visita ao estabelecimento da Reclamada onde o mesmo trabalhou no período em que foi desencadeada a alegada doença.

A Reclamada é uma instituição financeira (CNAE[(9)] 59.11 e GR[(10)] 1) na qual o Reclamante trabalhou no período compreendido entre **.**.1985 e **.**.2009, ou seja, ao longo de 24 (vinte e quatro) anos.

O local de trabalho do Reclamante é um amplo salão de atendimento a clientes de serviços bancários, climatizado artificialmente, com iluminação mista predominantemente artificial fluorescente e boas condições de limpeza, portanto com boas condições de conforto térmico e acústico.

Cada posto de trabalho é composto de um conjunto de bancada e cadeira. A bancada é de material revestido com laminado plástico, em área de trabalho que se encontra dentro do salão de atendimento aos clientes. Sobre a bancada estão dispostos os equipamentos e materiais de trabalho. A cadeira é estofada, tipo escritório, com rodízios e altura do assento regulável.

O gerente de banco é o profissional que trabalha com gerenciamento de contas bancárias em uma instituição financeira. O gerente é o elo entre o cliente, dono da conta, e a instituição bancária, sendo responsável por esclarecer dúvidas, realizar operações importantes, gerenciar informações sigilosas sobre o detentor da conta, confirmar operações de alto valor, realizar estornos, conceder empréstimos bancários, etc. É o gerente da conta que auxilia o cliente em operações de grande porte e tira as dúvidas dos clientes em casos de operações de investimento. Para ser um gerente de banco é necessário que o profissional entenda profundamente da rotina bancária, do funcionamento dos sistemas e operações. Além disso, conhecimentos de administração e economia são muito utilizados na área. Outras características interessantes são: responsabilidade, disciplina, paciência, metodologia, capacidade de organização, habilidade para lidar com as pessoas, capacidade de observação, raciocínio rápido e pró-atividade. As principais atividades de um gerente de banco são:

- abrir contas físicas ou jurídicas, dependendo do departamento que trabalha;
- atender seus clientes em caso de problemas ou dúvidas sobre a conta;
- esclarecer dúvidas sobre saldos e extratos;
- explicar e esclarecer dúvidas sobre planos de investimentos e taxas;
- realizar investimentos orientados pelo detentor da conta;
- resolver problemas referentes a cartões de créditos ou cheques;
- realizar operações de grande porte, como grandes transferências de recursos;

(9) Cadastro Nacional de Atividades Econômicas.
(10) Grau de Risco (GR) para fins de dimensionamento do SESMT (NR-4).

- explicar as condições e oferecer empréstimos bancários;
- supervisionar o funcionamento de seus subordinados do departamento em questão;
- organizar os documentos jurídicos necessários a cada operação;
- oferecer novos planos de pacotes bancários que possam interessar seus clientes; e
- trabalhar com o objetivo de satisfazer as necessidades do cliente e prezar pelo bom atendimento sempre.

A carga horária normal é de 06 (seis) horas por dia, 5 (cinco) dias por semana, com folga no sábado e no domingo, mas o Reclamante afirma que normalmente a ultrapassava. Existe intervalo de 15 (quinze) minutos para alimentação, fora do posto de trabalho. Além desse intervalo, apenas são permitidas pequenas pausas para a satisfação das necessidades fisiológicas e para atender ligações telefônicos diversas, inclusive particulares, sem regularidade.

O ritmo de trabalho é determinado pelo fluxo de clientes, que normalmente é intenso e o exercício das funções exige solicitação intelectual, atenção constantes e subordinação, envolvendo numerários, títulos e valores, além de acesso a informações sigilosas e de caráter estratégico, situações geradoras de alto estresse psicológico.

5.3. DEPOIMENTOS DE EMPREGADOS

*****, gerente administrativa desde setembro de 2008, que trabalhava no mesmo nível de subordinação à Gerente Geral, Sra. *****, e em posto de trabalho vizinho ao do Reclamante, diz que a cobrança que a Gerente Geral fazia sobre o Reclamante era, no seu sentir, normal, não reconhecendo o autoritarismo, apesar do tom de voz alto utilizado pela Gerente Geral. O Reclamante chegou a comentar com a mesma que a Gerente Geral era ríspida e que o tratava diferentemente dos outros. Contudo, diz a depoente que não via diferença de tratamento em relação aos outros funcionários, porém, a Gerente Geral **** às vezes "atropelava" as decisões que eram de sua competência e de outros gerentes setoriais.

******, na função de caixa há 1 ano e que trabalhava na atividade de abertura de contas por 3 anos no mesmo ambiente de trabalho do Reclamante, diz que a Gerente Geral era agressiva quando fazia cobranças a seus subordinados, inclusive na presença de clientes, porém não via esse comportamento como pessoal. Porém, ela tinha receio de ser cobrada da mesma forma que presenciava pela Gerente Geral.

******, caixa, que trabalhou com a Gerente Geral, Sra. *****, desde 1998, diz que ela falava muito alto, em tom inibidor, e que era muito autoritária no ambiente de trabalho, mas que socialmente era mais branda. Alega que nos últimos meses antes de seu afastamento, cobrava muito do Reclamante, inclusive em relação a metas de produtividade.

5.4. MEDIDAS DE SEGURANÇA E SAÚDE OCUPACIONAL

A Reclamada deixou de anexar aos autos Programa de Prevenção de Riscos Ambientais (PPRA), Programa de Controle Médico de Saúde Ocupacional (PCMSO) e outros documentos referentes ao período laboral do Reclamante, portanto não comprovou a efetiva obediência às normas legais de segurança e medicina do trabalho.

A Reclamada, através de seu Médico do Trabalho, admitiu o Reclamante em função não compatível com suas características psicológicas e comportamentais e demitiu o mesmo sem exame médico demissional, não levando em consideração suas queixas relativas a estresse e constrangimento gerados pelas suas condições de trabalho.

6.0. FUNDAMENTAÇÃO FÁTICO-TÉCNICA

6.1. ACERCA DO NEXO CAUSAL

A análise do nexo causal entre a patologia alegada pelo Reclamante e as suas atividades laborativas na Reclamada foi baseada na Resolução n. 1488/98 do Conselho Federal de Medicina[11].

O Reclamante sofreu exposição crônica a um estressor, representado pelo tratamento constrangedor e gerador de tensão constante, que lhe era dispensado pela sua superiora imediata, que, mesmo em intensidade moderada, levou ao surgimento de um transtorno que não existia antes dos referidos eventos, e que certamente também teve a influência de fatores de vulnerabilidade individuais, frequentemente idiossincráticos, próprios de cada indivíduo. Enfim, tornou-se portador de um dano psíquico, o estado de "stress" pós-traumático (CID-10: F43.1).

"Este transtorno constitui uma resposta retardada ou protraída a uma situação ou evento estressante (de curta ou longa duração), de natureza excepcionalmente ameaçadora ou catastrófica, e que provocaria sintomas evidentes de perturbação na maioria dos indivíduos. Fatores predisponentes, tais como certos traços de personalidade (por exemplo compulsiva, astênica) ou antecedentes do tipo neurótico, podem diminuir o limiar para a ocorrência da síndrome ou agravar sua evolução; tais fatores, contudo, não são necessários ou suficientes para explicar a ocorrência da síndrome. Os sintomas típicos incluem a revivescência repetida do evento traumático sob a forma de lembranças invasivas ("flashbacks"), de sonhos ou de pesadelos; ocorrem num contexto durável de "anestesia psíquica" e de embotamento emocional, de retraimento com relação aos outros, insensibilidade ao ambiente, anedonia, e de evitação de atividades ou de situações que possam despertar a lembrança do traumatismo. Os sintomas precedentes se acompanham habitualmente de uma hiperatividade neurovegetativa, com hipervigilância, estado de alerta e insônia, associadas frequentemente a uma ansiedade, depressão ou ideação suicida. O período que separa a ocorrência do traumatismo do transtorno pode variar de algumas semanas a alguns meses. A evolução é flutuante, mas se faz para a cura na maioria dos casos. Em uma pequena proporção de casos, o transtorno pode apresentar uma evolução crônica durante numerosos anos e levar a uma alteração duradoura da personalidade (F62.0)." (Classificação Estatística Internacional de Doenças e Problemas Relacionados à Saúde — CID-10)

Portanto, é possível afirmar que o **estado de "stress" pós-traumático** que acometeu o Reclamante está relacionado à circunstância relativa às condições de trabalho à qual se expôs na Reclamada.

---

(11) Res. CFM n 1.488/1988 – Art. 2º Para estabelecimento do nexo causal entre os transtornos de saúde e as atividades do trabalhador, além do exame clinico (físico e mental) e os exames complementares, quando necessários, deve o médico considerar: I — A história clínica e ocupacional, virtualmente decisiva em qualquer diagnóstico e/ou investigação de nexo causal; II — o estudo do posto de trabalho; III — o estudo da organização do trabalho; IV — os dados epidemiológicos; V — a literatura atualizada; VI — a ocorrência de quadro clínico ou sub-clínico em trabalhador exposto a condições agressivas; VII — a identificação de riscos físicos, químicos, biológicos, mecânicos, estressantes e outros; VIII — os depoimentos e a experiência dos trabalhadores; IX — os conhecimentos e as práticas de outras disciplinas e de seus profissionais, sejam, ou não, da área da saúde.

6.2. ACERCA DA CULPABILIDADE

Houve omissão da Reclamada, ao admitir e manter na função de Gerente Geral indivíduo sem condições psicológicas e comportamentais para exercê-la, não ter coibido as atitudes da Gerente Geral geradoras de estresses e constrangimentos no ambiente de trabalho e, ao detectar as queixas do Reclamante, não tê-lo afastado daquele ambiente de trabalho.

6.3. ACERCA DA INCAPACIDADE LABORATIVA

A análise da capacidade laborativa baseou-se no conceito de incapacidade da Classificação Internacional da Funcionalidade, Incapacidade e Saúde, da Organização Mundial da Saúde (OMS), segundo a qual incapacidade é o termo genérico para deficiências, limitações de atividade e restrições na participação, indicando os aspectos negativos da interação entre um indivíduo (com uma condição de saúde) e seus fatores contextuais (ambientais e pessoais).

Atualmente, não se verifica no Reclamante sintomatologia característica de estado de "stress" pós-traumático, apresentando o mesmo apenas traços depressivos leves. Portanto, seu quadro atual não o incapacita para a função que desenvolvia na Reclamada.

7.0. BIBLIOGRAFIA CONSULTADA

Centro Colaborador da OMS para a Classificação de Doenças em Português — CBCD. Classificação Estatística Internacional de Doenças e Problemas Relacionados à Saúde — Décima Revisão — CID-10.

Ministério da Saúde. Representação no Brasil da OPAS/OMS. Doenças relacionadas ao trabalho: Diagnósticos e condutas — Manual de procedimentos para os serviços de saúde. Capítulo 18. Brasília, 2001.

Ministério do Trabalho e Emprego. Norma Regulamentadora NR-7 (Programa de Controle Médico de Saúde Ocupacional — PCMSO). Quadro II, Anexo I. Portaria MTb n 3.214/1978.

8.0. CONCLUSÕES.

Diante do exposto nos itens anteriores, esta Perita assim conclui:

O Reclamante foi acometido, durante o seu labor na Reclamada, do transtorno descrito na CID-10[12] como **F43.1Estado de "stress" pós-traumático**, associado a dificuldades mentais relacionadas com o trabalho (Z56.6) e circunstância relativa às condições de trabalho (Y96), patologia do grupo dos TRANSTORNOS MENTAIS E DO COMPORTAMENTO RELACIONADOS COM O TRABALHO (Grupo V da CID-10), constante do Anexo II, Lista B, do Decreto n. 3.048 de 6.5.1999[13].

O **estado de "stress" pós-traumático** que acometeu o Reclamante pode ser enquadrado no Grupo III de Schilling[14], das doenças em que o trabalho é provocador de um distúrbio latente, ou agravador de doença já estabelecida ou pré-existente, onde estão incluídos os distúrbios mentais.

Portanto, existe nexo concausal entre a patologia do Reclamante e seu trabalho na Reclamada.

Houve omissão da Reclamada, ao admitir e manter na função de Gerente Geral indivíduo sem condições psicológicas e comportamentais para exercê-la, não tendo coibido que a mesma gerasse estresses e constrangimentos no ambiente de trabalho e, ao detectar as queixas do Reclamante, não tê-lo afastado daquele ambiente de trabalho.

O atual quadro depressivo leve que apresenta o Reclamante não o incapacita para a função que desenvolvia na Reclamada, desde que não se exponha aos mesmos fatores de risco que desencadearam seu estado de "stress" pós-traumático.

9.0. RESPOSTAS AOS QUESITOS FORMULADOS

9.1. RESPOSTAS AOS QUESITOS FORMULADOS PELO RECLAMANTE (fls. 334/335)

Quesito 01. *A enfermidade apresentada pelo Reclamante desde o ano de 2006, no mínimo, com quadro de insônia, stress, angústia, ansiedade e depressão, conforme Laudos Médicos e demais documentos constantes nos autos, com diagnóstico de CID F43 + CID F33. Diante deste quadro clínico apresentado pelo reclamante e a sua atual condição de saúde psíquica, seria possível afirmar que estas enfermidades foram decorrentes de pressões por ele sofridas no ambiente de trabalho no Banco Reclamado?*

Resposta: Sim. O Reclamante sofreu exposição crônica a um estressor, representado pelo tratamento constrangedor e gerador de tensão constante, que lhe era dispensado pela sua superiora imediata, que, mesmo em intensidade moderada, levou ao surgimento de um transtorno que não existia antes dos referidos eventos, e que certamente teve a influência de fatores de vulnerabilidade individuais, frequentemente idiossincráticos, próprios de cada indivíduo.

9.2. RESPOSTAS AOS QUESITOS FORMULADOS PELO BANCO RECLAMADO

O Banco Reclamado não apresentou quesitos.

10.0. ENCERRAMENTO

O presente laudo técnico pericial contém 11 (onze) folhas escritas no anverso, numeradas e rubricadas.

Natal-RN, 9 de Fevereiro de 2010.

REGINA LÚCIA BEZERRA CUNHA DANTAS
Médica do Trabalho — CREMERN n. 768.

(12) Classificação Estatística Internacional de Doenças e Problemas Relacionados à Saúde — Décima Revisão (CID-10).

(13) O Decreto n. 3.048 de 6.5.1999, atualizado até a edição do Decreto n. 6.224 de 4.10.2008, instituiu o Regulamento da Previdência Social, disciplinando as Leis n. 8.212/91 e n. 8.213/91.

(14) Classificação das doenças, proposta por Schilling (1984): **GRUPO I:** doenças em que o trabalho é causa necessária, tipificadas pelas doenças profissionais, *stricto sensu*, e pelas intoxicações agudas de origem ocupacional. **GRUPO II:** doenças em que o trabalho pode ser um fator de risco, contributivo, mas não necessário, exemplificadas pelas doenças comuns, mais frequentes ou mais precoces em determinados grupos ocupacionais e para as quais o nexo causal é de natureza eminentemente epidemiológica. A hipertensão arterial e as neoplasias malignas (cânceres), em determinados grupos ocupacionais ou profissões, constituem exemplo típico. **GRUPO III:** doenças em que o trabalho é provocador de um distúrbio latente, ou agravador de doença já estabelecida ou preexistente, ou seja, concausa, tipificadas pelas doenças alérgicas de pele e respiratórias e pelos distúrbios mentais, em determinados grupos ocupacionais ou profissões.

SENTENÇA TRABALHISTA DECIDINDO PLEITOS DECORRENTES DE ACIDENTE DE TRABALHO NA MODALIDADE DE DOENÇA OCUPACIONAL

Poder Judiciário Federal
Tribunal Regional do Trabalho da Vigésima Primeira Região
TERCEIRA VARA FEDERAL DO TRABALHO DE NATAL-RN
Av. Cap. Mor Gouveia 1738, Lagoa Nova, Natal-RN. CEP 59.063-400. Tel. (084) 4006-3241

ATA DA AUDIÊNCIA DE JULGAMENTO

Às **:** horas do dia ** do mês de ****** do ano de 2010, na Sala de Audiências desta Vara do Trabalho, sita no endereço supra, o MM. Juiz Titular, Dr. EDWAR ABREU GONÇALVES, determinou a realização do pregão com a subsequente qualificação dos Litigantes e de seus Representantes Legais:

Processo n. : **00****-56.2009.5.21.0003 (RTOrd).**_

Reclamante:*****, portador da CTPS n. ****, série ***-RN, sob o patrocínio jurídico do Ilustre Advogado, Dr. *****, OAB-RN n. ****.

1º Reclamado: BANCO ***** S/A; inscrito no CNPJ sob o n. *****, sob a assistência jurídica do Ilustre Advogado, Dr. *****, OAB/PB n. ****.

2º Reclamado: ***** SAÚDE S/A, inscrito no CNPJ n. *****, sob a assistência jurídica do Ilustre Advogado, Dr. *****, OAB/RN, n. ****.

AUSENTES AS PARTES.

INSTALADA A AUDIÊNCIA E RELATADO O PROCESSO.

O MM. Juiz Titular passou a proferir a seguinte DECISÃO:

VISTOS, etc.

O Primeiro Reclamado acima qualificado propôs AÇÃO DE CONSIGNAÇÃO EM PAGAMENTO em face do Reclamante, igualmente já qualificado, postulando que fosse determinado o depósito da importância de R$ 21.800,00 (vinte e um mil e oitocentos reais), a teor do art. 893, § 1º do CPC, mediante emissão da respectiva Guia para depósito judicial pela Secretaria desta Vara.

As Partes compareceram à AUDIÊNCIA INICIAL (fls. 49). Não prosperou a PRIMEIRA TENTATIVA CONCILIATÓRIA. Tendo em vista o ajuizamento da RT n. *****-2009-003-21-00-8, perante este Juízo, com audiência designada para o dia **.**.****, às **:** horas, foi determinada a juntada da referida Reclamação aos autos da Consignação em Pagamento.

Na Sessão de Continuidade (fls. 107/108), as Partes estiveram presentes. Não houve acordo. Em seguida, os Reclamados apresentaram DEFESAS ESCRITAS (fls. 109/147 e 210/218), acompanhadas de Instrumento Procuratório, Substabelecimento, Cartas de Preposição e de vários Documentos (fls. 148/209 e 219/232). Ao Reclamante foi possibilitado o exame da Defesas e das peças que as acompanharam, tendo pugnado pela concessão de prazo para uma melhor apreciação.

Em prosseguimento, o Juízo deferiu a juntada das CONTESTAÇÕES e das peças trazidas a Juízo pelos Reclamados concedeu ao Reclamante prazo específico e preclusivo para a manifestação postulada. Em seguida designou a realização de PERÍCIA TÉCNICA, objetivando a avaliação da alegada DOENÇA OCUPACIONAL, da qual alega estar acometido o Reclamante; o que, em seu entendimento, inviabilizaria o término da relação empregatícia. Antes de encerrar a audiência, o MM. Juiz Titular aprazou SESSÃO DE CONTINUAÇÃO para o dia **.**.****, às **:** horas.

A Secretaria desta Vara do Trabalho providenciou a juntada desta Reclamação Trabalhista aos autos da Consignação em Pagamento, conforme anterior determinação judicial (fls. 49).

O Reclamante indicou Assistente Técnico e apresentou QUESITOS (fls. 334/335).

O Primeiro Reclamado apresentou manifestação escrita (fls. 337/341) sobre os documentos apresentados pelo Reclamante, ao passo que este último apresentou manifestação acerca da documentação anexada pelos Reclamados (fls. 342/346).

O Primeiro Reclamado implementou o adiantamento de Honorários Periciais (fls. 349).

As Partes compareceram à Audiência de Continuidade (fls. 355/356), ocasião em que o MM. Juiz Titular submeteu ao Reclamante a petição do Primeiro Reclamado protocolada em **.**.****, a qual se fez acompanhar de documentos (cópia do descritivo do cargo e dos prontuários clínicos individuais dos exames médicos ocupacionais). Após, o exame dos documentos, o Reclamante não se opôs à juntada dos mesmos, tendo, porém requerido prazo para manifestação a respeito. Em Seguida, o MM. Juiz Titular deferiu a juntada dos documentos (fls. 358/399) e deferiu prazo preclusivo de dez dia para o Reclamante arguir o que entender de direito. Outrossim, concedeu prazo até **.**.****, para o *Expert* Judicial entregar o laudo pericial.

Tendo em vista que as Partes concordaram em conciliar especificamente a Ação de Consignação em Pagamento, sem prejuízo do regular processamento, unicamente, da presente RECLAMAÇÃO TRABALHISTA, o MM. Juiz Titular determinou a lavratura, em separado, do TERMO DE CONCILIAÇÃO específico da AÇÃO DE CONSIGNAÇÃO EM PAGAMENTO (fls. 406/407), e reaprazou a Sessão de Continuidade desta audiência para o dia **.**.****, às **:** horas; prosseguindo o feito, doravante, especificamente em relação à reclamação trabalhista.

Na presente Reclamação Trabalhista, o Autor POSTULA, em síntese: Concessão da TUTELA ANTECIPADA, para que seja procedida sua imediata REINTEGRAÇÃO NO EMPREGO, no mesmo cargo que ocupava e com o pagamento de SALÁRIOS VENCIDOS E VINCENDOS e demais vantagens contratuais, sob o argumento de encontrar-se acometido de DOENÇA OCUPACIONAL; NULIDADE DO CANCELAMENTO DO PLANO DE ASSISTÊNCIA MÉDICO-HOSPITALAR junto ao Segundo Demandado. Ao final, seja julgada a ação procedente, a fim de ser DECLARADA A NULIDADE DO ATO DEMISSIONAL, com a consequente e DEFINITIVA REINTEGRAÇÃO NO EMPREGO, com suporte no instituto da ESTABILIDADE PROVISÓRIA ACIDENTÁRIA NO EMPREGO de que cogita o art. 118 da Lei n. 8.213/1991; e, o pagamento de HONORÁRIOS ASSITENCIAIS SINDICAIS, à base de 15% do valor da condenação final.

O Demandante indicou como VALOR DA CAUSA a importância de R$ 50.000,00 (cinquenta mil reais) e pleiteou a concessão dos benefícios da JUSTIÇA GRATUITA.

O Reclamante impugnou os documentos apresentados pelo Primeiro Reclamado (fls. 409/410).

A *Expert* Judicial, na data de **.**.****, apresentou o correspondente LAUDO PERICIAL (fls. 412/422). O Assistente Técnico indicado pelo Primeiro Reclamado apresentou seu PARECER TÉCNICO (fls. 425/427), na data de **.**.****.

Na Audiência de Continuidade (fls. 429/430), ante a Certidão de fl. 428, o Juízo suspendeu a audiência e concedeu prazo preclusivo para que os Reclamados se manifestassem acerca dos Laudos Periciais já constantes nos autos. Em seguida, o Reclamante, através de seu Ilustre Patrono, requereu a juntada de documento referente à comunicação de decisão emanada pelo Instituto Nacional do Seguro Social (INSS); requerimento esse impugnado pela parte contrária, entretanto, deferido por este Juízo. Pugnou, ainda, o Reclamante, prazo para se manifestar acerca do laudo da *Expert* Judicial, o que foi deferido pelo MM. Juízo, tendo aprazado nova SESSÃO DE CONTINUAÇÃO para o dia **.**.****, às **:** horas.

O Primeiro Reclamado apresentou IMPUGNAÇÃO (fls. 434/435) à Perícia Judicial. Às fls. 436, o Reclamante apresentou Rol de Testemunhas.

As Partes compareceram à Audiência de Continuidade (fls. 444/448), ocasião em que o Primeiro Reclamado requereu, através de seu Ilustre Patrono, a juntada de Instrumento Procuratório, na forma de substabelecimento, bem como de manifestação escrita acerca do Laudo Pericial. Deferida a juntada das peças apresentadas, apesar da oposição da Parte Autora. Em seguida, o MM. Juiz Titular tomou os DEPOIMENTOS PESSOAIS das partes, com a exceção do Segundo Reclamado e, da mesma forma, procedeu à OITIVA DE TESTEMUNHAS. Não havendo provas adicionais a serem produzidas em audiência, o MM. Juiz Titular declarou ENCERRADA A INSTRUÇÃO PROCESSUAL, com a plena aquiescência dos Litigantes. Imediatamente, estes apresentaram suas RAZÕES FINAIS. Restou malograda a SEGUNDA TENTATIVA DE CONCILIAÇÃO.

Como ato final da audiência, o MM. Juiz Titular aprazou a SESSÃO DE JULGAMENTO para o dia **.**.2010, às **:** horas.

É O RELATÓRIO

Antes de se adentrar no mérito da presente lide, faz-se necessário abordar os aspectos processuais PRELIMINARES específicos, na forma seguinte.

No tocante à PARTICIPAÇÃO PROCESSUAL DO SEGUNDO DEMANDADO na presente lide, entende este Juiz Singular que, induvidosamente, a suposta vinculação jurídica entre Reclamante e Segundo Reclamado vislumbra-se meramente acessória e dependente da efetiva vinculação empregatícia com o Primeiro Reclamado; aliás, admitir-se que a relação jurídica entre esses dois Litigantes seria uma vinculação jurídica autônoma levaria à inequívoca conclusão de que faleceria competência material a esta Justiça Trabalhista para decidir essa controvérsia específica; na medida em que, sabidamente, não há qualquer relação de trabalho entre estes dois citados Litigantes. Outrossim, o simples fato de os dois Reclamados, possivelmente integrarem o mesmo grupo econômico-financeiro deve ser tido como processualmente irrelevante, na medida em que, para a solução da presente lide interessa verdadeiramente o liame empregatício entre Reclamante e Primeiro Reclamado; nesse sentido, não há dúvidas de ser este último o único empregador daquele. Ressalte-se, mais, não se cogitar de nenhuma possibilidade de insuficiência econômico-financeira por parte do Primeiro Demandado em arcar sozinho com os possíveis ônus financeiros de uma eventual condenação integral em relação a todos os pleitos autorais, inclusive no tocante à manutenção das mesmas condições contratuais havidas antes do término contratual, nelas inclusas a continuidade de planos de seguro-saúde que pudesse ensejar a participação processual do Segundo Reclamado, como solidária ou subsidiariamente responsável. Em síntese, nada há de concreto que justifique a permanência processual do Segundo Demandado no caso vertente; situação bastasse, por si só, para que este Juiz Singular proclame a EXTINÇÃO DO PROCESSO SEM RESOLUÇÃO DE MÉRITO, especificamente em relação ao Segundo Reclamado; pelo que, tenha-se por ACOLHIDA A PRELIMINAR DE ILEGITIMIDADE DE PARTE PASSIVA *AD CAUSAM* desse último.

Em sede prejudicial de mérito, e sem maiores esforços jurídicos, impõe-se a rejeição pura e simples da argumentação de PRESCRIÇÃO CONSTITUCIONAL suscitada pelo Banco Demandado em sua peça defensiva (fls. 118); a uma, porque a BIENAL revela-se manifestamente imprópria, eis que a presente busca de tutela jurisdicional consumou-se muito antes de decorridos dois anos do término contratual; e, a duas, porque a QUINQUENAL revela-se igualmente incabível, pois nenhuma verba autoral pleiteada nem de longe remonta há mais de cinco anos anteriores ao lustro do ajuizamento da presente lide; situação bastante, por si só, para se REFUTAR A PRESCRIÇÃO TOTAL CONSTITUCIONAL (BIENAL OU QUINQUENAL).

Superados os argumentos processuais preliminares suscitados pelos Litigantes; doravante será empreendida a análise, de forma articulada e fundamentada, do *MERITUM CAUSAE*.

NULIDADE DE DISPENSA CONTRATUAL. REINTEGRAÇÃO NO EMPREGO. ACIDENTE DE TRABALHO NA MODALIDADE DE DOENÇA OCUPACIONAL. ANTECIPAÇÃO DE TUTELA. RECLAMANTE DEMITIDO ENQUANTO SUBMETIDO A TRATAMENTO MÉDICO-PSIQUIÁTRICO. NÃO REALIZAÇÃO DO DEVIDO EXAME MÉDICO OCUPACIONAL DEMISSIONAL. AMBIENTE DE TRABALHO TENSO AGRAVADOR DE DISTÚRBIOS PSICOOCUPACIONAIS. MANIFESTA CONCAUSA. LAUDOS MÉDICO-PERICIAIS CONFIGURAM A ALEGADA DOENÇA DO TRABALHO. RECONHECIMENTO E DEFERIMENTO. De plano, convém ser destacado que o conjunto probatório dos presentes autos deixa patente que o Reclamante, na condição de bancário, prestou serviços para o Primeiro Reclamado no período compreendido entre **.**.1985 e **.**.2009, ou seja, ao longo de VINTE E QUATRO ANOS DE SERVIÇOS CONTINUADOS. Outrossim, considerando-se a inexistência de qualquer prova específica dando conta de que o Demandante, ao longo de todo esse extenso período contratual, tenha praticado qualquer falta técnica ou disciplinar que ensejasse a aplicação de punição em seu desfavor, impõe-se concluir que o Reclamante deve ser tido, no mínimo, com um bom e zeloso bancário.

Malgrado se admita que nosso ordenamento jurídico-laboral possibilite o exercício do direito potestativo patronal de demitir, a seu bel prazer, o empregado quando bem lhe aprouver; no caso dos autos, há de ser dito que as provas documentais correspondentes a inúmeros exames médicos (fls. 283/299), assim como os prontuários clínicos do Reclamante (fls. 391/399), carreado aos autos pelo Banco Reclamado, deixam patente de que o Setor Médico-Ocupacional do Reclamado detinha a noção precisa de que o Reclamante, de há muito, vinha sendo submetido a tratamento médico-psiquiátrico, inclusive fazendo uso de medicação específica. Mesmo os não são versados em medicina, sabem que os conflitos ou distúrbios mentais, em face de sua complexidade multifacetada, devem merecer atenção e compreensão especiais por parte dos profissionais que têm responsabilidades para com a saúde no trabalho, que deve ser tida como essencialmente preventiva, particularmente ante a sabida possibilidade de que o ambiente laboral pode contribuir decisivamente para o agravamento ou desencadeamento das mais variadas enfermidades, especialmente os distúrbios ou transtornos psicossociais de etiologia ocupacional.

Outrossim, ainda que se admita que o último exame médico-ocupacional a que fora submetido o Demandante tenha sido realizado há menos de cento e trinta e cinco dias do término contratual e, portanto, suficiente a dispensar a realização do exame médico demissional, nos termos possibilitados em disposição específica[15] da Norma Regulamentadora NR-7 (Programa de Controle Médico de Saúde Ocupacional — PCMSO), seria extremamente prudente e recomendável que o Setor Médico-Ocupacional da Reclamada tivesse o zelo profissional em submeter a uma avaliação médico-ocupacional demissional específica e mais aprofundada. Malgrado se saiba que o Médico do Trabalho da Reclamada, na condição de empregado do Primeiro Demandado esteja naturalmente submetido à subordinação patronal, como qualquer outro empregado, não se pode esquecer que, antes de tudo, ele é um profissional da medicina e, particularmente, da medicina ocupacional; logo, em tempo algum poderia desprezar fatores ou circunstâncias especiais relativamente às condições ambientais a que estava sendo submetido o Demandante. De se destacar, mais, que o caso do Reclamante, certamente, estava a clamar por uma atenção médico-ocupacional mais qualificada, tanto assim que, no mês subsequente ao término contratual, numa atitude absolutamente extrema e típica dos que estão com sérios distúrbios de origem psíquica, mental ou comportamental, o Autor veio a "atentar contra a própria vida"; num claro e preciso indicador de que vivia sob forte condição de desequilíbrio psicossocial.

A propósito, tanto a Perita Judicial e Médica do Trabalho, Dra. Regina Lúcia Bezerra Cunha Dantas, quanto o Médico do Trabalho e Psiquiatra, Dr. *****, Assistente Técnico do Reclamante, não tiveram maiores dificuldades de, após um adequado exame médico ocupacional do Reclamante, complementado com uma devida e indispensável avaliação das condições ambientais no local de trabalho do Reclamante, inclusive com sondagens testemunhais acerca do clima ambiental existente no período de trabalho do Reclamante, elaboraram seus competentes laudos médico-ocupacionais (fls. 412/422 e 425/427), com conclusões harmônicas no sentido de que a moléstia da qual se encontra acometido o Reclamante, teve como elemento desencadeador ou agravador do quadro clínico-psiquiátrico daquele, um indesejável e desnecessário ambiente de trabalho impregnado de tensões, estresses e pressões negativas, suficientes a desencadearem constrangimentos reprováveis, especialmente se levarmos em conta que a relação trabalhista pode e deve ser desenvolvida num clima respeitoso, saudável e sem prejuízo do alcance de metas produtivas, de modo a respeitar a segurança e saúde no trabalho, em seu sentido mais amplo. A propósito, propiciar aos trabalhadores urbanos e rurais brasileiros um ambiente de trabalho sadio e seguro corresponde à primeira obrigação constitucional patronal específica, como forma de fazer valer o Princípio da Minimização dos Riscos Ambientais insculpido em dispositivo Constitucional específico[16].

Oportuno destacar que a Estatística Acidentária Oficial Brasileira (disponível em: <*www.inss.gov.br*>) sistematicamente têm indicado que os Transtornos Mentais ou Distúrbios Comportamentais de Etiologia Laboral ocupam o segundo lugar no *ranking* das Doenças Ocupacionais que mais propiciam afastamento de trabalho; pelo que, aos profissionais de segurança e saúde no trabalho cabe uma vigilância atenta e preventiva na identificação de possíveis causas que possam desencadear ou agravar os indesejáveis transtornos ou distúrbios ocupacionais, especialmente os agentes ou fatores psicossociais (Ritmos Excessivos de Trabalho; Monotonia; Controle Rígido da Produtividade; Relacionamentos Interpessoais Tensos; Assédio Moral; Desvalorização do Trabalho/Trabalhador; e Outras Situações Causadoras de Stress Físico e/ou Psíquico), particularmente quando da elaboração dos Programas Internos de Prevenção de Acidentes de Trabalho e de Promoção da Saúde Ocupacional (PPRA e PCMSO) nos domínios da empresa. Igualmente, é indispensável que os Médicos do Trabalho, por ocasião da realização dos exames médicos ocupacionais, fiquem bastante atentos na identificação dos possíveis sintomas indicadores de ambientes de trabalho estressores ou constrangedores, que influem negativamente no psíquico dos trabalhadores, de modo a bem cumprir a missão principal da medicina do trabalho que é exatamente promover a saúde ocupacional, a partir de técnicas e estratégias preventivas.

Acerca do clima de trabalho visivelmente desfavorável, em face do estresse e das tensões constrangedoras, na forma desencadeada pela Gerente Geral, Sra. *****, no trato diário com seus subordinados, dentre eles o Reclamante, e que são extremamente negativas em termos de saúde ocupacional, é oportuno destacar trechos dos seguintes depoimentos testemunhais consignados em Ata de Audiência de Instrução (fls. 445/447), *in verbis*:

PRIMEIRA TESTEMUNHA (trazida a Juízo pelo Reclamante), Sra. *****, sob as penas da Lei, declarou: "*que a depoente foi empregada do banco Reclamado no período compreendido entre **** e novembro de 2009; que, nos últimos cinco anos, desenvolveu atividades na agência *****, situada na Av. ****, nesta Capital, por sinal, local de trabalho do Reclamante; que a depoente exerceu para a Reclamada as funções de gerente de pessoa jurídica, por durante os dois últimos anos contratuais; que em tal período, a depoente era subordinada funcionalmente à gerente geral, Sra. *****; que* ***a depoente, em mais de uma ocasião, já se sentiu ofendida moralmente por cobranças que lhe foram feitas pela citada gerência, especialmente pela forma autoritária, bem como pelo tom da voz elevado, inclusive, efetuando ditas cobranças na presença de terceiros, clientes ou funcionários;*** *... que a depoente* ***já presenciou a aludida gerente efetuar cobranças de metas a serem alcançadas pelo Reclamante; que ditas cobranças eram implementadas de forma agressiva, em voz alta, igualmente na presença de clientes ou outros empregados;*** *... que havia reuniões da área gerencial; que ditas reuniões ocorriam de forma semanal;* ***que competia à*** *gerente geral, Sra. *****,* ***a coordenação das reuniões; que em ditas reuniões, o estilo da aludida gerente, na forma antes declinada, ocorria de forma similar***".

SEGUNDA TESTEMUNHA (trazida a Juízo pelo Banco Reclamado), Sra. *****. "*que a depoente, desde ****, é empregada do Reclamado; que, nos últimos cinco anos, e até dezembro de 2009, tem exercido as funções de gerente assistente, na agência ****, local de trabalho do Reclamante; que a depoente era subordinada à gerente geral, Sra. *****; que* ***a citada gerente não é uma pessoa tranquila, e sim, bem enérgica; que a citada gerente sempre fala em voz alta; ... que o atual gerente da Reclamada, Sr. *****, não faz cobranças em voz alta, nem tão pouco, é enérgico em tais cobranças como a anterior gerente geral, Sra. ****;*** *... que tem conhecimento de que* ***as cobranças efetuadas pela aludida e anterior gerente eram implementadas na presença de outros empregados da Reclamada, como também de clientes***". (grifos atuais).

Ainda sobre o Laudo Oficial (fls. 412/422), convém ser dito que a *Expert* deste Juízo descreveu adequadamente o objeto da perícia, a metodologia utilizada e fundamentou adequadamente suas conclusões, em fiel observância aos ditames normativos específicos.

No tocante à "análise dos laudos periciais", na forma apresentada pelo Reclamado (fls. 449/456), há de ser dito que tal peça revela-se, no mínimo, inusitada e processualmente inadequada; a uma, porque não corresponde a um Laudo Médico ou Parecer Técnico propriamente dito, pois se limita a "atacar" e a "contestar", genericamente, os laudos periciais subscritos pela *Expert* Judicial e pelo Assistente Técnico do Reclamante; e, a duas,

---

(15) **NR-7: PCMSO — Item 7.4.3.5.** *No exame médico-demissional, será obrigatoriamente realizada até a data da homologação, desde que o último exame médico-ocupacional tenha sido realizado há mais de: 135 (cento e trinta e cinco) dias para as empresas de grau de risco 1 e 2, segundo o Quadro I da NR-04: SESMT; 90 (noventa) dias para as empresas de grau de risco 3 e 4, segundo o Quadro I da NR-04 (SESMT).*

(16) **CF-1988 — Art. 7º** *São direitos dos trabalhadores urbanos e rurais brasileiros, além de outros que visem a melhoria de sua condição social*: (...) **XXII** — *redução dos riscos inerentes ao trabalho, por meio de normas de segurança e saúde no trabalho.*

porque não pode ser considerada como uma verdadeira Impugnação ao Laudo Oficial, na medida em que este ato processual específico deveria ser implementado oportunamente pelos Advogados da Reclamada.

Em verdade, e no sentir deste Juiz Singular, teria sido mais adequado, processualmente falando, que os Ilustres Médicos que subscreveram dita "análise médica de laudos periciais" tivessem cumprido adequadamente o encargo que normalmente se espera dos Assistentes Técnicos; qual seja, apresentar o parecer técnico propriamente dito e que satisfaça a requisitos específicos de modo a transmitir para o Julgador opiniões técnicas, preferencialmente consistentes e convincentes, acerca da real avaliação médica do Reclamante e de seu local de trabalho; afinal de contas, um médico do trabalho não pode emitir uma avaliação médico-ocupacional adequada sem que tenha examinado o trabalhador e suas condições ambientais de trabalho, especialmente quando há suspeitas da existência de tensões, estresses e constrangimentos possíveis de desencadear ou agravar o quadro clínico psiquiátrico vivenciado pelo Demandante. E não digam esses Ilustres Médicos da Reclamada que desconheciam essa circunstância, pois os prontuários clínicos autorais, sempre em poder do setor médico ocupacional da Reclamada, deixam patente o drama psiquiátrico vivenciado pelo Autor.

Verdadeiramente, a aludida "análise médica de laudos periciais" corresponde a um indevido e impróprio exercício contestatório ou impugnatório, pois, como dito antes, essa tarefa processual deveria ter sido ser implementada pelos Ilustres Advogados da Reclamada; que poderiam buscar subsídios técnicos junto aos profissionais especialistas que entendessem convenientes; porém, sua subscrição necessariamente deveria ter sido feita pelos Ilustres Advogados habilitados nos autos, por se tratar, em última análise, de uma IMPUGNAÇÃO às provas periciais constantes dos autos. Não obstante, e deixando de lado eventuais vícios ou equívocos formais, inclusive seus aspectos éticos e de tempestividade, há de ser dito que o mérito de dita "análise médica de laudos periciais", revela-se desprovida de argumentos médicos ou jurídicos consistentes e que pudessem convencer este Julgador acerca da existência de quaisquer vícios ou equívocos na realização ou conclusão dos verdadeiros Laudos Periciais constantes dos autos (Laudo Oficial da *Expert* Judicial e Parecer Técnico do Assistente Técnico do Reclamante). Logo, tenha-se por processualmente refutada, *in totum*, a indigitada "análise médica de laudos periciais" (fls. 449/456).

Sabidamente, não há dúvidas quanto à permissibilidade legal de que se configure a doença profissional ou do trabalho como uma das variantes do acidente de trabalho, a teor da permissibilidade legal consubstanciada em dispositivo específico da Legislação Previdenciária[17].

Na análise do *meritum causae*, cabe ser dito que o clima de trabalho dominante na última agência bancária do Reclamante, sob a subordinação ferrenha da aludida Gerente Geral, Sra. ****, revelou-se, no mínimo, inapropriado e pouco recomendável para o desenvolvimento saudável do exercício laboral, pelos evidentes traços autoritários da aludida gerente, ao empreender a cobrança de serviços e metas a serem alcançadas por seus subordinados, dentre eles o Reclamante, de forma muito enérgica e sempre se utilizando de voz alta e, mais grave ainda, efetuando cobranças a seus subordinados na presença de outros colegas de trabalho, bem como diante de terceiros (clientes do Reclamado); numa inequívoca demonstração de que não se importava em criar situações embaraçosas ou constrangimentos desnecessários para seus subordinados; os quais deveriam ser sempre respeitados como colegas de trabalho, além de serem humanos e, portanto, detentores de dignidade, enquanto direito fundamental constitucionalmente tutelado.

Outrossim, o simples fato de o Reclamante somente vir a perceber benefício previdenciário sob a rubrica de Auxílio-Doença Previdenciário (Código B-31), nem de longe desautoriza o reconhecimento judicial de infortúnio laboral, com a subsequente conversão do citado benefício para Auxílio-Doença Acidentário (Código B-91); até porque, sabidamente, em questões de natureza psíquico-ocupacionais a Perícia Médica Previdenciária tem se mostrado resistente a implementar uma análise mais aprofundada, pois demandaria uma investigação pormenorizada das condições ambientais e, na maioria dos casos, opta-se pelo caminho mais fácil, qual seja, o pagamento do benefício não acidentário, até porque, nenhuma diferença financeira representará para a Autarquia Seguradora, pois o valor desse benefício social (auxílio-doença) é o mesmo, tanto se implementado no Código B-31 (não acidentário) como no Código B-91 (acidentário).

Em resumo, o Laudo Oficial da Perita Judicial descreve, com riqueza de detalhes, não só a tipicidade da doença ocupacional como também o NEXO DE CAUSALIDADE[18] em relação à enfermidade que acometera o Reclamante e as condições de trabalho por ele vivenciadas. Outrossim, a CULPABILIDADE PATRONAL encontra-se materializada, no caso vertente, em face de sua manifesta OMISSÃO ou NEGLIGÊNCIA na adoção dos procedimentos preventivos reportados pela Perita Judicial, particularmente no sentido de coibir que sua Gerente Geral, Sra. *****, desenvolvesse um ambiente de trabalho impregnado de tensões, estresses e constrangimentos desnecessários; o que, certamente, foi determinante para o agravamento do quadro clínico médico-psiquiátrico vivenciado pelo Demandante, numa autêntica configuração da CONCAUSA, na forma especificamente tipificada na Legislação Previdenciária[19].

Finalizando, este Juízo de Primeira Instância Trabalhista acata e referenda integralmente as conclusões do Laudo Oficial e do Parecer do Assistente Técnico do Primeiro Reclamado, ao tempo em que reconhece que o Reclamante, por ocasião de sua ruptura contratual encontrava-se acometido de

(17) **Lei n. 8.213, de 24.7.1991 — Art. 20.** ***Consideram-se acidente do trabalho****, nos termos do artigo anterior, as seguintes entidades mórbidas:* **I** *— Doença Profissional, assim entendida a produzida ou desencadeada pelo exercício do trabalho peculiar a determinada atividade e constante da respectiva relação elaborada pelo Ministério do Trabalho e da Previdência Social;* **II —** ***Doença do Trabalho, assim entendida a adquirida ou desencadeada em função de condições especiais em que o trabalho é realizado e com ele se relacione diretamente****, constante da relação mencionada no inciso I.* (grifos nossos).

(18) Acerca do Nexo de Causalidade, assim dispõe a Resolução CFM n. 1.488 de 11.12.1998, que trata da Assistência Médica do Trabalhador, *verbis*: **Art. 2º** *Para o estabelecimento do nexo causal entre os transtornos de saúde e as atividades do trabalhador, além do exame clínico (físico e mental) e os exames complementares, quando necessários, deve o médico considerar*: **I** — a história clínica e ocupacional, decisiva em qualquer diagnóstico e/ou investigação de nexo causal; **II** — o estudo do local do trabalho; **III** — o estudo da organização do trabalho; **IV** — os dados epidemiológicos; **V** — a literatura atualizada; **VI** — a ocorrência de quadro clínico ou subclínico em trabalhador exposto a condições agressivas; **VII** — a identificação de riscos físicos, químicos, biológicos, mecânicos, estressantes e outros; **VIII** — o depoimento e a experiência dos trabalhadores; **IX** — os conhecimentos e as práticas de outras disciplinas e de seus profissionais, sejam ou não da área da saúde.

(19) **Lei n. 8.213/91 — Art. 21.** ***Equiparam-se também ao acidente do trabalho****, para efeitos desta Lei*: **I** *— o acidente ligado ao trabalho que,* ***embora não tenha sido a causa única, haja contribuído diretamente para a morte do segurado, para redução ou perda da sua capacidade para o trabalho, ou produzido lesão que exija atenção médica para a sua recuperação****;* (grifei).

ACIDENTE DO TRABALHO, na modalidade de DOENÇA OCUPACIONAL configurada sob a forma de transtorno descrito na CID-10[20] como ESTADO DE "STRESS" PÓS-TRAUMÁTICO (F43.1), associado a DIFICULDADES MENTAIS RELACIONADAS COM O TRABALHO (Z56.6) e à CIRCUNSTÂNCIA RELATIVA ÀS CONDIÇÕES DE TRABALHO (Y96), patologia do grupo dos TRANSTORNOS MENTAIS E DO COMPORTAMENTO RELACIONADOS COM O TRABALHO (Grupo V da CID-10), constante do Anexo II, Lista B — Doenças do Sistema Osteomuscular e do Tecido Conjuntivo, Relacionadas com o Trabalho (Grupo XIII da CID-10), do Decreto n. 3.048 de 6.5.1999[21].

Destarte, e com suporte na melhor interpretação dos arts. 476 Consolidado e 118 do Plano de Benefícios da Previdência Social (Lei n. 8.213, de 24.7.1991), impõe-se proclamar: a nulidade do ato demissional DO RECLAMANTE e, por conseguinte, deferir em seu proveito os seguintes títulos trabalhistas: REINTEGRAÇÃO NO EMPREGO, no mesmo cargo antes ocupado; SALÁRIOS VENCIDOS E VINCENDOS e demais vantagens contratuais, REINCLUSÃO DO RECLAMANTE NO PLANO DE ASSISTÊNCIA MÉDICA E HOSPITALAR; e, HONORÁRIOS ASSISTENCIAIS SINDICAIS, no importe de 10% do valor da condenação ora imposta ao Banco Demandado.

Satisfeitos os requisitos da existência de prova inequívoca aliada ao convencimento de verossimilhança nas alegações autorais, nos termos antes expostos, tenham-se por plenamente satisfeitos os requisitos formais previstos em disposição específica de nosso Código de Processo Civil(22), de consentida aplicação subsidiária ao Processo Obreiro(23), até porque, não se vislumbra pertinente ao caso dos autos, nenhuma das hipóteses impeditivas de que cogitam os incisos I, II e III do já citado artigo do Estatuto de Ritos Civis, impõe-se o deferimento da almejada ANTECIPAÇÃO DE TUTELA jurisdicional especificamente no tocante à REINTEGRAÇÃO NO EMPREGO e à REINCLUSÃO DO RECLAMANTE no Plano de Assistência Médico-Hospitalar, assim como o pagamento de SALÁRIOS VINCENDOS, após a cessação do gozo de benefício previdenciário por parte do Demandante.

A Secretaria desta Vara do Trabalho fica desde já autorizada a adotar as providências de estilo concernentes à materialização da ANTECIPAÇÃO DE TUTELA ORA DEFERIDA, especialmente no que diz respeito à EXPEDIÇÃO DE MANDADOS, independentemente do trânsito em julgado do presente Decisum.

No tocante aos RECOLHIMENTOS PREVIDENCIÁRIOS, há de se enfatizar que o Reclamado não os efetuou na época própria, incidindo assim na sanção tipificada no Plano de Custeio da Previdência Social[24], pelo que deverá efetuar dito recolhimento às suas expensas, respeitadas as alíquotas específicas; sem prejuízo do disposto no art. 114, VIII, de nossa Lei das Leis.

Em relação ao IMPOSTO DE RENDA, há de ser dito que cabe ao Banco Demandado, na condição de fonte pagadora, proceder ao cálculo do imposto devido pelo Reclamante, retê-lo e efetuar seu recolhimento ao Tesouro Nacional. Ato contínuo, deverá comprovar processualmente dito recolhimento, *ex vi* do estatuído em disposição específica da Legislação Fiscal[25] e no Provimento CCJT-TST n. 003/2005.

---

(20) Classificação Estatística Internacional de Doenças e Problemas Relacionados à Saúde — Décima Revisão (CID-10).

(21) O Decreto n. 3.048 de 6.5.1999, atualizado até a edição do Decreto n. 6.224 de 4.10.2008, instituiu o Regulamento da Previdência Social e disciplina as Leis n. 8.212/91 e n. 8.213/91.

(22) **CPC — Art. 273.** ***O juiz poderá, a requerimento da parte, antecipar, total ou parcialmente, os efeitos da tutela pretendida no pedido inicial, desde que, existindo prova inequívoca, se convença da verossimilhança da alegação e: I — haja fundado receio de dano irreparável ou de difícil reparação; ou, II — fique caracterizado o abuso de direito de defesa ou o manifesto propósito protelatório do réu***. **§ 1º** *Na decisão que antecipar a tutela, o juiz indicará, de modo claro e preciso, as razões do seu convencimento.* **§ 2º** *Não se concederá a antecipação da tutela quando houver perigo de irreversibilidade do provimento antecipado.* **§ 3º** *A efetivação da tutela antecipada observará, no que couber e conforme sua natureza, as normas previstas nos arts. 588, 461, §§ 4º e 5º, e 461-A.* **§ 4º** *A tutela antecipada poderá ser revogada ou modificada a qualquer tempo, em decisão fundamentada.* **§ 5º** *Concedida ou não a antecipação da tutela, prosseguirá o processo até final julgamento.* **§ 6º** *A tutela antecipada também poderá ser concedida quando um ou mais dos pedidos cumulados, ou parcela deles, mostrar-se incontroverso.* **§ 7º** *Se o autor, a título de antecipação de tutela, requerer providência de natureza cautelar, poderá o juiz, quando presentes os respectivos pressupostos, deferir a medida cautelar em caráter incidental do processo ajuizado.* (grifos atuais)

(23) **CLT — Art. 769.** *Nos casos omissos, o direito processual comum será fonte subsidiária do direito processual do trabalho, exceto naquilo em que for incompatível com as normas deste Título.*

(24) **Lei n. 8.212/91 — Art. 11.** *No âmbito federal, o orçamento da Seguridade Social é composto das seguintes receitas:* **I** — *receitas da União;* **II** — *receitas das contribuições sociais;* **III** — *receitas de outras fontes.* **Parágrafo único.** ***Constituem contribuições sociais*: a) *as das empresas, incidentes sobre a remuneração paga ou creditada aos segurados a seu serviço*; b) *as dos empregadores domésticos*; c) *as dos trabalhadores, incidentes sobre o seu salário de contribuição*; d)** *as das empresas, incidentes sobre faturamento e lucro;* **e)** *as incidentes sobre a receita de concursos de prognósticos.* **Art. 33. *Ao Instituto Nacional do Seguro Social — INSS compete arrecadar, fiscalizar, lançar e normatizar o recolhimento das contribuições sociais previstas nas alíneas a, b e c do parágrafo único do art. 11***, *bem como as contribuições incidentes a título de substituição; e à Secretaria da Receita Federal — SRF compete arrecadar, fiscalizar, lançar e normatizar o recolhimento das contribuições sociais previstas nas alíneas "d" e "e" do parágrafo único do art. 11, cabendo a ambos os órgãos, na esfera de sua competência, promover a respectiva cobrança e aplicar as sanções previstas legalmente.* **§ 5º *O desconto de contribuição e de consignação legalmente autorizadas sempre se presume feito oportuna e regularmente pela empresa a isso obrigada***, *não lhe sendo lícito alegar omissão para se eximir do recolhimento,* ***ficando diretamente responsável pela importância que deixou de receber ou arrecadou em desacordo com o disposto nesta Lei***. (grifos atuais).

(25) **Lei n. 8.541/91 — Art. 46.** *O imposto sobre a renda incidente sobre os rendimentos pagos em cumprimento de decisão judicial será retido na fonte pela pessoa física ou jurídica obrigada ao pagamento, no momento em que, por qualquer forma, o rendimento se torne disponível para o beneficiário.* **§ 1º** Fica dispensada a soma dos rendimentos pagos no mês, para aplicação da alíquota correspondente, nos casos de: **I** — juros e indenizações por lucros cessantes; **II** — honorários advocatícios; **III** — *remuneração pela prestação de serviços de engenheiro, médico, contador, leiloeiro, perito, assistente técnico, avaliador, síndico, testamenteiro e liquidante.* **§ 2º** *Quando se tratar de rendimento sujeito à aplicação da tabela progressiva, deverá ser utilizada a tabela vigente no mês de pagamento.*

SÃO ESSAS AS RAZÕES DE DECIDIR.

ISTO POSTO, e tendo em vista tudo o mais constante dos autos, este JUÍZO DE PRIMEIRA INSTÂNCIA TRABALHISTA **RESOLVE:**

ACOLHER A PRELIMINAR DE ILEGITIMIDADE DE PARTE PASSIVA *AD CAUSAM*, na forma suscitada pelo Segundo Demandado.

EXTINGUIR O PROCESSO SEM RESOLUÇÃO DE MÉRITO, especificamente em relação ao Segundo Reclamado.

REJEITAR A PRELIMINARES de PRESCRIÇÃO CONSTITUCIONAL (Bienal ou Quinquenal).

DECLARAR A NULIDADE DO ATO DEMISSIONAL DO RECLAMANTE.

JULGAR PROCEDENTES os seguintes pleitos autorais: REINTEGRAÇÃO NO EMPREGO, no mesmo cargo antes ocupado; SALÁRIOS VENCIDOS E VINCENDOS e demais vantagens contratuais; e, REINCLUSÃO DO RECLAMANTE NO PLANO DE ASSISTÊNCIA MÉDICA E HOSPITALAR, nos termos usufruídos pelo Autor antes da ruptura contratual. Ressalte-se que, à exceção dos salários vencidos, os demais títulos ora deferidos ao Autor deverão ser implementados na modalidade de ANTECIPAÇÃO DE TUTELA. Caso o Primeiro Demandado venha a descumprir quaisquer termos da prestação jurisdicional antecipada, incidirá na MULTA DIÁRIA no importe de R$ 500,00 (quinhentos reais) em prol do Autor. No tocante ao pagamento salarial vencido, há de ser respeitado o lapso de suspensão contratual durante a percepção de benefício previdenciário.

CONDENAR o Primeiro Reclamado, também, nos HONORÁRIOS ASSISTENCIAIS SINDICAIS no equivalente a 10% (dez por cento) incidente sobre o valor total das verbas deferidas ao Reclamante, em prol da entidade sindical profissional.

CONDENAR o Banco Demandado a pagar ao Reclamante, dois dias após o trânsito em julgado, o *quantum debeatur* que vier a ser apurado em regular LIQUIDAÇÃO DE SENTENÇA POR CÁLCULOS, observados os acréscimos decorrentes de juros moratórios e demais cominações legais. Devendo ser COMPENSADA a quantia comprovadamente paga ao Reclamante sob a mesma rubrica dos títulos ora deferidos.

CONDENAR o Primeiro Reclamado, igualmente, no RECOLHIMENTO PREVIDENCIÁRIO resultante da incidência das correspondentes alíquotas sobre as parcelas de natureza salarial deferidas ao Demandante, no período contratual ora reconhecido. A comprovação processual do correspondente recolhimento deverá ser efetivada no prazo subsequente de dez dias ao trânsito em julgado. Após o que, deverá ser notificada a Procuradoria-Geral Federal, a fim de se manifestar a respeito; sem prejuízo da execução *ex officio* de que cogita o art. 114, VIII, de nossa Lei Fundamental.

DEVERÁ o Banco Demandado, no prazo recursal ou em cinco dias após o trânsito em julgado do presente *Decisum*, comprovar processualmente haver efetuado os devidos recolhimentos das CUSTAS PROCESSUAIS, no importe de R$ 1.000,00 (hum mil reais), correspondente a 2% (dois por cento) incidente sobre R$ 50.000,00 (cinquenta mil reais), valor ora atribuído à causa. Oportunamente, deverá a Reclamada comprovar os recolhimentos de CONTRIBUIÇÕES PREVIDENCIÁRIAS e do IMPOSTO DE RENDA, tudo em sintonia com o exposto nas Razões de Decidir e na Legislação específica.

É O *DECISUM*.

CIENTES AS PARTES, *ex vi* do art. 834 da CLT e da Súmula n. 197 do Colendo Tribunal Superior do Trabalho. NADA MAIS.

E, para constar, foi lavrada a presente Ata de Julgamento, devidamente subscrita por __________________, Ana Catarina Lima de Mesquita, Técnica Judiciária que a digitou, e pelo MM. Juiz Titular que presidiu esta Sessão de Julgamento.[26]

EDWAR ABREU GONÇALVES

Juiz Titular da Terceira Vara Federal do Trabalho de Natal-RN.

FUNDAMENTOS JURÍDICOS DO CAPÍTULO 37

ASPECTOS TÉCNICO-JURÍDICOS DE ACIDENTES DO TRABALHO. *Arts. 5º, inciso X, 6º, 7º, incisos XXII e XXVIII, 114, incisos I, VI, VII, VIII e IX, 193 a 204 da CF-1988. Arts. 1º, 2º, 3º e 154 a 158 da CLT. Arts. 186, 187 e 927 do Código Civil brasileiro. Arts. 10, 11, 22, 22-A e 22-B, da Lei n. 8.212 de 24.7.1991 (Plano de Custeio da Previdência Social, atualizado até a edição da Lei n. 13.135 de 17.6.2015). Arts. 19 a 23 (Acidentes do Trabalho e Nexo Técnico Epidemiológico), 24 a 27 (Períodos de Carência), 42 a 47 (Aposentadoria por Invalidez), 57 e 58 (Aposentadoria Especial), 59 a 63 (Auxílio-Doença), 74 a 79 (Pensão por Morte), 86 (Auxílio-Acidente), 88 (Serviço Social), 89 a 93 (Habilitação e Reabilitação Profissional), 101 a 104 (Disposições Diversas, inclusive Prescrição e Decadência), 118 (Estabilidade Provisória do Trabalhador Acidentado), 119 (FUNDACENTRO), 120 (Ações Regressivas), 121 (Responsabilidade Civil), 122 e, 124 (Vedação à percepção cumulativa de benefícios), 126 (Recursos de Decisões do INSS para o Conselho de Recursos da Previdência Social), 129 (Competência da Justiça Comum Estadual para demandas relativas a Acidentes do Trabalho em face do INSS), 130 (Prazo Processual na Execução Fiscal-Previdenciária), 131 e 132 (Desistência e Transigência em Ações Previdenciárias), 133 e 134 (Valores de Multas Administrativas decorrentes de Infrações à Legislação Previdenciária), 151 e 154, todos da Lei n. 8.213 de 24.7.1991 (Plano de Benefícios da Previdência Social, atualizado até a edição da Lei n. 13.146 de 6.7.2015). Arts. 1º e 10 da Lei n. 10.666 de 8.5.2003 (Dispõe sobre Aposentadoria Especial e Fator Acidentário de Prevenção — FAP). Súmula Vinculante STF n. 22 de 2.12.2009. Súmulas STF ns. 230, 314, 464, 529 e 736. Súmulas STJ ns. 037, 089, 159, 170 e 278. Súmulas TST ns. 015, 028, 046, 160, 244, 282, 346, 378, 392 e 396. Arts. 43 a 50 (Aposentadoria por Invalidez), 64 a 70 (Aposentadoria Especial), 71 a 80 (Auxílio-Doença), 104 (Auxílio-Acidente), 105 a 115 (Pensão por Morte), 136 a 141 (Habilitação e Reabilitação Profissional), 201 a 201-D (Custeio da Seguridade Social), 202 (Seguro Acidente de Trabalho), 202-A e 202-B (Fator Acidentário Previdenciário — FAP),305 a 310 (Recursos), 336 (Comunicação de Acidente do Trabalho), 337 a 382 (Acidente do Trabalho e Nexo Técnico Epidemiológico), Anexo I (Relação das situações em que o aposentado por invalidez terá direito à majoração de 25% (vinte e cinco por cento), na forma prevista no art. 45 deste Regulamento), Anexo II (AGENTES PATOGÊNICOS CAUSADORES DE DOENÇAS PROFISSIONAIS OU DO TRABALHO, conforme previsto no art. 20 da Lei n. 8.213/1991), Lista A (AGENTES OU FATORES DE RISCO DE NATUREZA OCUPACIONAL relacionados com a etiologia de doenças profissionais e de outras doenças relacionadas com o trabalho), Lista B (DOENÇAS E RESPECTIVOS AGENTES ETIOLÓGICOS OU FATORES DE RISCO DE NATUREZA OCUPACIONAL, exemplificativos e complementares), Lista C (INTERVALOS DE CID-10 em que se reconhece NEXO TÉCNICO EPIDEMIOLÓGICO, na forma do § 3º do art. 337, entre a entidade mórbida e as classes de CNAE indicadas, nelas incluídas todas as subclasses cujos quatro dígitos iniciais sejam comuns), Anexo III (Relação das situações que*

(26) *A Secretaria desta Vara do Trabalho disponibiliza, para consulta das Partes, cópia da presente Ata de Audiência, até o final do expediente diário, no Site deste Regional: <www.trt21.jus.br> (Consulta >>Pautas, Atas e Sentenças >>3ª Vara do Trabalho >>Data da Audiência >>N. do Processo).*

dão direito ao AUXÍLIO-ACIDENTE, consoante previsto no art. 104, deste Regulamento). Anexo IV (Classificação dos agentes nocivos, para fins de APOSENTADORIA ESPECIAL), Anexo V (Relação de atividades preponderantes e correspondentes Graus de Risco, conforme a Classificação Nacional de Atividades Econômicas – CNAE – para fins de SEGURO ACIDENTE DE TRABALHO, sobre o qual incidirá o Fator Acidentário de Prevenção– FAP), todos do Decreto n. 3.048 de 6.5.1999 (Regulamento da Previdência Social, atualizado até a edição do Decreto n. 8.424 de 31.3.2015). Resolução MPS/CNPS n. 1.316 de 31.5.2010 (Dispõe sobre o cálculo do FATOR ACIDENTÁRIO PREVIDENCIÁRIO – FAP). Instrução Normativa IN-INSS-PRES n. 20 de 10.10.2007 (Formulário Anexo XV: PERFIL PROFISSIOGRÁFICO PREVIDENCIÁRIO – PPP).

CONSTITUIÇÃO DA REPÚBLICA FEDERATIVA DO BRASIL

(Atualizada até a edição da Emenda Constitucional n. 85, de 26.2.2015)

Título II: DOS DIREITOS E GARANTIAS FUNDAMENTAIS (Arts. 5º a 17)

Capítulo I: DOS DIREITOS E DEVERES INDIVIDUAIS E COLETIVOS (Art. 5º)

Art. 5º Todos são iguais perante a lei, sem distinção de qualquer natureza, garantindo-se aos brasileiros e aos estrangeiros residentes no País a inviolabilidade do direito à vida, à liberdade, à igualdade, à segurança e à propriedade, nos termos seguintes:

(...)

X — são invioláveis a intimidade, a vida privada, a honra e a imagem das pessoas, assegurado o direito a indenização pelo dano material ou moral decorrente de sua violação;

(...)

Capítulo II: DOS DIREITOS SOCIAIS (Arts. 6º a 11)

Art. 6º São direitos sociais a educação, a saúde, o trabalho, a moradia, o lazer, a segurança, a previdência social, a proteção à maternidade e à infância, a assistência aos desamparados, na forma desta Constituição.

Art. 7º São direitos dos trabalhadores urbanos e rurais[27], além de outros que visem à melhoria de sua condição social:

XXII — redução dos riscos inerentes ao trabalho, por meio de normas de saúde, higiene e segurança;

XXVIII — seguro contra acidentes de trabalho, a cargo do empregador, sem excluir a indenização a que este está obrigado, quando incorrer em dolo ou culpa;

(...)

Título IV: DA ORGANIZAÇÃO DOS PODERES (Arts. 44 a 135)

Capítulo III: DO PODER JUDICIÁRIO (Arts. 92 a 126)

Art. 114. Compete à Justiça do Trabalho processar e julgar:[28]

I — as ações oriundas da relação de trabalho, abrangidos os entes de direito público externo e da administração pública direta e indireta da União, dos Estados, do Distrito Federal e dos Municípios;

VI — as ações de indenização por dano moral ou patrimonial, decorrentes da relação de trabalho;

VII — as ações relativas às penalidades administrativas impostas aos empregadores pelos órgãos de fiscalização das relações de trabalho;

VIII — a execução, de ofício, das contribuições sociais previstas no art. 195, I, a, e II, e seus acréscimos legais, decorrentes das sentenças que proferir;

IX — outras controvérsias decorrentes da relação de trabalho, na forma da lei.

(...)

Título VIII: DA ORDEM SOCIAL (Arts. 193 a 232)

Capítulo I: DISPOSIÇÃO GERAL (Art. 193)

Art. 193. A ordem social tem como base o primado do trabalho, e como objetivo o bem estar e ajustiça sociais.

Capítulo II: DA SEGURIDADE SOCIAL (Arts. 194 a 204)

Art. 194. A seguridade social compreende um conjunto integrado de ações de iniciativa dos Poderes Públicos e da sociedade, destinadas a assegurar os direitos relativos à saúde, à previdência e à assistência social.

Parágrafo único. Compete ao Poder Público, nos termos da lei, organizar a seguridade social, com base nos seguintes objetivos:

I — universalidade da cobertura e do atendimento;

II — uniformidade e equivalência dos benefícios e serviços às populações urbanas e rurais;

III — seletividade e distributividade na prestação dos benefícios e serviços;

IV — irredutibilidade do valor dos benefícios;

V — equidade na forma de participação no custeio;

VI — diversidade da base de financiamento;

---

(27) Especificamente em relação aos Servidores Públicos Federais (submetidos ao Regime Jurídico Único da Lei n. 8.112/1990) dispõe o § 3º do art. 39 da CF-1988 que: "*Aplica-se aos servidores ocupantes de cargo público o disposto no art. 7º, IV, VII, VIII, IX, XII, XIII, XV, XVI, XVII, XVIII, XIX, XX, XXII e XXX, podendo a lei estabelecer requisitos diferenciados de admissão quando a natureza do cargo o exigir*".

(28) Art. 114 da CF-1988 com a redação dada pela Emenda Constitucional n. 45, de 31.12.2004.

VII — caráter democrático e descentralizado da administração, mediante gestão quadripartite, com participação dos trabalhadores, dos empregadores, dos aposentados e do Governo nos órgãos colegiados.

Art. 195. A seguridade social será financiada por toda a sociedade, de forma direta e indireta, nos termos da lei, mediante recursos provenientes dos orçamentos da União, dos Estados, do Distrito Federal e dos Municípios, e das seguintes contribuições sociais:

I — do empregador, da empresa e da entidade a ela equiparada na forma da lei, incidentes sobre:

a) a folha de salários e demais rendimentos do trabalho pagos ou creditados, a qualquer título, à pessoa física que lhe preste serviço, mesmo sem vínculo empregatício;

b) a receita ou o faturamento;

c) o lucro;

II — do trabalhador e dos demais segurados da previdência social, não incidindo contribuição sobre aposentadoria e pensão concedidas pelo regime geral de previdência social de que trata o art. 201;

III — sobre a receita de concursos de prognósticos.

IV — do importador de bens ou serviços do exterior, ou de quem a lei a ele equiparar.

§ 1º As receitas dos Estados, do Distrito Federal e dos Municípios destinadas à seguridade social constarão dos respectivos orçamentos, não integrando o orçamento da União.

§ 2º A proposta de orçamento da seguridade social será elaborada de forma integrada pelos órgãos responsáveis pela saúde, previdência social e assistência social, tendo em vista as metas e prioridades estabelecidas na lei de diretrizes orçamentárias, assegurada a cada área a gestão de seus recursos.

§ 3º A pessoa jurídica em débito com o sistema da seguridade social, como estabelecido em lei, não poderá contratar com o Poder Público nem dele receber benefícios ou incentivos fiscais ou creditícios.

§ 4º A lei poderá instituir outras fontes destinadas a garantir a manutenção ou expansão da seguridade social, obedecido o disposto no art. 154, I.

§ 5º Nenhum benefício ou serviço da seguridade social poderá ser criado, majorado ou estendido sem a correspondente fonte de custeio total.

§ 6º As contribuições sociais de que trata este artigo só poderão ser exigidas após decorridos noventa dias da data da publicação da lei que as houver instituído ou modificado, não se lhes aplicando o disposto no art. 150, III, "b".

§ 7º São isentas de contribuição para a seguridade social as entidades beneficentes de assistência social que atendam às exigências estabelecidas em lei.

§ 8º O produtor, o parceiro, o meeiro e o arrendatário rurais e o pescador artesanal, bem como os respectivos cônjuges, que exerçam suas atividades em regime de economia familiar, sem empregados permanentes, contribuirão para a seguridade social mediante a aplicação de uma alíquota sobre o resultado da comercialização da produção e farão jus aos benefícios nos termos da lei.

§ 9º As contribuições sociais previstas no inciso I do *caput* deste artigo poderão ter alíquotas ou bases de cálculo diferenciadas, em razão da atividade econômica, da utilização intensiva de mão de obra, do porte da empresa ou da condição estrutural do mercado de trabalho.

§ 10. A lei definirá os critérios de transferência de recursos para o sistema único de saúde e ações de assistência social da União para os Estados, o Distrito Federal e os Municípios, e dos Estados para os Municípios, observada a respectiva contrapartida de recursos.

§ 11. É vedada a concessão de remissão ou anistia das contribuições sociais de que tratam os incisos I, a, e II deste artigo, para débitos em montante superior ao fixado em lei complementar.

§ 12. A lei definirá os setores de atividade econômica para os quais as contribuições incidentes na forma dos incisos I, b; e IV do *caput*, serão não cumulativas.

§ 13. Aplica-se o disposto no § 12 inclusive na hipótese de substituição gradual, total ou parcial, da contribuição incidente na forma do inciso I, a, pela incidente sobre a receita ou o faturamento.

Capítulo II: DA SAÚDE (Arts. 196 a 200)

Art. 196. A saúde é direito de todos e dever do Estado, garantido mediante políticas sociais e econômicas que visem à redução do risco de doença e de outros agravos e ao acesso universal e igualitário às ações e serviços para sua promoção, proteção e recuperação.

Art. 197. São de relevância pública as ações e serviços de saúde, cabendo ao Poder Público dispor, nos termos da lei, sobre sua regulamentação, fiscalização e controle, devendo sua execução ser feita diretamente ou através de terceiros e, também, por pessoa física ou jurídica de direito privado.

Art. 198. As ações e serviços públicos de saúde integram uma rede regionalizada e hierarquizada e constituem um sistema único, organizado de acordo com as seguintes diretrizes:

I — descentralização, com direção única em cada esfera de governo;

II — atendimento integral, com prioridade para as atividades preventivas, sem prejuízo dos serviços assistenciais;

III — participação da comunidade.

§ 1º O sistema único de saúde será financiado, nos termos do art. 195, com recursos do orçamento da seguridade social, da União, dos Estados, do Distrito Federal e dos Municípios, além de outras fontes.

§ 2º A União, os Estados, o Distrito Federal e os Municípios aplicarão, anualmente, em ações e serviços públicos de saúde recursos mínimos derivados da aplicação de percentuais calculados sobre:

I — no caso da União, na forma definida nos termos da lei complementar prevista no § 3º;

II — no caso dos Estados e do Distrito Federal, o produto da arrecadação dos impostos a que se refere o art. 155 e dos recursos de que tratam os arts. 157 e 159, inciso I, alínea a, e inciso II, deduzidas as parcelas que forem transferidas aos respectivos Municípios;

III — no caso dos Municípios e do Distrito Federal, o produto da arrecadação dos impostos a que se refere o art. 156 e dos recursos de que tratam os arts. 158 e 159, inciso I, alínea b e § 3º

§ 3º Lei complementar, que será reavaliada pelo menos a cada cinco anos, estabelecerá:

I — os percentuais de que trata o § 2º;

II — os critérios de rateio dos recursos da União vinculados à saúde destinados aos Estados, ao Distrito Federal e aos Municípios, e dos Estados destinados a seus respectivos Municípios, objetivando a progressiva redução das disparidades regionais;

III — as normas de fiscalização, avaliação e controle das despesas com saúde nas esferas federal, estadual, distrital e municipal;

IV — as normas de cálculo do montante a ser aplicado pela União.

§ 4º Os gestores locais do sistema único de saúde poderão admitir agentes comunitários de saúde e agentes de combate às endemias por meio de processo seletivo público, de acordo com a natureza e complexidade de suas atribuições e requisitos específicos para sua atuação.

§ 5º Lei federal disporá sobre o regime jurídico, o piso salarial profissional nacional, as diretrizes para os Planos de Carreira e a regulamentação das atividades de agente comunitário de saúde e agente de combate às endemias, competindo à União, nos termos da lei, prestar assistência financeira complementar aos Estados, ao Distrito Federal e aos Municípios, para o cumprimento do referido piso salarial.

§ 6º Além das hipóteses previstas no § 1º do art. 41 e no § 4º do art. 169 da Constituição Federal, o servidor que exerça funções equivalentes às de agente comunitário de saúde ou de agente de combate às endemias poderá perder o cargo em caso de descumprimento dos requisitos específicos, fixados em lei, para o seu exercício.

Art. 199. A assistência à saúde é livre à iniciativa privada.

§ 1º As instituições privadas poderão participar de forma complementar do sistema único de saúde, segundo diretrizes deste, mediante contrato de direito público ou convênio, tendo preferência as entidades filantrópicas e as sem fins lucrativos.

§ 2º É vedada a destinação de recursos públicos para auxílios ou subvenções às instituições privadas com fins lucrativos.

§ 3º É vedada a participação direta ou indireta de empresas ou capitais estrangeiros na assistência à saúde no País, salvo nos casos previstos em lei.

§ 4º A lei disporá sobre as condições e os requisitos que facilitem a remoção de órgãos, tecidos e substâncias humanas para fins de transplante, pesquisa e tratamento, bem como a coleta, processamento e transfusão de sangue e seus derivados, sendo vedado todo tipo de comercialização.

Art. 200. Ao sistema único de saúde compete, além de outras atribuições, nos termos da lei:

I — controlar e fiscalizar procedimentos, produtos e substâncias de interesse para a saúde e participar da produção de medicamentos, equipamentos, imunobiológicos, hemoderivados e outros insumos;

II — executar as ações de vigilância sanitária e epidemiológica, bem como as de saúde do trabalhador;

III — ordenar a formação de recursos humanos na área de saúde;

IV — participar da formulação da política e da execução das ações de saneamento básico;

V — incrementar em sua área de atuação o desenvolvimento científico e tecnológico;

VI — fiscalizar e inspecionar alimentos, compreendido o controle de seu teor nutricional, bem como bebidas e águas para consumo humano;

VII — participar do controle e fiscalização da produção, transporte, guarda e utilização de substâncias e produtos psicoativos, tóxicos e radioativos;

VIII — colaborar na proteção do meio ambiente, nele compreendido o do trabalho.

Capítulo III: DA PREVIDÊNCIA SOCIAL (Arts.201 e 202)

Art. 201. A previdência social será organizada sob a forma de regime geral, de caráter contributivo e de filiação obrigatória, observados critérios que preservem o equilíbrio financeiro e atuarial, e atenderá, nos termos da lei, a:

I — cobertura dos eventos de doença, invalidez, morte e idade avançada;

II — proteção à maternidade, especialmente à gestante;

III — proteção ao trabalhador em situação de desemprego involuntário;

IV — salário-família e auxílio-reclusão para os dependentes dos segurados de baixa renda;

V — pensão por morte do segurado, homem ou mulher, ao cônjuge ou companheiro e dependentes, observado o disposto no § 2º

§ 1º É vedada a adoção de requisitos e critérios diferenciados para a concessão de aposentadoria aos beneficiários do regime geral de previdência social, ressalvados os casos de atividades exercidas sob condições especiais que prejudiquem a saúde ou a integridade física e quando se tratar de segurados portadores de deficiência, nos termos definidos em lei complementar.

§ 2º Nenhum benefício que substitua o salário de contribuição ou o rendimento do trabalho do segurado terá valor mensal inferior ao salário mínimo.

§ 3º Todos os salários de contribuição considerados para o cálculo de benefício serão devidamente atualizados, na forma da lei.

§ 4º É assegurado o reajustamento dos benefícios para preservar-lhes, em caráter permanente, o valor real, conforme critérios definidos em lei.

§ 5º É vedada a filiação ao regime geral de previdência social, na qualidade de segurado facultativo, de pessoa participante de regime próprio de previdência.

§ 6º A gratificação natalina dos aposentados e pensionistas terá por base o valor dos proventos do mês de dezembro de cada ano.

§ 7º É assegurada aposentadoria no regime geral de previdência social, nos termos da lei, obedecidas as seguintes condições:

I — trinta e cinco anos de contribuição, se homem, e trinta anos de contribuição, se mulher;

II — sessenta e cinco anos de idade, se homem, e sessenta anos de idade, se mulher, reduzido em cinco anos o limite para os trabalhadores rurais de ambos os sexos e para os que exerçam suas atividades em regime de economia familiar, nestes incluídos o produtor rural, o garimpeiro e o pescador artesanal.

§ 8º Os requisitos a que se refere o inciso I do parágrafo anterior serão reduzidos em cinco anos, para o professor que comprove exclusivamente tempo de efetivo exercício das funções de magistério na educação infantil e no ensino fundamental e médio.

§ 9º Para efeito de aposentadoria, é assegurada a contagem recíproca do tempo de contribuição na administração pública e na atividade privada, rural e urbana, hipótese em que os diversos regimes de previdência social se compensarão financeiramente, segundo critérios estabelecidos em lei.

§ 10. Lei disciplinará a cobertura do risco de acidente do trabalho, a ser atendida concorrentemente pelo regime geral de previdência social e pelo setor privado.

§ 11. Os ganhos habituais do empregado, a qualquer título, serão incorporados ao salário para efeito de contribuição previdenciária e consequente repercussão em benefícios, nos casos e na forma da lei.

§ 12. Lei disporá sobre sistema especial de inclusão previdenciária para atender a trabalhadores de baixa renda e àqueles sem renda própria que se dediquem exclusivamente ao trabalho doméstico no âmbito de sua residência, desde que pertencentes a famílias de baixa renda, garantindo-lhes acesso a benefícios de valor igual a um salário-mínimo.

§ 13. O sistema especial de inclusão previdenciária de que trata o § 12 deste artigo terá alíquotas e carências inferiores às vigentes para os demais segurados do regime geral de previdência social.

Art. 202. O regime de previdência privada, de caráter complementar e organizado de forma autônoma em relação ao regime geral de previdência social, será facultativo, baseado na constituição de reservas que garantam o benefício contratado, e regulado por lei complementar.

§ 1º A lei complementar de que trata este artigo assegurará ao participante de planos de benefícios de entidades de previdência privada o pleno acesso às informações relativas à gestão de seus respectivos planos.

§ 2º As contribuições do empregador, os benefícios e as condições contratuais previstas nos estatutos, regulamentos e planos de benefícios das entidades de previdência privada não integram o contrato de trabalho dos participantes, assim como, à exceção dos benefícios concedidos, não integram a remuneração dos participantes, nos termos da lei.

§ 3º É vedado o aporte de recursos a entidade de previdência privada pela União, Estados, Distrito Federal e Municípios, suas autarquias, fundações, empresas públicas, sociedades de economia mista e outras entidades públicas, salvo na qualidade de patrocinador, situação na qual, em hipótese alguma, sua contribuição normal poderá exceder a do segurado.

§ 4º Lei complementar disciplinará a relação entre a União, Estados, Distrito Federal ou Municípios, inclusive suas autarquias, fundações, sociedades de economia mista e empresas controladas direta ou indiretamente, enquanto patrocinadoras de entidades fechadas de previdência privada, e suas respectivas entidades fechadas de previdência privada.

§ 5º A lei complementar de que trata o parágrafo anterior aplicar-se-á, no que couber, às empresas privadas permissionárias ou concessionárias de prestação de serviços públicos, quando patrocinadoras de entidades fechadas de previdência privada.

§ 6º A lei complementar a que se refere o § 4° deste artigo estabelecerá os requisitos para a designação dos membros das diretorias das entidades fechadas de previdência privada e disciplinará a inserção dos participantes nos colegiados e instâncias de decisão em que seus interesses sejam objeto de discussão e deliberação.

Capítulo IV: DA SEGURIDADE SOCIAL (Arts.203 e 204)

Art. 203. A assistência social será prestada a quem dela necessitar, independentemente de contribuição à seguridade social, e tem por objetivos:

I — a proteção à família, à maternidade, à infância, à adolescência e à velhice;

II — o amparo às crianças e adolescentes carentes;

III — a promoção da integração ao mercado de trabalho;

IV — a habilitação e reabilitação das pessoas portadoras de deficiência e a promoção de sua integração à vida comunitária;

V — a garantia de um salário mínimo de benefício mensal à pessoa portadora de deficiência e ao idoso que comprovem não possuir meios de prover à própria manutenção ou de tê-la provida por sua família, conforme dispuser a lei.

Art. 204. As ações governamentais na área da assistência social serão realizadas com recursos do orçamento da seguridade social, previstos no art. 195, além de outras fontes, e organizadas com base nas seguintes diretrizes:

I — descentralização político-administrativa, cabendo a coordenação e as normas gerais à esfera federal e a coordenação e a execução dos respectivos programas às esferas estadual e municipal, bem como a entidades beneficentes e de assistência social;

II — participação da população, por meio de organizações representativas, na formulação das políticas e no controle das ações em todos os níveis.

Parágrafo único. É facultado aos Estados e ao Distrito Federal vincular a programa de apoio à inclusão e promoção social até cinco décimos por cento de sua receita tributária líquida, vedada a aplicação desses recursos no pagamento de:

I — despesas com pessoal e encargos sociais;

II — serviço da dívida;

III — qualquer outra despesa corrente não vinculada diretamente aos investimentos ou ações apoiados.

NORMAS JURÍDICAS INFRACONSTITUCIONAIS

CONSOLIDAÇÃO DAS LEIS DO TRABALHO

(Decreto-lei n. 5.452, de 1º.5.1943, com a redação dos arts. 154 a 201 CLT dada pela Lei n. 6.514, de 22.12.1977, e atualizada até a edição da Lei n. 13.103, de 2.3.2015)

Título I: INTRODUÇÃO

Art. 1º Esta Consolidação estatui as normas que regulam as relações individuais e coletivas de trabalho, nela previstas.

Art. 2º Considera-se empregador a empresa, individual ou coletiva, que, assumindo os riscos da atividade econômica, admite, assalaria e dirige a prestação pessoal de serviço.

§ **1º** Equiparam-se ao empregador, para os efeitos exclusivos da relação de emprego, os profissionais liberais, as instituições de beneficência, as associações recreativas ou outras instituições sem fins lucrativos, que admitirem trabalhadores como empregados.

§ **2º** Sempre que uma ou mais empresas, tendo, embora, cada uma delas, personalidade jurídica própria, estiverem sob a direção, controle ou administração de outra, constituindo grupo industrial, comercial ou de qualquer outra atividade econômica, serão, para os efeitos da relação de emprego, solidariamente responsáveis a empresa principal e cada uma das subordinadas.

Art. 3º Considera-se empregado toda pessoa física que prestar serviços de natureza não eventual a empregador, sob a dependência deste e mediante salário.

Parágrafo único. Não haverá distinções relativas à espécie de emprego e à condição de trabalhador, nem entre o trabalho intelectual, técnico e manual.

Título II: DAS NORMAS GERAIS DE TUTELA DO TRABALHO (Arts. 13 a 201 da CLT)

Capítulo V: DA SEGURANÇA E DA MEDICINA DO TRABALHO (Arts. 154 a 201 da CLT)[29]

Art. 154. A observância, em todos os locais de trabalho, do disposto neste Capitulo, não desobriga as empresas do cumprimento de outras disposições que, com relação à matéria, sejam incluídas em códigos de obras ou regulamentos sanitários dos Estados ou Municípios em que se situem os respectivos estabelecimentos, bem como daquelas oriundas de convenções coletivas de trabalho

Art. 155. Incumbe ao órgão de âmbito nacional competente em matéria de segurança e medicina do trabalho:

I — estabelecer, nos limites de sua competência, normas sobre a aplicação dos preceitos deste Capítulo, especialmente os referidos no art. 200;

II — coordenar, orientar, controlar e supervisionar a fiscalização e as demais atividades relacionadas com a segurança e a medicina do trabalho em todo o território nacional, inclusive a Campanha Nacional de Prevenção de Acidentes do Trabalho;

III — conhecer, em última instância, dos recursos, voluntários ou de ofício, das decisões proferidas pelos Delegados Regionais do Trabalho, em matéria de segurança e medicina do trabalho.

Art. 156. Compete especialmente às Delegacias Regionais do Trabalho, nos limites de sua jurisdição:

I — promover a fiscalização do cumprimento das normas de segurança e medicina do trabalho;

II — adotar as medidas que se tornem exigíveis, em virtude das disposições deste Capítulo, determinando as obras e reparos que, em qualquer local de trabalho, se façam necessárias;

III — impor as penalidades cabíveis por descumprimento das normas constantes deste Capítulo, nos termos do art. 201.

Art. 157. Cabe às empresas:

I — cumprir e fazer cumprir as normas de segurança e medicina do trabalho;

II — instruir os empregados, através de ordens de serviço, quanto às precauções a tomar no sentido de evitar acidentes do trabalho ou doenças ocupacionais;

III — adotar as medidas que lhes sejam determinadas pelo órgão regional competente;

IV — facilitar o exercício da fiscalização pela autoridade competente.

Art. 158. Cabe aos empregados:

I– observar as normas de segurança e medicina do trabalho, inclusive as instruções de que trata o item II do artigo anterior;

II– colaborar com a empresa na aplicação dos dispositivos deste Capítulo.

Parágrafo único. Constitui ato faltoso do empregado a recusa injustificada:

a) à observância das instruções expedidas pelo empregador na forma do item II do artigo anterior;

b) ao uso dos equipamentos de proteção individual fornecidos pela empresa.

CÓDIGO CIVIL BRASILEIRO

(Lei 10.406, de 10.1.2002, atualizada até a edição da Lei n. 13.151 de 28.7.2015)

Título III: DOS ATOS ILÍCITOS

Art. 186. Aquele que, por ação ou omissão voluntária, negligência ou imprudência, violar direito e causar dano a outrem, ainda que exclusivamente moral, comete ato ilícito.

(29) A Lei n. 6.514, de 22.12.1977, propiciou a redação dos arts. 154 a 201 da CLT, observadas as atualizações legais até a edição da Lei n. 13.103 de 2.3.2015.

Art. 187. Também comete ato ilícito o titular de um direito que, ao exercê-lo, excede manifestamente os limites impostos pelo seu fim econômico ou social, pela boa-fé ou pelos bons costumes.

Título IX: DA RESPONSABILIDADE CIVIL

Capítulo I: DA OBRIGAÇÃO DE INDENIZAR

Art. 927. Aquele que, por ato ilícito (arts. 186 e 187), causar dano a outrem, fica obrigado a repará-lo.

Parágrafo único. Haverá obrigação de reparar o dano, independentemente de culpa, nos casos especificados em lei, ou quando a atividade normalmente desenvolvida pelo autor do dano implicar, por sua natureza, risco para os direitos de outrem.

PLANO DE CUSTEIO DA PREVIDÊNCIA SOCIAL

Lei n. 8.212, de 24.7.1991 *(Atualizada até a edição da Lei n. 13.146 de 6.7.2015)*

Título VI: DO FINANCIAMENTO DA SEGURIDADE SOCIAL

Capítulo I: INTRODUÇÃO

Art. 10. A Seguridade Social será financiada por toda sociedade, de forma direta e indireta, nos termos do art. 195 da Constituição Federal e desta Lei, mediante recursos provenientes da União, dos Estados, do Distrito Federal, dos Municípios e de contribuições sociais.

Art. 11. No âmbito federal, o orçamento da Seguridade Social é composto das seguintes receitas:

I — receitas da União;

II — receitas das contribuições sociais;

III — receitas de outras fontes.

Parágrafo único. Constituem contribuições sociais:

a) as das empresas, incidentes sobre a remuneração paga ou creditada aos segurados a seu serviço;

b) as dos empregadores domésticos;

c) as dos trabalhadores, incidentes sobre o seu salário de contribuição;

d) as das empresas, incidentes sobre faturamento e lucro;

e) as incidentes sobre a receita de concursos de prognósticos.

Capítulo IV: DA CONTRIBUIÇÃO DA EMPRESA

Art. 22. A contribuição a cargo da empresa, destinada à Seguridade Social, além do disposto no art. 23, é de:

I — vinte por cento sobre o total das remunerações pagas, devidas ou creditadas a qualquer título, durante o mês, aos segurados empregados e trabalhadores avulsos que lhe prestem serviços, destinadas a retribuir o trabalho, qualquer que seja a sua forma, inclusive as gorjetas, os ganhos habituais sob a forma de utilidades e os adiantamentos decorrentes de reajuste salarial, quer pelos serviços efetivamente prestados, quer pelo tempo à disposição do empregador ou tomador de serviços, nos termos da lei ou do contrato ou, ainda, de convenção ou acordo coletivo de trabalho ou sentença normativa.

II — para o financiamento do benefício previsto nos arts. 57 e 58 da Lei n. 8.213, de 24.7.1991, e daqueles concedidos em razão do grau de incidência de incapacidade laborativa decorrente dos riscos ambientais do trabalho, sobre o total das remunerações pagas ou creditadas, no decorrer do mês, aos segurados empregados e trabalhadores avulsos:

a) 1% (um por cento) para as empresas em cuja atividade preponderante o risco de acidentes do trabalho seja considerado leve;

b) 2% (dois por cento) para as empresas em cuja atividade preponderante esse risco seja considerado médio;

c) 3% (três por cento) para as empresas em cuja atividade preponderante esse risco seja considerado grave.

III — vinte por cento sobre o total das remunerações pagas ou creditadas a qualquer título, no decorrer do mês, aos segurados contribuintes individuais que lhe prestem serviços;

IV — quinze por cento sobre o valor bruto da nota fiscal ou fatura de prestação de serviços, relativamente a serviços que lhe são prestados por cooperados por intermédio de cooperativas de trabalho.

§ 1º No caso de bancos comerciais, bancos de investimentos, bancos de desenvolvimento, caixas econômicas, sociedades de crédito, financiamento e investimento, sociedades de crédito imobiliário, sociedades corretoras, distribuidoras de títulos e valores mobiliários, empresas de arrendamento mercantil, cooperativas de crédito, empresas de seguros privados e de capitalização, agentes autônomos de seguros privados e de crédito e entidades de previdência privada abertas e fechadas, além das contribuições referidas neste artigo e no art. 23, é devida a contribuição adicional de dois vírgula cinco por cento sobre a base de cálculo definida nos incisos I e III deste artigo.

§ 2º Não integram a remuneração as parcelas de que trata o § 9º do art. 28.

§ 3º O Ministério do Trabalho e da Previdência Social poderá alterar, com base nas estatísticas de acidentes do trabalho, apuradas em inspeção, o enquadramento de empresas para efeito da contribuição a que se refere o inciso II deste artigo, a fim de estimular investimentos em prevenção de acidentes.

§ 4ºº O Poder Executivo estabelecerá, na forma da lei, ouvido o Conselho Nacional da Seguridade Social, mecanismos de estímulo às empresas que se utilizem de empregados portadores de deficiências física, sensorial e/ou mental com desvio do padrão médio.

§ 5º *(REVOGADO)*

§ 6º A contribuição empresarial da associação desportiva que mantém equipe de futebol profissional destinada à Seguridade Social, em substituição à prevista nos incisos I e II deste artigo, corresponde a cinco por cento da receita bruta, decorrente dos espetáculos desportivos de que participem em todo território nacional em qualquer modalidade desportiva, inclusive jogos internacionais, e de qualquer forma de patrocínio, licenciamento de uso de marcas e símbolos, publicidade, propaganda e de transmissão de espetáculos desportivos.

§ 7º Caberá à entidade promotora do espetáculo a responsabilidade de efetuar o desconto de cinco por cento da receita bruta decorrente dos espetáculos desportivos e o respectivo recolhimento ao Instituto Nacional do Seguro Social, no prazo de até dois dias úteis após a realização do evento.

§ 8º Caberá à associação desportiva que mantém equipe de futebol profissional informar à entidade promotora do espetáculo desportivo todas as receitas auferidas no evento, discriminando-as detalhadamente.

§ 9º No caso de a associação desportiva que mantém equipe de futebol profissional receber recursos de empresa ou entidade, a título de patrocínio, licenciamento de uso de marcas e símbolos, publicidade, propaganda e transmissão de espetáculos, esta última ficará com a responsabilidade de reter e recolher o percentual de cinco por cento da receita bruta decorrente do evento, inadmitida qualquer dedução, no prazo estabelecido na alínea "b", inciso I, do art. 30 desta Lei.

§ 10. Não se aplica o disposto nos §§ 6º ao 9º às demais associações desportivas, que devem contribuir na forma dos incisos I e II deste artigo e do art. 23 desta Lei.

§ 11. O disposto nos §§ 6º ao 9º deste artigo aplica-se à associação desportiva que mantenha equipe de futebol profissional e atividade econômica organizada para a produção e circulação de bens e serviços e que se organize regularmente, segundo um dos tipos regulados nos arts. 1.039 a 1.092 da Lei n. 10.406 de 10.1.2002 (Código Civil).

§ 11-A. O disposto no § 11 deste artigo aplica-se apenas às atividades diretamente relacionadas com a manutenção e administração de equipe profissional de futebol, não se estendendo às outras atividades econômicas exercidas pelas referidas sociedades empresariais beneficiárias.

§ 12. (VETADO).

§ 13. Não se considera como remuneração direta ou indireta, para os efeitos desta Lei, os valores despendidos pelas entidades religiosas e instituições de ensino vocacional com ministro de confissão religiosa, membros de instituto de vida consagrada, de congregação ou de ordem religiosa em face do seu mister religioso ou para sua subsistência desde que fornecidos em condições que independam da natureza e da quantidade do trabalho executado.

Art. 22-A. A contribuição devida pela agroindústria, definida, para os efeitos desta Lei, como sendo o produtor rural pessoa jurídica cuja atividade econômica seja a industrialização de produção própria ou de produção própria e adquirida de terceiros, incidente sobre o valor da receita bruta proveniente da comercialização da produção, em substituição às previstas nos incisos I e II do art. 22 desta Lei, é de:

I — dois vírgula cinco por cento destinados à Seguridade Social;

II — zero vírgula um por cento para o financiamento do benefício previsto nos arts. 57 e 58 da Lei n. 8.213 de 24.7.1991, e daqueles concedidos em razão do grau de incidência de incapacidade para o trabalho decorrente dos riscos ambientais da atividade.

§ 1º (VETADO).

§ 2º O disposto neste artigo não se aplica às operações relativas à prestação de serviços a terceiros, cujas contribuições previdenciárias continuam sendo devidas na forma do art. 22 desta Lei.

§ 3º Na hipótese do § 2º, a receita bruta correspondente aos serviços prestados a terceiros será excluída da base de cálculo da contribuição de que trata o *caput*.

§ 4º O disposto neste artigo não se aplica às sociedades cooperativas e às agroindústrias de piscicultura, carcinicultura, suinocultura e avicultura.

§ 5º O disposto no inciso I do art. 3º da Lei n. 8.315, de 23 de dezembro de 1991, não se aplica ao empregador de que trata este artigo, que contribuirá com o adicional de zero vírgula vinte e cinco por cento da receita bruta proveniente da comercialização da produção, destinado ao Serviço Nacional de Aprendizagem Rural (SENAR).

§ 6º Não se aplica o regime substitutivo de que trata este artigo à pessoa jurídica que, relativamente à atividade rural, se dedique apenas ao florestamento e reflorestamento como fonte de matéria-prima para industrialização própria mediante a utilização de processo industrial que modifique a natureza química da madeira ou a transforme em pasta celulósica.

§ 7º Aplica-se o disposto no § 6º ainda que a pessoa jurídica comercialize resíduos vegetais ou sobras ou partes da produção, desde que a receita bruta decorrente dessa comercialização represente menos de um por cento de sua receita bruta proveniente da comercialização da produção.

Art. 22-B. As contribuições de que tratam os incisos I e II do art. 22 desta Lei são substituídas, em relação à remuneração paga, devida ou creditada ao trabalhador rural contratado pelo consórcio simplificado de produtores rurais de que trata o art. 25A, pela contribuição dos respectivos produtores rurais, calculada na forma do art. 25 desta Lei.

PLANO DE BENEFÍCIOS DA PREVIDÊNCIA SOCIAL

Lei n. 8.213, de 24.7.1991 *(Atualizada até a edição da Medida Provisória n. 664, de 30.12.2014)*

Capítulo II: DAS PRESTAÇÕES EM GERAL

Seção I: DAS ESPÉCIES DE PRESTAÇÕES

Art. 19. Acidente do Trabalho é o que ocorre pelo exercício do trabalho a serviço da empresa ou de empregador doméstico ou pelo exercício do trabalho dos segurados referidos no inciso VII (produtor, parceiro, meeiro e arrendatário rural, pescador artesanal e assemelhados) do art. 11 desta Lei, provocando lesão corporal ou perturbação funcional que cause a morte ou a perda ou redução, permanente ou temporária, da capacidade para o trabalho. *(Redação dada pela Lei Complementar n. 150 de 1º.6.2015)*

§ 1º A empresa é responsável pela adoção e uso das medidas coletivas e individuais de proteção e segurança da saúde do trabalhador.

§ 2º Constitui contravenção penal, punível com multa, deixar a empresa de cumprir as normas de segurança e higiene do trabalho.

§ 3º É dever da empresa prestar informações pormenorizadas sobre os riscos da operação a executar e do produto a manipular.

§ 4º O Ministério do Trabalho e da Previdência Social (atualmente o Ministério do Trabalho e Emprego) fiscalizará e os sindicatos e entidades representativas de classe acompanharão o fiel cumprimento do disposto nos parágrafos anteriores, conforme dispuser o Regulamento.

Art. 20. Consideram-se Acidentes do Trabalho, nos termos do artigo anterior, as seguintes entidades mórbidas:

I — Doença Profissional, assim entendida a produzida ou desencadeada pelo exercício do trabalho peculiar a determinada atividade e constante da respectiva relação elaborada pelo MTPS(30);

II — Doença do Trabalho, assim entendida a adquirida ou desencadeada em função de condições especiais em que o trabalho é realizado e com ele se relacione diretamente, constante da relação mencionada no inciso I.

Art. 21. Equiparam-se também ao acidente do trabalho, para efeitos desta Lei:

I — o acidente ligado ao trabalho que, embora não tenha sido a causa única, haja contribuído diretamente para a morte do segurado, para redução ou perda da sua capacidade para o trabalho, ou produzido lesão que exija atenção médica para a sua recuperação;

II — o acidente sofrido pelo segurado no local e no horário do trabalho, em consequência de:

a) ato de agressão, sabotagem ou terrorismo praticado por terceiro ou companheiro de trabalho;

b) ofensa física intencional, inclusive de terceiro, por motivo de disputa relacionada ao trabalho;

c) ato de imprudência, de negligência ou de imperícia de terceiro ou de companheiro de trabalho;

d) ato de pessoa privada do uso da razão;

e) desabamento, inundação, incêndio e outros casos fortuitos ou decorrentes de força maior;

III — a doença proveniente de contaminação acidental do empregado no exercício de sua atividade;

IV — o acidente sofrido pelo segurado ainda que fora do local e horário de trabalho:

a) na execução de ordem ou na realização de serviço sob a autoridade da empresa;

b) na prestação espontânea de qualquer serviço à empresa para lhe evitar prejuízo ou proporcionar proveito;

c) em viagem a serviço da empresa, inclusive para estudo quando financiada por esta dentro de seus planos para melhor capacitação da mão de obra, independentemente do meio de locomoção utilizado, inclusive veículo de propriedade do segurado;

d) no percurso da residência para o local de trabalho ou deste para aquela, qualquer que seja o meio de locomoção, inclusive veículo de propriedade do segurado.

§ 1º Nos períodos destinados a refeição ou descanso, ou por ocasião da satisfação de outras necessidades fisiológicas, no local do trabalho ou durante este, o empregado é considerado no exercício do trabalho.

§ 2º Não é considerada agravação ou complicação de acidente do trabalho a lesão que, resultante de acidente de outra origem, se associe ou se superponha às consequências do anterior.

Art. 21-A.(31) A perícia médica do INSS considerará caracterizada a natureza acidentária da incapacidade quando constatar ocorrência de nexo técnico epidemiológico entre o trabalho e o agravo, decorrente da relação entre a atividade da empresa ou do empregado doméstico e a entidade mórbida motivadora da incapacidade elencada na Classificação Internacional de Doenças (CID), em conformidade com o que dispuser o regulamento.

§ 1º A perícia médica do INSS deixará de aplicar o disposto neste artigo quando demonstrada a inexistência do nexo de que trata o *caput* deste artigo.

§ 2º A empresa ou o empregador doméstico poderão requerer a não aplicação do nexo técnico epidemiológico(32), de cuja decisão caberá recurso com efeito suspensivo, da empresa ou do segurado, ao Conselho de Recursos da Previdência Social.

Art. 22. A empresa ou o empregador doméstico deverão comunicar o acidente do trabalho(33) à Previdência Social até o 1º (primeiro) dia útil seguinte ao da ocorrência e, em caso de morte, de imediato, à autoridade competente, sob pena de multa variável entre o limite mínimo e o limite máximo do salário de contribuição, sucessivamente aumentada nas reincidências, aplicada e cobrada pela Previdência Social.

§ 1º Da comunicação a que se refere este artigo receberão cópia fiel o acidentado ou seus dependentes, bem como o sindicato a que corresponda a sua categoria.

§ 2º Na falta de comunicação por parte da empresa, podem formalizá-la o próprio acidentado, seus dependentes, a entidade sindical competente, o médico que o assistiu ou qualquer autoridade pública, não prevalecendo nestes casos o prazo previsto neste artigo.

§ 3º A comunicação a que se refere o § 2º não exime a empresa de responsabilidade pela falta do cumprimento do disposto neste artigo.

§ 4º Os sindicatos e entidades representativas de classe poderão acompanhar a cobrança, pela Previdência Social, das multas previstas neste artigo.

Art. 23. Considera-se como dia do acidente, no caso de doença profissional ou do trabalho, a data do início da incapacidade laborativa para o exercício da atividade habitual, ou o dia da segregação compulsória, ou o dia em que for realizado o diagnóstico, valendo para este efeito o que ocorrer primeiro.

---

(30) *Vide* Anexo II (AGENTES PATOGÊNICOS CAUSADORES DE DOENÇAS PROFISSIONAIS OU DO TRABALHO) do Decreto n. 3.048/99, adiante reproduzido.

(31) O art. 21-A foi acrescido à Lei n. 8.213/91, nos termos da Lei n. 11.430, de 26.12.2006, instituidora do Nexo Técnico-Epidemiológico Previdenciário (NTEP).

(32) *Vide* art. 337 do Decreto n. 3.048/99 (Regulamento da Previdência Social), que disciplina o reconhecimento do Nexo Técnico-Epidemiológico Previdenciário (NTEP), na forma adiante reproduzida.

(33) Ver Formulário-Padrão de Comunicação de Acidente do Trabalho (CAT), no Módulo Complementar deste Capítulo.

Seção II: DOS PERÍODOS DE CARÊNCIA

Art. 24. Período de carência é o número mínimo de contribuições mensais indispensáveis para que o beneficiário faça jus ao benefício, consideradas a partir do transcurso do primeiro dia dos meses de suas competências.

Parágrafo único. Havendo perda da qualidade de segurado, as contribuições anteriores a essa data só serão computadas para efeito de carência depois que o segurado contar, a partir da nova filiação à Previdência Social, com, no mínimo, 1/3 (um terço) do número de contribuições exigidas para o cumprimento da carência definida para o benefício a ser requerido.

Art. 25. A concessão das prestações pecuniárias do Regime Geral de Previdência Social depende dos seguintes períodos de carência, ressalvado o disposto no art. 26:

I — auxílio-doença e aposentadoria por invalidez: 12 (doze) contribuições mensais;

II — aposentadoria por idade, aposentadoria por tempo de serviço e aposentadoria especial: 180 contribuições mensais.

III — salário-maternidade para as seguradas de que tratam os incisos V e VII do art. 11 e o art. 13: dez contribuições mensais, respeitado o disposto no parágrafo único do art. 39 desta Lei;

IV — pensão por morte: vinte e quatro contribuições mensais, salvo nos casos em que o segurado esteja em gozo de auxílio-doença ou de aposentadoria por invalidez.

Parágrafo único. Em caso de parto antecipado, o período de carência a que se refere o inciso III será reduzido em número de contribuições equivalente ao número de meses em que o parto foi antecipado.

Art. 26. Independe de carência a concessão das seguintes prestações:

I — salário-família e auxílio-acidente;

II — auxílio-doença e aposentadoria por invalidez nos casos de acidente de qualquer natureza ou causa e de doença profissional ou do trabalho, bem como nos casos de segurado que, após filiar-se ao RGPS, for acometido de alguma das doenças e afecções especificadas em lista elaborada pelos Ministérios da Saúde e da Previdência Social, atualizada a cada 3 (três) anos, de acordo com os critérios de estigma, deformação, mutilação, deficiência ou outro fator que lhe confira especificidade e gravidade que mereçam tratamento particularizado; *(Redação dada pela Lei n. 13.135 de 17.6.2015)*;

III — os benefícios concedidos na forma do inciso I do art. 39, aos segurados especiais referidos no inciso VII do art. 11 desta Lei;

IV — serviço social;

V — reabilitação profissional;

VI — salário-maternidade para as seguradas empregada, trabalhadora avulsa e empregada doméstica;

VII — pensão por morte nos casos de acidente do trabalho e doença profissional ou do trabalho.

Art. 27. Para cômputo do período de carência, serão consideradas as contribuições:

I — referentes ao período a partir da data da filiação ao Regime Geral de Previdência Social, no caso dos segurados empregados, inclusive domésticos, e trabalhadores avulsos referidos nos incisos I e VI do art. 11;

II — realizadas a contar da data do efetivo pagamento da primeira contribuição sem atraso, não sendo consideradas para este fim as contribuições recolhidas com atraso referentes a competências anteriores, no caso dos segurados empregado doméstico, contribuinte individual, especial e facultativo, referidos, respectivamente, nos incisos II, V e VII do art. 11 e no art. 13.

Seção V: DOS BENEFÍCIOS

Subseção I: DA APOSENTADORIA POR INVALIDEZ[34]

Art. 42. A aposentadoria por invalidez, uma vez cumprida, quando for o caso, a carência exigida, será devida ao segurado que, estando ou não em gozo de auxílio-doença, for considerado incapaz e insusceptível de reabilitação para o exercício de atividade que lhe garanta a subsistência, e ser-lhe-á paga enquanto permanecer nesta condição.

§ 1º A concessão de aposentadoria por invalidez dependerá da verificação da condição de incapacidade mediante exame médico-pericial a cargo da Previdência Social, podendo o segurado, às suas expensas, fazer-se acompanhar de médico de sua confiança.

§ 2º A doença ou lesão de que o segurado já era portador ao filiar-se ao Regime Geral de Previdência Social não lhe conferirá direito à aposentadoria por invalidez, salvo quando a incapacidade sobrevier por motivo de progressão ou agravamento dessa doença ou lesão.

Art. 43. A aposentadoria por invalidez será devida a partir do dia imediato ao da cessação do auxílio-doença, ressalvado o disposto nos §§ 1º, 2º e 3º deste artigo.

§ 1º Concluindo a perícia médica inicial pela existência de incapacidade total e definitiva para o trabalho, a aposentadoria por invalidez será devida: **a)** ao segurado empregado, a partir do trigésimo primeiro dia do afastamento da atividade ou a partir da entrada do requerimento, se entre o afastamento e a entrada do requerimento decorrerem mais de quarenta e cicno dias; **b)** ao segurado empregado doméstico, trabalhador avulso, contribuinte individual, especial e facultativo, a contar da data do início da incapacidade ou da data da entrada do requerimento, se entre essas datas decorrerem mais de trinta dias.

§ 2º Durante os primeiros trinta dias de afastamento da atividade por motivo de invalidez, caberá à empresa pagar ao segurado empregado o seu salário integral.

§ 3º *(Revogado pela Lei n. 9.032, de 28.4.1995)*

Art. 44. A aposentadoria por invalidez, inclusive a decorrente de acidente do trabalho, consistirá numa renda mensal correspondente a 100% (cem por cento) do salário de benefício, observado o disposto na Seção III, especialmente no art. 33 desta Lei.

§ 1º *(Revogado pela Lei n. 9.528, de 10.12.1997)*

---

(34) *Vide* arts. 43 a 50 do Decreto n. 3.048/99 (Regulamento da Previdência Social), que disciplinam a concessão de Aposentadoria por Invalidez, na forma adiante reproduzida.

§ 2º Quando o acidentado do trabalho estiver em gozo de auxílio-doença, o valor da aposentadoria por invalidez será igual ao do auxílio-doença se este, por força de reajustamento, for superior ao previsto neste artigo.

Art. 45. O valor da aposentadoria por invalidez do segurado que necessitar da assistência permanente de outra pessoa será acrescido de 25% (vinte e cinco por cento).[35]

Parágrafo único. O acréscimo de que trata este artigo:

a) será devido ainda que o valor da aposentadoria atinja o limite máximo legal;

b) será recalculado quando o benefício que lhe deu origem for reajustado;

c) cessará com a morte do aposentado, não sendo incorporável ao valor da pensão.

Art. 46. O aposentado por invalidez que retornar voluntariamente à atividade terá sua aposentadoria automaticamente cancelada, a partir da data do retorno.

Art. 47. Verificada a recuperação da capacidade de trabalho do aposentado por invalidez, será observado o seguinte procedimento:

I — quando a recuperação ocorrer dentro de 5 (cinco) anos, contados da data do início da aposentadoria por invalidez ou do auxílio-doença que a antecedeu sem interrupção, o benefício cessará: **a)** de imediato, para o segurado empregado que tiver direito a retornar à função que desempenhava na empresa quando se aposentou, na forma da legislação trabalhista, valendo como documento, para tal fim, o certificado de capacidade fornecido pela Previdência Social; ou **b)** após tantos meses quantos forem os anos de duração do auxílio-doença ou da aposentadoria por invalidez, para os demais segurados;

II — quando a recuperação for parcial, ou ocorrer após o período do inciso I, ou ainda quando o segurado for declarado apto para o exercício de trabalho diverso do qual habitualmente exercia, a aposentadoria será mantida, sem prejuízo da volta à atividade:

a) no seu valor integral, durante 6 (seis) meses contados da data em que for verificada a recuperação da capacidade;

b) com redução de 50% (cinquenta por cento), no período seguinte de 6 (seis) meses;

c) com redução de 75% (setenta e cinco por cento), também por igual período de 6 (seis) meses, ao término do qual cessará definitivamente.

Subseção IV: DA APOSENTADORIA ESPECIAL (Arts. 57 e 58)[36]

Art. 57. A aposentadoria especial será devida, uma vez cumprida a carência exigida nesta Lei, ao segurado que tiver trabalhado sujeito a condições especiais que prejudiquem a saúde ou a integridade física, durante 15 (quinze), 20 (vinte) ou 25 (vinte e cinco) anos, conforme dispuser a lei.

§ 1º A aposentadoria especial, observado o disposto no art. 33 desta Lei, consistirá numa renda mensal equivalente a 100% (cem por cento) do salário de benefício.

§ 2º A data de início do benefício será fixada da mesma forma que a da aposentadoria por idade, conforme o disposto no art. 49.

§ 3º A concessão da aposentadoria especial dependerá de comprovação pelo segurado, perante o Instituto Nacional do Seguro Social — INSS, do tempo de trabalho permanente, não ocasional nem intermitente, em condições especiais que prejudiquem a saúde ou a integridade física, durante o período mínimo fixado.

§ 4º O segurado deverá comprovar, além do tempo de trabalho, exposição aos agentes nocivos químicos, físicos, biológicos ou associação de agentes prejudiciais à saúde ou à integridade física, pelo período equivalente ao exigido para a concessão do benefício.

§ 5º O tempo de trabalho exercido sob condições especiais que sejam ou venham a ser consideradas prejudiciais à saúde ou à integridade física será somado, após a respectiva conversão ao tempo de trabalho exercido em atividade comum, segundo critérios estabelecidos pelo Ministério da Previdência e Assistência Social, para efeito de concessão de qualquer benefício.

§ 6º O benefício previsto neste artigo será financiado com os recursos provenientes da contribuição de que trata o inciso II do art. 22 da Lei n. 8.212, de 24 de julho de 1991, cujas alíquotas serão acrescidas de doze, nove ou seis pontos percentuais, conforme a atividade exercida pelo segurado a serviço da empresa permita a concessão de aposentadoria especial após quinze, vinte ou vinte e cinco anos de contribuição, respectivamente.

§ 7º O acréscimo de que trata o parágrafo anterior incide exclusivamente sobre a remuneração do segurado sujeito às condições especiais referidas no *caput*.

§ 8º Aplica-se o disposto no art. 46 ao segurado aposentado nos termos deste artigo que continuar no exercício de atividade ou operação que o sujeite aos agentes nocivos constantes da relação referida no art. 58 desta Lei.

Art. 58. A relação dos agentes nocivos químicos, físicos e biológicos ou associação de agentes prejudiciais à saúde ou à integridade física considerados para fins de concessão da aposentadoria especial de que trata o artigo anterior será definida pelo Poder Executivo.

§ 1º A comprovação da efetiva exposição do segurado aos agentes nocivos será feita mediante formulário, na forma estabelecida pelo Instituto Nacional do Seguro Social — INSS, emitido pela empresa ou seu preposto, com base em laudo técnico de condições ambientais do trabalho expedido por médico do trabalho ou engenheiro de segurança do trabalho nos termos da legislação trabalhista.

§ 2º Do laudo técnico referido no parágrafo anterior deverão constar informação sobre a existência de tecnologia de proteção coletiva ou individual que diminua a intensidade do agente agressivo a limites de tolerância e recomendação sobre a sua adoção pelo estabelecimento respectivo.

§ 3º A empresa que não mantiver laudo técnico atualizado com referência aos agentes nocivos existentes no ambiente de trabalho de seus trabalhadores ou que emitir documento de comprovação de efetiva exposição em desacordo com o respectivo laudo estará sujeita à penalidade prevista no art. 133 desta Lei.

§ 4º A empresa deverá elaborar e manter atualizado perfil profissiográfico abrangendo as atividades desenvolvidas pelo trabalhador e fornecer a este, quando da rescisão do contrato de trabalho, cópia autêntica desse documento.

---

(35) Ver Anexo I (RELAÇÃO DAS SITUAÇÕES EM QUE O APOSENTADO POR INVALIDEZ TERÁ DIREITO À MAJORAÇÃO DE 25%) do Decreto n. 3.048/99, adiante reproduzido.

(36) Ver arts. 64 a 70 do Decreto n. 3.048/1999 (Regulamento da Previdência Social), que disciplinam a concessão de Aposentadoria Especial, na forma adiante reproduzida.

Subseção V: DO AUXÍLIO-DOENÇA[37]

Art. 59. O auxílio-doença será devido ao segurado que, havendo cumprido, quando for o caso, o período de carência exigido nesta Lei, ficar incapacitado para o seu trabalho ou para a sua atividade habitual por mais de 15 (quinze) dias consecutivos.

Parágrafo único. Não será devido auxílio-doença ao segurado que se filiar ao Regime Geral de Previdência Social já portador da doença ou da lesão invocada como causa para o benefício, salvo quando a incapacidade sobrevier por motivo de progressão ou agravamento dessa doença ou da lesão.

Art. 60. O auxílio-doença será devido ao segurado que ficar incapacitado para seu trabalho ou sua atividade habitual, desde que cumprido, quando for o caso, o período de carência exigido nesta Lei:

I — ao segurado empregado, a partir do décimo sexto dia do afastamento da atividade ou a partir da data de entrada do requerimento, se entre o afastamento e a data de entrada do requerimento decorrerem mais de quarenta e cinco dias; e

II — aos demais segurados, a partir do início da incapacidade ou da data de entrada do requerimento, se entre essas datas decorrerem mais de trinta dias.

§ 1º Quando requerido por segurado afastado da atividade por mais de 30 (trinta) dias, o auxílio-doença será devido a contar da data da entrada do requerimento.

§ 2º (*Revogado pela Lei n. 9.032, de 28.4.1995*)

§ 3º Durante os primeiros quinze dias consecutivos ao do afastamento da atividade por motivo de doença, incumbirá à empresa pagar ao segurado empregado o seu salário integral.

§ 4º A empresa que dispuser de serviço médico, próprio ou em convênio, terá a seu cargo o exame médico e o abono das faltas correspondentes ao período referido no § 3º, somente devendo encaminhar o segurado à perícia médica da Previdência Social quando a incapacidade ultrapassar quinze dias.

§ 5º nos casos de impossibilidade de realização de perícia médica pelo órgão ou setor próprio competente, assim como de efetiva incapacidade física ou técnica de implementação das atividades e de atendimento adequado à clientela da previdência social, o INSS poderá, sem ônus para os segurados, celebrar, nos termos do regulamento, convênios, termos de execução descentralizada, termos de fomento ou de colaboração, contratos não onerosos ou acordos de cooperação técnica para realização de perícia médica, por delegação ou simples cooperação técnica, sob sua coordenação e supervisão, com: *(Incluído pela Lei n. 13.135 de 17.6.2015).*

I — órgãos e entidades públicos ou que integrem o Sistema Único de Saúde (SUS);

II — (VETADO);

III — (VETADO).

§ 6º. O segurado que durante o gozo do auxílio-doença vier a exercer atividade que lhe garanta subsistência poderá ter o benefício cancelado a partir do retorno à atividade. *(Incluído pela Lei n. 13.135 de 17.6.2015).*

§ 7º. Na hipótese do § 6º, caso o segurado, durante o gozo do auxílio-doença, venha a exercer atividade diversa daquela que gerou o benefício, deverá ser verificada a incapacidade para cada uma das atividades exercidas. *(Incluído pela Lei n. 13.135 de 17.6.2015).*

Art. 61. O auxílio-doença, inclusive o decorrente de acidente do trabalho, consistirá numa renda mensal correspondente a 91% (noventa e um por cento) do salário de benefício, observado o disposto na Seção III, especialmente no art. 33 desta Lei.

Art. 62. O segurado em gozo de auxílio-doença, insusceptível de recuperação para sua atividade habitual, deverá submeter-se a processo de reabilitação profissional para o exercício de outra atividade. Não cessará o benefício até que seja dado como habilitado para o desempenho de nova atividade que lhe garanta a subsistência ou, quando considerado não recuperável, for aposentado por invalidez.

Art. 63. O segurado empregado, inc lusive o doméstico, em gozo de auxílio-doença será considerado pela empresa como licenciado. *(Redação dada pela Lei Complementar n. 150 de 1º.6.2015)*

Parágrafo único. A empresa que garantir ao segurado licença remunerada ficará obrigada a pagar-lhe durante o período de auxílio-doença a eventual diferença entre o valor deste e a importância garantida pela licença.

Art. 64. (*Revogado pela Lei n. 9.032, de 28.4.1995*).

Subseção VIII: DA PENSÃO POR MORTE[38]

Art. 74. A pensão por morte será devida ao conjunto dos dependentes do segurado que falecer, aposentado ou não, a contar da data:

I — do óbito, quando requerida até trinta dias depois deste;

II — do requerimento, quando requerida após o prazo previsto no inciso anterior;

III — da decisão judicial, no caso de morte presumida.

§ 1º Perde o direito à pensão por morte, após o trânsito em julgado, o condenado pela prática de crime de que tenha dolosamente resultado a morte do segurado. *(Incluído pela Lei n. 13.135 de 17.6.2015)*

§ 2º Perde o direito à pensão por morte o cônjuge, o companheiro ou a companheira se comprovada, a qualquer tempo, simulação ou fraude no casamento ou na união estável, ou a formalização desses com o fim exclusivo de constituir benefício previdenciário, apuradas em processo judicial no qual será assegurado o direito ao contraditório e à ampla defesa. *(Incluído pela Lei n. 13.135 de 17.6.2015).*

Art. 75. O valor mensal da pensão por morte corresponde a cinquenta por cento do valor da aposentadoria que o segurado recebia ou daquela a que teria direito se estivesse aposentado por invalidez na data de seu falecimento, acrescido de tantas cotas individuais de dez por cento do valor da mesma aposentadoria, quantos forem os dependentes do segurado, até o máximo de cinco, observado o disposto no art. 33.

§ 1º A cota individual cessa com a perda da qualidade de dependente, na forma estabelecida em regulamento, observado o disposto no art. 77.

§ 2º O valor mensal da pensão por morte será acrescido de parcela equivalente a uma única cota individual de que trata o *caput*, rateado entre os dependentes, no caso de haver filho do segurado ou pessoa a ele equiparada, que seja órfão de pai e mãe na data da concessão da pensão ou durante o período de manutenção desta, observado:

---

(37) *Vide* arts. 71 a 80 do Decreto n. 3.048/99 (Regulamento da Previdência Social), que disciplinam a concessão de Auxílio-Doença, na forma adiante reproduzida.

(38) Ver arts. 105 a 115 do Decreto n. 3.048/99 (Regulamento da Previdência Social), que disciplinam a concessão de Pensão por Morte, na forma adiante reproduzida.

I — o limite máximo de 100% do valor da aposentadoria que o segurado recebia ou daquela a que teria direito se estivesse aposentado por invalidez na data de seu falecimento; e

II — o disposto no inciso II do § 2º do art. 77.

§ 3º O disposto no § 2º não será aplicado quando for devida mais de uma pensão aos dependentes do segurado.

Art. 76. A concessão da pensão por morte não será protelada pela falta de habilitação de outro possível dependente, e qualquer inscrição ou habilitação posterior que importe em exclusão ou inclusão de dependente só produzirá efeito a contar da data da inscrição ou habilitação.

§ 1º O cônjuge ausente não exclui do direito à pensão por morte o companheiro ou a companheira, que somente fará jus ao benefício a partir da data de sua habilitação e mediante prova de dependência econômica.

§ 2º O cônjuge divorciado ou separado judicialmente ou de fato que recebia pensão de alimentos concorrerá em igualdade de condições com os dependentes referidos no inciso I do art. 16 desta Lei.

Art. 77. A pensão por morte, havendo mais de um pensionista, será rateada entre todos em parte iguais.

§ 1º Reverterá em favor dos demais a parte daquele cujo direito à pensão cessar, mas sem o acréscimo da cota correspondente individual de dez por cento.

§ 2º O direito à percepção de cada cota individual cessará: *(Redação dada pela Lei n. 13.135 de 17.6.2015)*

I — pela morte do pensionista;

II — para o filho, a pessoa a ele equiparada ou o irmão, de ambos os sexos, pela emancipação ou ao completar 21 (vinte e um) anos de idade, salvo se for inválido ou tiver deficiência intelectual ou mental ou deficiência grave;*(Redação dada pela Lei n. 13.146 de 6.7.2015)*

III — para filho ou irmão inválido, pela cessação da invalidez;*(Redação dada pela Lei n. 13.135 de 17.6.2015)*

IV — pelo decurso do prazo de recebimento de pensão pelo cônjuge, companheiro ou companheira, nos termos do § 5º. (Vide Lei n. 13.135 de 17.6.2015)

V — para cônjuge ou companheiro:*(Incluído pela Lei n. 13.135 de 17.6.2015)*

a) se inválido ou com deficiência, pela cessação da invalidez ou pelo afastamento da deficiência, respeitados os períodos mínimos decorrentes da aplicação das alíneas "b" e "c";*(Incluído pela Lei n. 13.135 de 17.6.2015)*

b) em 4 (quatro) meses, se o óbito ocorrer sem que o segurado tenha vertido 18 (dezoito) contribuições mensais ou se o casamento ou a união estável tiverem sido iniciados em menos de 2 (dois) anos antes do óbito do segurado;*(Incluído pela Lei n. 13.135 de 17.6.2015)*

c) transcorridos os seguintes períodos, estabelecidos de acordo com a idade do beneficiário na data de óbito do segurado, se o óbito ocorrer depois de vertidas 18 (dezoito) contribuições mensais e pelo menos 2 (dois) anos após o início do casamento ou da união estável: *(Incluído pela Lei n. 13.135 de 17.6.2015)*

1) 3 (três) anos, com menos de 21 (vinte e um) anos de idade; *(Incluído pela Lei n. 13.135 de 17.6.2015)*

2) 6 (seis) anos, entre 21 (vinte e um) e 26 (vinte e seis) anos de idade;

3) 10 (dez) anos, entre 27 (vinte e sete) e 29 (vinte e nove) anos de idade; *(Incluído pela Lei n. 13.135 de 17.6.2015)*

4) 15 (quinze) anos, entre 30 (trinta) e 40 (quarenta) anos de idade;

5) 20 (vinte) anos, entre 41 (quarenta e um) e 43 (quarenta e três) anos de idade;*(Incluído pela Lei n. 13.135 de 17.6.2015)*

6) vitalícia, com 44 (quarenta e quatro) ou mais anos de idade.

§ 2º-A. Serão aplicados, conforme o caso, a regra contida na alínea "a" ou os prazos previstos na alínea "c", ambas do inciso V do § 2º, se o óbito do segurado decorrer de acidente de qualquer natureza ou de doença profissional ou do trabalho, independentemente do recolhimento de 18 (dezoito) contribuições mensais ou da comprovação de 2 (dois) anos de casamento ou de união estável. *(Incluído pela Lei n. 13.135 de 17.6.2015)*

§ 2º-B. Após o transcurso de pelo menos 3 (três) anos e desde que nesse período se verifique o incremento mínimo de um ano inteiro na média nacional única, para ambos os sexos, correspondente à expectativa de sobrevida da população brasileira ao nascer, poderão ser fixadas, em números inteiros, novas idades para os fins previstos na alínea "c" do inciso V do § 2º, em ato do Ministro de Estado da Previdência Social, limitado o acréscimo na comparação com as idades anteriores ao referido incremento.*(Incluído pela Lei n. 13.135 de 17.6.2015)*

§ 3º Com a extinção da parte do último pensionista a pensão extinguir-se-á.*(Incluído pela Lei n. 13.135 de 17.6.2015)*

§ 4º (Revogado).*(Redação dada pela Lei n. 13.135 de 17.6.2015)*

§ 5º. O tempo de contribuição a Regime Próprio de Previdência Social (RPPS) será considerado na contagem das 18 (dezoito) contribuições mensais de que tratam as alíneas "b" e "c" do inciso V do § 2º. *(Incluído pela Lei n. 13.135 de 17.6.2015)*

Art. 78. Por morte presumida do segurado, declarada pela autoridade judicial competente, depois de 6 (seis) meses de ausência, será concedida pensão provisória, na forma desta Subseção.

§ 1º. Mediante prova do desaparecimento do segurado em consequência de acidente, desastre ou catástrofe, seus dependentes farão jus à pensão provisória independentemente da declaração e do prazo deste artigo.

§ 2º. Verificado o reaparecimento do segurado, o pagamento da pensão cessará imediatamente, desobrigados os dependentes da reposição dos valores recebidos, salvo má-fé.

Art. 79. Não se aplica o disposto no art. 103 desta Lei ao pensionista menor, incapaz ou ausente, na forma da lei.

Subseção XI: DO AUXÍLIO-ACIDENTE[39]

Art. 86. O auxílio-acidente será concedido, como indenização, ao segurado quando, após consolidação das lesões decorrentes de acidente de qualquer natureza, resultarem sequelas que impliquem redução da capacidade para o trabalho que habitualmente exercia.[40]

---

(39) *Vide* art. 104 do Decreto n. 3.048/99 (Regulamento da Previdência Social), que trata da concessão de Auxílio-Acidente, na forma adiante reproduzida.

(40) *Vide* Anexo III (RELAÇÃO DAS SITUAÇÕES QUE DÃO DIREITO AO AUXÍLIO-ACIDENTE) do Decreto n. 3.048/99, adiante reproduzido.

§ 1º O auxílio-acidente mensal corresponderá a cinquenta por cento do salário de benefício e será devido, observado o disposto no § 5º, até a véspera do início de qualquer aposentadoria ou até a data do óbito do segurado.

§ 2º O auxílio-acidente será devido a partir do dia seguinte ao da cessação do auxílio-doença, independentemente de qualquer remuneração ou rendimento auferido pelo acidentado, vedada sua acumulação com qualquer aposentadoria.

§ 3º O recebimento de salário ou concessão de outro benefício, exceto de aposentadoria, observado o disposto no § 5º, não prejudicará a continuidade do recebimento do auxílio-acidente.

§ 4º A perda da audição, em qualquer grau, somente proporcionará a concessão do auxílio-acidente, quando, além do reconhecimento de causalidade entre o trabalho e a doença, resultar, comprovadamente, na redução ou perda da capacidade para o trabalho que habitualmente exercia.

§ 5º *(Vetado pela Lei n. 9.528, de 10.12.1997).*

Seção VI: DOS SERVIÇOS

Subseção I: DO SERVIÇO SOCIAL

Art. 88. Compete ao Serviço Social esclarecer junto aos beneficiários seus direitos sociais e os meios de exercê-los e estabelecer conjuntamente com eles o processo de solução dos problemas que emergirem da sua relação com a Previdência Social, tanto no âmbito interno da instituição como na dinâmica da sociedade.

§ 1º Será dada prioridade aos segurados em benefício por incapacidade temporária e atenção especial aos aposentados e pensionistas.

§ 2º Para assegurar o efetivo atendimento dos usuários serão utilizadas intervenção técnica, assistência de natureza jurídica, ajuda material, recursos sociais, intercâmbio com empresas e pesquisa social, inclusive mediante celebração de convênios, acordos ou contratos.

§ 3º O Serviço Social terá como diretriz a participação do beneficiário na implementação e no fortalecimento da política previdenciária, em articulação com as associações e entidades de classe.

§ 4º O Serviço Social, considerando a universalização da Previdência Social, prestará assessoramento técnico aos Estados e Municípios na elaboração e implantação de suas propostas de trabalho.

Subseção II: DA HABILITAÇÃO E DA REABILITAÇÃO PROFISSIONAL[41]

Art. 89. A habilitação e a reabilitação profissional e social deverão proporcionar ao beneficiário incapacitado parcial ou totalmente para o trabalho, e às pessoas portadoras de deficiência, os meios para a (re)educação e de (re)adaptação profissional e social indicados para participar do mercado de trabalho e do contexto em que vive.

Parágrafo único. A reabilitação profissional compreende: **a)** o fornecimento de aparelho de prótese, órtese e instrumentos de auxílio para locomoção quando a perda ou redução da capacidade funcional puder ser atenuada por seu uso e dos equipamentos necessários à habilitação e reabilitação social e profissional; **b)** a reparação ou a substituição dos aparelhos mencionados no inciso anterior, desgastados pelo uso normal ou por ocorrência estranha à vontade do beneficiário; **c)** o transporte do acidentado do trabalho, quando necessário.

Art. 90. A prestação de que trata o artigo anterior é devida em caráter obrigatório aos segurados, inclusive aposentados e, na medida das possibilidades do órgão da Previdência Social, aos seus dependentes.

Art. 91. Será concedido, no caso de habilitação e reabilitação profissional, auxílio para tratamento ou exame fora do domicílio do beneficiário, conforme dispuser o Regulamento.

Art. 92. Concluído o processo de habilitação ou reabilitação social e profissional, a Previdência Social emitirá certificado individual, indicando as atividades que poderão ser exercidas pelo beneficiário, nada impedindo que este exerça outra atividade para a qual se capacitar.

Art. 93. A empresa com 100 (cem) ou mais empregados está obrigada a preencher de 2% (dois por cento) a 5% (cinco por cento) dos seus cargos com beneficiários reabilitados ou pessoas portadoras de deficiência, habilitadas, na seguinte proporção:

I — até 200 empregados 2%;

II — de 201 a 500 empregados 3%;

III — de 501 a 1.000 empregados 4%;

IV — de 1.001 em diante 5%.

§ 1º A dispensa de pessoa com deficiência ou de beneficiário reabilitado da Previdência Social ao final de contrato por prazo determinado de mais de 90 (noventa) dias e a dispensa imotivada em contrato por prazo indeterminado somente poderão ocorrer após a contratação de outro trabalhador com deficiência ou beneficiário reabilitado da Previdência Social.*(Redação dada pela Lei n. 13.146 de 6.7.2015)*

§ 2º Ao Ministério do Trabalho e Emprego incumbe estabelecer a sistemática de fiscalização, bem como gerar dados e estatísticas sobre o total de empregados e as vagas preenchidas por pessoas com deficiência e por beneficiários reabilitados da Previdência Social, fornecendo-os, quando solicitados, aos sindicatos, às entidades representativas dos empregados ou aos cidadãos interessados.*(Redação dada pela Lei n. 13.146 de 6.7.2015)*

§ 3º Para a reserva de cargos será considerada somente a contratação direta de pessoa com deficiência, excluído o aprendiz com deficiência de que trata a Consolidação das Leis do Trabalho (CLT), aprovada pelo Decreto-Lei n. 5.452, de 1º de maio de 1943.*(Redação dada pela Lei n. 13.146 de 6.7.2015)*

§ 4º (VETADO).

Seção VIII: DAS DISPOSIÇÕES DIVERSAS RELATIVAS ÀS PRESTAÇÕES

Art. 100. (VETADO).

Art. 101. O segurado em gozo de auxílio-doença, aposentadoria por invalidez e o pensionista inválido estão obrigados, sob pena de suspensão do benefício, a submeter-se a exame médico a cargo da Previdência Social, processo de reabilitação profissional por ela prescrito e custeado, e tratamento dispensado gratuitamente, exceto o cirúrgico e a transfusão de sangue, que são facultativos.

---

(41) Ver arts. 136 a 141 do Decreto n. 3.048/99 (Regulamento da Previdência Social), que disciplinam a concessão de Habilitação e Reabilitação Profissional, na forma adiante reproduzida.

Art. 102. A perda da qualidade de segurado importa em caducidade dos direitos inerentes a essa qualidade.

§ 1º A perda da qualidade de segurado não prejudica o direito à aposentadoria para cuja concessão tenham sido preenchidos todos os requisitos, segundo a legislação em vigor à época em que estes requisitos foram atendidos.

§ 2º Não será concedida pensão por morte aos dependentes do segurado que falecer após a perda desta qualidade, nos termos do art. 15 desta Lei, salvo se preenchidos os requisitos para obtenção da aposentadoria na forma do parágrafo anterior.

Art. 103. É de dez anos o prazo de decadência de todo e qualquer direito ou ação do segurado ou beneficiário para a revisão do ato de concessão de benefício, a contar do dia primeiro do mês seguinte ao do recebimento da primeira prestação ou, quando for o caso, do dia em que tomar conhecimento da decisão indeferitória definitiva no âmbito administrativo.

Parágrafo único. Prescreve em cinco anos, a contar da data em que deveriam ter sido pagas, toda e qualquer ação para haver prestações vencidas ou quaisquer restituições ou diferenças devidas pela Previdência Social, salvo o direito dos menores, incapazes e ausentes, na forma do Código Civil.

Art. 103-A. O direito da Previdência Social de anular os atos administrativos de que decorram efeitos favoráveis para os seus beneficiários decai em dez anos, contados da data em que foram praticados, salvo comprovada má-fé.

§ 1º No caso de efeitos patrimoniais contínuos, o prazo decadencial contar-se-á da percepção do primeiro pagamento.

§ 2º Considera-se exercício do direito de anular qualquer medida de autoridade administrativa que importe impugnação à validade do ato.

Art. 104. As ações referentes à prestação por acidente do trabalho prescrevem em 5 (cinco) anos, observado o disposto no art. 103 desta Lei, contados da data:

I — do acidente, quando dele resultar a morte ou a incapacidade temporária, verificada esta em perícia médica a cargo da Previdência Social; ou

II — em que for reconhecida pela Previdência Social, a incapacidade permanente ou o agravamento das sequelas do acidente.

(...)

Art. 118. O segurado que sofreu acidente do trabalho tem garantida, pelo prazo mínimo de doze meses, a manutenção do seu contrato de trabalho na empresa, após a cessação do auxílio-doença acidentário, independentemente de percepção de auxílio-acidente.

Art. 119. Por intermédio dos estabelecimentos de ensino, sindicatos, associações de classe, Fundação Jorge Duprat Figueiredo de Segurança e Medicina do Trabalho — FUNDACENTRO, órgãos públicos e outros meios, serão promovidas regularmente instrução e formação com vistas a incrementar costumes e atitudes prevencionistas em matéria de acidente, especialmente do trabalho.

Art. 120. Nos casos de negligência quanto às normas padrão de segurança e higiene do trabalho indicados para a proteção individual e coletiva, a Previdência Social proporá ação regressiva[42] contra os responsáveis.

Art. 121. O pagamento, pela Previdência Social, das prestações por acidente do trabalho não exclui a responsabilidade civil da empresa ou de outrem.

Art. 122. Se mais vantajoso, fica assegurado o direito à aposentadoria, nas condições legalmente previstas na data do cumprimento de todos os requisitos necessários à obtenção do benefício, ao segurado que, tendo completado 35 anos de serviço, se homem, ou trinta anos, se mulher, optou por permanecer em atividade.

Art. 123. (*Revogado pela Lei n. 9.032, de 28.4.1995*)

Art. 124. Salvo no caso de direito adquirido, não é permitido o recebimento conjunto dos seguintes benefícios da Previdência Social:

I — aposentadoria e auxílio-doença;

II — mais de uma aposentadoria;

III — aposentadoria e abono de permanência em serviço;

IV — salário-maternidade e auxílio-doença;

V — mais de um auxílio-acidente;

VI — mais de uma pensão deixada por cônjuge ou companheiro, ressalvado o direito de opção pela mais vantajosa.

Parágrafo único. É vedado o recebimento conjunto do seguro-desemprego com qualquer benefício de prestação continuada da Previdência Social, exceto pensão por morte ou auxílio-acidente.

Título IV: DAS DISPOSIÇÕES FINAIS E TRANSITÓRIAS

Art. 126. Das decisões do Instituto Nacional do Seguro Social (INSS) nos processos de interesse dos beneficiários e dos contribuintes da Seguridade Social caberá recurso para o Conselho de Recursos da Previdência Social (CRPS), conforme dispuser o Regulamento.

Art. 129. Os litígios e medidas cautelares relativos a acidentes do trabalho serão apreciados:

I — na esfera administrativa, pelos órgãos da Previdência Social, segundo as regras e prazos aplicáveis às demais prestações, com prioridade para conclusão; e,

II — na via judicial, pela Justiça dos Estados e do Distrito Federal, segundo o rito sumaríssimo, inclusive durante as férias forenses, mediante petição instruída pela prova de efetiva notificação do evento à Previdência Social, através de Comunicação de Acidente do Trabalho (CAT).

Parágrafo único. O procedimento judicial de que trata o inciso II deste artigo é isento do pagamento de quaisquer custas e de verbas relativas à sucumbência.

---

(42) *Vide* art. 341 do Decreto n. 3.048/99 (Regulamento da Previdência Social), que trata da Ação Regressiva, na forma adiante reproduzida.

Art. 130. Na execução contra o Instituto Nacional do Seguro Social-INSS, o prazo a que se refere o art. 730 do Código de Processo Civil é de trinta dias.

Art. 131. O Ministro da Previdência e Assistência Social poderá autorizar o INSS a formalizar a desistência ou abster-se de propor ações e recursos em processos judiciais sempre que a ação versar matéria sobre a qual haja declaração de inconstitucionalidade proferida pelo Supremo Tribunal Federal — STF, súmula ou jurisprudência consolidada do STF ou dos tribunais superiores.

Parágrafo único. O Ministro da Previdência e Assistência Social disciplinará as hipóteses em que a administração previdenciária federal, relativamente aos créditos previdenciários baseados em dispositivo declarado inconstitucional por decisão definitiva do Supremo Tribunal Federal, possa:

a) abster-se de constituí-los;

b) retificar o seu valor ou declará-los extintos, de ofício, quando houverem sido constituídos anteriormente, ainda que inscritos em dívida ativa;

c) formular desistência de ações de execução fiscal já ajuizadas, bem como deixar de interpor recursos de decisões judiciais.

Art.132. A formalização de desistência ou transigência judiciais, por parte de procurador da Previdência Social, será sempre precedida da anuência, por escrito, do Procurador-Geral do Instituto Nacional do Seguro Social INSS, ou do presidente desse órgão, quando os valores em litígio ultrapassarem os limites definidos pelo Conselho Nacional de Previdência Social — CNPS.

Art. 133. A infração a qualquer dispositivo desta Lei, para a qual não haja penalidade expressamente cominada, sujeita o responsável, conforme a gravidade da infração, à multa variável de Cr$ 100.000,00 (cem mil cruzeiros) a Cr$ 10.000.000,00 (dez milhões de cruzeiros)[(43)].

Art. 134. Os valores expressos em moeda corrente nesta Lei serão reajustados nas mesmas épocas e com os mesmos índices utilizados para o reajustamento dos valores dos benefícios.

Art. 151. Até que seja elaborada a lista de doenças mencionadas no inciso II do art. 26, independe de carência a concessão de auxílio-doença e aposentadoria por invalidez ao segurado que, após filiar-se ao Regime Geral de Previdência Social, for acometido das seguintes doenças: tuberculose ativa; hanseníase; alienação mental; neoplasia maligna; cegueira; paralisia irreversível e incapacitante; cardiopatia grave; doença de Parkinson; espondiloartrose anquilosante; nefropatia grave; estado avançado da doença de *Paget* (osteíte deformante); síndrome da deficiência imunológica adquirida-AIDS; e contaminação por radiação, com base em conclusão da medicina especializada.

Art. 154. O Poder Executivo regulamentará esta Lei[(44)] no prazo de 60 (sessenta) dias a partir da data da sua publicação.

Lei n. 10.666, de 8.5.2003 *(atualizada até a edição da Medida Provisória n. 664, de 30.12.2014).* *(Dispõe sobre Aposentadoria Especial e Fator Acidentário de Prevenção — FAP)*

Art. 1º As disposições legais sobre aposentadoria especial do segurado filiado ao Regime Geral de Previdência Social aplicam-se, também, ao cooperado filiado à cooperativa de trabalho e de produção que trabalha sujeito a condições especiais que prejudiquem a sua saúde ou a sua integridade física.

§ 1º Será devida contribuição adicional de nove, sete ou cinco pontos percentuais, a cargo da empresa tomadora de serviços de cooperado filiado a cooperativa de trabalho, incidente sobre o valor bruto da nota fiscal ou fatura de prestação de serviços, conforme a atividade exercida pelo cooperado permita a concessão de aposentadoria especial após quinze, vinte ou vinte e cinco anos de contribuição, respectivamente.

§ 2º Será devida contribuição adicional de doze, nove ou seis pontos percentuais, a cargo da cooperativa de produção, incidente sobre a remuneração paga, devida ou creditada ao cooperado filiado, na hipótese de exercício de atividade que autorize a concessão de aposentadoria especial após quinze, vinte ou vinte e cinco anos de contribuição, respectivamente.

§ 3º Considera-se cooperativa de produção aquela em que seus associados contribuem com serviços laborativos ou profissionais para a produção em comum de bens, quando a cooperativa detenha por qualquer forma os meios de produção.

Art. 10. A alíquota de contribuição de um, dois ou três por cento, destinada ao financiamento do benefício de aposentadoria especial ou daqueles concedidos em razão do grau de incidência de incapacidade laborativa decorrente dos riscos ambientais do trabalho, poderá ser reduzida, em até cinquenta por cento, ou aumentada, em até cem por cento, conforme dispuser o regulamento, em razão do desempenho da empresa em relação à respectiva atividade econômica, apurado em conformidade com os resultados obtidos a partir dos índices de frequência, gravidade e custo, calculados segundo metodologia aprovada pelo Conselho Nacional de Previdência Social.[(45)]

SÚMULAS DE JURISPRUDÊNCIA DO STF, STJ e TST *(sobre Acidentes do Trabalho)*

SÚMULAS DO SUPREMO TRIBUNAL FEDERAL *(sobre Acidentes do Trabalho)*

Súmula Vinculante STF n. 22 de 2.12.2009. A Justiça do Trabalho é competente para processar e julgar as ações de indenização por danos morais e patrimoniais decorrentes de acidente de trabalho propostas por empregado contra empregador, inclusive aquelas que ainda não possuíam sentença de mérito em primeiro grau quando da promulgação da Emenda Constitucional n. 45/04.

---

(43) Valor atualizado pela Portaria MPAS n. 4.479, de 4.6.1998, a partir de 1º de junho de 1998, para respectivamente, R$ 636,17 e R$ 63.617,35.

(44) O Decreto n. 3.048, de 6.5.1999, também conhecido como Regulamento da Previdência Social, devidamente atualizado até a edição do Decreto n. 7.331, de 19.10.2010, é o instrumento jurídico por meio do qual o Poder Executivo tem disciplinado as duas leis ordinárias e fundamentais da Previdência Social: Plano de Custeio da Previdência Social (Lei n. 8.212/91) e Plano de Benefícios da Previdência Social (Lei n. 8.213/91).

(45) Ver Resolução MPS/CNPS n. 1.316, de 31.5.2010 (Dispõe sobre o Fator Acidentário de Prevenção — FAP), nos Fundamentos Jurídicos do Capítulo 35: Acidentes do Trabalho e Indenização Acidentária.

Súmula STF n. 230. A prescrição da ação de acidente do trabalho conta-se do exame pericial que comprovar a enfermidade ou verificar a natureza da incapacidade.

Súmula STF n. 314. Na composição do dano por acidente do trabalho, ou de transporte, não é contrário à lei tomar para base da indenização o salário do tempo da perícia ou da sentença.

Súmula STF n. 464. No cálculo da indenização por acidente do trabalho inclui-se, quando devido, o repouso semanal remunerado.

Súmula STF n. 529. Subsiste a responsabilidade do empregador pela indenização decorrente de acidente de trabalho, quando o segurador, por haver entrado em liquidação, ou por outro motivo, não se encontrar em condições financeiras de efetuar, na forma da lei, o pagamento que o seguro obrigatório visava garantir.

Súmula STF n. 736. COMPETÊNCIA. AÇÕES QUE TENHAM COMO CAUSA DE PEDIR O DESCUMPRIMENTO DE NORMAS TRABALHISTAS RELATIVAS À SEGURANÇA, HIGIENE E SAÚDE DOS TRABALHADORES. JUSTIÇA DO TRABALHO. Compete à Justiça do Trabalho julgar as ações que tenham como causa de pedir o descumprimento de normas trabalhistas relativas à segurança, higiene e saúde dos trabalhadores.

SÚMULAS DO SUPERIOR TRIBUNAL DE JUSTIÇA (*sobre Acidentes do Trabalho*)

Súmula STJ n. 37. DANO MORAL E MATERIAL. CUMULAÇÃO. São cumuláveis as indenizações por dano material e dano moral oriundos do mesmo fato.

Súmula STJ n. 89. ACIDENTE DO TRABALHO. VIA ADMINISTRATIVA. A ação acidentária prescinde do exaurimento da via administrativa.

Súmula STJ n. 159. BENEFÍCIO ACIDENTÁRIO. REMUNERAÇÃO VARIÁVEL. MÉDIA ARITMÉTICA. O benefício acidentário, no caso de contribuinte que perceba remuneração variável, deve ser calculado com base na média aritmética dos últimos doze meses de contribuição.

Súmula STJ n. 170. MINISTÉRIO PÚBLICO. LEGITIMIDADE. O Ministério Público tem legitimidade para recorrer na ação de acidente de trabalho, ainda que o segurado esteja assistido por advogado.

Súmula STJ n. 278. PRESCRIÇÃO. INCAPACIDADE LABORATIVA. TERMO INICIAL. O termo inicial do prazo prescricional, na ação de indenização é a data em que o segurado teve ciência inequívoca da incapacidade laboral.

SÚMULAS DO TRIBUNAL SUPERIOR DO TRABALHO (*sobre Acidentes do Trabalho*)

Súmula TST n. 015. ATESTADO MÉDICO. A justificação da ausência do empregado motivada por doença, para a percepção do salário-enfermidade e da remuneração do repouso semanal, deve observar a ordem preferencial dos atestados médicos estabelecida em lei.

Súmula TST n. 028. INDENIZAÇÃO. No caso de se converter a reintegração em indenização dobrada, o direito aos salários é assegurado até a data da primeira decisão que determinou essa conversão.

Súmula TST n. 046. ACIDENTE DE TRABALHO. As faltas ou ausências decorrentes de acidente do trabalho não são consideradas para os efeitos de duração de férias e cálculo da gratificação natalina.

Súmula TST n. 160. APOSENTADORIA POR INVALIDEZ. Cancelada a aposentadoria por invalidez, mesmo após cinco anos, o trabalhador terá direito de retornar ao emprego, facultado, porém, ao empregador, indenizá-lo na forma da lei.

Súmula TST n. 244. GESTANTE. ESTABILIDADE PROVISÓRIA. **I** — O desconhecimento do estado gravídico pelo empregador não afasta o direito ao pagamento da indenização decorrente da estabilidade (art. 10, II, "b" do ADCT). **II** — A garantia de emprego à gestante só autoriza a reintegração se esta se der durante o período de estabilidade. Do contrário, a garantia restringe-se aos salário se demais direitos correspondentes ao período de estabilidade. **III** — Não há direito da empregada gestante à estabilidade provisória na hipótese de admissão mediante contrato de experiência, visto que a extinção da relação de emprego, em face do término do prazo, não constitui dispensa arbitrária ou sem justa causa.

Súmula TST n. 282. ABONO DE FALTAS. SERVIÇO MÉDICO DA EMPRESA. Ao serviço médico da empresa ou ao mantido por esta última mediante convênio compete abonar os primeiros 15 (quinze) dias de ausência ao trabalho.

Súmula TST n. 346. DIGITADOR. INTERVALOS INTRAJORNADA. APLICAÇÃO ANALÓGICADO ART. 72 DA CLT. Os digitadores, por aplicação analógica do art. 72 da CLT, equiparam-se aos trabalhadores nos serviços de mecanografia (datilografia, escrituração ou cálculo), razão pela qual têm direito a intervalos de descanso de 10 (dez) minutos a cada 90 (noventa) de trabalho consecutivo.

Súmula TST n. 378. ESTABILIDADE PROVISÓRIA. ACIDENTE DO TRABALHO. ART. 118 DA Lei n. 8.213/1991. CONSTITUCIONALIDADE. PRESSUPOSTOS. **I** — É constitucional o art. 118 da Lei n. 8.213/1991 que assegura o direito à estabilidade provisória por período de 12 meses após a cessação do auxílio-doença ao empregado acidentado. **II** — São pressupostos para a concessão da estabilidade o afastamento superior a 15 dias e a consequente percepção do auxílio doença acidentário,salvo se constatada, após a despedida, doença profissional que guarde relação de causalidade com a execução do contrato de emprego.

Súmula TST n. 392. DANO MORAL. COMPETÊNCIA DA JUSTIÇA DO TRABALHO. Nos termos do art. 114 da CF/1988, a Justiça do Trabalho é competente para dirimir controvérsias referentes à indenização por dano moral, quando decorrente da relação de trabalho.

Súmula TST n. 396. ESTABILIDADE PROVISÓRIA. PEDIDO DE REINTEGRAÇÃO. CONCESSÃODO SALÁRIO RELATIVO AO PERÍODO DE ESTABILIDADE JÁ EXAURIDO. INEXISTÊNCIA DEJULGAMENTO "EXTRA PETITA". **I** — Exaurido o período de estabilidade, são devidos ao empregado apenas os salários do período compreendido entre a data da despedida e o final do período de estabilidade, não lhe sendo assegurada a reintegração no emprego. **II** — Não há nulidade por julgamento "extra petita" da decisão que deferir salário quando o pedido for de reintegração,dados os termos do art. 496 da CLT.

NORMAS JURÍDICAS INFRALEGAIS OU REGULAMENTARES

Decreto n. 3.048, de 6.5.1999*(Atualizado até a edição do Decreto n. 8.424, de 31.3.2015)*

Livro II: DOS BENEFÍCIOS DA PREVIDÊNCIA SOCIAL

Título I: DOS REGIMES DA PREVIDÊNCIA SOCIAL

Capítulo II: DAS PRESTAÇÕES EM GERAL

Seção VI: DOS BENEFÍCIOS

Subseção I: DA APOSENTADORIA POR INVALIDEZ[46]

Art.43. A aposentadoria por invalidez, uma vez cumprida a carência exigida, quando for o caso, será devida ao segurado que, estando ou não em gozo de auxílio-doença, for considerado incapaz para o trabalho e insuscetível de reabilitação para o exercício de atividade que lhe garanta a subsistência, e ser-lhe-á paga enquanto permanecer nessa condição.

§ 1º A concessão de aposentadoria por invalidez dependerá da verificação da condição de incapacidade, mediante exame médico-pericial a cargo da previdência social, podendo o segurado, às suas expensas, fazer-se acompanhar de médico de sua confiança.

§ 2º A doença ou lesão de que o segurado já era portador ao filiar-se ao Regime Geral de Previdência Social não lhe conferirá direito à aposentadoria por invalidez, salvo quando a incapacidade sobrevier por motivo de progressão ou agravamento dessa doença ou lesão.

Art. 44. A aposentadoria por invalidez consiste numa renda mensal calculada na forma do inciso II do *caput* do art. 39 e será devida a contar do dia imediato ao da cessação do auxílio-doença, ressalvado o disposto no § 1º.

§ 1º Concluindo a perícia médica inicial pela existência de incapacidade total e definitiva para o trabalho, a aposentadoria por invalidez será devida:

I — ao segurado empregado a contar do décimo sexto dia do afastamento da atividade ou a partir da data da entrada do requerimento, se entre o afastamento e a entrada do requerimento decorrerem mais de trinta dias; e,

II — ao segurado empregado doméstico, contribuinte individual, trabalhador avulso, especial ou facultativo, a contar da data do início da incapacidade ou da data da entrada do requerimento, se entre essas datas decorrerem mais de trinta dias.

§ 2º Durante os primeiros quinze dias de afastamento consecutivos da atividade por motivo de invalidez, caberá à empresa pagar ao segurado empregado o salário.

§ 3º A concessão de aposentadoria por invalidez, inclusive mediante transformação de auxílio-doença concedido na forma do art. 73, está condicionada ao afastamento de todas as atividades.

Art. 45. O valor da aposentadoria por invalidez do segurado que necessitar da assistência permanente de outra pessoa será acrescido de vinte e cinco por cento, observada a relação constante do Anexo I,[47] e:

I — devido ainda que o valor da aposentadoria atinja o limite máximo legal; e

II — recalculado quando o benefício que lhe deu origem for reajustado.

Parágrafo único. O acréscimo de que trata o *caput* cessará com a morte do aposentado, não sendo incorporado ao valor da pensão por morte.

Art. 46. O segurado aposentado por invalidez está obrigado, a qualquer tempo, sem prejuízo do disposto no parágrafo único e independentemente de sua idade e sob pena de suspensão do benefício, a submeter-se a exame médico a cargo da previdência social, processo de reabilitação profissional por ela prescrito e custeado e tratamento dispensado gratuitamente, exceto o cirúrgico e a transfusão de sangue, que são facultativos.

Parágrafo único. Observado o disposto no *caput*, o aposentado por invalidez fica obrigado, sob pena de sustação do pagamento do benefício, a submeter-se a exames médicos-periciais, a realizarem-se bienalmente.

Art. 47. O aposentado por invalidez que se julgar apto a retornar à atividade deverá solicitar a realização de nova avaliação médico-pericial.

Parágrafo único. Se a perícia médica do Instituto Nacional do Seguro Social concluir pela recuperação da capacidade laborativa, a aposentadoria será cancelada, observado o disposto no art. 49.

Art. 48. O aposentado por invalidez que retornar voluntariamente à atividade terá sua aposentadoria automaticamente cessada, a partir da data do retorno.

Art. 49. Verificada a recuperação da capacidade de trabalho do aposentado por invalidez, excetuando-se a situação prevista no art. 48, serão observadas as normas seguintes:

I — quando a recuperação for total e ocorrer dentro de cinco anos contados da data do início da aposentadoria por invalidez ou do auxílio-doença que a antecedeu sem interrupção, o benefício cessará:

a) de imediato, para o segurado empregado que tiver direito a retornar à função que desempenhava na empresa ao se aposentar, na forma da legislação trabalhista, valendo como documento, para tal fim, o certificado de capacidade fornecido pela previdência social; ou

b) após tantos meses quantos forem os anos de duração do auxílio-doença e da aposentadoria por invalidez, para os demais segurados; e

II — quando a recuperação for parcial ou ocorrer após o período previsto no inciso I, ou ainda quando o segurado for declarado apto para o exercício de trabalho diverso do qual habitualmente exercia, a aposentadoria será mantida, sem prejuízo da volta à atividade:

---

(46) *Vide* arts. 42 a 47, da Lei n. 8.213/91.
(47) Ver Anexo I (RELAÇÃO DAS SITUAÇÕES EM QUE O APOSENTADO POR INVALIDEZ TERÁ DIREITO À MAJORAÇÃO DE 25%) na forma adiante reproduzida.

a) pelo seu valor integral, durante seis meses contados da data em que for verificada a recuperação da capacidade;

b) com redução de cinquenta por cento, no período seguinte de seis meses; e

c) com redução de setenta e cinco por cento, também por igual período de seis meses, ao término do qual cessará definitivamente.

Art. 50. O segurado que retornar à atividade poderá requerer, a qualquer tempo, novo benefício, tendo este processamento normal.

Parágrafo único. Se o segurado requerer qualquer benefício durante o período citado no artigo anterior, a aposentadoria por invalidez somente será cessada, para a concessão do novo benefício, após o cumprimento do período de que tratam as alíneas "b" do inciso I e "a" do inciso II do art. 49.

Subseção IV: DA APOSENTADORIA ESPECIAL (Arts. 64 a 70)(48)

Art. 64. A aposentadoria especial, uma vez cumprida a carência exigida, será devida ao segurado empregado, trabalhador avulso e contribuinte individual, este somente quando cooperado filiado a cooperativa de trabalho ou de produção, que tenha trabalhado durante quinze, vinte ou vinte e cinco anos, conforme o caso, sujeito a condições especiais que prejudiquem a saúde ou a integridade física.

§ 1º A concessão da aposentadoria especial prevista neste artigo dependerá da comprovação,durante o período mínimo fixado no *caput*:

I — do tempo de trabalho permanente, não ocasional nem intermitente; e

II — da exposição do segurado aos agentes nocivos químicos, físicos, biológicos ou a associação de agentes prejudiciais à saúde ou à integridade física.

§ 2º Consideram-se condições especiais que prejudiquem a saúde e a integridade física aquelas nas quais a exposição ao agente nocivo ou associação de agentes presentes no ambiente de trabalho esteja acima dos limites de tolerância estabelecidos segundo critérios quantitativos ou esteja caracterizada segundo os critérios da avaliação qualitativa dispostos no § 2º do art. 68.

Art. 65. Considera-se tempo de trabalho permanente aquele que é exercido de forma não ocasional nem intermitente, no qual a exposição do empregado, do trabalhador avulso ou do cooperado ao agente nocivo seja indissociável da produção do bem ou da prestação do serviço.

Parágrafo único. Aplica-se o disposto no *caput* aos períodos de descanso determinados pela legislação trabalhista, inclusive férias, aos de afastamento decorrentes de gozo de benefícios de auxílio-doença ou aposentadoria por invalidez acidentários, bem como aos de percepção de salário-maternidade, desde que, à data do afastamento, o segurado estivesse exposto aos fatores de risco de que trata o art. 68.

Art. 66. Para o segurado que houver exercido duas ou mais atividades sujeitas a condições especiais prejudiciais à saúde ou à integridade física, sem completar em qualquer delas o prazo mínimo exigido para a aposentadoria especial, os respectivos períodos serão somados após conversão, conforme tabela abaixo, considerada a atividade preponderante para efeito de enquadramento:

TEMPO A CONVERTER	MULTIPLICADORES		
	PARA 15	**PARA 20**	**PARA 25**
DE 15 ANOS	-	1,33	1,67
DE 20 ANOS	0,75	-	1,25
DE 25 ANOS	0,60	0,80	-

Art. 67. A renda mensal da aposentadoria especial consiste será equivalente a cem por cento do salário de benefício, observado, quanto à data de início do benefício, o disposto na legislação previdenciária.

Art. 68. A relação dos agentes nocivos químicos, físicos, biológicos ou associação de agentes prejudiciais à saúde ou à integridade física, considerados para fins de concessão de aposentadoria especial, consta do Anexo IV.(49)

§ 1º As dúvidas sobre o enquadramento dos agentes de que trata o *caput*, para efeito do disposto nesta Subseção, serão resolvidas pelo Ministério do Trabalho e Emprego e pelo Ministério da Previdência e Assistência Social.

§ 2º A avaliação qualitativa de riscos e agentes nocivos será comprovada mediante descrição:

I — das circunstâncias de exposição ocupacional a determinado agente nocivo ou associação de agentes nocivos presentes no ambiente de trabalho durante toda a jornada;

II — de todas as fontes e possibilidades de liberação dos agentes mencionados no inciso I;

III — dos meios de contato ou exposição dos trabalhadores, as vias de absorção, a intensidade da exposição, a frequência e a duração do contato.

§ 3º A comprovação da efetiva exposição do segurado aos agentes nocivos será feita mediante formulário emitido pela empresa ou seu preposto, com base em laudo técnico de condições ambientais do trabalho expedido por médico do trabalho ou engenheiro de segurança do trabalho.

§ 4º A presença no ambiente de trabalho, com possibilidade de exposição a ser apurada na forma dos §§ 2º e 3º, de agentes nocivos reconhecidamente cancerígenos em humanos, listados pelo Ministério do Trabalho e Emprego, será suficiente para a comprovação de efetiva exposição do trabalhador.

§ 5º No laudo técnico referido no § 3º, deverão constar informações sobre a existência de tecnologia de proteção coletiva ou individual, e de sua eficácia, e deverá ser elaborado com observância das normas editadas pelo Ministério do Trabalho e Emprego e dos procedimentos estabelecidos pelo INSS.

---

(48) Ver arts. 57 e 58 da Lei n. 8.213/1991.

(49) O Anexo IV: CLASSIFICAÇÃO DOS AGENTES NOCIVOS do Regulamento da Previdência Social (Decreto n. 3.048/99), especifica o Tempo de Exposição Mínima para fins obtenção de Aposentadoria Especial.

§ 6º A empresa que não mantiver laudo técnico atualizado com referência aos agentes nocivos existentes no ambiente de trabalho de seus trabalhadores ou que emitir documento de comprovação de efetiva exposição em desacordo com o respectivo laudo estará sujeita às penalidades previstas na legislação.

§ 7º O INSS estabelecerá os procedimentos para fins de concessão de aposentadoria especial, podendo, se necessário, confirmar as informações contidas nos documentos mencionados nos §§ 2º e 3º.

§ 8º A empresa deverá elaborar e manter atualizado o perfil profissiográfico do trabalhador, contemplando as atividades desenvolvidas durante o período laboral, documento que a ele deverá ser fornecido, por cópia autêntica, no prazo de trinta dias da rescisão do seu contrato de trabalho, sob pena de sujeição às sanções previstas na legislação aplicável.

§ 9º Considera-se perfil profissiográfico, para os efeitos do § 8º, o documento com o histórico laboral do trabalhador, segundo modelo instituído pelo INSS, que, entre outras informações, deve conter o resultado das avaliações ambientais, o nome dos responsáveis pela monitoração biológica e das avaliações ambientais, os resultados de monitoração biológica e os dados administrativos correspondentes.

§ 10. O trabalhador ou seu preposto terá acesso às informações prestadas pela empresa sobre o seu perfil profissiográfico, podendo inclusive solicitar a retificação de informações quando em desacordo com a realidade do ambiente de trabalho, conforme orientação estabelecida em ato do Ministro de Estado da Previdência Social.

§ 11. A cooperativa de trabalho e a empresa contratada para prestar serviços mediante cessão ou empreitada de mão de obra atenderão ao disposto nos §§ 3º, 4º e 5º com base nos laudos técnicos de condições ambientais de trabalho emitidos pela empresa contratante, quando o serviço for prestado em estabelecimento da contratante.

§ 12. Nas avaliações ambientais deverão ser considerados, além do disposto no Anexo IV, a metodologia e os procedimentos de avaliação estabelecidos pela Fundação Jorge Duprat Figueiredo de Segurança e Medicina do Trabalho (FUNDACENTRO).

§ 13. Na hipótese de não terem sido estabelecidos pela FUNDACENTRO a metodologia e procedimentos de avaliação, cabe ao Ministério do Trabalho e Emprego definir outras instituições que os estabeleçam.

Art. 69. A data de início da aposentadoria especial será fixada:

I — para o segurado empregado:

a) a partir da data do desligamento do emprego, quando requerida a aposentadoria especial, até noventa dias após essa data; ou

b) a partir da data do requerimento, quando não houver desligamento do emprego ou quando a aposentadoria for requerida após o prazo estabelecido na alínea "a"; e

II — para os demais segurados, a partir da data da entrada do requerimento.

Parágrafo único. O segurado que retornar ao exercício de atividade ou operação que o sujeite aos riscos e agentes nocivos constantes do Anexo IV, ou nele permanecer, na mesma ou em outra empresa, qualquer que seja a forma de prestação do serviço ou categoria de segurado, será imediatamente notificado da cessação do pagamento de sua aposentadoria especial, no prazo de sessenta dias contado da data de emissão da notificação, salvo comprovação, nesse prazo, de que o exercício dessa atividade ou operação foi encerrado.

Art. 70. A conversão de tempo de atividade sob condições especiais em tempo de atividade comum dar-se-á de acordo com a seguinte tabela:

TEMPO A CONVERTER	MULTIPLICADORES	
	MULHER (PARA 30)	HOMEM (PARA 35)
de 15 ANOS	2,00	2,33
de 20 ANOS	1,50	1,75
de 25 ANOS	1,20	1,40

§ 1º A caracterização e a comprovação do tempo de atividade sob condições especiais obedecerá ao disposto na legislação em vigor na época da prestação do serviço.

§ 2º As regras de conversão de tempo de atividade sob condições especiais em tempo de atividade comum constantes deste artigo aplicam-se ao trabalho prestado em qualquer período.

Subseção V: DO AUXÍLIO-DOENÇA(50)

Art. 71. O auxílio-doença será devido ao segurado que, após cumprida, quando for o caso, a carência exigida, ficar incapacitado para o seu trabalho ou para a sua atividade habitual por mais de quinze dias consecutivos.

§ 1º Não será devido auxílio-doença ao segurado que se filiar ao Regime Geral de Previdência Social já portador de doença ou lesão invocada como causa para a concessão do benefício, salvo quando a incapacidade sobrevier por motivo de progressão ou agravamento dessa doença ou lesão.

§ 2º Será devido auxílio-doença, independentemente de carência, aos segurados obrigatório e facultativo, quando sofrerem acidente de qualquer natureza.

Art. 72. O auxílio-doença consiste numa renda mensal calculada na forma do inciso I do *caput* do art. 39 e será devido:

I — a contar do décimo sexto dia do afastamento da atividade para o segurado empregado, exceto o doméstico;

II — a contar da data do início da incapacidade, para os demais segurados; ou

III — a contar da data de entrada do requerimento, quando requerido após o trigésimo dia do afastamento da atividade, para todos os segurados.

§ 1º Quando o acidentado não se afastar do trabalho no dia do acidente, os quinze dias de responsabilidade da empresa pela sua remuneração integral são contados a partir da data do afastamento.

---

(50) *Vide* arts. 59 a 64 da Lei n. 8.213/1991, com a redação atualizada pela Lei n. 13.146 de 6.7.2015.

§ 2º *(Revogado pelo Decreto n. 3.668, de 22.11.2000)*

§ 3º O auxílio-doença será devido durante o curso de reclamação trabalhista relacionada com a rescisão do contrato de trabalho, ou após a decisão final, desde que implementadas as condições mínimas para a concessão do benefício, observado o disposto nos §§ 2º e 3º do art. 36.

Art. 73. O auxílio-doença do segurado que exercer mais de uma atividade abrangida pela previdência social será devido mesmo no caso de incapacidade apenas para o exercício de uma delas, devendo a perícia médica ser conhecedora de todas as atividades que o mesmo estiver exercendo.

§ 1º Na hipótese deste artigo, o auxílio-doença será concedido em relação à atividade para a qual o segurado estiver incapacitado, considerando-se para efeito de carência somente as contribuições relativas a essa atividade.

§ 2º Se nas várias atividades o segurado exercer a mesma profissão, será exigido de imediato o afastamento de todas.

§ 3º Constatada, durante o recebimento do auxílio-doença concedido nos termos deste artigo, a incapacidade do segurado para cada uma das demais atividades, o valor do benefício deverá ser revisto com base nos respectivos salários de contribuição, observado o disposto nos incisos I a III do art. 72.

§ 4º Ocorrendo a hipótese do § 1º, o valor do auxílio-doença poderá ser inferior ao salário mínimo desde que somado às demais remunerações recebidas resultar valor superior a este.

Art. 74. Quando o segurado que exercer mais de uma atividade se incapacitar definitivamente para uma delas, deverá o auxílio-doença ser mantido indefinidamente, não cabendo sua transformação em aposentadoria por invalidez, enquanto essa incapacidade não se estender às demais atividades.

Parágrafo único. Na situação prevista no *caput*, o segurado somente poderá transferir-se das demais atividades que exerce após o conhecimento da reavaliação médico-pericial.

Art. 75. Durante os primeiros quinze dias consecutivos de afastamento da atividade por motivo de doença, incumbe à empresa pagar ao segurado empregado o seu salário *(Em face da MP n. 664/2014, esse prazo deve ser entendido como sendo de trinta dias).*

§ 1º Cabe à empresa que dispuser de serviço médico próprio ou em convênio o exame médico e o abono das faltas correspondentes aos primeiros quinze dias de afastamento *(Em face da MP n. 664/2014, esse prazo deve ser entendido como sendo de trinta dias).*

§ 2º Quando a incapacidade ultrapassar quinze dias consecutivos, o segurado será encaminhado à perícia médica do Instituto Nacional do Seguro Social *(Em face da MP n. 664/2014, esse prazo deve ser entendido como sendo de trinta dias).*

§ 3º Se concedido novo benefício decorrente da mesma doença dentro de sessenta dias contados da cessação do benefício anterior, a empresa fica desobrigada do pagamento relativo aos quinze primeiros dias de afastamento *(em face da MP n. 664/2014, esse prazo deve ser entendido como relativo aos primeiros trinta dias)*, prorrogando-se o benefício anterior e descontando-se os dias trabalhados, se for o caso.

§ 4º Se o segurado empregado, por motivo de doença, afastar-se do trabalho durante quinze dias, retornando à atividade no décimo sexto dia, e se dela voltar a se afastar dentro de sessenta dias desse retorno, em decorrência da mesma doença, fará jus ao auxílio-doença a partir da data do novo afastamento *(Em face da MP n. 664/2014, entenda-se trinta dias, ao invés de quinze dias).*

§ 5º Na hipótese do § 4º, se o retorno à atividade tiver ocorrido antes de quinze dias *(em face da MP n. 664/2014, entenda-se trinta dias, ao invés de quinze dias)* do afastamento, o segurado fará jus ao auxílio-doença a partir do dia seguinte ao que completar aquele período.

Art. 76. A previdência social deve processar de ofício o benefício, quando tiver ciência da incapacidade do segurado sem que este tenha requerido auxílio-doença.

Art. 77. O segurado em gozo de auxílio-doença está obrigado, independentemente de sua idade e sob pena de suspensão do benefício, a submeter-se a exame médico a cargo da previdência social, processo de reabilitação profissional por ela prescrito e custeado e tratamento dispensado gratuitamente, exceto o cirúrgico e a transfusão de sangue, que são facultativos.

Art. 78. O auxílio-doença cessa pela recuperação da capacidade para o trabalho, pela transformação em aposentadoria por invalidez ou auxílio-acidente de qualquer natureza, neste caso se resultar sequela que implique redução da capacidade para o trabalho que habitualmente exercia.

Art. 79. O segurado em gozo de auxílio-doença, insuscetível de recuperação para sua atividade habitual, deverá submeter-se a processo de reabilitação profissional para exercício de outra atividade, não cessando o benefício até que seja dado como habilitado para o desempenho de nova atividade que lhe garanta a subsistência ou, quando considerado não recuperável, seja aposentado por invalidez.

Art. 80. O segurado empregado em gozo de auxílio-doença é considerado pela empresa como licenciado.

Parágrafo único. A empresa que garantir ao segurado licença remunerada ficará obrigada a pagar-lhe durante o período de auxílio-doença a eventual diferença entre o valor deste e a importância garantida pela licença.

Subseção VIII: DO AUXÍLIO-ACIDENTE[51]

Art. 104. O auxílio-acidente será concedido, como indenização, ao segurado empregado, exceto o doméstico, ao trabalhador avulso e ao segurado especial quando, após a consolidação das lesões decorrentes de acidente de qualquer natureza, resultar sequela definitiva, conforme as situações discriminadas no Anexo III[52], que implique:

I — redução da capacidade para o trabalho que habitualmente exerciam;

II — redução da capacidade para o trabalho que habitualmente exerciam e exija maior esforço para o desempenho da mesma atividade que exerciam à época do acidente; ou

III — impossibilidade de desempenho da atividade que exerciam à época do acidente, porém permita o desempenho de outra, após processo de reabilitação profissional, nos casos indicados pela perícia médica do Instituto Nacional do Seguro Social.

---

(51) *Vide* art. 86 da Lei n. 8.213/91.

(52) Ver Anexo III (RELAÇÃO DAS SITUAÇÕES QUE DÃO DIREITO AO AUXÍLIO-ACIDENTE) do Decreto n. 3.048/1999, nos Fundamentos Jurídicos deste Capítulo.

§ 1º O auxílio-acidente mensal corresponderá a cinquenta por cento do salário de benefício que deu origem ao auxílio-doença do segurado, corrigido até o mês anterior ao do início do auxílio-acidente e será devido até a véspera de início de qualquer aposentadoria ou até a data do óbito do segurado.

§ 2º O auxílio-acidente será devido a contar do dia seguinte ao da cessação do auxílio-doença, independentemente de qualquer remuneração ou rendimento auferido pelo acidentado, vedada sua acumulação com qualquer aposentadoria.

§ 3º O recebimento de salário ou concessão de outro benefício, exceto de aposentadoria, não prejudicará a continuidade do recebimento do auxílio-acidente.

§ 4º Não dará ensejo ao benefício a que se refere este artigo o caso:

I — que apresente danos funcionais ou redução da capacidade funcional sem repercussão na capacidade laborativa; e

II — de mudança de função, mediante readaptação profissional promovida pela empresa, como medida preventiva, em decorrência de inadequação do local de trabalho.

§ 5º A perda da audição, em qualquer grau, somente proporcionará a concessão do auxílio-acidente quando, além do reconhecimento do nexo entre o trabalho e o agravo, resultar, comprovadamente, na redução ou perda da capacidade para o trabalho que o segurado habitualmente exercia.

§ 6º No caso de reabertura de auxílio-doença por acidente de qualquer natureza que tenha dado origem a auxílio-acidente, este será suspenso até a cessação do auxílio-doença reaberto, quando será reativado.

§ 7º Cabe a concessão de auxílio-acidente oriundo de acidente de qualquer natureza ocorrido durante o período de manutenção da qualidade de segurado, desde que atendidas às condições inerentes à espécie.

§ 8º Para fins do disposto no *caput* considerar-se-á a atividade exercida na data do acidente.

Subseção IX: DA PENSÃO POR MORTE[53]

Art. 105. A pensão por morte será devida ao conjunto dos dependentes do segurado que falecer, aposentado ou não, a contar da data:

I — do óbito, quando requerida até trinta dias depois deste;

a) pelo dependente maior de dezesseis anos de idade, até trinta dias depois; e

b) pelo dependente menor até dezesseis anos de idade, até trinta dias após completar essa idade;

II — do requerimento, quando requerida após o prazo previsto no inciso I; ou

III — da decisão judicial, no caso de morte presumida.

§ 1º No caso do disposto no inciso II, a data de início do benefício será a data do óbito, aplicados os devidos reajustamentos até a data de início do pagamento, não sendo devida qualquer importância relativa ao período anterior à data de entrada do requerimento.

§ 2º (*Revogado pelo Decreto n. 5.545, de 22.9.2005*).

Art. 106. A pensão por morte consiste numa renda mensal calculada na forma do § 3º do art. 39.

Parágrafo único. O valor da pensão por morte devida aos dependentes do segurado recluso que, nessa condição, exercia atividade remunerada será obtido mediante a realização de cálculo com base no novo tempo de contribuição e salários de contribuição correspondentes, neles incluídas as contribuições recolhidas enquanto recluso, facultada a opção pela pensão com valor correspondente ao do auxílio-reclusão, na forma do disposto no § 3º do art. 39.

Art. 107. A concessão da pensão por morte não será protelada pela falta de habilitação de outro possível dependente, e qualquer habilitação posterior que importe em exclusão ou inclusão de dependente somente produzirá efeito a contar da data da habilitação.

Art. 108. A pensão por morte somente será devida ao filho e ao irmão cuja invalidez tenha ocorrido antes da emancipação ou de completar a idade de vinte e um anos, desde que reconhecida ou comprovada, pela perícia médica do INSS, a continuidade da invalidez até a data do óbito do segurado.

Art. 109. O pensionista inválido está obrigado, independentemente de sua idade e sob pena de suspensão do benefício, a submeter-se a exame médico a cargo da previdência social, processo de reabilitação profissional por ela prescrito e custeado e tratamento dispensado gratuitamente, exceto o cirúrgico e a transfusão de sangue, que são facultativos.

Art. 110. O cônjuge ausente somente fará jus ao benefício a partir da data de sua habilitação e mediante prova de dependência econômica, não excluindo do direito a companheira ou o companheiro.

Art. 111. O cônjuge divorciado ou separado judicialmente ou de fato, que recebia pensão de alimentos, receberá a pensão em igualdade de condições com os demais dependentes referidos no inciso I do art. 16.

Art. 112. A pensão poderá ser concedida, em caráter provisório, por morte presumida: **I** — mediante sentença declaratória de ausência, expedida por autoridade judiciária, a contar da data de sua emissão; ou **II** — em caso de desaparecimento do segurado por motivo de catástrofe, acidente ou desastre, a contar da data da ocorrência, mediante prova hábil.

Parágrafo único. Verificado o reaparecimento do segurado, o pagamento da pensão cessa imediatamente, ficando os dependentes desobrigados da reposição dos valores recebidos, salvo má-fé.

Art. 113. A pensão por morte, havendo mais de um pensionista, será rateada entre todos, em partes iguais.

Parágrafo único. Reverterá em favor dos demais dependentes a parte daquele cujo direito à pensão cessar.

Art. 114. O pagamento da cota individual da pensão por morte cessa:

I — pela morte do pensionista;

II — para o pensionista menor de idade, ao completar vinte e um anos, salvo se for inválido, ou pela emancipação, ainda que inválido, exceto, neste caso, se a emancipação for decorrente de colação de grau científico em curso de ensino superior;

---

(53) *Vide* arts. 74 a 79 da Lei n. 8.213/91, com a redação atualizada pelas Leis ns. 13.135 de 17.6.2015 e 13.146 de 6.7.2015.

III — para o pensionista inválido, pela cessação da invalidez, verificada em exame médico-pericial a cargo da previdência social.

IV — pela adoção, para o filho adotado que receba pensão por morte dos pais biológicos.

Parágrafo único. Com a extinção da cota do último pensionista, a pensão por morte será encerrada.

Art. 115. O dependente menor de idade que se invalidar antes de completar vinte e um anos deverá ser submetido a exame médico-pericial, não se extinguindo a respectiva cota se confirmada a invalidez.

Capítulo V: DA HABILITAÇÃO E DA REABILITAÇÃO PROFISSIONAL[54]

Art. 136. A assistência (re)educativa e de (re)adaptação profissional, instituída sob a denominação genérica de habilitação e reabilitação profissional, visa proporcionar aos beneficiários, incapacitados parcial ou totalmente para o trabalho, em caráter obrigatório, independentemente de carência, e às pessoas portadoras de deficiência, os meios indicados para proporcionar o reingresso no mercado de trabalho e no contexto em que vivem.

§ 1º Cabe ao Instituto Nacional do Seguro Social promover a prestação de que trata este artigo aos segurados, inclusive aposentados, e, de acordo com as possibilidades administrativas, técnicas, financeiras e as condições locais do órgão, aos seus dependentes, preferencialmente mediante a contratação de serviços especializados.

§ 2º As pessoas portadoras de deficiência serão atendidas mediante celebração de convênio de cooperação técnico-financeira.

Art. 137. O processo de habilitação e de reabilitação profissional do beneficiário será desenvolvido por meio das funções básicas de:

I — avaliação do potencial laborativo;

II — orientação e acompanhamento da programação profissional;

III — articulação com a comunidade, inclusive mediante a celebração de convênio para reabilitação física restrita a segurados que cumpriram os pressupostos de elegibilidade ao programa de reabilitação profissional, com vistas ao reingresso no mercado de trabalho; e

IV — acompanhamento e pesquisa da fixação no mercado de trabalho.

§ 1º A execução das funções de que trata o *caput* dar-se-á, preferencialmente, mediante o trabalho de equipe multiprofissional especializada em medicina, serviço social, psicologia, sociologia, fisioterapia, terapia ocupacional e outras afins ao processo, sempre que possível na localidade do domicílio do beneficiário, ressalvadas as situações excepcionais em que este terá direito à reabilitação profissional fora dela.

§ 2º Quando indispensáveis ao desenvolvimento do processo de reabilitação profissional, o Instituto Nacional do Seguro Social fornecerá aos segurados, inclusive aposentados, em caráter obrigatório, prótese e órtese, seu reparo ou substituição, instrumentos de auxílio para locomoção, bem como equipamentos necessários à habilitação e à reabilitação profissional, transporte urbano e alimentação e, na medida das possibilidades do Instituto, aos seus dependentes.

§ 3º No caso das pessoas portadoras de deficiência, a concessão dos recursos materiais referidos no parágrafo anterior ficará condicionada à celebração de convênio de cooperação técnico-financeira.

§ 4º O Instituto Nacional do Seguro Social não reembolsará as despesas realizadas com a aquisição de órtese ou prótese e outros recursos materiais não prescritos ou não autorizados por suas unidades de reabilitação profissional.

Art. 138. Cabe à unidade de reabilitação profissional comunicar à perícia médica a ocorrência de que trata o § 2º do art. 337.

Art. 139. A programação profissional será desenvolvida mediante cursos e/ou treinamentos, na comunidade, por meio de contratos, acordos e convênios com instituições e empresas públicas ou privadas, na forma do art. 317.

§ 1º O treinamento do reabilitando, quando realizado em empresa, não estabelece qualquer vínculo empregatício ou funcional entre o reabilitando e a empresa, bem como entre estes e o Instituto Nacional do Seguro Social.

§ 2º Compete ao reabilitando, além de acatar e cumprir as normas estabelecidas nos contratos, acordos ou convênios, pautar-se no regulamento daquelas organizações.

Art. 140. Concluído o processo de reabilitação profissional, o Instituto Nacional do Seguro Social emitirá certificado individual indicando a função para a qual o reabilitando foi capacitado profissionalmente, sem prejuízo do exercício de outra para a qual se julgue capacitado.

§ 1º Não constitui obrigação da previdência social a manutenção do segurado no mesmo emprego ou a sua colocação em outro para o qual foi reabilitado, cessando o processo de reabilitação profissional com a emissão do certificado a que se refere o *caput*.

§ 2º Cabe à previdência social a articulação com a comunidade, com vistas ao levantamento da oferta do mercado de trabalho, ao direcionamento da programação profissional e à possibilidade de reingresso do reabilitando no mercado formal.

§ 3º O acompanhamento e a pesquisa de que trata o inciso IV do art. 137 é obrigatório e tem como finalidade a comprovação da efetividade do processo de reabilitação profissional.

Art. 141. A empresa com cem ou mais empregados está obrigada a preencher de dois por cento a cinco por cento de seus cargos com beneficiários reabilitados ou pessoas portadoras de deficiência, habilitadas, na seguinte proporção:

I — até duzentos empregados, dois por cento;

II — de duzentos e um a quinhentos empregados, três por cento;

III — de quinhentos e um a mil empregados, quatro por cento; ou

IV — mais de mil empregados, cinco por cento.

§ 1º A dispensa de empregado na condição estabelecida neste artigo, quando se tratar de contrato por tempo superior a noventa dias e a imotivada, no contrato por prazo indeterminado, somente poderá ocorrer após a contratação de substituto em condições semelhantes.

§ 2º (*Revogado pelo Decreto n. 3.298, de 20.12.1998*)

---

(54) *Vide* arts. 89 a 93 da Lei n. 8.213/91.

Capítulo IV: DAS CONTRIBUIÇÕES DA EMPRESA E DO EMPREGADOR DOMÉSTICO

Seção I: Das Contribuições da Empresa

Art. 201. A contribuição a cargo da empresa, destinada à seguridade social, é de:

I — vinte por cento sobre o total das remunerações pagas, devidas ou creditadas, a qualquer título, no decorrer do mês, aos segurados empregado e trabalhador avulso, além das contribuições previstas nos arts. 202 e 204;

II — vinte por cento sobre o total das remunerações ou retribuições pagas ou creditadas no decorrer do mês ao segurado contribuinte individual;

III — quinze por cento sobre o valor bruto da nota fiscal ou fatura de prestação de serviços, relativamente a serviços que lhes são prestados por cooperados por intermédio de cooperativas de trabalho, observado, no que couber, as disposições dos §§ 7º e 8º do art. 219;

IV — dois vírgula cinco por cento sobre o total da receita bruta proveniente da comercialização da produção rural, em substituição às contribuições previstas no inciso I do *caput* e no art. 202, quando se tratar de pessoa jurídica que tenha como fim apenas a atividade de produção rural.

§ 1º São consideradas remuneração as importâncias auferidas em uma ou mais empresas, assim entendida a totalidade dos rendimentos pagos, devidos ou creditados a qualquer título, durante o mês, destinados a retribuir o trabalho, qualquer que seja a sua forma, inclusive os ganhos habituais sob a forma de utilidades, ressalvado o disposto no § 9º do art. 214 e excetuado o lucro distribuído ao segurado empresário, observados os termos do inciso II do § 5º

§ 2º Integra a remuneração para os fins do disposto nos incisos II e III do *caput*, a bolsa de estudos paga ou creditada ao médico-residente participante do programa de residência médica de que trata o art. 4º da Lei n. 6.932, de 7 de julho de 1981, na redação dada pela Lei n. 10.405, de 9 de janeiro de 2002.

§ 3º Não havendo comprovação dos valores pagos ou creditados aos segurados de que tratam as alíneas "e" a "i" do inciso V do art. 9º, em face de recusa ou sonegação de qualquer documento ou informação, ou sua apresentação deficiente, a contribuição da empresa referente a esses segurados será de vinte por cento sobre:

I — o salário de contribuição do segurado nessa condição;

II — a maior remuneração paga a empregados da empresa; ou

III — o salário mínimo, caso não ocorra nenhuma das hipóteses anteriores.

§ 4º A remuneração paga ou creditada a condutor autônomo de veículo rodoviário, ou ao auxiliar de condutor autônomo de veículo rodoviário, em automóvel cedido em regime de colaboração, nos termos da Lei n. 6.094, de 30 de agosto de 1974, pelo frete, carreto ou transporte de passageiros, realizado por conta própria, corresponde a vinte por cento do rendimento bruto.

§ 5º No caso de sociedade civil de prestação de serviços profissionais relativos ao exercício de profissões legalmente regulamentadas, a contribuição da empresa referente aos segurados a que se referem as alíneas "g" a "i" do inciso V do art. 9º, observado o disposto no art. 225 e legislação específica, será de vinte por cento sobre:

I — a remuneração paga ou creditada aos sócios em decorrência de seu trabalho, de acordo com a escrituração contábil da empresa; ou

II — os valores totais pagos ou creditados aos sócios, ainda que a título de antecipação de lucro da pessoa jurídica, quando não houver discriminação entre a remuneração decorrente do trabalho e a proveniente do capital social ou tratar-se de adiantamento de resultado ainda não apurado por meio de demonstração de resultado do exercício.

§ 6º No caso de banco comercial, banco de investimento, banco de desenvolvimento, caixa econômica, sociedade de crédito, financiamento e investimento, sociedade de crédito imobiliário, inclusive associação de poupança e empréstimo, sociedade corretora, distribuidora de títulos e valores mobiliários, inclusive bolsa de mercadorias e de valores, empresa de arrendamento mercantil, cooperativa de crédito, empresa de seguros privados e de capitalização, agente autônomo de seguros privados e de crédito e entidade de previdência privada, aberta e fechada, além das contribuições referidas nos incisos I e II do *caput* e nos arts. 202 e 204, é devida a contribuição adicional de dois vírgula cinco por cento sobre a base de cálculo definida nos incisos I e II do *caput*.

§ 7º A pessoa jurídica enquadrada na condição de microempresa ou de empresa de pequeno porte, na forma do art. 2º da Lei n. 9.317, de 5 de dezembro de 1996, que optar pela inscrição no Sistema Integrado de Pagamento de Impostos e Contribuições das Microempresas e Empresas de Pequeno Porte, contribuirá na forma estabelecida no art. 23 da referida Lei, em substituição às contribuições de que tratam os incisos I a IV do *caput* e os arts. 201-A, 202 e 204.

§ 8º A contribuição será sempre calculada na forma do inciso II do *caput* quando a remuneração ou retribuição for paga ou creditada a pessoa física, quando ausentes os requisitos que caracterizem o segurado como empregado, mesmo que não esteja inscrita no Regime Geral de Previdência Social.

§ 9º ao 14 (REVOGADOS).

§ 15. Para os efeitos do inciso IV do *caput* e do § 8º do art. 202, considera-se receita bruta o valor recebido ou creditado pela comercialização da produção, assim entendida a operação de venda ou consignação, observadas as disposições do § 5º do art. 200.

§ 16. A partir de 14 de outubro de 1996, as contribuições de que tratam o inciso IV do *caput* e o § 8º do art. 202 são de responsabilidade do produtor rural pessoa jurídica, não sendo admitida a sub-rogação ao adquirente, consignatário ou cooperativa.

§ 17. O produtor rural pessoa jurídica continua obrigado a arrecadar e recolher ao Instituto Nacional do Seguro Social a contribuição do segurado empregado e do trabalhador avulso a seu serviço, descontando-a da respectiva remuneração, nos mesmos prazos e segundo as mesmas normas aplicadas às empresas em geral.

§ 19. A cooperativa de trabalho não está sujeita à contribuição de que trata o inciso II do *caput*, em relação às importâncias por ela pagas, distribuídas ou creditadas aos respectivos cooperados, a título de remuneração ou retribuição pelos serviços que, por seu intermédio, tenham prestado a empresas.

§ 20. A contribuição da empresa, relativamente aos serviços que lhe são prestados por cooperados por intermédio de cooperativas de trabalho na atividade de transporte rodoviário de carga ou passageiro, é de quinze por cento sobre a parcela correspondente ao valor dos serviços prestados pelos cooperados, que não será inferior a vinte por cento do valor da nota fiscal ou fatura.

§ 21. O disposto no inciso IV do *caput* não se aplica às operações relativas à prestação de serviços a terceiros, cujas contribuições previdenciárias continuam sendo devidas na forma deste artigo e do art. 202.

§ 22. A pessoa jurídica, exceto a agroindústria, que, além da atividade rural, explorar também outra atividade econômica autônoma, quer seja comercial, industrial ou de serviços, no mesmo ou em estabelecimento distinto, independentemente de qual seja a atividade preponderante, contribuirá de acordo com os incisos I, II e III do art. 201 e art. 202.

Art. 201-A. A contribuição devida pela agroindústria, definida como sendo o produtor rural pessoa jurídica cuja atividade econômica seja a industrialização de produção própria ou de produção própria e adquirida de terceiros, incidente sobre o valor da receita bruta proveniente da comercialização da produção, em substituição às previstas no inciso I do art. 201 e art. 202, é de:

I — dois vírgula cinco por cento destinados à Seguridade Social; e

II — zero vírgula um por cento para o financiamento do benefício previsto nos arts. 64 a 70, e daqueles concedidos em razão do grau de incidência de incapacidade para o trabalho decorrente dos riscos ambientais da atividade.

§ 1º Para os fins deste artigo, entende-se por receita bruta o valor total da receita proveniente da comercialização da produção própria e da adquirida de terceiros, industrializada ou não.

§ 2º O disposto neste artigo não se aplica às operações relativas à prestação de serviços a terceiros, cujas contribuições previdenciárias continuam sendo devidas na forma do art. 201 e 202, obrigando-se a empresa a elaborar folha de salários e registros contábeis distintos.

§ 3º Na hipótese do § 2º, a receita bruta correspondente aos serviços prestados a terceiros não integram a base de cálculo da contribuição de que trata o *caput*.

§ 4º O disposto neste artigo não se aplica:

I — às sociedades cooperativas e às agroindústrias de piscicultura, carcinicultura, suinocultura e avicultura; e

II — à pessoa jurídica que, relativamente à atividade rural, se dedique apenas ao florestamento e reflorestamento como fonte de matéria-prima para industrialização própria mediante a utilização de processo industrial que modifique a natureza química da madeira ou a transforme em pasta celulósica.

§ 5º Aplica-se o disposto no inciso II do § 4o ainda que a pessoa jurídica comercialize resíduos vegetais ou sobras ou partes da produção, desde que a receita bruta decorrente dessa comercialização represente menos de um por cento de sua receita bruta proveniente da comercialização da produção.

Art. 201-B. Aplica-se o disposto no artigo anterior, ainda que a agroindústria explore, também, outra atividade econômica autônoma, no mesmo ou em estabelecimento distinto, hipótese em que a contribuição incidirá sobre o valor da receita bruta dela decorrente.

Art. 201-C. Quando a cooperativa de produção rural contratar empregados para realizarem, exclusivamente, a colheita da produção de seus cooperados, as contribuições de que tratam o art. 201, I, e o art. 202, relativas à folha de salário destes segurados, serão substituídas pela contribuição devida pelos cooperados, cujas colheitas sejam por eles realizadas, incidentes sobre a receita bruta da comercialização da produção rural, na forma prevista no art. 200, se pessoa física, no inciso IV do *caput* do art. 201 e no § 8º do art. 202, se pessoa jurídica.

§ 1º A cooperativa deverá elaborar folha de salários distinta e apurar os encargos decorrentes da contratação de que trata o *caput* separadamente dos relativos aos seus empregados regulares, discriminadamente por cooperado, na forma definida pelo INSS.

§ 2º A cooperativa é diretamente responsável pela arrecadação e recolhimento da contribuição previdenciária dos segurados contratados na forma deste artigo.

§ 3º O disposto neste artigo aplica-se à contribuição devida ao Serviço Nacional Rural.

Art. 201-D. As alíquotas de que tratam os incisos I e II do art. 201, em relação às empresas que prestam serviços de tecnologia da informação (TI) e de tecnologia da informação e comunicação (TIC), ficam reduzidas de acordo com a aplicação sucessiva das seguintes operações:

I — subtrair do valor da receita bruta total de venda de bens e serviços relativa aos doze meses imediatamente anteriores ao trimestre-calendário o valor correspondente aos impostos e às contribuições incidentes sobre venda;

II — identificar, no valor da receita bruta total resultante da operação prevista no inciso I, a parte relativa aos serviços mencionados nos §§ 3º e 4º que foram exportados;

III — dividir a receita bruta de exportação resultante do inciso II pela receita bruta total resultante do inciso I;

IV — multiplicar a razão decorrente do inciso III por um décimo;

V — multiplicar o valor encontrado de acordo com a operação do inciso IV por cem, para que se chegue ao percentual de redução;

VI — subtrair de vinte por cento o percentual resultante do inciso V, de forma que se obtenha a nova alíquota percentual a ser aplicada sobre a base de cálculo da contribuição previdenciária.

§ 1º A alíquota apurada na forma do inciso VI do *caput* será aplicada uniformemente nos meses que compõem o trimestre-calendário.

§ 2º No caso de empresa em início de atividades ou sem receita de exportação até a data de publicação da Lei n. 11.774, de 17 de setembro de 2008, a apuração de que trata o *caput*poderá ser realizada com base em período inferior a doze meses, observado o mínimo de três meses anteriores.

§ 3º Para efeito do *caput*, consideram-se serviços de TI e TIC:

I — análise e desenvolvimento de sistemas;

II — programação;

III — processamento de dados e congêneres;

IV — elaboração de programas de computadores, inclusive de jogos eletrônicos;

V — licenciamento ou cessão de direito de uso de programas de computação;

VI — assessoria e consultoria em informática;

VII — suporte técnico em informática, inclusive instalação, configuração e manutenção de programas de computação e bancos de dados; e

VIII — planejamento, confecção, manutenção e atualização de páginas eletrônicas.

§ 4º O disposto neste artigo aplica-se também a empresas que prestam serviços de *call center*.

§ 5º No caso das empresas que prestam serviços referidos nos §§ 3º e 4º, os valores das contribuições devidas a terceiros, denominados outras entidades ou fundos, com exceção do Fundo Nacional de Desenvolvimento da Educação — FNDE, ficam reduzidos no percentual resultante das operações referidas no *caput* e de acordo com a aplicação sucessiva das seguintes operações:

I — calcular a contribuição devida no mês a cada entidade ou fundo, levando em consideração as regras aplicadas às empresas em geral;

II — aplicar o percentual de redução, resultante do inciso V do *caput*, sobre o valor resultante do inciso I;

III — subtrair, do valor apurado na forma do inciso I, o valor obtido no inciso II, o que resultará no valor a ser recolhido a cada entidade ou fundo no mês.

§ 6º As reduções de que tratam o *caput* e o § 5º pressupõem o atendimento ao seguinte:

I — até 31 de dezembro de 2009, a empresa deverá implementar o Programa de Prevenção de Riscos Ambientais e de Doenças Ocupacionais previsto em lei, caracterizado pela plena execução do Programa de Prevenção de Riscos Ambientais — PPRA e do Programa de Controle Médico de Saúde Ocupacional — PCMSO, conforme disciplinado nas normas regulamentadoras do Ministério do Trabalho e Emprego, devendo ainda estabelecer metas de melhoria das condições e do ambiente de trabalho que reduzam a ocorrência de benefícios por incapacidade decorrentes de acidentes do trabalho ou doenças ocupacionais em pelo menos cinco por cento em relação ao ano anterior;

II — até 31 de dezembro de 2010, a empresa que comprovar estar executando o programa de prevenção de riscos ambientais e de doenças ocupacionais implantado nos prazo e forma estabelecidos no inciso I, terá presumido o atendimento à exigência fixada no inciso I do § 9º do art. 14 da Lei n. 11.774, de 2008;

III — a partir de 1º de janeiro de 2011, a empresa deverá comprovar a eficácia do respectivo programa de prevenção de riscos ambientais e de doenças ocupacionais, por meio de relatórios que atestem o atendimento da meta de redução de sinistralidade nele estabelecida;

IV — *(Revogado pelo Decreto n. 7.331 de 2010)*.

§ 7º Sem prejuízo do disposto no § 6º as empresas dos setores de TI e de TIC só farão jus às reduções de que tratam o *caput* e o § 5º se aplicarem montante igual ou superior a dez por cento do benefício auferido, alternativa ou cumulativamente em despesas:

I — para capacitação de pessoal, relacionada a aspectos técnicos associados aos serviços de TI e TIC, referidos no § 3º, bem como a serviços de *call centers,* aí incluída a capacitação em temas diretamente relacionados com qualidade de produtos, processos ou sistemas, bem como a proficiência em línguas estrangeiras;

II — relacionadas ao desenvolvimento de atividades de avaliação de conformidade, incluindo certificação de produtos, serviços e sistemas, realizadas com entidades ou especialistas do País ou do exterior;

III — realizadas com desenvolvimento tecnológico de produtos, processos e serviços, sendo consideradas atividades de pesquisa e desenvolvimento em TI aquelas dispostas nos arts. 24 e 25 do Decreto n. 5.906, de 26 de setembro de 2006; ou

IV — realizadas no apoio a projetos de desenvolvimento científico ou tecnológico, por instituições de pesquisa e desenvolvimento, conforme definidos nos arts. 27 e 28 do Decreto n. 5.906, de 2006, devidamente credenciadas pelo Comitê da Área de Tecnologia da Informação (CATI) ou pelo Comitê das Atividades de Pesquisa e Desenvolvimento da Amazônia (CAPDA).

§ 8º O valor do benefício e a especificação das contrapartidas referidos no § 7º deverão ser declarados formalmente pelas empresas beneficiárias, a cada exercício, ao Ministério da Ciência e Tecnologia, na forma a ser definida em ato daquele Ministério.

§ 9º Para fins do § 8º, as empresas beneficiadas pela Lei n. 8.248, de 23 de outubro de 1991, poderão deduzir do montante previsto no § 7º as despesas efetivamente realizadas, no atendimento às exigências da referida Lei, observado o disposto no § 10.

§ 10. O disposto no § 9º aplica-se exclusivamente às despesas de mesma natureza das previstas no § 7º.

§ 11. A União compensará, mensalmente, o Fundo do Regime Geral de Previdência Social, de que trata o art. 68 da Lei Complementar n. 101, de 4 de maio de 2000, no valor correspondente à renúncia previdenciária decorrente da desoneração de que trata este artigo, de forma a não afetar a apuração do resultado financeiro do Regime Geral de Previdência Social.

§ 12. A renúncia de que trata o § 11 consistirá na diferença entre o valor da contribuição que seria devido, como se não houvesse incentivo, e o valor da contribuição efetivamente recolhido.

§ 13. O valor estimado da renúncia será incluído na Lei Orçamentária Anual, sem prejuízo do repasse enquanto não constar na mencionada Lei.

§ 14. O não cumprimento das exigências de que tratam os §§ 6º e 7º implica a perda do direito das reduções de que tratam o *caput* e o § 5º, ensejando o recolhimento da diferença de contribuições com os acréscimos legais cabíveis.

Livro III: DO CUSTEIO DA SEGURIDADE SOCIAL

Título I: DO FINANCIAMENTO DA SEGURIDADE SOCIAL

Art. 202. A contribuição da empresa, destinada ao financiamento da aposentadoria especial, nos termos dos arts. 64 a 70, e dos benefícios concedidos em razão do grau de incidência de incapacidade laborativa decorrente dos riscos ambientais do trabalho corresponde à aplicação dos seguintes percentuais, incidentes sobre o total da remuneração paga, devida ou creditada a qualquer título, no decorrer do mês, ao segurado empregado e trabalhador avulso:

I — um por cento para a empresa em cuja atividade preponderante o risco de acidente do trabalho seja considerado leve;

II — dois por cento para a empresa em cuja atividade preponderante o risco de acidente do trabalho seja considerado médio; ou

III — três por cento para a empresa em cuja atividade preponderante o risco de acidente do trabalho seja considerado grave.[55]

---

(55) Ver Anexo V (RELAÇÃO DE ATIVIDADES PREPONDERANTES E CORRESPONDENTES GRAUS DE RISCO), conforme a Classificação Nacional de Atividades Econômicas (CNAE), para fins do Seguro Acidente de Trabalho (SAT), sobre o qual incidirá o Fator Acidentário Previdenciário (FAP), na forma adiante reproduzida.

§ 1º As alíquotas constantes do *caput* serão acrescidas de doze, nove ou seis pontos percentuais, respectivamente, se a atividade exercida pelo segurado a serviço da empresa ensejar a concessão de aposentadoria especial após quinze, vinte ou vinte e cinco anos de contribuição.

§ 2º O acréscimo de que trata o parágrafo anterior incide exclusivamente sobre a remuneração do segurado sujeito às condições especiais que prejudiquem a saúde ou a integridade física.

§ 3º Considera-se preponderante a atividade que ocupa, na empresa, o maior número de segurados empregados e trabalhadores avulsos.

§ 4º A atividade econômica preponderante da empresa e os respectivos riscos de acidentes do trabalho compõem a Relação de Atividades Preponderantes e correspondentes Graus de Risco, prevista no Anexo V.

§ 5º É de responsabilidade da empresa realizar o enquadramento na atividade preponderante, cabendo à Secretaria da Receita Previdenciária do Ministério da Previdência Social revê-lo a qualquer tempo.

§ 6º Verificado erro no auto-enquadramento, a Secretaria da Receita Previdenciária adotará as medidas necessárias à sua correção, orientará o responsável pela empresa em caso de recolhimento indevido e procederá à notificação dos valores devidos.

§ 7º O disposto neste artigo não se aplica à pessoa física de que trata a alínea "a" do inciso V do *caput* do art. 9º.

§ 8º Quando se tratar de produtor rural pessoa jurídica que se dedique à produção rural e contribua nos moldes do inciso IV do *caput* do art. 201, a contribuição referida neste artigo corresponde a zero vírgula um por cento incidente sobre a receita bruta proveniente da comercialização de sua produção.

§ 9º (*Revogado pelo Decreto n. 3.265 de 1999*)

§ 10. Será devida contribuição adicional de doze, nove ou seis pontos percentuais, a cargo da cooperativa de produção, incidente sobre a remuneração paga, devida ou creditada ao cooperado filiado, na hipótese de exercício de atividade que autorize a concessão de aposentadoria especial após quinze, vinte ou vinte e cinco anos de contribuição, respectivamente.

§ 11. Será devida contribuição adicional de nove, sete ou cinco pontos percentuais, a cargo da empresa tomadora de serviços de cooperado filiado a cooperativa de trabalho, incidente sobre o valor bruto da nota fiscal ou fatura de prestação de serviços, conforme a atividade exercida pelo cooperado permita a concessão de aposentadoria especial após quinze, vinte ou vinte e cinco anos de contribuição, respectivamente.

§ 12. Para os fins do § 11, será emitida nota fiscal ou fatura de prestação de serviços específica para a atividade exercida pelo cooperado que permita a concessão de aposentadoria especial.

§ 13. A empresa informará mensalmente, por meio da Guia de Recolhimento do Fundo de Garantia do Tempo de Serviço e Informações à Previdência Social — GFIP, a alíquota correspondente ao seu grau de risco, a respectiva atividade preponderante e a atividade do estabelecimento, apuradas de acordo com o disposto nos §§ 3º e 5º.

Art. 202-A. As alíquotas constantes nos incisos I a III do art. 202 serão reduzidas em até cinqüenta por cento ou aumentadas em até cem por cento, em razão do desempenho da empresa em relação à sua respectiva atividade, aferido pelo Fator Acidentário de Prevenção — FAP.

§ 1º O FAP consiste num multiplicador variável num intervalo contínuo de cinco décimos (0,5000) a dois inteiros (2,0000), aplicado com quatro casas decimais, considerado o critério de arredondamento na quarta casa decimal, a ser aplicado à respectiva alíquota.

§ 2º Para fins da redução ou majoração a que se refere o *caput*, proceder-se-á à discriminação do desempenho da empresa, dentro da respectiva atividade econômica, a partir da criação de um índice composto pelos índices de gravidade, de frequência e de custo que pondera os respectivos percentis com pesos de cinquenta por cento, de trinta cinco por cento e de quinze por cento, respectivamente.

§ 3º (*Revogado pelo Decreto n. 6.957 de 2009*)

§ 4º Os índices de frequência, gravidade e custo serão calculados segundo metodologia aprovada pelo Conselho Nacional de Previdência Social, levando-se em conta:

I — para o índice de frequência, os registros de acidentes e doenças do trabalho informados ao INSS por meio de Comunicação de Acidente do Trabalho (CAT) e de benefícios acidentários estabelecidos por nexos técnicos pela perícia médica do INSS, ainda que sem CAT a eles vinculados;

II — para o índice de gravidade, todos os casos de auxílio-doença, auxílio-acidente, aposentadoria por invalidez e pensão por morte, todos de natureza acidentária, aos quais são atribuídos pesos diferentes em razão da gravidade da ocorrência, como segue:

a) pensão por morte: peso de cinquenta por cento;

b) aposentadoria por invalidez: peso de trinta por cento; e

c) auxílio-doença e auxílio-acidente: peso de dez por cento para cada um; e

III — para o índice de custo, os valores dos benefícios de natureza acidentária pagos ou devidos pela Previdência Social, apurados da seguinte forma:

a) nos casos de auxílio-doença, com base no tempo de afastamento do trabalhador, em meses e fração de mês; e

b) nos casos de morte ou de invalidez, parcial ou total, mediante projeção da expectativa de sobrevida do segurado, na data de início do benefício, a partir da tábua de mortalidade construída pela Fundação Instituto Brasileiro de Geografia e Estatística (IBGE) para toda a população brasileira, considerando-se a média nacional única para ambos os sexos.

§ 5º O Ministério da Previdência Social publicará anualmente, sempre no mesmo mês, no Diário Oficial da União, os róis dos percentis de frequência, gravidade e custo por Subclasse da Classificação Nacional de Atividades Econômicas (CNAE) e divulgará na rede mundial de computadores o FAP de cada empresa, com as respectivas ordens de frequência, gravidade, custo e demais elementos que possibilitem a esta verificar o respectivo desempenho dentro da sua CNAE-Subclasse.

§ 6º O FAP produzirá efeitos tributários a partir do primeiro dia do quarto mês subsequente ao de sua divulgação.

§ 7º Para o cálculo anual do FAP, serão utilizados os dados de janeiro a dezembro de cada ano, até completar o período de dois anos, a partir do qual os dados do ano inicial serão substituídos pelos novos dados anuais incorporados.

§ 8º Para a empresa constituída após janeiro de 2007, o FAP será calculado a partir de 1º de janeiro do ano ano seguinte ao que completar dois anos de constituição.

§ 9º Excepcionalmente, no primeiro processamento do FAP serão utilizados os dados de abril de 2007 a dezembro de 2008.

§ 10. A metodologia aprovada pelo Conselho Nacional de Previdência Social indicará a sistemática de cálculo e a forma de aplicação de índices e critérios acessórios à composição do índice composto do FAP.

Art. 202-B. O FAP atribuído às empresas pelo Ministério da Previdência Social poderá ser contestado perante o Departamento de Políticas de Saúde e Segurança Ocupacional da Secretaria Políticas de Previdência Social do Ministério da Previdência Social, no prazo de trinta dias da sua divulgação oficial.

§ 1º A contestação de que trata o *caput* deverá versar, exclusivamente, sobre razões relativas a divergências quanto aos elementos previdenciários que compõem o cálculo do FAP.

§ 2º Da decisão proferida pelo Departamento de Políticas de Saúde e Segurança Ocupacional, caberá recurso, no prazo de trinta dias da intimação da decisão, para a Secretaria de Políticas de Previdência Social, que examinará a matéria em caráter terminativo.

§ 3º O processo administrativo de que trata este artigo tem efeito suspensivo.

Art. 203. A fim de estimular investimentos destinados a diminuir os riscos ambientais no trabalho, o Ministério da Previdência e Assistência Social poderá alterar o enquadramento de empresa que demonstre a melhoria das condições do trabalho, com redução dos agravos à saúde do trabalhador, obtida através de investimentos em prevenção e em sistemas gerenciais de risco.

§ 1º A alteração do enquadramento estará condicionada à inexistência de débitos em relação às contribuições devidas ao Instituto Nacional do Seguro Social e aos demais requisitos estabelecidos pelo Ministério da Previdência e Assistência Social.

§ 2º O Instituto Nacional do Seguro Social, com base principalmente na comunicação prevista no art. 336, implementará sistema de controle e acompanhamento de acidentes do trabalho.

§ 3º Verificado o descumprimento por parte da empresa dos requisitos fixados pelo Ministério da Previdência e Assistência Social, para fins de enquadramento de que trata o artigo anterior, o Instituto Nacional do Seguro Social procederá à notificação dos valores devidos.

Subseção II: Dos Recursos

Art. 305. Das decisões do INSS nos processos de interesse dos beneficiários caberá recurso para o CRPS, conforme o disposto neste Regulamento e no regimento interno do CRPS.

§ 1º É de trintadias o prazo para interposição de recursos e para o oferecimento de contra-razões, contados da ciência da decisão e da interposição do recurso, respectivamente.

§ 2º *(Revogado pelo Decreto n. 3.265 de 1999)*

§ 3º O Instituto Nacional do Seguro Social e a Secretaria da Receita Previdenciária podem reformar suas decisões, deixando, no caso de reforma favorável ao interessado, de encaminhar o recurso à instância competente.

§ 4º Se o reconhecimento do direito do interessado ocorrer na fase de instrução do recurso por ele interposto contra decisão de Junta de Recursos, ainda que de alçada, ou de Câmara de Julgamento, o processo, acompanhado das razões do novo entendimento, será encaminhado: **I** — à Junta de Recursos, no caso de decisão dela emanada, para fins de reexame da questão; ou **II** — à Câmara de Julgamento, se por ela proferida a decisão, para revisão do acórdão, na forma que dispuser o seu Regimento Interno.

§ 5º *(Revogado pelo Decreto n. 6.722 de 2008)*.

Art. 306. *(Revogado pelo Decreto n. 6.722 de 2008)*.

Art. 307. A propositura pelo beneficiário de ação judicial que tenha por objeto idêntico pedido sobre o qual versa o processo administrativo importa renúncia ao direito de recorrer na esfera administrativa e desistência do recurso interposto.

Art. 308. Os recursos tempestivos contra decisões das Juntas de Recursos do Conselho de Recursos da Previdência Social têm efeito suspensivo e devolutivo.

§ 1º Para fins do disposto neste artigo, não se considera recurso o pedido de revisão de acórdão endereçado às Juntas de Recursos e Câmaras de Julgamento.

§ 2º É vedado ao INSS escusar-se de cumprir as diligências solicitadas pelo CRPS, bem como deixar de dar cumprimento às decisões definitivas daquele colegiado, reduzir ou ampliar o seu alcance ou executá-las de modo que contrarie ou prejudique seu evidente sentido.

Art. 309. Havendo controvérsia na aplicação de lei ou de ato normativo, entre órgãos do Ministério da Previdência e Assistência Social ou entidades vinculadas, ou ocorrência de questão previdenciária ou de assistência social de relevante interesse público ou social, poderá o órgão interessado, por intermédio de seu dirigente, solicitar ao Ministro de Estado da Previdência e Assistência Social solução para a controvérsia ou questão.

§ 1º A controvérsia na aplicação de lei ou ato normativo será relatada *in abstractoe* encaminhada com manifestações fundamentadas dos órgãos interessados, podendo ser instruída com cópias dos documentos que demonstrem sua ocorrência.

§ 2º A Procuradoria Geral Federal Especializada/INSS deverá pronunciar-se em todos os casos previstos neste artigo.

Art. 310. *(Revogado pelo Decreto n. 6.722 de 2008)*.

Livro VI: DAS DISPOSIÇÕES GERAIS

Art. 336. Para fins estatísticos e epidemiológicos, a empresa deverá comunicar à previdência social o acidente de que tratam os arts. 19, 20, 21 e 23 da Lei n. 8.213, de 1991, ocorrido com o segurado empregado, exceto o doméstico[56], e o trabalhador avulso, até o primeiro dia útil seguinte ao da ocorrência e, em caso de morte, de imediato, à autoridade competente, sob pena da multa aplicada e cobrada na forma do art. 286.

---

(56) A partir da publicação da Lei Complementar n. 150 de 1º.6.2015, a comunicação do acidente do trabalho do empregado doméstico tornou-se obrigatória para o empregador doméstico; logo, a expressão **"exceto o doméstico"** deve ser legalmente entendida como **"inclusive o doméstico"**.

§ 1º Da comunicação a que se refere este artigo receberão cópia fiel o acidentado ou seus dependentes, bem como o sindicato a que corresponda a sua categoria.

§ 2º Na falta do cumprimento do disposto no *caput*, caberá ao setor de benefícios do Instituto Nacional do Seguro Social comunicar a ocorrência ao setor de fiscalização, para a aplicação e cobrança da multa devida.

§ 3º Na falta de comunicação por parte da empresa, ou quando se tratar de segurado especial, podem formalizá-la o próprio acidentado, seus dependentes, a entidade sindical competente, o médico que o assistiu ou qualquer autoridade pública, não prevalecendo nestes casos o prazo previsto neste artigo.

§ 4º A comunicação a que se refere o § 3º não exime a empresa de responsabilidade pela falta do cumprimento do disposto neste artigo.

§ 5º *(Revogado pelo Decreto n. 3.265, de 29.11.1999).*

§ 6º Os sindicatos e entidades representativas de classe poderão acompanhar a cobrança, pela previdência social, das multas previstas neste artigo.

Art. 337. O acidente de que trata o artigo anterior será caracterizado tecnicamente pela perícia médica do Instituto Nacional do Seguro Social, que fará o reconhecimento técnico do nexo causal entre:

I — o acidente e a lesão;

II — a doença e o trabalho; e

III — a *causa mortis* e o acidente.

§ 1º O setor de benefícios do Instituto Nacional do Seguro Social reconhecerá o direito do segurado à habilitação do benefício acidentário.

§ 2º Será considerado agravamento do acidente aquele sofrido pelo acidentado quando estiver sob a responsabilidade da reabilitação profissional.

§ 3º Considera-se estabelecido o nexo entre o trabalho e o agravo quando se verificar nexo técnico epidemiológico entre a atividade da empresa e a entidade mórbida motivadora da incapacidade, elencada na Classificação Internacional de Doenças — CID em conformidade com o disposto na Lista C do Anexo II deste Regulamento.

§ 4º Para os fins deste artigo, considera-se agravo a lesão, doença, transtorno de saúde, distúrbio, disfunção ou síndrome de evolução aguda, subaguda ou crônica, de natureza clínica ou subclínica, inclusive morte, independentemente do tempo de latência.

§ 5º Reconhecidos pela perícia médica do INSS a incapacidade para o trabalho e o nexo entre o trabalho e o agravo, na forma do § 3º, serão devidas as prestações acidentárias a que o beneficiário tenha direito.

§ 6º A perícia médica do INSS deixará de aplicar o disposto no § 3º quando demonstrada a inexistência de nexo entre o trabalho e o agravo, sem prejuízo do disposto nos §§ 7º e 12.

§ 7º A empresa poderá requerer ao INSS a não aplicação do nexo técnico epidemiológico ao caso concreto mediante a demonstração de inexistência de correspondente nexo entre o trabalho e o agravo.

§ 8º O requerimento de que trata o § 7º poderá ser apresentado no prazo de quinze dias da data para a entrega, na forma do inciso IV do art. 225, da GFIP que registre a movimentação do trabalhador, sob pena de não conhecimento da alegação em instância administrativa.

§ 9º Caracterizada a impossibilidade de atendimento ao disposto no § 8º, motivada pelo não conhecimento tempestivo do diagnóstico do agravo, o requerimento de que trata o § 7º poderá ser apresentado no prazo de quinze dias da data em que a empresa tomar ciência da decisão da perícia médica do INSS referida no § 5º

§ 10. Juntamente com o requerimento de que tratam os §§ 8º e 9º, a empresa formulará as alegações que entender necessárias e apresentará as provas que possuir demonstrando a inexistência de nexo entre o trabalho e o agravo.

§ 11. A documentação probatória poderá trazer, entre outros meios de prova, evidências técnicas circunstanciadas e tempestivas à exposição do segurado, podendo ser produzidas no âmbito de programas de gestão de risco, a cargo da empresa, que possuam responsável técnico legalmente habilitado.

§ 12. O INSS informará ao segurado sobre a contestação da empresa para que este, querendo, possa impugná-la, obedecendo, quanto à produção de provas, ao disposto no § 10, sempre que a instrução do pedido evidenciar a possibilidade de reconhecimento de inexistência do nexo entre o trabalho e o agravo.

§ 13. Da decisão do requerimento de que trata o § 7º cabe recurso, com efeito suspensivo, por parte da empresa ou, conforme o caso, do segurado ao Conselho de Recursos da Previdência Social, nos termos dos arts. 305 a 310.

Art. 338. A empresa é responsável pela adoção e uso de medidas coletivas e individuais de proteção à segurança e saúde do trabalhador sujeito aos riscos ocupacionais por ela gerados.

§ 1º É dever da empresa prestar informações pormenorizadas sobre os riscos da operação a executar e do produto a manipular.

§ 2º Os médicos peritos da previdência social terão acesso aos ambientes de trabalho e a outros locais onde se encontrem os documentos referentes ao controle médico de saúde ocupacional, e aqueles que digam respeito ao programa de prevenção de riscos ocupacionais, para verificar a eficácia das medidas adotadas pela empresa para a prevenção e controle das doenças ocupacionais.

§ 3º O INSS auditará a regularidade e a conformidade das demonstrações ambientais, incluindo-se as de monitoramento biológico, e dos controles internos da empresa relativos ao gerenciamento dos riscos ocupacionais, de modo a assegurar a veracidade das informações prestadas pela empresa e constantes do CNIS, bem como o cumprimento das obrigações relativas ao acidente de trabalho.

§ 4º Os médicos peritos da previdência social deverão, sempre que constatarem o descumprimento do disposto neste artigo, comunicar formalmente aos demais órgãos interessados na providência, inclusive para aplicação e cobrança da multa devida.

Art. 339. O Ministério do Trabalho e Emprego fiscalizará e os sindicatos e entidades representativas de classe acompanharão o fiel cumprimento do disposto nos arts. 338 e 343.

Art. 340. Por intermédio dos estabelecimentos de ensino, sindicatos, associações de classe, Fundação Jorge Duprat Figueiredo de Segurança e Medicina do Trabalho, órgãos públicos e outros meios, serão promovidas regularmente instrução e formação com vistas a incrementar costumes e atitudes prevencionistas em matéria de acidentes, especialmente daquele referido no art. 336.

Art. 341. Nos casos de negligência quanto às normas de segurança e saúde do trabalho indicadas para a proteção individual e coletiva, a previdência social proporá ação regressiva contra os responsáveis.

Parágrafo único. O Ministério do Trabalho e Emprego, com base em informações fornecidas trimestralmente, a partir de 1º de março de 2011, pelo Ministério da Previdência Social relativas aos dados de acidentes e doenças do trabalho constantes das comunicações de acidente de trabalho registradas no período, encaminhará à Previdência Social os respectivos relatórios de análise de acidentes do trabalho com indícios de negligência quanto às normas de segurança e saúde do trabalho que possam contribuir para a proposição de ações judiciais regressivas.

Art. 342. O pagamento pela previdência social das prestações decorrentes do acidente a que se refere o art. 336 não exclui a responsabilidade civil da empresa ou de terceiros.

Art. 343. Constitui contravenção penal, punível com multa, deixar a empresa de cumprir as normas de segurança e saúde do trabalho.

Art. 344. Os litígios e medidas cautelares relativos aos acidentes de que trata o art. 336 serão apreciados:

I — na esfera administrativa, pelos órgãos da previdência social, segundo as regras e prazos aplicáveis às demais prestações, com prioridade para conclusão; e

II — na via judicial, pela Justiça dos Estados e do Distrito Federal, segundo o rito sumaríssimo, inclusive durante as férias forenses, mediante petição instruída pela prova de efetiva notificação do evento à previdência social, através da Comunicação de Acidente do Trabalho.

Parágrafo único. O procedimento judicial de que trata o inciso II é isento do pagamento de quaisquer custas e de verbas relativas à sucumbência.

Art. 345. As ações referentes às prestações decorrentes do acidente de que trata o art. 336 prescrevem em cinco anos, observado o disposto no art. 347, contados da data:

I — do acidente, quando dele resultar a morte ou a incapacidade temporária, verificada esta em perícia médica a cargo da previdência social; ou

II — em que for reconhecida pela previdência social a incapacidade permanente ou o agravamento das sequelas do acidente.

Art. 346. O segurado que sofreu o acidente a que se refere o art. 336 tem garantida, pelo prazo mínimo de doze meses, a manutenção do seu contrato de trabalho na empresa, após a cessação do auxílio-doença acidentário, independentemente da percepção de auxílio-acidente.

Art. 347. É de dez anos o prazo de decadência de todo e qualquer direito ou ação do segurado ou beneficiário para a revisão do ato de concessão de benefício, a contar do dia primeiro do mês seguinte ao do recebimento da primeira prestação ou, quando for o caso, do dia em que tomar conhecimento da decisão indeferitória definitiva no âmbito administrativo.

§ 1º Prescreve em cinco anos, a contar da data em que deveriam ter sido pagas, toda e qualquer ação para haver prestações vencidas ou quaisquer restituições ou diferenças devidas pela previdência social, salvo o direito dos menores, incapazes e ausentes, na forma do Código Civil.

§ 2º Não é considerado pedido de revisão de decisão indeferitória definitiva, mas de novo pedido de benefício, o que vier acompanhado de outros documentos além dos já existentes no processo.

§ 3º Não terá sequência eventual pedido de revisão de decisão indeferitória definitiva de benefício confirmada pela última instância do Conselho de Recursos da Previdência Social, aplicando-se, no caso de apresentação de outros documentos, além dos já existentes no processo, o disposto no § 2º.

§ 4º No caso de revisão de benefício em manutenção com apresentação de novos elementos extemporaneamente ao ato concessório, os efeitos financeiros devem ser fixados na data do pedido de revisão.

Art. 347-A. O direito da Previdência Social de anular os atos administrativos de que decorram efeitos favoráveis para os seus beneficiários decai em dez anos, contados da data em que foram praticados, salvo comprovada má-fé.

§ 1º No caso de efeitos patrimoniais contínuos, o prazo decadencial contar-se-á da percepção do primeiro pagamento.

§ 2º Considera-se exercício do direito de anular qualquer medida de autoridade administrativa que importe impugnação à validade do ato.

Art. 348. O direito da seguridade social de apurar e constituir seus créditos extingue-se após dez anos, contados:

I — do primeiro dia do exercício seguinte àquele em que o crédito poderia ter sido constituído; ou

II — da data em que se tornar definitiva a decisão que houver anulado, por vício formal, a constituição de crédito anteriormente efetuado.

§ 1º Para comprovar o exercício de atividade remunerada, com vistas à concessão de benefícios, será exigido do contribuinte individual, a qualquer tempo, o recolhimento das correspondentes contribuições, observado o disposto nos §§ 7º a 14 do art. 216.

§ 2º Na hipótese de ocorrência de dolo, fraude ou simulação, a seguridade social pode, a qualquer tempo, apurar e constituir seus créditos.

§ 3º O direito de pleitear judicialmente a desconstituição de exigência fiscal fixada pelo Instituto Nacional do Seguro Social no julgamento de litígio em processo administrativo fiscal extingue-se com o decurso do prazo de cento e oitenta dias, contado da intimação da referida decisão.

Art. 349. O direito da seguridade social de cobrar seus créditos, constituídos na forma do artigo anterior, prescreve em dez anos.

Art. 350. Será de responsabilidade da Procuradoria-Geral do Instituto Nacional do Seguro Social manter entendimentos com o Ministério Público, objetivando a agilização das causas judiciais necessárias à concessão e manutenção de benefícios.

Art. 351. O pagamento de benefícios decorrente de sentença judicial far-se-á com a observância da prioridade garantida aos créditos alimentícios.

Art. 381. As normas deste Regulamento de natureza procedimental aplicam-se imediatamente a todos os processos pendentes no Ministério da Previdência e Assistência Social e no Instituto Nacional do Seguro Social.

Art. 382. Os tratados, convenções e outros acordos internacionais de que Estado estrangeiro ou organismo internacional e o Brasil sejam partes, e que versem sobre matéria previdenciária, serão interpretados como lei especial.

Nota: Além dos artigos antes reproduzidos, o Regulamento da Previdência Social *(Decreto n. 6.048 de 6.5.199, atualizado até a edição do Decreto n. 8.424 de 31.3.2015)*é constituído por **CINCO ANEXOS,** a saber:

- **Anexo I:** RELAÇÃO DAS SITUAÇÕES EM QUE O APOSENTADO POR INVALIDEZ TERÁ DIREITO À MAJORAÇÃO DE 25% (vinte e cinco por cento), na forma prevista no art. 45 deste Regulamento;
- **Anexo II:** AGENTES PATOGÊNICOS CAUSADORES DE DOENÇAS PROFISSIONAIS OU DO TRABALHO, conforme previsto no art. 20 da Lei n. 8.231/91, e constituído por **três Listas**:
  - **Lista A:** AGENTES OU FATORES DE RISCO DE NATUREZA OCUPACIONAL RELACIONADOS COM A ETIOLOGIA DE DOENÇAS PROFISSIONAIS E DE OUTRAS DOENÇAS RELACIONADAS COM O TRABALHO.
  - **Lista B:** DOENÇAS INFECCIOSAS E PARASITÁRIAS RELACIONADAS COM O TRABALHO.
  - **Lista C:** INTERVALOS DA CID-10 EM QUE SE RECONHECE NEXO TÉCNICO EPIDEMIOLÓGICO, na forma do § 3º, do art. 337, entre a entidade mórbida e as classes de CNAE indicadas, nelas incluídas todas as subclasses cujos quatro dígitos iniciais sejam comuns.
- **Anexo III:** RELAÇÃO DAS SITUAÇÕES QUE DÃO DIREITO AO AUXÍLIO-ACIDENTE, conforme art. 86 da Lei n. 8.213/91;
- **Anexo IV:** CLASSIFICAÇÃO DOS AGENTES NOCIVOS PARA FINS DE APOSENTADORIA ESPECIAL, conforme art. 58 da Lei n. 8.213/91;
- **Anexo V:** RELAÇÃO DAS ATIVIDADES PREPONDERANTES E CORRESPONDENTES GRAUS DE RISCO, para fins de percentuais adicionais que custearão a APOSENTADORIA ESPECIAL, nos termos do art. 22 da Lei n. 8.212/91.

ANEXOS DO REGULAMENTO DA PREVIDÊNCIA SOCIAL
(Decreto n. 3.048/99, atualizado até a edição do Decreto 8.424, de 31.3.2015)

Anexo I: RELAÇÃO DAS SITUAÇÕES EM QUE O APOSENTADO POR INVALIDEZ TERÁ DIREITO À MAJORAÇÃO DE 25% (na forma prevista no art. 45 deste Regulamento).

1 — Cegueira total.

2 — Perda de nove dedos das mãos ou superior a esta.

3 — Paralisia dos dois membros superiores ou inferiores.

4 — Perda dos membros inferiores, acima dos pés, quando a prótese for impossível.

5 — Perda de uma das mãos e de dois pés, ainda que a prótese seja possível.

6 — Perda de um membro superior e outro inferior, quando a prótese for impossível.

7 — Alteração das faculdades mentais com grave perturbação da vida orgânica e social.

8 — Doença que exija permanência contínua no leito.

9 — Incapacidade permanente para as atividades da vida diária.

Anexo II: AGENTES PATOGÊNICOS CAUSADORES DE DOENÇAS PROFISSIONAIS OU DO TRABALHO, conforme previsto no artigo 20 da Lei n. 8.213/91.

AGENTES PATOGÊNICOS	TRABALHOS QUE CONTÊM O RISCO
	QUÍMICOS
I — ARSÊNIO E SEUS COMPOSTOS ARSENICAIS	1. metalurgia de minérios arsenicais e indústria eletrônica; 2. extração do arsênio e preparação de seus compostos; 3. fabricação, preparação e emprego de tintas, lacas (gás arsina), inseticidas, parasiticidas e raticidas; 4. processos industriais em que haja desprendimento de hidrogênio arseniado; 5. preparação e conservação de peles e plumas (empalhamento de animais) e conservação da madeira; 6. agentes na produção de vidro, ligas de chumbo, medicamentos e semi-condutores.

AGENTES PATOGÊNICOS	TRABALHOS QUE CONTÊM O RISCO
II — ASBESTO OU AMIANTO	1. extração de rochas amiantíferas, furação, corte, desmonte, trituração, peneiramento e manipulação; 2. despejos do material proveniente da extração, trituração; 3. mistura, cardagem, fiação e tecelagam de amianto; 4. fabricação de guarnições para freios, materiais isolantes e produtos de fibrocimento; 5. qualquer colocação ou demolição de produtos de amianto que produza partículas atmosféricas de amianto.
III — BENZENO OU SEUS HOMÓLOGOS TÓXICOS	Fabricação e emprego do benzeno, seus homólogos ou seus derivados aminados e nitrosos: 1. instalações petroquímicas onde se produzir benzeno; 2. indústria química ou de laboratório; 3. produção de cola sintética; 4. usuários de cola sintética na fabricação de calçados, artigos de couro ou borracha e móveis; 5. produção de tintas; 6. impressores (especialmente na fotogravura); 7. pintura a pistola; 8. soldagem.
IV — BERÍLIO E SEUS COMPOSTOS TÓXICOS	1. extração, trituração e tratamento de berílio; 2. fabricação e fundição de ligas e compostos; 3. utilização na indústria aeroespacial e manufatura de instrumentos de precisão e ordenadores; ferramentas cortantes que não produzam faíscas para a indústria petrolífera; 4. fabricação de tubos fluorescentes, de ampolas de raios X, de eletrodos de aspiradores, catodos de queimadores e moderadores de reatores nucleares; 5. fabricação de cadinhos, vidros especiais e de porcelana para isolantes térmicos.
V — BROMO	Fabricação e emprego do bromo e do ácido brômico.
VI — CÁDMIO OU SEUS COMPOSTOS	1. extração, tratamento, preparação e fundição de ligas metálicas; 2. fabricação de compostos de cádmio para soldagem; 3. soldagem; 4. utilização em revestimentos metálicos (galvanização), como pigmentos e estabilizadores em plásticos, nos acumuladores de níquel-cádmio e soldagem de prata.
VII — CARBONETOS METÁLICOS DE TUNGSTÊNIO SINTERIZADOS	Produção de carbonetos sinterizados (mistura, pulverização, modelado, aquecimento em forno, ajuste, pulverização de precisão), na fabricação de ferramentas e de componentes para máquinas e no afiamento das ferramentas. Trabalhadores situados nas proximidades e dentro da mesma oficina.
VIII — CHUMBO OU SEUS COMPOSTOS TÓXICOS	1. extração de minérios, metalurgia e refinação do chumbo; 2. fabricação de acumuladores e baterias (placas); 3. fabricação e emprego de chumbo-tetraetila e chumbo-tetrametila; 4. fabricação e aplicação de tintas, esmaltes e vernizes à base de compostos de chumbo; 5. fundição e laminação de chumbo, de bronze, etc; 6. fabricação ou manipulação de ligas e compostos de chumbo; 7. fabricação de objetos e artefatos de chumbo, inclusive munições; 8. vulcanização da borracha pelo litargírio ou outros compostos de chumbo; 9. soldagem; 10. indústria de impressão; 11. fabricação de vidro, cristal e esmalte vitrificado; 12. sucata, ferro-velho; 13. fabricação de pérolas artificiais; 14. olaria; 15. fabricação de fósforos.
IX — CLORO	Fabricação e emprego de cloro e ácido clorídrico.

AGENTES PATOGÊNICOS	TRABALHOS QUE CONTÊM O RISCO
X – CROMO OU SEUS COMPOSTOS TÓXICOS	1. fabricação de ácido crômico, de cromatos e bicromatos e ligas de ferrocromo; 2. cromagem eletrolítica de metais (galvanoplastia); 3. curtição e outros trabalhos com o couro; 4. pintura a pistola com pigmentos de compostos de cromo, polimento de móveis; 5. manipulação de ácido crômico, de cromatos e bicromatos; 6. soldagem de aço inoxidável; 7. fabricação de cimento e trabalhos da construção civil; 8. impressão e técnica fotográfica.
XI – FLÚOR OU SEUS COMPOSTOS TÓXICOS	1. fabricação e emprego de flúor e de ácido fluorídrico; 2. siderurgia (como fundentes); 3. fabricação de ladrilhos, telhas, cerâmica, cimento, vidro, esmalte, fibra de vidro, fertilizantes fosfatados; 4. produção de gasolina (como catalisador alquilante); 5. soldagem elétrica; 6. galvanoplastia; 7. calefação de superfícies; 8. sistema de combustível para foguetes.
XII – FÓSFORO OU SEUS COMPOSTOS TÓXICOS	1. extração e preparação do fósforo branco e de seus compostos; 2. fabricação e aplicação de produtos fosforados e organofosforados (sínteses orgânicas, fertilizantes, praguicidas); 3. fabricação de projéteis incendiários, explosivos e gases asfixiantes à base de fósforo branco; 4. fabricação de ligas de bronze; 5. borrifadores, trabalhadores agrícolas e responsáveis pelo armazenamento, transporte e distribuição dos praguicidas organofosforados.
XIII – HIDROCARBONETOS ALIFÁTICOS OU AROMÁTICOS (seus derivados halogenados tóxicos) – Cloreto de metila – Cloreto de metileno – Clorofórmio – Tetracloreto de carbono – Cloreto de etila 1.1 – Dicloroetano 1.1.1 – Tricloroetano 1.1.2 – Tricloroetano – Tetracloroetano – Tricloroetileno – Tetracloroetileno – Cloreto de vinila – Brometo de metila – Brometo de etila 1.2 – Dibromoetano – Clorobenzeno – Diclorobenzeno	Síntese química (metilação), refrigerante, agente especial para extrações. Solvente (azeites, graxas, ceras, acetato de celulose), desengordurante, removedor de pinturas. Solvente (lacas), agente de extração. Síntese química, extintores de incêndio. Síntese química, anestésico local (refrigeração). Síntese química, solvente (resinas, borracha, asfalto, pinturas), desengraxante. Agente desengraxante para limpeza de metais e limpeza a seco. Solvente. Solvente. Desengraxante, agente de limpeza a seco e de extração, sínteses químicas. Desengraxante, agente de limpeza a seco e de extração, sínteses químicas. Intermediário na fabricação de cloreto de polivinila. Inseticida em fumigação (cereais), sínteses químicas. Sínteses químicas, agente especial de extração. Inseticida em fumigação (solos), extintor de incêndios, solvente (celulóide, graxas, azeite, ceras). Sínteses químicas, solvente. Sínteses químicas, solvente.
XIV – IODO	Fabricação e emprego do iodo.
XV – MANGANÊS E SEUS COMPOSTOS TÓXICOS	1. extração, tratamento e trituração de pirolusita (dióxido de manganês); 2. fabricação de ligas e compostos do manganês; 3. siderurgia; 4. fabricação de pilhas secas e acumuladores; 5. preparação de permanganato de potássio e fabricação de corantes; 6. fabricação de vidros especiais e cerâmica; 7. soldagem com eletrodos contendo manganês; 8. fabricação de tintas e fertilizantes; 9. curtimento de couro.

AGENTES PATOGÊNICOS	TRABALHOS QUE CONTÊM O RISCO
XVI — MERCÚRIO E SEUS COMPOSTOS TÓXICOS	1. extração e fabricação do mineral de mercúrio e de seus compostos; 2. fabricação de espoletas com fulminato de mercúrio; 3. fabricação de tintas; 4. fabricação de solda; 5. fabricação de aparelhos: barômetros, manômetros, termômetros, interruptores, lâmpadas, válvulas eletrônicas, ampolas de raio X, retificadores; 6. amalgamação de zinco para fabricação de eletrodos, pilhas e acumuladores; 7. douração e estanhagem de espelhos; 8. empalhamento de animais com sais de mercúrio; 9. recuperação de mercúrio por destilação de resíduos industriais; 10. tratamento a quente de amálgamas de ouro e prata para recuperação desses metais; 11. secretagem de pelos, crinas e plumas, e feltragem à base de compostos de mercúrio; 12. fungicida no tratamento de sementes e brilhos vegetais e na proteção da madeira.
XVII — SUBSTÂNCIAS ASFIXIANTES 1. Monóxido de carbono	Produção e distribuição de gás obtido de combustíveis sólidos (gaseificação do carvão); mecânica de motores, principalmente movidos a gasolina, em recintos semifechados; soldagem acetilênica e a arco; caldeiras, indústria química; siderurgia, fundição, mineração de subsolo; uso de explosivos; controle de incêndios; controle de tráfego; construção de túneis; cervejarias.
2. Cianeto de hidrogênio ou seus derivados tóxicos	Operações de fumigação de inseticidas, síntese de produtos químicos orgânicos; eletrogalvanoplastia; extração de ouro e prata; produção de aço e de plásticos (especialmente o acrilonitrilo-estireno); siderurgia (fornos de coque).
3. Sulfeto de hidrogênio (Ácido sulfídrico)	Estações de tratamento de águas residuais; mineração; metalurgia; trabalhos em silos; processamento de açúcar da beterraba; curtumes e matadouros; produção de viscose e celofane; indústria química (produção de ácido sulfúrico, sais de bário); construção de túneis; perfuração de poços petrolíferos e gás; carbonização do carvão a baixa temperatura; litografia e fotogravura.
XVIII — SÍLICA LIVRE (Óxido de silício — Si O_2)	1. extração de minérios (trabalhos no subsolo e a céu aberto); 2. decapagem, limpeza de metais, foscamento de vidros com jatos de areia, e outras atividades em que se usa areia como abrasivo; 3. fabricação de material refratário para fornos, chaminés e cadinhos, recuperação de resíduos; 4. fabricação de mós, rebolos, saponáceos, pós e pastas para polimento de metais; 5. moagem e manipulação de sílica na indústria de vidros e porcelanas; 6. trabalho em pedreiras; 7. trabalho em construção de túneis; 8. desbastes e polimento de pedras.
XIX — SULFETO DE CARBONO OU DISSULFETO DE CARBONO	1. fabricação de sulfeto de carbono; 2. indústria da viscose, raiom (seda artificial); 3. fabricação e emprego de solventes, inseticidas, parasiticidas e herbicidas; 4. fabricação de vernizes, resinas, sais de amoníaco, tetracloreto de carbono, têxteis, tubos eletrônicos a vácuo, gorduras; 5. limpeza a seco; galvanização; fumigação de grãos; 6. processamento de azeite, enxofre, bromo, cera, graxas e iodo.
XX — ALCATRÃO, BREU, BETUME, HULHA MINERAL, PARAFINA E PRODUTOS OU RESÍDUOS DESSAS SUBSTÂNCIAS, CAUSADORES DE EPITELIOMAS PRIMITIVOS DA PELE	Processos e operações industriais ou não, em que sejam utilizados alcatrão, breu, betume, hulha mineral, parafina e produtos ou resíduos dessas substâncias.
FÍSICOS	
XXI — RUÍDO E AFECÇÃO AUDITIVA	Mineração, construção de túneis, exploração de pedreiras (detonação, perfuração); engenharia pesada (fundição de ferro, prensa de forja); trabalho com máquinas que funcionam com potentes motores a combustão; utilização de máquinas têxteis; testes de reatores de aviões.
XXII — VIBRAÇÕES (Afecções dos músculos, tendões, ossos, articulações, vasos sanguíneos periféricos ou dos nervos periféricos)	Indústria metalúrgica, construção naval e automobilística; mineração; agricultura (motosserras); instrumentos pneumáticos; ferramentas vibratórias, elétricas e manuais; condução de caminhões e ônibus.

AGENTES PATOGÊNICOS	TRABALHOS QUE CONTÊM O RISCO
XXIII – AR COMPRIMIDO	1. trabalhos em caixões ou câmaras pneumáticas e em tubulões pneumáticos; 2. operações com uso de escafandro; 3. operações de mergulho; 4. trabalho com ar comprimido em túneis pressurizados.
XXIV – RADIAÇÕES IONIZANTES	1. extração de minerais radioativos (tratamento, purificação, isolamento e preparo para distribuição), como o urânio; 2. operação com reatores nucleares ou com fontes de nêutrons ou de outras radiações corpusculares; 3. trabalhos executados com exposições a raios X, rádio e substâncias radioativas para fins industriais, terapêuticos e diagnósticos; 4. fabricação e manipulação de produtos químicos e farmacêuticos radioativos (urânio, radônio, mesotório, tório X, césio 137 e outros); 5. fabricação e aplicação de produtos luminescentes radíferos; 6. pesquisas e estudos dos raios X e substâncias radioativas em laboratórios.
BIOLÓGICOS	
XXV – MICROORGANISMOS E PARASITAS INFECCIOSOS VIVOS E SEUS PRODUTOS TÓXICOS 1. Mycobacterium; vírus hospedados por artrópodes; coccicliōides; fungos; histoplasma; leptospira; ricketsia; bacilo (carbúnculo, tétano);ancilóstomo; tripanossoma; pasteurella. 2. Ancilóstomo; histoplasma; coccicliodes; leptospira; bacilo; sepse. 3. Mycobacterium; brucellas; estreptococo (erisipela); fungo; ricketsia; pasteurella. 4. Fungos; bactérias; mixovírus (doença de Newcastle). 5. Bacilo (carbúnculo) e pasteurella. 6. Bactérias; mycobacteria; brucella; fungos; leptospira; vírus; mixovírus; ricketsia; pasteurella. 7. Mycobacteria, vírus; outros organismos responsáveis por doenças transmissíveis. 8. Fungos (micose cutânea).	Agricultura; pecuária; silvicultura; caça (inclusive a caça com armadilhas); veterinária; curtume. Construção; escavação de terra; esgoto; canal de irrigação; mineração. Manipulação e embalagem de carne e pescado. Manipulação de aves confinadas e pássaros. Trabalho com pêlo, pele ou lã. Veterinária. Hospital; laboratórios e outros ambientes envolvidos no tratamento de doenças transmissíveis. Trabalhos em condições de temperatura elevada e umidade (cozinhas; ginásios; piscinas; etc.).
POEIRAS ORGÂNICAS	
XXVI – ALGODÃO, LINHO, CÂNHAMO, SISAL	Trabalhadores nas diversas operações com poeiras provenientes desses produtos.
XXVII – AGENTES FÍSICOS, QUÍMICOS OU BIOLÓGICOS, QUE AFETAM A PELE, NÃO CONSIDERADOS EM OUTRAS RUBRICAS.	Trabalhadores mais expostos: agrícolas; da construção civil em geral; da indústria química; de eletrogalvanoplastia; de tinturaria; da indústria de plásticos reforçados com fibra de vidro; da pintura; dos serviços de engenharia (óleo de corte ou lubrificante); dos serviços de saúde (medicamentos, anestésicos locais, desinfetantes); do tratamento de gado; dos açougues.

Anexo II — Lista A: AGENTES OU FATORES DE RISCO DE NATUREZA OCUPACIONAL RELACIONADOS COM A ETIOLOGIA DE DOENÇAS PROFISSIONAIS E DE OUTRAS DOENÇAS RELACIONADAS COM O TRABALHO

AGENTES ETIOLÓGICOS OU FATORES DE RISCO DE NATUREZA OCUPACIONAL	DOENÇAS CAUSALMENTE RELACIONADAS COM OS RESPECTIVOS AGENTES OU FATORES DE RISCO (DENOMINADAS E CODIFICADAS SEGUNDO A CID-10)
I — Arsênio e seus compostos asrsenicais	1. Angiossarcoma do fígado (C22.3) 2. Neoplasia maligna dos brônquios e do pulmão (C34.-) 3. Outras neoplasias malignas da pele (C44.-) 4. Polineuropatia devida a outras agentes tóxicos (G52.2) 5. Encefalopatia Tóxica Aguda (G92.1) 6. Blefarite (H01.0) 7. Conjuntivite (H10) 8. Queratite e Queratoconjuntivite (H16) 9. Arritmias cardíacas (I49.-) 10. Rinite Crônica (J31.0) 11. Ulceração ou Necrose do Septo Nasal (J34.0) 12. Bronquiolite Obliterante Crônica, Enfisema Crônico Difuso ou Fibrose Pulmonar Crônica (J68.4) 13. Estomatite Ulcerativa Crônica (K12.1) 14. Gastroenterite e Colites tóxicas (K52.-) 15. Hipertensão Portal (K76.6) 16. Dermatite de Contato por Irritantes (L24.-) 17. Outras formas de hiperpigmentação pela melanina: "Melanodermia" (L81.4) 18. Leucodermia, não classificada em outra parte (Inclui "Vitiligo Ocupacional") (L81.5) 19. Ceratose Palmar e Plantar Adquirida (L85.1) 20. Efeitos Tóxicos Agudos (T57.0)
II — Asbesto ou Amianto	1. Neoplasia maligna do estômago (C16.-) 2. Neoplasia maligna da laringe (C32.-) 3. Neoplasia maligna dos brônquios e do pulmão (C34.-) 4. Mesotelioma da pleura (C45.0) 5. Mesotelioma do peritônio (C45.1) 6. Mesotelioma do pericárdio (C45.2) 7. Placas epicárdicas ou pericárdicas (I34.8) 8. Asbestose (J60.-) 9. Derrame Pleural (J90.-) 10. Placas Pleurais (J92.-)
III — Benzeno e seus homólogos tóxicos	1. Leucemias (C91-C95.-) 2. Síndromes Mielodisplásicas (D46.-) 3. Anemia Aplástica devida a outros agentes externos (D61.2) 4. Hipoplasia Medular (D61.9) 5. Púrpura e outras manifestações hemorrágicas (D69.-) 6. Agranulocitose (Neutropenia tóxica) (D70) 7. Outros transtornos especificados dos glóbulos brancos: Leucocitose, Reação Leucemóide (D72.8) 8. Outros transtornos mentais decorrentes de lesão e disfunção cerebrais e de doença física (F06.-) (Tolueno e outros solventes aromáticos neurotóxicos) 9. Transtornos de personalidade e de comportamento decorrentes de doença, lesão e de disfunção de personalidade (F07.-) (Tolueno e outros solventes aromáticos neurotóxicos) 10. Transtorno Mental Orgânico ou Sintomático não especificado (F09.-) (Tolueno e outros solventes aromáticos neurotóxicos) 11. Episódios depressivos (F32.-) (Tolueno e outros solventes aromáticos neurotóxicos) 12. Neurastenia (Inclui "Síndrome de Fadiga") (F48.0) (Tolueno e outros solventes aromáticos neurotóxicos) 13. Encefalopatia Tóxica Crônica (G92.2) 14. Hipoacusia Ototóxica (H91.0) (Tolueno e Xileno) 15. Dermatite de Contato por Irritantes (L24.-) 16. Efeitos Tóxicos Agudos (T52.1 e T52.2)

AGENTES ETIOLÓGICOS OU FATORES DE RISCO DE NATUREZA OCUPACIONAL	DOENÇAS CAUSALMENTE RELACIONADAS COM OS RESPECTIVOS AGENTES OU FATORES DE RISCO (DENOMINADAS E CODIFICADAS SEGUNDO A CID-10)
IV — Berílio e seus compostos tóxicos	1. Neoplasia maligna dos brônquios e do pulmão (C34.-) 2. Conjuntivite (H10) 3. Beriliose (J63.2) 4. Bronquite e Pneumonite devida a produtos químicos, gases, fumaças e vapores ("Bronquite Química Aguda") (J68.0) 5. Edema Pulmonar Agudo devido a produtos químicos, gases, fumaças e vapores ("Edema Pulmonar Químico") (J68.1) 6. Bronquiolite Obliterante Crônica, Enfisema Crônico Difuso ou Fibrose Pulmonar Crônica (J68.4) 7. Dermatite de Contato por Irritantes (L24.-) 8. Efeitos Tóxicos Agudos (T56.7)
V — Bromo	1. Faringite Aguda ("Angina Aguda", "Dor de Garganta") (J02.9) 2. Laringotraqueíte Aguda (J04.2) 3. Faringite Crônica (J31.2) 4. Sinusite Crônica (J32.-) 5. Laringotraqueíte Crônica (J37.1) 6. Bronquite e Pneumonite devida a produtos químicos, gases, fumaças e vapores ("Bronquite Química Aguda") (J68.0) 7. Edema Pulmonar Agudo devido a produtos químicos, gases, fumaças e vapores ("Edema Pulmonar Químico") (J68.1) 8. Síndrome de Disfunção Reativa das Vias Aéreas (SDVA/RADS) (J68.3) 9. Bronquiolite Obliterante Crônica, Enfisema Crônico Difuso ou Fibrose Pulmonar Crônica (J68.4) 10. Estomatite Ulcerativa Crônica (K12.1) 11. Dermatite de Contato por Irritantes (L24.-) 12. Efeitos Tóxicos Agudos (T57.8.)
VI — Cádmio ou seus compostos	1. Neoplasia maligna dos brônquios e do pulmão (C34.-) 2. Transtornos do nervo olfatório (Inclui "Anosmia") (G52.0) 3. Bronquite e Pneumonite devida a produtos químicos, gases, fumaças e vapores ("Bronquite Química Aguda") (J68.0) 4. Edema Pulmonar Agudo devido a produtos químicos, gases, fumaças e vapores ("Edema Pulmonar Químico") (J68.1) 5. Síndrome de Disfunção Reativa das Vias Aéreas (SDVA/RADS) (J68.3) 6. Bronquiolite Obliterante Crônica, Enfisema Crônico Difuso ou Fibrose Pulmonar Crônica (J68.4) 7. Enfisema intersticial (J98.2) 8. Alterações pós-eruptivas da cor dos tecidos duros dos dentes (K03.7) 9. Gastroenterite e Colites tóxicas (K52.-) 10. Osteomalácia do Adulto Induzida por Drogas (M83.5) 11. Nefropatia Túbulo-Intersticial induzida por metais pesados (N14.3) 12. Efeitos Tóxicos Agudos (T56.3)
VII — Carbonetos metálicos de Tungstênio sinterizados	1. Outras Rinites Alérgicas (J30.3) 2. Asma (J45.-) 3. Pneumoconiose devida a outras poeiras inorgânicas especificadas (J63.8)
VIII — Chumbo ou seus compostos tóxicos	1. Outras anemias devidas a transtornos enzimáticos (D55.8) 2. Anemia Sideroblástica secundária a toxinas (D64.2) 3. Hipotireoidismo devido a substâncias exógenas (E03.-) 4. Outros transtornos mentais decorrentes de lesão e disfunção cerebrais e de doença física (F06.-) 5. Polineuropatia devida a outras agentes tóxicos (G52.2) 6. Encefalopatia Tóxica Aguda (G92.1) 7. Encefalopatia Tóxica Crônica (G92.2) 8. Hipertensão Arterial (I10.-) 9. Arritmias Cardíacas (I49.-) 10. "Cólica da Chumbo" (K59.8) 11. Gota Induzida pelo Chumbo (M10.1) 12. Nefropatia Túbulo-Intersticial induzida por metais pesados (N14.3) 13. Insuficiência Renal Crônica (N17) 14. Infertilidade Masculina (N46) 15. Efeitos Tóxicos Agudos (T56.0)

AGENTES ETIOLÓGICOS OU FATORES DE RISCO DE NATUREZA OCUPACIONAL	DOENÇAS CAUSALMENTE RELACIONADAS COM OS RESPECTIVOS AGENTES OU FATORES DE RISCO (DENOMINADAS E CODIFICADAS SEGUNDO A CID-10)
IX — Cloro	1. Rinite Crônica (J31.0) 2. Outras Doenças Pulmonares Obstrutivas Crônicas (Inclui "Asma Obstrutiva", "Bronquite Crônica", "Bronquite Obstrutiva Crônica") (J44.-) 3. Bronquite e Pneumonite devida a produtos químicos, gases, fumaças e vapores ("Bronquite Química Aguda") (J68.0) 4. Edema Pulmonar Agudo devido a produtos químicos, gases, fumaças e vapores ("Edema Pulmonar Químico") (J68.1) 5. Síndrome de Disfunção Reativa das Vias Aéreas (SDVA/RADS) (J68.3) 6. Bronquiolite Obliterante Crônica, Enfisema Crônico Difuso ou Fibrose Pulmonar Crônica (J68.4) 7. Efeitos Tóxicos Agudos (T59.4)
X — Cromo ou seus compostos tóxicos	1. Neoplasia maligna dos brônquios e do pulmão (C34.-) 2. Outras Rinites Alérgicas (J30.3) 3. Rinite Crônica (J31.0) 4. Ulceração ou Necrose do Septo Nasal (J34.0) 5. Asma (J45.-) 6. "Dermatoses Pápulo-Pustulosas e suas complicações infecciosas" (L08.9) 7. Dermatite Alérgica de Contato (L23.-) 8. Dermatite de Contato por Irritantes (L24.-) 9. Úlcera Crônica da Pele, não classificada em outra parte (L98.4) 10. Efeitos Tóxicos Agudos (T56.2)
XI — Flúor ou seus compostos tóxicos	1. Conjuntivite (H10) 2. Rinite Crônica (J31.0) 3. Bronquite e Pneumonite devida a produtos químicos, gases, fumaças e vapores ("Bronquite Química Aguda") (J68.0) 4. Edema Pulmonar Agudo devido a produtos químicos, gases, fumaças e vapores ("Edema Pulmonar Químico") (J68.1) 5. Bronquiolite Obliterante Crônica, Enfisema Crônico Difuso ou Fibrose Pulmonar Crônica (J68.4) 6. Erosão Dentária (K03.2) 7. Dermatite de Contato por Irritantes (L24.-) 8. Fluorose do Esqueleto (M85.1) 9. Intoxicação Aguda (T59.5)
XII — Fósforo ou seus compostos tóxicos	1. Polineuropatia devida a outras agentes tóxicos (G52.2) 2. Arritmias cardíacas (I49.-) (Agrotóxicos organofosforados e carbamatos) 3. Dermatite Alérgica de Contato (L23.-) 4. Dermatite de Contato por Irritantes (L24.-) 5. Osteomalácia do Adulto Induzida por Drogas (M83.5) 6. Osteonecrose (M87.-): Osteonecrose Devida a Drogas (M87.1); Outras Osteonecroses Secundárias (M87.3) 7. Intoxicação Aguda (T57.1) (Intoxicação Aguda por Agrotóxicos Organofosforados: T60.0)
XIII — Hidrocarbonetos alifáticos ou aromáticos (seus derivados halogenados tóxicos)	1. Angiossarcoma do fígado (C22.3) 2. Neoplasia maligna do pâncreas (C25.-) 3. Neoplasia maligna dos brônquios e do pulmão (C34.-) 4. Púrpura e outras manifestações hemorrágicas (D69.-) 5. Hipotireoidismo devido a substâncias exógenas (E03.-) 6. Outras porfirias (E80.2) 7. Delirium, não sobreposto à demência, como descrita (F05.0) (Brometo de Metila) 8. Outros transtornos mentais decorrentes de lesão e disfunção cerebrais e de doença física (F06.-) 9. Transtornos de personalidade e de comportamento decorrentes de doença, lesão e de disfunção de personalidade (F07.-) 10. Transtorno Mental Orgânico ou Sintomático não especificado (F09.-) 11. Episódios Depressivos (F32.-) 12. Neurastenia (Inclui "Síndrome de Fadiga") (F48.0) 13. Outras formas especificadas de tremor (G25.2) 14. Transtorno extrapiramidal do movimento não especificado (G25.9)

AGENTES ETIOLÓGICOS OU FATORES DE RISCO DE NATUREZA OCUPACIONAL	DOENÇAS CAUSALMENTE RELACIONADAS COM OS RESPECTIVOS AGENTES OU FATORES DE RISCO (DENOMINADAS E CODIFICADAS SEGUNDO A CID-10)
	15. Transtornos do nervo trigêmio (G50.-) 16. Polineuropatia devida a outros agentes tóxicos (G52.2) (n-Hexano) 17. Encefalopatia Tóxica Aguda (G92.1) 18. Encefalopatia Tóxica Crônica (G92.2) 19. Conjuntivite (H10) 20. Neurite Óptica (H46) 21. Distúrbios visuais subjetivos (H53.-) 22. Outras vertigens periféricas (H81.3) 23. Labirintite (H83.0) 24. Hipoacusia ototóxica (H91.0) 25. Parada Cardíaca (I46.-) 26. Arritmias cardíacas (I49.-) 27. Síndrome de Raynaud (I73.0) (Cloreto de Vinila) 28. Acrocianose e Acroparestesia (I73.8) (Cloreto de Vinila) 29. Bronquite e Pneumonite devida a produtos químicos, gases, fumaças e vapores ("Bronquite Química Aguda") (J68.0) 30. Edema Pulmonar Agudo devido a produtos químicos, gases, fumaças e vapores ("Edema Pulmonar Químico") (J68.1) 31. Síndrome de Disfunção Reativa das Vias Aéreas (SDVA/RADS) (J68.3) 32. Bronquiolite Obliterante Crônica, Enfisema Crônico Difuso ou Fibrose Pulmonar Crônica (J68.4) 33. Doença Tóxica do Fígado (K71.-): Doença Tóxica do Fígado, com Necrose Hepática (K71.1); Doença Tóxica do Fígado, com Hepatite Aguda (K71.2); Doença Tóxica do Fígado com Hepatite Crônica Persistente (K71.3); Doença Tóxica do Fígado com Outros Transtornos Hepáticos (K71.8) 34. Hipertensão Portal (K76.6) (Cloreto de Vinila) 35. "Dermatoses Pápulo-Pustulosas e suas complicações infecciosas" (L08.9) 36. Dermatite de Contato por Irritantes (L24.-) 37. "Cloracne" (L70.8) 38. Outras formas de hiperpigmentação pela melanina: "Melanodermia" (L81.4) 39. Outros transtornos especificados de pigmentação: "Profiria Cutânea Tardia" (L81.8) 40. Geladura (Frostbite) Superficial: Eritema Pérnio (T33) (Anestésicos clorados locais) 41. Geladura (Frostbite) com Necrose de Tecidos (T34) (Anestésicos clorados locais) 42. Osteólise (M89.5) (de falanges distais de quirodáctilos) (Cloreto de Vinila) 43. Síndrome Nefrítica Aguda (N00.-) 44. Insuficiência Renal Aguda (N17) 45. Efeitos Tóxicos Agudos (T53.-)
XIV — Iodo	1. Conjuntivite (H10) 2. Faringite Aguda ("Angina Aguda", "Dor de Garganta") (J02.9) 3. Laringotraqueíte Aguda (J04.2) 4. Sinusite Crônica (J32.-) 5. Bronquite e Pneumonite devida a produtos químicos, gases, fumaças e vapores ("Bronquite Química Aguda") 6. Edema Pulmonar Agudo devido a produtos químicos, gases, fumaças e vapores ("Edema Pulmonar Químico") (J68.1) 7. Síndrome de Disfunção Reativa das Vias Aéreas (SDVA/RADS) (J68.3) 8. Bronquiolite Obliterante Crônica, Enfisema Crônico Difuso ou Fibrose Pulmonar Crônica (J68.4) 9. Dermatite Alérgica de Contato (L23.-) 10. Efeitos Tóxicos Agudos (T57.8)
XV — Manganês e seus compostos tóxicos	1. Demência em outras doenças específicas classificadas em outros locais (F02.8) 2. Outros transtornos mentais decorrentes de lesão e disfunção cerebrais e de doença física (F06.-) 3. Transtornos de personalidade e de comportamento decorrentes de doença, lesão e de disfunção de personalidade (F07.-)

AGENTES ETIOLÓGICOS OU FATORES DE RISCO DE NATUREZA OCUPACIONAL	DOENÇAS CAUSALMENTE RELACIONADAS COM OS RESPECTIVOS AGENTES OU FATORES DE RISCO (DENOMINADAS E CODIFICADAS SEGUNDO A CID-10)
	4. Transtorno Mental Orgânico ou Sintomático não especificado (F09.-) 5. Episódios Depressivos (F32.-) 6. Neurastenia (Inclui "Síndrome de Fadiga") (F48.0) 7. Parkisonismo Secundário (G21.2) 8. Inflamação Coriorretiniana (H30) 9. Bronquite e Pneumonite devida a produtos químicos, gases, fumaças e vapores ("Bronquite Química Aguda") (J68.0) 10. Bronquiolite Obliterante Crônica, Enfisema Crônico Difuso ou Fibrose Pulmonar Crônica (J68.4) 11. Efeitos Tóxicos Agudos (T57.2)
XVI — Mercúrio e seus compostos tóxicos	1. Outros transtornos mentais decorrentes de lesão e disfunção cerebrais e de doença física (F06.-) 2. Transtornos de personalidade e de comportamento decorrentes de doença, lesão e de disfunção de personalidade (F07.-) 3. Transtorno Mental Orgânico ou Sintomático não especificado (F09.-) 4. Episódios Depressivos (F32.-) 5. Neurastenia (Inclui "Síndrome de Fadiga") (F48.0) 6. Ataxia Cerebelosa (G11.1) 7. Outras formas especificadas de tremor (G25.2) 8. Transtorno extrapiramidal do movimento não especificado (G25.9) 9. Encefalopatia Tóxica Aguda (G92.1) 10. Encefalopatia Tóxica Crônica (G92.2) 11. Arritmias cardíacas) (I49.-) 12. Gengivite Crônica (K05.1) 13. Estomatite Ulcerativa Crônica (K12.1) 14. Dermatite Alérgica de Contato (L23.-) 15. Doença Glomerular Crônica (N03.-) 16. Nefropatia Túbulo-Intersticial induzida por metais pesados (N14.3) 17. Efeitos Tóxicos Agudos (T57.1)
XVII — Substâncias asfixiantes: Monóxido de Carbono, Cianeto de Hidrogênio ou seus derivados tóxicos, Sulfeto de Hidrogênio (Ácido Sulfídrico)	1. Demência em outras doenças específicas classificadas em outros locais (F02.8) 2. Transtornos do nervo olfatório (Inclui "Anosmia") (G52.0) (H2S) 3. Encefalopatia Tóxica Crônica (G92.2) (Sequela) 4. Conjuntivite (H10) (H2S) 5. Queratite e Queratoconjuntivite (H16) 6. Angina Pectoris (I20.-) (CO) 7. Infarto Agudo do Miocárdio (I21.-) (CO) 8. Parada Cardíaca (I46.-) (CO) 9. Arritmias cardíacas (I49.-) (CO) 10. Bronquite e Pneumonite devida a produtos químicos, gases, fumaças e vapores ("Bronquite Química Aguda") (HCN) 11. Edema Pulmonar Agudo devido a produtos químicos, gases, fumaças e vapores ("Edema Pulmonar Químico") (J68.1) (HCN) 12. Síndrome de Disfunção Reativa das Vias Aéreas (SDVA/RADS) (J68.3) (HCN) 13. Bronquiolite Obliterante Crônica, Enfisema Crônico Difuso ou Fibrose Pulmonar Crônica (J68.4) (HCN; H2S) 14. Efeitos Tóxicos Agudos (T57.3; T58; T59.6)
XVIII — Sílica Livre	1. Neoplasia maligna dos brônquios e do pulmão (C34.-) 2. Cor Pulmonale (I27.9) 3. Outras Doenças Pulmonares Obstrutivas Crônicas (Inclui "Asma Obstrutiva", "Bronquite Crônica", "Bronquite Obstrutiva Crônica") (J44.-) 4. Silicose (J62.8) 5. Pneumoconiose associada com Tuberculose ("Sílico-Tuberculose") (J63.8) 6. Síndrome de Caplan (J99.1; M05.3)
XIX — Sulfeto de Carbono ou Dissulfeto de Carbono	1. Demência em outras doenças específicas classificadas em outros locais (F02.8) 2. Outros transtornos mentais decorrentes de lesão e disfunção cerebrais e de doença física (F06.-)

AGENTES ETIOLÓGICOS OU FATORES DE RISCO DE NATUREZA OCUPACIONAL	DOENÇAS CAUSALMENTE RELACIONADAS COM OS RESPECTIVOS AGENTES OU FATORES DE RISCO (DENOMINADAS E CODIFICADAS SEGUNDO A CID-10)
	3. Transtornos de personalidade e de comportamento decorrentes de doença, lesão e de disfunção de personalidade (F07.-) 4. Transtorno Mental Orgânico ou Sintomático não especificado (F09.-) 5. Episódios Depressivos (F32.-) 6. Neurastenia (Inclui "Síndrome de Fadiga") (F48.0) 7. Polineuropatia devida a outros agentes tóxicos (G52.2) 8. Encefalopatia Tóxica Crônica (G92.2) 9. Neurite Óptica (H46) 10. Angina Pectoris (I20.-) 11. Infarto Agudo do Miocárdio (I21.-) 12. Ateroesclerose (I70.-) e Doença Ateroesclerótica do Coração (I25.1) 13. Efeitos Tóxicos Agudos (T52.8)
XX — Alcatrão, Breu, Betume, Hulha Mineral, Parafina e produtos ou resíduos dessas substâncias, causadores de epiteliomas primitivos da pele	1. Neoplasia maligna dos brônquios e do pulmão (C34.-) 2. Outras neoplasias malignas da pele (C44.-) 3. Neoplasia maligna da bexiga (C67.-) 4. Dermatite Alérgica de Contato (L23.-) 5. Outras formas de hiperpigmentação pela melanina: "Melanodermia" (L81.4)
XXI — Ruído e afecção auditiva	1. Perda da Audição Provocada pelo Ruído (H83.3) 2. Outras percepções auditivas anormais: Alteração Temporária do Limiar Auditivo, Comprometimento da Discriminação Auditiva e Hiperacusia (H93.2) 3. Hipertensão Arterial (I10.-) 4. Ruptura Traumática do Tímpano (pelo ruído) (S09.2)
XXII — Vibrações (afecções dos músculos, tendões, ossos, articulações, vasos sanguíneos periféricos ou dos nervos periféricos)	1. Síndrome de Raynaud (I73.0) 2. Acrocianose e Acroparestesia (I73.8) 3. Outros transtornos articulares não classificados em outra parte: Dor Articular (M25.5) 4. Síndrome Cervicobraquial (M53.1) 5. Fibromatose da Fascia Palmar: "Contratura ou Moléstia de Dupuytren" (M72.0) 6. Lesões do Ombro (M75.-): Capsulite Adesiva do Ombro (Ombro Congelado, Periartrite do Ombro) (M75.0); Síndrome do Manguito Rotatório ou Síndrome do Supraespinhoso (M75.1); Tendinite Bicipital (M75.2); Tendinite Calcificante do Ombro (M75.3); Bursite do Ombro (M75.5); Outras Lesões do Ombro (M75.8); Lesões do Ombro, não especificadas (M75.9) 7. Outras entesopatias (M77.-): Epicondilite Medial (M77.0); Epicondilite lateral ("Cotovelo de Tenista"); Mialgia (M79.1) 8. Outros transtornos especificados dos tecidos moles (M79.8) 9. Osteonecrose (M87.-): Osteonecrose Devida a Drogas (M87.1); Outras Osteonecroses Secundárias (M87.3) 10. Doença de Kienböck do Adulto (Osteo-condrose do Adulto do Semilunar do Carpo) (M93.1) e outras Osteocondro-patias especificadas (M93.8)
XXIII — Ar Comprimido	1. Otite Média não supurativa (H65.9) 2. Perfuração da Membrama do Tímpano (H72 ou S09.2) 3. Labirintite (H83.0) 4. Otalgia e Secreção Auditiva (H92.-) 5. Outros transtornos especificados do ouvido (H93.8) 6. Osteonecrose no "Mal dos Caixões" (M90.3) 7. Otite Barotraumática (T70.0) 8. Sinusite Barotraumática (T70.1) 9. "Mal dos Caixões" (Doença da Descompressão) (T70.4) 10. Síndrome devida ao deslocamento de ar de uma explosão (T70.8)
XXIV — Radiações Ionizantes	1. Neoplasia maligna da cavidade nasal e dos seios paranasais (C30-C31.-) 2. Neoplasia maligna dos brônquios e do pulmão (C34.-) 3. Neoplasia maligna dos ossos e cartilagens articulares dos membros (Inclui "Sarcoma Ósseo") 4. Outras neoplasias malignas da pele (C44.-) 5. Leucemias (C91-C95.-) 6. Síndromes Mielodisplásicas (D46.-)

AGENTES ETIOLÓGICOS OU FATORES DE RISCO DE NATUREZA OCUPACIONAL	DOENÇAS CAUSALMENTE RELACIONADAS COM OS RESPECTIVOS AGENTES OU FATORES DE RISCO (DENOMINADAS E CODIFICADAS SEGUNDO A CID-10)
	7. Anemia Aplástica devida a outros agentes externos (D61.2) 8. Hipoplasia Medular (D61.9) 9. Púrpura e outras manifestações hemorrágicas (D69.-) 10. Agranulocitose (Neutropenia tóxica) (D70) 11. Outros transtornos especificados dos glóbulos brancos: Leucocitose, Reação Leucemoide (D72.8) 12. Polineuropatia induzida pela radiação (G62.8) 13. Blefarite (H01.0) 14. Conjuntivite (H10) 15. Queratite e Queratoconjuntivite (H16) 16. Catarata (H28) 17. Pneumonite por radiação (J70.0 e J70.1) 18. Gastroenterite e Colites tóxicas (K52.-) 19. Radiodermatite (L58.-): Radiodermatite Aguda (L58.0); Radiodermatite Crônica (L58.1); Radiodermatite, não especificada (L58.9); Afecções da pele e do tecido conjuntivo relacionadas com a radiação, não especificadas (L59.9) 20. Osteonecrose (M87.-): Osteonecrose Devida a Drogas (M87.1); Outras Osteonecroses Secundárias (M87.3) 21. Infertilidade Masculina (N46) 22. Efeitos Agudos (não especificados) da Radiação (T66)
XXV – Microorganismos e parasitas infecciosos vivos e seus produtos tóxicos (Exposição ocupacional ao agente e/ou transmissor da doença, em profissões e/ou condições de trabalho especificadas)	1. Tuberculose (A15-A19.-) 2. Carbúnculo (A22.-) 3. Brucelose (A23.-) 4. Leptospirose (A27.-) 5. Tétano (A35.-) 6. Psitacose, Ornitose, Doença dos Tratadores de Aves (A70.-) 7. Dengue (A90.-) 8. Febre Amarela (A95.-) 9. Hepatites Virais (B15-B19.-) 10. Doença pelo Vírus da Imunodeficiência Humana (HIV) (B20-B24.-) 11. Dermatofitose (B35.-) e Outras Micoses Superficiais (B36.-) 12. Paracoccidiomicose (Blastomicose Sul Americana, Blastomicose Brasileira, Doença de Lutz) (B41.-) 13. Malária (B50-B54.-) 14. Leishmaniose Cutânea (B55.1) ou Leishmaniose Cutâneo-Mucosa (B55.2) 15. Pneumonite por Hipersensibilidade a Poeira Orgânica (J67.-): Pulmão do Granjeiro (ou Pulmão do Fazendeiro) (J67.0); Bagaçose (J67.1); Pulmão dos Criadores de Pássaros (J67.2); Suberose (J67.3); Pulmão dos Trabalhadores de Malte (J67.4); Pulmão dos que Trabalham com Cogumelos (J67.5); Doença Pulmonar Devida a Sistemas de Ar Condicionado e de Umidificação do Ar (J67.7); Pneumonites de Hipersensibilidade Devidas a Outras Poeiras Orgânicas (J67.8); Pneumonite de Hipersensibilidade Devida a Poeira Orgânica não especificada (Alveolite Alérgica Extrínseca SOE; Pneumonite de Hipersensibilidade SOE (J67.0) 16. "Dermatoses Pápulo-Pustulosas e suas complicações infecciosas" (L08.9)
XXVI – Algodão, Linho, Cânhamo, Sisal	1. Outras Rinites Alérgicas (J30.3) 2. Outras Doenças Pulmonares Obstrutivas Crônicas (Inclui "Asma Obstrutiva", "Bronquite Crônica", "Bronquite Obstrutiva Crônica") (J44.-) 3. Asma (J45.-) 4. Bissinose (J66.0)
XXVII – Agentes físicos, químicos ou biológicos, que afetam a pele, não considerados em outras rubricas	1. "Dermatoses Pápulo-Pustulosas e suas complicações infecciosas" (L08.9) 2. Dermatite Alérgica de Contato (L23.-) 3. Dermatite de Contato por Irritantes (L24.-) 4. Urticária Alérgica (L50.0) 5. "Urticária Física" (devida ao calor e ao frio) (L50.2) 6. Urticária de Contato (L50.6) 7. Queimadura Solar (L55) 8. Outras Alterações Agudas da Pele devidas a Radiação Ultravioleta (L56.-): Dermatite por Fotocontato (Dermatite de Berloque) (L56.2); Urticária Solar (L56.3); Outras Alterações Agudas Especificadas da Pele devidas a Radiação Ultravioleta (L56.8); Outras Alterações Agudas da Pele devidas a Radiação Ultravioleta, sem outra especificação (L56.9)

AGENTES ETIOLÓGICOS OU FATORES DE RISCO DE NATUREZA OCUPACIONAL	DOENÇAS CAUSALMENTE RELACIONADAS COM OS RESPECTIVOS AGENTES OU FATORES DE RISCO (DENOMINADAS E CODIFICADAS SEGUNDO A CID-10)
	9. Alterações da Pele devidas a Exposição Crônica a Radiação Não Ionizante (L57.-): Ceratose Actínica (L57.0); Outras Alterações: Dermatite Solar, "Pele de Fazendeiro", "Pele de Marinheiro" (L57.8) 10. "Cloracne" (L70.8) 11. "Elaioconiose" ou "Dermatite Folicular" (L72.8) 12. Outras formas de hiperpigmentação pela melanina: "Melanodermia" (L81.4) 13. Leucodermia, não classificada em outra parte (Inclui "Vitiligo Ocupacional") (L81.5) 14. Úlcera Crônica da Pele, não classificada em outra parte (L98.4) 15. Geladura (Frostbite) Superficial: Eritema Pérnio (T33) (Frio) 16. Geladura (Frostbite) com Necrose de Tecidos (T34) (Frio)

Anexo II — Lista B: DOENÇAS INFECCIOSAS E PARASITÁRIAS RELACIONADAS COM O TRABALHO[57] — (Grupo I da CID-10)

DOENÇAS	AGENTES ETIOLÓGICOS OU FATORES DE RISCO DE NATUREZA OCUPACIONAL
I — Tuberculose (A15-A19.-)	Exposição ocupacional ao Mycobacterium tuberculosis (Bacilo de Koch) ou Mycobacterium bovis, em atividades em laboratórios de biologia, e atividades realizadas por pessoal de saúde, que propiciam contato direto com produtos contaminados ou com doentes cujos exames bacteriológicos são positivos (Z57.8) (Quadro XXV) Hipersuscetibilidade do trabalhador exposto a poeiras de sílica (Sílico-tuberculose) (J65.-)
II — Carbúnculo (A22.-)	Zoonose causada pela exposição ocupacional ao Bacillus anthracis, em atividades suscetíveis de colocar os trabalhadores em contato direto com animais infectados ou com cadáveres desses animais; trabalhos artesanais ou industriais com pêlos, pele, couro ou lã. (Z57.8) (Quadro XXV)
III – Brucelose (A23.-)	Zoonose causada pela exposição ocupacional a Brucella melitensis, B. abortus, B. suis, B. canis, etc., em atividades em abatedouros, frigoríficos, manipulação de produtos de carne; ordenha e fabricação de laticínios e atividades assemelhadas. (Z57.8) (Quadro XXV)
IV — Leptospirose (A27.-)	Exposição ocupacional a Leptospira icterohaemorrhagiae (e outras espécies), em trabalhos expondo ao contato direto com águas sujas, ou efetuado em locais suscetíveis de serem sujos por dejetos de animais portadores de germes; trabalhos efetuados dentro de minas, túneis, galerias, esgotos em locais subterrâneos; trabalhos em cursos d'água; trabalhos de drenagem; contato com roedores; trabalhos com animais domésticos, e com gado; preparação de alimentos de origem animal, de peixes, de laticínios, etc. (Z57.8) (Quadro XXV)
V — Tétano (A35.-)	Exposição ao Clostridium tetani, em circunstâncias de acidentes do trabalho na agricultura, na construção civil, na indústria, ou em acidentes de trajeto (Z57.8) (Quadro XXV)
VI — Psitacose, Ornitose, Doença dos Tratadores de Aves (A70.-)	Zoonoses causadas pela exposição ocupacional a Chlamydia psittaci ou Chlamydia pneumoniae, em trabalhos em criadouros de aves ou pássaros, atividades de Veterinária, em zoológicos, e em laboratórios biológicos, etc.(Z57.8) (Quadro XXV)
VII — Dengue [Dengue Clássico] (A90.-)	Exposição ocupacional ao mosquito (Aedes aegypti), transmissor do arbovírus da Dengue, principalmente em atividades em zonas endêmicas, em trabalhos de saúde pública, e em trabalhos de laboratórios de pesquisa, entre outros. (Z57.8) (Quadro XXV)

(57) **Notas:**
Redação dada pelo Decreto n. 6.957, de 21.8.2009.
As doenças e respectivos agentes etiológicos ou fatores de risco de natureza ocupacional listados são exemplificativos e complementares.

DOENÇAS	AGENTES ETIOLÓGICOS OU FATORES DE RISCO DE NATUREZA OCUPACIONAL
VIII — Febre Amarela (A95.-)	Exposição ocupacional ao mosquito (Aedes aegypti), transmissor do arbovírus da Febre Amarela, principalmente em atividades em zonas endêmicas, em trabalhos de saúde pública, e em trabalhos de laboratórios de pesquisa, entre outros. (Z57.8) (Quadro XXV)
IX — Hepatites Virais (B15-B19.-)	Exposição ocupacional ao Vírus da Hepatite A (HAV); Vírus da Hepatite B (HBV); Vírus da Hepatite C (HCV); Vírus da Hepatite D (HDV); Vírus da Hepatite E (HEV), em trabalhos envolvendo manipulação, acondicionamento ou emprego de sangue humano ou de seus derivados; trabalho com "águas usadas" e esgotos; trabalhos em contato com materiais provenientes de doentes ou objetos contaminados por eles. (Z57.8) (Quadro XXV)
X — Doença pelo Vírus da Imunodeficiência Humana (HIV) (B20-B24.-)	Exposição ocupacional ao Vírus da Imuno-deficiência Humana (HIV), principalmente em trabalhadores da saúde, em decorrência de acidentes pérfuro-cortantes com agulhas ou material cirúrgico contaminado, e na manipulação, acondicionamento ou emprego de sangue ou de seus derivados, e contato com materiais provenientes de pacientes infectados. (Z57.8) (Quadro XXV)
XI — Dermatofitose (B35.-) e Outras Micoses Superficiais (B36.-)	Exposição ocupacional a fungos do gênero Epidermophyton, Microsporum e Trichophyton, em trabalhos em condições de temperatura elevada e umidade (cozinhas, ginásios, piscinas) e outras situações específicas de exposição ocupacional. (Z57.8) (Quadro XXV)
XII — Candidíase (B37.-)	Exposição ocupacional a Candida albicans, Candida glabrata, etc., em trabalhos que requerem longas imersões das mãos em água e irritação mecânica das mãos, tais como trabalhadores de limpeza, lavadeiras, cozinheiras, entre outros. (Z57.8) (Quadro XXV)
XIII — Paracoccidioidomicose (Blastomicose Sul Americana, Blastomicose Brasileira, Doença de Lutz) (B41.-)	Exposição ocupacional ao Paracoccidioides brasiliensis, principalmente em trabalhos agrícolas ou florestais e em zonas endêmicas. (Z57.8) (Quadro XXV)
XIV — Malária (B50 — B54.-)	Exposição ocupacional ao Plasmodium malariae; Plasmodium vivax; Plasmodium falciparum ou outros protozoários, principalmente em atividades de mineração, construção de barragens ou rodovias, em extração de petróleo e outras atividades que obrigam a entrada dos trabalhadores em zonas endêmicas (Z57.8) (Quadro XXV)
XV — Leishmaniose Cutânea (B55.1) ou Leishmaniose Cutâneo-Mucosa (B55.2)	Exposição ocupacional à Leishmania braziliensis, principalmente em trabalhos agrícolas ou florestais e em zonas endêmicas, e outras situações específicas de exposição ocupacional. (Z57.8) (Quadro XXV)

NEOPLASIAS (TUMORES) RELACIONADOS COM O TRABALHO (GRUPO II da CID-10)

DOENÇAS	AGENTES ETIOLÓGICOS OU FATORES DE RISCO DE NATUREZA OCUPACIONAL
I — Neoplasia maligna do estômago (C16.-)	Asbesto ou Amianto (X49.-; Z57.2)(Quadro II)
II — Angiossarcoma do fígado (C22.3)	1. Arsênio e seus compostos arsenicais (X48.-; X49.-; Z57.5) (Quadro I) 2. Cloreto de Vinila (X46.-; Z57.5) (Quadro XIII)
III — Neoplasia maligna do pâncreas (C25.-)	1. Cloreto de Vinila (X46.-; Z57.5) (Quadro XIII) 2. Epicloridrina (X49.-; Z57.5) 3. Hidrocarbonetos alifáfitos e aromáticos na Indústria do Petróleo (X46.-; Z57.5)
IV — Neoplasia maligna da cavidade nasal e dos seios paranasais (C30-C31.-)	1. Radiações ionizantes (W88.-; Z57.1)(Quadro XXIV) 2. Níquel e seus compostos (X49.-; Z57.5) 3. Poeiras de madeira e outras poeiras orgânicas da indústria do mobiliário (X49.-; Z57.2) 4. Poeiras da indústria do couro (X49.-; Z57.2) 5. Poeiras orgânicas (na indústria têxtil e em padarias) (X49.-; Z57.2) 6. Indústria do petróleo (X46.-; Z57.5)
V — Neoplasia maligna da laringe (C32.-)	Asbesto ou Amianto (Z57.2) (Quadro II)

DOENÇAS	AGENTES ETIOLÓGICOS OU FATORES DE RISCO DE NATUREZA OCUPACIONAL
VI — Neoplasia maligna dos brônquios e do pulmão (C34.-)	1. Arsênio e seus compostos arsenicais (X48.-; X49.-; Z57.4 e Z57.5) (Quadro I) 2. Asbesto ou Amianto (X49.-; Z57.2) (Quadro II) 3. Berílio (X49.-; Z57.5) (Quadro IV) 4. Cádmio ou seus compostos (X49.-; Z57.5) (Quadro VI) 5. Cromo e seus compostos tóxicos (X49.-; Z57.5) (Quadro X) 6. Cloreto de Vinila (X46.-; Z57.5) (Quadro XIII) 7. Clorometil éteres (X49.-; Z57.5) (Quadro XIII) 8. Sílica-livre (Z57.2) (Quadro XVIII) 9. Alcatrão, breu, betume, hulha mineral, parafina e produtos de resíduos dessas substâncias (X49.-; Z57.5) (Quadro XX) 10. Radiações ionizantes (W88.-; Z57.1) (Quadro XXIV) 11. Emissões de fornos de coque (X49.-; Z57.5) 12. Níquel e seus compostos (X49.-; Z57.5) 13. Acrilonitrila (X49.-; Z57.5) 14. Indústria do alumínio (fundições) (X49.-; Z57.5) 15. Neblinas de óleos minerais (óleo de corte) (X49.-; Z57.5) 16. Fundições de metais (X49.-; Z57.5)
VII — Neoplasia maligna dos ossos e cartilagens articulares dos membros (Inclui "Sarcoma Ósseo") (C40.-)	Radiações ionizantes (W88.-; Z57.1) (Quadro XXIV)
VIII — Outras neoplasias malignas da pele (C44.-)	1. Arsênio e seus compostos arsenicais (X49.-; Z57.4 e Z57.5) (Quadro I) 2. Alcatrão, breu, betume, hulha mineral, parafina e produtos de resíduos dessas substâncias causadores de epiteliomas da pele (X49.-; Z57.5) (Quadro XX) 3. Radiações ionizantes (W88.-; Z57.1) (Quadro XXIV) 4. Radiações ultravioletas (W89; Z57.1)
IX — Mesotelioma (C45.-):Mesotelioma da pleura (C45.0), Mesotelioma do peritônio (C45.1) e Mesotelioma do pericárdio (C45.2)	Asbesto ou Amianto (X49.-; Z57.2) (Quadro II)
X — Neoplasia maligna da bexiga (C67.-)	1. Alcatrão, breu, betume, hulha mineral, parafina e produtos de resíduos dessas substâncias (X49.-; Z57.5 (Quadro XX) 2. Aminas aromáticas e seus derivados (Beta-naftilamina, 2-cloroanilina, benzidina, o-toluidina, 4-cloro-orto-toluidina (X49.-; Z57.5) 3. Emissões de fornos de coque (X49.-; Z57.5)
XI — Leucemias (C91-C95.-)	1. Benzeno (X46.-; Z57.5) (Quadro III) 2. Radiações ionizantes (W88.-; Z57.1) (Quadro XXIV) 3. Óxido de etileno (X49.-; Z57.5) 4. Agentes antineoplásicos (X49.-; Z57.5) 5. Campos eletromagnéticos (W90.-; Z57.5) 6. Agrotóxicos clorados (Clordane e Heptaclor) (X48.-; Z57.4)

DOENÇAS DO SANGUE E DOS ÓRGÃOS HEMATOPOÉTICOS RELACIONADAS COM O TRABALHO (Grupo III da CID-10)

DOENÇAS	AGENTES ETIOLÓGICOS OU FATORES DE RISCO DE NATUREZA OCUPACIONAL
I — Síndromes Mielodisplásicas (D46.-)	1. Benzeno (X46.-; Z57.5) (Quadro III) 2. Radiações ionizantes (W88.-; Z57.1) (Quadro XXIV)
II — Outras anemias devidas a transtornos enzimáticos (D55.8)	Chumbo ou seus compostos tóxicos (X49.-; Z57.5) (Quadro VIII)
III — Anemia Hemolítica adquirida (D59.2)	Derivados nitrados e aminados do Benzeno (X46.-; Z57.5)
IV — Aplástica devida a outros agentes externos (D61.2)	1. Benzeno (X46.-; Z57.5) (Quadro III) 2. Radiações ionizantes (W88.-) (Quadro XXIV)
V — Anemia Aplástica não especificada, Anemia hipoplástica SOE, Hipoplasia medular (D61.9)	1. Benzeno (X46.-; Z57.5) (Quadro III) 2. Radiações ionizantes (W88.-; Z57.1) (Quadro XXIV)
VI — Anemia Sideroblástica secundária a toxinas (Inclui "Anemia Hipocrômica, Microcítica, com Reticulocitose") (D64.2)	Chumbo ou seus compostos tóxicos (X46.-; Z57.5) (Quadro VIII)
VII — Púrpura e outras manifestações hemorrágicas (D69.-)	1. Benzeno (X46.-; Z57.5) (Quadro III) 2. Cloreto de Vinila (X46.-) (Quadro XIII) 3. Radiações ionizantes (W88.-; Z57.1) (Quadro XXIV)

DOENÇAS	AGENTES ETIOLÓGICOS OU FATORES DE RISCO DE NATUREZA OCUPACIONAL
VIII — Agranulocitose (Neutropenia tóxica) (D70)	1. Benzeno (X46.-; Z57.5) (Quadro III) 2. Radiações ionizantes (W88.-; Z57.1) (Quadro XXIV) 3. Derivados do Fenol, Pentaclorofenol, Hidroxibenzonitrilo (X49.-; XZ57.5)
IX — Outros transtornos especificados dos glóbulos brancos: leucocitose, reação leucemóide (D72.8)	1. Benzeno (X46.-; Z57.5) (Quadro III) 2. Radiações ionizantes (W88.-; Z57.1) (Quadro XXIV)
X — Metahemoglobinemia (D74.-)	Aminas aromáticas e seus derivados (X49.-; Z57.5)

DOENÇAS ENDÓCRINAS, NUTRICIONAIS E METABÓLICAS RELACIONADAS COM O TRABALHO (Grupo IV da CID-10)

DOENÇAS	AGENTES ETIOLÓGICOS OU FATORES DE RISCO DE NATUREZA OCUPACIONAL
I — Hipotireoidismo devido a substâncias exógenas (E03.-)	1. Chumbo ou seus compostos tóxicos (X49.-; Z57.5) (Quadro VIII) 2. Hidrocarbonetos halogenados (Clorobenzeno e seus derivados) (X46.-; Z57.5) (Quadro XIII) 3. Tiuracil (X49.-; Z57.5) 4. Tiocinatos (X49.-; Z57.5) 5. Tiuréia (X49.-; Z57.5)
II — Outras Porfirias (E.80.2)	Clorobenzeno e seus derivados (X46.-; Z57.4 e Z57.5) (Quadro XIII)

TRANSTORNOS MENTAIS E DO COMPORTAMENTO RELACIONADOS COM O TRABALHO (Grupo V da CID-10)

DOENÇAS	AGENTES ETIOLÓGICOS OU FATORES DE RISCO DE NATUREZA OCUPACIONAL
I — Demência em outras doenças específicas classificadas em outros locais (F02.8)	1. Manganês X49.-; Z57.5) (Quadro XV) 2. Substâncias asfixiantes: CO, H_2S, etc. (sequela) (X47.-; Z57.5) (Quadro XVII) 3. Sulfeto de Carbono (X49.-; Z57.5) (Quadro XIX)
II — Delirium, não sobreposto a demência, como descrita (F05.0)	1. Brometo de Metila (X46.-; Z57.4 e Z57.5) (Quadro XIII) 2. Sulfeto de Carbono (X49.-; Z57.5) (Quadro XIX)
III — Outros transtornos mentais decorrentes de lesão e disfunção cerebrais e de doença física (F06.-): Transtorno Cognitivo Leve (F06.7)	1. Tolueno e outros solventes aromáticos neurotóxicos (X46.-; Z57.5) (Quadro III) 2. Chumbo ou seus compostos tóxicos (X49.-; Z57.5) (Quadro VIII) 3. Tricloroetileno, Tetracloroetileno, Tricloroetano e outros solventes orgânicos halogenados neurotóxicos (X46.-; Z57.5) (Quadro XIII) 4. Brometo de Metila (X46.-; Z57.4 e Z57.5) (Quadro XIII) 5. Manganês e seus compostos tóxicos (X49.-; Z57.5) (Quadro XV) 6. Mercúrio e seus compostos tóxicos (X49.-; Z57.4 e Z57.5) (Quadro XVI) 7. Sulfeto de Carbono (X49.-; Z57.5) (Quadro XIX) 8. Outros solventes orgânicos neurotóxicos (X46.-; X49.-; Z57.5)
IV — Transtornos de personalidade e de comportamento decorrentes de doença, lesão e de disfunção de personalidade (F07.-): Transtorno Orgânico de Personalidade (F07.0); Outros transtornos de personalidade e de comportamento decorrentes de doença, lesão ou disfunção cerebral (F07.8)	1. Tolueno e outros solventes aromáticos neurotóxicos (X46.-; Z57.5) (Quadro III) 2. Tricloroetileno, Tetracloroetileno, Tricloroetano e outros solventes orgânicos halogenados neurotóxicos (X46.-; Z57.5) (Quadro XIII) 3. Brometo de Metila (X46.-; Z57.4 e Z57.5) (Quadro XIII) 4. Manganês e seus compostos tóxicos (X49.-; Z57.5) (Quadro XV) 5. Mercúrio e seus compostos tóxicos (X49.-; Z57.4 e Z57.5) (Quadro XVI) 6. Sulfeto de Carbono (X49.-; Z57.5) (Quadro XIX) 7. Outros solventes orgânicos neurotóxicos (X46.-; X49.-; Z57.5)
V — Transtorno Mental Orgânico ou Sintomático não especificado (F09.-)	1. Tolueno e outros solventes aromáticos neurotóxicos (X46.-; Z57.5) (Quadro III) 2. Tricloroetileno, Tetracloroetileno, Tricloroetano e outros solventes orgânicos halogenados neurotóxicos (X46.-; Z57.5) (Quadro XIII) 3. Brometo de Metila (X46.-; Z57.5) (Quadro XIII) 4. Manganês e seus compostos tóxicos (X49.-; Z57.5) (Quadro XV) 5. Mercúrio e seus compostos tóxicos (X49.-; Z57.4 e Z57.5) (Quadro XVI) 6. Sulfeto de Carbono (X49.-; Z57.5) (Quadro XIX) 7. Outros solventes orgânicos neurotóxicos (X46.-; X49.-; Z57.5)
VI — Transtornos mentais e comportamentais devidos ao uso do álcool: Alcoolismo Crônico (Relacionado com o Trabalho) (F10.2)	1. Problemas relacionados com o emprego e com o desemprego: Condições difíceis de trabalho (Z56.5) 2. Circunstância relativa às condições de trabalho (Y96)

DOENÇAS	AGENTES ETIOLÓGICOS OU FATORES DE RISCO DE NATUREZA OCUPACIONAL
VII — Episódios Depressivos (F32.-)	1. Tolueno e outros solventes aromáticos neurotóxicos (X46.-; Z57.5) (Quadro III) 2. Tricloroetileno, Tetracloroetileno, Tricloroetano e outros solventes orgânicos halogenados neurotóxicos (X46.-; Z57.5) (Quadro XIII) 3. Brometo de Metila (X46.-; Z57.4 e Z57.5) (Quadro XIII) 4. Manganês e seus compostos tóxicos (X49.-; Z57.5) (Quadro XV) 5. Mercúrio e seus compostos tóxicos (X49.-; Z57.4 e Z57.5) (Quadro XVI) 6. Sulfeto de Carbono (X49.-; Z57.5)(Quadro XIX) 7. Outros solventes orgânicos neurotóxicos (X46.-; X49.-; Z57.5)
VIII — Reações ao "Stress" Grave e Transtornos de Adaptação (F43.-): Estado de "Stress" Pós-Traumático (F43.1)	1. Outras dificuldades físicas e mentais relacionadas com o trabalho : reação após acidente do trabalho grave ou catastrófico, ou após assalto no trabalho (Z56.6) 2. Circunstância relativa às condições de trabalho (Y96)
IX — Neurastenia (Inclui "Síndrome de Fadiga") (F48.0)	1. Tolueno e outros solventes aromáticos neurotóxicos (X46.-; Z57.5) (Quadro III) 2. Tricloroetileno, Tetracloroetileno, Tricloroetano e outros solventes orgânicos halogenados (X46.-; Z57.5) (Quadro XIII) 3. Brometo de Metila (X46.-; Z57.4 e Z57.5) (Quadro XIII) 4. Manganês e seus compostos tóxicos (X49.-; Z57.5) (Quadro XV) 5. Mercúrio e seus compostos tóxicos (X49.-; Z57.4 e Z57.5) (Quadro XVI) 6. Sulfeto de Carbono (X49.-; Z57.5) (Quadro XIX) 7. Outros solventes orgânicos neurotóxicos (X46.-; X49.-; Z57.5)
X — Outros transtornos neuróticos especificados (Inclui "Neurose Profissional") (F48.8)	Problemas relacionados com o emprego e com o desemprego (Z56.-): Desemprego (Z56.0); Mudança de emprego (Z56.1); Ameaça de perda de emprego (Z56.2); Ritmo de trabalho penoso (Z56.3); Desacordo com patrão e colegas de trabalho (Condições difíceis de trabalho) (Z56.5); Outras dificuldades físicas e mentais relacionadas com o trabalho (Z56.6)
XI — Transtorno do Ciclo Vigília-Sono Devido a Fatores Não-Orgânicos (F51.2)	1. Problemas relacionados com o emprego e com o desemprego: Má adaptação à organização do horário de trabalho (Trabalho em Turnos ou Trabalho Noturno) (Z56.6) 2. Circunstância relativa às condições de trabalho (Y96)
XII — Sensação de Estar Acabado ("Síndrome de Burn-Out", "Síndrome do Esgotamento Profissional") (Z73.0)	1. Ritmo de trabalho penoso (Z56.3) 2. Outras dificuldades físicas e mentais relacionadas com o trabalho (Z56.6)

DOENÇAS DO SISTEMA NERVOSO RELACIONADAS COM O TRABALHO (Grupo VI da CID-10)

DOENÇAS	AGENTES ETIOLÓGICOS OU FATORES DE RISCO DE NATUREZA OCUPACIONAL
I — Ataxia Cerebelosa (G11.1)	Mercúrio e seus compostos tóxicos (X49.-; Z57.4 e Z57.5) (Quadro XVI)
II — Parkisonismo Secundário devido a outros agentes externos (G21.2)	Manganês e seus compostos tóxicos (X49.-; Z57.5) (Quadro XV)
III — Outras formas especificadas de tremor (G25.2)	1. Brometo de metila (X46.-; Z57.4 e Z57.5) (Quadro XIII) 2. Tetracloroetano (X46.-; Z57.5) (Quadro XIII) 3. Mercúrio e seus compostos tóxicos (X49.-; Z57.4 e Z57.5) (Quadro XVI) 4. Outros solventes orgânicos neurotóxicos (X46.-; X49.-; Z57.5)
IV — Transtorno extrapiramidal do movimento não especificado (G25.9)	1. Mercúrio e seus compostos tóxicos (X49.-; Z57.4 e Z57.5) (Quadro XVI) 2. Cloreto de metileno (Diclorometano) e outros solventes halogenados neurotóxicos (X46.-; Z57.5) (Quadro XIII)
V — Distúrbios do Ciclo Vigília-Sono (G47.2)	Problemas relacionados com o emprego e com o desemprego: Má adaptação à organização do horário de trabalho (Trabalho em Turnos ou Trabalho Noturno) (Z56.6)
VI — Transtornos do nervo trigêmio (G50.-)	Tricloroetileno e outros solventes halogenados neurotóxicos (X46.-; Z57.5) (Quadro XIII)
VII — Transtornos do nervo olfatório (G52.0) (Inclui "Anosmia")	1. Cádmio ou seus compostos (X49.-; Z57.5) (Quadro VI) 2. Sulfeto de hidrogênio (X49.-; Z57.5) (Quadro XVII)
VIII — Transtornos do plexo braquial (Síndrome da Saída do Tórax, Síndrome do Desfiladeiro Torácico) (G54.0)	Posições forçadas e gestos repetitivos (Z57.8)
IX — Mononeuropatias dos Membros Superiores (G56.-): Síndrome do Túnel do Carpo (G56.0); Outras Lesões do Nervo Mediano: Síndrome do Pronador Redondo (G56.1); Síndrome do Canal de Guyon (G56.2); Lesão do Nervo Cubital (ulnar): Síndrome do Túnel Cubital(G56.2); Lesão do Nervo Radial (G56.3); Outras Mononeuropatias dos Membros Superiores: Compressão do Nervo Supra-escapular (G56.8)	Posições forçadas e gestos repetitivos (Z57.8)

DOENÇAS	AGENTES ETIOLÓGICOS OU FATORES DE RISCO DE NATUREZA OCUPACIONAL
X — Mononeuropatias do membro inferior (G57.-): Lesão do Nervo Poplíteo Lateral (G57.3)	Posições forçadas e gestos repetitivos (Z57.8)
XI — Polineuropatia devida a outros agentes tóxicos (G62.2)	1. Arsênio e seus compostos arsenicais (X49.-; Z57.4 e Z57.5) (Quadro I) 2. Chumbo e seus compostos tóxicos (X49.-; Z57.5) (Quadro VIII) 3. Fósforo (X48.-; X49.-; Z57.4 e Z57.5) (Quadro XII) 4. Sulfeto de Carbono (X49.-; Z57.5)(Quadro XIX) 5. n-Hexano (X46.-; Z57.5) (Quadro XIII) 6. Metil-n-Butil Cetona (MBK) (X46.-; Z57.5)
XII — Polineuropatia induzida pela radiação (G62.8)	Radiações ionizantes (X88.-; Z57.1) (Quadro XXIV)
XIII — Encefalopatia Tóxica Aguda (G92.1)	1. Arsênio e seus compostos arsenicais (X49.-; Z57.4 e Z57.5) (Quadro I) 2. Chumbo e seus compostos tóxicos (X49.-; Z57.5) (Quadro VIII) 3. Hidrocarbonetos alifáticos ou aromáticos (seus derivados halogenados neurotóxicos) (X46.-; Z57.5) (Quadro XIII) 4. Mercúrio e seus derivados tóxicos (X49.-; Z57.4 e Z57.5) (Quadro XVI)
XIV — Encefalopatia Tóxica Crônica (G92.2)	1. Tolueno e Xileno (X46.-; Z57.5) (Quadro III) 2. Chumbo e seus compostos tóxicos (X49.-; Z57.5) (Quadro VIII) 3. Solventes orgânicos halogenados neurotóxicos (X46.-; Z57.5) (Quadro XIII) 4. Mercúrio e seus compostos tóxicos (X49.-; Z57.5) (Quadro XVI) 5. Substâncias asfixiantes: CO, H_2S, etc. (seqüela) (X47.-; Z57.5) (Quadro XVII) 6. Sulfeto de Carbono (X49.-; Z57.5) (Quadro XIX)

DOENÇAS DO OLHO E ANEXOS RELACIONADAS COM O TRABALHO (Grupo VII da CID-10)

DOENÇAS	AGENTES ETIOLÓGICOS OU FATORES DE RISCO DE NATUREZA OCUPACIONAL
I — Blefarite (H01.0)	1. Arsênio e seus compostos arsenicais (X49.-; Z57.4 e Z57.5) (Quadro I) 2. Radiações Ionizantes (W88.-; Z57.1) (Quadro XXIV) 3. Cimento (X49.-; Z57.2)
II — Conjuntivite (H10)	1. Arsênio e seus compostos arsenicais (X49.-; Z57.4 e Z57.5) (Quadro I) 2. Berílio e seus compostos tóxicos (X49.-; Z57.5) (Quadro IV) 3. Flúor e seus compostos tóxicos (X49.-) (Quadro XI) 4. Iodo (X49.-; Z57.5) (Quadro XIV) 5. Cloreto de etila (X46.-; Z57.5) (Quadro XIII) 6. Tetracloreto de carbono (X46.-; Z57.5) (Quadro XIII) 7. Outros solventes halogenados tóxicos (X46.-; Z57.4 e Z57.5) (Quadro XIII) 8. Ácido sulfídrico (Sulfeto de hidrogênio) (X49.-; Z57.5) (Quadro XVII) 9. Radiações ionizantes (W88.-; Z57.1) (Quadro XXIV) 10. Radiações Ultravioletas (W89; Z57.1 11. Acrilatos (X49.-; Z57.5) 12. Cimento (X49.-; Z57.2) 13. Enzimas de origem animal, vegetal ou bacteriana (X44.-; Z57.2) 14. Furfural e Álcool Furfurílico (X45.-; Z57.5) 15. Isocianatos orgânicos (X49.-; Z57.5) 16. Selênio e seus compostos (X49.-; Z57.5)
III — Queratite e Queratoconjuntivite (H16)	1. Arsênio e seus compostos arsenicais (X49.-; Z57.4 e Z57.5) (Quadro I) 2. Ácido sulfídrico (Sulfeto de hidrogênio) (X49.-; Z57.5) (Quadro XVII) 3. Radiações ionizantes (W88.-; Z57.1) (Quadro XXIV) 4. Radiações Infravermelhas (W90.-; Z57.1) 5. Radiações Ultravioletas (W89.-; Z57.1)
IV — Catarata (H28)	1. Radiações ionizantes (W88.-; Z57.1) (Quadro XXIV) 2. Radiações Infravermelhas (W90.-; Z57.1)
V — Inflamação Coriorretiniana (H30)	Manganês e seus compostos tóxicos (X49.-; Z57.5) (Quadro XV)
VI — Neurite Óptica (H46)	1. Brometo de metila (X46.-; Z57.4 e Z57.5) (Quadro XIII) 2. Cloreto de metileno (Diclorometano) e outros solventes clorados neurotóxicos (X46.-; Z57.5) (Quadro XIII) 3. Tetracloreto de carbono (X46.-; Z57.5) (Quadro XIII) 4. Sulfeto de Carbono (X49.-; Z57.5) (Quadro XIX) 5. Metanol (X45.-; Z57.5)

DOENÇAS	AGENTES ETIOLÓGICOS OU FATORES DE RISCO DE NATUREZA OCUPACIONAL
VII -Distúrbios visuais subjetivos (H53.-)	1. Brometo de metila (X46.-; Z57.4 e Z57.5) (Quadro XIII) 2. Cloreto de metileno e outros solventes clorados neurotóxicos (X46.-; Z57.5) (Quadro XIII)

DOENÇAS DO OUVIDO RELACIONADAS COM O TRABALHO (Grupo VIII da CID-10)

DOENÇAS	AGENTES ETIOLÓGICOS OU FATORES DE RISCO DE NATUREZA OCUPACIONAL
I — Otite Média não-supurativa (H65.9)	1. "Ar Comprimido" (W94.-; Z57.8) (Quadro XXIII) 2. Pressão atmosférica inferior à pressão padrão (W94.-; Z57.8)
II -Perfuração da Membrana do Tímpano (H72 ou S09.2)	1. "Ar Comprimido" (W94.-; Z57.8) (Quadro XXIII) 2. Pressão atmosférica inferior à pressão padrão (W94.-; Z57.8)
III — Outras vertigens periféricas (H81.3)	Cloreto de metileno e outros solventes halogenados tóxicos (X46.-; Z57.5) (Quadro XIII)
IV — Labirintite (H83.0)	1. Brometo de metila (X46.-; Z57.4 e Z57.5) (Quadro XIII) 2. "Ar Comprimido" (W94.-; Z57.8) (Quadro XXIII)
V — Efeitos do ruído sobre o ouvido interno/ Perda da Audição Provocada pelo Ruído e Trauma Acústico (H83.3)	Exposição ocupacional ao Ruído (Z57.0; W42.-) (Quadro XXI)
VI — Hipoacusia Ototóxica (H91.0)	1. Homólogos do Benzeno otoneurotóxicos (Tolueno e Xileno) (X46.-; Z57.5) (Quadro III) 2. Solventes orgânicos otoneurotóxicos (X46.-; Z57.8) (Quadro XIII)
VII — Otalgia e Secreção Auditiva (H92.-): Otalgia (H92.0), Otorréia (H92.1) ou Otorragia (H92.2)	"Ar Comprimido" (W94.-; Z57.8) (Quadro XXIII)
VIII — Outras percepções auditivas anormais: Alteração Temporária do Limiar Auditivo, Comprometimento da Discriminação Auditiva e Hiperacusia (H93.2)	Exposição ocupacional ao Ruído (Z57.0; X42.-) (Quadro XXI)
IX — Outros transtornos especificados do ouvido (H93.8)	1. Brometo de metila (X46.-; Z57.4 e Z57.5) (Quadro XIII) 2. "Ar Comprimido" (W94.-; Z57.8) (Quadro XXIII)
X — Otite Barotraumática (T70.0)	1. "Ar Comprimido" (W94.-; Z57.8) (Quadro XXIII) 2. Alterações na pressão atmosférica ou na pressão da água no ambiente (W94.-; Z57.8)
XI — Sinusite Barotraumática (T70.1)	1. "Ar Comprimido" (W94.-; Z57.8) (Quadro XXIII) 2. Alterações na pressão atmosférica ou na pressão da água no ambiente (W94.-)
XII — "Mal dos Caixões" (Doença de Descompressão) (T70.4)	1. "Ar Comprimido" (W94.-; Z57.8)(Quadro XXIII) 2. Alterações na pressão atmosférica ou na pressão da água no ambiente (W94.-; Z57.8)
XIII — Síndrome devida ao deslocamento de ar de uma explosão (T70.8)	1. "Ar Comprimido" (W94.-; Z57.8) (Quadro XXIII) 2. Alterações na pressão atmosférica ou na pressão da água no ambiente (W94.-; Z57.8)

DOENÇAS DO SISTEMA CIRCULATÓRIO RELACIONADAS COM O TRABALHO (Grupo IX da CID-10)

DOENÇAS	AGENTES ETIOLÓGICOS OU FATORES DE RISCO DE NATUREZA OCUPACIONAL
I — Hipertensão Arterial (I10.-)	1. Chumbo ou seus compostos tóxicos (X49.-; Z57.5) (Quadro VIII) 2. Exposição ocupacional ao Ruído (Z57.0; X42.-) (Quadro XXI) 3. Problemas relacionados com o emprego e com o desemprego (Z56.-)
II — Angina Pectoris (I20.-)	1. Monóxido de Carbono (X47.-; Z57.5) (Quadro XVII) 2. Sulfeto de Carbono (X49.-; Z57.5) (Quadro XIX) 3. Nitroglicerina e outros ésteres do ácido nítrico (X49.-; Z57.5) 4. Problemas relacionados com o emprego e com o desemprego (Z56.-)
III — Infarto Agudo do Miocárdio (I21.-)	1. Monóxido de Carbono (X47.-; Z57.5) (Quadro XVII) 2. Sulfeto de Carbono (X49.-; Z57.5) (Quadro XIX) 3. Nitroglicerina e outros ésteres do ácido nítrico (X49.-; Z57.5) 4. Problemas relacionados com o emprego e com o desemprego (Z56.-)
IV — Cor Pulmonale SOE ou Doença Cardio-Pulmonar Crônica (I27.9)	Complicação evolutiva das pneumoconioses graves, principalmente Silicose (Z57.2) (Quadro XVIII)
V — Placas epicárdicas ou pericárdicas (I34.8)	Asbesto ou Amianto (W83.-; Z57.2) (Quadro II)

DOENÇAS	AGENTES ETIOLÓGICOS OU FATORES DE RISCO DE NATUREZA OCUPACIONAL
VI – Parada Cardíaca (I46.-)	1. Derivados halogenados dos hidrocarbonetos alifáticos (X46.-) (Quadro XIII) 2. Monóxido de Carbono (X47.-; Z57.5) (Quadro XVII) 3. Outros agentes potencialmente causadores de arritmia cardíaca (Z57.5)
VII – Arritmias cardíacas (I49.-)	1. Arsênio e seus compostos arsenicais (X49.-; Z57.5) (Quadro I) 2. Chumbo ou seus compostos tóxicos (X49.-; Z57.5) (Quadro VIII) 3. Derivados halogenados dos hidrocarbonetos alifáticos (X46.-; Z57.5) (Quadro XIII) 4. Mercúrio e seus compostos tóxicos (X49.-; Z57.5) (Quadro XVI) 5. Monóxido de Carbono (X47.-; Z57.5) (Quadro XVII) 6. Agrotóxicos organofosforados e carbamatos (X48; Z57.4) (Quadros XII e XXVII) 7. Exposição ocupacional a Cobalto (X49.-; Z57.5) 8. Nitroglicerina e outros ésteres do ácido nítrico (X49.-; Z57.5) 9. Problemas relacionados com o emprego e com o desemprego (Z56.-)
VIII – Ateroesclerose (I70.-) e Doença Ateroesclerótica do Coração (I25.1)	Sulfeto de carbono (X49.-; Z57.5) (Quadro XIX)
IX – Síndrome de Raynaud (I73.0)	1. Cloreto de vinila (X46.-; Z57.5) (Quadro XIII) 2. Vibrações localizadas (W43.-; Z57.7) (Quadro XXII) 3. Trabalho em baixas temperaturas (frio) (W93.-; Z57.6)
X – Acrocianose e Acroparestesia (I73.8)	1. Cloreto de vinila (X46.-; Z57.5) (Quadro XIII) 2. Vibrações localizadas (W43.-; Z57.7) (Quadro XXII) 3. Trabalho em baixas temperaturas (frio) (W93.-; Z57.6)

DOENÇAS DO SISTEMA RESPIRATÓRIO RELACIONADAS COM O TRABALHO (Grupo X da CID-10)

DOENÇAS	AGENTES ETIOLÓGICOS OU FATORES DE RISCO DE NATUREZA OCUPACIONAL
I – Faringite Aguda, não especificada ("Angina Aguda", "Dor de Garganta") (J02.9)	1. Bromo (X49.-; Z57.5) (Quadro V) 2. Iodo (X49.-; Z57.5) (Quadro XIV)
II – Laringotraqueíte Aguda (J04.2)	1. Bromo (X49.-; Z57.5) (Quadro V) 2. Iodo (X49.-; Z57.5) (Quadro XIV)
III – Outras Rinites Alérgicas (J30.3)	1. Carbonetos metálicos de tungstênio sinterizados (X49.-; Z57.2 e Z57.5) (Quadro VII) 2. Cromo e seus compostos tóxicos (X49.-; Z57.5) (Quadro X) 3. Poeiras de algodão, linho, cânhamo ou sisal (Z57.2) (Quadro XXVI) 4. Acrilatos (X49.-; Z57.5) 5. Aldeído fórmico e seus polímeros (X49.-; Z57.5) 6. Aminas aromáticas e seus derivados (X49.-; Z57.5) 7. Anidrido ftálico (X49.-; Z57.5) 8. Azodicarbonamida (X49.-; Z57.5) 9. Carbetos de metais duros: cobalto e titânio (Z57.2) 10. Enzimas de origem animal, vegetal ou bacteriano (X44.-; Z57.3) 11. Furfural e Álcool Furfurílico (X45.-; Z57.5) 12. Isocianatos orgânicos (X49.-; Z57.5) 13. Níquel e seus compostos (X49.-; Z57.5) 14. Pentóxido de vanádio (X49.-; Z57.5) 15. Produtos da pirólise de plásticos, cloreto de vinila, teflon (X49.-; Z57.5) 16. Sulfitos, bissulfitos e persulfatos (X49.-; Z57.5) 17. Medicamentos: macrólidos; ranetidina ; penicilina e seus sais; cefalosporinas (X44.-; Z57.3) 18. Proteínas animais em aerossóis (Z57.3) 19. Outras substâncias de origem vegetal (cereais, farinhas, serragem, etc.) (Z57.2) 20. Outras susbtâncias químicas sensibilizantes da pele e das vias respiratórias (X49.-; Z57.2) (Quadro XXVII)
IV – Rinite Crônica (J31.0)	1. Arsênico e seus compostos arsenicais (X49.-; Z57.4 e Z57.5) (Quadro I) 2. Cloro gasoso (X47.-; Z57.5) (Quadro IX) 3. Cromo e seus compostos tóxicos (X49.-) (Quadro X) 4. Gás de flúor e Fluoreto de Hidrogênio (X47.-; Z57.5) (Quadro XI) 5. Amônia (X47.-; Z57.5) 6. Anidrido sulfuroso (X49.-; Z57.5) 7. Cimento (Z57.2) 8. Fenol e homólogos (X46.-; Z57.5) 9. Névoas de ácidos minerais (X47.-; Z57.5) 10. Níquel e seus compostos (X49.-; Z57.5) 11. Selênio e seus compostos (X49.-; Z57.5)

DOENÇAS	AGENTES ETIOLÓGICOS OU FATORES DE RISCO DE NATUREZA OCUPACIONAL
V – Faringite Crônica (J31.2)	Bromo (X49.-; Z57.5) (Quadro V)
VI – Sinusite Crônica (J32.-)	1. Bromo (X49.-; Z57.5) (Quadro V) 2. Iodo (X49.-; Z57.5) (Quadro XIV)
VII – Ulceração ou Necrose do Septo Nasal (J34.0)	1. Arsênio e seus compostos arsenicais (X49.-; Z57.4 e Z57.5) (Quadro I) 2. Cádmio ou seus compostos (X49.-; Z57.5) (Quadro VI) 3. Cromo e seus compostos tóxicos (X49.-; Z57.5) (Quadro X) 4. Soluções e aeoressóis de Ácido Cianídrico e seus derivados (X47.-; Z57.5) (Quadro XVII)
VIII – Perfuração do Septo Nasal (J34.8)	1. Arsênio e seus compostos arsenicais (X49.-; Z57.4 e Z57.5) (Quadro I) 2. Cromo e seus compostos tóxicos (X49.-; Z57.5) (Quadro X)
IX – Laringotraqueíte Crônica (J37.1)	Bromo (X49.-; Z57.5) (Quadro V)
X – Outras Doenças Pulmonares Obstrutivas Crônicas (Inclui: "Asma Obstrutiva", "Bronquite Crônica", "Bronquite Asmática", "Bronquite Obstrutiva Crônica") (J44.-)	1. Cloro gasoso (X47.-; Z57.5) (Quadro IX) 2. Exposição ocupacional à poeira de sílica livre (Z57.2-) (Quadro XVIII) 3. Exposição ocupacional a poeiras de algodão, linho, cânhamo ou sisal (Z57.2) (Quadro XXVI) 4. Amônia (X49.-; Z57.5) 5. Anidrido sulfuroso (X49.-; Z57.5) 6. Névoas e aerossóis de ácidos minerais (X47.-; Z57.5) 7. Exposição ocupacional a poeiras de carvão mineral (Z57.2)
XI – Asma (J45.-)	Mesma lista das substâncias sensibilizantes produtoras de Rinite Alérgica (X49.-; Z57.2, Z57.4 e Z57.5)
XII – Pneumoconiose dos Trabalhadores do Carvão (J60.-)	1. Exposição ocupacional a poeiras de carvão mineral (Z57.2) 2. Exposição ocupacional a poeiras de sílica-livre (Z57.2) (Quadro XVIII)
XIII – Pneumoconiose devida ao Asbesto (Asbestose) e a outras fibras minerais (J61.-)	Exposição ocupacional a poeiras de asbesto ou amianto (Z57.2) (Quadro II)
XIV – Pneumoconiose devida à poeira de Sílica (Silicose) (J62.8)	Exposição ocupacional a poeiras de sílica-livre (Z57.2) (Quadro XVIII)
XV – Beriliose (J63.2)	Exposição ocupacional a poeiras de berílio e seus compostos tóxicos (Z57.2) (Quadro IV)
XVI – Siderose (J63.4)	Exposição ocupacional a poeiras de ferro (Z57.2)
XVII – Estanhose (J63.5)	Exposição ocupacional a poeiras de estanho (Z57.2)
XVIII – Pneumoconiose devida a outras poeiras inorgânicas especificadas (J63.8)	1. Exposição ocupacional a poeiras de carboneto de tungstênio (Z57.2) (Quadro VII) 2. Exposição ocupacional a poeiras de carbetos de metais duros (Cobalto, Titânio, etc.) (Z57.2) 3. Exposição ocupacional a rocha fosfática (Z57.2) 4. Exposição ocupacional a poeiras de alumina (Al2O3) ("Doença de Shaver") (Z57.2)
XIX – Pneumoconiose associada com Tuberculose ("Sílico-Tuberculose") (J65.-)	Exposição ocupacional a poeiras de sílica-livre (Z57.2) (Quadro XVIII)
XX – Doenças das vias aéreas devidas a poeiras orgânicas (J66.-): Bissinose (J66.0), devidas a outras poeiras orgânicas especificadas (J66.8)	Exposição ocupacional a poeiras de algodão, linho, cânhamo, sisal (Z57.2) (Quadro XXVI)
XXI – Pneumonite por Hipersensibilidade a Poeira Orgânica (J67.-): Pulmão do Granjeiro (ou Pulmão do Fazendeiro) (J67.0); Bagaçose (J67.1); Pulmão dos Criadores de Pássaros (J67.2);Suberose (J67.3);Pulmão dos Trabalhadores de Malte (J67.4); Pulmão dos que Trabalham com Cogumelos (J67.5); Doença Pulmonar Devida a Sistemas de Ar Condicionado e de Umidificação do Ar (J67.7); Pneumonites de Hipersensibilidade Devidas a Outras Poeiras Orgânicas (J67.8); Pneumonite de Hipersensibilidade Devida a Poeira Orgânica não especificada (Alveolite Alérgica Extrínseca SOE; Pneumonite de Hipersensibilidade SOE (J67.0)	1. Exposição ocupacional a poeiras contendo microorganismos e parasitas infecciosos vivos e seus produtos tóxicos (Z57.2) (Quadro XXV) 2. Exposição ocupacional a outras poeiras orgânicas (Z57.2)

DOENÇAS	AGENTES ETIOLÓGICOS OU FATORES DE RISCO DE NATUREZA OCUPACIONAL
XXII — Bronquite e Pneumonite devida a produtos químicos, gases, fumaças e vapores ("Bronquite Química Aguda") (J68.0)	1. Berílio e seus compostos tóxicos (X49.-; Z57.5) (Quadro IV) 2. Bromo (X49.-; Z57.5) (Quadro V) 3. Cádmio ou seus compostos (X49.-; Z57.5) (Quadro VI) 4. Gás Cloro (X47.-; Z57.5) (Quadro IX) 5. Flúor ou seus compostos tóxicos (X47.-; Z57.5) (Quadro XI) 6. Solventes halogenados irritantes respiratórios (X46.-; Z57.5) (Quadro XIII) 7. Iodo (X49.-; Z57.5) (Quadro XIV) 8. Manganês e seus compostos tóxicos (X49.-; Z57.5) (Quadro XV) 9. Cianeto de hidrogênio (X47.-; Z57.5) (Quadro XVII)
XXIII — Edema Pulmonar Agudo devido a produtos químicos, gases, fumaças e vapores (Edema Pulmonar Químico) (J68.1)	1. Berílio e seus compostos tóxicos (X49.-; Z57.5) (Quadro IV) 2. Bromo (X49.-; Z57.5) (Quadro V) 3. Cádmio ou seus compostos (X49.-; Z57.5) (Quadro VI) 4. Gás Cloro (X47.-; Z57.5) (Quadro IX) 5. Flúor e seus compostos (X47.-; Z57.5) (Quadro XI) 6. Solventes halogenados irritantes respiratórios (X46.-; Z57.5) (Quadro XIII) 7. Iodo (X49.-; Z57.5) (Quadro XIV) 8. Cianeto de hidrogênio (X47.-; Z57.5) (Quadro XVII)
XXIV — Síndrome de Disfunção Reativa das Vias Aéreas (SDVA/RADS) (J68.3)	1. Bromo (X49.-; Z57.5) (Quadro V) 2. Cádmio ou seus compostos (X49.-; Z57.5) (Quadro VI) 3. Gás Cloro (X47.-; Z57.5) (Quadro IX) 4. Solventes halogenados irritantes respiratórios (X46.-; Z57.5) (Quadro XIII) 5. Iodo (X49.-; Z57.5) (Quadro XIV) 6. Cianeto de hidrogênio (X47.-; Z57.5) (Quadro XVII) 7. Amônia (X49.-; Z57.5)
XXV — Afecções respiratórias crônicas devidas à inalação de gases, fumos, vapores e substâncias químicas: Bronquiolite Obliterante Crônica, Enfisema Crônico Difuso, Fibrose Pulmonar Crônica (J68.4)	1. Arsênico e seus compostos arsenicais (X49.-; Z57.4 e Z57.5) (Quadro I) 2. Berílio e seus compostos (X49.-; Z57.5) (Quadro IV) 3. Bromo (X49.-; Z57.5) (Quadro V) 4. Cádmio ou seus compostos (X49.-; Z57.5) (Quadro VI) 5. Gás Cloro (X47.-; Z57.5) (Quadro IX) 6. Flúor e seus compostos (X47.-; Z57.5) (Quadro XI) 7. Solventes halogenados irritantes respiratórios (X46.-; Z57.5) (Quadro XIII) 8. Iodo (X49.-; Z57.5) (Quadro XIV) 9. Manganês e seus compostos tóxicos (X49.-; Z57.5) (Quadro XV) 10. Cianeto de hidrogênio (X47.-; Z57.5) (Quadro XVII) 11. Ácido Sulfídrico (Sulfeto de hidrogênio) (X47.-; Z57.5) (Quadro XVII) 12. Carbetos de metais duros (X49.-; Z57.5) 13. Amônia (X49.-; Z57.5) 14. Anidrido sulfuroso (X49.-; Z57.5) 15. Névoas e aerosóis de ácidos minerais (X47.-; Z57.5) 16. Acrilatos (X49.-; Z57.5) 17. Selênio e seus compostos (X49.-; Z57.5)
XXVI — Pneumonite por Radiação (manifestação aguda) (J70.0) e Fibrose Pulmonar Conseqüente a Radiação (manifestação crônica) (J70.1)	Radiações ionizantes (W88.-; Z57.1) (Quadro XXIV)
XXVII — Derrame pleural (J90.-)	Exposição ocupacional a poeiras de Asbesto ou Amianto (Z57.2) (Quadro II)
XXVIII — Placas pleurais (J92.-)	Exposição ocupacional a poeiras de Asbesto ou Amianto (Z57.2) (Quadro II)
XXIX — Enfisema intersticial (J98.2)	Cádmio ou seus compostos (X49.-; Z57.5) (Quadro VI)
XXX — Transtornos respiratórios em outras doenças sistêmicas do tecido conjuntivo classificadas em outra parte (M05.3): "Síndrome de Caplan" (J99.1)	1. Exposição ocupacional a poeiras de Carvão Mineral (Z57.2) 2. Exposição ocupacional a poeiras de Sílica livre (Z57.2) (Quadro XVIII)

DOENÇAS DO SISTEMA DIGESTIVO RELACIONADAS COM O TRABALHO (Grupo XI da CID-10)

DOENÇAS	AGENTES ETIOLÓGICOS OU FATORES DE RISCO DE NATUREZA OCUPACIONAL
I — Erosão Dentária (K03.2)	1. Névoas de fluoretos ou seus compostos tóxicos (X47.-; Z57.5) (Quadro XI) 2. Exposição ocupacional a outras névoas ácidas (X47.-; Z57.5)
II — Alterações pós-eruptivas da cor dos tecidos duros dos dentes (K03.7)	1. Névoas de Cádmio ou seus compostos (X47.-; Z57.5) (Quadro VI) 2. Exposição ocupacional a metais: Cobre, Níquel, Prata (X47.-; Z57.5)
III — Gengivite Crônica (K05.1)	Mercúrio e seus compostos tóxicos (X49.-; Z57.5) (Quadro XVI)

DOENÇAS	AGENTES ETIOLÓGICOS OU FATORES DE RISCO DE NATUREZA OCUPACIONAL
IV – Estomatite Ulcerativa Crônica (K12.1)	1. Arsênio e seus compostos arsenicais (X49.-; Z57.5) (Quadro I) 2. Bromo (X49.-; Z57.5) (Quadro XII) 3. Mercúrio e seus compostos tóxicos (X49.-; Z57.5) (Quadro XVI)
V – Gastroenterite e Colite tóxicas (K52.-)	1. Arsênio e seus compostos arsenicais (X49.-; Z57.5) (Quadro I) 2. Cádmio ou seus compostos (X49.-; Z57.5) (Quadro VI) 3. Radiações ionizantes (W88.-; Z57.1) (Quadro XXIV)
VI – Outros transtornos funcionais do intestino ("Síndrome dolorosa abdominal paroxística apirética, com estado suboclusivo ("cólica do chumbo") (K59.8)	Chumbo ou seus compostos tóxicos (X49.-; Z57.5) (Quadro VIII)
VII – Doença Tóxica do Fígado (K71.-): Doença Tóxica do Fígado, com Necrose Hepática (K71.1); Doença Tóxica do Fígado, com Hepatite Aguda (K71.2); Doença Tóxica do Fígado com Hepatite Crônica Persistente (K71.3); Doença Tóxica do Fígado com Outros Transtornos Hepáticos (K71.8)	1. Cloreto de Vinila, Clorobenzeno, Tetracloreto de Carbono, Clorofórmio, e outros solventes halogenados hepatotóxicos (X46.- e X48.-; Z57.4 e Z57.5) (Quadro XIII) 2. Hexaclorobenzeno (HCB) (X48.-; Z57.4 e Z57.5) 3. Bifenilas policloradas (PCBs) (X49.-; Z57.4 e Z57.5) 4. Tetraclorodibenzodioxina (TCDD) (X49.-)
VIII – Hipertensão Portal (K76.6)	1. Arsênio e seus compostos arsenicais (X49.-; Z57.4 e Z57.5) (Quadro I) 2. Cloreto de Vinila (X46.-; Z57.5) (Quadro XIII) 3. Tório (X49.-; Z57.5)

DOENÇAS DA PELE E DO TECIDO SUBCUTÂNEO RELACIONADAS COM O TRABALHO (Grupo XII da CID-10)

DOENÇAS	AGENTES ETIOLÓGICOS OU FATORES DE RISCO DE NATUREZA OCUPACIONAL
I – Outras Infecções Locais da Pele e do Tecido Subcutâneo: "Dermatoses Pápulo-Pustulosas e suas complicações infecciosas" (L08.9)	1. Cromo e seus compostos tóxicos (Z57.5) (Quadro X) 2. Hidrocarbonetos alifáticos ou aromáticos (seus derivados tóxicos) (Z57.5) (Quadro XIII) 3. Microorganismos e parasitas infecciosos vivos e seus produtos tóxicos (Z57.5) (Quadro XXV) 4. Outros agentes químicos ou biológicos que afetem a pele, não considerados em outras rubricas (Z57.5) (Quadro XXVII)
II – Dermatite Alérgica de Contato devida a Metais (L23.0)	1. Cromo e seus compostos tóxicos (Z57.5) (Quadro X) 2. Mercúrio e seus compostos tóxicos (Z57.5) (Quadro XVI)
III – Dermatite Alérgica de Contato devida a Adesivos (L23.1)	Adesivos, em exposição ocupacional (Z57.5) (Quadro XXVII)
IV – Dermatite Alérgica de Contato devida a Cosméticos (fabricação/manipulação) (L23.2)	Fabricação/manipulação de Cosméticos (Z57.5) (Quadro XXVII)
V – Dermatite Alérgica de Contato devida a Drogas em contato com a pele (L23.3)	Drogas, em exposição ocupacional (Z57.5) (Quadro XXVII)
VI – Dermatite Alérgica de Contato devida a Corantes (L23.4)	Corantes, em exposição ocupacional (Z57.5) (Quadro XXVII)
VII – Dermatite Alérgica de Contato devida a outros produtos químicos (L23.5)	1. Cromo e seus compostos tóxicos (Z57.5) (Quadro X) 2. Fósforo ou seus produtos tóxicos (Z57.5) (Quadro XII) 3. Iodo (Z57.5) (Quadro XIV) 4. Alcatrão, Breu, Betume, Hulha Mineral, Parafina ou resíduos dessas substâncias (Z57.8) (Quadro XX) 5. Borracha (Z57.8) (Quadro XXVII) 6. Inseticidas (Z57.5) (Quadro XXVII) 7. Plásticos (Z57.8) (Quadro XXVII)
VIII – Dermatite Alérgica de Contato devida a Alimentos em contato com a pele (fabricação/ manipulação) (L23.6)	Fabricação/manipulação de Alimentos (Z57.5) (Quadro XXVII)
IX – Dermatite Alérgica de Contato devida a Plantas (Não inclui plantas usadas como alimentos) (L23.7)	Manipulação de Plantas, em exposição ocupacional (Z57.8) (Quadro XXVII)
X – Dermatite Alérgica de Contato devida a outros agentes (Causa Externa especificada) (L23.8)	Agentes químicos, não especificados anteriormente, em exposição ocupacional (Z57.5) (Quadro XXVII)
XI – Dermatite de Contato por Irritantes devida a Detergentes (L24.0)	Detergentes, em exposição ocupacional (Z57.5) (Quadro XXVII)
XII – Dermatite de Contato por Irritantes devida a Óleos e Gorduras (L24.1)	Óleos e Gorduras, em exposição ocupacional (Z57.5) (Quadro XXVII)

DOENÇAS	AGENTES ETIOLÓGICOS OU FATORES DE RISCO DE NATUREZA OCUPACIONAL
XIII – Dermatite de Contato por Irritantes devida a Solventes: Cetonas, Ciclohexano, Compostos do Cloro, Ésteres, Glicol, Hidrocarbonetos (L24.2)	1. Benzeno (X46.-; Z57.5) (Quadro III) 2. Hidrocarbonetos aromáticos ou alifáticos ou seus derivados halogenados tóxicos (Z57.5) (Quadro XIII)
XIV – Dermatite de Contato por Irritantes devida a Cosméticos (L24.3)	Cosméticos, em exposição ocupacional (Z57.5) (Quadro XXVII)
XV – Dermatite de Contato por Irritantes devida a Drogas em contato com a pele (L24.4)	Drogas, em exposição ocupacional (Z57.5) (Quadro XXVII)
XVI – Dermatite de Contato por Irritantes devida a outros produtos químicos: Arsênio, Berílio, Bromo, Cromo, Cimento, Flúor, Fósforo, Inseticidas (L24.5)	1. Arsênio e seus compostos arsenicais (Z57.5) (Quadro I) 2. Berílio e seus compostos tóxicos (Z57.5) (Quadro IV) 3. Bromo (Z57.5) (Quadro V) 4. Cromo e seus compostos tóxicos (Z57.5) (Quadro X) 5. Flúor ou seus compostos tóxicos (Z57.5) (Quadro XI) 6. Fósforo (Z57.5) (Quadro XII)
XVII – Dermatite de Contato por Irritantes devida a Alimentos em contato com a pele (L24.6)	Alimentos, em exposição ocupacional (Z57.8) (Quadro XXVII)
XVIII – Dermatite de Contato por Irritantes devida a Plantas, exceto alimentos (L24.7)	Plantas, em exposição ocupacional (Z57.8) (Quadro XXVII)
XIX – Dermatite de Contato por Irritantes devida a outros agentes: Corantes (L24.8)	Agentes químicos, não especificados anteriormente, em exposição ocupacional (Z57.5) (Quadro XXVII)
XX – Urticária Alérgica (L50.0)	Agrotóxicos e outros produtos químicos (X48.-; Z57.4 e Z57.5) (Quadro XXVII)
XXI – Urticária devida ao Calor e ao Frio (L50.2)	Exposição ocupacional a calor e frio (W92,-; W93.-; Z57.6) (Quadro XXVII)
XXII – Urticária de Contato (L50.6)	Exposição ocupacional a agentes químicos, físicos e biológicos que afetam a pele (X49.-; Z57.4 e Z57.5) (Quadro XXVII)
XXIII – Queimadura Solar (L55)	Exposição ocupacional a radiações actínicas (X32.-; Z57.1) (Quadro XXVII)
XXIV – Outras Alterações Agudas da Pele devidas a Radiação Ultravioleta (L56.-): Dermatite por Fotocontato (Dermatite de Berloque) (L56.2); Urticária Solar (L56.3); Outras Alterações Agudas Especificadas da Pele devidas a Radiação Ultravioleta (L56.8); Outras Alterações Agudas da Pele devidas a Radiação Ultravioleta, sem outra especificação (L56.9);	Radiação Ultravioleta (W89.-; Z57.1) (Quadro XXVII)
XXV – Alterações da Pele devidas a Exposição Crônica a Radiação Não Ionizante (L57.-): Ceratose Actínica (L57.0); Outras Alterações: Dermatite Solar, "Pele de Fazendeiro", "Pele de Marinheiro" (L57.8)	Radiações não ionizantes (W89.-; X32.-; Z57.1) (Quadro XXVII)
XXVI – Radiodermatite (L58.-): Radiodermatite Aguda (L58.0); Radiodermatite Crônica (L58.1); Radiodermatite, não especificada (L58.9); Afecções da pele e do tecido conjuntivo relacionadas com a radiação, não especificadas (L59.9)	Radiações ionizantes (W88.-; Z57.1) (Quadro XXIV)
XXVII – Outras formas de Acne: "Cloracne" (L70.8)	1. Derivados halogenados dos hidrocarbonetos aromáticos, Monoclorobenzeno, Monobromobenzeno, Hexaclorobenzeno (X46.; Z57.5) (Quadro XIII) 2. Derivados do fenol, pentaclorofenol e do hidrobenzonitrilo (X49.-; Z57.4 e Z57.5) (Quadro XXVII) 3. Policloretos de Bifenila (PCBs) (X49.-; Z57.4 e Z57.5) (Quadro XXVII)
XXVIII – Outras formas de Cistos Foliculares da Pele e do Tecido Subcutâneo: "Elaioconiose" ou "Dermatite Folicular" (L72.8)	Óleos e gorduras de origem mineral ou sintéticos (X49.-; Z57.5) (Quadro XXVII)

DOENÇAS	AGENTES ETIOLÓGICOS OU FATORES DE RISCO DE NATUREZA OCUPACIONAL
XXIX — Outras formas de hiperpigmentação pela melanina: "Melanodermia" (L81.4)	1. Arsênio e seus compostos arsenicais (X49.-; Z57.4 e Z57.5) (Quadro I) 2. Clorobenzeno e Diclorobenzeno (X46.-; Z57.4 e Z57.5) (Quadro XIII) 3. Alcatrão, Breu, Betume, Hulha Mineral, Parafina, Creosoto, Piche, Coaltar ou resíduos dessas substâncias (Z57.8) (Quadro XX) 4. Antraceno e Dibenzoantraceno (Z57.5) (Quadro XX) 5. Bismuto (X44.-; Z57.5) (Quadro XXVII) 6. Citostáticos (X44.-; Z57.5) (Quadro XXVII) 7. Compostos nitrogenados: Ácido nítrico, Dinitrofenol (X49.-; Z57.5) (Quadro XXVII) 8. Naftóis adicionados a corantes (X49,-; Z57.5) (Quadro XXVII) 9. Óleos de corte (Z57.5) (Quadro XXVII) 10. Parafenilenodiamina e seus derivados (X49.-; Z57.5) (Quadro XXVII) 11. Poeira de determinadas madeiras (Z57.3) (Quadro XXVII) 12. Quinino e seus derivados (Z57.5) (Quadro XXVII) 13. Sais de ouro (X44.-; Z57.5) (Quadro XXVII) 14. Sais de prata (Seqüelas de Dermatite Crônica de Contato) (X44.-; Z57.5) (Quadro XXVII)
XXX — Leucodermia, não classificada em outra parte (Inclui "Vitiligo Ocupacional") (L81.5)	1. Arsênio e seus compostos (X49.-; Z57.4 e Z57.5) (Quadro I) 2. Hidroquinona e ésteres derivados (X49.-; Z57.5) (Quadro XXVII) 3. Monometil éter de hidroquinona (MBEH) (X49.-; Z57.5) (Quadro XXVII) 4. para-Aminofenol (X49.-; Z57.5) (Quadro XXVII) 5. para-Butilfenol (X49.-; Z57.5) (Quadro XXVII) 6. para-Cresol (X49.-; Z57.5) (Quadro XXVII) 7. Catecol e Pirocatecol (X49.-; Z57.5) (Quadro XXVII) 8. Clorofenol (X46.-; Z57.4 e Z57.5)(Quadro XXVII)
XXXI — Outros transtornos especificados da pigmentação: "Porfiria Cutânea Tardia" (L81.8)	Derivados halogenados dos hidrocarbonetos aromáticos: minocloro-benzeno, monobromo-benzeno, hexaclorobenzeno (X46.-; Z57.4 e Z57.5) (Quadro XIII)
XXXII — Ceratose Palmar e Plantar Adquirida (L85.1)	Arsênio e seus compostos arsenicais (X49.-; Z57.4 e Z57.5) (Quadro I)
XXXIII — Úlcera Crônica da Pele, não classificada em outra parte (L98.4)	1. Cromo e seus compostos tóxicos (Z57.5) (Quadro X) 2. Enzimas de origem animal, vegetal ou bacteriana (Z57.8) (Quadro XXVII)
XXXIV — Geladura (Frostbite) Superficial (T33): Eritema Pérnio	1. Cloreto de etila (anestésico local) (W93.-; Z57.6) (Quadro XIII) 2. Frio (X31.-; W93.-; Z57.6) (Quadro XXVII)
XXXV — Geladura (Frostbite) com Necrose de Tecidos (T34)	1. Cloreto de etila (anestésico local) (W93.-; Z57.6) (Quadro XIII) 2. Frio (X31.-; W93.-; Z57.6) (Quadro XXVII)

DOENÇAS DO SISTEMA OSTEOMUSCULAR E DO TECIDO CONJUNTIVO, RELACIONADAS COM O TRABALHO (Grupo XIII da CID-10)

DOENÇAS	AGENTES ETIOLÓGICOS OU FATORES DE RISCO DE NATUREZA OCUPACIONAL
I — Artrite Reumatóide associada a Pneumoconiose dos Trabalhadores do Carvão (J60.-): "Síndrome de Caplan" (M05.3)	1. Exposição ocupacional a poeiras de carvão mineral (Z57.2) 2. Exposição ocupacional a poeiras de sílica livre (Z57.2) (Quadro XVIII)
II — Gota induzida pelo chumbo (M10.1)	Chumbo ou seus compostos tóxicos (X49.-; Z57.5) (Quadro VIII)
III — Outras Artroses (M19.-)	Posições forçadas e gestos repetitivos (Z57.8)
IV — Outros transtornos articulares não classificados em outra parte: Dor Articular (M25.5)	1. Posições forçadas e gestos repetitivos (Z57.8) 2. Vibrações localizadas (W43.-; Z57.7) (Quadro XXII)
V — Síndrome Cervicobraquial (M53.1)	1. Posições forçadas e gestos repetitivos (Z57.8) 2. Vibrações localizadas (W43.-; Z57.7) (Quadro XXII)
VI — Dorsalgia (M54.-): Cervicalgia (M54.2); Ciática (M54.3); Lumbago com Ciática (M54.4)	1. Posições forçadas e gestos repetitivos (Z57.8) 2. Ritmo de trabalho penoso (Z56.3) 3. Condições difíceis de trabalho (Z56.5)
VII — Sinovites e Tenossinovites (M65.-): Dedo em Gatilho (M65.3); Tenossinovite do Estilóide Radial (De Quervain) (M65.4); Outras Sinovites e Tenossinovites (M65.8); Sinovites e Tenossinovites, não especificadas (M65.9)	1. Posições forçadas e gestos repetitivos (Z57.8) 2. Ritmo de trabalho penoso (Z56.3) 3. Condições difíceis de trabalho (Z56.5)

DOENÇAS	AGENTES ETIOLÓGICOS OU FATORES DE RISCO DE NATUREZA OCUPACIONAL
VIII — Transtornos dos tecidos moles relacionados com o uso, o uso excessivo e a pressão, de origem ocupacional (M70.-): Sinovite Crepitante Crônica da mão e do punho (M70.0); Bursite da Mão (M70.1); Bursite do Olécrano (M70.2); Outras Bursites do Cotovelo (M70.3); Outras Bursites Pré-rotulianas (M70.4); Outras Bursites do Joelho (M70.5); Outros transtornos dos tecidos moles relacionados com o uso, o uso excessivo e a pressão (M70.8); Transtorno não especificado dos tecidos moles, relacionados com o uso, o uso excessivo e a pressão (M70.9).	1. Posições forçadas e gestos repetitivos (Z57.8) 2. Ritmo de trabalho penoso (Z56.3) 3. Condições difíceis de trabalho (Z56.5)
IX — Fibromatose da Fascia Palmar: "Contratura ou Moléstia de Dupuytren" (M72.0)	1. Posições forçadas e gestos repetitivos (Z57.8) 2. Vibrações localizadas (W43.-; Z57.7) (Quadro XXII)
X — Lesões do Ombro (M75.-): Capsulite Adesiva do Ombro (Ombro Congelado, Periartrite do Ombro) (M75.0); Síndrome do Manguito Rotatório ou Síndrome do Supraespinhoso (M75.1); Tendinite Bicipital (M75.2); Tendinite Calcificante do Ombro (M75.3); Bursite do Ombro (M75.5); Outras Lesões do Ombro (M75.8); Lesões do Ombro, não especificadas (M75.9)	1. Posições forçadas e gestos repetitivos (Z57.8) 2. Ritmo de trabalho penoso (Z56) 3. Vibrações localizadas (W43.-; Z57.7) (Quadro XXII)
XI — Outras entesopatias (M77.-): Epicondilite Medial (M77.0); Epicondilite lateral ("Cotovelo de Tenista"); Mialgia (M79.1)	1. Posições forçadas e gestos repetitivos (Z57.8) 2. Vibrações localizadas (W43.-; Z57.7) (Quadro XXII)
XII — Outros transtornos especificados dos tecidos moles (M79.8)	1. Posições forçadas e gestos repetitivos (Z57.8) 2. Vibrações localizadas (W43.-; Z57.7) (Quadro XXII)
XIII — Osteomalácia do Adulto induzida por drogas (M83.5)	1. Cádmio ou seus compostos (X49.-) (Quadro VI) 2. Fósforo e seus compostos (Sesquissulfeto de Fósforo) (X49.-; Z57.5) (Quadro XII)
XIV — Fluorose do Esqueleto (M85.1)	Flúor e seus compostos tóxicos (X49.-; Z57.5) (Quadro XI)
XV — Osteonecrose (M87.-): Osteonecrose devida a drogas (M87.1); Outras Osteonecroses secundárias (M87.3)	1. Fósforo e seus compostos (Sesquissulfeto de Fósforo) (X49.-; Z57.5) (Quadro XII) 2. Vibrações localizadas (W43.-; Z57.7) (Quadro XXII) 3. Radiações ionizantes (Z57.1) (Quadro XXIV)
XVI — Osteólise (M89.5) (de falanges distais de quirodáctilos)	Cloreto de Vinila (X49.-; Z57.5) (Quadro XIII)
XVII — Osteonecrose no "Mal dos Caixões" (M90.3)	"Ar Comprimido" (W94.-; Z57.8) (Quadro XXIII)
XVIII — Doença de Kienböck do Adulto (Osteo-condrose do Adulto do Semilunar do Carpo) (M93.1) e outras Osteocondro-patias especificadas (M93.8)	Vibrações localizadas (W43.-; Z57.7) (Quadro XXII)

DOENÇAS DO SISTEMA GÊNITO-URINÁRIO RELACIONADAS COM O TRABALHO (Grupo XIV da CID-10)

DOENÇAS	AGENTES ETIOLÓGICOS OU FATORES DE RISCO DE NATUREZA OCUPACIONAL
I — Síndrome Nefrítica Aguda (N00.-)	Hidrocarbonetos alifáticos halogenados nefrotóxicos (X46.-; Z57.5) (Quadro XIII)
II — Doença Glomerular Crônica (N03.-)	Mercúrio e seus compostos tóxicos (X49.-; Z57.5) (Quadro XVI)
III — Nefropatia túbulo-intersticial induzida por metais pesados (N14.3)	1. Cádmio ou seus compostos (X49.-; Z57.5) (Quadro VI) 2. Chumbo ou seus compostos tóxicos (X49.-; Z57.5) (Quadro VIII) 3. Mercúrio e seus compostos tóxicos (X49.-; Z57.4 e Z57.5) (Quadro XVI)
IV — Insuficiência Renal Aguda (N17)	Hidrocarbonetos alifáticos halogenados nefrotóxicos (X46.-; Z57.5) (Quadro XIII)
V — Insuficiência Renal Crônica (N18)	Chumbo ou seus compostos (X49.-; Z57.5) (Quadro VIII)
VI — Cistite Aguda (N30.0)	Aminas aromáticas e seus derivados (X49.-; Z57.5)
VII — Infertilidade Masculina (N46)	1. Chumbo ou seus compostos tóxicos (X49.-; Z57.5) (Quadro VIII) 2. Radiações ionizantes (W88.-: Z57.1) (Quadro XXIV) 3. Chlordecone (X48.-; Z57.4) 4. Dibromocloropropano (DBCP) (X48.-; Z57.4 e Z57.5) 5. Calor (trabalho em temperaturas elevadas) (Z57.6)

TRAUMATISMOS, ENVENENAMENTOS E ALGUMAS OUTRAS CONSEQUÊNCIAS DE CAUSAS EXTERNAS, RELACIONADOS COM O TRABALHO (Grupo XIX da CID-10)

DOENÇAS	AGENTES ETIOLÓGICOS OU FATORES DE RISCO DE NATUREZA OCUPACIONAL
I — Efeitos tóxicos de Solventes Orgânicos (T52.-): Álcoois (T51.8) e Cetonas (T52.4); Benzeno, Tolueno e Xileno (T52.1 e T52.2); Derivados halogenados dos Hidrocarbonetos Alifáticos e Aromáticos (T53): Tetracloreto de Carbono (T53.0); Clorofórmio (T53.1); Tricloroetileno (T53.2); Tetracloroetileno (T53.3); Dicloroetano (T53.4); Clorofluor-carbonos (T53.5); Outros derivados halogenados de hidrocarbonetos alifáticos (T53.6); Outros derivados halogenados de hidrocarbonetos aromáticos (T53.7); Derivados halogenados de hidrocarbonetos alifáticos e aromáticos, não especificados (T53.9); Sulfeto de Carbono (T65.4)	Exposição ocupacional a agentes tóxicos em outras indústrias (Z57.5)
II — Efeito tóxico de Substâncias Corrosivas (T54): Fenol e homólogos do fenol (T54.0); Flúor e seus compostos (T65.8); Selênio e seus compostos (T56.8); Outros compostos orgânicos corrosivos (T54.1); Ácidos corrosivos e substâncias ácidas similares (T54.2); Álcalis cáusticos e substâncias alcalinas similares (T54.3); Efeito tóxico de substância corrosiva, não especificada (T54.9).	Exposição ocupacional a agentes tóxicos em outras indústrias (Z57.5)
III — Efeito tóxico de Metais (T56): Arsênico e seus compostos (T57.0); Cádmio e seus compostos (T56.3); Chumbo e seus compostos (T56.0); Cromo e seus compostos (T56.2); Manganês e seus compostos (T57.2); Mercúrio e seus compostos (T56.1); Outros metais (T56.8); Metal, não especificado (T56.9).	Exposição ocupacional a agentes tóxicos em outras indústrias (Z57.5)
IV — Asfixiantes Químicos (T57-59): Monóxido de Carbono (T58); Ácido cianídrico e cianetos (T57.3); Sulfeto de hidrogênio (T59.6); Aminas aromáticas e seus derivados (T65.3)	Exposição ocupacional a agentes tóxicos em outras indústrias (Z57.5)
V — Praguicidas (Pesticidas, "Agrotóxicos") (T60): Organofosforados e Carbamatos (T60.0); Halogenados (T60.1); Outros praguicidas (T60.2)	Exposição ocupacional a agentes tóxicos na Agricultura (Z57.4)
VI — Efeitos da Pressão do Ar e da Pressão da Água (T70): Barotrauma Otítico (T70.0); Barotrauma Sinusal (T70.1); Doença Descompressiva ("Mal dos Caixões") (T70.3); Outros efeitos da pressão do ar e da água (T70.8).	Exposição ocupacional a pressões atmosféricas anormais (W94.-; Z57.8)

Anexo II — Lista C: INTERVALOS DA CID-10 EM QUE SE RECONHECE NEXO TÉCNICO EPIDEMIOLÓGICO, na forma do § 3º do art. 337, entre a entidade mórbida e as classes de CNAE indicadas, nelas incluídas todas as subclasses cujos quatro dígitos iniciais sejam comuns.[58]

INTERVALO CID-10	CNAE
A15-A19	0810 1091 1411 1412 1533 1540 2330 3011 3701 3702 3811 3812 3821 3822 3839 3900 4120 4211 4213 4222 4223 4291 4299 4312 4321 4391 4399 4687 4711 4713 4721 4741 4742 4743 4744 4789 4921 4923 4924 4929 5611 7810 7820 7830 8121 8122 8129 8610 9420 9601

INTERVALO CID-10	CNAE
E10-E14	1091 3600 3701 3702 3811 3812 3821 3822 3839 3900 4120 4211 4213 4222 4223 4291 4292 4299 4313 4319 4329 4399 4721 4921 4922 4923 4924 4929 4930 5030 5231 5239 8011 8012 8020 8030 8121 8122 8129 8411 9420

(58) *Redação dada pelo Decreto n. 6.957, de 21.8.2009.*

INTERVALO CID-10	CNAE
F10-F19	0710 0990 1011 1012 1013 1220 1532 1622 1732 1733 2211 2330 2342 2451 2511 2512 2531 2539 2542 2543 2593 2814 2822 2840 2861 2866 2869 2920 2930 3101 3102 3329 3600 3701 3702 3811 3812 3821 3822 3839 3900 4120 4211 4213 4221 4292 4299 4313 4319 4321 4329 4399 4520 4912 4921 5030 5212 5221 5222 5223 5229 5231 5232 5239 5250 5310 6423 7810 7820 7830 8121 8122 8129 8411 8423 8424 9420
F20-F29	0710 0990 1011 1012 1013 1031 1071 1321 1411 1412 2330 2342 2511 2543 2592 2861 2866 2869 2942 3701 3702 3811 3812 3821 3822 3839 3900 4120 4211 4213 4222 4223 4291 4292 4299 4312 4391 4399 4921 4922 4923 4924 4929 5212 5310 6423 7732 7810 7820 7830 8011 8012 8020 8030 8121 8122 8129 8423 9420
F30-F39	0710 0892 0990 1011 1012 1013 1031 1220 1311 1313 1314 1321 1330 1340 1351 1359 1411 1412 1413 1422 1531 1532 1540 2091 2123 2511 2710 2751 2861 2930 2945 3299 3600 4636 4711 4753 4756 4759 4762 4911 4912 4921 4922 4923 4924 4929 5111 5120 5221 5222 5223 5229 5310 5620 6110 6120 6130 6141 6142 6143 6190 6311 6422 6423 6431 6550 8121 8122 8129 8411 8413 8423 8424 8610 8711 8720 8730 8800
F40-F48	0710 0990 1311 1321 1351 1411 1412 1421 1532 2945 3600 4711 4753 4756 4759 4762 4911 4912 4921 4922 4923 4924 4929 5111 5120 5221 5222 5223 5229 5310 6110 6120 6130 6141 6142 6143 6190 6311 6422 6423 8011 8012 8020 8030 8121 8122 8129 8411 8423 8424 8610

INTERVALO CID-10	CNAE
G40-G47	0113 0210 0220 0810 1011 1012 1013 1321 1411 1412 1610 1621 1732 1733 1931 2330 2342 2511 2539 2861 3701 3702 3811 3812 3821 3822 3839 3900 4120 4211 4213 4222 4223 4291 4292 4299 4313 4319 4399 4921 4922 4923 4924 4929 4930 5212 8011 8012 8020 8030 8121 8122 8129
G50-G59	0155 1011 1012 1013 1062 1093 1095 1313 1351 1411 1412 1421 1529 1531 1532 1533 1539 1540 2063 2123 2211 2222 2223 2229 2349 2542 2593 2640 2710 2759 2944 2945 3240 3250 4711 5611 5612 5620 6110 6120 6130 6141 6142 6143 6190 6422 6423 8121 8122 8129 8610

INTERVALO CID-10	CNAE
H53-H54	0210 0220 0810 1071 1220 1610 1622 2330 2342 3701 3702 3811 3812 3821 3822 3839 3900 4120 4211 4212 4213 4222 4223 4291 4299 4312 4313 4319 4321 4329 4391 4399 4741 4742 4743 4744 4789 4921 4922 4923 4924 4929 4930 8011 8012 8020 8030 8121 8122 8129

INTERVALO CID-10	CNAE
I05-I09	4921
I10-I15	0111 1411 1412 4921 4922 4923 4924 4929 5111 5120
I20-I25	1621 4120 4211 4213 4221 4222 4223 4291 4299 4329 4399 4921 4922 4930 6110 6120 6130 6141 6142 6143 6190
I30-I52	0113 0210 0220 0810 1011 1012 1013 1061 1071 1411 1412 1610 1931 2029 2330 2342 3600 3701 3702 3811 3812 3821 3822 3839 3900 4120 4211 4213 4222 4223 4291 4292 4299 4312 4313 4319 4391 4399 4621 4622 4623 4921 4922 4923 4924 4929 4930 8121 8122 8129 8411 9420
I60-I69	0810 1071 2330 2342 3600 3701 3702 3811 3812 3821 3822 3839 3900 4120 4211 4213 4222 4223 4291 4299 4312 4313 4319 4321 4391 4399 4921 4922 4923 4924 4929 4930 8112 8121 8122 8129 8411 8591 9200 9311 9312 9313 9319 9420
I80-I89	1011 1012 1013 1020 1031 1033 1091 1092 1220 1311 1321 1351 1411 1412 1413 1422 1510 1531 1532 1540 1621 1622 2123 2342 2542 2710 2813 2832 2833 2920 2930 2944 2945 3101 3102 3329 3701 3702 3811 3812 3821 3822 3839 3900 4621 4622 4623 4721 4722 4921 4922 5611 5612 5620 8011 8012 8020 8030 8121 8122 8129 8411 8610 9420 9491 9601

INTERVALO CID-10	CNAE
J40-J47	0810 1031 1220 1311 1321 1351 1411 1412 1610 1622 1629 2330 2342 2539 3101 3102 3329 4120 4211 4213 4292 4299 4313 4319 4399 4921 8121 8122 8129 8411

INTERVALO CID-10	CNAE
K35-K38	0810 1011 1012 1013 1071 1411 1412 1531 1540 1610 1621 1732 1733 2451 2511 2512 2832 2833 2930 3101 3329 4621 4622 4623 4921 4922 8610
K40-K46	0113 0210 0220 0230 0810 1011 1012 1013 1020 1031 1033 1041 1051 1061 1066 1071 1091 1122 1321 1354 1510 1610 1621 1622 1629 1722 1732 1733 1931 2211 2212 2219 2330 2341 2342 2349 2443 2449 2451 2511 2512 2521 2539 2541 2542 2543 2592 2593 2710 2815 2822 2832 2833 2861 2866 2869 2930 2943 2944 2945 3011 3101 3102 3329 3701 3702 3811 3812 3821 3822 3839 3900 4120 4211 4212 4213 4221 4222 4223 4291 4292 4299 4312 4313 4319 4321 4329 4391 4399 4621 4622 4623 4632 4634 4687 4721 4722 4741 4742 4743 4744 4789 4921 4922 4930 5212 8121 8122 8129 9420

INTERVALO CID-10	CNAE
L60-L75	8610
L80-L99	0113 1011 1012 1013 1071 1411 1412 1610 1621 1931 2451 5611 5620 8121 8122 8129 8610

INTERVALO CID-10	CNAE
M00-M25	0113 0131 0133 0210 0220 0810 0892 0910 1011 1012 1013 1020 1031 1033 1041 1051 1052 1061 1064 1071 1072 1091 1122 1220 1311 1321 1351 1354 1411 1412 1413 1532 1621 1732 1733 1931 2012 2019 2312 2330 2341 2342 2349 2431 2443 2449 2511 2522 2539 2543 2550 2710 2813 2815 2822 2852 2853 2854 2861 2862 2865 2866 2869 2920 2930 2944 2945 2950 3011 3102 3600 3701 3702 3811 3812 3821 3822 3839 3900 4120 4211 4212 4213 4221 4222 4223 4291 4292 4299 4312 4313 4319 4321 4329 4391 4399 4621 4622 4623 4636 4661 4711 4721 4921 4922 4923 4924 4929 4930 5012 5021 5212 5310 5611 5620 7719 8121 8122 8129 8411 8424 8430 8591 8610 9200 9311 9312 9313 9319 9420 9491 9601
M30-M36	1412 8121 8122 8129 8610
M40-M54	0113 0131 0133 0210 0220 0230 0500 0710 0810 0892 0910 0990 1011 1012 1013 1020 1031 1033 1041 1051 1052 1061 1062 1064 1071 1072 1092 1122 1311 1312 1321 1323 1340 1351 1354 1411 1412 1413 1421 1422 1510 1532 1610 1621 1622 1623 1629 1710 1721 1722 1732 1733 1931 2012 2019 2029 2040 2091 2093 2123 2211 2212 2219 2221 2222 2312 2320 2330 2341 2342 2349 2391 2431 2439 2441 2443 2449 2451 2511 2513 2521 2522 2539 2542 2543 2550 2592 2593 2710 2722 2733 2813 2815 2822 2832 2833 2852 2853 2854 2861 2862 2864 2866 2869 2920 2930 2942 2943 2944 2945 2950 3011 3101 3102 3240 3321 3329 3600 3701 3702 3811 3812 3821 3822 3839 3900 4120 4211 4212 4213 4222 4223 4291 4292 4299 4311 4312 4313 4319 4321 4329 4391 4399 4621 4622 4623 4632 4636 4661 4681 4682 4685 4686 4687 4689 4921 4922 4923 4924 4929 4930 5012 5021 5211 5212 5221 5222 5223 5229 5310 5612 5620 6431 7719 7732 8121 8122 8129 8424 8430 8610 9420
M60-M79	0113 0155 0210 0220 1011 1012 1013 1020 1031 1033 1051 1052 1062 1064 1092 1093 1094 1095 1096 1099 1122 1311 1314 1321 1323 1340 1351 1352 1354 1359 1411 1412 1413 1414 1421 1510 1521 1529 1531 1532 1533 1540 1623 1732 1733 1742 1749 2040 2063 2091 2110 2121 2123 2211 2219 2221 2222 2223 2229 2312 2319 2342 2349 2439 2443 2449 2451 2531 2539 2541 2542 2543 2550 2591 2592 2593 2610 2631 2632 2640 2651 2710 2721 2722 2732 2733 2740 2751 2759 2813 2814 2815 2822 2823 2824 2840 2853 2854 2861 2864 2866 2869 2920 2930 2941 2942 2943 2944 2945 2949 3092 3101 3102 3104 3230 3240 3250 3291 3299 3316 3329 3701 3702 3811 3812 3821 3822 3839 3900 4221 4632 4634 4711 4713 4912 5111 5120 5212 5221 5222 5223 5229 5310 5320 5612 5620 6021 6022 6110 6120 6130 6141 6142 6143 6190 6209 6311 6399 6422 6423 6431 6550 7410 7490 7719 7733 8121 8122 8129 8211 8219 8220 8230 8291 8292 8299 8610 9420 9601

INTERVALO CID-10	CNAE
S00-S09	0210 0220 0230 0810 1011 1012 1013 1033 1041 1061 1071 1122 1321 1510 1532 1610 1621 1622 1732 1733 1931 2212 2330 2342 2391 2511 2512 2539 2542 2543 2593 2832 2833 2866 2869 2930 3011 3101 3102 3329 3701 3702 3811 3812 3821 3822 3839 3900 4120 4211 4213 4221 4222 4223 4291 4292 4299 4312 4313 4319 4321 4329 4391 4399 4520 4530 4541 4542 4621 4622 4623 4635 4671 4672 4673 4674 4679 4687 4731 4732 4741 4742 4743 4744 4789 4921 4922 4930 5212 5320 7810 7820 7830 8011 8012 8020 8030 8121 8122 8129 9420
S20-S29	0113 0131 0133 0210 0220 0230 0810 1011 1012 1013 1071 1321 1510 1610 1621 1622 1629 1732 1733 1931 2330 2342 2512 2539 2543 2832 2833 2866 2869 3600 3701 3702 3811 3812 3821 3822 3839 3900 4120 4211 4213 4221 4222 4223 4291 4292 4299 4321 4399 4621 4622 4623 4632 4687 4741 4742 4743 4744 4789 4921 4922 4930 5212 5310 8121 8122 8129 9420
S30-S39	0131 0133 0210 0220 1011 1012 1013 1061 1071 1610 1621 2330 2342 2511 2512 3101 3329 3701 3702 3811 3812 3821 3822 3839 3900 4120 4211 4213 4221 4222 4223 4291 4299 4312 4313 4319 4321 4329 4391 4399 4621 4622 4623 4687 4722 4741 4742 4743 4744 4789 4921 4930 5212 5221 5222 5223 5229 7810 7820 7830 8121 8122 8129 9420
S40-S49	0131 0133 0210 0220 0500 0810 1011 1012 1013 1031 1033 1041 1051 1061 1064 1071 1091 1122 1321 1351 1354 1411 1412 1510 1531 1532 1533 1540 1610 1621 1622 1623 1629 1722 1732 1733 1931 2212 2221 2222 2223 2229 2330 2342 2349 2391 2451 2511 2512 2539 2542 2543 2592 2593 2710 2813 2815 2822 2823 2832 2833 2861 2866 2869 2930 2944 2945 2950 3101 3102 3329 3701 3702 3811 3812 3821 3822 3839 3900 4120 4211 4213 4221 4222 4223 4291 4292 4299 4312 4313 4319 4321 4329 4391 4399 4520 4530 4541 4542 4618 4621 4622 4623 4635 4661 4671 4672 4673 4674 4679 4687 4721 4722 4731 4732 4741 4742 4743 4744 4784 4789 4921 4922 4930 5212 5221 5222 5223 5229 5310 5320 7719 7810 7820 7830 8011 8012 8020 8030 8121 8122 8129 9420

INTERVALO CID-10	CNAE
S50-S59	0210 0220 0810 1011 1012 1013 1031 1033 1041 1051 1061 1064 1071 1091 1092 1093 1096 1099 1122 1311 1321 1354 1411 1412 1510 1531 1532 1533 1540 1610 1621 1622 1623 1629 1722 1732 1733 2211 2221 2222 2223 2229 2330 2341 2342 2391 2511 2512 2539 2542 2543 2592 2593 2710 2759 2813 2822 2823 2832 2833 2861 2866 2869 2930 2944 2945 2950 3011 3101 3102 3329 3701 3702 3811 3812 3821 3822 3839 3900 4120 4211 4213 4221 4222 4223 4291 4292 4299 4312 4313 4319 4321 4322 4329 4391 4399 4520 4621 4622 4623 4635 4661 4685 4686 4687 4689 4711 4721 4722 4741 4742 4743 4744 4784 4789 4921 4923 4924 4929 4930 5212 5221 5222 5223 5229 5310 5320 7719 7732 7810 7820 7830 8011 8012 8020 8030 8121 8122 8129 9420
S60-S69	0113 0210 0220 0500 0810 1011 1012 1013 1031 1033 1041 1042 1051 1052 1061 1062 1063 1064 1071 1072 1091 1092 1093 1094 1096 1099 1122 1311 1312 1321 1323 1340 1351 1353 1354 1359 1411 1412 1510 1529 1531 1532 1533 1540 1610 1621 1622 1623 1629 1710 1721 1722 1731 1732 1733 1741 1742 1749 1813 1931 2012 2019 2029 2061 2063 2091 2092 2123 2211 2212 2219 2221 2222 2223 2229 2311 2312 2319 2330 2341 2342 2349 2391 2392 2399 2431 2439 2441 2443 2449 2451 2452 2511 2512 2513 2521 2522 2531 2532 2539 2541 2542 2543 2550 2591 2592 2593 2599 2632 2651 2710 2721 2722 2732 2733 2740 2751 2759 2790 2811 2812 2813 2814 2815 2821 2822 2823 2824 2825 2829 2831 2832 2833 2840 2852 2853 2854 2861 2862 2864 2865 2866 2869 2920 2930 2941 2942 2943 2944 2945 2949 2950 3011 3012 3032 3091 3092 3099 3101 3102 3103 3104 3220 3230 3240 3250 3291 3299 3319 3329 3701 3702 3811 3812 3821 3822 3832 3839 3900 4120 4211 4213 4221 4222 4223 4291 4292 4299 4312 4313 4319 4321 4322 4329 4391 4399 4520 4621 4622 4623 4632 4634 4661 4671 4672 4673 4674 4679 4681 4682 4685 4686 4687 4689 4711 4721 4722 4741 4742 4743 4744 4789 4930 5211 5212 5320 5819 5829 7719 7732 7810 7820 7830 8121 8122 8129 8423 9420 9529
S70-S79	0210 0220 1011 1012 1013 1033 1122 1610 1621 1622 2330 2391 2511 2512 2539 3101 3329 3701 3702 3811 3812 3821 3822 3839 3900 4120 4211 4213 4221 4222 4223 4291 4299 4312 4321 4391 4399 4520 4530 4541 4542 4618 4687 4731 4732 4741 4742 4743 4744 4784 4789 4921 4930 5212 5221 5222 5223 5229 5232 5250 5320 7810 7820 7830 8011 8012 8020 8030 8121 8122 8129 9420
S80-S89	0210 0220 0230 0500 0710 0810 0990 1011 1012 1013 1031 1033 1041 1051 1061 1062 1064 1071 1072 1092 1096 1099 1122 1321 1351 1354 1411 1412 1510 1531 1532 1540 1610 1621 1622 1623 1629 1710 1721 1722 1732 1733 1931 2012 2019 2029 2073 2091 2211 2219 2222 2312 2320 2330 2341 2342 2391 2439 2443 2449 2451 2511 2512 2521 2522 2539 2542 2543 2550 2592 2593 2651 2710 2812 2813 2815 2821 2822 2823 2831 2832 2833 2840 2852 2854 2861 2862 2864 2865 2866 2869 2930 2943 2944 2945 2950 3011 3101 3102 3329 3600 3701 3702 3811 3812 3821 3822 3839 3900 4120 4211 4213 4221 4222 4223 4291 4292 4299 4312 4313 4319 4321 4322 4329 4391 4399 4520 4530 4541 4542 4618 4621 4622 4623 4632 4635 4636 4637 4639 4661 4671 4672 4673 4674 4679 4681 4682 4685 4686 4687 4689 4711 4722 4723 4731 4732 4741 4742 4743 4744 4784 4789 4912 4921 4922 4923 4924 4929 4930 5211 5212 5221 5222 5223 5229 5232 5250 5310 5320 7719 7732 7810 7820 7830 8011 8012 8020 8030 8121 8122 8129 8423 8424 9420
S90-S99	0210 0220 0500 0810 1011 1012 1013 1031 1033 1041 1051 1061 1062 1064 1071 1072 1092 1093 1122 1311 1321 1351 1354 1411 1412 1510 1532 1610 1621 1622 1623 1629 1710 1721 1722 1732 1733 1931 2029 2091 2219 2221 2222 2312 2330 2341 2342 2391 2431 2439 2441 2443 2449 2451 2511 2512 2513 2521 2522 2531 2539 2542 2543 2592 2593 2710 2722 2815 2822 2831 2832 2833 2840 2852 2853 2854 2861 2862 2865 2866 2869 2920 2930 2943 2944 2945 2950 3011 3101 3102 3329 3600 3701 3702 3811 3812 3821 3822 3839 3900 4120 4211 4213 4221 4222 4223 4291 4292 4299 4312 4313 4319 4321 4322 4329 4391 4399 4621 4622 4623 4661 4681 4682 4685 4686 4687 4689 4711 4784 4912 4921 4922 4930 5111 5120 5212 5221 5222 5223 5229 5232 5250 5310 5320 6423 6431 6550 7719 7732 7810 7820 7830 8011 8012 8020 8030 8121 8122 8129 8423 8424 8610 9420
T90-T98	0210 0220 0710 0810 0892 0910 1011 1013 1020 1031 1033 1041 1042 1061 1062 1071 1072 1091 1092 1093 1122 1220 1311 1312 1321 1351 1352 1353 1411 1412 1510 1531 1532 1533 1540 1610 1621 1622 1629 1733 1932 2014 2019 2029 2032 2091 2211 2221 2223 2229 2312 2320 2330 2341 2342 2391 2451 2511 2512 2521 2522 2539 2542 2592 2593 2640 2740 2751 2790 2813 2814 2822 2862 2864 2866 2869 2920 2930 2944 2945 2950 3091 3092 3101 3102 3600 3701 3702 3811 3812 3821 3822 3839 3900 4120 4211 4213 4221 4291 4292 4299 4312 4313 4319 4321 4322 4391 4399 4635 4661 4681 4682 4687 4721 4741 4743 4744 4784 4922 4923 4924 4929 4930 5012 5021 5030 5212 5221 5222 5223 5229 5231 5232 5239 5250 5310 5320 7719 7732 8011 8012 8020 8030 8121 8122 9420

Anexo III: RELAÇÃO DAS SITUAÇÕES QUE DÃO DIREITO AO AUXÍLIO-ACIDENTE *(Art. 86 da Lei n. 8.213/91)*

QUADRO N. 1

Aparelho visual

Situações:

a) acuidade visual, após correção, igual ou inferior a 0,2 no olho acidentado;

b) acuidade visual, após correção, igual ou inferior a 0,5 em ambos os olhos, quando ambos tiverem sido acidentados;

c) acuidade visual, após correção, igual ou inferior a 0,5 no olho acidentado, quando a do outro olho for igual a 0,5 ou menos, após correção;

d) lesão da musculatura extrínseca do olho, acarretando paresia ou paralisia;

e) lesão bilateral das vias lacrimais, com ou sem fístulas, ou unilateral com fístula.

NOTA 1 — A acuidade visual restante é avaliada pela escala de Wecker, em décimos, e após a correção por lentes.

NOTA 2 — A nubécula e o leucoma são analisados em função da redução da acuidade ou do prejuízo estético que acarretam, de acordo com os quadros respectivos.

QUADRO N. 2

Aparelho auditivo

TRAUMA ACÚSTICO

a) perda da audição no ouvido acidentado;

b) redução da audição em grau médio ou superior em ambos os ouvidos, quando os dois tiverem sido acidentados;

c) redução da audição, em grau médio ou superior, no ouvido acidentado, quando a audição do outro estiver também reduzida em grau médio ou superior.

NOTA 1 — A capacidade auditiva em cada ouvido é avaliada mediante audiometria apenas aérea, nas frequências de 500, 1.000, 2.000 e 3.000 Hertz.

NOTA 2 — A redução da audição, em cada ouvido, é avaliada pela média aritmética dos valores, em decibéis, encontrados nas frequências de 500, 1.000, 2.000 e 3.000 Hertz, segundo adaptação da classsificação de Davis & Silvermann, 1970.

Audição normal — até vinte e cinco decibéis.

Redução em grau mínimo — vinte e seis a quarenta decibéis;

Redução em grau médio — quarenta e um a setenta decibéis;

Redução em grau máximo — setenta e um a noventa decibéis;

Perda de audição — mais de noventa decibéis.

QUADRO N. 3

Aparelho da fonação

Situação:

Perturbação da palavra em grau médio ou máximo, desde que comprovada por métodos clínicos objetivos.

QUADRO N. 4

Prejuízo estético

Situações:

Prejuízo estético, em grau médio ou máximo, quando atingidos crânios, e/ou face, e/ou pescoço ou perda de dentes quando há também deformação da arcada dentária que impede o uso de prótese.

NOTA 1 — Só é considerada como prejuízo estético a lesão que determina apreciável modificação estética do segmento corpóreo atingido, acarretando aspecto desagradável, tendo-seem conta sexo, idade e profissão do acidentado.

NOTA 2 — A perda anatômica de membro, a redução de movimentos articulares ou a alteração da capacidade funcional de membro não são considerados como prejuízo estético, podendo, porém, ser enquadradas, se for o caso, nos quadros respectivos.

QUADRO N. 5

Perdas de segmentos de membros

Situações:

a) perda de segmento ao nível ou acima do carpo;

b) perda de segmento do primeiro quirodáctilo, desde que atingida a falange proximal;

c) perda de segmentos de dois quirodáctilos, desde que atingida a falange proximal em pelo menos um deles;

d) perda de segmento do segundo quirodáctilo, desde que atingida a falange proximal;

e) perda de segmento de três ou mais falanges, de três ou mais quirodáctilos;

f) perda de segmento ao nível ou acima do tarso;

g) perda de segmento do primeiro pododáctilo, desde que atingida a falange proximal;

h) perda de segmento de dois pododáctilos, desde que atingida a falange proximal em ambos;

i) perda de segmento de três ou mais falanges, de três ou mais pododáctilos.

NOTA: Para efeito de enquadramento, a perda parcial de parte óssea de um segmento equivaleà perda do segmento. A perda parcial de partes moles sem perda de parte óssea dosegmento não é considerada para efeito de enquadramento.

QUADRO N. 6

Alterações articulares

Situações:

a) redução em grau médio ou superior dos movimentos da mandíbula;

b) redução em grau máximo dos movimentos do segmento cervical da coluna vertebral;

c) redução em grau máximo dos movimentos do segmento lombo-sacro da coluna vertebral;

d) redução em grau médio ou superior dos movimentos das articulações do ombro ou do cotovelo;

e) redução em grau médio ou superior dos movimentos de pronação e/ou de supinação do antebraço;

f) redução em grau máximo dos movimentos do primeiro e/ou do segundo quirodáctilo, desde que atingidas as articulações metacarpo-falangeana e falange-falangeana;

g) redução em grau médio ou superior dos movimentos das articulações coxo-femural e/ou joelho, e/ou tíbio-társica.

NOTA 1 — Os graus de redução de movimentos articulares referidos neste quadro são avaliados de acordo com os seguintes critérios:

Grau máximo: redução acima de dois terços da amplitude normal do movimento da articulação;

Grau médio: redução de mais de um terço e até dois terços da amplitude normal do movimento da articulação;

Grau mínimo: redução de até um terço da amplitude normal do movimentoda articulação.

NOTA 2 — A redução de movimentos do cotovelo, de pronação e supinação do antebraço, punho, joelho e tíbio-társica, secundária a uma fratura de osso longo do membro, consolidada em posição viciosa e com desvio de eixo, também é enquadrada dentro dos limites estabelecidos.

QUADRO N. 7

Encurtamento de membro inferior

Situação:

Encurtamento de mais de 4 cm (quatro centímetros).

NOTA: A preexistência de lesão de bacia deve ser considerada quando da avaliação do encurtamento.

QUADRO N. 8

Redução da força e/ou da capacidade funcional dos membros

Situações:

a) redução da força e/ou da capacidade funcional da mão, do punho, do antebraço ou de todo o membro superior em grau sofrível ou inferior da classificação de desempenho muscular;

b) redução da força e/ou da capacidade funcional do primeiro quirodáctilo em grau sofrível ou inferior;

c) redução da força e/ou da capacidade funcional do pé, da perna ou de todo o membro inferior em grau sofrível ou inferior.

NOTA 1 — Esta classificação se aplica a situações decorrentes de comprometimento muscular ou neurológico. Não se aplica a alterações decorrentes de lesões articulares ou de perdas anatômicas constantes dos quadros próprios.

NOTA 2 — Na avaliação de redução da força ou da capacidade funcional é utilizada a classificação da carta de desempenho muscular da *The National Foundation for Infantile Paralysis*, adotada pelas Sociedades Internacionais de Ortopedia e Traumatologia, e a seguir transcrita:

Desempenho muscular

Grau 5 — Normal — cem por cento — Amplitude completa de movimento contra a gravidade e contra grande resistência.

Grau 4 — Bom — setenta e cinco por cento — Amplitude completa de movimento contra a gravidade e contra alguma resistência.

Grau 3 — Sofrível — cinquenta por cento — Amplitude completa de movimento contra a gravidade sem opor resistência.

Grau 2 — Pobre — vinte e cinco por cento — Amplitude completa de movimento quando eliminada a gravidade.

Grau 1 — Traços — dez por cento — Evidência de leve contração. Nenhum movimento articular.

Grau 0 (zero) — zero por cento — Nenhuma evidência de contração.

Grau E ou EG — zero por cento — Espasmo ou espasmo grave.

Grau C ou CG — Contratura ou contratura grave.

NOTA — O enquadramento dos casos de grau sofrível ou inferior abrange, na prática, os casos de redução em que há impossibilidade de movimento contra alguma força de resistência além da força de gravidade.

QUADRO N. 9

Outros aparelhos e sistemas

Situações:

a) segmentectomia pulmonar que acarrete redução em grau médio ou superior da capacidade funcional respiratória; devidamente correlacionada à sua atividade laborativa.

b) perda do segmento do aparelho digestivo cuja localização ou extensão traz repercussões sobre a nutrição e o estado geral.

DOENÇAS PROFISSIONAIS E AS DO TRABALHO

As doenças profissionais e as do trabalho, que após consolidações das lesões resultem sequelas permanentes com redução da capacidade de trabalho, deverão ser enquadradas conforme o art. 104 deste Regulamento.

Anexo IV: CLASSIFICAÇÃO DOS AGENTES NOCIVOS (para fins de Aposentadoria Especial).

CÓDIGO	AGENTE NOCIVO	TEMPO DE EXPOSIÇÃO
1.0.0	**AGENTES QUÍMICOS** O que determina o direito ao benefício é a exposição do trabalhador ao agente nocivo presente no ambiente de trabalho e no processo produtivo, em nível de concentração superior aos limites de tolerância estabelecidos. O rol de agentes nocivos é exaustivo, enquanto que as atividades listadas, nas quais pode haver a exposição, é exemplificativa.	
1.0.1	ARSÊNIO E SEUS COMPOSTOS a) extração de arsênio e seus compostos tóxicos; b) metalurgia de minérios arsenicais; c) utilização de hidrogênio arseniado (arsina) em sínteses orgânicas e no processamento de componentes eletrônicos; d) fabricação e preparação de tintas e lacas; e) fabricação, preparação e aplicação de inseticidas, herbicidas, parasiticidas e raticidas com a utilização de compostos de arsênio; f) produção de vidros, ligas de chumbo e medicamentos com a utilização de compostos de arsênio; g) conservação e curtume de peles, tratamento e preservação da madeira com a utilização de compostos de arsênio.	**25 ANOS**
1.0.2	ASBESTOS a) extração, processamento e manipulação de rochas amiantíferas; b) fabricação de guarnições para freios, embreagens e materiais isolantes contendo asbestos; c) fabricação de produtos de fibrocimento; d) mistura, cardagem, fiação e tecelagem de fibras de asbestos.	**20 ANOS**
1.0.3	BENZENO E SEUS COMPOSTOS TÓXICOS a) produção e processamento de benzeno; b) utilização de benzeno como matéria-prima em sínteses orgânicas e na produção de derivados; c) utilização de benzeno como insumo na extração de óleos vegetais e álcoois; d) utilização de produtos que contenham benzeno, como colas, tintas, vernizes, produtos gráficos e solventes; e) produção e utilização de clorobenzenos e derivados; f) fabricação e vulcanização de artefatos de borracha; g) fabricação e recauchutagem de pneumáticos.	**25 ANOS**
1.0.4	BERÍLIO E SEUS COMPOSTOS TÓXICOS a) extração, trituração e tratamento de berílio; b) fabricação de compostos e ligas de berílio; c) fabricação de tubos fluorescentes e de ampolas de raio X; d) fabricação de queim f) utilização do berílio na indústria aeroespacial.	**25 ANOS**
1.0.5	BROMO E SEUS COMPOSTOS TÓXICOS a) fabricação e emprego do bromo e do ácido brômico.	**25 ANOS**
1.0.6	CÁDMIO E SEUS COMPOSTOS TÓXICOS a) extração, tratamento e preparação de ligas de cádmio; b) fabricação de compostos de cádmio; c) utilização de eletrodos de cádmio em soldas; d) utilização de cádmio no revestimento eletrolítico de metais; e) utilização de cádmio como pigmento e estabilizador na indústria do plástico; f) fabricação de eletrodos de baterias alcalinas de níquel-cádmio.	**25 ANOS**
1.0.7	CARVÃO MINERAL E SEUS DERIVADOS a) extração, fabricação, beneficiamento e utilização de carvão mineral, piche, alcatrão, betume e breu; b) extração, produção e utilização de óleos minerais e parafinas; c) extração e utilização de antraceno e negro de fumo; d) produção de coque.	**25 ANOS**

CÓDIGO	AGENTE NOCIVO	TEMPO DE EXPOSIÇÃO
1.0.8	CHUMBO E SEUS COMPOSTOS TÓXICOS a) extração e processamento de minério de chumbo; b) metalurgia e fabricação de ligas e compostos de chumbo; c) fabricação e reformas de acumuladores elétricos; d) fabricação e emprego de chumbo-tetraetila e chumbo-tetrametila; e) fabricação de tintas, esmaltes e vernizes à base de compostos de chumbo; f) pintura com pistola empregando tintas com pigmentos de chumbo; g) fabricação de objetos e artefatos de chumbo e suas ligas; h) vulcanização da borracha pelo litargírio ou outros compostos de chumbo; i) utilização de chumbo em processos de soldagem; j) fabricação de vidro, cristal e esmalte vitrificado; l) fabricação de pérolas artificiais; m) fabricação e utilização de aditivos à base de chumbo para a indústria de plásticos.	**25 ANOS**
1.0.9	CLORO E SEUS COMPOSTOS TÓXICOS a) fabricação e emprego de defensivos organoclorados; b) fabricação e emprego de cloroetilaminas (mostardas nitrogenadas); c) fabricação e manuseio de bifenis policlorados (PCB); d) fabricação e emprego de cloreto de vinil como monômero na fabricação de policloreto de vinil (PVC) e outras resinas e como intermediário em produções químicas ou como solvente orgânico; e) fabricação de policloroprene; f) fabricação e emprego de clorofórmio (triclorometano) e de tetracloreto de carbono.	**25 ANOS**
1.0.10	CROMO E SEUS COMPOSTOS TÓXICOS a) fabricação, emprego industrial, manipulação de cromo, ácido crômico, cromatos e bicromatos; b) fabricação de ligas de ferro-cromo; c) revestimento eletrolítico de metais e polimento de superfícies cromadas; d) pintura com pistola utilizando tintas com pigmentos de cromo; e) soldagem de aço inoxidável.	**25 ANOS**
1.0.11	DISSULFETO DE CARBONO a) fabricação e utilização de dissulfeto de carbono; b) fabricação de viscose e seda artificial (raiom); c) fabricação e emprego de solventes, inseticidas e herbicidas contendo dissulfeto de carbono; d) fabricação de vernizes, resinas, sais de amoníaco, de tetracloreto de carbono, de vidros óticos e produtos têxteis com uso de dissulfeto de carbono.	**25 ANOS**
1.0.12	FÓSFORO E SEUS COMPOSTOS TÓXICOS a) extração e preparação de fósforo branco e seus compostos; b) fabricação e aplicação de produtos fosforados e organofosforados (sínteses orgânicas, fertilizantes e praguicidas); c) fabricação de munições e armamentos explosivos.	**25 ANOS**
1.0.13	IODO a) fabricação e emprego industrial do iodo.	**25 ANOS**
1.0.14	MANGANÊS E SEUS COMPOSTOS a) extração e beneficiamento de minérios de manganês; b) fabricação de ligas e compostos de manganês; c) fabricação de pilhas secas e acumuladores; d) preparação de permanganato de potássio e de corantes; e) fabricação de vidros especiais e cerâmicas; f) utilização de eletrodos contendo manganês; g) fabricação de tintas e fertilizantes.	**25 ANOS**
1.0.15	MERCÚRIO E SEUS COMPOSTOS a) extração e utilização de mercúrio e fabricação de seus compostos; b) fabricação de espoletas com fulminato de mercúrio; c) fabricação de tintas com pigmento contendo mercúrio; d) fabricação e manutenção de aparelhos de medição e de laboratório; e) fabricação de lâmpadas, válvulas eletrônicas e ampolas de raio X; f) fabricação de minuterias, acumuladores e retificadores de corrente; g) utilização como agente catalítico e de eletrólise; h) douração, prateamento, bronzeamento e estanhagem de espelhos e metais; i) curtimento e feltragem do couro e conservação da madeira; j) recuperação do mercúrio; l) amalgamação do zinco. m) tratamento a quente de amálgamas de metais; n) fabricação e aplicação de fungicidas.	**25 ANOS**

CÓDIGO	AGENTE NOCIVO	TEMPO DE EXPOSIÇÃO
1.0.16	NÍQUEL E SEUS COMPOSTOS TÓXICOS a) extração e beneficiamento do níquel; b) niquelagem de metais; c) fabricação de acumuladores de níquel-cádmio.	25 ANOS
1.0.17	PETRÓLEO, XISTO BETUMINOSO, GÁS NATURAL E SEUS DERIVADOS a) extração, processamento, beneficiamento e atividades de manutenção realizadas em unidades de extração, plantas petrolíferas e petroquímicas; b) beneficiamento e aplicação de misturas asfálticas contendo hidrocarbonetos policíclicos.	25 ANOS
1.0.18	SÍLICA LIVRE a) extração de minérios a céu aberto; b) beneficiamento e tratamento de produtos minerais geradores de poeiras contendo sílica livre cristalizada; c) tratamento, decapagem e limpeza de metais e fosqueamento de vidros com jatos de areia; d) fabricação, processamento, aplicação e recuperação de materiais refratários; e) fabricação de mós, rebolos e de pós e pastas para polimento; f) fabricação de vidros e cerâmicas; g) construção de túneis; h) desbaste e corte a seco de materiais contendo sílica.	25 ANOS
1.0.19	**OUTRAS SUBSTÂNCIAS QUÍMICAS** GRUPO I — ESTIRENO; BUTADIENO-ESTIRENO; ACRILONITRILA; 1-3 BUTADIENO; CLOROPRENO; MERCAPTANOS, n-HEXANO, DIISOCIANATO DE TOLUENO (TDI); AMINAS AROMÁTICAS a) fabricação e vulcanização de artefatos de borracha; b) fabricação e recauchutagem de pneus. GRUPO II — AMINAS AROMÁTICAS, AMINOBIFENILA, AURAMINA, AZATIOPRINA, BIS (CLORO METIL) ÉTER, 1-4 BUTANODIOL, DIMETANOSULFONATO (MILERAN), CICLOFOSFAMIDA, CLOROAMBUCIL, DIETILESTIL-BESTROL, ACRONITRILA, NITRONAFTILAMINA 4-DIMETIL-AMINOAZOBENZENO, BENZOPIRENO, BETA-PROPIOLACTONA, BISCLOROETILETER, BISCLOROMETIL, CLOROMETILETER, DIANIZIDINA, DICLOROBENZIDINA, DIETILSULFATO, DIMETILSULFATO, ETILENOAMINA, ETILENOTIUREIA, FENACETINA, IODETO DE METILA, ETILNITROSURÉIAS, METILENO-ORTOCLOROANILINA (MOCA), NITROSAMINA, ORTOTOLUIDINA, OXIME-TALONA, PROCARBAZINA, PROPANOSULTONA, 1-3-BUTADIENO, ÓXIDO DE ETILENO, ESTILBENZENO, DIISOCIANATO DE TOLUENO (TDI), CREOSOTO, 4-AMINODIFENIL, BENZIDINA, BETANAFTILAMINA, ESTIRENO, 1-CLORO-2, 4 — NITRODIFENIL, 3-POXIPRO-PANO a) manufatura de magenta (anilina e ortotoluidina); b) fabricação de fibras sintéticas; c) sínteses químicas; d) fabricação da borracha e espumas; e) fabricação de plásticos; f) produção de medicamentos; g) operações de preservação da madeira com creosoto; h) esterilização de materiais cirúrgicos.	25 ANOS
2.0.0	**AGENTES FÍSICOS** **Exposição acima dos limites de tolerância especificados ou às atividades descritas.**	
2.0.1	RUÍDO a) exposição a Níveis de Exposição Normalizados (NEN) superiores a 85 dB(A).	25 ANOS
2.0.2	VIBRAÇÕES a) trabalhos com perfuratrizes e marteletes pneumáticos.	25 ANOS
2.0.3	RADIAÇÕES IONIZANTES a) extração e beneficiamento de minerais radioativos; b) atividades em minerações com exposição ao radônio; c) realização de manutenção e supervisão em unidades de extração, tratamento e beneficiamento de minerais radioativos com exposição às radiações ionizantes; d) operações com reatores nucleares ou com fontes radioativas; e) trabalhos realizados com exposição aos raios Alfa, Beta, Gama e X, aos nêutrons e às substâncias radioativas para fins industriais, terapêuticos e diagnósticos; f) fabricação e manipulação de produtos radioativos; g) pesquisas e estudos com radiações ionizantes em laboratórios.	25 ANOS
2.0.4	TEMPERATURAS ANORMAIS a) trabalhos com exposição ao calor acima dos limites de tolerância estabelecidos na NR-15, da Portaria nº 3.214/78.	25 ANOS

CÓDIGO	AGENTE NOCIVO	TEMPO DE EXPOSIÇÃO
2.0.5	PRESSÃO ATMOSFÉRICA ANORMAL a) trabalhos em caixões ou câmaras hiperbáricas; b) trabalhos em tubulões ou túneis sob ar comprimido; c) operações de mergulho com o uso de escafandros ou outros equipamentos;	**25 ANOS**
3.0.0	**BIOLÓGICOS** **Exposição aos agentes citados unicamente nas atividades relacionadas.**	
3.0.1	MICROORGANISMOS E PARASITAS INFECTO-CONTAGIOSOS VIVOS E SUAS TOXINAS a) trabalhos em estabelecimentos de saúde em contato com pacientes portadores de doenças infectocontagiosas ou com manuseio de materiais contaminados; b) trabalhos com animais infectados para tratamento ou para o preparo de soro, vacinas e outros produtos; c) trabalhos em laboratórios de autópsia, de anatomia e anátomo-histologia; d) trabalho de exumação de corpos e manipulação de resíduos de animais deteriorados; e) trabalhos em galerias, fossas e tanques de esgoto; f) esvaziamento de biodigestores; g) coleta e industrialização do lixo.	**25 ANOS**
4.0.0	**ASSOCIAÇÃO DE AGENTES** Nas associações de agentes que estejam acima do nível de tolerância, será considerado o enquadramento relativo ao que exigir menor tempo de exposição.	
4.0.1	FÍSICOS, QUÍMICOS E BIOLÓGICOS a) mineração subterrânea cujas atividades sejam exercidas afastadas das frentes de produção.	**20 ANOS**
4.0.2	FÍSICOS, QUÍMICOS E BIOLÓGICOS a) trabalhos em atividades permanentes no subsolo de minerações subterrâneas em frente de produção.	**15 ANOS**

Anexo V: **RELAÇÃO DE ATIVIDADES PREPONDERANTES E CORRESPONDENTES GRAUS DE RISCO** *(conforme a Classificação Nacional de Atividades Econômicas — CNAE — para fins do Seguro Acidente do Trabalho — SAT — e do Fator Acidentário de Previdenção — FAP)*(59)

CNAE 2.0	Descrição	Alíquota
0111-3/01	Cultivo de arroz	**3**
0111-3/02	Cultivo de milho	**3**
0111-3/03	Cultivo de trigo	**2**
0111-3/99	Cultivo de outros cereais não especificados anteriormente	**3**
0112-1/01	Cultivo de algodão herbáceo	**3**
0112-1/02	Cultivo de juta	**3**
0112-1/99	Cultivo de outras fibras de lavoura temporária não especificadas anteriormente	**3**
0113-0/00	Cultivo de cana-de-açúcar	**3**
0114-8/00	Cultivo de fumo	**3**
0115-6/00	Cultivo de soja	**3**
0116-4/01	Cultivo de amendoim	**2**
0116-4/02	Cultivo de girassol	**2**
0116-4/03	Cultivo de mamona	**3**
0116-4/99	Cultivo de outras oleaginosas de lavoura temporária não especificadas anteriormente	**3**
0119-9/01	Cultivo de abacaxi	**2**
0119-9/02	Cultivo de alho	**2**
0119-9/03	Cultivo de batata-inglesa	**3**

(59) *Redação dada pelo Decreto n. 6.957, de 21.8.2009.*

CNAE 2.0	Descrição	Alíquota
0119-9/04	Cultivo de cebola	2
0119-9/05	Cultivo de feijão	3
0119-9/06	Cultivo de mandioca	3
0119-9/07	Cultivo de melão	3
0119-9/08	Cultivo de melancia	2
0119-9/09	Cultivo de tomate rasteiro	2
0119-9/99	Cultivo de outras plantas de lavoura temporária não especificadas anteriormente	2
0121-1/01	Horticultura, exceto morango	3
0121-1/02	Cultivo de morango	3
0122-9/00	Cultivo de flores e plantas ornamentais	3
0131-8/00	Cultivo de laranja	3
0132-6/00	Cultivo de uva	3
0133-4/01	Cultivo de açaí	1
0133-4/02	Cultivo de banana	3
0133-4/03	Cultivo de caju	2
0133-4/04	Cultivo de cítricos, exceto laranja	3
0133-4/05	Cultivo de coco-da-baía	3
0133-4/06	Cultivo de guaraná	3
0133-4/07	Cultivo de maçã	3
0133-4/08	Cultivo de mamão	2
0133-4/09	Cultivo de maracujá	3
0133-4/10	Cultivo de manga	3
0133-4/11	Cultivo de pêssego	3
0133-4/99	Cultivo de frutas de lavoura permanente não especificadas anteriormente	3
0134-2/00	Cultivo de café	3
0135-1/00	Cultivo de cacau	3
0139-3/01	Cultivo de chá-da-índia	3
0139-3/02	Cultivo de erva-mate	3
0139-3/03	Cultivo de pimenta-do-reino	3
0139-3/04	Cultivo de plantas para condimento, exceto pimenta-do-reino	3
0139-3/05	Cultivo de dendê	3
0139-3/06	Cultivo de seringueira	3
0139-3/99	Cultivo de outras plantas de lavoura permanente não especificadas anteriormente	3
0141-5/01	Produção de sementes certificadas, exceto de forrageiras para pasto	3
0141-5/02	Produção de sementes certificadas de forrageiras para formação de pasto	3
0142-3/00	Produção de mudas e outras formas de propagação vegetal, certificadas	2
0151-2/01	Criação de bovinos para corte	3
0151-2/02	Criação de bovinos para leite	3
0151-2/03	Criação de bovinos, exceto para corte e leite	3
0152-1/01	Criação de bufalinos	3
0152-1/02	Criação de equinos	2
0152-1/03	Criação de asininos e muares	3

CNAE 2.0	Descrição	Alíquota
0153-9/01	Criação de caprinos	3
0153-9/02	Criação de ovinos, inclusive para produção de lã	3
0154-7/00	Criação de suínos	3
0155-5/01	Criação de frangos para corte	3
0155-5/02	Produção de pintos de um dia	3
0155-5/03	Criação de outros galináceos, exceto para corte	2
0155-5/04	Criação de aves, exceto galináceos	2
0155-5/05	Produção de ovos	3
0159-8/01	Apicultura	2
0159-8/02	Criação de animais de estimação	3
0159-8/03	Criação de escargô	1
0159-8/04	Criação de bicho-da-seda	1
0159-8/99	Criação de outros animais não especificados anteriormente	2
0161-0/01	Serviço de pulverização e controle de pragas agrícolas	3
0161-0/02	Serviço de poda de árvores para lavouras	3
0161-0/03	Serviço de preparação de terreno, cultivo e colheita	3
0161-0/99	Atividades de apoio à agricultura não especificadas anteriormente	3
0162-8/01	Serviço de inseminação artificial em animais	2
0162-8/02	Serviço de tosquiamento de ovinos	3
0162-8/03	Serviço de manejo de animais	3
0162-8/99	Atividades de apoio à pecuária não especificadas anteriormente	3
0163-6/00	Atividades de pós-colheita	3
0170-9/00	Caça e serviços relacionados	1
0210-1/01	Cultivo de eucalipto	3
0210-1/02	Cultivo de acácia-negra	3
0210-1/03	Cultivo de pinus	3
0210-1/04	Cultivo de teca	3
0210-1/05	Cultivo de espécies madeireiras, exceto eucalipto, acácia-negra, pinus e teca	2
0210-1/06	Cultivo de mudas em viveiros florestais	3
0210-1/07	Extração de madeira em florestas plantadas	3
0210-1/08	Produção de carvão vegetal — florestas plantadas	3
0210-1/09	Produção de casca de acácia-negra — florestas plantadas	2
0210-1/99	Produção de produtos não madeireiros não especificados anteriormente em florestas plantadas	3
0220-9/01	Extração de madeira em florestas nativas	3
0220-9/02	Produção de carvão vegetal — florestas nativas	2
0220-9/03	Coleta de castanha-do-pará em florestas nativas	3
0220-9/04	Coleta de látex em florestas nativas	1
0220-9/05	Coleta de palmito em florestas nativas	3
0220-9/06	Conservação de florestas nativas	3
0220-9/99	Coleta de produtos não madeireiros não especificados anteriormente em florestas nativas	3
0230-6/00	Atividades de apoio à produção florestal	3
0311-6/01	Pesca de peixes em água salgada	3

CNAE 2.0	Descrição	Alíquota
0311-6/02	Pesca de crustáceos e moluscos em água salgada	3
0311-6/03	Coleta de outros produtos marinhos	3
0311-6/04	Atividades de apoio à pesca em água salgada	2
0312-4/01	Pesca de peixes em água doce	2
0312-4/02	Pesca de crustáceos e moluscos em água doce	1
0312-4/03	Coleta de outros produtos aquáticos de água doce	1
0312-4/04	Atividades de apoio à pesca em água doce	2
0321-3/01	Criação de peixes em água salgada e salobra	2
0321-3/02	Criação de camarões em água salgada e salobra	2
0321-3/03	Criação de ostras e mexilhões em água salgada e salobra	3
0321-3/04	Criação de peixes ornamentais em água salgada e salobra	2
0321-3/05	Atividades de apoio à aquicultura em água salgada e salobra	2
0321-3/99	Cultivos e semicultivos da aquicultura em água salgada e salobra não especificados anteriormente	2
0322-1/01	Criação de peixes em água doce	3
0322-1/02	Criação de camarões em água doce	2
0322-1/03	Criação de ostras e mexilhões em água doce	2
0322-1/04	Criação de peixes ornamentais em água doce	2
0322-1/05	Ranicultura	3
0322-1/06	Criação de jacaré	3
0322-1/07	Atividades de apoio à aquicultura em água doce	2
0322-1/99	Cultivos e semicultivos da aquicultura em água doce não especificados anteriormente	3
0500-3/01	Extração de carvão mineral	3
0500-3/02	Beneficiamento de carvão mineral	3
0600-0/01	Extração de petróleo e gás natural	3
0600-0/02	Extração e beneficiamento de xisto	3
0600-0/03	Extração e beneficiamento de areias betuminosas	3
0710-3/01	Extração de minério de ferro	3
0710-3/02	Pelotização, sinterização e outros beneficiamentos de minério de ferro	3
0721-9/01	Extração de minério de alumínio	3
0721-9/02	Beneficiamento de minério de alumínio	3
0722-7/01	Extração de minério de estanho	3
0722-7/02	Beneficiamento de minério de estanho	3
0723-5/01	Extração de minério de manganês	3
0723-5/02	Beneficiamento de minério de manganês	3
0724-3/01	Extração de minério de metais preciosos	3
0724-3/02	Beneficiamento de minério de metais preciosos	3
0725-1/00	Extração de minerais radioativos	3
0729-4/01	Extração de minérios de nióbio e titânio	3
0729-4/02	Extração de minério de tungstênio	3
0729-4/03	Extração de minério de níquel	3
0729-4/04	Extração de minérios de cobre, chumbo, zinco e outros minerais metálicos não ferrosos não especificados anteriormente	3

CNAE 2.0	Descrição	Alíquota
0729-4/05	Beneficiamento de minérios de cobre, chumbo, zinco e outros minerais metálicos não ferrosos não especificados anteriormente	2
0810-0/01	Extração de ardósia e beneficiamento associado	3
0810-0/02	Extração de granito e beneficiamento associado	3
0810-0/03	Extração de mármore e beneficiamento associado	2
0810-0/04	Extração de calcário e dolomita e beneficiamento associado	3
0810-0/05	Extração de gesso e caulim	2
0810-0/06	Extração de areia, cascalho ou pedregulho e beneficiamento associado	3
0810-0/07	Extração de argila e beneficiamento associado	3
0810-0/08	Extração de saibro e beneficiamento associado	3
0810-0/09	Extração de basalto e beneficiamento associado	3
0810-0/10	Beneficiamento de gesso e caulim associado à extração	1
0810-0/99	Extração e britamento de pedras e outros materiais para construção e beneficiamento associado	3
0891-6/00	Extração de minerais para fabricação de adubos, fertilizantes e outros produtos químicos	3
0892-4/01	Extração de sal marinho	3
0892-4/02	Extração de sal-gema	3
0892-4/03	Refino e outros tratamentos do sal	3
0893-2/00	Extração de gemas (pedras preciosas e semipreciosas)	3
0899-1/01	Extração de grafita	3
0899-1/02	Extração de quartzo	3
0899-1/03	Extração de amianto	3
0899-1/99	Extração de outros minerais não metálicos não especificados anteriormente	3
0910-6/00	Atividades de apoio à extração de petróleo e gás natural	3
0990-4/01	Atividades de apoio à extração de minério de ferro	3
0990-4/02	Atividades de apoio à extração de minerais metálicos não-ferrosos	3
0990-4/03	Atividades de apoio à extração de minerais não metálicos	3
1011-2/01	Frigorífico — abate de bovinos	3
1011-2/02	Frigorífico — abate de equinos	3
1011-2/03	Frigorífico — abate de ovinos e caprinos	3
1011-2/04	Frigorífico — abate de bufalinos	3
1011-2/05	Matadouro — abate de reses sob contrato — exceto abate de suínos	3
1012-1/01	Abate de aves	3
1012-1/02	Abate de pequenos animais	3
1012-1/03	Frigorífico — abate de suínos	3
1012-1/04	Matadouro — abate de suínos sob contrato	3
1013-9/01	Fabricação de produtos de carne	3
1013-9/02	Preparação de subprodutos do abate	3
1020-1/01	Preservação de peixes, crustáceos e moluscos	3
1020-1/02	Fabricação de conservas de peixes, crustáceos e moluscos	3
1031-7/00	Fabricação de conservas de frutas	3
1032-5/01	Fabricação de conservas de palmito	2
1032-5/99	Fabricação de conservas de legumes e outros vegetais, exceto palmito	3

CNAE 2.0	Descrição	Alíquota
1033-3/01	Fabricação de sucos concentrados de frutas, hortaliças e legumes	3
1033-3/02	Fabricação de sucos de frutas, hortaliças e legumes, exceto concentrados	3
1041-4/00	Fabricação de óleos vegetais em bruto, exceto óleo de milho	3
1042-2/00	Fabricação de óleos vegetais refinados, exceto óleo de milho	3
1043-1/00	Fabricação de margarina e outras gorduras vegetais e de óleos não comestíveis de animais	2
1051-1/00	Preparação do leite	3
1052-0/00	Fabricação de laticínios	3
1053-8/00	Fabricação de sorvetes e outros gelados comestíveis	2
1061-9/01	Beneficiamento de arroz	3
1061-9/02	Fabricação de produtos do arroz	3
1062-7/00	Moagem de trigo e fabricação de derivados	3
1063-5/00	Fabricação de farinha de mandioca e derivados	3
1064-3/00	Fabricação de farinha de milho e derivados, exceto óleos de milho	3
1065-1/01	Fabricação de amidos e féculas de vegetais	3
1065-1/02	Fabricação de óleo de milho em bruto	3
1065-1/03	Fabricação de óleo de milho refinado	3
1066-0/00	Fabricação de alimentos para animais	3
1069-4/00	Moagem e fabricação de produtos de origem vegetal não especificados anteriormente	3
1071-6/00	Fabricação de açúcar em bruto	3
1072-4/01	Fabricação de açúcar de cana refinado	3
1072-4/02	Fabricação de açúcar de cereais (dextrose) e de beterraba	3
1081-3/01	Beneficiamento de café	3
1081-3/02	Torrefação e moagem de café	3
1082-1/00	Fabricação de produtos à base de café	2
1091-1/00	Fabricação de produtos de panificação	3
1092-9/00	Fabricação de biscoitos e bolachas	3
1093-7/01	Fabricação de produtos derivados do cacau e de chocolates	3
1093-7/02	Fabricação de frutas cristalizadas, balas e semelhantes	3
1094-5/00	Fabricação de massas alimentícias	3
1095-3/00	Fabricação de especiarias, molhos, temperos e condimentos	3
1096-1/00	Fabricação de alimentos e pratos prontos	3
1099-6/01	Fabricação de vinagres	3
1099-6/02	Fabricação de pós alimentícios	2
1099-6/03	Fabricação de fermentos e leveduras	1
1099-6/04	Fabricação de gelo comum	3
1099-6/05	Fabricação de produtos para infusão (chá, mate, etc.)	3
1099-6/06	Fabricação de adoçantes naturais e artificiais	3
1099-6/99	Fabricação de outros produtos alimentícios não especificados anteriormente	3
1111-9/01	Fabricação de aguardente de cana-de-açúcar	3
1111-9/02	Fabricação de outras aguardentes e bebidas destiladas	3
1112-7/00	Fabricação de vinho	3
1113-5/01	Fabricação de malte, inclusive malte uísque	3

CNAE 2.0	Descrição	Alíquota
1113-5/02	Fabricação de cervejas e chopes	3
1121-6/00	Fabricação de águas envasadas	3
1122-4/01	Fabricação de refrigerantes	3
1122-4/02	Fabricação de chá mate e outros chás prontos para consumo	3
1122-4/03	Fabricação de refrescos, xaropes e pós para refrescos, exceto refrescos de frutas	3
1122-4/99	Fabricação de outras bebidas não-alcoólicas não especificadas anteriormente	3
1210-7/00	Processamento industrial do fumo	3
1220-4/01	Fabricação de cigarros	2
1220-4/02	Fabricação de cigarrilhas e charutos	3
1220-4/03	Fabricação de filtros para cigarros	3
1220-4/99	Fabricação de outros produtos do fumo, exceto cigarros, cigarrilhas e charutos	3
1311-1/00	Preparação e fiação de fibras de algodão	3
1312-0/00	Preparação e fiação de fibras têxteis naturais, exceto algodão	3
1313-8/00	Fiação de fibras artificiais e sintéticas	3
1314-6/00	Fabricação de linhas para costurar e bordar	3
1321-9/00	Tecelagem de fios de algodão	3
1322-7/00	Tecelagem de fios de fibras têxteis naturais, exceto algodão	3
1323-5/00	Tecelagem de fios de fibras artificiais e sintéticas	3
1330-8/00	Fabricação de tecidos de malha	3
1340-5/01	Estamparia e texturização em fios, tecidos, artefatos têxteis e peças do vestuário	3
1340-5/02	Alvejamento, tingimento e torção em fios, tecidos, artefatos têxteis e peças do vestuário	3
1340-5/99	Outros serviços de acabamento em fios, tecidos, artefatos têxteis e peças do vestuário	3
1351-1/00	Fabricação de artefatos têxteis para uso doméstico	3
1352-9/00	Fabricação de artefatos de tapeçaria	3
1353-7/00	Fabricação de artefatos de cordoaria	3
1354-5/00	Fabricação de tecidos especiais, inclusive artefatos	3
1359-6/00	Fabricação de outros produtos têxteis não especificados anteriormente	3
1411-8/01	Confecção de roupas íntimas	3
1411-8/02	Facção de roupas íntimas	1
1412-6/01	Confecção de peças de vestuário, exceto roupas íntimas e as confeccionadas sob medida	3
1412-6/02	Confecção, sob medida, de peças do vestuário, exceto roupas íntimas	2
1412-6/03	Facção de peças do vestuário, exceto roupas íntimas	3
1413-4/01	Confecção de roupas profissionais, exceto sob medida	2
1413-4/02	Confecção, sob medida, de roupas profissionais	2
1413-4/03	Facção de roupas profissionais	2
1414-2/00	Fabricação de acessórios do vestuário, exceto para segurança e proteção	3
1421-5/00	Fabricação de meias	3
1422-3/00	Fabricação de artigos do vestuário, produzidos em malharias e tricotagens, exceto meias	3
1510-6/00	Curtimento e outras preparações de couro	3
1521-1/00	Fabricação de artigos para viagem, bolsas e semelhantes de qualquer material	2
1529-7/00	Fabricação de artefatos de couro não especificados anteriormente	3
1531-9/01	Fabricação de calçados de couro	2

CNAE 2.0	Descrição	Alíquota
1531-9/02	Acabamento de calçados de couro sob contrato	3
1532-7/00	Fabricação de tênis de qualquer material	2
1533-5/00	Fabricação de calçados de material sintético	2
1539-4/00	Fabricação de calçados de materiais não especificados anteriormente	3
1540-8/00	Fabricação de partes para calçados, de qualquer material	3
1610-2/01	Serrarias com desdobramento de madeira	3
1610-2/02	Serrarias sem desdobramento de madeira	3
1621-8/00	Fabricação de madeira laminada e de chapas de madeira compensada, prensada e aglomerada	3
1622-6/01	Fabricação de casas de madeira pré-fabricadas	3
1622-6/02	Fabricação de esquadrias de madeira e de peças de madeira para instalações industriais e comerciais	3
1622-6/99	Fabricação de outros artigos de carpintaria para construção	3
1623-4/00	Fabricação de artefatos de tanoaria e de embalagens de madeira	3
1629-3/01	Fabricação de artefatos diversos de madeira, exceto móveis	3
1629-3/02	Fabricação de artefatos diversos de cortiça, bambu, palha, vime e outros materiais trançados, exceto móveis	1
1710-9/00	Fabricação de celulose e outras pastas para a fabricação de papel	3
1721-4/00	Fabricação de papel	3
1722-2/00	Fabricação de cartolina e papel-cartão	3
1731-1/00	Fabricação de embalagens de papel	3
1732-0/00	Fabricação de embalagens de cartolina e papel-cartão	3
1733-8/00	Fabricação de chapas e de embalagens de papelão ondulado	3
1741-9/01	Fabricação de formulários contínuos	2
1741-9/02	Fabricação de produtos de papel, cartolina, papel cartão e papelão ondulado para uso comercial e de escritório	3
1742-7/01	Fabricação de fraldas descartáveis	3
1742-7/02	Fabricação de absorventes higiênicos	3
1742-7/99	Fabricação de produtos de papel para uso doméstico e higiênico-sanitário não especificados anteriormente	3
1749-4/00	Fabricação de produtos de pastas celulósicas, papel, cartolina, papel-cartão e papelão ondulado não especificados anteriormente	3
1811-3/01	Impressão de jornais	3
1811-3/02	Impressão de livros, revistas e outras publicações periódicas	3
1812-1/00	Impressão de material de segurança	2
1813-0/01	Impressão de material para uso publicitário	3
1813-0/99	Impressão de material para outros usos	2
1821-1/00	Serviços de pré-impressão	3
1822-9/00	Serviços de acabamentos gráficos	2
1830-0/01	Reprodução de som em qualquer suporte	2
1830-0/02	Reprodução de vídeo em qualquer suporte	2
1830-0/03	Reprodução de software em qualquer suporte	1
1910-1/00	Coquerias	3
1921-7/00	Fabricação de produtos do refino de petróleo	3
1922-5/01	Formulação de combustíveis	3
1922-5/02	Rerrefino de óleos lubrificantes	3
1922-5/99	Fabricação de outros produtos derivados do petróleo, exceto produtos do refino	3

CNAE 2.0	Descrição	Alíquota
1931-4/00	Fabricação de álcool	3
1932-2/00	Fabricação de biocombustíveis, exceto álcool	3
2011-8/00	Fabricação de cloro e álcalis	2
2012-6/00	Fabricação de intermediários para fertilizantes	3
2013-4/00	Fabricação de adubos e fertilizantes	2
2014-2/00	Fabricação de gases industriais	2
2019-3/01	Elaboração de combustíveis nucleares	3
2019-3/99	Fabricação de outros produtos químicos inorgânicos não especificados anteriormente	2
2021-5/00	Fabricação de produtos petroquímicos básicos	3
2022-3/00	Fabricação de intermediários para plastificantes, resinas e fibras	3
2029-1/00	Fabricação de produtos químicos orgânicos não especificados anteriormente	2
2031-2/00	Fabricação de resinas termoplásticas	3
2032-1/00	Fabricação de resinas termofixas	2
2033-9/00	Fabricação de elastômeros	3
2040-1/00	Fabricação de fibras artificiais e sintéticas	3
2051-7/00	Fabricação de defensivos agrícolas	3
2052-5/00	Fabricação de desinfestantes domissanitários	2
2061-4/00	Fabricação de sabões e detergentes sintéticos	3
2062-2/00	Fabricação de produtos de limpeza e polimento	3
2063-1/00	Fabricação de cosméticos, produtos de perfumaria e de higiene pessoal	3
2071-1/00	Fabricação de tintas, vernizes, esmaltes e lacas	3
2072-0/00	Fabricação de tintas de impressão	3
2073-8/00	Fabricação de impermeabilizantes, solventes e produtos afins	3
2091-6/00	Fabricação de adesivos e selantes	3
2092-4/01	Fabricação de pólvoras, explosivos e detonantes	3
2092-4/02	Fabricação de artigos pirotécnicos	2
2092-4/03	Fabricação de fósforos de segurança	3
2093-2/00	Fabricação de aditivos de uso industrial	3
2094-1/00	Fabricação de catalisadores	1
2099-1/01	Fabricação de chapas, filmes, papéis e outros materiais e produtos químicos para fotografia	2
2099-1/99	Fabricação de outros produtos químicos não especificados anteriormente	3
2110-6/00	Fabricação de produtos farmoquímicos	3
2121-1/01	Fabricação de medicamentos alopáticos para uso humano	3
2121-1/02	Fabricação de medicamentos homeopáticos para uso humano	2
2121-1/03	Fabricação de medicamentos fitoterápicos para uso humano	2
2122-0/00	Fabricação de medicamentos para uso veterinário	3
2123-8/00	Fabricação de preparações farmacêuticas	1
2211-1/00	Fabricação de pneumáticos e de câmaras de ar	3
2212-9/00	Reforma de pneumáticos usados	3
2219-6/00	Fabricação de artefatos de borracha não especificados anteriormente	3
2221-8/00	Fabricação de laminados planos e tubulares de material plástico	3
2222-6/00	Fabricação de embalagens de material plástico	3

CNAE 2.0	Descrição	Alíquota
2223-4/00	Fabricação de tubos e acessórios de material plástico para uso na construção	3
2229-3/01	Fabricação de artefatos de material plástico para uso pessoal e doméstico	3
2229-3/02	Fabricação de artefatos de material plástico para usos industriais	3
2229-3/03	Fabricação de artefatos de material plástico para uso na construção, exceto tubos e acessórios	3
2229-3/99	Fabricação de artefatos de material plástico para outros usos não especificados anteriormente	3
2311-7/00	Fabricação de vidro plano e de segurança	3
2312-5/00	Fabricação de embalagens de vidro	3
2319-2/00	Fabricação de artigos de vidro	3
2320-6/00	Fabricação de cimento	3
2330-3/01	Fabricação de estruturas pré-moldadas de concreto armado, em série e sob encomenda	3
2330-3/02	Fabricação de artefatos de cimento para uso na construção	3
2330-3/03	Fabricação de artefatos de fibrocimento para uso na construção	2
2330-3/04	Fabricação de casas pré-moldadas de concreto	3
2330-3/05	Preparação de massa de concreto e argamassa para construção	3
2330-3/99	Fabricação de outros artefatos e produtos de concreto, cimento, fibrocimento, gesso e materiais semelhantes	3
2341-9/00	Fabricação de produtos cerâmicos refratários	3
2342-7/01	Fabricação de azulejos e pisos	3
2342-7/02	Fabricação de artefatos de cerâmica e barro cozido para uso na construção, exceto azulejos e pisos	3
2349-4/01	Fabricação de material sanitário de cerâmica	3
2349-4/99	Fabricação de produtos cerâmicos não refratários não especificados anteriormente	3
2391-5/01	Britamento de pedras, exceto associado à extração	3
2391-5/02	Aparelhamento de pedras para construção, exceto associado à extração	3
2391-5/03	Aparelhamento de placas e execução de trabalhos em mármore, granito, ardósia e outras pedras	3
2392-3/00	Fabricação de cal e gesso	3
2399-1/01	Decoração, lapidação, gravação, vitrificação e outros trabalhos em cerâmica, louça, vidro e cristal	3
2399-1/99	Fabricação de outros produtos de minerais não metálicos não especificados anteriormente	3
2411-3/00	Produção de ferro-gusa	3
2412-1/00	Produção de ferroligas	3
2421-1/00	Produção de semi-acabados de aço	1
2422-9/01	Produção de laminados planos de aço ao carbono, revestidos ou não	3
2422-9/02	Produção de laminados planos de aços especiais	2
2423-7/01	Produção de tubos de aço sem costura	3
2423-7/02	Produção de laminados longos de aço, exceto tubos	2
2424-5/01	Produção de arames de aço	2
2424-5/02	Produção de relaminados, trefilados e perfilados de aço, exceto arames	3
2431-8/00	Produção de tubos de aço com costura	3
2439-3/00	Produção de outros tubos de ferro e aço	3
2441-5/01	Produção de alumínio e suas ligas em formas primárias	2
2441-5/02	Produção de laminados de alumínio	3
2442-3/00	Metalurgia dos metais preciosos	2
2443-1/00	Metalurgia do cobre	2
2449-1/01	Produção de zinco em formas primárias	3

CNAE 2.0	Descrição	Alíquota
2449-1/02	Produção de laminados de zinco	3
2449-1/03	Produção de soldas e ânodos para galvanoplastia	3
2449-1/99	Metalurgia de outros metais não ferrosos e suas ligas não especificados anteriormente	3
2451-2/00	Fundição de ferro e aço	3
2452-1/00	Fundição de metais não ferrosos e suas ligas	3
2511-0/00	Fabricação de estruturas metálicas	3
2512-8/00	Fabricação de esquadrias de metal	3
2513-6/00	Fabricação de obras de caldeiraria pesada	3
2521-7/00	Fabricação de tanques, reservatórios metálicos e caldeiras para aquecimento central	3
2522-5/00	Fabricação de caldeiras geradoras de vapor, exceto para aquecimento central e para veículos	3
2531-4/01	Produção de forjados de aço	3
2531-4/02	Produção de forjados de metais não-ferrosos e suas ligas	3
2532-2/01	Produção de artefatos estampados de metal	3
2532-2/02	Metalurgia do pó	3
2539-0/00	Serviços de usinagem, solda, tratamento e revestimento em metais	3
2541-1/00	Fabricação de artigos de cutelaria	3
2542-0/00	Fabricação de artigos de serralheria, exceto esquadrias	3
2543-8/00	Fabricação de ferramentas	3
2550-1/01	Fabricação de equipamento bélico pesado, exceto veículos militares de combate	3
2550-1/02	Fabricação de armas de fogo e munições	3
2591-8/00	Fabricação de embalagens metálicas	3
2592-6/01	Fabricação de produtos de trefilados de metal padronizados	3
2592-6/02	Fabricação de produtos de trefilados de metal, exceto padronizados	3
2593-4/00	Fabricação de artigos de metal para uso doméstico e pessoal	3
2599-3/01	Serviços de confecção de armações metálicas para a construção	2
2599-3/99	Fabricação de outros produtos de metal não especificados anteriormente	3
2610-8/00	Fabricação de componentes eletrônicos	3
2621-3/00	Fabricação de equipamentos de informática	2
2622-1/00	Fabricação de periféricos para equipamentos de informática	2
2631-1/00	Fabricação de equipamentos transmissores de comunicação, peças e acessórios	3
2632-9/00	Fabricação de aparelhos telefônicos e de outros equipamentos de comunicação, peças e acessórios	3
2640-0/00	Fabricação de aparelhos de recepção, reprodução, gravação e amplificação de áudio e vídeo	3
2651-5/00	Fabricação de aparelhos e equipamentos de medida, teste e controle	2
2652-3/00	Fabricação de cronômetros e relógios	2
2660-4/00	Fabricação de aparelhos eletromédicos e eletroterapêuticos e equipamentos de irradiação	2
2670-1/01	Fabricação de equipamentos e instrumentos ópticos, peças e acessórios	2
2670-1/02	Fabricação de aparelhos fotográficos e cinematográficos, peças e acessórios	3
2680-9/00	Fabricação de mídias virgens, magnéticas e ópticas	3
2710-4/01	Fabricação de geradores de corrente contínua e alternada, peças e acessórios	3
2710-4/02	Fabricação de transformadores, indutores, conversores, sincronizadores e semelhantes, peças e acessórios	3
2710-4/03	Fabricação de motores elétricos, peças e acessórios	3
2721-0/00	Fabricação de pilhas, baterias e acumuladores elétricos, exceto para veículos automotores	3

CNAE 2.0	Descrição	Alíquota
2722-8/01	Fabricação de baterias e acumuladores para veículos automotores	3
2722-8/02	Recondicionamento de baterias e acumuladores para veículos automotores	3
2731-7/00	Fabricação de aparelhos e equipamentos para distribuição e controle de energia elétrica	3
2732-5/00	Fabricação de material elétrico para instalações em circuito de consumo	3
2733-3/00	Fabricação de fios, cabos e condutores elétricos isolados	3
2740-6/01	Fabricação de lâmpadas	3
2740-6/02	Fabricação de luminárias e outros equipamentos de iluminação	3
2751-1/00	Fabricação de fogões, refrigeradores e máquinas de lavar e secar para uso doméstico, peças e acessórios	3
2759-7/01	Fabricação de aparelhos elétricos de uso pessoal, peças e acessórios	3
2759-7/99	Fabricação de outros aparelhos eletrodomésticos não especificados anteriormente, peças e acessórios	3
2790-2/01	Fabricação de eletrodos, contatos e outros artigos de carvão e grafita para uso elétrico, eletroímãs e isoladores	3
2790-2/02	Fabricação de equipamentos para sinalização e alarme	3
2790-2/99	Fabricação de outros equipamentos e aparelhos elétricos não especificados anteriormente	2
2811-9/00	Fabricação de motores e turbinas, peças e acessórios, exceto para aviões e veículos rodoviários	2
2812-7/00	Fabricação de equipamentos hidráulicos e pneumáticos, peças e acessórios, exceto válvulas	3
2813-5/00	Fabricação de válvulas, registros e dispositivos semelhantes, peças e acessórios	3
2814-3/01	Fabricação de compressores para uso industrial, peças e acessórios	3
2814-3/02	Fabricação de compressores para uso não industrial, peças e acessórios	3
2815-1/01	Fabricação de rolamentos para fins industriais	2
2815-1/02	Fabricação de equipamentos de transmissão para fins industriais, exceto rolamentos	3
2821-6/01	Fabricação de fornos industriais, aparelhos e equipamentos não elétricos para instalações térmicas, peças e acessórios	3
2821-6/02	Fabricação de estufas e fornos elétricos para fins industriais, peças e acessórios	3
2822-4/01	Fabricação de máquinas, equipamentos e aparelhos para transporte e elevação de pessoas, peças e acessórios	3
2822-4/02	Fabricação de máquinas, equipamentos e aparelhos para transporte e elevação de cargas, peças e acessórios	3
2823-2/00	Fabricação de máquinas e aparelhos de refrigeração e ventilação para uso industrial e comercial, peças e acessórios	3
2824-1/01	Fabricação de aparelhos e equipamentos de ar condicionado para uso industrial	2
2824-1/02	Fabricação de aparelhos e equipamentos de ar condicionado para uso não industrial	2
2825-9/00	Fabricação de máquinas e equipamentos para saneamento básico e ambiental, peças e acessórios	2
2829-1/01	Fabricação de máquinas de escrever, calcular e outros equipamentos não eletrônicos para escritório, peças e acessórios	2
2829-1/99	Fabricação de outras máquinas e equipamentos de uso geral não especificados anteriormente, peças e acessórios	3
2831-3/00	Fabricação de tratores agrícolas, peças e acessórios	3
2832-1/00	Fabricação de equipamentos para irrigação agrícola, peças e acessórios	3
2833-0/00	Fabricação de máquinas e equipamentos para a agricultura e pecuária, peças e acessórios, exceto para irrigação	3
2840-2/00	Fabricação de máquinas-ferramenta, peças e acessórios	3
2851-8/00	Fabricação de máquinas e equipamentos para a prospecção e extração de petróleo, peças e acessórios	3
2852-6/00	Fabricação de outras máquinas e equipamentos para uso na extração mineral, peças e acessórios, exceto na extração de petróleo	3
2853-4/00	Fabricação de tratores, peças e acessórios, exceto agrícolas	3
2854-2/00	Fabricação de máquinas e equipamentos para terraplenagem, pavimentação e construção, peças e acessórios, exceto tratores	3

CNAE 2.0	Descrição	Alíquota
2861-5/00	Fabricação de máquinas para a indústria metalúrgica, peças e acessórios, exceto máquinas-ferramenta	3
2862-3/00	Fabricação de máquinas e equipamentos para as indústrias de alimentos, bebidas e fumo, peças e acessórios	3
2863-1/00	Fabricação de máquinas e equipamentos para a indústria têxtil, peças e acessórios	3
2864-0/00	Fabricação de máquinas e equipamentos para as indústrias do vestuário, do couro e de calçados, peças e acessórios	3
2865-8/00	Fabricação de máquinas e equipamentos para as indústrias de celulose, papel e papelão e artefatos, peças e acessórios	3
2866-6/00	Fabricação de máquinas e equipamentos para a indústria do plástico, peças e acessórios	3
2869-1/00	Fabricação de máquinas e equipamentos para uso industrial específico não especificados anteriormente, peças e acessórios	3
2910-7/01	Fabricação de automóveis, camionetas e utilitários	3
2910-7/02	Fabricação de chassis com motor para automóveis, camionetas e utilitários	3
2910-7/03	Fabricação de motores para automóveis, camionetas e utilitários	3
2920-4/01	Fabricação de caminhões e ônibus	3
2920-4/02	Fabricação de motores para caminhões e ônibus	2
2930-1/01	Fabricação de cabines, carrocerias e reboques para caminhões	3
2930-1/02	Fabricação de carrocerias para ônibus	3
2930-1/03	Fabricação de cabines, carrocerias e reboques para outros veículos automotores, exceto caminhões e ônibus	3
2941-7/00	Fabricação de peças e acessórios para o sistema motor de veículos automotores	3
2942-5/00	Fabricação de peças e acessórios para os sistemas de marcha e transmissão de veículos automotores	3
2943-3/00	Fabricação de peças e acessórios para o sistema de freios de veículos automotores	3
2944-1/00	Fabricação de peças e acessórios para o sistema de direção e suspensão de veículos automotores	3
2945-0/00	Fabricação de material elétrico e eletrônico para veículos automotores, exceto baterias	3
2949-2/01	Fabricação de bancos e estofados para veículos automotores	3
2949-2/99	Fabricação de outras peças e acessórios para veículos automotores não especificadas anteriormente	3
2950-6/00	Recondicionamento e recuperação de motores para veículos automotores	3
3011-3/01	Construção de embarcações de grande porte	3
3011-3/02	Construção de embarcações para uso comercial e para usos especiais, exceto de grande porte	3
3012-1/00	Construção de embarcações para esporte e lazer	3
3031-8/00	Fabricação de locomotivas, vagões e outros materiais rodantes	3
3032-6/00	Fabricação de peças e acessórios para veículos ferroviários	3
3041-5/00	Fabricação de aeronaves	2
3042-3/00	Fabricação de turbinas, motores e outros componentes e peças para aeronaves	2
3050-4/00	Fabricação de veículos militares de combate	2
3091-1/00	Fabricação de motocicletas, peças e acessórios	3
3092-0/00	Fabricação de bicicletas e triciclos não motorizados, peças e acessórios	3
3099-7/00	Fabricação de equipamentos de transporte não especificados anteriormente	3
3101-2/00	Fabricação de móveis com predominância de madeira	3
3102-1/00	Fabricação de móveis com predominância de metal	3
3103-9/00	Fabricação de móveis de outros materiais, exceto madeira e metal	3
3104-7/00	Fabricação de colchões	3
3211-6/01	Lapidação de gemas	2
3211-6/02	Fabricação de artefatos de joalheria e ourivesaria	2

CNAE 2.0	Descrição	Alíquota
3211-6/03	Cunhagem de moedas e medalhas	2
3212-4/00	Fabricação de bijuterias e artefatos semelhantes	3
3220-5/00	Fabricação de instrumentos musicais, peças e acessórios	3
3230-2/00	Fabricação de artefatos para pesca e esporte	3
3240-0/01	Fabricação de jogos eletrônicos	2
3240-0/02	Fabricação de mesas de bilhar, de sinuca e acessórios não associada à locação	2
3240-0/03	Fabricação de mesas de bilhar, de sinuca e acessórios associada à locação	2
3240-0/99	Fabricação de outros brinquedos e jogos recreativos não especificados anteriormente	3
3250-7/01	Fabricação de instrumentos não eletrônicos e utensílios para uso médico, cirúrgico, odontológico e de laboratório	2
3250-7/02	Fabricação de mobiliário para uso médico, cirúrgico, odontológico e de laboratório	3
3250-7/03	Fabricação de aparelhos e utensílios para correção de defeitos físicos e aparelhos ortopédicos em geral sob encomenda	2
3250-7/04	Fabricação de aparelhos e utensílios para correção de defeitos físicos e aparelhos ortopédicos em geral, exceto sob encomenda	2
3250-7/05	Fabricação de materiais para medicina e odontologia	3
3250-7/06	Serviços de prótese dentária	2
3250-7/07	Fabricação de artigos ópticos	3
3250-7/08	Fabricação de artefatos de tecido não tecido para uso odonto-médico-hospitalar	2
3291-4/00	Fabricação de escovas, pincéis e vassouras	3
3292-2/01	Fabricação de roupas de proteção e segurança e resistentes a fogo	3
3292-2/02	Fabricação de equipamentos e acessórios para segurança pessoal e profissional	3
3299-0/01	Fabricação de guarda-chuvas e similares	2
3299-0/02	Fabricação de canetas, lápis e outros artigos para escritório	2
3299-0/03	Fabricação de letras, letreiros e placas de qualquer material, exceto luminosos	2
3299-0/04	Fabricação de painéis e letreiros luminosos	3
3299-0/05	Fabricação de aviamentos para costura	3
3299-0/99	Fabricação de produtos diversos não especificados anteriormente	3
3311-2/00	Manutenção e reparação de tanques, reservatórios metálicos e caldeiras, exceto para veículos	3
3312-1/01	Manutenção e reparação de equipamentos transmissores de comunicação	2
3312-1/02	Manutenção e reparação de aparelhos e instrumentos de medida, teste e controle	2
3312-1/03	Manutenção e reparação de aparelhos eletromédicos e eletroterapêuticos e equipamentos de irradiação	1
3312-1/04	Manutenção e reparação de equipamentos e instrumentos ópticos	3
3313-9/01	Manutenção e reparação de geradores, transformadores e motores elétricos	3
3313-9/02	Manutenção e reparação de baterias e acumuladores elétricos, exceto para veículos	2
3313-9/99	Manutenção e reparação de máquinas, aparelhos e materiais elétricos não especificados anteriormente	3
3314-7/01	Manutenção e reparação de máquinas motrizes não elétricas	1
3314-7/02	Manutenção e reparação de equipamentos hidráulicos e pneumáticos, exceto válvulas	3
3314-7/03	Manutenção e reparação de válvulas industriais	2
3314-7/04	Manutenção e reparação de compressores	3
3314-7/05	Manutenção e reparação de equipamentos de transmissão para fins industriais	2
3314-7/06	Manutenção e reparação de máquinas, aparelhos e equipamentos para instalações térmicas	3
3314-7/07	Manutenção e reparação de máquinas e aparelhos de refrigeração e ventilação para uso industrial e comercial	3

CNAE 2.0	Descrição	Alíquota
3314-7/08	Manutenção e reparação de máquinas, equipamentos e aparelhos para transporte e elevação de cargas	3
3314-7/09	Manutenção e reparação de máquinas de escrever, calcular e de outros equipamentos não-eletrônicos para escritório	3
3314-7/10	Manutenção e reparação de máquinas e equipamentos para uso geral não especificados anteriormente	3
3314-7/11	Manutenção e reparação de máquinas e equipamentos para agricultura e pecuária	3
3314-7/12	Manutenção e reparação de tratores agrícolas	3
3314-7/13	Manutenção e reparação de máquinas-ferramenta	3
3314-7/14	Manutenção e reparação de máquinas e equipamentos para a prospecção e extração de petróleo	3
3314-7/15	Manutenção e reparação de máquinas e equipamentos para uso na extração mineral, exceto na extração de petróleo	2
3314-7/16	Manutenção e reparação de tratores, exceto agrícolas	3
3314-7/17	Manutenção e reparação de máquinas e equipamentos de terraplenagem, pavimentação e construção, exceto tratores	3
3314-7/18	Manutenção e reparação de máquinas para a indústria metalúrgica, exceto máquinas-ferramenta	3
3314-7/19	Manutenção e reparação de máquinas e equipamentos para as indústrias de alimentos, bebidas e fumo	3
3314-7/20	Manutenção e reparação de máquinas e equipamentos para a indústria têxtil, do vestuário, do couro e calçados	2
3314-7/21	Manutenção e reparação de máquinas e aparelhos para a indústria de celulose, papel e papelão e artefatos	3
3314-7/22	Manutenção e reparação de máquinas e aparelhos para a indústria do plástico	3
3314-7/99	Manutenção e reparação de outras máquinas e equipamentos para usos industriais não especificados anteriormente	3
3315-5/00	Manutenção e reparação de veículos ferroviários	3
3316-3/01	Manutenção e reparação de aeronaves, exceto a manutenção na pista	2
3316-3/02	Manutenção de aeronaves na pista	1
3317-1/01	Manutenção e reparação de embarcações e estruturas flutuantes	3
3317-1/02	Manutenção e reparação de embarcações para esporte e lazer	2
3319-8/00	Manutenção e reparação de equipamentos e produtos não especificados anteriormente	3
3321-0/00	Instalação de máquinas e equipamentos industriais	3
3329-5/01	Serviços de montagem de móveis de qualquer material	3
3329-5/99	Instalação de outros equipamentos não especificados anteriormente	3
3511-5/00	Geração de energia elétrica	3
3512-3/00	Transmissão de energia elétrica	3
3513-1/00	Comércio atacadista de energia elétrica	1
3514-0/00	Distribuição de energia elétrica	3
3520-4/01	Produção de gás; processamento de gás natural	2
3520-4/02	Distribuição de combustíveis gasosos por redes urbanas	2
3530-1/00	Produção e distribuição de vapor, água quente e ar condicionado	2
3600-6/01	Captação, tratamento e distribuição de água	3
3600-6/02	Distribuição de água por caminhões	2
3701-1/00	Gestão de redes de esgoto	3
3702-9/00	Atividades relacionadas a esgoto, exceto a gestão de redes	3
3811-4/00	Coleta de resíduos não perigosos	3
3812-2/00	Coleta de resíduos perigosos	2
3821-1/00	Tratamento e disposição de resíduos não perigosos	3

CNAE 2.0	Descrição	Alíquota
3822-0/00	Tratamento e disposição de resíduos perigosos	3
3831-9/01	Recuperação de sucatas de alumínio	3
3831-9/99	Recuperação de materiais metálicos, exceto alumínio	3
3832-7/00	Recuperação de materiais plásticos	3
3839-4/01	Usinas de compostagem	3
3839-4/99	Recuperação de materiais não especificados anteriormente	3
3900-5/00	Descontaminação e outros serviços de gestão de resíduos	2
4110-7/00	Incorporação de empreendimentos imobiliários	3
4120-4/00	Construção de edifícios	3
4211-1/01	Construção de rodovias e ferrovias	3
4211-1/02	Pintura para sinalização em pistas rodoviárias e aeroportos	3
4212-0/00	Construção de obras de arte especiais	3
4213-8/00	Obras de urbanização — ruas, praças e calçadas	3
4221-9/01	Construção de barragens e represas para geração de energia elétrica	3
4221-9/02	Construção de estações e redes de distribuição de energia elétrica	3
4221-9/03	Manutenção de redes de distribuição de energia elétrica	3
4221-9/04	Construção de estações e redes de telecomunicações	3
4221-9/05	Manutenção de estações e redes de telecomunicações	3
4222-7/01	Construção de redes de abastecimento de água, coleta de esgoto e construções correlatas, exceto obras de irrigação	3
4222-7/02	Obras de irrigação	3
4223-5/00	Construção de redes de transportes por dutos, exceto para água e esgoto	3
4291-0/00	Obras portuárias, marítimas e fluviais	3
4292-8/01	Montagem de estruturas metálicas	3
4292-8/02	Obras de montagem industrial	3
4299-5/01	Construção de instalações esportivas e recreativas	3
4299-5/99	Outras obras de engenharia civil não especificadas anteriormente	3
4311-8/01	Demolição de edifícios e outras estruturas	3
4311-8/02	Preparação de canteiro e limpeza de terreno	3
4312-6/00	Perfurações e sondagens	3
4313-4/00	Obras de terraplenagem	3
4319-3/00	Serviços de preparação do terreno não especificados anteriormente	2
4321-5/00	Instalação e manutenção elétrica	3
4322-3/01	Instalações hidráulicas, sanitárias e de gás	3
4322-3/02	Instalação e manutenção de sistemas centrais de ar condicionado, de ventilação e refrigeração	3
4322-3/03	Instalações de sistema de prevenção contra incêndio	3
4329-1/01	Instalação de painéis publicitários	2
4329-1/02	Instalação de equipamentos para orientação à navegação marítima fluvial e lacustre	2
4329-1/03	Instalação, manutenção e reparação de elevadores, escadas e esteiras rolantes, exceto de fabricação própria	2
4329-1/04	Montagem e instalação de sistemas e equipamentos de iluminação e sinalização em vias públicas, portos e aeroportos	3
4329-1/05	Tratamentos térmicos, acústicos ou de vibração	3
4329-1/99	Outras obras de instalações em construções não especificadas anteriormente	3

CNAE 2.0	Descrição	Alíquota
4330-4/01	Impermeabilização em obras de engenharia civil	3
4330-4/02	Instalação de portas, janelas, tetos, divisórias e armários embutidos de qualquer material	3
4330-4/03	Obras de acabamento em gesso e estuque	3
4330-4/04	Serviços de pintura de edifícios em geral	3
4330-4/05	Aplicação de revestimentos e de resinas em interiores e exteriores	3
4330-4/99	Outras obras de acabamento da construção	3
4391-6/00	Obras de fundações	3
4399-1/01	Administração de obras	3
4399-1/02	Montagem e desmontagem de andaimes e outras estruturas temporárias	3
4399-1/03	Obras de alvenaria	3
4399-1/04	Serviços de operação e fornecimento de equipamentos para transporte e elevação de cargas e pessoas para uso em obras	3
4399-1/05	Perfuração e construção de poços de água	3
4399-1/99	Serviços especializados para construção não especificados anteriormente	3
4511-1/01	Comércio a varejo de automóveis, camionetas e utilitários novos	2
4511-1/02	Comércio a varejo de automóveis, camionetas e utilitários usados	3
4511-1/03	Comércio por atacado de automóveis, camionetas e utilitários novos e usados	2
4511-1/04	Comércio por atacado de caminhões novos e usados	2
4511-1/05	Comércio por atacado de reboques e semirreboques novos e usados	3
4511-1/06	Comércio por atacado de ônibus e micro-ônibus novos e usados	1
4512-9/01	Representantes comerciais e agentes do comércio de veículos automotores	2
4512-9/02	Comércio sob consignação de veículos automotores	3
4520-0/01	Serviços de manutenção e reparação mecânica de veículos automotores	3
4520-0/02	Serviços de lanternagem ou funilaria e pintura de veículos automotores	3
4520-0/03	Serviços de manutenção e reparação elétrica de veículos automotores	3
4520-0/04	Serviços de alinhamento e balanceamento de veículos automotores	2
4520-0/05	Serviços de lavagem, lubrificação e polimento de veículos automotores	3
4520-0/06	Serviços de borracharia para veículos automotores	3
4520-0/07	Serviços de instalação, manutenção e reparação de acessórios para veículos automotores	3
4530-7/01	Comércio por atacado de peças e acessórios novos para veículos automotores	2
4530-7/02	Comércio por atacado de pneumáticos e câmaras de ar	2
4530-7/03	Comércio a varejo de peças e acessórios novos para veículos automotores	2
4530-7/04	Comércio a varejo de peças e acessórios usados para veículos automotores	2
4530-7/05	Comércio a varejo de pneumáticos e câmaras de ar	2
4530-7/06	Representantes comerciais e agentes do comércio de peças e acessórios novos e usados para veículos automotores	2
4541-2/01	Comércio por atacado de motocicletas e motonetas	2
4541-2/02	Comércio por atacado de peças e acessórios para motocicletas e motonetas	3
4541-2/03	Comércio a varejo de motocicletas e motonetas novas	3
4541-2/04	Comércio a varejo de motocicletas e motonetas usadas	3
4541-2/05	Comércio a varejo de peças e acessórios para motocicletas e motonetas	3
4542-1/01	Representantes comerciais e agentes do comércio de motocicletas e motonetas, peças e acessórios	1
4542-1/02	Comércio sob consignação de motocicletas e motonetas	2

CNAE 2.0	Descrição	Alíquota
4543-9/00	Manutenção e reparação de motocicletas e motonetas	2
4611-7/00	Representantes comerciais e agentes do comércio de matérias-primas agrícolas e animais vivos	3
4612-5/00	Representantes comerciais e agentes do comércio de combustíveis, minerais, produtos siderúrgicos e químicos	2
4613-3/00	Representantes comerciais e agentes do comércio de madeira, material de construção e ferragens	3
4614-1/00	Representantes comerciais e agentes do comércio de máquinas, equipamentos, embarcações e aeronaves	2
4615-0/00	Representantes comerciais e agentes do comércio de eletrodomésticos, móveis e artigos de uso doméstico	2
4616-8/00	Representantes comerciais e agentes do comércio de têxteis, vestuário, calçados e artigos de viagem	1
4617-6/00	Representantes comerciais e agentes do comércio de produtos alimentícios, bebidas e fumo	3
4618-4/01	Representantes comerciais e agentes do comércio de medicamentos, cosméticos e produtos de perfumaria	2
4618-4/02	Representantes comerciais e agentes do comércio de instrumentos e materiais odonto-médico-hospitalares	2
4618-4/03	Representantes comerciais e agentes do comércio de jornais, revistas e outras publicações	3
4618-4/99	Outros representantes comerciais e agentes do comércio especializado em produtos não especificados anteriormente	2
4619-2/00	Representantes comerciais e agentes do comércio de mercadorias em geral não especializado	2
4621-4/00	Comércio atacadista de café em grão	3
4622-2/00	Comércio atacadista de soja	3
4623-1/01	Comércio atacadista de animais vivos	3
4623-1/02	Comércio atacadista de couros, lãs, peles e outros subprodutos não comestíveis de origem animal	3
4623-1/03	Comércio atacadista de algodão	2
4623-1/04	Comércio atacadista de fumo em folha não beneficiado	3
4623-1/05	Comércio atacadista de cacau	2
4623-1/06	Comércio atacadista de sementes, flores, plantas e gramas	3
4623-1/07	Comércio atacadista de sisal	2
4623-1/08	Comércio atacadista de matérias-primas agrícolas com atividade de fracionamento e acondicionamento associada	3
4623-1/09	Comércio atacadista de alimentos para animais	3
4623-1/99	Comércio atacadista de matérias-primas agrícolas não especificadas anteriormente	3
4631-1/00	Comércio atacadista de leite e laticínios	3
4632-0/01	Comércio atacadista de cereais e leguminosas beneficiados	3
4632-0/02	Comércio atacadista de farinhas, amidos e féculas	3
4632-0/03	Comércio atacadista de cereais e leguminosas beneficiados, farinhas, amidos e féculas, com atividade de fracionamento e acondicionamento associada	3
4633-8/01	Comércio atacadista de frutas, verduras, raízes, tubérculos, hortaliças e legumes frescos	3
4633-8/02	Comércio atacadista de aves vivas e ovos	2
4633-8/03	Comércio atacadista de coelhos e outros pequenos animais vivos para alimentação	2
4634-6/01	Comércio atacadista de carnes bovinas e suínas e derivados	3
4634-6/02	Comércio atacadista de aves abatidas e derivados	3
4634-6/03	Comércio atacadista de pescados e frutos do mar	3
4634-6/99	Comércio atacadista de carnes e derivados de outros animais	2
4635-4/01	Comércio atacadista de água mineral	3
4635-4/02	Comércio atacadista de cerveja, chope e refrigerante	3
4635-4/03	Comércio atacadista de bebidas com atividade de fracionamento e acondicionamento associada	3
4635-4/99	Comércio atacadista de bebidas não especificadas anteriormente	3

CNAE 2.0	Descrição	Alíquota
4636-2/01	Comércio atacadista de fumo beneficiado	3
4636-2/02	Comércio atacadista de cigarros, cigarrilhas e charutos	2
4637-1/01	Comércio atacadista de café torrado, moído e solúvel	3
4637-1/02	Comércio atacadista de açúcar	2
4637-1/03	Comércio atacadista de óleos e gorduras	2
4637-1/04	Comércio atacadista de pães, bolos, biscoitos e similares	2
4637-1/05	Comércio atacadista de massas alimentícias	3
4637-1/06	Comércio atacadista de sorvetes	2
4637-1/07	Comércio atacadista de chocolates, confeitos, balas, bombons e semelhantes	3
4637-1/99	Comércio atacadista especializado em outros produtos alimentícios não especificados anteriormente	3
4639-7/01	Comércio atacadista de produtos alimentícios em geral	3
4639-7/02	Comércio atacadista de produtos alimentícios em geral, com atividade de fracionamento e acondicionamento associada	3
4641-9/01	Comércio atacadista de tecidos	2
4641-9/02	Comércio atacadista de artigos de cama, mesa e banho	3
4641-9/03	Comércio atacadista de artigos de armarinho	3
4642-7/01	Comércio atacadista de artigos do vestuário e acessórios, exceto profissionais e de segurança	1
4642-7/02	Comércio atacadista de roupas e acessórios para uso profissional e de segurança do trabalho	2
4643-5/01	Comércio atacadista de calçados	2
4643-5/02	Comércio atacadista de bolsas, malas e artigos de viagem	1
4644-3/01	Comércio atacadista de medicamentos e drogas de uso humano	2
4644-3/02	Comércio atacadista de medicamentos e drogas de uso veterinário	2
4645-1/01	Comércio atacadista de instrumentos e materiais para uso médico, cirúrgico, hospitalar e de laboratórios	1
4645-1/02	Comércio atacadista de próteses e artigos de ortopedia	2
4645-1/03	Comércio atacadista de produtos odontológicos	2
4646-0/01	Comércio atacadista de cosméticos e produtos de perfumaria	2
4646-0/02	Comércio atacadista de produtos de higiene pessoal	2
4647-8/01	Comércio atacadista de artigos de escritório e de papelaria	2
4647-8/02	Comércio atacadista de livros, jornais e outras publicações	3
4649-4/01	Comércio atacadista de equipamentos elétricos de uso pessoal e doméstico	2
4649-4/02	Comércio atacadista de aparelhos eletrônicos de uso pessoal e doméstico	3
4649-4/03	Comércio atacadista de bicicletas, triciclos e outros veículos recreativos	3
4649-4/04	Comércio atacadista de móveis e artigos de colchoaria	3
4649-4/05	Comércio atacadista de artigos de tapeçaria; persianas e cortinas	2
4649-4/06	Comércio atacadista de lustres, luminárias e abajures	2
4649-4/07	Comércio atacadista de filmes, CDs, DVDs, fitas e discos	1
4649-4/08	Comércio atacadista de produtos de higiene, limpeza e conservação domiciliar	3
4649-4/09	Comércio atacadista de produtos de higiene, limpeza e conservação domiciliar, com atividade de fracionamento e acondicionamento associada	2
4649-4/10	Comércio atacadista de joias, relógios e bijuterias, inclusive pedras preciosas e semipreciosas lapidadas	1
4649-4/99	Comércio atacadista de outros equipamentos e artigos de uso pessoal e doméstico não especificados anteriormente	2
4651-6/01	Comércio atacadista de equipamentos de informática	1

CNAE 2.0	Descrição	Alíquota
4651-6/02	Comércio atacadista de suprimentos para informática	1
4652-4/00	Comércio atacadista de componentes eletrônicos e equipamentos de telefonia e comunicação	1
4661-3/00	Comércio atacadista de máquinas, aparelhos e equipamentos para uso agropecuário; partes e peças	2
4662-1/00	Comércio atacadista de máquinas, equipamentos para terraplenagem, mineração e construção; partes e peças	3
4663-0/00	Comércio atacadista de máquinas e equipamentos para uso industrial; partes e peças	2
4664-8/00	Comércio atacadista de máquinas, aparelhos e equipamentos para uso odonto-médico-hospitalar; partes e peças	2
4665-6/00	Comércio atacadista de máquinas e equipamentos para uso comercial; partes e peças	2
4669-9/01	Comércio atacadista de bombas e compressores; partes e peças	2
4669-9/99	Comércio atacadista de outras máquinas e equipamentos não especificados anteriormente; partes e peças	2
4671-1/00	Comércio atacadista de madeira e produtos derivados	3
4672-9/00	Comércio atacadista de ferragens e ferramentas	3
4673-7/00	Comércio atacadista de material elétrico	2
4674-5/00	Comércio atacadista de cimento	2
4679-6/01	Comércio atacadista de tintas, vernizes e similares	2
4679-6/02	Comércio atacadista de mármores e granitos	3
4679-6/03	Comércio atacadista de vidros, espelhos e vitrais	3
4679-6/04	Comércio atacadista especializado de materiais de construção não especificados anteriormente	2
4679-6/99	Comércio atacadista de materiais de construção em geral	3
4681-8/01	Comércio atacadista de álcool carburante, biodiesel, gasolina e demais derivados de petróleo, exceto lubrificantes, não realizado por transportador retalhista (T.R.R.)	3
4681-8/02	Comércio atacadista de combustíveis realizado por transportador retalhista (T.R.R.)	3
4681-8/03	Comércio atacadista de combustíveis de origem vegetal, exceto álcool carburante	3
4681-8/04	Comércio atacadista de combustíveis de origem mineral em bruto	2
4681-8/05	Comércio atacadista de lubrificantes	2
4682-6/00	Comércio atacadista de gás liquefeito de petróleo (GLP)	3
4683-4/00	Comércio atacadista de defensivos agrícolas, adubos, fertilizantes e corretivos do solo	2
4684-2/01	Comércio atacadista de resinas e elastômeros	2
4684-2/02	Comércio atacadista de solventes	3
4684-2/99	Comércio atacadista de outros produtos químicos e petroquímicos não especificados anteriormente	3
4685-1/00	Comércio atacadista de produtos siderúrgicos e metalúrgicos, exceto para construção	3
4686-9/01	Comércio atacadista de papel e papelão em bruto	2
4686-9/02	Comércio atacadista de embalagens	3
4687-7/01	Comércio atacadista de resíduos de papel e papelão	3
4687-7/02	Comércio atacadista de resíduos e sucatas não metálicos, exceto de papel e papelão	3
4687-7/03	Comércio atacadista de resíduos e sucatas metálicos	3
4689-3/01	Comércio atacadista de produtos da extração mineral, exceto combustíveis	2
4689-3/02	Comércio atacadista de fios e fibras beneficiados	2
4689-3/99	Comércio atacadista especializado em outros produtos intermediários não especificados anteriormente	2
4691-5/00	Comércio atacadista de mercadorias em geral, com predominância de produtos alimentícios	2
4692-3/00	Comércio atacadista de mercadorias em geral, com predominância de insumos agropecuários	2
4693-1/00	Comércio atacadista de mercadorias em geral, sem predominância de alimentos ou de insumos agropecuários	2

CNAE 2.0	Descrição	Alíquota
4711-3/01	Comércio varejista de mercadorias em geral, com predominância de produtos alimentícios – hipermercados	3
4711-3/02	Comércio varejista de mercadorias em geral, com predominância de produtos alimentícios – supermercados	3
4712-1/00	Comércio varejista de mercadorias em geral, com predominância de produtos alimentícios – minimercados, mercearias e armazéns	2
4713-0/01	Lojas de departamentos ou magazines	3
4713-0/02	Lojas de variedades, exceto lojas de departamentos ou magazines	2
4713-0/03	Lojas duty free de aeroportos internacionais	2
4721-1/01	Padaria e confeitaria com predominância de produção própria	3
4721-1/02	Padaria e confeitaria com predominância de revenda	2
4721-1/03	Comércio varejista de laticínios e frios	2
4721-1/04	Comércio varejista de doces, balas, bombons e semelhantes	3
4722-9/01	Comércio varejista de carnes – açougues	3
4722-9/02	Peixaria	2
4723-7/00	Comércio varejista de bebidas	3
4724-5/00	Comércio varejista de hortifrutigranjeiros	3
4729-6/01	Tabacaria	1
4729-6/99	Comércio varejista de produtos alimentícios em geral ou especializado em produtos alimentícios não especificados anteriormente	2
4731-8/00	Comércio varejista de combustíveis para veículos automotores	3
4732-6/00	Comércio varejista de lubrificantes	2
4741-5/00	Comércio varejista de tintas e materiais para pintura	2
4742-3/00	Comércio varejista de material elétrico	3
4743-1/00	Comércio varejista de vidros	3
4744-0/01	Comércio varejista de ferragens e ferramentas	3
4744-0/02	Comércio varejista de madeira e artefatos	3
4744-0/03	Comércio varejista de materiais hidráulicos	2
4744-0/04	Comércio varejista de cal, areia, pedra britada, tijolos e telhas	3
4744-0/05	Comércio varejista de materiais de construção não especificados anteriormente	3
4744-0/99	Comércio varejista de materiais de construção em geral	3
4751-2/00	Comércio varejista especializado de equipamentos e suprimentos de informática	2
4752-1/00	Comércio varejista especializado de equipamentos de telefonia e comunicação	2
4753-9/00	Comércio varejista especializado de eletrodomésticos e equipamentos de áudio e vídeo	2
4754-7/01	Comércio varejista de móveis	2
4754-7/02	Comércio varejista de artigos de colchoaria	2
4754-7/03	Comércio varejista de artigos de iluminação	2
4755-5/01	Comércio varejista de tecidos	2
4755-5/02	Comercio varejista de artigos de armarinho	2
4755-5/03	Comercio varejista de artigos de cama, mesa e banho	3
4756-3/00	Comércio varejista especializado de instrumentos musicais e acessórios	2
4757-1/00	Comércio varejista especializado de peças e acessórios para aparelhos eletroeletrônicos para uso doméstico, exceto informática e comunicação	2
4759-8/01	Comércio varejista de artigos de tapeçaria, cortinas e persianas	2
4759-8/99	Comércio varejista de outros artigos de uso pessoal e doméstico não especificados anteriormente	2

CNAE 2.0	Descrição	Alíquota
4761-0/01	Comércio varejista de livros	1
4761-0/02	Comércio varejista de jornais e revistas	1
4761-0/03	Comércio varejista de artigos de papelaria	2
4762-8/00	Comércio varejista de discos, CDs, DVDs e fitas	1
4763-6/01	Comércio varejista de brinquedos e artigos recreativos	2
4763-6/02	Comércio varejista de artigos esportivos	1
4763-6/03	Comércio varejista de bicicletas e triciclos; peças e acessórios	1
4763-6/04	Comércio varejista de artigos de caça, pesca e camping	1
4763-6/05	Comércio varejista de embarcações e outros veículos recreativos; peças e acessórios	2
4771-7/01	Comércio varejista de produtos farmacêuticos, sem manipulação de fórmulas	2
4771-7/02	Comércio varejista de produtos farmacêuticos, com manipulação de fórmulas	2
4771-7/03	Comércio varejista de produtos farmacêuticos homeopáticos	1
4771-7/04	Comércio varejista de medicamentos veterinários	3
4772-5/00	Comércio varejista de cosméticos, produtos de perfumaria e de higiene pessoal	2
4773-3/00	Comércio varejista de artigos médicos e ortopédicos	1
4774-1/00	Comércio varejista de artigos de óptica	2
4781-4/00	Comércio varejista de artigos do vestuário e acessórios	2
4782-2/01	Comércio varejista de calçados	2
4782-2/02	Comércio varejista de artigos de viagem	1
4783-1/01	Comércio varejista de artigos de joalheria	1
4783-1/02	Comércio varejista de artigos de relojoaria	2
4784-9/00	Comércio varejista de gás liquefeito de petróleo (GLP)	3
4785-7/01	Comércio varejista de antiguidades	2
4785-7/99	Comércio varejista de outros artigos usados	3
4789-0/01	Comércio varejista de suvenires, bijuterias e artesanatos	2
4789-0/02	Comércio varejista de plantas e flores naturais	3
4789-0/03	Comércio varejista de objetos de arte	1
4789-0/04	Comércio varejista de animais vivos e de artigos e alimentos para animais de estimação	3
4789-0/05	Comércio varejista de produtos saneantes domissanitários	3
4789-0/06	Comércio varejista de fogos de artifício e artigos pirotécnicos	2
4789-0/07	Comércio varejista de equipamentos para escritório	2
4789-0/08	Comércio varejista de artigos fotográficos e para filmagem	1
4789-0/09	Comércio varejista de armas e munições	2
4789-0/99	Comércio varejista de outros produtos não especificados anteriormente	2
4911-6/00	Transporte ferroviário de carga	3
4912-4/01	Transporte ferroviário de passageiros intermunicipal e interestadual	3
4912-4/02	Transporte ferroviário de passageiros municipal e em região metropolitana	3
4912-4/03	Transporte metroviário	3
4921-3/01	Transporte rodoviário coletivo de passageiros, com itinerário fixo, municipal	3
4921-3/02	Transporte rodoviário coletivo de passageiros, com itinerário fixo, intermunicipal em região metropolitana	3
4922-1/01	Transporte rodoviário coletivo de passageiros, com itinerário fixo, intermunicipal, exceto em região metropolitana	3

CNAE 2.0	Descrição	Alíquota
4922-1/02	Transporte rodoviário coletivo de passageiros, com itinerário fixo, interestadual	3
4922-1/03	Transporte rodoviário coletivo de passageiros, com itinerário fixo, internacional	3
4923-0/01	Serviço de táxi	3
4923-0/02	Serviço de transporte de passageiros — locação de automóveis com motorista	3
4924-8/00	Transporte escolar	3
4929-9/01	Transporte rodoviário coletivo de passageiros, sob regime de fretamento, municipal	3
4929-9/02	Transporte rodoviário coletivo de passageiros, sob regime de fretamento, intermunicipal, interestadual e internacional	3
4929-9/03	Organização de excursões em veículos rodoviários próprios, municipal	3
4929-9/04	Organização de excursões em veículos rodoviários próprios, intermunicipal, interestadual e internacional	3
4929-9/99	Outros transportes rodoviários de passageiros não especificados anteriormente	2
4930-2/01	Transporte rodoviário de carga, exceto produtos perigosos e mudanças, municipal	3
4930-2/02	Transporte rodoviário de carga, exceto produtos perigosos e mudanças, intermunicipal, interestadual e internacional	3
4930-2/03	Transporte rodoviário de produtos perigosos	3
4930-2/04	Transporte rodoviário de mudanças	3
4940-0/00	Transporte dutoviário	1
4950-7/00	Trens turísticos, teleféricos e similares	3
5011-4/01	Transporte marítimo de cabotagem — Carga	3
5011-4/02	Transporte marítimo de cabotagem — passageiros	2
5012-2/01	Transporte marítimo de longo curso — Carga	3
5012-2/02	Transporte marítimo de longo curso — Passageiros	2
5021-1/01	Transporte por navegação interior de carga, municipal, exceto travessia	3
5021-1/02	Transporte por navegação interior de carga, intermunicipal, interestadual e internacional, exceto travessia	3
5022-0/01	Transporte por navegação interior de passageiros em linhas regulares, municipal, exceto travessia	2
5022-0/02	Transporte por navegação interior de passageiros em linhas regulares, intermunicipal, interestadual e internacional, exceto travessia	2
5030-1/01	Navegação de apoio marítimo	3
5030-1/02	Navegação de apoio portuário	1
5091-2/01	Transporte por navegação de travessia, municipal	3
5091-2/02	Transporte por navegação de travessia, intermunicipal	3
5099-8/01	Transporte aquaviário para passeios turísticos	1
5099-8/99	Outros transportes aquaviários não especificados anteriormente	1
5111-1/00	Transporte aéreo de passageiros regular	3
5112-9/01	Serviço de táxi aéreo e locação de aeronaves com tripulação	3
5112-9/99	Outros serviços de transporte aéreo de passageiros não regular	3
5120-0/00	Transporte aéreo de carga	2
5130-7/00	Transporte espacial	1
5211-7/01	Armazéns gerais — emissão de warrant	3
5211-7/02	Guarda-móveis	2
5211-7/99	Depósitos de mercadorias para terceiros, exceto armazéns gerais e guarda-móveis	3
5212-5/00	Carga e descarga	3
5221-4/00	Concessionárias de rodovias, pontes, túneis e serviços relacionados	3

CNAE 2.0	Descrição	Alíquota
5222-2/00	Terminais rodoviários e ferroviários	3
5223-1/00	Estacionamento de veículos	3
5229-0/01	Serviços de apoio ao transporte por táxi, inclusive centrais de chamada	1
5229-0/02	Serviços de reboque de veículos	3
5229-0/99	Outras atividades auxiliares dos transportes terrestres não especificadas anteriormente	3
5231-1/01	Administração da infraestrutura portuária	2
5231-1/02	Operações de terminais	3
5232-0/00	Atividades de agenciamento marítimo	2
5239-7/00	Atividades auxiliares dos transportes aquaviários não especificadas anteriormente	3
5240-1/01	Operação dos aeroportos e campos de aterrissagem	2
5240-1/99	Atividades auxiliares dos transportes aéreos, exceto operação dos aeroportos e campos de aterrissagem	3
5250-8/01	Comissária de despachos	1
5250-8/02	Atividades de despachantes aduaneiros	3
5250-8/03	Agenciamento de cargas, exceto para o transporte marítimo	3
5250-8/04	Organização logística do transporte de carga	3
5250-8/05	Operador de transporte multimodal — OTM	3
5310-5/01	Atividades do Correio Nacional	3
5310-5/02	Atividades de franqueadas e permissionárias do Correio Nacional	2
5320-2/01	Serviços de malote não realizados pelo Correio Nacional	3
5320-2/02	Serviços de entrega rápida	3
5510-8/01	Hotéis	2
5510-8/02	Apart-hotéis	2
5510-8/03	Motéis	2
5590-6/01	Albergues, exceto assistenciais	3
5590-6/02	Campings	1
5590-6/03	Pensões (alojamento)	2
5590-6/99	Outros alojamentos não especificados anteriormente	2
5611-2/01	Restaurantes e similares	2
5611-2/02	Bares e outros estabelecimentos especializados em servir bebidas	3
5611-2/03	Lanchonetes, casas de chá, de sucos e similares	3
5612-1/00	Serviços ambulantes de alimentação	3
5620-1/01	Fornecimento de alimentos preparados preponderantemente para empresas	3
5620-1/02	Serviços de alimentação para eventos e recepções — bufê	2
5620-1/03	Cantinas — serviços de alimentação privativos	3
5620-1/04	Fornecimento de alimentos preparados preponderantemente para consumo domiciliar	3
5811-5/00	Edição de livros	2
5812-3/00	Edição de jornais	2
5813-1/00	Edição de revistas	3
5819-1/00	Edição de cadastros, listas e de outros produtos gráficos	2
5821-2/00	Edição integrada à impressão de livros	2
5822-1/00	Edição integrada à impressão de jornais	2
5823-9/00	Edição integrada à impressão de revistas	2

CNAE 2.0	Descrição	Alíquota
5829-8/00	Edição integrada à impressão de cadastros, listas e de outros produtos gráficos	2
5911-1/01	Estúdios cinematográficos	1
5911-1/02	Produção de filmes para publicidade	3
5911-1/99	Atividades de produção cinematográfica, de vídeos e de programas de televisão não especificadas anteriormente	1
5912-0/01	Serviços de dublagem	2
5912-0/02	Serviços de mixagem sonora em produção audiovisual	2
5912-0/99	Atividades de pós-produção cinematográfica, de vídeos e de programas de televisão não especificadas anteriormente	1
5913-8/00	Distribuição cinematográfica, de vídeo e de programas de televisão	1
5914-6/00	Atividades de exibição cinematográfica	3
5920-1/00	Atividades de gravação de som e de edição de música	2
6010-1/00	Atividades de rádio	1
6021-7/00	Atividades de televisão aberta	3
6022-5/01	Programadoras	3
6022-5/02	Atividades relacionadas à televisão por assinatura, exceto programadoras	3
6110-8/01	Serviços de telefonia fixa comutada — STFC	2
6110-8/02	Serviços de redes de transportes de telecomunicações — SRTT	2
6110-8/03	Serviços de comunicação multimídia — SCM	2
6110-8/99	Serviços de telecomunicações por fio não especificados anteriormente	3
6120-5/01	Telefonia móvel celular	2
6120-5/02	Serviço móvel especializado — SME	3
6120-5/99	Serviços de telecomunicações sem fio não especificados anteriormente	1
6130-2/00	Telecomunicações por satélite	1
6141-8/00	Operadoras de televisão por assinatura por cabo	3
6142-6/00	Operadoras de televisão por assinatura por micro-ondas	2
6143-4/00	Operadoras de televisão por assinatura por satélite	3
6190-6/01	Provedores de acesso às redes de comunicações	3
6190-6/02	Provedores de voz sobre protocolo internet — VOIP	2
6190-6/99	Outras atividades de telecomunicações não especificadas anteriormente	2
6201-5/00	Desenvolvimento de programas de computador sob encomenda	1
6202-3/00	Desenvolvimento e licenciamento de programas de computador customizáveis	2
6203-1/00	Desenvolvimento e licenciamento de programas de computador não customizáveis	1
6204-0/00	Consultoria em tecnologia da informação	2
6209-1/00	Suporte técnico, manutenção e outros serviços em tecnologia da informação	2
6311-9/00	Tratamento de dados, provedores de serviços de aplicação e serviços de hospedagem na internet	2
6319-4/00	Portais, provedores de conteúdo e outros serviços de informação na internet	1
6391-7/00	Agências de notícias	2
6399-2/00	Outras atividades de prestação de serviços de informação não especificadas anteriormente	3
6410-7/00	Banco Central	1
6421-2/00	Bancos comerciais	2
6422-1/00	Bancos múltiplos, com carteira comercial	3
6423-9/00	Caixas econômicas	2

CNAE 2.0	Descrição	Alíquota
6424-7/01	Bancos cooperativos	1
6424-7/02	Cooperativas centrais de crédito	1
6424-7/03	Cooperativas de crédito mútuo	2
6424-7/04	Cooperativas de crédito rural	1
6431-0/00	Bancos múltiplos, sem carteira comercial	1
6432-8/00	Bancos de investimento	1
6433-6/00	Bancos de desenvolvimento	2
6434-4/00	Agências de fomento	1
6435-2/01	Sociedades de crédito imobiliário	1
6435-2/02	Associações de poupança e empréstimo	1
6435-2/03	Companhias hipotecárias	1
6436-1/00	Sociedades de crédito, financiamento e investimento — financeiras	1
6437-9/00	Sociedades de crédito ao microempreendedor	1
6440-9/00	Arrendamento mercantil	1
6450-6/00	Sociedades de capitalização	3
6461-1/00	Holdings de instituições financeiras	2
6462-0/00	Holdings de instituições não financeiras	3
6463-8/00	Outras sociedades de participação, exceto holdings	2
6470-1/01	Fundos de investimento, exceto previdenciários e imobiliários	1
6470-1/02	Fundos de investimento previdenciários	1
6470-1/03	Fundos de investimento imobiliários	1
6491-3/00	Sociedades de fomento mercantil — factoring	1
6492-1/00	Securitização de créditos	3
6493-0/00	Administração de consórcios para aquisição de bens e direitos	2
6499-9/01	Clubes de investimento	1
6499-9/02	Sociedades de investimento	1
6499-9/03	Fundo garantidor de crédito	1
6499-9/04	Caixas de financiamento de corporações	1
6499-9/05	Concessão de crédito pelas OSCIP	1
6499-9/99	Outras atividades de serviços financeiros não especificadas anteriormente	1
6511-1/01	Seguros de vida	1
6511-1/02	Planos de auxílio-funeral	2
6512-0/00	Seguros não vida	2
6520-1/00	Seguros-saúde	1
6530-8/00	Resseguros	2
6541-3/00	Previdência complementar fechada	1
6542-1/00	Previdência complementar aberta	1
6550-2/00	Planos de saúde	2
6611-8/01	Bolsa de valores	1
6611-8/02	Bolsa de mercadorias	1
6611-8/03	Bolsa de mercadorias e futuros	1
6611-8/04	Administração de mercados de balcão organizados	2

CNAE 2.0	Descrição	Alíquota
6612-6/01	Corretoras de títulos e valores mobiliários	1
6612-6/02	Distribuidoras de títulos e valores mobiliários	1
6612-6/03	Corretoras de câmbio	1
6612-6/04	Corretoras de contratos de mercadorias	1
6612-6/05	Agentes de investimentos em aplicações financeiras	2
6613-4/00	Administração de cartões de crédito	2
6619-3/01	Serviços de liquidação e custódia	1
6619-3/02	Correspondentes de instituições financeiras	2
6619-3/03	Representações de bancos estrangeiros	1
6619-3/04	Caixas eletrônicos	1
6619-3/05	Operadoras de cartões de débito	1
6619-3/99	Outras atividades auxiliares dos serviços financeiros não especificadas anteriormente	2
6621-5/01	Peritos e avaliadores de seguros	1
6621-5/02	Auditoria e consultoria atuarial	1
6622-3/00	Corretores e agentes de seguros, de planos de previdência complementar e de saúde	1
6629-1/00	Atividades auxiliares dos seguros, da previdência complementar e dos planos de saúde não especificadas anteriormente	2
6630-4/00	Atividades de administração de fundos por contrato ou comissão	2
6810-2/01	Compra e venda de imóveis próprios	3
6810-2/02	Aluguel de imóveis próprios	2
6821-8/01	Corretagem na compra e venda e avaliação de imóveis	2
6821-8/02	Corretagem no aluguel de imóveis	2
6822-6/00	Gestão e administração da propriedade imobiliária	2
6911-7/01	Serviços advocatícios	1
6911-7/02	Atividades auxiliares da justiça	1
6911-7/03	Agente de propriedade industrial	1
6912-5/00	Cartórios	1
6920-6/01	Atividades de contabilidade	1
6920-6/02	Atividades de consultoria e auditoria contábil e tributária	2
7020-4/00	Atividades de consultoria em gestão empresarial, exceto consultoria técnica específica	2
7111-1/00	Serviços de arquitetura	3
7112-0/00	Serviços de engenharia	3
7119-7/01	Serviços de cartografia, topografia e geodésia	2
7119-7/02	Atividades de estudos geológicos	3
7119-7/03	Serviços de desenho técnico relacionados à arquitetura e engenharia	2
7119-7/04	Serviços de perícia técnica relacionados à segurança do trabalho	1
7119-7/99	Atividades técnicas relacionadas à engenharia e arquitetura não especificadas anteriormente	2
7120-1/00	Testes e análises técnicas	1
7210-0/00	Pesquisa e desenvolvimento experimental em ciências físicas e naturais	2
7220-7/00	Pesquisa e desenvolvimento experimental em ciências sociais e humanas	1
7311-4/00	Agências de publicidade	1
7312-2/00	Agenciamento de espaços para publicidade, exceto em veículos de comunicação	3

CNAE 2.0	Descrição	Alíquota
7319-0/01	Criação de estandes para feiras e exposições	2
7319-0/02	Promoção de vendas	3
7319-0/03	Marketing direto	3
7319-0/04	Consultoria em publicidade	2
7319-0/99	Outras atividades de publicidade não especificadas anteriormente	2
7320-3/00	Pesquisas de mercado e de opinião pública	3
7410-2/01	Design	3
7410-2/02	Decoração de interiores	3
7420-0/01	Atividades de produção de fotografias, exceto aérea e submarina	2
7420-0/02	Atividades de produção de fotografias aéreas e submarinas	2
7420-0/03	Laboratórios fotográficos	2
7420-0/04	Filmagem de festas e eventos	2
7420-0/05	Serviços de microfilmagem	2
7490-1/01	Serviços de tradução, interpretação e similares	2
7490-1/02	Escafandria e mergulho	3
7490-1/03	Serviços de agronomia e de consultoria às atividades agrícolas e pecuárias	3
7490-1/04	Atividades de intermediação e agenciamento de serviços e negócios em geral, exceto imobiliários	2
7490-1/05	Agenciamento de profissionais para atividades esportivas, culturais e artísticas	3
7490-1/99	Outras atividades profissionais, científicas e técnicas não especificadas anteriormente	2
7500-1/00	Atividades veterinárias	2
7711-0/00	Locação de automóveis sem condutor	2
7719-5/01	Locação de embarcações sem tripulação, exceto para fins recreativos	2
7719-5/02	Locação de aeronaves sem tripulação	3
7719-5/99	Locação de outros meios de transporte não especificados anteriormente, sem condutor	3
7721-7/00	Aluguel de equipamentos recreativos e esportivos	2
7722-5/00	Aluguel de fitas de vídeo, DVDs e similares	3
7723-3/00	Aluguel de objetos do vestuário, joias e acessórios	2
7729-2/01	Aluguel de aparelhos de jogos eletrônicos	3
7729-2/02	Aluguel de móveis, utensílios e aparelhos de uso doméstico e pessoal; instrumentos musicais	3
7729-2/03	Aluguel de material médico	1
7729-2/99	Aluguel de outros objetos pessoais e domésticos não especificados anteriormente	3
7731-4/00	Aluguel de máquinas e equipamentos agrícolas sem operador	3
7732-2/01	Aluguel de máquinas e equipamentos para construção sem operador, exceto andaimes	3
7732-2/02	Aluguel de andaimes	3
7733-1/00	Aluguel de máquinas e equipamentos para escritórios	1
7739-0/01	Aluguel de máquinas e equipamentos para extração de minérios e petróleo, sem operador	1
7739-0/02	Aluguel de equipamentos científicos, médicos e hospitalares, sem operador	3
7739-0/03	Aluguel de palcos, coberturas e outras estruturas de uso temporário, exceto andaimes	3
7739-0/99	Aluguel de outras máquinas e equipamentos comerciais e industriais não especificados anteriormente, sem operador	3
7740-3/00	Gestão de ativos intangíveis não financeiros	1
7810-8/00	Seleção e agenciamento de mão de obra	3

CNAE 2.0	Descrição	Alíquota
7820-5/00	Locação de mão de obra temporária	**3**
7830-2/00	Fornecimento e gestão de recursos humanos para terceiros	**2**
7911-2/00	Agências de viagens	**1**
7912-1/00	Operadores turísticos	**1**
7990-2/00	Serviços de reservas e outros serviços de turismo não especificados anteriormente	**1**
8011-1/01	Atividades de vigilância e segurança privada	**3**
8011-1/02	Serviços de adestramento de cães de guarda	**3**
8012-9/00	Atividades de transporte de valores	**3**
8020-0/00	Atividades de monitoramento de sistemas de segurança	**3**
8030-7/00	Atividades de investigação particular	**2**
8111-7/00	Serviços combinados para apoio a edifícios, exceto condomínios prediais	**3**
8112-5/00	Condomínios prediais	**2**
8121-4/00	Limpeza em prédios e em domicílios	**3**
8122-2/00	Imunização e controle de pragas urbanas	**3**
8129-0/00	Atividades de limpeza não especificadas anteriormente	**3**
8130-3/00	Atividades paisagísticas	**3**
8211-3/00	Serviços combinados de escritório e apoio administrativo	**2**
8219-9/01	Fotocópias	**1**
8219-9/99	Preparação de documentos e serviços especializados de apoio administrativo não especificados anteriormente	**3**
8220-2/00	Atividades de teleatendimento	**3**
8230-0/01	Serviços de organização de feiras, congressos, exposições e festas	**3**
8230-0/02	Casas de festas e eventos	**1**
8291-1/00	Atividades de cobranças e informações cadastrais	**2**
8292-0/00	Envasamento e empacotamento sob contrato	**3**
8299-7/01	Medição de consumo de energia elétrica, gás e água	**3**
8299-7/02	Emissão de vales-alimentação, vales-transportes e similares	**1**
8299-7/03	Serviços de gravação de carimbos, exceto confecção	**2**
8299-7/04	Leiloeiros independentes	**2**
8299-7/05	Serviços de levantamento de fundos sob contrato	**2**
8299-7/06	Casas lotéricas	**2**
8299-7/07	Salas de acesso à internet	**2**
8299-7/99	Outras atividades de serviços prestados principalmente às empresas não especificadas anteriormente	**2**
8411-6/00	Administração pública em geral	**2**
8412-4/00	Regulação das atividades de saúde, educação, serviços culturais e outros serviços sociais	**1**
8413-2/00	Regulação das atividades econômicas	**2**
8421-3/00	Relações exteriores	**1**
8422-1/00	Defesa	**1**
8423-0/00	Justiça	**1**
8424-8/00	Segurança e ordem pública	**2**
8425-6/00	Defesa Civil	**1**
8430-2/00	Seguridade social obrigatória	**1**
8511-2/00	Educação infantil — creche	**2**

CNAE 2.0	Descrição	Alíquota
8512-1/00	Educação infantil — pré-escola	1
8513-9/00	Ensino fundamental	1
8520-1/00	Ensino médio	1
8531-7/00	Educação superior — graduação	1
8532-5/00	Educação superior — graduação e pós-graduação	1
8533-3/00	Educação superior — pós-graduação e extensão	1
8541-4/00	Educação profissional de nível técnico	1
8542-2/00	Educação profissional de nível tecnológico	2
8550-3/01	Administração de caixas escolares	1
8550-3/02	Atividades de apoio à educação, exceto caixas escolares	2
8591-1/00	Ensino de esportes	2
8592-9/01	Ensino de dança	1
8592-9/02	Ensino de artes cênicas, exceto dança	1
8592-9/03	Ensino de música	1
8592-9/99	Ensino de arte e cultura não especificado anteriormente	1
8593-7/00	Ensino de idiomas	1
8599-6/01	Formação de condutores	1
8599-6/02	Cursos de pilotagem	3
8599-6/03	Treinamento em informática	1
8599-6/04	Treinamento em desenvolvimento profissional e gerencial	1
8599-6/05	Cursos preparatórios para concursos	1
8599-6/99	Outras atividades de ensino não especificadas anteriormente	1
8610-1/01	Atividades de atendimento hospitalar, exceto pronto-socorro e unidades para atendimento a urgências	2
8610-1/02	Atividades de atendimento em pronto-socorro e unidades hospitalares para atendimento a urgências	2
8621-6/01	UTI móvel	2
8621-6/02	Serviços móveis de atendimento a urgências, exceto por UTI móvel	2
8622-4/00	Serviços de remoção de pacientes, exceto os serviços móveis de atendimento a urgências	2
8630-5/01	Atividade médica ambulatorial com recursos para realização de procedimentos cirúrgicos	1
8630-5/02	Atividade médica ambulatorial com recursos para realização de exames complementares	2
8630-5/03	Atividade médica ambulatorial restrita a consultas	1
8630-5/04	Atividade odontológica com recursos para realização de procedimentos cirúrgicos	1
8630-5/05	Atividade odontológica sem recursos para realização de procedimentos cirúrgicos	1
8630-5/06	Serviços de vacinação e imunização humana	1
8630-5/07	Atividades de reprodução humana assistida	2
8630-5/99	Atividades de atenção ambulatorial não especificadas anteriormente	2
8640-2/01	Laboratórios de anatomia patológica e citológica	2
8640-2/02	Laboratórios clínicos	2
8640-2/03	Serviços de diálise e nefrologia	2
8640-2/04	Serviços de tomografia	1
8640-2/05	Serviços de diagnóstico por imagem com uso de radiação ionizante, exceto tomografia	2
8640-2/06	Serviços de ressonância magnética	2
8640-2/07	Serviços de diagnóstico por imagem sem uso de radiação ionizante, exceto ressonância magnética	1

CNAE 2.0	Descrição	Alíquota
8640-2/08	Serviços de diagnóstico por registro gráfico – ECG, EEG e outros exames análogos	**3**
8640-2/09	Serviços de diagnóstico por métodos ópticos – endoscopia e outros exames análogos	**2**
8640-2/10	Serviços de quimioterapia	**2**
8640-2/11	Serviços de radioterapia	**2**
8640-2/12	Serviços de hemoterapia	**1**
8640-2/13	Serviços de litotripsia	**1**
8640-2/14	Serviços de bancos de células e tecidos humanos	**1**
8640-2/99	Atividades de serviços de complementação diagnóstica e terapêutica não especificadas anteriormente	**2**
8650-0/01	Atividades de enfermagem	**1**
8650-0/02	Atividades de profissionais da nutrição	**3**
8650-0/03	Atividades de psicologia e psicanálise	**1**
8650-0/04	Atividades de fisioterapia	**1**
8650-0/05	Atividades de terapia ocupacional	**2**
8650-0/06	Atividades de fonoaudiologia	**1**
8650-0/07	Atividades de terapia de nutrição enteral e parenteral	**1**
8650-0/99	Atividades de profissionais da área de saúde não especificadas anteriormente	**2**
8660-7/00	Atividades de apoio à gestão de saúde	**2**
8690-9/01	Atividades de práticas integrativas e complementares em saúde humana	**2**
8690-9/02	Atividades de banco de leite humano	**1**
8690-9/99	Outras atividades de atenção à saúde humana não especificadas anteriormente	**2**
8711-5/01	Clínicas e residências geriátricas	**2**
8711-5/02	Instituições de longa permanência para idosos	**2**
8711-5/03	Atividades de assistência a deficientes físicos, imunodeprimidos e convalescentes	**1**
8711-5/04	Centros de apoio a pacientes com câncer e com AIDS	**3**
8711-5/05	Condomínios residenciais para idosos e deficientes físicos	**2**
8712-3/00	Atividades de fornecimento de infraestrutura de apoio e assistência a paciente no domicílio	**2**
8720-4/01	Atividades de centros de assistência psicossocial	**1**
8720-4/99	Atividades de assistência psicossocial e à saúde a portadores de distúrbios psíquicos, deficiência mental e dependência química não especificadas anteriormente	**2**
8730-1/01	Orfanatos	**2**
8730-1/02	Albergues assistenciais	**2**
8730-1/99	Atividades de assistência social prestadas em residências coletivas e particulares não especificadas anteriormente	**2**
8800-6/00	Serviços de assistência social sem alojamento	**2**
9001-9/01	Produção teatral	**1**
9001-9/02	Produção musical	**2**
9001-9/03	Produção de espetáculos de dança	**2**
9001-9/04	Produção de espetáculos circenses, de marionetes e similares	**1**
9001-9/05	Produção de espetáculos de rodeios, vaquejadas e similares	**3**
9001-9/06	Atividades de sonorização e de iluminação	**1**
9001-9/99	Artes cênicas, espetáculos e atividades complementares não especificadas anteriormente	**3**
9002-7/01	Atividades de artistas plásticos, jornalistas independentes e escritores	**1**
9002-7/02	Restauração de obras de arte	**1**

CNAE 2.0	Descrição	Alíquota
9003-5/00	Gestão de espaços para artes cênicas, espetáculos e outras atividades artísticas	3
9101-5/00	Atividades de bibliotecas e arquivos	2
9102-3/01	Atividades de museus e de exploração de lugares e prédios históricos e atrações similares	1
9102-3/02	Restauração e conservação de lugares e prédios históricos	1
9103-1/00	Atividades de jardins botânicos, zoológicos, parques nacionais, reservas ecológicas e áreas de proteção ambiental	2
9200-3/01	Casas de bingo	1
9200-3/02	Exploração de apostas em corridas de cavalos	2
9200-3/99	Exploração de jogos de azar e apostas não especificados anteriormente	1
9311-5/00	Gestão de instalações de esportes	2
9312-3/00	Clubes sociais, esportivos e similares	2
9313-1/00	Atividades de condicionamento físico	1
9319-1/01	Produção e promoção de eventos esportivos	2
9319-1/99	Outras atividades esportivas não especificadas anteriormente	2
9321-2/00	Parques de diversão e parques temáticos	2
9329-8/01	Discotecas, danceterias, salões de dança e similares	1
9329-8/02	Exploração de boliches	3
9329-8/03	Exploração de jogos de sinuca, bilhar e similares	1
9329-8/04	Exploração de jogos eletrônicos recreativos	3
9329-8/99	Outras atividades de recreação e lazer não especificadas anteriormente	2
9411-1/00	Atividades de organizações associativas patronais e empresariais	3
9412-0/00	Atividades de organizações associativas profissionais	3
9420-1/00	Atividades de organizações sindicais	2
9430-8/00	Atividades de associações de defesa de direitos sociais	2
9491-0/00	Atividades de organizações religiosas	2
9492-8/00	Atividades de organizações políticas	1
9493-6/00	Atividades de organizações associativas ligadas à cultura e à arte	2
9499-5/00	Atividades associativas não especificadas anteriormente	2
9511-8/00	Reparação e manutenção de computadores e de equipamentos periféricos	3
9512-6/00	Reparação e manutenção de equipamentos de comunicação	2
9521-5/00	Reparação e manutenção de equipamentos eletroeletrônicos de uso pessoal e doméstico	3
9529-1/01	Reparação de calçados, bolsas e artigos de viagem	1
9529-1/02	Chaveiros	3
9529-1/03	Reparação de relógios	1
9529-1/04	Reparação de bicicletas, triciclos e outros veículos não motorizados	3
9529-1/05	Reparação de artigos do mobiliário	2
9529-1/06	Reparação de joias	2
9529-1/99	Reparação e manutenção de outros objetos e equipamentos pessoais e domésticos não especificados anteriormente	3
9601-7/01	Lavanderias	3
9601-7/02	Tinturarias	3
9601-7/03	Toalheiros	3
9602-5/01	Cabeleireiros	2

CNAE 2.0	Descrição	Alíquota
9602-5/02	Outras atividades de tratamento de beleza	2
9603-3/01	Gestão e manutenção de cemitérios	3
9603-3/02	Serviços de cremação	2
9603-3/03	Serviços de sepultamento	2
9603-3/04	Serviços de funerárias	2
9603-3/05	Serviços de somatoconservação	3
9603-3/99	Atividades funerárias e serviços relacionados não especificados anteriormente	3
9609-2/01	Clínicas de estética e similares	1
9609-2/02	Agências matrimoniais	3
9609-2/03	Alojamento, higiene e embelezamento de animais	2
9609-2/04	Exploração de máquinas de serviços pessoais acionadas por moeda	1
9609-2/99	Outras atividades de serviços pessoais não especificadas anteriormente	2
9700-5/00	Serviços domésticos	2
9900-8/00	Organismos internacionais e outras instituições extraterritoriais	1

RESOLUÇÃO MPS/CNPS n. 1.316, de 31.5.2010
(Disciplina o Fator Acidentário de Prevenção — FAP)

Art. 1º O Anexo da Resolução MPS/CNPS n. 1.308, de 27 de maio de 2009, passa a vigorar com a novaredaçãoaprovadapeloPlenárioda165ªReuniãoOrdináriadoConselho Nacional da Previdência Social (CNPS), realizada em 31 de maio de 2010, anexa a esta Resolução.

Art. 2º Esta Resolução entra em vigor na data de sua publicação.

ANEXO da RES. MPS/CNPS n. 1.316/2010 — (Fator Acidentário de Prevenção — FAP).

1. Introdução.

A Lei n. 10.666, de 8 de maio de 2003, possibilitou a redução ou majoração da contribuição, recolhida pelas empresas, destinada ao financiamento dos benefícios concedidos em razão do grau de incidência de incapacidade laborativa decorrente dos riscos ambientais do trabalho. A referida Lei, em seu art. 10, prescreve que as alíquotas de 1%, 2% ou 3%, por empresa, poderão variar entre a metade e o dobro, de acordo com a metodologia aprovada pelo Conselho Nacional de Previdência Social (CNPS). Trata-se, portanto, da instituição de um fator Fator Acidentário de Prevenção (FAP), que é um multiplicador sobre a alíquota de 1%, 2% ou 3% correspondente ao enquadramento da empresa segundo a Classificação Nacional de Atividades Econômicas — CNAE preponderante, nos termos do Anexo V do Regulamento da Previdência Social — RPS, aprovado pelo Decreto N. 3.048, de 6 de maio de 1999. Esse multiplicador deve variar em um intervalo fechado contínuo de 0,5 a 2,0. O objetivo do FAP é incentivar a melhoria das condições de trabalho e da saúde do trabalhador estimulando as empresas a implementarem políticas mais efetivas de saúde e segurança no trabalho para reduzir a acidentalidade. Assim, o FAP, que será recalculado periodicamente, individualizará a alíquota de 1%, 2% ou 3% prevista no Anexo V do Regulamento da Previdência Social-RPS, majorando ou reduzindo o valor da alíquota conforme a quantidade, a gravidade e o custo das ocorrências acidentárias em cada empresa. Portanto, com o FAP, as empresas com mais acidentes e acidentes mais graves em uma sub- CNAE passarão a contribuir com um valor maior, enquanto as empresas com menor acidentalidade terão uma redução no valor de contribuição. A Resolução MPS/CNPS n. 1.269/2006 estabeleceu metodologia definindo parâmetros e critérios para a geração do FAP. Estes parâmetros foram testados e os resultados sinalizaram para a necessidade de aperfeiçoar a metodologia de modo a garantir justiça na contribuição do empregador e equilíbrio atuarial. Desse estudo resultou a nova metodologia abaixo descrita, que altera parâmetros e critérios para o cálculo da frequência, da gravidade, do custo e do próprio FAP, em relação à metodologia anterior.

2. Nova Metodologia para o FAP

2.1 Fontes dos dados:

Para os cálculos dos índices de frequência, de gravidade e de custo, foram definidas as seguintes fontes de dados:

Registros da Comunicação de Acidentes de Trabalho (CAT) relativo a cada acidente ocorrido;

Registros de concessão de benefícios acidentários que constam nos sistemas informatizados do Instituto Nacional de Seguro Social (INSS) concedidos a partir de abril de 2007 sob a nova abordagem dos nexos técnicos aplicáveis pela perícia médica do INSS, destacando-se aí o Nexo Técnico Epidemiológico Previdenciário (NTEP). O critério para contabilização de benefícios acidentários concedidos é a observação de Data de Despacho do Benefício (DDB) dentro do Período-base (PB) de cálculo;

Dados populacionais empregatícios registrados no Cadastro Nacional de Informações Social (CNIS), do Ministério da Previdência Social — MPS, referentes ao período-base. As empresas empregadoras informam ao CNIS, entre outros dados, os respectivos segmentos econômicos aos quais pertencem segundo a Classificação Nacional de Atividades Econômicas (CNAE), número de empregados, massa salarial, afastamentos, alíquotas de 1%, 2% ou 3%, bem como valores devidos ao Seguro Social.

A expectativa de sobrevida do segurado será obtida a partir da tábua completa de mortalidade construída pela Fundação Instituto Brasileiro de Geografia e Estatística (IBGE), para toda a população brasileira, considerando-se a média nacional única para ambos os sexos, mais recente no Período-Base.

2.2. Definições:

Foram adotadas as seguintes definições estruturantes:

Evento: ocorrência previdenciária, ou seja, cada um dos registros de benefício das espécies de natureza acidentária: B91 — Auxílio-Doença Acidentário, B92 — Aposentadoria por Invalidez Acidentária, B93 — Pensão por Morte Acidentária e B94 — Auxílio-Acidente Acidentário e as Comunicações de Acidente de Trabalho — CAT.

Período-Base — PB: período de tempo em meses ou anos que define o universo de benefícios e vínculos extraídos dos sistemas informatizados de benefícios do INSS e do CNIS que será considerado para o cálculo do FAP.

Frequência: índice baseado no número de registros, diretos e indiretos, de acidentes e doenças do trabalho em determinado tempo. Inclui toda a acidentalidade registrada mediante CAT e os benefícios acidentários estabelecidos a partir de nexos técnicos, inclusive o NTEP, que não têm CAT associada.

Gravidade: índice baseado na intensidade de cada ocorrência acidentária estabelecida a partir da multiplicação do número de ocorrências de cada espécie de benefício acidentário por um valor fixo representado os diferentes níveis de gravidade: 0,50 para pensão por morte; 0,30 para aposentadoria por invalidez; 0,1 para afastamento temporário e 0,1 para auxílio-acidente.

Custo: dimensão monetária do acidente que expressa os gastos da Previdência Social com pagamento de benefícios de natureza acidentária e sua relação com as contribuições das empresas.

Massa Salarial — MS, anual: soma, em reais, dos valores salariais, incluindo 13º salário, informados pela empresa junto ao CNIS.

Vínculo Empregatício: é identificado por um Número de Identificação do Trabalhador — NIT, um número no Cadastro Nacional de Pessoa Jurídica — CNPJ e uma data de admissão.

Vínculos Empregatícios — média: é a soma do número de vínculos mensal em cada empresa com registro junto ao CNIS informados pela empresa, via SEFIP/GFIP dividido pelo número de meses do período.

Data de Despacho do Benefício — DDB: é a data (dia/mês/ano) em que é processada a concessão do benefício junto à DATAPREV.

Data Início do Benefício — DIB: é a data (dia/mês/ano) a partir da qual se inicia o direito ao benefício;

Data Cessação do Benefício — DCB: é a data (dia/mês/ano), a partir da qual se encerra o direito ao recebimento do benefício.

Idade: é a idade do segurado, expressa em anos, na data do início do benefício.

Salário de Benefício: valor que serve de base aos percentuais que calcularão a renda mensal dos benefícios (Mensalidade Reajustada — MR).

Renda Mensal Inicial — RMI (pura): valor inicial do benefício no mês.

CNAE 2.0: é a classificação das áreas econômicas aprovada e divulgada pela Comissão Nacional de Classificações (CONCLA), vigente a partir de janeiro de 2007: a versão 2.0 da CNAE tem 21 seções, 87 divisões, 285 grupos, 673 classes e 1.301 subclasses.

CNAE-Subclasse preponderante da empresa: é a menor subdivisão componente da CNAE 2.0 declarada pela empresa como sendo a que agrega o maior número de vínculos.

2.3. Geração de Índices de Frequência, Gravidade e Custo:

A matriz para os cálculos da frequência, gravidade e custo, e para o cálculo do FAP será composta pelos registros de toda CAT e pelos registros dos benefícios de natureza acidentária. Os benefícios de natureza acidentária serão contabilizados no CNPJ ao qual o trabalhador estava vinculado no momento do acidente, ou ao qual o agravo esteja diretamente relacionado. Para o trabalhador avulso não há configuração de vínculo empregatício, mas o benefício será vinculado à empresa onde presta o serviço.

A geração do Índice de Frequência, do Índice de Gravidade e do Índice de Custo para cada uma das empresas se faz do seguinte modo:

2.3.1 — Índice de Frequência.

Indica a incidência da acidentalidade em cada empresa. Para esse índice são computadas as ocorrências acidentárias registradas por meio de CAT e os benefícios das espécies B91 e B93 sem registro de CAT, ou seja, aqueles que foram estabelecidos por nexos técnicos, inclusive por NTEP. Podem ocorrer casos de concessão de B92 e B94 sem a precedência de um B91 e sem a existência de CAT e nestes casos serão contabilizados como registros de acidentes ou doenças do trabalho.

O cálculo do índice de frequência é obtido da seguinte maneira:

Índice de frequência = número de acidentes registrados em cada empresa, mais os benefícios que entraram sem CAT vinculada, por nexo técnico/ número médio de vínculos x 1.000 (mil).

O número de acidentes registrados em cada empresa equivale às CAT registradas como do Tipo de CAT = "Inicial", o que evita a duplicação de contagem do mesmo evento.

2.3.2 — Índice de Gravidade

Indica a gravidade das ocorrências acidentárias em cada empresa.

Para esse índice são computados todos os casos de afastamento acidentário por mais de 15 dias (auxílio-doença acidentário — B91), os casos de auxílio-acidente (B94), de aposentadoria por invalidez (B92) e pensão por morte acidentária (B93). É atribuído peso diferente para cada tipo de afastamento em função da gravidade da ocorrência. Para pensão por morte o peso atribuído é de 0,50, para aposentadoria por invalidez é 0,30, para auxílio-doença o peso é de 0,10 e para auxílio-acidente o peso é 0,10.

O cálculo do índice de gravidade é obtido da seguinte maneira:

Índice de gravidade = (número de benefícios auxílio doença por acidente (B91) x 0,1 + número de benefícios por invalidez (B92) x 0,3 + número de benefícios por morte (B93) x 0,5 + o número de benefícios auxílio-acidente (B94) x 0,1)/número médio de vínculos x 1.000 (mil).

2.3.3 — Índice de Custo

Representa o custo dos benefícios por afastamento cobertos pela Previdência. Para esse índice são computados os valores pagos pela Previdência em rendas mensais de benefícios. No caso do auxílio-doença (B91), o custo é calculado pelo tempo de afastamento, em meses e fração de mês, do trabalhador dentro do Período-base de cálculo do FAP. Nos casos de benefícios por invalidez, parcial ou total (B92 e B94), e morte (B93), os custos são calculados fazendo uma projeção da expectativa de sobrevida a partir da tábua completa de mortalidade construída pela Fundação Instituto Brasileiro de Geografia e Estatística — IBGE, para toda a população brasileira, considerando-se a média nacional única para ambos os sexos.

O cálculo do índice de custo é obtido da seguinte maneira:

Índice de custo = valor total de benefícios/valor total de remuneração paga pelo estabelecimento aos segurados x 1.000 (mil).

2.4 — Geração do Fator Acidentário de Prevenção — FAP — por Empresa

Após o cálculo dos índices de frequência, de gravidade e de custo, são atribuídos os percentis de ordem para as empresas por setor (Subclasse da CNAE) para cada um desses índices.

Desse modo, a empresa com menor índice de frequência de acidentes e doenças do trabalho no setor, por exemplo, recebe o menor percentual e o estabelecimento com maior frequência acidentária recebe 100%. O percentil é calculado com os dados ordenados de forma ascendente.

O percentil de ordem para cada um desses índices para as empresas dessa Subclasse é dado pela fórmula abaixo:

Percentil = 100 x (Nordem — 1)/(n — 1)

Onde: n = número de estabelecimentos na Subclasse;

Nordem = posição do índice no ordenamento da empresa na Subclasse.

Quando ocorrer o fato de empresas ocuparem posições idênticas, ao serem ordenadas para formação dos róis (de frequência, gravidade ou custo) e cálculo dos percentis de ordem, o Nordem de cada empresa neste empate será calculado como a posição média dentro deste grupo mediante aplicação da fórmula:

Nordem no empate = posição inicial do grupo de empate + [((“número de empresas empatadas” + 1) / 2) — 1]. Este critério vincula-se à adequada distribuição do binômio *bonus* x *malus*.

Por exemplo, se houver uma empresa na posição 199, 7 empresas empatadas na posição 200 e a próxima empresa na posição 207, o Nordem de cada uma das empresas no grupo de empate será:

posição no empate + [((“número de empresas empatadas” + 1) / 2) — 1] = 200 + [((7 + 1)/2) — 1] = 200 + [4-1] = 203.

Regra — Quando a empresa não apresentar, no Período-base de cálculo do FAP, registro de acidente ou doença do trabalho, benefício acidentário concedido sem CAT vinculada e qualquer benefício acidentário concedido (B91, B92, B93 e B94) com DDB no Período base de cálculo, seus índices de frequência, gravidade e custo serão nulos e assim o FAP será igual a 0,5000, por definição. Nestes casos, ficando comprovado a partir de fiscalização que a empresa não apresentou notificação de acidente ou doença do trabalho, nos termos do art. 22 da Lei n. 8.213/1991, mediante protocolo de CAT, o FAP da empresa será, por definição, igual a 2,0000 independente do valor do IC calculado. Esta regra será aplicada aos valores FAP divulgados em setembro de 2009 (vigência 2010) a partir de 1º de setembro de 2010 e nos processamentos seguintes do FAP (vigências a partir de 2011).

No processamento dos valores FAP a partir de 2010 (vigências a partir de 2011) quando ocorrer empate de empresas na primeira posição em um rol de qualquer um dos índices, a primeira empresa posicionada imediatamente após as posições ocupadas pelas empresas empatadas será reclassificada para a posição do Nordem no empate, e as demais que estiverem em posições posteriores terão suas novas posições calculadas por processo matemático-geométrico dado pela expressão:

Nordem Reposicionado = (Nordem Reposicionado anterior) + [(n — Nordem no empate inicial) / (n — (número de empresas no empate inicial+1))]

Nota:

1. O Nordem Reposicionado da primeira empresa colocada imediatamente após o empate inicial equivalerá, por definição, à posição média no grupo de empate (Nordem no empate inicial);

2. Caso ocorra empates na primeira posição (Nordem = 1) e um outro grupo de empate em posição posterior, o Nordem Reposicionado de cada empresa deste grupo equivalerá à média dos Nordem Reposicionados calculados como se não existisse o empate.

Exemplo:
Hipótese:

Em uma SubClasse da CNAE há 203 empresas e 196 dessas empresas não apresentam, dentro do período-base de cálculo, qualquer registro de CAT, benefício acidentário concedido sem CAT vinculada e concessão de benefício acidentário (B91, B92, B93 e B94), então a próxima empresa, na ordem ascendente ocupará a posição 197 em um rol de um determinado índice. Para este mesmo rol foi observado que 3 empresas tiveram índices calculados iguais e ocupam as posições equivalentes às de 199 a 201.

Cálculo das posições finais no rol -

A posição média das 196 empresas empatadas equivale a Nordem no empate no início do rol = (196 + 1) / 2 = 98,5.

Como, por definição, as 196 empresas que têm insumos de cálculo zerados, por definição, terão FAP atribuído igual a 0,5000. Então, para redistribuir as empresas no espaço linear fixaremos como “Nordem Reposicionado (1º reposicionamento)” para a empresa que ocupa o Nordem 197 a posição equivalente à posição média do empate, ou seja, 98,5. As demais empresas, que ocupam posição entre a posição inicial de 197 a 203 (esta inclusive) serão reposicionadas segundo a fórmula de “Nordem Reposicionado”. Assim temos:

Posição inicial 197 => Nordem Reposicionado = 98,5 (por definição)

Posição inicial 198 => Nordem Reposicionado = (98,5) + [(203 — 98,5) / (203 — (196 + 1))] = 115,9167;

Grupo de empate (199 a 201)

Posição inicial 199 => Nordem Reposicionado = (115,9167) + [(203 — 98,5) / (203 — (196 + 1))] = 133,3333;

Posição inicial 200 => Nordem Reposicionado = (133,3333) + [(203 — 98,5) / (203 — (196 + 1))] = 150,7500;

Posição inicial 201 => Nordem Reposicionado = (150,7500) + [(203 — 98,5) / (203 — (196 + 1))] = 168,1667;

Posição inicial 202 => Nordem Reposicionado = (168,1667) + [(203 — 98,5) / (203 — (196 + 1))] = 185,5833;

Posição inicial 203 => Nordem Reposicionado = (185,5833) + [(203 — 98,5) / (203 — (196 + 1))] = 203,0000.

Como houve empate de empresas na posição original de 199 até 201, o Nordem Reposicionado final de cada uma das empresas no empate equivalerá à média dos Nordem Reposicionados calculados: (133,3333 + 150,7500 + 168,1667) / 3 = 150,7500.

A partir dos percentis de ordem é criado um índice composto, atribuindo ponderações aos percentis de ordem de cada índice.

O critério das ponderações para a criação do índice composto pretende dar o peso maior para a gravidade (0,50), de modo que os eventos morte e invalidez tenham maior influência no índice composto.

A frequência recebe o segundo maior peso (0,35) garantindo que a frequência da acidentalidade também seja relevante para a definição do índice composto. Por último, o menor peso (0,15) é atribuído ao custo. Desse modo, o custo que a acidentalidade representa faz parte do índice composto, mas sem se sobrepor à frequência e à gravidade. Entende-se que o elemento mais importante, preservado o equilíbrio atuarial, é dar peso ao custo social da acidentalidade.

Assim, a morte ou a invalidez de um trabalhador que recebe um benefício menor não pesará muito menos que a morte ou a invalidez de um trabalhador que recebe um salário de benefício maior.

O índice composto calculado para cada empresa é multiplicado por 0,02 para a distribuição dos estabelecimentos dentro de um determinado CNAE-Subclasse variar de 0 a 2. Os valores de IC inferiores a 0,5 receberão, por definição, o valor de 0,5 que é o menor Fator Acidentário de Prevenção. Este dispositivo será aplicado aos valores FAP processados a partir de 2010 (vigências a partir de 2011).

Então, a fórmula para o cálculo do índice composto (IC) é a seguinte:

IC = (0,50 x percentil de ordem de gravidade + 0,35 x percentil de ordem de frequência + 0,15 x percentil de ordem de custo) x 0,02

Exemplo:

Desse modo, uma empresa que apresentar percentil de ordem de gravidade de 30, percentil de ordem de frequência 80 e percentil de ordem de custo 44, dentro do respectivo CNAE-Subclasse, terá o índice composto calculado do seguinte modo:

IC = (0,50 x 30 + 0,35 x 80 + 0,15 x 44) x 0,02 = 0,9920

Aos valores de IC calculados aplicamos:

Caso I

Para IC < 1,0 (*bonus*) — como o FAP incide sobre a alíquota de contribuição de um, dois ou três por cento, destinada ao financiamento do benefício de aposentadoria especial ou daqueles concedidos em razão do grau de incidência de incapacidade laborativa decorrente dos riscos ambientais do trabalho, reduzindo-a em até cinquenta por cento, ou aumentando-a, em até cem por cento, ou seja, o FAP deve variar entre 0,5 e 2,0 (estabelecido na Lei n. 10.666, de 8 de maio de 2003). A aplicação da fórmula do IC resulta em valores entre 0 e 2, então a faixa de bonificação (*bonus* = IC < 1,0) deve ser ajustada para que o FAP esteja contido em intervalo compreendido entre 0,5 e 1,0. Este ajuste é possível mediante a aplicação da fórmula para interpolação:

FAP = 0,5 + 0,5 x IC

Para o exemplo citado de cálculo de IC o valor do FAP seria:

Como IC = 0,9920 (IC < 1), FAP = 0,5 + 0,5 x IC = 0,5 + 0,5 x 0,9920 = 0,5 + 0,4960 = 0,9960.

A partir do processamento do FAP 2010, vigência 2011, não será aplicada a regra de interpolação para IC < 1,0 (*bonus*).

Caso a empresa apresente casos de morte ou invalidez permanente, decorrentes de acidentes ou doenças do trabalho, seu valor FAP não pode ser inferior a um, para que a alíquota da empresa não seja inferior à alíquota de contribuição da sua área econômica, prevista no Anexo V do Regulamento da Previdência Social, salvo, a hipótese de a empresa comprovar, de acordo com regras estabelecidas pelo INSS, investimentos em recursos materiais, humanos e tecnológicos em melhoria na segurança do trabalho, com o acompanhamento dos sindicados dos trabalhadores e dos empregadores. Por definição, nestes casos, o FAP será adotado como 1,0000.

Caso II

Para IC > 1,0 (*malus*) — o FAP não será aplicado nesta faixa em sua totalidade (intervalo de 1 a 2) a partir do processamento em 2010 (vigências a partir de 2011), então o valor do IC deve ser ajustado para a faixa *malus* mediante aplicação da fórmula para interpolação.

A aplicação desta fórmula implica o cálculo do FAP em função de uma redução de 25% no valor do IC calculado:

FAP = IC — (IC — 1) x 0.25.

1. Caso a empresa apresente casos de morte ou invalidez permanente e seu IC seja superior a 1 (faixa *malus*) o valor do FAP será igual ao IC calculado. Este procedimento equivale a não aplicação da redução de 25% do valor do IC com objetivo de provocar mobilização, nas empresas, para que não ocorram casos de invalidez ou morte;

2. Se os casos de morte ou invalidez permanente citados no item anterior forem decorrentes de acidente do trabalho tipificados como acidentes de trajeto fica mantida a aplicação da redução de 25% ao valor do IC calculado equivalente à faixa *malus* (IC > 1,0).

O princípio de distribuição de *bonus* e *malus* para empresas contidas em uma SubClasse CNAE que apresente quantidade de empresas igual ou inferior a 5 fica prejudicado. Nos casos de empresas enquadradas em SubClasse CNAE contendo número igual ou inferior a 5 empresas o FAP será por definição igual a 1,0000, ou seja, um FAP neutro. Empresas Optantes pelo Simples e Entidades Filantrópicas terão, por definição, FAP = 1,0000, ou seja, um FAP neutro.

O FAP é calculado anualmente a partir das informações e cadastros lidos em data específica. Todos os acertos de informações e cadastro ocorridos após o processamento serão considerados, exclusivamente, no processamento seguinte. Ocorrendo problemas de informações e cadastro que impossibilitem o cálculo do FAP para uma empresa, o valor FAP atribuído será igual a 1,0000. Se no processamento anual seguinte do FAP for averiguado problema que impossibilite, novamente, o cálculo do FAP será atribuído valor igual a 1,5000. A partir do terceiro processamento consecutivo com impossibilidade de cálculo do FAP por problemas de informações e cadastro a empresa terá valor FAP atribuído igual a 2,0000. Ao efetuar a correção que impedia o processamento, a empresa terá o seu FAP calculado normalmente no ano seguinte à correção.

O FAP será publicado com 4 casas decimais e será aplicado o critério de truncamento, ou seja, serão desprezadas as casas decimais após a quarta casa.

2.5 — Periodicidade e divulgação dos resultados.

Para o cálculo anual do FAP, serão utilizados os dados de dois anos imediatamente anteriores ao ano de processamento. Excepcionalmente, o primeiro processamento do FAP utilizará os dados de abril de 2007 a dezembro de 2008.

Para as empresas constituídas após janeiro de 2007, o FAP será calculado no ano seguinte ao que completar dois anos de constituição. Excepcionalmente, no primeiro ano de aplicação do FAP, nos casos, exclusivamente, de aumento das alíquotas constantes nos incisos I a III do art. 202 do RPS, estas serão majoradas, observado o mínimo equivalente à alíquota de contribuição da sua área econômica, em, apenas, 75% da parte do índice apurado que exceder a um, e desta forma consistirá num multiplicador variável num intervalo contínuo de um inteiro a um inteiro e setenta e cinco décimos (1,75).

3. Taxa de rotatividade para a aplicação do Fator Acidentário de Prevenção — FAP.

3.1. Após a obtenção do índice do FAP, conforme metodologia definida no Anexo da Resolução MPS/CNPS n. 1.308, de 27 de maio de 2009, não será concedida a bonificação para as empresas cuja taxa média de rotatividade for superior a setenta e cinco por cento.

3.2. Para cumprir o estabelecido no item 3.1, a taxa média de rotatividade será definida e calculada da seguinte maneira: Definição

3.3. A taxa média de rotatividade do CNPJ consiste na média aritmética resultante das taxas de rotatividade verificadas anualmente na empresa, considerando o período total de dois anos, sendo que a taxa de rotatividade anual é a razão entre o número de admissões ou de rescisões (considerando-se sempre o menor), sobre o número de vínculos na empresa no início de cada ano de apuração, excluídas as admissões que representarem apenas crescimento e as rescisões que representarem diminuição do número de trabalhadores do respectivo CNPJ. Justificativa

3.4. A taxa média de rotatividade faz parte do modelo do FAP para evitar que as empresas que mantém por mais tempo os seus trabalhadores sejam prejudicadas por assumirem toda a acidentalidade. Fórmulas para o cálculo

3.5. O cálculo da taxa de rotatividade para cada ano é obtido da seguinte maneira:

Taxa de rotatividade anual = mínimo (número de rescisões ocorridas no ano ou número de admissões ocorridas no ano)/número de vínculos no início do ano x 100 (cem)

3.6. Em seguida, calcula-se a taxa média de rotatividade da seguinte maneira:

Taxa média de rotatividade = média das taxas de rotatividade anuais dos últimos dois anos Aplicação da taxa média de rotatividade

3.7. As empresas que apresentam taxa média de rotatividade acima de setenta e cinco por cento não poderão receber redução de alíquota do FAP, salvo se comprovarem que tenham sido observadas as normas de Saúde e Segurança do Trabalho em caso de demissões voluntárias ou término de obra.

Instrução Normativa IN-INSS-PRES n. 20 de 10.10.2007

Anexo XV (PERFIL PROFISSIOGRÁFICO PREVIDENCIÁRIO — PPP)[60]

<table>
<tr><td colspan="8">I — SEÇÃO DE DADOS ADMINISTRATIVOS</td></tr>
<tr><td colspan="3">1. CNPJ do Domicílio Tributário/CEI:</td><td colspan="3">2. Nome Empresarial:</td><td colspan="2">3. CNAE:</td></tr>
<tr><td colspan="3">4. Nome do Trabalhador</td><td colspan="2">5. BR/PDH</td><td colspan="3">6. NIT</td></tr>
<tr><td>7. Data do Nascimento</td><td colspan="2">8. Sexo (F/M)</td><td colspan="2">9. CTPS (N., Série e UF)</td><td colspan="2">10. Data de Admissão</td><td>11. Regime Revezamento</td></tr>
<tr><td colspan="8">12. CAT REGISTRADA</td></tr>
<tr><td colspan="2">12.1. Data do Registro</td><td colspan="2">12.2. Número da CAT</td><td colspan="2">12.1. Data do Registro</td><td colspan="2">12.2. Número da CAT</td></tr>
<tr><td colspan="8">13. LOTAÇÃO E ATRIBUIÇÃO</td></tr>
<tr><td>13.1. Período</td><td colspan="2">13.2. CNPJ/CEI</td><td>13.3. Setor</td><td>13.4. Cargo</td><td>13.5. Função</td><td>13.6. CBO</td><td>13.7. Cód. GFIP</td></tr>
<tr><td>__/__/__ a __/__/__</td><td colspan="2"></td><td></td><td></td><td></td><td></td><td></td></tr>
<tr><td colspan="8">14. PROFISSIOGRAFIA</td></tr>
<tr><td>14.1. Período</td><td colspan="7">14.2. Descrição das Atividades</td></tr>
<tr><td>__/__/__ a __/__/__</td><td colspan="7"></td></tr>
<tr><td colspan="8">II — SEÇÃO DE REGISTROS AMBIENTAIS</td></tr>
<tr><td colspan="8">15. EXPOSIÇÃO A FATORES DE RISCOS</td></tr>
<tr><td>15.1. Período</td><td>15.2. Tipo</td><td>15.3. Fator de Risco</td><td>15.4. Itens./Conc</td><td>15.5. Técnica Utilizada</td><td>15.6. EPC Eficaz (S/N)</td><td>15.7. EPI Eficaz (S/N)</td><td>15.8. CA EPI</td></tr>
<tr><td>__/__/__ a __/__/__</td><td></td><td></td><td></td><td></td><td></td><td></td><td></td></tr>
</table>

---

(60) *O Anexo XV (Perfil Profissiográfico Previdenciário — PPP) pode ser obtido diretamente através do sítio eletrônico do INSS: <www.inss.gov.br>.*

16. RESPONSÁVEL PELOS REGISTROS AMBIENTAIS			
16.1. Período	16.2. NIT	16.3. Registro Conselho de Classe	16.4. Nome do Profissional Legalmente Habilitado
__/__/__ a __/__/__			

III — SEÇÃO DE RESULTADOS DE MONITORAÇÃO BIOLÓGICA				
17. EXAMES MÉDICOS CLÍNICOS E COMPLEMENTARES (Quadros I e II, da NR-07)				
17.1. Data	17.2. Tipo	17.3. Natureza	17.4. Exame (R/S)	17.5. Indicação de Resultados
__/__/__			( ) Normal	( ) Alterado ( ) Estável ( ) Agravamento ( ) Ocupacional ( ) Não Ocupacional
__/__/__			( ) Normal	( ) Alterado ( ) Estável ( ) Agravamento ( ) Ocupacional ( ) Não Ocupacional

18. RESPONSÁVEL PELA MONITORAÇÃO BIOLÓGICA			
18.1. Período	18.2. NIT	18.3. Registro Conselho de Classe	18.4. Nome do Profissional Legalmente Habilitado
__/__/__			

IV — RESPONSÁVEIS PELAS INFORMAÇÕES

Declaramos, para todos os fins de direito, que as informações prestadas neste documento são verídicas e foram transcritas fielmente dos registros administrativos, das demonstrações ambientais e dos programas médicos de responsabilidade da empresa. É de nosso conhecimento que a prestação de informações falsas neste documento constitui crime de falsificação de documento público, nos termos do art. 297 do Código Penal e, também, que tais informações são de caráter privativo do trabalhador, constituindo crime, nos termos da Lei n. 9.029/95, práticas discriminatórias decorrentes de sua exigibilidade por outrem, bem como de sua divulgação para terceiros, ressalvado quando exigida pelos órgãos públicos competentes.

19. Data Emissão PPP	20. REPRESENTANTE LEGAL DA EMPRESA	
	20.1. NIT	20.2. Nome
___/___/___	(Carimbo)	________________ (Assinatura)
OBSERVAÇÕES		

INSTRUÇÕES DE PREENCHIMENTO DO FORMULÁRIO PPP.

CAMPO	DESCRIÇÃO	INSTRUÇÃO DE PREENCHIMENTO
	SEÇÃO I	SEÇÃO DE DADOS ADMINISTRATIVOS
1	CNPJ do Domicílio Tributário/CEI	CNPJ relativo ao estabelecimento escolhido como domicílio tributário, nos termos do art. 127 do CTN, no formato XXXXXXXX/XXXX-XX; ou Matrícula no Cadastro Específico do INSS (Matrícula CEI) relativa à obra realizada por Contribuinte Individual ou ao estabelecimento escolhido como domicílio tributário que não possua CNPJ, no formato XX.XXX.XXXXX/XX, ambos compostos por caracteres numéricos.
2	NOME EMPRESARIAL	Até 40 (quarenta) caracteres alfanuméricos.
3	CNAE	Classificação Nacional de Atividades Econômicas da empresa, completo, com 7 (sete) caracteres numéricos, no formato XXXXXX-X, instituído pelo IBGE através da Resolução CONCLA n. 07, de 16/12/2002. A tabela de códigos CNAE-Fiscal pode ser consultada na Internet, no site: *www.cnae.ibge.gov.br*
4	NOME DO TRABALHADOR	Até 40 (quarenta) caracteres alfabéticos.

CAMPO	DESCRIÇÃO	INSTRUÇÃO DE PREENCHIMENTO
5	BR/PDH	BR — Beneficiário Reabilitado; PDH — Portador de Deficiência Habilitado; NA — Não Aplicável. Preencher com base no art. 93, da Lei n. 8.213, de 1991, que estabelece a obrigatoriedade do preenchimento dos cargos de empresas com 100 (cem) ou mais empregados com beneficiários reabilitados ou pessoas portadoras de deficiência, habilitadas, na seguinte proporção: I — até 200 empregados....................2%; II — de 201 a 500..............................3%; III — de 501 a 1.000..........................4%; IV — de 1.001 em diante. ....5%.
6	NIT	Número de Identificação do Trabalhador com 11 (onze) caracteres numéricos, no formato XXX.XXXXX.XX-X. O NIT corresponde ao número do PIS/PASEP/CI sendo que, no caso de Contribuinte Individual (CI), pode ser utilizado o número de inscrição no Sistema Único de Saúde (SUS) ou na Previdência Social.
7	DATA DO NASCIMENTO	No formato DD/MM/AAAA.
8	SEXO (F/M)	F — Feminino; M — Masculino.
9	CTPS (N., Série e UF)	Número, com 7 (sete) caracteres numéricos, Série, com 5 (cinco) caracteres numéricos e UF, com 2 (dois) caracteres alfabéticos, da Carteira de Trabalho e Previdência Social.
10	DATA DE ADMISSÃO	No formato DD/MM/AAAA.
11	REGIME DE REVEZAMENTO	Regime de Revezamento de trabalho, para trabalhos em turnos ou escala, especificando tempo trabalhado e tempo de descanso, com até 15 (quinze) caracteres alfanuméricos. Exemplo: 24 x 72 horas; 14 x 21 dias; 2 x 1 meses. Se inexistente, preencher com NA — Não Aplicável.
12	CAT REGISTRADA	Informações sobre as Comunicações de Acidente do Trabalho registradas pela empresa na Previdência Social, nos termos do art. 22 da Lei n. 8.213, de 1991, do art. 169 da CLT, do art. 336 do RPS, aprovado pelo Dec. n. 3.048, de 1999, do item 7.4.8, alínea "a" da NR-07 do MTE e dos itens 4.3.1 e 6.1.2 do Anexo 13-A da NR-15 do MTE, disciplinado pela Portaria MPAS n. 5.051, de 1999, que aprova o Manual de Instruções para Preenchimento da CAT.
12.1	Data do Registro	No formato DD/MM/AAAA.
12.2	Número da CAT	Com 13 (treze) caracteres numéricos, com formato XXXXXXXXXX-X/XX. Os dois últimos caracteres correspondem a um número seqüencial relativo ao mesmo acidente, identificado por NIT, CNPJ e data do acidente.
13	LOTAÇÃO E ATRIBUIÇÃO	Informações sobre o histórico de lotação e atribuições do trabalhador, por período. A alteração de qualquer um dos campos — 13.2 a 13.7 — implica, obrigatoriamente, a criação de nova linha, com discriminação do período, repetindo as informações que não foram alteradas.
13.1	Período	Data de início e data de fim do período, ambas no formato DD/MM/AAAA. No caso de trabalhador ativo, a data de fim do último período não deverá ser preenchida.
13.2	CNPJ/CEI	Local onde efetivamente o trabalhador exerce suas atividades. Deverá ser informado o CNPJ do estabelecimento de lotação do trabalhador ou da empresa tomadora de serviços, no formato XXXXXXXX/XXXX-XX; ou Matrícula CEI da obra ou do estabelecimento que não possua CNPJ, no formato XX.XXX.XXXXX/XX, ambos compostos por caracteres numéricos.
13.3	Setor	Lugar administrativo na estrutura organizacional da empresa, onde o trabalhador exerce suas atividades laborais, com até 15 (quinze) caracteres alfanuméricos.
13.4	Cargo	Cargo do trabalhador, constante na CTPS, se empregado ou trabalhador avulso, ou constante no Recibo de Produção e Livro de Matrícula, se cooperado, com até 30 (trinta) caracteres alfanuméricos.
13.5	Função	Lugar administrativo na estrutura organizacional da empresa, onde o trabalhador tenha atribuição de comando, chefia, coordenação, supervisão ou gerência. Quando inexistente a função, preencher com NA — Não Aplicável, com até 30 (trinta) caracteres alfanuméricos.

CAMPO	DESCRIÇÃO	INSTRUÇÃO DE PREENCHIMENTO
13.6	CBO	Classificação Brasileira de Ocupação vigente à época, com seis caracteres numéricos: 1 — No caso de utilização da tabela CBO relativa a 1994, utilizar a CBO completa com cinco caracteres, completando com "0" (zero) a primeira posição; 2 — No caso de utilização da tabela CBO relativa a 2002, utilizar a CBO completa com seis caracteres. Alternativamente, pode ser utilizada a CBO, com 5 (cinco) caracteres numéricos, conforme Manual da GFIP para usuários do SEFIP, publicado por Instrução Normativa da Diretoria Colegiada do INSS: 1- No caso de utilização da tabela CBO relativa a 1994, utilizar a CBO completa com cinco caracteres; 2- No caso de utilização da tabela CBO relativa a 2002, utilizar a família do CBO com quatro caracteres, completando com "0" (zero) a primeira posição. A tabela de CBO pode ser consultada na Internet, no site www.mtecbo.gov.br. OBS: Após a alteração da GFIP, somente será aceita a CBO completa, com seis caracteres numéricos, conforme a nova tabela CBO relativa a 2002.
13.7	Código Ocorrência da GFIP	Código Ocorrência da GFIP para o trabalhador, com dois caracteres numéricos, conforme Manual da GFIP para usuários do SEFIP, publicado por Instrução Normativa da Diretoria Colegiada do INSS.
14	PROFISSIOGRAFIA	Informações sobre a profissiografia do trabalhador, por período. A alteração do campo 14.2 implica, obrigatoriamente, a criação de nova linha, com discriminação do período.
14.1	Período	Data de início e data de fim do período, ambas no formato DD/MM/AAAA. No caso de trabalhador ativo, a data de fim do último período não deverá ser preenchida.
14.2	Descrição das Atividades	Descrição das atividades, físicas ou mentais, realizadas pelo trabalhador, por força do poder de comando a que se submete, com até 400 (quatrocentos) caracteres alfanuméricos. As atividades deverão ser descritas com exatidão, e de forma sucinta, com a utilização de verbos no infinitivo impessoal.
	SEÇÃO II	SEÇÃO DE REGISTROS AMBIENTAIS
15	EXPOSIÇÃO A FATORES DE RISCOS	Informações sobre a exposição do trabalhador a fatores de riscos ambientais, por período, ainda que estejam neutralizados, atenuados ou exista proteção eficaz. Facultativamente, também poderão ser indicados os fatores de riscos ergonômicos e mecânicos. A alteração de qualquer um dos campos — 15.2 a 15.8 — implica, obrigatoriamente, a criação de nova linha, com discriminação do período, repetindo as informações que não foram alteradas. OBS.: Após a implantação da migração dos dados do PPP em meio magnético pela Previdência Social, as informações relativas aos fatores de riscos ergonômicos e mecânicos passarão a ser obrigatórias.
15.1	Período	Data de início e data de fim do período, ambas no formato DD/MM/AAAA. No caso de trabalhador ativo, a data de fim do último período não deverá ser preenchida.
15.2	Tipo	F — Físico; Q — Químico; B — Biológico; E — Ergonômico/Psicossocial, M — Mecânico/ de Acidente, conforme classificação adotada pelo Ministério da Saúde, em "Doenças Relacionadas ao Trabalho: Manual de Procedimentos para os Serviços de Saúde", de 2001. A indicação do Tipo "E" e "M" é facultativa. O que determina a associação de agentes é a superposição de períodos com fatores de risco diferentes.
15.3	Fator de Risco	Descrição do fator de risco, com até 40 (quarenta) caracteres alfanuméricos. Em se tratando do Tipo "Q", deverá ser informado o nome da substância ativa, não sendo aceitas citações de nomes comerciais.
15.4	Intensidade / Concentração	Intensidade ou Concentração, dependendo do tipo de agente, com até 15 (quinze) caracteres alfanuméricos. Caso o fator de risco não seja passível de mensuração, preencher com NA — Não Aplicável.
15.5	Técnica Utilizada	Técnica utilizada para apuração do item 15.4, com até 40 (quarenta) caracteres alfanuméricos. Caso o fator de risco não seja passível de mensuração, preencher com NA — Não Aplicável.
15.6	EPC Eficaz (S/N)	S — Sim; N — Não, considerando se houve ou não a eliminação ou a neutralização, com base no informado nos itens 15.2 a 15.5, assegurada as condições de funcionamento do EPC ao longo do tempo, conforme especificação técnica do fabricante e respectivo plano de manutenção.

CAMPO	DESCRIÇÃO	INSTRUÇÃO DE PREENCHIMENTO
15.7	EPI Eficaz (S/N)	S — Sim; N — Não, considerando se houve ou não a atenuação, com base no informado nos itens 15.2 a 15.5, observado o disposto na NR-06 do MTE, assegurada a observância: 1- da hierarquia estabelecida no item 9.3.5.4 da NR-09 do MTE (medidas de proteção coletiva, medidas de caráter administrativo ou de organização do trabalho e utilização de EPI, nesta ordem, admitindo-se a utilização de EPI somente em situações de inviabilidade técnica, insuficiência ou interinidade à implementação do EPC, ou ainda em caráter complementar ou emergencial); 2- das condições de funcionamento do EPI ao longo do tempo, conforme especificação técnica do fabricante ajustada às condições de campo; 3- do prazo de validade, conforme Certificado de Aprovação do MTE; 4- da periodicidade de troca definida pelos programas ambientais, devendo esta ser comprovada mediante recibo; e 5- dos meios de higienização.
15.8	C.A. EPI	Número do Certificado de Aprovação do MTE para o Equipamento de Proteção Individual referido no campo 154.7, com 5 (cinco) caracteres numéricos. Caso não seja utilizado EPI, preencher com NA — Não Aplicável.
16	RESPONSÁVEL PELOS REGISTROS AMBIENTAIS	Informações sobre os responsáveis pelos registros ambientais, por período.
16.1	Período	Data de início e data de fim do período, ambas no formato DD/MM/AAAA. No caso de trabalhador ativo sem alteração do responsável, a data de fim do último período não deverá ser preenchida.
16.2	NIT	Número de Identificação do Trabalhador com 11 (onze) caracteres numéricos, no formato XXX.XXXXX.XX-X. O NIT corresponde ao número do PIS/PASEP/CI sendo que, no caso de Contribuinte Individual (CI), pode ser utilizado o número de inscrição no Sistema Único de Saúde (SUS) ou na Previdência Social.
16.3	Registro Conselho de Classe	Número do registro profissional no Conselho de Classe, com 9 (nove) caracteres alfanuméricos, no formato XXXXXX-X/XX ou XXXXXXX/XX. A parte "-X" corresponde à D — Definitivo ou P — Provisório. A parte "/XX" deve ser preenchida com a UF, com 2 (dois) caracteres alfabéticos. A parte numérica deverá ser completada com zeros à esquerda.
16.4	Nome do Profissional Legalmente Habilitado	Até 40 (quarenta) caracteres alfabéticos.
	SEÇÃO III	SEÇÃO DE RESULTADOS DE MONITORAÇÃO BIOLÓGICA
17	EXAMES MÉDICOS CLÍNICOS E COMPLEMENTARES	Informações sobre os exames médicos obrigatórios, clínicos e complementares, realizados para o trabalhador, constantes nos Quadros I e II, da NR-07 do MTE.
17.1	Data	No formato DD/MM/AAAA.
17.2	Tipo	A — Admissional; P — Periódico; R — Retorno ao Trabalho; M — Mudança de Função; D — Demissional.
17.3	Natureza	Natureza do exame realizado, com até 50 (cinquenta) caracteres alfanuméricos. No caso dos exames relacionados no Quadro I da NR-07, do MTE, deverá ser especificada a análise realizada, além do material biológico coletado.
17.4	Exame (R/S)	R — Referencial; S — Sequencial.
17.5	Indicação de Resultados	Preencher Normal ou Alterado. Só deve ser preenchido Estável ou Agravamento no caso de Alterado em exame Sequencial. Só deve ser preenchido Ocupacional ou Não Ocupacional no caso de Agravamento. OBS: No caso de Natureza do Exame "Audiometria", a alteração unilateral poderá ser classificada como ocupacional, apesar de a maioria das alterações ocupacionais serem constatadas bilateralmente.
18	RESPONSÁVEL PELA MONITORAÇÃO BIOLÓGICA	Informações sobre os responsáveis pela monitoração biológica, por período.
18.1	Período	Data de início e data de fim do período, ambas no formato DD/MM/AAAA. No caso de trabalhador ativo sem alteração do responsável, a data de fim do último período não deverá ser preenchida.
18.2	NIT	Número de Identificação do Trabalhador com 11 (onze) caracteres numéricos, no formato XXX.XXXXX.XX-X. O NIT corresponde ao número do PIS/PASEP/CI sendo que, no caso de Contribuinte Individual (CI), pode ser utilizado o número de inscrição no Sistema Único de Saúde (SUS) ou na Previdência Social.

CAMPO	DESCRIÇÃO	INSTRUÇÃO DE PREENCHIMENTO
18.3	Registro Conselho de Classe	Número do registro profissional no Conselho de Classe, com 9 (nove) caracteres alfanuméricos, no formato XXXXXX-X/XX ou XXXXXXX/XX. A parte "-X" corresponde à D — Definitivo ou P — Provisório. A parte "/XX" deve ser preenchida com a UF, com 2 (dois) caracteres alfabéticos. A parte numérica deverá ser completada com zeros à esquerda.
18.4	Nome do Profissional Legalmente Habilitado	Até 40 (quarenta) caracteres alfabéticos.
	SEÇÃO IV	RESPONSÁVEIS PELAS INFORMAÇÕES
19	DATA DE EMISSÃO DO PPP	Data em que o PPP é impresso e assinado pelos responsáveis, no formato DD/MM/AAAA.
20	REPRESENTANTE LEGAL DA EMPRESA	Informações sobre o Representante Legal da empresa, com poderes específicos outorgados por procuração.
20.1	NIT	Número de Identificação do Trabalhador com 11 (onze) caracteres numéricos, no formato XXX.XXXXX.XX-X. O NIT corresponde ao número do PIS/PASEP/CI sendo que, no caso de contribuinte individual (CI), pode ser utilizado o número de inscrição no Sistema Único de Saúde (SUS) ou na Previdência Social.
20.2	Nome	Até 40 caracteres alfabéticos.
	Carimbo e Assinatura	Carimbo da Empresa e Assinatura do Representante Legal.
		OBSERVAÇÕES
		Devem ser incluídas neste campo, informações necessárias à análise do PPP, bem como facilitadoras do requerimento do benefício, como por exemplo, esclarecimento sobre alteração de razão social da empresa, no caso de sucessora ou indicador de empresa pertencente a grupo econômico.
OBS: É facultada a inclusão de informações complementares ou adicionais ao PPP.		

Capítulo 38

SEGURANÇA E SAÚDE NO TRABALHO DE MENORES, MULHERES E PESSOAS COM DEFICIÊNCIA

O objetivo do presente capítulo é enfatizar os aspectos jurídicos pertinentes à segurança e saúde no trabalho de três categorias especiais de trabalhadores: os menores de idade, as mulheres e as pessoas com deficiência. Essa abordagem separadamente do trabalhador comum justifica-se em face de peculiaridades relevantes e suficientes para ensejar uma compreensão especial das correspondentes questões relacionadas com a prevenção de acidentes do trabalho e de doenças ocupacionais a que estão afeitas essas três categorias profissionais diferenciadas.

É por demais sabido que a Revolução Industrial rompeu definitivamente com as estruturas corporativas e a base humanista presentes na Idade Média, ao promover a apropriação dos meios e instrumentos de trabalho por parte daqueles detentores do capital e propiciar o acesso aos bens de consumo. Em consequência, as pessoas foram transferidas do campo para as cidades, o que, dentre outros fatores, veio a contribuir para a instabilidade da ordem social. Malgrado reconheça-se que os avanços tecnológicos resultantes tenham dado origem à organização do trabalho, propiciando mais rapidez na produção, aumentando esta e reduzindo os seus custos, atribui-se à Revolução Industrial o incremento da miséria operária, em decorrência da exploração física e mental dos trabalhadores constantemente submetidos a jornadas excessivas e às precárias condições ambientais de trabalho ou, quando não, em face do desemprego ou do subemprego crescentes.

Nesse contexto, surgiu o Direito do Trabalho como uma ferramenta social destinada a tutelar o hipossuficiente em face da incontida e incessante ânsia patronal na obtenção do lucro sempre crescente, ainda que manchado de sangue e suor de muitos trabalhadores, particularmente dos menores e das mulheres, por constituírem mão de obra mais barata, além de serem mais facilmente dominados. Não sem razão, pois, que as primeiras normas trabalhistas, editadas nos primórdios do século XIX, tiveram por escopo proteger o trabalho das mulheres e dos menores, especialmente para tentar a redução da jornada de trabalho que era excessivamente prolongada ou para melhorar as precárias condições de higiene existentes nas fábricas dos países europeus onde a referida revolução se fez presente em primeiro lugar. Como exemplos, podem ser destacados os seguintes instrumentos jurídicos:

- Na Inglaterra (1802), a Lei de "PEEL", que fixou em doze horas diárias a jornada laboral dos menores nas fábricas;
- Na França (1814), uma lei ordinária proibiu o trabalho dos menores de oito anos de idade;
- Na Alemanha (1839), uma lei ordinária proibiu o trabalho dos menores de nove anos de idade;
- Na Itália (1886), foram editadas leis ordinárias protegendo o trabalho das mulheres e dos menores.

A propósito, as primeiras Convenções da Organização Internacional do Trabalho aprovadas na 1ª Reunião da Conferência Internacional do Trabalho, realizada em Washington no ano de 1919, e posteriormente ratificadas pelo Brasil dizem respeito à proteção do trabalho dos menores, exemplos disso são as Convenções OIT n. 5: Idade Mínima de Admissão nos Trabalhos Industriais e n. 6: Trabalho Noturno dos Menores na Indústria. Prova maior de que a exploração do trabalho dos menores ainda persiste nos dias atuais é que, recentemente, fez-se necessária a edição da Convenção OIT n. 182 sobre as Piores Formas de Trabalho Infantil e a Ação Imediata para a sua Eliminação, aprovada em Genebra na data de 1º.6.1999 e que veio a ser promulgada no Brasil por meio do Decreto n. 3.597, de 12.9.2000.

O ordenamento jurídico pátrio considera que a expressão "menor" abrange tanto as crianças quanto os adolescentes. A propósito, o Estatuto da Criança e do Adolescente considera criança os seres humanos com idade inferior a doze anos, enquanto adolescentes são aqueles com idade igual ou superior a doze e inferior a dezoito anos. Sob o aspecto penal, convém destacar que os menores de dezoito anos são inimputáveis, ou seja, não poderão ser responsabilizados penalmente por não se sujeitarem à tipificação dos crimes nem tampouco às correspondentes penas propriamente ditas, nas formas previstas em nosso

Estatuto Penal. O atual Código Civil brasileiro reduziu a maioridade civil, antes fixada em vinte e um, para dezoito anos de anos de idade, estabelecendo, mais, que os menores de dezesseis anos são absolutamente incapazes para os atos da vida civil, enquanto aqueles com idade entre dezesseis e dezoito anos são relativamente capazes para tais atos.

No tocante ao Direito Constitucional, há de se destacar que nossa Lei Maior contém várias disposições destinadas a tutelar a atividade laboral dos trabalhadores menores de idade, merecendo mencionar as seguintes:

- Não é permitido o trabalho noturno, perigoso ou insalubre dos menores de dezoito anos de idade, assim como qualquer trabalho dos menores de dezesseis, salvo na condição de aprendiz, a partir de quatorze anos. Por aprendiz entenda-se o menor sujeito à formação profissional metódica do ofício ou ocupação para cujo exercício foi admitido na empresa com o compromisso de prosseguir o respectivo regime de aprendizagem;
- Deve ser priorizado, à criança e ao adolescente, o direito à vida, à saúde, à alimentação, à educação, ao lazer, à profissionalização, à cultura, à dignidade, à liberdade e à convivência familiar e comunitária, além de colocá-los a salvo de toda forma de negligência, discriminação, exploração, violência, crueldade e opressão;
- O Estado, em suas várias esferas: federal, estadual e municipal, deverá promover programas de assistência integral à saúde da criança e do adolescente, admitindo-se a participação de entidades não governamentais;
- Os menores de dezoito anos são penalmente inimputáveis, sujeitando-se, porém, às normas da legislação especial;
- Aos menores serão assegurados os direitos trabalhistas e previdenciários, assim como o acesso do trabalhador adolescente à escola.

Nesse mesmo direcionamento, o Estatuto Laboral dedica um capítulo inteiro às normas destinadas a tutelar o trabalho dos menores, dentre as quais sobressaem as seguintes:

- Não se admitirá que o menor trabalhe em locais prejudiciais à sua formação, ao seu desenvolvimento físico, psíquico, moral e social e em horários e locais que não permitam a frequência à escola;
- Dependerá de prévia autorização judicial, o trabalho de menores nas ruas, praças e outros logradouros, cabendo ao Juiz competente verificar se a ocupação é indispensável à sua própria subsistência ou à de seus pais, avós ou irmãos e se dessa ocupação não poderá advir prejuízo à formação moral do menor;
- Quando o trabalho executado pelo menor for considerado pela autoridade competente como prejudicial à sua saúde, ao seu desenvolvimento físico ou a sua moralidade, poderá ela obrigá-lo a abandonar o serviço, devendo a respectiva empresa, quando for o caso, proporcionar ao menor todas as facilidades para mudar de funções;
- A autoridade fiscalizadora poderá proibir o gozo dos períodos de repouso nos locais de trabalho, se isto for recomendável para uma maior segurança do trabalho e garantia da saúde dos menores;
- Os empregadores de menores de 18 (dezoito) anos são obrigados a velar pela observância, nos seus estabelecimentos ou empresas, dos bons costumes e da decência pública, bem como das regras da segurança e da medicina do trabalho;
- Contrato de aprendizagem é o contrato de trabalho especial, ajustado por escrito e por prazo determinado, não superior a dois anos, em que o empregador se compromete a assegurar ao maior de quatorze e menor de dezoito anos, inscrito em programa de aprendizagem, formação técnico-profissional metódica, compatível com o seu desenvolvimento físico, moral e psicológico; e o aprendiz, a executar, com zelo e diligência, as tarefas necessárias a essa formação e, também, à frequência do curso de aprendizagem em que esteja matriculado;
- É lícito ao menor firmar recibo pelo pagamento dos salários. Tratando-se, porém, de rescisão do contrato de trabalho, é vedado ao menor de 18 (dezoito) anos dar, sem assistência dos seus responsáveis legais, quitação ao empregador pelo recebimento da indenização que lhe for devida;
- Contra os menores de 18 (dezoito) anos não corre nenhum prazo de prescrição.

No que concerne à tutela jurídica da segurança e saúde no trabalho das mulheres, impõe-se enfatizar que, malgrado seja indiscutível a igualdade sexual como importante princípio Constitucional a ser preservado e respeitado, certamente que, nos planos biológico e fisiológico, são visíveis as diferenças entre homens e mulheres, especialmente no desenvolvimento de trabalhos nos quais haja a necessidade do uso intenso de força muscular.

Outrossim, não se pode olvidar o fato de que a natureza incumbiu às mulheres o "encargo-prazer" da maternidade, sendo indispensável, pois, que o Estado adote mecanismos jurídicos de modo que tutele o trabalho das mulheres para compatibilizar o exercício de atividades produtivas com aquelas inerentes ao sagrado ato materno. Infelizmente, muitas das normas de proteção ao trabalho das mulheres, na prática, acabam por desfavorecê-las, tanto assim que são raros os casos de mulheres que, encontrando-se gestantes, conseguem colocação no mercado de trabalho e, muito pelo contrário, não são poucas aquelas que, estando empregadas, são dispensadas injustamente, tão logo aflore seu estado gestante, em que pese nossa Lei Maior assegurar-lhes a manutenção do contrato de trabalho, desde a confirmação da gravidez até cinco meses após o parto.

Além da garantia provisória de permanência no emprego conferida constitucionalmente à gestante, na forma antes explicitada, merecem igualmente ênfase as seguintes disposições previstas em nossa Lei Maior e que têm por escopo promover a proteção à segurança e saúde no trabalho das mulheres:

- Licença-maternidade pelo período mínimo de cento e vinte dias. Oportuno recordar que durante a licença-maternidade a mulher estará dispensada da prestação de serviços para que possa bem cumprir o sagrado ato materno de dar à luz a um bebê, e durante esses quatro meses não perceberá o salário diretamente da empresa, e sim um correspondente benefício previdenciário denominado salário-maternidade, a ser pago pelo INSS;
- Proteção do mercado de trabalho da mulher, mediante incentivos específicos, nos termos da lei. Registre-se que, após a promulgação da Constituição em 5.10.1988, não foi editada nenhuma lei ordinária nesse sentido;
- Proibição de diferença de salários, de exercício de funções e de critério de admissão por motivo de sexo, idade, cor ou estado civil. Malgrado essa determinação Constitucional, em média, as mulheres ainda continuam sendo vítimas de discriminação empregatícia, uma vez que não são raros os casos em que são preteridas na admissão do emprego pelo fato de serem mulheres ou, quando não, por perceberem menos que os homens, ainda que com o mesmo desempenho profissional.

De forma análoga, o Estatuto Laboral dedica especial atenção à proteção do trabalho das mulheres, particularmente àquelas que se encontrem na condição de gestante ou lactante (seis primeiros meses de amamentação), conforme evidenciado nas seguintes determinações Consolidadas:

- Não será permitido o trabalho da mulher em atividade que demande o emprego de força muscular superior a 20 (vinte) quilos para o trabalho contínuo, ou 25 (vinte e cinco) quilos para o trabalho ocasional, exceto quando a remoção de material for feita por impulsão ou tração de vagonetes sobre trilhos, de carros de mão ou quaisquer aparelhos mecânicos;
- Nos estabelecimentos onde trabalharem pelo menos trinta mulheres com mais de dezesseis anos de idade deverá haver um local apropriado de modo que possibilite às empregadas deixar os seus filhos no período da amamentação. Além disso, serão assegurados às lactantes dois descansos especiais, de meia hora cada um, para amamentação do filho até que este complete seis meses de idade;
- Em face da licença-maternidade, é proibido o trabalho da mulher grávida no período compreendido entre as quatro semanas que antecedem ao parto, assim como nas oito subsequentes, sem prejuízo de que, ocorrendo o parto antecipado, a mulher usufrua o total das doze semanas. Em caso de aborto não criminoso, a mulher terá direito a usufruir repouso remunerado por duas semanas;
- À mulher grávida é facultado pôr fim ao contrato de trabalho, desde que o exercício de suas atividades seja, por laudo médico, considerado nocivo à gestação.

Consoante explicitado no Capítulo Sete (Programa de Controle Médico de Saúde Ocupacional) deste Manual, uma questão importante a ser enfatizada em relação a exames médicos-ocupacionais diz respeito à regra contida na Lei n. 9.029, de 13.4.1995, que expressamente proíbe a exigência ou realização de atestados de gravidez, esterilização e outras práticas discriminatórias, por ocasião dos exames admissionais ou periódicos das mulheres. Registre-se, por oportuno, que a citada lei igualmente tipifica como crime as práticas discriminatórias em relação às mulheres, tanto no que diz respeito ao estado gravídico, à esterilização genética ou à indução a controle de natalidade, sujeitando os infratores às penas de detenção de um a dois anos e multa. A propósito, cabe observar que por tais crimes responderão:

- a pessoa física do empregador
- o representante legal como definido na legislação trabalhista;
- o dirigente, direto ou por delegação, de órgãos públicos e entidades das administrações públicas direta, indireta e fundacional de quaisquer dos Poderes da União, dos Estados, do Distrito Federal e dos Municípios.

Outrossim, é conveniente ressaltar que o empregador que praticar as infrações tipificadas na Lei n. 9.029/1995, além das sanções penais já descritas, sujeita-se, também ao pagamento de multa administrativa correspondente a dez vezes o valor do maior salário pago pelo empregador à empregada, elevado em cinquenta por cento em caso de reincidência, além de ficar este empregador impedido de obter empréstimo ou financiamento junto a instituições financeiras oficiais.

Ainda sobre a citada Lei n. 9.029/1995, convém observar que em artigo específico, é facultado à vítima de práticas discriminatórias ali especificadas, por ocasião da avaliação médico-ocupacional, a opção entre ser reintegrada no emprego ou perceber indenização em dobro pelo período de afastamento.

No tocante à proteção jurídica da segurança e saúde no trabalho das Pessoas com Deficiência, há de ser dito que a Convenção n. 159, da Organização Internacional do Trabalho, define pessoa deficiente como aquela cujas possibilidades de obter e conservar um emprego adequado e de progredir no mesmo fiquem substancialmente reduzidas devido a uma limitação de caráter físico ou mental devidamente comprovada. Importante registrar que o recém publicado Estatuto da Pessoa com Deficiência (Lei n. 13.146 de 6.7.2015), ao invés da denominação "pessoa portadora de deficiência", optou por utilizar a expressão "pessoa com deficiência"; tanto assim que, em seu art. 2º, expressamente conceitua pessoa com deficiência como sendo aquela que tem impedimento de longo prazo de natureza física, mental, intelectual ou sensorial, o qual, em interação com uma ou mais barreiras, pode obstruir sua participação plena e efetiva na sociedade em igualdade de condições com as demais pessoas.

Nossa Lei Fundamental contém poucas disposições que, de forma genérica e programática, destinam-se a tutelar o trabalho das pessoas com deficiência, consoante se verifica da simples leitura dos referidos dispositivos:

- Proibição de qualquer discriminação no tocante a salário e critérios de admissão do trabalhador portador de deficiência;
- A lei disporá sobre normas de construção e a adaptação dos logradouros e dos edifícios de uso público e de fabricação de veículos de transporte coletivo, a fim de garantir acesso adequado às pessoas portadoras de deficiência.

No plano da legislação infraconstitucional, há de ser dito que a Consolidação das Leis do Trabalho é praticamente omissa em relação à tutela laboral da pessoa com deficiência.Todavia, alguns dispositivos de legislação ordinária foram editados após o advento da novel Carta Magna, porém, sem nenhum item consistente relacionado à proteção jurídica à segurança e saúde no trabalho dessa categoria especial de trabalhadores.

Com a promulgação da Lei Brasileira de Inclusão da Pessoa com Deficiência ou Estatuto da Pessoa com Deficiência (Lei n. 13.146 de 6.7.2015), esperamos que esse instrumento legal signifique um verdadeiro "divisor de águas" em favor dessa importante categoria de seres humanos, pelo que, deve a sociedade brasileira acolher com mais compreensão, fraternidade, respeito e justiça social, todas as pessoas com deficiência que, como se sabe, até então têm sido vítimas constantes de discriminação social em todas as suas matizes negativas, a exemplo das outras modalidades de minorias sociais.

O Estatuto Brasileiro da Pessoa com Deficiência objetiva assegurar e promover, em condições de igualdade, o exercício dos direitos e das liberdades fundamentais da pessoa com deficiência, visando à sua inclusão social e cidadania. Registre-se, por oportuno, que a citada lei dedica um capítulo inteiro para disciplinar o Direito ao Trabalho das Pessoas com Deficiência, merecendo destaque os seguintes preceitos afirmativos:

- A pessoa com deficiência tem direito ao trabalho de sua livre escolha e aceitação, em ambiente acessível e inclusivo, em igualdade de oportunidades com as demais pessoas, cabendo às pessoas jurídicas de direito público, privado ou de qualquer natureza propiciar ambientes de trabalho acessíveis e inclusivos.
- É vedada restrição ao trabalho da pessoa com deficiência e qualquer discriminação em razão de sua condição, inclusive nas etapas de recrutamento, seleção, contratação, admissão, exames admissional e periódico, permanência no emprego, ascensão profissional e reabilitação profissional, bem como exigência de aptidão plena.
- É garantido à pessoa com deficiência o direito à participação e ao acesso a cursos, treinamentos, educação continuada, planos de carreira, promoções, bonificações e incentivos profissionais oferecidos pelo empregador, em igualdade de oportunidades com os demais empregados.
- As políticas públicas de trabalho e emprego devem promover e garantir condições de acesso e de permanência da pessoa com deficiência no campo de trabalho.
- Os programas de estímulo ao empreendedorismo e ao trabalho autônomo, incluídos o cooperativismo e o associativismo, devem prever a participação da pessoa com deficiência e a disponibilização de linhas de crédito, quando necessárias.
- O poder público deve implementar serviços e programas completos de habilitação profissional e de reabilitação profissional para que a pessoa com deficiência possa ingressar, continuar ou retornar ao campo do trabalho, respeitados sua livre escolha, sua vocação e seu interesse.
- Constitui modo de inclusão da pessoa com deficiência no trabalho a colocação competitiva, em igualdade de oportunidades com as demais pessoas, nos termos da legislação trabalhista e previdenciária, na qual devem ser atendidas as regras de acessibilidade, o fornecimento de recursos de tecnologia assistiva e a adaptação razoável no ambiente de trabalho.
- A entidade contratada para a realização de processo seletivo público ou privado para cargo, função ou emprego é obrigada a observar as disposições previstas no Estatuto da Pessoa com Deficiência e em outras normas de acessibilidade vigentes.

No âmbito do Direito Previdenciário, convém observar que a Lei n. 8.213 de 24.7.1991 (Plano de Benefícios da Previdência Social) dispõe que a Habilitação e a Reabilitação Profissionais são modalidades de serviços sociais destinados a propiciar ao beneficiário incapacitado parcial ou totalmente para o trabalho e às pessoas com deficiência, os meios necessários para a re(educação) e a re(adaptação) profissional e social, sendo oportuno enfatizar os seguintes dispositivos da referida norma legal:

- A reabilitação profissional compreende o fornecimento de aparelho de prótese, órtese e instrumentos de auxílio para locomoção, quando a perda ou redução da capacidade funcional puder ser atenuada por seu uso;
- Obrigam-se as empresas com mais de 100 empregados a manter empregados portadores de deficiência ou beneficiários reabilitados em percentuais progressivos (até 200 empregados = 2%; de 201 a 500 = 3%; de 501 a 1.000 = 4%; e de 1.001 em diante = 5%).

Ainda no plano da legislação ordinária, cabe mencionar que a Lei n. 7.853, de 24.10.1989, com a redação atualizada pela Lei n. 13.146 de 6.7.2015, tipifica como crime, punível com reclusão de dois a cinco anos e multa, dentre outros aspectos, negar ou obstar emprego, trabalho ou promoção à pessoa em razão de sua deficiência.

É conveniente destacar, também, que o Ministério do Trabalho e Emprego, por meio de seu órgão de âmbito nacional competente em matéria de segurança e saúde no trabalho, não tem editado nenhuma norma regulamentadora — NR — especificamente destinada a tutelar a segurança e saúde no trabalho das mulheres, dos menores, nem tampouco das pessoas com deficiência. Todavia, é inegável que a essas três categorias de empregados aplicam-se, igualmente, todos os preceitos contidos nas atuais trinta e seis normas regulamentadoras de segurança e saúde do trabalho urbano e rural, respeitadas, certamente, as especificidades dessas três categorias de profissionais, inclusive a limitação da exposição da mulher a agentes possíveis de causar danos ao sistema reprodutor feminino.

Registre-se, mais, que o Decreto n. 6.481, de 12.6.2008, a par de regulamentar os arts. 3º, alínea "d", e 4º da Convenção 182 da Organização Internacional do Trabalho (OIT) que trata da Proibição das Piores Formas de Trabalho Infantil e Ação Imediata para sua Eliminação, expressamente proibiu o trabalho do menor de dezoito anos nas atividades descritas na Lista das Piores Formas de Trabalho Infantil (Lista TIP), tal como reproduzida nos Fundamentos Jurídicos deste Capítulo, assim como a Instrução Normativa SIT-MTE n. 20, de 26.1.2001, que estabeleceu os Procedimentos a serem adotados pela Fiscalização do Trabalho no Exercício da Atividade de Fiscalização do Trabalho das Pessoas Portadoras de Deficiência.

É possível afirmar que, se a situação atual do trabalhador brasileiro comum, seja ele urbano ou rural é, por si só, bastante difícil, tanto na obtenção quanto na manutenção do emprego, o que o obriga, por vezes, a aceitar as precárias condições de trabalho que lhes são impostas pelos donos do capital, o quadro fica muito mais agravado em relação às três categorias especiais de trabalhadores: os menores, as mulheres e as pessoas com deficiência; pois, via de regra, a visão empresarial mediana vislumbra apenas os encargos adicionais que a contratação dessas modalidades especiais possa propiciar, pouco importando a responsabilidade social que deveriam ter para com o justo e adequado crescimento da nação.

Doravante, serão reproduzidos os FUNDAMENTOS JURÍDICOS (dispositivos legais e infralegais) que propiciam o suporte de validade jurídica à temática em apreço, observando-se as ordens hierárquica e cronológica. Recomenda-se a leitura das Convenções da Organização Internacional do Trabalho ns. 159 e 182, no capítulo específico deste livro.

FUNDAMENTOS JURÍDICOS DO CAPÍTULO 38

SEGURANÇA E SAÚDE NO TRABALHO DE MENORES, MULHERES E PESSOAS COM DEFICIÊNCIA. Arts. 5º, inciso I, 6º, 7º, inciso XVIII, XX, XXII, XXIII, XXVIII, XXX, XXXI e XXXIII, 227, 228, 229 e 244 da CF-1988; Art. 10, inciso II, alínea "b" do Ato das Disposições Constitucionais Transitórias (*ADCT*). Arts. 372 a 441 da CLT. Lei n. 7.853, de 24.10.1998 (*Apoio às Pessoas Portadoras de Deficiência*). *Lei n. 13.146 de 6.7.2015 (Estatuto da Pessoa com Deficiência).* Arts. 1º a 6º e 60 a 69 da Lei n. 8.069, de 13.7.1990 (*Estatuto da Criança e do Adolescente*). Arts. 89 a 93 da Lei n. 8.213 de 24.7.1991 (*Plano de Benefícios da Previdência Social*). Arts. 1º a 5º da Lei n. 10.406, de 10.1.2002 (*Código Civil Brasileiro*). Convenções da Organização Internacional do Trabalho — OIT — n. 159 (*Reabilitação Profissional e Emprego de Pessoas Deficientes*) e n.182 (*Proibição das Piores Formas de Trabalho Infantil e a Ação Imediata para sua Imediata Reparação*). Decreto n. 6.481, de 12.6.2008 (*Lista das Piores Formas de Trabalho Infantil*). Instrução Normativa IN-SIT-MTE n. 20, de 19.1.2001 (*Procedimentos Fiscais no Trabalho das Pessoas Portadoras de Deficiência*).

CONSTITUIÇÃO DA REPÚBLICA FEDERATIVA DO BRASIL

(Atualizada até a edição da Emenda Constitucional n. 85, de 26.2.2015)

Título II: Dos Direitos e Garantias Fundamentais (Arts. 5º a 17)

Capítulo I: Dos Direitos e Deveres Individuais e Coletivos (Art. 5º)

Art. 5º Todos são iguais perante a lei, sem distinção de qualquer natureza, garantindo-se aos brasileiros e aos estrangeiros residentes no País a inviolabilidade do direito à vida, à liberdade, à igualdade, à segurança e à propriedade, nos termos seguintes:

I — homens e mulheres são iguais em direitos e obrigações, nos termos desta Constituição;

(...)

Capítulo II: Dos Direitos Sociais (Arts. 6º ao 11)

Art. 6º São direitos sociais a educação, a saúde, a alimentação, o trabalho, a moradia, o lazer, a segurança, a previdência social, a proteção à maternidade e à infância, a assistência aos desamparados, na forma desta Constituição.

Art. 7º São direitos dos trabalhadores urbanos e rurais, além de outros que visem à melhoria de sua condição social:

XVIII — Licença à gestante, sem prejuízo do emprego e do salário, com a duração de cento e vinte dias;

XX — Proteção do mercado de trabalho da mulher, mediante incentivos específicos, nos termos da lei;

XXII — Redução dos riscos inerentes ao trabalho, por meio de normas de saúde, higiene e segurança;

XXIII — Adicional de remuneração para as atividades penosas, insalubres ou perigosas, na forma da lei;

XXVIII — Seguro contra acidentes de trabalho, a cargo do empregador, sem excluir a indenização a que este está obrigado, quando incorrer em dolo ou culpa;

XXX — Proibição de diferença de salários, de exercício de funções e de critério de admissão por motivo de sexo, idade, cor ou estado civil;

XXXI — Proibição de qualquer discriminação no tocante a salário e critérios de admissão do trabalhador portador de deficiência;

XXXIII — Proibição de trabalho noturno, perigoso ou insalubre a menores de dezoito e de qualquer trabalho a menores de dezesseis anos, salvo na condição de aprendiz, a partir de quatorze anos.

Título VIII: Da Ordem Social (Arts. 193 a 232)

Capítulo VII: Da família, da criança, do adolescente, do jovem e do idoso (Arts. 226 a 230)

Art. 227. É dever da família, da sociedade e do Estado assegurar à criança, ao adolescente e ao jovem, com absoluta prioridade, o direito à vida, à saúde, à alimentação, à educação, ao lazer, à profissionalização, à cultura, à dignidade, ao respeito, à liberdade e à convivência familiar e comunitária, além de colocá-los a salvo de toda forma de negligência, discriminação, exploração, violência, crueldade e opressão.

§ 1º O Estado promoverá programas de assistência integral à saúde da criança, do adolescente e do jovem, admitida a participação de entidades não governamentais, mediante políticas específicas e obedecendo aos seguintes preceitos:

I — aplicação de percentual dos recursos públicos destinados à saúde na assistência materno-infantil;

II — criação de programas de prevenção e atendimento especializado para as pessoas portadoras de deficiência física, sensorial ou mental, bem como de integração social do adolescente e do jovem portador de deficiência, mediante o treinamento para o trabalho e a convivência, e a facilitação do acesso aos bens e serviços coletivos, com a eliminação de obstáculos arquitetônicos e de todas as formas de discriminação.

§ 2º A lei disporá sobre normas de construção dos logradouros e dos edifícios de uso público e de fabricação de veículos de transporte coletivo, a fim de garantir acesso adequado às pessoas portadoras de deficiência.

§ 3º O direito a proteção especial abrangerá os seguintes aspectos:

I — idade mínima de quatorze anos para admissão ao trabalho, observado o disposto no art. 7º, XXXIII;

II — garantia de direitos previdenciários e trabalhistas;

III — garantia de acesso do trabalhador adolescente e jovem à escola;

IV — garantia de pleno e formal conhecimento da atribuição de ato infracional, igualdade na relação processual e defesa técnica por profissional habilitado, segundo dispuser a legislação tutelar específica;

V — obediência aos princípios de brevidade, excepcionalidade e respeito à condição peculiar de pessoa em desenvolvimento, quando da aplicação de qualquer medida privativa da liberdade;

VI — estímulo do Poder Público, através de assistência jurídica, incentivos fiscais e subsídios, nos termos da lei, ao acolhimento, sob a forma de guarda, de criança ou adolescente órfão ou abandonado;

VII — programas de prevenção e atendimento especializado à criança, ao adolescente e ao jovem dependente de entorpecentes e drogas afins.

§ 4º A lei punirá severamente o abuso, a violência e a exploração sexual da criança e do adolescente.

§ 5º A adoção será assistida pelo Poder Público, na forma da lei, que estabelecerá casos e condições de sua efetivação por parte de estrangeiros.

§ 6º Os filhos, havidos ou não da relação do casamento, ou por adoção, terão os mesmos direitos e qualificações, proibidas quaisquer designações discriminatórias relativas à filiação.

§ 7º No atendimento dos direitos da criança e do adolescente levar-se- á em consideração o disposto no art. 204.

§ 8º A lei estabelecerá:

I — o estatuto da juventude, destinado a regular os direitos dos jovens;

II — o plano nacional de juventude, de duração decenal, visando à articulação das várias esferas do poder público para a execução de políticas públicas.

Art. 228. São penalmente inimputáveis os menores de dezoito anos, sujeitos às normas da legislação especial.

Art. 229. Os pais têm o dever de assistir, criar e educar os filhos menores, e os filhos maiores têm o dever de ajudar e amparar os pais na velhice, carência ou enfermidade.

Título IX: Ato das Disposições Constitucionais Gerais (Arts. 233 a 250)

Art. 244. A lei disporá sobre a adaptação dos logradouros, dos edifícios de uso público e dos veículos de transporte coletivo atualmente existentes a fim de garantir acesso adequado às pessoas portadoras de deficiência, conforme o disposto no art. 227, § 2º.

ADCT – ATO DAS DISPOSIÇÕES CONSTITUCIONAIS TRANSITÓRIAS (Arts. 1º a 98)

Art. 10. Até que seja promulgada a lei complementar a que se refere o art. 7º, I, da Constituição:

II — fica vedada a dispensa arbitrária ou sem justa causa:

b) da empregada gestante, desde a confirmação da gravidez até cinco meses após o parto.

NORMAS JURÍDICAS INFRACONSTITUCIONAIS

CONSOLIDAÇÃO DAS LEIS DO TRABALHO

(Decreto-lei n. 5.452, de 1º.5.1943, com a redação dos arts. 154 a 201 CLT dada pela Lei n. 6.514, de 22.12.1977, atualizada até a edição da Lei n. 13.103, de 2.3.2015)

Título III: Das Normas Especiais de Tutela do Trabalho (Arts. 224 a 441 da CLT)

Capítulo III: Da Proteção do Trabalho da Mulher (Arts. 372 a 401-B)

Art. 372. Os preceitos que regulam o trabalho masculino são aplicáveis ao trabalho feminino, naquilo em que não colidirem com a proteção especial instituída por este Capítulo.

Parágrafo único — Não é regido pelos dispositivos a que se refere este artigo o trabalho nas oficinas em que sirvam exclusivamente pessoas da família da mulher e esteja esta sob a direção do esposo, do pai, da mãe, do tutor ou do filho.

Art. 373. A duração normal de trabalho da mulher será de 8 (oito) horas diárias, exceto nos casos para os quais for fixada duração inferior.

Art. 373-A. Ressalvadas as disposições legais destinadas a corrigir as distorções que afetam o acesso da mulher ao mercado de trabalho e certas especificidades estabelecidas nos acordos trabalhistas, é vedado: (Incluído pela Lei n. 9.799, de 26.5.1999)

I — publicar ou fazer publicar anúncio de emprego no qual haja referência ao sexo, à idade, à cor ou situação familiar, salvo quando a natureza da atividade a ser exercida, pública e notoriamente, assim o exigir; (Incluído pela Lei n. 9.799, de 26.5.1999)

II — recusar emprego, promoção ou motivar a dispensa do trabalho em razão de sexo, idade, cor, situação familiar ou estado de gravidez, salvo quando a natureza da atividade seja notória e publicamente incompatível; (Incluído pela Lei n. 9.799, de 26.5.1999)

III — considerar o sexo, a idade, a cor ou situação familiar como variável determinante para fins de remuneração, formação profissional e oportunidades de ascensão profissional; (Incluído pela Lei n. 9.799, de 26.5.1999)

IV — exigir atestado ou exame, de qualquer natureza, para comprovação de esterilidade ou gravidez, na admissão ou permanência no emprego; (Incluído pela Lei n. 9.799, de 26.5.1999)

V — impedir o acesso ou adotar critérios subjetivos para deferimento de inscrição ou aprovação em concursos, em empresas privadas, em razão de sexo, idade, cor, situação familiar ou estado de gravidez; (Incluído pela Lei n. 9.799, de 26.5.1999)

VI — proceder o empregador ou preposto a revistas íntimas nas empregadas ou funcionárias. (Incluído pela Lei n. 9.799, de 26.5.1999)

Parágrafo único. O disposto neste artigo não obsta a adoção de medidas temporárias que visem ao estabelecimento das políticas de igualdade entre homens e mulheres, em particular as que se destinam a corrigir as distorções que afetam a formação profissional, o acesso ao emprego e as condições gerais de trabalho da mulher. (Incluído pela Lei n. 9.799, de 26.5.1999)

Art. 374 e 375. *(Revogados pela Lei n. 7.855, de 24.10.1989)*

Art. 376. *(Revogado pela Lei n. 10.244, de 2001)*

Art. 377. A adoção de medidas de proteção ao trabalho das mulheres é considerada de ordem pública, não justificando, em hipótese alguma, a redução de salário.

Art. 378. *(Revogado pela Lei n. 7.855, de 24.10.1989)*

Art. 379 e 380. *(Revogados pela Lei n. 7.855, de 24.10.1989)*

Art. 381. O trabalho noturno das mulheres terá salário superior ao diurno.

§ 1º Para os fins desse artigo, os salários serão acrescidos duma percentagem adicional de 20% (vinte por cento) no mínimo.

§ 2º Cada hora do período noturno de trabalho das mulheres terá 52 (cinquenta e dois) minutos e 30 (trinta) segundos.

Art. 382. Entre 2 (duas) jornadas de trabalho, haverá um intervalo de 11 (onze) horas consecutivas, no mínimo, destinado ao repouso.

Art. 383. Durante a jornada de trabalho, será concedido à empregada um período para refeição e repouso não inferior a 1 (uma) hora nem superior a 2 (duas) horas salvo a hipótese prevista no art. 71, § 3º.

Art. 384. Em caso de prorrogação do horário normal, será obrigatório um descanso de 15 (quinze) minutos no mínimo, antes do início do período extraordinário do trabalho.

Art. 385. O descanso semanal será de 24 (vinte e quatro) horas consecutivas e coincidirá no todo ou em parte com o domingo, salvo motivo de conveniência pública ou necessidade imperiosa de serviço, a juízo da autoridade competente, na forma das disposições gerais, caso em que recairá em outro dia.

Parágrafo único — Observar-se-ão, igualmente, os preceitos da legislação geral sobre a proibição de trabalho nos feriados civis e religiosos.

Art. 386. Havendo trabalho aos domingos, será organizada uma escala de revezamento quinzenal, que favoreça o repouso dominical.

Art. 387. *(Revogado pela Lei n. 7.855, de 24.10.1989)*

Art. 388. Em virtude de exame e parecer da autoridade competente, o Ministro do Trabalho, Indústria e Comercio poderá estabelecer derrogações totais ou parciais às proibições a que alude o artigo anterior, quando tiver desaparecido, nos serviços considerados perigosos ou insalubres, todo e qualquer caráter perigoso ou prejudicial mediante a aplicação de novos métodos de trabalho ou pelo emprego de medidas de ordem preventiva.

Art. 389. Toda empresa é obrigada:

I — a prover os estabelecimentos de medidas concernentes à higienização dos métodos e locais de trabalho, tais como ventilação e iluminação e outros que se fizerem necessários à segurança e ao conforto das mulheres, a critério da autoridade competente;

II — a instalar bebedouros, lavatórios, aparelhos sanitários; dispor de cadeiras ou bancos, em número suficiente, que permitam às mulheres trabalhar sem grande esgotamento físico;

III — a instalar vestiários com armários individuais privativos das mulheres, exceto os estabelecimentos comerciais, escritórios, bancos e atividades afins, em que não seja exigida a troca de roupa e outros, a critério da autoridade competente em matéria de segurança e higiene do trabalho, admitindo-se como suficientes as gavetas ou escaninhos, onde possam as empregadas guardar seus pertences;

IV — a fornecer, gratuitamente, a juízo da autoridade competente, os recursos de proteção individual, tais como óculos, máscaras, luvas e roupas especiais, para a defesa dos olhos, do aparelho respiratório e da pele, de acordo com a natureza do trabalho.

§ 1º Os estabelecimentos em que trabalharem pelo menos 30 (trinta) mulheres com mais de 16 (dezesseis) anos de idade terão local apropriado onde seja permitido às empregadas guardar sob vigilância e assistência os seus filhos no período da amamentação.

§ 2º A exigência do § 1º poderá ser suprida por meio de creches distritais mantidas, diretamente ou mediante convênios, com outras entidades públicas ou privadas, pelas próprias empresas, em regime comunitário, ou a cargo do SESI, do SESC, da LBA ou de entidades sindicais.

Art. 390 — Ao empregador é vedado empregar a mulher em serviço que demande o emprego de força muscular superior a 20 (vinte) quilos para o trabalho continuo, ou 25 (vinte e cinco) quilos para o trabalho ocasional.

Parágrafo único — Não está compreendida na determinação deste artigo a remoção de material feita por impulsão ou tração de vagonetes sobre trilhos, de carros de mão ou quaisquer aparelhos mecânicos.

Art. 390-A. (*VETADO*).

Art. 390-B. As vagas dos cursos de formação de mão de obra, ministrados por instituições governamentais, pelos próprios empregadores ou por qualquer órgão de ensino profissionalizante, serão oferecidas aos empregados de ambos os sexos.

Art. 390-C. As empresas com mais de cem empregados, de ambos os sexos, deverão manter programas especiais de incentivos e aperfeiçoamento profissional da mão de obra.

Art. 390-D. (*VETADO*).

Art. 390-E. A pessoa jurídica poderá associar-se a entidade de formação profissional, sociedades civis, sociedades cooperativas, órgãos e entidades públicas ou entidades sindicais, bem como firmar convênios para o desenvolvimento de ações conjuntas, visando à execução de projetos relativos ao incentivo ao trabalho da mulher.

Art. 391. Não constitui justo motivo para a rescisão do contrato de trabalho da mulher o fato de haver contraído matrimônio ou de encontrar-se em estado de gravidez.

Parágrafo único. Não serão permitidos em regulamentos de qualquer natureza contratos coletivos ou individuais de trabalho, restrições ao direito da mulher ao seu emprego, por motivo de casamento ou de gravidez.

Art. 391-A. A confirmação do estado de gravidez advindo no curso do contrato de trabalho, ainda que durante o prazo do aviso prévio trabalhado ou indenizado, garante à empregada gestante a estabilidade provisória prevista na alínea b do inciso II do art. 10 do Ato das Disposições Constitucionais Transitórias.

Art. 392. A empregada gestante tem direito à licença-maternidade de 120 (cento e vinte) dias, sem prejuízo do emprego e do salário.

§ 1º A empregada deve, mediante atestado médico, notificar o seu empregador da data do início do afastamento do emprego, que poderá ocorrer entre o 28º (vigésimo oitavo) dia antes do parto e ocorrência deste.

§ 2º Os períodos de repouso, antes e depois do parto, poderão ser aumentados de 2 (duas) semanas cada um, mediante atestado médico.

§ 3º Em caso de parto antecipado, a mulher terá direito aos 120 (cento e vinte) dias previstos neste artigo.

§ 4º É garantido à empregada, durante a gravidez, sem prejuízo do salário e demais direitos:

I — transferência de função, quando as condições de saúde o exigirem, assegurada a retomada da função anteriormente exercida, logo após o retorno ao trabalho;

II — dispensa do horário de trabalho pelo tempo necessário para a realização de, no mínimo, seis consultas médicas e demais exames complementares.

§ 5º (*VETADO*).

Art. 392-A. À empregada que adotar ou obtiver guarda judicial para fins de adoção de criança será concedida licença-maternidade nos termos do art. 392.

§ 1º (*Revogado pela Lei n. 12.010, de 2009*)

§ 2º (*Revogado pela Lei n. 12.010, de 2009*)

§ 3º No caso de adoção ou guarda judicial de criança a partir de 4 (quatro) anos até 8 (oito) anos de idade, o período de licença será de 30 (trinta) dias.

§ 4º A licença-maternidade só será concedida mediante apresentação do termo judicial de guarda à adotante ou guardiã.

§ 5º A adoção ou guarda judicial conjunta ensejará a concessão de licença-maternidade a apenas um dos adotantes ou guardiães, empregado ou empregada.

Art. 392-B. Em caso de morte da genitora, é assegurado ao cônjuge ou companheiro empregado o gozo de licença por todo o período da licença-maternidade ou pelo tempo restante a que teria direito a mãe, exceto no caso de falecimento do filho ou de seu abandono.

Art. 392-C. Aplica-se, no que couber, o disposto no art. 392-A e 392-B ao empregado que adotar ou obtiver guarda judicial para fins de adoção.

Art. 393. Durante o período a que se refere o art. 392, a mulher terá direito ao salário integral e, quando variável, calculado de acordo com a média dos 6 (seis) últimos meses de trabalho, bem como os direitos e vantagens adquiridos, sendo-lhe ainda facultado reverter à função que anteriormente ocupava.

Art. 394. Mediante atestado médico, à mulher grávida é facultado romper o compromisso resultante de qualquer contrato de trabalho, desde que este seja prejudicial à gestação.

Art. 395. Em caso de aborto não criminoso, comprovado por atestado médico oficial, a mulher terá um repouso remunerado de 2 (duas) semanas, ficando-lhe assegurado o direito de retornar à função que ocupava antes de seu afastamento.

Art. 396. Para amamentar o próprio filho, até que este complete 6 (seis) meses de idade, a mulher terá direito, durante a jornada de trabalho, a 2 (dois) descansos especiais, de meia hora cada um.

Parágrafo único. Quando o exigir a saúde do filho, o período de 6 (seis) meses poderá ser dilatado, a critério da autoridade competente.

Art. 397. O SESI, o SESC, a LBA e outras entidades públicas destinadas à assistência à infância manterão ou subvencionarão, de acordo com suas possibilidades financeiras, escolas maternais e jardins de infância, distribuídos nas zonas de maior densidade de trabalhadores, destinados especialmente aos filhos das mulheres empregadas.

Art. 398. (*Revogado pelo Decreto-Lei n. 229, de 28.2.1967*)

Art. 399. O Ministro do Trabalho, Indústria e Comercio conferirá diploma de benemerência aos empregadores que se distinguirem pela organização e manutenção de creches e de instituições de proteção aos menores em idade pré-escolar, desde que tais serviços se recomendem por sua generosidade e pela eficiência das respectivas instalações.

Art. 400. Os locais destinados à guarda dos filhos das operárias durante o período da amamentação deverão possuir, no mínimo, um berçário, uma saleta de amamentação, uma cozinha dietética e uma instalação sanitária.

Art. 401. Pela infração de qualquer dispositivo deste Capítulo, será imposta ao empregador a multa de cem a mil cruzeiros, aplicada, nesta Capital, pela autoridade competente de 1ª instância do Departamento Nacional do Trabalho, e, nos Estados e Território do Acre, pelas autoridades competentes do Ministério do Trabalho, Indústria e Comercio ou por aquelas que exerçam funções delegadas.

§ 1º A penalidade será sempre aplicada no grau máximo:

a) se ficar apurado o emprego de artifício ou simulação para fraudar a aplicação dos dispositivos deste Capítulo;

b) nos casos de reincidência.

§ 2º O processo na verificação das infrações, bem como na aplicação e cobrança das multas, será o previsto no título "Do Processo de Multas Administrativas", observadas as disposições deste artigo.

Art. 401-A. (*VETADO*).

Art. 401-B. (*VETADO*).

Capítulo IV: Da Proteção do Trabalho do Menor (Arts. 402 a 441).

Art. 402. Considera-se menor para os efeitos desta Consolidação o trabalhador de quatorze até dezoito anos.

Parágrafo único. O trabalho do menor reger-se-á pelas disposições do presente Capítulo, exceto no serviço em oficinas em que trabalhem exclusivamente pessoas da família do menor e esteja este sob a direção do pai, mãe ou tutor, observado, entretanto, o disposto nos arts. 404, 405 e na Seção II.

Art. 403. É proibido qualquer trabalho a menores de dezesseis anos de idade, salvo na condição de aprendiz, a partir dos quatorze anos.

Parágrafo único. O trabalho do menor não poderá ser realizado em locais prejudiciais à sua formação, ao seu desenvolvimento físico, psíquico, moral e social e em horários e locais que não permitam a frequência à escola.

Art. 404. Ao menor de 18 (dezoito) anos é vedado o trabalho noturno, considerado este o que for executado no período compreendido entre as 22 (vinte e duas) e as 5 (cinco) horas.

Art. 405. Ao menor não será permitido o trabalho:

I — nos locais e serviços perigosos ou insalubres, constantes de quadro para esse fim aprovado pelo Diretor Geral do Departamento de Segurança e Higiene do Trabalho;

II — em locais ou serviços prejudiciais à sua moralidade.

§ 1º (*Revogado pela Lei 10.097, de 19.12.2000*).

§ 2º O trabalho exercido nas ruas, praças e outros logradouros dependerá de prévia autorização do Juiz de Menores, ao qual cabe verificar se a ocupação é indispensável à sua própria subsistência ou à de seus pais, avós ou irmãos e se dessa ocupação não poderá advir prejuízo à sua formação moral.

§ 3º Considera-se prejudicial à moralidade do menor o trabalho:

a) prestado de qualquer modo, em teatros de revista, cinemas, buates, cassinos, cabarés, dancings e estabelecimentos análogos;

b) em empresas circenses, em funções de acróbata, saltimbanco, ginasta e outras semelhantes;

c) de produção, composição, entrega ou venda de escritos, impressos, cartazes, desenhos, gravuras, pinturas, emblemas, imagens e quaisquer outros objetos que possam, a juízo da autoridade competente, prejudicar sua formação moral;

d) consistente na venda, a varejo, de bebidas alcoólicas.

§ 4º Nas localidades em que existirem, oficialmente reconhecidas, instituições destinadas ao amparo dos menores jornaleiros, só aos que se encontrem sob o patrocínio dessas entidades será outorgada a autorização do trabalho a que alude o § 2º.

§ 5º Aplica-se ao menor o disposto no art. 390 e seu parágrafo único.

Art. 406. O Juiz de Menores poderá autorizar ao menor o trabalho a que se referem as letras "a" e "b" do § 3º do art. 405:

I — desde que a representação tenha fim educativo ou a peça de que participe não possa ser prejudicial à sua formação moral;

II — desde que se certifique ser a ocupação do menor indispensável à própria subsistência ou à de seus pais, avós ou irmãos e não advir nenhum prejuízo à sua formação moral.

Art. 407. Verificado pela autoridade competente que o trabalho executado pelo menor é prejudicial à sua saúde, ao seu desenvolvimento físico ou a sua moralidade, poderá ela obrigá-lo a abandonar o serviço, devendo a respectiva empresa, quando for o caso, proporcionar ao menor todas as facilidades para mudar de funções.

Parágrafo único. Quando a empresa não tomar as medidas possíveis e recomendadas pela autoridade competente para que o menor mude de função, configurar-se-á a rescisão do contrato de trabalho, na forma do art. 483.

Art. 408. Ao responsável legal do menor é facultado pleitear a extinção do contrato de trabalho, desde que o serviço possa acarretar para ele prejuízos de ordem física ou moral.

Art. 409. Para maior segurança do trabalho e garantia da saúde dos menores, a autoridade fiscalizadora poderá proibir-lhes o gozo dos períodos de repouso nos locais de trabalho.

Art. 410. O Ministro do Trabalho, Indústria e Comercio poderá derrogar qualquer proibição decorrente do quadro a que se refere a alínea "a" do art. 405 quando se certificar haver desaparecido, parcial ou totalmente, o caráter perigoso ou insalubre, que determinou a proibição.

Art. 411. A duração do trabalho do menor regular-se-á pelas disposições legais relativas à duração do trabalho em geral, com as restrições estabelecidas neste Capítulo.

Art. 412. Após cada período de trabalho efetivo, quer contínuo, quer dividido em 2 (dois) turnos, haverá um intervalo de repouso, não inferior a 11(onze) horas.

Art. 413. É vedado prorrogar a duração normal diária do trabalho do menor, salvo:

I — até mais 2 (duas) horas, independentemente de acréscimo salarial, mediante convenção ou acordo coletivo nos termos do Título VI desta Consolidação, desde que o excesso de horas em um dia seja compensado pela diminuição em outro, de modo a ser observado o limite máximo de 48 (quarenta e oito) horas semanais ou outro inferior legalmente fixada;

II — excepcionalmente, por motivo de força maior, até o máximo de 12 (doze) horas, com acréscimo salarial de, pelo menos, 25% (vinte e cinco por cento) sobre a hora normal e desde que o trabalho do menor seja imprescindível ao funcionamento do estabelecimento.

Parágrafo único. Aplica-se à prorrogação do trabalho do menor o disposto no art. 375, no parágrafo único do art. 376, no art. 378 e no art. 384 desta Consolidação.

Art. 414. Quando o menor de 18 (dezoito) anos for empregado em mais de um estabelecimento, as horas de trabalho em cada um serão totalizadas.

Art. 415. *(Revogado pelo Decreto-lei n. 926, de 10.10.1969)*

Art. 416 e 417. *(Revogados pela Lei 5.686, de 3.8.1971)*

Art. 418. *(Revogado pela Lei n. 7.855, de 24.10.1989)*

Art. 419 a 423. *(Revogados pela Lei n. 5.686, de 3.8.1971)*

Art. 424. É dever dos responsáveis legais de menores, pais, mães, ou tutores, afastá-los de empregos que diminuam consideravelmente o seu tempo de estudo, reduzam o tempo de repouso necessário à sua saúde e constituição física, ou prejudiquem a sua educação moral.

Art. 425. Os empregadores de menores de 18 (dezoito) anos são obrigados a velar pela observância, nos seus estabelecimentos ou empresas, dos bons costumes e da decência pública, bem como das regras da segurança e da medicina do trabalho.

Art. 426. É dever do empregador, na hipótese do art. 407, proporcionar ao menor todas as facilidades para mudar de serviço.

Art. 427. O empregador, cuja empresa ou estabelecimento ocupar menores, será obrigado a conceder-lhes o tempo que for necessário para a frequência às aulas.

Parágrafo único. Os estabelecimentos situados em lugar onde a escola estiver a maior distância que 2 (dois) quilômetros, e que ocuparem, permanentemente, mais de 30 (trinta) menores analfabetos, de 14 (quatorze) a 18 (dezoito) anos, serão obrigados a manter local apropriado em que lhes seja ministrada a instrução primária.

Art. 428. Contrato de aprendizagem é o contrato de trabalho especial, ajustado por escrito e por prazo determinado, em que o empregador se compromete a assegurar ao maior de 14 (quatorze) e menor de 24 (vinte e quatro) anos inscrito em programa de aprendizagem formação técnico-profissional metódica, compatível com o seu desenvolvimento físico, moral e psicológico, e o aprendiz, a executar com zelo e diligência as tarefas necessárias a essa formação.

§ 1º A validade do contrato de aprendizagem pressupõe anotação na Carteira de Trabalho e Previdência Social, matrícula e frequência do aprendiz na escola, caso não haja concluído o ensino médio, e inscrição em programa de aprendizagem desenvolvido sob orientação de entidade qualificada em formação técnico-profissional metódica.

§ 2º Ao menor aprendiz, salvo condição mais favorável, será garantido o salário mínimo hora.

§ 3º O contrato de aprendizagem não poderá ser estipulado por mais de 2 (dois) anos, exceto quando se tratar de aprendiz portador de deficiência.

§ 4º A formação técnico-profissional a que se refere o caput deste artigo caracteriza-se por atividades teóricas e práticas, metodicamente organizadas em tarefas de complexidade progressiva desenvolvidas no ambiente de trabalho.

§ 5º A idade máxima prevista no *caput* deste artigo não se aplica a aprendizes portadores de deficiência.

§ 6º Para os fins do contrato de aprendizagem, a comprovação da escolaridade de aprendiz com deficiência deve considerar, sobretudo, as habilidades e competências relacionadas com a profissionalização.*(Redação dada pela Lei n. 146 de 6.7.2015)*

§ 7º Nas localidades onde não houver oferta de ensino médio para o cumprimento do disposto no § 1º deste artigo, a contratação do aprendiz poderá ocorrer sem a frequência à escola, desde que ele já tenha concluído o ensino fundamental.

Art. 429. Os estabelecimentos de qualquer natureza são obrigados a empregar e matricular nos cursos dos Serviços Nacionais de Aprendizagem número de aprendizes equivalente a cinco por cento, no mínimo, e quinze por cento, no máximo, dos trabalhadores existentes em cada estabelecimento, cujas funções demandem formação profissional.

§ 1º As frações de unidade, no cálculo da percentagem de que trata o *caput*, darão lugar à admissão de um aprendiz.

§ 1º-A. O limite fixado neste artigo não se aplica quando o empregador for entidade sem fins lucrativos, que tenha por objetivo a educação profissional.

§ 2º Os estabelecimentos de que trata o caput ofertarão vagas de aprendizes a adolescentes usuários do Sistema Nacional de Atendimento Socioeducativo (SINASE) nas condições a serem dispostas em instrumentos de cooperação celebrados entre os estabelecimentos e os gestores dos Sistemas de Atendimento Socioeducativo locais.

Art. 430. Na hipótese de os Serviços Nacionais de Aprendizagem não oferecerem cursos ou vagas suficientes para atender à demanda dos estabelecimentos, esta poderá ser suprida por outras entidades qualificadas em formação técnico-profissional metódica, a saber:

I — Escolas Técnicas de Educação;

II — entidades sem fins lucrativos, que tenham por objetivo a assistência ao adolescente e à educação profissional, registradas no Conselho Municipal dos Direitos da Criança e do Adolescente.

§ 1º As entidades mencionadas neste artigo deverão contar com estrutura adequada ao desenvolvimento dos programas de aprendizagem, de forma a manter a qualidade do processo de ensino, bem como acompanhar e avaliar os resultados.

§ 2º Aos aprendizes que concluírem os cursos de aprendizagem, com aproveitamento, será concedido certificado de qualificação profissional.

§ 3º O Ministério do Trabalho e Emprego fixará normas para avaliação da competência das entidades mencionadas no inciso II deste artigo.

Art. 431. A contratação do aprendiz poderá ser efetivada pela empresa onde se realizará a aprendizagem ou pelas entidades mencionadas no inciso II do art. 430, caso em que não gera vínculo de emprego com a empresa tomadora dos serviços.

Art. 432. A duração do trabalho do aprendiz não excederá de seis horas diárias, sendo vedadas a prorrogação e a compensação de jornada.

§ 1º. O limite previsto neste artigo poderá ser de até oito horas diárias para os aprendizes que já tiverem completado o ensino fundamental, se nelas forem computadas as horas destinadas à aprendizagem teórica.

§ 2º. *(REVOGADO).*

Art. 433. O contrato de aprendizagem extinguir-se-á no seu termo ou quando o aprendiz completar 24 (vinte e quatro) anos, ressalvada a hipótese prevista no § 5º do art. 428 desta Consolidação, ou ainda antecipadamente nas seguintes hipóteses:

a) e b) *(REVOGADOS).*

I — desempenho insuficiente ou inadaptação do aprendiz, salvo para o aprendiz com deficiência quando desprovido de recursos de acessibilidade, de tecnologias assistivas e de apoio necessário ao desempenho de suas atividades; *(Redação dada pela Lei n. 146 de 6.7.2015)*

II — falta disciplinar grave;

III — ausência injustificada à escola que implique perda do ano letivo; ou

IV — a pedido do aprendiz.

Parágrafo único. *(Revogado).*

§ 2º Não se aplica o disposto nos arts. 479 e 480 desta Consolidação às hipóteses de extinção do contrato mencionadas neste artigo.

Art. 434. Os infratores das disposições deste Capítulo ficam sujeitos à multa de valor igual a 1 (um) salário mínimo regional, aplicada tantas vezes quantos forem os menores empregados em desacordo com a lei, não podendo, todavia, a soma das multas exceder a 5 (cinco) vezes o salário-mínimo, salvo no caso de reincidência em que esse total poderá ser elevado ao dobro.

Art. 435. Fica sujeita à multa de valor igual a 1 (um) salário-mínimo regional e ao pagamento da emissão de nova via a empresa que fizer na Carteira de Trabalho e Previdência Social anotação não prevista em lei.

Arts. 436. e 437. *(Revogados pela Lei n. 10.097, de 19.12.2000)*

Art. 438. São competentes para impor as penalidades previstas neste Capítulo: a) no Distrito Federal, a autoridade de 1ª instância do Departamento Nacional do Trabalho; b) nos Estados e Território do Acre, os delegados regionais do Ministério do Trabalho, Indústria e Comercio ou os funcionários por eles designados para tal fim.

Parágrafo único. O processo, na verificação das infrações, bem como na aplicação e cobrança das multas, será o previsto no título "Do Processo de Multas Administrativas", observadas as disposições deste artigo.

Art. 439. É lícito ao menor firmar recibo pelo pagamento dos salários. Tratando-se, porém, de rescisão do contrato de trabalho, é vedado ao menor de 18 (dezoito) anos dar, sem assistência dos seus responsáveis legais, quitação ao empregador pelo recebimento da indenização que lhe for devida.

Art. 440. Contra os menores de 18 (dezoito) anos não corre nenhum prazo de prescrição.

Art. 441. O quadro a que se refere o item I do art. 405 será revisto bienalmente.

Lei n. 7.853, de 24.10.1989, atualizada pela Lei n. 13.146 de 6.7.2015

(Dispõe sobre o apoio às Pessoas Portadoras de Deficiência, sua integração social, sobre a Coordenadoria Nacional para Integração da Pessoa Portadora de Deficiência — CORDE —, institui a tutela jurisdicional de interesses coletivos ou difusos dessas pessoas, disciplina a atuação do Ministério Público, define crimes e dá outras providências)

Art. 1º Ficam estabelecidas normas gerais que asseguram o pleno exercício dos direitos individuais e sociais das pessoas portadoras de deficiência, e sua efetiva integração social, nos termos desta lei.

§ 1º Na aplicação e interpretação desta lei, serão considerados os valores básicos da igualdade de tratamento e oportunidade, da justiça social, do respeito à dignidade da pessoa humana, do bem-estar, e outros, indicados na Constituição ou justificados pelos princípios gerais de direito.

§ 2º As normas desta lei visam garantir às pessoas portadoras de deficiência as ações governamentais necessárias ao seu cumprimento e das demais disposições constitucionais e legais que lhes concernem, afastadas as discriminações e os preconceitos de qualquer espécie, e entendida a matéria como obrigação nacional a cargo do Poder Público e da sociedade.

Art. 2º Ao Poder Público e seus órgãos cabe assegurar às pessoas portadoras de deficiência o pleno exercício de seus direitos básicos, inclusive dos direitos à educação, à saúde, ao trabalho, ao lazer, à previdência social, ao amparo à infância e à maternidade, e de outros que, decorrentes da Constituição e das leis, propiciem seu bem-estar pessoal, social e econômico.

Parágrafo único. Para o fim estabelecido no caput deste artigo, os órgãos e entidades da Administração Direta e Indireta devem dispensar, no âmbito de sua competência e finalidade, aos assuntos objeto desta lei, tratamento prioritário e adequado, tendente a viabilizar, sem prejuízo de outras, as seguintes medidas: I — na área da educação: a) a inclusão, no sistema educacional, da Educação Especial como modalidade educativa que abranja a educação precoce, a pré-escolar, as de 1o e 2o Graus, a supletiva, a habilitação e a reabilitação profissionais, com currículos, etapas e exigências de diplomação próprios; b) a inserção, no referido sistema educacional, das escolas especiais, privadas e públicas; c) a oferta, obrigatória e gratuita, da Educação Especial em estabelecimentos públicos e de ensino; d) o oferecimento obrigatório de programas de Educação Especial a nível pré-escolar, em unidades hospitalares e congêneres nas quais estejam internados, por prazo igual ou superior a 1 (um), educandos portadores de deficiência; e) o acesso de alunos portadores de deficiência aos benefícios conferidos aos demais educandos, inclusive material escolar, merenda escolar e bolsas de estudo; f) a matrícula compulsória em cursos regulares de estabelecimentos públicos e particulares de pessoas portadoras de deficiência capazes de integrarem no sistema regular de ensino. II — na área da saúde: a) a promoção de ações preventivas, como as referentes ao planejamento familiar, ao aconselhamento genético, ao acompanhamento da gravidez, do parto e do puerpério, à nutrição da mulher e da criança, à identificação e ao controle da gestante e do feto de alto risco, à imunização, às doenças do metabolismo e seu diagnóstico e ao encaminhamento precoce de outras doenças causadoras de deficiência; b) o desenvolvimento de programas especiais de prevenção de acidentes do trabalho e de trânsito, e de tratamento adequado a suas vítimas; c) a criação de uma rede de serviços especializados em reabilitação e habilitação; d) a garantia de acesso das pessoas portadoras de deficiência aos estabelecimentos de saúde público e privados, e de seu adequado tratamento neles, sob normas técnicas e padrões de conduta apropriados; e) a garantia de atendimento domiciliar de saúde ao deficiente grave não internado; f) o desenvolvimento de programas de saúde voltados para as pessoas portadoras de deficiência, desenvolvidos com a participação da sociedade e que lhes ensejem a integração social. III — na área da formação profissional e do trabalho: a) o apoio governamental à formação profissional, à orientação profissional e a garantia de acesso aos serviços concernentes, inclusive aos cursos regulares voltados à formação profissional; b) o empenho do Poder Público quanto ao surgimento e à manutenção de empregos, inclusive de tempo parcial, destinados às pessoas portadoras de deficiência que não tenham acesso aos empregos comuns; c) a promoção de ações eficazes que propiciem a inserção, nos setores público e privado, de pessoas portadoras de deficiência; d) a adoção de legislação específica que discipline a reserva de mercado de trabalho, em favor das pessoas portadoras de deficiência, nas entidades da Administração Pública e do setor privado, e que regulamente a organização de oficinas e congêneres integradas ao mercado de trabalho e a situação, nelas, das pessoas portadoras de deficiência. IV — na área de recursos humanos: a) a formação de professores de nível médio para a Educação Especial, de técnicos de nível médio especializados na habilitação e reabilitação, e de instrutores para formação profissional; b) a formação e qualificação de recursos humanos que, nas diversas áreas de conhecimento, inclusive de nível superior, atendam à demanda e às necessidades reais das pessoas portadoras de deficiência; c) o incentivo à pesquisa e ao desenvolvimento tecnológico em todas as áreas do conhecimento relacionadas com a pessoa portadora de deficiência. V — na área das edificações: a) a adoção e a efetiva execução de normas que garantam a funcionalidade das edificações e vias públicas, que evitem ou removam os óbices às pessoas portadoras de deficiência, permitam o acesso destas a edifícios, a logradouros e a meios de transporte.

Art. 3º As medidas judiciais destinadas à proteção de interesses coletivos, difusos, individuais homogêneos e individuais indisponíveis da pessoa com deficiência poderão ser propostas pelo Ministério Público, pela Defensoria Pública, pela União, pelos Estados, pelos Municípios, pelo Distrito Federal, por associação constituída há mais de 1 (um) ano, nos termos da lei civil, por autarquia, por empresa pública e por fundação ou sociedade de economia mista que inclua, entre suas finalidades institucionais, a proteção dos interesses e a promoção de direitos da pessoa com deficiência. *(Redação dada pela Lei n. 146 de 6.7.2015)*

§ 1º Para instruir a inicial, o interessado poderá requerer às autoridades competentes as certidões e informações que julgar necessárias.

§ 2º As certidões e informações a que se refere o parágrafo anterior deverão ser fornecidas dentro de 15 (quinze) dias da entrega, sob recibo, dos respectivos requerimentos, e só poderão ser utilizadas para a instrução da ação civil.

§ 3º Somente nos casos em que o interesse público, devidamente justificado, impuser sigilo, poderá ser negada certidão ou informação.

§ 4º Ocorrendo a hipótese do parágrafo anterior, a ação poderá ser proposta desacompanhada das certidões ou informações negadas, cabendo ao Juiz, após apreciar os motivos do indeferimento, e, salvo quando se tratar de razão de segurança nacional, requisitar umas e outras; feitas a requisição, o processo correrá em segredo de justiça, que cessará com o trânsito em julgado da sentença.

§ 5º Fica facultado aos demais legitimados ativos habilitarem-se como litisconsortes nas ações propostas por qualquer deles.

§ 6º Em caso de desistência ou abandono da ação, qualquer dos co-legitimados pode assumir a titularidade ativa.

Art. 4º A sentença terá eficácia de coisa julgada oponível *erga omnes*, exceto no caso de haver sido a ação julgada improcedente por deficiência de prova, hipótese em que qualquer legitimado poderá intentar outra ação com idêntico fundamento, valendo-se de nova prova.

§ 1º A sentença que concluir pela carência ou pela improcedência da ação fica sujeita ao duplo grau de jurisdição, não produzindo efeito senão depois de confirmada pelo tribunal.

§ 2º Das sentenças e decisões proferidas contra o autor da ação e suscetíveis de recursos, poderá recorrer qualquer legitimado ativo, inclusive o Ministério Público.

Art. 5º O Ministério Público intervirá obrigatoriamente nas ações públicas, coletivas ou individuais, em que se discutam interesses relacionados à deficiência das pessoas.

Art. 6º O Ministério Público poderá instaurar, sob sua presidência, inquérito civil, ou requisitar, de qualquer pessoa física ou jurídica, pública ou particular, certidões, informações, exames ou perícias, no prazo que assinalar, não inferior a 10 (dez) dias úteis.

§ 1º Esgotadas as diligências, caso se convença o órgão do Ministério Público da inexistência de elementos para a propositura de ação civil, promoverá fundamentadamente o arquivamento do inquérito civil, ou das peças informativas. Neste caso, deverá remeter a reexame os autos ou as respectivas peças, em 3 (três) dias, ao Conselho Superior do Ministério Público, que os examinará, deliberando a respeito, conforme dispuser seu Regimento.

§ 2º Se a promoção do arquivamento for reformada, o Conselho Superior do Ministério Público designará desde logo outro órgão do Ministério Público para o ajuizamento da ação.

Art. 7º Aplicam-se à ação civil pública prevista nesta lei, no que couber, os dispositivos da Lei n. 7.347, de 24 de julho de 1985.

Art. 8º Constitui crime punível com reclusão de 2 (dois) a 5 (cinco) anos e multa:*(Redação dada pela Lei n. 146 de 6.7.2015)*

I — recusar, cobrar valores adicionais, suspender, procrastinar, cancelar ou fazer cessar inscrição de aluno em estabelecimento de ensino de qualquer curso ou grau, público ou privado, em razão de sua deficiência;

II — obstar inscrição em concurso público ou acesso de alguém a qualquer cargo ou emprego público, em razão de sua deficiência;

III — negar ou obstar emprego, trabalho ou promoção à pessoa em razão de sua deficiência;

IV — recusar, retardar ou dificultar internação ou deixar de prestar assistência médico-hospitalar e ambulatorial à pessoa com deficiência;

V — deixar de cumprir, retardar ou frustrar execução de ordem judicial expedida na ação civil a que alude esta Lei;

VI— recusar, retardar ou omitir dados técnicos indispensáveis à propositura da ação civil pública objeto desta Lei, quando requisitados.

§ 1º Se o crime for praticado contra pessoa com deficiência menor de 18 (dezoito) anos, a pena é agravada em 1/3 (um terço).

§ 2º A pena pela adoção deliberada de critérios subjetivos para indeferimento de inscrição, de aprovação e de cumprimento de estágio probatório em concursos públicos não exclui a responsabilidade patrimonial pessoal do administrador público pelos danos causados.

§ 3º Incorre nas mesmas penas quem impede ou dificulta o ingresso de pessoa com deficiência em planos privados de assistência à saúde, inclusive com cobrança de valores diferenciados.

§ 4º Se o crime for praticado em atendimento de urgência e emergência, a pena é agravada em 1/3 (um terço).

Art. 9º A Administração Pública Federal conferirá aos assuntos relativos às pessoas portadoras de deficiência tratamento prioritário e apropriado, para que lhes seja efetivamente ensejado o pleno exercício de seus direitos individuais e sociais, bem como sua completa integração social.

§ 1º Os assuntos a que alude este artigo serão objeto de ação, coordenada e integrada, dos órgãos da Administração Pública Federal, e incluir-se-ão em Política Nacional para Integração da Pessoa Portadora de Deficiência, na qual estejam compreendidos planos, programas e projetos sujeitos a prazos e objetivos determinados.

§ 2º Ter-se-ão como integrantes da Administração Pública Federal, para os fins desta lei, além dos órgãos públicos, das autarquias, das empresas públicas e sociedades de economia mista, as respectivas subsidiárias e as fundações públicas.

Art. 10. A coordenação superior dos assuntos, ações governamentais e medidas, referentes a pessoas portadoras de deficiência, incumbirá à Coordenadoria Nacional para a Pessoa Portadora de Deficiência — CORDE, órgão autônomo do Ministério da Ação Social, ao qual serão destinados recursos orçamentários específicos.

Parágrafo único. Ao órgão a que se refere este artigo caberá formular a Política Nacional para a Integração da Pessoa Portadora de Deficiência, seus planos, programas e projetos e cumprir as instruções superiores que lhes digam respeito, com a cooperação dos demais órgãos públicos.

Art. 11. (*Revogado pela Lei n. 8.028, de 12.4.1990*).

Art. 12. Compete à CORDE: I — Coordenar as ações governamentais e medidas que se refiram às pessoas portadoras de deficiência; II — elaborar os planos, programas e projetos subsumidos na Política Nacional para a Integração de Pessoa Portadora de Deficiência, bem como propor as providências necessárias a sua completa implantação e seu adequado desenvolvimento, inclusive as pertinentes a recursos e as de caráter legislativo; III — acompanhar e orientar a execução, pela Administração Pública Federal, dos planos, programas e projetos mencionados no inciso anterior; IV — manifestar-se sobre a adequação à Política Nacional para a Integração da Pessoa Portadora de Deficiência dos projetos federais a ela conexos, antes da liberação dos recursos respectivos; V — manter, com os Estados, Municípios, Territórios, o Distrito Federal, e o Ministério Público, estreito relacionamento, objetivando a concorrência de ações destinadas à integração social das pessoas portadoras de deficiência; VI — provocar a iniciativa do Ministério Público, ministrando-lhe informações sobre fatos que constituam objeto da ação civil de que trata esta lei, e indicando-lhes os elementos de convicção; VII — emitir opinião sobre os acordos, contratos ou convênios firmados pelos demais órgãos da Administração Pública Federal, no âmbito da Política Nacional para a Integração da Pessoa Portadora de Deficiência; VIII — promover e incentivar a divulgação e o debate das questões concernentes à pessoa portadora de deficiência, visando à conscientização da sociedade.

Parágrafo único. Na elaboração dos planos, programas e projetos a seu cargo, deverá a CORDE recolher, sempre que possível, a opinião das pessoas e entidades interessadas, bem como considerar a necessidade de efetivo apoio aos entes particulares voltados para a integração social das pessoas portadoras de deficiência.

Art. 13. (*Revogado pela Medida Provisória n. 2.216-37, de 31.8.2001*).

Art. 14. (*VETADO*).

Art. 15. Para atendimento e fiel cumprimento do que dispõe esta lei, será reestruturada a Secretaria de Educação Especial do Ministério da Educação, e serão instituídos, no Ministério do Trabalho, no Ministério da Saúde e no Ministério da Previdência e Assistência Social, órgãos encarregados da coordenação setorial dos assuntos concernentes às pessoas portadoras da deficiência.

Art. 16. O Poder Executivo adotará, nos 60 (sessenta) dias posteriores à vigência desta lei, as providências necessárias à reestruturação e ao regular funcionamento da CORDE, como aquelas decorrentes do artigo anterior.

Art. 17. Serão incluídas no censo demográfico de 1990, e nos subsequentes, questões concernentes à problemática da pessoa portadora de deficiência, objetivando o conhecimento atualizado do número de pessoas portadoras de deficiência no País.

Art. 18. Os órgãos federais desenvolverão, no prazo de 12 (doze) meses contado da publicação desta lei, as ações necessárias à efetiva implantação das medidas indicadas no art. 2º desta lei.

Art. 19. Esta lei entra em vigor na data de sua publicação.

Art. 20. Revogam-se as disposições em contrário.

Lei n. 13.146 de 6.7.2015

(Lei Brasileira de Inclusão da Pessoa com Deficiência - Estatuto da Pessoa com Deficiência)

Livro I: Parte Geral

Título I: Disposições Preliminares

Capítulo I: Disposições Gerais

Art. 1º É instituída a Lei Brasileira de Inclusão da Pessoa com Deficiência (Estatuto da Pessoa com Deficiência), destinada a assegurar e a promover, em condições de igualdade, o exercício dos direitos e das liberdades fundamentais por pessoa com deficiência, visando à sua inclusão social e cidadania.

Parágrafo único. Esta Lei tem como base a Convenção sobre os Direitos das Pessoas com Deficiência e seu Protocolo Facultativo, ratificados pelo Congresso Nacional por meio do Decreto Legislativo n. 186, de 9 de julho de 2008, em conformidade com o procedimento previsto no § 3º do art. 5º da Constituição da República Federativa do Brasil, em vigor para o Brasil, no plano jurídico externo, desde 31 de agosto de 2008, e promulgados pelo Decreto n. 6.949, de 25 de agosto de 2009, data de início de sua vigência no plano interno.

Art. 2º Considera-se pessoa com deficiência aquela que tem impedimento de longo prazo de natureza física, mental, intelectual ou sensorial, o qual, em interação com uma ou mais barreiras, pode obstruir sua participação plena e efetiva na sociedade em igualdade de condições com as demais pessoas.

§ 1º A avaliação da deficiência, quando necessária, será biopsicossocial, realizada por equipe multiprofissional e interdisciplinar e considerará:

I — os impedimentos nas funções e nas estruturas do corpo;

II — os fatores socioambientais, psicológicos e pessoais;

III — a limitação no desempenho de atividades; e

IV — a restrição de participação.

§ 2º O Poder Executivo criará instrumentos para avaliação da deficiência.

Art. 3º Para fins de aplicação desta Lei, consideram-se:

I — acessibilidade: possibilidade e condição de alcance para utilização, com segurança e autonomia, de espaços, mobiliários, equipamentos urbanos, edificações, transportes, informação e comunicação, inclusive seus sistemas e tecnologias, bem como de outros serviços e instalações abertos ao público, de uso público ou privados de uso coletivo, tanto na zona urbana como na rural, por pessoa com deficiência ou com mobilidade reduzida;

II — desenho universal: concepção de produtos, ambientes, programas e serviços a serem usados por todas as pessoas, sem necessidade de adaptação ou de projeto específico, incluindo os recursos de tecnologia assistiva;

III — tecnologia assistiva ou ajuda técnica: produtos, equipamentos, dispositivos, recursos, metodologias, estratégias, práticas e serviços que objetivem promover a funcionalidade, relacionada à atividade e à participação da pessoa com deficiência ou com mobilidade reduzida, visando à sua autonomia, independência, qualidade de vida e inclusão social;

IV — barreiras: qualquer entrave, obstáculo, atitude ou comportamento que limite ou impeça a participação social da pessoa, bem como o gozo, a fruição e o exercício de seus direitos à acessibilidade, à liberdade de movimento e de expressão, à comunicação, ao acesso à informação, à compreensão, à circulação com segurança, entre outros, classificadas em:

a) barreiras urbanísticas: as existentes nas vias e nos espaços públicos e privados abertos ao público ou de uso coletivo;

b) barreiras arquitetônicas: as existentes nos edifícios públicos e privados;

c) barreiras nos transportes: as existentes nos sistemas e meios de transportes;

d) barreiras nas comunicações e na informação: qualquer entrave, obstáculo, atitude ou comportamento que dificulte ou impossibilite a expressão ou o recebimento de mensagens e de informações por intermédio de sistemas de comunicação e de tecnologia da informação;

e) barreiras atitudinais: atitudes ou comportamentos que impeçam ou prejudiquem a participação social da pessoa com deficiência em igualdade de condições e oportunidades com as demais pessoas;

f) barreiras tecnológicas: as que dificultam ou impedem o acesso da pessoa com deficiência às tecnologias;

V — comunicação: forma de interação dos cidadãos que abrange, entre outras opções, as línguas, inclusive a Língua Brasileira de Sinais (Libras), a visualização de textos, o Braille, o sistema de sinalização ou de comunicação tátil, os caracteres ampliados, os dispositivos multimídia, assim como a linguagem simples, escrita e oral, os sistemas auditivos e os meios de voz digitalizados e os modos, meios e formatos aumentativos e alternativos de comunicação, incluindo as tecnologias da informação e das comunicações;

VI — adaptações razoáveis: adaptações, modificações e ajustes necessários e adequados que não acarretem ônus desproporcional e indevido, quando requeridos em cada caso, a fim de assegurar que a pessoa com deficiência possa gozar ou exercer, em igualdade de condições e oportunidades com as demais pessoas, todos os direitos e liberdades fundamentais;

VII — elemento de urbanização: quaisquer componentes de obras de urbanização, tais como os referentes a pavimentação, saneamento, encanamento para esgotos, distribuição de energia elétrica e de gás, iluminação pública, serviços de comunicação, abastecimento e distribuição de água, paisagismo e os que materializam as indicações do planejamento urbanístico;

VIII — mobiliário urbano: conjunto de objetos existentes nas vias e nos espaços públicos, superpostos ou adicionados aos elementos de urbanização ou de edificação, de forma que sua modificação ou seu traslado não provoque alterações substanciais nesses elementos, tais como semáforos, postes de sinalização e similares, terminais e pontos de acesso coletivo às telecomunicações, fontes de água, lixeiras, toldos, marquises, bancos, quiosques e quaisquer outros de natureza análoga;

IX —pessoa com mobilidade reduzida: aquela que tenha, por qualquer motivo, dificuldade de movimentação, permanente ou temporária, gerando redução efetiva da mobilidade, da flexibilidade, da coordenação motora ou da percepção, incluindo idoso, gestante, lactante, pessoa com criança de colo e obeso;

X — residências inclusivas: unidades de oferta do Serviço de Acolhimento do Sistema Único de Assistência Social (Suas) localizadas em áreas residenciais da comunidade, com estruturas adequadas, que possam contar com apoio psicossocial para o atendimento das necessidades da pessoa acolhida, destinadas a jovens e adultos com deficiência, em situação de dependência, que não dispõem de condições de autossustentabilidade e com vínculos familiares fragilizados ou rompidos;

XI — moradia para a vida independente da pessoa com deficiência: moradia com estruturas adequadas capazes de proporcionar serviços de apoio coletivos e individualizados que respeitem e ampliem o grau de autonomia de jovens e adultos com deficiência;

XII — atendente pessoal: pessoa, membro ou não da família, que, com ou sem remuneração, assiste ou presta cuidados básicos e essenciais à pessoa com deficiência no exercício de suas atividades diárias, excluídas as técnicas ou os procedimentos identificados com profissões legalmente estabelecidas;

XIII — profissional de apoio escolar: pessoa que exerce atividades de alimentação, higiene e locomoção do estudante com deficiência e atua em todas as atividades escolares nas quais se fizer necessária, em todos os níveis e modalidades de ensino, em instituições públicas e privadas, excluídas as técnicas ou os procedimentos identificados com profissões legalmente estabelecidas;

XIV — acompanhante: aquele que acompanha a pessoa com deficiência, podendo ou não desempenhar as funções de atendente pessoal.

Capítulo II: Da Igualdade e da Não Discriminação

Art. 4º Toda pessoa com deficiência tem direito à igualdade de oportunidades com as demais pessoas e não sofrerá nenhuma espécie de discriminação.

§ 1º Considera-se discriminação em razão da deficiência toda forma de distinção, restrição ou exclusão, por ação ou omissão, que tenha o propósito ou o efeito de prejudicar, impedir ou anular o reconhecimento ou o exercício dos direitos e das liberdades fundamentais de pessoa com deficiência, incluindo a recusa de adaptações razoáveis e de fornecimento de tecnologias assistivas.

§ 2º A pessoa com deficiência não está obrigada à fruição de benefícios decorrentes de ação afirmativa.

Art. 5º A pessoa com deficiência será protegida de toda forma de negligência, discriminação, exploração, violência, tortura, crueldade, opressão e tratamento desumano ou degradante.

Parágrafo único. Para os fins da proteção mencionada no ***caput*** deste artigo, são considerados especialmente vulneráveis a criança, o adolescente, a mulher e o idoso, com deficiência.

Art. 6º A deficiência não afeta a plena capacidade civil da pessoa, inclusive para:

I — casar-se e constituir união estável;

II — exercer direitos sexuais e reprodutivos;

III — exercer o direito de decidir sobre o número de filhos e de ter acesso a informações adequadas sobre reprodução e planejamento familiar;

IV — conservar sua fertilidade, sendo vedada a esterilização compulsória;

V — exercer o direito à família e à convivência familiar e comunitária; e

VI — exercer o direito à guarda, à tutela, à curatela e à adoção, como adotante ou adotando, em igualdade de oportunidades com as demais pessoas.

Art. 7º É dever de todos comunicar à autoridade competente qualquer forma de ameaça ou de violação aos direitos da pessoa com deficiência.

Parágrafo único. Se, no exercício de suas funções, os juízes e os tribunais tiverem conhecimento de fatos que caracterizem as violações previstas nesta Lei, devem remeter peças ao Ministério Público para as providências cabíveis.

Art. 8º É dever do Estado, da sociedade e da família assegurar à pessoa com deficiência, com prioridade, a efetivação dos direitos referentes à vida, à saúde, à sexualidade, à paternidade e à maternidade, à alimentação, à habitação, à educação, à profissionalização, ao trabalho, à previdência social, à habilitação e à reabilitação, ao transporte, à acessibilidade, à cultura, ao desporto, ao turismo, ao lazer, à informação, à comunicação, aos avanços científicos e tecnológicos, à dignidade, ao respeito, à liberdade, à convivência familiar e comunitária, entre outros decorrentes da Constituição Federal, da Convenção sobre os Direitos das Pessoas com Deficiência e seu Protocolo Facultativo e das leis e de outras normas que garantam seu bem-estar pessoal, social e econômico.

Seção Única: Do Atendimento Prioritário

Art. 9º A pessoa com deficiência tem direito a receber atendimento prioritário, sobretudo com a finalidade de:

I — proteção e socorro em quaisquer circunstâncias;

II — atendimento em todas as instituições e serviços de atendimento ao público;

III — disponibilização de recursos, tanto humanos quanto tecnológicos, que garantam atendimento em igualdade de condições com as demais pessoas;

IV — disponibilização de pontos de parada, estações e terminais acessíveis de transporte coletivo de passageiros e garantia de segurança no embarque e no desembarque;

V — acesso a informações e disponibilização de recursos de comunicação acessíveis;

VI — recebimento de restituição de imposto de renda;

VII — tramitação processual e procedimentos judiciais e administrativos em que for parte ou interessada, em todos os atos e diligências.

§ 1º Os direitos previstos neste artigo são extensivos ao acompanhante da pessoa com deficiência ou ao seu atendente pessoal, exceto quanto ao disposto nos incisos VI e VII deste artigo.

§ 2º Nos serviços de emergência públicos e privados, a prioridade conferida por esta Lei é condicionada aos protocolos de atendimento médico.

Título II: Dos Direitos Fundamentais

Capítulo I: Do Direito à Vida

Art. 10. Compete ao poder público garantir a dignidade da pessoa com deficiência ao longo de toda a vida.

Parágrafo único. Em situações de risco, emergência ou estado de calamidade pública, a pessoa com deficiência será considerada vulnerável, devendo o poder público adotar medidas para sua proteção e segurança.

Art. 11. A pessoa com deficiência não poderá ser obrigada a se submeter a intervenção clínica ou cirúrgica, a tratamento ou a institucionalização forçada.

Parágrafo único. O consentimento da pessoa com deficiência em situação de curatela poderá ser suprido, na forma da lei.

Art. 12. O consentimento prévio, livre e esclarecido da pessoa com deficiência é indispensável para a realização de tratamento, procedimento, hospitalização e pesquisa científica.

§ 1º. Em caso de pessoa com deficiência em situação de curatela, deve ser assegurada sua participação, no maior grau possível, para a obtenção de consentimento.

§ 2º. A pesquisa científica envolvendo pessoa com deficiência em situação de tutela ou de curatela deve ser realizada, em caráter excepcional, apenas quando houver indícios de benefício direto para sua saúde ou para a saúde de outras pessoas com deficiência e desde que não haja outra opção de pesquisa de eficácia comparável com participantes não tutelados ou curatelados.

Art. 13. A pessoa com deficiência somente será atendida sem seu consentimento prévio, livre e esclarecido em casos de risco de morte e de emergência em saúde, resguardado seu superior interesse e adotadas as salvaguardas legais cabíveis.

Capítulo II: Do Direito à Habilitação e à Reabilitação

Art. 14. O processo de habilitação e de reabilitação é um direito da pessoa com deficiência.

Parágrafo único. O processo de habilitação e de reabilitação tem por objetivo o desenvolvimento de potencialidades, talentos, habilidades e aptidões físicas, cognitivas, sensoriais, psicossociais, atitudinais, profissionais e artísticas que contribuam para a conquista da autonomia da pessoa com deficiência e de sua participação social em igualdade de condições e oportunidades com as demais pessoas.

Art. 15. O processo mencionado no art. 14 desta Lei baseia-se em avaliação multidisciplinar das necessidades, habilidades e potencialidades de cada pessoa, observadas as seguintes diretrizes:

I — diagnóstico e intervenção precoces;

II — adoção de medidas para compensar perda ou limitação funcional, buscando o desenvolvimento de aptidões;

III — atuação permanente, integrada e articulada de políticas públicas que possibilitem a plena participação social da pessoa com deficiência;

IV — oferta de rede de serviços articulados, com atuação intersetorial, nos diferentes níveis de complexidade, para atender às necessidades específicas da pessoa com deficiência;

V — prestação de serviços próximo ao domicílio da pessoa com deficiência, inclusive na zona rural, respeitadas a organização das Redes de Atenção à Saúde (RAS) nos territórios locais e as normas do Sistema Único de Saúde (SUS).

Art. 16. Nos programas e serviços de habilitação e de reabilitação para a pessoa com deficiência, são garantidos:

I — organização, serviços, métodos, técnicas e recursos para atender às características de cada pessoa com deficiência;

II — acessibilidade em todos os ambientes e serviços;

III — tecnologia assistiva, tecnologia de reabilitação, materiais e equipamentos adequados e apoio técnico profissional, de acordo com as especificidades de cada pessoa com deficiência;

IV — capacitação continuada de todos os profissionais que participem dos programas e serviços.

Art. 17. Os serviços do SUS e do Suas deverão promover ações articuladas para garantir à pessoa com deficiência e sua família a aquisição de informações, orientações e formas de acesso às políticas públicas disponíveis, com a finalidade de propiciar sua plena participação social.

Parágrafo único. Os serviços de que trata o ***caput*** deste artigo podem fornecer informações e orientações nas áreas de saúde, de educação, de cultura, de esporte, de lazer, de transporte, de previdência social, de assistência social, de habitação, de trabalho, de empreendedorismo, de acesso ao crédito, de promoção, proteção e defesa de direitos e nas demais áreas que possibilitem à pessoa com deficiência exercer sua cidadania.

Capítulo III: Do Direito à Saúde

Art. 18. É assegurada atenção integral à saúde da pessoa com deficiência em todos os níveis de complexidade, por intermédio do SUS, garantido acesso universal e igualitário.

§ 1º. É assegurada a participação da pessoa com deficiência na elaboração das políticas de saúde a ela destinadas.

§ 2º. É assegurado atendimento segundo normas éticas e técnicas, que regulamentarão a atuação dos profissionais de saúde e contemplarão aspectos relacionados aos direitos e às especificidades da pessoa com deficiência, incluindo temas como sua dignidade e autonomia.

§ 3º. Aos profissionais que prestam assistência à pessoa com deficiência, especialmente em serviços de habilitação e de reabilitação, deve ser garantida capacitação inicial e continuada.

§ 4º. As ações e os serviços de saúde pública destinados à pessoa com deficiência devem assegurar:

I — diagnóstico e intervenção precoces, realizados por equipe multidisciplinar;

II — serviços de habilitação e de reabilitação sempre que necessários, para qualquer tipo de deficiência, inclusive para a manutenção da melhor condição de saúde e qualidade de vida;

III — atendimento domiciliar multidisciplinar, tratamento ambulatorial e internação;

IV — campanhas de vacinação;

V — atendimento psicológico, inclusive para seus familiares e atendentes pessoais;

VI — respeito à especificidade, à identidade de gênero e à orientação sexual da pessoa com deficiência;

VII — atenção sexual e reprodutiva, incluindo o direito à fertilização assistida;

VIII — informação adequada e acessível à pessoa com deficiência e a seus familiares sobre sua condição de saúde;

IX — serviços projetados para prevenir a ocorrência e o desenvolvimento de deficiências e agravos adicionais;

X — promoção de estratégias de capacitação permanente das equipes que atuam no SUS, em todos os níveis de atenção, no atendimento à pessoa com deficiência, bem como orientação a seus atendentes pessoais;

XI — oferta de órteses, próteses, meios auxiliares de locomoção, medicamentos, insumos e fórmulas nutricionais, conforme as normas vigentes do Ministério da Saúde.

§ 5º. As diretrizes deste artigo aplicam-se também às instituições privadas que participem de forma complementar do SUS ou que recebam recursos públicos para sua manutenção.

Art. 19. Compete ao SUS desenvolver ações destinadas à prevenção de deficiências por causas evitáveis, inclusive por meio de:

I — acompanhamento da gravidez, do parto e do puerpério, com garantia de parto humanizado e seguro;

II — promoção de práticas alimentares adequadas e saudáveis, vigilância alimentar e nutricional, prevenção e cuidado integral dos agravos relacionados à alimentação e nutrição da mulher e da criança;

III — aprimoramento e expansão dos programas de imunização e de triagem neonatal;

IV — identificação e controle da gestante de alto risco.

Art. 20. As operadoras de planos e seguros privados de saúde são obrigadas a garantir à pessoa com deficiência, no mínimo, todos os serviços e produtos ofertados aos demais clientes.

Art. 21. Quando esgotados os meios de atenção à saúde da pessoa com deficiência no local de residência, será prestado atendimento fora de domicílio, para fins de diagnóstico e de tratamento, garantidos o transporte e a acomodação da pessoa com deficiência e de seu acompanhante.

Art. 22. À pessoa com deficiência internada ou em observação é assegurado o direito a acompanhante ou a atendente pessoal, devendo o órgão ou a instituição de saúde proporcionar condições adequadas para sua permanência em tempo integral.

§ 1º. Na impossibilidade de permanência do acompanhante ou do atendente pessoal junto à pessoa com deficiência, cabe ao profissional de saúde responsável pelo tratamento justificá-la por escrito.

§ 2º. Na ocorrência da impossibilidade prevista no § 1º deste artigo, o órgão ou a instituição de saúde deve adotar as providências cabíveis para suprir a ausência do acompanhante ou do atendente pessoal.

Art. 23. São vedadas todas as formas de discriminação contra a pessoa com deficiência, inclusive por meio de cobrança de valores diferenciados por planos e seguros privados de saúde, em razão de sua condição.

Art. 24. É assegurado à pessoa com deficiência o acesso aos serviços de saúde, tanto públicos como privados, e às informações prestadas e recebidas, por meio de recursos de tecnologia assistiva e de todas as formas de comunicação previstas no inciso V do art. 3º desta Lei.

Art. 25. Os espaços dos serviços de saúde, tanto públicos quanto privados, devem assegurar o acesso da pessoa com deficiência, em conformidade com a legislação em vigor, mediante a remoção de barreiras, por meio de projetos arquitetônico, de ambientação de interior e de comunicação que atendam às especificidades das pessoas com deficiência física, sensorial, intelectual e mental.

Art. 26. Os casos de suspeita ou de confirmação de violência praticada contra a pessoa com deficiência serão objeto de notificação compulsória pelos serviços de saúde públicos e privados à autoridade policial e ao Ministério Público, além dos Conselhos dos Direitos da Pessoa com Deficiência.

Parágrafo único. Para os efeitos desta Lei, considera-se violência contra a pessoa com deficiência qualquer ação ou omissão, praticada em local público ou privado, que lhe cause morte ou dano ou sofrimento físico ou psicológico.

Arts. 27 a 33. ***"Omissis"***.

Capítulo VI: Do Direito ao Trabalho

Seção I: Disposições Gerais

Art. 34. A pessoa com deficiência tem direito ao trabalho de sua livre escolha e aceitação, em ambiente acessível e inclusivo, em igualdade de oportunidades com as demais pessoas.

§ 1º As pessoas jurídicas de direito público, privado ou de qualquer natureza são obrigadas a garantir ambientes de trabalho acessíveis e inclusivos.

§ 2º A pessoa com deficiência tem direito, em igualdade de oportunidades com as demais pessoas, a condições justas e favoráveis de trabalho, incluindo igual remuneração por trabalho de igual valor.

§ 3º É vedada restrição ao trabalho da pessoa com deficiência e qualquer discriminação em razão de sua condição, inclusive nas etapas de recrutamento, seleção, contratação, admissão, exames admissional e periódico, permanência no emprego, ascensão profissional e reabilitação profissional, bem como exigência de aptidão plena.

§ 4º A pessoa com deficiência tem direito à participação e ao acesso a cursos, treinamentos, educação continuada, planos de carreira, promoções, bonificações e incentivos profissionais oferecidos pelo empregador, em igualdade de oportunidades com os demais empregados.

§ 5º É garantida aos trabalhadores com deficiência acessibilidade em cursos de formação e de capacitação.

Art. 35. É finalidade primordial das políticas públicas de trabalho e emprego promover e garantir condições de acesso e de permanência da pessoa com deficiência no campo de trabalho.

Parágrafo único. Os programas de estímulo ao empreendedorismo e ao trabalho autônomo, incluídos o cooperativismo e o associativismo, devem prever a participação da pessoa com deficiência e a disponibilização de linhas de crédito, quando necessárias.

Seção II: Da Habilitação Profissional e Reabilitação Profissional

Art. 36. O poder público deve implementar serviços e programas completos de habilitação profissional e de reabilitação profissional para que a pessoa com deficiência possa ingressar, continuar ou retornar ao campo do trabalho, respeitados sua livre escolha, sua vocação e seu interesse.

§ 1º Equipe multidisciplinar indicará, com base em critérios previstos no § 1º do art. 2º desta Lei, programa de habilitação ou de reabilitação que possibilite à pessoa com deficiência restaurar sua capacidade e habilidade profissional ou adquirir novas capacidades e habilidades de trabalho.

§ 2º A habilitação profissional corresponde ao processo destinado a propiciar à pessoa com deficiência aquisição de conhecimentos, habilidades e aptidões para exercício de profissão ou de ocupação, permitindo nível suficiente de desenvolvimento profissional para ingresso no campo de trabalho.

§ 3º Os serviços de habilitação profissional, de reabilitação profissional e de educação profissional devem ser dotados de recursos necessários para atender a toda pessoa com deficiência, independentemente de sua característica específica, a fim de que ela possa ser capacitada para trabalho que lhe seja adequado e ter perspectivas de obtê-lo, de conservá-lo e de nele progredir.

§ 4º Os serviços de habilitação profissional, de reabilitação profissional e de educação profissional deverão ser oferecidos em ambientes acessíveis e inclusivos.

§ 5º A habilitação profissional e a reabilitação profissional devem ocorrer articuladas com as redes públicas e privadas, especialmente de saúde, de ensino e de assistência social, em todos os níveis e modalidades, em entidades de formação profissional ou diretamente com o empregador.

§ 6º A habilitação profissional pode ocorrer em empresas por meio de prévia formalização do contrato de emprego da pessoa com deficiência, que será considerada para o cumprimento da reserva de vagas prevista em lei, desde que por tempo determinado e concomitante com a inclusão profissional na empresa, observado o disposto em regulamento.

§ 7º A habilitação profissional e a reabilitação profissional atenderão à pessoa com deficiência.

Seção III: Da Inclusão da Pessoa com Deficiência no Trabalho

Art. 37. Constitui modo de inclusão da pessoa com deficiência no trabalho a colocação competitiva, em igualdade de oportunidades com as demais pessoas, nos termos da legislação trabalhista e previdenciária, na qual devem ser atendidas as regras de acessibilidade, o fornecimento de recursos de tecnologia assistiva e a adaptação razoável no ambiente de trabalho.

Parágrafo único. A colocação competitiva da pessoa com deficiência pode ocorrer por meio de trabalho com apoio, observadas as seguintes diretrizes:

I — prioridade no atendimento à pessoa com deficiência com maior dificuldade de inserção no campo de trabalho;

II — provisão de suportes individualizados que atendam a necessidades específicas da pessoa com deficiência, inclusive a disponibilização de recursos de tecnologia assistiva, de agente facilitador e de apoio no ambiente de trabalho;

III — respeito ao perfil vocacional e ao interesse da pessoa com deficiência apoiada;

IV — oferta de aconselhamento e de apoio aos empregadores, com vistas à definição de estratégias de inclusão e de superação de barreiras, inclusive atitudinais;

V — realização de avaliações periódicas;

VI — articulaçãointersetorial das políticas públicas;

VII — possibilidade de participação de organizações da sociedade civil.

Art. 38. A entidade contratada para a realização de processo seletivo público ou privado para cargo, função ou emprego está obrigada à observância do disposto nesta Lei e em outras normas de acessibilidade vigentes.

Capítulo VII: Do Direito à Assistência Social

Art. 39. Os serviços, os programas, os projetos e os benefícios no âmbito da política pública de assistência social à pessoa com deficiência e sua família têm como objetivo a garantia da segurança de renda, da acolhida, da habilitação e da reabilitação, do desenvolvimento da autonomia e da convivência familiar e comunitária, para a promoção do acesso a direitos e da plena participação social.

§ 1º A assistência social à pessoa com deficiência, nos termos do ***caput*** deste artigo, deve envolver conjunto articulado de serviços do âmbito da Proteção Social Básica e da Proteção Social Especial, ofertados pelo Suas, para a garantia de seguranças fundamentais no enfrentamento de situações de vulnerabilidade e de risco, por fragilização de vínculos e ameaça ou violação de direitos.

§ 2º Os serviços socioassistenciais destinados à pessoa com deficiência em situação de dependência deverão contar com cuidadores sociais para prestar-lhe cuidados básicos e instrumentais.

Art. 40. É assegurado à pessoa com deficiência que não possua meios para prover sua subsistência nem de tê-la provida por sua família o benefício mensal de 1 (um) salário-mínimo, nos termos da Lei n. 8.742, de 7 de dezembro de 1993.

Capítulo VIII: Do Direito à Previdência Social

Art. 41. A pessoa com deficiência segurada do Regime Geral de Previdência Social (RGPS) tem direito à aposentadoria nos termos da Lei Complementar n. 142, de 8 de maio de 2013.

Art. 42 a78. "***Omissis***".

Livro II: Parte Especial

Título I: Do Acesso à Justiça

Capítulo I: Disposições Gerais

Art. 79. O poder público deve assegurar o acesso da pessoa com deficiência à justiça, em igualdade de oportunidades com as demais pessoas, garantindo, sempre que requeridos, adaptações e recursos de tecnologia assistiva.

§ 1º A fim de garantir a atuação da pessoa com deficiência em todo o processo judicial, o poder público deve capacitar os membros e os servidores que atuam no Poder Judiciário, no Ministério Público, na Defensoria Pública, nos órgãos de segurança pública e no sistema penitenciário quanto aos direitos da pessoa com deficiência.

§ 2º Devem ser assegurados à pessoa com deficiência submetida a medida restritiva de liberdade todos os direitos e garantias a que fazem jus os apenados sem deficiência, garantida a acessibilidade.

§ 3º A Defensoria Pública e o Ministério Público tomarão as medidas necessárias à garantia dos direitos previstos nesta Lei.

Art. 80. Devem ser oferecidos todos os recursos de tecnologia assistiva disponíveis para que a pessoa com deficiência tenha garantido o acesso à justiça, sempre que figure em um dos polos da ação ou atue como testemunha, partícipe da lide posta em juízo, advogado, defensor público, magistrado ou membro do Ministério Público.

Parágrafo único. A pessoa com deficiência tem garantido o acesso ao conteúdo de todos os atos processuais de seu interesse, inclusive no exercício da advocacia.

Art. 81. Os direitos da pessoa com deficiência serão garantidos por ocasião da aplicação de sanções penais.

Art. 82. *(VETADO).*

Art. 83. Os serviços notariais e de registro não podem negar ou criar óbices ou condições diferenciadas à prestação de seus serviços em razão de deficiência do solicitante, devendo reconhecer sua capacidade legal plena, garantida a acessibilidade.

Parágrafo único. O descumprimento do disposto no ***caput*** deste artigo constitui discriminação em razão de deficiência.

Capítulo II: Do Reconhecimento Igual perante a Lei

Art. 84. A pessoa com deficiência tem assegurado o direito ao exercício de sua capacidade legal em igualdade de condições com as demais pessoas.

§ 1º Quando necessário, a pessoa com deficiência será submetida à curatela, conforme a lei.

§ 2º É facultado à pessoa com deficiência a adoção de processo de tomada de decisão apoiada.

§ 3º A definição de curatela de pessoa com deficiência constitui medida protetiva extraordinária, proporcional às necessidades e às circunstâncias de cada caso, e durará o menor tempo possível.

§ 4º Os curadores são obrigados a prestar, anualmente, contas de sua administração ao juiz, apresentando o balanço do respectivo ano.

Art. 85. A curatela afetará tão somente os atos relacionados aos direitos de natureza patrimonial e negocial.

§ 1º A definição da curatela não alcança o direito ao próprio corpo, à sexualidade, ao matrimônio, à privacidade, à educação, à saúde, ao trabalho e ao voto.

§ 2º A curatela constitui medida extraordinária, devendo constar da sentença as razões e motivações de sua definição, preservados os interesses do curatelado.

§ 3º No caso de pessoa em situação de institucionalização, ao nomear curador, o juiz deve dar preferência a pessoa que tenha vínculo de natureza familiar, afetiva ou comunitária com o curatelado.

Art. 86. Para emissão de documentos oficiais, não será exigida a situação de curatela da pessoa com deficiência.

Art. 87. Em casos de relevância e urgência e a fim de proteger os interesses da pessoa com deficiência em situação de curatela, será lícito ao juiz, ouvido o Ministério Público, de oficio ou a requerimento do interessado, nomear, desde logo, curador provisório, o qual estará sujeito, no que couber, às disposições do Código de Processo Civil.

Título II: Dos Crimes e das Infrações Administrativas

Art. 88. Praticar, induzir ou incitar discriminação de pessoa em razão de sua deficiência:

Pena — reclusão, de 1 (um) a 3 (três) anos, e multa.

§ 1º Aumenta-se a pena em 1/3 (um terço) se a vítima encontrar-se sob cuidado e responsabilidade do agente.

§ 2º Se qualquer dos crimes previstos no *caput* deste artigo é cometido por intermédio de meios de comunicação social ou de publicação de qualquer natureza:

Pena — reclusão, de 2 (dois) a 5 (cinco) anos, e multa.

§ 3º Na hipótese do§ 2º deste artigo, o juiz poderá determinar, ouvido o Ministério Público ou a pedido deste, ainda antes do inquérito policial, sob pena de desobediência:

I — recolhimento ou busca e apreensão dos exemplares do material discriminatório;

II — interdição das respectivas mensagens ou páginas de informação na internet.

§ 4º. Na hipótese do § 2º deste artigo, constitui efeito da condenação, após o trânsito em julgado da decisão, a destruição do material apreendido.

Art. 89. Apropriar-se de ou desviar bens, proventos, pensão, benefícios, remuneração ou qualquer outro rendimento de pessoa com deficiência:

Pena — reclusão, de 1 (um) a 4 (quatro) anos, e multa.

Parágrafo único. Aumenta-se a pena em 1/3 (um terço) se o crime é cometido:

I — por tutor, curador, síndico, liquidatário, inventariante, testamenteiro ou depositário judicial; ou

II — por aquele que se apropriou em razão de ofício ou de profissão.

Art. 90. Abandonar pessoa com deficiência em hospitais, casas de saúde, entidades de abrigamento ou congêneres:

Pena — reclusão, de 6 (seis) meses a 3 (três) anos, e multa.

Parágrafo único. Na mesma pena incorre quem não prover as necessidades básicas de pessoa com deficiência quando obrigado por lei ou mandado.

Art. 91. Reter ou utilizar cartão magnético, qualquer meio eletrônico ou documento de pessoa com deficiência destinados ao recebimento de benefícios, proventos, pensões ou remuneração ou à realização de operações financeiras, com o fim de obter vantagem indevida para si ou para outrem:

Pena — detenção, de 6 (seis) meses a 2 (dois) anos, e multa.

Parágrafo único. Aumenta-se a pena em 1/3 (um terço) se o crime é cometido por tutor ou curador.

Título III: Disposições Finais e Transitórias

Arts. 92 a 123. ***"Omissis".***

Art. 125. Devem ser observados os prazos a seguir discriminados, a partir da entrada em vigor desta Lei, para o cumprimento dos seguintes dispositivos:

I — incisos I e II do § 2º do art. 28, 48 (quarenta e oito) meses;

II — § 6ºdo art. 44, 48 (quarenta e oito) meses;

III — art. 45, 24 (vinte e quatro) meses;

IV – art. 49, 48 (quarenta e oito) meses.

Art. 126. Prorroga-se até 31 de dezembro de 2021 a vigência daLei n. 8.989, de 24 de fevereiro de 1995.

Art. 127. Esta Lei entra em vigor após decorridos 180 (cento e oitenta) dias de sua publicação oficial. *(D.O.U de 8.7.2015)*

Estatuto da Criança e do Adolescente
(Lei n. 8.069, de 13.7.1990)

Título I: Das Disposições Preliminares

Art. 1º Esta Lei dispõe sobre a proteção integral à criança e ao adolescente.

Art. 2º Considera-se criança, para os efeitos desta Lei, a pessoa até doze anos de idade incompletos, e adolescente aquela entre doze e dezoito anos de idade.

Parágrafo único. Nos casos expressos em lei, aplica-se excepcionalmente este Estatuto às pessoas entre dezoito e vinte e um anos de idade.

Art. 3º A criança e o adolescente gozam de todos os direitos fundamentais inerentes à pessoa humana, sem prejuízo da proteção integral de que trata esta Lei, assegurando-se-lhes, por lei ou por outros meios, todas as oportunidades e facilidades, a fim de lhes facultar o desenvolvimento físico, mental, moral, espiritual e social, em condições de liberdade e de dignidade.

Art. 4º É dever da família, da comunidade, da sociedade em geral e do Poder Público assegurar, com absoluta prioridade, a efetivação dos direitos referentes à vida, à saúde, à alimentação, à educação, ao esporte, ao lazer, à profissionalização, à cultura, à dignidade, ao respeito, à liberdade e à convivência familiar e comunitária.

Parágrafo único. A garantia de prioridade compreende:

a) primazia de receber proteção e socorro em quaisquer circunstâncias;

b) precedência de atendimento nos serviços públicos ou de relevância pública;

c) preferência na formulação e na execução das políticas sociais públicas;

d) destinação privilegiada de recursos públicos nas áreas relacionadas com a proteção à infância e à juventude.

Art. 5º Nenhuma criança ou adolescente será objeto de qualquer forma de negligência, discriminação, exploração, violência, crueldade e opressão, punido na forma da lei qualquer atentado, por ação ou omissão, aos seus direitos fundamentais.

Art. 6º Na interpretação desta Lei levar-se-ão em conta os fins sociais a que ela se dirige, as exigências do bem comum, os direitos e deveres individuais e coletivos, e a condição peculiar da criança e do adolescente como pessoas em desenvolvimento.

Título II: Dos Direitos Fundamentais

Capítulo V: Do Direito à Profissionalização e à Proteção no Trabalho

Art. 60. É proibido qualquer trabalho a menores de quatorze anos de idade, salvo na condição de aprendiz.

Art. 61. A proteção ao trabalho dos adolescentes é regulada por legislação especial, sem prejuízo do disposto nesta Lei.

Art. 62. Considera-se aprendizagem a formação técnico-profissional ministrada segundo as diretrizes e bases da legislação de educação em vigor.

Art. 63. A formação técnico-profissional obedecerá aos seguintes princípios:

I — garantia de acesso e frequência obrigatória ao ensino regular;

II — atividade compatível com o desenvolvimento do adolescente;

III — horário especial para o exercício das atividades.

Art. 64. Ao adolescente até quatorze anos de idade é assegurada bolsa de aprendizagem.

Art. 65. Ao adolescente aprendiz, maior de quatorze anos, são assegurados os direitos trabalhistas e previdenciários.

Art. 66. Ao adolescente portador de deficiência é assegurado trabalho protegido.

Art. 67. Ao adolescente empregado, aprendiz, em regime familiar de trabalho, aluno de escola técnica, assistido em entidade governamental ou não governamental, é vedado trabalho:

I — noturno, realizado entre as vinte e duas horas de um dia e as cinco horas do dia seguinte;

II — perigoso, insalubre ou penoso;

III — realizado em locais prejudiciais à sua formação e ao seu desenvolvimento físico, psíquico, moral e social;

IV — realizado em horários e locais que não permitam a frequência à escola.

Art. 68. O programa social que tenha por base o trabalho educativo, sob responsabilidade de entidade governamental ou não governamental sem fins lucrativos, deverá assegurar ao adolescente que dele participe condições de capacitação para o exercício de atividade regular remunerada.

§ 1º Entende-se por trabalho educativo a atividade laboral em que as exigências pedagógicas relativas ao desenvolvimento pessoal e social do educando prevalecem sobre o aspecto produtivo.

§ 2º A remuneração que o adolescente recebe pelo trabalho efetuado ou a participação na venda dos produtos de seu trabalho não desfigura o caráter educativo.

Art. 69. O adolescente tem direito à profissionalização e à proteção no trabalho, observados os seguintes aspectos, entre outros: I — respeito à condição peculiar de pessoa em desenvolvimento; II — capacitação profissional adequada ao mercado de trabalho.

PLANO DE BENEFÍCIOS DA PREVIDÊNCIA SOCIAL
(Lei n. 8.213, de 24.7.1991, atualizado até a edição da Lei n. 13.146 de 6.7.2015)

Capítulo II: Das Prestações em Geral

Seção VI: Dos Serviços

Subseção II: Da Habilitação e da Reabilitação Profissional(1)

Art. 89. A habilitação e a reabilitação profissional e social deverão proporcionar ao beneficiário incapacitado parcial ou totalmente para o trabalho, e às pessoas portadoras de deficiência, os meios para a (re)educação e de (re)adaptação profissional e social indicados para participar do mercado de trabalho e do contexto em que vive.

Parágrafo único. A reabilitação profissional compreende: a) o fornecimento de aparelho de prótese, órtese e instrumentos de auxílio para locomoção quando a perda ou redução da capacidade funcional puder ser atenuada por seu uso e dos equipamentos necessários à habilitação e reabilitação social e profissional; b) a reparação ou a substituição dos aparelhos mencionados no inciso anterior, desgastados pelo uso normal ou por ocorrência estranha à vontade do beneficiário; c) o transporte do acidentado do trabalho, quando necessário.

Art. 90. A prestação de que trata o artigo anterior é devida em caráter obrigatório aos segurados, inclusive aposentados e, na medida das possibilidades do órgão da Previdência Social, aos seus dependentes.

Art. 91. Será concedido, no caso de habilitação e reabilitação profissional, auxílio para tratamento ou exame fora do domicílio do beneficiário, conforme dispuser o Regulamento.

Art. 92. Concluído o processo de habilitação ou reabilitação social e profissional, a Previdência Social emitirá certificado individual, indicando as atividades que poderão ser exercidas pelo beneficiário, nada impedindo que este exerça outra atividade para a qual se capacitar.

Art. 93. A empresa com 100 (cem) ou mais empregados está obrigada a preencher de 2% (dois por cento) a 5% (cinco por cento) dos seus cargos com beneficiários reabilitados ou pessoas portadoras de deficiência, habilitadas, na seguinte proporção:

I — até 200 empregados 2%;

II — de 201 a 500 3%;

III — de 501 a 1.000 4%;

IV — de 1.001 em diante 5%.

§ 1º A dispensa de pessoa com deficiência ou de beneficiário reabilitado da Previdência Social ao final de contrato por prazo determinado de mais de 90 (noventa) dias e a dispensa imotivada em contrato por prazo indeterminado somente poderão ocorrer após a contratação de outro trabalhador com deficiência ou beneficiário reabilitado da Previdência Social. *(Redação dada pela Lei n. 13.146 de 6.7.2015)*

§ 2º Ao Ministério do Trabalho e Emprego incumbe estabelecer a sistemática de fiscalização, bem como gerar dados e estatísticas sobre o total de empregados e as vagas preenchidas por pessoas com deficiência e por beneficiários reabilitados da Previdência Social, fornecendo-os, quando solicitados, aos sindicatos, às entidades representativas dos empregados ou aos cidadãos interessados. *(Redação dada pela Lei n. 13.146 de 6.7.2015)*

§ 3º Para a reserva de cargos será considerada somente a contratação direta de pessoa com deficiência, excluído o aprendiz com deficiência de que trata a Consolidação das Leis do Trabalho (CLT), aprovada pelo Decreto-Lei n. 5.452, de 1º de maio de 1943. *(Redação dada pela Lei n. 13.146 de 6.7.2015)*

§ 4º (VETADO).

Lei n. 9.029, de 13.4.1995 *(Discriminação no Emprego. Exames Médicos)*

Art. 1º Fica proibida a adoção de qualquer prática discriminatória e limitativa para efeito de acesso à relação de emprego, ou sua manutenção, por motivo de sexo, origem, raça, cor, estado civil, situação familiar ou idade, ressalvadas, neste caso, as hipóteses de proteção ao menor previstas no inciso XXXIII, do art. 7º, da Constituição Federal.

Art. 2º Constituem crime as seguintes práticas discriminatórias:

I — a exigência de teste, exame, perícia, laudo, atestado, declaração ou qualquer outro procedimento relativo à esterilização ou a estado de gravidez;

II — a adoção de quaisquer medidas, de iniciativa do empregador, que configurem:

a) indução ou instigamento à esterilização genética;

b) promoção do controle de natalidade, assim não considerado o oferecimento de serviços e de aconselhamento ou planejamento familiar, realizados através de instituições públicas ou privadas, submetidas às normas do Sistema Único de Saúde (SUS).

Pena: Detenção de um a dois anos e multa.

---

(1) Ver arts. 136 a 141 do Decreto n. 3.048/99 (Regulamento da Previdência Social), que disciplinam a concessão de Habilitação e Reabilitação Profissional, na forma reproduzida no Capítulo anterior.

Parágrafo único. São sujeitos ativos dos crimes a que se refere este artigo:

I — a pessoa física empregadora;

II — o representante legal do empregador, como definido na legislação trabalhista;

III — o dirigente, direto ou por delegação, de órgãos públicos e entidades das administrações públicas direta, indireta e fundacional de qualquer dos Poderes da União, dos Estados, do Distrito Federal e dos Municípios.

Art. 3º Sem prejuízo do prescrito no artigo anterior, as infrações do disposto nesta Lei são passíveis das seguintes cominações:

I — multa administrativa de dez vezes o valor do maior salário pago pelo empregador, elevado em cinquenta por cento em caso de reincidência;

II — proibição de obter empréstimo ou financiamento junto a instituições financeiras oficiais.

Art. 4º O rompimento da relação de trabalho por ato discriminatório, nos moldes desta Lei, faculta ao empregado optar entre:

I — a readmissão com ressarcimento integral de todo o período de afastamento, mediante o pagamento das remunerações devidas, corrigidas monetariamente, acrescidas dos juros legais;

II — a percepção, em dobro, da remuneração do período de afastamento, corrigida monetariamente e acrescida dos juros legais.

CÓDIGO CIVIL BRASILEIRO

(Lei n. 10.406, de 10.1.2002, atualizada até a edição da Lei n. 13.146 de 6.7.2015)

Livro I: Das Pessoas

Título I: Das Pessoas Naturais

Capítulo I: Da Personalidade e da Capacidade

Art. 1º Toda pessoa é capaz de direitos e deveres na ordem civil.

Art. 2º A personalidade civil da pessoa começa do nascimento com vida; mas a lei põe a salvo, desde a concepção, os direitos do nascituro.

Art. 3º. São absolutamente incapazes de exercer pessoalmente os atos da vida civilos menores de dezesseis anos. *(Redação dada pela Lei n. 13.146 de 6.7.2015).*

I — (Revogado).

II — (Revogado).

III — (Revogado).

Art. 4º São incapazes, relativamente a certos atos, ou à maneira de os exercer:

I — os maiores de dezesseis e menores de dezoito anos;

II — os ébrios habituais, os viciados em tóxicos, e os que, por deficiência mental, tenham o discernimento reduzido; *(Redação dada pela Lei n. 13.146 de 6.7.2015);*

III — aqueles que, por causa transitória ou permanente, não puderem exprimir sua vontade; *(Redação dada pela Lei n. 13.146 de 6.7.2015);*

IV — os pródigos.

Parágrafo único. A capacidade dos índios será regulada por legislação especial.

Art. 5º A menoridade cessa aos dezoito anos completos, quando a pessoa fica habilitada à prática de todos os atos da vida civil.

Parágrafo único. Cessará, para os menores, a incapacidade: I — pela concessão dos pais, ou de um deles na falta do outro, mediante instrumento público, independentemente de homologação judicial, ou por sentença do juiz, ouvido o tutor, se o menor tiver dezesseis anos completos; II — pelo casamento; III — pelo exercício de emprego público efetivo; IV — pela colação de grau em curso de ensino superior; V — pelo estabelecimento civil ou comercial, ou pela existência de relação de emprego, desde que, em função deles, o menor com dezesseis anos completos tenha economia própria.

NORMAS JURÍDICAS INFRALEGAIS OU REGULAMENTARES

Decreto n. 6.481, de 12.6.2008 *(Lista das Piores Formas de Trabalho Infantil)*

Art. 1º Fica aprovada a Lista das Piores Formas de Trabalho Infantil (Lista TIP), na forma do Anexo, de acordo com o disposto nos arts. 3º, "d", e 4º da Convenção 182 da Organização Internacional do Trabalho (OIT), aprovada pelo Decreto Legislativo n. 178 de 14 de dezembro de 1999 e promulgada pelo Decreto n. 3.597 de 12 de setembro de 2000.

Art. 2º Fica proibido o trabalho do menor de dezoito anos nas atividades descritas na Lista TIP, salvo nas hipóteses previstas neste decreto.

§ 1º A proibição prevista no caput poderá ser elidida:

I — na hipótese de ser o emprego ou trabalho, a partir da idade de dezesseis anos, autorizado pelo Ministério do Trabalho e Emprego, após consulta às organizações de empregadores e de trabalhadores interessadas, desde que fiquem plenamente garantidas a saúde, a segurança e a moral dos adolescentes; e, **II** — na hipótese de aceitação de parecer técnico circunstanciado, assinado por profissional legalmente habilitado em segurança e saúde no trabalho, que ateste a não exposição a riscos que possam comprometer a saúde, a segurança e a moral dos adolescentes, depositado na unidade descentralizada do Ministério do Trabalho e Emprego da circunscrição onde ocorrerem as referidas atividades.

§ 2º As controvérsias sobre a efetiva proteção dos adolescentes envolvidos em atividades constantes do parecer técnico referido no § 1º, inciso II, serão objeto de análise por órgão competente do Ministério do Trabalho e Emprego, que tomará as providências legais cabíveis.

§ 3º A classificação de atividades, locais e trabalhos prejudiciais à saúde, à segurança e à moral, nos termos da Lista TIP, não é extensiva aos trabalhadores maiores de dezoito anos.

Art. 3º Os trabalhos técnicos ou administrativos serão permitidos, desde que fora das áreas de risco à saúde, à segurança e à moral, ao menor de dezoito e maior de dezesseis anos e ao maior de quatorze e menor de dezesseis, na condição de aprendiz.

Art. 4º Para fins de aplicação das alíneas "a", "b" e "c" do art. 3º da Convenção no 182, da OIT, integram as piores formas de trabalho infantil:

I — todas as formas de escravidão ou práticas análogas, tais como venda ou tráfico, cativeiro ou sujeição por dívida, servidão, trabalho forçado ou obrigatório;

II — a utilização, demanda, oferta, tráfico ou aliciamento para fins de exploração sexual comercial, produção de pornografia ou atuações pornográficas;

III — a utilização, recrutamento e oferta de adolescente para outras atividades ilícitas, particularmente para a produção e tráfico de drogas; e

IV — o recrutamento forçado ou compulsório de adolescente para ser utilizado em conflitos armados.

Art. 5º A Lista TIP será periodicamente examinada e, se necessário, revista em consulta com as organizações de empregadores e de trabalhadores interessadas.

Parágrafo único. Compete ao Ministério do Trabalho e Emprego organizar os processos de exame e consulta a que se refere o caput.

Art. 6º Este Decreto entra em vigor noventa dias após a data de sua publicação.

Anexo do Decreto n. 6.481/2008 = LISTA DAS PIORES FORMAS DE TRABALHO INFANTIL

(*LISTA TIP*)

I. TRABALHOS PREJUDICIAIS À SAÚDE E À SEGURANÇA:

Atividade: **AGRICULTURA, PECUÁRIA, SILVICULTURA E EXPLORAÇÃO FLORESTAL**

Item	Descrição dos Trabalhos	Prováveis Riscos Ocupacionais	Prováveis Repercussões à Saúde
1.	Na direção e operação de tratores, máquinas agrícolas e esmeris, quando motorizados e em movimento.	Acidentes com máquinas, instrumentos ou ferramentas perigosas	Afecções músculo-esqueléticas (bursites, tendinites, dorsalgias, sinovites, tenossinovites), mutilações, esmagamentos, fraturas
2.	No processo produtivo do fumo, algodão, sisal, cana-de-açúcar e abacaxi	Esforço físico e posturas viciosas; exposição a poeiras orgânicas e seus contaminantes, como fungos e agrotóxicos; contato com substâncias tóxicas da própria planta; acidentes com animais peçonhentos; exposição, sem proteção adequada, à radiação solar, calor, umidade, chuva e frio; acidentes com instrumentos pérfuro-cortantes.	Afecções músculo-esqueléticas (bursites, tendinites, dorsalgias, sinovites, tenossinovites); pneumoconioses; intoxicações exógenas; cânceres; bissinoses; hantaviroses; urticárias; envenenamentos; intermações; queimaduras na pele; envelhecimento precoce; câncer de pele; desidratação; doenças respiratórias; ceratosesactínicas; ferimentos e mutilações; apagamento de digitais
3.	Na colheita de cítricos, pimenta malagueta e semelhantes	Esforço físico, levantamento e transporte manual de peso; posturas viciosas; exposição, sem proteção adequada, à radiação solar, calor, umidade, chuva e frio; contato com ácido da casca; acidentes com instrumentos pérfuro-cortantes.	Afecções músculo-esqueléticas (bursites, tendinites, dorsalgias, sinovites, tenossinovites); intermações; queimaduras na pele; envelhecimento precoce; câncer de pele; desidratação; doenças respiratórias; ceratosesactínicas; apagamento de digitais; ferimentos; mutilações.
4.	No beneficiamento do fumo, sisal, castanha de caju e cana-de-açúcar	Esforço físico, levantamento e transporte de peso; exposição apoeiras orgânicas, ácidos e substâncias tóxicas	Fadiga física; afecções músculo-esqueléticas, (bursites, tendinites,dorsalgias, sinovites, tenossinovites); intoxicações agudas e crônicas; rinite; bronquite; vômitos; dermatites ocupacionais; apagamento das digitais.
5.	Na pulverização, manuseio e aplicação de agrotóxicos, adjuvantes, e produtos afins, incluindo limpeza de equipamentos, descontaminação, disposição e retorno de recipientes vazios	Exposição a substâncias químicas, tais como, pesticidas e fertilizantes, absorvidos por via oral, cutânea e respiratória	Intoxicações agudas e crônicas; poli-neuropatias; dermatites de contato; dermatites alérgicas; osteomalácias do adulto induzidas por drogas; cânceres; arritmias cardíacas; leucemias e episódios depressivos
6.	Em locais de armazenamento ou de beneficiamento em que haja livre desprendimento de poeiras de cereais e de vegetais	Exposição a poeiras e seus contaminantes	Bissinoses; asma; bronquite; rinite alérgica; enfizema; pneumonia e irritação das vias aéreas superiores

Item	Descrição dos Trabalhos	Prováveis Riscos Ocupacionais	Prováveis Repercussões à Saúde
7.	Em estábulos, cavalariças, currais, estrebarias ou pocilgas, sem condições adequadas de higienização.	Acidentes com animais e contato permanente com vírus, bactérias, parasitas, bacilos e fungos	Afecções músculo-esqueléticas(bursites, tendinites, dorsalgias, sinovites, tenossinovites); contusões; tuberculose; carbúnculo; brucelose; leptospirose; tétano; psitacose; dengue; hepatites virais; dermatofitoses; candidíases; leishmanioses cutâneas e cutâneo-mucosas e blastomicoses.
8.	No interior ou junto a silos de estocagem de forragem ou grãos com atmosferas tóxicas, explosivas ou com deficiência de oxigênio.	Exposição a poeiras e seus contaminantes; queda de nível; explosões; baixa pressão parcial de oxigênio	Asfixia; dificuldade respiratória; asma ocupacional; pneumonia; bronquite; rinite; traumatismos; contusões e queimaduras.
10.	Na extração e corte de madeira	Acidentes com queda de árvores, serra de corte, máquinas e ofidismo.	Afecções músculo-esqueléticas (bursites, tendinites, dorsalgias, sinovites, tenossinovites); esmagamentos; amputações; lacerações; mutilações; contusões; fraturas; envenenamento e blastomicose.
11.	Em manguezais e lamaçais	Exposição à umidade; cortes; perfurações; ofidismo, e contato com excrementos.	Rinite; resfriados; bronquite; envenenamentos; intoxicações exógenas; dermatites; leptospirose; hepatites virais; dermatofitoses e candidíases.

Atividade: **PESCA**

Item	Descrição dos Trabalhos	Prováveis Riscos Ocupacionais	Prováveis Repercussões à Saúde
12.	Na cata de iscas aquáticas	Trabalho noturno; exposição à radiação solar, umidade, frio e a animais carnívoros ou peçonhentos; afogamento	Transtorno do ciclo vigília-sono; queimaduras na pele; envelhecimento precoce; hipotermia; lesões; envenenamentos; perfuração da membrana do tímpano; perda da consciência; labirintite e otite média não supurativa e apnéia prolongada
13.	Na cata de mariscos	Exposição à radiação solar, chuva, frio; posturas inadequadas e movimentos repetitivos; acidentes com instrumentos pérfuro-cortantes; horário flutuante, como as marés; águas profundas	Queimaduras na pele; envelhecimento precoce; câncer de pele; desidratação; doenças respiratórias; ceratosesactínicas; hipertemia; fadiga física; dores musculares nos membros e coluna vertebral; ferimentos; fadiga; distúrbios do sono; afogamento
14.	Que exijam mergulho, com ou sem equipamento	Apnéia prolongada e aumento do nitrogênio circulante	Afogamento; perfuração da membrana do tímpano; perda de consciência; barotrauma; embolia gasosa; síndrome de Raynaud; acrocianose; otite barotraumática; sinusite barotraumática; labirintite e otite média não supurativa
15.	Em condições hiperbáricas	Exposição a condições hiperbáricas, sem períodos de compressão e descompressão	Morte; perda da consciência; perfuração da membrana do tímpano; intoxicação por gases (oxigênio ou nitrogênio); barotrauma; embolia gasosa; síndrome de Raynaud; acrocianose; otite barotraumática; sinusite barotraumática; labirintite; otite média não supurativa; osteonecrose asséptica e mal dos caixões (doença descompressiva).

Atividade: **INDÚSTRIA EXTRATIVA**

Item	Descrição dos Trabalhos	Prováveis Riscos Ocupacionais	Prováveis Repercussões à Saúde
16.	Em cantarias e no preparo de cascalho	Esforço físico; posturas viciosas; acidentes com instrumentos pérfuro-cortantes; exposição a poeiras minerais, inclusive sílica	Afecções músculo-esqueléticas(bursites, tendinites, dorsalgias, sinovites, tenossinovites); DORT/LER; ferimentos e mutilações; rinite; asma; pneumoconioses; tuberculose.
17.	De extração de pedras, areia e argila (retirada, corte e separação de pedras; uso de instrumentos contuso-cortantes, transporte e arrumação de pedras)	Exposição à radiação solar, chuva; exposição à sílica; levantamento e transporte de peso excessivo; posturas inadequadas e movimentos repetitivos; acidentes com instrumentos pérfuro-cortantes; condições sanitárias precárias; corpos estranhos	Queimaduras na pele; envelhecimento precoce; câncer de pele; desidratação; doenças respiratórias; hipertermia; fadiga física; dores musculares nos membros e coluna vertebral; lesões e deformidades osteomusculares; comprometimento do desenvolvimento psicomotor; ferimentos; mutilações; parasitores múltiplas e gastroenterites; ferimentos nos olhos (córnea e esclera).
18.	De extração de mármores, granitos, pedras preciosas, semipreciosas e outros minerais	Levantamento e transporte de peso excessivo; acidentes com instrumentos contudentes e pérfuro-cortantes; exposição a poeiras inorgânicas; acidentes com eletricidade e explosivos; gases asfixiantes	Fadiga física; afecções músculo-esqueléticas(bursites, tendinites, dorsalgias, sinovites, tenossinovites); esmagamentos; traumatismos; ferimentos; mutilações; queimaduras; silicose; bronquite; bronquiolite; rinite; tuberculose; asma ocupacional; enfisema; fibrose pulmonar; choque elétrico; queimaduras e mutilações; asfixia.

Item	Descrição dos Trabalhos	Prováveis Riscos Ocupacionais	Prováveis Repercussões à Saúde
19.	Em escavações, subterrâneos, pedreiras, garimpos, minas em subsolo e a céu aberto	Esforços físicos intensos; soterramento; exposição a poeiras inorgânicas e a metais pesados;	Afecções músculo-esqueléticas (bursites, tendinites, dorsalgias, sinovites, tenossinovites); asfixia; anóxia; hipóxia; esmagamentos; queimaduras; fraturas; silicoses; tuberculose; asma ocupacional; bronquites; enfisema pulmonar; cânceres; lesões oculares; contusões; ferimentos; alterações mentais; fadiga e estresse.
20.	Em locais onde haja livre desprendimento de poeiras minerais.	Exposição a poeiras inorgânicas	Pneumoconioses associadas com tuberculose; asma ocupacional; rinite; silicose; bronquite e bronquiolite.
21.	Em salinas	Esforços físicos intensos; levantamento e transporte manual de peso; movimentos repetitivos; exposição, sem proteção adequada, à radiação solar, chuva e frio	Fadiga física; stress; afecções músculo-esqueléticas (bursites, tendinites, dorsalgias, sinovites, tenossinovites); DORT/LER; intermações; queimaduras na pele; envelhecimento precoce; câncer de pele; desidratação; doenças respiratórias; ceratosesactínicas.

Atividade: **INDÚSTRIA DE TRANSFORMAÇÃO**

Item	Descrição dos Trabalhos	Prováveis Riscos Ocupacionais	Prováveis Repercussões à Saúde
22.	De lixa nas fábricas de chapéu ou feltro	Acidentes com máquinas e instrumentos perigosos; exposição à poeira	Ferimentos; lacerações; mutilações; asma e bronquite.
23.	De jateamento em geral, exceto em processos enclausurados	Exposição à poeira mineral	Silicose; asma; bronquite; bronquiolite; stress e alterações mentais.
24.	De douração, prateação, niquelação, galvanoplastia, anodização de alumínio, banhos metálicos ou com desprendimento de fumos metálicos	Exposição a fumos metálicos (cádmio, alumínio, níquel, cromo, etc.), névoas, vapores e soluções ácidas e cáusticas; exposição a altas temperaturas; umidade	Intoxicações agudas e crônicas; asma ocupacional; rinite; faringite; sinusite; bronquite; pneumonia; edema pulmonar; estomatite ulcerativa crônica; dermatite de contato; neoplasia maligna dos brônquios e pulmões; ulceração ou necrose do septo nasal; queimaduras.
25.	Na operação industrial de reciclagem de papel, plástico e metal	Exposição a riscos biológicos (bactérias, vírus, fungos e parasitas), como contaminantes do material a ser reciclado, geralmente advindo de coleta de lixo	Dermatoses ocupacionais; dermatites de contato; asma; bronquite; viroses; parasitoses; cânceres.
26.	No preparo de plumas e crinas	Exposição ao mercúrio e querosene, além de poeira orgânica	Transtornos da personalidade e de comportamento; episódios depressivos; neurastenia; ataxia cerebelosa; encefalopatia; transtorno extrapiramidal do movimento; gengivite crônica; estomatite ulcerativa e arritmias cardíacas.
27.	Na industrialização do fumo	Exposição à nicotina	Intoxicações exógenas; tonturas e vômitos.
28.	Na industrialização de cana de açúcar	Exposição a poeiras orgânicas	Bagaçose; asma; bronquite e pneumonite.
29.	Em fundições em geral	Exposição a poeiras inorgânicas, a fumos metálicos (ferro, bronze, alumínio, chumbo, manganês e outros); exposição a altas temperaturas; esforços físicos intensos;	Intoxicações; siderose; saturnismo; beriliose; estanhose; bronquite crônica; bronquite asmática; bronquite obstrutiva; sinusite; cânceres; ulceração ou necrose do septo nasal; desidratação e intermação; afecções músculo-esqueléticas (bursites, tendinites, dorsalgias, sinovites, tenossinovites).
30.	Em tecelagem	Exposição à poeira de fios e fibras mistas e sintéticas; exposição a corantes; postura inadequadas e esforços repetitivos	Bissinose; bronquite crônica; bronquite asmática; bronquite obstrutiva; sinusite; fadiga física; DORT/LER.
31.	No beneficiamento de mármores, granitos, pedras preciosas, semipreciosas e outros bens minerais	Esforços físicos intensos; acidentes com máquinas perigosas e instrumentos pérfuro-cortantes; exposição a poeiras inorgânicas; acidentes com eletricidade	Afecções músculo-esqueléticas(bursites, tendinites, dorsalgias, sinovites, tenossinovites); traumatismos; ferimentos; mutilações; silicose; bronquite; bronquiolite; rinite; tuberculose; asma ocupacional; enfisema; fibrose pulmonar; choque elétrico.
32.	Na produção de carvão vegetal	Exposição à radiação solar, chuva; contato com amianto; picadas de insetos e animais peçonhentos; levantamento e transporte de peso excessivo; posturas inadequadas e movimentos repetitivos; acidentes com instrumentos pérfuro-cortantes; queda de toras; exposição à vibração, explosões e desabamentos; combustão espontânea do carvão; monotonia; estresse da tensão da vigília do	Queimaduras na pele; envelhecimento precoce; câncer de pele; desidratação; doenças respiratórias; hipertemia; reações na pele ou generalizadas; fadiga física; dores musculares nos membros e coluna vertebral; lesões e deformidades osteomusculares; comprometimento do desenvolvimento psicomotor; dort/ler; ferimentos; mutilações; traumatismo; lesões osteomusculares; síndromes vasculares; queimaduras; sofrimento psíquico; intoxicações agudas e crônicas.

Item	Descrição dos Trabalhos	Prováveis Riscos Ocupacionais	Prováveis Repercussões à Saúde
		forno; fumaça contendo subprodutos da pirólise e combustão incompleta: ácido pirolenhoso, alcatrão, metanol, acetona, acetato, monóxido de carbono, dióxido de carbono e metano;	
33.	Em contato com resíduos de animais deteriorados, glândulas, vísceras, sangue, ossos, couros, pêlos ou dejetos de animais.	Exposição a vírus, bactérias, bacilos, fungos e parasitas	Tuberculose; carbúnculo; brucelose; hepatites virais; tétano; psitacose; ornitose; dermatoses ocupacionais e dermatites de contato.
34.	Na produção, processamento e manuseio de explosivos, inflamáveis líquidos, gasosos ou liquefeitos.	Exposição a vapores e gases tóxicos; risco de incêndios e explosões	Queimaduras; intoxicações; rinite; asma ocupacional; dermatoses ocupacionais e dermatites de contato.
35.	Na fabricação de fogos de artifícios	Exposição a incêndios, explosões, corantes de chamas (cloreto de potássio, antimônio trisulfito) e poeiras	Queimaduras; intoxicações; enfisema crônico e difuso; bronquite e asma ocupacional.
36.	De direção e operação de máquinas e equipamentos elétricos de grande porte	Esforços físicos intensos e acidentes com sistemas; circuitos e condutores de energia elétrica	Afecções músculo-esqueléticas (bursites, tendinites, dorsalgias, sinovites, tenossinovites); mutilações; esmagamentos; fraturas; queimaduras; perda temporária da consciência; carbonização; parada cárdio-respiratória.
37.	Em curtumes, industrialização de couros e fabricação de peles e peliças	Esforços físicos intensos; exposição a corantes, alvejantes, álcalis, desengordurantes, ácidos, alumínio, branqueadores, vírus, bactérias, bacilos, fungos e calor	Afecções músculo-esquelética (bursites, tendinites, dorsalgias, sinovites, tenossinovites); tuberculose; carbúnculo; brucelose; antrax; cânceres; rinite crônica; conjuntivite; pneumonite; dermatites de contato; dermatose ocupacional e queimaduras.
38.	Em matadouros ou abatedouros em geral	Esforços físicos intensos; riscos de acidentes com animais e ferramentas pérfuro-cortantes e exposição a agentes biológicos	Afecções músculo-esqueléticas (bursites, tendinites, dorsalgias, sinovites, tenossinovites); contusões; ferimentos; tuberculose; carbúnculo; brucelose e psitacose; antrax.
39.	Em processamento ou empacotamento mecanizado de .	Acidentes com máquinas, ferramentas e instrumentos pérfuro-cortantes; esforços repetitivos e riscos biológicos.	Afecções músculo-esqueléticas (bursites, tendinites, dorsalgias, sinovites, tenossinovites); contusão; amputação; corte; DORT/LER; tuberculose; carbúnculo; brucelose; psitacose.
40.	Na fabricação de farinha de mandioca.	Esforços físicos intensos; acidentes com instrumentos pérfuro-cortantes; posições inadequadas; movimentos repetitivos; altas temperaturas e poeiras.	Afecções músculo-esqueléticas (bursites, tendinites, dorsalgias, sinovites, tenossinovites); contusão; amputações; cortes; queimaduras; DORT/LER; cifose; escoliose; afecções respiratórias e dermatoses ocupacionais.
41.	Em indústrias cerâmicas.	Levantamento e transporte de peso; posturas inadequadas e movimentos repetitivos; exposição ao calor e à umidade; exposição à poeira; acidentes com máquinas e quedas.	Fadiga física; dores musculares nos membros e coluna vertebral; lesões e deformidades osteomusculares; comprometimento do desenvolvimento psicomotor; desidratação; intermação; doenças respiratórias, com risco de silicose; fraturas; mutilações; choques elétricos.
42.	Em olarias nas áreas de fornos ou com exposição à umidade excessiva.	Levantamento e transporte de peso; posturas inadequadas e movimentos repetitivos; exposição ao calor e à umidade; exposição à poeira; acidentes com máquinas e quedas.	Fadiga física; dores musculares nos membros e coluna vertebral; lesões e deformidades osteomusculares; comprometimento do desenvolvimento psicomotor; desidratação; intermação; doenças respiratórias, com risco de silicose; fraturas; mutilações; choques elétricos.
43.	Na fabricação de botões e outros artefatos de nácar, chifre ou osso.	Acidentes com máquinas e ferramentas pérfuro-cortantes; esforços repetitivos e vibrações, poeiras e ruídos.	Contusões; perfurações; cortes; dorsalgia; cervicalgia; síndrome cervicobraquial; tendinites; bursites; DORT/LER; alterações temporária do limiar auditivo; hipoacusia e perda da audição
44.	Na fabricação de cimento ou cal.	Esforços físicos intensos; exposição a poeiras (sílica); altas temperaturas; efeitos abrasivos sobre a pele.	Afecções músculo-esqueléticas(bursites, tendinites, dorsalgias, sinovites, tenossinovites); silicose; asma ocupacional; bronquite; dermatites; dermatoses ocupacionais; intermação; ferimentos; mutilações; fadiga e estresse.
45.	Na fabricação de colchões.	Exposição a solventes orgânicos, pigmentos de chumbo, cádmio e manganês e poeiras.	Encefalopatias tóxicas agudas e crônicas; hipertensão arterial; arritmias cardíacas; insuficiência renal; hipotireoidismo; anemias; dermatoses ocupacionais e irritação da pele e mucosas.

Item	Descrição dos Trabalhos	Prováveis Riscos Ocupacionais	Prováveis Repercussões à Saúde
46.	Na fabricação de cortiças, cristais, esmaltes, estopas, gesso, louças, vidros ou vernizes.	Esforços físicos intensos; exposição a poeiras (sílica), metais pesados, altas temperaturas, corantes e pigmentos metálicos (chumbo, cromo e outros) e calor.	Afecções músculo-esqueléticas(bursites, tendinites, dorsalgias, sinovites, tenossinovites); queimaduras; catarata; silicose; asma ocupacional; bronquite; enfisema; intoxicação; dermatoses ocupacionais; intermação.
47.	Na fabricação de porcelanas.	Exposição a poeiras minerais e ao calor; posições inadequadas.	Pneumoconioses e dermatites; fadiga física e intermação; afecções músculo-esqueléticas(bursites, tendinites, dorsalgias, sinovites, tenossinovites); DORT/LER.
48.	Na fabricação de artefatos de borracha.	Esforços físicos intensos; exposição a produtos químicos, antioxidantes, plastificantes, dentre outros, e ao calor.	Afecções músculo-esqueléticas(bursites, tendinites, dorsalgias, sinovites, tenossinovites); câncer de bexiga e pulmão; asma ocupacional; bronquite; enfisema; intoxicação; dermatoses ocupacionais; intermação e intoxicações; queimaduras.
49.	Em destilarias de álcool.	Exposição a vapores de etanol, metanol e outros riscos químicos; risco de incêndios e explosões.	Cânceres; dermatoses ocupacionais; dermatites de contato; intermação; asma ocupacional; bronquites; queimaduras.
50.	Na fabricação de bebidas alcoólicas.	Exposição a vapores de etanol e a poeira de cereais; exposição a bebidas alcoólicas, ao calor, à formação de atmosferas explosivas; incêndios e outros acidentes.	Queimaduras; asfixia; tonturas; intoxicação; irritação das vias aéreas superiores; irritação da pele e mucosas; cefaléia e embriaguez.
51.	No interior de resfriadores, casas de máquinas, ou junto de aquecedores, fornos ou alto-fornos.	Exposição a temperaturas extremas, frio e calor.	Frio; hipotermia com diminuição da capacidade física e mental; calor, hipertermia; fadiga; desidratação; desequilíbrio hidroeletrolítico e estresse.
52.	Em serralherias.	Exposição a poeiras metálicas tóxicas, (chumbo, arsênico cádmio), monóxido de carbono, estilhaços de metal, calor, e acidentes com máquinas e equipamentos	Neoplasia maligna dos brônquios e pulmões; bronquite; pneumonite; edema pulmonar agudo; enfisema intersticial; queimaduras; cortes; amputações; traumatismos; conjuntivite; catarata e intoxicações.
53.	Em indústrias de móveis.	Esforços físicos intensos; exposição à poeira de madeiras, solventes orgânicos, tintas e vernizes; riscos de acidentes com máquinas, serras e ferramentas perigosas	Afecções músculo-esqueléticas(bursites, tendinites, dorsalgias, sinovites, tenossinovites); neoplasia maligna dos brônquios e pulmões; bronquite; pneumonite; edema pulmonar agudo; enfisema intersticial; asma ocupacional; cortes; amputações; traumatismos; dermatose ocupacional; anemias; conjuntivite.
54.	No beneficiamento de madeira.	Esforços físicos intensos; exposição à poeira de madeiras; risco de acidentes com máquinas, serras, equipamentos e ferramentas perigosas.	Afecções músculo-esqueléticas(bursites, tendinites, dorsalgias, sinovites, tenossinovites); asma ocupacional; bronquite; pneumonite; edema pulmonar agudo; enfizema intersticial; asma ocupacional; dermatose ocupacional; esmagamentos; ferimentos; amputações; mutilações; fadiga; stress e DORT/LER.
55.	Com exposição a vibrações localizadas ou de corpo inteiro	Vibrações localizadas ou generalizadas.	Síndrome cervicobraquial; dor articular; moléstia de Dupuytren; capsulite adesiva do ombro; bursites; epicondilite lateral; osteocondrose do adulto; doença de Kohler; hérnia de disco; artroses e aumento da pressão arterial.
56.	De desmonte ou demolição de navios e embarcações em geral	Esforços físicos intensos; exposição a fumos metálicos (ferro, bronze, alumínio, chumbo e outros); uso de ferramentas pesadas; altas temperaturas	Afecções músculo-esqueléticas(bursites, tendinites, dorsalgias, sinovites, tenossinovites); asfixia; perda da consciência; fibrilação ventricular; queimaduras; fraturas; contusões; intermação; perfuração da membrana do tímpano.

Atividade: **PRODUÇÃO E DISTRIBUIÇÃO DE ELETRICIDADE, GÁS E ÁGUA**

Item	Descrição dos Trabalhos	Prováveis Riscos Ocupacionais	Prováveis Repercussões à Saúde
57.	Em sistemas de geração, transmissão e distribuição de energia elétrica	Exposição à energia de alta tensão; choque elétrico e queda de nível.	Eletrochoque; fibrilação ventricular; parada cárdio-respiratória; traumatismos; escoriações fraturas.

Atividade: **CONSTRUÇÃO**

Item	Descrição dos Trabalhos	Prováveis Riscos Ocupacionais	Prováveis Repercussões à Saúde
58.	Construção civil e pesada, incluindo construção, restauração, reforma e demolição.	Esforços físicos intensos; risco de acidentes por queda de nível, com máquinas, equipamentos e ferramentas; exposição à poeira de tintas, cimento, pigmentos metálicos e solventes; posições inadequadas; calor; vibrações e movimentos repetitivos.	Afecções músculo-esqueléticas (bursites, tendinites, dorsalgias, sinovites, tenossinovites); mutilações; fraturas; esmagamentos; traumatismos; afecções respiratórias; dermatites de contato; intermação; síndrome cervicobraquial; dores articulares; intoxicações; polineuropatia periférica; doenças do sistema hematopoiético; leucocitose; episódios depressivos; neurastenia; dermatoses ocupacionais; DORT/LER; cortes; contusões; traumatismos.

Atividade: **COMÉRCIO (REPARAÇÃO DE VEÍCULOS AUTOMOTORES OBJETOS PESSOAIS E DOMÉSTICOS)**

Item	Descrição dos Trabalhos	Prováveis Riscos Ocupacionais	Prováveis Repercussões à Saúde
59.	Em borracharias ou locais onde sejam feitos recapeamento ou recauchutagem de pneus	Esforços físicos intensos; exposição a produtos químicos, antioxidantes, plastificantes, entre outros, e calor	Afecções músculo-esqueléticas (bursites, tendinites, dorsalgias, sinovites, tenossinovites); queimaduras; câncer de bexiga e pulmão; asma ocupacional; bronquite; enfisema; intoxicação; dermatoses ocupacionais; intermação e intoxicações.

Atividade: **TRANSPORTE E ARMAZENAGEM**

Item	Descrição dos Trabalhos	Prováveis Riscos Ocupacionais	Prováveis Repercussões à Saúde
60.	No transporte e armazenagem de álcool, explosivos, inflamáveis líquidos, gasosos e liquefeitos.	Exposição a vapores tóxicos; risco de incêndio e explosões	Intoxicações; queimaduras; rinite e dermatites de contato
61.	Em porão ou convés de navio	Esforços físicos intensos; risco de queda de nível; isolamento, calor e outros riscos inerentes às cargas transportadas.	Afecções músculo-esqueléticas (bursites, tendinites, dorsalgias, sinovites, tenossinovites); lesões; fraturas; contusões; traumatismos; fobia e transtorno do ciclo vigília-sono.
62.	Em transporte de pessoas ou animais de pequeno porte.	Acidentes de trânsito.	Ferimentos; contusões; fraturas; traumatismos e mutilações.

Atividade: **SAÚDE E SERVIÇOS SOCIAIS**

Item	Descrição dos Trabalhos	Prováveis Riscos Ocupacionais	Prováveis Repercussões à Saúde
63.	No manuseio ou aplicação de produtos químicos, incluindo limpeza de equipamentos, descontaminação, disposição e retorno de recipientes vazios.	Exposição a quimioterápicos e outras substâncias químicas de uso terapêutico.	Intoxicações agudas e crônicas; polineuropatia; dermatites de contato; dermatite alérgica; osteomalácia do adulto induzida por drogas; cânceres; arritmia cardíaca; leucemias; neurastenia e episódios depressivos.
64.	Em contato com animais portadores de doenças infecto-contagiosas e em postos de vacinação de animais.	Exposição a vírus, bactérias, parasitas e bacilos.	Tuberculose; carbúnculo; brucelose; psitacose; raiva; asma; rinite; conjuntivite; pneumonia; dermatite de contato e dermatose ocupacional.
65.	Em hospitais, serviços de emergência, enfermarias, ambulatórios, postos de vacinação e outros estabelecimentos destinados ao cuidado da saúde humana, em que se tenha contato direto com os pacientes ou se manuseie objetos de uso dos pacientes não previamente esterilizados.	Exposição a vírus, bactérias, parasitas e bacilos; stress psíquico e sofrimento;acidentes com material biológico.	Tuberculose; AIDS; hepatite; meningite; carbúnculo; toxaplasmose; viroses, parasitoses; zoonose; pneumonias; candidíases; dermatoses; episódios depressivos e sofrimento mental.
66.	Em laboratórios destinados ao preparo de soro, de vacinas e de outros produtos similares.	Exposição a vírus, bactérias, parasitas, bacilos e contato com animais de laboratório.	Envenenamentos; cortes; lacerações; hepatite; AIDS; tuberculose; carbúnculo; brucelose; psitacose; raiva; asma; rinite crônica; conjuntivite; zoonoses; ansiedade e sofrimento mental.

Atividade: **SERVIÇOS COLETIVOS, SOCIAIS, PESSOAIS E OUTROS**

Item	Descrição dos Trabalhos	Prováveis Riscos Ocupacionais	Prováveis Repercussões à Saúde
67.	Em lavanderias industriais	Exposição a solventes, cloro, sabões, detergentes, calor e movimentos repetitivos	Polineurites; dermatoses ocupacionais; blefarites; conjuntivites; intermação; fadiga e queimaduras.
68.	Em tinturarias e estamparias	Exposição a solventes, corantes, pigmentos metálicos, calor e umidade	Hipotireoidismo; anemias; polineuropatias; encefalopatias; hipertensão arterial; arritmia cardíaca; insuficiência renal; infertilidade masculina; queimaduras; intermação e depressão do Sistema Nervoso Central.
69.	Em esgotos	Esforços físicos intensos; exposição a produtos químicos utilizados nos processos de tratamento de esgoto, tais como cloro, ozônio, sulfeto de hidrogênio e outros; riscos biológicos; espaços confinados e riscos de explosões.	Afecções músculo-esqueléticas (bursites, tendinites, dorsalgias, sinovites, tenossinovites); escolioses; disfunção olfativa; alcoolismo; asma; bronquite; lesões oculares; dermatites; dermatoses; asfixia; salmoneloses; leptospirose e disfunções olfativas.
70.	Na coleta, seleção e beneficiamento de lixo	Esforços físicos intensos; exposição aos riscos físicos, químicos e biológicos; exposição a poeiras tóxicas, calor; movimentos repetitivos; posições antiergonômicas.	Afecções músculo-esqueléticas (bursites, tendinites, dorsalgias, sinovites, tenossinovites); ferimentos; lacerações; intermações; resfriados; DORT/LER; deformidades da coluna vertebral; infecções respiratórias; piodermites; desidratação; dermatoses ocupacionais; dermatites de contato; alcoolismo e disfunções olfativas.
71.	Em cemitérios	Esforços físicos intensos; calor; riscos biológicos (bactérias, fungos, ratos e outros animais, inclusive peçonhentos); risco de acidentes e estresse psíquico.	Afecções músculo-esqueléticas (bursites, tendinites, dorsalgias, sinovites, tenossinovites); ferimentos; contusões; dermatoses ocupacionais; ansiedade; alcoolismo; desidratação; câncer de pele; neurose profissional e ansiedade.
72.	Em serviços externos, que impliquem em manuseio e porte de valores que coloquem em risco a sua segurança (*Office-boys*, mensageiros, contínuos).	Acidentes de trânsito e exposição à violência.	Traumatismos; ferimentos; ansiedade e estresse.
73.	Em ruas e outros logradouros públicos (comércio ambulante, guardador de carros, guardas mirins, guias turísticos, transporte de pessoas ou animais, entre outros)	Exposição à violência, drogas, assédio sexual e tráfico de pessoas; exposição à radiação solar, chuva e frio; acidentes de trânsito; atropelamento.	Ferimentos e comprometimento do desenvolvimento afetivo; dependência química; doenças sexualmente transmissíveis; atividade sexual precoce; gravidez indesejada; queimaduras na pele; envelhecimento precoce; câncer de pele; desidratação; doenças respiratórias; hipertemia; traumatismos; ferimentos
74.	Em artesanato	Levantamento e transporte de peso; manutenção de posturas inadequadas; movimentos repetitivos; acidentes com instrumentos pérfuro-cortantes; corpos estranhos; jornadas excessivas.	Fadiga física; dores musculares nos membros e coluna vertebral; lesões e deformidades ostemusculares; comprometimento do desenvolvimento psicomotor; DORT/LER; ferimentos; mutilações; ferimentos nos olhos; fadiga; estresse; distúrbios do sono.
75.	De cuidado e vigilância de crianças, de pessoas idosas ou doentes	Esforços físicos intensos; violência física, psicológica e abuso sexual; longas jornadas; trabalho noturno; isolamento; posições antiergonômicas; exposição a riscos biológicos.	Afecções músculo-esqueléticas (bursites, tendinites, dorsalgias, sinovites, tenossinovites); DORT/LER; ansiedade; alterações na vida familiar; síndrome do esgotamento profissional; neurose profissional; fadiga física; transtornos do ciclo vigília-sono; depressão e doenças transmissíveis.

Atividade: **SERVIÇO DOMÉSTICO**

Item	Descrição dos Trabalhos	Prováveis Riscos Ocupacionais	Prováveis Repercussões à Saúde
76.	Domésticos.	Esforços físicos intensos; isolamento; abuso físico, psicológico e sexual; longas jornadas de trabalho; trabalho noturno; calor; exposição ao fogo, posições antiergonômicas e movimentos repetitivos; tracionamento da coluna vertebral; sobrecarga muscular e queda de nível.	Afecções músculo-esqueléticas (bursites, tendinites, dorsalgias, sinovites, tenossinovites); contusões; fraturas; ferimentos; queimaduras; ansiedade; alterações na vida familiar; transtornos do ciclo vigília-sono; DORT/LER; deformidades da coluna vertebral (lombalgias, lombociatalgias, escolioses, cifoses, lordoses); síndrome do esgotamento profissional e neurose profissional; traumatismos; tonturas e fobias.

Atividade: **TODAS**

Item	Descrição dos Trabalhos	Prováveis Riscos Ocupacionais	Prováveis Repercussões à Saúde
77.	De manutenção, limpeza, lavagem ou lubrificação de veículos, tratores, motores, componentes, máquinas ou equipamentos, em que se utilizem solventes orgânicos ou inorgânicos, óleo diesel, desengraxantes ácidos ou básicos ou outros produtos derivados de óleos minerais.	Exposição a solventes orgânicos, neurotóxicos, desengraxantes, névoas ácidas e alcalinas	Dermatoses ocupacionais; encefalopatias; queimaduras; leucocitoses; elaiconiose; episódios depressivos; tremores; transtornos da personalidade e neurastenia
78.	Com utilização de instrumentos ou ferramentas perfurocontantes, sem proteção adequada capaz de controlar o risco.	Perfurações e cortes	Ferimentos e mutilações
79.	Em câmaras frigoríficas	Exposição a baixas temperaturas e a variações súbitas.	Hipotermia; eritema pérnio; geladura (Frostbite) com necrose de tecidos; bronquite; rinite; pneumonias.
80.	Com levantamento, transporte, carga ou descarga manual de pesos, quando realizados raramente, superiores a 20 quilos, para o gênero masculino e superiores a 15 quilos para o gênero feminino; e superiores a 11 quilos para o gênero masculino e superiores a 7 quilos para o gênero feminino, quando realizados frequentemente.	Esforço físico intenso; tracionamento da coluna vertebral; sobrecarga muscular.	Afecções músculo-esqueléticas (bursites, tendinites, dorsalgias, sinovites, tenossinovites); lombalgias; lombociatalgias; escolioses; cifoses; lordoses; maturação precoce das epífises.
81.	Ao ar livre, sem proteção adequada contra exposição à radiação solar, chuva , frio.	Exposição, sem proteção adequada, à radiação solar, chuva e frio	Intermações; queimaduras na pele; envelhecimento precoce; câncer de pele; desidratação; doenças respiratórias; ceratosesactínicas; hipertemia; dermatoses; dermatites; conjuntivite; queratite; pneumonite; fadiga; intermação.
82.	Em alturas superiores a 2,0 (dois) metros	Queda de nível.	Fraturas; contusões; traumatismos; tonturas; fobias.
83.	Com exposição a ruído contínuo ou intermitente acima do nível previsto na legislação pertinente em vigor, ou a ruído de impacto.	Exposição a níveis elevados de pressão sonora.	Alteração temporária do limiar auditivo; hipoacusia; perda da audição; hipertensão arterial; ruptura traumática do tímpano; alterações emocionais; alterações mentais e estresse.
84.	Com exposição ou manuseio de arsênico e seus compostos, asbestos, benzeno, carvão mineral, fósforo e seus compostos, hidrocarbonetos, outros compostos de carbono, metais pesados (cádmio, chumbo, cromo e mercúrio) e seus compostos, silicatos, ácido oxálico, nítrico, sulfúrico, bromídrico, fosfórico, pícrico, álcalis cáusticos ou substâncias nocivas à saúde conforme classificação da Organização Mundial da Saúde (OMS).	Exposição aos compostos químicos acima dos limites de tolerância.	Neoplasia maligna dos brônquios e pulmões; angiosarcoma do fígado; polineuropatias; encefalopatias; neoplasia maligna do estômago, laringe e pleura; mesoteliomas; asbestoses; arritmia cardíaca; leucemias; síndromes mielodisplásicas; transtornos mentais; cor pulmonale; silicose e síndrome de Caplan.
85.	Em espaços confinados	Isolamento; contato com poeiras, gases tóxicos e outros contaminantes.	Transtorno do ciclo vigília-sono; rinite; bronquite; irritabilidade e estresse.
86.	De afiação de ferramentas e instrumentos metálicos em afiadora, rebolo ou esmeril, sem proteção coletiva contra partículas volantes.	Acidentes com material cortante e com exposição a partículas metálicas cortantes desprendidas da afiadora.	Ferimentos e mutilações.
87.	De direção, operação, de veículos, máquinas ou equipamentos, quando motorizados e em movimento (máquinas de laminação, forja e de corte de metais, máquinas de padaria, como misturadores e cilindros de massa, máquinas de fatiar, máquinas em trabalhos com madeira, serras circulares, serras de fita e guilhotinas, esmeris, moinhos, cortadores e misturadores, equipamentos em fábricas de papel, guindastes ou outros similares).	Esforços físicos; acidentes com ferramentas e com sistemas condutores de energia elétrica	Afecções músculo-esqueléticas(bursites, tendinites, dorsalgias, sinovites, tenossinovites); mutilações; esmagamentos; fraturas; queimaduras e parada cárdio-respiratória.

Item	Descrição dos Trabalhos	Prováveis Riscos Ocupacionais	Prováveis Repercussões à Saúde
88.	Com exposição a radiações ionizante e não ionizantes (microondas, ultravioleta ou laser).	Exposição a radiações não ionizante e ionizante (raios X, gama, alfa e beta) em processos industriais, terapêuticos ou propedêuticos (em saúde humana ou animal) ou em prospecção; processamento, estocagem e transporte de materiais radioativos.	Carcinomas baso-celular e espino-celular; neoplasia maligna da cavidade nasal, brônquios, pulmões, ossos e cartilagens articulares; sarcomas ósseos; leucemias; síndrome mielodisplásicas; anemia aplástica; hemorragias; agranulocitose; polineuropatia; blefarite; conjuntivite; catarata; gastroenterite; afecções da pele e do tecido conjuntivo relacionadas com a radiação, osteonecrose e infertilidade masculina.
89.	De manutenção e reparo de máquinas e equipamentos elétricos, quando energizados.	Esforços físicos intensos; exposição a acidentes com sistemas, circuitos e condutores de energia elétrica e acidentes com equipamentos e ferramentas contuso-cortantes.	Afecções músculo-esqueléticas(bursites, tendinites, dorsalgias, sinovites, tenossinovites); mutilações; esmagamentos; fraturas; queimaduras; perda temporária da consciência; carbonização; parada cárdio-respiratória.

II. TRABALHOS PREJUDICIAIS À MORALIDADE:

Item	Descrição dos Trabalhos
1.	Aqueles prestados de qualquer modo em prostíbulos, boates, bares, cabarés, danceterias, casas de massagem, saunas, motéis, salas ou lugares de espetáculos obscenos, salas de jogos de azar e estabelecimentos análogos.
2.	De produção, composição, distribuição, impressão ou comércio de objetos sexuais, livros, revistas, fitas de vídeo ou cinema e cds pornográficos, de escritos, cartazes, desenhos, gravuras, pinturas, emblemas, imagens e quaisquer outros objetos pornográficos que possam prejudicar a formação moral.
3.	De venda, a varejo, de bebidas alcoólicas.
4.	Com exposição a abusos físicos, psicológicos ou sexuais.

Instrução Normativa SIT-MTE n. 20, de 19.1.2001
(Procedimentos Fiscais no Trabalho das Pessoas Portadoras de Deficiência)

Art. 1º O Auditor-Fiscal do Trabalho (AFT) observará a relação de trabalho da pessoa portadora de deficiência, de modo a identificar a existência de vínculo empregatício.

Art. 2º Caracteriza relação de emprego a inserção no mercado de trabalho da pessoa portadora de deficiência, sob as modalidades de colocação competitiva e seletiva.

Art. 3º Colocação competitiva é a contratação efetivada nos termos da legislação trabalhista e previdenciária que não exige a adoção de procedimentos especiais para a sua concretização, ressalvada a utilização de apoios especiais.

Art. 4º Colocação seletiva é a contratação efetivada nos termos da legislação trabalhista e previdenciária, que em razão da deficiência, exige a adoção de procedimentos e apoios especiais para sua concretização.

Art. 5º Consideram-se procedimentos especiais os meios utilizados para viabilizar a contratação e o exercício da atividade laboral da pessoa portadora de deficiência, tais como: jornada variável, horário flexível, proporcionalidade de salário, adequação das condições e do ambiente de trabalho e outros.

Art. 6º Consideram-se apoios especiais a orientação, a supervisão e as ajudas técnicas, entre outros elementos que auxiliem ou permitam compensar uma ou mais limitações funcionais motoras, sensoriais ou mentais da pessoa portadora de deficiência, de modo a superar as suas limitações.

Art. 7º Não constitui relação de emprego o trabalho da pessoa portadora de deficiência realizado em oficina protegida de produção, desde que ausentes os elementos configuradores da relação de emprego, ou em oficina protegida terapêutica.

Art. 8º Considera-se oficina protegida de produção a unidade que observar as seguintes condições:

I — que suas atividades laborais sejam desenvolvidas mediante assistência de entidades públicas e beneficentes de assistência social;

II — que tenha por objetivo o desenvolvimento de programa de habilitação profissional, com currículos, etapas e diplomação, especificando o período de duração e suas respectivas fases de aprendizagem, dependentes de avaliações individuais realizadas por equipe multidisciplinar de saúde;

III — que as pessoas portadoras de deficiência participantes destas oficinas não integrem o quantitativo dos cargos previstos no art. 10 desta Instrução; e

IV — que o trabalho nelas desenvolvido seja obrigatoriamente remunerado.

Art. 9º Considera-se oficina protegida terapêutica a unidade assistida por entidade pública ou beneficente de assistência social e que tenha por objetivo a integração social, mediante atividades de adaptação e capacitação para o trabalho.

Art. 10. O AFT verificará, mediante fiscalização direta ou indireta, se a empresa com cem ou mais empregados preenche o percentual de 2 a 5 por cento de seus cargos com beneficiários reabilitados da Previdência Social ou com pessoa portadora de deficiência habilitada, na seguinte proporção:

I — até duzentos empregados, dois por cento;

II — de duzentos e um a quinhentos empregados, três por cento;

III — de quinhentos e um a mil empregados, quatro por cento; ou

IV — mais de mil empregados, cinco por cento.

§ 1º Para efeito de aferição dos percentuais dispostos neste artigo, será considerado o número de empregados da totalidade dos estabelecimentos da empresa.

§ 2º Os trabalhadores a que se refere o caput poderão estar distribuídos nos diversos estabelecimentos da empresa ou centralizados em um deles.

§ 3º Cabe ao AFT verificar se a dispensa de empregado, na condição estabelecida neste artigo, foi suprida mediante a contratação de outra pessoa portadora de deficiência, nos termos do art. 36, § 1º do Decreto n. 3.298, de 1999.

§ 4º As frações de unidade, no cálculo de que trata o caput, darão lugar à contratação de um trabalhador.

§ 5º O Auditor-Fiscal do Trabalho deverá consignar no auto de infração o número de trabalhadores que deixou de ser contratado, tendo em vista a aplicação do percentual referido no caput.

Art. 11. Entende-se por habilitação e reabilitação profissional o conjunto de ações utilizadas para possibilitar que a pessoa portadora de deficiência adquira nível suficiente de desenvolvimento profissional para ingresso ou reingresso no mercado de trabalho.

Art. 12. Considera-se, também, pessoa portadora de deficiência habilitada aquela que esteja capacitada para o exercício da função mesmo não tendo se submetido a processo de habilitação ou reabilitação.

Art. 13. Quando não ocorrer, na ação fiscal, a regularização da empresa quanto ao disposto no art. 10 desta Instrução Normativa, o AFT poderá utilizar-se do procedimento especial previsto na IN n. 13, de 6.6.1999, e, se necessário, solicitar o apoio do Núcleo de Promoção da Igualdade de Oportunidades e Combate à Discriminação.

Art. 14. Em caso de instauração de procedimento especial, o Termo de Compromisso que vier a ser firmado deverá conter o cronograma de preenchimento das vagas das pessoas portadoras de deficiência ou beneficiários reabilitados de forma gradativa constando, inclusive, a obrigatoriedade da adequação das condições dos ambientes de trabalho, na conformidade do previsto nas Normas Regulamentadoras, instituídas pela Portaria n. 3.214/78.

Art. 15. O não cumprimento do Termo de Compromisso implicará na adoção das medidas cabíveis, nos termos da IN n. 13, de 6.6.1999, com posterior encaminhamento de relatório circunstanciado ao Superintendente Regional do Trabalho e Emprego para remessa ao Ministério Público do Trabalho.

Art. 16. Esta Instrução Normativa entrará em vigor na data de sua publicação.

Capítulo 39

CONVENÇÕES DA ORGANIZAÇÃO INTERNACIONAL DO TRABALHO SOBRE SEGURANÇA E SAÚDE NO TRABALHO

A Organização Internacional do Trabalho (OIT) é a Agência das Nações Unidas que tem por missão promover oportunidades para que homens e mulheres possam ter acesso a um trabalho decente e produtivo, em condições de liberdade, equidade, segurança e dignidade, sendo considerado condição fundamental para a superação da pobreza, a redução das desigualdades sociais, a garantia da governabilidade democrática e o desenvolvimento sustentável. O Trabalho Decente, conceito formalizado pela OIT em 1999, sintetiza sua missão histórica de promover oportunidades para que homens e mulheres possam ter um trabalho produtivo e de qualidade, em condições de liberdade, equidade, segurança e dignidade humanas.

Segundo contido no endereço eletrônico da OIT (*www.ilo.org*), desde sua fundação, em 1919, a OIT possui uma estrutura tripartite, sendo constituída por representantes dos Governos dos Países membros e das Organizações de Empregadores e de Trabalhadores. A OIT desenvolve um sistema de normas internacionais que abrange todas as matérias relacionadas com o trabalho. Estas normas assumem a forma de Convenções ou Recomendações Internacionais sobre o Trabalho. As Convenções são tratados internacionais sujeitos a ratificação pelos Estados Membros da Organização e são vinculativas; ao passo que as Recomendações são instrumentos não vinculativos — tratando muitas vezes dos mesmos assuntos que as convenções — que definem a orientação das políticas e ações nacionais. Tanto as Convenções como as Recomendações pretendem ter um impacto real sobre as condições e as práticas de trabalho em todo o mundo. A OIT tem aprovadas mais de 180 Convenções além de mais de 190 Recomendações sobre os mais variados temas trabalhistas: liberdade sindical e negociação coletiva, igualdade de tratamento e de oportunidades, abolição do trabalho forçado e do trabalho infantil, promoção do emprego e formação profissional, segurança social, condições de trabalho, administração do trabalho e inspeção do trabalho, prevenção de acidentes de trabalho, proteção da maternidade e proteção de trabalhadores migrantes e de outras categorias de trabalhadores, tais como marítimos, enfermeiros e trabalhadores agrícolas.

As normas internacionais do trabalho influenciam consideravelmente a legislação, as políticas e as decisões judiciais adotadas a nível nacional, bem como as disposições das convenções coletivas de trabalho. Independentemente de um país ter ou não ratificado uma determinada convenção, as normas fornecem orientações sobre o funcionamento das instituições e mecanismos nacionais no domínio do trabalho, bem como sobre a adoção de boas práticas em matéria de trabalho e de emprego. Por conseguinte, as normas internacionais do trabalho têm um impacto sobre a legislação e as práticas nacionais que ultrapassa largamente a simples adaptação da legislação às obrigações impostas por uma convenção ratificada.

Convenções da Organização Internacional do Trabalho (OIT) são tratados multilaterais abertos, de caráter obrigatório para os Estados que resolverem recepcioná-las em seus ordenamentos jurídicos, assumindo, como no caso do Brasil, força de Lei Federal (caráter normativo). Não obstante, as Convenções da OIT para terem força de lei, no território brasileiro, necessitam de aprovação pelo Congresso Nacional e, se após aprovadas, na forma de Decreto Legislativo, serão promulgados pelo Presidente do Senado Federal, pois, diferentemente das Leis Ordinárias ou Complementares, não se sujeitam a veto ou à sanção do Chefe do Executivo.

O presente capítulo destina-se a enfatizar as normas do Direito Internacional que tenham por finalidade promover a prevenção de acidentes de trabalho e de doenças ocupacionais, mais especificamente as principais Convenções da OIT (Organização Internacional do Trabalho) diretamente relacionadas à Segurança e Saúde no Trabalho e que tenham sido ratificadas pelo Brasil e, em consequência, passaram a integrar o ordenamento jurídico pátrio. As Convenções da OIT que serão transcritas são as seguintes:

- Convenção OIT n. 115: *Proteção Contra as Radiações* (Decreto n. 62.151, de 19.1.1968).
- Convenção OIT n. 119: *Proteção das Máquinas* (Decreto n. 1.255, de 24.9.1994).
- Convenção OIT n. 137: *Trabalho Portuário* (Decreto n. 1.574, de 31.6.1995).
- Convenção OIT n. 139: *Prevenção e Controle de Riscos Profissionais Causados por Substâncias ou Agentes Cancerígenos* (Decreto n. 157, de 2.6.1991).
- Convenção OIT n. 148: *Meio Ambiente do Trabalho — Contaminação do Ar, Ruído e Vibrações* (Decreto n. 93.413, de 15.10.1986).
- Convenção OIT n. 155: *Segurança e Saúde dos Trabalhadores e o Meio Ambiente de Trabalho* (Decreto n. 1.254, de 29.9.1994).
- Convenção OIT n. 159: *Reabilitação Profissional e Emprego de Pessoas Deficientes* (Decreto n. 129, de 22.5.1991).
- Convenção OIT n. 161: *Serviços de Saúde do Trabalho* (Decreto n. 127, de 22.5.1991).
- Convenção OIT n. 163: *Bem-Estar dos Trabalhadores Marítimos no Mar e no Porto* (Decreto n. 2.669, de 15.7.1998).
- Convenção OIT n. 167: *Segurança e Saúde na Construção.* (Decreto n. 6.271, de 22.11.2007).
- Convenção OIT n. 170: *Segurança no Trabalho com Produtos Químicos.* (Decreto n. 2.657, de 3.7.1998).
- Convenção OIT n. 176: *Segurança e Saúde no Trabalho em Minas* (Decreto n. 6.270, de 22.11.2007).
- Convenção OIT n. 182: *Piores Formas de Trabalho Infantil e a Ação Imediata para sua Imediata Reparação* (Decreto n. 3.597, de 12.9.2000).

Antes de reproduzirmos as Convenções da Organização Internacional do Trabalho sobre Segurança e Saúde no Trabalho já ratificadas pelo Brasil, achamos oportuno resgatar a Declaração Universal dos Direitos do Homem, em homenagem aos Princípios Gerais ali contidos que devem nortear a elaboração e a aplicação das normas jurídicas em todo o mundo.

DECLARAÇÃO UNIVERSAL DOS DIREITOS DO HOMEM[(1)]

Art. 1º Todos os homens nascem livres e iguais em dignidade e direitos. São dotados de razão e consciência e devem agir em relação uns aos outros com espírito de fraternidade.

Art. 2º Todo homem tem capacidade para gozar os direitos e as liberdades estabelecidos nesta Declaração sem distinção de qualquer espécie, seja de raça, cor, sexo, língua, religião, opinião política ou de outra condição. Não será também feita nenhuma distinção fundada na condição política, jurídica ou internacional do país ou território a que pertença uma pessoa, quer se trate de um território independente, sob tutela, sem governo próprio, quer sujeito a qualquer outra limitação de soberania.

Art. 3º Todo homem tem direito à vida, à liberdade e à segurança pessoal.

Art. 4º Ninguém será mantido em escravidão ou servidão; a escravidão e o tráfico de escravos serão proibidos em todas as suas formas.

Art. 5º Ninguém será submetido à tortura, nem a tratamento ou castigo cruel, desumano ou degradante.

Art. 6º Todo homem tem direito de ser, em todos os lugares, reconhecido como pessoa perante a lei.

Art. 7º Todos são iguais perante a lei e têm direito, sem qualquer distinção, a igual proteção da lei. Todos têm direito a igual proteção contra qualquer discriminação que viole a presente Declaração e contra qualquer incitamento a tal discriminação.

Art. 8º Todo homem tem direito a receber dos tribunais nacionais competentes remédio efetivo para os atos que violem os direitos fundamentais que lhe sejam reconhecidos pela Constituição ou pela lei.

Art. 9º Ninguém será arbitrariamente preso, detido ou exilado.

Art. 10. Todo homem tem direito, em plena igualdade, a uma justa e pública audiência por parte de um tribunal independente e imparcial, para decidir de seus direitos e deveres ou do fundamento de qualquer acusação criminal contra ele.

---

(1) A Declaração Universal dos Direitos do Direitos do Homem foi aprovada em 10.12.1948 pela Assembleia Geral das Nações Unidas e substituiu a anterior Declaração dos Direitos do Homem que havia sido aprovada em 26.8.1789 pela Assembleia Nacional da Revolução Francesa.

Art. 11.(2)

§ 1º Todo homem acusado de um ato delituoso tem o direito de ser presumido inocente até que a sua culpabilidade tenha sido provada de acordo com a lei, em julgamento público no qual lhe tenham sido asseguradas todas as garantias necessárias à sua defesa.

§ 2º Ninguém poderá ser culpado por qualquer ação ou omissão que, no momento, não constituam delito perante o direito nacional ou internacional. Também não será imposta pena mais forte do que aquela que, no momento da prática, era aplicável ao ato delituoso.

Art. 12. Ninguém será sujeito a interferências na sua vida privada, na sua família, no seu lar ou na sua correspondência, nem a ataques à sua honra e reputação. Todo homem tem direito à proteção da lei contra tais interferências ou ataques.

Art. 13.

§ 1º Todo homem tem direito à liberdade de locomoção e residência dentro das fronteiras de cada Estado.

§ 2º Todo homem tem o direito de deixar qualquer país, inclusive o próprio, e a este regressar.

Art. 14.

§ 1º Todo homem vítima de perseguição, tem o direito de procurar e de gozar asilo em outros países.

§ 2º Este direito não pode ser invocado em caso de perseguição legitimamente motivada por crimes de direito comum ou por atos contrários aos objetivos e princípios das Nações Unidas.

Art. 15.

§ 1º Todo homem tem direito a uma nacionalidade.

§ 2º Ninguém será arbitrariamente privado de sua nacionalidade, nem do direito de mudar de nacionalidade.

Art. 16.

§ 1º Os homens e mulheres de maior idade, sem qualquer restrição de raça, nacionalidade ou religião, têm o direito de contrair matrimônio e fundar uma família. Gozam de iguais direitos em relação ao casamento, sua duração e sua dissolução.

§ 2º O casamento não será válido senão com o livre e pleno consentimento dos nubentes.

§ 3º A família é o núcleo natural e fundamental da sociedade e tem direito à proteção da sociedade e do Estado.

Art. 17.

§ 1º Todo homem tem direito à propriedade, só ou em sociedade com outros.

§ 2º Ninguém será arbitrariamente privado de sua propriedade.

Art. 18. Todo homem tem direito à liberdade de pensamento, consciência e religião; este direito inclui a liberdade de mudar de religião ou crença e a liberdade de manifestar essa religião ou crença, pelo ensino, pela prática, pelo culto e pela observância, isolada ou coletivamente, em público ou em particular.

Art. 19. Todo homem tem direito à liberdade de opinião e expressão; este direito inclui a liberdade de, sem interferências, ter opiniões e de procurar, receber e transmitir informações e idéias por quaisquer meios e independentemente de fronteiras.

Art. 20.

§ 1º Todo homem tem direito à liberdade de reunião e associação pacíficas.

§ 2º Ninguém pode ser obrigado a fazer parte de uma associação.

Art. 21.

§ 1º Todo homem tem o direito de tomar parte no governo de seu país diretamente ou por intermédio de representantes livremente escolhidos.

§ 2º Todo homem tem igual direito de acesso ao serviço público do seu país.

§ 3º A vontade do povo será a base de autoridade do governo; esta vontade será expressa em eleições periódicas e legítimas, por sufrágio universal, por voto secreto ou processo equivalente que assegure a liberdade de voto.

Art. 22. Todo homem, como membro da sociedade, tem direito à segurança social, e à realização, pelo esforço nacional, pela cooperação internacional e de acordo com a organização e recursos de cada Estado, dos direitos econômicos, sociais e culturais indispensáveis à sua dignidade e ao livre desenvolvimento da sua personalidade.

Art. 23.

§ 1º Todo homem tem direito ao trabalho, à livre escolha de emprego, a condições justas e favoráveis de trabalho e à proteção contra o desemprego.

§ 2º Todo homem, sem qualquer distinção, tem direito a igual remuneração por igual trabalho.

§ 3º Todo homem que trabalha tem direito a uma remuneração justa e satisfatória, que lhe assegure, assim como à sua família, uma existência compatível com a dignidade humana, e a que se acrescentarão, se necessário, outros meios de proteção social.

§ 4º Todo homem tem direito a organizar sindicatos e a neles ingressar para proteção de seus interesses.

---

(2) Os artigos 11, 13, 14, 15, 16, 17, 20, 21, 23, 25, 26, 27 e 29, a rigor, não possuem *caput*, mas apenas parágrafos ou itens; situação essa que se repete em algumas Convenções da OIT.

Art. 24. Todo homem tem direito a repouso e lazer, inclusive a limitação razoável das horas de trabalho e a férias remuneradas periódicas.

Art. 25.

§ 1º Todo homem tem direito a um padrão de vida capaz de assegurar a si e a sua família saúde e bem-estar, inclusive alimentação, vestuário, habitação, cuidados médicos e os serviços sociais indispensáveis, e direito à segurança em caso de desemprego, doença, invalidez, viuvez, velhice ou outros casos de perda dos meios de subsistência em circunstâncias fora de seu controle.

§ 2º A maternidade e a infância têm direito a cuidados e assistência especiais. Todas as crianças, nascidas dentro ou fora do matrimônio, gozarão da mesma proteção social.

Art. 26.

§ 1º Todo homem tem direito à instrução. A instrução será gratuita, pelo menos nos graus elementares e fundamentais. A instrução elementar será obrigatória. A instrução técnico-profissional será acessível a todos, bem como a instrução superior, esta baseada no mérito.

§ 2º A instrução será orientada no sentido do pleno desenvolvimento da personalidade humana e do fortalecimento do respeito pelos direitos do homem e pelas liberdades fundamentais. A instrução promoverá a compreensão, a tolerância e a amizade entre todas as nações e grupos raciais ou religiosos, e coadjuvará as atividades das Nações Unidas em prol da manutenção da paz.

§ 3º Os pais têm prioridade de direito na escolha do gênero de instrução que será ministrada a seus filhos.

Art. 27.

§ 1º Todo homem tem o direito de participar livremente da vida cultural da comunidade, de fruir as artes e de participar do processo científico e de seus benefícios.

§ 2º Todo homem tem direito à proteção dos interesses morais e materiais decorrentes de qualquer produção científica, literária ou artística da qual seja autor.

Art. 28. Todo homem tem direito a uma ordem social e internacional em que os direitos e liberdades estabelecidos na presente Declaração possam ser plenamente realizados.

Art. 29.

§ 1º Todo homem tem deveres para com a comunidade, na qual o livre e pleno desenvolvimento de sua personalidade é possível.

§ 2º No exercício de seus direitos e liberdades, todo o homem estará sujeito apenas às limitações determinadas pela lei, exclusivamente com o fim de assegurar o devido reconhecimento e respeito dos direitos e liberdades de outrem e de satisfazer às justas exigências da moral, da ordem pública e do bem-estar de uma sociedade democrática.

§ 3º Esses direitos e liberdades não podem, em hipótese alguma, ser exercidos contrariamente aos objetivos e princípios das Nações Unidas.

Art. 30. Nenhuma disposição da presente Declaração pode ser interpretada como o reconhecimento a qualquer Estado, grupo ou pessoa, do direito de exercer qualquer atividade ou praticar qualquer ato destinado à destruição de quaisquer direitos e liberdades aqui estabelecidos.

Convenção OIT n. 115: PROTEÇÃO CONTRA AS RADIAÇÕES (3)

Parte I: Disposições Gerais

Art. 1º Todo Membro da Organização Internacional do Trabalho que ratificar a presente convenção se compromete a aplicá-la por meio de leis ou regulamentos, coletâneas de normas práticas ou por outras medidas apropriadas. Ao aplicar as disposições da convenção, a autoridade competente consultará representantes dos empregadores e trabalhadores.

Art. 2º

§ 1º A presente convenção se aplica a todas as atividades que acarretam a exposição de trabalhadores às radiações ionizantes, durante o trabalho.

§ 2º A presente convenção não se aplica às substâncias radioativas, seladas ou não, nem aos aparelhos geradores de radiações ionizantes, que, em razão das fracas doses de radiações ionizantes que podem emitir, ficarão isentos da sua aplicação segundo um dos métodos a serem empregados para aplicar a convenção, previstos no art. 1.

Art. 3º

§ 1º À luz da evolução dos conhecimentos, todas as medidas adequadas serão tomadas para assegurar uma proteção eficaz dos trabalhadores contra as radiações ionizantes, do ponto de vista da sua saúde e segurança.

§ 2º Com esse fim, serão adotadas normas e medidas necessárias, e serão postas à disposição as informações essenciais para a obtenção de uma proteção eficaz.

§ 3º Para que tal proteção eficaz seja assegurada:

a) as medidas para a proteção dos trabalhadores contra as radiações ionizantes, adotadas após a ratificação da convenção por um Membro, deverão estar de acordo com as disposições da convenção;

b) o Membro interessado deverá modificar, logo que possível, as medidas que ele próprio houver adotado antes da ratificação da convenção, para que elas fiquem de acordo com as disposições desta, e deverá estimular a modificação, no mesmo sentido de todas as outras medidas que igualmente existam antes da ratificação;

(3) A Convenção OIT n. 115 foi promulgada no Brasil através do Decreto n. 62.151, de 19.1.1968.

c) o Membro interessado deverá enviar ao Diretor-Geral da Repartição Internacional do Trabalho, quando da ratificação da convenção, uma declaração indicando de que maneira e a que categoria de trabalhadores se aplicam às disposições da convenção, e deverá levar em conta, em seus relatórios sobre a aplicação da convenção, todo progresso realizado nessa matéria;

d) ao término de um período de três anos após a entrada em vigor inicial da presente convenção, o Conselho de Administração da Repartição Internacional do Trabalho apresentará à Conferência um relatório especial relativo à aplicação da alínea b do presente parágrafo, contendo as propostas que julgar oportunas em vista das medidas a tomar a esse respeito.

Parte II: Medidas De Proteção

Art. 4º As atividades visadas no art. 2 devem ser organizadas e executadas de maneira a assegurar a proteção prevista nesta parte da convenção.

Art. 5º Todos os esforços devem ser feitos para reduzir ao nível mais baixo possível a exposição dos trabalhadores às radiações ionizantes e qualquer exposição inútil deve ser evitada por todas as partes interessadas.

Art. 6º

§ 1º As doses máximas admissíveis de radiações ionizantes provenientes de fontes exteriores ou interiores ao organismo, assim como as quantidades máximas admissíveis de substâncias radioativas introduzidas no organismo, serão fixadas, em conformidade com a parte 1 da presente convenção para as diferentes categorias de trabalhadores.

§ 2º Essas doses e quantidades máximas admissíveis deverão ser constantemente revistas à luz dos conhecimentos novos.

Art. 7º

§ 1º No que diz respeito aos trabalhadores que são diretamente dedicados a trabalhos sob radiação, níveis adequados devem ser fixados, em conformidade com as disposições do art. 6:

a) de um lado, para os que têm dezoito anos ou mais;

b) de outro lado, para os menores de dezoito anos.

§ 2º Nenhum trabalhador com menos de dezesseis anos deverá ficar sujeito a trabalhos que acarretem a emissão de radiações ionizantes;

Art. 8º Níveis adequados devem ser fixados, em conformidade com as disposições do art. 6, para os trabalhadores que não são diretamente sujeitos a trabalhos sob radiação, mas que permanecem ou passam em lugares onde podem estar expostos às radiações ionizantes ou às substâncias radioativas.

Art. 9º

§ 1º Uma sinalização adequada dos perigos deve ser utilizada para indicar a existência de riscos devido às radiações ionizantes. Todas as informações que possam ser necessárias sobre o assunto devem ser fornecidas aos trabalhadores.

§ 2º Todos os trabalhadores diretamente sujeitos a trabalhos sob radiação devem ser devidamente instruídos, antes e durante a sujeição a trabalhos, acerca das precauções a tomar para sua segurança e para a proteção de sua saúde, assim como das razões que as motivam.

Art. 10. A legislação deve prescrever a notificação, segundo as modalidades que fixará, dos trabalhos que acarretem a exposição de trabalhadores às radiações, durante o seu trabalho.

Art. 11. Um controle adequado dos trabalhadores e dos lugares de trabalho deve ser efetuado, a fim de medir a exposição dos trabalhadores às radiações ionizantes e às substâncias radioativas, com o fim de verificar se os níveis fixados são respeitados.

Art. 12. Todos os trabalhadores diretamente sujeitos a trabalhos sob radiação devem submeter-se a um exame médico apropriado antes ou pouco tempo depois da sujeição a tais trabalhos, e submeter-se ulteriormente a exames médicos com intervalos adequados.

Art. 13. Serão determinados segundo um dos métodos a serem empregados para aplicar a convenção, previstos no art. 1, os casos em que, atendendo à natureza ou ao grau da exposição devem ser tomadas rapidamente as medidas seguintes:

a) o trabalhador deve submeter-se a exame médico adequado;

b) o empregador deve avisar a autoridade competente, em conformidade com as diretivas dadas por esta última;

c) pessoas competentes em matéria de proteção contra as radiações devem estudar as condições nas quais o trabalhador efetua o trabalho;

d) o empregador deve tomar todas as providências corretivas necessárias, baseando-se na verificação técnica e nos pareceres médicos.

Art. 14. Nenhum trabalhador deve ser sujeito, ou continuar a ser sujeito, a um trabalho suscetível de expô-lo às radiações ionizantes, contrariamente a um laudo médico autorizado.

Art. 15. Todo Membro que ratificar a presente convenção se compromete a encarregar serviços de inspeção apropriados do controle da aplicação das suas disposições, ou a verificar se está garantida uma inspeção adequada.

Parte III: Disposições Finais

Art. 16. As ratificações formais da presente convenção serão comunicadas ao Diretor-Geral da Repartição Internacional do Trabalho e por ele registradas.

Art. 17.

§ 1º A presente convenção não obrigará senão aos Membros da Organização Internacional do Trabalho cuja ratificação tenha sido registrada pelo Diretor-Geral.

§ 2º Ele entrará em vigor doze meses depois que as ratificações de dois Membros tiverem sido registradas pelo Diretor-Geral.

§ 3º Em seguida, esta convenção entrará em vigor para cada Membro doze meses depois da data em que sua ratificação tiver sido registrada.

Art. 18.

§ 1º Todo Membro que tiver ratificado a presente convenção poderá denunciá-la no fim de um período de dez anos depois da data da entrada em vigor inicial da convenção, por ato comunicado ao Diretor-Geral da Repartição Internacional do Trabalho e por ele registrado. A denúncia não terá efeito senão um ano depois de ter sido registrada.

§ 2º Todo Membro que, tendo ratificado a presente convenção, dentro do prazo de um ano depois da expiração do período de dez anos mencionado no parágrafo precedente, não fizer uso da faculdade de denúncia prevista no presente artigo, será obrigado por novo período de dez anos e, depois disso, poderá denunciar a presente convenção no fim de cada período de dez anos, nas condições previstas no presente artigo.

Art. 19.

§ 1º O Diretor-Geral da Repartição Internacional do Trabalho notificará a todos os Membros da Organização Internacional do Trabalho o registro de todas as ratificações que lhe forem comunicadas pelos Membros da Organização.

§ 2º Notificando aos Membros da Organização o registro da segunda ratificação que lhe for comunicada, o Diretor-Geral chamará a atenção dos Membros da Organização para a data em que a presente Convenção entrar em vigor.

Art. 20. O Diretor-Geral da Repartição Internacional do Trabalho enviará ao Secretário-Geral das Nações Unidas, para fim de registro, conforme o art. 102 da Carta das Nações Unidas, informações completas a respeito de todas as ratificações, declarações e atos de denúncia que houver registrado conforme os artigos precedentes.

Art. 21. Cada vez que julgar necessário, o Conselho de Administração da Repartição Internacional do Trabalho apresentará à Conferência Geral um relatório sobre a aplicação da presente Convenção e examinará se é necessário inscrever na ordem do dia da Conferência a questão de sua revisão total ou parcial.

Art. 22.

§ 1º No caso de a Conferência adotar nova convenção de revisão total ou parcial da presente convenção, e a menos que a nova convenção disponha diferentemente:

a) a ratificação, por um Membro, da nova convenção de revisão acarretará, de pleno direito, não obstante o art. 17 acima, denúncia imediata da presente convenção quando a nova convenção de revisão tiver entrado em vigor;

b) a partir da data da entrada em vigor da nova convenção de revisão, a presente convenção cessará de estar aberta à ratificação dos Membros.

§ 2º A presente convenção ficará, em qualquer caso, em vigor, na forma e no conteúdo, para os Membros que a tiverem ratificado e que não tiverem ratificado a convenção de revisão.

Art. 23. As versões em francês e em inglês do texto da presente convenção fazem igualmente fé."

Convenção OIT n. 119: PROTEÇÃO DAS MÁQUINAS[(4)]

Parte I: Disposições Gerais

Art. 1º[(5)]

§ 1º Todas as máquinas, novas ou de segunda mão, movidas por forças não humanas, serão consideradas máquinas para os fins de aplicação da presente Convenção.

§ 2º A autoridade competente em cada país determinará se e em que medida as máquinas, novas ou de segunda mão, movidas pela força humana, apresentam perigos para a integridade física dos trabalhadores e devem ser consideradas máquinas para fins de aplicação da presente Convenção. Estas decisões deverão ser tomadas após consulta às organizações mais representativas de empregadores e de trabalhadores interessados. A iniciativa da consulta poderá ser tomada por qualquer dessas organizações.

§ 3º As disposições da presente Convenção:

a) Só se aplicarão aos veículos rodoviários ou ferroviários em movimento, na medida em que estiver em causa a segurança dos operadores.

b) Só se aplicarão às máquinas agrícolas móveis na medida em que estiver em causa a segurança dos trabalhadores cujo emprego esteja em conexão com essas máquinas.

Parte II: Venda, Locação, Cessão a Qualquer outro Título e Exposição

Art. 2º

§ 1º A venda e a locação de máquinas cujos elementos perigosos, especificados nos §§ 3º e 4º do presente artigo, estiverem desprovidas de dispositivos de proteção apropriados, deverão ser proibidas pela legislação nacional e ou impedidas por outras medidas igualmente eficazes.

§ 2º A cessão a qualquer outro título e a exposição de máquinas cujos elementos perigosos, especificados nos §§ 3º e 4º do presente artigo, estiverem desprovidos de dispositivos de proteção apropriados, deverão, na medida determinada pela autoridade competente, ser proibidas pela legislação ou impedidas por outras medidas igualmente eficazes. Entretanto, a retirada provisória, durante a exposição de uma máquina, de dispo-

(4) A Convenção OIT n. 119 foi promulgada no Brasil através do Decreto n. 1.255, de 29.9.1994.
(5) Vários artigos de Convenções da OIT, a rigor, não possuem *caput*, mas apenas parágrafos ou itens.

sitivos de proteção, para fins de demonstração, não será considerada como uma infração à presente disposição, com a condição que as precauções apropriadas sejam tomadas para proteger as pessoas contra qualquer risco.

§ 3º Todos os parafusos de meio rosca, parafusos de fixação, e chaves, assim como outras peças que formem saliências nas partes móveis das máquinas que forem suscetíveis igualmente de apresentarem perigo para as pessoas que entrarem em contato com as mesmas, quando estiverem em movimento deverão ser desenhados embutidos ou protegidos a fim de prevenir esses perigos.

§ 4º Todos os volantes, engrenagens, cones ou cilindros de fricção, excêntricos, polias, correias, correntes, pinhões, roscas sem fim, bielas e corrediças, assim como os trastes (inclusive as extremidades) e outras peças de transmissão que forem suscetíveis igualmente de apresentar perigo para as pessoas que entrarem em contato com esses elementos quando estes estiverem em movimento deverão ser desenhados ou protegidos a fim de prevenir estes perigos. Os controles das máquinas deverão ser desenhados ou protegidos a fim de prevenir qualquer perigo.

Art. 3º

§ 1º As disposições do art. 2º não se aplicarão às máquinas ou suas partes perigosas especificadas naquele artigo que:

a) oferecem, em virtude de sua construção, segurança idêntica à que apresentariam dispositivos de proteção apropriados;

b) são destinados a ser instalados ou colocados de maneira que, em virtude da sua instalação ou colocação, oferecem segurança idêntica à que apresentariam dispositivos de proteção apropriados.

§ 2º A proibição de venda, locação, transferência a qualquer outro título ou exibição da maquinaria prevista nos §§ 1º e 2º do art. 2º não se aplica às máquinas que, pelo simples motivo de que as máquinas sejam desenhadas de tal maneira que os requisitos dos §§ 3 e 4 daquele artigo não estejam plenamente preenchidos durante as operações de manutenção, de lubrificação, de mudança de peças e regulagem, se tais operações puderem ser realizadas de conformidade com as normas de segurança usuais.

§ 3º As disposições do art. 2º não prejudicarão a venda ou a cessão, a qualquer outro título, das máquinas para armazenagem, destruição ou recondicionamento. Entretanto, tal maquinaria não será vendida, alugada ou transferida a qualquer outro título ou exibida após ser armazenada ou recondicionada a não ser que esteja protegida de conformidade com as referidas disposições.

Art. 4º A obrigação de aplicar as disposições do art. 2º deverá recair sobre o vendedor, o locador, a pessoa que cede a máquina a qualquer outro título ou o expositor, assim como, nos casos apropriados, de conformidade com a legislação nacional, sobre os respectivos mandatários. O fabricante que vende, aluga, cede a qualquer outro título ou expõe as máquinas, terá a mesma obrigação.

Art. 5º

§ 1º Todo Membro poderá prever uma derrogação temporária às disposições do art. 2º

§ 2º As condições e a duração desta derrogação temporária, que não pode ultrapassar 3 (três) anos a partir da entrada em vigor da presente Convenção para o Membro interessado, deverão ser determinadas pela legislação nacional ou por outras medidas igualmente eficazes.

§ 3º Para fins de aplicação do presente artigo, a autoridade competente deverá consultar as organizações mais representativas de empregadores e trabalhadores interessados, assim como, se for o caso, as organizações dos fabricantes.

Parte III: Utilização

Art. 6º

§ 1º A utilização das máquinas das quais qualquer dos elementos perigosos, inclusive as partes móveis (zona de operação) está sem os dispositivos de proteção apropriados, deverá ser proibida pela legislação nacional ou impedida por outras medidas igualmente eficazes. Entretanto, quando esta interdição não puder ser plenamente respeitada sem impedir a utilização da máquina, ela deve, não obstante, aplicar-se na medida em que esta utilização o permitir.

§ 2º As máquinas deverão ser protegidas de maneira que a regulamentação e as normas nacionais de segurança e de higiene de trabalho sejam respeitadas.

Art. 7º A obrigação de aplicar as disposições do art. 6º deverão recair sobre o empregador.

Art. 8º

§ 1º As disposições do artigo 6º não se aplicam às máquinas ou aos elementos das máquinas que, em virtude de sua construção, de sua instalação ou de sua colocação, ofereçam segurança idêntica à que apresentariam dispositivos de proteção apropriados.

§ 2º As disposições do artigo 6º e do artigo 11 não prejudicarão as operações de manutenção, de lubrificação, de mudanças das partes móveis ou de regulagem das máquinas ou elementos de máquinas, efetuadas de conformidade com as normas usuais de segurança.

Art. 9º

§ 1º Todo Membro poderá prever uma derrogação temporária às disposições do art. 6º

§ 2º As condições e a duração desta derrogação temporária, que não poderá ultrapassar 3 (três) anos a partir da entrada em vigor da presente Convenção para o Membro interessado, deverão ser determinadas pela legislação nacional ou por outras medidas igualmente eficazes.

§ 3º Para os fins de aplicação do presente artigo, a autoridade competente deverá consultar as organizações mais representativas de empregadores e de trabalhadores interessados.

Art. 10.

§ 1º O empregador deverá tomar as medidas para pôr os trabalhadores ao corrente da legislação nacional relativa à proteção das máquinas e deverá informá-los, de maneira apropriada, dos perigos provenientes da utilização das máquinas, assim como das precauções a serem tomadas.

§ 2º O empregador deve estabelecer e manter os ambientes em condições tais que os trabalhadores que lidem com as máquinas das quais trata a presente Convenção não corram perigo algum.

Art. 11.

§ 1º Nenhum trabalhador deverá utilizar uma máquina sem que os dispositivos de proteção de que é provida estejam montados. Não poderá ser solicitado a qualquer trabalhador que utilize uma máquina sem que os dispositivos de proteção que é provida estejam montados.

§ 2º Nenhum trabalhador deverá tornar inoperantes os dispositivos de proteção de que seja provida a máquina que utilizar. Os dispositivos de proteção de que seja provida uma máquina destinada a ser utilizada por um trabalhador não devem ser tornados inoperantes.

Art. 12. As ratificações da presente Convenção não prejudicarão os direitos dos trabalhadores provenientes das legislações nacionais de previdência social ou de seguro social.

Art. 13. As disposições da presente parte da Convenção que se relacionam com as obrigações dos empregadores e dos trabalhadores aplicar-se-ão, se a autoridade competente assim o decidir, e, na medida por ela fixada, aos trabalhadores independentes.

Art. 14. Para os fins de aplicação da presente parte desta Convenção, o termo "empregador" designa igualmente, quando for o caso, o mandatário do empregador no sentido que lhe dê a legislação nacional.

Parte IV: Medidas de Aplicação

Art. 15.

§ 1º Todas as medidas necessárias, inclusive medidas que prevejam sanções apropriadas, deverão ser tomadas para assegurar a aplicação efetiva das disposições da presente Convenção.

§ 2º Todo Membro que ratificar a presente Convenção compromete-se a encarregar os serviços de inspeção apropriados do controle da aplicação de suas disposições ou de verificar que seja assegurada uma inspeção adequada.

Art. 16. Qualquer legislação nacional que efetivar as disposições da presente Convenção deverá ser elaborada pela autoridade competente após consulta às organizações mais representativas de empregados e empregadores interessados assim como, ocorrendo o caso, às organizações de fabricantes.

Parte V: Campo de Aplicação

Art. 17.

§ 1º As disposições da presente Convenção aplicar-se-ão a todos os setores da atividade econômica, a menos que o Membro que ratificar a Convenção não restrinja a aplicação por uma declaração anexa à sua ratificação.

§ 2º No caso de uma declaração que restrinja assim a aplicação das disposições da presente Convenção:

a) as disposições da Convenção devem aplicar-se ao menos às empresas ou aos setores de atividade econômica que a autoridade competente, após consulta aos serviços de inspeção do trabalho e às organizações mais representativas de empregadores e empregados interessados, considere como grandes utilizadores de máquinas; a iniciativa da consulta poderá ser tomada por qualquer das referidas organizações;

b) o Membro deverá indicar, nos relatórios a serem submetidos por força do art. 22 da Constituição da Organização Internacional do Trabalho, quais foram os progressos realizados com vistas a maior aplicação das disposições da Convenção.

§ 3º Todo Membro que fizer uma declaração de conformidade com o § 1º acima poderá, a qualquer momento, anulá-la total ou parcialmente, por uma declaração posterior.

Parte VI: Disposições Finais

Art. 18. As ratificações formais da presente Convenção deverão ser comunicadas ao Diretor-Geral da Repartição Internacional do Trabalho e por ele registradas.

Art. 19.

§ 1º A presente Convenção não obrigará senão os Membros da Organização Internacional do Trabalho cuja ratificação tenha sido registrada pelo Diretor-Geral.

§ 2º A presente Convenção entrará em vigor 12 (doze) meses depois que as ratificações de 2 (dois) Membros tiverem sido registradas pelo Diretor-Geral.

§ 3º Posteriormente, essa Convenção entrará em vigor para cada Membro 12 (doze) meses depois da data em que sua ratificação for registrada.

Art. 20.

§ 1º Todo Membro que tenha ratificado a presente Convenção poderá denunciá-la ao fim de um período de 10 (dez) anos depois da data da entrada inicial em vigor da Convenção, por ato comunicado ao Diretor-Geral da Repartição Internacional do Trabalho e por ele registrado. Essa denúncia só terá efeito 1 (um) ano depois de registrada.

§ 2º Todo Membro que, tendo ratificado a presente Convenção dentro do prazo de 1 (um) ano depois da expiração do período de 10 (dez) anos mencionados no parágrafo precedente, não fizer uso da faculdade de denúncia prevista pelo presente artigo, ficará comprometido por novo período de 10 (dez) anos, e, posteriormente, poderá denunciar a presente Convenção ao fim de cada período de 10 (dez) anos nas condições previstas no presente artigo.

Art. 21.

§ 1º O Diretor-Geral da Repartição Internacional do Trabalho notificará a todos os Membros da Organização Internacional do Trabalho o registro de todas as ratificações e denúncias que lhe forem comunicadas pelos Membros da Organização.

§ 2º Ao notificar aos Membros da Organização sobre a data em que a presente Convenção entrar em vigor.

Art. 22. O Diretor-Geral da Repartição Internacional do Trabalho enviará ao Secretário-Geral das Nações Unidas, para fins de registro, de conformidade com o art. 102 da Carta da Nações Unidas, informações completas a respeito de todas as ratificações e atos de denúncia que tiverem sido registrados conforme os artigos precedentes.

Art. 23. Sempre que julgar necessário, o Conselho de Administração da Repartição Internacional do Trabalho apresentará à Conferência Geral um relatório sobre a aplicação da presente Convenção e decidirá da oportunidade de inscrever na ordem do dia da Conferência a questão da sua revisão total ou parcial.

Art. 24.

§ 1º Caso a Conferência adote nova Convenção de revisão total ou parcial da presente Convenção, e a menos que a nova Convenção disponha de outra forma:

a) a ratificação por Membro da nova Convenção revista provocará, de pleno direito, não obstante o art. 20 acima, denúncia imediata da presente Convenção, sob reserva de que a nova Convenção revista tenha entrado em vigor;

b) a partir da data da entrada em vigor da nova Convenção revista, a presente Convenção não entrará mais aberta à ratificação dos Membros.

§ 2º A presente Convenção ficará, em qualquer caso, em vigor em sua forma e teor, para os Membros que a tiverem ratificado e que não ratificarem a Convenção revista.

Art. 25. As versões em francês e em inglês ao texto da presente Convenção fazem igualmente fé.

Convenção OIT N. 137: TRABALHO PORTUÁRIO(6)

Art. 1º

§ 1º A Convenção se aplica às pessoas que trabalham de modo regular como portuários, e cuja principal fonte de renda anual provém desse trabalho.

§ 2º Para os fins da presente Convenção, as expressões "portuários" e "trabalho portuário" designam pessoas e atividades definidas como tais pela legislação ou a prática nacionais. As organizações de empregadores e de trabalhadores interessadas devem ser consultadas por ocasião da elaboração e da revisão dessas definições ou serem a ela associadas de qualquer outra maneira; deverão, outrossim, ser levados em conta os novos métodos de processamento de carga e suas repercussões sobre as diversas tarefas dos portuários.

Art. 2º

§ 1º Incumbe à política nacional estimular todos os setores interessados para que assegurem aos portuários, na medida do possível, um emprego permanente ou regular.

§ 2º Em todo caso, um mínimo de períodos de emprego ou um mínimo de renda deve ser assegurado aos portuários, sendo que sua extensão e natureza dependerão da situação econômica e social do país ou do porto de que se tratar.

Art. 3º

§ 1º Registros serão estabelecidos e mantidos em dia para todas as categorias profissionais de portuários na forma determinada pela legislação ou a prática nacionais.

§ 2º Os portuários matriculados terão prioridade para a obtenção de trabalho nos portos.

§ 3º Os portuários matriculados deverão estar prontos para trabalhar de acordo com o que for denominado pela legislação ou a prática nacionais.

Art. 4º

§ 1º Os efetivos dos registros serão periodicamente revistos, a fim de fixá-los em um nível que corresponda às necessidades do porto.

§ 2º Quando uma redução dos efetivos de um registro se tornar necessária, todas as medidas úteis serão tomadas, com a finalidade de prevenir ou atenuar os efeitos prejudiciais aos portuários.

Art. 5º Para obter dos novos métodos de processamento de carga o máximo de vantagens sociais, incumbe à política nacional estimular os empregadores ou suas organizações, por um lado, e as organizações de trabalhadores, por outro, a cooperarem para a melhoria da eficiência do trabalho nos portos, com a participação, se for o caso, das autoridades competentes.

Art. 6º Os Membros farão com que as regras adequadas, referentes à segurança, higiene, bem-estar e formação profissional dos trabalhadores, sejam aplicadas aos portuários.

Art. 7º Exceto nos casos em que forem implementadas mediante convênios coletivos, sentenças arbitrais ou qualquer outro modo conforme à prática nacional, as disposições da presente Convenção deverão ser aplicadas pela legislação nacional.

Art. 8º As ratificações formais da presente Convenção serão comunicadas ao Diretor-Geral da Repartição Internacional do Trabalho e por ele registradas.

Art. 9º A presente Convenção vinculará apenas os Membros da Organização Internacional do Trabalho cuja ratificação tenha sido registrada pelo Diretor-Geral.

§ 1º A presente Convenção entrará em vigor 12 (doze) meses após terem sido registradas, pelo Diretor-Geral, as ratificações de dois Membros.

§ 2º Posteriormente, esta Convenção entrará em vigor para cada Membro, 12 (doze) meses depois da data em que sua ratificação tiver sido registrada.

(6) A Convenção OIT n. 137 foi promulgada no Brasil através do Decreto n. 1.574, de 31.6.1995.

Art. 10.

§ 1º Qualquer Membro que tenha ratificado a presente Convenção poderá denunciá-la, ao expirar um período de 10 (dez) anos após a data de entrada em vigor inicial da Convenção, mediante um ato comunicado ao Diretor-Geral da Repartição Internacional do Trabalho e por ele registrado. A denúncia só se tornará efetiva 1 (um) ano após ter sido registrada.

§ 2º Qualquer Membro que tenha ratificado a presente Convenção e que, no prazo de 1 (um) ano, após expirar o período de 10 (dez) anos mencionado no parágrafo anterior, não fizer uso da faculdade de denúncia, prevista pelo presente Artigo, ficará vinculado por um novo período de 10 (dez) anos e, posteriormente, poderá denunciar a presente Convenção ao término de cada período de dez anos, nas condições previstas no presente Artigo.

Art. 11.

§ 1º O Diretor-Geral da Repartição Internacional do Trabalho notificará a todos os Membros da Organização Internacional do Trabalho o registro de todas as ratificações e denúncias que lhe sejam comunicadas pelos Membros da Organização.

§ 2º Ao notificar os Membros da Organização do registro da segunda ratificação que lhe tenha sido comunicada, o Diretor-Geral chamará a atenção dos Membros da Organização sobre a data na qual a presente Convenção entrará em vigor.

Art. 12. O Diretor-Geral da Repartição Internacional do Trabalho comunicará ao Secretário-Geral das Nações Unidas, para fins de registro, de acordo com o art. 102 da Carta das Nações Unidas, informações completas a respeito de todas as ratificações e atos de denúncia que tiverem sido registrados nos termos dos artigos precedentes.

Art. 13. Cada vez que o julgar necessário, o Conselho Administrativo da Repartição Internacional do Trabalho apresentará à Conferência Geral um relatório sobre a aplicação da presente Convenção, e examinará a conveniência de inscrever na agenda da Conferência a questão de sua revisão total ou parcial.

Art. 14.

§ 1º No caso de a Conferência adotar uma nova Convenção, com revisão total ou parcial da presente, e a menos que a nova Convenção o determine de outra maneira:

a) ratificação, por um Membro, da nova Convenção revista acarretará de pleno direito, não obstante o art. 10 acima, denúncia imediata da presente Convenção, sob reserva de que a nova Convenção revista tenha entrado em vigor;

b) a partir da data de entrada em vigor da nova Convenção revista, a presente Convenção deixará de estar aberta à ratificação dos Membros.

§ 2º A presente Convenção permanecerá em caso em vigor, em sua forma e teor, para os Membros que a tiverem ratificado e que não tenham ratificado a Convenção revista.

Art. 15. As versões francesa e inglesa do texto da presente Convenção fazem igualmente fé.

Convenção OIT n. 139: PREVENÇÃO E CONTROLE DE RISCOS PROFISSIONAIS CAUSADOS POR SUBSTÂNCIAS OU AGENTES CANCERÍGENOS(7)

Parte I: Disposições Gerais

Art. 1º

§ 1º Todo Membro que ratifique a presente Convenção deverá determinar periodicamente as substâncias e agentes cancerígenos aos quais estará proibida a exposição no trabalho, ou sujeita a autorização ou controle, e aqueles a que se devam aplicar outras disposições da presente Convenção.

§ 2º As exceções a esta proibição apenas poderão ser concedidas mediante autorização que especifique em cada caso as condições a serem cumpridas.

§ 3º Ao determinar as substâncias e agentes a que se refere o § 1º do presente artigo, deverão ser levados em consideração os dados mais recentes contidos nos repertórios de recomendações práticas ou guias que a Secretaria Internacional do Trabalho possa elaborar, assim como a informação proveniente de outros organismos competentes.

Art. 2º

§ 1º Todo Membro que ratifique a presente Convenção deverá procurar de todas as formas substituir as substâncias e agentes cancerígenos a que possam estar expostos os trabalhadores durante seu trabalho por substâncias ou agentes não cancerígenos ou por substâncias ou agentes menos nocivos. Na escolha das substâncias ou agentes de substituição deve-se levar em conta suas propriedades cancerígenas, tóxicas e outras.

§ 2º O número de trabalhadores expostos às substâncias ou agentes cancerígenos e a duração e os níveis dessa exposição devem ser reduzidos ao mínimo compatível com a segurança.

Art. 3º Todo Membro que ratifique a presente Convenção deverá prescrever as medidas a serem tomadas para proteger os trabalhadores contra os riscos de exposição a substâncias ou agentes cancerígenos e deverá assegurar o estabelecimento de um sistema apropriado de registros.

Art. 4º Todo Membro que ratifique a presente Convenção deverá adotar medidas para que os trabalhadores que tenham estado, estejam ou corram o risco de vir a estar expostos a substâncias ou agentes cancerígenos recebam toda a informação disponível sobre os perigos que representam tais substâncias e sobre as medidas a serem aplicadas.

Art. 5º Todo Membro que ratifique a presente Convenção deverá adotar medidas para assegurar que sejam proporcionados aos trabalhadores os exames médicos ou os exames ou investigações de natureza biológica ou de outro tipo, durante ou depois do emprego, que sejam necessários para avaliar a exposição ou o estado de saúde com relação aos riscos profissionais.

Art. 6º Todo Membro que ratifique a presente Convenção deverá:

(7) A Convenção OIT n. 139 foi promulgada no Brasil através do Decreto n. 157, de 2.6.1991.

a) adotar, por via legislativa ou por qualquer outro método conforme a prática e as condições nacionais, e em consulta com as organizações internacionais de empregadores e de trabalhadores mais representativas, as medidas necessárias para evitar as disposições das presente Convenção;

b) indicar a que organismos ou pessoas incumbe, de acordo com a prática nacional, a obrigação de assegurar o cumprimento das disposições da presente Convenção;

c) comprometer-se a proporcionar os serviços de inspeção apropriados para velar pela aplicação das disposições da presente Convenção ou certificar-se de que se exerce uma inspeção adequada.

Art. 7º As ratificações formais da presente Convenção apresentadas, para seu registro, ao Diretor-Geral da Repartição Internacional do Trabalho.

Art. 8º

§ 1º Esta Convenção obrigará unicamente aqueles Membros da Organização Internacional do Trabalho cujas ratificações tenham sido registradas pelo Diretor-Geral.

§ 2º Entrará em vigor doze meses depois da data em que as ratificações de dois dos Membros tenham sido registradas pelo Diretor-Geral.

§ 3º A partir do momento, esta Convenção entrará em vigor, para cada Membro, doze meses após a data em que tenha sido realizada sua ratificação.

Art. 9º

§ 1º Todo Membro que tenha ratificado esta Convenção poderá denunciá-lo ao expirar um período de dez anos, a partir da data em que tenha entrado em vigor, mediante uma Ata Comunicada, para seu registro, ao Diretor-Geral da Organização Internacional do Trabalho. A denúncia não surtirá efeito até um ano após a data em que tenha sido registrada.

§ 2º Todo Membro que tenha ratificado esta Convenção e que, num prazo de um ano após a expiração do mencionado período de dez anos, não faça uso do direito de denúncia previsto neste Artigo ficará obrigado durante um novo período de dez anos, podendo, futuramente, denunciar esta Convenção ao expirar cada período de dez anos, nas condições previstas neste Artigo.

Art. 10.

§ 1º O Diretor-Geral da Repartição Internacional do Trabalho notificará todos os Membros da Organização Internacional do Trabalho do registro de quantas ratificações, declarações e denúncias lhe comuniquem os Membros da Organização.

§ 2º Ao notificar os Membros da Organização do registro da Segunda ratificação que lhe tenha sido comunicada, o Diretor-Geral comunicará aos Membros da Organização a data em que entrará em vigor a presente Convenção.

Art. 11. O Diretor-Geral da Repartição Internacional do Trabalho apresentará ao Secretário-Geral das Nações Unidas, para efeito de registro e em conformidade com o art. 102 da Carta das Nações Unidas, uma informação completa sobre todas as ratificações, declarações e atas de denúncia que tenham sido registradas de acordo com os artigos precedentes.

Art. 12. Sempre que julgar necessário, o Conselho de Administração da Secretaria Internacional do Trabalho apresentará à Conferência uma memória sobre a aplicação da Convenção, e considerará a conveniência de incluir na ordem do dia da conferência a questão de sua revisão total ou parcial.

Art. 13.

§ 1º Caso a Conferência adote uma nova Convenção que implique a revisão total ou parcial da presente, e a menos que a nova Convenção contenha disposições em contrário:

a) a ratificação, por um Membro, da nova Convenção revisora *ipso jure*, a denúncia imediata desta Convenção, não obstante as disposições contidas no art. 9º, desde que a nova Convenção revisora tenha entrado em vigor;

b) a partir da data em que entre em vigor a nova Convenção cessará de estar aberta à ratificação por parte dos Membros.

§ 2º Esta Convenção continuará em vigor em qualquer hipótese, em sua forma e conteúdo atuais, para os Membros que a tenham ratificado e não ratifiquem a Convenção revisora.

Art. 14. As versões inglesa e francesa do texto desta Convenção são igualmente autênticas.

Convenção OIT n. 148: MEIO AMBIENTE DO TRABALHO (CONTAMINAÇÃO DO AR, RUÍDO E VIBRAÇÕES)[8]

Parte I: Campo de Aplicações e Definições

Art. 1º

§ 1º A presente Convenção aplica-se a todos os ramos de atividade econômica.

§ 2º Todo Membro que ratifique a presente Convenção, depois de consultar as organizações representativas de empregadores e de trabalhadores interessados, se tais organizações existirem, poderá excluir de sua aplicação os ramos de atividade econômica em que tal aplicação apresente problemas especiais de certa importância.

§ 3º Todo Membro que ratifique a presente Convenção poderá enumerar, no primeiro relatório que apresente sobre a aplicação da Convenção, de acordo com o art. 22 da Constituição da Organização Internacional do Trabalho, os ramos que houvessem sido excluídos em virtude do § 2º deste artigo, explicando os motivos da referida exclusão, e indicando em relatórios subsequentes o estado da legislação e da prática sobre os ramos excluídos e o grau em que se aplica ou se propõe a aplicar a convenção a tais ramos.

Art. 2º

§ 1º Todo Membro poderá, em consulta com as organizações representativas de empregadores e de trabalhadores, se tais organizações existirem, aceitar separadamente as obrigações previstas na presente Convenção, no que diz respeito:

(8) A Convenção OIT n. 148 foi promulgada no Brasil através do Decreto n. 93.413, de 15.10.1986.

a) à contaminação do ar;

b) ao ruído;

c) às vibrações.

§ 2º Todo membro que não aceite as obrigações previstas na Convenção a respeito de uma ou várias categorias de riscos deverá indicá-las no instrumento de ratificação e explicar os motivos de tal exclusão no primeiro relatório sobre a aplicação da Convenção, que submeta nos termos do art. 22 da Constituição da Organização Internacional do Trabalho. Nos relatórios subsequentes deverá indicar o estado da legislação e da prática sobre qualquer categoria de riscos que tenha sido excluída, e o grau em que aplica ou se propõe aplicar a Convenção a tal categoria.

§ 3º Todo Membro que, no momento da ratificação, não tenha aceito as obrigações previstas na Convenção relativas a todas as categorias de riscos, deverá posteriormente notificar o Diretor-Geral da Repartição Internacional do Trabalho, quando julgue que as circunstâncias o permitem, que aceita tais obrigações com respeito a uma ou várias das categorias anteriormente excluídas.

Art. 3º Para fins da presente Convenção:

a) a expressão "contaminação do ar" compreende o ar contaminado por substâncias que, qualquer que seja seu estado físico, sejam nocivas à saúde ou contenham qualquer outro tipo de perigo;

b) o termo "ruído" compreende qualquer som que possa provocar uma perda de audição ou ser nocivo à saúde ou contenha qualquer outro tipo de perigo;

c) o termo "vibrações" compreende toda vibração transmitida ao organismo humano por estruturas sólidas e que seja nociva à saúde ou contenha qualquer outro tipo de perigo.

Parte II: Disposições Gerais

Art. 4º

§ 1º A legislação nacional deverá dispor sobre a adoção de medidas no local de trabalho para prevenir e limitar os riscos profissionais devidos à contaminação do ar, ao ruído e às vibrações, e para proteger os trabalhadores contra tais riscos.

§ 2º Para a aplicação prática das medidas assim prescritas poder-se-á recorrer à adoção de normas técnicas, repertórios de recomendações práticas e outros meios apropriados.

Art. 5º

§ 1º Ao aplicar as disposições da presente Convenção, a autoridade competente deverá atuar em consulta com as organizações interessadas mais representativas de empregadores e de trabalhadores.

§ 2º Os representantes dos empregadores e dos trabalhadores estarão associados na elaboração das modalidades de aplicação das medidas prescritas de acordo com o art. 4º

§ 3º Na aplicação as medidas prescritas em virtude da presente Convenção, deverá ser estabelecida colaboração mais estreita possível, em todos os níveis entre empregadores e trabalhadores.

§ 4º Os representantes do empregador e os representantes dos trabalhadores da empresa deverão ter a possibilidade de acompanhar os agentes de inspeção no controle da aplicação das medidas prescritas de acordo com a presente Convenção, a menos que os agentes de inspeção julguem, à luz das diretrizes gerais da autoridade competente, que isso possa prejudicar a eficácia de seu controle.

Art. 6º

§ 1º Os empregadores serão responsáveis pela aplicação das medidas prescritas.

§ 2º Sempre que vários empregadores realizem simultaneamente atividades no mesmo local de trabalho, terão o dever de colaborar para aplicar as medidas prescritas, sem prejuízo da responsabilidade de cada empregador quanto à saúde e à segurança dos trabalhadores que emprega. Nos casos apropriados, a autoridade competente deverá prescrever os procedimentos gerais para efetivar esta colaboração.

Art. 7º

§ 1º Deverá obrigar-se aos trabalhadores a observância das normas de segurança destinadas a prevenir e a limitar os riscos profissionais devidos à contaminação do ar, ao ruído e às vibrações no local de trabalho, e a assegurar a proteção contra tais riscos.

§ 2º Os trabalhadores ou seus representantes terão direito a apresentar propostas, receber informações e orientação, e a recorrer a instâncias apropriadas, a fim de assegurar a proteção contra riscos profissionais devidos à contaminação do ar, ao ruído e às vibrações no local de trabalho.

Parte III: Medidas de Prevenção e de Proteção

Art. 8º

§ 1º A autoridade competente deverá estabelecer os critérios que permitam os riscos da exposição à contaminação do ar, ao ruído e às vibrações no local de trabalho, e a fixar, quando cabível, com base em tais critérios, os limites de exposição.

§ 2º Ao elaborar os critérios e ao determinar os limites de exposição, a autoridade competente deverá tomar em consideração a opinião de pessoas tecnicamente qualificadas, designadas pelas organizações interessadas mais representativas de empregadores e de trabalhadores.

§ 3º Os critérios e limites de exposição deverão ser fixados, completados e revisados a intervalos regulares, de conformidade com os novos conhecimentos e dados nacionais e internacionais, e tendo em conta, na medida do possível, qualquer aumento dos riscos profissionais resultante da exposição simultânea a vários fatores nocivos no local de trabalho.

Art. 9º Na medida do possível, dever-se-á eliminar todo risco devido à contaminação do ar, ao ruído e às vibrações no local de trabalho.

a) mediante medidas técnicas aplicadas às novas instalações e aos novos métodos de sua elaboração ou de sua instalação, ou mediante medidas técnicas aduzidas às instalações ou operações existentes, ou quando isto não seja possível;

b) mediante medidas complementares de organização do trabalho.

Art. 10. Quando as medidas adotadas em conformidade com o Art. 9º não reduzam a contaminação do ar, ao ruído e às vibrações no local de trabalho a limites especificados de acordo com o Art. 8º, o empregador deverá proporcionar e conservar em bom estado o equipamento de proteção pessoal apropriado. O empregador não deverá obrigar um trabalhador a trabalhar sem o equipamento de proteção pessoal previsto neste artigo.

Art. 11.

§ 1º O estado de saúde dos trabalhadores expostos ou que possam estar expostos aos riscos profissionais devidos à contaminação do ar, ao ruído e às vibrações no local de trabalho deverá ser objeto de controle a intervalos apropriados, segundo as modalidades e nas circunstâncias fixadas pela autoridade competente. Este controle deverá compreender um exame médico anterior ao emprego e exames periódicos conforme determina a autoridade competente.

§ 2º O controle previsto no § 1º do presente artigo não deverá implicar em despesa para o trabalhador.

§ 3º Quando, por razões médicas, seja desaconselhável a permanência de um trabalhador em uma função sujeita à exposição à contaminação do ar, ao ruído ou às vibrações, deverão ser adotadas todas as medidas compatíveis com a prática e as condições nacionais para transferi-lo para outro emprego adequado ou para assegurar-lhe a manutenção de seus rendimentos, mediante prestações da previdência social ou por qualquer outro meio.

§ 4º As medidas tomadas para aplicar a presente Convenção não deverão afetar desfavoravelmente os direitos dos trabalhadores previstos na legislação sobre a previdência social ou seguros sociais.

Art. 12. A utilização de processos, substâncias, máquinas ou materiais que serão especificados pela autoridade competente que impliquem em exposição dos trabalhadores aos riscos profissionais devidos à contaminação do ar, ao ruído e às vibrações no local de trabalho, deverá ser comunicada à autoridade competente, a qual poderá, conforme o caso, autorizá-la, de conformidade com as modalidades determinadas, ou proibi-la.

Art. 13. Todas as pessoas interessadas:

a) deverão ser apropriadas e suficientemente informadas sobre os riscos profissionais que possam originar-se no local de trabalho devido à contaminação do ar, ao ruído e às vibrações;

b) deverão receber instruções suficientes e apropriadas quanto aos meios disponíveis para prevenir e limitar tais riscos, e proteger-se dos mesmos.

Art. 14. Deverão ser adotadas medidas, tendo em conta as condições e os recursos nacionais, para promover a pesquisa no campo da prevenção e limitação dos riscos devidos à contaminação do ar, ao ruído ou às vibrações no local de trabalho.

Parte IV: Medidas de Aplicação

Art. 15. Segundo as modalidades e nas circunstâncias fixadas pela autoridade competente, o empregador deverá designar pessoa competente ou recorrer a serviço especializado, comum ou não a várias empresas, para que se ocupe das questões de prevenção e limitação da contaminação do ar, do ruído e das vibrações no local de trabalho.

Art. 16. Todo Membro deverá:

a) adotar, por via legislativa ou por qualquer outro método conforme a prática e as condições nacionais, as medidas necessárias, incluído o estabelecimento de sanções apropriadas, para dar efeito às disposições da presente Convenção;

b) promover serviços de inspeção apropriados para velar pela aplicação das disposições da presente Convenção ou certificar-se de que exerce uma inspeção adequada.

Art. 17. As ratificações formais desta Convenção deverão ser comunicadas ao Diretor-Geral da Repartição Internacional do Trabalho para registro.

Art. 18.

§ 1º Esta Convenção será obrigatória apenas para aqueles Membros da Organização Internacional do Trabalho cujas ratificações tenham sido registradas junto ao Diretor-Geral.

§ 2º Esta Convenção entrará em vigor 12 meses após a data em que tenham sido registradas junto ao Diretor-Geral as ratificações de dois Membros.

§ 3º A partir de então, esta Convenção entrará em vigor para cada Membro, doze meses após a data em que sua ratificação tenha sido registrada.

Art. 19.

§ 1º Todo Membro que tenha ratificado esta Convenção poderá, no término de um período de dez anos, a partir da data em que entrou em vigor pela primeira vez, denunciar a Convenção em seu conjunto ou uma ou várias das categorias de riscos a que se refere o art. 2º, através de um ato comunicado ao Diretor-Geral da Repartição Internacional do Trabalho, para registro. Tal denúncia surtirá efeito um ano depois da data em que tenha sido registrada.

§ 2º Todo Membro que tenha ratificado esta Convenção e que não exerça, durante o ano seguinte à expiração do período de dez anos mencionado no parágrafo anterior, o direito de denúncia previsto neste artigo, entrará obrigado por outro período de dez anos e, a partir de então, poderá denunciar esta Convenção ao término de cada período de dez anos, nos termos previstos neste Artigo.

Art. 20.

§ 1º O Diretor-Geral da Repartição Internacional do Trabalho deverá comunicar a todos os Membros da Organização Internacional do Trabalho o registro de todas as ratificações, declarações e denúncias comunicadas pelos Membros da Organização.

§ 2º Ao comunicar aos Membros da Organização o registro da segunda ratificação, o Diretor-Geral chamará a atenção dos Membros para a data em que a Convenção entrará em vigor.

Art. 21. O Diretor-Geral da Repartição Internacional do Trabalho comunicará ao Secretário-Geral das Nações Unidas, para fins de registro e de conformidade com o art. 102 da Carta das Nações Unidas, uma informação completa sobre todas as ratificações, declarações e atos de denúncia registrados por ele, de acordo com os termos dos Artigos precedentes.

Art. 22. Toda vez que julgue necessário, o Conselho de Administração da Repartição Internacional do Trabalho apresentará à Conferência um relatório sobre a aplicação da Convenção e examinará a conveniência de ser colocada na Agenda da Conferência a questão de sua revisão total ou parcial.

Art. 23.

§ 1º Caso a Conferência adote nova Convenção que modifique total ou parcialmente a presente Convenção, então, a menos que a nova Convenção determine em contrário:

a) a ratificação por um Membro da nova Convenção modificativa implicará, *ipso jure*, na denúncia imediata da presente Convenção, não obstante as determinações do Art. 19, quando a nova Convenção modificativa tenha entrado em vigor;

b) a partir da data da entrada em vigor na nova Convenção modificativa, a presente Convenção deixará de estar aberta à ratificação pelos Membros.

§ 2º Esta Convenção entrará em vigor, em sua forma e conteúdo originais, para aqueles Membros que a tenham ratificado, mas que não tenham ratificado a Convenção modificativa.

Art. 24. As versões em inglês e francês do texto desta Convenção são igualmente autênticas.

Convenção OIT n. 155: SEGURANÇA E SAÚDE DOS TRABALHADORES E O MEIO AMBIENTE DE TRABALHO[9]

Parte 1. Área de Aplicação e Definições

Art. 1º

§ 1º A presente Convenção aplica-se a todas as áreas de atividade econômica.

§ 2º Todo Membro que ratificar a presente Convenção poderá mediante consulta previa, tão cedo quanto possível, às organizações representativas de empregadores e de trabalhadores interessados, excluir total ou parcialmente da sua aplicação determinadas áreas de atividades econômica, tais como o transporte marítimo ou a pesca, nas quais essa aplicação apresentar problemas especiais de uma certa importância.

§ 3º Todo Membro que ratificar a presente Convenção deverá enumerar, no primeiro relatório sobre a aplicação da Convenção que submeter, em virtude do art. 22 da Constituição da Organização Internacional do Trabalho, as áreas de atividades econômica que tiverem sido excluídas em virtude do § 2º, deste artigo, explicando os motivos dessa exclusão e descrevendo as medidas adotadas para assegurar a proteção suficiente dos trabalhadores nas áreas excluídas, e deverá indicar nos relatórios subsequentes todo progresso que for realizado no sentido de uma aplicação mais abrangente.

Art. 2º

§ 1º A presente Convenção aplica-se a todos os trabalhadores das áreas de atividades econômica abrangidas.

§ 2º Todo o Membro que ratificar a presente Convenção poderá, mediante consulta prévia, tão cedo quanto possível, às organizações representativas de empregadores e de trabalhadores interessadas, excluir parcial ou totalmente da sua aplicação categorias limitadas de trabalhadores que apresentariam problemas particulares para sua aplicação.

§ 3º Todo Membro que ratificar a presente Convenção deverá enumerar, no primeiro relatório sobre a aplicação que submeter, em virtude do art. 22 da Constituição da Organização Internacional do Trabalho, as categorias limitadas de trabalhadores que tiverem sido excluídas em virtude do § 2º deste artigo, explicando os motivos dessa exclusão, e deverá indicar nos relatórios subsequentes todos os progressos realizados no sentido de uma aplicação mais abrangente.

Art. 3º Para os fins da presente Convenção:

a) a expressão "reas de atividade econômica" abrange todas as áreas em que existam trabalhadores empregados, inclusive a administração pública;

b) o termo "trabalhadores" abrange todas as pessoas empregadas, incluindo os funcionários públicos;

c) a expressão "local de trabalho" abrange todos os lugares onde os trabalhadores devem permanecer ou onde têm que comparecer, e que esteja sob o controle, direto ou indireto, do empregador;

d) o termo "regulamentos" abrange todas as disposições às quais a autoridade ou as autoridades competentes tiverem dado força de lei;

e) o termo "saúde", com relação ao trabalho, abrange não só a ausência de afecção ou de doenças, mas também os elementos físicos e mentais que afetam a saúde e estão diretamente relacionados com a segurança e a higiene no trabalho.

Parte II. Princípios de uma Política Nacional

Art. 4º

§ 1º Todo Membro deverá, em consulta às organizações mais representativas de empregadores e de trabalhadores, e levando em conta as condições e a prática nacionais, formular, por em prática e reexaminar periodicamente uma política nacional coerente em matéria de segurança e saúde dos trabalhadores e o meio ambiente de trabalho.

§ 2º Essa política terá como objetivo prevenir os acidentes e os danos à saúde que forem consequência do trabalho, tenham relação com a atividade de trabalho, ou se apresentarem durante o trabalho, reduzindo ao mínimo, na medida que for razoável e possível, as causas dos riscos inerentes ao meio ambiente de trabalho.

Art. 5º A política à qual se faz referencia no artigo 4º da presente Convenção deverá levar em consideração as grandes esferas de ação que se seguem, na medida em que possam afetar a segurança e a saúde dos trabalhadores e o meio ambiente de trabalho:

a) projeto, teste, escolha, substituição, instalação, arranjo, utilização e manutenção dos componentes materiais do trabalho (locais de trabalho, meio ambiente de trabalho, ferramentas, maquinário e equipamento; substâncias e agentes químicos, biológicos e físicos; operações e processos);

b) relações existentes entre os componentes materiais do trabalho e as pessoas que o executam ou supervisionam, e adaptação do maquinário, dos equipamentos, do tempo de trabalho, da organização do trabalho e das operações e processos às capacidades físicas e mentais dos trabalhadores;

c) treinamento, incluindo o treinamento complementar necessário, qualificações e motivação das pessoas que intervenham, de uma ou de outra maneira, para que sejam atingidos níveis adequados de segurança e higiene;

d) comunicação e cooperação em níveis de grupo de trabalho e de empresa e em todos os níveis apropriados, inclusive até no nível nacional;

e) a proteção dos trabalhadores e de seus representantes contra toda medida disciplinar por eles justificadamente empreendida de acordo com a política referida no art. 4º da presente Convenção.

---

(9) A Convenção OIT N. 155 foi promulgada no Brasil pelo Decreto n. 1254, de 29.9.1994.

Art. 6º A formulação da política referida no art. 4º da presente Convenção deverá determinar as respectivas funções e responsabilidades, em matéria de segurança e saúde dos trabalhadores e meio ambiente de trabalho, das autoridades públicas, dos empregadores, dos trabalhadores e de outras pessoas interessadas, levando em conta o caráter complementar dessas responsabilidades, assim como as condições e a prática nacionais.

Art. 7º A situação em matéria de segurança e saúde dos trabalhadores e meio ambiente de trabalho deverá ser examinada, em intervalos adequados, globalmente ou com relação a setores determinados, com a finalidade de se identificar os principais problemas, elaborar meios eficazes para resolvê-los, definir a ordem de prioridade das medidas que for necessário adotar, e avaliar os resultados.

Parte III. Ação em Nível Nacional

Art. 8º Todo Membro deverá adotar, por via legislativa ou regulamentar ou por qualquer outro método de acordo com as condições e a prática nacionais, e em consulta às organizações representativas e empregadores e de trabalhadores interessadas, as medidas necessárias para tornar efeito o art. 4º da presente Convenção.

Art. 9º O controle da aplicação das leis e dos regulamentos relativos à segurança, à higiene e ao meio ambiente de trabalho deverá estar assegurado por um sistema de inspeção das leis ou dos regulamentos.

Art. 10. Deverão ser adotadas medidas para orientar os empregadores e os trabalhadores com o objetivo de ajudá-los a cumprirem com suas obrigações legais.

Art. 11. Com a finalidade de tornar efetiva a política referida no art. 4º da presente Convenção, a autoridade ou as autoridades competentes deverão garantir a realização das seguintes tarefas:

a) a determinação, quando a natureza e o grau de risco assim o requererem, das condições que regem a concepção, a construção e o acondicionamento das empresas, sua colocação em funcionamento, as transformações mais importantes que forem necessárias e toda modificação dos seus fins iniciais, assim como a segurança do equipamento técnico utilizado no tratado e a aplicação de procedimentos definidos pelas autoridades competentes;

b) a determinação das operações e processos que serão proibidos, limitados ou sujeitos à autorização ou ao controle da autoridade ou autoridades competentes, assim como a determinação das substâncias e agentes aos quais estará proibida a exposição no trabalho, ou bem limitada ou sujeita à autorização ou ao controle da autoridade ou autoridades competentes; deverão ser levados em consideração os riscos para a saúde decorrentes da exploração simultâneas a diversas substâncias ou agentes;

c) o estabelecimento e a aplicação de procedimentos para a declaração de acidentes de trabalho e doenças profissionais por parte dos empregadores e, quando for pertinente, das instituições seguradoras ou outros organismos ou pessoas diretamente interessadas, e a elaboração de estatísticas anuais sobre acidentes de trabalho e doenças profissionais.

d) realização de sindicâncias cada vez que um acidente de trabalho, um caso de doença profissional ou qualquer outro dano à saúde ocorrido durante o trabalho ou com relação ao mesmo possa indicar uma situação grave;

e) a publicação anual de informações sobre as medidas adotadas para a aplicação da política referida no art. 4º da presente Convenção e sobre os acidentes de trabalho, os casos de doenças profissionais ou outros danos à saúde ocorridos durante o trabalho ou com relação ao mesmo;

f) levando em consideração as condições e possibilidades nacionais, a introdução ou o desenvolvimento de sistemas de pesquisa dos agentes químicos, físicos ou biológicos no que diz respeito aos riscos que eles representaram para a saúde dos trabalhadores.

Art. 12. Deverão ser adotadas medidas de conformidade com a legislação e a prática nacionais a fim de assegurar que aquelas pessoas que projetam, fabricam, importam, fornecem ou cedem, sob qualquer título, maquinário, equipamentos ou substâncias para uso profissional:

a) tenham certeza, na medida do razoável e possível, de que o maquinário, os equipamentos ou as substâncias em questão não implicará perigo algum para a segurança e a saúde das pessoas que fizerem uso correto dos mesmos;

b) facilitem informações sobre a instalação e utilização corretas do maquinário e dos equipamentos e sobre o uso correto de substâncias, sobre os riscos apresentados pelas máquinas e os materiais, e sobre as características perigosas das substâncias químicas, dos agentes ou dos produtos físicos ou biológicos, assim como instruções sobre a forma de prevenir os riscos conhecidos;

c) façam estudos e pesquisas, ou se mantenham a par de qualquer outra forma, da evolução dos conhecimentos científicos e técnicos necessários para cumprir com as obrigações expostas nos itens "a" e "b" do presente artigo.

Art. 13. De conformidade com a prática e as condições nacionais, deverá ser protegido, de consequências injustificadas, todo trabalhador que julgar necessário interromper uma situação de trabalho por considerar, por motivos razoáveis, que ela envolve um perigo iminente e grave para sua visa ou sua saúde.

Art. 14. Medidas deverão ser adotadas no sentido de promover, de maneira conforme a pratica e as condições nacionais, a inclusão das questões de segurança, higiene e meio ambiente de trabalho em todos os níveis, médio e profissional, com o objetivo de satisfazer as necessidades de treinamento de todos os trabalhadores.

Art. 15.

§ 1º A fim de se assegurar a coerência da política referida no art. 4º da presente Convenção e das medidas adotadas para aplicá-la, todo Membro deverá implementar, mediante consulta prévia, tão cedo quanto possível, com as organizações mais representativas de empregadoras e de trabalhadores e, quando for apropriado, com outros organismos, disposições de acordo com a prática e as condições nacionais a fim de conseguir coordenação entre as diversas autoridades e os diversos organismos encarregados de tornar efetivas as Partes II e III da presente Convenção.

§ 2º Quando as circunstâncias requererem e a prática e as condições nacionais permitirem, essas disposições deverão incluir o estabelecimento de um organismo central.

Parte IV. Ação em Nível de Empresa

Art. 16.

§ 1º Deverá ser exigido dos empregadores que, na medida que for razoável e possível, garantam que os locais de trabalho, o maquinário, os equipamentos e as operações e processos que estiverem sob seu controle são seguros e não envolvem risco algum para a segurança e a saúde dos trabalhadores.

§ 2º Deverá ser exigido dos empregadores que, na medida que for razoável e possível, garantam que os agentes e as substâncias químicas, físicas e biológicas que estiverem sob seu controle não envolvem riscos para a saúde quando são tomadas medidas de proteção adequadas.

§ 3º Quando for necessário, os empregadores deverão fornecer roupas e equipamentos de proteção adequados a fim de prevenir, na medida que for razoável e possível, os riscos de acidentes ou de efeitos prejudiciais para a saúde.

Art. 17. Sempre que duas ou mais empresas desenvolverem simultaneamente atividades num mesmo local de trabalho, as mesmas terão o dever de colaborar na aplicação das medidas previstas na presente Convenção.

Art. 18. Os empregadores deverão prever, quando for necessário, medidas para lidar com situações de urgência e com acidentes, incluindo meios adequados para a administração de primeiros socorros.

Art. 19. Deverão ser adotadas disposições, em nível de empresa, em virtude das quais:

a) os trabalhadores, ao executarem seu trabalho, cooperem com o cumprimento das obrigações que correspondem ao empregador;

b) os representantes dos trabalhadores na empresa cooperem com o empregador no âmbito da segurança e higiene do trabalho;

c) os representantes dos trabalhadores na empresa recebam informação adequada acerca das medidas tomadas pelo empregador para garantir a segurança e a saúde, e possam consultar as suas organizações representativas sobre essa informação, sob condição de não divulgarem segredos comerciais;

d) os trabalhadores e seus representantes na empresa recebam treinamento apropriado no âmbito da segurança e da higiene do trabalho;

e) os trabalhadores ou seus representantes e, quando for o caso, suas organizações representativas na empresa estejam habilitados, de conformidade com a legislação e a prática nacionais, para examinarem todos os aspectos da segurança e da saúde relacionados com seu trabalho, e sejam consultados nesse sentido pelo empregador. Com essa finalidade, e em comum acordo, poder-se-á recorrer a conselheiros técnicos alheios à empresa;

f) o trabalhador informará imediatamente o seu superior hierárquico direto sobre qualquer situação de trabalho que, a seu ver e por motivos razoáveis, envolva um período iminente e grave para sua vida ou sua saúde. Enquanto o empregador não tiver tomado medidas corretivas, se forem necessárias, não poderá exigir dos trabalhadores a sua volta a uma situação de trabalho onde exista, em caráter contínuo, um perigo grave ou iminente para sua vida ou sua saúde.

Art. 20. A cooperação entre os empregadores os trabalhadores ou seus representantes na empresa deverá ser um elemento essencial das medidas em matéria de organização, e de outro tipo, que forem adotadas para a aplicação dos arts. 16 a 19 da presente Convenção.

Art. 21. As medidas de segurança e higiene do trabalho não deverão implicar nenhum ônus financeiro para os trabalhadores.

Parte V. Disposiçõe Finais

Art. 22. A presente Convenção não revisa nenhuma das Convenções ou recomendações internacionais do trabalho existentes.

Art. 23. As ratificações formais da presente Convenção serão comunicadas, para seu registro, ao Diretor-Geral da Repartição Internacional do trabalho.

Art. 24. Esta Convenção obrigará exclusivamente aqueles Membros da Organização Internacional do trabalho cuja as ratificações tiverem sido registradas pelo Diretor-Geral.

§ 1º Entrará em vigor 12 (doze) meses após a data em que as ratificações de 2 (dois) membros tiverem sido registrados pelo Diretor-Geral.

§ 2º A partir desse momento, a Convenção entrará em vigor, para cada Membro, 12 (doze) meses após a data na qual a sua ratificação tiver sido registrada.

Art. 25.

§ 1º Todo Membro que tiver ratificado esta Convenção poderá denunciá-la ao fim do período de 10 (dez) anos, a contar da data em que tiver entrado inicialmente em vigor, através de um ato comunicado ao Diretor-Geral da Repartição Internacional do Trabalho e por ele registrado. A denuncia não terá efeito se não 1 (um) anos depois da data em que tiver sido registrada.

§ 2º Todo Membro que, tendo ratificado esta Convenção e que no prazo de 1 (um) ano após a expiração do período de 10 (dez) anos mencionado no parágrafo precedente, não fizer uso da faculdade de denúncia prevista no presente artigo, permanecerá obrigado durante um novo período de 10 (dez) anos e, sucessivamente, poderá denunciar esta Convenção no fim de cada período de 10 (dez) anos, nas condições prevista neste artigo.

Art. 26.

§ 1º O Diretor-Geral da Repartição Internacional do Trabalho notificará a todos os membros da Organização Internacional do Trabalho o registro de todas as ratificações, declarações e denúncias a ele comunicadas pelos Membros da Organização.

§ 2º Ao notificar aos Membros da Organização o registro da segunda ratificação que lhe tiver sido comunicada, o Diretor-Geral fará notar aos Membros da Organização a data em que a presente Convenção entrará em vigor.

Art. 27. O Diretor-Geral da Repartição Internacional do Trabalho comunicará ao Secretário-Geral das Nações Unidas, para efeitos do registro da segunda ratificação e de conformidade com o art. 102 da Carta das Nações Unidas, um relatório completo sobre todas as ratificações, declarações e atos de denúncia que ele tiver registrado, de acordo com os artigos presentes.

Art. 28. Sempre que o considerar necessário, o Conselho de Administração da Repartição Internacional do Trabalho e considerará a conveniência de incluir na agenda da Conferência a questão de sua total ou parcial revisão.

Art. 29.

§ 1º No caso da Conferência adotar uma nova Convenção que implique a revisão total ou parcial da presente, e a não ser que a nova Convenção contenha disposições em contrário:

a) a ratificação, por um Membro, da nova Convenção revisora implicará, *ipso juris*, a denuncia imediata da presente Convenção, não obstante as disposições contidas no art. 25, sempre que a nova Convenção revista tiver entrado em vigor;

b) a partir da data de entrada em vigor da nova Convenção revisora, a presente Convenção deixará de estar aberta para ratificação por parte dos Membros.

§ 2º A presente Convenção permanecerá em vigor em todos os casos, em sua forma e conteúdo atuais, para aqueles Membros que a tiverem ratificado e que não ratificarem a Convenção revisora.

Art. 30. As versões inglesa e francesa do texto desta Convenção são igualmente autênticas.

Convenção OIT n. 159

REABILITAÇÃO PROFISSIONAL E EMPREGO DE PESSOAS DEFICIENTES(10)

Parte I: Definições e Campo de Aplicação

Art. 1º

§ 1º Para efeitos desta Convenção, entende-se por "pessoa deficiente" todas as pessoas cujas possibilidades de obter e conservar um emprego adequado e de progredir no mesmo fiquem substancialmente reduzidas devido a uma deficiência de caráter físico ou mental devidamente comprovada.

§ 2º Para efeitos desta Convenção, todo o País-Membro deverá considerar que a finalidade da reabilitação profissional é a de permitir que a pessoa deficiente obtenha e conserve um emprego e progrida no mesmo, e que se promova, assim a integração ou a reintegração dessa pessoa na sociedade.

§ 3º Todo País-Membro aplicará os dispositivos desta Convenção através de medidas adequadas às condições nacionais e de acordo com a experiência (costumes, uso e hábitos) nacional.

§ 4º As proposições desta Convenção serão aplicáveis a todas as categorias de pessoas deficientes.

Parte II: Princípios da Política de Reabilitação Profissional e Emprego para Pessoas Deficientes

Art. 2º De acordo com as condições nacionais, experiências e possibilidades nacionais, cada País-Membro formulará, aplicará e periodicamente revisará a política nacional sobre reabilitação profissional e emprego de pessoas deficientes.

Art. 3º Essa política deverá ter por finalidade assegurar que existam medidas adequadas de reabilitação profissional ao alcance de todas as categorias de pessoas deficientes e promover oportunidade de emprego para as pessoas deficientes no mercado regular de trabalho.

Art. 4º Essa política deverá ter como base o princípio de igualdade de oportunidades entre os trabalhadores deficientes e dos trabalhadores em geral. Dever-se-á respeitar a igualdade efetiva de oportunidades e de tratamento entre os trabalhadores deficientes e os demais trabalhadores, não devem ser vistas como discriminatórias em relação a estes últimos.

Art. 5º As organizações representativas de empregadores e de empregados devem ser consultadas sobre a aplicação dessa política e em particular, sobre as medidas que devem ser adotadas para promover a cooperação e coordenação dos organismos públicos e particulares que participam nas atividades de reabilitação profissional. As organizações representativas de e para deficientes devem, também, ser consultadas.

Parte III: Medidas a Nível Nacional para o Desenvolvimento de Serviços de Reabilitação Profissional e Emprego para Pessoas Deficientes.

Art. 6º Todo o País-Membro, mediante legislação nacional e por outros procedimentos, de conformidade com as condições e experiências nacionais, deverá adotar as medidas necessárias para aplicar os arts. 2, 3, 4 e 5 da presente Convenção.

Art. 7º As autoridades competentes deverão adotar medidas para proporcionar e avaliar os serviços de orientação e formação profissional, colocação, emprego e outros semelhantes, a fim de que as pessoas deficientes possam obter e conservar um emprego e progredir no mesmo; sempre que for possível e adequado, serão utilizados os serviços existentes para os trabalhadores em geral, com as adaptações necessárias.

Art. 8º Adotar-se-ão medidas para promover o estabelecimento e desenvolvimento de serviços de reabilitação profissional e de emprego para pessoas deficientes na zona rural e nas comunidades distantes.

Art. 9º Todo o País-Membro deverá esforçar-se para assegurar a formação e a disponibilidade de assessores em matéria de reabilitação e outro tipo de pessoal qualificado que se ocupe da orientação profissional, da formação profissional, da colocação e do emprego de pessoas deficientes.

Nota: Os arts. 10 a 17, constantes da Parte IV, correspondem, respectivamente, aos arts. 12 a 19 da Convenção OIT n. 140.

Convenção OIT n. 161: SERVIÇOS DE SAÚDE DO TRABALHO(11)

Parte I: Princípios de uma Política Nacional

Art. 1º Para os fins da presente Convenção:

a) a expressão "Serviços de Saúde no Trabalho" designa um serviço investido de funções essencialmente preventivas e encarregado de aconselhar o empregador, os trabalhadores e seus representantes na empresa em apreço, sobre:

i) os requisitos necessários para estabelecer e manter um ambiente de trabalho seguro e salubre, de molde a favorecer uma saúde física e mental ótima em relação com o trabalho;

ii) a adaptação do trabalho às capacidades dos trabalhadores, levando em conta seu estado de sanidade física e mental;

b) a expressão "representantes dos trabalhadores na empresa" designa as pessoas reconhecidas como tal em virtude de legislação ou da prática nacional.

Art. 2º À luz das condições e da prática nacionais e em consulta com as organizações de empregadores e de trabalhadores mais representativas, onde estas existam, todo Membro deverá definir, pôr em prática e reexaminar periodicamente uma política nacional coerente com relação aos serviços de saúde no trabalho.

---

(10) A Convenção OIT n. 155 foi promulgada no Brasil pelo Decreto n. 129, de 22.5.1991.
(11) A Convenção OIT n. 161 foi promulgada no Brasil através do Decreto n. 127, de 22.5.1991.

Art. 3º

§ 1º Todo Membro se compromete a instituir, progressivamente, serviços de saúde no trabalho para todos os trabalhadores, entre os quais se contam os do setor público, e os cooperantes das cooperativas de produção, em todos os ramos da atividade econômica e em todas as empresas; as disposições adotadas deverão ser adequadas e corresponder aos riscos específicos que prevalecem nas empresas.

§ 2º Se os serviços de saúde no trabalho não puderem ser instituídos imediatamente para todas as empresas, todo Membro em questão deverá, em consulta com as organizações de empregadores mais representativas, onde elas existam, elaborar planos que visam a instituição desses serviços.

§ 3º Todo Membro em questão deverá, no primeiro relatório sobre a aplicação da Convenção que está sujeito a apresentar em virtude do art. 22 da Constituição da Organização Internacional do Trabalho, indicar os planos que tenha elaborado em função do § 2º do presente Artigo e expor, em relatórios ulteriores, todo progresso obtido com vistas à sua aplicação.

Art. 4º A autoridade competente deverá consultar as organizações de empregadores e de trabalhadores mais representativas, sempre que elas existam, a respeito das medidas a serem adotadas para pôr em prática as disposições da presente Convenção.

Parte II: Funções

Art. 5º Sem prejuízo da responsabilidade de cada empregador a respeito da saúde e da segurança dos trabalhadores que emprega, e tendo na devida conta a necessidade de participação dos trabalhadores em matéria de segurança e saúde no trabalho, os serviços de saúde no trabalho devem assegurar as funções, dentre as seguintes, que sejam adequadas e ajustadas aos riscos da empresa com relação à saúde no trabalho:

a) identificar e avaliar os riscos para a saúde, presentes nos locais de trabalho;

b) vigiar os fatores do meio de trabalho e as práticas de trabalho que possam afetar a saúde dos trabalhadores, inclusive as instalações sanitárias, as cantinas e as áreas de habitação, sempre que esses equipamentos sejam fornecidos pelo empregador;

c) prestar assessoria quanto ao planejamento e à organização do trabalho inclusive sobre a concepção dos locais de trabalho, a escolha, a manutenção e o estado das máquinas e dos equipamentos, bem como sobre o material utilizado no trabalho;

d) participar da elaboração de programas de melhoria das práticas de trabalho, bem como dos testes e da avaliação de novos equipamentos no que concerne aos aspectos da saúde;

e) prestar assessoria nas áreas da saúde, da segurança e da higiene no trabalho, da ergonomia e, também, no que concerne aos equipamentos de proteção individual e coletiva;

f) acompanhar a saúde dos trabalhadores em relação com o trabalho;

g) promover a adaptação do trabalho aos trabalhadores;

h) contribuir para as medidas de readaptação profissional;

i) colaborar na difusão da informação, na formação e na educação nas áreas da saúde e da higiene no trabalho, bem como na da ergonomia;

j) organizar serviços de primeiros socorros e de emergência;

k) participar da análise de acidentes de trabalho e das doenças profissionais.

Parte III: Organização

Art. 6º Com vistas à instituição de serviços de saúde no trabalho, deverão ser adotadas iniciativas:

a) pela via da legislação;

b) por intermédio de convenções coletivas ou de outros acordos entre empregadores e trabalhadores interessados;

c) por todos os demais meios aprovados pela autoridade competente após consultas junto a organizações representativas de empregadores e trabalhadores interessados.

Art. 7º

§ 1º Os serviços de saúde no trabalho podem ser organizados, conforme o caso, seja como serviços que atendem a diversas empresas.

§ 2º De acordo com as condições e a prática nacionais, os serviços de saúde no trabalho poderão ser organizados:

a) pelas empresas ou grupos de empresas interessadas;

b) pelos poderes públicos ou serviços oficiais;

c) pelas instituições de seguridade social;

d) por todo outro organismo habilitado por autoridade competente;

e) por qualquer combinação das possibilidade precedentes.

Art. 8º O empregador, os trabalhadores e seus representantes, quando estes existam, devem cooperar e participar na organização de serviços de saúde no trabalho e de outras medidas a eles relativas, em bases equitativas.

Parte IV: Condições de Funcionamento

Art. 9º

§ 1º De acordo com a legislação e a prática nacionais, os serviços de saúde no trabalho deverão ser multidisciplinares. A composição do pessoal deverá ser determinada em função da natureza das tarefas a executar.

§ 2º Os serviços de saúde deverão desempenhar suas funções em colaboração com os outros serviços da empresa.

§ 3º Medidas deverão ser tomadas, de acordo com a legislação e a prática nacionais, para assegurar uma cooperação e uma coordenação adequadas entre os serviços de saúde no trabalho e, na medida em que for cabível, com os demais serviços envolvidos na prestação de serviços de saúde.

Art. 10. O pessoal prestador de serviços de saúde no trabalho deverá gozar de independência profissional completa com relação ao empregador, aos trabalhadores e aos seus representantes, quando estes existirem, no que tange às funções estabelecidas no art. 5º

Art. 11. A autoridade competente deverá determinar as qualificações exigidas do pessoal chamado a prestar serviços de saúde no trabalho em função da natureza das tarefas a executar e de acordo com a legislação e a prática nacionais.

Art. 12. O acompanhamento da saúde dos trabalhadores em relação com o trabalho não deverá acarretar para estes qualquer ônus; deverá ser gratuito e ter lugar, na medida do possível, durante o expediente de trabalho.

Art. 13. Todos os trabalhadores devem ser informados dos riscos para a saúde inerentes a seu trabalho.

Art. 14. Os serviços de saúde no trabalho devem ser informados, pelo empregador e pelos trabalhadores, de todo fator conhecido e de todo fator suspeito do ambiente de trabalho, que possa ter efeitos sobre a saúde dos trabalhadores.

Art. 15. Os serviços de saúde no trabalho devem ser informados dos casos de doença entre os trabalhadores e das faltas ao serviço por motivos de saúde, a fim de estarem aptos a identificar toda relação que possa haver entre as causas da doença ou da falta e os riscos à saúde que possam existir no local de trabalho. O pessoal que prestar serviços de saúde no trabalho não deverá ser instado, pelo empregador, no sentido de averiguar o fundamento ou as razões de faltas ao serviço.

Parte V: Disposições Gerais

Art. 16. A legislação nacional deverá designar a autoridade ou autoridades encarregadas de supervisionar o funcionamento dos serviços de saúde no trabalho e de prestar-lhes assessoramento, uma vez instituídos.

Art. 17. As ratificações formais da presente Convenção serão transmitidas ao Diretor-Geral da Repartição Internacional do Trabalho e por ele registradas.

Art. 18.

§ 1º A presente Convenção somente vinculará os Membros da Organização Internacional do Trabalho cujas ratificações tenham sido registradas pelo Diretor-Geral.

§ 2º Esta Convenção entrará em vigor doze meses após o registro das ratificações de dois Membros por parte do Diretor-Geral.

§ 3º Posteriormente, esta Convenção entrará em vigor, para cada Membro, doze meses após o registro da sua ratificação.

Art. 19.

§ 1º Todo Membro que tenha ratificado a presente Convenção poderá denunciá-la após a expiração de um período de dez anos contados da entrada em vigor mediante ato comunicado ao Diretor-Geral da Repartição Internacional do Trabalho e por ele registrado. A denúncia só surtirá efeito um ano após o registro.

§ 2º Todo Membro que tenha ratificado a presente Convenção e não fizer uso da faculdade de denúncia prevista pelo presente artigo dentro do prazo de um ano após a expiração do período de dez anos previsto pelo presente artigo, ficará obrigado por novo período de dez anos e, posteriormente, poderá denunciar a presente Convenção ao expirar cada período de dez anos, nas condições previstas no presente artigo.

Art. 20.

§ 1º O Diretor-Geral de Repartição Internacional do Trabalho notificará a todos os Membros da Organização Internacional do Trabalho o registro de todas as ratificações e denúncias que lhe sejam comunicadas pelos Membros da Organização.

§ 2º Ao notificar aos Membros da Organização o registro da segunda ratificação que lhe tenha sido comunicada, o Diretor-Geral chamará a atenção dos Membros para a data de entrada em vigor da presente Convenção.

Art. 21. O Diretor-Geral da Repartição Internacional do Trabalho comunicará ao Secretário-Geral das Nações Unidas, para fins de registro, conforme o art. 102 da Carta das Nações Unidas, as informações completas referentes a quaisquer ratificações ou atos de denúncia que tenha registrado de acordo com os Artigos anteriores.

Art. 22. Sempre que julgar necessário, o Conselho de Administração da Repartição Internacional do Trabalho deverá apresentar à Conferência Geral um relatório sobre a aplicação da presente Convenção e decidirá sobre a oportunidade de inscrever na ordem do dia da Conferência a questão da sua revisão total ou parcial.

Art. 23.

§ 1º Se a Conferência adotar uma nova Convenção que reviste total ou parcialmente a presente Convenção e a menos que a nova Convenção disponha contrariamente:

a) A ratificação, por um membro, da nova Convenção revista, implicará de pleno direito, não obstante o disposto pelo art. 19, *supra*, a denúncia imediata da presente Convenção, desde que a nova Convenção revista tenha entrado em vigor;

b) A partir da entrada em vigor da Convenção revista, a presente Convenção deixará de estar aberta à ratificação dos Membros.

§ 2º A presente Convenção continuará em vigor, em qualquer caso, em sua forma e teor atuais, para os Membros que a tiverem ratificado e que não ratificarem a Convenção revista.

Art. 24. As versões inglesa e francesa do texto da presente Convenção são igualmente autênticas.

Convenção OIT n. 163: BEM-ESTAR DOS TRABALHADORES MARÍTIMOS NO MAR E NO PORTO(12)

Parte I: Disposições Gerais

Art. 1º

§ 1º Para efeitos da presente Convenção:

a) a expressão "trabalhadores marítimos" ou "marinheiros" designa todas as pessoas empregadas, com qualquer cargo, a bordo de um navio dedicado à navegação marítima, de propriedade pública ou privada, que não seja um navio de guerra;

(12) A Convenção OIT n. 163 foi promulgada no Brasil através do Decreto n. 2.669, de 15.7.1998.

b) a expressão "meios e serviços de Bem-Estar" designa meios e serviços de Bem-Estar, culturais, recreativos e informativos.

§ 2º Todo Membro determinará, por meio de sua legislação nacional e consultando previamente as organizações representativas de armadores e trabalhadores marítimos, quais os navios registrados em seu território que devem ser considerados como dedicados à navegação marítima para efeitos das disposições da presente convenção referentes a meios e serviços de Bem-Estar a bordo de navios.

§ 3º Na medida em que considerar viável, e consultando previamente as organizações representativas de armadores de embarcações de pesca e de pescadores, a autoridade competente deverá aplicar as disposições da presente Convenção à pesca marítima comercial.

Art. 2º

§ 1º Todo Membro para o qual esteja em vigor a presente Convenção compromete-se a zelar para que sejam providenciados os meios e serviços de Bem-Estar adequados aos trabalhadores marítimos, tanto nos portos como a bordo de navios.

§ 2º Todo Membro cuidará para que sejam tomadas as medidas necessárias para financiar os meios e serviços de Bem-Estar providenciados em conformidade com as disposições da presente Convenção.

Art. 3º

§ 1º Todo Membro se compromete a cuidar para que sejam providenciados meios e serviços de Bem-Estar nos portos apropriados do país para todos os marinheiros, sem distinção de nacionalidade, raça, cor, sexo, religião, opinião pública ou origem social, e independentemente do Estado em que estiver registrado o navio a bordo do qual estejam empregados.

§ 2º Todo Membro determinará, consultando previamente as organizações representativas de armadores e de trabalhadores marítimos, os portos que devem ser considerados apropriados para os efeitos deste artigo.

Art. 4º Todo Membro compromete-se a cuidar de que os meios e serviços de Bem-Estar instalados em todo navio dedicado à navegação marítima, de propriedade pública ou privada, registrado em seu território, sejam acessíveis a todos os trabalhadores marítimos que se encontrarem a bordo.

Art. 5º Os meios e serviços de Bem-Estar serão revistos com frequência no intuito de assegurar que sejam apropriados, levando-se em conta a evolução das necessidades dos trabalhadores marítimos, decorrente de progressos técnicos, funcionais ou de outra natureza que se verifiquem na indústria do transporte marítimo.

Art. 6º Todo Membro se compromete:

a) cooperar com os demais Membros com vistas a garantir a aplicação da presente Convenção;

b) cuidar de que as partes envolvidas e interessadas na promoção do Bem-Estar dos trabalhadores marítimos no mar e no porto cooperem entre si.

Art. 7º As ratificações formais da presente Convenção serão comunicadas, para registro, ao Diretor-Geral da Repartição Internacional do Trabalho.

Art. 8º

§ 1º Esta Convenção obrigará unicamente os Membros da Organização Internacional do Trabalho cujas Ratificações tiverem sido registradas pelo Diretor-Geral.

§ 2º Entrará em vigor doze meses depois da data em que as Ratificações de dois Membros tiverem sido registradas pelo Diretor-Geral.

§ 3º A partir do dito momento, esta Convenção entrará em vigor para cada Membro doze meses depois da data em que tiver sido registrada sua ratificação.

Art. 9º

§ 1º Todo Membro que tiver ratificado esta Convenção poderá denunciá-la, ao expirar um período de dez anos contado a partir da data em que tiver entrado em vigor inicialmente, por meio de uma ata comunicada, para o devido registro, ao Diretor-Geral da Repartição Internacional do Trabalho. A denúncia só surtirá efeito um ano após a data em que tiver sido registrada.

§ 2º Todo Membro que tiver ratificado esta Convenção e que, no prazo de um ano após a expiração do período de dez anos mencionados no parágrafo precedente, não fizer uso do direito de denúncia previsto neste artigo, ficará obrigado durante um novo período de dez anos, e a seguir poderá denunciar esta Convenção ao cabo de cada período de dez anos, nas condições previstas neste artigo.

Art. 10.

§ 1º O Diretor-Geral da Repartição Internacional do Trabalho notificará a todos os Membros da Organização Internacional do Trabalho o registro de toda as ratificações, declarações e denúncias que lhe forem comunicadas pelos Membros da Organização.

§ 2º Ao notificar os Membros da Organização o registro da segunda ratificação que lhe tiver sido comunicada, o Diretor-Geral chamará a atenção dos Membros da Organização para data em que entrará em vigor o presente Acordo.

Art. 11. O Diretor-Geral da Repartição Internacional do Trabalho comunicará ao Secretário-Geral das Nações Unidas, para efeitos de registro e conforme o art. 102 da Carta das Nações Unidas, uma informação completa sobre todas as ratificações, declarações e atas de denúncia que tiver registrado em conformidade com os artigos precedentes.

Art. 12. Cada vez que estimar necessário, o Conselho de Administração da Repartição Internacional do Trabalho apresentará à Conferência uma memória sobre a aplicação da convenção, e considerará a conveniência de incluir na pauta da Conferência a questão de sua revisão total ou parcial.

Art. 13.

§ 1º Caso a Conferência adote uma nova Convenção que implique uma revisão total ou parcial da presente, e a menos que o novo acordo contenha disposições em contrário:

a) a ratificação por um Membro da nova Convenção revisora implicará, *ipso jure*, a denúncia imediata desta Convenção não obstante as disposições contidas no art. 9º, desde que a nova Convenção revisora tenha entrado em vigor;

b) a partir da data em que entrar em vigor a nova Convenção revisora, a presente Convenção deixará de estar aberta à ratificação por parte dos Membros.

§ 2º Esta Convenção continuará em vigor, em todos os casos, com sua forma e conteúdos atuais, para os Membros que não tiverem ratificado e não ratificarem a Convenção revisora.

Art. 14. As versões inglesa e francesa do texto desta Convenção são igualmente autênticas.

Convenção OIT n. 167: SEGURANÇA E SAÚDE NA CONSTRUÇÃO(13)

I. Área de Aplicação e Definições

Art. 1º

1. A presente Convenção aplica-se a todas as atividades de construção, isto é, os trabalhos de edificação, as obras públicas e os trabalhos de montagem e desmonte, inclusive qualquer processo, operação e transporte nas obras, desde a preparação das obras até a conclusão do projeto.

2. Todo membro que ratificar a presente Convenção poderá, mediante prévia consulta com as organizações mais representativas de empregadores e de trabalhadores interessadas, se houver, excluir da aplicação da Convenção ou de algumas das suas aplicações determinados ramos de atividade econômica ou empresas a respeito das quais sejam expostos problemas especiais que possuam certa importância, sob a condição de se garantir mais um meio ambiente de trabalho seguro e saudável.

3. A presente Convenção aplica-se também aos trabalhadores autônomos que a legislação nacional possa designar.

Art. 2º

Para os fins da presente Convenção:

(a) a expressão "construção" abrange:

i) a edificação, incluídas as escavações e a construção, as transformações estruturais, a renovação, o reparo, a manutenção (incluindo os trabalhos de limpeza e pintura) e a demolição de todo tipo de edifícios e estruturas;

ii) as obras públicas, inclusive os trabalhos de escavações e a construção, transformação estrutural, reparo, manutenção e demolição de, por exemplo, aeroportos, embarcadouros, portos, canais, reservatórios, obras de prevenção contra as águas fluviais e marítimas e avalanches, estradas e autoestradas e autoestradas, ferrovias, pontes, túneis, viadutos e obras relacionadas com a prestação de serviços, como comunicações, captação de águas pluviais, esgotos e fornecimentos de água e energia;

iii) a montagem e o desmonte de edifícios e estruturas a base de elementos pré-fabricados, bem como a fabricação desses elementos nas obras ou nas suas imediações;

(b) a expressão "obras" designa qualquer lugar onde sejam realizados quaisquer dos trabalhos ou operações descritos no item (a), anterior;

(c) a expressão "local de trabalho" designa todos os sítios onde os trabalhadores devem estar ou para onde devam estar ou para onde devam se dirigir devido ao seu trabalho e que se encontrem sob o controle de um empregador no sentido do item (e);

(d) a expressão "trabalhador" designa qualquer pessoa empregada na construção;

(e) a expressão "empregador" designa:

i) qualquer pessoa física ou jurídica que emprega um ou vários trabalhadores em uma obra; e

ii) segundo for o caso, o empreiteiro principal, o empreiteiro e o subempreiteiro;

(f) a expressão "pessoa competente" designa a pessoa possuidora de qualificações adequadas, tais como formação apropriada e conhecimentos, experiência e aptidões suficientes para executar funções específicas em condições de segurança. As autoridades competentes poderão definir os critérios para a designação dessas pessoas e determinar as obrigações que devam ser a elas atribuídas;

(g) a expressão "andaimes" designa toda estrutura provisória fixa, suspensa ou móvel, e os componentes em que ela se apóie, a qual sirva de suporte para os trabalhadores e materiais ou permita o acesso a essa estrutura, excluindo-se os aparelhos elevadores definidos no item (h);

(h) a expressão "aparelho elevador" designa todos os aparelhos, fixos ou móveis, utilizados para içar ou descer pessoas ou cargas;

(i) a expressão "acessório içamento" designa todo mecanismo ou equipamento por meio do qual seja possível segurar uma carga ou um aparelho elevador, mas que não seja parte integrante do aparelho nem da carga.

II. Disposições Gerais

Art. 3º Dever-se-á consultar as organizações mais representativas de empregadores e de trabalhadores acerca das medidas que serão necessárias adotar para levar a efeito as disposições do presente Convênio.

Art. 4º Todo membro que ratificar a presente Convenção compromete-se, com base em uma avaliação dos riscos que existam para a segurança e a saúde, a adotar e manter em vigor legislação que assegure a aplicação das disposições da Convenção.

Art. 5º

1. A legislação que for adotada em conformidade com o art. 4º da presente Convenção poderá prever a sua aplicação prática mediante normas técnicas ou repertórios de recomendações práticas ou por outros métodos apropriados, em conformidade com as condições e a prática nacionais.

2. Ao levar a efeito o art. 4º da presente Convenção e o § 1º do presente artigo, todo membro deverá levar na devida conta as normas pertinentes adaptadas pelas organizações internacionais reconhecidas na área de normalização.

Art. 6º Deverão ser adotadas medidas para assegurar a cooperação entre empregadores e trabalhadores, em conformidade com as modalidades que a legislação nacional definir, a fim de fomentar a segurança e a saúde nas obras.

Art. 7º A legislação nacional deverá prever que os empregadores e os trabalhadores autônomos estarão obrigados a cumprir no local de trabalho as medidas prescritas em matéria de segurança e saúde.

Art. 8º

1. Quando dois ou mais empregadores estiverem realizando atividades simultaneamente na mesma obra:

(a) a coordenação das medidas prescritas em matéria de segurança e saúde e, na medida em que for compatível com a legislação nacional, a responsabilidade de zelar pelo cumprimento efetivo de tais medidas recairá sobre o empreiteiro principal ou sobre outra pessoa ou organismo que estiver exercendo controle efetivo ou tiver a principal responsabilidade pelo conjunto de atividades na obra;

---

(13) A Convenção OIT n. 167 foi promulgada no Brasil pelo Decreto n. 6.271, de 22.11.2007.

(b) quando o empreiteiro principal, ou a pessoa ou organismo que estiver exercendo o controle efetivo ou tiver a responsabilidade principal pela obra não estiver presente no local de trabalho deverá, na medida em que isso for compatível com a legislação nacional, atribuir a uma pessoa ou um organismo competente, presente na obra, a autoridade e os meios necessários para assegurar no seu nome a coordenação e a aplicação das medidas no item (a);

(c) cada empregador será responsável pela aplicação das medida prescritas aos trabalhadores sob a sua autoridade.

2. Quando empregadores ou trabalhadores autônomos realizarem atividades simultaneamente em uma mesma obra terão a obrigação de cooperarem na aplicação das medidas prescritas em matéria de segurança e saúde que a legislação nacional determinar.

Art. 9º As pessoas responsáveis pela concepção e o planejamento de um projeto de construção deverão levar em consideração a segurança e a saúde dos trabalhadores da construção , em conformidade com a legislação e a prática nacionais.

Art. 10. A legislação nacional deverá prever que em qualquer local de trabalho os trabalhadores terão o direito e o dever de participarem no estabelecimento de condições seguras de trabalho na medida em que eles controlem o equipamento e os métodos de trabalho adotados, naquilo que estes possam afetar a segurança e a saúde.

Art. 11. A legislação nacional deverá estipular que os trabalhadores terão a obrigação de:

(a) cooperar da forma mais estreita possível com seus empregadores na aplicação das medidas prescritas em matéria de segurança e de saúde;

(b) zelar razoavelmente pela sua própria segurança e saúde e aquela de outras pessoas que possam ser afetadas pelos seus atos ou omissões no trabalho;

(c) utilizar os meios colocados à sua disposição e não utilizar de forma indevida nenhum dispositivo que lhes tiver sido proporcionado para sua própria proteção ou proteção dos outros;

(d) informar sem demora ao seu superior hierárquico imediato e ao delegado de segurança dos trabalhadores, se houver, sobre qualquer situação que a seu ver possa conter riscos e que não possam contornar adequadamente eles mesmos;

(e) cumprir as medidas prescritas em matéria de segurança e saúde.

Art. 12.

1. A legislação nacional deverá estabelecer que todo trabalhador terá o direito de se afastar de uma situação de perigo quando tiver motivos razoáveis para acreditar que essa situação contém risco imediato e grave para a sua segurança e sua saúde, e a obrigação de informar o fato sem demora ao seu superior hierárquico.

2. Quando existir um risco iminente para a segurança dos trabalhadores, o empregador deverá adotar medidas imediatas para interromper as atividades e, se for necessário, providenciar a evacuação dos trabalhadores.

III. Medidas De Prevenção E Proteção

Art. 13. Segurança nos locais de trabalho

1. Deverão ser adotadas todas as precauções adequadas para garantir que todos os locais de trabalho sejam seguros e estejam isentos de riscos para a segurança e saúde dos trabalhadores.

2. Deverão ser facilitados, mantidos em bom estado e sinalizados, onde for preciso, meios seguros de acesso e de saída em todos os locais de trabalho.

3. Deverão ser adotadas todas a precauções adequadas para proteger as pessoas presentes em uma obra, ou em suas imediações, de todos os riscos que possam se derivar da mesma.

Art. 14. Andaimes e escadas de mão

1. Quando o trabalho não puder ser executado com plena segurança no nível do chão ou a partir do chão ou de uma parte de um edifício ou de outra estrutura permanente, deverão ser montados e mantidos em bom estado andaimes seguros e adequados ou se recorrer a qualquer outro meio igualmente seguro e adequado.

2. Havendo falta de outros meios seguros de acesso a locais de trabalho em pontos elevados, deverão ser proporcionadas escadas de mão adequadas e de boa qualidade. Elas deverão estar convenientemente presas para impedir todo movimento involuntário.

3. Todos os andaimes e escadas de mão deverão ser construídos e utilizados em conformidade com a legislação nacional.

4. Os andaimes deverão ser inspecionados por uma pessoa competente nos casos e nos momentos prescritos pela legislação nacional.

Art. 15. Aparelhos elevadores e acessórios de içamento

1. Todo aparelho elevador e todo acessório de içamento, inclusive seus elementos constitutivos, peças para fixação e ancoragem e suportes deverão:

(a) ser bem projetados e construídos, estar fabricados com materiais de boa qualidade e ter a resistência apropriada para o uso ao qual estejam destinados;

(b) ser instalados e utilizados corretamente;

(c) ser mantidos em bom estado de funcionamento;

(d) ser examinados e submetidos a teste por pessoa competente nos momentos e nos casos prescritos pela legislação nacional; os resultados dos exames e testes devem ser registrados;

(e) ser manipulados pelos trabalhadores que tiverem recebido treinamento adequado em conformidade com a legislação nacional.

2. Não deverão ser içadas, descidas nem transportadas pessoas por meio de nenhum aparelho elevador, a não ser que ele tenha sido construído e instalado com esse objetivo, em conformidade com a legislação nacional, exceto no caso de uma situação de urgência em que for preciso evitar riscos de ferimentos graves ou acidente mortal, quando o aparelho elevador puder ser utilizado com absoluta segurança.

Art. 16. Veículos de transporte e maquinaria de movimentação de terra e de manipulação de materiais

1. Todos os veículos e toda a maquinaria de movimentação de terra e de manipulação de materiais deverão:

(a) ser bem projetados e construídos, levando em conta, na medida do possível, os princípios de ergonomia;

(b) ser mantidos em bom estado;

(c) ser corretamente utilizados;

(d) ser manipulados por trabalhadores que tiverem recebido treinamento adequado em conformidade com a legislação nacional.

2. Em todas as obras em que forem utilizados veículos e maquinaria de movimentação de terra ou de manipulação de materiais:

(a) deverão ser facilitadas vias de acesso seguras e apropriadas para eles;

(b) deverá ser organizado e controlado o trânsito de forma a garantir sua utilização em condições de segurança.

Art. 17. Instalações, máquinas, equipamentos e ferramentas manuais

1. As instalações, as máquinas e os equipamentos, inclusive as ferramentas manuais, sejam ou não acionadas por motor, deverão:

(a) ser bem projetadas e construídas, levando em conta, na medida do possível, os princípios de ergonomia;

(b) ser mantidos em bom estado;

(c) ser utilizados exclusivamente nos trabalhos para os quais foram concebidos, a não ser que a sua utilização para outros fins, diversos daqueles inicialmente previstos, tenha sido objeto de uma avaliação completa por parte de pessoa competente que tenha concluído que essa utilização não apresente riscos;

(d) ser manipulados pelos trabalhadores que tenham recebido treinamento apropriado.

2. Nos casos apropriados, o fabricante ou o empregador fornecerá instruções adequadas para uma utilização segura, em forma inteligível para os usuários.

3. As instalações e os equipamentos a pressão deverão ser examinados e submetidos a teste por pessoa competente, nos casos e momentos prescritos pela legislação nacional.

Art. 18. Trabalhos nas alturas, incluindo os telhados

1. Sempre que for necessário para prevenir um risco, ou quando a altura da estrutura ou seu declive ultrapassarem o que for determinado pela legislação nacional, deverão ser adotadas medidas preventivas para evitar quedas de trabalhadores e de ferramentas ou outros materiais ou objetos.

2. Quando os trabalhadores precisarem trabalhar próximos ou sobre telhados ou qualquer outra superfície revestida com material frágil através do qual possam cair, deverão ser adotadas medidas preventivas para que eles não pisem inadvertidamente nesse material frágil ou possam cair através dele.

Art. 19. Escavações, poços, aterros, obras subterrâneas e túneis

Nas escavações, poços, aterros, obras subterrâneas ou túneis deverão ser tomadas precauções adequadas:

(a) colocando o escoramento adequado ou recorrendo a outros meios para evitar que os trabalhadores tenham risco de desabamento ou desprendimento de terra, rochas ou outros materiais;

(b) para prevenir os perigos de quedas de pessoas, materiais ou objetos, ou irrupção de água na escavação, poço, aterro, obra subterrânea ou túnel;

(c) para assegurar ventilação suficiente em todos os locais de trabalho a fim de se manter uma atmosfera pura, apta para a respiração, e de se manter a fumaça, gases, vapores, poeira ou outras impurezas em níveis que não sejam perigosos ou nocivos para a saúde e estejam de acordo com os limites fixados pela legislação nacional;

(d) para que os trabalhadores possam se colocar a salvo no caso de incêndio ou de uma irrupção de água ou de materiais;

(e) para evitar ao trabalhadores riscos derivados de eventuais perigos subterrâneos, particularmente a circulação de fluídos ou a existência de bolsões de gás, procedendo à realização de pesquisas apropriadas a fim de localizá-los.

Art. 20. Pré-barragens e caixões de ar comprimido

1. As pré-barragens e os caixões de ar comprimido deverão:

(a) ser bem construídos, estar fabricados com materiais apropriados e sólidos e ter suficiente resistência;

(b) estar providos de meios que permitam aos trabalhadores se por a salvo no caso de irrupção de água ou de materiais.

2. A construção, a colocação, a modificação ou o desmonte de uma pré-barragem ou caixão de ar comprimido deverão ser realizados exclusivamente sob a supervisão direta de pessoa competente.

3. Todas as pré-barragens e os caixões de ar comprimido serão examinados por pessoa competente, a intervalos prescritos.

Art. 21. Trabalhos em ar comprimido

1. Os trabalhos em ar comprimido deverão ser realizados exclusivamente nas condições prescritas pela legislação nacional.

2. Os trabalhos em ar comprimido deverão ser realizados exclusivamente por trabalhadores cuja aptidão física tiver sido comprovada mediante exame médico, e na presença de pessoa competente para supervisionar o desenvolvimento das operações.

Art. 22. Armações e formas

1. A montagem de armações e dos seus elementos, de formas, de escoras e de escapamentos somente deverá ser realizada sob a supervisão de pessoa competente.

2. Deverão ser tomada precauções adequadas para proteger os trabalhadores dos riscos devidos à fragilidade ou instabilidade temporárias de uma estrutura.

3. As formas, os escoramentos e os escapamentos deverão ser projetados, construídos e conservados de maneira a sustentarem com segurança todas as cargas a que possam ser submetidos.

Art. 23. Trabalhos por cima de uma superfície de água

Quando forem realizados trabalhos por cima ou na proximidade de uma superfície de água deverão ser adotadas disposições adequadas para:

(a) impedir que os trabalhadores possam cair na água;

(b) salvar qualquer trabalhador em perigo de afogamento;

(c) proporcionar meios de transporte seguros e suficientes.

Art. 24. Trabalhos de demolição

Quando a demolição de um prédio ou estrutura possa conter riscos para os trabalhadores ou para o público:

(a) serão tomadas precauções e serão adotadas métodos e procedimentos apropriados, inclusive aqueles necessários para a remoção de rejeitos ou resíduos, em conformidade com a legislação nacional;

(b) os trabalhos deverão ser planejados e executados exclusivamente sob a supervisão de pessoa competente.

Art. 25. Iluminação

Em todos os locais de trabalho ou em qualquer outro local de obra por onde o trabalhador tiver que passar deverá haver iluminação suficiente e apropriada, incluindo, quando for o caso, luminárias portáteis.

Art. 26. Eletricidade

1. Todos os equipamentos e instalações elétricas deverão ser construídos, instalados e conservados por pessoa competente, e utilizados de maneira a prevenir qualquer perigo.

2. Antes de se iniciar obras de construção, bem como durante a sua execução, deverão ser adotadas medidas adequadas para verificar a existência de algum cabo ou aparelho elétrico sob tensão nas obras, por cima ou sob elas, e prevenir qualquer risco que a sua existência possa implicar para os trabalhadores.

3. A colocação e a manutenção de cabos e aparelhos elétricos nas obras deverão responder às normas e regras técnicas aplicadas em nível nacional.

Art. 27. Explosivos

Os explosivos somente deverão ser guardados, transportados, manipulados ou utilizados:

(a) nas condições prescritas pela legislação nacional;

(b) por pessoa competente, que deverá adotar as medidas necessárias para evitar qualquer risco de lesões para os trabalhadores e para outras pessoas.

Art. 28. Riscos para a saúde

1. Quando um trabalhador possa estar exposto a qualquer risco químico, físico, ou biológico, em grau que possa resultar perigoso para sua saúde, deverão ser tomadas medidas apropriadas de prevenção à exposição.

2. A exposição referida no parágrafo 1 do presente Artigo deverá ser prevenida:

(a) substituindo as substâncias perigosas por substâncias inofensivas ou menos perigosas, sempre que isso for possível; ou

(b) aplicando medidas técnicas à instalação, à maquinaria, aos equipamentos ou aos processos; ou

(c) quando não for possível aplicar os itens (a) nem (b), recorrendo a outras medidas eficazes, particularmente ao uso de roupas e equipamentos de proteção pessoal.

3. Quando trabalhadores precisarem penetrar em uma zona onde possa haver uma substância tóxica ou nociva, ou cuja atmosfera possa ser deficiente em oxigênio ou ser inflamável, deverão ser adotadas medidas adequadas para prevenir todos os riscos.

4. Não deverão ser destruídos nem eliminados de outra forma os materiais residuais nas obras se isso puder ser prejudicial para a saúde.

Art. 29. Precauções contra incêndios

1. O empregador deverá adotar todas as medidas adequadas para:

(a) evitar o risco de incêndio;

(b) extinguir rápida e eficazmente qualquer surto de incêndio;

(c) assegurar a evacuação rápida e segura das pessoas.

2. Deverão ser previstos meios suficientes e apropriados para se armazenar líquidos, sólidos e gases inflamáveis.

Art. 30. Roupas e equipamentos de proteção pessoal

1. Quando não for possível garantir por outros meios a proteção adequada contra riscos de acidentes ou danos para a saúde, inclusive aqueles derivados da exposição a condições adversas, o empregador deverá proporcionar e manter, sem custo para os trabalhadores, roupas e equipamentos de proteção pessoal adequados aos tipos de trabalho e riscos, em conformidade com a legislação nacional.

2. O empregador deverá proporcionar aos trabalhadores os meios adequados para possibilitar o uso dos equipamentos de proteção pessoal e assegurar a correta utilização dos mesmos.

3. As roupas e os equipamentos de proteção pessoal deverão estar ajustados às normas estabelecidas pela autoridade competente, levando em conta, na medida do possível, os princípios de ergonomia.

4. Os trabalhadores terão a obrigação de utilizar e tratar de maneira adequada as roupas e os equipamentos de proteção pessoal que lhes sejam fornecidos.

Art. 31. Primeiros socorros

O empregador será responsável por garantir em todo momento a disponibilidade de meios adequados e de pessoal com formação adequada para prestar os primeiros socorros. Deverão ser tomadas as providências necessárias para garantir a remoção dos trabalhadores feridos, no caso de acidentes, ou tomados de mal súbito para poder proporcionar aos mesmos a assistência médica necessária.

Art. 32. Bem-estar

1. Em toda obra ou a distância razoável da mesma dever-se-á dispor de abastecimento suficiente de água potável.

2. Em toda obra ou a distância razoável da mesma, e em função do número de trabalhadores e da duração do trabalho, deverão ser proporcionados e mantidos os seguintes serviços.

(a) instalações sanitárias e de higiene pessoal;

(b) instalação para mudar de roupa e para guardá-la e secá-la;

(c) locais para refeições e para o abrigo durante interrupções do trabalho provocadas pela intempérie.

3. Deveriam ser previstas instalações sanitárias e de higiene pessoal separadamente para os trabalhadores e as trabalhadoras.

Art. 33. Informação e formação

Dever-se-á facilitar aos trabalhadores, de maneira suficiente e adequada:

(a) informação sobre os riscos para sua segurança e sua saúde aos quais possam estar expostos nos locais de trabalho;

(b) instrução e formação sobre os meios disponíveis para prevenirem e controlarem esses riscos e se protegerem dos mesmos.

Art. 34. Notificação de acidentes e doenças

A legislação nacional deverá estipular que os acidentes e doenças profissionais sejam notificados à autoridade competente dentro de um prazo.

IV. Aplicação

Art. 35. Cada Membro deverá:

(a) adotar as medidas necessárias, inclusive o estabelecimento de sanções e medidas corretivas apropriadas, para garantir a aplicação efetiva das disposições da presente Convenção;

(b) organizar serviços de inspeção apropriados para supervisionar a aplicação das medidas que forem adotadas em conformidade com a Convenção e dotar esses serviços com os meios necessários para realizar a sua tarefa, ou verificar que inspeções adequadas estejam sendo efetuadas.

V. Disposições Gerais

Art. 36. A presente Convenção revisa a Convenção sobre as prescrições de segurança (edificação), 1937.

Art. 37. As ratificações formais da presente Convenção serão comunicadas para seu registro, ao Diretor-Geral da Repartição Internacional do Trabalho.

Art. 38.

1. Esta Convenção obrigará somente àqueles Membros da Organização Internacional do Trabalho cujas retificações tenham sido registradas pelo Diretor-Geral.

2. Entrará em vigor doze meses após a data em que as ratificações de dois Membros tenham sido registradas pelo Diretor-Geral.

3. A partir do referido momento, esta Convenção entrará em vigor, para cada Membro, doze meses após a data em que tiver sido registrada a sua ratificação.

Art. 39.

1. Todo Membro que tenha ratificado esta Convenção poderá denunciá-la no final de um período de dez anos, a partir da data em que tiver entrado inicialmente em vigor, mediante ato comunicado ao Diretor-Geral da Repartição Internacional do Trabalho e por ele registrada. A denúncia só surtirá efeito um ano após a data em que tiver sido registrada.

2. Todo Membro que tenha ratificado esta Convenção e que, no prazo de um ano após a expiração do período de dez anos, mencionado no parágrafo precedente, não fizer uso do direito de denúncia previsto neste Artigo, ficará obrigado durante um novo período de dez anos e, posteriormente, poderá denunciar a presente Convenção ao expirar cada período de dez anos, nas condições previstas no presente Artigo.

Art. 40.

1. O Diretor-Geral da Repartição Internacional do Trabalho notificará a todos os Membros da Organização Internacional do Trabalho o registro de todas as ratificações, declarações e denúncias que lhe sejam comunicadas pelos Membros da Organização.

2. Ao notificar aos Membros da Organização o registro da segunda ratificação que lhe tenha sido comunicada, o Diretor-Geral chamará a atenção dos Membros da Organização para a data de entrada em vigor da presente Convenção.

Art. 41. O Diretor-Geral da Repartição Internacional do Trabalho comunicará ao Secretário-Geral das Nações Unidas, para fins de registro e em conformidade com o Artigo 102 da Carta das Nações Unidas, as informações completas referente a quaisquer ratificações, declarações e atos de denúncia.

Art. 42. Sempre que o julgar necessário, o Conselho de Administração da Repartição Internacional do Trabalho apresentará à Conferência um relatório sobre a aplicação da Convenção e considerará a conveniência de incluir na agenda da Conferência a questão da sua revisão total ou parcial.

Art. 43.

1. Se a Conferência adotar uma nova Convenção que revise total ou parcialmente a presente Convenção, e a menos que a nova Convenção disponha contrariamente:

(a) a ratificação, por um Membro, da nova Convenção revista implicará, de pleno direito, não obstante o disposto pelo art. 34, a denúncia imediata da presente Convenção, desde que a nova Convenção revista tenha entrado em vigor;

(b) a partir da entrada em vigor da Convenção revista, a presente Convenção deixará de estar aberta à ratificação dos Membros.

2. A presente Convenção continuará em vigor em qualquer caso, em sua forma e teor atuais, para os Membros que a tiverem ratificado e não ratificarem a Convenção revista.

Art. 44. As versões inglesa e francesa do texto da presente Convenção são igualmente autênticas.

Convenção OIT n. 170: SEGURANÇA NO TRABALHO COM PRODUTOS QUÍMICOS(14)

Parte I: Área de Aplicação e Definições

Art. 1º

§ 1º A presente Convenção aplica-se a todos os ramos da atividade econômica em que são utilizados produtos químicos.

§ 2º Com consulta prévia junto às organizações mais representativas de empregadores e trabalhadores interessadas, e com base em uma avaliação dos peritos existentes e das medidas de proteção que deverão ser aplicadas, a autoridade competente de todo Membro que ratificar a Convenção:

a) poderá excluir da aplicação da Convenção, ou de algumas das suas disposições, determinados ramos da atividade econômica, empresas ou produtos:

i) quando a sua aplicação apresentar problemas especiais de suficiente importância, e

ii) quando a proteção outorgada no seu conjunto, em conformidade àquela que resultaria da aplicação, na íntegra, das disposições da Convenção;

b) deverá estabelecer disposições especiais para proteger as informações confidenciais, cuja divulgação a um concorrente poderia resultar prejudicial para a atividade do empregador, sob a condição de que a segurança e a saúde dos trabalhadores não fiquem comprometidas.

§ 3º A Convenção não se aplica aos artigos que, sob condições de utilização normais ou razoavelmente previsíveis, não expõem os trabalhadores a um produto químico perigoso.

§ 4º A Convenção não se aplica aos organismos, mas aplica-se, sim, aos produtos químicos derivados dos organismos.

Art. 2º Para fins da presente Convenção:

a) a expressão "produtos químicos" designa os elementos e compostos químicos, e suas misturas, sejam naturais, sejam sintéticos;

b) a expressão "produtos químicos perigosos" abrange todo produto químico que tiver sido classificado como perigoso em conformidade com o Art. 6º, ou sobre o qual existam informações pertinentes indicando que ele implica risco;

c) a expressão "utilização de produtos químicos no trabalho" implica toda atividade de trabalho que poderia expor um trabalhador a um produto químico, e abrange:

I) a produção de produtos químicos;

II) o manuseio de produtos químicos;

III) o armazenamento de produtos químicos;

IV) o transporte de produtos químicos;

V) a eliminação e o tratamento dos resíduos de produtos químicos;

VI) a emissão de produtos químicos resultantes do trabalho;

VII) a manutenção, a reparação e a limpeza de equipamentos e recipientes utilizados para os produtos químicos;

d) a expressão "ramos da atividade econômica" aplica-se a todos os ramos onde existam trabalhadores empregados, inclusive a administração pública;

e) o termo "artigo" designa todo objeto que seja fabricado com uma forma ou um projeto específico, ou esteja na sua forma natural, e cuja utilização dependa total ou parcialmente das características de forma ou projeto;

f) a expressão "representantes dos trabalhadores" designa as pessoas reconhecidas como tais pela legislação ou a prática nacionais, em conformidade com a Convenção sobre os representantes dos trabalhadores, 1971.

Parte II: Princípios Gerais

Art. 3º Deverão ser consultadas as organizações mais representativas de empregados e de trabalhadores interessadas acerca da medidas destinadas a levar a efeito as disposições da Convenção.

Art. 4º Todo Membro deverá, em consulta com as organizações mais representativas de empregadores e de trabalhadores, e levando na devida conta as condições e práticas nacionais, formular, pôr em prática e reexaminar periodicamente uma política coerente de segurança na utilização de produtos químicos no trabalho.

(14) A Convenção OIT n. 170 foi promulgada no Brasil através do Decreto n. 2.657, de 3.7.1998.

Art. 5º A autoridade competente, se for justificado por motivos de segurança e saúde, deverá poder proibir ou restringir a utilização de certos produtos químicos perigosos, ou exigir notificação e autorização prévias para a utilização desses produtos.

Parte III: Classificação e Medidas Conexas

Art. 6º Sistema de Classificação.

§ 1º A autoridade competente, ou os organismos aprovados ou reconhecidos pela autoridade competente, em conformidade com as normas nacionais ou internacionais, deverão estabelecer sistemas e critérios específicos apropriados para classificar todos os produtos químicos em função do tipo e do grau dos riscos físicos e para a saúde que os mesmos oferecem, e para avaliar a pertinência das informações necessárias para determinar a sua periculosidade.

§ 2º As propriedades perigosas das misturas formadas por dois ou mais produtos químicos poderão ser determinadas avaliando os riscos que oferecem os produtos químicos que as compõem.

§ 3º No caso do transporte, tais sistemas e critérios deverão levar em consideração as recomendações das Nações Unidas relativas ao transporte de mercadorias perigosas.

§ 4º Os sistemas de classificação e a sua aplicação deverão ser progressivamente ampliados.

Art. 7º Rotulação e Marcação.

§ 1º Todos os produtos químicos deverão portar uma marca que permita a sua identificação.

§ 2º Os produtos químicos e perigosos deverão portar, ainda, uma etiqueta facilmente compreensível para os trabalhadores, que facilite informações essenciais sobre a sua classificação, os perigos que oferecem e as precauções de segurança que devam ser observadas.

§ 3º 3.1. As exigências para rotular ou marcar os produtos químicos, de acordo com os §§ 1º e 2º do presente artigo, deverão ser estabelecidas pela autoridade competente ou por um organismo aprovado ou reconhecido pela autoridade competente, em conformidade com as normas nacionais ou internacionais.

§ 3º 3.2. No caso do transporte, tais exigências deverão levar em consideração as Recomendações das Nações Unidas relativas ao transporte de mercadorias perigosas.

Art. 8º Fichas com Dados de Segurança.

§ 1º Os empregadores que utilizem produtos químicos perigosos deverão receber fichas com dados de segurança que contenham informações essenciais detalhadas sobre a sua identificação, seu fornecedor, a sua classificação, a sua periculosidade, as medidas de precaução e os procedimentos de emergência.

§ 2º Os critérios para a elaboração das fichas com dados de segurança deverão ser estabelecidos pela autoridade competente ou por um organismo aprovado ou reconhecido pela autoridade competente, em conformidade com as normas nacionais ou internacionais.

§ 3º A denominação química ou comum utilizada para identificar o produto químico na ficha com dados de segurança deverá ser a mesma que aparece na etiqueta.

Art. 9º Responsabilidade dos Fornecedores.

§ 1º Os fornecedores, tanto se tratando de fabricantes ou importadores como de distribuidores de produtos químicos, deverão assegurar-se de que:

a) os produtos químicos que fornecem foram classificados de acordo com o art. 6º, com base no conhecimento das suas propriedades e na busca de informações disponíveis ou avaliados em conformidade com o § 3º do presente artigo;

b) esses produtos químicos ostentam uma marca que permita a sua identificação, em conformidade com o § 1º do art. 7º;

c) os produtos químicos perigosos que são fornecidos sejam etiquetados em conformidade com o § 2º do art. 7º;

d) sejam preparadas e proporcionadas ao empregadores, de acordo com o § 1º do art. 8º, fichas com dados de segurança relativas aos produtos químicos perigosos.

§ 2º Os fornecedores de produtos químicos perigosos deverão zelar para que sejam preparadas e fornecidas aos empregadores, segundo método acorde com a legislação e a prática nacionais, as etiquetas e as fichas com dados de segurança, revisadas sempre que surgirem novas informações pertinentes em matéria de saúde e segurança.

§ 3º Os fornecedores de produtos químicos que ainda não tenham sido classificados em conformidade com o art. 6º deverão identificar os produtos que fornecem e avaliar as propriedades desses produtos químicos se baseando nas informações disponíveis, com a finalidade de se determinar se são perigosas.

Parte IV: Responsabilidade dos Empregadores

Art. 10. Identificação.

§ 1º Os empregadores deverão assegurar-se de que todos os produtos químicos utilizados no trabalho estejam etiquetados ou marcados, de acordo com o previsto no art. 7º, e de que as fichas com dados de segurança foram proporcionadas, segundo é previsto no art. 8º, e colocados à disposição dos trabalhadores e de seus representantes.

§ 2º Quando os empregadores receberem produtos químicos que não tenham sido etiquetados ou marcados de acordo com o previsto no art. 7º ou para os quais não tenham sido proporcionadas fichas com dados de segurança, conforme está previsto no art. 8º, deverão obter informações pertinentes do fornecedor ou de outras fontes de informação razoavelmente disponíveis, e não deverão utilizar os produtos químicos antes de obterem essas informações.

§ 3º Os empregadores deverão assegurar-se de que somente sejam utilizados aqueles produtos classificados de acordo com o previsto no art. 6º ou identificados ou avaliados segundo o § 3º do art. 9º e etiquetados ou marcados em conformidade com o art. 7º, bem como de que sejam tomadas todas as devidas precauções durante a sua utilização.

Art. 11. Transferência de Produtos Químicos. Os empregadores deverão zelar para que, quando sejam transferidos produtos químicos para outros recipientes ou equipamentos, seja indicado o conteúdo destes últimos a fim de que os trabalhadores fiquem informados sobre a identidade desses produtos, dos riscos que oferece a sua utilização e de todas as precauções de segurança que devem ser adotadas.

Art. 12. Exposição.

§ 1º Os empregadores deverão:

a) se assegurar de que os trabalhadores não fiquem expostos a produtos químicos acima dos limites de exposição ou de outros critérios de exposição para avaliação e o controle do meio ambiente de trabalho estabelecidos pela autoridade competente ou por organismo aprovado ou reconhecido pela autoridade competente, em conformidade com as normas nacionais ou internacionais;

b) avaliar a exposição dos trabalhadores aos produtos químicos perigosos;

c) vigiar e registrar a exposição dos trabalhadores a produtos químicos perigosos quando isso for necessário, para proteger a sua segurança e a sua saúde, ou quando estiver prescrito pela autoridade competente;

d) assegurar-se de que os dados relativos à vigilância do meio ambiente de trabalho e da exposição dos trabalhadores que utilizam produtos químicos perigosos sejam conservados durante o período prescrito pela autoridade competente e estejam acessíveis para esses trabalhadores e os seus representantes.

Art. 13. Controle Operacional.

§ 1º Os empregadores deverão avaliar os riscos dimanantes da utilização de produtos químicos no trabalho, e assegurar a proteção dos trabalhadores contra tais riscos pelos meios apropriados, e especialmente:

a) escolhendo os produtos químicos que eliminem ou reduzam ao mínimo o grau de risco;

b) elegendo tecnologia que elimine ou reduza ao mínimo o grau de risco;

c) aplicando medidas adequadas de controle técnico;

d) adotando sistemas e métodos de trabalho que eliminem ou reduzam ao mínimo o grau de risco;

e) adotando medidas adequadas de higiene do trabalho;

f) quando as medidas que acabam de ser enunciadas não forem suficientes, facilitando, sem ônus para o trabalhador, equipamentos de proteção pessoal e roupas protetoras, assegurando a adequada manutenção e zelando pela utilização desses meios de proteção.

§ 2º Os empregadores deverão:

a) limitar a exposição aos produtos químicos perigosos para proteger a segurança e a saúde dos trabalhadores;

b) proporcionar os primeiros socorros;

c) tomar medidas para enfrentar situações de emergência.

Art. 14. Eliminação. Os produtos químicos perigosos que não sejam mais necessários e os recipientes que foram esvaziados, mas que possam conter resíduos de produtos químicos perigosos, deverão ser manipulados ou eliminados de maneira a eliminar ou reduzir ao mínimo os riscos para a segurança e a saúde, bem como para o meio ambiente, em conformidade com a legislação e a prática nacionais.

Art. 15. Informação e Formação. Os empregadores deverão:

a) informar aos trabalhadores sobre os perigos que oferece a exposição aos produtos químicos que utilizam no local de trabalho;

b) instruir os trabalhadores sobre a forma de obterem e usarem as informações que aparecem nas etiquetas e nas fichas com dados de segurança;

c) utilizar as fichas com dados de segurança, juntamente com as informações específicas do local de trabalho, como base para a preparação de instruções para os trabalhadores, que deverão ser escritas se houver oportunidade;

d) proporcionar treinamento aos trabalhadores, continuamente, sobre os procedimentos e práticas a serem seguidas com vistas à utilização segura de produtos químicos no trabalho.

Art. 16. Cooperação. Os empregadores, no âmbito das suas responsabilidades, deverão cooperar da forma mais estreita que for possível com os trabalhadores ou seus representantes com relação segurança na utilização dos produtos químicos no trabalho.

Parte V: Obrigações dos Trabalhadores

Art. 17.

§ 1º Os trabalhadores deverão cooperar da forma mais estreita que for possível com seus empregadores no âmbito das responsabilidades destes últimos e observar todos os procedimentos e práticas estabelecidos com vistas à utilização segura de produtos químicos no trabalho.

§ 2º Os trabalhadores deverão adotar todas as medidas razoáveis para eliminar ou reduzir ao mínimo, para eles mesmos e para os outros, os riscos que oferece a utilização de produtos químicos no trabalho.

Parte VI: Direitos dos Trabalhadores e seus Representantes

Art. 18.

§ 1º Os trabalhadores deverão ter o direito de se afastar de qualquer perigo derivado da utilização de produtos químicos quando tiverem motivos razoáveis para acreditar que existe um risco grave e iminente para a sua segurança ou a sua saúde, e deverão indicá-la sem demora ao seu supervisor.

§ 2º Os trabalhadores que se afastem de um perigo, em conformidade com as disposições do parágrafo anterior, ou que exercitem qualquer outro direito em conformidade com esta Convenção, deverão estar protegidos contra as consequências injustificadas desse ato.

§ 3º Os trabalhadores interessados e os seus representantes deverão ter o direito de obter:

a) informações sobre a identificação dos produtos químicos utilizados no trabalho, as propriedades perigosas desses produtos, as medidas de precaução e a formação;

b) as informações contidas nas etiquetas e os símbolos;

c) as fichas com dados de segurança;

d) quaisquer outras informações que devam ser conservadas em virtude do disposto na presente Convenção.

§ 4º Quando a divulgação, a um concorrente, de identificação específica de um ingrediente de um composto químico puder resultar prejudicial para a atividade do empregador, ele poderá, ao fornecer as informações mencionadas no § 3º, proteger a identificação do ingrediente, de acordo com as disposições estabelecidas pelas autoridades competentes, em conformidade com o art. 1º, § 2º, item "b".

Parte VII: Responsabilidades dos Estados Exportadores

Art. 19. Quando em um Estado-Membro exportador a utilização de produtos químicos perigosos tenha sido total ou parcialmente proibida por razões de segurança e saúde no trabalho, esse Estado deverá levar esse fato e as razões que o motivaram ao conhecimento de todo país ao qual exporta.

Art. 20. As ratificações formais da presente Convenção serão comunicadas, para seu registro, ao Diretor-Geral da Repartição Internacional do Trabalho.

Art. 21.

§ 1º A presente Convenção somente vinculará os Membros da Organização Internacional do Trabalho cujas ratificações tenham sido registradas pelo Diretor-Geral.

§ 2º Esta Convenção entrará em vigor doze meses após o registro das ratificações de dois Membros por parte do Diretor-geral.

§ 3º Posteriormente, esta Convenção entrará em vigor, para cada Membro, doze meses após o registro da sua ratificação.

Art. 22.

§ 1º Todo Membro que tenha ratificado a presente Convenção poderá denunciá-la após a expiração de um período de dez anos contados da entrada em vigor mediante ato comunicado ao Diretor-Geral da Repartição Internacional do Trabalho e por ele registrado. A denúncia só surtirá efeito um ano após o seu registro.

§ 2º Todo Membro que tenha ratificado a presente Convenção e não fizer uso da faculdade de denúncia prevista pelo presente artigo dentro do prazo de um ano após a expiração do período de dez anos previstos pelo parágrafo anterior, ficará obrigado por um novo período de dez anos e, posteriormente, poderá denunciar a presente Convenção ao expirar cada período de dez anos, nas condições previstas no presente artigo.

Art. 23.

§ 1º O Diretor-Geral da Repartição Internacional do Trabalho notificará a todos os Membros da Organização Internacional do Trabalho o registro de todas as ratificações, declarações e denúncias que lhe sejam comunicadas pelos Membros da Organização.

§ 2º Ao notificar aos Membros da Organização o registro da segunda ratificação que lhe tenha sido comunicada, o Diretor-Geral chamará a atenção dos Membros para a data de entrada em vigor da presente Convenção.

Art. 24. O Diretor-Geral da Repartição Internacional do Trabalho comunicará ao Secretário-Geral das Nações Unidas, para fins de registro, conforme o art. 102 da Carta das Nações Unidas, as informações completas referentes a quaisquer ratificações, declarações e atos de denúncia que tenha registrado de acordo com os artigos anteriores.

Art. 25. Sempre que o julgar necessário, o Conselho de Administração da Repartição Internacional do Trabalho apresentará à Conferência Geral um relatório sobre a oportunidade de inscrever na agenda da Conferência a questão da sua revisão total ou parcial.

Art. 26.

§ 1º Se a Conferência adotar uma nova Convenção que revise total ou parcialmente a presente Convenção e a menos que a nova Convenção disponha contrariamente:

a) a ratificação, por um Membro, da nova Convenção revista implicará, de pleno direito, não obstante o disposto pelo art. 22, *supra*, a denúncia imediata da presente Convenção, desde que a nova Convenção revista tenha entrado em vigor;

b) a partir da entrada em vigor da Convenção revista, a presente Convenção deixará de estar aberta à ratificação dos Membros.

§ 2º A presente Convenção continuará em vigor, em qualquer caso, em sua forma e teor atuais, para os Membros que a tiverem ratificado e que não ratificarem a Convenção revista.

Art. 27. As versões inglesa e francesa do texto da presente Convenção são igualmente autênticas.

Convenção OIT n. 176: SEGURANÇA E SAÚDE NO TRABALHO EM MINAS[15]

I. Definições

Art. 1º

1. Aos efeitos da presente Convenção, o termo "mina" engloba:

(a) as instalações, subterrâneas ou de superfície, nas que se realizam, em particular, as seguintes atividades:

i) a exploração de minérios, excluídos o gás e o petróleo, que implique a alteração do solo por meios mecânicos;

ii) a exploração de minérios, excluídos gás e petróleo;

iii) a preparação, incluídas a trituração, a moagem, a concentração ou a lavagem do material extraído, e

(b) todas as máquinas, equipamentos, acessórios, instalações, edifícios e estruturas de engenharia civil utilizados em relação com as atividades a que se refere a alínea (a) anterior.

(15) A Convenção OIT N. 176 foi promulgada no Brasil pelo Decreto n. 6.270, de 22.11.2007.

2. Aos efeitos da presente Convenção, o termo "empregador" designa a toda pessoa física ou jurídica que emprega um ou mais trabalhadores em uma mina, e conforme o caso, ao encarregado da exploração, ao empreiteiro principal, ao empreiteiro ou ao subempreiteiro.

II. Alcance e Meios de Aplicação

Art. 2º

1. A presente Convenção se aplica a todas as minas.

2. Prévia consulta com as organizações mais representativas de empregadores e de trabalhadores interessadas, a autoridade competente de um Membro que ratifique a Convenção:

(a) poderá excluir da aplicação da Convenção, ou de algumas de suas disposições, certas categorias de minas se a proteção conferida em seu conjunto nessas minas, de conformidade com a legislação e a prática nacionais, não é inferior a que resultaria da aplicação integral das disposições da Convenção;

(b) deverá estabelecer, em caso de exclusão de certas categorias de minas em virtude da alínea (a) anterior, planos para estender progressivamente a cobertura a todas as minas.

3. Todo Membro que ratifique a presente Convenção e se acolha à possibilidade prevista na alínea (a) do parágrafo 2 anterior deverá indicar, nos relatórios sobre a aplicação da Convenção que apresente em virtude do artigo 22 da Constituição da Organização Internacional do Trabalho, toda categoria específica de minas que tenha sido excluída e os motivos desta exclusão.

Art. 3º Considerando as condições e práticas nacionais e prévia consulta com as organizações mais representativas de empregadores e trabalhadores interessadas, o Membro deverá formular, aplicar e revisar periodicamente uma política nacional coerente em matéria de segurança e saúde nas minas, em especial no concernente às medidas adotadas para fazer as disposições da presente Convenção.

Art. 4º

1. As medidas destinadas a garantir a aplicação da Convenção deverão estabelecer-se por meio da legislação nacional.

2. Quando procedente, esta legislação nacional deverá ser completada com:

(a) normas técnicas, diretrizes ou repertórios de recomendações práticas; ou

(b) outros meios de aplicação de acordo com a prática nacional, segundo estabeleça a autoridade competente.

Art. 5º

1. A legislação nacional mencionada no § 1º do art. 4º deverá designar a autoridade competente encarregada de vigiar e regular os diversos aspectos de segurança e saúde nas minas.

2. Esta legislação nacional deverá conter disposições relativas a:

(a) a vigilância da segurança e saúde nas minas;

(b) a inspeção das minas por inspetores designados para esse efeito pela autoridade competente;

(c) os procedimentos para a notificação e a investigação dos acidentes fatais ou graves, os incidentes perigosos e desastres acontecidos nas minas, segundo sejam definidos na legislação nacional;

(d) a compilação e publicação de estatísticas sobre os acidentes, doenças profissionais e os incidentes perigosos, segundo sejam definidos na legislação nacional;

(e) a possibilidade da autoridade competente suspender ou restringir, por motivos de segurança e saúde, as atividades mineradoras, enquanto não houverem sido corrigidas as circunstâncias causantes da suspensão ou da restrição, e

(f) o estabelecimento de procedimentos eficazes que garantam o exercício dos direitos dos trabalhadores e seus representantes, a serem consultados acerca das questões e a participar nas medidas relativas a segurança e saúde no local de trabalho.

3. Esta legislação nacional deverá dispor que a fabricação, o armazenamento, o transporte e o uso de explosivos e detonadores de minas sejam realizados por pessoas competentes e autorizadas, ou sob sua supervisão direta.

4. Esta legislação nacional deverá especificar:

(a) as exigências em matéria de salvamento nas minas, primeiros socorros e serviços médicos adequados;

(b) a obrigação de proporcionar e manter em condições apropriadas respiradores de salvamento àqueles que trabalham em minas subterrâneas de carvão e, em caso necessário, em outras minas subterrâneas;

(c) as medidas de proteção que garantam a segurança das explorações mineiras abandonadas, a fim de eliminar ou reduzir ao mínimo os riscos que apresentam para a segurança e saúde;

(d) os requisitos para o armazenamento, o transporte e a eliminação, em condições de segurança, das substâncias perigosas utilizadas no processo de produção e dos resíduos produzidos nas minas, e

(e) quando proceda, a obrigação de facilitar e manter em condições higiênicas um número suficiente de equipamentos sanitários e de instalações para lavar-se, trocar de roupas e comer.

III. Medidas de Prevenção e Proteção na Mina

A. RESPONSABILIDADES DOS EMPREGADORES

Art. 6º Ao adotar as medidas de prevenção e proteção previstas nessa parte da Convenção, o empregador deverá avaliar os riscos e tratá-los na seguinte ordem de prioridade:

(a) eliminar os riscos;

(b) controlar os riscos em sua fonte;

(c) reduzir os riscos ao mínimo mediante medidas que incluam a elaboração de métodos de trabalho seguros;

(d) enquanto perdure a situação de risco, prever a utilização de equipamentos de proteção pessoal, levando em consideração o que seja razoável, praticável e factível e o que esteja em consonância com a prática e o exercício da devida diligência.

Art. 7º O empregador deverá adotar as disposições necessárias para eliminar ou reduzir ao mínimo os riscos para a segurança e saúde presentes nas minas que estão sob seu controle e, em particular:

(a) assegurar-se de que a mina é desenhada, construída e dotada de equipamentos elétricos, mecânicos e de outra índole, incluindo um sistema de comunicação, de tal maneira que seja garantida uma exploração segura e um meio ambiente de trabalho salubre;

(b) assegurar-se de que a mina seja posta em serviço, seja explorada, seja mantida e seja clausurada de modo que os trabalhadores possam realizar tarefas encomendadas sem pôr em perigo sua segurança e saúde e nem as de terceiras pessoas;

(c) adotar medidas para manter a estabilidade do terreno nas áreas as que as pessoas têm acesso por razões de trabalho;

(d) estabelecer, sempre que possível, duas vias de saída de qualquer lugar subterrâneo do trabalho, cada uma delas comunicada com uma via independente de saída à superfície;

(e) assegurar a vigilância, a avaliação e a inspeção periódicas do meio ambiente de trabalho para identificar os diferentes riscos a que possam estar expostos os trabalhadores, e avaliar o grau de exposição a tais riscos;

(f) assegurar um sistema de ventilação adequado em todas as explorações subterrâneas às que esteja permitido o acesso;

(g) nas zonas expostas a riscos especiais, preparar e aplicar um plano de ação e procedimentos que garantam a segurança do sistema de trabalho e proteção dos trabalhadores;

(h) adotar medidas e precauções adequadas à índole da exploração mineradora para prevenir, detectar e combater o início e a propagação de incêndios e explosões; e

(i) garantir a interrupção das atividades e a evacuação dos trabalhadores para um lugar seguro em caso de grave perigo para a segurança e a saúde dos mesmos.

Art. 8º O empregador deverá preparar um plano de ação de urgência específica, para cada mina, destinado a enfrentar os desastres naturais e industriais razoavelmente previsíveis.

Art. 9º Quando os trabalhadores estiverem expostos a riscos físicos, químicos ou biológicos, o empregador deverá:

(a) informar os trabalhadores de maneira compreensível dos riscos relacionados com seu trabalho, dos perigos que estes implicam para sua saúde e dos meio de prevenção e proteção aplicáveis;

(b) tomar as medidas necessárias para eliminar ou reduzir ao mínimo os perigos derivados da exposição a estes riscos;

(c) proporcionar e manter, sem nenhum custo para os trabalhadores, o equipamento, roupa, caso seja necessário, e outros dispositivos de proteção adequados que se definam na legislação nacional, quando a proteção contra os riscos de acidente ou dano para a saúde, incluída a exposição a condições adversas, não possa ser garantida por outros meios; e

(d) proporcionar aos trabalhadores que tenham sofrido uma lesão ou doença no local de trabalho, primeiros socorros *in situ*, um meio adequado de transporte desde o local de trabalho e acesso a serviços médicos adequados.

Art. 10. O empregador deverá velar para que:

(a) os trabalhadores disponham, sem nenhum custo para eles, de programas apropriados de formação e readaptação e de instruções compreensíveis em matéria de segurança e saúde, bem como em relação às tarefas que lhe são atribuídas;

(b) sejam realizadas, de acordo com a legislação nacional, a vigilância e o controle adequados em cada turno que permitam garantir que a exploração da mina se efetue em condições de segurança;

(c) seja estabelecido um sistema que permita saber com precisão e em qualquer momento, os nomes de todas as pessoas que estão sob terra, assim como a localização provável das mesmas;

(d) sejam investigados todos os acidentes e incidentes perigosos, de conformidade com a legislação nacional, e sejam adotadas as medidas corretivas apropriadas; e

(e) seja apresentado à autoridade competente relatório sobre os acidentes e incidentes perigosos, de acordo com o disposto na legislação nacional.

Art. 11. De acordo com os princípios gerais de saúde no trabalho e de acordo com a legislação nacional, o empregador deverá assegurar que seja realizada de maneira sistemática a vigilância da saúde dos trabalhadores expostos aos riscos próprios das atividades mineradoras.

Art. 12. Quando dois ou mais empregadores realizem atividades numa mesma mina, o empregador responsável pela mina deverá coordenar a aplicação de todas as medidas relativas a segurança e saúde dos trabalhadores e terá igualmente a responsabilidade principal no que concerne a segurança das operações. O anterior não isentará a cada um dos empregadores da responsabilidade de aplicar todas as medidas relativas à segurança e à saúde dos trabalhadores.

B. DIREITOS E OBRIGAÇÕES DOS TRABALHADORES E SEUS REPRESENTANTES

Art. 13.

1. A legislação nacional a que se refere o Artigo 4º deverá conceder aos trabalhadores o direito a:

(a) notificar os acidentes, os incidentes perigosos e os riscos ao empregador e à autoridade competente;

(b) pedir e obter, sempre que existir um motivo de preocupação em matéria de segurança e saúde, que o empregador e a autoridade competente efetuem inspeções e investigações;

(c) conhecer os riscos existentes no local de trabalho que possam afetar sua saúde ou segurança, e estar informado a respeito;

(d) obter informação relativa a sua segurança ou saúde que esteja sob a responsabilidade do empregador ou da autoridade competente.

(e) retirar-se de qualquer setor da mina quando houver motivos razoavelmente fundados para pensar que a situação apresenta um perigo para sua segurança ou saúde, e

(f) eleger, coletivamente, os representantes de segurança e saúde.

2. Os representantes de segurança e saúde aludidos na alínea (f) do § 1º acima citado deverão ter, de acordo com a legislação nacional, direito a:

(a) representar os trabalhadores em todos os aspectos relativos a segurança e saúde no local de trabalho, incluindo, nesse caso, o exercício dos direitos que figuram no parágrafo 1 acima citado:

i) participar em inspeções e investigações realizadas pelos empregadores e pela autoridade competente no local de trabalho, e

ii) supervisionar e investigar assuntos relativos a segurança e saúde.

(b) recorrer a conselheiros e peritos independentes;

(c) fazer oportunamente consultas com o empregador acerca de questões relativas a segurança e a saúde, incluídas as políticas e os procedimentos nesta matéria;

(d) consultar a autoridade competente, e

(e) receber notificação dos acidentes e incidentes perigosos pertinentes aos setores para os quais tenham sido eleitos.

3. Os procedimentos para o exercício dos direitos previstos nos §§ 1º e 2º anteriores deverão determinar-se:

(a) na legislação nacional; e

(b) mediante consultas entre os empregadores e trabalhadores e seus representantes.

4. A legislação nacional deverá garantir que os direitos previstos nos §§ 1º e 2º anteriores possam exercer-se sem dar lugar a discriminação nem represálias.

Art. 14. A legislação nacional deverá prever que os trabalhadores tenham, em função de sua formação, a obrigação de:

(a) acatar as medidas de segurança e saúde prescritas;

(b) velar, de maneira razoável, pela própria segurança e saúde e pelas das pessoas que possam vir a ser afetadas por suas ações ou omissões no trabalho, incluídos a utilização e o cuidado adequados da roupa de proteção, as instalações e os equipamentos postos a sua disposição com esse fim;

(c) informar no ato ao seu chefe direto de qualquer situação que considere que possa representar um risco para sua saúde e segurança ou para as de outras pessoas e que não possam resolver adequadamente eles mesmos; e

(d) cooperar com o empregador para permitir que sejam cumpridos os deveres e as responsabilidades assinados a este em virtude das disposições da presente Convenção.

C. COOPERAÇÃO

Art. 15. Deverão adotar-se medidas, de acordo com a legislação nacional, para fomentar a cooperação entre os empregadores e os trabalhadores e seus representantes, destinadas a promover a segurança e a saúde nas minas.

IV. Aplicação

Art. 16. O Membro deverá:

(a) adotar todas as medidas necessárias, incluídas sanções e medidas corretivas apropriadas para garantir a aplicação efetiva das disposições da Convenção, e

(b) facilitar serviços de inspeção adequados com objetivo de supervisionar a aplicação das medidas que se adotarão em virtude da Convenção, e dotar recursos necessários para o cumprimento de suas tarefas.

V. Disposições Finais

Art. 17. As ratificações formais da presente Convenção serão comunicadas, para seu registro, ao Diretor Geral da Repartição Internacional do Trabalho.

Art. 18.

1. Esta Convenção obrigará unicamente aqueles Membros da Organização Internacional do Trabalho cujas ratificações houver registrado o Diretor Geral da Repartição Internacional do Trabalho.

2. Entrará em vigor doze meses depois da data em que as ratificações de dois Membros houverem sido registradas pelo Diretor Geral.

3. Desde este momento, esta Convenção entrará em vigor, para cada Membro, doze meses depois da data em que houver sido registrada sua ratificação.

Art. 19.

1. Todo Membro que tenha ratificado esta Convenção poderá denunciá-la à expiração do período de dez anos, a partir da data em que foi posto inicialmente em vigor, mediante uma ata comunicada, para seu registro, ao Diretor Geral da Repartição Internacional do Trabalho. A denúncia não surtirá efeito até um ano depois da data em que foi registrada.

2. Todo Membro que tiver ratificado esta Convenção e que, no prazo de um ano depois da expiração do período de dez anos mencionado no parágrafo procedente, não faça uso do direito de denúncia previsto nesse artigo ficará obrigado durante novo período de dez anos, e o sucessivo poderá denunciar esta Convenção a expiração de cada período de dez anos, nas condições previstas nesse artigo.

Art. 20.

1. O Diretor Geral da Repartição Internacional do Trabalho notificará a todos os Membros da Organização Internacional do Trabalho o registro de quantas ratificações, declarações e denúncias lhe comuniquem os Membros da Organização.

2. Ao notificar aos Membros da Organização o registro da segunda ratificação que lhe houver sido comunicada, o Diretor Geral chamará a atenção dos Membros da Organização sobre a data em que entrará em vigor a presente Convenção.

Art. 21. O Diretor Geral da Repartição Internacional do Trabalho comunicará ao Secretário-Geral das Nações Unidas para efeito de registro e de conformidade com o art. 12 da Carta das Nações Unidas, uma informação completa sobre todas as ratificações, declarações e atas de denúncia que houverem sido registradas de acordo com os artigos precedentes.

Art. 22. Cada vez que o estime necessário, o Conselho de Administração da Repartição Internacional do Trabalho apresentará à Conferência um relatório sobre a aplicação da Convenção, e considerará a conveniência de incluir na ordem do dia da Conferência a questão de sua revisão total ou parcial.

Art. 23.

1. Em caso da Conferência adotar uma nova Convenção que implique uma revisão total ou parcial da presente, e a menos que a nova convenção contenha disposições em contrário:

(a) a ratificação, por um Membro, da nova convenção revista implicará, ipso jure, a denúncia imediata desta Convenção, não obstante as disposições contidas no art. 19, sempre que a nova convenção revista haja entrado em vigor;

(b) a partir da data em que entrar em vigor a nova convenção revista, a presente Convenção cessará de estar aberta a ratificação por seus Membros.

2. Esta Convenção continuará em vigor em todo caso, em sua forma e conteúdo atuais, para os Membros que não houverem ratificado e os que tiverem ratificado a convenção revista.

Convenção OIT n. 182: PIORES FORMAS DE TRABALHO INFANTIL(16)

Art. 1º Todo Membro que ratifique a presente Convenção deverá adotar medidas imediatas e eficazes para assegurar a proibição e eliminação das piores formas de trabalho infantil, em caráter de urgência.

Art. 2º Para efeitos da presente Convenção, o termo "criança" designa toda pessoa menor de 18 anos.

Art. 3º Para efeitos da presente Convenção, a expressão "as piores formas de trabalho infantil" abrange:

a) todas as formas de escravidão ou práticas análogas à escravidão, tais como a venda e tráfico de crianças, a servidão por dívidas e a condição de servo, e o trabalho forçado ou obrigatório, inclusive o recrutamento forçado ou obrigatório de crianças para serem utilizadas em conflitos armados;

b) a utilização, o recrutamento ou a oferta de crianças para a prostituição, a produção de pornografia ou atuações pornográficas;

c) a utilização, recrutamento ou a oferta de crianças para a realização de atividades ilícitas, em particular a produção e o tráfico de entorpecentes, tais como definidos nos tratados internacionais pertinentes; e

d) o trabalho que, por sua natureza ou pelas condições em que é realizado, é suscetível de prejudicar a saúde, a segurança ou a moral das crianças.

Art. 4º

§ 1º Os tipos de trabalho a que se refere o art. 3º, alínea "d", deverão ser determinados pela legislação nacional ou pela autoridade competente, após consulta às organizações de empregadores e de trabalhadores interessadas e levando em consideração as normas internacionais na matéria, em particular os §§ 3º e 4º da Recomendação sobre as piores formas de trabalho infantil, 1999.

§ 2º A autoridade competente, após consulta às organizações de empregadores e de trabalhadores interessadas, deverá localizar os tipos de trabalho determinados conforme o § 1º deste artigo.

§ 3º A lista dos tipos de trabalho determinados conforme o § 1º deste artigo deverá ser examinada periodicamente e, caso necessário, revista, em consulta com as organizações de empregadores e de trabalhadores interessadas.

Art. 5º Todo Membro, após consulta às organizações de empregadores e de trabalhadores, deverá estabelecer ou designar mecanismos apropriados para monitorar a aplicação dos dispositivos que colocam em vigor a presente Convenção.

Art. 6º

§ 1º Todo membro deverá elaborar e implementar programas de ação para eliminar, como medida prioritária, as piores formas de trabalho infantil.

§ 2º Esses programas de ação deverão ser elaborados e implementados em consulta com as instituições governamentais competentes e as organizações de empregadores e de trabalhadores, levando em consideração as opiniões de outros grupos interessados, caso apropriado.

Art. 7º

§ 1º Todo Membro deverá adotar todas as medidas necessárias para garantir a aplicação efetiva e o cumprimento dos dispositivos que colocam em vigor a presente Convenção, inclusive o estabelecimento e a aplicação de sanções penais ou outras sanções, conforme o caso.

§ 2º Todo Membro deverá adotar, levando em consideração a importância da educação para a eliminação do trabalho infantil, medidas eficazes e em prazo determinado, com o fim de:

a) impedir a ocupação de crianças nas piores formas de trabalho infantil;

b) prestar a assistência direta necessária e adequada para retirar as crianças das piores formas de trabalho infantil e assegurar sua reabilitação e inserção social;

c) assegurar o acesso ao ensino básico gratuito e, quando for possível e adequado, à formação profissional a todas as crianças que tenham sido retiradas das piores formas de trabalho infantil;

d) identificar as crianças que estejam particularmente expostas a riscos e entrar em contato direto com elas; e

e) levar em consideração a situação particular das meninas.

§ 3º Todo Membro deverá designar a autoridade competente encarregada da aplicação dos dispositivos que colocam em vigor a presente Convenção.

Art. 8º Os Membros deverão tomar medidas apropriadas para apoiar-se reciprocamente na aplicação dos dispositivos da presente Convenção por meio de uma cooperação e/ou assistência internacionais intensificadas, as quais venham a incluir o apoio ao desenvolvimento social e econômico, aos programas de erradicação da pobreza e à educação universal.

(16) A Convenção OIT n. 182 foi promulgada no Brasil através do Decreto n. 3.597, de 12.9.2002.

Art. 9º As ratificações formais da presente Convenção serão comunicadas, para registro, ao Diretor-Geral da Repartição Internacional do Trabalho.

Art. 10.

§ 1º Esta Convenção obrigará unicamente aqueles Membros da Organização Internacional do Trabalho cujas ratificações tenham sido registradas pelo Diretor-Geral da Repartição Internacional do Trabalho.

§ 2º Entrará em vigor 12 (doze) meses depois da data em que as ratificações de 2 (dois) dos Membros tenham sido registradas pelo Diretor-Geral.

§ 3º A partir desse momento, esta Convenção entrará em vigor, para cada Membro, 12 (doze) meses após a data em que tenha sido registrada sua ratificação.

Art. 11.

§ 1º Todo Membro que tenha ratificado esta Convenção poderá denunciá-la ao expirar um período de dez anos, a partir da data em que tenha entrado em vigor, mediante ata comunicada, para registro, ao Diretor-Geral da Repartição Internacional do Trabalho. A denúncia não surtirá efeito até 1 (um) ano após a data em que tenha sido registrada.

§ 2º Todo Membro que tenha ratificado esta Convenção e que, no prazo de um ano após a expiração do período de dez anos mencionado no parágrafo precedente, não faça uso do direito de denúncia previsto neste Artigo ficará obrigado durante um novo período de dez anos, podendo, sucessivamente, denunciar esta Convenção ao expirar cada período de dez anos, nas condições previstas neste Artigo.

Art. 12.

§ 1º O Diretor-Geral da Repartição Internacional do Trabalho notificará todos os Membros da Organização Internacional do Trabalho do registro de todas as ratificações e atas de denúncia que lhe forem comunicadas pelos Membros da Organização.

§ 2º Ao notificar os Membros da Organização do registro da segunda ratificação que lhe tenha sido comunicada, o Diretor-Geral informará os Membros da Organização sobre a data de entrada em vigor da presente Convenção.

Art. 13. O Diretor-Geral da Repartição Internacional do Trabalho apresentará ao Secretário-Geral das Nações Unidas, para efeitos de registro e em conformidade com o art. 102 da Carta das Nações Unidas, informação completa sobre todas as ratificações e atas de denúncia que tenha registrado de acordo com os Artigos precedentes.

Art. 14. Sempre que julgar necessário, o Conselho de Administração da Repartição Internacional do Trabalho apresentará à Conferência Geral um relatório sobre a aplicação da Convenção e examinará a conveniência de incluir na agenda da Conferência a questão de sua revisão total ou parcial.

Art. 15.

§ 1º Caso a Conferência adote uma nova Convenção que revise, total ou parcialmente, a presente, e a menos que a nova Convenção contenha dispositivos em contrário:

a) a ratificação, por um Membro, da nova Convenção revisora implicará *ipso jure* a denúncia imediata desta Convenção, não obstante os dispositivos contidos no Art. 11, desde que a nova Convenção revisora tenha entrado em vigor;

b) a partir da data em que entrar em vigor a nova Convenção revisora, a presente Convenção cessará de estar aberta à ratificação pelos Membros.

§ 2º Esta Convenção continuará em vigor em qualquer hipótese, em sua forma e conteúdo atuais, para os Membros que a tenham ratificado, mas não tenham ratificado a Convenção revisora.

Art. 16. As versões inglesa e francesa do texto desta Convenção são igualmente autênticas.

Capítulo 40

SÚMULAS DE JURISPRUDÊNCIA SOBRE SEGURANÇA E SAÚDE NO TRABALHO

A Lei propõe, a Jurisprudência compõe.(1)

Consoante destacado nos capítulos anteriores, as Normas Regulamentadoras (NRs) de Segurança e Saúde no Trabalho (SST) editadas pelo Ministério do Trabalho e Emprego (MTE) possuem existência jurídica convalidada pelo Princípio Constitucional de Minimização dos Riscos Ocupacionais, consagrado no inciso XXII do art. 7º da Constituição Federal brasileira, que expressamente assegura aos trabalhadores urbanos e rurais brasileiros o direito à redução dos riscos inerentes ao trabalho, por meio de normas de saúde, higiene e segurança. Destarte, é possível afirmar que o dever mais fundamental dos empregadores brasileiros é propiciar a seus empregados ambientes de trabalho sadios e seguros. Registre-se, mais, que os ditames das normas preventivas de infortúnios laborais e de promoção da saúde ocupacional são aplicáveis a todas empresas privadas e estatais (empresas públicas e sociedades de economia mista) brasileiras que contratam trabalhadores como empregados e, portanto, submetidos ao Regime da Consolidação das Leis do Trabalho (CLT) que corresponde ao Decreto-lei n. 5.452 de 1º de maio de 1943.

No plano da legislação infraconstitucional, as normas preventivas de segurança e saúde no trabalho possuem respaldo jurídico no Estatuto Obreiro, em seu Título II: Das Normas Gerais de Tutela do Trabalho, mais precisamente no Capítulo V: Da Segurança e da Medicina do Trabalho, que compreende os arts. 154 a 201 da CLT. Recorde-se que ditos artigos do Código Laboral possuem redação dada pela Lei n. 6.514, de 22.12.1977, observadas as atualizações subsequentes até a edição da Lei n. 13.103, de 2.3.2015.

Sob o aspecto infralegal ou meramente regulamentar, cabe ser dito que os citados arts. 154 a 201 do Código Laboral foram inicialmente disciplinados pela Portaria MTb n. 3.214, de 8.6.1978, que instituiu as primeiras vinte e oito normas regulamentadoras de segurança e saúde no trabalho (28 NRs de SST); vale observar que, atualmente, existem 36 NRs de SST, cada uma disciplinando uma temática específica.

Oportuno observar, para os não versados na ciência do direito, que as normas jurídicas legais, tanto as constitucionais quanto as infraconstitucionais, têm o condão de criar o direito, ao passo que as normas jurídicas infralegais ou regulamentares (decretos, portarias, normas regulamentadoras, etc.) não podem criar o direito em si, mas apenas regulamentá-lo quando expressamente autorizado pela própria lei a fazê-lo, sob pena de serem declaradas ilegais e, portanto, nulas de pleno direito.

Por mais que se esforce, o Legislador certamente não terá como prever na norma jurídica todas as soluções possíveis para equacionar os conflitos existentes ou que venham a existir na sociedade. Igualmente, a aplicação da Lei ao caso concreto por parte dos Operadores do Direito (Magistrados, Membros do Ministério Público, Advogados, dentre outros), por vezes, tem levado a interpretações múltiplas e variadas, afinal de contas o ser humano é dotado de inteligência e possui o privilégio de poder pensar e analisar os fatos, inclusive os jurídicos, ora de forma similar, ora de forma bem diferente do imaginado por seus semelhantes.

É lição comezinha em nosso Direito Processual Civil que ao Juiz não é permitido deixar de proferir sentença ou despacho judicial sob o argumento de ausência de norma legal específica e adequada para o deslinde da controvérsia(2). Em face disso, o legislador pátrio, tanto na Lei de Introdução ao Código Civil Brasileiro, atualmente denominada Lei de Introdução às Normas do Direito Brasileiro(3), quanto no

(1) LIRA, José Pereira, *apud*, ROSAS, Roberto, in *Direito Sumular*.

(2) **CPC — Art. 126.** O Juiz não se exime de sentenciar ou despachar, alegando lacuna ou obscuridade na lei. No julgamento da lide, caber-lhe-á aplicar as normas legais; não as havendo, recorrerá à analogia, aos costumes e aos princípios gerais de direito.

(3) **LINDB — Art. 4º** Quando a lei for omissa, o juiz decidirá o caso de acordo com a analogia, os costumes e os princípios gerais de direito.

Código de Processo Civil, disponibilizou ao Magistrado algumas possibilidades de integração da norma jurídica; de uma forma genérica, através da analogia, dos costumes e dos princípios gerais de direito e, de forma excepcional, por meio da equidade.

A propósito, entende-se por Analogia o procedimento integrativo da norma jurídica por meio do qual se aplica a uma hipótese não contemplada especificamente no ordenamento jurídico pátrio a norma existente e disciplinadora de um caso semelhante.

Por Costume, compreende-se a modalidade de integração da norma jurídica pela qual o legislador possibilitou ao aplicador do direito lançar mão de regras e procedimentos praticados espontaneamente pela sociedade para a solução do caso concreto carente de norma jurídica específica. O costume era a norma predominante na antiguidade, entretanto, com a facilidade do aparecimento da norma escrita, reduziu-se significativamente a incidência da norma costumeira.

Princípios Gerais de Direito correspondem ao método de integração da norma jurídica, por meio do qual são utilizados critérios maiores, às vezes até não escritos, mas existentes em cada ramo do Direito e percebidos por indução. Exemplos: no Direito Penal prevalece o princípio geral de que: "Na dúvida, o réu deve ser favorecido" e, no Direito Processual, a regra de que "O ônus da prova cabe à parte que fez a alegação".

Em relação à Equidade, é oportuno destacar que esse instituto jurídico não corresponde propriamente a um método de integração da norma jurídica, e sim a um Princípio do Direito Natural que sinaliza na igualdade a razão de ser do próprio Direito. Significa a adaptação da regra jurídica existente à uma situação concreta, observando os critérios de justiça e igualdade. Nosso ordenamento jurídico estipula que, somente quando autorizado pela Lei, o Juiz decidirá de acordo com a Equidade[(4)].

No âmbito do Direito Processual do Trabalho, o legislador foi mais além e viabilizou a Jurisprudência como a primeira possibilidade de integração da norma jurídica[(5)]. Súmula de Jurisprudência corresponde à síntese do pensamento de uma determinada Corte de Justiça acerca de uma questão jurídica controvertida. Para a edição de uma súmula de jurisprudência, faz-se necessário o voto favorável da maioria dos membros que compõem a Corte de Justiça que, no caso do Supremo Tribunal Federal e do Tribunal Superior do Trabalho, são denominados Ministros.

As Súmulas de Jurisprudência, salvo aquelas dotadas de efeito vinculante, não possuem força de lei e, portanto, sua observância não se faz obrigatória por parte dos demais Tribunais ou Juízos. Entretanto, independente do aludido efeito vinculante, não se pode negar a importância fundamental de que sempre desfrutaram as súmulas jurisprudenciais para a hermenêutica jurídica, especialmente as editadas pelo Excelso Pretório, dada a sua inegável condição de intérprete maior de nossa Carta Magna.

No tocante às súmulas vinculantes editadas ou que venham a ser editadas por nossa Suprema Corte, nos termos da Emenda Constitucional n. 45, de 31.12.2004, cabe ser dito que, até os dias atuais, o Supremo Tribunal Federal publicou trinta e sete Súmulas Vinculantes, sendo que três delas guardam relação com a segurança e saúde no trabalho. Ressalte-se que a edição de Súmula Vinculante deve obedecer aos requisitos específicos tipificados no art. 103-A[(6)], acrescido à nossa Lei Maior, *ex vi* da citada Emenda Constitucional.

---

(4) **CPC — Art. 127.** O Juiz só decidirá por equidade nos casos previstos em lei.

(5) **CLT — Art. 8º** As autoridades administrativas e a Justiça do Trabalho, na falta de disposições legais ou contratuais, decidirão conforme o caso, pela jurisprudência, por analogia, por equidade e outros princípios e normas gerais de direito, principalmente do direito do trabalho, e, ainda, de acordo com os usos e costumes, o direito comparado, mas sempre de maneira que nenhum interesse de classe ou particular prevaleça sobre o interesse público. **Parágrafo único.** O direito comum será fonte subsidiária do direito do trabalho, naquilo em que não for incompatível com os princípios fundamentais deste.

(6) **CF-1988 — Art. 103-A.** *O Supremo Tribunal Federal poderá*, de ofício ou por provocação, mediante decisão de dois terços dos seus membros, após reiteradas decisões sobre matéria constitucional, *aprovar súmula que*, a partir de sua publicação na imprensa oficial, *terá efeito vinculante em relação aos demais órgãos do Poder Judiciário e à administração pública direta e indireta*, nas esferas federal, estadual e municipal, bem como proceder à sua revisão ou cancelamento, na forma estabelecida em lei. **§ 1º** A súmula terá por objetivo a validade, a interpretação e a eficácia de normas determinadas, acerca das quais haja controvérsia atual entre órgãos judiciários ou entre esses e a administração pública que acarrete grave insegurança jurídica e relevante multiplicação de processos sobre questão idêntica. **§ 2º** Sem prejuízo do que vier a ser estabelecido em lei, a aprovação, revisão ou cancelamento de súmula poderá ser provocada por aqueles que podem propor a ação direta de inconstitucionalidade. **§ 3º** *Do ato administrativo*

Oportuno destacar que as súmulas de jurisprudência editadas pelo Colendo Tribunal Superior do Trabalho, nos termos da Resolução Administrativa TST n. 44/85, recebiam a denominação particular de Enunciados. Todavia, tal disposição encontra-se revogada em face da edição da Resolução Administrativa TST n. 129/2005 (DJU de 20.4.2005), que determinou o óbvio, ou seja, que as súmulas de jurisprudência editadas pelo Colendo Tribunal Superior do Trabalho, doravante, fossem denominadas Súmulas do TST.

Chamamos a especial atenção do Caro Leitor para o importante fato de que a Jurisprudência brasileira ganhou extraordinária dimensão processual em face da promulgação do Novo Código de Processo Civil (CPC) brasileiro, correspondente à Lei n. 13.105, de 16.3.2015, publicada no Diário Oficial da União em 17.3.2015, e dotado de um ano de *vacatio legis*; isto é, sua efetiva vigência somente terá início a partir de 17.3.2016. Corroborando o antes explicitado, basta observar disposição legal específica(7) consubstanciada no Novo CPC, que expressamente estatui: "*Não se considera fundamentada qualquer decisão judicial, seja ela interlocutória, sentença ou acórdão, que (...) deixar de seguir enunciado de súmula, jurisprudência ou precedente invocado pela parte, sem demonstrar a existência de distinção no caso em julgamento ou a superação do entendimento.*"

Doravante, serão destacadas as Súmulas de Jurisprudência editadas pelo Supremo Tribunal Federal (STF), vinculantes ou não e, em seguida, as que proferidas pelo Tribunal Superior do Trabalho (TST), inclusive suas Orientações Jurisprudenciais (OJ), e que dizem respeito, direta ou indiretamente, à temática da segurança e saúde no trabalho.

SÚMULAS DE JURISPRUDÊNCIA DO SUPREMO TRIBUNAL FEDERAL (STF)

Súmula Vinculante STF n. 4 de 8.5.2008. Salvo nos casos previstos na Constituição, o Salário Mínimo não pode ser usado como indexador de base de cálculo de vantagem de servidor público ou de empregado, nem ser substituído por decisão judicial.

Súmula Vinculante STF n. 21 de 10.11.2009. É inconstitucional a exigência de depósito ou arrolamento prévio de dinheiro ou bens para a admissibilidade de recurso administrativo.

Súmula Vinculante STF n. 22 de 2.12.2009. A Justiça do Trabalho é competente para processar e julgar as ações de indenização por danos morais e patrimoniais decorrentes de acidente de trabalho propostas por empregado contra empregador, inclusive aquelas que ainda não possuíam sentença de mérito em primeiro grau quando da promulgação da Emenda Constitucional n. 45/04.

Súmula STF n. 194. É competente o Ministro do Trabalho para a especificação das atividades insalubres.

Súmula STF n. 212. Tem direito ao adicional de serviço perigoso o empregado de posto de revenda de combustível líquido.

Súmula STF n. 230. A prescrição da ação de acidente do trabalho conta-se do exame pericial que comprovar a enfermidade ou verificar a natureza da incapacidade.

Súmula STF n. 307. É devido o adicional de serviço insalubre, calculado à base do salário mínimo da região(8), ainda que a remuneração contratual seja superior ao salário mínimo acrescido da taxa de insalubridade.

Súmula STF n. 314. Na composição do dano por acidente do trabalho, ou de transporte, não é contrário à lei tomar para base da indenização o salário do tempo da perícia ou da sentença.

Súmula STF n. 460. Para efeito do adicional de insalubridade, a perícia judicial, em reclamação trabalhista, não dispensa o enquadramento da atividade entre as insalubres, que é ato da competência do Ministro do Trabalho e Emprego.

Súmula STF n. 464. No cálculo da indenização por acidente do trabalho inclui-se, quando devido, o repouso semanal remunerado.

Súmula STF n. 676. A garantia de estabilidade provisória prevista no art. 10, II, a, do ADCT, também se aplica ao suplente do cargo de direção de comissões internas de prevenção de acidentes (CIPA).

---

ou decisão judicial que contrariar a súmula aplicável ou que indevidamente a aplicar, caberá reclamação ao Supremo Tribunal Federal que, julgando-a procedente, anulará o ato administrativo ou cassará a decisão judicial reclamada, e determinará que outra seja proferida com ou sem a aplicação da súmula, conforme o caso. *(grifamos).*

(7) **Novo CPC — Art. Art. 489.** *São elementos essenciais da sentença*: **I** — o relatório, que conterá os nomes das partes, a identificação do caso, com a suma do pedido e da contestação, e o registro das principais ocorrências havidas no andamento do processo; **II** — *os fundamentos*, em que o juiz analisará as questões de fato e de direito; **III** — o dispositivo, em que o juiz resolverá as questões principais que as partes lhe submeterem. **§ 1º** *Não se considera fundamentada qualquer decisão judicial, seja ela interlocutória, sentença ou acórdão, que*: **I** — se limitar à indicação, à reprodução ou à paráfrase de ato normativo, sem explicar sua relação com a causa ou a questão decidida; **II** — empregar conceitos jurídicos indeterminados, sem explicar o motivo concreto de sua incidência no caso; **III** — invocar motivos que se prestariam a justificar qualquer outra decisão; **IV** — não enfrentar todos os argumentos deduzidos no processo capazes de, em tese, infirmar a conclusão adotada pelo julgador; **V** — se limitar a invocar precedente ou enunciado de súmula, sem identificar seus fundamentos determinantes nem demonstrar que o caso sob julgamento se ajusta àqueles fundamentos; **VI** — deixar de seguir enunciado de súmula, jurisprudência ou precedente invocado pela parte, sem demonstrar a existência de distinção no caso em julgamento ou a superação do entendimento. *(grifamos).*

(8) Ver Súmula Vinculante STF n. 4/2008.

Súmula STF n. 736. Compete à Justiça do Trabalho julgar as ações que tenham como causa de pedir o descumprimento de normas trabalhistas relativas à segurança, higiene e saúde dos trabalhadores.

SÚMULAS DE JURISPRUDÊNCIA DO TRIBUNAL SUPERIOR DO TRABALHO (TST)

Súmula TST n. 15. ATESTADO MÉDICO. A justificação da ausência do empregado motivada por doença, para a percepção do salário-enfermidade e da remuneração do repouso semanal, deve observar a ordem preferencial dos atestados médicos estabelecida em lei.

Súmula TST n. 17. ADICIONAL. INSALUBRIDADE. O adicional de insalubridade devido a empregado que, por força de lei, convenção coletiva ou sentença normativa, percebe salário profissional será sobre este calculado[9].

Súmula TST n. 39. PERICULOSIDADE. Os empregados que operam em bomba de gasolina têm direito ao adicional de periculosidade.

Súmula TST n. 46. ACIDENTE DE TRABALHO. As faltas ou ausências decorrentes de acidente do trabalho não são consideradas para os efeitos de duração de férias e cálculo da gratificação natalina.

Súmula TST n. 47. INSALUBRIDADE. O trabalho executado em condições insalubres, em caráter intermitente, não afasta, só por essa circunstância, o direito à percepção do respectivo adicional.

Súmula TST n. 70. PERICULOSIDADE. ADICIONAL. O adicional de periculosidade não incide sobre os triênios pagos pela Petrobras.

Súmula TST n. 80. INSALUBRIDADE. A eliminação da insalubridade mediante fornecimento de aparelhos protetores aprovados pelo órgão competente do Poder Executivo exclui a percepção do respectivo adicional.

Súmula TST n. 122. REVELIA. ATESTADO MÉDICO. A reclamada, ausente à audiência em que deveria apresentar defesa, é revel, ainda que presente seu advogado munido de procuração, podendo ser ilidida a revelia mediante a apresentação de atestado médico, que deverá declarar, expressamente, a impossibilidade de locomoção do empregador ou do seu preposto no dia da audiência.

Súmula TST n. 132. PERICULOSIDADE. ADICIONAL. INTEGRAÇÃO. **I** — O adicional de periculosidade, pago em caráter permanente, integra o cálculo de indenização e de horas extras. **II** — Durante as horas de sobreaviso, o empregado não se encontra em condições de risco, razão pela qual é incabível a integração do adicional de periculosidade sobre as mencionadas horas.

Súmula TST n. 139. INSALUBRIDADE. ADICIONAL. Enquanto percebido, o adicional de insalubridade integra a remuneração para todos os efeitos legais.

Súmula TST n. 143. SALÁRIO PROFISSIONAL. O salário profissional dos médicos e dentistas guarda proporcionalidade com as horas efetivamente trabalhadas, respeitado o mínimo de 50 (cinquenta) horas mensais.

Súmula TST n. 160. APOSENTADORIA POR INVALIDEZ. Cancelada a aposentadoria por invalidez, mesmo após cinco anos, o trabalhador terá direito de retornar ao emprego, facultado, porém, ao empregador, indenizá-lo na forma da lei.

Súmula TST n. 191. ADICIONAL. PERICULOSIDADE. INCIDÊNCIA. O adicional de periculosidade incide apenas sobre o salário básico e não sobre este acrescido de outros adicionais. Em relação aos eletricitários, o cálculo do adicional de periculosidade deverá ser efetuado sobre a totalidade das parcelas de natureza salarial.

Súmula TST n. 228. ADICIONAL DE INSALUBRIDADE. BASE DE CÁLCULO. O percentual do adicional de insalubridade incide sobre o salário mínimo de que cogita o art. 76 da CLT, salvo as hipóteses previstas na Súmula TST n. 17.[10]

Súmula TST n. 228. A partir de 9.5.2008, data da publicação da Súmula Vinculante n. 4 do STF, o adicional de insalubridade será calculado sobre o salário básico, salvo critério mais vantajoso fixado em instrumento coletivo. (*Nova redação dada pelo TST à anterior Súmula TST n. 228, em face da edição da citada súmula vinculante; todavia, esta nova redação teve seus efeitos suspensos por Decisão Liminar do então Presidente do STF, Min. Gilmar Mendes*).

Súmula TST n. 244. GESTANTE. ESTABILIDADE PROVISÓRIA. **I** — O desconhecimento do estado gravídico pelo empregador não afasta o direito ao pagamento da indenização decorrente da estabilidade. (Art. 10, inciso II, alínea "b" do Ato das Disposições Constitucionais Transitórias — ADCT). **II** — A garantia de emprego à gestante só autoriza a reintegração se esta se der durante o período de estabilidade. Do contrário, a garantia restringe-se aos salários e demais direitos correspondentes ao período de estabilidade. **III** — A empregada gestante tem direito à estabilidade provisória prevista no art. 10, inciso II, alínea "b", do ADCT, mesmo na hipótese de admissão mediante contrato por tempo determinado.

Súmula TST n. 248. DIREITO ADQUIRIDO. ADICIONAL DE INSALUBRIDADE. A reclassificação ou a descaracterização da insalubridade, por ato da autoridade competente, repercute na satisfação do respectivo adicional, sem ofensa a direito adquirido ou ao princípio da irredutibilidade salarial.

Súmula TST n. 282. ABONO DE FALTAS. SERVIÇO MÉDICO DA EMPRESA. Ao serviço médico da empresa ou ao mantido por esta última mediante convênio compete abonar os primeiros 15 (quinze) dias de ausência ao trabalho.

Súmula TST n. 289. INSALUBRIDADE. ADICIONAL. FORNECIMENTO DO APARELHO DE PROTEÇÃO. EFEITO. O simples fornecimento do aparelho de proteção pelo empregador não o exime do pagamento do adicional de insalubridade. Cabe-lhe tomar as medidas que conduzam à diminuição ou eliminação da nocividade, entre as quais as relativas ao uso efetivo do equipamento pelo empregado.

Súmula TST n. 293. INSALUBRIDADE. ADICIONAL. CAUSA DE PEDIR. AGENTE NOCIVO DIVERSO DO APONTADO NA INICIAL. A verificação mediante perícia de prestação de serviços em condições nocivas, considerado agente insalubre diverso do apontado na inicial, não prejudica o pedido de adicional de insalubridade.

Súmula TST n. 309. VIGIA PORTUÁRIO. TERMINAL PRIVATIVO. NÃO OBRIGATORIEDADE DE REQUISIÇÃO. Tratando-se de terminais privativos destinados à navegação de cabotagem ou de longo curso, não é obrigatória a requisição de vigia portuário indicado por sindicato.

Súmula TST n. 339. CIPA. SUPLENTE. GARANTIA DE EMPREGO. CF/1988. **I** — O suplente da CIPA goza da garantia de emprego prevista no art. 10, II, a, do ADCT a partir da promulgação da Constituição Federal de 1988. **II** — A estabilidade provisória do CIPEIRO não constitui vantagem pessoal,

(9) Revogada, em face da Súmula Vinculante STF n. 4/2008.
(10) Revogada, em face da Súmula Vinculante STF n. 4/2008.

mas garantia para as atividades dos membros da CIPA, que somente tem razão de ser quando em atividade a empresa. Extinto o estabelecimento, não se verifica a despedida arbitrária, sendo impossível a reintegração e indevida a indenização do período estabilitário.

Súmula TST n. 341. HONORÁRIOS DO ASSISTENTE TÉCNICO. A indicação do perito assistente é faculdade da parte, a qual deve responder pelos respectivos honorários, ainda que vencedora no objeto da perícia.

Súmula TST n. 346. DIGITADOR. INTERVALOS INTRAJORNADA. APLICAÇÃO ANALÓGICA DO ART. 72 DA CLT. Os digitadores, por aplicação analógica do art. 72 da CLT, equiparam-se aos trabalhadores nos serviços de mecanografia (datilografia, escrituração ou cálculo), razão pela qual têm direito a intervalos de descanso de 10 (dez) minutos a cada 90 (noventa) de trabalho consecutivo.

Súmula TST n. 358. RADIOLOGISTA. SALÁRIO PROFISSIONAL. LEI N. 7.394, DE 29.10.1985. O salário profissional dos técnicos em radiologia é igual a 2 (dois) salários mínimos e não a 4 (quatro).

Súmula TST n. 361. ADICIONAL PERICULOSIDADE. ELETRICITÁRIOS. EXPOSIÇÃO INTERMITENTE. O trabalho exercido em condições perigosas, embora de forma intermitente, dá direito ao empregado a receber o adicional de periculosidade de forma integral, porque a Lei n. 7.369, de 20.9.1985 não estabeleceu nenhuma proporcionalidade em relação ao seu pagamento.

Súmula TST n. 364. ADICIONAL DE PERICULOSIDADE. EXPOSIÇÃO EVENTUAL, PERMANENTE E INTERMITENTE. Tem direito ao adicional de periculosidade o empregado exposto permanentemente ou que, de forma intermitente, sujeita-se a condições de risco. Indevido, apenas, quando o contato dá-se de forma eventual, assim considerado o fortuito, ou o que, sendo habitual, dá-se por tempo extremamente reduzido.

Súmula TST n. 370. MÉDICO E ENGENHEIRO. JORNADA DE TRABALHO. Leis ns. 3.999/61 e 4.950/66. Tendo em vista que as Leis ns. 3.999/61 e 4.950/66 não estipulam a jornada reduzida, mas apenas estabelecem o salário mínimo da categoria para uma jornada de 4 horas para os médicos e de 6 horas para os engenheiros, não há que se falar em horas extras, salvo as excedentes à oitava, desde que seja respeitado o salário mínimo/horário das categorias.

Súmula TST n. 371. AVISO PRÉVIO INDENIZADO. EFEITOS. SUPERVENIÊNCIA DE AUXÍLIO-DOENÇA NO CURSO DESTE. A projeção do contrato de trabalho para o futuro, pela concessão do aviso prévio indenizado, tem efeitos limitados às vantagens econômicas obtidas no período de pré-aviso, ou seja, salários, reflexos e verbas rescisórias. No caso de concessão de auxílio-doença no curso do aviso prévio, todavia, só se concretizam os efeitos da dispensa depois de expirado o benefício previdenciário.

Súmula TST n. 378. ESTABILIDADE PROVISÓRIA. ACIDENTE DO TRABALHO. ART. 118 DA LEI N. 8.213/1991. CONSTITUCIONALIDADE. PRESSUPOSTOS. **I** — É constitucional o art. 118 da Lei n. 8.213/1991 que assegura o direito à estabilidade provisória por período de 12 meses após a cessação do auxílio-doença ao empregado acidentado. **II** — São pressupostos para a concessão da estabilidade o afastamento superior a 15 dias e a consequente percepção do auxílio doença acidentário, salvo se constatada, após a despedida, doença profissional que guarde relação de causalidade com a execução do contrato de emprego. **III** — O empregado submetido a contrato de trabalho por tempo determinado goza da garantia provisória de emprego decorrente de acidente de trabalho prevista no art. 118 da Lei n. 8.213/91.

Súmula TST n. 392. DANO MORAL. COMPETÊNCIA DA JUSTIÇA DO TRABALHO. Nos termos do art. 114, inc. VI, da Constituição da República, a Justiça do Trabalho é competente para processar e julgar ações de indenização por dano moral e material, decorrentes da relação de trabalho, inclusive as oriundas de acidente de trabalho e doenças a ele equiparadas.

Súmula TST n. 396. ESTABILIDADE PROVISÓRIA. PEDIDO DE REINTEGRAÇÃO. CONCESSÃO DO SALÁRIO RELATIVO AO PERÍODO DE ESTABILIDADE JÁ EXAURIDO. INEXISTÊNCIA DE JULGAMENTO EXTRA PETITA. **I** — Exaurido o período de estabilidade, são devidos ao empregado apenas os salários do período compreendido entre a data da despedida e o final do período de estabilidade, não lhe sendo assegurada a reintegração no emprego. **II** — Não há nulidade por julgamento extra petita da decisão que deferir salário quando o pedido for de reintegração, dados os termos do art. 496 da CLT.

Súmula TST n. 423. TURNO ININTERRUPTO DE REVEZAMENTO. FIXAÇÃO DE JORNADA DE TRABALHO MEDIANTE NEGOCIAÇÃO COLETIVA. VALIDADE. Estabelecida jornada superior a seis horas e limitada a oito horas por meio de regular negociação coletiva, os empregados submetidos a turnos ininterruptos de revezamento não têm direito ao pagamento da 7ª e 8ª horas como extras.

Súmula TST n. 446. MAQUINISTA FERROVIÁRIO. INTERVALO INTRAJORNADA. SUPRESSÃO PARCIAL OU TOTAL. HORAS EXTRAS DEVIDAS. COMPATIBILIDADE ENTRE OS ARTS 71, § 4º, E 238, § 5º, DA CLT — Res. 193/2013, DEJT divulgado em 13, 16 e 17.12.2013. A garantia ao intervalo intrajornada, prevista no art. 71 da CLT, por constituir-se em medida de higiene, saúde e segurança do empregado, é aplicável também ao ferroviário maquinista integrante da categoria "c" (equipagem de trem em geral), não havendo incompatibilidade entre as regras inscritas nos arts. 71, § 4º, e 238, § 5º, da CLT.

Súmula TST n. 447. ADICIONAL DE PERICULOSIDADE. PERMANÊNCIA A BORDO DURANTE O ABASTECIMENTO DA AERONAVE. INDEVIDO — Res. 193/2013, DEJT divulgado em 13, 16 e 17.12.2013. Os tripulantes e demais empregados em serviços auxiliares de transporte aéreo que, no momento do abastecimento da aeronave, permanecem a bordo não têm direito ao adicional de periculosidade a que aludem o art. 193 da CLT e o Anexo 2, item 1, "c", da NR 16 do MTE.

Súmula TST n. 448. ATIVIDADE INSALUBRE. CARACTERIZAÇÃO. PREVISÃO NA NORMA REGULAMENTADORA NR-15 DA PORTARIA DO MINISTÉRIO DO TRABALHO N. 3.214/78. INSTALAÇÕES SANITÁRIAS. **I** — Não basta a constatação da insalubridade por meio de laudo pericial para que o empregado tenha direito ao respectivo adicional, sendo necessária a classificação da atividade insalubre na relação oficial elaborada pelo Ministério do Trabalho e Emprego. **II** — A higienização de instalações sanitárias de uso público ou coletivo de grande circulação, e a respectiva coleta de lixo, por não se equiparar à limpeza em residências e escritórios, enseja o pagamento de adicional de insalubridade em grau máximo, incidindo o disposto no Anexo 14 da NR-15 da Portaria MTb n. 3.214/78 quanto à coleta e industrialização de lixo urbano.

Súmula TST n. 453. ADICIONAL DE PERICULOSIDADE. PAGAMENTO ESPONTÂNEO. CARACTERIZAÇÃO DE FATO INCONTROVERSO. DESNECESSÁRIA A PERÍCIA DE QUE TRATA O ART. 195 DA CLT. O pagamento de adicional de periculosidade efetuado por mera liberalidade da empresa, ainda que de forma proporcional ao tempo de exposição ao risco ou em percentual inferior ao máximo legalmente previsto, dispensa a realização da prova técnica exigida pelo art. 195 da CLT, pois torna incontroversa a existência do trabalho em condições perigosas.

Súmula TST n. 454. COMPETÊNCIA DA JUSTIÇA DO TRABALHO. EXECUÇÃO DE OFÍCIO. CONTRIBUIÇÃO SOCIAL REFERENTE AO SEGURO DE ACIDENTE DE TRABALHO (SAT). ARTS. 114, VIII, E 195, I, "A", DA CONSTITUIÇÃO DA REPÚBLICA. Compete à Justiça do Trabalho a execução, de ofício, da contribuição referente ao Seguro de Acidente de Trabalho (SAT), que tem natureza de contribuição para a seguridade social (arts. 114, VIII, e 195, I, "a", da CF), pois se destina ao financiamento de benefícios relativos à incapacidade do empregado decorrente de infortúnio no trabalho (arts. 11 e 22 da Lei n. 8.212/1991).

Súmula TST n. 457. HONORÁRIOS PERICIAIS. BENEFICIÁRIO DA JUSTIÇA GRATUITA. RESPONSABILIDADE DA UNIÃO PELO PAGAMENTO. RESOLUÇÃO N. 66/2010 DO CSJT. OBSERVÂNCIA. A União é responsável pelo pagamento dos honorários de perito quando a parte sucumbente no objeto da perícia for beneficiária da assistência judiciária gratuita, observado o procedimento disposto nos arts. 1º, 2º e 5º da Resolução n. 66/2010 do Conselho Superior da Justiça do Trabalho (CSJT).

ORIENTAÇÕES JURISPRUDENCIAIS DA SEÇÃO DE DISSÍDIOS INDIVIDUAIS (SDI) — (Subseção I) — DO TST (OJ -SDI-1-TST)

OJ-SDI-1-TST n. 41. ESTABILIDADE. INSTRUMENTO NORMATIVO. VIGÊNCIA, EFICÁCIA. Preenchidos todos os pressupostos para a aquisição de estabilidade decorrente de acidente ou doença profissional, ainda durante a vigência do instrumento normativo, goza o empregado de estabilidade mesmo após o término da vigência deste.

OJ-SDI-1-TST n. 44. GESTANTE. SALÁRIO-MATERNIDADE. É devido o salário-maternidade, de 120 dias, desde a promulgação da CF/88, ficando a cargo do empregador o pagamento do período acrescido pela carta.

OJ-SDI-1-TST n. 47. HORA EXTRA. ADICIONAL DE INSALUBRIDADE. BASE DE CÁLCULO. A base de cálculo da hora extra é o resultado da soma do salário contratual mais o adicional de insalubridade.

OJ-SDI-1-TST n. 60. PORTUÁRIOS. HORA NOTURNA. HORAS EXTRAS. (Lei n. 4.860/65, arts. 4º e 7º, § 5º). **I** — A hora noturna no regime de trabalho no porto, compreendida entre dezenove horas e sete horas do dia seguinte, é de sessenta minutos. **II** — Para o cálculo das horas extras prestadas pelos trabalhadores portuários, observar-se-á somente o salário básico percebido, excluídos os adicionais de risco e produtividade.

OJ-SDI-1-TST n. 103. ADICIONAL DE INSALUBRIDADE. REPOUSO SEMANAL E FERIADOS. O adicional de insalubridade porque calculado sobre o salário mínimo legal já remunera os dias de repouso semanal e feriados.

OJ-SDI-1-TST n. 121. SUBSTITUIÇÃO PROCESSUAL. DIFERENÇA DO ADICIONAL DE INSALUBRIDADE. LEGITIMIDADE. O sindicato tem legitimidade para atuar na qualidade de substituto processual para pleitear diferença de adicional de insalubridade.

OJ-SDI-1-TST n. 133. AJUDA-ALIMENTAÇÃO. PAT. Lei n. 6.321/76. Não integração ao salário. A ajuda-alimentação fornecida por empresa participante do programa de alimentação ao trabalhador, instituído pela Lei n. 6.321/1976, não tem caráter salarial. Portanto, não integra o salário para nenhum efeito legal.

OJ-SDI-1-TST n. 138. COMPETÊNCIA RESIDUAL. REGIME JURÍDICO ÚNICO. LIMITAÇÃO DA EXECUÇÃO. Compete à Justiça do Trabalho julgar pedidos de direitos e vantagens previstos na legislação trabalhista referente a período anterior à Lei n. 8.112/90, mesmo que a ação tenha sido ajuizada após a edição da referida lei. A superveniência de regime estatutário em substituição ao celetista, mesmo após a sentença, limita a execução ao período celetista.

OJ-SDI-1-TST n. 165. PERÍCIA. ENGENHEIRO OU MÉDICO. ADICIONAL DE INSALUBRIDADE E PERICULOSIDADE. VÁLIDO. ART. 195 DA CLT. O art. 195 da CLT não faz qualquer distinção entre o médico e o engenheiro para efeito de caracterização e classificação da insalubridade e periculosidade, bastando para a elaboração do laudo seja o profissional devidamente qualificado.

OJ-SDI-1-TST n. 171. ADICIONAL DE INSALUBRIDADE. ÓLEOS MINERAIS. SENTIDO DO TERMO "MANIPULAÇÃO". Para efeito de concessão de adicional de insalubridade não há distinção entre fabricação e manuseio de óleos minerais. Portaria n. 3.214 do Ministério do Trabalho, NR-15, Anexo XIII.

OJ-SDI-1-TST n. 172. ADICIONAL. INSALUBRIDADE/PERICULOSIDADE. CONDENAÇÃO. INSERÇÃO EM FOLHA DE PAGAMENTO. Condenada ao pagamento do adicional de insalubridade ou periculosidade, a empresa deverá inserir, mês a mês e enquanto o trabalho for executado sob essas condições, o valor correspondente em folha de pagamento.

OJ-SDI-1-TST n. 173. ADICIONAL DE INSALUBRIDADE. ATIVIDADE A CÉU ABERTO. EXPOSIÇÃO AO SOL E AO CALOR. **I** — Ausente previsão legal, indevido o adicional de insalubridade ao trabalhador em atividade a céu aberto, por sujeição à radiação solar (art. 195 da CLT e Anexo 7 da NR-15 da Portaria MTb n. 3214/78 do MTE). **II** — Tem direito ao adicional de insalubridade o trabalhador que exerce atividade exposto ao calor acima dos limites de tolerância, inclusive em ambiente externo com carga solar, nas condições previstas no Anexo 3 da NR-15 da Portaria MTb n. 3214/78.

OJ-SDI-1-TST n. 198. HONORÁRIOS PERICIAIS. ATUALIZAÇÃO MONETÁRIA. Diferentemente da correção aplicada aos débitos trabalhistas, que têm caráter alimentar, a atualização monetária dos honorários periciais é fixada pelo art. 1º da Lei n. 6.889/81, aplicável a débitos resultantes de decisões judiciais.

OJ-SDI-1-TST n. 208. RADIOLOGISTA. GRATIFICAÇÃO DE RAIO X. REDUÇÃO. Lei n. 7.923/1989. A alteração da gratificação por trabalho com raio X, de quarenta para dez por cento, na forma da Lei n. 7.923/1989, não causou prejuízo ao trabalhador porque passou a incidir sobre o salário incorporado com todas as demais vantagens.

OJ-SDI-1-TST n. 259. ADICIONAL NOTURNO. BASE DE CÁLCULO. ADICIONAL DE PERICULOSIDADE. INTEGRAÇÃO. O adicional de periculosidade deve compor a base de cálculo do adicional noturno, já que também neste horário o trabalhador permanece sob as condições de risco.

OJ-SDI-1-TST n. 278. ADICIONAL DE INSALUBRIDADE. PERÍCIA. LOCAL DE TRABALHO DESATIVADO. A realização de perícia é obrigatória para verificação de insalubridade. Quando não for possível sua realização como em caso de fechamento da empresa, poderá o julgador utilizar-se de outros meios de prova.

OJ-SDI-1-TST n. 279. ADICIONAL DE PERICULOSIDADE. ELETRICITÁRIOS. BASE DE CÁLCULO. Lei n. 7.369/1985, art. 1º. INTERPRETAÇÃO. O adicional de periculosidade dos eletricitários deverá ser calculado sobre o conjunto de parcelas de natureza salarial.

OJ-SDI-1-TST n. 316. PORTUÁRIOS. ADICIONAL DE RISCO. Lei n. 4.860/1965. O adicional de risco dos portuários, previsto no art. 14 da Lei n. 4.860/1965, deve ser proporcional ao tempo efetivo no serviço considerado sob risco e apenas concedido àqueles que prestam serviços na área portuária.

OJ-SDI-1-TST n. 324. ADICIONAL DE PERICULOSIDADE. SISTEMA ELÉTRICO DE POTÊNCIA. DECRETO Nº 93.412/86, ART. 2º, § 1º. É assegurado o adicional de periculosidade apenas aos empregados que trabalham em sistema elétrico de potência em condições de risco, ou que o façam com equipamentos e instalações elétricas similares, que ofereçam risco equivalente, ainda que em unidade consumidora de energia elétrica.

OJ-SDI-1-TST n. 345. ADICIONAL DE PERICULOSIDADE. RADIAÇÃO IONIZANTE OU SUBSTÂNCIA RADIOATIVA. DEVIDO. A exposição do empregado à radiação ionizante ou à substância radioativa enseja a percepção do adicional de periculosidade, pois a regulamentação ministerial (Portarias do Ministério do Trabalho n. 3.393 de 17.12.1987 e n. 518 de 7.4.2003), ao reputar perigosa a atividade, reveste-se de plena eficácia, porquanto expedida por força de delegação legislativa contida no art. 200, *caput*, e inciso VI, da CLT. No período de 12.12.2002 a 6.4.2003, enquanto vigeu a Portaria n. 496 do Ministério do Trabalho, o empregado faz jus ao adicional de insalubridade.

OJ-SDI-1-TST n. 347. ADICIONAL DE PERICULOSIDADE. SISTEMA ELÉTRICO DE POTÊNCIA. LEI N. 7.369, DE 20.9.1985, REGULAMENTADA PELO DECRETO N. 93.412, DE 14.10.1986. EXTENSÃO DO DIREITO AOS CABISTAS, INSTALADORES E REPARADORES DE LINHAS E APARELHOS EM TELEFONIA. É devido o adicional de periculosidade aos empregados cabistas, instaladores e reparadores de linhas e aparelhos de empresas de telefonia, desde que, no exercício de suas funções, fiquem expostos a condições de risco equivalente ao do trabalho exercido em contato com sistema elétrico de potência.

OJ-SDI-1-TST n. 360. TURNO ININTERRUPTO DE REVEZAMENTO. DOIS TURNOS. HORÁRIO DIURNO E NOTURNO. CARACTERIZAÇÃO. Faz jus à jornada especial prevista no art. 7º, XIV, da CF/1988 o trabalhador que exerce suas atividades em sistema de alternância de turnos, ainda que em dois turnos de trabalho, que compreendam, no todo ou em parte, o horário diurno e o noturno, pois submetido à alternância de horário prejudicial à saúde, sendo irrelevante que a atividade da empresa se desenvolva de forma ininterrupta.

OJ-SDI-1-TST n. 364. ESTABILIDADE. ART. 19 DO ADCT. SERVIDOR PÚBLICO DE FUNDAÇÃO REGIDO PELA CLT. Fundação instituída por lei e que recebe dotação ou subvenção do Poder Público para realizar atividades de interesse do Estado, ainda que tenha personalidade jurídica de direito privado, ostenta natureza de fundação pública. Assim, seus servidores regidos pela CLT são beneficiários da estabilidade excepcional prevista no art. 19 do ADCT.

OJ-SDI-1-TST n. 375. AUXÍLIO-DOENÇA. APOSENTADORIA POR INVALIDEZ. SUSPENSÃO DO CONTRATO DE TRABALHO. PRESCRIÇÃO. CONTAGEM. A suspensão do contrato de trabalho, em virtude da percepção do auxílio-doença ou da aposentadoria por invalidez, não impede a fluência da prescrição quinquenal, ressalvada a hipótese de absoluta impossibilidade de acesso ao Judiciário.

OJ-SDI-1-TST n. 385. ADICIONAL DE PERICULOSIDADE. DEVIDO. ARMAZENAMENTO DE LÍQUIDO INFLAMÁVEL NO PRÉDIO. CONSTRUÇÃO VERTICAL. É devido o pagamento do adicional de periculosidade ao empregado que desenvolve suas atividades em edifício (construção vertical), seja em pavimento igual ou distinto daquele onde estão instalados tanques para armazenamento de líquido inflamável, em quantidade acima do limite legal, considerando-se como área de risco toda a área interna da construção vertical.

OJ-SDI-1-TST n. 399. ESTABILIDADE PROVISÓRIA. AÇÃO TRABALHISTA AJUIZADA APÓS O TÉRMINO DO PERÍODO DE GARANTIA NO EMPREGO. ABUSO DO EXERCÍCIO DO DIREITO DE AÇÃO. NÃO CONFIGURAÇÃO. INDENIZAÇÃO DEVIDA. O ajuizamento de ação trabalhista após decorrido o período de garantia de emprego não configura abuso do exercício do direito de ação, pois este está submetido apenas ao prazo prescricional inscrito no art. 7º, XXIX, da CF/1988, sendo devida a indenização desde a dispensa até a data do término do período estabilitário.

OJ-SDI-1-TST n. 402. ADICIONAL DE RISCO. PORTUÁRIO. TERMINAL PRIVATIVO. ARTS. 14 E 19 DA LEI N. 4.860, DE 26.11.1965. INDEVIDO. O adicional de risco previsto no art. 14 da Lei n. 4.860, de 26.11.1965, aplica-se somente aos portuários que trabalham em portos organizados, não podendo ser conferido aos que operam terminal privativo.

Referências Bibliográficas

ALVES, Rubens Valtecides. *Deficiente físico:* novas dimensões da proteção ao trabalhador. São Paulo: LTr, 1992.

AROLI, Gildo. *Manual de prevenção de incêndios.* 3. ed. São Paulo: Atlas, 1981.

BORGES, Ricardo Luís Espíndola. *Nas teias da flexibilização:* a terceirização por intermédio de cooperativas de trabalho na região do Vale do Trairí/RN. 2005. 177f. Dissertação (Mestrado em Ciências Sociais) — Universidade Federal do Rio Grande do Norte, Natal.

BRANDIMILLER, Primo A. *Perícia judicial em acidentes e doenças do trabalho.* São Paulo: SENAC, 1996.

BULOS, Uadi Lammêgo. *Constituição Federal anotada.* 4. ed. São Paulo: Saraiva, 2002.

CAMON, Valdemar Augusto Angerami; SILVA, Edith Seligmann. *Crise, trabalho e saúde mental no Brasil.* São Paulo: Traço, 1986.

CAMPANHOLE, Adriano; LOBO, Hilton. *Constituições do Brasil.* 10. ed. São Paulo: Atlas, 1995.

CAMPOS, José Luiz Dias; CAMPOS, Adelina Bitelli Dias. *Acidentes do trabalho:* prevenção e reparação. 3. ed. São Paulo: LTr, 1998.

CARRION, Valentin. *Comentários à Consolidação das Leis do Trabalho.* 24. ed. São Paulo: Saraiva, 1999.

CARVALHO, Hilário Veiga de; SEGRE, Marco. *Medicina social e do trabalho.* São Paulo: McGraw Hill do Brasil, 1977.

CASTRO, Celso A. Pinheiro de. *Sociologia aplicada ao direito.* São Paulo: Atlas, 2001.

CHAVES, Luciano Athayde. *Curso de processo do trabalho.* 2. ed. São Paulo: LTr, 2012.

COHN, Amélia *et al.* *Acidentes do trabalho:* uma forma de violência. São Paulo: Brasiliense, 1985.

CONCEIÇÃO, Apelles J. B. *Acidentes de trabalho, acidentes em serviço e doenças profissionais.* 2. ed. Lisboa: Reis dos Livros, 2000.

CONGRESSO NACIONAL SOBRE CONDIÇÕES E MEIO AMBIENTE DE TRABALHO NA INDÚSTRIA DA CONSTRUÇÃO, 4, 2001, Goiânia. *Anais...* São Paulo: Fundacentro, 2001. 266 p.

COSTA FILHO, Armando Casimiro; COSTA, Manoel Casimiro; MARTINS, Melchíades Rodrigues; CLARO, Sonia Regina da S. *CLT-LTr.* 44. ed. Rio de Janeiro: LTr, 2015.

DEJOURS, Cristophe. *A loucura do trabalho:* estudo de psicopatologia do trabalho. 5. ed. São Paulo: Cortez, 1992.

ENSOUSSAN, Eddy; ALBIERI, Sérgio. *Manual de higiene, segurança e medicina do trabalho.* São Paulo: Atheneu, 1997.

FLORINDO, Valdir. *Dano moral e o direito do trabalho.* 4. ed. São Paulo: LTr, 2002.

FUNDACENTRO, Equipe Técnica da. *Curso de engenharia de segurança do trabalho.* São Paulo: Fundacentro, 1981.

__________. *Curso de supervisores de segurança do trabalho.* 2. ed. São Paulo: Fundacentro, 1993.

GALAFASSI, Maria Cristina. *Medicina do trabalho:* programa de controle médico de saúde ocupacional (NR-07). São Paulo: Atlas, 1998.

GANASOTO, José Manuel Osvaldo *et al.* *Riscos químicos.* São Paulo: Fundacentro, 1989.

GIAMPAOLI, Eduardo. *Riscos físicos.* São Paulo: Fundacentro, 1989.

GONÇALVES, Edwar Abreu. *Apontamentos técnico-legais de segurança e medicina do trabalho.* 2. ed. São Paulo: LTr, 1995.

__________. *Manual de segurança e saúde no trabalho.* 5. ed. São Paulo: LTr, 2011.

__________. *O acidente de trabalho fatal na indústria da construção civil* (Grande Natal: 1990-1999). 2002. 97 p. Dissertação (Mestrado em Ciências Sociais) — Universidade Federal do Rio Grande do Norte, Natal, 2002.

__________. *Segurança e saúde no trabalho em 600 questões objetivas:* respondidas e comentadas. São Paulo: LTr, 2004.

GONÇALVES, Edwar Abreu; GONÇALVES, José Alberto Abreu. *Segurança e saúde no trabalho em 2.000 perguntas e respostas*. 5. ed. São Paulo: LTr, 2013.

GONZAGA, Paulo. *Perfil profissiográfico previdenciário*. São Paulo: LTr, 2002.

HENNIES, Wildor Theodoro; WEYNE, Gastão Rúbio de Sá. *Segurança na mineração e no uso de explosivos*. 2. ed. São Paulo: Fundacentro, 1986.

KFOURI NETO, Miguel. *Responsabilidade civil do médico*. 3. ed. São Paulo: Revista dos Tribunais, 1998.

MARTINEZ, Wladimir Novaes. *Aposentadoria especial em perguntas e respostas*. 7. ed. São Paulo: LTr, 2015.

__________. *PPP na aposentadoria especial:* quem deve fazê-lo e como elaborá-lo. São Paulo: LTr, 2002.

MEDEIROS NETO, Xisto Tiago de. *Dano moral coletivo*. 4. ed. São Paulo: LTr, 2014.

MELO, Raimundo Simão de. *Direito ambiental do trabalho e a saúde do trabalhador*. 5. ed. São Paulo: LTr, 2013.

MICHEL, Osvaldo. *Acidentes do trabalho e doenças ocupacionais*. São Paulo: LTr, 2000.

OLIVEIRA, Sebastião Geraldo de. *Proteção jurídica à saúde do trabalhador*. 6. ed. São Paulo: LTr, 2011.

__________. *Indenizações por acidente do trabalho ou doença ocupacional*. 6. ed. São Paulo: LTr, 2011.

PAIXÃO, Floriceno. *A previdência social em perguntas e respostas e legislação correlata*. 34. ed. Porto Alegre: Síntese, 1998.

PALMA, João Augusto da. *Código Penal aplicado ao trabalho:* com jurisprudências e anotações trabalhistas. São Paulo: LTr, 2000.

PALMEIRA SOBRINHO, Zéu. *Prescrição trabalhista e previdenciária*. São Paulo: LTr, 2010.

PEDROTTI, Irineu Antônio. *Doenças profissionais ou do trabalho*. São Paulo: Livraria e Editora Universitária de Direito, 1998.

RAMAZZINI, Bernadino. *As doenças dos trabalhadores*. São Paulo: Fundacentro, 1992.

REBOUÇAS, Antônio José de Arruda *et al*. *Insalubridade:* morte lenta no trabalho. São Paulo: Oboré, 1989.

REVISTA CIPA. São Paulo: Caderno informativo de prevenção de acidentes. Edição 431. Ano XXXVI. São Paulo: CIPA, Ago. 2015.

REVISTA PROTEÇÃO. Edição 284. Ano XXVIII. Novo Hamburgo: MPF Publicações, Agosto. 2015.

ROCCA, Mirian Cantelli. *Uma das faces do capitalismo selvagem no Brasil:* a (in)segurança do trabalho na construção civil. 1991. 90 f. Dissertação (Mestrado em Serviço Social) — Pontifícia Universidade Católica, São Paulo.

SAAD, Eduardo Gabriel; SAAD, José Eduardo Duarte; CASTELLO BRANCO, Ana Maria Saad. *CLT comentada*. 48. ed. São Paulo: LTr, 2015.

SAAD, Terezinha Lorena Pohlmann. *Acidentes do trabalho:* estudos doutrinários e pesquisas de campo. São Paulo: LTr, 1988.

SALIBA, Tuffi Messias; CORRÊA, Márcia Angelim Chaves. *Insalubridade e periculosidade:* aspectos técnicos e práticos. 13. ed. São Paulo: LTr, 2014.

SALIBA, Tuffi Messias. *Manual prático de avaliação e controle de ruído*. 8. ed. São Paulo: LTr, 2014.

SHERIQUE, Jaques. *Aprenda como fazer:* PPRA, PCMAT e MRA. 7. ed São Paulo: LTr, 2011.

SINDICATO DOS METALÚRGICOS DE OSASCO E REGIÃO. *Vítimas dos ambientes de trabalho*. 3. ed. São Paulo: Oboré Projetos Especiais, 2000.

SOARES, Evanna. *Ação ambiental trabalhista:* uma proposta de defesa judicial do direito humano ao meio ambiente do trabalho no Brasil. São Paulo: LTr, 2004.

SÜSSEKIND, Arnaldo. *Convenções da OIT*. 2. ed. São Paulo: LTr, 1998.

VENDRAME, Antônio Carlos F. *Curso de introdução à perícia judicial*. São Paulo: LTr, 1997.

HOME-PAGES PESQUISADAS:

http://www.stf.jus.br

http://www.tst.jus.br

http://www.mte.gov.br

http://www.inss.gov.br

http://www.planalto.gov.br

http://www.fundacentro.gov.br

http://www.ilo.org

http://www.diesat.org.br

http://www.abpa.org.br

http://www.cipanet.com.br

http://www.protecao.com.br

http://www.saudeetrabalho.com.br

http://www.segurancaetrabalho.com.br